10.-

# Naters Das grosse Dorf im Wallis

# Naters

## Das grosse Dorf im Wallis

Erwin Jossen

*Wir danken den nachfolgenden Institutionen und Unternehmen, die die Herausgabe dieses Werkes mit Druckbeiträgen ermöglicht haben:*

Gemeinde Naters
Burgerschaft Naters
Pfarrei Naters
Raiffeisenbank Naters
Loterie Romande, Sitten
Staat Wallis, Kulturrat

© Erwin Jossen, Naters 2000

Vertrieb: Rotten Verlag, 3930 Visp
Erwin Jossen, Landstrasse 36, 3904 Naters/VS
Gestaltung: Felix Pfammatter MDV, Visp
Herstellung: Mengis Druck und Verlag, Visp
Buchbinder: Buchbinderei Eibert AG, Eschenbach

ISBN 3-907 816-99-4

# Vorwort

*Das Interesse an der Geschichte im Allgemeinen und die Liebe und Verbundenheit zu meiner Urheimat Naters im Besonderen bewogen mich, die Vergangenheit der Gemeinde und Pfarrei Naters systematisch und umfassend zu erforschen. Das vorliegende Werk entstand (zusammen mit der Drucklegung) in den Jahren 1990–2000. Das reichhaltige Pfarr- und Gemeindearchiv Naters sowie mein Weiterstudium an der Universität Freiburg (Schweiz), das ich mit einer kirchengeschichtlichen Dissertation abschloss, erleichterten mein Unterfangen. Eine so breit angelegte Erforschung der Dorfgeschichte erforderte vom Verfasser viel Zeit, Geduld und Selbstdisziplin. Die obligaten Pflichten eines Geistlichen, die unzähligen seelsorglichen Aushilfen, die wegen Priestermangels notwendig geworden sind, setzten die Arbeit zeitweise auf Sparflamme.*

## Ein Heimatbuch

*Das Buch über Naters will ein Sachbuch sein, das wissenschaftlich begründete und kritisch gesichtete Informationen bietet. Es beinhaltet eine Übersicht aller wichtigen Aspekte einer Dorfschaft und soll ein Heimatbuch sein zur Erinnerung an den Ort unserer Ahnen.*
*Mancher Leser wird vielleicht einige Geschehnisse der neueren Zeit in einem anderen Licht sehen. Für alle Darstellungen dieser Art musste aus Platzgründen eine Auswahl von Ereignissen und Personen getroffen werden. Grundsätzlich geht die Beschreibung bis Ende 1998; nur da und dort wurden noch bedeutende Ereignisse aus dem Jahr 1999 beigefügt.*
*Das Buch wendet sich an Volkskundler und andere einschlägig interessierte Fachleute sowie an touristische Kreise, insbesondere aber schrieb ich es für meine verehrten Mitbürgerinnen und Mitbürger in Naters und an vielen anderen Orten des Wallis und der übrigen Schweiz.*

*Das vorliegende Werk soll in einer sich stets wandelnden Zeit die Liebe zur Heimat, die Treue zur Scholle und die Pflege der Tradition fördern. Wir alle wissen, dass – vor allem in früheren Jahrzehnten – manche Zeugen früherer Lebens- und Arbeitsgewohnheiten von Einheimischen für einen Pappenstiel weggegeben wurden. Anderseits fand ich bei meinen Gängen durch Naters und den Natischer Berg noch viele alte Kulturgüter wie Möbelstücke (Truhen und Schränke), Geräte aller Art (Gefässe und Handwerkszeug), Tesseln und sakrale Gegenstände. Ein zu schaffendes Ortsmuseum in Naters könnte die schwindenden Formen volkstümlicher Kultur für die kommenden Generationen erhalten und dokumentieren, gemäss dem Leitwort: «Denen, die waren, zur Ehre, denen, die kommen, zur Lehre.» Das, was heute ist, begann vor Jahrhunderten zu wachsen, und das, was später sein wird, entsteht aus dem Heute. Es ist nun einmal so: Wer die Vergangenheit verdrängt, den bestraft die Geschichte.*

> *«Wer nicht weiss, woher er kommt,*
> *der weiss nicht, wohin er geht,*
> *weil er nicht weiss, von wo er ist.»*
> *(Otto von Habsburg)*

## Neue Rechtschreibung – Liebe zum Detail

*Die neue deutsche Rechtschreibung trat auf den 1. August 1998 in Kraft (Übergangsfrist bis zum 31. Juli 2005) und wird in diesem Werk vollumfänglich berücksichtigt. Der Leser ist gut beraten, wenn er zuerst einen Blick in das Verzeichnis der Abkürzungen und in die Anmerkungen wirft, die sich im Anhang dieser Publikation befinden.*
*Eine Kürzung des umfangreichen Werkes hätte zweifellos eine Senkung der Herstellungskosten zur Folge gehabt; dabei wären aber viele interessante Einzelheiten weggefallen. Bei dieser Überlegung entschied ich mich für die Liebe zum Detail. «In magnis et voluisse sat est»; dieser Ausspruch des römischen Dichters Properz, wonach es genügt, das Bedeutende gewollt zu haben, möge auch hier gelten.*
*Meine Arbeit war umso interessanter, als ich bereits seit 1975 in Naters wohne und somit mit vielen vertrauten und zum Teil verwandten Leuten in näheren Kontakt treten konnte. Dabei durfte ich – vor allem beim Abschreiben unzähliger Hausinschriften – viel Angenehmes erleben. Überall, wo ich hinkam, traten mir die Natischer mit lebhaftem Interesse und mit einer geradezu franziskanischen Hilfsbereitschaft entgegen.*

## Zu Dank verpflichtet

*Für unzählige Dienstleistungen schulde ich aufrichtigen Dank den ehemaligen Pfarrern von Naters, Josef Pfaffen, Josef Zimmermann, Dr. Stefan Schnyder, dem amtierenden Kilchherrn Anton Eder sowie der Pfarreisekretärin Katharina Corsten. Ferner weiss ich herzlichen Dank dem* verstorbenen Präsidenten Richard Walker, der diese Arbeit anregte und mit Tatkraft unterstützte, der Gemeindepräsidentin Edith Nanzer-Hutter und allen übrigen Mitgliedern des Gemeinderates, die vor allem für die Drucklegung einen wichtigen finanziellen Beitrag sprachen; dem Gemeindeschreiber Alphons Epiney, der Kanzleichefin Charlotte Kern-Ruppen sowie dem Registerhalter Urs Pfammatter; sie alle erwiesen mir viele wertvolle Dienste.

Mein Dank gilt ferner Kantonsarchivar Dr. Bernhard Truffer, Sitten, für wichtige Tipps bei der Quellensuche; Kunsthistoriker Dr. Walter Ruppen, Brig, Architekt Ernest Wyden, Naters, Kastlan Hans Eggel, Naters, Heraldiker Paul Heldner, Glis, die in den einschlägigen Kapiteln besonders erwähnt werden, ferner Clemens Ruppen für seine bedeutende Fotosammlung sowie allen Vereinspräsidenten für ihre spontane Mithilfe. Ihnen allen und vielen anderen Auskunftspersonen sage ich ein herzliches «Vergelt's Gott!».

Ein ganz besonderer Dank gilt Frau lic. phil. Karin Müller, Sekretärin des «Schweizerischen Vereins für die deutsche Sprache», Basel; sie lektorierte mit grosser Sachkenntnis und äusserster Sorgfalt das umfangreiche Manuskript. Ein Werk solchen Ausmasses konnte nur erscheinen dank der Druckbeiträge verschiedener Institutionen, denen ich besonders herzlich danke und die am Anfang des Buches namentlich erwähnt werden.

Schliesslich möchte ich es nicht unterlassen, der Firma Mengis Druck und Verlag, Visp, vorab Herrn Philipp Mengis, aber auch dessen qualifizierten Mitarbeitern, insbesondere Herrn Felix Pfammatter für die vorzügliche Gestaltung des Buches, Herrn Angelo Zimmermann für den Umbruch und Frau Rita Bumann-Brantschen für das Korrektorat, den wärmsten Dank auszusprechen. Zum Schluss ein Wort von Goethe:

*«Wohl dem, der seiner Väter gern gedenkt,
der froh von ihren Taten, ihrer Grösse
den Hörer unterhält, und still sich freuend
am Ende dieser schönen Reihe sich geschlossen sieht.»*

*Möge die Lektüre dieses Buches mit seinen 50 Kapiteln den Leser ebenso faszinieren, wie die Erarbeitung und Darstellung des vorgelegten Stoffes den Verfasser begeistert haben.*

*Naters, im April 2000*

*Dr. Erwin Jossen*

# Inhaltsverzeichnis

**Vorwort des Autors**    5

## Die Gemeinde Naters

### Allgemeine Geschichte der Gemeinde Naters    12

Der Name «Naters»    12
Naters im Austausch zwischen St-Maurice und Sitten    12
Naters unter bischöflicher Verwaltung    12
Die Adelsgeschlechter    15
Herrschaftssitze    19
Gemeinde Naters: 13. Jahrhundert bis 1518    25
Gumperschaften Naters und Rischinen    27
Naters' Bedeutung vom 14. Jahrhundert bis 1798    29
Im Schatten Frankreichs: 1798–1813    31
19. und 20. Jahrhundert    32

### Bevölkerung    33

Bevölkerungsentwicklung    33
Volkscharakter    36
Personen mit besonderem Engagement    38

### Burgerschaft    46

Geschichtlicher Werdegang    46
Aufgaben der Burgerschaft    47
Organe der Burgerschaft    48
Burgerreglemente    49
Eigentum der Burgerschaft    50
Burgeranteil an der Bevölkerung    51
Burgerhaus (Lergienhaus)    51

### Burgergeschlechter und ihre Wappen    53

### Ausgestorbene Geschlechter    80

13. Jahrhundert bis 1950    80

### Auswanderung zwischen 1857 und 1894    83

Warum viele auswanderten    83
Zielländer der Natischer Auswanderer    83
San Jerónimo Norte    87
Kontakte zur Urheimat    87

### Wappen und Fahnen der Gemeinde und Burgerschaft    88

### Präsidenten    91

### Landeshauptmänner von Naters    105

### Organisation und Dienste der Gemeinde    116

Gemeinderat    116
Bereiche Verwaltung und Bildung    118
Gemeindeschreiber    118
Kastläne (Richter)    120
Zivilstandsamt    121
Die Gemeinde als Arbeitgeberin    122
Gemeindefinanzen    122
Liegenschaften im Eigentum der Gemeinde    123
Verwaltungsgebäude    123
Besondere Aktivitäten der Gemeindeverwaltungen    123
Gemeindepolizei    126
Feuerwehr    128
Zivilschutz    132
Ortsparteien    133

### Schulen    140

Schulwesen vor der staatlichen Gesetzgebung: 1219–1828    140
Primarschule: 1828–1998    140
Kindergarten: 1965–1998    157
Weiterführende und aufgehobene Schultypen    159
Regionale Sekundarschule des Bezirkes Brig in Naters: 1962–1974    161
Orientierungsschule: 1974–1998    162
Ecole Schmid    166
Schulinspektoren und Schuldirektoren    167

### Postwesen    169

Poststelle Naters    169
Poststelle Blatten/Naters    173
Hotel Belalp mit eigenem Postdienst    174

### Gemeinnützige Vereinigungen    175

Raiffeisenbank    175
Konsumgenossenschaft    178
Krankenkassen    182

### Vereine, Zünfte und Klubs    183

1. Musikalische, folkloristische und Theater spielende Vereine    183
2. Soziale und gesellschaftliche Vereine    198
3. Zünfte und Schützengesellschaften    204
4. Turnvereine und Sportklubs    211
5. Vereine und Klubs mit unterschiedlicher Zielsetzung    228
6. Freundschaftsklubs    229
7. Tier hegende Vereine    230
8. Fastnachtsgesellschaften    231
Aufgelöste Klubs    233

### Theaterleben    234

Träger der Theateraufführungen    234
Stoffe und Autoren    234
Naters – ein Dorf mit Theatertradition    235
Aufgelöste Theatergesellschaften    237
Verzeichnis der Theaterstücke    237

## Kunstschaffende — 247

## Italienerkolonie — 254

Simplontunnelbau — 254
Italienerviertel — 254
Italienerschule – Missione Cattolica Italiana — 258

## Naters und Ornavasso — 264

Sage und geschichtlicher Hintergrund — 264
Das Walliserdeutsch in Ornavasso — 266
Ornavasso heute — 266
Traditionelle Freundschaftstreffen — 268

## Landschaft — 270

Gemeindeterritorium — 270
Der Grosse Aletschgletscher — 277
Massaschlucht — 282
45 Berggipfel — 284
Archäologische Funde — 287
Pfarrer Emil Schmids Entdeckungen — 288
Schalensteine — 288
Bodenschätze — 289
Prosaische Lobrede auf die Belalp — 294

## Landwirtschaft — 297

Allgemeines — 297
Landwirtschaftliche Nutzung — 297
Pflanzenbau — 298
Tierhaltung — 301

## Alpen — 315

Belalp — 315
Inner-Aletsch — 323

## Wälder — 327

Allgemeine Beschreibung — 327
Waldpflege — 331
Nutzung der Wälder — 333
Zustand der Wälder früher und heute — 333
Verwaltung der Wälder — 334
Der Wald in alten Urkunden — 335
Zwei grosse Waldbrände — 337

## Wasserleitungen — 339

Allgemeines — 339
Zu einzelnen Wasserleitungen — 339
Aufgegebene Wasserleitungen — 343
Genossenschaften — 343
Das Wässern — 344

## Gefährliche Wasser: Rotten, Kelchbach, Klosibach, Bruchji — 349

Rotten — 349
Kelchbach — 353
Klosibach — 355
Bruchji — 355

## Siedlungsgeschichte und Hausinschriften — 356

Allgemeines zur Besiedlung — 356
Massnahmen rund um die Besiedlung — 357
Naters – das alte Dorf — 357
Einzelne Neubauten — 382
Natischer Berg — 385
Flur- und Ortsnamen — 418

## Handel, Gewerbe und Industrie — 421

In alten Zeiten — 421
Wichtige eingegangene Betriebe des 20. Jahrhunderts — 421
Bestehende Firmen und Geschäfte: 50-jährig und älter — 425
Uhrenindustrie — 434
Gewerbeverein — 434
Gewerkschaft — 435

## Versorgung und Entsorgung — 437

Trinkwasserversorgung — 437
Stromversorgung — 440
Kraftwerk Bitsch der Electra-Massa AG — 443
Kraftwerk Aletsch-Mörel — 445
Kanalisation — 445
Kehrichtbeseitigung – Umweltschutz — 446

## Tourismus — 448

Die Anfänge des Tourismus in Naters-Blatten-Belalp — 448
Bau und Ausbau der Luftseilbahn Blatten-Belalp — 449
Von der Seilbahnen AG Blatten-Belalp-Aletsch zu der Belalp Bahnen AG — 451
Verkehrsverein Naters-Blatten-Belalp — 453
Touristisches Angebot — 455
Gastgewerbe — 463
Bergführerverein Blatten-Belalp — 471
Ski- und Snowboardschule Blatten-Belalp — 473
Rettungsstation Blatten-Belalp — 474
Wirtschaftliche Bedeutung des Tourismus für Naters — 476

## John Tyndall (1820–1893) und die Belalp — 477

## Verkehrswesen — 482

Verkehrsplanung — 482
Zu einzelnen Strassen — 482
Rhonebrücken — 485
Parkplatzreglement – Fahrzeugbestand — 486
Überkommunale Verkehrsmittel — 486
Nicht realisierte Bahn- und Strassenprojekte — 489

## Sagenwelt — 491

Geschichtliche Erzählungen — 491
Diesseits und Jenseits — 497
Übersinnliche Kräfte — 502
Legendenartige Erzählungen — 507

## Schwarze Chronik — 509

# Die Pfarrei Sankt Mauritius

## Allgemeine Geschichte der Pfarrei 528
Die Grosspfarrei 528
Tochterpfarreien von Naters 529

## Die Pfarrkirche Sankt Mauritius 535
Geschichte 535
Die frühbarocke Kirche: 1659–1664 536

## Beinhaus 557
Geschichte 557
Äusseres 558
Inneres 558

## Kapellen 564
Antoniuskapelle im Klosi 564
Kapelle der Heiligen Familie von Hegdorn 565
Kapelle der hl. Katharina im Unter-Moos 566
Muttergotteskapelle in Geimen 566
Bruder-Klaus-Kapelle in Geimen 567
Kapelle St. Laurentius im Bitschji 568
Armeseelenkapelle auf dem Trämel 569
Kapelle des hl. Theodul in Blatten 570
Kapelle der hl. Theresia vom Kinde Jesu
auf Tschuggen-Egga 573
Kapelle der Hl. Dreifaltigkeit auf Bel 573
Neugotische Kapelle auf Lüsgen 575
Kapelle der Armen Seelen im «Aletschji» 576
Oratorium und Kreuzweg «Maria Hilf» 577

## Pfarrer 579

## Kapläne 593

## Altaristen – Rektoren 602
Altaristen 602
Rektoren 603

## Pfründen: Pfarrei, Kaplanei und Rektorat 605
Pfarrpfründe 605
Kaplaneipfründe 612
Rektoratspfründe 614

## Rektorat Birgisch 615
Gemeinde Birgisch 615
Kapelle des hl. Johannes des Täufers 616
Kapelle Maria zum Schnee, Nessel 619
Bildhäuschen 621
Rektoratspfründe 622
Rektoren von Birgisch 623
Cäcilienverein 625
Johanniter-Stiftung 625

## Priester, gebürtig aus Naters 626

## Ordensfrauen 645

## Religiöse Praxis, Sitten und Gebräuche 651

## Bildhäuschen, Weg- und Bergkreuze 660
Bildhäuschen 660
Weg- und Bergkreuze 668

## Bruderschaften im Laufe der Zeit 672

## Kirchliche Dienste und Ämter 674
Kirchenrat 674
Pfarreirat 675
Sakristan 675
Pfarreisekretariat 676

## Kirchliche Vereine 677
Gemischter Chor 677
Männerverein 684
Frauen- und Müttergemeinschaft 686
Der Dritte Orden 688
Blauring 688
Jungwacht St. Laurentius 689
Verein Jugend Naters 690
Blattner Chor 690
Ministrantenvereinigung St. Tarsicius 691
Alt Jungwacht 692
Schönstätter-Marienschwestern 692
Aufgelöste Vereine 693

## Fürsorgewesen von Pfarrei und Gemeinde 696
Armenunterstützung vor 1850 696
Sozialwesen seit 1850 697
Theresianum in Blatten 700
Alterssiedlung Sancta Maria 702
Haus Lötschberg 706

## Naters und die Schweizergarde in Rom 707
Allgemeines zur Schweizergarde 707
Natischer in päpstlichen Diensten 707

## Abkürzungen 715

## Anmerkungen 716

## Quellennachweis 736

## Fotonachweis 738

Incipit ordo missalis scdm
consuetudinem romane ecclesie. Dominica prima de ad-
uentu statio ad sanctam mariam maiorem Introitus.

**A**d te leuaui
animam mea
deus meus
in te cofido
non erubesca
neq; irride-
ant me inimici mei: eteni uniuer-
si qui te expectant non confundentur. ps. Vias tuas dne demon-
stra mihi: et semitas tuas edoce
me. Sequit imediate. b. Gla
patri. Quo finito repetit. In-
troit<sup>9</sup>. Ad te leuaui. Et iste modus repetendi introitu serua-
tur p totu annum cu dicitur
Gla patri. pst introitu: et etia
in festis duplicibus. Oratio

**E**xcita quesum<sup>9</sup> dne
potentia tua et ueni:
ut ab imminentib<sup>9</sup>
peccatox nostrox periculis: te
mereamur ptegente eripi: te
liberate saluari. Qui uiuis.
Ab hac die usq; ad uigiliam
natiuitatis dni: pst oratione

diei dicit oratio de sancta maria: scilicet. Deus qui de bea-
te marie. et oratio Ecclesie tue
Infra ebdmadā si fuerit fe-
stū. prima oro de festo. secun-
da de dnica. tertia de sacta maria. Epla ad romanos. xiij. c.

**F**ratres: Scietes qa
hora est iam nos de
sono surgere. Nunc
autem ppior est nostra salus
q̄ cum credidimus. Nox pre-
cessit: dies aute appropiqua-
uit. Abijciamus ergo opa te-
nebrarū: et induamur arma
lucis: sic ut in die honeste am-
bulem<sup>9</sup>. Non in comessatio-
nibus et ebrietatib<sup>9</sup>. no in cu-
bilibus et impudicitijs: no in
contentione et emulatioe: sed
induimini dnm nrm iesu chri-
stū. Grad. Vniuersi qui te expectant non confundentur dne. v.
Vias tuas dne notas fac mihi
et semitas tuas edoce me. Alla.
v. Ostede nobis domine miseri-
cordiam tuam: et salutare tuū
da nobis. Sequentia sancti
euangelij scdm Lucax. xxi. ca.

In illo tpe Dixit iesus discipu-

# Die Gemeinde Naters

*Seite 1 der einzigen Inkunabel, die sich im Pfarrarchiv von Naters befindet (F 44). Dieser Wiegendruck, ein römisches Messbuch, wurde 1485 in Lyon von Matthias Hus hergestellt und von dem Natischer Priester Anton Maffey 1487 für den Sankt Sebastiansaltar gekauft (vgl. Kapitel «Pfründen...», unter «Pfarrpfründe»).*

# Allgemeine Geschichte der Gemeinde Naters

## Der Name «Naters»

Der Ortsname «Naters» in seiner jetzigen Form kommt bereits 1079 urkundlich vor und lässt sich in dieser Art durch alle Jahrhunderte nachweisen. In den lateinischen Dokumenten finden wir sehr häufig «Nares» (1018), «Narres» (1138), «Natre» (1284), «Natria», «Naters» (1513). Vereinzelt liest man auch «Nathers» (1559), «Natters» und «Natersch» (1569) sowie «Natriis».[1]
Nach der Volkssage hiess Naters früher St. Moritz. Der jetzige Name soll von einer furchtbaren Natter herrühren, die vor alten Zeiten in einer Felsenhöhle östlich des Dorfes hauste. Dieser Ort, 1406 «zer Natrenon»,[2] jetzt Natterloch genannt, wird noch heute gezeigt. Ein beherzter Mann besiegte den Drachen. Von dieser Natter soll dann die Gegend den Namen Naters und die Gemeinde und später der Zenden das Wappen (einen geflügelten Drachen) erhalten haben.[3]
H. Jaccard leitet «Naters» vom keltischen «Nader, Natri» (Schlange, Natter), «Natru» (Wasserschlange) ab, welches mit dem althochdeutschen «Natara» und dem heutigen Wort «Natter» stammverwandt ist. Bei Naters würde es sich also um einen Ort handeln, wo es viele Schlangen bzw. Nattern gibt. Das gallische Wort «Naters» (von «snatro») bedeutet indessen «Schutzhütten».[4]

## Naters im Austausch zwischen St-Maurice und Sitten

Naters stand schon früh in engen Beziehungen zum Kloster von St-Maurice. Die Sage, dass Naters einst St. Moritz geheissen, und auch der Umstand, dass die Kirche in Naters von jeher dem Anführer der thebäischen Legion geweiht war, weisen darauf hin. Auch urkundlich steht fest, dass unser Ort vor der Jahrtausendwende im Besitz der Abtei St-Maurice stand. König Rudolf III. von Burgund (993–1032), der neben anderen Orten auch Naters der Abtei entzogen hatte, setzte 1018 das Kloster wieder in den Besitz seiner früheren Rechte ein. Aber nicht lange verblieb Naters beim Kloster. Denn am Neujahrstag 1079 übertrug Kaiser Heinrich IV. den «Hof von Naters» mit allen Zugehörigkeiten auf ewige Zeiten dem Bischof Ermenfrid von Sitten.[5] Über die Ausdehnung des «Hofes» finden sich zwar keine Angaben. Doch darf darunter keineswegs nur das Dorf Naters verstanden werden, sondern auch die Umgebung, das Gebiet, welches zur damaligen Pfarrei Naters gehörte, mit anderen Worten: der ganze heutige Bezirk Brig mit Ausnahme der Gemeinde Eggerberg und des südlich des Passes gelegenen Simplongebiets. St-Maurice machte aber seine alten Rechte auf Naters geltend und gelangte bald wieder in dessen Besitz. Amadeus III. jedoch, der Graf von Savoyen und zugleich Laienabt von St-Maurice war, verfügte am 30. September 1116 die Rückgabe des «Hofes von Naters» an den Bischof Villencus von Sitten.
Wenige Jahre später befindet sich unsere Ortschaft wieder im Besitz von St-Maurice. Die Bewohner von Naters mussten Amadeus III. Treue schwören. Der hl. Guerinus, Bischof von Sitten, brachte zwischen 1138 und 1148 den Streitfall vor den Erzbischof von Tarentaise und dessen zu Conflans versammelte Suffraganbischöfe (= dem Erzbischof unterstellte Diözesanbischöfe), welche einmütig

*Basilika und Kloster der Abtei St-Maurice.*

ihr Urteil zugunsten des Bistums von Sitten abgaben. Diesmal respektierte der Graf den Beschluss der Prälaten und entliess die Bewohner von Naters aus ihrem ihm geschworenen Treueid und befahl ihnen, «den Bischof als ihren Herrn mit aller Ehrfurcht aufzunehmen, ihm und der Kirche von Sitten zu schwören und die einem Herrn schuldigen Dienste zu erweisen». Hiermit gelangte das Bistum Sitten endgültig in den Besitz von Naters, das rasch zu einem wichtigen Mittelpunkt der bischöflichen Verwaltung wurde. So erlebte Naters im frühen Hochmittelalter eine wechselvolle Geschichte, da es bis zum Schiedsspruch des Erzbischofs von Tarentaise nicht weniger als dreimal zwischen Abtei und Bistum ausgetauscht worden war.

## Naters unter bischöflicher Verwaltung

Wie in den übrigen dem Bischof unterworfenen Gebieten finden wir auch in Naters als Verwaltungs-, Polizei- und Gerichtsbehörden zwei höhere und zwei niedere Beamte: Viztum und Meier, Mistral und Weibel; der Meier wurde vom Kastlan (= Kastellan) abgelöst. Die Befugnisse dieser Ämter lassen sich aufgrund der vorliegenden Urkunden nicht immer genau voneinander abgrenzen.

### Der Viztum

Den höchsten Rang aller bischöflichen Beamten nahm ursprünglich der Viztum (vicedominus) ein. Er war der weltliche Stellvertreter des Bischofs im Bezirk und hielt zweimal jährlich Gedinge (placitum = Gerichts- und Verwaltungsversammlung) ab. Nach einer Erklärung des Petermann von Chevron, der 1476 Viztum von Naters war, besass er in den Monaten Mai und Oktober die Gerichtsbarkeit und durfte die in den übrigen Monaten angefangenen Prozesse vollenden. Ihm unterstanden die Wälder, Alpen, Allmenden, Wege und Einzäunungen der Weidgänge sowie die Aufsicht über Gewichte und Masse.

Das Vizedominat von Naters war ein Erblehen. 1249 kam dieses Amt durch Mathelda de Augusta an ihren Gemahl Wilhelm von Aosta und ihre Nachkommen. Von der Familie von Aosta kam es 1275 durch Heirat an Nantelm von Saxo und Jocelin von Urnavas. Vom Bischof Bonifaz von Challant 1303 eingezogen, wurde das Vizedominat 1313 von dem Viztum Peter von Sitten für 500 Pfund zurückgekauft und gelangte 1345 durch Erbschaft an die Junker von Chevron-Villette, die es im 16. Jahrhundert wahrscheinlich der Gemeinde Naters verkauften.[6]

### Viztume von Naters

| | |
|---|---|
| 1179 | Wilhelm |
| 1195–1211 | Petrus |
| 1212–1217 | Rudolf |
| 1220 | Jocelin |
| vor 1242 | Thomas |
| 1267 | Petrus de Augusta |
| 1275–1282 | Jocelin von Urnavas |
| 1336–1339 | Petrus, Seneschall (= Oberhofbeamter) von Sitten[7] |

Bis zirka 1242 war das Vizedominat von Naters mit jenem von Sitten vereinigt. Die fünf ersten Viztume von Sitten, deren Familiennamen unbekannt sind, waren daher auch Viztume von Naters.

## Der Meier

Der Meier war der wichtigste Wirtschaftsbeamte des Feudalherrn und hatte in seinem Namen die Zehnten und Abgaben einzufordern. Er besass auch die niedere und höhere Rechtsprechung in den zehn Monaten, in denen der Viztum keine Gedinge abhielt. Nachdem auch die Rechte des Viztums an ihn übergegangen waren, galt er als der erste und höchste Beamte des Zendens. Über die Rechte des Meiers von Naters gibt uns ein Urteil des Bischofs Landrich aus dem Jahre 1230 folgenden Aufschluss: «Jede Haushaltung schuldet ihm jährlich 1 Schinken oder 8 Pfennig, 3 Roggenbrote, jedes im Wert von 3 Hellern, 1 Fischel Korn; ferner erhält er von der Alpe 3 Käse im Wert von je 8 Pfennig. Bei jedem Strafgericht zahlt der Schuldige 3 Schilling und 6 Pfennig. Der Meier kann in seinem Banne bis 60 Schilling strafen.»[8]

Der Meier hatte seinen Sitz im Schloss auf der Flüe. Sein Amt war erbliches Lehen. Von 1214 an war das Meiertum von Naters im Besitz der italienischen Adelsfamilie Manegoldi, die von ihrem Wohnsitz auf der Flüe den Namen «de Saxo» annahm. Zwischen 1224 und 1239 wird Meier Walther de Saxo in den Urkunden immer wieder erwähnt.[9] Sein Sohn hiess Girold. Im Jahre 1300 erscheint der letzte Meier aus dieser Familie: Marko de Saxo. Er stellte sich in Anbetracht seiner Unwissenheit und seiner armen «Verhältnisse»

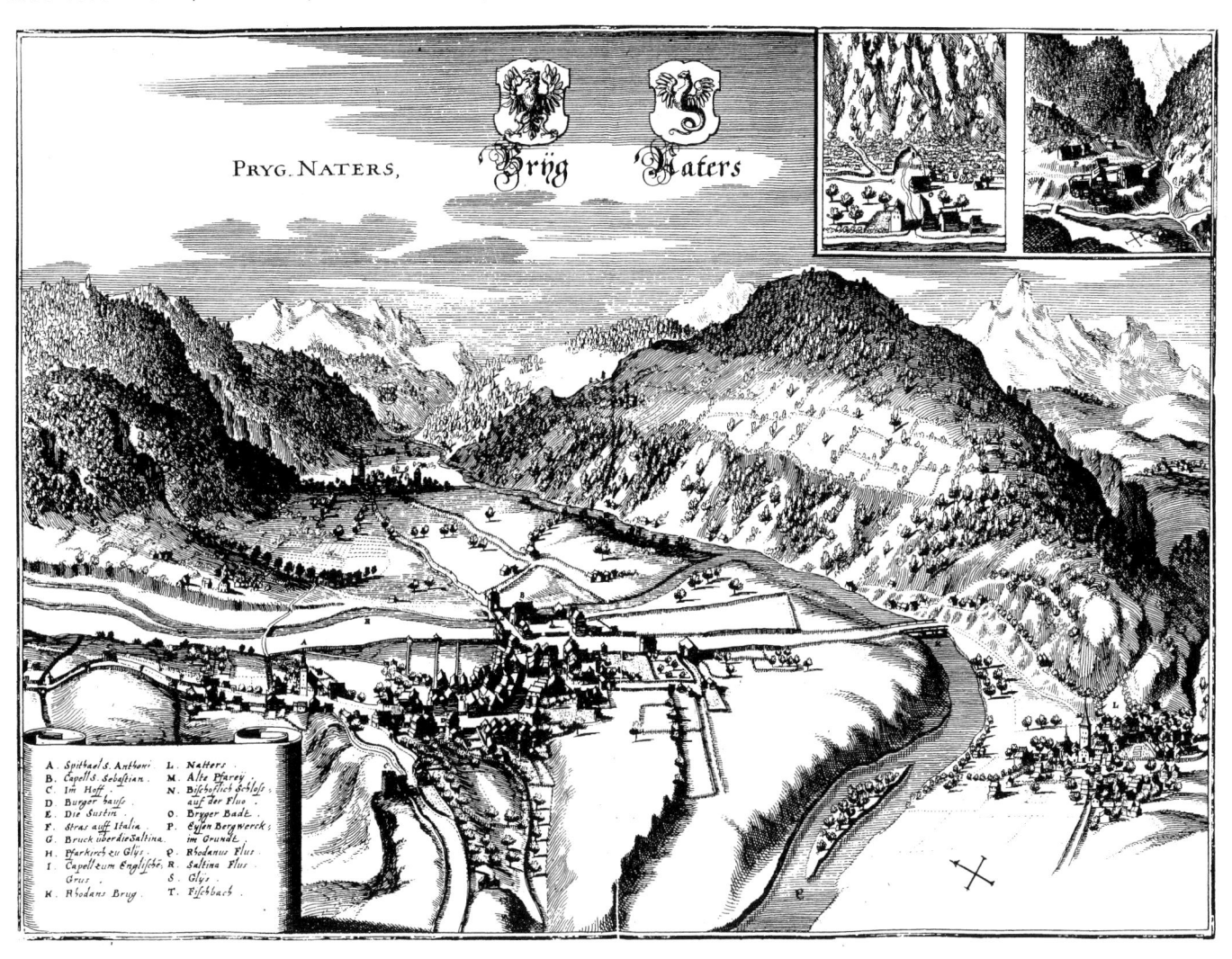

*Brig und Naters. Kupferstich in der Topografie von Matthäus Merian, 1653.*

unter die Vormundschaft des Junkers Johann von Visp. Ob die beiden Grafen Johann (1304) und sein Sohn Anton von Biandrate (†1332), die sich Grafen von Naters schrieben und daselbst einen Turm bewohnten, nach dem Abgang der Edlen auf der Flüe das Meieramt bekleideten, ist wahrscheinlich, aber nicht bewiesen.

## Die Meier de Saxo (Manegoldi) von Naters

| | |
|---|---|
| 1214–1239 | Walther |
| 1219 | Lombardus |
| 1230 | Johannes |
| 1260 | Humbertus |
| 1290 | Stephanus |
| 1300 | Marko |

## Der Kastlan

In der ersten Hälfte des 14. Jahrhunderts scheint der Bischof das Lehen eingezogen und das Meieramt in eine Kastlanei mit den gleichen Befugnissen umgewandelt zu haben. Im Jahre 1331 ist zum ersten Mal von einem Kastlan in Naters die Rede. In der Folgezeit sind Angehörige verschiedener edler Familien im Besitze dieses Amtes. Bischof Eduard verordnete für Rudolf von Raron, der 1376 und 1385 als Kastlan von Naters auftritt, als Jahresgehalt 100 Pfund, verpflichtete ihn aber gleichzeitig, zehn tapfere Wächter zu unterhalten, die ihn in der Ausübung seines Amtes zu unterstützen hatten.

Zur Zeit des Rarnerkriegs 1415 kam die Kastlanei zum Zenden.[10] Am 3. Januar 1418 vereinbarten die gesamten Gemeinden von Brig eine Reihe von Verordnungen über die Wahl des Kastlans und die Ausübung des Richteramtes. Unter anderem wurde dem Kastlan eine gebührende Belohnung aus dem Einkommen und den Gilten (Abgaben) des Bischofs zugesprochen.[11]

Es bleibt abschliessend noch zu erwähnen, dass die Gemeinden Eyholz, Täsch und Randa seit dem 13. Jahrhundert seltsamerweise ebenfalls zum Meiertum von Naters gehörten, letztere zwei bis ins 16. Jahrhundert.[12]

Nachstehend nennen wir die Namen der Kastläne von Naters bis zum Jahre 1518, dem Jahr der Verlegung des Gerichts und damit des Zendenhauptortes nach Brig.[13]

### Kastläne von Naters

a) Ernannt von den Bischöfen:

| | |
|---|---|
| 1303 | Walter von Naters |
| 1310 | Johann von Weingarten, Ritter |
| 1325 | Rudolf von Raron |
| 1339 | Franciskus de Campesio |
| 1346 | Rudolf von Raron |
| 1347 | Johann de Platea von Visp |
| 1352 | Humbert de Corgenon |
| 1354 | Perrodus von Ollon |
| 1358 | Arnold von Silinen |
| 1359 | Anton Krucer von Glis |
| 1365 | Michael von Urnavas |
| 1372 | Rudolf von Raron |
| 1375–1378 | Rudolf von Raron |
| 1384–1385 | Rudolf von Raron |
| 1388 | Anton zen Owligen |
| 1389 | Johannes zen Langon (?) |
| 1391–1392 | Anton zen Owligen |
| 1396 | Peter Misbomer |
| 1398 | Rudo Bubuschin |
| | Anton Eschimann |
| 1400 | Anton zen Owligen |
| 1403 | Anton Buschin |
| 1406–1407 | Anton Curto |
| 1410 | Anton Schurto (Schuorten) |
| 1412 | Anton Schröten (?) |
| 1415 | Thomas im Oberdorf |
| 1416 | Rudolf von Raron |

b) Gewählt vom Zenden:

| | |
|---|---|
| 1420 | Thomas Theiler |
| 1422 | Simon Kuntschen |
| 1424 | Johann Metzilten |
| 1426 | Johann Metzilten |
| 1428 | Anton Curto |
| 1431 | Simon Kunzen |
| 1432 | Thomas Theiler |
| 1434 | Anton Curten |
| 1435 | Anton Kuonen |
| 1438 | Thomas Theiler |
| 1439 | Martin Zirren |
| 1440 | Simon Kuntschen |
| 1441 | Johann Owling |
| 1442 | Martin Zirren |
| 1444 | Jodok Owling |
| 1446 | Jodok Owling |
| 1447 | Martin Zirren |
| 1448 | Franz Gabrielis |
| 1449 | Egid in der Kumben |
| 1450 | Anton Curten |
| 1455 | Egid in der Kumben |
| 1456 | Franz Gabrielis |
| 1457 | Peter Segner |
| 1460 | Egid in der Kumben |
| 1462 | Johann de Pileo (Huter) |
| 1464 | Egid in der Kumben |
| 1465 | Peter Metzilten |
| 1466 | Jodok Owling |
| 1467 | Bartholomäus Perrinus |
| 1469 | Anton Kuonen |
| 1470 | Johann Asper |
| 1471 | Johann Huter |
| 1474 | Anton Kuonen |
| 1475 | Nikolaus Wala |
| 1476 | Egid Venetz |
| 1477 | Anton Lener |
| 1478 | Hilprand Eyer |
| 1479 | Johann Brünlen (Brindlen) |
| 1482 | Hilprand Lener |
| 1483 | Anton Lener |
| 1488 | Peter in Curia (Imhof) |
| 1489 | Jennin Rymen |
| 1490 | Georg Supersaxo |
| 1492 | Johann Brünlen |
| 1499 | Johann uffem Stapf |
| 1500 | Nikolaus Wala |
| 1501 | Johann Theiler |
| 1502 | Johann zem Stepf |
| 1503 | Egid Andenmatten (de Prato) |
| 1504 | Anton Owling |
| 1505 | Jakob Eyer |
| 1506 | Kaspar Kuonen |
| 1507 | Michael Owling |
| 1508 | Kaspar Kuonen |
| 1509 | Egid Venetz |
| 1510 | Anton Owling |
| 1511 | Anselm Jossen |
| 1512 | Anton Gerwer |
| 1513 | Peter Eyer |
| 1514 | Johann Theiler |
| 1515 | Egid Venetz |
| 1516 | Peter Feliser am Feld |
| 1517 | Johann Rymen |
| 1518 | Kaspar Metzilten |

*Naters. Aufnahme um 1916. Hinten im freien Feld die zwei Kräuterhäuser.*

## Der Weibel

Der Weibel (salterus) übermittelte dem Viztum und dem Meier die Klagen der Geschädigten, verkündete die Befehle und Erlasse des Richters, unternahm die Pfändungen und hatte zudem polizeiliche Befugnisse. Sein Amt war erblich und wurde vom Bischof selbst vergeben. Unter Eduard von Savoyen (1345–1386) erhielt der Weibel von Naters von jeder Tagung sechs Schilling; hierfür musste er den Treueid leisten und beim Wechsel des Herrn ein Pfund Pfeffer und ein Pfund Ingwer entrichten. Überdies hatte er ein Stück Mattland und einen Weinberg unter dem Bischofsschloss zu Lehen und bezahlte dafür einen jährlichen Grundzins von zwei Pfennig mit Geding. Eduard verlieh ihm auch 60 Schilling, welche ihm die Leute von Rischinen jährlich schuldeten. Bischof Wilhelm bestätigte 1395 dieses Übereinkommen.[14]

Mit der Kastlanei fiel zu Beginn des 15. Jahrhunderts auch das Weibelamt an den Zenden, wie dies aus den «Fryheiten des l[öblichen] Z[endens] Brygs» von 1418 hervorgeht.[15]

## Der Mistral

Der Mistral gehörte ebenfalls zu den niederen Amtsleuten der bischöflichen Verwaltung. In einer Urkunde von 1181 erscheint der Mistral von Naters als Unterbeamter und Gehilfe des Meiers. Ihm oblag es, von den Leuten des Bischofs die Tellen (eine Art Steuer) und übrigen Abgaben zu erheben. Das Amt des Mistrals war erblich. Der Inhaber schuldete der Herrschaft den Treueid. Von den Mistralen sind uns bloss zwei Namen erhalten: Werinus (1312) und Burquinus (1338).[16]

Nachdem der Bischof die wichtigsten Ämter des Viztums, des Kastlans und des Weibels an die Gemeinden eingebüsst hatte, verblieb er dennoch im Besitz von mannigfaltigen Gütern und Abgaben im Bezirk Naters. Der bischöfliche Mistral hatte nun die Aufgabe, diese Zinsen einzuziehen und dem Bischof zu übermitteln. Im 17. Jahrhundert gab es zwei Mistrale im Zenden, der eine verwaltete das linke, der andere das rechte Rhoneufer. 1639 entrichtete der Mistral Georg Michlig Supersaxo 40 Pfund für das Gebiet von Naters.[17] Die letzten Grundgüter des Bischofs in Naters wurden erst 1838 verkauft und der Erlös wurde für den Bau der bischöflichen Residenz verwendet.

## Die Adelsgeschlechter

Welch grosse Bedeutung Naters in der zweiten Hälfte des Mittelalters besass, beweisen die zahlreichen vornehmen Familien, die daselbst ihren Sitz hatten.

## Die Herren auf der Flüe

Die edle Familie auf der Flüe («uff der Flüe») stammt aus Oberitalien und hiess ursprünglich Manegoldi. Bereits 1181 erschienen die Namen von vier Söhnen des Manegoldi als Zeugen in einem Vertrag zwischen dem Bischof und dem Kapitel von Sitten über die Leute in der Lauinen (Brigerberg). Die Manegoldi verzweigten sich in mehrere Linien und nahmen vom Wohnsitz den Namen an: von Mühlebach, von Fiesch und von Brig. Ein Zweig besass seit 1214 das Meieramt von Naters und auch das Schloss auf der Flüe und führte von da an den Namen de Saxo (auf der Flüe) oder auch einfach «von Naters». 1230 wurden dem Meier Walther de Saxo nach einer Klage der bischöflichen Lehensleute von Naters für künftige Übergriffe Sanktionen angedroht.[18] Mit den benachbarten edlen Familien vielfach versippt, nahmen die Herren de Saxo bald eine hervorragende Stellung ein und standen bisweilen an der Spitze des bischöflichen Adels im Oberwallis. Gegen Ende des 13. Jahrhunderts nahmen die Edlen von Saxo auch Anteil am Aufstand Peters IV. von Turn gegen den Bischof Bonifaz von Challant. Im Jahre 1294 entbrannte zwischen den Parteien ein mit höchster Erbitterung geführter Krieg, der bis 1299 dauerte. Die auf der Seufzermatte bei Leuk geschlagenen Gegner des Bischofs sollen sich in das Schloss auf der Flüe geflüchtet haben. 1299 fiel die Burg in die Hände des Bischofs, der den verräterischen Adel bestrafte und wohl auch dem Hause de Saxo verschiedene Erblehen entzog. Bald darauf erlosch die Familie in Naters gänzlich. Als letzter Spross tritt 1337 Johann, Sohn des Nantelm von Saxo, auf.[19]

## Die Herren von Augusta

Die Herren von Augusta (von Aosta) waren ein Zweig der Vizegrafen von Aosta in Oberitalien und kommen 1249 zum ersten Mal urkundlich in Naters vor.[20] Ihr Sitz war der Turm beim heutigen Friedhof, der später an die Herren von Urnavas vererbt wurde. Zwischen 1249 und 1275 besassen die Herren von Augusta das Vizedominat von Naters. Die Familie de Augusta erlangte ein hohes Ansehen und zeigte regen Sinn für christliche Wohltätigkeit. Der letzte Sprössling, Peter II., aber endete traurig. Er wurde wegen Blutschande und Treulosigkeit eingekerkert und 1312 seiner Lehen beraubt.[21]

## Die Adeligen von Urnavas

Die Herren von Ornavasso erhielten ihren Namen von der gleichnamigen Ortschaft im unteren Ossola (Eschental), wo sie eine Herrschaft besassen.[22] Sie stammen vom grossen Geschlecht der Grafen Barbavara von Castello ab, die zwischen dem 12. und 13. Jahrhundert in Ossola und den umliegenden Regionen ausgedehnte Lehen besassen. Sie benannten sich nach dem Kastell St. Angelo auf einer Insel des Langensees gegenüber Palanza.[23] In der zweiten Hälfte des 13. Jahrhunderts ehelichte Jocelin I. von Urnavas Mathelda von Aosta (de Augusta)-Challant, Tochter des Peter, Viztum von Naters. Durch diese Heirat kam das Vizedominat von Naters in die Hand Jocelins. Er erhielt es 1275 durch Bischof Peter von Sitten gerichtlich zuerkannt und behielt es bis 1285.

Jocelin I. starb ohne Nachkommen. Ihm folgte Guido, wahrscheinlich sein Bruder (oder Neffe?), der zwischen 1280 und 1290 die begüterte Walliser Erbin Mathilde Roder ehelichte. Von Guido stammte Jocelin II. ab, der in der ersten Hälfte des 14. Jahrhunderts mehrfach in den Urkunden erwähnt wird. Zum ersten Mal stossen wir 1317 auf ihn, und zwar als Vollstrecker einiger Legate seines Grossvaters mütterlicherseits, das heisst von Giovanni Roder zugunsten der minderen Brüder des Konvents von Domodossola. Von 1326 an tauchte Guido in zahlreichen Ständevertretungen des Walliser Adels auf. Im Jahre 1346 war er in Ursern am Zustandekommen des Vertrags zwischen dem Oberwallis und den Herren von Ursern, Uri, Schwyz, Unterwalden, Luzern und Churwalden beteiligt, der sich mit den Transitwegen über den Gotthard und die Furka befasste. 1347 wurde er zum Kastlan vom Goms und zum Meier von Ernen ernannt. Er verwaltete auch anstelle des schwachsinnigen Ludwig Buos die Meierei von Mörel. Zudem besass er den Turm der Herren von Aosta in Naters (fortab Ornavassoturm genannt) sowie Felder und Rebberge am Kelchbach.

Jocelin II. starb um 1350 und hinterliess eine Tochter, Agnes. In erster Ehe war diese mit Johannes von Raron, dem Herrn von Mont d'Hérens, verheiratet und hatte zwei Kinder, nämlich Isabelle und

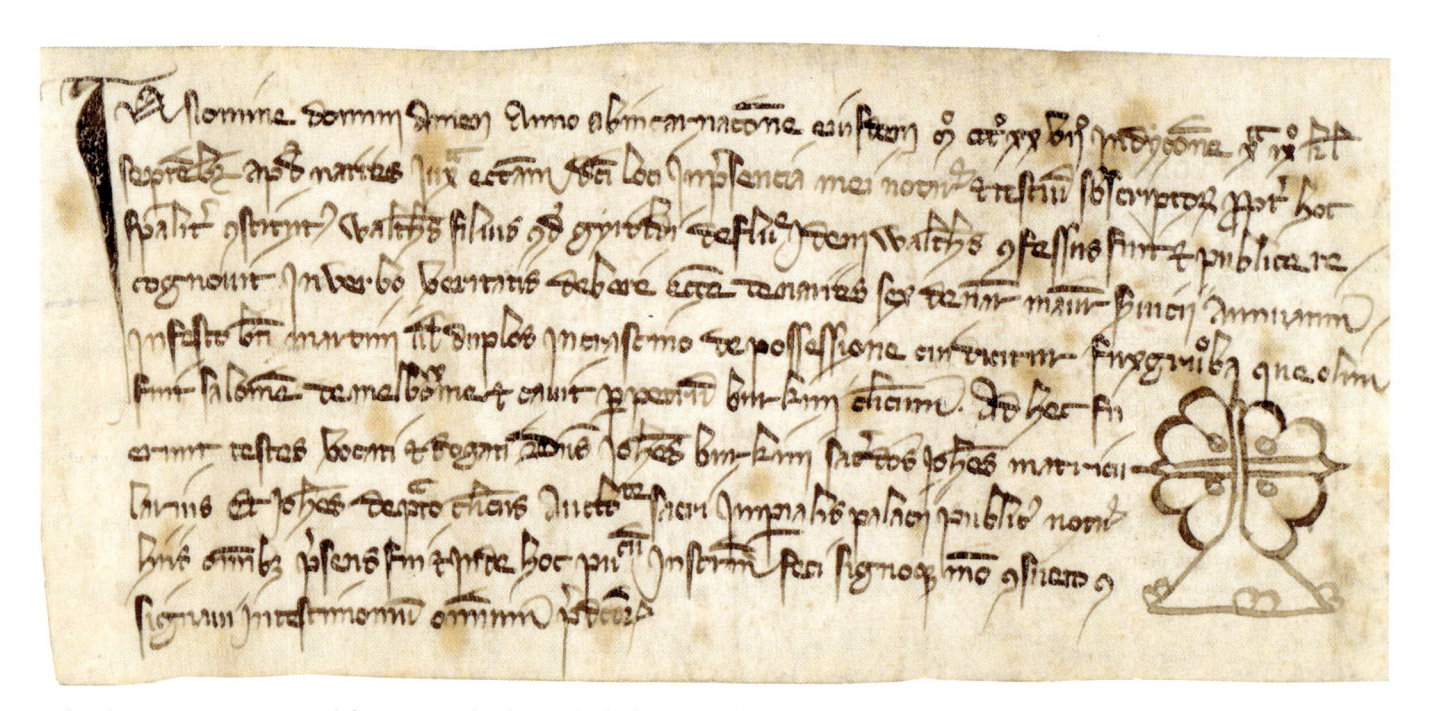

*Urkunde vom 24. August 1327 (PfA Naters, D 3). Erkanntnisschrift, gemäss der Walter von Flüe der Kirche von Naters für die «Fuxgrube» sechs Pfennig Gilt (= Grundzins) zu zahlen hat.*

*Naters Richtung Natischer Feld. Der Rotten ist noch ungezähmt.*

Rudolf, von dem zwei Sittener Bischöfe abstammen, Wilhelm VI. von Raron (1437–1451) und Heinrich Esperlin IV. (1451–1457). Ihrer zweiten Ehe mit Niklaus Troller von Ernen entsprossen Katharina, die sich mit Johannes Sigristen (Matricularius) verheiratete, und Agnes.

Sie alle, insbesondere Niklaus von Ernen und Rudolf von Raron, pflegten Urkunden mit «von Urnavas» zu unterzeichnen und wurden darin auch von dritter Seite so genannt. Von Jocelin von Ornavasso erbten sie den Besitz in Naters, Herrschaftsrechte in Mund und Finnen sowie vor allem das reiche Lehen der Herren von Aosta auf dem Simplon.

## Die Herren von Weingarten

Die Herren von Weingarten (de Vineis) hiessen ursprünglich «Hubodi, Huboldi, Hubolt, Uboldus» und nahmen vom Weiler Weingarten östlich von Naters, wo die Ritter ihre Burg hatten, den Namen an.[24] Sie erscheinen in Naters von 1162 (Johann Uboldus) an bis ins 15. Jahrhundert hinein, verbreiteten sich auch nach Siders und Sitten, wo sie erst im 18. Jahrhundert ausstarben.[25] Sie gehörten unstreitig zu den angesehensten Rittergeschlechtern des oberen Rhonetales. Die Familie war auch im Goms, in Siders und Sitten reich begütert und mit den Grafen Biandrate, den Rittern von Eifisch, von Morestel, von Kramburg und Rodier verschwägert. Ritter Franz (1339–1361) erscheint des Öfteren im Rat des Bischofs und als Abgeordneter der Gemeinden Naters und Brig. Fransa, Tochter des Peter von Eyholz, war die erste Gattin des edlen Franz de Vineis in Naters, der sich in zweiter Ehe mit Katharina von Kramburg, die aus einer vornehmen Familie des heutigen Kantons Bern stammte, vermählte. Als Franz de Vineis am 21. Juni 1361 sein Testament machte, stiftete er ein Jahrzeit für sich, seine verstorbene Gattin Fransa und für die lebende Ehefrau.[26]

Im geistlichen Stande glänzten Junker Johann als Domherr von Sitten (1330) und Junker Franz als Konventuale der Abtei Einsiedeln. Die Familiengruft der von Vineis befand sich auf dem Kirchhof zu Naters.[27]

## Die Grafen von Biandrate

Über dieses bedeutende Grafengeschlecht schrieb Enrico Rizzi Folgendes: «Unter den italienischen Geschlechtern, die von den Novara-Wirren erfasst wurden und sich auf der anderen Seite der Alpen im 13. Jahrhundert im Wallis niederliessen, sind die Grafen von Biandrate zweifelsohne das eindrucksvollste und bedeutendste Geschlecht. Um die Jahrhundertmitte ins Oberwallis übergesiedelt, wurden die Grafen von Biandrate in kurzer Zeit zum mächtigsten Geschlecht und fielen damit im Norden dem gleichen Schicksal anheim, das ihnen im Süden beschieden war: einem kometenhaften Aufstieg folgte der jähe Niedergang.»[28]

Über die Besitztümer dieser Adeligen berichtet Rechtshistoriker Louis Carlen: «Die Grafen von Biandrate waren vermutlich Nachfahren der Grafen von Pombia und nannten sich seit dem Ende des 11. Jahrhunderts nach der Burg (und dem Städtchen Biandrate zwischen Novara und Vercelli) Biandrate. Im 11. bis 14. Jahrhundert hatten sie an mindestens 200 Orten Besitztümer, vor allem im heutigen Piemont, nördlich und südlich des Po und in den Alpentälern. Im Hochmittelalter spielte die Familie eine überregionale Rolle, zuerst in Anlehnung an Mailand, dann an die mit ihr verwandten Markgrafen von Montferrat und auch in der kaiserlichen Italien-Politik von Heinrich V. bis Friedrich II. (...) Seit Beginn des 13. Jahrhunderts ist die Familie im Wallis nachweisbar. Im 13. und 14. Jahrhundert besassen die Biandrate Rechte am Simplon, in Naters, Visp, den Vispertälern, Sitten und im Goms.»[29]

Wohl durch Heirat erwarb sich Johann von Biandrate Güter und wahrscheinlich auch das Meiertum von Naters. Er (1304–1306) so-

*Wappen der Grafen von Biandrate. WWb d'Angreville, 1868.*

wie auch sein Sohn Anton (†1332) nannten sich Grafen von Naters und besassen einen festen Turm in der Nähe des Turms der Augusta. Die Gräfin Isabella, einzige Tochter des Anton und Gattin des Franz von Compey, wurde mit ihrem Sohn Anton in der Nacht vom 3. auf den 4. November 1365 von Anhängern des Bischofs Witschard Tavelli bei der Rhonebrücke von Naters ermordet; sie hatte als Verwandte der Freiherren von Turn für diese und gegen den Bischof Partei ergriffen.

Diese Gräueltat blieb nicht ohne Sühne. Anhänger der Ermordeten meldeten diese Untat dem päpstlichen Hof in Avignon, weil auch Bischof Tavelli darin verwickelt war. Papst Urban V. (1362–1370) schickte seinen Gesandten Nicolaus le Bron nach Sitten, damit die Mörder bestraft würden und die Fehde, die schon 25 Jahre andauerte, endlich aufhöre. Der päpstliche Gesandte verordnete am 30. Mai 1366 folgende Sühneleistung:

*1. Der Bischof soll die Mörder bestrafen. Die Leichname der Ermordeten sind nach Sitten zu bringen und daselbst in der Kathedrale am 15. August feierlich beizusetzen. Bei dieser Beerdigung sollen 100 Kerzen brennen und 50 Geistliche das Totenoffizium beten.*
*2. Aus den konfiszierten Gütern der Mörder sind zwei Altäre zu stiften, an denen täglich zwei heilige Messen für Mutter und Sohn Biandrate zu lesen sind.*
*3. Johann von Compey und die Söhne des Anton Biandrate sind aus der Haft zu entlassen und ihnen innerhalb 14 Tagen alle Güter zurückzuerstatten.*

Erst am 29. Juni 1370 wurden diese Verordnungen auch durch den Grafen Amadeus VI. von Savoyen gutgeheissen.[30] Die Erben der Biandrate, die Herren von Compey, verkauften später ihre Herrschaftsrechte an den Bischof von Sitten und an die Untertanen und verliessen das bischöfliche Wallis.[31]

## Die Ritter und Junker Rodier

Zu den ritterlichen Familien in Naters gehören auch die der Rodier oder Roder.[32] 1218 tritt Walter Roder zum ersten Mal urkundlich auf. Als Vasallen des Bischofs und des Domkapitels waren die Rodier[33] vorwiegend in Naters und Umgebung, aber auch anderweitig im Rhonetal begütert.

Während sich die ersten bekannten Rodier in Naters, Walter I. und seine Söhne Konrad und Peter I., noch Ritter nannten, trugen die Söhne der letzteren, Peter II. (des Konrad) und die Gebrüder Walter II. und Johannes (des Peter I.), den Titel Junker (Domicellus). Johannes war Mistral über die Eigenleute des Domkapitels im Gebiet der Pfarrei Naters. Als solcher bezog er unter anderem den dritten Teil aller Bussen. Im Jahre 1312 gab er den Domherren die Mistralie zurück, erneuerte indessen eine Reihe anderer Lehen. In seinem Testament vermachte Junker Johannes dem jeweiligen Priester des Heiligkreuz-Altars in der Kirche zu Naters drei Pfund und drei Schillinge sowie sein unterhalb der Kirche gelegenes Haus mit der Bestimmung, den Minoritenbrüdern von Domodossola, die zweimal im Jahr Naters besuchten, Obdach zu gewähren.

Mathilde, Tochter des Junkers Johann, vermählte sich mit Guido von Urnavas. Dieser Ehe entspross Jocelin, der Vater der letzten Urnavas, Agnes, Gattin in erster Ehe des Johann von Raron und in zweiter Ehe, wie schon erwähnt, des Niklaus von Ernen.

Robert Hoppeler stiess in einem Stammbaum der Familie Rodier in Naters auf vier Generationen. Laut Paul Heldner, Glis, sollen die Rodier im Junkerhof gewohnt haben, und Dionys Imesch schreibt, dass diese Ritter «ihr Haus unterhalb der Kirche zu Naters und ihre Grabstätte in der Kirche von Glis» hatten. Der Mannesstamm der Rodier erlosch in der ersten Hälfte des 14. Jahrhunderts.

*Naters vom Klosi aus gesehen, um 1900. Mit Blick auf den Güterbahnhof Brig und den Brigerberg.*

## Die Herren von Raron

Durch die Ehe mit der Erbtochter der Urnavas gelangte auch ein Zweig der berühmten Familie von Raron in Naters zu Eigentum. Rudolf, der Sprössling dieser Ehe, nannte sich bisweilen nach seiner Mutter von Urnavas und spielte in der Zeitgeschichte eine nicht unbedeutende Rolle. Von 1376 bis 1385 war er Kastlan von Naters und 1417 Landeshauptmann. Im Krieg der Walliser gegen die Herren von Raron stand er auf der Seite des Landes. In eben diesen Fehden wurde sein Haus in Naters von den Parteigängern Witschard Tavellis zerstört.[34] Sein Kleinsohn und Erbe Wilhelm von Raron, der 1437 Bischof von Sitten wurde, sah sich infolge der vielen Schulden seines Grossvaters genötigt, mehrere ansehnliche Rechte und Besitzungen zu veräussern. So verkaufte er am 21. März 1427 die Herrschaft Finnen für 180 Pfund den Bewohnern von Mund[35] und am 26. Juni desselben Jahres das Freigericht Ganter für 225 Pfund dem Johann Uldrici von Raron[36]. Der Rest der Güter der Herren von Raron in Naters ging später durch Heirat in den Besitz der edlen Familien Gobbelini und de Platea über.[37]

Ausser den schon aufgezählten Adelsfamilien waren noch folgende vornehme Geschlechter vorübergehend in Naters begütert: die von Brienz, die von Ernen, die von Mund, die Gobbelini von Köln,[38] die de Platea von Visp und die zer Frauen[39].

Ansehnliche Grundgüter und Einkünfte in Naters hatte seit frühen Zeiten auch das Domkapitel von Sitten.[40] Ein Mistral besorgte deren Verwaltung. Ein Haus «auf dem Platz», das 1550 gebaut wurde, heisst noch heute das Domherrenhaus, weil der Verwalter dort wohnte oder weil sich die Domherren zeitweise selbst dort aufhielten. Erst um die Mitte des 19. Jahrhunderts wurden die letzten Güter des Kapitels in Naters veräussert.

# Herrschaftssitze

## Schloss auf der Flüe

### Sitz des Bischofs und der bischöflichen Beamten

Das Schloss auf der Flüe (de Saxo) wird Bischofs- oder Supersaxoschloss genannt.[41] Wie weiter oben ausgeführt, residierte hier seit 1214 die Familie de Saxo («uff der Flüe») als Inhaberin des bischöflichen Meieramtes. 1300 ging das Meieramt – wohl samt dem Schloss – bis 1333 an die bekannte Grafenfamilie Biandrate über. Nachdem der Bischof sämtliche Rechte über das Schloss erworben hatte, setzte er 1339 den Erben der Biandrate, Franz von Compey, als Kastlan ein. Die Übergabe der Kastlanei Naters und weiterer Kastlaneien durch Bischof Witschard Tavelli an den Landeshauptmann Graf Amadeus VI. von Savoyen 1352 löste im folgenden Jahr den Sturm auf das Meierschloss «uff der Flüe» aus, worauf dieses in Brand gesetzt wurde.

Das Schloss war einerseits Sitz des bischöflichen Beamten, des Meiers und später des Kastlans von Naters; andererseits war es im 15. und 16. Jahrhundert zeitweise auch Residenz des Bischofs. Noch 1617 hielt sich Bischof Hildebrand Jost dort auf.[42]

Josias Simmler bezeichnete 1574 das Bischofsschloss als «arx munissima» (sehr stark befestigte Burg).

### Schauplatz historischer Ereignisse

Die Burg war im Spätmittelalter Ort bedeutender Geschehnisse. 1400 bestätigten hier die deutschsprachigen Gemeinden den Frieden mit Savoyen.[43] In den Rarner Wirren 1415 erstürmten Landleute das Schloss und zerstörten es teilweise. Im Juni 1416 wurde eine Anzahl Soldaten aus Savoyen von den Wallisern in Leuk gefangen genommen und dann barfuss, im blossen Hemd, zu zweit aneinander gefesselt, auf das Schloss auf der Flüe geschleppt, hier sieben Monate gefangen gehalten und für 1443 Goldgulden schliesslich freigelassen.[44]

Zu verschiedenen Malen tagte auch der Landrat der sieben Zenden im Schloss. 1444 finden wir zum ersten Mal den Landrat daselbst versammelt. Dieses wiederholt sich des Öfteren bis ins 18. Jahrhundert hinein.

Am 28. Januar 1446 erschienen 2000 Landleute vor dem Schloss auf der Flüe und zwangen den Landesbischof Wilhelm VI. von Raron, der sich gerade dort aufhielt, die bekannten «Artikel von Naters» zu unterschreiben und damit auf die weltliche Gerichtsbarkeit zu verzichten.[45] Der Drang zur Freiheit brach hier in Naters urgewaltig durch. Naters wurde damit zum Ausgangspunkt der Walliser Freiheit. Als dieser Gewaltstreich in Rom bekannt wurde,

*Kardinal Matthäus Schiner fand in der Zeit der Fehde mit Georg Supersaxo wiederholt Zuflucht im Schloss auf der Flüe. Bildnis im Burgersaal des Rathauses von Sitten.*

musste sich Wilhelm VI. wegen seiner Nachgiebigkeit vor dem Heiligen Stuhl verantworten. Da seine Landleute schwere Unannehmlichkeiten befürchteten, widerriefen sie am 7. Februar 1451 beim Bischof Heinrich von Asperlin, den sie selbst zum Oberhirten wünschten, die sogenannten Artikel von Naters.[46]

Am 15. April 1478 wurde auf dem Bischofsschloss der Ehevertrag zwischen Georg (Jörg) Supersaxo (circa 1450–1529) und Margaretha Lener in Anwesenheit von Walter Supersaxo, Vater von Georg und Bischof von Sitten 1457–1482, sowie zahlreicher Prominenz des Landes abgeschlossen.[47]

Am 11. Juni 1511 zog Kardinal Matthäus Schiner mit dem Landeshauptmann und den Ratsboten nach Naters auf das Schloss auf der Flüe. Während der folgenden Nacht überfiel Franz Supersaxo, Sohn des Georg, mit etlichen Genossen Leute von Naters, die noch auf den Gassen waren. Die Natischer setzten sich zur Wehr und trieben die dem Kardinal feindlich gesinnten Anhänger Jörg Supersaxos bis zur Rhonebrücke. In Brig und Glis wurde Sturm geläutet und die Anhänger Jörg Supersaxos wurden zu Hilfe gerufen, von denen mehr als 3000 Mann in Brig zusammenströmten. Aber auch die Anhänger Schiners sammelten sich in Naters. Sie waren gegen 4000 Mann stark. Durch Vermittlung der Ratsboten sollten die Zwistigkeiten vor einem Schiedsgericht in Sitten ausgetragen werden.[48]

### Renovation – und Zerfall des Schlosses

Eine grössere Renovation scheint erst unter dem vorgenannten Bischof Walter Supersaxo durchgeführt worden zu sein. Um 1485 wurde die (Zehnt-?)«Scheune» im Westen des Wohnturms errichtet.[49] 1503 ist von einer «stupa nova» im Schloss die Rede.[50] Die Erneuerungsarbeiten unter den Bischöfen Adrian I. von Riedmatten (1547) und Johann Jordan (1548–1565) galten wohl vornehmlich der südlichen Anlage des Schlosses. 1688 oder kurz zuvor liess Petermann von Stockalper «das bischofflich schloss zu Naters», nämlich «hauss schyr und Capellen» neu mit Schindeln decken.[51] Zur Zeit des Chorherrn Anne-Joseph de Rivaz (1750–1836) soll das Schloss noch beinahe intakt gewesen sein. Doch setzte der Zerfall

thurm, der noch ob dem ruinierten schloss ganz stehet, obwohl er noch tach, noch einiges gehölz oder dile mehr hat.»[52] Im 19. Jahrhundert ging das Schloss in Privatbesitz über, da der Bischof zur Zeit der Französischen Revolution (1798) seine weltliche Herrschaft verloren hatte.

1854 erfuhr die Burgruine durch den Einbau einer Parkettfabrik der Firma Werner tief greifende Veränderungen.[53] Das sogenannte «Färber Gebäude», wohl das heutige Wohnhaus, wurde von Maurermeister Giuseppe Antonio Ramoni aus Brig um zwei Mauergeschosse erhöht, wobei er die Ostwand bis auf die Fundamente zu erneuern hatte.[54] Hierzu und für einen Neubau mit Mauerteilen im Norden «hinter dem grossen Thurm» diente als «Steinbruch» der Wohnturm, den Ramoni bis «ungefähr dreyssig Schuh» abtragen sollte. War der Turm innen erst noch eingewölbt worden, brach man seine Ostwand bis auf den Erdboden aus, um sie durch ein Mäuerchen mit zentralem Kamin zu ersetzen. 1865 wurde die Parkettfabrik ein Raub der Flammen.[55]

### Zur Rettung der Schlossruine

1907 wies Dionys Imesch im ‹Walliser Boten› auf den Verfall beziehungsweise den Erhalt der Schlossruine auf der Flüe hin: «Man ist an der Arbeit, gerade den ältesten Teil des Schlosses, die nördlichen Ringmauern, niederzureissen. Die Ruine ist gegenwärtig Eigentum des Elektrizitätswerkes Brig-Naters und gewiss niemand bestreitet der Gesellschaft das Recht, die alten Mauern nach ihrem Belieben zu verwerten. Aber schade ist es doch, dieses ehrwürdige Denkmal vergangener Zeiten zu vernichten. Und bei gutem Willen liessen sich sicher Mittel und Wege finden, dasselbe zu erhalten. Möge dies baldigst geschehen!»[56]

In der Absicht, das Schloss vor dem gänzlichen Untergang zu retten, erwarb die Gemeinde 1974 einen Teil der Liegenschaften vom Elektrizitätswerk Brig-Naters (EWBN) im Wert von 103 800 Franken. Diese 3400 m² grosse Parzelle umfasst die noch erhaltenen

*Georg Supersaxo, der Gegenspieler Kardinal Schiners. Bildnis im Supersaxohaus in Sitten.*

ein. In der Perrig-Chronik (1760) steht: «Das schloss verfallet jetz sich allgemach, ausgenommen ein unvergleichlich alter dicker

*Ansicht des Schlosses auf der Flüe von Nordosten. «Supersaxo / bei Naters / 1130». Zeichnung von Raphael Ritz 1845–1850. Museum Majoria, Sitten.*

*Das bischöfliche Schloss auf der Flüe von Südwesten. Rechts die Ruine des Palas, in der Mitte der Treppenturm, links der Wehrturm. Johann Friedrich Wagner: Burgen, Schlösser und Ruinen der Schweiz, 1840.*

Burgterrassen im Norden des Bergfrieds (Turm) und im Westen der «Scheune» sowie die Strasse zum Schloss und die Hügelhänge im Norden und Südwesten.

1977 dachten die Eigentümer an den Abbruch der «Scheune» auf der Schlossanlage. Für die Gemeindeverwaltung war dies ein deutliches Zeichen, nicht mehr länger zuzuwarten. Nachdem 1981 Bund und Kanton Subventionen zugesichert hatten, erfolgte im gleichen Jahr der Kauf des Bergfrieds (mittelalterlicher Wehrbau) durch die Gemeinde vom EWBN zum Preis von 54 700 Franken. 1983 wurde für 60 000 Franken auch noch die «Scheune» erworben. Im gleichen Jahr beschloss die Gemeinde, Werner Stöckli vom Atelier d'archéologie médiévale in Moudon unter Leitung von Dr. Peter Eggenberger aus La Tour-de-Peilz archäologische Untersuchungen anstellen zu lassen. Gleichzeitig gab sie dem Architekten Paul Sprung den Auftrag, folgende dringendste Sanierungsarbeiten vorzunehmen: Der First des westlichen Anbaus wurde auf das alte Niveau und die Höhe des Dachs angehoben; die einsturzgefährdete Stützmauer im Westen wurde wiedererstellt und der Bergfried (Wohnturm) saniert; die ehemalige Ringmauer im Nordwesten, die 1923 eingestürzt war, wurde teilweise rekonstruiert. All diese Arbeiten führte man 1984 aus.

Die bisherigen Sanierungsarbeiten waren als Grundlage zu einer künftigen vollumfänglichen Restaurierung des Schlosses gedacht. Diese und die daraus resultierende Zweckbestimmung des Gebäudes sollten bald diskutiert werden. Im September 1985 bekundeten der kantonale und der Oberwalliser Jagdverband sowie Naturschützer in einem Bericht zuhanden der Gemeinde ihr Interesse dahingehend, im Schloss ein Jagd- und Naturmuseum einzurichten. Die Nutzung der gesamten Schlossanlage für den genannten Zweck erschien dem Gemeinderat im Jahre 1988 aus finanziellen Gründen (Vorprojekt circa eine Million Franken) wie auch aus Standortüberlegungen wenig sinnvoll. Zwar räumte die Verwaltung ein, dass ein solches Museum für Naters sicherlich verlockend wäre. Zugleich äusserte man Bedenken, dass in unserem kleinen Einzugsgebiet das Interesse an einem derartigen Museum bald einmal nachlassen dürfte. Vorderhand werden die Räumlichkeiten (Stall/Scheune und der Bergfried) von Privaten landwirtschaftlich genutzt.

*Das Schloss Supersaxo von Osten. Zeichnung von Emil Wick (1864–1867).*

## Baugeschichtliche Hypothesen

Das Baujahr des Schlosses ist unbekannt. Hildebrand Schiner schrieb 1812, es sei 1130 errichtet worden; er gibt aber keine Quelle an.[57] Die erste Burganlage, ausgeführt im staufischen Buckelquaderwerk, dürfte zur Wende vom 12. zum 13. Jahrhundert zurückreichen. Die Familie Manegoldi soll den Turm 1215 vom Meier von Ernen erworben haben. Da die alten Umfassungsmauern mit Gneisquadern (ohne Buckelzier) im Stil des 12. oder frühen 13. Jahrhunderts gefügt sind,[58] wird hier, an aussichtsreicher Lage, der frühe mächtig dimensionierte Palas (Hauptgebäude einer mittelalterlichen Burg) gestanden haben, dessen Erbauung mit den Klagen der Untergebenen gegen Walther de Saxo und dessen Verschuldung im Zusammenhang stehen dürfte (s. oben).

**Beschreibung. Die Anlage.** Vom Osthang der buchtartigen Mulde, an deren Eingang Naters liegt, tritt ein Querrücken wie ein Riegel bis nahe an den Kelchbach vor. Er bricht im Norden felsig ab, im Westen wird er von einem Steilhang, im Süden von einem sanfteren Abhang begrenzt. Auf dieser Anhöhe steht die Burg «auf der Flüe».

Der eigentliche Zugang führte einst vielleicht – wie heute – um die West- und Nordflanke herum zu einem Portal in der östlichen hangseitigen Umfriedungsmauer. Daneben mögen auch bereits Treppen über den sanfteren Südhang hochgegangen sein, möglicherweise über Terrassen mit Toren. Ein ost-west-gerichteter schluchtartiger Binnenhof scheidet den Wohnturm und die an ihn angebaute «Scheune» als nördliche Flanke von den südlichen Gebäuden der Anlage.

**Ringmauer.** Das einzige grössere Bruchstück der ursprünglichen Ringmauer von 1,15 m Stärke vor der Nordwestecke des Turms und ein weiteres in die Mauer des östlichen Stalles einbezogenes Fragment lassen erkennen, dass die Befestigungsmauer an beiden

Häuptern ähnliches Sichtmauerwerk wie der Wohnturm aufwies, was der Gesamtanlage der Burg ein eindrückliches Aussehen verliehen haben muss. In nördlicher Fortsetzung der Stallmauer konnten, zwischen beidseits tiefer gelegenem ehemaligem Gehniveau, die Überreste einer Mauer ausgemacht werden, die hier an der topografisch ungeschützten Ostflanke eine Dicke von 1,60 m aufwies.

**Wohn- oder Amtsturm.**[59] Der über einem Grundriss von 8,50 x 9,80 m errichtete Wohnturm erreicht, infolge verschiedener Aussenniveaus, im Norden noch eine Höhe von 9,50 m, im Süden von 7 m, wobei die Abbruchkrone der südlichen Front mitten durch den Hocheingang in 8,70 m Höhe verläuft. Darüber können noch ein bis zwei bewohnbare Geschosse gelegen sein. Eindrückliches staufisches Buckelquaderwerk, mehrheitlich aus Granit und Gneis, verkleidet aussen die Füllmauer. Bei einer Mauerstärke von 2,10 bis 2,20 m verringern sich die Innenmasse auf 4,30 x 5,50 m. Der Hocheingang ist die unterste ursprüngliche Öffnung, eine tiefer liegende Tür ebenfalls an der Südfront wurde später ausgebrochen.

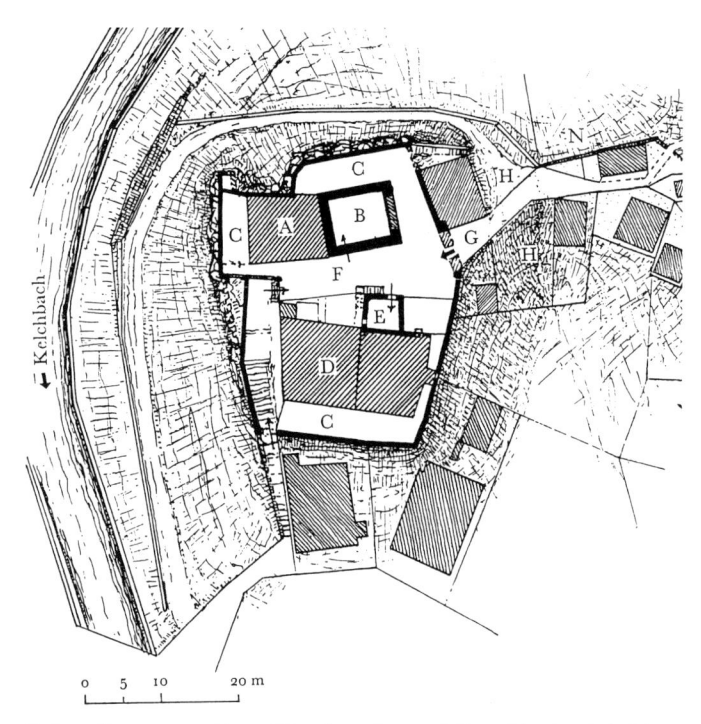

*Naters. Supersaxoschloss: Situationsplan und Grundriss (nach L. Blondel, Vallesia, 1955).*

A = ursprüngliche Wohnung    E = Turm
B = Hauptturm                F = Hof
C = Terrassen                G = Eingang
D = Neubau des 16. Jh.       H–H = ehemaliger Graben

**«Scheune».** An den Turm stösst im Westen ohne eigene Ostmauer ein steinernes Gebäude von 8 m Breite und 10,25 m Länge unter einem Satteldach. Der Bau reichte gegen Westen, wo er auch unmerklich breiter wird, einst weiter über den fallenden Fels vor. Die ursprünglichen Längsmauern brechen nämlich im Westen ab und werden in den oberen Teilen von der jüngeren Westfrontmauer umklammert, während sie in den untersten Teilen heute noch im Süden 2 m, im Norden 2,50 m vorstehen. Auch der Standort des einzigen in das Mauerwerk eingebundenen Gespärres mit Sattelholz (!) nach der (heutigen) Westfront – daneben hat es nur offene Sparren – legt eine frühere weitere Ausdehnung gegen Westen nahe. An der hofseitigen Flankenmauer beginnt in Scheitelhöhe des Portals ein anderes Mauerwerk: regelmässig kleinteilig, in Höhenabständen von ca. 1 m durch eine Plattenlage nivelliert. Diese traufseitige Mauer ist von auffallend vielen Öffnungen durchbrochen. Von den beiden Portalen mit den wuchtigen Archivolten aus Granit-Keilsteinen im Stil des 13./14. Jahrhunderts öffnet sich dasjenige des Erdgeschosses westlich von der Mitte zwischen heute vermauerten Stichbogenfenstern, dasjenige des Obergeschosses dicht beim Turm. Im oberen Geschoss setzt eine weitere, später ausgebrochene[60] Türöffnung unter geradem hölzernem Sturz mit ihrer linken Ecke unmittelbar auf das rechte Bogenflankenende des unteren Portals auf. An der hofseitigen Südfront sind nach der Mauerkrone beidseits einer kleinen Öffnung steinerne Konsolen eingelassen. Ein Zwischenboden an originaler Stelle trennt die beiden einst nicht unterteilten Geschosse; die quer verlaufende Binnenmauer im Erdgeschoss wurde zugleich mit der jüngeren Westmauer erstellt. Da sich nirgends ein deckender Verputz zeigt, sind nach Eggenberger offenbar beide Geschosse als Lagerräume benutzt worden. Dagegen ist Architekt Paul Sprung der Meinung, dass aufgefundene Böden im Scheunenteil wenigstens teilweise auf ehemalige Wohneinrichtungen schliessen lassen.

**«Treppenturm»** am Hause südlich des Hofes. Der «Treppenturm» (?) ist in dem fürs ausgehende Mittelalter charakteristischen unregelmässigen Mauerwerk an den mächtigen Kubus des hochmittelalterlichen «Palas» (?) angefügt worden. Das Wappen Adrians I. von Riedmatten (1529–1548) am Scheitel des rundbogigen Torgewändes aus Tuff und die oberhalb angebrachte Marmortafel mit dem Wappen Bischof Johann Jordans (1548–1565) sind von einem Spengler unnötigerweise beschädigt worden. Heute besitzt der «Treppenturm» (?) nur mehr an der westlichen hofseitigen Flanke

*Ein Teil des Bischofsschlosses auf der Flüe.*

tuffgerahmte Fenster mit gotisch gekehlten Solbänken. Auf einer Zeichnung von Raphael Ritz aus der Mitte des 19. Jahrhunderts ist an der nördlichen Front ein gut erhaltenes Fenster sichtbar. Der Turm war früher höher, denn eines der Fenster wird heute an der Westfront vom Pultdach überschnitten.

**Würdigung.** Der nur mehr bis zum Hocheingang reichende Schaft des Wohnturms in seinem mächtigen staufischen Buckelquaderwerk, die unansehnlichen Bruchstücke der ersten Ringmauer in gleichem Mauerwerk sowie die Reste der Umfassungsmauern des «Palas» (im südlichen Wohnhaus) wecken im Betrachter eine Ahnung von der überwältigenden Grossartigkeit dieses hochmittelalterlichen Bauwerkes südlichen Geistes.[61] Der Stahlstich von Johann Friedrich Wagner aus dem Jahre 1840 vermag noch etwas von diesem Eindruck zu vermitteln.

**Gedicht.** Der Natischer Priester und Schriftsteller Moritz Tscheinen schrieb 1864 ein Gedicht von 32 Strophen mit dem Titel «Das Bischofsschloss in Naters».[62] Diesem Zeitdokument entnehmen wir wörtlich folgende fünf Strophen:

*4. Hier auf des Bischofs Schlosses Überresten*
*Wo Alles um mich leise traurt,*
*Schwebt aus Gebüsch und dunkeln Nussbaumästen*
*Der Vorzeit Bild, das mich durchschaut.*

*16. Nun winket dort auf halbzerrissnen Mauren*
*Das dürre Gras, es ragt heraus*
*Ein Bäumchen, welches einsam scheint zu trauren*
*Umschwärmet von der Fledermaus.*

*26. Und wo, wo sind sie nun die Oberhirten*
*Die hier gebetet und gewacht,*
*Die über Wallis einst das Zepter führten,*
*Wo ist ihr Ruhm, ihr Glanz und Macht?*

*31. Ach längst ist schon ihr Leib in Staub zerfallen*
*Kaum rühmet sie das Pergament;*
*Kaum dass wenn wir zu ihren Gräbern wallen*
*Ihr Name noch die Inschrift nennt.*

*32. Wie schnell ist doch des Lebens Traum verschwunden*
*Und doch du Schattenbild der Zeit,*
*Erbauest Schlösser noch für wenig Stunden*
*Und geizest nur nach Herrlichkeit!*

**Bilddokumente. 1.** *Ansicht von Süden. «FLÜE (Saxo)». Stahlstich. «Ansichten von Burgen, Schlössern und Ruinen der Schweiz, nach der Natur gezeichnet von Joh. Friedr. Wagner». Bern [1840].* – **2.** *Ansicht von Nordosten. «Supersaxo / bei Naters / 1130». Zeichnung von Raphael Ritz 1845–1850. Museum Majoria, Sitten. (Ruppen, Kunstdenkmäler II, Nr. 593).* – **3.** *und* **4.** *Ähnliche Ansichten SLMZ, Antiquarische Gesellschaft Zürich LMS, M II 116 und reproduziert in B. Rameau. Le Valais historique. Châteaux et Seigneuries. Sion 1885, Tf. 44.* – **5.** *Ansicht von Osten. Zeichnung von Emil Wick, 1864–1867. Eingefügt in Sigismund Furrer. Geschichte, Statistik und Urkundensammlung über Wallis, II. (Universitätsbibliothek Basel).* – **6.** *Ansicht von Westen «Fall dess Chel-Bachs (...) des Bischöfl. Slosses bey Naters». Zeichnung von Lorenz Ritz(?), Zweites Viertel 19. Jh. Museum Majoria, Sitten, Inv.-Nr. 379.* – **7.** *und* **8.** *Ansicht von Süden.* – **9.** *«Portklopfer vom Schloss auf der Flüe». Zeichnung von Wilhelm Ritz (1827–1906) (Antiquarische Gesellschaft Zürich. SLMZ, M V 50a).*

# Ornavassoturm

## Geschichtliches

**Allgemeines.**[63] Der nach der edlen Familie de Ornavasso aus Oberitalien benannte Wohnturm (Schloss Urnavas) dürfte im dritten Viertel des 13. Jahrhunderts erbaut worden sein, als nämlich Mathelda, Gattin des Wilhelm de Augusta (Aosta), und ihre Anverwandten um 1255/56 bei der Aufteilung des Vizedominats von Sitten in vier Teil-Vizedominate wohl dasjenige von Naters zugesprochen erhielten. Das Vizedominat (Vidomat) von Sitten umfasste damals fast das ganze bischöfliche Wallis mit Ausnahme von Leuk und Raron.

*Ornavassoturm vor dem Schulhausanbau. Aufnahme vor 1928.*

Durch Heirat von Erbtöchtern wechselte der Turm dann von den de Augusta zu den von Ornavasso, welche ihm den Namen gaben, hernach zu den von Raron, de Gobellini und schliesslich zu den de Platea, in deren Besitz er in der zweiten Hälfte des 15. Jahrhunderts war. Bei dem Haus des Rudolf von Raron, das in den Rarnerkriegen (1415–1418) von Anhängern des Witschard von Raron zerstört und geplündert wurde, könnte es sich um den Wohnturm handeln.[64] Laut Walter Ruppen dürfte das Gebäude im 16. Jahrhundert in den Besitz der Gemeinde Naters gekommen sein; doch einen sicheren Beweis dafür gibt es nicht. Am 24. August 1734 bestätigte Kastlan P. Perrig durch richterliches Urteil die Gemeinde als Eigentümerin des Turmes.[65] Zu eben dieser Zeit stellte Naters ihn zeitweise dem Zenden als Zeughaus zur Verfügung. Hier oder in der Behausung des Bannerherrn wurde auch das Zendenbanner aufbewahrt.

In der ersten Hälfte des 19. Jahrhunderts brannte der Turm, in dem eine Zündholzfabrik eingerichtet war, zweimal aus, so dass er am Jahrhundertende leer, ohne Stiegenhaus und Dach stand.

**Bergler retten den Turm.** Als die Gemeinde den Turm als «Steinbruch» für ein neues Schulhaus verwenden wollte, verhinderte am 1. Februar 1876 eine mit Stöcken, Sensen und Gabeln bewehrte Schar vom Natischer Berg den Abbruch. Pfarrer Ernst Zenklusen schildert diese Begebenheit nach Aufzeichnungen von Elias Clausen (1866–1958), der als 10-jähriger Bub das ganze Geschehen miterlebte.[66] Fassen wir dies kurz zusammen. Ohne das Volk zu befragen, gab der Natischer Gemeinderat Arbeitern vom Brigerberg den Auftrag, den Turm zu Fall zu bringen. Diese begannen, am Fusse des Turmes einzuhauen, um ihn dann mit einem «Wehri-Seil» niederzureissen. Franz Werner, der im Klosi Wohnung und Werkstatt (Parkettfabrik) besass, war einer der Initianten des Widerstandes. Er befürchtete nämlich, dass das Niederfallen eines so riesigen Bauwerkes den tiefgefrorenen Erdboden arg erschüttern und ihm an Haus und Betrieb schweren Schaden zufügen könnte. Vermutlich berichtete eine Frau vom Berg, die im Dorf Einkäufe besorgte, den Leuten aus Blatten von diesem Treiben in Naters. Im ganzen Berg wurden die Bewohner nachts mobilisiert. Am 1. Februar 1876 frühmorgens rief die Sturmglocke der Kapelle von Blatten die Leute zusammen. Die starke Mannschaft machte sich auf den Weg; selbst Kranke gingen mit. So erzählte Hans Schmid noch 1939, dass sein Vater, der wegen starker Rückenschmerzen im Bett lag, aufgestanden und der gut geordneten Volksmenge nachgehumpelt sei. Am folgenden Tag sei sein Vater «glockengesund» heimgekommen.

Wie die wutschnaubenden Bergler gegen 9.00 Uhr mit lautem Gebrüll beim Ornavassoturm eintrafen, hatten die Arbeiter bereits das Weite gesucht. Die aufgebrachte Menge begab sich zur Dorflinde und danach vor das Haus des Gemeindeoberhauptes. Dieses erklärte, dass die Verordnung zum Abbruch des Turmes auf Befehl der obersten Landesbehörde erfolgt sei. Mächtiges Gemurmel, Kopfschütteln und Knebelschwingen! Während man das Haus des Präsidenten Anton Eggel «belagerte», lief Anton Imhof (1817–1883) zusammen mit zwei anderen Männern schnurstracks nach Brig zum Grosskastlan Peter Marie von Stockalper. Dieser aber tat ihnen kund, dass die hohe Landesregierung keine solche Verordnung an die Gemeinde Naters habe ergehen lassen. Inzwischen servierte der Präsident in seinem Wirtshaus (auf Bestellung hin) den besten Wein und es erging den meisten wie weiland dem guten Noach. Die einen schimpften und fluchten gegen den Präsidenten, andere wieder sangen, jodelten oder tanzten. Anton Imhof und seine Kameraden waren nach ihrer Rückkehr von Brig ob dieser Ausgelassenheit nicht wenig erstaunt. Bald schlich einer nach dem anderen mit leerem Geldbeutel auf und davon. Der Präsident rieb sich die Hände, denn die Kasse stimmte, aber der Präsidentenstuhl wackelte. Bei den folgenden Gemeinderatswahlen wurden sämtliche Ratsherren abgewählt. Anton Imhof gab man wegen seiner tapferen Führung der Volksmenge den Beinamen «ds Gsetz». So vereitelten die Bergler das Unterfangen der «Dorfgrüppini» (wie sich Meinrad Michlig junior in einer seiner Erzählungen ausdrückt) und der Ornavassoturm entging nur knapp der Zerstörung.

**Umgestaltung zu einem Schulhaus.** 1899 wurde der Ornavassoturm zu einem Schulhaus umgestaltet. Die Jahreszahl ist in Zement an der Nordfront, nahe dem Dach, eingeritzt. Der Turm wurde in fünf Geschosse eingeteilt; an der nördlichen Traufseite wurden der Treppenturm angebaut und Treppengiebel angebracht; in die Süd- und Westfront liess man granitgerahmte Zwillingsfensterachsen ein; die östliche Giebelfront wurde vorerst nicht verändert.

*Ornavassoturm mit Schulhausanbau. Aufnahme von 1992.*

Durch den Anbau der Schulhausanlage (mit Turnhalle und Saal) direkt an die Ostwand des Turmes in den Jahren 1928–1930 erlitt das altehrwürdige Gebäude in seiner Wirkung eine starke Einbusse. Voten gegen dieses Vorhaben hatten in der Urversammlung keine Chance angenommen zu werden.

**Beschreibung. Äusseres.** Turmhöhe: 31,50 m. Aus den Zeichnungen von Raphael Ritz geht deutlich hervor, dass der ehemals viergeschossige Turm nach Westen blickte; die östliche, d.h. rückseitige Giebelfront war entsprechend unregelmässig befenstert. Das an den übrigen drei Fronten mit je zwei grossen Fenstern belichtete oberste Geschoss barg offenbar den Rittersaal (Aula). Die ebenerdige Tür an der Nordfront ist sogar auf der Zeichnung als später Ausbruch erkennbar. An der südlichen Traufseite, über dem Kellergeschoss, befindet sich ein zwischen dem dritten und vierten Geschoss vermauertes Portal. Die ursprüngliche Fenstergliederung ist an den freistehenden Fronten ganz oder teilweise noch sichtbar. Der Turm weist eher unregelmässiges, einst in «rasa pietra» verputztes Mauerwerk mit wuchtig betonten Eck- und Rahmenpartien auf sowie vierkantige Gerüstbalkenlöcher in regelmässiger Folge und grosse Fensteröffnungen. In mittlerer Höhe der Südfront führt eine Tür zu einem Balkon des Laufgangs. Beim Portal der Westfront entfaltet die Rahmung aus grossen Hausteinen über dem Sturz des schmalen Schulterbogenportals einen bemerkenswerten Reichtum: Einem rundbogigen Archivoltenblock ist als flache Nische ein spätromanischer Zackenbogen mit gotisierend abgeplatteten Flanken eingeschrieben. Die symmetrisch angeordneten Keilsteine erinnern an ein Kreuz mit Strahlen in den Zwickeln. Da das Portal in originalem Mauerverband ruht, wird man die gestielte Lilie in der Archivolte nicht mit der Wappenlilie der Familie de Platea in Verbindung bringen dürfen. Das nach 1909 am südlichen Gewände veränderte Kellerportal in der Westfront mutet wie ein ungefüger «Entwurf» zum höher liegenden Portal in der gleichen Front an; aus seinem Sturz ist ein vorkragendes Sims gehauen.

Am unteren Teil der Westfront in der Nische befindet sich eine Mauritiusstatue aus Steinguss von 1972; sie wurde von Johannes Horestes Bundschuh entworfen und von Anton Mutter angefertigt. Die Statue ist ein Geschenk der Raiffeisenbank Naters anlässlich ihres 50-jährigen Bestehens im Jahre 1970.

**Bilddokumente.** *1. Ansicht von NW. «Urnafas bei Naters». Bleistiftzeichnung von Raphael Ritz 1845–1850. Skizzenbüchlein, betitelt «Album» (Nachlass zurzeit bei Frau Elsbeth Darioli-Ritz, Zug). – 2. Ansicht von NW. Zeichnung von Emil Wick. 1864–1867 (Furrer/Wick, S. 64/65). – 3. Ansicht von NO. Nachlass Nr. 1.–4. Ansicht von NO. «Ornavasso (Urnafass) bei Naters». Tuschierte Bleistiftzeichnung von Raphael Ritz. Um 1850 (Ant. Ges. Zürich, dep. SLMZ, M II 124, Nr. 2649). – 5. Ansicht von SW. «Urnafass». Zeichnung von Raphael Ritz. 1856? Skizzenbuch (98 Zeichnungen) (Museum Majoria, Sitten). – 6. «Mauerwerk am Thurm Urnvasso bei Naters Erdgeschoss W Seite 2. Sept. 86 [84?]». Bleistiftzeichnung von Johann Rudolf Rahn (ZBZ, Rahn'sche Slg. Skb. Nr. 443, S. 2). – 7. «Naters/Thurm Urnavasso/fenster und ebenerdige / Thüre a. d. Westseite / 31/VII 09». Bleistiftzeichnung von Johann Rudolf Rahn (ZBZ, Rahn'sche Slg. Mappe XX, Pl. 1). – Ansicht von SO. Photographie. B. Rameau. Le Vallais historique. Châteaux et Seigneuries. Sion 1885.*

## Burg Weingarten

Die Herren von Weingarten, von denen bereits näher die Rede war, hatten ihren Stammsitz östlich von Naters auf dem heutigen Junkerbiel, der noch zu Beginn des 20. Jahrhunderts von gepflegten Rebbergen umgeben war. Die Burg wird 1361 erstmals urkundlich genannt.[67] Johannes Stumpf erwähnt 1544 in seiner Chronik «noch ein alten Thurn und stock des schlosses Wyngarten (...) und das herrlich lustig hauss zerbrochen».[68] In der zweiten Hälfte des 18. Jahrhunderts standen noch wenige Mauerreste,[69] die zerfielen und abgetragen wurden,[70] bis im 20. Jahrhundert nur mehr der Name «Junkerbiel» übrig blieb.

*«Weingarten bei Naters». Bleistiftzeichnung von Raphael Ritz 1845–1860. Ruppen, Kunstdenkmäler II, Nr. 601 a.*

Die 1959 von Gerd Graeser, Binn, und Paul Heldner, Glis, durchgeführten Grabungen[71] brachten aus groben, unbehauenen Gesteinstrümmern gefügte Fragmente der Ost-, West- und Nordmauer zu Tage, die das grösstenteils versenkte unterste Geschoss (Keller?) eines um 1200 erbauten Turms umschlossen[72]. Masse der Umfassungsmauern: 12,08 x 11,80 x 11,20 x 11,20 m. Mauerdicke 1,65–1,70 m. Die Südmauer mit Überresten eines sorgfältig gehauenen Portals, zwei schiessschartenförmigen Öffnungen und gesäumten Rustika-Eckquadern war wohl nach dem Brand von 1352/53[73] neu aufgerichtet worden. Gerd Graeser vermutet, dass der alte Burgweg von Süden her an die Westfront führte, wo sich daher auch der Hocheingang des alten Turms befunden hätte. Im Westen der Anhöhe standen innerhalb der Befestigungsanlage vermutlich die zugehörigen Wirtschaftsbauten.[74]

Es bleibt noch zu erwähnen, dass bei den Ausgrabungen von 1959 an Funden nur eine grosse Scherbe eines Lavezsteintopfes und einige menschliche Knochenbruchstücke zum Vorschein kamen. Nach Ansicht von Fachleuten ist im Burgareal Junkerbiel von weiteren Ausgrabungen abzusehen.

**Bilddokumente.** *«Weingarten bei Naters». Bleistiftzeichnung von Raphael Ritz 1845–1860 (Paul Heldner, Glis) (Ruppen, Kunstdenkmäler II, Nr. 601a). – «Weingarten bei Naters». Weitere Zeichnung von Raphael Ritz. 1856? Skizzenbuch (98 Zeichnungen) (Museum Majoria, Sitten).*

## Das Leben auf den Burgen und Schlössern

Der Adel führte in seinen Burgen und Schlössern ein hartes Dasein. Seine Behausungen waren steinerne Kerker. Durch die schmalen Mauerschlitze drang nur schwaches Licht. Es herrschte ständig Durchzug, und im Winter war es bitter kalt, denn die meisten Räume hatten keinen Kamin. Man behalf sich mit eisernen Pfannen, in denen man Holzkohle verglühen liess.

Die Wohnräume waren kahl und frostig, denn die mit Kalk verputzten Wände wiesen wenig Schmuck auf. An Möbeln war kaum mehr vorhanden als in einem Bauernhaus. Die Speisen waren anspruchslos und das Gedeck war sehr einfach. Das Geschirr bestand meistens aus Holz oder gebranntem Ton. Grössere Fleischstücke zerlegte man mit dem Messer, und breiige Speisen führte man mit dem Löffel zum Munde. Alles andere ass man mit den blossen Händen. Die Gabel war noch nicht gebräuchlich. Wenn ein Tischtuch vorhanden war, so durfte man sich daran die Finger und den Mund abwischen. Hineinzuschnäuzen galt als ungehörig.[75]

# Gemeinde Naters: 13. Jahrhundert bis 1518

## Entstehung der Gemeinde

Wie überhaupt im Wallis, so ist auch in Naters das Entstehen der Gemeinde in Dunkel gehüllt. Sie dürfte sich aber schon früh aus dem bischöflichen Verwaltungsbezirk, dem Meiertum, entwickelt haben. Ausser der gemeinsamen Herrschaft verknüpften noch mannigfache andere Bande die Untertanen eng miteinander; solche waren z. B. die kirchliche Zusammengehörigkeit in einer Pfarrei, die gemeinsame Benutzung der Alpen, Wälder und Weiden. Zudem traten die Untertanen jährlich zu dem sogenannten Tagding unter dem Vorsitz des Viztums zusammen, um mit dem Amtsmann über alle gemeinsamen Interessen zu beraten und zu beschliessen. Hieraus entwickelte sich naturgemäss ein immer engerer Zusammenschluss der Angehörigen des Amtsbezirkes, aus dem wie von selbst die Gemeinde herauswuchs. So bildete sich auch in Naters auf dem Boden des bischöflichen Verwaltungsbezirkes eine Gemeinde, die ursprünglich die ganze alte Pfarrei umfasste, einzelne eigene Gerichtsbarkeiten vielleicht ausgenommen. Wann diese Bildung stattgefunden hat, lässt sich nicht mehr genau feststellen, wahrscheinlich im 12. oder in der ersten Hälfte des

13. Jahrhunderts. Denn gegen Ende des 13. Jahrhunderts machte sich eine andere Erscheinung im öffentlichen Leben geltend. Um diese Zeit hat sich die ursprüngliche Landgemeinde, die auf dem Gebiet der Pfarrei entstanden ist, durch die allmähliche Teilung der gemeinen Güter in eine Anzahl kleiner Dorfgemeinden aufgelöst. Jede Gemeinde besass und verwaltete für sich ihre gemeinsamen Güter. In der Tat ist für unseren Bezirk eine Reihe solcher Dorfgemeinden zu Beginn des 14. Jahrhunderts nachweisbar. So schlossen z. B. am 7. Februar 1306 die Leute «auf der Flüe» einerseits und die Bewohner «ab Dorf» andererseits einen Vergleich betreffs des «Holzmeises» im Flüero-Wald. Der Name Gemeinde kommt hier zwar nicht ausdrücklich vor, aber die einzelnen Parteien handeln gewissermassen als Gemeinden.[76] 1320 werden Birgisch und «ob Dorf» namentlich als Gemeinden bezeichnet.[77] Dies lässt den Schluss zu, dass um die gleiche Zeit auch in anderen wichtigeren Ortschaften, wie z. B. in Brig, Glis und Naters, eigene Dorfgemeinden bestanden.

Allein diese verschiedenen Gemeinden behielten trotz aller Teilung einen gemeinsamen Mittelpunkt in der ursprünglichen Gemeinde Naters, von der sie ausgegangen, wo sich die gemeinsame Pfarrkirche befand und wo auch der bischöfliche Meier oder Kastlan nach wie vor seine Gerichtsbarkeit für alle ausübte. Diese grosse, die Dorfgemeinden eines ganzen Amtsbezirkes umfassende Gemeinde war nichts anderes, als was im Wallis seit Mitte des 14. Jahrhunderts mit dem Namen Zenden bezeichnet wird. Somit war also Naters auch der Ausgangspunkt des heutigen Bezirkes Brig. Wenn im Verlaufe des 14. Jahrhunderts unser Bezirk als solcher genannt wird, so ist nur vereinzelt von den Gemeinden Naters und Brig (1335 und 1348)[78] die Rede, in der Regel sprach man einfach von Naters als Gemeinde[79].

Seit dem 13. Jahrhundert gehörten auch die Gemeinden Eyholz, Täsch und Randa zum Meiertum Naters. Wann sich Eyholz von Naters losgelöst hat, ist nicht sicher, vielleicht bereits im 14. Jahrhundert. Täsch und Randa kauften sich am 18. Mai 1552 von allen Verpflichtungen gegenüber der Kastlanei Naters beziehungsweise dem Zenden Brig los und bildeten fortab ein selbständiges Meiertum.

## Naters: Zendenhauptort bis 1518

Der Hauptort des Zendens war ursprünglich Naters, weil der Meier und später der Kastlan hier ihren Gerichtssitz hatten. Als in der Folge Brig wegen des Simplonverkehrs immer mehr an Bedeutung gewann und schliesslich als Ortschaft Naters überflügelte, wurde der Zenden bald nur Naters, bald nur Brig, manchmal auch Naters und Brig bezeichnet. Dies wechselte während des ganzen 15. Jahrhunderts. Erst zu Anfang des folgenden Jahrhunderts setzte sich der Name Brig endgültig durch. Rechtlich blieb Naters Hauptort des Zendens bis 1518. Am 24. März dieses Jahres haben der Landeshauptmann Simon Inalbon und der Landrat des Wallis «denen von Naters die gerichtsbankh alher gahn Bryg transferiert und die urtheilen in bryg gefelt». Abgesehen von der oben angedeuteten Entwicklung Brigs erfolgte dieser Urteilsspruch gegen Naters umso leichter, als dieser Ort in den grossen Auseinandersetzungen zwischen Kardinal Schiner und Jörg Supersaxo auf der Seite des Kirchenfürsten stand;[80] Brig war jedoch ein Zentrum der Gegner Schiners. Unter diesen finden wir aber auch Natischer. Denn am 25. Januar 1514 stand ein gewisser Johann Salzmann von Naters in Sitten vor Gericht, weil er zusammen mit anderen Kumpanen am Ort «Sperwersbyel» dem Kardinal den Weg versperrte und ihn als «öffentlichen Dieb» beschimpfte. Am 7. März 1514 wurde Salzmann wegen Majestätsbeleidigung zum Tode verurteilt.[81]

Doch nochmals zurück zum Zendenhauptort. Noch 150 Jahre später rühmen sich die Natischer gegenüber den Brigern, «dass der-

*Das Megetschenhaus am Dorfplatz. Zeichnung von R. Anheisser, 1903.*

*Die historisch bedeutsame Linde von Naters. Aufnahme um 1905.*

selbige Zenden lang und lobwürdig der Zenden Nathers ist genämbset worden. Und de facto das Sigel und Ehren Pannerzeichen solcher bezeügt, welche je und alwegen zu Nathers ist erhalten worden, als in der alten Burg und Houptdorf zu Nathers, wie dan in ganzem Vaterland die Ehrenzeichen der Panner in Hauptburgschaften aufgehoben werden.»[82]

# Gumperschaften Naters und Rischinen

Was nun die heutige Gemeinde Naters anbelangt, war dieselbe in früheren Zeiten aus mehreren Gemeinden zusammengesetzt. In erster Linie war Naters in die zwei Gumperschaften Naters und Rischinen eingeteilt. Gump, Gumper, Gumperschaft (lat. compra) bedeutete in unserem Bezirk eine eigens für die Zendengeschäfte abgegrenzte, bestimmte Geteilschaft. «Compra» ist laut Heusler als deutsches Lehnwort in romanischer Form aufzufassen und stammt vom althochdeutschen «cumbal», «chumberra» (Teilgebiet, Gau).[83] Im 15. Jahrhundert und in der Folgezeit werden für den Zenden Naters sechseinhalb solcher Gumper aufgeführt, nämlich Naters, Rischinen, Mund, Brig, Brigerberg, Simpeln und die halbe Gumper Zwischbergen.

Die Gumperschaft Naters umfasste das Gebiet der heutigen Gemeinde Naters unterhalb der Hegdorner Wasserleitung und unter dem Geimerblatt sowie die Gemeinde Unterbirgisch. Letztere bildete den achten Teil der Gumper Naters. Im 14. und 15. Jahrhundert bestanden auf dem Gebiet der Gumper Naters noch die kleinen Gemeinden «ob Dorf», «auf der Flüe» und «Moos». In einem Rodel von 1585 werden als Unterabteilungen folgende vier genannt: Dorf Naters, Weingarten, Flüe und Unterbirgisch. Dieser Rodel gibt uns ein Bild über die Bewaffnung des ersten Auszugs. Für diese immer wieder genannte Kerntruppe von 300 Mann des Zendens Brig stellten die zwei Gumperschaften folgende Mannschaft:

|  | Harnisch | Büchsen | Spiess | Hellebarde | Schlachtschwert |
|---|---|---|---|---|---|
| Naters | 13 | 16 | 16 | 10 | 4 |
| Rischinen | 8 | 9 | 30 | 9 | 4 |

Die Gumper Rischinen umfasste den Natischer Berg oberhalb der Hegdorner Wasserleitung und ob dem Geimerblatt und war gebildet aus den «Geschnitten» Hegdorn, Bitschji, Geimen, Mehlbaum, Blatten, Rischinen und vielleicht auch Hasel. Die Geschnitte dürften ursprünglich ebenso viele Gemeinden umfasst haben.

Der Schwerpunkt dieser winzigen Gemeinwesen lag nun freilich nicht im politischen Leben, sondern vielmehr in der Verwaltung der gemeinsamen Weiden, Allmenden und Wälder.

Diese kleinen Gemeinwesen hatten jedoch keinen langen Bestand. Im Verlaufe des 15. Jahrhunderts schlossen sich nämlich sämtliche Gemeinden zusammen, die dann ihren Mittelpunkt in Rischinen hatten, wo sich das Gemeindehaus befand. Auf gleiche Weise vereinigten sich die Gemeinden der Gumperschaft Naters zur Gemeinde Naters mit Ausnahme von Unterbirgisch, das als selbstständige Gemeinde fortbestand. Seit der Mitte des 15. Jahrhunderts treffen wir daher auf dem Gebiet der heutigen Gemeinde Naters noch zwei völlig getrennte Gemeinwesen: Naters und Rischinen.

Die alten kleinen Gemeinden lebten jedoch fort als sogenannte Geschnitte. Jedes dieser Geschnitte umfasste ein genau umgrenztes Gebiet, besass eigene Kapitalien, Wälder und Allmenden und verwaltete dieselben selbstständig. Es erliess eigene Bestimmungen über die Benutzung der Geschnittsrechte, der Wälder und Weidgänge und hatte Wege und Stege in seinem Gebiet zu erhalten. An der Spitze der Verwaltung standen in der Regel zwei Vögte oder Hüter, die von den Geteilen auf zwei Jahre gewählt wurden. Reglemente der Geschnitte Mehlbaum, Hegdorn und Geimen aus den Jahren 1550, 1766 und 1774 sind uns in den Schriften des Notars Christian Wyssen noch erhalten.[84] Einzelne dieser Geschnitte sind im Laufe der Zeit eingegangen. Von anderen spricht man noch in unserer Zeit, so von den Geschnitten Moos, Hegdorn, Geimen, Mehlbaum, Blatten und Rischinen. Die Wälder der Geschnitte wurden um 1852 von der Burgerschaft übernommen.

Die Trennung in die zwei Gemeinden Naters und Rischinen dauerte bis 1617. Denn am 10. April dieses Jahres berieten die Vertreter beider Gemeinden über gemeinsame Statuten und Verordnungen. Jede Gemeinde behielt jedoch die eigene Verwaltung ihrer Gelder und Güter bis ins Jahr 1852. In Blatten las man bis 1955 noch die «Rischiner-Stiftmesse».

In Zendensachen galt lange Zeit noch die alte Einteilung in die beiden Gumperschaften Naters und Rischinen. Erst die Umwälzung der Jahre 1798 und 1799 setzte diese altehrwürdige Institution ausser Kraft.

Während den Präsidenten von Naters ein ausführliches Kapitel gewidmet ist, wollen wir für die Gumperschaft Rischinen wenigstens die Namen der Präsidenten nennen, soweit sie uns bekannt sind.

*Häuserzeile mit Kirchturm von Norden. Zeichnung von Johann Rudolf Rahn, 1909.*

## Präsidenten (Sindike) von Rischinen

Folgende Männer werden als alt Sindike (= alt Präsidenten) von Rischinen bezeichnet:

| | |
|---|---|
| 1632 | Peter Lergien |
| 1634 | Anton Jossen |
| 1637 | Johannes im Guffer, alias Zum Stepf; Heinrich Eyer |
| 1638 | Jakob zum Stepf, alias Im Guffer |

Das Burgerbuch von Naters nennt von 1639 bis 1837 in einem fast lückenlosen Verzeichnis die Namen und die Amtsdauer der Sindike (Präsidenten) der Gumperschaft Rischinen wie folgt:[85]

| | |
|---|---|
| 1639 | Thomas Lergien |
| 1640–1641 | Johann Gertschen |
| 1643 | Ägid Lergien |
| 1648–1649 | Andreas Lergien |
| 1650–1651 | Johannes Ruppen (†1672) |
| 1652–1653 | Gerig (Georg) Albert, alias Eyer |
| 1654–1656 | Thomas Eggel, verheiratet mit Maria Z'Hegdorn (†1669) |
| 1657–1658 | Peter Grossen (†1682); seine Gattin hiess Christina Gertschen (†1668). |
| 1659–1660 | Markus Michlig |
| 1661–1662 | Johannes Jossen |
| 1663–1664 | Gerig Zumberg |
| 1665–1668 | Fenner Johannes Lergien auf der Fluh (†1697) |
| 1669–1670 | Simon Lergien |
| 1671–1672 | Christian Eggel auf dem Boden; Gattin: Maria Michlig |
| 1673–1674 | Gerig Albert (†1683), verheiratet mit Barbara Megetschen (†1685) |
| 1675–1676 | Christian Lergien |
| 1677–1678 | Johannes Lergien |
| 1679–1680 | Simon Lergien (†1686) |
| 1681–1682 | Peter Gemmet, im Amt verstorben; Substitut: Johannes auf der Flue |
| 1683–1684 | Johannes Gertschen, alias Junkerhans (†1687) |
| 1685–1686 | Andreas Jossen |
| 1687–1688 | Peter Eggel (1631–1716), des Peter und der Anna Zumberg, ehelichte Margaretha Perren (†1717) |
| 1689–1690 | Christian Halenbarter |
| 1691–1692 | Thomas Lergien (†1704) |
| 1693–1694 | Moritz Lergien, Kurial |
| 1695–1696 | Johannes Gertschen, im Amt verstorben |
| 1696 | Andreas Halenbarter (†1706) |
| 1697–1698 | Melchior Walthart |
| 1699–1700 | Joseph Jossen |
| 1701–1702 | Christian Jossen; Ehefrau: Anna Walden |
| 1703–1704 | Christian Walthart |
| 1705 | Johannes Mehlbaum(?) |
| 1706–1707 | Christian Adig (†1713) |
| 1708–1711 | Christian Salzmann (†1730) |
| 1712–1715 | Moritz Walthart |
| 1716 | Joseph Salzmann |
| 1717–1719 | Martin Zumberg (†1724) |
| 1720–1721 | Johannes Eggel |
| 1722–1725 | Moritz Zumberg (†1734), verheiratet mit Maria Gertschen (†1723) |
| 1726–1727 | Peter Georg Lergien (†1731), Notar und Kastlan |
| 1728–1729 | Christian Eyer |
| 1730–1731 | Anton Gasser, im Amt verstorben |
| 1731–1733 | Christian Mattig (†1742) |
| 1734–1737 | Peter Salzmann; Ehefrau: Anna Zumberg |
| 1738–1739 | Johann Peter Michliq. Als Sindik von Naters stand er auch der Gumper Rischinen vor. |
| 1740–1743 | Joseph Salzmann «bei der Brugg» |
| 1744–1745 | Adrian Eggel auf dem Platz |
| 1746–1747 | Peter Walden; ehelichte Anna-Maria Mattig |
| 1748–1749 | Peter Ruppen (†1774) |
| 1750–1751 | Joseph Gasser |
| 1752–1753 | Moritz Zumberg (†1765), Ehe mit Katharina Jossen (†1769) |
| 1754–1755 | Moritz Michlig (†1786) |

| | | | |
|---|---|---|---|
| 1756–1759 | Christian Salzmann; verheiratet mit Anna Maria Gasser | 1814–1815 | Joseph Ignaz Albert |
| 1760–1761 | Lorenz Thomas Ruppen | 1816–1817 | Michael Eyer |
| 1762–1763 | Martin Jossen | 1818–1819 | Lorenz Salzmann |
| 1764–1765 | Peter Moritz Gasser | 1820–1821 | Moritz Eggel |
| 1766–1767 | Peter Eyer | 1822–1823 | Anton de Chastoney |
| 1768–1771 | Johannes Salzmann (†1802), verheiratet mit Anna geb. Salzmann | 1824–1825 | Peter Ruppen im Grossstein |
| 1772–1773 | Christian Salzmann klein; Gattin: Anna-Maria Wyssen | 1826–1827 | Christian Zenklusen |
| 1774–1775 | Georg Ruppen (†1805) | 1828–1829 | Moritz Huber |
| 1776–1777 | Christian Moritz Wyssen | 1830–1831 | Moritz Salzmann |
| 1778–1779 | Adrian Eggel in der Tschill | 1832–1833 | Johann Joseph Eyer |
| 1780–1781 | Christian Wyssen im Boden | 1834–1835 | Moritz Eyer, des Simon |
| 1782–1783 | Adrian Walden | 1836–1837 | Joseph Eggel, des Adrian |
| 1784–1785 | Peter Johann Salzmann (†1809) | 1838–1839 | Baptist Carlen |
| 1786–1787 | Peter Anton Albert, Notar | 1840–1842 | ? |
| 1788–1789 | Moritz Schmid | 1843 | Anton Walden |
| 1790–1791 | Peter Zumberg | 1844 | Christian Zenklusen |
| 1792–1793 | Anton Gasser, Kastlan | 1844–1846 | Stephan Gertschen |
| 1794–1795 | Kaspar de Chastoney | 1847 | ? |
| 1796–1797 | Joseph Eggel (†1801) | 1849 | Anton Schmidt |
| 1798–1799 | Kaspar Salzmann | 1849–1851 | Anton Bammatter |
| 1800–1801 | Andreas Wyssen | | |
| 1801 | Andreas Jossen, im April im Amt verstorben; Gattin: Katharina Gertschen | | |
| 1802–1805 | Paul Jossen | | |
| 1806–1807 | Peter Ruppen | | |
| 1808–1809 | Johann Christian Salzmann | | |
| 1810–1811 | Kaspar Walden | | |
| 1812–1813 | keiner – französische Regierung | | |

## Naters' Bedeutung vom 14. Jahrhundert bis 1798

Neben den im Zusammenhang mit dem Schloss auf der Flüe genannten Ereignissen sind noch viele andere historische Geschehnisse hervorzuheben, welche die Bedeutung von Naters in der Zeit des 14. bis 17. Jahrhunderts unterstreichen. Einige Tatsachen sollen dies belegen.

*Naters, Bahnhofstrasse mit Allee. Aufnahme in den 1940er-Jahren.*

*Alter Dorfteil von der Hegdornstrasse bei der Kelchbachbrücke aus gesehen.*

Am 9. Februar 1347 versammelten sich auf Geheiss des Bischofs zahlreiche Domherren, Edelleute und Gesandte der Gemeinden in der Pfarrkirche von Naters, um Massnahmen zum Schutz des Verkehrs und der Strassen zu treffen.

Am 10. Oktober 1355 schlossen die deutschsprachigen Gemeinden bei der Massabrücke ein gegenseitiges Schutzbündnis. An gleicher Stelle verhandelte am 10. Januar 1362 Bischof Tavelli mit Mörel, Ernen und Münster, die sich gegen ihn erhoben hatten.

Am 6. September 1460 erneuerten die eidgenössischen Stände Luzern, Uri und Unterwalden zu Naters mit den Zenden Goms, Brig, Visp, Siders und Sitten das Burg- und Landrecht.

Am 9. März 1518 rückten die Obergommer, verstärkt durch Leute von Grengiols und Mörel, mit alt Landeshauptmann Johann Walker von Mörel an der Spitze, zugunsten Kardinal Schiners gegen Brig. Ihre Absicht war, die Partei Jörg Supersaxos zu stürzen. Auf dem Natischer Feld kam es zwischen ihnen und den Brigern zum Gefecht, das wohl eine Stunde dauerte. Mehrere Männer fielen, darunter alt Landeshauptmann Walker. Schliesslich zogen sich die Gommer zurück. Am 24. März 1518 erging zu Brig ein strenges Gericht über die Aufrührer.

Bei Zendenversammlungen traten die Gumperschaften Naters, Rischinen und Mund öfters in Naters zusammen. Die Beschlüsse wurden dann mit den anderen Gumperschaften des Zendens in einer gemeinsamen Urkunde festgehalten.

Obwohl Naters nach 1518 nicht mehr Zendenhauptort war, blieb sein Einfluss bis tief ins 17. Jahrhundert hinein bedeutend. Vertreter der angesehenen Familien erreichten vom 15. bis 17. Jahrhundert die höchsten Zenden- und Landesämter. So gab es in den genannten Jahrhunderten sieben aus Naters stammende Landeshauptmänner (s. Kap. «Landeshauptmänner»).

In Dorf und Zenden erlangten im frühen 17. Jahrhundert die Familien Lergien und Megetschen grosses Ansehen. Wichtige Familien von Naters waren mit Kaspar Jodok von Stockalper (1609–1691) verschwägert, namentlich die Michel-Supersaxo, aber auch die Pfaffen und Jossen. Andere waren mit ihm befreundet, wie zum Beispiel Vertreter der Familie Lergien.[86]

Beim Bau des Jesuitenkollegs in Brig erbrachten die Gumperschaften Naters und Rischinen in den 1660er-Jahren ebenfalls ihren Anteil. Bis zum 24. August 1664 verzeichnete die Gumperschaft Naters 1100 und Rischinen 892 Tagewerke. Einer Zusammenstellung vom 4. Januar 1666 zufolge zählte man für Naters 2672 und für Rischinen 2589 Tagewerke. Eine undatierte Rechnung verzeichnet des Weiteren folgende Leistungen der genannten Gumperschaften: an Kalk 15 Öfen, an Kreide 983 Müt (zwölf Fischel = 360 Liter) und an Läden 729 Klafter (ein Klafter = 1,95 m). Ausserdem schenkte die Gemeinde Naters 2000 Kronen an den Bau.[87]

Das 18. Jahrhundert war bis zum Franzoseneinfall 1798 für unser Land und auch für die Gemeinde Naters eine Epoche des Friedens und des gedeihlichen Aufschwungs. Die Erdbeben in den Jahren 1755/56 versetzten die Bevölkerung allerdings in Furcht und Schrecken (vgl. Kap. «Schwarze Chronik», 1755/56).

# Im Schatten Frankreichs: 1798–1813

Um die drohende Kriegsgefahr von Seiten Frankreichs abzuwenden und Gott gnädig zu stimmen, verordneten die Pfarrer von Naters und Glis 1797 zusätzliche Bittgänge und Prozessionen; gleichzeitig wurden Tänze und Festlichkeiten verboten.[88]

Bekanntlich unterlagen die Oberwalliser bei den Kämpfen gegen die Franzosen am 17. Mai 1798 bei der Morge und am 27./28. Mai 1799 in Pfyn sowie bei verschiedenen Gefechten. In diesen Jahren, aber auch während der französischen Besatzung bis 1813, musste die Oberwalliser Bevölkerung Schwerstes erleiden.

Über die Schlacht vom 17. Mai 1798 schrieb Josef Ignaz Michlig von Naters unter anderem Folgendes in sein «Hausbuch»: «Bei der Schlacht zu Sitten haben die Franzosen allemal bey weidem mer Volk verloren als die ober walliser, aber wir haben doch verloren mit ihnen, weils wir nit besser verdient haben von dem lieben Gott. Wir haben bis dodo noch grosses Glick gehabt, weit beser als wir verdient haben. Doch wir sollen gezichtigt werden. Es ist bilich, in Gottes Namen Geduld.»[89]

Leute, die gerade zu Beginn des Jahres 1799 zur Besonnenheit mahnten, galten sofort als franzosenfreundlich. So berichtet Strickler[90] am 16. Mai 1799 vom Natischer Pfarrer Alois Amherd, der einen Krieg mit den Franzosen vermeiden wollte, dieses: «Den Pfarrer von Naters, auch ein Jakobiner [Angehöriger der radikalen Partei während der Französischen Revolution], haben wir [d.h. franzosenfeindliche Provokateure] letzthin an einen Freiheitsbaum gebunden und ihn befragt, weil er ein Crucifix in Händen (trug), welches er wähle; aber wir haben ihn niemals zwingen können, es zu sagen, etc.»

Im Kriegsjahr 1799 kamen 24 Personen aus Naters ums Leben, davon 20 allein in der Pfynschlacht (vgl. Kap. «Schwarze Chronik», 1799). Frauen, Greise und Kinder flüchteten und irrten in Alpen und Wäldern umher. Zwölf Weiler, nämlich Bammatten, Tschill, alle fünf Weiler von Hegdorn (St. Wendelin, Hagscheitji, Gischigbodi, St. Josef und Grossstein), Ober- und Unter-Moos, Bitschji, Geimen und Mehlbaum wurden von den Franzosen entweder ganz oder bis auf einzelne Häuser niedergebrannt,[91] alle Häuser ohne Ausnahme geplündert und übel zugerichtet. Unerschwingliche Kriegskontributionen (Kriegsentschädigungen) und unersättliche Beutegier der fränkischen Soldateska zerstörten die letzten Reste einstiger Wohlhabenheit.

Wie Tscheinen erzählt, rächten sich die Franzosen an der Bevölkerung von Naters vor allem auch darum, weil die Frau eines französischen Offiziers in der Gegend des Klosi von einem Unbekannten durch einen Musketenschuss tödlich getroffen worden war.[92] Naters berechnete seine Kriegskosten auf 5637 Kronen und 51 Batzen, und zwar aufgeschlüsselt wie folgt: an Gold 1014.11, an Silber 1366.10, an Eugen Stockalper (der Vorschuss geleistet hatte) 1369.15, an die Kirche von Glis 1065.15 und an Truppenkosten 823 Kronen.

Wie angespannt die Lage bei der Bevölkerung noch im späten Sommer 1799 war, zeigt ein Schreiben des Platzkommandanten vom 17. September dieses Jahres[93] an die Gemeinde Naters, wonach diese zwei Mäder, zwei Träger und einen Heuer stellen muss-

*Naters. Ältere Aufnahme. Im Hintergrund rechts das sogenannte Millionenviertel. Daselbst von links: Rhonemühle, zwei Rossihäuser, Ruppenhaus, Bierdepot Cardinal der Gebr. Guntern, ehemaliges Restaurant Lötschberg, Fabrik Gertschen, Klingelehaus.*

te, um das Heu jener Leute einzubringen, die von ihren Verstecken noch nicht zurückgekehrt waren. Sollte sich die Gemeinde weigern, diese fünf Mann zu bestimmen, würden 100 Mann in Naters einquartiert werden.

Auch der Anfang des 19. Jahrhunderts brachte Naters keine glücklichen Tage. Unablässige Einquartierungen von Soldaten, Requisitionen (Beschlagnahmungen) und Bedrückungen aller Art lasteten schwer auf dem Volk. Und schliesslich musste man bis 1813 noch das harte Joch der französischen Kaiserherrschaft auf sich nehmen. Wie untertänigst man sich benehmen musste, zeigt beispielsweise der folgende Briefkopf eines Kaufaktes von 1811, angefertigt vom Notar Anton Gasser aus Naters: «Französisch Reich, Departement des Simpelbergs, im Namen des Kaisers und Königs».[94] Zu Beginn des Jahres 1814 schrieb Pfarrer Mutter ins Taufbuch von Naters (aus dem Lateinischen übersetzt): «Nachdem das teuflisch-tyrranische Regime der Franzosen durch die Österreicher niedergeschlagen war, taufte ich folgende ...»

# 19. und 20. Jahrhundert

Viele bedeutende Ereignisse des 19. und 20. Jahrhunderts werden in anderen Kapiteln gesondert behandelt. Deshalb begnügen wir uns hier mit einem kurzen Überblick, um damit die vielfältige allgemeine Geschichte der Gemeinde Naters abzuschliessen.

1816 herrschte grosse Hungersnot. Auch die Wirren der 1840er-Jahre, das Erdbeben von 1855, viele Überschwemmungen und andere Naturereignisse gingen nicht spurlos an Naters vorüber. In der zweiten Hälfte des 19. Jahrhunderts fand eine Auswanderung nach Übersee, vor allem nach dem argentinischen San Jéronimo (Santa Fé), in mehreren Schüben statt. Die 1898 begonnenen Arbeiten am Simplontunnel sowie der Bau der Lötschberglinie 1906–1913 und die Ausweitung des 1921 in Betrieb genommenen zweiten Simplonstollens brachten reges Leben ins Dorf.

Nach dem Zweiten Weltkrieg erlebte Naters zur Zeit der Hochkonjunktur eine sprunghafte bauliche Entwicklung, die es seiner sonnigen Lage und dem Zuzug abgewanderter Familien aus dem obersten Rottental verdankt. Zum Jahr der Denkmalpflege und des Heimatschutzes wählte die Regierung des Kantons Wallis 1975 neben Saillon im Unterwallis auch Naters als Pilotprojekt für beispielhafte Restaurierungen.

*Furkastrasse, erbaut 1957. Heute belebte Geschäftsstrasse.*

# Bevölkerung

Dieses Kapitel beschränkt sich neben statistischen Angaben auf einige allgemeine Aussagen über die Bevölkerung.[95] Des Weiteren werden Personen mit besonderem Engagement vorgestellt. Viele Tätigkeiten und Lebensweisen der Natischer kommen in anderen Kapiteln zur Sprache.

## Bevölkerungsentwicklung

### Allgemeines

Über die Zahl der Bevölkerung vor 1798 haben wir keine bestimmten Angaben. Die Volkstradition jedoch will wissen, dass Naters vor den grossen Pestjahren dicht bevölkert gewesen sein muss. Und so ganz unrichtig dürfte diese Ansicht nicht sein. Eine Überbevölkerung des Oberwallis ist für das 14. Jahrhundert bezeugt.[96] Dass Naters und besonders der Berg in jenen Zeiten eine stattliche Bevölkerungszahl aufzuweisen hatte, ergibt sich schon daraus, dass die heutige Gemeinde zwei Gumperschaften bildete. Diese waren anfangs wohl annähernd gleich stark, sie besassen ja in Zendensachen gleiche Bürden und Würden. Die Gumper Rischinen hatte damals ungefähr die gleiche Bedeutung wie die Gumper Brig, die aus Brig, Glis, Grund und Ganter bestand.

Wie wir an anderer Stelle ausführlich darlegen, erzählt die Sage auch, dass in Olmen und Aletsch einst behäbige Dörfer gestanden haben sollen. Der Kern dieser Sage ist, dass das Aletschtal in früheren Zeiten ständig besiedelt war. Auch sonst finden sich hoch oben in Wäldern und Allmenden zahlreiche Spuren ehemaliger Äcker, Wiesen und Gebäulichkeiten. So heisst zum Beispiel ein kleinerer Gipfel nordöstlich vom «Bitschjibodi» noch heute «Acherhorn», weil dort früher Äcker angelegt waren. All das besagt, dass in jenen Zeiten der Boden viel intensiver kultiviert war als heute.

Die Pest, die zwischen dem 14. und 17. Jahrhundert zu wiederholten Malen in Berg und Tal furchtbar wütete, dezimierte die Bevölkerung der Gegend gewaltig. Aus jenen traurigen Tagen erzählt sich die ältere Generation noch manch schreckliche Geschichte. Um die Seuche nicht weiter zu verbreiten, verbot man den Leuten vom Berg, ins Dorf herunterzukommen. Die Verstorbenen wurden in der Frohmatte begraben, wo sich der Pfarrer für die Spendung der Sterbesakramente auf einem Hügel aufhielt. Zum Begraben der Toten waren zwei Männer bestellt, wovon einer einäugig war. Als Lohn erhielten diese von jeder Leiche ein Leintuch. Sie legten die Leintücher aufeinander und jedem der zwei Totengräber fiel ein klafterhoher Haufe zu. Einem Kind wusch die Mutter im Aletsch, so wird erzählt, mit Gottvertrauen das Herz und siehe, das Kind starb nicht und es fielen ihm noch in derselben Nacht zwölf Trinkelkühe als Erbschaft zu. Die Seuche verschwand, nachdem eines der Opfer vor seinem Tod das Heilmittel angegeben hatte:

> Bibinella und gebahts (geröstetes) Brot
> ist gut gegen den gähen Tod.

Auch tröstete ein Sterbender, dass nur noch der einäugige Totengräber und der jüngere Aletschhirt sterben würden. So geschah es auch. Die Bibinella wurde tief im Massakin gefunden.[97]

*Die getrocknete Wurzel der Bibinella (Pimpinella saxifraga), zu Pulver zerrieben und mit Milch eingenommen, galt gemäss Hieronymus Brunschwygk (Liber de arte distillandi, Strassburg 1500) als probates Heilmittel gegen die Pest.*

Dass diese soeben erwähnten Volkserzählungen keineswegs übertrieben sind, beweisen uns einige schriftliche Aufzeichnungen über die Zahl der in unserem Bezirk an der Pest gestorbenen Menschen. Im Jahre 1465 raffte die Seuche im Zenden mehr als 1000 Personen hinweg. Notar Jakob Zufferey berichtet sogar, dass in eben diesem Jahre 1000 «Communzierte» (das schliesst Kinder unter acht Jahren aus) im Bezirk an der Pest gestorben seien. Am 5. September 1475 erschien «des Sterbens halb» kein Bote von Brig im Landrat. 1485 wurden im Bezirk 1400 Erwachsene von der schrecklichen Geissel hinweggerafft. Und in der Randung der Wasenalp (Simpelberg) von 1584 wird geklagt, dass bereits 1513 und wieder 1560 eine Randung (Neuordnung der Alprechte) gemacht, aber infolge der Pest nicht aufgezeichnet worden sei, dass es aber durchaus notwendig sei, dieselbe schriftlich niederzulegen, besonders jetzt, in der Pestzeit, wo innert Jahresfrist in der Pfarrei (Naters) über 1500

Menschen der Seuche zum Opfer gefallen sind. Die angeführten Jahre sind durchaus nicht die einzigen Pestjahre. Die Walliser Chroniken berichten, dass besonders noch 1349, 1495, 1568, 1611, 1613, 1616, 1627 und 1628 die Pest unser Land schwer heimsuchte. Werden diese Zahlen in Erwägung gezogen, so erklärt sich eine allmähliche Entvölkerung unserer Gegend vom 14. bis zum 17. Jahrhundert zur Genüge.

Der Kolonisierung von Ornavasso, der grossen Auswanderungswelle im 19. Jahrhundert sowie der Italienerkolonie widmen wir eigene Kapitel. Alle drei Ereignisse beeinflussten die Bevölkerungsentwicklung in Naters.

Durch den Bau des Simplontunnels stieg die Bevölkerungszahl im Jahre 1900 auf 3953 Einwohner an und sank bis 1910 wieder auf 2524. Von 1910 bis 1950 nahm die Wohnbevölkerung ziemlich stetig um ca. 200 Einwohner pro Jahrzehnt zu. Von 1950 bis 1960 erfolgte ein erster Sprung von 3243 auf 3797 Einwohner (jährliche Zunahme von 55 Personen). Zwischen 1960 und 1970 war mit 1720 Personen die grösste Zunahme (Zuwachs 45,3%) der Einwohnerschaft innerhalb eines Jahrzehnts zu verzeichnen. Am 9. September 1967 registrierte Naters mit der Geburt von Ingrid Amherd, Tochter des Hans, die 5000ste Einwohnerin und um den 25. Dezember 1972 zählte man 6000 Bewohner. Durch den Wohnungswechsel der Familie Cathrein-Andres von Glis nach Naters durfte Cécile Cathrein am 8. Januar 1979 für ihre Tochter Irene als 7000stes Mitglied der Gemeinde Naters ein schönes Blumengebinde entgegennehmen.

*Moritz Schwery (1873–1959).*

## Statistisches

Die seit 1798 in Abständen durchgeführten Volkszählungen geben uns im Folgenden ein aufschlussreiches Bild über die Bevölkerungsentwicklung:[98]

| | | |
|---|---|---|
| 1798: 700 | 1850: 763 | 1930: 2876 |
| 1802: 614 | 1860: 964 | 1941: 3033 |
| 1811: 698 | 1870: 915 | 1950: 3243 |
| 1816: 554 | 1880: 1014 | 1960: 3797 |
| 1821: 596 | 1888: 1075 | 1970: 5517 |
| 1829: 710 | 1900: 3953 | 1980: 6662 |
| 1837: 783 | 1910: 2524 | 1990: 7252 |
| 1846: 759 | 1920: 2809 | 1995: 7853 |
| | | 1998: 7744[99] |

**Zusammenstellung in Zeiträumen (Jd = Jahresdurchschnitt) und Jahren**[100]

| Jahre | Trauungen | Jd | Geburten | Jd | Todesfälle | Jd | Geburtenüberschuss | Jd |
|---|---|---|---|---|---|---|---|---|
| 1625–1650 | – | – | 457 | 11 | – | – | – | – |
| 1651–1700 | 304 | 6 | 832 | 17 | 692 | 14 | 140 | 3 |
| 1701–1750 | 229 | 5 | 1155 | 23 | 780 | 16 | 375 | 7 |
| 1751–1800 | 239 | 5 | 1030 | 21 | 960 | 19 | 70 | 1 |
| 1801–1850 | 288 | 6 | 1306 | 26 | 979 | 19 | 327 | 6 |
| 1851–1900 | 384 | 8 | 1838 | 37 | 1199 | 24 | 639 | 13 |
| 1901–1910 | 201 | 20 | 1165 | 117 | 484 | 48 | 681 | 68 |
| 1911–1920 | 194 | 19 | 1157 | 116 | 456 | 47 | 701 | 70 |
| 1921–1930 | 151 | 15 | 996 | 100 | 362 | 36 | 634 | 63 |
| 1931–1940 | 184 | 18 | 745 | 74 | 347 | 35 | 398 | 40 |
| 1941–1950 | 285 | 28 | 882 | 88 | 310 | 31 | 572 | 57 |
| 1951–1960 | 257 | 26 | 900 | 90 | 314 | 31 | 586 | 59 |
| 1961–1970 | 357 | 36 | 1185 | 118 | 386 | 39 | 799 | 80 |
| 1971–1980 | 443 | 44 | 1151 | 115 | 396 | 40 | 755 | 75 |
| 1981–1990 | 549 | 55 | 971 | 97 | 469 | 47 | 502 | 50 |
| 1991 | 47 | | 92 | | 52 | | 40 | |
| 1992 | 46 | | 83 | | 54 | | 29 | |
| 1993 | 52 | | 87 | | 57 | | 30 | |
| 1994 | 54 | | 79 | | 67 | | 12 | |
| 1995 | 50 | | 72 | | 67 | | 5 | |
| 1996 | 40 | | 62 | | 60 | | 2 | |
| 1997 | 40 | | 63 | | 55 | | 8 | |
| 1998 | 40 | | 52 | | 62 | | – | |

**Natischer Wohnbevölkerung am 31. Dezember 1998 nach:**

| Zivilstand | | Konfession | | Haushalten | |
|---|---|---|---|---|---|
| ledig | 3298 | röm.-kath. | 6744 | gesamt | 3550 |
| verheiratet | 3700 | ev.-ref. | 261 | Naters | 3478 |
| verwitwet | 431 | verschiedene | 739 | Blatten | 72 |
| geschieden | 245 | | | | |
| getrennt | 70 | | | | |

Wenn man die Altersstruktur der Bevölkerung in Abschnitte von je fünf Jahren (zwischen 1 und 100) aufschlüsselt, so waren 1997 die Altersjahre 31–35 (660 Personen) und 36–40 (641 Personen) am stärksten vertreten.

Den ‹Mitteilungen› der Gemeinde Naters entnehmen wir aus einer anderen Sicht für einzelne Jahre folgende Aufteilung der Bevölkerung:

*Friedrich Nellen (1888–1971), alt Gemeinderat.*

| Jahr 31. Dez. | Natischer Burger | Walliser (o. Naters) | Schweizer (o. Wallis) | Ausländer | Total |
|---|---|---|---|---|---|
| 1975 | 2052 | 3324 | 728 | 503 | 6607 |
| 1980 | 2098 | 3698 | 789 | 489 | 7074 |
| 1985 | 2093 | 3830 | 790 | 350 | 7063 |
| 1990 | 2186 | 3924 | 832 | 397 | 7339 |
| 1995 | 2249 | 3945 | 869 | 790 | 7853 |
| 1998 | 2200 | 3912 | 834 | 798 | 7744 |

1998 befanden sich unter den 798 Ausländern 58 Asyl Suchende.

*Gebrüder Eyer. Von links: Stefan (1861–1951), Alois (1863–1950) und Johann (1865–1952).*

## Besonderheiten

Noch im 19. Jahrhundert konnte man da und dort lesen, dass diese oder jene Person im «hohen Alter von 60 Jahren» gestorben sei. In ganz wenigen Fällen gab es in früheren Jahrhunderten freilich auch Leute, die ein Methusalemalter erreichten. So starb beispielsweise Magister Franz Wissen am 12. Mai 1726 an seinem 100. Geburtstag, Joseph Perren († 1810) wurde 96 Jahre alt und Regina Margelist († 1862) starb im 97. Altersjahr. Heute überschreiten nicht wenige Frauen und Männer die Altersgrenze von 90 Jahren. Nachstehend nennen wir gemäss dem Totenregister der Pfarrei jene Personen aus Naters (ohne Birgisch), die seit 1970 95 Jahre alt und älter geworden sind:

**95:** Maria Gentinetta († 1985), Moritz Schmid († 1991) und Klara Wüthrich-Roten († 1995)
**96:** Julia Formes-Zumoberhaus († 1984) und Klara Wyssen († 1985)
**97:** Alfred Salzmann († 1977), Leonie Eyer († 1984), Ludwig Salzmann († 1987), Helene Walker († 1989) und Rosalie-Marie Casanova († 1991)
**98:** Ludwina Venetz-Schnydrig († 1976), Viktorine Epiney-Margelisch († 1982), Sophie Gibsten († 1994) und Leonie Grandi-Biffiger († 1994)
**99:** Agnes Nellen († 1986), Katharina Imhof-Gsponer († 1991, sie erreichte das 100. Lebensjahr und erhielt von der Walliser Regierung den obligaten Lehnstuhl) und Anna Rovina († 1997)

Die Taufbücher von Naters vermerken seit 1625 folgende Drillingsgeburten:
**11. Februar 1822:** Valentin, Andreas und Klemens Nellen, des Valentin und der Maria Josepha Gertschen
**18. Juni 1910:** Maria, Katharina (Ingenbohler-Schwester) und Leopoldine Bacher, des Ferdinand von Obergesteln und der Luisa Casetti
**5. November 1965:** Elmar, Stefan und Walter († 1992) Imhof, des Karl und der Anna geb. Eyer

*Katharina Imhof-Gsponer (1892–1991).*

*Drillinge (v. l.): Reto, Pascal und Matthias Gasser.*

**23. April 1987:** Pascal, Reto und Matthias Gasser, des Bernhard von Naters und der Madeleine Herren von Wileroltigen/BE
**2. Februar 1993:** Patrick, Benjamin und Elvira Minnig, des Ernst (Dr. med.) und der Sabine geb. Marty
1969 fand auf dem Gebiet der Gemeinde Naters erstmals keine einzige Geburt statt.
Eine Seltenheit ist es auch, wenn eine Person viermal eine Ehe eingeht. Katharina geb. Brunner aus Mund war zweimal mit Mundern (Owlig und Jossen) und zweimal mit Natischern (Ruppen und Gasser) verheiratet; sie starb 1891 in Naters im Alter von 71 Jahren als Witwe des Christian Gasser.

*Fünf Generationen (v. l.): Grossmutter Lea Anthamatten-Salzmann (\*1941), Mutter Claudia Pfaffen-Anthamatten (\*1961) mit Tochter Barbara (\*1982), Urgrossmutter Therese Salzmann-Ruppen (1920–1991), Ururgrossmutter Berta Ruppen-Salzmann (1896–1983).*

## Erwerbsleben

Die Natischer bestreiten ihren Lebensunterhalt hauptsächlich im Dienstleistungssektor, im Gewerbe und in der Industrie. Wichtige Arbeitgeber sind Bahn, Post und Zoll in Brig sowie die Algroup in Visp.
Die Erwerbstätigen werden in folgende drei Erwerbssektoren eingeteilt:
Primärer Sektor (1): Land- und Forstwirtschaft
Sekundärer Sektor (2): Industrie, Handwerk und Baugewerbe
Tertiärer Sektor (3): Handel, Verkehr, Gastgewerbe und übrige (Dienstleistungen)

**Erwerbstätige von Naters, basierend auf der Volkszählung 1990:**

| Erwerbstätige | | Wirtschaftssektor | | |
|---|---|---|---|---|
| Total | Sektor 1 | Sektor 2 | Sektor 3 | Unbekannt |
| 3193 | 28 | 903 | 2193 | 69 |

Von den 3193 Erwerbstätigen arbeiteten 940 in der Gemeinde Naters, 2187 (68,5 Prozent) ausserhalb der Gemeinde (bei 66 war der Arbeitsort unbekannt). In der gleichen Zeit arbeiteten 537 (36,4 Prozent) Personen aus anderen Gemeinden in Naters. 1998 gab es in Naters über 1600 Arbeitsplätze. Im gleichen Jahr verzeichnete Naters 129 Arbeitslose.

## Grafissimo

In den 1970er-Jahren strahlte das Fernsehen der deutschen und rätoromanischen Schweiz die beliebte Zeichnungsquiz-Sendung Grafissimo aus. Es war ein Zeichenspiel für Gruppen, das nach dem Cupsystem ausgetragen wurde. Daran nahm auch eine Mannschaft aus Naters teil, nämlich Hilar Kummer (Gruppenleiter), Marie Therese Jäger, Claudia Heynen und Hans Peter Schmid. Ihre Trainer waren Hans Eggel, Anton Riva und Othmar Kämpfen. Am 19. Oktober 1972 ging die Mannschaft von Naters in dieser Sendung, die in der Turnhalle von Naters aufgezeichnet wurde, als Siegerin gegen Meiringen/BE hervor. Danach schlugen die Natischer am 20. Dezember 1972 im Halbfinale, wiederum in Naters aufgenommen, die Quizgruppe von Täuffelen/BE. Am 20. Januar 1973 gewann unsere Mannschaft beim Finale in Murten, begleitet von einer starken Präsenz aus Naters, gegen Arlesheim/BL mit dem Rekordergebnis von 120 Punkten. Es herrschte eine euphorische Stimmung: Ganz Naters, ja das gesamte Oberwallis fieberte mit. Den Preis von 5000 Franken spendeten die Natischer Hobby-Grafiker teils der Rettungsstation Blatten-Belalp, teils für die Renovation der Natischer Kirchenorgel. Der 'Walliser Volksfreund' betitelte das mit grosser Spannung ausgetragene Finale mit «Grafissimo – Bravissimo».

## TV-Sendung «Chumm und lueg»

Am 5. September 1986 stand in der TV-Sendung «Chumm und lueg» die Gegend von Naters bis Belalp im Mittelpunkt. Die Präsentatorin Margrit Staub-Hadorn führte durch die Sendung. Der Verkehrsverein unter der Führung von Beat Ruppen bildete die Kontaktgruppe.
Die Fassaden der alten Häuser um die Kirche, die Darbietungen der Vereine, angefangen mit den Musikanten der «Belalp» und dem Jodlerclub «Aletsch» über das urchige Hackbrettduo, die Spielgruppe Naters, die Tambouren und Pfeifer bis zu den «Spiisgygern», bildeten das Rückgrat der Sendung. Aber die eigentliche Seele waren die einzelnen Akteure, die ausnahmslos in lupenreinem und urchigem Walliser Dialekt Rede und Antwort standen. Die Sage «D'alt Schmidtja» wurde ins Programm integriert. Rund 80 Kinder aus der Region stellten den berühmten Zug der «Armen Seelen», den Gratzug, dar.

# Volkscharakter

## Allgemeines

Der Natischer gilt als arbeitsam, fleissig und gesellig, ist einerseits traditionsbewusst und andererseits offen für das Neue. Er wird ausserdem ob seiner fröhlichen, dienstbereiten und gastfreundlichen Art geschätzt.

Wohl kaum in einer anderen Ortschaft des Oberwallis ist der Zusammenhalt zwischen den «Äbunaltini» (Gleichaltrigen) derart ausgeprägt wie in Naters. Diese treffen sich des Öfteren zu einem gemütlichen Hock und in gewissen Abständen werden gemeinsame Ausflüge organisiert. Aber auch grössere Familientreffen finden allenthalben statt.

Obwohl das Natischer Sprichwort heisst: «Rühme den Berg und halte dich im Grund!», besteht eine innige Verbundenheit zwischen Berg und Tal. Die Natischer Mundart hat ihre besondere Stellung im Konzert der Deutschwalliser Laute, sie tönt am Berg herber, kraft- und klangvoller als im Grund.

Folgende Tatsache darf für den traditionsbewussten Natischer als typisch gewertet werden: Wie alt Staatsrat Richard Gertschen dem Schreibenden erzählte – und er habe dies bei älteren Natischern noch selber gesehen –, hätten früher die Männer, als sie zur Urne gingen, «aus Respekt vor der Urne beziehungsweise dem demokratischen System» den Hut gezogen. Gelegentlich rühmt man dem Natischer auch seine Schlagfertigkeit nach. So soll nach einer Erzählung von Dr. Anton Salzmann der Natischer Anton Wyssen (1877–1933) beim Eintritt in die Kapelle von Blatten sich mit Weihwasser bekreuzt haben. Da kam der für seinen Freigeist bekannte Dr. Eugen Bürcher von Brig vorbei und sagte: «Meinscht, das nitze eppis?» (Meinst, das nütze etwas?). Darauf Anton Wyssen: «Appa glichvil wie ewwi Rezäpti» (Wohl gleichviel wie Ihre Rezepte).

## Übernamen – Beinamen

Wie fast alle Oberwalliser Gemeinden, so haben auch die Natischer ihre Übernamen. Irgendwann gab man ihnen den Spitznamen «d Challini» (nach Fehlmann: «qui sonnent les cloches trop souvent» = die allzu oft die Glocken läuten) und «di Briejini» (ebenfalls nach Fehlmann: «qui échaudent tout» = die alles verbrühen).[101] Mit Einbezug von Mund und Birgisch entstand der noch heute bekannte Reim:

> *Trilli, Tralli,*
> *Natischer Challi,*
> *Munder Göüch,*
> *di va Birgisch chomunt öüch:*
> *Är a Chropf, schii a Chropf,*
> *ds Chind a Chropf und alli,*
> *sogar ds Schgabälli (Schemel).*[102]

In Bezug auf die Entstehung des Spitznamens «Briejini» vernahm der Verfasser im Dorf folgende zwei Erklärungsversuche: 1. Wenn jemand etwas Boshaftes getan hatte, schüttete man ihm heisses Wasser an; 2. Als einmal beim Schweineschlachten heisses Wasser zum Brühen bereit stand, stürzte ein Beteiligter hinein und zog sich Verbrennungen zu.[103]

Der Natischer hat zum Teil noch heute die Eigentümlichkeit, seine Mitbürger nicht beim richtigen Namen zu nennen. Bei weit verzweigten Natischer Geschlechtern wird die standesamtliche Eintragung oft durch einen seltsam klingenden Beinamen ersetzt. Die eigentliche Namensänderung ist aber nicht als Übername gedacht, sie hat vielmehr praktische Gründe. Zu viele Natischer tragen den gleichen Familiennamen und oft auch denselben Vornamen. Zudem sagt bei einem Natischer der Name wenig über den Zweig seiner Abstammung aus. Genealogisch verrät ein Beiname weit mehr. So redet man hier beispielsweise nicht von einem Moritz Salzmann, man kennt ihn besser unter dem Namen «Trini Merez». Unter Umständen wird aber auch noch der abgewandelte Vorname des Vaters, Grossvaters

*Marie Gertschen-Wyssen (1896–1979) und Johann Gertschen (1894–1984).*

oder gar derjenige des Urgrossvaters zugefügt. Moritz Salzmann heisst dann ganz genau: Trini-Muri-Chaschpisch-Cesarsch-Merez. «Ds Petri Lüdi» nannte man, nachdem er einen grossen Schnurrbart hatte wachsen lassen, einfach «ds Schnütz-zu Lüdi». Und «ds Adi-Feli-Bengi-Erni» (Adolf-Felix-Benjamin-Ernst) heisst genau genommen Ernst Ruppen.

Georg Bammatter (1788–1833) machte den russischen Feldzug Napoleons mit. Dort nannte man ihn Georges. Er kehrte mit 35 anderen überlebenden Wallisern in seine Heimat zurück, wo man ihn weiterhin Georges nannte, während seine Nachkommen noch heute als «Schorini» bezeichnet werden.[104]

Bei der Familie Salzmann beispielsweise unterscheidet man die «Bürlini, Gorgini und Kienzlini» (dem Nachfahren «Kienzli Max» zufolge soll dieser Zuname auf Katharina Salzmann geb. Kenzelmann [1842–1925] von Zeneggen zurückzuführen sein). Weitere Namen für die Familie Salzmann sind: «Länzjini, Peter Lüdini, Schtudäntjini, Schniderlini» (weil ein Vorfahre von Beruf Schneider war) usf. Um die Jahrhundertwende betrieb ein Amherd eine Sägerei; nun leben seine Nachkommen unter dem Namen «Sagini» weiter. Professor Julius Zeiter (1903–1989) von Naters ergänzt dieses Thema folgendermassen: «Die Natischer sind erfinderisch im Namengeben. Zu Beginn dieses Jahrhunderts wohnte im Natischer Berg, nahe dem Wald, ein Mann mit einer grossen Kinderschar. Man nannte ihn ‹Waldbruder› und die Familie dann ‹ds Waldbriedrisch›.»[105] Ja selbst Titeln der kirchlichen Hierarchie gab man die «Ehre». So erhielt noch in unserem Jahrhundert ein Mann den Beinamen «Papst», ein zweiter «Bischof» und ein dritter «Kaplan».

## Verbindung zur Heimat

Über 6000 Natischerinnen und Natischer wohnen angeblich ausserhalb unserer Gemeinde. Gemeinsame Sprache und Herkunft, Verwandtschaft und Freundschaft binden sie aber immer noch an Naters. Über Pfingsten (29./30. Juni) 1971 organisierten die Ex-Natischer von Zürich ein in allen Teilen gelungenes Heimattreffen, an dem über 100 Personen teilnahmen. Dieses wurde zehn Jahre später (6.–8. Juni 1981) mit rund 150 Personen wiederholt.

# Personen mit besonderem Engagement

Viele herausragende Persönlichkeiten von Naters werden wegen ihres Amtes in anderen Kapiteln beschrieben. In diesem Abschnitt nennen wir zusätzlich Personen, die durch ihr Engagement besonders aufgefallen sind.

## Zwei berühmte Notare

### Magister Jakob Walker – Familienbuch Walker

Seit dem 14. Jahrhundert haben sich immer wieder Familien des Geschlechts Walker aus dem Bezirk Östlich Raron in Naters niedergelassen. Einer der berühmtesten Männer dieses Namens ist Jakob Walker, Sohn des Georg von Mörel. Um 1480 geboren, hielt er sich nach Aufenthalten in Paris, im Oberelsass u. a. O. während längerer Zeit in Naters auf. Jakob Walker war Magister der freien Künste, Notar, einer der hervorragendsten Humanisten (Kenner der alten Sprachen) und ein Freund des bekannten Humanisten Beatus Rhenanus. 1509–1510 war Walker Schulmeister der Stadt Bern. Er nannte sich lateinisch Fullonius und schrieb sich «kaiserlicher Notar», um sich von päpstlichen oder anderen Notaren zu unterscheiden. An den Schluss seiner Urkunden setzte er unter das Notariatszeichen seinen deutschen Namen und unter diesen mit griechischen Buchstaben die Worte: «telos ora biou» (= Blicke auf des Lebens Ende).

Ernst Walker hat dem Humanisten Jakob Walker im Buch «Geschichte der Familie Walker aus dem Wallis» (Visp 1989) eine ausführliche Beschreibung gewidmet (S. 36–49). Ernst Walker, geboren 1931, verheiratet mit Paula Eyer, seit 1959 wohnhaft in Naters, verfasste unter Mitarbeit von Richard und Reinhard Walker sowie von Paul Heldner ein Familienbuch, das im Oberwallis kaum Gleichwertiges kennt. Ernst Walker berichtet darin auch von vielen anderen bedeutenden Persönlichkeiten dieses Namens, die in Naters wohnten.

### Notar Hieronymus Welschen

Hieronymus Valsenus (Welschen) alias Nabler von Bister in Naters, humanistisch gebildet, gründete in Naters eine Rechtsschule zur Ausbildung von Notaren. Er war 1549, 1569, 1588 und 1600 Kastlan von Brig, Meier von Ganter und 1562–1563 auch Landvogt von St-Maurice. Seine Studien soll er in Zürich und Mailand gemacht haben. Das Signet, das er als kaiserlicher Notar auf seine Urkunden setzte, war in griechischer Sprache.[106]

## Im literarischen Bereich tätig

### Moritz Gertschen (*19.9.1904, †15.12.1975)

Moritz Gertschen wurde als Sohn des Alfred und der Genoveva Heinen geboren und war verheiratet mit Irma Nanzer von Glis. Er führte während 35 Jahren eine Zahnarztpraxis in Visp, danach wohnte er mit seiner Familie wieder in Naters. Er zeigte eine grosse Begabung für Musik, Gesang und Poesie und war mit einer prachtvollen Stimme ausgestattet. Gertschen verfasste viele Gedichte (auch religiösen Inhalts) und Lieder, die Naters und dessen Bevölkerung sowie die weitere Umgebung des Oberwallis zum Inhalt haben. Sie wurden von seinem Schwiegersohn Paul Sprung unter dem Titel «Gedichte und Verse von Moritz Gertschen» publiziert (Naters 1978; 44 Gedichte in Schriftsprache, 38 in Walliser Dialekt und 4 Lieder). Nachfolgend zwei Kostproben:

#### Belalp

*Belalp, du Perle der Alpen auf sonnigen Höh'n,*
*von tiefblauem Himmel so weit überdacht,*
*von ewigen Firnen schirmend bewacht,*
*von Zinnen, wild-strotzend und schön!*
*Leuchtender Gletscher umfassender Kranz*
*hüllet dich lichtvoll in strahlenden Glanz!*

*Belalp, du Kleinod im alpweiten Kreis,*
*wo Auen erblühen auf grünenden Triften*
*und Bächlein sich stürzen aus Felsenklüften,*
*zischend und schäumend in perlendem Weiss.*
*Wo über Graten und Zinnen der Adler kreist*
*und stolz das Aletschhorn zum Himmel weist.*

*Belalp, du Schönalp, auf blumiger Au,*
*wo zarte Anemonen und tiefrote Alpenrosen*
*des Wanderers staunende Blicke umkosen,*
*und Enzianen sich spiegeln in des Himmels Blau.*
*Wo auf lichtvollen Höhn in seinen Kreis*
*den Bergfreund bannet das stolze Edelweiss.*

*Belalp, du Perle der Heimat, du herrlichste Alm,*
*wo weidender Herden Schalmeienklang*
*so traulich sich formet zum Heimatgesang,*
*und frommer Hirten Gebet zum Alpenpsalm!*
*O Belalp, deren Schönheit so oft man schon pries,*
*du Kleinod der Heimat, mein Alpen-Paradies!*

#### Im Plegerwaldji

*Ich weiss as heimlichs Kaltji*
*as cheibu nätts und chlis,*
*im hibschu Plegerwaldji,*
*nit wit va ischum Glis.*

*Äs ischt as gäbigs Platzji*
*versteckt im Bäjigstrüch;*
*het Platz fer mich und ds Schatzji,*
*wie's rächt ischt und öü Brüch.*

*Diz Platzji kännt suscht niemu*
*als ich und ds Schatzji mis.*
*Ich cha sus nicht gnüeg riemu*
*mis Plegerwaldji z'Glis.*

### Dr. Anton Salzmann
(*3.12.1914)

Er wurde als Sohn des Gerichtspräsidenten Anton von Naters und der Cécile Feller von Fiesch geboren. Nach den klassischen Studien in Brig und Stans nahm Anton Salzmann ein Medizinstudium in Freiburg i.Ü. und Berlin auf, das er 1941 in Bern mit der Doktorarbeit abschloss. Im Aktivdienst war er Oberleutnant der Sanität und stand 1942 als Arzt im Dienste des Roten Kreuzes mit der dritten schweizerischen Ärztemission an der Ostfront (Pleskau bei Leningrad). Nach verschiedenen Assistentenstellen führte er in Brig eine Allgemeinpraxis (1945–1977). 1948 war er Mitbegründer und erster Obmann (1948–1978) des Rottenbundes, der die Pflege und den Schutz der deutschen Sprache und Kultur bezweckt. Die journalistische Tätigkeit Anton Salzmanns beinhaltet zahlreiche Artikel über sprachliche und kulturelle Fragen. Er bereicherte und unterstützte lebenslang tatkräftig das Kulturleben im Oberwallis. Anton Salzmann ist Autor vieler Gedichte, die im Walliser Jahrbuch erschienen sind, und der beiden Gedichtbände «Ein fremder Gast» (40 Gedichte, Brig 1981) und «Das Zaubertor» (36 Gedichte, Brig 1993; im Alter von 79 Jahren herausgegeben). Er bewegt sich in einer eher klassischen Bilder- und Sprachwelt. Seine Gedichte sind sprachlich gewandt, eindringlich und zeigen echtes Empfinden. Hier eine Kostprobe aus dem «Zaubertor»:

#### Schöpfung

*Gedichte ruhn verborgen,*
*Kristalle unter Sand;*
*erbraust ein starker Wind,*
*so treten sie hervor;*
*nach langer Nacht der Morgen;*
*da blitzen Edelsteine,*
*von Licht erfüllt und reine:*
*Auf springt das Zaubertor,*
*und neu geschaffen sind*
*nun Menschen, Meer und Land.*

### Cristine A. Jossen
(*22.3.1967)

Christine A. Jossen wurde als Tochter des Siegfried von Mund und der Berti Salzmann aus Naters geboren und wohnt seit 1990 in Langenthal. Sie absolvierte das Studium der Linguistik, der Literaturwissenschaft und der Museologie und war von 1992 bis 1998 Dozentin für Kommunikation und Rhetorik beim Eidg. Personalamt in Bern. Sie betätigte sich auch als Kulturjournalistin, ist Mitglied der Redaktionskommission des Walliser Jahrbuchs und engagiert sich in vielen anderen diesbezüglichen Bereichen.

1998 wurde Christine Jossen zur ersten Kulturbeauftragten der Stadt Langenthal ernannt. Bereits nach vier Monaten wurde sie von den lokalen Medien als «Drehscheibe der Kultur» gelobt. Nachdem sich ihre literarischen Tätigkeiten jahrelang auf Lesungen und Publikationen in Anthologien und Literaturzeitschriften erstreckten, erschien 1998 ihr literarischer Erstling in Buchform: «Zuggeschichten – Diesseits und jenseits des Lötschbergs». Darin verrät die Autorin in prägnanter Sprache eine ausgeprägte Beobachtungsgabe.

## In diplomatischen Diensten

### Dr. phil. und lic. rer. pol. Henri Rossi
(*20.10.1919, †25.11.1994)

Er ist der Sohn des Unternehmers Jean Rossi und der Albertine geb. Imoberdorf von Reckingen und war verheiratet mit Monique Delaloye aus Sitten/Ardon. Henri Rossi trat 1946 in den diplomatischen Dienst der Eidgenossenschaft. Er arbeitete zuerst in Bern und war dann für drei Jahre Attaché bei der Schweizer Delegation in Berlin. Als Botschaftssekretär wirkte er drei Jahre in Wien, fünf Jahre, zur Zeit Gomulkas, in Warschau und vier Jahre in Saudi-Arabien. 1969 kam er als stellvertretender Missionschef nach Moskau und wurde dann Chef der «fremden Interessen» im Departement für auswärtige Angelegenheiten in Berlin. Zwischen 1975 und 1978 vertrat er die Schweiz als Generalkonsul in München und von 1979 bis 1994 war er Botschafter in Australien und Papua-Neuguinea. Seine Pensionsjahre verbrachte Henri Rossi in Naters. Er wurde in Glis im Familiengrab beigesetzt. *Publikationen:* 1. Dissertation über «Kaspar Eugen Stockalper vom Thurm (1750–1826)», 1942; 2. Eine Folge über «Michael Mageran, der ‹Stockalper› von Leuk» (später auch als Broschüre erschienen); 3. «Zur Geschichte der Walliser Bergwerke» (BWG X, 1949, S. 292–379); 4. «Chronik der Familie Rossi mit den anverwandten Familien», Naters 1994 (daraus entnahm der Verfasser die obigen Angaben). Botschafter Rossi war ein bescheidener, zugänglicher Mann von tiefer religiöser Haltung.

### Daniel Klingele
(*13.7.1964)

Daniel Klingele, Sohn des Rupert und der Marianne geb. Nanzer, widmete sich nach der Matura am Kollegium in Brig dem Rechtsstudium in Freiburg i.Ü. und erlangte in Saarbrücken den Studienabschluss in Europarecht und in Stockholm denjenigen in schwedischem und internationalem

Recht. 1993 ernannte ihn der Walliser Staatsrat zum Delegierten für Europafragen im Kanton, ein Jahr später trat Daniel Klingele in den diplomatischen Dienst der Eidgenossenschaft.

## Personen mit besonderen musikalischen Leistungen

### Professor Willi Boskovsky (1909–1991)

Der in aller Welt bekannte Professor Willi Boskovsky war der langjährige Leiter und Dirigent der Neujahrskonzerte der Wiener Philharmoniker. Seine Verpflichtungen führten ihn auf alle Kontinente. Er dirigierte die weltweit bekanntesten Orchester. Professor Boskovsky wurde am 16. Juni 1909 in Wien geboren. Als grosser Freund der Berge wählte er das Oberwallis zur zweiten Heimat und wohnte zuerst in Raron. 1979–1991 verbrachte er «glückliche Jahre» in Naters, wie seine Gattin Elisabeth, Schauspielerin, und seine Tochter Bettina erzählten. Boskovsky starb am 21. April 1991 im Spital in Visp und wurde auf dem Wiener Zentralfriedhof beigesetzt. In seinem Beileidstelegramm beschrieb der damalige österreichische Bundespräsident Dr. Kurt Waldheim den Tod Boskovskys als grossen Verlust für die Musikwelt. Vielen Millionen Menschen, die ihn am Dirigentenpult an den Neujahrskonzerten miterleben durften, habe er unvergessliche Stunden geschenkt.

### Philipp Fallert (*5.4.1906)

Philipp Fallert, der in erster Ehe mit Erna Schmid aus Ergisch und in zweiter Ehe mit Josefine Wellig von Fiesch verheiratet war, betätigte sich als kaufmännischer Beamter bei den Lonzawerken in Visp. Fallert war ein eifriger Förderer des Oberwalliser Musiklebens und amtete als Musikdirigent von folgenden sechs Musikgesellschaften: Eggerberg (Gründer) 1930–1971, Fiesch 1931–1944, Randa 1950–1953, Bürchen (Gründer) 1951–1959, Gampel 1953–1965 und Mund 1956–1959.

### Amadé Salzmann (*22.4.1947, †17.2.1992)

Amadé Salzmann, Sohn des Ephrem und der Olga Wyssen, von Beruf Laborant, war mit Susanne Ritler verheiratet. Salzmann war Mitbegründer der «Oberwalliser Spillit» und leidenschaftlicher Musiker, Ländler-Liebhaber und Komponist. Er machte auf sich aufmerksam mit seinem Spiel: «Teenundi Titschini» (tönende Hölzer; der Ton entsteht mittels Holzplatten) und «Chliichjundi Schgaie» (tönende Steine; der Ton wird mittels Steinplatten erzeugt). Zusammen mit seinen Musikfreunden hatte Salzmann in Wysel Gyrs Sendung «Boduständigi Choscht» 1978 und 1979 zwei Auftritte im Fernsehen, bei denen er seine originellen Instrumente vorführte. Amadé Salzmann veröffentlichte ausserdem ein vielbeachtetes Buch mit dem Titel «Das Hackbrett im Wallis – Instrumentenbau und Spielanleitung», Visp 1989. Es ist eine umfassende Dokumentation zur Entwicklungsgeschichte des Walliser Hackbretts. Salzmann gibt darin viele Verbesserungsvorschläge in bautechnischer Hinsicht und ausserdem eine praktische Spielanleitung.

### Stefan Ruppen (*20.5.1959)

Er ist der Sohn des Hubert und der Marianne geb. Gertschen und ist mit Elsbeth Fux aus Randa verheiratet. Nach der Matura C in Brig 1979 besuchte er die Swiss Jazz School in Bern, war Pianist in diversen Bands und absolvierte das Sekundarlehrerstudium in Bern mit Schwergewicht Schulmusik. Stefan Ruppen war Musiklehrer an der OS Visp 1984–1991, an der OS Naters 1991–1998 und ist seit 1992 am Kollegium in Brig angestellt. Er dirigierte 1983–1998 den Jugendchor Naters, 1990–1998 den Blattner Chor, macht bei den Spiritsingers in Brig mit, bildete sich 1994 in Luzern zum Chorleiter aus und leitet seit 1998 den Kirchenchor von Glis. Er betätigt sich auch als Pianist der bekannten Alex Rüedi Big Band. Stefan Ruppen erhielt 1998 für seine musikalischen Verdienste den kantonalen Förderpreis.

### Sopranistin Lisette Steiner (*29.12.1958)

Lisette Steiner ist die Tochter des Marius von Erschmatt und der Therese Salzmann aus Naters. Sie wuchs in Naters auf und wohnt in Bern. Steiner besuchte die Diplommittelschule in Brig, studierte fünf Semester Gesang an der Folkwang-Musikschule in Essen und bildete sich an der Akademie für Tonkunst in Darmstadt und an der Accademia di canto in Mailand weiter. Sie absolvierte die Reifeprüfungen in Oper, Operette, Lied und Konzertgesang. 1990 erhielt sie den Förderpreis des Kantons Wallis. Wir erlebten Lisette Steiner 1976 in Naters als Anna im «Schwarzen Hecht» von P. Burkhard und in Sitten beim Tibor Varga Festival. Sie schloss einen Gastvertrag mit dem Stadttheater in Bern und betätigt sich insbesondere als Gesangspädagogin, Opern- und Konzertsängerin.

In der Anfangsphase waren Lehrer und Dirigent Leo Eggel von Naters und Musikdirektor Eugen Meier von Visp die grossen Förderer des jungen Natischer Talents. Die Gesanglehrerin Floriana Cavalli, Mailand, sagt über Lisette Steiner: «Ihre Stimme ist von selten warmem Kolorit, klar und weich, von mitreissender Ausstrahlung und grosser Interpretationskraft.»

### Sängerin Christine Lauber Brunner (*13.3.1967)

Sie ist die Tochter des Erwin Lauber und der Miranda Meichtry und ist vermählt mit Arnold Brunner. Nach Absolvierung der Handelsschule bildete sich Christine Lauber als Krankenschwester aus, nahm Geigen- und Klavierunterricht und besuchte die Jazzschule in Zürich (1991–1992). 1984 errang die begabte Sängerin Christine Lauber mit ihrer kräftigen und schönen Stimme beim Schlagerfestival in der Simplonhalle in Brig bei ihrem ersten öffentlichen Auftritt gleich den dritten und 1986 beim gleichen Anlass den ersten Rang. Bei der nationalen Ausscheidung «der Besten des Jahres 1986» durfte sie den kleinen Prix Walo als beste Nachwuchskünstlerin entgegennehmen. Bei vielen Soloauftritten und in Gruppen stellte Christine Lauber im In- und Ausland ihr Können unter Beweis.

*Christine Lauber bei der Entgegennahme des Prix Walo am 24. Januar 1987.*

### Sängerin Sonja Stixenberger-Truffer (*13.5.1973)

Sie wurde als Tochter des Pius Truffer und der Bethli Aufdenblatten geboren und wuchs in Naters auf. Sie machte die Lehre als Verkäuferin und heiratete den Sänger Erwin Stixenberger (*1965) von Herisau, wo das Ehepaar lebt.

Das Gesangstalent von Sonja wurde früh entdeckt und sie erhielt bei verschiedenen Talentwettbewerben Auszeichnungen. Bereits vor ihrem 20. Lebensjahr konnte die junge Sängerin auf einer zweiwöchigen Amerikatournee das Publikum begeistern. 1990 war sie die jüngste Teilnehmerin am Grand Prix der Volksmusik. Gemeinsam bilden der gross gewachsene Appenzeller (Stixi) und die zierliche, stimmgewaltige Sängerin (Sonja) ein grossartiges Team, das seit 1992 bei vielen Auftritten im In- und Ausland, am Schweizer Fernsehen, aber auch im ZDF, ORF und MDR sowie auf den bis 1997 herausgegebenen drei CDs sein Können beweist.

## In verschiedenen Bereichen aufgefallen

### Ludwig Ruppen (1863–1932)

Als Sohn des Michael und der Veronika geb. Jossen vermählte er sich mit Kreszentia Schmid. Ludwig Ruppen war weit herum bekannt als erfolgreicher Heilpraktiker für Knochenbrüche und Gelenkverrenkungen. Diese Begabung ging auf die Nachkommen über.

### Dr. Fred Bamatter (*4.5.1899, †25.5.1988)

Dieser Zweig der Bammatter schreibt sich nur mit einem ‹m›. Fred Bamatter stammte aus Naters (Kaspar-Bammatter-Linie). Sein Grossvater Franz (1828–1901) wurde in Naters, im «Moos-Guferli», geboren und war in Basel Professor für Latein, Griechisch und Spanisch. Fred Bamatter studierte Medizin und eröffnete 1935 in Genf eine Praxis als Kinderarzt. 1948 wurde er Privatdozent, 1955 Extraordinarius für Puerikultur und 1957 ordentlicher Professor für Pädiatrie (Kinderheilkunde) an der Universität Genf. Neben der klinischen Tätigkeit gründete Bamatter verschiedene Kinderheime und baute das Kinderspital in Cochabamba (Bolivien) auf, das zu einer der wichtigsten Kliniken und pädiatrischen Ausbildungsstätten Lateinamerikas geworden ist. Er veröffentlichte über 150 wissenschaftliche Arbeiten, die ein weltweites Echo fanden, und errichtete die «Fondation Fréd Bamatter» zur Förderung wissenschaftlicher Arbeiten auf dem Gebiet der Neonatologie. Sein Hauptwerk ist die Schaffung der neuen Kinderklinik in Genf, der er 16 Jahre lang vorstand. Als Kinderarzt besass er internationalen Ruf.[107] Professor Bamatter hing mit allen Fasern seines Herzens an der angestammten Heimat und war oft während der Ferien in Naters und im Hotel Belalp auf der Lüsgen.

*Sonja Stixenberger-Truffer (*1973) zusammen mit ihrem Mann Erwin Stixenberger (*1965).*

## Marie Imhof
(*1.1.1903, †21.6.1984)

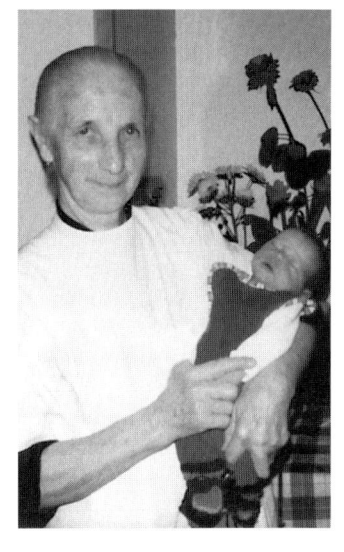

Marie Imhof war die Tochter des Moritz und der Katharina Imstepf und man nannte sie allgemein «ds Jodri Marie». Sie arbeitete als Hebamme in Naters und viele Jahre im Spital in Brig. Für unzählige Menschen war sie der Inbegriff der Güte, Liebe und Hilfsbereitschaft, geprägt von einer tiefen, demütigen Frömmigkeit. Dr. Alfred Klingele, der sie im Spital hautnah miterlebte, schrieb über sie: «Mit ihrem Ableben hat die Bevölkerung von Naters und Umgebung eine ihrer besten und markantesten Persönlichkeiten als Hebamme und Fürsorgerin in allen familiären Bereichen verloren. Ich begegnete kaum je einer Frau, die in ihrer langjährigen Berufsarbeit so viel Güte, Liebe und Hoffnung ausstrahlte wie ‹ds Marie› von Naters. Für mich war sie die erste Sozialarbeiterin in der grossen, weitverzweigten Gemeinde Naters, die durch ihre Arbeit als Helferin am notleidenden Mitmenschen eine Zeit geprägt hat, die den Einsatz der ganzen Person (…) forderte.»[108]

## Bahnhofinspektor Erwin Schwery (*24.12.1921)

Als Sohn des Emil und der Stefanie Stucky geboren, vermählte er sich mit Therese Chanton und wohnt mit seiner Familie in Brig. Erwin Schwery war in den Jahren 1979–1986 Bahnhofinspektor in Brig. Er war erst der zweite Oberwalliser, der dieses Amt innehatte. Sein gutes Verhältnis zu seinen Mitarbeitern war geradezu sprichwörtlich.

## Moritz Roten (*5.5.1922)

Er ist der Sohn des Ernst und der Agnes geb. Werner und heiratete 1949 Palmira Comino. Als Primarlehrer lehrte er von 1942 bis 1945 in Naters, arbeitete 1945–1980 in der kantonalen Verwaltung, zuletzt als Adjunkt bei der Fremdenpolizei. Obwohl Moritz Roten in Sitten wohnt, entwickelte er in Naters eine vielfältige Tätigkeit. So gehört er u.a. zu den Gründern des FC Naters. Er war es, der mit der «Ornavasso-Überbauung» mit dem Restaurant Walliser Kanne an der neuen Furkastrasse in Naters dieser Gegend den neustädtischen Charakter gab. Ebenso kann er als Promotor des Feriendorfes «Tschuggen» ob Blatten bezeichnet werden.

## «Wetterfrosch» Georges Nellen (*30.6.1938)

Sein Vater Xaver stammt von Baltschieder. Georges Nellen ist verheiratet mit Roswitha Ruppen und wohnt in Naters. Er betätigt sich als Hobby-Meteorologe. Seit 1975 zeichnet er täglich alle Daten über die Wetterentwicklung im Wallis auf. Als «Hof-Meteorologe» des ‹Walliser Boten› berichtet er regelmässig über die Wetterverhältnisse unseres Landes und hält auch Vorträge. In den achtziger Jahren forderte Nellen für das Wallis eine eigene Wettervorhersage, weil die Prognosen nach seinen Feststellungen nur zu 30 Prozent stimmten. Diesem Wunsch wurde inzwischen durch die Unterteilung Westschweiz, Wallis und Tessin entsprochen. Nachstehend die Wetterstatistik des Wallis vom 1. Januar 1975 bis zum 25. November 1997 nach Aufzeichnungen von Georges Nellen: kontrollierte Tage (Abk. T.) 8365, davon schön 4556 T. (54,5%), bedeckt 2054 T. (24,5%), Regen 1320 T. (15,8%), Schneefall 434 T. (5,2%). Wochendurchschnitt: 3,8 T. schön, 1,7 T. bedeckt, 1,1 T. Regen und 0,4 T. Schneefall. Herausgeber des Buches «Begegnungen», Visp 1999.

## Reinhard Eyer (*6.2.1950)

Er ist der Sohn des Arthur und der Anna geb. Minnig und ehelichte Denise Oggier. Nach der Matura in Brig widmete er sich dem Studium der Germanistik und der Philosophie. Reinhard Eyer ist ein wortgewandter Korrespondent von Radio DRS fürs Wallis und verfasste Erzählungen, Gedichte, kritische Artikel und Chroniken verschiedener Oberwalliser Familien.

## Stefan Biffiger
(*27.5.1952)

Stefan Biffiger, Sohn des Leander und der Therese De Paoli, studierte nach der Matura B am Kollegium in Brig Kunstgeschichte und deutsche Literatur in Fribourg, wo er 1980 mit dem Lizenziat abschloss. Er war dann Redaktor der «Kunstdenkmäler der Schweiz» und später wissenschaftlicher Leiter der Gesellschaft für Schweizerische Kunstgeschichte sowie Direktor des Instituts für Schweizerische Kunstgeschichte. Biffiger arbeitet nun als Cheflektor im Benteli Verlag in Bern und ist auch als Ausstellungsmacher tätig. Er publizierte unter anderem eine Monografie und ein Werkverzeichnis des Oberwalliser Malers Ludwig Werlen (1884–1928) sowie eine Monografie über den Maler Ernst Morgenthaler (1887–1962).

### Zwei Weltrekorde von Fritz Brügger (*1959)

Der ehemalige SBB-Kondukteur und spätere Angestellte bei den Belalp Bahnen, Fritz Brügger, hat am 14. und 15. Mai 1987 auf seiner Rekordreise durch die Schweiz in 24 Stunden insgesamt 389 Stationen durchfahren (1513 km) und damit den Weltrekord im Eisenbahnfahren aufgestellt.[109] Am 24./25. November 1991 benutzte Fritz Brügger sechs TGV-Atlantique-Züge von Bordeaux nach Bordeaux/F und legte innert 24 Stunden 3568 Bahnkilometer zurück, was ihm den Eintrag ins Guinness-Buch der Rekorde einbrachte.[110] Fritz Brügger führt seit einigen Jahren in Venezuela ein «Buschhotel».

## Offiziere

Es werden nachstehend Offiziere im Rang eines Majors und höher vorgestellt.

### Oberst Kaspar Eugen de Sepibus (1757–1842)

Siehe Kapitel «Präsidenten», Nr. 78.

### Oberst Moritz Salzmann (*23.4.1906, †7.12.1970)

Er ist der Sohn des Moritz und der Maria Karlen und heiratete 1933 Hilda Benetti von Varzo (die Ehe blieb kinderlos). Er war Direktor der Walliser Kantonalbank in Brig und später in Siders, stieg in die Politik ein, wurde zuerst Vizepräsident von Siders (1949–1956) und dann Stadtpräsident daselbst (1956–1970). Der Oberst der Schweizer Armee war ein beliebter und hoch geachteter Mann. Salzmann wurde in Naters beigesetzt.[111]

### Oberst Ulrich Imhof

Siehe Kapitel «Organisation ... der Gemeinde», unter «CVP-Grossräte».

### Oberst Albert Ruppen (*30.12.1921, †14.11.1986)

Seine Eltern heissen Alois und Marie-Therese Locher. Er war verheiratet mit Olga Volken. Albert Ruppen besuchte die Realschule am Kollegium in Brig, die Handelsschule in Sitten und machte danach eine kaufmännische Lehre. 1950 trat Ruppen als Adjunkt beim Eidg. Zeughaus Brig in die Dienste des Bundes ein. 1972 wurde er Oberst. 1976 erfolgte die Ernennung zum Fachbeamten des Inspektorates der Kriegsmaterialverwaltung in Bern. 1978–1986 war er Betriebsleiter des Eidg. Zeughauses in Brig. In seiner ausserdienstlichen Tätigkeit widmete er sich den militärischen Institutionen und Vereinen. So war er u. a. Präsident der Offiziersgesellschaft Oberwallis. Seine Untergebenen schätzten Oberst Ruppen als zuvorkommenden Vorgesetzten. Er war weit über unsere Landesgrenzen hinaus bekannt und geschätzt.

### Oberst Erwin Eyer (*20.2.1943)

Erwin Eyer wurde als Sohn des Edmund und der Monika Fux geboren. Er ist verheiratet mit Danielle Franzen von Brig. Er war 1962–1987 Turnlehrer am Kollegium in Brig. 1969 wurde Eyer zum Adjunkt des kantonalen Turninspektorates und 1981 zum kantonalen Turninspektor ernannt. Seit 1993 ist Erwin Eyer Oberst der Schweizer Armee.

### Oberst Tony Jossen (*10.8.1950)

Siehe Kapitel «Naters und die Schweizergarde in Rom».

### Oberst Remo Salzmann (*26.12.1952)

Seine Eltern heissen Othmar und Klara geb. Scheidegger. Er war verheiratet mit Esther Ruppen (†1994). Remo Salzmann arbeitet als Betriebsleiter-Stellvertreter im eidg. Zeughaus in Brig-Glis. 1996 wurde er Oberstleutnant, 1999 Präsident der Walliser Offiziersgesellschaft und im Jahre 2000 Oberst.

## Oberstleutnant Peter Bammatter (*7.12.1914, †6.1.1993)

Er ist der Sohn des Ludwig und der Franziska Jossen und war vermählt mit Charlotte Z'Brun. Sein Stammvater Georg (1788–1833) nahm am Feldzug Napoleons gegen Russland teil, stand an der Beresina und kam als einer der wenigen überlebenden Oberwalliser (35 an der Zahl) wieder heim. In Russland nannte man ihn statt Georg Georges, weshalb man seine Nachkommen in Naters, wie schon erwähnt, einfach «Schorini» nannte. Peter Bammatter war nach einer anderen Art der Bezeichnung der «Z'Jeri-Häisi-Tuni-Lüdi-Petri» (Georg-Johann-Anton-Ludwig-Peter).[112]

Während des Zweiten Weltkrieges war Bammatter Chef des Schweizer Zollamtes in Domodossola. Sein gewinnendes Wesen, seine Sprachkenntnisse in Deutsch, Italienisch und Französisch und sein diplomatisches Geschick erleichterten ihm auf der italienischen Simplonseite die Kontakte zu den jeweiligen Mächten. Der schweizerische Nachrichtendienst nutzte seine Verbindungen. In der Anti-Sabotage-Aktion zur Rettung des Simplontunnels im Zweiten Weltkrieg spielte Hauptmann (später Oberstleutnant) Bammatter in tarnender Funktion als Zollbeamter eine Schlüsselrolle. Nach dem Sturz der Partisanenrepublik Ossola im Oktober 1944 tauchte eine deutsche Pioniergruppe bei Iselle auf, die die Aufgabe hatte, Vorkehrungen für eine Sprengung des Simplontunnels zu treffen. Unter der Einflussnahme Bammatters gelang es den Partisanen, sich der ca. 60 Tonnen Trotyl, die im Bahnhof von Varzo lagerten, zu bemächtigen. In der Nacht vom 21./22. April 1945 warfen sie den in 1500 Kisten verpackten Sprengstoff über den Bahndamm und verbrannten die explosive Ladung. Die deutsche Schildwache wurde an Bammatter übergeben, der sie – wie abgesprochen – zur Internierung nach Gondo in Sicherheit brachte.

Wenn auch die Sprengung des Simplontunnels selbst von den Deutschen nie befohlen wurde, so bestand nach Bammatters Einschätzung doch eine akute Gefahr, da ein Befehl zur Vorbereitung der Sprengung gegeben war. Der Journalist Werner Schweitzer aus Zürich schuf in den 1980er-Jahren einen Dokumentarfilm mit dem Titel «Dynamit am Simplon», der sich zu einem guten Teil auf die Rapporte von Hauptmann Bammatter stützt und in dem die Episode der Vernichtung des Munitionslagers in Varzo unterstrichen wird. Dieser Film wurde am 12. und 18. März 1991 im Schweizer Fernsehen ausgestrahlt. Wie Bammatter in seinen «Erinnerungen» berichtet, war er 1945 in Mailand zugegen, als die Partisanen die Leichen Mussolinis und seiner Geliebten (Clarissa Petacci) samt ihren Mitflüchtenden auf der Piazza Loreto an den Beinen aufhängten. Nach dem Zweiten Weltkrieg übernahm Bammatter für ein weltbekanntes Unternehmen eine leitende Tätigkeit im Belgisch-Kongo, kam nach zehn Jahren in die Schweiz zurück und half der eben gegründeten Migrol-Genossenschaft beim Aufbau eines Migrol-Tankstellennetzes in der Westschweiz. Auf Wunsch des Gemeindepräsidenten Richard Walker schrieb Peter Bammatter, der in dem idyllischen Begnins/VD wohnte, 1989 seine Erinnerungen an die Kriegsjahre im Ossolagebiet nieder.[113]

## Oberstleutnant Hermann Imboden (*22.8.1921)

Er ist der Sohn des Adolf und der Martina Bumann und vermählt mit Monique Berra. Hermann Imboden war kantonaler Fürsorgeinspektor, danach 1963–1986 Chef des Zivilstandswesens des Kantons Wallis. Unter seiner Leitung wurden die 138 Zivilstandskreise des Kantons auf 80 reduziert. Seit 1977 ist er Oberstleutnant. Er ist ein grosser Freund und Förderer des St. Josefheims in Susten.

## Oberstleutnant Gottfried Theler (*28.12.1931)

Er wurde in Susten als Sohn des Johann geboren, ist verheiratet mit Alice Bregy und wohnt seit 1960 in Naters. Nach Absolvierung der kaufmännischen Berufsschule in Siders und Brig besuchte Gottfried Theler die eidg. Zollschule. So war er zuerst Zollbeamter und später Kaufmann bei der Firma Augsburger/Rhonemühle in Naters. 1982 wurde er zum Oberstleutnant und 1984 zum Kreiskommandanten des Oberwallis ernannt.

## Oberstleutnant Alex Kreuzer (*22.2.1950)

Er ist als Sohn des Anton in Naters aufgewachsen, vermählte sich mit Rita Imhasly und wohnt in Visp. Nach seinen humanistischen Studien in Brig (Matura B) bildete er sich zum dipl. Ing. ETH/SIA aus und ist Vizedirektor der Walliser Elektrizitätsgesellschaft AG (WEG). 1997 erfolgte die Ernennung zum Oberstleutnant.

## Oberstleutnant Jules Eyer (*20.9.1952)

Der mit Konstanze Imsand verheiratete Jules Eyer ist der Sohn des Ernest und der Irma Escher und wohnt in Blatten/Naters. Nach Absolvierung der Matura C am Kollegium in Schwyz erfolgte die Ausbildung zum Sekundarlehrer. Er ist Berufsoffizier und wurde im Jahre 2000 zum Oberstleutnant ernannt.

## Major Peter Josef Eyer

Laut Stammbaumbuch des Pfarrarchivs (G 10, S. 59) handelt es sich vermutlich um den am 6. Januar 1779 geborenen Peter Josef, Sohn des Peter und der Anna Maria geb. Eyer. Er starb am 29. Mai 1799 bei Pfyn im Kampf gegen die Franzosen.

## Major Stefan Eyer (*8.2.1861, †24.6.1951)

Siehe Kapitel «Schulen», unter «Lehrpersonen» (Primarschule).

## Major Arnold (-Alexander) Michlig (*19.2.1917)

Siehe Kapitel «Organisation ... der Gemeinde», unter «CVP-Grossräte».

## Major Georges Zurkinden (*20.11.1935)

Er wurde als Sohn des René (Burger von Mossel/Porcel/FR) und der Rosa Giovangrandi geboren, ist verheiratet mit Georgette Loretan und wohnt in Blatten/Naters. Nach dem Gymnasialstudium in Brig (Matura B) bildete er sich zum Sekundarlehrer aus. 1983 erfolgte die Ernennung zum Major. Er war der erste Präsident der Kulturkommission und gab ihr wichtige Strukturen.

## Major Alois Tscherrig (*25.10.1945)

Siehe Kap. «Organisation ... der Gemeinde», unter «FDP-Grossräte».

## Major Jean-Marie Schmid (*1.11.1947)

Jean-Marie Schmid ist der Sohn des Jules und der Elisa geb. Ruppen und verheiratet mit Johanna Zenklusen. Der diplomierte Handelslehrer HSG unterrichtete 1973–1997 am Kollegium in Brig sowie seit 1988 im Teilamt an der Höheren Wirtschafts- und Verwaltungsschule (HWV) in Visp. 1998 erfolgte die Ernennung zum vollamtlichen Leiter für Ausbildung an der HWV in Visp. Schmid ist seit 1985 Stadtrat von Brig-Glis und seit 1986 Major. 1988–1992 war er Kdt Geb Füs Bat 88.

## Major Erich Pfaffen (*8.1.1950)

Er wurde in Mund als Sohn des Albin und der Sophie Imstepf geboren, machte in Brig die Handelsmatura und schloss das Universitätsstudium in Bern mit dem Lizenziat (phil. nat.) ab. Er arbeitet als Treuhänder, ist mit Claudia Anthamatten verheiratet und wohnt in Naters. 1987 wurde er zum Major ernannt.

## Major Norbert Eyer (*1.10.1955)

Der aus Naters stammende Norbert Eyer, Sohn des Kasimir und der Hedwig Pfammatter, ehelichte Silvia Nanzer und wohnt in Glis. Eyer war zunächst Leiter der Schweiz. Kreditanstalt in Visp, danach Leiter aller Geschäftsstellen der Volksbank im Kanton Wallis und ist seit 1997 «Leiter Individualkundengeschäft der Credit Suisse Region Sitten-Wallis». Er ist seit 1995 Major.

## Major Etienne Schmid (*9.8.1961)

Er ist der Sohn des Baptist und der Benita Schmid-Schmid. Nach der Bürolehre als Kaufmann und der Bankausbildung war er Geschäftsstellenleiter auf der Bettmeralp. Etienne Schmid verselbstständigte sich 1998 und ist im Treuhand- und Beratungsbereich tätig. 1997 wurde er Major.

# Burgerschaft

Die eigentlich zur Burgerschaft gehörenden Themen wie Burgergeschlechter, Burgerwälder und Burgeralpen sind von solcher Bedeutung, dass wir ihnen eigene Kapitel widmen.

## Geschichtlicher Werdegang

### Ursprung und Entwicklung bis 1850

Verfassung und Gesetzgebung des Kantons Wallis kennen zwei Arten von Gemeinden: die Einwohnergemeinde oder politische Gemeinde und die Burger- oder Heimatgemeinde. Dieser administrative Dualismus (Zweiheit) ist neueren Datums.[114]
Der Ursprung der Walliser Burgerschaften ist nicht eindeutig geklärt. Wie in der allgemeinen Geschichte von Naters ausgeführt, taucht in den Urkunden des 14. Jahrhunderts immer häufiger die Bezeichnung Gemeinde auf. Diese Gemeinwesen waren aber zunächst keine politischen Verbände, sondern wirtschaftliche Zusammenschlüsse zu Geteilschaften und Geschnitten (Weiler). Die Burgerschaft als politische Gemeinde lässt sich mit Sicherheit bis ins 15. Jahrhundert zurück nachweisen. Bis in die Mitte des 19. Jahrhunderts nahmen die beiden Gumperschaften Naters und Rischinen Aufgaben wahr, die danach grösstenteils auf die Munizipalität übergingen.
Die Geburtsstunde der Einwohnergemeinde schlug 1848, als die erste schweizerische Bundesverfassung die Niederlassungsfreiheit proklamierte und jedem Schweizer an seinem Niederlassungsort die gleichen politischen Rechte zuerkannte wie einem Bürger der entsprechenden Gemeinde. Nach dem Gesetz über die Gemeindeverwaltung vom 2. Juni 1851 setzte sich die Gemeinde im Wallis aus Ortsbürgern und niedergelassenen Einwohnern zusammen oder, wie sie der Walliser Sprachgebrauch kurz nennt, aus Burgern und Bürgern. Seither bestehen politische Gemeinde und Burgerschaft Seite an Seite.

### Trennung der Verwaltungen: 1850–1876

Wohl aufgrund der Kantonsverfassung von 1839 (Möglichkeit des dualistischen Systems, das aber vielfach nicht zur Anwendung kam) und der Bundesverfassung von 1848 gab es laut Burgerbuch[115] in Naters schon von 1850 (und nicht erst nach dem Gesetz von 1851) bis 1876 eine klare Verwaltungstrennung innerhalb der Munizipalität und der Burgerschaft[116]. Möglicherweise erfolgte die Verwaltungstrennung schon 1848. Am 8. Juli dieses Jahres quittierte nämlich Alois Walpen die Rechnung für die Reparatur der Feuerwehrspritze «vor dem gesamten Munizipalrat».[117] Von 1850 bis 1876 sind uns die Namen der Burgerpräsidenten, wenn auch mit Lücken, bekannt; es sind dies:

| | |
|---|---|
| 1850 | Moritz Eyer |
| 1854–1855 | Johann Wyssen |
| 1855–1857 | Michael Ruppen |
| 1861–1865 | Anton Eggel |
| 1866 | Alphons Wyssen |
| 1867–1870 | Franz Wyssen |
| 1871–1872 | Moritz Walden |
| 1873–1874 | Johann Eyer |
| 1875–1876 | Johann Salzmann |

### Verwaltung durch den Gemeinderat: 1877–1988

Von 1877 bis 1988 übte der Gemeinderat gleichzeitig die Geschäfte der Munizipalität und der Burgerschaft aus, wobei der Gemeindepräsident in der Regel auch als Burgerpräsident waltete. Erst in jüngster Zeit übergaben zwei Präsidenten, Dr. Paul Biderbost und Richard Walker, als Nichtburger aus freien Stücken, um das Selbstbewusstsein der Burger nicht zu verletzen, das Amt des Burgerpräsidenten an Burger im Rat ab, so 1965–1972 an Stefan Zenklusen, 1973–1976 an Arthur Schmid sowie 1985–1988 an Ignaz Eggel. Hingegen nahmen auch Gemeinderäte, die nicht Burger waren, Einsitz in den Burgerrat.

### Trennung von Munizipal- und Burgerrat: 1988

Wie das Protokoll der Burgerversammlung vom 22. November 1908 berichtet, wurde bereits an dieser Zusammenkunft der Antrag auf Trennung des Munizipal- und Burgerrates gestellt, der aber «mit grossem Mehr» verworfen wurde. Die gleiche Forderung äusserten Burger an der Urversammlung vom 27. April 1952. Darauf antwortete Präsident Meinrad Michlig, dass dies «nach den gesetzlichen Bestimmungen nicht möglich» sei, was acht Tage später auch ein Gutachten von Advokat Alfred Escher, Brig-Glis, bekräftigte. Manche Burger verstanden diese Antworten wohl zu Recht als Abblockung ihres Vorhabens.
Die Burgerversammlung fand zu früheren Zeiten meist unmittelbar nach der Urversammlung statt; die Nichtburger hatten dann den Versammlungsraum zu verlassen. Um für die Burgergeschäfte mehr Zeit zu haben, hält man seit 1974 die Burgerversammlung unabhängig von der Urversammlung ab.
Im Mai 1988 formierte sich ein Initiativkomitee zur Schaffung eines getrennten Burgerrates. Die vier Initianten waren: Norbert Eggel, Pius Eyer, Peter Ruppen und Gotthard Salzmann. Im ‹Walliser Boten› und in den ‹Mitteilungen› der Gemeinde Naters (1988, Nr. 9) legten sie ihre Gründe für eine Trennung folgendermassen dar:
*«1. Mit 2150 Burgern gehört Naters zu den grössten Burgerschaften in unserem Kanton. Es kam schon vor, dass die Burger im Gemeinderat in Minderheit gerieten. In diesem Fall wird dann die Burgerschaft von einem Rat vertreten, in dem sie in der Minderheit ist. Dieser Zustand ist für die Burgerschaft unwürdig und unhaltbar. Ihr muss die Eigenständigkeit zurückgegeben werden. Dies bedeutete auch eine wesentliche Erleichterung für den Gemeinderat, der heute sowieso schon stark überlastet ist.*
*2. Eine eigens für die Burgerangelegenheiten eingesetzte Verwaltung kann mehr Eigeninitiative für die Burgerprobleme aufbringen, z. B. auf touristischem und kulturellem Gebiet, und diesen mehr Kraft und Zeit widmen.*
*3. Die Pflege der Burgerwälder wird im Rahmen der neuen Gesetzgebung zu über 90 Prozent subventioniert werden.*
*4. Berechnungen haben ergeben, dass die eigene Burgerverwaltung nicht viel mehr kosten würde als die ‹Fremdverwaltung›.*

5. Die Befürchtung, dass man bei einer eigenen Verwaltung möglicherweise eine Burgersteuer bezahlen müsse, ist hinfällig, da die Burgerschaften vom Gesetz her keine Steuern erheben können. In diesen und anderen Punkten wurden die Initianten durch Thomas Julen, Zermatt, Jurist und Spezialist in Burgerfragen, vollumfänglich unterstützt.
6. Die Burgerschaften werden in der Zukunft von wichtigen finanziellen Lasten, wie z. B. bei Schulhausbauten, befreit.
7. Die Burgerschaft verfügt über ein Vermögen von rund 1,5 Millionen Franken und über jährliche Einnahmen von ca. Fr. 75 000.»

Folgende Herren bildeten ein Komitee gegen die Trennung: Ignaz Eggel, Burgerpräsident, Edmund Salzmann, alt Gemeinderat, und Diego Zenklusen, Kontrollorgan der Burgerschaft. Diese drei Burger führten folgende Gründe für die Ablehnung der Initiative ins Feld:

«1. Das Zusammengehen von Munizipalität und Burgerschaft hat sich zum beiderseitigen Vorteil bewährt.
2. Von den 163 Gemeinden des Kantons Wallis verfügen lediglich 33 Gemeinden über einen getrennten Rat.
3. Die Befürchtung, dass die Burgerschaft nicht mehr von Burgern verwaltet werden könnte, ist aufgrund des neuen Burgerrechtes unbegründet.
4. In den vergangenen fünfzig Jahren hat die Munizipalität der Burgerschaft nie einen Franken an die Schulhausbauten und Umbauten berechnet.
5. Bei einer Trennung würde die Bedeutung des Burgerrates und der Burgerschaft geschwächt und die Zusammenarbeit mit der Munizipalität erschwert.
6. Die Burgerschaft als Waldbesitzerin kann die auf sie zukommenden Kosten der Waldpflege allein nicht tragen.
7. Vergleiche mit Burgerschaften wie Brig-Glis oder Zermatt können nicht ohne weiteres herangezogen werden, da diese über ganz andere wirtschaftliche Grundlagen verfügen.»

In der ersten Hälfte August 1988 hinterlegten die Initianten bei der Gemeinde mit 445 Unterschriften ein Trennungsbegehren. 309 Unterschriften, was einem Fünftel der 1545 stimmfähigen Burger entsprach, hätten genügt. Der Gemeinderat betrachtete die Initiative als zustande gekommen. Nachdem in der Presse Befürworter und Gegner des Langen und Breiten ihre Argumente dargelegt hatten und die Natischer Bevölkerung relativ stark in die öffentliche Diskussion miteinbezogen worden war, fiel das Verdikt am Abstimmungswochenende vom 1./2. Oktober 1988 bei einer Beteiligung von 55 Prozent aller stimmberechtigten Burgerinnen und Burger überraschend klar aus: 494 sprachen sich für die Trennung, 368 gegen eine solche aus. Man kann mit Fug und Recht sagen: Das war ein historischer Tag für die Burgerschaft Naters.

An der Burger-Urnenabstimmung vom 29./30. Oktober des gleichen Jahres stimmten die Burger und Burgerinnen dem Vorschlag, nach der Trennung der Verwaltung einen fünfköpfigen Burgerrat zu bestimmen, mit 305 Ja- gegen 97 Neinstimmen zu. Bei den mit Spannung erwarteten Burgerratswahlen vom 4. Dezember 1988 bewarben sich drei Parteien um Sitze. Nach dem Proporzsystem (Verhältniswahl) wurden folgende Räte erkoren: CVP (43 Prozent): René Ruppen und Hans Wyssen; Unabhängige (40,8 Prozent): Pius Eyer und Elmar Gasser; CSP (16,2 Prozent): Benno Zenklusen; Säckelmeister (beide CVP): Werner Schmid und Martin Schmid. Acht Tage später, am 11. Dezember, wurde Pius Eyer, des Gottfried, mit 645 Stimmen zum Burgerpräsidenten erkoren. Auf seinen Gegenkandidaten René Ruppen, des Alois, entfielen 486 Stimmen. Zum Burgervizepräsidenten wählte man mit 919 Stimmen Benno Zenklusen.

An den genannten Wahlen vom 4. Dezember nahmen 87,7 Prozent (1423 von 1622 Stimmberechtigten) der Burgerinnen und Burger teil. Ein wahrlich überwältigendes Resultat. Ein ähnliches Bild zeigte sich eine Woche darauf bei der Wahl des Burgerpräsidenten und des Burgervizepräsidenten, als 71,5 Prozent der Burger ihren Wahlzettel in die Urne legten. Diese Beteiligungen zeigen, dass der Burger vor allem auf kommunaler Ebene politisch interessierter ist als der Nichtburger.

*Zinnkanne von Bischof Norbert Brunner im Burgerhaus.*

## Aufgaben der Burgerschaft

Die Burgerschaft ist eine Personalkörperschaft, mit der die ihr Zugehörigen durch das Burgerrecht verbunden sind. Erwerb und Verlust des Burgerrechtes richten sich nach der eidgenössischen und kantonalen Gesetzgebung.

Die Aufgaben der Burgerschaft sind öffentlicher Natur. Sie richten sich nach dem Gemeinwohl, sowohl jenem der Burger als auch der Einwohner. Die Burgerschaft verleiht das Burger- und Ehrenburgerrecht und führt stets das Burgerverzeichnis nach. Bedeutendste Aufgabe ist und bleibt die Verwaltung und Nutzung des Burgervermögens, das sich in Naters vor allem aus den Wäldern, Alpen und Allmenden zusammensetzt. Sie dienen der Alp- und Forstwirtschaft, aber auch Einheimischen und Touristen als Erholungsraum (Ski- und Wandergebiet Belalp–Aletsch). In diese Richtung zielt ebenfalls die Gewährung preisgünstiger Baurechte auf Burgerboden. Durch die Beteiligung am Elektrizitätswerk Brig-Naters und an der neuen Energiebeteiligungsgesellschaft verfolgt die Burgerschaft auch energiepolitische Ziele. Die Burgergemeinde erbringt zusätzlich verschiedene Leistungen an die öffentlichen Lasten der politischen Gemeinde. Ebenso trägt sie zur Pflege von Brauchtum und Tradition unserer Dorfgemeinschaft bei, sei es im Rahmen der Fronleichnams- und St.-Merez-Feiern, sei es beim alljährlichen «Burgertrüch». In den ‹Mitteilungen› der Gemeinde Naters (März 1981, Nr. 3) hielt der damalige Gemeinde- und Burgerpräsident Richard Gertschen ausserdem folgende bedeutende staatspolitische Erwägungen fest:

*«Dank dem erheblichen Grundbesitz spielt die Burgergemeinde eine bedeutende Rolle auf dem Gebiet unserer Forst- und Landwirtschaft, des Landschafts- und Heimatschutzes sowie des Tourismus. Durch den Einsatz ihrer bescheidenen Geldmittel auf sozialem, wirtschaftlichem und allgemein kommunalem Gebiet entlastet und ergänzt sie zudem die Einwohnergemeinde. Die Hauptbedeutung der Burgerschaft liegt jedoch auf staatspolitischer Ebene. Die Burgergemeinde ist die unterste Stufe der schweizerischen Staatsstruktur, die Urzelle unseres Staatswesens. Die Vielfalt nebeneinander existierender Gemeinden (im Wallis Einwohner-, Kirch- und Burgergemeinde) ist etwas typisch Schweizerisches. Indem die Burgergemeinde ihre Aufgaben nicht nach oben abgeben muss, sondern in Wahrung ihrer Selbständigkeit ausschöpfen kann, steuert sie einem ungesunden Zentralismus entgegen. Der Gefahr zunehmender Entpersönlichung, wie sie vor allem in grösseren Einwohnergemeinden besteht, stellt die Burgergemeinde eine Integrationskraft gegenüber, die ihre Angehörigen an Dorf und Gemeinschaft, deren Brauchtum und Tradition in der Gegenwart bindet. Um diese Bewährung zu bestehen, muss die Burgerschaft offen und zeitaufgeschlossen bleiben, sie muss Einbürgerungen erleichtern und ihre Aufgaben zum Wohle aller erfüllen. Nur so bleibt die gute Zusammenarbeit zwischen Einwohner- und Burgergemeinde gewährleistet, und nur so wird letztere als staatserhaltendes Element ihre traditionellen Werte weiter pflegen können.»*

## Organe der Burgerschaft

Die Bundesverfassung von 1848 setzte die Amtsdauer des Burgerrates auf zwei Jahre fest. Während die Verfassung von 1875 die Burger- wie die Gemeinderatswahlen alle vier Jahre am zweiten Dezembersonntag ansetzte, finden diese Wahlen seit der Verfassung von 1907 am ersten Dezembersonntag statt.

Bei der politischen Gemeinde sprechen wir von Urversammlung und bei der Burgerschaft von Burgerversammlung, die das oberste und in wichtigen Fragen entscheidende Organ bildet. Ausser in gesetzlich vorgesehenen Fällen versammelt sich diese alljährlich an Fronleichnam («Herrgottstag») zum ordentlichen, im Falle mehrerer Einbürgerungen auch am St.-Mauritius-Tag zu einem ausserordentlichen Burgertrunk.

Der Burgerrat verwaltet die Güter der Burgerschaft, schlägt die Regelung betreffend Nutzung des Vermögens vor und erstattet jährlich Rechenschaft über seine Verwaltung.

Wie oben erwähnt, war der Burgerrat von 1877 bis 1988 identisch mit dem Gemeinderat. Nach Artikel 6 des Burgerreglementes von 1974 gab es von diesem Jahr an bis 1988 eine Burgerkommission, die aus drei Ratsherren und den zwei Säckelmeistern bestand, sowie eine Ad-hoc-Burgerkommission, der ein Burger aus dem Gemeinderat vorstand; Letztere diente zur internen Vorbereitung der Burgergeschäfte.

*Burgerrat vor dem Burgerhaus, 1999. Von links: Martin Schmid, René Ruppen, Burgerpräsident Pius Eyer, Elmar Gasser, Stefan Summermatter.*

Nach der Wahl eines eigenen Burgerrates im Dezember 1988 nahm dieser folgende Ämterverteilung vor:

| | |
|---|---|
| Pius Eyer: | Burgerpräsident: Allgemeine Verwaltung |
| Benno Zenklusen: | Vizeburgerpräsident: Finanzen |
| René Ruppen: | Schreiber und Liegenschaftsverwalter |
| Elmar Gasser: | Forstwesen |
| Hans Wyssen: | Alpen und Weiden |

Neben den gesetzlich vorgeschriebenen Organen bestellt die Burgerversammlung zusätzlich zwei Burgersäckelmeister als Hilfskräfte, die für die gleiche Dauer wie die Burgerräte gewählt werden, sowie vier Sanner und einen Burgerfenner, die zu Beginn einer Verwaltungsperiode durch die Burgerversammlung am Fronleichnamstag erkoren werden. Einem Kontrollorgan, bestehend aus zwei Revisoren, obliegt die Rechnungs- und Geschäftsprüfung.

Der eigenständige Burgerrat legte sich nach der Trennung im Jahre 1988 kräftig ins Zeug und packte gezielt und mit Erfolg die verschiedensten Probleme mutig an.

Auf die Neuwahlen von 1992 hin glaubten der Burgerrat und viele andere mit ihm, das Majorzwahlsystem (Mehrheitswahl) einführen zu müssen. Man begründete dies wie folgt: Im Burgerrat soll man langfristig auf starke Persönlichkeiten setzen und ausgeprägtes Parteidenken von der Burgerschaft möglichst fern halten. Es meldeten sich auch die Gegner zu Wort, die betonten, das Proporzwahlrecht sei eine demokratische Errungenschaft, welche die Minderheiten schützt. Bei der Abstimmung vom 24./25. Oktober 1992 befürworteten die Burgerinnen und Burger von Naters mit 596 Ja- zu 167 Neinstimmen eine Umstellung des Wahlverfahrens vom Proporz- auf das Majorzsystem. Dennoch kam keine Änderung zustande, da laut Wahlgesetz eine 80-prozentige Mehrheit notwendig gewesen wäre. Die 596 Jastimmen entsprachen einer Mehrheit von 78,11 Prozent (fünf Stimmen zu wenig). Die Stimmbeteiligung lag bei 42 Prozent. Dass aber der Trend zu einer parteiunabhängigen Burgerschaft anhält, beweisen die Burgerratswahlen von 1992 und 1996, bei denen die Kandidaten der unabhängigen Liste mit Abstand die meisten Stimmen erzielten und Pius Eyer somit 1996 für eine dritte Amtsperiode ehrenvoll zum Burgerpräsidenten gewählt wurde.

# Burgerreglemente

Wenn wir von kleineren Reglementsänderungen und -ergänzungen absehen, sind uns von der Burgerschaft Naters bis heute neun Burgerreglemente aus folgenden Jahren bekannt: 1453, 1543, 1617, 1821, 1854, 1885, 1962, 1974 und 1992. Wir können diese «Burgerregeln», wie sie manchmal auch genannt wurden, in chronologischer Reihenfolge nur in einem Kurzkommentar streifen.

## Burgerreglement von 1453 (1617 ergänzt)

Im Burgerreglement vom 14. Oktober 1453 erliess die Gemeinde Naters u.a. über den Erwerb des Burgerrechtes nachstehende Bestimmungen: Wenn ein Auswärtiger in der Gemeinde liegendes Gut kauft oder durch Heirat mit einer Burgerin erlangt oder solches erbt, so soll er das Burgerrecht in der Gemeinde erkennen und die Erkanntnisgebühren zahlen, falls die Burger ihn annehmen wollen. Der Neuburger hat von Liegenschaften im Wert von 100 Pfund zwei Rheinische Gulden zu entrichten, bei Mehrwert von den ersten 100 Pfund vier Gulden und von jedem folgenden 100 einen Gulden. Erwirbt er später noch mehr Güter, so zahlt er nichts weiter, wohl aber, wenn er alle zuerst erworbenen wieder veräussert, damit aus dem Burgerrecht ausscheidet und später wieder neue erwirbt.[118]

Völlig gleichlautende Verordnungen machte die Gemeinde Rischinen am 9. November 1488.[119]

Aus den «alten und neuen Burgerregeln» wird am 2. März 1543 folgender Artikel hervorgehoben:

*«Wer Burger werden will, muss für 100 Pfund ‹liegende Güter› besitzen und ‹darauf das Burgerrecht setzen›.»*

Bereits recht ausführliche Statuten der Burgerschaft sind uns – wenigstens im Auszug – vom 9. März 1543 erhalten.[120] Dieselben umfassen 15 Artikel und lauten:

*«1. Es ist verboten, mit offenem Licht ohne Laterne herumzugehen.*
*2. Es ist untersagt, nachts Stroh oder Heu auf den Gassen liegen zu lassen.*
*3. Ohne Wissen und Willen der Mitbürger darf keinem Fremden ein Haus vermietet werden.*
*4. Von Allerheiligen bis Mitte März darf das Dorfwasser nicht geführt werden.*
*5. Die Wirtschaften dürfen nur bis 11 Uhr abends Wein ausschenken.*
*6. Ohne Wissen der Bannwärter darf in den gemeinsamen Wäldern kein Holz gefällt werden. Wer Bauholz ausserhalb der Pfarrei verkauft, verliert das Burgerrecht.*
*7. Auf Allmeinen darf kein Vieh ohne hinreichende Hutschaft geweidet werden.*
*8. Jeder Burger soll erscheinen, wenn die Burger zusammengerufen werden. Wenn einer nicht kommt, verliert er das Burgerrecht.*
*9. Niemand darf gemeinen Platz und Strassen mit Steinen oder Holz belegen.*
*10. Niemand darf an Wegen der Burgerschaft ein Gebäude erstellen, ohne dass zwei oder drei Burger sagen, es geschehe ohne Schaden der Gemeinde.*
*11. Auf die Strasse hin darf kein Schüttloch gemacht werden.*
*12. Niemand darf an Sonn- und gebotenen Feiertagen arbeiten.*
*13. Wer immer vernimmt, dass einer dieser Artikel übertreten wird, ist verpflichtet, dies anzuzeigen.*
*14. Ein Drittel der Bussen, die auf Übertretung dieser Artikel gesetzt sind, verfällt der Kirche, ein Drittel der Gemeinde und ein Drittel den Hütern, die alle zwei Jahre gewählt werden.*
*15. Wer einen dieser Artikel übertritt, verfällt einer Busse von drei Pfund.»*

Am 10. April 1617 wurden diese Artikel erneuert und von Naters und Rischinen angenommen. Gleichzeitig setzte man drei weitere Bestimmungen fest:

*«1. Wer einen Dieb in seinem Eigentum ergreift, mag ihn festhalten, schlagen, stechen, hauen und verletzen, nur nicht töten.*
*2. Die Hühner sollen eingeschlossen gehalten werden. Wenn einer solche an ‹Weinberren› antrifft, so kann er sie umbringen.*
*3. Wer jemanden beim Holzdiebstahl in seinem Eigentum ertappt, kann ihn ergreifen und strafen wie oben.»*[121]

1762 bezahlte Jakob Hauzenberg für das Burgerrecht in Naters an die neue Orgel 400 Pfund, den Vorstehern ein Trinkgeld sowie der Gemeinde einen Trunk und einen vergoldeten Becher.[122] Anfang des 19. Jahrhunderts entrichtete ein Neuburger für die Aufnahme in die Gemeinde in der Regel 600 Pfund, einen übergoldeten «Tigelbecher», zwei Dutzend zinnene Becher und einen «genugsamen Trunk Wein samt anständiger Portion Kess und Brot»[123].

## Burgerreglemente von 1821, 1854, 1885 und 1962

Nachdem am 6. März 1803 «zu den uralten Burger Regeln noch einige Artikel» (elf Stück) hinzugekommen waren, wurden am 7. April 1821,[124] am 12. November 1854[125] und am 22. Februar 1885[126] neue Burgerreglemente angenommen. Diese betrafen vor allem die Flurpolizei, das Wässern, den Holzschlag, die Benutzung der Alpen und Weiden, das Eigentum der Burgerschaft sowie die Rechnungsabgabe der Verwalter.

Wie das Burgerbuch in einer Notiz vom 20. April 1856 meldet, gab es wegen «einiger Allmeinen» Spannungen zwischen den Einwohnern und der Burgerschaft. Um zu einer Einigung zu gelangen, schlug der Burgerrat den Einwohnern vor, sich einbürgern zu lassen durch Bezahlung von 500 Franken plus fünf Franken Trinkgeld, zwei Sestern Rotwein und «auf jeden Bürgerkopf» zwei Pfund Weissbrot oder zwei Pfund Bittelbrot. Diese Bedingungen galten wohl für Familien, da es in der Fortsetzung heisst, dass Einzelpersonen nur 300 Franken plus die übrigen Zutaten zu berappen hatten. Und in der Tat meldeten sich bald danach, auf den 1. Mai 1856, elf Einzelpersonen und 17 Familienväter für die Einbürgerung, von der noch heute viele Familien von Naters profitieren (vgl. Kap. «Burgergeschlechter»).[127]

Zu Beginn des 20. Jahrhunderts betrug die Einkaufsumme fürs Burgerrecht 1000 Franken und 100 Franken für jeden Sohn; daneben war ein Gemeindetrunk zu verabfolgen.

Am 4. Mai 1941 wurden durch einen Zusatz zum Burgerreglement von 1885 die Taxen für das Vieh auf den Alpen Bel, Lüsgen und Aletsch neu festgelegt. Darin fällt auf, dass die Ansätze für Nichtburger im Allgemeinen zwei Drittel höher waren als jene für Burger. So zahlten Burger für Kühe und Rinder auf den Alpen Bel und Lüsgen fünf Franken, während die Nichtburger 15 Franken entrichteten.

Laut Gemeinderatsprotokoll vom 30. April 1948 wurde beschlossen, vorläufig keine Burger mehr aufzunehmen.

Am 22. Mai 1962 nahm die Burgerversammlung ein neues Burgerreglement, bestehend aus 45 Artikeln, an (homologiert am 8. Oktober 1965). Darin werden neben der Aufzählung des Eigentums der Burgerschaft vor allem die Bestimmungen über die Alpung und Waldungen neu umschrieben sowie beispielsweise in Artikel 4 die Taxe für die Einbürgerung auf 3000 Franken, für jeden männlichen Nachkommen zusätzlich 500 Franken festgelegt. Ebenso haben die Eingebürgerten einen Burgertrunk (Wein, Brot und Käse) zu verabfolgen und der Burgerschaft einen Zinnbecher zu schenken. Letzteres wurde in Artikel 4 anlässlich der Burgerversammlung vom 28. Juni 1968 folgendermassen abgeändert: «Überdies haben sie [die Eingebürgerten] einen Burgertrunk (...) zu verabfolgen und der Burgerschaft eine Dreiliter-Zinnkanne mit sechs Zinnbechern zu schenken.»

## Burgerreglemente von 1974 und 1992

Hatten frühere Burgerreglemente während langer Zeitepochen ihre Gültigkeit, wurden sie in neuerer Zeit in viel kürzeren Abständen revidiert oder ergänzt. So beschlossen die Burger schon zwölf Jahre später, am 7. Juni 1974, eine erneute Revision des Burgerreglementes mit 34 Artikeln. Zu grösseren Diskussionen kam es dabei des Öfteren wegen der Höhe der Einbürgerungsgebühren. So auch diesmal. In Artikel 2 heisst es diesbezüglich weit differenzierter als bisher: *«Eingebürgerte Ausländer haben an die Burgerkasse Fr. 5000 mehr Fr. 500 für jeden minderjährigen Nachkommen männlichen Geschlechts zu bezahlen. Bei eingebürgerten Schweizern betragen die entsprechenden Ansätze Fr. 2000 und Fr. 300, bei eingebürgerten Wallisern Fr. 1000 und Fr. 200.*

*Überdies haben die eingebürgerten Ausländer einen Burgertrunk (Wein, Brot, Käse) zu verabfolgen und dabei der Burgerschaft eine Zinnkanne (3 Liter) sowie sechs Zinnbecher zu schenken. Kanne und Becher müssen mit Gravur versehen sein. Bei eingebürgerten Schweizern oder Wallisern entfällt die Verpflichtung der Weinspende.»*

Das juristisch und sprachlich fein ausgeklügelte Reglement von 1974, dessen Verfasser Richard Gertschen war und das die üblichen Geschäfte einer Burgerschaft in zeitgemässer Form regelt, erfuhr am 15. März 1978 (vor allem bezüglich der Baurechte, welche die Burgerschaft auf der Belalp gewährt), am 28. Februar 1980 (Art. 22: Verkaufsverbot von Baurechten an Ausländer) und am 3. März 1982 einige Änderungen und Ergänzungen. So heisst es beispielsweise 1982 in Artikel 2 bezüglich der Weinspende bei Einbürgerungen neu: «Bei eingebürgerten Schweizern entfällt die Verpflichtung zur Weinspende kostenmässig zu einem Drittel, bei eingebürgerten Wallisern zu zwei Dritteln.»

Ebenso wurde aufgrund des neuen Gemeindegesetzes neben den bisherigen Organen der Burgerschaft zusätzlich (in Art. 4) ein Kontrollorgan (zwei Rechnungsrevisoren) eingeführt.

Das letzte Burgerreglement datiert vom 8. April 1992. Die 19-seitige Broschüre liess die ganze bisherige Erfahrung in Bezug auf alle Sparten der Burgerschaft in vortrefflicher Art und Weise in die 53 Artikel miteinfliessen. Die einzelnen sechs Kapitel tragen folgende Überschriften: Einleitungsbestimmungen, Organe der Burgerschaft, Zugehörigkeit zur Burgerschaft, Burgerschaftsvermögen, Nutzung des Burgervermögens und Schlussbestimmungen.

Am 4. September 1992 erhielt das soeben erwähnte Reglement zusätzlich einen vierseitigen «Anhang zum Burgerreglement». Dieser enthält die Tarife für die Einbürgerungen, die Brenn- und Bauholzpreise, die Weidgelder und Alparbeiten sowie für Baurechtspreise. Da sich diese Preisansätze relativ schnell ändern können, nahm man diese Punkte aus dem Reglement heraus. Dabei fällt auf, dass die Ansätze für die Einbürgerung – wie schon früher – abgestuft wie folgt berechnet werden:

*«1. für Ausländer im Maximum pro Familie Fr. 8000,*
*2. für Miteidgenossen (Nicht-Walliser) im Maximum pro Familie Fr. 4000 und*
*3. für Walliser im Maximum pro Familie Fr. 2000.»*

Obige Ansätze können bei längerer Wohnsitzdauer in Naters, aber auch bei finanziellen Engpässen des Gesuchstellers eine Reduktion erfahren. Das Leben und Wirken der Burgerschaften wird durch die Kantonsverfassung und besonders durch die Gesetze vom 13. November 1980 über die Gemeindeordnung und vom 28. Juni 1989 über die Burgerschaften geregelt. Die Burgerreglemente des 19. und 20. Jahrhunderts entstanden im Rahmen der kantonalen Rechtslage.

# Eigentum der Burgerschaft

## Liegenschaften

1925 verkaufte die Burgerschaft an einer Versteigerung 53 Parzellen, gelegen im «Weissensand».[128]

Das Registerwesen von Naters nannte für 1996 als Eigentum der Burgerschaft (neben den Burgerwäldern und drei Alphüt-

ten) 37 Objekte (Grundgüter und Gebäude). Es sind dies:
1. diverse kleinere Parzellen (Wiesen, Weiden, Weidwälder, Plätze, Wege, Gassen, unkultivierter Boden), die über dem ganzen Natischer Berg verstreut sind; 2. die Alpen Bel, Lüsgen, Aletsch (laut Burgerreglement von 1962, Art. 6, zusätzlich «Anteil Ulmen») und 3. Gebäude: Ornavassoturm, Burgerhaus (Lergienhaus), Burgerhaus Blatten (altes Schulhaus), Hotel Belalp, Burgerkeller und Materialremise auf Bel, Tälli- und Driesthütte (Letztere wurde 1981 instand gestellt und ausgebaut) sowie eine Hütte in der Steinmatte oberhalb des Rohrbergs im «Abrahamsalpji» (Gemeinde Visperterminen).

Im Jahre 1990 wurden die Alpen Bel, Lüsgen und Aletsch, die fast ausschliesslich das Territorium der Burgerschaft betreffen, als letzter Teil des Gemeindeterritoriums grundbuchamtlich erfasst.

Die Tälli- und Driesthütte dienen vor allem den Schäfern, die nach den langen Märschen im Aletsch hier Kochmöglichkeiten und Lager vorfinden.

Seit 1945 erheben Private Ansprüche im Oberen Galen (Ausseraletsch) und nennen sich «Galengeteilschaft». In den Vermessungsdokumenten ist das 221 761 m² grosse und umstrittene Gebiet jedoch als Eigentum der Burgerschaft aufgeführt. Diese beauftragte Professor Bernhard Schnyder, Brig, ein Gutachten auszuarbeiten. Nach einem eingereichten «Zwischenergebnis» vom 30. März 1968, in dem der Verfasser viele Fragen offen lassen musste, trat Schnyder diese Arbeit zur Weiterbehandlung an Dr. jur. Martin Arnold, Ried-Brig, ab. Arnold verfasste mit Datum vom 18. Mai 1991 ebenfalls ein Gutachten, dem er allerdings den Charakter eines «Zwischengutachtens» beimisst. Darin kommt er immerhin zum Schluss, dass Rechte Privater auf das Gebiet Galen im 19. Jahrhundert anerkannt waren. Dabei handle es sich aber aufgrund vorliegender Unterlagen nicht um Eigentumsansprüche, sondern vielmehr um Weiderechte. Arnold im Bericht: «Ich gehe davon aus, dass unbestritten ist, dass das Eigentum heute der Burgerschaft Naters zusteht.» Eine restlose Abklärung des Sachverhaltes aber steht noch aus.

1991 kaufte die Burgerschaft 2000 m² Boden in der «Kilchmatta» für den Bau des Forstrevier-Werkhofs und erwarb im gleichen Jahr 100 Aktien der Seilbahnen AG Blatten-Belalp-Aletsch sowie 2670 Aktien der Walliser Elektrizitätsgesellschaft AG (WEG), Sitten.

In früheren Zeiten nahm sich das Kapital der Burgerschaft bescheiden aus. Das änderte sich insbesondere in den letzten 20 Jahren.

## Aus Burgerrechnungen der jüngsten Zeit

| Jahr | Ertrag: Fr. | Gewinn: Fr. |
|---|---|---|
| 1982 | 49 738.55 | 3 173.95 |
| 1986 | 97 810.65 | 54 460.85 |
| 1990 | 199 774.40 | 103 360.80 |
| 1994 | 373 529.20 | 113 631.80 |
| 1998 | 636 051.22 | 314 743.59 |

# Burgeranteil an der Bevölkerung

Das Burgerverzeichnis von 1819 nennt namentlich 196 in Naters wohnende Burger (womit wohl nur die Stimmberechtigten gemeint sein dürften). Etwa um die gleiche Zeit stellten sich 26 Männer von Birgisch in Naters als Burger, darunter elf Eyer, acht Jossen, vier Imhof und drei Holzer.[129] 1846 zählte Naters 593 Burger.[130]

Nach dem Zweiten Weltkrieg nahm die Zahl der Burgerinnen und Burger im Verhältnis zu den Einwohnern stetig ab: 1971 40,6 Prozent, 1972 38,5 Prozent, 1981 30 Prozent, und am 31. Dezember 1985 sank die Zahl der Burger und Burgerinnen mit 29,6 Prozent erstmals unter 30 Prozent. 1997 lebten in Naters 2231 Burger und 5603 Einwohner (vgl. Statistik im Kap. «Bevölkerung»).

# Burgerhaus (Lergienhaus)

## Geschichtliches

Kat.-Nr.: 93. – *Westbau:* Burgerschaft (Burgerhaus)
*Ostbau:* Besitzer: Burgerschaft, Anna Eggel, Marie Zenklusen-Ruppen, Julius Studer und sechs weitere je 1/48.

Die Inschriften des Hauses geben Aufschluss über die Baugeschichte dieses mächtigen und bedeutenden Hauses oberhalb der Linde. 1599 liess Georg Lergien,[131] Kastlan von Brig und Niedergesteln, späterer Landvogt von Monthey, ein Holzhaus auf

*Burgerhaus (Lergienhaus).*

hohem Mauersockel mit Saalgeschoss und der heutigen östlichen Dachflanke des Gebäudes errichten. 1631 erweiterte der spätere Landvogt von St-Maurice, Johann Lergien, damals Bannerherr und Grosskastlan von Brig, den Familiensitz durch ein breiteres Holzhaus im Westen. Da dessen Fensterzonen zwischen diejenigen des alten Hauses zu liegen kamen, konnten die Stockwerke des Neubaus an das möglicherweise schon bestehende Treppenhaus angeschlossen werden. Johann Lergien setzte beide Häuser unter einen Giebel und ummantelte das ältere Haus mit Mauerwerk. Hinter das Mauerschild kam auch die Firstachse zu liegen, in der sich der Flur des Treppenhauses als weites Rechteck öffnet. Der Firstbaum des älteren Hauses ist an seinem ursprünglichen Standort noch sichtbar; die Dachkonsolenbögen reichen weit ins Mauerwerk hinab.

Die Wohngeschosse des Burgerhauses dienten früher als Schulräume. Im ersten Wohngeschoss des Ostbaus war ehemals ein Wirtshaus, das man westlich vom Treppenhaus her betrat. Wie das Gemeinderatsprotokoll vom 12. April 1931 meldet, dachte man in dieser Zeit allen Ernstes daran, das Burgerhaus zu verkaufen; doch dazu kam es nicht.

Die 1991 durch Architekt Karl Gertschen eingeleiteten Instandstellungsarbeiten am Burgerhaus führte Architekt Beat Lochmatter im selben Jahr zu Ende. Da das Burgerhaus über keinen Keller verfügte, hob man ein Kellergeschoss aus. Die Kosten für die Renovations- und Ausbauarbeiten (Unterkellerung) betrugen 724 241 Franken. Am 4. April 1992 fand die offizielle Einsegnung des geschichtsträchtigen Burgerhauses statt. Während beide Wohngeschosse des Burgerhauses an Private vermietet sind, dient das Erdgeschoss dem Burgerrat als Sitzungsraum.

## Binneninschriften

### Westbau (Burgerhaus):

*Erdgeschoss:* «ERBAUT 1631 – 1991 RENOVIERT – BURGERSCHAFT NATERS» (und Burgerwappen).

*1. Stockwerk:* «MEMENTO . CREATORIS . TUI . IN . DJEBUS . IUVENTUTIS . TUAE . ANTEQUAM . VENIAT . TEMPUS . AFFLICTIONIS . TUAE . SUB . ANO . SALUTIS . 1 . 6 . 3 . 1 . IO[hannes] I[osef?]L[ergien] . BAND[eret]US . D[eseni] . BRYGAE»
*[= Gedenk deines Schöpfers in den Tagen deiner Jugend, bevor die Zeit deiner Betrübnis kommt. Im Jahre des Heils 1631 Johann Josef (?) Lergien, Bannerherr des Zendens Brig].*

**Ostbau:** *1. WG (= Wohngeschoss):* «SPES . ANIMOS . HOMINU[m] . FALLIT . DUBIOSQ[ue] . RELINQUIT . JN . JESUM . CHRISTUM . FORTIS . SINE . FINE . MANET . INDUSTRJA . ET . IMPENSIS . D[ominus] . V[enerabilis] . G[eorgius] . L[ergien]: PRID[i]E . CASTELLANI . HOC . OPUS . ERECTU[m] . ANNO . 1 . 5 . 9 . 9»
*[= Die Hoffnung täuscht den Sinn der Menschen und lässt Zweifel zurück. Auf Jesus Christus gesetzt, bleibt sie stark ohne Ende. Durch den Fleiss und die Aufwendungen des verehrungswürdigen Herrn Georg Lergien, einst Kastlan, ist dieses Werk errichtet worden im Jahre 1599].* An den Balkenkanten befindet sich ein für die zweite Hälfte des 16. Jh. typisches Birnstabprofil, das an den Enden spitzbogig ausläuft.

*2. WG: Binne West:* «PRAECIPUA . VITAE . NOSTRAE . CURA . HAEC . SJT . DEUM . QUAERERE . ET . IN . IPSO . REQUJESCERE»
*[= Die hauptsächliche Sorge unseres Lebens sei diese: Gott suchen und in ihm ruhen].*

*Binne Ost:* «HOC OP[u]S . D[ominus] . V[enerabilis] . GEORGIUS LERGIEN . NUPER . CASTELLA[n]US DESENI BRijGE . ET CASTELLIONJS ATQUE CATARINA VENETZ . CONIUGES POSTERJS . IN . MEMORIAM CONSTRUXERE AN[n]O . 1 . 5 . 9 . 9 . AETATIS 38 . DIE . 23 APP *[Aprilis]*»
*[= Dieses Werk haben der verehrungswürdige Herr Georg Lergien, neulich Kastlan des Zendens Brig und von Niedergesteln, sowie die Ehefrau Katharina Venetz den Nachkommen zum Gedenken errichtet im Jahr 1599 im Alter von 38 am Tag des 23. April].*

*Öfen: Ostbau: 1. WG:* zweigeschossig. 1942 erneuert. Mit Rankenmedaillon im Stil des 19. Jh. mit den Initialen «A R T» und dem Wappen der Familie Roten (auf einem Dreiberg ein Rebstock mit zwei Trauben und steigender Knospe).

*2. WG:* zweigeschossig. Mit mächtiger gekehlter Deckplatte. Wohl aus dem 17. Jh. Mit wuchtiger Fussplatte auf profilierten Beinen. Spätere Inschrift «E[manuel] . R[uppen] . C[reszentia] . R[oten] / 1882». Grosser Tisch aus Nussbaum (2,55 m x 80 cm).

*Ausschnitt aus der Dielbauminschrift im Erdgeschoss Ost.*

# Burgergeschlechter und ihre Wappen

Wir wollen gleich am Anfang hervorheben, dass nur die gegenwärtig in Naters lebenden Burgergeschlechter ausführlich behandelt werden, nicht aber jene Natischer Burgerfamilien, die ausserhalb Naters wohnen, wobei für Letztere die Darlegungen am Ende dieses Abschnittes zu beachten sind. (Stand: 31. Dezember 1998.)

Seit jeher trägt jeder Mensch einen Ruf- oder Eigennamen und mit der Christianisierung werden dafür meist die Namen von alttestamentlichen Gestalten, Heiligen oder Märtyrern gewählt. Zur näheren Bezeichnung einer bestimmten Person setzte man in alten Schriftstücken neben den Eigennamen den Namen des Vaters («Sohn oder Tochter des») oder den Wohn- bzw. Herkunftsort, den Beruf, eine besondere Eigenschaft oder einen Beinamen. Aus solchen Bezeichnungen bildeten sich vom 13. bis ins 16. Jahrhundert die Familiennamen heraus.

1998 lebten in Naters insgesamt 63 Burgergeschlechter, die wir in alphabetischer Reihenfolge wiedergeben. In dieser Zahl sind jene mit erleichterter Einbürgerung nicht inbegriffen. Bei der Darstellung dieser Familiennamen geht es dem Verfasser zunächst generell um den Ursprung dieser Geschlechter, ferner darum, seit wann der betreffende Name in Naters angetroffen wird. Neben den üblichen Pfarrbüchern bieten die Genealogiebücher des Pfarrarchivs von Naters (G 9–12 und 25) eine unschätzbare Hilfe für die Erstellung von Stammbäumen, so dass für die meisten Burgergeschlechter beinahe mühelos vom 17. Jahrhundert an ein Stammbaum angefertigt werden kann.

Seit dem 11. Jahrhundert begannen sich im Wallis Zeichen einzubürgern, die zum Merkmal einer bestimmten Person, eines Geschlechtes oder einer Körperschaft wurden. Diese farbigen Abzeichen – die Wappen – wurden vererbt. Auf Gegenstände aufgedrückt, machten sie diese als Eigentum des Inhabers des betreffenden Zeichens kenntlich.

Die ältesten Familienwappen sind die der grossen Adelsfamilien des Wallis. Laut einer Urkunde von 1265 war Peter Bonet von St-Maurice der erste gewöhnliche Bürger unseres Landes, der ein Wappen führte. Den bürgerlichen Wappen vor 1600 liegen oft, zumal im Oberwallis, Hauszeichen zugrunde. Vom 17. Jahrhundert an wird bei der Herstellung des Wappens gern an die eigentliche oder vermeintliche Bedeutung des Familiennamens angeknüpft. Viele unserer Wappen bergen religiöse Sinnbilder, ein Beweis der christlichen Weltanschauung unseres Volkes.[132]

Die vielen Wappen auf Stubenbinnen und Giltsteinöfen in Naters bekunden ein starkes Repräsentationsbedürfnis der Familien. In diesem Sinne stellen die Wappen eine Möglichkeit dar, sich mit den Ahnen zu identifizieren. Freilich sind uns Herkunft und Geschichte vieler Familienwappen unbekannt. Bei der Darlegung der Burgergeschlechter und ihrer Wappen benutzte der Verfasser im Allgemeinen die Walliser Wappenbücher von 1946, 1974 und 1984. Viele Mitteilungen stammen auch von den Familien selbst.

*Nach den Jahren, in denen die ältesten 15 Stammgeschlechter urkundlich in Naters vorkommen, ergibt sich folgende Reihenfolge:*
1. Schmid: 1230
2. Gasser: 1290
3. Salzmann: 1302
4. Roten: 1328 (eine Zeit lang erloschen)
5. Gertschen: 1333
6. Ruppen: 1358
7. Jossen: 1362
8. a: Imhof: 1382
8. b: Wyssen: 1382
10. Michlig: 1383
11. a: Eggel: 1392
11. b: Eyer: 1392
13. Lerjen: 1442
14. Albert: 1470
15. Bammatter: 1506

## Agten

Familie der Bezirke Goms, Brig und Östlich Raron. Michel *Fron Agtun* wird 1336 in Naters erwähnt; Jakob *Agtun* ist 1434 Zeuge in Ernen, ebenso Moritz *Agton* 1494 in Grengiols. Die im 16. Jh. in Lax und im 17. Jh. in Fiesch bekannte Familie blüht heute noch in Grengiols. *Johann* war 1768 Meier von Mörel und 1794–1796 Grossmeier von Nendaz und Hérémence (für Raron).

Am 23. April 1997 wurde *Armin Agten* (*1950) von Grengiols zusammen mit seinem Sohn Daniel (*1984) in die Burgerschaft von Naters aufgenommen. Armin Agten wohnt seit 1978 in Naters und ist verheiratet mit Ruth geb. Nellen aus Naters.

**Wappen:** *In Rot, auf grünem (oder goldenem) Dreiberg, ein goldenes Kolbenkreuz, oben bewinkelt von zwei fünfstrahligen goldenen Sternen.*

Wappen auf einem Altar in der Kirche von Grengiols, mit den Initialen J. J. A. (wahrscheinlich Johann Josef Agten).

## Albert

Albert ist eine seit dem 15. Jahrhundert (1470 Alberti, 1488 Albert)[133] bekannte, in den Gemeinden Naters und Mund eingebürgerte und heute auch in Birgisch blühende Familie[134]. Ihren Namen hat sie vom Taufnamen Albert abgeleitet. Diese Familie ist auch im Kanton Uri beheimatet. *Johann Alberti* aus Mairengo (Tessin), der 1532 in das Bürgerrecht von Bürglen (Uri) aufgenommen wurde, ist der Stammvater der in Bürglen immer noch lebenden Familie Albert, die sich nach verschiedenen Orten verzweigte und mit der die Walliser Familie verwandt sein könnte. Letztere erscheint im 18. Jh. manchmal auch unter

*Albert [1]*

53

dem – wahrscheinlich auf eine eheliche Verbindung zurückzuführenden – Namen *Albert alias Eyer* (vgl. diesen Namen).
Die Familie brachte im 17. und 18. Jahrhundert eine ganze Reihe markanter Persönlichkeiten hervor, die zu bedeutenden Ämtern aufstiegen, so *Johann, Georg, Christian, Johann Peter, Peter Anton* und *Joseph Ignaz Albert*. Da diese bis auf einen (Georg) auch das Amt des Gemeindepräsidenten von Naters ausübten, verweisen wir auf das Kapitel «Präsidenten», Nrn. 23, 45, 50, 56, 80 und 94.

**Wappen:** *I. – In Blau, über grünem Dreiberg, ein geharnischter silberner Rechtarm, einen schräg links gestellten, gestürzten goldenen Pfeil haltend, im Schildhaupt begleitet von zwei sechsstrahligen goldenen Sternen.*
Siegel von Johann Peter, 1751 (AGV, Brig, Nr. 68; Mitteilung von Paul Heldner, Glis, 1972). Mutmassliche Farben.

*II. – In Blau, über grünem Dreiberg, ein schräg links gestellter, gestürzter silberner Pfeil, überdeckt von einem nach links gewendeten goldenen Jagdhorn, im Schildhaupt begleitet von zwei sechsstrahligen goldenen Sternen.*
Dieses im Walliser Wappenbuch 1946 (S. 3 und T. 6) angegebene Wappen ist vermutlich eine moderne Fassung des Wappens von 1751, in dem ein kriegerisches Symbol durch eine die Jagd andeutende Figur ersetzt wurde.

*Albert ²*

## Amherd

Im Zwischbergental, auf dem Weg zur Casa Grande und der Possetta, befindet sich ein kleines Bauerngut, einst «All Terra» genannt. Hier siedelte sich eine Familie an. Aus dem italienischen «All Terra» wurde in wörtlicher Übersetzung «Am Herd» und die Familie nannte sich «de Terra, Am Herd, Herder, Amherd». In Zwischbergen ist der Name seit dem 15. Jahrhundert bekannt. Beim Entstehen der Gemeinde Gondo-Zwischbergen spielten die Amherd eine bedeutende Rolle als Kastläne. Daselbst ist die Familie erloschen.¹³⁵
Sie verbreitete sich nach verschiedenen Orten in den Bezirken Brig und Raron und ist seit der Zeit vor 1800 in den Gemeinden Zwischbergen, Termen, Mund, Naters und Glis eingebürgert. Ein Zweig aus Mund hat sich 1909 in Genf, ein anderer 1919 in Sitten einbürgern lassen. Durch den 1972 erfolgten Zusammenschluss von Glis mit Brig hat der Zweig von Glis das Bürgerrecht von Brig-Glis erworben.
Zu Beginn des 18. Jahrhunderts erscheint *Christian Amherd* «ex Waira» (aus Zwischbergen) als erster dieses Geschlechtes in Naters. *Andreas* bürgerte sich am 12. Januar 1854 in Naters ein,¹³⁶ während *Anton* und *Christian* am 1. Mai 1856 als Burger von Naters aufgenommen wurden.

Aus dieser Familie sind mehrere Amtspersonen und ca. zehn Priester hervorgegangen, unter anderen: *Alois,* Pfarrer von Naters 1795–1807 (vgl. Kap. «Pfarrer», Nr. 39); *Paul* (1825–1887), von Obergesteln, Kapuziner, Volksmissionär in Lothringen und Luxemburg, Professor am Seminar in Sitten, Historiker und Dichter; *Ignaz,* Pfarrer von Naters 1879–1903 (vgl. Kap. «Pfarrer», Nr. 46); *Peter,* geb. 14.4.1932, Sohn des Viktor und der Fridolina geb. Escher, von Gamsen, SBB-Beamter, Grossrat 1977–1989, davon acht Jahre Landschreiber, Präfekt des Bezirkes Brig seit 1988.

**Wappen:** *In Blau, auf grünem Dreiberg, ein aufrechter goldener Pfeil, begleitet von drei fünfstrahligen goldenen Sternen, im Dreieck angeordnet.*
Von Emil Wick aufgezeichnete Malerei in der Kirche von Glis sowie an einem Haus in Naters. Wappen der Familie von Sitten. Vgl. WWb 1946, S. 9 und T. 6. Variante: vgl. WWb 1974, S. 19. Der Pfeil ist anscheinend eine von der Hausmarke abgeleitete Figur.

## Bammatter

Dieses Geschlecht ist ein Zweig der Familie Jossen (vgl. diesen Namen), deren Ahnen sich zuerst – im 13. und 14. Jh. – *Ketzers* nannten, später *Jocelin* oder *Joscelin* (1362 erwähnt), *Joscelini, Josselini, Jossen*. Ein Zweig der Familie Jossen behielt den Namen seiner Behausung an der Masseggen (im Gebiet von Naters) bei; ein anderer Zweig hingegen zog nach dem bei Naters

*Bammatter ¹*

gelegenen Weiler Bammatten und übernahm zu Beginn des 16. Jh. dessen Namen: Jossen an der Bandmatten (1506), dann nur noch Bandmatten, Bandmater (1574), Bandmatter, Bandtmatter, Banmatter, Bammatter.
Aus der Familie Jossen-Bandmatter ging eine weitere Linie hervor, die sich im 16. Jh. in Sitten niederliess und dort, bis zu ihrem Aussterben im 17. Jh., eine bedeutende Rolle spielte. *Gilg I (Ägid),* Notar, von Brig entsandter Landvogt von Monthey 1547–1549, bischöflicher Grosskastlan von Martinach 1554–1565, Statthalter des Landeshauptmanns 1564; 1567 in die Burgerschaft von Sitten aufgenommen, erbte er von der Familie Chevron-Vilette ihr Herrschaftshaus in St. Leonhard; er starb 1577. *Gilg II,* Sohn von I, Landeshauptmann 1601–1603 (vgl. Kap. «Landeshauptmänner», Nr. 6). *Gilg III,* Sohn von II, war Kastlan von Brig 1601 und 1609, von St. Leonhard 1611, von Brig eingesetzter Landvogt von Monthey 1617–1619; er wird noch 1634 in St. Leonhard erwähnt, wo seine Güter ca. 1650 in den Besitz des Kaspar Stockalper übergingen.
Die anderen Linien der Familie blühen weiter; ihre Angehörigen sind Burger von Naters; je ein Zweig liess sich 1932 in Oberengstringen (Kt. Zürich) und 1958 in Basel einbürgern. In neuerer Zeit sind aus der Familie folgende namhafte Persönlichkeiten hervorgegangen: *Benjamin* Bammatter, Kaplan (vgl. Kap. «Priester … aus Naters», Nr. 85); *Fred* und *Peter* Bammatter (vgl. Kap. «Bevölkerung»).

**Wappen:** *I. – In Blau eine silberne Hausmarke, beseitet von zwei sechsstrahligen silbernen Sternen.*

Wappentafeln der Landvögte von Monthey, mit den Wappen von Gilg I 1547, von Gilg II 1593 und von Gilg III 1617; Letzterer führte die Hausmarke in vereinfachter Form, die Sterne golden (vgl. WWb 1946, S. 21 und T. 6). D'Angreville (1868) zeigt in Grün die Hausmarke in anderer Form (mit geraden Fussstreben) sowie goldene Sterne. Es sind noch andere Varianten der Hausmarke in den von Gilg I, Gilg II und Gilg III benützten Siegeln bekannt; der Zweite und der Dritte führten manchmal einen gevierten Schild, in dem ausser ihrem eigenen Wappen noch das der Familie Jordan, in Erinnerung an Katharina Jordan, die Gemahlin von Gilg II, erscheint.

*II. – In Blau eine silberne Hausmarke, beseitet von zwei goldenen Rosen.*
Nach einem Siegel von Gilg III, mit seinen Initialen E. B. (Egidius Bammatter), 1617 (Archiv von Illiez). Die allein verwendete Hausmarke ohne Rosen oder Sterne erscheint, allerdings ohne Farbangabe, auf einer Ofenplatte aus dem Gantertal mit der Inschrift «Margaretha Bammatter» und der Jahreszahl 1595 (Sammlung Heldner). Mitteilungen von J. Marclay, Monthey, und Paul Heldner, Glis. Vgl. WWb 1946, S. 21.

*Bammatter 2*

## Bärenfaller

*Baerenfallen, Berenfaller.* Seit dem 17. Jh. am Brigerberg bekannte Familie, deren Name vom Ort *Berenfalle* im Gantertal abgeleitet ist. Ein *Angelinus Berofaller* kommt 1461 in Saas vor. *Josef* ist 1776 Meier von Ganter, ebenso *Christian* 1792, *Kaspar* 1835 und Josef 1843. *Franz Josef* Berenfaller (1789–1875) von Termen war Chorherr des Augustinerstiftes am Grossen St. Bernhard. *Fridolin* (1852–1930), Grossrat 1910–1913, Gemeindepräsident von Termen.
Die Bärenfaller von Naters stammen ursprünglich von Termen. Am Anfang des 19. Jh. liess sich das Ehepaar Kaspar Bärenfaller und Anna Maria geb. Berchtold in Naters nieder. Der einzige Natischer Bärenfaller-Burger *Louis* hat folgende Genealogie: Kaspar – Joseph (1824–1900) – Ludwig (1878–1948) – René (*1919) – Louis (*1948). *Joseph* erwarb am 1. Mai 1856 um den Preis von 500 Franken das Burgerrecht von Naters.[137]
**Wappen:** *In Gold, auf grünem Dreiberg, ein aufrechter, rot bewehrter und gezungter schwarzer Bär.*
Wappen im Haus Baerenfaller in Termen. Vgl. WWb 1946, S. 22 und T. 6, Wappen Nr. 1 (das Wappen Bärenfaller Nr. 2 ist in Wirklichkeit ein Wappen der Familie Clausen).

## Bass

Diese Familie israelisch-jüdischer Abstammung, einst in Mohilev (Weissrussland) ansässig, kam nach 1917 in die Schweiz und liess sich vorerst in Bern nieder. *Morduch* (Moritz), geboren am 15. August 1903 in Mohilev, Sohn des Berka und der Massa Riwa, konvertierte zum katholischen Glauben, ehelichte 1942 Seraphine Salzmann, des Franz von Naters, und verblieb in dieser Gemeinde, deren Burgerrecht er am 7. Mai 1950[138] zusammen mit seinen Kindern erwarb, wie auch das Kantonsbürgerrecht am 5. September 1950.
**Wappen:** *Schräg links geteilt von Blau und Gold, oben ein Davidsstern, unten eine Lilie, in verwechselten Farben, beide Figuren schräg links gestellt.*
Dem Davidsstern, der an die weit zurückliegende Abstammung der Familie erinnert, wurde die dem Familienwappen Salzmann entlehnte Lilie beigefügt. Mitteilung der Familie von Naters.

## Baum

Das Ehepaar *August Baum* aus Wiesbaden/Hessen und Johanna Maria geb. Iseli aus Lützelflüh/Emmental liess sich zu Beginn der 1930er-Jahre in Siders nieder. Dort kam am 12. Juli 1932 *Robert August* Baum zur Welt. 1937 musste die Familie «wegen Überlastung des Arbeitsmarktes» die Schweiz verlassen. Der genannte Robert August, Architekt und Ingenieur, vermählte sich 1955 in Griesheim (Deutschland) mit der deutschen Staatsbürgerin Emma geb. Bier, des Joseph von Rumszauer. Das Ehepaar wohnt seit 1960 in Naters und wurde am 19. Mai 1965 zusammen mit seinen Kindern Angelika (*1956), Robert Alfred (*1957) und Jacqueline (*1966) in Naters und am 21. Mai 1969 im Kanton Wallis eingebürgert. Architekt Robert August Baum ist (zusammen mit Otto Zurbriggen) der Erbauer der Kirche von Lalden.
**Wappen:** *Waagrecht geteilt; im oberen Feld: in Blau vier schräg gekreuzte silberne Turnierlanzen, von einer goldenen Mauerkrone im oberen Drittel überragt; im unteren Feld: durch die Schildfläche in Gold zieht sich eine silberne Mauer mit Zinnen, zwei goldenen Fensteröffnungen und einem silbernen Portal, von einem zweiköpfigen zur Schau gestellten schwarzen Adler eingenommen.*
Quelle: Mitteilung der Familie.

## Biffiger

Familie von St. Niklaus, die ihren Namen wahrscheinlich von einem *Biffig* oder *Bifig* genannten Ort bei St. Niklaus ableitet und sich *Pifiger, Bifiger, Biffinger* und heute *Biffiger* nennt. Sie verbreitete sich im 16. Jh. nach Grächen und Brig, im 17. Jh. nach Glis und Unterbäch, im 18. Jh. nach Ausserberg und Brigerberg.

*Moritz,* aus St. Niklaus, wurde 1560 Burger von Brig. *Johann Jakob* und *Peter,* Söhne von Moriz Biffinger (oder Biffiger), von St. Niklaus, wanderten 1688 nach Schwaben aus. *Johann Peter,* Meier von Gasen, starb 1792. Zweige dieser Familie aus St. Niklaus erwarben 1925 das Bürgerrecht von Genf und 1945 jenes von Basel. Eine gleichnamige Familie – vermutlich gleicher Abstammung – liess sich vor 1800 in Ried-Brig einbürgern. 
Wie das Gemeinderatsprotokoll vom 21. April 1893 festhält, wurde *Joseph Biffiger* (1854–1924) am 23. April desselben Jahres um den Preis von 800 Franken plus Burgertrunk in Naters eingebürgert. Das genannte Protokoll bezeichnet den neuen Burger als «Handelsmann von Ried-Brig». Laut Stammbaumbuch von Naters ist Joseph der Sohn des Joseph Anton und der Maria Huter von Glis.[139] Nach Arthur Biffiger (*1921), Naters, führte der Weg der Natischer Biffiger von Gasenried (St. Niklaus) nach Ried-Brig und von dort über Glis nach Naters. Für den Hinweis des Walliser Wappenbuches von 1974, dass die Natischer Biffiger «aus Deutschland stammen dürften», gibt es keine Beweise.
**Wappen:** *In Blau, über grünem Dreiberg, ein goldener ausgebrochener rechter Ständer, begleitet oben und innen von je einem goldenen Stern.*
WWb 1946, S. 32 und T. 16. Mitteilung der Familie. Bei den anderen Biffiger enthält das Wappen statt der Sterne zwei gekerbte Tatzenkreuze (vgl. WWb 1974, S. 36; darin auch Varianten).

## Bocci

Um die Jahrhundertwende, zur Zeit des Simplontunnelbaus, liess sich das Ehepaar *Albino Bocci* von Sirolo, Provinz Ancona/Italien, und Therese Rocci von Vicchio, Provinz Florenz, in Naters nieder. Seine Enkel, *Josef* (*1937) und *Albino* Bocci (*1940), Söhne des Albert und der Albertina Torbaldi, wurden am 30. Juni 1966 in Naters eingebürgert. (Da beide ledig sind, wird dieses Burgerrecht erlöschen.)

## Bregy

*Braegi, Bregi, Braegin, Bregin, Bregis, Breglin, Bregy.* Nach dem Weiler Braegi benannte Familie von Niedergesteln, die sich im 16. Jh. nach Turtmann, Ems, Raron und anderen Ortschaften verbreitete. Sie ist bereits in einem Rodel von ca. 1508 beim Bau der Kirche von Raron erwähnt.
Von den Familien Bregy wurde am 15. Juni 1994 *Ulrich Bregy,* Sohn des Franz, Hohtenn/Niedergesteln, verheiratet mit Rosa Lia geb. Wyssen, des Albin, Bürgerin von Naters, zusammen mit seinen drei Kindern Jasmin (*1975), Veit (*1976) und Georgette (*1978) in die löbliche Burgerschaft von Naters aufgenommen. Ulrich Bregy, kaufmännischer Angestellter, wohnt seit 1971 in Naters und hat sich durch seine Aktivitäten in verschiedenen Vereinen gut ins Natischer Dorfleben integriert.
**Wappen:** *Es obliegt der Familie, sich für eines der vier Bregy-Wappen zu entscheiden (siehe WWb 1984, S. 44).*

## Brutsche

Die Familie schrieb sich früher auch *Brutschy* und *Brutschi. Josef Brutsche* kam um 1850 aus Leibstadt (Kt. Aargau) nach Brig und verehelichte sich 1866 mit Anna Maria In-Albon. In Brig wohnten die Brutsche im einzigen Holzblockhaus von 1518, dem sogenannten Brutschehaus. Paul Brutsche liess sich als erster zu Beginn der 1950er-Jahre in Naters nieder. *Oskar Brutsche* (*8.9.1931), Sohn des Anton von Brig und der Agnes geb. Venetz, Schriftsetzer, ab 1959 wohnhaft in Naters und verheiratet mit Marie Rose geb. Michlig, des Hugo von Naters, erwarb zusammen mit seinem Sohn Martin (*1964) am 27. April 1988 das Burgerrecht von Naters und 1990 jenes des Kantons. Es handelt sich hier um eine alteingesessene aargauische Familie in Leibstadt, Schwaderloch, Eiken und Rheinfelden. Ursprünglich kommt sie aber aus Dogern bei Lörrach/Baden. Wahrscheinlich geht der Name auf einen Übernamen zurück, denn «brutsch sein» bedeutet «stolz sein» (sich brutschen = stolz tun). Ein Brutsch oder Brutschi war ein protziger, barscher Mensch (freundl. Mitteilung der Familie).
**Wappen:** *In Rot eine grüne Tanne aus einer grünen Bergkuppe wachsend, kreuzweise belegt mit einem silbernen Flösshaken und einem ebensolchen Paddelruder.*
Quelle: Mitteilung der Familie und Ehebücher von Glis.

## Dall'Agnolo

Pietro Dall'Agnolo, von Tarzo, Provinz Treviso bei Venedig, verheiratet mit Theodora Sommavilla, gehört zu den Arbeitern des Simplontunnelbaus. Der Sohn Carlo Alcide, geboren 1897 in Wassen/Uri, heiratete 1922 in Naters Helena Frezza von Miggiandone/Ornavasso, Provinz Novara. Dieses Ehepaar führte seinerzeit das Café L'Avenir an der Landstrasse in Naters. Sein Sohn *Pietro* (*1925), verheiratet mit Jolanda Spadacini (*1933), erhielt am 19. Mai 1965 das Burgerrecht von Naters und wurde am 3. September desselben Jahres Kantonsbürger.
**Wappen:** *In blauem Feld auf einer grünen Terrasse ein silberner Engel mit ausgebreiteten Armen.*
Quelle: Genealogisches Institut von Italien, Archiv V/1982; Meldung von Michel Savioz, Art et recherches héraldiques, Veyras/Siders, 1983.

## D'Alpaos

Aus dem Friaul stammende Familie, die sich durch Liberale D'Alpaos, der sich 1907 in Naters niederliess, im Wallis verbreitete. Delmo D'Alpaos, geboren in Naters, wurde am 24. Mai 1962

Burger von Mollens (Bezirk Siders). *Vittorio Giovanni* D'Alpaos, aus Pieve d'Alpago (Provinz Belluno), erwarb am 30. Juni 1966 das Burgerrecht von Naters und am 14. November 1967 das Kantonsbürgerrecht. 
**Wappen:** *Geteilt, oben in Gold drei sechsstrahlige rote Sterne (1,2), unten in Blau zwei gestürzte und gekreuzte goldene Schwerter.*

## Deforné

Das Ehepaar *Franz Josef* Deforné (*1925), Oberamtsrat, und Hildegard Premper (*1923), aus Düren, Nordrhein-Westfalen, liess sich mit seinen Kindern 1972 in Geimen, Naters, nieder. Am 1. April 1981 wurden die Söhne *Claus* (*1955), Apotheker in Naters, und *Michael* (*1965), Germanist, in die Burgerschaft von Naters und am 12. November 1982 als Kantonsbürger aufgenommen. 
**Wappen:** *Goldenes Hauszeichen im grünen Feld.*

## Eggel

Die Familie wird schon 1392 genannt und hat den Namen mit grosser Wahrscheinlichkeit vom Ort Egga ob Rischinen erhalten. Sie schrieb sich zuerst *Eckel* 1392, *Eckels* 1406, *Eccals* 1450, *Eggels* 1466, *Egkals* 1527, *Eggol* 1529 und *Eggel* 1530. Von hier verzweigte sie sich schon sehr früh nach Blatten, Naters, Birgisch und anderen Orten; 1633 zog ein Zweig nach Bitsch und später nach Ried-Mörel. Die Eggel sind Burger von Naters, Birgisch und Bitsch. Ein Zweig von Naters hat 1961 das Burgerrecht der Stadt Basel erworben. (Das Walliser Wappenbuch von 1946 hat auf Seite 85 auch die Familie Eggo der Familie Eggel zugeordnet, zu Unrecht, da diese Familie aus dem Frutigtal, Kt. Bern, erst im 16. Jh. ins Wallis eingewandert ist.) *Christian* wird 1514 unter den Parteigängern des Kardinals Schiner erwähnt, 1529 war er Landratsbote des Zendens Brig bei der Verurteilung von Georg Supersaxo und 1560 Mitunterzeichner der Glaubensartikel im Landrat. Seit 1631 stellte die Familie Eggel in Naters zehnmal den Präsidenten (vgl. Kap. «Präsidenten», Nrn. 49, 61, 76, 85, 93, 97, 107, 112, 118 und 122).
Die Nachkommen der Familie *Ferdinand* Eggel (1898), herstammend von Christian Eggel aus Naters, der sich 1633 in Bitsch niederliess, wurden 1998 in Naters wieder eingebürgert.

*Eggel* [1]

**Wappen:** *I. – In Rot eine goldene Sonne und ein ebensolcher Halbmond nebeneinander über einem fünfstrahligen goldenen Stern, im Schildfuss ein grüner Dreiberg.*
Mitteilung von Bruno Jentsch, Leuk, an das Staatsarchiv aufgrund zweier Öfen in Naters von 1683 und 1785.

*II. – In Silber rotes Kleeblattkreuz, oben beseitet mit zwei roten fünfzackigen Sternen über schwarzem Christusmonogramm JHS, das Ganze über grünem Dreiberg.*
Auf einem Giltsteinofen in Naters von 1683 laut Mitteilung von B. Jentsch. Das Christusmonogramm wird manchmal weggelassen.

*Eggel* [2]

*III. – In Gold, auf grünem Dreiberg, ein aufgerichteter schwarzer Löwe, einen gleichfarbenen Hammer haltend, im Ober- und Untereck von je einem fünfstrahligen roten Stern begleitet.*
Ofen in Bitsch mit den Buchstaben B E (Benjamin Eggel) und T R (Therese Ritz), 1887, später angenommene Farben. Benjamin Eggel war Ofenbauer und sein Wappen könnte sein Handwerk, wozu auch Steinmetzarbeit gehörte, andeuten. Mitteilung von Paul Heldner, 1973.

*Eggel* [3]

Die Familie Eggel führt noch ein anderes Wappen: über einem Dreiberg ein Würfel oder Rechteck (vielleicht eine Egge als redende Wappenfigur): auf einer Binne in Blatten ob Naters, mit dem Namen Christian Eggel (C. E. im Schild) und der Jahreszahl 1667, ohne Farbangaben. – Eggel von Ried-Mörel: vgl. WWb 1974, S. 93.

## Eyer

Diese Familie nannte sich zuerst *In der Oeye, In der Oeyen,* dann *Oyer* (1440), *Oeyer, Hoyer,* manchmal auch *Eier, Aier* und schliesslich *Eyer* (1457), nach dem Ortsnamen Eya (= Ödland, Eyland = unbedeutendes Land),[140] der eine Insel in der Rhoneebene bezeichnet und in keiner Beziehung zu einem Hühnerhof steht. Trotzdem entstanden im 18. Jh. die sogenannten sprechenden Wappen mit Hühnereiern im Wappenfeld. Die seit 1392[141] in Naters bekannte Familie verbreitete sich nach Birgisch, Mund (daselbst 1868 ausgestorben; dort wie auch in Naters trug ein

*Eyer* [1]

Zweig den Zunamen «am Huwen»),¹⁴² Brigerberg, Glis, Baltschieder, Sitten und anderen Orten. Die Familie ist heute in Naters, Birgisch, Ried-Brig und Termen eingebürgert. Ein Zweig der Familie erscheint im 18. Jh. – wahrscheinlich durch Heirat – unter dem Namen Eyer oder Albert (vgl. diesen Namen).
Siebenmal stellte die Familie in Naters den Präsidenten (vgl. Kap. «Präsidenten», Nrn. 12, 22, 71, 95, 103, 104 und 121).
*Hildebrand* war Bannerherr des damaligen Zendens Naters 1473–1483, Grosskastlan 1478; *Jakob*, Bannerherr 1495–1502; *Johann*, Bannerherr 1508–1510, Landratsbote 1510, Anhänger Schiners; *Peter*, Grosskastlan 1513; *Hans*, Sohn des Martin, Burger von Sitten, wird 1510 erwähnt, weil er, entgegen der von Schiner verfolgten Politik, in den Dienst des Königs von Frankreich getreten war; *Simon*, Grosskastlan von Brig 1525; *Peter Joseph*, Major, gest. 29.5.1799 in Pfyn.

**Wappen: I.** – *In Blau eine aus einem grünen Dreiberg wachsende goldene Hausmarke, bestehend aus einem von zwei Streben gestützten Lilienstab, überhöht von einem goldenen Buchstaben M und rechts und links begleitet von je zwei sechsstrahligen goldenen Sternen übereinander.*

Auf einem Ofen in Mund, mit den Buchstaben S. E. und der Jahreszahl 1596, erscheint das älteste Wappen der Familie Eyer: ein Göpel (alte Drehvorrichtung, ein Pfahl auf einem erniedrigten Sparren) als Hausmarke. Auf einer Tessel von einer Alp am Simplon steht dieselbe Hausmarke, rechts von einer Kugel begleitet, mit der Inschrift «Joh. Eyer des Joh. 1713» und auf einer anderen Tessel von derselben Alp wiederum dieselbe Hausmarke, von der Kugel überhöht, mit der Inschrift «Joh. Eyer von Termen 1881». Die Hausmarke ist auch die Hauptfigur eines von den Buchstaben A. M. E. begleiteten Wappens auf einem Altarbild von ca. 1810 in der Kapelle von Rosswald in Termen: in Blau, auf schwarzem Dreiberg, die göpelförmige silberne Hausmarke, überhöht von zwei sechsstrahligen silbernen Sternen.
Eine weitere Entwicklungsstufe zeigt das auf einem Ofen des ehemaligen Pfarrhauses von Glis angebrachte Wappen (wie oben unter I beschrieben, jedoch ohne Farbangaben). Die vom Buchstaben M überhöhte Lilie könnte zu Ehren der Jungfrau Maria angenommen worden sein. Das Wappen ist von den Buchstaben I. M. E. und der Jahreszahl 1783 begleitet. Im Walliser Wappenbuch von 1946 wurde der untere Teil der Hausmarke irrtümlicherweise als Hahnenfuss aufgefasst. Die Wappenfarben haben wir nach J. Lauber angegeben. Mitteilungen von Paul Heldner, Glis, 1972 und 1973.

**II.** – *In Blau, auf silbernem Dreiberg, eine ebensolche Hausmarke.*

Hier lässt sich die Hausmarke des Wappens I erkennen, jedoch gestürzt, mit zwei Querstreben ergänzt und ohne Lilie. Dieses von der Familie Eyer in Baltschieder geführte Wappen ist – zusammen mit den Buchstaben H. A. (Hans Aier) und der Jahreszahl 1696 – auf einem Ofen im ehemaligen Haus Eyer in Birgisch zu sehen, ebenfalls, aber ohne Querstreben, auf einem Balken von 1697 in Mund, mit den Initialen HE. MA, sowie auf einem Balken von 1758. Mitteilung von Paul Heldner, Glis, 1973; vgl. auch Paul Heldner: Geschichte und Chronik von Baltschieder, Visp 1971, S. 43 und 50. Dieses Wappen wurde später zugunsten eines sogenannten «redenden» Wappens aufgegeben, wobei, einer neueren volkstümlichen Auslegung des Familiennamens folgend, Eier in das Schild aufgenommen wurden.

**III.** – *In Blau, über grünem Dreiberg, zwei silberne Eier nebeneinander, überhöht von zwei sechsstrahligen goldenen Sternen.*

Holzschnitzereien von J. Jerjen, Reckingen, ca. 1935, im Besitz der Familien Dr. J. Eyer-Gross in St-Maurice und R. Lorétan-Imbiederland in Sitten. Vgl. WWb 1946, T. 7 (die heraldischen Angaben auf S. 90 sind hier korrigiert worden). Fünf Varianten: WWb 1974, S. 97.

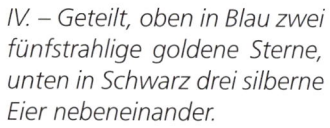

*Eyer ³*

**IV.** – *Geteilt, oben in Blau zwei fünfstrahlige goldene Sterne, unten in Schwarz drei silberne Eier nebeneinander.*

Petschaft in der Sammlung von Dr. Victor Bovet (1853–1922): Mitteilung von J. Marclay, Monthey, 1955.

*Eyer ²*

*Eyer ⁴*

## Fallert

Aus Sasbachwalden bei Achern im Schwarzwald, in der damaligen Markgrafschaft (später Grossherzogtum) Baden, stammende Familie. 
*Bernhard Fallert*, des Andreas und der Katharina geb. Mohr, wurde am 9. Mai 1787 in Sasbachwalden geboren. Es dürften aber wohl schon seine Eltern Ende des 18. Jh. nach Naters gekommen sein. Am 22. Mai 1818 gab die Gemeinde Naters «dem Jüngling Bernhard Fallert für sechs Jahre den alten Turm (Ornavassoturm?) oberhalb des Dorfes zu Lehen». Fallert versprach, das Dach instand zu halten und jährlich zwei Louisdors Zins zu zahlen. Am 15. März 1824 wurde dieser Vertrag für weitere sechs Jahre verlängert. Der Zins betrug nun jährlich sechs Federtaler. Das erste Stockwerk blieb im Nutzen der Gemeinde, um dort einen Ratssaal einzurichten.¹⁴³ Am 27. Dezember 1826 wurde Bernhard Fallert durch Bezahlung von 110 Pfund «für sich und seine Abkömmlinge als ewiger und beständiger Einwohner» von Naters aufgenommen. Wie aus dem Burgerbuch hervorgeht, mussten in jenen Jahren auch Einwohner für eine dauernde Niederlassung eine kleinere Summe Geld an die Gemeinde bezahlen.¹⁴⁴

Bernhard Fallert heiratete am 22. Februar 1827 in Naters in erster Ehe Anna Maria Sackmann, die acht Kindern das Leben schenkte, und am 4. Mai 1845 in zweiter Ehe Maria Johanna Doll, Tochter des Matthäus und der Maria Anna Oberle, aus Sasbachwalden, die ihm drei Kinder gebar. Die Familie erhielt 1871 das Landrecht und am 29. September 1872 erwarb Auxilius Fallert (senior: 1831–1898) um die Einkaufsumme von 400 Franken das Burgerrecht von Naters.[145] *Auxilius* junior (1873–1952) heiratete am 7. Juni 1902 Kreszentia Ruppen. Dieser Ehe entsprossen zwölf Kinder, die den Fortbestand der Familie sicherten.[146]

**Wappen:** *Schräg links geteilt, oben in Rot ein goldener Schrägrechtsbalken, unten in Silber ein grüner Drache, der einen aufrechten schwarzen Schlüssel hält.*

Das obere Feld erinnert an die ursprüngliche badische Heimat der Familie (Wappen Baden mit vertauschten Farben), das untere an Naters; der Schlüssel weist auf den von den ersten Generationen der Walliser Familie ausgeübten Schlosserberuf hin.

# Gasser

Verschiedene voneinander unabhängige Oberwalliser Familien sind unter dem Namen Gasser bekannt, der von den früheren Namen *in der Gasse, Gassen, an der Gassen, von der Gassen* abgeleitet ist, auch in der lateinischen Sprachform *In Vico* erscheint und ursprünglich eine an der Gasse stehende Behausung andeutet. Schon 1290 ist ein Mitglied dieser Familie namens Johann *in der Gassun* in Naters bekannt, Ende des 14. Jh. ein Notar Johann *in Vico* in Ried-Brig. 1450 wird der Name in Brig erwähnt. Von da an tritt er in Naters, Brig und Glis immer wieder auf.

*Gasser* [1]

Aus dieser Familie sind zwei bedeutende Priester hervorgegangen (vgl. Kap. «Priester, gebürtig aus Naters», Nrn. 60 und 75). *Peter Moritz,* Grosskastlan von Brig, 1775. Dreimal wählten die Natischer Bürger aus diesem Geschlecht auch den Gemeindepräsidenten (vgl. Kap. «Präsidenten», Nrn. 64, 70 und 83).

Die Familie lebt nach wie vor in Naters. Zweige derselben sind in Brig-Glis, Lalden, Baltschieder, Birgisch und in der weiteren Umgebung ansässig. Vier Stämme der Familie Gasser aus Lalden (Meinrad, Theophil, Ludwig und Theodor), direkte Abkömmlinge von Moritz Gasser und dessen Ehefrau Magdalena geb. Crettaz, wurden aufgrund des erbrachten Beweises, dass sie aus Naters stammen, 1971 wieder in das Burgerrecht von Naters aufgenommen.[147]

Zu den Gasser in Naters schrieb Ferdinand Schmid 1897: «Neben den Gasser in den Sidnerbergen (in der Gegend von Siders) (...) gibt es zwei Familien Gasser, eine ausgestorbene in Brigerberg und Naters und eine eingebürgerte in Naters.»[148] Und in der Tat vermerkt Pfarrer Ruppen im Stammbaumbuch (PfA Naters, G 9, S. 43), dass Joseph Gasser, «Krämer von Lungern», sich zu Anfang des 18. Jh. in Naters niederliess. Gemäss den Stammbaumbüchern von Naters starb in der Folge aber diese Linie aus. Ob die Gasser von Venthône, Mollens und Randogne, die bis ins 15. Jh. zurückgehen und sich einst «de Vico» nannten, von den Natischer Gasser abstammen oder umgekehrt, ist nicht auszumachen.[149]

**Wappen:** *I. – In Blau, über grünem Dreiberg, ein goldener Würfel, belegt mit einem schwebenden schwarzen Andreaskreuz und besteckt mit einem goldenen Kreuz, überhöht von zwei fünfstrahligen silbernen Sternen.*

Ofen von 1696, früher in einem Haus in der Müollera oberhalb Blatten/Naters, heute in der Sammlung Heldner, Glis. Das Wappen ist mit der Jahreszahl 1696 und den Initialen A. G. (Andreas Gasser) versehen. Die Hauptfigur dürfte ein mit dem Andreaskreuz geschmückter Altar darstellen. Dasselbe Wappen, jedoch ohne Dreiberg, ist auf einem Ofen von 1737 zu sehen, mit den Buchstaben R. D. I. P. G., d.h. Reverendus Dominus Iohannes Peter Gasser [Hochwürdiger Herr ...], sowie in dem von diesem Geistlichen bewohnten Domherrenhaus zu Naters. Vgl. Heldner, Baltschieder, Visp 1971, S. 43 und 50.

*II. – Durch einen rechts erniedrigten und links erhöhten roten Schrägbalken geteilt, oben in Gold ein silbernes Vierblatt zwischen zwei ebensolchen fünfstrahligen Sternen, unten in Silber, auf grünem Dreiberg, ein goldener Kelch.*

Wappen von Johann Peter Gasser, Domherr von Sitten und Pfarrer von Naters, 1754. Vgl. WWb 1946, S. 105, Fig. 1. Der Schrägbalken dürfte eine Gasse andeuten. D'Angreville bereichert den roten Balken oben mit einem silbernen, unten mit einem goldenen Bord. Es sind auch Farbvarianten bekannt: durch einen erniedrigten silbernen Balken schräg geteilt, oben in Blau eine goldene Rose zwischen zwei ebensolchen Sternen, unten von ledigem Gold (ohne Kelch und Dreiberg).

*Gasser* [2]

*III. – In Rot ein schwarzbereifter goldener Reichsapfel, besteckt mit schwarzem Kreuz.*

Wappen der Familie Gasser von Naters nach der Sammlung von Riedmatten.

*Gasser* [3]

*IV. In Blau, auf grünem Dreiberg, eine steigende schwarze Gämse.*

Dieses Wappen führen einige Familien Gasser in Naters und Lalden. Wie kam es zu diesem Wappen?

Am Fuss des Chorbogenkruzifixes in der Kirche von Naters steht das Stifterwappen (nach rechts steigende Gämse auf Dreiberg) mit den Initialen «M[eier] P[eter] G[emmet]» und der Jahreszahl 1664. In dieser Zeit war Peter Gemmet

*Gasser* [4]

Meier von Ganter und wohnte wahrscheinlich im Waldenhaus. Emil Wick entzifferte die genannten Initialen irrtümlicherweise mit «Peter Moritz Gasser». Dieser aber lebte im 18. Jh. (1775 Grosskastlan von Brig). Wicks Version wurde vom Walliser Wappenbuch 1946 (T. 7) mit der Gämse als Wappen für die Gasser übernommen. Es ist verständlich, dass einige Familien Gasser von Naters daraufhin dieses Wappen mit der Gämse übernahmen und es beibehalten wollen.

Das im Wappenbuch von 1946 (T. 7) abgebildete Gasser-Wappen mit der Gämse gehört obigen Ausführungen zufolge und auch nach dem Urteil des Heraldikers Paul Heldner, Glis, der Familie Gemmet. Diese Familie führt schon seit alters die Gämse im Wappen.

*III. – In Rot ein aufrechter fünfblättriger grüner Rosenzweig ohne Blumen.*
Gemälde von 1653 mit den Initialen I. G. C. S. (Johannes Gertschen, Canonicus Sedunensis = (...) Domherr von Sitten) im Museum von Brig. Vgl. WWb 1946, S. 169.

*Gertschen ³*

# Gertschen

Im 14. Jh. erscheint im Oberwallis, insbesondere in Naters und Ulrichen, die Familie Goerschlo (1333), Gerczschen (1362), Gertschen (1386, 1388). Die Gertschen sind Stammburger von Naters.[150]
1944 erwarben Leopold, Erwin und Fritz Gertschen das Burgerrecht von Zürich.[151]
Aus diesem Geschlecht bekleideten öffentliche Ämter: *Johann,* Landratsbote 1498; *Anton,* Grosskastlan von Brig 1645 und 1651, †1668; *Christian,* Kastlan von Niedergesteln 1728; ebenso gingen Geistliche hervor, namentlich *Johann* (vgl. Kap. «Pfarrer», Nr. 29). Seit dem 17. Jh. gab es aus dieser Familie fünf Gemeindepräsidenten (vgl. Kap. «Präsidenten», Nrn. 8, 11, 130, 131 und 134), unter ihnen *Richard* (*1936), Grossratspräsident (vgl. Kap. «Landeshauptmänner», Nr. 8).

*Gertschen ¹*

**Wappen:** *I. – In Rot drei aus grünem Dreiberg wachsende goldene Gerstenähren.*
Skulptur auf der Binne eines Hauses im Ahorn bei Blatten ob Naters von 1687 sowie Siegel an einer Urkunde von 1729 im Archiv von Mörel (Nr. 3), dem Pfarrer von Mörel, Moritz Kaspar Gertschen, gehörend. Ofen von 1659 in einem ehemaligen Haus Michlig in Naters, mit den Initialen M. G., Allianzwappen Gertschen-Michlig: Mitteilung von Paul Heldner, Glis, 1972. Zwei Varianten: vgl. WWb 1974, S. 119.

*II. – In Rot ein goldener Kelch, darin drei goldene Ähren, die mittlere aufrecht, die beiden anderen rechts und links herabhängend.*
Porträt des Moritz Kaspar, 1742, im Pfarrhaus von Mörel: WWb 1946, S. 109 und T. 7. – Varianten: schwarze Schildfarbe, zusätzlich ein grüner Dreiberg: Seitenaltar in der Kapelle zen Hohenflühen 1734, nach Wick.

*IV. – Ein goldener fünfzackiger Stern im blauen Feld.*
Bisher unbekanntes Wappen auf einem Rosenkranzbild der Dreifaltigkeitskapelle auf Bel (heute im Pfarrhaus von Naters) von 1640. Unter dem Wappen die Beschriftung «Thoma gerzen unt Anna lerria [Lerjen?] sin husfr[au]».
Ob eine Verbindung besteht zwischen der Familie *Gertschen in Ulrichen* und jener von Naters, ist nicht auszumachen. Durch den Tod von Ludwig Gertschen in Ulrichen im Jahre 1983 erlosch diese Familie im Goms.[152] Es gab auch in Baltschieder eine Linie Gertschen, die ausgestorben ist.

*Gertschen ⁴*

In Lauterbrunnen und im Lütschental kommt *der Name Gertsch* häufig vor. Hans Michel berichtet von den Lötschersiedlungen in der Talschaft Lauterbrunnen und den Beziehungen zum Wallis.[153] Da um 1300 eine starke Abwanderung aus dem Lötschental und damit aus dem Wallis in die Talschaft Lauterbrunnen erfolgte, kann der Name Gertsch wahrscheinlich mit den Walliser Gertschen in Zusammenhang gebracht werden. Laut Michel finden wir in den genannten Orten und auch anderswo den heutigen Namen Gertsch früher in verschiedenen Formen, so Gertsch 1303, Gertscho 1338, Gersten 1488, Frau Gertschina an den Wittenmatten 1488 und Gertschen 1669 (einige).[154]
Auch Fritz Allimann nimmt in der Familienchronik «Die Gertsch von Lauterbrunnen und Lütschental» (Manuskript, 1971, ohne Ortsangabe) Bezug auf die Walliser Gertschen (S. 37) und erwähnt für die Jahre 1758 und 1761 (S. 75, 273 und 285) den Namen Gertschen in heutiger Schreibweise.

*Gertschen ²*

## Giovani

*Giuseppe Giovani,* aus Massa Maritima in der italienischen Provinz Grosseto, kam 1909 in Goppenstein zur Welt. Seine Eltern kamen damals hierher, um am Bau des Lötschbergtunnels zu arbeiten. Sie liessen sich 1914 in Naters nieder. Giuseppe vermählte sich 1934 mit Esterina Angelina geb. Bernini in Naters. Dieser Ehe entstammt u.a. *Roberto* (*1935), Bauführer, der am 4. Mai 1958 das hiesige Burgerrecht erhielt und ein Jahr später Kantonsbürger wurde. Am 24. März 1970 erwarb auch sein Bruder *Mario* (*1952), verheiratet mit Ursula Roten, Vater von zwei Kindern, das Natischer Burgerrecht und am 23. Juni 1971 jenes des Kantons.

**Wappen:** *In goldenem Feld in der Feldmitte mit einem rot-goldenen, schräg geteilten Balken belegt, besetzt mit je einem wechselseitig goldenen und roten sechszackigen Stern. Im Schildhaupt ein schwarzer Adler mit roter Krone und Zunge, rot bewehrt. Im Schildfuss drei links schräge rote Streifen.*
Quelle: Wappenscheibe der Familie, angefertigt von Theo Imboden, Täsch.

## Heim

*Rupert* Heim (*6.9.1898, †27.4.1988), Sohn des Johann und der Rosa geb. Knolt, von Zoznegg (Amt Stockach, Deutschland), seit 1923 in Naters, erster Maschinensetzer des Oberwallis bei der Buchdruckerei Oberwallis in Naters, vermählte sich 1935 mit Isabelle Zuber (1913–1990) von Törbel. 1934 erwarb Rupert Heim für sich, seine Frau sowie für die Kinder Jean-Paul (*1936) und Elmar (*1942) das Burgerrecht der Gemeinde Naters und des Kantons. Die Familie hat den Namen von «Haus» abgeleitet, da Haus und Heim ursprünglich dieselbe Bedeutung hatten.

**Wappen:** *In rotem Feld ein silbernes Haus mit roten Fachwerkbalken über grünem Dreiberg, belegt mit einem silbernen Spaten, oben beseitet mit einer goldenen Maurerkelle und einem silbernen Maurerhammer.*
Es ist dies ein sogenanntes sprechendes Wappen, in dem der Name «Heim» durch ein Heim dargestellt wird. Quelle: Mitteilung der Familie.

## Ho

Eine wegen misslicher politischer Verhältnisse im Jahre 1979 aus Vietnam geflohene Familie, die sich zuerst im Kanton Freiburg aufhielt und seit 1981 ihr Domizil in Naters hat. Sie wurde am 15. April 1993 in Naters eingebürgert und erhielt am 23. November 1994 das Kantonsbürgerrecht. Es betrifft dies: *Huu Thanh* Ho (*5.5.1955), Sohn des Khanh, der seit 1986 in Naters ein Goldschmiedegeschäft führt, und seine Gattin Thi Moi geb. Quach (*2.4.1954), stammend aus Hiêp Duc, Provinz Binh Thuân, Vietnam, und ihre Kinder The Vinh (*1978), Thuy Linh (1980 auf der Flucht in Malaysia geboren) und The Danh (*1984).

*Familie Ho. Von links: The Danh, Mutter Thi Moi, The Vinh, Thuy Linh und Vater Huu Thanh Ho.*

## Holzer

*Holtzer, Holtzers, Holczer, Holczers, Holzer.* Es sind zwei Familien dieses Namens bekannt. Die eine, in Lax und Niederernen ansässig, verbreitete sich schon im 15. Jh. nach Gluringen, später nach Bitsch, in neuerer Zeit auch nach Glis und Naters. Die andere Familie stammt aus Bellwald; sie verzweigte sich im 16. Jh. nach Niederwald, im 17. Jh. nach Mühlebach und im 18. Jh. nach Glis und weiteren Orten (ausführlicher im WWb 1984, S. 113).

Die Familie von Niederernen, die sich im 13. und 14. Jh. meistens «unter dem Holz» schrieb und später auch den Beinamen *Valentin* oder *Valentini* führte (offenbar in Anlehnung an den Taufnamen), genoss im 16. Jh. grosses Ansehen. Ihr entstammen u.a. *Georg,* von Niederernen, Notar, Pfarrer von Binn, 1432–1438 von Ernen, Landratsschreiber; *Martin,* auch Valentin oder Valentini genannt, von Ernen, 1492 und 1494 Meier vom Goms, 1495–1496 Landvogt des Unterwallis, Gesandter des Wallis beim Bündnis mit Franz I., dem König von Frankreich, 1500 in Mailand, 1501–1503 Landeshauptmann.

Von den heutigen Familien Holzer in der Gemeinde Naters sind die Stiefbrüder Gottfried (*1905) und Ludwig (*1928) Holzer sowie deren Nachkommen in Naters eingebürgert. Sie können als Stammburger gelten, weil ihre Altvordern schon zu Beginn des 17. Jh. dokumentarisch nachweisbar sind. Als erstes Ehepaar dieser Linie werden *Johann* und *Magdalena* Holzer-Salzmann genannt (elf Generationen zurück), deren erstes Kind 1634 in Naters geboren wurde.[155] Aufgrund der obigen Ausführungen stammen diese Holzer aller Wahrscheinlichkeit nach direkt aus dem Goms.

**Wappen:** *Geteilt in Silber und Rot, überdeckt von drei ausgerissenen grünen Bäumen nebeneinander.*
Siegel des R[everendus] D[ominus] Felix, von Gluringen (Museum Brig).

## Ielo

*Giuseppe* Ielo (*1949), des Domenico, von San Pantaleone/Kalabrien (Italien), und seine Frau Andrea geb. Amstutz (*1952), Burgerin von Grächen, sowie die Kinder Domenico-Giovanni (*1981) und Marco (*1984) wurden am 17. April 1996 in die Burgerschaft von Naters aufgenommen. 1993 machte Giuseppe Ielo bereits von der erleichterten Einbürgerung Gebrauch und erwarb das Burgerrecht von Grächen. Die Familie wohnt seit 1981 in Naters. Giuseppe Ielo betreibt seit 1982 die Garage Arena AG in Weingarten/Naters.

## Imhof

*In Curia, in Aula, Im Hoff, Imhoff, Hofer, Imhof.* Alte, im ganzen Oberwallis verbreitete Familien verschiedenen Ursprungs. Die Familien von Ulrichen, Reckingen, Münster und Niederernen (Letztere verzweigte sich nach Lax) sollen aus dem Kanton Uri, als Ministerialen der Herren von Attinghausen, ins Wallis gekommen sein. Den ersten urkundlichen Erwähnungen dieser Familie begegnen wir in Münster (Heinrich und Walter in Curia, 1257), Ulrichen (Johann, Notar zu Münster 1354 und zu Fiesch 1355) und Reckingen (Johann in Curia, auch im Hoff, Priester und kaiserlicher Notar, 1377). Im Verlauf der Jahrhunderte sind zahlreiche Geistliche, Notare, Landratsboten, Meier und Kastläne vom Goms aus diesen Familien hervorgegangen, in neuerer Zeit: *Pater Josef* Imhof (1681–1744), von Ernen, Jesuit und Missionar in Chile, Autor eines philosophischen Werkes, 1705; *Christian* Imhof, von Naters, Bildhauer, übernahm am 25. Juli 1772 die Errichtung eines Hochaltars für die Kirche von Hérémence (jetzt in Stalden);[156] *Leo* Imhof (1868–1909), von Ernen, Kapuziner, als Pater Adrian in der Schweiz, in Savoyen und auf den Seychellen tätig, Verfasser mehrerer religiöser und geschichtlicher Schriften.

Die Familien von Binn und Mörel verzweigten sich nach Grengiols, Ernen, Glis, Ried-Brig, Naters (in Curia 1382, Hofer 1450, Imhof 1477) und nach Sitten. Die Familien in Lötschen, Mund (in diesem Ort auch *de Aula* genannt, 1949 ausgestorben), Leuk (auch de Aula, später Hofer), Salgesch und Leukerbad sind alle ausgestorben.

Die Bürgerrechte der heutigen Familien Imhof verteilen sich in der Schweiz auf 15 Kantone, im Wallis auf beinahe sämtliche Bezirke des oberen Kantonsteils (vgl. WWb 1984, S. 117).

Bedeutende Vertreter dieses Namens in der neueren Zeit sind u.a.: *Franz* Imhof aus Binn in Sitten (1891–1973), Grossrat 1939–1957, Präsident des Grossen Rates 1952–1953; dessen Bruder *Josef* (1894–1986), Priester, Generaloberer der Saletiner in Rom. *Joseph* Imhof, *1915, von Betten in Glis, Direktor der Gewerbeschule in Brig 1950–1979, Grossrat 1949–1957.

Weitere Persönlichkeiten dieses Namens: vgl. WWb 1984, S. 117. In Naters waren die Familien Imhof durch die Jahrhunderte bis auf den heutigen Tag stets recht zahlreich vertreten. Da die Imhof von Naters nicht alle das gleiche Wappen führen, veröffentlichen wir nachstehend die vier üblichen Imhof-Wappen zur Auswahl.

**Wappen:** *I. – In Rot eine schwebende goldene Umzäunung, gebildet aus zwei Leistenpfählen mit getatzten Enden, nahe derselben gekreuzt mit zwei ebensolchen Leisten.*
Redendes Wappen der Familie von Binn: Sammlung von Riedmatten und Familiensiegel (Varianten: vgl. WWb 1984, S. 117).

*Imhof 1*

*II. – In Rot, auf silbernem Dreiberg, ein schreitendes silbernes Lamm, überhöht von einem goldenen Kreuzchen zwischen zwei grün beblätterten silbernen Rosen mit goldenem Butzen.*
Wappen der Familien von Ernen, Binn, Mörel und Lötschen: im Hause Alphons Briw in Ernen, mit Buchstaben P. C. I. H. und der Jahreszahl 1684. Wahlspruch: Nil amabilius (= Nichts Liebenswerteres).

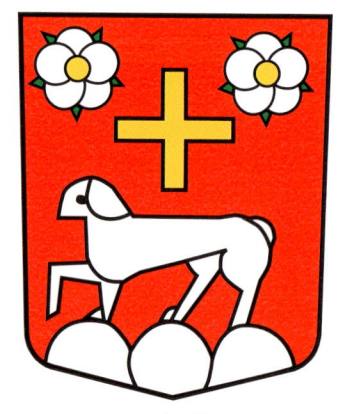

*Imhof 2*

*III. – In Silber, über grünem Dreiberg, drei rote Kugeln nebeneinander und eine aus der mittleren Kugel wachsende, grün gestielte und beblätterte blaue Blume mit goldenem Butzen.*
Sammlung von Riedmatten, Wappen der Anna Imhof, Mutter des Kastlans Johann Stockalper, 1670 (die Kugel auch golden).

*Imhof 3*

*IV. – In Silber, auf grünem Dreiberg, ein zweigeschossiger roter Zinnenturm mit schwarzen Fenstern und schwarzem Tor, zwischen zwei zugewendeten, den Turm anspringenden, rot bewehrten und gezungten goldenen Löwen, das Ganze überhöht von drei sechsstrahligen goldenen Sternen.*
Ofen im Gasthaus Eggishorn, Mörel, mit Namen I. I. Imhof, Vizepräsident, 1845: Sammlung von Riedmatten. Vgl. WWb 1946, S. 129 sowie T. 3, 7 und 14. – Vgl. bei allen vier Wappen die Varianten im WWb 1984, S. 117.

*Imhof 4*

## Imwinkelried

Die Familie hat ihren Namen vom Weiler Wichilried, heute Wichelried, in der Gemeinde Zenegen erhalten und kommt urkundlich in den folgenden Schreibweisen vor: *Wychelried, Im Wichenried, Im Wichen Riedt, Im Vinkelried, Imwinkelried.* Seit dem 13. Jh. bekannt, verbreitete sie sich nach Visp (1279) und nach den Bezirken Goms, Leuk und Siders.

Die Familie ist vor 1800 in Martisberg, Niederwald, Ulrichen und Venthône eingebürgert. Zweige davon erhielten im 19. Jh. das Burgerrecht in den Gemeinden Obergesteln, Siders, Unterems, Oberems (1873) und Fiesch (1922). *Anton* von Obergesteln, Pfarrer von Stalden 1671, Domherr von Sitten 1684, †1706. *Moritz* (1824–1886) von Ulrichen, Notar, Präsident von Siders 1853–1856.

Die Familie *Hans* und *Paula* Imwinkelried-Wellig liess sich 1962, von Fiesch kommend, in Naters nieder. Ihr Sohn *Alfred* (*18.8.1942), Sanitär-Installateur, bereits Burger von Martisberg und Fiesch, wurde am 1. April 1981 zusammen mit seiner Frau Edith Zenklusen (*1949) und den Kindern Silea-Irmin (*1971) und Daniel (*1973) in die Burgerschaft von Naters aufgenommen.

**Wappen:** *Geteilt: im oberen Feld in Rot ein silbernes Schrägband mit drei goldenen sechszackigen Sternen belegt über grünem Dreiberg; im unteren Feld in Blau ein schreitender goldener Löwe.*

D'Angreville, 1868. Das ursprüngliche Wappen enthielt nur das erste Feld (Paul Heldner, Glis).

## Jirman

Die aus Tschechien stammende, staatenlose Flüchtlingsfamilie, Dr. med. Stanislav Jirman (*1942) von Hronon, seine Frau Dr. med. Olga geb. Andrle (*1941) aus Prag und ihr Sohn Stanislav (*1968), kam 1981 nach Altstetten/ZH und wohnt seit 1984 in Naters. Da das Ehepaar sich dem Diktat der Kommunisten nicht beugen wollte und die Lage immer unerträglicher wurde, entschloss es sich zur Auswanderung.

Voraussetzung für die Aufnahme in die Burgerschaft ist ein zwölfjähriger Aufenthalt in unserem Land. Bei der Gesuchstellung um Aufnahme in die Burgerschaft im Jahre 1988 war diese Frist für die Eltern nicht erfüllt, wohl aber für den Sohn Stanislav, da die Aufenthaltsjahre in der Schweiz für Jugendliche doppelt zählen. Am 27. April 1988 stimmte die Burgerversammlung von Naters der Einbürgerung der ganzen Familie unter dem Vorbehalt zu, dass die Aufnahme ab 1993 auch für die Eltern gelten soll. Dies ist inzwischen geschehen. Der Sohn Stanislav wurde bereits 1990 Kantonsbürger, während die Eltern 1995 das kantonale Bürgerrecht erhielten. Der «Burgertrüch» fand am 15. Juni 1995 statt. Das genannte Ehepaar, das sich durch hohes Berufsethos, grosse Fachkenntnis und Menschlichkeit auszeichnet, arbeitet im Kreisspital in Brig, er an der Frauenklinik als Oberarzt und sie als Leiterin des Dialysezentrums.

## Jossen

Die Familie Jossen ist eine der ältesten Burgerfamilien von Naters.[157] Sie leitet ihre Herkunft vom alten Taufnamen Jocelin oder Josselin ab und war im 13. und 14. Jh. noch unter dem Namen Ketzers, Kesser oder Käser bekannt. Der ursprüngliche Name Ketzers könnte vom Berufsnamen Kesser oder Käser stammen; somit wären die Urahnen Sennen gewesen. Die Nachkommen des 1362 erwähnten *Jocelin* oder *Joscelin Ketzers* an der Masseggen nannten sich nach 1406 *Joscellini, Josselini, Jossen,* wobei der zugefügte Name Masseggen deren Wohnort in der Gemeinde Naters bezeichnete. Peter Jossen geht in seinem Buch «Brigerbad» dem Wort Jocelin auf den Grund und kommt zum Schluss, dass dieser Name wohl von Josef, genauer von der Verkleinerungsform «Joseli» herstammen dürfte.[158] Ein anderer Zweig der Jossen liess sich zu Beginn des 16. Jh. im Weiler Bammatten (Naters) nieder, nannte sich von da an Jossen an der Bandmatten und später nur noch Bandmatter oder Bammatter. Die Familie Jossen ist in Naters, Brig-Glis (vor der Fusion in den einzelnen Orten Brig, Glis und Brigerbad), Mund, Birgisch und Lalden eingebürgert.

Die beiden Brüder *Anton* (*1792) und *Christian* (*1793) Jossen, Söhne des Christian von Brigerbad (Linie des Verfassers), hörten von ihren Vorfahren stets, dass sie Bürger von Naters seien, woher sie auch stammten. Doch die Gemeinde Naters sprach ihnen das Burgerrecht ab, da sie keine authentischen Beweise hierfür hätten erbringen können. So bürgerten sich

*Zwei «übergoldete Tigelbecher», welche die Gebrüder Anton und Christian Jossen, des Christian aus Brigerbad, 1819 für die «Wiedereinbürgerung» spendeten. Becher von 1819 (rechts) mit Umschrift: «A. J. C. J. B. N. 1819» [= Anton Jossen – Christian Jossen – Burgerschaft Naters ...]. Becher von 1822 (links) mit Umschrift wie der Becher von 1819 (ausser Jahreszahl 1822). Die Becher befinden sich im Junkerhof.*

die genannten Brüder am 14. Februar 1819 in Naters (wieder) ein, indem beide zusammen 600 Pfund zahlten und sieben Lagel Wein, Käse und Brot sowie einen «übergoldeten Tigelbecher» stifteten.[159]

*Pius* Jossen (*1926), des Vinzenz und der Cäsarine geb. Pfaffen von Mund, wohnhaft in Naters, erbrachte den Ahnennachweis von Naters und wurde 1970 zusammen mit seiner Familie daselbst wieder eingebürgert. 1977 erfolgte die Wiedereinbürgerung seiner fünf Brüder: *Johann* (1917–1996), in Mund, *Oswald* (*1922), in Naters, *Erwin* (*1930, der Verfasser dieses Werkes), in Naters, *Alfred* (*1931), in Brig, *Meinrad* (*1934), in Lalden, und *Walter* (*1937), in Naters. Der gleiche Nachweis für die Wiedereinbürgerung galt für deren Vettern, Söhne des Josef Jossen und der Maria geb. Pfaffen von Mund, die 1977 ebenfalls wieder eingebürgert wurden, so: *Viktor* (1920–1999), in Mund, *Stefan* (*1923, gest.), in Naters, *Simon* (*1932), in Naters, *Gottlieb* (*1935), in Naters, und *Otto* (*1941), in Mund. 1982 erlangten die Söhne des Ernst Jossen und der Emma geb. Wyer von Mund die Wiedereinbürgerung, nämlich: *Stefan* (*1928), in Mund, *Hermann* (*1930), in Basel, *Walter* (*1932), in Basel, *Emil* (*1933), in Mund, *Siegfried* (*1935, gest.), in Naters, und *Albert* (*1937), in Mund. *Meinrad* Jossen (*1934), des Vinzenz von Mund in Lalden, der bereits Burger von Naters, Mund und Brig-Glis ist, erwarb 1983 zusammen mit seinen Kindern Gabriel (*1961), Bernhard (*1962), Martin (*1964), Erwin (*1967), Marius (*1969), Thomas (*1970) und Marie-Luise (*1978) zusätzlich das Burgerrecht von Lalden.

Pfarrer Peter Josef Ruppen teilt die Jossen in Naters in seiner Familienstatistik von 1864 in drei Gruppen ein: *die Grossen, die Kleinen und die Schwarzen.*[160]

Mehrere Mitglieder der Familie Jossen bekleideten öffentliche Ämter: *Anselm*, von Naters, war 1511 und 1529 Kastlan von Brig; *Gilg Jossen alias Bammatter*, von Sitten, Landeshauptmann 1601–1603 (vgl. Kap. «Landeshauptmänner, Nr. 6»); *Christian*, Notar in Naters, 1654 und 1661 genannt; *Martin*, Notar, Kastlan von Brig 1713, 1732, 1737, †1740; *Christian*, Zendenkastlan von Brig, 1773; *Johann Joseph* (1802–1865), von Brigerbad, Grossrat, Gründer der Bewegung «Alte Schweiz», war Verfasser politischer Schriften; *Walter* (1927–1996), von Brigerbad/Brig-Glis, Grossrat 1973–1981; *Stefan* (*1928), von Mund, Präsident von Mund 1969–1976, Grossrat 1973–1977; *Tony* (*1950), Oberstleutnant der Päpstlichen Schweizergarde in Rom 1984–1986, Oberst der Schweizer Armee 1998.

Ab 1631 bekleideten die Jossen elfmal das Amt des Gemeindepräsidenten von Naters (vgl. Kap. «Präsidenten», Nrn. 2, 4, 19, 33, 42, 43, 52, 59, 67, 69 und 89).

Aus der Familie gingen insgesamt zwölf Priester hervor, davon acht im 20. Jh. (vgl. Kap. «Priester, gebürtig aus Naters»). Zusammen mit dem argentinischen Priester German Jossen, dessen Vorfahren von Birgisch stammten, würde sich die Zahl auf 13 erhöhen.[161]

In Mund waren die Jossen vom 15. bis 18. Jh. ansässig, starben in der zweiten Hälfte des 18. Jh. vorübergehend aus und sind seit dem 19. Jh. wieder vertreten. In Brigerbad taucht der Name Jossen im 17. Jh. auf.[162]

Es gibt über dieses Geschlecht «*Das Jossen-Familien-Weltbuch 1995*», das allerdings kritisch zu betrachten ist.[163] Nach diesem Buch kommen die Jossen in nachstehenden fünf (von 15 durchforschten) Ländern mit folgenden «geschätzten Haushalten» vor: USA 14, Deutschland 22, Schweiz 253 (besonders im Wallis), Frankreich drei und Italien zwei, was insgesamt zirka 733 Personen entspricht. In diesem Jossen-Verzeichnis fehlt allerdings Argentinien, wo 1993 bei einem Jossen-Fest in Santa Rosa de Calchines bis zu 250 Jossen zusammenkamen.
**Wappen** (vier zur Auswahl):

*I. – In Gold vier blaue Kugeln (1,2,1).*
Ofen von 1662; Walliser Jahrbuch 1943; Mitteilung der Familie an das Kantonsarchiv für das WWb 1946 (S. 136 und T. 7, Nr. 1); es wird dort erwähnt, dass die Kugeln ursprünglich Rosen oder Sterne gewesen sein dürften.

*Jossen* [1]

*II. – In Silber eine aus grünem Dreiberg wachsende rote Rose mit goldenem Butzen und grünen Kelchblättern an beblättertem grünem Stiel.*
Ofen in Blatten bei Naters mit der Inschrift «Christen Josen und Catharina Steiner, 1697». Mitteilung von Paul Heldner, Glis. Mutmassliche Farben.

*Jossen* [2]

*III. – Brigerbad: In Gold das silberne, schwarz eingefasste und gekreuzte Heilige Grab über rotem Schildfuss.*
Johann Jossen, von Glis, liess sich zu Beginn des 17. Jh. in Brigerbad nieder und wurde dort als Burger aufgenommen. Sein Sohn Anton soll nach mündlicher Überlieferung eine Pilgerfahrt nach Rom und Palästina unternommen haben, weshalb Hans Josef, Sohn des Anton, eine Darstellung des Heiligen Grabes in sein Wappen aufnahm, wie sie auf einem Balken des ehemaligen Hauses Jossen in Brigerbad, 1754, zu sehen ist; ebenso auf einem Ofen von 1757, auf einem Balken von ca. 1830 und auf einer Brandmarke. Dieses Wappen war seit 1864 in Vergessenheit geraten. Vgl. P. Heldner, in: Peter Jossen, Erschmatt, Bratsch und Niedergampel, St-Maurice, 1970, S. 193–194, sowie Mitteilung von Paul Heldner an das Kantonsarchiv, 1970.

*Jossen* [3]

*IV. – Brigerbad: Gespalten, vorn in Rot vier silberne Schrägbalken, hinten in Schwarz eine silberne Raute, darin vier sechsstrahlige schwarze Sterne (1,2,1).*

In der Burgerstube von Mund. Dieses Wappen wird vor allem von den Jossen in Mund und jenen Jossen geführt, die in unserem Jahrhundert von dort nach Naters zogen. Sammlung von Riedmatten mit dem Hinweis auf Brigerbad und der Jahreszahl 1839. Gleiches Wappen auf einem Ofen von 1857 in Mund, mit den Initialen «P. J.» (Peter Jossen) und «A. C. IST» (Anna Catharina Imstepf). Varianten: vorn mehrfach (in veränderlicher Anzahl) schräg geteilt durch Silber und Rot, hinten in Silber eine blaue Raute mit goldenen Sternen; fünfstrahlige Sterne. Auf einem Balken von 1833 in Brigerbad sind Kugeln (vgl. Wappen I) anstelle der Sterne zu sehen. – Vgl. HBLS, Bd. IV, S. 413; WWb 1946, S. 136 und T. 7, Nr. 1 und 2.

*Jossen 4*

## Kalasch

Die Ehegatten *Hermann* Kalasch (*20.5.1935), Sohn des Josef Leo und der Minna geb. Rademacher, Chemikant, und Sigrid geb. Witt (*19.2.1941), aus Hamburg, wohnen seit 1964 in Naters, wurden mit ihren Kindern Marita Ines (*1960) und Andreas Jens (*1962) am 14. Februar 1979 in Naters eingebürgert und erhielten am 16. November des gleichen Jahres das Kantonsbürgerrecht.

## Karlen (Carlen, von Binn)

Dieser Familienname ist – wie der Name Carlen, mit dem er manchmal vertauscht wird – vom Vornamen Karl, lateinisch Carolus, Caroli, abgeleitet. Er erscheint in mehreren Oberwalliser Gemeinden, so in Lax, Reckingen und Törbel.[164] Die Familie von Lax hat sich ca. 1600 nach Binn verzweigt, wo sie im 19. Jh. erloschen ist; ebenfalls im vergangenen Jh. ausgestorben sind ein im 18. Jh. nach Eggerberg und ein anderer nach Mund gezogener Zweig von Binn.

*Karlen 1*

Um 1767 heiratete Anton Karlen von Binn Kreszentia de Chastoney aus Naters. Das Ehepaar liess sich in Naters nieder und hatte sieben Kinder, von denen die heutigen Natischer Karlen der Binner-Linie abstammen, deren Einbürgerung in Naters 1811 erfolgte.[165] Diese Karlen schrieben sich – wie überhaupt die Gommer Carlen – in Naters bis 1862 im Allgemeinen mit ‹C›. Von diesem Jahr an schrieb der Natischer Pfarrer Peter Joseph Ruppen den Namen mit ‹K›; diese Schreibweise setzte sich in der Folge durch. Die ehemaligen Carlen von Binn waren im Besitz der drei folgenden **Wappen**:

*I. – In Rot, auf grünem Dreiberg, ein silbernes Kreuz mit drei sich nach oben verjüngenden Querbalken, oben sowie rechts und links begleitet von je einem sechsstrahligen silbernen Stern.*

Malerei von 1675 in der Kapelle von Zen Binnen bei Binn, mit den Buchstaben R. D. P. C., d. h. Reverendus Dominus (= Hochwürdiger Herr) Petrus Carlen. Mitteilung von Heldner, Glis, 1972.

*II. – In Blau ein schwebendes goldenes Kreuz mit drei sich nach oben verjüngenden Querbalken, im rechten und im linken Obereck sowie unten begleitet von je einem sechsstrahligen goldenen Stern.*

Schnitzerei auf einem Balken des Hauses Karlen im Weiler Schmidigenhäusern (Binn), mit der Inschrift: «Hr. Kastla Fr. Karlen hat dis Haus gebaut – 1826» (ohne Farbangaben; die oben erwähnten wurden als die mutmasslichen beigefügt). Die drei Sterne dürften andeuten, dass der Wappenträger sich und seine Angehörigen unter den Schutz der Heiligen Dreifaltigkeit stellt. Mitteilung von Paul Heldner, Glis, 1972.

*Karlen 2*

*III. – In Grün, auf silbernem Dreiberg, ein goldenes Kreuz mit drei gleich langen Querbalken, überhöht von einem sechsstrahligen goldenen Stern und beseitet von je zwei ebensolchen Sternen übereinander.*

WWb 1946, T. 3, nach einem Seitenaltar von 1675 in der Kirche von Binn. Vgl. WWb 1946, S. 50. Mitteilungen von Paul Heldner, Glis, 1972–1974.

*Karlen 3*

## Karlen (von Törbel)

Seit dem 16. Jh. in Törbel bekanntes Geschlecht, das sich später nach Stalden, Visp, Sitten und im 19. Jh. auch nach Unterbäch verbreitete. Angehörige des Zweiges von Törbel haben in neuerer Zeit das Bürgerrecht der Städte Basel (Carlen, 1936) und Genf (Karlen, 1952) erworben. *Johann Nikolaus* war 1722 und 1724 Kastlan von Visp. Es sind ferner bekannt: *Johann Heinrich,* Notar 1736; *Josef Ignaz* (1785–1861), von Törbel, Pfarrer dieser Gemeinde, später Kaplan bei den Schweizerregimentern in französischen Diensten vor 1830; *Ernst Heinrich,* geb. 1922 in Törbel, Missionar der Mariannhiller Kongregation, Priester 1947, Bischof von Umtata (Südafrika) 1968, dann Erzbischof von Bulawayo, Simbabwe (ehemaliges Rhodesien). *William* Karlen (*30.10.1944), Sohn des Oswald und der Caroline geb. Sprung, aufgewachsen in Brig, bereits Burger von

Törbel und Unterbäch, erwarb am 31. März 1976 zusammen mit seiner Frau Lisette geb. Zuber, des Heinrich, und den Kindern Guy (*1972) und Nadine (*1975) das Burgerrecht von Naters.
**Wappen:** *In Rot eine aus grünem Dreiberg wachsende goldene Pflanze mit sieben Blättern.*
D'Angreville, 1868; Sammlung de Riedmatten; WWb 1946, S. 141 und T. 11; P. Heldner, A. Bacher und W. Feliser: Aus Varens Vergangenheit, 1969, S. 36/37.

## Klingele

Aus Muggenbrunn (jetzt zur Gemeinde Todtnau, Schwarzwald/D, gehörig) stammende Familie, die heute noch besonders fest im Todtnauerberg beheimatet ist. Das Stammehepaar der Klingele sind *Gervas Klingele* (*11.5.1831 in Deutschland,[166] †5.11.1885 in Naters), Sohn des Konrad und der Magdalena geb. Bernauer, und seine Frau Barbara Hochstättler (*10.9.1823 in Deutschland, †18.1.1912 in Naters), Tochter des Philipp aus dem Kanton Freiburg. Gemäss Stammbaumbuch von Naters wurden ihr erstes Kind, Eduard, am 1. Mai 1858 in «Vivis» (Vevey),[167] Arbeitsort von Gervas Klingele, und die Zwillinge Lina und Maria am 30. Mai 1859 in Brig geboren. Daraus ergibt sich, dass das Stammehepaar entweder 1858, sicher aber 1859 in Brig Wohnsitz nahm. Auch noch dessen jüngste Tochter, Therese, kam 1868 in Brig zur Welt.[168] Die Familie bezog in der Folge Wohnsitz in Naters, und zwar 1874 oder sogar schon vorher, da die Familie Klingele in diesem Jahr bereits als in Naters wohnhaft aufgeführt wird. Am 31. Mai 1874 liess sich Gervas Klingele zusammen mit seiner Familie in Naters einbürgern. Er bezahlte hierfür 1000 Franken, ein Lagel Wein und schenkte der Burgerschaft ausserdem «einen silbernen und einen übergoldeten Tigelbecher».[169]
Aus der Familie sind einige bedeutende Persönlichkeiten hervorgegangen, die in den einschlägigen Kapiteln des Buches erwähnt werden. 
**Wappen:** *Gespalten, vorn in Blau ein aus dem Schildfuss und dem Spalt wachsender, goldgezäumter silberner Pferdekopf, überhöht von einem silbernen Gestell mit fünf goldenen Schellen; rechts oben in Rot eine goldene Schelle, rechts unten in Blau drei grüne Tannen mit natürlichem Stamm auf grünem Dreiberg.*
Glasmalerei in der Kirche von Naters. Halbredendes Wappen («mit der Schelle klingeln»). Vgl. WWb 1946, S. 141 und T. 8.

*Barbara Klingele-Hochstättler, Stammmutter der Klingele.*

*Gervas Klingele, Stammvater der Klingele von Naters. Porträt im Besitz von Dr. Alfred Klingele, Naters.*

*Muggenbrunn (Badischer Schwarzwald, Deutschland), Urheimat der Klingele. Aufnahme von 1928. An der Stelle des mit einem Kreuzlein versehenen Gebäudes (heute ein Gasthof) stand das abgebrannte Geburtshaus des Stammvaters Gervas Klingele.*

## Leitzinger

Im Jahre 1966 liess sich *Imo Hans* Leitzinger, *1.5.1943, †28.1.1992, Sohn des Johann und der Antonia Grisacker von Abtenau bei Salzburg, in Naters nieder und heiratete 1970 Aline Imstepf, des Walter, von Mund in Naters. Am 15. März 1978 erwarb Imo zusammen mit seiner Frau und den Zwillingen Katja und Iwan (*1971) das Burgerrecht von Naters und am 17. November desselben Jahres jenes des Kantons.
**Wappen:** *In Rot ein silberner Balken, belegt mit drei fünfstrahligen roten Sternen und begleitet oben von zwei schräg gekreuzten silbernen Pfeilen, unten von zwei schräg gekreuzten silbernen Löffeln.*
Das rote Schild mit dem silbernen Balken weist auf Österreich und die Sterne weisen auf das Wallis hin, womit die alte und die neue Heimat zum Ausdruck gebracht werden. Die Pfeile

sind dem Wappen der Familie Imstepf entlehnt, während die Löffel den Kochberuf des Begründers der Walliser Linie andeuten.

## Lerjen

*Hilarii, Lergen, Lergien, Lerjen.* Der Familienname geht auf den Taufnamen Hilarius zurück. Ein Hilarius Furet wird schon im 14. Jh. in Leukerbad erwähnt. Er veranlasste seine Nachkommen, den Namen *Leryoz* anzunehmen, woraus um 1440 das deutsche Lergien entstand.

Die Familie Lerjen von Naters ist daselbst seit dem 15. Jh. bekannt: 1442 Ylarii, 1460 Hilarii, 1467 Lergen, im 16. und 17. Jh. oft Lergien, bis sich endgültig Lerjen durchsetzte. Sie war im 17. Jh. sehr einflussreich. Die Lerjen sind Stammburger von Naters, nicht so die Lerjen von Täsch. (1856 wurde in Naters ein Moritz Lerjen eingebürgert.)[170]

Gegen 1580 amtete *Gregorius* Lergien zum Mehlbaum (Naters), auch Hilari genannt, als Notar. *Johann* Lergien zum Mehlbaum war 1583 Grosskastlan von Brig; ebenso war *Georg* 1595, 1602, 1607, 1615 und 1621 Kastlan von Brig, Kastlan der Talschaft Lötschen und 1603–1605 Landvogt von Monthey. Sein Sohn *Johann* war 1606 Domherr von Sitten. Ein anderer *Johann* war 1620–1638 Bannerherr von Brig, 1624 und 1629 Grosskastlan von Brig und 1632–1634 Landvogt von St-Maurice; er starb 1638. Sein Bruder *Georg* war Notar und Fähnrich.[171] Ebenfalls Grosskastläne von Brig waren: *Johann,* 1641, 1649, 1655 und 1666; *Thomas,* 1643 und 1653; Notar *Johann* sogar neunmal, von 1683 bis 1715; Letzterer war während 30 Jahren Prokurator der Kirche von Naters († 16. Juli 1716)[172]. *Moritz,* Notar, 17. Jh.; *Peter Georg,* Notar, erste Hälfte des 18. Jh.

Die Familie Lerjen stellte seit dem 17. Jh. zehnmal den Gemeindepräsidenten in Naters (vgl. Kap. «Präsidenten», Nrn. 6, 15, 16, 18, 27, 29, 32, 36, 40 und 53); ebenso schenkte sie der Diözese fünf Priester (vgl. Kap. «Priester, gebürtig aus Naters», Nrn. 52, 66, 68, 69 und 72).

**Wappen:** *I. – In Blau drei aus einer silbernen Lilie wachsende, grün gestielte und beblätterte rote Rosen mit goldenem Butzen und grünen Kelchblättern.*

Wappen auf einem Bildnis des Georg, Notar in Brig und Landvogt von Monthey, 1603; Wappentafel der Landvögte von Monthey (dort irrtümlicherweise unter dem Namen des Vogtes Jonas Jergen); Siegel von 1604 (Archiv Marclay, Monthey). Ein Wappen des Domherrn Johann mit den Buchstaben I. L. C. M. – V. D. C. S. und der Jahreszahl 1615 ist auf einer eingelegten Türe zu sehen (bei Familie Fr. de Preux, Sitten); der Domherr führte das oben beschriebene Wappen auch zusätzlich mit einem Kelch unter der Lilie und zwei sechsstrahligen Sternen: auf Kanzelpfeiler und Taufbecken, mit den Buchstaben I. L., in der Kathedrale von Sitten (ohne Farbangabe); dieses Wappen vereinigt somit die Figuren der Wappen Lergien I und II (wobei in Letzterem die Lilie weggelassen wurde). Variante: WWb 1984, S. 135.

*Lerjen ¹*

*II. – In Blau ein goldener Kelch, darin drei grün gestielte und beblätterte rote Rosen mit goldenem Butzen und grünen Kelchblättern, überhöht von einem fünfstrahligen goldenen Stern und beseitet von zwei ebensolchen Sternen.*

Wappen auf einem Flügelaltar in Valeria, gemalt von Ulrich Hartmann, 1619. Varianten: WWb 1974, S. 135. Vgl. WWb 1946, S. 148/149 und T. 8.

*Lerjen ²*

## Margelisch

*Marguelisch, Margelist, Margelisch.* Seit dem 16. Jh. in der Gemeinde Betten (Bez. Östlich Raron) bekannte Familie. Ein sich *Margelist* nennender und im ausgehenden 18. Jh. in Baltschieder niedergelassener Zweig wurde vor 1829 dort eingebürgert. Zweige der Familie Margelisch von Betten sind 1912 in Sitten, 1930 in Horgen (Kt. Zürich) und 1961 in Erlenbach (Kt. Zürich) eingebürgert worden.

Am 9. August 1876 vermählte sich *Franz* Margelisch, Sohn des Xaver und der Rosalia geb. Mattig von Betten, in Naters mit Juliana Karlen (1847–1916). Das Ehepaar nahm Wohnsitz in Naters. Am 23. April 1893 wurde Franz Margelisch für 800 Franken plus Burgertrunk in die Burgerschaft von Naters aufgenommen.[173] Von den in Naters wohnenden Margelisch besitzt die Linie von Franz (1853–1934) und Ludwig († 1970), mit dessen sechs Söhnen Johann (*1921), Julius (*1925), Ernst (*1928), Franz (*1935), Edmund (*1936) und Walter (*1937) sowie deren Kindern, das Burgerrecht von Naters.

**Wappen:** *In Rot, über grünem Dreiberg eine – aus der fussgesparrten Zahl vier mit Querstrebe gebildete – silberne Hausmarke, beseitet von zwei sechsstrahligen goldenen Sternen.*

Dieses Wappen ist aufgrund eines auf einer Truhe von 1782 (auf der Bettmeralp) angebrachten Zeichens mit den Initialen P. M. (P. Margelisch) entstanden; später sind die Sterne anstelle der Buchstaben in das Wappen aufgenommen und dessen Farben bestimmt worden. Mitteilungen von Bruno Jentsch, Leuk, und Jean Marguelisch, Siders, 1953. Vgl. Paul Heldner und Albert Carlen, Geschichte und Chronik von Baltschieder, Visp 1971, S. 44 und 52, das Wappen mit fünfstrahligen Sternen.

## Michlig

*Michals* 1383, *Michalius* 1389, *Michaels* 1480, *Michahelis, Michaelis, Michels, Michel* 1455, *Michling* 1502 und *Michlig,* alle vom Taufnamen Michael abgeleitet. Seit dem 14. Jh. bekannte

Familie von Naters. Im Jahre 1425 tritt ein *Ruedo,* zubenannt *Michael* auf. Hohes Ansehen genoss ein Zweig dieser Familie, der seit dem 16. Jh. nach seinem Wohnort in der Nähe des Schlosses auf der Flue in Naters den Beinamen Auf der Flue oder Supersaxo trug und im 18. Jh. erlosch. Zu diesen *Michlig-Supersaxo* gehörten im 16. und im 17. Jh. mehrere Grosskastläne und Bannerherren von Brig sowie zwei Landeshauptmänner, *Georg I.* und *Georg II. Michel-Supersaxo* (vgl. Kap. «Landeshauptmänner», Nrn. 5 und 7). Seit dem 17. Jh. stellte die Familie neunmal das Gemeindeoberhaupt von Naters (vgl. Kap. «Präsidenten», Nrn. 3, 31, 35, 41, 46, 57, 66, 128 und 132).

Aus der Familie Michlig sind uns fünf Priester bekannt: *Johann,* 15. Jh.; *Rudolf,* 16. Jh.; *Peter* (1806–1881) vom Brigerberg; *Josef* (1912–1989), von Ried-Brig, Bethlehemit; *Thomas,* *1947, von Ried-Brig, Neffe des Vorigen, Primiz 1975, Vikar in Grächen 1975–1978, Vikar in Glis 1978–1988, Pfarrer von Visperterminen seit 1988.

Heute leben Familien dieses Namens vor allem in Naters, aber auch in mehreren anderen Gemeinden, u.a. in Ernen, Ried-Brig, Bellwald und Turtmann. Die Familie Michlig von Naters verzweigte sich auch nach Brigerbad und Gamsen. (Über die Michlig von Bellwald, Blitzingen, Niederwald und Leuk vgl. WWb 1984, S. 154.)

**Wappen:** *I. – In Rot ein steigendes silbernes Pferd auf grünem Dreiberg.*

Wappen der Familie von Naters auf einem Altar der dortigen Kirche, ebenso bei d'Angreville. Variante: in Rot ein goldenes Pferd auf silbernem Dreiberg, auf der Wappentafel der Landvögte von Monthey, für Georg uf der Flue, 1646; ebenso, jedoch mit grünem Dreiberg, am Schlussstein der Kirche von Naters. Siegel von 1667 des Georg mit seinem Namen in der Inschrift, ohne Farbangabe (Archiv Marclay, Monthey). Derselbe Georg führte 1662 (als Landeshauptmann-Statthalter) das Pferd, von einer Krone überhöht, auf Dreiberg, auf einem geschnitzten Tisch (Museum Valeria). Eine weitere Variante zeigt ein Siegel des Landvogtes Franz Georg, 1702 (Archiv Bertrand, St-Maurice): Pferd mit Krone, auf einem Rasenboden.

*II. – In Rot, auf grünem Dreiberg, ein aufrechtes silbernes Schwert mit goldenem Griff, zwei goldene Kronen durchstechend, die obere etwas kleiner, und begleitet von zwei fünfstrahligen goldenen Sternen in den Obereken.*

Wappen der Familie Michlig-Supersaxo: Sammlung von Riedmatten, ebenso bei Wick (der das Wappen irrtümlich als altes Schinerwappen angibt). Vgl. WWb 1946, S. 170 und T. 8.

*Michlig 1*

*Michlig 2*

## Minnig

*Mynnying, Minnich, Minning, Minnix, Menik, Mönich, Minnig.* Der Familienname ist von *Mönch, Monachus,* abgeleitet. Diese Familie ist schon im 14. Jh. in Goppisberg urkundlich nachgewiesen, im 15. Jh. auch in Mörel und Ernen. Sie verbreitete sich im 16. Jh. nach Gluringen, später nach Naters, Betten, Lax und anderen Orten, in neuerer Zeit auch nach Brig. Peter *Mynnyng,* von Goppisberg, wird 1331 genannt, Peter und Franz – wahrscheinlich dessen Söhne – 1374. Jakob *Minichove,* der 1419 in der Schlacht von Ulrichen gegen die Berner mit 400 bewaffneten Männern dem Anführer Thomas in den Bünden zu Hilfe kam, soll dieser Familie angehört haben. (Über weitere bedeutende Mitglieder weltlichen und geistlichen Standes aus diesem Geschlecht vgl. WWb 1984, S. 155.)

*Christoph Minnig* (*12.7.1958), Sohn des Dionys (*1922), Burger von Betten und Lax, und der Erna Studer von Visp, wohnhaft in Brig, heiratete die in Naters ansässige Beatrix Venetz (*1.1.1963), des Rudolf und der Salome geb. Ritz. Das Ehepaar Minnig-Venetz, beide in der Physiotherapie tätig, nahm 1987 Wohnsitz in Naters, wo es zusammen mit seinen Kindern Yannick (*1989) und Nathalie (*1991) am 6. April 1994 eingebürgert wurde. Die Familie führt von den vier bekannten **Minnig-Wappen** das nachstehend beschriebene:

*In Blau eine aus grünem Dreiberg wachsende ebensolche Pflanze (Dreiblatt), überhöht von einem sechsstrahligen silbernen Stern, das obere Blatt beseitet von zwei ebensolchen Sternen.*

Wappen der Familie von Goppisberg auf einem Kästchen des Fabian Minnig, von 1829, bei Familie Minnig in Brig. Es besteht auch eine Variante mit einem Kleeblatt. Wahlspruch: Juste et constanter (= gerecht und beharrlich).

## Nellen

Diese bereits 1499 in Bellwald bekannte Familie verbreitete sich vor 1800 nach Fiesch, Niederwald, Bitsch, Ried-Mörel, ca. 1800 nach Baltschieder und um 1804 nach Naters. Einer Überlieferung zufolge wäre diese Familie aus der Ostschweiz eingewandert und hätte dort ursprünglich in Nollen, in der Gemeinde Schönholzerswilen (Thurgau) gewohnt, daher der Name Nellen. *Martin,* von Bellwald, war Meier vom Goms 1545. Am 6. Mai 1804 heiratete Valentin Nellen von Ried-Mörel Maria Josepha Gertschen von Naters. Das Ehepaar liess sich in Naters nieder und gilt als Stammehepaar der heutigen Nellen-Burger von Naters.[174] Am 1. Mai 1856 erwarben *Johann, Klemens* und *Moritz* Nellen das Burgerrecht von Naters.[175] Die Burgerfamilien Nellen führen folgendes **Wappen:**

*In Blau, über grünem Dreiberg, drei goldene Kugeln (1,2).*
Wappen auf einem Kruzifix auf der Riederalp, mit den Initialen M. N. (für Martin Nellen, von Mörel) und der Jahreszahl 1679. Varianten: WWb 1974, S. 185.

## Pellanda

Das Ehepaar Karl und Rosa Pellanda-Darioli von Bognanco Dentro (Ossola), das zuerst in Brig wohnte, dislozierte zu Beginn des 20. Jh. nach Naters. Dessen Enkel Benito (*1939), Sohn des Paul (*1896 in Brig) und der Caterina Pancotto (*1902), verheiratet mit Marlies Nellen, wurde am 28. Juni 1968 in die Burgerschaft von Naters und im selben Jahr als Kantonsbürger aufgenommen.

**Wappen:** *Geteilt: im ersten Feld, in Rot drei silberne kleine Adler, zwei oben, einer unten; im zweiten Feld sechs Querstreifen, abwechslungsweise Rot-Silber.*
Mitteilung der Familie. Vgl. WWb 1946, S. 191.

## Perren

Die Familie Perren ist seit dem 15. Jh. in Zermatt bekannt und blüht dort heute noch. Sie verbreitete sich schon sehr früh nach St. Niklaus, Visp und anderen Orten. Aus der Familie sind einige bedeutende Persönlichkeiten hervorgegangen (vgl. WWb 1974, S. 193).
1866 vermählte sich Johann Perren (1826–1900), des Moritz von Zermatt, mit Maria Josepha Michlig (1842–1906) von Naters, wo das Ehepaar Wohnsitz bezog. Von ihm stammt in vierter Generation Paul Perren (*9.4.1939), Sohn des Franz Xaver und der Berta Truffer, ab, der am 28. April 1987 zusammen mit seiner Frau Anna Furrer und dem Kind Raphaela (*1967) das Burgerrecht von Naters erwarb.

**Wappen:** *In Blau, über grünem Dreiberg, ein auf einem waagrechten grünen Zweig mit zwei goldbesamten roten Blumen stehendes goldenes Doppelkreuz mit schräg links gestellten Querbalken, in den Oberecken beseitet von zwei sechsstrahligen goldenen Sternen.*
WWb 1946, S. 192 und T. 12; Wappen im Burgersaal des Zermatterhofes, Zermatt, 1962.

## Rossi (von Borgo San Lorenzo)

*Mario Girolamo* Rossi (*1926), Sohn des Giuseppe von Borgo San Lorenzo, Provinz Florenz, und der Annunziata geb. Brusini von Trasquera, ledig, wurde am 3. März 1982 in die Burgerschaft von Naters und am 12. November desselben Jahres als Kantonsbürger aufgenommen.

## Rossi (aus Intragna)

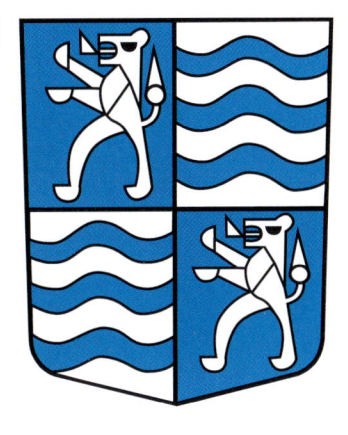

Die Familie Rossi spielte im Mittelalter in Parma eine bedeutende Rolle. Zu ihren prominenten Mitgliedern gehörten auch Senatoren in Rom und ein Kardinal.
Kurz vor 1890 kam das Ehepaar *Louis* Rossi (1857–1911), Bauunternehmer, und Therese geb. Lomazzi (1858–1912), aus Intragna in der italienischen Provinz Novara, in die Schweiz, liess sich zuerst in Lausanne nieder und dislozierte um 1900 nach Brig. An der Rhonebrücke auf der Natischer Seite (heute: Mühleweg) baute sich Louis Rossi 1904 ein eigenes Haus (erstes Rossihaus in Naters) und zog mit seiner Familie dort ein. Die Gebr. *Jean* (1896–1958) und *Jacques* (1889–1926), beide Unternehmer und Söhne des genannten Louis, wurden am 26. Oktober 1913 in die Burgerschaft von Naters[176] und am 23. Mai 1914 als Kantonsbürger aufgenommen.

**Wappen:** *Geviert: 1 und 4: in Blau ein silberner Löwe; 2 und 3: in Silber drei blaue Wellenbalken.*
Von der Familie in Naters mitgeteiltes Wappen. (Die Zeichnung im Besitz der Familie wurde hinsichtlich der Reihenfolge der Felder heraldisch korrigiert.) Vgl. WWb 1946, S. 217.

## Roten

Der Familienname kommt urkundlich in sehr unterschiedlichen Formen vor: *Rotten, Rothen, Roto, Rota, Rotto, Rotho, Roth, Roten.* Die betreffenden Familien werden in zahlreichen Oberwalliser Ortschaften erwähnt, namentlich in Stalden 1304, Bellwald 1319, Naters 1328, 1390 und 1400 (später eine Zeit lang erloschen),[177] Lötschen 1338, Eyholz 1356, Raron 1389, Ganter 1389, Eischoll 1400,

*Roten* [1]

Leukerbad 1420, Savièse um 1434 (von Naters stammend), Turtmann 1451, Brigerberg (Termen und Ried-Brig) vor 1500, Leuk 1503, Varen 1570. Allfällige verwandtschaftliche Bande zwischen diesen Familien – von denen viele erloschen sind – können heute nicht mehr festgestellt werden. Ein Zweig der Familie von Termen ist 1925 in Genf eingebürgert worden.
Die Familie Roten von Termen hat mehrere Geistliche hervorgebracht, namentlich *Franz Alex Bonaventura* (1754–1821) und *Christian Alois* (1755–1828).
Nachdem schon – wie erwähnt – sehr früh der Name Roten in Naters aufgetaucht war, lesen wir in den Pfarrakten im Jahre 1667 vom Ehepaar Johann und Anna Rothen-Zender.[178] Doch das eigentliche Stammehepaar der heutigen Roten in Naters sind *Johann* Roten (†1795) von Termen und Ignatia Walden (*1722) aus Naters. Ihrer Ehe entsprossen zwei Söhne, (Johann) Peter Joseph (*1755) und Christian.[179] *Andreas* Roten (1789–1864), Sohn des Christian, vermählte sich mit Katharina Eyer (1793–1874) und wurde am 12. Januar 1854 in Naters unter

folgenden Bedingungen eingebürgert: Zahlung von 800 Franken und zweieinhalb Louisdors für den Ankauf einer neuen Fahne, ferner zehn Lagel Wein, jedem Burger für 30 Rappen Brot und das übliche Trinkgeld.[180]

Die Wappen für die Natischer Roten dürften jene sein, die auf Termen zurückgehen (I und II). Doch führen einige Familien Roten von Naters seit längerer Zeit das unter III angeführte **Wappen.**

*I. – In Blau eine aus grünem Dreiberg wachsende goldbesamte silberne Blume an beblättertem grünem Stengel.*
Wappenmalerei am Roten-Haus in Termen, mit den Namen von Alex und Christian Roten, 1806. Vgl. WWb 1946, S. 218 und T. 8, Roten.

*II. – Geviert: 1. in Gold ein schwebendes blaues Kreuz, 2. in Blau vier gewellte silberne Schräglinksbalken, 3. gespalten in Schwarz und Rot, 4. in Silber ein rotes Haus über grünem Dreiberg.*
Grabstein des Hauptmanns Rothen (Roten), 1830, in Termen, sowie am Portal in Glis. Vgl. WWb 1946, S. 218 und T. 8, Rothen.

*Roten 2*

*III. – Gespalten in Blau, Silber und Rot, überdeckt von einem bewurzelten Rebstock, von dem eine Traube herabhängt.*
Nach Angaben von Moritz Roten, Naters/Sitten.

*Roten 3*

## Rotzer

Eine Familie *Rotz* oder *von Rotz* ist seit 1326 in Kerns (Kt. Obwalden) bekannt. Oswald, von Kerns, Gastwirt, wurde ein eifriger Condottiere (Heerführer) und kämpfte auf der Seite Kaiser Maximilians I. Er nahm von 1493 bis zu seinem Tode 1513 an zahlreichen Feldzügen teil. Zunächst von Georg Supersaxo angeworben, wurde er als dessen Oberstleutnant gegen Venedig eingesetzt, trennte sich jedoch von ihm, als Supersaxo zu den Franzosen überging. Am Ratstag von 1676 nahm der Landrat drei Rotzer von Unterwalden als «Patrioten» auf, die vielleicht dem alten Stamm der Rotz angehörten. Nach der Ansicht von Dr. Fidelis Schnyder (vgl. *Chronik der Gemeinde Gampel*, S. 184) war die Familie Rotzer jedoch bereits seit dem 16. Jh. in Gampel ansässig. Ihr Name, der sich vom Vornamen *Rudolf* ableitet, erscheint nach und nach in den Schreibweisen *Rulz, Ruotz, Ruotsch.* Die Familie Rotzer besitzt die Burgerrechte von Gampel, Bratsch und Ausserberg. Zweige aus der letztgenannten Gemeinde haben sich 1930 in Wädenswil (Kt. Zürich) sowie 1956 und 1962 in Lausanne einbürgern lassen.

Das Ehepaar *Adolf* Rotzer, heimatberechtigt in Ausserberg, und Leonie geb. Bammatter von Naters liess sich 1919 in Naters nieder. Sein Sohn *Otto* (*6.7.1932), Werkführer bei der SBB in Brig, Turntalent und gewiefter Tafelmajor, wurde am 14. Februar 1979 zusammen mit seiner Frau Claudia geb. Bellwald, von Ferden, und den drei Kindern Marianne (*1957), Bernhard (*1959) und Elmar (*1962) in die Burgerschaft von Naters aufgenommen.

**Wappen:** *Unter rotem Schildhaupt, belegt mit drei fünfstrahligen silbernen Sternen, in Gold eine ausgerissene grüne Tanne.*
Gastone Cambin, Heraldiker, Lugano, hat dem Stammwappen der Familie von Kerns das Schildhaupt beigefügt, das auf den Kanton Wallis hinweist und zugleich an die 1676 aufgenommenen drei Mitglieder der Familie Rotzer erinnert.

## Ruffini

Am 7. Juni 1974 wurde *Benvenuto* Ruffini (*1931), Sohn des Luigi und der Julia geb. Steca, von Fontaniva, Provinz Padua, seit 1950 in Naters wohnhaft, zusammen mit seiner Frau Alda geb. Bocci (*1935) und den zwei Söhnen Dario (*1956) und Renato (*1958) in die Burgerschaft von Naters und ein Jahr später als Kantonsbürger aufgenommen.

## Ruppen

Seit 1358 (Ruppo)[181] bekannte und noch blühende Familie von Naters. Die Ruppen sind Natischer Stammburger. Ein Zweig dieser Familie ist 1961 in Lausanne eingebürgert worden.

Von den Mitgliedern dieses Namens seien namentlich erwähnt: *Anton,* Meier von Ganter 1569; *Peter,* Meier des Freigerichtes Finnen 1577; *Johann Jakob,* Notar, 18. Jh. In der neueren Zeit sind hervorzuheben: *Anton (Peter)* Ruppen, *6.4.1809, †8.1.1854 in Naters, Sohn des Peter und der Martha geb. Schwery, verheiratet mit Luise Walden, Landwirt; Ersatzrichter am Bezirksgericht Brig 1853–1854. *Michael* Ruppen, *21.2.1825, †14.8.1892 in Naters, Sohn des Johann und der Veronika geb. Jossen, verheiratet mit Katharina Ruppen, von Naters, Landwirt; Ersatzrichter am Bezirksgericht Brig 1869–1877, Vizerichter von Naters. *Uli (Ulrich)* Ruppen, †1988, Oberstleutnant bei der Schweizergarde (vgl. Kap. «Naters und die Schweizergarde in Rom»).

Pfarrer Ignaz Amherd teilte 1885 im Stammbaumbuch (PfA Naters, G 11, S. 203–225) die Ruppen in zwei grosse Gruppen ein: 1. Ruppen «die Roten», welche von Peter Georg Ruppen, 18. Jh. «der Rote» genannt, abstammen, und 2. Ruppen «Simons» sowie «Simons und Emanuels». Die «Hamjini», vom Ehepaar Abraham (1821–1897) und Maria Josepha (1827–1904) Ruppen-Walker abstammend («Hamjini» = Verkleinerungsform von Abraham), gehören zu den Ruppen «Simons». «Ds Hamji-Kari» (1920–1997), Zugführer und während Jahrzehnten bei Hochzeiten ein gewiefter Tafelmajor, organisierte 1986 ein erstes «Hamji-Treffen», dem 1991 und 1996 weitere folgten.

Seit dem 17. Jh. sind aus dem Geschlecht Ruppen sechs Gemeindepräsidenten hervorgegangen (vgl. Kap. «Präsidenten», Nrn. 63, 68, 74, 90, 99 und 125).

**Wappen:** *I. – In Rot eine goldene Scheibe (oder Kugel), besteckt mit einem goldenen Antoniuskreuz.*
Wappen auf einem Balken in einem Haus von Ried-Brig, mit der Inschrift: «Anthoni Ruppen der Zyt Meier in Ganter 1570». Farben nach dem Wappen II. Paul Heldner erkannte in diesem Wappen eine Kugel oder einen Warenballen, darauf eine zweischneidige Axt als Amtszeichen des Meiers eines Gebietes.

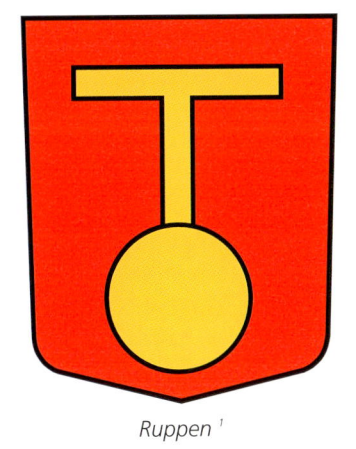

*Ruppen¹*

*II. – Geviert: 1 und 4 in Rot drei goldene Kugeln; 2 und 3 in Silber, drei aus einem grünen Dreiberg wachsende gleichfarbige Tannen mit natürlichem Stamm.*
Glasscheibe in der Kirche von Naters mit dem Wappen des Richters Benjamin Ruppen und der Jahreszahl 1898; gleiches Wappen auf einer Scheibe von 1927 in der Kapelle von Blatten ob Naters; Walliser Jahrbuch 1943; WWb 1946, S. 222 und T. 9. Dieses Wappen wurde von Oberstleutnant Uli Ruppen geführt. – Variante: Tränen anstelle der Kugeln. Sammlung Jentsch.

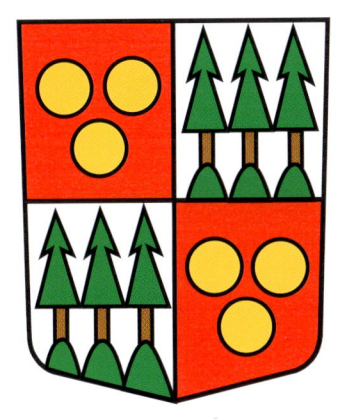

*Ruppen²*

# Salzmann

Dieser Name ist bereits im Kapitelsarchiv 1302 urkundlich bezeugt.[182] Er kommt in den Schreibarten *Saltzmann, Saltsmann, Sallczman, Salzmann* vor und mag ursprünglich den Mann bezeichnet haben, dem die Aufbewahrung und die Abgabe des Salzes anvertraut waren. Am 22. Januar 1445 tauschte «Henslin, einst Salzmann von Rischinen, wohnhaft in Hegdorn», mit seinem Bruder Ruedin Güter auf der Flue und in den Fuxgruben gegen solche im Natischer Feld «zem Rotten» und zahlte 30 Pfund.[183] Am 13. Dezember 1452 waren Jennin und Petrus Salzmann von Rischinen Zeugen bei einem Kaufakt.[184] Im 15. und 16. Jh. kommen die Salzmann in den Akten nur vereinzelt vor, treten aber in der Folge immer zahlreicher auf.
*Johann* war Grosskastlan von Brig 1541 und 1555, Bannerherr von Brig 1545–1560, Landvogt von Evian 1550–1552.
Die Familie hat sich im 18. Jh. nach St-Maurice und Martinach verbreitet. Diesem Zweig gehören an: *Johann Joseph* (1690–1766), Burger von St-Maurice, Landvogteischreiber 1728–1740. Er trat – zum zweiten Mal verwitwet – in die Abtei St-Maurice ein, wo er 1741 die Ordensgelübde ablegte, ohne die Priesterweihe zu empfangen, und längere Zeit Hausverwalter war; *Johann Franz,* Burger von Martinach, Syndikus (Präsident) 1726, Weibel 1734–1739, †1783. Mehrere Mitglieder dieser Familie standen zu Beginn des 19. Jh. in sardinischen Diensten. Die Linie von Martinach erlosch 1817 im männlichen und 1835 im weiblichen Stamm.
Mitglieder der Familie von Naters haben sich 1947 und 1957 in Zürich einbürgern lassen.
Pfarrer Ignaz Amherd teilte 1885 die Salzmann in zwei verschieden grosse Stämme ein:[185] 1. *Salzmann die Grossen:* a) die Salzmann in den «Eggerten», b) «die Tschiller», c) «die Lagger». 2. *Salzmann die Kleinen:* a) jene des Christian, b) «die Thelini», c) die des Joseph, d) jene des Felix und e) die Salzmann des Lorenz.
Die Familie Salzmann stellte seit 1631 15-mal den Gemeindepräsidenten von Naters und damit am häufigsten von allen Natischer Geschlechtern (vgl. Kap. «Präsidenten», Nrn. 58, 60, 73, 79, 86, 91, 96, 102, 108, 115, 116, 119, 124, 126 und 129). Aus der Familie gingen bis dato sechs Grossräte hervor. Des Weiteren kennen wir von diesem Namen acht Priester (vgl. Kap. «Priester, gebürtig aus Naters», Nrn. 45, 47, 78, 79, 83, 88, 95 und 101).

**Wappen.** *I. – In Blau eine goldene Lilie, überhöht von einem goldenen Kreuzchen.*
Siegel von Johann, Landvogt von Evian, 1551 (AGV, Brig, Nr. 324); WWb 1946, T. 9. Wappenscheibe mit der Jahreszahl 1302 und der Beschriftung «Familie Salzmann», im Besitz von Alwin Salzmann (*1950), Naters.

*Salzmann¹*

*II. – In Blau, über grünem Dreiberg, eine goldene Lilie, überhöht von einem goldenen Kreuzchen und beseitet von zwei fünfstrahligen goldenen Sternen.*
Paul Heldner, Aus Varens Vergangenheit, Naters 1969, S. 39.

*Salzmann²*

III. – Geteilt: oben in Blau zwei durch eine silberne Mauer mit blauer Toröffnung verbundene silberne Türme mit Spitzdach; unten gespalten in Silber mit rotem Schrägbalken und in Rot mit einer silbernen Lilie.
Porträt des Chorherrn Peter Joseph Salzmann, 1777 (im Besitz der Familie François Revaz in Salvan). WWb 1946, S. 229; Wappenmalerei im Rathaus von St-Maurice, 1971; Armorial des Familles bourgeoises de St-Maurice, 1971.

*Salzmann ³*

## Schmid

Fast so zahlreich wie es früher in den Dörfern Schmiede gab, haben Familien diesen Namen gewählt. Faber, Fabri nannten sie sich einst, Schmid, Schmidt und Schmitt schreiben sie sich heute in den verschiedenen Dörfern. Meist erst seit dem letzten Jahrhundert schreiben sich die einzelnen Familien in den verschiedenen Ortschaften konstant mit ‹d›, ‹dt› oder ‹tt›, wohl um die vielen verschiedenen Stämme auseinander zu halten.
In Naters existiert die Familie seit 1230[186] und schrieb sich während langer Zeit mit ‹d› und ‹dt›. Heute schreiben sich alle Natischer Burgerfamilien mit dem Namen Schmid mit ‹d› und nur diese werden denn auch hier behandelt. Sie gelten als Stammburger und sind sehr zahlreich. Ein Zweig ist 1912 in das Burgerrecht von Raron aufgenommen worden. Das Stammbaumbuch von Naters unterscheidet für das 19. Jh. die Schmid «im Stock», darunter Schmid «die Kleinen» und «die Grossen», ferner Schmid «die Gerber» und die Schmid «im Dorf».[187] Aus der Familie Schmid gingen seit dem 17. Jh. vier Natischer Gemeindepräsidenten hervor (vgl. Kap. «Präsidenten», Nrn. 81, 110, 117 und 120).
*Peter Faber,* verheiratet mit Barbara Gertschen, Notar, Grossmeier von Nendaz-Hérémence; er starb im August 1698.[188]
**Wappen:** *In Rot, auf grünem Dreiberg, ein silbernes Antoniuskreuz, beiderseits gestützt von je einer silbernen Strebe und oben sowie rechts und links begleitet von je einem sechsstrahligen goldenen Stern.*
Siegel von Peter Schmid, Notar, 1683 (AGV, Brig, Nr. 91). Vgl. WWb 1946, S. 236, 9. W.; Mitteilung von Paul Heldner, Glis, 1972, wonach die Hauptfigur über den Dreiberg zu setzen ist. Mutmassliche Farben.

## Schwery

Die Familie ist als altes Geschlecht in Ried-Mörel und Bitsch bekannt. Als erster tritt ein *Peter Swerin* in den Furen im Tell (Ort ob Oberried) in den Akten auf. Am 20. Oktober 1342 verkaufte er dem Peter Bryes von Bitsch für zehn Pfund die Hälfte des Winterkornzehnten zwischen der Massa- und der Schratschlucht.[189]
Am 8. März 1372 verkaufte *Peter Swere* «vom Thelle» dem Peter Bivingen von Rischinen für 80 Pfund an der Nieschmatte ob Ried-Mörel u.a. eine Wiese und verschiedene Gebäulichkeiten.[190] In der Folge kommt diese Familie in verschiedenen Dörfern vor, so in Bister, Bitsch, Filet, Greich, Ried-Mörel, Mörel und anderen Orten.
Sie verbreitete sich Ende des 18. Jh. auch nach Naters, wo sie seither ansässig ist,[191] im 19. Jh. nach Sankt Leonhard (Bez. Siders) und ein Zweig von Ried-Mörel wurde 1909 in Ried-Brig eingebürgert.
Von den heute in Naters wohnhaften Schwery sind die drei Brüder Armin (*1947), Hugo (*1949) und Moritz (*1955) von der *Wendelin-Linie* Burger von Naters. *Wendelin Schwery* (1803–1889), Sohn des Joseph und der Katharina Margelisch, von Ried-Mörel, heiratete am 3. März 1823 Maria Josepha Wyssen von Naters und bürgerte sich am 2. Mai 1856 um den Preis von 500 Franken in Naters ein.[192]
Bedeutende Vertreter dieses Namens sind: *Christian,* 1571 Meier von Mörel, ebenso *Johann Joseph* 1758. *Peter* (1804–1882) war Pfarrer von Binn 1830–1847, von Münster 1847–1859, von Niederwald 1859–1882. *Heinrich,* von Ried-Mörel in Sankt Leonhard, geb. am 14. Juni 1932, Priester 1957, Professor am Kollegium in Sitten, dessen Rektor 1972–1977, zum Bischof gewählt am 22. Juli 1977, Ernennung zum Kardinal am 29. Mai 1991, in Rom kreiert am 28. Juni desselben Jahres, als Bischof von Sitten 1995 demissioniert.

**Wappen:** *I. – In Blau, über grünem Dreiberg, eine silberne Hausmarke, gebildet aus einem schwebenden gestürzten Sparren, überdeckt von einem zweiten mit einem Tatzenkreuz besteckten Sparren, begleitet von vier sechsstrahligen goldenen Sternen, zwei in den Oberecken und zwei in den Hüftstellen.*
Wappen der Familie von Mörel in der Sammlung W. Ritz. WWb 1946, S. 238, Fig. Von Fredy Schwery, von Mörel, in Martinach, angenommene Farben. Mitteilung von G. Lorétan, Sitten, an das Kantonsarchiv, 1969.

*Schwery ¹*

*II. – In Blau ein silbernes Hochkreuz, rechts begleitet von drei fünfstrahligen goldenen Sternen übereinander.*
Ofen im ehemaligen Haus Schwery in Brig, mit den Initialen D. A. S. (Schwery) und A. M. N., 1828. Neuere Farbgebung. WWb 1946, T. 15.

*Schwery ²*

## Sieber

Familie der Kantone Basel, Solothurn, Waadt, Wallis und Zürich. *Daniel* Sieber (*9.8.1961), des Josef und der Erna geb. Beck, Burger von Oberdorf/SO, und seine Gattin Marianne geb. Theler (*5.2.1965), des Gottfried und der Alice, Bürgerin von Ausserberg und Oberdorf, wurden am 8. April 1992 in die Burgerschaft Naters aufgenommen. Am 13. November gleichen Jahres erhielt Daniel Sieber auch das Bürgerrecht des Kantons Wallis. Er kam 1973 mit seinen Eltern nach Naters. (Vgl. auch Kap. «Vereine ... », Kurzporträt von Daniel Sieber unter «Musikgesellschaft Belalp».)

**Wappen:** *In Rot, über grünem Dreiberg, ein rundes goldenes Holzsieb mit schwarzem Gitter auf weissem Grund.*

Es ist ein sogenanntes sprechendes Wappen, in dem das Sandsieb auf den Namen Sieber anspielt.

Quellen: Staatsarchiv Solothurn. Mitteilung der Familie an Paul Heldner, Glis, 1997.

## Simic

*Jovan* Simic (*1958), des Blagoje, von Gornji Rijecani (Bosnien-Herzegowina), und Ana geb. Pejic (*1963) sowie ihre Kinder Zeljko (*1980) und Zeljka (*1981) wurden am 23. April 1997 in die Burgerschaft von Naters aufgenommen und erhielten am 11. November gleichen Jahres das Kantonsbürgerrecht. Die Familie wohnt seit 1982 in der Schweiz und seit 1990 in Naters.

## Solfrini

*Luigi* Solfrini (*1935), Sohn des Virgilio und der Eva geb. Falco, von Romagnolo, Provinz Forli, Italien, seit 1959 in Brig und seit 1965 in Naters wohnhaft, erwarb am 7. Juni 1974 zusammen mit seiner Frau Germana geb. Steffanut (*1935) und den Töchtern Patrizia (*1962) und Susanne (*1969) das Burgerrecht von Naters und am 28. Mai 1975 das Kantonsbürgerrecht.

**Wappen:** *Das Wappenfeld ist zweimal geteilt. Im Schildhaupt oberer Balken in Silber, belegt mit zwei goldenen fünfzackigen Sternen nebeneinander, getrennt durch einen goldenen Punkt. Im Schildhaupt unterer Balken in Blau mit zwei goldenen Kugeln belegt. Das Feld im Schildfuss in Rot mit einem goldenen gestürzten Sparren belegt.*

Quelle: Centro Eraldico Italiano, Roma. Archivio Eraldico Vallardi, Milano, Libro A 122, Nr. 4006, Familie Solfrini di Forli.

## Summermatter

Familie des Zendens Visp, die ihren Namen nach ihrem Stammsitz, der Summermatte bei Eisten, führte. Sie verzweigte sich schon früh nach verschiedenen Gemeinden des Vispertales, so im 15. Jh. nach Eisten, Grächen und Törbel, im 16. Jh. nach Visp und – von Grächen aus – im 17. Jh. nach St. Niklaus. Man begegnet ihr auch in Turtmann und Randa. Im 16. und 17. Jh. erlebte die Familie im Zenden Visp ihre Blütezeit. Aus der Familie sind, vor allem im Bezirk Visp, bedeutende Amtsträger weltlichen und geistlichen Standes hervorgegangen (vgl. WWb 1984, S. 215).

Am 5. Mai 1895 ehelichte *Leo* Summermatter (1867–1943), Sohn des Johann und der Philomena geb. Brantschen, von Randa, Barbara Zumberg (1866–1954) von Naters. Dieses Stammehepaar der heutigen Summermatter von Naters, die hier Burger sind, nahm im selben Jahr Wohnsitz in Naters. Am St. Mauritiustag, dem 22. September 1900, wurde Leo Summermatter samt seiner Familie um den Preis von 1000 Franken und dreieinhalb Lagel Wein in Naters eingebürgert.[193]

**Wappen:** *In Rot, auf grünem Dreiberg, ein silbernes Kleeblatt, darauf ein silbernes Kreuzchen, beseitet von zwei fünfstrahligen goldenen Sternen.*

Wappen – wahrscheinlich von Domherr Georg – am Gewölbe der Allerheiligenkapelle in Sitten, 1669. Varianten: WWb 1984, S. 216.

## Togni

Aus Italien stammende Familie, deren Mitglied *Antonio Augustino* Togni (*1939), aus Crodo im Formazzatal, Provinz Novara, verheiratet mit Cornelia geb. Massera, sich 1959 in Naters niederliess, daselbst 1972 zusammen mit den Söhnen Lorenzo und Paolo eingebürgert wurde und am 16. November 1973 das Kantonsbürgerrecht erhielt. Antonio Togni arbeitete vor 1959 u.a. als Restaurator im Vatikan und entstammt einer angesehenen Familie. Richter und Grosskastläne zählen zu den direkten Vorfahren des Zinngiessers und Restaurators.

**Wappen:** *Geteilt und halb gespalten: 1: in Rot ein balkenweise gestelltes goldenes Fass; 2: in Blau ein silberner Turm mit drei welschen Zinnen, zwei blauen Fenstern und blauem Tor; 3: in Gold ein steigender roter Hund.*

Überliefertes Wappen der Familie; Mitteilungen derselben an Paul Heldner, Glis, 1982.

## Torti

Von *Enrico Giuseppe* Torti aus Ghemme (Provinz Novara) abstammende Familie, seit 1897 im Wallis ansässig, nun in Naters wohnhaft und 1934 daselbst eingebürgert.

**Wappen:** *In Rot ein schräg gestellter, zu einem losen Geflecht viermal verschlungener grüner Zweig mit acht Blättern.*

Von der Offizin Vallardi in Mailand geschaffenes Wappen; Zeichnung von R. Jayet, Genf, 1966, für Paul Torti, Onex (Kt. Genf). Das Geflecht, französisch «tortis» genannt, spielt auf den Familiennamen an.

## Valli

Die Familie Valli stammt aus Rodero, Provinz Como, Italien. Gemäss Taufregister ist sie bis circa 1800 zurückverfolgbar. *Venusto* Valli (†1964) liess sich in Mörel nieder. Dort ehelichte er 1940 Patientia Hauser aus Bister. *Dr. Carlo* Valli (*1948), des Venusto, Burger von Lax, Selkingen und Como (Italien), wurde am 17. April 1996 zusammen mit seinen Kindern Piero Venusto, Elena Maria und Luca Max in Naters eingebürgert. Dr. Valli führt im Spital Sancta Maria in Visp eine Spezialarztpraxis für Leber- und Magen-Darm-Krankheiten. Er ist verheiratet mit der Natischerin Simone geb. Ruppen (*1949), des Max, Gemeinderätin, und wohnt seit 1985 mit der Familie in Naters.

**Wappen:** *In Blau eine aus Quadersteinen gemauerte silberne Brücke über einen Fluss, wahrscheinlich den Rio Ranza im Tal neben dem Dorf Rodero darstellend; darüber in Silber ein schwarzer Adler mit einer goldenen Krone.*

Quelle: Mitteilung der Familie.

## Volken

*Volcken, Volk, Folko, Folken, Folcken, Volken.* Seit dem 14. Jh. bekanntes Geschlecht von Ernen und Fiesch, das sich nach Mühlebach, Steinhaus, Bellwald, Fieschertal, Grengiols, Niederwald, Mörel, Visp, Naters und anderen Orten verzweigte. Die Familien von Ernen, Mühlebach und Niederwald sind erloschen. Mehrere Mitglieder dieses Geschlechtes bekleideten öffentliche Ämter (u.a. als Meier vom Goms vom 15. bis zum 17. Jh.) oder gehörten dem geistlichen Stand an.

Die Familie besitzt heute die Burgerrechte der Gemeinden Bellwald, Bister, Fiesch, Fieschertal, Filet, Grengiols, Brig-Glis und Naters. Zweige von Fieschertal liessen sich 1948 in Zürich, 1959 in Lausanne und 1961 in Basel einbürgern.

*Familie Volken. 1. Reihe (v.l.): Adolf Volken (1857–1936), Katharina Volken-Salzmann (1862–1944), Karoline Walden-Volken (1903–1992) mit Kind. – 2. Reihe (v.l.): Anton (1901–1982), Albin (1906–1965), Alois (1895–1980) und Albert (1893–1959) Volken.*

In Naters besitzt die Linie *Adolf* Volken (1857–1936), Sohn des Alois von Fieschertal, das Burgerrecht. Adolf heiratete in erster Ehe Susanne Wyden aus Bellwald und am 22. September 1892 in zweiter Ehe die Witfrau Katharina Salzmann von Naters. Am 23. April 1893 bürgerte sich Adolf Volken für 1000 Franken und zwei Sester Wein in Naters ein.[194]

**Wappen:** *In Blau ein goldgekrönter aufliegender silberner Falke auf grünem Dreiberg.*

Es handelt sich um ein redendes Wappen (Falke/Volken). D'Angreville weist es der Familie vom Goms zu. Vgl. WWb 1946, S. 285 und T. 5, Nr. 2.

## Walden

Seit 1669 bekannte und heute noch blühende Familie von Naters. Dort traten in der zweiten Hälfte des 17. Jh. zwei Walden auf, deren Herkunft unbekannt ist: Der eine, *Johann,* heiratete Barbara Jossen und zeugte als erstes Kind Maria, geb. 1669, und der andere, *Melchior,* vermählte sich 1671 mit Barbara Eggel und wird in diesem Jahr als Sohn des Christian, Sindik (Präsident) von Naters, erwähnt.[195] Da Christian Walden 1671 bereits Sindik war, kann man die Existenz dieser Familie in Naters einige Zeit vor 1669 ansetzen. Obwohl die Walden Stammburger von Naters sind, bürgerte sich 1856 ein gewisser *Johann Walden* in Naters ein.[196] Weder die Pfarrregister noch das Walliser Wappenbuch führen irgendwelche Hinweise über die Herkunft bzw. Entstehung dieses Namens an. Nach dem «Halbert's Familien Weltbuch» der Walden gibt es in den USA 8776, in Deutschland 741 und in der Schweiz, vor allem im Wallis, 18 «insgesamt geschätzte Haushalte» mit dem Namen Walden.[197] Wahrscheinlich ist die Herkunft der Natischer Walden in Deutschland zu suchen. Aus diesem Geschlecht gingen mehrere Kastläne von Brig hervor, so: *Johann* 1709 (†1716); *Christian* 1745, Stifter der Antoniuskapelle im Klosi 1750; *Peter* (1715–1773), des Adrian und der Katharina geb. Jossen, Grossmeier von Nendaz und Hérémence 1756–1758, Kastlan von Brig 1763 und 1767; *Adrian*, Kastlan von Brig 1791, von Vionnaz und Bouveret 1795–1797, Landratsbote 1802–1804, Vizekastlan und Vizepräsident des Zendens Brig 1802–1804, Grosskastlan dieses Zendens 1809–1810, †1824. Ein Zweig der Familie war einst in Birgisch eingebürgert; ein anderer wurde 1827 in das Burgerrecht von Baltschieder aufgenommen. Von der Familie Walden sind uns vier Gemeindepräsidenten bekannt (vgl. Kap. «Präsidenten», Nr. 30, 55, 72 und 106).

**Wappen:** *In Silber drei grüne Tannen auf einem grünen Dreiberg.*

D'Angreville, 1868; WWb 1946, S. 289 und T. 9; Paul Heldner, Geschichte und Chronik von Baltschieder, Visp 1971, S. 47 und 56; Siegel von ca. 1850, ohne Farbangaben, mit den Initialen HW. CS. (AGV, Brig, Nr. 126). Redendes Wappen, in dem die Tannen den Wald darstellen und somit auf den Familiennamen anspielen. Wahlspruch: Nec cito nec temere (= Weder schnell noch planlos).

# Werner

*Wärner, Werner, Wöerner.* Vom Vornamen Werner abgeleiteter Geschlechtsname.

*Xaver Werner* (1856–1934), Sohn des Franz, erwarb zu dem vom Vater Joseph ererbten Burgerrecht von Martisberg am 22. September 1902 um die Einkaufsumme von 1000 Franken zusätzlich jenes von Naters.[198] Nur diese Xaver(*1856)-Paul (*1904)-Xaver(*1939)-Thomas(*1971)-Linie ist im Besitz des Natischer Burgerrechts. Da alle Werner gemeinhin als Natischer betrachtet werden, und um Wiederholungen zu vermeiden, schildern wir hier die Familiengeschichte der Werner-Burger und Werner-Nichtburger in einem Zuge.

Die Familie Werner stammt aus Sasbachwalden bei Achern im Schwarzwald, damals zum Grossherzogtum Baden gehörend (heute Baden-Württemberg).[199] 1844 wanderte Joseph Werner (*25.3.1809), Sohn des Johann, mit seiner Frau Margareta Fallert (*22.6.1802), des Andreas, und zwei Kindern (Franz und Mariana) ins Wallis ein. Sein Schwager Bernhard Fallert, der bereits im Wallis lebte, mag den gelernten Drechslerhandwerker bewogen haben, ebenfalls seine Heimat, in der es wirtschaftlich und politisch nicht zum Besten stand, zu verlassen. In den Jahren 1843 und 1844 kam es im Unterwallis zwischen den Regierungstruppen und der revolutionären «Jungen Schweiz» zu kriegerischen Auseinandersetzungen. Und gerade in dieses Kriegsgeschehen hinein fuhr Joseph Werner, als er 1844, vom Genfersee herkommend, Walliser Boden betrat. Mündlichen Überlieferungen zufolge wurde sein Wagen mit Bajonettstichen «durchsucht», um etwaige Revoluzzer hervorzutreiben.

Die Familie wohnte zuerst in Brig, wahrscheinlich im Specklihaus eingangs der Burgschaft, siedelte aber in der zweiten Hälfte des 19. Jh. nach Naters über. 1855 liess sich Joseph Werner mit seinem Sohn Franz in Martisberg einbürgern. So sind die meisten Werner lediglich Burger dieser Gemeinde. 1894 stellten die Gebr. Xaver, Stanislaus, Alois, Alexander, Joseph und Peter Werner das Gesuch um Aufnahme in die Burgerschaft von Naters. Der Burgerrat verlangte für alle sechs zusammen als Ein-

*Einwanderer-Ehepaar Joseph Werner und Margareta geborene Sackmann.*

kaufsumme 5000 Franken und den üblichen Burgertrunk, und zwar mit der Begründung, dass «unter diesen Brüdern noch vier ledig sind». Da die Gebr. Werner diese Summe als zu hoch betrachteten, kam die Angelegenheit gar nicht vor die Burgerversammlung.[200]

*Franz Werner* (*1831 in Sasbachwalden), Sohn des Joseph, heiratete 1856 Therese Hutter von Oberwald. Dieser Ehe entsprossen zwölf Kinder, zehn Buben und zwei Mädchen,[201] stark genug, um den Namen Werner endgültig im Wallis heimisch werden zu lassen. Franz, der von seinem Vater Joseph das Drechslerhandwerk erlernt hatte, war der Mann des Aufbaus. Er kaufte bald nach seiner Heirat das verschuldete Fallerthaus im Klosi (beim Aufstieg rechts das grosse Steinhaus, wo man auf den Klosiplatz kommt, in der Folge Wernerhaus genannt). Dieses Haus enthält an der Südseite die Jahreszahl 1838, wobei die einzelnen Zahlen weit auseinander liegen. Als 1865 die Parketterie im Schloss auf der Flüe abbrannte, baute Franz Werner im Kellergeschoss des Fallerthauses eine Parketterie auf, richtete dort im ersten Stock eine Leimerei ein und installierte eine eigene Sägerei. Ausserdem betrieb er eine Papiermühle, liess im Oberwallis Lumpen sammeln und stellte daraus Karton her. Ein Elektro-Dynamo, der erste im Oberwallis, lieferte den Strom für die Beleuchtung der Wernerhäuser. So wurde das Klosi immer mehr zur Wohn- und Arbeitsdomäne der «Wernini».

Eine grosse Genugtuung für den Stammvater Joseph Werner war wohl der Tag, an dem er in das eigene Haus einziehen konnte, das sein Sohn Franz für die Familie in den Jahren 1890–1892 gebaut hatte: in das Wernerhaus im Klosi (beim Aufstieg links das Steinhaus). Das Haus war kaum fertig gestellt, als Franz Werner 1892 das Zeitliche segnete. Drei Jahre später starb sein

Vater mit dem Wissen, dass nun seine Familie in der neuen Heimat gut Fuss gefasst hatte. In den folgenden Jahren erlebte der «Wernerbetrieb» bis zur Jahrhundertwende seine Glanzzeit. Nach dem Tod von Vater Franz übernahm Xaver, der älteste Sohn, die Führung des Betriebes. Es fehlte ihm wohl die Autorität des Vaters. Xaver Werner verkaufte seine Anteile an die Brüder und stieg aus dem Betrieb aus. Das Geschäft ging weiter, aber nicht mehr lange. Der Druck der Zeit vergrösserte sich und vieles, unter anderem auch das Parkett, wurde mit der Eisenbahn eingeführt. 1917 verkauften die Gebrüder Werner die Parketterie an die Firma Gertschen, die sie bis 1929 betrieb. Von da an gab es den Wernerbetrieb nicht mehr. Jeder der Brüder ging nun eigene Wege. Damit ist für die damaligen Verhältnisse einer der grössten Betriebe von Naters eingegangen. Noch heute erinnern die beiden grossen Steinhäuser im Klosi an die Zeit der Familie Werner. Und noch heute kann man in mancher Stube die Werner-Rundtische mit dem eingelassenen Schachbrett, mit dem schön gewundenen gespreizten Fuss sehen. Nach 1918 fertigte Xaver Werner im Pensionsalter 18 Stück Spinnräder an, die er jedes für 25 Franken verkaufte. Die Werner hatten sich gut in den Lebensrhythmus des Natischer Dorfgeschehens eingefügt. Die Enkelgeneration kam durch Kauf oder Heirat zu Grund und Boden, was den Familien von damals einen wichtigen existenziellen Rückhalt bot. Auch im Spielerischen und Musischen verstanden sie es, sich ins Dorfgeschehen einzuleben. Sie waren gern gesehene Schauspieler auf der Theaterbühne und nicht wenige Familienmitglieder sangen im Kirchenchor mit. In den Jahren 1977 und 1981 kamen die Werner im Klosi zu einem Familientreffen zusammen. 
Prominente Mitglieder der Familie werden in den einschlägigen Kapiteln behandelt.
**Wappen:** *In Gold drei grüne Tannen mit natürlichem Stamm auf grünem Dreiberg.*
Das Wappen erinnert an den ursprünglichen Heimatort Sasbachwalden und seine Tannenwälder. Vgl. BWG VII, S. 419. Bei Rietstap erscheint dieses Wappen für die Familie Werner aus Schwaben. Mitteilung von Paul Heldner, Glis, 1982.

## Wyssen

*Wiso, Wysso, Wissen, Wischen, Wyssen* ist eine alte Familie von Naters und Mund, die in beiden Orten schon im 14. Jh. vorkommt. Sie leitet ihren Namen vom Amt eines «Wiso» (1301), d.h. eines Gerichtsweibels, ab.[202] Am 11. November 1373 tritt Anton Wissen von Mund in einem Akt als Zeuge auf.[203] Am 10. Dezember 1450 verkaufte Ruedin Wissen, Sohn des Stephan von Hegdorn, ein Gut[204] und am 12. April 1474 kommt Jodocus Visen in einem Loskaufakt als Zeuge vor[205].
Die Familie besitzt die Burgerrechte von Naters und Mund. Zweige von Naters sind 1949 in Schlieren (Kt. Zürich) und 1959 in Basel eingebürgert worden.[206] Im 16. und 17. Jh. lebten Mitglieder der Familie Wyssen auch in Bitsch. *Christian* Wyssen war Meier in Mörel 1559 und 1566, Kastlan in Niedergesteln-Lötschen 1563–1564. Im 19. und 20. Jh. liess sich ein Zweig der Familie erneut in Bitsch nieder. Seit dem 17. Jh. stellte die Familie viermal den Gemeindepräsidenten von Naters (vgl. Kap. «Präsidenten», Nrn. 75, 77, 87 und 123).
**Wappen:** *In Silber, auf grünem Dreiberg, ein rotes Passionskreuz, überhöht von drei eins zu zwei gestellten fünfstrahligen roten Sternen, zwischen zwei aus den äusseren Kuppen des Dreibergs wachsenden grünen Tannen.*
WWb 1946, S. 297/298 und T. 9. D'Angreville, 1868, bildet dasselbe Wappen mit goldenen Sternen ab.

## Zbinden

*Leander* Zbinden (*1961), des Rudolf, in Naters wohnhaft, Burger von Wahlern/BE, und seine Frau Helene geb. Wyer sowie ihre Kinder Manuel (*1989), Stephanie (*1990), Fabian (*1991) und Yasmin (*1993) wurden am 17. April 1996 in die Burgerschaft von Naters aufgenommen und erhielten am 14. Mai 1997 das Kantonsbürgerrecht. Leander Zbinden arbeitet als Schulhausabwart und ist Mitglied verschiedener Dorfvereine.
**Wappen:** *In Silber ein roter Balken, oben ein schwarzer Adler und unten mit grünem Dreiberg belegt.*
Aus der Sammlung des Staatsarchivs Bern.

## Zenklusen

Seit dem 15. Jh. bekannte Familie von Simplon-Dorf, die ihren Namen von der Sommerweide *zen Klusen* beim Engiloch führt und sich nach Brig, Ried-Brig, Naters, Mund und anderen Orten verbreitete. *Christian* Zenklusen und Anna Barbara geb. Kluser, beide von Simplon-Dorf, sind das Stammehepaar der Familie in Naters. Es liess sich um 1770 in Naters nieder.[207] Die Familie vermehrte sich dort in

*Zenklusen* [1]

der Folge stark. *Christian* Zenklusen (ist es der Stammvater oder bereits sein Sohn gleichen Namens?) bürgerte sich am 22. Juni 1817 für 600 Pfund, einen «Tigelbecher», zwei Dutzend Zinnbecher und den üblichen Trunk in Naters ein.[208]
Die Familie Kluser dürfte mit den Zenklusen den gleichen Stamm bilden. *Simon* (1773–1849), von Brig, diente als Oberst in französischen und englischen Diensten und wurde mit mehreren Orden ausgezeichnet. *Franz*, *1803, von Brig, war 1847–

1852 Grossrat. *Josef* (1840–1903), aus Brig, Sohn des Hauptmanns Josef Franz, wirkte 1865–1867 als Professor am Kollegium in Brig und 1866–1897 als Pfarrer von Glis; er war 1876–1897 Dekan von Brig und wurde 1897 Domherr zu Sitten.
**Wappen:** *I. – In Blau eine goldene Hausmarke.*
Wappen auf einer Statue über dem Eingang der Burgspitzkapelle oberhalb Ried-Brig, mit den Buchstaben C.A.Z.K. Variante: vgl. WWb 1984, S. 254.

*II. – In Rot, über grünem Dreiberg, ein nicht bereifter goldener Reichsapfel mit als Hausmarke ausgebildetem Kreuz, beseitet von zwei sechsstrahligen goldenen Sternen in den Oberecken.*
Wappen am St. Anna-Altar in Simplon-Dorf. WWb 1946, S. 299 und T. 9. Variante: vgl. WWb 1984, S. 255. Wahlspruch: Dominus providebit (= Der Herr wird voraussehen).

*Zenklusen* ²

## Zurbriggen

*Zur Briggen, Zbruggen, Zerbriggen, Zer Briggen, Zur Brücken, Zurbriggen.* Alte Familie des Saastales, die sich in neuerer Zeit nach Visp, Brig und anderen Orten verzweigte. *Martin* Zbruggen wurde 1511 als Bote des Zendens Visp zum Landrat entsandt, ebenso *Moritz* Zurbriggen 1516. *Bartholomäus* war 1605 Consul von Visp. Aus der Familie gingen zahlreiche Geistliche, mehrere Grosskastläne und Grossräte des Bezirkes Visp hervor.²⁰⁹
*Philibert* Zurbriggen (*15.4.1936), heimatberechtigt in Saas-Balen, seit seiner Heirat im Jahre 1960 in Naters wohnhaft, Inhaber eines Bestattungsinstituts, wurde am 14. Februar 1979 zusammen mit seiner Frau Hilda geb. Michlig von Naters und den Kindern Pia (*1960), Paul (*1961), Philiberta (*1963), Heinz (*1966) und Mario (*1970) in die Burgerschaft von Naters aufgenommen.
**Wappen:** *In Silber, auf einer schwarzen Bogenbrücke mit zwei Pfeilern, ein blauer Löwe, in seinen Vorderpranken ein rotes Patriarchenkreuz haltend, begleitet von zwei sechsstrahligen goldenen Sternen in den Oberecken.*
Wappentafel der Landvögte von St-Maurice für Moritz, 1797, mit unbestimmten Farben; Sammlung von Riedmatten. Vgl. WWb 1946, S. 302/303 und T. 13. – Varianten: vgl. WWb 1984, S. 260.

## Anzahl Geburten zwischen 1625 und 1900 bei folgenden alten Burgergeschlechtern:²¹⁰

| | | | |
|---|---|---|---|
| 1. Salzmann | 551 | 9. Gertschen | 197 |
| 2. Eyer | 507 | 10. Ruppen | 192 |
| 3. Jossen | 361 | 11. Bammatter | 173 |
| 4. Wyssen | 325 | 12. Walden | 156 |
| 5. Schmid | 290 | 13. Lerjen | 155 |
| 6. Gasser | 238 | 14. Eggel | 149 |
| 7. Michlig | 232 | 15. Albert | 48 |
| 8. Imhof | 205 | | |

Nachstehend nennen wir gemäss Angaben der Gemeindekanzlei die Anzahl Mitglieder, die unter den ersten zehn grössten Burgergeschlechtern vertreten sind (Stand am 31. Dezember 1995; inklusive jener Frauen, die nach der Heirat ihr angestammtes Burgerrecht wieder einforderten):

| | | | |
|---|---|---|---|
| 1. Salzmann | 363 | 6. Eyer | 157 |
| 2. Schmid | 265 | 7. Zenklusen | 104 |
| 3. Eggel | 214 | 8. Wyssen | 81 |
| 4. Ruppen | 191 | 9. Imhof | 76 |
| 5. Jossen | 176 | 10. Gasser | 56 |

## Burgergeschlechter, die heute ausserhalb von Naters wohnen oder ausgestorben sind

Dionys Imesch,²¹¹ das Burgerbuch,²¹² die Burgerratsprotokolle sowie andere Quellen nennen noch Burgerfamilien, die ausserhalb von Naters wohnen, und solche, die nicht mehr existieren. Bei der nachstehenden chronologischen Aufzählung, die keinen Anspruch auf Vollständigkeit erhebt, setzen wir zu Beginn jeweils das Einbürgerungsjahr:

**1652:** Kaspar Jodok von Stockalper erzwang 1642 die Gründung der Pfarrei Glis, was die Natischer ihm lange nicht vergassen. Da von Stockalper in den Bergwerken und im Simplontransport auch viele Natischer beschäftigte, gewann er in Naters wieder Freunde. Am Osterdienstag, dem 20. April 1652, beschloss die Burgerversammlung von Naters und Rischinen einstimmig, «aus übergrosser Zuneigung der Liebe und bestem Wohlwollen» Kaspar von Stockalper und seinem Bruder Johann das Burgerrecht zu schenken. Auf «der Strasse nach Mund» übergaben die Behörden den beiden Brüdern die Urkunde. Die Neuburger offerierten eine Lagel Wein und «zwei Tazen im Wert von 200 Pfund».²¹³

**1793:** Nur vorübergehend, von 1792 bis 1797, wohnte der aus Macugnaga stammende Anton de Augustini (1743–1823) aus Gründen der Taktik und der persönlichen Sicherheit in Naters. Er war Landeshauptmann in den Jahren 1802–1807 und 1821–1823. De Augustini erwarb das Burgerrecht von Naters und gab am 27. Januar 1793 den Burgertrunk. Zwei Tage später liess er sich von der Mehrzahl der Bürger von Naters, Rischinen und vielen anderen Orten auf Antrag des Kastlans Gasser von Naters zum Zendenhauptmann von Brig wählen und vereidigen. Dies liess sich die Briger Prominenz nicht gefallen. Eine bewaffnete Schar aus Brig und Umgebung umstellte und plünderte das Haus de Augustinis in Naters. De Augustini selbst flüchtete nach Mörel und rettete sich vor den Häschern in der dortigen Kirche, wo Pfarrer Loretan ihm in der Sakristei Asyl gewährte. Nach drei Tagen durfte er unter Begleitschutz die Sakristei verlassen und im Pfarrhaus logieren. Doch von dort gelang es ihm, nachts unerkannt durch Brig und Visp nach Leuk zu flüchten. Nur mit Widerwillen verzichtete de Augustini auf das Amt des Zendenhauptmanns, das nun Moritz Wegener von Brig einnahm. Aus Protest gegen Wegener nahmen die Banner von Naters und Simplon-Dorf an dessen Wahl nicht teil. De Augustini liess sich 1797 endgültig in Leuk nieder.²¹⁴ Der Aufenthalt des Natischer Burgers de Augustini in der Kirche von Mörel ist bis heute in Erinnerung geblieben durch ein Spottlied, das mit den Worten beginnt:

«O mi liebä Augusti – Augusti,
Wo bist du nächti gsi – nächti gsi?
Z'Merel in der Sakristi – da bin ich gsi (...).»

*Anton de Augustini (1743–1823). Porträt im Besitz von Léon de Willa, Basel.*

**1854:** Am 30. April dieses Jahres reichte Ludwig Anton von Stockalper der Gemeinde Naters ein Verzeichnis von 44 Personen aus der Familie von Stockalper ein, die in Naters das Burgerrecht besitzen.²¹⁵

**1843:** Kummer (Johann Joseph, von Goppisberg).

**1856:** war ein grosses Einbürgerungsjahr. Neben den von den Burgergeschlechtern für dieses Jahr bereits genannten erwarben ausserdem folgende 17 Familien das Natischer Burgerrecht:
*Joseph Balmer*
*Johann Joseph Bittel*
*Joseph Bonivini (Bonvin)*
*Eduard Bürcher*
*Joseph und Leo Geli*
*Joseph und Johann Imhoff (sic!)*
*Leopold Ittig*
*Franz Kämpfen*
*Johann Nanzer*
*Johann Joseph Nater*
*Peter Joseph Pfammatter*
*Joseph Rubin*
*Valentin Schmidt*
*Moritz Schwery*
*Nikolaus Treyer*

**1889:** Joseph Anton Casetti (1833–1901) von Bognanco Dentro, Provinz Novara. Durch den Tod von Jakob Casetti im Jahre 1976 ist in Naters (nicht aber ausserhalb dieses Ortes) der Name Casetti im Mannesstamm erloschen.

**1893:** Fridolin Bittel von Eggerberg, Alexander Schwery von Bitsch/Ried-Mörel, Franz Tichelli von Bognanco Dentro, Provinz Novara, und Moritz Schurwey von Leukerbad. Die Familie Schurwey wird 1387 in Varen erwähnt und leitet ihren Namen ab von «supra viam» oder «sur vey» (= oberhalb des Weges). Sie tauchte im 19. Jh. in Naters auf und erlosch hier mit dem letzten Spross, Ernst, im Jahre 1959. Von dem nicht unbedeutenden *Moritz Schurwey* ist noch an anderen Stellen die Rede.

**1898:** Nach einer Notiz von Paul Heldner (ohne Quellenangabe) werden in diesem Jahr auch noch folgende Natischer Burgergeschlechter genannt: Baumgartner, Burgener, Huber und von Sepibus.

**1901:** Alexander Pfammatter aus Mund.

**1903:** Gabriel Anthamatten; 1967 im Mannesstamm erloschen.

**1932:** Heinrich Hötzel aus Deutschland.

**1941:** Mario Conterio aus Italien.

**1942:** Pietro und David Giovangrandi.

**1954:** Alice Toffol geb. Salzmann wurde wieder eingebürgert, wie auch andere Vertreter der Familie Toffol, aus Primiero, Provinz Trient, 1956 und 1961 in die Natischer Burgerschaft aufgenommen wurden.

**1967:** Aldo Horvath, Zermatt/Naters (Nachfahren in Zermatt).

**1969:** Geschwister Silvio (*1956), Gino Sergio (*1957) und Nadja Miranda (*1966) Crescoli, des Franco von Casale Corte Cerro (Novara) und der Marie Therese geb. Salzmann (des Moritz) von Naters, wohnhaft in Neuenburg.

**1971:** Rudolf Mihelic, Geometer, von Zagozdec, Slowenien, und seine Frau Doris geb. Gerber von Schangnau/BE. – Erleichtert eingebürgert: Geschwister Daniela Sandra (*1957), Renata Alexandra (*1958) und Riccardo Pietro (*1960) Poletti, Kinder des Angelo Antonio Pietro von Cozzano/Italien und der Luzia Antonia geb. Wyssen (des Ignaz) von Bitsch/Naters, in Lausanne.

**1974:** Peter Abadessa-Ruppen, in Bürglen/Uri.

**1975:** Alle durch erleichterte Einbürgerung: Christoph De Girardi (*1963), des Luciano Pietro von Feltre und der Benita geb. Gertschen von Naters, in Wallisellen. – Franco De Luca (*1965), des Antonio von Notaresco/Italien und der Marie Therese geb. Imhof (des Cäsar) von Naters, in Siders. – Geschwister Marcel Karl Heinz (*1964) und Jutta Gertrud (*1968) Pütter, des Karl Heinz von Steachen/D und der Gertrud Mathilde geb. Bärenfaller von Naters, in Zug.

**1977:** Erleichterte Einbürgerung: Daniela Traub (*1965), des Helmut von Stuttgart und der Irene Salzmann (des Gustav) von Naters, in Kriens/LU.

**1982:** Aufgrund vorgelegter Unterlagen Wiedereinbürgerung von Bernhard von Roten, des Ernst von Raron, mit Gattin Sandra geb. Schmid, des Hugo von Naters, und Kind Geraldine Maria.

**1984** erfolgte aufgrund der gleichen Beweislage die Wiedereinbürgerung auch von Ernst von Roten, alt Staatsrat und Vater des Vorigen, sowie für seine Brüder Hans Anton, Hildebrand und Peter.

**1983:** Dr. Pavel Lehky, Biochemiker, und Marie geb. Paderova und Kinder Marie Paula (*1970), Monique Radka (*1971) und

Jan Marc (*1976); staatenlose Flüchtlingsfamilie aus der ehemaligen Tschechoslowakei.
**1989:** Einbürgerung von Dean Harley (*1970), des Bernard und der Anna geb. Salzmann, des Viktor, von Naters.

## Erleichtert Eingebürgerte: 1992–1996

In Anwendung von Artikel 27 des Bürgerrechts machten vom Jahr 1991 an viele Personen von der erleichterten Einbürgerung Gebrauch. Nachstehend seien für die Jahre 1992–1996 die in Naters ansässigen und erleichtert eingebürgerten Ehegatten genannt (erhebt keinen Anspruch auf Vollständigkeit). (Vielfach hatten deren Frauen und Kinder ihr angestammtes Burgerrecht von Naters schon zuvor erhalten.)

**26.8.1992:** *Francesco Curcio* (*1949), des Giuseppe, von Petrizzi, italienische Provinz Catanzaro, verheiratet mit Margrith geb. Schwery, des Ludwig.
**Wappen:** *Waagrecht geteilt: im oberen Feld in Gold ein schwarzer goldgekrönter Adler, das untere Feld in grüne und goldene Pfähle unterteilt.*
**22.12.1992:** *Hans Michel* (*1943) von Werdau/Sachsen, D, des Johannes, seit 1963 in Naters wohnhaft, verheiratet mit Fernande geb. Gertschen (*1944), des Othmar, von Naters.
**22.6.1993:** *Mario Fiocca* (*1946), des Domenico, von Petrizzi, italienische Provinz Catanzaro, seit 1974 in Naters wohnhaft, verheiratet mit Eveline geb. Schmid. 
**15.10.1993:** *Giuseppe Totaro* (*1946), des Isaberto, von Tornareccio, italienische Provinz Chieti/Abruzzen, verheiratet mit Verena geb. Zenklusen (*1952), des Josef.
**Wappen:** *In Blau mit einem roten Querbalken belegt, im oberen blauen Feld ein goldener schreitender Löwe und im unteren blauen Feld eine rote Flamme.*
Quelle: Heraldisches Institut in Florenz.

**15.10.1993:** *Silvestro Troia* (*1945), des Francesco, von Sferra Cavallo/Palermo, seit 1962 in der Schweiz ansässig, verheiratet mit Verena Maria geb. Eggel (*1953), von Naters. 
**Wappen:** *In blauem Schild ein silbernes Windspiel, einen goldenen Knochen im Maul haltend. Helmzier: das Windspiel samt Knochen wachsend. Decken: blau-silbern.*
Quelle: G.B. di Crollalanza, Dizionario storico-blasonico, III, Pisa 1890, S. 47.
**3.6.1993:** *Mario Vieceli* (*1958), von Meano, Provinz Belluno/Veneto, Italien, verheiratet mit Edith geb. Eyer (*1957), von Naters. Mario Vieceli deutet seinen Namen wie folgt: Vie = Strassen, c[i]eli = Himmel (Mehrz.), was «Himmelsstrassen» heisst.
**6.9.1994:** *Marjan Zrakic* (*1952), des Jakov, von Donja Dubica, Bosnien, seit 1983 wohnhaft in Naters, verheiratet mit Rosmarie geb. Jossen (*1957), des Simon. Er liess sich in Naters und Mund einbürgern.
**1995:** *Giovanni Ciardo,* aus Italien, Ehegatte von Sebalda Maria geb. Salzmann.
**1996:** *Tommaso Marraffino* (*1944), von Volturata Appula (Fioggia, Italien), des Antonio, verheiratet mit Irma geb. Zenklusen, von Naters; *Abderrahman El Khadir* (*1957), Marokkaner, verheiratet mit Angelina Daniela geb. Eyer, von Naters.
Des Weiteren haben eine ganze Anzahl Frauen, die hier nicht aufgezählt werden, ihr durch die Heirat verloren gegangenes Burgerrecht wieder eingefordert.

## Ehrenburger

Die sieben Natischer Ehrenburger, die wir in diesem Buch an unterschiedlichen Orten näher vorstellen, sollen hier gemeinsam genannt werden (mit dem Jahr der Verleihung der Ehrenburgerschaft):
1887: John Tyndall; 1965: Dr. Giuseppe Moschini; 1974: Pius Werner; 1985: Dr. Paul Biderbost; 1985: Giuseppe Farina; 1987: Pfarrer Josef Pfaffen; 1996: Norbert Brunner, Bischof von Sitten.

# Ausgestorbene Geschlechter

## 13. Jahrhundert bis 1950

Wenn man die Familiennamen unter dem Aspekt des Kommens und Gehens betrachtet, ist man erstaunt, dass in der Gemeinde Naters vom 13. Jahrhundert bis 1800 über 300 Geschlechter dokumentarisch erfasst werden konnten, die entweder in Naters und anderswo ausgestorben sind, oder Familien, die nur in Naters verschwanden, aber andernorts fortleben.

Die einen lebten ein paar Jahre in Naters, die anderen jahrzehntelang und nicht wenige während Jahrhunderten. Es ist erstaunlich, wie viele Familien aus den verschiedensten Dörfern des übrigen Wallis, aus anderen Kantonen und auch aus dem Ausland, vor allem aus Deutschland, Österreich, Frankreich und Italien, sich infolge mannigfaltiger Zeit- und Lebensumstände auf dem Flecken Naters oder im lange so verträumten Natischer Berg niederliessen. Bei dieser Untersuchung wurden die nur vorübergehend in Naters ansässigen Geschlechter sowie die Italienerfamilien aus der Zeit des Simplontunnelbaus nicht berücksichtigt.

Wenn nachstehend die Einteilung nach Jahrhunderten erfolgt, so bedeutet dies, dass die betreffenden Geschlechter erstmals im genannten Jahrhundert auftauchen. Die meisten von ihnen aber verschwanden im gleichen Jahrhundert wieder, während ein Teil der Familiennamen sich auch über das genannte Jahrhundert hinaus behaupten konnte. Man kann mit Fug und Recht sagen: Die Geschlechter kommen und gehen.

Reichhaltige Quellen bei dieser Namensforschung bieten vor allem die Tauf-, Ehe- und Totenregister sowie die Stammbaumbücher (G 9–12,25) der Pfarrei Naters, wobei wir hier nur für die ausserhalb der Pfarrregister gefundenen Namen die Quellen angeben. Das Verzeichnis von Dionys Imesch wird ergänzt.[216] So lassen wir nun diese altehrwürdigen und zum Teil sonderlichen Namen nach Jahrhunderten in alphabetischer Reihenfolge Revue passieren.

## 13. Jahrhundert

Im 13. Jahrhundert tauchen in Naters folgende mittlerweile ausgestorbene Familiennamen auf: de Agro, de Alpibus, von Augusta, Biandrate, von Blatten, de Brucko, von Buscei (Bitsch), Buttrich, Chesal, Cudre, Dongolo, ab Dorf, Erenfrit, auf der Flüe, de Fonte, Fronunnero, von Guberytun, Huboldi (Ubodus, später de Vineis = von Weingarten), Mecho, Minister, von Mose, Pol, de Ponte, de Prato, Rimesteyn, Rodier, Rubo, von Ruvinon, Scolaris (Schuler), Stelin, Uboz, von Urnavas und Vingilo.

## 14. Jahrhundert

Im Verlaufe des 14. Jahrhunderts kommen neu nachstehende, in Naters inzwischen längst erloschene Geschlechtsnamen vor: de Beche, Belinon (Belon, Belen), Berchtan, von Bivingen, Breitmatter, Brennon (von Rüschanon), de Briens, Bubuschin, Bueler (ab dem Buele), Buchin (Buntschen, Buschin, Butschin), Burger, Burkini[217], Coquina, Cuprifaber, in der Ebyn, in der Ebbeneggun, Eichholzer (im Eichholz), Essymann (Eschimann), Freido, a der Flüe (Fluers), von Gattalfen, Gorstorin (von Rischinen)[218], von Goumen (Geimers), Gousia, Grindbühl[219], Groesio (Grössilten), Gruonach (von Mund)[220], a der Gruobeccun, an deyn Haltun (Halten), Hanfgarten (Hanfgarter), von Hasele (Hasel), von Hegdorne (Heckdorner; Christian ze Hegdoren war am 9. Mai 1449 Abgeordneter im Landrat in Brig[221]), de Holtz, Hubilo, Kasteller (von Mund), Ketzer (Kezzer, später Jossen; Jakob Ketzer nahm am 19. September 1391 als Abgeordneter am Landrat in Brig teil[222]), in der Kuckynun, Kuokilten (Kukilten), Kupferschmid, von Lax, Lepwasseravin, Luczschen (Lutschen), von Maseka (von Massegkon), Matricularius (Johannes war am 13. August 1384 als Landrat in Leuk zugegen[223]), von Melboume (Mehlbaum, nach dem Ort Mehlbaum ob Geimen benannt). Diese letzte Familie verzweigte sich nach Steg und Brig und erlosch Anfang des 19. Jahrhunderts.[224] Ferner: Obermatter (in superiori prato), von Oberhus, Owling, Pagelle (Pagello), Reckers, Roto, Russener (Rüssener), a der Schilla (in der Tschill), Seling (vom Aletsch), Snyder, Spillmann (von Rüschanon), zen Volligen, in den Volukeren (in den Wolukeren), Wirdig und Yrmon.

*Wappen der Mehlbaum. WWb d'Angreville, 1868.*

## 15. Jahrhundert

Auch im 15. Jh. erscheinen in Naters Geschlechter, die schon seit langer Zeit ausgestorben sind, so: Banholz, Benen, Berthon, Bremen, Brueleder, Fischiller, in der Gassen, Gasmatter (Gassmatter), Gising, Grossen, Gugger, Harnanen (Herenannen[225]; Rudolf wird 1452 Notar und Kleriker von Naters genannt[226]), zem Helftschuggen, Jungen, Kibins (von Grossstein), Kiel, zer Kapellen, Knetz, Maffiolins.

*Maffei (Maffien):* Diese vom 15. bis 17. Jahrhundert in Naters und zeitweise auch in Mund blühende Familie brachte fünf Priester hervor.[227] Notar Jakob Maffei de Rubenis erscheint immer wieder in den Akten zwischen 1474 und 1509.

*Megetschen* (Megentschen, Magenschen, Mägentschen): Diese angesehene Familie, die vom 15. bis 17. Jahrhundert in Naters blühte, wurde nach ihrem Wohnort auch «an der Bruggen, von der Brücke, Brucker», lateinisch «ad Pontem» oder «de Ponte» genannt. Notar Anton Megentschen war 1539 Bannerherr des Zendens Brig und von 1539 bis 1541 erster Landvogt

*Wappen der Megetschen. WWb d'Angreville, 1868.*

*Urkunde vom 15. November 1330 (PfA Naters, F 5). Peter Recker von Naters verkauft dem Jakob Owilin von Mund für 15 Pfund ein Gut im Natischer Feld und versichert den Verkauf mit sechs Pfennig Gilt bei der Kirche von Naters.*

von Hochtal. Es folgten einige Kastläne von Brig (Johann 1545, 1559 und 1563; Anton 1591, 1619 und 1627) und Niedergesteln.[228] Zwischen 1505 und 1545 erscheint in den Urkunden sehr häufig Notar Johannes Megetschen de Ponte. 1625 und 1631 war Peter Megetschen Kastlan von Brig und 1639 Zendenhauptmann.[229]

Ferner: Mergins, an der Millinegun, Pfennigmann, Pural, Rimen (Rymen)[230], Rolers, Roettgen (von Ruschanon), Slikozer, Slirken (von zen Hohenflühen), uffem Stapf, im Steinhaus, Thansen, Vischeller, Vynnen, Wala, Wichenrieder (Wihenried), Wiffren[231], Zewuerez.

*Zumberg* (ad Montem; im 18. Jh. in Naters manchmal auch Haubt- oder Hautzumberg genannt): seit dem 15. Jh. in Naters und Mund (16.–18. Jh.) blühende Familie, die 1954 erlosch. Anton (17. Jh.), öffentlicher Notar; Kaspar Joseph (18. Jh.), Notar; Johann (†1717), Grosskastlan von Lötschen-Niedergesteln[232].

*Barbara Summermatter-Zumberg (1866–1954). Mit ihrem Tod erlosch das uralte Geschlecht Zumberg.*

## 16. Jahrhundert

Im 16. Jahrhundert finden sich neu folgende, in Naters inzwischen längst ausgestorbene Familiennamen: Bergmann, an der Bilgerschen, Boner, Eggaler[233], Eyster (hatten den Namen vom Wohnort Eysten im Gantertal und hiessen vor dem 16. Jh. Bergmann)[234], Flieniggen, im Garten, Gerwer (Christian wird am 14. Januar 1522 Mistral oder Mechteral von Naters genannt[235]; sein Vater Anton, von Brig, war mehrmals Grosskastlan von Brig und in Geschichte und Sage wegen seiner Grausamkeit bekannt[236]), Gon, Gygen, im Gufer, Heinrichs, zum Holenweg (Holweger)[237], in der Hugsbinden, an der Kilchmatten, unter den Kilchen, Mathes, Metzilten (Rudolf, 1553, Notar)[238], zer Riedmatten, Rundellan, zem Stein, Sigristen, Sütters[239], Thomen (Matthäus war am 12. Februar 1516 auf Majoria in Sitten unter den Landräten[240]), Thomigen, uffem Tossen, Thusen, zem Trog, Veldmatter, a der Wierin.

## 17. Jahrhundert

Im 17. Jahrhundert tauchen folgende neue, in Naters mittlerweile längst erloschene Geschlechtsnamen auf: Abet, Adig, Am Ahorn, Anffien, Bellegger, Bellinger, Beltzer, An der Blatten, Blattier, Coting, Curta, Deck, Dug, Eckert, Elsiner, Empfen (vom Vispertal), Frey, Gutheil (von Eggerberg), Haas, Hoblin (Heblin), Hanfyg, Heihler, Heinig, Hengerter, Hotz, Hunger, Jennig, Keiser (Kaiser), Killig, Lambien, Letscher, Lindebner, Metzger, Michlig alias Supersaxo (diese Linie ist ausgestorben), Miller, Mörisch (Merisch, von Mörel), Mossmann, Muntwalder, Niglas (von

Mund), Resch (Rösch), Rogi (von Luzern), Rosenkrantz, Rhoten alias Biner, Ruina, Rüschi, Scherer, Schmeidtlin, Schulen, Speck, Sager, Stadler, Steger, Stockalper, Tammatter, zum Thurri (von Binn), Uster, Veneti, Walig, Walthart (Waldhart), Wartmann und Waser (Wasser).

## 18. Jahrhundert

Im 18. Jahrhundert siedelten sich neu folgende Geschlechter an, die zum Teil bereits im gleichen Jahrhundert oder im Verlauf des 19. Jahrhunderts in Naters ausstarben: Ambiel (von Toggenburg), Ams (vom Elsass), Antonetti, Augustin (von Luzern), Bellwalder, Berger, Bind, Bing, Bizberger, Blankenhorn, Bluomen, Bremer (von Leuk), Brunnenmeyer, Buocher, Buontempo (Bon Tempo; vielfach Gutwetter genannt; aus der Provinz Novara), Burkart (Burkard, von Luzern), Burtschet, de Chantoney, Clavioz, Cottin, Emo (von Ayent), Falzini, Feldner, Florj, von Flüe, Flüeler, Fogler, Fruonz, Gering (von Unterwalden), Gitsch (Getsch), Goy, Hauzenberg (von Bern), Heimen, Hinckleris, Hürlemann, Imsattel, Imstuz, Janer (Jener, von Curin, Meythal/Italien), Jeling (aus dem Tirol), Joller (von Unterwalden), Kammerzin (Camenzind, aus dem Kt. Schwyz), Keminer, Kili, Kramer (von Bezingen, Freiburg i.Br.), Kreig (von Ernen), Kugeli, Leresch, Lussi, Lutz (Luz), Merezen, Meschen, Mettler (vom Kt. Schwyz), Murer, Muss, Nager (von Bellwald), Niemero, Odermatt, Perrigord (von Granges), Pfister (aus dem Kt. Luzern), Pigell, Pierot, Piret (Biret), Praus oder Preis (aus Erlach/Hessen; Georg, Lutheraner, konvertierte zum Katholizismus), Regez (aus dem Kt. Bern), Reindel, Renner, Roschi, Roy, Rudolf (von Mund), Rundel, Staub, Steffig, Streler, Sipolt, Sybert (Puschlav/ GR), Taffiner, Tickel, Traendlin (aus Österreich), Trinckler, Tscheinen (von Oberwald), Vürket (aus dem Kt. Luzern), Weis (Veis, aus dem Kt. Luzern), Wirsch und Zentner.

## 19. Jahrhundert

Nicht wenige Geschlechter, die im 19. Jahrhundert neu auftauchen, sind im Kapitel «Burgergeschlechter» näher ausgeführt. Ausserdem treten in diesem Jahrhundert nachstehende neue Familiennamen in Naters auf, die daselbst inzwischen erloschen sind: Achelranner (von Saas), Andergand (aus dem Kt. Uri), Arlanch (von Valarsa-Revereto, Tirol), Bacher (von Obergestelen), Balmer, Balsiger (aus dem Kt. Bern), Barel (von Mörel), Benegny (aus Frankreich), Bidler, Biedermann (von Thalwil), Blang, Bonivini (von Lens), Brugger (von Frutigen), Bucher, Bürkli (Bürchli), Burtscher (von Flies, Tirol), Chantoni, Cornut (von Vionnaz), Delowina (von Siders), Fabris (von Primiero/Trient), Fasana (von Sparone, Italien), Ferraris (von Varallo, Italien), Fesch (Vesch), Feuchter, Frischherz, Gempeln (von Kandersteg), Gielly (Geli, aus Fillinges im Chablais, Savoyen), Greninger (von Evian, Savoyen), Gutweil (aus dem Urserntal), Huser (von Selkingen), Herdling (Johann Christian, von Grossbothen, Sachsen; er konvertierte als Lutheraner zum katholischen Glauben), Kleimenhagen, Kneibicher, Krager (aus dem Kt. Bern), Kreis, Kugler, Lange (von Troistorrents), Lehmann (von Worb, Kt. Bern), Letter (von Oberägeri), Lingenhöln (aus dem Tirol), Lutolf (von Luzern), Marin (von Mezzana, Tirol), Meistermann (von Pfaffenheim, Elsass), Neuwirth (aus dem Kt. Bern), Oberle (aus dem Grossherzogtum Baden-Württemberg), Petrivena (von Losone, Tessin), Pfefferle, Piery, Pforster (aus dem Entlebuch), Platzkummer (von St. Martin, Tirol), Regly, Richiner (Rischiner, aus dem Kt. Bern), Rock, Ruben (Rubin), Ruof (von Reitlingen, Württemberg), Schicker, Schiller, Schmidiger (aus dem Entlebuch), Schmidli (von Spicher, Kt. Appenzell), Schwader (von Dresden, D), Schwarz (von Einsiedeln), Schurwey (aus Leukerbad), Senggen (von Oberwald), Stoller (aus Frutigen), de Sepibus, Trönlin (Trenlin, aus dem Grossherzogtum Baden-Württemberg), Volmar (vom Brigerberg), Wallart, Wephli, Wespi (von Siders), Weissbrod (von Bovernier), Wichi (aus dem Kt. Luzern), Wichelrieder, Winkelrieth, Wuofer (aus dem Kt. Unterwalden), Zablo (von Siders), Zambotti (aus dem Tirol), Zucati (von Ziago, Tirol) und Zuotangnon (Zuotangyon).

## 1901–1950

Im Verlauf des 20. Jahrhunderts liessen sich in Naters vorübergehend derart viele neue Familien nieder, dass wir auf eine Aufzählung verzichten. Allein in der ersten Hälfte des 20. Jahrhunderts verzeichnen die Pfarrregister über 150 Familiennamen, die es heute in Naters nicht mehr gibt.

**Geschlechter, die in der Familienstatistik aus dem Jahre 1864 (G 9) von Peter Josef Ruppen nicht mehr vorkommen, aber zuvor für eine gewisse Zeit in Naters existierten und die heute zum Teil wieder daselbst oder anderswo fortleben** (das Jahrhundert bezeichnet die Zeit, in der der Name auftaucht):

**13. Jh.:** Murmann, Sutor (Schuhmacher).
**14. Jh.:** Blatter, Imstepf (bis ins 18. Jh.), Lang, zem Stapf (1502), Stapfer (1503), Steiner, zem Stepf, im Stupf.
**15. Jh.:** Erpen, Franzen, Furrer, Heynen, Hofer, Holzer, Imahorn, Minnig, Venetz.
**16. Jh.:** Ambort (Ambord), Bacher, Berchtold, Knubel, Kuonen, Lochmatter, Matter, Nessier, Perren, Sterren, Vogel, Weltschen (Welschen, lat. Valsenus).
**17. Jh.:** Brunner, Dietzig (Diezig), Gemmet, Graven (von Zermatt), Gredig (bis in die erste Hälfte des 20. Jh. in Naters ansässig), Gretz, Halobarter (Hallenbarter), Heinzen, Huber, Jenelten, Jost, Kempfen (Kämpfen), Kuonen, Lagger, Mattig, Metzger, Meyenberg, Nanzer, Pfaffen (bis ins 18. Jh.), Perren, Perrig, Rhoten, Schnidrig, Sprung (bis zum Beginn des 19. Jh.: einige Familien), Steiner, Theler, Troger, Walker, Walter, Weger, Zer-Werren, Zuber.
**18. Jh.:** de Chastonay (von Siders), Christen, Eder, Egger, Escher, Feller, Gerold, Guntern (von Biel/VS), Imwinkelried (von Zeneggen), Jordan, Lowiner, Margelisch, Nanzer, Niederberger, Roth, Sattler, Sidler, Siess, Pfammatter (von Eischoll), Walter, Wellig, Wenger, Wirz, Zerzuben u.a.m.

# Auswanderung zwischen 1857 und 1894

## Warum viele auswanderten

Es gab mehrere Gründe, die in der zweiten Hälfte des 19. Jahrhunderts viele Oberwalliser zur Auswanderung zwangen: drastischer Bevölkerungsanstieg und damit verbundene Verknappung des Bodens, Katastrophen (Überschwemmungen durch die Rhone), das 1848 erlassene Verbot, in fremde Kriegsdienste zu ziehen, drückende ökonomische Verhältnisse, manchmal auch Abenteuerlust, politische und gesellschaftliche Umstände u.a.m. Andererseits bemühte sich die Regierung von Argentinien, das grosse Land, in dem um die Mitte des 19. Jahrhunderts nur eine Million Menschen lebte, zu bevölkern. Propagandaschriften versprachen den Emigrationswilligen den Himmel auf Erden. Die Aussicht, in einer südamerikanischen Kolonie Grossgrundbesitzer zu werden, war für viele eine unwiderstehliche Verlockung.[241]

Stark betroffen von den Auswanderungen waren namentlich die Gemeinden Grengiols, Betten, Bister, Filet, Mund, Visperterminen, Törbel, Grächen, Ausserberg, Albinen, Unterems und Naters. Lorenz Bodenmann aus Grengiols betätigte sich als Werbeagent vor allem für die Walliserkolonie San Jerónimo Norte (Argentinien). Er charterte in Genua ein Schiff und führte die Leute persönlich über den Ozean. Um die Mitte des 19. Jahrhunderts reiste man mit Segelschiffen. Bei günstiger Witterung brauchten diese für die Fahrt nach Nordamerika 35 bis 40 Tage, für die Fahrt nach Südamerika 50 bis 60 Tage. Erst als nach 1860 das Dampfschiff mehr und mehr das Segelschiff ablöste, wurden die Bedingungen merklich besser. Die Reise nach Südamerika, wohin der grössere Teil der Natischer auswanderte, kostete für einen Erwachsenen bis zu 360 Franken und für ein Kind zwischen 180 und 260 Franken.[242]

1876 kommentierte der ‹Walliser Bote› die Auswanderungslust wie folgt: «Für unser Wallis, wo die Erzeugungskräfte sich leicht entwickeln können, ist die Auswanderung eine ständige Ursache der Entkräftung, weil sie dem Vaterlande stetsfort sehr brauchbare Arbeitswerkzeuge raubt. (...) Allein der Hauptgrund dieser Sehnsucht nach fremden Landen liegt tiefer: Unzufriedenheit mit seinem Los, Mangel an patriotischer Gesinnung und religiöser Überzeugung, und dann die glänzenden Vorspiegelungen der Menschenhäscher – das sind die Symptome des Auswanderungsfiebers. Am peinlichsten ergreift uns das Los so vieler Kinder, die man einem Vaterlande, das sie noch nicht kennengelernt, entführt, um sie in eine unbekannte Bahn hineinzuwerfen, wo sie grösstenteils an Leib und Seele zu Grunde gehen.»[243]

## Zielländer der Natischer Auswanderer

In der Zeitspanne von 1857 bis 1894 sind in Naters insgesamt 279 Personen als Auswanderer erfasst worden. Das ist, verglichen mit der damaligen niedrigen Bevölkerungszahl der Gemeinde Naters, ein hoher Prozentsatz. 19 Personen kehrten nach kurzer Zeit wieder zurück. Das Zielland von 210 Emigranten konnte wie folgt ermittelt werden: 173 liessen sich in Südamerika nieder, davon sicher 164 in Argentinien, vor allem in San Jerónimo Norte; bei neun Auswanderern nennen die Akten lediglich den Vermerk «nach Südamerika verreist», was wohl auch Argentinien bedeutet. In die USA wanderten 37 Personen aus. Bei 69 Emigranten heisst es in den Pfarrakten lapidar «nach Amerika verreist», ohne das nähere Zielland zu vermerken. 1863 und 1868 verliessen am meisten Natischer ihre Heimat, nämlich 93. Diese Zahl wäre wohl noch höher, wüsste man von allen Emigranten das Auswanderungsjahr. Die Jahre 1863 und 1868 waren auch allgemein der Höhepunkt der Oberwalliser Emigration. Aus Naters reisten Personen von 32 Geschlechtern aus. Die sieben Familiennamen mit der höchsten Auswanderungsziffer (insgesamt 154) heissen: Michlig 37, Jossen 27, Salzmann 21, Gertschen 18 und Amherd, Bammatter und Imhof je 17. Nachstehend nennen wir das Zielland, das Auswanderungsjahr und die Namen der ausgereisten Natischer und Natischerinnen.[244]

## 1. Argentinien

### a) Nach San Jerónimo Norte

**1861**
– Joseph Eggel (†1900), des Joseph. Eggel liess in San Jerónimo eine Schule errichten und betätigte sich als Lehrer.[245]

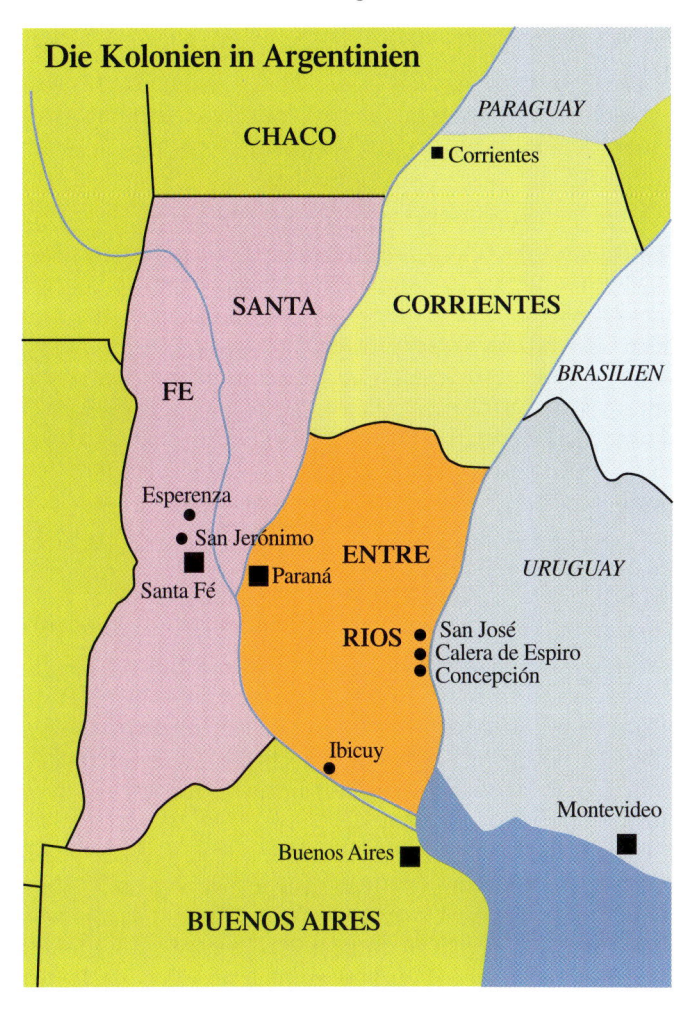

**Die Kolonien in Argentinien**

– Kaspar Jossen (in Argentinien wurde ‹J› zu ‹Y› = Yossen), des Peter Joseph, mit Frau Pulcheria geb. Eggel (†1872) und Kindern Leopold und Leopoldine. Kaspar Jossen (†1897) bekleidete in San Jerónimo verschiedene öffentliche Ämter.[246]
– Joseph Ruppen (in Argentinien auch die Schreibweise «Ruben»),[247] des Joseph, mit Gattin Christine geb. Michlig und Kindern Johannes, Therese, Moritz, Lorenz und Katharina. Joseph Ruppen wurde von Indianern ermordet.
– Leopold Schalbetter, des Ignaz, mit Frau Anna Maria geb. Eggel und Sohn Moritz.
– Anton Salzmann (Präsident in Naters von 1852–1854; †1868), des Lorenz, und Kinder Anton, Anna Maria, Maria Josepha und Johann. Anton Salzmann setzte sich in San Jerónimo mit Eifer für den Bau einer Kirche und eines Schulhauses ein.[248]

## 1863

– Sebastian Imhof (69-jährig), des Peter, mit Frau Anna Maria geb. Walden und Kindern Johann (aus 1. Ehe mit Katharina Wyssen), Anton (1868 an der Choleraepidemie gestorben) und Peter Joseph.
– Anton Lerjen, des Anton, mit Frau Luzia geb. Albrecht und Kindern Luise und Karoline; Vater Anton kehrte mit Tochter Karoline 1868 nach Naters zurück und heiratete in 2. Ehe Maria Josepha Salzmann.
– Anton Michlig, des Johann, mit Frau Magdalena geb. Karlen und Kindern Joseph (aus 1. Ehe mit Anna Maria Zumberg; er kehrte später wieder nach Naters zurück), Johann Baptist, Peter Joseph, Anna Maria, Walburga, Franz und Joseph Anton.
– Johann Michlig (†1864), des Andreas, mit Frau Maria geb. Nanzer und Kindern Johann, Franz, Peter, Joseph, Anton, Luise und Maria Josepha.
– Vermutlich auch nach San Jerónimo: Anna Maria Michlig, des Andreas, die Schwester des soeben genannten Johann Michlig.
– Joseph Salzmann, des Johann, mit Frau Magdalena geb. Hauzenberg (†1868) und Kindern Magdalena, Peter Joseph, Alois, Emanuel, Paul, Johann, Auxilius und Klara.

## 1865

– Peter Berchtold, des Anton, mit Frau Regina geb. Imhof und Kindern Maria Josepha, Peter, Luise, Kreszenz, Philomena und Alois. Die Familie befand sich wahrscheinlich zuerst in der Schweizerkolonie in Uruguay und liess sich 1868 in San Jerónimo Norte nieder.[249]
– Anton Imhof, des Friedrich.

## 1868

– Regina Amherd-Imhof, des Johann Joseph, und Kinder Alois, Anna Maria, Luise, Augustin und Katharina, des Augustin (†1867).
– Johann Eggel, des Moritz.
– Kaspar Eggel, des Joseph, wanderte schon 1863 nach San Jerónimo aus, kehrte nach Naters zurück, heiratete 1866 Karoline Jullier, deren erster Mann, Moritz Ruppen, verunglückt war. 1868 kehrte Kaspar Eggel (†1910) mit seiner Neuvermählten und deren Kindern aus 1. Ehe, Severin und Leonie Ruppen, wieder nach San Jerónimo zurück.[250]
– Franz Gasser (†1910), des Joseph, mit Frau Katharina geb. Bregy (starb 1887 an der Choleraepidemie) und Sohn Franz (†1907; er betätigte sich stark im sozialen Bereich). Vater Franz erhielt laut Vertrag vom 28. Februar 1868 mit seinem Bruder Joseph aus dem noch unverteilten mütterlichen Erbe acht Fischel

*Sitzend: Ehepaar Kaspar Eggel und Karoline Jullier (1880 ausgewandert). Stehend (v. l.): Leonie Ruppen (aus 1. Ehe von Karoline Ruppen-Jullier) und ihre Stiefgeschwister Moritz, Peter und Maria Eggel.*

Wiesland in Naters mit Anteil Scheune und Stall, um sich so das nötige Geld für die Auswanderung zu verschaffen.[251]
– Gebr. Alfons und Moritz Jossen, des Moritz, und des Letzteren Frau Maria Josepha geb. Eggel und Kinder Katharina, Krisilse, Kreszentia, Leonore (Leonie) und Alfons. Moritz Jossen (†1912) engagierte sich in San Jerónimo auch politisch.[252]
– Witfrau Therese Michlig-Lerjen und ihre zwei Kinder Juliana und Johann Klemens Lerjen.
– Anton Michlig, des Moritz (im Aletsch um 1845 verunglückt), mit Frau Anna Maria geb. Schwestermann und deren illegitimem Sohn Anton Schwestermann.
– Moritz Michlig, des Moritz, Bruder des Vorigen, und Frau Magdalena geb. Pfaffen von Mund (Schwester von Johann Josef Pfaffen, Urgrossvater des Verfassers). Diese heirateten am 12. Januar 1868 in Naters, wanderten am 15. April des gleichen Jahres nach San Jerónimo aus und kehrten 1875 wieder nach Naters zurück. Grund: Die im sonnigen Munderberg aufge-

*1875 von Amerika zurückgekehrt: Moritz Michlig (1842–1917) und Magdalena geborene Pfaffen (1845–1937).*

84

wachsene Magdalena Pfaffen wurde stark vom Heimweh geplagt («Schi het a furchtbari lengi Zit kä»), so dass sie ständig kränkelte. Der Arzt soll der Familie empfohlen haben heimzukehren.[253] Ihre ersten drei Kinder, Maria, Seraphine und Cäsarine, deren Taufurkunden von San Jerónimo sich im Pfarrarchiv von Naters befinden, wurden in Argentinien getauft. Moritz Michlig verkaufte seinen Besitz in San Jerónimo 1875 dem Johann Kuchen.[254] Das Ehepaar Michlig-Pfaffen schenkte in der Folge Naters zwei Präsidenten: den Sohn Meinrad (1877–1938) und dessen Sohn gleichen Namens (1906–1968).
– Paul Michlig (†1899), des Moritz, Bruder der zwei Vorigen, nämlich von Anton und Moritz. Paul Michlig heiratete 1874 die von Visperterminen stammende Ludwina Stoffel (†1922).[255]
– Kaspar Salzmann, des Johann Christian; er kehrte 1908 nach Naters zurück.
– Gebr. Johann und Valentin Schmidt, des Valentin.

**1869**
– Ludwig Amherd mit Frau Karoline geb. Stucky.
– Klemens Nellen, des Moritz. Er vermählte sich in San Jerónimo mit Juliana Kaiser von Bingen (Rhein/Hessen, D).[256]
– Geschwister Maria Josepha und Anna Maria Treier, des Johann.

**1872**
– Kaspar Eder, des Joseph Anton, mit Frau Maria Josepha Bosch (Bauge) und Kindern Ignaz, Heinrich, Josepha, Kreszenz und Anna Maria.
– **Auswanderungsjahr unbestimmt:** Viktor Wyssen (1864–1894), des Johann; Mariana Werner (1838–1908), des Joseph, verheiratet gewesen mit einem Gommer namens Grossen[257].

### b) Nach Cayastá

**1857:** Johann Joseph Holzer, des Johann Joseph, mit Frau Anna Maria geb. Imhof und Kindern Katharina, Anna Maria, Antoinette, Katharina Maria und Joseph. – Joseph Jossen, des Joseph, mit Frau Gertrud Eder und Kindern Johann Joseph, Abraham und Joseph.
**1863:** Moritz Imhof, des Sebastian. – Johann Michlig, des Johann, mit Frau Katharina geb. Imesch und Kind Benjamin.
**1865:** Ignaz Imhof, des Friedrich.
**1869:** Anna Maria Jossen, des Moritz. – Anna Maria Karlen, des Anton.

### c) Nach verschiedenen Orten in Argentinien

**1861:** *nach Santa Fé:* Ignaz Bammatter, des Georg, mit Frau Genoveva geb. Schwery und Sohn Julius. – Geschwister Anna Maria, Maria Josepha, Regina und Kreszentia Imhof, des Sebastian.
**1863:** *nach Buenos Aires:* Felix Salzmann, des Lorenz. – *Nach Baradero:* Peter Lerjen, des Anton, und Frau Katharina geb. Walden. – *Vermutlich auch nach Baradero:* Katharina Lerjen, des Anton. – Katharina Rothen, Gattin des Peter Arnold von Brig.
**1868:** *nach Esperanza:* Kreszentia Lerjen, des Anton. – *Nach Rosario:* Moritz Albert, des Kaspar. – *Nach San Justo (oder San Jerónimo?):* Geschwister Katharina, Moritz, Maria Josepha, Johann, Alois und Kreszentia Bammatter, des Moritz und der Katharina Holzer.
**1876:** *nach Santa Fé:* Anton Jossen, des Joseph, mit Frau Anna Maria geb. Walden und Kindern Katharina, Maria Josepha, Joseph, Anton und Luise. – Kaspar Walden, des Franz.
**1885:** *nach Esperanza:* Gebr. Fridolin und Moritz Gasser, des Moritz.

## 2. Nach Südamerika: Ort unbestimmt

**1869:** Johann Treier.
**1886:** Gebr. Moritz (†1913), Johann (†1887) und Kaspar Albert, des Kaspar, und des Letzteren Frau Karoline geb. Albrecht und Kinder Adolf, Joseph, Leopoldine und Albert.
**Ort und Jahr unbestimmt:** Paul Jossen, des Peter, und Frau Maria geb. Schmid.

*Ansicht einiger Hütten der Kolonie Esperanza, die 1856 gegründet worden war.*

## 3. Nach den Vereinigten Staaten (USA)

**1869:** *nach Chicago:* Paulina Bonvin, des Joseph. – Fridolin Carlen (1819–1909), des Baptist, Orgelbauer, mit Frau Maria Josepha geb. Imhof und seinem gleichnamigen Sohn Fridolin mit Frau Kreszentia geb. Cina. Die Carlen übten in Amerika ebenfalls den Beruf des Orgelbauers aus. In Detroit (USA) gibt es noch heute eine Orgelbaufirma Carlen.[258]

**1876:** *nach Wisconsin:* Balthasar Furger mit Frau Maria Josepha geb. Jossen und Kindern Balthasar und Therese. – Joseph Imhof, des Joseph, mit Frau Kreszentia Salzmann und Sohn Anton. – Lorenz Salzmann, des Felix.

**1876:** *nach Kalifornien:* Moritz Schmidt, des Ignaz, mit Frau Elisabeth geb. Brugger von Frutigen und Kindern Auxilius, Leopold, Kaspar und Maria.

## 4. Nach Nordamerika: Ort unbestimmt

**1877:** Franz Stephan Gertschen, des Stephan, mit Frau Maria geb. Escher und Kindern Margrit, Sabine, Viktor, Konrad und Agnes Gertrud. – Peter Michlig, des Peter, mit Frau Katharina Salzmann und Kindern Maria Josepha, Adrian, Wendelin, Anna Maria und Joseph.

**Jahr und teilweise Ort unbestimmt:** Geschw. Ludwig († 1900 in Colorado), Franz († 1910), Severin († 1903 in Chicago) und Daniel († 1914) Gertschen, des Franz.

## 5. Nach Amerika: Ort unbestimmt

**1862:** Anton und Maria Josepha Lerjen. – Severin und Katharina Naepfli.

**1863:** Johann Amherd, des Johann, mit Frau Maria Josepha geb. Jossen und Kind Paulina.

**1864:** Johann Joseph Amherd, des Johann, mit Frau Katharina geb. Jossen und Kindern Ludwig und Johann Joseph.

*Um 1868:* Johann Albert, des Kaspar.

**1877:** Joseph Imhof, des Anton, mit Frau Anna geb. Ruppen und ihrem verwitweten Sohn Kaspar (seine Frau Katharina Imwinkelried starb 1874) sowie dessen Kindern Meinrad, Helene, Maria und Johann. Die ganze Familie kehrte später nach Naters zurück. – Johann Karlen, des Moritz, mit Frau Karoline geb. Salzmann und Sohn Johann. – Moritz Michlig, des Peter, und Frau Viktoria geb. Karlen und Sohn Fridolin. – Kaspar Salzmann, des Moritz; er kehrte im selben Jahr nach Naters zurück.

**1886:** Anton Theler, des Johann.

**1887:** Maria Schmid-Eggel (Gattin des 1884 in der Rhone ertrunkenen Anton Schmid), des Anton, und Kind Franz sowie ihr 1886 geborener Sohn Jakob Eggel. – Moritz Schmid, des Moritz.

**1890:** Moritz Salzmann, der Julia.

**1891:** Kaspar Gertschen, des Kaspar, mit Frau Katharina geb. Huber und Kindern Adolf, Maria, Walburga, Mathilde und Klara.

**1894:** Geschw. Anna Maria, Johann, Benjamin, Ludwig, Ignaz, Katharina und Viktor Bammatter, des Moritz und der Karoline Eyer.

## 6. Nach Amerika: Jahr und Ort unbestimmt

Gebr. Anton und Johann Amherd, des Johann. – Johann Arnold mit Frau Katharina geb. Schmid und Kindern Mathilde, Ludwig, Agnes, Ignaz und Amanda. – Geschwister Ferdinand und Maria Bacher, des Kaspar; diese kehrten Ende des 19. Jahrhunderts wieder nach Naters zurück. – Maria Bammatter, des Ignaz.

*Das schachbrettartig angelegte Städtchen San Jerónimo Norte in der argentinischen Provinz Santa Fé im Jahre 1988.*

– Aloisia Jossen, des Anton. – Katharina Jossen-Fallert, des Bernhard, Gattin des Anton Jossen, und ihre Stiefschwester Maria Johanna Fallert-Doll, des Matthäus von Sasbach/D, Frau von Bernhard Fallert in zweiter Ehe, und Tochter Gertrud. – Moritz Salzmann, des Joseph. – Berta Schmid, des Ignaz; sie kehrte Ende des 19. Jahrhunderts nach Naters zurück. – Elias Schmid, des Anton. – Kaspar Walden, des Franz. – Adolf Walker. – Geschwister Franziska und Gregor Zentrigen; diese kamen aus Amerika zurück und wanderten 1887 wieder dorthin aus.[259]

# San Jerónimo Norte

1866 zählte San Jerónimo Norte bereits 166 Familien, die grösstenteils aus dem Oberwallis stammten, viele auch aus Naters. Vier Jahre später wies die Kolonie bereits 196 Landgüter zu 33$^{2}$/$_{3}$ Hektaren auf, die schachbrettartig um das «Platz» genannte Zentrum mit Kirche, Schule und Verwaltungsgebäude angeordnet waren. San Jerónimo verlegte sich auf die Milchwirtschaft, weil der Ackerbau immer wieder unter dem Einfall von Heuschreckenschwärmen zu leiden hatte. Heute ist es ein blühendes Dorf mit einer Käserei, Gerberei und mehreren Möbelschreinereien.

Die Auswanderer und ihre Nachkommen hielten lange an ihrer Eigenart fest und bewahrten zum Teil den Briefkontakt mit der alten Heimat bis in die dreissiger Jahre des 20. Jahrhunderts. Erst die dritte Generation passte sich der lateinamerikanischen Umgebung an.[260] Wie Héctor Sattler, Gemeindepräsident von San Jerónimo Norte, 1991 bei seinem Besuch in der Walliser Urheimat erklärte, leben in der Walliserkolonie San Jerónimo Norte unter den rund 6000 Einwohnern noch zirka 2000 Menschen, die den Walliser Dialekt beherrschen oder die urtümliche Sprache der eingewanderten Walliser zumindest noch verstehen.

In San Jerónimo Norte feierte man am 9. Juli 1991 zwei historische Ereignisse zusammen: die Unabhängigkeit Argentiniens vor 175 und die Gründung der Schweizerischen Eidgenossenschaft vor 700 Jahren. Den Höhepunkt bei diesen Feierlichkeiten bildete die Einweihung des Historischen Museums «Lorenzo Bodenmann», in dem die Geschichte der Kolonisation von San Jerónimo Norte durch Einwanderer aus dem Wallis ihren dokumentarischen Niederschlag findet. Wie eingangs dieses Kapitels erwähnt, galt Bodenmann als Promotor der Besiedlung von San Jerónimo Norte durch die Walliser.

# Kontakte zur Urheimat

Über Kontakte der Natischer Auswanderer zur Urheimat liegen uns nur spärliche Nachrichten vor. Vor allem gegen Ende des 19. und zu Beginn des 20. Jahrhunderts stifteten Emigranten in Naters wiederholt Jahrzeiten für ihre in der Fremde verstorbenen Angehörigen.

Unter dem Motto «Walliser in aller Welt – Begegnung 1991» lud anlässlich der Feierlichkeiten zum 700-Jahr-Jubiläum der Eidgenossenschaft im Auftrag des Staates eine kantonale Walliser Arbeitsgruppe die ausgewanderten Walliser in ihre Urheimat ein. Laut Pressebericht folgten bis zu 1600 «Walliser aus aller Welt» dieser Einladung, denen ihre Ursprungsgemeinden Gastrecht gewährten.

Von anfänglich über 100 Interessierten kamen schliesslich vom 25. Juli bis zum 5. August 1991 36 Ausland-Natischer und -Natischerinnen zu Besuch in unsere Dorfgemeinschaft und erfuhren grösstenteils bei verschiedenen Familien zehntägige Gastfreundschaft. Die Gemeinde Naters leistete einen Unterstützungsbeitrag von 5000 Franken. Die 36 «Heimkehrer», 20 Männer und 16 Frauen, rekrutierten sich aus 22 verschiedenen Geschlechtern, u.a. Eggel, Gasser, Imhof, Jossen, Michlig, Salzmann und Zlauvinen (am meisten: sieben Personen). Sie kamen alle von 20 verschiedenen Orten in Argentinien.

Neben einem herzlichen Empfang im Junkerhof, wo ihnen mit einer Tonbildschau Naters und sein Berg vorgestellt wurden, standen auch Ausflüge auf die Belalp, nach Brunnen und Zermatt und schliesslich als Höhepunkt für alle Gäste aus Übersee die offizielle Feier auf der Planta in Sitten auf dem Programm. Die 1600 «Walliser aus aller Welt» sowie die rund 1000 geladenen Walliser Gäste mit Staatsratspräsident Bernard Comby und Kardinal Heinrich Schwery an der Spitze erlebten unvergessliche und erlebnisreiche Stunden miteinander. Eine lange Solidaritätskette durch das Regierungsgebäude, die Kathedrale und Sittens Stadthaus bildete den Abschluss dieses denkwürdigen Tages.

Seit dem Besuch der ausgewanderten Walliser in ihrer Urheimat im Jahre 1991 reisten auf deren Einladung hin verschiedentlich Gruppen aus dem Wallis nach Argentinien. So begaben sich beispielsweise im Oktober 1992 45 ‹Walliser Bote›-Leser aus 20 Oberwalliser Gemeinden nach Südamerika. Vor der Abreise starteten die Organisatoren eine erfolgreiche Spendenaktion (Ergebnis: 32 000 Franken) zugunsten des Altersheims «Casa Sagrada Familia» und anderer sozialer Werke in San Jerónimo Norte. Nicht nur Gruppen, sondern auch Einzelpersonen besuchten seither Freunde in Argentinien. So nahm alt Schulinspektor Dionys Jossen am 17. Oktober 1993 in Santa Rosa de Calchines, in der Nähe von Santa Fé, an einem Jossen-Fest teil. Dionys Jossen schrieb hierzu: «Nicht weniger als 250 ‹Jossini› kamen an diesem Tag zusammen, und der ahnungslose Gast aus Naters sah sich unversehens zwischen die Gemeindepräsidentin und den Präsidenten der Schweizer Kolonie plaziert und wurde so etwas wie der ‹Star› des Tages. (...) Eines muss man diesen sympathischen Menschen lassen: Sie sind von einer erfrischenden Natürlichkeit, einer eindrücklichen Gastfreundschaft und Herzlichkeit, und sie verstehen, Feste zu feiern.»

Am Schluss noch eine sonderbare Story. Ein aus Argentinien zurückgekehrter Auswanderer berichtete von seinen vielen Erlebnissen. Um bei seinen Zuhörern Eindruck zu machen, soll er Folgendes erzählt haben: In Argentinien gibt es eine Fliessbandfabrik, in der man auf der einen Seite das Schwein lebendig über ein Fliessband gehen lässt, während auf der anderen Seite die Würste herauskommen. Sind diese nicht gut, legt man sie wieder aufs Fliessband, lässt sie zurückrollen und auf der anderen Seite kommt das Schwein wieder lebendig heraus. Na, so was!

# Wappen und Fahnen der Gemeinde und Burgerschaft

## Wappen mit Bischofsstäben und Mitra

Das älteste bekannte Siegel der Gemeinde und des Zendens Naters hängt an einer Urkunde vom 11. September 1368[261]: Durchmesser 33 mm, schwarz. Es entstand wahrscheinlich Anfang des 14. Jahrhunderts bei der Gründung der Kastlanei anstelle des Meiertums. In dem von Zweigen gerahmten und bekrönten Wappenfeld sind gekreuzte Bischofsstäbe, von denen der linke kräftiger ist: im Zwickel wohl eine kleine Mitra. Die Umschrift in gotischen Majuskeln lautet: «†S[igillum] COMU[nitati]S CASTELLANIE D[eseni] NARRES» [= Siegel der Gemeinde, der Kastlanei und des Zendens Naters]. Dieses Siegel findet sich auch in den berühmten Artikeln von Naters aus dem Jahre 1446.[262]

In einem Vertrag vom 28. Juli 1341 der Gemeinde und Pfarrei Naters mit Ursern wurden noch die persönlichen Siegel der folgenden Vertreter verwendet: Junker Heymen von Weingarten, Jocelin von Urnavas und Anton von Nesseln.[263]

Paul Heldner, Glis, ist der Meinung, dass die zwei Bischofsstäbe die Herrschaft des Bischofs über die damaligen zwei Kirchen, die Wallfahrtskirche von Glis und die Zendenkirche von Naters, symbolisieren.[264]

Emblem mit den Bischofsstäben und der Mitra an.[265] Doch war dieses Wappen seither verschiedenen kleineren Änderungen unterworfen. Thurre/Wirthner[266] beschreiben es 1985 folgendermassen: «In Silber zwei schräg gekreuzte rote Krummstäbe, überhöht von einer roten Mitra» (wie auf der Burgerfahne von 1892). 1989 entschied sich die Gemeinde in Anlehnung an das Wappenbuch von 1946 für folgende Anordnung der Wappenfarben: in Rot zwei schräg gekreuzte goldene Bischofsstäbe, überhöht von einer goldenen Mitra.

## Wappen mit dem Drachen

Das Wappenzeichen der geflügelten Natter erscheint erstmals um 1440 im gevierten Wappenschild auf einer Wandmalerei in der Kirche von Valeria, und zwar über der Gruft des Bischofs Wilhelm III., der in Naters Herrschaftsrechte von seiner Urgrossmutter Agnes von Ornavasso geerbt hatte.[267]

Obwohl Brig 1518 Zendenhauptort geworden war und das dem Zenden Naters zugehörige Drachenwappen (mit kleinen Änderungen) übernahm, verschwand dieses Emblem nie aus der Geschichte von Naters. Allerdings erschien im Wappenbuch von 1946 für Naters auf silbernem Feld statt des schwarzen ein grüner Drache, während für Brig in Gold der schwarze Drache steht.[268] Dies geschah wohl, damit man das Natischer Wappen besser von jenem von Brig unterscheiden kann.

Nach Ansicht von Paul Heldner soll das Wappen mit der geflügelten Natter auf eine ähnliche Erzählung wie die Siegfriedsage zurückgehen.

*Wappen der Munizipalgemeinde Naters: in Rot goldene Bischofsstäbe und goldene Mitra.*

Das rechts geschilderte Wappenzeichen des Drachen verdrängte im Laufe der Zeit jenes mit den Bischofsstäben und der Mitra. Letzteres erscheint erst wieder auf der einen Seite der Burgerfahne von 1892.

1948 verzichtete die Munizipalgemeinde zugunsten der Burgergemeinde auf das Drachenwappen und nahm endgültig das

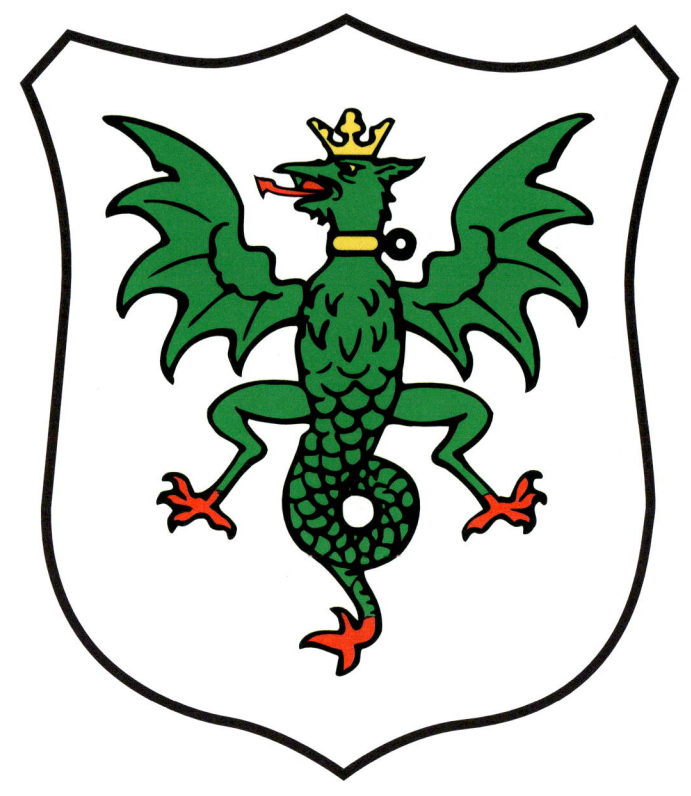

*Wappen der Burgergemeinde: in Silber grüner Drache, Krone und Halsband in Gold, Mundhöhle, Zunge, beide Krallen und Schwanzspitze in Rot.*

Das Wappen mit dem Drachen bezeugen die Natischer Fahnen aus den Jahren 1689 (jedoch mit roten Klauen und goldenem Halsband), 1724, 1736, 1795 (ohne Halsband), 1807 und die letzte noch in Gebrauch stehende aus dem Jahre 1892. Des Weiteren findet sich dieses Wappen[269]:

1. im Gewölbe bei der «Goldenen Pforte» der Kirche von Glis, 1519, von Ulrich Ruffiner in Tuffstein skulptiert;
2. auf der Walliser Landkarte des J. Schalbetter von 1536 (Vallesia 8, S. 106);
3. im Chorgewölbe von Glis, 1540, in Holz geschnitzt;
4. im Reisebericht des Johann Stumpf beschrieben, 1544, und in seiner Chronik von 1548 (auf S. 337) gezeichnet;
5. auf zwei Öfen im Junkerhof von Naters, 1651 und 1653;
6. in der Topografie des M. Merian, 2. Auflage, von ca. 1653, S. 88b;
7. in der Kollegiumskirche von Brig, 1667;
8. an der schmiedeeisernen Gittertür im Junkerhof von Naters;
9. am Ofen des Pfarrhauses von Naters, 1826;
10. an der Nordseite der Kirche von Naters, 1938, von Alois Roulet.

## Burgerfahne von 1892

Die 155 cm grosse und 147 cm breite Burgerfahne von 1892 (später auf weissen Damast übertragen) ist in Gebrauch und wird im Burgerhaus aufbewahrt. Sie ist mit Seidenapplikationen bestickt; auf der einen Seite befindet sich ein Medaillon mit Mitra und gekreuzten Bischofsstäben in einem Eichenblattkelch. Inschrift: «CIVITAS NATRIAE» [= Bürgerschaft Naters] und die Jahreszahl der ersten Nennung des Ortes 1017.[270] Auf der anderen Seite, über der Jahreszahl 1892, befindet sich ein Medaillon mit der geflügelten schwarzen Natter, gerahmt von Lorbeer und der Inschrift: «GEMEINDE NATERS». Auf den Blättchen des Lorbeers stehen die 32 Namen der Burgergeschlechter.

Die Fahnenweihe fand am Patronatsfest, am 22. September 1892, statt. Hierzu wurden durch die Gemeinde «sämtliche Militärs, die alten Offiziere und die alten Fähnriche sowie die alten Munizipal- und Burgerräte» eingeladen.[271]

*Zur Jahreszahl 1017 auf der Fahne.* Im Inventar des Archivs der Abtei St-Maurice finden wir erstmals den Namen «Nares» (Naters). Auf der Fahne müsste 1018 stehen. 1892 las man in jenem Dokument irrtümlicherweise die Jahreszahl 1017 (oder 1014). Laut Mitteilung von Staatsarchivar Dr. Bernhard Truffer, Sitten, an den Verfasser wird die genannte Urkunde in der neuesten wissenschaftlich einwandfreien Ausgabe auf den 15. Februar 1018 datiert. (Truffer stützt sich auf: *Th. Schieffer,* Die Urkunden der Burgundischen Rudolfinger, München 1977, Dokument Nr. 112, S. 272–276.)

Die Munizipalgemeinde besitzt keine eigene Fahne. Bei offiziellen Anlässen der Munizipalität tritt der Burgerfenner mit der Burgerfahne auf. Es bleibt hervorzuheben, dass die Burgerfahne sowohl das Wappen der Burgerschaft als auch jenes der Munizipalgemeinde enthält; ebenso nennen die Inschriften beide Institutionen. Die Fahne ist aber in der Obhut der Burgerschaft.

## Alte Fahnen im Museum von Sitten

**1.** Im Museum Majoria, Sitten, Inv.-Nr. 128 und in Bruckner, S. 39, Nr. 207 mit Abb.: Höhe 220 cm, Breite 210 cm; schlecht erhalten; aus weissem Seidentaft mit aufgemaltem zentralem

*Beide Seiten der Burgerfahne von 1892.*

Medaillon: in goldenem Lorbeerkranz eine schwarze rotzüngige Natter mit goldener Krone und Halsband; unter dem Medaillon die Inschrift: «B[urgesia] 1724 N[atriensis]» [= Burgerschaft Naters]; alte Stange mit blattförmiger Spitze, oben und unten mit roter Seidenschlaufe.

*Fahne von 1724, im Museum Majoria, Sitten.*

**2.** Im Museum Majoria, Sitten, Inv.-Nr. 138 und in Bruckner, S. 39, Nr. 208: Höhe 185 cm, Länge 250 cm; aus weissem Seidentaft; schlecht erhalten. Medaillon mit Natter ähnlich wie oben, jedoch mit goldener Zunge in rot umrandetem Maul und mit goldenen Klauen; über dem Medaillon in Gold die Inschrift: «B[urgesia] N[atriensis]», unterhalb der Natterflügeln die Jahreszahl 1736; alte Stange mit Eisenspitze.

## Verschwundene Fahnen

**1.** Die von Wick 1864–1867 abgezeichnete Fahne mit dem Drachen im Lorbeerzweig-Medaillon zwischen den Inschriften «18 G[emeinde]» und «N[aters] 07» sowie mit Lilienornamenten in den äusseren Ecken ist nicht mehr erhalten.²⁷² Auf der anderen Seite dieser Fahne war offenbar auch das Wappen mit Mitra und gekreuzten Bischofsstäben.²⁷³ Diese Fahne wird bei Bruckner wie folgt beschrieben: «1807. In Weiss schwarze, geflügelte Natter mit roter Zunge, goldenem Halsband, von goldener Krone überhöht. Darum grüner Lorbeerkranz mit goldenen Endstielen. Links und rechts von Gold ‹18 G[emeinde]. N[aters] 07›.»²⁷⁴

*Fahne von 1736, im Museum Majoria, Sitten.*

**2.** Gemäss einer Quittung vom 13. Oktober 1816 der Gebrüder Coursi an die Gemeinde Naters bezog diese im genannten Jahr im Wert von 375 Batzen eine Fahne aus Mailand²⁷⁵, die nicht mehr erhalten ist.

*Gemeindefahne von 1807.*

# Präsidenten

Die Bezeichnung «Präsident» für den obersten Leiter einer Gemeinde ist im Oberwallis im Allgemeinen erst zu Beginn des 19. Jahrhunderts aufgekommen. Vor 1800 wurde der Gemeindepräsident auf Lateinisch «Sindicus», «Syndicus» oder auch «Praepositus» genannt, was nach Hans-Anton von Roten auf Deutsch am besten mit «Vorsteher» oder «Gewalthaber» wiederzugeben ist.[276]

In den vergangenen Jahrhunderten standen in Naters an der Spitze der Verwaltung die sechs Sechser (Sextarii). Ein Beweis hierfür ist unter anderem der sogenannte Sechserkasten mit der Jahreszahl 1657, der noch heute im Junkerhof aufgestellt ist. Derselbe war mit sechs verschiedenen Schlössern so verschlossen, dass jeder der sechs Vorsteher seinen Schlüssel mitbringen musste, um den Gemeindekasten öffnen zu können. Der Erste der Sechser hiess, auch nach Ansicht von Dionys Imesch[277], Sindik (Sindicus, Syndicus), was der heutigen Bezeichnung «Präsident» gleichkommt. Während sich in vielen anderen Gemeinden des Wallis die Benennung Präsident infolge der Franzosenherrschaft schon zu Beginn des 19. Jahrhunderts durchsetzte, nannte man das Gemeindeoberhaupt in Naters noch 1838 Sindik.

Vor 1648 können wir nur sporadisch einige Namen von Präsidenten erwähnen. Aufgrund des recht guten Urkundenmaterials im Gemeindearchiv von Naters war es möglich, die Namen und die dazugehörigen Amtsperioden der einzelnen Sindike bzw. Präsidenten von Naters vom Jahr 1648 bis zur heutigen Präsidentschaft beinahe vollständig zusammenzustellen. Dies ist ein Glücksfall, denn kaum in einer anderen Oberwalliser Gemeinde können diese Angaben mit solcher Präzision ermittelt werden. Eine grosse Hilfe für den Verfasser bot hier für die Zeit vor 1838 freilich ein von Kasimir Eugen de Sepibus, Notar in Naters, fast lückenlos angefertigtes und durchwegs zuverlässiges Verzeichnis der Sindike der beiden Gemeinden Naters und Rischinen von 1648 bis 1837.[278] De Sepibus (1757–1842), selber Präsident in Naters von 1784 bis 1785, verfasste das Verzeichnis 1837 im hohen Alter von 80 Jahren. Vor 1648 können wir nur die Jahre angeben, in denen die Namen von Präsidenten in Urkunden vorkommen, nicht aber deren gesamte Präsidialzeit.

Es fällt auf, dass von 1648 bis 1843 die Periode des jeweiligen Amtsinhabers in der Regel nur zwei Jahre dauerte. Wie eng das Zusammenleben früher zwischen den Gumperschaften Naters und Rischinen war, zeigt der Umstand, dass viele Natischer Präsidenten zuvor als Sindike von Rischinen walteten. Der Leser wird feststellen, dass im nachstehenden Verzeichnis zu vielen Präsidenten keine nähere Angaben stehen. Dies ist darauf zurückzuführen, dass in den Pfarrregistern und Stammbaumbü-

*Sechserkasten von 1657, aufbewahrt im Junkerkeller.*

chern von Naters in der gleichen Generation wiederholt zwei bis drei Männer mit dem gleichen Namen auftauchen (oft genannte Namen: Johann, Christian und Joseph), so dass eine Identifizierung manchmal nicht möglich war.

Dem Forscher fiel auf, dass in früheren Jahrhunderten ein Sindik auch nach seiner abgelaufenen Amtsperiode diesen Titel behielt, was die Festlegung der Amtsdauer eines Präsidenten oftmals erschwerte. Seit 1852 sind wir im Besitze der Gemeinderatsprotokolle, so dass Namen und Perioden der jeweiligen Amtsinhaber mühelos zusammengestellt werden konnten. Insgesamt wurden 136 Namen von Sindiken bzw. Präsidenten ermittelt. Über ihre Amtsführung hingegen war bis Ende des 19. Jahrhunderts recht wenig zu erfahren.

Dreimal und mehr stellten folgende Geschlechter den Präsidenten: dreimal Gasser und Walthart; viermal de Chastoney, Halenbarter (so!), Schmid(t) und Wyssen; fünfmal Gertschen, Walden und Zumberg; sechsmal Albert und Ruppen; achtmal Eyer; neunmal Michlig; zehnmal Eggel und Lergien (Lerjen); elfmal Jossen; 15-mal Salzmann.

Lassen wir nun die Namen der Dorfmagnaten Revue passieren, jener Männer also, die sich durch die Jahrhunderte hindurch mit mehr oder weniger Kompetenz und Erfolg, aber sicher mit viel Liebe, gutem Willen und Engagement für das Gemeinwesen einsetzten.

## 1. Anton in superiori prato (in der oberen Matte): 1500

## 2. Jakob Jossen: 1568–1570

## 3. Georg Michels: 1571[279]

## 4. Christian Jossen alias Bammatter: vor 1631

Christian Jossen ist 1631 Taufpate und wird im Taufbuch alt Sindik genannt. Am 2. Februar 1658 fungierte er als Prokurator des Altars und der Bruderschaft der Heiligen Fabian und Sebastian in Naters und wird als «vor langer Zeit Sindik in Naters» bezeichnet.[280] Christian Jossen war verheiratet mit Katharina Eggel, die ihm einen Sohn schenkte. Das Ehepaar starb 1673.

## 5. Christian Michels: vor 1632

Christian Michels wird in einem Kaufvertrag vom 26. Juli 1632 «alt Sindik von Naters» genannt.[281]

## 6. Thomas Lergien: vor 1634

In einem Kaufvertrag vom 10. Mai 1634 wird er als «alt Sindik» bezeichnet.[282] Er war verheiratet mit Katharina Bertold von Bitsch.

## 7. Andreas Halabarter: 1634

In einem Kaufakt vom 9. Februar 1634 heisst er «zurzeit Sindik»[283], wird aber bereits am 7. April des gleichen Jahres als «alt Sindik von Naters» bezeichnet[284].

## 8. Anton Gertschen: 1634

Er tritt am 16. März 1634 in einem Kaufakt als Zeuge auf und wird daselbst «alt Familiar [Berater des Bischofs] und Sindik von Naters» genannt.[285] Er war 1645 und 1651 Grosskastlan von Brig und starb 1668.[286] Seine Ehegattin hiess Margareta Kuonen und gebar ihm vier Kinder.

## 9. Peter Gemmet: 1638–1639

Am 15. Mai 1638 und ein zweites Mal am 5. Mai 1639[287] trat er beim Kauf von Alprechten im Innern Aletsch als Vertreter der Gemeinde Naters auf und amtete am 27. Mai 1639 immer noch als Präsident[288]. Seiner Ehe mit Barbara Gertschen entsprossen drei Kinder.[289]

## 10. Christian Iten: 1643

Zweimal, am 29. Juni und am 16. August 1643, wirkte der Sindik Iten als Vertreter der Gemeinde Naters in Kaufakten.[290]

## 11. Anton Gertschen: 1644

Er tritt in einem Kaufvertrag vom 1. November 1644 in Brig als Zeuge auf[291] und ist gemäss Stammbaumbuch von Naters identisch mit jenem Anton Gertschen unter Nr. 8[292].

## 12. Michael Eyer: vor 1648

Am 15. März 1652 verkaufte er als «alt Sindik von Naters» und Vogt des Christian Murer Güter im «Einholz zu Birgisch».[293] Seine Ehegattin Barbara Stepfer schenkte ihm eine Tochter.

## 13. Jakob im Gufer: vor 1648

Das erste Sterbebuch von Naters meldet am 30. Mai 1672 den Tod des «Sindicus» Jakob im Gufer.[294] Da er im Verzeichnis nach 1648, das lückenlos ist, nicht vorkommt, muss er demnach vor 1648 seines Amtes als Präsident gewaltet haben.

## 14. Matthäus Zumberg: 1648–1649

Seine Gattin Christina Eggel schenkte ihm zwei Söhne.

## 15. Johann Lergien: 1650–1651

Er war auch Fähnrich und Kastlan von Brig. Seiner Ehe mit Katharina Mattlis entsprossen drei Kinder.

## 16. Christian Lergien: 1652–1654

Seine Ehefrau Christina An der Matten gebar ihm vier Kinder.

## 17. Anton Mattig: 1654–1656

## 18. Hans Lergien: 1657–1659

## 19. Anton Jossen: 1659–1660

## 20. Andreas Halenbarter: 1661–1662

Halenbarter starb im Amt. An seine Stelle trat sein Sohn Johann (†1673).

## 21. Peter Gemmet: 1662–1664

Peter Gemmet, Sohn des Peter (s. Nr. 9), war verheiratet mit Barbara Z'Holenweg (†1672) und waltete 1662 auch als Meier des Freigerichtes Ganter. Er starb 1671.[295]

## 22. Michael Eyer: 1665–1668

Er war vermählt mit Christina Im Gufer und zeugte zwei Söhne.

### 23. Johann Albert: 1669–1670

Johann Albert war Notar in Naters und 1683 Kastlan in Vionnaz und Bouveret. Er starb am 17. Dezember 1683 in Turtmann.[296] Seine Frau hiess Anna Gertschen und gebar ihm vier Kinder.

### 24. Christian Walthart (Walhart): 1671–1672

### 25. Johann Schnidrig: 1673

Johann war der Sohn des Kaspar Schnidrig (Schneidrig) von Mund, amtete als bischöflicher Kämmerer, fungierte 1665 als Meier von Finnen und 1669 als Grosskastlan von Brig. Da Schnidrig 1674 für drei Jahre zum Landvogt von St-Maurice gewählt wurde, konnte er in Naters seine zweijährige Präsidialperiode nicht beenden. 1675 liess er im Junkerhof von Naters die ehemalige hölzerne Kammerachse durch Stein ersetzen und das Holzwerk mit einer Mauer umgeben.[297] Er starb am 17. November 1680. Sein Bruder Kaspar war zur selben Zeit Pfarrer in Naters (1667–1694).

### 26. Johann Zumberg: 1674–1676

Er bekleidete das Amt eines Grosskastlans von Lötschen-Niedergesteln.[298]

### 27. Johann Lergien (Weibel): 1677–1678

### 28. Johann Walthart: 1679–1680

### 29. Johann Lergien auf der Flue: 1681–1682

Johann Lergien war verheiratet mit Barbara Annig (†1716) aus dem Goms und starb 1697.

### 30. Christian Walden: 1683–1684

### 31. Johann Michlig: 1685–1686

### 32. Moritz Lergien (Weibel): 1687–1688

### 33. Christian Jossen: 1689–1690

Christian Jossen heiratete Katharina Steiner (†1716) und war Vater von sechs Kindern. 1703 segnete er das Zeitliche. Das Sterbebuch bezeichnet ihn als einen «sehr integren Mann».

### 34. Johann Walthart: 1691–1692

### 35. Franz Georg Michlig: 1693–1694

Franz Georg Michlig alias Supersaxo am Bord (1661–1705) war 1683 Zendenhauptmann, 1687 Grosskastlan von Brig und 1702–1704 Landvogt von St-Maurice.[299]

### 36. F. Johann Lergien (†1724): 1695–1696

### 37. Andreas Halenbarter: 1697–1698

Halenbarter war vermählt mit Maria Lergien (†1704).

### 38. Christian Halenbarter: 1699–1700

Er starb am 4. August 1711. Seine Frau hiess Anastasia Lergien und schied im selben Jahre aus dem Leben.

### 39. Johann Zumberg: 1701–1702

Johann Zumberg vermählte sich 1695 mit Anna Cäcilia Lergien (†1704), die ihm drei Kinder gebar. Er waltete als Grosskastlan von Lötschen-Niedergesteln und vollendete sein Leben am 17. März 1717.[300]

### 40. Thomas Lergien (†7.2.1704): 1703–1704

### 41. Georg Michlig: 1705

Georg Michlig ehelichte Barbara Jossen, die vier Kindern das Leben schenkte.

### 42. Martin Jossen: 1706–1707

Seine Gattin Christina Gasser gebar ihm drei Kinder: Peter, Joseph und Anna Maria. Martin Jossen war Notar in Naters und 1713, 1732 und 1737 Kastlan von Brig. Er starb 1740.[301]

### 43. Joseph Jossen: 1708(?), 1709–1711

Er war verheiratet mit Maria Lergien und Vater von sieben Kindern.[302] Das Sterbebuch berichtet, dass er ein «frommes und unbescholtenes Leben» führte. Er wurde am 26. August 1720 beim Emd-Mähen auf der Wiese vom Tod überrascht.

### 44. Christian Adig: 1712–1713

Als Sohn des Theodul und der Maria Jossen wurde er am 3. August 1654 in Naters geboren und vermählte sich mit Maria Lergien (†1723). Er war Vater einer Tochter und starb am 31. Mai 1713 im Amt.

### 45. Christian Albert: 1713–1715

Christian Albert wurde am 28. Dezember 1687 als Sohn des Peter und der Christina Jossen geboren, vermählte sich 1713 mit Katharina Anna Ruppen, die zwei Söhnen das Leben schenkte. Er betätigte sich als Notar und war 1719, 1731 und 1743 Grosskastlan von Brig.[303]

### 46. Joseph Michlig (†1744): 1716–1717

### 47. Johann Stephan de Chastoney: 1718–1719

Johann Stephan de Chastoney, Notar, war verheiratet in erster Ehe mit Johanna Lergien (†1719), in zweiter Ehe mit Maria Josepha Blatter und Vater von drei Kindern. 1721, 1727 und 1733 war er Grosskastlan von Brig, 1729–1730 Landvogt von St-Maurice, 1731 Kastlan von Bouveret und 1740 Zendenhauptmann von Brig.[304]

### 48. Franz Ignaz Michel-Supersaxo: 1720–1721

Am 21. März 1679 geboren, ehelichte er Maria Katharina Preux und war Vater von vier Kindern. Seine Ämter: 1717 Zendenhauptmann, 1725 und 1739 Grosskastlan von Brig sowie 1728 Grossmeier von Nendaz und Hérémence.[305]

### 49. Johann Eggel: 1722–1723

Er wurde am 29. August 1682 als Sohn des Johann und der Anna Escher geboren. Seine Frau Anna Walker gebar ihm sieben Kinder. Eggel starb 1730.

### 50. Christian Albert: 1724–1725

1724 erkoren ihn die Natischer ein zweites Mal zu ihrem Gemeindeoberhaupt (vgl. Nr. 45).

### 51. Moritz Walthart: 1726–1727

### 52. Christian Jossen: 1728–1729

Christian Jossen heiratete Anna Walden und war Vater von drei Kindern. Er starb 1731.

### 53. Franz Joseph Lergien: 1730–1731

### 54. Peter Anton de Chastoney: 1732–1733

De Chastoney war der Sohn des Johann Stephan (s. Nr. 47) und der Maria Josepha Blatter. Der Notar vermählte sich mit Maria Josepha Jergien von Münster und war Vater von acht Kindern. Er war Landvogt von Monthey 1744–1745 sowie Grosskastlan von Brig 1749, 1755 und 1757.

### 55. Christian Walden: 1734

Christian Walden wurde dem Ehepaar Johann Walden und Barbara Jossen am 13. Oktober 1678 in die Wiege gelegt. Er war in einem Kaufakt vom 2. April 1734 als Sindik der Gemeinde Naters Zeuge daselbst[306] und Kastlan von Naters 1749–1750.

### 56. Johann Peter Albert: 1734–1737

Er wurde am 1. Oktober 1714 als Sohn des Christian und der Katharina Anna Ruppen geboren, vermählte sich mit Maria Zenklusen von Simpeln und war Vater von vier Kindern. Nachdem sein Vorgänger nur für kurze Zeit das Präsidium der Gemeinde innehatte, wurde Albert bereits 1734 im Alter von erst 20 Jahren zum Präsidenten erkoren. In den Jahren 1751, 1761 und 1769 bekleidete er das Amt des Grosskastlans von Brig.[307] Er starb am 22. Februar 1780.

### 57. Johann Peter Michlig: 1738–1739

Er bekleidete das Amt eines bischöflichen Familiars (Berater).[308]

### 58. Joseph Salzmann: 1740–1741

### 59. Peter Jossen (†1780): 1742–1743

### 60. Joseph Salzmann in der Tschill: 1744–1745

### 61. Adrian Eggel auf dem Platz: 1746–1747

Geboren am 15. Dezember 1710, des Johann und der Anna Walker, vermählte sich Adrian Eggel mit Maria Magdalena Huober, die ihm fünf Kinder schenkte.

### 62. Peter Walker: 1748–1749

### 63. Peter Ruppen (†1774): 1750–1751

### 64. Joseph Gasser: 1752–1753

### 65. Moritz Zumberg: 1754–1755

Aus der Ehe von Moritz Zumberg mit Katharina Jossen (†1769) gingen vier Kinder hervor. Zumberg starb 1765.

### 66. Moritz Michlig (†1786): 1756–1757

### 67. Christian Lukas Jossen: 1758–1761

Der Ehe von Christian Jossen mit Maria Josepha Gasser entsprossen sieben Kinder, darunter die Zwillinge Paul und Kaspar. Christian Jossen waltete 1756 als Kastlan von Lötschen und 1773 als Grosskastlan von Brig. Er starb am 7. November 1773.[309]

### 68. Lorenz Thomas Ruppen: 1762–1763

### 69. Martin Jossen: 1764–1765

Martin Jossens Frau hiess Anna Ruppen. Er amtete auch als Weibel und starb 1782.

### 70. Peter Gasser: 1766–1767

### 71. Peter Moritz Eyer (†1785): 1768–1769

### 72. Moritz Walden: 1770–1773

Fähnrich Moritz Walden heiratete in erster Ehe Katharina Wyssen, die ihm fünf Kinder gebar. Die zweite Ehe schloss er im Jahre 1768 mit Maria Katharina Supersaxo.

### 73. Christian Salzmann klein: 1774–1775

Aus der Ehe mit Anna Maria Gasser gingen acht Kinder hervor.

### 74. Georg Ruppen (†1805): 1776–1777

### 75. Christian Moritz Wyssen: 1778–1779

Christian Wyssen war während drei Jahrzehnten Notar in Naters, Grosskastlan des Zendens Brig 1779 und 1787 sowie Grossmeier von Nendaz und Hérémence 1784–1786. Seine Frau hiess Katharina geb. Eggel. Er wurde am 1. August 1789 in Naters beerdigt.[310]

### 76. Adrian Eggel in der Tschill: 1780–1781

Unter Nr. 61 heisst der Präsident «Adrian Eggel auf dem Platz». Dieser hatte einen Sohn gleichen Namens (*1747), der mit Viktoria Eggs von Bellwald verheiratet war. Da sein Vater Adrian für diese Amtsperiode bereits im 70. Altersjahr stand und wegen der anderen Wohnbezeichnung «in der Tschill», ist hier wohl der Sohn Adrian als Sindik gemeint.

### 77. Christian Wyssen im Boden: 1782–1783

### 78. Kasimir Eugen de Sepibus: 1784–1785

De Sepibus wurde im Jahre 1757 als Sohn des Moritz Eugen von Mörel geboren, ehelichte Julia de Courten, amtete 1779 als Meier von Mörel und liess sich dann in Naters nieder, wo er eine Notariatsschule gründete. 1785 und 1793 war er Grosskastlan von Brig und wiederholt Präsident des Zendens sowie Zunfthauptmann der Alten Schützenzunft von 1800 bis 1839. Sein Sohn Kaspar Ignaz (1811–1895) war Grossrat und Oberst.[311]

Wir erwähnten schon eingangs dieses Kapitels, dass er es war, der um 1837 ein Verzeichnis der Sindike von Naters und Rischinen erstellte. Kasimir Eugen de Sepibus starb am 1. Dezember 1842 und wurde in Naters beigesetzt.

### 79. Peter Johann Salzmann: 1786–1787

Von ihm wissen wir nur, dass er Margareta Holzer heiratete und 1809 sein Leben vollendete.

### 80. Peter Anton Albert: 1788–1789

Als Sohn des Peter und der Maria Zenklusen am 1. September 1765 in Naters geboren, vermählte er sich am 25. Juli 1785 mit Anna Maria Eggel. Er war Vater von sechs Kindern und übte den Beruf eines Notars aus.

### 81. Moritz Schmid: 1790–1791

Schmid war der Sohn des Joseph und der Katharina Siwald und schloss am 23. Juni 1778 die Ehe mit Katharina Ruppen (†1819), die neun Kindern das Leben schenkte.

### 82. Peter Zumberg: 1792–1793

Als Sohn des Christian und der Maria Gredig geboren, gründete Peter Zumberg am 21. Juni 1769 mit Maria Bieler vom Brigerberg eine Familie, der vier Kinder entsprossen.

### 83. Anton Gasser, der Tschiller: 1794–1795

Seine Eltern hiessen Peter Joseph Gasser und Magdalena Wyssen. Am 2. November 1779 vermählte sich Anton Gasser, Notar in Naters, mit Anna Maria Barbara Ruppen. Aus dieser Ehe gingen acht Kinder hervor; die jüngsten, Katharina und Maria Josepha, waren Zwillinge. Gasser fungierte auch als Burgermeister von Naters und 1787–1788 als Kastlan von Lötschen. Er starb 1825.[312]

### 84. Kaspar de Chastoney: 1796–1797

Er wurde am 9. November 1742 als Sohn des Peter und der Maria Josepha Jergien von Münster in Naters geboren und erhielt bei der Taufe die Namen Kaspar, Franz, Judas und Thomas. 1787 heiratete er Maria Therese Rothen vom Brigerberg. Er war Vater einer Tochter und starb am 17. November 1819.

### 85. Joseph Eggel: 1798–1799

Geboren am 18. März 1750, des Joseph und der Anna Schmidt, vermählte er sich 1785 mit Anna Wyssen (†1812) und war Vater von sieben Kindern. Er starb am 1. April 1801.

### 86. Kaspar Salzmann: 1800–1801

Er kam als Sohn des Joseph und der Margaritha Eggel zur Welt, ehelichte 1782 Maria Ignazia Wyssen, die sieben Kindern das Leben schenkte.

### 87. Andreas Wyssen im Boden: 1802–1803

Am 21. Januar 1767 als Sohn des Moritz und der Magdalena Michlig geboren, gründete er 1808 mit Therese Eyer eine Familie, aus der sieben Kinder hervorgingen.

### 88. Peter Walter: 1804–1805

Er war der Sohn des Christian und der Katharina Adig und vermählte sich 1770 mit Maria Eyer, die ihm zehn Kinder gebar, davon zweimal Zwillinge. Er starb 1812.

### 89. Paul Jossen: 1806–1807

Paul Jossen entstammte dem Zweig der «Jossen die Grossen» und wurde am 27. Januar 1770 mit seinem Zwillingsbruder Kaspar dem Ehepaar Christian Jossen, Kastlan, und Maria Josepha Gasser in die Wiege gelegt. 1795 schloss er mit Maria Therese Inalbon von Glis den Bund der Ehe, dem eine Tochter, Anna Maria Antonia, entspross.

### 90. Peter Ruppen: 1808–1809

Als Sohn des Johann Christian geboren, heiratete er 1784 Maria Barbara Eggel (†1813), die sechs Kindern das Leben schenkte.

### 91. Johann Christian Salzmann: 1810–1811

Geboren am 21. November 1776, des Christian und der Anna Wyssen. Er heiratete Barbara Wyssen und war Vater von vier Kindern.

### 92. Kaspar Walden: 1812–1813

Er wurde am 8. Juni 1769 als Sohn des Peter und der Anna Maria Mattig geboren und heiratete 1829 im Alter von 60 Jahren die 46-jährige Anna Maria Walter.

### 93. Adrian Eggel: 1814–1815

Im Alter von 67 Jahren liess er sich ein zweites Mal zum Gemeindeoberhaupt wählen (vgl. Nr. 76). Er starb im Amt und wurde am 29. August 1815 zu Grabe getragen. Substitut Kaspar Salzmann übernahm vorübergehend die Amtsgeschäfte.[313]

### 94. Joseph Ignaz Albert: 1816–1817

Geboren am 9. Februar 1768, des Peter und der Maria Zenklusen. 1809 ehelichte er Maria Therese Schmid. Er war Vater von fünf Kindern.

### 95. Michael Eyer: 1818–1819

Als Sohn des Peter und der Anna Maria Eggel am 22. Dezember 1770 geboren, nahm er 1793 Therese Gasser zur Frau. Dieser Ehe entspross ein Sohn.

### 96. Lorenz Salzmann: 1820–1821

Geboren am 22. Februar 1792, des Lorenz und der Katharina Wyssen, vermählte er sich 1819 mit Barbara Eggel. Er war Vater von neun Kindern. Der Tod erreichte ihn am 18. Februar 1870.

### 97. Moritz Eggel: 1822–1823

Moritz Eggel wurde am 31. Juli 1788 als Sohn des Moritz und der Anna Ruppen geboren, ehelichte 1831 Barbara Salzmann und zeugte sechs Kinder.

### 98. Anton de Chastoney: 1824–1825

Er kam am 10. April 1788 als Sohn des Peter Joseph und der Anna Maria Karlen zur Welt und schloss 1816 mit Maria Josepha Wyssen den Ehebund. Die Ehe blieb kinderlos.

### 99. Peter Ruppen im Grossstein: 1826–1827

Da es zu jener Zeit zwei Männer dieses Namens gab, kommt wahrscheinlich der jüngere Peter, Sohn des Peter, und nicht Peter, des Christian, als Präsident in Frage. Ersterer ehelichte 1790 Anna Maria Albert und war Vater von sechs Kindern.

### 100. Christian Zenklusen: 1828–1829

Er wurde 177(?) als Sohn des Peter Christian, «vulgo Mooser», und der Anna Barbara Kluser in Simplon-Dorf geboren und vermählte sich 1810 in Naters mit Maria Salzmann, die fünf Kindern das Leben schenkte.

### 101. Moritz Huber: 1830–1831

Geboren am 27. September 1790, des Joseph und der Maria Walden, heiratete er 1817 Katharina Schmid und wurde Vater von vier Töchtern.

### 102. Moritz Salzmann: 1832–1833

Zu jener Zeit gab es drei Männer dieses Namens: Moritz (*1795), des Lorenz; Moritz (*1785), des Moritz, und Moritz (*1798), des Peter Johann Salzmann. Altersmässig könnte jeder der Genannten als Präsident in Frage kommen. Da mangels Urkunden eine genaue Bestimmung der Person nicht möglich ist, lassen wir die Frage offen.

### 103. Johann Joseph Eyer: 1834–1835

Er wurde am 16. Februar 1781 dem Ehepaar Christian und Ursula Eyer in die Wiege gelegt und vermählte sich 1810 in erster Ehe mit Magdalena Jossen, die ihm vier Kinder gebar. 1845 heiratete er in zweiter Ehe Antonia Salzmann, die fünf Kindern das Leben schenkte. Am 22. Januar 1869 starb er im Alter von 88 Jahren.

### 104. Moritz Eyer, des Simon: 1836–1838, 1839(?)

Am 28. Februar 1836 stand bei der Gemeindeversammlung die Wahl des Präsidenten an, die aber mangels Kandidaten nicht stattfand. Im Burgerbuch steht über diese Versammlung folgende Notiz: «President ist keiner erwählt worden, wo weilen [Kasimir Eugen] de Sepibus (er war bereits Präsident von 1784 bis 1785) wegen den Verdriesslichkeiten, so er ausgestanden, nicht mehr hat annehmen wollen. Auch keiner von den übrigen Vorstehern; ist also durch Herrn Seckelmeister solches zu verwalten überlassen worden.»[314]

In der Folge wurde noch im gleichen Jahr von der Eyer-Simon-Linie Moritz Eyer zum Gemeindeoberhaupt erkoren. Wegen der Gleichnamigkeit ist es nicht ersichtlich, ob es sich um Moritz Eyer, des Simon, oder um dessen Neffen, Moritz Eyer (*1779), des Adrian, handelt.

### 105. Johann Baptist Carlen: 1840–1841

Er entstammte der bekannten Orgelbauerfamilie Carlen von Reckingen und ist als Sohn des Felix (1734–1816) und der Anna Katharina geb. Holzer 1777 in Gluringen geboren. Carlen heiratete Cäcilia Huber von Naters († 1864) und war Vater von neun Kindern. Die Familie wohnte zuerst in Vionnaz, liess sich aber um 1812 in Naters nieder. Am 9. April 1820 erwarb er das Burgerrecht von Naters.[315] Er übte sein Amt bis Ende März 1841 aus und starb am 4. Juli gleichen Jahres.[316] Beinahe während seiner ganzen Amtszeit musste er sich von einigen Randalierern aus Blatten in feindseliger Art viel Unbill und Terror gefallen lassen, worüber wir an anderer Stelle ausführlich berichten.[317]

### 106. Kaspar Walden: 1841–1842

Er fungierte ab April 1841 als Präsident. Da in den zuverlässigen Stammbaumbüchern zu dieser Zeit kein anderer Kaspar Walden zu finden ist, handelt es sich wahrscheinlich um den gleichen wie unter der Nr. 92. Allerdings wäre er zu Beginn dieser Amtsperiode bereits im 72. Lebensjahr gestanden. Kaspar Walden wird in den Akten entweder Präsident oder Sindik genannt.

### 107. Joseph Eggel: 1843–1844

Wie schon des Öftern können wir auch in diesem Fall wegen der Gleichnamigkeit nicht sicher sagen, ob es sich hier um Joseph Eggel (1793–1879), des Adrian, oder um Joseph Eggel (*1792), des Moritz, handelt.

### 108. Peter Salzmann, der Tschiller: 1844

Geboren als Sohn des Christian und der Anna Maria Gasser, schloss er 1803 den Ehebund mit Anna Ruppen, die ihm vier Kinder gebar. Am 11. März 1844 handelte er in einer Erkanntnisschrift «für die Gemeinde Naters als Syndig derselben». Aber bereits am 4. Dezember selben Jahres wird er bei der Anfertigung eines Schuldtitels «alt Syndig von und in Naters, ein Sohn weiland Christian» genannt.[318]

### 109. Josef Eggel: 1845 (Januar bis November)

Er wurde am 14. Januar 1845 mit «grosser Mehrheit» zum Gemeindeoberhaupt gewählt. Da er ausdrücklich als «alt Präsident» bezeichnet wird, ist er wohl identisch mit Nr. 107.[319] Doch war diese Amtszeit von kurzer Dauer, denn noch im gleichen Jahr kam ein anderer Mann ans Ruder.

### 110. Johann Schmidt: 1845–1846

Johann Schmidt wurde am 19. September 1799 als Sohn des Moritz und der Katharina Ruppen geboren, ehelichte in erster Ehe Maria Salzmann und 1860 in zweiter Ehe Anna Maria Gertschen. Er starb am 19. Dezember 1862. In einer Schuldanerkennung vom 12. November 1845 durch Johann Amacker, Brig, gegenüber der Gemeinde Naters war diese vertreten durch «den anwesenden Herrn Syndig im Amte Johannes Schmidt, Sohn weiland Moritz von und in Naters»[320].

### 111. Stephan Gertschen: 1846

Gemäss Notizen aus dem Nachlass von Dionys Imesch waltete Stephan Gertschen 1846 als Präsident. Er wurde am 16. Februar 1797 als Sohn des Peter geboren, heiratete 1826 in erster Ehe Barbara Wyssen und 1834 in zweiter Ehe Katharina Escher von Mörel. Er war Vater von sechs Kindern und starb am 10. Januar 1875.

### 112. Joseph Eggel: 1847

Mit grosser Wahrscheinlichkeit ist er derselbe Joseph Eggel, welcher bereits zweimal der Gemeinde vorstand (vgl. Nrn. 107 und 109).

### 113. Moritz Huber: 1848–1849

Die Natischer Bürger sprachen ihm am 6. Februar 1848 ein zweites Mal ihr Vertrauen aus (vgl. Nr. 101).

### 114. Elias Nikolaus Rothen: 1850–1851

Am 14. Januar 1850 wählte ihn der Souverän an die Spitze der Gemeinde.[321] Rothen nahm in der Folge seinen Wohnsitz in Birgisch, wo er von 1852 bis 1855 als Präsident waltete.[322]

### 115. Johann Salzmann: vor 1852

Geboren am 25. Juni 1824, des Moritz und der Anna Maria Rothen, wurde er durch Heirat am 28. Mai 1850 Gatte der Maria Josepha Bammatter. Er war Vater eines Sohnes, Ludwig, des späteren Präsidenten von Naters (vgl. Nr. 124). Johann Salzmann starb am 16. Dezember 1881. Er diente in jungen Jahren als Soldat in Neapel und war der Bruder von Ignaz, Präsident in den Jahren 1863–1864. Mangels fehlender Akten kann die Amtsperiode von Johann nicht sicher festgelegt werden. Da er nach 1852 in den Gemeinderatsprotokollen nirgends vorkommt und die Amtsperioden der Präsidenten ab diesem Datum für jeden Monat gesichert sind, muss Johann Salzmann vor 1852 während kurzer Zeit als Präsident der Gemeinde vorgestanden haben. Im Stammbaumbuch von Naters wird er nämlich als «Praeses» (Präsident) bezeichnet. In den Jahren 1855-1864 fungierte er auch als Kastlan und von 1852 bis 1864 als Gemeindeschreiber von Naters.[323] Am Beinhausweg erinnert der «Salzmann-Stadel» an ihn (vgl. Kap. «Siedlungsgeschichte»).

### 116. Anton Salzmann: 1852–1854

Anton Salzmann wurde am 7. November 1804 als Sohn des Lorenz und der Katharina Wyssen geboren. Er vermählte sich 1829 mit Therese Ruppen, die ihm fünf Kinder schenkte. 1852 starb seine Gattin. Vater Anton wanderte 1861 mit vier Kindern (ohne die älteste Tochter Therese) nach San Jerónimo Norte (Argentinien) aus. Pfarrer Peter Josef Ruppen bemerkte zu dieser Auswanderung: «Der wohlhabende Vater [Anton Salzmann] zog mit vier Kindern, des Vaterlandes überdrüssig, nach Amerika.»[324] 1868, sieben Jahre nach seiner Auswanderung, starb er in San Jerónimo Norte.

### 117. Ignaz Schmid: 1855–1860

Er wurde am 15. Februar 1805 als Sohn des Moritz und der Anna Christina Martig geboren, schloss am 26. August 1830 den Ehebund mit Karoline Karlen und zeugte zwölf Kinder. In jungen Jahren kämpfte er als Soldat in Frankreich und Spanien. Am 14. März 1885 vollendete er im Alter von 80 Jahren sein Leben.[325] Ignaz Schmid durchbrach bereits die bisher im Allgemeinen strikt eingehaltene Amtsdauer von zwei Jahren.

### 118. Anton Eggel: 1861–1862

Als Sohn des Joseph und der Katharina Oberhuser von Oberwald am 26. August 1826 in Naters geboren, vermählte er sich 1849 mit Katharina Eggel und war Vater von sechs Kindern. Er übte den Lehrerberuf aus und starb am 1. Dezember 1909 im Alter von 83 Jahren.[326]

### 119. Ignaz Salzmann: 1863–1864

Geboren am 23. Dezember 1828, des Moritz und der Anna Maria Rothen, schloss er 1856 mit Maria Josepha Ruppen den Ehebund und war Vater von sechs Kindern. Ignaz Salzmann diente in jungen Jahren als Soldat in Neapel. Er starb am 3. April 1885.[327]

### 120. Ignaz Schmid: 1865–1868

Nachdem er bereits in den Jahren 1855–1860 der Gemeinde vorgestanden war, schenkten ihm seine Mitbürger ein zweites Mal das Vertrauen (vgl. Nr. 117).

### 121. Johann Eyer: 1869–1870

Johann Eyer wurde am 21. April 1821 als Sohn des Johann und der Katharina Amherd geboren und heiratete 1843 Anna Maria Huber. Er war Vater von fünf Töchtern und vier Söhnen. Am 16. Oktober 1895 vollendete er sein Leben.[328]

### 122. Anton Eggel: 1871–1876

Ende 1870 erkoren ihn die Natischer zum zweiten Mal zu ihrem Gemeindeoberhaupt (vgl. Nr. 118). Er ging als jener Präsident in die Geschichte ein, der zusammen mit den übrigen Gemeinderäten den verhängnisvollen, aber zum grossen Glück nicht ausgeführten Beschluss fasste, den Ornavassoturm niederzureissen (vgl. Kap. «Allgemeine Geschichte [...]», unter «Ornavassoturm»).

### 123. Alphons Wyssen: 1877–1880

Er kam am 4. Mai 1826 als Sohn des Johann und der Kreszentia Ruppen zur Welt, schloss 1849 mit Katharina Seiler den Bund fürs Leben und war Vater von acht Kindern. Er starb am 4. November 1905.[329]

### 124. Ludwig Salzmann: 1881–1892

Ludwig Salzmann wurde am 26. April 1851 als Sohn des Johann (vgl. Nr. 115) und der Maria Josepha Bammatter geboren. Er absolvierte seine Gymnasialstudien in Brig, St-Maurice und Sitten und übernahm nach dem Besuch der Rechtsschule in Sitten im Jahre 1874 als Notar das Amt des Gerichtsschreibers der Bezirke Goms und Östlich Raron und ab 1876 zusätzlich jenes des Bezirkes Brig. Volle 40 Jahre, 1874–1914, übte er dieses Amt mit der ihm eigenen Gewissenhaftigkeit und Berufsfreude aus.

Ludwig Salzmann entstammte der Linie Salzmann, genannt «die Grossen von der Eggerten». 1875 vermählte er sich mit Leopoldine Jordan, des Michael, Notar in Brig. Die Ehe blieb kinderlos.

Den Bezirk Brig vertrat er als Grossrat in den Jahren 1881–1909, also volle 29 Jahre lang. Am 17. November 1892 wurde er zum deutschen Schreiber des Grossen Rates ernannt. Salzmann lehnte jedoch diesen Ehrenposten infolge Arbeitsüberlastung ab. Im Dezember 1880 wählten ihn die Natischer ehrenvoll zum Gemeindepräsidenten. Mit einer Amtsdauer von zwölf Jahren ist dies von allen ermittelten Präsidenten die bisher längste Amtszeit eines Gemeindeoberhauptes in Naters, und es kamen in der Folge noch sechs Jahre hinzu (vgl. Nr. 126). Salzmann führte das Gemeindeschifflein mit grossem Fleiss und viel Erfolg und war bei seinen Mitbürgern hoch geachtet. In den Jahren 1875–1880 und 1883–1892 begegnet er uns auch als Gemeindeschreiber. Im Militärdienst bekleidete er den Grad eines Bataillonsadjutanten und rückte später im Landsturm zum Major auf. Auf die Frage, warum er nicht «aktiver Bataillonskommandant» geworden sei, soll Salzmann einem seiner Freunde geantwortet haben, er habe vor einem «Längeren» den «Kürzeren» ziehen müssen.

Ludwig Salzmann starb am 15. April 1914 im Alter von 63 Jahren. Die Presse charakterisierte ihn als eine Persönlichkeit «von vornehmer Art, bedächtig und klug, feinfühlend und zurückhaltend im Urteil»[330]. Pfarrer Imesch bezeichnete ihn als einen «integren und frommen Mann». Auch Kaplan Benjamin Bammatter war voll des Lobes: «Ein Mann wie keiner noch war und wohl nicht mehr kommen wird (...), voll Gerechtigkeit und Weisheit.»[331] Der Kirche hinterliess er ein Legat von 10 000 Franken.[332]

### 125. Emanuel Ruppen: 1893–1896

Am 9. Januar 1862 dem Ehepaar Emanuel und Maria Josepha Salzmann in die Wiege gelegt, reichte er 1884 Kreszentia Roten die Hand zum Lebensbunde. Dieser Ehe entsprossen neun Kinder. Emanuel Ruppen starb am 19. März 1940.

In seinen jüngeren Jahren wählten ihn seine Mitbürger während mehrerer Perioden in den Gemeinderat und im Dezember 1892 schliesslich zum Präsidenten, «welchem Amte er mit Umsicht und jedenfalls mit ausgesprochen konservativem Geiste vorstand», wie ein Pressekommentator bemerkte. Während 40 Jahren wirkte Ruppen als «Teilmann» bei allen Erbschaftsverteilungen mit und verstand es, mit dem damals noch üblichen Klafterstock jedem Erben sein richtiges Mass an Heustock, Wiesengrund und Acker gewissenhaft zuzuteilen und ihnen mit seinem träfen Urteil und praktischen Sinn beizustehen. Im Nekrolog wird Emanuel Ruppen als ein markanter Natischer, «grossgewachsen und von reckenhafter Gestalt», als ein Mann mit einem goldlauteren Charakter geschildert. Ja noch mehr: Er galt seinerzeit als einer der stärksten Natischer.[333]

### 126. Ludwig Salzmann: 1897–1902

Im Dezember 1896 wählten ihn seine Mitbürger zum zweiten Mal an die Spitze der Gemeinde (s. Nr. 124).

### 127. Karl Klingele: 1903–1904

Er kam am 8. Juli 1861 als Sohn des Gervas und der Barbara Hochstättler zur Welt, reichte am 1. Dezember 1883 in Naters Adelheid Kist aus Neusatz (badische Gemeinde im Kreis Achern, D) die Hand zum Lebensbunde und war Vater von sechs Kindern. Er starb am 18. Oktober 1920 im Alter von 59 Jahren. Karl Klingele führte als bekannter Gastwirt das Hotel Belalp. Der Öffentlichkeit diente er als Kastlan, Gemeinderat, Vizepräsident und schliesslich während zwei Jahren als Gemeindepräsident. Den Bezirk Brig vertrat er im Grossen Rat in den Jahren 1901–1909. Die Presse charakterisierte ihn wie folgt: «Sein praktisches Urteil, seine dienstfertige Leutseligkeit, sein gerader, offener Charakter liessen ihm das Vertrauen der gesamten Bevölkerung erwerben.»[334]

### 128. Meinrad Michlig: 1905–1916

Meinrad Michlig wurde am 18. Februar 1877 dem Ehepaar Moritz und Magdalena Pfaffen von Mund geboren. Er vermählte sich 1903 in Mariastein mit Maria Vogt aus Grenchen (SO) und war Vater von acht Kindern. Er starb am 15. Februar 1938 infolge einer scheinbar unbedeutenden Erkältung im Alter von 61 Jahren.

Michlig besuchte das Lehrerseminar in Sitten. Als Lehrer war er zuerst in Feschel und dann während zwei Jahren in Naters tätig. Noch nicht 20 Jahre alt, wurde der vorwärtsstrebende Lehrer vom Staatsrat im Jahre 1897 zum Betreibungsbeamten des Bezirkes Brig ernannt. Bei seinem Tod war er der amtsälteste Betreibungs- und Konkursbeamte des Wallis.

Naters machte sich die Intelligenz und die Arbeitskraft von Meinrad Michlig frühzeitig zunutze. 1896 wurde er in den Gemeinderat gewählt, dem er volle 28 Jahre angehörte. Während drei Perioden, in der schwierigen Zeit des Simplon- und Lötschbergbaus, leitete er als Präsident die Geschicke von Naters. Die aufblühende Gemeinde bedurfte zur Verteidigung ihrer Interessen einer energischen und tatkräftigen Persönlichkeit und sie fand diese in der Person von Meinrad Michlig. In die Zeit seiner Präsidentschaft fielen wichtige Arbeiten, die bleibende Denkmäler sind: der Bau des Bergweges Naters–Blatten, die Korrektion des Kelchbaches, die Vergrösserung des Friedhofs, die Einführung der Bergpost usw. Michlig war auch Gründer und steter Freund der italienischen Schule, was in der ihm überreichten Verdiensturkunde der «Opera Bonomelli» zum Ausdruck kam. Lange Jahre war er in verschiedenen wichtigen Gremien Vorstandsmitglied, so z. B. in der Ruhegehaltskasse des Lehrpersonals. Ab 1912 sass er ununterbrochen in der Aufsichtsbehörde in Vormundschaftssachen, verbrachte mehrere Perioden im Verwaltungsrat der Kantonalbank und war bis zu seinem Tod im Verwaltungsrat des Elektrizitätswerkes Brig-Naters. Mit Eifer förderte er das Vereinswesen in Naters. Ganz besonders liebte

er die Musikgesellschaft «Belalp», deren Präsident er von 1907 bis 1908 war.
Schon früh, am 10. November 1913, verlor er seine Gattin. Das ihm geschenkte Vertrauen übertrug die Gemeinde Naters später auf seinen ältesten Sohn gleichen Namens (vgl. Nr. 132).[335]

## 129. Anton Salzmann: 1917–1923

Er wurde am 12. August 1879 dem Ehepaar Anton und Karoline Imhof als zehntes von elf Kindern geschenkt. Nach der Primarschule besuchte er das Lehrerseminar in Sitten, wirkte 1899–1902 als Primarlehrer in Naters, setzte seine Studien am Kollegium in Brig und Schwyz fort, wo er die klassische Matura machte, absolvierte das Rechtsstudium in Freiburg i.Ü. und München und schloss es mit dem Notariats- und Advokaturexamen im Wallis ab. Am 14. Oktober 1913 heiratete er Cécile Feller von Fiesch. Dieser Ehe entsprossen drei Söhne und zwei Töchter. Seine Gattin starb bereits am 22. Mai 1934. Anton Salzmann erlag am 16. November 1959, im 80. Lebensjahr, einem Herzversagen.

Sein Leben stand voll im Dienst der Öffentlichkeit. Zählen wir auf: Grossrat 1909–1921, 1925–1929, 1932–1933; deutscher Schreiber des Grossen Rates 1913–1921, 1925–1929; Regierungsstatthalter-Stellvertreter 1920–1933; Gerichtsschreiber am Bezirksgericht Brig 1915–1931 (während dieser Zeit galt das Gerichtsaktuariat Brig als das bestgeführte im ganzen Kanton); Ersatzrichter 1929–1931, dann Präsident des Instruktionsgerichtes vorerst des Bezirkes Brig, später auch der Bezirke Goms und Östlich Raron 1932–1949; Gemeindepräsident von 1917 bis zum 22. Februar 1923; Hauptmann der Schweizer Armee.

Ausgerüstet mit einem soliden juristischen Wissen, von hoher sittlicher Auffassung durchdrungen, korrekt und unbeeinflussbar, als rastloser Arbeiter, sprach Anton Salzmann als Instruktionsrichter Recht. Sozial aufgeschlossen und grundgütig in seinem Herzen lag ihm alles am Wohl seiner Mitbürger. So war er 1916 Gründer und Präsident der Krankenkasse Naters, Vorstandsmitglied der Walliser Krankenkassen, des Kreisspitals Brig, des Elektrizitätswerkes Brig-Naters (EWBN) und der Buchdruckerei Oberwallis in Naters sowie Präsident der Wasserversorgung Naters und erster Präsident der Luftseilbahn Blatten-Belalp.

Im Schweizerischen Studentenverein war Anton Salzmann, vulgo Schoch, in den verschiedensten Verbindungen ein begeistertes Mitglied, so in der Brigensis (Kollegium Brig), in der Suitia (Schwyz), in der Helvetia Monacensis (München) und in der Alemannia (Freiburg i.Ü.).

Als Gemeindepräsident setzte er sich nach besten Kräften für das Allgemeinwohl ein. In der Gemeinderatssitzung vom 22. Februar 1923 legte er seinen Amtskollegen das vom Staatsrat angenommene Demissionsschreiben vor, das, «gestützt auf ein ärztliches Attest, worin dem Gesuchsteller eine Entlastung von der geistigen Arbeit zugunsten der Gesundheit empfohlen wird», unwiderruflich war. Das Gemeinderatsprotokoll schliesst diese Angelegenheit mit der Bemerkung: «Herr Salzmann war nicht mehr zu bewegen, die eingereichte Demission zurückzuziehen.» Anton Salzmann war eine geradlinige, offene, markante und gütige Persönlichkeit.[336]

## 130. Alfred Gertschen: 1923–1933

Alfred Gertschen wurde am 5. Februar 1875 als Sohn des Felix und der Christine geb. Wenger in Baltschieder, der Heimatgemeinde seiner Mutter, geboren. Die Familie nahm in der Folge in Naters, dem Bürgerort des Vaters, Wohnsitz, wo Alfred die Primarschule besuchte. Danach absolvierte er in Sitten in der Möbelfabrik Widmann die Lehre als Möbelschreiner. In Sitten bildete er sich in der abendlichen Gewerbeschule fachlich weiter.

Am 10. November 1895 führte er Genoveva Heinen aus Ausserberg als Gattin zum Altar und eröffnete, mit einer guten Berufsbildung ausgestattet, im Jahre 1898 im Klosikin eine Möbelwerkstätte, die sich aus bescheidenen Anfängen mit den Jahren zu einem ansehnlichen Fabrikbetrieb entwickelte und welche dann vom Klosi hinunter an die alte Bahnhofstrasse verlegt wurde. Aus der Ehe gingen eine Tochter und sieben Söhne hervor, von denen sechs in das Geschäft einbezogen wurden. Diese übernahmen allmählich den Betrieb auf eigene Rechnung. Das inzwischen landesweit bekannte Geschäft verdankt seine Entwicklung dem rührigen Arbeitsgeist des Vaters, der auch die Söhne beseelte, und nicht minder der um Kinder und Familie treubesorgten Ehefrau. Als diese am 16. Juli 1912 starb, ehelichte Gertschen 1913 die aus Naters gebürtige Maria Salzmann. Dieser zweiten Ehe entsprossen sechs weitere Kinder, von denen zwei im jugendlichen Alter starben. Alfred Gertschen hat sich vom einfachen Arbeiter zum angesehenen Möbelfabrikanten emporgearbeitet, zum Wohle unzähliger Arbeitnehmer und der heimischen Industrie.

Im Jahre 1912 wurde Alfred Gertschen in den Gemeinderat gewählt, aus dem er nach einer Amtsperiode ausschied. Er wurde aber am 4. März 1923 nach der unerwarteten Demission von Anton Salzmann vom Natischer Souverän zum Präsidenten erkoren. Dem Kantonsparlament diente er zuerst als Suppleant, dann, von 1915 bis 1933, als Grossrat.

Daneben bekleidete Gertschen lange Jahre die Stelle eines Revisors der Walliser Kantonalbank und der Volksbank in Visp. Gross war sein Interesse stets an Handel und Gewerbe. 1919 wurde auf sein Betreiben hin der «Handwerker- und Gewerbeverein Brig und Umgebung» gegründet, dem er als langjähriger Präsident und Ehrenpräsident angehörte. Mit seiner Erfahrung und Energie leistete er diesem Verein grosse Dienste. Er war auch Initiant der Oberwalliser Gewerbeausstellung, Mitbegründer der Walliser Handelskammer und des Oberwalliser Schreinermeisterverbandes. Als Grossrat brachte er 1926 erfolgreich eine Motion durch, und zwar bezüglich des Reklamewesens und 1929 eine solche zur Unterstützung der beruflichen Ausbildung jugendlicher Handwerker.

In seine Präsidialzeit fallen insbesondere die Vergrösserung des

Friedhofs, der Bau des Schulhauses Ornavasso und der neuen Bergstrasse nach Blatten, Werke, die für die Bevölkerung von unschätzbarem Wert geworden sind. Im Dezember 1932 wählten ihn die Natischer beinahe einstimmig ein viertes Mal zu ihrem Gemeindeoberhaupt.

Im privaten Bereich rühmte man seine guten Eigenschaften als Familienvater, leutseliger Mann und bereitwilliger Helfer in vielen Nöten. Selbst der Parteien Gunst oder Ungunst vermochte an seiner Person nichts zu rütteln.

Am 8. März 1933 erlag Alfred Gertschen als Präsident im Amt im 58. Lebensjahr einem Schlaganfall. Im Dorf herrschte grosse Trauer um eine Persönlichkeit, die sich während vieler Jahre mit grossem Engagement und viel Liebe für das Allgemeinwohl eingesetzt hatte.[337]

## 131. Alois Gertschen: 1933–1940

Alois Gertschen wurde am 13. Juli 1896 als Sohn des Alfred und der Genoveva Heinen in Sitten geboren. Nach dem Wohnortswechsel der Familie besuchte er die Primarschule in Naters, machte Welschlandaufenthalte in St-Maurice und Freiburg, absolvierte ein Lehrjahr in Basel und trat schon 1914 als 18-Jähriger ins väterliche Geschäft der Möbelfabrik Gertschen ein. Am 6. Oktober 1919 heiratete er die Lehrerin Cölestine Bieler aus Gamsen. Dieser Ehe entsprossen zehn Kinder.

Nach dem Tod seines Vaters im Jahre 1933 übernahm er mit seinen Brüdern Albert, Oskar, Otto und Othmar das väterliche Geschäft. Allmählich wurde die Schreinerei das, was wir heute kennen: die grösste westschweizerische Möbelhandlung. 1964 konnte Alois Gertschen als Seniorchef und Direktor das seltene Jubiläum 50-jähriger Mitarbeit in der Möbelfabrik Gertschen feiern.

Nach dem Tod seines Vaters Alfred, der als Präsident im Amt starb, galt es, sowohl einen neuen Gemeinderat wie auch einen neuen Präsidenten zu bestimmen. Am 30. April 1933 wurde Alois Gertschen in den Gemeinderat gewählt und am gleichen Tag mit 289 von 294 Stimmen, einem Glanzresultat, zum Präsidenten erkoren. In der ersten Gemeinderatssitzung vom 3. Mai 1933 meinte er nach der üblichen Gratulation zu seiner glänzenden Wahl, dass diese Sympathie der Bevölkerung wohl eher seinem verstorbenen Vater gegolten hätte. Mit Fleiss, Energie und grossem Geschick leitete er als Präsident die kommunalen Geschäfte der Gemeinde Naters bis 1940.

Neben dem vollamtlichen Beruf als Industrieller bewältigte Alois Gertschen ein schier übermenschliches Pensum: Grossrat 1937–1961, Vizepräfekt 1940–1944, Präfekt des Bezirkes Brig 1944–1966, Gemeindepräsident 1933–1940, Mitglied des Parteivorstandes der Konservativen Partei des Oberwallis und der kantonalen Steuerrekurskommission, Präsident der Walliser Kantonalbank 1955–1969, Mitglied des Verwaltungsrates des Kreisspitals Brig 1934–1971 (1961–1971 Präsident), Präsident der Krankenkasse Naters, Musikdirektor von sechs Musikgesellschaften usw. WB-Kolumnist Peter von Roten schrieb 1984 über Alois Gertschen: «Interessanterweise hat dieser Mann nie nach Stress gerochen, sondern Bonhomie und Lebensfreude ausgestrahlt, wie es weder unter Politikern noch unter Wirtschaftsfanatikern üblich ist.»

In der kommunalen wie kantonalen Politik konnte Gertschen viele Erfolge verbuchen. Seine Stimme der Besonnenheit und der sozialen Verantwortung hatte Gewicht. In Bezug auf das Spitalwesen in Brig wurden während seiner Präsidialzeit beim Bauen wie auch in der ganzen Umorganisation wichtige Entscheide gefällt. Er hat sich um das alte Spital und um die Planung des neuen grosse Verdienste erworben.

Durch seinen unentwegten Einsatz während Jahrzehnten prägte Alois Gertschen auch das Oberwalliser Musikleben. Einige Jahre war er auch Präsident des Oberwalliser Musikverbandes. Er stand als qualifizierter und nimmermüder Dirigent folgenden sechs Musikgesellschaften vor: «Belalp» Naters 1919–1958, «Simplon» Ried-Brig 1922–1973 (1959 Verleihung des Ehrenburgerrechts von Ried-Brig), «Alpenglühn» Ausserberg 1921–1957, Kollegiumsmusik 1926–1929, «Matterhorn» Zermatt 1928–1960 und «Harmonie» Stalden 1933–1945.

Anlässlich des Empfangs seines Sohnes Richard als Grossratspräsident am 14. Mai 1984 in Naters stand Alois Gertschen in der Menge und freute sich von Herzen. Kurz darauf ereilten ihn gesundheitliche Probleme, die immer grösser wurden und ihn an den Rollstuhl fesselten. Wer ihn im Spital in Brig besuchte, dem sprach er gefasst von diesem Übel, äusserte aber den Wunsch, bald zu sterben. Gertschen brauchte keine Angst zu haben, denn er hatte als tief religiöser Mann und als einer, der die Gabe und die Gnade der Kontemplation besass, auch gegenüber dem Allmächtigen seine Schuldigkeit getan. So rief ihn Gott am 16. August 1984 in seinem 89. Lebensjahr heim in den ewigen Frieden.

Vertreter der Regierung und Wirtschaft aus dem Wallis, zahlreiche amtierende und ehemalige Präfekten, Fahnendelegationen verschiedener Oberwalliser Gemeinden und viel Volk aus dem ganzen Land gaben ihm das letzte Geleit.

Alois Gertschen war eine disziplinierte und senkrechte Persönlichkeit, ein Mann mit Mass, der sich nie aufdrängte, hochgeachtet im ganzen Land, auch bei seinen politischen Gegnern. Seine letzte Gemeinderatssitzung vom 26. Dezember 1940 schloss er als abtretender Präsident mit den für ihn bezeichnenden Worten: «Alles zur grösseren Ehre Gottes!»[338]

## 132. Meinrad Michlig: 1941–1964

Meinrad Michlig wurde am 19. August 1906 als Sohn des Meinrad und der Marie Vogt geboren. Seine Gymnasialstudien machte er in den Kollegien von Brig und Sarnen sowie in der Klosterschule der Zisterzienser in Mehrerau (Österreich), wo er die klassischen Studien mit der Matura abschloss. Dem Rechtsstudium oblag er an den Universitäten Freiburg i.Ü. und Lausanne. In die Heimat zurückgekehrt, erhielt er nach einem Praktikum im Anwaltsbüro

Escher und Kluser und nach glänzend bestandener Prüfung das Anwalts- und Notarsdiplom.

Die Verbundenheit mit seinen Natischern, die glänzenden Geistesgaben sowie eine seltene rhetorische Begabung öffneten dem jungen Anwalt den Weg in die Politik. Als Abgeordneter des Bezirkes Brig vertrat er diesen von 1933–1938 als Grossrat in Sitten (er ersetzte 1933 den verstorbenen Alfred Gertschen). Nach dem Tod seines Vaters im Jahre 1938 wurde er zu dessen Nachfolger im Betreibungsamt Naters gewählt und übte diese Funktion bis 1966 aus. Gemäss kantonaler Verordnung musste er darum das Mandat als Grossrat aufgeben.

1937 wählte der Souverän Meinrad Michlig in den Gemeinderat und am 1. Dezember 1940 erkor er ihn einstimmig zum Präsidenten.[339] Unter seiner Präsidialzeit wurden unter vielem anderen zwei wichtige Werke geschaffen: der Bau der neuen Furkastrasse und die Errichtung des Schulhauses Turmmatte. Er war auch Verwaltungsratspräsident des Elektrizitätswerkes Brig-Naters und Präsident der Luftseilbahn Blatten-Belalp. Seine 24-jährige Tätigkeit als Gemeindeoberhaupt trug den Stempel der Uneigennützigkeit und Selbstlosigkeit. Für Meinrad Michlig war Naters seine Familie, und weil er mit zur Familie gehörte, fiel es ihm leichter, neben Anerkennung auch Undank ernten zu müssen.

Als Nationalrat Josef Escher zum Bundesrat gewählt wurde, rückte Michlig für die Konservative Volkspartei als Nationalrat für die Jahre 1950–1951 nach. Damit war er, wie Paul Anderegg nachweist, der erste Natischer, der im eidgenössischen Parlament Einsitz nahm.[340]

Michlig war es auch, der die Freundschaftsbesuche zwischen Naters und der oberitalienischen Gemeinde Ornavasso wieder aufleben liess. Er wurde von dieser Gemeinde zum Ehrenburger ernannt.

Meinrad Michlig hatte ein gutes Herz. Oft soll er versichert haben, wie weh es ihm getan habe, wenn er kraft seines Amtes als Betreibungsbeamter da und dort einschreiten musste. Sicher wurde manches aus eigener Tasche beglichen. Fast sämtliche Dorfvereine konnten seine Gebefreudigkeit erfahren. Auf Spaziergängen oder bei Versammlungen kam diese immer wieder zum Ausdruck.

Michlig war ein brillanter Gesellschafter. Dank seiner Sprachgewandtheit – er beherrschte Französisch und Italienisch wie seine Muttersprache – konnte er sich mit jedermann problemlos unterhalten. Oft wusste er Gespräche mit würzigen Anekdoten aufzulockern. Doch wenn es sein musste, konnte er auch scharf und sarkastisch die Klinge kreuzen. Politische Intrigen und ausgeklügelte Kombinationen aber waren ihm fremd. Seine lebhaften und gern gehörten Ansprachen gaben stets Zeugnis von seinem wachen und realistischen Sinn.

Am 6. Dezember 1964 waren wieder Gemeinderatswahlen angesagt. Michlig gedachte erneut zu kandidieren. Doch im Dorf regte sich allenthalben starke Opposition und der Ruf nach einem Machtwechsel wurde immer lauter. Bei der Präsidentenwahl kam es an diesem Tag zu einer grossen Überraschung: Mit 388 Stimmen ging Dr. Paul Biderbost als Präsident hervor, während der amtierende Meinrad Michlig 265 Stimmen auf sich vereinigte. Gegen diese Präsidentenwahl legten einzelne Bürger «wegen Verfahrensfehler» Rekurs ein. Der Staatsrat erklärte daraufhin die Präsidentenwahl vom 6. Dezember 1964 für nichtig und ordnete die Wiederholung derselben für den 17. Januar 1965 an.

In der Gemeinderatssitzung vom 30. Dezember 1964, die Meinrad Michlig noch präsidierte, gab er folgende Gedanken zu Protokoll: «Ich dachte, mit einer neuen Periode einen würdigen Abschluss zu machen. Wir haben vieles erreicht. Die Werke dürfen sich sehen lassen. (…) Ich hege keine Rachegefühle.»[341] Für die Wahl vom 17. Januar 1965 stellte sich Meinrad Michlig nicht mehr zur Verfügung. Zwei Tage vorher liess er in der Presse folgendes Kommunikee veröffentlichen: « (…) Der Unterzeichnete hat das Verlangen, dass in seiner lieben Gemeinde Naters die kommenden Präsidentenwahlen demokratisch, nicht rebellisch, nach Schweizer- und nicht nach Buschnegerart durchgeführt werden. Ich bahne hierzu den Weg und erkläre: Ich verzichte auf eine Kandidatur. Meinen Getreuen ein herzliches Vergelt's Gott! Den Verrätern aber an der Partei meine Verachtung!»[342]

Am 24. September 1965 gab Präsident Paul Biderbost die Demission von Ratsherr Meinrad Michlig bekannt. Fast volle 29 Jahre, von 1937 bis 1965, davon 24 Jahre als weitherum bekannter und origineller Gemeindepräsident, engagierte sich Michlig für das Allgemeinwohl der Gemeinde Naters. Mit 24 Jahren Amtsdauer bestritt er die mit Abstand längste Präsidialzeit eines Natischer Präsidenten.

Am 29. Juni 1957 vermählte sich Meinrad Michlig mit Aline Ruppen geb. Imhof in Mehrerau (Österreich). Diese Ehe sollte von kurzer Dauer sein. Am 24. Juni 1966 ging ihm seine geliebte Gattin im Tod voraus. Ihr Hinschied traf ihn hart und es erweckte den Anschein, als ob dieser Schicksalsschlag ihm die Kraft genommen hätte, den Kampf gegen Beschwerden und Krankheit zu führen. So kam am 7. Oktober 1968 der Tod als Erlöser an sein Krankenbett.

Noch nie sah man eine so grosse Menschenmenge am Grab eines Natischers stehen. Was im Land Rang und Namen hatte, gab ihm das letzte Geleit. Mit diesem Grossaufmarsch ehrte das Oberwallis einen Mitbürger, der seine ganze Kraft zum Wohl der Bevölkerung eingesetzt hatte.[343]

## 133. Dr. Paul Biderbost: 1965–1976

Paul Biderbost kam am 28. Juli 1927 als Sohn des Emil, Burger von Ritzingen und Souschef auf dem Bahnhof Brig, und der Maria geborene Biderbost aus Vevey in Brig zur Welt.[344] Er durchlief die Primarschulen von Brig, schloss am Kollegium Brig mit der Matura B ab (1947/48 Senior der Brigensis), studierte an den Universitäten von Lausanne und Paris die Rechte, schloss sein Rechtsstudium mit dem Doktorat ab (Dissertation: «Die Republik Wallis 1802–1810», Visp 1959) und absolvierte die zweijährige Stage im Büro von Dr. Kaspar von Stockalper. 1955 eröffnete er in Naters, wo er seit 1951 wohnhaft war, ein Advokatur- und Notariatsbüro und wurde gleichzeitig nebenamtlicher Redaktor des ‹Walliser Boten›, bei dem er bis 1959 unter dem Pseudonym «Aletschtoni» Kommentare schrieb. Am 20. Juni 1959 heiratete er Marlies Zenklusen von Naters. Dieser Ehe entsprossen fünf Kinder. Von 1957 bis 1964 amtete Paul Biderbost als Vizepräsident der Gemeinde Naters. Am 6. Dezember 1964 erkor ihn der Souverän in einer spektakulären Kampfwahl gegen Meinrad Michlig zum Präsidenten (vgl. Nr. 132). Infolge eines vom Staatsrat akzeptierten Rekurses musste die Wahl am 17. Januar 1965 wiederholt werden. An diesem Tag wurde Paul

Biderbost mit 700 von 808 abgegebenen Stimmen in einem kampflosen Wahlgang bestätigt, nachdem Meinrad Michlig auf eine Kandidatur verzichtet hatte.

Im Grossen Rat, dem er von 1961 bis 1977 angehörte, arbeitete Biderbost massgeblich in den Kommissionen für das Schulgesetz, das Stipendienwesen und das Finanzgesetz mit. Dabei kam ihm die perfekte Beherrschung der französischen Sprache zugute. Von 1969 bis 1973 war er Fraktionschef der Christlichdemokratischen Volkspartei Oberwallis und von 1975 bis 1983 Nationalrat. Bei der parlamentarischen Tätigkeit in Bern galt sein Interesse vor allem den Bereichen Energie, Verkehr, Berggebiet und Aussenpolitik. Er präsidierte die Nationalratskommission für zivile und militärische Bauten und jene für den Schulanfang im Herbst. Die grösste Befriedigung für ihn war, dass er 1983 die verbilligten Autoverladetarife und die Verfassungsvorlage über die Verwendung der Treibstoffzölle durchbrachte. Als Vorstandsmitglied der CVP Schweiz leitete er deren Verkehrskommission. Er war auch Fraktionssprecher zur Schwerverkehrsabgabe und Autobahnvignette. Ab 1982 war der Bähnlersohn während vieler Jahre Verwaltungsrat der SBB. Als Mitglied des Ausschusses des Kreisspitals Brig und in den Jahren 1993–1998 als Präsident des Verwaltungsrates engagierte er sich stark für die sozialen Belange. Obwohl Paul Biderbost 1983 aus dem Parlament schied, war er politisch immer noch aktiv und griff in der Presse regelmässig zur Feder.

Als Kommunalpolitiker und insbesondere als Präsident der Gemeinde Naters in den Jahren 1965–1976 baute er zusammen mit seinen Ratskollegen eine effiziente Gemeindeverwaltung auf, mit der es gelang, die stürmische Entwicklung der Gemeinde zu meistern. In seine Amtszeit fielen unter anderem folgende bedeutende Errungenschaften: Bau des Sekundarschulhauses Bammatten und verschiedener Quartierstrassen, Verbreiterung der Strasse Naters–Blatten, Restauration des Pfarrhauses, Kauf des Junkerhofs und Umfunktionierung desselben in ein Gemeindehaus, Schaffung des Bau- und Kanalisationsreglementes, eine grosszügig angelegte Sportanlage sowie die Beteiligung der Gemeinde am Ausbau der Seilbahn Blatten-Belalp und der Skilifte. Es herrschte zwar in der Gemeindekasse Ebbe, doch waren viele Aufgaben gelöst, so dass eine Konsolidierungsphase eintrat, in der mit etwas weniger Tempo vorwärts marschiert werden konnte, ohne dass der Anschluss an die Zeit verpasst wurde.

Dr. Paul Biderbost war ein dynamischer, kompetenter, unternehmungsfreudiger und den Bürgern nahe stehender Gemeindepräsident, der als Kommunalpolitiker wie auch auf Kantons- und Bundesebene zahlreiche Erfolge verbuchen konnte. In Anbetracht seiner grossen Verdienste um das öffentliche Wohl ernannte ihn die Burgerschaft Naters am 20. März 1985 zu ihrem Ehrenburger. An St. Merez, dem 22. September gleichen Jahres, fand mit einer gediegenen Feier die Übergabe des Burgerbriefes statt.[345] – Paul Biderbost starb nach kurzer Krankheit am 24. Oktober 1999.

## 134. Richard Gertschen: 1977–1985

Siehe Kapitel «Landeshauptmänner», Nr. 8.

## 135. Richard Walker: 1985–1994

**Werdegang**
Richard Walker wurde am 29. Januar 1939 als zweites von sieben Kindern der Maria und des Eduard Walker-Jossen geboren. Seine Kinder- und Jugendjahre verbrachte er an der Blattenstrasse in Naters. Nach der Primarschule besuchte Richard die Realschule im Kollegium Brig und anschliessend lernte er den Beruf eines Vermessungszeichners in Sitten. Später studierte er am Technikum Luzern und schloss sein Studium als Bauingenieur HTL ab. Seine ersten Sporen verdiente sich der junge Ingenieur in Siders und dann in Brig.

Im Jahre 1964 heiratete er Elly Gertschen. 1965 wurde ihre älteste Tochter Silvia geboren; ein Jahr später kamen die Zwillinge Julia und Caroline zur Welt. Nach Abschluss des Studiums nahm die junge Familie Wohnsitz in Noës und liess sich anschliessend endgültig in Naters nieder. 1972 machte sich Richard Walker selbstständig und eröffnete in Naters ein eigenes Ingenieurbüro. Gegenüber seinen Mitarbeiterinnen und Mitarbeitern war er ein grosszügiger Vorgesetzter. Dank seiner Kompetenz entwickelte sich sein Büro zu einem renommierten Unternehmen im Oberwallis.

Walker war ein passionierter Turner. Er hat sich in jungen Jahren ganz dem Kunstturnen verschrieben und diese Jahre prägten ihn. Er war ein drahtiger und ausgezeichneter Athlet. Seine Kameradschaft war beispielhaft. In späteren Jahren unternahm er in seiner knappen Freizeit oft Bergtouren oder durchwanderte den Natischer Berg. Im Oktober 1993 bestieg er in einer vierwöchigen Tour zusammen mit elf Mitgliedern der Rettungsstation Blatten sogar drei Pässe von über 6000 Metern Höhe im Himalaja.

**Walker als Präsident**
Im Dezember 1976 wurde Richard Walker in den Gemeinderat gewählt. Während acht Jahren stand er als umsichtiger Ratsherr den Bereichen öffentliche Arbeiten, Tourismus und Sport vor. Als sein Vorgänger Richard Gertschen Staatsrat geworden war, wurde Walker am 24. März 1985 mit einem Glanzresultat von 1811 Stimmen zum Präsidenten von Naters gewählt. Die Amtsübernahme erfolgte am 1. Mai 1985. Unter seiner Präsidentschaft erlebte die Gemeinde Naters eine imposante Entwicklung. Verschiedene Bauwerke prägen seine Amtszeit. So entstanden die Grossturnhalle Klosi, der Parkplatz Kelchbach, die ausgebaute Weingartenstrasse und der neu gestaltete Marktplatz sowie das Schwimmbad Bammatten. Des Weitern erwarb er Bodenreserven für die Gemeinde, erweiterte die Sportanlagen und baute viele Flurstrassen aus. Aber auch die Umfahrungsstrasse Naters–Brig und der Hochwasserschutz am Rotten und am Kelchbach lagen ihm besonders am Herzen. Das wohl grösste Werk, über dessen gelungene Realisierung sich Richard Walker noch freuen durfte, ist das Zentrum Missione. Dieses für die Bevölkerung von Naters so wichtige Gebäude wird wohl immer mit dem Namen Richard Walker verbunden bleiben. Neben diesen Grossprojekten im Talgrund hatte er stets ein offenes Ohr für die Anliegen der Bevölkerung im Natischer Berg. Als Verwaltungsratspräsident der Seilbahnen AG Blatten-Belalp, aber auch als Berg- und Wanderfreund setzte er sich mit aller Kraft und Weitsicht für die touristische Entwicklung ein. 1993 wurde er als Vertreter des Bezirkes Brig in den Grossen Rat gewählt. Das Kantonsparlament hatte in ihm einen vehementen Vertreter der Gemeindeautonomie und einen überzeugten

Kämpfer gegen den staatlichen Zentralismus. In der kurzen Amtszeit als Grossrat konnte er sich in Sitten bereits Gehör und Ansehen verschaffen.

Während zehn Jahren setzte er sich als Vizepräsident des Kirchenrates mit viel Engagement und Liebe für die Belange der Pfarrei ein. Ihm war vor allem die erspriessliche Zusammenarbeit zwischen Gemeinde und Pfarrei ein Herzensanliegen. Seine Überzeugung war getragen von einer urtümlich-tiefen religiösen Einstellung und von einer nicht alltäglichen Hochachtung vor den Priestern.

Richard Walker verstand es, Leute einzubinden, um sie für das Gemeinwohl einzusetzen. So initiierte er auch dieses Buch und hat den Verfasser in seiner Arbeit während vier Jahren interessiert und gezielt begleitet.

Originell und volksverbunden waren stets seine einleitenden Worte in den ‹Mitteilungen› der Gemeinde Naters. Zum Jahresbeginn 1989 schrieb er: «Ich wünsche allen für einmal Zeit: Zeit in unserem von Hast und Hetze geprägten Alltag, Zeit für sich selbst und den Mitmenschen, Zeit für einen Kranken und Betagten, Zeit, um die Dinge heiter und gelassen auf sich zukommen zu lassen und eins nach dem anderen zu erledigen.»[346] Im Hinblick auf die Gemeinderatswahlen von 1992 lesen wir von ihm die bemerkenswerten Worte: «‹Wahltag gleich Zahltag›, sagt der Volksmund. Nun, dann fest drauf los, aber lasst Fairness und Achtung vor dem Mitmenschen walten! Auch die Kandidaten und Kandidatinnen sind nur Menschen und verdienen als solche behandelt zu werden.»[347] Zum Jahresanfang und zu Beginn der neuen Amtsperiode 1993 wünschte er allen Bürgerinnen und Bürgern sowie allen Ratsmitgliedern: 1. ein Kurzzeitgedächtnis, was schlechte Erfahrungen und Behandlungen im verflossenen Jahr anbelangt; 2. ein Langzeitgedächtnis, was empfangene Achtung, Liebe und Respekt betrifft, und 3. vor allem einen positiven Zukunftsglauben und frohen Sinn.[348]

Walker war ein entscheidungsfreudiger Präsident, der sich nicht nur in der Gemeindeverwaltung, sondern auch bei kirchlichen und weltlichen Institutionen und Vereinen unentwegt und erfolgreich für das Gemeinwohl einsetzte.

Die von Richard Walker geleistete Arbeit in der Gemeinde Naters war geprägt von Mut, Ausdauer, Geradlinigkeit, Weitsicht und Offenheit. Er war keiner von denen, die im Rat nur Dossiers auftischen. Sein enormer Einsatz färbte auf die Ratsmitglieder, aber auch auf die Verwaltung ab. Seine Devise war: Taten statt Worte! Für sein gestecktes Ziel war er immer bereit zu kämpfen; nie äusserte er seine Meinung hinter vorgehaltener Hand, nie scheute er die politische Konfrontation, wenn er von einer Sache überzeugt war. In seiner Arbeit als Politiker konnte er zahlreiche Erfolge verbuchen, musste aber auch erfahren, was es bedeutet, missverstanden zu werden. Jemandem etwas nachzutragen, war nicht seine Art. Dies war wohl der Grund für seine fortwährende Begeisterung, seinen unentwegten Einsatz für alle und seinen unbeirrten Glauben an das Gute in jedem Menschen. Er bat um Entschuldigung und Nachsicht – und das zeigte seine Grösse –, wenn er feststellte, dass sich andere betroffen oder verletzt fühlten. Er war ein Kommunalpolitiker mit eigenem Profil und Stil und wird der Bevölkerung als eigenwillige und kantige Führungspersönlichkeit in Erinnerung bleiben.

**Tragisches Ende**

Richard Walker hatte beruflich, politisch und familiär noch viele Pläne. Die Realisierung derselben sollte ihm leider verwehrt bleiben. Am 20. Juni 1994 kam er auf dem Weg ins Kantonsparlament bei einem tragischen Verkehrsunfall ums Leben. Der Unfall ereignete sich rund 100 Meter vor dem neuen Tunnel Regrouillon zwischen Siders und Granges. Aus unerklärlichen Gründen kam der Wagen von Richard Walker plötzlich von der Fahrbahn ab und kollidierte mit einem entgegenkommenden Lastwagen. Laut Augenzeugen war der Aufprall derart wuchtig, dass der Personenwagen senkrecht aufgestellt wurde. Der Verunglückte starb auf der Stelle. Für die Gemeinde Naters ging der 20. Juni als einer der traurigsten Tage in die Geschichte ein.

*Unfallkreuz und Gedenktafel für Richard Walker vor dem Tunnel Regrouillon, gestiftet durch die Grossratskollegen.*

Mit dem plötzlichen Hinschied von Richard Walker verlor die Gemeinde Naters mehr als ihren Präsidenten. Die Familie vermisst in ihm einen herzensguten Ehemann und Vater; Unzählige trauern um einen feinfühligen Kameraden und treuen Freund. Das ganze Dorf Naters verlor in ihm eine markante und mutige Persönlichkeit, der man wegen ihrer Geradlinigkeit und menschlichen Qualitäten weit über die Gemeinde- und Parteigrenzen hinaus mit Achtung und Respekt begegnete.[349]

Nach dem Tod von Richard Walker übernahm vom 20. Juni bis zur Wahl des neuen Gemeindeoberhauptes am 4. September 1994 Vizepräsident Daniel Schmid die Leitung der Gemeinde.

## 136. Edith Nanzer-Hutter: seit 1994

Sie wurde am 7. Dezember 1947 als Tochter des Alfred Hutter und der Klementine geb. Zenklusen, beide von Mund, in Naters geboren. 1972 heiratete sie Anton Nanzer aus Oberwald, dipl. Handelslehrer am Institut St. Ursula, und wurde Mutter einer Tochter, Livia. Edith Nanzer arbeitete in Naters von 1967 bis 1977 als Primarlehrerin und von 1979 bis 1989 als Katechetin. Von 1989 bis 1994 sass sie im Gemeinderat, seit dem 4. September 1994 ist sie Gemeindepräsidentin und seit 1997 Grossrätin. 1992–1994 präsidierte sie die Oberwalliser Volkshochschule und seit 1993 ist sie die erste Präsidentin des Vereins «Oberwalliser Programm für Arbeitslose» (OPRA).

Edith Nanzer wurde 1988 als zweite Frau in den Natischer Gemeinderat gewählt. Gemeindepräsident Richard Walker kommentierte dies so: «Erstmals – und mit hervorragenden Resultaten – sind zwei Frauen (auch Rita Ruppen) in unseren Gemeinderat gewählt worden. Dieser Trend ist erfreulich und richtig. Unsere Politik und Verwaltung werden so wohl hin und wieder etwas menschlicher und wärmer erscheinen.»[350] Nach dem Tod von Richard Walker wurde die Wahl des Gemeindepräsidiums auf den 4. September 1994 angesetzt. Die CVP stieg mit Edith Nanzer, die CSP mit Daniel Schmid und die SP mit Edgar Salzmann ins Rennen. Eine CVP-Frau, ein CSP- und ein SP-Mann: Das stand für Salz und Pfeffer. Politische Insider prognostizierten den kleineren Parteien diesmal gewisse Chancen. Sie sollten sich gewaltig irren. Die CVP-Kandidatin erreichte bei 3631 gültigen Stimmen (Stimmbeteiligung 69,65 Prozent) ohne Probleme das absolute Mehr im ersten Wahlgang. Hier die Ergebnisse: Edith Nanzer 2154 (59,30 Prozent), Daniel Schmid 1023 (28,20 Prozent) und Edgar Salzmann 454 (12,50 Prozent) Stimmen. Edith Nanzer hat mit diesem glänzenden Resultat die kühnsten Erwartungen weit übertroffen.

Im Vorfeld der Wahl gaben die ehemaligen und amtierenden CVP-Gemeinderätinnen und -Gemeinderäte im ‹Walliser Boten› vom 27. August 1994 zugunsten ihrer Kandidatin nachstehende Wahlempfehlung ab:

«1. Edith Nanzer-Hutter ist in Naters geboren und aufgewachsen. Hier war sie auch viele Jahre als geachtete Lehrerin tätig. Sie ist also vollständig in unsere dörfliche Gemeinschaft integriert, ist hier bekannt und anerkannt. Sie denkt, fühlt und lebt als Natischerin.

2. Zweimal haben sie die Natischer mit einem Glanzresultat in den Gemeinderat gewählt und ihr damit volles Vertrauen ausgesprochen und sie hat sich dessen würdig erwiesen.

3. Dank ihrer beruflichen und menschlichen Qualitäten und ihrer Erfahrung in Familie, Beruf und Öffentlichkeit hat sie als Gemeinderätin die ihr anvertrauten Aufgabenkreise wie Schulen, Liegenschaften, Jugend und Fürsorge vorbildlich betreut und darin sehr gute Arbeit geleistet.

4. Edith Nanzer erfüllt alle Anforderungen, die heute an die Leitung eines bedeutenden Gemeinwesens in Naters gestellt werden müssen: Sie ist fähig und vielseitig, verfügt über eine grosse Arbeitskraft, über die für das Amt erforderliche Zeit und die Erfahrung in Verwaltungsfragen, um der ihr zugedachten Aufgabe voll und ganz gerecht zu werden.»

Und in der Tat: Offenheit, Geradlinigkeit, Fairness, eine tiefe Verankerung im Glauben, Gesprächs- und Konsensbereitschaft prägen den politischen Stil von Edith Nanzer. Sie kennt sich in den verschiedenen Gemeindedossiers bestens aus, hat Durchsetzungsvermögen in den politischen Gremien und beweist Standfestigkeit in Grundsatzfragen. Sie ist, wie die Jung-CVP Naters ihr in einer Zeitungsnotiz attestierte, eine Frau «mit Erfahrung, Herz und Verstand». Beruflich unabhängig, opfert sie einen Grossteil ihrer Zeit und Energie für die Gemeinde, auch wenn das Gemeindepräsidium in Naters bloss als «Halbtagsarbeit» entlöhnt wird.

Wer glaubte, sie durch Angriffe in der Presse mürbe machen zu können (weil sie eine Frau ist?), der bekam nach wenigen Tagen in wohl überlegter, feiner und klarer Art die Antwort auf den Tisch. Edith Nanzer liebt keine langatmigen Reden. Sie sagt in ihren Ansprachen in kurzen und prägnanten Worten, in verhalten charmanter und überzeugender Weise das, was in der jeweiligen Situation zu sagen ist: nicht zu viel, aber auch nicht zu wenig.

Das Grossratsmandat hat sie nicht gesucht, sie erklärte sich aber schliesslich bereit, im Interesse der Gemeinde und Partei die Kandidatur anzunehmen. Eine endgültige Würdigung ihrer Präsidialzeit kann erst am Ende ihrer letzten Legislaturperiode erfolgen.[351]

*Ratsstube im Junkerhof.*

# Landeshauptmänner von Naters

Das Amt des Landeshauptmanns hatte, wie schon sein Name sagt, ursprünglich militärischen Charakter und geht in seinen Anfängen auf das 14. Jahrhundert zurück. Hans Anton von Roten beginnt sein Verzeichnis der Walliser Landeshauptmänner mit dem Jahr 1388, wobei dieses Amt seiner Ansicht nach schon vorher in gewissen Ansätzen vorhanden war. 1798 verschwand die Funktion des Landeshauptmanns, wurde aber 1802 wieder eingeführt. Ab 1840 traten die Präsidenten des Grossen Rates und des Staatsrates an die Stelle des Landeshauptmanns.

Trotzdem ist der geschichtsträchtige Titel «Landeshauptmann» für den Präsidenten des Grossen Rates noch heute im Bewusstsein des Volkes und wird, wie jeweils aus der Presse ersichtlich ist, noch ab und zu verwendet, allerdings ohne den altehrwürdigen zusätzlichen Ehrentitel «Seine schaubare Grossmächtigkeit».

Aus Naters bekleideten bisher acht Personen das Amt des Landeshauptmanns. Dabei fällt auf, dass unser Ort zwischen 1456 und 1670 sieben Landeshauptmänner stellte, den achten und letzten aber erst im Jahre 1984/85 in der Person von Richard Gertschen.

Bei der Behandlung dieses Kapitels fand der Verfasser in dem grossartigen Werk von Hans Anton von Roten, «Die Landeshauptmänner von Wallis, 1388–1798», eine reichhaltige Fundgrube.[352] Diese ausführlichen Darlegungen werden in verkürzter Form wiedergegeben, ohne jedoch von Rotens zahlreiche Anmerkungen in unser Werk zu übernehmen. Es folgen nun die Lebensläufe der acht Natischer Landeshauptmänner.

## 1. Aegidius In der Kumben: 1456–1457 und 1468–1470

Nach dem Ort «in der Kumben» zwischen Betten und Goppisberg nannte sich ein altes Geschlecht, aus dem der Landeshauptmann Aegidius In der Kumben hervorging. Sein Vater Johannes wohnte zwar schon im Zenden Brig in Weingarten bei Naters, doch weisen deutliche Anzeichen darauf hin, dass er aus der Gegend von Betten stammte.

Bereits 1444 war Aegidius Mitglied des Zendengerichtes von Brig. In Visp hiess er 1449 Grosskastlan des Zendens Brig und war Abgeordneter im Landrat. Er besass schon in den Jahren 1456 und 1457, als er zum ersten Mal Landeshauptmann war, ein reiches Mass an Wissen.

Im Jahre 1468 wurde er nach dem Tod Kaspar Teilers wiederum zur höchsten Würde gewählt und verblieb bis 1470 im Amt. Aus der Zeit seiner Regierung und Tätigkeit sei Folgendes hervorgehoben: 1468 nahm er an Verhandlungen zwischen Bischof Walter II. und Rudolf Asperlin über strittige Lehen teil. 1469 besichtigte er ein streitiges Gelände zwischen Varen und der Contrée von Siders. Am 2. April 1470 richtete er in einem Handel zwischen den Familien Ubertin und Jantzen von Bodmen im Goms, die wegen eines Kalbes, das während der Alpfahrt Schaden angerichtet hatte, uneins geworden waren. Am 9. April 1470 führte In der Kumben einen Ehrbeleidigungsprozess des Christoph Courten von Brig gegen einen Bürger von Gampel, der Courten mit den Worten «Du Schelm» begrüsst und ihn mit einem Stein bedroht hatte.

Wir wissen nicht, wann und wo In der Kumben gestorben ist. Doch ist es kaum wahrscheinlich, dass er den Bischof Walter überlebte. Auch wissen wir nicht, ob Aegidius verheiratet war. Ein Bericht aus dem Jahre 1496 ist uns erhalten geblieben, der folgende kleine Tragödie enthüllt: Im reifen Alter, vielleicht zur Zeit seiner ersten Landeshauptmannschaft, war Aegidius in die Liebesnetze einer falschen Frauensperson geraten, die Katharina hiess und vermutlich aus Naters stammte. Diese gebar ihm einen Sohn, Anthelm genannt, den Aegidius als seinen eigenen, wenn auch illegitimen Sohn ansah. Katharina ehelichte dann einen sonst unbekannten Rudolf Salzmann (oder war sie schon früher mit Salzmann vermählt?).

Anthelm wuchs als Sohn des Landeshauptmanns auf und sein Vater vermählte ihn am 21. März 1470 mit Wilhelmina, der Tochter des Notars Michael de Simplono von Sitten. Nicht gar lange danach scheint der Landeshauptmann das Zeitliche gesegnet zu haben. Und als «er an seinem Letzten lag», vermachte er seinem Anthelm testamentarisch 100 Dukaten. Einige Zeit später kam auch Katharina, die ehemalige Geliebte In der Kumbens, ans Sterben und auf ihrem Totenbett offenbarte sie «bei ihrer Seele Verdammnis», dass sie Aegid betrogen und dass Anthelm nicht des Landeshauptmanns, sondern Rudolf Salzmanns Sohn sei. In der Folge nahm nun Anthelm den Namen Salzmann an. Er scheint aber trotzdem im Besitz wenigstens eines Teils des Vermögens des Landeshauptmanns geblieben zu sein, denn noch um 1563 erschienen als Besitzer in Weingarten die Brüder Kaspar und Georg Salzmann sowie Aegid Rosser von Mörel. Es waren vermutlich die Erben des Landeshauptmanns In der Kumben. Es bleibt noch beizufügen, dass Aegidius In der Kumben am 22. Februar 1470 als Landeshauptmann in die Priesterbruderschaft von Naters aufgenommen wurde. Noch heute gibt es die «Kumme» bei Betten, von wo das Geschlecht des Ballivus (Landeshauptmanns) seinen Ausgang nahm.

## 2. Johannes Rymen: 1497–1498

Der Lebenslauf des Landeshauptmanns Johannes Rymen, so scheint es, gleicht einem Flusslauf, der sich still und lautlos durch eine sonnige Landschaft hinzieht, an dessen Ufern hohe Pappeln und weisse Kapellen stehen, über die eine ziehende Wolke nur kurze Zeit einen Schatten wirft.

Die Rymen sind alt im Briger Zenden, wo sie seit 1347 erwähnt werden, doch waren sie weder jemals sehr zahlreich noch vermögend. Auch hat sich ihr Stamm nicht bis in die neuere Zeit erhalten.

Rymens Leben ist bald erzählt. Er war ein weiser Bauersmann. 1489 und 1494 bekleidete er die Würde eines Grosskastlans des Zendens Brig. Wir wissen nicht, welche Gründe die Abgeordneten des Landes bewogen, ihn wahrscheinlich Ende 1496 zum Landeshauptmann zu wählen. Rymen blieb bis 1498 im Amt, war aber auch in den folgenden Jahren weiterhin aktiv in der Politik seines Landes. Mehrmals war er noch Grosskastlan des Zendens. Später amtete er als Landvogt des Unterwallis (vermutlich 1506/07). Bei der Hochzeit, die Hans Gertschen von Rischinen im Dezember 1509 in Ausserberg mit Greta Schmid feierte, finden wir ihn mit anderen Optimaten von Naters als Zeugen.

Eine wichtige Rolle sollte Johannes Rymen im Jahre 1510 spielen. Bekanntlich suchte Matthäus Schiner damals die Walliser für ein Bündnis mit Papst Julius II. zu gewinnen, während auch König Ludwig XII. um die Freundschaft der Schweizer und Walliser warb. Rymen als treuem Anhänger Schiners ward die Rolle zugedacht, die oberen Zenden für das Bündnis zu gewinnen. Im Oberwallis zog Rymen, begleitet von Kaspar Schiner, von Dorf zu Dorf, um den Leuten das Bündnis zu empfehlen, aber der Erfolg war bescheiden. Während es in Mörel noch ruhig zuging, kam es in Glis zu einem stürmischen Auftritt. Hier hatten Rymen und Kaspar Schiner die Bewohner im Baumgarten der Kirche versammelt. Während Rymen auf die Leute einredete, drangen einige Gesellen unter Führung des berühmten Hauptmanns Gerwer mit gezücktem Schwert in die Versammlung ein, die sich daraufhin auflöste. Schiner und Rymen flüchteten auf den Friedhof, wo der wütende Christoph am Ranft aus Termen mit Rymen handgemein wurde. Andere französisch Gesinnte scheuten sich nicht, die Matze (ein Kampfinstrument, um das Volk gegen übermächtige Herren aufzuwiegeln) vor Rymens Haus nach Naters zu tragen, um so den Zorn des Volkes gegen ihn aufzustacheln. Die Supersaxo selbst suchten Rymen mit List zu gewinnen. In seiner Abwesenheit betrat der politisierende Domdekan Franz Supersaxo (der Sohn Jörgs) Rymens Haus in Naters und versprach seiner Gattin Anna reichlich Geld, wenn sie ihren Mann für Frankreich gewinnen könne: Es war vergebliche Mühe.

Am Palmsonntag 1510 war Rymen in Ernen und nahm als frommer Christ auch an der Palmweihe und Prozession teil. Als gewesener Landeshauptmann wies man ihm in der Kirche einen Platz im Chorgestühl bei den Geistlichen an. Neben ihm sass der obgenannte Domdekan Franz Supersaxo, der in drohendem Ton zu ihm sagte: «Der Bischof will meinen Vater köpfen lassen; probiert er es, so werde ich sorgen, dass auch der Bischof seinen Kopf verliert.»

Der Kampf ging weiter zum Unheil des ganzen Landes. Rymen scheint des Streits müde geworden zu sein und sein Name wird kaum mehr genannt. Im August 1514 befand er sich mit Kardinal Schiner in Leukerbad. Als Rechtskenner soll er damals auch am neuen sogenannten «Landrecht des Kardinals» mitgearbeitet haben. Später scheint Rymens Anhänglichkeit an die Schiner-Partei etwas erschüttert worden zu sein. «Wir wissen nicht, was man an ihm hat», meinte um 1516 ein Schiner. Auffällig ist immerhin, dass Rymen im Rat des Landeshauptmanns In Albon sass, als dieser die «aufrührerischen» schinerfreundlichen Gommer und Grengjer bestrafte. Zu einem endgültigen Bruch mit dem Kardinal scheint es aber nicht gekommen zu sein.

Rymen war unterdessen ein alter Mann geworden. Am 6. September 1524 war er mit dem Bannerherrn Nikolaus Owlig und anderen Oligarchen (kleine Gruppe von Herrschern) in Mund, wo er einen Streit über das Alpwasser im Baltschiedertal zwischen den Geteilen der Alpen Eril und Hohnalpe schlichtete. Im Landrat, den er so oft besucht hatte, erschien er im Frühling 1525 in Visp und Brig zum letzten Mal. Dass der Greis das Vertrauen seiner Mitbürger von Naters besass, bezeugt das Testament des Theodul Schnyder im Hasel ob Blatten (1526), der ihn zum Testamentsvollstrecker ernannte. Rymen heisst in dieser Urkunde «der Ehrwürdige» (venerabilis). Er sollte noch den Anfang des Jahres 1527 erleben, denn am letzten Tag im Februar weilte er noch in Mörel als Zeuge. Bald darauf legte er sich zum Sterben nieder und schon am 27. März folgte ihm seine getreue Gemahlin Anna Leryen im Tod. Rymen hinterliess keine Nachkommen, wie es aus dem Testament seiner Frau hervorgeht. Johann, der Sohn seines Bruders Jennin, wurde sein Erbe.

Das Wappen des Landeshauptmanns Rymen ist auf einem Siegelabdruck erhalten. Es zeigt auf einem Dreiberg eine stilisierte Blume.

Das Andenken an den frommen Landeshauptmann und seine Gemahlin Anna ist der Nachwelt erhalten geblieben durch ihre Lieblingsstiftung: das Beinhaus mit der St. Annakapelle in Naters. In der langen Reihe der Landeshauptmänner des Wallis ist Johannes Rymen ohne Zweifel einer der frömmsten und gottesfürchtigsten gewesen. Seine Vorliebe galt den Werken der Frömmigkeit. Schon 1490 finden wir ihn als Vogt der St. Sebastiansbruderschaft in Naters, welche die Verehrung des Pestheiligen pflegte. 22 Jahre später war er mit dem alt Kastlan Anselm Jossen und Christian Eggel im Vorstand dieser frommen Vereinigung und auf seinen Vorschlag hin ernannte Kardinal Schiner am 31. Dezember 1514 einen neuen Rektor der Sebastianspfründe.

Unlösbar bleibt der Name Rymens verbunden mit dem Bau des Beinhauses. Es war am 5. Juni 1513 unter der Linde auf dem Platz zu Naters, da kauften Pfarrer Christian Harenden und Johannes Rymen als Kirchenpfleger ein altes Haus unterhalb der Kirche von Naters, um auf dessen Hofstatt ein Beinhaus zu bauen.[353] Der Bau wurde schon im folgenden Jahr vom berühmten Meister Ulrich Ruffiner errichtet. Die Wirren der nächsten Jahre brachten es mit sich, dass die Weihe der Kapelle vorderhand unterblieb. Erst am 20. Januar 1525 weihte Peter Farfeni, Bischof von Beirut und Weihbischof von Sitten, die Kapelle zur Ehre Gottes und der heiligen Mutter Anna, und zwar, wie es ausdrücklich heisst, auf Bitten des Landeshauptmanns Rymen.[354] In der Kapelle stand schon damals jener zierliche Altar mit den vergoldeten Statuen der Muttergottes, St. Annas und St. Christophs, der 1903 an das Landesmuseum verkauft wurde. Auch er ist wohl eine Stiftung Rymens und seiner frommen Gattin Anna. Von Rymen ist kein Testament erhalten, dagegen ist jenes seiner Frau im Entwurf noch vorhanden, d.h. so wie es der Notar am Krankenbett der Greisin mit Hast und Mühe aufnotierte.[355] Es sei hier auszugsweise wiedergegeben und mag zeigen, mit welcher Liebe die alte Frau an ihren Heiligtümern und Altären in Naters hing und mit welcher Sorgfalt sie über die teuren Andenken verfügte.

Am 27. März (1527) zu Naters in der Stube des Hauses der Anna Rymen gewesenen Landvogts (!) erschien dieselbe ehrbare Matrone Anna krank darniederliegend bei vollem Verstand und machte ihr Testament. Zuerst empfahl sie ihre Seele dem höchsten Schöpfer, der glorreichen Jungfrau und dem hl. Mauritius. Sodann gab sie zu ihrer Seele Heil der Kirche von Naters fünf Mörsiger Pfund. Item den fünf Bruderschaften des hl. Theodul, des hl. Johannes, dem Allerseelen Jahrzeit, der Bruderschaft der sieben kanonischen Stunden und des hl. Sebastian jedwelcher ein Mörsiger Pfund. Item ein Pater Noster (Rosenkranz) aus Korallen, welche wie Helfen (Hagebutten) aussehen, schenkte sie an das Kreuz aus Kristall. Weiter ein Pater Noster mit dem Agnus Dei gab sie an den Heiltums Arm, den Petermann anfertigen will. Jenes Pater Noster mit dem schwarzen «Stuppen» schenkte sie der Anna, der Witwe des Landeshauptmanns Roten, jedem Priester in Naters eine gregorianische Messe, der Anna, Tochter des Petermann Maffei, einen Rosenkranz aus Korallen, an dem «getrat Bolle» sind und schliesslich dem Töchterchen des Theni Harenden zwei geschlagene «Zinnblatten».

Dem Altar des hl. Mauritius vergabte sie den weiten Rock mit dem Saum und dem Altar des Beinhauses das schwarze Kleid mit den Heften. Aus der Seide soll ein Kreuz geschnitten werden und aus den silbernen Heften sollen die Buchstaben ihres Namens geformt werden. Dem Beinhaus gab sie 20 Mörsiger Pfund zur Äufnung der zehn Pfund, die ihr Mann dem Beinhaus vermachte. Dem Hans Leryen an Geymon (Geimen) gab sie zum Voraus ein «Mamatt» Wiese an Geymon, genannt Rydis Matte.

Es folgt eine lange Reihe Schenkungen an verschiedene Personen von Naters. Dem Johannes Owlig von Mörel schenkte sie das grösste aufgerüstete Bett, das einst dem Grossvater des Johannes gehörte. Der Gretha, Schwester des Hildebrand Leryen, die mit ihr wohnte, gab sie den blauen Werktagsrock und ihrer Magd Trine ein Leintuch. Das weinfarbige Kleid (Schuben) schenkte sie dem hl. Kreuzaltar, den weiten Oberrock dem Altar im Chor, dem Sebastiansaltar die roten «Stalatinam» und dem goldenen Jahrzeit einen Becher.

Zum Testamentsvollstrecker ernannte sie den Kastlan, ihren Vogt, und Hans Leryen an Geymon. Zeugen waren die ehrbaren Männer Georg Michels und Ruedin an der Bandmatten. Nachträge: Dem Georg Michels schenkte sie eine Zinnschüssel und ein «Rosen Krentzel», dem Meier zen Stadlen ein schönes Pater Noster, in dem eine «Strala» und «Katzentenyer» in Silber gefasst sind. Ferner dem Altar der hl. Barbara einen schönen roten Unterrock. Weiter der seligsten Jungfrau einen vergoldeten Gürtel mit einem schönen Barett (?), mit Gold durchzogen. Den Erben ihres Mannes vermachte sie eine Decke aus edlem Tuch mit gelben Rahmen und einem gelben Tier darin.

Das Testament schliesst mit der Stiftung eines Jahrzeits, das jährlich am Tag nach St. Anna von acht (!) Geistlichen in der neuen Beinhauskapelle gefeiert werden sollte. Diese Verpflichtung wurde dem Egidius Leryen im Grossstein, ihrem mutmasslichen Erben, überbunden.

## 3. Egidius Venetz: 1516–1517

Egidius oder Gilg Venetz, der vierte Landeshauptmann aus dem Haus der Venetz, war der Sohn des angesehenen Egidius Venetz von Naters und der Ysabella, Tochter des Landeshauptmanns Perrinus de Cabanis. Sein Vater starb früh (vor dem 25. Januar 1488), dagegen lebte die Mutter Ysabella noch im Jahre 1510, in dem sie eine Badfahrt nach Brigerbad machte.

Egidius hatte eine ältere Schwester, Agnes, Gattin des Notars Johannes Asper von Saas und Brig und Mutter des Domherrn Johannes Asper, und zwei einfältige Brüder, Kaspar und Antoni. Egidius selbst war reich bedacht mit Gaben des Körpers und des Geistes. Er hatte das Glück, wenigstens einen Teil seiner Studienzeit 1501 in Como als Schüler des Humanisten Theodor Luchino zu verbringen, zu dessen Füssen auch Matthäus Schiner, der spätere Kardinal von Sitten, gesessen hatte.

Am 10. September 1497 vermählte sich der junge Egidius in Sitten mit Peronetta, der Tochter des späteren Landeshauptmanns Johannes de Platea und der Francesia von Chevron.

Am 11. Mai 1510 finden wir Egidius zuerst als Abgesandten des Zendens Brig im Landrat in Sitten. Im Zug gegen das Tal Ossola (1512) führte Venetz eine Schar von 485 Wallisern an.

Als Vorsteher der Gemeinde Naters kaufte er am 20. Mai 1514 für die Gemeinde eine Sägerei, die am Westufer des Kelchbaches gelegen war. Naters hatte damals neben Venetz eine ganze Elite tüchtiger Männer, so den alt Ballivus (Landeshauptmann) Rymen, den Grosskastlan Anselm Jossen, den Bannerherrn Johannes Eyer, den Pfarrer Christian Harenden, den Rektor Anton Maffei und andere.

*Wahrscheinlich war die von Egidius Venetz 1514 für die Gemeinde Naters gekaufte Sägerei am selben Standort (am Westufer des Kelchbachs gegenüber dem Supersaxohaus) wie die Sägerei hier auf dem Bild, das Georges Stanfield, Hampstead (London), vermutlich zwischen 1828 und 1850 malte. Foto erhalten von Paul Sprung, Naters.*

In den Jahren 1515, 1523, 1533 und 1537 war Venetz Kastlan des Zendens Brig.[356] Als er wohl im Dezember 1515 zum Landeshauptmann gewählt wurde, galt er als unparteilicher, friedlicher Mann. Soweit wir erkennen können, war er sowohl den Schinern genehm – Schiner war ja der Pate eines seiner Söhne – als auch der Franzosenpartei.

Wir wissen nicht genau, wie es dazu kam, dass auch Landeshauptmann Venetz ab 1516 dazu überging, die Schiner versteckt und offen zu bekämpfen. Vielleicht haben der Hochmut und die Herrschsucht des Kardinals und seiner Brüder am meisten dazu beigetragen. Im Dezember 1516 wurde Venetz als Landeshauptmann bestätigt, wie er selbst sagte «nicht meiner Weisheit wegen, denn ich sollte so weise sein, die Wahl nicht mehr anzunehmen». Schon im Januar 1517 mussten die Schiner die bischöflichen Schlösser Majoria und Tourbillon den Zenden übergeben. Ihre Anhänger wurden vielfach verfolgt. Im Oktober 1517 musste auch der bischöfliche Hofkaplan Peter Empken in Venetz' Gegenwart die bischöflichen Pontifikalien (liturgische Funktionen, bei denen Brustkreuz, Ring, Mitra und Stab getragen werden) dem Domkapitel aushändigen, das mehrheitlich feindlich gegen Schiner eingestellt war. Kardinal Schiner hatte dem Landeshauptmann im Frühling 1517 einen groben Tadelsbrief geschrieben, worauf dieser am 30. Mai des gleichen Jahres ausweichend und untertänig antwortete.

Innerlich war Venetz den Interessen Schiners längst entfremdet. Schiners Brüder merkten dies wohl und sie suchten Venetz von der Macht zu verdrängen und kalt zu stellen. Im Sommer 1517 gedachte Schiner, ins Wallis zurückzukehren, und wollte in Münster den Landrat versammeln. Venetz ging ihm am 21. August bis nach Münster entgegen. Die Gegner Schiners regten sich allenthalben und Schiner, kaum nach Münster gekommen, traute Venetz und den Wallisern nicht und verliess in der Nacht vom 30. auf den 31. August 1517 fluchtartig das Land, um es nie wieder zu betreten. Papst Leo X. befahl Venetz, den Brüdern Schiners ihre Güter zu restituieren. Venetz schien taub zu sein. Er hatte früher – man weiss nicht wie – eines seiner Augen verloren. Nun drohten seine Gegner in einem Auflauf des Jahres 1517, ihm auch das andere zu vernichten.

Ende 1517 wurde Simon In Albon der Nachfolger Venetz', und dieser zog sich für eine Weile gänzlich von den Geschäften zurück. Als notorischer Gegner und Widersacher Schiners verfiel Venetz am 5. Juli 1519 der römischen Exkommunikation.

Im folgenden Jahrzehnt kam Venetz nicht dazu, eine politische Rolle zu spielen. Dagegen ziehen sich elf Jahre lang (1523–1534) durch die Abschiede des Landrates wie ein langweiliger, widerlicher Dunst seine Forderungen nach Geldentschädigung für seine als Landeshauptmann gemachten Ausgaben. Als Entschädigung hatte ihm bereits Nuntius Arnolphini 1520 ein Haus in Naters zugesprochen, das ihm der Landrat 1525 bestätigte. Venetz war keineswegs arm und bedürftig. Von seinem reichen Schwiegervater Johannes de Platea kaufte er 1518 um 300 Pfund ein Gut oberhalb Sitten am Weg nach Savièse.

In Naters werden 1534 die Hugsbinda und die Fromatte als sein Eigentum bezeichnet und noch 1538 kaufte er ein Gut und eine Alphütte auf der Belalp. Die stark verschuldete Familie Tschampen in Niedererren war ihm 1530 ungeheure Summen Geldes schuldig, davon allein an rückständigen Zinsen 130 Pfund. Egidius Venetz gehörte ohne Zweifel zu den vermögendsten Männern des Oberwallis.

Im Jahre 1527 führte Venetz als Vogt der Anna Maffei und mit Kastlan Anselm Jossen als Patrone des Sebastiansaltars einen Prozess gegen die Gemeinde Naters, die ebenfalls das Patronatsrecht ansprach. Ein letztes Mal hatte Venetz Gelegenheit, seine politischen Fähigkeiten unter Beweis zu stellen, als er für die Jahre 1534 und 1535 zum Landvogt von St-Maurice gewählt wurde. Als solcher versah er das Schloss mit Reserven von Blei und Munition und hielt im Unterwallis eine grosse militärische Musterung ab, wobei sich viele Soldaten widerspenstig zeigten. Venetz klagte hierüber im Landrat. Nach seiner Rückkehr aus dem Unterwallis blieb Venetz trotz seines vorgerückten Alters der Politik treu. Jedes Jahr bis in den Mai 1541 besuchte er als Abgesandter von Brig den Landrat.

Venetz' Tod muss zwischen Oktober 1541 und März 1543 erfolgt sein. Sein Name steht auch im Jahrzeitbuch der Venetz von Saas gleich nach jenem des Ballivus (Landeshauptmanns) Anton Venetz: «der fromme fürneme Herr Egidius Venetz, Landhauptmann in Wallis».

Nach dem Tod der Peronetta de Platea hatte sich Venetz (vielleicht um 1510) mit einer gewissen Frau Eva vermählt, deren Familienname nicht bekannt ist. Egidius Venetz zeugte acht Kinder, davon die sieben ersten mit Peronetta de Platea. Es sind:

1. *Franz*, das Patenkind des Kardinals Schiner, heisst 1535 «homo litteratus» [= gebildeter Mann] und Priester und wird auf Bitten seines Vaters zum Domherrn von Sitten gewählt. Er wurde auch Chorherr von Luzern und starb dort 1562.

2. *Jakob*, Notar, Grosskastlan von Brig, 1575/76 Landvogt von Monthey, war zu Naters sesshaft und wird 1583 geschildert als ein Mann mit «langem, laubfleckigen Antlitz».

3. *Petronella*, Gattin des Simon Salzmann von Naters, wird 1586 als verstorben genannt.

4. *Simon*, in Sitten niedergelassen, führte die Familie dort weiter.

5. *Magdalena* erscheint 1544 als Witwe des Nikolaus Wolf und 1551 als Gemahlin des späteren Vize-Landeshauptmanns Adrian Rubin von Sitten. Sie starb um 1574 und hinterliess ein Vermögen von 1300 Pfund.

6. *Anna* wird 1544 als Gattin des Notars Andreas Freganti von Sitten genannt.

7. *Margaretha* wurde die Ehefrau des Bartholomäus Tavelli aus St-Maurice.

Aus Venetz' zweiter Ehe stammte wohl Egidius.

Wo in Naters das Haus des Landeshauptmanns Gilg Venetz gestanden hat, konnte bis jetzt nicht festgestellt werden. Dagegen erwähnt eine Urkunde vom 28. Januar 1521 einen Turm in Sitten, der früher dem Viztum von Sitten gehört hatte, als Eigentum des Landeshauptmanns Venetz.

## 4. Anton Venetz von Visp und Naters: 1528–1529 und 1534–1535

Anton Venetz war der letzte Landeshauptmann aus der Familie dieses Namens. Über seine Eltern weiss man nichts Genaues. Im Dezember 1517 wurde Venetz von den fünf Oberen Zenden zum Grosskastlan über die Landvogtei Lötschen-Niedergesteln eingesetzt. Im Jahre 1522, da Kardinal Schiner starb, war Venetz Grosskastlan von Visp und nahm als Haupt der Visper Abgeordneten an der Wahl des Philipp de Platea zum neuen Bischof teil.

Kurz vor Weihnachten 1527 wurde Venetz, den der Abschied in gewohnter Art als «fürnem und wys» bezeichnet, zum Landeshauptmann gewählt. Seine zweijährige Regierungszeit (1528/1529) war reich an wichtigen Ereignissen. Überaus bedeutsam für die spätere religiöse Entwicklung des Wallis war im Frühjahr 1528 der Übertritt des mächtigen Nachbarn Bern zur neuen

Lehre. Damals wurden manche Kunstwerke über das Gebirge ins Wallis gebracht, so das Missale von Zweisimmen, die Reliquiare von Bern und nach Überlieferung auch der Altar von Frutigen.

Noch während seiner Regierung oder kurz vorher hatte sich Venetz mit einer reichen Natischerin, Anna Maffey de Rubenis, Tochter des Petermann und der Anna Sterren, vermählt und siedelte um 1530 von Visp nach Naters über, denn am 12. August 1530 vertrat Venetz mit Johann Kleyman den Zenden Brig im Landrat. Am 6. März 1530 kommt er mit alt Landeshauptmann Egidius Venetz als Zeuge in Naters im Haus seiner Schwiegermutter Anna Sterren vor.

In Naters wusste sich Venetz bald beliebt und unentbehrlich zu machen, da er schon Ende 1530 Grosskastlan des Zendens Brig wurde. Als solcher erliess er am 14. März 1531 ein Investiturdekret (zur Einweisung in ein Kirchenamt). Dasselbe zeigt Venetz' Siegel: ein Schild mit einer entfalteten Rose, gehalten von einer geharnischten Figur (St. Michael?).

Zum zweiten Mal wurde Venetz im Dezember 1533, als im Wallis die Pest herrschte, zum Landeshauptmann erkoren. Seine zweite Regierungsperiode (1534/1535) war eine ruhige Zeit. Venetz begleitete im Frühling 1534 Bischof Adrian, der im Oberwallis seine erste Visitationsreise machte. Im Dezember 1535 legte Venetz seine Würde als Landeshauptmann in die Hände des Landrates zurück, obwohl, wie der Abschied bemerkt, der Bischof, die Domherren Allet und Bosoni und die Landesboten ihn baten, noch ein Jahr zu bleiben. Zugleich übergab er alle Briefe, die dem Land dienten, und das «Landesvendlin» an den neuen Landeshauptmann Zentriegen.

In Naters war Anton Venetz der Hüter und Wahrer der frommen Stiftungen und Heiligtümer, wie es vor ihm Landeshauptmann Rymen gewesen war. 1534 wurde in Venetz' Haus in Naters das jährliche Festmahl der Goldenen Herrenbruderschaft abgehalten, in der meistens Geistliche, aber auch fromme Laien eingeschrieben waren. Am 9. März 1533 und am 19. August 1540 handelte Venetz als Vogt der Bruderschaft St. Fabian und Sebastian in Naters. Am 29. Juni 1538 erscheinen er und alt Kastlan Michels als Verwalter des von Rymen erbauten Beinhauses von Naters. Mit Peter Stockalper und anderen Herren von Brig und Naters stand Landeshauptmann Anton Venetz am 1. März 1538 an der Spitze des Ausschusses für den Neubau des Chores der Liebfrauenkirche von Glis. Er verhandelte damals mit Meister Ulrich Ruffiner und dessen Gesellen über den Bau des hierzu notwendigen Kalkofens und über das Weisseln des Kirchturmes und des Beinhauses.

Zum letzten Mal wählte man Venetz im November 1538 zum Grosskastlan von Brig. Am 11. August 1544 wurde er in Naters im Gasthaus des Jakob Sütters gegen Erlegung von sieben Mörsiger Pfund als Mitbruder in die Herrenbruderschaft aufgenommen. Es ist die letzte Nachricht, die wir über Venetz besitzen. Er starb vor dem 15. Januar 1550 und hinterliess zwei Kinder, Anton und Katharina.

Das Jahrzeitbuch von Saas gedenkt Venetz' und seiner Familie mit folgendem Eintrag: «der fürsichtige gestrenge Herr Antonius Venetz Landtshaubman in Wallis; Jost sein Bruoder, Antoni sein Sohn; Anna sein Hausfrow».

## 5. Georg I. Michel-Supersaxo: 1593–1595

Was wir über das Leben des Landeshauptmanns Georg Michel-Supersaxo wissen, lässt sich auf wenige dürftige Nachrichten zurückführen.

*Haus der Landeshauptmänner Georg I. und II. Michel-Supersaxo am Kelchbach in Naters, erbaut 1597.*

Von einem Ort, genannt «auf der Fluh», oberhalb Naters nahmen seine Vorfahren, welche den Familiennamen Michel trugen, gegen Ende des 15. Jahrhunderts den Beinamen Supersaxo oder Auf der Flue an. Es war ein ansehnliches Geschlecht, das freilich mit den Supersaxo von Ernen-Sitten nur den Namen gemein hatte. Auffällig ist, dass in beiden Familien der Vorname Georg beliebt war und häufig vorkam.

Heinrich, der Vater unseres Landeshauptmanns, wie auch der Grossvater Georg Michel-Supersaxo waren beide Grosskastläne des Zendens Brig gewesen. So hatte sich bereits so etwas wie eine kleine Dynastie gebildet.

Die Mutter des Landeshauptmanns stammte aus Mörel und hiess Antillia Zbreitten. Das Geburtsjahr von Georg I. ist nicht bekannt; doch können wir es gegen die Mitte des 16. Jahrhunderts ansetzen. Wie er später in einem Brief an den Enkel berichtet, hat Georg drei Jahre lang in grösster Sparsamkeit im Ausland gelebt. 1572 heisst er Notar und wohnte zu Naters im Haus eines gewissen Peter Jossen.

Naters hatte damals seinen früheren Rang und seine Stellung zugunsten des nahen Brig schon lange eingebüsst. Georg Michel-Supersaxo und sein Kleinsohn gleichen Namens sollten Naters für längere Zeit zum letzten Mal politischen Glanz verleihen. Im Jahre 1573 war Georg Grosskastlan von Brig. Seine Urkunden siegelte er mit einem Petschaft (Stempel zum Siegeln), das sein Familienwappen, ein aufrecht stehendes Pferd, darstellt, das später bei seinem Enkel zum geflügelten Pegasus (Dichterross) wurde. 1576 erkor man Georg zum Grosskastlan von Lötschen-Niedergesteln. In Niedergesteln begann Supersaxo eine umfassende Inquisition nach Missetätern und Hexen, die aber nicht zu Ende geführt werden konnte, weil eine pestartige Seuche ausbrach.

Georg war noch amtierender Grosskastlan von Lötschen-Niedergesteln, als er am 9. Juni 1578 in Glis als Vertreter des Zendens Brig an der feierlichen Erneuerung des Bundesschwures mit den katholischen Orten teilnahm. 1585 war er wiederum Grosskastlan seines Zendens und liess eine gewisse Agnes Zmatt, Gattin des Peter Ryedin von Glis, als Hexe und Zauberin hinrichten; ihre Güter brachte er teilweise in seine Hand.

Als der Turnus der Landvogtei St-Maurice an den Zenden Brig kam, wurde Georg Michel für die Jahre 1590 und 1591 zum Gubernator (Landvogt) erkoren. Ende 1592 wurde Supersaxo abermals Grosskastlan von Brig und am 12. Juni 1593 Landeshauptmann. Aus seiner zweijährigen Regierungszeit ist nichts Besonderes zu melden. Die Religionsartikel, die 1592 zu Visp in einem Anfall von Eifer zugunsten des alten Glaubens beschlossen worden waren, blieben toter Buchstabe. Dafür sorgten die allgemeine Nachlässigkeit und Müdigkeit und der Staatskanzler Gilg Jossen-Banmatter, ein offenkundiger Anhänger des Protestantismus. Im Mai-Landrat 1595 legte Supersaxo seine Würde nieder.

Bei seinen Mitbürgern im Zenden Brig galt Supersaxo als unzuverlässiger Katholik und als Freund der protestantischen Partei von Leuk und Sitten. Mit dem eifernden Pfarrer Heinrich Zuber stand er nicht auf gutem Fuss. Zu Anfang des Jahres 1604 wurde in Naters durch die Gommer und Pfarrer Zuber unter dem Vorwand, die Religion zu schützen, ein Tumult und Auflauf angezettelt. Das Zendenbanner, das Supersaxo seit Jahren anvertraut war, wurde ihm entrissen und Anton Zuber, des Pfarrers Bruder, zum neuen Bannerherrn bestellt. Diese Absetzung als Bannerherr bedeutete für Georg Supersaxo eine empfindliche politische Niederlage. Aber wie Jossen und In Albon wusste sich auch Supersaxo der neuen Lage bald anzupassen. Nachdem er etwa zwei Jahre beim Volk in Ungnade gestanden und Pfarrer Zuber gestorben war, wurde er im Mai 1606 wieder in den Landrat abgeordnet. Seine rechtgläubige Gesinnung scheint fürderhin nicht in Zweifel gezogen worden zu sein.

Supersaxo wurde, nachdem er um 1610 seinen Sohn Georg durch den Tod verloren hatte, 1612 wiederum Grosskastlan von Brig. Für das Domkapitel von Sitten amtete er 30 Jahre lang als Kastlan der kleinen Herrschaft Wickert bei Brig und im Juli 1613 war er Gesandter des Wallis anlässlich der Erneuerung des Bundes mit den katholischen Orten in Zug. Auch das hohe Ehrenamt eines Bannerherrn wurde ihm nach Zubers Tod wieder zugesprochen. Am 26. September 1617 wird seine Gegenwart auf dem bischöflichen Schloss auf der Flue in Naters verzeichnet, wo sich der junge Fürstbischof Hildebrand Jost mit seinen Brüdern Franz und Johann aufhielt. Supersaxo war indessen alt, vorsichtig und knauserig geworden. Wir haben aus diesen Jahren einen höchst aufschlussreichen Brief aus seiner Hand, den er am 19. Oktober 1616 an seinen Kleinsohn Georg schrieb, der damals in Vienne in Frankreich studierte. Der alte Staatsmann erteilt darin dem Enkel eine derbe Lektion in Sparsamkeit und republikanischer Einfachheit: «Du willst», so heisst es da, «den grossen reichen Herren ähnlich sein, was mir aber nicht recht ist, denn mein Gut ist zu klein. Ich sehe es wohl ein, dass Du Dich zum Junker und mich und Deine Geschwister zu Bettlern machen willst. Du vermeinst, ich hätte einen Hund, der mir Geld geschissen hat.» In diesem Schreiben meldet Supersaxo auch den Tod seiner Gemahlin, deren Namen bisher unbekannt blieb, und den Hinschied seines Enkels Heinrich, der in Domodossola frühzeitig starb. Supersaxos zweite Gattin wurde Katharina, die Tochter des Franz Frily von Siders, der daselbst Grosskastlan und zu Evian Landvogt gewesen war.

Auf der Ostseite des Kelchbaches bewohnte Supersaxo ein Haus, das von seinem Kleinsohn Georg II. 1642 und 1651 erweitert wurde. Tscheinen nennt es «im ganzen grossartig, obwohl meistens von Holz erbaut». Es gehört heute den Nachkommen des Max Ruppen-Eggel. Gegen Morgen schloss sich früher ein teilweise ummauerter Hof an, zu dem ein gewölbtes Portal führte. Auf der Nordseite des Hauses baute Supersaxo 1612 einen grossen Steinsaal und darüber einen Holzspeicher von gewaltigem Ausmass (vgl. Kap. «Siedlungsgeschichte ... »). In diesem Saal sah Pfarrer Moritz Tscheinen noch zu Anfang des letzten Jahrhunderts «die Portraite der ganzen Familie Supersaxo, unter welchen der edle Herr Georg, der Landeshauptmann, in seiner reichen, malerischen und altväterischen Tracht, bei weitem der schönste war». Heute weiss niemand anzugeben, wo diese Bilder hingekommen sind.

Am 12. April 1625 erscheint Landeshauptmann Supersaxo zum letzten Mal, und zwar in Naters vor seinem Haus, und mit ihm der Landvogt Gilg Jossen, der unfern jenseits des Kelchbaches wohnte. Wenig später, 1625 oder 1626, starb Supersaxo. Der genaue Todestag ist uns nicht überliefert, da die Sterberegister von Naters lückenhaft sind. Doch erfolgte sein Hinschied vor dem 13. Dezember 1626, da dann Johannes Lergien als Bannerherr von Brig erscheint.

Es muss in seinen letzten Monaten gewesen sein, als Supersaxo in ein Heft mit müder Hand die Verse schrieb:

«Sic habita, extructas perituras incola sedes
Digresso ut pateat non peritura sedes»

[= Bewohne so das vergängliche Haus, das du dir bautest, dass beim Abschied dir die ewige Wohnung offen stehe].

Landeshauptmann Georg Supersaxo fand seine Ruhestätte auf

dem Friedhof neben der Kirche von Naters. Barbara Ittig, eine langjährige Magd der Familie, wünschte 1636 in ihrem Testament, in diesem Grab die letzte Ruhe zu finden, und 1640 ward Michael, der Bruder des Grossen Stockalper, auch in dieser Grabstätte beigesetzt.

Das politische Erbe des Landeshauptmanns trat in der übernächsten Generation sein Enkel Georg II. an. Von ihm wird noch die Rede sein. Das Geschlecht der Michel-Supersaxo erlosch 1722 im Mannesstamm, nachdem es schon zu Ende des 17. Jahrhunderts verarmt war.

# 6. Gilg Jossen-Banmatter von Naters und Sitten: 1601–1603

Unter den Landeshauptmännern dieser Epoche ist die Gestalt Jossen-Banmatter nach Herkunft, Charakter und Bedeutung gewiss eine der merkwürdigsten.

Gilg Jossen mit dem Beinamen Banmatter, der 1601 an die Spitze des Landes Wallis trat, ist der typische Vertreter des ausgehenden, unerfreulichen und zerrissenen 16. Jahrhunderts. Sein Vater Egidius oder Gilg Jossen war der uneheliche Sohn eines angesehenen Bürgers von Naters und die Mutter Katharina die Bastardtochter des reichen Fürstbischofs Johannes Jordan von Sitten.

Jossens Geburtsjahr dürfte nicht weit vom Jahre 1548 entfernt sein, da sein Grossvater Johannes Jordan den bischöflichen Stuhl von Sitten bestieg und im Schloss Majoria Einzug hielt. In der Nähe des bischöflichen Hofes, wo unerfreulicher Nepotismus [Vetternwirtschaft] und Geldgier daheim waren, ist Gilg Jossen aufgewachsen. Sein Vater wurde damals für den Bischof Grosskastlan von Martinach, später Burgermeister von Sitten und Vize-Landeshauptmann vom Wallis.

Obwohl die Landesgesetze es verboten, schickten die Eltern ihren Sohn noch zu Lebzeiten des bischöflichen Grossvaters auf protestantische Schulen, und zwar vermutlich nach Basel.

In der Folge treffen wir ihn im Mai 1565 wieder in Sitten als des Bischofs Kammerherrn, an dessen Sterbelager er am 12. Juni 1565 gestanden haben mag. Als bald darauf in Sitten die Pest ausbrach, suchten sich viele wichtige Personen in Sicherheit zu bringen. So kam auch der junge Kammerherr mit seinem Vater ins Saastal, wo er sich am 25. August 1565 mit Margaretha, der Tochter des Grosskastlans und Landvogtes Peter Antamatten, vermählte.

In der Stadt Sitten, wo sie seit 1560 Burger waren, schien das Glück der Jossen-Banmatter bald gemacht zu sein. Vor dem Tod seines Vaters, der am 18. April 1577 diese Welt verliess, trat der junge Gilg jedoch nicht hervor. Er scheint zeitweise in St. Leonhard, wo sein Vater reich begütert war, gewohnt zu haben und betätigte sich auch als Notar. 1577 erscheint er als Kastlan von St. Leonhard und Sekretär des Vize-Landeshauptmanns. Auch der Landeshauptmann Mayenzet nahm Jossen 1578 in seinen Dienst. Im selben Jahr wurde Jossen Burgermeister von Sitten und hielt als solcher im Dezember Einzug in den Walliser Landrat.

Jossen war wie die meisten Verwandten und Nachfahren des Bischofs Jordan protestantisch gesinnt und wurde gegen Ende des Jahrhunderts das Haupt dieser Partei. Im Jahre 1585 gaben sich die Neugläubigen in Sitten eine Art Satzung und Zusammenschluss. Jossens protestantische Gesinnung konnte niemandem verborgen bleiben. Dennoch ernannte ihn der mit Blindheit geschlagene Bischof Hildebrand von Riedmatten zu seinem Fiskal ob der Morge (1585–1588). Als solcher hatte er Nachforschungen nach Bastardkindern und Irrgläubigen anzustellen! Die beträchtlichen Fortschritte, welche die neue Lehre damals machte, und der zunehmende Verfall der alten Kirche zeigten, wie Jossen seines Amtes waltete.

Nach dem Tod Gunterns am 16. März 1588 gelang es Jossen, das wichtige Amt eines Landschreibers oder Staatskanzlers zu erlangen. Die Wahl erfolgte, wie es scheint, nicht ohne Widerstand, denn sie kam erst im Sommer 1588 zustande. Wie Guntern war Jossen sehr geschickt, mit vielen Worten den Sinn der Rede zu verhüllen: Seine Protokolle des Landrates sind so wortreich, dass einem die Lust am Lesen vergeht.

Von nun an ging Jossens Laufbahn steil aufwärts. Er wurde 1591 Grosskastlan von Sitten und 1595 wiederum Burgermeister. Inzwischen war er auch zwei Jahre lang, 1593 und 1594, für den Zenden Sitten Landvogt von Monthey gewesen. Während seiner Amtszeit liess er das Portal und die Kerker des Schlosses ausbessern. Das Amt eines Staatskanzlers behielt er auch als Landvogt bei, wie es ausdrücklich heisst mit Erlaubnis des Landrates.

Nachdem am 24. September 1599 der Bannerherr von Sitten, Anton de Torrenté, gestorben war, wusste Jossen auch dieses hohe Ehrenamt an sich zu bringen, das vorher immer Vertreter alter Familien von Sitten bekleidet hatten.

Am 17. November 1600 feierte Gilg Jossen zu Brig seine zweite Hochzeit mit Anna, der Tochter des Anton Näfen vom Brigerberg. Diese Ehe war eine Art politischer Absicherung, denn Jossens neue Gattin war die Schwester der Gemahlin des Landeshauptmanns Schiner. Anton Näfen, der Schwiegervater der beiden Staatsmänner, war Meier der Talschaft Ganter und jedenfalls einer der Potentaten am Brigerberg. Gilg Jossen und Matthäus Schiner liessen sich beide als Burger von Ried-Brig aufnehmen.

Im August 1601, nach Mayenzets Amtsniederlegung, wurde Jossen Landeshauptmann. Der Bischof und die vier Domherren Adrian von Riedmatten, Peter Brantschen, Franz Debons und Jakob Schmideiden nahmen an der Wahl ebenfalls teil. Der Calvinist Jakob Guntern wurde Landschreiber. Während dieser zwei Regierungsjahre erreichte die protestantische Bewegung im Wallis ihren Höhepunkt. Die religiösen Zustände im Wallis boten zu Jossens Zeiten ein äusserst klägliches Bild. Der Bischof besass keine Autorität: Von seiner fürstlichen Gewalt war wenig mehr geblieben, so dass die Protestanten sich getrauten, offen von der Aufhebung des Bistums zu reden. Der Gottesdienst wurde in Sitten, so berichtet Grüter, nur spärlich oder gar nicht mehr besucht. An hohen Festen, an denen man wohl noch zu erscheinen pflegte, ereigneten sich während des Gottesdienstes mitunter ärgerliche Vorfälle. Die Männer zeigten so wenig Ehrfurcht, dass sie ihr Haupt nicht entblössten oder den Gottesdienst demonstrativ verliessen, wenn der Priester die Hostie emporhob. Für das Pfingstfest 1603 liessen die Protestanten von Sitten einen Prädikanten (Prediger) kommen und mehr als 100 Personen empfingen feierlich das Abendmahl.

Dieser Triumph des neuen Glaubens war indes nur scheinbar und forderte eine Reaktion heraus. Das Landvolk, unterstützt von den Urkantonen, brachte 1604 einen Umschwung zustande. Gilg Jossen, der im Herbst 1602 die Genugtuung hatte, das Wallis in Paris bei dem Bundesschwur zu vertreten, befand sich auf der Tagsatzung zu Baden, wo er mit den Neugläubigen sass und Rat pflegte und die Gommer beschuldigte, sie wollten Leuk und Sitten einäschern. Uri hinterbrachte diese Umtriebe am 14. März 1604 den Häuptern vom Goms und wiegelte sie gegen Jossen auf.

Der Umschwung von 1604 traf ihn hart. Der Landrat von Visp enthob ihn seiner Ämter und erklärte ihn unfähig, fürderhin Gesandtschaften zu übernehmen. Zugleich wurde er mit Geld gebüsst.

Jossen zog es indessen vor, eher auf seine neue Religion als auf seine politischen Ämter zu verzichten. Er wandte sich äusserlich wieder dem Glauben seiner Vorfahren zu. Im Juni 1604 erschien er vor dem Landrat und bat denselben, ihn nicht ungehört zu verurteilen. Die gewünschte Begnadigung wurde ihm gewährt und trotz des Widerstandes der Dorfgemeinden des Zendens Sitten wurde er wieder als Bannerherr anerkannt. Dagegen erliess man ihm das Strafgeld nicht. Vom 19. September 1604 an sass Jossen tatsächlich wieder im Landrat vom Wallis und behauptete sich dort mit der Beharrlichkeit der Politiker, die sich von dem lieb gewordenen Amt nicht mehr zu trennen vermögen.

Wenige Monate nach diesen Ereignissen erschien Jossen vor den Domherren von Sitten und bat sie, seinem Mündel, dem 17-jährigen Jüngling Hildebrand Jost, das Benefizium St. Nikolaus auf Valeria zu verleihen, was ihm zugesagt wurde. So trat der spätere Bischof Jost unter Jossens Schutz und Protektion in den klerikalen Stand ein! Im Juni 1606 begleitete Jossen mit den Domherren Peter Brantschen und Jakob Schmideiden den neuen Bischof Adrian II. von Riedmatten ins Eifischtal. Als der Bischof 1613 ans Sterben kam, war es Jossen, der am 22. September dessen Testament schriftlich niederlegte. Auch sein Nachfolger Bischof Hildebrand Jost nahm Jossen zum Begleiter, als er 1615 sein Bistum besuchte; und doch wurde Gilg Jossen 1613 von den Gesandten der katholischen Orte als «einer der schlimmsten Häretiker» (Ketzer) bezeichnet. Ob der alte schlaue Staatsmann jemals innerlich zum alten Glauben zurückkehrte? Im Dezember 1616 liess sich Jossen vom Abt von St-Maurice dem Landrat als Grosskastlan von Bagnes vorschlagen. Trotz des Protestes des Bischofs wurde er von den Abgeordneten gewählt. Gleichzeitig erkor man Jossens Sohn, Egidius oder Gilg, zum Gubernator (Landvogt) von Monthey.

Als 1621 im Zenden Sitten eine Musterung der Soldaten vorgenommen wurde, war der Bannerherrr Jossen so alt und gebrechlich geworden, dass man ihm einen «Vorfender» zur Seite stellte. Ein Jahr später baute sich der Landvogt Gilg Jossen ein Haus in Naters.

Über Jossens häusliche Verhältnisse ist nichts Näheres bekannt. Man weiss nur, dass er im Juni 1623 im östlichen Stadtviertel Città wohnte, vermutlich in einem Haus oberhalb der Majorie, das er 1603 zur Hälfte von den Domherren erworben hatte. Mit ihm wohnten dort noch zwei Stieftöchter, deren Namen wir nicht kennen, zwei Mägde und zwei Hausknechte. Seine anderen in Sitten gelegenen Häuser vermietete er.

Landeshauptmann Gilg Jossen starb im Februar 1624. Seine Nachkommenschaft stand unter keinem guten Stern. Sein Sohn, der Landvogt Gilg Jossen, wohnte in Naters, wo er, soweit bekannt ist, keine männlichen Nachkommen hinterliess. Von den anderen Söhnen des Landeshauptmanns, Petermann und Adrian, die in Sitten verblieben, wird berichtet, dass sie einander mit Fäusten blutig schlugen. Noch war kein Jahrhundert seit Bischof Jordans Tod vergangen, da war seine ganze Nachkommenschaft, die Jossen, Jordan und Owlig, mit Glanz und Gut verschwunden.

# 7. Georg II. Michel-Supersaxo: 1664–1670

Georg II. war der Kleinsohn des gleichnamigen Landeshauptmanns, der 1593–1595 regiert hatte und dessen Leben wir schon erzählten. Der Vater unseres Landeshauptmanns hiess ebenfalls Georg, brachte es aber zu keinem höheren Amt, weil er zu früh starb und ganz im Schatten seines mächtigen Vaters stand. Diesem bescheidenen Mann hatte sein Vater als Gattin Margaretha Fryli auserkoren, die aus einem der vornehmsten Häuser des Zendens Siders stammte. Ihr Vater Franz Fryli war Grosskastlan von Siders und von 1560 bis 1562 Gouverneur von Evian gewesen.

*Georg II. Michel-Supersaxo.*

Aus der Ehe Georgs mit Margaretha Fryli stammten ausser Georg II. jener Heinrich, der jung 1616 in Domodossola verstarb, Margaretha, die 1633 Gattin des Peter Berthold heisst, und endlich Franz Michel-Supersaxo. Dieser erhielt bei der Erbteilung die mütterlichen Güter in Siders, wurde daselbst am 7. Januar 1621 als Burger aufgenommen und machte eine ansehnliche politische Laufbahn als Vertreter des Zendens Siders. Doch kehren wir zu Georg zurück. Er wurde um das Jahr 1601 geboren. Im Alter von 15 Jahren finden wir ihn als Studenten zu Vienne in Frankreich (1616), wo er aber seinem alten, spartanisch-einfachen Grossvater zu verschwenderisch lebte. Wie schon oben erwähnt, warf dieser ihm damals vor: «Du willst Dich selbst zum Junker, den Grossvater aber und die andern Geschwister zu Bettlern machen.»

Noch zu Lebzeiten des alten Landeshauptmanns kehrte er nach Naters zurück und sicherte seine politische Ausgangsstellung, indem er sich mit der Tochter und Erbin eines einflussreichen Potentaten von Naters vermählte. Es war Elisabeth Jossen-Banmatter, die Tochter des Landvogtes Egidius und Enkelin des bekannten Landeshauptmanns Gilg Jossen-Banmatter.

112

In den heftigen Kämpfen, die damals zwischen den Zenden und dem Bischof Hildebrand Jost ausgefochten wurden, stellte sich der junge Georg entschieden auf die Seite der Zendenleute und Patrioten. Mit den vornehmsten Briger Herren unterschrieb er am 21. September 1627 die Beschwerde-Artikel gegen den unruhigen Prälaten. Als im Dezember desselben Jahres der anrüchige Heinrich Theler, Stadtpfarrer von Sitten und Hauptstütze des Bischofs, die Flucht ergriff und im Unterwallis festgenommen wurde, war es Georg Supersaxo, der die anschaulichen Zeugenverhöre gegen den Gefangenen aufnam. Theler war der Neffe des Pfarrers Heinrich Zuber, der 1604 den Sturz des alten Georg Supersaxo angezettelt hatte, und war selbst von 1619 bis 1625 Pfarrer von Naters gewesen. Er durfte nicht mehr ins Wallis zurückkehren und starb im Exil in Österreich.

In der Folge können wir feststellen, wie der junge Natischer Magistrat, der acht Jahre älter als Kaspar Stockalper war, in stetem Aufstieg die Stufen fast aller Ämter des Zendens Brig und der Republik Wallis erklommen hat. Er wurde Kastlan von Zwischbergen-Alpien, denn wie seine Vorfahren war er Bürger dieser ennetbirgischen Gerichtsbarkeit. Auch die Würde eines Meiers des Freigerichtes Ganter bekleidete Supersaxo ebenso wie Stockalper.

Als er im Dezember 1631 vom Landrat für drei Jahre zum Meier der Herrschaft Nendaz erwählt wurde, heisst Georg «Michlig alias Supersaxo, Gerichtsschreiber des Zendens Brig». Das Amt eines Grosskastlans des Zendens Brig bekleidete er nicht weniger als neunmal[357], so in den Jahren 1637, 1641, 1647, 1653, 1659, 1661, 1663, 1668 und 1673.

Nach dem Hinschied seiner ersten Gattin Elisabeth Jossen-Banmatter vermählte sich Supersaxo 1638 mit der Witwe des in Paris verschollenen und umgekommenen Landvogtes Hieronymus Valsenus (Welschen) von Brig. Sie hiess Elisabeth Stockalper und war die Tochter des unglücklichen, 1627 hingerichteten Ritters Anton Stockalper. Am 4. Juni 1639 erhielt Georg Supersaxo die Würde eines Bannerherrn, die er mehr als 35 Jahre lang bis zu seinem Ableben bekleiden sollte. Das Domkapitel von Sitten verlieh Supersaxo 1639 das Amt eines Kastlans über die Leute seiner Gerichtsbarkeit im Zenden Brig (Kastlanei im Wickert), das Georgs Grossvater 30 Jahre inne gehabt hatte.

Anlässlich des Besuchs des Nuntius Hieronymus Farnese im Wallis 1642 wurde Supersaxo ebenso wie Kaspar Stockalper zur Würde eines Ritters des goldenen Sporns erhoben. Diese Auszeichnung war damals sehr begehrt und geschätzt.

1642 nahm Supersaxo den Umbau und die Verschönerung seines Stammhauses zu Naters am Kelchbach in die Hand. Die gepflegten lateinischen Inschriften an den Deckenbalken der Stube und die Wappenschilde Supersaxos und Stockalpers auf dem Giltsteinofen künden noch heute die Namen der Bauherren.[358]

Als im Sommer 1643 das Wallis sein altes Bündnis mit der Stadt Bern erneuerte, wurde Supersaxo als Abgeordneter des Zendens Brig bezeichnet. Im Dezember 1644 wurde ihm die Landvogtei Monthey übertragen. Im diesbezüglichen Abschied des Landrates heisst es, die Wahl sei erfolgt, «so dann nit allein sein seliger Grossvater in Dienst und Wohlfahrt des lieben Vaterlandes als ein Herr Landeshauptmann und andern Empteren trüwlich vorgestanden, sondern er hat sich selbst in ettlichen Gesandtschaften rühmlich gebrauchen lassen»[359].

Supersaxo vermählte sich zum dritten Mal, und zwar mit Margaretha Gertschen aus Naters. Sie war die Tochter des Grosskastlans Anton Gertschen und Nichte des Johannes Gertschen, des Pfarrers von Naters und Domherrn von Sitten. Als dieser im Januar 1654 sein Testament machte, schenkte er dem Bannerherrn als Zeichen der Freundschaft einen silbernen Becher. Am 11. Januar 1657 heisst Supersaxo Grosskastlan von Lötschen und Niedergestelns, als er in Raron Taufpate seiner Kleintochter war.

Nachdem Georg Supersaxo 1662–1664 während der Regierung Stephan Kalbermatters Landesstatthalter «ob dem Raspilly» gewesen war, erfolgte im Mai 1664 seine Wahl zum Landeshauptmann. Supersaxo liess sich 1666 und 1668 in diesem höchsten Amt bestätigen, obwohl wenige Jahre vorher abgemacht worden war, der Landeshauptmann solle nicht länger als zwei Jahre im Amt bleiben! Supersaxos Tochter Maria Christina vermählte sich am 22. Juli 1668 nach dem Tod ihres ersten Mannes, des Bannerherrn Moritz Jost († 1665), mit dem Grosskastlan Johannes Stockalper, dem Bruder des Grossen Stockalper, und dieser war am 29. April 1655 Pate bei der Taufe einer Tochter Supersaxos.

Die sechsjährige Regierung Georg Supersaxos zeichnete sich durch eine ruhige und glückliche Entwicklung im Innern des Landes aus. Wir hören von keiner grösseren Streitigkeit. Die weltlichen und geistlichen Regenten verstanden sich ausgezeichnet. Bischof Adrian IV. von Riedmatten war der Pate eines Sohnes des Landeshauptmanns. In Brig und Umgebung herrschte dank der Initiative Stockalpers eine rege Bautätigkeit. Allenthalben im Lande entstanden neue Kirchen und Kapellen. Auch die Pfarreileute von Naters bauten 1659–1664 eine Kirche. Es entstanden in jenen Jahren auch die reichen Chorgestühle von Valeria, Naters und Ernen.

Wegen Krankheit konnte Supersaxo im Mai 1669 nicht persönlich den Landrat präsidieren. Auf dem ordentlichen Mai-Landrat 1670 legte Supersaxo in Anbetracht seines Alters und der Krankheit seine Würde nieder und machte Kaspar Stockalper Platz.

Im Sommer 1672 unterstützte Supersaxo lebhaft zusammen mit Stockalper und seinem eigenen Schwiegersohn Peter von Riedmatten die Wahl des jungen Domherrn Adrian von Riedmatten zum Fürstbischof von Sitten.

Im Neubau der Kirche von Naters hatte Supersaxo den Altar der Heiligsten Dreifaltigkeit gestiftet. Auf dessen Sockel aus Nussbaumholz erblickt man noch heute das Wappen der Supersaxo, das schreitende Pferd, dem unser Landeshauptmann Flügel anfügte und es so zum Pegasus (Dichterross) machte. Georg Supersaxo war bejahrt, von «langwieriger Leibeskrankheit und Imbecillität» heimgesucht, als er am 23. November 1675 durch den Notar Johannes Stockalper sein Testament mit einer weitschweifigen Einleitung aufsetzen liess, das sich in einer Abschrift von 1677 im Archiv der Familie Jost erhalten hat.

Der «gewesene Landeshauptmann der löblichen Republic und freyen Standes Wallis» empfiehlt darin seine scheidende Seele in den bittern Tod seines Erlösers, ferner der Jungfrau Maria, der Zuflucht der Sünder, dem hl. Ritter Georg und dem Schutzengel. Die Grabstätte bestimmte er vor dem von ihm errichteten Dreifaltigkeitsaltar. Zum Begräbnis sollen sechs Arme Tuch für eine Kleidung erhalten. Den Hausarmen, nicht aber «den faulen laufenden Bettlern», vermachte er 300 Kronen. Der Kirche von Naters schenkte er seine Rechte auf ein altes Haus beim Friedhof auf der Morgenseite des Chores. Der neuen Kirche der Jesuiten in Brig vergabte er 200 Pfund.

Als Erben nennt er seine Tochter Maria Jacobea, in zweiter Ehe wieder vermählt mit dem Staatskanzler Peter von Riedmatten, ferner seinen Enkel Joseph Jost, einziger Sohn seiner verstorbenen Tochter Maria Christina, und endlich seine zwei noch minderjährigen Söhne Joseph und Franz Georg Supersaxo. Diesen

Letzteren und der Gattin Margaretha Gertschen vermachte er das «Stockhaus mit dem Hof» zu Naters, dazu den Speicher, die Säle und Keller darunter beim Haus, ferner Scheune und Rossstall jenseits der Landstrasse, die damals am Haus vorbeiführte. Merkwürdig ist die Bestimmung, seine Söhne möchten das Häuschen im Garten «bei des Kirchherrn Thirlin» instand halten, damit arme Leute es ohne Zins benutzen und bewohnen könnten, «damit seyne arme Seel bei Gott auch ein gnedig Underschliff finden möge».

In der Folge verfügte Supersaxo über seine Güter und Reben zu Naters, über die zahlreichen Weinberge zu Siders und das von ihm erbaute Haus in der Stadt Sitten. Von seinen Pferden vermachte er je eines seiner Ehefrau und jedem der zwei Söhne. Aus einer Bemerkung im Testament spricht eine gewisse gereizte Stimmung gegen den Schwiegersohn, Grosskastlan Johannes Stockalper. Zeuge des Testaments war Kaspar Schnidrig, Pfarrer von Naters und Domherr von Sitten.

Nachdem Supersaxo am 11. Januar 1676 sein Testament nochmals bekräftigt hatte, schied er am 15. Januar des gleichen Jahres aus diesem Leben. Zwei Jahre darauf erfolgte auch der Sturz des Landeshauptmanns Stockalper.

Das Haus Supersaxos steht noch heute zu Naters in der Nähe des Kelchbaches, an der Stelle, wo der Weg zum Schloss auf der Flüh von der alten Landstrasse abzweigt. Von der alten Ausstattung des Hauses haben sich zwei schöne Nussbaumtische erhalten, auf denen der Staatsmann wohl manch wichtiges Schreiben und Urteil verfasst hat. Der eine Tisch mit Wappen und Jahreszahl 1650 (?) befand sich früher im Besitz von Rektor Raphael von Roten in Raron, der ein direkter Nachkomme des Landeshauptmanns war. Ein zweiter Tisch ist im Museum auf Valeria.

Supersaxos Bildnis hat Kaspar Stockalper, sein Zeitgenosse, in seine Porträtsammlung mit Bildnissen anderer Landeshauptmänner, Bischöfe und Potentaten aufgenommen. Es ist so der Nachwelt erhalten geblieben. Das Bild zeigt den Landeshauptmann im besten Mannesalter von 49 Jahren mit kurzem Bart, altmodischem Tellerkragen und Hut. Es ist ein sympathisches, kleines Gesicht. In seinen Zügen lesen wir eine schlaue Gutmütigkeit, Menschenkenntnis und bittere Traurigkeit.

Es wäre hier noch etwas über den Ausgang des Hauses Michel Supersaxo beizufügen: Die Witwe des Landeshauptmanns, Margaretha Gertschen, beschloss am 6. August 1699 ihre Tage zu Naters, nachdem sie sich zum zweiten Mal mit dem Grosskastlan Johannes Lergien vermählt hatte.

Die Tochter Maria Jacobea Supersaxo starb am 31. Januar 1679 zu Münster, bevor ihr zweiter Gemahl Peter von Riedmatten Landeshauptmann geworden war.

Von dem älteren Sohn Joseph, geb. 1658, der im Testament des Vaters 1675 noch erwähnt wird, hören wir in der Folge nur mehr, dass er 1677 mit dem Zürcher Arzt Jakob Steinfels korrespondierte.

Der jüngere Sohn des Landeshauptmanns, Franz Georg, geb. 1661, führte die Familie ehrenvoll weiter. Er war vermählt mit Christina Albrecht (†1739) aus einer Ämterfamilie von Mörel. 1687, 1695 und 1697 war er Grosskastlan des Zendens Brig, bekleidete 1696 das Amt eines Zendenhauptmanns und war 1702–1704 Landvogt von St-Maurice.[360] Allzu früh starb er am 30. Juli 1705. Er besass noch prächtiges Silbergeschirr, sein Viehbestand aber war bereits unbedeutend: zwei Kühe, ein Stier und ein altes Maultier.

Mit seinem Sohn Franz Ignaz, Zendenhauptmann 1722 und 1734 sowie Grosskastlan von Brig 1725 und 1739, erlosch die Bedeutung des Geschlechts der Supersaxo von Naters.

In der nördlichen Seitenkapelle der Kirche von Naters befindet sich neben dem Dreifaltigkeitsaltar an der Kirchennordwand ein schmiedeeisernes Kreuz mit einfachen Verzierungen. Es enthält an der Kreuzungsstelle der Balken die Trauerelegie auf den Walliser Staatsmann Georg II. Michel-Supersaxo und am Fuss die biografischen Angaben (lat. Text und Übers. siehe Kap. «Pfarrkirche Sankt Mauritius»).

## 8. Richard Gertschen: 1984–1985

Richard Gertschen wurde am 11. Juli 1936 als zehntes Kind des Alois und der Cölestine geb. Bieler in Naters geboren. Er ist verheiratet mit Trudi Werner und Vater von fünf Kindern. Seine humanistischen Studien am Kollegium in Brig schloss er 1957 mit der Matura B ab. Nach dem Studium der Rechte in Freiburg i.Ü. war er als Advokat und Notar tätig und von 1965 bis 1985 Mitinhaber des Büros Bodenmann/Gertschen/Borter in Brig. Von 1965 bis 1976 amtete Gertschen als Gemeinderat von Naters und von 1977 bis 1985 als Gemeinde- und Burgerpräsident. Er war zudem Grossrat (1969–1985), Grossratspräsident (1984/1985) und Staatsrat (1985–1997). Als solcher war er Vorsteher des Justiz- und Polizeidepartementes und des Departementes des Innern. Den Staatsrat präsidierte er 1989/90 und 1994/95. Die Gemeinde Ornavasso (Italien) ernannte den Hauptmann der Artillerie zum Ehrenbürger, der Verband der Walliser Burgergemeinden wählte ihn zum Ehrenmitglied.

### Der Gemeindepräsident

Richard Gertschen setzte in seiner kommunalen Verwaltungstätigkeit die Schwerpunkte klar und zukunftsorientiert: gesunder Finanzhaushalt, Ausweitung der Bürgerrechte (Einführung des Referendums und des Initiativrechts), Tradition und Fortschritt in Verwaltung und Dorfgemeinschaft. Pionierarbeit leistete er, indem er Gemeindereglemente schaffte und anpasste und 1977 das Mitteilungsblatt einführte. Mit Letzterem schaffte er grössere Transparenz in der Verwaltungstätigkeit und förderte dadurch das Interesse des Volkes am Gemeinwohl.

### Der Grossrat

Im Grossen Rat gehörte Richard Gertschen zur Gruppe der initiativen und schöpferischen Volksvertreter. In seiner 16-jährigen Amtszeit präsidierte er verschiedene wichtige Kommissionen und schuf sich einen guten Namen als Grossrat. Erwähnt seien nur das Gesetz über die Gemeindeordnung, das Verwaltungsverfahren, die Verwaltungspflege und das Verantwortlichkeitsgesetz. Er arbeitete zudem vor allem in jenen Kommissionen mit, die mit der Revision der Verfassung und der Gesetzgebung beauftragt waren. So hinterlegte der eifrige Verfechter der Gemeindeautonomie, der Volksrechte und des Bürgerschutzes mehrere vom Grossrat gutgeheissene Motionen, wie beispielsweise jene zur Revision der Kantonsverfassung oder zu Gesetzen wie dem Strassengesetz, der Burgerschaftsgesetzgebung und dem Stempelgesetz. Richard Gertschen arbeitete gründlich, zuverlässig, kompetent und fleissig und war mit 46 Jahren schon die graue Eminenz des Walliser Grossen Rates.

### Der Grossratspräsident

Seit 1670 hatte Naters keinen Landeshauptmann mehr (vgl. oben). Mit Richard Gertschen trat der achte Natischer Landeshauptmann an die Spitze der Walliser Republik. Bei der Wahl zum Grossratspräsidenten am 14. Mai 1984 entfielen von 117 gültigen Stimmen sage und schreibe 111 auf den Volksvertreter aus Naters. An diesem Tag des offiziellen Empfanges in seiner Heimatgemeinde trug er, entgegen dem bisherigen Brauch, weder die feinen hellen Lederhandschuhe noch den Frack oder gar den Zylinderhut, sondern einen schlichten schwarzen Anzug und schritt barhäuptig, was genau seiner unauffälligen Art entsprach. Die Natischer empfingen ihren Landeshauptmann mit grosser Begeisterung und Herzlichkeit und die Ratsherren organisierten diesen Grossanlass mit rund 900 Geladenen bravourös. Das Präsidialjahr in Sitten brachte Richard Gertschen in seiner wohl überlegten und ruhigen Art speditiv und problemlos über die Bühne.

## Der Staatsrat

Bei der CVPO-Ausmarchung um die Staatsratskandidatur am 7. Februar 1985 in der Simplonhalle in Brig zwischen Richard Gertschen und Emil Grichting aus Turtmann fiel die mit Spannung verlaufene Wahl mit 214 zu 204 Stimmen zugunsten von Richard Gertschen aus. Im März des gleichen Jahres wurde er ehrenvoll in die Walliser Regierung gewählt. Auf eine kaum eindrücklichere Art und Weise hätten die Natischerinnen und Natischer am darauf folgenden 25. Juni ihre Verbundenheit mit dem neuen Staatsrat ausdrücken können. Nachdem der profilierte Politiker bereits vor Jahresfrist in würdigem Stil empfangen worden war, bereitete die Bevölkerung dem Regierungsmann diesmal ein schlichtes, aber um so herzlicheres Willkommen. Unzählige Erwachsene und Kinder säumten die Strassen, als die Gästeschar, angeführt von der Musikgesellschaft «Belalp», durch die Strassen zum Kirchplatz zog. Ein historischer Tag: Ein ganzes Dorf feierte seinen ersten Staatsrat! In seiner Rede an die Bevölkerung erklärte er: «Ich kann Euch nur versichern, dass ich all meine Kräfte in den Dienst des Landes stellen werde. Wenn mir Gott die Gnade und die Gesundheit gibt, vermag ich mich vielleicht zu bewähren. Ich hoffe es.»

Als Staatsrat war Richard Gertschen in vier Bereichen, besonders was die Gesetzgebung angeht, erfolgreich. Wesentliche Fortschritte erzielte er bei der etappenweisen Totalrevision der Kantonsverfassung. Er verwirklichte die Neuordnung des Verhältnisses zwischen Kirche und Staat und schuf das neue Gesetz über die Burgerschaften. Entscheidende Hürden wurden bei der Revision des gesamten Justizrechtes in den Bereichen Strafrecht, Strafuntersuchung, Strafvollzug und Rechtsbeistand genommen. Mit der Neufassung des kantonalen Strassenverkehrsgesetzes, der Reorganisation der Kantonspolizei und der Revision des Jagdrechts wurden erste Reformen im Bereich des Polizeirechts erreicht. Dem Ausbau des Katastrophenschutzes als Bestandteil der Gesamtverteidigungskonzeption dienten die Totalrevision der kantonalen Zivilschutzgesetzgebung, der Bau eines kantonseigenen Ausbildungszentrums sowie die Einrichtung einer Katastrophenschutzzelle.

Der stille und effiziente Schaffer in der Walliser Regierung, dessen Verdienste wohl erst in ein paar Jahren richtig erkannt werden dürften, war kein Blender. Gewissenhaft und zuverlässig tat Staatsrat Gertschen seinen Dienst für Land und Volk. Publizität war ihm fremd. Selbst wenn es durchaus angebracht gewesen wäre, suchte er nie Medienpräsenz, geschweige denn Selbstdarstellung. Ihm ging es immer um die Sache. Durch diese konsequente Haltung, von den Medienschaffenden nicht immer verstanden, geriet er als loyaler und integrer Politiker nie in Abhängigkeit. WB-Chefredaktor Pius Rieder charakterisierte den abtretenden Staatsrat 1997 mit folgenden träfen Worten[361]: «Mehr als öffentliche Auftritte liebte er die eigentliche politische Knochenarbeit: das minutiöse Aktenstudium und die Vorbereitung von Vorlagen für das Parlament und den Souverän. Staatsrat Gertschen, oft als das juristische Gewissen der Walliser Regierung gelobt, tat dies aus Überzeugung. Geradlinig, mit Ausdauer und rückblickend mit grossem Erfolg. Sein beachtlicher Leistungsausweis widerspiegelt sich nebst seiner soliden Arbeit hinter den Kulissen und über die Kantonsgrenzen hinaus an den über 100 Vorlagen, die er im Kantonsparlament durchbrachte. (...) Staatsrat Gertschen, den ein hohes Mass von Kollegialität und Solidarität auszeichnete, hat gute Arbeit geleistet.» Dass der in der Öffentlichkeit des Öfteren mit der Pfeife im Mund in Erscheinung tretende und damit Ruhe ausstrahlende Staatsmann auch während 28 Jahren Musikant gewesen ist, sei nur beiläufig erwähnt. Trotz seines grossen Pensums fand er noch Zeit für seine Hobbys: das Wandern und Skifahren. Staatsrat Richard Gertschen war ein Politiker, dessen Rede und Tun im Einklang standen. Und darum brachte ihm die Bevölkerung der Rottenrepublik stets viel Vertrauen, Sympathie und Achtung entgegen.

*Staatsrat Richard Gertschen mit seiner Frau Trudi geborene Werner anlässlich des Staatsratsempfanges vom 25. Juni 1985.*

# Organisation und Dienste der Gemeinde

In diesem Kapitel werden die Organisation der Verwaltungsarbeit der Gemeinde sowie deren unmittelbaren Dienste dargelegt.[362]

## Gemeinderat

Der Gemeinderat ist die ausführende Behörde der Gemeinde. Vor 1874 wurde er auf zwei Jahre gewählt. Die Verfassung von 1875 führte schliesslich das gegenwärtige System ein. Die Wahlen finden seither alle vier Jahre statt, am Anfang noch am zweiten Sonntag im Dezember. Die Gemeindepräsidenten stellten sich alle zwei Jahre zur Wahl. Die Verfassung von 1907 bestätigte den Vierjahresturnus, setzte aber den ersten Dezembersonntag als Wahltag fest. Auch die Präsidenten werden von da an wie die anderen Ratsmitglieder alle vier Jahre gewählt.[363]

### Aus alten Gemeinderatsprotokollen

Mehr als einmal kam es vor, dass sich der Gemeinderat gegen Beschimpfungen oder Verleumdungen durch Mitbürger verteidigen musste. 1908 beispielsweise betitelte ein gewisser A. G. im Wirtshaus die Gemeinderäte als «Diebe». Zur Strafe musste er seine Äusserungen vor dem versammelten Gemeinderat zurücknehmen und zugunsten der Armenkasse 15 Franken bezahlen. Diese Beschlussfassung wurde öffentlich verlesen.[364] Das Gemeinderatsprotokoll vom 30. Oktober 1934 berichtet: «V. W. hat den Gemeinderat Schwindler und Lügner genannt. A. S. hat vor dem Ratsherrn Ruppen auf den Tisch geklopft. E. W. hat demselben und Förster Jossen gesagt, ‹sie sollen ihn im A ... lecken›. Diese drei werden mit Chargé-Brief verwarnt.»[365] Und das Gemeinderatsprotokoll vom 10. November 1941 hält fest: «G. S. hat sich im Café du Rhône und Lötschberg über den Gemeinderat und Gemeindeschreiber beleidigend geäussert (Zipfla etc.). Der Schuldige wird vor den Rat geladen.»[366]

### Von fünf auf sieben Gemeinderäte

An der Urversammlung vom 28. November 1920 lehnten die Bürger ein Begehren, wonach die Zahl der Gemeinderäte von fünf auf sieben zu erhöhen sei, «mit erheblicher Mehrheit ab».[367] Am folgenden Tag erhoben zehn Bürger (Adolf Augsburger und Konsorten) zuhanden des Staatsrates Einsprache. Sie legten dar, dass bei vollem Stimmlokal jene Bürger, die vor der Türe und auf den Stiegen des Gemeindehauses standen, beim Abzählen nicht oder kaum berücksichtigt worden seien; ebenso hätten manche Gegner, die gegen die Erhöhung der Gemeinderatssitze waren, beide Hände erhoben. Auch sei durch den Vorsitzenden eine schriftliche Abstimmung abgelehnt worden. Einen Tag später schilderte Präsident Anton Salzmann zuhanden des Staatsrates seine Sicht über den Ablauf der Abstimmung. Er wies darauf hin, dass einige Bürger den Vorschlag gemacht hätten, mit Handmehr abzustimmen; niemand hätte eine schriftliche Abstimmung verlangt. Ausserdem sei im Saal noch Platz gewesen. Schon am 2. Dezember desselben Jahres wies der Staatsrat den Rekurs als haltlos zurück.[368]
Am 20. November 1932 lehnte die Urversammlung eine Eingabe von alt Präsident Anton Salzmann um Erhöhung der Gemeinderatssitze von fünf auf sieben mit 48 Ja- gegen 151 Neinstimmen (drei Enthaltungen) erneut ab. Im Januar 1945 wurden bei den (wohl infolge des Zweiten Weltkrieges) «verschobenen Gemeinderatswahlen» dennoch die Gemeinderatssitze von fünf auf sieben erhöht.[369] Dabei blieb es bis heute.

### Abgelehnt: Fusion – Generalrat – neun Gemeinderatsmandate

Am 23. Dezember 1970 beschwerte sich Dr. med. Wolfgang Imahorn im ‹Walliser Boten› unter dem Titel «Zur Gemeindefusion», «dass Naters sich nicht einmal die Mühe um Fusionsgespräche [mit Brig-Glis] genommen hat». Gemeindepräsident Dr. Paul Biderbost gab am 31. Dezember 1970 im selben Organ in einem längeren Artikel mit dem Titel «Naters-Brig-Glis-Brigerbad» Antwort auf die von Dr. Imahorn aufgeworfenen Fragen. Biderbost wies zunächst auf die gute Zusammenarbeit zwischen den genannten Gemeinden hin. Zusammenarbeit sei aber nicht mit Fusion gleichzusetzen. Er führte unter anderem aus: «Eine Fusion scheint vielmehr ein Extremfall zu sein, der dann am Platz ist, wenn Gemeinden räumlich, gesellschaftlich und wirtschaftlich derart zusammengewachsen sind, dass die Grenzen nur noch künstlich wirken, keine Aufgabe mehr allein sinnvoll gelöst werden kann, und auch keine Gemeinschaft durch Fusion zerstört wird.» Die Zeit gab den damaligen Gemeindevätern Recht, denn diese Voraussetzungen sind für Naters nicht erfüllt. Zu einer Volksabstimmung über eine mögliche Fusion kam es daher in Naters nicht.
Am 19. November 1972 lehnte der Souverän bei einer Stimmbeteiligung von 38 Prozent den Generalrat mit 728 gegen 470 sowie die Erhöhung der Zahl der Gemeinderäte von sieben auf neun mit 857 gegen 339 Stimmen deutlich ab. Am gleichen Tag wurde auch in Brig und Visp die Einführung eines Generalrates verworfen.

### Aufgaben des Gemeinderates – Vertretungen – Kommissionen

Laut Gemeinderatsprotokollen steht die Anzahl der Ratssitzungen von früher und heute in keinem Verhältnis. Trafen sich die Ratsherren im 19. Jahrhundert durchschnittlich drei- bis sechsmal jährlich, stieg die Zahl der Gemeinderatssitzungen im 20. Jahrhundert stetig an: 1910 tagte der Gemeinderat 15-mal, 1930 29-mal, 1970 39-mal, 1980 48-mal, 1990 30-mal und 1997 24-mal. 1997 wurden an den 24 Sitzungen 824 Geschäfte erledigt. In den 90er-Jahren sank die Zahl der Gemeinderatssitzungen, weil diese in der Vorbereitungsphase eine straffere Form erhielten. Pro Jahr finden gewöhnlich zwei Urversammlungen statt.
Die Ratssitzungen sind jedoch nur ein Teil der Arbeiten, die ein Ratsmitglied zu erbringen hat. Die Vorbereitung aller Sachgeschäfte, sei es in den Kommissionen, bei Besprechungen, durch Begehungen oder durch Verhandlungen, beansprucht die einzelnen Ratsmitglieder sehr stark. Hinzu kommt, dass die Gemeinderätinnen und Gemeinderäte die Gemeinde in vielen Institutionen vertreten müssen.

*Von links: Erwin Jossen, der Verfasser; Gemeinderat von Naters: Hans-Josef Jossen, Andreas Schmid, Vizepräsident Diego Zenklusen, Präsidentin Edith Nanzer-Hutter, Simone Valli-Ruppen, German Eyer, Manfred Holzer; Gemeindeschreiber Alphons Epiney. Aufnahme von 1999.*

Die Gemeindeverwaltung organisiert sich selbst. Dies geschieht in den einzelnen Amtsperioden, je nach den Bedürfnissen, auf unterschiedliche Weise. Wie sich die Verwaltung in etwa organisiert, sehen wir am Beispiel der Amtsperiode 1997-2000. Aus der klaren Strukturierung der Arbeitsbereiche ist ersichtlich, dass alle bisherigen Erfahrungen hier eingeflossen sind.[370] Die Aufgaben und Pflichten der sieben Ratsmitglieder gliedern sich in je drei Bereiche mit insgesamt folgenden 21 Ressorts:

1. Präsidialamt (Halbamt) – Allgemeine Verwaltung – Finanzen und Energie
2. Vizepräsidentenamt – Freizeit/Sport/Jugend – Liegenschaften
3. Bauwesen – Raumplanung – Öffentlicher Verkehr
4. Umwelt/Wasser – Gesundheit – Öffentliche Sicherheit
5. Bildung – Fürsorge – Arbeitnehmerschutz
6. Öffentliche Arbeiten – Verkehr – Wirtschaft
7. Waisenamt/Vormundschaftsbehörde – Kultur – Feuerwehr/Zivilschutz

Der Gemeinderat und oft auch andere Personen aus der Dorfschaft nehmen Vertretungen bei folgenden 31, zum Teil überregionalen Institutionen und Gremien wahr:

1. Bezirksrat
2. Elektrizitätswerk Brig-Naters AG (EWBN), Verwaltungsrat
3. Energiebeteiligungs-Gesellschaft (EBG), Verwaltungsrat
4. Belalp Bahnen AG, Verwaltungsrat
5. Region Brig/Östlich Raron
6. Stiftung Zentrum Missione, Stifterversammlung
7. Kirchenrat
8. Stiftung Zentrum Missione, Stiftungsrat
9. Ausstrahlung von Rundfunkprogrammen
10. Gesamtplanung Bahnhofplatz Brig
11. Neue Eisenbahn-Alpentransversale (NEAT)
12. Pensionskasse Communitas
13. Bezirkssteuerkommission (Vertreter Naters)
14. Kommission Ortsbus, regional
15. Kreisspital Brig, Verwaltungsrat
16. Klinik für Rehabilitation und Langzeitpflege
17. Wasserversorgung Naters AG, Verwaltungsrat
18. Kehrichtsackgebührenverbund Oberwallis
19. Arbeitsgruppe Luft, regional
20. Tierkörperablage Gamsen
21. Abwasserreinigungsanlage Briglina (ARA)
22. Abfallbewirtschaftung Oberwallis
23. Verein Kinderhort/Aufgabenhilfe, Vorstand
24. Drogenkommission, regional
25. Fernuniversität Hagen, Stiftungsrat
26. Stiftung für Kurortseinrichtungen, Stiftungsrat
27. Tourismusverein Naters-Blatten-Belalp, Vorstand
28. Sozialmedizinisches Regionalzentrum (SMRZ)
29. Alterssiedlung Sancta Maria, Stiftungsrat
30. Kinderhaus Brig, Stiftungsrat
31. Oberwalliser Musikschule

Die ‹Mitteilungen› nennen ferner folgende 24 Kommissionen, welche die anstehenden Geschäfte zuhanden des Gemeinderates vorbereiten:

1. Finanzkommission
2. Personalkommission
3. Kommunaler Führungsstab
4. Jugendkommission
5. Baukommission
6. Polizeigericht
7. Umweltkommission
8. Gesundheitskommission
9. Kommission Generelles-Entwässerungs-Projekt (GEP), ad hoc
10. Kommission Primarschulen
11. Kommission Orientierungsschulen
12. Orientierungsschulen, Regionalrat
13. Kommission Bibliotheken
14. Fürsorgekommission
15. Erwachsenenbildung

16. Verkehrskommission
17. Friedhofskommission
18. Kommission Gemeindewerk
19. Waisenamt/Vormundschaftsbehörde
20. Feuerkommission
21. Gebäudeschatzungskommission
22. Kulturkommission
23. Betriebskommission Zentrum Missione
24. Berufsbildungskommission

## Bereiche Verwaltung und Bildung

Die Organisation der Gemeinde wird in die Bereiche Verwaltung und Bildung eingeteilt. Ersterem steht der Gemeindeschreiber vor; er fungiert gleichzeitig als Personalchef. Dieser Bereich gliedert sich in folgende vier Abteilungen:
*Kanzleidienste:* Sekretariat, Kasse, Einwohneramt, Fremdenbüro, Abstimmungen/Wahlen, Arbeitsamt und Zivilstandsamt
*Rechnungswesen:* Steueramt, Buchhaltung, Gebühren, Informatik, AHV-Zweigstelle und Grundbuchkataster
*Technische Dienste:* Bauamt, Baupolizei, Öffentliche Arbeiten, Werkhof Naters, Werkhof Blatten und Sicherheitsdienst
*Polizeidienste:* Allgemeine Polizeidienste, Ordnungsdienst, Verkehrserziehung, Verkehrs-, Gesundheits- und Baupolizei

Bis 1974 war der Gemeindeschreiber auch für das Registerwesen zuständig. Seither gehört der Grundbuchkataster zum Rechnungswesen.

Wie das nachstehende Organigramm zeigt, gliedert sich auch der Bereich Bildung, dem der Schuldirektor vorsteht, in folgende vier Abteilungen:
*Kommunale Schulen:* Kindergärten, Hilfs- und Primarschulen
*Regionale Schulen (OS):* Realschulen, Sekundarschulen und Werkklasse
*Abwartsdienste:* alle Schulen betreffend
*Verschiedene Dienste:* Schulsekretariat, Bibliotheken, Lehrlingswesen und Erwachsenenbildung

## Gemeindeschreiber

Bis zur Einführung der Munizipalgemeinde im Jahre 1851 sprechen die Dokumente bald vom Gemeindeschreiber, bald vom Burgerschreiber. Zwischen 1803 und 1851 kommen nachstehende drei Namen von Gemeindeschreibern wiederholt vor: Anton Gasser, Notar, Kasimir de Sepibus und Anton de Chastoney. Seit 1852 sind uns aufgrund der Gemeinderatsprotokolle sämtliche Gemeindeschreiber mit ihrer Amtsdauer wie folgt bekannt:

1852–1864  Johann Salzmann
1864–1872  Franz Wyssen
1873–1874  Moritz Walden
1875–1880  Ludwig Salzmann
1881–1882  Michael Salzmann
1883–1884  Ludwig Salzmann
1885–1889  Michael Salzmann
1890–1892  Ludwig Salzmann
1893–1916  Benjamin Ruppen
1917–1925  Stephan Eyer
1925–1926  Ludwig Eggel

Während die bisherigen Gemeindeschreiber ihre Arbeit nebenamtlich ausführten, wurde diese Tätigkeit ab 1926 zum eigentlichen Beruf. Aus diesem Grund stellen wir die folgenden Gemeindeschreiber dem Leser näher vor.

### Franz Werner (*21.6.1890, †9.2.1981): 1926–1966

Franz Werner wurde als Sohn des Xaver und der Maria Josepha Ruppen geboren. 1931 heiratete er Maria geb. Prey (†1994). Nach der Primarschule besuchte er die Realschule am Kollegium in Brig.
Als 1926 die Stelle eines Gemeindeschreibers ausgeschrieben wurde, meldeten sich sechs Anwärter, fünf davon waren auswärtige. Anlässlich der Gemeinderatssitzung vom 2. Oktober 1926 stellten einzelne Ratsherren bei dem Bewerber Franz Werner fest, dass er «keine Praxis und wenig Kenntnisse in der

*Verwaltungspersonal der Gemeinde Naters (Aufnahme von 1999). Von links: Steuerverwalter Urs Pfammatter, Jeannette Fux-Volken, Nadine Anthenien, Brigitte Schaller, Evelyne Eyer, Rosemarie Schmid, Leny Jossen, Kanzleichefin Charlotte Kern-Ruppen, Gemeindeschreiber Alphons Epiney, Beat Christian Jossen, Marianne Scheuber, Damian Schmid, Sibylle Bellwald, Bruno Escher, Bauverwalter Armin Imhof.*

Buchhaltung habe». Am 20. Oktober desselben Jahres wurde er durch Mehrheitsbeschluss trotzdem gewählt. Aber das Gemeinderatsprotokoll hält fest: «Präsident und Vizepräsident lehnen jede Verantwortung ab.»[371] Nach diesem Satz beginnt Franz Werner sein erstes Protokoll. Was er sich wohl dachte, als er das Vorausgehende gelesen hatte! Werner wurde zuerst im Halbamt, später im Vollamt angestellt. Während voller 40 Jahre protokollierte er nun die Gemeinderatssitzungen sowie sämtliche Ur- und Burgerversammlungen, 1123 an der Zahl, was einen Umfang von 1590 Seiten ergibt. Er tat dies in äusserst knapper Form: keinen Satz zu viel, aber auch keinen zu wenig. Zusätzlich führte Franz Werner während vieler Jahre die Gemeindekasse, das Registerwesen und vieles mehr. Er übte seine kommunale Tätigkeit in einer Zeit aus, in der die Verwaltungsstrukturen bescheidener nicht sein konnten.
Wie ein Natischer dem Schreibenden erzählte, soll sich Franz Werner nach 25 Dienstjahren selbst eine Uhr gekauft und sie dann während der Gemeinderatssitzung dem Präsidenten diskret unter dem Tisch in die Hand gedrückt haben. Dieser erklärte am Schluss der Sitzung feierlich: «Ich habe noch etwas Besonderes mitzuteilen. Franz Werner ist heute 25 Jahre Gemeindeschreiber. Wir schenken ihm eine Uhr.» So war Franz Werner. Als er 1981 mit 91 Jahren als ältester Natischer starb, verweilte der Natischer Gemeinderat in corpore vor dem Toten in der Beinhauskapelle und legte ihm zu Ehren in dankbarer Anerkennung seiner langjährigen Tätigkeit einen Kranz nieder.
Wir runden das Bild ab. Franz Werner versah in der Pfarrkirche von Naters während 68 Jahren (1906–1974) das Amt des Organisten und war 70 Jahre lang Mitglied des Kirchenchors. Welch eine Beharrlichkeit! In den Protokollen liest man immer wieder, dass er diesen Dienst zuverlässig, pünktlich und mit Fleiss ausübte. Musikprofessor Gustav Zimmermann führte ihn in die Kunst des Orgelspiels ein. 1957 empfing der nimmermüde Organist für 50 Jahre Aktivmitgliedschaft im Kirchenchor die päpstliche Verdienstmedaille Bene merenti. Er spielte unter der Ägide von sechs Pfarrherren. Während eines halben Jahrhunderts war er zudem treues Mitglied der Musikgesellschaft «Belalp» und 32 Jahre lang diente er der Feuerwehr, zuletzt als Oberleutnant.[372]

### Hubert Eyer (*7.4.1932): 1965–1989

Er ist der Sohn des Kasimir und der Cäsarine geb. Eyer. Nach der Primarschule besuchte Hubert Eyer drei Lateinklassen am Kollegium in Brig (in der Klasse des Verfassers). Danach absolvierte er eine kaufmännische Lehre. 1958 ehelichte er Trudy Gamma von Göschenen/Uri und ist Vater von drei Kindern. Von 1955 bis 1957 diente er in der päpstlichen Schweizergarde. Eyer trat 1965 in den Gemeindedienst und übernahm die Kanzlei noch in den Räumlichkeiten des Ornavassoturms. Mit seinem bereits 74-jährigen Vorgänger Franz Werner erledigte er anfänglich die Büroarbeit noch am Stehpult und mit Wandtelefon. Der Einzug in den Junkerhof gehörte zu den schönsten Ereignissen seiner Amtszeit. Gemeindeschreiber war sein Traumberuf. Er erlebte in seiner Zeit als Kanzlist eine fast unglaublich anmutende Veränderung innerhalb der Gemeinde. Die Bevölkerung nahm beinahe um das Doppelte zu und die gesamte bauliche Entwicklung mit all ihren Umwälzungen und Folgen geschah in dieser Zeitspanne. All diesem Neuen stellte sich Hubert Eyer mit beispielhafter Umsicht, Ruhe und Ausdauer. Er kannte keine Uhr, auch wenn längst Feierabend war. Seine treuen Dienste erstreckten sich über sechs Legislaturperioden. Mit der gesamten Verwaltung pflegte er ein kollegiales Verhältnis.
Am 4. September 1974 wurde Eyer vom Staatsrat zum Substituten des Zivilstandsamtes Naters-Birgisch-Mund und am 4. September 1977 zum Zivilstandsbeamten des Kreises Naters ernannt. Noch vor seiner Demission als Gemeindeschreiber begann er im Junkerhof mit dem Neubau des Archivs und bildete so den Grundstock zur Reorganisation des Verwaltungsbetriebes. Im Jahre 1989 entschloss er sich, sein Amt als Gemeindeschreiber aufzugeben und lediglich das Zivilstandsamt im Teilpensum weiterzuführen. In dieser Funktion hatte er mehr Zeit, um den Leuten beizustehen, die bei ihm Rat und Hilfe suchten. Mit vollem Engagement war er Gemeindeschreiber und Zivilstandsbeamter. 32 Jahre stellte er seine Kräfte der Gemeinde Naters und damit der Öffentlichkeit zur Verfügung, davon 24 Jahre (1965–1989) als umsichtiger Gemeindeschreiber. Als er 1989 als Schreiber zurücktrat, schrieb die Gemeindeverwaltung: «Der Rat bedauert seinen Rücktritt, denn mit seinem Ausscheiden verliert unsere Gemeinde einen hervorragenden und für unsere Gemeinde hochverdienten Verwaltungsfachmann.» 20 Jahre (1977–1997) war er geschätzter Zivilstandsbeamter. Auf den 1. Mai 1997 trat er in den wohlverdienten Ruhestand. Hubert Eyer, der sich in Brauchtum und Dorfgeschichte bestens auskennt, geht zweifelsohne als eine bedeutende Persönlichkeit in die Geschichte unseres Dorfes ein.

### Alphons Epiney (*7.1.1947): seit 1989

Alphons Epiney wurde dem Ehepaar Louis und Marianne geb. Lehner in die Wiege gelegt. Er absolvierte eine kaufmännische Lehre. Seit 1979 ist er mit Christine Waeber verheiratet. Sein Grossvater Alphonse Epiney, Burger von Ayer, liess sich 1907 in Naters nieder.
Alphons Epiney trat 1969 als Buchhalter in den Dienst der Gemeinde. Als solcher übernahm er in der Folge das Amt des Gemeindekassiers. Während zwölf Jahren war er nebenamtlicher Waisenamtsschreiber. 1989 wählte der Rat ihn zum Gemeindeschreiber. Dieses Amt trat er am 1. Juni desselben Jahres an. Er nahm anfänglich auch noch die Aufgabe des Gemeindekassiers wahr. In ihm besitzt die Gemeinde einen kontaktfreudigen, kompetenten und bestausgewiesenen Gemeindeschreiber, der seine Arbeit auf der Basis gut ausgebauter Verwaltungsstrukturen ausführen kann. Es fällt auf, dass er seine Niederschriften in einem mustergültigen Deutsch abfasst. (Abb. siehe oben unter «Gemeinderat» und unter «Verwaltungspersonal».)

# Kastläne (Richter)

In Naters existiert noch heute mit einer Selbstverständlichkeit die Bezeichnung «Kastlan» und weniger der eigentliche offizielle Titel «Richter». Ein genaues Namensverzeichnis mit der Amtsdauer der Kastläne von Naters haben wir erst seit 1834. Zwischen 1758 und 1829 begegnen uns vor allem in den Pfarrregistern und im Burgerbuch folgende Namen von Kastlänen:

| | |
|---|---|
| 1758–1764 | Christian Jossen |
| 1771, 1794, 1817 | Peter Walden |
| 1772 | Johann Josef Perrig |
| 1773, 1782 | Peter Albert |
| 1775 | Andreas Anton Tafiner |
| 1806–1825 | Anton Gasser |
| 1826–1829 | Kasimir Eugen de Sepibus |

## Kastläne seit 1834[373]

| | |
|---|---|
| 1834–1846: | Anton de Chastonay (1788–1878), Sohn des Peter und der Anna Maria Karlen, verheiratet mit Maria Josepha Wyssen. |
| 1847–1850 | Stephan Gertschen |
| 1850–1852 | Anton de Chastonay |
| 1853–1854 | Moritz Zenklusen |
| 1855–1864 | Johann Salzmann (vgl. Kap. «Präsidenten», Nr. 115) |
| 1864 und 1871 | Josef Eggel |

**Franz Wyssen (1.1.1830–13.7.1895): 1865–1870, 1872–1894**

Er wurde als Sohn des Johann und der Maria Josepha Salzmann geboren, vermählte sich mit Katharina Schmidt und war Vater von fünf Kindern. Franz Wyssen stand in Neapel als Unteroffizier in königlichen Diensten. Danach war er kantonaler und eidg. Instruktionsoffizier (Hauptmann), von 1866 bis 1867 Ersatzrichter und von 1867 bis 1869 Bezirksrichter in Brig. Der Grossratssuppleant und langjährige Gemeindeschreiber Franz Wyssen war eine bedeutende Persönlichkeit.

**Karl Klingele (8.7.1861–18.10.1920): 1894–1901**

Siehe Kapitel «Präsidenten», Nr. 127.

**Benjamin Ruppen (8.4.1866–24.7.1940): 1902–1934**

Benjamin Ruppen ist der Sohn des Michael und der Katharina Ruppen, war mit Seraphine Salzmann verheiratet und Vater von fünf Kindern. Von den uns bekannten Kastlänen amtete er mit 32 Dienstjahren am längsten.

**Hermann Salzmann (10.11.1903–13.4.1968): 1935–1940**

Er wurde als Sohn des Josef und der Veronika Jossen geboren, heiratete Angelina Cascioli, war Vater von sechs Kindern und Priestervater (Sohn Erich Salzmann, vgl. Kap. «Priester, gebürtig aus Naters», Nr. 101). Auf dem Bahnhof Brig war er Chef der Einnehmerei. Von 1945 bis 1962 amtete er als Präsident der Konsumgenossenschaft.

**Max Ruppen (26.11.1906–17.4.1987): 1941–1952**

Er war der Sohn des Benjamin (Jg. 1866) und der Seraphine Salzmann, verheiratet mit Maria Eggel und Vater von sieben Kindern. Von Beruf Landwirt, arbeitete der Hauptmann der Schweizer Armee in früheren Jahren im Nebenamt auch als Bezirkseinnehmer und eidg. Feldkommissär.

**Ludwig Salzmann (7.7.1890–25.12.1987): 1953–1964**

Er wurde dem Ehepaar Ludwig Salzmann («ds Petri Lüdi») und Magdalena Jossen auf der Alpe Bel in die Wiege gelegt, vermählte sich mit Kreszentia Jossen (†1980) und war Vater von acht Kindern (ältester Natischer). Er war Vorarbeiter im Bahndienst der BLS, Gemeinderat, Grossratssuppleant und von 1934 bis 1964 Verwaltungsratspräsident der Raiffeisenbank.

**Pius Werner (8.11.1907–24.12.1986): 1965–1976**

Pius Werner[374] wurde als Sohn des Joseph und der Rosina Salzmann geboren, war Burger von Martisberg, verheiratet mit Viktorine Salzmann, wohnhaft in Naters und Vater von sechs Kindern. Nach der Primarschule besuchte er zwei Realklassen im Kollegium Brig. Er war von Beruf Bauschreiner bei Eggel & Imboden in Naters (1937–1965), betätigte sich daneben in der Landwirtschaft. Im Militär bekleidete er den Grad eines Feldweibels. Sein Firmpate war der legendäre Kaplan Benjamin Bammatter, ein Freund von Vater Joseph.

Pius Werner war zweifelsohne eine der herausragendsten Persönlichkeiten der letzten 60 Jahre in Naters. Am 7. Juni 1974 wurde er von der Burgerschaft Naters in Anerkennung seines unermüdlichen Einsatzes für die Dorfgemeinschaft zu ihrem dritten Ehrenburger ernannt. Es ist dies eine Ehre, die vor ihm nur 1887 John Tyndall und 1965 Giuseppe Moschini, Sindaco von Ornavasso, zuteil wurde. Anlässlich der Verleihung des Ehrenburgerbriefes am 22. September 1974 charakterisierte alt Staatsrat Richard Gertschen Pius Werner in seiner Laudatio wie folgt: «Sie waren und sind (...) der Inbegriff des in zahlreichen Ämtern mit Erfolg wirkenden populären Mannes. Sie liebten ihre Ämter und waren ihnen hervorragend gewachsen. Was Sie dabei einzusetzen hatten, war im Grunde genommen gesunder Menschenverstand. Dahinter aber stand Ihre ausserordentliche Persönlichkeit. Ihr Leitsatz war stets und ausschliesslich Dienst an Dorf und Gemeinschaft, die Wurzel hierzu Ihre tiefe, religiöse Überzeugung. Ihr Humor verstand es stets, Stunden gesellschaftlichen Beisammenseins zu genussreichen Erlebnissen zu gestalten.» Die Kraft, freie Kritik zu üben und selber zu ertragen, und der Mut, eine Sache, die er als richtig empfand, mit Vehemenz zu verfechten, zeichneten ihn aus. Und wer kannte Pius Werner nicht als originellen Tafelmajor bei Hochzeiten oder sonstigen geselligen Anlässen!

Die nachfolgende Zusammenstellung der Ämter und Chargen ergibt eine bemerkenswerte Liste, die ahnen lässt, wie sehr Pius Werner dem Vereins- und Genossenschaftswesen während Jahrzehnten seinen Stempel aufgedrückt hat. Dabei heben wir nur die präsidialen Funktionen hervor, nicht aber die vielen anderen Tätigkeiten als Aktuar, Revisor usw. Auch gehen wir hier nicht ein auf die Gründung eines Vereins, den Pius Werner zusammen mit zwölf anderen Jungmännern ins Leben rief zum Zweck der «Pflege der Kameradschaft und Unterhaltung» und der um 1929 unter dem Namen «Mädchenschutz – Naters» auftrat. So beginnen wir nun mit der langen Reihe der Ämterliste.

*Öffentliche Ämter:* Grossrat 1937–1941, 1953–1969; Gemeinderat 1936–1956, davon Vizepräsident 1940–1948, 1950–1956; Schulpräsident 1946–1956; Kastlan 1965–1976; Ortsquartiermeister 1938–1952; Gemeindeweibel 1948–1958; Ortschef des Zivilschutzes Naters 1965–1969; Kantonaler Schätzungsexperte für Expropriationen 1966–1981.
*Feuerwehr:* Kommandant der Feuerwehr Naters 1937–1957, Kantonaler Feuerwehrinstruktor 1944–1975, Chef-Feuerwehrinstruktor für das Oberwallis 1971–1976, Wahl zum Präsidenten des Oberwalliser Feuerwehrverbandes 1965. Der Staat Wallis überreichte Pius Werner 1976 eine kunstvolle Wappenscheibe mit der Beschriftung: «Major Werner Pius, Cheffeuerwehrinstruktor, in Anerkennung für 50 Jahre Dienst am Nächsten». Werner war in den letzten fünf Jahren Instruktor im Range eines Majors.
*Vereine:* Präsident des katholischen Jünglingsvereins 1929–1932; Präsident des Kirchenchors 1943–1945 (dessen Mitglied 1922–1962); Präsident des Militärschiessvereins 1931–1940; Präsident des Bezirksschützenverbandes 1934–1949; Präsident der Musikgesellschaft «Belalp» 1933–1935, 1939–1941, 1951–1957 (51 Jahre, 1923–1974, Mitglied der «Belalp»); Organisationspräsident beim Oberwalliser Musikfest 1934 und 1962, beim Bezirksmusikfest 1953 und 1961 sowie beim kantonalen Musikfest 1955.

*Genossenschaften – Bank:* Präsident der Milchproduzenten-Genossenschaft 1957–1972; Präsident der Konsumgenossenschaft 1962–1970 und Verwaltungsratspräsident der Raiffeisenbank 1964–1986.

### Leander Biffiger (*15.1.1919): 1977–1992

Leander Biffiger wurde dem Ehepaar Ernst und Josefine geb. Eyholzer in die Wiege gelegt. Er besuchte die Schulen in Naters, Brig (Realschule im Kollegium) und St-Maurice, ist verheiratet mit Therese De Paoli und Vater von drei Kindern. Als Handelsmann war er 1952–1963 Verwalter in der Gonset Visp, dann führte er eigene Geschäfte in Naters. Leander Biffiger wurde viermal mit einem Glanzresultat zum Friedensrichter gewählt.

Mit seinem Humor, seiner sachlichen und ihm eigenen feinen Art, auf die Probleme anderer einzugehen, konnte er viele Streitigkeiten schlichten. Er hat die Gabe des Erzählens und liebt das Filmen. Biffiger ist der Verfasser des wertvollen Buches: «NATERS – ERINNERN SIE SICH», Rotten Verlag, Visp 1997. Es enthält 234 alte, aussagekräftige Bilder von Naters und dem Natischer Berg.

### Hans Eggel (*4.4.1932): 1993–

Da wir Kastlan Hans Eggel als Schuldirektor porträtieren, verweisen wir auf das Kapitel «Schulen».
1996 trat *Meinrad Nellen* nach 24 Jahren als Vizerichter zurück.

### Statistisches

Wie die nachstehende Statistik zeigt, hat der Kastlan eine Vielzahl von Besprechungen und Sitzungen zu bewältigen. Viele seiner Bemühungen (z.B. Versöhnungsversuche) finden ausserhalb des Ratshauses statt und werden von der Statistik nicht erfasst. Der Kastlan nimmt von Amtes wegen auch an den Sitzungen des Waisenamtes teil.

|  | 1980 | 1988 | 1992 | 1995 | 1998 |
|---|---|---|---|---|---|
| Anzahl Vorkommnisse | 304 | 276 | 259 | – | – |
| Richtersitzungen | 65 | 61 | 68 | 35 | 33 |
| Waisenamtssitzungen | 18 | 19 | 19 | 18 | 14 |
| Inventaraufnahmen | 10 | 8 | 7 | 11 | 14 |
| Testamentseröffnungen | – | 7 | 8 | 14 | 11 |
| Erbenbescheinigungen | – | 57 | 76 | 105 | 96 |

# Zivilstandsamt

Das Zivilstandsamt wurde in der Schweiz im Jahre 1875 mit Wirkung auf den 1. Januar 1876 eingeführt. Im ersten Jahr gehörten Naters und Birgisch dem Kreis Brig an.[375] Seit dem 1. Januar 1877 unterhält Naters zusammen mit Birgisch ein eigenes Zivilstandsamt. Aufgrund der staatsrätlichen Entscheidung vom 19. Oktober 1977 ist Mund seit dem 1. Januar 1978 dem Zivilstandskreis Naters angeschlossen.

*Zivilstandsbeamte:*

| | |
|---|---|
| 1877–1903 | Anton Eggel |
| 1904–1928 | Benjamin Eggel |
| 1929–1954 | Leopold Eggel |
| 1955–1976 | Julius Eggel |
| 1977–1997 | Hubert Eyer |
| 1997– | Charlotte Kern-Ruppen |

1997 integrierte der Gemeinderat das Zivilstandsamt in die Kanzleidienste der Gemeinde. Charlotte Kern, die 1976 in den Dienst der Gemeinde trat und als bestens informierte Fachfrau gilt, ist seit diesem Jahr sowohl für das Zivilstandsamt als auch für die Kanzleidienste verantwortlich.

# Die Gemeinde als Arbeitgeberin

Damit der Gemeinderat seine Aufgaben ordnungsgemäss wahrnehmen kann, muss er auch über das notwendige Personal verfügen. In den ersten Nachkriegsjahren kam die Gemeinde noch mit einem Schreiber, einem Polizisten, einem Schulhausabwart, zwei Gemeindearbeitern und etwa zwölf Lehrpersonen aus. Im Stichjahr 1997 beschäftigte die Gemeinde 143 Personen, davon 80 im Vollamt und 63 im Teilpensum. Aufgeteilt in die Bereiche Bildung und Verwaltung ergibt dies folgendes Bild:

*Bereich Bildung:* a) Kommunale Schulen: 60 Lehrpersonen, davon 33 im Vollamt und 27 im Teilpensum; b) Orientierungsschule: 30 Lehrpersonen, davon 20 im Vollamt und zehn im Teilpensum.

*Bereich Verwaltung:* 53 Personen, davon 27 im Vollamt und 26 im Teilpensum (plus zwei Lehrlinge).

Für die Angestellten im Verwaltungsbereich gibt es seit dem 21. Dezember 1978 ein Personalreglement. Es hält sich weitgehend an jenes der Stadtgemeinde Brig-Glis. Die Arbeitsbedingungen sind den heutigen Forderungen angepasst.

# Gemeindefinanzen

In früheren Zeiten hatten die Verwaltungen für die Gemeindegeschäfte wenig Geld zur Verfügung. Im Rechnungsjahr 1860 z.B. standen den Einnahmen von 3017.51 Franken Ausgaben von 2611.59 Franken gegenüber.[376] Der nachfolgende Zahlenspiegel gibt einen kleinen Einblick in die finanzielle Lage der Munizipalgemeinde:

| Jahr | Gesamtertrag in Fr. | Gesamtaufwand in Fr. |
|---|---|---|
| 1920 | 60 803.– | 91 025.– |
| 1940 | 180 573.– | 179 698.– |
| 1960 | 469 526.– | 465 560.– |
| 1970 | 2 825 287.– | 3 302 470.– |
| 1980 | 9 176 497.– | 8 437 786.– |

Belief sich die Schuld der Gemeinde im Jahre 1970 auf 3 907 853 Franken, stieg der Schuldenberg bis 1975 auf satte 15 217 293 Franken an.[377] Die extrem angestiegene Verschuldung Mitte der 70er-Jahre wurde durch den Bau des Sekundarschulhauses Bammatten verursacht. Zu dieser Zeit galt Naters unter den grossen Talgemeinden als «enfant terrible», also eine Art «unärtigs Jüngi» (unartiges Kind), das mit einem Nettozinsaufwand von nahezu 19 Prozent (1975 und 1976) des ordentlichen Nettoertrages weit über der «kritischen Grenze» von zwölf Prozent Schuldendienstanteil lag.

Nach Jahren massiver Investitionen sah sich die Gemeinde 1976 genötigt, eine Konsolidierungsphase einzuleiten. So beschloss der Rat 1977, die mit dem Schweizerischen Gemeindeverband erarbeitete Finanzplanung laufend weiterzuführen (sogenannte rollende Planung). Die Finanzlage verbesserte sich in der Folge zusehends. Innert fünf Jahren (1975–1979) konnte der Schuldenberg von 15 Mio. auf 9,9 Mio. Franken abgetragen werden. Die Zinslasten machten im Jahre 1974 16,1 Prozent der ordentlichen Nettoerträge aus, 1975 18,69 Prozent, 1976 18,79 Prozent, 1977 14,60 Prozent, 1978 11,49 Prozent und 1979 noch 8,22 Prozent. 1980 lag diese Verhältniszahl bei stolzen 6,18 Prozent und damit weit unter der in der Schweiz als kritisch eingestuften 12-Prozent-Schwelle.

Nach Ablauf der mehrjährigen Konsolidierungsphase erlaubte die Finanzlage der Gemeinde wieder eine vermehrte Investitionstätigkeit. Lag die Gemeindeschuld 1982 bei 6,2 Mio. Franken (Pro-Kopf-Schuld 885 Franken), erhöhte sie sich 1983 erstmals wieder. Im gleichen Jahr überschritten die Bruttoeinnahmen zum ersten Mal die 10-Millionen-Grenze.

Mit der Bewilligung für den Bau des Zentrums Missione leitete Naters eine verstärkte Investitionsphase ein, die sich im Finanzplan für die Periode 1989–1993 nachhaltig widerspiegelte. Nach einer Phase der Investitionen in der ersten Hälfte der 90er-Jahre kam es wieder zu einer Konsolidierungsphase. Allein der Investitionsschub und der damit verbundene Anstieg der langfristigen Schulden von 14 Mio. im Jahre 1990 auf 29,664 Mio. Franken in der Rechnung 1994 gebot ein Kürzer-Treten. Um die Schulden nicht weiter anwachsen zu lassen, hat die Verwaltung die Investitionen für die Planungsperiode 1996–1999 gegenüber den letzten fünf Jahren von 43 Mio. auf 24 Mio. Franken heruntergeschraubt. Im hier als letztem beschriebenen Rechnungsjahr 1996 standen den Einnahmen von 20,477 Mio. Ausgaben von 15,826 Mio. Franken gegenüber. Die selbst erarbeiteten Mittel beliefen sich auf 4,651 Mio. Franken. Die Gemeinde, die nach Jahren grosser Investitionen auf Konsolidierungskurs ging, investierte 1996 immerhin noch 5,584 Mio. Franken und die Gemeinderechnung wies noch einen Finanzierungsüberschuss von 181 000 Franken auf.

Die nachfolgenden Zahlen geben Aufschluss über die Finanzlage der Gemeinde zwischen 1986 und 1996:

| Bezeichnung | 1986 | 1990 | 1994 | 1996 |
|---|---|---|---|---|
| Schuld in Mio. | 11,098 | 14,195 | 29,664 | 28,925 |
| Pro-Kopf-Schuld in Fr. | 1572 | 1934 | 3817 | 3701 |
| Lauf. Ertrag in Mio. | 8,194 | 10,586 | 13,041 | 14,773 |
| Steuerkraft pro Kopf in Fr. | | 1442 | 1678 | 1890 |

Feste Schulden der Gemeinde im Jahre 1998: 32,7 Mio. Franken. Pro-Kopf-Schuld 1998: 4222 Franken.

Gemeindefinanzen 1996 und 1997 aus anderer Sicht, in Mio. Franken:

| Bezeichnung | Laufende Rechnung | | Investitionsrechnung | | Gesamtrechnung | |
|---|---|---|---|---|---|---|
| | 1996 | 1997 | 1996 | 1997 | 1996 | 1997 |
| Einnahmen | 20,477 | 19,791 | 1,114 | 1,245 | 21,591 | 21,036 |
| Ausgaben | 15,826 | 17,254 | 5,584 | 6,231 | 21,410 | 23,485 |
| Selbst erarbeitete Mittel | 4,651 | 2,537 | | | | |
| Nettoinvestitionen | | | | | 4,470 | 4,986 |

1997 blieben die Einnahmen unter den Erwartungen und die Ausgaben nahmen stärker zu als angenommen.

Das kantonale Finanzdepartement liess 1994 in den 163 Walliser Gemeinden eine Einstufung ihrer Finanzkraft erstellen. Von den 87 Oberwalliser Gemeinden erhielt die reichste Gemeinde (Zwischbergen) 163 und die ärmste (Erschmatt) 66 Punkte. Naters lag bei 103 Punkten (Brig-Glis 100 und Visp 139).[378] Mit einem haushälterischen Einsatz der zur Verfügung stehenden Mittel betrachtet die Gemeindeverwaltung den Haushalt als gesund.

Seit der Einführung der neuen Gemeindeordnung im Jahre 1981 obliegt dem verwaltungsunabhängigen Kontrollorgan die Rechnungskontrolle sowie jene der kommunalen Geschäftsführung. 1965 wurde die Rechnung des Jahres 1964 erstmals allen Haushaltungen zugestellt.

# Liegenschaften im Eigentum der Gemeinde

Blenden wir zuerst zurück: Am 28. Januar 1530 nahm Peter an der Bandmatte, Vertreter der Gumperschaft Naters, von den Leuten von Brigerbad die Quittung entgegen für die «gemeinen Eyeninseln z'Baden», welche die Gumperschaft Naters am 22. Juli 1526 für 80 Pfund an Brigerbad verkaufte.[379]

Seit 1965 erachtete es die Gemeindeverwaltung als vordringliche Aufgabe, für die Gemeinde zusätzliche Bodenreserven zu schaffen, um den Bau von notwendigen öffentlichen Anlagen zu ermöglichen und so den Bodenbedarf des Gemeinwesens für die nahe und ferne Zukunft zu decken. In den letzten 30 Jahren wurden durch die Gemeinde zahlreiche Bodenkäufe getätigt. Laut Kataster ist die Gemeinde im Besitz von 340 Parzellen (Strassen, Wege, Plätze und Wiesen in Naters Grund und Berg). Darunter befinden sich folgende grössere zusammenhängende Bodenflächen (Stand 31.12.1996):

Stapfen-Sportplatz, Festwiese, Schlüsseläcker; Spielplätze: Rosengarten, Kindergarten Rotten und Bammatten; Pausenplätze bei den Schulhäusern, Kirchplatz, Marktplatz, Cäsarineplatz; Parkplätze: Weisser Sand, Zentrumsanlage, Gertschenareal (6952 m², Kaufpreis 3 650 000 Franken; am 12.6.1994 mit 1764 Ja- gegen 732 Neinstimmen genehmigt; daselbst 110 Parkplätze); beim FO-Bahnhof (Kaufpreis 1,9 Mio. Franken; an der Urversammlung vom 4.12.1991 mit 102 Ja- gegen 21 Neinstimmen angenommen); Parkplatz in Blatten.

*Parkierungsanlagen*    *ca. 11 000 m²*
*Schulanlagen*    *ca. 35 000 m²*
*Sportanlagen*    *ca. 26 000 m²*
*Grünanlagen, Spielplätze*    *ca. 9 500 m²*
*Festplätze*    *ca. 10 000 m²*
*Diverse Austauschböden*    *ca. 10 000 m²*

Ferner ist die Gemeinde im Besitz nachstehender Gebäude (Stand 1996):

*Verwaltungsgebäude Junkerhof mit Archiv*
*Zentrum Missione*
*Schwimmbad Bammatten*
*Werkhof Natterloch*
*Werkhof Blatten*
*Waldenhaus zur Hälfte*
*Bachhüs Wichje in Blatten*
*Zivilschutzanlage Belalp*
*Schlachthaus Naters und Blatten*
*Sportplatzgebäude*
*Turnhalle Klosi*
*Vier Garagen Zentrum Kelchbach*
*Zwei Garagen Klosi*
*Schulhaus Turmmatte*
*Schulhaus Ornavasso*
*Sekundarschulhaus Bammatten*
*Kindergärten: Weisser Sand, Rotten, Breiten und Bammatten*

# Verwaltungsgebäude

Bis 1965 hatte die Gemeindeverwaltung ihre Räumlichkeiten im Ornavassoturm und später während elf Jahren im Ornavassoblock an der Furkastrasse. Im Oktober 1976 konnte der inzwischen fachmännisch renovierte Junkerhof als Verwaltungsgebäude bezogen werden (Beschreibung vgl. Kap. «Siedlungsgeschichte ...»). Kurz zuvor, vom 18. bis 26. September desselben Jahres, zeigten 40 Berner Künstler in den Räumen des Junkerhofs in einer gut besuchten Ausstellung einen Querschnitt ihres Schaffens.

Laut Gemeinderatsprotokoll vom 23. Februar 1917 beschloss der Rat, «durch Gelegenheitskauf» eine Schreibmaschine anzuschaffen. Offenbar kam es in der Folge nur zu einem mietweisen Gebrauch einer solchen, denn am 6. Februar 1925 berichtet das Gemeinderatsprotokoll, dass man «von der Konsumgenossenschaft Naters erneut eine Schreibmaschine mietweise» übernehmen wolle. Irgendwann in der Folgezeit schaffte sich dann wohl die Gemeindeverwaltung eine eigene Schreibmaschine an. Es versteht sich, dass die heutigen Anlagen, wie z.B. die elektronische Datenverarbeitung (EDV), auch bei der Gemeindeverwaltung auf dem neuesten technischen Stand sind.

# Besondere Aktivitäten der Gemeindeverwaltungen

In diesem Abschnitt werden für das Gemeinwohl bedeutende Einrichtungen, die von der Gemeindeverwaltung initiiert worden sind, in chronologischer Folge wiedergegeben.

## 1.-August-Feier

In den Quellen ist erstmals im Jahre 1900 von einer 1.-August-Feier in Naters die Rede. In diesem Jahr wurde die Einweihung des Elektrizitätswerkes Brig-Naters «in Verbindung mit der 1.-August-Feier» durchgeführt.[380] Im Gemeinderatsprotokoll vom 17. Juli 1923 wird erwähnt, dass der Rat beschlossen habe, «dieses Jahr in Naters die Augustfeier abzuhalten». Seit dem Zweiten Weltkrieg[381] gehört die 1.-August-Feier, die jeweils von einem Verein organisiert wird, zum festen Bestandteil des Dorfgeschehens. Aber auch in Blatten wird seit der zweiten Hälfte der 60er-Jahre eine Feier abgehalten.[382] Die traditionelle Übergabe des Bürgerbriefes an die Jungbürger erfolgte erstmals 1997 in einer gesonderten Feier. Da in Naters immer weniger Leute an der 1.-August-Feier teilnahmen, beschloss der Rat, ab 1999 nur noch eine Feier durchzuführen, und zwar in Blatten.

## Neujahrsempfang

Bis 1969 gab es das sogenannte «traditionelle Neujahrsumspielen» der Musikgesellschaft «Belalp» für die weltlichen und geistlichen Behörden. Anfang Dezember 1969 erkundigte sich Peter Schmid, Präsident der Musikgesellschaft «Belalp», beim

Gemeinderat, ob dieser Brauch unbedingt erhaltenswert sei, er bedeute nämlich für die Mitglieder der Musikgesellschaft, je nach Witterung, eine grosse Belastung. Peter Schmid regte an, diesen Anlass im Rahmen eines Neujahrsempfanges durchzuführen, wie dies in Brig seit Jahren der Fall sei. Am 22. Dezember 1969 beschloss der Gemeinderat, einen «bescheidenen Neujahrsempfang» abzuhalten, zu dem die wichtigsten Persönlichkeiten des Dorflebens einzuladen sind. So wird der inzwischen zur Tradition gewordene und nicht mehr wegzudenkende Neujahrsempfang seit dem 1. Januar 1970 durchgeführt.

Im Zentrum dieses Empfanges steht jeweils die Neujahrsansprache des Gemeindeoberhauptes. Dieses lässt in der Neujahrsbotschaft einerseits die wichtigsten Geschehnisse des verflossenen Jahres Revue passieren, hält aber andererseits auch Ausschau auf das neue Jahr. Gleichzeitig werden z.B. auch die Verdienste von scheidenden Gemeinderäten oder anderen Persönlichkeiten gewürdigt. Der Empfang fand früher in der Turnhalle Turmmatte statt und wird seit 1993 im Zentrum Missione abgehalten. Seit diesem Jahr werden hierzu nicht nur die Honoratioren des Dorfes eingeladen, sondern sämtliche Bürgerinnen und Bürger, die denn jeweils auch in grosser Zahl kommen. Für den musikalischen Rahmen sorgt die Musikgesellschaft «Belalp», während die Damen des Trachtenvereins den Neujahrstropfen servieren. Seit ca. 1989 gibt der Briger Präsident dem Neujahrsempfang in Naters die Ehre, wie auch der Natischer Präsident in Brig zugegen ist.

## ‹Mitteilungen›

Am 24. Januar 1977 genehmigte der Gemeinderat die 26 Artikel der «Richtlinien zum Informationsdienst der Gemeinde». Am 25. Februar des gleichen Jahres wurde das kommunale Presseorgan ‹Mitteilungen› erstmals an alle Haushaltungen verteilt. Das Mitteilungsblatt bezweckt unter anderem, die Bevölkerung über die zu behandelnden Themen bei bevorstehenden Urversammlungen zu informieren sowie die Öffentlichkeit fortlaufend über die Tätigkeit der kommunalen Behörden und Dienststellen zu orientieren. Diese ‹Mitteilungen› entsprechen einem Informationsbedürfnis der Bürgerinnen und Bürger und erscheinen jährlich in acht bis zehn Nummern in einer Auflage von rund 2500 Exemplaren.

## Der Staatsrat in Naters

Am 13. September 1977 hatte der Gemeinderat von Naters die besondere Ehre, den Gesamtstaatsrat des Kantons Wallis in Begleitung verschiedener alt Staatsräte im Junkerhof zu empfangen. Bei dieser Gelegenheit konnten die guten Beziehungen der Gemeinde Naters zur kantonalen Regierung gepflegt werden.[383]

## Sektionskreis

Als der Sektionschef des Kreises Brig, zu dem auch Naters gehörte, 1978 zurücktrat, stellte die Gemeindeverwaltung beim Militärdepartement den Antrag, für Naters, Birgisch und Mund einen eigenen Kreis zu schaffen. Noch im gleichen Jahr stimmte der Staatsrat diesem Wunsch zu und ernannte Reallehrer René Ruppen, des Alois, zum Sektionschef des neu geschaffenen Kreises.

## Gemeindeordnung – Initiativrecht

Aufgrund des neuen Gemeindegesetzes vom 13. November 1980 erarbeitete die Gemeindeverwaltung ein ausgewogenes «Reglement über die Gemeindeordnung»[384], das am 14. Juni 1981 durch die Urversammlung mit 590 Ja- gegen 254 Neinstimmen (51 leere) angenommen wurde. Am selben Tag stimmte die gleiche Versammlung mit 602 Ja- gegen 366 Neinstimmen (30 leere) der Einführung des Initiativrechts auf Gemeindeebene zu. Die Gemeinde Naters führte als erste Gemeinde im Wallis dieses Recht ein. Das Reglement über die Gemeindeordnung wurde am darauf folgenden 19. August vom Staatsrat vorbehaltlos genehmigt. Gemeindeordnung und Initiativrecht führten in Naters zu einer Belebung des politischen Lebens. Die Gemeindeordnung weitet das Mitspracherecht auf Gemeindeebene bedeutend aus. Vieles, was früher vom Gemeinderat beschlossen werden konnte, unterliegt heute der Aktivbürgerschaft.

## Empfang ausländischer Fernsehprogramme

Träger der Anlagen für die Ausstrahlung von ausländischen Fernsehprogrammen ist der Oberwalliser Gemeindezweckverband. Seit 1980 ist die Gemeinde Naters Mitglied dieses Verbandes, denn am 2. März dieses Jahres stimmte der Natischer Souverän mit 803 Ja- gegen 374 Neinstimmen bei 42 leeren Stimmzetteln diesem Beitritt zu.

## Kulturkommission

1989 ernannte der Gemeinderat eine Kulturkommission. Ihre Aufgabe ist es, die kulturellen Tätigkeiten in der Gemeinde zu fördern und zu unterstützen. Die von der Gemeinde hierfür zur Verfügung stehenden jährlichen Beiträge sollen im Sinn einer breiten Kulturförderung sowohl Kulturschaffenden als auch Gruppen und Vereinigungen, die kulturell besonders tätig sind, zuerkannt werden.

Die Kulturkommission leistete bisher grosse Arbeit und wirkte im Rahmen verschiedener Veranstaltungen massgeblich mit. Als Beispiel nennen wir die kulturellen Aktionen anlässlich der 700-Jahr-Feier der Eidgenossenschaft im Jahre 1991. Unter der Obhut der Kulturkommission und eines Organisationskomitees (Präsident Ambros Ritz) waren bei den «Natischer Kulturtagen 91» nicht weniger als acht Projekte verschiedenster Art zu sehen.[385] Daran waren 29 Vereine und Gruppen beteiligt.

*Präsidenten der Kulturkommission:*
1989–1993   Georges Zurkinden
1993–        Colette Pfammatter-Marty

## Bibliotheken

Die **Gemeindebibliothek** im Zentrum Missione wurde offiziell am 28. März 1992 eröffnet. Mit ihr setzte Naters einen weiteren Markstein zur Eigenständigkeit und Selbstbehauptung in der Region. Die Kantonsbibliothek und die Schweizerische Volksbibliothek leisteten beim Aufbau tatkräftige Unterstützung. Der voll computerisierte Büchereibetrieb wurde von 1992 bis März 1996 von der diplomierten Bibliothekarin Nathalie Zenklusen, Naters, im Teilamt geführt. Seit April 1996 betreut Manuela Grichting-Kreuzer diese Bibliothek. Ihr stehen drei Hilfskräfte zur Seite.

Die Bibliothek wird überdurchschnittlich genutzt. Sie setzt ihren Bücherbestand mehr als zweieinhalbmal pro Jahr um. 1997 wies sie einen Bestand von 7000 eigenen Büchern, 1000 Kassetten und 700 CDs auf. Bereits Ende Juni 1992 konnte sie in der Person von Martin Gasser den 1000. Leser, knapp zwei Jahre später mit Adeline Schnydrig die 2000. und 1997 mit Astrid Salzmann die 3000. Leserin feiern.

*Gemeindebibliothek.*

Die Gemeindebibliothek führt zusammen mit den Schulbibliotheken in gewissen Abständen auch Buch- und Lesewochen sowie andere Aktionen durch. Sie will der Bevölkerung das Medium Buch wieder näher bringen. Denn «eine Gemeinde, die liest, ist eine Gemeinde, die lebt», sagte Kantonsbibliothekar Jacques Cordonier anlässlich der Eröffnung.

Die Primar- und Orientierungsschulen (PS und OS) besitzen ebenfalls eigene Bibliotheken, die von zwei Lehrerteams betreut werden. Medienbestand (1998) der **OS-Bibliothek** im Schulhaus Bammatten:

| | |
|---|---|
| Bücher | 5100 Exemplare |
| CDs | 76 Stück |
| Multimedia-Disketten | 9 Stück |

Im Rahmen der Sanierung des Schulhauses Turmmatte wurde 1996 daselbst auch eine neue **PS-Bibliothek** für Schüler und Lehrpersonen eingerichtet, die 1998 folgenden Bestand aufwies:

| | |
|---|---|
| Bücher | 2700 Exemplare |
| CDs | 75 Stück |

Die Pfarrei führte schon ab etwa 1918 eine bescheidene «Volksbibliothek», die später geschlossen wurde.

## Erwachsenenbildung

1992 schuf der Gemeinderat eine Kommission für Erwachsenenbildung und gleichzeitig die Stelle eines Erwachsenenbildners im Teilamt. Er sorgt für ein vielfältiges Angebot an Erwachsenenbildung für die Schulregion Naters, klärt die Weiterbildungsbedürfnisse in der Gemeinde ab und bietet entsprechende Veranstaltungen und Weiterbildungskurse an. Erwachsenen-Sprachkurse wurden im Schulhaus Bammatten zwar schon vor 1992 durchgeführt, seither aber sind die Kursangebote für die Bevölkerung wesentlich breiter gefächert. Es gibt folgende Themen: Fremdsprachen, Informatik, Kunst, Gesundheit, kreatives Gestalten, Kochen, Malen, Faszination Fels, Vorträge u.v.m. Erster Erwachsenenbildner im Teilpensum ist seit 1992 Sekundarlehrer Fidelis Fercher.

Am 22. Mai 1992 wurde das Studienzentrum Brig gegründet. Dieses wird auch von der Gemeinde Naters unterstützt. Es arbeitet mit der Fernuniversität Hagen zusammen. Durch diese Zusammenarbeit besteht die Möglichkeit, im Oberwallis ein anerkanntes akademisches Studium zu absolvieren oder in die wissenschaftliche Weiterbildung einzusteigen. Diese Weiterbildung eignet sich nicht nur für Akademiker, sondern für alle Berufstätigen und Hausfrauen, denn der grösste Teil des Lehrpensums kann zuhause absolviert werden.

## Naters bei den «Walliser Städten»

Die Vereinigung der Schweizer Städte bot 1978 der Gemeinde Naters den Beitritt zu ihrem Verband an. Obwohl bei städtischem Charakter der Ortschaft auch Gemeinden mit weniger als 10 000 Einwohnern als Mitglieder erwünscht sind, verzichtete der Gemeinderat auf einen Beitritt. Einerseits überwiege bei unserem Flecken immer noch der Dorfcharakter, andererseits sei Naters bereits Mitglied des Schweizerischen Gemeindeverbandes, argumentierte die Gemeindeverwaltung.[386] Dagegen wurden am 6. November 1992 in Sitten die Gemeinden Naters und Leuk in die «Vereinigung der Walliser Städte» aufgenommen. Zweck der Vereinigung ist der Erfahrungsaustausch.

## Jugendarbeitsstelle

1994 schuf die Gemeinde eine Jugendarbeitsstelle mit einem Pensum von 50 Prozent. Der Jugendarbeiter unterstützt die Gemeinde und die Pfarrei in der soziokulturellen und religiösen Animation, in der Beratung und Betreuung von Jugendlichen. Er ist verantwortlich für die Organisation und Koordination der Jugendarbeit. Ferner ist er Ansprechpartner für alle in der Jugendarbeit engagierten Personen, Institutionen und Organisationen. – *Jugendarbeiter/in: 1995–1997: Beat Dirren von Raron; 1998/1999: Marion Grand aus Naters. Ende Juni 1999 wurde die Jugendarbeitsstelle sistiert, bis eine tragbare Lösung gefunden ist.*

## Naters Ehrengast in Martinach

Die Gemeinde Naters war 1994 Ehrengast an der 35. Gewerbeausstellung «FOIRE DU VALAIS», die vom 30. September bis zum 9. Oktober 1994 im Ausstellungsgelände CERM in Martinach abgehalten wurde.

Der 1. Oktober war der Tag der Gemeinde Naters. Es fand ein grosser Umzug statt, den die Natischer Gemeinde unter das Motto «NATERS, das grösste Dorf im Wallis/GESTERN – HEUTE – MORGEN» stellte. Das Organisationskomitee stand unter dem Präsidium von alt Grossrat Albert Bass. Insgesamt 30 Gruppen mit über 700 Personen fuhren mit einem Extrazug nach Martinach und nahmen am Umzug teil. Zudem erstellte die Gemeinde im Ausstellungsgelände einen Stand, wo die Besucher u.a. auf Darstellungen den Aletschgletscher, die Belalp und den sieben Meter hohen Ornavassoturm bewundern konnten. Aber auch der Natischer Drachen spuckte, angeheizt von den Belalp-Hexen, Feuer und Rauch.

Unter dem Motto «Geschenke erhalten die Freundschaft» überreichte die Gemeindepräsidentin Edith Nanzer-Hutter der Stadt Martinach eine geschnitzte Truhe mit dem Gemeinde- und Burgerwappen. Ihrerseits durfte sie als Präsent ein Ölbild der Stadt Martinach entgegennehmen.

## Öffentlicher Plakatanschlag

Am 18. August 1994 machte die Gemeindeverwaltung in der Presse eine wichtige Mitteilung, der wir die Kernpunkte entnehmen. In Zusammenarbeit mit der Allgemeinen Plakatgesellschaft (APG) hat die Gemeinde Naters im Dorf an sechs Standorten und in Blatten an einem Standort Plakatsäulen aufstellen lassen. Diese stehen Vereinen und Gewerbetreibenden zum Anbringen von Plakaten, die auf kulturelle und sportliche Anlässe hinweisen, unentgeltlich zur Verfügung. Der Plakatanschlag an öffentlichen Gebäuden, an Ställen und Stadeln sowie an Gebäuden im alten Dorfteil und an Bäumen ist nicht mehr gestattet.[387]

# Gemeindepolizei
## Polizeiwesen in früheren Zeiten

Aufgrund der gesetzlichen Bestimmungen übte die Gemeinde schon sehr früh entweder durch ein Mitglied des Gemeinderates oder durch die Flurhüter ihre Polizeihoheit aus.[388] Laut Art. 23 des kantonalen Gesetzes vom 1. September 1864 konnten die Flurhüter zum Tragen eines mit Schrot geladenen Gewehrs ermächtigt werden.

In den 1920er-Jahren ernannte die Gemeinde Naters in der Person von Alois Schmidt (†1938) den ersten Polizisten. Seine Uniform bestand aus einer Mütze. Gleichzeitig versah er noch das Amt des Sakristans. Von ihm wird erzählt, dass er einmal im Café L'Avenir eine neue Serviertochter mit etwas zwielichtigem Lebenswandel zu begutachten hatte. Im Bericht an den Gemeinderat schrieb er: «Eine Hure entdeckt, eine grossen Kalibers.» Kamil Ruppen (1902–1956) löste ca. 1933 Alois Schmidt ab. Er wurde als halbamtlicher Polizist angestellt und trug als erster eine richtige Uniform. Gleichzeitig war er Abwart im Schulhaus Ornavasso.

## Gemeindepolizei seit 1948

1948 wählte die Gemeinde **Hugo Salzmann** (*25.1.1921), des Johann, zum Gemeindepolizisten im Teilamt, in den letzten fünf Jahren mit Vollpensum. Mit seiner Pensionierung Ende Januar 1986 verabschiedete die Gemeinde eine markante Persönlichkeit. Seine berufliche Vielseitigkeit sowie die Bereitschaft, der Öffentlichkeit zu dienen, führten dazu, dass er einer Vielzahl von Beschäftigungen nachging. Eine kurze Auflistung derselben mag dem Leser einen Eindruck vom Allrounder Hugo Salzmann vermitteln. So war er Sakristan, Weibel während 30 Jahren, Wachtmeister beim Militär, Verwalter des Salzdepots im Auftrag des Staates, langjähriger Leiter der AHV-Zweigstelle, Kommandant der Feuerwehr Naters (1957–1970), während 38 Jahren (1948–1986) Dorfpolizist und nebenbei Landwirt, Imker und aktiver Velofahrer. Hugo Salzmann hat sich um unser Dorf zweifelsohne grosse Verdienste erworben.

Am 1. Juli 1969 wurde **Ernst Walden** (*1939), des Marius, als erster vollamtlicher Gemeindepolizist angestellt. Zuvor als Kantonspolizist in Susten und Visp tätig, kam er als Polizeigefreiter in den Dienst der Gemeinde. 1990 zum Polizeifeldweibel ernannt, arbeitet er als Postenchef. Als solcher plant und überwacht er die Einsätze aller Polizeiorgane. Zusätzlich stehen noch folgende zwei Polizisten im Gemeindedienst: *Walter Rubin,* seit 1981, 1990 zum Polizeiwachtmeister ernannt, und *Philipp Jeanneret,* Polizeikorporal, seit 1985.

*Gemeindepolizei (Aufnahme von 1999). Von links: Wm Walter Rubin, Fw Ernst Walden, Kpl Philipp Jeanneret.*

Bis in die 60er-Jahre war stets auch ein Kantonspolizist, der der Brigade Brig zugeteilt war, in Naters für polizeiliche Aufgaben tätig. Für die Aufnahme von Unfällen ist noch heute die Kantonspolizei zuständig.

Es bleibt noch zu erwähnen, dass die Gemeinde zu den drei Polizisten zusätzlich zwei Parkwärter und einen Flurhüter im Halbamt beschäftigt. Nach der Anstellung des ersten Parkwarts im Jahre 1987 stiegen die Ordnungsbussen von 1047 (1986) auf 2280 (1987).

Am 9. Juni 1996 wurde das neue Polizeireglement von der Urversammlung mit 921 Ja- gegen 492 Neinstimmen gutgeheissen.

## Polizeibüro

Bis 1965 besassen die Gemeindeverwaltung und die Polizei im Ornavassoturm ein gemeinsames Büro. Danach befand sich die Gemeindeverwaltung im Ornavassoblock an der Furkastrasse, wo die Gemeindepolizei ein eigenes Zimmer erhielt. 1976 wurde sie im Erdgeschoss des renovierten Junkerhofs untergebracht. 1985 erfolgte hinter dem Junkerhof der Ausbau des sogenannten Depots. Die Polizei übernahm das Obergeschoss mit hellen Büroräumen. Im Erdgeschoss waren vor dem Ausbau zwei Arrestzellen eingebaut. Darin sind heute das Waisenamt und das Richterzimmer eingerichtet.

In Naters gibt es keine Arrestzellen mehr. Falls solche benötigt werden, kommen die Arrestanten in Brig hinter Gitter. 1988 schaffte die Gemeinde für die Polizei anstelle des bisherigen Personenwagens einen Kleinbus an.

## Statistisches

Die Statistik der Gemeindepolizei zeigt aus einigen Jahren folgendes Bild:

|  | 1980 | 1985 | 1990 | 1995 | 1998 |
|---|---|---|---|---|---|
| Kontrolle Polizeistunde | 186 | 121 | 97 | 100 | 38 |
| Verkehrskontrollen | 41 | 21 | 17 | 169 | 181 |
| Ordnungsbussen | 430 | 1090 | 2398 | 2660 | 3010 |
| Strafverbale | 147 | 142 | 408 | 335 | 236 |
| Baukontrollen | 6 | 23 | 11 | 24 | 15 |
| Radarkontrollen | – | – | – | 60 | 78 |

## Polizeibrigadiers aus Naters

**Ludwig Schmid** (*4.7.1848, †14.4.1923), Sohn des Ignaz und der Karoline geb. Karlen, heiratete in erster Ehe 1885 Katharina Guntern aus Ernen (†1886) und in zweiter Ehe 1895 Ida Cina (†1939).

**Albert Gertschen** (*25.6.1857, †7.9.1935), Sohn des Baptist und der Katharina geb. Amherd, verheiratet mit Katharina Ritter von Fiesch, war Landjäger, Staatsweibel und Brigadier in Martinach 1906–1920. Sein Intimfreund, Staatsrat Paul de Cocatrix, äusserte sich über den gross gewachsenen Albert Gertschen wie folgt: «C'était un modèle d'un employé» [= Das war ein Muster von einem Angestellten].[389]

**Elias Eyer** (*9.8.1867, †24.4.1956), Sohn des Moritz und der Philomena geb. Jossen, ehelichte am 13. November 1894 in erster Ehe Melanie geb. Dayer von Hérémence und am 22. Dezember 1924 in zweiter Ehe Maria Aloisia geb. Ritz von Ernen. Er war Vater von acht Kindern.

**Fritz Lambrigger** (*20.5.1916, †3.11.1986), Sohn des Theodor und der Marie geb. Glaisen von Fiesch. 1939 trat er in den Dienst der Kantonspolizei ein. 1941 heiratete er Lea Eyer von Naters. Er zog eine Adoptivtochter und ein Pflegekind gross. Seine Wanderjahre führten ihn beruflich nach Visp, Brig, Gondo, Zermatt, ein zweites Mal nach Gondo und schliesslich endgültig wieder nach Brig mit Wohnort Naters. 1948 wurde er zum Polizeikorporal befördert und 1955 zum Brigadier. Nach 37 Dienstjahren, davon 21 als Brigadier in Brig, trat er 1976 in den Ruhestand.

**Hans Eyer** (*11.7.1935), Sohn des Alfred und der Berta geb. Eyer von Ried-Brig, heiratete 1960 Rosa geb. Schuppli von Niederwil/TG, ist Vater von vier Kindern und wohnt in Naters. Von 1957 bis 1993 war er im Polizeidienst tätig, von 1976 bis 1993 als Polizeibrigadier in Brig.

*Feuerwehr von Blatten, 1933. Von links: Kdt Oswald Summermatter, Viktor Gasser, Benjamin Holzer, Viktor Wyssen, Adolf Eggel, Johann Schmid (sitzend), Markus Walden, Klemens Karlen (an der Spritze), Moritz Schwery (mit Hut und Bart, nur Kopf sichtbar), Franz Bammatter, Oswald Salzmann, Anton Wyssen, Kasimir Schwery, Rudolf Summermatter, Ernst Amherd, Marius Walden, Emil Ruppen (als Knabe).*

# Feuerwehr

## Anfänge

Am 8. Juli 1848 ist in den Akten erstmals indirekt von einer Feuerwehr die Rede. Auf dieses Datum hin stellte Alois Walpen, Sitten, Rechnung «für die Reparatur einer Feuerspritze der Gemeinde Naters» und gab Quittung für 110 Franken.[390] 1853 wurde Franz Ruppen zum «Feuerspritzenaufseher» gewählt.[391] Am 15. September 1861 konnte beim Brand der Bäckerei von Anton Salzmann ein Übergriff des Feuers auf andere Häuser «durch die Feuerspritze von Naters» verhindert werden.[392]
Am 2. Januar 1865 ernannte der Gemeinderat zwölf namentlich angeführte Männer der «Feuerspritzenkompanie», auch «Pompier-Compagnie» genannt, und als deren Kommandanten Franz Werner.[393] Im Jahre 1865 ist also erstmals von einer organisierten Feuerwehrmannschaft die Rede. Es ist klar, dass das Feuerwehrwesen von Anfang an in der Verantwortung der Gemeinde lag. Man muss die Gründung der Natischer Feuerwehr auf das Jahr 1865, wenn nicht schon 1848, ansetzen, auch wenn in keinem der beiden Jahre ausdrücklich von einer Gründung die Rede ist.[394]

## Strukturen

Das «Reglement zum Schutz gegen Feuer und Naturelemente», das der Staatsrat am 21. Mai 1980 genehmigte und das 1997 revidiert wurde, enthält in 49 Artikeln die Organisation, die Aufgaben und Pflichten der Feuerwehr Naters. Daraus heben wir nur einige Kernpunkte hervor. Das Feuerwehrwesen steht unter der Aufsicht des Gemeinderates. Die Verbindungsinstanz zwischen der Gemeinde und der Feuerwehr ist die kommunale Feuerkommission, die von einem Mitglied des Gemeinderates präsidiert wird.

Bis 1997 waren laut Art. 13 nur die Männer zum Feuerwehrdienst verpflichtet. Es meldeten sich aber jeweils hinreichend freiwillige Männer, so dass bisher für den Sollbestand das gesetzlich mögliche Obligatorium nicht angewendet werden musste. Nach dem revidierten Reglement, das von der Urversammlung am 27. Mai 1997 angenommen wurde, besteht, abgesehen von einigen Ausnahmen, die obligatorische Dienstpflicht für Frauen und Männer zwischen dem erfüllten 20. und 52. Altersjahr (Art. 12 und 13). Nach Art. 17 beträgt der Sollbestand der Feuerwehr mindestens 100 und höchstens 130 Personen.

Die Feuerwehr gliedert sich seit 1991 in vier Mehrzweckzüge, einer davon in Blatten. 1997 bezifferte sich der Bestand auf 105 Feuerwehrleute, wovon acht Frauen. Wegen der grossen Bevölkerungszahl in Blatten wurde daselbst im Jahre 1981 ein Mehrzweckzug gebildet. Von Anfang an waren sechs Frauen in diesem Zug integriert, was für die Feuerwehr ein Novum bedeutete. Der Mehrzweckzug in Blatten wurde von 1981 bis 1991 von Leutnant Friedrich Nellen geleitet und steht seither unter der Führung von Leutnant Moritz Schwery.

Die Feuerwehr ist bestens organisiert und weist einen hohen Ausbildungsstand auf. Durch ihre stete Einsatzbereitschaft kann sie schnell und effizient eingesetzt werden. Auch bei Katastrophen kommt die Feuerwehr, vor allem wegen ihrer Alarmorganisation und ihrer raschen Verfügbarkeit, meistens als erste Interventionstruppe zum Einsatz.

Alljährlich laden die Verantwortlichen anfangs Februar zum traditionellen Fest der Schutzpatronin St. Agatha ein. Unter Trommelschlägen marschiert das gesamte Korps vom Feuerwehrlokal zur Pfarrkirche, wo in einer hl. Messe Gott gedankt und der verstorbenen Kameraden gedacht wird. Darauf folgen der Jahresrapport mit anschliessendem Mittagessen, offeriert von der Gemeinde, sowie ein gemütlicher Nachmittag. Vertreter des Gemeinderates, der Ortsgeistlichkeit und zahlreiche Ehrengäste erweisen dem Feuerwehrkorps jeweils die Ehre. Die St.-Agatha-Feier ist für die Feuerwehrmannschaft ein bedeutender Tag der Standortbestimmung und des Rückblicks auf das verflossene Jahr, und zwar stets unter dem Motto: «Gott zur Ehr, dem Nächsten zur Wehr!»

## Vereinsfahne

Am 4. September 1999 wurde anlässlich der Feuerwehrübung «Hochwasser Kelchbach» von Pater Otto Jossen die neue Feuerwehrfahne eingeweiht. Die letzte Vereinsfahne datiert von 1964. Die neue Fahne zeigt die Elemente Feuer als flackernde Flammen und das Element Wasser einerseits als Hauptlöschmittel, andererseits als Naturkraft, die manchmal gebändigt werden muss. Die Patenschaft übernahmen Simone Valli-Ruppen und Peter Jossen.

## Galerie der Feuerwehrkommandanten (mit Hauptmannsgrad)

Die Galerie der Feuerwehrkommandanten befindet sich im Saal des Feuerwehrlokals (gemäss Gemeinderatsprotokollen und anderen Quellen erfolgten Korrekturen bei den Nummern 1, 2, 4–6). Es folgen zu den Abbildungen die Namen und Amtsjahre der Kommandanten.

*1. Franz Werner 1865–1885.*

*2. Moritz Eyer 1885–1894.*

*3. Brechtbühl aus Brig 1894–1896.*
*4. Moritz Eyer 1897–1900.*

*5. Xaver Werner 1901–1909.*

*6. Leopold Eggel 1909–1925.*

*7. Gabriel Jossen 1925–1930.*

*8. Oswald Summermatter 1930–1937.*

*9. Pius Werner 1937–1957.*

*10. Hugo Salzmann 1957–1970.*

*11. Viktor Salzmann 1970–1974.*

*12. Salomon Schmid 1974–1979.*

*13. Herbert Amherd 1979–1983.*

*14. Hans Ruppen 1983–1992.*    *15. Peter Jossen 1992–1998.*

*16. Friedrich Nellen seit 1998.*

## Übungen und Einsätze

Um einen qualifizierten Ausbildungsstand von Kader und Mannschaft zu gewährleisten, finden alljährlich Kader-, Mannschafts- und Atemschutzübungen sowie Spezialübungen für die Bedienung der Autodrehleiter, der Tanklöschfahrzeuge usw. statt.

Seit 1987 läuft die Alarmauslösung über Telefon 118. Die Feuerwehr Naters beteiligte sich anfangs mit acht Gruppen zu zehn Mann. Die restlichen Feuerwehrleute wurden bei Grossfeuern oder Naturkatastrophen mittels Alarmfahrzeugen oder der grossen Zweiklangsirene aufgeboten. Seit 1997 sind alle Angehörigen der Feuerwehr Naters über die simultane Mobilisation mittels Telefonanlage (SMT) alarmierbar. Über dieselbe Anlage sind auch Mitglieder des kommunalen Führungsstabes, des Zivilschutzes, der alpinen Rettungsstation Blatten-Belalp und des Samaritervereins Naters erreichbar. Endgültig vorbei sind die Zeiten, in denen mit der Sturmglocke im Kirchturm und dem Signalhorn, mit dem ein Mann tutend durchs Dorf rannte, Alarm ausgelöst wurde.

1997 beispielsweise musste die Feuerwehr 31-mal alarmmässig ausrücken. Die meisten Einsätze galten jeweils Brandfällen. Daneben gibt es aber auch Verkehrsunfälle, Wasserwehreinsätze, Ölunfälle usw. Manchmal halten auch Fehlalarme die Feuerwehr auf Trab. Es handelt sich dabei meist um Fehler bei den Brandmeldeanlagen. Die Feuerwehr kann u.a. auch zum Ordnungs- und Bewachungsdienst aufgeboten werden. (In Bezug auf die Schilderung grösserer Brandeinsätze verweisen wir auf das Kapitel «Schwarze Chronik».)

## Feuerwehrlokal

Bis Ende der 1950er-Jahre stand an der östlichen Wand des Pfarrhauses ein steinernes Gebäude, «Spritzlokal» genannt, das der Feuerwehr als Lokal diente. Es war von Norden her zugänglich. Danach brachte die Feuerwehr ihr Material im Gebäude bei der Totenplatte unter. Dieses nicht eben schöne Lokal wurde 1984 abgebrochen. An dieser Stelle liess die Gemeinde im selben Jahr eine kleine Grünfläche mit Sitzgruppe und Brunnen erstellen. Dadurch wurde gleichzeitig die unübersichtliche Einmündung der Hegdorn- in die Blattenstrasse verkehrstechnisch verbessert.

Infolge des sprunghaften Wachstums der Gemeinde kam es auf dem Gebiet der öffentlichen Arbeiten, der Feuerwehr und des Zivilschutzes zu gravierendem Platzbedarf. Am 25. November

*Werkhof-, Feuerwehr- und Zivilschutzgebäude beim Natterloch. Draussen das Kleinlöschfahrzeug.*

1981 stimmte die Urversammlung dem Bau eines kombinierten Werkhof-, Feuerwehr- und Zivilschutzgebäudes im Areal beim Natterloch (Zugang Landstrasse) zu. Die Arbeiten wurden in den Jahren 1982–1984 ausgeführt. Dabei war der Baugrund hierfür alles andere als ideal. Mit Grundwasser hatte man dort gerechnet. Dass sich dann aber wahre Bäche in die Baugrube ergossen, überraschte Arbeiter und Bauleitung. Die Grube glich zeitweise einem See und die Wassermassen überfluteten das ganze rund 50 Meter lange und 30 Meter breite Loch. Das Wasser wurde in Schächten gesammelt und von dort weggepumpt.

Das Untergeschoss weist einen öffentlichen Schutzraum mit 240 Plätzen, eine Bereitstellungsanlage und einen Sanitätsposten auf. Die Räumlichkeiten können auch als militärische Mannschaftsunterkunft genutzt werden. Das Erdgeschoss umfasst die Räumlichkeiten für die Feuerwehr, den Werkhof, einen Raum für die Gemeindepolizei sowie verschiedene Nebenräume. Im Obergeschoss sind ein Saal und verschiedene Büros untergebracht. Bund und Kanton subventionierten diese 3,32 Mio. Franken teure Gesamtanlage mit 750 000 Franken. Im Beisein zahlreicher Gäste wurde das Werk am 13. Oktober 1984 seiner Zweckbestimmung übergeben. Pfarrer Josef Pfaffen stellte es unter den Machtschutz Gottes.

In Blatten wurde das alte Feuerwehrlokal «Chrizschiirli» zu klein. In den Jahren 1984/1985 liess die Gemeinde in Blatten eine Mehrzweckanlage mit Zivilschutz-, Feuerwehr- und Werkhofgebäude erstellen, die am 26. Juli 1986 offiziell dem öffentlichen Dienst übergeben wurde. Rektor Arthur Escher segnete die Anlage ein.

*Handspritze von 1885, vor der Turnhalle Turmmatte.*

*Mehrzweckanlage mit Zivilschutz-, Feuerwehr- und Werkhofgebäude in Blatten.*

# Einsatzmaterial

## Alte Feuerwehrspritzen

In Naters werden an vier verschiedenen Orten alte Feuerwehrspritzen aufbewahrt, die nachstehend in chronologischer Folge beschrieben werden:

*1. Vor der Turnhalle Turmmatte.* Handspritze. Markenzeichen «85 IH». Die Zahl ‹85› bedeutet nach Ansicht der Fachleute aufgrund des Materials das Anfertigungsjahr 1885 und die Initialen ‹IH› weisen auf den Namen der Herstellungsfirma hin. Diese Handspritze wanderte Ende der 1950er-Jahre in die Hände des Altertumssammlers Arnold Perren, Brig, und wurde 1981 von der Gemeinde für 2000 Franken wieder zurückgekauft. Inschrift: «Restauriert 1996 von Herbert Wellig, Naters».

*2. Zentrum Missione,* vor der Gemeindebibliothek. Inschriften: «Naters 1889». «Restauriert 1994 von Herbert Wellig, Naters». Markenzeichen: «Gimpert frères Constructeurs Kusnacht près Zurich 1889 No 405».

*3. Schulhaus Bammatten.* Vierrad-Handdruckspritze. Inschrift: «Naters 1901». Markenzeichen: «Nr 1377 FERD[inand]: SCHENK. WORBLAUFEN. BERN. 1901». Diese Spritze wurde 1901 in Worblaufen für 4000 Franken gekauft.[395]

*4. Turnhalle Klosi.* Erste Motorspritze der Feuerwehr Naters. Inschrift: «1942 Naters 1». Markenzeichen: «Vogt», «156».

## Erste Autodrehleiter

1966 erwarb die Gemeinde von der Stadt Genf für die stolze Summe von 26 000 Franken eine motorisierte Feuerwehrleiter. Da es sich um die erste Autodrehleiter des «Service d'incendie et de secours» von der Genfer Berufsfeuerwehr handelte, wurde dieses 1931 erbaute Feuerwehrfahrzeug vom Typ Saurer BL liebevoll «Eliane 1» getauft. Das Vehikel stand während 25 Jahren in Naters im Einsatz. 1991 ersetzte man den Oldtimer infolge Materialermüdung und Leiterbruch durch ein neueres Modell. «Eliane 1» kam 1992 wieder nach Genf zurück und befindet sich seit 1995 im Eingangsbereich des Internationalen Automobilmuseums unmittelbar in der Nähe des Flughafens Cointrin. Sie bleibt aber weiterhin Eigentum der Gemeinde und ist beschriftet mit dem Namen «Naters».[396]

## Neuester Materialstand

Seit 1991 ist die Feuerwehr im Besitz eines neuen, Allrad betriebenen Kleinlöschfahrzeugs. 1992 kaufte Naters von der Feuerwehr Muttenz/BL zum Preis von 105 000 Franken eine Autodrehleiter (ADL) des Baujahres 1969. Diese stand in Muttenz im Einsatz. Sie wurde über das kantonale Feuerwehrinspektorat

*Handdruckspritze von 1901 im Schulhaus Bammatten.*

mit 40 Prozent subventioniert. Die ADL ist ein wichtiges Einsatzmittel, da rund ein Drittel der Natischer Bevölkerung ohne diese Drehleiter von der Feuerwehr bei einem Brand nicht erreicht werden kann. 1994 erwarb die Natischer Feuerwehr von der Feuerwehr Regensdorf/ZH im Wert von 41 000 Franken ein Tanklöschfahrzeug (TLF 16), das Löscheinsätze auch in entlegenen Weilern des Natischer Bergs ermöglicht.

1986 erhielt der Mehrzweckzug in Blatten ein eigenes Fahrzeug und 1996 ein zweites Einsatzfahrzeug (Kleinlöschfahrzeug) zum Preis von 50 000 Franken. Letzteres wurde am 9. November 1996 vom Schreibenden eingesegnet.

Vorbei ist es mit den Holzwagen mit den Hanfschläuchen, der alten Vogtmotorspritze und den schweren Holzleitern, die mühsam durch acht Mann aufgestellt werden mussten. Sieben Fahrzeuge, zwei Motorspritzen, Typ 2, vier Motorspritzen, Typ 1, über sechs Kilometer Schlauchmaterial, verteilt auf die Einsatzfahrzeuge und auf 50 Aussenposten, diverse Leichtmetallleitern, Beleuchtungsmaterial, das die Nacht zum Tag macht, 24 Atemschutzgeräte, mit denen in jedem Gebäude voller Rauch gearbeitet werden kann, und viele moderne Instrumente und Geräte können heute bei einem Ernstfall gezielt eingesetzt werden.

**Hydrantennetz**

Die Gemeinde verfügt über ein Hydrantennetz, das vom Talgrund bis zur Belalp reicht. 1997 standen ca. 150 Hydranten unter Druck. Im selben Jahr waren auf dem Natischer Berg etwa 50 Aussenposten eingerichtet, die notfalls direkt von der ansässigen Bevölkerung benutzt werden können.[397]

# Zivilschutz

## Zweck – Organisation

Die Hauptaufgaben des Zivilschutzes sind:
1. Bevölkerungsschutz im Fall bewaffneter Konflikte. Dazu gehören auch Massnahmen zum Schutz von Kulturgütern.
2. Hilfeleistung bei Katastrophen und in anderen Notlagen. Die Leitung des Zivilschutzes obliegt dem von der Gemeinde ernannten Chef der Zivilschutzorganisation (ZSO) (bis 1995 Ortschef genannt) und dem Stab (Stellvertreter des Chefs der ZSO und Dienstchefs). Neben den logistischen Diensten ist der Zivilschutz eingeteilt in die Stabs-, Schutz- und Einsatzdienste. Schutzdienstpflichtig sind alle Männer zwischen dem 20. und 50. und die Wehrpflichtigen zwischen dem 42. und 50. Altersjahr. Die Frauen leisten auf freiwilliger Basis Dienst. Der Mannschaftsbestand bewegt sich zwischen 500 und 550 Diensttuenden, darunter (1997) 15 Frauen, die vor allem im Sanitätsdienst helfen.

## Schutzräume

Nach dem Schutzbautengesetz sind in den Gemeinden die zum Schutz der Bevölkerung notwendigen Bauten zu erstellen. Ebenso haben die Hauseigentümer in allen mit Kellergeschossen versehenen Neubauten und wesentlichen Anbauten Schutzräume zu errichten. Die sechs öffentlichen Schutzräume der Gemeinde Naters befinden sich in den Werkhöfen von Naters und Blatten, im Schulhaus Bammatten, in der Turnhalle Klosi, im Zentrum Missione und auf der Belalp.

## Chefs der Zivilschutzorganisation

1965–1968   Pius Werner
1969–1982   Viktor Salzmann
1983–1990   Hubert Ruppen
1991–           Emerich Venetz

Während der Zivilschutz unter der Leitung von *Pius Werner* im Aufbau ein gutes Fundament erhielt, fielen in die Amtszeit von *Viktor Salzmann* der Bau des Kommandopostens Ornavasso (1971), der Bereitstellungsanlage mit Sanitätshilfestelle Natterloch (ab 1982), der öffentlichen Schutzräume Bammatten (1975) und Natterloch (ab 1982) sowie verschiedene Planungen: Wasseralarm (1972), Katastropheneinsatz (1978), genereller Zivilschutz (GZP, 1976) und Schutzraumzuweisung (ZuPla, 1980–1982).

Während der Ära *Hubert Ruppen* konnten verschiedene Zivilschutzräumlichkeiten erstellt und bezogen werden, so namentlich die Anlage mit Theoriesaal und Büros im Werkhof Natterloch (1984), die öffentlichen Schutzräume in Blatten (1986) und auf der Belalp (1987). Ferner nahm man 1985 zwei mobile und zwei stationäre Zivilschutzsirenen in Betrieb. Unter der Führung von *Emerich Venetz* wurde am 20. Mai 1992 der neue Ortskommandoposten im Zentrum Missione anlässlich einer schlichten Feier der Zivilschutzorganisation übergeben.

Stellvertretend für all die Jahre nehmen wir 1995: In diesem Jahr leisteten 224 Frauen und Männer bei Übungen, Aus- und Weiterbildungskursen insgesamt 760 Diensttage.

## Einsätze und Weiterbildung

Der Zivilschutz ist eine wichtige Organisation in der Gemeinde. Er verfügt über gut ausgebildetes Personal, stets einsatzbereite Maschinen und gut gewartetes Material. In den vergangenen Jahren konnte er seine Einsatzbereitschaft und Funktionstüchtigkeit mehrmals unter Beweis stellen.

Bei Wiederholungskursen achtet man darauf, dass diese nützlich und im Interesse der Öffentlichkeit gestaltet werden. So stand der Natischer Zivilschutz im November 1978 beispielsweise auch bei Ausbesserungen des Vita-Parcours im Blindtal im Einsatz und 1983 leistete der Pionierzug praktische Hilfe bei der Erstellung des Kreuzwegs Maria Hilf.

# Ortsparteien

In Naters gibt es zurzeit vier politische Parteien: die CVP, die CSP, die SP und die FDP (und Unabhängige). Sie werden nun kurz vorgestellt.[398]

## Christlichdemokratische Volkspartei Naters: CVPN

### Geschichte

Auf Schweizer Ebene reichen die Wurzeln der CVP in die Gründungszeit des Bundesstaates von 1848 zurück. Seit diesem Jahr stützt sie sich unter wechselnden Parteibezeichnungen auf die Basis der politisch aktiven Katholiken.

In Naters wurde Anfang der 1920er-Jahre die «Christlich-katholische Partei» gegründet. Seit 1971 ist uns diese unter dem Namen «Christlichdemokratische Volkspartei Naters» (CVPN) bekannt.

### Kernpunkte ihrer Politik

Die CVP Naters ist Teil der Christlichdemokratischen Partei des Bezirkes Brig, des Wallis und der Schweiz. Sie fusst auf christlich-ethischen Grundsätzen, die auch auf Gemeindeebene in die Alltagsarbeit einer Gemeindebehörde einfliessen. Um diese anspruchsvolle Zielsetzung zu erreichen, umschreiben auch die Statuten der CVP Naters folgende Hauptaufgaben:

1. Förderung der politischen Meinungs- und Willensbildung in der Partei und im öffentlichen Leben.
2. Darlegung der Anliegen und Wünsche der Bevölkerung gegenüber den Behörden.
3. Information der Bürgerinnen und Bürger über alle wichtigen politischen Fragen.

Zu den inneren Werten zählt die CVPN die Akzeptanz der soliden Marktwirtschaft mit ethischen Grundsätzen. Ausserdem fördert die Partei eine starke Jung-CVP.

### Erfolge

Die CVPN hatte mit Ausnahme von 1993 bis 1996 immer die absolute Mehrheit im Rat. Sie stellte den ersten Grossrat, Nationalrat und Staatsrat sowie die erste Gemeinderätin, Grossrätin und Gemeindepräsidentin. Der Gemeindepräsident kam bisher stets aus den Reihen der CVPN. Im Übrigen ist es müssig, hier auf die vielen, vor allem in den letzten 30 Jahren durch die Mehrheitspartei initiierten und zusammen mit den anderen Parteien ausgeführten Werke hinzuweisen; diese werden in den verschiedenen Kapiteln dieses Buches erwähnt.

### Ortsparteipräsidenten

       –1933   Alfred Gertschen
1933–1940   Alois Gertschen
1940–1964   Meinrad Michlig
1965–1972   Dr. Paul Biderbost
1973–1977   Rupert Klingele
1977–1979   Caesar Jaeger
1980–1985   Walter Blatter
1985–1993   René Ruppen, des Alois
1993–1997   Andreas Schmid
1997–1999   Hugo Burgener
1999–           Jules Eyer

### Jung-CVPN

Die Jung-CVP Naters wurde 1979 im Restaurant Belalp gegründet. Sie ist eine Partei von Jugendlichen für Jugendliche. Es ist ihr dringliches Anliegen, die Jugend vermehrt zum Gespräch über Fragen unseres Staates und der Gesellschaft anzuregen sowie sie zum politischen Mitdenken und Mithandeln zu bewegen.

Die drei Grundsätze der Jung-CVP sind:

*1. Jung:* Sie versucht, zukunftsgestaltende Sichtweisen in die verschiedensten Bereiche der Politik einzubringen.
*2. Christlich:* Sie orientiert sich an ethischen Werten, denn sie ist sich bewusst, dass wir alle Teil der Schöpfung Gottes sind.
*3. Im Zentrum:* Sie ist gegen Extreme; sie setzt auf die Kraft des Zentrums, auf das Wesentliche und die Vernunft.

*Präsidenten der Jung-CVP:*
1979–1989   Markus Eggel
1989–1992   Jörg Ruppen

1992–1996  Matthias Salzmann
1996–       Cornelia Wyssen

Die Junge Christlichdemokratische Volkspartei Oberwallis (JCVPO), die am 15. Mai 1998 in Naters gegründet wurde, erhielt bei ihrer Entstehung starke Impulse von der Jung-CVP Naters. Erster Präsident der JCVPO wurde Roger Michlig aus Naters. Des Weitern erfolgte 1998 die ehrenvolle Wahl des Natischers Philipp Matthias Bregy zum Generalsekretär der Jung-CVP Schweiz.

**Grossräte der CVPN**[399]

**Xaver Werner** (*12.11.1856, †7.1.1934 in Brig), Sohn des Franz und der Therese Hutter, vermählte sich 1886 mit Maria Josepha Ruppen und war Vater von zehn Kindern. Er betätigte sich als Landwirt und Bauunternehmer, war Gemeinderat von Naters, Suppleant und von 1909 bis 1917 Grossrat des Bezirkes Brig (vor der Parteigründung). Der Hauptmann der Schweizer Armee dirigierte als erster Chorleiter von 1881 bis ca. 1906 den Kirchenchor.

**Theodor Amherd** (*4.4.1887, †6.3.1966), Sohn des Benjamin und der Laura Klingele, war verheiratet mit Cäsarine Ruppen, von Glis in Naters. Von Beruf Tierarzt, war er 1923–1925 und 1933–1937 auch Grossrat sowie Lehrer an der Landwirtschaftlichen Schule Oberwallis.

**Lorenz Salzmann** (*24.3.1881, †24.1.1947), Sohn des Franz und der Josephine Eggs, war Souschef SBB, Gemeinderat, Suppleant und Grossrat 1925 1929.

**Leopold Eggel** (*20.11.1881, †16.4.1968), Sohn des Johann und der Sophie Zenklusen, war verheiratet in erster Ehe mit Josefine Tenisch und in zweiter Ehe mit Sabine Tenisch und Vater von sechs Kindern. Der Schreinermeister Eggel hatte verschiedene öffentliche Ämter inne. So war er Suppleant, Grossrat 1933–1937, Gemeinderat und Vizepräsident von Naters sowie Zivilstandsbeamter.

**Ernst Biffiger** (*23.10.1889, †14.3.1967), Sohn des Joseph und der Kreszentia Wyssen, ehelichte Josephine Eyholzer, war Handelsmann, Gemeinderat von Naters, Suppleant und Grossrat 1940–1949.

**Ludwig Margelisch** (*16.7.1889, †14.12.1970), Sohn des Franz und der Juliana geb. Karlen, heiratete 1919 in Mörel Marie Therese Venetz. Er war Rangiermeister bei der SBB und Grossrat 1945–1949.

**Emil Schwery** (*20.9.1891, †11.12.1979), Sohn des Alexander und der Anna Maria Henzen, Burger von Ried-Mörel in Naters, war verheiratet mit Stefanie Stucky und Vater von sieben Kindern. Er übte den Beruf als Landwirt aus, sass auch im Gemeinderat und war Grossrat 1945–1949 und 1950–1953.

**Pius Werner:** siehe vorne unter «Kastläne».

**Arnold(-Alexander) Michlig** (*19.2.1917), Sohn des Moritz und der Maria Schurwey, von Naters in Brig-Glis. Der Geschäftsleiter des Elektrizitätswerkes Brig-Naters AG und Major der Schweizer Armee war Suppleant und dann Grossrat 1949–1953.

**Ulrich Imhof** (*9.8.1917), Sohn des Klemens und der Karoline Zenklusen, von Naters in Brig. Er war Zollinspektor in Brig, Grossrat 1969–1973 und Oberst der Schweizer Armee. Seine Offenheit und Geradlinigkeit, gepaart mit dem gütigen Herzen tiefer Menschlichkeit, machten ihn zu einer herausragenden Führergestalt.

**Edmund Salzmann** (*6.4.1922), Sohn des Ludwig und der Kreszentia Jossen, heiratete 1952 Margrit Epiney und ist Vater von vier Kindern. Von Beruf Primarlehrer in Naters, war er ab 1944 Beamter SBB und in den Jahren 1979–1987 Bahnhofinspektor-Stellvertreter. Der Öffentlichkeit diente er als Gemeinderat und gleichzeitig als Schulpräsident von Naters 1964–1972 (sechs Jahre ohne Schuldirektion). Er war Suppleant und dann Grossrat 1977–1981, Präsident des Verwaltungsrates der Luftseilbahnen und der Skilift AG Blatten-Belalp 1970–1988, bei der Raiffeisenbank Naters zuerst Aufsichtsratspräsident 1971–1986 und dann Verwaltungsratspräsident 1986–1993. Seine Ausstrahlung und leutselige Wesensart machen ihn zu einer allseits geschätzten Persönlichkeit.

**Beat Salzmann** (*23.9.1940), Sohn des Leo und der Therese geb. Ruppen, heiratete in erster Ehe Luise Eggel (†1969) und in zweiter Ehe 1977 Anna Leiggener. Von Beruf Fahrdienstbeamter bei der SBB, war er Gemeinderat 1972–1984, Suppleant, dann Grossrat 1985–1989. Sein besonderes Bemühen galt dem Ausbau der Sozialdienste der Region Brig. Seine Hilfsbereitschaft sowie seine freundliche Wesensart bilden die Hauptmerkmale dieses emsigen Mannes.

**Dr. Otto Pfammatter** (*26.10.1947) kam als Sohn des Siegfried und der Marie geb. Pfammatter in Mund auf die Welt. Nach den humanistischen Studien am Kollegium in Brig (Matura B) absolvierte er das Rechtsstudium an der Universität Freiburg i.Ü. Seine Dissertation lautet: «Zulässige Bauten und Anlagen ausserhalb der Bauzonen» (Bern 1976). 1975 vermählte er sich mit Esther Hutter aus Naters/Mund, ist Vater von zwei Kindern und wohnt in Naters. Seit 1977 führt er in Brig ein Advokats- und Notariatsbüro. Als Grossrat (1977–1993) vertrat der gewiefte Debatter unser Volk mit Mut und Engagement und gestaltete viele Sachfragen wesentlich mit.

**Rita Ruppen-Imhasly** (*25.10.1942), Tochter des Peter Imhasly von Visp (Lax, Fiesch und Fieschertal) und der Maria geb. Russi aus Andermatt (Tante des bekannten Ex-Skirennfahrers Bernhard Russi), ist verheiratet mit Bauunternehmer Peter Ruppen und Mutter von drei Kindern. Als erste Nichtgewählte kam sie nach dem Ausscheiden des damaligen Gemeindepräsidenten Richard Gertschen, der in den Staatsrat gewählt wurde, im März 1985 in den Gemeinderat. Damit nahm in Naters erstmals eine Frau Einsitz in diesen Rat und sie blieb die einzige bis 1992. Im Ratskollegium erwies sie sich als kompetente und eigenständige Frau. Sie war Präsidentin des Sozialmedizinischen Regionalzentrums in Brig 1989–1993 und erste Natischer Grossrätin 1993–1997.

**Paul-Bernhard Bayard** (*5.7. 1944), Sohn des Marcel und der Adeline geb. Wirthner, Burger von Leuk, ist seit 1969 wohnhaft in Naters. Er ist verheiratet mit Fifine geb. Mathieu und Vater von zwei Kindern. Von Beruf Treuhänder, wirkt er seit 1989 als Betreibungsbeamter des Bezirkes Brig. Er war Sekretär der Oberwalliser Gewerbeausstellung (OGA) 1980–1990, Grossrat 1989–1991 (wegen Übernahme des Betreibungsamtes frühzeitiger Rücktritt), CVP-Bezirksparteipräsident 1981–1993 und seit 1991 Präsident des Walliser Gewerbeverbandes.

**Andreas Schmid** (*1.8.1952), des Jules und der Elisa geb. Ruppen, ist verheiratet mit Astrid Meyer und Vater von zwei Söhnen. Er arbeitet als Generalagent, war Ortsparteipräsident der CVP Naters 1993–1997, ist Parteipräsident der CVP des Bezirkes Brig seit 1996, Gemeinderat und Grossrat seit 1997.

**Präsidenten als Grossräte.** Insgesamt hatten zehn Präsidenten das Grossratsmandat in Sitten inne. Sie sind im Kapitel «Präsidenten» unter folgenden Nummern zu finden (nachstehend auch Amtsjahre als Grossrat): Nr. 124: Ludwig Salzmann 1881–1909; Nr. 127: Karl Klingele 1901–1909; Nr. 129: Anton Salzmann 1909–1921, 1925–1929; Nr. 130: Alfred Gertschen 1915–1933; Nr. 131: Alois Gertschen 1937–1961; Nr. 132: Meinrad Michlig 1933–1938; Nr. 133: Dr. Paul Biderbost 1961–1977; Nr. 134: Richard Gertschen 1969–1985; Nr. 135: Richard Walker 1993–1994; Nr. 136: Edith Nanzer-Hutter seit 1997.

Aus Naters stammen auch folgende zwei CVP-Grossräte:

**Franz Wyssen** (*14.9.1902, †20.4.1991), Sohn des Alfons und der Maria Josepha Salzmann, von Naters in Bitsch. Der Landwirt Wyssen war von 1949 bis 1957 Grossrat des Bez. Östlich Raron und Präsident von Bitsch 1941–1944.

**Ignaz(-Ludwig) Wyssen** (*26.6.1905, †4.10.1970), Bruder des Vorigen, von Naters in Bitsch, verheiratet mit Lydia Walker. Der Angestellte der SBB war Suppleant, Grossrat des Bezirks Östlich Raron 1958–1961 und Gemeindepräsident von Bitsch 1950–1962.

# Christlichsoziale Volkspartei Naters: CSPN

### Gründung und Zielsetzung

Im November 1949 wurde die «Christlichsoziale Volkspartei Oberwallis» (CSPO) gegründet. Diese versteht sich als Interessenvertreterin in unserem Kanton, dem die soziale Gerechtigkeit, Erziehung und der Mensch in seiner Umwelt als wichtige politische Anliegen gelten. In ihrem Denken und Handeln berufen sich die Christlichsozialen sehr stark auf die Soziallehre der Kirche.

Im Jahre 1957 wurde die Christlichsoziale Volkspartei Naters (CSPN) gegründet. Von 1951 bis 1956 bestand die Partei unter dem Namen «Volkspartei der Arbeiter». Die Zielsetzung der CSPN beruht auf dem christlichen und sozialen Gedankengut, wie dies die CSPO verficht. Im Mittelpunkt stehen der Mensch, die Familie und die Arbeit. Wichtige Zielpunkte der CSP Naters sind:

– Wohlergehen in der Gemeinde Naters,
– Innovation und Sinn für Fortschritt,
– Wohlstand ja, aber nicht um jeden Preis,
– sozial im Dienste des Schwächeren,
– Einbezug der Neuzugezogenen.

Die CSP Naters versteht sich als Oppositionspartei. Als solche hatte sie in der Vergangenheit nicht wenige Erfolge zu verbuchen. Die bedeutendste Neuerung stellt die Umwandlung der CSPO im Jahre 1994 von der Delegiertenpartei in eine Mitgliederpartei dar. Die Mitgliedschaft wird grundsätzlich erworben durch den Beitritt zur christlichsozialen Ortspartei. Mit der Aufnahme in die Ortspartei wird man zugleich Mitglied der CSPO. Durch die Mitgliederpartei soll vor allem auch Jugendlichen der Zugang zur politischen Verantwortung ermöglicht werden.

### Anzahl Gemeinderatsmandate der CSPN

Als «Volkspartei der Arbeiter»: drei 1953–1956; zwei 1957–1960. Als CSPN: zwei 1961–1964; drei 1965–1976; zwei 1977–1996; eins 1997–2000.

Seit 1964 stellt die CSP jeweils den Vizepräsidenten: Stefan Zenklusen (1965–1972), Arthur Schmid (1973–1980), Peter Ritz (1981–1984; seit 1988 Vizepräfekt des Bezirkes Brig), Christoph Walpen (1985–1992), Daniel Schmid (1993–1996) und Diego Zenklusen (1997–2000).

### Ortsparteipräsidenten

| | |
|---|---|
| 1951–1974 | Stefan Zenklusen |
| 1974–1976 | Ignaz Mutter |
| 1976–1979 | Arthur Schmid |
| 1979–1981 | Christoph Walpen |
| 1981–1985 | Daniel Schmid |
| 1985–1989 | Kurt Regotz |
| 1989–1993 | Diego Zenklusen |
| 1993–1997 | Benno Jossen |

### Neues Führungsteam

An der ausserordentlichen Generalversammlung der CSPN vom 11. Juni 1997 wurde ein neues Parteikonzept vorgelegt. Demnach wird die Partei in Zukunft anstelle des bisherigen Vorstandes von einem aus sieben Personen bestehenden Führungsteam geleitet, das sich selber organisiert. Als oberstes Organ gilt der Parteikongress.

An jener Generalversammlung wurden folgende Personen ins Führungsteam gewählt: Marie-Claire Lambrigger, Benno Jossen, Tony Jossen, Teamleiter, Ruth Imhof, Jean-Pierre Schnidrig, Erich Zbinden und Dr. Hans-Peter Zeiter.

## Grossräte der CSP

**Stephan Zenklusen** (*15.8.1930, †17.5.1988), Sohn des Stephan und der Viktorine geb. Bammatter. Er besuchte die Handelsschule in Estavayer-le-Lac, machte eine Lehre bei der Treuhand Revag AG in Visp, heiratete Maria Bärenfaller und war Vater von zwei Söhnen. 1960 gründete er ein eigenes Treuhandbüro in Naters und wurde 1967 zum Betreibungsbeamten des Bezirkes Brig ernannt. Bereits mit 22 Jahren wählte die Natischer Bevölkerung ihn in den Gemeinderat, dem er von 1952 bis 1972 angehörte, davon acht Jahre als Vize- und Burgerpräsident. Von 1957 bis 1967 war er Grossrat. Zenklusen stand der CSP des Bezirkes Brig und der von ihm gegründeten Ortspartei Naters vor. Er war Vizepräfekt des Bezirkes Brig 1966–1973, Präfekt 1974–1988 und bekleidete im Militär den Grad eines Hauptmanns. Der gross gewachsene und durch seine Gestalt imponierende Stephan Zenklusen zeichnete sich aus durch seine Menschlichkeit und Volksverbundenheit sowie durch Kompetenz und Sachkenntnis in Beruf und Politik.

**Arthur Schmid** (*2.12.1931), Sohn des Salomon und der Isabelle geb. Huber, ist verheiratet mit Pierina Rossi und Vater von drei Kindern. Der Bankangestellte war Gemeinderat 1969–1980, davon Vizepräsident 1973–1980 und Burgerpräsident 1973–1976, Schulpräsident der Orientierungsschule 1977–1980 sowie Grossrat 1981–1984. Seine öffentliche Tätigkeit war getragen von grossem Pflichtbewusstsein.

**Albert Bass** (*29.8.1944), Sohn des Morduch und der Seraphine geb. Salzmann. Während zwei Perioden war er Grossrat (1981–1989). Er gründete 1969 zusammen mit Karl Zenhäusern die Treuhand und Revisions AG. Das kleine Treuhandbüro in Naters entwickelte sich rasch zu einem renommierten Unternehmen mit der gesamten Palette an treuhänderischen Dienstleistungen im Angebot. 1976 eröffnete Albert Bass eine Zweigniederlassung in Zürich und 1993 folgte diejenige in Zug. In den drei Niederlassungen sind über 20 Mitarbeiter tätig.

**Odilo Schmid** (*11.1.1945), Sohn des Marcel und der Veronika geb. Imboden, Burger von Binn, Ernen und seit 1998 auch von Brig-Glis, wuchs in Naters auf und ist verheiratet mit Gabriela Maria geb. Zimmermann. Nach dem Gymnasialstudium am Kollegium in Brig (Matura B) studierte er in Bern und Neuenburg Geologie (lic. phil. nat.). Er betreibt in Brig ein Geologie- und Hydrogeologiebüro. Schmid war Stadtrat in Brig 1985–1996, Vizepräsident daselbst 1989–1996, Grossrat 1989–1996, Fraktionschef der CSPO 1992–1995 und ist seit 1995 Nationalrat. Seit 1988 fungiert er als Präsident des Gemeindeverbandes Oberwallis für die Abfallbewirtschaftung, seit 1993 ist er Präsident des Sozialmedizinischen Regionalzentrums (SMRZ) Brig-Östlich Raron und 1998 erfolgte die Wahl zum Präsidenten der Walliser Vereinigung der Sozialmedizinischen Zentren.

**Franz-Josef Salzmann** (*2.10.1954), Sohn des Robert und der Ida geb. Gemmet, Burger von Naters, daselbst aufgewachsen, wohnhaft in Ried-Brig. Der Primarlehrer ist verheiratet mit Eliane Imsand und Vater von zwei Kindern. Er ist seit 1995 kantonaler Bieneninspektor und seit 1997 Grossrat.

Grossrat **Ignaz Mutter**: siehe Kapitel «Kunstschaffende», unter Abschnitt «Kunsthaus zur Linde».

Grossräte **Ernst** und **Kurt Regotz**: siehe Kapitel «Handel, Verkehr...», unter Abschnitt «Gewerkschaft».

## Sozialdemokratische Partei Naters: SPN

### Gründung und Entwicklung

Die Ortspartei «Sozialdemokratische Partei Naters» (SPN) wurde am 21. Juni 1971 im Konferenzsaal des ehemaligen Hotels Alpha in Naters von rund 30 Personen gegründet. Am 1. Mai 1982 kam es offiziell zum Zusammenschluss der SP mit dem «Kritischen Oberwallis» (KO) zur «Sozialistischen Partei Oberwallis» (SOPO). Die Mitglieder der SP Naters sind gleichzeitig Mitglieder der SP des Bezirkes Brig, der SP Oberwallis und der SP Schweiz.

Im Jahre 1972 verfehlte die SP nur knapp den Einzug in den Gemeinderat. Sie ist ab 1976 mit einem Sitz (erster SP-Gemeinderat war Alfred Volken) und seit 1992 mit zwei Sitzen vertreten. 1996 wurde sie zur zweitstärksten politischen Kraft in der Kommune.

Am 26. Oktober 1996 feierte die SP Naters im Festzelt auf dem Gertschen-Areal in einer offiziellen Feier ihr 25-jähriges Bestehen. Für politische Würze sorgten die Nationalräte Peter Bodenmann und Ernst Leuenberger. Bei dieser Gelegenheit wurde «Die Zeitung zum Jubiläum» an alle Haushaltungen verteilt. Die Partei gibt sporadisch die Schrift «Das andere Mitteilungsblatt» heraus, das sie «als Beitrag zu einer lebendigen Auseinandersetzung und damit zu mehr Demokratie in der Gemeinde» versteht.

### Grundsatzpolitik – Aktivitäten

Die SP Naters setzt sich ein für eine offene Politik, einen aktiven Umweltschutz, einen sanften Tourismus, ein lebenswertes und wohnliches Naters. Die Partei ist für eine umfassende Information und hat sich eine konstruktive Oppositionspolitik mit sozialen und demokratischen Grundsätzen auf die Fahne geschrieben. Auf dem harten Pflaster der Meinungsbildung formulieren die SP-Vertreter gegenüber der C-Mehrheit ihre politischen Ansichten in unverblümter, knallharter Sprache. Bei der Eingabe einer Petition und von vier Gemeindeinitiativen konnte die Partei in den Jahren 1972 bis 1997 durch die Annahme zweier Initiativen (Ortsbus-Initiative 1991 und «mehr Demokratie in Naters» 1993) überraschende Erfolge verbuchen.

### Ortsparteipräsidenten

| | |
|---|---|
| 1971–1977 | Alfred Volken |
| 1977–1982 | Walter Künzi |
| 1982–1988 | Edgar Salzmann |
| 1988–1997 | Wolfgang Eggel |
| 1997– | Ernst Burgener |

### SP-Nationalrat und -Grossrat

**Peter Jossen** (*26.1.1955), lic. iur., gebürtig aus Naters, Sohn des Dionys und der Gertrud geb. Berchtold, machte 1976 im Kollegium Brig die Lateinmatura und führt in Leuk, Susten und Brig ein Advokatur- und Notariatsbüro. Er ist verheiratet mit Dr. med. Tildi Zinsstag und Vater von drei Kindern. 1997 bis 1999 vertrat Peter Jossen die SP im Grossen Rat und trat im Juni 1999 die Nachfolge von Thomas Burgener als Nationalrat an, da Burgener im Mai zuvor in den Staatsrat gewählt wurde.

### Weitere Grossräte der SP

**Edgar Salzmann** (*16.12. 1951), Sohn des Ephrem und der Olga geb. Wyssen, ist kaufmännischer Angestellter bei der Sprengstoff-Fabrik Gamsen (Handlungsbevollmächtigter), heiratete 1974 Augusta Studer von Mund und ist Vater eines Sohnes. Er war Präsident der SP Sektion Naters 1982–1988, Gemeinderat 1986–1995, SP-Bezirkspräsident seit 1994, Grossrat seit 1995 und seit 1999 SPO-Fraktionschef. Als Vertreter der SP im Gemeinderat auf der harten Bank der Minderheit sitzend, bewies er Durchsetzungsvermögen und Ausdauer.

**Beat Jost** (*25.9.1954), Sohn des Wilhelm, Burger von Obergesteln, heiratete Ingrid geb. Mathieu, ist Vater von drei Kindern und seit 1984 in Naters wohnhaft. Auch im journalistischen Bereich tätig, war er Sekretär der Arbeiterschaft in der Gewerkschaft Bau und Industrie (GBI) 1987–1997, wurde 1997 Grossrat, war für kurze Zeit politischer Fachsekretär der SP-Fraktion der Bundesversammlung in Bern und arbeitet seit Oktober 1999 wieder als Sekretär der Gewerkschaft Bau und Industrie.

## Freie Demokratische Partei (FDP) und Unabhängige

Bereits am 16. April 1980 wurde in Naters eine FDP-Ortspartei ins Leben gerufen. Sie nahm 1980 an den Gemeinderatswahlen teil und erreichte dabei einen Stimmenanteil von 5,72 Prozent. Bald danach wurde es still um diese Partei und sie wurde aufgelöst. Trotz fehlender Ortspartei in Naters gelang 1997 Ambros Ritz auf der FDP-Liste des Bezirkes Brig die Wahl zum Grossrat. Unter dem Namen «FDP und Unabhängige Naters» erfolgte am 15. November 1997 die Neugründung der Partei. Zum ersten Präsidenten wurde Philipp Jentsch gewählt. Dem Vorstand steht ein zwölfköpfiges Team zur Seite, das seit der Gründung von Dr. med. Theo Pfammatter moderiert wird. Die FDP Schweiz nennt sich Freisinnig-Demokratische Partei, während die FDP Oberwallis und die FDP Naters sich «Freie Demokratische Partei» bezeichnen. Damit wollen sie ihre Eigenständigkeit und Unabhängigkeit gegenüber der FDP Schweiz hervorheben.

Die Partei folgt dem *liberalen Gedankengut* der FDP Schweiz mit folgenden Grundwerten: Achtung der Würde eines jeden Menschen, Einsatz für die persönliche Freiheit, Übernahme von Verantwortung gegenüber Mitwelt und Umwelt, Einsatz für gesellschaftliche und kulturelle Vielfalt, Unterstützen einer lebendigen Demokratie, Einstehen für eine ökologische und soziale Marktwirtschaft.

Die *Grundsätze* sind: Toleranz, Lernbereitschaft, Dialog, Gemeinsinn und Fairness, Sorge tragen zu Mensch und Natur, ganzheitliches Denken und Handeln. Die Ziele der Partei sind der Erhalt eines gesunden Mittelstandes, Mitbestimmung in der Sachpolitik, Zusammenarbeit mit anderen Parteien, aktive Meinungsbildung und Information, Beteiligung an Wahlen.

### Grossräte der FDP

**Caesar Jaeger** (*16.9.1945 in Turtmann), Sohn des Walter und der Therese Eggel von Naters, Burger von Turtmann und Eischoll, wuchs in Naters auf, ist verheiratet mit Vreni Marti und wohnhaft in Brig. Nach den Studien am Kollegium in Brig absolvierte Jaeger das Rechtsstudium in Freiburg i.Ü. und ist Handelsregisterführer in Brig. Er ist Präsident der Schweiz. Handelsregisterkonferenz, war Info-Chef Krisenstab Brig-Glis 1993/94 und Parteipräsident der FDPO 1988–1998, ist seit 1989 Grossrat (von der FDP Brig-Glis) und Chef der Grossratsfraktion FDPO.

**Alois Tscherrig (alias «Domo»)** (*25.10.1945 in Gondo), Sohn des Johann und der Amalia geb. Kämpfen. Er absolvierte seine Gymnasialstudien in Matran/FR und Brig (Matura), ist verheiratet mit Rosemarie geb. Schmid, Vater von zwei Kindern und wohnt in Naters. Er war Grossrat 1981–1989 (von der FDP Brig-Glis) und wurde 1987 zum Major befördert. Im Grossen Rat kamen dem dynamischen und rhetorisch begabten Debatter seine Sprachkenntnisse (Deutsch, Französisch und Italienisch) zugute.

**Ambros Ritz** (*3.8.1946), Sohn des Rudolf und der Ida geb. Eyer, Burger von Selkingen, ist vermählt mit Ursi Pfammatter und Vater von zwei Kindern. Er ist Treuhänder und Steuerberater in Naters und seit 1997 Grossrat. Ambros Ritz versteht sein Mandat unter anderem als Möglichkeit, sich für den Erhalt eines gesunden Mittelstandes einzusetzen. Er wurde bei Grossanlässen in der Gemeinde des Öftern zum OK-Präsidenten bestimmt.

**Grossratswahlen in Naters**

| Parteien | Periode 1994–1997 | | Periode 1998–2001 | |
|---|---|---|---|---|
| | Parteistimmen | Sitze | Parteistimmen | Sitze |
| CVP | 19 037 | 2 | 15 837 | 2 |
| CSP | 7 142 | – | 5 228 | – |
| SP | 7 567 | – | 8 697 | 2 |
| FDP | 2 201 | – | 5 361 | 1 |

## Stimmenanteil der Parteien im Gemeinderat

| | CVP | CVP in % | CSP | CSP in % | Unabh. | Unabh. in % | SP | SP in % | FDP | FDP in % | leer | Total |
|---|---|---|---|---|---|---|---|---|---|---|---|---|
| 1960 | 4 071 | 69,40 | 1 795 | 30,60 | | | | | | | | 5 866 |
| 1964 | 3 933 | 62,36 | 2 363 | 37,47 | | | | | | | 11 | 6 307 |
| 1968 | 4 866 | 59,72 | 2 963 | 36,36 | 304 | 3,73 | | | | | 15 | 8 148 |
| 1972 | 9 357 | 54,21 | 5 807 | 33,64 | | | 2 093 | 12,12 | | | 5 | 17 262 |
| 1976 | 10 537 | 53,59 | 5 601 | 28,48 | | | 3 508 | 17,84 | | | 17 | 19 663 |
| 1980 | 10 730 | 52,66 | 4 585 | 22,50 | | | 3 825 | 18,77 | 1 166 | 5,72 | 71 | 20 377 |
| 1984 | 12 082 | 52,88 | 6 107 | 26,73 | | | 4 533 | 19,84 | | | 126 | 22 848 |
| 1988 | 13 594 | 55,18 | 6 675 | 27,09 | | | 4 367 | 17,73 | | | | 24 636 |
| 1992 | 13 851 | 46,84 | 8 452 | 28,58 | | | 7 267 | 24,58 | | | | 29 570 |
| 1996 | 14 505 | 56,12 | 5 085 | 19,67 | | | 6 255 | 24,20 | | | | 25 845 |

# Schulen

Für dieses Kapitel hat Hans Eggel in seinem 243-seitigen Buch «Die Natischer Schulen 1865–1992» (Naters 1993) eine detaillierte, vorzügliche Vorarbeit geleistet. Als ergiebigste Quellen erwiesen sich hierbei die Berichte der Schulinspektoren.[400] Die meisten der nachfolgenden Angaben, besonders nach dem Jahre 1865, sind in verkürzter Form Eggels Werk entnommen.

## Schulwesen vor der staatlichen Gesetzgebung: 1219–1828

Bereits im 13. Jahrhundert finden wir einige Angaben über das Schulwesen im Wallis.[401] Im Jahre 1219 machte es Landrich von Mont, Bischof von Sitten (1206–1237), in den Synodalstatuten den Pfarrgeistlichen zur Pflicht, die Jugend in der Religion zu unterrichten. Da dieses aber ohne Lesen kaum oder nur schwer möglich war, entstanden um diese Zeit vielerorts die sogenannten Pfarrschulen. Auch Naters besass eine solche und es scheint, dass der Unterricht von den Altaristen gehalten wurde. Der Besuch dieser Pfarrschulen war fakultativ. Wenn wir aber die ansehnliche Zahl der Männer in Betracht ziehen, die im 14., 15. und am Anfang des 16. Jahrhunderts im ganzen Zenden und speziell in Naters als Notare und öffentliche Beamte auftraten, so können wir daraus schliessen, dass die Pfarrschule von Naters ausgiebig genutzt wurde, um sich im Lesen, Schreiben, Rechnen und in der lateinischen Sprache ausbilden zu lassen.

Um die Mitte des 16. Jahrhunderts verlegte man die Pfarrschule von Naters nach Brig, wo sie als Zendenschule fortgeführt wurde. Noch 1640 entrichtete der Pfarrer von Naters den jährlichen Betrag von zehn Pfund an das Gehalt des Schulmeisters in Brig. Um 1550 eröffnete Hieronymus Weltschen, der seine humanistische Bildung in Zürich und Mailand erhalten hatte, in Naters eine Rechtsschule, um Notare heranzubilden. In der ersten Hälfte des 19. Jahrhunderts unterhielt auch Kasimir de Sepibus in Naters eine Notarschule, die viel besucht wurde.

Über eine eigentliche Volksschule in Naters erhalten wir erst gegen Ende des 18. Jahrhunderts spärliche Nachrichten. In der Gemeinderechnung von 1791 heisst es: «Dem Kaplan Guntern für die Schule 8 Pfund und 27 Groschen.» Ein gleicher Posten erscheint in der Rechnung von 1792. Also gab es um diese Zeit tatsächlich eine Schule, die aber bald danach wieder einging. Denn zwei Jahre später, 1794, schrieb Pfarrer Biderbost von Naters in seinem Seelsorgebericht (Relatio) an den Bischof: «Es wäre dringend notwendig, in Naters Schulen zu errichten; es besteht aber geringe Hoffnung, weil die meisten Leute nicht verstehen wollen, welcher Nutzen daraus für das Seelenheil entstehen würde.»[402]

Wann in den folgenden Jahren in Naters wieder eine Schule eröffnet wurde, kann nicht belegt werden. Jedenfalls bestand eine solche im Jahre 1825. Bevor es zum staatlichen Schuldekret von 1828 kam, führte der Landrat im Dezember 1825 in allen Gemeinden des Kantons eine Umfrage über den Zustand der Primarschulen durch. Auf die Frage, ob die Gemeinde Naters einen Schulmeister habe, lautete die Antwort: «Ja, der hochw. Herr Kaplan und der Pfarrer». Beide seien durch die löbliche Gemeinde «ernamset» [ernannt]. Ferner geht aus dem Fragebogen hervor, dass die 30 Buben und die 40 Mädchen zwar nach Geschlechtern getrennt, aber im gleichen Zimmer unterrichtet wurden. Zudem bestätigte die Geistlichkeit, dass die Kinder fleissig zur Schule gingen, was dem Eifer der Eltern zuzuschreiben sei. Der Kaplan werde für seine Mühe «in Holz erhalten». Schulregeln seien eigentlich keine vorhanden, man überlasse es der Geistlichkeit. Und zum Abschluss heisst es, man ermuntere die Zöglinge durch Preise.[403]

## Primarschule: 1828–1998

### Schulgesetze zwischen 1828 und 1962

Durch das Landratsdekret vom 15. Dezember 1828 wurde für das Walliser Unterrichtswesen eine erste gesetzesähnliche Grundlage geschaffen. Das Dekret sah vor, dass in jeder Pfarrei wenigstens eine Elementarschule folgende Fächer unterrichten solle: Religionsunterricht, Muttersprache und Rechnen. In Kraft gesetzt wurde das Dekret nur in den wenigsten Gemeinden, weil es den einen zu klerikal, den anderen zu liberal war.

Die Einführung der Schulpflicht für das 7. bis 12. Altersjahr konnte sich erst durch das Gesetz vom 31. Mai 1844 über den Primarunterricht durchsetzen und dies geschah recht mühsam und widerwillig. Es enthält u.a. folgende Bestimmungen:

*«Wer mit zwölf Jahren nicht über ausreichende schulische Kenntnisse verfügt, muss höchstens bis zum 15. Altersjahr die Schule besuchen. Der Schulbesuch umfasst einen Zeitraum von sieben Monaten pro Jahr. Eine Kürzung um zwei Monate ist in Ausnahmefällen möglich. Die Oberaufsicht wird zu gleichen Teilen vom Staatsrat und vom Bischof wahrgenommen.»*

Das Schulgesetz vom 31. Mai 1849 stellte das Schulwesen unter die Aufsicht des Staates und jenes vom 4. Juni 1873 verlangte u.a., dass der Schulbesuch unentgeltlich sein müsse. In der Folge brachten die Schulgesetze der Jahre 1907, 1909, 1919, 1946 und 1962 viele Neuerungen und Verbesserungen, von denen in den verschiedenen Abschnitten die Rede sein wird. 1986 wurden Organisationsbestimmungen in das Gesetz von 1962 eingefügt.

### Schuldauer – Schülerzahlen

1844 wurde die Fünfmonats- und 1873 die Sechsmonatsschule (2. November bis 30. April) eingeführt. Letztere bestand für viele Klassen bis zum Schuljahr 1956/57. Doch gab es parallel dazu in Naters ab 1906 bereits eine achtmonatige Schule und 1921 kam eine weitere dazu. Sie dauerte für diese Klassen vom 1. Oktober bis zum 31. Mai.

1932 strebte die Gemeindeverwaltung für alle Kinder eine einheitliche Schuldauer von sieben Monaten an. Die Urversammlung vom 10. Juli desselben Jahres verwarf jedoch diesen Antrag. Für die Eltern, die ihre Kinder bisher in die Achtmonatsschule geschickt hatten, hätte dies einen Rückschritt bedeutet, und diejenigen Eltern, deren Kinder bisher die Sechsmonats-

*Jahrgang 1938.* **Linke Bankreihe** *(v.l.): Erna Salzmann, Flora Salzmann, Irene Ruppen, Paula Zenklusen, Helene Mounir, Irma Salzmann, Edith Imstepf, Lydia Salzmann, Rosemarie Ruppen, Mathilde Clausen. –* **Rechte Bankreihe** *(v.l.): Irma Schöpf, Katharina Bammatter, Helene Clausen, Irmine Schmid, Lina Schmid, Irma Walden, Karoline Jossen, M. Antoinette Fallert, Delphine Imhof, Monika Summermatter. –* **Stehend** *(von vorne nach hinten): Johanna Salzmann, Therese Ruppen, Irene Walden, Lea Schmid, Elsa Eyer, Lehrerin Pia Gemmet.*

schule besuchten, waren gegen eine Schulverlängerung. Der Antrag war damit im Vornherein zum Scheitern verurteilt.

Mit der Schulverlängerung ging es langsam voran. Einige Klassen erfuhren im Laufe des Jahres 1953/54 eine Verlängerung auf sieben Monate, die Mädchenoberstufe sogar von sechs auf acht Monate. Während die Eltern von Naters-Grund auf eine Schulverlängerung drängten, leisteten die Leute vom Natischer Berg heftigen Widerstand.

Das Lehrpersonal wünschte immer wieder eine Schulverlängerung auf acht Monate für alle Klassen. Zum Schuljahr 1956/57 erfolgte schliesslich die Einführung der einheitlichen Schuldauer von acht Monaten. Dieser Beschluss stiess, wie erwartet, im Natischer Berg nicht auf grosse Gegenliebe. Neun Unterzeichner stellten das Gesuch, in Blatten eine Sechsmonatsschule zu eröffnen. Dies wurde zwar abgelehnt, den Gesuchstellern jedoch gestattet, ihre Kinder statt am 1. Oktober erst am 15. Oktober zur Schule zu schicken.

Am 7. August 1965 beschloss der Gemeinderat eine Verlängerung der Schuldauer für alle Natischer Schulen auf 42 Wochen. Damit war die Ganzjahresschule endgültig eingeführt.

Auf Wunsch des Lehrpersonals führte die Schulkommission ab Neujahr 1967 den schulfreien Mittwoch- und Samstagnachmittag ein. Im gleichen Jahr erhielten die Kinder von Naters erstmals im Februar Skiferien.

Auf Antrag der Schulkommission beschloss der Gemeinderat am 24. März 1969, die Schulpflicht für die Knaben ab dem Schuljahr 1968/69 bis zum 16. Altersjahr zu verlängern (9. Schuljahr).

Vor 1853 besass Naters eine einzige Klasse, 1861 gab es bereits drei Klassen, 1895 fünf und 1906 sieben. Wir nennen nun im Folgenden für einzelne Schuljahre die Schülerbestände der Primarschule (Zählung bei Schuljahresbeginn):

| | |
|---|---|
| 1854: 136 | 1977: 840 |
| 1870: 136 | 1978: 840 |
| 1890: 173 | 1982: 614 |
| 1900: 220 | 1986: 550 |
| 1913: 331 | 1990: 645 |
| 1936: 511 | 1992: 617 |
| 1945: 434 | 1994: 639 |
| 1950: 389 | 1996: 589 |
| 1960: 620 | 1998: 600 |
| 1970: 756 | |

Der Anstieg der Schüler im Jahre 1913 ist auf die Gründung der Italienerkolonie zurückzuführen. In den Jahren 1977 und 1978 war mit 840 Kindern die Höchstzahl erreicht. Nahm die Schülerzahl ab 1996 wieder etwas zu, wird sie nach der Jahrtausendwende wieder abnehmen.

*Jahrgang 1952.* **1. Reihe** *(v.l.): Eliane Perren, Susanne Imsand, Esther Schmid, Bernadette Schmid, Irene Pfammatter, Marie-Therese Margelisch, Vreni Zenklusen, Rosemarie Salzmann, Elsy Theler, Marie-Louise Schweizer, Simone Kammer. –* **2. Reihe** *(v.l.): Lehrerin Pia Gemmet, Judith Henzen, Bernadette Niederberger, Bernadette Eyer, Irene Luggen, Heidi Bittel, Elsa Lambrigger, Marie-Louise Nater, Mechthildis Salzmann, Marianne Bumann, Dorly Pfammatter, Marie-Rose Eyer. –* **3. Reihe** *(v.l.): Elsbeth Eggel, Beatrice Jenelten, Gaby Furrer, Bertrudis Volken, Lilly Oehler, Martina Salzmann, Ursula Bärenfaller, Irma Nellen, Vreny Kimmig, Vreny Salzmann, Louise Imhof.*

## Schulhäuser

Vor 1899 wurden die Schulen im Burgerhaus (Lergienhaus), Junkerhof und in Privathäusern untergebracht. Die Platzverhältnisse waren wohl immer ein Problem. Im Schuljahr 1870/71 wurden vier Klassen geführt, aber nur in zwei Lokalen. Begreiflicherweise bemängelte Schulinspektor Johann Tschieder diesen Zustand wie folgt: «Im gleichen Lokal unterrichten zwei Lehrpersonen zwei Klassen. Dies wird als störend empfunden.»

Am 24. November 1875 forderte das Erziehungsdepartement in einem scharfen Brief den Bau eines neuen Schulhauses.[404] In der Sitzung vom 3. März 1876 beschlossen der Munizipal- und Burgerrat, diesen Bau auf 1878 zu verschieben. In den Jahren 1876 und 1877 sollten Vorbereitungen getroffen werden.[405] Doch: Alles blieb beim Alten.

1890 stufte der Inspektor das Schulzimmer der Knabenstufe sogar als «Scheune» ein. Im Schreiben vom 8. August 1891 forderte der Staat die Gemeindeverwaltung ultimativ auf, «innert drei Wochen» den Beschluss für einen Schulhausneubau zu fassen, ansonst werde Sitten den Bau selbst anordnen.[406]

### Neue Schulräume im Ornavassoturm: 1899

Die Planungsarbeiten für das neue Schulhaus begannen jedoch erst am 31. Januar 1899. Eigentlich müsste man sagen: für die neuen Schullokale im alten Ornavassoturm. Am 12. März 1899 beschloss die Gemeindeversammlung einstimmig, den Ornavassoturm in ein Schulhaus umzubauen und bewilligte dem Rat zugleich die nötigen Kredite. Die Arbeit wurde am 23. April 1899 an Xaver Werner, Naters, nach den Plänen von Architekt Gay für die Pauschalsumme von 18 000 Franken vergeben. Die Arbeiten waren bis zum Herbstschulbeginn ausgeführt.

Aus dem trutzigen, stolzen Ornavassoturm entstand nun ein prächtiges Schulhaus mit fünf Schullokalen. Die Gesamtkosten des Umbaus beliefen sich auf 20 000 Franken, denn für Öfen und Mobiliar kamen noch 2000 Franken zum Voranschlag hinzu. Im Herbst 1899 bezogen drei Klassen die neuen Zimmer im Ornavassoturm.

Da der Ornavassoturm nur einen Teil aller Schulklassen aufnehmen konnte, beschloss der Gemeinderat 1914, bereits für einen zukünftigen Neubau das notwendige Terrain zu expropriieren, und setzte eine Schulhaus-Baukommission ein.

Wie Kaplan Benjamin Bammatter 1914 in seiner Chronik berichtet, waren die Natischer an einem Neubau gar nicht interessiert, da man überzeugt war, dass nach Beendigung des Simplontunnelbaus die Gebäulichkeiten der Missione Cattolica Italiana auf der Breite billig erworben werden könnten.[407] Am 4. September 1914 beschloss der Gemeinderat, infolge des Kriegsausbruchs «den Schulhausbau auf bessere Zeiten» zu verschieben.[408] Bis zum Bau des Schulhauses vergingen allerdings noch 16 Jahre. Immerhin erwarb die Gemeinde 1916 den nötigen Boden für einen Pausenplatz.

Inzwischen waren die Schulklassen derart überfüllt, dass der Gemeinderat 1922 vorschlug, das Klingelehaus (an der Kehrstrasse 12) für die Schule zu kaufen. Die Urversammlung verwarf diesen Vorschlag. Heute müssen wir sagen: zum grossen Glück, denn der Standort wäre schon rein von der Verkehrslage her für ein Schulhaus denkbar ungünstig gewesen. Der Chronist schrieb damals: «Hoffen wir, dass die Urversammlung ein anderes Mal besser gelaunt sein wird, denn die Zustände sind unhaltbar.»

Am 8. April 1926 erhielt die Gemeinde vom Erziehungsdepartement aufgrund des Inspektionsberichtes wenig erfreuliche Post. Darin hiess es u.a., die Schullokale im Gemeindehaus seien zu niedrig, jene im Hause Eggel zu klein und diejenigen im Schützenhaus zu kalt. Die Gemeinde solle sich endlich zum Bau eines Schulhauses entschliessen.

Im Schuljahr 1927/28 zählte Naters 400 Schulkinder. Die Schulen waren überlastet. Sr. Antonia betreute in der Achtmonatsschule 57 Kinder. Das Erziehungsdepartement verlangte erneut den Bau eines neuen Schulhauses. Die Gemeinde antwortete, dass die Urversammlung beschlossen habe, den Bau um zwei bis drei Jahre zu verschieben. Der Rat ersuchte den Staat, diesen Beschluss zu stützen, fügte jedoch im Ratsprotokoll hinzu: «Sollte der Staat uns Zwang auferlegen, so würden wir uns dem ohne weiteres fügen.» Das Erziehungsdepartement gab postwendend zur Antwort, der Bau sei in Angriff zu nehmen und das Schulhaus solle für das Schuljahr 1929/30 bezugsbereit sein.

Da man von der Existenzberechtigung der Italienerschule nicht mehr überzeugt war, beschloss die Urversammlung am 1. April 1928, der Missione Cattolica den Platz auf der Breite zu kündigen, ihr das Gebäude abzukaufen und dieses mit einem Kostenaufwand von zirka 25 000 bis 30 000 Franken zu einem Primarschulhaus umzubauen. Bei der Italienerkolonie stiess man damit auf heftigen Widerstand und die Gemeinde musste sich zu einem Neubau entschliessen.

### Schulhausbau Ornavasso: 1928–1930

Bereits 1914 genehmigte der Gemeinderat die Pläne von Architekt Burgener für ein neues Schulhaus, und zwar für einen Anbau an den bestehenden Ornavassoturm. Architekt Schmid überarbeitete später dieses Projekt. Die Firma Zeiter, Brig, erhielt die Maurerarbeiten für 102 719.75 Franken zugesprochen. Der Gemeinderat stellte die Bedingung, dass einheimische Arbeiter den Vorzug haben sollen. Der Bau erfolgte in den Jahren 1928–1930. Das Schulhaus wurde am 14. September 1930 eingeweiht. Die Gesamtkosten beliefen sich auf 277 819.90 Franken. Der Staat subventionierte den Bau mit 33 Prozent.

### Schulhausbau Turmmatte: 1961/1962; Anbau: 1969

Im Schuljahr 1957/58 betrug die Schülerzahl der Primar- und Haushaltungsschule über 600. Es musste wieder an einen Schulhausneubau gedacht werden. Das Departement schlug einen Neubau mit 20 Zimmern vor und Kantonsarchitekt Schmid unterbreitete entsprechende Skizzen. Am 4. Mai 1958 bewilligte die Urversammlung einen Kredit von 1,5 Mio. Franken. Die Gemeinde plante allerdings vorerst zirka zehn Schulzimmer. Am 6. Oktober 1958 konnte der erste Teil des Terrains für einen

*Ornavassoturm mit Schulhausanbau, von Süden.*

*Schulhaus Turmmatte. Aufnahme von 1999.*

Schulhausbau für 21.50 Franken pro m$^2$ gekauft werden. Den Rest musste die Gemeinde expropriieren (28.50 Franken pro m$^2$), da die betreffenden Eigentümer den Boden nicht verkaufen wollten. Das Erziehungsdepartement sicherte eine Subvention von 30 Prozent zu.

In den 60er-Jahren schien Naters aus allen Nähten zu platzen. Der Bauboom schuf Wohnungen, die von sehr vielen Familien mit Kindern aus den kleinen Bergdörfern bezogen wurden. Naters erlebte einen nicht berechenbaren Zuwanderungsstrom und dieser liess die Schülerzahlen sprunghaft anwachsen.

Als am 1. Februar 1961 mit dem Bau des Schulhauses Turmmatte begonnen werden konnte, atmeten die Schulbehörden erleichtert auf. Schon am 1. September 1962 war das neue Schulhaus bezugsbereit. Als Architekt waltete Paul Sprung, Naters. Die Schulhauseinweihung fand am 2. Dezember 1962 im Beisein von Staatsrat Marcel Gross, Vorsteher des Erziehungsdepartementes, statt. Noch im selben Jahr öffneten sich auch die Pforten der regionalen Sekundarschule. Die Primarschule erhielt in einem Jahr gleich fünf neue Klassen bewilligt und schon waren wieder alle Lokalitäten beider Schulhäuser besetzt. Diejenigen Klassen, die bisher im Pfarrhaus, im Junkerhof und im Burgerhaus Unterschlupf gefunden hatten, wechselten in die neuen Schulräume. Das neue Schulhaus kostete 2,278 Mio. Franken (inklusive Pausenplatz mit Terrain).

Da im Herbst 1967 eine Mädchenklasse eröffnet worden war, verlegte man erneut eine Knabenklasse aus Platzgründen ins Burgerhaus. Am 1. September 1969 begann man an der Südostseite des Schulhauses Turmmatte mit dem Anbau von fünf Klassenzimmern. Die Kosten hierfür beliefen sich auf 209 771.15 Franken. Es liess sich jedoch nicht vermeiden, dass 1970/71 nochmals zwei Klassen im Junkerhof untergebracht werden mussten.

Das Schulhaus Turmmatte wurde in den Jahren 1993–1996 in vier Etappen renoviert. Total der Sanierungskosten: 8,392 Mio. Franken. Die Renovation wurde dem Architekturbüro Bürcher und Albrecht übertragen; Paul und Guido Sprung führten die Bauleitung. Mit einem eigenständigen Anbau mussten fünf Stockwerke mit einem Personenlift verbunden werden. Im ersten bis dritten Obergeschoss verfügt das Schulhaus über 18 Klassenzimmer. Eine schlichte Einweihungsfeier am 23. November 1996 setzte den würdigen Abschluss der Renovationsarbeiten. Im Vorfeld der Planungsarbeiten plädierten manche für den Abriss des alten Schulhauses Turmmatte und forderten einen Neubau.

Die Westseite des Gebäudes ziert seit 1994 ein Wandbild nach dem Entwurf von Anton Mutter. Gemalt wurde es von Anselm Mutter und gesponsert von dessen Vater Ignaz. Thema dieser Wandmalerei ist die Entstehung des Lebens (Mutter und Kind). Der Sämann versinnbildlicht die Aufgabe der Schule, Wissen und die Fähigkeit des menschlichen Zusammenlebens zu vermitteln. Die Eule als Symbol der Weisheit übernimmt dabei das Patronat dieser schwierigen Aufgabe.

### Bau der Turnhalle Klosi: 1984–1986

Am 15. Juli 1984 wurde mit dem Bau der Turnhalle Klosi begonnen und im September 1986 war das Werk beendet. An der Einsegnung durch Pfarrer Josef Pfaffen am 15. November 1986 sprachen der Vorsteher des Erziehungsdepartementes, Dr. Ber-

Mit Massen von 32 auf 21 Meter ist die Klosi-Turnhalle für alle Ballspielarten, für Geräteturnen, ja sogar für Stabhochsprung geeignet. Im Erdgeschoss sind Geräteräume, ein kleines Snackbuffet, WC- und Duschanlagen eingerichtet. Im Obergeschoss bietet eine Tribüne zirka 250 Personen Platz. Im Untergeschoss sind vier Zivilschutzräume und ein Kulturgüterraum erstellt worden. Gesamthaft gesehen ist es ein grosszügig und zweckmässig geplantes Werk. Bereits seit den 70er-Jahren bestand nämlich der Wunsch nach einer zusätzlichen Turnhalle, um die dritte Turnstunde abzudecken. Nun wurde dies erfüllt. Die Kosten der Turnhalle Klosi beliefen sich auf 5,079 Mio. Franken.

## Schulfonds – Schulsuppe

Zirka 1851 wurde aus den Einkünften der alten Bruderschaften vom hl. Sebastian, von Allerseelen und den Sieben Zeiten ein Schulfonds eingerichtet. Die Erträge (Zinsen) durften für die Entlöhnung des Lehrpersonals verwendet werden. 1864 betrug dieser Fonds 6517.62 Franken und 1906 6556.10 Franken.

Eine weitere gemeinnützige Stiftung war die Einführung der Schulsuppe für die entfernter wohnenden Kinder von Naters. Diese Einrichtung wurde 1898 von Kaplan Benjamin Bammatter in die Wege geleitet und 1902 endgültig von der Engländerkolonie auf der Belalp, der Gemeinde und hochherzigen Privatpersonen gegründet. Das Vermögen erreichte 1907 eine Höhe von 7437.90 Franken. Die Gemeinde legte dieses Geld beim Elektrizitätswerk Brig-Naters (EWBN) in 14 Aktien zu je 500 Franken an. Der Mahlzeitenfonds stieg 1908 auf 9000 Franken an. Er wurde durch Spenden geäufnet und belief sich 1932 auf 34 077.30 Franken. 1949 löste die Gemeinde den Fonds auf.

Die Zubereitung der Schulsuppe besorgten anfangs Privatpersonen. 1917 integrierte die Gemeinde diese Aufgabe ins Pflichtenheft der Schulhausabwarte. Anfänglich wurde die Schulsuppe in den nahe gelegenen Wirtschaften, später in der Küche des Schulhauses und in jener des Schiessstandes, im Turnsaal und während des Krieges 1939–1945 im Burgerhaus sowie im Turnsaal eingenommen. Der Name «Schulsuppe» blieb, obwohl man längst mehr als eine Suppe kochte. Im Schuljahr 1948/49

*Schulhaus Turmmatte mit der Wandmalerei von Anton Mutter (vgl. Text S. 144).*

nard Comby, Gemeindepräsident Richard Walker und Architekt Josef Imhof.

*Turnhalle Klosi.*

wurde die Mahlzeit für zirka 90 Kinder zubereitet. Mit der Einführung des schulfreien Mittwoch- und Samstagnachmittags 1967 entfiel die Zubereitung der Schulsuppe.

## Lehrerausbildung – Besoldung des Lehrpersonals

Der Staat übertrug die Lehrerausbildung der Kongregation der Marianisten. Diese begannen am 18. August 1846 in Sitten mit dem ersten Lehrerbildungskurs. Die Führung des Lehrerinnenseminars für die Oberwalliser Mädchen übergab der Erziehungsrat im Juli 1853 dem Kloster St. Ursula in Brig.

Zu den ersten Kursteilnehmern in Sitten gehörten auch die beiden Natischer Josef Walden und Josef Eggel. In den nachfolgenden Jahren besuchten aus Naters nachstehende Kandidaten die zehnwöchigen Lehrerbildungskurse: 1850 Hans Bammatter, 1851 Anton Eggel, 1852 Michael Ruppen.[409]

Die Lehrerausbildung wurde im Laufe der Jahrzehnte stets verlängert: 1873 von zehn Wochen auf zwei Jahre zu je acht Monaten, 1907 auf drei, 1936 auf vier und 1961 auf fünf Jahre. Nach dem Schuljahr 1986/87 schloss das Lehrerseminar in Sitten seine Pforten. Seither besuchen Mädchen und Knaben gemeinsam das Seminar im Institut St. Ursula in Brig. Der letzte Jahrgang läuft im Jahre 2000 aus. Dann öffnet die Höhere Pädagogische Lehranstalt (HPL) ihre Pforten.

Die Lehrpersonen waren finanziell während langer Zeit nicht auf Rosen gebettet. Ein Jahresgehalt betrug: 1854/55: 85 Franken; 1871/72: Lehrer 200, Lehrerin 155 Franken; 1880/81: Lehrer 300, Lehrerin Oberstufe 300, Lehrerin Unterstufe 150 Franken. 1902/03 schwankte das Jahresgehalt für sechs Monate Schulunterricht von der Unter- zur Oberstufe zwischen 360 und 540 Franken; 1909: monatliches Mindestgehalt für Lehrer 80 plus 40 Franken Staatsbeitrag, für Lehrerinnen 65 plus 30 Franken Staatsbeitrag (Auszahlung zweimal pro Jahr; Gehälter des Lehrpersonals noch steuerfrei); 1919: Mindestgehalt pro Monat 200 Franken für Lehrer und 180 Franken für Lehrerinnen (von jetzt an monatliche Auszahlung der Gehälter).

Bis zur Einführung der Ganzjahresschule im Jahre 1965 mussten viele Lehrer einen Zweitberuf ausüben, da der Lehrerberuf allein im Wallis bis dahin keine Existenzsicherung bot. Viele Lehrpersonen hielten sich mit Nebenbeschäftigungen über Wasser. In den letzten Jahrzehnten verbesserte sich das Einkommen zusehends, so dass man heute sagen kann, dass die Erzieher ihren Studien und ihrer wichtigen Aufgabe entsprechend gerecht entlöhnt werden.

*Klassenlehrpersonen der Primarschule, Schuljahr 1998/99.* **1. Reihe** *(v.l.): Marcel Jossen, Hans-Peter Schmid, Josefa Imhof, Margrit Burgener, Eliane Jordan, Philipp Jeitziner, Nathalie Lehner, Rachel Anthamatten, Bruno Zimmermann, Toni Summermatter, Giorgio Lambrigger. –* **2. Reihe** *(v.l.): Orlando Lambrigger, Roger Imoberdorf, Hans Brun, Peter Summermatter, Adrienne Michlig, Romaine Jossen, Silvia Giachino, Cornelia Zenhäusern, Beata Kalbermatten, Karin Kluser-Anthamatten, Claudia Marty. –* **3. Reihe** *(v.l.): Christoph Mutter, René Clemenz, Nestor Andrès, Reinhard Jossen, Alwin Salzmann, Elfriede Clausen, Peter Eyer.*

# Verzeichnis der Lehrpersonen

Bis 1850 hielten im Allgemeinen die Ortsgeistlichen Schule. Diese werden im nachstehenden Verzeichnis nicht angeführt; wir verweisen hier auf die Kapitel der «Pfarrer» und «Kapläne» von Naters. Die Ursulinen von Brig unterrichteten, mit wenigen Unterbrechungen, von 1865 bis 1977 in den Primar- und Haushaltungsschulen. Lehrerinnen, die vor und nach der Heirat Unterricht gaben, findet der Leser unter dem Namen des Ehegatten. Seit 1865 sind die Namen der Lehrpersonen, die in Naters lehrten, mit ganz wenigen Ausnahmen, belegt. Nachstehend lesen wir in alphabetischer Reihenfolge die zahlreichen Namen der Lehrer und Lehrerinnen der Primarschule (HA = Handarbeit, PS = Primarschule, RU = Religionsunterricht, TU = Turnen; Sr. = Schwester, von den Ursulinen; wo kein Ortsname angegeben ist, stammen die Lehrpersonen von Naters oder der Ort ist unbekannt):

|  | | | |
|---|---|---|---|
| Sr. Abgottspon Patrizia | | | 1971–1976 |
| Abgottspon Paula | | | 1969–1970 |
| Amacker Maria, Eischoll | | | 1911–1912 |
| Sr. Ambord Domenika | | | 1925–1926 |
| | | | 1947–1963 |
| Albrecht Adele, Brig | | | 1885–1888 |
| Amherd Leonie, Glis | | | 1880–1881 |
| Ammann Marcel, TU | | | 1977–1989 |
| Andereggen-Gertschen Regula | | HA | 1988–1990 |
| | PS | 1990–1996, HA | 1996– |
| Andrès Nestor | | | 1975– |
| Anthamatten Rachel | | | 1995– |
| Arnold Alfons, Ried-Brig | | | 1915–1919 |
| Arnold Klaus | | | 1963–1967 |
| Sr. Aufdenblatten Margareta | | | 1866–1867 |
| Bammatter Elise | | | 1929–1966 |
| Bammatter Ida | | | 1916–1966 |
| Bammatter Trudy | | | 1977–1979 |
| Bellwalder Renate | | | 1973–1976 |
| Berchtold Claudia, HA | | | 1989–1992 |
| Berchtold Yvette | | | 1972–1973 |
| Bergamin-Troger Elsa, TU | | | 1993– |
| Bieler Cölestine, Gamsen | | | 1916–1919 |
| Sr. Bittel Angela | | | 1878–1880 |
| Bittel Ludwika, Stalden | | | 1866–1867 |
| | | | 1878–1880 |
| Blatter Martin, RU | | | 1993– |
| Sr. Bodenmüller Euphrasia | | | 1918–1919 |
| Borter Maria, Brig | | | 1919–1920 |
| Sr. Bregy Agathe | | 1943–1947 | 1954–1956 |
| Briand-Grand Manuela | | 1985–1990 | 1991–1994 |
| Brigger Martina, HA | | | 1981–1982 |
| Brun Hans | | | 1980– |
| Brunner Adeline, Eischoll | | | 1967–1970 |
| Brunner Emil | | | 1926–1972 |
| Brunner Lydia | | | 1960–1986 |
| Brunner Julius, Eischoll | | | 1916–1919 |
| von Burg Henriette | | | 1972–1973 |
| Burgener Bernhard | | | 1969–1970 |
| Burgener Felicitas, RU | | | 1990–1991 |
| Burgener Margrit, HA | | | 1994– |
| Sr. Burkard Gabriele, Gampel | | | 1924–1929 |
| Buttmann Josepha, Visp | | | 1875–1878 |
| Carlen Marie | | | 1940–1945 |
| Carlen Roland | | | 1989–1992 |
| Casetti Alois | | | 1895–1896 |
| Sr. Clausen Bernadette, Ernen | | | 1921–1924 |
| | | | 1948–1949 |
| Clausen Elfriede | | | 1978– |
| Clemenz René | | | 1975– |
| Dalliard Helene | | | 1973–1974 |
| D'Alpaos Germana | | | 1971–1977 |
| D'Andrea Martina, HA | | | 1998– |
| Derendinger Hanny, HA | | | 1992– |
| Eggel Anton | | 1853–1862 | 1871–1872 |
| Eggel Cäsarine | | | 1969–1972 |
| Eggel Hans | | | 1954–1974 |
| Eggel Irene | | | 1933–1948 |
| Eggel Johann | | | 1874–1875 |
| Eggel Leo | | | 1933–1978 |
| Eggel Ludwig | | | 1908–1916 |
| Eggel-Eyer Micheline | PS | 1979–1985, HA | 1991– |
| Eggel Rita | | | 1974–1979 |
| Eggel Rolf | | | 1991–1999 |
| Eggel Silvia | | | 1970–1972 |
| Eggel Yvette | | | 1978–1982 |
| Epiney-Waeber Christine | PS | 1973–1980, HA | 1991– |
| Epiney-Ruppen Cornelia | HA | 1977–1978 | 1979–1981 |
| | | | 1991– |
| Epiney-Imhof Martha | | PS | 1969–1972 |
| | HA | 1972–1973 | 1991– |
| Escher Astrid | HA | 1986–1988, PS | 1988–1990 |
| Sr. Escher Hedwig | | | 1928–1929 |
| Eyer-Pfammatter Cölestine | PS | 1967–1968, HA | 1974–1977 |
| Eyer Elisabeth | | | 1929–1954 |
| Eyer Ernest, Birgisch | | | 1907–1908 |
| Eyer German | | | 1982–1993 |
| Eyer Lia | | | 1922–1933 |
| Eyer Marcel | | | 1977–1979 |
| Eyer Peter | | | 1971– |
| Eyer Stefan, Birgisch/Naters | | | 1878–1911 |
| Eyholzer Johann, Betten/Fiesch | | | 1959–1967 |
| Eyholzer Johann-Josef, Betten | | | 1876–1878 |
| Eyholzer M. Josefine | | | 1904–1915 |
| Eyholzer Ludwig | | | 1905–1907 |
| Felder Franz, RU | | | 1979–1981 |
| Fercher Fidelis | | | 1962–1963 |
| Fux Trudy | | | 1974–1977 |
| Gasser Erika | | | 1995–1996 |
| Gemmet Pia | | 1945–1946 | 1948–1974 |
| Gertschen Kreszentia | | 1881–1885 | 1887–1911 |
| Gertschen Marlies | | | 1962–1997 |
| Gottet Elisabeth, Albinen | | | 1883–1884 |
| Sr. Grand Benedikta, Leuk | | | 1919–1921 |
| Sr. Gurten Marcella | | | 1969–1971 |
| Hofer-Jossen Doris | | | 1990–1998 |
| Hoffmann Brigitte | | | 1980–1982 |
| Hugo Maria, Guttet (Gehilfin) | | | 1867–1868 |
| Imboden Hedwig, HA | | | 1991– |
| Imboden Ursula | | | 1966–1971 |
| Sr. Imesch Caritas, Bürchen | | | 1929–1932 |
| Imesch Elvira | | | 1962–1967 |
| Imhof Franz, Brig | | | 1927–1930 |
| Imhof Josefa, Lax | | | 1973– |
| Imhof Katharina, Glis | | | 1881–1883 |
| Imhof Mathilde, Bister | | | 1900–1901 |

| | | | | | | |
|---|---|---|---|---|---|---|
| Imhof Theodul, Lax | | | 1935–1937 | Perrollaz Berta, Brig | | 1912–1922 |
| Imhof Veronika | | | 1954–1960 | Pfammatter Germaine, RU | 1988–1991 | 1993– |
| Imoberdorf Karoline, Reckingen | | | 1870–1871 | Pfammatter Marie-Therese | | 1969–1974 |
| Sr. Imoberdorf Maria | | | 1885–1887 | Pfammatter Theodor, Eischoll | | 1908–1914 |
| Imoberdorf Marlen | | | 1987–1991 | Pfammatter Viktor | | 1906–1908 |
| Imoberdorf Roger | | | 1993– | Pfammatter Ursula | | 1965–1967 |
| Imoberdorf Seraph, Kaplan | | | 1875–1878 | Ritz Hanny | | 1974–1980 |
| Sr. Imwinkelried Caritas | | | 1867–1868 | Ritz Alex | | 1944–1985 |
| Imwinkelried-Salzmann Carmen | PS | 1985–1986, HA | 1986–1987 | Ritz Aurelia, HA | | 1968–1994 |
| | | PS | 1987–1995 | Ritz Stefan | 1974–1979 | 1980–1981 |
| In-Albon Karin | | | 1995–1996 | Roten Maria, HA | | 1982–1986 |
| Iseli Franziska | | | 1974–1979 | Roten Moritz | | 1942–1945 |
| Jeitziner-Blatter Astrid | | | 1972–1973 | Roten-Schiner Rosa, HA | | 1970–1971 |
| | | | 1974–1979 | Roten Ursula | HA 1979–1980, PS | 1980–1987 |
| Jeitziner Philipp | | | 1989– | Rovina Karl, Münster | | 1919–1921 |
| Jordan Eliane | | | 1996– | Ruppen Felix | | 1973–1975 |
| Jossen Cresenz | | | 1970–1971 | Ruppen Leo | | 1937–1942 |
| Jossen Dionys | | | 1967–1972 | Ruppen Marie-Josefine | | 1873–1874 |
| Jossen Karoline | | 1908–1913 | 1915–1929 | Ruppen Michael | | 1851–1855 |
| Jossen Leonie | | | 1892–1900 | Ruppen Pauline | | 1880–1881 |
| Jossen Marcel | | | 1976– | Ruppen René | | 1967–1973 |
| Jossen-Ruppen Marianne | PS | 1977–1989, RU | 1989– | Salzgeber Christa | | 1976–1980 |
| Jossen Paula | | | 1971–1973 | Salzmann Alwin | | 1970– |
| Jossen Reinhard | | | 1979– | Salzmann Anton | | 1899–1902 |
| Jossen Romaine | | | 1993– | Salzmann Beatrice | HA 1978–1979, PS | 1979–1980 |
| Sr. Juon Julia | | | 1920–1921 | Salzmann Cäsarine | | 1907–1909 |
| Kalbermatten Beata | | | 1991–1995 | Salzmann-Venetz Cécile | 1977–1982 | 1993– |
| Kalbermatten Benita | | | 1980–1982 | Salzmann Ewald | 1972–1973 | 1977–1980 |
| Kalbermatten Xaver | | | 1981–1982 | Salzmann Lorenz | | 1982–1986 |
| Kalbermatten Yvette | | | 1972–1973 | Salzmann Maria | | 1891–1892 |
| Karlen Irene | | 1973–1977 | 1980–1985 | Salzmann Michael | 1880–1895 | 1908–1929 |
| Sr. Kenzelmann Ferdinanda | | | 1949–1953 | Salzmann Rosmarie | | 1985–1989 |
| Kinzler Franziska | | | 1972–1974 | Salzmann Serafine | 1889–1891 | 1896–1897 |
| Kluser-Anthamatten Karin | | | 1991– | Salzmann Therese | | 1874–1875 |
| Sr. Kocher Taddäa | | | 1964–1966 | Salzmann Walter | | 1937–1938 |
| Kummer Hilar | | | 1962–1968 | Sr. Sarbach Hilaria | | 1932–1943 |
| Kummer Katja | | | 1999– | Schätti Viktorine, Uster/ZH | | 1914–1916 |
| Sr. Lammbrigger Alfonsina | | 1922–1925 | 1945–1948 | Sr. Schenk Marie-Pierre | | 1967–1970 |
| Lambrigger-Karlen Christine | HA 1984–1986, PS | 1986–1990 | | Schmid Hanny | | 1974–1976 |
| | | HA | 1990–1991 | Schmid Hans-Peter | | 1967– |
| Lambrigger Giorgio | | | 1980– | Schmid Marie-Antoinette | | 1962–1965 |
| Lambrigger Marcel | | | 1976–1983 | Schmid Veronika | | 1975–1981 |
| Lambrigger Orlando | | | 1980– | Schmidt Leopoldine | | 1901–1916 |
| Sr. Lauber Sabina | | | 1970–1973 | Schmidt Marlies | HA 1982–1983, PS | 1983–1987 |
| Lauwiner Josef | | | 1902–1904 | Schneller Ida, Ergisch | | 1913–1915 |
| Lehner Nathalie, Turtmann | | | 1997– | Sr. Schnyder Antonia | | 1926–1928 |
| Locher-Imhasly Françoise | HA 1987–1989, PS | 1989–1996 | | Schnydrig Paula | | 1966–1969 |
| Lorenz Christine | | | 1974–1982 | Schwery Angelika, HA | | 1990–1991 |
| Lugon Marie-Claire | | | 1976–1980 | Schwick Raphael | | 1928–1973 |
| Marthy Claudia | | | 1990– | Sieber-Theler Marianne | PS 1985–1993, HA | 1994– |
| Michlig Adrienne | HA + KG 1996–1998, PS | 1998– | | Sieber Walter | | 1969–1974 |
| Michlig Meinrad | | | 1895–1896 | Sollberger Pia, Le Levron | | 1997–1999 |
| Minnig Luise, Goppisberg | | 1900–1905 | 1911–1913 | Sterren Astrid | | 1982–1983 |
| Minnig Rosmarie | | | 1957–1962 | Stoffel Eligius, Visperterminen | | 1919–1920 |
| Mutter Christoph | | | 1985– | Stupf Antonia | | 1979–1982 |
| Mutter-Imesch Doris | | HA | 1983–1984 | Summermatter Emmi | | 1969–1972 |
| | PS | 1984–1995, HA | 1995– | Summermatter Marie-Therese | | 1966–1969 |
| Nanzer-Hutter Edith | PS | 1967–1972 | 1973–1977 | Summermatter Peter | | 1982– |
| | | RU | 1979–1989 | Summermatter Toni | | 1977– |
| Nanzer Walter, Münster | | | 1931–1935 | Summermatter Xaver | | 1973–1974 |
| Nauer Evi | | HA 1981–1982, PS | 1982–1985 | Troger Margot | | 1991–1993 |
| Nellen Matthias | | | 1995–1996 | Tscherrig Myriam | | 1976–1980 |

| | | |
|---|---|---|
| Volken Marie-Madlen, RU | 1982–1983 | 1986–1987 |
| Volken Peter, Visp | | 1931–1937 |
| Walden Katharina | | 1871–1880 |
| Walden Maria (Gehilfin) | | 1865–1871 |
| Walden Moritz | 1855–1856 | 1858–1859 |
| | 1862–1863 | 1865–1876 |
| Walker Rosmarie | | 1971–1977 |
| Walker Rosy | | 1976–1981 |
| Sr. Walpen Euphrasia | | 1868–1870 |
| Walpen Josef | | 1944–1976 |
| Sr. Walpen Magdalena | | 1865–1866 |
| Walpen Monika | | 1869–1870 |
| Weissen Gregor | | 1921–1946 |
| Weissen Leo | | 1945–1954 |
| Weissen Nikodemus | | 1938–1940 |
| Weissen Robert, Unterbäch | | 1897–1899 |
| Werlen Reinhard | | 1970–1975 |
| Werner Berta | | 1910–1918 |
| Werner Carmen | KG 1984–1985, PS | 1986–1992 |
| | HA 1994– | |
| Werner Therese | 1962–1967 | 1969–1997 |
| Wyer Anton, Lalden | | 1873–1874 |
| Wyer Antonia, Münster | | 1868–1869 |
| Sr. Zeder Callista | | 1963–1964 |
| Sr. Zeiter Kunigunde | 1953–1954 | 1973–1977 |
| Zeiter Paul | | 1991–1995 |
| Zengaffinen Albert, Gampel | | 1920–1927 |
| Zenhäusern Anita | 1979–1985 | 1986–1987 |
| | | 1989– |
| Sr. Zenhäusern Beatrix | | 1956–1969 |
| Zenhäusern Cornelia | | 1996– |
| Sr. Zenhäusern Germana | | 1921–1922 |
| Zenklusen Andrea | | 1951–1989 |
| Zenklusen Jules | | 1941–1944 |
| Zenklusen Maria, Simplon-Dorf | | 1884–1885 |
| Zenklusen Marie-Luise | | 1975–1976 |
| Sr. Zen-Ruffinen Clothildis | | 1929–1941 |
| Zimmermann Bruno | 1977–1979 | 1981–1985 |
| | | 1986– |
| Zurbriggen Regina, Saas (Gehilfin) | | 1865–1866 |
| Zurwerra Rosmarie | | 1977–1983 |

## Lehrpersonen mit 32 und mehr Dienstjahren

In der Geschichte der Primarschule von Naters erreichten bis 1997 zwölf Lehrpersonen 32 und mehr Dienstjahre. Nachfolgend werden nur jene Personen genannt, die bereits aus dem Schuldienst ausgeschieden sind. An der Spitze steht Ida Bammatter mit 50 Dienstjahren. Diese Lehrpersonen verdienen es, in einem Kurzporträt vorgestellt zu werden, und dies geschieht in chronologischer Reihenfolge (mit Anzahl Dienstjahren):

*Fachlehrpersonen der Primarschule, Schuljahr 1998/99.* **1. Reihe** (v.l.): Christine Epiney-Waeber, Micheline Eggel-Eyer, Doris Mutter-Imesch, Martina D'Andrea, Germaine Pfammatter-Salzmann, Marianne Jossen-Ruppen, Marianne Sieber-Theler, Cécile Salzmann-Venetz. – **2. Reihe** (v.l.): Elsa Bergamin-Troger, Carmen Werner, Cornelia Ruppen-Epiney, Hedy Imboden-Kreuzer, Martha Epiney-Imhof, Anita Zenhäusern, Hanny Derendinger-Schmid.

| | |
|---|---|
| Michael Salzmann | 36 |
| Stephan Eyer | 33 |
| Ida Bammatter | 50 |
| Elise Bammatter | 37 |
| Emil Brunner | 47 |
| Raphael Schwick | 45 |
| Josef Walpen | 32 |
| Leo Eggel | 45 |
| Alex Ritz | 41 |
| Andrea Zenklusen | 39 |
| Marlis Gertschen | 39 |
| Therese Werner | 35 |

*Lehrpersonen von 1926. Von links: Albert Zengaffinen, Gregor Weissen, Emil Brunner, Michael Salzmann.*

**Michael Salzmann: 1880–1895, 1908–1929**
Michael Salzmann (*15.3.1857, †16.8.1929), «ds Theli Michi» genannt, Sohn des Moritz und der Julia geb. Ruppen. Er ging in die Schulgeschichte ein als jener Lehrer, bei dem die Buben vor allem Rechnen lernten. Während 24 Jahren hielt er auch die Wiederholungsschule. Als junger Lehrer erntete er für seine Schulführung Lob; als er kränklich wurde, wünschte der Staat seine Pensionierung, um stellenlosen Lehrern Platz zu machen. (Vgl. Kap. «Postwesen», unter «Posthalter».)

**Stephan Eyer: 1878–1911** 
Stephan Eyer (*8.2.1861, †24.6.1951), Grossvater mütterlicherseits von Bischof Norbert Brunner, Sohn des Auxilius und der Magdalena geb. Nanzer. Er wohnte in Naters und zeitweise auch in Birgisch. Am 3. Juni 1900 heiratete er die Natischer Lehrerin Leonie Jossen, des Moritz, und war Vater von sieben Kindern, unter ihnen Lia Maria (*1904), die Mutter von Bischof Norbert Brunner.

*Stephan Eyer mit seiner Frau Leonie Eyer-Jossen (1875–1945).*

Seinen 33-jährigen Schuldienst absolvierte Stephan Eyer in den Jahren 1878–1911. Seine Schulführung wird in den Inspektionsberichten immer wieder gelobt. Er führte auch die Baumschule, übernahm während 33 Jahren zusätzlich zur Primarschule auch die Fortbildungsschule, was weder vor ihm noch nach ihm ein Lehrer so lange durchstand. Des Weitern gab er während 38 Jahren (1881–1919) Turnunterricht am Kollegium in Brig. Kein Lehrer vor ihm lehrte so viele Jahre in Naters.
Eyer stellte seine Fähigkeiten in überdurchschnittlichem Mass auch der Öffentlichkeit zur Verfügung. So war er Präsident von Birgisch (1894–1902, 1904–1908), während des Ersten Weltkrieges Vizepräsident von Naters und nach seiner Pensionierung während acht Jahren (1917–1925) Natischer Gemeindeschreiber; 34 Jahre lang (1886, 1892–1924) war er Kirchenvogt (bis heute am längsten von allen) und schliesslich sage und schreibe während 52 Jahren Sektionschef des Bezirkes Brig. Im Militär bekleidete er den Grad eines Majors. Als er 1951 im 91. Altersjahr starb, verlor Naters seinen ältesten Bürger, der in der Presse als eine Persönlichkeit mit goldlauterem Wesen charakterisiert wurde.[410] Wie aus den Darlegungen hervorgeht, war er ein Mann der Maxima, d.h. er hat in vielen seiner Tätigkeitsbereiche die bisher höchste Zahl an Einsatzjahren zu verzeichnen.

**Ida Bammatter: 1916–1966** 
Ida Bammatter (*30.7.1898, †25.3.1987) ist die Tochter des Moritz Bammatter und der Maria Josepha geb. Albert und war in Naters bekannt als «d Lehreri Ida». Sie lehrte immer in der Unterstufe, und dies 50 Jahre lang. Sie lebte für die Schule und war eine gute Lehrerin, aber eines gabs bei ihr nicht: Linkshänder. Geriet sie wegen den «uwadlichu Büobu» (unartigen Buben) in Zorn, sagte sie manchmal: «Büobu, ich megti eww zerribu wie Mäll, das gäbi aber no gressri Brotgöücha» (Buben, ich möchte euch zerreiben wie Mehl, das gäbe aber noch grössere Brotnarren). Das Urteil des Schulinspektors Peter Imhof am Ende des Schuljahres 1935/36 über Ida Bammatter lautete: «Bei den Erstklässlern ist sie im Element. Sie eignet sich ausgezeichnet zur Führung der Kleinen (...).» Lehrerin Ida bereitete die 1. Klasse auf die Erstkommunion vor. Und mit welcher Freude sie dies tat! Entsprechend glücklich war sie am Weissen Sonntag, wenn sie inmitten der Erstkommunikanten auf dem Weg zur Kirche einherschritt.

**Elise Bammatter: 1929–1966** 
Elise Bammatter (*4.8.1903, †30.10.1980) wurde dem Ehepaar Anton Bammatter und Maria Josepha geb. Walden auf der Belalp in die Wiege gelegt. Sie wirkte von 1921 bis 1929 als Lehrerin nacheinander in Grengiols, Glis und Törbel, bis sie 1929 nach Naters berufen wurde, wo sie volle 37 Jahre auf den ver-

schiedenen Stufen unterrichtete. Bammatter war eine herzensgute, lebensfrohe Frau, eine Lehrerin aus Berufung.

## Emil Brunner: 1925–1972

Emil Brunner (*18.7.1904, †27.4.1987), Vater unseres Landesbischofs Norbert Brunner, wurde als Sohn des Isidor und der Adeline geb. Rosset aus Orsières in Eischoll geboren. Sein Vater arbeitete als Bergbauer und Saumtierhalter. 1933 vermählte sich Emil mit der Lehrerin Lia Eyer, des Stephan von Birgisch/Naters. Er war Vater von drei Töchtern und vier Söhnen, von denen Hugo und Norbert Priester wurden (vgl. Kapitel «Priester, gebürtig aus Naters», Nrn. 102 und 103).

Nach Abschluss des Lehrerseminars führte er während drei Jahren die Gesamtschule in Baltschieder, hielt 1925/26 in Blatten/Naters Schule und ab 1926 bis 1972 in Naters. Bei seinem Abschied von der Schule konnte er ein seltenes Jubiläum feiern, nämlich 50 Dienstjahre, davon 47 in Naters. Tiefe Religiosität, Verwurzelung mit der Heimat und die Liebe zum Beruf zeichneten ihn aus. Wir finden ihn auch als Lehrer in der Wiederholungs- und Gewerbeschule. Er war morgens stets sehr früh in der Schulstube und auch abends sass er noch spät in seinem Schulzimmer und gab Nachhilfestunden. Er hatte ein ausgesprochen pädagogisches Geschick, die Schüler wohl streng zu leiten, jedoch verbunden mit Liebe und gewürzt mit einem Schuss Humor. Emil Brunner war ein Allrounder, dem Haupt- und Nebenfächer lagen. Von seiner Musikalität und stimmlichen Begabung profitierten verschiedene Vereine, besonders der Gemischte Chor Naters, durch den er 1966 für 40-jährige Mitgliedschaft mit der päpstlichen Verdienstmedaille Bene merenti ausgezeichnet wurde.

Wie alle Kollegen seiner Zeit musste er einen Zweitberuf ausüben. Er fand während 40 Jahren als Zugführer bei der Furka-Oberalp-Bahn seine Sommerbeschäftigung. Zu seinen vielen Hobbys gehörten vor allem der Kirchengesang und das Fotografieren.

## Raphael Schwick: 1928–1973

Raphael Schwick (*27.9.1909, †31.12.1998), Sohn des Ernst und der Hedwig geb. Schmid, vermählte sich 1942 mit Emma Ruppen. Während 45 Jahren unterrichtete er in Naters und erlebte noch die Zeit, da die Schulen in Privathäusern Unterschlupf fanden. Seinen ersten Unterricht gab er in einer Stube an der Judengasse, wo es angeblich geisterte.

Wie Raphael Schwick dem Schreibenden verschmitzt lächelnd erzählte, habe die Schulkommission beschlossen, jenen Lehrer dorthin zu schicken, der «der Leitschto» («Unschönste») sei, um den bösen Geist zu vertreiben. Und es traf ihn, aber geistern hörte er dort nie. Schwick hatte jahrzehntelang die Eltern zu beraten, die vor der Entscheidung standen, ihre Kinder in die Mittelschule zu schicken oder nicht. So stellte er manche wichtige Weiche für das Leben seiner Schützlinge. Er war ein guter Lehrer, der dank seines gesunden Mutterwitzes oft willkommene Auflockerung in den Unterricht brachte. Die besondere Pflege der schönen Handschrift und die zeichnerische Begabung des Lehrers Raphael Schwick sind besonders erwähnenswert. Im Zweitberuf arbeitete er als Kellermeister in bekannten Hotels. 1937–1964 amtete er als geschätzter Verwalter der Raiffeisenkasse. Eines seiner liebsten Hobbys war das Fotografieren.

## Josef Walpen: 1944–1976

Josef Walpen (*26.8.1913, †28.12.1993) wurde dem Ehepaar Theodor und Lydia geb. Guntern in Binn geboren. 1948 heiratete er Irene Eggel und wurde Vater eines Sohnes, Christoph, der Jurisprudenz studierte und von 1980 bis 1992 Gemeinderat (ab 1984 Vizepräsident) in Naters war. Lehrer Walpen unterrichtete 13 Jahre, 1931–1944, in Erschmatt und anschliessend 32 Jahre in Naters und kam auf 45 Dienstjahre. 1951–1958 war er Präsident des Männervereins.

Einsatz, Wille, Ausdauer und Selbstdisziplin kennzeichneten ihn. Er war äusserst pflichtbewusst und verfügte über grosses Fachwissen. Seine Ausgeglichenheit und sein Sinn für gerechtes Handeln machten ihn für seine Kolleginnen und Kollegen zum grossen Vorbild. 1976 erhielt Josef Walpen für 50 Jahre Mitgliedschaft in den Kirchenchören Binn, Erschmatt und Naters die Verdienstmedaille Bene merenti.

## Leo Eggel: 1933–1978

Leo Eggel (*6.2.1914) ist der Sohn des Ludwig und der Franziska geb. Eyer. 1948 vermählte er sich mit Berta Gertschen und ist Vater von vier Kindern. Leo Eggel ist ein vielseitiger Mann. In diesem Rahmen porträtieren wir ihn nur in seiner Tätigkeit als Lehrer. Er unterrichtete volle 45 Jahre lang stets in der Unterstufe in Naters. Eggel ist ein Künstler im Erzählen. In seinem Zimmer war stets ein Harmonium. Der Gesang gehörte zu seinem Unterricht wie das tägliche Gebet. Er praktizierte den erweiterten Musikunterricht längst bevor dieser offiziell in der Schule Eingang fand. Bei seiner Verabschiedung 1978 lobten alle Redner seine edle Berufsauffassung und beispielhafte Pflichterfüllung und würdigten seinen grossen Einsatz für die Bildung und Erziehung unserer Kinder. Im Zweitberuf arbeitete er lange Jahre als Konsumverwalter (vgl. Kap. «Kirchliche Vereine»: Leo Eggel als Dirigent des Gemischten Chors).

**Alex Ritz: 1944–1985** 
Alex Ritz (*25.11.1924, †6.7.1998) kam als Sohn des Viktor und der Emma geb. Walker in Bitsch zur Welt. Mit Erika Glaisen schloss er den Bund der Ehe und war Vater eines Adoptivsohnes. Während 41 Jahren unterrichtete er in Naters und konnte am Ende seiner Lehrtätigkeit sagen, dass er während dieser ganzen Zeit nur anderthalb Schultage wegen Krankheit gefehlt habe. Sommers fand er während 25 Jahren bei der Furka-Oberalp-Bahn zusätzlich Arbeit. Immer waren ihm die Einigkeit unter den Lehrpersonen und das Wohl der Schuljugend ein Herzensanliegen.

**Andrea Zenklusen: 1950–1989**
Lehrerin Zenklusen (*10.1.1931) ist die Tochter des Emil und der Maria geb. Ruppen, lehrte ein Jahr in Blatten/Naters und danach während 38 Jahren in Naters. Wie so viele andere Lehrpersonen wurde sie mit der sich rasant entwickelnden Schule konfrontiert. In den 50er-Jahren führte sie einmal eine Klasse mit sage und schreibe 48 Kindern. Andrea Zenklusen war Lehrerin aus Berufung. In ihrem Unterricht herrschte Strenge gepaart mit Liebe, und das gab wahrlich einen guten Klang.

*Lehrerinnen (v.l.): Pia Gemmet, Andrea Zenklusen, Marie-Tony Schmid.*

**Marlies Gertschen: 1962–1997**
Sie wurde als Tochter des Oskar und der Marie geb. Imsand am 10. Februar 1939 in Naters geboren. Von den 39 Dienstjahren unterrichtete sie als Primarlehrerin in St. Niklaus 1958–1962, dann in Naters 1962–1997. Sie lehrte durchgehend in der 2. bis 4. Klasse. Mit ihrem pädagogischen Geschick verstand sie es vorbildlich, die Strenge und die Liebe zum Kind harmonisch in Einklang zu bringen. So verwundert es nicht, dass die Kinder gerne zu ihr in die Schule gingen.

**Therese Werner: 1962–1967, 1969–1997** 
Therese Werner (*12.9.1942) ist die Tochter des Pius und der Viktorine geb. Salzmann. Nach zwei Jahren Schuldienst in Mund (1960–1962) unterrichtete sie an der Primarschule in Naters, um sich danach in Zürich ihren heilpädagogischen Studien zu widmen. Ab 1969 lehrte sie bis zur Pensionierung mit Konsequenz, grosser Liebe und viel Geschick in der Hilfsschule.

## Schulkommissionen der Primarschule: 1828–1998

Das Dekret von 1828 über den Primarschulunterricht ordnete an, dass in jeder Gemeinde auch ein Schulrat bzw. eine Schulkommission zu bestehen habe. Über die Tätigkeit dieser Kommission in Naters weiss man eigentlich bis 1946 recht wenig. Den Gemeinderatsprotokollen zufolge oblag ihr die Aufsicht über die Schule. Mehrmals machte sie bei Lehrerwahlen auch Vorschläge. Heute besteht die Aufgabe der Schulkommission vor allem im Folgenden: Formulierung von Anträgen an den Gemeinderat betreffend Wahlen, Entlassungen, Erneuerungen und Sanierungen von Schulgebäuden; ferner Besuch von Schulklassen und Lehrpersonen, Besprechungen mit Lehrpersonen, Entgegennahme von Wünschen und Anregungen der Lehrerschaft usw.

1921 ereiferte sich der Gemeinderat, dass Schularzt und Schulinspektor über Schulen, Zimmer, Ausstattung und Reinlichkeit in den Aborten «unangenehme» Bemerkungen gemacht hatten. Dabei bringe die Gemeinde doch so viele Opfer.

1937 wurde seitens der Schulkommission ein Reglement erstellt, das u.a. der Schuljugend ab 19.00 Uhr den Aufenthalt auf Strassen und Gassen untersagte. 1941 erliess die Kommission erneut ein Reglement, dem wir folgende Punkte entnehmen:

*1. Schulversäumnisse werden am darauffolgenden Sonntag [das war jeweils nach dem Hochamt auf dem Kirchplatz] am öffentlichen Publikationsort bekannt gemacht.*
*2. Nach dem Rosenkranzläuten (18.00 Uhr) haben sich die Kinder sofort nach Hause zu begeben und dürfen die Strassen nicht*

*Lehrpersonal und Schulkommission anlässlich des Schulausflugs nach Longeborgne (Brämis) im Jahre 1931.* **1. Reihe** *(v.l.): Sr. Caritas Imesch, Dorfkrankenschwester Josefine, Sr. Aloisia, Sr. Klothildis Zen-Ruffinen, Pfarrer Emil Tscherrig, Schulpräsident Alois Eggel, Lia Brunner-Eyer, Johann Eggel. – ***2. Reihe*** (v.l.): Elisabeth Ritz-Eyer, Walter Nanzer, Gregor Weissen, Raphael Schwick, Elise Bammatter, Michael Jossen, Emil Brunner.*

mehr betreten. Fehlbare werden das erste Mal nach Hause geschickt, im Wiederholungsfall den Eltern heimgebracht und dem Schulpräsidenten angezeigt, der eine Strafe ausspricht.
3. Die Kinder sollen sich nicht an Autos und Fuhrwerke anhängen; sie dürfen nicht rauchen und sich nicht in Wirtschaften aufhalten; ebenso ist ihnen der Zutritt zu kinematographischen Vorstellungen untersagt, selbst wenn die Eltern sie begleiten.»

Seit 1946 existieren über die Sitzungen der Schulkommission Protokolle. Die Traktanden der 1940er- und 1950er-Jahre enthalten beispielsweise folgende Bereiche: Festsetzen der Daten für den Schulbeginn und die Schlussexamen, Vorschläge für die Lehrerwahlen, Einteilung der Pausenaufsicht und Organisation des Schulspazierganges. In die Jahre 1958–1965 fallen der Bau des Schulhauses Turmmatte und die schrittweise Einführung der Ganzjahresschule, was der Kommission ein gerüttelt Mass an Arbeit abverlangte.

Gelegentlich hatte die Schulkommission auch bei Streitfragen zu entscheiden. 1965 lautete eine davon: Dürfen die Mädchen wie die Knaben mit Hosen bekleidet zur Schule kommen? Bisher durften sie dies nicht, auch im Winter waren nur Röcke gestattet. Nun, die Schulkommission entschied: Die Mädchen dürfen Hosen tragen!

Ab 1965, als die Schülerzahl ständig wuchs, die Platzfrage sich immer noch stellte, neue Schultypen wie Kindergarten, Abschluss- und Förderklassen eröffnet, auf das Schuljahr 1967/68 der schulpsychologische Dienst eingeführt (erster Schulpsychologe: Philipp Schmid, Naters) und aufgrund des Schulgesetzes von 1962 viele schulische Neuerungen vorgenommen wurden, stiegen auch die Aufgaben und damit die Zahl der Sitzungen für die Schulkommission rapide an.

Für die 1980er-Jahre sind weitere Schwerpunkte zu nennen: Die Kommission überarbeitete die Richtlinien für die Lehrerwahlen, plädierte, um Entlassungen zu vermeiden, für die Pensenteilung, stellte Kriterien für die Schulbesuche auf, führte die pädagogische Schülerhilfe und den Deutschunterricht für Fremdsprachige ein, unterstützte die Anschaffung eines Computers fürs Lehrerzimmer u.v.m. Wenn man die Sitzungsprotokolle der Schulkommissionen und die Jahresberichte der Schuldirektoren durchliest, staunt man, mit welcher Liebe und Hartnäckigkeit, aber auch mit welchem Elan sich die einzelnen Kommissionen, insbesondere in der zweiten Hälfte des 20. Jahrhunderts, der ständig wachsenden schulischen Probleme annahmen und sie konkreten Lösungen entgegenführten.

*1934: die Schulkommission bei der Inspektion des Turnunterrichts. Von links: Schulinspektor Peter Imhof, Kaplan Leo Gerold, Schulpräsident Alois Eggel, Pfarrer Emil Tscherrig.*

Bis 1928 waren die Ortspfarrer Präsidenten der Schulkommission. Aufgrund ihres Berufes konnten sie auf dem Weg über die Schule oft seelsorglich und erzieherisch wirken, beraten, helfen und schlichten. Die Pfarrer scheuten sich auch nicht, auf schulische Mängel hinzuweisen. Im Jahre 1903 beispielsweise bestand von elf Schülern das sogenannte Emanzipationsexamen (Entlassungsprüfung für die 15-jährigen Buben in Brig) ein einziger. Pfarrer Ignaz Amherd schrieb ins Schulbuch: «Das Emanzipationsexamen von 1903 ist ein Schandfleck für die Schule von Naters.»[411]

Die Anzahl Mitglieder der Schulkommission schwankte von 1865 bis 1964 zwischen drei und sechs Personen, stieg dann ab 1964 stetig an bis zur heutigen Zahl von 13. Hans Eggel führt in seinem Buch alle Mitglieder namentlich auf (Eggel, Schulen, S. 193–198). Nachstehend nennen wir *Namen und Amtsdauer der Schulpräsidenten* der Primarschule wie folgt:

*1828–1832   Pfr. Kaspar Ignaz Stockalper*
*1862–1865   Pfr. Peter Josef Ruppen*
*1865–1874   Pfr. Josef Ruden*
*1874–1879   Pfr. Viktor Borter*
*1979–1903   Pfr. Ignaz Amherd*
*1903–1917   Pfr. Dionys Imesch*
*1917–1928   Pfr. Emil Tscherrig*
*1928–1936   Alois Eggel*
*1936–1940   Ludwig Eggel*
*1940–1946   Ernst Biffiger*
*1946–1956   Pius Werner*
*1956–1964   Johann Josef Salzmann*
*1964–1972   Edmund Salzmann*
*1972–1980   Viktor Eggel*
*1980–1988   Ignaz Eggel*
*1988–1992   Edith Nanzer*
*1992–        Manfred Holzer*

## Aufgehobene Schulen der Primarstufe
### Bergschule Blatten: 1868–1960

Weil die nutzbare Fläche in Naters von 673 m ü. M. bis auf 2000 m reicht, waren die Bauern, die in mehreren Weilern ihr Gütlein besassen, zum Nomadenleben gezwungen. Die Familien wechselten im Laufe des Jahres fünf- bis sechsmal den Wohnsitz. In diesen Zyklus wurde die Schule mit einbezogen.

**Nomadenleben: nachteilig für die Schule**
Von Ende Oktober bis zum 9. Dezember lebten viele Bauernfamilien im Berg zwischen Naters und Mehlbaum und alle Kinder besuchten die Schule in Naters. Der 9. Dezember war für viele Familien und deren Kinder der Zügeltag nach Blatten bzw. nach Ahorn, Rischinen, Egga und Müollera. Ein Lehrer und eine Lehrerin und natürlich auch der Ortskaplan unterrichteten nun in Blatten, und zwar bis Mariä Lichtmess (2. Februar).
Von der Bergschule berichtet uns erstmals Schulinspektor Johann Tschieder in seinem Bericht über das Schuljahr 1868/69. Er beklagt sich darin über die mangelhaften Leistungen der Schüler und nennt als Ursache, «dass die Familien ein Nomadenleben führen und demnach viele Kinder einen Teil der Schulzeit die Schule im Berge und den anderen Teil jene im Dorfe besuchen»[412]. Von einer «Zerteilung der Schule während 2–3 Monaten» und dass ein «Teil des Lehrpersonals nach Blatten zügelt», berichtet der gleiche Inspektor auch in den Schuljahren 1870–

1873 und 1876/77 sowie sein Nachfolger Ferdinand Schmid im Schuljahr 1881/82.[413] Wenn auch Inspektor Tschieder in seinen Berichten die Bergschule nach 1874 nicht alljährlich erwähnt, darf trotzdem angenommen werden, dass diese ab dem Jahre 1868 in Blatten regelmässig gehalten wurde. Dies erst recht, weil bis zur Jahrhundertwende etwa die Hälfte aller Schüler für zwei Monate das «Nomadenleben» miterlebten. Aus dem gleichen Grund kann man annehmen, dass die Bergschule wohl schon vor 1868 geführt wurde; nur fehlen uns diesbezüglich schriftliche Nachrichten.

**Schulbetrieb in Blatten**
Und nun zur eigentlichen Bergschule. Weil in Blatten nur zwei Schullokale zur Verfügung standen, war dort zur Freude der Kinder immer Halbtagsschule: für die älteren Kinder am Vormittag und für die jüngeren am Nachmittag. Der Schulweg konnte bis zu zwei Stunden lang sein, denn von Hegdorn bis zur Egga fanden sich alle Schüler in Blatten ein. Die älteren mussten zum Teil schon vor dem Morgengrauen von zu Hause weg, stapften oft bei grimmiger Kälte durch hohen Schnee und kamen ganz durchnässt oder sogar mit gefrorenen Kleidern in der Schule an. Den jüngeren ging es nicht viel besser, wenn sie nach dem nachmittäglichen Schulbesuch erst nach Einbruch der Dunkelheit heimkamen. Einer Zeitungsnotiz aus dem Jahre 1895 zufolge blieb «ein grösseres Schulmädchen auf dem Heimweg im Schnee stecken und wäre binnen kurzem eine Leiche gewesen, hätte nicht durch Zufall ein vorbeiwatender Mann das kaum noch lebende Kind erblickt und sorgsam nach Hause getragen»[414]. Beim spärlichen Licht einer flackernden Petrollampe wurden dann noch Hausaufgaben gemacht und Lektionen gelernt – oder eben auch nicht.

Nach Mariä Lichtmess war das Heu in den Weilern oberhalb Blatten verfüttert. Die Familien bezogen erneut in der Talgegend Wohnsitz. Die Bergschule wurde aufgelöst und die Kinder kamen in Naters wieder zu ihren Stammklassen. Die Kinder der Sechsmonatsschulen, also auch diejenigen, welche in Naters blieben, hatten notgedrungen alljährlich zweimal andere Lehrpersonen. Nach zwei Monaten «Hochschüol» in Blatten (1327 m ü. M.), so wurde diese Schule scherzhaft bezeichnet, mussten die Schüler in Naters eine regelrechte Aufholjagd vollbringen, um wieder dabei zu sein. Begreiflich, die halbtags geführte Bergschule konnte beim besten Willen mit den Schulen in Naters nicht mithalten.

Die Schulen in Blatten und damit auch ihre Lehrpersonen wurden während der zwei Wintermonate mehr oder weniger ihrem Schicksal überlassen. Wenn der Schulinspektor oder die Schulkommission die Bergschule besuchen wollten, blieb keine andere Wahl, als den anstrengenden Weg nach Blatten unter die Füsse zu nehmen oder sich auf dem Rücken eines Maultiers hinauftragen zu lassen. Daher waren die Besuche äusserst selten.

**Schulräumlichkeiten**
Wo in Blatten erstmals Schule gehalten wurde, lässt sich anhand des Archivmaterials nicht belegen. Wie in Naters mietete die Gemeinde auch in Blatten lange Zeit Privatwohnungen. Im Inspektorenbericht von 1885/86 steht in Bezug auf das Schullokal die erwähnenswerte Bemerkung: «Das Schulzimmer in Blatten ist sehr idyllisch. Wenn die Kinder Chorlesen üben, so geben die Ziegenböcklein in den nahen Höfen Antwort.» Eine weitere Begebenheit verdient ebenfalls Erwähnung. 1886/87 waren die beiden Lehrpersonen[411] Maria Imoberdorf von Ulrichen und Michael Salzmann von Naters angestellt. Zum Missfallen der Blatt-

*Ehemaliges Schulhaus in Blatten.*

ner hielten sie Bekanntschaft. Die Lehrerin wurde deshalb entlassen. So einfach ging das.

1888 war das heutige Blattner Schulhaus noch nicht Eigentum der Gemeinde, es kam aber innerhalb der folgenden zweieinhalb Jahrzehnte in deren Besitz. 1913 bewilligte der Gemeinderat den notwendigen Kredit zur Renovation des Schulhauses und zum Ankauf der Hausräume unterhalb der Schulzimmer von den Erben Felix Ruppen und Leo Summermatter zum Preis von 6750 Franken. Die Kellerräume erstand die Gemeinde 1916. Im gleichen Jahr wurde dann das Schulhaus zum Preis von 15 208.35 Franken einer Gesamtrenovation unterzogen. Der Vorsteher des Erziehungsdepartementes liess es sich nicht nehmen, das renovierte Schulhaus am 23. August 1916 persönlich zu besichtigen.

1945 entstanden aus dem Schulzimmer der Nordseite eine Küche und ein Essraum, während man das Schulzimmer auf der Südseite renovierte. Die Schlussabrechnung dieses Umbaus belief sich gemäss Architekt Bruno Fontana, Brig, Ende 1945 auf 27 502.75 Franken. Der Staat subventionierte dies mit 20 Prozent.

**Weiteres Schicksal der Bergschule**

Bis in die 1920er-Jahre wurde die Bergschule in dieser erwähnten Form gehalten. Dann ertönte im Natischer Berg allmählich der Ruf nach einer viermonatigen Winterschule. Der Gemeinderat konnte sich mit diesem Gedanken jedoch nicht anfreunden. So blieb alles beim Alten. Ab 1939 bezogen nicht mehr zwei Natischer Lehrpersonen Wohnsitz in Blatten, sondern es wurden eigens zwei Lehrkräfte hierfür angestellt.

In den 40er- und 50er-Jahren nahm die Schülerzahl immer mehr ab. Zählte die Bergschule im Schuljahr 1929/30 noch 88 Schulkinder, waren es 1945/46 nur noch 28.

Am 10. Februar 1947 beschloss der Gemeinderat, die Sechsmonatsschule in Blatten einzuführen. Im Schuljahr 1946/47 wurde die Bergschule bis Ende April von Rosa Kalbermatten weitergeführt. Nach Auskunft der Lehrerin Andrea Zenklusen bestand die Sechsmonatsschule nur während vier Jahren: 1947–1951. Die zweimonatige Schule blieb danach in der alten Form noch bis 1960 bestehen. Am 21. März dieses Jahres teilte das Erziehungsdepartement der Gemeinde aber mit, dass die Schule in Blatten wegen der geringen Schülerzahl aufgehoben werde.

In den Jahren 1979/80 und 1986 wurde das Schulhaus durch die Gemeinde renoviert. Jetzt wird es von der Burgerschaft, als Eigentümerin des Gebäudes, für Klassen- und Ferienlager vermietet.

Es bleibt noch folgende Notiz des Gemeinderatsprotokolls vom 16. Januar 1912 beizufügen: «Das Begehren des Ludwig Eggel und Konsorten, auf Geimen eine Schule zu errichten, wird abschlägig beantwortet.» Als man in den 1950er-Jahren das Ende der Blattner Schule nahen sah, verlangten Leute vom Berg erneut die Errichtung einer Schule in Geimen. Die Schulkommission lehnte dieses Gesuch jedoch ab.

**Die Namen der Lehrpersonen,** die in Blatten unterrichteten, sind in den Dokumenten erst ab 1881 festgehalten. Es sind dies folgende (alphabetische Reihenfolge):

| | |
|---|---|
| *Bammatter Elise, Naters* | 1937–1938 |
| | 1940–1941 |
| *Borter Katharina, Ried-Brig* | 1941–1942 |
| *Brunner Emil, Eischoll* | 1925–1930 |
| *Carlen Marie, Brig* | 1939–1940 |
| *De Paoli Hilda, Visp* | 1930–1931 |
| *Imhof Katharina, Glis* | 1881–1882 |
| *Imhof Paula, Bitsch* | 1948–1950 |
| *Imhof Theodul, Lax* | 1934–1935 |
| *Imoberdorf Maria, Ulrichen* | 1885–1887 |
| *Jossen Karoline, Naters* | 1915–1916 |
| | 1918–1926 |
| *Jossen Leonie, Naters* | 1892–1893 |
| | 1894–1899 |
| *Lagger Theo, Münster* | 1933–1934 |
| *Lauwiner Josef, Naters* | 1902–1903 |
| *Michlig Meinrad, Naters* | 1895–1896 |
| *Minnig Luise, Goppisberg* | 1901–1902 |
| *Eyer Elisabeth, Naters* | 1931–1939 |
| *Eyer Lia, Birgisch* | 1926–1930 |
| *Eyer Stephan, Birgisch* | 1890–1895 |
| | 1896–1898 |
| | 1900–1901 |
| | 1903–1911 |
| *Eyholzer Josefine, Betten* | 1910–1915 |
| *Gemmet Pia, Ried-Brig* | 1944–1948 |
| *Gertschen Kreszentia, Naters* | 1887–1894 |
| | 1899–1901 |
| | 1902–1910 |
| *Hischier Berta, Oberwald* | 1942–1943 |
| *Ritz Alex, Bitsch* | 1944–1945 |
| *Ruppen Leo, Naters* | 1938–1939 |
| *Salzmann Anton, Naters* | 1899–1900 |
| *Salzmann Edmund, Naters* | 1943–1944 |
| *Salzmann Michael, Naters* | 1885–1890 |
| | 1911–1925 |
| *Salzmann Serafine, Naters* | 1889–1890 |
| *Schmidhalter Veronika, Ried-Brig* | 1944–1945 |
| *Schneller Ida, Brig* | 1914–1915 |
| *Tscherrig Josefine, Gondo* | 1943–1944 |
| *Volken Peter, Visp* | 1932–1933 |
| *Weissen Robert, Unterbäch* | 1898–1899 |
| *Wirthner Franz, Niederwald* | 1931–1932 |
| *Werner Berta, Naters* | 1916–1918 |
| *Zenklusen Andrea, Naters* | 1950–1951 |
| *Zenklusen Leo, Naters* | 1940–1943 |

Von 1952 bis 1954 stellte das Erziehungsdepartement die Lehrpersonen aushilfsweise an. Ab Mitte der 50er-Jahre unterrichteten Schülerinnen des letzten Seminarjahres in Blatten; diese wechselten wiederholt. Die letzte zweimonatige Bergschule mit acht Schulkindern leitete 1959/60 Günter Pfänder, Brig.

*Kreszentia Gertschen (1863–1936), Lehrerin in Blatten (s. o. Verz.).*

*Berta Werner (1892–1918), Lehrerin in Blatten (s. o. Verz.).*

## Italienerschule: 1912–1977

Da die Italienerschule eng mit dem Leben der Italiener in Naters verknüpft war, behandeln wir das Schulwesen in der Missione im Kapitel «Italienerkolonie».

## Sommerschule

Es ist hier beizufügen, dass laut den Gemeinderatsprotokollen in den Jahren 1959–1963 für acht- bis elfjährige Kinder eine Sommerschule geführt wurde. Diese Schule wurde später aufgehoben, weil zu wenig Anmeldungen vorlagen.

## Ausgleichsklassen

Um den schwächeren Schülern besser gerecht zu werden, führte man in Naters auf das Schuljahr 1961/62 die Ausgleichsklassen ein, die dann zunächst durch die Förderklassen und 1972 durch die Hilfsschulen abgelöst wurden.

# Ausserschulische Engagements der Primarschule

### Schulspaziergang

Den ersten Schulspaziergang machten die Natischer Schulen 1912 nach Domodossola. Die Wahl des Ortes war verständlich: Es war die Zeit der Italienerkolonie in Naters. In der Folge verteilte man am Ende des Schuljahres Preise für gute Leistungen. Ab 1930 wurden statt der Übergabe von Preisen alljährliche Schulspaziergänge durchgeführt. Die Organisation lag in den Händen der Gemeindeverwaltung bzw. des Schulpräsidenten. Mit der Zeit entwickelten sich diese Schulspaziergänge beinahe zu einem Volksfest, denn es nahmen nicht nur Schüler, Lehrer, geistliche und weltliche Behörden daran teil, sondern auch die Dorfbevölkerung. Abends holte die Dorfmusik die ganze «Reisegesellschaft» am Bahnhof ab und begleitete sie in einem feierlichen Umzug auf den Dorfplatz. Dort teilte der Schulpräsident mit, dass am folgenden Morgen schulfrei sei, was natürlich mit grossem Jubelgeschrei zur Kenntnis genommen wurde. Die Schulspaziergänge unternahm man nach folgenden Orten (nach 1952 alle zwei Jahre):

|  |  |
|---|---|
| 1930 | Bouveret, Mörel (Kleinen) |
| 1931 | Sitten, Stalden (Kleinen) |
| 1932 | Interlaken |
| 1933 | Montana |
| 1934 | Münster |
| 1935 | Leukerbad |
| 1936 | Sitten |
| 1937 | Domodossola |
| 1938 | Zermatt |
| 1939 | Leuk und Siders |
| 1940–1944 | kein Spaziergang |
| 1945 | Bürchen–Unterbäch–Raron |
| 1946 | Lax–Ernen |
| 1947 | Sitten–Châteauneuf |
| 1948 | Montana–Salgesch |
| 1949 | Zermatt–Täsch |
| 1950–1951 | kein Spaziergang |
| 1952 | Blausee |
| 1954 | Leuk–Varen–Salgesch |
| 1956 | Domodossola (50 Jahre Simplontunnelbau) |
| 1958 | Montreux, Port-Valais |
| 1960 | Interlaken |
| 1962 | Stresa |
| 1964 | EXPO Lausanne und Saas-Fee |

1966 fand man, dass die Schülerzahl für einen Spaziergang in der bisherigen Form zu gross sei (632 Kinder). Deshalb wählte die Schulkommission für die 1.–4. Klasse und für die 5.–8. Klasse getrennte Ziele. Abends erfolgte jedoch der gemeinsame Einmarsch und anschliessend das obligate Nachtessen mit den Lehrpersonen. Der letzte Spaziergang dieser Art fand 1968 statt: Die erste Gruppe wählte als Wanderziel den Beatenberg, die zweite Montreux und die dritte Bern.

1969 schaffte man diese Massenwanderungen ab. Die Spaziergänge blieben den Schulkindern und Lehrpersonen allein vorbehalten. Der abendliche Einmarsch entfiel. Heute begeben sich die einzelnen Klassen auf eine ganztägige Herbst- und Frühjahrswanderung.

### Skirennen

Während vieler Jahre gab es auch ein Schulkinder-Skirennen, das zuerst von den Skiklubs «Aletsch» und «Bergfreund» und dann von den Lehrern selbst organisiert wurde. Im Schuljahr 1991/92 wurde dieses Rennen wegen mangelnden Interesses abgeschafft.

### Sternsingen

Seit 1992 führen die 4. Primarklassen in Zusammenarbeit mit den Lehrpersonen am 6. Januar das Sternsingen durch. Initiantinnen dieser bei der Bevölkerung gut aufgenommenen Aktion waren die Katechetinnen Marianne Jossen-Ruppen und Germaine Pfammatter-Salzmann. Die Viertklässler sind alljährlich mit grossem Engagement dabei. Das Sammelergebnis (1998 z. B. 8700 Franken) kommt jeweils einem karitativen Zweck zugute.

Natischer Singvögel: vgl. Kapitel «Kirchliche Vereine», unter «Gemischter Chor».

### Schulhausabwarte

Bis zum Jahre 1915 besorgten die Lehrpersonen und die Schulkinder die Reinigung der Schullokale. Das Erziehungsamt liess aber bereits 1906 im Amtsblatt mitteilen, dass für die Schulkinder keinerlei Verpflichtung bestehe, das für die Heizung der Schullokale nötige Holz herbeizutragen und bei der Reinigung der Schullokale mitzuhelfen. Solche Frondienste dürften nicht länger geduldet werden. In Naters stellte man 1915 einen Schulhausabwart an. Das Jahresgehalt für die Abwarte lag in den Jahren 1915–1926 zwischen 230 (ohne Zubereitung der Schulsuppe) und 500 Franken (inklusive Holzzubereitung für das Lehrpersonal).

Nachstehend die Namen der bisherigen Schulhausabwarte:

| | |
|---|---|
| 1915–1917 | Valentin Salzmann |
| 1917–1918 | Johann Gertschen, des Moritz, und Johann Gertschen, des Franz |
| 1918–1919 | Luise Bernardi-Schmidt und Rosa Fabbri-Schmidt |
| 1919–1920 | Moritz Jossen |
| 1920–1921 | Karl Imsand |
| 1921–1922 | Ludwig Schmid |
| 1922–1926 | Johann Imhof, 1925/1926 zusätzlich Johann Gertschen |
| 1930–1947 | Kamil Ruppen |
| 1948–1977 | Moritz Roten |
| 1973– | Bruno Salzmann für das OS-Schulzentrum |
| 1977–1991 | Moritz Walker |
| 1991– | Leander Zbinden |

Seit 1973 werden die Abwarte vollamtlich angestellt und durch Hilfspersonal unterstützt.

## Kindergarten: 1965–1998

Das Schulgesetz vom 18. August 1907 sah erstmals die Möglichkeit einer Kleinkinderschule vor. Im Jahre 1911 stellten mehrere Eltern das Gesuch zur Gründung einer solchen Schule. Die Gemeindeverwaltung hielt sich strikt an die gesetzlichen Bestimmungen und teilte den Eltern mit, dass es mindestens 40 Kinder bedürfe, um eine Kleinkinderschule eröffnen zu können. Da die erforderliche Anzahl fehlte, kam die Schule nicht zustande. Just um diese Zeit, am 1. Januar 1912, begann die Missione Cattolica mit der Italienerschule, die sich auch der Vorschulpflichtigen annahm. Die Natischer schickten ihre Kinder im Laufe der Jahre in die italienische Kleinkinderschule und waren vermutlich damit zufrieden, denn bei der Gemeindeverwaltung gingen keine neuen Gesuche zur Eröffnung einer Kleinkinderschule mehr ein.

### Eröffnung und Entwicklung der Kindergärten

Im Schuljahr 1965/66 eröffnete die Gemeinde drei Klassen der deutschsprachigen Kleinkinderschule, und zwar nur für Sechsjährige. «Die jüngeren Kinder können die Italienerschule besuchen», teilte der damalige Gemeinderat den Eltern mit. Eine Klasse war im Schulhaus Ornavasso untergebracht und zwei Klassen fanden im Burgerhaus bei der Linde Unterschlupf. Das war die eigentliche Geburtsstunde unserer heutigen Kindergärten.

*Kindergarten «Sand».*

Es dauerte lange, bis für das Wallis eigene Kindergärtnerinnen ausgebildet wurden. 1968 schloss der Kanton mit dem Kindergärtnerinnen-Seminar «Theresianum», Ingenbohl, ein Konkordat, wonach dem Oberwallis dort sechs Freiplätze zur Verfügung standen. Dieser Vertrag lief 1978 aus. Erst 1975 wurde im Institut St. Ursula in Brig ein Kindergärtnerinnen-Seminar eröffnet.

Aus Platzmangel liess die Gemeinde 1968 im «Weissen Sand» einen Pavillon aufstellen. Dabei handelte es sich um den Umbau einer Baubaracke in zwei Klassenzimmer für Kleinkinder. Die Baracke stand vorher in Rischinen und diente dort während der Bauzeit des Massastaudammes als Arbeiterunterkunft. Die Erstellungskosten betrugen 271 400 Franken.

1969 stellte die Gemeinde auf dem Pfarrgut «Breite» im Baurecht einen Schulpavillon für zwei Kindergärten auf. Diese Kosten beliefen sich auf 173 762.95 Franken.

Im November 1975 konnte der Kindergarten in den «Unteren Binen», heute «Kindergarten Rotten» genannt, bezogen werden. Die Einweihung erfolgte am 23. Oktober 1976. Die Kindergärten vom Junkerhof und von der Turmmatte dislozierten dorthin. Die Architekturarbeiten für den zweigeschossigen Kindergarten Rotten wurden vom Büro Haenni-Zuber, Naters, ausgeführt. Das Ganze kostete 481 945.50 Franken.

Gestützt auf den Staatsratsbeschluss vom 17. Januar 1973 verlängerte die Gemeinde den Kindergartenbesuch ab dem 1. September 1977 auf zwei Jahre. Dadurch stieg die Schülerzahl auf mehr als 50 Kinder an. Es wurden drei neue Klassen eröffnet. Diese fanden im Gebäude der Missione Cattolica Italiana Aufnahme, da die Italiener Schwestern 1977 Naters verlassen hatten und damit die Kleinkinderschule aufgelöst worden war. In den Umbau der drei Klassenzimmer investierte die Gemeinde 32 680.75 Franken.

1985 wurde der Halbtagskindergarten eingeführt.

Am 15. November 1986 konnten die beiden Kindergärten «Sand» und «Bammatten» eingeweiht werden. Ersterer (für zwei Klassen), von Architekt Eli Balzani, Naters, geplant, wirkt modern und fügt sich trotzdem gut in die Umgebung ein. Für Letzteren (ebenfalls für zwei Klassen) machte Architekt Karl Gertschen die Planungsarbeiten; dieser Kindergarten ist in traditionellem Stil gebaut und strahlt Wärme und Geborgenheit aus. Die Gesamtkosten betrugen: Kindergarten (KG) Bammatten 740 166.96 Franken, KG Sand 850 814.75 Franken.

Bei ihren Besuchen im Kindergarten erfuhren die Mitglieder der Schulkommission bald, dass auch ein Dreikäsehoch schon eine schlagfertige Antwort geben kann. Wie Hans Eggel berichtet, machten Kommissionsmitglieder bei einem Besuch Bemerkungen wie: «Dieser Knabe ist dem Vater oder der Mutter wie aus dem Gesicht geschnitten» oder «jenes Mädchen gehört der Familie X». Einen Knirps vermochten sie nicht zuzuordnen. Der Schulpräsident fragte ihn deshalb: «Wie heissest Du?» Da sagte der Kleine: «Rat a mal» (Rate einmal)!

## Verzeichnis der Kindergärtnerinnen

| | | |
|---|---|---|
| Ambord Elisabeth | | 1973–1975 |
| Amherd Christine | | 1980–1985 |
| Biner Madlen | | 1970–1971 |
| Bolt Denise | | 1981–1982 |
| Bregy Vreny | | 1972–1975 |
| Sr. Bünter Christophora | | 1965–1973 |
| Clausen Doris | | 1973–1975 |
| Clausen Elfriede | | 1977–1978 |
| D'Alpaos Germana | | 1970–1971 |
| Escher Marianne | 1972–1976 | 1977–1979 |
| Eyer Liliane | | 1985– |
| Gasser Rita | | 1975–1976 |
| Goette Corinne | | 1989–1995 |
| Heinen-Jäger Irene | | 1973–1985 |
| Heynen-Rotzer Marianne | | 1979–1988 |
| Holzer Beatrice | | 1983–1984 |
| Imhof Rachel | | 1990– |
| Imseng Sandra | | 1991– |
| In-Albon Ursula | | 1966–1970 |
| Jeitziner-Volken Denise | | 1979– |
| Kalbermatten Esther | | 1973–1974 |
| Klingele Chantal | | 1983– |
| Lorenz-Escher Andrea | | 1982–1983 |
| Marty Claudia | | 1989–1990 |
| Michlig Christine | | 1979– |
| Nanzer Anneliese | | 1978–1983 |
| Pellanda Marie-Therese | | 1965–1970 |
| Sr. Ritz Ulrike | 1965–1966 | 1968–1970 |
| Salzmann Brigitte | | 1988–1989 |
| Salzmann Sonja | | 1998– |
| Salzmann-Schiner Nathalie | | 1988–1995 |
| Schmid Sandra | | 1979–1980 |
| Schmidhalter Rachel | | 1984–1985 |
| Schnydrig-Schwitter Madeleine | 1977–1985 | 1998– |
| Schwery Wellig Silvia | | 1985–1995 |
| Stoffel Marie-Therese | | 1982–1990 |
| Studer Roswitha | | 1976–1979 |
| Summermatter Anni | | 1973–1976 |
| Summermatter Elise | | 1971–1973 |
| Tenud Vreny | | 1975–1979 |
| Unternährer Barbara | | 1970–1973 |
| Walden Raphaela | | 1991– |
| Walker-Ruppen Evelyne | | 1986–1989 |
| Walker Silvia | | 1987–1988 |
| Weger Gaby | | 1985–1988 |
| Werlen-Tenisch Martha | | 1976–1978 |
| Werner Carmen | | 1984–1985 |
| Werner Sibylle | | 1989– |
| Willa Ruth | | 1973–1974 |
| Wyssen Vreny | | 1985–1991 |
| Zengaffinen Anni | | 1977–1979 |
| Zenhäusern Anita | | 1977–1978 |
| Zenhäusern-Zenklusen Irmine | 1979–1984 | 1998– |
| Zenklusen Anita | | 1978–1981 |
| Zenklusen Josefine | | 1971–1972 |
| Zurbriggen Regula | | 1988–1989 |

Bestände Kindergarten:
1994/95: 177 Kinder; 1997/98: 187 Kinder.

*Kindergärtnerinnen von Naters, 1998.* **1. Reihe** *(v.l.): Chantal Klingele, Rachel Imhof, Sonja Salzmann, Liliane Eyer.* – **2. Reihe** *(v.l.): Irmine Zenhäusern, Anita Gasser (Sprachhilfe), Sibylle Werner, Raphaela Walden, Sandra Imseng, Christine Michlig, Madeleine Schnydrig-Schwitter, Denise Jeitziner.*

# Weiterführende und aufgehobene Schultypen

## Obstbaumschule

Kaplan Benjamin Bammatter verfasste die Chronik «Die Geschichte der Obstbaumschule in Naters»[415]. Ihr sind die folgenden Ausführungen entnommen. Der Marianist und Direktor des Lehrerseminars in Sitten, Hopfner, unterrichtete bereits zu Beginn der 1880er-Jahre die angehenden Lehrer und auch die Seminaristen vom Priesterseminar im Obstbau. Der Staat ordnete an, dass in den Gemeinden Baumschulen errichtet werden sollen. In Naters leitete Lehrer Stephan Eyer die Baumschule, von der es 1885 heisst, dass sie gut gedeihe.

Die Gemeinde mietete von Moritz und Johann Bammatter zu diesem Zweck ein Gärtchen an der Mundgasse. Kaplan Bammatter kaufte 1886 in Gamsen «eine Samenschule Apfelwildlinge, 5000 an der Zahl und legte acht Baumschulen an», und zwar auf der Breite (Männerbaumschule), im Schloss (Jünglingsbaumschule), im Kaplaneigarten, auf dem Felde, an der Mundgasse, im Stock, im Mehlbaum und in Blatten. Es wurden dort überall «Apfelbäume in Menge» gepflanzt und 1908 «gaben diese schon sehr viele Äpfel». Am 8. März 1888 wurde von der erwachsenen Schuljugend ein Verein gegründet, der sich den Namen «Vereinsbaumschule im Schloss» gab und eigene Regeln aufstellte. Eine Zeit lang war der Verein sehr aktiv. Aber schon nach vier Jahren, 1892, mussten die Bäume beim Schloss auf Verlangen des Eigentümers entfernt werden und der Verein hörte auf zu existieren. Das gleiche Schicksal widerfuhr 1894 der Männerbaumschule auf der Breite. Einer aber, Theodul Lerjen, pflegte die Bäume weiterhin und erteilte ausserdem vielen Bauern Ratschläge.

1905 wurde der Männerverein gegründet. Dieser lud Staatsarchivar Leo Meyer von Turtmann zu einem Vortrag über die Baumpflege ein. Der Referent regte auch an, die Baumschule neu zu beleben und sagte zum Schluss: «Jeder pflanze einen Baum!» Bei diesem Wunsch blieb es wohl. Jedenfalls berichtet Kaplan Bammatter in seiner Chronik über keine weiteren diesbezüglichen Aktivitäten.

## Gewerbeschule: 1926–1937

Eine Gewerbeschule in Naters? Es gab sie, wenn ihre Existenz auch nur von kurzer Dauer war. Dies war aufgrund eines Staatsratsbeschlusses vom 25. September 1918 möglich geworden. Die Gemeinde Naters plante bereits 1920 eine solche Schule. Weil der Staat vorerst die seit langem überfällige Genehmigung des Eidgenössischen Volkswirtschaftsdepartementes abwarten musste, konnte das Erziehungsdepartement erst mit Schreiben vom 30. September 1926 die Erlaubnis zur Eröffnung einer Gewerbeschule geben. Sie nahm dann tatsächlich im Oktober desselben Jahres den Betrieb auf. Bund und Kanton unterstützten die Schule finanziell und auch die Gemeinde zeigte sich in Bezug auf die Anschaffungen recht grosszügig.

Als Fächer wurden gelehrt: Zeichnen, Rechnen, Buchführung, Kalkulation, Deutsch, Korrespondenz, Bürger- und Materialkunde. Die Jahresstundenzahl lag bei 160, aufgeteilt in sieben Stunden pro Woche. Die Schüler der Gewerbeschule waren vom Besuch der Fortbildungsschule befreit.

Der Ablauf dieses Schulbetriebes vollzog sich scheinbar reibungslos. Laut Gemeinderatsprotokoll vom 4. Mai 1931 äusserte sich der eidgenössische Experte Revillod lobend über die Gewerbeschule.

Im Schuljahr 1934/35 besuchten 24 Schüler die Schule. Sie dauerte vom 15. Oktober bis Ostern und umfasste pro Abteilung 240 Stunden.

An der Gewerbeschule waren ständig oder auch nur während einzelner Jahre folgende Lehrkräfte tätig: *Emil Brunner, Leopold Eggel, Ludwig Eggel, Albert Gertschen, Othmar Gertschen, Otto Gertschen, Josef Klingele* und *Gregor Weissen.*

Da Pfarrer Emil Tscherrig am 18. Oktober 1936 in der Kirche verkündete, dass die Gewerbeschule am folgenden Tag beginne, können wir annehmen, dass 1936/37 das letzte Schuljahr für diese Schule gewesen ist[416], was Moritz Eggel (*1920) als Gewerbeschüler dieses Jahrgangs bestätigte. Die Kurse der Gewerbeschule fanden danach in Brig und Visp statt.

## Fortbildungsschule: 1885(?)–1971

Die Fortbildungsschule, die auch als Wiederholungs- oder Wochenschule bezeichnet wurde, wird im Schulgesetz vom 4. Juni 1873 erstmals erwähnt. Sie hatte gemäss Art. 63 «die Aufgabe, der Vervollständigung des Volksunterrichts für beide Geschlechter zu dienen».

In den Berichten der Schulinspektoren wird die Fortbildungsschule in Naters 1885 erstmals erwähnt. Das will nicht heissen, dass es vorher keine gab. Die Schuldauer betrug vier Monate mit wöchentlich zwei Stunden.

Es wurden vor allem folgende Fächer gelehrt: Religion, Deutsch, Arithmetik, Geschichte, Geografie, Vaterlandskunde, Landwirtschaftslehre und Naturkunde. Es waren im Allgemeinen Primarlehrer, die in dieser Schule unterrichteten.[417]

Das Schulgesetz von 1907 verpflichtete alle aus der Volksschule entlassenen Knaben, die Wiederholungsschule bis zum 19. Altersjahr zu besuchen. Fortab sollten die Kurse wenigstens 120 Unterrichtsstunden umfassen.

Die Wochenschule war für den grossen Teil der Schüler ein Muss und dementsprechend für die Lehrer keine leichte Aufgabe. Ungebührliches Benehmen konnte laut Schulreglement mit Geldstrafen oder sogar mit Haft geahndet werden. So wurden im Dezember 1945 drei Schüler wegen «ihrer Grobheit» mit Arrest bestraft: Einer erhielt zwei Tage, zwei Schüler bekamen drei Tage Arrest.[418] Im Gemeinderatsprotokoll vom 20. Dezember 1945 heisst es hierzu: «Die Arreststrafe der Wiederholungsschüler ist zu veröffentlichen.» Manchmal gab der Dorfweibel am Sonntag nach dem Hochamt die Namen der «Sünder» bekannt. Einmal wollte es der Zufall, dass der Name eines Streikenden ins Schultheater eingeflochten wurde. Es war in den vierziger Jahren. Die Knaben führten ein Weihnachtstheater auf. Und eben zu dieser Zeit streikte ein Wochenschüler. Da hatte ein Schauspieler in Anlehnung an diesen Streik folgenden Text zu sprechen: «Das Liebste an der Schule ist mir die Pause. Noch lieber aber wäre ich mit dem ... (Name des Wiederholungsschülers, Anm. d. Verf.) bei den Schafen auf der Egga.»

Von zirka 1920 bis 1950 wurden meistens drei Kurse geführt, davon einer nur für die Schüler vom Berg.

In Naters fanden die Kurse seit Beginn der 40er-Jahre meist ganztags statt. Da es nicht leicht war, für diesen Schultyp Lehrkräfte zu finden, mussten vielfach junge, unerfahrene Lehrer angestellt werden. Der ständige Lehrerwechsel trug nicht dazu bei, die Wiederholungsschule in ein gutes Licht zu stellen. Erst in den 50er-Jahren hatte die Gemeinde Naters das Glück, in den beiden Pensionierten Gregor Weissen und Alois Imhasly zwei Lehrer zu finden, die der Wochenschule für längere Zeit erhalten blieben und dadurch für eine wohltuende Kontinuität sorgten.

In den 60er-Jahren nahm die Zahl der Wochenschüler so stark ab, dass es nur mehr zu einem jährlichen Kurs reichte. Zudem wurde dieser regional geführt, wie dies z.B. die Schülerliste von 1964 zeigt: 15 von Naters, vier von Birgisch und fünf von Eggerberg.

Die Wochenschulen fanden, insofern nicht der Primarlehrer die Klasse abends in seinem Schulzimmer unterrichtete, meist in einem wenig komfortablen und mangelhaft ausgestatteten Lokal statt, so im Burgerhaus, in der Missione Cattolica und lange Jahre im Schützenhaus beim Schulhaus Ornavasso.

Mit der Einführung der Abschlussklassen und der Verlängerung der obligatorischen Schulzeit auf neun Jahre stand der Auflösung der viel diskutierten Fortbildungsschule nichts mehr im Weg. Alois Imhasly war im letzten Schuljahr 1970/71 der Lehrer der Natischer Wiederholungsschule.

## Haushaltungsschule: 1920–1973

Nachdem in den Schulgesetzen von 1828, 1873, 1907 sowie im Reglement von 1910 für die Haushaltungsschule leichte Ansätze zur Ausbildung der Mädchen in Hauswirtschaftsfächern vorhanden waren, erfolgte erst 1946 die eigentliche gesetzliche Verankerung der Haushaltungsschule. Die Gemeinden wurden verpflichtet, eine solche Schule zu führen. Das Schulgesetz von 1962 und die Bestimmungen von 1986 brachten diesbezüglich wesentliche Neuerungen.

Am 16. September 1920 beschloss der Gemeinderat von Naters, eine einmonatige, obligatorische Haushaltungsschule für schulentlassene Mädchen zu eröffnen. Es stand offenbar eine ausgebildete Lehrkraft zur Verfügung. Dieser Haushaltungskurs wurde auch in den folgenden Jahren durchgeführt. 1925 erklärte man in Naters die Haushaltungsschule für alle Mädchen des 7. und 8. Schuljahrs während des letzten Schulmonats als obligatorisch.

Aus den Jahren 1932–1940 ist lediglich bekannt, dass die Zahl der Schülerinnen jeweils zwischen acht und elf lag. Die jährliche Schuldauer betrug 17 Unterrichtswochen. Ab 1938 wurden die Haushaltungsschulen auf zwei Jahre zu je sechs Monaten verlängert. Der erste Kurs war im Schulhaus Ornavasso, der zweite im Burgerhaus untergebracht. Von 1940 bis 1946 erfreuten sich die Haushaltungsschulen eines steten Aufschwungs. Die Schulkommission versuchte immer wieder, die Eltern von der Notwendigkeit der Haushaltungsschule zu überzeugen. Neben der Gemeinde mussten bis dahin auch die Eltern einen kleinen monatlichen Beitrag für die Schule erbringen. 1946 erklärte das Gesetz den Besuch der Haushaltungsschule für obligatorisch und unentgeltlich. Damit stiegen begreiflicherweise die Schülerzahlen.

Die Haushaltungsschule von Naters war inzwischen, wie ein Expertenbericht vom BIGA aus dem Jahre 1958 festhält, zur grössten des Oberwallis geworden. Erst mit dem Bau des Schulhauses Turmmatte im Jahre 1962 bekam die Schule eine eigentliche Schulküche.

1960 verlängerte die Gemeinde die Dauer der Haushaltungsschule von sechs auf sieben und 1962 auf acht Monate. Die Einführung der Orientierungsschule im Jahre 1973 und die damit verbundene gleiche Stundenzahl für Knaben und Mädchen führten endgültig zur Auflösung der Haushaltungsschule.

### Haushaltungslehrerinnen

Der Hauswirtschaftsunterricht wurde in den 30er-Jahren ausschliesslich von folgenden Ursulinen gehalten:
Walburga Imesch, Margarete Imsand, Ferdinanda Kenzelmann, Johanna Pfammatter, Josefine Schaller und Luzia Wyer.

Von 1947 bis 1973 unterrichteten in der Haushaltungsschule folgende Lehrerinnen:

| | |
|---|---|
| *Sr. Ambord Berta* | *1947–1957* |
| *Sr. Andereggen Marie-Antoinette* | *1958–1960* |
| | *1965–1973* |
| *Sr. Bregy Annunziata* | *1962–1964* |
| *Eyer Therese* | *1971–1974* |
| *Eyholzer Agnes* | *1965–1967* |
| *Jeitziner Christine* | *1962–1971* |
| *Sr. Käppeli Valeria* | *1960–1964* |
| *Marti Hanny* | *1962–1964* |
| *Ritz Cécile* | *1962–1964* |
| *Summermatter Adelgunde* | *1968–1971* |
| *Sr. Summermatter Irene* | *1947–1962* |
| *Walpen Valeria* | *1971–1974* |
| *Sr. Zumoberhaus Anne-Marie* | *1958–1960* |
| | *1968–1971* |

Obwohl dieser Schultyp 1973 aufgelöst wurde, liess man die angefangenen Kurse auslaufen. Es lehrten noch:

*1973/74: Therese Eyer, Valeria Walpen und Germaine Salzmann*
*1974/75: Germaine Salzmann*

## Abschlussklassen: 1968–1975

Gemäss Schulgesetz von 1962 hatten die Abschlussklassen den Zweck, für Knaben, die keine weiterführenden Schulen besuchten, die Ausbildung zu ergänzen. Dieser Schultyp bereitete die Schüler stufenweise auf die Anforderungen des praktischen Berufslebens vor.

Die Schüler der Abschlussklassen waren vorwiegend solche, die auch nach der 7. Primarklasse die Aufnahmeprüfung in die Sekundarschule nicht geschafft hatten. Ihnen fehlte zur Erfüllung der obligatorischen Schulpflicht noch ein Jahr, das in der Abschlussschule absolviert werden konnte.

Zu den üblichen Fächern der Primarschule kamen u.a. Werken, Technisches Zeichnen, Freihandzeichnen, Berufskunde und Französisch hinzu. Insgesamt wurde in 13 Disziplinen unterrichtet. Die Schüler waren im Burgerhaus bei der Linde untergebracht. Im Parterre richtete die Gemeinde für den Werkunterricht eine Holzwerkstatt ein.

Die Eröffnung der Abschlussklassen in Naters erfolgte zu Beginn des Schuljahres 1968/69. In diesem Jahr konnte man erstmals ein 9. Schuljahr auf freiwilliger Basis besuchen, das aber bereits im folgenden Jahr durch die Gemeinde für obligatorisch erklärt wurde. Die Abschlussklassen waren regionale Schulen. Mit der Einführung der Orientierungsschule wurden sie aufgelöst.

Die Lehrer dieser Abschlussklassen wurden berufsbegleitend ausgebildet. In Naters lehrten auf dieser Stufe folgende Lehrer: Othmar Kämpfen und Hilar Kummer: 1968–1975; René Ruppen: 1973/1974.

# Regionale Sekundarschule des Bezirkes Brig in Naters: 1962–1974

## Werdegang

Das Schulgesetz von 1962 verpflichtete die Gemeinden, den Sekundarschulunterricht allen zugänglich zu machen, die Unentgeltlichkeit zu gewährleisten und die Regionalisierung der Sekundarschule anzustreben. Naters führte 1962 die Sekundarschule ein, während Visp schon früher die erste Sekundarschule im Oberwallis eröffnet hatte. 1946 schrieb der Gemeinderat von Naters an das Erziehungsdepartement, «dass hier keine Sekundarschule nötig ist, weil die Schüler die Realschule des Kollegiums (in Brig) besuchen können».

Als 1962 die regionale Knaben-Sekundarschule des Bezirkes Brig mit Sitz in Naters doch gegründet wurde, beteiligten sich daran alle Gemeinden des Bezirkes, ausser Brig selbst. Dieser Schule stand man anfangs eher skeptisch gegenüber. Viele Natischer Knaben besuchten einerseits immer noch die Realschule im Kollegium, weil es manchmal auch darum ging, Schüler am Kollegium gewesen zu sein, während andererseits recht viele Natischer den humanistischen Bildungsweg am genannten Gymnasium einschlugen. Zudem stand die Sekundarschule nur den Knaben offen. Die Mädchen besuchten wie eh und je das Institut St. Ursula und zu guter Letzt wurde die Knabenschule einer regionalen, für Naters ungewohnten Schulkommission unterstellt. Die beiden ersten Sekundarlehrer, Marcel Salzmann und Oswald Zenhäusern, mussten darum ganze Arbeit leisten, um der Schule zu einem guten Ruf zu verhelfen und das Vertrauen der Bevölkerung zu gewinnen.

Am 16. März 1964 sprach sich der Gemeinderat für die Einführung der Mädchen-Sekundarschule in Brig und für die Führung einer 3. Knaben-Sekundarklasse in Naters aus. Die Schuldauer wurde 1965 auf 42 Wochen festgelegt und die Sekundarschule damit zur Ganzjahresschule erklärt.

1966–1970 waltete Marcel Salzmann, Naters, als Schulinspektor der Oberwalliser Sekundarschulen. 1971 erfolgte die Ernennung von Dr. Rudolf Jenelten, Mittelschullehrer, Visp, zum Inspektor der Sekundar- und Mittelschulen. Bis 1997 unterstanden die Sekundarschulen dem Mittelschulamt. Im Zuge der Umstrukturierung von «Administration 2000» gibt es nur mehr die «Dienststelle für das Unterrichtswesen».

## Lehrpersonen

An der regionalen Sekundarschule des Bezirkes Brig in Naters unterrichteten folgende Lehrpersonen:

*1962–1966*  Marcel Salzmann
*1962–1974*  Oswald Zenhäusern
*1964–1974*  Anton Riva
*1966–1974*  Walter Kalbermatten
*1967–1974*  Fidelis Fercher
*1969–1974*  Klaus Carlen, Walter Zenklusen
*1971–1972*  Peter Steffen
*1971–1973*  Leo Eggel, Gesang
*1971–1974*  Walter Willisch
*1972–1973*  Stefan Ritz, Reinhard Werlen
*1972–1974*  Otto Walker, Walter Zenhäusern
*1973–1974*  kamen neu hinzu: Sekundarlehrer: André Werlen, Beat Zenklusen, Werner Zurbriggen und Georges Zurkinden; Religionslehrer: Anton Clavioz und Otto Kalbermatten; Geschichte: Hilar Kummer; Gesang: Horst Scheuber; Geografie: André Schwick; Zeichnen: Karl Walden; Hauswirtschaft: Anja Arnold, Therese Eyer, Germaine Salzmann und Valeria Walpen.

## Schulkommission

Die Schulkommission der regionalen Sekundarschule in Naters beaufsichtigte die Knaben- und Mädchen-Sekundarschule (Letztere im Institut St. Ursula), überwachte die Aufnahmeprüfungen, beschaffte das Unterrichtsmaterial, führte die Schulbesuche durch und vieles mehr.

Erster und einziger Präsident dieser regionalen Sekundarschule war *Alfons Borter, Ried-Brig*. Er blieb es auch noch nach der Einführung der Orientierungsschule bis 1977. Alfons Borters Engagement für «seine Schule» war äusserst intensiv. Er hat sich um den Aufbau der regionalen Schulen des Bezirkes Brig bleibende Verdienste erworben.

## Bau des Regionalschulhauses Bammatten: 1972–1974

Da die Bevölkerung von Naters stark zunahm, beschloss der Gemeinderat 1969 den Bau eines Regionalschulhauses in den Bammatten. Von den 26 eingegangenen Arbeiten wurde 1971 das Projekt der Architekten Paul Morisod und Eduard Furrer, Sitten, ausgewählt und dieselben mit dessen Ausführung beauftragt. Obwohl die Sekundarschule in Naters bereits seit acht Jahren bestand, gab es immer noch Knaben, welche die Realschule am Kollegium Brig besuchten. Der Gemeinderat weigerte sich am 26. Januar 1970, für diese Schüler das Schulgeld von 3960 Franken weiter zu bezahlen. Er begründete dies damit, dass diese Schüler die Sekundarschule in Naters besuchen könnten. Die Knaben der regionalen Sekundarschule wurden alle in Naters unterrichtet, die Mädchen jedoch im alten Pfarrhaus und im Stadthaus in Brig. In den Jahren 1969–1971 benutzten Letztere die Räume der Haushaltungsschule in Naters.

Am 7. April 1971 bewilligte die Urversammlung den notwendigen Kredit zum Bau des regionalen Schulhauses Bammatten. Die Gemeinden Mund und Birgisch erklärten 1971, dass sie «in Anbetracht der grossen Kostensumme auf eine direkte finanzielle Beteiligung am Bau verzichten». Sie hielten in ihrem Schreiben gleichzeitig fest, dass sie pro Jahr und Kind einen Schulgeldbeitrag von maximal 1000 Franken leisten könnten. Die Gemeinde Naters stellte daraufhin beim Staat das Gesuch, als alleinige Bauherrin auftreten zu können und beantragte eine abgestufte Subvention, da die Schulanlage allen drei Gemeinden zur Verfügung stehe, also eine regionale Schulanlage sei. Die Gemeinde erhielt die Bewilligung, wonach «in Naters für die Gemeinden Naters, Mund und Birgisch eine regionale Sekundarschule (Orientierungsschule) zu bauen» war.
Am 16. Mai 1972 beschloss der Grosse Rat auf dem Dekretsweg die Einführung der Orientierungsschule. Am 3. September 1973 konnte das neue Regionalschulhaus Bammatten mit 18 Klassen bezogen werden.

*Orientierungsschulhaus Bammatten, Naters.*

Erst im folgenden Jahr, am 18. Mai 1974, wurde das Schulzentrum Bammatten als erstes Regionalschulhaus des Bezirkes Brig eingeweiht. Bei diesem Anlass sprachen Staatsrat Antoine Zufferey, Gemeindepräsident Dr. Paul Biderbost, Naters, der Präsident des Regionalschulwesens Alfons Borter, Ried-Brig, Stadtpräsident Dr. Werner Perrig, Brig, Architekt Edouard Furrer, Sitten, und Schuldirektor Oswald Zenhäusern. Die Einsegnung durch Pfarrer Josef Pfaffen wurde umrahmt von Darbietungen der Schuljugend und der Musikgesellschaft «Belalp».
Das Schulhaus umfasst 22 Klassenzimmer sowie Spezialräume für Physik, Chemie, Naturkunde, Sprachlabor, Zeichnen, Singen, Handarbeit, Schulküchen, Holz- und Metallbearbeitung und Kartonage. Hinzu kommen Mehrzweckräume, Bibliothek, Aufenthalts- und Administrationsräume, Lehrerzimmer, Aula mit 300 Sitzplätzen, Turnhalle und Zivilschutzräume. Die Baukosten (inklusive Baulandreserven) beliefen sich auf 13,162 Mio. Franken. Davon waren 11,784 Mio. Franken subventionsberechtigt (Staatssubventionen: 44,63 Prozent).

# Orientierungsschule: 1974–1998

## Struktur der Orientierungsschule

Im Herbst 1974 erfolgte eine totale Umorganisation der Walliser Schulen. Es entstand die Orientierungsschule (OS), ein neues Schulsystem, mit dem Veränderungen vom Kindergarten über die Primar-, Sekundar- und Mittelschulen verbunden waren.
Bisher durften Schüler bereits nach der 5. Klasse in die Mittelschule übertreten. Seit 1974 endet die Primarschule mit der Erfüllung der 6. Primarklasse. Anschliessend folgen für jene, die ins Gymnasium übertreten möchten, zwei Jahre OS und weitere fünf Jahre in der Mittelschule. Die OS will die Schüler u.a. auf die Mittelschulen, Berufs- und Spezialschulen vorbereiten und ihnen die Möglichkeit geben, länger in der heimatlichen Region zu bleiben. Anfänglich bezeichnete man die zwei Abteilungen an der OS mit A (Charakter eines Progymnasiums) und B (Vorbereitung auf eine Berufslehre). Mit der Einführung der OS wurde in Naters auch die Berufsberatungsstelle ausgebaut (Berufsberater seit 1977: Charles Kuonen).
Die Schüler von Simplon-Dorf und Gondo trennten sich bereits 1974/75 von Naters, während jene von Ried-Brig, Termen und Glis seit dem 1. Januar 1977 die OS in Brig besuchen. Der Rotten bildet seither die Grenze für die Regionen Nord und Süd.
Seit dem Schuljahr 1979/80 sprechen wir in der OS nicht mehr von Abteilung A und B, sondern von Sekundar- und Realschule (Angleichung an die Deutschschweiz; in den meisten Kantonen ist die Sekundarschule höher eingestuft als die Realschule, nur in wenigen Kantonen ist es umgekehrt). Besuchten anfänglich 40 Prozent die Sekundarstufe, so änderte sich dieses Verhältnis im Laufe der Jahre. So gingen beispielsweise in den Jahren 1974/75 40 Prozent, 1979/80 46 Prozent, 1988/89 60 Prozent

*«Dreiklang» beim Schulhaus Bammatten, von Edelbert W. Bregy.*

und 1998/99 65 Prozent der Schüler in die 1. Sekundarschule, während die anderen in die Realschule (wovon ein kleiner Prozentsatz in die Werkklasse) eingegliedert wurden. Eine der Ursachen für die wachsenden Schülerzahlen in der Sekundarabteilung liegt darin, dass den Eltern in den sogenannten Grenzfällen (Primarschulnoten 4,7–4,9) die Entscheidung über die Zuteilung ihrer Kinder selbst zusteht.

Im Schuljahr 1985/86 ging die Schülerzahl um mehr als 60 Schüler zurück. Um nicht Lehrpersonen entlassen zu müssen, führte man die dritte Turnstunde ein und einzelne Lehrer mussten sich mit einem Teilpensum begnügen. Der Schülerrückgang hatte in den folgenden Jahren noch weitere Klassenschliessungen zur Folge.

Am 28. September 1986 stimmten die Walliser Stimmbürger dem «Gesetz zur Einfügung von Organisationsbestimmungen über die OS in das Gesetz vom 4. Juli 1962» mit 27 544 Ja- zu 13 139 Neinstimmen zu. Das neue Gesetz trat teilweise schon für das Schuljahr 1987/88 und vollständig 1988/89 in Kraft. Dieses Gesetz stellte es den Gemeinden frei, ob sie in Bezug auf die Struktur die bisherige Aufteilung in Sekundar- und Realabteilung beibehalten oder aber das System der integrierten Klassen mit Niveaukursen in den Hauptfächern einführen wollen. Naters blieb beim bisherigen System. In einer Elternbefragung sprachen sich zirka 90 Prozent dafür aus. Für die Aufnahme in die OS ist nur mehr die 6. Primarklasse massgebend. Damit wird der Selektionsdruck um ein Jahr hinausgeschoben. Für den Übertritt von der Primar- in die Orientierungsschule gelten: a) die schulischen Ergebnisse (Noten), b) eine Beurteilung durch den Klassenlehrer und c) die Meinung der Eltern. In Grenzfällen (Noten zwischen 4,7 und 4,9) entscheiden, wie schon erwähnt, in letzter Verantwortung die Eltern.

Aufgrund des neuen Gesetzes konnte man ein 10. Schuljahr einführen, wovon die OS Naters bereits 1987 profitierte. Es diente vor allem jenen Schülern, die nach dem 9. Schuljahr keine Lehrstelle gefunden hatten oder ihr Allgemeinwissen erweitern wollten. Das 10. Schuljahr bestand in Naters allerdings nur drei Jahre.

Im Zusammenhang mit dem eingeführten Informatikunterricht ist noch erwähnenswert, dass das Erziehungsdepartement im Schulhaus Bammatten das Oberwalliser Informatikzentrum einrichtete, das in erster Linie der Aus- und Fortbildung der Oberwalliser Lehrer dient, aber auch von den Schülern der OS Naters benutzt werden kann.

Das Schuljahr 1991/92 brachte die Einführung des schulfreien Samstags und damit die 4½-Tage-Woche im ganzen Kanton. Um die Entwicklung der Schülerzahlen zu zeigen, heben wir als Beispiele einige Jahre hervor. Im Schuljahr 1974/75 (vor der Trennung der Regionen Nord und Süd) gab es 449 Schüler. Danach verzeichnete die OS folgende Schülerbestände: 1977/78: 365; 1979/80: 379; 1984/85: 429 (bisherige Höchstzahl); 1986/87: 311; 1990/91: 275; 1994/95: 323; 1998/99: 323.

*Schülerbestände sämtlicher Schultypen (inklusive Kindergarten):*

| Jahr | Total | Anz. Klassen |
|---|---|---|
| 1987/88 | 1102 | 57 |
| 1992/93 | 1138 | 55 |
| 1996/97 | 1148 | 55 |

*Schülerbestände 1998/99:*

| Stufe | Total | Anz. Klassen |
|---|---|---|
| Kindergarten | 182 | 8,5 |
| Primarschule | 575 | 27 |
| Hilfsschule | 21 | 2 |
| OS Sekundar | 130 | 6 |
| OS Real | 92 | 5 |
| Integrierte Klassen | 91 | 4 |
| Werkklasse | 10 | 1 |
| **Total** | **1101** | **53,5** |

## Verschiedene Engagements an der OS

### Romreise

Von 1976 bis 1990 führte die OS Naters (zuerst während der Osterferien, später in den Fastnachtsferien) für die Schüler des 9. Schuljahres eine fünftägige Romreise durch. Als Hauptverant-

*Romreise 1984 der 3. OS Naters. Rechts aussen (von vorne nach hinten) die Lehrpersonen: Erwin Jossen, Amadé Zerzuben (Chauffeur), André Werlen, René Salzmann.*

wortlicher hierfür zeichnete der Verfasser dieses Werkes. Der Zweck der Reise war u.a., die Schulabgänger mit Rom, dem Zentrum der katholischen Kirche, vertraut zu machen und kunsthistorische Sehenswürdigkeiten zu besichtigen. Der Höhepunkt war für die meisten Schüler stets die Papstaudienz, bei der der Papst die OS Naters jeweils speziell erwähnte. Viele Schüler äusserten noch nach Jahren dem Schreibenden gegenüber spontan, dass diese Reise für sie ein eindrückliches Erlebnis gewesen sei, wenn es auch für die Lehrpersonen nicht immer leicht war, die Jugendlichen bei der Stange zu halten.

Für die dritten Klassen stehen neu seit 1990 drei bis vier Schultage für Besichtigungen, Ausflüge und Studientage zur Verfügung. Diese verfolgen den Zweck, die jungen Menschen in Fragen der Wirtschaft, Religion und Kultur weiterzubilden.

Schülerchor/Jugendchor: vgl. Kap. «Kirchliche Vereine», unter «Gemischter Chor».

### Skikurs

Erstmals führte die OS vom 16. bis 19. Januar 1978 auf der Belalp einen für Schüler und Lehrer obligatorischen Skikurs durch. Er sollte die Sportnachmittage ersetzen und zählte daher als Schulunterricht. Als Kursleiter amteten die Lehrer der OS, aber auch mehrere freiwillige Helfer und Skilehrer der Skischule Blatten-Belalp. 1989/90 liess man den sehr beliebten Skikurs fallen, da die dritte Turnstunde eingeführt wurde und der schulfreie Samstag für die Schüler vermehrt Gelegenheit zum Skifahren bot.

### Schultheater

1979 führte die OS ihr erstes bemerkenswertes Schultheater «Die Zeit» auf. In der Folge wurden weitere Stücke gespielt, die der Leser im Kapitel «Theaterleben», Abschnitt «Verzeichnis der Theaterstücke», vorfindet.

### Mitteilungsblatt

Seit 1979 stellt die Gemeinde ihr Mitteilungsblatt auch der Schule zur Verfügung. Bei Schulbeginn erscheint eine Nummer, die vorwiegend organisatorische Mitteilungen enthält und vom Schuldirektor gestaltet wird. In einer zweiten Nummer behandelt eine Arbeitsgruppe, bestehend aus Lehrpersonen der Orientierungs- und Primarschule sowie des Kindergartens, aktuelle schulische Fragen. Bisher führten in dieser Arbeitsgruppe folgende Lehrpersonen den Vorsitz: 1979–1982 Erwin Jossen (der Verfasser dieses Buches); 1982–1992 Oswald Zenhäusern und seit 1992 André Pittet. In diesem speziellen Mitteilungsblatt wurden z.B. folgende Themen behandelt:

*Hausaufgaben – Lehrstellenfrage; Schule und Freizeit; Zum neuen Schulgesetz; Sind unsere Kinder aggressiv? Das Musische in und ausserhalb der Schule; Fernsehen und Video.*

### Geschlechtserziehung

1982 wurde gemäss kantonalen Weisungen in allen OS-Klassen die Geschlechtserziehung eingeführt. In diesem Rahmen erfolgt auch die Aids-Aufklärung. Das Ganze steht unter der Leitung der Klassenlehrer, des Religionslehrers und des Schularztes.

### Schule – Elternhaus

Die Kontakte zwischen Schule und Elternhaus erfuhren je länger, je mehr neue Formen. Der traditionelle Elternabend blieb weiterhin bestehen, jedoch ergänzten ihn vermehrt «Tage der offenen Tür», Gruppen- und Elterngespräche und gemeinsame Elterninformationen für eine bestimmte Stufe.

### Klassenlager

Zum Schuljahresbeginn 1983 verbrachten zwei Realklassen eine Schulwoche in Ornavasso. Es war ein Pilotversuch, der sehr positiv verlief. Damit war der Startschuss für die späteren Klassenla-

*Bibliothek und kultureller Mittelpunkt der Orientierungsschule Naters.*

*Lehrpersonal der OS Naters, Schuljahr 1998/99.* **1. Reihe** *(v.l.): Hilar Kummer, Adrian Zenhäusern, Bruno und Marie-Claire Salzmann (Abwartsehepaar), Edith Imhof, Fidelis Fercher, André Werlen, Schuldirektor René Salzmann, Walter Zenhäusern, René Ruppen, Jeannette Fux (Sekretärin), Schulinspektor Anton Riva. –* **2. Reihe** *(v.l.): Walter Sieber, Erna Kreuzer, Therese Kummer, Werner Zurbriggen, Otto Imsand, Norbert Zurwerra, Walter Zenklusen, Reinhard Werlen, Felix Ruppen. –* **3. Reihe** *(v.l.): Karl Walden, André Pittet, Dorothee Steiner, Kilian Summermatter, Anne-Marie Heinen, Kilian Salzmann, Nicole Burchard, Kurt Schmid, Urs Gertschen.*

ger gegeben. Die «Scuola media» von Ornavasso machte im folgenden Jahr in Naters aktive Fastnachtsferien. 1991 beschloss die Schulkommission, allen Klassen einmal ein Klassenlager zu ermöglichen.

### Bibliothek-Vernissagen

Auf Anregung der Lehrpersonen versucht die Orientierungsschule seit 1986, den Schülern Kunst in nächster Umgebung nahe zu bringen. So hält man in der Bibliothek kleine Vernissagen ab, bei denen jeweils ein Künstler und sein Werk vorgestellt werden, wobei die Schüler die Gestaltung dieser Ausstellungen selbst übernehmen.

1987 wurde die Bibliothek derart umgestaltet, dass sie sich vermehrt zum kulturellen Mittelpunkt des Schulzentrums entwickelte. Sie erfüllt seither nicht mehr nur die Wünsche der Wissensdurstigen und Leseratten, sondern wurde auch zu einem Ort der Musse und Erbauung. Der geschmackvoll neu eingerichtete Saal eignet sich jetzt auch besser für Ausstellungen, Dichterlesungen, Vorträge, Elternabende, als Tagungsort für Kommissionen und Arbeitsgruppen sowie des Öfteren als Arbeitsort für Schulklassen.

### Umweltwoche – Kulturtage

Mit einer gross angelegten Umweltwoche wollte die Gemeinde die Bevölkerung 1991 vermehrt für die umweltspezifischen Probleme sensibilisieren. In irgendeiner Form waren sämtliche Schulklassen beteiligt. Den Abschluss bildete ein «Umweltfäscht». Im Rahmen dieser Umweltwoche wurde im genannten Jahr auf der Ostseite des OS-Schulhauses ein Biotop errichtet. Seit 1993 finden an der OS auch sogenannte Kulturtage statt. 1995 beispielsweise wurden bis zu 23 Kurse angeboten.

### Schulstunde mit dem Bischof

Am 14. Februar 1989 stattete Landesbischof Heinrich Schwery der OS Naters einen halbtägigen Besuch ab. In Gesprächsgruppen von je zirka 90 Schülern durften die Knaben und Mädchen einmal mit ihrem Bischof Tuchfühlung nehmen und nach Lust und Laune Fragen stellen. Die Schüler interessierten sich für den persönlichen Bereich des Bischofs, stellten aber auch kritische Fragen, die der kompetente Lehrmeister offen und humorvoll beantwortete.

### Schulpräsidenten der OS

| | | | |
|---|---|---|---|
| 1974–1977 | Alfons Borter | 1984–1988 | Ignaz Eggel |
| 1977–1980 | Arthur Schmid | 1988–1992 | Edith Nanzer |
| 1980–1984 | Peter Ritz | 1992– | Manfred Holzer |

## Verzeichnis der Lehrpersonen

An der OS Naters lehrten oder unterrichten noch folgende Lehrkräfte [Abkürzungen: GS = Gesanglehrer, HW = Hauswirtschaft, RL = Reallehrer, ReL = Religionslehrer, SL = Sekundarlehrer, TL = Turnlehrer, WK = Werkklasse, ZL = Zeichenlehrer]:

| | |
|---|---|
| *Arnold Alice, HW* | *1982–1985* |
| *Arnold Anja, HW* | *1974–1979* |
| *Bellwald Linus, ReL* | *1976–1978* |
| *Biffiger Franz* | *1975–1976* |
| *Burchard-Kalbermatter Nicole, SL* | *1993–* |
| *Carlen Klaus, SL* | *1974–1998* |
| *Collenberg Juventa, SL* | *1994–1998* |
| *Eggel Hans, RL* | *1974–1992* |
| *Escher Arthur, ReL* | *1979–1981* |
| *Escher Jules SJ, ReL* | *1975–1976* |

| | | |
|---|---|---|
| Fercher Fidelis, SL | | 1974– |
| Franzen Adelgunde, HW | | 1974–1976 |
| Franzen Peter, SL | | 1975–1984 |
| Gertschen Urs, SL | | 1980– |
| Heinen-Carlen Anne-Marie | | 1998– |
| Imhof Edith, RL | | 1981– |
| Imhof Franziska, RL | | 1974–1980 |
| Imwinkelried Marie-Luise, HW | | 1975–1976 |
| Imsand Otto, SL | | 1993– |
| Jaggi Leander, ReL | | 1982–1990 |
| Jossen Erwin, ReL | | 1975–1993 |
| Sr. Kalbermatten Marie-Josephe, ReL | | 1981–1982 |
| Kalbermatten Otto, ReL | | 1974–1975 |
| Kalbermatten Walter, SL | | 1974–1986 |
| Kämpfen Othmar, RL | | 1975–1976 |
| Kreuzer-Hutter Erna, RL | | 1976– |
| Kummer Hilar, RL | | 1974– |
| Kummer-Eyer Therese | RL | 1974–1976 |
| | RL/HW | 1993– |
| Michlig Alice, HW | | 1979–1982 |
| Murmann Ursula, HW | | 1984–1986 |
| Noti Xaver, ReL | | 1974–1976 |
| Pfaffen Josef, ReL | | 1974–1975 |
| Pittet André, SL | | 1984– |
| Riva Anton, SL | 1974–1987 | 1993– |
| Ruppen Felix, RL | | 1995– |
| Ruppen René, RL | | 1974– |
| Ruppen Stefan, GL | | 1991–1998 |
| Salzmann Ewald, SL | | 1975–1976 |
| Salzmann Kilian, ReL | | 1993– |
| Salzmann René, SL | | 1978– |
| Scheuber-Zenklusen Elly, HW | | 1978–1981 |
| Scheuber Horst, GL | | 1974–1991 |
| Schmid Andreas | | 1974–1975 |
| Schmid Kurt, SL | | 1982– |
| Schnyder Stefan, ReL | | 1974–1975 |
| Schnidrig Rolf | | 1977–1978 |
| Sieber Walter, RL | | 1974– |
| Steiner Dorothee, GL | | 1993– |
| Summermatter Kilian, SL | | 1996– |
| Szekendy Helene, HW | | 1974–1975 |
| Walden Karl, ZL | | 1974– |
| Walpen Valeria, RL | | 1974–1981 |
| Werlen André, SL | | 1974– |
| Werlen Reinhard, WK | | 1975– |
| Zenhäusern Adrian, GL | | 1998– |
| Zenhäusern Oswald, SL | | 1974–1992 |
| Zenhäusern Walter, SL | | 1974– |
| Zenklusen Beat, SL | | 1974– |
| Zenklusen Walter, TL | | 1974– |
| Zimmermann Josef, ReL | | 1977–1979 |
| Zurbriggen Werner, SL | | 1974– |
| Zurkinden Georges, SL | | 1974–1997 |
| Zurwerra Margrit, HW | | 1978–1979 |
| Zurwerra Norbert, SL | | 1981– |

# Ecole Schmid

Da sich die Privatschule Ecole Schmid seit 1991 in Naters befindet, schildern wir hier kurz ihren geschichtlichen Werdegang und nennen die schulischen Angebote:

| | |
|---|---|
| 1973 | Gründung der Schule in Visp. Fremdsprachenunterricht für Erwachsene. Erstes Sprachlabor im Oberwallis. |
| 1974 | Beginn der Berufs-Vorbereitungs-Schule (BVS). |
| 1976 | Verlegung der Schule nach Brig. Beginn der Handels- und Verkehrsschule. |
| 1978 | Eröffnung der Deutschschule. |
| 1982 | Umzug des Internats in das von der Ecole Schmid erworbene Hotel Alpha in Naters. Die Schule bleibt in Brig. |
| 1984 | Beginn der Informatikschule mit Fremdsprachen und Wirtschaftsfächern (HSI-Schule). Erste Informatikschule im Oberwallis. |
| 1988 | Anerkennung der Verkehrsschule vom Bundesamt für Industrie, Gewerbe und Arbeit (BIGA). |
| 1989 | Beginn der Maturaschule. Vorbereitung auf die Eidg. Matura, Typen D und E (neue Sprachen und Wirtschaft). |
| 1991 | Umzug der Schule von Brig nach Naters in das neue Schulhaus Alpha. Die ersten Schüler der Ecole Schmid erlangen die Eidg. Matura. |
| 1996 | Eröffnung des Gymnasiums «Zweisprachige Matura». |
| 1998 | Feier zum 25-jährigen Bestehen der Ecole Schmid. |

Gründer und Leiter dieser Privatschule sind Uli (Ulrich) Schmid (*1935), des Fridolin, von Ausserberg, und seine Frau Lisa geb. Zengaffinen von Gampel. Uli Schmid unterrichtete zuvor als Sekundarlehrer in Siders (1960–1963) und in Visp (1963–1973).

An der Schule sind acht Lehrpersonen im Vollamt und sechs im Teilpensum angestellt (Stand 1996). Die Schule führt ein Internat und Externat. Im ehemaligen Hotel Alpha wird das Internat geführt, während sich die Schulräume im südlichen Teil des Gebäudes befinden, in den auch das ehemalige Café Eisenbahn integriert wurde. Die Räumlichkeiten und Einrichtungen entsprechen vollumfänglich einer modernen Schule. Die externen Schüler (zirka 55) rekrutieren sich aus dem Oberwallis, den Regionen Siders, Sitten und Domodossola; die internen Schüler (zirka 40) kommen aus dem Tessin, aus der Deutsch- und Westschweiz und vereinzelt aus dem Ausland.

Die Ecole Schmid, die ohne staatliche Subventionen arbeitet, macht folgende Angebote: Zweisprachige Matura, Eidg. Matura, Handels- und Verkehrsschule, Bürotraining, Informatik und Sprachschule.

## Schulinspektoren und Schuldirektoren

Nachstehend stellen wir in Kurzporträts die aus Naters kommenden Schulinspektoren und Schuldirektoren vor.

### Schulinspektoren

**Dionys Jossen** (*7.9.1924), Sohn des David und der Katharina geb. Wyer. Seit 1949 verheiratet mit Gertrud Berchtold aus Stalden, Vater von sieben Kindern. Nach dem Lehrerseminar 1944 Übertritt zur Post wegen der damals prekären Lage im Lehrerberuf. Nach zweijähriger Beamtenlehre 1946 Wahl zum Posthalter von Stalden, damals jüngster Posthalter der Schweiz. 1967 Wiedereintritt in den Lehrerberuf, Lehrtätigkeit in Naters 1967–1972 (zuletzt als Hilfsschullehrer). 1972 Ernennung zum Fachinspektor für die Einführung der zweiten Landessprache in den Primarschulen des Oberwallis; dieses Amt hatte er bis zu seiner Pensionierung 1984 inne. Dirigent des Kirchenchors von Stalden 1951–1967, Gemeinderat daselbst 1964–1967, Präsident des Vereins des pensionierten Lehrpersonals des Oberwallis 1990–1994, 1995 dessen Ehrenpräsident. Seit der Pensionierung ist Dionys Jossen hauptsächlich für das Hilfswerk UNSERE SPENDE tätig, das speziell in Litauen, aber auch in der Dritten Welt wirkt.

**Marcel Salzmann** (*6.7.1930), Sohn des Johann und der Serafine Michlig, heiratete 1958 Marie Therese Zurbriggen von Brig, Vater von drei Kindern, von denen zwei verunglückten (vgl. Kap. «Schwarze Chronik»). Humanistisches Studium am Kollegium in Brig mit Matura A, Sekundarlehrer an der regionalen Sekundarschule in Naters 1962–1966, wobei er hier grosse Aufbauarbeit leistete; Schulinspektor aller Sekundarschulen des Oberwallis 1966–1970, Inspektor der Primarschulen für den oberen Teil des Oberwallis 1966–1990. Bisher gab es in jedem Bezirk einen geistlichen Herrn als Inspektor im Nebenamt. Die letzten drei Pfarrer im Bezirk Brig waren: Ignaz Amherd, Glis, Peter Imhof, Brig, und Josef Marie Schwick, Naters. Marcel Salzmann war nun der erste Laienschulinspektor. Er setzte sich mit viel Geschick und grossem psychologischen Einfühlungsvermögen für die Belange der Lehrpersonen und Schüler ein und hat während 24 Jahren die Oberwalliser Schullandschaft wesentlich mitgeprägt.

**Anton Riva** (*25.3.1940), Sohn des Clemenz und der Elsa geb. Zenklusen. Gymnasialstudium mit Matura A am Kollegium Brig, Sekundarlehrerdiplom in Freiburg i.Ü. 1963 Vermählung mit Marlies Ritz aus Naters, Vater von zwei Söhnen. Sekundarlehrer in Leuk-Stadt 1963–1964, in Naters 1964–1977. 1977 Ernennung zum Inspektor der 18 Orientierungsschulen des Oberwallis (inklusive der deutschen OS-Klassen von Siders und Sitten). Seither übt er diese Funktion aus und unterrichtet zeitweise noch an der Orientierungsschule von Naters. Als Inspektor ist er u.a. Vorsitzender mehrerer Kommissionen und ein wichtiger Koordinator zwischen den Primar- und Orientierungsschulen sowie der Mittelschule. Als kulturell stark interessierter Mann hält er gelegentlich bei Vernissagen von Künstlern die Ansprache und veröffentlichte, vor allem im Walliser Jahrbuch, einige bedeutende Artikel über die Schule heute und in der Zukunft.

**Stefan Ritz** (*19.2.1950), Sohn des Rudolf und der Ida geb. Fyer. Nach dem achtjährigen humanistischen Studium am Kollegium in Brig Ausbildung am Lehrerseminar in Sitten (nur 5. Seminarklasse). 1974 Vermählung mit Hanny Vogel von Unterbäch, Vater von zwei Kindern. Lehrer an der Sekundarschule Naters 1972–1973, an der Hilfsschule Oberstufe Naters 1974–1980, berufsbegleitendes Studium für schulische Heilpädagogik 1975–1978. 1980 Ernennung zum halbamtlichen Berater für die Hilfs- und Sonderschulen im Oberwallis und Übernahme der halbamtlichen Lehrstelle an der OS Mörel zur Erprobung des Stützunterrichtes. 1983 Ernennung zum Schulinspektor für die Kindergärten, Primarschulen, Hilfs- und Sonderschulen im Inspektionskreis 5 (Bezirke Visp, Westlich Raron, Siders und Sitten). 1990 Wechsel vom Inspektionskreis 5 zum Inspektionskreis 6 (Bezirke Goms, Östlich Raron, Brig und Leuk). Stefan Ritz ist Mitglied verschiedener kantonaler und interkantonaler Kommissionen für Schulfragen. Er liebt das Musische und sang während 13 Jahren im «legendären» Rotten-Oktett mit. Er ist auch Mitglied des Oberwalliser Konzert- und Lehrerchors.

## Schuldirektoren

Der Schuldirektor leitet die kommunalen Schulen, die regionale Orientierungsschule Naters, Birgisch und Mund, die Schul- und Gemeindebibliotheken und ist für die Erwachsenenbildung sowie für das Sekretariat der Schuldirektion und den Einsatz des Abwartspersonals zuständig. Das Büro der Schuldirektion befindet sich im OS-Zentrum Bammatten.

**Oswald Zenhäusern** (*29.6. 1932), als Sohn des Lorenz und der Emma Werlen in Bürchen geboren. 1976 Heirat in Visp mit Margrit geb. Raiber aus St. Gallen, Vater von drei Kindern. Primarlehrer in den Kantonen St. Gallen, Luzern und Aargau 1951/1952, in Grächen 1952–1957, in Brig 1957–1960. Sekundarlehrerstudium phil. II an der Universität Freiburg mit Diplomabschluss 1960–1963, Sekundarlehrer in Naters 1962–1992, davon zwölf Jahre (1970–1982) erster Schuldirektor der Gemeinde Naters (Kindergarten bis Sekundarschule). Präsident der Oberwalliser Sekundarlehrerkonferenz 1966–1971, Vizepräsident und Burgerverwalter der Gemeinde Bürchen 1964–1972 sowie Gründungspräsident der Ski und Hotel AG Bürchen. Seit 1991 Stiftungsrat der schweizerischen Stiftung Pro Juventute. Seit 1995 Redaktor des Walliser Jahrbuches.

Oswald Zenhäusern, seit der Pensionierung wohnhaft in Visp, baute als erster Schuldirektor von Naters die Schuldirektion auf und leistete dabei ausgesprochene Pionierarbeit. Der Bau des Regionalschulhauses sowie die Einführung der Orientierungsschule kosteten ihn viel Kraft und Substanz. Er war ein Schuldirektor mit klarem Konzept und hohen menschlichen Qualitäten. Mit seiner Persönlichkeit gewann er das Vertrauen von Schülern und Eltern, Lehrpersonen und Behörden. Seine Tatkraft und Energie hoben ihn weit über die Mittelmässigkeit hinaus.

**Hans Eggel** wurde am 4. April 1932 geboren und wuchs in der Familie Alois Eggel-Zumberg auf. Verheiratet mit Dorly geb. Kissling, Vater von drei Kindern. Nach der Primarschule je ein Jahr an den Kollegien in Brig und St-Maurice, Lehrerseminar in Sitten 1949–1953, Primarlehrer in Baltschieder 1953/54 und Naters 1954–1973, Reallehrer an der OS Naters 1974–1981, Schuldirektor 1982–1992. Präsident des Kirchenchors 1964–1974 (seit 1955 Mitglied des Kirchenchors), Mitbegründer und Präsident des Fussballklubs. Kirchenvogt 1971–1996, als solcher Präsident der Baukommission bei der Restaurierung der Pfarrkirche 1975–1984 und des Beinhauses 1985–1988; Renovation sämtlicher 15 messischen Kapellen der Pfarrei während seiner Amtszeit als Kirchenvogt (ausser der Kapelle im Aletsch). Mitarbeit in verschiedenen Gremien. Kastlan seit 1993.

Man spricht stets mit grosser Achtung vom versierten Lehrer Hans Eggel. Als Schuldirektor achtete er darauf, ein angenehmes Arbeitsklima und eine menschliche Schule zu schaffen. In seine Zeit fiel der Schülerrückgang und damit der Lehrerüberfluss. Ihm gelang es, Massnahmen durchzusetzen, um Entlassungen zu vermeiden. Der kontinuierliche Ausbau der Bibliotheken war ihm ein besonderes Anliegen. Seine Mitarbeit in diversen kommunalen und kantonalen Kommissionen war gefragt. Hans Eggel versah seine Ämter mit grossem Einsatz und Sachverstand. Als Natischer durch und durch kannte er die Eigenheiten der Gemeinde Naters in Grund und Berg. Er verfügte über das natürliche Fingerspitzengefühl, um z.B. als Kirchenvogt die Interessen von Munizipalität und Pfarrei in einem ausgewogenen Verhältnis unter einen Hut zu bringen. So lag es auf der Hand, dass ihm 1993 gleichsam als krönender Abschluss seiner vielen ausgeübten Ämter das Richteramt übertragen wurde.

Ein besonderes Verdienst erwarb er sich als Theaterregisseur und Schauspieler. Er inszenierte einige Stücke, darunter auch anspruchsvolle, wie z.B. «Der Schwarze Hecht». Hans Eggel darf zweifelsohne unter jene bedeutenden Persönlichkeiten der letzten 50 Jahre eingereiht werden, die für die Dorfgemeinschaft Grosses und Bleibendes geleistet haben.

**René Salzmann** (*8.9.1954), Sohn des Viktor und der Leonie geb. Holzer. Seit 1977 vermählt mit Elisabeth geb. Ruppen, Vater von zwei Töchtern. Nach dem Besuch des Lehrerseminars in Sitten und der Universität Freiburg schloss er seine Studien 1977 als Sekundarlehrer ab. Lehrtätigkeit: OS Zermatt 1977/1978, OS Naters 1978–1992. 1989 übernahm er die Umweltberatungsstelle im Teilamt. Seit 1992 dritter Schuldirektor von Naters.

In seine bisherige Amtszeit fielen bereits verschiedene Sanierungen von Schulgebäuden, u.a. die des Schulhauses Turmmatte, der Kindergärten Rotten und Breiten, der Turnhalle Bammatten und des Abwartshauses. Er war voll engagiert bei der Umsetzung von «E (Erziehung) 2000» im Hinblick auf die Abstimmung über die Gesetzesvorlagen für das Unterrichtswesen und das Lehrerstatut im Jahre 1998. Als das neue Schulgesetz beim Volk keine Gnade fand, schrieb René Salzmann souverän: «Ob altes oder neues Schulgesetz, die wichtigste Rolle im Schulalltag spielt die Lehrperson: Fachkompetenz, Menschlichkeit, Teamfähigkeit, offen für Neuerungen, innovativ, das sind Schlüsselqualifikationen, die man sich nicht durch Gesetze, Weisungen und Reglemente aneignen kann.» Wenn man die Jahresberichte des Schuldirektors durchliest, erahnt man erst, wie vielfältig und mit welcher Sachkompetenz sich der amtierende Schuldirektor in allen Belangen des Schulwesens einsetzt.

1997 wurde René Salzmann an der Gründungsversammlung des Vereins der Oberwalliser Schuldirektoren (OSD) zum ersten Präsidenten gewählt. Seine Hobbys sind Sport und Lesen.

# Postwesen

Wollte man die Entwicklung der Postgeschichte im Wallis schildern, müsste man mit der Römerzeit beginnen. Vor 1848 war das Postwesen im Wallis nur lose und völlig unzureichend organisiert. Im Jahre 1848 ging die Post an den Bund über, der den Betrieb am 1. Januar 1849 aufnahm. Das Wallis kam zum Kreis II, dem noch die Kantone Freiburg und Waadt angehören.[419]

## Poststelle Naters

### Postdienst

Naters besitzt seit dem 1. September 1865 eine Postablage. Anfänglich war der Postverkehr sehr gering. Die Zustellung erfolgte viermal in der Woche. Ein Briefbote aus Brig brachte die Briefe und Mandate selbst. Pakete waren selten; diese mussten bis 1879 im Büro in Brig abgeholt werden.

### Entwicklung

Zur Zeit des Simplontunnelbaus (1898–1906) liessen sich gegen 2600 Arbeiter, meist italienischer Herkunft, in Naters nieder. Dies verlangte die Anstellung von drei Briefträgern. Die Besorgung des Dienstes war um diese Zeit schwierig und manchmal auch gefährlich, befanden sich doch unter den Arbeitern auch zwielichtige Gestalten und gar viele Analphabeten. Ein Briefträger musste immer als Nachtwache im Büro übernachten. Auch der Bürodienst stellte hohe Anforderungen. Ab 1903 stand der Post der erste Morseapparat zur Verfügung.
Der Postverkehr blieb für längere Zeit unverändert. Die Krise der 30er-Jahre brachte dem Postbüro einen Umsatzrückgang. Im Zweiten Weltkrieg nahm der Postverkehr wieder zu.
Der einstige Maultierpostkurs für die Gemeinden Mund und Birgisch wurde in den Jahren 1951 (Mund) und 1952 (Birgisch) eingestellt, da der Transport von den neu erstellten Luftseilbahnen übernommen wurde. Die Postsachen für die zwei genannten Gemeinden holte man bis zu jenen Jahren bei der Poststelle Naters ab.
Mit der Einführung eines Postautokurses nach Blatten im Jahre 1934 und dem Bau der Luftseilbahn Blatten-Belalp 1954 war eine wesentlich leichtere Zustellung der Postsachen für den Natischer Berg verbunden. Zuvor versah ein Briefbote täglich die Postzustellung bis und mit Blatten das ganze Jahr hindurch zu Fuss. Im Sommer erfolgte die Zustellung ausserdem dreimal wöchentlich bis auf die Alpen Bel und Lüsgen sowie in den Weilern zwischen Blatten und der Belalp. Es war ein mühsamer Gang, der in acht- bis zehnstündiger Arbeitszeit ausgeführt werden musste. Seit 1954 führt Blatten den Postbetrieb ganzjährig, so dass der Briefbote von Naters seit diesem Jahr nur noch die Weiler zwischen Naters und Blatten zu bedienen hat.

### In neuerer Zeit

Am 1. Juni 1975 wurde die Zustellung der Post von Naters, Brig und Glis zusammengelegt und ein Büro in Brig eingerichtet. Die Poststelle in Naters bleibt ein Annahmeamt wie bisher. Die Zahl der Postfächer verdoppelte sich, da diese weiterhin von Naters bedient werden. Seit dieser Zusammenlegung holen die Briefträger die Post in Brig zur Verteilung ab. Sie bringen nur noch die Brief- und Geldpost, während Pakete durch Paketboten zugestellt werden. Die Zustellung erfolgt seit 1975 motorisiert. Die Brief- und Geldboten erhalten ein Kleinmotorrad mit Anhänger, die Paketboten einen Fourgon (Postwagen).
Zeitungsberichten zufolge wurde die Zentralisierung in Brig in den Gemeinden Naters und Glis mit einiger Skepsis aufgenommen.[420] Beim Austragen der Post müssen die Zustellbeamten die örtlichen Briefkästen leeren und seit dem 1. Juni 1975 diese Post nicht etwa den Poststellen in Naters oder Glis übergeben, sondern nach Brig bringen. Dort wird sämtliche Post abgestempelt, mit Ausnahme derjenigen, die die Leute direkt bei den Poststellen Naters und Glis aufgeben. Dass der Werbestempel von Naters und Blatten mit der Aufschrift «Am Aletschgletscher» am günstigsten für einen Ferienort wirbt, dürfte unbestritten sein. Der Verkehrsverein Naters-Blatten-Belalp forderte deshalb an zuständiger Stelle, dass auch die Post, die ausserhalb des Postgebäudes in den Briefkästen liegt, in Naters abgestempelt wird. Doch die Postdirektion blieb bei ihrem gefassten Beschluss.
Infolge der stetig wachsenden Einwohnerzahl stieg auch die Zahl der Verkehrspunkte (VP). Bis 1997 zeigt die Statistik folgendes Bild:
1963: 1351 VP; 1965: 1385 VP; 1966: 1289 VP (Neubewertung der Reisepost); 1974: 1471 VP; 1975: 1210 VP (Verlust von 261 VP wegen Zustellzentralisierung); 1984: 1487 VP; 1985: 1476 VP; 1997: 1560 VP.

*Verschiedene Neuerungen in chronologischer Folge:*
1970: ab Januar Einsatz eines Werbestempels «Am Aletschgletscher», und zwar für Naters und Blatten;
1972: Beginn der Bedienung der Weiler auf der Belalp vom 15. Juni bis 15. September durch einen Beamten von Brig;
1973: erster Postautokurs Brig–Naters–Birgisch;
1979: (26. Juni): erster Postautokurs Brig–Naters–Birgisch–Mund;
1985: Zuteilung von zwei Codiergeräten und einer Filmkamera.

### Postautolinie Brig–Naters–Blatten

1934 wurde der erste Postautokurs Brig–Naters–Blatten eingeführt. Der erste schriftliche Vertrag zwischen der «Schweizerischen Postverwaltung» und dem Postchauffeur Alfred Eyer datiert vom 12. Juli 1934. Am 15. Juni 1984 feierten Brig und Naters in einem bescheidenen, aber würdigen Rahmen das 50-jährige Bestehen der Postautolinie Brig–Naters–Blatten. Stadtpräsident Rolf Escher, Brig, Gemeindepräsident Richard Gertschen, Naters, und ein Vertreter der PTT-Direktion würdigten in ihren Ansprachen dieses Ereignis. Der erste Postchauffeur Alfred Eyer durfte dieses Jubiläum noch mitfeiern. Nach der Simplonlinie war Brig–Naters–Blatten damals die zweite Postautolinie, die von Brig aus bedient wurde. Beim ersten Postauto auf der Jubiläumsstrecke handelte es sich um einen zwölfplätzigen Bus «Berna»; ihm folgte dann kurz darauf ein 25-plätziger «Saurer»-Autobus.[421]

*Blatten/Naters mit Postauto «Saurer». 50 Jahre Postautolinie Brig–Naters–Blatten, 15. Juni 1984 (Philatelistenverein Oberwallis).*

## Telefon – Telegraf

Am 7. Oktober 1902 erfolgte die Eröffnung des Post-Telegrafen- und Telefondienstes in Naters. Am 1. August 1902 figurieren für Naters auf der Liste der Telefonabonnenten folgende Namen: Benetti (dépôt de la Brasserie Beauregard), Gemeinde (wohl eine öffentliche Sprechstation), Gendarmerie und Moritz Schurwey für das Hotel des Alpes. Das Pfarrhaus erhielt 1919 und die Gemeindekanzlei 1921 einen eigenen Telefonanschluss.

## Posthalter

Unter Postpersonal verstehen wir in erster Linie den Posthalter, dann aber auch seine Assistenz und schliesslich die Postboten. Die Post Naters hat zurzeit den elften Posthalter. Nachstehend stellen wir die Posthalter kurz vor (hinter dem Namen die Dienstjahre).

### Josef Eggel: 1865–1889

Josef Eggel (*1.4.1824, †15.1.1889; er starb im Amt[422]) ist der Sohn des Johann und der Anna Maria Roth (von Lötschen). Er vermählte sich mit Katharina Ritz aus Niederwald und war Vater von sieben Kindern. Sein jährlicher Anfangslohn betrug 96 Franken; dieser stieg 1876 auf 144 und 1885 auf 212 Franken an.

### Theodor Eggel: 1889–1891

Theodor (*9.4.1866) ist der Sohn des Vorigen. Wie das Stammbaumbuch von Naters berichtet, ist er am 31. März 1899 in Sitten «auf einer Hausstiege erfallen»[423]. Eggel hatte bereits einen Jahreslohn von 660 Franken.

### Michael Salzmann: 1891–1895

Michael Salzmann (*15.3.1857, †16.8.1929) wurde als Sohn des Moritz und der Julia Ruppen geboren. Er war vermählt mit Maria Imoberdorf, einer Lehrerin aus Ulrichen, und übte in den Jahren 1880–1895 und 1908–1929 in Naters den Lehrerberuf aus (vgl. Kap. «Schulen», unter «Lehrpersonen mit 32 und mehr Dienstjahren»).

### Benjamin Amherd: 1895–1906

### Joseph Hermann: 1906–1908

Der patentierte «Commis» stammte aus Siders und war Postverwalter in Visp und Sitten.

### Louis Meichtry: 1908–1918

### Karl Dellberg: 1918–1933

Geb. am 18.2.1886 in Brig, gest. am 17.7.1978 in Siders im 92. Altersjahr, Sohn des Josef und der Maria Imhof, Burger von Brig (die Familie stammt aus Meaux bei Paris). Als Posthalter in Naters 1933 pensioniert. Grossrat für die Bezirke Brig, Siders und Martinach 1921–1941, 1945–1949, 1953–1965; Alterspräsident des Grossrates 1953, 1957 und 1961; Grossratspräsident 1962/63; Nationalrat 1935–1947, 1951–1971; Alterspräsident des Nationalrates; Gemeinderat in Brig und Siders; Präsident der Sozialistischen Partei des Wallis. Mutiger Kämpfer für die Rechte der Arbeiterschaft.[424]

Zur Ernennung Dellbergs zum Posthalter von Naters vermerkt das Gemeinderatsprotokoll vom 28. Dezember 1918, diese Wahl sei «ein Hohn auf das Volksempfinden von Naters, und man will zuständigen Ortes schärfsten Protest erheben»[425]. Am 12. Juli 1926 stellte die Gemeindeverwaltung von Naters jedoch dem wegen seiner sozialistischen Politik umstrittenen Posthalter das Zeugnis einer guten Führung der Poststelle Naters aus. Der Gemeindeschreiber brachte zu Protokoll: «Im Gegenteil sind sie (die Gemeinderäte, Anm. d. Verf.) der Meinung, dass die Poststelle seit Bestehen noch nie besser und zur Zufriedenheit der Bevölkerung geführt und geleitet wurde wie heute.»[426] Infolge politischer Umstände, aber auch auf Drängen der Postdirektion bat Dellberg in einem Schreiben an dieselbe, ihn nach 30 Jahren Postdienst auf den 1. Juli 1933 zu pensionieren. Sein Freund Dr. med. de Werra erwies ihm dabei am 1. Februar 1933 die Gefälligkeit, ihn für hundertprozentig invalid zu erklären, während er ihm gleichzeitig ein «langes, langes Leben» garantierte[427].

## Robert Willa: 1933–1936

Willa wurde am 13.2.1890 als Sohn des Raphael und der Katharina Tscherry in Leuk geboren. 1919 heiratete er Berta Schmid aus Naters und war Vater von sieben Kindern. Nach den turbulenten Jahren seines Vorgängers wurde er, patentierter «Commis» aus Brig, zum neuen Posthalter gewählt. 1920–1936 war er erster Verwalter der Darlehenskasse Naters. Robert Willa verunglückte am 21.2.1936 in Susten.

## Anton Grandi: 1936–1964

Anton Grandi (*23.3.1897 in Brig), Sohn des Josef und der Maria geb. Gertschen, vermählte sich 1923 in Einsiedeln mit Leonie Biffiger aus Naters und war Vater von acht Kindern. Grandi begann seine Postlehre am 1. April 1914 in Brig, arbeitete zunächst vorwiegend als patentierter Beamter daselbst, bis er am 1. Juni 1936 zum Posthalter von Naters ernannt wurde. Am 31. Juli 1964 trat er nach 50 vollendeten Dienstjahren in den Ruhestand. Die Presse schrieb über ihn: «Zu seiner Freundlichkeit und erklärten Dienstbereitschaft für das Publikum gesellte sich die oft von Amtes wegen erforderliche Zurückhaltung und weise Vorsicht, gepaart mit besonnener Klugheit.»[428] Am 13. Oktober 1983 feierte das Ehepaar Grandi-Biffiger das seltene Fest der diamantenen Hochzeit. Anton Grandi starb am 19. Januar 1989, während seine Frau Leonie ihm am 12. September 1994 als älteste Natischerin im Alter von 97 Jahren folgte.

## German Grandi: 1964–1997

German Grandi (*2.9.1937) ist der Sohn des Anton (des Vorigen) und heiratete 1984 Christine geb. Lambrigger. 1956 trat German Grandi in Brig seine Lehre an, wurde 1958 zum patentierten Betriebssekretär ernannt, machte seine Lehr- und Wanderjahre in Visp, Genf, Nyon und Zürich, bis er am 1. November 1964 die Posthalterstelle in Naters übernahm. Den Fussstapfen seines Vaters folgend, übte er seinen Dienst während 33 Jahren bis zum 1. Oktober 1997 kompetent und auf stets zuvorkommende Art aus. Er hat dieses Amt bisher am längsten bekleidet.

## Alexander Schnydrig: 1998–

Alexander Schnydrig (*16.3.1956), Sohn des Albin und der Therese geb. Truffer von Lalden, ist verheiratet mit Vreni geb. Eggel, hat zwei Söhne und wohnt seit 1994 in Geimen. Schnydrig begann 1974 seine Lehre als Betriebsassistent, die er bei der Post in Zermatt und Sitten absolvierte. Anschliessend sammelte er in verschiedenen Postämtern im Kreis Lausanne wertvolle Erfahrungen. Ab 1979 arbeitete er im Postamt Brig. Am 1. Juli 1998 trat er die Nachfolge von German Grandi an. Seine Hobbys sind: Jodelgesang (Mitglied des Jodlerklubs Aletsch) und Landwirtschaft (Züchter von Schwarzhalsziegen).

## Assistentinnen

Die Posthalter von Naters hatten für den Bürodienst schon recht früh Hilfspersonen. So erhielt Posthalter Meichtry 1908 einen Lehrling und zusätzlich half ihm seine Tochter von 1908 bis 1918 im Telegrafendienst aus. Karl Dellberg wurde ab 1918 durch Flora Tscherrig unterstützt, die den Bürodienst bis 1942 versah. Seit diesem Jahr waren nacheinander weit über 20 Assistentinnen tätig. Ende 1998 gab es auf der Poststelle Naters dreieinhalb Arbeitsplätze. Neben dem Posthalter versahen (oder versehen noch) den Bürodienst: Vreny Schnydrig, Michaela Amherd und Nathalie Imhof.

## Postboten

Als treue Mitarbeiter standen dem Posthalter seit 1896 in chronologischer Folge nachstehende Briefboten der älteren Garde zur Seite: Johann Salzmann, Peter Werner, Meinrad Eyer, Alfred Salzmann, Josef Schwestermann, Theodul Zenklusen, Julius Eyer, Julius Zenklusen, Emil Zenklusen und Anton Eggel als Ablösung. Die in jüngerer Zeit für Naters zuständigen Postboten heissen: Hans Eyer, Jules Zenklusen, Clemens Ruppen, Bruno Eyholzer, Erwin Pfaffen (seit 1984 Posthalter in Mund), Josef Bieler, Erwin Salzmann, Ambros Salzmann u.a.m.

*Peter Werner (1869–1928), Postbote (Vater von Pfarrer Alfred Werner).*

Mit der Zunahme der Einwohnerschaft erhöhte sich auch die Zahl der Zustellbeamten: 1960: vier; 1975: achteinhalb; 1998: sieben Brief- und zwei Paketboten.

*Souvenirkarte, Anfang 20. Jh. Vorne links das Haus des Ludwig Salzmann (†1914), Poststelle von 1901 bis 1938. An der Ostseite des Hauses befand sich ein Restaurant. Vorne rechts das 1902 an der Kehrstrasse 12 erbaute Hotel Klingele, das aber nie als Hotel verwendet wurde.*

## Postlokal

Als erstes Postlokal diente von 1865 bis 1889 das heutige Café Ornavasso im Hause Biffiger. Danach wurde die Post ins Erdgeschoss des «Waldihüs» (Kaspar Walden) unterhalb der Kirche verlegt und anschliessend, von 1895 bis 1901, finden wir das Postlokal im damals neu errichteten Café Roma (heute Café Belalp). Im Mai 1901[429] wurde die Post in das Haus des Notars Lud-

*Ehemalige Poststelle im Grandihaus (1939–1996). Aufnahme um 1940, als südlich des Gebäudes noch Wiesland war.*

wig Salzmann-Jordan (heute Praxis Dr. med. Ulrich Peter) verlegt. Hier sollte sie während 38 Jahren ihren Standort behalten. Am 1. Januar 1939 wurde das Postbüro in das von Posthalter Anton Grandi neu erstellte Haus (Grandihaus) unterhalb des Junkerhofes an der damaligen Furkastrasse (heute Belalpstrasse) untergebracht. 1939 gab der ‹Walliser Volksfreund› zum neuen Postgebäude folgenden Kommentar ab: «*Das drei Stockwerke umfassende Gebäude, das an der Südostecke formschöne Erker aus Travertin (Tuffstein) präsentiert, in seinem Umschwung weitläufig geteerte Platzverhältnisse für die Zufahrt des Postautos verzeichnet und nebstdem eine Garage besitzt, ist für die Gemeinde Naters eine Zierde und bereichert in seiner Bauart die historischen Sehenswürdigkeiten, wie sie die Kirche, das Beinhaus oder der Ornavassoturm verkörpern. Abhold jeglicher Lobhudelei, darf jedoch aus dem Gutachten der Eidg. Postdirektion nachstehende Anerkennung hervorgehoben werden: ‹Wir werden das Postgebäude Naters als mustergültig für andere analoge Bauten betrachten.›*»[430]

Bald nach dem Zweiten Weltkrieg stieg der Postverkehr derart rapide an, dass die Postdirektion 1963 Posthalter Grandi veranlasste, auf der Nordwestseite des Erdgeschosses für das Zustellpersonal einen Anbau mit Paketraum, Garagen und Remisen ausführen zu lassen.

Seit dem 4. November 1996 befindet sich das Postbüro im neuen Lokal des Zentrums Kelchbach. Es entspricht in Raum und Einrichtung einem modernen Postbetrieb.

# Poststelle Blatten/Naters

## Postdienst

Vor der Errichtung der Poststelle in Blatten brachte ein Briefbote zweimal in der Woche die Postsachen nach Blatten; grössere Pakete mussten in Naters abgeholt werden.[431] Am 1. Juni 1945 eröffnete man in Blatten für die Sommermonate eine Postagentur, die 1954 zum Postbüro umgewandelt wurde. Gleichzeitig erhielt der Posthalter auch den Botenkurs für Blatten, die Belalp und die Weiler dazwischen. Der ganzjährige Betrieb des Postbüros wurde ermöglicht, nachdem 1954 die Seilbahn Blatten-Belalp und die reguläre Postautoverbindung eröffnet worden waren.

## Posthalter

### Rudolf Imhof: 1945–1958

Geb. am 27.11.1906, gest. am 23.11.1958, Sohn des Emanuel und der Maria Josepha geb. Ruppen. 1933 Vermählung mit Maria geb. Salzmann, Vater von vier Kindern. Imhof war der erste Stelleninhaber der Postagentur und ab 1954 erster Posthalter von Blatten. Er hielt diese Stelle bis acht Tage vor seinem unerwarteten Tod. Die Ablösung von November 1958 bis April 1959 besorgte dessen Tochter Edith Imhof.

### Marius Imhof: 1959–1998

Geb. am 10.4.1935, Sohn des Rudolf (des Vorigen) und der Maria geb. Salzmann, verheiratet seit 1964 mit Cécile Jerjen von Unterems, Vater von zwei Kindern. Seine Ernennung zum zweiten Posthalter von Blatten erfolgte am 1. April 1959. Ihm stand seine Gattin als Assistentin tatkräftig zur Seite. Während 39 Jahren war er zuverlässiger Posthalter in Blatten.

In der Übergangszeit fungierte *Cécile Imhof-Jerjen* als Poststellenleiterin in Blatten.

### Aldo Imhof: 1999–

Seit dem 1. Dezember 1999 waltet Aldo Imhof (*1966), des Marius und der Cécile Imhof-Jerjen, als Posthalter von Blatten. Er besuchte die Schule in Estavayer-le-Lac, machte danach eine Lehre als Autozubehörverkäufer und arbeitete nach der Ausbildung im Postdienst als uniformierter Postbeamte.

## Postlokal

Als erste Postablage diente eine Garage des Hotels Blattnerhof. 1955 verlegte der erste Posthalter das Postbüro in sein neu erstelltes Haus gegenüber der Luftseilbahn, in dem sich heute das Lebensmittelgeschäft Commisso-Imhof befindet. 1972 erfolgte der Bau des heutigen Postgebäudes durch die Posthalterfamilie Marius Imhof-Jerjen. Zum selben Zeitpunkt wurde in dessen Nähe auch der neue Parkplatz fürs Postauto erstellt.

*Posthaus in Blatten.*

## Telefon – Telegraf

Laut Gemeinderatsprotokoll vom 14. März 1919 schloss die Gemeinde am 5. März desselben Jahres mit Peter Eyer einen Telefonvertrag, gemäss dem der Genannte die Telefonstation in Blatten übernahm.[432] Am 1. Januar 1925 wurde daselbst die Telefonstation mit Telegrafendienst (mit Anschluss an Brig) eröffnet. Mit der Eröffnung der Postagentur 1945 erhielt Blatten eine öffentliche Sprechstation. Die Automatisierung erfolgte 1952.

## Hotel Belalp mit eigenem Postdienst

Zur Pionierzeit der Berghotellerie gab es so etwas wie eine Hotel-Bergpost. Die Angestellten der Berghotels brachten die zu versendende Post ihrer Gäste selber zur nächsten Poststelle und kassierten dafür ein Entgelt. Im Wallis gab es nur ein einziges Hotel, das die Post selbst besorgte: das Hotel Belalp.

*Maultierpost auf Belalp mit Oskar Salzmann (1904–1960).*

Weil man den Hotelgästen den drei- bis vierstündigen Fussmarsch für die Postgänge nicht zumuten wollte, richtete der damalige Hotelier Gervas Klingele im Jahre 1870 im Hotel Belalp eine eigene Poststelle ein. Im gleichen Jahr erhielt das Hotel zudem einen telegrafischen Anschluss. Die Postsachen wurden täglich von einem Maultier zum Hotel Belalp gebracht. Um die Unkosten für die beschwerliche Zustellung zu decken, führte Hotelier Klingele die Hotelpostmarke ein. Diese Marke im Wert von fünf Rappen wurde auf alle beförderten Briefe oder Zeitungen geklebt. Es fällt auf, dass Klingele den Aufdruck «FRANCO» auf dem Wertzeichen verwendete, obwohl dieser aufgrund einer Verfügung der Schweizerischen Postverwaltung als «unstatthaft» galt. Die erste Belalp-Marke war violett.[433]

Im Jahre 1873 gab Klingele sogar eine eigene Marke heraus, die zu den ordentlichen PTT-Marken geklebt wurde. Sie zeigt das Hotel Belalp mit dem Aletschgletscher, den Wert fünf Rappen und die Beschriftung «BELALP» und «FRANCO». Einen postalischen Wert hatten diese Marken nicht. Es waren keine Wertzeichen im üblichen Sinn. 1883 verbot die PTT das Benützen eigener Marken. Im Juni 1973 verfügte die Kreispostdirektion die Schliessung der Postagentur Belalp. An ihre Stelle trat eine Postannahmestelle mit einer Briefkastenanlage.

Zur Erinnerung an diese Hotel-Bergpost mit der eigenen Marke erschien nach 100 Jahren auf den 1. Juni 1973 eine begrenzte Auflage der 1873 gedruckten Marke, die vor allem bei den Briefmarkensammlern auf Interesse stiess. Aus Anlass des Jubiläumsjahres «100 Jahre Hotelmarken Belalp» fand am 27. Juni 1973 im Hotel Belalp eine kleine Feier statt, zu der die damalige Hotelbesitzerin Therese Jaeger eingeladen hatte.

*Neudruck 1973 zum 100. Geburtstag der ersten Hotelpostmarke Belalp.*

*Hochzeitsgesellschaft vor dem Hotel Belalp im Jahre 1937.*

# Gemeinnützige Vereinigungen

## Raiffeisenbank

### Allgemeine Geschichte

Der Gründer der Raiffeisenkasse war Friedrich Wilhelm Raiffeisen (†1888) aus dem rheinischen Heddesdorf (Deutschland). Er wurde am 30. März 1818 in Hamm (Westfalen) geboren. Wegen eines Augenleidens musste er als Offizier die militärische Laufbahn aufgeben. Er wurde Kanzlist. Schon mit 27 Jahren wählte man ihn zum Bürgermeister. Als solcher trat er im Jahre 1862 mit der Gründung der ersten Darlehenskasse dem damals herrschenden Wucher entgegen, indem er das Geld der Dorfgemeinschaft sammelte und im Ort zu günstigen Bedingungen wieder auslieh, nach dem Motto: Das Geld des Dorfes dem Dorfe. Raiffeisens Gedanke zur Selbsthilfe zündete und fand in vielen ländlichen Gegenden Nachahmer.

Auf Initiative von Pfarrer Johann Traber enstand 1899 in Bichelsee/TG die erste Darlehenskasse der Schweiz nach dem System Raiffeisen. 1902 gründeten zehn Institute den Verband der Schweizer Darlehenskassen (VSDK). 1936 liess sich der Verband in St. Gallen nieder, wo er heute noch seinen Sitz hat.

Pionier und Gründer vieler Darlehenskassen im Oberwallis war Domherr Josef Werlen (1872–1940). In St. Niklaus wurde vom initiativen Munder Geistlichen Pfarrer Peter Marie Concina 1907 die erste Darlehenskasse des Oberwallis ins Leben gerufen.

Eine umsichtige Geschäftspolitik und folgende Grundsätze haben der Raiffeisenbewegung das Vertrauen weiter Bevölke-

**Das Raiffeisensignet.** *Die drei Farbbalken weisen auf das Zentrum hin. Das Sechseck ist das Symbol der Bienenwabe und steht für Schaffenskraft. Die Ähren verkörpern Wachstum und reiche Ernte. Der Schlüssel ist Symbol für die Sicherheit. Der graue Sockel symbolisiert das solide Fundament. Zu den Farben: Blau steht für Vertrauenswürdigkeit, Goldgelb für Grosszügigkeit und Rot assoziiert Eigenschaften wie Kraft, Mut und Offenheit.*

rungskreise gesichert: Kreditvergabe nur an Mitglieder gegen Sicherheitsleistung, ehrenamtliche Tätigkeit von Verwaltungs- und Aufsichtsrat, solidarische Haftung der Genossenschafter. Die eigene Bank schafft Unabhängigkeit, stärkt das Zusammengehörigkeitsgefühl und hebt das Selbstbewusstsein. Wirtschaftlich leistet sie einen wichtigen Beitrag für die Entwicklung der Gemeinde. Unter den Besonderheiten für die Kunden sind hervorzuheben: die Kundennähe, das Vertrauen zwischen Kunden und Bank, das Mitspracherecht und das örtlich angepasste Dienstleistungsangebot.

Auf Initiative des Domherrn Josef Werlen schlossen sich die ersten Darlehenskassen am 13. Dezember 1917 im Hotel La Poste in Visp zum Oberwalliser Unterverband zusammen. Bei den folgenden Ausführungen stützen wir uns vor allem auf die zwei Jubiläumsschriften von 1970 und 1995, von denen später die Rede sein wird.

### Gründung

Im Frühjahr 1920 lud der damalige Arbeiterverein von Naters Pfarrer Peter Amherd von Glis zu einem Referat über die Darlehenskassen nach dem Raiffeisensystem ein. Dieser Vortrag fand guten Anklang. Ortspfarrer Emil Tscherrig wusste daraufhin seine Männer für ein rasches Handeln zu begeistern. So schritten am 27. Juni 1920 42 weitsichtige Männer zur Gründung der Darlehenskasse Naters-Birgisch. Bald nach der Gründung erfolgte der Beitritt zum Verband der Schweizer Darlehenskassen, St. Gallen, und zum Oberwalliser Unterverband.

### Entwicklung der Darlehenskasse

#### 1920–1945

Wie eng die Darlehenskasse von Anfang an mit der Ortsgeistlichkeit verbunden war, zeigt der Umstand, dass Pfarrer Tscherrig am Weissen Sonntag 1924 von der Kanzel herab bekannt gab: «Am Freitag ist Amt und Weihe der Raiffeisenkasse Naters-Birgisch an das Heiligste Herz-Jesu.»[434] Nach einigen Anfangsschwierigkeiten überstiegen die Einlagen 1925 erstmals die ausgegebenen Kredite. 1935 gab es einen Tiefstand: Die Abzahlungen hatten Seltenheitswert, die Zinsausstände nahmen ein bedrohliches Ausmass an. Die Darlehenskasse erlitt beinahe Schiffbruch. Doch Verwaltungsratspräsident Ludwig Salzmann und das Aufsichtsratsmitglied Pfarrer Emil Tscherrig sorgten mit aller Energie dafür, dass das Schiff nicht unterging.

Der Zweite Weltkrieg brachte einen ungeahnten materiellen Aufschwung. Es gab neue Verdienstmöglichkeiten. Die Zinsausstände schmolzen zusammen, Schulden wurden abgebaut, Einlageüberschüsse überwogen und das Vertrauen in die Kasse festigte sich zusehends.

#### 1945–1970

An der Generalversammlung im Jahre 1945 feierten die Genossenschafter mit Freude und Stolz das 25-jährige Bestehen ihrer Kasse. Bei diesem Anlass hielt Pfarrer Ernst Zenklusen einen viel beachteten Vortrag. Er führte u.a. aus: «Die Kasse hat gute und schlechte Tage gesehen und nur dank der Solidarität der Mitglieder, der eifrigen, rastlosen Arbeit des Kassiers Raphael Schwick und der Unterstützung durch die Zentrale in St. Gallen hat sie durchgehalten und es auf den heutigen Höhepunkt gebracht.» Aber auch der Vertreter des Verbandes Schweizerischer Darlehenskassen konnte bei dieser Gelegenheit Positives melden: «Die Darlehenskasse Naters-Birgisch steht bezüglich des Umsatzes [2,528 Mio. Franken] an erster Stelle im Oberwallis. Auch hinsichtlich der Mitgliederzahl [282] ist dies der Fall.»[435]

## 1970–1998

Am 12. April 1970 feierte die Darlehenskasse ihr goldenes Jubiläum. Mit Stolz blickten die 820 Mitglieder, darunter noch sechs Gründer, auf die gefestigte finanzielle Lage und freuten sich am Vertrauen, das die Dorfbank in weiten Kreisen der Bevölkerung genoss. Bei dieser Feier überreichte Dr. A. Edelmann, Direktor des Verbandes Schweizerischer Darlehenskassen, Ludwig Salzmann für seine 40-jährige Mitgliedschaft im Verwaltungsrat, davon 30 Jahre als Präsident, eine Raiffeisen-Goldmedaille, die nur wenigen verdienten Mitgliedern verliehen wird. Alt Verwalter Raphael Schwick erhielt einen Zinnteller. Der Darlehenskasse Naters, die Dr. Edelmann als beispielhaft für die ganze Schweiz bezeichnete, überbrachte er eine Wappenscheibe. Zum goldenen Jubiläum gaben Raphael Schwick und Pfarrer Ernst Zenklusen eine 36-seitige Festschrift heraus mit dem Titel: «50 Jahre Darlehenskasse Naters» (Naters 1970).

Da die Darlehenskasse 1973 die Bilanzsumme von 20 Millionen erreichte, durfte sie sich fortab «Raiffeisenbank» nennen. 1976 beendete die Installation einer EDV-Anlage die Handbuchhaltung. Damit fielen die langwierigen, manuellen Zinsberechnungen dahin.

1982 wurden in der Raiffeisenbank an der Belalpstrasse die Büroräumlichkeiten erweitert, indem man die Dreizimmerwohnung im Parterre zur Schalterhalle mit Diskretschalter umbaute und einen Bancomat installierte. 1986 musste als Folge des raschen Anstiegs der Geschäftstätigkeit die EDV-Anlage bereits ersetzt und auf den neuesten Stand gebracht werden.

Ab 1990 waren in allen Bereichen der Wirtschaft rückläufige Tendenzen festzustellen. Entlassungen, Kurzarbeit und Umstrukturierungen in vielen Betrieben führten im ganzen Land zu steigender Arbeitslosigkeit. Die Bautätigkeit ging zurück. Die Kreditnachfrage nahm ab, nicht aber bei der Raiffeisenbank Naters.

1994 nahm mit Madlen Zuber-Venetz erstmals eine Frau Einsitz im Verwaltungsrat. In diesem Jahr ging die Raiffeisenbank mit dem Verkehrsverein Naters-Blatten-Belalp eine Bürogemeinschaft ein und eröffnete Ende November im Verkehrsbüro in Blatten eine Filiale samt Bancomat «ec-Bancomat International». Damit wird der Kundschaft des Natischer Bergs und den Touristen eine zeitgemässe Dienstleistung geboten.

Am 20. Juni 1995 feierten im Festzelt auf dem ehemaligen Gertschen-Areal rund 1500 Genossenschafterinnen und Genossenschafter der Raiffeisenbank Naters-Birgisch sowie geladene Gäste das 75-jährige Bestehen ihrer Bank. Den Reigen der Reden eröffnete der Mörjer Dr. Felix Walker, Vorsitzender der Zentraldirektion des Schweizer Verbandes der Raiffeisenbanken. Er hob hervor, dass das Gedankengut von Raiffeisen in Naters exemplarisch umgesetzt und gelebt werde. Im Jubiläumsjahr 1995 organisierte die Raiffeisenbank neben der Generalversammlung und der eigentlichen Jubiläumsfeier zusätzlich einen Seniorennachmittag, einen Malwettbewerb für die Natischer Jugend zum Thema «Mut zur Freundschaft», einen Vortragsabend mit Dr. Markus Lusser, Präsident des Direktoriums der Schweizerischen Nationalbank, Zürich, sowie einen Nikolausnachmittag mit dem Leuker Künstler Michel Villa. Zum Jubiläum gaben die Bankbehörden eine vorzüglich illustrierte, 32-seitige Festschrift heraus. Sie trägt den Titel: «Raiffeisenbank Naters – 75 Jahre, 1920–1995» und wurde von Alwin Salzmann verfasst. Darin sind auf sechs Aquarellen von Karl Walden sämtliche Lokalitäten der Raiffeisenbank verewigt.

## Bankbehörden

Dem Verwaltungsrat obliegen die Oberleitung der Bank sowie die Aufsicht und Kontrolle über die Geschäftsführung. Der Aufsichtsrat überwacht die Tätigkeit des Verwaltungsrates und die Geschäftstätigkeit des Bankleiters. Wie aus den Annalen der Geschichte hervorgeht, verfügte die Bank von Anfang an über tüchtige, sorgfältig arbeitende Vorstandspräsidenten, die von loyalen Mitarbeitern beraten und unterstützt wurden.

### Verwaltungsratspräsidenten

| | |
|---|---|
| 1920–1928 | David Jossen |
| 1928–1934 | Moritz Michlig |
| 1934–1964 | Ludwig Salzmann |
| 1964–1986 | Pius Werner |
| 1986–1993 | Edmund Salzmann |
| 1993–1998 | Max Summermatter |
| 1998– | René Schmid |

### Aufsichtsratspräsidenten

| | |
|---|---|
| 1920–1923 | Raphael Zenklusen |
| 1923–1938 | Johann Zenklusen |
| 1938–1954 | Alois Eggel |
| 1954–1962 | Pfarrer Ernst Zenklusen |
| 1962–1971 | Josef Imhof |
| 1971–1986 | Edmund Salzmann |
| 1986–1988 | Stefan Zenklusen |
| 1989– | Alwin Salzmann |

*Geschäftsleitung der Raiffeisenbank Naters. Aufnahme von 1999. Von links: Hans Gasser, Toni Jossen, Erhard Salzmann, Bankleiter; Alwin Salzmann, Präsident des Aufsichtsrates; Madlen Zuber, Beat Borter, René Schmid, Präsident des Verwaltungsrates; Beat Britsch, Elmar Gasser.*

In der jüngeren Geschichte unserer Bank fallen zwei Behördenmitglieder durch ihre langjährige Ratsmitgliedschaft und ihre umsichtige und kompetente Führungsarbeit auf: Pius Werner und Edmund Salzmann. Pius Werner war für die Raiffeisenbank ein Glücksfall. Er diente ihr volle 32 Jahre lang mit grosser Sorgfalt und Sachkenntnis. In die Amtszeit von Edmund Salzmann fiel der Entscheid des Verwaltungsrates, die Büroräumlichkeiten den veränderten Verhältnissen anzupassen und in der Überbauung Zentrum Kelchbach unterzubringen.

## Bankleiter

Bis 1964 trug die geschäftsführende Hauptperson den Titel «Kassier», danach «Verwalter». Seit 1995 heisst sie gesamtschweizerisch «Bankleiter». Der Fleiss, die exakte Arbeit und die Kundennähe des Verwalters und seiner Mitarbeiterinnen und Mitarbeiter haben der Bank zu der Stellung verholfen, die sie heute schweizerisch einnimmt. Das Personal ist gut geschult und wird von einem kompetenten, erfahrenen Verwalter unterstützt und geleitet.

Die Bankleiter heissen:
1920–1936   Robert Willa
1936–1937   Franz Werner
1937        (Januar bis Mai) Josef Eggel-Imstepf
1937–1964   Raphael Schwick
1964–1995   Peter Schmid
1995–       Erhard Salzmann

1947–1976   Emma Schwick-Ruppen, Aushilfe und Stellvertretung.

Nachstehend werden die zwei Verwalter, die ihren Dienst am längsten versahen, Raphael Schwick und Peter Schmid, sowie der amtierende Bankleiter Erhard Salzmann kurz vorgestellt.

### Raphael Schwick: 1937–1964

Sein Leben und seine Lehrtätigkeit beschreiben wir im Kapitel «Schulen». Schwick führte die Darlehenskasse sukzessive zu einer respektablen Dorfbank. Seine gewissenhafte Kassaführung und seine Leutseligkeit sicherten ihm das Vertrauen des Vorstandes, der Genossenschafter und der Kunden. (Vgl. Abb. Kapitel «Schulen», unter «Lehrpersonen» der Primarschule.)

### Peter Schmid: 1964–1995

Er wurde am 28. April 1933 als Sohn des Franz und der Magdalena Amherd geboren, vermählte sich 1961 mit Therese Holzer. Nach der kaufmännischen Lehre arbeitete er 1955–1964 in Naters als Steuerregisterhalter und Gemeindekanzlist. Am 28. März 1964 wurde Peter Schmid zum ersten vollamtlichen Verwalter der Darlehenskasse gewählt. Mutig und kompetent stellte er sich den neuen Herausforderungen. Als er 1989 sein 25-jähriges Jubiläum feierte, würdigte ihn der damalige Verwaltungsratspräsident Edmund Salzmann mit folgenden Worten: «*Herr Peter Schmid hat in den 25 Jahren seines Wirkens für unsere Raiffeisenbank sein Bestes gegeben. Dank seiner leutseligen, freundlichen und dienstfertigen Art, besonders aber seiner Fachkenntnis und Diskretion wegen ist er bei den Kunden sehr beliebt und geschätzt und von den Mitarbeitern und Verantwortlichen der Bank geachtet. Der kontinuierliche Aufschwung der Bank ist im wesentlichen ihm zu verdanken.*» Und in der Tat: Peter Schmid hat die Geschicke der Bank während der letzten 31 Jahre massgeblich geprägt. 1984–1996 sass er im Aufsichtsrat des Schweizer Verbandes der Raiffeisenbanken und 1970–1995 war er Kassier des Oberwalliser Unterverbandes. Peter Schmid hat die Raiffeisenidee gelebt, vertreten und verwirklicht. Der hochverdiente Verwalter wurde an der Jubiläumsfeier vom 20. Mai 1995 entsprechend gewürdigt und verabschiedet.

### Erhard Salzmann: 1995–

Geb. am 30.12.1961, Sohn des Ewald und der Katharina Holzer. 1989 Vermählung mit Barbara Salzmann, Vater von drei Töchtern. Am 1. September 1980 trat er in die Dienste der Raiffeisenbank Naters ein und betätigte sich in allen bankfachlichen Bereichen, insbesondere in der Kunden- und Anlageberatung. Nach sechs Semestern berufsbegleitender Weiterbildung erwarb Erhard Salzmann 1991 das eidg. Diplom als Bankfachmann. Mit ihm konnte der Verwaltungsrat einen jungen, fachlich bestens ausgewiesenen und dynamischen Bankleiter verpflichten. Er amtet seit Mitte 1995. (Abb. siehe S. 176 «Geschäftsleitung».)

## Lokalitäten der Bank

### 1920–1960

Die ersten Kassageschäfte wurden im *Parterre des Pfarrhauses* getätigt. Später verlegte man den Kassabetrieb ins *Klingelehaus* an der heutigen Kehrstrasse, 1936 ins *Haus Felsheim* an der Belalpstrasse und 1947 an die Blattenstrasse in das *Haus des Schreinermeisters Leopold Eggel*. In den 50er-Jahren nahm die Geschäftstätigkeit der Kasse einen so erfreulichen Verlauf, dass die Raumnot wuchs. So beschlossen die Bankbehörden 1959, ein genossenschaftseigenes Bankgebäude zu erstellen. Im Frühjahr 1959 bot sich die Gelegenheit, von der Erbengemeinschaft Jakob Peter den grossen Garten westlich des damaligen Postgebäudes an der Belalpstrasse zu erwerben (600 m$^2$ zu 45 Franken pro m$^2$).

### 1960–1996

Am 14. Februar 1960 stimmten die Genossenschafter in einer ausserordentlichen Generalversammlung dem geplanten Neubau an der Belalpstrasse 9 zu. Die Planungsarbeiten wurden dem Wettbewerbsgewinner Paul Sprung übertragen. Am

*Ehemaliges Gebäude der Raiffeisenbank an der Belalpstrasse 9.*

1. März 1960 erfolgte der erste Spatenstich und schon am 1. Dezember desselben Jahres war das neue Raiffeisenhaus bezugsbereit. Dieser gelungene Bau liegt an der damaligen Hauptverkehrsader des Dorfes inmitten der wichtigsten Gebäude und Geschäfte und bestand aus zweckmässig eingerichteten Kassaräumen sowie sieben Wohnungen. Die Westfront ist eindrucksvoll mit einer Eisenplastik von Anton Mutter (1932–1992) verziert und wurde von Kunstschlosser Roulet, Brig-Glis, ausgeführt.

### Seit dem 1. November 1996

Anfangs November 1996 verlegte die Raiffeisenbank ihre Büroräumlichkeiten in die Überbauung Zentrum Kelchbach. Die Einsegnung der Bank erfolgte am 10. November 1996 durch Pfarrer Stefan Schnyder. Damit verfügt die Raiffeisenbank über Lokalitäten, die in allen Bereichen einer modernen und zukunftsorientierten Bank entsprechen. Die Lokalitäten wurden käuflich erworben. Die Gesamtinvestitionen beliefen sich auf rund sieben Millionen Franken. Fläche: 800 m². Im ersten Obergeschoss befinden sich die Büroräumlichkeiten. Das Bankgebäude an der Belalpstrasse 9 wird auch nach dem Umzug ins Zentrum Kelchbach nicht veräussert.

*Raiffeisenbank im Zentrum Kelchbach.*

## Geschäftsentwicklung

Noch 1992 zählte der Verband der Schweizer Raiffeisenbanken 1189 Bankinstitute und 450 000 Genossenschafter in 22 Regionalverbänden. Im Oberwallis gab es 1992 noch 67 Raiffeisenbanken, deren Zahl sich infolge Fusionen in den letzten Jahren verminderte. In der Rangliste der Bilanzsummen schwankte Naters gesamtschweizerisch jeweils zwischen dem 3. und 5. Platz. In der Westschweiz (einschliesslich des Oberwallis) aber nimmt sie den ersten Rang ein.

Die Raiffeisenbank Naters erlebte in den letzten Jahrzehnten einen ungeahnten Aufschwung und trug wesentlich zur hervorragenden wirtschaftlichen und touristischen Entwicklung der Gemeinde bei.

1975 konnte die Bank das 1000. Mitglied (Bernhard Scheuber) feiern, 1989 das 2000. (Xaver Nellen) und 1996 das 3000. (Renato Michlig). Wenn die Entwicklung so weitergeht, wird bald jeder zweite Natischer ein «Raiffeiser» sein.

1965 überstieg die Bilanzsumme erstmals die 10-Millionen-Grenze. 1973 betrug sie über 20 Millionen, 1977 über 50, 1985 über 100, 1991 über 200 und 1996 über 300 Millionen. Der Umsatz überstieg 1989 erstmals die Milliardengrenze und 1993 zwei Milliarden.

| Jahr | Mitglieder | Bilanzsumme | Reserven |
| --- | --- | --- | --- |
| 1920 | 56 | 23 000.– | |
| 1930 | 187 | 496 000.– | 4 800.– |
| 1940 | 236 | 825 000.– | 9 100.– |
| 1950 | 400 | 2 179 000.– | 50 600.– |
| 1960 | 567 | 6 512 000.– | 177 000.– |
| 1970 | 820 | 22 324 000.– | 525 800.– |
| 1980 | 1260 | 68 423 700.– | 1 918 500.– |
| 1985 | 1588 | 107 564 600.– | 3 277 800.– |
| 1990 | 2092 | 188 131 900.– | 5 122 100.– |
| 1992 | 2217 | 226 376 000.– | 6 043 500.– |
| 1994 | 2530 | 264 352 200.– | 7 015 000.– |
| 1996 | 3134 | 308 234 400.– | 7 620 956.– |
| 1998 | 3965 | 345 367 810.– | 7 632 385.– |

## Konsumgenossenschaft

### Gründung

Zu Beginn des 20. Jahrhunderts riefen nicht wenige Pfarrherren des Oberwallis zusammen mit den katholischen Männervereinen Konsumvereine ins Leben. Diese entsprossen teils christlich-sozialem Gedankengut und waren grösstenteils selbstständige Genossenschaften. In Naters kam der zündende Funke aus Brig. Dem Protokoll der Konsumgenossenschaft entnehmen wir: «*So kam es, dass einige sparsame und berechnende Naterserbürger die Ohren spitzten, als sie erfuhren, dass man in Brig den Ladenkunden zum Jahresende ein kleines Geschenk machte, wenn es nur ein Schokoladentablett war, und der dort bereits bestehende Konsum seinen Mitgliedern eine regelrechte prozentuale Rückvergütung auf Warenbezüge ausschüttete. Wenn man auch so eine Genossenschaft gründen würde, so könnte man dies auch erreichen, ja, es böte sich sogar die Aussicht, grössere Gewinnanteile einzuheimsen.*»

Die Idee wurde zum Plan, der Plan zur Tat. Am 5. Juni 1911 versammelten sich beim Ornavassoturm unter freiem Himmel 70 Männer und gründeten die Konsumgenossenschaft Naters.[436]

Hauptinitiant war Johann Zenklusen, genannt «ds Stäffi Häisi». Ihm gelang es, bei seinen Werbegängen 128 schriftliche Beitrittserklärungen einzubringen. Er war es auch, der den Einzug von 50 Franken pro Anteilschein besorgte und dem Verwalter am Eröffnungstag, dem 1. August 1911, den hübschen Anfangsbetrag von 1400 Franken übergeben konnte. Bis auf den heutigen Tag wird man durch den Kauf eines Anteilscheins von 50 Franken Mitglied des Konsumvereins.

# Entwicklung
## 1911–1961

Das Kapital von Anteilscheinen erreichte bald die Summe von 5600 Franken. Die Konsumgenossenschaft schloss sich dem «Verband Schweizerischer Konsumvereine» (VSK) mit Sitz in Basel an, von dem man auch die Waren bezog. Der VSK lieferte einwandfreie Ware, beriet in Wirtschafts- und Rechtsfragen und bot Schulungsmöglichkeiten für das Personal an. Dieses wusste zu jener Zeit noch nichts von der Fünftagewoche. Über Mittag blieb der Laden offen, am Samstag war erst nach 20.00 Uhr Ladenschluss.

1936 konnte man sich an der blühenden Konsumgenossenschaft freuen. Im Zweiten Weltkrieg legte der unermüdliche Verwalter Ludwig Eggel rechtzeitig ein ansehnliches Lager an Zucker, Reis, Teigwaren, Fett usw. an, so dass niemand zu hungern brauchte.

Am 16. April 1961 feierte die grosse Konsumfamilie im Saal zur Linde die 50-Jahr-Feier der Konsumgenossenschaft. Dabei streifte deren Präsident Hermann Salzmann die wichtigsten Ereignisse der bisherigen Konsumgeschichte. Es kamen dabei auch Albert Joos als Vertreter des VSK und Andreas Carlen namens der Oberwalliser Konsumvereine zu Wort.

## 1961–1997

1966 sprach der Verband Schweizerischer Konsumvereine erstmals von einer Fusion der Vereine Brig, Glis, Naters, Visp, Termen, Ried-Brig und Mörel zu einer COOP Simplon, später COOP Oberwallis genannt. Die Konsumgenossenschaft Naters war klar gegen eine solche Fusion. Ordner füllende Berichte und Protokolle zeugen von zahlreichen Sitzungen mit den zuständigen Organen aus Basel und dem Oberwallis. Die Meinungen schienen im Voraus gemacht: Basel wollte aus Gründen der Wirtschaftlichkeit die vielen Genossenschaften zusammenschliessen. Naters und auch andere Orte weigerten sich, ihre Selbstständigkeit aufzugeben und das erarbeitete Geschäftsvermögen an die Zentrale abzuzweigen. An der Generalversammlung von 1971 stimmten von den 150 anwesenden Mitgliedern 149 (eine Leerstimme) gegen eine Fusion.

In der Folge wurde der Verband der Oberwalliser Konsumvereine aufgelöst. Mehrere Vereine fusionierten mit COOP Oberwallis. Die Genossenschaften von Salgesch, Leuk/Susten, Ernen und Naters standen abseits, wurden aber weiterhin von COOP Basel und dem Regionallager Châteauneuf mit Waren beliefert. Elf Jahre später, 1982, kamen die Fusionsgespräche erneut auf den Tisch. Am 5. November dieses Jahres stimmten die Natischer Genossenschafter mit 309 Nein- zu 18 Jastimmen (zwei Leerstimmen und eine ungültige) ein zweites Mal gegen den Beitritt zur regionalen COOP Oberwallis. Was danach zu erwarten war, traf ein: Die Konsumgenossenschaft Naters wurde mit Schreiben vom 31. März 1983 aus dem Genossenschaftsverband COOP Schweiz ausgeschlossen. Damit ging eine über 70 Jahre dauernde Zusammenarbeit zu Ende, die COOP-Produkte verschwanden allmählich aus den Regalen.

Daraufhin schloss der Verwaltungsrat mit der Migros einen Giro-Laden-Vertrag ab. Der Girokonsum ist seither verpflichtet, rund drei Viertel aller Warenkäufe bei der Migros zu tätigen. Markenartikel, Tabakwaren, alkoholische Getränke usw. liefert die USEGO. Ansonsten ist die Genossenschaft selbstständig und in allen Beschlüssen unabhängig geblieben. Am 21. März 1983 erfolgte die erste Migroslieferung. Die Kundschaft gewöhnte sich rasch an die Umstellung von COOP- auf Migrosprodukte. Im Juni 1984 eröffnete auch die COOP Oberwallis an der Furkastrasse auf einer Fläche von 630 m$^2$ ein COOP-Center.

Am 1. Juni 1986 feierte die Konsumgenossenschaft Naters ihr 75-jähriges Bestehen. Ein Gottesdienst zu Ehren der verstorbenen Mitglieder bildete den Auftakt der Feierlichkeiten.

Die alljährliche Generalversammlung mit Rechnungsablage, den dazugehörenden Vereinsgeschäften und dem anschliessenden Zvieri wurde im Verlauf der Jahrzehnte immer beliebter und der «Konsumtrüch» zu einem Begriff. Die Zeit, die zur Erledigung der Traktanden verwendet wird, steht oft in keinem Verhältnis zum anschliessenden gemütlichen Teil, erst recht, wenn ein Pius Werner oder «ds Konsumtürli» Arthur Eggel das Zepter führten.

# Lokalitäten

Für die Genossenschaft waren die Platzverhältnisse des Ladens ein ständiges Problem. Die Umsatzsteigerungen brachten es mit sich, dass der Verwaltungsrat sich schon nach einer gewissen Zeit nach neuen, grösseren Räumlichkeiten umsehen musste.

## Am Marktplatz: 1911–1920

Die Eröffnung des ersten Verkaufsladens im Jahre 1911 erfolgte im Haus von Josef Lerjen (später Liegenschaft Josef Wyden) am Marktplatz. Die Räumlichkeiten für das Magazin in der erworbenen Liegenschaft dienten vorerst als Provisorium. Es wurde daselbst ein Neubau (mit Wohnung) errichtet, der 1913 bezogen wurde. Schon bald wurde dieser Raum (heute das Goldschmiedatelier von Ho Huu Thanh) zu klein.

## Im Junkerhof: 1920–1963

1920 konnte die Konsumgenossenschaft von Theodul Lerjen dessen Anteil (Erdgeschoss und 1. Stockwerk) samt Umschwung im Junkerhof für 35 000 Franken erwerben. Man war fortab im Herzen des Dorfes, neben Kirche und Post, angesiedelt. Der Neubau am Marktplatz wurde für 20 150 Franken veräussert.

1922 erweiterte man das Geschäft durch eine Milch-Ausschankstelle und es gab des Weitern auf dem «Platz» eine Filiale mit Salzdepot. Diese Zweigstelle bestand bis 1933. Im gleichen Jahr erfuhr der Junkerhof eine Aussenrenovation und erhielt einen praktischen Depotanbau.

1951 wurde das Verkaufslokal im Junkerhof neu eingerichtet, die dazugehörenden Lokale renoviert und eine Zentralheizung installiert. Das Magazin (ehemaliges Café Junkerhof) bot den Kunden eine sympathische Atmosphäre.

Im goldenen Jubiläumsjahr 1961 plante die Konsumgenossenschaft infolge weiterer Umsatzsteigerungen eine Ladenerweiterung in westlicher Richtung des Junkerhofs. Als die Arbeiten in Angriff genommen wurden, erhoben die Miteigentümer des

Junkerhofs Einspruch gegen eine äusserliche Veränderung des Gebäudes. Nicht nur schützte das Oberwalliser Instruktionsgericht diese Einsprache, auch der Oberwalliser Heimatschutz ersuchte in einem Schreiben vom 30. Juni 1960 die Verantwortlichen, von einem Umbau abzusehen, um so «das Junkerhaus, ein historisch und architektonisch ungemein reizvolles Gebäude, zu erhalten». Damit war der Umbau vom Tisch und der Junkerhof – wie sich später herausstellen sollte – in seiner alten Form gerettet.

Bis 1963 wurden Teigwaren, Zucker, Reis, Mehl, Mais usw. von den Lieferanten offen angeliefert und vom Personal in grössere oder kleinere Papiersäcke abgefüllt. Den Barverkauf kannte man kaum. Es war noch die Zeit des legendär gewordenen Konsumbüchleins, das doppelt geführt wurde. Die Zahlenreihen mussten per Kopf zusammengezählt werden, und darin gab es wahre Meister.

### Im Neubau Aletsch: 1963–1996

Zu Beginn der 60er-Jahre war der Neubau eines Wohn- und Geschäftshauses an der Belalpstrasse, zwischen der Bäckerei Volken und dem Café Ornavasso liegend, geplant. Die Genossen-

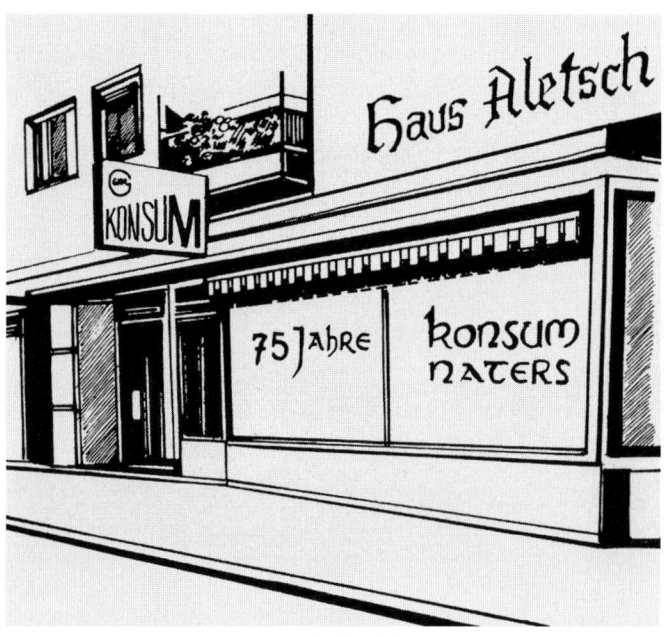

*Konsumladen im Haus Aletsch: 1963–1996.*

schaft interessierte sich nun für einen Teil dieser Räumlichkeiten. Am 14. Juni 1962 wurde zwischen der Konsumgenossenschaft und dem Baukonsortium Aletsch ein Kaufvertrag abgeschlossen. Gemäss dieser Übereinkunft erwarb die Genossenschaft für sämtliche Einrichtungen des Konsumladens daselbst eine Totalfläche von 397 m$^2$ zum Preis von 280 000 Franken. Die eigentlichen Einrichtungen standen mit 140 000 Franken zu Buche. Totalaufwand: 420 000 Franken.

Die Leuchtreklame COOP, ein schweizerischer Begriff, signalisierte vom 29. August 1963 an den neuen Standort des Ladens. Hier gab es einige Neuerungen: Selbstbedienung, Zahlungs- und Markensystem. Die Barzahler benutzten eine eigene Kasse mit automatischem Geld- und Markenauswurf. Dem Monatszahler stand die Kreditkasse mit Karte zur Verfügung. Für das Personal gab es nun viele Erleichterungen. Das «Konsumbüochji» wurde aufgehoben.

1963 kam der Junkerhof mit der dazugehörenden Liegenschaft zur Versteigerung. Die Gemeinde interessierte sich zwar für das Objekt, ein Kauf kam jedoch nicht zustande. So wurden die Räumlichkeiten im Junkerhof für fünf Jahre an Ignaz Mutter, Malermeister und Restaurator, vermietet. Die alten Ladeneinrichtungen übernahm der Konsum Biel/Goms.

Laut Kaufvertrag vom 18. Juni 1971 erwarb die Gemeinde Naters den Junkerhof. Der Anteil des Konsums, bestehend aus Laden, Wohnung, Depot und Garten, erbrachte die Summe von 220 000 Franken. Die Gemeinde kam dadurch in den Besitz eines bedeutenden historischen Gebäudes und der Konsum bot dazu zusammen mit den anderen Eigentümern die Hand.

Anlässlich der Innenrenovation im Jahre 1975 wurde der Verkaufsladen im Haus Aletsch mit neuen zweckmässigen Ladengestellen, einer Tiefkühltruhe und National-Registrierkassen versehen, was einen Aufwand von 163 000 Franken ausmachte.

In dieser Zeit dachten die Verantwortlichen daran, dem «neuen» Naters an der Furkastrasse näher zu rücken, und eröffneten deshalb am 15. Dezember 1983 im Ornavassoblock mietweise eine Filiale des Konsums. Dieser Mietvertrag endete jedoch 1996 mit dem Umzug ins Zentrum Kelchbach.

Die Generalversammlung vom 1. Mai 1988 stimmte dem Erwerb der Liegenschaft des Restaurants Kelchbach samt Inventar für 750 000 Franken zu. Zusammen mit den angrenzenden Parzellen im Süden des Restaurants ergab sich daselbst eine Fläche von 3300 m$^2$. Bereits 1988 war beabsichtigt, auf diesem Territorium ein Gewerbezentrum mit dem neuen Konsumladen, weiteren Einkaufsläden, einer Bank, Wohnungen usw. zu erstellen. Für dieses bauliche Vorhaben bat der Vorstand der Konsumgenossenschaft 1993 die Gemeinde Naters um finanzielle Unterstützung (Kauf von Parkplätzen, Darlehen oder Bürgschaft für rund eine Million Franken), was die Gemeindeverwaltung «aus Gründen der Rechtsgleichheit» ablehnte.

Im Januar 1994 wurde der Kauf der Lokalitäten für insgesamt 5,836 Mio. Franken mit der Kelchbach AG vertraglich festgelegt. Der Wert der vorgängig erworbenen Liegenschaften Kelchbach und Furka wird mit 1,570 Mio. Franken angegeben. Die Konsumgenossenschaft erwarb in der Überbauung Kelchbach eine Fläche von 1460 m$^2$. Dazu kamen noch rund 100 m$^2$ für den Warenumschlag im Erdgeschoss. Von den 1460 m$^2$ wurden in einer ersten Phase rund 800 m$^2$ Geschäftsfläche ausgebaut und der Rest an Dritte vermietet (Metzgerei, Bäckerei mit Tearoom, Spielwaren- und Blumenladen).

### Im Zentrum Kelchbach: seit 1996

Nach langwierigen Bodenbereinigungsverfahren und Finanzierungsfragen realisierte die Kelchbach AG schliesslich in den Jahren 1994–1996 das Zentrum Kelchbach. Am 4. Dezember 1996 eröffnete die Konsumgenossenschaft daselbst ihre neuen Geschäftsräumlichkeiten. Einen Tag zuvor segnete Ortspfarrer Stefan Schnyder die Lokalitäten im Rahmen der offiziellen Einweihungsfeier ein. Im 85. Jahr ihres Bestehens gelang der Konsumgenossenschaft endgültig der grosse Schritt vom Dorfladen zum Einkaufszentrum. Die Investitionen in die neuen Lokalitäten des Konsums betrugen rund acht Millionen Franken. Davon konnten zwei Millionen bar bezahlt werden. Die Kelchbach AG investierte in knapp drei Jahren rund 30 Millionen Franken. Angesichts der angespannten Wirtschaftslage war dies eine willkommene Belebung. Die Überbauung mit Post, Raiffeisenbank und Girokonsum sowie weiteren Geschäften schafft ein eigentliches Zentrum im Dorf, mit all seinen Vorteilen, die es gegenüber Einkaufszentren im Grünen (an Peripherien) aufweist.

*Der Konsumladen im Zentrum Kelchbach.*

## Mitgliederzahl – Umsatz

Wie die unten stehende Tabelle zeigt, nahmen im Lauf der Jahrzehnte die Mitglieder- und damit gleichzeitig auch die Umsatzzahlen stetig zu. Im Geschäftsjahr 1968 überschritt der Umsatz erstmals die Millionengrenze; 1979 betrug er über drei Millionen, 1983 über sechs Millionen (26% Zuwachs), 1985 über neun Millionen und 1987 überstieg er die 10-Millionen-Grenze. Die Genossenschafter schätzten stets die jährlichen Rückvergütungen oder «Prozente» auf die eingekaufte Ware. Je nach Bauvorhaben der Genossenschaft schwankten diese Vergütungen zwischen zwei (1996) und elf (im Jubiläumsjahr 1961) Prozent. In den ersten 50 Jahren (1911–1961) flossen rund 881 000 Franken an die Mitglieder zurück.

Freilich gab es, vor allem als das Konsumbüchlein noch in Gebrauch war, am Ende eines Geschäftsjahres auch allzu hohe Ausstände (Mitgliederkredite). Diese wurden denn auch jeweils anlässlich der Revision der Jahresrechnung durch die Treuhandabteilung des VSK in Basel schärfstens gerügt. Der Barzahlung sollte seit jeher grundsätzlich der Vorzug gegeben werden. Die Devise lautete: Wer immer es kann, zahle bar!

Nachstehende Tabelle gibt Auskunft über die Geschäftsentwicklung der Genossenschaft:

| Jahr | Mitglieder | Umsatz in Fr. |
| --- | --- | --- |
| 1911 | 73 | 38 906.– |
| 1920 | 207 | 202 751.– |
| 1931 | 203 | 157 483.– |
| 1945 | 269 | 274 212.– |
| 1950 | 295 | 346 904.– |
| 1960 | 428 | 609 538.– |
| 1970 | 592 | 1 398 500.– |
| 1972 | 605 | 2 070 249.– |
| 1980 | 951 | 3 621 336.– |
| 1981 | 1217 | 4 538 117.– |
| 1983 | 1514 | 6 125 194.– |
| 1984 | 1696 | 8 780 575.– |
| 1985 | 1826 | 9 867 780.– |
| 1987 | 2074 | 10 768 091.– |
| 1993 | 2347 | 10 973 000.– |
| 1996 | 2780 | 7 700 000.– |
| 1998 | 2343 | 7 432 945.– (11 Monate) |

## Verwaltung

Der Verwaltungsrat unternahm zusammen mit den Verwaltern im Laufe der Jahre im Allgemeinen bedeutende und uneigennützige Anstrengungen, um das Vereinsschifflein auch in schwierigen Zeiten um die Klippen zu führen.

### Präsidenten der Konsumgenossenschaft

| | |
| --- | --- |
| 1911–1915 | Clemenz Imhof |
| 1915–1922 | Alfred Gertschen |
| 1922–1923 | Peter Werner |
| 1923–1927 | Michael Imhof |
| 1927–1934 | Ludwig Michlig |
| 1934–1939 | Arthur Klingele |
| 1939–1962 | Hermann Salzmann-Cascioli |
| 1962–1970 | Pius Werner-Salzmann |
| 1970–1978 | Hugo Schmid-Gertschen |
| 1978–1995 | Beat Schmid-Franzen |
| 1995– | Robert Giachino-Lochmatter |

**KONSUM-GENOSSENSCHAFT NATERS**
Konstituiert im Sinne des 27. Titels des Schweiz. O. R.

**ANTEILSCHEIN No** 611

von

**Fünfzig 50 Franken**

lautend auf

Herrn  Adolf Heldner-Ruppen, Coiffeur, Naters.

NATERS, den  15.6.46.  19

Zwei Mitglieder des Verwaltungsrates:

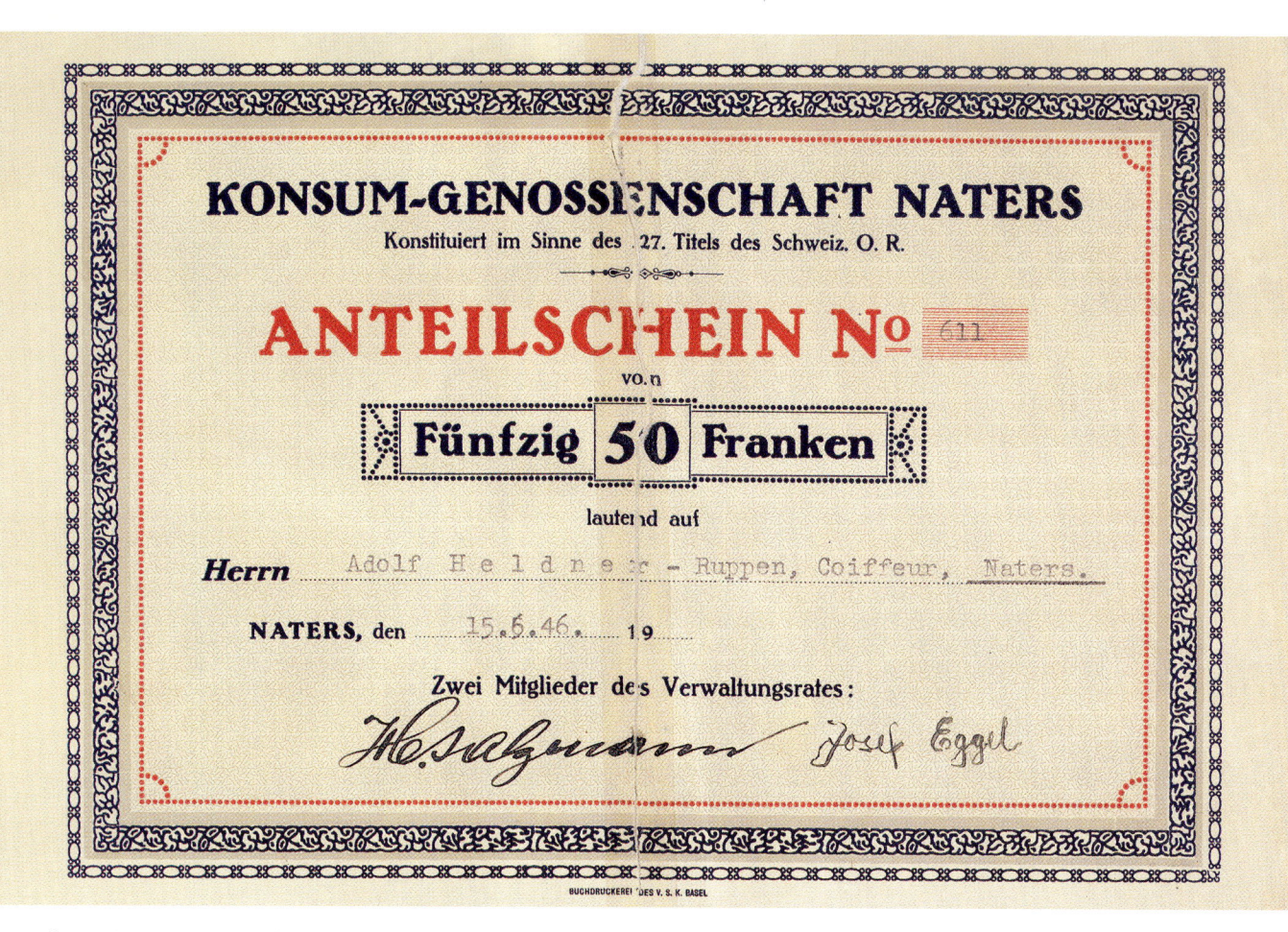

Im Allgemeinen prägten die Verwalter in kompetenter und umsichtiger Art wesentlich die Geschicke des Konsums. Vom ersten Verwalter Ludwig Eggel (1888–1946), Sohn des Kaspar, hiess es, sein sprichwörtlich gutes Herz sei manchmal in Konflikt mit der kaufmännischen Berechnung gestanden. Georges Zuber war der erste vollamtliche Verwalter. Und Hans-Rüedi Fallert wurde wegen seiner grossen Umsatzsteigerung auch «Mister 20 Prozent» genannt; so hoch waren nämlich die Steigerungen pro Jahr während seiner Tätigkeit. 1997 beschäftigte die Konsumgenossenschaft zehn vollamtliche Angestellte und fünf im Teilzeit.

*Ludwig Eggel, erster Verwalter.*

*Verwaltungsrat der Konsumgenossenschaft. Aufnahme von 1999. Von links: Josef Wirthner, Präsident Robert Giachino, Hedi Brunner, Beat Britsch, Verwalter Helmut Andenmatten, Reinhold Bumann.*

**Verwalter**

| | |
|---|---|
| 1911–1941 | Ludwig Eggel |
| 1941–1970 | Leo Eggel |
| 1970–1973 | Georges Zuber |
| 1973–1988 | Hans-Rüedi Fallert |
| 1988 | Reinhard Walker |
| 1988–1996 | Johann Bayard |
| 1996–1997 | Beat Schmid-Franzen |
| 1997–2000 | Helmut Andenmatten |
| 2000– | Patrick Ambord |

## Krankenkassen

Die Dorfkrankenkasse Naters wurde 1916 gegründet.[437] Im Jahre 1968 waren bei ihr 2086 Personen versichert. Da diese Krankenkasse nicht mehr lebensfähig war, fusionierte sie am 1. Juli 1972 mit der Christlichsozialen Kranken- und Unfallkasse der Schweiz (CSS). 1965 Mitglieder schlossen sich ihr an.[438] Als letzter Präsident amtete Alois Gertschen und Edmund Cathrein führte als Letzter die Kasse.

Neben der genannten Krankenkasse gab es früher auch die Krankenkasse Helvetia, Sektion Naters. Im Gründungsjahr 1914 zählte sie 30 Mitglieder und 1989, als die Kasse ihr 75-jähriges Bestehen feierte, waren es 487.[439] 1994 fusionierte sie mit anderen Sektionen der Krankenkasse Helvetia.

# Vereine, Zünfte und Klubs

1998 gab es in Naters sage und schreibe 88 Vereine, Zünfte und Klubs, davon 74 sogenannte weltliche und 14 kirchliche Vereine (Letztere vgl. unter «Pfarrei Naters»). Hierin sind die zahlreichen Genossenschaften und gemeinnützigen Vereinigungen (wie z.B. Raiffeisenbank usw.), die allesamt ebenfalls auf privater Basis geführt werden, nicht eingerechnet. Den Gewerbeverein findet der Leser im Kapitel «Handel, Gewerbe und Industrie» und der Verkehrs- und Bergführerverein wird im Kapitel «Tourismus» behandelt.

Innerhalb der 74 weltlichen Vereine gibt es fünf unterschiedliche Namensgebungen: 27 Vereine, 37 Klubs, vier Zünfte und sechs Fastnachtsgesellschaften (ein Drachentöter und fünf Guggenmusiken).

Unter den Natischer Vereinen ist die «Frauen- und Müttergemeinschaft» zahlenmässig absolute Spitzenreiterin. Die zehn grössten Vereine von Naters sind (mit Anzahl Mitgliedern, Stand 1998):

1. Frauen- und Müttergemeinschaft: 1115
2. TV Naters: 780 (inkl. Damen- und Männerriege)
3. St. Jakobsverein: 582
4. St. Barbaraverein: 460
5. Skiclub Belalp: 350
5. Verein für Volksgesundheit: 350
7. FC Naters: 300
8. Männerverein: 261
9. TV Dorothea SVKT: 226
10. Drachentöter: 202

Seit jeher unterstützt die Gemeinde Vereinigungen kultureller, sportlicher, sozialer und wirtschaftlicher Art mit einmaligen, periodischen oder jährlichen Beiträgen. Die Vereine werden entsprechend ihrer Zielsetzung in acht Hauptgruppen zusammengefasst und hierin in chronologischer Folge dargestellt. Die meisten Vereine stellen sich selbst vor, wobei der Schreibende die jeweiligen Vereinsunterlagen konsultierte. Am Schluss dieses grössten Kapitels sprechen wir noch von vier nicht mehr existierenden Vereinen.

## 1. Musikalische, folkloristische und Theater spielende Vereine

### Musikgesellschaft Belalp

**Allgemeines**

Da die Vereinsgeschichte der Musikgesellschaft Belalp (Abk. MGB oder MG Belalp) in verschiedenen Abschnitten themenzentriert behandelt wird, fällt dieser allgemeine Querschnitt relativ kurz aus.[440]

**Die ersten 50 Jahre: 1869–1919**

Über die Gründung der MG Belalp haben wir keine schriftlichen Unterlagen. Aus dem Jahre 1874 liegen uns zwar die ersten Satzungen, aus dem Jahre 1875 die neuen Statuten und mehrere Bürgschaftsverpflichtungen vor, eigentliche Protokolle besitzen wir erst seit 1900. Eine lebendige mündliche Tradition hielt jedoch die Erinnerung an die Gründung und die ersten Vereinsjahre wach. Bruchstückweise fand diese Überlieferung in späteren Vereinsakten ihren Niederschlag und recht ausführlich weiss davon die vom langjährigen Vereinsmitglied Meinrad Michlig verfasste Jubiläumsschrift des Jahres 1944 zu berichten.

*1894, kantonales Musikfest in Visp.*

Wie manche Oberwalliser Dorfschaft verdankt auch Naters die Entstehung seiner Dorfmusik nicht wenig dem Militärmusikwesen. Ein glücklicher Zufall wollte es, dass im Jahre 1869 acht junge Natischer als Militärmusikanten aus der Rekrutenschule zurückkehrten. Beseelt vom Wunsch, die Blechmusik auch in ihrem Heimatort einzuführen, schlossen sich diese Jungmänner noch im Jahre 1869 zu einer «Gesellschaft als Musikanten der Gemeinde Naters» zusammen.

Die acht Gründer waren:
*Moritz Eyer, des Moritz*  *Peter Imhof, des Josef*
*Moritz Eyer, des Johann Josef*  *Klemens Ruppen, des Anton*
*Josef Gasser, des Johann*  *Ludwig Schmidt, des Ignaz*
*Felix Gertschen, des Moritz*  *Stephan Zenklusen, des Moritz*

Laut der Satzung von 1874 durfte nur ein «rechtschaffener Bursche oder braver Mann» dem Verein beitreten. In den einleitenden Worten zu den Statuten vom 12. Dezember 1875 ist erstmals vom Vereinsnamen, nämlich von der «Musikgesellschaft Belalp», die Rede.

Am 27. Februar 1900 gab sich die Gesellschaft neue Statuten. Diese verlangten vom Vorstand, über alle Vereinsgeschäfte Protokoll zu führen und alljährlich eine Abrechnung vorzulegen. Gesamthaft gesehen blühte in der Folge das Vereinsleben auf. Der Zusammenschluss der «Belalp» mit den italienischen Musikkorps «Rebora» und «Odoni» im Jahre 1903 (anlässlich des Simplontunnelbaus) und die Übernahme der Direktion durch den ausgezeichneten Musiker Corrado Borsanoffio trugen das Ihre bei. Als bestbekannte Theatermusik bereiste die MG Belalp beinahe das ganze Oberwallis. Gegen 1907 kam das musikalische Leben beinahe zum Erliegen. Die Gründe lagen im ungelösten Dirigentenproblem und in der Folge auch im Ausbruch des Ersten Weltkrieges. Am 12. Oktober 1919 konnte die MG

*Musikgesellschaft Belalp am Oberwalliser Musikfest 1923 in Brig.* **1. Reihe** *(v.l.): Franz Bottazzi, Peter Giovangrandi, Oskar Bammatter, Gustav Salzmann, Arthur Gertschen, Siegfried Imhof, Josef Klingele, Alois Gertschen, Anton Grandi, Oswald Wyssen, Nemo Biondi, Franz Werner, Othmar Gertschen. –* **2. Reihe** *(v.l.): Alfred Salzmann, Albert Gertschen, Oswald Salzmann, Anton Comba, Leo Wyden, Moritz Salzmann, Fidel Zenklusen, Ulrich Ruppen, Ernst Salzmann, Philipp Fallert, Moritz Gertschen, Andreas Schmid, Emil Zenklusen, Arthur Klingele, Albert Volken. –* **3. Reihe** *(v.l.): Weibel Alfred Ruppen, Hans Ruppen, Hornträger D. Eyholzer, Fähnrich Hermann Klingele, Hornträger Cäsar Eggel, Alphons Epiney, Alexandre Rudaz, Henri Benetti, Jakob Casetti.*

Belalp mit Freude das Fest ihres 50-jährigen Bestehens feiern, an dem die ganze Gemeinde lebhaften Anteil nahm.

## Die zweiten 50 Jahre: 1920–1969

Kaum waren die Jubiläumsfeierlichkeiten abgeklungen, erklärten mehrere Mitglieder am 4. November 1919 den Austritt aus dem Verein. Die MG zählte nur noch zwölf «Aufrechte». Zu Beginn des Jahres 1920 gründeten etliche der ausgetretenen Musikanten unter dem Namen «Musikgesellschaft Naters» einen zweiten Verein. Persönliche und politische Hintergründe mögen dazu geführt haben. Dies war wohl die schwerste Krise der Vereinsgeschichte. In einem Schreiben vom 14. April 1920 versuchten die Gemeindeväter zu vermitteln. Unter der Führung des Vereinspräsidenten Josef Klingele und des Dirigenten Alois Gertschen schöpften die wenigen Getreuen neuen Mut und die MG Belalp entschied den Kampf mit der neuen Rivalin für sich. Die MG Naters wurde aufgelöst und mehr und mehr Musikanten fanden den Weg zurück in die MG Belalp.

In den Folgejahren erblühte das Vereinsleben aufs Neue und die Erfolge blieben nicht aus. Aber nicht lange, da das Interesse an der Musik schwand und die Proben schlecht besucht wurden. Pfarrer und Gemeindepräsident erschienen höchst persönlich an der ausserordentlichen Versammlung vom 7. März 1927 und forderten die Musici zum Weitermachen auf. Der Appell blieb nicht ungehört. Es ging wieder aufwärts, sogar in der wirtschaftlichen Krisenzeit der 30er-Jahre. Berechtigt und würdig feierte die MG Belalp am 14. Mai 1944 ihr 75-jähriges Jubiläum, zu dem sich die gesamte Bezirksprominenz einfand. Auch die Zeit nach 1945 war eine Periode reichen musikalischen Schaffens. Dirigent Alois Gertschen verstand es, die Musiker zu immer grösseren Leistungen anzuspornen. Es herrschte ein ausgezeichneter Vereinsgeist.

In den 60er-Jahren gingen die Musikanten mit dem tüchtigen Dirigenten Herbert Gertschen gut gerüstet der 100-jährigen Jubiläumsfeier entgegen. Diese fand in glanzvoller Weise vom 12. bis 14. September 1969 statt. Mit einem Festkonzert der Siderser Musik Gérondine begannen die Festlichkeiten am Freitagabend. Festgottesdienst und Fahnenweihe, die Totenehrung auf dem Friedhof sowie das Konzert des jubilierenden Musikkorps vor rund 200 prominenten Gästen setzten mit dem grossen Unterhaltungsabend am Samstag die Akzente der Feierlichkeiten. Am Sonntagnachmittag defilierten die Musikanten aus Naters, Leukerbad, Brig, Glis, Visp, Fiesch und Ried-Brig durch das geschmückte Dorf. Das Konzert der Gastvereine füllte den Nachmittag, während das grosse Fest am Abend mit Tanzrhythmen seinen Ausklang fand. Grosse Beachtung fand die zu diesem Anlass herausgegebene Festschrift (siehe Anm. 440).

## Nach der Hundertjahrfeier: 1970–1998

Auch nach der denkwürdigen Hundertjahrfeier ging die MG mit frischem Elan in die neue Zeit. Unter der Ägide der drei Dirigenten Herbert Gertschen, Elias Salzmann und Daniel Sieber ging die MG Belalp sicheren Schrittes dem 125-Jahr-Jubiläum von 1994 entgegen. Das Jubiläumskonzert (23. April), die eigentliche Jubiläumsfeier (14./15. Mai) und das Jubiläumsblasorchester mit der Aufführung «The Planets» (Die Planeten) von Gustav Holst (26./27. November) bildeten dabei die drei Höhepunkte.

Seit 1973 gibt die MG Belalp hektographiert in ca. 200 Exemplaren die ‹Vereinszeitung der Musikgesellschaft und der Jugendmusikschule Belalp› heraus. Bis 1998 erschienen in ununterbrochener Folge 26 Jahrgänge. Die abwechslungsreich gestaltete Schrift veröffentlicht vereinsinterne Informationen aller Art sowie Artikel über das Blasmusikwesen. Sie ist ein verbindendes Element unter den Mitgliedern. – 1998 gab die MG Belalp eine CD heraus mit dem Titel: «GALA DER MARSCHMUSIK – Musikgesellschaft BELALP NATERS» (Liveaufnahme). Das Konzert steht unter der Leitung von Daniel Sieber.

Die MG ist dem Bezirksverband, dem Oberwalliser und Kantonalen Musikverband sowie dem Schweizerischen Blasmusikverband angeschlossen. Bei der Gründung des Kantonalen Musikverbandes vom 13. Mai 1877 war auch Naters vertreten.

Die Musikgesellschaft ist gut gerüstet und willens, den guten Vereinsgeist weiterhin zu pflegen und das hohe Niveau zu halten im Bewusstsein, dass die MG Belalp zu Naters gehört wie der stolze Ornavassoturm.

## Präsidenten

| | | | |
|---|---|---|---|
| 1874–1875 | Felix Gertschen | 1932 | Gotthard Jossen |
| 1876–1898 | ? | 1933 | Moritz Salzmann |
| 1899–1900 | Johann Salzmann | 1933–1935 | Pius Werner |
| 1901 | Alfred Gertschen | 1936 | Hugo Michlig |
| 1902–1903 | Johann Salzmann | 1937–1939 | Fidel Zenklusen |
| 1904–1906 | Johann Gertschen | 1940–1941 | Pius Werner |
| 1907–1908 | Meinrad Michlig | 1942–1945 | Gustav Michlig |
| 1909 | Johann Salzmann | 1946–1949 | Arthur Fallert |
| 1910 | Peter Werner | 1950–1951 | Jules Eyer |
| 1914–1918 | Anton Salzmann | 1952–1957 | Pius Werner |
| 1918 | Alfred Gertschen | 1958–1959 | Othmar Werner |
| 1919 | Anton Salzmann | 1960–1965 | Paul Scheuber |
| 1920–1925 | Josef Klingele | 1966–1971 | Peter Schmid |
| 1925–1926 | Ulrich Ruppen | 1971–1977 | Stefan Gertschen |
| 1926–1928 | Fidel Zenklusen | 1977–1983 | Pius Eyer |
| 1929 | Otto Zenklusen | 1983–1990 | Norbert Schaller |
| 1930 | Josef Ritz | 1990–1996 | Bruno Escher |
| 1931 | Othmar Gertschen | 1996– | Dr. Theo Lauber |

*Vorstand der «Belalp». Aufnahme von 1999. Von links: Fähnrich Clemenz Eggel, Claudio Jossen, Jacqueline Venetz, Präsident Dr. Theo Lauber, Rafael Ackermann, Christian Ritz, Dirigent Daniel Sieber; Ehrendamen: Agnes Eggel, Rosemarie Schweizer.*

## Dirigenten

Nach der Überlieferung soll die MG von 1869 bis 1889 auswärtige Dirigenten gehabt haben. Es waren dies: Eugen Loretan, Brig, Adrian Grichting, Leukerbad, und ein gewisser Musiklehrer Nellen. Obwohl die Gesellschaft von 1889 an ständig ortseigene Dirigenten besass, wurden trotzdem oft Musiklehrer von auswärts zugezogen, so: Josef-Marie Imhof, Brig, Viktor Kaufmann, von Luzern in Brig, Corrado Borsanoffio, ein gewisser Herr Kubat und Professor Gustav Zimmermann vom Kollegium Brig.

Nachstehend das weitere Verzeichnis der Dirigenten:
1889–1909   Johann Salzmann
1910–1912   Moritz Salzmann, Bruder des Vorigen
1913–1919   Alfred Salzmann, des Johann (s.o.). Er durfte 1969 als 90-Jähriger mit der Musikgesellschaft das 100-jährige Jubelfest begehen.

### Alois Gertschen: 1919–1958

Während 39 Jahren gab er der MG Belalp ihr eigentliches Gepräge und führte sie von Erfolg zu Erfolg. Von den vielen hervorragenden Juryberichten zitieren wir hier nur jenen von Professor Dr. Walter Biber aus dem Jahre 1950: «Die tüchtige Direktion, die ein ausgeprägtes Gefühl für werktreue Interpretation besitzt, wusste aus dem Stück ‹Das Leben ein Kampf›, von K. Friedeman, etwas herauszuholen, und die ausgezeichnete Spieldisziplin brachte eine Leistung zustande, für die das Prädikat ‹vorzüglich› nicht zuviel ist.» (Ausführliches Porträt von Alois Gertschen im Kap. «Präsidenten», Nr. 131.)

### Herbert Gertschen: 1958–1980, 1981–1983

Als Alois Gertschen demissionierte, wählte man seinen Sohn Herbert (*1930) diskussionslos zum Nachfolger. Im Elternhaus wurde seine musikalische Veranlagung gefördert, das nötige technische Rüstzeug erwarb er sich «spielend». Herbert Gertschen bildete sich am Konservatorium in Bern weiter. Als Trompeter-Wachtmeister und Militärspielführer bereitete er seine Laufbahn als Dirigent vor. Ihm gelang es, die MG von der reinen Blechmusik zur Harmoniemusik zu führen. 1968 wurde er zum Präsidenten des Oberwalliser Musikverbandes gewählt. Während 25 Jahren dirigierte Herbert Gertschen, der auch Ehrenpräsident ist, mit grosser Umsicht und fachlichem Können die MG Belalp. Gertschen wurde auch wegen seiner menschlichen Qualitäten hoch geschätzt.

### Elias Salzmann: 1980–1981, 1983–1990

In Luzern holte sich Elias Salzmann (*1948, des Albert) das Diplom als Dirigent. Im Militärdienst war er Trompeter-Wachtmeister und Spielführer. Als ehemaliger Dirigent der Musikgesellschaft Fiesch (1970–1975), als grosser Förderer der Jugendmusikschule Belalp und deren Dirigent (1976–1985) sowie als Vizedirigent der MG Belalp brachte er eine reiche musikalische Erfahrung mit, um das Werk seiner grossen Vorgänger weiterzuführen.

### Daniel Sieber: 1990–

Bestens bekannt als Trompeter, absolvierte Daniel Sieber (*1961, des Josef) nach der Matura C am Kollegium in Brig (1982) seine Studien am Konservatorium in Lausanne (1982–1987). Er erhielt mehrere Auszeichnungen, so 1983 den «Prix Lausanne-Jeunesse», 1984 den «Prix Diringier» und eine «Mention Spéciale du Jury». 1985 Lehrdiplomabschluss und «Premier Prix de Virtuosité». Danach erwarb er die «Licence de Concert» und bildete sich zum Dirigenten aus. 1985: erster Oberwalliser Kiwanis-Kulturpreis. 1988–1992: Studium der Betriebswissenschaft an der HWV in Visp.

Wegen einer Erkrankung, die ihm das Musizieren mit der rechten Hand erschwerte, musste Daniel Sieber das Trompetenspielen stark reduzieren, was für ihn ein harter Schicksalsschlag bedeutete. Seither konzentriert er sich auf das Dirigieren. (Vgl. Kap. «Burgergeschlechter [...] », unter «Sieber».)

## Mitglieder

Die MG Belalp besteht aus Aktiv-, Passiv- und Ehrenmitgliedern sowie aus Ehrenveteranen. Aktivmitglied kann werden, wer während eines Probejahres seine musikalische und kameradschaftliche Eignung beweist. Ehrenmitglied wird, wer der MG Belalp während 25 Jahren als Aktivmitglied angehört oder sich in hervorragender Weise um die Gesellschaft verdient gemacht hat. Ersterer erhält als Auszeichnung das Ehrendiplom und eine Walliser Kanne. Jeder Veteran des Eidg. Musikverbandes wird Ehrenveteran, wenn er der MG Belalp während 35 Jahren als Aktivmitglied angehört hat. Er erhält als Auszeichnung eine Erinnerungsplakette. Bei 50-jähriger Aktivmitgliedschaft wird eine goldene Uhr überreicht. Pro zehn Jahre Aktivmitgliedschaft erhält jedes Mitglied als Zeichen der Anerkennung einen Stern an seiner Uniform. Adolf Augsburger (1887–1968), ein grosser Gönner der MG Belalp, war Ehrenpräsident. Die Aktivmitglieder zahlen keine Jahresbeiträge.

*Mitgliederbestand:* 1869: acht; 1903: 43 (infolge des Zusammenschlusses mit den Musikgesellschaften «Rebora» und «Odoni»); 1920 (Krisenjahr): zwölf; in den 20er-Jahren über 40, in den 30er-Jahren ca. 50; 1953: 60; 1969 (beim 100-jährigen Jubiläum): 76 Aktive; 1998: 90 Aktivmitglieder, 375 Passivmitglieder, 72 Ehrenmitglieder und Ehrenveteranen.

In den Reihen der MG Belalp ging die Liebe zur Musik oft von den Vätern auf die Söhne über. Es finden sich heute Musikanten, die als Nachkommen von Gründern in der vierten und fünften Generation dem Verein die Treue halten, und die Gesellschaft kennt Mitglieder, die während 40, 50 und mehr Jahren (z.B. Hermann Salzmann: 53 Jahre) aktiv mitwirkten.

Kameradschaft und Geselligkeit werden bei den Musikanten gross geschrieben. Sollte es vorkommen, dass ein Musikant die Kraft des Weines unterschätzt und deshalb den Heimgang «ersorget», richtet er sich nach folgender Devise:

> «Wenn d'Alta tüot murru,
> la schi la surru.
> Und triichoscht mal z'vill,
> häb di hibsch still;
> ds Rüschji vergeit
> und d'Surra gschteit.»      (von Moritz Gertschen)

## Anlässe

Mannigfaltig ist die Zahl der musikalischen Auftritte, welche die MG jahraus, jahrein zu absolvieren hat. Dazu kommen noch die vielen Proben. Besonders fleissige Mitglieder erhalten Auszeichnungen. Die Zahl der jährlichen Auftritte (ohne Proben) erstreckt sich in der Regel auf 25 bis 30. Bald sind es Anlässe mit Konzertcharakter (Jahreskonzerte, auswärtige Konzerte, Neujahrsständchen, 1.-August-Feier, Mitwirkung an Jubiläen, Primizen, Firmungen, Ornavassotreffen, Theater usw.). Bald sind es Auftritte, welche die MG Belalp als Marschmusikkorps bestreitet (Prozessionen wie Fronleichnam, St. Merez, Weisser Sonntag; Umzüge, Empfänge usf.). Geschlossen tritt die MG ferner bei Beerdigungen von Vereinsmitgliedern auf. Es darf hier als Detail angeführt werden, dass die MG Belalp 1899 an der Einweihung des Pfyndenkmals zusammen mit der Stadtmusik Saltina und der Kollegiumsmusik aus Brig aufspielte.

*150 Jahre «Belalp», Naters (1994).* **1. Reihe** *(v.l.): Josef Zenhäusern, David Margelisch, Egon Salzmann, Elisabeth Schwery-Kinzler, Richard Salzmann, Bruno Eggel, Bruno Escher, Daniel Sieber, Hans Ruppen, Hubert Jossen, Benito Pellanda, Paul Scheuber, Josef Werner, Stefan Gertschen. –* **2. Reihe** *(v.l.): Fabienne Lochmatter, Christine Eggel, Roger Seiler, Christian Ritz, Rudolf Squaratti, Martin Ittig, Norbert Schaller, Otto Wyssen, Ernst Kluser, Raphael Ackermann, Leander Zenhäusern, René Wyssen, Hubert Salzmann, Andreas Amherd, Pius Eyer, Irene Jossen, Rosemarie Schweizer. –* **3. Reihe** *(v.l.): Marco Brunner, Stefan Stabinger, Kilian Gertschen, Paul Fux, Dr. Theo Lauber, Urs Werner, Christian Grand, Stefan Werner, Beat Holzer, Remo Amherd, Alain Metry, Hans Imwinkelried, Rainer Jossen. –* **4. Reihe** *(v.l.): Fabienne Truffer, Jacqueline Venetz, Silvia Giachino, Priska Amherd, Fernanda Studer, Ulrike Margelisch, Chantal Ruppen, Chantal Klingele, Christine Kammer, Manuela Briand, Charlotte Briand, Jeannine Zenhäusern, Alexandra Volken, Esther Ritz, Marianne Sieber-Theler. –* **5. Reihe** *(v.l.): Hugo Imhof, Stefan Zenhäusern, Franco Pecchio, Yvo Ruppen, Gilbert Briand, Christian Zenklusen, Clemenz Eggel, Moritz Walker, Theo Eyer, Adrian Escher, Christian Michel, Moritz Loser, Cäsar Eggel, René Ruppen, Reto Sieber.*

Unter den musikalischen Anlässen ragen die Musikfeste besonders hervor. Nur ausnahmsweise nahm die MG Belalp an Bezirks-, Oberwalliser und kantonalen Musikfesten nicht teil. Am kantonalen Musikfest war die MG schon 1889 in Sitten und 1894 in Visp vertreten. An Eidg. Musikfesten nimmt die MG Belalp nur teil, sofern dies die GV beschliesst.

Seit der Gründung des Bezirksmusikverbandes Brig im Jahre 1933 nahm das Musikkorps alljährlich am Bezirksmusikfest teil (ausser 1969 wegen des tragischen Ausgangs des Automobilbergrennens Naters–Blatten) und hatte mehrmals die Ehre, dieses Fest im eigenen Dorf zu organisieren. Das Oberwalliser Musikfest wurde in Naters 1919, 1934, 1962 und 1992 durchgeführt, das kantonale 1955. Am 15./16. Juni 1996 nahm die MG in Interlaken erstmals an einem Eidg. Musikfest teil. Laut zahlreichen Juryberichten war das Natischer Musikkorps immer wieder erfolgreich. Doch die Fachexperten zauderten auch nicht, Mängel aufzuzeigen.

Verschiedentlich machte Radio DRS Musikaufnahmen, so 1963, 1971 zweimal, 1980, 1986 und 1989. Am 5. September 1986 war die MG Belalp anlässlich der «Chum und lueg»-Sendung aus Naters am Fernsehen zu sehen und zu hören. Die Musikgesellschaft kam zudem in kurzen Fernsehauftritten während der Übertragung des Eidg. Jodlerfestes von 1987 in Brig/Glis-Naters und des Eidg. Tambouren- und Pfeiferfestes 1990 in Naters zur Geltung. 1993 nahm die «Belalp» als einzige Musikgesellschaft des Oberwallis an der «Swiss Parade» teil. Dieser Blasmusikwettbewerb wurde vom Eidg. Musikverband organisiert. Die «Belalp» war am 29. Mai 1993 auf Radio DRS 1 zu hören. Am 15. März 1997 belegte sie am «Musikpreis Grenchen» den 5. Rang.

Im Theaterspielen war die Musikgesellschaft mit Abstand Spitzenreiterin sämtlicher Natischer Vereine. Bis 1998 trat sie mit sage und schreibe 46 Theaterstücken an die Öffentlichkeit, oft verbunden mit musikalischen Darbietungen (vgl. Kap. «Theaterleben»).

Nikolaus- und Familienabende, Schlittenfahrten, Raclette-Ausflüge stehen ebenso auf dem Programm wie gelegentliche gemeinsame Reisen. Nachstehend die grösseren Ausflüge:

| | | | |
|---|---|---|---|
| 1907 | Gondo/Iselle | 1931 | Locarno |
| 1909 | Ausserberg | 1949 | Genf |
| 1912 | Stresa | 1956 | Luzern |
| 1914 | Gletsch | 1963 | Insel Mainau |
| 1917 | Raron | 1970 | Locarno |
| 1920 | Thun | 1976 | Schwarzwald |
| 1925 | Mailand/Genua | 1982 | Appenzell |
| 1928 | Ornavasso | 1987 | Insel Mainau |

## Repertoire

In den ersten Jahren ihres Bestehens war das Repertoire der MG gar bescheiden. In ihrem Musikbuch befanden sich lediglich sieben Märsche, zwei Walzer, eine Mazurka und zwei Andante. Erst nach 1900 wagten sich die Musikanten an grössere Stücke heran. Viele für die Blasmusik bearbeitete Orchesterwerke fanden Aufnahme ins Repertoire der MG Belalp. Das italienische Element war dabei besonders stark vertreten (z.B. Verdis Fantasien aus den Opern «Il Trovatore», «Rigoletto» und «La Traviata»). Auch Ouverturen zu Opern wurden gespielt. Mit der Beethoven-Ouverture «Egmont» z.B. holten sich die Natischer Musikanten beim Concours des kantonalen Musikfestes 1924 in Visp den 1. Rang in der Kategorie 1.

Der von Professor G. Zimmermann für die Natischer Musik geschriebene Marsch «Den 13 Sternen» und das gehaltvolle «Regina Coeli» vom selben Komponisten wurden wiederholt aufgeführt.

Seit dem Zweiten Weltkrieg fand die MG auch den Weg zu vielen wertvollen Originalkompositionen von Schweizer und ausländischen Komponisten. Für die Aufführung der Ouverture «Perikles» von F. Königshofer erhielt die MG Belalp 1968 anlässlich des Oberwalliser Musikfestes in Brig von der Jury das Prädikat «vorzüglich» zuerkannt.

In jüngerer Zeit fanden mehr und mehr moderne Kompositionen Aufnahme in die Konzertprogramme. Vom Publikum gut aufgenommen wurden seit jeher die Operettenmelodien (z.B. aus «Die lustige Witwe» von Franz Lehár oder dem «Vogelhändler» von Zeller).

Diese bruchstückhafte Darlegung des Repertoires der MG zeigt, dass sich im Laufe der Jahre die Stückwahl sehr stark verändert hat und die Auswahl grösser geworden ist.

## Instrumente

Laut Satzung hatte jedes Mitglied zu Anfang sein Instrument auf eigene Kosten anzuschaffen. Die Statuten vom 24. Februar 1900 brachten die Neuerung, dass zukünftig jedes Mitglied von der Gesellschaft Instrument und Notenbuch erhalten sollte. Noch im Jahre 1900 führte die MG die dadurch notwendig gewordene Instrumentierung durch.

Die Vereinsversammlung vom 4. Mai 1909 beschloss den Ankauf neuer und die Instandstellung sämtlicher alten Instrumente. Die Freude der Musikanten war gross, als ihnen am 5. Oktober 1909 neue und neuartige Instrumente ausgehändigt werden konnten.

In den 20er- und 30er-Jahren erwarb die MG nur vereinzelt neue Instrumente. Die zusätzlich benötigten Trompeten, Posaunen und Hörner wurden bei verschiedenen Musikhäusern gemietet. Ein noch vorhandener Mietvertrag beweist, dass die MG Belalp 1922 erstmals durch zwei Saxofone erweitert wurde. Durch den Ankauf von zwei Metallklarinetten im Jahre 1945 erfuhr die Instrumentierung der Musikgesellschaft eine weitere Bereicherung.

Als der Mitgliederbestand zu Beginn der 60er-Jahre auf über 65 Mann anstieg, musste sich ein Drittel der Musikanten die Instrumente privat beschaffen. Um mit

*Klarinette.*

diesem unhaltbaren Zustand aufzuräumen, beschloss die GV am 9. September 1964, eine Neuinstrumentierung durchzuführen. Ein bedeutender Gemeindebeitrag von 10 000 Franken und eine gross angelegte Sammelaktion bewirkten, dass die Finanzierung der gesamten Neuinstrumentierung im Betrag von 77 000 Franken in kürzester Zeit gesichert war, die Neuinstrumentierung 1965 durchgeführt und die Instrumente am 12. Juni 1966 gesegnet werden konnten.

Da die Zahl der Musikanten stetig anwuchs, erfolgte 1989 eine teilweise Neuinstrumentierung. Die Gemeinde sprach hierfür einen Betrag von 20 000 Franken.

## Uniform

Schon vor 1900 traten die Natischer Musikanten mit einer einheitlichen Kopfbedeckung in Form eines Strohhutes auf. 1921 wurde dieser durch die bekannte Blaumütze ersetzt. Des Öfteren eröffnete das Ehrenmitglied Meinrad Michlig die Begrüssung der Musikanten mit den Worten «Werte Blaumützen!». Nach fast 30 Jahren wurden die Blaumützen durch dunkelblaue Mützen ersetzt, die nach acht Jahren der Musikgesellschaft Bürchen übergeben wurden.

Am 25. Mai 1958 weihten die Natischer ihre erste Uniform ein. Die Feier fand ihren Abschluss in einem Umzug durch die Strassen des Dorfes. Die Musikanten ernteten grossen Beifall. Der erstaunlich hohe Sammelbetrag von 26 000 Franken erlaubte es, die Rechnung für die Uniformierung sofort zu begleichen.

Zwei Jahrzehnte später, 1978, mussten die Musici erneut eine Uniformierung vornehmen. Man einigte sich auf eine einfarbige, mittelblaue Uniform, deren weisse Streifen und Brustschnüre einen guten Kontrast bilden. Auf einen Unterhaltungsabend und ein Galakonzert der Stadtmusik Saltina, Brig, am 28. und 29. April 1978 folgte am nächsten Tag im Rahmen eines Konzertprogramms, bei dem sieben Musikvereine konzertierten, die feierliche Einweihung der neuen Uniform. Doch schon 1982 musste auch diese Uniform erneuert werden, da die Stoffqualität den Anforderungen nicht genügte.

## Die Vereinsfahnen

In der Jubiläumsschrift von 1969 (S. 115–125) sind die ersten drei reich verzierten Vereinsfahnen abgebildet und ausführlich beschrieben.

### Erste Fahne

Das erste Vereinsbanner ist wahrscheinlich 1874 angefertigt worden. Die Burgerschaft spendete 1877 «für die neue Musikfahne» 200 Franken.[441] Da in der Jahresrechnung von 1900/01 «für die neue Fahne» von Ausgaben in der Höhe von 86.25 Franken die Rede ist, könnte es möglich sein, dass die Goldstickereien von der ersten, nicht mehr erhaltenen Fahne um die Jahrhundertwende auf den neuen Faille-Seidenstoff appliziert wurden. Fahnengrösse: 95x110 cm. Vorderseite: Eichenzweig und Lyra sowie Beschriftung «BELL-ALP NATERS». Rückseite: Doppelzweig, Walliser Wappen und Text «GEGRÜNDET 1874».

### Zweite Fahne

Eingeweiht am 9. Mai 1920. Preis: 1184 Franken; die Gemeinde zahlte 500 Franken. Fahnengrösse: 120x120 cm. Der St. Barbaraverein übernahm die Patenschaft. Auf der weissen Seite: im Zentrum eine Lyra, umgeben von reichem Rankenwerk, zu deren Füssen vier Blasinstrumente, zwei Notenblätter und ein Dirigentenstab. Beschriftung, oben: «REIN-IM-KLANGE-TREU-IM-WORT», unten: «GEWIDMET ZUM 50. JÄHR. JUBILÄUM». Auf der blauen Seite: Belalp-Panorama, Walliser und Natischer Wappen sowie die Inschrift «MUSIKGESELLSCHAFT BEL-ALP NATERS 1869–1919».

*Zweite Fahne.*

### Dritte Fahne

Einsegnung am 13. September 1969 anlässlich des 100-jährigen Jubiläums. Paten: Therese Biffiger-De Paoli und Josef Venetz (1900–1979), Apotheker. Preis der Fahne: 3250 Franken. Grösse: 140x140 cm. Die Transparentfahne zeigt das Wappen von Naters (Mitra mit zwei gekreuzten Krummstäben), eine silberne Lyra und die Beschriftung «MUSIKGESELLSCHAFT NATERS 1869–1969».

### Vierte Fahne

Einsegnung am 14. Mai 1994 anlässlich des 125-jährigen Jubiläums. Paten: Marceline Christig-Marner und Richard Walker (1939–1994). Die Fahne, gestaltet von Edelbert W. Bregy, zeigt die Belalp mit dem Ausblick auf den Aletschgletscher. Rechts oben das Natischer Wappen: in Rot gekreuzte goldene Bischofsstäbe, von einer Mitra überhöht. Die Farben Rot und Gelb stehen für die Gemeinde Naters, Rot und Weiss für das Wallis. Dazu gesellt sich die blaue Farbe des Walliser Himmels. Das Blau widerspiegelt auch die Farbe der eleganten Uniform der MG Belalp.

## Finanzen

Die finanzielle Situation spielte für die Musikgesellschaft seit jeher eine wichtige Rolle. Opferfreudigkeit und erfinderischer Geist liessen die Musikanten diese Aufgabe stets lösen. Zur Sanierung der Vereinskasse führten die Musici im Laufe der Jahre die verschiedensten Veranstaltungen durch, so z.B. Musikfeste, Tombolas, Lottos, Konzerte, Kollekten und Theater. Geschickt wandten sich die Musikanten rechtzeitig an die Gemeinde, um von ihr ordentliche und ausserordentliche Beiträge zu erhalten. Die Gemeindeväter hatten hierfür stets ein offenes Ohr und unterstrichen bei jeder sich bietenden Gelegenheit die kulturelle Bedeutung der MG für die Dorfschaft. Auch die Bevölkerung steht seit eh und je mit grosser Sympathie hinter ihrer Dorfmusik.

## Musiklokal

Während fast eines Jahrhunderts mussten die Musikanten für ihre Proben von einem Lokal ins andere wechseln. Es waren dies nacheinander folgende Lokalitäten: Wohnung Amherd an der Judengasse – Saal des Ruppenhauses am Kelchbach – Haus David Eyer – Haus Urnavas – Klingelehaus in der «Breite» – Klosi-«Mili» – nachmaliges Kohlenlokal des Ornavassoturms – erster Stock desselben Turms – Bühne des alten Lindensaals – Küche des ehemaligen Restaurants Kelchbach – Ornavassoturm – Asyl der Missione Cattolica – wiederum Ornavassoturm – alter Lindensaal.

Keines dieser Lokale vermochte voll zu befriedigen. Man wollte ein vereinseigenes Probelokal. Zusammen mit der Gemeinde Naters, die dringend einen Zivilschutzraum benötigte, trat die MG Belalp als Bauherrin auf. 1967 entstand auf der Westseite des oberen Schulhausplatzes ein gefälliges Gebäude. Dessen Obergeschoss mit Musiksaal, Archivraum usw. wurde der MG grundbuchamtlich als Stockwerkeigentum im Baurecht übertragen. Die Gemeinde gewährte unentgeltlich das Baurecht und zahlte Fundament, Dach und Decke des Erdgeschosses. Grosszügige Spezialrabatte der Unternehmer und bis zu 1000 Stunden Fronarbeit durch die Vereinsmitglieder bewirkten, dass die Bauabrechnung auf nur 47 455.45 Franken zu stehen kam. Zu

*Vierte Fahne der MG Belalp, von 1994. Von links: Fähnrich Moritz Walker; Paten: Marceline Christig-Marner, Gemeindepräsident Richard Walker (†1994); Bruno Escher, Präsident der Musikgesellschaft.*

*Jugendmusik Belalp, 1998.* **1. Reihe** *(v.l.): Geneviève Blanc (Ehrendame), Barbara Eyer, Bettina Mangold, Saskia Rieder, Barbara Kiechler, Patrizia Eggel, Gianpiera Casiero, Kathrin Zenhäusern, Cornelia Biner, Doris Loser, Paola Schumacher (Ehrendame). –* **2. Reihe** *(v.l.): Elisabeth Schwery-Kinzler (Präsidentin), Iwan Zenhäusern, Jenny Tscherrig, Carmen Ruppen, Jeannine Eggel, Esther Kraft, Chantal Wyssen, Michael Ruppen, Myriam Pfammatter, Alex Rüedi (Dirigent). –* **3. Reihe** *(v.l.): Samuel Werner, Philipp Imwinkelried, Ambros Werner, Martin Salzmann, Daniel Rittiner, Nadine Anthenien, Denise Bumann, Wendelin Schwery, Kerstin Mangold, Antonia Schwery. –* **4. Reihe** *(v.l.): Jürgen Hauser, Daniel Bumann (Fähnrich), Robert Salzmann, Klaus Salzmann, David Ricci, Daniel Schmid (Vizedirigent), Ramon Ebener, Dominik Lambrigger, Pauli Tscherrig, Adrian Küenzi, Erwin Kiechler, Sebastian Werner.*

Beginn des Jahres 1968 konnte die Gesellschaft ins neue Musiklokal einziehen. Die Freude war gross. 1980 erfolgte für die Aufbewahrung der Musikalien und Instrumente an der Nordwestseite ein gelungener Anbau.

# Jugendmusik Belalp

## Gründung und Entwicklung

Die Natischer Jugendmusik entstand aus der Musikgesellschaft Belalp.[442] Dieser den Nachwuchs zu sichern, war Anlass für die Gründung. 1973 liessen sich 75 Jugendliche der 4. bis 6. Primarklassen für diese Idee begeistern und wurden von Musikanten der MG Belalp ausgebildet. Am 15. Juni 1976 erfolgte die Gründung der Jugendmusikschule Belalp und damit der Jugendmusik. Sie hat einen eigenen Vorstand, ist aber eine Untersektion der MG Belalp. Zwei Elternteile vertreten im Vorstand die Interessen der Jugendlichen.

Das Jahres-, Advents- und Seniorenkonzert, das Muttertagsständchen, die Teilnahme an Gemeindeanlässen sowie an Oberwalliser, kantonalen und Eidg. Jugendmusikfesten machen deutlich, dass die jungen Musizierenden mit ihrem frischen, unbekümmerten Auftreten in der Musikszene Naters einen festen Platz innehaben. Den bisher wohl grössten Erfolg verbuchte die Jugendmusik am 10./11. Mai 1997 beim internationalen Jugendmusik-Wettbewerb «Euroton 97» in Wertingen (Deutschland), wo sie Kategoriesieger wurde.

## Präsidenten/Präsidentinnen

| | |
|---|---|
| 1976–1979 | Josef Burri |
| 1979–1985 | Stefan Gertschen |
| 1985–1991 | Josef Zenhäusern |
| 1991–1993 | Martin Ittig |
| 1993–1996 | Fabienne Truffer |
| 1996– | Elisabeth Schwery-Kinzler |

## Direktion

| | |
|---|---|
| 1976–1985 | Elias Salzmann |
| 1985–1987 | Daniel Sieber |
| 1987–1991 | Charly Zumofen |
| 1991–1992 | Urs Werner |
| 1992– | Alex Rüedi |

*Zur Person von Alex Rüedi:* Er stammt aus Wattwil/SG, wohnt in Gamsen und studierte Saxofon und Querflöte in Bern und Basel. Er ist vor allem durch die Alex-Rüedi-Big-Band bekannt, spielt aber noch in verschiedenen anderen Bands mit und arbeitet auch als Dirigent und Musikdozent.

## Mitglieder – Bekleidung – Fahne

Mitgliederzahl 1998: Aktive 40, in der Ausbildung 61. Für die Beschaffung der früheren Einheitsbekleidungen der Jugendmusik fand man stets grosszügige Gönner. Heute erscheint die Musik an warmen Tagen in einem T-Shirt und in der kälteren Jahres-

zeit in einem Sweatshirt, gesponsert von der Belalp-Bahnen AG, natürlich mit deren Signet, den Belalp-Geissen.
Fahnenweihe: 24. Mai 1979. Paten: Amanda Schnydrig und Philibert Zurbriggen. 26. April 1996: Feier des 20-jährigen Jubiläums, verbunden mit einem Konzert.

# Trachtengruppe

## Gründung und Werdegang

Am 19. April 1938 gründeten 23 Frauen die Trachtengruppe Naters.[443] Als Initiantin gilt Cäsarine Amherd-Ruppen. Der Verein bezweckt die «Pflege und Erneuerung der echten Volkstracht», oder wie es im Protokollbuch heisst: «dass die schönen Trachten, mit denen sich unsere Mütter und Grossmütter geschmückt haben, wieder zu Ehren gezogen werden».

Mit viel Idealismus gelang es, den jungen Verein durch die schwierigen Kriegsjahre zu bringen und finanziellen Engpässen zu trotzen. In den folgenden Jahren erlebte der Verein einen steten Mitgliederzuwachs. Die Trachtengruppe beging am 29. Oktober 1988 mit besonderer Feierlichkeit das 50-jährige Bestehen. In neuerer Zeit ist innerhalb des Vereins auch eine Kinder- und Erwachsenentanzgruppe entstanden.

Die rührige Trachtengruppe pflegt in ihren Reihen auch das gemütliche Zusammensein, was sie durch gelegentliche Ausflüge besonders unterstreicht. Ein wichtiger Anlass ist jeweils die Generalversammlung, an der stets Vertreter von Gemeinde und Pfarrei den initiativen Trachtenfrauen für ihre Arbeit Dank und Anerkennung zollen.

Mitgliederbestand 1998: 76.

*Vorstand der Trachtengruppe mit Sonntagstracht, 1998. **1. Reihe** (v.l.): Anita Walker, Lea Jeanneret (mit Werktagstracht), Veronika Lochmatter, Josefine Eggel. – **2. Reihe** (v.l.): Präsidentin Aline Zenklusen, Anna Salzmann, Paula Walker.*

*Sitzend (v.l.): Johann-Josef Ruppen (1891–1950), Luise Ruppen-Zenklusen (1852–1926), Alfons Ruppen (1859–1934), Erbauer der Trämelkapelle. – Stehend (v.l.): Therese Karlen-Ruppen (1883–1964), Marie Nellen-Ruppen (1893–1936), Kreszentia Schmid-Ruppen (1879–1956), Luise Salzmann-Ruppen (1881–1950). Aufnahme um 1920. Die Frauen in der Walliser Tracht.*

## Bei vielen Anlässen dabei

Für die Aktivmitglieder ist das Tragen der Tracht an elf in den Statuten bezeichneten Tagen vorgeschrieben. Daneben werden die Damen auch immer wieder zu wichtigen Anlässen eingeladen, um bei Apéros in ihrer Tracht zu servieren. Dies war z.B. 1996 16-mal der Fall.

Kaum ein kirchlicher oder weltlicher Anlass vergeht, an dem nicht die Trachtengruppe mit ihrer Präsenz der Feier einen festlichen Charakter verleiht. Die Frauen in ihren vielfältigen Trachten sind aber mehr als blosse Zugabe und Verschönerung des Festes. Es ist vielmehr ein Bekenntnis zur Tracht und damit die innere Überzeugung für das Althergebrachte.

Zu den Höhepunkten des Vereinslebens zählt jeweils die Teilnahme an den kantonalen und nationalen Trachtenfesten, an denen die Natischerinnen seit 1941 bis auf wenige Ausnahmen stets mit von der Partie waren. 1972 trat der Verein selbst als umsichtiger Gastgeber des kantonalen Trachtenfestes auf.

## Präsidentinnen

| | |
|---|---|
| 1938–1939 | Monika Michlig-Werner |
| 1939–1946 | Cäsarine Amherd-Ruppen |
| 1946–1950 | Silvia Cretton |
| 1950–1951 | Brigitte Bellwald-Werner |
| 1951–1954 | Marie Gertschen-Imsand |
| 1954–1980 | Olga Bumann-Marx |
| 1980–1993 | Marianne Walker-Volken |
| 1993– | Aline Zenklusen-Salzmann |

Olga Bumann wurde als Präsidentin mit der längsten Amtsdauer sowie als fleissige Trachtenschneiderin 1980 verdientermassen zur Ehrenpräsidentin gewählt.

# Jodlerklub Aletsch

## Gründung und Ziele

Die Gründungsversammlung des Jodlerklubs Aletsch (JKA) fand am 26. Februar 1966 im Restaurant Belalp in Naters statt.[444] Initianten waren Walter Schnydrig und Moritz Summermatter. Die Namen der 17 Gründer sind:

*Eyer Benno*
*Hutter Martin*
*Pfammatter Werner*
*Ruppen Clemens*
*Salzmann Andreas*
*Salzmann Ewald*
*Salzmann Robert*
*Schmid Arthur*
*Schnydrig Gottfried*
*Schnydrig Walter*
*Stupf Karl*
*Summermatter Moritz*
*Walker Ernst*
*Walker Moritz*
*Werner Othmar*
*Wyssen Edmund*
*Wyssen Moritz*

Der Jodlerklub bezweckt die Ausbildung seiner Mitglieder im Jodelgesang sowie die Pflege der Kameradschaft und Geselligkeit.

## Aktivitäten

Die Teilnahme an kirchlichen und weltlichen Anlässen ist beim Jodlerklub Aletsch zur Tradition geworden. Bei den 15 bis 18 jährlich stattfindenden Auftritten hören wir ihn wiederholt bei Hochzeiten in Naters und der weiteren Umgebung, am Eidg. Bettag im Aletschji, beim «Burgertrüch», am Ersten August, beim volkstümlichen «Urchigen Blattnerfest», das er alljährlich am 15. August zusammen mit dem Tourismusverein Blatten-Belalp in Blatten organisiert, sowie bei vielen anderen Anlässen. Des Weitern führt er Familienfeste, Skiklubrennen und das Osterlamm-Essen durch. Neben kleineren Ausflügen unternahm der rührige Jodlerklub u.a. auch Reisen nach Rheinfelden, Luzern, Klosters und ins Elsass, denn Kameradschaft und Geselligkeit werden unter den Mitgliedern gross geschrieben.

Am 11. Dezember 1979 war der JK Aletsch in der TV-Sendung «Bodeständigi Choscht» und 1986 in der Sendung «Chum und lueg» zu sehen und zu hören.

Anlässlich des 27. kantonalen Jodlertreffens in Naters und des gleichzeitigen 20-jährigen Bestehens des Klubs wurde am 8. Juni 1986 dessen neue Tracht eingeweiht. Der Tradition nachlebend, ist sie in Schnitt und Farbe der einfachen Sonntagsbekleidung der Natischer Bevölkerung in Dorf und Berg nachempfunden.

Am 16. November 1991 feierte der Verein sein 25-jähriges Bestehen. Nach einer Jodelmesse in der Kirche trafen sich die Vereinsmitglieder und Gäste im Saal zur Linde zum Nachtessen mit anschliessendem Unterhaltungsprogramm.

Am 2. April 1995 organisierte der Jodlerklub in Naters das erste nationale Aletsch-Jodlerkonzert, an dem acht renommierte Jodlerklubs, davon sechs ausserkantonale, teilnahmen. Es lehnt sich an die bekannten und traditionellen Jodlerkonzerte wie die «Berner Matinee» und die «Bremgartner Konzerte» an. Das Ziel ist, einen Tag lang hochstehende Jodelmusik aus der ganzen Schweiz zu bieten. Das Aletsch-Jodlerkonzert wird alle zwei bis drei Jahre wiederholt. Das erste war auf Anhieb ein Grosserfolg, das zweite ging zwei Jahre später, am 6. April 1997, ebenso erfolgreich über die Bühne.

1997 führte der JK Aletsch die Delegiertenversammlung der Walliser Jodlervereinigung in Naters durch. Präsident dieser Vereinigung war ab 1987 der Natischer Moritz Summermatter. Diese Funktion übte er auch noch 1998 aus.

## Überregionale Anlässe

Der JK Aletsch hat in seiner bisherigen Klubgeschichte immer wieder bewiesen, dass er ein initiativer Dorfverein ist. Seit seiner Gründung besuchte er sämtliche Oberwalliser, Walliser (kantonale), Westschweizer und Eidg. Jodlerfeste. Bei all diesen Treffen erreichten die «Aletschjodler» oft die Auszeichnung «Klasse 1» (sehr gut).

1974 vertrat der JK Aletsch den Westschweizerischen Jodlerverband beim Eidg. Schwing- und Älplerfest in Schwyz. Desgleichen durfte er 1991 an den bekannten «Bremgartner Konzer-

*Jodlerklub Aletsch. Von links: Peter Summermatter, Dirigent; Benno Eyer, Remo Salzmann, Präsident; Norbert Schmid, Edmund Wyssen, Alex Eggel, Hilar Kummer, Emil Biner, Josef Salzmann, Gerhard Salzmann, Alois Kluser, Helmut Schmid, Esther Kummer, Moritz Summermatter, Patrizia Pfammatter, Arthur Schmid, Helene Schmid, Ernst Walker, Albert Pfammatter, Christian Zumstein, Moritz Jossen, Hubert Eyholzer, Reinhard Jossen, Jean-Marie Walker, Bruno Imstepf, Martin Hutter, Alexander Schnydrig.*

ten» die Westschweiz vertreten. An diesem auf hohem Niveau stehenden Jodelkonzert dürfen nur Formationen von Rang und Namen teilnehmen.

Beim unvergesslichen 20. Eidg. Jodlerfest vom 26. bis 28. Juni 1987 in Brig/Glis-Naters war der JK Aletsch massgeblicher Mitorganisator. Mit rund 11 000 Aktiven brach man alle bisher aufgestellten Rekorde. Am 11. August 1987 strahlte das Schweizer Fernsehen eine einstündige Rückschau auf das «Fest der Superlative» aus.

Des Öftern organisierte der JK Aletsch in der Gastgebergemeinde Naters das Oberwalliser und kantonale Jodlertreffen. So ging zuletzt als Grossanlass am 22./23. August 1998 das 39. Walliser Jodlertreffen in Naters über die Bühne, das der JK Aletsch erfolgreich durchführte. Dass sich die Jodler über die Ortsgrenzen hinaus als Grossfamilie fühlen, zeigt die Tatsache, dass die drei Jodlerklubs Ahori, Brig-Glis, Zer Tafernu, Ried-Brig, und Aletsch, Naters, im Jahre 1994 gemeinsam eine CD mit dem Titel «Frinda well wer sii» herausgaben. Auf dem Tonträger finden sich ausschliesslich Jodellieder aus der Feder des einheimischen Komponisten Dr. Ewald Muther, Ried-Brig. Dieser gehört hierzulande zusammen mit Felix Schmid (†1995), Visp/Ausserberg, und Amandus Fercher (*1930), Brig/Mund, zu den bekanntesten Jodelliedkomponisten.

## Präsidenten

| | |
|---|---|
| 1966–1972 | Walter Schnydrig |
| 1973–1979 | Moritz Summermatter |
| 1980–1995 | Hilar Kummer-Salzmann |
| 1995– | Remo Salzmann-Ruppen |

## Dirigenten

| | |
|---|---|
| 1966–1972 | Leo Roten (†1972) |
| 1972–1981 | Othmar Werner |
| 1982– | Peter Summermatter (seit 1989 Kampfrichter des Eidg. Jodlerverbandes) |

Mitgliederbestand 1998: Aktive 30, davon drei Jodlerinnen; Ehrenmitglieder 17.

# Gemischte Jodlergruppe Bärgarve

## Gründung und Zweck

Die Entstehung der Gemischten Jodlergruppe Bärgarve ging aus einem Jodlerkurs für Anfänger hervor, der 1980 vom Westschweizerischen Jodlerverband in Naters organisiert wurde. Eine Anzahl Frauen aus Naters besuchte diesen Kurs. Als Folge davon wurde am 3. Oktober 1980 von 42 Personen im Saal zur Linde die Gemischte Jodlergruppe Bärgarve aus der Taufe gehoben.[445]

Der Verein bezweckt die Pflege alter und neuer schweizerischer Volks- und Jodellieder sowie der Kameradschaft und Geselligkeit. Die «Bärgarve» ist Mitglied des Eidg. und Westschweizerischen Jodlerverbandes sowie der Walliser Vereinigung.

*Gemischte Jodlergruppe Bärgarve.* **1. Reihe** *(v.l.): Thomas Heynen, Elmar Gertschen (Präsident), Ruth Furrer, Anny Bammatter, Annemarie Salzmann, Ruth Murmann, Irene Zenhäusern, Claudine Schmid, Ruth Hagen, Alfons Scheuber, Gotthard Salzmann. –* **2. Reihe** *(v.l.): Philipp Bammatter, Kamil Schmid, Astrid Leiggener, Marliese Schaller, Tanja Hutter, Anne-Marie Fallert, Antonia Steiner, Kathrin Zenzünen, Therese Herren, Albert Salzmann, Walter Zenklusen. –* **3. Reihe** *(v.l.): Ambros Salzmann, Daniel Schmid, Ernst Herren, Valentin Holzer, Christian Volken, Leander Zbinden, Alex Gasser, Toni Karlen, Bernhard Gasser.*

## Anlässe und Auftritte

Während des Jahres ist die «Bärgarve» immer wieder zu hören, so bei Hochzeiten (1990 z.B. zehnmal), am St. Jakobsfest, am 1. August in der Alterssiedlung Sancta Maria, bei der 1.-August-Feier, jedes zweite Jahr beim «Burgertrüch» usw. Auch aus der Umgebung von Naters wird die Jodlergruppe des Öftern eingeladen. Einen besonderen Kontakt pflegt sie zum Patenverein «Bärner Heimatchörli».

Bis Mai 1998 nahm die «Bärgarve» an folgenden Jodlerfesten teil:
- fünfmal am Eidgenössischen (St. Gallen 1984, Brig/Glis-Naters 1987, Solothurn 1990, Sarnen 1993, Thun 1995, Frauenfeld 1999),
- sechsmal am Westschweizerischen und
- viermal an verschiedenen Unterverbandsfesten. An allen sechs Eidg. Jodlerfesten erhielt die «Bärgarve» für ihre Darbietungen die Note 1 (sehr gut).

Teilnahme an anderen Jodlerveranstaltungen:
- 1983 am Gedenkkonzert für den verstorbenen Jodlerkomponisten Hans-Walter Schneller in Zürich-Altstetten,
- 1985 am 9. Bremgarten Konzert und
- 1994 am Unspunnenfest in Interlaken.

Neben Schwänken an Unterhaltungsabenden, z.B. 1991 «Ds letscht Wort» oder 1997 «Spääti Nachwee», führte die «Bärgarve» bis 1998 acht Theaterstücke auf, die im Kapitel «Theaterleben» beschrieben werden.

Die Jodlergruppe war von Anfang an mit Fleiss und Begeisterung bei der Sache. Von 1980 bis 1990 hielt sie 336 Proben ab und trat 114-mal auf (durchschnittlich elf Auftritte pro Jahr). Zur Pflege der Gemütlichkeit führte sie auch interne Zusammenkünfte durch oder unternahm gelegentliche Ausflüge, so z.B. 1990 zum zehnjährigen Bestehen des Vereins auf die Rigi.

## Trachtenweihe – Walliser Jodlertreffen in Naters

Am 16. Mai 1982 segnete Pfarrer Josef Pfaffen beim Gottesdienst, an dem die Jodelmesse von Jost Marty aufgeführt wurde, die Oberwalliser Werktagstracht der Gemischten Jodlergruppe Bärgarve.

Am Wochenende vom 26./27. August 1989 war Naters Schauplatz des 30. Walliser Jodlertreffens, das die «Bärgarve» mit Bravur durchführte.

1993 organisierte die Jodlergruppe in Naters in tadelloser Weise die 56. Delegiertenversammlung des Westschweizer Jodlerverbandes.

## Präsidium

| | |
|---|---|
| 1980–1983 | Therese Herren (Ehrenpräsidentin) |
| 1983–1998 | Walter Zenklusen |
| 1998– | Elmar Gertschen |

## Dirigenten

| | |
|---|---|
| 1980–1990 | Felix Schmid (1915–1995) |
| 1990–1994 | Toni Ritz |
| 1994–1997 | Amandus Fercher |
| 1997–1998 | Thomas Heynen |
| 1998– | Regula Ritler |

Mitgliederbestand 1998: 36.

## Walter Schnydrig: höchster Schweizer Jodler

Walter Schnydrig wurde am 29. Juli 1924 in seinem Bürgerort Unterbäch geboren, ist mit Amanda geb. Werlen verheiratet, Vater von zwei Kindern und war von Beruf Zugführer bei der SBB. Er war Gründer des Jodlerklubs des Zugpersonals (1956), des Jodlerklubs Aletsch und der Gemischten Jodlergruppe Bärgarve. Schnydrig präsidierte den JK Aletsch, den Westschweizerischen Jodlerverband 1977–1985 und den Eidg. Jodlerverband (EJV) 1985–1991. Letzterer zählte 1986 22 000 Mitglieder.

Der höchste Jodler Helvetiens wurde am Tag seiner Wahl im Kursaal in Bern am 10. März 1985 denn auch in einem Umzug von Brig nach Naters geleitet, wo der offizielle Empfang durch die Behörden stattfand. Walter Schnydrig, der 1988 seinen Wohnsitz von Naters nach Glis verlegte, verdanken wir die Durchführung des Eidg. Jodlerfestes im Jahre 1987 in der Region Brig/Glis-Naters. Mit ihm hat ein ungewöhnlich engagierter Mann viel Energie für das Jodelwesen hergegeben.

# Tambouren- und Pfeiferverein

Die Ahnenmusik hat im Wallis Tradition. Auch in Naters. So finden wir bereits im Jahre 1852 im Gemeinderatsprotokoll unter «Ausgaben» folgende Notiz: «10. Brachmonat dem Tambour und Pfeifer für die Tagwacht zu schlagen Fr. 0.60.»[446]

In den Jahren 1933–1937 gab es in Naters schon einen Tambouren- und Pfeiferverein, der zweimal jährlich, an Fronleichnam und St. Merez, auftrat. Dieser tapferen Gruppe wurde das Leben von verschiedenen Seiten angeblich schwer gemacht, so dass sich der Verein auflöste.[447]

## Gründung und Werdegang

Die erneute Gründung des Tambouren- und Pfeifervereins (TPV) erfolgte am 5. Mai 1979 im Restaurant Walliser Kanne in Naters. Die Versammlung stand unter dem Vorsitz des Hauptinitianten Max Salzmann. Anlässlich der Gründungsversammlung schrieben sich 84 Personen als Mitglieder ein. Der Verein bezweckt die Erhaltung und Förderung des Trommel- und Pfeifenspiels sowie die Pflege der Kameradschaft und Geselligkeit. Er setzte einen neuen kulturellen Akzent im Dorfleben.

Dank hervorragender Instruktoren erreichten die Ahnenmusikanten schon bald ein beachtliches Niveau: Die Gebrüder Karl und Fidelis Wyssen aus Mund waren fürs «Natwärrisch»-Pfeifen zuständig, die Gebrüder Marcel und Reinhard Heynen aus Glis sowie Marcel Escher aus Brig unterrichteten die Tambouren. 1980 wurde beschlossen, dass jeder Spieler, der 95 Prozent, seit 1994 90 Prozent aller Übungen besucht, einen Fleissbecher erhält.

Anlässlich der Delegiertenversammlung vom 15. März 1981 in Visperterminen wurden die Natischer als 23. Sektion in den Oberwalliser Tambouren- und Pfeiferverband (OWTP) aufge-

*Tambouren- und Pfeiferverein (1999). Vorne, kniend: Peter Loser. –* **1. Reihe** *(v.l.): Katja Salzmann, Alexandra Zenklusen, Valerie Vogt, Nadja Jossen, Patrizia Näpfli, Sandra Guntern, Markus Zeiter, Marlen Bammatter. –* **2. Reihe** *(v.l.): Kilian Eggel, Philiberta Andenmatten; Vorstandsmitglieder: Roger Salzmann, Martin Steiner (Tambourmajor), Werner Zeiter (Präsident), Franziska Scheidegger, Eveline Mounir, Beat Eggel; Nadja Bodenmann, Cécile Imhof, Pia Schwery, Hubert Albert. –* **3. Reihe** *(v.l.): David Jossen, Aaron Epiney, Diego Eggel, Karl Salzmann (Fähnrich seit 1999), Jeannine Fercher, Daniel Brunner, Maria Brunner, Stefan Walker, Michael Summermatter, Karl Noti (ehemaliger Fähnrich), Beat Näpfli.*

nommen. Am 31. Mai des gleichen Jahres nahm der Verein erstmals an einem OWTP-Fest in Visperterminen teil.

Für den Bau eines Vereinslokals stellte die Gemeinde dem Verein in Weingarten Boden zur Verfügung. In 1410 Stunden Fronarbeit schufen Vereinsmitglieder aus Bauelementen des ehemaligen Briger Kindergartens einen Pavillon, der am 12. Juni 1983 eingesegnet wurde. 1991 beschloss der Verein die Anschaffung einheitlicher Vereinspfeifen.

Pro Jahr finden zwölf bis 18 öffentliche Auftritte statt. Im Vereinsjahr 1996/97 besass der Verein ein Kapital von 49 818.70 Franken.

## Aktiver Verein
### Grossanlässe

Der TPV Naters nimmt seit seiner Gründung regelmässig an allen Eidgenössischen (alle vier Jahre), Oberwalliser Tambouren- und Pfeiferfesten sowie an den Bezirkstreffen (alle zwei Jahre) teil. Vom 29. Juni bis zum 1. Juli 1990 war Naters Schauplatz des 20. Eidg. Tambouren- und Pfeiferfestes. Zu diesem Grossanlass trafen sich über 3200 Aktive aus der ganzen Schweiz. Die zahlreichen Trommel-, Natwärrisch-, Piccolo- und Claironvorführungen bildeten zusammen mit dem vom Fernsehen DRS übertragenen, sonntäglichen Festumzug die Höhepunkte. 16 Kommissionen und über 600 freiwillige Helfer sorgten unter der Leitung des OK-Präsidenten Richard Walker für einen reibungslosen Ablauf des Festes. Das gute finanzielle Ergebnis von 110 000 Franken Reingewinn ermöglichte es dem OK und dem Verein, vorgängig 50 000 Franken an die beteiligten Vereine und 15 000 Franken an gemeinnützige Institutionen auszuschütten.

### Alljährliche Auftritte und Anlässe in Naters

1. Übungsweekend im Frühjahr
2. Fronleichnam und St. Merez: Tagwacht und Teilnahme an der Prozession
3. Interne Wettspiele, organisiert von Brig, jeweils vor dem OWTP-Fest
4. 1.-August-Feier in Blatten
5. Familienfest im Rischinerwald, Familien- und Nikolausabend
6. Alle zwei Jahre Lotto

### Wichtige ausserordentliche Auftritte

1981  Erster Auftritt an der Oberwalliser Fastnacht
1983  Werbeveranstaltung des Tourismusvereins Naters-Blatten-Belalp in Wetzikon/ZH
1985  Direktübertragung von Radio DRS aus Naters
1989  Bezirkstreffen in Elgg/ZH
1990  Treffen in Ornavasso (Italien)
1991  – 700-Jahr-Feier mit dem «Umwältfäscht» und dem «Natischer Bilderbogu»
      – Teilnahme am Festumzug des Eidg. Turnfestes in Luzern
1992  Masera (Italien)
1993  Weinübergabe in Schwyz durch die OPAV
1994  – Fernsehübertragung aus Riva San Vitale/TI
      – Gewerbeausstellung «FOIRE DU VALAIS» in Martinach
1995  – Ornavasso-Treffen in Naters
      – Folkloreumzug in Zermatt
1997  Spielberg/Knittelfeld in Österreich
1998  Teilnahme am Festumzug des Jodlerklubs Aletsch

## Spielerfolge – Repertoire

Der Verein bzw. einzelne Mitglieder nahmen stets an diversen Wettspielen teil und erreichten wiederholt gute Resultate. So brachten die Natischer vom Oberwalliser Tambouren- und Pfeiferfest in Staldenried 1984 beispielsweise nicht weniger als zehn Kranzauszeichnungen mit nach Hause. Bei Wettkämpfen am OWTP-Fest zwischen 1987 und 1998 erzielten wiederholt folgende Spieler 1. bzw. 2. Ränge: Dominik Zeiter, Martin Steiner, Katja Schwery und Markus Zeiter bei den Pfeifern sowie Thomas Steiner bei den Jungtambouren.

Im Repertoire des Vereins finden sich vor allem Vereinsmärsche von Fidelis Wyssen, Max Juon, Othmar Heynen, Thomas und Martin Steiner.

## Uniform- und Fahnenweihe

Mit einem dreitägigen Fest, das seinen Höhepunkt in der Einweihung der Walliser Söldneruniform und der Fahne der Tambouren und Pfeifer sowie der Tracht für die Gemischte Jodlergruppe Bärgarve während des sonntäglichen Gottesdienstes fand, wurde das an sich schon vielfältige Natischer Kultur- und Vereinsleben erweitert. Die Festivitäten vom 14. bis 16. Mai 1982, die unter dem trefflichen Motto «Tradition im neuen Gewand» standen, endeten am Sonntag mit einem grossen Festumzug und dem anschliessenden Konzert der zwanzig teilnehmenden Vereine.

*Rosemarie Brutsche-Michlig* und *Peter Eyer, alt Gardist,* standen der Vereinsfahne Paten.

Die geschichtlich belegten Uniformen der Tambouren und Pfeifer lehnen sich an die Söldnertrachten an, wie sie Eidgenossen und Walliser um 1500 bis 1520 zur Zeit von Kardinal Schiner in den Mailänder Feldzügen trugen. Ein buschiger Federhut, dunkelblaues Wams mit feuerroten Einsätzen, hellblaue Hose, gestreifte Strümpfe und ein weisses Hemd sind die Kleidung des Vereins. Eine Tracht kostete 1800 Franken. Gemeinde und Bevölkerung halfen bei der Finanzierung kräftig mit.

## Chargen – Mitglieder

*Präsidenten:*
- 1979–1985 Max Salzmann
- 1985–1990 Cécile Imhof
- 1990– Werner Zeiter

*Tambourmajore:*
- 1981 Karl Wyssen
- 1981–1990 Werner Zeiter
- 1990– Martin Steiner

*Instruktoren:* a) für Pfeifer aktiv:
- 1979–1983 Fidelis und Karl Wyssen
- 1981–1990 Werner Zeiter
- 1992–1993 Dominik Abgottspon
- 1987– Martin Steiner

b) für Tambouren aktiv:
- 1979–1980 Marcel und Reinhard Heynen
- 1980–1985 Marcel Escher
- 1987–1994 Othmar Heynen
- 1995– Eligius Heinzmann

Die Jungpfeifer und -tambouren haben ihre eigenen Ausbildner.
*Fähnriche:* 1983–1985 Max Salzmann, 1985– Karl Noti.
Mitgliederbestand 1998: Pfeifer und Tambouren, Aktive: 41; Jungpfeifer und -tambouren: 23.

Erwähnenswert ist abschliessend noch die erfreuliche Tatsache, dass *Thomas Steiner,* Mitglied des TPV Naters, geb. 1973, Sohn des Ernst und der Antonia Studer, 1998 zum Instruktionsoffizier mit Leutnantsrang zur Ausbildung der Militärtambouren ernannt wurde. Solche militärische Ausbildner gibt es in der Schweiz nur drei. Der Verein hat ihm diesen Karriereschritt ermöglicht und ist stolz auf den Erfolg. Steiner ist auch technischer Chef des Oberwalliser TPV.

## Verein Tünelkultur

Der Verein Tünelkultur wurde am 12. Dezember 1986 von einer Gruppe Kulturinteressierter aus der Region gegründet. Vereinsraum ist das Tünel im Restaurant Simplon, Naters. Ziel des Vereins ist sowohl die Förderung und Belebung der Oberwalliser und Natischer Kulturszene als auch die Unterstützung einheimischer und auswärtiger Künstler sowie Auftrittsmöglichkeiten im Tünel anzubieten. Auf dem Programm stehen vor allem Musikkonzerte aller Stilrichtungen, Kleinbühnentheater und Kabaretts.

Der Verein wird von einem Vorstand (ohne Präsidialfunktion eines Mitglieds) geleitet.
Mitgliederbestand 1998: ca. 150.

## Theaterverein

### Gründung und Werdegang

Wie wir im Kapitel «Theaterleben» ausführen, gab es in der ersten Hälfte des 20. Jahrhunderts in Naters vorübergehend zwei Theatergesellschaften. In der grossen Vereinslandschaft von Naters fehlte tatsächlich ein Verein, der die alte und lange Natischer Theatertradition weiterführen konnte, auch wenn verschiedene andere Vereine sich regelmässig des Theaterspielens annehmen. Dies erkannt, bildete sich ein Initiativkomitee mit folgender Besetzung: *Dr. Franz Taiana, Liliane Eggel, Cécile Salzmann, Hans Brun, Hans-Peter Schmid, Frank Eggel und Albin Noti.*

Am 1. Dezember 1989 fand im Restaurant Bellevue die Gründungsversammlung statt. Welch ein Aufmarsch! 120 Theaterinteressierte folgten dem Aufruf. Das Initiativkomitee bildete

*Vorstand des Theatervereins (Aufnahme 1999). Sitzend (v.l.): Liliane Eggel-Schwestermann, Präsidentin; Sonja Cathrein. – Stehend (v.l.): Hans Brun, Regisseur; Hans-Peter Schmid, Cécile Salzmann, Albin Noti, René Zenklusen.*

den ersten Vorstand. Nach Artikel 3 der Statuten, die schon an der Gründungsversammlung gutgeheissen wurden, bezweckt der Verein «die Förderung des kulturellen Lebens» und setzt sich zum Ziel, «regelmässig Theater aufzuführen». Die Theaterbühne im Zentrum Missione bietet hierfür die optimale Infrastruktur. Auf Initiative des Bühnenkünstlers Albin Noti richtete

*Schauspieler im Theater «D'alt Schmidtja», 1998.* **1. Reihe** *(v.l.): Marlene Huber, Vreny Schmid, Petra Salzmann, Daniel Heinzmann. –* **2. Reihe** *(v.l.): Ralph Kummer, Hans-Peter Schwery, Hans-Ueli Jenelten, Cécile Salzmann, Fernanda Stocker, Ernst Minnig, Arthur Eggel, Otto Imsand, Jolanda Heinzmann, Mary-Anne Zenklusen, Ignaz Eggel.*

der Verein 1993 in den Bammatten zum Preis von 25 000 Franken einen eigenen Werkhof ein.
Bis 1998 führte der Verein acht Theaterstücke auf, die im Verzeichnis des Kapitels «Theaterleben» genannt werden. Besondere Höhepunkte des Vereins waren bisher wohl die Beteiligung am «Natischer Bilderbogen» 1991, die Aufführung «D schwarz Spinna» 1996 sowie das Freilichttheater «D'alt Schmidtja» 1998.
Am 31. Mai und 1. Juni 1997 fiel dem Theaterverein Naters unter der Leitung des OK-Präsidenten Ambros Ritz die Ehre zu, die 91. Jahresversammlung des «Zentralverbandes Schweizer Volkstheater» mit 350 Delegierten durchzuführen.
Mitgliederbestand 1998: 143 Aktive, 75 Passive.
*Präsidentin seit 1989:* Liliane Eggel-Schwestermann.

### Regisseure

1990–1992  Dr. Franz Taiana
1993–1995  Hans Brun
1995–1998  Walter Zenhäusern
1999–      Hans Brun

## «Spiisgyger»

Die Gründungsmitglieder der «Spiisgyger», Leo Eggel (Leitung), Raffaello Ricci (†1995) mit der schönen Tenorstimme, Arthur Eggel und Theodor Salzmann, formierten sich 1970 aus dem Kirchenchor Naters. Sie setzten sich zum Ziel, die Vereinsanlässe musikalisch aufzulockern. Später gesellte sich Walter Sieber zu ihnen. Den Namen «Spiisgyger» gab sich die Gruppe in Anlehnung an die Volksmusikanten, die um die Jahrhundertwende durch die Dörfer zogen und bei verschiedenen Anlässen aufspielten, getreu nach dem Motto:

*Die «Spiisgyger». Von links: Walter Sieber, Gitarre; Raffaello Ricci (1914–1995), Mandoline; Theodor Salzmann, Gitarre; Arthur Eggel, Banjo; Leo Eggel, Geige.*

«Gigu, gigu nit vergäbu,
Chäs und Brot und Wii dernäbu.
Ohni Spiis und ohni Traich
spiele wier kei Chlaich.»

Die Natischer «Spiisgyger» sind im Oberwallis und über die Kantonsgrenzen hinaus bekannt geworden. Sie wurden für unzählige Auftritte in Naters, im übrigen Oberwallis, ausserhalb des Kantons, im Schweizer Fernsehen und im Radio engagiert. Die Musik kam an, und zwar wegen ihrer Schlichtheit, Herzlichkeit und Spontaneität. Mit Arthur Eggel («ds Konsumtürli») wusste die Formation einen Hauspoeten in ihren Reihen. Seine spritzigen, geistreichen, aber nie beleidigenden Dorfanekdoten schrieben Geschichte. Inzwischen ist es infolge veränderter Lebensumstände um diese Gruppe still geworden.
1991 gaben die «Spiisgyger» eine Kassette heraus, auf der sie das urchige musikalische Volksgut, 23 Tänze und Lieder, festhalten.

## Alphornbläser und Fahnenschwinger

1972 gründete Rudolf Zbinden (*1927), Naters, zusammen mit seinen Söhnen Hansrüedi (*1960) und Leander (*1961) die Kapelle Zbinden, die bis 1984 als Unterhaltungsformation über die Kantonsgrenzen hinaus bekannt wurde. Gar bald kamen das Alphornblasen und Fahnenschwingen hinzu.
*Rudolf Zbinden* kann als «Vater» des Alphornblasens und Fahnenschwingens im Oberwallis bezeichnet werden. Er brachte dieses Brauchtum aus seinem Heimatkanton Bern mit. 1977 gründete er mit ein paar anderen Bläsern die Oberwalliser Vereinigung der Alphornbläser und Fahnenschwinger. Zbinden wurde deren erster Präsident, bis ihn 1987 sein Sohn Leander in diesem Amt ablöste. Die Vereinigung ist dem Westschweizer Unterverband des Eidg. Jodlerverbandes angeschlossen.
*Hansrüedi Zbinden* nahm wettkampfmässig zwischen 1978 und 1998 an über 50 Jodlerfesten als Fahnenschwinger teil. Dabei holte er sich neunmal den Oberwalliser, fünfmal (1980,

1986, 1993, 1996 und 1998) den Westschweizerischen und zweimal (1981 und 1986) den Eidg. Wanderpreis. Auch sein Bruder Fredy gehört zu den Spitzenfahnenschwingern.

Seit 1988 zieht der Entertainer und Musiker Hansrüedi Zbinden, der mit Karin geb. Kaufmann verheiratet ist, als professioneller Alleinunterhalter durch die Lande. Bis 1998 schrieb er über 150 Liedtexte, von denen er 90 selbst vertonte. Die Lieder sind teils in Walliser Mundart, teils in Hochdeutsch verfasst. Zbinden brachte bis 1998 zehn Kassetten und acht CDs auf den Markt, die z.B. betitelt sind mit «Fer Pfigsch», «Säich», «Z'Hansrüedi im Ethno-Fieber», «Fäschtet» und «13 Stärna». Der Entertainer gibt sich sehr humorvoll. In seinen Songs ist viel Weisheit enthalten. Z'Hansrüedi trat auch in verschiedenen Sendungen des Schweizer Fernsehens auf (Musig-Plausch, Top of Switzerland, Gala des Schweizer Schlagers, Samschtig-Jass usw.).

*Alphornbläser und Fahnenschwinger. Gebrüder Zbinden mit Vater (v.l.): Fredy, Vater Rudolf, Leander und Hansrüedi.*

# 2. Soziale und gesellschaftliche Vereine

## St. Barbaraverein

### Gründung und Strukturen

Die hl. Barbara ist die Patronin der Bergwerks- und Bauarbeiter. Während des ersten Simplontunnelbaus (1898–1906) wurde das Patronatsfest der hl. Barbara (4. Dezember) von der Arbeiterschaft immer als ein Festtag mit Gottesdienst gefeiert. Wohl in Erinnerung daran gründeten am 1. Januar 1908, also bald nach Vollendung des ersten Tunnels, 17 ehemalige Tunnel- und nachmalige SBB-Arbeiter den St. Barbaraverein.[448] Die wackeren Mannen, die diesen Verein gründeten, «der dauern soll, solange die Alpen bestehen» (Protokoll), waren:

| | |
|---|---|
| *Franz Brigger* | *Anton Ruppen* |
| *Dominik Cascioli* | *Johann Ruppen* |
| *Alois Eyer* | *Anton Salzmann* |
| *Anton Eyer* | *Eduard Salzmann* |
| *Friedrich Eyer* | *Klemens Schmidhalter* |
| *Leo Eyer* | *Ignaz Tichelli* |
| *Emanuel Imhof* | *Wilhelm Theler* |
| *Franz Nellen* | *Raphael Zenklusen* |
| *Josef Perren* | |

Die Mitglieder organisieren sich nach dem üblichen Muster eines Vereins. Der St. Barbaraverein ist politisch neutral und bezweckt neben der «geistigen, moralischen und finanziellen» (vor allem früher) Unterstützung der Mitglieder insbesondere die Pflege von Geselligkeit und Freundschaft. Der Verein fühlte sich von Anfang an auch stark eingebunden in die religiöse Tradition. So ist es gemäss Statuten für jedes Mitglied Ehrensache, an den Versammlungen und folgenden Anlässen teilzunehmen: an Beerdigungen von Mitgliedern (mit Vereinsfahne), an der Fronleichnams- und St.-Merez-Prozession sowie am Seelentag, an dem für die verstorbenen Mitglieder ein Stiftjahrzeit abgehalten wird und auf dem Friedhof die Totenehrung erfolgt. Die Generalversammlung fand bis 1988 am 3. Sonntag im Januar statt. Seit 1989 werden das Stiftjahrzeit und die GV am gleichen Tag abgehalten, und zwar am ersten Samstag im Dezember. Bei all diesen stets rege besuchten Anlässen wird das Vereinsabzeichen getragen, das der hl. Barbara auf der neuen Fahne nachgebildet ist.

Stirbt ein Vereinsmitglied, geht die Mitgliedschaft auf dessen ältesten Sohn über. Hinterlässt der Verstorbene keinen Sohn, erlischt dieses Anrecht.

### Sterbekasse – Vereinsvermögen

1910 gründete der Verein für seine Mitglieder eine Krankenkasse. Jedes Mitglied, das durch Krankheit oder Unfall arbeitsunfähig geworden war, erhielt während 30 Tagen ab dem fünften Krankheitstag eine Entschädigung von einem Franken pro Tag. Die Krankenkasse wurde 1925 aufgehoben und durch eine Sterbekasse ersetzt. Danach wurde den Hinterbliebenen eines verstorbenen Mitglieds der Betrag von 150 Franken entrichtet. Gegenwärtig erhält die Witfrau eines Hingeschiedenen die wohl eher symbolische Summe von 200 Franken. Die von der Vereinskasse getrennt geführte Sterbekasse wird aus dem bestehenden Fonds und dessen Zinsen finanziert und besass 1997 ein Vermögen von immerhin 73 084.05 Franken.

Anlässlich des 25-jährigen Bestehens des Vereins im Jahre 1933 betrug das Vereinsvermögen 7660 Franken, wuchs bis 1958 (25 Jahre später) auf 13 568 Franken an und stand 1997 mit 20 329.35 Franken zu Buche. Die Vereinskasse wird vor allem durch die jährlichen Beitragsgelder gespiesen. Die Aufnahmegebühr beträgt seit 1945, je nach Alter, zwischen 50 und 150 Franken.

Wie sehr die Mitglieder in früheren Zeiten auch auf finanzielle Hilfe angewiesen waren, zeigt das folgende Beispiel. Gemäss Protokoll kaufte der Verein im Kriegsjahr 1915 1000 kg Polenta und 1000 kg Reis und verteilte diese Waren an seine Mitglieder. Jedes Mitglied erhielt von beiden Sorten je 27 kg. Laut Vereinsprotokoll vom 12. Dezember 1943 bezahlte der Verein bis dato eine Totalsumme von 13 228 Franken, und zwar als Sterbe- und Krankengeld, an Witwen und Waisen, für karitative Zwecke und als Vereinsbeiträge.

*Vorstand des St. Barbaravereins und Fähnriche. Sitzend (v.l.): Johann Margelisch (Fähnrich), Präsident Jakob Salzmann, Markus Ruppen (Vizefähnrich). – Stehend (v.l.): Anton Nanzer, Hugo Schmid, Alphons Epiney, Heinrich Wyder.*

## Mitglieder – Vereinsfahne

|  | Jahr | Mitgliederzahl |
|---|---|---|
| Im Gründungsjahr | 1908 | 17 |
| Beim silbernen Jubiläum | 1933 | 126 |
| Beim goldenen Jubiläum | 1958 | 194 |
| Beim 75-jährigen Jubiläum | 1983 | 400 |
|  | 1998 | 460 |

Der St. Barbaraverein ist einer der grössten Vereine in Naters und gehört zu den wichtigsten Pfeilern des sozialen und gesellschaftlichen Lebens.
Die erste *Vereinsfahne* (Preis 300 Franken) wurde am 4. Dezember 1908 gesegnet. Sie stellt auf der einen Seite die hl. Barbara und auf der anderen das Walliser Wappen dar, überragt vom Schweizerkreuz. Das zweite Banner datiert von 1968 und das dritte (Sujet von Anton Mutter) wurde am 17. Januar 1988 anlässlich der 80-Jahr-Feier des Vereins eingeweiht. Paten standen Rita Ruppen und Leander Biffiger. Das Vereinsbanner befindet sich im Vereinslokal des Restaurants zur Linde. Aber auch die beiden «altgedienten» Standarten werden sorgfältig aufbewahrt.

## Vereinsausflüge

| 1912 | Mörel | 1975 | Genf-Cointrin |
|---|---|---|---|
| 1923 | Visperterminen | 1977 | Stresa |
| 1924 | Kippel | 1979 | Vevey–Interlaken |
| 1927 | Simplon-Dorf/Gabi | 1981 | Einsiedeln |
| 1931 | Montana | 1983 | Neuenburg |
| 1949 | Visperterminen | 1985 | Madonna del Sasso |
| 1951 | Saas-Fee | 1987 | Gstaad |
| 1953 | Oberaar | 1989 | Orta/Ortasee |
| 1958 | Furka–Susten–Grimsel | 1991 | Innertkirchen (Kavernenzentrale KWO) |
| 1961 | Grande Dixence | | |
| 1966 | Flüeli/Ranft | | |
| 1968 | Verbier | 1993 | Villard-sur-Chamby/VD |
| 1971 | Locarno | 1995 | Brienzer Rothorn |
| 1973 | Luzern | 1997 | Yvoire/Savoyen |

## Präsidenten

| 1908–1909 | Raphael Zenklusen | 1951–1971 | Theodul Zenklusen |
|---|---|---|---|
| 1910–1913 | Auxilius Fallert | 1972–1984 | Friedrich Salzmann |
| 1914–1917 | Moritz Ruppen | 1985–1996 | Edmund Cathrein |
| 1918–1942 | Raphael Zenklusen | 1997– | Jakob Salzmann |
| 1943–1950 | Fidel Zenklusen | | |

# St. Jakobsverein

## Gründung

Während des Ersten Weltkrieges (1914–1918) wurde das St. Jakobsfest auf Bel mit Rücksicht auf die Kriegsereignisse eingestellt.[449] 1922 erweckten sechs junge Burschen das schon fast in Vergessenheit geratene Älplerfest zu neuem Leben. Es waren dies:

*Hermann Eggel*  *Benjamin Schmidt*
*Anton Salzmann, des Ludwig*  *Johann Schmidt*
*Ludwig Salzmann, des Moritz*  *Wilhelm Schmidt*

Das 1922 veranstaltete Fest wusste die Bergler derart zu begeistern, dass diese sechs jungen Männer, kräftig unterstützt durch ihren Kaplan Benjamin Bammatter, den Entschluss fassten, einen Verein zu gründen mit dem Zweck, das St. Jakobsfest alljährlich durchzuführen.
Und in der Tat: Am 1. April 1923 hoben 15 Jungmänner im Café Post den «St. Jakobsverein Naters» aus der Taufe. St. Jakob wurde darum gewählt, weil der Apostel Jakobus der Ältere in der schönsten Sommerzeit, am 25. Juli, sein Fest begeht, und Älpler wissen um den notwendigen Schutz eines wirksamen Heiligen. (Die Kapelle auf Bel ist der Hl. Dreifaltigkeit geweiht und nicht dem hl. Jakobus, wie manche meinen.) Die Gründer waren: die sechs Obgenannten und Folgende:

*Alex Eyer*  *Heinrich Salzmann*
*Alfons Eyer*  *Quirin Salzmann*
*Auxilius Fallert*  *Theophil Salzmann*
*Albert Ruppen*  *Anton Schmidt*
*Benjamin Roten*

Die Mannen waren anlässlich der Gründung gut gelaunt. Wie der Chronist berichtet, «wurde statutengemäss lustig gesungen, und es herrschte eine feuchtfröhliche Stimmung». Ja noch mehr: «Es wurde auch gesagt und gesungen ‹Ach wenn es nur immer so bleibt›.»
Im ‹Walliser Volksfreund› von 1969 (Nr. 25) ist nachzulesen, dass in den Jahren 1920–1923 verschiedene Natischer «im Hori» ob Hegdorn beim Abbau von Giltstein (Ofenfluh) durch die Firma Hunziker arbeiteten und dass «diese Giltsteinmineure den St. Jakobsverein gegründet haben».

## Zweckbestimmung – Tätigkeiten

Die am Gründungstag verabschiedeten Statuten wurden schon am 23. November 1924 überarbeitet. Darin heisst es, dass der Verein den Zweck verfolge, «unter den Mitgliedern Geselligkeit, Friede und Eintracht zu fördern, einander mit Rat und Tat und in Krankheitsfällen auch finanziell und mit Arbeitsleistung nach Möglichkeit beizustehen». Den gleichen Statuten zufolge durften dem Verein nur «ehrliche Bürger von Naters» beitreten, die «während acht Jahren die Primarschule auf Blatten besucht haben». Diese einschränkende Bestimmung wurde 1930 fallen

*Vorstand des St. Jakobsvereins. Aufnahme von 1997. Von links: Paul Zurbriggen, Max Schmid, Präsident Max Ruppen, Jakob Gasser, Robert Schmidli (†1998).*

gelassen. Auch der Passus, dass der Verein «in religiöser Hinsicht auf katholischem Standpunkt» stehe, taucht in späteren Statuten zwar nicht mehr auf, der Verein bleibt aber, wie es bei fast allen Anlässen zum Ausdruck kommt, im katholischen Glaubensgut verwurzelt. 1950 stiftete der Verein für die Kapelle auf Bel ein Messgewand. Gemäss den Statuten von 1984 verfolgt der Verein den Zweck, «Geselligkeit, Freundschaft und Frohsinn nach Sitten der Väter zu pflegen und zu fördern».

Zu den alljährlich wiederkehrenden Aktivitäten gehören die traditionelle Teilnahme der Mitglieder an der Fronleichnams- und St.-Merez-Prozession (mit jeweils anschliessender Frühjahrs- und Herbstversammlung), die Durchführung des St. Jakobsfestes und die Generalversammlung, die seit 1974 jeweils im Januar stattfindet.

Die «Jakobiner», wie sie der Volksmund getauft hat, nehmen stets zahlreich an der Beerdigung eines ihrer Mitglieder teil und begleiten den Verstorbenen, der Vereinsfahne folgend, auf den Friedhof, wobei üblicherweise Vereinsmitglieder den Sarg tragen.

Wer in den Verein aufgenommen wird, zahlt neben dem Eintrittsgeld als «Erkanntnis» zwei Liter Wein sowie den Betrag für das Vereinsabzeichen (1945 eingeführt), das bei offiziellen Anlässen getragen wird.

Stirbt ein Vereinsmitglied, tritt dessen jüngster Sohn in die Rechte des Vaters. Verzichtet der jüngste Sohn, kann der nächst ältere Sohn das Erbe antreten. Hat der Verstorbene keinen Sohn, fällt der Anteil dem Verein zu.

Im St. Jakobsverein besteht auch eine von der Vereinskasse getrennt geführte *Sterbekasse,* die sich aus den jährlichen Eintrittsgebühren und den Zinsen des Fonds zusammensetzt. Die Kasse bezahlt bei Todesfällen an die gesetzlichen Erben (bis und mit zweiter Verwandtschaftsgrad) ein Sterbegeld von 300 Franken.

## St. Jakobsfest

Das grosse Älplerfest war und ist das viel besuchte St. Jakobsfest, das seit 1924 vom St. Jakobsverein durchgeführt wird (1923 noch von der Musikgesellschaft Belalp organisiert). Mit fast überschwenglicher Freude berichten die Schriftführer alljährlich von diesem «schönsten Tag des Jahres», wie sich Kaplan Bammatter einmal ausgedrückt haben soll. Nicht ohne Stolz hebt der Aktuar z.B. beim St. Jakobsfest von 1923 hervor, dass auch der bekannte Volkskundler Friedrich Georg Stebler, der über das Oberwallis mehrere Bücher geschrieben hat, zusammen mit seinen Töchtern «wacker» mit von der Partie gewesen sei.

Das Fest wird an einem Sonntag in der zweiten Julihälfte abgehalten. Dem St. Jakobsverein stehen zwecks Organisation des Festes auf Bel ein kleiner Bau aus dem Jahre 1741 und auf der Kühmatte der sogenannte St. Jakobskeller zur Verfügung. Früher war es Brauch, dass vor diesem Tag nur Frauen und Kinder

*Gottesdienst beim St. Jakobsfest, um 1990.*

auf die Alp zogen, zum St. Jakobsfest kamen dann erst die Männer hinzu. Nach dem vormittäglichen Feldgottesdienst, zu dem sich viele Einheimische und zahlreiche Gäste einfinden, nimmt das Fest auf der Alpwiese Kühmatte bei Bratwurst, Raclette und der dazu passenden Tranksame, verbunden mit einer lüpfigen Tanzmusik, seinen gemütlichen Lauf. Wie im Protokollbuch nachzulesen ist, war der Festplatz in den Jahren 1955–1961 beim Bruchegg/Lüsgen. Wie es die Tradition will, wird nicht auf einer Bretterbühne getanzt, sondern auf den Kräutlein und Gräsern der Kühmatte. Es versteht sich von selbst, dass sich hier auf der Naturanlage bald einmal zeigt, wer zum feinen Kreis der «beeschen» Tänzerinnen und Tänzer gehört.

Das St. Jakobsfest bringt der Vereinskasse, vor allem bei schönem Wetter, stets einen willkommenen Zustupf. Bis 1997 brachte das Jahr 1990 mit 12 800 Franken den bisher höchsten Reingewinn. Seit 1955 müssen zehn Mitglieder, nach alphabetischer Reihenfolge, dem Vorstand bei der Organisation des Festes speziell unter die Arme greifen.

Es ist ein alter Brauch, dass an diesem Tag Paten und Patinnen ihren Patenkindern einen Lebkuchen und manchmal auch etwas Bargeld schenken. Nach Angaben von Anna Karlen-Michlig, Naters, geht dieser Brauch ins 19. Jahrhundert zurück. Im heutigen Geschäftslokal Nellen-Zuber (östlich vom Kapleihaus) betrieb eine Familie Carlen aus Gluringen damals eine Bäckerei. Die Bäckersfrau war eine geschätzte und viel gefragte Patin. Sie fing an, am St. Jakobsfest jedem Patenkind einen *Lebkuchen* zu schenken. Diese gute Idee machte bald Schule, und so wollten auch andere Paten und Patinnen nicht zurückstehen. In jüngster Zeit ist dieser Brauch merklich zurückgegangen. Vor allem sollen sich die Kinder früher auf diesen «Lebkuchensonntag» riesig gefreut haben. Einmal gab ein Nicht-Natischer Pate einem Kind nur Bargeld und das Kind habe zu weinen angefangen, da es lieber einen Lebkuchen gehabt hätte.

## Familienabende – Ausflüge

In den Jahren 1971–1997 hielt der Verein elf gut besuchte Familienabende ab. Die Ausflüge oder «Spaziergänge», wie man sie auch gerne nennt, werden von den Aktuaren jeweils ausführlich und manchmal mit einem guten Schuss Humor kommentiert. So lesen wir z.B. über das Jahr 1938: «Ende August Spaziergang nach Saasveh [Saas-Fee]. Es war ein Sehr Hübschertag. Wir waren alle sehr gemütlich Lustig und Munter bis Zum Absatz hinunter.» Die Protokollbücher halten bis 1996 folgende 22 Ausflüge fest:

| | | | |
|---|---|---|---|
| 1924 | Mörel | 1976 | Gornergrat |
| 1926 | Domodossola | 1977 | Interlaken |
| 1929 | Visperterminen | 1978 | Sitten |
| 1935 | Stresa | 1979 | Neuenburgersee |
| 1938 | Saas-Fee | 1984 | Vierwaldstättersee |
| 1953 | Gotthard–Locarno | 1986 | Genf |
| 1960 | Grächen | 1988 | Biel/BE |
| 1966 | Oberwald | 1990 | Ballenberg |
| 1968 | Moosalp | 1992 | Intra–Stresa |
| 1969 | Binn | 1994 | Gruyères/FR |
| 1970 | Nufenen–Gotthard | 1996 | Orta (Italien) |

## Fahnen – Patenschaften

Am 11. April 1948 wurde die erste Vereinsfahne eingeweiht. Sie enthält das Walliser- und Gemeindewappen sowie das Bild des hl. Jakobus. Inschrift: «ST. JAKOBSVEREIN NATERS 1923–1948». Zu Paten standen: Aline Ruppen-Imhof und Anton Amherd.

31 Jahre später, am 23. September 1979, erfolgte die Weihe des zweiten noch in Gebrauch stehenden Banners. Neben dem Gemeindewappen ist es mit dem Bild des hl. Jakobus versehen. Inschrift: «ST. JAKOBSVEREIN NATERS 1923–1979». Paten sind: Anita Walden-Amherd und Ernst Walden, der die Patenfunktion von seinem Schwiegervater Anton Amherd (†1989) übernommen hat. Letzterer durfte 1984 als zweimaliger Fahnenpate für seine 60-jährige Aktivmitgliedschaft eine Zinnkanne entgegennehmen.

*Fahne mit dem hl. Jakobus, dem Schutzpatron des Vereins. Links in der Ecke (hier kaum lesbar) das Gründungsjahr 1923 und 1979, das Jahr der Fahnenweihe.*

## Jubiläen

*11. April 1948:* silbernes Jubiläum. Anwesend waren noch vier Gründer, die zu Ehrenmitgliedern ernannt wurden.
*31. März 1973:* goldenes Jubiläum. Die beiden letzten Gründer, Alfons Eyer und Ludwig Salzmann, gaben dem Fest die Ehre.
*7. Mai 1988:* Feier zum 65-jährigen Bestehen. Zugegen war als einziges noch lebendes Gründungsmitglied der 90-jährige Ludwig Salzmann.
*16. Mai 1998:* 75-Jahr-Feier.

Bei den Jubiläen erfolgte nach der hl. Messe für die verstorbenen Mitglieder die Totenehrung auf dem Friedhof. Danach versammelte man sich zur weltlichen Feier mit Bankett und verschiedenen Ansprachen.

## Mitgliederbestand

Der St. Jakobsverein hat eine grosse Anziehungskraft. So wuchs er kontinuierlich zum zweitgrössten Verein von Naters an (grösster: Mütterverein mit 1115 Mitgliedern). 1987 gab es beispielsweise sage und schreibe 54 Neuaufnahmen. Mitgliederbestand: 1923: 15; 1948: 75; 1973: 300; 1998: 582.

## Präsidenten

| | |
|---|---|
| 1923–1924 | Benjamin Schmidt |
| 1924–1926 | Theodor Ruppen |
| 1926–1931 | Ludwig Salzmann |
| 1931–1933 | Hermann Eggel |
| 1933–1935 | Emanuel Salzmann |
| 1935–1937 | Gabriel Schmidt |
| 1937–1938 | Josef Eyer |
| 1938–1941 | Theophil Salzmann |
| 1941–1942 | Josef Eyer |
| 1942–1945 | Gottfried Salzmann |
| 1945–1959 | Gervas Eggel |
| 1959–1967 | Meinrad Nellen |
| 1967–1977 | Theodor Eyholzer |
| 1977–1985 | Baptist Schmid |
| 1985–1989 | Walter Blatter |
| 1989–1997 | Edmund Margelisch |
| 1997– | Max Ruppen |

# Samariterverein

## Gründung – Zweck – Entwicklung

Pfarrer Emil Tscherrig gab den Anstoss zur Gründung eines ortseigenen Samaritervereins, damit «die Natischer nicht immer nach Brig gehen müssen».[450] Am 14. April 1939 wurde dann im Schulhaus von Naters von 40 Personen der Samariterverein (SV Naters) ins Leben gerufen. Weitere Initianten neben Pfarrer Tscherrig waren: Josef Venetz, Dr. Conrad Peter, Albert Imboden und Sr. Josephine Schaller.

Der Verein bezweckt die Förderung des Samariterwesens und die Erfüllung humanitärer Aufgaben im Sinne des Rotkreuzgedankens. Der SV Naters ist Mitglied des Oberwalliser Samariterverbandes. Der Verein hat sich im Laufe der Jahre zu einem festen Bestandteil des Dorflebens entwickelt.

Mitgliederbestand: 1939: 62; 1979: 98 (81 Frauen und 17 Männer) und 1998: 100 (70 Frauen und 30 Männer, bisher höchster Bestand).

## Aus- und Weiterbildung

Die Aus- und Weiterbildung wurde im Laufe der Jahre stets den Anforderungen angepasst. Erste-Hilfe-, Samariter-, Nothilfe- und Krankenpflegekurse sowie Kurse in Nothilfe bei Kleinkindern bilden einen festen Bestandteil des Programms. Die Tatsache, dass der Samariterverein Naters 1988, also ein Jahr vor dem goldenen Jubiläum, den 3000. Kursteilnehmer registrierte, unterstreicht das entsprechende Bedürfnis. Vorträge durch den Vereinsarzt und regelmässige praxisnahe Übungen dienen dazu, den Wissensstand zu festigen.

Bei der Ausbildung der Samariter stehen dem Verein stets kundige Samariterlehrer und -lehrerinnen zur Verfügung. 1997 beispielsweise wurden 124 Personen in Nothilfe, 36 in erster Hilfe, elf in CPR (Cardio-Pulmonary-Resuscitation = Herz-Lungen-Wiederbelebung), acht in CPR-Repetition und 17 in Nothilfe bei Kleinkindern ausgebildet. Im selben Jahr besuchten durchschnittlich 40 Mitglieder die Monatsübungen. Immer wieder loben die Schriftführer in den Protokollen die abwechslungsreiche Gestaltung der Samariterkurse durch die Lehrer sowie die gute Beteiligung an den üblichen Monatsversammlungen. Die Natischer Samariter nehmen auch regelmässig an regionalen und Oberwalliser Samaritertreffen teil.

*Vorstand des Samaritervereins. Aufnahme von 1998. **1. Reihe** (v.l.): Susanne Roten-Thöni, Carol Ruckstuhl-Jossen, Marlies Jossen-Mutter. – **2. Reihe** (v.l.): Fidelis Locher, Dominique Müller, Präsident Beat-Christian Jossen, Vereinsarzt Dr. Martin Bärenfaller.*

## Einsätze

Bei unzähligen Einsätzen, vor allem beim «Postenstehen» (1997 ca. 700 Stunden), auf der Piste und in Katastrophenfällen, haben die Natischer Helfer und Helferinnen schon oft ihr Können unter Beweis gestellt. Beim Zugunglück von 1976 vor dem Simplontunnel z.B. leisteten 21 Mitglieder des Vereins wertvolle Hilfe. Drei weitere Beispiele: 1983 konnten die Natischer Samariter bei sieben Grossanlässen, 1984 beim Papstbesuch in Sitten und 1995 für den FC Naters an elf Heimspielen der Nationalliga-B-Mannschaft Bereitschaftsdienst leisten. Da es jederzeit zu einem Einsatz kommen kann, hält jedes Vereinsmitglied eine schnell funktionierende Alarmliste und eine Einsatztasche bereit. Für die Beschaffung von Materialien braucht der Samariterverein auch Geld. Am 31. Dezember 1997 besass er ein Vermögen von 28 160.50 Franken.

Um für die Kasse einen Zuschuss zu erhalten, führt der SV in Zusammenarbeit mit der Rettungsstation Blatten-Belalp alljährlich Altkleidersammlungen durch, die vom Oberwalliser Samariterverband organisiert werden.

Während vieler Jahre rief der Samariterverein im Auftrag des Roten Kreuzes zum Blutspenden auf. 1973 verbuchte man mit 288 Blutspenden ein Rekordergebnis. Da in jüngster Zeit viele Leute für die Blutspende das Kreisspital Brig aufsuchen, beschloss der SV 1997, fürderhin in Naters keine Blutspenden mehr durchzuführen.

## Besondere Anlässe – Auszeichnungen

Im Januar 1965 feierte der Verein das 25-jährige Bestehen und am 14. April 1989 das 50-Jahr-Jubiläum.

Am 28. August 1988 fand in Naters das Oberwalliser Samaritertreffen statt.

Eine wichtige Gelegenheit zur Standortbestimmung ist jeweils die Generalversammlung, an der auch immer wieder Vertreter der geistlichen und weltlichen Behörde die Bedeutung des

Samaritervereins fürs Dorfleben unterstreichen. Dieser Anlass bietet auch die Möglichkeit, verdienten Mitgliedern die Ehrenmitgliedschaft zu verleihen. Des Weitern erhalten die eifrigsten einen Becher, ein Plateau, eine Kanne oder eine andere Anerkennung. Eine besondere Auszeichnung ist auch die Henri-Dunant-Medaille, die an der Oberwalliser Delegiertenversammlung für 25 Jahre treue Mitgliedschaft übergeben wird. Im Laufe der Jahrzehnte kamen zahlreiche Mitglieder in den Genuss der obgenannten Ehrungen, unter anderen Hans-Rüedi Eggel, der sich als langjähriger Präsident besondere Verdienste um den Verein erworben hat. Es bleibt noch zu ergänzen, dass der SV zur Pflege der Kameradschaft auch mit gewisser Regelmässigkeit Ausflüge unternimmt.

*Henri-Dunant-Medaille.*

## Präsidenten

| | |
|---|---|
| 1939–1952 | Josef Venetz |
| 1952–1958 | Siegfried Schmidhalter |
| 1958–1968 | Ephrem Salzmann |
| 1968–1971 | Florentine Venetz |
| 1971–1973 | Marie Hutter |
| 1973–1992 | Hans-Rüedi Eggel[451] |
| 1992– | Beat-Christian Jossen |

## Vereinsärzte

| | |
|---|---|
| 1939–1945 | Dr. Hans Perrig |
| 1945–1963 | Dr. Conrad Peter |
| 1963–1965 | Dr. Alfred Klingele |
| 1965–1975 | Dr. Heinrich Schmidt |
| 1975–1990 | Dr. Theodor Pfammatter |
| 1990– | Dr. Martin Bärenfaller |

Dr. Theodor Pfammatter war Mitbegründer des 1974 ins Leben gerufenen Oberwalliser Samariterverbandes, dem er von 1974 bis 1987 als Verbandsarzt diente. In gleicher Funktion stand er, wie oben erwähnt, dem SV Naters zur Verfügung und betreut seit 1979 auch den SV Mund. 1985 nahm Dr. Pfammatter Einsitz im Zentralvorstand des Schweizerischen Samariterbundes, war von 1988 bis 1993 dessen Vizepräsident und in den Jahren 1995–1997 Zentralpräsident.

# Verein für Volksgesundheit

## Gründung und Ziele

Der 1965 gegründete Oberwalliser Verein für Volksgesundheit, dessen Mitglieder sich vorwiegend aus den Gemeinden Visp, Brig und Naters rekrutierten, wurde am 3. Dezember 1970 aufgelöst. Schon bei dieser Gelegenheit sprach man von der Schaffung einer eigenen Natischer Sektion. Die Gründung erfolgte am 5. Februar 1971 im Hotel du Rhone im Beisein von 35 Frauen.
Der Verein ist Mitglied des Verbandes «Volksgesundheit Schweiz» (VGS) mit Sitz in Zürich und verfolgt u.a. folgende Ziele:

– Aufbau und Zusammenwirken von Körper, Seele und Geist,
– umfassende Gesundheitspflege zur Erhaltung der körperlichen, seelischen und geistigen Gesundheit usw.

Diese Ziele werden u.a. erreicht durch Vorträge, Kurse, Wanderungen und Gesundheitsgymnastik.

## Aktivitäten

Das Tätigkeitsfeld des sehr aktiven Vereins ist vielfältig. Neben Spaziergängen, regelmässigen Wanderungen – manchmal verbunden mit einer Wallfahrt –, Langlauf, Advents- und Weihnachtsfeiern usw. wird das Gesundheitsturnen gross geschrieben. An Vortragsthemen wurden z.B. behandelt: Gelenk- und Rückenleiden; Gesund sein, gesund bleiben; Fussreflexzonentherapie; Schröpfen; Atem und Bewegung.
Durch die Zeitschrift ‹VGS-Gesundheitsmagazin› erhält der Verein für die Gestaltung seiner Programme wertvolle Impulse.

## Präsidentinnen

| | |
|---|---|
| 1971–1980 | Berta Eggel-Gertschen |
| 1980–1982 | Yvonne Bärenfaller-Salzmann |
| 1982–1992 | Paula Eyer-Schmid |
| 1992–1993 | Anita Giovani-Grandi |
| 1993– | Germaine Fercher-Zuber |

Seit der Vereinsgründung übernahmen beim Gesundheitsturnen hintereinander folgende Personen die Verpflichtung als Vorturnerinnen (Stand 1998): Irene Biffiger, Susanne Loretan, Emmy Ruppen, Charlotte Eggel, Maria Salzmann, Evelyne Wenger, Elisabeth Bohnet und Yolanda Fercher.
Mitgliederbestand 1998: 350 Frauen.

*Beim Toreingang oberhalb der Kirche, im Hintergrund das spätmittelalterliche Haus. Aufnahme von 1998. Amtierende Präsidentin und alle ehemaligen Präsidentinnen des Vereins (v.l.): Germaine Fercher (amtierend), Anita Giovani, Berta Eggel, Paula Eyer, Yvonne Bärenfaller.*

# Seniorenklub

Die Pro Senectute organisiert seit 1976 mit Hilfe der Leiterinnen des Seniorenklubs in der Alterssiedlung Sancta Maria regelmässig Altersnachmittage. Zu den verschiedenen Animationsprogrammen gehören Vorträge, Unterhaltungsnachmittage, Gesang, Ausflüge usw.
Bisherige Leiterinnen des Seniorenklubs (hintereinander): Olga Roten, Nelly Pfammatter-Jendt, Cölestine Eyer-Pfammatter und Julia Seiler-Escher. – Es besteht in Naters ausserdem eine Senioren-Wandergruppe, die regelmässig Wanderungen unternimmt.

# Verein Werkstatt 79

Die Werkstatt 79 wurde – wie es der Name sagt – 1979 gegründet. Damals suchten zwei Frauen einen Raum zum Werken (daher der Name Werkstatt) und fanden ihn an der Landstrasse 46 in Naters. Bald gesellten sich weitere Frauen dazu, die einen Raum zur Gründung einer Spielgruppe brauchten. Die Initiantinnen legten ihre Aktivitäten zusammen und bieten unter einem Dach gemeinsames Werken (Töpfern, Malen, Nähen sowie andere Kurse) und Spielgruppen für zwei- bis fünfjährige Kinder an. Erst 1989 wurde aus der losen Trägergemeinschaft der eigentliche Verein gegründet.
In der Werkstatt 79 treffen sich vor allem die Spielgruppen. Zwei Mütter betreuen an einem Nachmittag die Kinder aller anderen Frauen der Gruppe. Jede Mutter leistet diesen Dienst etwa viermal jährlich. In der Spielgruppe wird gebastelt, gespielt und gesungen. Zweimal im Jahr findet ein Kasperlitheater statt, aber auch andere Feiern und Anlässe werden durchgeführt: Besuch des Nikolaus, Weihnachts- und Osterfeier, Fastnachtsumzug und Frühlingsausflug.

# Verein Kurs- und Ferienhaus Bella-Vista

Nachdem schon zwischen 1965 und 1980 erholungsbedürftige Kinder jährlich ihre Ferien im Kurs- und Ferienhaus Bella-Vista an der Blattenstrasse ob Naters verbrachten, kam es am 14. Januar 1982 durch die Familie Ruth und Siegfried Willa, Pfarrer Jean-Marie Perrig, Visp/Leukerbad, und Norbert Zimmermann, Eggerberg, zur Gründung des Vereins Kurs- und Ferienhaus Bella-Vista. Präsident: Treuhänder Norbert Zimmermann. Besitzerin des Hauses: Familie Siegfried Willa-Zen-Ruffinen; sie stellt das Haus kostenlos zur Verfügung. Hausleitung: Ruth Willa.
In erster Linie möchte «Bella-Vista» als ein Haus der Begegnung dienen und wertvolle Impulse für eine christliche Neuorientierung geben. Durch kreatives Gestalten, Ruhe und Meditation soll dem Gast ein Ausgleich zum heutigen Stress geboten werden.
Diese Ziele werden u.a. erreicht durch hauseigene Kursangebote wie Bibelmeditation, Exerzitien (Gebetsräume vorhanden), Töpfern (Töpferei «Terra»), Seidenmalen, Kräuterkunde usw. Jugendliche und Erwachsene in vorübergehenden Krisensituationen finden in diesem Haus Aufnahme und Betreuung. Der Verein betreibt zudem die Geschenkboutique «Schatzinsel», in der die Erzeugnisse der obgenannten Töpferei verkauft werden.

# Verein Kinderhort Missione

Am 30. Oktober 1989 wurde in den Räumen der Missione Cattolica der Kinderhort Missione eröffnet. Bereits 15 Jahre zuvor begann Nelly Pfammatter zusammen mit Frauen aus Mütterzirkelgruppen einen Kinderhort zu führen. Mit viel Engagement bot Nelly Pfammatter zusammen mit einer Helferin über Jahre diesen Dienst zweimal wöchentlich an. Dank grosszügiger Mithilfe der Gemeinde und Pfarrei, des Müttervereins und der Pro Juventute sowie privater Gönner konnte am 29. November 1989 der Trägerverein Kinderhort Missione gegründet werden. Die Eltern können ihre Kinder im Alter von zwei bis sechs Jahren an vier Nachmittagen fachlich bestens ausgewiesenen Kräften in Obhut geben. Die Gemeinde unterstützt diesen Kinderhort alljährlich mit einem namhaften Beitrag.
Seit 1995 ist dem Kinderhort Missione auch die «Spielgruppe Kinderhaus» («Chinderhüsi») angegliedert. Hauptverantwortliche Leiterin des Kinderhorts ist seit Beginn Sr. Dominique Kaufmann vom Orden «Treue Gefährtinnen Jesu», wobei ihr weitere Betreuerinnen zur Seite stehen. Erste Präsidentin des Trägervereins «Kinderhort» war Edith Nanzer, die 1994, als sie zur Gemeindepräsidentin gewählt wurde, das Präsidium an Christine Mangold-Gischig abgab.
Da die Kinderkrippe «Ringelreija» in Brig ihren Dienst ganztags anbietet, wird diese auch von Natischer Kindern rege besucht. Die Gemeinde Naters unterstützt den Trägerverein der Kinderkrippe von Brig entsprechend der Natischer Kinderzahl.

# 3. Zünfte und Schützengesellschaften

# Alte Schützenzunft

## Gründung

Die Schützenzünfte gehören zu den ältesten Zunftvereinigungen und lassen sich in der Schweiz schon im 13. und im Wallis im 16. Jahrhundert nachweisen.[452] Vielleicht bestand in Naters bereits vor 1800 eine Schützenzunft, die in der Franzosenzeit aufgelöst wurde. Für diese Annahme aber fehlen die Beweise. Wir haben zwar kein Gründungsprotokoll der Alten Schützenzunft, doch hat die Zunft zu Recht als Gründungsdatum stets das Jahr 1800 angesehen. Das Rechnungsbuch beginnt mit dem Jahr 1801. Somit ist die Alte Schützenzunft der älteste Verein von Naters. Im Mitgliederbuch sind für das Jahr 1800 20 Zunftbrüder eingetragen, die wohl auch die Gründer waren: *Kasimir Eugen de Sepibus, Alois de Chastonay[453], Kaspar de Chastonay, Josef Anton Gasser, Alois Gasser, Peter Gertschen, Anton Gutwetter, Peter Folken, Adrian Jossen, Johann Jossen, Josef Lerjen, Martin Lerjen, Moritz Lerjen, Andreas Michlig, Peter Michlig, Stephan Perren, Moritz Salzmann, Johann Christian Salzmann, Adrian Walden und Kaspar Walden.*

# Werdegang

Das Mitgliederbuch enthält die Statuten von 1800, ferner die Verzeichnisse der Zunfthauptmänner, Schreiber, Weibel und Mitglieder.

Der erste Zunfthauptmann, Notar Kasimir Eugen de Sepibus, amtete volle 40 Jahre und trug viel zur Verankerung der Zunft bei. Als Zunfthauptmann schrieb er die von einem Zunftleutnant vorgelegten Abrechnungen der Jahre 1801 bis 1838 mit seiner nicht immer leicht zu entziffernden Schrift höchst persönlich ins Rechnungsbuch ein.

*Vorstand der Alten Schützenzunft. Aufnahme von 1998. Von links: Ignaz Eggel, Zunfthauptmann René Zenklusen, Remigius Pfaffen, Fähnrich Georges Schmid, Schützenmeister Josef Grandi.*

1842 traten zehn Schützenbrüder aus der Zunft aus. Kritischer wurde es drei Jahre später. Wie der Zunftschreiber berichtet, versammelten sich die Schützenbrüder am 26. Juni 1845 im Haus des Zunfthauptmanns und Kastlans Anton de Chastonay, um miteinander zu beraten, ob man die Schützenzunft aufheben solle oder nicht. Es wurde beschlossen, dass jeder frei entscheiden könne, ob er in der Zunft verbleiben wolle. Von einer Krise ist zwar nicht die Rede, aber nicht weniger als acht Zunftbrüder erklärten ihren Austritt. Jeder einzelne wurde «mit seinem Kapital» in der Höhe von 15 und 20 Pfund aus der Zunft entlassen. Weitere Austritte gab es auch in den Jahren 1846, 1856, 1858, 1862, 1868 und 1872. Welche Gründe zum Austritt führten, verschweigt das Protokoll wohlweislich. Es waren aber ausgetretene Mitglieder der Alten Schützenzunft, die 1875 die Jüngere Schützenzunft gründeten. Gelegentliche spätere Vorschläge für einen Zusammenschluss der Alten mit der Jüngeren Schützenzunft wurden in den Versammlungen stets diskussionslos abgelehnt.

Laut Mitgliederbuch machte Zunfthauptmann Ludwig Salzmann 1929 über die Jahre 1800 bis 1925 folgende interessante Zusammenstellung: 205 Personen wurden als Mitglieder aufgenommen, davon «141 Eintreter, 54 Erben und 10 Käufer». Das gesamte Eintrittskapital betrug während der genannten Epoche 9623.90 Franken. Von den 205 Mitgliedern lebten 1926 noch 67, und zwar mit einem Bruderschaftskapital von 6076.17 Franken. 84 starben als Mitglieder und ein Zunftbruder wurde als verschollen erklärt. 25 Mitglieder traten in den genannten Jahren mit ihrem Kapital von 1187.70 Franken aus, zehn verkauften ihre Mitgliedschaft und 15 vererbten sie an ihre Söhne. Die Zunft erbte von 46 Schützenbrüdern 2360.03 Franken. Somit erhielt die Zunft während der obgenannten Zeitspanne an ererbtem und von Schützenbrüdern einbezahltem Kapital insgesamt 8436.20 Franken. Von diesem Kapital stiftete Schützenhauptmann Benjamin Eggel 1898 101.40 Franken für ein Jahrzeit. 1922 entnahm Zunfthauptmann Leopold Eggel 300 Franken für den neuen Schiessstand. 1926 besass die Zunft ein Vermögen von 8034.80 Franken.

Am 7./8. Mai 1950 feierte die Zunft ihr 150-jähriges Bestehen. Beim 175-jährigen Jubiläum am 25. Oktober 1975 eröffnete man das Fest mit dem traditionellen Seelengottesdienst und dem Jubiläumsschiessen. Als Gäste nahmen Vertreter der Gemeinde, der Jüngeren Schützenzunft und des Militärschiessvereins teil. Im Jahre 2000 kann diese traditionsbewusste Zunft ihren 200. Geburtstag feiern.

# Mitgliedschaft

Die Schützenzunft möchte die Förderung des freiwilligen Schiesswesens sowie die Zusammengehörigkeit unter den Mitgliedern pflegen. Der Wahlspruch der Zunft lautet: Üb Aug und Hand für Gott und Vaterland!

Mitglied kann jeder Schweizerbürger werden, der in bürgerlichen Ehren und Rechten steht. Das Eintrittsgeld war von Anfang an recht hoch. So zahlte im Jahre 1800 jeder Gründer als Aufnahmegebühr zehn Pfund (19.32 Franken), die aber schon bald danach auf 15 und später auf 30 Pfund erhöht wurde. 1862 zahlte Moritz Lerjen, Hutmacher, beim Eintritt 70 Franken, einen «Blumen» von 5.70 Franken und für zwei Schiesstage den «Kalaz». 1898 betrug das Eintrittsgeld 104.60 Franken und 1925 124.40 Franken.

Da viele Zunftbrüder das Eintrittsgeld oft nicht bar bezahlen konnten, setzten sie, vor allem in den ersten 50 Jahren, als Sicherheit Grundgüter (Matten und Äcker) ein, was durch einen notariellen Akt verurkundet wurde. Später musste jeder Eintretende einen Solidarbürgen stellen. Das «Eintrittskapital» wurde zu fünf Prozent verzinst. Die Zinsen waren jeweils an «St. Georgi» fällig. Es kam vor, dass eine Schuldeintragung von 1865 erst 1918 getilgt werden konnte.

Heute zahlt ein Schützenbruder für seine Aufnahme in die Zunft den Schiesstag, d.h. pro anwesendes Mitglied einen halben Liter Wein, ferner Brot, Wurst oder Käse, Tabakwaren, einen «Blumen» und das Vereinsabzeichen. An der GV kommt als Erkanntnis des Weitern eine Doppelkanne (vier Liter) Walliser Wein dazu, den der Neuling den Schützenbrüdern selbst einschenken muss, ausserdem das Eintrittsgeld von 125 Franken. Die Alte Schützenzunft verlangt erst seit 1996 einen Jahresbeitrag. Da man mit dieser Entscheidung an der alten Tradition rüttelte, ging diese Änderung nicht problemlos über die Bühne.

Stirbt ein Schützenbruder, so tritt anstelle des Vaters der jüngste Sohn. Der Betreffende aber hat eine Doppelkanne Walliser Wein als Erkanntnis zu zahlen. Kommt er dieser Verpflichtung innert Jahresfrist nicht nach, geht er seines Erbes verlustig. Das Erbe eines verstorbenen Schützenbruders, der ohne Nachkommen stirbt, geht an die Zunft.

Jeder Schützenbruder ist verpflichtet, dem Begräbnis eines verstorbenen Mitglieds beizuwohnen. Diese Verpflichtung geht auf einen Beschluss aus dem Jahre 1890 zurück. Eine Vertretung ist in Ausnahmefällen gestattet. Die Schützenbrüder folgen beim Begräbnis der Vereinsfahne.

Die Alte Schützenzunft stand stets in grossem Ansehen. Trotz der hohen Eintrittsbedingungen meldeten und melden sich immer wieder Interessenten. 1823 traten auch Ortspfarrer Kaspar von Stockalper und ein Jahr später Kaplan Erasmus Lehner in die Zunft ein. 1833 wurde Ortspfarrer Johann Biguet in die Zunft aufgenommen. Alle drei Priester waren Ehrenmitglieder. Mitgliederbestand 1998: 134.

## Schiesstage – Schiessstand

Früher fanden jährlich zehn Schiesstage statt. Während des Zweiten Weltkrieges wurden mangels Munition keine Schiesstage durchgeführt. Heute finden im Allgemeinen von April bis Oktober folgende fünf Schiesstage statt:

1. Eröffnungsschiessen (Alte und Jüngere Schützenzunft)
2. Zunftschiessen (Kartonsschiessen)
3. Freundschaftsschiessen (Alte und Jüngere Schützenzunft)
4. Cupschiessen (Mitglieder mit Familienangehörigen)
5. Preisschiessen am Seelentag (letzter Oktober-Samstag),

an dem auch die GV stattfindet. An diesem Tag wird beim Seelenamt der verstorbenen Mitglieder gedacht und beim anschliessenden traditionellen Gräberbesuch beten die Tellensöhne die «Heiligen Fünf Wunden». Beim Mittagsmahl spricht jeweils der älteste anwesende Zunftbruder das Tischgebet. Einmal kam es vor, dass ein jüngerer im guten Glauben das Tischgebet vorbetete. Der Zunfthauptmann rügte ihn sogleich mit der Bemerkung, dass die Verrichtung des Tischgebets nach alter Tradition stets dem ältesten Schützenbruder vorbehalten sei und bleibe.

Am 30. Oktober 1993 wurde das Preisschiessen erstmals auf dem neuen Schiessstand St. Wendelin (Hegdorn) ausgetragen und die GV daselbst in der eigenen Zunftstube durchgeführt. Nach mündlicher Überlieferung[454] soll man vor 1922 an folgenden Orten geschossen haben: im Geimerblatt, «uf Dorf», in Hubers Baumgarten und oberhalb des Bischofsschlosses in östlicher Richtung. Nach dem Bau des Schiessstandes oberhalb des Ornavassoturms im Jahre 1922 war das Schiessstandproblem für längere Zeit gelöst.

*Aufnahme von 1966. Von links: Fahnenpate Siegfried Willa, Fähnrich Anton Schmid (†1998), Fahnenpatin Leonie Eggel (†1993), Zunfthauptmann Viktor Eggel.*

## Zunftfahne

Am 29. Oktober 1966 versammelte sich die Zunft erstmals unter ihrer neuen und ersten Fahne. Der Entwurf stammt von Hans Loretan, Brig, und zeigt den Drachentöter Jozzelin, wie er mit dem Speer den Drachen ersticht. Fahnenpaten: Leonie Eggel und Siegfried Willa (Ehrenmitglieder).

1966 erhielt die Fahne keine kirchliche Segnung, weil die Schweizerische Bischofskonferenz angeordnet hatte, dass Fahnen weltlicher Vereine (ausser Gemeindefahnen) nicht gesegnet werden dürfen. Da aber der neue Pfarrer eine andere Auffassung vertrat, wurde die Segnung der Fahne am 25. Oktober 1969 doch noch vorgenommen. Das Banner wird im Café Post aufbewahrt.

*Die Fahne der Alten Schützenzunft von 1966 mit Jozzelin dem Drachentöter.*

## Zunfthauptmänner

| | |
|---|---|
| 1800–1839 | Kasimir Eugen de Sepibus |
| 1840–1863 | Anton de Chastonay |
| 1864–1869 | Anton Eggel |
| 1870–1873 | Franz Wyssen |
| 1874–1881 | Anton Eggel |
| 1882–1883 | Ludwig Albert |
| 1884 | Baptist Gertschen |
| 1885–1887 | Moritz Eyer, des Johann |
| 1888–1889 | Franz Eggel |
| 1890–1891 | Moritz Eyer, des Johann |
| 1892–1897 | Franz Eggel |
| 1898–1911 | Benjamin Eggel |
| 1912–1915 | Ignaz Eggel |
| 1916–1917 | Johann Eggel |
| 1918–1919 | Oswald Amherdt |
| 1920–1925 | Leopold Eggel |
| 1926–1929 | Ludwig Schmidt |
| 1930–1935 | Ludwig Salzmann |
| 1936–1939 | Friedrich Eyer |
| 1940–1941 | Salomon Schmidt |
| 1942–1945 | Moritz Michlig |

1946–1953 Ludwig Michlig
1954–1963 Ernst Eggel
1964–1977 Viktor Eggel
1978–1995 Bruno Amherd
1996– René Zenklusen

# Jüngere Schützenzunft

## Gründung und Entwicklung

Die Jüngere Schützenzunft wurde 1875 von Mitgliedern gegründet, die aus der Alten Schützenzunft ausgetreten waren. Genauere Angaben hierüber haben wir nicht, da die Protokolle bis 1912 fehlen. Offenbar führten Unstimmigkeiten zur Gründung einer neuen Zunft.[455]

1912 zählte die Zunft 42 Zunftbrüder. Diese Zahl stieg bis 1945 auf 63 und bis 1998 auf 103 Mitglieder an.

Das Eintrittsgeld betrug 1913 45 Franken, wurde aber bald auf 100 und schliesslich auf 150 Franken erhöht. Um 1920 stiftete die Zunft für die verstorbenen Brüder ein Totenamt.

1921 machte der Militärschiessverein Naters der Jüngeren Schützenzunft den Vorschlag, sich ihm anzuschliessen, was diese ablehnte. Was den 1922 erbauten Schiessstand betrifft, verweisen wir auf die später folgenden Darlegungen.

Am 6. September 1925 beging die Zunft ihr 50-jähriges Bestehen. Der Schreiber vermerkt hierzu: «Am Abend waren alle ziemlich angeheitert.» Das Festprogramm zum 75-jährigen Jubiläum vom 7./8. Oktober 1950, zu dem acht Zünfte aus Naters und der weiteren Umgebung eingeladen waren, enthält folgende interessante Notiz: «*So kam es, dass 1548 das erste Walliser Landesschiessen in Visp zur Durchführung gelang. Der Anfang der Schiesstätigkeit in Naters reicht sehr wahrscheinlich bis zu dieser Zeit zurück, denn die ‹Schytzen-Regeln› vom Jahre 1664 besagen: ‹So haben unsere in Gott ruowenden Vor-Eltern diese löbliche Bruderschaft auf- und eingerichtet, für den Fryden des löblichen Vaterlandes zu bewahren und wir derselben nicht in Vergessenheit kommen, sondern allzyt in frischer Gedechtnus der Waffen zu gebrauchen sein.*»[456]

Dass es unter den Zunftbrüdern auch solche gab, die einen Sinn im Festhalten an geschichtlichen Dorfereignissen sahen, beweist folgender Umstand: 1950 erwähnte der Aktuar die Feierlichkeiten zum 75-jährigen Bestehen der Zunft im Protokoll mit keinem Wort. 1956 beschloss der Vorstand, dies nachzuholen, und zwar mit dem Vermerk, «damit unsere Nachkommen nicht annehmen müssten, die Brüder der Jüngeren Zunft bestünden in der Mitte des 20. Jahrhunderts aus lauter Analphabeten».

Am 12. Oktober 1975 wurde im Café Bellevue im Rahmen eines Festbanketts und verschiedener Ansprachen das 100-jährige Jubiläum gefeiert. Die Alte Schützenzunft, der Militärschiessverein von Naters und die Scheibenzunft von Ausserberg überbrachten als Gastsektionen die Jubiläumswünsche. Just auf das Jahr 2000 fällt das 125-jährige Bestehen der Zunft.

## Aus den Statuten von 1989

Der Wahlspruch der Zunft lautet: «Für Gott und Vaterland». Ihr Zweck ist, «die Schiesskunst ihrer Mitglieder zu Schutz und Wehr des Vaterlandes zu erhalten und zu fördern, die Kameradschaft zu pflegen und die Zunfttradition aufrecht zu erhalten». Das Abzeichen der Zunftbrüder ist ein versilbertes Medaillon. Jeder Neueintretende zahlt als Eintrittsgeld 150 Franken und 15 Franken für das Vereinsabzeichen. Ferner gibt er einen Schiesstag, d.h. das Neumitglied bezahlt «den Blumen» im Wert von 25 Franken (Hauswurst mit Brot) sowie den Wein, der an diesem Tag getrunken wird. Ein Jahresbeitrag wurde erst 1964 eingeführt.

Jeder Zunftbruder nimmt an der Beerdigung eines Mitglieds teil oder lässt sich dabei vertreten.

Es wird ein freundschaftliches Verhältnis zu den anderen Schützenzünften gepflegt.

Beim Tod eines Mitglieds geht das Schützenrecht auf dessen jüngsten Sohn über. Beim Fehlen männlicher Nachkommen fällt das Kapital der Zunft zu.

Es werden pro Jahr mindestens vier Bruderschaftsschiessen abgehalten, davon eines am Seelentag (erster November-Samstag), an dem auch die GV stattfindet. An diesem Tag wird traditionsgemäss in der hl. Messe und beim Friedhofbesuch der verstorbenen Mitglieder gedacht.

*Vorstand der Jüngeren Schützenzunft. Von links: Herbert Christig, Zunfthauptmann Beat Amherd, Peter Schmid. Die Zahl 93 im Hintergrund erinnert an das Eröffnungsjahr 1993 des Schützenhauses St. Wendelin.*

*Fahne der Jüngeren Schützenzunft.*

## Zunftfahne

Die 1969 angeschaffte erste Fahne wurde am 18. Oktober desselben Jahres durch Pfarrer Josef Pfaffen gesegnet. Im Monat zuvor fand während fünf Tagen ein «Fahnenweih-Schiessen» statt. Als Fahnenpaten amteten Therese Eyer und Siegfried Imhof. Die prächtige Vereinsfahne zeigt in den Farben Weiss und Rot den Pfeil als Symbol der Schützen, im weissen Feld den grünen Drachen und im grünen Feld zwei Schützen, die sich über der Schweizerfahne die Hand reichen. 1975 wurden auf dieser Fahne die drei wichtigen Daten 1875, 1969 und 1975 eingenäht, zur Erinnerung an die Gründung, die Fahnenweihe und das Jubiläum. Die Fahne wird im Restaurant Bellevue, dem Stammlokal der Zunft, aufbewahrt.

## Zunfthauptmänner

Wie bereits erwähnt, fehlen die Protokolle vor 1912. Seit diesem Datum gab es folgende Zunfthauptmänner:

| | |
|---|---|
| 1912 | Benjamin Ruppen |
| 1913–1915 | Josef Lerjen |
| 1916–1918 | Moritz Salzmann |
| 1919–1927 | Auxilius Amherd |
| 1928–1935 | Ludwig Salzmann |
| 1936–1946 | Gabriel Ruppen |
| 1947–1950 | Siegfried Imhof |
| 1951–1954 | Alois Ruppen |
| 1955–1957 | Oskar Amherd |
| 1958–1961 | Albert Salzmann |
| 1962–1963 | Amadé Salzmann |
| 1964–1975 | Herbert Wellig |
| 1976–1986 | Karl Stupf |
| 1987–1995 | Alfons Scheuber |
| 1996– | Beat Amherd |

# Militärschützengesellschaft

Laut Aussagen der Militärschützengesellschaft (MSG) fehlen deren Protokolle aus den Jahren 1896–1956. Daher ist eine gesamtgeschichtliche Darstellung der MSG nur beschränkt möglich. Immerhin besitzen wir ein lückenloses Verzeichnis über die Präsidenten.

## Gründung und Zweck

Es wird verschiedentlich überliefert, dass die MSG von Schützen, die wahrscheinlich aus bestehenden Zünften hervorgingen, 1896 gegründet wurde. Die Militärschützengesellschaft verfolgte von Anfang an das Ziel, den Natischer Schützen die Erfüllung ihrer alljährlichen obligatorischen Schiesspflicht zu ermöglichen, das Feldschiessen und weitere freie Schiessen zu organisieren, den Schiesssport im Allgemeinen zu fördern und die Kameradschaft zu pflegen.

## Gut Schuss bei der MSG

Vom Eidg. Schützenfest 1963 in Zürich brachten die Natischer Schützen in ihrer 67-jährigen Vereinsgeschichte den ersten Goldlorbeer mit nach Hause. Am Eidg. Schützenfest in Thun 1969 erhielten sie in der Kategorie II für den 6. Rang einen Goldkranz und in der Kategorie «Militärschützen» klassierten sie sich im 1. Rang und durften eine von der Stadt Bern gestiftete Wappenscheibe entgegennehmen. Beim Eidg. Schützenfest 1979 in Luzern qualifizierte sich Arnold Brügger unter 3500 Schützen als bester Walliser im 49. Rang; der Verein gewann Silberlorbeer. Im 4-Kantone-Match (VS, VD, GE, TI) 1964 wurde Amadé Salzmann Stehendmeister. Anlässlich des Walliser kantonalen Schützenfestes 1989 erreichten die Natischer Veteranen den 1. Rang.

*Walliser Meister 1988 beim Walliser Veteranen-Schützenfest in Visp. Sitzend (v.l.): Christian Tenisch, Andreas Salzmann (†1995), Viktor Ritz. – Stehend (v.l.): Josef Gertschen, Anton Schmid (†1998), Oskar Furrer.*

*Anlässlich der Fahnenweihe von 1971 trafen sich neun alt Präsidenten der Militärschiessgesellschaft mit dem amtierenden Präsidenten. Von links: Oskar Furrer, Hans Sieber, Paul Werner, Pius Werner, Albert Gertschen, Johann-Josef Hutter, Albert Ruppen, Jean-Marie Imhof, René Ruppen (amtierend), Daniel Biner.*

Neben der Teilnahme an den genannten Schützenfesten erfüllen die Militärschützen das obligatorische Schiessen und nehmen am Feld-, Gruppen-, Bezirkswanderbecher- und Endschiessen sowie an verschiedenen Schützenfesten und Jubiläumsschiessen teil.

## Jubiläen – Fahnen – Vereinslokal

Am 4. Dezember 1971 feierte die Militärschützengesellschaft das 75-jährige Bestehen. Die Feierlichkeiten begannen mit der Fahnenweihe und anschliessender Totenehrung auf dem Friedhof. Danach spendete die Gemeinde den Aperitif und man traf sich zum gemeinsamen Mittagessen und gemütlichen Zusammensein. Eine 100-Jahr-Feier im Jahre 1996 fand nicht statt.
Die erste Vereinsfahne, der die Linden-Wirtin Margrith Eggel Patin stand, wurde den Veteranen der MSG als Standarte überlassen. Die Fahnenpaten der zweiten und am 4. Dezember 1971 eingesegneten Fahne heissen: Sabine Imhof und Pius Salzmann. Bis 1978 war das Restaurant zur Linde das Vereinslokal der MSG. Diese überliess den Fahnenschrank dem Jodlerklub Aletsch, während sie ihre Fahne seit 1978 im Restaurant des Alpes, dem neuen Vereinslokal, aufbewahrt.

*Fahne der Militärschützen Naters.*

## Schiessstand

Was die Schliessung des Schiessstandes oberhalb des Ornavassoturms im Jahre 1972 betrifft, verweisen wir auf den Abschnitt «Zunft- und Sportschützenvereinigung». Die Militärschützen schossen ab 1972 nacheinander in den Schiessanlagen von Visp, Ried-Brig, Termen und schliesslich im Gredetsch (Mund). Im Jahre 1994 beschlossen die drei Schiessvereine von Mund, Birgisch und Naters, den alten Munder Schiessstand im Gredetsch umzubauen und mit drei Polytronic-Scheiben (elektronischen Trefferanzeigen) zu versehen. Das Gemeinschaftswerk wurde von den drei Gemeinden mit einem Kostenaufwand von 540 000 Franken in zweijähriger Bauzeit erstellt. Die Gemeinden beteiligten sich an den Kosten wie folgt: Naters 75 Prozent, Mund 21 Prozent und Birgisch 4 Prozent. Die Standeinweihung fand am 16. Mai 1998 durch den Munder Kilchherrn Otto Kalbermatten statt.

## Präsidenten

| | |
|---|---|
| 1896–1910 | Josef Werner |
| 1910–1922 | Leopold Eggel |
| 1922–1928 | Albert Gertschen |
| 1928–1931 | Paul Werner |
| 1931–1941 | Pius Werner |
| 1941–1944 | Hans Sieber |
| 1944–1950 | Karl Weber |
| 1950–1952 | Hans Sieber |
| 1952–1956 | Oskar Furrer |
| 1956–1963 | Albert Ruppen |
| 1963–1966 | Johann-Josef Hutter |
| 1966–1969 | Daniel Biner |
| 1969–1970 | Jean-Marie Imhof |
| 1970–1979 | René Ruppen |
| 1979–1982 | Georges Nellen |
| 1982–1985 | René Zenklusen |
| 1985–1987 | René Ruppen |
| 1987– | Peter Zwahlen |

Ehrenmitglieder: zwölf; Ehrenpräsidenten: Pius Werner (†1986) und René Ruppen.

# Sportschützen Naters-Bitsch
## Gründung und Entwicklung

Am 16. April 1975 wurde im Restaurant Walliserkanne der Kleinkaliber- und Pistolenklub Naters ins Leben gerufen. Die Gründer waren:
*Eli Balzani, Albino Bocci, Johnny Eyer, Leopold Imhof, Martin Imhof, Urs Imwinkelried, Rémy Jaccard, Roland Joris, Thomas Kalbermatten, Walter Kalbermatten, William Karlen, Paul Ritz, Kamil Ruppen, René Schmid (des Anton), Fredy Stupf, Karl Stupf, Fortunatus Summermatter, Pierrette Summermatter, Walter Tenisch und Peter Walch.*
An der GV vom 17. März 1988 erhielt der Klub den Namen «Sportschützen Naters-Bitsch».
Der Verein bezweckt die Ausbildung seiner Mitglieder im Kleinkaliber- und Pistolenschiessen sowie die Pflege der Kameradschaft. Er ist dem Walliser und Schweizerischen Kleinkaliberverband angeschlossen.
Die Luftgewehr-Sportschützen übten an verschiedenen Orten, so im Vorraum des 1972 stillgelegten Schiessstandes, im Klosi, in den Luftschutzkellern des OS-Schulhauses und der Klosi-Turnhalle. In dieser wurde 1978 ein moderner 10-Meter-Schiessstand eingerichtet. Die Kleinkaliberschützen benützten bis 1993 den Schiessstand in Bitsch. 1990 schlossen sich die Sportschützen mit den Schützenzünften zur «Zunft- und Sport-

*Vorstand der Sportschützen. Von links: René Ritz, Jungschützenleiter; Stefan Bellwald, Kleinkaliber (KK)-Schützenmeister; Armin Müller, Peter Schmid, Präsident; André Gasser, Beat Ritz, KK-Schützenmeister.*

schützenvereinigung» zusammen, die dann 1992/93 den Bau des Schützenhauses St. Wendelin realisierte.

## Schiessanlässe und -erfolge

Am 18./19. Februar 1983 wurde in der Turnhalle Turmmatte der kantonale Luftgewehrfinal durchgeführt. Dabei erreichte Naters I mit 1447 Punkten den 1. Rang. Im Juni 1993 fand in Naters das 6. kantonale Sportschützenfest statt, an dem sich 2200 Schützen beteiligten. Beim 7. kantonalen Sportschützenfest 1999 war Naters wiederum Gastgebergemeinde.

Die Luftgewehrschützen Naters I wurden 1984/85 an der schweizerischen Mannschaftsmeisterschaft in der 1. Liga Gruppensieger und schafften so den Aufstieg in die Nationalliga B, was bis anhin noch keiner anderen Mannschaft aus unserem Kanton gelang. In den Jahren 1983 und 1988 wurde Naters I bei den Luftgewehrschützen sechsmal hintereinander Walliser Meister. Zu dieser Zeit war Naters eindeutig die Luftgewehrhochburg des Wallis.

1986 konnte die 1. Mannschaft der Kleinkaliberschützen nach dem Qualifikationsschiessen in der 1. Liga starten und ein Jahr später schaffte sie den Aufstieg in die Nationalliga B.

Im Jahre 1990 stellten die Sportschützen Naters-Bitsch in der Person von **Leo Clausen** im Kleinkaliber-Dreistellungsmatch, in der Stellung stehend, mit 383 Punkten den Schweizer Meister. 1988 wurde derselbe Tellensohn mit 580 Punkten Westschweizer Meister im Kleinkaliber-Dreistellungsmatch (liegend, stehend und kniend). Leo Clausen war ferner mehrfacher Walliser Meister: sechsmal Luftgewehr und viermal Kleinkaliber-Dreistellungsmatch.

## Präsidenten

| | |
|---|---|
| 1975–1979 | René Schmid, des Anton |
| 1979–1981 | Leo Clausen |
| 1981–1983 | Viktor Pfammatter |
| 1984–1986 | Leo Clausen |
| 1986–1987 | Adolf Schnydrig |
| 1987–1996 | Marcel Kummer |
| 1996– | Peter Schmid, des Julius |

Mitgliederbestand 1998: 55, davon vier Ehrenmitglieder, 21 aktive Schützen mit Lizenz, Kleinkaliber und Luftgewehr, 17 Jungschützen, vier Luftpistolenschützen und neun Schützen ohne Lizenz.

# Zunft- und Sportschützenvereinigung

## Vorgeschichte

1922 erbauten die Militärschützengesellschaft, die Alte und Jüngere Schützenzunft oberhalb des Ornavassoturms einen Schiessstand. Laut Vertrag vom 28. September 1928 erhielten die Alte und Jüngere Schützenzunft je einen Sechstel Anteil und die Militärschützengesellschaft vier Sechstel. 1927 lastete auf dem Schiessstand noch eine Schuld von 16 338 Franken. Davon zahlte die Gemeinde 10 000 Franken, während der Rest gleichmässig unter die drei genannten Gesellschaften verteilt wurde. Im Jahresbericht der Jüngeren Schützenzunft aus dem Jahre 1971 liest man, dass beim Jungschützenschiessen ein Schütze «aus noch unabgeklärten Gründen in das Haus auf der Bella Vista schoss». Dass der Eigentümer bei der Gemeindeverwaltung Beschwerde einreichte, war mehr als verständlich. Aber auch die Anwohner des Schiessstandes verlangten wegen des Schiesslärms die Einstellung der Anlage. 1972 sperrte der Kanton aus Gründen der Sicherheit und des Lärmschutzes diesen Schiessstand.

Nun begann die jahrelange Odyssee auf der Suche nach einem geeigneten Schiessstandort. Verschiedene Plätze wurden in der Folge für ein Schützenhaus anvisiert, doch gelangten die Ideen und Pläne nie zur Verwirklichung. Die Mitglieder der Schützenvereine wandten sich inzwischen immer mehr dem weniger lärmintensiven, interessanteren und anspruchsvollen Kleinkaliberschiessen zu.

## Die Lösung

Bei all den Lösungsversuchen schälte sich eines klar heraus: Die Hoffnungen auf die Realisation eines neuen 300-Meter-Schiessplatzes auf Gemeindegebiet zerschlugen sich endgültig. 1990 bahnte sich eine Lösung an, denn am 11. September 1990 gründeten die Alte und Jüngere Schützenzunft, die Sportschützen Naters-Bitsch und die Militärschützengesellschaft (seit dem 22.4.1993 dabei) die Zunft- und Sportschützenvereinigung, die 1998 ca. 280 Mitglieder umfasste.

Im Vorstand sind Mitglieder aller aufgeführten Vereine sowie die Gemeinde vertreten. Der Verein bezweckte vorab den Bau der 50-Meter-Schiessanlage St. Wendelin in Hegdorn, sorgt für deren Betrieb und hat die Förderung des Schiesssports zum Ziel. Die Dauer des Vereins ist unbeschränkt, sicher aber so lange, bis das Schützenhaus St. Wendelin schuldenfrei dasteht.

Vom 10. bis 13. und vom 18. bis 20. Juni 1993 führte die Zunft- und Sportschützenvereinigung in Naters das kantonale Sportschützenfest durch, ein Grossanlass, an dem rund 2500 Schützen teilnahmen.

*Präsidenten:* 1990–1996 Marcel Kummer
1996– Alfons Scheuber

*Der 1922 erbaute Schiessstand oberhalb des Ornavasso-Schulhauses. 1972 gesperrt und später abgebrochen.*

*Schützenhaus St. Wendelin (Hegdorn).*

## Schützenhaus St. Wendelin

Der Bau des Schützenhauses St. Wendelin in Hegdorn wurde am 30. März 1992 begonnen und endete am 1. Juni 1993. Die Einweihung erfolgte am 23. April 1994, während das Einweihungsschiessen im Juni 1995 stattfand.

Die Schiessanlage St. Wendelin kostete über eine Million Franken. Nach Abzug der Kosten für Fronarbeiten (350 000 Franken, ca. ein Drittel), der eigenen Mittel sowie der Beiträge Dritter (ebenfalls ein Drittel) verblieb der Vereinigung eine Restschuld von 355 000 Franken. Die Gemeinde Naters stellte den Boden zum Bau der Anlage zur Verfügung. Um die Schuld der Vereinigung auf eine vertretbare Höhe zu reduzieren, gewährte ihr die Gemeinde einen einmaligen Beitrag à fonds perdu von 45 000 Franken. Der Verkauf des alten Schiessstandes an die Gemeinde Naters erbrachte den Betrag von 78 000 Franken. Während die Zunftbrüder und Sportschützen beim Bau der neuen Schiessanlage Fronarbeit leisteten, halfen die Militärschützen finanziell.

Der Scheibenstand mit der vollelektronischen Trefferanzeige kostete allein 202 000 Franken, und der Preis für die zehn Scheiben belief sich auf 95 000 Franken. Die Zunftstube mit rund 80 Plätzen steht überdies Vereinen und Familien zur Verfügung. Die Kleinkaliberanlage verlieh dem Schiesswesen in der Gemeinde Naters zweifelsohne neue Impulse.

## Sankt Wendelin

Der hl. Wendelin, dessen Fest am 20. Oktober gefeiert wird, lebte zur Zeit des Trierer Bischofs Magnerich um 570 in den Vogesen als fränkischer Einsiedler oder Mönch. Seine Verehrung als Schutzherr für Feld und Vieh verbreitete sich im gesamten alemannischen Raum, so auch im Wallis. Er wird dargestellt im Hirtenkleid oder in der Einsiedlerkutte, zu Füssen eine Krone, um ihn Viehherden.

Wie betagte Natischer erzählten, stand beim Eingang von Hegdorn seit alten Zeiten ein Bildhäuschen zu Ehren des hl. Wendelin. Deshalb bekam dieser erste Flecken von Hegdorn, in dessen Einzugsgebiet in zirka 100 Meter Entfernung auch das Schützenhaus steht, irgendwann den Namen «St. Wendelin». So wurde der Heilige für Flur und Viehherden wegen der geografischen Örtlichkeit für die Natischer Schützen durch die Namensgebung «Schützenhaus St. Wendelin» auch zum ehrenwerten Schutzpatron.

# 4. Turnvereine und Sportklubs

## Turnverein Naters

### Allgemeine Geschichte

Bereits am 24. September 1925 gründeten Richard Orler, Brig, Otto Gertschen und Gabriel Anthamatten in Naters einen Turnverein (TVN). Dieser wurde dann nach Schilderung des Protokolls am 26. Oktober 1929 mangels Interesses aufgelöst und zur «einstweilen Ruhe gebettet», aber am 22. Oktober 1936 von 23 Turnfreunden neu ins Leben gerufen.[457] Vermögensrechtlich und personell gingen die beiden Vereine ineinander über. Die Gründer von 1936 sahen sich ausdrücklich als Erneuerer. Vom aufgelösten Verein blieb ein Kranz II. Klasse vom kantonalen Turnfest 1929 in Monthey, der noch heute im Fahnenschrank des Vereins zu sehen ist.

Der TVN setzt sich als polysportiver Verein für die Förderung des Breiten- und Spitzensports ein und bietet allen Altersstufen Gelegenheit zu aktivem Sport. Er ist Mitglied des Oberwalliser, Walliser und Schweizerischen Turnverbandes (OTV, WTV und STV). Der TV setzt sich zusammen aus der Leichtathletik-, Geräte-, Volleyball-, Fitness- und Jugendriege, den Veteranen, Frei-, Passiv- und Ehrenmitgliedern sowie aus der Männer- und Damenriege; Letztere zwei werden autonom verwaltet.

Die Bevölkerung war damals dem Sport gegenüber eher negativ eingestellt. Unter der vortrefflichen Führung von Florian Corminboeuf, der Präsident und Oberturner war und später Ehrenpräsident wurde, setzte sich der junge Verein gegen alle Widrigkeiten durch. Während 55 Jahren diente Florian Corminboeuf dem Turnwesen. 1969 wurde er vom Oberwalliser Panathlonklub zum Sportler des Jahres gekürt. Aber auch Alfred Volken hat sich um den Turnsport in Naters grosse Verdienste erworben und konnte 1999 das diamantene Turnerjubiläum (1939–1999) feiern. Er ist Gründer der Kunstturner-, der Mädchen-, der Leichtathletik- und der Seniorenriege. 1968 ehrte ihn der Kantonale Turnverband als Sportförderer des Wallis. 1971

*Florian Corminboeuf (1904–99). Während 55 Jahren diente er dem Turnwesen.*

*Alfred Volken, der grosse Sportförderer des Turnvereins Naters.*

*Vorstand des TV Naters. Aufnahme von 1998. Von links: Armin Amherd, Orlando Lambrigger, Elmar Pfammatter, Christian Chiabotti, Roland Zuber, Roland Carlen, Adrienne Michlig, Urs Salzmann, Erich Summermatter, Präsident; Bernhard Eyer, Norbert Zurwerra, Oberturner; Fabiola Brunner.*

wurde Alfred Volken vom Oberwalliser Panathlonklub zum Sportler des Jahres gewählt. Viermal erhielt er die Ehrenmitgliedschaft.

An der GV vom 6. Februar 1945 nahm in der Person von Gemeindepräsident Meinrad Michlig erstmals ein Vertreter der Gemeindebehörde teil. Er war dem Verein in der Folge immer eine tatkräftige Stütze.

1967 wurde als Untersektion des TVN durch den Initianten Alfred Volken die Leichtathletikriege gegründet, die sofort auf Erfolgskurs ging. So «ersprang» sich beispielsweise Adrian Werlen im Hochsprung mit 1,94 m den Eintritt ins Nationalkader. 1976 erfolgte für die Herren die Gründung der Volleyballriege (seit 1996 Mannschaft mit der Männerriege). Auch diese war sehr erfolgreich. So gewann sie in der Saison 1984/85 in dieser Sportart erstmals den Titel eines Walliser Meisters. Gleiches geschah im Cup. Rupert Venetz als Experte des Volleyballsports und William Karlen als Förderer, Trainer und Schiedsrichter dieser Sportart haben das Verdienst, das Volleyballspiel im TVN heimisch gemacht zu haben.

1996/97 wurde die Kunstturnerriege der Damen und Herren in eine Geräteriege umgewandelt.

Der TV Naters war in der Vergangenheit auch sehr theaterfreudig. Zwischen 1937 und 1984 führte er nicht weniger als 28 Theaterstücke auf, oftmals verbunden mit turnerischen Darbietungen (vgl. Kap. «Theaterleben»).

Seit 1980 gibt der TV polykopiert viermal im Jahr die Vereinsschrift ‹Der Natischer Turner› heraus. Turnerische, kameradschaftliche und familiäre Ereignisse wechseln darin in ungezwungener Reihenfolge ab.

Stets wiederkehrende interne Anlässe des TVN sind: Unihockey-Hallenturnier, UBS-Cup 3000 (vor 1997: SBG-Cup 3000), Skirennen und Turnerwanderung. Alle drei Jahre tritt der TV in der Turnvorstellung mit Bühnenvorführungen und einem kleinen Schwank vor das interessierte Publikum. Seit 1984 findet alljährlich der «Natischer Dorflauf» statt, der jeweils vom TV in Zusammenarbeit mit der Lehrerschaft organisiert wird.

Dem Verein stellen sich neun Vorstandsmitglieder sowie über 40 Leiterinnen und Leiter zur Verfügung. Sie alle wirken massgeblich an der Erziehung und Charakterbildung der heranwachsenden Jugend mit. Der TV Naters ist so jung wie eh und je.

## Wichtigste Turnfeste in Naters

Seit 1937 besuchte der TV regelmässig die Oberwalliser und ab 1942 die kantonalen Turnfeste, nahm seit 1938 wiederholt an den Westschweizer und ab 1947 an den Eidg. Turnfesten teil. Die Sektion Naters reiste auch zu internationalen Turnfesten, so 1948 nach Venedig, 1954 zum Treffen der Kunstturner in Rom (mit einer Audienz bei Papst Pius XII.) sowie dreimal (1964, 1973 und 1980) zum Landesturnfest in Lustenau (Vorarlberg).

Mit der grossen sportlichen Welt kam der Turnverein am 22. Juni 1948 in Berührung, als die Natischer und Briger Turner an der Stafette des Olympiafeuers teilnahmen. Sie trugen die brennende Fackel von der Schweizer Grenze in Gondo bis zur Saltinabrücke in Brig. Der seinerzeitige Aktuar schrieb von einem «einmaligen Ereignis».

**Die wichtigsten Turnfeste in Naters bis 1998 waren:**
1946 und 1953: kantonaler Ringertag
1951, 1961, 1983 und 1997: Oberwalliser Turnfest
Zum Oberwalliser Turnfest 1997 in Stichworten Folgendes:
*Beteiligung: 123 Vereine, 2571 Turnerinnen und Turner, 400 Helferinnen und Helfer im Einsatz, 2178 Übernachtungen; Urteil eines Vereins über das Fest: «Sehr gute, zentral gelegene Wettkampfanlagen, überall freundliche und hilfsbereite Helferinnen und Helfer, eindrückliche Schlussvorführung, ideale Zuschauertribüne.»*
1955: kantonaler Kunstturntag
1959, 1973, 1981 und 1986: kantonales Jugendriegefest

1968: kantonale Leichtathletik-Meisterschaften
1979 und 1983: Schweizer Vereinsmeisterschaften
1985: Walliser Mehrkampfmeisterschaften
1987: Oberwalliser Jugendcup der Kunstturner
1988: 2. Jugend-Cross, kantonale Kunstturntage, Walliser Volleyball-Cupfinal
1990: Jugend-Cross, Walliser Jugendmeisterschaft im Einzelturnen
1991 und 1992: Walliser Jugend-Cross-Tournee
1992: erstmals kantonales Turnfest in Naters
1994: kantonale Kunstturntage
1996: Walliser Crossmeisterschaften

## Die bedeutendsten Turnerfolge

Es würde zu weit führen, wollte man hier alle Erfolge der Natischer Turner auflisten; der Leser kann dies in der Jubiläumsschrift von 1986 nachlesen. Eine grosse Zahl Spitzensportler aber verdient es, mit ihren bedeutendsten Leistungen hervorgehoben zu werden.

### In den ersten vier Jahrzehnten

Um das Jahr 1948 dominierten mehrere Natischer Einzelturner. Zu den Gebrüdern Eduard und Hermann Thomi traten Albert Blatter, Alfred Volken und Franz Schaller. So errangen fünf Natischer am kantonalen Kunstturntag 1948 gleich die ersten fünf Ränge. Und vom Eidg. Kunstturntag 1949 brachten die Gebrüder Thomi die zwei ersten eidg. Kränze nach Naters und ins Oberwallis überhaupt. Der letzte Stubenhocker wusste um die Erfolge der Brüder Thomi. Es war deshalb kein Wunder, dass der Berner Bürgerturnverein um die beiden warb. Eduard gehörte später der Nationalmannschaft bei den Olympischen Spielen an. Am Westschweizer Turnfest in Genf im Jahre 1953 erreichte die Sektion des TV Naters eine Punktzahl von 144,40 und wurde in ihrer Kategorie Westschweizer Meister. Noch nie vorher hatte die Sektion ähnliche Resultate erzielt. Und am kantonalen Turnfest in Martinach 1954 erreichten die Natischer mit 145,83 Punkten die absolute Spitze der Walliser Sektionen. 1970 wurde die Sektion am gleichen Ort wiederum Walliser Meister.
Noch nicht 20-jährig, war René Zryd Schweizer Juniorenmeister, zu verschiedenen Malen Walliser Meister und in Genf errang er 1953 sogar den Titel eines Westschweizer Mehrkampfmeisters. Am Eidg. Leichtathletiktag 1957 in Thun gewann er den eidg. Kranz und die Bronzemedaille.
Von 1953 bis 1963 beherrschten die Kunstturner Bernhard Salzmann, Alfred Elsig und Otto Rotzer die Walliser Turnszene. Achtmal gewannen sie den begehrten Wanderbecher im Geräteturnen. Alfred Elsig wie Bernhard Salzmann waren wiederholt Walliser Meister (Elsig 25-mal) und erturnten sich eidg. Kränze. Salzmann drang bis ins Viertelfinale der Schweizerischen Gerätemeisterschaften vor.
In Visp wurde Peter Ritz 1958 Walliser Juniorenmeister im Kugelstossen und im Weitsprung.

*Otto Rotzer: achtmaliger Gewinner des Wanderbechers.*

1972 holten sich die Leichtathleten 70 Medaillen, acht Kränze, sechs Palmen, 31 Meistertitel, fünf kantonale Rekorde, einen Schweizer Rekord und 19 Saisonbestleistungen.
Das sportliche Leben des Spitzenzehnkämpfers Beat Lochmatter wurde zur Legende: 1970 im Hochsprung 1,91 m und damit Walliser Juniorenrekord, 1971 Walliser Mehrkampfmeister, 1984 Walliser Zehnkampfmeister u.a.m. Nicht weniger sind die Leistungen von Robert Imhof: 40 Walliser Meistertitel im Kugelstossen und Diskuswerfen, Schweizer Juniorenmeister im Diskuswerfen, immer noch Rekordhalter im Diskuswerfen mit 51,50 m (Junioren) usw.
1976 gewann die Leichtathletik-Sektion des TV Naters den Titel des Schweizer Meisters in der Kategorie B der Vereinsmeisterschaften. 1977 wurde Rudolf Andereggen Westschweizer Meister im Kugelstossen (16,50 m).

*Spitzenkämpfer Beat Lochmatter.*

*Robert Imhof, der Meister im Kugelstossen und Diskuswerfen.*

### 1978–1998

1979 errangen die Leichtathleten 63 Medaillen und erreichten 119 Finalplätze. Ein Grossereignis für den TV Naters war der Schweizer Meistertitel der Olympischen Staffel 1982. Zu dieser siegreichen Mannschaft gehörten Julian Vomsattel, Paul Wecker, Reinhold Studer und Alfons Studer. Mit 3:12,85 erreichten die schnellen Walliser Rekordzeit. 1984 erturnte sich Philipp Osterwalder den Titel eines Walliser Juniorenmeisters.
Nach mageren 21 Jahren konnte an den Erfolg der Kunstturner von 1963 wieder angeknüpft werden. In den Jahren 1984–1986 wurde dreimal in Folge der Walliser Mannschaftsmeistertitel gewonnen. In der gleichen Zeit durfte der TV vier Kranzturner feiern. Es waren dies: Armin Amherd, Roland Carlen, Reinhard Margelisch und Norbert Schwery.
Aus der 1971 durch Karl Biner gegründeten Riege der Kunstturnerinnen erwarben in den frühen 80er-Jahren folgende drei Damen den Titel einer Westschweizer Meisterin: Monika Ruffiner, Christine Feller und Rebekka Grandi.
Die Volleyballriege war mehrmals Walliser Ligameister und Cupsieger. In der Saison 1984/85 brachten die Volleyballriegler den

*Gewinner des Walliser Mannschaftsmeistertitels von 1984. Von links: Armin Amherd, Roland Carlen, Roland Streit, Thomas Imhof (kniend).*

Walliser Meistertitel nach Naters. 1986 wurde Philipp Osterwalder Westschweizer Meister im Stabhochsprung. 1987 errangen die Natischer in Baltschieder im Sektionsturnen mit 118,63 Punkten zum zweitem Mal hintereinander den Turnfestsieg. Im gleichen Jahr stellte Philipp Osterwalder an der Walliser Meisterschaft in Martinach in zwei Disziplinen neuen Walliser Rekord auf: Stabhochsprung 4,80 m und Speerwerfen 59,8 m. Am Westschweizer Turnfest in Bulle/FR 1987 gab es im Zehnkampf folgende Leistungen: Aktive: 1. Rang Philipp Osterwalder, Westschweizer Meister mit 7099 Punkten; Junioren: 1. Rang Stefan Imhof, Westschweizer Meister mit 6027 Punkten.

Am 16. und 18. Juni 1989 holten sich die Leichtathleten und -athletinnen in Martinach 40 Medaillen, nämlich 19-mal Gold, siebenmal Silber und 14-mal Bronze. Im selben Jahr wurde Nadja Bodenmüller beim 100-m-Lauf mit 11 Min. 78 Sek. schnellste Walliser Juniorin.

1990 brachte die Junioren-Volleyballmannschaft A den Walliser Meistertitel zum ersten Mal ins Oberwallis. An den 50. Oberwalliser Turntagen in Visp 1990 wurde der TVN im Sektionsturnen mit 117,46 Punkten Turnfestsieger. Bei den Walliser Leichtathletik-Meisterschaften 1990 in Sitten erkämpfte der TVN 27 Podestplätze. Im selben Jahr errang Gerhard Vogel bei der Jugend B den Schweizer Meistertitel über 100 m (11,42). An der Schweizer Vereinsmeisterschaft 1990 in Yverdon siegte die Leichtathletikriege mit 10 698 Punkten. Damit erreichte der Verein den Aufstieg in die Nationalliga B.

Daniel Heynen gewann bei den Schweizer Crossmeisterschaften in Thun 1992 in der Jugend B den Schweizer Vizemeistertitel. Im gleichen Jahr holte sich Robert Imhof bei den Leichtathletik-Meisterschaften in Sitten seinen 30. und 31. Walliser Meistertitel.

1993 und 1994 wurde der TVN am Oberwalliser Turnfest zweimal hintereinander Turnfestsieger.

Beim kantonalen Turnfest 1995 in Visp sicherte sich der TVN den Sieg beim Sektionswettkampf in der 4. Stärkeklasse sowie einen Doppelsieg im Dreikampf der Kunstturner durch Roland Carlen und Silvio Lüthi.

Robert Imhof hielt im Diskuswerfen von 1988 bis 1996 den Walliser Rekord. Urs Salzmann hält im Speerwerfen seit 1988 den Walliser Juniorenrekord und konnte 1997 an den Walliser Meisterschaften auch seinen Titel im Kugelstossen erfolgreich verteidigen. Aber im selben Jahr gewann auch Jean-Claude Kämpfen den Titel eines Walliser Meisters im Kugelstossen. Claudia Pfammatter hält seit 1996 den Walliser Rekord im Speerwerfen. Bei den 1998 ausgetragenen Westschweizer Leichtathletik-Meisterschaften für Aktive und Junioren eroberten die Athleten des TV Naters eine Goldmedaille (Evelyne Jeitziner) und drei Silbermedaillen (Martin Wasmer, François Bumann und Corinne Lochmatter).

### Eine Klasse für sich: Ursula Jeitziner

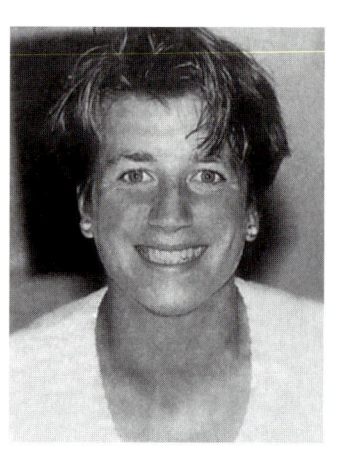

Ursula Jeitziner, geb. in Naters am 14. März 1972, Tochter des Bernhard, Bürgerin von Mund und Ferden, Primarlehrerin, nahm 1997 ein Heilpädagogikstudium an der Universität Basel auf und ist Mitglied der Leichtathletikriege des TVN. Sie sorgt seit 1989 national und international für Aufsehen. Wir können in diesem Rahmen nur einige ihrer Leistungen nennen: 1989 Walliser Juniorenrekord (1500 m); 1990 Walliser und Schweizer Crossmeisterin, Westschweizer Meisterin (1500 m); 1991 Schweizerische Juniorenmeisterin (1500 m); 1995 WM-Teilnahme und Schweizer Meisterin (5000 m); 1996 Schweizer Rekord im Halbmarathon (21 100 m); 1997 Limite für die Teilnahme am Marathon in Budapest und vieles mehr.

### Vereinsfahne – Jubiläen

*Erste Fahne:* Einweihung am 5. September 1937 durch Rektor Heinrich Zurbriggen. Paten: Therese Jaeger-Eggel und Ernst Biffiger.

*Zweite Fahne:* Einweihung am Jugendriegefest 1981. Paten: Elly Walker und Heinrich Wyder.

Die Vereinsfahne wird auch von der Damen- und Männerriege benutzt.

Am 28. November 1946 beging der TV Naters im grossen Saal zur Linde das zehnjährige Bestehen. 1956 wurde der zwei Dezennien Vereinsgeschichte gedacht.

Am 5. November 1961 feierte der TVN sein 25-jähriges Jubiläum. Höhepunkt der Feier war die Ehrung der Gründungsmitglieder.

*Fahne des TV Naters. Vier f = frisch, fromm, fröhlich, frei. Gemeindewappen. Weisser Streifen = Rundbahn.*

Am 17. Mai 1986 fanden beim Gottesdienst die Weihe der Fahne für die Jugendriege und in der Turnhalle Turmmatte die 50-Jahr-Feier des TVN statt. Zu diesem Jubiläum gaben Ambros Ritz und Bernhard Salzmann eine kurzweilige und ausführliche Vereinschronik heraus, der wir die wesentlichsten Ausführungen entnommen haben.[458]

## Präsidenten TVN

| | |
|---|---|
| 1936–1942 | Florian Corminboeuf |
| 1943–1944 | Arnold Michlig |
| 1945–1946 | Leander Biffiger |
| 1947–1949 | Jules Eggel |
| 1950–1959 | Alfred Volken |
| 1960–1965 | René Corminboeuf |
| 1966–1973 | Bernhard Salzmann |
| 1974–1977 | Richard Walker |
| 1978–1981 | Ambros Ritz |
| 1982–1985 | Hugo Zenklusen |
| 1986–1989 | René Salzmann |
| 1990–1996 | Paul Bärenfaller |
| 1997– | Erich Summermatter |

## Oberturner TVN

| | |
|---|---|
| 1936 | Hans Blatter |
| 1937–1956 | Florian Corminboeuf |
| 1957–1963 | Herbert Amherd |
| 1964–1973 | Otto Rotzer |
| 1974–1976 | Karl Biner |
| 1977–1981 | Bernhard Lüthy |
| 1982–1984 | Elmar Ruppen |
| 1985 | Riegeleiter im Wechsel |
| 1986–1998 | Norbert Zurwerra |
| 1998– | Roland Carlen |

## Jugendriege

### Gründung und Strukturen

Unter den Begriff Jugendriege (JR) fallen: Mädchenriege-Jungathletik, Knabenriege-Jungathletik, Jugend-Leichtathletik, Jugend-Volleyball (seit 1982), Kunstturnen Mädchen (seit 1971) und Knaben (seit 1976); für die Letzteren zwei gibt es heute das Geräteturnen.

Die Verantwortlichen des TV Naters riefen bereits 1937, ein Jahr nach der Gründung des Vereins, die Jugendriege für Knaben ins Leben. Am 13. September 1987 feierte die Knabenriege ihr 50-jähriges Bestehen. 1966 kam die neu gegründete Mädchenriege hinzu. Die Jugendriege konnte im Verlauf der Jahrzehnte viele turnerische Erfolge verbuchen, auf die wir hier nicht näher eintreten können.

### Präsidenten – Präsidentinnen der JR

| | |
|---|---|
| 1960–1969 | Alfred Volken |
| 1969–1974 | Karl Biner |
| 1974–1976 | Florian Jossen |
| 1976–1981 | Hugo Zenklusen |
| 1981–1989 | Susanne Reusser |
| 1989–1991 | Beatrice Amherd |
| 1991–1997 | Orlando Lambrigger |
| 1997– | Elmar Pfammatter |

Bis 1998 waren für die Knabenriege 18 Hauptleiter und für die Mädchenriege zehn Hauptleiterinnen im Einsatz. Dazu kommen noch weitere Leiter und Leiterinnen, die sich der sportbegeisterten Jugend annahmen.

### Fahnen

1956 erhielt die Jugendriege (Knaben) ein schmuckes Banner. Als Paten fungierten: Odette Corminboeuf und Erwin Michlig.
Am 17. Mai 1986 erfolgte anlässlich des 50-Jahr-Jubiläums des TVN die Einweihung der neuen Fahne für die Knabenriege. Paten: Susanne Reusser und Hugo Zenklusen.
Auch die Mädchenriege hat ihre eigene Fahne. Fahnenpaten: Hanny Volken und Walter Indermitte.
Aktivmitglieder des TVN: 1961: 42; 1986: 300; 1998: ca. 780 (inkl. Damen- und Männerriege).

# Männerriege STV Naters

### Gründung – Werdegang – Tätigkeiten

Die am 20. Oktober 1950 im Café Lötschberg gegründete Männerriege (MR) bezweckt die körperliche Ertüchtigung der Mitglieder sowie die Pflege der Kameradschaft. Die MR ist eine autonome Riege des Turnvereins STV Naters. Sie ist auch Mitglied dieses Vereins und hat dessen Statuten zu respektieren.
Während der ersten zehn Jahre herrschte ein reger Turnbetrieb. Nach einem Unterbruch von rund fünf Jahren wurde 1965 unter einem neuen Vorstand der Turnbetrieb wieder aufgenommen. Bisher hat die Riege zwei kantonale Turntage für Männerturner erfolgreich organisiert. Auch bei der Durchführung von kantonalen Turnfesten helfen die Männerriegler jeweils tatkräftig mit. Die MR pflegt das Volleyballspiel recht intensiv. Regional (Oberwallis) wie auch auf kantonaler Ebene mischt die Riege seit Jahrzehnten an vorderster Front mit. Schon mehrmals ging sie als Festsieger hervor.
1990 wurde eine Seniorenriege gegründet, die sehr aktiv ist.
Mitgliederbestand der MR und Senioren 1998: 132.

*Männerriege am kantonalen Turntag 1996 in Leuk-Susten. Im Hintergrund die Satellitenbodenstation.* **1. Reihe** *(v.l.): Bruno Amherd, Italo D'Alpaos, Paul Salzmann, Emil Minnig, Stefan Eyer, Hans Isenschmid. –* **2. Reihe** *(v.l.): Orlando Lambrigger, Otto Amstutz, Rupert Venetz, Hans Hartmann, Louis Ruppen, Alex Cathrein, Hans Amherd, Rolf Cathrein, Martin Feller, Hans Michel, Hans-Peter Eyer, Paul Bärenfaller, Remo Salzmann, Georges Lambrigger, Hans Käppeli.*

### Präsidenten

| | |
|---|---|
| 1950– ? | Walter Mutter |
| 1965–1968 | Heinrich Ott |
| 1969–1975 | Gottfried Theler |
| 1976 | Franz Taiana |
| 1977–1979 | Heinrich Schwery |

1980–1983    Walter Kammer
1984–1985    Martin Reusser
1986–1993    Walter Kammer
1994–        Hans Amherd

# Damenriege STV Naters

### Gründung – aktives Vereinsleben

Am 28. Oktober 1970 gründeten 37 Personen, acht Herren des TV Naters und 29 Damen, im Restaurant Bellevue die Damenriege ETV (seit 1985 STV) Naters. Diese Riege hat den Zweck, durch geeignete körperliche Übungen ihre Mitglieder zu harmonischer Gesundheit von Körper, Geist und Seele zu führen.
Die Damenriege (DR) ist Mitglied des Turnvereins Naters (TVN), des Oberwalliser und des Walliser Turnverbandes (OTV und WTV). Als Mitglied des TV Naters ist die DR aber in administrativer und technischer Hinsicht autonom.

*Vorstand der Damenriege TV Naters, 1998. Von links: Esther Franzen, Präsidentin Micheline Eggel-Eyer, Petra Ritz-Burgener, Fränzi Wyssen, Margrit Furrer, Vania Schumacher.*

Die Riege hat sich zahlen- und leistungsmässig stark entwickelt. Schon 1976 konnte beim gleichzeitigen Eintritt von 32 Turnerinnen das 100. Mitglied aufgenommen werden.
Mit diversen Sportarten, wie Volleyball, Gymnastik, Aerobic, Geräte- und Gesundheitsturnen halten sich die Frauen körperlich fit. Auf dem Jahresprogramm stehen auch Skitage, das traditionelle Skirennen am 19. März, Langlauf, Vita Parcours, Schwimmen, Ausflüge, Nikolausfeier und anderes.
Bestand der Aktiv- und Passivmitglieder 1998: 170; Ehrenmitglieder: sieben.

### Höhepunkte

Seit 1971 nahmen die Turnerinnen alljährlich am Oberwalliser Turntag teil. Bei diesen Turnieren holten sie wiederholt erste und zweite Ränge. Bis 1997 beteiligte sich die DR achtmal am kantonalen, einmal am Westschweizerischen und zweimal am Eidg. Turnfest (1991 in Luzern und 1996 in Bern). Die Teilnahmen am internationalen Turnfest Gymnaestrada in Zürich (1982), Amsterdam (1991) und Berlin (1995) waren besondere Höhepunkte der Vereinsgeschichte.
Das 50-jährige Jubiläum des Walliser Frauenturnverbandes (WFTV) fand am 22. September 1979 in Naters seinen Abschluss. Die Organisation oblag der Damenriege Naters.

1986 organisierte die DR das Ski-Weekend auf der Belalp, an dem über 160 Damen aus dem Wallis teilnahmen. Vom 18. bis 20. Juni 1992 fand das kantonale Turnfest in Naters statt, bei dessen Organisation die Damen kräftig mithalfen. Das bisher grösste Oberwalliser Turnfest wurde vom 13. bis 15. Juni 1997 in Naters durchgeführt, organisiert von der Damenriege, unter Mithilfe der Aktivsektion und der Männerriege. An ihm nahmen über 2000 Turnerinnen teil.
Am 28. Oktober 1995, also auf den Tag genau 25 Jahre nach ihrer Gründung, feierte die Damenriege in festlichem Rahmen ihr silbernes Jubiläum. Auf diesen Anlass hin wurde eine gefällige Vereinschronik herausgegeben.[459] Nach einem Jubiläumsgottesdienst in der Kirche und einem von der Gemeinde offerierten Apéro auf dem Kirchplatz konnte OK-Präsident Ambros Ritz zum Festbankett im Zentrum Missione über 200 Gäste begrüssen. Umrahmt von Darbietungen und Ehrungen, standen die Ansprachen ganz im Zeichen der Frau.

### Präsidentinnen

1970–1975    Elly Walker
1975–1979    Angelina Imoberdorf
1979–1985    Ruth Frey
1985–1991    Cordula Bellwald
1991–1997    Doris Pfammatter
1997–        Micheline Eggel

*Oberturnerinnen* (nacheinander): Hanny Volken, Miranda Balzani, Marlis Schnyder und Fränzi Wyssen.

# Turnverein Dorothea SVKT

### Gründung und Zielsetzung

Der Turnverein (TV) Dorothea besteht seit 1945. Er ist ein Verein des Schweizerischen Verbandes Katholischer Turnerinnen (SVKT, Frauensportverband) und ist dem Kantonalverband Wallis angeschlossen. Als Gründerin gilt Irma Gentinetta-Biffiger. Unter ihrer Präsidentschaft entwickelte sich eine sehr aktive Gruppe junger Turnerinnen. Der Verein wuchs aus der Jungfrauenkongregation heraus.
Sein Ziel ist es, Sport für jedes Lebensalter zu ermöglichen. Der Verein leitet die einzelnen Gruppen im Sinn des SVKT-Leitbildes. Immer steht der Mensch, nicht die Leistung im Mittelpunkt. Breitensport und nicht Spitzensport wird angestrebt, auch wenn man sich inzwischen dem Wettkampfsport geöffnet hat. Neben der sportlichen Betätigung läuft parallel das religiöse Leben. Darum bietet der SVKT nicht nur Kurse auf dem Gebiet des Sports an, sondern auch religiöse Bildungstage. Ein Ortsgeistlicher steht dem Verein als Präses zur Seite.
1963 wurde der Verein durch eine Frauengruppe erweitert. 1970 folgte die Gründung einer Mädchenriege, die besondere Freude am Geräteturnen hat. Auch die in den 70er-Jahren eingeführten Mutter-und-Kind-Turngruppen finden grossen Anklang. 1990 erhielt der Verein den Namen «Turnverein Dorothea des SVKT», und zwar in Anlehnung an die Frau von Nikolaus von der Flüe. Im Jahre 1996 wurde eine Jazz-Dance-Gruppe für Jugend und Sport (J+S) gegründet. Am Ende des Vereinsjahres findet der jeweilige Sporttag statt. Die Turnerinnen messen sich in Leichtathletik, Geräteturnen und Plauschwettkampf. Wandertage, Ausflüge, Velotouren, Kegel- und Fastnachtsabende dienen der Pflege der Kameradschaft.

*Vorstand des SVKT Dorothea Naters, 1998. **1. Reihe** (v.l.): Barbara Fercher, Seline Ritz. – **2. Reihe** (v.l.): Marianne Nellen, Präsidentin Vreny Imhof, Imelda Kuonen.*

Trotz anfänglich pessimistischer Prognosen entwickelte sich der Verein zu einer beachtlichen Organisation.

### Besondere Anlässe – Jubiläen

1972 organisierte der SVKT Dorothea auf der Belalp den kantonalen Skitag und 1991 das Jugendmeeting. In den Jahren 1974, 1979, 1982, 1988 und 1995 fanden die traditionellen Sporttage des Schweizerischen Verbandes Katholischer Turnerinnen vom Wallis (SVKT VS) und des Walliser Katholischen Turn- und Sportverbandes (WKTSV) in Naters statt. Ausserdem organisierte der SVKT Dorothea zwei schweizerische Anlässe, nämlich 1980 den Leichtathletiktag und 1992 die Kunst- und Geräteturntage.
Am 15. November 1970 feierte der TV Dorothea sein 25-jähriges und am 16. November 1995 das 50-jährige Bestehen. Mitgliederbestand 1998: 226, aufgeteilt in fünf Gruppen.

*Vereinsfahne des SVKT, 1995. Fahnenpaten (v.l.): Resi Ruffiner, Dr. Bernhard Walker; Fahnenträgerin Imelda Kuonen.*

### Vereinsfahne

Anlässlich des 27. Sport- und Spieltags des SVKT VS und des WKTSV vom 11. Juni 1995 wurde die erste Vereinsfahne gesegnet. Gestaltet wurde sie von Karl Walden mit dem Thema «Mensch – Baum (symbolisiert die Natischer Linde) – Bewegung». Fahnenpaten: Resi Ruffiner und Dr. Bernhard Walker.

### Präsidentinnen

| | |
|---|---|
| 1945–1953 | Irma Gentinetta-Biffiger |
| 1953–1956 | Ruth Kimmig-Gertschen |
| 1956–1963 | Martha Salzmann-Imahorn |
| 1963–1965 | Bethli Ruppen |
| 1965–1967 | Ida Summermatter |
| 1967–1972 | Resi Ruffiner |
| 1972–1976 | Marianne Klingele |
| 1976–1980 | Antonia Steiner |
| 1980–1984 | Georgette Zurkinden |
| 1984–1988 | Denise Jeitziner |
| 1988–1992 | Anni Volken |
| 1992–1996 | Barbara Fercher |
| 1996– | Vreny Imhof |

# Fussballclub Naters

## Gründung

Hauptinitiant zur Gründung des Fussballclubs Naters (FCN) war Moritz Roten (*1922), gebürtiger Natischer, wohnhaft in Sitten, Ehrenmitglied, grosser Förderer und passionierter Fan des FC Naters. Er bildete zusammen mit Oswald Venetz, Pius Werner, Anton Volken und Adalbert Zuber ein Initiativkomitee, das die Vereinsgründung vorbereitete. Am 7. Juni 1958 wurde der FC Naters im Restaurant Post aus der Taufe gehoben. 32 Anwesende schrieben sich als Aktiv- oder Passivmitglieder ein.[460] Für detaillierte Angaben verweisen wir vor allem auf die unter der soeben zitierten Anmerkungsnummer genannten drei Festschriften der Jahre 1983, 1988 und 1998. Ein erweitertes Manuskript von Hans Eggel über die gesamte Vereinsgeschichte sowie dessen Jubiläumsschrift, die besonders die Jahre 1988–1998 behandelt, bilden die Grundlage der folgenden Ausführungen. Es versteht sich, dass wir in diesem Rahmen nur einige Meilensteine der Vereinsgeschichte erwähnen können.

## 1958–1983: Erfolge und Niederlagen

Bald nach der Vereinsgründung begann man mit grosser Begeisterung das Training in den Driesten. In den ersten Meisterschaftsspielen musste der FC Naters verständlicherweise einige Niederlagen einstecken. Nach drei Jahren stellte sich der erste bedeutende Erfolg ein: 1960/61 wurde der FC Naters Walliser Meister der 4. Liga. Im Entscheidungsspiel vom 25. Juni 1961 siegte er mit 6:1 Toren über Evionnaz und konnte damit von der 4. in die 3. Liga aufsteigen, in der er in den 60er-Jahren allerdings nur mit Mühe verblieb.
Danach folgten wieder bessere Zeiten. 1970 stieg der Klub in die 2. Liga auf. Ein Jahr später, in der Saison 1970/71, war Naters Walliser Meister der 2. Liga und konnte sogar die Entscheidungsspiele um den Aufstieg in die 1. Liga bestreiten. Dieses Ziel wurde jedoch nicht erreicht. In den nächsten sieben Jahren vermochte sich die erste Mannschaft aber in der 2. Liga zu halten.

*Die Väter und die Spieler der ersten Stunde des FC Naters. Von links: Rupert Venetz, Paul Brutsche, Luigi Pellanda, Georges Scheuber, Walter Hugo, Georges Zuber, Hans Eggel, Paul Scheuber, Peter Schmid, Benito Pellanda. – Sitzend (v.l.): Moritz Roten, Fritz Schmid, Jakob Schuppli.*

Im Jahre 1972 wurde die Supporter-Vereinigung gegründet. Diese setzte sich zum Ziel, den FC moralisch und finanziell zu unterstützen.

1976 wurde erstmals gemeinsam mit dem Turnverein ein Lotto durchgeführt, das während Jahren regelmässig stattfand.

In der Saison 1978/79 fiel Naters I von der 2. in die 3. Liga zurück, und das bedeutete für die zweite Mannschaft die Zwangsrelegation in die 4. Liga. Doch der FC konnte sich hiervon rasch erholen. Er wurde 1979/80 Walliser Meister und stieg wieder in die 2. Liga auf. Vom Walliser Fussballverband erhielt er den Preis «für den besten Klub des Wallis». Im folgenden Jahr zählte der FC Naters 81 Aktive und 128 Junioren. Die Freude über den erwähnten Aufstieg war von kurzer Dauer, denn 1980/81 rangierte der Klub am Tabellenende und in der nächsten Saison folgte der erneute Absturz in die 3. Liga, in der er bis 1991 blieb.

## Im Jubiläumsdezennium

Vom 2. bis 5. Juni 1983 beging der Fussballclub sein 25-jähriges Bestehen. Dieses Jubiläum wurde in würdigem Rahmen gefeiert.

1984/85 bekam der Trainingsplatz eine Flutlichtanlage. Der Gemeinde sei also ein Licht aufgegangen, hiess es damals. Besonders erwähnenswert ist, dass seit 1984 die Vereinszeitung ‹Der Fussballer› erscheint.

Mit der Jubiläumsfeier vom 3./4. Juni 1988 zum 30-jährigen Bestehen wurde mit einem Sportfest ein weiterer Meilenstein gesetzt. Die zu diesem Anlass herausgegebene Festschrift weist unter anderem auf die ungenügenden Platzverhältnisse hin, kein Wunder, war der Klub doch inzwischen auf rund 300 Aktivmitglieder angewachsen.

Das Protokoll vom 19. Januar 1990 erwähnt, dass der Stapfen Ost mit einer Flutlichtanlage versehen worden sei. Am 18. Januar 1991 besass der Klub 280 lizenzierte Spieler.

## Der FC auf Höhenflug

In der Saison 1991/92 wurde der FC Naters Walliser Meister der 2. Liga und stieg nach 34 Jahren in die 1. Liga auf. Er siegte vor 2000 Zuschauern auf dem Stapfen mit 6:0 über den FC Freiburg. Damit stieg Naters innert zwei Jahren von der 3. in die 1. Liga auf. Naters wurde dadurch neben Raron der zweite Oberwalliser Vertreter in der höchsten Amateurliga. Die Gemeinde gratulierte im ‹Mitteilungsblatt› und empfing die Aufsteiger im Junkerhof.

Präsident Remo Salzmann wies 1992 im ‹Fussballer› (Nr. 16, Herbst) auf die Gründung des «Klubs der Hundert» und des «Fan-Clubs» hin. Im selben Jahr wurde der FC Naters vom Panathlonclub Oberwallis als beste Mannschaft ausgezeichnet.

Am 7. März 1993 war Jean-Paul Brigger erstmals im Dress des FC Naters im Spiel gegen Grand Lancy (1:1) dabei. Mit ihm wechselte ein langjähriger Internationaler, Inhaber verschiedener Titel und Schweizer Meister mit dem FC Sitten zum Erstligisten Naters. Hier hat er einiges bewegt. Aber schon 1994 verliess Brigger Naters, um für den FC Luzern zu spielen.

## Aufstieg in die NLB – und Abstieg

1994 erhielt der FC Naters in Charly In-Albon einen neuen Trainer. Auch er war, wie Brigger, ehemaliger Spieler eines erfolgreichen Nationalliga-A-Klubs (GC) und gehörte zur Nationalmannschaft.

Im Spiel gegen den Finalgegner Bulle/FR am denkwürdigen Dienstagabend, dem 13. Juni 1995, schaffte der FC Naters mit 4:2 Toren den Riesensprung in die Nationalliga B. Das wurde gefeiert, und wie! Drei Spieler waren bei diesen Turnieren immer dabei: Louis Schmid, Pascal Ebener und Iwan Holosnjaj. Die Saison 1994/95 war damit die erfolgreichste des Natischer Fussballclubs. 1995 wurden auch die Junioren A und B Walliser Meister.

Doch der Verbleib in der Nationalliga B währte nicht lange. Im Dezember 1995 befand sich Naters mit 18 Punkten am Ende der Tabelle. Und im Spiel gegen Chiasso am 10. Juni 1996 wurde der FC Naters zum Abstieg in die 1. Liga verurteilt. Das NLB-Abenteuer war nach einem Jahr schon vorbei. Trainer Charly In-Albon sagte damals: «Nur mit Oberwallisern allein ist ein Platz in der NLB nicht möglich.» Der FC Naters musste erfahren, dass in der Nationalliga professionelle Arbeit gefragt ist und dass dort der Aufwand unvergleichlich grösser ist als in der Amateurliga. Trotzdem war der kometenhafte Aufstieg für die Spieler ein unvergessliches Erlebnis und das Publikum kam auf dem Stapfen in den Genuss von einigen hochinteressanten Spielen.

Vom 10. bis 12. Juli 1998 feierte der Fussballclub unter der Leitung des OK-Präsidenten Remo Salzmann in einem würdigen Rahmen sein 40-jähriges Bestehen. Insgesamt standen sieben Jubiläumsspiele auf dem Programm. Auch in diesem Jubiläumsjahr bestätigte der FC Naters, dass er die Nummer eins im Oberwalliser Fussball ist und dass er die beste Erstligamannschaft im Wallis stellt.

## Naters Reserve – Senioren

In der Saison 1973/74 wurde die Reservemannschaft gegründet. Der Start erfolgte in der 4. Liga. Der Aufstieg in die 3. Liga gelang schon nach fünf Jahren. Dann aber folgte ein Auf und Ab. 1996 schaffte das Reserveteam erneut den Aufstieg in die 3. Liga.

Seit 1974/75 konnte der FC Naters auch stets eine Seniorenmannschaft stellen. Diese ist eine selbstständige Abteilung innerhalb des Fussballclubs. In den letzten zehn Jahren gelang den Senioren mehrmals der Gruppensieg und sie gewannen den Walliser Cup.

## Juniorenabteilung

Die Gründungsversammlung einer Juniorenmannschaft fand am 25. Juni 1959 statt. Der FC Naters hat dieser Bewegung immer grosse Bedeutung beigemessen, wohl wissend, dass die Zukunft eines Vereins im Nachwuchs liegt. Besondere und alljährlich wiederkehrende Veranstaltungen der Junioren sind: das Hallenturnier, das Sportlager im Sommer (1983–1986 in Tiefencastel/GR, seit 1987 in Fiesch) und das internationale Juniorenturnier.

1998 zählte der FC Naters 14 Juniorenmannschaften. Hinzu kam noch die Fussballschule, so dass im genannten Jahr die Jugendabteilung ca. 300 Jugendliche zählte. Alle erkämpften Titel aufzulisten, würde hier den Rahmen sprengen. Es sei aber festgehalten, dass die Junioren allein in den Jahren 1968–1998 über 20 Walliser Meistertitel nach Naters brachten. An der GV vom 28. Januar 1995 konnte mit Freude bekannt gegeben werden, dass der Walliser Fussball-Verband in Sitten die Juniorenbewegung Naters mit dem Preis für die beste Juniorenbewegung im Wallis ausgezeichnet hatte.

Wichtig für die Zukunft ist, dass die Junioren A, B und C bei den Inter mitspielen können. Der FC bietet den Jugendlichen körperliche Ertüchtigung, Kameradschaft und eine sinnvolle Freizeitbeschäftigung und leistet so gleichzeitig wertvolle erzieherische Arbeit.

## Internationales Juniorenturnier des FC Naters

Bereits beim 1. internationalen Juniorenturnier im Jahre 1991 brachten die Organisatoren ein hochkarätiges Teilnehmerfeld mit Mannschaften wie Eintracht Frankfurt, Roda Krekade (Holland), Dynamo Zagreb, Swarovski Tirol (Österreich) und Servette Genf nach Naters.

Das 2. internationale Turnier 1992 stand bereits unter dem Patronat der UEFA und des SFV. Das bedeutete eine grosse Ehre und Anerkennung für den FC Naters. Acht Mannschaften aus

*Nationalliga-B-Mannschaft des FC Naters, 1995/96. **1. Reihe** (v.l.): Michel Mounier, Wolfgang Fallert, Marco Decurtins, Markus Pfammatter, Frank Kalbermatter, Pascal Ebener, Yvan Holosnjaj. – **2. Reihe** (v.l.): Toni Zeiter, Stefan Zumtaugwald, Paul Brantschen, Präsident Frank Eggel, Hauptsponsor Erwin Lauber, Louis Schmid, Matthias Fux, Damian Pfammatter. – **3. Reihe** (v.l.): TK-Chef Remo Salzmann, André Imboden, Christoph Minnig, Heiko Plaschy, Mischa Imhof, Kurt Locher, Franz-Stefan Minnig, Trainer Charly In-Albon.*

*Erweitertes Kader der ersten Mannschaft und Sponsoren.* **1. Reihe** *(v.l.): Manfred Oggier, Iwan Kuonen, Fabian Lochmatter, Matthias Fux, Wolfgang Fallert, Thomas Jenelten, Andreas Jenelten. –* **2. Reihe** *(v.l.): Marco Decurtins, Marco Steiner, Karl Salzmann (TK-Chef), Erwin Lauber (Hauptsponsor), Paul Rentsch (Präsident), Erhard Salzmann (Kosponsor Raiffeisenbank Naters), Roland Walker (Kosponsor Raiffeisen Oberwallis), Iwan Holosnjaj, Andreas Varonier. –* **3. Reihe** *(v.l.): Josef Meyenberg (Masseur), Daniel Hermann, René Wellig, Iwan Imhof, Pascal Ebener, Ranko Jakovljevic, Fabian Marbot, Silvan Salzmann, Elmar Walker (Betreuer). – Im Hintergrund die überdachte Tribüne im Stapfen.*

sechs Ländern, auch eine Oberwalliser Auswahl und eine Mannschaft des FC Naters waren mit von der Partie. Im Laufe der folgenden Jahre begann sich das Turnier zu etablieren. Es trägt für den FC Naters bereits jetzt Früchte, denn die Junioren B1 nahmen auf Einladung von Austria Wien an einem Turnier in Hollabrunn (Österreich) teil, die Junioren C weilten ebenfalls auf Einladung in Dortmund (Deutschland) und die Junioren A belegten in einem Turnier in Belgien den 3. Platz. Sepp Blatter, der damalige FIFA-Generalsekretär und heutige Präsident, sagte über das Turnier: «Ich finde es grossartig, dass hier ein derart bedeutendes Turnier organisiert wird. Ich bewundere den Mut und die Ausdauer der Organisatoren.»

## FOOT-Plus Oberwallis

FOOT-Plus Oberwallis, ein Nachwuchskonzept unter dem Patronat von Jean-Paul Brigger, ist ein selbstständiger Partner des FC Naters. FOOT-Plus setzt sich zum Ziel, junge Oberwalliser Fussballtalente zu fördern. Dabei sollen Schule und Beruf nicht vernachlässigt werden. Die Spieler können weiterhin bei ihren Stammvereinen bleiben. FOOT-Plus ist ein Projekt, das die Infrastruktur des FC Naters benutzt. Den Ausschuss leitet Beat Borter. Mit dieser Organisation leistet Naters Pionierarbeit im Oberwallis.

*Treffen der FCN-Präsidenten, 1999 (Amtsjahre siehe Verz.).* **1. Reihe** *(v.l.): Dr. Paul Biderbost (†1999), Frank Eggel, Georges Zuber. –* **2. Reihe** *(v.l.): Paul Rentsch (amtierender Präsident), Hans Eggel, Ehrenpräsident Hans Ruppen, Remo Salzmann.*

## Präsidenten des FCN

| | |
|---|---|
| 1958–1960 | Paul Biderbost |
| 1960–1962 | Hans Eggel |
| 1962–1964 | Alfred Klingele |
| 1964–1967 | Georges Zuber |
| 1967–1978 | Hans Ruppen |
| 1978–1981 | Ignaz Eggel |
| 1981–1985 | Kilian Zimmermann |
| 1985–1994 | Remo Salzmann |
| 1994–1997 | Frank Eggel |
| 1997– | Paul Rentsch |

## Trainer des FCN

| | |
|---|---|
| 1958–1959 | Georges Stuber u.a. |
| 1959–1961 | Paul Brutsche |
| 1961–1962 | Fritz Werlen |
| 1962–1963 | Paul Brutsche |
| 1963–1965 | Rudolf Seiler |
| 1965–1967 | Ernst Troger |
| 1967–1968 | René Roten |
| 1968–1970 | Erwin Eyer |
| 1970–1972 | René Roten |
| 1972–1973 | Erwin Eyer |
| 1973–1975 | Mladen Vrankovic |
| 1975–1976 | Erwin Eyer |
| 1976–1977 | Franz-Stefan Minnig |
| 1977–1978 | Franz-Stefan Minnig, Marcel Soland |
| 1978–1979 | Marcel Soland, Antonio Ricci |
| 1979–1980 | René und Georges Roten |
| 1980–1981 | Georges Roten, Rolf Imhof |
| 1981–1982 | Rolf Imhof, Urs Gertschen |
| 1982–1983 | Rolf Imhof, Martin Salzmann |
| 1983–1984 | Beat Borter, Reinhard Werlen |
| 1984–1985 | Urs Gertschen, Bernhard Eggel |
| 1985–1987 | Bernhard Eggel |
| 1987–1989 | Werner Indermitte |
| 1989–1992 | Philipp und Peter Troger |
| 1992–1993 | Philipp Troger, Jean-Paul Brigger, Peter Troger |
| 1993–1994 | Jean-Paul Brigger, Peter Troger |
| 1994–1996 | Charly In-Albon, Franz-Stefan Minnig (Assistenztrainer) |
| 1996–1998 | Ranko Jakovljevic, Erwin Schnydrig (Assistenztrainer) |

Mitgliederbestand des FC Naters 1998: ca. 300 Aktivmitglieder, aufgeteilt in 18 Mannschaften; 36 Ehrenmitglieder.

## Sportanlage Stapfen – Ökonomiegebäude – Skating-Anlage

Der erste *Trainingsplatz* für den FC Naters lag in den Driesten beim heutigen Kieswerk. Dieser Ort erwies sich als zu feucht und die Fussbälle gingen im wahrsten Sinne des Wortes gelegentlich im Rotten baden und schwammen davon. Die in Zusammenarbeit mit dem Turnverein am 4. August 1958 gegründete Sportplatzkommission hatte den Auftrag, für beide Vereine nach einem geeigneten Terrain Ausschau zu halten. Man fand es im Gebiet des heutigen Stapfen. Mit den Eigentümern wurde ein Pachtvertrag auf fünf Jahre abgeschlossen. Am 9. August 1959 fand erstmals eine «Platzeinweihung» statt, verbunden mit einem Sportfest. Dieses trug viel zur Akzeptanz des Fussballsports in Naters bei.

Der Zustand des Platzes genügte allerdings nur minimalsten Anforderungen, von einer Infrastruktur konnte keine Rede sein. Nur langsam gab es Verbesserungen. Die Sportplatzkommission drängte die Gemeinde, im Stapfen Bodenkäufe für die Sportanlagen zu tätigen. Dies geschah denn auch. Zwischen 1961 und 1988 erwarb die Gemeinde daselbst eine Sportplatzfläche von 47 910 m$^2$.

Mit dem Bodenkauf allein war es aber nicht getan. Anstelle der bisherigen Sportplatzkommission trat am 13. Mai 1961 die Sportplatzgenossenschaft. Diese trieb den Ausbau des Sportplatzes voran. Mit der Zeit übernahm die Gemeinde die Investitionskosten. 1986 wurde die Sportplatzgenossenschaft aufgelöst.

Am 26. Mai 1973 konnte der neu ausgebaute Turn- und Sportplatz dem FC und TV übergeben und eingeweiht werden. Zwischen 1978 und 1995 erfolgten weitere Verbesserungen und Erweiterungen der Sportanlage, darunter die Freizeitanlage Stapfen Ost. Die bestehende Rundbahn wurde mit Tartan belegt und am 19. Juni 1993 eingesegnet. In den Jahren 1996–1997 erstellte der FC 410 Sitzplätze. In den gleichen Jahren wurde ein neues *Ökonomiegebäude* gebaut, dessen Einweihung am 18. Oktober 1997 erfolgte. Gesamtkosten: 2,260 Mio. Franken. Der Neubau besteht aus einem Haupttrakt mit Garderoben, Duschen, technischen Räumen, Materialräumen, Werkhof, Lager- und Klubräumen sowie einer gedeckten Tribüne mit 450 Sitzplätzen. Das Ganze ist ein ästhetisches Bauwerk. Es ist ein interessantes Kleinstadion, das in seiner leichten Architektur ebenso befriedigt wie in funktionaler Hinsicht.

1998 wurde östlich der Sportanlage Stapfen auf einer Fläche von 4000 m$^2$ zum Preis von 406 000 Franken eine regionale *Inline-Skating-Anlage* erstellt. Hier wird den Jugendlichen die Möglichkeit geboten, die neue Sportart weg von der Strasse auszuüben. Die Anlage ist in dieser Form einmalig und stellt den grössten Outdoor-Park der Schweiz dar. Der Skate- und Funpark Stapfen Naters (offizieller Name) wurde am 24. April 1999 eröffnet und eingesegnet. Inline Skating ist eine Sportart, die bei den Jugendlichen voll im Trend ist. Die Skating-Anlage Stapfen wurde von 14 Gemeinden des Bezirkes Brig und Östlich Raron finanziert (allen voran Naters mit einem Beitrag von 200 000 Franken plus Boden), was den regionalen Charakter der Anlage unterstreicht. Manfred Schmid und Sabine Löwenthal als Leiter der Anlage bieten ein abwechslungsreiches Programm für alle Inline-Fans. Präsident des 1995 gegründeten Skateclubs Oberwallis ist Reto Ricci von Naters.

# Skiclub Belalp

## Vorgeschichte, Gründung und Entwicklung

Der Skiclub (SC) Belalp hat seine Vorgeschichte.[461] Schon in den 30er-Jahren kam es im Natischer Berg zu ersten Gehversuchen auf Skiern, so z.B. durch Franz Werner (1890–1981). Ihm und auch anderen genügten die selbst fabrizierten «Fassjituwwe», von manchen auch «Fassjitubla» genannt.

1936 gründeten zehn Skifahrer den SC Aletsch. Im gleichen Jahr organisierte dieser Klub bereits das Sparrhorn-Derby, heute als Belalp-Derby bekannt. Die Strecke führte vom Sparrhorn über Geissbalmen–Eggen–Rischinerwald nach Blatten. Sieger

*Vorstand des Skiclubs Belalp. Aufnahme von 1998. **1. Reihe** (v.l.): Christian Wenger, Präsident; Fernando Roten, Robert Zuber, Aldo Imhof. – **2. Reihe** (v.l.): Fabian Eggel, Stefan Schmid, Fredy Summermatter, Ursula Gramm.*

der abenteuerlichen Abfahrt war Vitus Karlen (1902–1946) vom Moos. In den Jahren 1939–1941 stand Rudolf Schmid auf dem Siegerpodest. Die errungene Trophäe war ein schlichtes Becherlein, das ohne grosse Zeremonie vergeben wurde.

1945 trennten sich neun «erhitzte Gemüter» vom SC Aletsch und gründeten den «SC Bergfreund Blatten».[462] Letzterer war während der zehn Jahre seines Bestehens recht aktiv und zählte vor der Fusion 1955 80 Mitglieder.

Nach längeren Bemühungen der beiden Klubpräsidenten Oskar Furrer und Meinrad Nellen gelang es, an der historischen Versammlung vom 3. Dezember 1955 die beiden Skiclubs «Aletsch» und «Bergfreund» unter dem neuen Namen «Skiclub Naters» zusammenzuschliessen. Infolge der weiteren touristischen Entwicklung wurde der SC Naters im Jahre 1972 in SC Belalp (SCB) umbenannt. Er gehört dem Schweizerischen Skiverband (SSV), dem Walliser und Oberwalliser Skiverband (WSV, OWSV) an. Der SC bezweckt die Förderung des Skisports und die Pflege der Kameradschaft unter seinen Mitgliedern. Er besteht aus Aktiv-, Frei-, Passiv- und Ehrenmitgliedern.

Der SC Belalp gab dem Skisport auf der Belalp seit seiner Gründung grosse Impulse. Es besteht eine enge Zusammenarbeit des SC mit den Belalp-Bahnen und dem Tourismusverein, was sich gegenseitig positiv auswirkt. Ebenso anerkennt und unterstützt die Gemeinde Naters durch ihre regelmässigen Vertreter an der GV die grosse und uneigennützige Arbeit des SCB.

In der seit 1985 alljährlich hektographiert herausgegebenen Klubzeitung ‹Skispalter› (Name wohl in Anlehnung an ‹Nebelspalter›) informiert der Vorstand die Mitglieder ausgiebig über das Vereinsgeschehen und die Bereiche des Skisports.

## Anlässe

Der SC Belalp ist Mitorganisator der Hexenabfahrt und führt alljährlich das Belalp-Derby, das Downhill-Action-Rennen und weitere Rennen durch. Um Wiederholungen zu vermeiden und wegen des touristischen Zusammenhangs werden die auf der Belalp durchgeführten Grossanlässe im Kapitel «Tourismus» dargelegt. Es bleibt hier nur zu ergänzen, dass der Walliser Skiverband dem SC Belalp die Durchführung des Walliser Skifestes vom 24. August 1997 auf dem Sportplatz Stapfen übertrug. Neben gelegentlichen Familien- und Sommerfesten führt der SCB interne Klubrennen durch, so z.B. den Riesen- und Parallelslalom sowie nordische und alpine Rennen.

Am 22. November 1980 beging der SC Belalp im Rahmen eines Festessens und gemütlichen Zusammenseins bei Tischreden, Spiel und Tanz sein 25-jähriges Jubiläum.

## JO Belalp

Die JO (Jugendorganisation) Belalp wurde am 12. November 1966 im Café Post ins Leben gerufen. Sie gehört dem Skiclub Belalp an, ist jedoch eine eigene Organisation und steht unter Leitung von drei Verantwortlichen, dem JO-Chef sowie dem Ski- und Konditionstrainer.

Die Aufgabe dieser drei Verantwortlichen besteht darin, die skibegeisterten Mädchen und Buben zu erfassen, um so den Rennfahrernachwuchs sicherzustellen. Beim Skitraining wird den Kindern die Grundtechnik des Skifahrens beigebracht. Die Mini-JO (Acht- bis Zehnjährige) bestreiten pro Winter zwei Rennen und ein Finale. Für die JO II (Neun- bis Elfjährige) und JO I (Zwölf- bis 14-Jährige) besteht bereits die Möglichkeit, an den Oberwalliser und Walliser Meisterschaften teilzunehmen, was in der Vergangenheit wiederholt erfolgreich der Fall war. Die JO Belalp führt seit 1973 auf der Belalp JO-Ausscheidungen, des Öftern Walliser JO-Abfahrtsmeisterschaften und andere Rennen durch, was im Kapitel «Tourismus» näher ausgeführt wird.

*Belalp-Derby 1957, Kombination. Von links: Leo Amherd, Altersklasse 1. Rang; Salomon Schmid, Altersklasse 2. Rang; Waldemir Gasser, Junior 1. Rang.*

## Präsidenten des SC Belalp

| | |
|---|---|
| 1955–1958 | Oskar Furrer |
| 1958–1960 | Alfred Nellen |
| 1960 | Oskar Furrer |
| 1960–1966 | Markus Ruppen |
| 1966–1968 | Hans Ruppen |
| 1968–1972 | Alfred Imwinkelried |
| 1972–1976 | René Schmid |
| 1976–1980 | Konrad Salzmann |

1980–1984  Louis Salzmann
1984–1988  Peter Summermatter
1988–1995  Wolfgang Wenger
1995–      Christian Wenger

*Oskar Furrer* war Präsident des SC Aletsch und des SC Naters. Er ist Ehrenpräsident des SC Belalp. Während der gesamten Vereinsgeschichte konnten der SC und die JO Belalp stets auf seine grosszügige finanzielle und moralische Unterstützung zählen. Das Protokoll hält ehrenvoll fest: «Fast bei jedem Anlass ist O. Furrer dabei, wahrlich ein grosser Förderer des Skisports und ein Skipionier.»
Mitgliederbestand 1998: 350.

# Kegelklubs

Die Urform des Kegelns hat ihren Ursprung in Ägypten und lässt sich dort bis auf das Jahr 3200 v.Chr. zurückverfolgen. In Europa begann der Kegelsport nachweislich in der Mitte des 12. Jahrhunderts, so z.B. in Rothenburg/Bayern.
Viele Kegler bevorzugen die Ladenbahn, andere wiederum die Asphaltbahn. Auf Ladenbahnen wird mehrheitlich in der welschen Schweiz gekegelt, während in der deutschen Schweiz die Asphaltbahnen vorherrschen. In Naters gibt es acht Kegelklubs (KK), vier Laden- und ebensoviele Asphaltkegelklubs. Alle setzen sich zum Ziel, den Kegelsport zu fördern und gleichzeitig Kameradschaft und Geselligkeit zu pflegen.

## Ladenkegelklubs

Die vier Ladenkegelklubs des Alpes, Egger, Ornavasso und Tunetsch trainieren auf den Ladenbahnen des Café des Alpes. Da der KK Tunetsch als KK Mörel auftritt, gehen wir auf diesen nicht näher ein, obwohl bei ihm auch Natischer mitkegeln.
Josef Volken, der eigentliche «Vater» des Ladenkegelns in neuerer Zeit in Naters, eröffnete Mitte der 60er-Jahre im Café des Alpes eine der schönsten Anlagen des Oberwallis. Naters gilt seither als Hochburg dieser Sportart. Nachfolgend stellen wir die drei Kegelklubs in chronologischer Reihenfolge vor.

## KK Egger

Der KK Egger Naters-Brig wurde 1945 gegründet. Er beteiligt sich an drei kantonalen Meisterschaften und dem Walliser Cupkegeln. Des Weitern stehen u.a. das Freundschaftskegeln mit anderen Klubs sowie das klubinterne Kegeln um die Jahresmeisterschaft auf dem Programm.
Mitgliederbestand 1998: 13.
*Präsidenten:* 1945–1970 (nacheinander): Ferdinand Berset, Hermann Schmid, Hans Bieler, Benjamin Biner, Marcel Truffer; 1970–1996: Leo Lagger, Emil Roten, Anton Togni, Fredy Imwinkelried, Siegfried Studer; 1996– Fredy Imwinkelried.

## KK des Alpes

Der KK des Alpes wurde am 25. März 1966 von vier Keglern gegründet.[463] Dieser Klub übernahm seinen Namen vom Restaurant des Alpes, auf dessen damals neu erstellten Bahnen er kegelte. Während eines Jahres werden ein Eröffnungskegeln, eine Klubmeisterschaft und ein Endkegeln durchgeführt. Der Jahresmeister wird aus den drei genannten Kegelpartien und den Resultaten der drei kantonalen Sektionswettkämpfe sowie dem Durchschnittsresultat der Kegelabende ermittelt (insgesamt 250 Schüsse).

**Präsidenten**
1966–1970  Gerhard Volken
1970–1975  Hans-Peter Schmid
1975–1982  Josef Andres
1982–1994  Stefan Hug
1994–      Walter Eyholzer

Mitgliederbestand 1998: 18.

## KK Ornavasso

Am 27. März 1968 wurde der Kegelklub Naters aus der Taufe gehoben. Am 9. Dezember 1994 beschloss die GV, ihm den Namen «Ornavasso» zu geben. Neben den üblichen obligatorischen Trainingsabenden, dem Eröffnungskegeln und der Endmeisterschaft werden alljährlich auch Wettkämpfe unter den einheimischen Klubs durchgeführt, die ebenfalls im Restaurant des Alpes kegeln. Während des Jahres veranstaltet man zusätzlich drei kantonale Kegelmeisterschaften zu je fünf Wochen. Letzter Präsident des KK Naters: Paul Berchtold; erster Präsident des KK Ornavasso: Arnold Volken.

Mitgliederbestand 1998: 16.

## Asphaltkegelklubs

Die vier Kegelklubs Aletsch, Simplon, Spitz und Blonde 25 haben sich dem Asphaltkegeln verschrieben. Der 1963 gegründete KK Jungholz wurde später aufgelöst. Förderer dieser Sportart und über die Kantonsgrenzen hinaus bekannter Kegler ist der 1930 in Naters geborene Fritz Sprung, tatkräftig unterstützt von seiner Gattin Trudy geb. Ritz. 1959 erbaute er beim Café Aletsch eine Asphaltkegelbahn, welche die obgenannten Klubgründungen zur Folge hatte. Das Café Aletsch wurde gleichsam zur Hochburg des Asphaltkegelsports, gleichzeitig aber auch ein Treffpunkt für Gemütlichkeit und Gastfreundschaft.

## KK Aletsch

*Gründung und Werdegang.* Am 3. Juli 1959 gründeten elf Kegler den KK Aletsch. Er sollte im Kegelsport Furore machen. Der Klub ist dem Kantonalen und Schweizerischen Sportkeglerverband sowie dem Schweizerischen Olympischen Verband angeschlossen.
Mit der Gründung der KK Aletsch und Simplon wurde auch der Grundstein des Walliser Sportkeglerverbandes (WSKV) Sektion Asphalt gelegt, den Fritz Sprung von Beginn bis 1965 präsidierte (seit 1992: Urs Imwinkelried). Seit 1994 amtet Fritz Sprung als Kantonalpräsident. Anlässlich des 20-jährigen Bestehens des WSKV fand am 8. Dezember 1979 in der Kirche von Naters die Fahnenweihe statt, bei der Dr. François Molnar und Trudy Sprung als Paten fungierten.
*Erfolge.* An den bis 1998 ausgetragenen 39 kantonalen Klubmeisterschaften der Kategorie A gewann der KK Aletsch 27-mal den Walliser Meistertitel. Bei den Walliser Einzelmeisterschaften errangen einmal oder mehrmals den Walliser Meistertitel: Kat. 1: Walter Walker, Robert Pollinger, Fritz Sprung, Urs Imwinkelried, Georges Imhof; Kat. 2: Roberto Raza, Hans Pfammatter; Kat. 3: Edy Gsponer; Kat. 4: Peter Gschwind, Leo Clausen; Kat. Damen: Trudy Sprung. Ebenso haben sich Mitglieder des KK Aletsch mehrmals für den Schweizerischen Kantonewettkampf

*Kegelklub Aletsch, 1998.* **1. Reihe** *(v.l.): Urs Imwinkelried, Walter Walker, Paula Genoud, Leo Clausen, Fahnenpatin Trudy Sprung.* – **2. Reihe** *(v.l.): Peter Gschwind, René Williner, Hans Pfammatter, Georges Imhof, Fritz Sprung.*

qualifiziert. 1967 reüssierte Robert Pollinger am Kantonewettkampf in St. Gallen mit dem Höchstresultat, was im Sportkeglerverband dem Schweizer Meistertitel gleichkommt. Des Weitern erzielten viele Klubmitglieder auf anderen Kegelbahnen der Schweiz Bahnrekorde. An der Westschweizer Meisterschaft des Sportkeglerverbandes 1998 in Le Locle konnten folgende Kegler Erfolge verbuchen: Paul Jost gewann Gold in der Kategorie Altersklasse, Fritz Sprung bei den Senioren; Georges Imhof bekam den Spezialpreis für den höchsten Spick in 100 Würfen (819).

Seit 1962 organisiert der KK Aletsch im Monat Juli die beliebten Ferien-Keglermeisterschaften, die von Mitgliedern aus anderen Schweizer Kantonen zahlreich besucht werden. Mit ca. 600 jährlichen Übernachtungen profitieren nicht nur die Hoteliers, sondern auch Geschäftsinhaber hiervon.

1965 führten die Kegelklubs von Naters die Schweizer Meisterschaft in der Kategorie 3 durch.

### Präsidenten

| | | | |
|---|---|---|---|
| 1959–1960 | Jakob Schuppli | 1967–1969 | Robert Pollinger |
| 1960–1967 | Bruno Walker | 1969– | Fritz Sprung |

Mitgliederbestand 1998: neun.

### KK Simplon

Der 1959 im Hotel du Rhône, Naters, gegründete Kegelklub Simplon zählte 1998 15 Mitglieder (Eisenbahner). Die grössten Erfolge konnte der KK Simplon vor allem an Eisenbahner-Meisterschaften erzielen. So war er einige Male Schweizer Meister: Windisch 1966, im Americaine; Luzern 1991, im Einzel (Norbert Zeiter); im Gruppenwettkampf: Burgdorf 1966, Aarburg 1972, Einsiedeln 1976 und Naters 1980.

### KK Spitz

Der KK Spitz wurde 1977 gegründet. Das Klublokal ist die Kegelanlage des Café Aletsch. Das Mitglied Anton Heinen wurde 1996 Walliser Meister im Cupsystem.
Mitgliederzahl 1998: sieben.

### KK Blonde 25

Der Kegelklub Blonde 25 wurde 1995 von ehemaligen Mitgliedern des KK Spitz gegründet. Der 1998 13 Mitglieder zählende Klub wird seit Beginn von Erich Bumann präsidiert. Der KK Blonde 25 stieg bereits im zweiten Vereinsjahr in die Kategorie A auf. Das Jahresprogramm umfasst neben internen Anlässen bis zu 14 kantonale Wettkämpfe.

## Boccia-Club

### Gründung, Entwicklung und Erfolge

Der Boccia-Club Naters (BCN) wurde am 20. Juni 1963 ins Leben gerufen. Das Bocciaspiel (Boccia = Kugel) ist italienischen Ursprungs. Es wurde als Teil der italienischen Kultur von den Italienern, die beim Bau des Simplontunnels beschäftigt waren, nach Naters gebracht. Mit Holz- und neuerdings Kunststoffkugeln wird versucht, näher an den Pallino (kleine Kugel) als der Gegner zu gelangen. Die Bahn wird mit Hartsand präpariert.

In Naters wurde Boccia zuerst auf der Bahn des damaligen Restaurants L'Avenir bei Lena und Carletto Dall'Agnolo gespielt. Auch nach der Gründung des Klubs spielte man vorerst noch auf den dortigen Bahnen. 1965 trat der BCN der Schweizerischen Bocciavereinigung bei. Die Bocciabahnen beim Café Naters wurden am 6. August 1967 eröffnet. 1999 erbaute der Klub bei der Zentrumsanlage auf Gemeindeboden eine neue Bocciahalle.

Dem ursprünglich von Schweizern gegründeten Boccia-Club haben sich im Laufe der Jahre auch mehr und mehr in Naters eingesessene Italiener angeschlossen. So wurde aus dem Schweizer Klub mit italienischem Spiel ein harmonischer Treffpunkt zweier Kulturen, der sich über all die Jahre hat halten können. Seitdem die italienische Primarschule, der «Asilo dei bambini», die italienischen Schwestern und der Padre der Vergangenheit angehören, stellt der BC Naters die einzige Institution dar, in der Italianità und urchige Natischer Kultur aufeinander treffen. Dabei sind Kameradschaft und Allegria (Fröhlichkeit) die tragenden Elemente.

Auf den Bocciabahnen in Naters wurden verschiedentlich Walliser Meisterschaften ausgetragen. Einige Male holten sich einzelne Mitglieder des BCN den Walliser Meistertitel, so u.a. Armin Salzmann 1968, Francesco De Luca 1989 und Elias Balzani 1995.

### Präsidenten

| | |
|---|---|
| 1963–1969 | Walter Inderkummen |
| 1970–1971 | Markus Ruppen |
| 1972–1974 | Benito Pellanda |
| 1975–1977 | Armin Salzmann |
| 1978–1982 | Paul-Bernhard Bayard |
| 1983–1990 | Felix Ruppen |
| 1991– | Dr. Carlo Valli |

## Judoclub Taiyoo

### Einführung

Das japanische Wort «Judo» bedeutet «sanfter Weg» (ju = sanft, do = Weg). Die japanische Sportart Judo wurde 1882 vom Japaner Jigoro Kano (1860–1938) eingeführt. Das kombinierte Zweikampfsystem, in dem das Prinzip des Nachgebens im Vordergrund steht und bei dem die Persönlichkeitsbildung gefördert wird, gab dem Judo den Namen.

Judo ist seit 1964 olympische Disziplin. Wie die geringen Verletzungszahlen beweisen, ist der Judosport keineswegs gefährlich. Die Träger des «schwarzen Gürtels» gelten als wahre Meister in dieser Sportart.

*Logo des Judoclubs Taiyoo.*

### Gründung – Tätigkeiten – Auszeichnungen

Der Judoclub (JC) Taiyoo (= Sonne) Naters-Brig wurde am 1. März 1968 als erster Judoclub im Oberwallis im Restaurant Volkshaus in Brig aus der Taufe gehoben. Hauptinitiant war Albert Jossen. Der JC bezweckt die körperliche und geistige Ertüchtigung sowie die Pflege der Kameradschaft im Dojo (Trainingslokal) und ausserhalb des Dojo. Der Klub ist dem Schweizerischen Judoverband angeschlossen.

*Vorstand und Trainer des JC. **1. Reihe** (v.l.): Kampftrainer Ben Maatoug Lotfi, Stefan Huber, Daniel Pfaffen, Erwin Sarny. – **2. Reihe** (v.l.): Priska Pfammatter, Alexander und Gerhard Schmid, Melanie Pfammatter. – **3. Reihe** (v.l.): Gilbert Eyer, Jean-Louis Eschmann, Präsident Martin Bammatter, Jonny Schütz, Ursula Bammatter.*

Trainingslokalitäten: zuerst in der Verkaufshalle der Firma Dulio-Cerutti in Brig, ab 1975 in einem Lokal der Migros-Klubschule in Brig und bald darauf im Kellerraum des Kindergartens Rotten in Naters; 1978 Einzug in eine in Fronarbeit erstellte Baubaracke beim Sportplatz Stapfen in Naters (Erstellungskosten: 43 000 Franken) und seit 1987 im Luftschutzkeller der Turnhalle Klosi. In den Jahren 1971, 1977, 1980 und 1990 organisierte der JC Taiyoo die Walliser Meisterschaften. 1980 wurde der mittlerweile zur Tradition gewordene Ornavasso-Cup eingeführt. Neben vielen Titeln an Walliser Meisterschaften und zahlreichen Podestplätzen an nationalen und internationalen Turnieren zählt der Schweizer Meistertitel 1996 von Stefan Huber in der Kategorie Jugend (bis 78 kg) zu den grössten Erfolgen in der Klubgeschichte. 1998 holten sich die Judokas des JC Naters in Siders drei Meistertitel und zwölf Medaillen. – Am 5. September 1998 feierte der Judoclub Taiyoo sein 30-jähriges Bestehen.

### Präsidenten/Präsidentin

1968–1969 Albert Jossen
1969–1975 Georges Schmid
1975–1978 Franz Escher
1978–1985 Heinrich Heinen
1985–1989 Fernand Pousaz
1989–1994 Therese Kummer
1994–1997 Beat Näpfli
1997– Martin Bammatter

Mitgliederbestand 1998: 70 aktive Judokas, 24 Passive, sieben Ehrenmitglieder.

## Schlittschuhklub

Der Schlittschuhklub Naters wurde 1981 gegründet. Der Klub bezweckt die Ausübung des Hockeysports sowie die Pflege der Kameradschaft. In der ersten Zeit wurde in Visp oder in Kalpetran trainiert. Seit 1997 wird das Training auf der neuen Kunsteisbahn in Raron absolviert. Der an die 30 Mitglieder zählende Klub bestritt inzwischen etliche Freundschaftsspiele in den umliegenden Ortschaften sowie verschiedene Turniere. Falls in der Region Naters/Brig keine Kunsteisbahn errichtet wird, sieht die Zukunft des Vereins keineswegs rosig aus.

### Präsidenten

1981–1984 Walter Eggel
1984–1989 Elmar Imboden
1989– Hans-Rüedi Fallert

## Freizeitclub Lötschberg

Der Freizeitclub (FC) Lötschberg wurde 1983 von fünf jungen Männern gegründet, von denen die meisten aktive Fussballspieler beim FC Naters waren. Gemäss den Statuten bezweckt der Klub die Ausübung von «Bewegungsspielen im Freien» sowie die Pflege der Kameradschaft. Zu den Aktivitäten gehören Velofahren, Kegeln, Bocciaspiel, Jassen, Teilnahme an Fussballturnieren usw. Der Höhepunkt im Jahresprogramm ist jeweils der traditionelle «Mitte-August-Ausflug».
Mitgliederzahl 1998: 17.

### Präsidenten

1984–1991 Hans-Peter Schwery
1991–1997 Erich Zbinden
1997– Christian Ebener

## Unihockeyclub

### Einführung

Der Ursprung des Unihockeys kommt aus Schweden; es wurde dort vorwiegend an den Universitäten gespielt. Erst um 1980 kam diese bis anhin unbekannte Sportart in die Schweiz. Gespielt wird in einer Halle. Anhand von Banden wird die Grösse des Spielfelds angezeigt.
Jeder Spieler besitzt einen ca. ein Meter langen Kunststoffschläger, der dem Landhockeystock ähnlich sieht. Ein runder, gelöcherter Kunststoffball dient als «Puck». Die Kleidung der Spieler entspricht dem Handball- oder Basketball-Tenue. Der Spielverlauf ist weniger hart als beim Eishockey.

### Gründung und Entwicklung

Der Unihockeyclub (UHC) Naters-Brig wurde am 25. August 1985 gegründet. Er ist ein Verein, der sich dem Training und Wettkampf des Unihockeys widmet.
1995 wurde eine Damenmannschaft ins Leben gerufen. Zwei Jahre später gründete der UHC eine neue Mannschaft, die Junioren B.
Besondere Tätigkeiten: Jährliche Durchführung des Unihockey-Plauschturniers zwischen verschiedenen Oberwalliser Mannschaften sowie Durchführung des traditionellen «Brügger-Cups» mit nationaler Beteiligung. Grösster Erfolg: Gewinn des Schweizer Liga-Cups 1992 in Rotkreuz/ZG gegen das Team von GAB Bellinzona (13:7).

Mitgliederbestand 1998: 89, davon 69 Aktive.

### Präsidium

| | |
|---|---|
| 1985–1987 | Kurt Brügger |
| 1987–1991 | Regina Volken |
| 1991–1995 | Marcel Wyssen |
| 1995–1997 | Dr. Charles-André Barras |
| 1997– | Norbert Eyholzer |

## Tennisclub

### Gründung und Ziele

Der Tennisclub (TC) Naters-Blatten wurde am 18. April 1991 im Restaurant du Rhône in Naters gegründet. Anlässlich der Gründungsversammlung verabschiedeten die zahlreich aufmarschierten Tennisfreunde den Statutenentwurf. Der Klub bezweckt die Förderung und Ausübung des Tennissports. Bis 1996 wurde in Blatten auf Sandquarz gespielt.

### Tennisanlage «Bammatta» – Aktivitäten

Nach dreimonatiger Bauzeit wurde am 22. Juli 1996 in Naters die neue Tennisanlage «Bammatta» südöstlich des Schwimmbades eingeweiht. Die Gemeinde Naters stellte dem Club den Boden im Baurecht für 30 Jahre zur Verfügung. Die Kosten für die Erstellung der drei Tennisplätze gingen voll zu Lasten des Klubs und beliefen sich auf 350 000 Franken. Die Finanzierung erfolgte durch 60 Mitglieder über eine sogenannte «Eintrittsgebühr» von 1500 Franken, weshalb die Clubmitglieder die Anlage während fünf Jahren gratis benützen können, sowie durch anderweitige Zuwendungen.
Für WC- und Umkleideräume mit Dusche stellt der TC Naters einen Container zur Verfügung. Die Spielfelder wurden mit einem äusserst pflegeleichten Ziegelmehlbelag (French-Court-Belag) versehen und sind je nach Witterung das ganze Jahr hindurch bespielbar.
Der TC Naters hat zwei aktive Herrenmannschaften in der zweiten Liga, eine Damenmannschaft ebenfalls in der zweiten Liga, eine Jungsenioren-Mannschaft in der dritten Liga sowie zwei Junioren-Interclub-Mannschaften.

### Präsidenten

| | |
|---|---|
| 1991–1994 | Felix Truffer |
| 1995– | Hans-Rüedi Fallert |

Mitgliederbestand 1998: 185 (inklusive ca. 45 Junioren).

## Billard-Club

Der Billard-Club Briglina (Brig-Glis-Naters, BCB) wurde im August 1991 gegründet. Gründungspräsident war Jörg Salzmann, Naters. Der Klub hatte sein Domizil vorerst in Glis und zog 1992 in das Billard-Center «Giusi» von Giuseppe Diovisalvi nach Naters (Weingartenstrasse 3).
Zweck des Klubs ist die Förderung des Billardsports. Dabei ist Konzentration das A und O. Alljährlich wird der Klubmeister ermittelt. 1996 fand in Naters die erste Walliser Meisterschaft statt, bei der alle drei Meistertitel an Mitglieder des Klubs Briglina gingen. Jörg Salzmann spielte sogar einige Zeit in der Nationalmannschaft. Dank des grosszügigen Sponsorings der Familie Salzmann (Uhrengeschäft) wurde von 1993 bis 1996 jedes Jahr der Salzmann-Cup durchgeführt. Dabei waren neben den besten Spielern aus der Schweiz auch internationale Grössen wie die mehrfachen Europameister Ralf Souquet und Thomas Engert vertreten.

*Präsidium:* 1991–1996 Jörg Salzmann
1996– Heidi Born

Mitgliederbestand 1998: 22.

## Dartclub

Der Dartclub (Pfeilschiessen; dart, engl., = Wurfspiess) wurde in Naters 1993 ins Leben gerufen. Der Klub besteht aus drei Gruppen. Jede Gruppe wird von einem «Captain» geleitet. Es findet wöchentlich ein Turnier mit einer anderen Mannschaft des Oberwallis statt. Diese Sportart wird im Billard-Center «Giusi» in Naters (Weingartenstrasse 3) betrieben.

Mitgliederbestand 1998: 20.

## Snowboardclub Witches Belalp

Der Snowboardclub (SBC) Witches (= Hexen) Belalp wurde am 15. Februar 1994 von vier Snowboardern gegründet. Innert kurzer Zeit wuchs die Mitgliederzahl bis zum Jahre 1998 auf 78 an. Der SBC Witches ist der grösste dieser Art im Oberwallis. Er hat sich gut in die Touristenstation Blatten-Belalp integriert.
Auf dem Jahresprogramm stehen unter anderem Wettkämpfe für alle Snowboarder. Seit 1997 führt der Klub im Rahmen der Hexenabfahrt ein Boardercross-Rennen (Hindernisparcours) durch. 1998 organisierte der SBC Witches auf der Belalp einen Swiss-Cup-Parallelslalom mit hoher internationaler Beteiligung. Dem Klub ist es gelungen, alpine Disziplinen und Freestyle zu vereinen.

*Präsidenten:* 1994–1995 Daniel Lötscher (†2000)
1996– Roman Arnold

## Motoclub Blatten

Der Motoclub Blatten wurde am 12. Mai 1994 in Blatten/Naters aus der Taufe gehoben. Er bezweckt die Pflege des Motorradfahrens sowie die Förderung der Kameradschaft. Erster Präsident ist Fabian Eggel.

Mitgliederbestand 1998: 26.

*Mitglieder des Motoclubs. Von links: Ricco Schweizer, Aldo Imhof, Moritz Oberhauser, Michaela Rolli, Präsident Fabian Eggel, Philipp Jossen, Manfred Ruppen, Christian Amherd, Fredy Roten, Stefan Gasser, Herbert Pfaffen, Kurt Imhof, Fredy In-Albon, Helmut Kiechler, Fernando Roten, Fredy Schwestermann, Roland Pfammatter, Reino Pascale, Renato Schnydrig.*

## Sporterfolge ausserhalb der Natischer Vereine

Nachfolgend nennen wir noch Personen, die ausserhalb eines Natischer Vereins besondere sportliche Leistungen vollbracht haben. Es sind dies:

### Elias Balzani (*1943)
Er war mehrfacher Walliser Meister und 1984 in Gstaad Schweizer Meister im Trap-Tontaubenschiessen.

### Grégy Imoberdorf (*1944)
Der in Naters wohnhafte Grégy Imoberdorf, Burger von Ulrichen, verheiratet mit Christine geb. Biner, erwarb sich als Behindertensportleiter im aktiven wie organisatorischen Bereich des Sports höchste Verdienste. Er war Mitbegründer der Invalidensportgruppe Oberwallis und nahm nach mehreren Erfolgen bei Schweizer Meisterschaften 1972 in Heidelberg (Deutschland) und 1976 in Toronto (Kanada) an den Olympiaden für Behinderte teil.

### Christoph Sidler
1989 wählte der Gehörlosenverein Wallis Christoph Sidler aus Naters zum Sportler des Jahres. Er gewann im Skisport in den Disziplinen Riesenslalom und Super-G sowie in der Leichtathletik mehrere Titel.

### Mario Summermatter
Geb. 1969 als Sohn des Walter, Burger von Staldenried, besuchte nach den obligatorischen Schulen in Naters die Handelsmittelschule für Sportler und Künstler am Kollegium Brig. Verheiratet mit Simone geb. Kummer, wohnt in Naters und betreibt eine Fahrschule. Mario Summermatter, Mitglied des SC Riederalp, glänzte bei vielen Skirennen, von denen wir die wichtigsten aufzählen:

*1987:* Schweizer Juniorenmeister im Riesenslalom in Châteaux-d'Oex.
*1990 in Weltcuprennen:* 9. und 12. Rang in Val d'Isère (Frankreich), 11. Rang in Schladming (Österreich) und 12. Rang in Kitzbühel (Österreich). Im gleichen Jahr Schweizer Vizemeister in Anzère/VS. – 1991 erlitt Mario Summermatter beim Lauberhornrennen eine Knieverletzung, die seine Skikarriere jäh beendete.

### Miss-Fitness-Weltmeisterin Karin Scheuber
Geb. am 22. Oktober 1971 in Naters, Tochter des Alfons und der Elly Zenklusen. Primarlehrerin in Buttwil/AG, wohnhaft in Kleinwangen/LU. Am 19. Oktober 1997 kürten die Juroren an der Weltmeisterschaft in Bratislava (dt. Pressburg, Slowakei) die sympathische Natischerin Karin Scheuber unter 26 Wettkämpferinnen zur Miss-Fitness-Weltmeisterin oder zur fittesten Frau der Welt. Das Resultat lässt sich sehen: ein makelloser Body, straff vom Scheitel bis zur Sohle und nirgends ein Gramm Fett. Sowohl im Bikini-Auftritt, bei dem Erscheinung und Ästhetik gewertet werden, wie im Kürprogramm (ein Mix aus Aerobic und Akrobatik) hatte sie die Nase klar vorn.

### Nadine Borter
Sie kam 1975 als Tochter des Beat und der Silvia geb. Gertschen zur Welt, besuchte die Schulen in Naters, erwarb das Handelsdiplom und trat 1995 in Bern, wo sie auch wohnt, in der Werbebranche eine Stelle an. In den Jahren 1992–1995 hatte Nadine Borter bedeutende Erfolge als Schwimmerin. Nachdem sie sich achtmal an den Walliser Hallenmeisterschaften die Goldmedaille holte, war ihr Höhenflug nicht mehr zu bremsen. Nachfolgend einige der wichtigsten Erfolge:

*1993:* – Silbermedaille an den Schweizer Hallenmeisterschaften in Genf (100 m Rücken, 1:10,29; neuer Walliser Rekord).
– Goldmedaille beim 17. Nationalen Schwimmmeeting in Genf (100 m Rücken; mit 1:07,67 erneute Verbesserung des eigenen Walliser Rekords)

- Bronzemedaille an den Schweizer Schwimmmeisterschaften in Frauenfeld (200 m Rücken, 2:32,55; neuer Walliser Rekord).
- *1994:* Goldmedaille an den Schweizerischen Schwimm-Nachwuchsmeisterschaften in Basel (100 m Rücken; unterbot ihren eigenen Walliser Rekord um 0,31 Sekunden).
- *1995:* – Bronzemedaille an den internationalen Meisterschaften in Genf, an denen insgesamt 76 Vereine aus 22 Ländern teilnahmen.
  – Silber an den Westschweizer Meisterschaften in Neuenburg.

Mit diesen Resultaten ist Nadine Borter ohne Zweifel die erfolgreichste Schwimmerin, die das Wallis je hervorgebracht hat. Gleichzeitig gehörte sie zur absoluten Spitze im Rückenschwimmen in der Schweiz. Sie wurde denn auch für ihre Leistungen von der Gemeinde Naters geehrt.

**Ehrungen**

Gemäss einer Liste des ‹Walliser Boten› (1994, Nr.103) hat der Panathlonklub Oberwallis zwischen 1968 und 1994 folgende Einzelpersonen und Vereine aus Naters für sportliche Einsätze geehrt:

1. *Sportförderer:* 1969 Florian Corminboeuf, 1972 Alfred Volken, 1985 Grégy Imoberdorf.
2. *Mannschaften des Jahres:* 1970–1972, 1976, 1984 TV Naters; 1992 und 1994 FC Naters.
3. *Mannschaftssportler:* 1988 TV Naters (Leichtathletik) und Volleyball Naters.
4. *Einzelsportler:* 1988 Robert Imhof (Leichtathletik); 1992 Ursula Jeitziner (Leichtathletik) und Diego Wellig (Alpinismus); 1993 Nadine Borter (Schwimmen); 1992 und 1993 Madlen Summermatter (Ski alpin) und Leo Clausen (Schiessen).
5. *Sportlerin des Jahres:* 1995 Ursula Jeitziner.

# 5. Vereine und Klubs mit unterschiedlicher Zielsetzung

## Academia Natriensis

Unter Academia Natriensis (Natischer Akademikerschaft) verstehen wir die Vereinigung der Akademiker aus Naters. Die Natriensis wurde am 10. Februar 1955 im Restaurant Post, Naters, gegründet. Die Anregung hierzu erfolgte durch Mitglieder der Studentenverbindung «Brigensis» vom Kollegium Brig. Von diesen waren zugegen: Richard Gertschen, Heinz Peter, Raymund Venetz, Werner Venetz, Beat Zenklusen und Georges Zurkinden. Die Altherrenschaft (Alt Brigensis) war vertreten durch Anton Salzmann, alt Gerichtspräsident, Josef Venetz, Apotheker, Dr. Conrad Peter, Arzt, Urs Perren, Forstingenieur, und Dr. Paul Biderbost, Advokat und Notar.

*Vorstand der Natriensis, 1999. Von links: André Werlen, Präsident Dr. Bernhard Walker, Dr. Heinz Fallert.*

Die Natischer Akademiker treffen sich etwa zehnmal im Jahr jeweils in einem der Restaurants von Naters zum «Abendstamm» zwecks Gedankenaustausch und Pflege der «virtus, scientia et amicitia» (Tugend, Wissenschaft und Freundschaft). Die Ortsgeistlichen sind dabei gerne gesehen und sie nehmen sporadisch ebenfalls teil. Auf dem Jahresprogramm stehen Kurzvorträge, Treffs, Fastnachtskommerse, ein Kegelabend u.v.a. In früheren Jahren unternahm die Academia Natriensis verschiedentlich mehrtägige Reisen in Nachbarländer.

Der Einfluss der Natriensis auf Kirche und Staat war nicht unbedeutend. So gingen aus ihr zwei Nationalräte, ein Staatsrat, einige Grossräte und Gemeinderäte sowie eine grosse Zahl anderer erfolgreicher Akademiker hervor.

Mitgliederbestand 1998: 65.

Als *Präsidenten* der Natriensis wirkten der Reihe nach: Dr. iur. Paul Biderbost, Georges Zurkinden, Odilo Schmid, Dr. med. Ueli Peter, Philipp Schmid, Dr. med. Alfred Klingele, Dr. med. vet. Bernhard Walker und Jonas Zenhäusern (seit 1999).

## St. Merezverein

Schon seit vielen Jahren wird in Naters die Tradition des «Aufziehens» (d.h. Teilnahme an Prozessionen usw.) gepflegt. Bis 1975 geschah dies ohne Vereinsstruktur. Es war Ehrensache, dass jeder Wehrmann an Fronleichnam und St. Merez dem Herrgott die Ehre erwies. Es nahmen jeweils 80 bis 100 Mann teil.

Am 18. Dezember 1975 gründeten sieben Initianten den St. Merezverein Naters/Birgisch. Er dient der Verschönerung der kirchlichen Festtage von Fronleichnam und des Patronatsfestes St. Mauritius sowie weltlicher Anlässe von Burgerschaft und Munizipalgemeinde.

Nach der Armeereform 1995 war das einheitliche Erscheinungsbild des Vereins beim «Aufziehen» nicht mehr gewährleistet. Um dem entgegenzutreten, wurden 1994 100 Karabiner, Helme und auch einige Uniformen angeschafft. Die Kosten hierfür übernahmen Gemeinde und Burgerschaft. Dies sollte das einheitliche «Aufziehen» mit «tanniger» Jacke, Ausgangshose, altem Helm und Karabiner auch weiterhin sichern.

Die GV findet am St.-Merez-Tag statt. Der Kommandant der Ehrenkompanie wird durch die GV vorgeschlagen und anlässlich des «Burgertrüchs» an Fronleichnam für ein Jahr gewählt. Als Tagesoffizier waltet üblicherweise der jüngste Natischer Offizier. «Jeder Wehrmann von Naters/Birgisch sowie jeder Ex-Gardist der Päpstlichen Schweizergarde, der in der Lage ist, einen Karabiner-Gewehrgriff ordentlich auszuführen, kann Mitglied des

Vereins werden (Art. 4 der Statuten).» Die Ex-Gardisten haben Anspruch auf einen Vertreter im Vorstand. Der Burgerfähnrich ist von Amtes wegen Mitglied des St. Merezvereins. Traditionsgemäss stellt die Gemeinde Naters die Auszeichnungen für fleissiges Auftreten an Fronleichnam und St. Merez zur Verfügung. Wenn ein Mitglied stirbt, kann der Verein auf Wunsch der Trauerfamilie die Sargträger oder eine Trauerdelegation in Uniform aufbieten.

St.-Merez-Prozession 1998. Mitte: Kdt Leutnant Arsène Jossen. Fahnenwacht: links: Leander Volken, Urs Gasser; rechts: Ambros Salzmann, Otto Furrer.

### Präsidenten

1975–1986 Moritz Eggel
1986–1992 Viktor Schwery
1992–1997 Moritz Schwery
1997– Dr. Anton Kreuzer

Mitgliederbestand 1998: 67, davon 53 Wehrmänner und 14 Schweizergardisten.

## Verein «Natischer Bärg»

Der Verein «Natischer Bärg» wurde am 8. April 1994 von 15 Personen gegründet. Er bezweckt den Schutz des Landschaftsbildes «Natischer Bärg» und die Verhinderung weiterer Kehricht-Abfalldeponien und ähnlicher Beeinträchtigungen der Landschaft. Führende Kraft des drei Mitglieder umfassenden Vorstandes ist seit Beginn Lehrer Bruno Zimmermann.
Mit Erfolg wehrte sich der Verein gegen wilde Kehricht-Abfalldeponien im Natischer Berg (Wolfstola auf der Belalp, Bitschji, St. Wendelin und Bella-Vista). Die Aktivitäten beinhalten ferner die Sicherung der Wanderwege entlang der Blattenstrasse sowie verkehrssichernde Massnahmen auf derselben Strasse. 1998 unterbreitete der Verein zuhanden der verantwortlichen Instanzen ein ganzes Bündel von Vorschlägen, wie der Privatverkehr nach Blatten zu Spitzenzeiten eingedämmt werden könnte. Beim weiteren Ausbaukonzept des Skigebietes Blatten–Belalp plädieren die Mitglieder des rührigen Vereins dafür, dass der «Natischer Bärg» nichts von seiner Schönheit und Ursprünglichkeit einbüsst.

## Klubs kochender Männer

Die Klubs kochender Männer haben den Zweck, die Kochkenntnisse zu erweitern sowie Kameradschaft und Geselligkeit zu pflegen. Der Klub Channa-Chuchi wurde 1991 nach drei Jahren und der Klub Achtermit (d.h. acht Männer mit einer Dame) 1998 aufgelöst. Die Klubs haben im Schnitt zehn bis 14 Mitglieder. In Naters gibt es folgende zehn Klubs kochender Männer (Bestand 1998, in Klammer Gründungsjahr): Turu-Chuchi (1966), Chochleffla (1983), Drachu-Chuchi (1983), Chuchidragoner (1985), Belalp-Chuchi (1988), Bielacher-Chuchi (1988), Aletsch-Chuchi (1990), Gourmet-Diät-Köche (1990), Klosi-Chuchi (1990) und Burgherrenküche (1995).

## 6. Freundschaftsklubs

Die folgenden vier Klubs haben als Hauptzweck die Pflege des regelmässigen Kontaktes unter den Mitgliedern.

### Pollenklub

Am 13. April 1952 gründeten vier Jungmänner den sogenannten Pollenklub: Ignaz Mutter, Pius Salzmann, Fritz Sprung und Herbert Gertschen. 1956 stiessen die Studenten Marcel Salzmann, Heinrich Schmidt und Paul Biderbost dazu. Als «christlicher Beistand» gesellten sich zu ihnen: H.H. Alfons Burgener (1923–1980) und H.H. Paul Grichting.
Der Name «Pollenklub» wird abgeleitet von den «Pollen», die die Mitglieder bei allen offiziellen Klubanlässen anstelle einer Krawatte zu tragen verpflichtet sind. Die Aktivitäten des Klubs sind in jüngster Zeit stiller geworden.

### Saltoclub

Der Saltoclub, auch Saltobruderschaft genannt, wurde 1962 von 24 Mitgliedern des Turnvereins Naters ins Leben gerufen. Der 20 Ehepaare zählende Klub trifft sich einmal im Jahr zum Osterlamm-Essen. In der Vorversammlung sind nur die Männer anwesend, ihre Gattinnen finden sich später zum Mahl ein.
Die Neuaufnahmen, geleitet durch den Zeremonienmeister, vollziehen sich nach einem strengen Ritus, bei dem der obligate Salto, darum «Saltoclub» genannt, nicht fehlen darf. Ein Neueintretender zahlt ein halbes Lamm. Am Ende des Essens werden zwei Mitglieder für die Organisation des nächsten Ostermahls bestimmt. Der Abend geht jeweils mit Witz und Humor über die Bühne. Die Saltobrüder führen über ihre jährlichen Zusammenkünfte fein säuberlich Protokoll.

### Annyclub

Am 17. September 1979 gründeten 69 «Annini» im Hotel Touring den Annyclub. Die Mitglieder treffen sich einmal im Jahr.

### Lähmsclub

Der Lähmsclub wurde am 7. Juli 1987 im Restaurant des Feriendorfes Tschuggen von acht Personen gegründet. Er bezweckt die Pflege der Kameradschaft unter den Mitgliedern. Alle zwei Jahre unternimmt der Klub eine Reise in eine der Hauptstädte Europas. Aufgenommen werden nur Mitglieder, die «lähmswürdig» sind. Das Wort «lähms» bleibt nach Aussagen der Gründer ihr Geheimnis (oder kann mans doch von gewissen Befindlichkeiten ableiten?). – *Präsidenten* (nacheinander): Florian Salzmann, Peter Eyer, Martin Albert und Linus Schmid.

Mitgliederbestand 1998: 14.

## 20er-Club

Der 1998 16 Mitglieder zählende 20er-Club wurde am 1. Juni 1995 im Schwimmbad «Bammatta» von Jugendlichen, die ehemals gemeinsam die Orientierungsschule besuchten, gegründet. Er verfolgt den Zweck, die in der Schule geknüpften Kontakte auch nach dieser Zeit durch verschiedene Anlässe und Treffs bewusst weiter zu pflegen. Erster Präsident: Patric Zimmermann.

# 7. Tier hegende Vereine

## Kaninchenzüchterverein

Am 11. Mai 1960 wurde auf Initiative von Ephraim Jossen, Naters, der «Ornithologische Verein Naters» gegründet. Da dieser Verein neben Ziervögeln, Tauben usw. auch bereits Kaninchen züchtete und Letzteres allmählich zur Hauptsache wurde, wandelten die Mitglieder 1973 den obigen Namen in «Kaninchenzüchterverein (KZV) Naters» um.

*Vorstand des Kaninchenzüchtervereins, 1998. Von links: Diego Schmidhalter, René Salzmann, Präsident Mario Zurbriggen, Remo Salzmann, Franz Bass.*

Der KZV widmet sich der Aufgabe, bei der Förderung und Verbesserung der Kaninchenzucht in der Schweiz mitzuhelfen. Dies soll unter anderem durch Vorträge, Kurse und Ausstellungen erreicht werden. Der Verein hält jährlich etwa vier Sitzungen ab, um über Fragen rund um die Kaninchenzucht zu diskutieren. Im Verein wird Kollegialität gross geschrieben.
Im Wallis finden alljährlich eine kantonale Stämmeschau (1. Rammler und 2. Zibben) und eine Rammlerschau statt, wovon eine Ausstellung im Unterwallis und die andere im Oberwallis durchgeführt wird. Auch der KZV Naters organisiert alle vier Jahre eine kantonale Ausstellung. Der beste Stamm bzw. der beste Rammler wird hierbei ausgezeichnet. Die Bevölkerung zeigt grosses Interesse an diesen Ausstellungen. An jener von 1991 in Naters prämierten die Preisrichter 533 Tiere von 26 verschiedenen Rassen (klein-, mittel- und grossrassige Tiere). Bei der Schweizerischen Klubmeisterschaft in Sulz/Laufenburg 1996 wurde der Natischer Kaninchenzüchter Mario Steiner zum Vizemeister erkoren. Sein Tier wurde mit 95,6 Punkten bewertet.
*Jubiläumsfeierlichkeiten.* Am 11. Mai 1985: 25-jähriges Bestehen; am 22. September 1990: 30-jähriges Bestehen.

Mitgliederbestand 1998: zehn Mitglieder, vier Jungzüchter, zwölf Ehrenmitglieder, acht Passivmitglieder.

### Präsidenten

| | |
|---|---|
| 1960–1961 | Ephraim Jossen |
| 1961–1971 | Josef Gertschen |
| 1971–1974 | Roman Rotzer |
| 1974–1977 | Reinhard Bohnet |
| 1977–1983 | Othmar Schmid |
| 1983–1993 | Martin Imhof |
| 1993– | Mario Zurbriggen |

*An der schweizerischen Rammlerschau in Delémont 1997 wurde der Schwarz-Loh-Rammler von Mario Zurbriggen mit 96 Punkten bewertet.*

## Verein Pelznäherinnen

Dieser Verein wurde 1971 zwecks Verwertung der Kaninchenfelle ins Leben gerufen und ist eng mit dem Kaninchenzüchterverein verbunden. Die hergestellten Produkte werden an den Kaninchenausstellungen zum Verkauf angeboten. Der Verein untersteht dem Schweizerischen und Kantonalen Rassenkaninchenverband. Die Vereinsmitglieder pflegen besonders die Handarbeit, aber auch kameradschaftliches Zusammensein und gemeinsame Wanderungen stehen auf dem Programm.
Mitgliederbestand 1998: 15 Frauen.
*Präsidentinnen:* 1971–1981   Marie-Therese Piccinin
                  1981–         Armida Furrer

## Vogelzuchtverein «Meise»

Am 1. Februar 1985 gründeten zehn Personen im Restaurant Belalp den Vogelzuchtverein. Er bezweckt die Förderung der Sing- und Ziervogelzucht, der Vogelliebhaberei sowie des prak-

tischen Vogelschutzes. Diese Ziele werden erreicht durch Vorträge, Exkursionen, Ausstellungen usw.
Die Palette der Vogelarten reicht von einheimischen Körnerfressern bis hin zu tropischen Weichfressern. Grosssittiche wie Wellensittiche und Kanarien in verschiedenen Farben sowie eine ganze Reihe der farbenprächtigsten Exoten werden von den Mitgliedern gehegt und gepflegt.
Der Verein führte bereits mehrere Vogelausstellungen in Naters durch. Aus dem Verein «Meise» holte sich Emil Bircher 1990 in Gerlafingen/SO in der Kategorie Wellensittich Grün-Lutino den Schweizer Meistertitel. Arnold Brügger errang im Rahmen der nationalen PARUS Sing- und Ziervogelausstellung 1998 in Aarburg mit 364 Punkten in der Kategorie «Farbkanarien gelb ivoor schimmel» zum sechsten Mal den Schweizer Meistertitel.
Mitgliederbestand 1998: 30 Aktive und 17 Passive.

*Präsidenten:* 1986–1993 Reinhard Gertschen
 1994– Arnold Brügger,
 Raoul Bregy

# 8. Fastnachtsgesellschaften

## Drachentöter

### Hierarchische Ordnung

Am 21. November 1969 gründeten 121 Natischer die «Fastnachtsgesellschaft Drachentöter Naters». Sie bezogen sich dabei auf die Sage vom Drachen, der durch den Drachentöter Jozzelin besiegt wurde.[464] So kam es zum Namen «Drachentöter». Ihr höchster Fürstgraf heisst Jozzelin. Als Symbol der Macht und Würde wird der Gesslerhut getragen. Die Drachentöter zählten 1998 202 Mitglieder, bestehend aus dem Fürstgrafen Jozzelin, den sechs Grafen (wovon einer z.B. «Göuchuverteiler», ein anderer «Schmierfink» heisst), vier Baronen, neun Freiherren, zwölf Knappen, 66 Junkern und 100 Rittern (vier ortsabwesend).

### Engagements

Entsprechend den Satzungen bezwecken die Drachentöter die Organisation eines geordneten fastnächtlichen Treibens in Naters. Diese Mannen, aufgeteilt auf die vier Gumperschaften Zer Flüo (42), Ornavasso (63), Rhodan (40) und Weingart (56), organisieren das gesamte fastnächtliche Geschehen im Dorf. Viele gehören den Schnitzelbankgruppen und vier Wagenbauequipen an oder betätigen sich als Guggenmusiker der Hausmusik «Trilli-Traller». Die Fastnacht beginnt am Freitag (dem 58. Tag vor Ostern oder 13 Tage vor dem Aschermittwoch) mit dem Drachenausbruch auf dem Marktplatz, wobei Fürstgraf Jozzelin für zehn Tage das Regime in Naters übernimmt. Der Drache wird auf dem Marktplatz öffentlich zur Schau gestellt. Am folgenden Tag findet der Kinderumzug statt, an dem sich beispielsweise 1998 rund 900 Kinder beteiligten.
An diesen Tagen werden auch die bekannten bunten Abende durchgeführt, wobei die Eintrittsbillette hierzu wie frische Weggli begehrt sind, was für die grosse Tradition und die kulturelle Einmaligkeit dieser Aufführungen spricht. Die bunten Abende sind eine Mischung aus Schnitzelbankvorträgen und Kabarett, Satire und Parodie, Musik und Unterhaltung. Ja, «d Wäschwiiber», die muss man erlebt haben! Aber auch sonst: «Jedi Nummer an Träffer!» Die Schnitzelbankgruppe «Rachufäger» (André Eyer, Marcel Jossen, Peter Eyer, Walter Sieber und Wolfgang Eggel) wurde zum Massstab der Gruppen am bunten Abend. Nach 28 Jahren aktiven «Schnitzelbankwirkens» zog sich diese Gruppe 1998 zurück.

*1998: Drache und Drachenmannschaft vom Baronat Weingart; links oben stehend Baron Gondolo (Martin Jossen).*

An einem Tag findet das Guggen- und Maskentreiben statt. Einige Tage in der Woche vor dem Aschermittwoch obliegen dem Geschick der Natischer Wirte, die in ihren «Drachenhöhlen» zur Dorffastnacht einladen. Am Freitag dieser Woche besuchen die Schnitzelbankgruppen die Drachenhöhlen, sprich Restaurants. Zwischendurch findet an einem Tag auch die Blattner Fastnacht statt.

Mit den «Türken» (Briger) und «Bäjini» (Gliser) organisieren die Drachentöter ferner im Turnus den grossen Oberwalliser Fastnachtsumzug, ausserdem Tombolas, den Verkauf von Plaketten, der ‹Rätscha› (Fastnachtszeitung) und des Flugblattes. Der Fastnachtsumzug (am Sonntag vor dem Aschermittwoch) bildet den krönenden Abschluss dieser turbulenten Zeit. 1998 waren in Naters 60 Wagen, Fusstruppen und Guggenmusiken mit von der Partie. Umzug und Natischer Fastnacht enden mit der abschliessenden Preisverteilung an die originellsten Umzugsteilnehmer sowie der Drachenvertreibung.

Stolz der Drachentöter ist das selbst erbaute, zweistöckige Drachenloch östlich des Schwimmbades, das als Werkhalle für die vier Umzugswagen, als Garage für den Drachen und die Gulaschkanone sowie als Übungslokal für die Guggenmusik zur Verfügung steht.

Alles in allem: ein reichgefülltes Programm, hochgesteckte Ziele und Erwartungen! Doch fastnächtliche Ausgelassenheit, kameradschaftliche Zusammenarbeit, vor allem aber ein närrisches und gut gelauntes Oberwalliser Publikum belohnen die grosse Arbeit der Drachentöter.

## Fürstgrafen Jozzelin

| | | |
|---|---|---|
| 1969–1975 | Jozzelin I. | Georges Zurkinden |
| 1975–1982 | Jozzelin II. | René Page |
| 1982–1986 | Jozzelin III. | Otto Rotzer |
| 1986–1992 | Jozzelin IV. | Hubert Jossen |
| 1992–1998 | Jozzelin V. | Nestor Andrès |
| 1998– | Jozzelin VI. | Egon Salzmann |

*Von der Guggenmusik «Pananik», von links: Romeo Sprung, Regula Zurbriggen und Romeos Kinder Lukas und Matthias. Keiner zu klein, ein «Maschgi» zu sein.*

## Guggenmusiken

Alle «Guggumüsige» bezwecken die Pflege guter Guggenmusik, vor allem in der Fastnachtszeit. Die Guggenmusik «Trilli-Traller», die aus Mitgliedern der Drachentöter besteht, ist auch deren Hausmusik. Die Gruppe «Pananik» gibt seit 1992 die interne Fastnachtszeitung ‹Pludra› heraus. Als Kuriosum gilt, dass die Aktiven dieser Gruppe nach zehnjähriger Mitgliedschaft in die Gilde der «Alt Pananik» aufgenommen werden. Nachstehend die fünf Guggenformationen von Naters:

| Guggenmusik | Gründungsjahr | Mitgliederzahl (1998) |
|---|---|---|
| Trilli-Traller | 1974 | 24 |
| Pananik | 1981 | 35 |
| Belalphäxe | 1989 | 20 |
| Corridas | 1989 | 27 |
| Cocillos | 1990 | 40 |

*Die Guggenmusik Pananik. An der Spitze der Tambourmajor Reinhard Walker.*

# Aufgelöste Klubs

## Boxclub

Von 1943 bis 1946 gab es in Naters auch einen Boxclub, der zehn Aktivmitglieder zählte. Gründer, Trainer und exzellenter Boxer war Markus Ruppen (*1923), des Alois, Burger von Saas-Balen, von Beruf Bäcker-Konditor, wohnhaft in Naters. Ab 1939 war er Mitglied des Boxclubs Sitten. Von dort kehrte er mit mehreren Auszeichnungen nach Naters zurück. So war er 1940 Waadtländer und Walliser Boxmeister (im Fliegengewicht), 1941 Westschweizer Meister und 1942 Finalist der Schweizer Meisterschaft.

Es darf hier beigefügt werden, dass Boxmeister Markus Ruppen im Juli 1973 mit 616 von 680 eingegangenen Stimmen zum «Ritter der Strasse» gewählt wurde. Warum diese Auszeichnung? Am 31. Mai 1973 schlug ein betrunkenes Brüderpaar auf der Strasse Naters–Blatten einen Kantonspolizisten spitalreif. Markus Ruppen kam hinzu, trennte die beiden «Kampfhähne» von ihrem Opfer, hielt die Schläger auf Distanz und veranlasste die nötige Hilfe. Die Täter kannten Markus Ruppen und hüteten sich wohlweislich, den ehemaligen Boxer tätlich anzugehen.

## Tischtennisclub

In den Jahren 1972–1984 gab es in Naters auch einen Tischtennisclub, bei dem sich das Ehepaar Aline und Leopold Zenklusen-Jossen stark engagierte.

## Schnauzenclub

Unter der Bezeichnung «Schnauzenclub Naters und Umgebung» gründeten 1981 13 Schnurrbart tragende Männer einen Klub, der sich allerdings nach zehn Jahren wieder auflöste.

## Skibobclub Belalp

Am 7. März 1985 entstand unter der Leitung von William Karlen der «Skibobclub Belalp». 1989 war der Klub mit 62 Mitgliedern zu einem der grössten in der Schweiz angewachsen, so dass 1991 auf der Belalp sogar ein Skibob-Weltcuprennen stattfand. In der Folge liess das Interesse an diesem Sport nach und der Klub wurde 1998 aufgelöst.

*1973: Kommandant der Kantonspolizei, Ernst Schmid (links), überreicht in Brig dem «Ritter der Strasse» Markus Ruppen (daneben seine Frau Kresenz) das Diplom und vier Goldvreneli.*

# Theaterleben

Wir behandeln in diesem Kapitel alles rund um das Theaterleben der kirchlichen und weltlichen Vereine gemeinsam, zumal in Naters zwischen Pfarrei und Gemeinde seit jeher eine gute Zusammenarbeit besteht.[465]

## Träger der Theateraufführungen

Trägerin der Theateraufführungen in Naters war in früheren Jahrhunderten die Pfarrei und seit 1890 sind es die Schulen, vor allem aber standen kirchliche und weltliche Vereine aller Art und Grösse unermüdlich hinter der Theaterarbeit. Als billige und willige Regisseure standen den Vereinen in sehr vielen Fällen die Ortsgeistlichen und häufig auch die Lehrer zur Seite, wenn auch der gute Wille vieler dieser Theaterleiter mitunter grösser war als die fachliche Kompetenz. Selbstlos leisteten die Geistlichen und Lehrer eine bedeutende Arbeit, die nicht hoch genug eingeschätzt werden kann. Wurden doch die Jugendlichen in der Freizeit beschäftigt mit einem schönen, nützlichen und zugleich vergnüglichen Tun. Der Gemeinschaftsgeist und das Verantwortungsbewusstsein wurden geweckt und manch guter Same unbewusst in ein empfängliches Erdreich gesenkt.

Immer wieder heisst es in Zeitungsnotizen, dass für einen guten Zweck Theater gespielt wurde. Des Weitern brachte das Theaterspielen, wenn es ernsthaft und diszipliniert betrieben wurde, eine schöne kulturelle Note ins Dorf. Jeder Geistliche und jeder Lehrer oder sonstige mehr oder minder Studierte wurde selbstverständlich als versierter Spielleiter angesehen. Ihm oblag meist die Auswahl des Stückes. Ohne Zweifel schaute der Spielleiter auch auf die Qualität des Stückes.

## Stoffe und Autoren

Was spielten die Vereine? Schlechthin alles, vom altehrwürdigen Brauchtumsspiel bis zur sentimentalen Schnulze, vom Hochklassischen und Anspruchsvollen (z.B. Schiller und Burkhard) bis zum «S'Kompaniechalb», vom Eigengewächs bis zur importierten Dutzendware. Verantwortungsbewusstes ist anzutreffen und solches, bei dem nur der billige Lacherfolg oder die Kasse eine Rolle spielten. Tragödien und Komödien, moderne Problemstücke und sogenannte Volksstücke, Singspiele, Possen und bedeutende historische Dramen wurden in kunterbunter Folge aufgeführt. Immer wieder bemühte man sich auch, literarisch wertvolle und zeitgemässe Stücke auf die Bühne zu bringen.

«Jocelin, der Drachentöter von Naters», von Arthur Klingele. 1930 aufgeführt durch die «Dramatische Gesellschaft Naters». Die Namen von 15 folgenden Spielern sind bekannt: 1 Arthur Klingele, 2 Hans Ruppen, 3 Emil Eyer, 4 Daniel Schmid, 5 Cäsarine Amherd-Ruppen, 6 Othmar Gertschen, 7 Hans Joller, 8 Pfarrer Emil Tscherrig, 9 Witschart Ruppen, 10 Rudolf Imhof, 11 Jules Eggel, 12 Anton Kuster, 13 Medard Salzmann, 14 Anton Schmid, 15 Albert Eyer.

Wohl keine andere Dramenform kommt dem Gemüt des Volkes so entgegen wie das Singspiel. Gesang und Musik adeln den einfältigsten Text. Von 1922 an erlebte Naters eine Reihe von Singspielen, von der «Winzerliesel» bis zur «Quatembernacht» von Morax und Doret. In den 1920er-Jahren wirkten die Professoren des Kollegiums von Brig, Gustav Zimmermann und Alois Clausen, in den meisten grösseren Singspielen oder Theatern in Naters führend mit.

Die glänzendste Leistung war sicher das Musical «Der schwarze Hecht» von Paul Burkhard, bei dem Maria Walpen aus Reckingen (sie sang die Rolle der Iduma) und Lehrer Leo Eggel die zwei wichtigsten Solistenrollen innehatten. Aber auch die «Kleine Niederdorf Oper» verbuchte 1997 mit neun Aufführungen und fast 5000 Besuchern einen Riesenerfolg. Ein beachtliches Niveau erreichten desgleichen die neueren Aufführungen sowohl der Primar- wie auch der Orientierungsschule Naters. Neben den gemüthaften Singspielen, die jedoch musikalisch mitunter sehr anspruchsvoll waren, und neben vielen historischen und erzieherisch recht gediegenen Dramen quoll aus einer etwas tieferen Schublade des Volksempfindens oder aus der Feder der «Volksdichter» die grosse Zahl sogenannter Volksstücke. Sie fallen zur Hauptsache in die Zeit von 1930 bis 1965 und sind an die Autorennamen Schare, Webels und Siber geheftet. Ihre Stücke sind voll triefender Sentimentalität und allzu dick aufgetragener, wenig glaubhafter Leidenschaften. Dabei mussten bei einem erfolgreichen Stück Tränen fliessen. Sie flossen auch, besonders wenn noch mit verschwimmendem Blick und zitterndem Kehlkopf gesungen wurde:

«Solang noch lebt dein Mütterlein,
ist reich dein ärmstes Zelt,
erst wenn sie deckt der Leichenstein,
wirst arm du auf der Welt.»

(Schare, «Solang dein Mütterlein noch lebt», 1931 in Naters aufgeführt.)

Den Anfang der Schare-Theater im Oberwallis machte 1930 Kaplan Leo Gerold mit der Jungmannschaft von Naters. Der Theaterkritiker Albert Carlen kommt über Kaplan Leo Gerold sogar zu dem Ausspruch: «Gott verzeih es ihm!»[466] Trotzdem: Die braven Spielleiter kannten ihre Zuschauer; für sie wurde gespielt und nicht für ein paar kunstbeflissene Literaten.

## Naters – ein Dorf mit Theatertradition

Aus dem verträumten Dorf Naters wurde im 20. Jahrhundert ein lebhafter Flecken, der aber seinen Dorfcharakter auch heute noch bewusst pflegt. Zur Zeit des Simplontunnelbaus beherrschten die Italiener das Dorf und das Theaterleben. Vom Ersten Weltkrieg an stieg die Zahl der Aufführungen. Spitzenreiter im Theaterspielen waren die Musikgesellschaft Belalp mit 46, der Jünglingsverein und später die Jungmannschaft mit 36 und der Kirchenchor mit 34 Theateraufführungen. Ihre geistlichen Leiter waren ausserordentlich theaterfreudig, einer nach dem

*«Die Glocken von Plurs», von Jakob Muff. 1941 aufgeführt durch die Jungmannschaft. Spielleute: 1 Leander Biffiger, 2 Leo Eggel, 3 Reinhard Casetti, 4 Johanna Mutter-Jossen, 5 Emil Salzmann, 6 Robert Imboden, 7 Hilda Simon-Gertschen, 8 Josef Schaller, 9 Raffaello Ricci, 10 Alfred Zenklusen, 11 Leo Ruppen, 12 Walter Mutter, 13 Cécile Locher-Stucky, 14 Leo Zenklusen, 15 Angelina Zenklusen-Ruppen, 16 Josef Gertschen, 17 Arnold Michlig, 18 Elias Jossen, 19 Adelheid Ruppen-Sprung, 20 Rektor Heinrich Zurbriggen, 21 Alexander Fallert, 22 Berta Zenklusen-Salzmann, 23 Othmar Salzmann, 24 Othmar Eyer, 25 Karl Eggel, 26 Andreas Fallert, 27 Meinrad Eyer.*

*Szene aus dem Theaterstück «D'schwarz Spinna», 1996. Von links: Ralph Kummer, Hans-Peter Schwery, Beatrice Jeitziner, Annemarie Salzmann, Vreny Schmid, Federico Balzani, Josef Zenhäusern (im Hintergrund), Ignaz Eggel. Auf dem Boden die von der Spinne gebissene Christina (Cécile Salzmann).*

anderen. Man spielte mit Begeisterung. Bereits in den 1890er-Jahren schlossen sich ein paar Jungmänner zusammen und führten in der ehemaligen Parkettfabrik im Klosi unter misslichen Lokalverhältnissen kleinere Volksstücke auf. Als sich die 1902 gegründete Theatergesellschaft an grössere Dramen heranwagte, verlegte man deren Aufführungen nach Brig.[467] Ab 1913 gingen die Theateraufführungen während vieler Jahre im sogenannten Italienerasyl über die Bühne, ab 1953 auch im Saal zur Linde, später in der Turnhalle Turmmatte und schliesslich im Zentrum Missione. Die Aufführungen von Schare, Achermann und anderen Volksdichtern hatten grossen Zulauf. Zitieren wir Albert Carlen über eine Achermann-Aufführung: «Im ‹Rottmeister von Flüh› sollten 1946 am Schlusse auf allen Bergen die Höhenfeuer aufleuchten. Das Verfahren war einfach. Man schnitt in den Hintergrund auf allen gemalten Bergspitzen eine kleine Öffnung aus und hielt eine Kerze dahinter. Die Sache machte Eindruck. Leider fing der Stoffhintergrund Feuer und verwandelte den ganzen blauen Himmel in ein Flammenmeer. Der Eindruck war futsch, Götterdämmerung in Naters.»[468]

Wie andere Orte wurde auch Naters in den letzten Jahrzehnten von zahlreichen auswärtigen Gastspielgruppen besucht, die wir im nachstehenden Verzeichnis nicht aufführen. So trat zwischen 1952 und 1962 die Bauernbühne Sepp Schnutt aus Klagenfurt wiederholt in Naters auf. Von hoher Qualität war beispielsweise das 1953 vom Ensemble der Münchner Mysterienspiele dreimal aufgeführte Stück «Die Geheimnisse der hl. Messe». In jüngster Zeit werden vor allem im «Tünel», Restaurant Simplon, auswärtige Gastspielgruppen engagiert. Zusammengezählt kommen wir in Naters zwischen 1431 und 1998 auf 260 Theateraufführungen beziehungsweise Stücke, wobei sich die Häufigkeit allmählich steigerte.

## Der Hausdichter: Arthur Klingele (1896–1978)

Lange Zeit stand Naters in Bezug auf das Kulturleben im Schatten von Brig, fand aber allmählich zu einem gesunden Selbstbewusstsein. Dazu verhalf auch der eigene Hausdichter, dessen Dramen und Lustspiele ziemlich Erfolg hatten, nämlich Arthur Klingele aus Naters. Er wurde am 4. Januar 1896 als Sohn des Karl und der Adelheid geb. Kist aus Neusatz (Deutschland) in Naters geboren, vermählte sich am 13. September 1937 mit Emelie Widmer aus Aarau und war Vater eines Sohnes namens Andreas. Nach sechs Jahren Gymnasialstudium am Kollegium in Brig trat er 1914 in den Dienst der Walliser Kantonalbank in Siders/Sitten, arbeitete dort bis zu seiner Pensionierung im Jahre 1961 und verlegte danach seinen Wohnsitz von Siders wieder in seinen Heimatort Naters. Als sein Vater Karl 1920 starb, leitete er fortab sommers das Hotel Belalp, das die Familie Klingele 1968 verkaufte. Arthur Klingele starb am 20. November 1978.[469]

Arthur Klingele war musikalisch begabt und übte sich auch erfolgreich in der Dichtkunst. Er dramatisierte zwei Walliser Sagen: «D'alt Schmidtja», eine Arme-Seele-Sage aus dem Aletschgebiet. Die dazugehörigen Lieder komponierte Dekan Gregor

Brantschen. Das Stück wurde 1927, 1938, 1947 und 1957 in Naters aufgeführt, 1946 in Leuk-Susten und 1947 in Bellwald. – Das zweite Stück von Arthur Klingele heisst «Jocelin, der Drachentöter von Naters», ein Drama mit Gesang in fünf Akten, erschienen 1931 bei Lehmann in Weinfelden, aufgeführt 1930 in Naters, 1935 in Lütisburg/SG, 1942 in Leuk, 1956 in Susten und 1977 in Mörel. – 1935 bearbeitete Klingele «Die schwarze Spinne» von Jeremias Gotthelf, die noch im gleichen Jahr in Naters gespielt wurde mit Musik und Melodien von Carlo Demartini, Brig. – Klingele schrieb auch drei Lustspiele: «Moderne Frauen oder Der Kampf um die Hose», aufgeführt 1928 und 1937 in Naters und 1957 in Ausserberg; «Eine verhängnisvolle Zugsverspätung oder Sie-Er und der Imperativ», aufgeführt 1931, 1939 und 1954 in Naters; «Der geprellte Impresario», aufgeführt 1926 in Naters.[470]

Der Kaufmann *Leander Biffiger* aus Naters, geb. 1919, schrieb die sketchartigen Lustspiele: «In der Schule», 1957 von der Oberwalliser Unterhaltungsgruppe in acht Orten aufgeführt, und die «Schlagerfabrik», ca. 1960 an einem bunten Abend in Visp gespielt. Beide Stücke sind verloren.

*Spieler im Theaterstück «D'schwarz Spinna», 1996. Von links: Patrick Perren, Josef Zenhäusern, Otto Imsand.*

## Aufgelöste Theatergesellschaften

### Theatergesellschaft Naters

In Naters gab es zwischen 1902 und 1935 eine «Theatergesellschaft» oder «Dramatische Gesellschaft Naters», die fünfmal mit einem Theaterstück vor die Öffentlichkeit trat.

### Theatergesellschaft Beauregard

1901, in der Zeit des Simplontunnelbaus, berichtet die Presse, es gebe in Naters wie in einer Grossstadt fast jeden Abend Theater, sogar gutes Theater. Drei Theatersäle in Wirtshäusern und ein richtiges Theaterhaus stünden zur Verfügung. Bezüglich der Moral sei nichts zu fürchten, denn die Zensur sei streng. Eines dieser Wirtshäuser brannte am 26. Dezember 1920 nieder.[471] Die italienische Theatergesellschaft, die dort auftrat, trug den Namen «Beauregard». Diese Gesellschaft machte gute Geschäfte und die Theateraufführungen erfreuten sich eines regen Zulaufs. An manchen Aufführungen registrierte man bis gegen 500 Zuschauer.[472] Es ist nur in Ausnahmefällen festzustellen, welche Stücke aufgeführt wurden.

1902 warb die Theatergesellschaft im ‹Briger Anzeiger› mit folgendem Inserat: «Alle Liebhaber und Freunde des Theaters werden darauf aufmerksam gemacht, dass wir eine junge, talentvolle, hübsche Dame für unser Theater gewonnen haben. – Die Gesellschaft tut ihr Möglichstes, um dem geehrten Publikum genuss- und lehrreiche Abende zu bieten. Bei jeder Vorstellung ist das Theater fast gänzlich angefüllt.»[473]

In der Zeit des Tunnelbaus, besonders in den Jahren 1900 und 1901, brachte diese Theatergesellschaft, die unter der Leitung von Lodovico Cossini und Matteo Gagetta stand und die pro Woche viermal mit Theatern und auch Konzerten an die Öffentlichkeit trat, neuen Wind in das Natischer Kulturleben. Die Gemeindeväter von Naters erlaubten der Theatergesellschaft Beauregard beispielsweise für das Jahr 1900 die Aufführungen nur unter folgenden Bedingungen:

1. Es dürfen keine gegen die Moral verstossenden Stücke aufgeführt werden.
2. Jedes Stück muss vor der Aufführung rechtzeitig zur Zensur vorgelegt werden.
3. Es ist ausdrücklich verboten, im Theater geistige Getränke auszuschenken.
4. Die Bewilligungsgebühr zugunsten der Gemeindekasse ist für das Jahr 1900 auf 150 Franken festgelegt.[474]

Das Teatro della Varietà, wie man es auch nannte, wurde zusammen mit Szenerien, Beleuchtung und Pianoforte vom Besitzer Augusto Trusi im Juni 1901 zum Verkauf ausgeschrieben. Im Dezember des gleichen Jahres kaufte der Italienerpfarrer Odone das Café-Restaurant Helvetia samt Theaterbühne für die Don-Bosco-Schwestern, die im grossen Saal eine italienische Schule einrichteten.[475] Diese bestand noch jahrzehntelang und führte nun ihrerseits Weihnachtstheater in dem sogenannten Italienerasyl auf, dem grössten Theatersaal von Naters, der bis zum Bau der Gemeindeturnhalle auch den verschiedenen Ortsvereinen als Theatersaal diente.[476] Auch die Missione Cattolica in Naters, die Italienerkolonie und die noch während des Zweiten Weltkrieges auch im Oberwallis recht aktive Opera Nationale dopo Lavoro traten in Brig und Naters wiederholt mit klassischen oder volkstümlichen Darbietungen auf.[477]

### Theatergruppe «sägsus»

Diese kleine, pfiffige Theatergruppe, 1989 aus Primar- und Orientierungsschülern von Lehrer German Eyer gegründet, spielte während einiger Jahre Stücke von beachtlichem Niveau. (Über den 1989 gegründeten *Theaterverein Naters* vgl. Kap. «Vereine ...».)

## Verzeichnis der Theaterstücke

Es konnten nicht alle Theaterstücke bis ins Einzelne untersucht werden. Es schien dem Verfasser aber wichtig, Autorennamen, Titel, Ort und Aufführungszeit festzuhalten. Es könnte ohne weiteres der Fall sein, dass dem Verfasser mangels Quellenmaterial das eine oder andere Stück entgangen ist.

Bevor wir zum eigentlichen Verzeichnis der Theaterstücke übergehen, sei hier eine erheiternde Anekdote wiedergegeben. Wie

*Hilferuf der Armen Seelen im Theaterstück «D'alt Schmidtja», 1998.*

wir sehen werden, wurde 1761 in Naters das «Jüngste Gericht» aufgeführt. Man erstellte im Freien eine Bretterbühne mit den nötigen Stoffvorhängen. In der Pause pflegten sich die Spieler hinter der Bühne mit einem Imbiss zu stärken. Aus Zufall oder Absicht wurde unversehens der Vorhang aufgezogen. Siehe, da sassen der Herrgott und der Teufel friedlich beim Käsebraten, der Walliser Nationalspeise. Gott Vater bot seinem Widersacher eine sogenannte Raclette an mit den Worten: «Sä, Tifol, bischt öi kei Hund!»[478] (Da nimm, Teufel, du bist auch kein Hund!) Bei der nun folgenden Aufzählung der Theaterstücke beachte der Leser folgende Abkürzungen: *AGVO und BGVO = Archiv und Bibliothek des Geschichtsforschenden Vereins vom Oberwallis, Brig. KtB = Kantonsbibliothek Sitten. A = Aufführende. A. = Akt. L. = Lustspiel. B = Bemerkungen. N = Zweites Stück einer Aufführung. Q = Quellen. R = Regisseur. Sch = Schauspiel. Szen. = Szenerie. V = Verfasser.* – Die römischen Zahlen nach der Nummerierung des Stückes bedeuten die Monate, an denen das Stück aufgeführt wurde; anschliessend folgt die Anzahl Aufführungen (z.B. 2x = zweimal). Wenn bei den einzelnen Aufführungen keine Quelle angegeben ist, handelt es sich immer um Oberwalliser Zeitungen, wobei die Zeitungsnotizen durch die Angaben des Jahres und des Monats vor der Nennung jedes Stückes leicht aufzufinden sind.

## 1431

1. Irgendwelche geistliche Spiele waren im 15. Jahrhundert nachweisbar in Naters in Übung. Um das Jahr 1431 war es eine fest verwurzelte, alljährliche Tradition, dass am Palmsonntag in der Glismatte (Glis gehörte damals zur Pfarrei Naters) auf freiem Feld eine liturgische Feierlichkeit stattfand. Worum es sich im Einzelnen handelte, ist nicht genau ersichtlich. Im Zusammenhang mit der Sittener Feier ist daran zu denken, dass die Palmprozession von der Pfarrkirche in Naters bis zu dieser Stelle kam, wo sich die Palmweihe und vielleicht noch andere Feierlichkeiten abwickelten, die aber mit der Liturgie noch in Verbindung standen; denn sie werden ausdrücklich «officium» genannt. Wenn man diese Officia von Naters bis in die Glismatte verlegte, muss es sich wohl um grössere Feierlichkeiten gehandelt haben. Q GA Naters, B 1, Minutar des Heinrich Tegelsteiner: 1431, 8. Februar, «*Glise in superiori stupa domus B.V.M. henslin Partitoris (Theiler) de Simplon legat ad 7 horas canonicas perpetue decantandas (in Glisae ecclesia) 20 florenos et ponit in garenciam unum frustum terre prati circa 2 sectoria prati siti in Glismatton ubi solent tenere officium in dominica Palmarum.*» (= *In Glis in der oberen Stube des Hauses [der glückseligen Jungfrau Maria?] vermacht Henslin Theiler von Simplon testamentarisch für die sieben kanonischen Stunden, die ohne Unterbruch in der Kirche von Glis singend abgehalten werden, 20 Gulden und setzt als Garantie ein Stück Wiesland ein, ungefähr zwei Teile einer Wiese, gelegen in den Glismatten, auf der am Palmsonntag das Offizium abgehalten wird.*) – Vgl. hierzu: Carlen, Theater im Mittelalter, S. 69/70.

*Inserat im ‹Briger Anzeiger› aus dem Jahre 1930.*

**1560 und 1572**
2. Obere Orte und Naters – MAZZENAUFSTÄNDE – Q Carlen, ebd., S. 93 f.

**1638**
3. Aufführung eines Theaters in Naters. Q BWG XXIII (1991), S. 603.

**1703**
4. IV. – Comedia Von Der Heiligen Jungfrau Und Marterin CATHARINA VON ALEXANDRIA, Welche mit ihrem Jungfreuwlichen Bluot / den allein Seeligmachenden Catholischen Glauben Ritterlich Verfochten / under dem Bludtstirmischen Tirran Maximiliano – B Katharina von Alexandrien ist die zweite Patronin des Wallis. – Q Nach Imesch, Pfarrgemeinde Naters, S. 84, war eine Perioche (kurze Inhaltsangabe) in der BGVO. P.-M. Concina hat diese Perioche im WV, 1928, Nr. 94 f. abgedruckt. Seither ist sie verschollen. – B Das Spiel hat 54 Rollen. Die Frauenrollen wurden von Männern gespielt (Concina, ebd.).

**1761**
5. III. – ANTICHRIST UND ENDGERICHT – Q Ziemlich wörtliche Szenenwiedergabe einer verlorenen Perioche bei Amherd, Walliser Drama, 192 ff. Näheres bei Carlen, Theatergeschichte, S. 240, Nr. 93.

**1764**
6. IV. – EIDGENÖSSISCHES CONTRAFETH auf- und abnehmender Jungfrawen Helvetiae – V Johann Kaspar Weissenbach, Zug – B Der Natischer Text ist etwas gekürzt. – Periochen in der Bürgerbibliothek Luzern, unter Programme Wallis, und Zentralbibl. Zürich, LKR 1 – Ein gedrucktes Textbuch des Dramas von Weissenbach (Zug 1763) in der BGVO.

**1777**
7. III. – HELDENMUTH MAURITIJ UND SEINER GANTZEN THEBÄISCHEN LEGION. In Verfechtung der christlichen Religion. Vorgestellet auf öffentlicher Schaubühne zu Naters. Im löblichen Zehnden Brig. Im Jahr 1777. dem 31. Mertzen. Bey günstigem Wetter. – B Mauritius ist der Patron der Pfarrkirche – Q Notiz Mathilde Eberle, Die Bacqueville-Legende, Bern 1917, nach einem Theaterprogramm im Besitz von Rektor J. Lauber sel., Gluringen. Verloren.

**1843**
8. VIII. 2x – WILHELM TELL – V Fr. Schiller – N DER EINGEBILDETE KRANKE. L. in 1 A. – V P. Franz Xaver Jann SJ. (?) – B Alle Spieler sind Männer. Bei schlechtem Wetter Auff. an den folgenden Sonntagen – Q Perioche BGVO, 8 S. in 8°. War im Besitz von Notar Franz Hildebrand Steffen, Fiesch.

**1857**
9. VI. 2x – DIE MORDNACHT IN ZÜRICH. Sch. in 5 A. – B Auf ländl. Bühne – Ein Komiker: Schmid Kasimir – Frauenrollen von Männern gespielt – Q Perioche KtB. 8 S. in 4° – Tscheinen, Tagebuch. KtA, AV, 110/5.

**1890**
10. IV. 2x – GRAF RUDOLPH VON WERDENBERG IM FREIHEITSKRIEG DER APPENZELLER – N DER MOHR VON VENEDIG – A Jugendgesellschaft.

**1900**
11. IV. 2x – MONALDESCA. Ital. Drama. – GINEVRA DEGLI ALMIERI SEPOLTA VIVA IN FIRENZE. Sch. in 4 A. – N LA PIANELLA PERDUTA FRA LA NEVE. Komische Operette in 2 A. (mit 20 Choristen und 9 Blasmusikanten) – A Die neue Musikgesellschaft (Naters?) zusammen mit der italienischen Theatergesellschaft Beauregard – Aufführung im Theater Brig.
12. VIII. – DAS SCHWEIZERWAISENMÄDCHEN – N DIE ZWEI SCHUHMACHER. L. – A Die italienische Theatergesellschaft Beauregard in Naters unter Mitwirkung einiger junger Töchter von Brig. Wohl italienisch gespielt – B Zugunsten der Armen.

**1901**
13. V. – THEATER – A Italienische Theatergesellschaft Beauregard – B Erfolg. Am 26. V. 450 Zuschauer.
14. X. – «Hier ist wie in einer Grossstadt jeden Abend THEATER» (wegen der Arbeiter beim Simplontunnelbau).
15. XII. – DAS DIAMANTENE HERZ – A Schulmädchen – Lehrerin Creszenz Gertschen – B Im Theatercafé Helvetia (Ital. Kolonie) – Christbaumfeier. Mitwirkung der Musikgesellschaft (Abk.: Musikges.).

**1902**
16. III./IV. – DIE HELDIN VON TRANSVAAL. 4 A. Burenkrieg. – N DER VERSIEGELTE BÜRGERMEISTER. L. – A Theatergesellschaft Naters – B Aufführung im Theaterhaus Brig/Glis – B Kostüme Louis Kaiser, Basel.

**1903**
17. IV. 2x – ALOIS VON REDING ODER DER SCHWYZER LETZTER FREIHEITSKAMPF – N DIE DREI LUSTIGEN SCHNEIDER VON BRETZMÜHL. L. – A Theatergesellschaft – B Aufgeführt im Theaterhaus Brig/Glis.

**1905**
18. II./III. 2x – DER NEUE SALOMON. L. – N DU SOLLST NICHT HEIRATEN. L. – N DIE REKRUTIERUNG IM KRÄHWINKEL. L. – A Theatergesellschaft.

**1907**
19. II. – DEIN SOHN WIRD DEIN RÄCHER SEIN – V Richard Bertram – N DREI UNNÜTZE FREIER. L. – V P. Delfosse – A Gesangverein.

**1909**
20. DER POLEN OPFERTOD – V Leo Luzian von Roten – A Jünglingsverein. 21. XII. 2x ZWEI THEATERSTÜCKE MIT GESANG – A Schulkinder – Wie jedes Jahr.

**1910**
22. HEUT MIR, MORGEN DIR – A Erwachsene Jugend – R Kaplan Benjamin Bammatter – Q PfA Naters, G 64, Chronik Bammatter, S. 24.

**1911**
23. II. – WIRRWARR ODER DAS VERLORENE TESTAMENT. L. – V A. v. Kotzebue, arr. von Wilhelm Kayser – DER BLAUE MONTAG. L. – A Jünglingsverein – B Schulhaus.
24. IV. 2x – MONEGUNDIS VON TOURS – N DER MARKTTAG ZU KLATSCHHAUSEN. L. – VERLOBUNG DURCHS TELEPHON. L. – A Töchterverein.

**1912**
25. V. 3x – DER SCHÜCHTERNE. L. – DIE KÜFERGESELLEN. Komische Pantomime. – DAS SCHNEIDERLEIN ALS HEXENMEISTER.

L. – V Paul Sutter – DER LEUTNANT IN NÖTEN ODER DER DÄMLICHE OFFIZIERSBURSCHE. L. – A Theatergesellschaft.

**1918**
26. II. 2x – SCHUSTER, BLEIB BEI DEINEN LEISTEN. L. 4 A. – N EIN EINZIGER ROCK. Posse. – A Jünglingsverein.

**1919**
27. II./III. 2x – GUNDELDINGEN. Sch. – V P. Placidus Hartmann OSB. – N JOCHEM PÄSEL. L. – A Jünglingsverein.
28. V. 2x – ANS MUTTERHERZ. Sch. Sklavin im Hause der edlen Römerin Cornelia – V Johannes Hees – N S'KRAUTSCHAFFERL. L. – V A. Leitner – B Im Asyl – A Jungfrauenverein.
29. XI. 2x – GARCIA MORENO. Quito 1875. – V Bernhard Arens SJ. – N DER FRANZOS IM BITSCH. L. – Natischer Mundart – V P. Gall Morel (Der Franzos im Ibrig) – A Jünglingsverein.

**1920**
30. X./XI. 3x – DIE QUATEMBERNACHT – V René Morax (1875–1963, von Morges/VD), deutsch von Jakob Bosshard – A Jünglingsverein – R Pfarrer E. Tscherrig – B Szen. Julius Salzgeber – Uraufführung 1901 in Morges – Im Italienerasyl – Q Plakat KtB.

**1921**
31. IV. – DAS MARMORKREUZ – A Töchter der Arbeitsschule – B Dazu Konzert von Prof. Gustav Zimmermann (Klavier) und Dr. Franz Seiler (Violine).
32. X./XI. 4x – DIE BERNSTEINHEXE. Hexenwahn – V Max Geissler – A Jünglingsverein – R Pfarrer E. Tscherrig – B Szen. Julius Salzgeber – Q Plakat KtB.

**1922**
33. I. – THEATERSTÜCKLEIN an der Weihnachtsfeier der italienischen Schule.
34. II. – THEATER, Musik, Tombola – A Musikges. Belalp.
35. V. 3x – DIE WINZERLIESEL. Operette in 3 A. – V Georg Mielke – A Gemischter Chor – R Musikalische Direktion Prof. Gustav Zimmermann – B Szenerie Julius Salzgeber.

**1923**
36. II. – DR. KRANICHS SPRECHSTUNDE. L. – A Musikges. Belalp – B Mit Konzert.
37. XI./XII. 4x – DIE BLÜEMLISALP. Sage vom Untergang einer Alp. – V Dompropst Th. Arnet, Luzern – Lieder von Gustav Zimmermann komponiert – N DAS GESPENST AUF DEM PETERSTURM. Singspiel. – V E. Eschmann – A Jünglingsverein – R Pfarrer E. Tscherrig – B Szen. Julius Salzgeber – Der halbe Erlös der letzten Vorstellung ging an die 1923 durch den Kelchbach Geschädigten in Naters.
38. XII. – Kaplan Benjamin Bammatter verfasste für den «Berg», d.h. die Schule von Blatten, die üblichen WEIHNACHTSSPIELE und Gedichte selber, auch noch 1923. Q WV, 1924, Nr. 5.

**1924**
39. II. – IN FREMDEN BETTEN. L. – A Gemischter Chor – B Unterhaltungsabend mit Gesang.
40. X. – DIE BRAUTNACHT u.a. – A Herbstfest der Musikges. Belalp – B Kinder unter 16 Jahren hatten keinen Zutritt.
41. XI. 3x – WALDRÖSCHEN. Sch. mit Gesang, Reigen und Tanz – V Paul Müller – A Jünglingsverein – R Kaplan Heinrich Zenhäusern – Komposition und Direktion von Musik und Gesang: Prof. Gustav Zimmermann – Reigen: Turnlehrer Orler – B Szen. Otto Gertschen – Q Plakat KtB.

**1925**
42. II. – DIE ALTE SPINNMUTTER. 3 A. – V Greger – N IM ZAUBERKABINETT. L. – A Jungfrauenverein.
43. II. – DR. KRANICHS SPRECHSTUNDE. L. – A Musikges. Belalp.

**1926**
44. I. – THEATER u.a. – A Mütterverein.
45. I. 3x – FLITTERWUCHE ODER VORM TURNFÄSCHT. L. – A Turnverein.
46. II. 2x – DER GEPRELLTE IMPRESARIO. L. u.a. – V Arthur Klingele – A Musikgesellschaft Belalp.
47. XI. 3x – CHRISTENGLAUBEN UND TYRANNENWUT. Mit Gesang. – V Th. Fenger – A Jünglingsverein – R Kaplan H. Zenhäusern – B Szen. Julius Salzgeber – Im Asyl.

**1927**
48. I. 2x – DER DUMME AUGUST. L. – A Turnverein.
49. II. 2x – ÄLPLERLEBEN – D'WÄSCHWIIBER. Natischer Dialekt. – WER ISCHT DER HERR IM HÜS? L. – ZWEI SINGSTUDÄNTE. L. – A Jungfrauenverein – B Für einen guten Zweck.
50. II. – OHNE HAUSSCHLÜSSEL. L. – DER SELIGE FLORIAN. L. – A Musikges. Belalp – B Saal C. Eggel – Musik.
51. III. 2x – CUOR DI SCHIAVA (Sklavenherz) – N DAS LOTTOSPIEL. L. – B Zugunsten der ital. Schule.
52. X./XI. 4x – D'ALT SCHMIDTJA. Drama aus dem Aletschgebiet. – V Arthur Klingele, Hotelier, Naters – R Pfarrer E. Tscherrig – B Lieder von Pfr. Gregor Brantschen – Szen. J. Salzgeber.
53. XII. 2x – DIE CHRISTKINDKAPELLE IM WALDE – GENOVEFA. Legendenspiel mit Gesang und Reigen. – DIE SCHLIMME GERTRUD. Kinderspiel – A Schulmädchen – R Lehrschwestern.

**1928**
54. I. 2x – DER KAMPF UM DIE HOSE. L. – Frauenemanzipation – V Arthur Klingele, Naters – A Musikges. Belalp – R Pfr. E. Tscherrig.
55. II. 2x – PENSIONSMÄDELS. L. – G'HEIRATET MÜESS SI. L. – E HEIKLI ERBSCHAFT. L. – A Töchterverein.
56. V. – ITAL. LUSTSPIELE und Chorlieder – A Jugend der ital. Kolonie.

**1929**
57. II. 2x – LUSTSPIEL, Konzert u.a. – A Musikges. Belalp.
58. IV. 2x – DER PATIENT. L. und Turnen, Musik – A Turnverein.
59. V. 2x – ROBERT UND BERTRAM, DIE LUSTIGEN VAGABUNDEN. L. – V Siegfried Philippi – A Gemischter Chor.

**1930**
60. I. 3x – DER ALT ESEL. L. – DER FRANZOS IM BITSCHJI (im Ibrig). L. – V P. Gall Morel – A Junggesellenbund Frohsinn.
61. II. 5x – JOCELIN, DER DRACHENTÖTER VON NATERS. Sch. mit Gesang – V Arthur Klingele, Naters – A Dramatische Gesellschaft Naters – R Pfr. E. Tscherrig – B Stilbühne von Julius Salzgeber – Inhalt des Stückes in: WV, 1930, Nr. 11.
62. II. 2x – ZWEI LUSTSPIELE und Konzert – A Musikges. Belalp.
63. XI. 4x – DIE ALLERSEELENNACHT. Sch. mit Gesang – V Friedrich Schare. Damit beginnt die lange Reihe der populären Schare-Stücke. – A Jünglingsverein – R Kaplan Leo Gerold – Szen. Julius Salzgeber – 3. Aufführung für die Gründung eines Rektorates.

## 1931

64. II. 2x – Gesanglich-theatralische Abendunterhaltung. DAS DREIMONATSKIND. L. – DER GEPFÄNDETE BÜRGERMEISTER. L. – A Gemischter Chor.

65. II. 2x – SIE-ER UND DER IMPERATIV. L. – V Arthur Klingele, Naters – A Musikges. Belalp.

66. IV./V. 3x – DER LETZTE VOM MATTENHOF – V Conrad Adolf Angst – A Junggesellenbund Frohsinn – R Kaplan Leo Gerold – B Spielt im Saastal – Szen. Julius Salzgeber.

67. XI. 4x – SOLANG DEIN MÜTTERLEIN NOCH LEBT. Sch. mit Gesang – V Friedrich Schare – A Jünglingsverein – R Kaplan Leo Gerold – B Pfr. Gregor Brantschen komponierte die Liedereinlagen.

## 1932

68. IV. 3x – DIE SPIELUHR IM GLOCKENTURM. Sch. mit Gesang – V Willi Webels und Carl Siber – Gesangseinlagen von J. Jehring – A Gemischter Chor – B Szen. Anton Imhof, Brig.

69. XI. 3x – DIE QUATEMBERNACHT. Mit Gesangseinlagen. – V René Morax – A Jünglingsverein – R Kaplan Leo Gerold (?) – B 1920 in Naters bereits mit grossem Erfolg gespielt. Natischer Stoff – Szen. Julius Salzgeber.

## 1933

70. I. 3x – SIE KRIEGEN SICH. L. – A Musikges. Belalp.

71. II. 2x – DER TAUBE HUMMEL. L. – DR. KRANICHS SPRECHSTUNDE. L. – A Gemischter Chor.

72. V. 2x – THEATER, BALLETT, REVUE – A Musikges. Belalp.

73. XI. 4x – DER LETZTE SANDER VON OBERRIED. Walliser Volkssch. – V nach der Erzählung von Frau Cathrine Bürcher-Cathrein, dramatisiert von J. Muff – A Jungmannschaft – R Kaplan Leo Gerold – B Szen. Julius Salzgeber – Im Italienerasyl.

## 1934

74. I. 2x – MADAME POTIPHAR. L. – DER DUMME AUGUST. L. – A Kirchenchor.

75. I. 2x – DER KONGONEGER. L. 4 A. – V Emil Baumberger – A Musikges. Belalp.

76. XI. 3x – DAS GRAB IN DER STEPPE. Bolschewismus. – V Joseph Eckerskorn – A Jungmannschaft – R Kaplan Leo Gerold.

## 1935

77. I. 2x – Ä STEI AB EM HÄRZ. L. – V K. Freuler und H. Jenny-Fehr – A Gemischter Chor.

78. II. 2x – ALLES US VERZWIFLIG. L. – V Arthur Brenner – A Musikges. Belalp.

79. II. – ZWEI THEATER. L. – A Töchterkongregation.

80. IV./V. 4x – DIE SCHWARZE SPINNE – V nach Jeremias Gotthelf von Arthur Klingele, Naters – A Dramatische Gesellschaft Naters – R Prof. Alois Clausen – Musik und Lieder bearbeitet vom Pianisten Carlo Demartini, Brig – B Szen. Julius Salzgeber – Wegen bühnentechnischen Anforderungen und Massenszenen aufgef. im Theaterhaus Brig.

81. XI. 4x – DER DORNENKRANZ EINER MUTTER. Ungleiche Söhne. – V Friedrich Schare und Willi Webels – A Kirchenchor – R Pfarrer E. Tscherrig – Liedereinlagen von Pfr. Gregor Brantschen komponiert – B Typisches Schare-Stück in Schwarzweiss-Malerei.

## 1936

82. II. 2x – ZUM TONFILM. L. – V Fritz Vetsch – A Musikges. Belalp.

83. II. – IN DER KLEMME. Szene mit Musik und Gesang aus dem Studentenleben. – DIE BERITTENE TANTE. L. – A Jungmannschaft.

84. XI. 4x – HERZEN VON STEIN. Familiendrama mit Gesang. – V Friedrich Schare und Willi Webels – A Jungmannschaft – R Kaplan Leo Gerold.

## 1937

85. I. 2x – DER KINO-BALZ. L. – V K. Freuler und H. Jenny-Fehr – A Gemischter Chor – R Pfr. E. Tscherrig.

86. II. 2x – EIN MYSTERIÖSES HAARWUCHSMITTEL. L. – A Musikges. Belalp.

87. IV. 2x – MODERNE FRAUEN ODER DER KAMPF UM DIE HOSE. L. – V Arthur Klingele, Naters – A Turnverein.

88. XI. 4x – DER LODER. Mit Gesang. – V Hermann Marcellus – A Kirchenchor – B Kostüme Möller, Zürich – Szen. Julius Salzgeber.

89. XII. – STELLA – A Schulkinder.

## 1938

90. I./II. 2x – EN GFREUTI ABRÄCHNIG. L. – V K. Freuler und H. Jenny-Fehr – A Jungmannschaft – R Rektor Heinrich Zurbriggen.

91. II. 2x – HEIRATSVERMITTLIG. L. – A Musikges. Belalp.

92. IV. 2x – Z'MILLIONEBETT. L. – V H. Lee – A Turnverein – R Rektor H. Zurbriggen.

93. XI. 4x – D'ALT SCHMIDTJA. Volkssch. Sage, Aletsch. – V Arthur Klingele, Naters – A Jungmannschaft – R Rektor H. Zurbriggen – B 1927 bereits aufgeführt – Szen. Julius Salzgeber – Inhaltsangabe im WB, 1938, Nr. 81 – Am 20. XI. Ehrung Arthur Klingeles – Requiem von Gruber; Lieder von Gregor Brantschen.

94. XII. – WEIHNACHTSTHEATER – A Schulkinder.

95. XII. 2x – THEATER und Turnen – A Turnverein.

## 1939

96. I. – D'HILARIUSNACHT. L. – V Hannes Taugwalder – A Trachtengruppe.

97. I. 3x – HOPLA – ALLES INBEGRIFFEN. L. – V K. Freuler und H. Jenny-Fehr – A Turnverein.

98. I. 2x – Z'RIBISE. L. – A Musikges. Belalp.

99. Fastnachten – D'HILARIUSNACHT. L. – V Hannes Taugwalder – B s. Nr. 96. Gleiche Gruppe – DS NIW CHLEID. L. – DIE WÄSCHERINNEN. L. – A Trachtengruppe.

100. IV. 2x – SIE-ER UND DER IMPERATIV. L. – V Arthur Klingele, Naters – A Gemischter Chor.

101. IV. – EIN FIDELES VERHÖR. L. Musikalische Einlage – A Handharmonikaklub Alpenrose.

102. XII. – DIE LAUSBUBEN. L. – A Jungmannschaft.

## 1940

103. I. 2x – EN SCHUEH VOLL US EM STRANDBAD. L. – V Ernst Bachofner – A Musikges. Belalp.

104. III./IV. 4x – SIE HÄND WIEDER EINE. L. – V H. Huggenberger – A Turnverein – B Abendunterhaltung mit Turnen u.a.

105. – EN RAFFINIERTE MIETER. L. – V Arthur Brenner – A Musikges. Belalp.

106. XII. 2x – WEIHNACHTSSZENEN – A Schulknaben.

## 1940/41

107. XII./I. 3x – DER OZEANFLIEGER. L. – V Alfred Bruggmann – A Turnverein.

## 1941

108. II. 2x – DER SCHÜTZENKÖNIG. L. – V K. Freuler und H. Jen-

ny-Fehr – A Gemischter Chor – R Rektor Heinrich Zurbriggen.
109. IV. 2x – DÄR GUGERLI WILL HYPNOTISIERE. L. – NATISCHER SINGVEGEL – A Jungmannschaft.
110. XI. 4x – DIE GLOCKEN VON PLURS. Bergell. – V Jakob Muff – A Jungmannschaft – R Rektor Heinrich Zurbriggen – B Reinerlös der letzten Aufführung für die Pfarrkirche.
111. XII. 2x – SINGSPIEL – A Schulmädchen.

### 1941/42
112. XII./I. 3x – SPITZBUBEN ERSTER KLASSE. L. – V Willi Webels und Carl Siber – A Turnverein.

### 1942
113. I. 2x – THEATER und Gesang – A Gemischter Chor.
114. II. 3x – D'FRAU IST IM HILFSDIENST. L. – A Musikges. Belalp.
115. IV. 2x – EN KRITISCHE VORMITTAG. L. – V Alfred Huggenberger – A Gemischter Chor – R Rektor H. Zurbriggen.
116. XI. 4x – SCHULD UND SÜHNE ODER DER SEGEN DES 4. GEBOTES – V Pfarrer C. Häfeli – A Kirchenchor – R Pfarrer E. Zenklusen – B Szen. Maler Mutter – Liedereinlagen unter der Direktion von Otto Zenklusen.

### 1943
117. I. 3x – DE SCHÜÜCH EMIL. L. – V Conrad Adolf Angst-Burkhardt.
118. II. 3x – DER UNSCHULDIG EMIL. L. – V Arthur Brenner – A Musikges. Belalp.
119. II./III. 3x – DER VERKAUFTE GROSSVATER. L. Bäuerliche Groteske. – V Fr. Streicher und E. Kägi – A Jungmannschaft – B Zuerst Schülerchor – «Das Lustspiel wurde über 2000-mal auf Berufsbühnen in Deutschland gespielt; oft in der Schweiz».
120. XII. – KLEINES THEATER u.a. – A Jungmannschaft – B Generalversammlung.

### 1944
121. I. 3x – S'GROSS LOS. L. – V K. Freuler und H. Jenny-Fehr – GUTER MOND, DU GEHST SO STILLE. Couplet. – A Jungmannschaft.
122. I. 2x – DE BURGUNDERDOKTOR. L. – V H. Baumann-Herre – A Gemischter Chor.
123. II. 2x – Z'TELEGRAMM. L. Mit Konzert – A Musikges. Belalp.
124. IV. 3x – S'KOMPANIECHALB (Krawall im Stall) – V Jakob Stebler – A Turnverein.

### 1945
125. I. 2x – DIE JUNGGESELLENSTEUER. L. – V Alois Gfall – A Jungmannschaft.
126. II. 2x – EN GANZ GERISSENE KÄRLI. L. – V Max Bachofner – A Musikges. Belalp.
127. IV. 3x – BÜNZLIS WEG ZU KRAFT UND SCHÖNHEIT. L. – V Konrad Ad. Angst-Burkhardt – A Turnverein.
128. VI./VII. 3x – VOR DEM FRIEDENSRICHTER. L. – V Fredy Scheim – VOM JOGGI SCHINEM PRÄMIERTE MUNI – V Max Bachofner – A Sektion Oberwallis des Christlichen Holz- und Bauarbeiterverbandes – B Der Lustspieltitel müsste in Walliser Mundart besser heissen: «Z'Joggelisch premierte Muni oder Dr premiert Muni vam Joggeli».
129. XI. 4x – DER MUTTER GEBET – V Konrad Ad. Angst-Burkhardt – A Kirchenchor – R Rektor Heinrich Zurbriggen – B Szen. J. Mutter, Naters.

### 1946
130. II. 4x – ADRIAN UND BALDRIAN. L. – V Emil Kägi – A Turnverein.
131. II./III. 3x – D'VERONIKA BOHNENBLUEST. L. – V Arthur Brenner – A Musikges. Belalp – R Rektor H. Zurbriggen (?).
132. IV. – ZWEI LUSTSPIELE – A Handharmonika-Klub Alpenrose.
133. IV./V. 3x – DER ROTTMEISTER VON FLÜE – V Franz H. Achermann – A Jungmannschaft – R Rektor Heinrich Zurbriggen – B Szen. Maler J. Mutter.
134. X./X. 3x – DER KINOBALZ. L. – V K. Freuler und H. Jenny-Fehr – A Samariterverein – Zwischenpausen mit Orchestergruppe und Damenchor.
135. XI. 3x – DAS ST. JODERNGLÖCKLEIN VON GSTEIG. Mit Gesang. Mundart. – V Olga Kaiser – A Jungmannschaft – R Rektor Heinrich Zurbriggen.

### 1947
136. I. 2x – DAS GLÜCKSLOS. L. – A Jungfrauenkongregation.
137. I. 2x – ACHT TAG STROHWITLIG. L. – V Arthur Brenner – A Gemischter Chor.
138. II. 3x – NÜSSLISALAT. L. – V H. Baumann-Herre – A Musikges. Belalp.
139. XII. – WEIHNACHTSSPIELE – A Schulknaben.

### 1948
140. I. 3x – DER KURPFUSCHER. L. – V F. H. Achermann – A Turnverein.
141. I. 2x – EIN FIDELES VERHÖR. Musik. Posse. – V Fredy Scheim – A Gemischter Chor.
142. II. 3x – THEATER – A Musikges. Belalp – R Rektor Alois Walker.
143. XI. 3x – E FABELHAFTI IDEE. L. – V Arthur Brenner – A Turnverein.

### 1949
144. I. 2x – THEATER, Reigen, Lieder, Tombola – A Jungfrauenkongregation.
145. I./II. 2x – DER GROSSVATER WILL HÜROTE. L. – V Kaspar Freuler und H. Jenny-Fehr – A Kirchenchor.
146. II. 3x – DER STUMME GOTTLIEB. L. – V K. Freuler und H. Jenny-Fehr – A Musikges. Belalp.
147. V. 5x – ARAM BELA – V F. H. Achermann – N ÄS GEISCHTÄRT UM Z'MADLEE. L. – V Toni Husistein – A Jungmannschaft – R Josef-Marie Schwick, Arbeiterseelsorger.
148. XI. 5x – DER FREIHEITSSCHMIED. Mit Gesang. – V Jakob Muff – A Gemischter Chor – R Rektor Alfons Burgener – Musikalische Direktion Leo Eggel.
149. XI. 5x – TURNERISCH-THEATRALISCHE VORSTELLUNG – A Turnverein.
150. XII. – DER STUMME COIFFEUR. L. – EIN ZWEITER SCHWANK – A Jungmannschaft.

### 1950
151. I. 3x – DE HAUPTTRÄFFER. L. – V J. Pohl – A Turnverein.
152. IV. 2x – ALLES UM EN STÄRNLITALER. L. – A Musikges. Belalp.
153. XII. 2x – WEIHNACHTSAUFFÜHRUNGEN – A Schulmädchen.

### 1951
154. I. 4x – DR UNSCHULDIG EMIL. L. 2 A. – V Arthur Brenner – A Turnverein.

155. III. 2x – DER OZEANFLIEGER. L. – V Alfred Bruggmann – A Musikges. Belalp.

## 1952
156. I. 2x – DER VERLIEBT GROSSVATER. L. – A Musikges. Belalp.
157. I. 3x – EN DUBIOSI GSCHICHT. L. – A Turnverein – R Oswald Venetz.
158. I. 2x – DIE KLEINE FÖRSTERCHRISTEL. Singspiel. – V Paul Oppermann und C. Siber.

## 1953
159. II. 3x – D'LIEBI ALS ARZT. L. – A Turnverein – R Oswald Venetz.
160. IV. 3x – DIE LORE AM TORE. Singspiel. – V Carl Siber und Edi Helf – A Kirchenchor.

## 1954
161. II. 2x – EINE VERHÄNGNISVOLLE ZUGSVERSPÄTUNG ODER SIE-ER UND DER IMPERATIV. L. – V Arthur Klingele, Naters – A Musikges. Belalp – R Oswald Venetz.
162. IV. 3x – VINZENZ VON PAUL – V Georg Rendl – A Jungmannschaft – R Rektor Paul Grichting – B Vinzenz immer auf der Bühne, gespielt von einem Schüler des Briger Kollegiums.
163. XI. 2x – 'S MUESS ÖPPIS GAH – V F. J. Felix – A Turnverein.
164. XI./XII. 6x – DIE QUATEMBERNACHT – V René Morax – Musik von Gustav Doret – A Gemischter Chor – R Josef-Marie Schwick, Arbeiterseelsorger. Musikalische Leitung Prof. Bruno Brunner – B Szen. Albert Isler, Zürich – Schon 1920 und 1932 in Naters gespielt.

## 1955
165. I. 2x – EN KRITISCHE VORMITTAG. L. – V Alfred Huggenberger – A Musikges. Belalp – R Rektor Paul Grichting.
166. II. – DER LÄTZ BLINDDARM. L. 2 A. – V Jakob Stebler – A Kath. Turnerinnen – B Unterhaltungsabend.
167. X. 4x – IM SCHATTENLAND DES TODES – V Leo Marcell – A Jungmannschaft – R Rektor Paul Grichting.

## 1956
168. I. 2x – Musikalisch-THEATRALISCHE Abendunterhaltung – A Musikges. Belalp – R Rektor Paul Grichting.

## 1957
169. II. 2x – Musikalisch-THEATRALISCHER Unterhaltungsabend – A Musikges. Belalp.
170. X./XI. 4x – D'ALT SCHMIDTJA – V Arthur Klingele – A Kirchenchor – R Josef-Marie Schwick, Arbeiterseelsorger – B Bühne: Rektor Paul Grichting; Szen. Albert Isler, Zürich – Kritik WB 1957, Nr. 89: «Leider nicht Dialekt und nur Tonbandaufnahmen. Das Publikum lachte schallend bei den feierlichsten Szenen.»
171. XI./XII. 2x – D'R DOPPELGÄNGER. L. – V K. Forrer, bearbeitet von Arthur Brenner – A Turnverein – R Rektor Paul Grichting.

## 1958
172. II. – TRENTA SECONDI D'AMORE. L. – V Aldo Benedetti – A Italienermission.
173. IV./V. 5x – DER VERLORENE SOHN (Neufassung) – V F. H. Schell – A Kongregation und Jungmannschaft – R Kaplan Wilhelm Pierig; Reigen: Cilette Faust – Q Programmheft.
174. XI. 2x – SCHWACHI NÄRVE. L. – FRÄULEIN AURORA. L. u.a. – A Kath. Turnerinnen – R Kaplan Wilhelm Pierig; Reigen: Cilette Faust, Siders – B Bunter Abend.
175. XI. – EN SCHWARZE TAG. L. – V Arthur Brenner – A Turnverein.

## 1959
176. I. 2x – A FLOTTI FAMILI. L. – A Musikges. Belalp – R Rektor Paul Grichting.
177. II. 2x – LINDENWIRTIN, DU JUNGE. Singspiel. – V Edi Helf – A Gemischter Kirchenchor – R Kaplan Wilhelm Pierig – B Auch am 4. II. im Walliser Sanatorium Montana aufgeführt.

## 1960
178. II. 2x – BOMBARDELLI CONTRA SPRÜNGLI. L. – V K. Freuler und H. Jenny-Fehr – A Musikges. Belalp.
179. V. – THEATER, REIGEN etc. – A Italienische Kinderschule – R Lehrschwestern.
180. XII. – EN SUBERI VERWANDTSCHAFT. L. – V Nach Jeremias Gotthelf, von Arthur Brenner – A Turnverein.

## 1961
181. I. – IM WYSSE RÖSSLI – V Arthur Brenner – A Musikges. Belalp – R Pfarrer Paul Grichting.

## 1962
182. II. – BEIM ARZT. L. – STRASSENKEHRERINNEN. L. – B Trachtenball.
183. II. – Unterhaltungsabend mit Konzert und SI WILL ÖPPIS NÜÜS. L. – V Kaspar Freuler und H. Jenny-Fehr – A Musikges. Belalp.
184. V. – IM BLÜHENDEN WEINBERG. Singspiel. – A Blauringmädchen.

## 1963
185. II. – POLTERS ERSTE LIEBE. L. – V Alfred Hopfstock – A Kirchenchor mit Orchester.
186. IV. – DER FAULENZERVEREIN. L. – A Musikges. Belalp.
187. X./XI. 4x – LAUTER HELDEN UND ZWEI ESEL. Ernst-heiteres Spiel. – V Ewald Autengruber – A Jungmannschaft – R Rektor Josef Sarbach – Liedereinlagen der Jungwacht St. Laurentius unter der Direktion von Lehrer Leo Eggel – B Reinerlös an die Restauration der St. Josefskapelle in Hegdorn.
188. XI./XII. – EN FABELHAFTI IDEE. L. – V Arthur Brenner – A Turnverein.

## 1964
189. D'R UNSCHULDIG EMIL. L. – V Arthur Brenner – A Musikges. Belalp – R Rektor Josef Sarbach – B Im neuen Turnsaal.
190. IV. – DAS VERKAUFTE LIED (Spiel um einen Königshof) – V Emil Bauer – DER HERR IN GRAU – V Iso Keller – A Kongregation – R Kaplan Karl Schmid.
191. XI. – DER NOBEL EUGEN. L. – V Arthur Brenner – A Turnverein – R Herbert Amherd.

## 1965
192. I./II. – IM WYSSE RÖSSLI. L. – V Arthur Brenner – A Musikges. Belalp – R Rektor Josef Sarbach.
193. V. – ROTKÄPPCHEN (Capucetto rosso). Italienisch. – A Deutschsprachige Oberwalliser Kinder der italienischen Kinderschule.

**1966**
194. I. – DER TÜSIGFIESSLER. L. – A Musikges. Belalp – R Rektor Josef Sarbach.
195. II. – DAS GLÜCK UNTERM LINDENBAUM. Singspiel. – V Carl Siber und Willi Webels – A Kirchenchor.
196. XI. – ES MISSVERSTÄNDNIS. L. – V Arthur Brenner – A Turnverein.

**1967**
197. IV. – DAS SCHELMENMÄDEL. Singspiel. – V Musik: Max Vogel; Text: Carl Siber – A Kirchenchor – R Lehrer Leo Eggel.
198. IV. – D'HIMMELSFLÜEERBE – V Toni Husistein – A Musikges. Belalp.
199. V. – FLORINE UND FLORIAN. Biedermeierkomödie. – V Adaptiert von Toni Husistein – A Jungmannschaft – R Albert Bass.
200. XI. – EN MYSTERIÖSES HAARWUCHSMITTEL. L. – V Arthur Brenner – A Turnverein.
201. XII. – DIE ZÄLLER WIENÄCHT. Walliser Dialekt. – V Paul Burkhard – A Ca. 230 Kinder, Orgel, 6 Bläser, Blockflöten. – R Lehrpersonal, vor allem Leo und Hans Eggel – Q in WB, 1967, Nrn. 243 und 248, mit Fotos.

**1968**
202. II. 2x – E SERIÖSI FAMILI. L. – V Jakob Stebler – A Musikges. Belalp – R Othmar Werner.
203. XI. 2x – EN GANZ GERISSENE KÖBI. L. – V Max Bachofner – A Turnverein – R Bruno Walker.

**1969**
204. II. 3x – SCHWARZI GÖGGS UND WYSSI CHRÄGE. Kabarettistisches Lustspiel. – V César Keiser und Peter Farner – A Kirchenchor – R Hans Eggel – B Walliser Dialekt (der Bundesrat hat sich zu Ferien in einem Bergdorf angemeldet und trifft eine Woche zu früh inkognito ein).
205. II. 2x – DIE MARS-RAKETE. L. – A Sekundarschule.
206. IV. 2x – DER ÄNGSTLICHE KASIMIR. L. – V Arthur Brenner – A Musikges. Belalp.
207. X. 4x – DU WIRST NICHT GEFRAGT. 9 Episoden. – V Leo Griebler – A Jungmannschaft – R Anton Jossen – Q Plakat KtB.
208. XII. – WEIHNACHTSTHEATER, REIGEN, Gesang – A Mädchenschule.

**1970**
209. XI. 3x – FURT MIT EM GÄLD. L. – V Arthur Brenner – A Turnverein.

**1971**
210. Bunter Abend mit SKETCHES, CABARET etc. – A Drachentöter (Fastnachtsgesellschaft) – B Dieser bunte Abend findet seither jedes Jahr statt. Der Andrang des Publikums ist so gross, dass er seit einigen Jahren dreimal durchgeführt wird.
211. IV. 2x – CABARET-NUMMERN (einige Szenen dem Cabaret «Rotstift» abgesehen) – SKETCHES – V Moritz Gertschen, Zahnarzt – A Kirchenchor.
212. XII. – WEIHNACHTSSPIEL (ital.) – A Italienerkolonie Missione Cattolica.
213. XII. 3x – AUFSTAND IM SCHLARAFFENLAND. Eine unwahrscheinliche Parabel mit Gesang und Musikbegleitung. – V Gody Suter; in Walliser Dialekt umgearbeitet; die ursprüngliche Begleitung für Klavier und Gitarre verstärkte Elmar Schmid durch Bläser und Schlagzeug – A 250 Schulkinder aller Stufen von der 2. Klasse bis zur Sekundar- und Haushaltungsschule – R Hans Eggel und andere Lehrer; musikalische Direktion Leo Eggel.

**1972**
214. XI. 4x – GÜLDENKRAUT UND SILBERHORN. Marionetten. – A Sr. Christophora und Elise Summermatter, Kindergärtnerinnen – B Am Pfarreibazar – Selbstgebastelte Bühne und Figuren.

**1975**
215. XI. – DR SCHREINER, DR SCHNIDER, DR SCHÜEMACHER (Der böse Geist Lumpazivagabundus) – V Johann Nestroy – A Blauring und Jungwächter – R Peter Jossen – Q Programm KtB.

**1976**
216. VI. 7x – DER SCHWARZE HECHT. Musical. – V Jürg Amstein. Musik: Paul Burkhard – A Gemischter Chor – R Hans Eggel – B Ein Riesenerfolg.

**1979**
217. VI. 2x – DIE ZEIT – V Jonah Ostfeld und Eigentexte – A Orientierungsschule Naters – R 12 Lehrpersonen inszenierten die 12 Szenen – Gesamtleitung Hans Eggel.

**1981**
218. VI. 3x – HANS EULENSPIEGEL – V Günter Seidel – A Orientierungsschule Naters – R Hans Eggel.

**1982**
219. XII. 2x – DIE ZÄLLER WIENÄCHT – V Musikalisches Krippenspiel von Paul Burkhard – A Ca. 300 Primar- und Orientierungsschüler – Natischer Singvögel – R Hans Brun – Gesamtleitung Alwin Salzmann. Musikalische Leitung Leo Eggel – B Schon 1967 in Naters aufgeführt.

**1984**
220. V. 3x – DER PANTOFFELHELD – V Josef Brun – A Jodlergruppe Bärgarve – R Josef Zenhäusern.
221. XI. 2x – ISIDOR, DE NOI CHNÄCHT. L. – V Peter Läubli – A TV Naters – R Bruno Walker.
222. XI. 3x – KLEIDER MACHEN LEUTE (Novelle) – V Gottfried Keller (Winfrid Bauer) – A Orientierungsschule Naters – Jugendchor Naters – R Walter Zenhäusern. Musikalische Leitung Stefan Ruppen.

**1985**
223. XI. 4x – D'SCHWINDEL-FILIALE. Dialekt. – V Curt Kraatz und Max Neal – A Jodlergruppe Bärgarve – Szen. Karl Walden, Albert Salzmann u.a.m. – R Josef Zenhäusern.

**1986**
224. X. – DS LETSCHT WORT. Walliser Dialekt. – V Konrad Adolf Angst-Burkhardt – A Jodlergruppe Bärgarve – R Josef Zenhäusern.
225. XI. 2x plus Extraauff. – DER VETTER FLURY US MISSOURI. Walliser Dialekt. L. – V Arthur Brenner – A Gemischter Kirchenchor, mit Volksliedereinlagen, unter der Direktion von Hansrüedi Kämpfen – Jugendchor unter der Leitung von Stefan Ruppen – Natischer Singvögel unter der Direktion von Christoph Mutter – R Hans Eggel, assistiert von Hilar Kummer.

## 1987
226. II. 3x – DER ZIRKUSDIREKTOR. L. – A Primarschule – R German Eyer.

## 1988
227. IV./V. 4x – DAS GESPENST VON CANTERVILLE. Novelle. Walliser Mundart. – V Oscar Wilde – A Jugend Naters. Ca. 100 Mitwirkende – Szen. von Jugendlichen selbst – R Nestor Andrès.
228. VI. 3x – DIE DUMME AUGUSTINE – V Ottfried Preussler – A Primarschule Naters – R German Eyer.
229. XII. 3x – Theater und Singspiel: DER RATTENFÄNGER VON HAMELN. Von German Eyer in Walliser Mundart umgeschrieben. – V Otto Filep und Günther Kretzschmar – A Primarschule Naters; Natischer Singvögel und ein ad hoc gebildetes Orchester unter der Direktion von Christoph Mutter – R German Eyer; Gesamtleitung Hans Brun – B Der Rattenfänger von Hameln ist im Walliser Dialekt als Kinderkassette erschienen, umrahmt von den gleichen oben erwähnten musikalischen Einlagen.

## 1989
230. XI./XII. 3x – BEI TISCH WIRD NICHT GESPROCHEN! ... UND SPÄTER SCHON GAR NICHT – V Jonah Ostfeld – A Theatergruppe «sägsus» – R German Eyer – B Die gleiche Gruppe spielte das Stück im Dezember 1989 auch in Mund, Simplon-Dorf und Münster.

## 1990
231. IV. 2x – Musikalisch-theatralisches Stück ARCHE NOVA (Neue Arche) – V Musikstück «Käpten Noahs schwimmender Zoo» von Michael Flanders – Die ARCHE NOVA ODER DER PROPHET OHNE PROFIL von Justin Rechsteiner – A Orientierungsschule Naters – R Walter Zenhäusern; musikalische Direktion Stefan Ruppen.
232. XI. 4x – DER TRAUSCHEIN – V Ephraim Kishon – A Theaterverein – R Franz Taiana.

## 1991
233. III. 3x – BEBE PASSE. Umgeschrieben in Walliser Mundart von German Eyer. – V Max Huwyler; einige Szenen sind Eigenarbeit. – A Theatergruppe «sägsus» – R German Eyer – B Aufführungen auch in Leuk, Visperterminen, Visp, Simplon-Dorf und Münster.
234. V. 2x – Freilichtspiel NATISCHER BILDERBOGU auf dem Kirchplatz, in acht Bildern thematisiert. In Natischer Dialekt übertragen von Hans Eggel. – V Raymund Wirthner – A 19 Dorfvereine, zahlreiche Einzelpersonen und Schüler und Schülerinnen: ca. 200 Spieler. Kirchenchor, Musikges. Belalp, Einzelinterpreten und Musikgruppen – R Franz Taiana. Musikalische Direktion Hansrüedi Kämpfen – B Aufführung anlässlich der 700-Jahr-Feier der Eidgenossenschaft. Im Rahmen der Natischer Kulturtage 1991 auch Herausgabe der Kassette «A so tent's z'Naters», auf der 14 musikalische Vereine und Formationen von Naters zu hören sind. – B Es war kalt. Presse: «Die meisten Zuschauer harrten aus bis zum Schluss.» – Q Inhaltsangabe in: hoffnungen, walliser zeitschrift für literatur, 13, 1992, S. 35/36.
235. XI. 5x – DIE LIEBE FAMILIE. L. – V Felicity Douglas – A Theaterverein Naters – R Franz Taiana. Szen. Albin Noti.
236. XI./XII. 2X – D NÄRFUSAGA – V Fritz Klein – A TV Naters, zusammen mit Turnvorstellungen – R Nestor Andrès.

## 1992
237. V. 3x – DAS KOPFTUCH MIT DEN ROTEN TUPFEN. Kriminalstück. – V Lisa Heiss – A Theatergruppe «sägsus» – R German Eyer – B Aufführungen auch in Visperterminen, Münster, Simplon-Dorf, Leuk und Wiler/Lötschen.
238. X. – DI DRII STEINA. Handpuppentheater. – A Vier Kindergärtnerinnen.
239. X. – DICKI POSCHT. L. Bunter Abend – V Peter Schöbi – A Jodlergruppe Bärgarve – Jodeldarbietungen der «Bärgarve» unter der Leitung von Toni Ritz. Auch Jodler von auswärts – R Josef Zenhäusern.

*Spieler vom Theaterstück «Die liebe Familie», 1991. Sitzend (v.l.): Eliane Jossen, Cécile Salzmann, Nestor Andrès. Stehend (v.l.): Beatrice Jeitziner, Hans-Ueli Jenelten, Fabienne Pfammatter, Emil Walker, Elly Eggel, Joe Bärenfaller, Vreny Schmid.*

240. XI. 5x – FRÖHLICHE GEISTER. Geisterkomödie. – V Noel Coward – A Theaterverein – R Franz Taiana.

**1993**
241. X. 5x – LIEBI MACHT ERFINDERISCH. L. Dialektfassung von Jörg Schneider – V Ray Cooney – A Theaterverein – R Hans Brun.
242. X. – FÜÜLI EIER – V Hans Wälti – A Jodlergruppe Bärgarve. Bunter Abend mit z.T. auswärtigen Unterhaltungsmusikern – R Josef Zenhäusern.

*Akteure des Theaters «Liebi macht erfinderisch», 1993. Sitzend (v.l.): Cécile Salzmann, Benno Jossen, Pauli Tscherrig. Stehend (v.l.): Hans Brun, Heinz Noti, Hans-Peter Schwery, Marco Volken (sitzend), Fidelis Sonnentrücker, Beatrice Jeitziner-Knubel.*

**1994**
243. III. 2x – DIE MAZZE oder NATERS GESTERN – HEUTE – MORGEN. Theaterprojekt der Orientierungsschule (OS) Naters zu vergangenen, aktuellen und zukünftigen Problemen. – V Schüler der OS Naters unter Mithilfe der Lehrer. Textüberarbeitung Walter Zenhäusern – A Ca. 300 Jugendliche der OS Naters; Vertretungen aus den Oberwalliser OS-Zentren – R Hilar Kummer. Musikalische Direktion Stefan Ruppen und Dorothee Steiner.
244. IX/X. 6x – GÜET NACHT, FROUW SEEHOLZER. Komödie. – V Arthur Lovegrowe – A Theaterverein – R Hans Brun.
245. X. – D MÄNNER STREIKUND. L. – V Carmelo Pesenti – A Jodlergruppe Bärgarve. Jodlerkonzert mit z.T. auswärtigen Unterhaltungsmusikern – R Josef Zenhäusern.

**1995**
246. IX/X. 6x – DREI MÄNNER IM SCHNEE. Komödie. – V Charles Lewinsky, nach dem gleichnamigen Roman von Erich Kästner – A Theaterverein – R Hans Brun.
247. XI. – EN SCHWARZE TAG. Einakter. – V Fritz Klein – A Gemischte Jodlergruppe Bärgarve. Bunter Abend – R Josef Zenhäusern.

**1996**
248. IX/X. 6x – D'SCHWARZ SPINNA – Dialektspiel nach der gleichnamigen Novelle von Jeremias Gotthelf; Mundartfassung von Walter Zenhäusern – A Theaterverein – R Walter Zenhäusern.
249. X. 1x – VOLL DERNÄBU. Einakter. L. – A Jodlergruppe Bärgarve. Bunter Abend mit z.T. auswärtigen Unterhaltungsmusikern.

**1997**
250. IV/V. 9x – DIE KLEINE NIEDERDORF OPER – Musikalisches Lustspiel – V Paul Burkhard/Walter Lesch – A Gemischter Chor – R Hilar Kummer, assistiert von Hans Eggel und Walter Zenhäusern – Musikalische Leitung Peter Werlen/Stefan Ruppen – Choreographie Carmen Werner – B Ca. 5000 Zuschauer.
251. XI. 2x – DS LETSCHT WORT. Heiterer Schwank, Einakter. – V Fritz Klein – A Turnverein Naters – R Hans-Uli Jenelten – B Verbunden mit Turnvorstellungen.

**1998**
252. III. 4x – ANNERSCHT WA D'ANDRU. Musical. Walliser Mundart. – V Sarah Früh – A 3.–6. Primarklasse. Singvögel. Orchester aus Lehrpersonen und Professionellen – R Primarlehrer. Musikalische Direktion Christoph Mutter – B 120 Kinder beteiligt.
253. IX. 7x (davon 2 Extraaufführungen) – D'ALT SCHMIDTJA – V Arthur Klingele; Mundartfassung (mit etlichen Anpassungen an die heutige Zeit) von Walter Zenhäusern – A Theaterverein – R Walter Zenhäusern mit Unterstützung von Hans Eggel; Gesamtleitung Hans Brun – Gestaltung (12 eingeblendete Bilder): Karl Walden – Musikalische Leitung Stefan Ruppen – Bühnenbau: Albin Noti – Ort: oberer Schulhausplatz im Klosi – B Rund 100 Akteure.
254. IX. – UMSTIIGE BITTE. L. Einakter. – V Hans Wälti – A Gemischte Jodlergruppe Bärgarve. Jodlerkonzert mit z.T. auswärtigen Unterhaltungsmusikern – R Josef Zenhäusern.

*«D'alt Schmidtja» (1998): Cécile Salzmann-Venetz.*

**1999 (bis Oktober)**
255. X. 6x – BIEDERMANN UND DIE BRANDSTIFTER. Komödie, in Walliser Mundart umgeschrieben. – V Max Frisch – A Theaterverein – R Hans Brun.

# Kunstschaffende

## Einführung

In diesem Kapitel werden von den Vertreterinnen und Vertretern der verschiedensten Kunstgattungen nur die Kunstmalerinnen und Kunstmaler näher vorgestellt. Wir beschränken uns dabei auf die Künstlerinnen und Künstler, für die das Malen zum Lebensinhalt geworden ist und die mit ihren Werken auch regelmässig durch Ausstellungen an die Öffentlichkeit getreten sind. Der Verfasser liess sich bei dieser Auswahl von Fachleuten beraten. Diese stufen drei Frauen und neun Männer als Kunstmaler ein. Sie alle stammen entweder aus Naters oder wohnen hier. Der Schreibende ist sich bewusst, dass ausser den erwähnten zwölf noch viele andere Personen in irgendeiner Kunstsparte tätig sind oder waren. Wir erwähnen z.B. Christian Imhoff, der 1772 den Hochaltar von Hérémence schnitzte[479], oder Othmar Gertschen (1903–1952), der 1951 zusammen mit anderen Künstlern im Stockalperschloss in Brig eine Ausstellung machte, dann den Landschaftsmaler Gino Paci (1908–1974) und schliesslich Marie Walker-Jossen (1908–1998), die 1987 in Naters und 1994 in Blatten ihre Ölbilder der Öffentlichkeit vorstellte. Nicht vergessen wollen wir den Bildhauer Rainer Wedekind mit seinen künstlerisch gestalteten Grabsteinarbeiten oder Bernd Kniels Kunstglaserei. Eine Auswahl schien uns unumgänglich.

Bei den nun folgenden Darlegungen stützt sich der Schreibende im Allgemeinen auf Angaben, die von den Künstlern, welche nachfolgend in alphabetischer Reihenfolge vorgestellt werden, selbst stammen. Es versteht sich, dass die Arbeiten der älteren Künstler umfangreicher sind als die der jüngeren und dass in diesem Rahmen von den Kunstschaffenden nur knappe Angaben über ihren Werdegang und ihre Kunstwerke gemacht werden können.

## Edelbert Werner Bregy

*Geb. am 8. September 1946 in Turtmann, Sohn des Franz Josef und der Maria Katharina geb. Zenhäusern. Seit 1974 verheiratet mit Ursula geb. Kreuzer, Vater zweier Söhne, wohnhaft in Naters. Obligatorische Schulen in Turtmann und Gampel, Institut STAVIA in Estavayer-le-Lac, Handels- und Verkehrsschule in Bern (Diplom), Werbefachschule in Zürich (Diplom), Kunstschule ABC in Paris (Diplom), Lehrabschluss als Betriebsdisponent SBB, Betriebssekretär SBB und dann Dienstchef SBB in Brig. Autodidakt. Studienreisen durch ganz Europa. Mitglied der Walliser Künstlervereinigung (AVA) und der kulturschaffenden Eisenbahner. Verantwortlicher für die Kunst in der Region Wallis.*

## Sein Werk

Arbeiten in Mischtechnik, Frottage, Gaufrage, Post Art und Eisenplastik. Illustrierte Bücher: «Symbol der Taube – das ewig Weibliche» (Text E. Schmid), «Von Hellsehern und Poltergeistern» (Text Dr. M. L. Rybarczyk), «Heiler ... Medizinmänner von heute» (Text Dr. M. L. Rybarczyk), «Viktoria Turtmann» (Text A. Oggier), «Akkorde der Lachmöwe» (Text P. Gisi), «Verwandlungen» (Text P. Gisi), «Der grünäugige Laternenfisch» (Text P. Gisi), «Wir stürzen ins Aufflammende nieder» (Text P. Gisi), Jahreskalender 1979 und 1992 (Druckerei Seiler, Brig-Glis). Illustrationen für div. Anthologien. Sammlungen: Schweiz. Institut für Kunstwissenschaft Zürich, Kantonsarchiv Wallis.

Zahlreiche Werke sind in privatem Besitz. Ankäufe durch: Kunstmuseum des Kantons Wallis, Stadtgemeinde Brig-Glis (EWBN), Gemeinden Naters, Turtmann, Münster und Oberwald, Schweiz. Bankgesellschaft, Schweiz. Volksbank, Walliser Kantonalbank, Kapelle St. Jodern in Visp, St. Josefsheim Susten, Alterssiedlung Sancta Maria, Naters, Kreisspital Brig, SBB-Julie-Schaefer-Stiftung, Walliser Schlagerfestival, Bahnhof SBB Brig. Kunst am Bau: Eisenplastik «Dreiklang», OS-Schulhaus, Naters; Eisenplastik «Schafe mit Hirt», Ried-Brig; Eisenplastik «Zwei Ziegen mit Hirt» im Hasel, Blatten/Naters; Brunnenplastik «Kathedrale» vor dem Kraftwerk Massaboden, Bitsch; Eisenkreuz und Eisentür (Altar bei der Mariengrotte in Oberwald); Eisenkreuz mit Stigmata in Visp; Glasmalereien in Brig und Naters. Eisenkreuze: «Herz-Jesu» und «Strahlenkreuz», Zentrum Missione, Naters. Medaillen: Dorffest Turtmann, 100 Jahre Leuk-Brig, Simplon-Gedenkmedaille, Belalp-Derby, Herrgottstag Turtmann. Uhren: «Bischofsstabspirale» Naters, «Kreuzmuschelblüte» Glis. Entwürfe von verschiedenen Grafiken, Plakaten, Druckprimaten, Pins, Vereinsfahnen und Krawatten.

Ausstellungen von 1971 bis 1998: sieben Einzel- und 32 Gruppenausstellungen, von Letzteren sechs im Ausland. – Kunsthistoriker Walter Ruppen sagte über den Künstler: «Edelbert Bregy ist ein Philosoph, und zwar ein Philosoph mit weiter Öffnung; ihn fasziniert das Geheimnis der Welt gleich wie dasjenige der Psyche.»

## Rosmarie Clausen-Salzmann

*Geb. am 2. März 1964, des Edmund und der Margrit geb. Epiney. Diplom als Primarlehrerin und Lehrerin der musikalischen Erziehung. 1984–1991 Kurse bei verschiedenen Künstlern und Kurse an der Schule für Gestaltung in Bern. Verheiratet mit Walter Clausen, Mutter von drei Töchtern. Unterrichtet an der Oberwalliser Musikschule für musikalische Früherziehung.*

### Ihr Werk

Arbeiten in Aquarell, Gouache auf Leinwand, Acryl, Radierungen, Monotypie und Collagen. Drei Einzel- und diverse Gruppenausstellungen. Teilnahme am «Art Forum '98» von Montreux (von 500 Bewerbungen wurden 120 berücksichtigt), eine Veranstaltung, die alle zwei Jahre über die Bühne geht. Gestaltung der Schiebetüre im Schulhaus Turmmatte. Johannes-Horestes Bundschuh, Naters, der Rosmarie Clausen viele Jahre mit Anregungen und Kritiken begleitete, schrieb über die vielversprechende Künstlerin: «Im Zusammenklang anspruchsvoller Farb- und Formkompositionen gelingen ihr faszinierende Impressionen.» Und Edith Nanzer-Hutter beurteilte ihr Werk anlässlich einer Vernissage wie folgt: «Ihre Bilder sind mit ausgesprochener Feinheit gemalt, Details mit feinen Pinselstrichen angedeutet, Farbnuancen fein aufeinander abgestimmt. Ihre Landschaftsbilder faszinieren den Betrachter: sie strahlen Ruhe und Frieden aus, sie laden ein zum Verweilen, vielleicht sogar zum Träumen, zu wohltuender Ruhe. (...) Rosmarie Clausen ist ein schöpferischer Mensch, mit grosser Begabung ausgerüstet.» – In ihren Bildern geht es ihr vor allem darum, Alltagssituationen festzuhalten, Stationen eines Lebens zu verewigen.

## Denise Eyer-Oggier

*Geb. am 22. August 1956 in Naters, Tochter des Alfred und der Ottilia geb. Kalbermatten. Verheiratet seit 1980 mit Reinhard Eyer (Journalist Radio DRS), Mutter von drei Kindern. Ausbildung: 1973/74 Vorkurs an der Ecole des Beaux-Arts in Sitten, 1974–1978 Grafikerausbildung (Mengis, Visp), Kunstgewerbeschule der Stadt Bern, Eidg. Fähigkeitszeugnis als Grafikerin. Seit Jahren in der Erwachsenenbildung (Volkshochschule, Ecole Schmid, Klubschule Migros) als Kursleiterin in Farbenlehre, Malen und Zeichnen tätig.*

### Ihr Werk

Die neueren Arbeiten von Denise Eyer sind meistens grossformatig und in Acryl auf Baumwolle gemalt. Die immense Formenvielfalt, die Erosionen der Berge, die Schluchten und Gründe in ihrer näheren Umgebung faszinieren die Künstlerin, lassen sie sinnieren über Bewegung, Raum und Zeit sowie über die bekannten Worte «panta rhei» (griech., «alles fliesst») als kosmisches Prinzip. Diese Eindrücke und Stimmungen werden malend hervorgeholt. Sich der eigenen Gegensätzlichkeit bewusst sein, unsere geistige Potenz in positive Energien umwandeln und aller Rückschläge zum Trotz das kosmologische Einssein anstreben: So lässt sich vielleicht der Weg umschreiben, auf dem sich die Künstlerin befindet. Beim Malen lässt sich Denise Eyer immer von RAI-Musik (aus Arabien) begleiten, neuerdings auch von sehr moderner House-Musik.
Ausstellungen: 1983–1993 sieben Einzelausstellungen, 1985–1996 neun Gruppenausstellungen. 1995 zusammen mit A. Oggier in der Galerie zur Matze, Brig. 1995 Aufnahme in die GSMBA (Gesellschaft schweizerischer Maler, Bildhauer, Architekten und visueller Künstler). 1997 Galerie Grande-Fontaine, Sitten. Ankäufe: Gemeinde Naters, Stadtgemeinde Brig-Glis, Bankverein Visp, Walliser Kantonalbank, Brig.

## Marcel Eyer

*Geb. am 15. Januar 1953, Sohn des Arthur und der Anna geb. Minnig. Nach den obligatorischen Schulen in Naters Besuch des Lehrerseminars in Sitten. Seit 1982 verheiratet mit Rita geb. Borrego aus Portugal. Seither mehrere Aufenthalte in Portugal. Als Künstler Autodidakt.*

### Sein Werk

Expressiv-symbolische Acrylmalerei in Schwarz-Rot-Weiss. Zeichnungen mit Tusche, Rötel, Kohle, Bleistift und Aquarell. Behandelt den Themenkreis Leben und Tod, Geburt und Zerstörung. Seit 1993 beschäftigt er sich auch mit dem Thema der Selbstbefruchtung und des Klonens, «der Mensch als Gott». Ausstellungen in der Schweiz, in Portugal und Deutschland.
Ankäufe durch: Walliser Kantonsmuseum, Sammlung Zürich-Versicherungen, Sammlung National-Versicherung, Walliser Kantonalbank, Gemeinden Naters und Brig-Glis, private Sammlungen. 1988 Kulturförderpreis des Kantons Wallis.
Walter Ruppen über Eyers Werk: «Für Eyer ist die Kunst die Walstatt, auf der er siegt oder fällt. In der Kunst bewältigt er sein Leben oder er unterliegt. Und da das Leben als lust- und grauenvolles Abenteuer zugleich empfunden wird, kann das Hässliche oder ‹Böse› nicht ignoriert werden, ja es rückt als Schlagschatten grellen Lichtes geradezu in die Mitte der Kunst.» Die Bilder von Marcel Eyer rütteln wach, stimmen nachdenklich, mögen auch mal abstossen.

## Anton Mutter (1932–1992)
### Zum Buch «Anton Mutter»

Bevor wir überhaupt ein Wort über Anton Mutter, der als graue Eminenz unter den Natischer Kunstschaffenden galt, verlieren, müssen wir unbedingt auf das kurz nach seinem Tod im November 1992 im Rotten Verlag, Visp, erschienene, 144-seitige, exzellente Buch mit dem Titel: «Anton Mutter – Einer, der seinen Weg gefunden hat» hinweisen. Nach einem tiefsinnigen Vorwort von Johannes Juraitis schildern Louis Carlen und Gottlieb Guntern in einer kaum zu übertreffenden Art Leben und Werk des Künstlers. Abgerundet wird dieses Buch mit einem kleineren Beitrag des Berners Martin Josi und einem unschätzbaren Werkverzeichnis von

Reinhard Werlen. Wer Anton Mutter kennen lernen will, muss zu diesem Buch greifen. Die nachfolgende geraffte Zusammenstellung verdankt der Verfasser zum grossen Teil Hilfsschullehrer Reinhard Werlen, Naters, bester Kenner der Kunstwerke Anton Mutters und dessen langjähriger Sekretär sowie Verwalter der Kunstschätze vor und nach dem Tod des Künstlers.

## Biografisches

*Geboren am 7. April 1932 in Brig als achtes von neun Kindern des Ehepaares Josef und Leonie Mutter-Jordan. Nach der Primarschule in Naters Ausbildung im väterlichen Betrieb als Maler, Schriftenmaler und Vergolder 1947–1953. Besuch der Kunstgewerbeschule in Zürich 1957–1959 unter der Leitung der Professoren Walter Käch, Ernst Gubler, Emil Mehr und Max Tobler; erwirbt den Titel eines eidg. diplomierten Malermeisters. 1959 Vermählung mit Olga Clausen, Vater von fünf Kindern. Zeichenlehrer an der Sekundarschule in Visp 1959–1974 und ab 1962 während 20 Jahren auch am Lehrerseminar in Sitten. Ab 1982 freischaffender Künstler.*

*Anton Mutter gehörte zu den Künstlern, die viel reisen. Er zog hieraus reichen Gewinn für seine Kunst. So reiste er u.a. nach Spanien, Italien, Griechenland, in die Niederlande, nach Belgien, Südamerika, Thailand und auf die Philippinen. Im Klosi führte er ein geschmackvoll eingerichtetes Atelier. In der ersten Zeit seines künstlerischen Schaffens waren die Aufträge eher spärlich. Dies änderte sich auf einen Schlag, als alt Staatsrat Richard Gertschen 1977 Gemeindepräsident in Naters wurde. Er begriff, dass Toni Mutter ein grosser Künstler war und verschaffte ihm Aufträge, kaufte auch für sich privat einige Zeichnungen, Grafiken und Bilder und brachte ihm Besucher und Kunstliebhaber ins Atelier.*

*Während zu seinem 60. Geburtstag im Kunsthaus zur Linde in Naters eine Retrospektive seines Schaffens gezeigt wurde, verstarb Anton Mutter am 30. Juni 1992 völlig unerwartet während eines Kuraufenthaltes in Bük (Ungarn). Der schmerzliche Verlust traf die gesamte Bevölkerung.*

## Sein Werk

In seinem Schaffen stand Anton Mutter stark unter dem Einfluss des spanischen Malers Francisco José de Goya (1746–1818). Anfänglich hemmte ihn dieser Einfluss, ehe er sich durchringen konnte, nicht ein Goya-Nachahmer zu werden, sondern vielmehr seinen eigenen Stil zu entwickeln. Der Aquarellist, Ölmaler und Grafiker Anton Mutter war «geboren». Er schuf mehr als 400 Originalbilder und rund 100 grafische Werke. Im Weiteren war er der Schöpfer zahlreicher Plastiken.

Seine künstlerische Tätigkeit lässt sich in *vier Hauptfelder* gliedern. Ein Bereich umfasst sicher seine heimliche Liebe zu den *Walliser Schwarzhalsziegen* und *Walliser Schwarznasenschafen*, die er immer wieder porträtierte. So ist es nicht verwunderlich, wenn man hört, dass sich ein Oberwalliser Schäfer beim Betrachten der Zeichnung eines Schwarznasenwidders von Anton Mutter mit den Worten ereiferte, weshalb Toni denn «ds Zeitisch Widder» gezeichnet hätte, der Seine wäre noch schöner gewesen.

Ein zweites Gebiet umfasst seine Vorliebe für *landschaftliche Sujets*. Als hervorragendes Beispiel nennen wir «Die vier Jahreszeiten», die den Anton-Mutter-Saal im Hotel Central in Glis zieren. Ein Meisterwerk ist auch «Der grosse Herbst» (1,95x1,50 m gross; ländliche Szene am Grächersee). Darüber schrieb Gottlieb Guntern: «Und würde von seinem gesamten Werk eines Tages nichts übrig bleiben als dieses eine Gemälde: Sein Leben hätte sich gelohnt.»[480]

Das dritte Viertel seines Schaffens war von der *Religion* geprägt. Aus dem Glauben und dem bewussten Christsein heraus ist Anton Mutter zur religiösen Kunst gelangt. Herausragend ist hier bestimmt seine Darstellung der Apokalypse Jesu Christi, die er 1982 in Zusammenarbeit mit dem deutschen Professor Dr. Albert Geiger schuf. Es ist ein Werk voll explosiver Kraft. Die Farben sprühen wie in einem Feuerwerk. Im Buch «Apokalypse heute – Zeichen der Zeit» fanden nicht weniger als vier seiner apokalyptischen Darstellungen Aufnahme.

*Blatten ob Naters im Herbst. Aquarell von Anton Mutter, 1990.*

Einen weiteren Beweis seines Könnens lieferte Anton Mutter in seinem vierten Teilbereich, mit seinen *plastischen Werken*. So schuf er u.a. den Dorfbrunnen im alten Dorfteil von Leukerbad, die Bruder-Klaus-Statue in Geimen, das Priestergrab von Naters, die St.-Mauritius-Statue am Ornavassoturm und die «Treffenden Ziegen», ebenfalls in Naters. Das Prunkstück seiner Plastiken bildet aber zweifelsohne die Skulptur der «Vier Kardinaltugenden» beim Zentrum Missione in Naters (wird im Zusammenhang mit diesem Gebäude beschrieben).

Die *Eisenplastiken* in den Kirchen und Kapellen von Geimen, Montagnier-Châble, auf der Grimsel, in Oberwald, Gluringen, im Wickert/Glis, im Kreisspital von Brig und an den Schulhäusern von Bitsch, Simplon-Dorf und Gondo sind weitere Zeugen von Anton Mutters vielfältigem Schaffen.

Erwähnenswert sind alsdann die von ihm gestalteten *Glasfenster* in den Gotteshäusern von Mund, Geimen, Rosswald, Kalpetran und Varen sowie in der Alterssiedlung in Naters. In Mund gestaltete er auch die Eingangstüre der Pfarrkirche und schuf den viel beachteten Kreuzweg.

Grossflächige *Wandmalereien* und *Sgraffiti* verschönern die Fassaden der Käserei in Simplon-Dorf, des Pfarrhauses in Mund, des Kühlhauses in Naters und nicht zuletzt jene der Häuser «Simplon», «Borter-Gertschen», beim Restaurant Walliser Kanne und des Primarschulhauses in Naters.

In Anton Mutters öffentlichen Arbeiten dürfen auch die für die Regionale Laienbühne von Mörel und die Passionsspiele in Raron gestalteten Bühnenbilder und Plakate nicht unerwähnt bleiben. Das Plakat für das Schweizerische Tambourenfest fand über die Landesgrenzen hinaus grosse Anerkennung.

*In 18 Gemeinschaftsausstellungen im In- und Ausland und in 13 Einzelausstellungen*, vorwiegend im Wallis, zeigte Anton Mutter seine Werke der Öffentlichkeit.

Professor Louis Carlen schrieb über den Künstler: «Für ihn ist das Wallis Wurzelgrund von Existenz, Leben und Schaffen. Er nennt sich nicht umsonst gerne ‹Walliser Maler und Maler des Wallis›.» Carlen gesteht dem Walliser Künstler ferner zu, dass er anknüpfen könne an Albrecht von Haller, Rainer Maria Rilke, Siegfried Streicher oder an Adolphe Tièche.[481] Für Gottlieb Guntern ist Anton Mutter «ein Maler, der seinen Weg gefunden hat. (...) Er ist dabei, in einer Welt, die ihn hervorgebracht hat, Spuren zu hinterlassen». Weiter betitelt er ihn als «Schamanen [Zauberpriester bei Naturvölkern] einer uralten Alpenkultur, in der Denken und Tun, Ethik und Ästhetik noch aus einem Guss waren»[482].

## Josef Mutter-Jordan (1897–1979)
### Zum Buch «Josef Mutter»

Zum 100. Geburtstag von Josef Mutter erschien 1997 im Rotten Verlag Visp ein 80-seitiges Buch mit dem Titel «Josef Mutter 1897–1979 – Maler des Heils». Autoren: Louis Carlen, Marcel Salzmann, Anton Riva, Johannes Juraitis, Walter Ruppen, Raymund Wirthner und Ignaz Mutter. Die Autoren spüren behutsam und gekonnt Leben, Charakter und Werk von Josef Mutter nach. Das Werkverzeichnis mit 251 Bildern, davon 19 farbig, erschliesst die Vielfalt von Josef Mutters Schaffen und bewahrt die Erinnerung an einen liebenswürdigen, originellen und unvergesslichen Menschen.

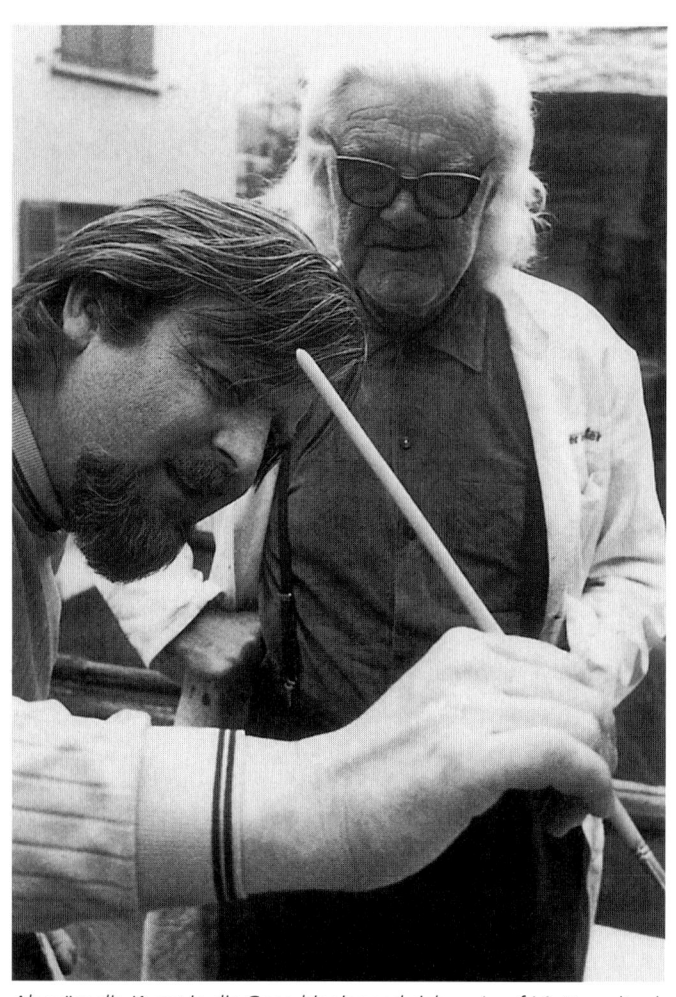

*Als wäre die Kunst in die Gene hineingeschrieben: Josef Mutter mit seinem Künstlersohn Anton.*

### Biografisches

*Geb. am 21. Februar 1897 in Termen, Sohn des Alois und der Ida geb. Gentinetta. (Vater Alois, dessen Vater von Blitzingen kam, wo die Mutter Burger sind, war Lehrer, Dirigent, Organist, Geiger und Landwirt.) Sohn Josef: Malerlehre in Brig, Malermeister ab 1919. In diesem Jahr Gründung des Malergeschäfts in Naters und Heirat mit Leonie Jordan von Zwischbergen, Vater von neun Kindern. Musikalisch begabt: spielte mit sechs Jahren Geige, lernte im Handumdrehen das Spiel auf dem Harmonium und Klavier, mit zwölf Jahren Organist in Termen, wo er später den Kirchenchor dirigierte, mit 16 Jahren Organist in Glis, spielte im Kollegiumsorchester unter der Leitung von Professor Zimmermann die erste Geige. Gründer der «Oberwalliser Spillit». Stammvater der Künstlerfamilie Mutter bis in die dritte Generation (Papa Josef, Sohn Anton; Kilian, des Ignaz; Alfons Jordan, des Florian und der Agnes geb. Mutter in Gondo). Professor Johannes Juraitis über ihn: «Gott hat Josef Mutter und manchen seiner Söhne die Gabe des reichen Empfindens und ein über das Handwerkliche hinausgehendes künstlerisches Können geschenkt. Er blieb seinem Schöpfer nicht nur im Religiösen, sondern auch im Malen gehorsam.»[483]*

*Und Gottlieb Guntern schrieb zutreffend: «In den Jahren der Reife war er ein Mann mit schlohweissem Haar und mit dem Blick eines Menschen, der viel gesehen hat, ein Mann, dem das Leben nichts geschenkt, vieles gegeben und manches genommen hat, ein Patriarch von altem Schrot und Korn (...), einem Propheten nicht unähnlich, der aus dem Alten Testament gestiegen war und sich ins Oberwallis verirrt hatte.»[484] So war «ds alt Mutterli» oder «Papa Mutter», wie man ihn oft nannte. Er starb am 6. November 1979.*

### Sein Werk

Josef Mutter fing bereits 1915 an zu malen. Er war Autodidakt, malte einige hundert Bilder, besonders Landschaften, Porträts und sakrale Sujets. Höhepunkte waren stets die mit viel Liebe und innerer Anteilnahme gestalteten Ausstellungen der Werke Josef Mutters im Kunsthaus zur Linde, erstmals im Jahre 1975, dann 1989 und wieder 1997, da sich dessen Geburtstag zum hundertsten Male jährte. Und so war es symbolisch, dass in diesem Jahr 100 Bilder die Ausstellung von Josef Mutter schmückten. Eine Ausstellung hatte es auch 1986 in der Bibliothek der Orientierungsschule Naters gegeben.

Professor Louis Carlen schildert Mutters Schaffen folgendermassen: «Die Ausstellungen gewähren Einblick in eine Malerseele, die eine heile und erlöste Welt in ihre Bilder bannte. Ein Mann hat sich jahrzehntelang die Sorgen vom Leib gemalt und die Sehnsüchte seines Lebens im Bilde gestillt. Mit Unbekümmertheit ohne gleichen, fern von schulischer Fessel, stilistischer Angst und innerer Zerrissenheit hat er mit leichtem Pinsel die Farben auf die Leinwand geschmissen. Heilige, Menschen, Landschaften und viele Blumen künden von einem friedlichen und frohen Christsein, von Ruhe, Abgeklärtheit und Gelassenheit und sind Trost in unwirtlichen Zeiten.» Mutters Porträts stellen oft Frauen und Kinder dar. Sie sind von starkem Ausdruck, einige von unwahrscheinlicher Lieblichkeit.

Nachfolgend noch drei bemerkenswerte Zitate aus dem Buch «Josef Mutter». Schulinspektor Anton Riva: «Bei Josef Mutter war die Botschaft immer Hoffnung, Zuversicht und Friedenssehnsucht.»

Journalist Raymund Wirthner: «Mutter zeigt uns die Sanftmut und lehrt uns, dass nicht das Chaos das letzte Wort hat.» Und Kunsthistoriker Walter Ruppen: «Die Farbklänge sind in ihrer Intensität harmonisch aufeinander abgestimmt. Besonders wo es gilt, dunkelgebrannte Holzwände wie etwa auf den ‹Stillen Ställen im Natischerberg› wiederzugeben, gelingen Mutter Farbpartien von grosser malerischer Schönheit.»[485]

## Kilian Mutter

*Geb. am 2. Juni 1958, Sohn des Ignaz und der Elsa geb. Zenklusen, Enkel des Vorigen. Lebenspartnerin Beatrice Gründler, Vater von zwei Söhnen, wohnhaft in Bern. Nach der Primar- und Sekundarschule 1976–1978 Vergolderlehre, 1980–1982 verschiedene Praktika als Restaurator, 1983–1986 Schule für Gestaltung in Bern.*

### Sein Werk

Techniken: Acrylmalerei auf Nessel, Tusche, Kohle, Kreide Pastell, Aquarell auf Holz und Linolschnitte, Fotografie. Ausstellungen in Bern: Kunsthalle, Berner Galerie, Galerie Barak; in Schaffhausen: Kulturzentrum Kammgarn; in Biel: Pasque Art; in Naters: altes Möbellager Gertschen, Kunsthaus zur Linde. Ankäufe: Gemeinde Naters. 1987 Anerkennungspreis durch die Alfred-Grünwald-Stiftung.
Kulturjournalist Lothar Berchtold über Kilian Mutters Werk: «Pinselstrich um Pinselstrich, neben- und aneinander, unter- und aufeinander. Keine Scheu vor Nähe, Berührungsangst ist unbekannt. Dichte schaffend und Farbengewitter einladend, Wildheit verratend und dennoch nicht zügellos: Auf grossformatiger Leinwand sind Pinselstriche zur Ruhe gekommen, um Bewegung zu verbreiten (...). Farbe und Gestik – sie bilden Hauptelemente im künstlerischen Schaffen von Kilian Mutter (...). Seine ‹Landschaften› können fesseln, wenn man sich auf sie einlässt, wenn man sein Auge in den Bildern wandern lässt.»[486] Kilian Mutter selbst: «Ich male Natur, aber nicht naturalistisch, d.h. die Natur in sich aufnehmen, sie durch die eigene Person gehen lassen und dann in Form und Farbe ausdrücken.»

## René Niederberger

*Er wurde am 19. Dezember 1955 in Brig geboren, Sohn des Peter und der Monika geb. Schmid, wuchs in Naters auf und wohnt nun in Brig. Verheiratet mit Patrizia Bosser, Vater einer Tochter. Nach der Primar- und Sekundarschule in Naters Lehre als Hochbauzeichner. 1979 Studienreisen. 1979 archäologische Ausgrabungen in Ägypten (technischer Zeichner). 1981 Kunstgewerbeschule Basel. 1981–1985 Ecole Cantonale des Beaux-Arts in Sitten.*

### Sein Werk

Arbeiten: Malerei, Zeichnung, Gestaltung. Zahlreiche Werke in privatem Besitz. 1985 Wandmalerei Restaurant Derby, Riederalp. 1988 Altarbild Obergesteln. 1988/89 Wandmalerei Mehrzweckgebäude Embd. 1991 Förderpreis des Staates Wallis. 1992 Flughafenprojekt Zürich-Kloten. – Verschiedene Ausstellungen im In- und Ausland.
Ines Mengis-Imhasly, Visp, in «Förderpreise des Staates Wallis 1991» über den Künstler: «René Niederberger gehört zu einer Gruppe junger Oberwalliser Kunstschaffender, welche in bemerkenswert eigener Sprache Erfahrungen, Stimmungen, Ereignisse, Landschaft, Entwicklung auszudrücken suchen, aufhorchen und hinsehen lassen, manchmal mit mehr, manchmal mit weniger Erfolg, aber unentwegt auf neuen Wegen: Maler, Musiker, Bildhauer, Schriftsteller, Gestalter (...). In Paris legte er wichtigen Grund für seine spätere artistische Aussage (...). Neben seinem Auftrag als freischaffender Künstler widmet er sich pädagogischer Arbeit, leitet kreative Arbeitsgruppen, Malateliers für Erwachsene, arbeitet regelmässig mit Behinderten.»

## Hans Ulrich Ruppen

*Geb. am 1. Oktober 1952 in Visp, Sohn des Albert von Naters und der Olga geb. Volken, wohnhaft in Basel. Nach der Grundschule in Naters Besuch des Gymnasiums von Brig, 1975 daselbst Matura (Typus B). 1976–1980 Schule für Gestaltung in Basel. 1981 Diplom für das Lehramt für bildende Kunst in Basel. 1980–1994 Teilpensum als Kunsterzieher am Progymnasium in Arlesheim. Seit 1990 Teilpensum am Gymnasium in Münchenstein. Mitglied des Kunstvereins Basel-Stadt und der Basellandschaftlichen Künstlervereinigung.*

### Sein Werk

Malerei: Trägermaterialien sind Leinwand, Maschinen- und Holzkarton, Pavatex und Papier. Die Arbeiten sind vorwiegend in Mischtechnik gehalten, d.h. verschiedene Malmittel auf gleichem Untergrund (Gouache, Acryl, Kunstharz, Tusche, Filzstift, Spraydose, Kohle, Bleistift und Beize). Objekte: Assemblagen und Montagen mit verschiedenen Materialien (Holz, Metall, Kunststoffe und Abfall).

Bis 1997 fünf Einzelausstellungen in der Schweiz. Gruppenausstellungen: regelmässige Teilnahme an den Jahresausstellungen der Basler Künstlerinnen und Künstler, an den Basellandschaftlichen Kunstausstellungen sowie an den Ausstellungen in der Galerie «zem Dalbehysli». 1992 Gestaltung des Logos und des Plakates für das internationale Junioren-Fussballturnier des FC Naters. Kunst am Bau: Gestaltung von vier Hauseingängen der Hochhäuser St. Jakob an der Redingstrasse in Basel. Ankäufe: Gemeinde Naters und Kunstkredit Baselland.

Professor Alois Grichting äusserte sich zum Künstler wie folgt: «Hans Ulrich Ruppen ist ein engagierter Maler, der seine Motive einer sich zersetzenden, vergänglichen und absterbenden Welt entnimmt, in der ausgewaschene Fassaden, gebeugte Menschen, wuchernder Rost Fragen stellen. Es berührt, dass H.U. Ruppen trotz allem darauf positive Antworten zu geben vermag.»[487]

## Daniel Salzmann

*Als Sohn des Hermann Salzmann von Naters und der Sophia geb. Gieriet am 7. November 1955 in Biel/BE geboren. Nach der Primarschule in Naters Besuch des Kollegiums in Brig, 1976 Matura B. Universität Freiburg i.Ü., 1980 heilpädagogisches Diplom. 1982–1987 Kantonale Kunstschule in Sitten, Diplom in Malerei. Danach freischaffender Künstler mit Atelier in der Kulturfabrik Burgdorf und seit 1993 in Biel/BE. Daneben Unterrichtstätigkeit als Assistent für Bildnerisches Gestalten an der Architekturabteilung der ETH Zürich bei Prof. Peter Jenny (1989–1994), an der Ingenieurschule Burgdorf/BE sowie als Kursleiter an der Schule für Gestaltung in Biel/BE.*

### Sein Werk

Das Werk umfasst Acryl- und Ölmalerei, Zeichnungen, Tiefdruck, Buchillustration, Plakate, Rauminstallationen, Diaprojektionen, Wettbewerbsbeiträge für Kunst am Bau. – Zwischen 1986 und 1996 neun Einzel- und 17 Gruppenausstellungen. Zahlreiche Arbeiten in öffentlichem und privatem Besitz. Ankäufe durch Stadt und Kanton Bern, Stadt Burgdorf, Stadtgemeinde Brig, Gemeinde Naters, Oberwalliser Kunstverein und Walliser Kantonalbank. Wettbewerb: Plum'Art 1989 Fribourg, 1. Preis.

Kunsthistoriker Christoph Doswald über den Künstler: «Salzmanns Bildern liegt kein Konzept und kein Ideal zugrunde, sondern die Sehnsucht nach reinster Malerei, wie sie nicht reiner sein könnte. Seine Bilder sind nicht erklärungsbedürftig im Kontext eines paradigmatischen Weltbildes. Sie beziehen ihre urwüchsige Kraft aus der puren Existenz, aus der Wahrnehmung, die ihnen entgegengebracht wird.»[488]

## Sandra Marie Léonie von Roten-Schmid

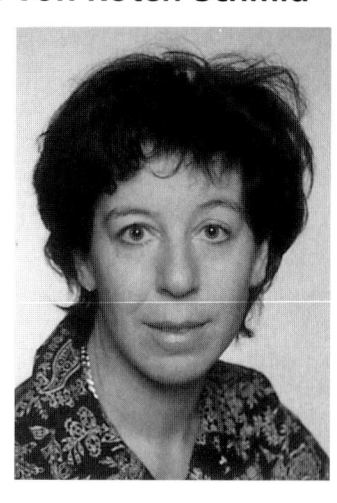

*Geb. am 22. Mai 1958, Tochter des Hugo Schmid und der Hanny geb. Gertschen. 1979 Kindergärtnerinnen-Diplom am Institut St. Ursula in Brig, Mutter einer Tochter. 1987–1991 Ausbildung mit Option Malerei an der Ecole Cantonale des Beaux-Arts in Sitten mit Diplom in experimenteller Fotografie. 1990 Gründung der Künstlergruppe Passage in Brig. 1992 Umzug nach Basel. Ab 1993 Studienreisen und Werkaufenthalte in der Türkei.*

### Ihr Werk

Sandra von Roten arbeitet grossformatig in Acryl auf Leinwand. Mit Hilfe einer feinen Feder bedeckt sie ihre Bilder mit Symbolen und Schriften. Alte Zeichen und aktuelle Schriften sowie feine Farbabstufungen bringen verschiedene Zeitebenen auf ein Bild. Die Thematik ist oft geschichtlich wie in den Zyklen «Königin von Saba» und «König Salomon». Ihre Bilder sind eine Art geistige Archäologie; sie sind Versuche, in die Tiefe der Geschichte vorzudringen und ihr dabei doch alle ihre Rätsel zu lassen.

1991 Förderpreis der Alfred-Grünwald-Stiftung in Brig. Bis 1997 drei Einzel- und zahlreiche Gruppenausstellungen im In- und Ausland. Werke im Kantonalen Kunstmuseum in Sitten, beim Schweiz. Bankverein in Brig und in der Neuen Buchdruckerei in Visp. 1997 erschien ein Katalog mit Text von Frank Geerk.

## Karl Walden

*Am 18. Juli 1945 in Blatten/Naters der Familie Marius und Marie Walden-Wyssen in die Wiege gelegt. 1962–1966 Buchdruckerlehre bei Emil Seiler in Glis. Ein Stipendium des Staates Wallis ermöglichte ihm in den Jahren 1969–1973 das Studium an der Kunstgewerbeschule in Bern. 1967 Heirat mit Anita Locher, Vater zweier Kinder. Seit 1973 Lehrer für Bildnerisches Gestalten an der Orientierungsschule Naters. Mehrere Studienreisen im In- und Ausland, besonders nach Florenz, Pisa und Rom.*

### Sein Werk

Arbeiten: Zeichnungen, Holzschnitte, Aquarelle, Lithographien sowie Ölgemälde und Kleinplastiken. Buchillustrator (z.B. «Lebensbilder», Text W. Hilgert, Deutschland; «Also kommt der Abend doch», Text R. Wirthner, Brig). Besonders symbolhafte Sakralkunst, die ihre Motive aus der Bibel schöpft; Werke, die Themen aus dem Wallis und dessen bürgerlicher Welt darstellen, sowie Bilder der Toscana, in denen Landschaft und Mensch

im Vordergrund (im Zentrum) stehen. – Lit.: Carmela Ackermann-Kuonen: Karl Walden, Brig-Glis 1985, 36 Seiten. – Ausstellungen 1975–1997: 18, davon vier in Naters und eine in Bingen-Mainz (Deutschland).
Martin Locher über den Künstler: «Karl Walden will alles schauen, ja auch noch das Unschaubare schaubar machen – im Zauber der Form.»[489] – Der Verfasser anlässlich der Ausstellung von 1990 im St. Josefsheim in Susten: «Aus Waldens zahlreichen Aquarellen spricht eine unendliche Zuversicht. Die bunte Farbpalette früherer Arbeiten ist einer äusserst subtilen Farbgebung gewichen. Die feinen Tonabstufungen atmen einen Hauch von Weite, weisen ins Unendliche und bewirken Stimmungsbilder von ungewohnter Zartheit, Harmonie und Wärme.» – Karl Walden schrieb dem Verfasser über sein «kümmerliches Lebenswerk», dass es «im Vergleich zu einem Michelangelo ein erbärmliches Zeugnis – im Vergleich zu den heutigen ‹Leinwandverschmierern› ein glänzendes Resultat» darstelle.

## Kunsthaus zur Linde
### Treffpunkt für Kunstfreunde

Am 12. Januar 1980 wurde das Kunsthaus zur Linde eröffnet. Initiant und Besitzer ist Ignaz Mutter. Er organisierte bereits seit 1974 im Saal zur Linde Kunstausstellungen und nach und nach reifte die Idee zur Schaffung eines Kunsthauses. Der Begriff «Kunsthaus» trifft wohl selten auf ein Gebäude derart massgeschneidert zu wie hier. Da dreht sich eigentlich alles um Kunst. In den verschiedenen Räumlichkeiten wird nicht nur Kunst ausgestellt, da wird auch restauriert, vergoldet, eingerahmt, da warten Altäre, Statuen, Wandbilder, Gemälde und Möbel auf eine erfrischende «Kur», da stehen überall Kunstwerke herum, und da finden im Jahr auf drei Etagen auch drei bis vier Ausstellungen statt. Die Kunstschaffenden der Region kommen zum Zuge, aber auch Künstler von jenseits der Kantons- und Landesgrenzen. Es muss ganz einfach gute Kunst sein. Diese hat hier eine feste Bleibe und die Besucher wissen um dieses Zentrum. Wenn man sich die Ausstellungsräume ansieht, merkt man sofort, dass hier ein Mann am Werk ist, der Erfahrung, Phantasie und Liebe zur Kunst in gleichem Masse besitzt. Ignaz Mutter umschrieb seine Idee 1980 so: «Hier soll jedermann Zugang erhalten, um sich mit dem künstlerischen Schaffen zu befassen. Jedem soll damit die Möglichkeit gegeben werden, sich zu informieren und auch Kritik zu üben.»

Die auf privater Basis (ohne staatlichen Zuschuss) verwirklichte Idee hat sich bewährt, ist heute Eckpfeiler der Oberwalliser Kulturszene, das Kunsthaus ist zusammen mit den Ateliers und Werkstätten ein Knotenpunkt des Kunstschaffens geworden. Es gingen seit 1980 unzählige Impulse ins Land, viele treue Besucher – auch zahlreiche Feriengäste – wurden mit Kunst konfrontiert, schärften Auge und Sinn für die Kunst, lernten unterscheiden zwischen den verschiedenen Qualitätsstufen und fanden innige Beziehungen zum weiten Bereich des Schöpferischen.

### Der Kunsthausbesitzer Ignaz Mutter

Im Kunsthaus zur Linde organisierte Ignaz Mutter in den Jahren 1980–1996 sage und schreibe 60 Ausstellungen. Es sind dies 25 Einzelausstellungen (z.B. Alex Sadkowsky, Zürich; Willy Thaler, St. Gallen; Anton Mutter zum 50. und 60. Geburtstag), 15 Gemeinschaftsausstellungen (z.B. die vier Walliser Künstler Albert Chavaz, Charles Menge, César Wüthrich, Anton Mutter), 15 Kunst- und Antiquitätenausstellungen sowie fünf Gedenkausstellungen (Richard Seewald, Albert Nyfeler [zweimal], Josef Mutter und Alfred Grünwald).

Wir dürfen beifügen, dass der Kunsthausbesitzer sich nicht an grossen Einnahmen erfreuen kann. Das Kunsthaus ist ein Herzensanliegen und lebt vom Idealismus des Besitzers. Ignaz Mutter ist die Seele des Hauses und hält es am Leben. Ihm geht es in erster Linie darum, zu der kulturellen Bühne des Oberwallis einen Beitrag zu leisten.

Wer ist dieser Kunstfreund?
Ignaz Mutter wurde am 1. August 1929 als Sohn des Josef und der Leonie Jordan geboren, ist Burger von Blitzingen, wohnhaft in Naters, Malermeister, seit 1957 mit Elsa geb. Zenklusen verheiratet und Vater von vier Söhnen. 1964–1972 Gemeinderat von Naters und 1969–1977 Grossrat. Ignaz Mutter, der die Freude an der Kunst von seinem Vater Josef sozusagen in die Wiege gelegt bekam, förderte in starkem Masse den eigentlichen Kunstschaffenden in der Familie, seinen «grossen Bruder Anton». Des Weitern verdanken wir ihm zahlreiche Initiativen und Impulse im Natischer Gemeindeleben.
(Zum Bau des heutigen Kunsthauses und des Saals zur Linde vgl. Kap. «Siedlungsgeschichte ...».)

# Italienerkolonie

Die Geschichte der katholischen Italienermission (= Missione Cattolica Italiana) in Naters wie auch im gesamten Oberwallis ist so eng mit dem Bau des Simplontunnels verbunden, dass wir diesem Kapitel dessen Geschichte voranstellen.

## Simplontunnelbau

Der Simplontunnel, ein Zwillingstunnel zwischen Brig und Iselle (Italien), hat eine Länge von 19,823 km und wurde in den Jahren 1898–1906 und 1912–1921 erbaut. Wegen hoher Felstemperaturen besteht er aus zwei getrennten Einspurtunnels. Der Vortrieb begann Ende des Jahres 1898. Auf der Nordseite war der Fels (allerdings bei Temperaturen von 50 °C und mehr) günstig. Der Durchstich erfolgte am 24. Februar 1905. Zu diesem Anlass stifteten die Burgerschaft Brig und die Gemeinden Brig, Glis und Naters an die Bauunternehmung einen Becher im Wert von 150 Franken.[490] Am 25. Januar 1906 fuhr der erste Zug von Brig nach Iselle. Die offizielle Betriebseröffnung erfolgte am 1. Juni desselben Jahres.[491]

Der Ausbau des Stollens II zum fertigen Bahntunnel wurde wegen befürchteter Unterhaltskosten beschleunigt vorangetrieben. Die Arbeiten begannen auf der Nordseite im Dezember 1912 und auf der Südseite im März 1913. Während des Ersten Weltkrieges kam es beim Bau zu Behinderungen, so dass die Arbeiten erst am 4. Dezember 1921 abgeschlossen werden konnten. Am 16. Oktober des folgenden Jahres fuhr der erste Zug durch die zweite Tunnelröhre.[492]

*Östlich vom Café Venezia. Hinten die Vermessungsstation, vorne der steinerne Sockel, der als Fixpunkt diente.*

Östlich vom Café Venezia, oberhalb der Weingartenstrasse in der Wiese, erinnert ein kleiner, steinerner Bau an die Arbeiten beim Simplontunnel. Dieses rundliche Gebäude diente dem ETH-Professor Dr. h.c. Max Rosenmund (1857–1909) und seinem Stab als Vermessungsstation für die Tunnelachse. Auf der gegenüberliegenden südlichen Strassenseite ist auch noch der steinerne Sockel zu sehen, der den Ingenieuren als Fixpunkt diente. Die seitliche Abweichung beim Aufeinandertreffen der beiden Vortriebe betrug lediglich 20,2 Zentimeter, die vertikale nur 8,7 Zentimeter. Der Bau beider Tunnels kostete zirka 95 Mio. Franken.[493] Bei den Tunnelarbeiten kamen 67 Menschen ums Leben; nicht mitgezählt sind die vielen Arbeiter, die nach Jahren noch an Silikose (Steinstaublunge) starben.

Die Bauleitung hatten auf Schweizer Seite die beiden deutschen Ingenieure Dr. Alfred Brandt (1845–1899) aus Hamburg und Dr. Karl Brandau (1849–1917) aus Kassel inne, auf der italienischen Seite Dr. Iginio Muzzani (1857–1932); ferner die Firmen Locher & Cie, Zürich, und die Gebr. Sulzer, Winterthur.[494] Die Ingenieure auf Schweizer Seite bewohnten das Seilerhaus an der Weingartenstrasse in Naters.

## Italienerviertel
### Wie die Italiener in Naters lebten

Im August 1898 wurde mit den Arbeiten am Simplontunnel begonnen.[495] Die Italiener wohnten anfangs ein wenig überall, ja sogar in Ställen.

#### Barackenbau längs des Rottens – «Negerdorf»

Das Bauunternehmen bemühte sich aber sofort um den Bau von Baracken. Die ersten entstanden 1897 in Naters, längs des Rottens, am rechten Ufer zwischen dem Kelchbach und der Massa[496] sowie zwischen dem Kelchbach und der etwas später entstandenen «neuen Brücke» (beim Silo Augsburger). Diese Siedlung wurde «le baracchette» (die kleinen Baracken) genannt. Zum Leidwesen der Italiener war dieser Landstrich stark sumpfig, zudem besassen die Baracken nicht die geringsten sanitären Anlagen wie WC und fliessendes Wasser. Es gab nur Röhrenwasser vor den Baracken und eine grosse Abfalldeponie. So dauerte es nicht lange, bis eine Typhusepidemie ausbrach. Laut Statistik der Todesfälle nach Dr. Pometta sollen zehn Personen daran gestorben sein. Dr. Daniele Pometta (1869–1909) aus Giornico (Kt. Tessin) setzte sich umgehend für eine baldige Umsiedlung der Arbeiter ein. Das Einzige, was später an diese Baracken erinnerte, war eine Deponie. Sie sollte noch viele Jahre als trauriges Mahnmal erhalten bleiben. Es war eine betonierte, ungefähr zwei Meter hohe und zirka 14 Meter lange Grube, die alle Abfälle aufnahm und oft einen stinkenden Dampf entwickelte. Von 1899 bis 1906 gab es bei der italienischen Bevölkerung 214 Todesfälle.

In einer zweiten Phase baute man das eigentliche Italienerviertel, das sich vom heutigen Zentrum Kelchbach der alten Furkastrasse (heute Landstrasse) entlang ins Natischerfeld hinaus bis zum Massaboden erstreckte. Westlich vom Café Venezia waren

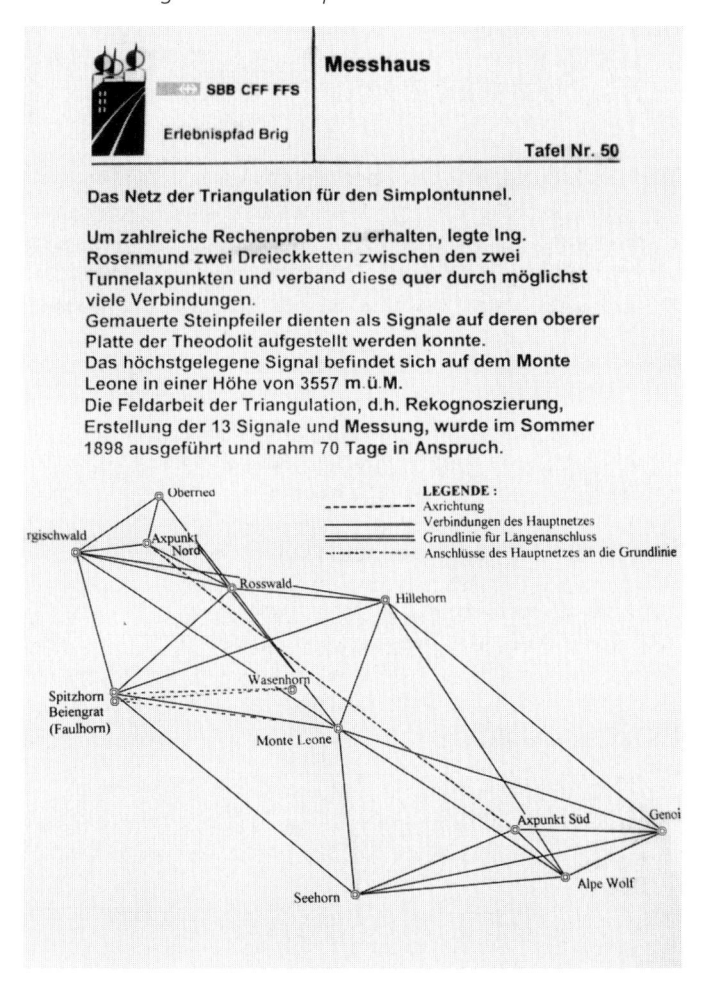

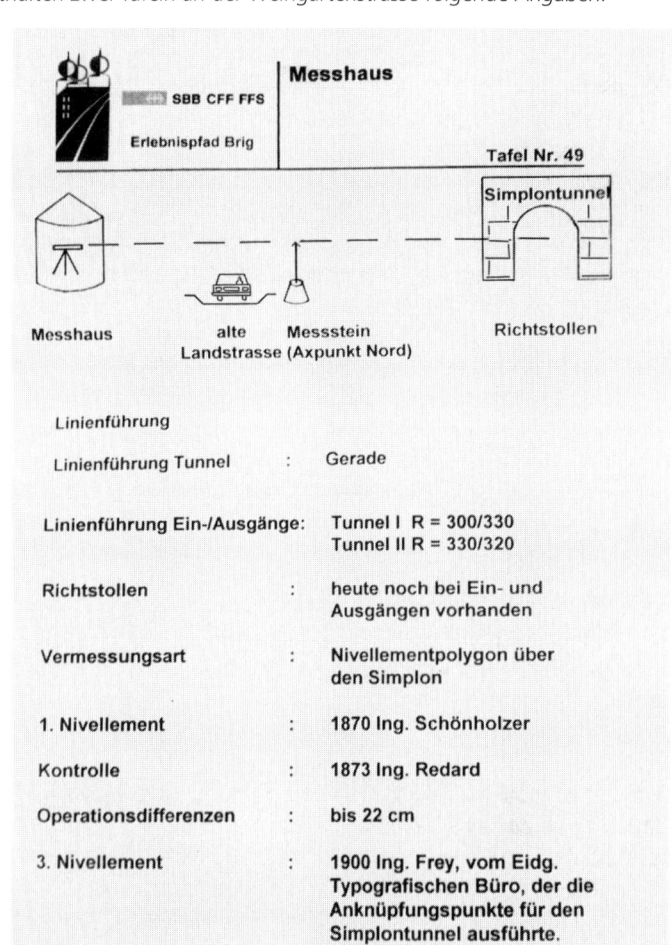

*Zur Vermessungsstation des Simplontunnels östlich vom Café Venezia enthalten zwei Tafeln an der Weingartenstrasse folgende Angaben:*

**Messhaus**
SBB CFF FFS
Erlebnispfad Brig
Tafel Nr. 50

Das Netz der Triangulation für den Simplontunnel.

Um zahlreiche Rechenproben zu erhalten, legte Ing. Rosenmund zwei Dreieckketten zwischen den zwei Tunnelaxpunkten und verband diese quer durch möglichst viele Verbindungen.
Gemauerte Steinpfeiler dienten als Signale auf deren oberer Platte der Theodolit aufgestellt werden konnte.
Das höchstgelegene Signal befindet sich auf dem Monte Leone in einer Höhe von 3557 m.ü.M.
Die Feldarbeit der Triangulation, d.h. Rekognoszierung, Erstellung der 13 Signale und Messung, wurde im Sommer 1898 ausgeführt und nahm 70 Tage in Anspruch.

LEGENDE :
- - - - - - - Axrichtung
─────── Verbindungen des Hauptnetzes
═══════ Grundlinie für Längenanschluss
·─·─·─·─ Anschlüsse des Hauptnetzes an die Grundlinie

**Messhaus**
SBB CFF FFS
Erlebnispfad Brig
Tafel Nr. 49

Messhaus — alte Landstrasse — Messstein (Axpunkt Nord) — Richtstollen — Simplontunnel

Linienführung

| | | |
|---|---|---|
| Linienführung Tunnel | : | Gerade |
| Linienführung Ein-/Ausgänge: | | Tunnel I  R = 300/330<br>Tunnel II R = 330/320 |
| Richtstollen | : | heute noch bei Ein- und Ausgängen vorhanden |
| Vermessungsart | : | Nivellementpolygon über den Simplon |
| 1. Nivellement | : | 1870 Ing. Schönholzer |
| Kontrolle | : | 1873 Ing. Redard |
| Operationsdifferenzen | : | bis 22 cm |
| 3. Nivellement | : | 1900 Ing. Frey, vom Eidg. Typografischen Büro, der die Anknüpfungspunkte für den Simplontunnel ausführte. |

*Die ehemalige Italienerkolonie, im Volksmund auch «Negerdorf» genannt, an der heutigen Landstrasse im Natischer Feld.*

in vier heute noch bestehenden Häusern, Ingenieurhäuser genannt, die Familien der Ingenieure untergebracht. Stellte man nicht zu hohe Ansprüche, konnte man im Italienerviertel von Häusern reden. Sie beherbergten jeweils mehrere Familien. Es reihten sich hier Arbeiterquartiere, Wirtschaften bzw. Restaurants, Amüsierbetriebe, Bocciabahnen, Verkaufsbuden und sogar das Kino Ruggeri aneinander. Letzteres befand sich dort, wo heute das Elektrogeschäft H. Ruppen steht, und könnte vielleicht das erste Kino im Wallis gewesen sein. Dies alles bildete das vielbesprochene und legendäre Italienerviertel, dem man scherzhaft auch den Namen «Negerdorf» gab.

Am 3. Juni 1899 meldet der ‹Briger Anzeiger›: «Seit dem letzten Jahr sind in Naters im ganzen 48 Neubauten aus dem Boden gewachsen. Deutsche, französische und italienische Inschriften an allen Ecken stehen in Rot, Weiss, Gelb und Schwarz geschrieben. Auch die Leute mit ihren gebräunten Gesichtern und ihren weiten Sammethosen und engen Röcken kommen einem meistens fremd und unbekannt vor.»

### Pfarrer Amherd äussert sich – Dr. Pometta zum «Negerdorf»

Am 26. Januar 1900 ging Ignaz Amherd, Pfarrer von Naters, in einem Brief an den Bischof mit den Italienern ziemlich scharf ins Gericht: «Diese Italiener sind ein armes Volk, die meisten haben keine Erziehung, keine Religion, kein Schamgefühl, sie leben wie Naturmenschen. Diebstahl, Betrug, Mord, Unsittlichkeit, Gotteslästerung ist ihnen, wenige ausgenommen, wie angeboren. Die sonntäglichen Gottesdienste besuchen nur wenige, besonders fehlen die Weiber.»[497] Man darf aber eines nicht vergessen: Es handelte sich hier um eine zusammengewürfelte Gesellschaft aus den verschiedensten Schichten und allen Landesteilen Italiens. Die italienischen Frauen waren untereinander sehr solidarisch. Trotz aller Fehler, welche die einheimische Bevölkerung den Italienern unterschob, fehlte den lateinischen Emigranten das Flair ihres Volkes nicht. Allmählich lebten sie sich im fremden Land ein. Im Allgemeinen lebten die Natischer mit den Italienern im besten Einvernehmen, was auch die damalige Presse hervorhob. Dennoch kam es im April 1901 zwischen Einheimischen und Italienern zu bedauerlichen Schlägereien.[498] Raufereien gab es eher unter den rivalisierenden Italienern, wobei solche Streitigkeiten nicht selten mit Mord oder Totschlag endeten (vgl. hierzu das Kap. «Schwarze Chronik», zwischen 1900 und 1921).

Wenn wir die misslichen Wohnverhältnisse der Südländer in Betracht ziehen, können wir auch manche ihrer negativen Verhaltensweisen erklären. Hierüber berichtet uns der «Tunneldoktor» Daniele Pometta Folgendes: «Sieht man sich diese Baracken, die von weitem noch einen verhältnismässig günstigen Eindruck machen, etwas näher an, so findet man da Zustände, die bemühend und gefährlich sind. Alle diese Wohnungen sind von Menschen überfüllt, die Zimmer zu klein, die Anzahl der Schlafenden doppelt so viel, als der Raum es gesundheitlich gestattet. Im gleichen Zimmer wird gekocht und geschlafen; und

*Brig und ein Teil von Naters kurz nach 1900. Der Rotten ist nach dem Sporensystem eingedämmt. Vorne rechts der alte, vorne Mitte der neue Bahnhof, in der Mitte links der Installationsplatz und der Tunneleingang.*

*Streikende Arbeiter auf einer Wiese in Naters.*

wegen dem Wechsel der Arbeitsschichten und der Verteilung derselben findet man zu den verschiedenen Stunden des Tages in solchen Wohnungen immer jemand, der schläft, und immer jemand, der kocht oder isst. Die Luft ist dementsprechend immer mit schlechten Dünsten angefüllt. Ein anderer, hygienisch noch gefährlicherer Umstand besteht darin, dass in Naters die meisten Baracken auf einem sumpfigen Boden gebaut und die Abtritte in durchaus primitiver Weise eingerichtet sind. (...) Um Wasser zu bekommen, hat man dasselbe in einfacher Weise aus dem sumpfigen Boden geschöpft, indem man ein paar Schritte weit von der Abtrittgrube ein Rohr in die Erde pflanzte und durch eine Pumpe das Wasser an die Oberfläche beförderte.»[499] Ende Januar 1899 erschien in der Mailänder Zeitung ‹Il Secolo› ein Bericht, der die Wohnverhältnisse in Naters scharf kritisierte und der in Italien grosse Empörung auslöste. Der Sturm der Entrüstung, der auch durch den Schweizer Blätterwald ging, bewirkte die Sanierung des «Negerdorfes». Man errichtete mit Quellwasser gespeiste Brunnen, verbesserte die Abtritte und legte Abwasserkanäle an. Die eine Hälfte der Kosten übernahm die Baugesellschaft, die andere berappten die Gemeinde und der Kanton.[500]

## Der Arbeiterstreik

Am 8. März 1899 brach auf der Nordseite des Simplontunnels ein erster und im November desselben Jahres ein zweiter Streik aus.[501] Am 11. November versammelten sich die Streikenden auf einer Wiese in Naters und stellten ihre Forderungen: mehr Lohn und bessere Arbeitsbedingungen. Der Staatsrat sandte 117 Soldaten und 30 Offiziere aus Sitten und Savièse nach Brig, die sich um die Beilegung des Streiks bemühen sollten. Am 6. Februar 1900 teilte der Gemeindepräsident von Naters dem Polizeidepartement von Sitten mit, «dass wir die Befürchtung haben, es könnte diese ‹Società› [eine am 7./8. Oktober 1899 von Domenico Recanatini gegründete Unterstützungskasse] zu sozialistischen, ja sogar zu anarchistischen Umtrieben missbraucht werden, da nicht geleugnet werden kann, dass Elemente in Brig und Naters vorhanden sind mit ausgesprochener sozialistischer Tendenz, und schlimm wäre es, wenn die zur Unterstützung für Kranke gesammelten Gelder in eine Streikkassa verwandelt würden.» Am 12. März desselben Jahres wandte sich die Baugesellschaft mit einem Alarmruf an den Staatsrat: «Schon gleich bei Beginn der Arbeiten hat sich in Naters eine Gruppe von italienischen Sozialisten eingenistet mit dem Zweck, hier einen Agitationsherd für die italienische sozialistische Partei zu begründen, die ihre Parole von der Zentralleitung der italienischen Sozialisten erhalten und die den Schweizer Boden benützen wollen, um darauf ausländische Propaganda zu treiben. Der Einfluss dieser Gruppe von Leuten, die fast ausschliesslich Wirte und Händler in Naters sind und nicht im Dienste der Baugesellschaft stehen, mit Recanatini an der Spitze, ist gross, und kein Mittel wird gescheut, um denselben zu verstärken und aufrechtzuerhalten.» Die Bauherrschaft verlangt in diesem Schreiben die Ausweisung der ärgsten Hetzer und eine schärfere Kontrolle der niedergelassenen Arbeiter. Der dritte Streik brach am 20. Juni 1901 auf der Südseite des Tunnels aus. Am 26. Juni des gleichen Jahres versammelten sich die Streikenden wiederum auf einer Wiese in Naters.

## 1903–1904

Am 28. Januar 1903 meldete «eine Stimme aus dem Publikum» der Presse: «Stattet man der neuerstellten Kelchbachkorrektion bei Naters einen Besuch ab, wird man eines eigentlichen Schauspiels gewahr. Waschende Italienerweiber am Ufer, der Bach voller Unrat, Abfallstoffe vom Dorfe und den Arbeitshäusern her: die reinste Ansteckungsgefahr. Dieses Abfluss- und Sumpfwasser sickert in den danebenstehenden Teich, welchem verschiedene Bierdepothalter ihr Eis entnehmen und einen Teil davon im Sommer an ihre Klienten zur Abkühlung von Getränken abgeben. Wohl bekomms.»[502]

Am 26. September 1903 berichtete ein Korrespondent: «Seit langer Zeit ist hier [in Naters] alles ruhig und still zugegangen. Es sind 300 italienische Familien häuslich niedergelassen. Die Natischer Mädchen erwählten davon 8–10 Familienväter, während die Burschen viel spröder sind und keine einzige Italienerin, wovon es hier Prachtexemplare hat, geheiratet haben.»[503] In Naters lebten zu jener Zeit, laut Volkszählung von 1900, 1308 Einheimische und 2549 Italiener. Von 1900 bis 1904 standen den 62 italienischen Eheschliessungen 56 Schweizerehen gegenüber. Im gleichen Zeitraum wurden 376 Italiener- und 282 Schweizerkinder (durchschnittlich jährlich 75 und 56) getauft.

Die Baracken waren «Fahrnisbauten», die z.T. nach Beendigung der Bauarbeiten wieder abgerissen wurden, wobei der Boden erneut an die Eigentümer zurückfiel.

## Italienische Cafés, Bars und Geschäfte

In der Zeit des Tunnelbaus galt Naters als der «beizenreichste» Ort des Kantons. Am 10. Juni 1899 berichtete der ‹Briger Anzeiger›: «Und nun noch ein Gang durch das in der Nähe liegende Naters und Negerdorf [erstmals der Name ‹Negerdorf›]. An Wirtschaften ist auch kein Mangel, alles will wirten. Eine Wirtschaft reiht sich an die andere. Sonntag abends sind dieselben total angefüllt, zum grössten Teil von Italienern. An der Strasse kann man so ungefähr 50 Wirtschaften zählen.» Im Dezember 1899 setzte der ‹Bund› die Zahl noch höher an: «Dieses Naters, ganz nach amerikanischer Manier aus dem Boden gestampft, zählt nicht weniger als 57 Wirtschaften, davon 47 in einer Reihe an der Hauptstrasse [ehemals alte Furkastrasse].»[504] Neben den eigentlichen Ausschanklokalen gab es noch viele kleine Kostgebereien (Minipensionen). Die Gemeinde soll nicht weniger als 130 Konzessionen bewilligt haben.[505] Von den vielen Wirtshäusern mit ihren wohlklingenden italienischen oder französischen Namen wollen wir wenigstens 31 in alphabetischer Reihenfolge anführen (fortab: Café = C.):

*C. Aletsch (nach Paul Sprung von Ingenieur Bertea um 1898/99 erbaut), noch in Betrieb; C. Alpina, C. degli Amici; C. de l'Avenir: 1970 abgerissen, Konzession ging an die «Walliser Kanne» über; C. della Croce Federale, C. Confederazione, C. du Commerce, Ristorante Elvetia; C. Felsheim: 1899 erbaut; C. Firenze, Ristorante Flora, C. Franco-Suisse; C. de la Gare: stand südlich vom Simplon-Wohnblock, Konzession ging ans Restaurant Rhodania über; C. International: im ersten Haus westlich des Café Aletsch; C. Italia; C. Lötschberg: 1970 abgebrochen, daselbst heute das neue Restaurant Lötschberg; Ristorante Monte Rosa: heute Wohnblock «Monte Rosa» an der Landstrasse, Konzession ging ans Hotel Touring über; C. Nationale: in der Nähe des heutigen Restaurants Trächa; C. Panama: stand westlich des Café Venezia; C. Progresso: 1922 geschlossen; C. de la Promenade: 1963 in C. Sport umbenannt, 1976 abgebrochen, daselbst heute Restaurant Trächa; C. Roma: heute Restaurant Belalp; Hotel du Soleil: heute Privathaus, Landstrasse 29; C. Stella, C. Suisse; C. Tibaldi, Z'Brigg: von Raymondo Tibaldi 1907 erbaut, hiess in den ersten Jahren C. Tibaldi, danach C. des Voies Ferrées und zuletzt C. Eisenbahn, heute in die Ecole Schmid integriert[506]; C. Tunnel: östlich des heutigen Café Venezia; Ristorante Torino; C. Trovatore: 1918 in C. Schweizerhof umbenannt; C. Touristes, C. dell'Unità Italiana; C. Venezia: noch in Betrieb.[507]*

Zusätzlich zu den Cafés gab es auch Bars, so z.B. Fontana Lavoratori, Aquila Bar, Terrazzine, Novara und Occhio d'oro. Neben dem Café Venezia stand das Lebensmittelgeschäft Busano. Dann gab es noch die Bäckerei Degiogi, den Schuhmacher Brusini sowie die Gemüseläden Boglia, Tarantola und Cucchi. Fast in jedem Haus des «Negerdorfs» befand sich eine Bar, Osteria oder Trattoria, ein Bazar, Albergo oder «Au bon marché».[508]

## Anlässe und Feiern

Um das Zusammengehörigkeitsgefühl der Italiener zu pflegen, hielten diese mit der ihnen typischen Fröhlichkeit regelmässig ihre Anlässe und Feiern ab: Weihnachtsfeiern, Familien-Ballabende, Theaterdarbietungen[509] und kulturelle Anlässe verschiedenster Art. Dabei wurden und werden oft auch Musikgruppen, Chöre, Sänger und Sängerinnen aus Italien eingeladen, besonders aus Varzo, Domodossola, aber auch aus Novara und anderen Orten. Am 10. September 1961 feierte die Missione Cattolica Italiana des Wallis, insbesondere die Italienerkolonie Brig-Naters und Umgebung (Colonia Italiana di Briga-Naters e Dintorni) ihr 50-jähriges Bestehen (vom Erbauungsdatum 1911 der Missione in Naters an gerechnet). Mgr. Nestor Adam, Bischof von Sitten, hielt bei dieser Feier den Festgottesdienst und die Predigt. Am 15. Juni 1974 fand auf dem Friedhof in Naters durch den gleichen Bischof die Einsegnung des Italienerdenkmals statt. Auf zwei Tafeln sind die Namen der 27 Kriegsgefallenen aufgeführt, die einmal der Italienerkolonie Brig-Naters angehörten und die in den beiden Weltkriegen ums Leben kamen. Am 31. Mai 1981 beging die Italienerkolonie ihr 75-jähriges Jubiläum (von 1906 an gerechnet, dem Jahr der Eröffnung der Missionsstation im Felsheim durch Don Chiodelli)[510].

## Italienerschule – Missione Cattolica Italiana

### Italienerschule im Anfangsstadium: 1899–1911

Am 28. Juni 1899 eröffnete ein italienischer Privatlehrer «irgendwo an der Strasse zum Friedhof in Naters» eine Schule für Italienerkinder.[511] Natürlich gegen Entgelt. Nicht alle Gastarbeiter waren bereit, das monatliche Schulgeld von drei bis drei Franken fünfzig auf den Tisch zu legen. Als Vergleich sei angefügt, dass der Taglohn eines Mineurs im Simplontunnel anfänglich drei bis drei Franken fünfzig betrug. Die Privatschule ging deshalb ein. Am 26. August 1899 gründeten Priester der italienischen Don-Bosco-Gesellschaft in Brig eine Niederlassung. Sie bezweckte die Errichtung einer Schule und die Vereinigung bzw. Organisation der italienischen Landsleute. Diese Ordensgesellschaft führte ab April 1900 in Naters eine Knaben- und eine Mädchenschule mit zirka 80 Schülern. Die Gemeinde stellte dieser Schule im alten Gemeinde- oder heutigen Burgerhaus bei der Linde die notwendigen Lokalitäten zur Verfügung, jedoch nur während des Sommers. Vermutlich waren die Räume im Winter durch die Natischer Schulkinder besetzt. Es erstaunt deshalb nicht, dass die Schule bald wieder geschlossen werden musste.

Allmählich begann die Italienerkolonie zu wachsen und zu florieren. Am 9. Februar 1901 stellte der Salesianerpater Don Giuseppe Odone das Gesuch, in Naters ein Kinderasyl zu errichten und eine Musikgesellschaft zu gründen. Diesem Gesuch wurde entsprochen. Wo die Schule geführt wurde, ist nicht bekannt. Eine andere Schule muss zur selben Zeit bereits bestanden haben, denn am 26. Januar 1900 berichtete Pfarrer Ignaz Amherd dem Bischof von Sitten[512], dass es für die italienische Jugend in

Naters eine Knaben- und eine Mädchenschule gebe; Letztere werde von einer Lehrerin recht ordentlich geleitet, während die Erstere, durch den Korsen Stephani geführt, zu zahlreich sei und darum die Knaben kaum gebändigt werden könnten. Über diesen korsischen Lehrer lesen wir im ‹Briger Anzeiger› vom 11. Mai 1901 Folgendes: «Der Lehrer, der in Naters zirka 60 italienische Knaben unterrichtete, ist nach Schulende ‹abgefahren›. Er hatte von der Gemeinde sechs Monatslöhne zugut und seine Gläubiger ebenso sechs Monate Kost und Logis. Für den Unterricht wurde er entlohnt, für seine Gläubiger hatte er keine Zeit mehr.» Wie die gleiche Zeitung weiter ausführt, soll der Lehrer über Lausanne nach Hamburg gefahren sein und von dort dem Präsidenten von Naters den Schlüssel zum Schullokal zurückgesandt haben. Des Weitern hätte er seine «Essschulden» absichtlich auf verschiedene Restaurants verteilt und sie darum nicht bezahlt, um genügend Reisegeld zu haben.

Ende 1901 siedelten fünf Schwestern der Salesianerinnen von Brig nach Naters ins Café Elvezia über, das Don Odone für die Don-Bosco-Gesellschaft gekauft hatte, und eröffneten dort sofort eine italienische Schule. Im Februar des folgenden Jahres zog auch Don Odone samt dem «Circolo Operaio Italiano» (Italienischer Arbeiterzirkel) zu den Schwestern nach Naters ins eigene Haus.

Nach der Tunneleröffnung im Jahre 1906 verliessen die meisten Gastarbeiter, auf der Suche nach einer neuen Arbeitsstelle, Naters, Brig und Umgebung. Viele fanden Arbeit am Lötschbergtunnel, mit dessen Bau soeben begonnen worden war. Eine kleine Italienergruppe blieb in Naters und wird wohl noch ihre eigene Schule weitergeführt haben, denn am 12. Februar 1906 beschloss der Gemeinderat, dass die Italienerschule gleich lang zu halten sei wie die Schweizerschule, also jährlich sechs Monate.

## Hochblüte der Italienerschule: 1912–1921

Der damaligen Presse ist zu entnehmen, dass am 14. Oktober 1911 auf der Breite, an der alten Furkastrasse (heute Landstrasse), die Fundamente für den Schulhausbau der Italienerschule erstellt wurden. Man verwendete hierzu die demolierten Missionsbaracken von Goppenstein. Der Lötschbergtunnel war inzwischen vollendet, und man nahm die Vorarbeiten für den Bau der zweiten Röhre des Simplontunnels in Angriff. Damit siedelten sich abermals italienische Tunnelarbeiter in Naters an. Am 6. Januar 1912 eröffnete die Italienerkolonie in der Baracke auf der Breite mit 114 Schülern den Schulbetrieb. Die italienischen St.-Josef-Schwestern von Cuneo leiteten die Schule. Die Missione Cattolica Italiana (= katholische Italienermission) erlebte damit ihre Geburtsstunde. Sie war fortan für lange Zeit der Sitz der katholischen Italienermission für das gesamte Wallis (= Missione Cattolica Italiana di tutto il Vallese). Zugleich wurde die Mission italienisches Schulzentrum für das Oberwallis, Fürsorgestelle für die italienischen Familien und das musterhaft geführte religiöse Zentrum mit einer Kapelle für die italienischen Gläubigen.

Für die Missione mit ihren ständigen Bewohnern, den Missionsschwestern und den Patres, hatte die Schule einen wichtigen Stellenwert. Darum dürfen wir diese nicht isoliert von der Tätig-

*Das erste Schulhaus der italienischen Schule auf der Breite, erstellt 1911.*

*Gemeinsames Mittagessen in der Missione, 5. Februar 1919.*

*Italiener-Kindergarten der Missione (Schuljahr 1924/25, Jahrgänge 1919 bis 1923). Mit Padre Don Bergamo und den Schwestern Catarina Monzoni (links) und Angelina (rechts). (Die Namen der Schüler bei: Leander Biffiger, Erinnern Sie sich, Naters, Nr. 132.)*

keit der Missione betrachten. An den Kosten der Schule beteiligte sich die Gemeinde Naters von Beginn an mit einer Subvention von 1000 Franken. Dieser Betrag kam der Missione auch in den nächsten Jahren zugute. An der Baracke auf der Breite wurde aus Platzgründen nach Norden und Osten fleissig angebaut. 1913 kaufte Pater de Vita, der Direktor der Missionsschule, die Maschinenhalle der Lötschberg-Unternehmung in Kandersteg und liess sie in Naters aufrichten. Es entstand der grosse Allzwecksaal, der «Salone», der in erster Linie für Kindergärten und Primarschulen, aber auch für musikalisch-theatralische Aufführungen vorgesehen war. Auch die Natischer Dorfvereine haben diesen Saal für zahlreiche Aufführungen genutzt. 1913 wurden in der Missione 600 und 1914 620 Schüler unterrichtet, was uns fast unglaublich vorkommt. Die Schüler kamen von Naters, Brig, Glis, Visp, Termen, Bitsch und Gampel.

Dann brach der Erste Weltkrieg aus und die Arbeit am Simplontunnel lag während zwei Jahren still. Die meisten Italiener zogen nach Hause. Als 1916 die Arbeiten am Tunnel fortgesetzt wurden, wuchs die Italienerkolonie erneut. Naters zählte damals zusammen mit den Italienern zirka 6000 Einwohner. Auch die Schülerzahl der Italienerschule stieg in diesen Jahren wieder an: 1916: 245; 1918: 370 und 1920: 308 Schüler.

## Kritische Phasen der Italienerschule: 1922–1937

1921 war der Simplontunnelbau im Grossen und Ganzen beendet. Die meisten Gastarbeiter zogen weg. Die Missione Cattolica blieb zwar Sitz und Zentrum jeglicher Tätigkeit der Italiener im Oberwallis, die italienische Regierung unterstützte sie aber nicht mehr. So blieb sie sich selbst überlassen. Begreiflich, dass auch die Schülerzahlen drastisch zurückgingen. Die Missione zählte 1924 noch 127 und drei Jahre später 106 Schüler. Die Gemeindeverwaltung war von der Notwendigkeit der Italienerschule nicht mehr überzeugt und beabsichtigte, die Schule zu schliessen, obwohl immer wieder auch Natischer Schulkinder die Italienerschule besuchten. Ein 14-jähriges Natischer Mädchen soll auf der Bühne in feinstem Italienisch dem Padre Pasquale de Vita zum Namenstag gratuliert haben. 1926 verlangte das Erziehungsdepartement nähere Auskünfte über die Italienerschule. Die Gemeinde teilte mit, dass sie die Schule mit einem Jahresbeitrag von 1200 Franken unterstütze, ferner dass der Pfarrer, der Gemeindepräsident und drei weitere Mitglieder zur Schulkommission gehörten und dass zurzeit 35 Schweizer Schulkinder die Italienerschule besuchten. Daraufhin verbot der Staat Wallis der Gemeinde, Kinder in die italienische Schule zu schicken, weil dort die Schulpflicht nur bis zum 12. statt bis zum 15. Altersjahr bestehe und da diese Schule hinsichtlich nationaler Erziehung und Unterrichtsfächer nicht als gleichwertig anerkannt werden könne. Trotz dieses Verbotes schickten einige Eltern ihre Kinder nach wie vor in die Italienerschule und die Gemeinde verlangte lediglich, dass die Kinder den Unterricht regelmässig zu besuchen hätten. Die «Opera Bonomelli» (ein Hilfswerk des Bischofs Bonomelli für ausgewanderte Italiener) zog sich 1927 von der Missione zurück und sie wurde von nun an von der Congregazione Scalabriniana unterstützt.

Als die Gemeinde 1928 der Missione das Recht auf die Bodennutzung kündigte und die Schule schliessen wollte, wehrten sich Pater Bergamo und die Schwestern. Die Kolonie erhielt dann auf ein Gesuch hin die Erlaubnis, die Schule noch zehn Jahre weiterzuführen. 1935/36 zählte die Schule 71 Kinder, wovon 44 von Naters, 21 von Brig und sechs von Visp stammten. Im Schuljahr 1936/37 waren noch acht von total 32 Schülern Schweizer Bürger. Hierauf schloss sich die Gemeinde dem Verbot des Staates an und den Schweizer Schulkindern wurde der Schulbesuch in der Italienerschule untersagt.

Von 1937 bis 1945 blieb noch eine Klasse erhalten, die ausschliesslich aus Italienerkindern bestand. Dann wurde diese Primarschule auf Beschluss des Gemeinderates mangels Schülern eingestellt.

Ende der 1930er-Jahre mussten die Kinder mit gestreckter Hand den Mussoligruss gemeinsam ausführen, was ein Foto in der

Missione bezeugt. Dies wurde wohl von den Faschisten verlangt. Manche Italiener machten zu dieser Zeit auch in Naters keinen Hehl daraus, dass «nach dem grossen Sieg» Mussolini das Tessin und das Wallis zu Italien schlagen werde, was bei den Natischern auf heftige Reaktionen stiess.[513]

## Fortdauer der Kleinkinderschule bis 1977

Die «Scuola materna Biancaneve» (= Kleinkinderschule Schneewittchen), die seit Jahren bereits zum grössten Teil Schweizerkinder zählte, blieb jedoch erhalten. Die St.-Josef-Schwestern gingen nun recht mageren Jahren entgegen. Sie lebten vom sehr bescheidenen Schulgeld der Kleinkinderschule, dem Erlös eines jährlichen Lottos und sie stellten Handarbeiten her und verkauften diese. Die Schweizerkinder besuchten übrigens mit Freude die Italienerschule. Obwohl die Unterrichtssprache Italienisch war, verstand man sich ausgezeichnet. Gar manches Kleinkind lernte dort spielerisch seine ersten italienischen Worte. Die Kinderschule war, sofern es die Eltern wünschten, eine Tagesschule. Die Kinder wurden über Mittag mit einer wohlschmeckenden Minestra verköstigt. Ab 1917 bestand das Menü aus einer Minestra, einem Apfel, einer Schnitte Brot und als Voressen gabs einen Löffel Lebertran. Dafür bezahlte man zehn bis 15 Rappen, die Minderbemittelten bezahlten nichts. Ende der 60er-Jahre verlangten die Schwestern für die Minestra 50 Rappen. Nach dem Essen mussten die Kinder ihre Arme verschränkt auf den Tisch legen, den Kopf auf die Arme betten und dann wurde – geschlafen. Das funktionierte!

1952 stellten die Schwestern das Gesuch um Subventionierung der Kinderschule. Die Gemeinde lehnte ab. Erst 1959, als über 90 Schweizerkinder die italienische Kinderschule besuchten, vertrat der Gemeinderat die Ansicht, der Staat solle die Schule anerkennen und subventionieren. Diesmal lehnte das Erziehungsdepartement ab. Damit die Kleinkinderschule weitergeführt werden konnte, entrichtete von nun an die Gemeinde einen jährlichen Beitrag von 2400 Franken und die Eltern bezahlten vier Franken pro Kind und Monat.

Nach der Eröffnung deutschsprachiger Kindergärten besuchten die Fünfjährigen und Jüngeren nach wie vor die italienische Kleinkinderschule. In der Folge teilten die St.-Josef-Schwestern der Gemeinde mit, dass sie Naters verlassen möchten. Sofort wurde mit den Schwestern verhandelt, damit sie noch bleiben und weiterhin die Vier- bis Fünfjährigen in der Kleinkinderschule betreuen. Die Schwestern liessen sich dazu überreden. 1967 erhielt die Schule eine Subvention von 16 000 Franken zugesprochen. Der Kanton beteiligte sich daran mit 13 500 Franken. Zwei Jahre später zählte die Kleinkinderschule in der Missione 77 Kinder. Der Kanton leistete immer noch seine Subvention, allerdings als Übergangslösung und mit der Auflage, dass allen Kindern im Alter von fünf und sechs Jahren der Besuch des deutschen Kindergartens ermöglicht werde. Ab 1972 einigten sich Kanton und Gemeinde auf eine Subvention von je 13 500 Franken.

Im Jahre 1977 trat dann ein, was man eigentlich schon lange befürchtet hatte: Die Schwestern wurden wegen Personalmangels von ihrem Orden endgültig nach Italien zurückbeordert. Damit schloss die Schule nach 65 bewegten Jahren definitiv ihre Pforten. In der Missione Cattolica richtete die Gemeinde drei deutschsprachige Kindergärten ein.

*Schulkomplex der Missione von Norden her gesehen, 1913/14 erbaut. Der östliche Teil, der «Salone», in dem man oft Theater spielte, wurde 1993 abgerissen.*

## Ein Hauch von Italianità erlebt

Hunderte von Natischer Kindern haben im Laufe der Jahre die Italienerschule besucht. Sie wurden von den Schwestern liebevoll betreut und bemuttert und bekamen einen Hauch Italianità mit. Die Schwestern und die Patres haben in religiöser und erzieherischer Hinsicht, aber auch auf sozialem Gebiet Grosses geleistet. Die Missione trug des Weitern viel zum Verständnis der Kultur unserer südlichen Nachbarn und zum friedlichen Zusammenleben zweier Völker im Natischer Dorf bei. Zwischen der Italienerkolonie und der Gemeinde und Pfarrei bestanden stets gute Beziehungen. Die Italiener waren Teil der Pfarrei, sie wurden zu den Prozessionen und kirchlichen Festen eingeladen. Der betreffende Padre hielt regelmässig auch am Sonntag in der Pfarrkirche einen Gottesdienst mit Predigt in italienischer Sprache, und dies bis in die 50er-Jahre. Die Kirche war stets mit einem bunten Gemisch Einheimischer und Italiener zum Bersten voll. Ob wohl alle Natischer den Inhalt der Predigt verstanden haben?

## Italienermissionare und San-Giuseppe-Schwestern

Der Salesianerpater Giuseppe Odone, der erste italienische Missionar in der Zeit des Tunnelbaus, wirkte ab 1899 in Brig und vom Februar 1902 bis 1907 in Naters. In diesem Jahr kehrte Odone, der kämpferischste aller Missionare, in seine Heimat zurück und starb ein Jahr danach in Turin. Don Pasquale de Vita, von der Stiftung Opera Bonomelli[514] zum Nachfolger bestimmt, führte das begonnene Werk Odones weiter. Unter Don de Vita nahmen auch die Schwestern von der Kongregation San Giuseppe (= St.-Josef-Schwestern) ihre Arbeit in Naters auf. Sie lösten ihre Vorgängerinnen, die dem Salesianerorden angehörten, ab. In der für die Italiener schwierigen Zeit von 1906 bis 1912 hielt Don Chiodelli aus Goppenstein in Naters, im Haus Felsheim, auch Ingenieurhaus genannt, während zwei Tagen ein Sekretariat offen, um den Italienern aus Naters und der weiteren Umgebung religiös, moralisch und sozial beizustehen. In den gleichen Jahren leitete Don de Vita die Bonomelli-Mission in Goppenstein, bis er Ende 1911 endgültig nach Naters zog. Die hier stationierten Missionare betreuten vornehmlich die Colonia Italiana in Brig, Naters und Umgebung. Anfangs erstreckte sich ihre Missionsarbeit sogar bis nach Monthey. Bald war man aber gezwungen, das Missionsgebiet in das Ober- und Unterwallis einzuteilen. Wir möchten die Namen der Italienermissionare in der Missione Cattolica Italiana wie folgt festhalten:

| | |
|---|---|
| 1911–1924 | Don Pasquale de Vita |
| 1924–1933 | Don Dr. Giuseppe Bergamo |
| 1933–1940 | Don Dr. Gaudenzio Tombotto |
| 1940–1953 | Mgr. Dr. Luigi Florida. Er wurde 1953 in seiner Heimatkathedrale in Udine, Italien, zum Domherrn und zugleich zum päpstlichen Hausprälaten ernannt.[515] |
| 1953 | P. Gregorio Zanoni |
| 1953–1956 | P. Ettore Trevisi |
| 1956–1960 | P. Pietro Segafredo |
| 1960–1961 | P. Romano Pallastrelli |
| 1961–1966 | P. Vittorino Molon und P. Giacomo Battaglia |
| 1966–1982 | P. Girolamo Pasi, SJ. Er wirkte zuvor 30 Jahre in Indien. |
| 1983–1986 | P. Reginaldo Zaniboni aus Mailand, Kapuziner. Er betreute zirka 2500 Italiener im Oberwallis. |

*Erste hl. Kommunion in der Missione, 1919.*

1986 beschloss das bischöfliche Ordinariat wegen Einsparungsmassnahmen, von den drei im Wallis tätigen Italienermissionaren einen zu entlassen, und zwar denjenigen, in dessen Kreis am wenigsten Italiener zu betreuen waren; und das betraf das Oberwallis. Am 3. November des gleichen Jahres verliess Padre Zaniboni als letzter verbliebener und noch einziger ständiger Bewohner schweren Herzens und zum Leidwesen der Italienerkolonie, aber auf Befehl der kirchlichen Vorgesetzten die Missione. Als Letztes sagte er vor seiner Abreise, es sei schwer, was er in seinem Herzen forttrage: «Das schlägt wie ein Hammer, bedeutend stärker als die Hacke in den Felsen des Simplons und von Mattmark.» Seine blauen Augen schauten hinauf zu den Bergen und er meinte: «Dieser Himmel ist so geheimnisvoll wie das Volk, das darunter lebt.» Die Zahl der Italienermissionare war dadurch auf zwei reduziert, so dass die Italiener im Oberwallis seither von Siders aus betreut werden. Im Raum Brig–Naters und Visp leben heute über 350 italienische Familien mit Niederlassungsbewilligung.

*Pater Reginaldo Zaniboni verliess als letzter Seelsorger die Missione.*

Die Missione Cattolica in Naters hatte im Ganzen 35 Lehrerinnen (Ordensschwestern), von denen sieben turnusgemäss als Direktorinnen walteten. Sämtliche Hilfsarbeiten in der Mission verrichteten acht Schwestern. Jede Schwester blieb etliche Jahre im Dienst. Am 30. Juni 1977 verliessen die letzten drei St.-Josef-Schwestern, Sr. Guglielma, Sr. Onorina und Sr. Cesira, Oberin, die Missione. Am 25. Juli desselben Jahres liessen diese Schwestern im ‹Walliser Boten› in einem Dankesschreiben an die Bevölkerung von Naters u.a. Folgendes mitteilen: «Schweren Herzens verlassen wir unsere Mission in Naters. Unsere Gedanken, begleitet von unseren Gebeten, werden immer wieder zurückkehren zu unseren lieben Kindern, deren Eltern, zur ganzen Bevölkerung dieser lieben Gemeinde, die für uns ein kleiner Flecken Paradies war.»

## Die Missione seit 1978

Die Missione Cattolica durfte 1911 im Baurecht auf dem Boden der Pfarrei eine Baracke aufstellen. Diese Baracke samt Anbauten wurde 1978 durch die Pfarrei von der Missione Cattolica Italiana Basilea, die seit 1932 Besitzerin dieser Bauten war[516], für 10 000 Franken erworben. Dieser Kaufpreis hatte mehr einen symbolischen Wert. Einerseits wies der Gebäudekomplex 3277 m$^3$ umbauten Raum auf und dementsprechend hätte der Preis höher sein müssen, andererseits war das Gebäude in einem baufälligen Zustand, so dass man nicht mehr von einem eigentlichen materiellen Wert sprechen konnte. Die Missionsstation erfuhr nach ihrer Erbauung im Jahre 1912 erst in den Jahren 1964/65 eine Renovation. Die Vertreter der Italienermission von Basel, ein Pater und ein Architekt, kamen nach Naters, um den Verkauf zu regeln. Sie hatten bezüglich des Preises recht hohe Erwartungen und waren nach stundenlangen Verhandlungen vom Angebot der Pfarrei nicht begeistert. Die Pfarrei liess 1979 den grossen Saal, den «Salone», für 49 836.20 Franken notdürftig renovieren. 1986 konnten die drei Räumlichkeiten, in denen bisher Kindergärten untergebracht waren, an die Pfarrei zurückgegeben werden.

Nach dem Wegzug des letzten Missionars stellte sich die Frage, was mit der Missione Cattolica geschehen soll. War der gesamte Gebäudekomplex ein erhaltenswertes «Kulturgut» oder eine «Bruchbude», wie er auch genannt wurde? Am 28. April 1993 fällte der Kirchenrat nach einigen Diskussionen die Entscheidung, dass das längs der Landstrasse stehende Hauptgebäude erhalten und saniert, das dahinter liegende Asyl mit dem grossen Saal («Salone») aber weggeräumt werden soll. Am 22. April 1994 wurde der «Salone» abgebrochen und im gleichen Jahr auf dessen Fläche eine parkähnliche Grünfläche gestaltet, an die die Gemeinde die eine Hälfte und die Alterssiedlung Sancta Maria die andere berappte. In den Jahren 1994/95 sanierte die Pfarrei mit einem Kostenaufwand von 263 634.30 Franken den verbliebenen Teil der Missione, wobei die Colonia Italiana, die Missione Cattolica sowie der Männerverein von Naters für 100 000 Franken Fronarbeit leisteten. Die Einsegnung erfolgte am 19. Mai 1996. Gleichzeitig wurde auch die neue Fahne der Missione Cattolica Italiana unter den Schutz Gottes gestellt. Die Lokalitäten der Missione werden seither von folgenden Institutionen genutzt: Colonia Italiana (für weltliche Anlässe zuständig), Missione Cattolica Italiana (verantwortlich für die religiöse Betreuung der Italiener), Stelle für Jugendarbeit, Forstrevier «Massa» und Kinderhort.

*Italienerkapelle.* Diese 1911 erbaute Kapelle ist seit 1978 ebenfalls Eigentum der Pfarrei und wurde 1994/95 zusammen mit den umstehenden Bauten gefällig restauriert. Die Statue des hl. Franziskus und der Kreuzweg sind neueren Datums und wurden wohl von den italienischen Patres aus Italien hierher gebracht.

*Südseite der Missione mit der Statue des hl. Josef.*

# Naters und Ornavasso

Im 12. Jahrhundert geriet die alemannische Bevölkerung im Wallis in Bewegung und begann in grösseren und kleineren Gruppen auszuwandern, neues Land in Besitz zu nehmen und dieses urbar zu machen. Die Auswanderer werden als «Walser» bezeichnet. In allen Schriften, die sich mit den Walserkolonien in Oberitalien befassen, werden Ornavasso und der mit ihm verbundene Ort Migiandone als Walsersiedlungen bezeichnet, die zu Naters in einem besonderen Bezug stehen.

## Sage und geschichtlicher Hintergrund

Der Sage nach wurde das Volk von Naters in alten Zeiten von gewalttätigen Zwingherren arg unterdrückt. Zwölf kühne Jünglinge bezwangen das Schloss des Tyrannen, erschlugen ihn und flüchteten samt ihren Bräuten und Angehörigen, um der Rache der anderen Walliser Burgherren zu entgehen, über die Berge nach Italien. Sie liessen sich am Berghang von Urnavas (Ornavasso) nieder, rodeten die Wälder und gründeten eine neue Heimat.[517]

### Neuester Stand der Wissenschaft

Was hierbei Geschichte und Sage ist, darüber können gewichtige Historiker etwas Licht ins Dunkel der Vergangenheit bringen. Der international anerkannte Walserforscher und Mailänder Professor Enrico Rizzi widmet in seinem 1993 erschienenen Buch «Geschichte der Walser»[518] der Siedlung Ornavasso einen Abschnitt, in den er die neuesten Erkenntnisse einfliessen lässt und den wir hier auszugsweise wiedergeben:
«Ornavasso im unteren Val d'Ossola ist die südlichste Walserniederlassung auf lombardischem Gebiet. Herren des Ortes waren im 13. Jahrhundert die Ornavasso, ein Zweig der Grafenfamilie der Castello. Wie viele andere Adlige zogen auch sie in der zweiten Hälfte des Jahrhunderts ins Oberwallis, wo Jocelyn von Ornavasso Mathilde von Aosta heiratete. Jocelyn erbte von den Aosta den Titel des Vizedoms von Naters sowie die Herrschaft am Simplon. Nach den unglücklichen Begebenheiten, in deren Folge der direkte Erbe der Aosta, Peterlino, wegen seines skandalösen Lebenswandels vom Fürstbischof geächtet wurde, gingen sämtliche Feudalrechte, die das Haus Aosta im Oberwallis erworben hatte, zusätzlich auf die Ornavasso über. Neben anderen Schandtaten wurde Peterlino angelastet, eine blutschänderische Beziehung zu seiner Nichte zu unterhalten. Einige Verwandte aus der Dynastie der Castello versuchten in jenen Jahren die ungestörte Familienherrschaft der Ornavasso im unteren Val d'Ossola zu erschüttern. Während die Ornavasso von ihren herrschaftlichen Geschäften im Wallis beansprucht waren, nutzten sie deren Abwesenheit und entmachteten sie kurzerhand. Um 1300 gelangte der Sohn von Jocelyn, Nicolino von Ornavasso, an den Herzog von Mailand und wurde wieder in seinen Besitz eingesetzt. Im zeitlichen Umfeld jener Begebenheiten fand die Ansiedlung einer Bauerngruppe auf den Höhen von Ornavasso und Migiandone statt. Es ist anzunehmen, dass die Siedler nicht von Naters her kamen – wie eine alte Überlieferung will –, sondern aus dem Simplontal [Simplongebiet] stammten, wo die Ornavasso ihre Herrschaftsrechte im Dorf, auf der Egga, im Walderdrittel und Ganter lange ausüben konnten.
Die Zehntenregelung eines Neubruchs von 1307 in Ornavasso weist ganz deutlich darauf hin, dass das Land neu gerodet wurde. Die Walseransiedlung muss also nicht lange zuvor, wohl auf Betreiben des Nicolino von Ornavasso stattgefunden haben, der gerade in jenen Jahren die verlorenen Rechte in diesem Gebiet wiedererlangt hatte. Der bezüglich Handelsstrassen und Wasserwegen günstig gelegene Ort war schon vor der Ankunft der Walser bewohnt. Die neuen Siedler liessen sich auf den Berghöhen nieder, wo ihnen die Herren von Ornavasso Wälder und Boden zur Nutzung überliessen. Erst in einem zweiten Schritt – als die Hänge bei Boden bebaut und die ersten Weiler mit Kirche und Friedhof errichtet waren – drangen die Walser in die Talebene vor. Hier legten sie in der furchigen Ebene des Toce das sumpfige Land in der Umgebung des bestehenden Dorfes trocken – so die gesammelten Überlieferungen des Geschichtsforschers Enrico Bianchetti aus Ornavasso.
Das Beispiel von Ornavasso ist vielleicht einzigartig in der Geschichte dieser unermüdlichen Siedler, die – sonst gewohnt, ihr Weideland den Gletschern abzuringen – hier gezwungen wa-

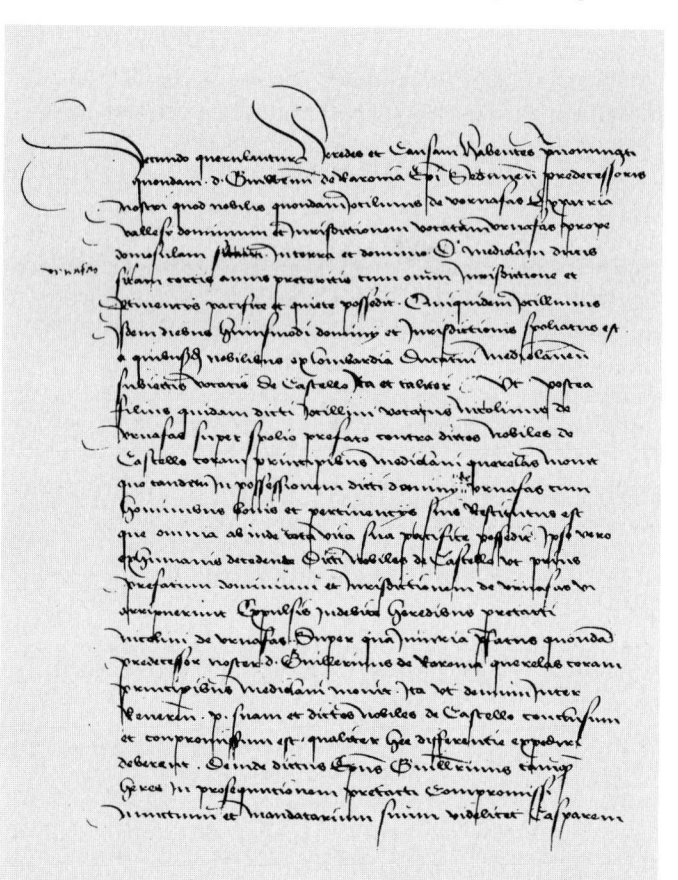

*Memorialbuch von Jost von Silenen, Bischof von Sitten (1486), mit einer Beschreibung der historischen Ereignisse zur Zeit der Herren von Ornavasso (zwischen dem 13. und 14. Jh.), in deren Folge die Walser an den Berghängen von Ornavasso und Migiandone angesiedelt wurden (Staatsarchiv Mailand).*

ren, das morastige Schwemmland des Tocedeltas, wo der Fluss nach und nach den See aufgefüllt hatte, trockenzulegen.
Viele der durch Überlieferung lebendig gebliebenen Erzählungen und Sagen haben versucht, auch den Ortsnamen Ornavasso – der in Wirklichkeit viel älter als die erfolgte Germanisierung ist – aus einem Wort deutscher Herkunft, gleichbedeutend mit ‹Ort am Wasser›, abzuleiten; damit soll wohl die Meliorationsarbeit der Siedler ins Gedächtnis zurückgerufen werden.
Ende des 14. Jahrhunderts war die Germanisierung von Ornavasso weitgehend abgeschlossen und die alte lateinische Bevölkerung absorbiert. (...) Die volkstümliche Überlieferung hingegen führt die Gründung von Ornavasso auf zwölf junge Paare aus Naters zurück, die dem Joch eines ausschweifenden und gewalttätigen Tyrannen entflohen waren: eine Sage, die vielen anderen ähnelt. Viele Autoren haben aber gerade in diesem Motiv historische Elemente gesehen. So ist nach Ferdinand Schmid ‹der gewalttätige Lüstling ein genaues Abbild des blutschänderischen, unlauteren und streitsüchtigen Peterlino von Aosta›. Walliser Urkunden berichten, dass er im bischöflichen Schloss von Le Soie [Seta] in Ketten gelegt wurde und kurz nach 1312 verstarb. Zwischen Elementen dieser Sage und den geschichtlichen Quellen besteht zumindest eine gewisse Übereinstimmung der Daten; ebenso wenig kann man ausschliessen, dass sicherlich ein Teil der Siedler von den Berghöhen von Naters stammt. Die Nachfahren der Walser von Ornavasso und Migiandone haben über Jahrhunderte hinweg den Brauch aufrecht erhalten, Wachsspenden zum Wallfahrtsort Glis unweit von Naters zu bringen. Trotzdem dürfte die Herkunft dieser Walser eher im Simplongebiet gesucht werden, da die Herren von Ornavasso ihre Herrschaftsrechte nicht in Naters, sondern eben im Simplontal besassen.»

## Zumindest ein Teil der Siedler stammt aus Naters

Das Fürstbistum von Sitten war in Hoheitsgebiete eingeteilt. Der Verwaltungsbezirk von Naters umfasste das Talgebiet der Rhone rings um Naters, Brig und Glis. Lassen wir noch einmal Enrico Rizzi zu Worte kommen: «*Der Viztum von Naters war demzufolge nicht der Herr von Naters, sondern ein bischöflicher Beamter mit einem Kompetenzbereich, der sich über ein räumlich viel ausgedehnteres Gebiet erstreckte. Dies bedeutet nicht, dass die Herren von Ornavasso im Wallis bar aller Rechte über Menschen sowie Grund und Boden gewesen wären. Mehr als in Naters sind sie jedoch im ‹Simplontal› zu suchen, das aufgrund der Bedeutung der Alpenübergänge nicht nur eine neuralgische Stelle des Hoheitsgebietes von Naters, sondern des ganzen Wallis darstellte. (...) Die Personalrechte, welche die Herren Aosta-Ornavasso über die Talschaft ausübten, standen in unmittelbarem Zusammenhang mit der Walser-Besiedlung. Der Simplon war zusammen mit Formazza die älteste Walser-Siedlung und diente den Herren zugleich als Ausgangsbasis für die nachfolgenden Walser-Gründungen. Die wichtigsten unter den sehr spärlichen Dokumenten über die Ursprünge der Walser-Kolonien im 13. Jahrhundert betreffen Rimella (1256) und Rheinwald (1286) und geben einen Hinweis auf die Herkunft der Siedler. In beiden Fällen lassen sich Walser aus dem Simplongebiet feststellen. Den Herren von Aosta, aber noch mehr jenen von Ornavasso, welche hier schon vor dem Ende des 13. Jahrhunderts die Herrschaft erwarben, kam bei der Verpflanzung von Simplonkolonien eine vorrangige Bedeutung zu. Naturgemäss kommt auch nur das Simplongebiet als Herkunftsort jener Walser in Frage,* die das Tal von Ornavasso besiedelten. Es ist kaum denkbar, dass sie aus Naters kamen, einem Flecken am Talende abseits der Routen der Walser-Bewegung, wo zwar die Herren von Ornavasso residierten, offenbar jedoch keine Herrschaftsrechte auf die Siedler ausübten. (...) Für die Siedler von Ornavasso erhielt sich neben der Sprache ein weiteres bezeichnendes Band mit der Walliser Heimat lebendig: der auch noch am Ende des 16. Jahrhunderts lebendige Brauch vieler Männer jener Gegend, jeden Sommer 15 bis 20 Tage für die Heuernte auf den Simplon zurückzukehren, zu den Bergen, von denen sie einst in den Süden hinabgestiegen waren.»[519]

Dass die Siedler von Ornavasso eher aus dem Simplongebiet stammen, ist für Rizzi eine zwar nahe liegende, aber doch hypothetische und keineswegs zwingende Schlussfolgerung aus den Strukturen der damaligen Herrschaftsverhältnisse heraus. Auch die Bemerkung, dass die Ornavasser bis ins 16. Jahrhundert den Bewohnern von Simplon-Dorf bei der Heuernte halfen, besagt wenig, da im Alpenraum und besonders im Oberwallis bis ins 20. Jahrhundert hinein Leute eines Ortes in einer ganz anderen Gegend gegen Zahlung fürs Heuen herangezogen wurden, ohne dass unter ihnen eine ursprüngliche Stammesverwandtschaft bestand.

Des Weiteren räumt Rizzi ein: «*(...) ebenso wenig kann man ausschliessen, dass zumindest ein Teil der Siedler von den Berghöhen von Naters stammt.*» Wenn die Herren von Urnavas in Naters offenbar nur als bischöfliche Beamte (Viztume) tätig waren und keine Herrschaftsrechte auf die Siedler ausübten, so hatten sie ihre Residenz immerhin in Naters, was bedeutet, dass sie ohne weiteres auch Einfluss auf die Leute von Naters hätten nehmen können.

Zu den bereits genannten Gründen kommt hinzu, dass man sowohl in Naters wie auch in Ornavasso die Ansicht vertritt, die Ornavasser stammten aus Naters, was namhafte Historiker wie Dionys Imesch, Ferdinand Schmid, Louis Carlen u.a.m. verschiedentlich als wissenschaftlich gesichert darstellen. So schrieb Imesch: «*(...) die Tatsache, dass die Bergesabhänge von Ornavasso durch Leute aus Naters besiedelt wurden, bleibt bestehen und wird auch von ernsten Geschichtsforschern festgehalten. Die Kolonisierung dürfte in jenen Tagen erfolgt sein, als die Herren von Ornavasso in Naters begütert waren und das Viztum daselbst in ihren Händen hatten, also zwischen 1275 und 1304.*»[520] Auf die Herren von Ornavasso weist auch das nach diesem Adelsgeschlecht benannte Schloss «Ornavasso» in Naters hin.

Höchst interessant ist ferner eine Urkunde im Stockalperarchiv von Brig, die nach Professor Louis Carlen zu bekräftigen scheint, dass im 17. Jahrhundert im Wallis angenommen wurde, die ersten Ornavasser stammten aus Naters. Carlen schreibt hierzu: «*Am 27. August 1661 verleiht nämlich der Rat der Burgerschaft Brig das Patrimonium auf das Burgerspital in Brig einem gewissen Johann Angelo Porta, Organist von Ornavasso, der ursprünglich von Naters stammt, ‹de Urnavasco et olim de Natria oriundus›, wie sich die Urkunde ausdrückt. Der Name des Beliehenen ist italienisch, lässt also keinen Zweifel über die Herkunft aus Italien zu. Den Zusatz einer einstigen Abstammung von Naters in einer Briger Urkunde dürfen wir jedoch dahin deuten, dass man auch im Jahre 1661 im Oberwallis an die Abstammung der Walser von Ornavasso aus Naters glaubte.*»[521]

Etwas oberhalb von Ornavasso kann man noch heute vereinzelt typische Walliser Städel betrachten und in den Wirtshäusern werden noch, als Exklusivität in Italien, der «Schibar» (unser Schieberjass) und der «Putz» gespielt.

*Trachten von Ornavasso, 19. Jh. (E. Bianchetti).*

Während in Naters neben dem Ornavassoturm ein Schulhaus, ein Häuserkomplex, ein Restaurant, eine Papeterie und ein Weg den Namen «Ornavasso» tragen, finden wir in Ornavasso beim Dorfeingang die zweisprachige Beschriftung «Ornavasso – Urnafasch», im Municipio auch die Aufschrift «Rathaus» und nach Josef Bielander die Ortsbezeichnung «Risciano» (Rischinen) und Namensgebungen wie «Salina», «Saglio» oder «Salna» (Salzmann) und «Ruppini» (Ruppen)[522]. In Bezug auf letzteres Geschlecht sollen nach einer anderen Version die Rabatoni oder Rabutti im angestammten Naters Ruppen geheissen haben. Die noch in Ornavasso lebenden Borghini leiten ihre Herkunft vom Namen Burgener ab. Die Schmid legten sich die Bezeichnung Schino zu und Schurwey wurde zu Schuwey.[523] 1872 schrieb Tscheinen, dass neben den genannten zwei Geschlechtern auch die «‹Jossi› (Jossen) und ‹Waldini› (Walden) gegenwärtig noch in Ornavasso bestehen»[524].

Seit 1979 existiert in Ornavasso eine Vereinigung «Gruppo Walser di Ornavasso». Sie hat sich zum Ziel gesetzt, das Walser Kulturgut zu retten.

## Das Walliserdeutsch in Ornavasso

Für die Historiker bestehen über den walserischen Ursprung keine Zweifel: Ornavasso und Migiandone (Frazione di Ornavasso) sind ursprünglich auch sprachlich als deutsche Siedlungen bezeugt. Doch lassen wir diesbezüglich den weitbekannten Walserforscher Paul Zinsli ausführlich zu Worte kommen[525]:
«Sie [die Ornavasser] sollen noch bis ins 19. Jahrhundert alljährlich zum Marienheiligtum von Glis ins obere Rhonetal gewallfahrtet sein. Ja sie hätten sogar – so liess sich Schott um 1840 mündlich berichten – ‹vor alters jeden todten nach Glys zum begräbnis gebracht und zahlten noch kirchensteuer dahin›.»
Ägidius Tschudi verzeichnet in seiner «Gallia Comata» dies «ORNAVASUM, weltsch ORNOVASO, teutsch Urnifasch», als eine Seltsamkeit: «Ist annoch der uralten Gallischen teutschen Sprach, welche sie von Ihren Alt-Vorderen behalten, stossen doch zu rings herum niergends an die Teutsche, seynd mit weltschem Land und Volck allweg umgeben.» Und Zinsli fährt fort: «Die Sprache dieser zugewanderten Bewohner der Berghöfe, die offenbar bald ins Tal und ins altbesiedelte Dorf Ornavasso gezogen waren und die eine Urkundenstelle schon 1392 die Deutschen – Teutonicos de Ornavaxio – nennt, diese Sprache ist offenbar hier im verkehrsreichen und ganz von der lombardischen Nachbarschaft umschlossenen untersten Tocegebiet schon früh stark vermischt und immer mehr zersetzt worden und in der Mitte des letzten Jahrhunderts untergegangen.»

Wie der Lokalhistoriker Enrico Bianchetti nachwies, hörte 1771 der deutsche Gottesdienst in Ornavasso auf. In jenem Jahr wurde der letzte deutschsprachige Pfarrer Antonio Tòsseri nach dem Walserort Rimella versetzt. Gleichzeitig verbot Bischof Aurelio Balbis Bertone, dass die Ornavasser eine andere Sprache lernten als die italienische. Allgemein wird angenommen, dass «die lebendige Walserrede um 1850/60 in Ornavasso völlig erloschen ist»[526].

1878 schrieb Enrico Bianchetti, dass vom einstigen deutschen Dialekt in Ornavasso nichts mehr geblieben sei ausser einigen Orts- und Sachnamen, die zum Teil stark verformt sind. Aus den Forschungsergebnissen Bianchettis seien hier einige der auffallendsten Personen- und Sachnamen angeführt, die uns Josef Bielander 1954 übermittelt hat[527]:

| | |
|---|---|
| Betlar: Bettler | Guntulin: Guntel |
| Bonchi: Bänklein | Hai: Heu |
| Chlempa: enges Gässchen | Haiparini: Heidelbeeren |
| Clocalti: Glöcklein | Hennodrak: Hühnerkot |
| Cuvar: Gufer | Loompu: Kopftuch |
| Gogo: «Güogo», Wurm | Maici: Mädchen |
| Gossalti: Gässchen | Virscini: Würste |
| Gota: Patin | |

Dem bereits zitierten Beitrag aus dem Jahre 1974 von Paul Zinsli über das deutsche Flurnamenerbe von Ornavasso entnehmen wir als Beispiele des Weiteren folgende Ortsbezeichnungen[528]:

| | |
|---|---|
| Bach | Hobol: Hubel |
| Boden: Standplatz des Heiligtums «Madonna del Boden» | Milli: Mühle |
| | Rondomotto: runde Matte |
| Bodahirmi: Boden + Hirmi für «Raststätte» | Stoko: Baumstrunk |
| | Stutz: Steilhang |
| Breitomatto: breite Matte | Svendi: Weidestriche |
| Breitawong: breiter Wang | Trengi: Tränke |
| Bronno: Brunnen | Twerschi: Walserdeutsch |
| Dorf | Twerg: Zwerg |
| Eyehorn: heja hora= hohes Horn (entstellte Schreibform: Eyehorn) | Ulmi: Allmende |
| | Vildi: Wildi |
| Grobo: Graben | Wosser: Wasser |
| Hitti: Hütte | |

## Ornavasso heute

Ornavasso liegt 215 m ü. M. in der Provinz Novara und ist eine Ortschaft des Ossolatales. Es erhebt sich rechtsseitig des Flusses Toce und liegt wie ein Fächer ausgebreitet zu beiden Seiten des Flüsschens San Carlo inmitten voralpiner Berge. Der Fluss San Carlo teilt den Ort in zwei Teile: Roll und Dorf. Das ausgedehnte Städtchen hat eine Fläche von 2587 ha und weist eine Bevölkerungszahl von 3500 auf. Es hat Bahnverbindungen nach Domodossola, Novara und Mailand. Die Staatsstrasse führt nach Turin und zum Simplon.

Die Auskunftsbüros nennen als touristische Attraktionen: das «Oratorium Madonna del Bosco» (12. Jh.), das «Sanctuarium Madonna del Boden» (16. Jh.), die «Pfarrkirche San Nicolao» (16. Jh.), das «Sanctuarium della Guardia» (17. Jh.) sowie ver-

*Ornavasso heute.*

schiedene Marmorgruben, z.B. Candoglia, aus denen der Marmor für die Kartause und den Dom von Pavia gewonnen wurde. Beeindruckend in Ornavasso ist auch das «Museum des Widerstandes» (der Resistenza), das an die nationalsozialistische bzw. faschistische Zeit des Zweiten Weltkrieges erinnert. Die Verluste der Partisanen waren schmerzlich. Allein aus der Zone Mottaroni (Baveno, Omegna und Ornavasso) fielen 357 Kämpfer.[529]

# Traditionelle Freundschaftstreffen
## Von den Anfängen bis heute

Die ersten Freundschaftstreffen zwischen Naters und Ornavasso dürften nach Moritz Gertschen bereits um das Jahr 1910 stattgefunden haben. Es war die Zeit des Natischer Pfarrers und Historikers Dionys Imesch, als sich die geistliche und weltliche Behörde entschloss, die «ennetbirgischen Brüder» zu besuchen, um die verwandtschaftlichen Bande neu zu knüpfen und die Geschichte zu erforschen. Ursprünglich waren es jeweils kleinere Gruppen, die sich gegenseitig sporadisch besuchten.

Diese Begegnungen wurden durch den Ersten Weltkrieg unterbrochen und es dauerte bis 1928, als unter Präsident Alfred Gertschen rund 150 Teilnehmer zu einer Fahrt nach Ornavasso starteten.[530] Der Chronist Moritz Gertschen (1901–1975) weiss zu berichten, dass die Natischer von der ganzen Bevölkerung mit Begeisterung empfangen wurden. Aber, so schreibt er weiter: «Noch viel stürmischer und enthusiastischer war der Abschied. Ein Menschengewoge staute sich vor dem Bahnhofgebäude, Blumen en masse wurden an die Scheidenden verteilt. Händedrücken, Musikklänge, Tücherwehen – und Ornavasso entschwand langsam den Blicken. (...) Jeder Gast erhielt in Ornavasso einen Trinkbecher mit Inschrift.»[531] Bereits 1930 erfolgte der Gegenbesuch der Ornavasser. Wegen Pass- und Devisenschwierigkeiten kamen nur 32 Personen nach Naters.[532] In diesem Jahr unterzeichneten die beiden Gemeinden einen Freundschaftsvertrag, in dem sie beschlossen, einander abwechslungsweise alle fünf Jahre einen Besuch abzustatten, und dies «auf ewige Zeiten»[533]. In den 1930er-Jahren nahm eine Gruppe von Ornavasso die Verbindungen wieder auf. Sie besuchte 1938 Naters in Begleitung von Cesare Jonghi Lavari, einem Pfleger der örtlichen Kultur.[534]

Durch die Zeitumstände bedingt, ruhten in der Folge die gegenseitigen Beziehungen bis zum Jahre 1950. Seither wechseln die Begegnungen der beiden Gemeinden im Fünfjahresturnus (Incontro quinquennale) in Naters und Ornavasso ab.

So haben wir seit 1950 folgendes Bild der Freundschaftstreffen:

## Spontaneität und Ehrungen

Höhepunkte der Feierlichkeiten bei diesen Treffen sind jeweils ein gemeinsamer, zweisprachiger Gottesdienst, die offiziellen Ansprachen der beiden Gemeindeoberhäupter, Geschenkübergaben sowie Vorführungen der Ortsvereine. Bei den Geschenken wählt man ortseigene Sujets, wie z.B. grossformatige Bilder der beiden Orte, Walliser Zinnkannen, Platten mit Wappen usw. 1990 schenkte das Patenpaar aus Naters, Margrit Salzmann

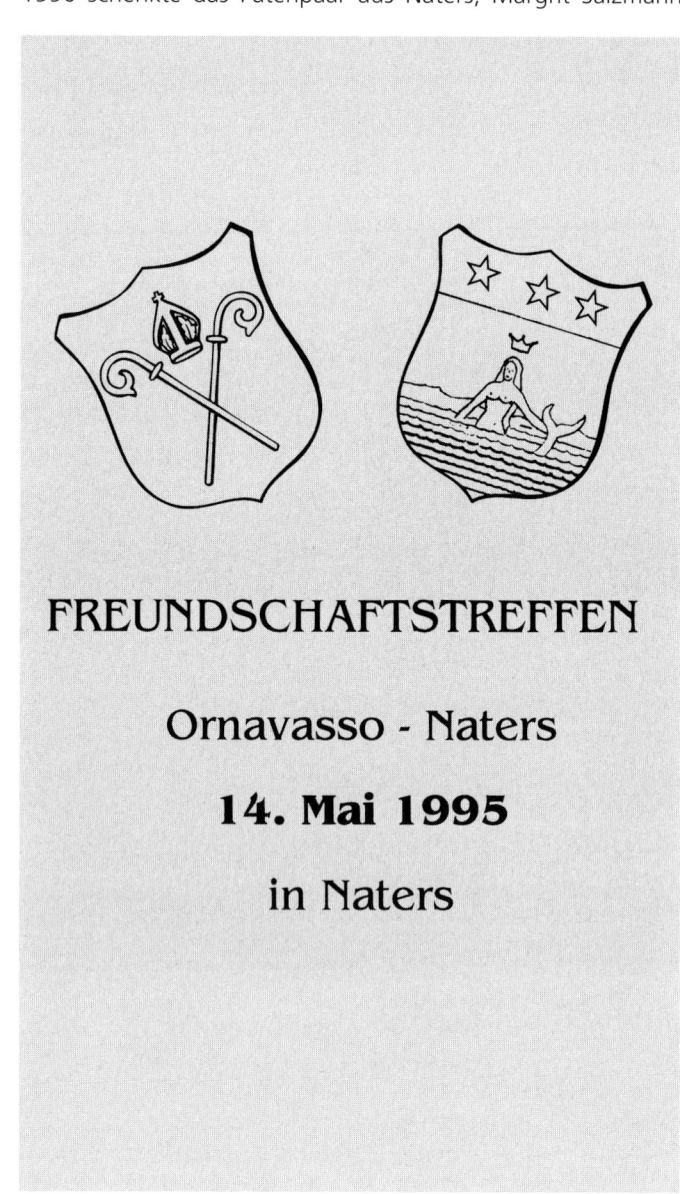

*Titelseite der Einladung zum Freundschaftstreffen in Naters, 1995.*

| Datum | Ort des Treffens | Präsident von Naters | Präsident von Ornavasso | Gäste |
|---|---|---|---|---|
| 10.10.1950 | Ornavasso | Meinrad Michlig | Mario Zucchi | 250 |
| 23.09.1956 | Naters | Meinrad Michlig | Dr. Giuseppe Moschini | 309 |
| 09.1960 | Ornavasso | Meinrad Michlig | Dr. Giuseppe Moschini | 400 |
| 23.05.1965 | Naters | Dr. Paul Biderbost | Dr. Giuseppe Moschini | 500 |
| 24.05.1970 | Ornavasso | Dr. Paul Biderbost | Francesco Piana Agostinetti | 600 |
| 08.05.1975 | Naters | Dr. Paul Biderbost | Celestino Rimello | 700 |
| 04.05.1980 | Ornavasso | Richard Gertschen | Giuseppe Farina | 600 |
| 28.04.1985 | Naters | Richard Gertschen | Giuseppe Farina | 874 |
| 20.05.1990 | Ornavasso | Richard Walker | Francesco Salina | 620 |
| 14.05.1995 | Naters | Edith Nanzer-Hutter | Ermelindo Bacchetta | 820 |

*Gipfelkreuz auf dem Eyehorn von Ornavasso, 1989 von Staatsrat Richard Gertschen gestiftet.*

und Markus Brunner, der Musikgesellschaft von Ornavasso eine Vereinsfahne.

1960 wählte man Präsident Meinrad Michlig zum Ehrenburger von Ornavasso, während der Sindaco von Ornavasso, Dr. Giuseppe Moschini, am 19. Mai 1965 von der Burgerversammlung zum Ehrenburger von Naters ernannt wurde. Moschini spendete der Gemeinde Naters 400 Franken.[535] Die Übergabe der Ehrenurkunde erfolgte im gleichen Jahr anlässlich des Treffens in Naters. Am 11. September 1983 konnte Präsident Richard Gertschen als Würdigung seiner Verdienste um die guten Beziehungen zwischen Naters und Ornavasso ebenfalls die Ehrenburgerschaft der italienischen Gemeinde entgegennehmen. Als Zeichen der Anerkennung dieser Ehre schenkte Richard Gertschen ein Gipfelkreuz, das 1989 auf dem Eyehorn (2131 m), dem höchsten Punkt der Gemeinde Ornavasso, aufgerichtet wurde. Das massive Holzkreuz trägt die sinnige Inschrift: «Lingua divisis – Corde unitis» [in der Sprache verschieden – im Herzen vereint] – R[ichard] G[ertschen] Naters«[536]. Die Natischer Burgerversammlung bezeugte nun ihrer Tochtergemeinde Ornavasso die gleiche Ehre, indem sie am 20. März 1985 den Sindaco Giuseppe Farina (*1945) zum Ehrenburger ernannte. Die Urkunde wurde ihm im selben Jahr beim Freundschaftstreffen in Naters überreicht.

Die Beziehungen der beiden Gemeinden bestehen nicht nur in den traditionellen Freundschaftstreffen. Auch sonst werden zwischen den beiden Verwaltungsbehörden, den kulturellen und sportlichen Vereinen verbindende Fäden gesponnen und gepflegt. Besonders die Musikgesellschaften beider Orte fanden sich schon des Öfteren zum frohen Musizieren zusammen.

Die Gemeinde Ornavasso lädt zudem seit Jahren jeweils am Kirchenfest «Maria del Boden» einen Natischer Verein als Gast ein. 1970 komponierte der Musikdirigent von Ornavasso, Signor Donato, speziell für Naters den Festmarsch «Ommagio a Naters», der in jenem Jahr von beiden Musiken in flotter Harmonie rassig gespielt wurde.

Im September 1983 verbrachten drei Schulklassen der Orientierungsschule von Naters eine Schulwoche in Ornavasso, während im Gegenzug im Februar 1985 fünf Schulklassen von Ornavasso in Naters weilten, um Land und Leute näher kennen zu lernen.

1985 ehrten etwa 40 Ornavassesi mit einer bergsportlichen Leistung das Freundschaftstreffen der beiden Gemeinden in Naters. Aufgeteilt in drei Gruppen gelangten sie über den Monte Moro, den Geisspfad und den Simplon nach Naters, wobei sie die volle Strecke von Ornavasso aus gänzlich per pedes zurücklegten. Mit einer anerkennenswerten Leistung würdigte auch eine Jugendgruppe die Freundschaft. Ebenfalls zu Fuss bewältigte sie ihre anspruchsvolle, 98 Kilometer messende Wanderung über den Simplon. Sie trug in einem stafettenähnlichen Marsch mit Fackeln das Freundschaftsfeuer von Ornavasso nach Naters. – Als Zeichen der Freundschaft pflanzten die Ornavasser 1985 beim Ornavassoturm einen Ahornbaum. Im selben Jahr drehte das Schweizer Fernsehen einen 20-minütigen Film über das Treffen der beiden Gemeinden in Naters und auch das staatliche italienische Fernsehen war mit von der Partie.

Am 6. Dezember 1987 feierte die Pfarrei San Nicolao von Ornavasso das 400-jährige Bestehen. Eine Natischer Delegation war bei den Feierlichkeiten der Jubilarin zugegen. Am 19. Mai 1990 schrieb ‹Il Popolo dell'Ossola› in Hinblick auf das am folgenden Tag stattfindende Freundschaftstreffen in Ornavasso: «*L'incontro fra le popolazioni di Ornavasso e Naters di domenica 20 maggio è un evento di grande interesse, non solo per il corollario di manifestazioni folcloristiche, culturali e gastronomiche, ma soprattutto per il messaggio che trasmette, perchè si fa portavoce di una volontà di incontro e di legame non istituzionalizzata ma radicata nella consuetudine, nella spontaneità, nella modernità istintiva in cui si è trasformato il particolarismo geloso dei coloni di sette secoli fa.*» (= *Das Zusammentreffen der Bevölkerung von Ornavasso und Naters, das am Sonntag, dem 20. Mai, stattgefunden hat, ist ein Ereignis von bedeutender Tragweite, nicht nur für das Korollarium der folkloristischen, kulturellen und gastronomischen Kundgebungen, sondern auch für die Botschaft, die dieses Treffen aussendet, da es sich zum Sprachrohr gemacht hat für den Begegnungswillen und die Freundschaftsbande, die der Gepflogenheit, der Spontaneität und der instinktiven Modernität entsprungen sind, in die sich der Partikularismus, der vor sieben Jahrhunderten die damaligen Siedler beflügelte, verwandelt hat. Übers. von Professor Ivan Michelitsch, Naters.*)

Präsident Richard Walker brachte im genannten Jahr die jeweilige Stimmung bei solchen Treffen auf den Punkt: «Liebe Ornavassesi! Ihr seid eine Völkermischung, eure Wurzeln reichen zurück bis in den Natischerberg, euer Blut und Geist ist durchmischt mit dem italienischen Temperament. Von beiden habt ihr nur das Beste, dies macht euch so sympathisch und darum fühlen wir uns so eng mit euch verbunden.»

In den innersten Tiefen der Volksseele empfinden die Ornavasser noch heute eine ausgesprochen herzliche Sympathie für ihren Ursprungsort Naters, was bei den gegenseitigen Besuchen, die zu wahren Volksfesten geworden sind, stets beredt zum Ausdruck kommt.

# Landschaft

## Gemeindeterritorium

### Fläche und Lage

Gemäss dem Bericht des «Statistischen Amtes des Kantons Wallis» von 1996 hat die Gemeinde Naters folgende Flächenverhältnisse: Gesamtfläche 10 126 ha (nach der Arealstatistik von 1972: 10 147 ha), davon bestockte Fläche 852 ha, landwirtschaftliche Nutzfläche 1792 ha, Siedlungsfläche 158 ha und unproduktive Fläche 7324 ha.

Naters ist die grösste Gemeinde des Bezirkes Brig, die siebentgrösste des Kantons (2,8-mal grösser als der Kanton Basel-Stadt) und wird in der Fläche nur von drei anderen Oberwalliser Gemeinden übertroffen (Zermatt: 24 336 ha; Fieschertal: 17 134 ha und Saas-Almagell: 11 052 ha). Naters liegt 673 m ü. M. Die höchste Erhebung ist das Aletschhorn mit 4195 m. Naters ist mit einer Differenz von 3522 Metern die Gemeinde mit dem grössten Höhenunterschied in der Schweiz. Es gibt wenige Oberwalliser Gemeinden, in denen sich Vielfalt, Wechsel und Gegensatz vereinen und durchdringen wie in Naters. Hier berühren sich Berg und Tal, Öde des Gebirges und Fruchtbarkeit der Wälder, Wiesen und Äcker, wächst eine stattliche Zahl Berggipfel in den Himmel und treibt im Tal die Rebe ihre Schösslinge.

### Grenzen

Die nachfolgenden Ausführungen stützen sich auf Angaben der kantonalen Dienststelle für Vermessung sowie der Gemeindeverwaltung. Naters grenzt an zehn Gemeinden: im Süden an Termen und Brig-Glis, im Westen an Birgisch, Mund und Baltschieder, im Norden an Blatten/Lötschen und im Osten an Bitsch, Ried-Mörel, Betten und Fieschertal.

Es folgt nun der detaillierte Grenzverlauf des Gemeindeterritoriums in Worten. Wir beginnen am linken Ufer des Rottens. Unterhalb des Rafji, wo ein Markstein vorhanden ist, treffen sich die Gemeinden Naters, Brig-Glis und Termen. Von dort verläuft die Grenze links des Rottens rund 850 m bis zur Höhe des Autoverladhäuschens, von da Mitte Rotten westlich bis zum Mundbach, dann den Mundbach hinauf bis an die Driestneri oberhalb der Lötschberglinie. Von dort zieht sich die Grenze zwischen Birgisch und Naters östlich über den obersten Felsrand oberhalb der Lötschberglinie hin in Richtung Rossegga, folgt hier dem Milchbach entlang aufwärts bis zum Ober-Schitter, dann weiter zur Nesselalp, wendet sich wieder nordöstlich am Rand des «Hohgebirges» entlang bis in die «Teifu Schlüocht» und von da in gerader Linie bis zum Foggenhorn. Dann bilden Berge die Grenze: Foggenhorn–Unterbächhorn–Nesthorn–Breithorn–Schinhorn–Sattelhorn–Aletschhorn.

Im Osten geht die Grenzlinie vom Punkt unterhalb des Rafji aus bis Mitte Rotten, diesen östlich entlang bis zur Massaschlucht und diese hinauf bis zum Aletschgletscher. Dann verläuft die Grenze mitten durch den Aletschgletscher, biegt rechtwinklig zum Mittelaletschgletscher ab und geht von dort hinauf bis zum Aletschhorn, wo sich die Grenze von der Nordwestseite her schliesst.

*Grenzstein der Gemeinden Brig, Naters und Termen unterhalb des Rafji (bei der Halle D), mit den Initialen der Gemeinden «BNT».*

## Strittiges Gebiet östlich und nördlich des Mittelaletschgletschers

### Überzeugung der Natischer – was die Urkunden erzählen

Die allgemeine Überzeugung der Natischer geht während des ganzen 20. Jahrhunderts dahin, dass die Grenzlinie für die Gemeinde Naters mitten durch den Aletschgletscher (um Olmen herum) zum Konkordiaplatz über den Grossen Aletschfirn und die Lötschenlücke zurück zum Sattelhorn verläuft. Nicht wenige Natischer sind sogar der Überzeugung, dass sich der Grenzverlauf für Naters vom Konkordiaplatz in Richtung Kranzberg–Lauitor und auf der Bergkette zurück zur Lötschenlücke und zum Sattelhorn erstreckt. Man habe früher, so wird argumentiert, in der Schule stets gelehrt, dass Naters an den Kanton Bern grenze.

Es ist ein Gebiet, auf das neben Naters auch die Gemeinden Fieschertal und Betten Anspruch erheben.

Über das genannte umstrittene Gebiet gibt es aus früheren Jahrhunderten, vor allem über Olmen, eine Reihe von Urkunden, die wir im Kapitel «Alpen», Abschnitt «Inner-Aletsch», darlegen. Aus diesen Schriftstücken geht hervor, dass die Gemeinden Naters und Rischinen von 1468 bis 1525 von den Alpen Driest, Zenbächen und Olmen für 35 Kühe Alprecht erwarben. Die gekauften Kuhrechte erstreckten sich meistens gleichzeitig auf alle drei Alpen, die also eine Einheit bildeten, weshalb wir auch die Bezeichnung «gemeine» Alpen vorfinden.

**Grenzen der Gemeinde Naters**
— Sichere Grenze
--- Umstrittene Grenze

1641 kauften die Gemeinden Ried, Bitsch und Greich von den Gumpern Naters und Rischinen einen Viertel der Olmenalp, den sogenannten «Bifigerviertel»⁵³⁷. Da Naters und Rischinen bis 1525 im Driest, in Zenbächen und Olmen 35 Kuhrechte kauften und da es nach 1641 keine rechtliche Veränderung mehr gab, ist es folgerichtig, dass Naters ausserhalb des «Bifigerviertels» einen wichtigen Teil der Olmenalp beanspruchen und nutzen kann. Es erweckt den Anschein, dass die Gumperschaften Naters und Rischinen die anderen Gemeinden auf einen Viertel, eben den «Bifigerviertel», abdrängten, wo diese getrennt (bifig = umzäunt) für sich alpen konnten.

Das Burgerreglement vom 22. Mai 1962 nennt in Artikel 6 als Eigentum der Burgerschaft Naters: die Alpen Bel, Lüsgen, Aletsch und *Anteil Ulmen* (Olmen). Die Olmen-Schäfer müssten demzufolge ihr Weidgeld an Naters, Ried-Mörel, Bitsch und Greich entrichten, nicht nur an Ried-Mörel und Bitsch, wie dies bisher der Fall gewesen ist.

*Gebrüder Albert (links) und Ambros Salzmann mit ihren Schafen in Olmen bei den Pferchen.*

## Gutachten von Professor Dr. Louis Carlen

Im Auftrag der Gemeinde Naters verfasste Universitätsprofessor Dr. Louis Carlen, Brig, im Februar 1981 ein 17-seitiges «Gutachten über die Eigentums- und Territorialverhältnisse von Olmen». Carlen geht darin näher auf das Urkunden- und Kartenmaterial ein und fasst die Grenzdiskussion im 20. Jahrhundert zusammen. Diesem Gutachten entnehmen wir die wichtigsten Punkte:

«*Man gewinnt den Eindruck, dass Naters sich als Gemeinde bewusst in den fraglichen Gebieten festsetzen wollte, was auf gemeindliche Territorialhoheit hindeutet. Ein absolut schlüssiger Beweis für eine Aufteilung des Territoriums [im Olmengebiet] lässt sich aus dem Urkundenmaterial nicht erbringen. (...) Wenn in den genannten Dokumenten [nämlich in Bezug auf die Wälder, die Naters am linken Massaufer auf Gemeindeterritorium Bitsch besitzt] die Massa als Zendengrenze genannt wird, kann man sich auf den Standpunkt stellen, dass der Grosse Aletschgletscher als die natürliche Fortsetzung des Flusses ebenfalls die Territorialgrenze zwischen den Mörjer Gemeinden und Naters bildet, womit das heutige Gebiet von Olmen in das Territorium von Naters fallen würde. (...)*

*Es ist interessant, dass die Volksüberlieferung, wie sie sich in den Sagen niedergeschlagen hat, die Ausrichtung von Olmen auf Naters belegt. So wird Olmen, von dem die Sage berichtet, es sei einst ein stattliches Dorf gewesen, als zu Naters kirchhörig betrachtet, also nicht etwa zur alten Pfarrei Mörel. Von den Dörfern Aletsch und Olmen sollen alljährlich sieben bemantelte Herren und 25 in weisses Landtuch gekleidete Vorbräute zum Fronleichnamsfest nach Naters gekommen sein.*⁵³⁸ *Wenn dies in unserem Fall für Olmen auch nicht durch Urkunden belegt werden kann, deutet die Volksüberlieferung aber doch auf Naters hin. Die Übereinstimmung von Pfarr- mit Gemeindegrenzen ist eine bekannte historische Erscheinung. (...)*

*Von Landkarten des 20. Jahrhunderts ist keine rechtsverbindliche Auskunft zu erwarten und sie wird auch nicht gegeben. Wohl haben sich die Mörjer Gemeinden an einer Konferenz mit der Gemeinde Naters am 20. Oktober 1907 ‹auf die Grenzen der Walliserbezirkskarte› gestützt. Das wurde aber von Naters bestritten und der Vorsteher des kantonalen Erziehungsdepartementes erklärte sich am 6. Oktober 1909 bereit: ‹Die fragliche Karte wird in nächster Zeit ersetzt werden und wird in der neuen Ausgabe den Wünschen der Gemeindeverwaltung von Naters so weit tunlich entsprechen werden.› Da das nicht geschah, schrieb der Vorsteher des Erziehungsdepartementes, wohl auf die Intervention von Naters hin, am 27. September 1911: ‹Die Frage der Bezirksgrenzen zwischen den Gemeinden Naters und denjenigen des Bezirkes Mörel, auf der neuen Schulkarte, wurde vom Staatsrate geprüft, welcher sich folgendermassen geäussert hat: Da die Grenzdifferenzen nicht erledigt sind, so solle die Schulkarte die alten Grenzen als Grundlage nehmen. Die in der Schulkarte bezeichneten Grenzen seien aber keinesfalls massgebend im Falle von Grenzstreitigkeiten.› (...) Eine verbindliche Kraft ist der genannten Karte, die bloss eine Schulkarte ist, nicht zuzusprechen. Sie wurde auch stets von Naters bestritten, wie die vorliegende Korrespondenz aus dem 20. Jahrhundert zeigt.*»

Der Historiker Dionys Imesch bemerkt 1908 hierzu: «Die Schulkarte von Wallis und die Kartenskizzen des Geograph. Lexikons der Schweiz, Bd. I, S. 348 (Brig), und Bd. IV, S. 91 (Raron), geben die Bezirksgrenzen ganz unrichtig.» Imesch meint ausserdem: «Nach der natürlichen Lage möchte wohl die Mitte des Grossen Aletschgletschers in seiner Länge und dann die Massa die östliche Grenze bilden.»⁵³⁹ Und Wildhüter German Jossen (1907–1985) sagte stets: «Olmen gehört zu Naters.»

Der Gutachter Carlen weiter: «*Eine Zusammenfassung der Diskussion im 20. Jahrhundert, wie sie sich aus den Akten ergibt, zeigt, dass die Gemeinde Naters stets ihre Gebietshoheit in Olmen behauptete und dass sie auch deswegen gegen die Bezirksgrenzen auf der Walliser Schulkarte eingesprochen hat. Aus den Schreiben des Staates geht hervor, dass dieser den fraglichen Karten keine Beweiskraft zuerkannte. Naters hat auf seinem Standpunkt, dass Olmen zu seiner Territorialhoheit gehört, auch an einer Sitzung mit den Vertretern des kantonalen Vermessungsamtes und den Mörjer Gemeinden am 10. August 1976 beharrt. An dieser Sitzung konnte unter den beteiligten Gemeinden kein Konsens über die territoriale Zugehörigkeit von Olmen erzielt werden. Die anderen Gemeinden konnten keine Beweise für eine Territorialhoheit ihrer Gemeinden über Olmen vorlegen.*

*Die Verpachtung von Olmen an den Schweizerischen Bund für Naturschutz durch die Gemeinden Ried-Mörel und Bitsch für 90 Fr. pro Jahr berührt u.E. die Territorialhoheit nicht; es geht hier lediglich um die Verpachtung privater Nutzungsrechte.*

*Jeder Private, der Eigentümer oder Nutzungsberechtigter ist, hat die Befugnis, solche Rechte zu verpachten. Die Gemeinden Ried-Mörel und Bitsch handeln hier als Vertreter. Wenn zur Errichtung eines Biwaks des SAC auf dem Mittelaletschgletscher 1977 mehrere Gemeinden ihre Zustimmung erteilten, geschah das aus rein praktischen Gründen, um die Erstellung der Anlage nicht zu behindern und um kein Präjudiz für die Territorialhoheit einer einzelnen Gemeinde aufkommen zu lassen.»*

## Langjährige Grenzdiskussion: Naters - Brig

Zwischen 1906 und 1938 erörterten die Gemeindeväter von Naters in nicht weniger als 23 Sitzungen die Grenzfragen auf dem Bahnhofareal innerhalb der Gemeinden Naters und Brig. Die folgenden Ausführungen sind im Allgemeinen den Gemeinderatsprotokollen entnommen.[540]

Die Zwistigkeiten begannen 1906. Drei Jahre später, am 15. Februar 1909, hält der Gemeinderat von Naters fest, dass die Gemeindegrenze von Naters «durch die Mitte des alten Rhonebettes» gehen soll, so wie sie im grossen Plan durch Geometer Carl Jordan eingezeichnet sei. Beim Bau des Simplontunnels (1898–1906) wurde das Rhonebett bei Brig und Naters teilweise verlegt, so dass von da an die Grenzen zwischen beiden Gemeinden strittig waren.

So richtig ins Rollen kam die Angelegenheit im Jahre 1910, als es um die Steuerabgaben von Arbeitern auf dem Bahnhof Brig ging. Damals wurden die Steuern nicht aufgrund des Wohnortes erhoben, entscheidend war der Ort des Arbeitsplatzes. Naters behauptete nun, dass sich ein kleiner Teil des «Bahnkörpers» von Brig auf Natischer Gebiet befinde und verlangte von den Weichenwärtern eines Stellwerkes die Steuern. Dagegen protestierte Brig und betonte, dass diese Angestellten zum Bahnpersonal des Bahnhofs Brig gehörten; «einen Bahnhof Naters kennen wir ja nicht und existiert nicht».[541]

Die Gemeinde Naters sah keinen anderen Ausweg, als die Grenzfrage nach vorausgegangener Zustimmung durch die Urversammlung an das kantonale Verwaltungsgericht weiterzuziehen. Sie wurde durch den Advokaten Dr. Rudolf Metry, Leuk, vertreten. In zwei Denkschriften legte die Gemeinde ihren Standpunkt dar. Sie beinhalten im Wesentlichen Folgendes:

1. Die Gebietsgrenzen waren «seit urdenklichen Zeiten durch die alten Ufer der Rhone gebildet», verliefen genau genommen «in der Mitte des alten Rhonebettes». Eine Urkunde vom 23. Februar 1810 sowie andere Belege wurden als Beweismittel herbeigezogen.
2. Anlässlich der Konferenz in Brig vom 3. Mai 1897, bei der die Gemeinden Naters und Brig zusammen mit den Verantwortlichen des Simplontunnelbaus tagten, wurde der Gemeinde Naters das strittige Gebiet zugesprochen.
3. Drei Situationspläne sollten die Beweise erhärten.
4. Naters übte auf dem strittigen Gebiet stets die Steuerhoheit aus.

Diesen Ausführungen hielt die Gemeinde Brig, für die Advokat Josef Escher, der spätere Bundesrat aus Simplon-Dorf in Brig, fungierte, folgende Punkte entgegen:

1. Naters nennt mit keinem Wort, wo die alten Ufer gewesen sind. Man müsse wissen, dass die Rhone bis zur Eindämmung sich ihren Weg in fünf bis sechs Armen bahnte.
2. Brig hat fortwährend gegen die auf dem strittigen Gebiet von Naters erhobene Steuerhoheit protestiert.
3. Zwischen den beiden Gemeinden existiert keine bestimmte Grenze; die einzig richtige Grenzlinie ist «die korrigierte Rhone».
4. Brig legte als Beweisstücke drei Protokolle, fünf Briefe und vier Pläne vor.

Wir können in diesem Rahmen auf die recht komplexe Materie, die im kantonalen Gerichtsurteil vom 29. Februar 1916 auf 16 Seiten des Langen und Breiten dargelegt wird, nicht näher eintreten, sondern müssen uns auf das Ergebnis beschränken.[542]

Am 3. Juni 1914 gab die Gemeinde Brig vor dem Instruktionsrichter den bisher vertretenen Standpunkt auf, indem sie nicht mehr behauptete, es bilde die korrigierte Rhone die Territorialgrenze zwischen den beiden Gemeinden, «sondern diese werde durch eine von einem nördlich vom Installationsgebäude gelegenen Grenzstein ausgehende bis zur Mitte der alten Rhonebrücke reichende gerade Linie gebildet». Aufgrund der von beiden Parteien vorgelegten Beweismittel folgerte das Verwaltungsgericht, «dass die Gemeinde Naters ihr Begehren rechtlich nicht darzutun vermocht hat [widersprüchliche Zeugenaussagen und ‹ziemliche Zugeständnisse› zweier Personen], währenddem die Gemeinde Brig ihre Schlüsse bezüglich der Abmarchung zwischen den beiden Gemeinden gerechtfertigt hat».

Am 29. Februar 1916 sprach das Kantonsgericht folgendes Urteil:

*1. Die Gebietsgrenze zwischen Brig und Naters ist vom Grenzstein unterhalb des Installationsgebäudes in gerader Linie bis zur Mitte der alten Rhonebrücke als definitiv zu erachten.*
*2. Die Gemeinde Naters trägt zwei Drittel und die Gemeinde Brig einen Drittel der Kosten des Verfahrens.*

Dass auch Brig zu einem Drittel der Kosten verurteilt wurde, begründete das Gericht dahingehend, dass «das winkelzügige Verfahren der Beklagten» auf die Kostenverteilung einen Einfluss gehabt habe. Brig erachtete nämlich das Verwaltungsgericht als nicht zuständig, liess aber die betreffende Frist einer Einsprache verstreichen, was vermutlich den Ausdruck «winkelzügiges Verfahren» erklärt.

Gemäss Gemeinderatsprotokoll vom 20. November 1930 lud Brig die Gemeinde Naters ein, das Protokoll im Sinne des Gerichtsurteils zu unterschreiben. Das kam für Naters überhaupt nicht in Frage. Im Gegenteil, die Verwaltung dachte allen Ernstes daran, das Verfahren wieder aufzunehmen, denn «es ist keine Spanne Boden abzutreten; wenn die Grenzen nicht gut sind, ist dies ein bleibendes Denkmal eines ungerechten Urteils. Wir haben dieses Urteil ständig als Unrecht empfunden und werden ein solches nie unterschreiben». Nachdem Naters die Revision des Gerichtsurteils beantragt hatte, teilte die kantonale Kommission zur Schlichtung von Grenzstreitigkeiten 1932 der Gemeinde mit, dass sie zu einer Wiederaufnahme des Prozesses nicht bereit sei, da ein Urteil des Verwaltungsgerichtes vorliege. Auch Advokat Metry gab 1933 der Gemeindeverwaltung den Rat, keine weiteren Schritte zu unternehmen, da das Urteil des Verwaltungsgerichtes ein definitives sei.

Ein Jahr später drängte Brig die Gemeinde Naters erneut, das Grenzprotokoll zu unterschreiben. Darauf antwortete die Natischer Verwaltung im Januar 1935 kurz und bündig: «Naters wird das Unrecht nie gutheissen und somit nicht unterschreiben.» Dasselbe teilte man im gleichen Jahr auch dem Instruktionsgericht mit, das ebenfalls eine Aufforderung zum Unterschreiben des Vermarchungsprotokolls angeordnet hatte. Hingegen unterschrieb die Gemeinde Naters Anfang 1938 das Grenzprotokoll mit Termen, worin es heisst: «Wir anerkennen den gemeinsamen Grenzstein mit der Gemeinde Termen, mit Brig anerkennen wir diesen Grenzstein nicht.»

# Klima

Die Verteilung der Winde hat neben der Meereshöhe den grössten Einfluss auf die Temperatur und die Niederschlagsverhältnisse. Der Natischer Berg ist den Winden wegen seiner Lage wenig ausgesetzt. Kalter Nord- oder Nordostwind ist selten. In der Ebene und speziell entlang des Rottens hingegen weht oft ein kräftiger Westwind. Einen starken Einfluss hat der Föhn (vom Simplon kommend), der die Temperatur namentlich im Frühjahr stark nach oben treibt, den Schnee zum Schmelzen bringt und die Vegetation günstig beeinflusst.

Entspechend den Winden ist die Temperatur im Allgemeinen mild. Dies spiegelt sich in der Vegetation wider; der Nussbaum wächst bis auf ca. 1100 m ü. M. und auf 900 m ü. M. gibt es noch Edelkastanien. Hier spielt natürlich auch die südliche Exposition eine grosse Rolle. Die mittlere Jahrestemperatur beträgt ca. acht Grad Celsius (Januarmittel minus vier Grad, Julimittel plus 15 Grad Celsius). Die ersten Nachtfröste sind Anfang Oktober zu erwarten, die letzten Spätfröste Mitte Mai.

Was die Niederschläge betrifft, liegt Naters in der Mitte zwischen dem sehr regenarmen Mittelwallis und dem Goms mit bedeutend höheren Niederschlagsmengen. Die jährliche mittlere Niederschlagsmenge beträgt etwa 900 mm. Die regenreichste Zeit des Jahres ist im Herbst mit ungefähr 30 Prozent der Jahresmenge. Am trockensten sind die Monate Juli und August.[543]

# Geologie

Geologe Dr. Theo Lauber, Naters, gibt auf Wunsch des Verfassers folgende Kurzfassung über die geologischen Verhältnisse auf dem Gebiet der Gemeinde Naters wieder:

## Der Talgrund

*Betritt man von Brig herkommend den Boden der Gemeinde Naters, trifft man vorerst nicht auf Felsen, sondern auf Schotter, Kiese und Sande. Es sind dies Ablagerungen des Rottens im flachen Talgrund und die des Kelchbaches auf seinem Schuttkegel, der bis hinauf zum Klosi reicht. Diese Flüsse haben den Taltrog von Naters bis auf das heutige Niveau aufgefüllt. Die Mächtigkeit dieser Trogfüllung ist nicht bekannt, denn der darunter liegende Felsuntergrund wurde bis heute noch nicht angebohrt.*

## Über Rotten und Kelchbach

*Dass der Rotten nicht immer in seinem heutigen Bett floss, ist noch allgemein bekannt (erste Rottenkorrektion 1873–1875). Zuvor floss er über den Natischer Talgrund, wo immer er gerade seinen Weg fand. Weniger bekannt sein dürfte, dass auch der Kelchbach wohl nicht immer seinem heutigen Lauf gefolgt ist. Auf der Höhe der Brücke zwischen der Wieri und dem Moos hat sich der Flusslauf vergabelt und ein grosser Teil des Wassers ist über das «Hutmacher-Chi» ins Klosi abgeflossen, bevor sich dann der Fluss endgültig tiefer in sein heutiges Bett eingeschnitten hat. Für diese Annahme sprechen der geringe Höhenunterschied zwischen dem heutigen Flussbett und dem alten Abfluss am Vergabelungspunkt, die mächtige Ausbildung der Schlucht oberhalb der Strasse nach Birgisch, die nicht von der heutigen Wassermenge geschaffen worden sein kann, sowie die Form und Ausrichtung des Schuttkegels in Naters selber, der mehr auf den Schluchtausgang im Klosi und nicht auf den heutigen Flusslauf ausgerichtet ist.*

## Der Natischer Berg

*Folgt man der Strasse von Naters nach Blatten, trifft man allerdings schnell auf die ersten Felsen. Noch im Bereich der Häuser von Naters beginnt die Gegend der Gneise, die im Natischer Berg dominieren. Sie tun dies, obwohl sie nicht über das ganze Gebiet gleich zusammengesetzt sind, also Unterschiede in der Mineralzusammensetzung aufweisen, sich mit Schiefern abwechseln und in sich eine ganze Reihe von unterschiedlichen Gesteinsarten einschliessen.*

*Von den verschiedenen Gneisen seien hier nur die Augengneise erwähnt. Sie sind gut zu erkennen und heissen so, weil weisse Feldspatkristalle, die bis ein cm gross werden können, wie Augen aus der dunkleren Masse des Gesteins hervorschauen. Augengneise sind typisch für die Felsrücken am Rande des Blindtals und das Gebiet Ahori–Blatten. Auf der Westseite des Kelchbaches bilden sie die steil aufragenden Felswände zum «Hohgebirg».*

*Einzig im Gebiet Mehlbaum–Blindberg wird die Vormachtstellung der Gneise unterbrochen. Von hier zieht eine Grüngesteinslinse von mehreren hundert Metern Breite hinüber bis in die Massaschlucht und in die Flanke des Riederhorns. Dieses Gestein ist wegen seiner grünen Farbe ebenfalls leicht von den meist grauen Gneisen zu unterscheiden. Zu der grossen Gruppe der Grüngesteine gehört auch der Gilt- oder Ofenstein, der an verschiedenen Orten vorkommt.*

*Die Gneise und die mit ihnen zusammen auftretenden Gesteine des Natischer Berges gehören zum Altkristallin des Aarmassivs. Der Name «Altkristallin» besagt, dass diese Gesteinsserien sehr alt sind und lange vor der Entstehung der Alpen bereits vorhanden waren. Zusammen mit den um viele Millionen Jahre jüngeren Gesteinen, dem weiter unten beschriebenen zentralen Aare-Granit, wurden sie dann während der Bildung der Alpen erneut zum Gebirge aufgetürmt. Diese Bewegung dauert auch heute noch an. Sie wurde durch geodätische Präzisionsmessungen nachgewiesen und beträgt im Aarmassiv ein mm/Jahr.*

*Das Aarmassiv selber erstreckt sich gegen Süden bei Naters nur bis an den Rotten. Jenseits des Rottens beginnt eine komplett neue geologische Situation. Daraus erklärt sich auch der auf beiden Seiten des Rottens gänzlich unterschiedliche Landschaftscharakter.*

## Von Blatten auf die Belalp

*Der Hang hinauf zur Belalp oberhalb der Linie Blatten–Rischinen besteht aus einer mächtigen Sackung. Die gesamte Hangpartie ist nach dem Rückzug des Gletschers mehr oder weniger zusammenhängend zu Tal gerutscht. Die Gneise, die unter dem oberflächennahen Lockermaterial auch hier den Hang aufbauen, sind durch die Sackungsvorgänge zerbrochen und in ihrem Zusammenhalt gestört. Das ist die Ursache für die Bildung des Bruchjis. Bestünde der Untergrund aus gesundem, ungestörtem Fels, würde das Wasser hier als Wasserfall zu Tale schiessen. Da der Untergrund aber eben zerbrochen und aufgelockert ist, kann sich das Wasser leicht in den Boden einfressen und bei Hochwasser gewaltige Gesteinsmassen in Form von Murgängen mitreissen, die dann bekanntlich für Blatten und Naters eine grosse Gefahr darstellen.*

## Das Hochgebirge

*Im Hochgebirgsraum, vom Grisig- bis zum Aletschhorn, kommt zu den Gneisen und anderen Gesteinen des Altkristallins eine* neue Komponente hinzu: der Zentrale Aare-Granit. Er ist entstanden aus Magma, das vor etwa 300 Millionen Jahren in die Klüfte im schon lange bestehenden Altkristallin eingedrungen ist. Seine grösste Breite von zehn km erreicht der Aare-Granit im Gebiet der Grimsel. Weiter im Westen gliedert er sich in drei Züge auf, von denen allerdings nur zwei das Gebiet der Gemeinde Naters erreichen.

Der Granit der nördlichen Zunge streicht vom Aletschhorn, ohne dessen Gipfelbereich über 3700 m ü. M., der noch aus Gneisen besteht, zum Wyss- und Schinhorn und von dort zum Nesthorn. Der südliche Zug, der Grisighorngranitzug, kommt von Osten zum Zenbächenhorn, dann zum Gross Fusshorn, streicht zwischen Sparrhorn und Hohstock durch, um schliesslich über die obere Belalp das Grisighorn zu erreichen.[544]

## Flora

Klima, Bodenzusammensetzung und Gesteinsformation bewirken, dass an einem Standort nur bestimmte Pflanzen wachsen können. Diese Pflanzen bilden zusammen charakteristische Pflanzengesellschaften.

An den Hängen oberhalb Naters bis gegen 1300 Meter dominieren *Fettweiden* und *-wiesen,* die von artenreichen Hecken umsäumt sind. Diese brechen den Wind, gleichen extreme Witterungsbedingungen aus und verhindern Erosion. In den Hecken leben viele Nützlinge wie der Neuntöter und die Goldammer, die sich von Schädlingen in der Umgebung ernähren. Viele Sträucher der Hecke dienen als Bienenweide.

Zwischen Hegdorn und Geimen ist die *Felsensteppe* reich ausgebildet. Seltene Orchideen, die gelbe Schafgarbe, die blaue Berg-Jasione und das Federgras mit seinen langen, schillernden Grannen fallen sofort ins Auge. Leider werden Teile der Felsensteppe im Natischer Berg von Schafen beweidet. Dadurch verarmt diese so reiche Pflanzengesellschaft, die Orchideen verschwinden.

Oberhalb Geimen überwiegt die *Rottanne* (Picea abies) oder Fichte, die bis zu 650 Jahre alt werden kann. Gut an diese speziellen Lebensbedingungen in Rottannenwäldern angepasst sind Farne, das Wald-Habichtskraut, der keilblättrige Steinbrech und viele Moose und Flechten.

Auf der Belalp finden wir *Moore,* die man an den Wollgräsern erkennt. Sie bilden im Sommer Köpfchen mit langen, weissen Borsten aus, die von weitem sichtbar sind. Moore gehören zu den seltensten Vegetationseinheiten im Wallis.

Häufig gibt es auf der Belalp oberhalb der Waldgrenze *Zwergstrauchheiden.* Wo der Schnee lange liegen bleibt, dominiert die Alpenrose. Der Zwerg-Wacholder vertritt die Alpenrose an steilen Südhängen und auf Graten. In diesen Zwergstrauchheiden sind auch die Heidel-, Preisel- und Moorbeere («Pfluderberini») sowie die Bärentraube und das Heidekraut häufig anzutreffen.

Auf der Belalp wechseln die Zwergstrauchheiden mit *Borstgrasweiden* ab. Diese sind farbenprächtig: Das Blau des stengellosen Enzians kontrastiert mit dem Gelb der Bergnelkenwurz, der Arnika und des Schweizer Löwenzahns. Der rote Alpenklee und das Männertreu duften von weitem.

In ungefähr 2400 m ü. M. löst der *Krummseggenrasen* die Borstgrasweide ab. Diese alpine, weit verbreitete Rasengesellschaft auf Urgestein mit Krummsegge, Bunthafer und kleinem Augentrost benötigt fünf Monate Aperzeit und winterlichen Schneeschutz.[545]

Auf dem Gebiet Bitschji–Geimerhorn weist die Trockenflora ei-

*Alpenrose.*

ne reiche Zahl von zum Teil sehr seltenen Pflanzenarten auf, so die südalpine Tulpe (tulipa australis) und die Weinbergtulpe, den Affodill, die gelbe Wicke, den Feigenkaktus, das Piemonteser Kreuzlabkraut, das bleiche Knabenkraut und andere.[546]

Am 29. Mai 1998 eröffnete die Gemeinde Naters den *Lehrpfad «Driesta».* Ausgangspunkt ist der Standort der ehemaligen Talstation der Luftseilbahn Naters-Birgisch, Z'Brigg. Ziel dieses Lehrpfades ist, der Bevölkerung, insbesondere der Schuljugend, die vielfältige einheimische Pflanzenwelt vor Augen zu führen. Der Lehrpfad «Driesta» wurde vom Forstrevier Massa erstellt und wird vom Forstrevier Bern-Lötschberg-Simplon-Süd unterhalten.

## Fauna

Der Natischer Berg, die Belalp sowie das «Üsser und Inner Aletschji» bieten einer vielfältigen Tierwelt Lebensraum. Dies schildert Wildhüter Bernhard Ruppen in einem für den Verfasser zusammengestellten Bericht, dem wir auszugsweise Nachfolgendes entnehmen.

*Hirsche* wurden im Natischer Berg in den 1970er-Jahren zum ersten Mal gesichtet. Heute leben im vorgenannten Gebiet 15 bis 20 Tiere. Im Winter halten sie sich vorwiegend in der Region Bitschji, Hegdorn, Moos, Birchegga auf und im Sommer in den «Weidjini» (westlich von Blatten) und im Tätschwald.

*Steinböcke* wurden Ende der 1950er-Jahre auf der Belalp ausgesetzt. Da diese Alp nur Sommereinstandsgebiet für Steinwild ist, wanderte dieses im Winter zurück ins Gredetschtal. Heute leben in den Sommermonaten am Hofat-, Grisig- und Sparrhorn ca. 50 bis 60 Stück Steinwild. Eine andere ganzjährige Steinwildkolonie lebt im Gebiet «Inner Aletschji–Blattheji». Diese zählt um die 20 bis 25 Tiere. Im Sommer zieht ein Teil dieser Kolonie nach Olmen und ein Teil ins Gebiet Oberaletsch–Torberg.

*Gämsen* sind sozusagen im ganzen Natischer Berg, auf der Belalp sowie im Äusseren und Inneren Aletsch beheimatet. Mit den beiden Banngebieten Hohgebirg und Aletsch–Nesthorn wird sichergestellt, dass auch die nächste Generation noch Gämswild beobachten und eventuell bejagen kann. Manchmal wandern Gämsen vom eidgenössischen Banngebiet Aletsch zum Überwintern ins Gebiet der Gemeinde Naters ab und einige bleiben hier. Auf Natischer Territorium leben heute etwa 200 bis 250 Stück Gämswild. Jährlich werden auf demselben Gebiet ca. 30 bis 35 Tiere erlegt, der grössere Teil von Natischer Jägern.

*Rehwild* gibt es im Natischer Berg um die 20 bis 25 Stück. Sie überwintern grösstenteils im Gebiet von Hegdorn, Moos und Birchegga. Vorwiegende Sommereinstandsgebiete sind «Weidjini», «Heji», Tätschwald, Lärchwald und Aletsch.

Der *Luchs* lebt im Natischer Berg nicht als sogenanntes Standwild, sondern er macht regelmässige Streifzüge durch dieses Gebiet. Meistens hinterlässt er seine Spuren durch das Reissen von Schafen und Ziegen sowie an Gämsen und Rehwild.

*Murmeltiere* kommen zwischen 1400 und 2800 Metern überall vor, der grösste Teil im Gebiet der Belalp und im «Üsser und Inner Aletschji». Es dürften wohl an die 300 bis 400 Stück sein.

Der *Feldhasenbestand* nahm in den letzten Jahren stetig ab; man kann aber doch noch einige beobachten. Der Schneehasenbestand jedoch bleibt stabil.

*Haarraubwild* ist im Natischer Berg ebenfalls beheimatet. Fuchs, Dachs und Steinmarder (Hausmarder) sind gut vertreten. Baummarder (Edelmarder) gibt es nur noch wenige Exemplare. Das grosse Wiesel («Härmji») ist im Bestand stabil.

Auch *Taggreifvögel* gibt es noch einige. Ein Steinadlerpaar hat seinen Horst im Massakin. Habichte, Bussarde, Falken und Sperber sind überall anzutreffen.

*Steinwild.*

*Murmeltiere im Belalpgebiet.*

Bei den *Nachtgreifvögeln* ist der Waldkauz am meisten verbreitet. Vereinzelt leben bei uns auch noch Uhus und Steinkäuze. Eichelhäher, Elstern, Kolkraben und Rabenkrähen sind im Übermass vorhanden.

Abschliessend sei noch Folgendes vermerkt: 1991 verirrte sich sogar ein Wildschwein in den Natischer Berg. Während zwei Monaten konnten die Spuren in den Gebieten Hegdorn, Horu und Bitschji verfolgt werden. Es wanderte im Frühjahr wieder ab.

## Wildhüter

Aus dem 20. Jahrhundert erwähnen wir hier zwei Natischer Wildhüter.

**German Jossen.** Er wurde am 10. April 1907 als Sohn des Moritz und der Maria Schmid geboren, vermählte sich 1938 mit Adele Zenklusen, war Vater von vier Kindern. Er starb am 15. April 1985. Als 1933 das eidg. Banngebiet Aletsch–Bietschhorn gegründet wurde, ernannte man ihn zum ersten vollamtlichen Wildhüter dieses Gebietes. 40 Jahre lang (1933–1973) hielt er diesen Posten inne.

Seine Hauptaufgabe bestand darin, den Wildbestand zu beobachten und Wildfrevel zu verhindern. Einmal musste er feststellen, dass ein Frevler drei Gämslein abgeschossen hatte. Ein andermal fand der Wildhüter ein «Bambi» (Rehkitz), das von Kindern angefasst worden war und deshalb vom Muttertier nicht mehr angenommen wurde. Er trug es nach Hause und pflegte es wie ein Baby. Der Schoppen bekam dem Rehlein so gut, dass es nach drei Monaten als strammes Jungtier freigelassen werden konnte. Sein eindrücklichstes Erlebnis mit Tieren, so erzählte Jossen, habe er um 1967 auf einer Tour nördlich des Bettmerhorns gehabt, wo er an einem einzigen Tag 250 Gämsen beobachten konnte. German Jossen ging als legendäre, beliebte und weiterum bekannte Persönlichkeit in die Geschichte der Bergwelt ein.[547]

Von 1973 bis 1986 walteten als Wildhüter zuerst Hermann Blatter von Brig-Glis und dann Stefan Kummer aus Mörel.

**Bernhard Ruppen.** Er kam am 30. August 1952 auf der Belalp als Sohn des Ernst und der Klara geb. Roten zur Welt, ehelichte Madlene geb. Werlen von Geschinen und ist Vater von zwei Mädchen. Seit 1986 im Amt, ist er verantwortlich für das Belalp- und Aletschgebiet sowie für einen Teil des Simplongebietes. Wie der obige Bericht zeigt, kennt der junge, engagierte Wildhüter sein Aufgabengebiet bestens.

*Bernhard Ruppen als Wildhüter auf der Trift. Im Hintergrund sieht man deutlich den Höchststand der Gletschermoräne. Aufnahme von 1993.*

# Der Grosse Aletschgletscher
## Bewegte Vergangenheit

Der Grosse Aletschgletscher[548] gehört dank seiner beachtlichen Dimension zu den imposantesten Eisströmen. Mit einer Fläche von 86,8 km$^2$ und einer Länge von 24,7 km (Werte 1973) ist er sowohl der grösste als auch der längste Alpengletscher Europas. Beim Zusammenfluss der Firnbuchten vom Grossen Aletschfirn, Jungfraufirn, Ewigschneefeld und Grüneggfirn am Konkordiaplatz bildet er einen 2000 m breiten und bis zu 900 m dicken Eisstrom (in den meisten Quellen wird diese Dicke genannt; nach anderen Autoren, z.B. Holzhauser, beträgt die Eisdicke 1000 m). Die spitz zulaufende Gletscherzunge endet auf 1554,6 m ü. M. (Wert 1986).

Wie alle Alpengletscher, so hat auch der Grosse Aletschgletscher eine im wahrsten Sinne des Wortes bewegte Vergangenheit hinter sich. Innerhalb der letzten 2500 Jahre sind acht grössere Vorstossphasen dieses Gletschers bekannt. Seit Beginn der jährlichen Vermessung im Jahre 1892 ist ein ununterbrochener Rückzug der Gletscherzunge feststellbar.

## Fossile Hölzer aus dem Gletschervorfeld

Im Laufe verschiedener Feldbegehungen im Vorfeld des Grossen Aletschgletschers ist von den Wissenschaftlern eine Vielzahl fossiler Hölzer (alte Hölzer) entdeckt worden. Nach Gletscherrückgängen fassten jeweils auf dem eisfrei gewordenen Gelände niedere Pflanzen und Bäume schnell Fuss, die dann bei einem erneuten Vorstoss vom Eis wieder zugedeckt wurden.

*Grosser Aletschgletscher, 24,7 km lang (Wert 1973).*

Nach mündlichen Aussagen von Natischern soll früher dank günstiger Klimabildungen im «Aletschji» ein Apfelbaum mit roten Äpfeln gestanden haben und auf der Riederalp ist angeblich ein Tisch verborgen, hergestellt aus dem Holz eines Nussbaumes, der in Gletschernähe gedeihen konnte.[549] Bei den bisher aufgefundenen fossilen Hölzern handelt es sich aber ausschliesslich um Nadelhölzer. Die Resultate der Untersuchung, kombiniert mit historischen und geländearchäologischen Befunden, beleuchten die Geschichte des Grossen Aletschgletschers während der letzten 2500 Jahre.

## Im Wandel der Jahrtausende
### Frühe Vorstösse

Vor rund 2500 Jahren war der Grosse Aletschgletscher kleiner als heute und am rechten Gletscherufer gediehen auf der Höhe von Zenbächen Lärchen. Vor ca. 2200 Jahren begann sich der Gletscher auszudehnen und überfuhr die Bäume.
Diese Aussage ist möglich, weil bei Zenbächen, in der Nähe des aktuellen Eisrandes, die Überreste von bis zu 280 Jahre alten Lärchen zum Vorschein kamen, die dort vor etwa 2500 Jahren standen.
Nach dem Ende dieses 2200 Jahre zurückliegenden Vorstosses schmolz das Eis wieder und der Gletscher zog sich zurück.

### Gletschervorstösse im Mittelalter

Zur Zeit des Mittelalters (etwa 500–1500 n.Chr.) stiess der Grosse Aletschgletscher viermal vor, im Mittel alle 200 bis 250 Jahre. Um 1350 ist sogar ein Hochstand zu verzeichnen.
Der erste mittelalterliche Vorstoss ereignete sich um 600. Der Gletscher dehnte sich von der etwa heutigen Ausdehnung bis zu einer Länge aus, wie er sie auch um 1920 wieder erreichte. Danach trat eine Schwundphase ein; das Zungenende verlagerte sich talaufwärts, weiter als dies heute der Fall ist. Vermutlich wies der Gletscher damals die minimalste Ausdehnung auf, die er innerhalb der letzten 1500 Jahre je hatte. Nahe dem aktuellen Gletscherende, in momentan noch vegetationslosen Felsrinnen am Ausgang der Oberaletschschlucht, wuchsen damals Lärchen.
Um das Jahr 750 bewegte sich der Eisstrom einmal mehr talabwärts, überfuhr erst die Lärchen unmittelbar vor der Gletscherstirn und erfasste um 850/900 auch die höher gelegenen Bäume an der linken Talflanke. Kurz nach 900 fand der erwähnte Vorstoss seinen Abschluss. Um 973 nahm der Gletscher wiederum heutige Dimensionen an; am linken Gletscherufer, auf der Höhe des Eisrandes von 1926/27 fasste eine Arve Fuss. Sie stand dort bis gegen das Jahr 1100, als ein erneuter Vorstoss einsetzte und die Arve vom Eis umgedrückt wurde. Der Baumstrunk ist bis in unsere Zeit an Ort und Stelle verankert geblieben.
Gegen 1100 bildete sich der Gletscher wieder zurück und machte der Vegetation Platz. In der zweiten Hälfte des 12. Jahrhunderts begannen sich Bäume im Vorfeld anzusiedeln, unter anderem auch eine Lärche, die um 1184 im Bereich der Gletscherzunge etwa auf dem Niveau der Ausdehnung von 1957 stand. Kaum 120 Jahre alt geworden, musste der Baum den erneut vorrückenden Eismassen weichen: Um 1300 hatte ihn der Gletscher erreicht und anschliessend zugedeckt; einzig der Strunk ist am Wuchsort stehen geblieben. Der Eisstrom dehnte sich in der Folgezeit weiter aus und um 1350 (+/− 60) erreichte diese Vorstossphase einen Hochstand.

## Neuzeitliche Gletschervorstösse
### 14. bis 16. Jahrhundert

Im Anschluss an den Hochstand um die Mitte des 14. Jahrhunderts begann der Grosse Aletschgletscher wiederum abzuschmelzen. Dieser Prozess und der anschliessende erneute Vorstoss gegen Ende des 16. Jahrhunderts können dank dendrochronologisch datierter Bäume recht gut nachvollzogen werden (Dendrochronologie = Jahrring-Datiermethode).
Verschiedene bis in das Spätmittelalter zurückreichende Schriftquellen erlauben in Verbindung mit geländearchäologischen Spuren die Rekonstruktion der Gletscherausdehnung über den Neuzeitbereich hinaus. (Was die alten Wege über den Grossen Aletschgletscher und den Oberaletschgletscher anbelangt, findet der Leser Informationen im Kapitel «Alpen».)

### 17. Jahrhundert

Zu Beginn der 1640er-Jahre dehnte sich der Gletscher weiter aus (eine Arve wurde umgedrückt) und im Jahre 1653 endete dieser Vorstoss mit einem Hochstand. In jenem Jahr sahen sich die Bewohner von Naters genötigt, dem seit mehreren Jahren gewaltig vorrückenden Grossen Aletschgletscher Einhalt zu gebieten, da er die Weiden der Natischer im «Üssru Aletschji» zunehmend bedrohte. Sie wandten sich an die in jener Zeit in Siders ansässigen Jesuiten mit der Bitte, eine gletscherbannende Prozession durchzuführen. Laut Aufzeichnung erklärten sich die Geistlichen dazu bereit und sandten die beiden Patres Daniel Charpentier und Petrus Thomas nach Naters, die dort als vorbereitende Massnahme während sieben Tagen predigten. Anschliessend erfolgte der Bittgang zum Gletscher. Während des vierstündigen Marsches zum «Sitz des Übels» wurde abwechselnd gebetet und gesungen. Um den am Gletscher erfolgten Segnungen und Beschwörungen Nachdruck zu verleihen, errichtete man anschliessend eine Säule und stellte darauf ein Statue des heiligen Ignatius. Offenbar zeitigten die Bemühungen der Geistlichen und der Bewohner die erhoffte Wirkung: Der Gletscher stiess danach nicht mehr weiter vor.[550]
Das im Staatsarchiv Sitten aufbewahrte Schriftstück darf wohl in seiner Art als einmalig bezeichnet werden. Relativ detailliert ist darin der Verlauf der Gletscherprozession beschrieben. Leider geht aus dem Dokument nicht hervor, an welcher Stelle die Beschwörungen am Gletscher stattgefunden haben. Es ist aber anzunehmen, dass sich die Prozession auf dem alten Aletschweg bewegte, der von Blatten über die Gibidumbrücke, dann entlang der Massa zum Gletscher führte. Höchstwahrscheinlich wurde das Zeremoniell nahe der Gletscherzunge abgehalten. Die Tatsache, dass der Gletscher Kulturland gefährdete, lässt auf einen Hochstand schliessen.

### 18. Jahrhundert

Im Kapitel «Wälder» führen wir aus, dass bezüglich des Mederwaldes im 18. und 19. Jahrhundert ein Rechtsstreit bestand zwischen den Gemeinden Naters und Rischinen einerseits und den Gemeinden Ried-Mörel, Mörel und Bitsch andererseits. Auf der um 1855/56 angefertigten Kopie eines Planes von 1754/55 ist die Gletscherzunge links im Bild sichtbar und als «Alez Gletscher» bezeichnet. Aufgrund dieses Planes lässt sich die Lage der Gletscherzunge um die Mitte des 18. Jahrhunderts relativ genau abschätzen. Der Grosse Aletschgletscher wies damals etwa eine Ausdehnung auf wie um das Jahr 1890 und stirnte somit 900 bis 1000 Meter hinter einem Hochstand. Gemäss dem Plan von 1754/55 stehen auf dem «Kohlplatz» und entlang der

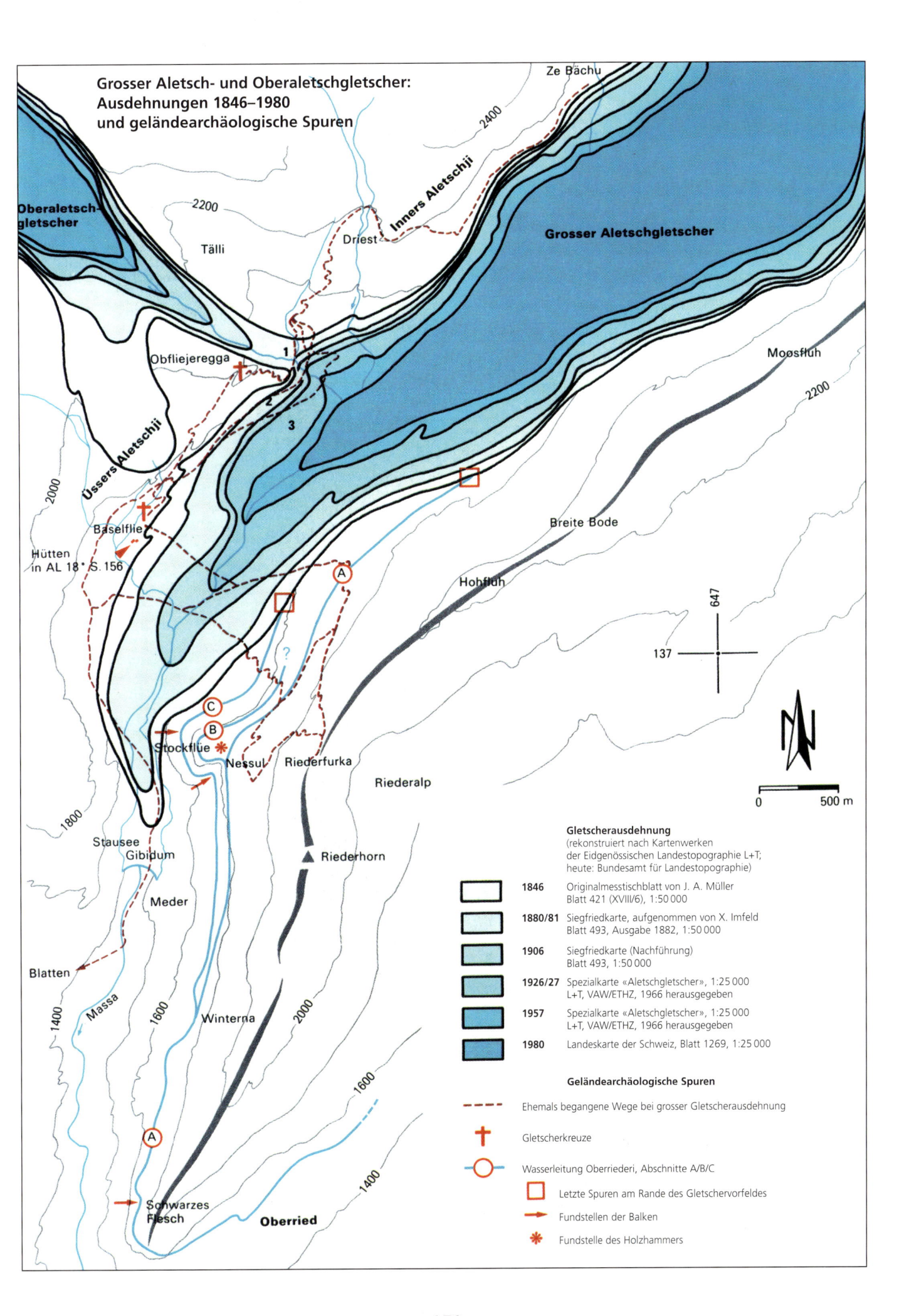

## Grosser Aletsch- und Oberaletschgletscher: Ausdehnungen 1846–1980 und geländearchäologische Spuren

**Gletscherausdehnung**
(rekonstruiert nach Kartenwerken der Eidgenössischen Landestopographie L+T; heute: Bundesamt für Landestopographie)

- 1846 Originalmesstischblatt von J. A. Müller Blatt 421 (XVIII/6), 1:50 000
- 1880/81 Siegfriedkarte, aufgenommen von X. Imfeld Blatt 493, Ausgabe 1882, 1:50 000
- 1906 Siegfriedkarte (Nachführung) Blatt 493, 1:50 000
- 1926/27 Spezialkarte «Aletschgletscher», 1:25 000 L+T, VAW/ETHZ, 1966 herausgegeben
- 1957 Spezialkarte «Aletschgletscher», 1:25 000 L+T, VAW/ETHZ, 1966 herausgegeben
- 1980 Landeskarte der Schweiz, Blatt 1269, 1:25 000

**Geländearchäologische Spuren**

- ----- Ehemals begangene Wege bei grosser Gletscherausdehnung
- † Gletscherkreuze
- ─○─ Wasserleitung Oberriederi, Abschnitte A/B/C
- ☐ Letzte Spuren am Rande des Gletschervorfeldes
- → Fundstellen der Balken
- ✱ Fundstelle des Holzhammers

Massa am Fuss des «Hoch Stockes» Bäume. Rund 100 Jahre später, um 1850, reichte das Eis dann bis zum «Kohlplatz».

*19. Jahrhundert bis heute*
Um das Jahr 1820 stiessen die Alpengletscher aufgrund der äusserst nassen und kühlen Jahre von 1812 und 1817 erneut vor. Auch der Grosse Aletschgletscher war in dieser Zeit im Vormarsch. Um der vordringenden Eismasse Einhalt zu gebieten, setzte man zwei Holzkreuze an den Rand des Gletschervorfeldes; eines steht noch heute auf der «Obfliejeregga» am Oberaletschgletscher, ein anderes auf der «Baselflie» im Oberaletsch. Während Ersteres dem Vordrängen der linken Gletscherzunge des Oberaletschgletschers entgegenwirken sollte, hoffte man, dass Letzteres die Eismasse des Grossen Aletschgletschers zurückdämmen werde. Beide Holzkreuze tragen eingeschnitzt die Jahreszahl 1818. Die Jahreszahl des Kreuzes auf der «Baselflie» ist durch ein modernes, aufgeschraubtes Kreuz verdeckt. Diejenige am Kreuz der «Obfliejeregga» ist teilweise nur noch undeutlich erkennbar.

Nahe der Hochstandsmoränen von 1850 im «Aletschji» befinden sich heute ein Ökonomiegebäude und eine Hütte. Das Nutzgebäude trägt die Jahreszahl 1749 und die Hütte jene von 1793. Offensichtlich drohte zu diesen Zeitpunkten keine akute Gletschergefahr, sonst hätte man sicher von einem Bau so nahe am Gletscherrand abgesehen. Ursprünglich befanden sich an dieser Stelle vier Gebäude, wie eine Zeichnung aus dem Jahre 1849 zeigt. In einer dieser Hütten soll angeblich «d'alt Schmidtja» gehaust haben (vgl. die Sage im Kap. «Sagenwelt», Nr. 30). Der mündlichen Überlieferung zufolge soll man diese gefährdete Hütte nach Westen versetzt haben, wo sie heute noch als «Alt Schmidtja»-Hütte besteht. 1850 fiel die andere Hütte dem vorstossenden Gletscher zum Opfer. Die verbliebenen Mauerreste sind heute zur Hälfte mit Moränenschutt zugedeckt. Der Gletscher hatte infolgedessen zum Zeitpunkt, als dieses Gebäude erstellt wurde, niemals die Ausdehnung von 1850 erreicht.

*Das Holzkreuz auf der «Baselflie» im Oberaletsch mit der eingeschnitzten Jahreszahl 1818.*

*H. Hogard, August 1949: Der Grosse Aletschgletscher ist bedrohlich nahe an eine Behausung im Ausser-Aletsch herangerückt. Der Pfeil weist auf die wenige Jahre später vom Eis zerstörte Hütte hin.*

Der vorstossende Gletscher überrollte und entwurzelte in den Jahren um 1850 eine grosse Anzahl Bäume im Bereich der Massa beim Gibidum. Um das Holz vor dem Zugriff des Gletschers zu retten, fällte man die Bäume in der Nähe des Eisrandes und flösste sie die Massa hinunter nach Naters. Ohne Flösserei wäre ein Abholzen in diesem Umfang gar nicht möglich gewesen, da die Wege vom Gibidum nach Blatten–Naters noch nicht ausge-

**DER GLETSCHERSCHWUND IM ALETSCHGEBIET VON 1850 BIS 1970**

Fig. 1

U  Unnerbächgletscher
OA Oberaletschgletscher
D  Driestgletscher
Z  Zenbächengletscher
MA Mittelaletschgletscher
GA Grosser Aletschgletscher
M  Märjelensee -- um 1850

Gletscherausdehnung:
um 1850
1970

*F. Martens um 1856: Blick von der Belalp auf den Grossen Aletschgletscher.*

*Dieselbe Aufnahme im Jahre 1987 zeigt deutlich, wie stark der Gletscher in den vergangenen 131 Jahren geschmolzen ist.*

baut waren. Um diese Arbeit zu bewerkstelligen, wurden am Rand des Gletschers und teilweise in der Massaschlucht sogenannte «Riesen» erstellt (die Riese = Holzrutsche im Gebirge). Von Pfarrer Tscheinen wissen wir, dass 1859 durch die Unachtsamkeit der Holzfäller an der westlichen Riederhornflanke ein Waldbrand verursacht worden ist (vgl. Kap. «Wälder»). Neben den vom Gletscher erfassten und bedrohten Bäumen wurden auch die verbrannten Bäume abgeholzt. Probleme ergaben sich nicht nur beim Bergen des Holzes; selbst aufgestapeltes Holz, das schon zum Flössen bereit lag, lief Gefahr, von der Massa fortgetragen zu werden. So schwemmte ein Hochwasser als Folge des Ausbruchs des Märjelensees im Jahre 1859 ein Holzlager weg und ein weiterer Ausbruch wurde 1862 befürchtet. Über all das berichten Urkunden aus den Jahren 1851–1863.[551] H. Fritz zufolge war der Hochstand des Gletschers 1854 beendet, nach dem Geologen Benney hingegen begann die Rückschmelzphase nicht vor 1859, war aber 1861 bereits im Gange. Gemäss Aufzeichnungen von Kaplan Benjamin Bammatter in Naters und in Übereinstimmung mit Aussagen vieler Bewohner erreichte der Grosse Aletschgletscher im Jahre 1856 den höchsten Stand und begann anschliessend zu schwinden. John Tyndall fand den Gletscher 1860 leicht abgeschmolzen vor, und Ch. Grad stellte 1869 an gewissen Stellen eine seit dem Hochstand erfolgte Abnahme der Dicke von 30 bis 40 Metern fest. Somit darf zusammenfassend festgehalten werden, dass der Grosse Aletschgletscher nach dem Ende des Hochstandes (zwischen 1856 und 1860) äusserst langsam zu schwinden begann. Nach 1875 stirnte er im Bereich der Stockflüe («Hoch Stock»). Im Jahre 1892, als die Vermessungen an der Gletscherzunge began-

nen, stellte de Torrenté einen kleinen Vorstoss fest. Danach setzte der Abschmelzprozess wieder ein und er dauert noch an. Verglichen mit dem letzten Hochstand liegt das Zungenende heute knapp drei Kilometer weiter talaufwärts. Jedes Jahr schrumpft die Länge des Grossen Aletschgletschers um 22 bis 25 Meter.[552]

## Oberaletsch-, Mittelaletsch-, Driest- und Zenbächengletscher

Im Titel sind diese vier Gletscher in der Reihenfolge ihrer Grösse genannt. Wir fügen diesen Abschnitt dem Grossen Aletschgletscher an, weil alle Gletscher eng zusammenhängen.

Der **Oberaletschgletscher** (Fläche: 22 km$^2$; Länge: 9 km; Werte: 1973) vereinigt die Zuflüsse der Oberaletsch- und Beichfirn und fliesst südostwärts zur Oberaletschschlucht. Der Oberaletschgletscher (früher auch Jägigletscher genannt; Siegfriedkarte, 1882) wies während eines Hochstandes zwei Gletscherzungen auf: Die linke Zunge zwängte sich durch die enge Oberaletschschlucht und vereinigte sich beim Tälli bis ca. 1878 mit dem Eis des Grossen Aletschgletschers. Die rechte Gletscherzunge floss über den Felsriegel der «Oberfliejeregga», reichte nahe an die Hütten im Oberaletsch heran und verschwand ab 1906.

Der **Mittelaletschgletscher** (Fläche: 8,5 km$^2$; Länge: 6 km; Werte: 1973) fliesst am Osthang des Aletschhorns zum Grossen Aletschgletscher. Er ist seit zirka 1970 von diesem abgetrennt. Zwischen dem Oberaletsch- und dem Mittelaletschgletscher thronen in erhöhter Position zwei weitere Eismassen: der **Driest-** und der **Zenbächengletscher** (2,4 km$^2$ beziehungs-

*J. R. Bühlmann, 27. Juni 1835: Blick von der Riederfurka gegen Sparrhorn, Oberaletschgletscher, Fusshörner und Driestgletscher. Etwas unterhalb der Bildmitte wälzt sich der Grosse Aletschgletscher talabwärts.*

*Der Mittelaletschgletscher vom Eggishorn aus gesehen, um 1930.*

weise 1,05 km²; Werte: 1973). Der Driestgletscher dehnt sich zwischen den steil aufragenden, kronenartig gezackten Fusshörnern und dem Geissgrat aus. Nördlich daran anschliessend liegt der nur etwa halb so grosse Zenbächengletscher. Namengebend für diese beiden Gletscher sind die ihnen vorgelagerten Alpen Driest und Zenbächen. Die Zeit, als diese beiden Gletscher dem Grossen Aletschgletscher Eis zuführten, liegt allerdings weit zurück.

Für die Neuzeit sind grössere Ausdehnungen bei diesen vier Gletschern zwischen 1800 und 1850 belegt, beim Oberaletschgletscher zusätzlich noch um 1634.

# Massaschlucht

Im Mittelalter findet man den Namen Massa öfters unter dem Namen Massona, so z.B. 1235, 1255 und 1287.[553] Jaccard deutet Massona als keltisch: «mass» = schön und «ona» = Fluss, Bach.[554] 1355 erscheint zum ersten Mal der Name Massa, als die fünf Oberen Zenden bei der Massabrücke ein Schutzbündnis gegen Savoyen schlossen.[555] Man spricht auch vom Massachi. «Chi» (Kin) bedeutet nach Zinsli «Felsplatte, Schlucht».[556] Da die Massaschlucht die Gemeindegrenze zwischen Naters und Bitsch bildet und sich somit zur Hälfte auf Natischer Territorium befindet, ist sie hier Gegenstand einer kurzen Erwähnung.

## Touristische Attraktion Nummer eins

Das Eis und später das Schmelzwasser des Grossen Aletschgletschers haben über die Jahrtausende ein eindrückliches Werk in den Fels gehauen: die Massaschlucht. Ihre Durchquerung ist ein Eintauchen in die Abgeschiedenheit, eine Erforschung «des letzten versteckten Walliser Geheimnisses» und ein Herantasten an die Grenzen der eigenen alpinistischen Abseilkünste. Am Anfang waren es nur verwegene Strahler (z.B. Robert Schwitter, Naters), Jäger und Sanner, die sich in die zum Teil trocken gelegte Schlucht wagten. 1963 durchquerte der bekannte Geologe Toni Peter Labhart aus Wabern/BE zusammen mit dem Bergführer Carlo Gemmet aus Brig im Winter die Massaschlucht.

Am 5. Juni 1980 schrieb Beat Wyden im ‹Walliser Volksfreund› über die Massaschlucht: «Mit Millionenprojekten werden heute die abgelegensten Gegenden erschlossen. Was aber vor unserer Haustüre liegt und eine touristische Attraktion erster Güte darstellt, lassen wir einfach links liegen. (...) Wenn diese Schlucht ganz oder nur teilweise begehbar gemacht wird, dann besitzt das Gebiet von Naters, Brig, Blatten eine Touristenattraktion, die an Bedeutung dem Matterhorn und den vielen anderen Attraktionen, die unser Land zu bieten hat, um nichts nachstehen wird. Ich habe Schluchten gesehen, die berühmt sind, die besungen und in allen Tönen gepriesen werden. In ihrer Monu-

*Massaschlucht.*

mentalität, in ihrem Abwechslungsreichtum, in ihrer Eindrücklichkeit ist sie [die Massaschlucht] aber einzigartig.» Wyden sollte Recht bekommen.

1984 montierten Bergführer aus der Aletschregion an fünf schwierigen Abseilstellen Bohrhaken. Doch dies reichte noch nicht aus. Die touristische Nutzung begann, als Bergführer Peter Schwitter 1991 die Schlucht mit weiteren fixen Abseilhaken versah und sie damit durchgehend begehbar machte. Ein Jahr später erfolgten Begehungen mit sogenannten Versuchspersonen. Zu diesen gehörten unter anderen Richard Walker, der damalige Gemeindepräsident von Naters, und der Journalist German Escher, geleitet durch die Bergführer Peter Schwitter und Louis Salzmann. 1992 war es der Bergführerverein Blatten-Belalp, der die Massaschlucht-Durchquerung endgültig aufs touristische Programm setzte, während der Verkehrsverein Riederalp schon Jahre zuvor in einem Abschnitt der Schlucht von Ferdinand Kummer Touren durchführen liess. Im Frühjahr 1993 wurden 15 weitere Passagen begehbar gemacht.

Inzwischen haben die Bergführer die Begehung der Schlucht zum festen Bestandteil ihres Programms gemacht. Sie liegt voll im Trend der Outdoor-Sportart Canyoning. 1996 beispielsweise wurden 2500 Personen durch die Felsschlucht geführt, an deren Begehung sich Bergführer aller Regionen beteiligen.

1994 fanden in der Schlucht Rettungsübungen der Rettungsstation Blatten-Belalp statt und ein Jahr später führten der Oberwalliser Zonen-Rettungskurs SAC und der kantonale Rettungskurs Übungen durch.

## Ein prachtvolles Bauwerk der Natur

Die sechs Kilometer lange Tour mit einer Höhendifferenz von 500 Metern ist recht anspruchsvoll. Sie verlangt zwar kein klettertechnisches Können, hat aber wenig mit einer herkömmlichen Wanderung gemein. Die Tour bietet ein unvergleichliches Naturerlebnis mit einem Schuss Abenteuer. Die Stauung der Massa im Gibidum-Stausee aus den 60er-Jahren ermöglicht die Massaschlucht-Durchquerung, die am Fuss der Gibidum-Stauseemauer beginnt. Je weiter die Massa der Rhone entgegenfliesst, desto näher rücken die Felsen zu einer imposanten Schlucht zusammen. Riesige Gesteinstrümmer, die als Folge der Erosion von den Höhen ins Bachbett gestürzt sind, versperren hie und da den Weg. Das sandhaltige Wasser sucht sich seinen eigenen Weg durch die Gesteinslandschaft, verliert sich unter den Steinen, sammelt sich in einem Becken, schiesst über eine Felsmauer metertief hinunter, verschwindet in einer Höhle und kommt unter einem hausgrossen Felsbrocken wieder ans Tageslicht. Das Wasser hat sich in seinem jahrtausendelangen Lauf durch das Gestein gefressen, Steine und Felsen glatt geschliffen, Formen hinterlassen, die nur in der Natur zu sehen sind. Schliesslich steht man vor dem Eingang in die «Kathedrale», wie die Blattner Bergführer das Herzstück der Massaschlucht liebevoll bezeichnen. Eine steile Felskante links, eine schroffe Kante rechts und dazwischen das knapp meterbreite Flüsschen, das sich Sekunden später über eine 33 Meter tiefe Felswand stürzt. Unten angekommen, begreift man, wieso die Bergführer diesen Ort «Kathedrale» nennen. Am schmalen, tiefblauen Horizont berühren sich die Felswände beinahe. Je tiefer die Schlucht wird, desto mehr öffnet sie sich, um schliesslich zuunterst einen runden, fast zehn Meter breiten Platz zu bilden. Es ist ein gotisches Bauwerk der Natur, das der Gletscher in unendlicher Zeit in den Fels gemeisselt hat.

Gleich in vier aufeinander folgenden «Notruf»-Sendungen strahlte der TV-Sender RTL 1997 verschiedene Ereignisse rund um die Massaschlucht aus. Die Fernsehleute wurden bei ihren Dreharbeiten unter anderem auch unterstützt durch die Bergführer vom Alpin Center. Für die touristische Region sind solche Fernseh-Aktivitäten von unschätzbarem Wert.

Die Durchquerung der Massaschlucht, die man nur in Begleitung eines Bergführers unternehmen sollte, eröffnet fantastische Einblicke in das Innenleben der Schlucht, die sonst dem Auge verwehrt bleiben. Hier taucht man in eine andere Welt, die einen gefangen hält und nicht mehr loslässt.

# 45 Berggipfel

Wir zählen hier freilich nur die Berge auf, die auf der Landeskarte der Schweiz erwähnt werden. Von den von 1 bis 13 nummerierten Fusshörnern sind lediglich sechs namentlich erwähnt. Alle aber sind, wie wir weiter unten ausführen, als eigenständige Gipfel dieser zwar einheitlichen Felskette erstiegen worden, weshalb man sie ebenfalls mitzählen muss. Wenn man auch die in ihrer Höhe bescheidenen Gipfel, die Geimer Hörner (1417 m) und den Blindberg (Blindbärgji, 1446 m) sowie das Hülsenhorn (3178 m, zwischen dem Sparrhorn und dem Hohstock), das angeblich in Bälde ebenfalls auf den Karten erscheinen soll, hinzurechnet, kommen wir auf die stattliche Zahl von 45 Berggipfeln. Da das strittige Gebiet rund um die Dreieckhörner und das Olmenhorn geografisch zum Verbund der Berge nordwestlich des Grossen Aletschgletschers gehört, erlauben wir uns, die zwei Dreieckhörner und das Olmenhorn am Ende ebenfalls kurz zu erwähnen.

Im Folgenden sind 30 der bekanntesten Gipfel des Gemeindegebietes, ihre Höhe, das Datum der Erstbesteigung und die Erstbesteiger angegeben.[557]

**Grisighorn:** 3177 m; Anfang der 1870er-Jahre; A. Fairbanks und S. Hoare; über den Nordgrat.

**Unterbächhorn:** 3554,4 m; 2. Sept. 1872; Miss Brevoort (die Tante von W. A. B. Coolidge), A. Fairbanks und William Augustus Brevoort Coolidge mit den Führern Christian und Ulrich Almer; vom Hotel Belalp aus.

**Nesthorn:** 3822 m; 18. Sept. 1865; B. George und H. Mortimer mit Christian Almer und dessen 16-jährigem Sohn; von der Belalp aus. – Nesthorn Südgrat: 1903; W. Young mit Clemens Ruppen und Jägern. Erste Winterbesteigung: 13. Febr. 1917; G. Lauterburg und Hans Morgenthaler.

**Gredetschhorli:** 3646 m; 15. Aug. 1887; L. Purtscheller und Fritz Drasch, beide aus Österreich; sie gingen ohne Führer.

**Breithorn:** 3784,9 m; 28. Aug. 1869; J. H. Häberlin aus Frankfurt a.M. und die Führer Johann und Andreas von Weissfluh aus Gadmen/BE sowie Rubin von Ried/Lötschen; vom Hotel Nesthorn in Ried/Lötschen aus; Heimkehr nach 21-stündiger Abwesenheit.

**Lonzahörner:** 3560 m; 14. Aug. 1884 (östliche Spitze); G. Yeld, Alphonse Payot und Séraphin Henry. Westliche Spitze: 24. Juli 1893; J. Gallet mit G. Coquoz und M. Eyer; von der Oberaletschhütte aus.

**Schinhorn:** 3796,8 m; 30. Aug. 1869; Dr. G. J. Häberlin aus Frankfurt a.M. mit den Führern Andreas und Johann von Weissfluh; von Ried/Lötschen aus.

**Wysshorn** (früher Weisshorn): 3546 m; 16. Aug. 1885; S. Simon mit dem Führer Johann Tischhauser aus Sevelen/SG und dem Gehilfen Emil Merian von Basel; vom Hotel Belalp aus.

**Torberg:** 3022,8 m; 1893; J. Gallet mit M. Eyer.

**Distlighorn:** 3716 m; 22. Aug. 1892; J. José mit den Führern Clemens Zurbriggen von Saas und Anton Walden aus Naters; von der Oberaletschhütte aus.

**Sattelhorn** (jenes südlich der Lötschenlücke): 3745 m; 26. Aug. 1883; Prof. K. Schulz aus Leipzig mit Alexander Burgener und dem Träger Josef Rittler aus Ried/Lötschen; von Ried/Lötschen aus.

**Aletschhorn:** 4195 m, zweithöchster Gipfel der Berner Alpen; 18. Juni 1859; Francis Fox Tuckett von Bristol (England), Johann Josef Benet von Lax/Steinhaus (Goms), Peter Bohren von Grindelwald und Victor Tairraz von Chamonix (Frankreich); vom Hotel Eggishorn aus über den Mittelaletschgletscher und den Nordostgrat. Erste Winterbesteigung: 26. Jan. 1904; G. Hasler mit F. und A. Amatter.

Das Aletschhorn dominiert das ganze Revier des Aletschgletschers und alle Zuflüsse, ja, man kann von dort aus bei guter Sicht die Blicke schweifen lassen bis nach Italien, Frankreich und Deutschland.

Auf dem neuen und kürzeren Weg von der Belalp aus über den Oberaletschgletscher und den Südostgrat bezwangen die Natischer Emanuel Ruppen, Moritz Jossen und Anton Eggel am 15. Juli 1862 als Erste das Aletschhorn. Es war die dritte Besteigung dieses Gipfels. Auf ihm errichteten sie ein «Steinmannli». Trotz Hagel und Schneegestöber kehrten die Mannen aus Naters gleichen Tags glücklich zur Belalp zurück. Schon am darauf folgenden 21. Juli[558] bestiegen die genannten drei Natischer zusammen mit dem bekannten Edmund von Fellenberg, Bern, vom Hotel Belalp aus erneut den gleichen Viertausender (Ankunft auf dem Gipfel: 12.30 Uhr; Rückkehr ins Hotel Belalp: 20.30 Uhr). Von Fellenberg charakterisierte seine Begleiter aus Naters.[559] Emanuel Ruppen musste er gemahnen, ein andermal wenigstens ein «vierfach längeres Seil» mitzunehmen. Moritz Jossen nannte er einen «trotzig und wild aussehenden Küherjungen, in dem aber das Zeug zum besten Gemsjäger und Gletschermann steckt». Anton Eggel bezeichnete er als «einen kräftigen, gedrungenen Mann und erprobten Jäger». Und der Träger, ein «gewisser Eyen» (M. Eyer?) von Blatten, war «mehr frech als vorsichtig und mehr starrköpfig als mutig».

Schon seit längerer Zeit wird das Aletschhorn von geübten Bergsteigern auch für Skitouren bestiegen.

**Sattelhorn** (nördlich vom Geisshorn): 3724 m; 10. Aug. 1892; L. Kurz und H. Rieckel mit Chr. Lauener und F. Graf jun.

**Geisshorn:** 3740 m; 26. Aug. 1886; Rev.[erend = Hochwürden] W. A. B. Coolidge mit Anton Walden von Naters; von der Belalp aus.

**Rotstock (Rothorn):** 3699 m; 28. Aug. 1871; Rev. W. A. B. Coolidge mit seiner Tante Miss Brevoort und S. P. Cockerel, begleitet von den Führern Anton Walden und Franz Gasser, beide von Naters; von der Belalp aus.

**Zenbächenhorn:** 3386 m; 4. Aug. 1902; W. Young mit Clemens Ruppen.

**13 Fusshörner** (eine zwei km lange Felskette als südliche Ausläuferin des Aletschhorns): Höhe zwischen 3098 und 3626,9 m. Oskar Hug beschrieb 1929 alle 13 Hörner und deren Erstbesteigungen in anschaulicher Weise.[560] Wir zählen sie auf:

**Fusshorn 1 = Gross Fusshorn:** 3627 m (höchster Gipfel der Fusshörner); 21. Sept. 1876; Miss Brevoort, W. Little mit Moritz Salzmann von Naters und zwei Angestellten des Hotels Belalp; über die Südwestflanke. Über den Südgrat: G. W. Young mit Clemens Ruppen von Naters am 3. Sept. 1898.

*Am Fest St. Peter und Paul (29. Juni) 1942: Messfeier auf dem Aletschhorn, zelebriert von Pater Paul Erdmann. Zirka 30 Natischer und eine Natischerin (Therese Jaeger) bestiegen unter der Leitung des Bergführers Narzis Bammatter den höchsten Natischer Gipfel (4195 m).*

*Fusshörner.*

**Fusshorn 2:** 3494 m; 31. Juli 1899; G. A. Solly und J. Maclay.
**Fusshörner Nrn. 3** (3440 m), **4** (3430 m) und **5** (3440 m): alle drei am 30. Juli 1927; O. A. Hug und G. Übersax.
**Fusshorn 6** (Pilkington-Peak): 3385 m; 13. Juli 1896; C. Pilkington, W. C. Slinsby, E. Carr und G. A. Solly.
**Fusshorn 7** (Hopkinson-Nadel): 3380 m; 6. Sept. 1895; J., E., B. und J. G. Hopkinson.
**Fusshorn 8:** 3310 m; 22. Juli 1927; O. Hug bis zur Scharte VII/VIII. – 18. Juli 1933; H. Brunner und P. Ruggli.
**Fusshorn 9:** 3275 m; 2. Aug. 1927; H. Lauper und O. A. Hug.
**Fusshorn 10** (Yeld-Peak): 3264 m; 17. Aug. 1898; G. und G. Yeld (Vater und Sohn) mit den Führern François und Silvain Pession.
**Fusshorn 11** (Pic des Genevois): 3155 m; 18. Juli 1900; Genfer Studenten.
**Fusshorn 12** (Young-Peak): 3180 m; 8. Juli 1899; G. W. Young, A. M. Mackay mit Clemens Ruppen von Naters.
**Fusshorn 13:** 3098 m; 10. Juli 1899; G. W. Young, A. M. Mackay mit Clemens Ruppen.
Erste Gesamtüberschreitung der 13 Fusshörner: 29. Aug. 1933; Dr. Andreas Seiler und Josef Imseng, beide von Brig.
Erste Winter-Gesamtüberschreitung: 13. bis 16. Febr. 1981; Peter Rubin aus Baltschieder und Ulrich Kämpfer von Visp.
Zweite Winterbegehung am 3. Jan. 1992 (in elf Stunden) durch Peter Schwitter und Beat Ruppen, beide von Naters.
Erste Gesamtüberschreitung im Alleingang S–N: Sommer 1986 (in acht Stunden); Peter Schwitter von Naters[561].
**Dreieckhorn:** 3810,7 m; 26. Aug. 1868; T. L. Murray Browne mit den Grindelwaldner Führern Peter Bohren und Peter Schlegel.
**Kleines Dreieckhorn:** 3639 m; 24. Juli 1897; Louise und Julien Gallet mit Josef Kalbermatten und Christian Kaufmann; vom Hotel Eggishorn aus.
**Olmenhorn:** 3314 m; 29. Aug. 1886; Charles E. Groves und Charles H. Townley mit Louis Zurbrücken und Fritz Graf jun.

## Klubhütten und Biwaks

**Oberaletschhütte** (2640 m, Sektion Chasseral, St-Imier, früher Sektion La Chaux-de-Fonds genannt): über dem Ostufer des Oberaletschgletschers.[562] Erbaut 1890, eingeweiht am 13. Juli desselben Jahres (Anton Bammatter von Naters erster Hüttenwart). 1925 durch eine Lawine zerstört. 1929 neu erstellt.[563] Ausbau 1969; Einweihung am 14. Sept. 1969. 1971 durch Brand zerstört. 1972 neu aufgebaut; Einweihung am 17. Juni 1973. 60 Plätze. Hüttenwart anwesend vom 15. Juni bis zum 15. September. Im Frühjahr 2000 löste Peter Schwitter Richard Schmid, beide aus Naters, als Hüttenwart ab. Letzterer kümmerte sich während 26 Jahren um das Wohl der Berggänger.
Laut Gemeinderatsprotokoll vom 17. Oktober 1924 gab die Burgerversammlung von Naters der Sektion La Chaux-de-Fonds den Boden für die Klubhütte in Pacht, was damals vertraglich festgehalten wurde. 1925 baute diese Sektion am **Torberg** eine Klubhütte, die Kaplan Heinrich Zenhäusern am 29. August desselben Jahres einweihte. Sie wurde nach dem langjährigen Präsidenten des SAC, Bernoud, «Bernoudhütte» getauft. Aber schon im folgenden Winter fegte eine Schneelawine diese Hütte hinweg[564], von der man noch heute Spuren am ehemaligen Standort sieht.
**Mittelaletsch-Biwak** (3013 m, Sektion Les Diablerets): über dem linken Ufer des Mittelaletschgletschers. Erstellt 1977, Einweihung am 3. Juni 1978. Kosten: 50 000 Franken. 14 Plätze (kein Hüttenwart).
**Fusshorn-Biwak:** 2780 m: am Fuss des 13. Gipfels. 1995 erstellt durch den Bergführerverein Blatten-Belalp, am 13. Juli 1996 durch Kaplan Robert Imseng eingesegnet. Kosten: 35 000 Franken und viel Fronarbeit. Zehn Plätze (Hüttenwart). Ist im Besitz des Bergführervereins Blatten-Belalp.

*Oberaletschhütte.*

# Archäologische Funde

## Vier Bronzearmspangen

Das Historische Museum in Bern birgt vier keltische Bronzearmspangen aus Naters. In der Regel kommen diese sogenannten Walliser Armspangen mit der typischen Augen-Doppelkreis-Verzierung paarweise in keltischen Frauengräbern des Wallis vor. Die nähere örtliche Herkunft der Fundstücke, die sicher von einem Bestattungsplatz stammen, lässt sich nicht mehr rekonstruieren. Die Armspangen kamen 1873 mit der Sammlung von Gustav Karl Ferdinand von Bonstetten aus Genf (1816–1892) an das Berner Antiquarium, den Vorläufer des Historischen Museums. Sie datieren aus der keltischen La-Tène-Zeit (450–15 v.Chr.), und zwar aus der Zeit um 200 v.Chr.

## Funde bei der Garage Bel-Air 1963

Im Herbst 1963 kamen bei Baggerarbeiten östlich der Garage Bel-Air in Naters, zwischen der neuen Furkastrasse und der Furkabahn, menschliche Skelettreste aus einem keltisch-römischen Grab sowie Münzen und Metallgegenstände zum Vorschein. Der sofort herbeigerufene Archäologe Gerd Graeser, Binn, untersuchte die Stätte und gab einen Bericht ab, dem wir die nachfolgenden Angaben entnehmen.[565] Einen wichtigen Fund bilden die nicht sehr gut erhaltenen, aber noch bestimmbaren acht römischen Bronzemünzen, die im Bereich des Oberkörpers gefunden wurden. Es handelt sich in der chronologischen Reihenfolge um folgende Münzen, die alle in Rom geprägt worden sind:

1. As (altröm. Münzeinheit) des Kaisers Augustus, circa 11–12 n.Chr.
2./3. Asse des Kaisers Tiberius zu Ehren des Augustus, circa 22 n.Chr.
4. As des Kaisers Tiberius zu Ehren des Drusus, circa 22 n.Chr.

*Fusshorn-Biwak.*

*Vier keltische Bronzearmspangen von Naters, nun im Historischen Museum in Bern (BHM Inv.-Nrn. 10506–10509). Durchmesser der Spangen: 6,1–6,7 cm.*

5. As des Kaisers Caligula zu Ehren des Germanicus, circa 37–41 n.Chr.
6.–8. Asse des Kaisers Claudius, circa 41–51 n. Chr.

Die Art der Grablegung und der Beigaben lässt auf einen Kelten schliessen. Wir befinden uns in den Jahren nach Christi Geburt, der Zeit der römischen Besetzung und Angliederung des keltischen Wallis an das römische Reich. Aufgrund der Daten auf den Münzen kann man mit Sicherheit annehmen, dass dieser keltische «Natischer» in den 50er-Jahren nach Christus beerdigt worden ist und dass sich beim heutigen Naters eine keltische Dorfsiedlung befunden haben muss. Und in der Tat machte man hier immer wieder prähistorische Funde, die bis auf die eingangs erwähnten leider verschollen sind. Es sind dies: oberhalb des Dorfes ein keltisches Grab mit zwei flachen Bronzearmringen mit «Walliserornament» und eine römische Münze aus Gold des Kaisers Honorius (gegen Ende des 4. Jh. n.Chr.).[566] Ausserdem schrieb Imesch 1908[567], man habe Mitte des letzten Jahrhunderts in den «Spissjinen» westlich des Dorfes eine ganze Reihe von keltischen Gräbern gefunden, deren reicher Beigabeninhalt als Altmetall verkauft worden sei.

### Münzenfund im Pfarrhaus

Bei der Restauration des Pfarrhauses in Naters wurde im Juli 1975 im zweiten Stockwerk des Westbaus in einer Holzritze der Südwand auf Stuhlhöhe eine mittelalterliche Silbermünze entdeckt. Ein Spezialist des Monetariums erkannte die Münze als Prägung unter «Luduvicus II (855–875) Denar». Die Vorderseite trägt ein Kreuz und die Inschrift: «Luduvicus IMP». Die Rückseite zeigt einen Tempel und die Umschrift: «XP[christ]IANARELIGIO [christliche Religion]».

## Pfarrer Emil Schmids Entdeckungen

Der leidenschaftliche Hobby-Steinzeitforscher Pfarrer Emil Schmid (1915–1995) von Ausserberg durchstreifte in vielen Gängen auch das Gemeindegebiet von Naters. Die folgenden Ausführungen, deren Beurteilung der Fachwelt überlassen wird, entstammen seinen Veröffentlichungen.[568]

### Natterloch – Bitschjisee

Das Natterloch ist eng verbunden mit der Sage vom Drachen (vgl. Kap. «Sagenwelt», Nrn. 5 und 6). Die kleine Höhle befindet sich hinter dem Werkhof und ist 170 cm hoch, 160 cm breit und 130 cm tief. Vor dem Natterloch war früher Sumpfgebiet. Da ist es gut vorstellbar, dass sich hier, wie Emil Schmid meinte, eine Wasserschlange (natrix) aufhielt, die sich von Zeit zu Zeit zum Ausruhen ins Natterloch zurückzog und bei den Vorbeiziehenden Angst und Schrecken auslöste. Dort fand der Steinzeitforscher zu Beginn der 80er-Jahre «sehr alte Tierknochen, ausgezeichnete Steinwerkzeuge» (Hammer, Hacke, Meissel, Beil, Bohrer und Messer), ein massives Stück Eisen und viele Quarzsteine, die teilweise zu «Faustkeilen» verarbeitet waren. Bei Ausgrabungen auf dem Weg, der am Natterloch vorbeiführt, traf Schmid auf «wahrscheinliche Pflastersteine des Römerweges» und fand ein kleines Eisenrad, das noch Splitter von Quarz und Glimmer enthielt. Ebenso wertvoll sind die Funde, die man etwa zehn Meter nördlich davon machte, an der Stelle, an der sich der Felsen östlich wieder zurückzieht und die Wiese erscheint. Dort stiess Schmid zweieinhalb Meter tief auf eine Feuerstelle mit Steinwerkzeugen, gebranntem Ockerstein und einer kleinen Topfscherbe, die 3000–4000 Jahre alt sein dürfte. Auch am Bitschjisee förderte Emil Schmid 1988 Steinwerkzeuge zu Tage. Diese belegen die Anwesenheit des Steinzeitmenschen, der vor allem in der Jungsteinzeit (500–2300 v.Chr.) im Wallis lebte.

Es gibt eine «Stiftung von Pfarrer Emil Schmid zur Förderung der Steinzeitforschung im Kanton Wallis». Schmids Sammlung befindet sich seit 1997 im Keller des alten Gemeindehauses in Brig. Die Gegenstände sind inventarisiert und werden von einem Stiftungsrat verwahrt. Die Archäologen Peter Walter, Rottenburg (Deutschland), und Dr. Karl Zimmermann, Bern, die die Gegenstände unter die Lupe nahmen, kamen 1996 zum Schluss, dass nur ein kleiner Teil der Sammlung von Bedeutung sei.

### Spuren des Sees im Rhonetal – Römerweg

Nach der Gletscherschmelze entstand im Rhonetal ein See. Die Spuren der anschlagenden Wellen vom See sind nicht nur im Natterloch sichtbar, sondern auch in der Massaschlucht und in den Driesten, zirka 200 m östlich der Gamsnerbrücke unterhalb des Lötschbergs, wo Schmid noch Sedimentgestein zu Tage förderte.

Im Schratt (oberhalb des Klosi) ist an der steilen Felswand ein Eisenhaken zu sehen, ebenso westlich davon ein zweiter. Manche Natischer glauben, dass unsere Ahnen an diesen Eisenhaken früher ihre Schiffe angebunden hätten. Dies kann wohl nicht stimmen, da der See kaum diese Höhe erreicht hat und in der Eisenzeit (800–15 v.Chr.) längst verschwunden war; desgleichen wäre der Standort an der steilen Felswand wohl höchst ungünstig gewesen. Vielleicht verwendete man diese Eisenhaken zum Holz- oder Steintransport. Nach Angaben von Schmid soll der See vom heutigen Stockalperschloss bis zur Kirche von Naters auf dem gleichen Niveau gereicht haben, so dass beim Bahnhof in Brig die Tiefe des Sees 25–30 Meter betrug. Das war vor 8000 bis 10 000 Jahren. Am Hang über dem See lebten die Menschen zuerst als Fischer und Jäger in Höhlen, später als Hirten und Bauern.

In Naters spricht man noch heute vom Römerweg. Er führte, wie schon erwähnt, am Natterloch vorbei zur Kirche, wo noch ein Schalenstein steht. Aufsteigend gelangte man über Birgisch und Mund hinunter nach Brigerbad und von dort nach St. German. Etwas oberhalb der siebten Kreuzwegstation, in Richtung Gebetshaus «Maria-Hilf», wo die Mundgasse weiterführt (bei der «Bicki»), zeigte Emil Schmid dem Verfasser ein Stück Römerweg, der nach dem Römermass für Wagen genau zwei Meter breit ist.

## Schalensteine

### Der Menhir bei der Kirche

Der Schalenstein oder Menhir, den man früher «Heidenstein» nannte, steht nördlich der Kirche und bildet westlich des Kaplaneihauses den Abschluss der kleinen Mauer. Auf dem 90 cm hohen, ovalförmigen und aufrecht stehenden Stein sind auf der Oberfläche vier kleine Schalen (Durchmesser: 30–40 mm; Tiefe: 10–15 mm) und in der Mitte eine grössere (Durchmesser: 75 mm; Tiefe: 20 mm) eingerieben.

*Menhir beim Kaplaneihaus. Schalenstein aus erratischem Gneis.*

**Deutungsversuch durch Paul Heldner, Glis.** Die grosse Schale diente als Hauptopferschale für die Opfergaben, während die kleinen Schalen etwas Brennbares (Öl, Fett) aufnahmen. Der Heidenstein war eine Art Wegweiser und die in den betreffenden Schalen entzündeten Lichter sollten die Reisenden vor Unglück schützen. Schalensteine waren von der Steinzeit bis ins Frühchristentum in Gebrauch. Als Naters christlich wurde, hatte man an diesem heidnischen Kultplatz wohl zuerst eine Kapelle und um 800 eine Kirche erbaut.

Dieser Heidenstein, der von B. Reber 1896 entdeckt wurde und in der Fachliteratur als Menhir von Naters erwähnt wird[569], kann als Rest einer vorchristlichen Kultanlage betrachtet werden.

### Der Hexenstein auf Lüsgen

Etwa 200 m oberhalb des Bruchjisees (auf 2220 m ü. M.) befindet sich ein tischähnlicher Felsblock (Höhe: auf der Talseite circa 2 m und auf der Bergseite circa 1,30 m; Oberfläche: Länge = 2,60 m, Breite = 2,40 m).

Schalen auf dem Felsblock: in der Mitte eine grössere, nordwestlich von dieser eine, am nördlichen Rand zwei grosse, am Südrand zwei grössere und drei kleinere.

**Deutungsversuch durch Paul Heldner, Glis.** Auf diesem Steintisch mit seinen Vertiefungen wurden der römischen Mondgöttin (Luna) beziehungsweise der griechischen Göttin Selene Opfergaben dargebracht. Diese bestanden vornehmlich aus Essbarem, unter anderem Tieren, aber auch Schmuck oder Münzen. Die ehemaligen Druidenpriesterinnen wurden in der christlichen Zeit zu Hexen degradiert, darum der Name «Hexenstein».

## Bodenschätze

1908 schrieb Dionys Imesch[570]: «Der Boden von Naters soll mehrerorts reiche Lager von edlen Metallen und Erzen besitzen, so in der ‹Golderna› in den Medern, in Bel auf Kühmatten [wo es

*Hexenstein oberhalb des Bruchjisees (Lüsgen).*

westlich des Kelchbaches ebenfalls den Ort ‹Golderna› gibt], im Bruchji und im Massakin.» Dass dem so ist, fand auch in der Sage «Der Zwerg verrät die Bodenschätze nicht» seinen Niederschlag (vgl. Kap. «Sagenwelt», Nr. 56). Darin beschwört ein «Gogwärgi» das gefangene Bergmännchen, drei Dinge nicht zu verraten: die Goldmine auf Kühmatten, das Bleierz im Bruchji und den Salzbrunnen im Ebenen Wald.

## Gold

Im Sommer 1980 wurde am Südrand des Aarmassivs, ausgangs und beidseits der Massaschlucht bei Naters/Bitsch, in einer Felswand eine Fahlerz-Bornit-Vererzung entdeckt, welche gediegenes Gold in Form von Blechen und Körnern bis zu zwei Millimeter Grösse enthielt. Das «Goldvorkommen» liegt circa 1,6 km nordöstlich von Naters auf 700 m ü. M. (LK 1:25 000, Blatt Brig, Nr. 1289). An derselben Stelle fand sich auch ein opak-schwarzes, zirka ein bis zwei Milimeter grosses, stark radioaktives Mineral. Ausserdem entdeckte man Turmalin, einen Kristall in der Grösse von zwei bis fünf Milimeter sowie Malachit- und Wulfenit-Verbindungen. Bei den Funden handelt es sich allerdings um eine lokale Vererzung, die kaum abbauwürdig sein dürfte.[571]

## Silber – Serpentin

Am 18. April 1586 verkauften die Erben des Hildebrand Eyer eine Hütte in Bel, die «am Bruch, genannt uff der Silbererzgruben», stand.[572] Mächtige Findlinge eines schwärzlichen, grün geäderten Serpentins fand man in früheren Zeiten auf dem Ablagerungsgebiet der grossen Gletschermoräne, welche die sogenannte Massegge bildet.[573]

## Bleibergwerk im Bruchji

Die Bleigruben im Bruchji hatte Michael Imstepf in den 1570er-Jahren entdeckt; er war Grosskastlan von Brig und Hauptmann in Frankreich. Gemäss dem Landratsabschied vom 18. März 1589 liess Benedikt von Allemanien[574] kraft eines Vertrages «am Natischer Berg mit grossem Kostenaufwand eine Zeit lang» (während 15 Jahren) nach Blei graben. Dieses habe man, so führt das Landratsprotokoll weiter aus, unlängst in Brig geschmolzen und das habe etwa 15 Zentner gutes Metall ergeben. Die Erben des verstorbenen «Allemanien» liessen durch Hans Peter Togniett den Landrat anfragen, ob «die Landschaft» dieses Blei kaufen wolle. Der Landrat beschloss daraufhin, dass angesichts der Kriegsgefahr jeder Zenden vorsorglich zwei oder drei Zentner Blei kaufen, zahlen und behalten solle.[575]

Bald nach der Bleiausbeutung durch Benedikt von Allemanien zerstörte ein Brand die Werkseinrichtungen und sie «blieben lange in der Asche liegen». Viele Geteilen meldeten sich als Erben der Gruben, aber niemand wollte Eigentümer der Brandstätte werden. Allen fehlte das Kapital zum Wiederaufbau. In den 1630er-Jahren bildeten sich allmählich vier Geteilschaften; jede Gruppe übernahm ein Viertel des Bergwerkes, das sie wieder in Betrieb setzten. Die vier Geteilschaften waren: Johann Gertschen, Pfarrer in Naters, mit Kastlan Anton Megetschen; Johann Lergien mit seinem Onkel Thomas Lergien; Egid Jossen und Georg Michel Supersaxo; Kaspar Jodok von Stockalper. Am 29. August 1653 verkaufte Thomas Lergien seinen achten Teil an Stockalper. Ebenso erwarb dieser am 6. Mai 1656 von Anton Megetschen den Erbanteil.[576] Mit der Zeit wurde Stockalper alleiniger Bleiförderer. Der Preis bewegte sich entsprechend der Nachfrage zwischen vier und neun Pfund pro Zentner Blei. War der Preis gestiegen, schickte Stockalper sofort einige Arbeiter vom Eisenbergwerk Ganter in die Gruben des Bruchji; sobald der Bedarf gedeckt war, liess er die Gruben wieder einige Zeit ruhen.[577]

Stockalper hat in seinen Handels- und Rechnungsbüchern, Band I und II, zwischen 1637 und 1662 seine Einnahmen und Ausgaben über den Betrieb des Bleibergwerkes vom Bruchji fein säuberlich notiert.[578] Nach Angaben des Strahlers Paul Imhof, Binn/Ried-Brig, befand sich das Bleibergwerk im oberen Teil auf der linken Bachseite des Bruchji, wo er als zusätzlichen Beweis einige Bleistücke gefunden hat. Der heute schwer begehbare Knappenweg führte, so Paul Imhof und auch Josef Petrig (1912–1995), von den Tätschen zur Abbaustelle. Die Knappen trugen die Bleistücke über diesen Weg, der nach Art der Stockalperwege angelegt ist, hin zu den Tätschen, um sie von dort zu der noch heute genannten Örtlichkeit «Bleischmelze» (unterhalb der Abzweigung der Strasse nach Tätschen) zu transportieren, wo das Erz verhüttet wurde. Nach mündlicher Überlieferung hatte Stockalper seine Pferde für den Bleitransport in den Tätschen, wo sich ein grosser Stall befand, der in den 1940er-Jahren zusammenfiel. Es sind dort noch heute Mauerreste eines Pferdepferchs zu sehen.[579]

Wie lange Stockalper den Bleiabbau auch nach 1662 betrieb, ist ungewiss, da Band III sowie viele andere Bände der Rechnungsbücher, in denen vielleicht noch Näheres über den Bleiabbau enthalten gewesen wäre, verschollen sind. Jedenfalls muss dieses Bergwerk rentiert haben, da Stockalper während einiger Jahrzehnte daselbst Blei gewann. Gemäss der Perrig-Chronik stürzte der Stollen im Bruchji ein und begrub sämtliche Arbeiter; wann dies genau geschah, sagt die Chronik nicht.[580]

*Von der Bleiabbaustelle im Bruchji: a) Bleiband, b) Bleiklumpen, von den Fachleuten «Nuggets» genannt, c) Bleiglanz.*

*Stolleneinsturzstelle des Bleibergwerkes auf der linken Bachseite des Bruchji. Im Hintergrund das Hotel Belalp.*

Die Volkssage berichtet, dass eben durch dieses Bergwerk und dessen Einsturz das bedrohliche Tobel des Bruchji entstanden sei, das bei Unwetter schon so oft die Gegend verwüstete (vgl. Kapitel «Gefährliche Wasser ...»).

## Chlorit- und Bleigewinnung in der Massaschlucht

Bei den Nachforschungen stiess der Verfasser auf einen höchst interessanten Bericht von Ludwig R. von Fellenberg[581] über die Entdeckung und Gewinnung vornehmlich von Chlorit und Blei, aber auch anderer Mineralien in der Massaschlucht, vorwiegend auf der Natischer Seite.

Der 18-monatige Abbau erfolgte in den Jahren 1862 und 1863.[582] Doch geben wir von Fellenberg das Wort: «*Im Jahre 1861 wurde in der Massaschlucht auf 1270 m ü. M. ein erzführender Gang entdeckt, welcher fast vertikal die Schichten des grauen Gneises durchsetzt. Dieser Gneis ist mittel- bis dünnschieferig und von vielen Euritgängen und felsitischen Ausscheidungen durchzogen. Der Gang streicht, so weit er bis jetzt aufgeschlossen ist, von Ost nach West, und durchschneidet die NO–SW streichenden Gneisschichten unter einem spitzen Winkel.*

*Der Erzgang wurde bei der Anlage eines Flösskanals für Holz aus dem am Aletschgletscher liegenden Aletschwald durch Wegsprengen eines Felsenvorsprungs zufällig entdeckt; er wurde auf beiden Seiten der Massa aufgeschlossen und erzführend gefunden, jedoch auf der linken Seite [der Massa] schwächer als auf der rechten, wo er entdeckt wurde.*

*Der Gang besteht aus grünem erdigem Chlorit und ist unregelmässig durchmengt und verwachsen mit wasserhellem Quarz, der stellenweise zu Drusen von schönen Bergkristallen auskristallisiert ist. Diese Massen von Chlorit und Quarz schliessen in der Mitte des Ganges Bleiglanz und Kupferkiese ein, in 3 bis 4 Zoll [1 Zoll = 3,2 cm] mächtigen Ausscheidungen. Der Bleiglanz ist ein weicher, sehr silberreicher (bis ¾% Silber enthaltend), grobkörnig kristallisierter [Quarz], welcher sich durch den ganzen Gang, so weit er aufgeschlossen ist, in 2 bis 4 Zoll mächtigen Ausscheidungen hinzieht. Zugleich bricht in ziemlich gleichen Mengenverhältnissen ein schöner, derber Kupferkies ein, der in unregelmässigen Nestern und Butzen durch die ganze Mächtigkeit des Ganges auftritt. Im allgemeinen scheint der bis jetzt auf 18 Meter Länge aufgeschlossene Gang aus einzelnen, auf der gleichen Gangspalte entstandenen erzführenden Linsen zu bestehen, welche sich oft nur zu einer schmalen Kluft zusammenziehen.*

*Da der silberreiche Bleiglanz während der 18 Monate dauernden bergmännischen Gewinnung desselben Gegenstand zahlreicher Blei- und Silberproben war, so schien es von Interesse zu sein, den das Erz umschliessenden ausgezeichnet charakteristischen Chlorit einer genauen chemischen Untersuchung zu unterziehen.*» Soweit von Fellenberg. Im Bericht geht der Autor dann ausführlich auf die Ergebnisse der Chlorit-Analyse ein.

Als mineralogische Seltenheit wurden im Massakin bei Naters auch Argentopyrit und Herzenbergit entdeckt. Ebenso fand man dort auf ca. 1290 m ü. M. Chalkopyrit, z.T. mit frei stehenden Kristallen, neben Galenit, Bergkristall und Chlorit.

## Uranvorkommen

Das Uran von Naters wurde 1959 im Rahmen einer durch den Bund vorgenommenen systematischen Untersuchung auf radioaktive Brennstoffe entdeckt. Erste Funde von Blöcken machte man bei der Verbreiterung der Strasse Naters–Blatten nach der ersten grossen Kurve im Gebiet «Unter den Flühen». Bei anschliessenden Detailuntersuchungen mit tragbaren Messgeräten (Geigerzählern) liess sich eine etwa sechs Kilometer lange, schmale Zone mit vielen unregelmässig verteilten, kleinen Uranvererzungen nachweisen. Sie liegt in den Glimmerschiefern des Aarmassivs zwischen der Massaschlucht und Brigerbad. Als interessantester Bereich erwies sich ein etwa anderthalb Kilometer langer Streifen zwischen der Massaschlucht und dem Gebiet «Unter den Flühen».

Uran wird heute in erster Linie für den Betrieb von Kernkraftwerken gebraucht. Aus diesem Grund liess das Bundesamt für Energiewirtschaft im Oktober 1982 durch das «Bureau d'Etudes Géologiques SA, Vétroz» an der erwähnten Stelle Sondierbohrungen vornehmen. Professor Toni P. Labhart, Wabern/BE, der in den 60er-Jahren in dieser Gegend petrotektonische Untersuchungen anstellte[583], schrieb dem Verfasser auf Anfrage zu den Ergebnissen aller bisherigen Untersuchungen Folgendes:

«*Die Schlussfolgerungen [der Bohrungen] sind eindeutig. Das Vorkommen von Naters gehört wohl zu den zehn interessantesten Uranvorkommen der Schweizer Alpen, ist aber (wie alle anderen auch) ökonomisch uninteressant. Viel zu gering sind sowohl die Konzentration des Erzes (maximal einige hundert Gramm Uran pro Tonne) als auch die Vorräte (höchstens 100 Tonnen Uran in der Hauptzone).*

*Die Vererzung selber ist völlig unspektakulär, also auch kein Objekt für Mineraliensammler. Das Uranerz, es handelt sich um das Uranoxid Pechblende, ist in feinsten Körnchen im braunen, verwitterten Glimmerschiefer verteilt. Mit blossem Auge ist es nicht erkennbar, der Fachmann muss es im Mikroskop untersuchen. Hingegen lässt sich die Vererzung mit speziellen Messgeräten gut lokalisieren. Diese natürliche radioaktive Strahlung wirkt aber nur einige Dezimeter oder maximal Meter weit. Sie ist für Lebewesen ungefährlich. Die einzige Möglichkeit einer Gefährdung könnte sich beim Bau eines Hauses direkt auf einer Vererzung ergeben; hier könnte sich in unbelüfteten Räumen das nicht ungefährliche radioaktive Gas Radon anreichern, so wie das seinerzeit im Fort Naters festgestellt worden ist.»*

Laut Labhart gab es 1959 in Naters bald allerhand Gerüchte über riesige Uran- oder gar Goldvorkommen. Labhart wörtlich: «Eine alte Frau pflegte sich jedesmal, wenn sie uns im Dorf begegnete, sicherheitshalber zu bekreuzigen.»

Naters gehört in der Schweiz zu den Orten mit der grössten natürlichen Radioaktivität. Das sei aber, so der dipl. Physiker Siegfried Escher, Brig, überhaupt kein Grund zur Beunruhigung. Der Grund für die erhöhte Radioaktivität liegt in der Zusammensetzung oberflächennaher Gesteinsschichten. An vielen Stellen zwischen Mörel und Brigerbad liegt uranhaltiges Gestein an der Oberfläche, z.B. neben dem genannten Ort an der Blattenstrasse, in der Nähe der Festung, in den Driesten oberhalb und unterhalb der BLS-Linie. Im Rahmen des natürlichen Zerfalls bildet sich hier das radioaktive Gas Radon, das auch in die Keller und Wohnräume eindringt. Das hat zur Folge, dass die Radioaktivität in den Häusern von Naters etwa zehnmal (in Einzelfällen bis gegen hundertmal) grösser ist als der entsprechende Mittelwert in der Schweiz.[584] Am Natischer Berg wurden auch verschiedentlich Erkrankungen des Viehs mit der Uranbestrahlung, bedingt durch die relativ hohe Konzentration im Gestein, in Zusammenhang gebracht.[585]

*Ehemalige Abbaustelle (oberhalb des Weges Bitschji–Trämel, Gebiet Hegdorn), wo am Ende des 18. Jh. Riesenkristalle ausgebeutet wurden.*

## Kristalle

Früher wurden auf dem Gebiet von Naters des Öfteren schöne Kristalle gefunden. In den Jahren 1770–1780 grub man besonders in Hegdorn Riesen-Quarzkristalle aus.[586] Wie die Fachleute annehmen, fand man diese oberhalb Hegdorn, nordwestlich der «Teifu Schlüocht» ober- und unterhalb des Trämelweges. An diesem Wegrand ist nördlich tatsächlich eine riesige Kluft zu sehen, ebenso findet man unterhalb des Weges viele «Strahllöcher». Aufschlussreich ist z.B., was der ehemalige Rektor des Briger Kollegiums, Dr. Ludwig Werlen (1904–1973), schrieb: «Man fand dort [in Hegdorn] ungefähr 5000 Pfund mit Stücken von 700 Pfund.» Diese Gegend sei «bereits im vorletzten Jahrhundert zu Ruhm gelangt».[587]

Nicht wenige Fachleute sind der Meinung, dass einige Riesenkristalle von Hegdorn vermutlich in Mailänder Schleifereien zu sakralen oder profanen Gegenständen geschliffen worden seien, ein Weg, den viele Schweizer Bergkristalle gegangen sind. Im 16. Jahrhundert entstand in Mailand ein Zentrum der Steinverarbeitung. Aus Bergkristall fertigte man Figuren, Kannen, Schalen oder sonstige Gefässe an. Das Mineralienlexikon der Schweiz von 1998 bringt folgende interessante Notiz: «Von Hegdorn bei Naters soll der grosse Bergkristall stammen, der seit bald 200 Jahren im Naturhistorischen Museum von Paris ausgestellt ist (Ausstellungsetikette: ‹Quartz hyalin de Viesch [sollte vielleicht Viège = Visp heissen]. Don Général Buonaparte›).»[588] Auf der Etikette ist von Hegdorn überhaupt nicht die Rede. Nachforschungen in Paris führten zu keinem eindeutigen Ergebnis.

Ausgebeutete «Strahllöcher» finden sich zahlreich in der «Moosero Allmein», im Holzji, in Unterbächen und auf dem Belgrat. Eine ziemlich grosse Kluft gibt es auf dem Foggenhorn, direkt unterhalb des Kreuzes auf der Südseite.

Südöstlich einer Linie Grisighorn–Hohstock erwähnte Albrecht Steck 1966 Zerklüftungen, die neben Quarz auch Adular, Bleiglanz, Pyrit und andere Mineralien führen.[589] Zwischen Schinhorn und Beichpass treten gemäss Schröter kleine Klüfte auf, die besonders Quarz, Adular, Chlorit, Amiant und Titanit enthalten. Im unteren Teil eines Grataufschwunges (Nordgrat) fand Theodor Henzen 1940 sehr grosse Quarze (über 40 cm Länge). Diese Fundstelle ist heute verschüttet; sie befand sich an einem äusserst steinschlaggefährdeten Ort. Nahe oberhalb der Einmündung des Oberaletschgletschers in den Grossen Aletschgletscher, am Weg von der Riederfurka zur Oberaletschhütte, ist von H. Bader eine Fundstelle entdeckt worden, die besonders wasserklaren, vorzüglich kristallisierten Apatit und typische Adularvierlinge lieferte. Sehr lichter Rauchquarz in guten Kristallen, Chlorit und etwas Amiant waren dort die Hauptbegleiter.[590]

## Erze am Grisighorn

Am Grisighorn–Kortälli–Oberaletsch sind z.T. grosse Bergkristalle neben Adular, Chlorit, Epidot, Titanit und rosa Fluorit aufzufinden. Die Fachleute entdeckten am Grisighorn auch Molybdänit sowie Pyrrhotin-Chalkopyrit-Vererzungen. Ebenso sind daselbst subhorizontale Scherflächen z.T. dicht mit Granat belegt.[591]

## Talkmine in Hegdorn

Oberhalb Hegdorn, im «Schrattgi», findet man heute noch die verwitterten Halden eines offenen Talkabbaus mit der riesigen Kluft. Die abgetragene Linse war ungefähr 30 m lang, 7 m breit und 10 m tief. Die Talklinse liegt in Biotit-Plagioklas-Gneisen, welche an dieser Stelle reich sind an Einschlüssen wie Hornblendit, Aktinolithschiefer und Talk (Silizium-Magnesium).[592]

*Noch bestehende Mauer am südlichen Ende der Talkmine. Dort stand eine Baracke, in der der Talk gereinigt wurde.*

*Die grosse ehemalige Giltstein- und spätere Talkgrube im «Schrattgi» oberhalb Hegdorn.*

In den Jahren 1923–1925 betrieb die Firma Hans Hunziker, ansässig gewesen in Brig, an der erwähnten Stelle eine Talkmine. Die 1922 erbaute Luftseilbahn, die vom Natterloch Ost bis zur Baustelle, genannt «Schrattgi» (nicht zu verwechseln mit «Im Schratt»), führte, beförderte den Talk zu Tal; von dort wurde er über die sogenannte Hunzikerbrücke[593], die in gerader Richtung etwa auf der heutigen Aletschstrasse drüben über den Rotten führte, zur Hunzikerfabrik auf der linken Rhoneseite (auf Territorium der Gemeinde Naters) transportiert.

Am südöstlichen Teil der Talkmine steht noch heute eine gut erhaltene Mauer, die oben auf ebener Fläche in diesem steilen Hang den Bau einer Baracke ermöglichte, wo der Talk gereinigt («gflätigot») wurde. Doch längst bevor die Firma Hunziker Talk gewann, hatten die Natischer an der gleichen Stelle Specksteine (Giltsteine) herausgehoben. Diese sind wesentlich härter als der weiche Talk, der sich sogar mit den Fingernägeln aufkratzen lässt. Der Talk wurde zu Kinderpuder verarbeitet oder als Schmiermittel in der Industrie verwendet. Nachdem der Ort ausgebeutet war, wurde die Talkmine eingestellt.

Nordwestlich der «Teifu Schlüocht», ober- und unterhalb des Trämelweges, befinden sich über 20 kleinere und grössere Quarzklüfte, aus denen die Firma Hunziker zur selben Zeit Quarz gewann. Am Trämelweg befinden sich noch zwei grosse Eisenstücke, an denen das Umlaufrad zirkulierte. Die Quarzsäcke wurden mittels eines Kabels ins Tal befördert.[594]

Laut Gemeinderatsprotokoll vom 11. April 1922 ratifizierte die Gemeinde in diesem Jahr auch einen Vertrag mit Hans Hunziker, gemäss dem er auch den Abbau von «Ofensteinen» in den Geimer Hörnern vornehmen konnte.

Es bleibt hier noch eine bemerkenswerte Notiz aus dem Gemeinderatsprotokoll vom 15. Juni 1923 beizufügen: «Alfred Amherd und Viktor Gasser erklären mit Schreiben vom 6. Juni abhin, sie hätten auf den Geimer Hörnern einen Talksteinfelsen entdeckt und verlangen von der Gemeinde die Konzession, auf zwei Jahre hier Talkstein auszubeuten, und zwar in dem Sinne, dass nur sie ein Recht zum Ausbeuten haben.» Dieses Vorhaben muss wohl im Sand verlaufen sein, da keine Anhaltspunkte für dessen Verwirklichung gefunden wurden.

## Kalk

Wie aus einer Vereinbarung vom 14. Januar 1784 zwischen der Gemeinde Naters und Josef Eyer hervorgeht, befanden sich im Gliswald (Abteilung 23) früher auch Kalköfen, in denen Kalk gebrannt wurde.[595] Laut Gemeinderatsprotokoll vom 16. Mai 1883 erteilte die Gemeinde Johann Gasser und Johann Salzmann, Matte, die Bewilligung, «im Blindtal eine Kalkgrube zu erstellen und dort während drei Jahren ohne Entschädigung Kalk zu brennen».

Es handelt sich vermutlich um jene **zwei Kalköfen,** einen grossen und einen ganz kleinen, die sich im Blindtal befinden und von deren Existenz in Naters niemand etwas gewusst hatte. Sie wurden 1991 von den Strahlern Werner Mangold, Naters, und Paul Imhof, Ried-Brig, entdeckt. Man erreicht diese Öfen, indem man etwa 70 m oberhalb der Vita-Parcours-Nummer 16 quer zum Bruchji abbiegt, dieses überschreitet und weiter geht bis hin zur grossen Felswand, vor der sie liegen. Paul Imhof, Ried-Brig, datiert diese noch im Originalzustand erhaltenen Öfen ins 17./18. Jahrhundert. Unmittelbar daneben birgt eine Felspartie

*Kalköfen im Blindtal. Rechts ein grösserer: vorne das Feuerloch (= Schürloch), oben eine rundliche Öffnung (Pfeil) für die Kalkkammer. Links (Pfeil) ein Minikalkofen. Aufnahme im Herbst 1998.*

einen recht hohen Eisengehalt. Laut den Fachleuten könnten diese Öfen auch zur Eisengewinnung gebaut worden sein. Jedenfalls sind sich die Fachleute über die Nutzungsart dieser Öfen bis dato nicht im Klaren.

Des Weiteren berichtet das Gemeinderatsprotokoll vom 9. September 1894, es befinde sich im Blindtal eine «Kalkfluh», die man näher untersuchen lassen müsse. Im Rohrbergwald, Waldabteilung «Weissfluh», zwischen den beiden alten Wasserleitungen, befinden sich ebenfalls zwei grosse Kalköfen.

## Giltstein

Den Giltstein (Lavez- oder Speckstein) holten sich die Natischer in früheren Zeiten vor allem an folgenden Orten: oberhalb Hegdorn – wie oben erwähnt – , beim Bitschji, ob dem Trämel, im Blindtal (im Ofenmannsgraben), auf den Geimer Hörnern, auf den Burgen, linksufrig der Massa beim Gebidem-Stausee und im Gragg («Graagi») am rechten Massaufer.

## Torfausbeutung im Bitschji

Ingenieur Bernhard Küttel aus dem Kanton Aargau entdeckte bei Vermessungsarbeiten auf dem Terrain des heutigen Bitschjisees ein ca. 13 000 m² grosses Torffeld.[596] Im Jahre 1939 führte er daselbst Probebohrungen durch und stellte dabei eine Torfschicht von gut fünf Metern Dicke fest. 1943 schätzte man insgesamt eine Ausbeute von 1800 Eisenbahnwagen und eine tägliche Fördermenge von zwei Wagen.

Der Torf besteht aus verfilzten und vermoderten Pflanzenresten; er bildet die Vorstufe der Braun- und Steinkohle sowie des Anthrazits. Bekanntlich formt sich Torf nur in sumpfigen Gegenden, wo angestautes Wasser eine Anreicherung der Pflanzenfasern bewirkt, die sich dann infolge fehlenden Sauerstoffes zersetzen. Während des Zweiten Weltkrieges fehlte es an brennbaren Mitteln. So war man froh

*Bernhard Küttel (1908–1959), Entdecker des Torffeldes im Gebiet des heutigen Bitschjisees.*

über die Entdeckung dieses Heizproduktes, das ausserdem von einer einmaligen Qualität war und anstelle von Öl, Kohle und Holz Verwendung fand.

Nach der Gründung der «Abbaufirma» Bernhard Küttel, Raphael Zuber, Gotthard Jossen (Geschäftsleiter) und anderen wurde das Gebiet mittels Kanälen entsumpft und vom Bitschji bis zur Blattenstrasse (Im Seng) eine ungefähr 400 Meter lange Seilbahn erstellt. Einschliesslich der Vorbereitungsarbeiten dauerte der Torfabbau von 1941 bis 1945.

*Frauen beim Torfstechen im Bitschji.*

Der Torf wurde von Hand ausgestochen, in einer Spezialmaschine gepresst, in Brikettform geschnitten, mittels Rollwagen zum Trocknungsplatz gebracht und von dort mit der Seilbahn zur Blattenstrasse transportiert. Hier lud man den Brennstoff auf Camions und führte ihn zum Bahnverlad oder zum Kohlenhändler. Fand man nicht sofort einen Käufer, wurde das Heizprodukt bis zum Verkauf in den Hunziker-Baracken (auf dem östlichen Bahnhofareal) gelagert.

Bei dieser Torfgewinnung arbeiteten bis zu 60 Personen, die vor allem aus Naters, Brig, Glis und Gamsen stammten. Da viele Männer Militärdienst leisteten, waren es mehrheitlich Frauen, die diese mühsame Arbeit verrichteten. Für Buben als Wagonschieber betrug der Stundenlohn 50 Rappen und für Erwachsene einen Franken bis 1.10 Franken.

Die Fachleute gaben auch Ratschläge für die Verbrennung von Torf: «Der Torf muss an einem luftigen Ort gelagert und ganz trocken und bei genügender Luftzufuhr verheizt werden.» 100 kg Torf kosteten am Bahnhof in Brig 10.20 Franken.

## Prosaische Lobrede auf die Belalp

Das Kapitel «Landschaft» beenden wir mit einem besonderen Abschnitt. Heinrich Zenhäusern (1888–1966), Kaplan in Naters (1924–1929), der während sechs Sommern als Seelsorger auf der Belalp weilte, gab in einem Aufsatz ein anschauliches Stimmungsbild über die Schönheiten der Belalp.[597] Wir geben den ersten und eigentlichen Teil dieser prosaischen Lobrede, die der Autor mit «Belalp» betitelte, wörtlich wieder:

*«General Bruce, der bekannte Everestkämpfer, erklärte bei seinem Besuch der Belalp, diese sei der schönste Punkt, den er je*

auf Erden geschaut. Dieser Ausspruch wiegt schwer im Munde eines Mannes, der die Bergwelt Europas und Asiens in ihrer Grossartigkeit und mannigfaltigen Schönheit gesehen hat. Gewiss, man müsste schon die glühende Phantasie eines morgenländischen Dichters haben, um die Belalp in ihrer wunderbaren Schönheitsfülle würdig schildern zu können. Man müsste seinen Pinsel hineintauchen in die klaren Fluten der Gletscherbäche, in die duftende Farbenpracht der Alpenblumen; man müsste das Blau des Himmels, das Gold der Sonne selber in die Farben mischen, um ein der Wirklichkeit entsprechendes Gemälde entwerfen zu können. Ich bin leider kein Dichter und kein Maler, und so muss ich mich mit der prosaischen Redeweise behelfen.

*Kaplan Heinrich Zenhäusern, der Verfasser der Lobrede auf die Belalp.*

Die Belalp bildet den würdigen Abschluss des weitausgedehnten, an Naturschönheiten so reichen Natischer Berges. Belalp ist die stolze Krone eines kleinen Fürsten, der seine Residenz im Tale, aber seinen eigentlichen Reichtum auf dem Berge, in Wald und Wiese und Weide liegen hat. Die Belalp erstreckt sich vom Aletschbord mehr als eine Stunde weit nach der Alp Nessel, welche zur Gemeinde Birgisch gehört. Von Nessel steigt langsam, aber stetig ein Grat aufwärts mit reicher Gliederung. Der Grat baut sich treppenartig auf, öfters unterbrochen durch weite Weideplätze. Zwischenhinein stehen wie Wachtürme das Foggenhorn und Hofathorn. Nach Norden schützen die Belalp trotzig und kühn das Grisighorn, mit eisblitzendem Schilde das Unterbächhorn und der Hohstock. Ein wildzerklüfteter Grat mit senkrechten Felswänden läuft weiter und findet seinen Abschluss mit dem Sparrhorn. So im Osten und Norden von altersgrauen, wohl hie und da zerfallenen Festungsmauern eingeschlossen, liegt der Alpengarten Belalp. Die ewige Künstlerhand hat sich innerhalb dieser Grenzen ein Gartenbeet ums andere und übereinander angelegt. Darin blühen Blumen sonder Zahl, in kräftigen Farben, in berauschenden Düften: der gelbe Enzian, die Violen, die Alpenveilchen, alle helläugig, frisch und munter. Gräben ziehen überall hindurch, wechseln ab mit tiefen

*Die Alpe Bel.*

Schluchten, mit steilen Halden, bekleidet mit dem Purpur der Alpenrosen. Dann kommen wieder weite Ebenen, beherrscht von einem Hügel, um die nächste Umgebung überschauen zu können. Der Volksmund nennt einen dieser Aussichtspunkte den schönen Biel. Die Bewässerung dieser Alpen besorgen zwei Gletscherbäche: das Unterbächwasser vom Unterbächgletscher her und das Bruchjiwasser. (...)

Der Blick des Menschen kann nicht auf den nächstliegenden Dingen, und wären sie noch so schön, haften bleiben. Sein Sehen geht über seine Umgebung hinaus. Sein Blick durchmisst Höhen und Tiefen, trinkt in vollen Zügen der Schönheit zauberische Fülle. Die Ausschau von der Belalp befriedigt auch den verwöhntesten Schönheitsschwelger. Wendet man seinen Blick abwärts, so grüsst am Fusse der Belalp der rauschende Tannenwald empor, der allerdings in seinen letzten Vertretern durch Wind und Sturm geknickt ist, aber um so stolzer und kühner in den übrigen Riesen sein Haupt erhebt. An den Wald schliessen sich Wiesen, welche die Abhänge bis nach Blatten hinunter bedecken, [an]. In einer Bergmulde liegt idyllisch das Dörfchen Blatten, umrahmt von einer Reihe grösserer und kleinerer Höhenzüge, die hie und da romantische Formen aufweisen. Rechts von Blatten erhebt sich beispielsweise ein Felsrücken, der in seiner Gestalt drei verwitterten Burgruinen gleicht, welchen das Volk auch tatsächlich ‹zu den drei Burgen› nennt. Das Auge streift flüchtig das Blindtal, bleibt aber haften auf dem lieblichen Wiesengrund von Geimen. Der Blick geht weiter, hat im Gleitflug die Talsohle erreicht und grüsst Brig mit seinen weissen Häusern und Türmen. Aber wie klein und unansehnlich erscheint das Städtchen! Alles, was da unten gross und mächtig auf uns wirkt, wie das Stockalperschloss mit seinem massig gegliederten Quaderbau, wie das Kollegium auf seiner stolzen Höhe, ist von dieser gewaltigen Perspektive wie ein Spielzeug anzuschauen und zeigt fast erschütternd menschliche Kleinheit und Schwäche gegenüber den Riesenwerken der Schöpfung. Das Grün der Wiesen im Tale sagt dem Auge, hier oben gewöhnt an starke Farben, nichts, und es sucht eifrig nach tiefem, sattem Farbenton und findet ihn im majestätisch gefalteten, mit Silberfäden durchwobenen Riesenmantel, der um des Simplons wuchtige Glieder wallt, dessen Schleppe hinabgleitet bis ins Tal. Links und rechts erblicken wir Könige mit altersgrauen Häuptern. Aber die eigentlichen Majestäten kommen erst weiter zurück. Diese tragen weissen Hermelin, blitzende Eiskronen: Bortelhorn, Monte Leone, Fletschhorn, weiter nach Süden die Mischabelgruppe, noch weiter das Wunder der Bergwelt, das Matterhorn, und endlich schliesst die Reihe der Fürsten der Alpen das Weisshorn in seiner jungfräulichen Schönheit und Unnahbarkeit. Man steht und schaut, die Augen weiten sich, all die Herrlichkeiten, und das Herz pocht in rascheren Schlägen. Ein Gefühl erfasst die Seele: das Bewusstsein der Grösse, der Allmacht, der Weisheit des Schöpfers und das Gefühl des Dankes, so in unmittelbarer Weise in das Riesenbuch der Schöpfung schauen zu dürfen.

Die Belalp hat von ihrer Hochwarte noch andere Wunder zu weisen. Nach Osten wende den Blick! Da wird er ganz gefangen von den Eisfeldern des Aletsch, dem grössten Gletscher Europas. Wie ein erstarrter Riesendrache liegt er da, dehnt und reckt stundenweit seinen weissbläulichen Eispanzer, sträubt zornig seine Mähne, wohl im Grimme darüber, dass geheimnisvolle Kräfte seinen Leib in tausend Stücke zerfetzt haben, ja dass sein vernichtender Wille nun in Fels und Flühe eingeengt liegt. Wer hinablauscht, der hört das Murren des grimmigen Ungeheuers, der sieht den schäumenden Geifer seinem Munde entrinnen und sich tosend und brüllend durch die schaurige Massaschlucht wälzen.

Es gibt wohl kaum einen Ort unserer Alpenwelt, der so der Eigenart und den Ansprüchen des Höhenwanderers entsprechen kann wie die Belalp. Es gibt Menschen, die einmal im Jahre ‹Ferien vom Ich› machen wollen, die vergessen möchten, was sie draussen im Leben sind, die nur Menschen sein möchten, losgelöst von den Sorgen ihres Berufes, frei von den tausend Nichtigkeiten des modernen Lebens. Hier oben ist der Feiertag des Lebens, die grosse Ruhe, nur unterbrochen durch den Pfiff des Murmeltieres, durch den Herdenglockenklang und das Rauschen der Gletscherquellen. Auf seinen Wanderungen durch den Bereich der Alpentriften stört ihn niemand. Die Natur hat ihm überall moosige Sitze bereitet, wo er seinen Gedanken nachhängen kann. Ja, er kann sorglos einmal seinen Leib betten in Blumen und Rosen, ohne den spitzen Dorn fürchten zu müssen. Seine Brust weitet sich, atmet aus den Staub der Strasse, den Stickstoff der Büros und Fabriken, atmet ein die reine, herbe Luft der Alpen, den süssen, berauschenden Duft der Bergblumen. Das Auge verliert das Trübe, das Unstete des fiebrigen Lebens, wird ruhig und klar. Die Lichter, welche bei Nacht aus dem Tal heraufblitzen, kommen ihm nur mehr wie Irrlichter vor. Ihm strahlen hier oben andere Lampen, die ihn mit ihrem beruhigenden Lichte aufwärts ziehen.

Wer ein paar Stunden Morgenruhe opfern will und den Weg aufs Sparrhorn nicht als Mühe betrachtet, der findet reichlichen Ersatz an dem überwältigenden Schauspiel des Sonnenaufgangs. Die dunklen Schleier, wie ein Nachtgewand über die Berge geworfen, lichten sich. Die Spitzen der Alpen fangen an zu brennen und zu glühen, bis endlich die Sonne aus goldenem Portal strahlenden Antlitzes heraustritt und die Fürsten, Grafen und Barone der Hochwelt in purpurfarbenes Morgengewand kleidet. Wer dieses Naturwunder erlebt, dem wird die Erinnerung daran Licht noch in seine dunklen Tage giessen. Ebenso erhebend ist der Heimgang der Sonne von hoher Alp aus zu schauen. Geschäftige Abendwinde breiten im Westen die kostbaren goldenen Teppiche aus und legen die scharlachroten Wolkenvorhänge in weiche Falten. Die Sonne kleidet sich wie die Priesterin der Natur in vollen Goldschmuck, und langsam und ehrfürchtig schreitet sie, gleichsam ihr Herzblut opfernd, durch den Vorhang ins Allerheiligste hinein. In feierlichem Schweigen stehen die Berge; Purpurwolken wallen auf gleich Weihrauchwolken. Die Sterne zünden die Lichter des hohen Domes an, das Wort der Anbetung flicht der Mensch in diese Abendandacht der Natur. [Es folgen nun nicht minder interessante ausführliche Darlegungen über: Ausflüge, Verkehr, Alpwirtschaft, Religiosität, Volksfeste und Sagenwelt.]

Ich überschaue noch einmal die morgendliche sonnenüberstrahlte Pracht der Belalp, bin auch jetzt überwältigt vom einzigartigen Blick auf Berg und Tal. Bergab führt mein Schritt, staubige Strassen muss ich wieder gehen, nichtige Dinge muss ich sehen und hören, mit kleinlichen Menschen muss ich über kleine Sorgen reden. Aber ein Gedanke steht wie ein leuchtender Stern über allen meinen Tagen: Belalp, auf Wiedersehen!»

# Landwirtschaft

## Allgemeines

In früheren Zeiten arbeitete die Natischer Bevölkerung überwiegend in der Landwirtschaft. Die Art der Bewirtschaftung war einstmals wohl während Jahrhunderten dieselbe: So wie der Vater es gemacht hatte, machte es der Sohn und so ging es fort von Geschlecht zu Geschlecht.[598] Errungenschaften der Neuzeit rationalisierten die Betriebe und erleichterten die Arbeit.
Ein Übelstand, an dem die Landwirtschaft hier besonders krankt, ist die arge Güterzerstückelung, die schon mehrere Jahrhunderte zurückreicht. 1527 z.B. verkaufte Hans Hofstetter Land an 13 Orten; 1762 hatte Peter Jossen 28 verschiedene Besitzungen; 1776 besassen die Kinder J. Wisse 37 Parzellen; 1777 nannten die Brüder M. und P. Jossen 30 Stücke ihr Eigen.
Laut Zählung von 1905 beispielsweise bestanden in Naters 207 Betriebe mit durchschnittlich 17,3 Parzellen. Im gleichen Jahr gab es aber Landwirte mit 45, 50, ja sogar mit 73 Flurstücken. Diese noch heute vorhandene Parzellierung hat zur Folge, dass ein Ökonomiegebäude einige Eigentümer hat. Die Mehrzahl der Ställe ist in Anteilsrechte von einem Halben bis zu einem Viertel aufgeteilt. Mitunter beträgt ein Anteil nur einen Achtel. Noch mehr Eigentümer haben vielfach die Städel.
Immensen Aufwand und grosse Anstrengung kostet es zudem, die Entfernung zwischen den einzelnen Parzellen zu bewältigen, die oft vier bis fünf Stunden auseinander liegen. Vor allem früher waren die Wegverbindungen nicht die besten.
Bereits 1934 forderte der Staat eine Güterzusammenlegung für den Natischer Grund. An der Urversammlung vom 11. Februar desselben Jahres stimmten zirka 200 Eigentümer «mit sehr grossem Mehr» gegen eine Güterzusammenlegung. Die gleiche Ablehnung erfolgte wiederum in den Jahren 1938 und 1941.
Die Mehrheit der landwirtschaftlichen Bevölkerung siedelte früher von einem Ort zum anderen, wie es die Jahresverhältnisse verlangten. In der Regel wohnte man in der Fastenzeit im Dorf. Nach Ostern zog man bergaufwärts von Weiler zu Weiler, bis man sich zur Sommerszeit auf den Triften der Belalp einfand. Das Sömmern dauerte höchstens bis zum zweiten Septembersonntag. Danach zügelte man hinunter auf die Voralpen («firerfaaru») und rückte dann stufenweise zu Tal, so dass Ende Oktober oder Anfang November die Bevölkerung grösstenteils wieder im Grund verweilte. War auch hier die letzte Wiese abgeweidet und kam der Winter heran, so stieg man wieder hinauf in die Weiler bis in die höchsten Voralpen, um das im Sommer gesammelte Heu zu verfüttern. Erst wenn dies zur Neige ging, etwa um Maria Lichtmess (2. Februar), kehrten die Familien in die tiefer gelegenen Weiler zurück, womit sich der Kreis der Nomadenwanderung schloss. So kam es, dass manche Bewohner von Naters an fünf bis sechs Orten Häuser besassen und all diese im Laufe des Jahres ein- bis zweimal bewohnten.
Dieses Nomadenleben scheint in früherer Zeit in weit geringerem Ausmass als später stattgefunden zu haben. Bis ins 15. Jahrhundert hinein finden wir nämlich die Bewohner meistens an einem bestimmten Ort fest angesiedelt. Viele nahmen vom Wohnort geradezu den Geschlechtsnamen an.
Vor allem von 1940 an nahm die Entvölkerung des Bergs durch die landwirtschaftlich tätige Bevölkerung beängstigend zu. Nur mehr die Alten blieben am Berg. «Die Berge veröden, Sinn und Kraft der bäuerlichen Gemeinschaften schwinden. Es fehlt an starkem Nachwuchs. Wir sterben aus. Was noch bleibt, wandert bergab, lebt als Dörfler und Städter neu auf», klagt 1941 ein Bauer vom Natischer Berg in Adolf Fux' «Jakobea Jossen», einem Frauenschicksal, das sich an diesem Natischer Berg erfüllt.[599]
Im gleichen Schritt ging auch die Landwirtschaft zurück: 1930 arbeiteten 30 Prozent der Bevölkerung in der Landwirtschaft, 1940 20 Prozent und 1960 9,5 Prozent. Gab es 1965 noch 80 Landwirte, sank die Zahl 1996 auf zehn Rindviehbesitzer, davon ein vollamtlicher Landwirt und neun Arbeiterbauern.

## Landwirtschaftliche Nutzung
### Gelände und Boden

Topografie und Höhenlage bringen es mit sich, dass nur ein kleiner Teil des Areals landwirtschaftlich genutzt werden kann. Gemäss dem Bericht des «Statistischen Amtes des Kantons Wallis» von 1996 beträgt die landwirtschaftliche Nutzungsfläche 1792 ha, während 7324 ha als unproduktive Fläche gelten. Gesamthaft ist das Gemeindegebiet von ausgesprochen gebirgigem Charakter. Das ebene Uferstück wird unmittelbar von felsigem, steilem und kupiertem (durchschnittenem) Gelände abgelöst. Zudem sind weite Gebiete arg verstaudet und nur ab und zu trifft man ausserhalb der Talzone auf kleinere Flächen, die nicht von Gebüsch und Fels durchsetzt sind. Günstige Neigungsverhältnisse weist die Belalp auf, wo mässige Hanglagen und Terrassen vorherrschen.
Im land- und alpwirtschaftlichen Produktionskataster von 1963 teilen die Autoren Michael Nellen und Adrian Imboden das Gebiet (ohne Belalp und Inner-Aletsch) in folgende neun Flurabteilungen (Abk.: Abt.) ein:

*Die Gebrüder Viktor und Benjamin Wyssen, des Josef, bei der Herstellung eines Rückenkorbes («Tschiffra»). Es gab drei verschiedene «Tschiffre»: eine gewöhnliche, eine Mist- und eine «Löübtschiffra».*

*Sichel.*

**Abt. 1: Unter dem Dorf, Krommen, Feld und Weingarten.** Ebene am rechten Ufer des Rottens. Boden: meist Schwemmland des Rottens, bergwärts lehmiger Sand, meist kalkhaltig, stellenweise vernässt. Diese Flur, die wegen ihrer topografischen Gestaltung als das wertvollste Gebiet der Gemeinde bezeichnet werden kann, geht durch die zunehmende Überbauung der Landwirtschaft immer mehr verloren. 1957 wurde auch noch die Furkastrasse mitten durch diese Flur gezogen.

**Abt. 2: Massegge, Im Boden, Tschill, Bammatten, Natershalde, Kilchmatte.** Gegen Süden exponiert, im oberen Teil steil, z.T. zerklüftet, nach unten in eine Ebene auslaufend. Boden: humushaltiger, sandiger Lehm, zum Teil kiesig.

**Abt. 3: Driesten, Z'Brigg, Birchegga, im Stockji, Sennenhaus, Restibiel.** Durchwegs steiler, wulstiger Südosthang, nur am Rotten kleinere ebene Parzellen. Boden: meist sandiger Lehm und im Grossen und Ganzen genügend tiefgründig, etwas vernässte Stellen infolge Bergdrucks; stark mit Gebüsch (Eschen, Espen, Birken) durchsetzt. Wenig Ackerbau. Ein Teil des Landes wird von der Nachbargemeinde Birgisch genutzt.

**Abt. 4: Ober- und Unter-Moos, Biela.** Zerklüftetes, gegen Süden und Südosten orientiertes Gelände mit nur ab und zu kleineren ebenen Flächen. Boden: Kulturland in der Regel genügend tiefgründig, jedoch wie im ganzen Berg stark verstaudet. Zwei Schnitte und Herbstweide. Starker Rückgang des Ackerbaus in der Nachkriegszeit. Obstbau zur Hauptsache in Siedlungsnähe. Heute an die Strasse Naters–Blatten angeschlossen.

**Abt. 5: Hegdorn, Grossstein, Bitschji.** Gegen Süden bis Südwesten exponiert, gesamthaft stark kupiert mit vielen Felsbändern, dazwischen kleinere Terrassen. Boden: ziemlich humushaltiger, sandiger, futterwüchsiger Boden, durchwegs zwei Schnitte und Herbstweide möglich; Ertrag jedoch durch viel Gebüsch (Eschen, Haselnussstauden, Espen) beeinträchtigt. Ackerbau: nur vereinzelte Kartoffel- und Roggenäcker. Obstbau mehrheitlich in Siedlungsnähe. Es wachsen noch Nussbäume, wenige Maulbeerbäume und sogar Kastanienbäume. Anschliessend an Kulturland mageres, felsiges und wenig einträgliches Allmendland. Alle drei Orte sind durch eine Strasse erschlossen.

**Abt. 6: Geimen, Mehlbaum, Ahorn.** Nord-Süd-Tal mit steilen Hanglagen, nur zwischen Geimen und Mehlbaum schöneres Gelände. Boden: tiefgründig und lehmig; ein zweiter Schnitt ist noch auf besseren Böden üblich. Meistens nach dem Heuschnitt nur noch Herbstweide. Unbedeutender Ackerbau.

**Abt. 7: Blatten.** Mässig gegen Süden geneigtes Gelände. Boden: meist lehmig und tiefgründig, viele Gebüschstreifen; z.T. noch Emdschnitt.

**Abt. 8: Voralpen: Halten («Halta»), Hasel, Guferli, Tschuggen, Müollera, Erich, Tätschen, Rischinen, Eggen, Geissbalmen, Wiggerscha, Holzji.** Es handelt sich bei diesen Voralpen allgemein um steile Südsüdosthänge mit kleinen Terrassen in einer Höhenlage von circa 1300 m bis nahezu 2000 m ü. M., die heute meistens erschlossen sind. Während in früheren Zeiten einzelne Voralpen noch ziemlich viel Ackerland aufwiesen, ist dieses bis auf spärliche Reste verschwunden. Die Wiesen werden in der Regel einmal gemäht, z.T. auch zweimal. Diese Voralpen waren früher von 60 bis 70 Familien temporär bewohnt, meistens jedoch nur von einzelnen Familienmitgliedern. In der Regel wurden die Voralpen früher im Monat Juni mit der Viehhabe zur Frühlingsweide, Ende Juli bis Anfang August zum Heuen, dann nach der Sömmerung neuerdings für einige Wochen mit dem Vieh und schliesslich noch von Dezember bis Januar zur Verfütterung des Heuvorrates bezogen.

*Hippe («Pfältscha»). Der Griff ist aus einem Bockhorn angefertigt.*

**Abt. 9: Voralpe Ausser-Aletsch («Üsser-Aletschji», unterteilt in Ober- und Unter-Aletsch).** Wegen ihrer Besonderheit behandeln wir diese Voralpe im Kapitel «Siedlungsgeschichte …».

# Pflanzenbau
## Futterbau

Das Dürrfutter wird fast ausschliesslich auf Naturwiesen gewonnen. Diese werfen bei ausreichender Düngung und genügender Bewässerung quantitativ und qualitativ gute Erträge ab. Wiesen in Stallnähe liefern häufig wegen des Stickstoffüberschusses ein grobes Futter, während umgekehrt entfernteres Wiesland in der Regel Stickstoffmangel aufweist. Abgelegenes Wiesland, speziell auf den Voralpen, wird selten oder überhaupt nicht gedüngt.

Der Heuet setzt im Tal Anfang Juni ein und wird in den oberen Lagen, früher gegen Ende Juli bis Anfang August, heute aber um einiges früher, beendet. Das Mähen vollzieht sich seit den 50er-Jahren soweit als möglich mit dem Motormäher. Von diesen Maschinen gab es 1963 in der Gemeinde bereits um die 40. Ein kleinerer Teil des Berggebietes muss wegen fehlender Wege und ungünstiger Bodengestaltung nach wie vor mit der Sense gemäht werden oder man überlässt das unwegsame Gelände den Schafen als Weideland. Während im Tal und an vielen Orten des Natischer Berges, vor allem seit den 50er- und 60er-Jahren,

*Sense und Worbgabel («Zettgabla»).*

ist heute auf ein Minimum zusammengeschrumpft. Aus diesem Grund verordnete die Eidg. Getreideverwaltung, die Ortsgetreidestelle in Naters aufzuheben und diese auf den 1. Juni 1982 derjenigen von Brig anzuschliessen. Die Gemeindeverwaltung nahm diese Massnahme mit Bedauern zur Kenntnis.

*Dengelstock mit Hammer.*

das Heu auf Einachsern zur Scheune geführt wird, muss es in den oberen Regionen da und dort immer noch mittels Heuseil eingetragen werden. Diese Anstrengung aber nehmen die Bauern immer seltener auf sich. Heute haben fast alle Betriebe Bergmäher, Bandrechen, Heuladewagen, Heugebläse und Mistzetter.

## Ackerbau

Der Ackerbau wurde früher in weit ausgedehnterem Masse betrieben als heute. Das ergibt sich unter anderem aus den vielen Korngilten, die zugunsten der Kirche, der Bruderschaften, der Gemeinde und Stiftungen aller Art geleistet wurden.
Je mehr sich der Bevölkerung anderweitige Verdienstmöglichkeiten boten, desto häufiger wurde der Ackerbau aufgegeben. Die nicht mehr bewirtschafteten Äcker werden zum Teil mit Luzerne eingesät; andere werden der natürlichen Begrasung überlassen und gemäht oder liefern als Weideland einen spärlichen Ertrag. Früher wurde beim Bepflanzen oft zwischen Kartoffeln und Getreide gewechselt, und zwar folgte einem zweimaligen Anbau von Kartoffeln Getreide. Man wählte vor allem Walliser Landroggen (Wintersorte). Oberhalb Blatten pflanzten die Bauern noch in unserem Jahrhundert Sommerroggen an. Der Kartoffel- und Getreideanbau nahm nach dem Krieg massiv ab und

*Breithaue, in Naters Berghaue genannt, im Unterschied zur «Binenhaue».*

*Zwei Fischel zum Abmessen des Getreides.*

299

# Obst- und Weinbau

## Obstbau

Der Obstbau wurde in Naters schon in alten Zeiten mit Erfolg betrieben. Des Öfteren finden wir in den Urkunden des 13. und 14. Jahrhunderts Baumgärten und Obstbäume verschiedener Art erwähnt. Der Nussbaum wurde früher besonders viel gepflanzt und gab guten Ertrag. Die Früchte dieses Baumes galten nicht allein in der Haushaltung als vorteilhafte Zuspeise, sie wurden vielfach auch gepresst und das daraus gewonnene Öl diente zur Zubereitung der Speisen für die Fasttage, an denen bis ins 16. Jahrhundert der Verzehr jeglicher Milchspeise untersagt war, sowie auch zur Herstellung der nötigen Beleuchtung. So bekam die Kirche im 14. Jahrhundert mehrere Sester Öl zum Unterhalt des ewigen Lichtes oder einer Lampe vor den verschiedenen Altären.[600]

1617 erliessen die Burger von Naters eine strenge Verordnung zum Schutz des Obstes. Wer nämlich einen Fremden in seinem Hausgarten oder Weinberg «an äpflen, nussen oder andrem obst, wie das mechte genamset werden», ertappte, der konnte ihn «ergreifen, schlagen, stechen und verhauen». Ausgenommen blieb nur Totschlag. Der Dieb verfiel überdies der Busse des Richters.

Zwischen 1870 und 1890 setzte man den Nussbäumen arg zu. Ganze Reihen wurden ausgehauen und verkauft, junge Bäume ersetzte man kaum. So schrieb Kaplan Bammatter in seiner Chronik: «Noch um das Jahr 1870 standen in Naters auf dem Feld, in der Gegend von Bammatten, in Hegdorn, im Moos, auf der Birchegge, im Stock und bis nach Geimen hinauf viele und gewaltige Nussbäume, die oft 20 bis 40 Fischel Nüsse gaben. Ihr Tod waren die Eisenbahn und die Spekulation; die Bäume wurden weit weg in die Fabriken spediert, und das oft sehr billig, ordentliche Bäume sogar für nur 30 Fr.» In dieser Zeit habe man «auf dem Natischer Markt viele Säcke Nüsse an die Gommer verkauft»[601]. Die Bammatter-Chronik enthält ausserdem die interessante Bemerkung: «Gegen Ende 1915 kamen Händler und kauften fast alle Nussbäume zusammen zur Fabrikation von Gewehrschäften.»[602]

In den unteren Lagen, vielfach in Siedlungsnähe, ist gegenwärtig neben Kirsch-, Birn-, Pflaumen-, Feigen-, Kiwi- und in geringerem Masse Aprikosenbäumen der Apfelbaum wohl am stärksten vertreten. In früheren Zeiten presste man geringere Apfelsorten zu Apfelmost und der Treber (auch «Jänno» genannt) diente zur Brantweingewinnung. Bekannt waren ehedem auch die gedörrten Apfelschnitze («Epfilschnitz»), die sich recht lange aufbewahren liessen. Laut Kaplan Bammatter brannte man in alten Zeiten Kirschen zu Kirschwasser, ebenso dörrten viele Leute Kirschen, wobei nach der damaligen Volksmeinung «schwarze gedörrte Kirschen als Heilmittel für vielerlei Gebrechen dienten»[603].

In Bezug auf die Kastanienbäume hielt Bammatter am Ende des 19. Jahrhunderts Folgendes fest: «O gute alte Zeiten, wie viele Kastanien gab es im Dorf, in der Briggmatten, auf der Fluh, im Klosi, auf der Masseggen, in Hegdorn, im Grossstein, in der Frohmatte, im Moos usw.; ganze Wälder und mächtige Bäume. O weh! Junge werden keine gepflanzt und die alten wurden teils für Bauholz (...), teils für Brennholz verwendet, so dass heute nur noch wenige mehr sind.»[604]

Ältere Natischer sprechen noch von ihrem Kastanienwald. Zum guten Glück überlebten aus dem früheren Kastanienbestand einige Prachtsexemplare aus der Sorte der Edelkastanie. Sie blühen und reifen am sonnigen Natischer Berg als Gütezeichen für das milde Klima. Der Baum der Edelkastanie gedeiht vorzugsweise auf kräftigem Sandboden in gut besonnten Lagen. Gegen Spätfröste sind die Kastanienbäume sehr empfindlich, ebenso nachteilig wirken die Nebellüfte.

Dem historischen Lindenbaum beim Pfarrhaus sowie dem markanten Kastanienbaum oberhalb des Schulhauses Ornavasso liess die Gemeindeverwaltung 1986 durch die Gartenbaufirma Egli, Zürich, eine einmalige und gezielte Pflege angedeihen.

Auch den Haselnüssen, Heidel-, Him-, Mehl- und Holunderbeeren («Holderbeeren») schenkten unsere Ahnen grössere Aufmerksamkeit als wir. Aus Letzteren machte man das «Holdermüos» oder brannte Schnaps.[605]

Ebenso wurden in vergangenen Zeiten Hanf und Flachs in ausgiebigem Masse angepflanzt. Zu Beginn des 20. Jahrhunderts aber gab es kaum noch Äckerlein mit diesen Gewächsen.

*Hanf. Links die weibliche, rechts die männliche Pflanze.*

## Weinbau

Unter den verschiedenen Zweigen der Landwirtschaft nahm der Weinbau in früheren Zeiten eine nicht unbedeutende Stellung ein. Die Burg von Weingarten lag inmitten von Weinbergen, weshalb der Ort auch den Namen Weingarten erhielt. Die unteren Hänge der Masseggen und das ansteigende Gelände östlich

des Dorfes weisen noch jetzt Spuren von Rebanbau auf. Vereinzelt trifft man auch im Natischer Berg noch Reben an, so z.B. in Grossstein. Urkunden des 13. und 14. Jahrhunderts sprechen wiederholt von Weingärten, die sich um Naters und im Dorf selbst befanden. Wie bedeutend der Weinbau in Naters war, bezeugt die Tatsache, dass im 14. Jahrhundert allein die Kirche mindestens 15½ Sester Wein jährlich von Naters bezog.
In den Dokumenten des 15. Jahrhunderts ist von Weinbergen schon seltener die Rede. Immerhin berichtet Johann Stumpf in seiner Chronik noch 1547 bezüglich des Weinbaus (in Mörel beginnend): «Zuo Naters meeret sich der weynwachs.»[606] In den Burgerstatuten von 1617 findet sich die Bestimmung, «dass man solle die Hiender [Hühner] einhalten, die schaden mechten thuen in Weinbergen; und wo einer sie bezuge an Weinbergen, möge er umbringen und darum soll er geantwortet han»[607]. Mit anderen Worten: Wenn einer in seinem Weinberg Hühner antraf, durfte er sie straf- und schadlos töten.
Der Chronik Bammatter zufolge gediehen die Reben früher besonders «dem Bach entlang, in den Spissinen, im Tschill, auf der Masseggen, in Bammatten, im Klosi, auf der Fluh und in Hegdorn»[608]. Gegenwärtig gibt es in Naters noch etwa ein halbes Dutzend Besitzer von Rebparzellen.

## Safrankulturen

Auch der Safran war früher in Naters heimisch. 1650 notierte Kaspar Jodok von Stockalper, dass Joder Walker von Naters ihm die Schuld unter anderem auch «mit Safran im Wert von einer Silberkrone» beglichen hatte.[609] Obwohl sich das Folgende auf das Birgischer Gebiet bezieht, wollen wir es hier festhalten. Die Erben Franz Murers von Naters besassen «im Eyholz zu Birgisch» verschiedene Güter, über die von Stockalper 1651 im Zusammenhang mit einer Schuldbegleichung die folgende interessante Bemerkung macht: «In disem gut [d.h. in Eyholz/Birgisch] ist ein stuck saffer garten [Safrangarten] oder Aker, so ausbindig gut ist, und sind die zübilen [Zwiebeln] dorin.»[610] Am 27. April 1656 verkaufte Görig Zen Stadlen ab Ried von Stockalper einen «saffergarten» [Safrangarten] auf der Masseggen.[611]
Im Jahre 1812 weiss Schiner zu berichten, dass auf den Feldern von Naters Safran kultiviert werde, wie man anderswo Weizen und Roggen anpflanze.[612] Dionys Imesch machte aber für Naters 1908 folgende betrübliche Feststellung: «Die einst einträgliche Kultur des Safrans ist ebenfalls erheblich zurückgegangen.» Noch 1929 berichtet Wilczek, dass in Naters «auf dem Junkerbiel, in den Bammatten, vor allem beim Trog [oberhalb des heutigen Orientierungsschulhauses] und auf dem Massegg» Krokus kultiviert werde. Ältere Natischer bestätigten diese Orte und fügten hinzu, dass es früher auch im Äbnet (Hegdorn) einzelne Safranäcker gegeben habe. Um 1950 wurde in den Bammatten zum letzten Mal Safran angepflanzt. Der Schreibende sah dort in einem brachliegenden Acker noch 1975 die allerletzten Lilablüten wild wachsen.[613] Seit Ende der 80er-Jahre kultiviert alt Schuldirektor Hans Eggel an der Landstrasse 41 bei seinem Haus auf einer kleinen Fläche wieder Safran, und zwar mit Erfolg.

# Tierhaltung
## Rindviehhaltung

Der Rindviehbestand nahm in den letzten Jahrzehnten stetig ab. Gemäss nachfolgender Statistik besass Naters 1886 mit 839 Stück den höchsten und 1993 mit 157 den tiefsten Grossviehbestand.
Das Vieh gehört der Braunviehrasse an. Die Viehzucht erfuhr seit den 50er-Jahren dank verschiedener tierzüchterischer Massnahmen, wie Ausmerzaktionen, bessere Fütterung usw., eine unverkennbare Verbesserung. Dies ist nicht zuletzt ein Verdienst des viehwirtschaftlichen Beratungsdienstes. Ein ständiges Bauernsekretariat (seit 1920), die Landwirtschaftliche Schule Oberwallis in Visp (gegründet 1913), der 1957 aus zwei bestandenen Vereinigungen hervorgegangene Oberwalliser Bauernverband, das ‹Walliser Bauernblatt› sowie Fachkommissionen usw. sorgten und sorgen für die Bekanntmachung bäuerlicher Anliegen und Ideen.
1892 wurde in Brig die *Braunviehzuchtgenossenschaft Brig und Umgebung* ins Leben gerufen. In der Gründungsurkunde figurieren auch die Gebrüder Klingele und Ludwig Salzmann von Naters. Letzterer war erster Sekretär dieser Genossenschaft.[614]
1919 gründeten zwölf Viehbesitzer von Naters eine *eigene Viehzuchtgenossenschaft*. Den Gründern lag damals sehr viel daran, die Zucht der reinen braunen Viehrasse zu fördern. 1925 konnte die in Auflösung begriffene Genossenschaft nur mit Mühe gerettet werden. Im Jahresbericht von 1935 stehen folgende träfe Worte zum Bauernstand allgemein: «Man kann ruhig behaupten, dass der Milchertrag in Naters seit zehn Jahren um zirka ein Drittel angestiegen ist. Der Bauernstand ist wohl schwer, aber man ist mindestens nicht arbeitslos, und es ist auch schön und gesund, in Gottes freier Natur zu arbeiten. Er ist derjenige Stand, von dem schliesslich die ganze Welt lebt. Es lebe der Bauernstand.»[615]
Anlässlich des 75-jährigen Bestehens der Braunviehzuchtgenossenschaft (1919–1994) führten die Genossenschafter am 7. Mai 1994 beim Schwimmbad in den Bammatten eine grosse Jubiläumsschau mit «Misswahlen» für Kühe, Rinder und Kälber

*Auch der Safran war früher in Naters heimisch.*

## Entwicklung der Tierhaltung in Naters gemäss dem kantonalen Amt für Statistik

| | 1866 | 1886 | 1906 | 1916 | 1936 | 1946 | 1956 | 1966 | 1973 | 1983 | 1993 | 1997 |
|---|---|---|---|---|---|---|---|---|---|---|---|---|
| Viehbesitzer | | 202 | 205 | 227 | 236 | 232 | 231 | 184 | 159 | 140 | | |
| Rindvieh | 755 | 839 | 823 | 775 | 807 | 710 | 596 | 374 | 216 | 196 | 157 | 212 |
| davon Kühe | 478 | 492 | 450 | 446 | 470 | 431 | 322 | 219 | 122 | 62 | | |
| Zuchtstiere | 7 | 6 | 8 | 11 | | | | | | | | |
| Schafe | 1050 | 977 | 522 | 533 | 541 | 563 | 703 | 1569 | 2708 | 2813 | 3682 | 4236 |
| Ziegen | 666 | 514 | 713 | 570 | 440 | 503 | 379 | 307 | 366 | 796 | 617 | 570 |
| Schweine | 110 | 192 | 274 | 288 | 384 | 238 | 318 | 176 | 192 | 5 | 9 | 24 |
| Hühner | | | | | 4181 | 3263 | 4966 | 3753 | 10 747 | 24 265 | 23 274 | 23 060 |
| Pferde | 14 | 12 | 27 | | 2 | 3 | 1 | | 3 | 8 | 11 | 6 |
| Maultiere/Esel | 8 | 8 | 8 | | 4 | 1 | 3 | 1 | | | | |
| Bienenvölker | | | | | 216 | 269 | 265 | 197 | 202 | 287 | | |
| Kaninchen | | | | | | | | | 494 | 694 | | |

durch. Als OK- und Genossenschaftspräsident waltete Bruno Imstepf.[616] 1968 zählte die Genossenschaft 47 Mitglieder mit 224 Tieren und einer Milchleistung von 3521 Kilogramm. 1993 waren es noch zwölf Mitglieder mit 64 Herdbuchtieren, dafür mit einer Milchleistung von 5947 Kilogramm. Die Genossenschafter haben seit 1944 auch eine Viehversicherung.

Es bleibt noch beizufügen, dass die beliebten Viehmärkte in Naters schon in den 1950er-Jahren an Bedeutung verloren und später gänzlich aufhörten, da das Vieh immer mehr ab Stall verkauft wurde und wird.

Was die *Stierhaltung* betrifft, lag gemäss Gemeinderatsprotokollen die Suche nach geeigneten Zuchtstieren und Stierhaltern stets in der Verantwortung des Gemeinderates. Vor 1900 stellte man der Bauernschaft fünf bis sieben, danach gewöhnlich vier Stiere zur Verfügung. Die Verantwortlichen kauften diese Tiere durchwegs in Schwyz (1887), Unterwalden (1905), Zug (1922: einen acht Monate alten, «mit dem eidg. Kreuz versehenen» Stier zum Preis von 1550 Franken) und Meiringen (1974). Die Bullen erhielten die verschiedensten Namen, so z.B. 1924: Malefiz, 1925: Ador, Michael, Nikado und Prinz. 1976 beanstandeten die Viehhalter die Qualität des Gemeindestieres wie folgt: «Dieser ist schlecht auf den Beinen und soll zudem schlechte Euter vererben.» Sie forderten einen anderen Zuchtstier.

Eine Kuh zum Stier führen, nannte man gemeinhin «ferggu». Ab 1975 wurde teilweise künstlich besamt, bis 1979 schliesslich der letzte Stier, weil er krank war, geschlachtet werden musste und sich die künstliche Besamung allgemein durchsetzte.

## Milchwirtschaft

Die *Sennereigenossenschaft Naters-Dorf und Umgebung,* von welcher Statuten aus dem Jahre 1925 vorliegen, betrieb bis 1943 am Lombardeiweg eine Sennerei. Letzter Senn war Gustav Eggel. 1954 erfolgte die Gründung der Milchproduzenten-Genossenschaft. Schon vor diesem Jahr und erst recht danach lieferten die Landwirte von Naters und Umgebung die Milch (ausgenommen während der Alpzeit) an die Molkerei Naters, die sich zuerst an der Belalpstrasse 22 (heute: Chem. Reinigung J. Blatter) und später an der Belalpstrasse 8 (neben dem Tearoom und Bäckerladen Volken) befand. Die Milch wurde dort als Konsummilch verwertet. Als immer mehr Pastmilch in Verkauf kam, rentierte die Molkerei nicht mehr und wurde 1985 aufgegeben. Als letzter Verwalter amtete namens der Milchproduzenten-Genossenschaft Friedrich Salzmann.

Am 25. Februar 1951 wurde die *Sennereigenossenschaft Moos, Geimen, Mehlbaum und Bitschji* (später nur noch *Sennereigenossenschaft Wieri und Umgebung* genannt) gegründet. Noch im gleichen Jahr erstellten die Genossenschafter am linken Kelchbachufer, südlich des Eingangs zur Moosstrasse, ein Sennereigebäude, in dem der Betrieb im gleichen Jahr aufgenommen wurde. Die Sennerei war von Oktober bis Anfang Dezember und von Februar bis Mai in Betrieb. Hier wurden Vollfettkäse und Sirtenbutter hergestellt. Während der Käse zur Selbstversorgung an die Milchproduzenten verteilt wurde, verkaufte man die Butter zur Deckung der Sennereikosten. Aus Mangel an Milch musste die Sennerei im Herbst 1969 geschlossen werden. Letzter Senn war Hans Eggel, Moos. Das Gebäude wurde 1973 zum Preis von 29 000 Franken an Erwin Wenzler, Zürich, verkauft.[617] Die dortige Beschriftung «Alte Sennerei» weist auf den ursprünglichen Zweck des Häuschens hin.

Ausserhalb der Alpzeit wird die Milch von manchen Bauern an den Walliser Milchverband geliefert, während andere sie über die Kälbermast verwerten.

*Alte Sennerei Wieri.*

# Schafhaltung

Laut obiger Statistik gab es in Naters 1866 1050 Schafe, deren Zahl 1906 auf 522 sank, in der Folge aber wieder zunahm. Zählte man 1961 bereits 775 Schafe, kam man 1995 auf die stattliche Zahl von 4283, wobei zirka zwei Drittel der Schwarznasenrasse (SN) und etwa ein Drittel der Gattung Weisses Alpenschaf zuzurechnen sind. Es gibt in Naters nicht wenige Besitzer, die 60 bis 100 Schafe ihr Eigen nennen.

1991 gab es in der Schweiz insgesamt 390 000 Schafe. Vier Fünftel des gesamten Schafbestandes in der Schweiz zählen zur Gattung des Weissen Alpenschafes. Das Wallis gilt als der Kanton mit der grössten Anzahl Schafe in der Schweiz. Die Zählung von 1995 ergab einen Bestand von 71 671 Tieren.

## Schwarznasen – Weisses Alpenschaf

Im Wallis erfreuen sich die Schwarznasen grösster Beliebtheit.[618] Schweizerisch machen sie nur gerade acht Prozent des Schafbestandes aus. Ihre Zucht hat in unserem Kanton eine alte Tradition, denn diese Rasse lässt sich bis ins 15. Jahrhundert zurückverfolgen. Die Schwarznasen stossen bei den Grosshändlern auf wenig Gegenliebe, doch können einige nicht unbedeutende Vorzüge dieser Gattung ins Feld geführt werden. Die Rasse ist sowohl gegen Krankheit wie auch gegen klimatische Einflüsse äusserst widerstandsfähig. Damit allein mag sie besonders prädestiniert sein für die harten Bedingungen des Gebirges. Weiter sagt man den Schwarznasen nach, dass sie standorttreuer seien als andere Rassen, womit sie es den Besitzern problemlos erlauben, die Herden während der Sommermonate sich selbst zu überlassen. Dann rühmt man die Schwarznasen wegen ihrer hohen Milchleistung und Frohwüchsigkeit. Ihr fettarmes Fleisch ist aus gesundheitlichen Gründen ebenfalls nicht zu verachten. Und ein letzter kaum zu unterschätzender Pluspunkt: Die «Gchornotu» (Gehörnten) sind doch mit ihren korkenzieherartigen Hörnern und den schwarzen Flecken um Maul, Knie, Fessel und Hufe schlichtweg hübscher als all die anderen Schafgenossen. Die Ungehörnten sind nach Ansicht der Schwarznasen-Schäfer eben «nummu Mutte» (nur ungehörnte Schafe).

*Weisse Alpenschafe.*

*Schwarznasen-Lämmer.*

Die ersten Schafe der Rasse Weisses Alpenschaf (WAS) kamen im Oberwallis anfangs der 1940er-Jahre vor. Lange Zeit gab es nur vereinzelte Züchter. 1955 brach in weiten Teilen des Oberwallis eine Epidemie aus. Ganze Schafbestände der Schwarznasen wurden vom Maltafieber befallen und mussten geschlachtet werden. Manche der damaligen Schafzüchter beschlossen in der Folge, den Fachleuten sowie Bund und Kanton Gehör schenkend, sich mit Schafen der Rasse Weisses Alpenschaf einzudecken. Seither hat das WAS auch im Oberwallis seinen Platz. Just in dieser Zeit, 1955, erfolgte in Naters die Gründung der Schafzuchtgenossenschaft WAS. Das Weisse Alpenschaf zeichnet sich durch feinere Wolle und mehr Fleisch (Keulen und Koteletts) aus als die Schwarznasen. Doch die meisten Oberwalliser Schwarznasen-Schäfer (einschliesslich fast aller Natischer Züchter) waren nicht gewillt, nach der Geige der Zuchtstrategen, Grosshändler und Metzger aus der «Üsserschwyz» (der übrigen Schweiz) zu tanzen. Hartnäckig hielten sie zu ihren Schwarznasen. Mit einigem Misstrauen verfolgten die Schwarznasen-Züchter das Aufkommen von WAS-Genossenschaften. Und mancher Schwarznasen-Anhänger hätte zu dieser Zeit wohl eher den Glauben gewechselt als die Schafrasse. Die Vertreter beider Gattungen heben die Vorteile ihrer Rasse hervor. Vielleicht kann man gerade hier das salomonische Urteil fällen: «Beide Schafe sind schwerer.» War es die Freiheitsliebe dieser Leute am Rotten oder der «Trotzgrind» der Bergler? Oder war es das Traditionsbewusstsein, das sie verpflichtete, ihre gehörnten Schwarznasen nicht aufzugeben, die landauf, landab und auch weit über die Landesgrenzen hinaus ohne Zweifel die schönsten Schafe sind.

## Wartung der Schafe

Schafhalter sind vorwiegend Arbeiter und Angestellte, die in ihrer Freizeit mit viel Liebe und Hingabe ihre Tiere betreuen. Manche Alpweide und viele Matten entgehen der Vergandung und Versteppung allein der Schafzucht wegen. Schafe wie Schäfer sind somit auch Landschaftsgärtner erster Güte. Bei den Schäfern spielt auch eine eigenartige Freundschaft, ein Gruppengefühl mit, das viele Freizeitvereinigungen schon lange verloren haben.

Das eigentliche Schäferjahr beginnt im März, wenn der *Widdermarkt* («Widrimärt») mit Prämierung, auch etwas ironisch «Vatertag» genannt, in Visp (früher in Brig) über die Bühne geht. Hierzu werden die Widder gewaschen, damit sie eine gute «Gattig» (Aussehen) machen. Und welches Züchters Traum ist

*Die Wintermonate verbringen die Schwarznasen im Stall.*

es nicht, einen «Achtzähner» (Widder mit der höchsten Punktzahl) sein Eigen nennen zu können. Für «d Owjini» (Auen oder Muttertiere) findet im September die *Schau* («Zeichnig») statt, und zwar in Naters und Geimen. Zu dieser Prämierung werden den Schafen die schönsten Treicheln umgehängt, insbesondere die Edelweiss- und Kranztrinkeln. Für die Bewertung der Schafe wechselten die Kriterien im Laufe der Jahre. Heute gibt es eine strengere Punktwertung als früher. Auf jeden Fall erreichten die Natischer Schafzüchter bei Schauen immer wieder Höchstresultate, was einen Schäfer jeweils mit Freude und Stolz erfüllt.

Zweimal im Jahr findet die *Schafschur* statt: im Februar/März und im September. Zuvor werden die Tiere gewaschen. Während die Schafe in früheren Jahren die schmalste Stelle des Lüsgensees durchschwimmen mussten, wobei ein Mutterschaf vorausgetrieben wurde (manchmal mit einem Seil von der Gegenseite gezogen), besitzen die Schäfer seit 1976 in Hegdorn, genannt im Bohnenloch, eine moderne, zweckmässige Schafwaschanlage. Diese wurde von den drei Schafzuchtgenossenschaften sowie der Ziegenzuchtgenossenschaft 1975/76 in Fronarbeit errichtet und kostete rund 16 000 Franken, wobei die Gemeinde die Materialkosten übernahm und den Boden gratis zur Verfügung stellte.

Was die Schafwolle betrifft, so ist mit ihr seit Jahren kaum mehr Geld zu verdienen, denn ihr Weltmarktpreis ist stark gesunken. Verwob man früher die Wolle zu Drillich für Männerkleider, können die Schäfer sie heute bei der Schweizerischen Inlandwollzentrale in Niederönz/Herzogenbuchsee absetzen; dort findet sie in der Teppichherstellung Verwendung.

Die Frühjahrsweide beginnt für die Schafe gegen Mitte April, und zwar vielfach auf privaten *Einschlägen* («Iverschläg» = eingezäunte Weiden) zwischen Naters und Blatten. Um den 15. Mai werden die Tiere ins Ausser-Aletsch getrieben. Den genauen Tag bestimmen die Eigentümer dieser Alp. Ab welchem Datum der *Auftrieb* ins Inner-Aletsch geschehen kann, entscheiden die Burgersäckelmeister. Er erfolgt gewöhnlich ab Mitte Juni. Nach dem St. Jakobssonntag (Sonntag, der näher dem 25. Juli ist) müssen alle Schafe aus dem Ausser-Aletsch abgetrieben sein. Zuchtfähige Widder (und Ziegenböcke) dürfen seit 1993 auf den Burgeralpen Bel, Lüsgen, Inner- und Ausser-Aletsch nicht mehr gesömmert werden. Zirka zweieinhalb Monate, bis zum Schäfersonntag, haben die Schafe ihre Weideplätze im Inner-Aletsch.

*Schafe waschen im Lüsgensee, ca. 1949.*

*Natischer Schäfer, deren Bekleidung aus der eigenen Schafwolle angefertigt wurde. 1. Reihe (v.l.): Reinhard Jossen (des Alfred), Werner Schmid, Moritz Schwery (des Johann). – 2. Reihe (v.l.): Renato Ruppen, Hugo Schwery, Hans Wyssen.*

Das «Inner-Aletschji» ist ein riesiges Gebiet, das von 2000 bis auf über 3000 Meter ansteigt. Es wird an allen vier Seiten durch natürliche Hindernisse begrenzt: im Süden vom Grossen Aletschgletscher, im Osten vom Mittelaletschgletscher, im Norden von den Fusshörnern, dem Geiss- und Zenbächenhorn mit dem Triest- und Zenbächengletscher sowie schliesslich im Westen durch den Oberaletschgletscher und die Oberaletschschlucht. Über allem thront das Aletschhorn. Diese Begrenzungen machen das Inner-Aletsch zu einem einzigen, riesigen Pferch. Da Schafe kaum freiwillig Gletscher überqueren, können die Schäfer von Naters gut auf einen Hirten verzichten. Doch Verantwortliche braucht es trotzdem. Die Bürger von Naters wählen deshalb aus den Reihen der Schäfer zwei *Burgersäckelmeister*, auch «Säckler» genannt, und vier *Sanner*. Diese müssen dreimal im Laufe des Sommers nach den Schafen sehen und sie mit Salz und «Gläck» (Kraftfutter) versorgen. Sie müssen auch nach kranken Schafen Ausschau halten oder ob welche in der «Stelli» (Ort, von dem das Tier allein nicht mehr wegkommt) sind. Ihre wichtigste Tätigkeit aber fällt immer auf den Schäfersonntag, wenn der Alpabtrieb der Schafe stattfindet. Sanner leitet sich ab von «sannen» und dieses vom mittelhochdeutschen Wort «sam(e)nen» = sammeln (ga sannu = einsammeln, zusammentreiben).[619] Die Sanner sind also in erster Linie für das Zusammentreiben der Schafe verantwortlich. Der Name «Säckler» stammt von der alten Bezeichnung für Geldsack, Säckel. Die Burgersäckelmeister sind somit auch für die finanziel-

*1932: vier Sanner und zwei Säckelmeister auf dem Aletschbord. Von links: Johann-Josef Ruppen (1891–1950), Anton Salzmann (1899–1962), des Ludwig, Benjamin Schmid (1898–1947), Johann Schmid (1900–1961), Benjamin Holzer (1886–1969), Cäsar Salzmann (1894–1985). – Geselligkeit, ein paar Takte Musik, ein Schluck Hochprozentiger aus dem Rucksack, Feststimmung: all das prägt noch heute das Fest der Natischer Schäfer auf dem Aletschbord.*

len Belange im Zusammenhang mit dem Alpen zuständig. Sie registrieren die Bestände der gealpten Tiere und ziehen die Sömmerungsabgaben ein. Vor allem aber tragen sie die Hauptverantwortung für den Alpabzug der Schafe. Sie sorgen dafür, dass dieser nach den traditionellen, jahrhundertealten Regeln abläuft. Ihr Privileg ist es auch, speziell für den Alpabtrieb zwei zusätzliche Kräfte, die Hilfssanner, zu bestimmen. Welche Bedeutung den Sannern und Säcklern auch heute noch zukommt, ist daraus ersichtlich, wie sie rekrutiert werden: Während die Sanner beim «Burgertrüch» am Herrgottstag, dem Fronleichnam, durch Handerheben der Bürger gewählt werden, haben sich die Burgersäckelmeister – gleich wie die Gemeinderäte – alle vier Jahre den Bürgern auf einer eigenen Liste zu stellen.

Da in Naters als Schäferhochburg mehr als 4000 Schafe registriert sind (1995: 4283), wird ein Teil der Tiere ausserhalb der Gemeinde gesömert. Nach Angaben von Viehinspektor David Eyer fanden beispielsweise 1995 1366 Stück Schafe ihre sommerlichen Weideplätze an 20 anderen Orten, darunter fünf im Unterwallis. Die meisten dieser auswärts gehaltenen Schafe befanden sich im genannten Jahr sommers in Mund (Gredetsch: 243), Binn (231), Blitzingen (183) und Simplon-Dorf (Laggintal: 116).

Als Erkennungszeichen im Sommer oder für die «Schafscheid» haben die Schafe das *Hauszeichen* auf den Hörnern eingebrannt (Hornbrand) sowie das *Ohrzeichen*. Kauft jemand ein bereits «gebranntes» Schaf, so setzt er ihm das glühende Eisen in der Nähe des Kopfes auf das Horn. Bei mehreren Brandmarken ist immer jene massgebend, die am nächsten beim Kopf steht. Bei Jungschafen ist eine Ohrenmarke massgebend oder auch das eigentliche Ohrzeichen. Unter diesem versteht man Kerben, Schnitte und Löcher am Ohr beziehungsweise Ohrrand und an der Ohrspitze. Dabei unterscheidet man zwischen links und rechts sowie «öügschhalb» (Augenseite) und «liibschhalb» (Körperseite).

Nach dem Schäfersonntag weiden die Schafe im Ausser-Aletsch und auf der Belalp, später in tieferen Lagen auf den Heimgütern. Gegen Anfang November beginnt die Stallhaltung. Doch nicht immer für alle. Im April 1975 entdeckte ein Angestellter der Seilbahnen Blatten-Belalp zuhinterst im Blindtal (am Ort genannt «Wichje») ein Schaf, in einer Zeit also, da sich alle Tiere im Stall befinden. Drei verständigte Schäfer bekamen das Schaf zu Gesicht. Es stieb aber wie wild davon und wollte von seinen Rettern nichts wissen. Es wurde von den Schäfern bis zur Ermüdung verfolgt, konnte schliesslich gefangen und als Eigentum des Anton Zenklusen erkannt werden. Allenthalben fragte man sich, wie dieses Schaf die fünf bis sechs Monate im tiefen Schnee überwintern konnte. Wie Kenner erklärten, befand sich das Tier unter grossen Wettertannen und ernährte sich von Tannenzweigen und «Faxen» (halbdürres Gras).

Die nicht zur Überwinterung bestimmten Tiere werden für den eigenen Bedarf geschlachtet oder an Metzger verkauft.

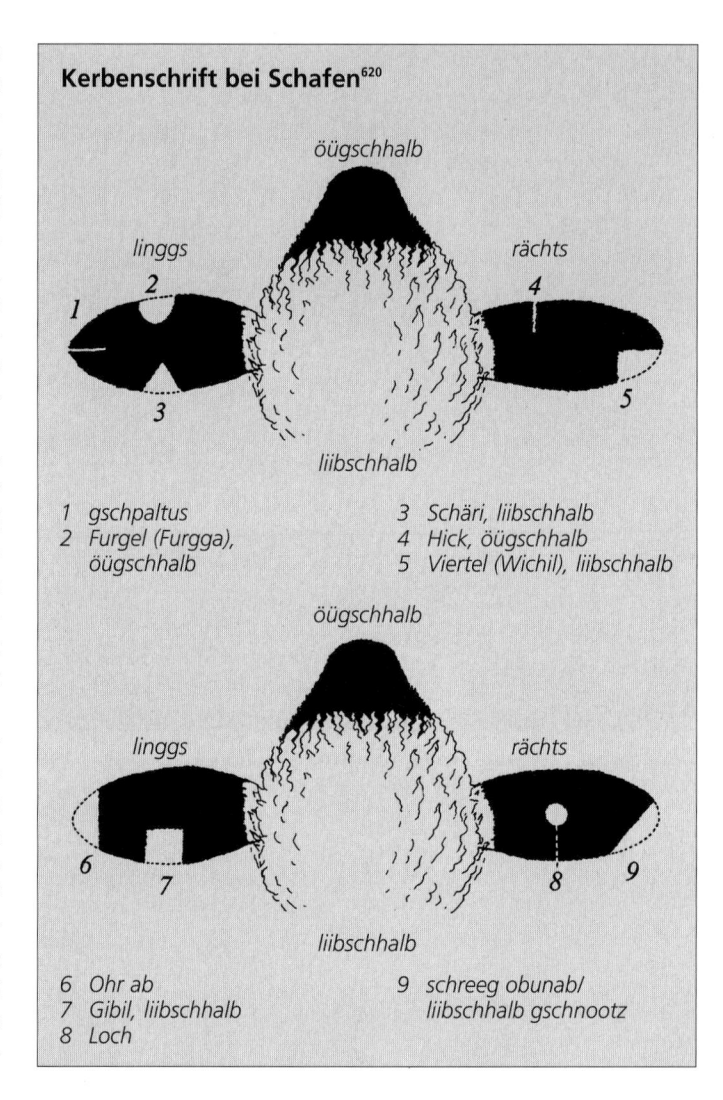

**Kerbenschrift bei Schafen**[620]

1 gschpaltus
2 Furgel (Furgga), öügschhalb
3 Schäri, liibschhalb
4 Hick, öügschhalb
5 Viertel (Wichil), liibschhalb

6 Ohr ab
7 Gibil, liibschhalb
8 Loch
9 schreeg obunab/ liibschhalb gschnootz

## Schäfersonntag

Ein bedeutender Tag für die Schafzüchter war und ist der Schäfersonntag, auch «Schäful-» oder «Schäfelsunntag» genannt. «Schäfel» oder «Schäful» stammt vom mittelhochdeutschen Wort «Schefel» = Schäfer.[621] Der Name «Schäfelsonntag» wurde erstmals im «Verzeichnis der Auslagen der St. Theodulsbruderschaft auf Blatten» von zirka 1830 vorgefunden. Darin heisst es: «Item am Schäffelsonntag in der Alpen einen ½ Brantwein = 10 Batzen.»[622] Die Bezeichnung «Schäfelsonntag» verwendete 1928 auch Kaplan Heinrich Zenhäusern in seiner Chronik[623]. Bis 1969 setzte man diesen Tag auf den zweiten und in der Folge auf den ersten September-Sonntag an. Da in den höheren Regionen der Belalp ausreichend Gras vorhanden ist und das Inner-Aletsch infolge massiver Zunahme des Schafbestandes am Rande der Belastbarkeit steht, wurde 1994 der Schäfersonntag auf den letzten August-Sonntag vorverlegt.

*Brenneisen.*

*Schafe beim Alpabtrieb in Richtung Oberaletschschlucht. An dieser steilen Bergflanke wurde 1972 von der Burgerschaft ein Weg aus den Felsen gehauen. Daselbst: Felsplakette mit Bildnis und Inschrift «DANIEL THELER-HEYNEN 1920–1992 ERBAUER DES FELSENWEGES». Zuvor mussten die Tiere über den Oberaletschgletscher geführt werden. Aufnahme von 1980 (GEO, 1980, Nr. 9, S. 61).*

Der *Alpabtrieb* erfolgt am Freitag/Samstag vor dem Schäfersonntag und am Schäfersonntag selbst alljährlich nach demselben Schema. Am Freitag treiben die zwei Burgersäckelmeister, die vier Sanner und zwei Hilfssanner im Inner-Aletsch die Herde bis zum Ort «ze Bächu» (Zenbächen) zusammen. Die acht Mannen übernachten in der Driesthütte. Früher – und dies war noch 1967 der Fall[624] – beteten diese vor dem Schlafengehen den Rosenkranz. Um vier Uhr morgens brechen sie auf, um das riesige Gebiet ein zweites Mal abzusuchen. Die acht Schäfer gehen verschiedene Wege: zwei unten entlang des Gletschers bis «ze Bächu», zwei ganz oben bis «Unnerbäch» und zu den «Chaltu Heejinu»; die anderen verteilen sich in der Mitte und durchkämmen «d Sattle» und «d Roti Weng». Sie kennen das Gebiet wie ihre Hosentaschen. Zudem sind sie mit Funkgeräten ausgerüstet.

Am Samstag müssen alle Schafe bei der Driesthütte sein; gegen Abend werden sie zur tiefer gelegenen Tällihütte getrieben. Es ist ein mühsamer Weg im steilen Gelände. Immer wieder brechen einzelne Tiere aus. Die Schäfer müssen häufig Halt einlegen. Laufend stossen neue Gruppen von Schafen hinzu, die weiter vorne im Aletsch ihre Weideplätze haben.

Am «Schäfulsunntag» in der Frühe beginnt der neun- bis zehnstündige Marathon zurück zur Belalp. Das «Chumm, läck, läck» ertönt, die Lederpeitschen knallen. Bei dieser Massen-Alpabfahrt – 1995 waren es 1968 Schafe – geht es gemächlich zu; da müssen auch die teilweise knapp einen Tag alten Lämmer mit. Der gefährlichste Teil steht noch bevor: die Durchquerung der etwa 200 Meter tiefen Oberaletschschlucht. Zuoberst an der Wand ist das berühmte «Tirli» (Türe). Wehe, wenn ein Wanderer dieses im Sommer offen lässt! Hier vor dem Eingang ins «Gelobte Land der Schäfer» steht ein Kreuz. Vor diesem christlichen Zeichen beten die Schäfer bei ihren Gängen nach altem Brauch beim Hin- und Rückweg den Englischen Gruss. Beim Abstieg über den Felsweg der Oberaletschschlucht brauchen die Schäfer viel Fingerspitzengefühl. Langsam, Tier um Tier, dirigieren sie die Schafe den Weg hinunter und über die Brücke. Es ist ein faszinierendes Schauspiel: Die Tiere durchqueren die Schlucht, eines schön hinter dem anderen, einer weissen, kilometerlangen Perlenkette gleich. Nur ungern erinnern sich die Schäfer an einen Vorfall zu Beginn der 1980er-Jahre, als eine Gruppe Schafe das Brückengeländer durchbrach und in die reissenden Fluten stürzte.

Nach der anstrengenden Durchquerung der Schlucht machen die Schäfer eine ausgiebige Rast. Vor dem Weitermarsch schmücken die Sanner die vier prächtigsten Muttertiere (vor 1993: zwei Widder und zwei Auen) mit bunten Papierstreifen. Es ist das Privileg der Sanner, die schönsten Tiere auszuwählen und sie mit dem *Kopfschmuck* («Blüomo») zu versehen. Doch auch die anderen vier Schäfer verzieren noch rasch den obligaten schwarzen Hut mit etwas «Gibüsa» (Edelraute) oder einem Edelweiss. Dann brechen alle zur langen Traverse durchs Ausser-Aletsch auf. Weit vorne, auf der Belalp, warten die Schafbesitzer, begleitet von Frau und Kindern, auf die Ankunft der Schützlinge. Es ist verständlich, dass die ganze Familie an diesem Freudentag teilnimmt. Alles harrt in gespannter Erwartung, ob und in welchem Zustand die eigenen Schafe zurückkehren. Neben den Schäfern findet sich auch eine ansehnliche Zahl von Schaulustigen ein. Der Schäfersonntag ist in den letzten Jahren mehr und mehr zu einer eigentlichen Touristenattraktion geworden.

Bis 1993 wurden die Schafe nach ihrer *Ankunft am Aletschbord* gleich in den Grosspferch gebracht. Seit 1994 werden sie beim Hotel Belalp auf einem 5000 m² grossen, umzäunten Gelände gesammelt. Damit will man vor allem den zahlreichen Gästen entgegenkommen, die das Spektakel alljährlich aus nächster Nähe mitverfolgen wollen. Erst am späten Abend werden die Schafe in den Grosspferch und seit 1983 in einen zusätzlichen «Färrich» getrieben, um dort die letzte Nacht gemeinsam zu verbringen.

*Endpunkt des Schafabtriebs: in den Steiglen.*

Während im Pferch langsam Ruhe einkehrt, stossen die Schäfer in der Nähe auf die erfolgreiche Rückkehr ihrer Schützlinge an. «D Schnapsguttra» mit «Sälbschtgibranntum» (Schnapsflasche mit Selbstgebranntem) wird herumgereicht und keiner lässt es sich nehmen, seinen Schäferkollegen ein Stück «Lidji» (luftgetrockneter Gigot), natürlich aus dem eigenen Stall, anzubieten. Jahrzehntealte Freundschaften werden aufs Neue besiegelt. In den folgenden Stunden herrscht in den Bergrestaurants auf der Belalp Jubel, Trubel, Heiterkeit. Der Fendant löst die Zunge und so manche gemeinsam erlebte Strapaze und Episode wird zum «Schäferlatein».

*«Ds Butilli» mit Selbstgebranntem darf bei einem Schäfer nicht fehlen.*

*Die Pferche («Färricha») auf Lüsgen.*

In solchen Augenblicken glaubt auch der Aussenstehende zu begreifen, dass die Schwarznasen für diese Männer mehr sind als nur Grossviehersatz. Und manch einem wird klar, dass sie ihre «Gchornotu» nie und nimmer aufgeben würden.
Am Tag nach dem Schäfersonntag ist die *«Schafscheid»*. Der «Scheidtag» beginnt im Morgengrauen mit dem Englischen Gruss. Danach scheiden die Eigentümer ihre Schafe in die kleinen Pferche neben dem Hauptpferch. Es ist ein geschäftiges Treiben: Lämmer blöken, Schäfer rufen. Langsam leert sich der Grosspferch, während sich die Pferche ringsum immer mehr füllen. Die Säckelmeister nehmen den genauen Bestand jedes Züchters auf. Das Scheiden ist zu Ende. Die Schäfer danken den Säcklern, Sannern und Hilfssannern für ihre gute Arbeit. Dann verabschieden sie sich und jeder zieht mit seiner Herde weiter.[625]
1987 war auch eine Equipe des Schweizer Fernsehens DRS mit von der Partie. Im Rahmen der Sendung «Karussell» strahlte es einen zehnminütigen Beitrag über das Zusammentreiben der Schafe im Aletsch und die Höhepunkte des Schäfersonntags aus. Ebenso brachte die Sendung «Schweiz aktuell» des Schweizer Fernsehens DRS am 28. August 1995 einen Beitrag über den Alpabtrieb und die «Schafscheid».

## Schafzuchtgenossenschaften

In Naters gibt es folgende drei Schafzuchtgenossenschaften:
**1. Die Schwarznasen-Schafzuchtgenossenschaft Naters-Blatten.**[626] Am 15. April 1900 gründeten acht Männer im Wirtshaus des Baptist Gertschen zu Naters die Schwarznasen-Schafzuchtgenossenschaft Naters-Blatten (anfänglicher Name: Kleinviehzuchtgenossenschaft). Sie bezweckte von Anfang an die Förderung und die rationelle Zucht der Schwarznasen-Rasse. Laut Protokoll wurde diese Genossenschaft 1925 vorübergehend aufgelöst und das Geld von 297.05 Franken unter die 13 Mitglieder verteilt. Am 14. April 1935 erfolgte eine Neugründung.
An der GV von 1945 plädierte ein Mitglied für die Einführung des Weissen Alpenschafes, «was aber bei den übrigen Mitgliedern heftige Ablehnung fand». An der GV vom 20. März 1949 herrschte eine besonders euphorische Stimmung; die Versammlung «zog sich in die Länge und endete mit einem Pintenkehr». Und 1958 schrieb der humorvolle Protokollführer: «Nach der GV ging es mit Saus und Braus weiter.» Die Genossenschafter führten in den Jahren 1956–1978, zuerst in Blatten und dann in Naters, zur Aufbesserung der Kasse ein Sommerfest durch.
Die SN-Schafzuchtgenossenschaft von Naters-Blatten ist nicht nur die älteste, sondern zugleich auch noch die grösste ihrer Art in der Schweiz (1996).
*Bestand 1996:* 76 Mitglieder (1955: 37); Herdbuchtiere: 1299 (63 männliche und 1236 weibliche).

*Präsidenten:*
| | |
|---|---|
| 1900–1913 | Karl Klingele |
| 1913–1925 | Leo Summermatter |
| 1925–1935 | Genossenschaft aufgehoben |
| 1935–1938 | Anton Salzmann, des Ludwig |
| 1938–1940 | Anton Salzmann, des Moritz |
| 1940–1946 | Werner Schwery (?) |
| 1947–1950 | Oswald Summermatter |
| 1950 | Oswald Ruppen (März bis Nov.) |
| 1950–1952 | Oswald Summermatter |
| 1952–1955 | Oswald Salzmann |
| 1955–1957 | Moritz Rothen |
| 1957–1961 | Michael Nellen |
| 1961–1965 | Edmund Gasser |
| 1965–1967 | Edwin (Erwin) Eyer |
| 1967–1969 | Baptist Schmid |

1969–1975   Philipp Bammatter
1975–1979   Johann Bitschin
1979–1983   Ambros Salzmann
1983–1987   Hugo Schwery
1987–1991   Bernhard Schmid
1991–1997   Theodor (Theo) Kummer
1997–       Reinhard Bammatter

*Zuchtbuchführer:* 1. Othmar Summermatter, 2. Leo Amherd, 3. David Eyer, 4. Peter Niederberger, 5. Baptist Schmid, 6. Walter Zenklusen, 7. Anton Bammatter, 8. Emanuel Eyer.
1995 stellten Theo und Fredy Kummer ihren Betrieb in der Bella-Vista auf Biolandbau um. So müssen die Schafe in Gruppenhaltung auf der Weide oder im Laufstall mit Auslaufmöglichkeit gehalten werden.

**2. Schafzuchtgenossenschaft «Massegga».** Sie wurde am 17. Juni 1972 im Restaurant Bellevue, Naters, von fünf Männern ins Leben gerufen. Es waren dies Schäfer, die ihre Tiere ausserhalb der Gemeinde sömmerten und für diese Naters als Prämierungsort forderten, was ihnen damals nicht zugestanden wurde. So trennten sie sich von der Genossenschaft Naters. Initiant und Gründungspräsident war Gottfried Imboden. Diese Genossenschaft bezweckt ebenfalls die Förderung der Schwarznasen. Den Statuten zufolge darf ein Schafbesitzer, der der Genossenschaft Naters angehört oder angehört hat, nicht Mitglied der Genossenschaft «Massegga» werden. Auch diese Genossenschafter konnten seit ihrer Gründung viele gute Zuchterfolge erzielen. Der Schautag wird jeweils am Samstag nach dem Eidg. Bettag abgehalten.
*Bestand 1996:* 13 Mitglieder; Herdbuchtiere: 236 (16 männliche und 220 weibliche).

*Präsidenten:*
1972–1981   Hugo Walden
1981–1984   Michael Jossen
1984–1989   Remo Jossen
1989–       Peter Huber

*Zuchtbuchführer:* Gottfried Imboden (seit der Gründung).

**3. Schafzuchtgenossenschaft Weisses Alpenschaf.** Sie wurde am 3. April 1955 im Saal zur Linde von neun Männern gegründet.[627] Diese Genossenschaft, die dem WAS-Verband Oberwallis angeschlossen ist und der auch Munder angehören, bezweckt die Förderung und Zucht des Weissen Alpenschafes. Sie hält alljährlich das von zwei Mitgliedern gestiftete Osterlammmahl ab.
*Bestand 1996:* 31 Mitglieder, davon sieben Aktivschäfer (Betriebe); Herdbuchtiere: 292 (zwölf männliche und 280 weibliche).

*Präsidenten:*
1955–1958   Anton Salzmann
1958–1967   Viktor Eggel
1967–1979   Roman Lengen
1979–1985   Moritz Jossen
1985–       Martin Wiesner

*Zuchtbuchführer:* 1. Viktor Eggel, 2. Johann Margelisch, 3. Josef Hug, 4. Martin Wiesner, 5. Alex Holzer.
Bis 1980 hielt der Oberwalliser Verband der Schwarznasenschäfer seine GV in der Linde zu Naters ab. In jenem Jahr beschloss man, die Versammlung in einem Turnus in verschiedenen Bezirken und wechselnden Ortschaften abzuhalten. Grund: «Die

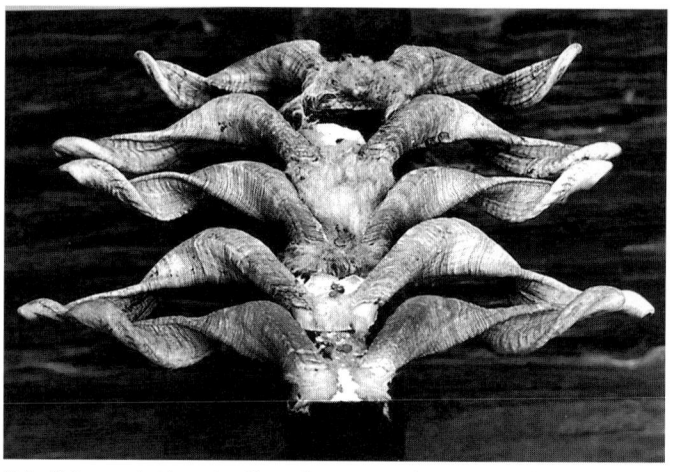

*Schafhörner als Hauszier über einem Hauseingang im Ober-Moos.*

Schäfer kommen sich in Naters als Verband offenbar nicht mehr gut aufgehoben vor. Sie vermissen anerkennende Gesten der Gemeinde.»[628]

## Schäfersprache

Die Schäfer haben ihre eigene, urwüchsige Sprache. Nachstehend die wichtigsten Ausdrücke, die in Schäferkreisen gang und gäbe sind[629]:

| | |
|---|---|
| *Gchornoti* | *gehörnte Schafe* |
| *Mutte, Färlini* | *Schafe ohne Horn* |
| *Älwi* | *hellbraune Schafe* |
| *Tütti, Owji* | *Mutterschaf (v. lat. ovis = Schaf)* |
| *Chilberli* | *ein- bis zweijähriges weibliches Schaf* |
| *Pütz* | *kleingewachsenes Schaf* |
| *Tschüder* | *schlecht gefüttertes Schaf* |
| *Spitti* | *schwarzweiss geflecktes Schaf* |
| *Frischig* | *kastrierter Widder* |
| *Wolletsch* | *ca. halbjähriges Lamm* |
| *scheene Wolletsch* | *ein gut gewachsenes, halbjähriges Lamm* |
| *mallums* | *zahm* |
| *Trichilowji* | *Leittier mit Glocke* |
| *tschättwu* | *Klauen schneiden* |
| *Chlawo* | *Klaue* |
| *d Horu dräju* | *Hornform verschönern* |
| *Horustoss* | *Wuchs des Horns in einer kurzen Zeitspanne* |
| *dr Brand* | *Brandzeichen auf dem Horn* |
| *ds Brandisu* | *Brandeisen* |
| *brennu* | *glühendes Brandeisen aufs Horn drücken* |
| *ohrzeichnu* | *Hauszeichen ins Ohr schneiden* |
| *heilu* | *kastrieren* |
| *marggieru* | *markieren, kennzeichnen* |
| *Margga* | *Ohrmarke* |
| *jagigs* | *brünstig* |
| *gjagt* | *gewiddert* |
| *trägundi* | *trächtig* |
| *cherundi* | *Euterbildung beim trächtigen Tier* |
| *lammju* | *Ablammung* |
| *seiggu, sügu* | *Laktation* |
| *jogglu* | *Herde Schafe schnell treiben* |
| *Zäche* | *Zecken* |
| *Liisch* | *Läuse* |
| *giblaats* | *gebläht* |

| | |
|---|---|
| verreckt | verendet |
| träffunde Wider | stossender Widder, der gefährlich werden kann |
| Trichja | Schafglocke |
| Challo | Glockenschwengel |
| Trichilriemo | Glockenriemen |
| Chlepfa | Schafglocke mit hartem Ton |
| Zoggla | Klümpchen am Schwanz und in der Wolle |
| Stutzer | Schaf mit steil gebogenen Hörnern |
| Chämma | Schaf mit weiten Hornbogen |
| Gugger | Schaf mit engen, nach vorne gerichteten Hörnern |
| Schnäggo | Schaf mit engen Hornbogen |
| Brennji | Schaf, das an der Wange zwischen Nase und Augen nicht schwarz ist |
| Schwanzfläcko | schwarzer Fleck unter dem Schwanz beim weiblichen Schaf |
| Chnewfläcko | runder, schwarzer Fleck auf den Knien |
| Haxufläcko | schwarzer Flecken auf der Haxe |
| Kaare, Gwollne | Schaf mit viel Wolle am Kopf und an den Beinen |
| Plutte | Schaf mit wenig Wolle |
| geisshaarocht | Schaf mit glatter Wolle |
| Grobwangi | Schaf mit ausgeprägtem schwarzem Unterkopf und gutem Wollwuchs |
| schlapsocht | Schaf, auf der Nase weit hinunter weiss |
| Zeichnig | Prämierung |
| üffieru | Schafe auf die Prämierung bringen |
| Zwelfer, Fufzähner, Achtzähner | Schaf mit der Höchstpunktzahl in einer der drei Kategorien |
| Üswurf | Schafe, die beim Scheidtag übrig bleiben und von niemandem beansprucht werden |
| Gütti | Sackmesser |
| Lidji | getrocknetes Schafgigot |
| Butilla | hölzernes Trinkgefäss |
| Schnapsguttra | Schnapsflasche |
| ds Gädi | Stall |
| Chromo, Färrich | Pferch |
| ds Tirli | Türe der Einzäunung |
| Barmo | Heukrippe |
| Niesch | Futtertrog |
| Hirterfoscher | Heutuch, mit dem das Heu in den Stall getragen wird |
| Wisch Hew | Arm voll Heu |
| Amot | Emd (zweiter Heuschnitt) |
| Burdi | Heubündel |
| Gibil | Scheunentor zum Einbringen von Heu |
| Stallport, Tiri | Stalltüre |
| zinddu | Licht machen |
| Mälchtra | hölzernes, ovales Gefäss zum Tränken der Schafe im Stall |
| Treichi | Tränke im Freien |
| Bäsmo | Besen |
| glächu | Kraftfutter geben |
| Iverschlag | eingezäunte Weide |
| Schnotzji | Strick zum Anbinden der Schafe |
| strewwinu | Stroh streuen |
| Schafbuw | Schafmist |
| chrissu | Waldstreu sammeln |
| Sägisa | Sense |
| Rächo | Rechen |

# Ziegenhaltung

## Allgemeines

Die Ziegenhaltung konnte sich in Naters in früheren Zeiten im Vergleich zu anderen Gemeinden relativ gut halten, obwohl auch hier der Bestand in der Nachkriegszeit stark zusammenschmolz. Gab es 1906 noch 713 Ziegen, besassen die 118 Ziegenhalter 1961 nur mehr deren 295. In der Folge nahm aber die Zahl, wie die Tabelle zu Beginn dieses Abschnittes zeigt, wieder zu.

1963 schrieben die bereits erwähnten Autoren des Produktionskatasters, Nellen und Imboden, bezüglich der Ziegenhaltung in Naters Folgendes: «Auf Rassenreinheit legt man keinen grossen Wert und es besteht ein wahres Rassengemisch. Immerhin findet man noch reinrassige Schwarzhalsziegen. Diese früher im Oberwallis stark verbreitete Ziegenrasse ist heute leider fast am Aussterben. Naters weist neben Staldenried noch die einzige Zuchtgenossenschaft für Schwarzhalsziegen auf. Bei den Milchziegen handelt es sich vor allem um Heimziegen, die meistens auf privaten Liegenschaften weiden, mitunter auch auf der Allmend. Sie liefern der Familie während der Sommerszeit, wenn die Kühe auf der Alp sind, die Milch. Die Galt- und Jungziegen sind dagegen über den Sommer im Vorderen Aletsch und sind sich selbst überlassen.»

*Schwarzhalsziegen.*

## Ziegenzuchtgenossenschaft Naters

Am 25. März 1950 gründeten acht Männer «zur Förderung und Einführung der Schwarzhalsziege» die Ziegenzuchtgenossenschaft Naters, die über viele Jahre eine rührige Tätigkeit entfaltete. Die Protokolle der Generalversammlungen in den 50er-Jahren zeigen, dass der Genossenschaft immer mehr Mitglieder beitraten. 1958 schliesst die GV mit der Aufforderung des Präsidenten, «der Genossenschaft die Treue zu halten und einander beizustehen bis in den Tod».

1964 bis 1971 waren schwierige Jahre für die Genossenschaft. 1964 fand sich niemand zur GV ein. Trotzdem müssen etwelche Ziegenzüchter aufgetaucht sein, denn der Protokollführer schrieb, dass «die Versammlung in nichts ging» und in einen «Hutlernachmittag» ausartete. Es ist in erster Linie Hans Eggel, Moos, zu verdanken, dass sich die Genossenschaft in den mageren sieben Jahren von 1964 bis 1971 nicht auflöste.

Inzwischen gehört die Schwarzhalsziege zu Naters wie das Gläschen Fendant zur Raclette. Laut Adrian Imboden stammt diese

Rasse von der römischen Kupferziege ab. Sie ist eine ausgesprochene Hochgebirgsrasse und wird nur im Oberwallis gezüchtet.[630] Über vier Fünftel der Ziegen in Naters gehören heute zur Rasse der Schwarzhalsziegen («Schwarzhalsini»). Die Zeiten sind allerdings vorbei, in denen die Geiss noch die «Kuh des armen Mannes» war.

Ab 1971 meldeten sich immer mehr junge Mitglieder, die Ziegen züchteten und der Genossenschaft einen grossen Auftrieb gaben. Die Ziegenzuchtgenossenschaft Naters ist nicht nur die älteste, sondern auch die grösste ihrer Art im Oberwallis. 1979 trat sie dem Oberwalliser Ziegenzuchtverband (OZIV) bei.

## Geissenschau

Jedes Mitglied der Genossenschaft kann seine punkteverdächtigen Muttertiere im Oktober an der grossen Geissenschau und -prämierung teilnehmen lassen. Die Experten schauen bei der Prämierung von Geissen vor allem auf den Körperbau, die Zeichnung und die Abstammung. Je dicker die Hinterbeine und je länger die Haare, desto besser! Bei den Böcken wird ausserdem ein spezielles Gewicht auf Wuchs und Länge der Hörner gelegt, während bei den Muttertieren der Eutertyp und die Milchleistung in der Wertung berücksichtigt werden. Immer wieder erreichen die Natischer Ziegenbesitzer gute Zuchterfolge. Die Ziegenschau fand zuerst in Naters und später in Blatten statt und geht seit den 70er-Jahren in Geimen über die Bühne. Ab 1981 wurde im Monat März in Brig eine Bockschau abgehalten. Seit 1997 findet diese in Naters statt. Der einzelne Züchter hat Anrecht auf Prämien, die nach der erreichten Punktzahl der jährlich zur Schau gestellten Tiere errechnet werden. Grosse Sprünge lassen sich mit diesen Prämien freilich nicht machen; meist reicht das Geld gerade für einen feuchtfröhlichen Abend im Anschluss an die GV im Frühjahr.

## Ziegenarthritis

In den 80er-Jahren breitete sich die Ziegenarthritis oder CAE (Caprine Arthritis-Enzephalitis), eine Viruserkrankung, aus. Ge-

*Einen Monat alte Zicklein.*

mäss Informationen des Genossenschaftspräsidenten Bernhard Arnold spielte sich die ganze Angelegenheit wie folgt ab: Es wurden im Kanton Blutproben genommen (auch in Naters). Diese ergaben eine Verseuchung von 80 Prozent der Tiere. Der Ziegenverband der Schwarzhalsziegen Oberwallis beschloss in Zusammenarbeit mit dem Tierspital Bern und dem Kanton Wallis, sämtliche Tiere als positiv zu bewerten und den Bestand zu sanieren. Der Kanton zahlte 300 Franken pro Herdbuchtier. Es wurde festgelegt, dass sämtliche Tiere geschlachtet werden müssen. Bei den kranken Tieren musste man bei der Geburt des Jungtieres anwesend sein. Das Kitz («Gitz») durfte nicht mit dem Muttertier in Berührung kommen, d.h. auch nicht von der Zicke gesäugt werden. Die «Gitzini» (Zicklein) wurden mit Kuhmilch aufgezogen und die Zicke wurde geschlachtet. Innerhalb von drei bis vier Jahren führte man in Naters 670 Stück zum Metzger. Gegen diese Krankheit gibt es keinen Impfstoff.

Ältere Ziegenzüchter wussten damals zu berichten, dass schon vor 30 Jahren Ziegen mit ähnlichen Krankheitssymptomen gelebt hatten: geschwollene Knie, harte Euter und Hirnschläge. Diese Anzeichen bemerkte man eher bei älteren Tieren. Da aber bei uns die Ziegen meistens nach fünf bis sechs Jahren geschlachtet werden, fiel diese Krankheit damals nicht so stark auf oder kranke Tiere wurden einfach geschlachtet, ohne dass man die Krankheitsursache kannte.

Inzwischen ist die Krankheit unter Kontrolle. Trotzdem werden

*«Ds Hacki Walti» (Walter Imhof, *1923) mit seinem Geissbock, 1995.*

*Geissbock von Marcel Christig, Hegdorn, mit einer Hornspannweite (von Hornspitze zu Hornspitze) von 128,5 cm. Bis zum Eintrag ins Guinnessbuch handelt es sich um einen inoffiziellen Weltrekord. Das Prachtstier wurde 1999 nach Österreich verkauft.*

alljährlich im Frühjahr bei allen Ziegen Blutproben genommen. Nur in zwei bis drei Fällen wurden um 1996 positive Resultate gemeldet. Der Kanton Wallis leistete mit dieser Ausmerzaktion Pionierarbeit. Die anderen Kantone folgten diesem Beispiel.

### Das Alpen der Ziegen

Da die Ziegen heute nicht mehr gemeinsam unter Aufsicht eines Hirten gealpt werden, wird die Ziegenmilch kaum mehr verarbeitet. Damit das Euter nicht hart wird, lässt man das Kitz (den «Gitz») den Sommer über von der Mutterziege säugen. Zirka 30 Prozent der Ziegen werden noch im Aletsch gesömmert. Im Inner-Aletsch weideten in den letzten Jahren sommers von zwei bis drei Züchtern nur noch zirka 50 Stück. Die übrigen Ziegen verbringen den Sommer auf Alpen anderer Gemeinden. So weideten 1995 279 Ziegen ausserhalb der Gemeinde Naters, z.B. 99 in Gondo (Figina) und 63 in Simplon-Dorf (Laggintal).
*Mitgliederbestand der Genossenschaft 1995:* 36.
*Herdbuchtiere 1995:* 375 weibliche und 30 männliche.
*Präsidenten der Ziegenzuchtgenossenschaft:*

| | |
|---|---|
| 1950–1954 | Alfred Eyer |
| 1954–1968 | Hans Eggel, Moos |
| 1968–1974 | Hermann Eggel |
| 1974–1978 | Moritz Eggel |
| 1978–1986 | Bernhard Ruppen |
| 1986–1992 | Stefan Schnyder |
| 1992–1995 | Florian Salzmann |
| 1995– | Bernhard Arnold |

*Zuchtbuchführer:* 1. Othmar Summermatter, 2. Josef Salzmann, 3. Leo Amherd, 4. Hermann Karlen, 5. Norbert Salzmann, 6. Jean-Marie Salzmann, 7. Alexander Schnydrig, 8. Reinhard Schweizer, 9. Herbert Pfaffen, 10. Franz Imhof.

## Schweinehaltung

Die Schweinehaltung hatte früher in erster Linie Selbstversorgungscharakter. Die meisten Betriebe kauften im Frühling ein bis zwei Ferkel, die aufgemästet und im Vorwinter für den Haushalt geschlachtet wurden. Im Sommer nahmen die Bauern die Schweine meistens mit auf die Alpen. Im Herbst kaufte man dann neuerdings ein bis zwei Ferkel, die im Frühjahr in der Regel an Metzger verkauft oder auch wieder für den Haushalt geschlachtet wurden. Schweinezucht war früher in Naters unbedeutend und nur einige wenige Betriebe hielten ein bis zwei Mutterschweine zur Zucht. Inzwischen sind diese Tiere beinahe gänzlich aus den Ställen verschwunden.

## Schlachthaus

Die Gemeinde führte bis in die 80er-Jahre hinein ein Schlachthaus am Ornavassoweg. Wegen ungenügender Einrichtungen wird dieses nur noch für Privatschlachtungen verwendet. Am 9. Dezember 1987 sprach sich die Urversammlung den Schlachthof betreffend für eine interkommunale Lösung aus, an der sich 16 Gemeinden der Region Brig und Östlich Raron beteiligen, die auch als Trägerschaft auftreten. In den Jahren 1988/1989 wurde am linken Rhoneufer oberhalb der Gamsnerbrücke für rund 1,64 Mio. Franken der regionale Schlachthof erbaut, dem auch eine Anstalt zur Tierkörperbeseitigung und eine Viehannahmestelle angegliedert sind. An den Erstellungskosten beteiligte sich Naters gemäss dem Kostenvoranschlag von 1987 mit rund 241 000 Franken. Das Schlachthaus in Blatten, «Büchhiischi» genannt, steht für Privatschlachtungen zur Verfügung.

## Geflügelhaltung

Die Zahl der Hühnerbesitzer ist in der Nachkriegszeit stark zurückgegangen. Immerhin wurden 1961 noch 246 Geflügelhalter gezählt. Dabei ging es in erster Linie um die Versorgung des eigenen Haushaltes mit Eiern und jeder Halter hatte in der Regel nur acht bis zehn Hühner. Es gab aber im genannten Jahr auch Einzelne, die 100 und mehr Hühner besassen.
1946 eröffnete Friedrich Salzmann (später kam sein Bruder Ephrem dazu), des Ludwig, im Natischer Feld eine Geflügelfarm (1946: 400 Hühner), die seit 1975 in den neu errichteten Bauten in den Driesten weitergeführt wird (1995: 23 000 Hühner). Betriebsleiter und Geflügelmeister der Farm ist Gerhard Salzmann, des Friedrich, wobei auch Marcel Salzmann als Mitinhaber zeichnet. Die Geflügelfarm Salzmann stellte 1986 ihren Betrieb von der Legebatteriehaltung auf die freie Bodenhaltung mit Fenstern um, was eine Neuinvestition von einer halben Million Franken erforderte. Hauptabnehmer der Eier sind Coop, Migros und Privatgeschäfte.

## Bienenzucht

### Bienenzuchtverein Brig und Umgebung

Die Bienenzüchter von Naters sind seit 1892 im Bienenzuchtverein Brig und Umgebung organisiert.[631] 1992 zählte der Verein 163 Mitglieder, davon 60 Natischer. Mit 694 Völkern (1994) gehört Naters in der Region zu den Hochburgen der Bienenzucht. Im Oberwallis werden vor allem zwei Bienenrassen gehalten und züchterisch gefördert: die dunkle Landrasse und die Carnica.
Den genannten Verein präsidierten folgende Natischer (mit Amtsjahren): Dionys Imesch (Pfarrer von Naters) 1911–1916, Prof. M. Venetz 1917/1918, Anton Kämpfen 1923–1925, Lorenz Salzmann 1926–1928, Bruno Ruppen 1941, Max Eggel 1956–1958, Gottfried Eyer 1974–1978, Edmund Eyer ab 1979 (1998 noch im Amt).
**Max Eggel** (*1926), des Josef, Naters, Dienstchef SBB in Brig, war in den Jahren 1977–1994 kantonaler Bieneninspektor. Er setzte sich stark für bessere Ausbildungsmöglichkeiten der Bienenzüchter ein. Sein Nachfolger als kantonaler Bieneninspektor wurde 1994 wiederum ein Natischer, nämlich Franz-Josef Salzmann, wohnhaft in Ried-Brig.
Seit 1983 bringt **Philibert Zurbriggen,** Naters, selber Imker und Kenner der Bienenzucht, Bedarfsartikel für die Bienenhaltung in den Handel (seit 1989 im Neubau in Gamsen). Seit 1995 wird der Blütenhonig aus dem Oberwallis mit einer einheitlichen LaNaTour-Etikette markiert. LaNaTour steht für Landwirtschaft-Natur-Tourismus.

### Bitschjisee-Imkerei

Nach der zweiten Eiszeit gab es am Ort der Torfvorkommen im Bitschji wohl einen See. Bald nach Beendigung der Torfgewinnung war dieses Gebiet mehr oder weniger verödet. 1968 kaufte Werner Zenhäusern das Torfgebiet im Bitschji elf Eigentümern ab und verwandelte es durch Wasserzufuhr aus der Wasserleitung «Untere Bitscheri» abermals in einen See, der heute Bitschjisee, vom Eigentümer auch Birkensee genannt wird. Er ist zirka 180 m lang, 80 m breit und 4 m tief. Aufgrund eines Gesetzes musste der künstlich angelegte See zum Schutz der Passanten eingezäunt werden. Da das Wasser der «Unteren Bitscheri» hier hineinfliesst, sind für dieses Gebiet zehn Wasserstunden vorgesehen.

*Bitschjisee. Chalet Zenhäusern, im Hintergrund links die Imkerei.*

Werner Zenhäusern wurde am 27. Oktober 1930 als Sohn der Bäckersfamilie Meinrad Zenhäusern in Raron geboren. 1957 vermählte er sich mit Therese Mutter aus Naters. In den 60er- und 70er-Jahren war Zenhäusern in der Versicherungs- und Immobilienbranche tätig. Am 11. Mai 1995 verstarb er im Inselspital in Bern an den Folgen eines unglücklichen Sturzes. Werner Zenhäusern war eine interessante Persönlichkeit mit viel Ausstrahlungskraft und überraschte immer wieder mit neuen Ideen. Im Bitschji legte er mit viel Phantasie einen kleinen Park mit mancherlei Tieren, eigenhändig gepflanzten Blumen und Bäumen an und schuf sich und den Seinen daselbst ein kleines Paradies.

Seine grosse Leidenschaft galt der Bienenzucht. In der Familie der Zenhäusern hat die Imkerei eine lange Tradition. Werner Zenhäusern betrieb die Bienenzucht bereits in der vierten Generation. Doch anders als seine Vorfahren beschritt er neue Wege und wandte sich mehr und mehr der Gewinnung von Blütenpollen (den männlichen Keimzellen der Blüten) zu. Auf diesem Gebiet war er in der Schweiz ein Pionier. 1978 baute Zenhäusern im Bitschji (zusätzlich zu seinem bestehenden Bienenhaus mit 16 Völkern) ein neues Bienenhaus mit 124 Bienenvölkern. Diese moderne Pollenimkerei war und ist ein grosser Anziehungspunkt für viele Imkervereine und andere Interessierte aus dem In- und Ausland. Zudem reiste Zenhäusern als Referent zum Thema «Heilwerte aus dem Bienenvolk» durch die ganze Schweiz. Als Ergänzung zu den Bienenerzeugnissen (Blütenpollen, Honig und Propolis) aus seiner Imkerei entwickelte Zenhäusern unter dem Markennamen APINATURA eine neue Kosmetiklinie mit Erzeugnissen aus dem Bienenvolk.

Viele Bienenfreunde erhofften sich, dass auch nach dem Tod von Werner Zenhäusern dieser Imkereibetrieb erhalten bleibt. Sein Sohn Jonas, lic. et magister rer. pol., verheiratet mit Pascale geb. Imahorn, führt nun als guter Kenner der Bienenzucht, als Betriebswirtschafter und Hobbyimker in der fünften Generation im Sinn seines Vaters diese Imkerei und den Handel mit Kosmetikprodukten erfolgreich weiter.[632]

*1978: Werner Zenhäusern bei einem Vortrag über die Bienenzucht. Daneben sein Sohn Jonas, der die Imkerei weiterführt.*

## Selbstversorgung

Die Selbstversorgung mit Getreide, Kartoffeln sowie Milch und Milchprodukten war bis gegen 1960 mehr oder weniger in allen bäuerlichen Haushaltungen gesichert. Auch der Fleischbedarf wurde bis zu jener Zeit noch weitgehend durch Hausschlachtungen (Schweine, Schafe und Grossvieh) gedeckt. Mit dem Rückgang der Landwirtschaft verminderte sich auch die Selbstversorgung in starkem Masse. Wie die Getreideproduktion z.B. zwischen 1939 und 1962 in Naters abnahm, mögen folgende Angaben der Eidg. Getreideverwaltung veranschaulichen:

| Jahr | Mahlkarten-bezüger | Selbst vermahlenes Getreide in kg |
|---|---|---|
| 1939 | 154 | 24 118 |
| 1945 | 146 | 13 564 |
| 1955 | 69 | 9 545 |
| 1962 | 39 | 4 252 |

# Alpen

Naters besitzt zwei Alpen: die Belalp mit den beiden Stafeln Bel und Lüsgen (Lüsga) sowie das Inner-Aletsch.

## Belalp

Da und dort kann man lesen, dass das Wort Belalp etymologisch vom französischen Wort «bel» (schön) herstamme, was für Belalp «schöne Alp» oder «Schön-Alp», wie es Moritz Gertschen schrieb[633], bedeuten würde. Laut Paul Heldner, Glis, liegt dem Wort Bel der Name des keltischen Sonnengottes Belenus (Baal) zugrunde. Um Wiederholungen zu vermeiden, nehmen wir Bel und Lüsgen als Alpe zusammen und schildern nur die Wohnsiedlungen getrennt.

### Was die Urkunden erzählen

Die Belalp war seit jeher im Besitz der Burgerschaft Naters. Am 6. August 1475 kam es zwischen den Alpen Nessel und Bel zu einer schiedsgerichtlichen Grenzregelung. Zur Schlichtung des Grenzstreits wurden folgende Schiedsrichter beigezogen: Kaspar Kuonen von Ried, Johann Brunlen, wohnhaft in Brig, Rudolf In Curia (Im Hof), Johann Matter von Mund und Notar Johann Asper von Saas, wohnhaft in Brig. Nach Anhörung der Ältesten beider Parteien entschieden diese, dass die Grenze zwischen beiden Alpen sich für immer «ze Mitten in der teiffen Schluocht» befinden soll, von dort hinaufgeht zum Fels, «dy Schupffa» genannt, und von da bis zum «Vockenhoren» (Foggenhorn), wie dies die Grenzsteine aufweisen. Leute, die im Aletschgebiet Güter und im Nessel Alprechte besitzen, dürfen weiterhin ihr bisheriges Wegerecht durch die Alpe Bel beanspruchen.[634]

Über die Benutzung der Alpen Bel und Zenbächen ist uns vom 16. Oktober 1540 ein Reglement erhalten. In diesem wurde genau festgelegt, wo, wann und wieviel Vieh jeder Bürger auf die beiden Alpen treiben durfte. Vier auf zwei Jahre gewählte Hüter hatten die Aufsicht zu führen und die nötigen Strafen zu verhängen.[635]

Zur Zeit der französischen Kaiserherrschaft (1810–1814) hegte man die Befürchtung, die Regierung könnte die Güter der Korporationen und Burgerschaften einziehen. Deshalb gab der Gemeinderat von Naters am 5. Mai 1812 die Erklärung ab, die Alpen Bel, Aletsch und Nessel gehörten zu den in der Gemeinde liegenden Gütern. Daher erhoben 1849 einige Einwohner (Nichtburger) von Naters als Inhaber von Grundgütern An-

*Die Alpe Bel vor dem Niedergang der Gratlawine von 1999.*

spruch auf Mitbenutzung der Alpen. Darüber entstand ein Prozess, den man aber nicht zu Ende führte, da die Angelegenheit 1854 und 1856 durch einen Vertrag gütlich bereinigt wurde, und zwar dahingehend, dass die Burgergemeinde alleinige Eigentümerin von Grund und Boden der Alpen ist.[636]

## Lage und landwirtschaftliche Nutzung

Das recht ausgedehnte Weidegebiet der Belalp breitet sich oberhalb der Waldgrenze in einer Höhenlage von ca. 2000 bis 2600 m ü. M. aus. Am Südabhang des Sparrhorns, auf rund 2000 m ü. M., erstreckt sich die Alp Lüsgen von Südwesten nach Nordwesten auf einem terrassenförmigen Hangvorstoss. Im Osten wird das Gebiet von einem steil abfallenden Felsmassiv begrenzt. Die als Rindviehweide nutzbare Fläche der Belalp hat ein Ausmass von nahezu 900 Hektaren und dürfte damit eines der grössten zusammenhängenden Weideareale des Oberwallis darstellen. Die Oberflächengestaltung der allgemein gegen Süden orientierten Alp ist gesamthaft als recht günstig zu beurteilen. Schöne Terrassen und mässig geneigte Hanglagen lösen einander ab. Daneben hat es aber auch steile und felsige Gebiete, namentlich im östlichen Teil der Alp. Auch der Boden ist meist tiefgründig und weite Flächen sind frei von Oberflächengestein. Gesamthaft ist die Belalp als gutgräsig zu bezeichnen. Infolge der unzweckmässigen Bewirtschaftung fallen aber schöne Weidebezirke der Verwilderung anheim, da nämlich Heidelbeersträucher, Erika und Borstgras beachtliche Flächen in starkem Masse entwerten. Das Vieh wird auf der Weide weitgehend sich selbst überlassen.

Auf beiden Stafeln wurden für das Vieh hinreichend Tränken erstellt. Auf der Weide stehen dem Vieh Bäche und offene Wasserleitungen zur Verfügung. Das Holz für den Sennereibetrieb und die privaten Bedürfnisse liefert der Burgerwald.

Die Alpmatten, deren Heu dem Vieh bei schlechtem Wetter und am Ende der Alpzeit verfüttert wird, gehören Privatpersonen. Der Unterhalt der Wege und Wasserfuhren sowie allgemeine Alpverbesserungen obliegen der Burgerschaft. Diese führt einmal im Jahr auf Bel und Lüsgen ein Alpwerk durch.

Die Burgerschaft bestimmt das Datum des Alpauftriebs, der jeweils ab zirka Mitte Juni erfolgt, während sich der Abtrieb bei normalen Witterungsverhältnissen etwa um den 10. September vollzieht.

## Milchverwertung

Für die Milchverwertung sind die Älpler in einer Sennereigenossenschaft organisiert. Im Departement des Innern (Rechtsabteilung) liegen folgende Statuten vor: für Bel aus den Jahren 1931 (1932 homologiert), 1937 (Revision) und 1958 (1959 genehmigt); für Lüsgen 1932 (1933 homologiert; Sennerei ab 1930). Diese Statuten erfuhren in späteren Jahren einige Änderungen. 1959 erhielt Bel ein modernes Sennereigebäude mit einer Wohnung, die dem Sennen Unterkunft bietet. Auf Lüsgen errichtete man 1946 für 4986.45 Franken ein Sennereigebäude, in dem bis 1982 gekäst wurde. Seit 1990 steht die Sennerei auf Bel auch für Lüsgen zur Verfügung. Dabei wird die Milch zu Vollfettkäse verarbeitet. Die «Chäsmilch» (Käsemilch) wird noch zentrifugiert, um Butter zu gewinnen. Die Sennen kommen oft auch von auswärts; so käste 1996 (und auch danach) beispielsweise Ruedi Leuenberger von Madiswil/BE auf Bel.

Vor der Einführung der Genossenschaftskäserei produzierten die meisten Viehbesitzer für den Eigenbedarf (zum Teil auch noch nachher). Jeder Alpgeteile besorgt sein Vieh durch eigene Leute. Meistens ist es die Frau, die mit Hilfe der schulpflichtigen Kinder das Vieh betreut. Zweifellos ist der Höhenaufenthalt auch der Gesundheit der Kinder zuträglich.

## Verbindung nach Bel

Von Blatten aus sind die beiden Stafel Bel und Lüsgen in zwei bis zweieinhalb Stunden auf steilen Viehtriebwegen erreichbar. Der Personen- und Warenverkehr, aber auch der Transport von Kleinvieh vollzieht sich heute mit der Seilbahn Blatten-Belalp. Die Bergstation wurde durch einen fahrbaren Weg mit beiden Alpstafeln verbunden. 1974 wurde die Forststrasse Tätschen–«Vogelbrunnji» erbaut. Für landwirtschaftliche Fahrzeuge ist Bel seither erreichbar. Hingegen wiesen die Burgerinnen und Burger an der Burgerversammlung vom 17. April 1985 nach einer recht heftigen Diskussion mit 100 Nein- gegen 80 Jastimmen die Weiterführung der Forststrasse vom «Vogelbrunnji» nach Bel entschieden zurück.

*In Naters ist die Braunviehrasse heimisch. Hier: auf den Kühmatten in Bel.*

## Ein Senntum auf Bel: nichts Neues

Wie Kaplan Heinrich Zenhäusern 1926 in einem Artikel schrieb, wurde der Alpbetrieb auf der Belalp in früheren Zeiten nach Art eines Senntums geführt. «Die Milch wurde von einem oder zwei Sennen verarbeitet. (...) Man zeigt heute noch bei dem ‹Lüsgern schönen Biel› hinauf in der ‹Augstkumme› die Mauerreste der alten Hütten. Diese Wirtschaftsweise war die ursprüngliche.»[637]
In der späteren Zeit bestand das Senntum auf Bel lediglich in den Jahren 1927 und 1928. Initianten für das Senntum, das die Fachleute eigentlich immer forderten, waren Moritz Imhof und Anton Kämpfen. Einer der Gründe für die Aufhebung war: Das Senntum musste schon um 16.00 Uhr zum Melken in den Stafel gebracht werden; dabei wurde um diese Zeit oft auch Vieh von Privaten mitgetrieben, die ihre Kühe viel später melken wollten. Das war offenbar Grund genug, das Senntum aufzuheben.[638] Im Belalp-Chronikheft lesen wir für das Jahr 1928 Folgendes: «Das Senntum wurde am 5. September aufgehoben.» 1929 heisst es: «Das Senntum ist nicht mehr in Betrieb gesetzt worden, dafür aber eine Sennerei errichtet worden.»[639]
In neuester Zeit sind wieder Bestrebungen für die Schaffung eines Senntums im Gange. Es gibt je länger, je mehr Bauern, die ihr Vieh nicht selber betreuen können, da sie im Sommer mit anderen Arbeiten wie Heuernte, Bewässern der Wiesen usw. beschäftigt sind. Diese Bauern müssen ihr Vieh auf anderen Alpen sömmern und der Belalp fehlt dann die Milchmenge, die es erlaubt, die Sennereikosten günstig zu halten. Die Lösung sieht man in der Schaffung eines Senntums auf der Belalp. Die Sennereigenossenschaft Bel beschloss am 16. März 1997, die alpwirtschaftliche Bewirtschaftung in eigener Regie auf privatrechtlicher Basis zu übernehmen. 1998/1999 gingen die Bemühungen um die Schaffung eines Senntums weiter. Bei einem allfälligen Zustandekommen des Senntums verblieben dem Burgerrat noch die Anpassung der viehwirtschaftlichen Bewirtschaftung der Alpen sowie die Regelung der Nutzungsberechtigung laut Artikeln 26 und 27 des Burgerreglementes. Soweit der Stand der Dinge im Mai 1999.

## Statistisches

Über die Zahl der Alprechte in früherer Zeit sind wir nicht unterrichtet. Für das Jahr 1812 gibt der «Munizipalschreiber Gasser» zuhanden des «Departements des Simpelbergs» folgenden ungefähren Bestand an: «Alpe Bel zirka 500 Kühe oder Kälber, 200 Geiss und 30 Schaaf, auf Aletsch aber 60 Rinder, 40 Pferdt oder Maultier und 900 Schaaf.»[640]
Strüby/Clausen veröffentlichen im Jahre 1900 die Alpstatistik der «Jahre 1891/98» der Gemeinde Naters: 486 Kühe, 204 Rinder/Kälber, sieben Stiere, fünf Pferde mit Fohlen, 30 Pferde, 1200 Schafe, 355 Ziegen, 200 Schweine; 78 Weidetage; Wert der Alpen Bel, Lüsgen und Aletsch 80 000 Franken.[641]
1909 betrug der Bestand auf Bel und Lüsgen zusammen 600 bis 650 Stück Rindvieh, 300 Ziegen, 187 Schweine sowie im Inner-Aletsch 54 Stück Jungvieh.[642]
1963, im Jahr der Alpkatasteraufnahme durch Nellen/Imboden, weideten sommers auf den Alpen 230 Kühe sowie 174 Rinder und Kälber, was insgesamt 314 Stösse ausmachte, und im Inner-Aletsch 1000 Schafe (166 Stösse).[643] Ein Stoss bedeutet soviel Alpweide, als zur Sömmerung einer Kuh notwendig ist.
Viehbestand auf der Belalp und im Aletsch[644]:

| Jahr | Kühe | Kälber | Ziegen | Schafe |
|---|---|---|---|---|
| 1971 | 170 | 72 | 126 | 1333 |
| 1975 | 145 | 61 | 183 | 1622 |
| 1980 | 105 | 81 | 485 | 1889 |
| 1985 | 83 | 65 | 600 | 1430 |
| 1990 | 105 | 96 | 496 | 1788 |

*Versehgang-Segen auf Bel, 1904. (Es ist nicht der Alpsegen, weil der Kaplan mit der Bursa, die die Hostie enthält, den Segen erteilt.)* – **Frauen** *(v.l.): Barbara Schwery, des Alexander; Cresilsa Jossen-Bammatter; Katharina Eyer, Frau des Moritz; Hilda Jossen, des Abraham; Leonie Lochmatter, des Johann; Maria Schwery, des Alexander; Leopoldine Eyer, des Moritz; Genoveva Jossen, des Josef; Maria Ruppen, des Alfons; Luise Salzmann-Ruppen mit Kindern Josefine und Berta.* – **Männer** *(v.l.): Johann Lochmatter, Birgisch; Tobias Furrer, Birgisch; Alexander Schwery («Isaki»); Moritz Eyer, des Johann-Josef; Kaplan Benjamin Bammatter.*

Sömmerte man 1963 auf beiden Alpen zusammen 230 Kühe (und 174 Rinder und Kälber), waren es 1995 (nur noch für die Belalp) lediglich 62 Kühe. Laut Angaben des Viehinspektors wurden im gleichen Jahr 73 Rinder und Kälber ausserhalb der Gemeinde Naters gealpt, so unter anderem 35 Stück in Mund (Gredetsch).

Gleichzeitig mit dem Rückgang des Viehbestandes nahm auch die Zahl der Familien ständig ab, die sich sommers mit ihrem Vieh auf die Belalp begaben. Laut Aufzeichnungen von Kaplan Augustin Schnyder waren beispielsweise 1938 auf Bel bis auf drei Hütten alle besetzt. Gemäss einer Zählung wohnten im Sommer 1939 206 Personen auf Bel (1941: 142) und 111 in Lüsgen.[645] 1996 betreuten auf Bel (inklusive Loch) noch elf Familien (22 Personen) und auf Lüsgen eine Familie (vier Personen) ihr Vieh.

## Was die Chroniken berichten

In Bezug auf die Witterungsverhältnisse auf der Alp und die Unglücksfälle beim Vieh hinterlassen uns die Chroniken der Kapläne (Pfarrarchiv Naters) in chronologischer Reihenfolge nachstehende Notizen.

**1919** (G 64, S. 67): «Wegen der anhaltenden Trockenheit fand die Alpfahrt erst am 11. Juli statt. Es regnete von Neujahr bis zu jenem Zeitpunkt ein einziges Mal.»

**1926** (D 441 a, S. 7): Bestossung der Belalp am 13. Juli. «Die ältesten Leute können sich einer solch späten Alpfahrt nicht erinnern. 1884 wurde die Alpe wegen der Viehkrankheit am 9. Juli bestossen.»

**1929** (ebd., S. 14): «Der 4. Juli brachte Hagel in Kirschengrösse, wie man sich hier nicht erinnern kann.»

**1931** (ebd., S. 20 und 21): «Der Sennerin Luise Schmid ist in den Unterbächen eine Kuh derart gestürzt, dass sie geschlachtet werden musste.»

**1940** (ebd., S. 40): In den ersten Tagen der Alpzeit gab es bis zum Stafel Bel 20 cm Schnee. Auch in der Folge blieb das Wetter bis zum St. Jakobstag sehr schlecht. «Kälte, Regen und Schnee machten den Juli da oben zum Winter.»

**1948** (D 441 b, S. 10/11): 23. Juni: Es schneite den ganzen Tag; 6. Juli: 30 cm Schnee; 7. Juli: Einige Familien mussten mit ihrem Vieh mangels Heu nach Blatten zügeln. – (St. Jakobsfest auf Bel: vgl. Kap. «Vereine ...», unter «St. Jakobsverein».)

## Das Alpdörfchen Bel

### Allgemeines

Im Jahre 1926 schrieb Kaplan Heinrich Zenhäusern: «Die Hütten auf Bel wurden vor mehr als 100 Jahren von einer Lawine fortgerissen und dann neu aufgebaut.»[646] Es war die sogenannte Gratlawine («Gratlowwina»). Das genaue Datum dieses Unglückstages liefert uns eine Binneninschrift in der Alphütte von Dr. Carlo und Simone Valli-Ruppen (Kat.-Nr. 8494, vgl. unten). Es war der 5. März 1817. Wie gross das Ausmass der Zerstörung war, wissen wir nicht. Laut mündlicher Aussage von Alpbewohnern riss die Schneelawine wohl eher im westlichen Teil von Bel Hütten mit sich, weil da und dort noch Spuren von Mauerresten und Hofstätten zu sehen seien. Auf jeden Fall finden wir auf Bel nicht wenige Hütten vor, die vor dem Unglücksjahr 1817 erbaut wurden. Am 22. Februar 1999 zerstörte die Gratlawine in Bel neun Hütten, darunter drei Halbhütten, was zwölf Wohneinheiten ausmacht. Es sind dies unter anderen die weiter unten beschriebenen Hütten mit folgenden Nummern (die Beschreibung wurde belassen): 8450/8451, 8418/8419, 8416, 7597/8423, 8291 und 7166/8427 (vgl. Kap. «Schwarze Chronik», 1999).

Das reizend gelegene Alpdörfchen Bel mit der schmucken Kapelle, von der an anderer Stelle die Rede ist, zählt 68 Alphütten (1996), einschliesslich jener im «Loch», in den «Katzenlöchern» und auf der «Schweinefluh», jedoch ohne die neuen Chalets zwischen dem Hotel Belgrat und der Seilbahnstation. Doppelwohnungen unter dem gleichen Dach, von denen es in Bel einige gibt, wurden als eine Hütte gezählt.

Die Hütten sind im Privatbesitz. Ein Alpgebäude besteht in der Regel aus einem Stall, über dem sich Küche und Wohnstube sowie ein Heuraum befinden. Bergseits besteht das Gebäude gewöhnlich aus Mörtelmauerwerk, während der vordere Teil aus Holz (Blockbau) errichtet ist. Die Dächer sind teils mit Steinplatten, teils mit Eternit oder Wellblech gedeckt. Die Gebäude von Bel und Lüsgen dienen heute zum grossen Teil als Ferienwohnungen.[647]

Die meisten Hütten dieser stattlichen Alp datieren aus dem 18. und 19. Jahrhundert. Es gibt aber auch noch ältere Bauten, die nur teilweise erhalten sind. Es handelt sich um eine Streusiedlung mit konzentrierten Baugruppen. Zu den wertvolleren Bauten gehören aufgrund ihres Alters und des guten Zustandes die Alphütten Nr. 8292 (1693), Nr. 8508 (1724) und Nrn. 8473/8474 (1689). An verschiedenen Hütten wurden geglückte Restaurationen vorgenommen. Was aber bei manchen Gebäuden aus der Sicht des Heimatschutzes problematisch ist, sind die veränderten Fenster und die Deckung aus Wellblech.

### Aus dem alten Bestand der Siedlung

In den folgenden Darlegungen behandeln wir nur ältere Siedlungsbauten, die Inschriften tragen oder besondere Merkmale aufweisen. *(Neben der Katasternummer steht der Name des Besitzers; WG = Wohngeschoss.)*

#### Nr. 8510, Alwin und Andreas Bammatter
Das Gebäude ist der Länge nach in zwei Wohnungen geteilt. *WG Ost:* auf dem Binnenbalken die Jahreszahl 1864. Ofen: «1866 ME RG».

#### Nr. 8509, Alfred Eyer
Dieser aus Arvenholz gestrickte Blockbau enthält folgende Inschriften:
*Binne Ost:* «THOMAS RUPEN – JOSEPH RUPEN – GERIG RUPEN». *Binne West:* «IM NAMEN IG[E]SUS UND MARIA HABEN WIG[E]R DISES HAUS GEBUWEN – ALLES NEMBT AN ALES KOMBT VON GOT BETRACHT TEGLICH DEN EWIGEN DODT IM IAR CHRISTI ANO 1748.»

#### Nr. 8508, Baptist Schmid
Gemäss mündlicher Überlieferung soll diese Hütte ursprünglich auf der Alp Lüsgen gestanden haben. An den äusseren Seiten der Blockwand ist die römische Nummerierung der Kanthölzer als Bundzeichen für den Wiederaufbau noch zu lesen. Die gepflegte Hütte weist sogar Zierelemente auf. – Kaum lesbare Firstinschrift an der südlichen Giebelseite: «17 HF 24».

#### Nr. 8467, St. Jakobsverein
Im Giebel: «1741».

#### Nr. 8506, Leo Stocker-Salzmann
Gestrickter Blockbau. Das Haus wurde renoviert in der Art der Mehrzahl der Gebäude dieser Alp. Es ist ins 19. Jh. zu datieren. Die Binneninschrift wurde vielleicht weggehobelt. Ofen mit Inschrift: «I[oseph] S[alzmann] K[lara] I[ossen] 1923».

#### Nrn. 8469/8470, Germaine Schwestermann-Schmid, Leo Amherd

Gestrickter Blockbau auf Bruchsteinfundament. Das Haus ist der First entlang in zwei Wohnungen geteilt. Es gehört zu den Bauten, die den Charakter der Siedlung prägen. *WG West:* «I H S – HIS FK 1894». *WG Ost:* «IHS I[O]H[ann] S[chmid] K[atharina] B[ittel] 1894». Ofen: «H[ans] S[chmid] 1895». Truhe: «H. S. K. B. [Namen wie WG Ost] 1894».

### Nr. 8466, Vitus Eggel
Die Inschrift (Spiegelschrift) lautet: «I IHS FECI [= Friedrich Eggel, Cäsarine Imhof; zufällig ergibt ‹feci› – lateinisch – übersetzt: ‹Ich habe erbaut›] 1894».
**Ofen:** «1895». Truhe: wohl aus dem 18. Jh.

### Nrn. 8473/8474, Salomon Schmid, Marie Ruppen-Jossen
Diese stattliche Alphütte ist eine der wenigen Bauten auf der Alp mit so ausgeprägten Zierformen (Würfelfries und Wolfszahn) und schönen Pfettenkonsolen. In diesem Gebäude war in den Jahren 1927/1928 die Käserei des Senntums. In beiden Kellern sind noch die Käsetablare vorhanden.
*WG Nord:* «IHS MARIA UND IOSEP HANS MATIG 1689». *WG Süd:* wie WG Nord.

### Nr. 8292, Egon Feller
Auf der Stubenbinne: «IHS C I L F M G 1693». Der Bau gehört zum ältesten Bestand der Alpe und erhält aufgrund des hohen Alters und seiner Lage eine besondere Bedeutung im Ensemble. Die als einziger Raum nicht getäfelte Stube besitzt noch eine originale Eckbank und einen Ofen von 1863.

*Binneninschrift in der Hütte Nr. 8292.*

### Nr. 8479, Albert Schmid
Teile des Baues könnten aus dem 15. Jh. datieren, worauf aber nur der «Seeleglotz» an der Hauptfassade und das sehr alte und verwitterte Holz hinweisen.

*Hütte Nr. 8494 mit historisch bedeutsamen Inschriften.*

### Nr. 8494, Dr. Carlo und Simone Valli-Ruppen
Als besonderer Fassadenschmuck gilt an der südlichen Giebelfassade die Sonnenuhr mit weiss eingefärbten Kerben. Die Binneninschriften verraten uns einige interessante Begebenheiten.
*Binne Ost:* «IHS G M S BALIVUS VALLESI[ae] ET BANDERETUS ET CAST[ell]ANUS DESENE BRIGE M . G . 1665»
[= Georg Michel-Supersaxo, Landeshauptmann, Bannerherr und Kastlan des Zendens Brig Michel Georg ...]. (Vgl. Kap. «Landeshauptmänner», Nr. 7.)
*Binne West:* «1817 DIE 5ta MARTY ME NIVES RUINARUNT ET EX RUINIS IN TUTIORI LOCO EODEM ANNO 18 SEPT REAEDIFICAVIT CASIMIRUS EUGENIUS DE SEPIBUS SAEPIUS IUDEX LAUD[abilis] DESENI BRIGAE ET OLIM MAIOR MORGIAE CUM CONIUGATA SIBI CONIUGE IULIA DE COURTEN INDE NATI SEX INFANTES QUOD SEPTUMTUTUM ...» (Rest verdeckt?)
[= Am 5. März 1817 rissen mich die Schneemassen nieder und es baute mich, aus den Trümmern an einen sichereren Ort gebracht, am 18. September desselben Jahres wieder auf: Kasimir Eugen de Sepibus, des Öfteren Kastlan des löblichen Zendens Brig und einst Meier von Mörel, zusammen mit der ihm angetrauten Gattin Julia de Courten, aus welcher Verbindung sechs

*Sonnenuhr an der südlichen Giebelfassade (Hütte Nr. 8494).*

*Hütte Nr. 8494: Kammer Nord, auf der Binne die Jahreszahl 1527.*

*Kinder hervorgingen – und das siebente in Erwartung(?)*[648]*].* (Vgl. Kap. «Präsidenten», Nr. 78.)
*Kammer Nord:* auf der Binne in gotischen Lettern eine wegen Balkenrissen schlecht lesbare Inschrift, die in etwa lautet: «*In dem Jahr, wo man zählt 1527*» (Jahreszahl ist deutlich).

**Nrn. 8481/8482, Oswald Albert, Leopold Eggel, Monika Lambrigger-Eggel**
Das Doppelhaus nimmt eine dominante Stellung auf einer Hügelkuppe ein und ist eines der grössten Häuser. Gestrickter Blockbau. *WG Ost:* «DIESES HAUS HAT LASEN BAUEN DER ERSAMEN JÜNGLING STEFANUS MICHLIEG U. SEIN ELTE[r]N JOSEPHT MICHLIEG ANAMARIA WALDEN IM JAHR 1861.» *WG West:* «DIESES HAUS HAT LASEN BAUEN DER ERSAMEN MAN JOHANNES SALSMAN UND SEIN HAUS FRAU MARIAIOSA BAMMATTER IM JAHR 1861.»

**Nrn. 8491/8492, Andrea Salzmann, Irene Karlen**
Das Doppelhaus zählt zum gesunden Bestand traditioneller Bauten. *WG West:* «JOSEPH KARLEEN UND SEIN FRAU CRESENTZIA RUPPEN IM JAHR 1874». Im Keller die Jahreszahl 1655. *WG Ost:* «KASBAR RUPPEN U. IOSEPH RUPPEN IM JAHR 1874».

**Nr. 8465, Alice Nauli-Salzmann**
Die Stubenbinne mit Inschrift fehlt. Der Bau stammt wohl aus dem 19. Jh. Trotz der Modernisierung fügt sich die Hütte noch ins Siedlungsbild ein.

**Nr. 8464, Moritz Schwery**
Hütte «Müsuloch». Gestrickter Blockbau mit neu gemauertem Küchenteil. Inschrift: «1883 AM . AK . HW . MII W IHS MA». – Ofen: «AW AM K 1887».

**Nr. 7857, Rolf Tanner**
Gliedert sich gut in die Häuserreihe, welche die Alp nördlich begrenzt. Inschrift: «IHS MARIA IOS RD P SMI KIB MB S 1827».

**Nr. 8488, Cécile Holzer-Salzmann, Jean-Marie Salzmann**
Eigenartigerweise blickt der Bau nicht giebelständig zu Tal. Er erhält dadurch einen erhöhten Situationswert. Inschrift, Südwest: «1766 IESUS MARIA UND IOSEPH IOHANES EGEL – IN DISEM HAUS GEDENC DER ARMEN – HAEC DOMUS EMPTA» entfernt: «A FAMILIA» *[= Dieses Haus wurde gekauft von der Familie]* «A[lfred] SALZMANN-SCHMID 1931». Nordwestlich auf altem Brett die gotische Inschrift: «Ich Ge Für Über Weis Nitt Wie Weitt Ob Mich Der Todt Ergreifft Noch Heuth» (mit verzierten Anfangsbuchstaben).

**Nr. 8477, Hulda, Remo und Marlene Imoberdorf**
Auf der Binne die Jahreszahl in Spiegelschrift und seitenverkehrt: "1491" Deutung: 1641 (Paul Heldner, Glis, deutet die Jahreszahl ebenso). Bei der Renovation wurden die Fenster im alten Zustand belassen und die neu ausgebrochenen diesen angepasst. Gemäss mündlicher Überlieferung stammt das Haus von einem tiefer gelegenen Ort, wo es von einer Steinlawine weggerissen worden war.

**Nr. 8457, WG Nord: Hans Wyssen**
Der Bau ist in der Gruppe und von der Lage her wichtig. Inschrift: «1852 PI WH W».

**Nr. 8456, Elise Schmid-Ruppen, Mathilde Ascencio-Schmid**
Inschrift: «1881 AW * IU * UD * MAS». An der Westfassade Giltsteinofenplatte vom Ofen der vormaligen Alphütte mit Inschrift: «A I MIS 1883». Dieses Haus erhielt einen neuen Anbau, enthält aber sonst die alte Substanz in gutem Zustand. (Alphütte der Kaplanei, vgl. Kap. «Pfründen ...».)

**Nr. 8454, Anton Summermatter**
Die 1989 stark ausgebaute Alphütte enthält noch viel von der alten Substanz. Inschrift in Spiegelschrift: «IHS MR I H E A W 1715».

**Nr. 8459, Andreas Bürgi**
Inschrift: «IHS MARIA IOSEPH . DISSES HAUS LAS BAUEN DER SCHIMD [Schmid] ANTON U. SEIN WEIB KRESEN[t]IA SALSMAN U. IHRE KINDER IM IAHR 1904.»

**Nrn. 8450/8451, Therese Zeiter-Zenklusen, Hans-Anton Salzmann**
*WG Ost:* «IHS 1869 K R». *WG West:* «1862 AMS MB AS MIH IHS». Ofen: «1864 AMS MB». Giebelinschrift: «1 SM 8 6 KR 9». (1999 zerstört.)

**Nrn. 8418/8419, Anna, Hans und Jörg Ruppen**
Bau von guter Substanz mit erheblichem Alter (17. Jh.). (1999 zerstört.)

**Nr. 8416, Beat Eyer**
Inschrift: «IHS MAR JOSEPH HF * MF * 1869». Am Giebel steht hingegen die Jahreszahl 1868. (1999 zerstört.)

**Nr. 8422, Geschw. Jossen, des Alois**
In der südöstlichen Wohnung: «IHS S A GAM 1901». Auf der nordwestlichen Stubenbinne: «IHS I * I M * A M 1901 IOSSEN JOSEPH UND ANNA MARIA AMHERDT HOC OPUS FIERI FECIT» *[= ... hat (haben) dieses Haus erbauen lassen].* Zwei Truhen schmücken die Stuben, die kleinere mit der Jahreszahl 1706.

**Nrn. 8445/8446, Armin und Ruth Agten-Nellen**
Durch ihr Aussehen und ihre Lage im Ensemble bildet diese Hütte (wohl aus dem 18. Jh.) einen wesentlichen Bestandteil der Gruppe.

**Nr. 8448, Robert Eyer**
Inschrift: «IHS MARIA UND IOSEPF . DIESES HAUS HAT LASEN BAUEN IOHANN EGGEL UND ANNAMARIA AMHARD IM IAHR 1898.»

**Nr. 8313, Dorothea und Thomas Strübin**
Die wohl aus dem 18. Jahrhundert stammende Hütte wurde in neuerer Zeit im Innern völlig neu gestaltet. In diesem Bau befand sich vor 1959 die alte Sennerei.

**Nrn. 8443/8444, Isidor Ruppen, Ella Kummer-Schmid**
Dieser Bau (heute zwei Wohnungen) gehört zu den ältesten noch bestehenden Hütten auf der Alp. Dem sogenannten «Heidenstud» an der westlichen Giebelfront und der originalen Fensteröffnung in der Blockwand der südlichen Traufseite nach zu schliessen, ist der Bau wohl in die Mitte des 16. Jh. (oder noch früher) zu datieren.

**Nr. 8439, Bruno Gasser**
Es handelt sich um einen gestrickten Blockbau auf einem gemauerten Bruchsteinsockel. Das Haus dürfte aus dem 19. Jahrhundert stammen und integriert sich gut ins Ortsbild.

**Nr. 7597/8423, Walter und Klothilde Michlig-Ruppen**
Inschrift: «IHS HIETTE DISSES HAUS SAMT DEN BEWOHN[ern] 1888 . HCS R PAFF.» (1999 zerstört.)

**Nr. 8291, Hugo Ruppen**
Diese Alphütte wurde 1965 nach den alten Bauformen erstellt. (1999 zerstört.)

**Nrn. 7166/8427, Christine Clausen-Salzmann, Elmar Salzmann**
In der westlichen Wohnhälfte befindet sich eine Stube mit Riemenboden, Fussbalken, roher Blockwand und einer beschrifteten Binne. Der Dielbaum ist gefast, die Inschrift tief und scharf gekerbt. Zweizeilige Binnenschrift: «JESUS MARIA JOSEF * MERETZ * LERGIEN * MARIA * SCHNIDRIG * SEIN * HAUS * FRAUW * 1674 – BAUW DEIN HAUS DEN ARMEN AUF ERDEN SO WIRD DIER DORT DAS EWIG WERDEN.» Diese Alphütte wurde in zwei Wohnungen umfunktioniert. (1999 zerstört.)

**Nr. 8438, Josef Schnydrig**
Wie der Hausbesitzer berichtet, soll unter dem Täfer in der

westlichen Blockwand der Kammer die frühe Jahreszahl 1465 eingestemmt sein. Eigenartigerweise liegt bei dieser Hütte die Küche auf der Talseite und die Stube auf der Bergseite, was dem Bau eine besondere Note verleiht. – Ofen: «MZB MW 1885». Bauinschrift (allseitig beschnitten und unvollständig) im Sturzbalken der Stubentür: «DISES HAB ICH AUS GEBAUWT HAB AL ZEIT AUF GOTT VERTRUT UND KOSTET MICH 600 PFUND UND MEIN ARBEIT NIT GE[rechnet].»

Der Sprache und dem Schrifttypus nach dürfte es sich um eine Inschrift aus dem letzten Jahrhundert handeln: römische Kapitalschrift zwischen Hilfslinien und mit Ligaturen (Buchstabenverbindungen). Aus dem Spruch wird deutlich, dass die Alphütte für 600 Pfund ausgebaut (nicht neu erbaut) worden ist.

### Nr. 8434, Anna Lochmatter-Salzmann
Inschrift: «CHRISTIAN EIER * U * IOSEFA EGEL * ANNA * EGGEL * 1820».

### Nrn. 8432/8453, Jakob Salzmann, Beat Schmidt-Schmid
Der Bau wurde in der Firstrichtung zweigeteilt zu zwei Wohnungen. Einige Elemente wie z.B. die Grösse der Fenster und der westlichen Türe sowie der fensterlose Küchenteil weisen darauf hin, dass man das Baudatum im 17., wenn nicht sogar im 16. Jh. ansetzen kann. Nach Angaben der Besitzer wurde diese Hütte 1817 von der «Gratlowwina» niedergerissen und an dieser Stelle wieder aufgebaut.

### Nr. 8430, Marianne Bieler-Salzmann
Inschrift, Binne West: «IESSU MARIA UND IOSEPH * DISES HUS HAT LASEN BUEN AS [angeblich Adrian Salzmann] UND TR [Therese Ruppen] 1835.»

### Nr. 8425, Moritz Salzmann
Hier ist die Sennerei untergebracht. Dieser Bau wurde 1959 in den Ausmassen nach alten Vorbildern gebaut und gliedert sich ohne weiteres ins Siedlungsgebiet ein.

### Nr. 8501, Kamil Schmid, Rita Odermatt-Schmid
Diese Hütte bildet den östlichen Abschluss der Baugruppe in den «Katzenlöchern»[649] und gehört möglicherweise zum ältesten Bestand auf der Alpe Bel. Zur Datierung ins frühe 16. Jh. passen die ursprünglichen Fenstermasse und eventuell auch die eigenartigen Dimensionen der Stube, die gerade so gross ist, dass an der Traufwand ein Bett knapp Platz hat. Die Stube ist ungefähr 165 cm hoch. Die Jahreszahl an der First ist nicht ganz eindeutig; sie liest sich (auch nach Paul Heldner, Glis) 1719. Die Zahl 7 ist spiegelverkehrt. Die Dimensionen der Stube und der originalen Fensteröffnungen lassen auch die Möglichkeit zu, die Jahreszahl als 1519 zu lesen.

### Nr. 8496, Edwin Eggel
Die Hütte könnte wohl aus dem 18. Jh. stammen, wobei die originalen Fenster noch ins 16. Jh. weisen. Die erweiterten Stubenfenster in der Grösse des 18. Jh. traten anstelle der ursprünglichen Öffnung, deren Masse an den alten Fensterpföstchen (circa 34×40 cm) noch ablesbar sind. Es ist keine Stubenbinne (mehr) vorhanden.

### Nr. 8437, Oskar Eyer Erben
«Schweinefluh». – Inschrift, Zeile 1: «UNTER DEINEN SCHUTZ O HER HAT MICH IOHAN BAPTIST KARLEN UND SEINE EHEFRAU SEZILIA HUEBER HIER AUFGEBAUEN.» Zeile 2: «SCHLIES AUS WAS UNGLIK UND WIEDER DEINE EHR . ACH SEGNE MICH O GOT UND ALLE DIE AUF DICH FERTRAUEN DEN 7ten JULI 1824.» – Inschrift am Türsturz an der Hangseite (NW): «18 NS KK 58». – Johann Baptist Karlen war Präsident in Naters von 1840 bis 1841 (vgl. Kap. «Präsidenten», Nr. 105). – Laut Angaben der Besitzer stand die Hütte zuvor weiter unten auf einer Voralpe (im Hasel?). Die ohne Inschrift bestehende Binne verläuft quer zum First. Die obgenannte Inschrift steht auf einem an der Binne angebrachten Brett, was die Meinung bekräftigt, dass das Haus 1824 hierher transportiert wurde.

### Nr. 8436, Peter Gsponer
Diese gepflegte Alphütte bildet den westlichen Abschluss auf der «Schweinefluh». Auf der gerillten Binne steht folgende Inschrift: «IHS. MAR. IOS HOCH [sic!] OPUS FIERI FECIT PETRUS CHRISTIANUS MICHLIG ET ANNA MARIA IOSSEN 1743» [= *Jesus Maria Ioseph * Dieses Haus hat (haben) ... erbauen lassen*]. Die lateinische Inschrift auf der Binne war in der ersten Hälfte des 18. Jahrhunderts auf der Belalp nicht ohne weiteres üblich. Dort, wo sie vorkommt, könnte sie auf eine gewisse humanistische Bildung und auf die Wohlhabenheit des Bauherrn hinweisen.

### Nr. 8511, Walter Imstepf
*Binne West:* «R[everendus] D[ominus] C[asparus] M[auritius] MATTIG V[icarius] NATRIAE» [= *Hochw. Herr Kaplan Kaspar Moritz Mattig von Naters*]. (Vgl. Kap. «Priester, gebürtig aus Naters», Nr. 73.) «UND. F. CHRISTEN UND. F. GERIG MATTIG 1728». *Binne Ost:* «IHS MAR IOS» [= *Jesus Maria Joseph*].

### Nr. 8269, Siegfried Schmidhalter
Es ist eine der wenigen grossen Alphütten dieses Alters auf Bel. Sie ist früher wohl eine Doppelhütte gewesen. Die spiegel- und seitenverkehrten Inschriften lauten in normaler Schrift: *Binne Ost:* «MARIA IOZP BP BH BIA». *Binne West:* «IHS MB CR CB MB 1727». Inschrift am Dachstuhl der südlichen Giebelseite: «17 MR RB 27».

*Hütte Nr. 8437: Ausschnitt aus der Binneninschrift.*

**Nr. 8516, Hans Salzmann**
Loch. – Durch den Besitzer übermittelte Inschrift: «MARIA UND IOSEPH . DISES HAUS HAT LASEN BAUEN ANTON SAZMANT [Salzmann] ANNA EDER 1845.»

## Das Bergdörfchen Lüsgen

Lüsgen zählte 1996 32 Alphütten (ohne die neuen Chalets auf dem Bruchegg und das Tyndallhaus). Wie auf Bel konnte auch auf Lüsgen wegen Abwesenheit der Bewohner nur ein Teil des alten Bestandes erfasst werden. Die ehemalige Pfarrhütte gehört zu den ältesten Hütten in Lüsgen (vgl. Kap. «Pfründen …»). Nicht wenige Wohnungen wurden gänzlich erneuert und sind darum nicht Gegenstand unserer Untersuchung; andere enthalten keine Inschriften. Unterhalb des Hotels Belalp steht weithin sichtbar das 1920 erbaute Haus von alt Gerichtspräsident Anton Salzmann (Erbengemeinschaft). Nachstehend einige Beispiele des Siedlungsbestandes auf Lüsgen (von Osten nach Westen; WG = Wohnung).

**Nr. 8344, Anselm Mutter**
Angaben des Besitzers zufolge wird dieses Haus die «alte Sennhütte» genannt. Verschiedene Elemente wie «Seeleglotz», «Heidestud», verschiedene Länge der Gwetthölzer und anderes mehr weisen auf ein hohes Alter hin. Der in den 70er-Jahren restaurierte Bau ist ein Beispiel, wie man die Gestalt eines Baus trotz veränderter Nutzung erhalten kann.

**Nr. 8401, WG West: Therese Salzmann-Wyssen**
Inschrift: «1887 JB. A.M.S. [= Johann Bammatter, Anna-Maria Salzmann] IHS».

**Nr. 8407/8409, Theo Kummer, Edith Eyer-Salzmann**
WG Ost: «JAHR 1875 IESUS MARIA U. IOSEPHT. DIESES HAUS HAT LASEN BAUEN DER ERSAMEN JÜNGLING KASBAR SALSMANN.» – Ofen: «A. L. M.S 1881». Am Nordgiebel: «1875».

**Nr. 8415, vier Besitzer**
Wohnung Mitte mit folgender Inschrift: «IHS MARIA IOSEPH PS A. R. AMO 1839».

**Nr. 8558, Chantal Klingele**
Inschrift: «IHS MARIA IOS I.G.C.P.P.G.C.E 1747». – Ofen: «IHS 1747». Homogene und optisch intakte Baugruppe.

**Nr. 8556, Friedrich Nellen**
Guter und alter Bau in herausragender Stellung. 1781, datiert im Giebel der Südwand.

**Nr. 8554, Hermann und Marianne Furrer**
Diese gut erhaltene Alphütte hat noch ein Granitdach und darf als wichtiger Bestandteil der Alp angesehen werden. Die folgende Inschrift auf der Stubenbinne, geschrieben in Spiegelschrift, ist von rückwärts zu lesen: «P S . MFS . IT 18 IHS MARIA IOSEP 02». Jahreszahl 1802 auch im Südgiebel.

**Nr. 8553, Leo Ruppen**
Dieser Bau ist von besonderem Interesse, da sich die Firstpfette noch auf einen sogenannten Heidenstud stützt. Dem Heidenstud nach zu schliessen, dürfte diese Hütte wohl vor 1500 gebaut worden sein. Zum Hausschatz gehört ein altes Holzkruzifix, wohl aus der ersten Hälfte des 19. Jh. Eine Zeit lang soll in diesem Raum die Sennerei eingerichtet gewesen sein.

**Nrn. 8550/8551, Josef Salzmann, Karin Jossen-Salzmann**
Das 1996 errichtete neue Gebäude enthält von der alten Hütte aus dem Jahre 1861 neben einigen Holzstücken nur mehr den Mauerteil. Mit Granitplatten gedeckt. WG Ost: (Grünwald-Wappen) «FAM. EGON UND URSULA GRÜNWALD-SALZMANN GEBAUT ANNO 1861 RENOVIERT ANNO 1996» (und Salzmann-Wappen). (Foto von der alten Alphütte bei Egon Grünwald.)

*Lüsgenalp.*

**Nr. 8552, Sennereigenossenschaft**
Im Süden befindet sich der Wohnschlafraum mit einer Binne und dem Datum 1946. Der Küchenteil diente von 1946 bis 1982 als Sennereiraum.
**Nrn. 8545/8546, Margrith Knubel, Paul Salzmann**
*WG West* (Spiegelschrift), in normaler Schreibart: «IHS MARIA UND IOSEPH SMZBCI 1758». Truhe: von 1667(1?). – *WG Ost* (Spiegelschrift), in üblicher Schreibweise: «JHS MARIA UND IOSEPH – EHR SEI GOT IM HIMEL FRIED DEN MENSCHEN AUF ERDEN 1758 DA WH».
**Nrn. 8536/8537, Richard Weger, Rita Rotzer-Jossen**
Zu zwei Ferienwohnungen durch traufständige Anbauten erweitert. Die Jahreszahl 1858 auf der Stubenbinne der östlichen Wohnung.
**Nr. 7855, Ignaz Eyer**
Inschrift: «DIESES HAUS HAT LASEN BAUWEN DER ERSAMEN MAN CASBAR GASSER IM JAHR 1847.»
**Nr. 8532, Ernst Roten Erben**
*WG Süd:* «IHS K. G. C. W. 1839».
**Nr. 8529, Elsbeth Locher-Eggel**
*WG West:* «IHS DIESES HAUS HAT LASSEN BAUWEN MG NH 1857.» Ofen: «1862 MG NH». Die Kammer besitzt noch die originale Blockwand, was selten ist.
**Nr. 7164, Jakob Heldner**
Der Bau (Kiosk) ist neu (am Nordgiebel: 1956), aber in der Art der hiesigen Bauweise erstellt. Spruch an der Nordwand: «WO DER HOCHWIND RAUSCHT AUF HIMMELSNAHER BERGESHOEH BAUTEN WIR EIN HAEUSCHEN UNS * AUF GOTT VERTRAU AUF WIEDERSEH'N.»
**Nr. 7261, Herbert und Philipp Imstepf**
Der Bau wurde 1959 in grossen Teilen erneuert und durch zwei Anbauten erweitert. Binneninschrift: «Dieses Haus hat lassen bauen der ehrsame Mann Zenklusen Moritz und Frau Orfa geb. Bammatter und Kinder Jselin, Walter, Bernhard, Elfriede und Aline * Im Jahr 1959.»

# Inner-Aletsch

Die Alpen Tälli (1949 m ü. M.), Driest (2188 m ü. M.) und Zenbächen («ze Bächu», 2123 m ü. M.) gehören zum Inner-Aletsch. Durch das Mittelaletschtal getrennt liegt am Fuss des Olmenhorns die Alp Olmen.

## Was alte Dokumente berichten

In Bezug auf das Inner-Aletsch (früher manchmal auch «Hinter-Aletsch» genannt) besitzen die Archive von Naters und jene des Bezirkes Östlich Raron zwischen 1404 und 1740 nicht weniger als 35 Schriftstücke[650], von denen wir hier nur die wichtigsten anführen können. Holzhauser hat diese schriftlichen Dokumente, versehen mit einer kurzen Inhaltsangabe, 1984 veröffentlicht.[651] Diese Urkunden berichten von den Alpen «In der Kummen [Tälli], uffem Driest, zem schreyenden Bech [Zenbächen] und Ulmon [Olmen]». In allen alten Urkunden steht immer die Schreibweise «Driest» und nicht «Triest», wie da und dort zu lesen ist. Des Weiteren reden die Dokumente stets von «Ulmon, Ulmen», während die Landestopografie heute die Schreibweise «Olmen» benutzt. Viele Natischer sprechen noch heute mit einer Selbstverständlichkeit von «Ulmen», was auch die ursprüngliche Form ist.

## Erwerbspolitik der Gumperschaften Naters und Rischinen im Inner-Aletsch

Die Alpen im Inner-Aletsch gehörten vor der Mitte des 15. Jahrhunderts verschiedenen Privatpersonen, besonders Leuten aus der Pfarrei Mörel. Von 1468 an erwarben die beiden Gumperschaften Naters und Rischinen gemeinsam durch Kauf die meisten Alprechte.[652] Der wohl grösste Kauf fand am 2. Januar 1479 statt. Mit diesem Datum verkaufte Rudo am Hof von Mund den beiden Gumpern Naters und Rischinen im Inner-Aletsch, «zem schreyenden Bach, in Ulmen und Driest», für 40 Pfund 18 Kühe Alprechte.[653] Rudo am Hof hatte diese Rechte von seiner Mutter Margareta, Tochter «des Jennin in der Lawinen von Lax», geerbt.[654] Die Gemeinde Naters setzte ihre Erwerbspolitik im Inner-Aletsch fort. Am 24. Januar 1480 kaufte sie auf den genannten drei Alpen weitere drei Kuhrechte;[655] und am 2. November 1486 erwarb sie daselbst wiederum zwei Alprechte.[656] Am 22. Februar 1487 verkaufte Georg Vintschen von Bitsch der Gemeinde Naters für fünfeinhalb Gulden eine Kuh Alprecht «zem schreyenden Bach, uffem Driest und in Ulmon» und einen Achtel einer Hütte «zem Bech».[657]

Ein neuer Kauf erfolgte am 21. Februar 1488, indem die Gemeinden Naters und Rischinen von Peter Walker von Bitsch gemeinsam zwei Kuh Alprechte «in communis alpe zen bech offem Driest in Ulmon» erwarben. Gekauft wurde dabei auch eine Alphütte im Inner-Aletsch.[658] Ebenso kauften die gleichen Gemeinden von Georg Walker wieder gemeinsam am 17. August 1525 für 14 Pfund sieben Kuh Alprechte «zem Bech, sup[er] dem Driest et in Ulmon».[659]

Die genannten Alpen im Inner-Aletsch bildeten eine Einheit, so dass anzunehmen ist, dass sie von den gleichen Geteilen im selben Sommer jeweils für eine bestimmte Zeit bestossen wurden. Darum finden wir auch die Bezeichnung «gemeine Alpen»[660]. Die oben erwähnte Urkunde von 1487 bestärkt diese Ansicht, weil sich hier ein einziges Kuhrecht auf drei Alpen verteilt.
Später erwarb die Gemeinde Naters noch weitere Alprechte.[661] Obwohl Naters und Rischinen ansehnliche Alprechte erworben hatten, blieben andere berechtigte Alpgenossen. Am 17. Juni 1526 sollen die Alpen Olmen und Driest zwischen Naters und diesen Alpgenossen verteilt worden sein. Leider ist die entsprechende Teilungsurkunde nicht erhalten. Wir erfahren von ihr durch einen erhaltenen Vergleich, der am 14. Juli 1527 abgeschlossen wurde.[662]

Dabei erschienen auf der einen Seite 48 namentlich genannte Geteilen der Alpen Driest und Olmen («consort et comp alpis super dem dryst et in ulmon») aus der Pfarrei Mörel und von dort unter anderen von Oberried und Greich. Auf der anderen Seite erschienen die Gewalthaber von Naters. Die Parteien bestätigten die Vereinbarung vom 27. Juni 1526 in allen Punkten mit Ausnahme der Bestimmungen über den Alpaufzug und die Alpabfahrt. Die Mörjer bezahlten die Verfahrenskosten von sechs Pfund. Als gegenseitige Grenze werden «der Wasen» und der Gletscher «zer Kalten Balmen» angenommen. Am 1. Oktober 1587 verkaufte Kaspar Banholz an Kaspar Gütsch (Gitsch) in Olmen für eine Krone und drei Tertones eine Kuh Alprecht.[663]

## Die Teilung von 1641

Offenbar war die Olmenalp auch im 17. Jahrhundert noch von einigem Interesse, denn am 31. Januar 1641 kam ein wichtiger Tauschvertrag zustande.[664] Die Vertreter der beiden Gumper Naters und Rischinen überliessen diesem Vertrag zufolge den Vertretern von Ried, Bitsch und Greich namens ihrer Geteilen und dem Meyer Moritz Rither in dessen Namen einen Viertel der ganzen Olmenalp («quartam partem totius alpis Ulmon»), genannt der «Bifiger Viertel».[665] Die Vertreter des Drittels Mörel und Moritz Rither überliessen den beiden genannten Gumpern dagegen allen Besitz und alle Rechte, die sie auf dem Driest im Inner-Aletsch hatten. Doch am privaten Besitz von Leuten des Drittels Mörel in diesem Gebiet wurde mit diesem Tausch nichts geändert. Die beiden Gumper Naters und Rischinen bezahlten überdies den Vertretern des Drittels Mörel 50 Pfund. Beide Parteien verzichteten einer Sonderklausel zufolge auf alle Rechtstitel und Dokumente, die sie auf die ausgetauschten Güter besessen hatten. Des Weiteren wurde vereinbart: «Wan die schaaf oder das vihe eines theils in des anderen alpen giengen, sol es von einer lekin zu der andren lekin dem theil, so abtriben sol, angemeldet werden, und wan als dan das nitt beschicht, so soll selbes vihe durch den beschwerten theil abgetriben werden.» Diese Urkunde ist der letzte Hinweis auf einen Alprechtskauf beziehungsweise -tausch in Olmen. Wahrscheinlich wurde diese Alp bereits Ende des 17. oder im 18. Jahrhundert für Grossvieh aufgegeben. Noch heute sind dort Fundamente zu sehen, auf denen einst Hütten standen.[666]

## Andere Örtlichkeiten

Einem Kaufakt vom 21. Februar 1488 zufolge kommt zu den genannten Alpen noch eine andere Örtlichkeit hinzu. Hier wird berichtet, dass die Gumper Naters und Rischinen «zen Hegen» (heute «Jegi» genannt, am Südwestabhang der Fusshörner) von Kaspar Walker aus Bitsch viereinhalb Kühe Alprechte kauften.[667] «In den Kalten Wengen» ist eine weitere Bezeichnung für die Gegend der «Jegi».[668] Für die Alpen «In der Kummen» (Tälli) und Driest ist 1643 letztmals von einem Alprechtskauf die Rede.[669]

## Rindviehalpen: dem Ende entgegen

Im Burgerratsprotokoll vom 28. Oktober 1877 steht in Bezug auf die Alp Zenbächen folgende Notiz: «In Sachen der Aletschalpe/Bächalpe wurde beschlossen, die Abatzung für Pferde und Rindvieh auf drei Jahre zum Verlehnen auf den Meistbietenden versteigern zu lassen.»[670] Als Kuhweiden wurden die Alpen Tälli, Driest und Zenbächen wahrscheinlich gegen Ende des 19. Jahrhunderts aufgegeben. Während bei den weiter unten angeführten Einkerbungen an den Wänden der Tällihütte der Buchstabe K für Kühe und Kälber steht, wird für das Jahr 1894 ausdrücklich K ausgeschrieben: «Kalber» (also keine Kühe mehr). Laut Dionys Imesch wurde die Alp Zenbächen um 1908 als Rinderalpe für zirka 200 Franken jährlich verpachtet.[671] Gemäss Aussagen älterer Natischer trieb man Kälber letztmals noch in den 1960er-Jahren auf die genannten Weideplätze.

Zeugen für die einstige Grossviehhaltung sind unter anderem die beiden ehemaligen Käsekeller. Einer steht unterhalb der «Tällihitta» in Form eines kleinen Steinhäuschens und der andere ist bei den Hütten von «Obflie», jedoch nicht mehr am ursprünglichen Platz: Das Holz wurde für einen kleinen Anbau an eine grössere Hütte verwendet. Ein Holzbalken trägt noch die Jahreszahl 1796.[672]

Neben den alten Urkunden haben wir noch weitere Beweise dafür, dass man im Inner-Aletsch Grossvieh alpte. So weideten auf der Alp Zenbächen ehemals sicher auch Kühe und Rinder. Spuren von Viehtritten sind vom Mittelaletschgletscher aus in der Verflachung unterhalb des Sattelhorns zwischen 2407 und 2307 m ü. M. deutlich auszumachen. Die ehemalige Alphütte auf Zenbächen steht nicht mehr. Die neu gebaute Hütte wurde von einer Lawine weggerissen. So sind dort nur noch die Fundamente vorhanden.

Die Hirten pflegten bestimmte Daten und Zahlen in das Holz der Alphütten zu schnitzen. Dieser im Alpenraum weit verbreitete Brauch ist auch im Inner-Aletsch anzutreffen. An den Aussen- und Innenwänden der Tälli- und der Driesthütte findet man ins Holz geschnitzte Buchstaben und Zahlen. Auch Sätze wie «ADE LEBE WOL ALETSCH EUR EINSTWEILLN AMEN» oder auch nur «ADE LEBE WOL ALETSCH» können entdeckt werden. Der grösste Teil der Schnitzereien umfasst aber die Initialen der Hirten, ferner das Jahr, in welchem sie auf der Alp waren, und zusätzlich die genaue Anzahl Kühe und Kälber sowie Pferde und Maultiere. In einigen Fällen ist sogar die Zahl der Schweine vermerkt, die mitgeführt wurden. Die unten aufgeführten, chronologisch geordneten Jahreszahlen geben an, wann im 19. Jahrhundert sicher noch Kühe und Rinder über den Gletscher ins «Inner-Aletschji» geführt wurden (die Jahreszahlen sind unterstrichen). Die älteste Zahl stammt aus dem Jahr 1811 und befindet sich auf einem Balken der «Tällihitta». Vermutlich wurde diese Hütte kurz zuvor erbaut. Bis etwa ins Jahr 1860 kann an-

*Alte Wege ins Inner-Aletsch:*

—— Gletscherausdehnung um 1850     ---------- Ehemalige Wege } a um 1850 / b um 1900 / c um 1935

**O** Oberaletsch  **OE** Obfliejeregga
**T** Tälli  **D** Driest  **J** Jegi
**Z** Ze Bächu  **OL** Olmen

*Eingeschnitzte Jahreszahlen, Initialen und Anzahl Vieh in den Holzbalken der Tälli- und der Driesthütte:*

```
"Tällihitta"
```

1811   KR 37
MM ↟↟ BN   1811   AR MN
1811   MWH.   K XXXXXX   1813
HE · MS · K 107   SCH 1   R 9   H 1818
BN · S · K · ZK · 2 · MH   1829
1830   K XXXII
MGM ↑ BN   1831
M ↑ 1831   n ↑ 1831
↑2 1832   BM ⋈ ↟↟↟ A ↑ H ↑ 2↓   1839 BN↑⋈↑
↑R↑M   K 8   1832
↑ 1834   ↟↟ 1836 · G↟↟ KR   1837   ↟↟ KR 1838
1837   KR ↟↟
CD 1839
HW MW   1844   K 90
1845   EW   IR ♡ HR   1846
1847   ER MW   K 81   R 17
KR MW   1848
BB MW   1848  ♡
↑H 87   K   1866
↑↟↟ ↟↟ RR   1869   H. K XXXI
ES HW   K 118   R 4   1875
HS · ES   1876   HS · HS   1876   K 85   R 8
HS · ES   1876   K XXXXXXXXV   R VIII
HS · IS   1877   K 61   R 8
HS · 1878   SCH 9   K 70   R 10
)( ↑ 1878   HS   K 70   R 10   SCH 2
HI HS   1878   K 7o   R 10
EKR   1880   81828384858687 ASH
MS   1880 MS   K 167   R 11   ADE LEBE WOL ALETSCH
IR · HS ·   K 92   R 10   SM   1888
)( IV WK   1882
1883   K 37   R 12
HS · KE   1883
HS · KE   1884   KASPAR EGGEL   1884   AR K 41
KE · AE   1885
HS · KE   1886   K 190   R 15
EG · HS   1887
K 95   R 4   Anton   1889
1889   K XXX
IR HS   K 88   R 10   1889
HR HS,   K 92   R 10   1889
CH EM   K 90   R 8   1889
1892   K 90   R 8   SCH 10
FL·ADE LBE WOL ↑ ALETSCH   K 101   R 8   ALLES EHRE GOTTES 1892
```

genommen werden, dass der Weg über den Felskopf der «Obfliejeregga» eingeschlagen worden war, danach beschritt man bis in die 1930er-Jahre denjenigen durch den «Lengenacker». Bei den aufgeführten Jahreszahlen fällt auf, dass zwischen 1818 und 1829 sowie zwischen 1849 und 1866 Lücken bestehen. Das Fehlen von Jahreszahlen im Zeitraum von 1849 bis 1866 kann vielleicht dadurch erklärt werden, dass wegen des Gletschervorstosses um 1850 kein Grossvieh auf die Alpen des Inner-Aletsch getrieben werden konnte. Holzhauser zufolge war der Weg über die Gletscherzunge des Grossen Aletschgletschers im Jahre 1849 für Kühe unpassierbar.[673] Der Unterbrechung zwischen 1818 und 1829 liegt vermutlich die gleiche Ursache zugrunde.

```
1894   KALBER 86   ROSZ 4
1895   K 33   R 3   1895   K 36   R 3
EAL   1898   98   K   R 5
1899   K 47   R 5
1901   AZ IR   K 88   R 10
BR · K 35   R 4   AR   1903
RA · RT   1904   K 41   R 12
E. HERMANN   E. EDELBERT   K 79   R 2   1917
1918   EGGEL H.   K 144   R 1
EHE · ME ·   K 144   R 1   1918
```

**Driesthütte**

```
1827   1828
P · MR   1 ↟↟ D   ↟↟ 1833   5 II 1836
RI   1838   1846
1877   H ↑ S
HS   1877       IN GOTTES HEK IMS   1881
ES HW   K 75   R 5   1874
ES HW   K 118   R 5   1875
ES HS   K 85   R 8   1876
SIMON SCHWARI   1894
SIS MORITZ SCHWARI   1894   K 72   R 4
1897   SIS HS   K XXXXXXV   R V
1899   AZ   1901 AZ TR   K 8   R 10
1903   RA   R 4   K 35
1904   AR TR   K 47   R 19
ME EH   K 144   1   R   IRA   1904
```

**Deutung:** vor oder nach einer Zahl: K = Kühe, Kälber; R = Pferde oder Maultiere («Ross»); S, SCH = Schweine; andere Buchstaben oder Buchstabengruppen sind die Initialen der Hirten (meistens zwei). Die Ziffer «1» wurde häufig so geschrieben: (Abart der römischen Ziffer «I»); X = 10, V = 5. Heute dient das Inner-Aletsch ausschliesslich der Sömmerung des Schmalviehs.
```

Tällihütte.

Driesthütte.

Aufnahme von 1975. Grosser Aletschgletscher. Links: Mittelaletschgletscher. Dazwischen: Olmen, Olmenhorn, kleines Dreieckhorn, Dreieckhorn.

# Wälder

Früher war der Bestand der Waldungen grösser und die Waldgrenze lag höher als jetzt. Beweis hierfür sind die Überreste von gewaltigen Bäumen, die noch in jüngerer Zeit auf höher gelegenen Teilen der Alpen Bel und Lüsgen da und dort vorgefunden wurden. Selbst Stellen, die noch vor 100 Jahren vom Gletscher zugedeckt waren, müssen vor Zeiten bewaldet gewesen sein. So sind nach dem Rückgang des Grossen Aletschgletschers mehrere Lärchen zum Vorschein gekommen, die, nach Untersuchungen von Fachleuten, an Ort und Stelle vom Gletscher niedergedrückt worden sind. Auch auf «Obflie», am Fuss des Oberaletschgletschers, trifft man Baumstrünke an, die zeitweise unter dem Gletscher gewesen sein müssen.

Die Zeit, in der das Aletsch ziemlich bewaldet war, muss freilich weit zurückliegen. Ob z.B. im 15. Jahrhundert die Waldverhältnisse im Aletsch mit den heutigen vergleichbar waren, ist nicht auszumachen. Jedenfalls verkauften am 7. Mai 1463 die Leute von Ried, Greich, Goppisberg, Betten und Domo[674] den Alpgeteilen von Aletsch, Olmen, Zenbächen und auf dem Driest für 58 Pfund das Recht, im Aletschwald das nötige Brenn- und unter gewissen Einschränkungen auch das Bauholz zu fällen.[675] Dieses Recht wurde noch in unserem Jahrhundert ausgenützt.

## Allgemeine Beschreibung

Der erste provisorische Wirtschaftsplan über die Natischer Burgerwälder wurde 1890 von Forstinspektor Barberini aufgestellt. 1926/27 unterzog Forstinspektor A. Dür diesen Plan einer gründlichen Revision. In diesem Kapitel stützen wir uns in vielen Punkten auf den von Dür gemachten «Wirtschaftsplan über die Waldungen der Burgergemeinde Naters» sowie auf die «Vermarchung der Gemeinde-Waldungen von Naters», die bereits 1889 begonnen und 1926 abgeschlossen wurde.[676]

### Eigentumsverhältnisse, Lage und Fläche

Der Wald gehört zum grössten Teil der Burgerschaft; nur viele kleine Parzellen sind Eigentum von Privatpersonen. Gegenstand der näheren Behandlung ist der Burgerwald, während wir die Privatwälder nur kurz streifen.

Bis zum Jahre 1852 waren vielfach die Geschnitte im Besitz von eigenen Wäldern, die um diese Zeit an die Burgerschaft übergingen. Einzelne Waldungen waren im Mittelalter Lehensgüter der adeligen Herren, die sie den Gemeinden gegen gewisse Abgaben überliessen. So besassen 1320 die Gemeinden Birgisch und «ob Dorf» (Naters) den Birgischerwald von Johann de Vineis zu Lehen.[677]

Die Wälder werden in vier Betriebsklassen eingeteilt: Betriebskl. A: Wälder am Abhang des Birgischgrates und unterhalb der Belalp; Betriebskl. B: Wälder auf dem Höhenzug rechts der Massa; Betriebskl. C: Wälder am Abhang des Riederhorns links der Massa; und Betriebskl. D: Wälder am Glishorn und im Rohrberg. Jede Betriebsklasse ist in Abteilungen unterteilt, deren Bildung nach geografischen und nicht nach waldbaulichen Gesichtspunkten erfolgte. Fast alle Abteilungsgrenzen sind natürliche, nämlich Gräben und Kreten, Felsbänder, Wege, Wasserläufe und Wasserleitungen.

Die Burgerwälder befinden sich auf Gebiet der Gemeinden Naters (658,20 ha), Bitsch (71,80 ha), Glis (80,40 ha) und Visperterminen (14,90 ha). Der totale Waldbesitz der Burgerschaft beträgt 825,30 Hektaren.

Die Gesamtfläche des Waldes ist eingeteilt in Waldboden (bestockt und Blössen, 64% = 528,30 ha), in landwirtschaftlich genutzten Boden (Weidwald, 6% = 52 ha) und in ertraglosen Boden (30% = 245 ha). Der hohe Prozentsatz an ertraglosem Boden ist vor allem auf die vielen Felspartien zurückzuführen. Der Grossteil der Wälder liegt am Natischer Berg. Sie bestocken hier die östlich und südlich exponierten Hänge unter den Plateaus der Nessel- und der Belalp, ferner den Höhenzug zwischen Kelchbach und Massa. Der Burgerschaft gehört des Weiteren der untere Teil des links der Massa gelegenen Hanges des Riederhorns, ebenso ein Teil des Gliswaldes unterhalb des Glishorngipfels zwischen dem inneren Holz- und dem Haselgraben und schliesslich ein kleiner Waldbezirk im oberen Teil des Rohrberges.

Der tiefste Punkt der Wälder liegt im Gliswald bei 900 m ü. M. und der höchste an der oberen Waldgrenze unterhalb der Belalp bei 2070 m ü. M. Im Allgemeinen liegen die Waldungen in günstiger, für die Vegetation vorzüglich geeigneter Höhenlage. Mit Ausnahme des Bergrückens zwischen dem Kelchbach und der Massa liegen alle Wälder an sehr steilen, oft schroffen, von Felspartien durchzogenen Talflanken.

### Holzarten

Die bestandsbildende Holzart *am Natischer Berg* ist fast ausschliesslich die Fichte oder Rottanne (umgangssprachlich «Tanne»), der die Lärche nur in verschwindenden Mengen beigemischt ist. Letztere bildet lediglich unterhalb der Belalp links vom Bruchjigraben einen kleinen reinen Bestand. Auch die Föhre (umgangssprachlich «Dähle») ist sehr selten. Im oberen Teil des Natischer Berges fehlt sie vollständig und kommt nur auf den äussersten südlichen Ausläufen der Höhenzüge rechts und links des Kelchbaches vor. Die Weisstanne fehlt vollständig.

Der *Wald am Glishorn* trägt zuunterst einen Bestand von Legföhren und verkrüppelten Waldföhren, im oberen Teil war vor dem Waldbrand von 1911 ein Mischbestand von Fichten und Lärchen vorhanden, wobei die Fichte überwog. Im verschont gebliebenen Bestandesteil herrschen ebenfalls Fichte und Lärche vor. Vereinzelt gibt es hier auch Weisstannen.

*Am Rohrberg* besteht der Wald hauptsächlich aus Fichten, denen Lärchen und Weisstannen sowie Föhren beigemischt sind. Nur im Jungbestand unter den Wasserleitungen herrscht die Lärche vor. Laut Wirtschaftsplan von 1927 gab es in den klupierten Waldungen, das heisst, in denen die Bäume stammweise ab 16 cm Brusthöhendurchmesser mit der Kluppe gemessen worden waren (ohne «Bischofskappe»), folgende Holzarten (Abk.: Fi = Fichte, Lä = Lärche, Fö = Föhre, Ta = Weisstanne):

| | | | | |
|---|---|---|---|---|
| *Natischer Berg* | 96% Fi | 2,5% Lä | 1,5% Fö | –,–% Ta |
| *Rohrberg* | 55% Fi | 32,5% Lä | 1,0% Fö | 11,5% Ta |
| *Total* | 91% Fi | 7,0% Lä | 1,0% Fö | 1,0% Ta |

**Gemeindegrenze Naters**
**Geteilschaft Meder**

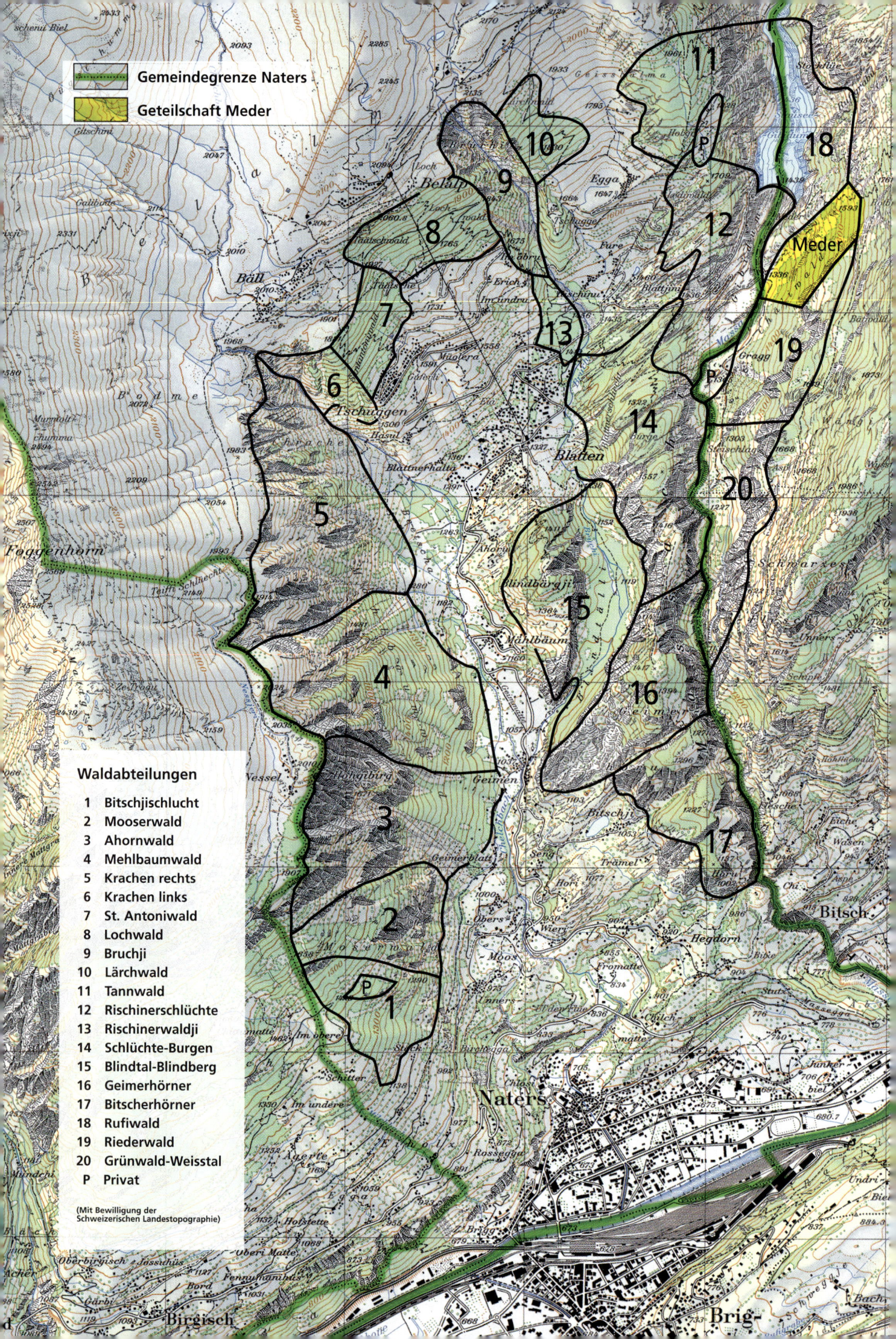

**Waldabteilungen**
1. Bitschjischlucht
2. Mooserwald
3. Ahornwald
4. Mehlbaumwald
5. Krachen rechts
6. Krachen links
7. St. Antoniwald
8. Lochwald
9. Bruchji
10. Lärchwald
11. Tannwald
12. Rischinerschlüchte
13. Rischinerwaldji
14. Schlüchte-Burgen
15. Blindtal-Blindberg
16. Geimerhörner
17. Bitscherhörner
18. Rufiwald
19. Riederwald
20. Grünwald-Weisstal
P Privat

(Mit Bewilligung der Schweizerischen Landestopographie)

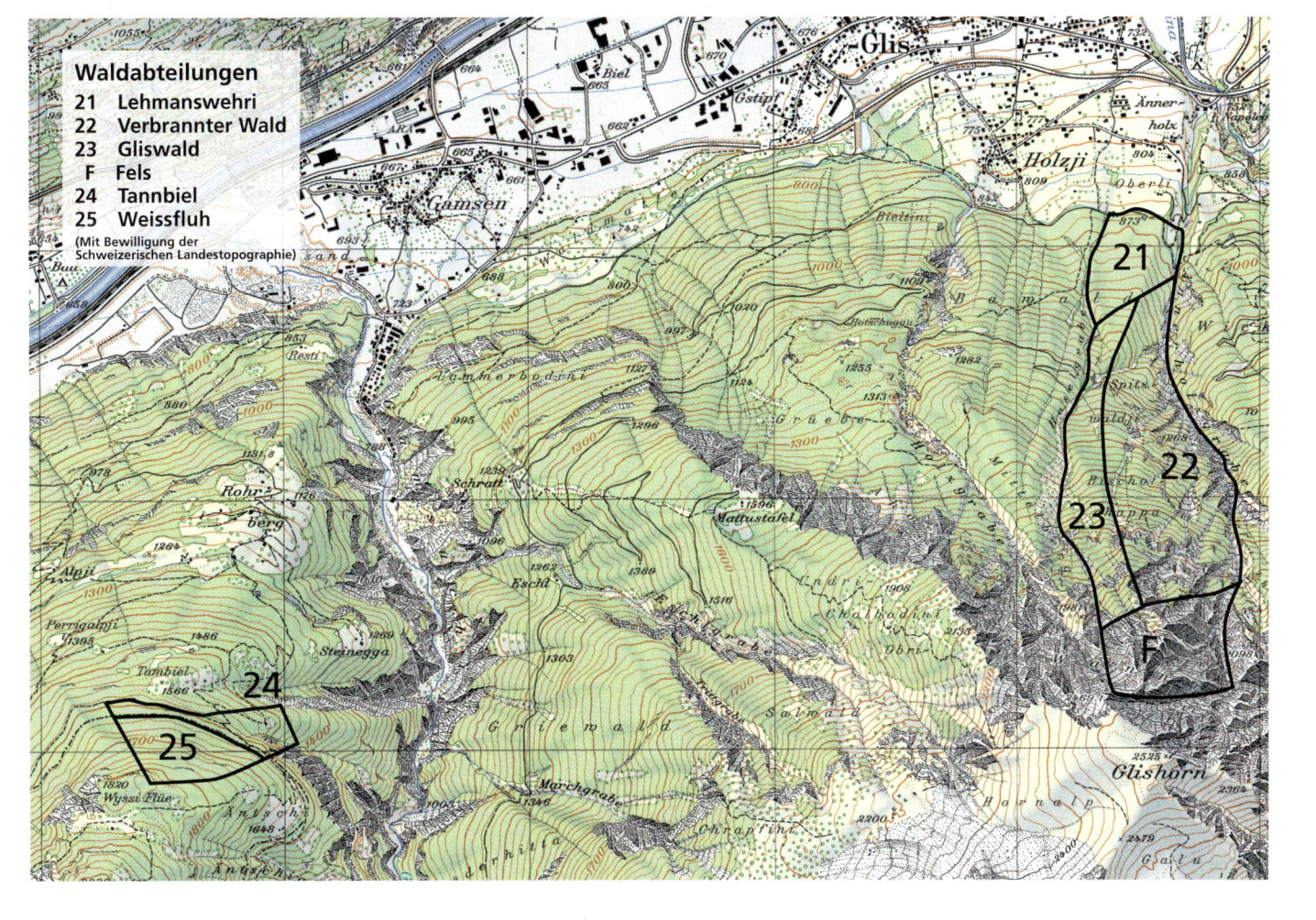

**Waldabteilungen**
21 Lehmanswehri
22 Verbrannter Wald
23 Gliswald
F Fels
24 Tannbiel
25 Weissfluh

(Mit Bewilligung der Schweizerischen Landestopographie)

## Burgerwälder: Waldabteilungen und Flächenverhältnisse
(Gemäss Wirtschaftsplan von A. Dür, 1927)

| Betriebs-klasse | Abteilung | Name des Waldes | Fläche in ha | | | |
|---|---|---|---|---|---|---|
| | | | produktiv | Weidwald | ertraglos | Total |
| A | 1 | Bitschjischlucht | 16,80 | 7 | 2 | 25,80 |
| A | 2 | Mooserwald | 15,80 | 6 | 8 | 29,80 |
| A | 3 | Ahornwald | 12,80 | | 49 | 61,80 |
| A | 4 | Mehlbaumwald | 68,20 | | 12 | 80,20 |
| A | 5 | Krachen rechts | 49,00 | 14 | 10 | 73,00 |
| A | 6 | Krachen links | 15,50 | 8 | 2 | 25,50 |
| A | 7 | St. Antoniwald | 8,40 | | | 8,40 |
| A | 8 | Lochwald | 17,90 | | 1 | 18,90 |
| A | 9 | Bruchji | 5,10 | | 15 | 20,10 |
| A | 10 | Lärchwald | 16,90 | 2 | | 18,90 |
| B | 11 | Tannwald | 29,60 | 5 | 10 | 44,60 |
| B | 12 | Rischinerschlüchte | 22,00 | | 6 | 28,00 |
| B | 13 | Rischinerwaldji | 6,50 | | 1 | 7,50 |
| B | 14 | Schlüchte-Burgen | 57,80 | | 30 | 87,80 |
| B | 15 | Blindtal-Blindberg | 24,90 | | 12 | 36,90 |
| B | 16 | Geimerhörner | 27,90 | | 25 | 52,90 |
| B | 17 | Bitscherhörner | 18,10 | | 20 | 38,10 |
| C | 18 | Rufiwald | 17,10 | 7 | 5 | 29,10 |
| C | 19 | Riederwald | 12,00 | | 3 | 15,00 |
| C | 20 | Grünwald-Weisstal | 14,70 | 3 | 10 | 27,70 |
| D | 21 | Lehmanswehri | 10,90 | | 1 | 11,90 |
| D | 22 | Verbrannter Wald | 30,60 | | 15 | 45,60 |
| D | 23 | Gliswald | 10,20 | | 3 | 13,20 |
| D | 24 | Tannbiel | 6,70 | | 3 | 9,70 |
| D | 25 | Weissfluh | 12,90 | | 2 | 14,90 |
| | | **Total** | **528,30** | **52** | **245** | **825,30** |

Anzutreffen ist auch der Wacholder (sabina und communis), der an trockenen und felsigen Stellen wächst. Im Blindtal in den Spissen sind bis zu 20 Eiben (von den Natischern «lie» genannt), davon einige ganz grosse, zu bewundern. Die Nadeln der Eibe und besonders ihre Samen enthalten das auch für den Menschen stark giftige Alkaloid Taxin, weshalb man den Baum seit jeher auszurotten versuchte. Von Wiederkäuern, also Hirschen, Rehen, Ziegen, Schafen und Rindern, wird dagegen die Eibe mit Vorliebe und ohne nachteilige Folgen gefressen. In der Gegend der Weissen Fluh am Rohrberg gibt es wenige Exemplare der Arve.

Unter den Laubhölzern findet man die Birke häufig, besonders im Natischer Berg. Sie bildet unter anderem im Massatal einen reinen Bestand von ziemlicher Ausdehnung.

Alsdann kommt die Weisserle in einzelnen Exemplaren an vielen Stellen vor, ferner in höheren Lagen, hauptsächlich in Gräben und Zügen, die Alpenerle («Drosle»). Die Vogelbeerbäume (und auch Mehlbeeren) sind namentlich in den nach Osten exponierten Bezirken häufig anzutreffen.

Wenn auch der Wirtschaftsplan von 1927 in vielen Punkten noch heute seine Gültigkeit hat, ist gleichwohl grundsätzlich eine Revision des gesamten Planes vorgesehen. Dies geschah bereits für die links der Massa gelegenen Burgerwälder sowie für die «Bischofskappe» und den Rohrbergwald.

## Neue Wirtschaftspläne für die Abteilungen 18–25

In den Jahren 1982/83 und 1988 erstellte Forstingenieur Hans Wittwer, Thun, den «Wirtschaftsplan über die Waldungen, Abteilung 18–20 der Burgergemeinde Naters, Nr. 132», der am 1. Januar 1990 in Kraft trat. Die Abteilungen 18–20 liegen im Forstrevier Aletsch. Revierförster ist seit 1976 Bernhard Franzen, Bettmeralp. Er hat forstpolizeiliche Aufgaben inne, während der Revierförster von Naters für die Waldbewirtschaftung verantwortlich ist. Das Eidg. Banngebiet «Aletsch–Bietschhorn» umfasst zurzeit auch die Abteilung 18 und den nördlichen Teil der Abteilung 19. Die Gesamtwaldfläche der genannten drei Abteilungen ist im revidierten Plan aufgrund der Verwendung verschiedener Planunterlagen und infolge des Einwuchses von früheren Weideflächen trotzdem um 0,93 ha kleiner als 1927 (1927: 71,80 ha; 1988: 70,87 ha). In den Abteilungen 18–20 betrug die Nutzung von 1926 bis 1988 total 2680 m$^3$ oder durchschnittlich 43 m$^3$ pro Jahr. In den Jahren 1929, 1942–1945, 1948, 1963 und 1973 fanden dort grössere Holzschläge statt. Seither ging die Nutzung wegen der schlechten Ertragslage stark zurück.

1987 bearbeitete Forstingenieur Siegfrid Bellwald zuhanden der Burgerschaft Naters einen neuen Wirtschaftsplan über die Waldungen unter dem Glishorn (Abt. 21, 22 und 23) und am Rohrberg (Abt. 24 und 25). Der Plan trat am 1. Januar 1988 in Kraft. Aufgrund der neuen Vermessung wird darin die Gesamtfläche der erwähnten fünf Abteilungen mit 103,17 ha angegeben (1927: 95,3 ha). Die Abteilung 21 und der untere Teil der Abteilung 22 gehören zum Föhrengürtel. Anschliessend folgen, in Richtung Glishorn, Fichten-Lärchen- und reine Lärchen-Bestände. Durch die anhaltende Luftverschmutzung sind, so stellt Bellwald fest, vor allem die Föhrenbestände stark geschädigt: «Forstleute hegen die Befürchtung, dass diese für das Wallis typische Baumart hier schon bald nicht mehr vorkommen wird.»

*Eine Eibe im Blindtal, 1996.*

Der erwähnte Plan behandelt unter anderen folgende Punkte: Geologie, Flächenanteile der Bestandestypen, zukünftige Bewirtschaftung, Erschliessung und Prioritätenliste der waldbaulichen Behandlung.

## Privatwälder

Es bleibt hier noch beizufügen, dass es nach alt Revierförster Viktor Eggel in Naters 121 Privatwald-Besitzer gibt mit einem Waldanteil von 83 Hektaren (1996). Viele dieser Wälder stossen an die Güter. Zu nennen sind z.B. der *Hohlägerwald* und der *Mederwald* der Geteilschaft Meder, der sich südöstlich vom Gibidum-Stausee befindet. Von Letzterem soll hier etwas ausführlicher die Rede sein.

Die Geteilschaft Meder (gemäss Viktor Eggel nicht «Mäder») ist eine privatrechtliche Korporation, die nach dem Burgergesetz von 1989 in Bezug auf die Wirtschaftsplanpflicht dem öffentlichen Wald gleichgestellt ist. Nach den 1982/83 erstellten Karten beträgt die gesamte Waldfläche 17,64 Hektaren. 1996 zählte die Geteilschaft 25 Berechtigte. Die Geteilen sind hauptsächlich Burger und Einwohner von Naters. Jeder Geteile hat Anrecht auf ein Los Holz. Die Rechte sind vererblich und käuflich. Die Ziegenweide ist ausdrücklich verboten, hingegen können im Frühjahr und im Herbst während je zwei bis drei Wochen im Maximum 75 Schafe geweidet werden. Der Mederwald liegt

im Forstrevier Aletsch. Die Besitzgrenzen sind im Rahmen des von 1982 bis 1985 ausgearbeiteten Projektes «Man and Biosphere» (= MAB, Testgebiet Aletsch) erhoben worden.
Das Vermarchungsprotokoll datiert von 1924. Der erste Wirtschaftsplan wurde 1926 durch Forstinspektor A. Dür ausgearbeitet. Die Revision des ersten Planes erfolgte in den Jahren 1982/83 und 1988 durch Forstingenieur Hans Wittwer, Thun.[678]

# Waldpflege
## In alten Zeiten

Schon sehr früh wurden Verordnungen über die Benutzung der Wälder erlassen, deren Ausführung eigene Hüter zu überwachen hatten. Solche Bestimmungen finden wir aus den Jahren 1543, 1550, 1617, 1766 und 1774.[679] In der Regel konnte jeder Geteile dürres Holz für seinen Hausbedarf aus dem Wald holen; für Bauholz aber war die Einwilligung der Hüter erforderlich. Keiner durfte Holz aus dem Wald führen und verkaufen. Besonders energische Massregeln ergriff man zum Schutz der Bannwälder. So haben sich z.B. am 6. Mai 1550 die Geteilen des Geschnittes Mehlbaum mit Eidschwur verpflichtet, den Mehlbaumwald fortab in ewigem Bann zu erhalten und zu beschützen. Es wurde bestimmt, dass keiner in diesem Wald einen Stock machen oder dürres und umgerissenes Holz aushauen dürfe unter Strafe von einem Dukaten.[680] Andere Bannwälder waren der St. Antoni-, der Loch-, der Lärch- und der Ahornwald. Diese Bannwälder haben den Zweck, die darunter liegenden Güter und Heimwesen vor Lawinen zu schützen. 1908 schrieb der bekannte Historiker Imesch:

*«Und in der Tat sind diese Schutzmassregeln gar nötig, denn der ganze Bergabhang vom Stock weg bis gegen Eggen ist diesen Naturgewalten gar sehr ausgesetzt. Noch weiss das Volk sich zu erzählen, wie vor vielen Jahren eine gewaltige Lawine über den unteren Stafel von Bel hinwegfuhr und ihre Schneemassen bis nach Geimen wälzte [wohl die ‹Gratlowwina› von 1817 gemeint], und wie ein anderes Mal die Leute, die eine Leiche von Blatten nach Naters brachten, in den Betschen den Toten im Stiche lassen und sich vor der Lawine flüchten mussten. Auch Erdrutsche und Steinschläge haben viel Unheil angerichtet. Die gewaltigen Felsblöcke und die massenhaften Schuttablagerungen im Talgrund des Kelchbaches beweisen dies zur Genüge. Und wer auf das ob dem Dorf Naters hangende Fuchsgufer schaut, der weiss sich die Sage zu erklären, dass böse Geister einstmals im Begriffe waren, diese Felsmassen auf das Dorf zu stürzen. Trotz allen Verordnungen und Massregeln sind heutzutage die Wälder von Naters bedenklich gelichtet. Steinschläge, Lawinen, Stürme, Feuersbrünste, Blitzschläge haben hierzu ihr Scherflein beigetragen; die grösste Schuld ist aber wohl dem Menschen selbst zuzuschreiben, der nur auf den augenblicklichen Nutzen sieht und den Bestand des Waldes in unverständiger Weise ausbeutet.»*[681]

*Breitaxt (links) und Schindeleisen.*

## Im 20. Jh.: Aufforstungen, Lawinenverbauungen, Erschliessungsprojekte
### In der ersten Hälfte des 20. Jh.

Im Waldgürtel unterhalb der Belalp, im Lärch-, im Loch- und im St. Antoniwald, wurden in den Jahren 1918 bis 1925 20 500 Fichten, 12 400 Lärchen und 4100 Arven mit Erfolg angepflanzt. In Verbindung mit dieser Aufforstung machte die Gemeinde 1918 eine Lawinenverbauung. Diese Arbeiten kosteten

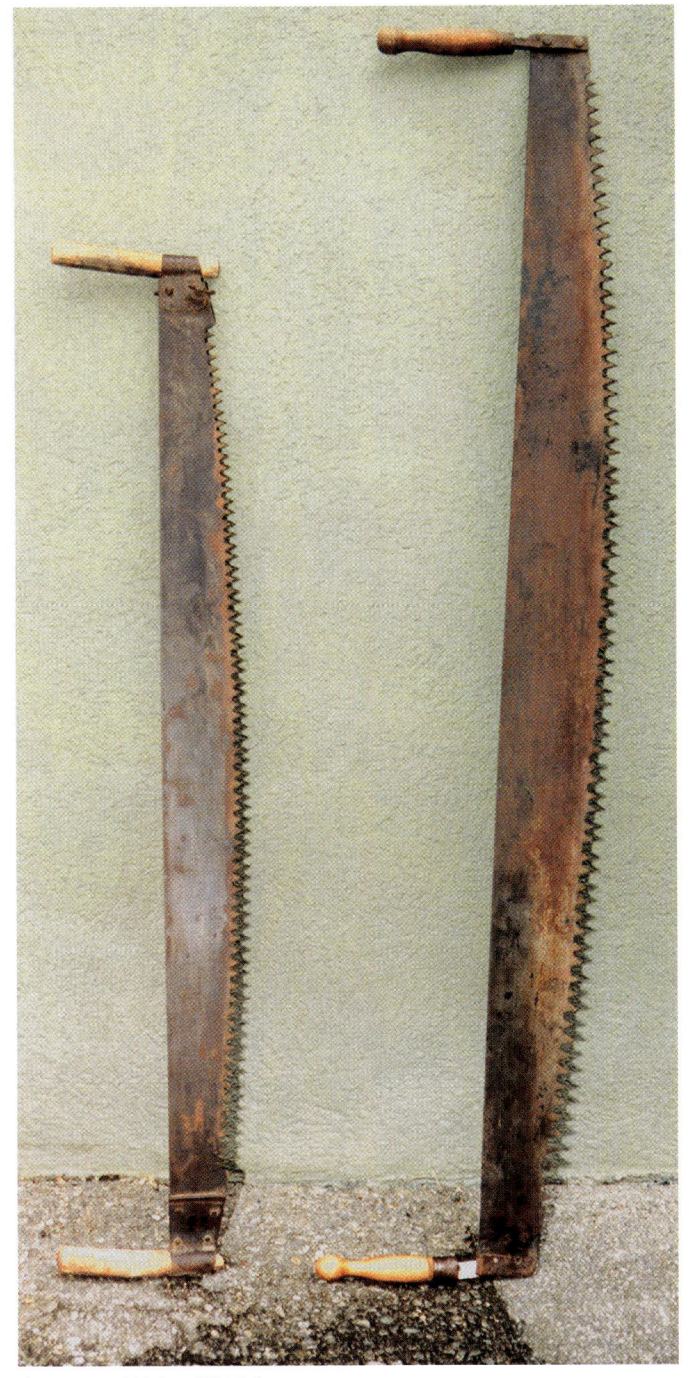

*Grosse und kleine Waldsäge.*

*Lichtung im inneren Teil des Blindtals 1917, zur Zeit der Aufforstung. Heute bewaldet. Im Hintergrund die Burgen.*

26 430.75 Franken.[682] Hingegen misslang laut WP 1927 (S. 44) in der Abteilung 17 (Bitscherhörner) «ein ausgedehnter Aufforstungsversuch infolge Trockenheit vollständig». Des Weiteren konnte das Blindtal (Abt. 15) erfolgreich wiederbewaldet werden. Dort wurden in den Jahren 1905–1924 sage und schreibe 44 000 Fichten, 22 000 Lärchen, 4000 Buchen und 2500 Föhren gepflanzt. Diese Arbeiten kosteten 6000.81 Franken. Davon zahlten Bund und Kanton 65 Prozent, während die Gemeinde den Rest (2100.27 Franken) zu berappen hatte.[683]
In den folgenden Jahrzehnten wurden immer wieder kleinere Arbeiten im Sinn der Waldpflege ausgeführt, die hier nicht näher dargelegt werden.

## Generelles Erschliessungsprojekt

1982 liess die Gemeinde durch Forstingenieur Reinhold Bumann, Naters, ein «Generelles Erschliessungsprojekt für die Wälder der Burgergemeinde Naters» ausarbeiten. Darin wurden das Flurstrassennetz und auf diesem aufbauend das forstliche Erschliessungsnetz geplant. Diese beiden Planungen werden seither aufeinander abgestimmt. Im genannten Projekt werden die drei Hauptfunktionen des Waldes festgehalten: Schutz-, Nutz- und Erholungsfunktion. Die Abteilungen 1–10 sind ausgesprochene Schutzwälder (nach Dür sind auch die Abteilungen 21–25 Bannwälder), die Abteilungen 11–20 üben teilweise Schutzfunktion aus, während die Abteilungen 13, 14 und 15 sehr stark der Erholungsfunktion dienen.

*Alter Nummerierhammer für Langholz.*

Grundsätzlich gibt es nach Reinhold Bumann vier Erschliessungsmöglichkeiten: die Forststrasse, den Maschinenweg, den Seilkran und den Helikopter. In den Jahren 1922 und 1923 wurde der Massaschluchtweg mit einer Eisenbrücke über die Massa gebaut. Gesamtkosten: 27 680.90 Franken, wovon die Gemeinde 17 992.59 Franken (65 Prozent) allein zu zahlen hatte.[684] In den letzten 25 Jahren wuchs das Flur- und Forststrassennetz (Rischinen–Egga; Blatten–Tätschen–Vogelbrunnen; Birgisch–Schitter; Glis–Lehmanswehri usw.), so dass nun eine ganze Anzahl Wälder wenigstens über eine Basiserschliessung für den Holztransport erreichbar ist. Für viele Waldungen müssen noch bessere Zugänge geschaffen werden, damit die Rüst- und Transportkosten nicht zu hoch liegen. Bumann schlug 1982 der Burgergemeinde folgendes Dringlichkeitsprogramm vor:

Erste Dringlichkeit:    Abteilungen 6, 7, 10, 8
Zweite Dringlichkeit:   Abteilungen 19, 20, 4, 3
Dritte Dringlichkeit:   alle übrigen Abteilungen je nach
                        Umständen und Möglichkeiten.

Der Projektverfasser Bumann schätzte 1982 die Höhe der gesamten Erschliessungskosten auf 3,440 Mio. Franken, wobei Bund und Kanton mit Subventionen zu den üblichen Ansätzen mithelfen würden.

## Viele Verbesserungen seit Beginn der 80er-Jahre

1982/83 liess die Gemeinde östlich der Seilbahn-Bergstation, im Raume Loch–Bruchegg, Verbauungsarbeiten ausführen. Für 450 000 Franken wurden 94 Stahlschneebrücken erstellt und zwei kleine Gleitschutzdämme gebaut. Diese Lawinenverbauungen sollen in erster Linie den Lochwald, aber auch die darunter liegenden Weiler im Tätschenhang und das Dorf Blatten schützen.
Bei der Erschliessung des Birgischwaldes 1983/84 durch eine Forststrasse konnte in der zweiten Etappe im «Oberen und Unteren Schitter» auch Natischer Hoheitsgebiet (Bitschjischlucht und Mooserwald) erschlossen werden. Die Gemeinde Naters beteiligte sich an den Strassenbaukosten zu einem Fünftel.
1984 und 1986 durchforstete man den Wald im Blindtal, wobei in beiden Jahren Trainkolonnen der Armee für Holztransporte herangezogen wurden.
Nach der Erweiterung des generellen Verbauungsprojektes auf der Belalp liess die Gemeinde 1986/87 in einer ersten Bauetappe in Lüsgen Lawinenverbauungen erstellen. 1986 erfuhren der St. Antoni- und der Lochwald wesentliche Verbesserungen durch Neuanpflanzungen.
1975 wurden im Mooserwald zirka 20 000 m² bestockte Fläche durch Windwurf zerstört. Im Rahmen der Natischer Kulturtage 91 (anlässlich der 700-Jahr-Feier der Schweiz) pflanzte man unter der Leitung von Georges Nellen und Revierförster Christian Theler im Mooserwald rund 7000 Jungbäume, 5000 Lärchen und 2000 Rottannen. An dieser Aktion, die vom 21. September bis zum 6. Oktober 1991 dauerte, beteiligte sich die Bevölkerung einschliesslich der Primar- und der Orientierungsschule mit viel Liebe und Engagement. Die Gesamtkosten dieser Aktion beliefen sich auf über 83 000 Franken. Doch, oh weh! Anfang Oktober 1993 gelangten zwei Dutzend Ziegen über die Mooserplatten in den Wald und taten sich auf der Suche nach dem letzten Grün an den jungen Lärchenbäumen gütlich. Rund ein Drittel aller angepflanzten Lärchen wiesen danach starke Verbissschäden an Wipfeln und Seitentrieben auf. 1995 musste der Revierförster feststellen, dass von den 7000 angepflanzten Bäumen lediglich 4000 (3500 Lärchen und 500 Rottannen) überlebt hatten.

*Kleine, verstellbare Handsäge aus dem Jahre 1836.*

Vom Borkenkäfer befallene Bäume mussten 1993 im untersten Teil des Kastelwaldes sowie im Mooserwald gefällt und gerüstet werden.

1993/94 wurden die Jungwälder im Gragg und im Tannwald durchforstet. Das heisst: gut geformte Zukunftsbäume wurden durch Aushieb von störenden Nebenbäumen befreit (positive Auslese), damit sie besser gedeihen können.

Im Winter 1993/94 rissen Windstürme im Lärchwald und auf den Burgen zahlreiche Bäume um. An die 175 m³ Nutzholz wurden in der Folge mit Hilfe eines Helikopters aus dem Wald geflogen. Im Zusammenhang mit dem Waldbauprojekt Blatten erfuhr der Lochwald 1994/95 eine Durchforstung.

Auch der Waldkataster (Festlegung der Waldgrenze) ist im Jahre 1996 im Zuge der Revision des Bau- und Zonenreglementes im Grenzbereich und innerhalb der Bauzonen überarbeitet worden.

Seit 1991 lädt die Burgerschaft die Burgerinnen und Burger alljährlich zu einer Waldbegehung ein, die das Ziel verfolgt, bei der Bevölkerung das Interesse für die Pflege und den Zustand unserer Schutz- und Erholungswälder zu wecken.

## Nutzung der Wälder

Bei der Erstellung des Wirtschaftsplanes 1926/27 wurden in den zugänglichen Burgerwaldungen 47 000 Stämme mit über 16 cm Durchmesser gemessen, was 30 000 m³ und pro ha nur 94 m³ ergab. Im Gemeinderatsprotokoll vom 23. Mai 1927 lesen wir: «Im Wallis ist das Mittel 200 m³ pro ha, so dass unsere Wälder am schlechtesten im Wallis erhalten sind.»

Die Verordnungen in Bezug auf die Abgabe von Holz lautete je nach Zustand der einzelnen Wälder verschieden. 1963 beispielsweise lesen wir im Alpkataster Folgendes: «Jeder Burger hat auf ein jährliches Losholz von ca. 3 Ster Anrecht, wofür eine Taxe von 5 bis 7 Fr. zu bezahlen ist. Nichtburger bezahlen die doppelte Taxe. Bauholz wird nur auf begründetes Gesuch hin zugeteilt, wobei je nach Standort des angezeichneten Holzes 8 bis 17 Fr. je Kubikmeter zu entrichten ist.»[685]

1986 war der Preis pro Los (eine Fichte mit 1 bis 1,5 m³ Holz) fünf bis zehn Franken auf dem Stock, je nach Standort und Lage. Zwischen Burgern und Einwohnern bestand pro Los eine kleine Differenz von zwei bis drei Franken.

In früheren Zeiten wurden Holzdiebstähle streng bestraft. 1871 entwendeten beispielsweise der stumme J. J. und sein Vater A. J. «ziemlich Kleinholz». Der Gemeinderat liess J. J. zwei Nächte im kommunalen «Arrestlokal für Leibstrafe» einsperren, während sein Vater A. eine Geldbusse von zwei Franken zugunsten der Armenkasse von Naters und fünf Franken für Unkosten zu entrichten hatte.[686]

## Zustand der Wälder früher und heute

### Waldzustand 1926

1926 wurden alle Wälder, die relativ leicht zugänglich waren und einen annehmbaren Holzvorrat aufwiesen, stammweise auskluppiert (mit der Kluppe [= zangenartiges Messgerät] gemessen). Von den 825,30 ha zählte man 506,60 ha (61 Prozent) aus. Auf diesen 506,60 ha wurde bei 47 308 Stämmen der Durchmesser in Brusthöhe gemessen. Arbeitsaufwand: 17²/₃ Tage à drei Kluppenführer = 53 Tagesleistungen. Der Holzvorrat ergab 36 371 Festmeter oder 69 m³/ha produktiven Waldes. Am schlechtesten waren die Verhältnisse auf den Geimerhörnern mit 31 m³/ha, am besten im St. Antoni- und im Riederwald mit je 306 m³/ha. A. Dür kam 1926 zum Schluss: «Der gegenwärtige Waldzustand hinsichtlich des Holzvorrates ist also ausserordentlich ungünstig. Statt der 200 Festmeter pro ha, die ein Gebirgswald von mittlerer Qualität aufweisen sollte, haben die Burgerwälder von Naters nur 69 m³. Im allgemeinen sind also die Burgerwälder von Naters gegenwärtig in einem sehr schlechten Zustand.»[687]

Forstingenieur Reinhold Bumann schrieb dagegen 1982 im «Generellen Erschliessungsprojekt» über die Burgerwälder, dass zum «heutigen Zeitpunkt» (1982) der Hiebsatz höher anzusetzen sei.

### Waldzustand 1982 und später

Reinhold Bumann beschreibt im erwähnten Erschliessungsprojekt von 1982 den Zustand der Wälder in den Abteilungen 1 bis 20 wie folgt: *«Die Wälder sind vor allem an entlegenen Orten waldbaulich nicht in gutem Zustand und teilweise auch überaltert. Allgemein kann gesagt werden, dass eine pflegliche Nutzung überall notwendig ist. An verschiedenen Orten sollte unbedingt die Verjüngung eingeleitet werden. Dies ist vor allem mittels Naturverjüngung anzustreben, und wo dies nicht genü-*

*Früher wurden die Balken, die für einen Bau benötigt wurden (wie hier im Bild), mit der Spaltsäge von Hand gesägt.*

gen sollte, ist künstlich mit den geeigneten Arten und Provenienzen nachzuhelfen. (...) Die vorhandene Bestockung ist teilweise in allen Entwicklungsstufen zu dicht, andernorts zu licht und an verschiedenen Orten krank, herrührend durch Verletzungen, die vor allem infolge Holzreisten in vergangenen Zeiten entstanden sind. Solche Bestände müssen unbedingt sukzessive verjüngt werden, damit sie nicht plötzlich innert kurzer Zeit zusammmenbrechen und eine allfällige Schutzfunktion nicht mehr ausüben könnten.» Inzwischen konnte die Forstgruppe durch gezielte Pflege und Bewirtschaftung viele wichtige Verbesserungen vornehmen. Hier sei vor allem das «Wiederinstandstellungsprojekt Blatten» erwähnt, dessen Ausführung bis zum Jahr 2002 fortdauert.

## Verwaltung der Wälder

Im 20. Jahrhundert haben folgende Männer das Amt des Revierförsters versehen (bis 1990 im Nebenamt):

**1901–1950: Moritz Jossen** (1878–1957), Sohn des Moritz und der Kreszentia geb. Jossen. Seine Ehegattin hiess Maria geb. Schmid. Er war während voller 50 Jahre der Inbegriff eines Revierförsters schlechthin, der beim Volk und bei den Behörden ein unbegrenztes Vertrauen genoss. Sein Revier umfasste eine Zeit lang neben Naters auch die Gemeinden Birgisch, Mund und Eggerberg.

**1951–1973: Franz Eggel** (1908–1973), Sohn des Benjamin und der Pulcheria geb. Eggel, verheiratet mit Luise geb. Schmid. Franz Eggel kannte sich im Forstwesen gut aus. Nach seinem plötzlichem Tod übernahm Kreisförster Hans Dönni vorübergehend die anfallenden Arbeiten.

**1974–1990: Viktor Eggel** (*1925), Bruder des Vorigen, verheiratet mit Elisa geb. Schmid, Stellwerkbeamter SBB. Gemeinderat 1968–1980, Schulpräsident der Primarschule 1973–1980. Er besitzt ausgezeichnete Kenntnisse über die Natischer Wälder und ihre Grenzen. Im forstwirtschaftlichen Bereich konnten die Wälder während seiner Amtszeit mit dem kleinsten Aufwand gut gehegt und gepflegt werden.
Am 30. Oktober 1989 setzten im Rahmen einer kleinen Feier im Junkerhof Naters die Verantwortlichen der fünf Burgerschaften und Munizipalgemeinden von Naters, Birgisch, Mörel, Filet und Bister ihre Unterschriften unter die Vereinbarung zur Gründung

*Alt Förster Viktor Eggel mit einer Holzkluppe. Rechts: ein «Zappii».*

des «Forstreviers Massa», das dem Forstkreis I angehört. Die Anwesenheit von Staatsrat Bernard Bornet unterstrich die Wichtigkeit der Reviergründung zur gezielten Pflege und Bewirtschaftung der Waldungen. Es war dies ein weiterer Schritt zum Abschluss der Organisation des weitläufigen Forstkreises I, dem von Oberwald bis zum Mundbach und zum Tunetschgraben insgesamt 33 Gemeinden angehören. Die fünf Gemeinden des Forstreviers Massa bringen zusammen eine Waldfläche von 1518,3 Hektaren ein: Naters 825,30 ha (54,6%), Birgisch 140 ha (9,2%), Mörel 336 ha (22%), Filet 140 ha (9,2%) und Bister 77 ha (5%).

Mit Ausnahme von Naters, das entsprechend der Kostenaufteilung und der Waldfläche drei Stimmen beansprucht, sind die anderen vier Gemeinden mit je einer Stimme in der Kommission für das Forstrevier Massa vertreten, welcher der Kreisförster beratend zur Seite steht.

Mit der Gründung des Forstreviers Massa wurden die Voraussetzungen für eine vollamtliche Anstellung eines ausgebildeten Revierförsters geschaffen. Erster vollamtlicher Revierförster in der neuen Organisation ist für Naters seit dem 1. Februar 1990 der eidgenössisch diplomierte Förster **Christian Theler** (*1967), Sohn des Lukas, von Ausserberg/Glis, wohnhaft in Naters, der mit viel Liebe und Engagement seine Aufgabe wahrnimmt. Er ist dem Kreisförster des Forstkreises I, Norbert Carlen von Reckingen, seit 1993 im Amt, unterstellt. Die unmittelbaren Vorgänger von Carlen waren Hans Dönni und Klaus Walther (1981–1992).

# Der Wald in alten Urkunden
## «Bischofskappe» und Rohrbergwald

Bis 1562 besassen Brig, Glis und die Gumperschaft Naters den gesamten Glis- und Rohrbergwald gemeinsam. 1554 wollten zwar Glis und Brig Naters von diesem Besitz ausschliessen, sie wurden aber vom Gericht mit ihrem Begehren am 14. Juni desselben Jahres abgewiesen.[688] Um allen weiteren Streitigkeiten vorzubeugen, vereinbarten die Parteien am 8. September 1562 eine Teilung dieser Wälder. Naters erhielt den Wald auf dem Rohrberg und am Glishorn den Wald zwischen dem Hasel- und dem Holzgraben.[689] Letzterer wird wegen seiner mitraähnlichen Form auch «Bischofskappe» genannt. Diese Bezeichnung finden wir erstmals im Gemeinderatsprotokoll vom 28. Oktober 1909. Heute steht sie auch auf der Landeskarte 1:25 000.
1909 stellte die Gemeinde Naters im Gliswald ein Weidgangverbot auf. Im Sommer 1911 brach im gleichen Wald Feuer aus, das ein Stück Wald («Verbrannter Wald», Abt. 22) und das bereits zubereitete Losholz total vernichtete.[690] «Im Frühjahr 1918 kam eine grosse Lawine durch den Gliswald herunter und zerstörte viele Bäume und im Holzji Stallungen.»[691]
Auch vom Rohrbergwald gibt es noch einige Details zu berichten. 1918 kaufte die Burgerschaft Naters am Rohrberg von einer gewissen Familie Stoffel aus Visperterminen für 2300 Franken ein Stück Voralpe und Wald von zirka sieben Hektaren. Die ehemalige Weidefläche wird schon lange nicht mehr als solche genutzt und hat sich inzwischen zusehends bewaldet.[692] Ende November 1925 verursachten zwei Natischer, Vater A. E. und Sohn F. E., bei Holzarbeiten im Tannbiel einen Waldbrand, dessen Ausmass an Schäden nicht bekannt ist; beide wurden zur Rechenschaft gezogen.[693] Mit Datum vom 9. Juli 1980 verpachtete die Burgerschaft Naters die kleine Waldhütte in der «Steinmatta» oberhalb des Rohrbergs, auch «Abrahamsalpji» genannt, an die Gebrüder Leander und Bernhard Wyer sowie Franz Heinzmann aus Eyholz für 20 Jahre. Die Miete für diese Zeit ist durch die von den Pächtern an der Hütte geleisteten Instandstellungsarbeiten abgegolten.[694]

*Hütte der Natischer Burgerschaft im «Abrahamsalpji».*

# Die Mederprozesse
## Festlegung der Besitzverhältnisse 1684

In den Archiven von Naters, Ried-Mörel und Bitsch werden Prozessakten vom 17. bis ins 19. Jahrhundert aufbewahrt.[695] Streitpunkt war unter anderem die Abgrenzung der «Meder». 1677 liess Ried-Mörel den Natischern verbieten, in den Medern Holz zu fällen.[696] Damit war der fast 200 Jahre lang andauernde Zwist eröffnet. Hohe Herren, wie «Ihre Schaubare Grossmächtigkeit» der Landeshauptmann, Meier und Landräte stiegen in die tiefen Schluchten hinein, um an Ort und Stelle einen Augenschein vorzunehmen. Im Gerichtsurteil vom 31. Mai 1684 wurden die Besitzverhältnisse zwischen den Burgerschaften Naters und Rischinen einerseits und Mörel, Ried-Mörel und Bitsch andererseits wie folgt festgelegt:

*«Das Dekret des Landeshauptmanns Stockalper vom 8. August 1677 wird bekräftigt. Die Burgerschaft Naters und die Gemeinde Rischinen sollen trotz des Entscheides von 1683 im Besitze der Weidgänge und Allmeinen jenseits der Massa gegen Mörel bleiben, nämlich der Meder, der Sitzplatte, des Holzwangs, des Hegdorner Waldes, der Spissa, des Aletschwaldes, des Kohlplatzes, des Scheuers, der Rufina, welches alles morgenhalb grenzt an den Hohstock und an das Land der Mörjer zuoberst an den Medern einen Steinwurf über sich unter der alten Oberriederi, mittags an den Tapfernacken, abends an das Mutzloch, mitternachts an die Massa aus dem Aletschgletscher, mit Weg, Wald, Eigen- und Gemeindegütern, Viehweiden und Allmeinen. Das von Ried und Bitsch erhaltene Dekret von 1683 wird als ungültig verworfen, die Massa als Zendenmarch anerkannt. Die Prozesskosten haben beide Parteien zu tragen oder der Viertel Ried allein, wenn er sich weigert, dieses Urteil anzunehmen, mit drei Dubeln Strafe für die Vermessenheit.»[697]*

## 1754: Beginn eines über 200 Jahre andauernden Zwistes

70 Jahre scheint in dieser Angelegenheit Ruhe geherrscht zu haben. Um die Mitte des 18. Jahrhunderts entbrannte erneut ein Streit um die Abgrenzung von Gütern in den Medern. Am 11. und 12. September 1754 wurde ein Gerichtsprotokoll «bei dem Augenschein über das Zeugenverhör der Naterser bezüglich Besitz der Marchen in den Mädern» aufgenommen, und zwar bei der «Bidembrücke» (Gibidumbrücke).[698] Die Gerichtsverhandlungen dauerten bis zum 21. April 1755. Davon zeugen die Akten im Zendenarchiv Mörel, Gemeinde Ried-Mörel (C 30–35). Am 12. April 1755 erfolgte das gerichtliche Urteil im Handel der Gemeinden Ried-Mörel und Bitsch gegen Naters bezüglich der Medern. Diese gehören Naters; es werden die Grenzen beschrieben. Naters soll den Riedern das zum Unterhalt ihrer Wasserleite nötige Holz geben. Das Gericht stützt sich auf das oben erwähnte Urteil vom 31. Mai 1684 und auf eine Ortsbesichtigung von 1677. Wegen der Grenzbezeichnungen wollen wir das Urteil von 1755 teilweise wiedergeben:

*«(...) das der Natischeren als actoren ansprach in den Möderen [Medern] anfangen solle vom Hostok oder Wandstok ab ortu [im Osten], und gehen bis an die March, so ist a meridie [im Süden] und welche herr Theodorus Kalbermatter laut dem in obiger souverainischen sentenz, citierten actus oder visitaz von anno 1677, den 9. septembris ein steinwurff ob den möderen gefunden hat, gemäss denen in selbigem actu inserierten wörteren: und zu obrost an den Mödren ein steinwurff über sich unter der alten Oberriederin unter einem lerch und grossen*

*stein ascendendo a sinistris [links hinauf] eins kleinen brünleins die march funden heiter und gut (...) und von derselben durch gemelten h[err]n Kalbermatter gefunden march, so ist a meridie [im Süden] an den Börteren, solle es gehen, das ist Natischeren ansprach, weiter fort denen Börteren a meridie [im Süden] ab nach versus occasum [nach Norden] bis an einen grossen turren oder berg, durch welchen es gehen soll die geräde hinaus bis an den fus des natischerseits supponierten Tapffernakens, von dannen durch die sogenante Spissen und Hegdornerwald dem berg oder dem felsen nach hinunter bis in die Massen zu dem ab actoribus [von den Klägern] sogenanten Muzenloch ab occasu [im Westen].»*[699]

Die Gemeinden Ried-Mörel und Bitsch wurden zu den Gerichtskosten verurteilt. Das Endergebnis der Abrechnung vom 3. Mai 1759 belief sich auf 686 Kronen. Ried-Mörel musste zwei Drittel, Bitsch einen Drittel der Kosten bezahlen.[700]

Obwohl am 12. April 1755 das Gerichtsurteil gesprochen worden war, erfolgte schon am 21. April desselben Jahres ein Protestschreiben der Natischer, die eine nähere Festlegung der Grenzen im Gelände verlangten, und zwar in Form von in den Felsen gehauenen Marchen. Aus dem Dokument geht hervor, dass im Anschluss an das Gerichtsurteil die Marchen «auf dem Ort selbst angezeigt und determiniert werden» sollen.[701]

Eine andere Steinmarch auf der «Sitzplatte» (auf Merderngebiet) enthält folgende Beschriftung: «SM [= Senntum Meder], BN [= Burgerschaft Naters] 1756». Nach mündlicher Aussage von Viktor Eggel soll es früher in den Medern ein Senntum gegeben haben. Beim «Triftstall» seien noch Spuren einer Hütte vorhanden, in der gekäst wurde.

*Eingemeisselte March am Weg von der Riederfurka nach Blatten. Deutung durch Viktor Eggel: RB = Ried/Bitsch, 1756, N = Naters, 57 ist die Marchnummer.*

Um die Mitte des 19. Jahrhunderts schien einmal mehr Unklarheit über die Besitzverhältnisse in den Medern geherrscht zu haben. Dies bestätigen Gerichtsprotokolle aus der Zeit von 1855 und 1856.[702] Im Schreiben vom 22. März 1856 des Burgerpräsidenten Michael Ruppen, Naters, an den Richter Aufdereggen wegen des hängigen Prozesses ist ebenfalls von einem Gerichtsurteil aus dem Jahre 1775 die Rede, dessen Akten aber in den Archiven fehlen. In den Jahren 1855 und 1856 berief sich Naters auf das Urteil vom 21. April 1755 und legte einen Plan vor. Die Abgrenzung gegen den «Hoch Stock» («Stockflüe») schien nicht ganz eindeutig zu sein, genau wie um 1755.[703] Es blieb alles beim Alten. Heute sind die Grenzen unstreitig.

### Ein alter Plan und die Mederprozesse

Im Kantonsarchiv in Sitten existiert ein alter Plan. Auf einem 67×124 cm grossen, auf Leinwand aufgezogenen Papier ist ein Teil des Aletschgebietes dargestellt. Einen gleichen Plan bewahrte die Gemeinde Naters im sogenannten Sechserkasten auf. Dieser Plan, der sich heute in der Ratsstube des Junkerhofs befindet, weist dieselben Dimensionen auf wie derjenige in Sitten, besteht aber aus Pergament und ist nicht koloriert. Die Jahreszahlen sind nur mit Bleistift eingezeichnet. Diejenige beim «Tapffer Nacken» fehlt, hingegen ist eine andere beim «Mutzloch» eingetragen.

Holzhauser bestimmte das Alter der beiden Pläne mit Hilfe der oben erwähnten Meder-Prozessakten. Er kommt zum Schluss, dass der Pergamentplan von Naters das Original ist und im Anschluss an das Gerichtsverfahren von 1754/55 gezeichnet wurde. Der Plan von Sitten ist eine Kopie, datiert höchstwahrscheinlich aus dem 19. Jahrhundert, und ging aus dem Mederprozess von 1855/56 hervor.[704]

### Kurznotizen zu einzelnen Wäldern

A. Dür berichtet 1927: «Der Bestand auf dem Rücken [der Geimerhörner, Abt. 17] soll vor langer Zeit durch Waldbrand zerstört worden sein.»[705]

1910 schrieb Bammatter in seiner Chronik, dass «durch Stürme viele Bäume im St. Antoni-, Loch-, Lärch- und Mehlbaumwald und besonders in den Medern niedergestreckt wurden. Die Leute bekamen Bauholz genug»[706].

Im August/September 1919 zerstörte ein Brand in der oberen Hälfte des Mehlbaumwaldes (Abt. 4) den Baumbestand vollständig. Gleichzeitig erlitt auch der südliche Teil vom «Krachen rechts» (Abt. 5) grosse Brandschäden. Zusammen mit dem Brand im Gliswald im Jahre 1911 sind 12 000 Festmeter Holz zerstört worden.[707]

1920 bis 1925 gab es Unstimmigkeiten zwischen Naters und Birgisch bezüglich der Marchen im Schitterwald. Um einen langwierigen Prozess zu vermeiden und die gegenseitigen guten Beziehungen nicht zu belasten, einigten sich beide Parteien Ende 1925 dahingehend, «die Differenz zu halbieren»[708].

### Der kleine Tunnel zum Holztransport

Vom Weiler Grossstein aus in Richtung Massa, am Ort genannt Untere Bizen, ist rechtsufrig der Massaschlucht an der Felswand ein kleiner Tunnel zu sehen. Ebenso sind dort Felsausschnitte ersichtlich, die von Menschenhand gemacht sein sollen. Von der Massaschlucht aus sind die Spuren noch besser zu erkennen. Gemäss Aussagen von Clemens Ruppen (*1931), Naters, soll man in früheren Zeiten, als der Aletschgletscher stark vorstiess, im Frühjahr von der Massaschlucht her durch diesen Tunnel Holz auf die erste Wiese, genannt «Cholerna», befördert haben. Auf diesem «Cholernaplatz» hätten unsere Vorfahren nach einem bestimmten Arbeitsvorgang Holzkohlen hergestellt und diese dann als Brennmaterial verkauft. «Cholerne» (Kohlbrennstellen) gebe es, so Clemens Ruppen, im Natischer Berg einige, z.B. auch im Lochwald.

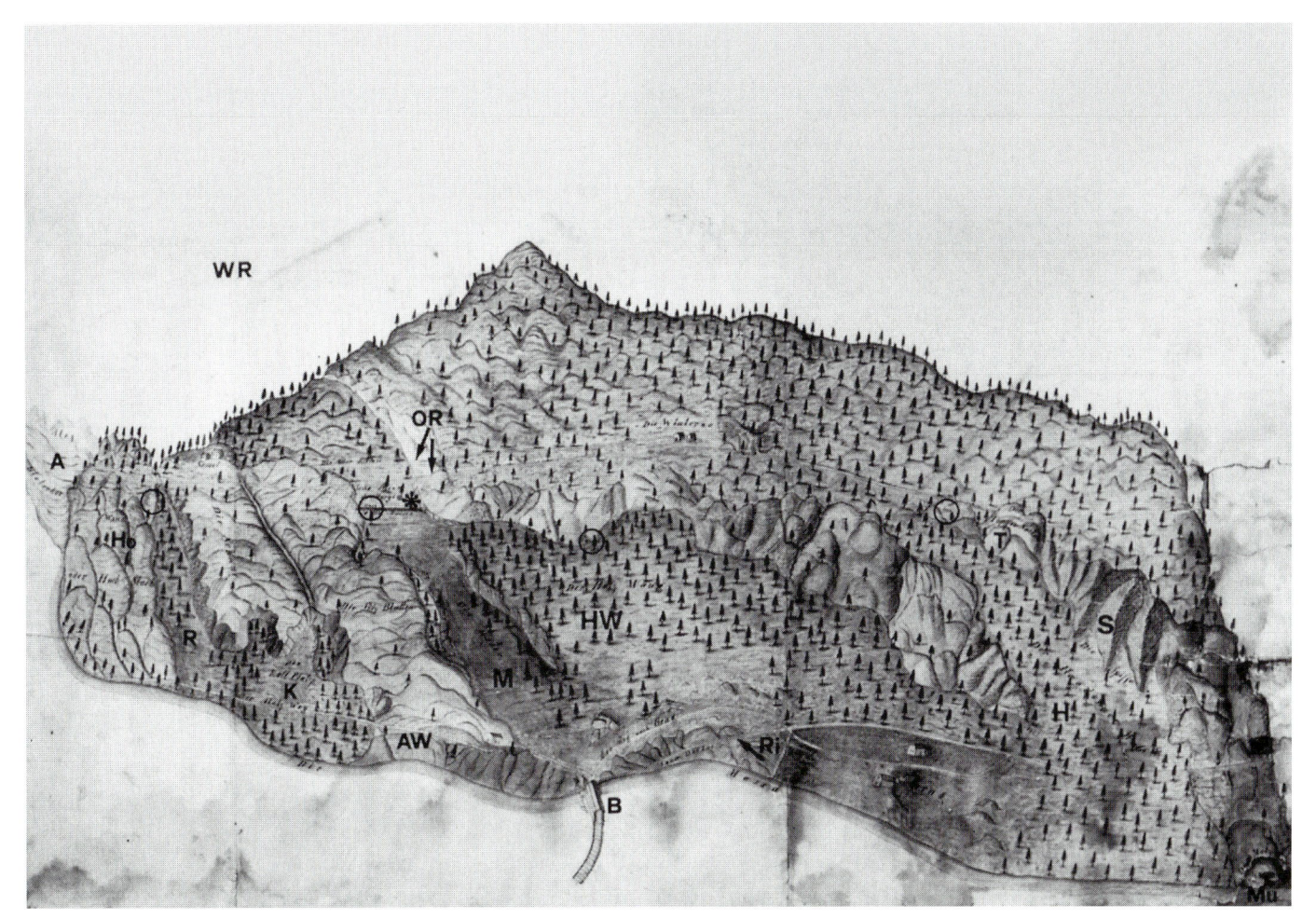

*Der alte Plan aus dem Kantonsarchiv von Sitten. Die Kreislein umrahmen die Jahreszahlen 1756, 17+56, 1755 und 1756 (von links nach rechts). **A** Zunge des Grossen Aletschgletschers **Ho** Wand oder Hoch Stock (Stockflüe) **R** Rufigraben (Rufina) **K** Koll Platz (Kohlplatz) **AW** Alter Aletschweg **M** Meder (Mäder) **HW** Holz Wang (Chäliwald) **H** Haegdorner Wald **T** Tapffer Nacken **S** Die Spissa **Mu** Das Mutzloch **B** Die Brugge (Gibidumbrücke) * Terra jlloru de Morgia [= Land jener von Mörel], 17+56, ein Mauren. **OR** Die Ober Riederi (Oberriederi) **Ri** Riederi **WR** Mit Bleistift eingezeichnete Windrose (Aufnahme: J.-M. Biner, Staatsarchiv des Kantons Wallis, Sitten).*

Das von der Massaschlucht her transportierte Holz wurde auch als Bauholz verwendet. So soll gemäss Überlieferung das im 17. Jahrhundert entstandene Haus von Friedrich Wyssen im Weiler Grossstein mit Holz aus dem «Iischlammu»-Gebiet (links und rechts des Gibidumsees aufwärts) erbaut worden sein.

*Untere Bizen: kleiner Tunnel an der westlichen Massaschluchtwand (Pfeil).*

# Zwei grosse Waldbrände
## Brand im Aletschwald: 1859

1860 berichtet der Natischer Priester und Schriftsteller Moritz Tscheinen von einem «Waldbrand in Aletsch, im Gebiete Naters und Zenden Brig 1859»[709]. Gemäss den von Tscheinen genannten Örtlichkeiten betraf dies unter anderem den Riederwald und den Grünwald/Weisstal (Abt. 19 und 20), Wälder der Burgergemeinde Naters. Tscheinen schreibt: «Der Ort, wo dieser riesenhafte Waldbrand seinen Anfang nahm, wird ‹am Steinschlag› genannt, nahe bei der Massa. Er verbreitete sich von dort aus gegen Morgen bis auf den Grath des Riederhorns, gegen Mittag an das Thalhorn, gegen Abend den Schleifwald und Mitternacht das Grag oder Winterne.» Diesen Brand verursachten einige Holzarbeiter, die Stroh verbrannten, das ihnen für die nächtliche Lagerstätte diente. Da sie am 23. August 1859 die glimmende Asche nicht löschten, brach am 26. August Feuer aus, ergriff den Wald und verbreitete sich «mit unglaublicher Geschwindigkeit von der Massa bis an das Riederhorn, eine Strecke von ungefähr zwei Stunden hinauf».

Bis zu 500 Personen aus Naters, Brig, Glis, Termen und Mörel waren an den Löscharbeiten beteiligt. «Weit über Brig hinaus war der ganze Himmel mit vom Waldbrand riechenden Rauchwolken verfinstert. Die Hitze war so gross, dass nicht nur die Holzstöcke, sondern selbst die trockene Erde und Wurzeln in

*Brand im Aletschwald 1944.*

derselben bis auf den nackten Felsen verbrannt wurden.» Die Löschmannschaft hätte dem Brand keine Schranken setzen können, wenn nicht am 28. August abends ein stark anhaltender Regen die Feuersbrunst endgültig gelöscht hätte. Der Schaden wurde mit ungefähr 60 000 Franken bezeichnet. Das Feuer verzehrte «ca. 3500 Klafter Holz und 10 000 Stöcke».

## Der Brand in den Riederhorn- und Aletschwäldern: 1944

Da beim Brand von 1944 in den Aletschwäldern zu einem kleinen Teil auch Naters betroffen war, gehen wir hier kurz auf diese Katastrophe ein.

Drei Basler Studenten kamen von einer Skitour vom Jungfraujoch Richtung Riederfurka. Auf der Stockfluh im Aletschwald kochten sie sich eine Mahlzeit und unterliessen es, die Glut zu löschen. Diese Nachlässigkeit löste den verheerenden Waldbrand aus.

Wachtmeister Leander Biffiger, der während des Zweiten Weltkrieges gerade einen Hochgebirgskurs im «Aletschji» absolvierte, schlug am 24. Mai 1944 per Funk als Erster Alarm, indem er das Feuerwehrkommando von Naters auf eine Rauchentwicklung im Aletschwald aufmerksam machte.

Insgesamt standen zwischen dem 25. Mai und dem 10. Juni 1944 165 Feuerwehrmänner der Gemeinden Ried-Mörel, Bitsch, Goppisberg, Greich, Mörel, Naters, Visp, Ried-Brig, Termen, Stalden und Bern im Einsatz. Dazu kamen rund 650 Soldaten der Gebirgsbrigade 11 und der Geb Sappeur Kompanie 11. Es mussten fast 5500 Meter Schlauchmaterial ausgelegt werden. Das Wasser wurde mit Hilfe von zehn Motorpumpen herbeigeschafft. Die Motorpumpe der Feuerwehr Naters, die Feuerwehrkommandant Pius Werner anführte, stand während 87 Stunden störungsfrei im Einsatz.

Die Brandfläche betrug etwa 65 Hektaren, wovon circa drei Viertel der Burgergemeinde Ried-Mörel, etwa zwei Prozent der Burgerschaft Naters (nämlich der Schnurwald, der sich in der Abteilung 18 des Rufiwaldes befindet) und der übrige Teil Privatpersonen gehören. Das kantonale Feuerwehrinspektorat errechnete für die Brandbekämpfung Kosten von 37 000 Franken. Die Feuerwehr Naters stellte für Sold und Verpflegung eine Kostenrechnung von über 7000 Franken. Das Inspektorat übernahm diesen Betrag sowie die Kosten für die Revision der Motorpumpe.[710]

# Wasserleitungen

*«Bevor der liebe Gott auf seiner Weltreise die Schweiz verliess, fragte er zum Abschied die Eidgenossen, ob sie noch besondere Bitten an ihn hätten. Natürlich hatten sie das! Die Gletscher seien in den letzten Jahren so stark zurückgegangen, dass jetzt zu wenig Wasser mehr fliesse, um die Fluren grün zu erhalten. Wiesen und Äcker seien dürr. Ob er da kein Heilmittel kenne. Der Herrgott wusste sogleich Bescheid und meinte: ‹Das ist doch einfach, da muss gewässert werden! Jetzt, wollt ihr es tun, dann ist's recht, wenn nicht, werde ich es selbst besorgen müssen!› Diese Rede gefiel allen wohl, und sie dankten: ‹Herr, du hast uns bis jetzt gut behütet und dir verdanken wir alles, was wir haben; mache es nur weiter!› Die Walliser aber blieben allein stumm und sannen und grübelten. In ihrem Argwohn trauten sie dem Vorschlag des Herrn nicht ohne weiteres. Wahrscheinlich kannte Petrus die Walliser schon, denn er lief schnell hintendurch zu ihnen, gab ihnen einen Schupf und flüsterte: ‹Lasst doch den Herrn nur machen, er meint es gut mit euch und wird es schon verstehen; er ist ja sozusagen selbst ein Walliser.› Jetzt stutzten diese aber erst recht: ‹Was, ein Walliser ist er? Aber wie will er dann das Wässern besser verstehen als wir? Nein, nein, wenn dem so ist, wässern wir selbst!› Und so wässert heute in der übrigen Schweiz der liebe Gott, im Wallis aber wässern die Walliser selbst und ihre Matten verdorren.»*[711]

## Allgemeines

Bei dem trockenen Klima und der intensiven Sonnenbestrahlung auf dem Natischer Berg ist für das Gedeihen der Kulturen eine intensive Bewässerung nötig. Zu diesem Zweck haben die Natischer ein weit verzweigtes Netz von Wasserleitungen angelegt.

Wann und durch wen die Technik der Bewässerung im Wallis eingeführt wurde, entzieht sich weitgehend unserer Kenntnis. Rauchenstein, Stebler u.a.m. sind der Meinung, dass die ältesten Bewässerungskanäle römischen Ursprungs sind. Frühe verbriefte Wasserrechte sind schon aus dem 12. Jahrhundert bekannt. Erste Hinweise über das Vorhandensein von Wasserleitungen datieren aus dem 13. Jahrhundert.[712]

Auch in Naters gehen die Bewässerungsanlagen in die ältesten Zeiten zurück. So ist bereits 1255 von einer Wasserleitung die Rede. Am 19. April dieses Jahres verkaufte nämlich Mathilde von Aosta dem Ordensbruder Girard zugunsten des Simplonspitals alle Güter auf der Massegge, Güter, die mit dem Weinberg des genannten Spitals verbunden waren und sich bis zur «Wasserleitung» erstreckten.[713]

In den ersten Urkunden, die über Kauf und Verkauf von Wiesen und Weiden berichten, wird des Wassers gedacht, das auf die betreffenden Stücke gehört. Im Laufe der Zeiten sind wohl manche dieser Wasserfuhren verlegt worden, aber die meisten der heute noch bestehenden Wasserleitungen in Naters sind schon Jahrhunderte alt. Auch die Art, wie das Wässerwasser verteilt und die Leitungen erhalten werden, ist wohl grösstenteils noch heute dieselbe wie vor hunderten von Jahren.

Im Jahre 1997 waren für das Natischer Gebiet 33 Wasserleitungen in Betrieb (vgl. nachfolgende Tabelle). Dabei ist gleich zu betonen, dass einzelne kleinere Suonen sich in der Übergangsphase vom Gebrauch zur Nichtbenutzung befinden, aber auf jeden Fall noch nicht endgültig stillgelegt sind.

Bei den Angaben über die Wasserleitungen stützt sich der Autor im Allgemeinen auf die Mitteilungen der einzelnen Genossenschaftspräsidenten. Die Länge der Fuhren wurde oft unterschiedlich angegeben, weshalb sie mit Vorbehalt zu betrachten sind. Die Totallänge (von der Schöpfung bis zur Mündung) der 33 Wasserleitungen (nur Hauptleitungen, einschliesslich der Birgischer Fuhren, die auch von Naters benutzt werden) beläuft sich auf 102,394 km. Bei der nun folgenden Aufzählung der Suonen fahren wir von der jeweils höheren Wasserfassung vom Berg ins Tal, nennen die Leitungen von Birgisch, die auch Natischer in Anspruch nehmen, und enden mit den Fuhren in den Driesten.

## Zu einzelnen Wasserleitungen

### Riederi

Östlich vom Aletschgletscher zweigten in früheren Zeiten die Wasserfuhren «Oberriederi» und «Riederfurka» ab und die Bitscheri bezieht für Bitsch seit jeher ihr Wasser aus der Massa.[715] Uns interessiert in diesem Zusammenhang die Wasserleitung Riederi, weil sie durch Natischer Gebiet führt. Beansprucht wurde sie früher von den Leuten aus Ried-Mörel.

Die Riederi wird 1385 erstmals genannt.[716] Damals befand sich die Wasserfassung «beim Steg» in Rischinen. Diese Wasserfuhr wird in den Dokumenten häufig erwähnt. In früheren Jahrhunderten musste das Wasser mit einem «Luftkännel» über die Massa geleitet werden, der bei Hochwasser oftmals weggerissen wurde. Da die Riederi bei Rischinen (wohl vom Bruchji) nicht mehr genügend Wasser schöpfen konnte, bauten die Rieder gemäss einer Übereinkunft vom 9. Februar 1824 zwischen Naters und Ried-Mörel eine neue Wasserleitung.[717] Diese wurde in Unterbächen gefasst und führte durch die Lüsgenalp bis unterhalb des Aletschbords, von da über das «Holzji», den «Lediwald» und das «Rischiner Geschnitt» zum Gibidum. Ried-Mörel bezahlte 220 Pfund und verpflichtete sich zu verschiedenen Leistungen. Die Ansprüche von Privaten waren nicht einbegriffen. Bei Holzhauser heisst diese neue Fuhr «die Belalp»[718], während die Natischer sie als Nachfolgewasserleitung der Riederi ansehen und sie darum stets mit diesem alten Namen bezeichnen.

In einem «Gerichtsbot» vom 20. November 1891 an die Gemeinde Naters hielt die Gemeinde Ried-Mörel «zur Verhinderung der Verjährung» fest, dass alle «verbrieften Rechte», die im vorgenannten Akt von 1824 enthalten sind, auch weiterhin ihre Gültigkeit haben sollen.[719] Das bedeutet, dass die Rieder ihr Wasser um diese Zeit noch nicht aus der Massa zapften. Die Riederi wurde in späterer Zeit nicht mehr über einen Luftkännel, sondern unterhalb der heutigen Gibidumbrücke in einem Rohr über die Massa geleitet. Beidseits der Massa sind noch die Mauern zu sehen, auf denen das Wasserrohr aufgelegt war. Später,

# Wasserleitungen von Naters

| Name der Leitung | Wasserfassung | Wasserlauf | Mündung | Länge in Meter | Kehrtage | Anzahl Geteilen 1996 | Gesamtstunden | Stunden pro Tag | Statutengenehmigung |
|---|---|---|---|---|---|---|---|---|---|
| 1. Bordjeri | | Lüsgen–ob Tyndallhaus–Hotel Belalp | Riederi | 3000 | | | | | |
| 2. Riederi | Nrn. 1–4: Unterbächen (Belalp) | Lüsgen–bei der alten Sennerei vorbei –Aletschbord–Holzji | Gibidumstausee | 6200 | | | | | |
| 3. Eggerwasserleite | | Lüsgen–Egga–Rischinen–bei der Teili. Trennung von Nrn. 1 und 2, in der «Schlüocht» wieder zusammen | Bruchji | 6000 | 14 Sa./So.: Alpmatten | 12 | 200 | 20 | 1935 Eggen für Winterwasser |
| 4. Rischinerwasserleite | | | Bruchji | 6000 | 14 Sa./So.: Alpmatten | 8 | 100 | 16 | 1962 Eggen und Rischinen |
| 5. Erichwasser | Nrn. 5–7: Kelchbach (im Tälli; bis Bel [1 km] «Bälleri» genannt) | Nrn. 5, 6 und 7: in Bel Teilung: ⅓ Erichwasser (Tätschen–Erich); ⅔ Müöllera und Haselwasser bis Tschuggen, dann Teilung zu je ⅓ | Nrn. 5, 6 und 7: Kelchbach (oberhalb der Sollbrücke) | zusammen ca. 10 000 | je 14 | 89 | alle drei: 508 | je 17 | zusammen 1948 |
| 6. Müöllera | | | | | | 48 | | 2. Samstag: Alpmatten Sonntag: Alpe Bel | |
| 7. Haselwasser | | | | | | 41 | | | |
| 8. Lochwasser | Bruchji | Loch | | ca. 1200 | | | | | |
| 9. Riebenwasserleite | Kelchbach (oberhalb der Haltenbrücke) | Rieben–Flüo | Kelchbach | 1350 | 14 | | | 20 | |
| 10. Ahorneri | Kelchbach (Eija) | Ahorn–«Chrüttete»–oberhalb Mehlbaum | Bruchji | ca. 3000 | 6 | 21 | 81 | 16 | 1947 |
| 11. Beetschenwasserleite | Kelchbach (im Soll unter dem Steg) | entlang dem Blindberg–Geimmatten | Bruchji (beim Sandboden) | 1400 | 8 | 23 | 80 | 15 | |
| 12. Wysswasser[714] | Kelchbach (Mehlbaumbrücke) | Biffigen–Gebrächtji–Schlangumättilti–Mooser Allmei | Mooser Allmei | 1400 | 14 | 22 | 150 | 13 | 1984 |
| 13. Geimmattenwasserleite | Kelchbach: linksufrig (Schräja) | Mehlbaum–Geimen | Kelchbach | 1190 | 8 | 12 | | 16 | |
| 14. Obere Bitscheri | Kelchbach (ob Mehlbaum: «Schräja») | Geimen–Bitschbodi | Untere Bitscheri | 2800 | 8 | 29 | 119 | 20 | |
| 15. Untere Bitscheri | Kelchbach (Biffigen) | Geimen–Bitschji–Ägerten–Trämel–Äbi | Massa | 2650 | 14 | 77 | 292 | 20 | 1930 |
| 16. Geimerwasserleite | Kelchbach: rechtsufrig (Biffigen) | Biffigen–Geimen | Kelchbach | 750 | 8 | | 150 | 16 | |
| 17. Stockeri | Kelchbach (Biffigen) | Geimmatten–Mooser Allmei–Moos–Stock | Z'Brigg Rhone | 3700 | 14 | 69 | 280 | 20 | 1937 |
| 18. Hegdorneri | Kelchbach (Wieri, mit Branderi und Lari) | Teili–Stöpfermatte (⅓); Teili–Grossstein–Im Stutz | Rüss Branderi | 2954 | 14 | 80 | 338 | 20 | 1936 |
| 19. Branderi | Kelchbach (Abzweigung der Hegdorneri) | Feld–Weingarten–Bammatten | Rhone | 3000 | 14 | 228 | 731 | 20 | 1934 1984 |
| 20. Lariwasserleite | Kelchbach (von Branderi, Grosser Kehr) | Äbi | Massa | 950 | 14 | 19 | 98 | 24 | |
| 21. Obere Flüöjeri | Kelchbach (Wieri) | Mooserbiela–Flüo | Klosibach | 1200 | 8 | 43 | 123 | 12 | 1936 |
| 22. Untere Flüöjeri | Kelchbach (oberhalb Wasserfassung KW Kelchbach) | Hellmatte–Schrattji–«Üf der Flüo»–Obergut | Kelchbach | 1000 | 8 | 26 | 112 | 16 | |
| 23. Dorferi | Kelchbach (Wieriloch) | Ob Dorf–Z'Brigg | Rhone | 1800 | 14 | 43 | 203 | 16 | 1943 1982 |
| 24. Schlosswasser | Kelchbach (oberhalb des Bischofsschlosses) | Zentrale EW–Lombardei–Breiten–Natterloch | Kelchbach (unterhalb Schloss auf der Flüe) | 1400 | 8 | 4 (1929: 35) | 80 | 10 | 1926 |
| 25. Briggerli | Klosibach (von der Dorfwuhr) | Turmmatte–Judengasse–westlich Café Kontinental | | 900 | 8 | | | 16 | |
| 26. Dorfwuhr | Klosibach | Dorfplatz–Werlenhaus–Marktplatz–Zentrumsanlage | Kelchbach | ca. 300 (?) | | | ca. 80 (früher) | | 1958 |
| 27. Kehrwasser | Massakin | Äbi–Massegge | Rüss der Hegdorneri | 800 | Naters: 7 Bitsch: 7 | ca. 15 | | 24 | 1984 |
| 28. Weingärtneri | Elektromassa (vor 1972: Rhone) | Massabrücke bis Saasermauer (für Gärten) | Branderi | 1000 | 8 | 5 (früher: 30) | | 16 | |
| 29. Nessjeri | Kelchbach (Bel: im Tälli) | Nessel–Schitter–Schipfen–Obermoos | Rüss: Milchbach–Z'Brigg Rhone | ca. 22 000 | 14 | 36 | 280 Naters: ca. 25% | 20 | |
| 30. Oberste | Mundbach (Üssersenntum) | Oberhüsi–Restibiel–Moos | Ägerte–Grossa/Rüss–Driesten–Rhone | ca. 10 000 | 14 | 43 | 280 Naters: ca. 20% | 20 | 1930 |
| 31. Grossa | Mundbach (Rossweid) | Jossenhaus–Egga–Sennuhüs–Oberstockji («Pfaffenstockji» gen.) | Egga (Rüss)–Driesten–Rhone | ca. 9000 | 14 | 93 | 280 Naters: ca. 25% | 20 | 1970 |
| 32. Driestneri | Mundbach (Poliloch) | für BLS und Natischer Driesten West | Rhone (westlich KW-Gebäude) | ca. 4500 | 14 | | | 20 | |
| 33. Gippiwasser | Mundbach (oberhalb der BLS) | für kleines Gebiet ober- und unterhalb der BLS | | ca. 350 | | | | | |

## Wasserleitungen von Naters

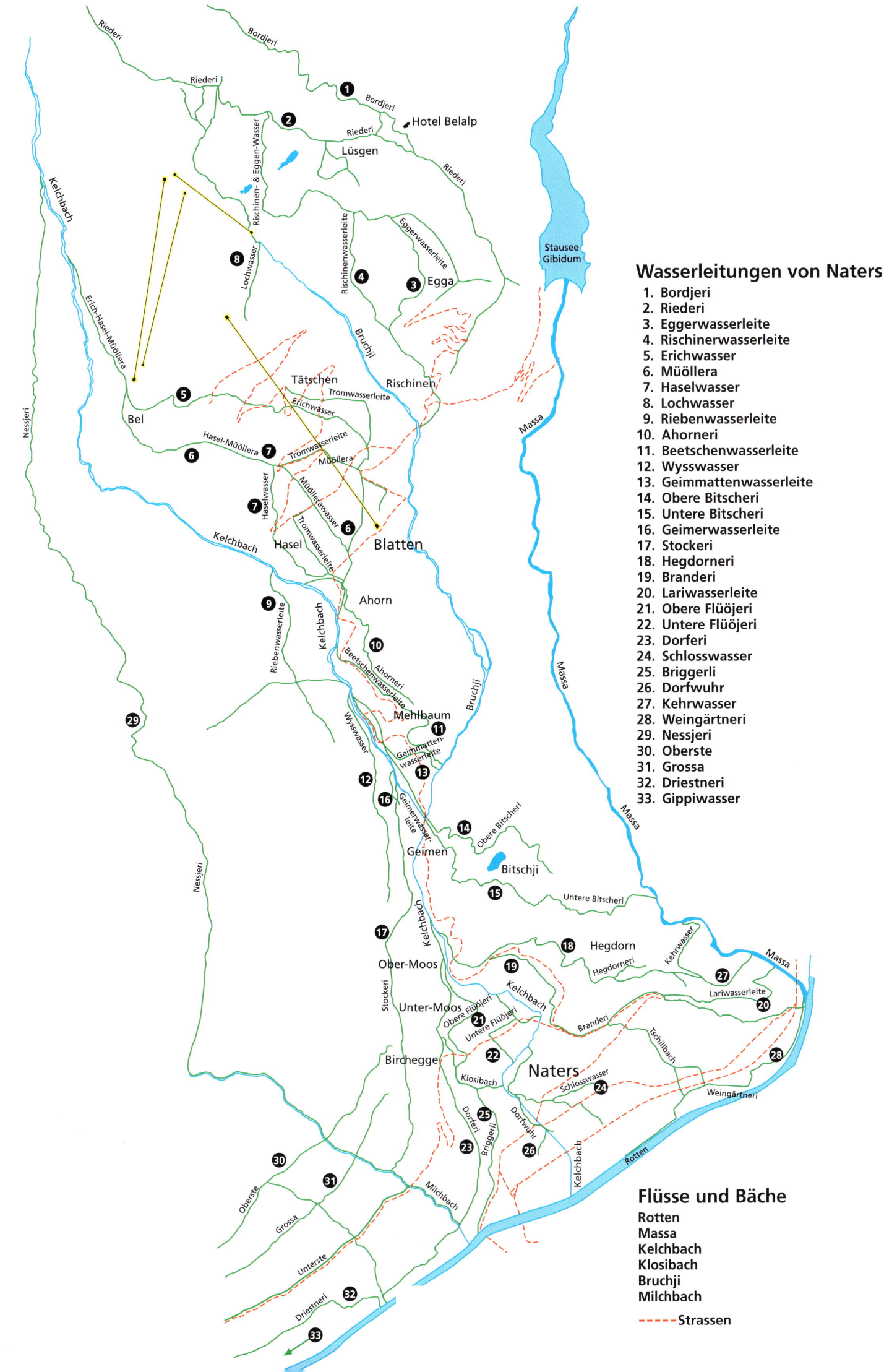

1. Bordjeri
2. Riederi
3. Eggerwasserleite
4. Rischinerwasserleite
5. Erichwasser
6. Müöllera
7. Haselwasser
8. Lochwasser
9. Riebenwasserleite
10. Ahorneri
11. Beetschenwasserleite
12. Wysswasser
13. Geimmattenwasserleite
14. Obere Bitscheri
15. Untere Bitscheri
16. Geimerwasserleite
17. Stockeri
18. Hegdorneri
19. Branderi
20. Lariwasserleite
21. Obere Flüöjeri
22. Untere Flüöjeri
23. Dorferi
24. Schlosswasser
25. Briggerli
26. Dorfwuhr
27. Kehrwasser
28. Weingärtneri
29. Nessjeri
30. Oberste
31. Grossa
32. Driestneri
33. Gippiwasser

## Flüsse und Bäche

Rotten
Massa
Kelchbach
Klosibach
Bruchji
Milchbach

---- Strassen

als der Grosse Aletschgletscher mehr und mehr zurückwich, bezog die Riederi ihr Wasser aus der Massa und wurde deshalb in der Folge auch «Massa-Wasserleitung» genannt. Gemäss Ignaz Seiler war die «Schöpfe» am rechten Ufer der Massa[720], und zwar nach mündlichen Aussagen von Natischern etwas oberhalb der heutigen Gibidumbrücke. Manch tapferer Rieder stürzte auf der Strecke nach Ried-Mörel bei den gefahrvollen Reparaturarbeiten an der Riederi in die Tiefe. Diese Leitung war vom Gibidum bis Ried-Mörel bis zu Beginn der 1940er-Jahre in Betrieb und wurde vom 1946 fertig gestellten Riederstollen abgelöst. Auf der Natischer Seite existiert die Riederi nach wie vor.

## Obere Bitscheri

Die Obere Bitscheri wurde bis 1913 am Bruchji im Blindtal gefasst und mit wenig Gefälle am westlichen Fuss ums «Geimer Horu» geführt. Gegenüber dem Geimer Restaurant findet man in südöstlicher Richtung noch alte Stützmauern vor. Im Blindtal sind eine ganze Anzahl Mauern erhalten und der Lauf des ursprünglichen Trassees lässt sich noch gut verfolgen. 1913 erstellte man die Wasserfassung dieser Leitung am Kelchbach.[721]

## Untere Bitscheri

In den Jahren 1931/32 führten die Wassergeteilen der Unteren Bitscheri mit Kantons- und Bundeshilfe eine Gesamtverbesserung aus (Kosten: 43 000 Franken). Dabei wurde vom Sandfang bis zu einem Felsrücken östlich des Weilers Geimen auch eine 434 Meter lange Eternit-Syphonleitung erstellt, da die alte, gefährliche Kännelleitung baufällig geworden war. 30 Jahre später gab es wiederholt Leitungsbrüche, so dass die Geteilen mit Hilfe von Bund und Kanton die gesamte Syphonleitung durch Stahlröhren ersetzen liessen. Der Kostenvoranschlag belief sich auf 40 000 Franken.[722] Die Untere Bitscheri überquert westlich des Bitschjisees auf Pfeilern eine Senke. – Die Bitscheri wird 1750 in einem Akt erwähnt.[723]

## Stockeri

Die Stockeri wird 1634 zusammen mit der Dorferi genannt.[724] 1986 wurde Erstere in der «Mooser Allmei» durch einen Felssturz auf circa 150 m Länge verschüttet; auf diesem Teil musste daraufhin eine Rohrleitung gemacht werden. 1988 erfolgte auf der gesamten Länge eine Sanierung der Wasserfuhr, insbesondere der «Abschalten».

## Hegdorneri

Die Hegdorneri wird in einem Akt von 1673 erwähnt.[725] Zwischen 1986 und 1989 mussten viele prekäre Stellen in Röhren verlegt werden.

## Branderi

Die Branderi ist eine der längsten und wichtigsten Wasserleitungen am Natischer Berg und wird 1658 in einem Dokument genannt.[726] Sie kann von der Anlage her und aus organisatorischer Sicht als gutes lokales Beispiel bezeichnet werden. Seit 1912 existiert ein Buch, in dem eine Neueinteilung der Wässerzeit eines jeden Geteilen aufgeführt ist. Die Namen der zirka 100 Berechtigten sind in altdeutscher Schrift und in alphabetischer Reihenfolge genannt. Es unterstreicht die Bedeutung des Wässerwassers, dass der erste aufgeführte Präsident gleichzeitig Richter war.

Früher floss die Branderi in den Lötschgraben. Anfallende Kosten bis zur Abzweigung der Hegdorneri werden nach folgendem Schlüssel verteilt: Branderi: die Hälfte, Hegdorneri: ein Drittel und Lari: ein Sechstel. Im Genossenschaftsbuch sind eine Reihe von Schäden aufgelistet. Sie enstanden in den 1930er-Jahren beim EWBN, 1954/55 durch den Militärbunker in der Haselmatte, 1963 am Geleise der FO in Weingarten und nach dem Bau der neuen Furkastrasse bei der Firma Lochmatter. 1987 überflutete die Branderi das Areal der Firma Gertschen und verursachte den wohl grössten Schaden, belief sich dieser doch auf über 150 000 Franken.

Für die Branderi sind auf Seite 340 731 Stunden vermerkt. Diese hohe Zahl kommt daher, weil mit den Tromwasserleitungen (Nebenwasserleitungen) Weingarten- und Tschillbach sowie mit der Hauptleitung Branderi gleichzeitig gewässert wird.

## Untere Flüöjeri

1996 wurde bei der Unteren Flüöjeri eine Gesamtsanierung eingeleitet. Die projektierten Kosten beliefen sich auf 90 000 Franken (60 Prozent subventioniert).

## Dorferi

1987 liessen die Geteilen bei dieser Fuhr Sanierungsarbeiten für 66 350 Franken ausführen. Man verlegte die Wasserfassung und die ersten 30 Meter in Röhren und baute an verschiedenen Stellen Zementhalbschalen ein. – Die Dorferi wird schon 1579 in einem Akt erwähnt.[727]

## Dorfwuhr

Die Dorfwuhr (in Naters «Füör» genannt) betrieb früher drei Mühlen: die erste in der Bäckerei von Franz Michlig (rechtsufrig des Kelchbaches gegenüber dem Supersaxohaus, später Bäckerei Zuber und Karlen [Letztere bis 1996]), die zweite im Werlenhaus (an der Kirchstrasse, gegenüber dem Kaplaneigarten) und die dritte in der Bäckerei Grimm (heute St.-Mauritius-Apotheke).

## Kehrwasser

Diese Suone ist eine Besonderheit. Ihre Fassung liegt unter haushohen Felsbrocken auf 900 m ü. M. im Massakin. Die Leitung führt auf der rechten Seite aus der Schlucht, früher ungefähr 200 Meter quer durch die steile Flanke, heute streckenweise durch einen engen Tunnel, bei dessen Ausgang sich das Wasser teilt. Das Natischer Wasser fliesst ganz flach auf die Massegge, während die Bitscher ihren Anteil wenig weiter unten durch eine Rohrleitung hoch über dem Eingang der Massaschlucht auf die linke Seite, d.h. auf das Gebiet der Gemeinde Bitsch leiten. Diese Suone macht eine grosse Kurve und leitet ihren Namen wohl von dieser Linienführung ab.

Die Wassergeteilen konnten auch schon auf die Hilfe des Militärs zählen. Vom 3. bis 12. März 1992 stellten nämlich 24 Wehrmänner der Sap Kp I/51 im Bereich der Massaschlucht die durch Steinschlag und Erdrutsche arg in Mitleidenschaft gezogene Kehrwasserleite instand. Bei diesen nicht ungefährlichen Arbeiten leisteten die Soldaten rund 1500 Mannstunden und verwendeten etwa 100 Kilogramm Sprengstoff. Infolge eines abermaligen Defektes an der Wasserfassung kann die Leitung trotzdem seit 1992 nicht mehr benutzt werden. Man will sie aber keinesfalls endgültig aufgeben.

## Nessjeri

Die Nessjeri wird in einem Dokument vom 26. Mai 1477 indirekt genannt.[728] Darin ist von der «Restilwasserleite» die Rede. Gemäss Registerhalter Hans Gasser, Birgisch, zweigte diese früher von der Nessjeri ab. Die Örtlichkeit «auf der Resti» gibt es noch heute. 1580 erwähnt eine Urkunde eine Wasserfuhr, die «über die Belalpen har» zum Gut Kittenmatten führt, womit die Nessjeri gemeint sein dürfte.[729] Wie ein Strich zieht sich das Trassee von der Belalp zur entfernten Nesselalp. 1961/62 wurde die Nessjeri auf Bel und im Nessel bei Gräben in Rohrleitungen verlegt.

## Oberste

Das genaue Datum der Erstellung dieser Leitung ist nicht bekannt. Am 28. Oktober 1684 wurde für die Oberste («Oberschta») jedem Geteilen seine Wässerzeit genau zugeteilt. Der Kehr dauerte 14 Tage. Da man noch keine Uhren hatte, wurde nach dem Stand der Sonne eingeteilt.[730] Die Oberste führte früher teilweise in Kännlen um Felsen herum. Anfang des 20. Jahrhunderts kauften die Geteilen dieser Fuhr ein Seil, das so schwer war, dass elf Mann es tragen mussten. In den Jahren 1932–1934 liessen die Geteilen alle gefährlichen Felspartien mit Tunnels beheben. 1993/94 erfolgte für etwa eine halbe Mio. Franken eine Totalsanierung der Wasserfuhr, wobei die Gärtjeri mit einbezogen wurde.

## Grossa

In einer Urkunde vom 24. Februar 1435 hören wir zum ersten Mal von der «grossen Wasserleitung» (supra magnum aqueductum)[731]. Von 1981 an führt diese Leite vom Mundkin bis Steingrächen auch die Unterste mit. Dabei wurde sie in der Länge von etwa einem Kilometer in eine Rohrleitung gesetzt. Kosten: 35 000 Franken.

**In alten Urkunden werden noch folgende Wasserleiten erstmals erwähnt:**
1. die Driestneri 1527[732], 2. die Beetschenwasserleite 1550[733], 3. die Lariwasserleite 1658[734] und 4. das Gippiwasser 1849[735].

## Aufgegebene Wasserleitungen

Im Verlaufe der Zeit sind folgende sieben Wasserleitungen aufgegeben worden:

**Lickwasserleite.** 1584 verzeichnet das Erkanntnisbuch für die «Lickwasserleite» der St. Theodulsbruderschaft auf Blatten drei Fischel Korn.[736] Niemand weiss heute mehr, wo diese Wasserleitung führte.

**Schönbielwasserleite.** Sie zweigte bei der «niwwu Hittu» (heute Ruine) von der Riederi ab und diente zur Bewässerung des Schönbiels. Die Spuren («Fägmig») sind noch vorhanden. Laut Viktor Eggel (*1925) war diese Wasserfuhr in unserer Generation nicht mehr in Betrieb.

**Obere und Untere Meiggerna.** Diese zwei Wasserfuhren, die sich rechts vom Kelchbach gegenüber dem Weiler Hasel befinden, waren 1908 bereits stillgelegt.[737]

**Weissensandwasserleite** (Wasserlauf: Massa–entlang dem Rotten–beim Kelchbach in den Rotten). Den Statuten von 1936 zufolge diente sie zur Bewässerung der seinerzeit von der Burgerschaft Naters gekauften Grundgüter im Weissensand.

**Schweibmattenwasserleite** in Blatten (Wasserlauf: Bruchji–Ejiltini–Schweibmatte–Bruchji). Sie wurde infolge Überbauung des Terrains vor nicht langer Zeit stillgelegt.

**Spissjiwasserleite** (Lauf: Klosibach–oberhalb des Friedhofs). Sie wurde in jüngster Zeit stillgelegt.

## Genossenschaften
### Strukturen und Aufgaben

Die Wasserleitungen sind nicht Eigentum der Gemeinde, sondern der betreffenden Gutsbesitzer. Die Wassergeteilen sind zum grossen Teil genossenschaftlich organisiert und ihre Statuten tragen den Titel «Wasserleitungsgenossenschaft» und den Namen der Leitung. Die Statuten sprechen nie von «Geteilschaften» und «Geteilen», sondern stets von «Genossenschaft» und «Mitgliedern» bzw. «Genossenschaftern». Den Geteilschaften stehen die Genossenschaften am nächsten. Wohl in Anlehnung an das Bundesrecht nahmen die Geteilen den Begriff «Genossenschaft» aus rechtlichen Gründen in die Statuten auf, um eher Subventionen zu erhalten. Trotzdem sind die Ausdrücke «Geteilschaft» und «Geteilen» gang und gäbe. Die Wasserleitungsgenossenschaften haben den Zweck, den Unterhalt und den Betrieb sowie die zu fassende Wassermenge der Leitung zu regeln. Sie haben ihren Sitz in Naters; lediglich die Genossenschaft des Erich-, des Müöllera- und des Haselwassers wählten Blatten als Sitz.

*Die Organe der Genossenschaften sind:*
*1. der Vorstand (Präsident, Kassier und Schreiber)*
*2. ein bis zwei Hüter (Untere Bitscheri drei)*
*3. die Generalversammlung*

*Urkunde von 1442, in der von Wasserrechten der «Grossa» die Rede ist.*

Die Amtsdauer des Vorstandes beträgt für manche Wasserfuhren vier, für andere zwei Jahre; jene der Hüter dauert im Allgemeinen zwei Jahre. Wasserleiten mit dem Kehr von acht Tagen haben einen Hüter und jene mit dem 14-Tage-Kehr zwei. Alle Funktionen sind Ehrenämter. Die Hüter ordnen die nötigen Arbeiten an, beaufsichtigen die Wasserfuhr und ziehen die Beiträge ein. Früher verwahrten die Hüter auch die Wassertessseln. In der Regel wird jeweils im Frühjahr für die Reinigung und Instandstellung der Leite ein «Schortag» (von «schoren» = umgraben) bestimmt, an dem sich alle Genossenschafter zu beteiligen haben. Wer als Geteile mitarbeitet, bekommt einen gewissen Betrag gutgeschrieben. Wer an der Leitung kein «Gmeiwärch» leistet oder zu wenig gearbeitet hat, muss nachzahlen. Mit anderen Worten: Die Ausgaben für die Leitung werden entsprechend der Anzahl Wasserstunden auf die Genossenschafter aufgeteilt. Gibt es einen Wasserleitungsbruch, so müssen die Reparaturen sofort vorgenommen werden. Die Oberste, die Gärtjeri und die Grossa bilden zusammen eine Wassergeteilschaft.

Seit dem Zweiten Weltkrieg wurden in Naters viele bäuerliche Betriebe aufgegeben. Die Gemeinde wuchs sehr stark und sah sich veranlasst, in der Talsohle und im Berg landwirtschaflichen Boden in die Bauzone aufzunehmen. So wurden viele vorher bewässerte Wiesen zu Berg und Tal überbaut. Dies führte bei den Genossenschaften zu grossen Schwierigkeiten. Eigentümer, die bisher bewässerte Wiesen überbauten, lehnten es ab, weiterhin am «Schortag» teilzunehmen oder den anfallenden Kostenanteil zu tragen.

## Das Gutachten von Paul-Eugen Burgener

Nachdem sich die Genossenschafter mit ihren Problemen an die Gemeinde wandten, gab der Gemeinderat alt Kantonsrichter Paul-Eugen Burgener, Visp, die Ausarbeitung eines Gutachtens in Auftrag. Es sollte vor allem die Frage geklärt werden, inwieweit die Geteilen und deren Rechtsnachfolger, die eine bisher bewässerte Wiese überbauen oder nicht mehr bewirtschaften, nach wie vor der Genossenschaft die üblichen Leistungen an Arbeit oder Geld zu erbringen haben.

Burgeners Gutachten vom 7. Dezember 1981 klärt die rechtliche Lage. In der Frage des Austrittes, die die Genossenschafter am meisten interessiert, kommt der Verfasser des Gutachtens zum Schluss, dass die Geteilen, welche auf einer Wiese bauen oder diese für Bauzwecke verkaufen, die Natur des Grundstückes so verändern, dass sie ihre Bindung an die Genossenschaft verlieren. Den Eigentümern solcher Parzellen könne ein Austritt nicht übermässig erschwert werden. Nach Burgeners Ansicht wäre es zweckmässig, von austretenden Geteilen eine Auslösungssumme zu verlangen, wie dies beispielsweise die Statuten der Branderi, des Wysswassers, der Dorferi und des Kehrwassers bereits vorsehen. Gebunden bleiben jedoch die Grundbesitzer, die ihre Wiesen nicht mehr bewässern oder gar vergandern lassen. In seinen Schlussbemerkungen empfiehlt Burgener der Gemeinde, den Genossenschaften bei ausserordentlichen Auslagen zu helfen.

## Unterstützung durch die Gemeinde

Mit dem fortschreitenden Rückgang der Landwirtschaft werden die finanziellen Möglichkeiten der Geteilschaften immer prekärer. Um der Vergandung unserer Landschaft vorzubeugen, unterstützt die Gemeinde seit den 1980er-Jahren die Genossenschaften im Sinne eines Beitrages an die Landwirtschaft, und zwar bei grösseren Sanierungsarbeiten durch Übernahme der Material-, Projektierungs- oder Werkkosten. So leistete beispielsweise die Gemeinde 1990 der Hegdorneri an die Sanierungsarbeiten von insgesamt 122 000 Franken einen Beitrag von 27 000 Franken. Ebenso schloss sie 1983 für die Wasserleitungsgenossenschaften eine Haftpflichtversicherung ab. Dies kam beispielsweise der Dorferi schon bald zugute, als im Juli 1986 im Quartier «Bildji/Sonnhalde» ein Wasserüberlauf der Dorferi einen Erdrutsch verursachte. Die Haftpflichtversicherung deckte die Schadensumme von 16 320 Franken bis an den Selbstbehalt von 5000 Franken. Bei grösseren Sanierungen, die über das Meliorationsamt gehen, leisten auch Bund und Kanton ihre Beiträge.

# Das Wässern
## Ein klug durchdachtes Leitungssystem

Die Natischer beziehen ihr Wässerwasser hauptsächlich aus dem Kelchbach, aber auch aus der Massa, dem Mundbach, dem Klosibach, dem Milchbach und dem Bruchji. Der Natischer Berg mit seinen Stufen und Terrassen, leicht gewellten Hügeln und nackten Felsen ist von einem dichten Wasserleitungsnetz überspannt.

Von der abwärts führenden Hauptleitung verzweigen sich einzelne Leitungen auf die Wiesen. Diese Nebenleitungen führen

*Anna Jossen-Ruppen (*1920) beim Wässern.*

am oberen Wiesenbord entlang. Die von der Hauptleitung abgezweigten Nebenleitungen werden in Naters «Tromwasserleiten» genannt, was gemäss Rübel soviel bedeutet wie «Querwasserleitungen» (trom = quer).[738] Das Ganze ist ein einfaches, aber gut durchdachtes Leitungssystem, das die Bewässerung der Wiesen fast hundertprozentig garantiert. Um das Wasser gleichmässig zu verteilen und so eine möglichst maximale Ausnutzung zu erreichen, wird die Querleitung ihrerseits von kleinen Leitungen angezapft. Die gewünschte Menge Wasser wird mittels Wässerplatten aus Eisen oder Stein durch den «Schrapf» (kleines Gräblein zur Wiese) abgeleitet, indem diese Platten quer in die Leitung hineingeschlagen werden und auf diese Art das Wasser stauen. Das geschieht an mehreren Stellen, so dass oft die ganze Wiese gleichzeitig bewässert wird. Ist eine Bewässerung der ganzen Wiese zur selben Zeit nicht möglich, muss man das Wasser von Stelle zu Stelle weiterleiten («firerschla»). Die «Wässerhowwa» (Wässerhaue) oder das «Wässerbieli» (Wässerbeil) dient zum Vertiefen und Ausweiten der Gräblein sowie zum Abschlagen von «Wasma» (Rasenziegeln), die als Abdichtungsmaterial benutzt werden.

Die Wasserleitungen auf dem Gebiet von Naters führen meist nicht über schwierige, gefährliche Stellen. Die Wasserleiten von Birgisch hingegen forderten schwere Opfer.

Dem Ratsprotokoll vom 20. Dezember 1921 zufolge diskutierte der Gemeinderat von Naters ernsthaft darüber, «einen Stollen vom Blindtal [durch die Geimerhörner] zur Massa bauen zu lassen, um das Wasser von dort herzuleiten, eventuell auch, um den Holztransport aus dem Riederwald zu erleichtern». Die gleiche Idee griff der Gemeinderat 1947 wieder auf, aber Väterchen Staat vertröstete die Gemeinde mangels Geld auf spätere Zeiten. Und dabei blieb es.

*Wässerhaue.*

## Der Kehr

Jede Wasserfuhr hat einen Turnus von acht oder 14 Tagen (Ahorneri sechs Tage), den sogenannten «Kehr». In der Regel werden die Wasserleitungen zu Ostern eröffnet und während vier Monaten geführt. Unterhalb Blatten wird durchschnittlich acht- bis neunmal und oberhalb Blatten zwei- bis dreimal jährlich gewässert, wobei heute viele Eigentümer ihren Wiesen nicht mehr regelmässig das nötige Nass zuführen.

## Hauszeichen und Wassertesseln

Aus vergangenen Jahrhunderten finden wir immer wieder an Bauten oder Gegenständen *das Hauszeichen* eingekerbt. Das ist nichts anderes als das Merkmal einer Person, ein Zeichen, das den Namen des Betreffenden ersetzt. Es dient dazu, das Eigentum an beweglichem und unbeweglichem Sachgut (Holz, Geräte usw.) zu dokumentieren. Auch Tiere werden damit gekennzeichnet. Die Hauszeichen bestehen vielfach aus Strichen, Punkten oder Initialen und werden entweder eingeschnitten oder eingebrannt. In letzterem Fall bedient man sich zur Herstellung des sogenannten «Brandes» eines Brenneisens («Brandisu»), das an der Spitze das Zeichen trägt. Man bringt die Spitze zum Glühen und brennt hernach dem Gegenstand das Hauszeichen auf.

Eng verbunden mit den Hauszeichen sind *die Tesseln*. Diese mit eingekerbten Zeichen versehenen Holzstücke oder Holzstäbe sind Holzurkunden, die rechtserhebliche Tatsachen ausdrücken. Im deutschsprachigen Wallis nennt man diese Holzurkunden Tesseln, im Unterwallis «tailles». Das Wort «Tessel» stammt vom lateinischen «tessera» (Marke, Ausweis) ab.[739]

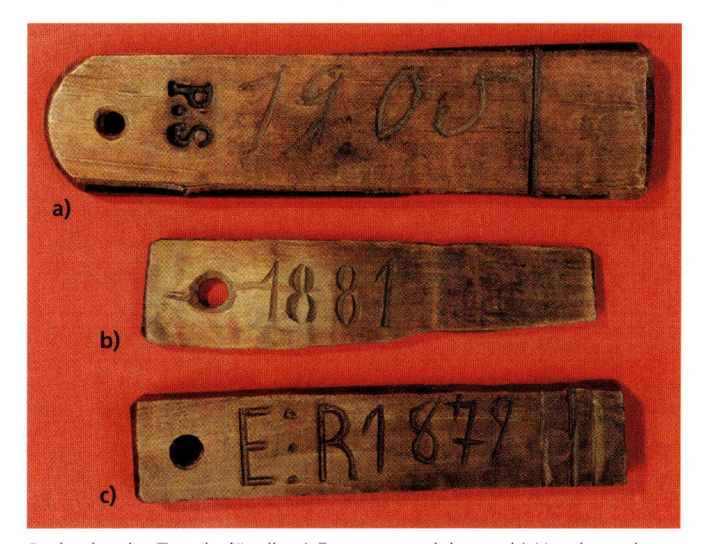

*Breitseite der Tesseln für die a) Eggerwasserleitung, b) Hegdorneri, c) Müollera.*

In Naters waren unter den verschiedenen Holzurkunden als Rechtsamehölzer die Wassertesseln in Gebrauch. Diese Art von Tesseln regelte die Mitgliedschaftsrechte an Geteilschaften. Dionys Imesch beschreibt 1908 die Wassereinteilung folgendermassen: «Die Einheit ist das Viertel. Das erste Viertel dauert in Naters von 3 bis 7 Uhr, das zweite von 7 bis 11, das dritte von 11 bis 15.00 Uhr, das vierte von 15.00 bis 19.00 Uhr, und das letzte von 19.00 bis morgens 3 Uhr; Letzteres hat 8, die übrigen Viertel enthalten 4 Stunden. Wenn also das Wasser nur während des Tages verteilt ist, wird der Tag zu 16 und wenn das Wasser auch während der Nacht verteilt ist, zu 20 Stunden gerechnet. (...) Ein ganzer Querschnitt bedeutet 1 Viertel (= 4 Stunden), ein halber = ½ Viertel (= 2 Stunden), ein viereckiger Einschnitt = ¼ Viertel (= 1 Stunde), ein dreieckiger Einschnitt = $^1/_8$ Viertel (= ½ Stunde).»[740]

Die Tesseln einer Wasserleitung sind auf eine Schnur gezogen und bilden einen Tesselnbund. Jeder Geteile besass zwei Holzstäbchen. Auf dem ersten Hölzchen, der eigentlichen Wassertessel, sind auf der Breitseite gegen das Schnurloch zu das Hauszeichen (meistens Initialen) und am anderen Ende die Anzahl Wasserstunden eingekerbt. Wenn jemand am Schortag oder bei sonstigen Arbeiten zu viele Werkstunden leistete, finden wir dies auf der Schmalseite der Tessel als Guthaben eingetragen. Auf der zweiten Tessel wurde auf der Schmalseite der sogenannte «Pfandschatz» eingeschnitzt, d.h., wer zu wenig Werkstunden hatte, musste dies in Geld entrichten (in den 1920er-Jahren: 40 Rappen pro Stunde). Ein ganzer Querschnitt auf der Schmalseite bedeutet eine Werkstunde. War alles beglichen, wurden die Einkerbungen gegen das Ende zu abgeschnitten. Darum finden wir viele Tesseln in ungleicher Breite vor. Dies alles wollen wir auf einer einzigen Tessel zeichnerisch wie folgt veranschaulichen:

*Auf der Schmalseite: Verrechnung des Gemeinwerkes*

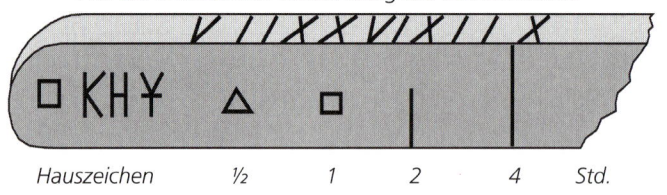

Hauszeichen ½ 1 2 4 Std.

Während man für die Wasserleitungen auf Birgischer Gebiet die Wasserrechte bereits zwischen 1910 und 1920 in ein Buch eintrug und somit nicht mehr tesselte, vollzog sich der Übergang vom Tesseln zur Benutzung eines Buches in Naters zwischen 1930 und 1950. So tesselte man beispielsweise für die Hegdorneri bis 1936, für das Erich–Müöllera- und das Haselwasser bis 1947 und für die Untere Flüöjeri bis etwa 1950. Für die Stockeri hingegen wurden die Aufzeichnungen in der Übergangsphase noch doppelt geführt. Da heisst es in den Statuten von 1937 (Art. 29): «Eine Neueinteilung des Wässerwassers ist von den Genossenschaftern beschlossen. Die jährlichen Arbeiten werden auf die Tesseln aufgehackt und verrechnet und dann in das Rechnungsbuch eingetragen.»

*Die jährlichen Arbeiten wurden auf der Schmalseite der Tesseln eingekerbt.*

## Wassertesseln in Wort und Bild

Als man aufhörte, die Hölzer zu benutzen, blieben die Tesseln bei irgendeinem Wasservogt oder Präsidenten der Genossenschaft hängen. Nach zähem Bemühen konnte der Verfasser wenigstens 414 Tesseln über acht Wasserleitungen erhalten und auswerten. Einen Tesselnbund aus Naters fand der Schreibende im Fieschertal. Inzwischen bemüht sich die Burgerschaft, die Tesseln für die Öffentlichkeit zu sammeln. Es ist zu hoffen, dass nicht schon zu viele aus Naters verschwunden sind.
Die Holzstäbchen sind im Allgemeinen 9 bis 39 cm lang und 2 bis 6 cm breit. Von den nachstehenden Tesseln werden nur die gut leserlichen Hauszeichen vermerkt.

*41 Tesseln von der Müöllera.*

*Sie enthalten u.a. folgende Hauszeichen:*

WED  E⋮R 1879  AS und ⌶  WS und ⟟
M⋮R  M+S  WH  ⫟B⋆⟟K  IS  FE  KS  C⋮R
RB  VW  IH  M++S  ✝ᴏᴏ1896  SZK

*45 Tesseln von der Eggerwasserleite, Bund 1.*

*Ihnen entnehmen wir nachstehende Hauszeichen:*

MN = Michael Nellen   WS  RA  AS = Anton Salzmann   HE
GV = Gasser Viktor   HS = Hans Salzmann   BS  KS  IH
P.S 1905  RIH  LS+  MW = Moritz Wyssen   M♡R 1836
RA  IM  IK 1872  II  WE  K✝R  WF = Wyssen Franz

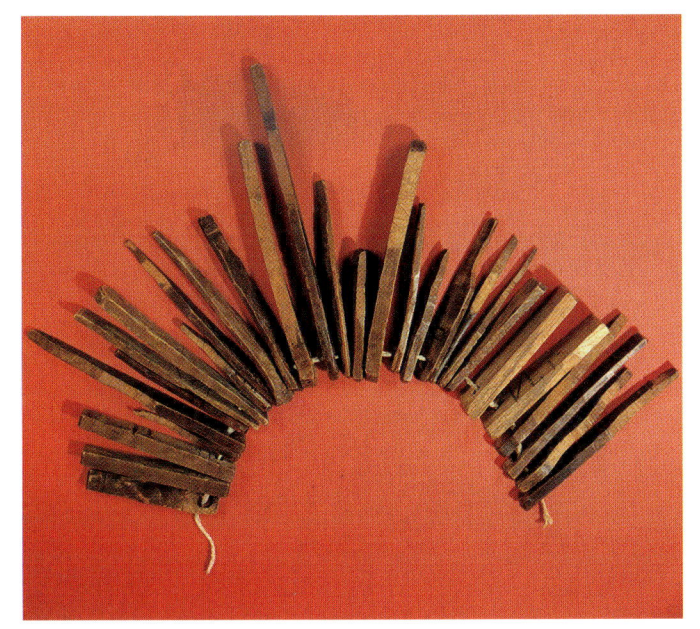

29 Tesseln von der Eggerwasserleite, Bund 2.

Sie enthalten u.a. folgende Hauszeichen:

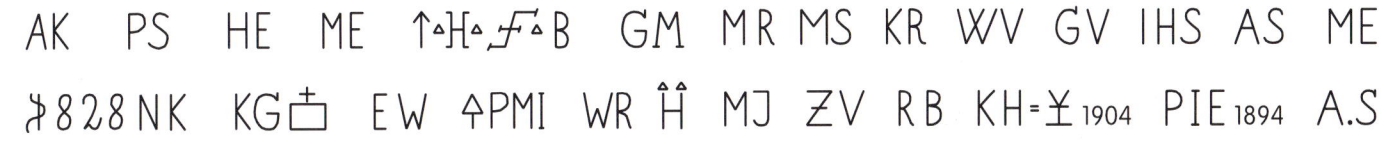

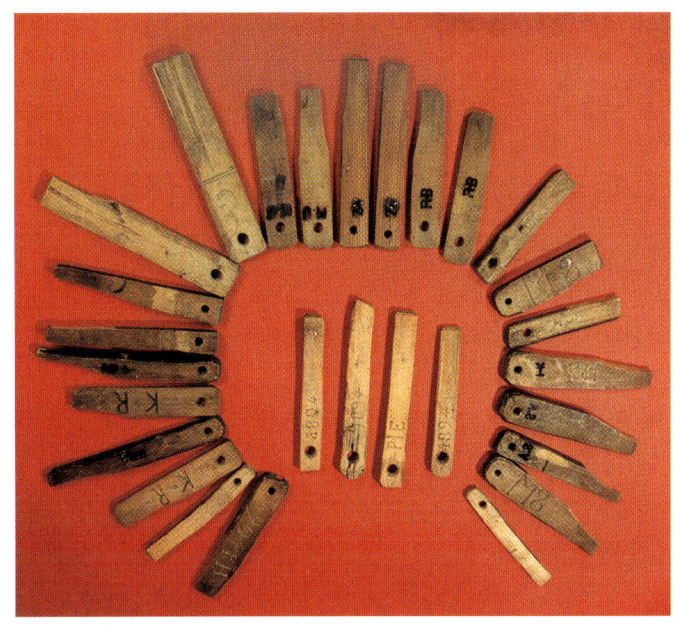

AK  PS  HE  ME  ↑∘H∘⨍∘B  GM

⁂828NK  KG⌂  EW  ⇧PMI  WR  Ĥ

28 Tesseln von der Geimerwasserleitung.

Auf ihnen sind u.a. nachstehende Hauszeichen eingekerbt:

MR  MS  KR  WV  GV  IHS  AS  ME

MJ  ZV  RB  KH=⚥ 1904  PIE 1894  A.S

38 Tesseln vom Wysswasser.

Sie enthalten u.a. nachstehende Hauszeichen:

RL  MF  AS  AB  VJ  LR  ZM=☐

PZK  ER  MB  SLI  EL  HIS  HE

PS  HG 1910  ER  FR  AE

40 Tesseln aus Naters (Wasserleitung unbekannt).

Unsere Ahnen kerbten u.a. folgende Hauszeichen ein:

PI  ⚵  SFL  R·M  AHL  LH  GH  K.P.A

RL  ES  F✝S  MƷK  CZK 1827  LS

⁂822 PMW  ᴁ  GF  BR

*114 Tesseln von der Hegdorneri.*

Diesem grössten Tesselnbund entnehmen wir nachstehende Hauszeichen:

HI   G·AH = Genowefa Amherd   AXS   ASL

SM = Salzmann Michael   DN· CASCIOLI   HM   FHS

IOH·SALZMAN   T·W   EAL   ⚥   RB = Roten Benjamin

AH·1881   PiW   R.B.S.F   îR   îAH   LS+   KR♣

ST.WERNER   M⚘M   îH   M+W   RE   MS+

MîH   MG   îF   AB   F·KP   LEO S(ummermatter)

HWL   AB   PJE   BE   MI   SI·S   RM

CS = Christian Salzmann   OS   LR = Ludwig Roten   H.S

A·E   îS = Johann Salzmann   HS   MS   ED   NE

R♡B   E·A   RA = Ruppen Anton, Sohn Emanuel

*44 Tesseln von der Oberen Flüöjeri.*

Darauf sind u.a. folgende Hauszeichen eingeschnitzt:

A+Z   A⋌K   ZA   MS = Moritz Schwery   AR   AS

NM = Nellen Michael   IS   MS   AS⋌   c͞s   LSK

L⋌R 1916   NF 1911   MM   J·K   CHE   I·E

ME   HF   AH

*35 Tesseln von der Lariwasserleitung.*

Diesen entnehmen wir die nachstehenden Hauszeichen:

SO = Salzmann Oskar, Bür   AH·M = Amherd Maria   A.M

EF = Eyer Friedrich   EL = Eggel Leopold   NF = Nellen Franz

SA = Salzmann Anton   S(ummermatter)LEO   S⌇H   RT

LS = Ludwig Salzmann   U.S. = Ulrich Salzmann   îB·⚹K

# Gefährliche Wasser:
# Rotten, Kelchbach, Klosibach, Bruchji

*Der Rotten, der Brig-Glis und Naters trennt.*

Während Jahrhunderten hatte Naters in dem Talfluss Rotten und den Wildbächen Kelchbach, Klosibach und Bruchji mächtige, fast unbezwingbare Feinde.

## Rotten

Wie die französische Namensform Rhône ist auch die Bezeichnung Rotten aus Rhodanus (darum auch der Name Rhodan) entstanden. Das Wort Rotten erfuhr im Mund der Alemannen die Lautverschiebung von d zu t. Nach Iwar Werlen ist somit «Rotten» nicht deutsch, «sondern die deutsche Form des vorrömischen (und wohl auch vorkeltischen) Rhodanus»[741].

## Überschwemmungen

Im Laufe der Jahrtausende schüttete der Rotten in dem Trog, den der eiszeitliche Gletscher ausgehobelt hatte, eine Ebene auf.[742] Doch der Mensch konnte dieses Geschenk kaum nutzen, weil der unbändige Fluss es grösstenteils für sich in Anspruch nahm. Da das Gefälle des Rottens sehr gering ist, vermochte er sein Geschiebe nur mit Mühe fortzuschaffen. Zur Zeit der Schnee- und Gletscherschmelze und nach ergiebigen Niederschlägen führte er Hochwasser und überschwemmte die Becken zwischen den Schuttfächern der Zuflüsse. Die Geschichte verzeichnet für die Zeit von 1086 bis 1922 125 Hochwasserkatastrophen, die der Rotten verursachte. Nach jeder Überschwemmung standen weite Flächen lange Zeit unter Wasser. Es bildete sich stinkender Morast, in dem das Sumpffieber – die Malaria – lauerte. So schrieb Franz Samuel Wild, der Direktor der Salinen von Bex, im Jahre 1800 in seinem Aufsatz: «In der Umgebung von Naters ist ein bedeutender Landstrich gänzlich verödet; bei Hochwasser wird er vom Fluss völlig überschwemmt; unterhalb des Dorfes ist der Boden sumpfig und bringt nur minderwertige Streue hervor.»[743]

Welch unberechenbaren Schaden der Rotten im Laufe der Zeit nur auf dem Gebiet von Naters anrichtete, mag eine kurze Erwähnung der bedeutendsten Überschwemmungen zeigen. 1330 oder 1331 verursachte die Rhone bei Brig und Naters grossen Schaden. 1338 erfolgte eine neue Überflutung. Am 9. August 1469 verwüstete sie die Güter der Talebene fast gänzlich, ebenso in den Jahren 1472, 1475 und 1495. Am 15. August 1506 gab es infolge heftiger Regengüsse eine so grosse

Überschwemmung, dass die Abgeordneten von Glis nicht nach Naters in den Landrat kommen konnten.

In den Jahren 1521, 1556, 1589, 1610, 1620, 1633 und 1636 richtete der Rotten in unserer Gegend erneut bedeutende Schäden an. Am 10. September 1640 war die Überflutung des Flusses im ganzen Rhonetal derart gewaltig, dass, ausser bei Grengiols und St-Maurice, sämtliche Brücken weggerissen wurden. Besonders arg wüteten die Wasserfluten des Rottens im 18. Jahrhundert in den Jahren 1707, 1713, 1726, 1728, 1734, 1737, 1740, 1744, 1752, 1755, 1756, 1764, 1766, 1778 und 1782.

Für unsere Gegend waren auch die Wassermengen der Rhone aus folgenden Jahren verhängnisvoll[744]: 1834 (27./28. August; die Natischerbrücke wurde teilweise weggerissen)[745], 1839 (die Wassergeschädigten von Naters erhielten aus einer landesweiten Geldsammlung 3204.80 Franken, am meisten von allen Walliser Gemeinden)[746], 1841, 1846, 1849 und 1860 (1. bis 3. September). Wie die Wasser bei der letztgenannten Überschwemmung wüteten, schildert das ‹Walliser Wochenblatt› 1860 (Nr. 36) wie folgt: «Nie seit Menschengedenken, selbst nicht im Jahr 1834, ging die Rhone so hoch. (...) Die Saltina bei Brig hat die Brücke weggerissen und alle Brücken über die Rhone, von Naters, Mörel usw. bis zu Deisch hinauf, sind fortgeschwemmt.»

Weitere verheerende Überflutungen des Rottens: 1861, 1862, 1868 (3. Oktober: «An der Brücke von Naters trat die Rhone an ihrem rechten Ufer aus und überschwemmte die Furkastrasse»[747]), 1920 (23./24. September; die Rhone überbordete in den Driesten), 1921, 1922 (Z'Brigg und die Driesten wurden vollständig unter Wasser gesetzt)[748] und zu guter Letzt 1987. Von der letzten Überschwemmung soll nun ausführlicher die Rede sein.

## 24./25. August 1987

Als Folge eines «Jahrhundertregens» wurden in der Nacht vom 24. auf den 25. August 1987 weite Teile unserer Dorfschaft unter Wasser gesetzt. Die Quartiere Kehr, Z'Brigg und Driesten standen bis zu eineinhalb Meter im Wasser. Dabei wurden Wohnungen, Studios, Keller, Heizungsräume, Depots, Garagen und Tiefgaragen überflutet. In rund 50 Einfamilien- und Mehrfamilienhäusern entstand beträchtlicher Sachschaden. Die Bewohner selbst kamen mit dem Schrecken davon. Bereits am frühen Nachmittag des 24. August beobachteten unsere Feuerwehr und die Gemeindepolizei aufmerksam das Ansteigen des Rottens. Erste Sandsackdämme wurden zwischen der unteren Rhone- und der BLS-Brücke errichtet und weitere Sandsäcke in Reserve gehalten. Gegen Abend schien sich dann eher eine Wetterberuhigung einzustellen, was sich auch in einem vorübergehenden Rückgang des Wasserstandes bemerkbar machte. Nach 23.00 Uhr aber stiegen die Wassermassen des Rottens sprunghaft an. Die aufgestellte Wache löste Alarm aus. Mit Besorgnis stellte man fest, dass die grossen Mengen Schwemmholz je länger, je mehr gegen die FO- und die untere Rottenbrücke donnerten. Unter diesem Eindruck wurde die sofortige Alarmierung der Bevölkerung angeordnet. Da sich nun die Ereignisse überstürzten, konnten nicht mehr alle Anwohner rechtzeitig alarmiert werden. Inzwischen verursachte das sich anhäufende Schwemmholz bei den genannten Brücken einen Stau des Rottenwassers bis über die Rottendammkrone, wonach sich grosse Wassermengen in die Wohnquartiere ergossen. Einzelne Personen wurden in ihren Parterrewohnungen von den eindringenden Wassermassen überrascht; sie konnten aber nach und nach aus ihren Wohnungen geborgen werden. Nachdem dann am 25. August gegen 6.00 Uhr das Wasser zurückgegangen war, konnte die Feuerwehrmannschaft von Naters und Brig, teilweise unter grosser Gefahr, die angeschwemmten Holzmassen lösen.

Am 25. August führte die Rhone so viel Wasser wie seit mindestens 65 Jahren nicht mehr. Die Massnahmen nach dem Einbruch des Wassers (Absperr-, Rettungs- und Reinigungsdienst) klappten einwandfrei. Die gemeldeten Schäden beliefen sich auf 3,330 Mio. Franken; davon waren 2,630 Mio. Franken gedeckt, 700 000 Franken jedoch nicht versichert. Für die ungedeckten Kosten vergüteten die Glückskette und verschiedene Hilfswerke den Hochwasser-Geschädigten über die Gemeinde eine Summe von 286 467 Franken. Dazu kam ein Betrag von 40 000 Franken, den die Gemeinde Neuhausen am Rheinfall/SH spendete. Obwohl viele Natischer selbst schwer betroffen waren, überwies die Gemeinde Naters dem Dorf Münster, das zur selben Zeit durch das Hochwasser ebenfalls grossen Schaden erlitt, einen Solidaritätsbeitrag von 20 000 Franken.

## Freitag, 24. September 1993

Dieser Tag ging für viele Gemeinden des Oberwallis als Unwetterkatastrophentag in die Geschichte ein.[749] Nur dem raschen Grosseinsatz der Natischer Feuerwehr und des Zivilschutzes (diese haben vom Unglücksjahr 1987 gelernt) war es zu verdanken, dass der Rotten bei der unteren Brücke nicht – wie sechs Jahre zuvor – über die Ufer trat. Von der Lötschbergunterführung Z'Brigg bis oberhalb der FO-Eisenbahnbrücke wurden ad hoc Schalungstafeln angebracht und Sandsäcke aufgeschichtet, die eine drohende Überschwemmung daselbst verhinderten. In diesen gefahrvollen Stunden stellten einige Bewohner von Z'Brigg ihre Fahrzeuge auf der Briger Seite ab, nicht ahnend, dass sich hier eine weit grössere Katastrophe anbahnte. Auch der Kelchbach schwoll beängstigend an. Naters hatte riesiges Glück. Nicht so unsere Nachbargemeinde Brig-Glis. Hier trat die Saltina über die Ufer und überschwemmte die Stadt. Zwei Personen kamen dabei auf tragische Weise ums Leben. Die Briger Innenstadt wurde mit Gesteins- und Geröllmassen überschüttet (der Kantonsgeologe schätzte die Schuttmenge auf über 250 000 $m^3$). Sämtliche Geschäfte an der Bahnhofstrasse und im Zentrum der Stadt wurden verwüstet. Der Bahnhof stand meterhoch unter Wasser, Schutt und Geröll. An die 800 Autos wurden grösstenteils zu Schrott. Über 5000 Telefonverbindungen waren unterbrochen. Das überschwemmte Gebiet von Brig-Glis wurde zum Katastrophengebiet erklärt. Direkt oder indirekt waren auch Natischer, die in Brig ihre Arbeitsplätze hatten, betroffen. Die Gemeinde Naters hat den vom Unwetter betroffenen Oberwalliser Gemeinden einen Beitrag von 75 000 Franken zugesprochen.

## Der Kampf mit dem Rotten

Infolge der Überschwemmungen änderte die Rhone stets ihren Lauf und überflutete immer wieder das Gelände, das man mit harter Arbeit angepflanzt hatte. Jahrhundertelang kämpfte das Volk von Naters mit zäher Ausdauer gegen die vernichtenden Wasser. Wohl liess man manchmal, nach grösseren Verheerungen, den Mut sinken, aber kommende Generationen nahmen immer wieder den Kampf auf und setzten ihn fort bis auf den heutigen Tag. Dies schildern wir nun in chronologischer Reihenfolge.

## Die Jahre 1331 und 1530

Bereits am 1. Mai 1331 gab Bischof Aymo III. von Thurm dem Kastlan von Naters die Weisung, dafür zu sorgen, dass die Eigentümer nach Verhältnis ihrer Güter die beschädigten Dämme zu beiden Seiten der Rhone wieder herstellen.[750]

Am 12. April 1530 schlossen die Gemeinden Brig und Naters einen Vergleich über die Erstellung der Flusswehren. Nach diesen Bestimmungen sollte das Flussbett durchschnittlich 21 Klafter breit sein.[751] Das «Wehriwerk» lastete nicht auf der Gemeinde, sondern auf den Gütern, die längs der Rhone lagen. Ein eigener Vogt führte die Aufsicht, besichtigte den Stand der Dämme, ordnete die nötigen Arbeiten an, die jeder Eigentümer gemäss seiner Tessel leisten musste. Es bestand auch ein eigenes «Wehrikapital», dessen Zinsen jährlich zur Verwendung kamen. Nach 1800 erliess der Landrat eine Reihe von Gesetzen und Dekreten, die die Eindämmung des Rottens und seiner Wildbäche zum Gegenstand hatten. Doch diese Verordnungen waren kaum wirksam, weil es an einer Gesamtplanung fehlte.

## Überschwemmungen und Korrektion: zwischen 1840 und 1900

Infolge der grossen Überschwemmungen in den 1840er-Jahren verzichteten manche Güterinhaber auf ihre Ländereien nahe der Rhone, um sich von den oben genannten «Wehrilasten» zu befreien. Die 1851 eingeführte Munizipalgemeinde übernahm endgültig die gesamten Lasten für die Rhonedämme; nur die Jesuiten nahmen auf ihrem Gut in den Driesten auf eigene Kosten die nötigen Dämmungen vor. Von diesem Jesuitengut weg bis zur Massa sorgte also von nun an die Gemeinde für den Unterhalt der Wehren. Die jährlichen Ausgaben beliefen sich durchschnittlich auf 2000 bis 2500 Franken. Die vorgenommenen Arbeiten bezweckten aber bloss, den grössten Schaden zu verhüten. Da das linke Rhoneufer nicht eingedämmt war, konnten auch auf dem rechten keine durchgreifenden Arbeiten vorgenommen werden.

Laut ‹Walliser Wochenblatt› von 1860 (Nr. 51) erhielt die Gemeinde in diesem Jahr «für die Wiederherstellung der Wehre Berchtold bei Weingarten» vom Staat 1500 Franken.

Am 29. November 1862 erliess der Grosse Rat das Dekret zur Eindämmung der Rhone.[752] Mit Hilfe von Bund und Staat erfolgte nun im Kanton in zwei grossen Etappen (erste: 1863–1876; zweite: 1877–1884) die Rottenkorrektion. Die Arbeiten zogen sich aber an vielen Orten weit über die geplante zweite Etappe hinaus.[753] Die Ingenieure L. Hartmann, St. Gallen, und A. Blonitzky, Genf, entwarfen den ersten Korrektionsplan. Man verstärkte die Ufer durch Erddämme, um das Hinterland gegen Hochwasser zu sichern, und trieb steinerne Sporen (auch Buhnen genannt) ins Flussbett vor, die das Geschiebe aufzufangen und die Srömung des Niederwassers zu beschleunigen haben. Laut Visitationsakt von 1863 – um in der Chronologie zu bleiben – gab es in Naters «das Jahrzeit der Wehrinen», unterhalten durch den Munizipalrat.[754]

1864 wurde ein Anlauf gemacht, die beidseitige Korrektion einheitlich durchzuführen, doch ohne Erfolg. In den Jahren 1873 bis 1876 errichtete Naters den Damm von der alten Rhonebrücke abwärts bis zum Jesuitengut in den Driesten. Die endgültige Korrektion des Rottens von hier aufwärts bis zur Massa wurde durch den Bau des Simplontunnels ermöglicht. Am 31. Juli 1898 beschloss die Urversammlung, die Rottenkorrektion vorzunehmen; sie wurde in den Jahren 1899/1900 ausgeführt. Vor

*Anlagen für Kantinen und Werkzeughallen zur Zeit des Simplontunnelbaus. Vor der Rottenkorrektion (1899/1900) floss der Rotten noch wild durch die Gegend; darum benötigte man auch drei Brücken.*

dieser Korrektion floss der Rotten ungebändigt in unregelmässigen Windungen ungefähr am Ort des heutigen Bahnhofplatzes Brig durch die Talebene. Bedingt durch den Bahnhofbau wurde der Rotten in den genannten Jahren in einen geradlinigen, trapezförmigen Kanal gedrängt und die Dammschüttung seitlich durch regelmässig angeordnete Buhnen (Dämme zum Uferschutz) verstärkt. Die Kosten betrugen für die Strecke von der alten Rhonebrücke bis zur Saasermauer 256 000 Franken, von hier bis zur Massa 36 000 Franken. Der Bund bewilligte 1898 einen Beitrag von 40 Prozent an die Korrektion des «Weissen Sands» zwischen der Einmündung der Massa und der Rhonebrücke von Naters.

### In neuester Zeit

Nach der verheerenden Unwetterkatastrophe von 1987 und der nur mit viel Glück überstandenen Gefahr von 1993 forderten die Gemeindeverwaltung von Naters und der 1987 für Notsituationen gebildete Krisenstab vom kantonalen Flussbauamt eindringlich und des Öfteren notwendige Korrektionen am Rotten und an den Wildbächen Kelchbach, Klosibach und Bruchji. Da die Rottenkorrektion eng mit der Planungsphase der Anschlussstrasse A 9/A 19, Umfahrung Brig-Glis/Naters, zusammenhing, wurden dringend nötige Sanierungsarbeiten am Rotten immer wieder auf Eis gelegt. Immerhin konnte die Gemeindeverwaltung 1993 bereits einen Teilerfolg verbuchen. Im Frühjahr 1994 wurde die bestehende Schutzmauer vom BLS-Viadukt bis zur FO-Eisenbahnbrücke um rund einen Meter erhöht und von der FO-Brücke bis zur Rhonemühle erstellte man eine Mauer aus Fertigelementen.
(Die Rottenbrücken werden im Kapitel «Verkehrswesen» beschrieben.)

### Natischergrund

Am 7. Juni 1925 verkaufte die Munizipalgemeinde in einer öffentlichen Versteigerung den Rhonesand, den sogenannten Putz (5300 m$^2$), gelegen zwischen dem Kelchbach und der Bahnhofstrasse am Rhonedamm, zum Preis von 5638 Franken.[755]
Ende der 1930er-Jahre wurde ein Grossteil der Hausgärten im Natischergrund, zwischen der Rhone und der Kantonsstrasse, mit Rhonesand, Bauschutt oder Kehricht um 20 bis 40 cm erhöht. In den Jahren 1942/1943 liessen erneut 26 Eigentümer ihre Parzellen mit einer Gesamtfläche von 10 822 m$^2$ durch Auffüllungen im Betrag von 4784.10 Franken zu gutem Garten- und Ackerland umgestalten. Dieses «Urbanisierungsprojekt» wurde vom Kanton mit 10 Prozent und vom Bund mit 35 Prozent subventioniert.[756]

### Der Märjelensee und Naters

Eine Gefahr für Naters bildete in früheren Zeiten auch der Märjelensee (2289 m ü. M.), angrenzend an den Grossen Aletschgletscher. Er war einst 1600 Meter lang und 500 Meter breit. Bei hohem Spiegelstand konnte es passieren, dass die seitliche Eisbarriere des Grossen Aletschgletschers plötzlich Durchlass gewährte. Dann entleerte sich der Märjelensee in wenigen Stunden oder Tagen. Dabei strömten die Wassermassen teilweise supraglaziär, zumeist aber über inglaziäre Eiskanäle ab, um schliesslich im Auslauf gegen die Rhoneebene, vor allem in Weingarten bei Naters, verheerende Überflutungen anzurichten. Zwischen 1813 und 1907 fanden 35 Wasserausbrüche statt (der grösste 1878). Bei der Überschwemmung von 1892

*Der Märjelensee. Ölbild von H. E. Huguenin, ca. 1945. Trotz des starken Rückgangs des Gletschers erreichte der Märjelensee auch um diese Zeit noch beachtliche Ausmasse. Die auf dem Wasser schwimmenden Eisblöcke verliehen dem Märjelental einen fast arktischen Charakter.*

*15. August 1923: Kelchbach-Katastrophentag. Auf dem Bild das CAFFÈ ROMA (heute Café Belalp), rechts die WIRTSCHAFT ZUM KELCHBACH ED[uard] ZEITER-MÜLLER (heute Zentrum Kelchbach).*

stieg der Wasserstand des Rottens in Brig um zwei Meter. 1849 und 1851 wurde auch das Fieschertal verwüstet, obwohl Ingenieur Ignaz Venetz (1788–1859) bereits 1828 einen 80 m langen Graben legen liess, der bei hohem Spiegelstand den Abfluss zum Fieschertal ermöglichen sollte. Ein Jahr später wurde ein grösserer Kanal gebaut. In den Jahren 1889–1894 legte man unterirdisch einen Abzugsstollen an, der allerdings nur noch einmal (1896) gute Dienste leistete. Später hatte er wegen des allgemeinen Gletscherschwundes keine Bedeutung mehr.[757]

Über die Dauer solcher See-Entleerungen weiss man beispielsweise Folgendes: 1878 dauerte ein Wasserausbruch 30½ Stunden und 1887 etwa 10 Stunden. Den Hirten der Märjelenalp oblag die Aufgabe, nach Naters zu eilen und die Bevölkerung zu warnen, sobald sie einen bevorstehenden Ausbruch bemerkten. Derjenige, der die Nachricht zuerst überbrachte, erhielt als Lohn ein Paar neue Schuhe. Diese Wasserausbrüche wurden in einer der ältesten Sagen des Wallis mit dem Erscheinen des «Rollibocks» gleichgesetzt, eines «Bozen» in Gestalt eines Bockes mit grossen Hörnern und einem mit Eisschollen behangenen Leib. Sein Aufenthaltsort war der Grosse Aletschgletscher.[758]

Am 2. August 1872 haben der englische Schriftsteller Dr. W. A. B. Coolidge und der berühmte Physiker John Tyndall vom Hotel Belalp aus den Ausbruch des Märjelensees beobachtet. Tyndall schreibt: «Der durch den Ausbruch des Wassers verursachte Lärm und das Getümmel waren in der Tat so fürchterlich, dass man ganz gut an die Sage vom Rollibock hätte glauben können, der rasend aus dem Aletschgletscher hervorbreche und alles zerstörend, wütend herumgehe, Erde, Steine und Tannenbäume dabei in die Höhe werfend.»[759]

# Kelchbach

Vom Kelchbach wissen wir von der Zeit vor 1900 nur von zwei Überflutungen. Das bedeutet keinesfalls, dass es nicht weit mehr gegeben hat.

Das Taufbuch von Naters (G1) bemerkt zum 14. Juli 1669: «Durch die Überschwemmung des Kelchbaches wurden beide hölzernen Brücken zu Naters fortgerissen. Bei der untersten Brücke ergossen sich die Fluten nach beiden Seiten über die Ufer und bedeckten die schönsten Äcker mit Sand, Schutt und gewaltigen Steinblöcken.»

Mit Brief vom 5. Mai 1759 gab Bischof Johann Hildebrand Roten den Befehl, dass die Besitzer der nach den Überschwemmungen der Rhone und des Kelchbaches wieder kultivierten Äcker dem Pfarrer den Zehnten bezahlen müssen.[760] Da die Äcker bereits wieder als kultiviert bezeichnet werden, muss es sich wohl um die Überschwemmung von 1756 handeln; in jenem Jahr trat die Rhone, die im Brief zusammen mit dem Kelchbach angeführt wird, über die Ufer.

1908 und 1909 führte Unternehmer Felix Donazzola Korrektionsarbeiten am Kelchbach aus, da 1909 an ihn «eine weitere Anzahlung von 4000 Franken» zu diesem Zweck erfolgte.[761]

Am 23./24. September 1920 überschwemmte der Kelchbach den südwestlichen Teil des Dammquartiers.[762]

## 15. August 1923

Dieser Tag ging als grosser Kelchbach-Katastrophentag in die Geschichte ein, den ältere Natischer noch gut in Erinnerung haben. An jenem unvergesslichen Sommertag, der Naters nur über Mittag einen kurzen, aber ergiebigen Regen brachte, ereignete sich «infolge Hagel und Blitzschlag» im Unterbächgletscher ein Gletscherbruch, wobei sich ein riesiger Wasserstau entleerte.[763]

## Verheerende Schäden

Eine gewaltige Wassermenge wälzte sich über die Alpmatten zu Tale und führte meterhohe Felsblöcke, dicke Baumstämme, Kleinvieh und viel Geschiebe mit. Oberhalb Geimen riss der rasende Bach einige Scheunen und Ställe weg und überdeckte gleichzeitig zirka 10 000 m² Wiesland mit kubikmetergrossen Steinen und Schlamm. Sämtliche 16 Brücken (darunter die historische Steinbogenbrücke von Geimen) und Stege bis Naters wurden von den tobenden Fluten demoliert und mitgeführt. Die Steinbrücke und heutige Kelchbachbrücke östlich vom Dorfplatz hielt noch Stand und diente dem Verkehr, drohte aber angefüllt zu werden. Leute von Blatten alarmierten telefonisch die Natischer. In Naters ging es von Mund zu Mund: «Der Chelbach chunt, der Chelbach chunt!» Es war gegen 16.00 Uhr. Die Sturmglocken läuteten. Die Feuerwehren von Naters, Brig, Glis und Gamsen eilten rasch herbei. Ebenso wurde das «Detachement Simplon der Funker-Pionierkompanie» unverzüglich nach Naters beordert. Anderntags schickten Ried-Brig und Termen ebenfalls 20 Mann an den Unglücksort. Auch Mannschaften von Mörel, Bitsch und Birgisch leisteten willkommene Nachbarschaftshilfe.

Die Furkabahnbrücke hielt zwar stand, aber das Bachbett war im Nu mit Wasser, Schlamm und Felsblöcken angefüllt, so dass die schmutzig-gelben Wassermassen überbordeten und in den angrenzenden Häusern (Bäckerei Grimm; Café Roma, heute Belalp) bis zu den «Unteren Binen» verheerende Schäden anrichteten. Im damaligen Café Kelchbach, wo heute das Zentrum Kelchbach steht, mussten einzelne Mitglieder der Wirtefamilie Eduard Zeiter über Leitern aus den oberen Stockwerken gerettet werden. Das Parterre der «Unglücksbaracke» (sie stand etwas östlich des Kelchbachzentrums), wo sich die Weinhandlung von Mario Bossotto befand, füllte sich mit Sand und Steinen an. Das ganze Gebiet bis zum Hotel du Rhône wurde in kürzester Zeit in einen See verwandelt. Da und dort ragten geknickte, reich mit Früchten beladene Aprikosenbäume aus dem schlammigen Wasser hervor. Auf diesem See schwammen alle nur erdenklichen Gegenstände wie Holztische, Fässer, Kisten usw.

## Hilfe für Geschädigte – Bachkorrektion

Vertreter des Staatsrates besichtigten am Tag nach dem Unglück die Katastrophenstätten von Naters und Geimen. Sie sicherten ihre Hilfe zu, die auch erfolgte. Gemeindepräsident Anton Salzmann erliess einen Aufruf an die Natischer und ermahnte die Wassergeschädigten, «das Unglück mannhaft und in christlicher Ergebenheit zu ertragen». Jahrelang noch litten Felder und Kulturen an den Folgen dieser Überschwemmung. Der verhängnisvolle Unterbau der Furkabahnbrücke wurde bald danach entfernt und durch eine modernere Konstruktion ersetzt.

Mit Erlaubnis des Staatsrates gelangte die Gemeindeverwaltung von Naters im November 1923 in einem Zirkularschreiben an alle Walliser Gemeindeverwaltungen mit der Bitte, an ihrem Ort für die Geschädigten des Kelchbaches eine «Liebesgabensammlung» zu veranlassen. Auch in Naters wurde bei den Nichtbetroffenen eine Kollekte durchgeführt. Die kantonale Sammlung erbrachte den Betrag von 14 894 Franken, den der

*Kelchbachkorrektion nach der Katastrophe von 1923.*

Schweizerische Hilfsfonds um 10 508 Franken ergänzte. Die Gesamtsumme von 25 402 Franken konnte im April 1924 entsprechend der «Bedürftigkeitsklasse» (1. Klasse: sehr bedürftig; 2. Klasse: bedürftig; 3. Klasse: wenig bemittelt) an die 114 Wassergeschädigten verteilt werden. Die drei Höchstbeträge erhielten: Moritz Eggel 2280 Franken, Eduard Zeiter 2248 Franken und Moritz Jossen 1824 Franken.[764]

Bald danach musste man das Bachbett entleeren sowie eine Korrektion des gefährlichen Kelchbachs vornehmen. Für diese Arbeiten, die ab September 1923 und 1924 ausgeführt wurden, gewährte die Urversammlung vom 23. September 1923 einen Kredit von 60 000 Franken.[765] Da der eidg. Inspektor Ruth und Ingenieur Dallive die Kelchbachkorrektion in Augenschein nahmen und einen diesbezüglichen Bericht erstatteten, ist anzunehmen, dass auch Bund und Kanton das Projekt subventionierten, wenn auch die Gemeinderatsprotokolle über diese Hilfe nichts vermerken. Offenbar wurde die Kelchbachkorrektion 1924 nicht zu Ende geführt, denn am 28. Oktober 1928 berichtet das Gemeinderatsprotokoll, dass auch «das rechte Ufer des Kelchbachs fertig ausgebaut werden soll».

Das angeschwemmte Material wurde zur Aufschüttung eines Deiches neben dem Rhonedamm verwendet. Durch diese Aufschüttung wurden «Tausende von Quadratmetern Kulturland gewonnen».

## 24. September 1993 – Hochwasserschutz am Kelchbach

Am Freitag, dem 24. September 1993, als viele Teile des Oberwallis von der grossen Unwetterkatastrophe heimgesucht wurden, schwoll auch der Kelchbach bedrohlich an und brachte viel Geschiebe, so dass das Profil bei der 58 Meter breiten Marktplatzbrücke, die als gefährlichste Schwachstelle im Kegelbereich des Kelchbachs angesehen wird, zwischen Sohle und Brückenunterkante nur noch einen Abstand von 0,75 m aufwies. Begreiflich, dass seit diesem Tag immer wieder Stimmen vehement einen Massnahmenkatalog zur Verbesserung des Hochwasserschutzes fordern.

Der Gemeinderat blieb in dieser Angelegenheit keinesfalls untätig. Im Dezember 1993 beauftragte er die Versuchsanstalt für Wasserbau der Eidg. Technischen Hochschule Zürich (VAW/ETHZ), die Problematik am Kelchbach in einer Grobanalyse zu untersuchen und gleichzeitig einen Massnahmenkatalog zur Verbesserung des Hochwasserschutzes zu erarbeiten. Im Oktober 1994 legte die VAW der ETHZ eine mehrere hundert Seiten starke Grobanalyse vor. Diese wurde in ihren wesentlichen Punkten in den ‹Mitteilungen› (Febr. 1995, Nr. 2, und Juni 1996, Nr. 5) veröffentlicht. Beim Kelchbach wurden als Sofortmassnahmen bereits folgende Verbesserungen vorgenommen:
- Erhöhung der Kelchbachmauern bei der Einmündung in den Rotten
- Verkürzung der Marktplatzbrücke um zirka 20 Meter
- Verstärkung der Bachsohle im Brückenbereich
- Unterfangung und Verstärkung der Ufermauern im Abschnitt Marktplatzbrücke bis FO-Brücke mittels mobiler Dammbalken usw.

Nach den bereits realisierten Sofortmassnahmen zur Verbesserung des Hochwasserschutzes am Kelchbach will die Gemeinde Naters nun auch der Überschwemmungsgefahr bei extremen Ereignissen vorbeugen. Geplant ist ein über zwei Kilometer langer *Hochwasser-Entlastungsstollen,* der von einem Geschieberückhaltebecken in der Fromatte oberhalb von Naters in südwestlicher Richtung zur Rhone führt. Den Gesamtkosten von 25 Mio. Franken steht ein Schadenpotential von bis zu 150 Mio. Franken gegenüber. Abzüglich der Bundes- und Kantonsbeiträgen bleiben der Gemeinde Naters Restkosten von 1,25 bis 3,75 Mio. Franken. Soweit der Stand der Planung im Juli 1999.[766]

## Klosibach

Beim Hochwasser vom 22. Dezember 1991 wurden das Gebiet Klosi, der Friedhof und der alte Dorfkern am stärksten betroffen. Aber auch in den Quartieren Sand, Weisser Sand und Landstrasse hinterliessen die sintflutartigen Regenfälle Spuren. Das Unwetter richtete am Friedhof und am Kanalisations- und Strassennetz beträchtliche Schäden an. In den Jahren 1994 und 1995 erfolgte die Sanierung des Klosibachs, indem der Wasserdurchlass beim Klosiweg verbessert und eine grössere Überbauung sowie eine mobile Brücke erstellt wurden.

## Bruchji

Über die Verheerungen des Wildbachs Bruchji oberhalb von Blatten sind uns aus früherer Zeit fast keine Aufzeichnungen erhalten. Wer aber die weit klaffende Schlucht betrachtet, die das Bruchji in den lehmartigen Berghang eingefressen hat, und wer sich die vielen Schuttfelder in Rischinen, Blatten und im Blindtal ansieht, der bekommt annähernd ein Bild von der Zerstörungswut dieses «wilden Gesellen». Dass das Volkssprichwort «das Bruchji befiehlt selber» nur allzu sehr auf Wahrheit beruht, lehren die Erfahrungen der Jahre 1905 bis 1907 und der jüngsten Zeit, in der das Bruchji «ertöübet» (ausgebrochen) ist. «Ds Bruchji chunt», für die älteren Blattner ist das so sicher wie das Amen in der Kirche, auch wenn es Jahre oder Jahrzehnte der friedliche Bergbach bleibt.

Am 22. Juni 1976 waren sich die eidgenössischen und kantonalen Instanzen anlässlich einer Begehung einig, dass das Bruchji für Blatten eine grosse Gefahr darstellt. So kam es in den Jahren 1977/1978 zu einer imposanten Wildbachverbauung. Ein 300 Meter langer Blockwurf am westlichen Rand des Baches sichert die Ortschaft Blatten ab. Dieser künstlich aufgeschüttete betonierte Damm hat eine Höhe von acht bis zehn Metern. Bei der Bruchji-Korrektion wurden in den genannten Jahren 12 000 Kubikmeter Gesteinsmaterial verschoben. Über dem Bruchji wurde eine stabile Brücke errichtet. An den Gesamtkosten von ungefähr 700 000 Franken beteiligten sich der Bund mit 40, der Kanton mit 35 und die Gemeinde mit 25 Prozent. Mit diesen Verbesserungen setzte die Gemeinde bereits einen wichtigen Markstein «in der wilden Geschichte» des Bruchjis.

Als am 1. Juli 1995 das Bruchji erneut ausbrach und Schutt, Gestein, ja bis zu kubikmetergrosse Steine mit sich riss, konnte das in den 70er-Jahren erstellte Auffangbecken die riesigen Schutt- und Gesteinsmassen aufhalten. Die Rischinerbrücke musste zwar abgebrochen werden. Sonst hielt sich der Schaden in Grenzen. «Noch einmal Glück gehabt», sagten sich viele.

In den Jahren 1995/1996 wurde die Bruchjibett-Verbauung weitergeführt und oberhalb der Strasse nach Rischinen das Materialsammelbecken erweitert. Gleichzeitig befestigte man die Uferböschungen des Bachbettes unterhalb der Rischinerbrücke bis zur Bleischmelze und Wegbrücke beim Ort «Zum Bärg». Gesamtkosten: 1,670 Mio. Franken, wobei Bund und Kanton 90 Prozent subventionierten.

# Siedlungsgeschichte und Hausinschriften

## Allgemeines zur Besiedlung

Über die Besiedlung von Naters in der prähistorischen Epoche sind wir beinahe völlig im Unklaren. Wohl weisen archäologische Funde auf eine Besiedlung vor Christi Geburt hin. Es darf angenommen werden, dass die Gegend von Naters schon sehr früh bewohnt war, denn auf dem linken Ufer der Rhone (Brig-Glis) finden sich bereits aus der Jungsteinzeit (5000–2300 v.Chr.) und der Bronzezeit (2300–800 v.Chr.) sichere Spuren einer ansässigen Bevölkerung. Zweifelsohne war um diese Zeit auch das rechte Rhoneufer besiedelt, da es eine viel sonnigere und geschütztere Lage besitzt.

## 13. bis 18. Jahrhundert

Schon früh treten in Urkunden die Namen der Gassen und Plätze auf, die noch heute bestehen. So wird der «Platz» 1276, die «Mundgasse» 1304 («in der Mundgazzun»)[767], die «Kramgasse» (jetzt Judengasse) 1393, «im Hof» zirka 1400 erwähnt. Auch unterhalb der Kirche werden bereits 1339 Häuser und Gebäulichkeiten namhaft gemacht.

Das alte Naters liegt auf dem Fuss der sanften Schwemmlandhalde des Kelchbachs, dessen Tälchen sich unter hoher Talstufe mit kesselartigem Becken nach Süden zum Rottental hin öffnet. Das Dorf umfängt die ehemalige Talstrasse, die, von der Rottenbrücke herkommend, im Westen in die Judengasse einmündete, an der «Linde» und am alten «Dorfplatz» vorbeiführte, den Kelchbach überquerte und im Lombardeiweg dem Beckenrand entlang wiederum nach vorne bog. Der von der Kirche zum östlichen Ende des Lombardeiwegs strebende Hegdornweg erschliesst das wohl erst seit dem 17. Jahrhundert dichter überbaute Areal im östlichen Strassenbogen.

Siedlungsbild und Struktur der schon 1138 erwähnten «villa Natria»[768] haben im Laufe der Jahrhunderte tief greifende Veränderungen erfahren. Die Existenz der kleinen Gemeinwesen «ob Dorf» («super dorff») und «uff der Flüe» («super flue») im 13./14. Jahrhundert lässt auf eine weilerartige Struktur im Norden des Dorfes schliessen. Im baufreudigen 16. Jahrhundert erhielt nicht nur der «alte Dorfplatz», sondern auch die als Handels- und Gewerbestrasse dienende Judengasse durch Neu- oder Umbauten ihr charakteristisches Gepräge.

Auffallend sind die mit dem Bau des Pfarrhauses (1461) einsetzenden zahlreichen Umbauten und Erweiterungen von steinernen Gebäuden des Mittelalters (13./14. Jh.). Verhältnismässig gut erhaltene Türme liess man stehen, um sie als «Nahhischer» durch den Anbau von traditionellen Vorderhäusern aus Holzwerk auf einem Mauersockel in das Wohnprogramm einzubeziehen. Schadhaftere Steintürme wurden, bis auf Dachhöhe abgetragen, als «Nahhischer» integriert oder fanden als Mauersockel für das Holzwerk der Wohngeschosse Verwendung. 1544 rühmt Johannes Stumpf die «schoene gebeüw merteils von steinwerch»[769]. Und Sebastian Münster berichtet 1550 in der Beschreibung des Landes Wallis: «Naters auf der andern seiten des Roddans gegen Brig ist auch ein lustiger flecken, hat viel lustiger gärten und matten, und ein zimlich weite, aber ein büchsenschutz weyt, tut sich das gebirg gantz eng zusammen.» Naters sei «ein grosser von meistens steinernen Häusern wohlgebauter Flecken», schreibt Hans Jacob Leu 1758 in seinem «Allgemeinen Helvetischen, Eidgenössischen oder Schweizerischen Lexicon».

Im ausgehenden 16. und im 17. Jahrhundert schufen einige reiche und angesehene Familien repräsentative Stammsitze verstreut im Dorf und abseits der Strasse, so die Familien Michel-Supersaxo, Lergien und Schnydrig.

## 19. Jahrhundert bis heute

Wohl schon vor dem Bau der Furkastrasse 1857 (heutige Belalpstrasse) wurde der Durchgangsverkehr südlich am Dorf vorbeigeführt.[770] Eine rege Bautätigkeit an dieser neuen Strasse setzte jedoch erst zur Zeit des Simplontunnelbaus nach 1898 ein, und zwar vor allem östlich des alten Dorfes, wo als ausgeprägte Strassensiedlung das lang gezogene «Negerdorf» mit Arbeiterhäuschen entstand. 1902 wurde die Verbindungsstrasse zum neuen Bahnhof von Brig angelegt, der bald die steinernen Bauten im Stil der Zeit folgten. Die mit dem Simplontunnelbau einsetzende Periode liess Gebäude in einfachen klassizistischen und historisierenden Formen entstehen, die mit der traditionellen Architektur nichts mehr gemein hatten und ein modernstädtisches Element ins Dorf hineinbrachten.

Im Jahrzehnt der Hochkonjunktur 1960–1970 nahm die Bevölkerung des Dorfes fast um die Hälfte zu. Die dadurch ausgelöste hektische Bautätigkeit entwickelte sich zum Vorteil des alten Dorfes in Richtung Natischer Feld, wo inmitten des rasch überbauten Talgrundes die von mächtigen Wohnblocks gesäumte «neue Furkastrasse» in ihrem westlichen Abschnitt zu einer Geschäftsstrasse wurde. Einzig das neue Schulhaus (1962) «i dr Turumattu» zwischen Dorf und Ornavassoturm ist als störendes Objekt Zeuge dieser Bauperiode im Innern des alten Dorfes. Der neuen Blattenstrasse (1931–1934) entlang säumen Villen den Hang des Natischer Bergs.

Wie rapide die Bevölkerung um die Jahrhundertwende und dann wieder nach 1960 zunahm, veranschaulichen wir am Beispiel Wohnungsbau. 1890–1900 wurden in Naters 160 neue Wohnhäuser mit total 400 Wohnungen errichtet. Die 1957 angelegte neue Furkastrasse wurde zu einem weiteren Meilenstein in der Entwicklung der Gemeinde. 1962 entstanden hier die ersten Wohnhäuser, die in der Folge wie Pilze aus dem Boden schossen. 1964–1973 entstanden in Naters 1240 Wohnungen. 1983 beispielsweise wohnten entlang der neuen Furkastrasse rund 3500 Einwohner. Noch 1988 wurden nicht weniger als 169 neue Wohnungen fertig gestellt. Gesamtbestand an Wohnungen: 1975: 2787; 1980: 3231; 1985: 3481; 1990: 3822. Anzahl bewilligter Baugesuche: 1980: 222; 1985: 172; 1990: 195; 1995: 193.

1980–1982 erfolgte die Pflästerung des Kirchplatzes, des Platzes bei der Linde und der Judengasse mit den einmündenden Gassenabschnitten.

# Massnahmen rund um die Besiedlung

## Ortsinventar

Im Auftrag der Gemeinde erarbeitete eine sechsköpfige Studentengruppe des Kunsthistorischen Seminars der Universität Freiburg (Leitung: Heinz Horat) 1975/76 ein Inventar über das bauliche Erbe des alten Dorfes (vier Ordner) und 1977–1979 des Natischer Bergs (acht Ordner).[771] Bund und Kanton subventionierten die Inventarisierung mit 25 und 24 Prozent der Kosten. Dieses Inventar ist eines der umfassendsten seiner Art, von bestechlicher Genauigkeit und war für den Schreibenden eine wertvolle Fundgrube. Die Studie gibt vor allem zuhanden der Gemeindeverwaltung und der Bürger in empfehlender Weise Richtlinien, an die sich die bauliche und die landschaftliche Entwicklung der Gemeinde halten soll.

## Kulturgüterschutz

Am 11. Dezember 1985 schrieb die Zeitung ‹Blick› über unseren Ort: «Naters ist ein kleines Kaff im Oberwallis, das wie eine Briefmarke am internationalen Eisenbahnknotenpunkt Brig klebt.» Dieser oberflächlichen Betrachtungsweise steht die hohe Wertschätzung der Fachleute und der einheimischen Bevölkerung dem kulturreichen Flecken Naters gegenüber. Das kantonale Amt für Kulturgüterschutz hat von der Gemeinde Naters folgende Objekte ins «*Inventar der schützenswerten Ortsbilder der Schweiz*» aufgenommen: *a) von nationaler Bedeutung (A):* Dorfkern mit Kirche St. Mauritius, Beinhaus, Pfarrhaus und Junkerhof als Baugruppe, Dorfkern Blatten mit der St. Theodulskapelle; *b) von regionaler Bedeutung (B):* Kirche St. Mauritius, Pfarrhaus mit Archiv, Beinhaus (mit Statue der hl. Kümmernis), Junkerhof, «Spycher» Michel-Supersaxo, Lergienhaus (Burgerhaus), Ornavassoturm, Burgruine «uff der Flüe» (Bischofsschloss) und St. Antoniuskapelle im Klosi. Als «besonders wertvoll» wurden im Dorf Naters zehn Gebäude klassiert; 43 Häuser erhielten die Bezeichnung «wertvoll»; der Hauptbestand des alten Dorfes ist in der «Gesamtform erhaltenswert». Ebenso sind neben Blatten neun weitere Weiler oder Teile davon ins Inventar der schützenswerten Ortsbilder der Schweiz (ISOS) aufgenommen worden.

## Bauverordnungen

Wie Philipp Carlen nachweist, «war Naters die einzige Dorfgemeinde, die schon im 19. Jahrhundert (1899) eine schriftliche Bauverordnung besass»[772]. Anlass zur Ausarbeitung dieser Verordnung gab die grosse Bautätigkeit, die durch den Simplontunnelbau 1898 ausgelöst worden war. Gemäss dieser 36 Artikel umfassenden Bauverordnung war der Gemeinderat befugt, reglementswidrige Bauten von Amtes wegen auf Kosten des Eigentümers abreissen zu lassen. Fassaden, die den Strassen «ein schlechtes Aussehen» gaben, konnten auf Anordnung des Gemeinderates «gestrichen oder beworfen werden». Es wäre aufschlussreich, hier auf die einzelnen Baureglemente, vor allem der neuesten Zeit, näher einzugehen, wir müssen uns jedoch mit einer Aufzählung begnügen. Laut Bauamt der Gemeinde datieren die Bau- und Zonenreglemente wie folgt (Datum der Annahme durch die Urversammlung oder der Homologation): 28. Mai 1899; 1. Januar 1953; 6. November 1966; 7. Februar 1971; 28. November 1973; 3. September 1975; 28. November 1982 und 9. Juni 1996.[773]

Bis 1975 kam Naters ohne Hausnummern aus. In jenem Jahr wurden sämtliche Häuser nummeriert.

## Grundbuchvermessung

In Bezug auf die Grundbuchvermessung schrieb das kommunale Bauamt 1997 dem Verfasser: «Diese wurde 1957/58 öffentlich aufgelegt. Die Eintragungen sind abgeschlossen. Änderungen werden laufend nachgeführt.»
Um das homogene Ortsbild zu erhalten, subventioniert die Gemeinde seit geraumer Zeit Steinplattendächer. Die Beiträge werden für die Kernzone von Naters, die Weiler im Natischer Berg sowie für die Alpen Bel und Lüsgen gewährt. Im Dorfkern von Blatten besteht für die Bauherren seit März 1967 die bindende Verpflichtung, bei einer Neubedachung Steinplatten zu verwenden.

## Hausinschriften

Bei unseren Darlegungen über die Gebäude im alten Dorf Naters sowie im Natischer Berg geht es uns vor allem um eine Sammlung von Binnen- oder Dielbauminschriften in den Häusern, aber oft auch um deren Besonderheiten. Das Wort «Binne» (= Dielbaum; manche gebrauchen auch «Binde» von binden) ist ein typisches, aber generell im Wallis gebrauchtes Wort, das im Duden nicht existiert. Da und dort werden auch wichtige landwirtschaftliche Gebäude, wie z.B. alte Speicher, beschrieben. Insgesamt wurden auf dem Territorium der Gemeinde Naters (Grund, Berg und Alpen) **rund 660 Inschriften** gesammelt (pro Wohnung gerechnet, ohne die Inschriften an Öfen), davon 100 im alten Dorf Naters, 510 im Natischer Berg und 50 in den Alpen. Von ganz wenigen, wohl unbedeutenden Ausnahmen abgesehen, gilt die Sammlung als vollständig. (Die Inschriften der Kirche, des Beinhauses und der Kapellen sind in obiger Zahl nicht enthalten.)
*Wir stellen zuerst das alte Dorf Naters vor, nennen auch einige herausragende Neubauten und enden mit der Siedlungsgeschichte am Natischer Berg.*
*(Neben der Katasternummer steht jeweils der Name des Besitzers; WG = Wohngeschoss; B = Beschriftung bei Öfen.)*

# Naters – das alte Dorf

Bei der Darstellung[774] eingehaltene Reihenfolge der Dorfquartiere: der Kirchplatz und die unmittelbar angrenzenden Quartiere nördlich vom Platz, südlich der Pfarrkirche und am Ornavassoweg – der Hegdornweg als mögliches Teilstück der ehemaligen «via regia» (= königliche Strasse) – der Strassenzug der «via regia», umfassend die Judengasse, den Platz bei der Linde, den Lindenweg samt abzweigenden Gassen und Randquartieren. *(Folgende Gebäulichkeiten sind anderswo beschrieben: Pfarrkirche und Beinhaus [eigene Kapitel], Ornavassoturm, Bischofsschloss und Burgruine Weingarten im Kapitel «Allgemeine Geschichte der Gemeinde Naters», das «Lergienhaus» (Burgerhaus) unter «Burgerschaft» sowie das Pfarrhaus und die Kaplaneihäuser im Kapitel «Pfründen ...».)*

## Der Kirchplatz

Der heutige Kirchplatz hat seine dreieckige Gestalt und seine Weiträumigkeit erst in den letzten hundert Jahren erhalten. Das nordwestliche Dreieckareal, das nun mit breiter Öffnung in den

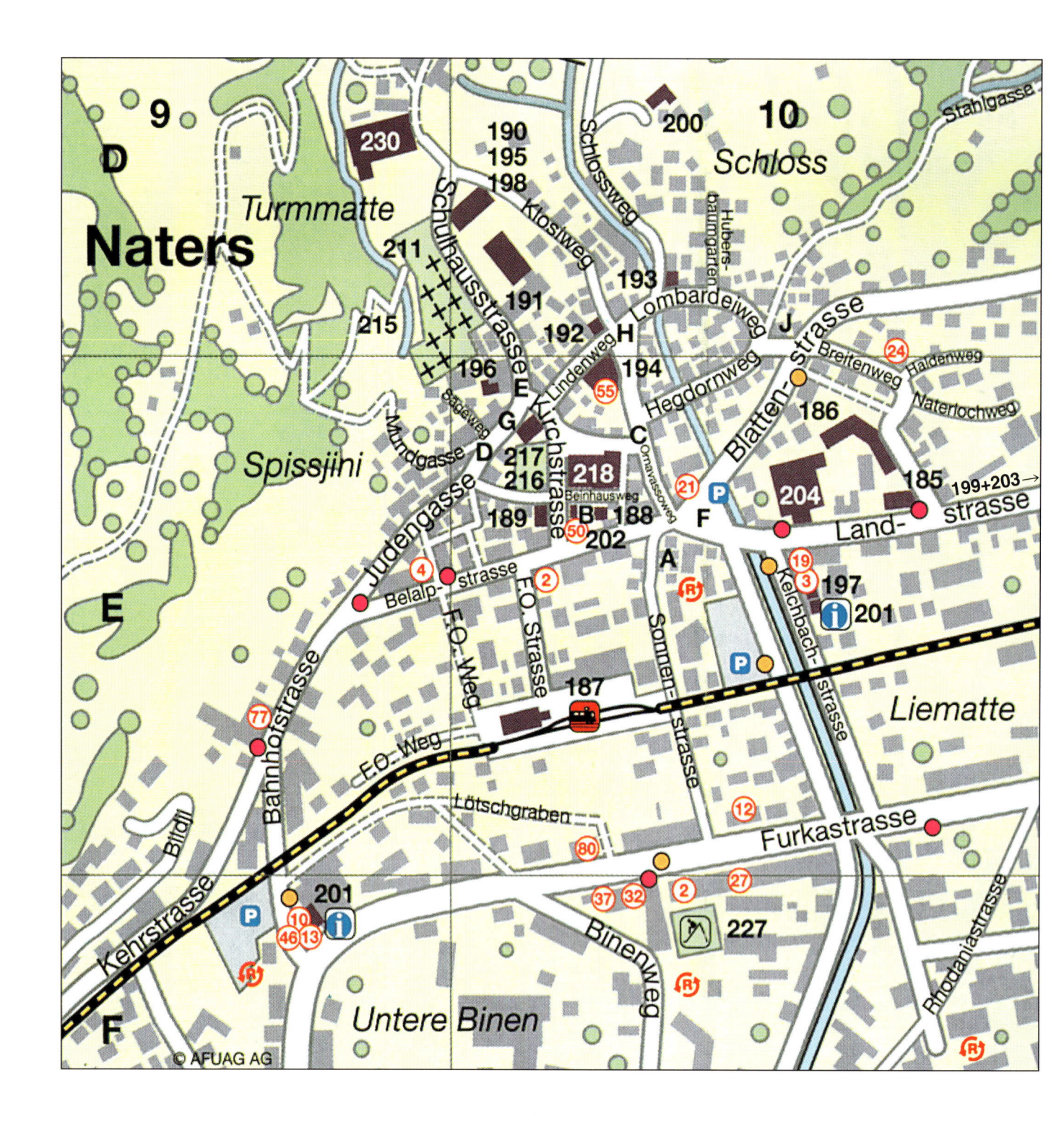

## Naters

| | | |
|---|---|---|
| 185 | Asilo | E10 |
| 186 | Alterssiedlung Sancta Maria | E10 |
| 187 | Bahnhof FO | E10 |
| 188 | Beinhaus | E10 |
| 189 | Gemeindeverwaltung Junkerhof Bauamt/ Gemeindepolizei Fundbüro | E10 |
| 190 | Halle Ornavasso | D10 |
| 191 | Halle/Schulhaus Turmmatte | D10 |
| 192 | Haus Megetschen | D10 |
| 193 | Haus Supersaxo | D10 |
| 194 | Kunsthaus zur Linde | E10 |
| 195 | Ornavassoturm | D10 |
| 196 | Patrizierhaus Lergien | E10 |
| 197 | Post | E10 |
| 198 | Primarschulhaus Ornavasso | D10 |
| 199 | Schulhaus Bammatten | E11/12 |
| 200 | Ruine Schloss auf der Flüe | D10 |
| 201 | Verkehrsverein Information | F9/E10 |
| 202 | Waldenhaus | E10 |
| 203 | Werkhof/Feuerwehr | E11 |
| 204 | Zentrum Missione Gemeindebibliothek | E10 |

Die roten Zahlen geben die Firmen, Restaurants u.a.m. an. Sie werden im erweiterten Ortsplan genannnt.

(Aus dem Ortsplan der Region Brig-Glis, Naters und Umgebung)

Lindenplatz übergeht, war bis 1920 umfriedeter Baumgarten der Pfarrei, in dessen südlicher Mauer sich jenes Tor öffnete, das heute in die Mauer des Pfarrgartens versetzt ist. Da westlich vom Portal ein grosser Nussbaum stand, war der Kirchplatz bei der Vorhalle des Gotteshauses sehr kleinräumig und in seinen Ausmassen bescheidener als das trapezoide Friedhofareal entlang der nördlichen Flanke der Pfarrkirche. Kirchplatz und Friedhof müssen seit Ende des 17. Jahrhunderts sehr geschlossen gewirkt haben, da die beiden östlichen Zugänge, nämlich der Weg vom «Hotzplatz» her und der Beinhausweg, ebenfalls mit Toren und Türen versehen waren. 1869 wurde der Friedhof an den heutigen Standort im Klosi verlegt. Die Preisgabe des Baumgartens beziehungsweise der Abbruch seiner südlichen Mauer veränderte den Kirchplatz und zugleich das Verkehrsnetz im Herzen des alten Dorfes grundlegend. Die breit ausgebaute geradlinige Verbindung von der alten Furkastrasse zum Platz bei der Linde und zur Schulhausstrasse wurde zur Hauptverkehrsader in Nord-Süd-Richtung, quer durch das alte Dorf. Der weiträumige Kirchplatz wird nun von den monumentalen Einzelbauten Kirche, Pfarrhaus und Junkerhof gleichsam an den drei Enden gehalten. Der einst bedeutende Platz bei der Linde ist zum «Vorhof», die Gasse hinter der noch erhaltenen östlichen Mauer des Baumgartens zum «Hinterhof» geworden, seit sie nicht mehr Hauptverbindungsweg vom Lindenplatz zur Pfarrkirche ist; dafür ist sie nun mit den Giebeln ihrer Häuserzeile als malerische Silhouette umso besser in den Kirchplatz integriert. So erhielt die nördliche Hälfte der Lichtung auch gewisse neue Platzqualitäten.

## Der Junkerhof (Gemeindehaus)

**Nr. 134, Gemeinde Naters**

### Name und Eigentumsverhältnisse seit dem 19. Jahrhundert

Wie weit der Name «Junkerhof» zurückreicht, ist nicht bekannt. Möglicherweise entstand er in Erinnerung an das Rittergeschlecht der Rodier, deren Haus unterhalb der Kirche gestanden hatte, die aber im Mannesstamm schon in der ersten Hälfte des 14. Jahrhunderts, d.h. vor dem Bau des Junkerhofs erloschen waren.[775] Im 19. Jahrhundert fiel die eine Hälfte des Hauses durch Erbschaft an eine Familie Schiner in Ernen, die laut einem Schuldschein aus dem Jahre 1845 ihren Teil der Familie Moritz Eyer für 900 Mörsiger Pfund abtrat.[776] Die andere Hälfte, im Besitz der Familie Stockalper, Brig – auch die Erben von alt Kastlan Anton de Chastonay machten Rechte geltend –, gelangte an Clemenz Gemmet und 1900 an Theodul Lerjen.[777] Vielleicht war das Haus im 18. Jahrhundert Sitz der angesehenen Familie de Chastonay. Von 1883 bis 1920 befand sich im ersten Stockwerk des Junkerhofs eine Dorfwirtschaft, genannt «Café Junkerhof». Danach kaufte der Konsumverein dieses Stockwerk sowie das Erdgeschoss und betrieb in Letzterem während langer Zeit einen Verkaufsladen (vgl. Kap. «Gemeinnützige Vereinigungen»: Konsumverein). Zu Beginn der 1970er-Jahre wurden im Junkerhof vorübergehend auch Schulklassen untergebracht.

Am 28. Mai 1971 stimmte die Urversammlung dem Erwerb des Junkerhofs (mit Umschwung von 500 m$^2$) durch die Gemeinde vom Konsumverein und den Erben Elias Jossen-Albert für den Preis von 340 000 Franken mit 139 Ja- gegen 56 Neinstimmen zu, dies, obwohl in der vorausgehenden Diskussion der Junkerhof von einem Burger als «alter Dreck» bezeichnet worden war.

Die letzte Bewohnerin des Junkerhofs war bis zu ihrem Lebensende Adelheid Jossen-Albert (1886–1974). Dieser tapferen Frau und langjährigen Witwe widmete ihre Tochter Hanny Mutter-Jossen eine lesenswerte, 16-seitige Broschüre mit dem Titel: «Die letzte Herrin vom Junkerhof, Naters 1976».

*Adelheid Jossen-Albert: die letzte Herrin vom Junkerhof.*

*Der Junkerhof.*

### Baugeschichte

In den nördlichen zwei Dritteln des Gebäudes bestehen ansehnliche Teile eines spätmittelalterlichen «festen Hauses»[778] (14./15. Jahrhundert) von 10×11/10,25 m fort. Seine Fragmente reichen in der Nordwand und in der Ostmauer nördlich vom Treppenturm bis auf Deckenhöhe des zweiten Geschosses, sinken in den südlicheren Wandabschnitten aber auf die Höhe des Erdgeschosses. Zwischen dem Treppenturm und dem nördlichsten Zwillingsfenster der Ostfront kamen 1975 in dem unregelmässigen Mauerwerk ein wuchtiger, leicht rundgiebeliger Monolithsturz eines ebenerdigen Portals und in der nördlichen Giebelfront ein von mächtigen Steinblöcken gerahmter Hocheingang zum Vorschein. Wohl Anfang des 17. Jahrhunderts wurde das Gebäude bis auf die vorhandenen Fragmente abgebrochen und die Südwand entfernt. Dann wurde der Mauersockel nach kleinem Rücksprung in abweichender Flucht um vier bis fünf Meter nach Süden vorgezogen, das «Nahhüs» in Stein auf die heutige Höhe ergänzt und ein zweigeschossiges Holzwerk als «Vorderhüs» aufgeschlagen. Für den anschliessend errichteten Treppenturm waren die Türen in der Hauswand schon vorgesehen. 1675 liess Johann Schneidrig (Schnydrig) die ehemals hölzerne Kammerachse im Westen durch Stein ersetzen, das Holzwerk nach Erneuerung im obersten Stockwerk mit einer Mauer verkleiden und an der Westseite einen Toilettenschacht anbringen.

Der Krüppelwalmgiebel aus Sichtfachwerk ist vermutlich erst im frühen 18. Jahrhundert auf den Treppenturm gesetzt worden. Der Dachstuhl über dem Hauptgebäude wurde in neuerer Zeit ausgebaut.

1975/76 erfolgte die Restaurierung des Junkerhofes durch Johannes Horestes Bundschuh und Karl Gertschen, Naters, unter Aufsicht der Kant. Denkmalpflege und Prof. Dr. Alfred A. Schmids als Experte der Eidg. Kommission für Denkmalpflege. Restaurationskosten: 1 267 662 Franken. Als kantonales Musterbeispiel im Europäischen Jahr für Denkmalpflege und Heimatschutz 1975 konnte der Junkerhof nationale Bedeutung beanspruchen und er erhielt demzufolge den Höchstansatz an Subventionen (Bund 50 Prozent, Kanton 15 Prozent).

1985 schaffte die Gemeinde, angrenzend an den Junkerhof, neue Räumlichkeiten für die Dorfpolizei. 1988/89 erstellte sie im westlichen Teil des Junkerhofes unterirdisch einen Archivraum, der sich zuvor im Dachboden des Ratshauses befunden hatte. 1991 wurde im Dachgeschoss das Büro für das Bauamt eingerichtet.

## Beschreibung

**Äusseres.** Der Junkerhof bildet als Gegenstück zum Pfarrhaus den südwestlichen «Eckpfeiler» an dem nach Westen hin offenen Kirchplatz. Im Gegensatz zum Pfarrhaus erscheint der Junkerhof jedoch als malerischer Bau des 17. Jahrhunderts, weil einzig die niedrige strebepfeilerartige Verstärkung an der Nordostecke, der Hocheingang in der Nordfront und die schräg aus der Wandflucht ausscherende Mauer im Erdgeschoss der Westflanke von dem «festen Haus» des Spätmittelalters zeugen. Die zwei Bauetappen des 17. Jahrhunderts sind am Äusseren des Gebäudes zwar deutlich ablesbar, sie verschmelzen aber dank der gleichen rötlichen Farbe sowohl an den Eckquadern wie an den Fenster- und Türgewänden zu einem homogenen Gesamteindruck. Wo immer Kielbogenfenster erscheinen, nämlich im Erdgeschoss, im ehemaligen «Nahhüs» und am Treppenturm, handelt es sich um den Umbau des frühen 17. Jahrhunderts, während in der steinernen Kammerachse von 1675 lediglich gefalzte Tuffrahmen sitzen. Besonders ausgezeichnet ist der Saal im «Vorderhüs», wo sich seitlich je ein und an der Vorderfront sogar zwei Drillingsfenster öffnen. Wie beim Pfarrhaus verrät die Fenstergliederung der südlichen Giebelfront das kaschierte Holzhaus. Der quergestellte Giebel des krüppelgewalmten Treppenturms verdient besondere Beachtung.

**Inneres.** Dort sind neben den Tonnengängen und Kreuzgewölben der Kehrtreppe und neben den zahlreichen Balkendecken mit gemörtelten Tonnen in den Zwischenräumen vor allem die Räume im «Vorderhüs» sehenswert, der Saal mit ebensolcher Decke und die beiden Wohnstuben im Holzwerk. – **Inschriften.** An der Decke des Saals (Gemeindekanzlei) sind acht Dielbäume mit breitem plastischem Rundstab an den Kanten. An einem mittleren Dielbaum Inschrift in monumentaler Kapitalschrift: «IHS OMNIBUS EXORDIIS ADSIT MITISSIMUS. IESUS, COMPLEAT ET FINEM VIRGO BEATA SUUM. CONCORDIA R[e]S PARVAE CRESCUNT DISCORDIA VERO RES MAGNAE DILABUNTUR» *[= Allen Fehlbaren stehe der gütigste Jesus bei und die selige Jungfrau mache ihr Ende voll. In der Eintracht wachsen die kleinen Dinge, in der Zwietracht werden die grossen Dinge zerfallen].* In der Stube des ersten Stockwerks: «Johnnes Schneidrig Gubernator Modernus Sti Maurity et Maria Pethronilla Summermatter Conjuges: 1675» *[= J. S., zurzeit Landvogt von St-Maurice (des hl. Mauritius) und M. P. S., Ehegatten ...].* – In der Stube des zweiten Stockwerks ruhen neun nach unten stark verjüngte, an den Wangen profilierte Dielbäume auf einem kräftigen profilierten Wandsims in der Form eines quer geschnittenen Viertelkreises. An einem der Dielbäume Inschrift in ungewöhnlich feiner Humanistenschrift: «Johannes Schneidrig alias Cast[ella]nus L[audabilis] : D[eseni] : Brigae Mod[er]nus Agaunensium – Gubernator & c et Maria Petronilla Summermatter conjuges 1675 DIE 31. May» *[= J. S., einst Grosskastlan des löblichen Zendens Brig, zurzeit Landvogt von St-Maurice etc. und M. P. S., Ehegatten, am 31. Mai 1675].*

Prachtvolle, breite **gerahmte Stubentür.** Nussbaum. Um 1675. In den beiden Rechteckfüllungen oben Jesusmonogramm, unten Marienmonogramm in flammenstrahligem Medaillon. – **Kammertür.** Nussbaum. Mitte 17. Jh. In der Kammer des zweiten Stockwerks **Felderdecke** des 17. Jh., ferner in einem rückseitigen Zimmer Täfer und Decke wohl von 1884; geschnitzte Deckenrosette mit Jesusmonogramm über den Initialen «E[yer] St[ephan]».

**Öfen** (Nrn. 1 und 2 sollen vom Waldenhaus stammen). **1.** Rund, dreigeschossig, mit Kehle am Sims. Wappen mit gekröntem Drachen und den Initialen «B[urgesia] N[atriae] / C[ommunitas] R[ischanon]» *[= Burgerschaft Naters / Gemeinde Rischinen];* rundum die Ziffern der Jahreszahl 16 / 51. Ferner in Zierspiegel «C[lemenes] G[emmet] / K P / 1882». – **2.** Dreigeschossig, mit Kehle am Sims. Über der Jahreszahl 1653 kraftvolles Rollwerk-Medaillon mit gekröntem Drachen. – **3.** Zweigeschossig, mit Doppelkehle am Sims. 1883 umgebaut. Allianzwappen Kämpfen (WWb 1946, Tf. 7) und Summermatter [Kleeblatt auf Dreiberg] mit den Initialen «C B K[ämpfen] und M[aria] P[etronilla] S[ummermatter]» und der Jahreszahl 1684, nun umgeben von rechteckigem Feld mit Jahreszahl 1883 und den Initialen «C G / K P» (s. oben unter Nr. 1). – **4.** Zweigeschossig. Über der

*Ausschnitt aus der Dielbauminschrift des zweiten Stockwerkes.*

*Prachtvolle Spätrenaissance-Stubentür im Junkerhof, um 1675.*

Jahreszahl 1884 in Lorbeerkelch Jesusmonogramm unter den Initialen «ST[ephan] E[yer]». – Truhe, sogenannter **«Sechserkasten».** Holz, schwarz gestrichen. L. 78 cm, H. 53 cm, T. 47 cm. Im Deckel eingeschnitzt die Initialen «B[urgesia] N[atriae]» *[= Burgerschaft Naters]* und die Jahreszahl 1657[779]. Das dreiteilige breite Bügelbeschläg wird durch die sechs Schlösser der «Sechser», d.h. der sechs Vorsteher der Gemeinde Naters, verriegelt. Fronten durch später angebrachte, bemalte Eisenblechbänder verunstaltet.

**Burgerbecher.** Aufbewahrt in Schatulle mit fehlendem Schiebedeckel. Es sind nur mehr wenige ältere Stücke vorhanden. Es fehlen daher auch die «2 Tazen», die am 20. April 1652 von Kaspar Stockalper und seinem Bruder Johann für die Verleihung des Burgerrechts von Naters und Rischinen erstattet worden sind.[780] – **1.** H. 7,9 cm. Silber, ziervergoldet. Erste Hälfte 17. Jh., 1819 wieder verwendet. Unter dem vergoldeten Friesband eingravierte Inschrift: «CRI[sten] ZENK[lusen] BURG[er] VON NATERS / 1819». – **2.** H. 8,3 cm. Silber, vergoldet. Erste Hälfte 18. Jh., 1799 wieder verwendet? Am Fries Inschrift: «A . K . C . D . C . B[urgesia] N[atriensis] *[= Burgerschaft Naters]* 1799». Punzierte Wandung. – **3.** H. 9,2 cm. Silber, vergoldet. 1819. An der Wandung, inmitten von gravierten C-Bogenkartuschen, Muscheln und Pflanzenmotive: «A[nton] I[ossen] C[hristian] I[ossen] B[urgesia] N[atriae]» (beide Brüder spendeten je einen Becher; den zweiten siehe Nr. 6)[781]. Tulpenförmig geschweifte Wandung. In der Einschnürung des Fusses Perlstab. – **4.** H. 8,9 cm. Silber. Punzierte Wandung vergoldet. Inschrift: «I B K – – B N 1820». – **5.** Wie Nr. 4. – **6.** H. 7,5 cm. Silber, vergoldet. Inschrift: «A[nton] J[ossen] C[hristian] J[ossen] B[urgerschaft] N[aters] 1822». Punzierte Wandung. – **7.** H. 8,8 cm. Silber, vergoldet. Inschrift am Fries: «P I CHALPETER DER B[urgerschaft] N[aters] 1836». Beschau Sitten. Meisterzeichen von Wilhelm Deer. – **8.** H. 12 cm. Gelbguss, versilbert. In gravierter Kartusche: «S. Klingele / 1874» («S» wohl Verschreibung [Verballhornung], richtig «G» = Gervas Klingele, der sich 1874 einbürgerte; vgl. Kap. «Burgergeschlechter»: Klingele). Glockenförmig. – **9.** H. 8,9 cm. Silber. Inschrift: «ENRICO TORTI / 1934». – **10.** H. 7,5 cm. Silber. Inschrift: «Zur Erinnerung der Aufnahme / von Naters als Bürger / Jacques Rossi / Mai 1914». – **11.** Wie Nr. 10, jedoch von «Jean Rossi». – **12.** H. 10 cm. Silber. Inschrift: «HEINRICH HÖTZEL / 1932». – **13.** H. 9,1 cm. Neusilber. Inschrift: «RUPPERT HEIM / 1932».

**Zinnkannen. 1.** Bauchkanne. H. 36,7 cm. Auf dem Deckel eingraviert «B[urgesia] N[atria]» *[= Burgerschaft Naters]*. – **2.** H. 37,2 cm. Auf dem Deckel: «W H [oder H M]». – **3.** H. 38,2 cm. Wie Nr. 1, jedoch Widderkopf auch auf dem Deckel. – **4.** Bauchkanne. H. 37,6 cm. Jahreszahl 1758. – **5.** Kürbiskanne. H. 29 cm. Auf dem Deckel Widderkopf und eingraviert: «C . W M . W / 1748». – **6.** Kürbiskanne. H. 34,2 cm. Jahreszahl 1861. Eingraviert auf dem Deckel «B (Rosette) N». – **7.** Wie Nr. 6. – **8.** H. 34,4 cm. Wie Nr. 6. – **9.** Kürbiskanne. H. 27,1 cm. Initialen: « A Z K ».

## Das Quartier nördlich des Kirchplatzes

Oberhalb der Kirche blieb ein sehr altes Dorfquartier mit reizvoller Schaufront nach Süden erhalten. Die beim Sigristenhaus (Nr. 265) blind endende Gasse hinter der Pfarrmauer ist wohl der stimmungsvollste Dorfinnenraumbezirk von Naters. Die Mauer endet zwischen dem Sigristen- und dem Kaplaneihaus mit dem «Wägwiiserstei»[782].

**Nr. 265, Josef Lengen, Walter Pannen, «Sigrischtuhüs»**
Spätmittelalterlich. Renovation 1697/98. Westlicher steinerner Anbau 1910 erhöht. «Heiduchriz». – An der Westfassade profilierte Tuffkonsole mit der Jahreszahl 1697 und den Initialen «C[hristen] W[isen]». Möglicherweise ältere Kellerzone. Vom Keller aus soll ein unterirdischer Gang nach Süden zur Orgelempore der Kirche sowie nach Norden geführt haben.
1. WG, Stube West: «IM NAMEN GOTES MACEN WIR DISE ARBIT UND LEBEN DRIN EIN KLEINE ZEIT JHS MARIA JOEPH 1698 CHRISTEN WISEN.» – 2. WG, Stube Ost: «JHS MARIA JOSEP CW». – **Öfen: 1.** Verändert. Mit den Jahreszahlen 1708 und 1943 sowie den Initialen «A[lfred] Z[enklusen]». – **2.** B: «T[herese] Ch[athrein] 1900».

## Nr. 266, Edwin Bammatter, Alfred Jossen, Leander Salzmann

Südlichstes Haus der Gasse hinter der Pfarreimauer. Spätmittelalterlich. «Heiduchriz»-Konstruktion mit waagrecht geschichteten Balken. Renovationen wohl Mitte 16. Jh. und 1736. Holzwerk mit waagrechten Brettern verkleidet.
1. WG: «IM NAMEN IHS MARIA UND JOSEPH HAT DER EHRSAME FENER PEDER PEREN AN SICH GEZOGEN UND KAUFT // DISES HAUS IM JAHR 1736. WER GOT VERTRAUWT HAT WOL GEBAUWT. GELOBT SEI JESUS CHRISTUS IN ALE EWIGKEIT.» Auf dem zweiten Balken schriftbandartige Zeichnung. – **Öfen. 1.** Auf Steinkranz quaderförmig, mit Kehlsims an der schweren Deckplatte. Jahreszahl 1568. Ältester originaler Ofen des Dorfes mit ursprünglichem «Ofustängeli». – **2.** Zweigeschossig. Initialen «K B[ammatter]», Wappen der Familie Bammatter (WWb 1946, Tf. 6, jedoch mit waagrechtem Kreuzbalken und ohne Kreuzfüsse); darunter Jahreszahl 1543. Deckplatte mit Rundstab, im Übrigen aber Erscheinung des 19. Jh.

*Ältester originaler Ofen des Dorfes, von 1568, Haus Nr. 266.*

## Nr. 264, Alfred Jossen

Abgeschieden hinter dem Sigristenhaus, am «Spycherweg», blickt das schmale Häuschen mit schmucker Fassade gegen die Mauer des Kaplaneigartens. Erbaut 1787 von Moritz Christian Wyssen (vgl. Kap. «Präsidenten», Nr. 75) und Maria Josepha Schmidt über älterem mit Nachbarhäusern zusammenhängen-

*Ostfassade mit Inschrift, Haus Nr. 264.*

dem Kellerkomplex. 1. Stockwerk verschalt. Zierliche **Fassadeninschrift**: «MEIN GOTT DISS HAUS BEFILE DIER VOR UNGLICH BEWAR ESS MIER.» – Am Giebel: «IM JAHR 1787». Am heutigen Kellereingang wieder verwendete Balken mit Inschriftfragmenten von 1591. Am Dielbaum des 1. WG: Initialen: «H[onestus = der ehrenhafte] M[auritius] / C[hristianus] W[yssen] M[aria] J[osepha] S[chmidt]», ferner Jesus- und Marienmonogramm sowie die Jahreszahl 1787.

## Nr. 274, Michael, Josef und Hans Peter Salzmann

Blockwerk des 1. Stockwerks grösstenteils uralt, wohl von ehemaligem «Heiduhüs». Übriges Holzwerk 1846 erneuert. Störender Anbau aus Beton an der linken Traufseite um 1900 und 1940. – **Inschriften. 1.** WG: «CASPER GERTSCHEN AGATHA JOSSEN HABEN DIESES HAUS GEBAUT JAS 1846.» In der Küche wieder verwendeter Balken mit Fragmentinschrift: «... GEBAUT HANSCASPER MERSI ...». – **Öfen. 1.** Rund. Nicht datiert. **2.** B: «PS / AMI / 1831».

## Nr. 271, Alfred Elsig, Fritz Jakob

Das stattliche Haus schliesst die Häuserzeile hinter der Pfarrmauer im Norden ab. Das Holzwerk von 1756 ist übereck auf den Kellersockel gesetzt. Oberes Stockwerk 1762 mit kraftvollem Pfeilschwanzfries unter Wolfszahn. – **Inschriften. 1.** WG, Binne Süd: «DISES HAUS HAT LASSEN MACHEN HER JOHANES PETTRUS WALDEN GROS MEYER AN ENDA [= Nendaz] (klein am Ende des Balkens verdeckt:) UND SEIN HAUSFRU (?) / ANNA MARIA MATIG (gross an oberer Hälfte des Dielbaums:) UND SEIN HAUSW[eib] ANNA MARIA MATIG.» – Binne Nord: «JESUS MARIA UND JOSEPH ICH BAUW ZU GOTTES EHR EIN HAUS GOTT WENDE ALLES UNGLICK DRAUS 1756 // DAS MIT WEIB UND KINDERN EBEN IN GLICK DRIN MEG LEBEN UND ZWAR ALSO O LIEBSTER GOTT WIE ICH THED WINSCHEN NACH DEM TOD.» – 2. WG: «DISES HAUS HAT LASEN BAUWEN DER GESCHETDE

H[err?] GROS MEYER PETER WALDEN UND SEIN HAUS FRAUW ANNA MARIA MATIG // JESUS MARIA JOSEPH DISES HAUS IST GEBAUWEN ZU GOTTES UND MARIA EHR IM JAHR 1762.» – **Öfchen.** Dreistöckig, von 1907. Initialen: «E[ggel] A[lois] / M[aria] Z[umberg]».

### Nr. 260, Alfred Jossen und sechs weitere; Speicher

Spätmittelalterlich (vor 1520). «Heiduchriz». Konstruktion mit schrägem «Abrost», teilweise verkohlt. Im Oberbau «Vorschutz» an beiden Giebelfronten. An der westlichen Giebelfront führen Blocktreppen von der mittleren Speichertür symmetrisch zu beiden Randgwätten empor, wo man durch «Felladen» im Boden des «Vorschutzes» die oberen Speicher erreicht. Eines der schönsten Wirtschaftsgebäude von Naters.

## Das Quartier südlich der Kirche

### Nr. 306, Walter Walden, Gemeinde Naters; Waldenhaus («Waldihüs»)

Entstehungszeit unbekannt. Nach einem Brand von den Vorstehern der Gumperschaften Naters und Rischinen erworben und 1652/53 wiederhergestellt[783], wobei Georg Michel-Supersaxo, Petrus Gemmet und dessen Sohn Johann das obere Stockwerk für sich selbst aufschlugen. Der unregelmässig trapezförmige Grundriss des Hinterhauses und die Beschaffenheit der Nord- und Ostwand lassen auf eine alte und bewegte Baugeschichte schliessen: Das Erdgeschoss springt stellenweise vor, an anderen Stellen ist es stützmauerartig geböscht; in Höhe der Wohngeschosse ist die Ostwand konkav geschwungen, am Vorsprung des Hinterhauses ruinenhaft getreppt. In der Mitte des 17. Jahrhunderts wurde das Holzwerk des Vorderhauses erneuert, das Hinterhaus wohl umgebaut. Die Nordwand ist durch eine schmucke Dreiergruppe von Fenstern und durch je zwei Zwillings- und Einzelfenster mit profilierten Tuffgewänden malerisch gegliedert. Die Öffnungen besitzen in der Regel kräftige waagrechte Sohlbänke aus schieferigem Gneis. Das nördliche rundbogige Tuffportal zur kreuzgratgewölbten Eingangsloggia, die sich auch nach Westen mit weiter Arkade öffnet, ist mit Kämpfern und Scheitelstein versehen. Schloss der Eingangstür samt orchisförmigem Schild 17. Jh. Vor allem innen zahlreiche Veränderungen bei Renovationen im 20. Jh. Eines der wichtigsten Häuser von Naters.

**Inschriften.** 1. WG, Stube (der Gumperschaft?): «HAS AEDES PRO CH (Ist dies ein freilich ungewohntes Christusmonogramm?) DOLOR INCENDIO [con]SU[m]PTAS ET A [pro]BIS SINDICIS L[audabilium] [com]PRAR[um] NATHERS ET RISCHANON COEMPTAS DIVINO ET SACRO SANCTAE (geschnitten) DEI PARAE AUXILIO RESTAURA[ver]UNT [pro] SE ET SUIS AMICIS NOBILIS ET SPECTAT[us] GEORGI[ius] MICHAEL AL[ia]S SUP[er]SAXO EQUES APOSTOLICUS / B[a]N[der]ET[us] ET SAEPIUS CASTELLANUS L[audabilis] D[eseni] BRIJGAE ATQUE PROBUS ET BENE DISCRETUS PETRUS GEMMET AL[ia]S VEXILLIFER IN CASTR[is] (verdeckt) / [g]ALLICANIS ET SINDICUS LAUDABILIS BURGESIAE NATR[i]ENSIS ANNO SALUTIFERI PARTUS 1653 DIE VERO 24 MART (verdeckt)» *[= Dieses Haus, das zum Leidwesen von CH durch die Feuersbrunst zerstört und dann von den rechtschaffenen Vorstehern der löblichen Gumperschaften Naters und Rischinen erworben worden ist, haben mit Hilfe Gottes und der heiligen Gottesgebärerin wiederhergestellt für sich und ihre Freunde der edle und schaubare Georg Michael, auch Supersaxo genannt, Apostolischer Ritter, Bannerherr und öfters Kastlan des löblichen Zendens Brig, und der fürsichtige und sehr angesehene Peter Gemmet, einst Fenner im französischen Heer und Vorsteher der löblichen Burgerschaft Naters, im Jahr der heilbringenden Geburt 1653, und zwar am 24. März].*

*Schloss an der Eingangstür des Waldenhauses.*

2. WG, Stube: «AD MAIOREM DEI OPT[imi] MAX[imi] GLORIAME ET EIUSDEM [san]CTAE MATRIS MARIAE. AC P[ro] PRIV[atum] USUM EREXERUNT NOBILIS ET EXIMIUS GEORGIUS MICHAEL AL[ia]S SUP[er]SAXO EQUES APOSTOLICUS ET (Marienmonogramm) MULTOTIES CAST[ellanus] ET P[ro] TEMPORE BANDERET[us] L[audabilis] D[eseni] BRIGAE NECNON DISCRET[us] ET EGREG[ius] PETRUS GEMMET PREANTE VEXILLIFER IN GALLICANIS PRAESIDIIS ET LITERAT[us] IO[hann]ES GEMMET EIUSDEM FILI[us] MODO SECRETARIUS L[audabilis] CURIAE BRIGENSIS» *[= (Jesusmonogramm) Zur grösseren Ehre des allgütigen und allmächtigen Gottes und seiner heiligen Mutter Maria und zum eigenen Gebrauch haben [diesen Stock] aufgerichtet der edle und hochstehende Georg Michael, auch Supersaxo genannt, Apostolischer Ritter und (Marienmonogramm) mehrmals Kastlan und zurzeit Bannerherr des löblichen Zendens Brig, sowie der angesehene und ausgezeichnete Peter Gemmet, soeben Fenner in französischen Diensten, und der gelehrte Johann Gemmet, dessen Sohn, bald Sekretär des löblichen Hofes in Brig].*

In der Kammer: «IN DISSEM HAUS GEDENCK DER ARMEN SO WIIRTT SICH GOTT DEINER AUCH ERBARMEN AMEN. (Rankenförmiges Dekor) / ES BEGEGNE UNS REICHTAG ODER ARMUT SO IST ES DOCH ALLES VON GOTT P[ro]U[= V?]ERB[ia] 22 C[apitulum] (= alttestamentliches Buch der »Sprüche«, 22.2) IM JAR DER GNADEN 1653 UNND 26. MERZEN.»
**Ofen.** Zweigeschossig. Inschrift: «* L[udwig] W[al]D[en] * / * M[aria] W[y] S[en] * / 1921». – **Kassettentür,** ehemalige Stubentür (im Besitz von Ulrich Pfaffen, Villeneuve). Um 1600. Originales Beschläg.

### Nr. 304, Max Schmid, des Moritz

Erbaut erste Hälfte des 16. Jh., wohl auf den Fundamenten eines älteren Hauses. Das zweistöckige Haus unmittelbar unter dem Beinhaus blickt mit dem Giebel nach Süden, ist aber mit dem hölzernen Vorderhaus auf Mauersockel nach Osten gerichtet. Dielbaum verkleidet. Das Haus ist zwar von allen Seiten durch andere Bauten verdeckt, ist aber trotz seiner Veränderungen das homogenste Bauwerk in der direkten Umgebung des Beinhauses. – **Ofen:** Dreigeschossig. 1937 verkleinert. B: «M[aria] R[uppen] / Q[uirin] S[alzmann] C[resilsa] S[alzmann] / 1937».

### Nr. 295, Monika Schmid, Iseline Imstepf

Der 1609 datierte Bau erfuhr um 1957 einschneidende Renovierungen. – **Inschriften:** 1. WG: «MARIA UND JOSEPH IN EWER HEND BEFELE ICH MEIN ARME ANGSTHAFTE SEEL. IN EWEREN SCHUTZ ERGEBE ICH MEIN LEBEN. UND // + WEER AUF ERDEN GOTTES WILLEN SICH BEFLEISSET ERFILEN WIE CHRISTUS LEHRT HAT SOLCHE EHR ALS WAN ER GAR SEIN BRUDER WER.»
Nach Paul Heldner lautet die Inschrift eines 1957 verschalten Balkens wie folgt: «DE FORCHDT GOTHS IST OIN [ein] ANFANG DER WYSHEIT CASPR PFAFFEN US MUND A[nn]O 1609 IM RAFFGARDEN: HANS IM RAFFGARDEN UND ELSABET SIN HAUSFROW JHS MARIA GERIG ALBERT UND CRASEJNA IM RAFFGARDEN. JHS GERIG FIER CU 1609 7 HEWING [7. Heumonat].» – **Ofen.** Dreigeschossig. B: «B[ammatter] E[lise] B[ammatter] A[ugusta] 1954».

### Nr. 298, Oliva Eggel, Lukas Wasmer

Der Blockbau wurde 1679 auf alten Grundmauern neu aufgebaut und erhielt 1900, 1946 und 1970 verschiedene Veränderungen. – **Inschriften:** «IHS M[a]R[i]A IN DISEM HAUS GEDENCK DER ARMEN SO WIRDT SICH GOTT DEINER ERBARMEN» – «MORITZ MICHLIG BURGER IN NATERS UND ANNA ZUBER SEIN HAUSFRAU IM JAHR 1679».
Hinter dem Chor des Beinhauses führt ein altes Gässchen abwärts zum **Cäsarine-Platz** an der Belalpstrasse. Dort stand ein unansehnliches Häuschen aus der Jahrhundertwende, das Cäsarine Salzmann (genannt «ds Lacher Ceseri») der Pfarrei vermachte. Die Gemeinde kaufte dieses Gebäude, brach es ab und gestaltete diese platzartige Nische 1975 mit einem Ziegenbrunnen von Anton Mutter. Die Skulptur zeigt zwei prächtige Ziegen

*Cäsarine-Platz: Ziegenskulptur von Anton Mutter.*

im Kampf. Der Name «Cäsarine-Platz» geht auf die ursprüngliche Eigentümerin des Hauses zurück; manche nennen ihn auch «Geissplatz».

## Hotzplatz – Hegdornstrasse

Der Hegdornweg, der ehemalige Kirchweg der Leute von Hegdorn, führt als Längsstrasse vom Hotzplatz[784] in Richtung Lombardeiweg und überquert dabei den Kelchbach.

### Nr. 278, Kilian Carrarini

Wichtiger Eckbau am Hotzplatz, auf älteren Mauern aufgebaut, 1999 umgebaut. – **Inschrift** (1999 auf geschnittener Binne wieder angebracht): «DIESES HAUS HAT LASEN BAUEN DER ERSAMEN MAN FRANZ GERTSCHEN UND SEIN HAUSFRAU MAGDALENA LOCHMATTER VON SAAS UND IHRE KINDER MARIA, LUWISIA, SELISTINA GERTSCHEN. GOTT BEWAHRE DIESES HAUS UND DIE WOH GEHEN EIN UND AUS IM JAHR 1857.» – **Ofen.** Dreigeschossig. B: Initialen der Erbauer und Jahreszahl 1858.

### Nr. 181, Moritz Eggel, Alfred Stucky

Nach einem Brand 1746 wieder aufgebaut. Reiche Frieszier: Rautenfries unter Wolfszahn. – **Inschriften.** 1. WG: «IM NAMEN JESUS UND MARIA EHR. DISES HAUS NACH AUSGESTANDTER BRUNST IST WIDER UMGEBUWEN MIT GROSUM FIRGUNST IM IAHR JESUS CHRISTI 1746 SAMBT MARIA HOLTZER SEIN WEIB – DES JOSEPH / DISES HAUS HAT LASE BAUWEN CHRISTEN UND JOSEPH BAMATE[r].» – 2. WG: «MARIA HOLTZER IM IAHR JESUS CHRISTI 1746 / IM NAMEN JESUS UND MARIA EHR DEISES [so!] HAUS HAT LASEN BUWEN JOSEP BAMATTER MIT SAMBT SEIN WIB.»

### Nr. 176, Felix Imsand, Werner Lerjen

Erbaut 1622. Jahreszahl an der Stirn des älteren (?) Mauersockels, wo noch grosse Fragmente der originalen Maueroberfläche von 1622 erhalten sind. Steinernes «Nahhüs». Vorzüglich erhaltene Friespartien an der zweistöckigen Giebelfront. – **Inschriften.** Erdgeschoss, Binne West: «DISERS HUS MIT HILF UND BY STAND DER GNADEN GOTTES HAT LASSE[n] MACHEN DER EREND UND BESCHEIDEN HILTBRAND FRY UND MARIA LERGIEN SIN HUSFRAW IM 1622 IAR AM 30. TAG MEYEN JESUS MARIA.» – Binne Ost: «ALLEIN GOTT DI AER DAN ER IST HER

364

UND KEINER MEHR (Jesusmonogramm) UM ALLE GABEN SAG GOTT DANK SY GLICH SPYS ODER TRANK MA (?). IN DISEM HUS GEDENK DER ARMEN SO WIRT SICH GOTT DINE AUCH ERBARMEN.» – **Ofen.** Dreigeschossig, von 1887.

*Ausschnitt aus der Binneninschrift.*

### Nr. 402, Donat Jossen, Paula Schmid

Das 1921 erstellte Haus steht östlich des Kelchbachs an einem sehr markanten Punkt innerhalb der Baugruppe. – **Inschriften.** 1. WG: «IM NAMEN DES HERRN AMEN. ÜBE UND KENNE. WILLE FINDT WEGE. MUTH MACHT REGE. KRAFT BRINGT'S Z'WEGE. 1921 BAUTEN DIESES HAUS SCHMIDT CATHARINA, WITWE, MIT IHREN KINDERN OSWALD. FRANZ. MORITZ. SIMON. JOHANN. IDA. LUISA.» – 2. WG: «ZWEI DES LEBENS STÜTZEN BRECHEN NIE + GEBET UND ARBEIT HEISSEN SIE + (Blume) MEISTER FUX . FRANZ . UND . THEODUL.» – **Öfen. 1.** B: «Familie Schmidt K[a]TH[arina] BITTEL 1921». Zwei Wappenschilde: a) Schmidt: goldenes Patriarchenkreuz und zwei Sterne, b) Bittel: drei aus dem Dreiberg wachsende Ähren. Ferner: Herz Jesu mit der Lanze durchbohrt, Lamm Gottes und Hirsch. – **2.** Inschrift: «M[oritz] S[chmidt] E[lise] R[uppen] 1921». Zwei Wappenschilde: a) wie Nr. 1, b) Ruppen: sechs Kugeln und sechs Tannen, Rest wie Nr. 1.

### Nr. 384, Anton Ruppen

Erbaut 1624, aufgestockt um 1700 (?) und 1751 (Jahreszahl am Giebel). Niedriges, parallel zur Gasse nach Westen gerichtetes Haus mit steinernem «Nahhüs». Kräftiger Rautenfries unter Wolfszahn über der Fensterzone des zweiten Stockwerks. Originale Fenstergruppe im oberen Geschoss der Giebelfront. – **Inschriften.** 1. WG: Jesusmonogramm und Jahreszahl 1624. – 2. WG: «(Jesus- und Marienmonogramm) IOS SIS MI 1751». – **Ofen.** B: «C[lemens] S[chmidhalter] / R[egina] R[uppen] / 1915».

### Nr. 376, Johanna Lengen-Eyer, Blanka Ruppen-Eyer

Am Giebel: «Anno 1861». Das imposante Haus, das über ebenerdigen Sälen im steinernen Sockel ein zweistöckiges Holzwerk vor gemauertem Hinterhaus besitzt, schiebt seine reich geschmückte Giebelfront bis an den Rand der Strasse vor. Eigentümlicher Fries: beidseits einer Rille gegenständig aufgereihter Wolfszahn. Balkenköpfe und Pfettenkonsolen ganz oder teilweise buntfarbig bemalt. Fenster-Dreiergruppe im Giebel noch ursprünglich. – **Inschriften.** 1. WG, in Spiegelschrift: «MARIA U JOSEPH DISES HAUS HAT LA[sse]N BAUEN DIE GEERTE FRAU KATHARINA BRUNNER ANNO 1861.» – 2. WG: «M[aria] JOSEPH DISES HAUS HAT LASEN BAUEN DER GERTE MAN ... IGNADS (?) SCHMITT & SEINE HAUSFRAU KAROLINA / KARLEN & SEINE KINDR AUXILIUS SCHMITT LS MS JS RS MS LUS JS J (?) S$^{785}$ im Jahr 1861.» – **Öfen. 1.** Zweigeschossig. B: «C[hristian] G[lasser] / K[atharina] B[runner] / 1864»$^{786}$. – **2.** Dreigeschossig. Sitzbank. B: (Wappenzeichen der Familie Carlen [?]), die Initialen und Ziffern «I[g]N[az] S[chmitt] 8 / 6 K[aroline] K[arlen] 4». Jesusmonogramm in Lorbeerkranz. Von hoher Qualität.
**Hebelwaage,** 1681; am Eisengewicht: «1758 / C W / Z B».

*Hebelwaage von 1681.*

### Nrn. 361/362, Willy Zenklusen

**Inschriften.** 2. WG (ehemals zwei Wohnungen), Stube: «I[ahr?] 1647 MURITZ NELLEN AGETA SALSMAN IHS». – «IHS MARIA 1647 MAIRTEI PEREN UND MARIA RUPEN SEIN E[h]E[f]RAUW». – Küche: «GEKAUFT U. UMGEBAUT 1995 FAM. WILLI U. DORIS ZENKLUSEN-WALKER ERNEUERT 1995/96».

### Nr. 409, Peter Wyssen, Alfred Meichtry
### Nr. 412, Erna Schnydrig, Johann Juwan

Auf einem 1675 datierten Erdgeschossblock wurde 1807 ein leicht breiteres Blockhaus aufgerichtet, das wiederum 1892 (Jahreszahl unter dem First) im Norden einen neuen Verputz erhielt. – **Inschrift** im 2. WG West (Nr. 412): «IHS IOS BEWAREN DISES HAUS ALES LIED [= Leid] UND UNHEIL WENDEN DARAUS.» – «DIESES HAUS HABEN ERBAUEN LASSEN JOANES MAURITIUS EIER . MICHAEL THOMAS EIER UND SEINE GEMAHLIN MARIA THERESIA GASSER 1807 DEN 28 ABRELEN.» – **Ofen.** Ehemals im 1. WG West. Zweigeschossig. Im Wappenschild die Jahreszahl 1675 und die Initialen «KI SB». Um 1980 nach Ems (Bez. Leuk) verkauft.

### Nr. 405, Etienne, Leo und Engelbert Schmid

In diesem Haus soll der alte Pulverturm fortbestehen.[787]
– **Inschrift:** «DISES HAUS HAT GEWAUWEN CHRISTEN SALTZMAN 1697.» 1950 Umbau bis zur Unkenntlichkeit bei gleichzeitiger Erweiterung nach Westen. Übrig geblieben ist neben der Binneninschrift die nördlich des Hauses liegende und auf das Jahr 1685 datierte **Totenplatte.**

*Haus Nr. 405.*

### Nr. 173, Moritz Eggel, Felix Imsand und fünf weitere Besitzer; Speicher

Am Giebel die Jahreszahl 1730, an den Türstürzen des Obergeschosses die Initialen «I L H E». Auf gemauertem Sockel, über «Plane», zwei Speichergeschosse. Zwillingstüren mitten in der Front beider Geschosse. Wertvoller Speicher an wichtigem Standort.

## Z'Brigg

In Z'Brigg (1230 ad Pontem = zur Brücke, 1291 de Brucko, 1338 apud Brucco) standen während des Baus der Lötschbergbahn (1906–1913) ein Baumaterialienbahnhof und ein Samariterhaus, Bauspital genannt (vgl. Biffiger, Erinnern Sie sich, Abb. Nr. 101).

### Nr. 457, Antonia Eggel, Erben Moritz Brunner

Dieses Haus wurde 1829 direkt an das Gebäude Nr. 456 angebaut. – **Inschrift.** 1. WG: Binnen vertäfelt. 2. WG: «ANNO 1829 HAT DIESES HAUS BAUEN LASSEN DER EHRSAME MANN PETER JOSEPH SCHWERY VON MÖREL MIT SEINER GEMAHLIN, SEINEM SOHNE PETER SCHWERY, KAPLAN IN MÖREL, UND DEN ÜBRIGEN KINDERN . GOTT SEGNE SIE.» – Am Giebel die Jahreszahl 1829. – **Ofen.** 2. WG. Zweigeschossig. B: «P[eter] G[asser] K[atharina] S[chnyder] 1895». – Nach Angaben der Besitzer reiste dieses Ehepaar 1884 nach San Jerónimo Norte (Argentinien) aus, kam 1894 zurück und kaufte dieses Haus.

### Nr. 456, Erben Gilbert Lowiner

Dieses dreistöckige Gebäude aus dem Jahre 1604 (Dielbaum), das eine Schneckentreppe enthält, ist in seinen Grundmauern wohl ins 14./15. Jahrhundert zu datieren. – **Inschriften.** 1. WG: «MAN SOL DIE ER GEBEN DEM TRIWEN (auf Wappenschild: A P) GOT VON HERZEN SIN GEBOT.» – 2. WG, Stube: «DIE ERD IST DES HEREN UND DAS DARUS IST DER UM PREIS DER WELDT UNDT DIE DARINE WONEN 24 PSA[lm] ANTHONI PLANDE (Rest verdeckt).» Der zitierte Psalm 24,1 heisst im heutigen Deutsch: «Dem Herrn gehört die ganze Erde und alles, was darauf lebt.» – Auf Kammerdecken: «(Anfang verdeckt) ... UND CATRIN WISE[n] MIN ELICHE HUSFROW IM 1604 IAR DEN 15. TAGN IEN[ner]». – «MEISTER HANS GURNER (?) ...».

## Kehrstrasse 12

### Nr. 467, NHC-Immobilien AG, Naters; Klingelehaus

Dieses Gebäude liess die Familie Klingele 1902 durch Louis Rossi als Hotel erbauen, das aber mangels Gästen nie in Betrieb genommen wurde. Hier sollten sich vornehmlich die Touristen aus England akklimatisieren und ausruhen, bevor sie die beschwerliche Reise nach dem Hotel Belalp antraten. Zur Zeit des Lötschbergbahnbaus dienten die Räumlichkeiten des Klingelehauses der Lötschbergbahn-Unternehmung als Büroräume. Von 1919 bis 1964 waren hier die Buchdruckerei Oberwallis und für kurze Zeit auch die Raiffeisenbank untergebracht. 1999 gelangte das Klingelehaus in den Besitz der NHC-Immobilien AG, Naters. Zweck: Dienstleistungszentrum. Renovation: 1999.

## Judengasse

Die Judengasse («Judugassa», 1981 gepfästert) ist neben dem alten Dorfplatz das Herzstück von alt Naters.[788] Hier geht eine Reihe einst herrschaftlich ausgestatteter Bauten auf die erste Hälfte des 16. Jahrhunderts zurück. Pferdestallungen, weiträumige Keller- und Lagerräume in den Erd- und Untergeschossen dieser Häuser deuten auf einen blühenden Handel an der Wende vom Mittelalter zur Neuzeit hin. Gegen Ende des 16. und im 17. Jahrhundert verlor die Judengasse an Bedeutung. Sie steigt vom südwestlichen Ende des alten Dorfes her sanft zum Platz bei der Linde hinauf. Nach dem Eingangsbereich treten die Gebäude eng zusammen, um etwa 50 m weit eine schluchtartige Gasse zu bilden. An der Südseite, rückseitig der Gasse, sind diese Bauten unansehnlich und grösstenteils hinter verschiedenartigsten Anbauten verborgen.

### Nr. 1070, Edmund Cathrein; «Mundchihüs»
Dieses zweistöckige Haus, das früher am Weg bei der Mundkinbrücke, zuvorderst im Gredetschtal, stand, wurde in der ersten Hälfte des 20. Jahrhunderts von dort nach Naters transportiert und an der Judengasse (östlich vom Hotel Bellevue) unter dem Namen «Mundchihüs» aufgestellt. – **Inschriften** im 2. WG: «IHS EAH FLHB RIAAH 1874». – «Edmund Cathrein Anny Eggel 1995». Renovation 1995. – **Ofen.** Dreiquadrig mit Inschrift: «I. S. W M 1897».

*«Mundchihüs».*

### Nr. 7, Myriam und Paul Zurbriggen
Holzwerk erbaut 1815. Das quer zur traufständig herabsteigenden Häuserzeile zur Gasse hingewandte Häuschen wacht zusammen mit einem wiederum traufständigen Stadel von 1783 vor dem unteren Eingang der Judengasse. – **Inschriften.** (In Wappenfeldern die Monogramme von Jesus und Maria und die Jahreszahl 1815.) «HAUS SONST IST GLICK UND SEGEN BALD HINAUS WO GOTES SEGEN HIN AUS WEICHT STRAF UND UNHEIL BALD EINSCHLEICHT / GOTT GESEGNE DISES HAUS VOR UNGLICK FEIR UND BRUNST HIET DICH MEIN KIND FLUCH NIT IN DISEM.» – (In verschnörkelten Majuskeln:) «JESUS MARIA JOSEPH JN EIREM SCHUTZ STEH ISES HAUS ([Tulpe] dann gewöhnliche Majuskeln) HAUS FRAU URSULA EIER IM IAHR MDCCCXV [1815] / DISES HAUS HAT LASEN BAUWEN DER EHRENDE MAN CHRISTEN EIER UND SE [= Söhne?].» – **Ofenplatte** (in der südlichen Gartenmauer). Über der Jahreszahl 1682 mit dem Jesusmonogramm bekröntes Wappen- oder Hauszeichen (Kreuz auf gespreizten Stabfüssen; Steinmetzzeichen des Meisters Ulrich Ruffener) zwischen den Initialen «L R[uffener?] / A B».

### Nr. 22, Wendelin Zuber
Dieses Haus wurde 1989/90 einer gelungenen Renovation unterzogen. – **Inschriften.** 1. WG, auf Laden: «IHS MARIA . M . H . I . W . A . S . 1663». Deutung der Initialen: Magister Hans Jörg Waser Anna Schwery. – 2. WG: «DIS HUS HADT ERBAUEN M[agister = Meister] HANS IÖRG WASER BURGER UND EERBER ZU NATERES UND ANNA SCHWERI SEIN HAUSFRAUW ZU GOTES UND MARIA EHR 1663.» – «AN[n]O DOMI[ni] 1569 IN MARTIO [= *im Jahre des Herrn im März 1569*] M. RITER (Ritterwappen) T (Hauszeichen des Zimmermanns)»; wohl wieder verwendeter Dielbaum. – Auf einem Brett an der Südwand (vor 1990 im Hausinnern): «Wenn dies Haus solange steht / Bis aller Hass und Neid vergeht / Dann wird dies Haus solange stehn / Bis die Welt wird untergehn.»

### Nr. 23, René Gasser, Leonie, Anita und Andreas Amherd
Erbaut 1735. Umbau des ersten Stockwerks 1916/17, des zweiten Wohngeschosses 1945–1948. Dachrenovation 1973. Das schmucke Haus gibt Einlass in die enge Judengasse und wirkt zugleich wie das Antlitz der Gasse. Am Schwellbalken der Giebelfront verwitterte Inschrift mit der Jahreszahl 1735 (?).
**Inschriften.** 1. WG: «IHS HOC OPUS FIERI FECIT PETRUS CHRISTIANUS MICHLIG CIVIS NATRIAE / ET ANNA MARIA IOSSEN CONIUGES ANNO 1735» *[= Dieses Haus liess erbauen ..., Bürger von Naters, und ..., Ehegatten ...]*. – 2. WG: «PETRUS CHRISTIA-

NUS MICHLIG CIVIS [= Bürger] ET ANNA MARIA JOSSEN 1735». – (zum Teil Minuskeln) «GOTT WEISS WER ZERST AUSS DISEM HAUSS JND EWIGKEIT WeRD FAHREN / DRUM SOLL MAN GUTSS ZU THun FORAUS NIT JN DASS TODTBETh SPAREN.» – **Ofen.** Dreigeschossig. B: «L[udwig] A[mherd] / K[reszentia] Z[enklusen] / 1921».

### Nr. 25, Andreas Bammatter, Walter Christig

Erbaut 1703. Die vorkragende Traufwand des hölzernen zweiten Stockwerkes ist reich geschmückt mit vorzüglich erhaltenen Pfeilschwanzfriesen unter Wolfszahn. Ehemals Rossstall im Kellergeschoss. – **Inschriften.** 2. WG: «CHRISTEN ZUM BERG CHRISTINA GASER 1703 JESUS MARIA JOSEPH». – Kammer: «DER BUVEN THAUT EIN NEIWES HAUS DER MAUS [= muss] IM ERSTEN AUS WIE KOMBT DAS ICH FROLICH BIN WEIL ICH MAUS GEH(?)N WEIS NIT WOHIN 1703 / DA MAN MEINT AM BESTN MAUS DAS FLEISCH ZUO ASCHEN GEN.»
**Öfen. 1.** Zweigeschossig. B: «A[drian] S[chmid] / K[aspar] S[chmid] / 1907». – **2.** Zweigeschossig. Erste Hälfte 18. Jh. B: «F[elix] U[lrich?] K[arlen?] T[heresia?] G C[atharina]» und die Jahreszahl 1921.

### Nr. 25, Alice Modaffari-Bammatter, Erhard und Klara Volken

Erbaut 1465. Drittälteste Dielbauminschrift in Naters. Renoviert 1984. Das zweite Stockwerk zur Gasse hin vorkragend. Durch ein Treppengehäuse aus Beton entstellt. Am «Heiduchriz» einfaches Tatzenkreuz. Querverlaufender Dielbaum im ersten Wohngeschoss. Am Dielbaum des oberen Wohngeschosses kunstvoll geschnitzte Jahreszahl 1465 in lateinischen Minuskeln. Auf Küchenschrank: «P. 17 z. 5. 4 . S».
Gegenüber diesem Haus (Nr. 25) treten zwei Nutzbauten dominierend an den Rand der Gasse vor. Der traufständige Bau (Nr. 14) weist noch «Heiduchriz»-Balken auf. Der mit dem rückseitigen Giebel zur Gasse gewandte Speicher (Nr. 16) trägt am unteren Türsturz die Inschrift: «16 [Buchstaben P und L?] 5 5 MAR».

### Nr. 35, Silvia Anthamatten (†1997) Erben

Im strassenseitigen Mauerwerk des Hauses bedeutende Überreste eines mittelalterlichen Wohnturms, wohl aus dem 14. Jh. Holzwerk zweite Hälfte 16., frühes 17. Jh. Allein schon der aussergewöhnliche Grundriss mit einer westlichen Wangenmauer lässt auf den Einbezug älterer Grundmauern schliessen. Ein Originalfenster im Obergeschoss. Rechts in der strassenseitigen Front grosses Rundbogenportal zum Treppenhausflur. In der westlichen Aussenmauer Nische eines grossen, wohlgeformten Schartenfensters mit abschüssiger Bodenlaibung. «Trächa» im oberen Stockwerk, grössere des ersten Wohngeschosses entfernt. – **Öfen. 1.** Zweigeschossig. B: «G[abriel] A[nthamatten] / M[aria] W[yssen] / 1921». – **2.** von 1908, mit gleichen Initialen. – **Muttergottesstatue.** H. 42 cm. Holz, massiv. Erste Hälfte 17. Jh. Stehend mit Kind. Umkreis des Binner Meisters. – **Hinterglasbilder.** 28×21 cm. Brustbildnisse. **1.** Joseph mit Kind. «Joseph war Getreu und Gerecht, / Darum sprach zu ihm sein Sohn, / So komm du mein getrüer Knecht. / Und Empfange deinen Lohn.» – **2.** «Die Mutter Gottes». – **Aufsatzschrank mit Sekretär.** Nussbaum. Zweites Viertel 18. Jh. – **Kommode mit Sekretär.** Nussbaum. Zweite Hälfte 18. Jh. Zahlreiche Kunstschmiedearbeiten von Gabriel Anthamatten (1898–1969): Kreuz (ausser Korpus) mit Leidenswerkzeugen (Motiv der Saaser Wegkreuze). Kerzenleuchterpaar; Weihwassergeschirr; Schrein auf Untersatz; Standlampe; Stubenleuchter; Aschenbecher. – An einer Küchentür kunstvolles schmiedeeisernes **Beschläg.** Mitte 17. Jahrhundert.

### Nr. 37, Josef Zenklusen, Elisabeth Schwery-Kinzler

Erbaut Mitte 16. Jh. Das Haus markiert den für die talseitige Strassenflucht charakteristischen Typ: zweigeschossiges Holzwerk, nach Süden zur Sonne gewandt und mit der Nordwestecke erkerartig in die Gasse vorkragend. Unter den Fensterzonen scharf gekehlter Rillenfries.

### Nr. 39, Armin Lochmatter, Beat Ruppen, Rolf Tanner
### Nr. 42, Anna und Hans Ruppen, Carmen und Elisabeth Weger

Erbaut 1542/43. Veränderung des Dachgeschosses Anfang 19. Jh. Westlicher Bau 19. Jh. Die beiden aneinander gebauten Häuser (Nrn. 39 und 42) bildeten früher einen zusammenhängenden Wohnkomplex. Die im Geviert angeordneten, dicken Mauern der westlichen Hälfte deuten auf eine mittelalterliche Wohnturmanlage hin. Das lang gezogene Kellergeschoss beherbergte einst Pferdestallungen. Mächtige Binnen in den Kellerräumen. Vom ehemaligen Reichtum künden lediglich Architektur und Dekor im östlichen Abschnitt der Nordfassade: ein bis auf Fensterhöhe des oberen Stockwerks reichender Treppenturm, als Eingang zum Treppenhaus ein schadhaftes, monumentales Rundbogenportal aus Tuff. Zwei Zwillingsfenster, Mitte 16. Jh., sind erhalten. Reichste Täferung des Dorfes aus dem 16. Jh. in der ehemals durchgehenden Stube entlang der östlichen Giebelfront.
**Inschriften.** Im östlichen Bau 1. WG: «IN DISEM HUS IST GHEIN BLIBEN INTHAR (in Tartsche die Jahreszahl 1542) EIN E EWIGSX WIRST VINDEN NIMST . DER AR[me]N WAR IESUS MARIA.» – Am Täfer über der ehemaligen Stubentür die Jahreszahl 1543

und die Initialen des Bauherrn «H E». – An der Südwand unter dem östlichen Fenster: «JESUS MARIA UNSER DROST». – **Ofen.** Im Erdgeschoss. Zweigeschossig. 1617. Wappenschild mit Initialen «EMJ MJR» und der Jahreszahl 1905.

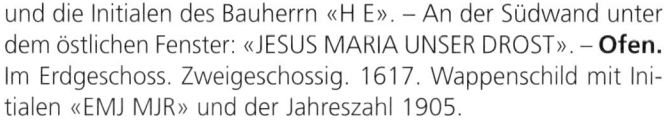

## Kramladenplatz

### Nr. 113, Beata Wüst-Salzmann, Beat Eyer
Giebelständig Kramladenplatz. In seinem Grundriss typisch städtisch konzipiertes Haus mit fein gefügtem Block über dem gemauerten Erdgeschoss, gemauertem rückwärtigem Küchenteil und im Viertelkreis daran gefügtem Treppen- und WC-Turm. Der halbkreisförmige Kramladen und der Haupteingang reich profiliert in Tuff, originale Laden und Türe mit Beschlägen aus der Zeit. Kellermauern in regelmässigen Lagen von Bruch- und Flusssteinen gefügt, Sattelholz und Rundpfeiler als Stützen. Als Einzelgebäude bietet das Haus ein Musterbeispiel einer Hausanlage des ausgehenden Mittelalters, wobei die Keller- und Lagerräume sowie das platzseitige Auslagefenster auf einen blühenden Handel hinweisen. Der Raum wurde denn auch bis gegen Ende des 19. Jahrhunderts als Kaufladen genutzt; hernach wurde dieser im Erdgeschoss des gegenüberliegenden Hauses (Nr. 125) eingerichtet. Die Kerbe in der aufrechten Steinplatte am gegenüberliegenden Strassenrand diente als Drehpunktachse beim Wägen des Heus als Zahlungsmittel.[789]
**Inschrift.** 1. WG: «m° v$^c$ viii°» [1508]. – **Öfen. 1.** Dreistöckig. B: «M[oritz] E[yer] K[atharina] W[yssen] / HE AE / 1877». – **2.** Zweigeschossig. B: «H[ansjoseph] E[yer] / S[eraphine] G[ertschen] / 1908». **Hauskruzifix** (im Besitz von Armin Gertschen-Eyer, Zollikon). H. 51 cm, (Korpus) 22 cm. Originale Ölfassung. Kruzifix von Peter Josef Emmanuel Rüttimann (†1913), Termen.

*Haus Nr. 113.*

### Nr. 125, Josef Zenklusen, Alwin Bammatter, Ignaz Eyer, Berta und Walter Blumenthal
Erbaut 1722 (am Türsturz des Kellers «17 IHS 22»). Sehr dominanter Stirnbau, mit dem doppelten Saalgeschoss und dem hohen Blockbau der eigentliche Blickfang der Judengasse. Charakteristische Friese an der Traufwand: unter Wolfszahn Pfeilschwanz; Wolfszahn auch an einigen Fensterpfosten. Altertümlicher Friesschmuck an der Giebelfront. Die Binnen im ersten Wohngeschoss sind verschalt, im zweiten ohne Inschriften.

### Nr. 51, Anna und Martha Salzmann, Armin und Beat Schmid, Therese Walpen-Schmid
Als markantes Eckhaus an der Strassenverzweigung Judengasse/ Mundgasse bildet dieses Haus von Osten her einen optischen Fixpunkt, bei dem die Häuserzeilen beider Gassen zusammenlaufen. Anton Harenden[790] liess 1525 die westliche Hälfte des untersten Wohngeschosses errichten. Das östliche Erdgeschoss entstand in der zweiten Hälfte des 16. Jh. oder 1618 mit dem oberen Geschoss, das 1764 in der westlichen Hälfte renoviert wurde. Am Sturz der Kellertür: «ALES ZU MEHRER EHR (Jesusmonogramm) GOTES 1701». An zwei Gassen und zwei Plätzen zugleich stehend, verfügt das Haus über einen hohen Stellenwert in der Siedlung.

**Inschriften.** 1. WG, Stube West: «LABORE ET IMPENSIS ANTHONI HARENDEN ET HOC MAGISTERIO ARNOLDI FURER ANNO 1525» *[= Durch Arbeit und Aufwand (Kosten) von Anton Harenden, und dies unter der Bauleitung von Arnold Furer im Jahr 1525 (aufgerichtet)].* – 2. WG: «HOC OPUS FIERI CURAVIT *[= Dieses Werk liess errichten]* GEORGIUS . GROSSEN ANNO 1618 D[i]E 27 APRI[lis]. GOT BEHIET DEN HUS VATTER FROM UND WER IN DAS HAUS ZUo IM KOM / DAZUo SEIN WIB UND LIEBE KIND UND SEIN ERLICH HAUSGESIND.» – «H.S.M. PETER MERITZ GASER UND SIN HAUS FRAUW ANNA CATRINA WALDEN / IHS jESUS MARIA UND JOSEPH IM IAR 1764 DEN 7 TAG NOVEMBER».

*Ende der Binneninschrift (1. WG).*

### Nr. 49, Josef Schmid, Vitus Salzmann

Erbaut 1679 (Jahreszahl am Giebel). Eingehauen am Sturz der tuffgerahmten Kellertür «IAL SBI 1679». Nach Norden zurückversetztes Haus am Kramladenplatz, mit nördlicher Fassade an die Mundgasse grenzend, Teil der dichten Überbauung entlang der Judengasse. Die Übereinstimmung der Zierelemente am gemauerten Kellergeschoss und am Block, im Inneren wie auch am Äusseren, lässt auf eine einheitliche Bauzeit schliessen. Das Haus gehört zum besten Bestand der Judengasse.

**Inschriften.** 1. WG: (Majuskeln und Minuskeln) «HAS AEDES EX FUNDAMENTO EREXIT PRUDENS ET DISCRETUS DOMINUS IOANNES ANTONIUS LERGEN Civis ET BURGESIAE NATR[iae] SIGNIF[er] ET BARBARA JOST CONIUGES AETATTIS EORUM 27 [et] 29 DIE 12 (?) FEBR[uarii] ANNO 1679» *[= Dieses Haus errichteten von Grund auf der kluge und taktvolle Herr I. A. L., Bürger und Bannerherr der Burgerschaft Naters, und B. J., Ehegatten, in ihrem 27. (und) 29. Altersjahr, am 12. Februar des Jahres 1679].* – 2. WG: «IHS R NISI DOMINUS AEDIFICAVERIT DOMUM INVANUM LABORAVERUNT QUI AEDIFICANT EAM PSALMO C[entum] XXVI ANNO 1679 NASCIMUR & MORIMUR SIC TRANSIT GLORIA MUNDI POST OBITUM PUTRIDIS VERMIBUS ESCA SUMUS TERTIO DIE MARTY» *[= Wenn der Herr das Haus nicht baut, mühen sich die Bauleute umsonst, Psalm 126 (Vers 1a), im Jahre 1679. Wir werden geboren und sterben. So vergeht der Ruhm der Welt. Nach dem Tod sind wir die modrige Speise für die Würmer. Am dritten Tag März].* – Ehemals zwei runde **Öfen.** – **Schmalschrank.** Nussbaum. 1677. Originales Beschläg. – **Truhe.** Tanne. Eingelegt «MCK 1717». – Deckellose **Schachtel.** Nussbaum. Mitte 17. Jh. Schnitzereien: Blumenmotive.

## Am Beinhausweg

### Nr. 122, viele Besitzer; Salzmann-Stadel
Der gut erhaltene Stadel des Richters Johann Salzmann (1824–1881) enthält am Türsturz folgende originelle **Inschrift:** «WER WIL BAUEN AN DEN STRASEN DER / MUS EIN IEDER REDEN LAS[e]N. REDE ER WAS ER / WAS ER WIL ICH WINS[ch] IM DRI MAL SOVIL / HER RICHTER Johann Salzmann u. Maria / Josepha Bamater 1859.»

*Inschrift am Salzmann-Stadel.*

### Nr. 128, Marcel Kummer
Erbaut Mitte 17. Jh. (1629/30?); oberes Stockwerk 1720. Zweizeiliger Würfelfries. – **Inschrift.** 2. WG: «IESUS MARIA JOSEPH ICH IOSEPH GREDIG HAB DISES / HAUS ERBAUEN IM IAHR 1720.» – **Ofen** von 1630, erneuert 1934.

*Nr. 81 (westlich) und Nr. 84 (östlich).*

### Nr. 81, Elsa Wyssen, Berta Eyer, Kilian Salzmann, Moritz Zenklusen
Erbaut wohl im 15. Jh., Umbau zusammen mit dem anstossenden Haus Nr. 84 (1696)? Nachträglich angehobene Dachflanken. Das steinerne dreigeschossige Haus prägt zusammen mit dem Haus Nr. 84 den Charakter des Platzes.

### Nr. 75, Anna Eyer, Meinrad Furrer, Helene Brun
Erbaut 1670 (Jahreszahl unter dem First). Würfelfriese. Von den drei hölzernen Wohnstockwerken über dem Kellergeschoss ist das unterste von einer Mauer umgeben und das mittlere mit einer Blendmauer an der Giebelfront versehen. Im zweiten Wohngeschoss ist die Decke mit den Binnen (vermutlich mit In-

## Mundplatz – Sägeweg

### Nr. 129, Adolf Schafer
Erbaut 1677 (Jahreszahl am Giebel); erstes Stockwerk erste Hälfte 17. Jh. Nach der Überlieferung soll das Obergeschoss von einem weggeschwemmten Haus in der Nähe des Kelchbachs stammen (Kelchbachüberschwemmung am 14. Juli 1669; vgl. Kap. «Gefährliche Wasser ...»). Konsölchenfries am ersten Stockwerk, Würfelfries am Obergeschoss. – **Inschrift.** 1. WG: «JHS MARIA IOSEPH R[everendus] D[ominus] JO[hann]ES EYER (vgl. Kap. «Priester, gebürtig aus Naters», Nr. 61) GOERIG EYER MARIA WALTHERT SEIN WEIB A[nn]O 1677». – **Öfen. 1.** 1923 verkleinert. Zweigeschossig. B: Wappen Schmid und Roten unter Schriftband mit den Initialen «J[ohann] S[c]H[mid] A[nna] M[aria] R[oten]». – **2.** Dreigeschossig, schmal. B: beidseits des Reliefs mit Adler und Gämse «E[yer] M[ax] / K[atharina] W[yssen] / 1922».

### Nr. 84, Elsa Wyssen, Moritz Zenklusen, Gerd Dönni
1696 erbaut (Jahreszahl am Giebel). Der schmale turmartige Steinbau mit dem kurios aufgesetzten Häuschen aus Holz prägt den Judengassenplatz als nordöstlicher Eckbau entscheidend. Kleiner Würfelfries unter Wolfszahn. An der Haustür des obersten Stockwerkes: «W M / 1696». Anbau im Nordosten 1972. – **Öfen. 1.** Umgebaut im 19. Jh. Zweigeschossig. B: «16 (Jesusmonogramm) 97». – **2.** Zweigeschossig. B: in Lorbeerkelch Wappenfeld mit den Initialen «M[oritz] Z[en] K[lusen] / C[resenz] W[yssen]» über der Jahreszahl 1905.

schriften) vertäfelt – **Inschrift.** 3. WG: «JESUS MARIA JOSEPH SEIEN DISES HAUS SCHUTZ SCHIRM UND SICHERHEIT AMEN. IN DISEM HAUS GEDENCK DER ARMEN SO WIRT GOTT DINER SICH AUCH ERBARMEN / DISE STUBEN HAT LASSEN MACHEN CHRISTAN JOSSEN BAMATTER UND CATHARINA EGGEL MIT SINEN KINDREN IM IAR DES HEREN 1 6 7 0.» – **Öfchen** mit Sitzbank. Zweigeschossig. B: «B . G . K . A . / 1898».

### Nr. 70, Friedrich Salzmann, Emanuel Ruppen

Dominant zuoberst am Sägeweg gelegen, setzt es einen wichtigen Akzent innerhalb der Baugruppe. Über der Firstpfette steht die Jahreszahl 1859. – **Inschriften.** 1. WG: «IHS M[a]RIA . DISES HAUS HAT LASEN BAUWEN DER ERSAME JUNGLING JOHAN BAMATER IM IAHR 1858. O IESU STEH DISEM HAUS BEI UND MACH ES VON ALLEM UNGLICH FREI.» – 2. WG: «IHS MARIA . DISES HAUS HAT LASEN BAUWEN DER ERSAME MANN MORITZ BAMMATTER UND SEINE HAUSFRAU ANNA MARIA SALZMANN IM IAHR 1858.» – Die Bauherren Johann (1833–1910) und Moritz (1834–1916) waren die Söhne des Kaspar; Moritz war der Vater von Kaplan Benjamin Bammatter. – **Öfen. 1.** Dreigeschossig. B: «IHS H[ans] B[ammatter]». **2.** Dreigeschossig. B: «IHS 1861» – «E[manuel] R[uppen] H[ilda] I[ossen]».

## Mundgasse

Die 1304 erstmals erwähnte Mundgasse zweigt in der Nordwestecke des heutigen Judengassenplatzes ab und führt am Berghang über den steilen Fussweg nach Birgisch und Mund.

### Nr. 72, Alfred und Raphael Schwick, Viktor Reutlinger

Erbaut 1608. Imposantes Holzhaus an der nördlichen Gassenflanke. Wandartige Pfettenkonsolen. Rillenfriese. «Nahhüs» aus Stein. Originale Fenstergruppe im Giebel. Wendeltreppe an der östlichen Traufseite des Hauses. Ein Rundbogenportal aus Tuff und darüber ein ebenfalls tuffgerahmtes Fenster mit Kielbogen schaffen eine ansehnliche Portalfront. – **Inschrift.** In der Stube im Mauersockel (ehemals Saal?): «HOC OPUS FIERI FECIT [= *Dieses Haus liess erstellen*] CHRISTIANUS MICHLIG AN[n]O 1608 2 IUNII.» Beschrifteter Dielbaum des 2. Stockwerkes verkleidet.

### Nr. 47, Pius Eggel, Hugo Salzmann

Erbaut 1640 (Jahreszahl am Giebel). In den Stuben beider Holzstockwerke je drei schmale Dielbäume. – **Inschriften.** 1. WG: «IHS M[a]R[i]A DISERS HAUS HAT LASSEN MIT DER HILFF GOTTES ERBAUWEN DER EHERSAM PETER MICHLIG BURGER ZUO NATTERS UND MARIA GERTSCHEN SIN HUOSMUOTTER IM IAR DES HERREN 1640 DEN 21 TAG MERTZEN.» – 2. WG: «ZU LOB GOTES UND MARIA ZU NUTZ DEM MENSCHEN IST DIS HAUS BAUEN IM IAR 1640 VON HANS GERTSCHEN BURGER ZU NATERS UND MARIA AULIG [= Owlig] SIN VIB.» – Im «Stubji»: «IHS 1640 HG». – **Ofen** von 1946 anstelle eines runden. – **Hauskruzifix** aus «Unner-Moos».

### Nr. 12, Josef Mutter, Beat Jossen

Das Baujahr des Hauses ist dreifach belegt und der Bau ist in einem Arbeitsgang entstanden. Der Erbauer Christen Pfaffen war ein Vertreter einer bekannten Meier- und Grosskastlanfamilie, die aus Mund stammte. Eine Besonderheit des Hauses bildet die Verzierung der Innenwände. Zu beiden Seiten der Firstpfette steht: «16 C[hristen] P[faffen] 81». – **Inschriften.** 1. WG: «IESUS MARIA UND IOSEPH SEI GELOBT IN EWIGKEIT . DISES HAUS HAT LASSEN MACHEN CHRISTEN PFAFFEN IM IAR 1681. O . MENSCH BETRAECHT ALE ZEIT. DEIN NOTH . HEIT LEBST UND

MORGEN BIST DU TOD . SO GIBT MAN DIR VON ALL DEINER HAB NIT MEHR ALS NUR EIN TUCH INS GRAB.» – «IN DISEM HUS SOLT DU GEDENCKEN DER ARMEN SO WIRD SICH GOT DEINER AUCH ERBARMEN MDCLXXXI [1681].» – 2. WG: «WAN ICH AUS ODER EIN SO STET DER TODT UND WARTET MEIN . ICH STIRB ICH WEIS NIT WAN . ICH FAR ICH WEIS NIT WOHIN . ES NIMBT MICH WUNDER DAS ICH SO FREICHLICH BIN . CHRISTEN PFAFFEN . BURGER IN NATERS 1681.» – Auf dem zweiten Balken ist das Pfaffen-Wappen zu erkennen. – **Ofen.** Dreigeschossig. Wappen: wahrscheinlich ein Ahornblatt auf einem Dreiberg mit den Initialen «C I», die auf die Ehefrau von Christen Pfaffen aus der Familie Imahorn aus Ulrichen hinweisen, sowie der Jahreszahl 1684.

**Nr. 1064, Josef Schnydrig-Zenklusen**
Älteste Jahreszahl auf einem Dielbaum in Naters. 2. WG, Kammer: am längslaufenden Dielbaum in römischen Minuskeln sorgfältig geschnitzte Jahreszahl 1460 und grosse Kerbschnittrosette, bestehend aus sieben Rosen (sieben Wochentage?), wie folgt:

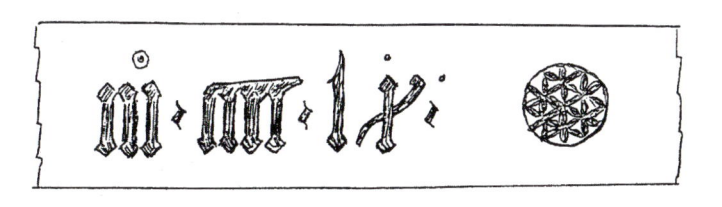

2. WG, Stube: «IHS MARIA HMW IMARADERSDIEN IW 1749 W». – HMW und IW W: vermutlich die Namen der Eltern; in der Mitte die 13 Buchstaben: vielleicht die Vornamen der 13 Kinder. 1749 in der östlichen Kammerachse erneuert. Durch die jüngste Renovation 1984 aussen und innen stark verändert.

## Lindenplatz – die Linde von Naters

Die Natischer sind stolz auf die grosse Linde vor dem Pfarrhaus. Dies zu Recht. Wird sie doch bereits 1357 in einer Urkunde erwähnt.[791] Dieses Dokument beginnt wörtlich: «Anno Dni MCCCLVII indictione X, die XVIII mensis junii, apud Narres, suptus tiliam seu magnam arborem [= unter der Linde oder dem grossen Baum] communitas de Narres pro parte congregata.» Zusammengefasst besagt die Urkunde: Die Gemeinde Naters, die sich am 18. Juni 1357 «unter der Linde oder dem grossen Baum» versammelt hat, verkaufte die Ernte der bischöflichen Pfründe für fünf Pfund an Johann Thome in der Oberen Matte und an Jakob Gruonach von Mund. Der damalige Schreiber begnügte sich also nicht zu sagen «unter der Linde», sondern hebt das «gross» («magnam») speziell hervor. Der Baum muss also schon damals eine respektable Grösse gehabt haben und demzufolge ein entsprechendes Alter von gut 200 Jahren, da man eine jüngere Linde wohl kaum als «gross» hätte bezeichnen können. 1997 war die Linde also ungefähr 840 Jahre alt. Sie wurde demnach um 1150 gepflanzt und ist somit älter als die Stadt Bern, die bekanntlich 1191 gegründet wurde. So dürfte die Natischer Linde wohl einer der ältesten Bäume der Schweiz sein.

Historiker Dionys Imesch schreibt hierzu: «In ihrem Schatten wurden des öfteren private und öffentliche Angelegenheiten verhandelt.»[792] Und Louis Carlen meint: «Wie andernorts wurde bei der Linde von Naters wohl auch Recht gesprochen.»[793] Obwohl die zweistämmige, mächtige Linde fast vollständig ausgehöhlt ist – und den Kindern als Lieblingsversteck dient –, schlägt sie noch grün aus. Die etwa 50 cm hohe Mauer rund um den Stamm soll früher auch dem Weibel als Podium gedient haben. Nachdem die Linde schon seit längerer Zeit durch Spannverankerungen verstärkt worden war, liess sie die Gemeinde 1986 zusätzlich durch einen Baumspezialisten einer Behand-

*Rest einer Prangersäule bei der Linde.*

lung unterziehen. 1935 liess die Gemeinde neben der alten Linde eine junge pflanzen, die 1998 entfernt werden musste, damit der alte Lindenbaum keinen Schaden erleidet.

Zwischen dem Brunnen und der Linde befindet sich noch eine giltsteinerne Basis der ehemaligen **Prangersäule**. Louis Carlen vermerkt dazu: «Die verbreitetste Prangerart im Wallis war das Halseisen, ein metallenes, zumeist eisernes, mit einem Scharnier versehenes Band, das dem Verurteilten um den Hals gelegt und mit dem er an den Schandpfahl [an die Prangersäule] angeheftet wurde.»[794]

## Schulhausstrasse

Östlich des Lindenplatzes enthält der zweite nördliche **Speicher** (Kat.-Nr. 246) am Türsturz folgende Inschrift: «F . P . G 16 + 48 M . G».

*Die über 800 Jahre alte Linde beim Pfarrhaus von Naters.*

**Nrn. 100/101, Johann Josef Jossen, Amandus und Roland Schmid, Gabriel Pfammatter-Jossen; «Nessierhüs»**
Erbaut 1579 und 1604 (Giebelinschrift: «HANS 1604»); Innenausbau des oberen Holzstockwerks wohl 1626 durch einen Vertreter der Familie Burgener. Giebelständig bildet das Nessierhaus mit seinem vorkragenden Holzwerk den malerischen Mittelpunkt der Schulhausstrasse. In der südlichen Achse des Mauersockels öffnet sich ein grosses Rundbogenportal zum geräumigen Flur. Dort ist die hölzerne südliche Wange des älteren Hauses von 1579 sichtbar. 1604 kam der Wohnstock des älteren Hauses in das Saalgeschoss des Neubaus zu liegen, da Hans Gertschen den freien Raum im Süden als Flur mit einbezog und zwei Wohnstockwerke auf das vorkragende Holzwerk setzte. Damals oder 1626 wurde auch der Treppenturm errichtet. Neben den gut erhaltenen Rillenfriesen zieren die in Rossköpfen endenden sieben Dielbaumvorstösse des ersten Wohngeschosses die Fassade.

*Giltsteinofen von 1626.*

**Inschriften.** Stube im Saalgeschoss: (im Wappenfeld:) «H G». «1579 BUW DIN – HUS DEN ARMEN . ALSO WJRD DJER DOERT DAS EWIG LAEBEN.» – 1. WG: «JESUS MARIA HANS GERTSCHENS MARGRET ANDENMATTENS SIN HUSFRAUWS 1604». – Profilstabtäfer von 1579 im Saalstockwerk; in der Stube des obersten Stockwerks **Felderdecke** mit gestelztem Rundstab auf den Profilleisten, wohl 1626. Am **Türsturz** der Stube im obersten Stockwerk gemalte Initialen «A B»[795]. – **Öfen. 1.** Stattlicher runder Ofen, zweigeschossig. Über der Jahreszahl 1606 kunstvoll gehauenes Rollwerkwappen der Familie Nessier (?)[796]: auf Dreiberg dreiarmiger Nesselzweig unter zwei Fünfstrahlensternen; Initialen «M F N» und «C D». – **2.** Rund, zweigeschossig. Jahreszahl 1626. Wappen: zwischen Sechsstrahlensternen Dreiberg, die Initialen «A B» und Sonne. – Zwei prachtvolle Türen, Mitte 17. Jh. Nussbaum.

## Lindenstrasse – «Platz»

Die Lindenstrasse zweigt vom Platz bei der Linde nach Osten ab und führt zum schon 1276[797] erwähnten alten Dorfplatz. Dieser ist reich an Kontrasten, in denen der wechselvolle Lauf der Dorfgeschichte in Erscheinung tritt. Im 20. Jh. erfuhr der Platz durch grössere Bauten tief greifende Änderungen.

**Nr. 236, Roman Ritz, Josef Summermatter Erben, Hans Wyssen**
Erbaut 1854 (am Giebel: «Anno 1854»), möglicherweise über älterem Mauersockel. Das Haus ist reich dekoriert und zeigt ungefähr das ganze mögliche Spektrum von Verzierungen, das zu jener Zeit in Naters verwendet wurde. Unter allen Fenstern ziehen sich doppelte Wolfszahnfriese, über allen Fenstern Ranken- und Blumenfriese hin. – **Inschriften.** 1. WG: «DIESES HAUS HAT DER ERSAMEN MAN PETER JOSEPHT MICHLIG UND SEIN HAUSFRAU TERESIA ROTDEN UND IHREN KINDER JOHANIES JOSEPHT MÖRIZ KASBAR PETERJOSEPHT TERESIA / MICHLIEG UND DIESES IM NAMEN IESUS MARIA UND JOSEPHT. O GOTT BEWAHRE DIESES HAUS UND DIE WOHL GEHEN EIN UND AUS IM JAHR 1854.» – Im 2. Wohngeschoss ähnlich lautende Inschrift, jedoch mit dem Sinnspruch: «O MENSCH GEDENK AN DIE VIER LETZDEN DING AN DEN TOD UND HÖLL AN DAS LETZTE GERICHT UND AN DAS HIMMELREICH 1854.»

**Nr. 234, Ludwig Holzer, Ferdinand Pfammatter, Lotty Imesch, Walter Tenisch**
Am inneren Türsturz der Stubentür im 1. Wohngeschoss: «16 (Monogramme von Jesus und Maria) 67 (2?)». Über dem Standort des Giltsteinofens im 1. Wohngeschoss noch «Ricker», das heisst mit Schiebeladen versehene Öffnung vorhanden. Konsölchenfries. Steinernes Hinter-

haus. An der rechten Traufseite, im 2. Stockwerk, friesgeschmückter «Vorschutz», seitlich mit Stutzwand verschlossen. Drittes Stockwerk 19. Jahrhundert.

**Nr. 230, Karoline Eggel, Therese Jäger Erben, Ignaz Mutter, Paula Wyssenbach**

Erbaut 1703 und 1750 (am First: «P M 1750 G»). Die Südfassade zeigt einen gestrickten Blockbau, der über die Strassenbreite vorgezogen wird und auf vier Holzpfosten ruht. Östliche Hälfte des Holzwerkes (wohl 1750) unter neuem übergreifendem Giebel angestückt. Steinernes «Nähhüs». Nach den Wandfriesen zu schliessen, sind die **beschrifteten Dielbäume** des 2. Stockwerks 1750 wieder verwendet worden. – «(verdeckt) MARIA GNEDLICH IN SEL UND LEIBES GEFARDEN BEWARE MICH SO STIRBEN ICH SELIGL[i]CH / (verdeckt) HAUS SEI ZUGESEIT DER ALER HEILIGESTEN DREI FALTIGKEIT SO LANG ES STEIT IM IAR 1703.» – «HANS MATTIG LAST BAUWEN DISES HAUS DER MUS VILLICHT SELBS / DARAUS IA STERBEN MUS UND DAS IST WAR ABER ZU WELCHER STUND DAS IST NIDT OFE (vertauschte Zeilen).» – **Ofen.** Dreistöckig. B: «M E K S 1927», darunter Lamm Gottes mit Kelch; im Wappenfeld: «D E / C E 1870».

**Nr. 216, Anna, Clemens und Louis Ruppen**

Reihenhaus des Dorfplatzes, nach Osten mit Nr. 210 verbunden. Datierung: um 1530, 1622, Hauptmauern älter. Das neu verputzte Saalgeschoss betritt man durch eine vergrösserte Tür an der Südfassade. Der aufgesetzte Block wird von einem nach Westen abfallenden Pultdach gedeckt. Ein Heidenbalken in der Mitte der Südfassade markiert den Ansatz des ursprünglichen Satteldaches. Aus dem nördlich zurückversetzten Treppenturm gelangt man durch eine mit Beschlägen reich verzierte Türe in die Wohnung des ersten Obergeschosses.

**Inschriften.** 1. Stockwerk: «EGIDI[us][798] IOSSEN – BANTMATTER NOT[ari]US CIVIS SEDUNENSIS ALIAS GUBERNATOR MONTHEOLI E PRIDEM CASTELLANUS DESENI BRIIGAE ANNO 1622» [= Egid Jossen ..., Notar, Burger von Sitten, alt Landvogt von Monthey und einst Kastlan des Zendens Brig, im Jahre 1622]. – «IHS IN DISEM HAUS GEDENCK DER ARMEN SO WIRT SICH GOT DINER AUCH ERBARMEN M V.» – **Ofen.** Zweigeschossig. Unter den Initialen «INS» wappenähnliches Feld mit stehendem

*Ausschnitt aus der Dielbauminschrift.*

Adler. Jahreszahl 1856. In Wappenfeld: «A[lphons] W[yssen] / M[aria] I[osepha] S[alzmann] 1892». – Eingebautes **Schränkchen,** zweite Hälfte 17. Jh. Originales Beschläg. – **Hinterglasgemälde** «Abendmahl» (im Besitz von Rupert Klingele, Naters). 29×37 cm. 19. Jahrhundert.

**Nr. 210, Benjamin Schmid, Marcel Kummer und vier weitere**

Datierung: Wohnturm 13. Jh.[799], Blockhaus 16. Jh. und 1737. Die auf vier Vorschutzbalken ruhende Blockwand zieren

Trichterrillen- und plastische Rautenfriese. An der östlichen Fassade führt eine Treppe zum nordwestlich integrierten Treppenturm. – **Inschriften.** 1. Stockwerk: «IHS (Marienmonogramm) IOSEPH DISES HAUS HABEN LASSEN BAUWEN R[everendus] = D[ominus] [= Hochw. Herr] = I[ohannes] = P[etrus] = G[asser] 1737 / F=I=G= BRIEDER UND IHRE MUTTER C[hristina] W[yssen][800] UND M[aria] W[alker][801] EIN HAUSFRAU IOSEPHI IM IAHR (Jahreszahl 1737 am Ende der oberen Linie).»

*Südfassade, Ostteil.*

– «WER CHRISTUM RECHT LIEBET = UND HALT SEIN GEBOTT WIRD GAR NICHT BETRIEBET / UND NIEMAHL ZU SPOTT. DARUM MENSCH BETRACHT ES WOHL WANS DIR NICHT FEHLEN SOLL.»

**Öfen. 1.** Wohl 1913 umgeändert. Rollwerkkartusche mit Jordan-Wappen über der Jahreszahl 1609. Im Wappen Initialen «M[oritz] S[alzmann]» und Jahreszahl 1913. – **2.** 1902 umgeändert. Dreigeschossig. Rollwerkwappen der Familie Gasser (WWb 1974, S. 113, jedoch ohne Dreiberg), darüber die Jahreszahl 1738 und, in Schriftband, die Initialen «R[everendus] D[ominus] I[ohannes] P[etrus] G[asser] (vgl. Kap. »Pfarrer«, Nr. 34) F[ranciscus?] I[osephus?] G[asser]». Und: «M[oritz] M[ichlig]/ M[agdalena] P[faffen]/1902».

*1. Stockwerk: Giltsteinofen von 1609.*

**Nr. 215, Seraphine Bass, Karoline Eggel, Alice Ruppen, Georges Ritler; «Domheruhüs»**

Gemäss Dionys Imesch wohnte hier der Mistral als Verwalter der erst im 19. Jahrhundert endgültig veräusserten Güter des Domkapitels oder es hielten sich zeitweise Domherren darin auf.[802] Möglicherweise ist es das 1276 durch den Cantor Normand de Augusta (†1285) von Conrad von Lalden erworbene Steinhaus am Platz von Naters («domum meam lapideam sitam in platea de Narres»).[803] – Hochmittelalterlich. Tief greifende Renovation 1550. Von der historischen Bedeutung des Hauses zeugt heute aussen nur mehr die Westfassade, wo sich am südlichen Rand Portal und Fensterzeile des Treppenhauses mit markanten Tuffgewänden abzeichnen. Im Innern wenige, aber sprechende Zeugen vom Umbau des Jahres 1550: als linkes Gewände der Tür zum ersten Stockwerk, deren Scheitelstein mit der Jahreszahl 1550 entwendet worden ist, ein gewunden gerillter Rundstab usw.

*Rundbogentuffportal des Domherrenhauses.*

**Nr. 163, Hermann Karlen, Meinrad Ruppen, Ursula Schwery, Silvia Arn, Evelyne Ramseier; Megetschenhaus[804]**

Linke Hausachse möglicherweise mittelalterlich, in den Neubau der angesehenen Familie Megetschen von 1606 einbezogen. Behäbig blickt das zweistöckige Wohnhaus als beherrschender Bau gegen Süden auf den alten Dorfplatz. Trotz störender Veränderungen im Mauersockel ist es das malerischste Holzhaus des Dorfes. An den Konsolen der linken Hausachse eingeritzt: in

Wappen «P[eter] M[egetschen] / 1606»; «Hu . (?) / T / H». Kamm- und Rillenfriese. Neuerer Balkon an der rechten Traufseite des oberen Stockwerks auf ursprünglichem Konsolenfragment. Rechtes Giebelfenster original. An- und Umbauten im 20. Jh. – **Inschriften.** 1. WG: Im Wappenfeld «H[ans] M[egetschen] / P[eter] M[egetschen] / A[nton] M[egetschen]: IN DISEM HUS GEDENK DER ARMEN SO WIRDT SICH GOT DINE AUCH ERBARMEN : HANS MEGETZSCHEN : CORSTINI WISEN SEIN HUSS FROW : B : M : K : M : M : M : / GOT LIEBEN UND SEIN HEILIGES WORT : DAS IST DER BEST SHATZ HIE UND DORT : PETER MEGETZSCHEN : ANTONI SEIN BRUODER : 1606.» – 2. WG: «IHS MARIA . MICHEL EIER BA[r]BARA STAPLER BARBARA UND MARIA SINE KINDER IM IAR 1635». – **Ofenstein** von 163(?)1 mit Wappen der Familie Schmid von Reckingen (WWb 1946, Tf. 4, Nr. 1). Bilddokument. R. Anheisser: Altschweizerische Baukunst, Bern 1906/07, S. 110. Jacob Hunziker: Das Schweizerhaus, Das Wallis, Aarau 1900, S. 141, Fig. 150.

### Nrn. 159/160, Ignaz Andres, Evi Schweizer, Erwin Salzmann

Hinter dem Haus Nr. 163 am Klosiweg. Erbaut 1632 (Jahreszahl am Giebel). Rücksichtsvolle Renovation 1965. Überreste eines mittelalterlichen «festen Hauses» (14./15. Jh.) bestehen fort. – **Inschrift.** 2. WG: «IHS M[a]R[i]A . PETER BARTIOLOME CASPAR GROSSEN BRUDER BURGER IN NATERS . ANNO 1632 DIE [= am Tag] IENERS». – **Ofenstein** im 2. WG: über der Jahreszahl 1634 Wappenschild mit den Initialen «P G / B G». Hinter dem Haus bilden Ökonomiegebäude mit einem stattlichen Speicher von 1725 (Jahreszahl am Giebel) ein stimmungsvolles Höfchen.

*Südfassade von Nr. 160.*

### Nr. 166, Gervas und Viktor Eggel

1903 von Benjamin Eggel erbaut (Initialen in der metallenen Dachfahne). Steinernes Mansardenhaus mit vorgeblendeten Eckquadern und Granitgewänden. Ein Frontbalkon mit einfachem neugotischem Metallgeländer unterbricht das Sims über dem Erdgeschoss.

### Nr. 249, Ignaz Mutter

1923 von Cäsar Eggel erbaut. Der grosse rechteckige Steinbau trägt ein Krüppelwalmdach und mittlere Zwerchgiebel. Niedriger gefugter Bruchsteinsockel. Ein kräftiges, im Stil des 17. Jahrhunderts profiliertes Sims trennt das Erdgeschoss von den beiden Stockwerken, die mit grossen gerahmten Öffnungen «befenstert» sind. Das Haus dient heute als Atelier für Restaurationen und dem Kunsthaus zur Linde als Ausstellungsraum (vgl. Kap. «Tourismus»: Restaurants).

Der südliche **Speicher** (Nr. 167) westlich der Kelchbachbrücke von 1622 (am Türsturz des unteren Geschosses) und 1688 (an jenem des Obergeschosses) blickt mit der laubenbesetzten Giebelfront zum Dorfplatz. Er bildet einen reizvollen Kontrast zum nördlichen Speicher (Nr. 152) auf voll sichtbarem Mauersockel. Am Türsturz des obersten Geschosses: «P . A . E . A + M . H . 1758».

Der östlich am Klosiweg stehende **Speicher** (Nr. 157) datiert aus dem Jahre 1617, enthält im ersten Obergeschoss einen Heidenbalken und im zweiten Obergeschoss eine heidenbalkenähnliche Verstärkung der Blockwand. Weiter nördlich steht, östlich giebelständig zum Klosiweg, ein weiterer sich in einem sehr guten Zustand befindlicher **Speicher** (Nr. 158) von 1725 (Jahreszahl unter dem First).

## Schloss- und Lombardeiweg

Vom Dorfplatz führt eine **Bogenbrücke** über den Kelchbach. Sie wurde wahrscheinlich unmittelbar nach der Überschwemmung im Jahre 1669 erbaut, als beide hölzernen Brücken weggerissen worden waren.

### Nr. 388, Georges Michael, Serafine und Marie-Antoinette Ruppen; Simone Valli-Ruppen
### Haus der Landeshauptmänner Georg I. (†1625 oder 1626) und Georg II. Michel-Supersaxo (1601–1676).[805]

Erbaut 1597, wohl auf älteren Grundmauern. Renovationen 1642, 1651, 1662(?), 1697 und im ersten Drittel des 20. Jahrhunderts. Das hochragende, schmale Haus steht östlich des Kelchbachs. Als Kontrast wirkt im Norden der gleich gerichtete, behäbige Holzspeicher auf Sälen im Mauersockel. Am Scheitel beziehen Inschrift und Jahreszahl den zierlichen Scheitelstein mit dem Wappenzwickel der Michel-Supersaxo mit ein: «N[obilis] F[ranciscus] G[eorgius] M[ichel][806] AL[ias] S[uper] S[axo]

CAP[itan]EUS ET CAST[e]LL[anus] / L[audabilis] D[eseni] B[rigae] / 1697» [= Der vornehme F. G. M. alias Supersaxo, Hauptmann und Kastlan des löblichen Zendens Brig 1697]. Schwere zweiflügelige Brettertür mit Nadelkopfdekor, Beschläg und Schloss aus der Bauzeit. – Hinter dem Portal führt ein länglicher Flur zur Treppe im «Nahhüs», wo das geräumige Treppenhaus neben den meist im Halbkreis geschwungenen, sehr steilen Stiegen auf jedem Stockwerk noch einen Flur birgt. Im Keller Sattelholz mit Rundstab in Kehle (16. Jh.). Simsfragmente (17. Jh.) im Saal des Erdgeschosses. In den Stuben der beiden ersten Stockwerke originales **Profilstabtäfer** sowie **Architekturrahmen** mit Zahnschnitt am Gesims. **Kammertür** im zweiten Wohngeschoss, erste Hälfte 17. Jh. Lärche.

*Scheitelstein vom Rundbogenportal.*

**Inschriften.** Im Eingangsflur: «GEORGIUS MICHAEL AL[ia]S SUPERSAXO VICEBALI[vus] REI PUBL[i]CAE VALLESII 1662» [= ..., Vize-Landeshauptmann der Republik Wallis ...].
**1. WG:** (profilierte = gerillte Dielbäume) «DEO OPT[imo] MAX[imo] SIBI ET AMICIS NOBILIS ET STREN[uus] G. M. S. (als Monogramm) A[uratae] M[ilitiae] AEQ[ues] SAEPI[us] CAST[ellanus] MODERN[us] BANDERET[us] L[audabilis] D[eseni] BRYGAE ET PRO TEMP[o]RE CAPITA[neus] MILITARIS IN / SER[vi]TIO X P ISSIMI [= CHRISTIANISSIMI] FRANCOR[um] REGIS ATQ[ue] VIRT[u]OSA ET MORIGERA ELISABETHA STOCKALPER CONIUGES HOC OPUS LUM[inose] RESTAURAVER[u]NT . ANNO 1642 DIE 20 SEPTE[m]BRIS» [= Dem allerhöchsten Gott, sich selbst und den Freunden liessen dieses Haus glänzend restaurieren Georg Michel-Supersaxo, Ritter vom Goldenen Sporn, des Öfteren Kastlan, zurzeit Bannerherr des löblichen Zendens Brig und zurzeit Militärhauptmann im Dienst des allerchristlichsten Königs von Frankreich, und die tugendhafte und willfährige Elisabeth Stockalper, Ehegatten, im Jahr 1642, am Tag des 20. September]. – «NISI DOMINUS AEDIFICAVERIT DOMUM INVANUM LABORAVERUNT QUI AIDIFICANT EAM . PSALMO C[entesimo] VIGESIMO SEXTO» [= Wenn der Herr das Haus nicht baut, bauen die Bauleute umsonst, Psalm 126]. – «BENEDICTIO PATRIS FIRMAT DOMUS FILIORUM . MALEDICTIO AUTEM MATRIS ERADICAT FUNDAMENTA» [= Der Segen des Vaters stärkt die Häuser der Kinder, das Lästern der Mutter aber zerreisst (ihre) Fundamente].
**2. WG, Stube:** (gotisierende Majuskeln und Minuskeln) «AUFF GOTTES GNADT SOLT ALLEZEIT BEUWEN . UND EIGNEM VERDIENST NITT ZU VILL VERTRAUEN TRINCK UNND ISS GOTTES ALMECHTIGEN DEINES HERREN NIT + VERGIISS / DAN WAS IST

*2. WG, Stube: Ausschnitt aus der lateinischen Binneninschrift.*

GUTzz AN DEINEM LÄBEN. DAS DIER NITT SEY VON GOTt GEGEBEN. BEHALT DEIN EHR DIER WIRtt NIT MEHR DAN UM UND AN WOLLAUFF DARVON.» – «NOBILIS STREN[uus] ET ILLUSTRIS GEORGIUS MICHAEL AL[ia]S SUPER SAXO EQUES APOST[olicus] SAEPI[us] CAST[ella]N[us] MODERN[us] BANDERET[us] L[audabilis] DESENI BRYGAE / NON PRIDEM CAPITANE[us] IN CASTRIS GALLICIS ET GUBERNATOR MONTHEOLI HOC OP[us] LUM[inis oder -inose] RENOVAVIT ANNO D[omi]N[i] 1651 DIE 12 AP[ri]LIS» [= Der wackere und berühmte G. M. alias Supersaxo, Apostolischer Ritter, des Öfteren Kastlan, zurzeit Bannerherr des löblichen Zendens Brig, vor kurzem Hauptmann in französischen Diensten und Landvogt von Monthey, liess dieses Werk glanzvoll renovieren, im Jahre des Herrn 1651, am 12. April].
**2. WG, Küche:** «IN DISEM HUUSS GEDENCK DER ARMEN SO WIRT SICH GOT DIN AUCH ERBARMEN» – «HOC OPUS MAGNIFICUS ET SPECTABILIS GEOR[g]IUS MICHEL ALIAS / SUPER SAXO PRIDEM GUBERNATOR S[ancti] MAURITY NEC NO[n] BALLI[v]US PATRI[a]E VALLESY QUE IAM PRO VI. CASTELANUS MODERNUS BANDERETUS DESENI BRYGE CONSTRUI CURAVIT ANNO DOMINI 1. 5. 9. 7. DIE 13 MENSIS MAY» [= Dieses Werk liess erstellen der erhabene und angesehene G. M. alias Supersaxo, unlängst Landvogt von St-Maurice, Landeshauptmann des Walliser Vaterlandes und schon zum sechsten Mal Kastlan und neuer Bannerherr des Zendens Brig, im Jahre des Herrn 1597, am 13. Tag des Monats Mai]. – «GOT LIEBEN UND SIN HEILIGES WORT IST DER BESTE SCHATZ HIE UND DORT.» – «(verdeckt) ...

CHRISTUS ADESSE VIDETUR. SI DES IPSE DABIT, SI NON DES, IPSE NEGABIT» [= Christus scheint dabei zu sein. Wenn du gibst, wird er geben, wenn du nicht gibst, wird er verweigern].
**Öfen. 1.** Dreistöckig, wohl im 19. Jh. umgebaut. B: Allianz-Wappen Michel-Supersaxo und Stockalper mit den Initialen «G[eorg] M[ichel] / A[lias] S[uper] S[axo]» und «E[lisabeth] S[tockalper]» über der Jahreszahl 1642. – **2.** Rund. Zweigeschossig. B: Allianz-Wappen Michel-Supersaxo und Gertschen (drei stehende Ähren auf Dreiberg) mit den Initialen «G[eorg] M[ichel] / A[lias] S[upersaxo]» und «M[argareta] G[ertschen]» über der Jahreszahl 1659. Originales **«Ofustängeli».** – **Ausziehtisch.** Nussbaum. 1675. – **Bett.** Nussbaum. Mit Kugel be-

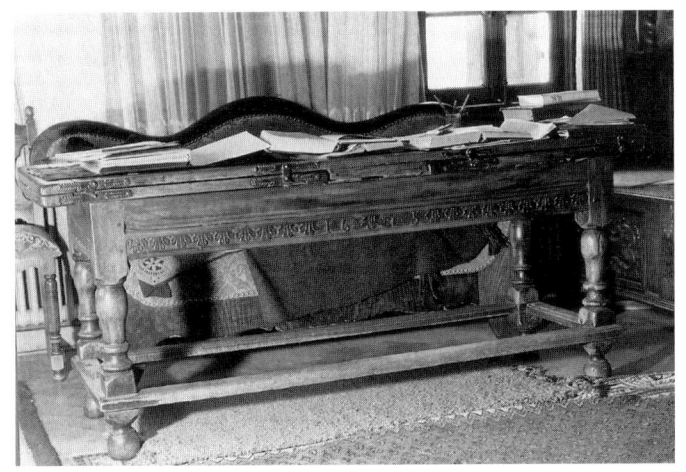

*Ausziehtisch von 1675.*

krönte kräftige Eckpfosten auf Balusterbeinen. An der Bekrönung der Fusslade die Jahreszahl 1672 und das Wappen Schnidrig: Kelch auf Dreiberg unter Schragen zwischen Fünfstrahlensternen; darüber Rose in Dreieck; Initialen: «R[everendus] D[ominus] C[asparus] S[chnidrig] / C[uratus] N[atriensis]» [= ..., Pfarrer von Naters (vgl. Kap. «Pfarrer», Nr. 31)]. Einzigartiges Möbelstück in der Region. – **Truhe.** Nussbaum. Zweite Hälfte 17. Jh. Zweiachsig. Schnitzrankenwerk. – **Wappengemälde.** 60x74 cm. Deckfarbe auf grober Leinwand. Allianz-Vollwappen Ruppen-Salzmann. Links die Jahreszahl 1913, rechts signiert «L[udwig] . W[erlen]». – **Zinn: Bauchkannen. 1.** H. 17,3 cm, erste Hälfte 19. Jh. – **2.** H. 24,7 cm, mit Umschrift: «ANTONII . STORNO 1712». – **3.** H. 24,3 cm, erste Hälfte 18. Jh. – Dem Haus gegenüber am Lombardeiweg steht ein gemauerter **Heustall,** der, ins Spätmittelalter zurückreichend, zur Zeit Georgs II. Michel-Supersaxo «Sälti und ross Stall» barg.[807]

**Nr. 390, 19 Besitzer**
**Speicher** des Bannerherrn und späteren Landeshauptmanns Georg II. Michel-Supersaxo.[808]
Ein Speicher vom Ausmass der südlichen Hälfte des heutigen Gebäudes ist 1651/52 vom späteren Landeshauptmann Georg II. Michel-Supersaxo aufgerichtet worden. Wann in der zweiten Hälfte des 17. Jahrhunderts die nördliche Hälfte hinzugefügt und der erweiterte Bau mit dem mächtigen Giebel überspannt wurde, kann nicht ermittelt werden. Irrtümlicherweise wird dieses Gebäude auch «Zehntenspeicher» genannt. Wie aus der Dielbauminschrift des Saales und aus dem Testament des Landeshauptmanns vom 23. November 1677 hervorgeht, war der Speicher sein Eigentum. Des Weiteren ist der Speicher nicht nur zu jung (Verlegung des Zendenhauptortes von Naters nach Brig 1518), auch die Einteilung des Oberbaus in zahlreiche kleinräumige Speicher spricht gegen eine Nutzung als Zehntenspeicher. Der Mauersockel mit den zwei unterkellerten Sälen wird an der

*Speicher des Georg II. Michel-Supersaxo.*

Giebelfront durch vier Zwillingsfenster gegliedert, die ausser dem nördlichsten alle ein Tuffgewände mit auslaufender Kehle aufweisen. An der westlichen Giebelfront sitzen in beiden Geschossen je vier kleine vergitterte Fenster. Am schweren tuffsteinernen Sturz des Kellereingangs an der südlichen Traufseite steht das Monogramm von Georg Michel-Supersaxo zwischen den Ziffern der Jahreszahl 1651. Tonnengewölbte Keller. Türgewände aus Tuff zum südlichen Saal. Im Stirnfeld der heute umgekehrt versetzten Tür die Initialen: «N[obilis] ET S[trenuus] G[eorgius] M[ichel] S[upersaxo] E[ques] A[postolicus]» [= Der vornehme und gestrenge G. M. S., Apostolischer Ritter (Ritter vom Goldenen Sporn)], unten die Jahreszahl 1652.
Der Saal wird heute mitunter «Gerichtssaal» genannt. Als Eigentum der Familie Michel-Supersaxo war er gewiss nie Ge-

*Inschrift im Saalgeschoss.*

richtssaal des Gemeinwesens, hingegen kann Georg II. Michel-Supersaxo als mehrmaliger Kastlan des Zendens Brig hier sehr wohl Gericht gehalten haben. Die sechs schlanken Balken in diesem sogenannten Gerichtssaal sind mit Kehlen und anderen Profilen rundum dekoriert. – **Inschrift** an der Stirn eines mittleren Balkens: «IHS EREXIT NOBILIS ET STRE[nuus] GEORGIUS MICHAEL AL[ia]S SUPERSAXO EQUES APOST[olicus] SAEPI[us] CAST[ellanus] ET BANDERET[us] D[eseni] BRYGAE G[ubernator] MONTHEOLI A[nno] 1651 M» [= (Jesusmonogramm) Aufgerichtet hat es der edle und gestrenge Georg Michael auch Supersaxo, Apostolischer Ritter, öfters Kastlan und Bannerherr des Zendens Brig, Landvogt von Monthey im Jahre 1651 (im Monat?)]. Mitten in der Zwischenwand der Säle öffnet sich zum südlichen Raum eine (Archiv-)Nische mit hölzernem Türchen und altem Beschläg; am Stirnbrett in Zierfeld geschnitzt: «G[eorg] M[ichel] S[upersaxo]». – **Wandschrank.** Nussbaum. In der mittleren oberen Füllung Wappen mit den Initialen «N F I / A P» über der Jahreszahl 1722. Aussergewöhnlicher Schrank.
**Nr. 391, Josefine Gruper-Eyer, Ludwig Christig**
Es ist ein wichtiges Bauwerk in der direkten Umgebung des

Michlig-Supersaxo-Hauses. – **Inschriften.** 1. WG: «JESUS MARIA UND IOSEPH . WER AUF GOT TRAUWT HAT WOL GEBAUW . GOT SICHTET ALES . GOT HERET [= hört] ALES . GOT BESCHREIBT ALES.» – «ICH GEH FIR IBER WEIS NIT WIE WEIT . OB MICH DER TOD ERGREIFT NOCH HEIT . 1757.» – 2. WG: «DIESES HAUS HAT LASEN BAUWEN DER ERSAME MANN ADRIA EGEL VON NATERS SAMT SEINER HAUSFRAUW VICTORIA EGGS . MEIN HAUS (I TCIFICH) (?).» – «EINEM WIRTZHAUS . AM ABEND KER ICH EIN AM MORGEN WIDER AUS . BETRACHT O SINDER WOHIN IN DIE LANGE EWIGKEIT . DEN 21 ABERELEN [= April] 1808.» – **Ofen.** B: «MR CE 1905».

**Nr. 379, Andreas und Edmund Imhof, Irene Trummer, Susanne Schmid**

Dieses Haus ist baugeschichtlich von Interesse. Vermutlich kann das vorhandene Mauerwerk des nördlichen Baus als Teil eines Wohnturms in das 15. Jahrhundert datiert werden. An dieses erste Bauwerk erstellte man im 16. Jahrhundert ein südliches Blockhaus, das heute noch bis zum ersten Stockwerk besteht. Vielleicht brannte das Haus im 19. Jahrhundert aus, denn die vielen Brandspuren würden den Neubau der Obergeschosse erklären. – **Ofen** im südlichen Erdgeschoss: «1924 IC [= Imhof Cäsar] IHS GK [= Gsponer Katharina]».

**Nr. 367, Magdalena Holzer, Hilar Kummer, Josef Kenzelmann, Hugo Frachebourg, Bernhard Gasser, Josefine Ruppen; «Lismerhüs»**

Erbaut erstes Drittel 17. Jh. Bei der Aufstockung 1647 durch die Geschwister Walter wurde im Westen, auf höherem Mauersockel, eine weitere Achse angefügt, so dass die mächtige Giebelfront in den zwei Vollstockwerken und dem breiten Kniestock des Holzwerks sieben Wohnungen erkennen lässt. Es handelt sich um ein eigentliches «Appartementhaus» des 17. Jahrhunderts. Das Hinterhaus besteht allerdings aus einem Gewirr von Anbauten unter quer gerichteten Pultdächern. An den Wohngeschossen von 1647 grosser Würfelfries. – **Inschriften.** 1. Stockwerk, Stube Ost: «IM IAR 1647 (Jesusmonogramm mit M anstelle von H) ANTOHNI IOS JN [= Ignaz?] UND MARIA WALDER ALEIN GOT UND MARIA (Haus- oder Wappenzeichen: A von einem Kreuz überhöht)». – 1. Stockwerk, mittlere Wohnung: «IHS UND MARIA SI MIT UNS ALE ZEIT CHRISTEN WALTER / UND MARIA IM GUFER ANNO 1647.»

## Stahlgasse – Hofjiweg

**Nr. 333, Alois und Felix Ruppen, Richard Salzmann «Gasserhüs»**

Das dreistöckige Haus ist dank seiner traditionellen Bauweise und seinem markanten Volumen gegenüber der Gabelung des Lombardei- und des Hegdornwegs von Bedeutung. – **Inschriften.** 1. WG, Stube: «DIESES HAUS HAT LASEN BAUWEN DER EHRSAMEN MAN KASBAR GASER u. SEIN HAUS FRAU KATHARINA EIER und DIESES IM NAMEN IESUS MARIA und JOSEPH u. DIESES IM IAHR 1861.» – Kammer: beschriftet, aber überstrichen, lesbar nur «1861». – 2. WG Ost: «DIESES HAUS HAT LASEN BAUEN DER EHRSAMEN MAN IGNATZ GASER CHRISTIANUS GASER . FRANZ . THERESIA GASER IM JAHR 1861.» – 2. WG West: «DIESIS HAUS HAT LASEN BAUEN DIE KINDER KASPAR GASER IGNATZ – FRANZ – CHRISTIAN U. TRESIIA GASER 1861.» 3. WG: Dielbaum überstrichen, noch lesbar «IM JAHR 1861».

### Nr. 343, Karl Schmid, Andreas Imhof, Louis Bärenfaller

Das mit glatten Kammfriesen geschmückte erste Stockwerk dürfte aus dem 16. Jahrhundert stammen, erbaut über mittelalterlichen Grundmauern. 1623 erneuerten Domherr Johann Lergien (vgl. Kap. «Priester, gebürtig aus Naters», Nr. 52) und sein Bruder Thomas die oberen Stockwerke. An der Rückseite schufen sie für das zweite und dritte Wohngeschoss ein eigentümliches Treppenhaus: eine oben offene, abgerundete Raumschale und auf der Ostseite 1685 ein brettverschaltes Zimmer (auf den Bodenbrettern des «Vorschutzes»: «CIL : FMG / 1685»). 1785 wurde eine weitere Achse angebaut (Jahreszahl über den Fenstern des zweiten Stockwerks). Über der Eingangstür zum oberen Stockwerk grosse Lilie, Wappenzeichen der Familie Lergien. **Inschriften.** 1. WG Ost (vom Osten her betretbar): «1623 . S . A . D . S . IHS MARIA». – 2. WG Ost (vom Norden her betretbar): «... V[enerabilis] ET R[everendus] D[ominus] IO[hann]ES LERGIEN SACRISTA P[arochus] ET CANO[nicus] S[edunensis] AC THOMAS LERG[ien] FR[atr]ES HOC OP[us] FIERI FECERUNT / (auf anderem Dielbaum) AETAT[i]S EORU[m] 41 . 39 . A[nn]O 1623 . DIE 22 MAY» [= *Der ehrwürdige und hochwürdige Herr Johann Lergien, Sakristan (des Domkapitels), Pfarrer und Domherr von Sitten, und Thomas Lergien, Brüder, liessen dieses Werk in ihrem Alter von 41 und 39 Jahren im Jahre 1623, am Tag des 22. Mai, erstellen*]. – 2. WG West: «S . C . W . M . F . W 1785».
**Öfen.** 1925 dreistöckig umgeändert. Alter Ofenstein: **1.** von 1690, Lergien-Wappen (drei gestielte Rosen auf dem Dreiberg) unter den Initialen «G I L / M G». – **2.** von 1624. Lergien-Wappenzeichen (sechsteiliger Rosenzweig in Vase), umgeben von den Initialen «T L / V H». – **3.** Von 1923. Lamm Gottes und die Initialen «I.L». – **Stubentüren. 1.** Nussbaum. Mitte 17. Jh. Altes Schloss. **2.** Nussbaum. – **Wandbuffet** (im 3. WG Ost). Nussbaum, vierachsig. Vollwappen von Meier Johann Lergien[809] und seiner Gattin Anna Maria Berthod (†1713), zwischen den Ziffern der Jahreszahl 1702.

*Wandbüfett von 1702 im 3. WG Ost.*

### Nr. 323, Alfred Kummer

Das markante Haus blickt aus dominanter Lage auf die ganze Baugruppe und bildet einen deutlichen Abschluss nach Norden. – **Inschriften.** 1. WG: «MARIA MUTER MILD EIN FIRSPRE[cher]IN DER ARMEN SIDT MIER GNEDIG AM MEINEM END UND DIEDTET MEINE ERBARMEN. MENSCH WILDT DU SELLIG WERDEN SO LEB FEIN FROM AUF DISER ERDEN. FIRCHTE GOT UND SINDE (= sündige) NIDT DAS IST ... (Rest um 1970 entfernt)» – «O JESUS ME ... (Rest weggehobelt) GEFALD ES DIR DISE NACHT ZU

SCHLAFFEN MIT MIR. ACH GOT DAS DOCH DER MENSCH KAN FRELICH SEIN UND ER MUS GAN [= gehen] ER WEIS NID WAHIN.» – 2. WG: «DIESES HAUS HAT LASEN BAUWEN DER ERSAMEN MAN JOHANNES RUBPEN SAMT SEINE KINDER MARIA IOSAFUA KATRINA RUBPEN ANNO 1849.» – **Öfen. 1.** Zweigeschossig. B: «1801 FS IP 1934». **2.** B: «IHS HR M RUPPEN C R 1863», mit Ofenbank.

**Nrn. 311/313, Max Eggel, Andrea Feuillet-Fallert, Anton Eggel; «Heiduhüs»**
Erste Hälfte 16. Jh.? Gut erhaltenes «Heiduchriz» mit plastischem Dekor. 1937/38 wurden unter dem Giebel vier Balkenlagen eingeschoben. Bemerkenswerte «Heiduchriz»-Friese. Baugeschichtlich interessantes Wohnhaus. Im ersten Wohngeschoss profilierte Binnen ohne Inschriften. Der östlich angebaute Trakt ist vollständig gemauert.

*«Heidubalko» unter dem Giebel.*

## Der Marktplatz

Der Baumgarten der Kaplanei wurde um 1920 zum Marktplatz («Märtplatz») mit Hartboden, blieb aber bis zum Bau der Blattenstrasse 1931–1934 noch von der Mauer und einer Reihe Linden umfriedet. In einer späteren Phase wandelte man den Marktplatz in einen offenen Parkplatz um. 1992 erhielt der nun autofrei gewordene Platz eine Natursteinpflästerung. Eine definitive Gestaltung des Marktplatzes ist im Verkehrskonzept der Gemeinde vorgesehen.

### Nr. 585, Anita und Ernst Walden-Amherd, Kamil Ruppen Erben
Dieses an wichtigem Standort südwestlich des Marktplatzes stehende Blockhaus war früher bis zum zweiten Wohngeschoss mit einem Mauermantel umgeben, der anlässlich der vorzüglichen Renovation von 1989/90 entfernt wurde. Bund, Kanton und Gemeinde unterstützten die Instandstellung mit namhaften Beiträgen (Beteiligung an den subventionsberechtigten Kosten von 105 000 Franken: Bund und Kanton zusammen 45 Prozent, Gemeinde 15 Prozent). – **Inschriften.** 1. WG. Auf dem östlichen Teil des Dielbaums in römischen Ziffern die Jahreszahl «1561» (?), auf dem westlichen Teil: «1563». – **Ofen:** «1566 A. A. L. S. [= Anton Amherd, Laura Salzmann] 1930». – 2. WG: «IHS JESUS MARIA JOSEPH ZUO UNS WENT. ERLANG UNS ALEN SELIGES ENDT AMEN. DEN 10. TAG BRACHMONET. HANS EIER UND HANS PETER SEIN SUN [= Sohn] BURGER ZU NATHERS. MARGRETHA WALTERT SEIN HUS MUOTER 1683 IAR.» – Südlich des Hauses hoher, markanter Speicher (Kat.-Nr. 586) mit den Jahreszahlen 1582 und 1622.

## Bammatten – Junkerbiel

### Nr. 833, Beat Salzmann, Felix Kluser
Der Weiler Bammatten wurde 1799 von den Franzosen niedergebrannt. Dieses Haus überstand den Brand. – **Inschriften.** 1. WG Ost: «IM IAHR 16 IHS 32». **Ofen:** «I H N TH 1876». – 1. WG West: «IHS 1632». – 2. WG Ost: «IHS MAR[ia] PE . SE . HE . AG . 1632». – **Ofen:** «1923 L. N. I. G.» [= Ludwig Nellen, Josefine Glaisen]. – 2. WG West: «IHS MARIA PE. SE . HE . BAG . I.M. 1632 . MS».

### Nr. 943, Agnes Werner, Ernst Roten Erben
Das im Junkerbiel stehende Haus trägt folgende Inschriften: 1. WG. Binne Ost: «1719 CHRISTIAN SALZMAN SEIN SIN [= Söhne] IOHANES . CHRISTEN . MURIZIUS . O M[ensch] GEDENCK DAS [du] STERBEN MUST.» – Binne West: «IHS MARIA UND IOSEPH BIT GOT UMB GNAT U[nd] . IEDER EILT DAN . OHN SEIN HILF VER MACHST DU NEIT [= nichts].» – **Ofen:** «ER AW [= Ernst Roten, Agnes Werner] 1947».
2. WG. Binne Ost: «AUF ERDEN ES DOCH NIE MAN KAN ZU (?) GE[f]AL[l]EN (?) BAUWEN IEDER MAN 1719 . GOT ALEIN GEHERT DIE EHR . DAN DER IST MEISTER UND BUW HER.» – Binne West: «IESUS MARIA UND IOSEPH DISES HAUS HAT LASEN BAUWEN S X (?) S CHRISTEN SALZ MAN . IOHANES . CHRISTEN . UND MURIZIUS . LIEB DU MARIAM ALEZEIT . SO HILFT SIE DIER IM LESTEN STREIT.» – **Ofen:** «E.R. A.W. (wie im 1. WG) 1942».

# Einzelne Neubauten

Die neuen Schulhäuser und Turnhallen erwähnen wir im Kapitel «Schulen». Hingegen werden nachfolgend noch einige wichtige neue Grossbauten in chronologischer Reihenfolge kurz dargestellt.

## Ornavassoblock

Gewissermassen stellvertretend für die vielen neuen Wohnblöcke sei der Ornavassokomplex genannt, der mit seinen 80 Wohnungen und zehn Geschäften am Beginn der grossen Entwicklung in Naters stand. Er wurde im Jahrzehnt 1962–1972 in vier Etappen erstellt. Treibende Kraft der Ornavasso AG war der unternehmungsfreudige Moritz Roten, Naters/Sitten. Das **Sgraffito** am Bau mit dem Ornavassoturm und den zwei mittelalterlichen Reiterfiguren stammt von Anton Mutter, Naters, 1974.[810]

## Zentrum Lötschberg

Noch heute ist das 39,90 m hohe Zentrum Lötschberg das höchste (ohne Kirchturm) und grösste Gebäude von Naters. Stolz markiert es den Eingang im Westen zur Gemeinde. Clemenz Fux und Rudolf Walker hatten den kühnen Plan, dieses Hochhaus zu bauen. Waren zuerst 14 Stockwerke geplant, wurde

das Ganze auf elf reduziert. 1973 waren die rund 40 Wohnungen, die Büro- und die Geschäftsräume bezugsbereit.
Neben Pam, Central-Apotheke, Kantonalbank, Solarium Tropical Sun, Priska Blumen und dem Restaurant Lötschberg beherbergt das Zentrum Arzt- und Zahnarztpraxen, Physiotherapie, Treuhänder- und Consultingfirmen sowie den Hauptsitz der Lauber IWISA AG. In einem Teil des Gebäudes befinden sich auch die Behindertenwerkstatt und das Behindertenwohnheim. Das Zentrum Lötschberg feierte vom 24. bis 26. September 1998 sein 25-jähriges Jubiläum mit Aktionstagen. Ein besonderes Vergnügen für Waghalsige war, sich an einem Seil gesichert an der Fassade des Zentrums herunterzulassen.

## Zentrumsanlage

Um den alten Dorfkern vom fahrenden und ruhenden Verkehr zu entlasten, wurde in den Jahren 1986/87 westlich des Kelchbachs eine Zentrumsanlage mit 89 Parkplätzen sowie einer Spiel- und Freizeitanlage geschaffen. Für die Parkplätze verwendete man Rasengittersteine. Erstellungskosten: 2 699 039 Franken, wovon der Landerwerb allein 2 115 620 Franken ausmachte. Wenn es sich als notwendig erweisen sollte, kann in einer späteren Etappe daselbst ein unterirdisches Parkhaus verwirklicht werden. Die SP Naters forderte in einer «Initiative zur Rettung der letzten grösseren Grünflächen im Dorfzentrum von Naters» den sofortigen Bau eines unterirdischen Parkhauses. Diese «Grünflächeninitiative» wurde jedoch am 22./23. November 1984 mit 879 Ja- zu 970 Neinstimmen knapp verworfen.

## Freiluftschwimmbad «Bammatta»

Schon Ende der 1960er-Jahre forderten gewisse Kreise in Naters ein Schwimmbad. Den Stein ins Rollen brachte eine Eingabe vom 20. Oktober 1981, mit der die Christlichsoziale Partei Naters die Erstellung eines Hallenschwimmbads beantragte. Die Fachleute rieten jedoch entschieden von einem Hallenbad ab und auch ein Freiluftschwimmbad war nach ihrer Ansicht nicht

*Schwimmbad «Bammatta».*

gerade von dringender Notwendigkeit. Da Letzteres aber von weiten Bevölkerungskreisen immer wieder gewünscht wurde, kam es am 10. Juni 1990 zu einer Konsultativabstimmung, in der die Befürworter mit 629 Ja- zu 457 Neinstimmen obsiegten. Nach ausgiebigen Diskussionen sprachen sich die Bürgerinnen und Bürger an der Urversammlung vom 28. Mai 1991 mit 133 Ja- gegen 67 Neinstimmen definitiv für das Projekt aus. Das Architekturbüro Wyden-Ricci-Grünwald AG leitete die Arbeiten in den Baujahren 1992/93. Da fortschreitend mit dem Bau immer wieder Änderungen und Anpassungen vorgenommen werden mussten, wurde die Baukostenabrechnung von 5 323 600 Franken um 869 700 Franken überschritten. Der Expertenbericht hielt jedoch fest, dass der Gegenwert hierfür vorhanden sei. 1999 kamen zwei Gutachter zum Schluss, dass der Gemeinde wohl begründbare Zusatzleistungen, aber auch ungerechtfertigte Mehrkosten von 479 000 Franken in Rechnung gestellt wurden. An diesen nicht gerechtfertigten Mehrkosten mussten sich gemäss einer aussergerichtlichen Einigung das Architektur- und das Ingenieurbüro beteiligen.

Am 24. Juli 1993 öffnete das Schwimmbad «Bammatta», erstellt auf gemeindeeigenem Boden beim Orientierungsschulhaus Bammatten, zum ersten Mal seine Pforten. Die offizielle Einweihung erfolgte am 11. Juni 1994.

Das Schwimmbad beinhaltet ein Schwimmer-, ein Nichtschwimmer- und ein Taucherbecken. Mit sechs 25 m langen Bahnen erfüllt die Badeanlage die Bedingungen für die Durchführung von Wettkämpfen. Die Wasserfläche umfasst rund 920 m$^2$ und die Liegefläche zirka 4500 m$^2$. Es besteht ein Restaurationsbetrieb mit einer grossen Sonnenterrasse. Das Bad kann geheizt und unter Ausnutzung der passiven Sonnenenergie (Treibhauseffekt) in der Vor- und der Nachsaison genutzt werden. Das Schwimmbad «Bammatta» erfreut sich eines regen Besuches.

## Zentrum Missione

### Vorgeschichte

Die Idee, im Pfarrgarten Breiten ein Pfarreizentrum zu bauen, entwickelte der Pfarreirat bereits in den Jahen 1971/72.[811] Die Trägerschaft lag während dieser Zeit ausschliesslich bei der Pfarrei. Das von Architekt Josef Imhof ausgearbeitete und in einem Wettbewerb auserkorene Projekt wurde 1974 vom Gemeinde-

*Zentrum Missione.*

rat bewilligt. Doch am 14. März 1975 beschloss der Kirchenrat, den Bau des Pfarreizentrums aufzuschieben und der dringend notwendigen Renovation der Kirche den Vorrang zu geben.
Im März 1981 forderten 452 Bürgerinnen und Bürger den Gemeinderat auf, in Zusammenarbeit mit der Pfarrei, den Vereinen sowie den kulturell und sozial tätigen Institutionen die Notwendigkeit eines gemeinsamen Zentrums abzuklären. Der positiv ausgefallene Bedürfnisnachweis führte 1984 dazu, dass Kirchen- und Gemeinderat übereinstimmend beschlossen, den obgenannten Architekten Josef Imhof, Brig/Naters, beizuziehen. Bezugnehmend auf die in der Nähe gelegene Italienermission einigten sich die beiden Räte auf den Namen «Zentrum Missione». Nachdem am 5. Mai 1988 zuerst der Kirchenrat und am 17. Mai des gleichen Jahres auch der Gemeinderat dem von Architekt Imhof vorgelegten Projekt zugestimmt hatten, wurde dieses Vorhaben am 8. Juni 1988 auch von der Urversammlung mit 192 Ja- (78 Prozent) zu 54 Neinstimmen (22 Prozent) abgesegnet. Das Bauland von 2731 m² erwarb die Stiftung von der Pfarrei Naters.

### Kosten – Bauzeit – Einweihung

*Erstellungskosten:* 11,5 Mio. Fr. (Gemeinde ¾ = 8,630 Mio. Fr., Pfarrei ¼ = 2,870 Mio. Fr.). Der Kommandoposten des Zivilschutzes: 1,668 Mio. Fr., von der Gemeinde finanziert, subventioniert von Bund und Kanton mit 700 000 Franken.
*Bauzeit:* November 1989 bis Dezember 1991.
*Eröffnung und Einweihung:* 1992; 18. Januar: Tag der offenen Tür, Darbietungen der Dorfvereine und Ansprachen, Verleihung des ersten Kulturpreises der Gemeinde an Lehrer Leo Eggel; 19. Januar: Festgottesdienst im Zentrum Missione mit Einweihung desselben.

### Räumlichkeiten

Die Anlage ist dreigeschossig, wobei ein Geschoss vollständig unterirdisch angelegt ist, während zwei Obergeschosse über Terrain mit Flach- und Walmdach versehen sind.
*Untergeschoss:* a) Hauptbau: elf Räume (für die Jugend, Kommandoposten des Zivilschutzes usw.), b) Nebenbau: Singsaal.
*Erdgeschoss:* a) Hauptbau: Foyer, Saal (unterteilbar) mit 600 m² Grundfläche für 1000 Personen, mit Grossküche, Grossbühne usw., b) Nebenbau: Werkstatt, Geräteraum und anderes mehr.
*Obergeschoss:* a) Hauptbau: Bibliothek, Sitzungszimmer, drei Übungsräume usw., b) Nebenbau: Wohnung Abwart.

### Die vier Kardinaltugenden

Die von Anton Mutter geschaffene Bronzeskulptur, die seit der Enthüllungsfeier vom 12. November 1994 den Pfeiler beim Haupteingang schmückt, ist ein monumentales Werk.[812] Das Kunstwerk kostete 390 000 Franken, wobei allein der Bronzeguss mit 190 000 Franken zu Buche schlug. Finanzierung: Gemeinde Naters 200 000 Franken, Pfarrei 70 000 und die am Bau des Zentrums Missione beteiligten 49 Firmen 120 000 Franken. Das gelungene Werk stellt die Zehn Gebote und die vier Kardinaltugenden dar. *Die Klugheit:* Als Tugend ist sie das richtige sittliche Urteil über die eigenen Handlungen; *die Gerechtigkeit:* Sie öffnet sich weit für die Belange der Menschen und kann auch Gnade vor Recht walten lassen; *die Tapferkeit:* Sie bewahrt den Glauben und den Mut; *das Mass:* Es trägt uns auf, uns auf Grundwerte zu besinnen und bescheiden zu werden. Am 30. Juni 1992 wurde Anton Mutter mitten in der mentalen Vorbereitung auf die Endarbeiten an dieser Skulptur vom Tod ereilt. Und auch der eifrige Förderer dieses Werks, Gemeindepräsident Richard Walker (†20.6.1994), durfte die Enthüllungsfeier nicht mehr erleben.

*Bronzeplastik von Anton Mutter vor dem Zentrum Missione.*

### Stiftung Zentrum Missione

Die «Stiftungsurkunde Zentrum Missione» der Pfarrei und der Munizipalgemeinde datiert vom 28. Februar 1989. Die gemischte Stiftung von Pfarrei und Gemeinde bezweckte den Bau und besorgt nun den Betrieb des Zentrums, in dem Anlässe der Gemeinde und Pfarrei durchgeführt werden. Die Stiftungsorgane sind: 1. Stifterversammlung, 2. Stiftungsrat (sieben Mitglieder) und 3. Kontrollstelle. Der Stiftungsrat hat die Organisation und den Betrieb des Zentrums an die Betriebskommission (neun Mitglieder) delegiert.
Das Zentrum Missione ist ein grossartiges Gemeinschaftswerk von Gemeinde und Pfarrei. Von diesem Ort geht in geistiger und gesellschaftlicher Hinsicht eine unschätzbare Bereicherung für das gesamte Dorf aus.

## Zentrum Kelchbach

Das Zentrum Kelchbach wurde von der Bauherrschaft «Kelchbach AG, Naters», in den Jahren 1994–1997 für ungefähr 28 Millionen Franken erstellt. Als Architekt waltete Elias Balzani, Naters, während das «Institut für Architektur & Bautechnologie IAB AG», Brig, die Bauleitung innehatte. Aktionäre waren: Elias und Federico Balzani, Meinrad Nellen und Beat Schmid (Präsident).

Das Zentrum steht in einer raumordnenden Beziehung zum historischen und religiösen Zentrum von Naters. Am anderen Ende einer imaginären, direkten Diagonale zum Kirchturm bildet es mit der Post, der Raiffeisenbank, dem Girokonsum, den Geschäften und den Büros den weltlichen Gegenpol. Das Zentrum enthält des Weiteren 42 Wohnungen und 88 Parkplätze. Die fiktive Achse zwischen den beiden Dorfschwerpunkten wird durch die zum alten Dorfkern hin orientierte Hauptfassade angedeutet. Die künstlerische Gestaltung des Gebäudes erfolgte in einer zeitgenössischen Architektursprache und setzt mit einem ausladenden Vordach aus Glas und Stahl einen markanten Akzent. Der Wegzug von Girokonsum, Raiffeisenbank und Post in das neue Kelchbachzentrum hatte einen Bedeutungsverlust der Belalpstrasse als Einkaufs- und Begegnungsort zur Folge.

## Bilddokumente

*Dorf und Dorfpartien (laut Ms. von Dr. Walter Ruppen).* **1.** *Ansicht von NO. Matthäus Merian. «Bryg. Naters ...». Radierung aus der «Topographia Helvetiae Rhaetiae et Vallesiae. Frankfurt am Mayn 1654». –* **2.** *Ansicht von S. Bleistift, von Joh. Rudolf Bühlmann. «Natters gegen die Aletschhörner d. 27. Juni [18]35» (ETH Zürich, Graph. Slg. Joh. Rudolf Bühlmann, Nr. 126). –* **3.** *Ansicht von NO. «Simplon. Brig. Naters. Glis. Vue du Valais [Lorenz Justin] Ritz del. Lith. de Spengler et Cie à Lausanne». 1838. –* **4.** *Dorfpartie bei der Kelchbachbrücke mit Ruine des Schlosses Supersaxo im Mittelgrund. Bleistiftzeichnung von Raphael Ritz. «Supersaxo (auf der Fluh) (Urnavasso) bei Naters 1130». Um 1850 (Antiquarische Gesellschaft Zürich, dep. SLM, Inv.-Nr. M II 129, Nr. 2648). –* **5.** *Ähnlich Nr. 4. Bleistift, rötlichbraun tuschiert. «R. Ritz. Supersaxo Naters. 28. Juni». Um 1850 (Museum Majoria, Sitten, Inv.-Nr. 203). –* **6.** *Dorfpartie nördlich der Kirche mit Kirchturm und Kirchhofportal. Zeichnung von Raphael Ritz. Um 1856 (Museum Majoria, Sitten, Skizzenbuch, 98 Zeichnungen). –* **7.** *Dorfpartie mit Kirchturm, Chor und Beinhaus. Ansicht von O. Zeichnung von Raphael Ritz 1850–1860 (Walliser Skizzenbuch. Kt. Bibl. Sitten Rh 157). –* **8. u. 9.** *Dorfpartie mit Mühle (an der Stelle der ehemaligen Biskuitfabrik Zuber bzw. später Karlen, rechts vom Kelchbach) und Quartier beim Schloss «uff der Flüe». Ansicht von S. Zeichnungen von Raphael Ritz. Um 1856 (ebd.). –* **10.** *Dorfpartie nördlich der Kirche mit Kirchturm und Kirchhofportal. Tuschzeichnung von Roland Anheisser. «R. Anheisser/12.9.1903». (Repr. in R. Anheisser. Altschweizerische Baukunst, Bern 1906/1907. S. 101.) –* **11.** *Dorfpartie in der «Judugassa». Tuschzeichnung. «R. Anheisser 13.9.1903/Naters i/Wallis». (Repr. ebd., S. 110.) –* **12.** *Alter Dorfplatz. Tuschzeichnung. «R. Anheisser 12.9.1903/Naters i/Wallis». (Repr. ebd.) –* **13.** *Ansicht ähnlich Nr. 10. Tuschzeichnung von Joh. Rudolf Rahn. «Naters/31. Aug. [19]09/Rahn» (Zentralbibliothek Zürich, Graph. Slg. Rahn'sche Slg. Mappe VI, Bl. 28).*

## Natischer Berg

### Einführung

Gegen Norden baut sich der Natischer Berg auf. «Berg» bedeutet hier nicht Gipfel oder Horn, sondern Gegensatz zum Tal. Es ist das Hinterland vom Dorf Naters. Ohne den Natischer Berg hat das Dorf Naters keinen Rücken.

Auf dem Territorium der Gemeinde Naters befinden sich 33 Weiler. Unter «Weiler» wird hier eine für sich bestehende Siedlung verstanden, die wenigstens drei oder mehr Häuser vereinigt. In der Zahl 33 sind somit die drei weilerähnlichen Gehöfte Ober-Stockji, Ober-Erich und «Zer Flüo» (unterhalb des Mehlbaumwaldes) mit ihren je zwei Häusern nicht eingerechnet. Beinahe überall finden sich in den Weilern auch landwirtschaftliche Gebäude. 18 Weiler sind ganzjährig bewohnt. Die ehemaligen Weiler Tschill, Weingarten, Bammatten, Masseggen und Z'Brigg sind heute mit dem Dorf Naters verbunden und wurden als Weiler nicht mitgezählt.

Die Namen der Weiler sind:
1. Bella-Vista (Schwendi)
   Hegdorn (Nrn. 2–6):
2. St. Wendelin
3. Hagscheitji
4. Gischigbodi
5. St. Josef
6. Grossstein
7. Wieri
8. Hohes Kreuz
9. Unter-Moos
10. Ober-Moos
11. Im Seng
12. Bitschji
13. Geimen
14. Geimerblatt
15. Mehlbaum
16. Ahorn
17. Blatten
18. Halten
19. «Näbun dum Bach» (Volksmund)
    «Ennet dem Bach» (offiziell)

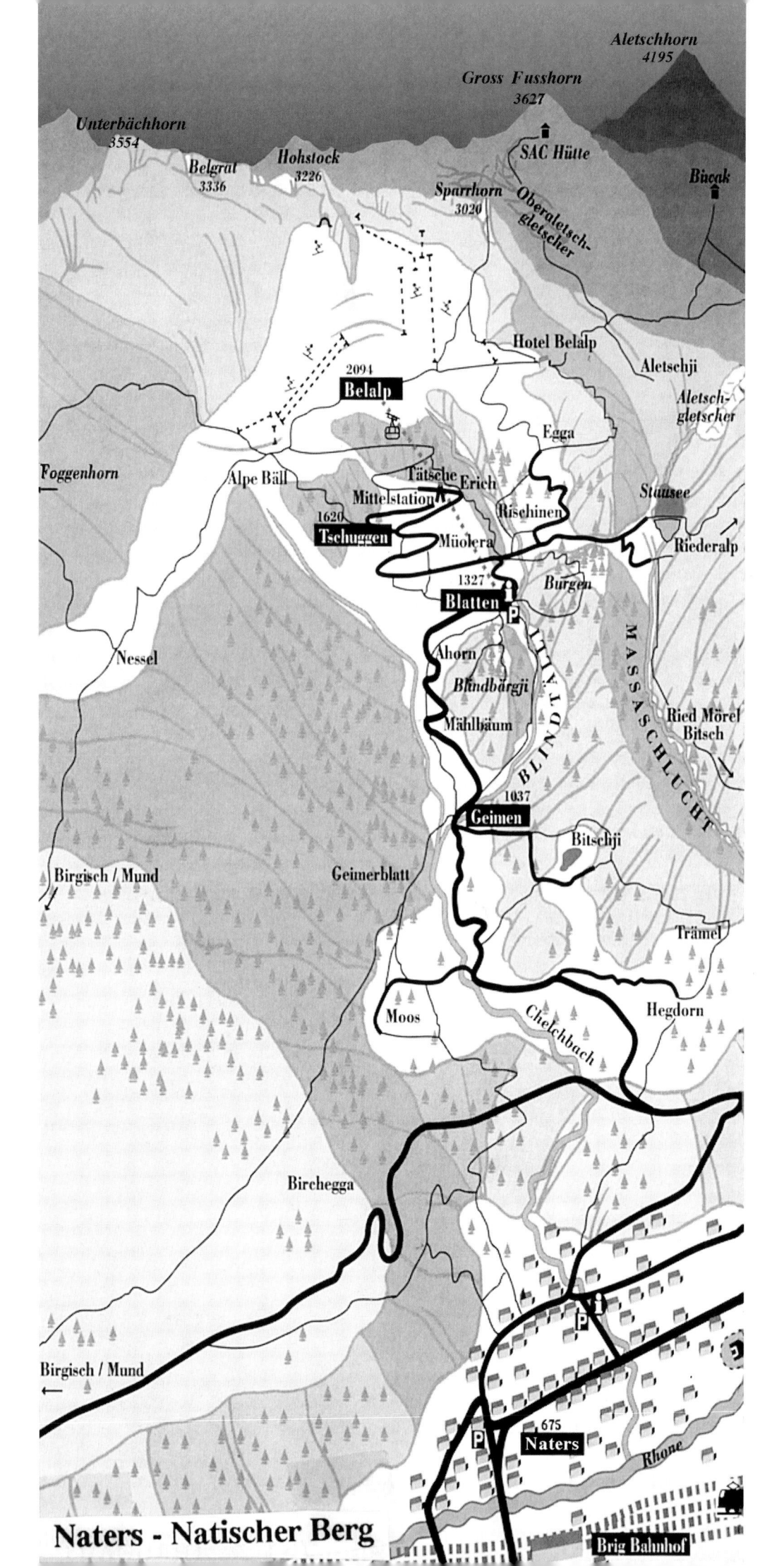

# Naters - Natischer Berg

20. *Hasel*
21. *Guferli*
22. *Müollera*
23. *Feriendorf Tschuggen*
24. *Erich*
25. *Tätschen*
26. *Rischinen*
27. *Eggen*
28. *Geissbalmen*
29. *Holzji*
30. *Aletsch*
31. *Bircheggen*
32. *Stockji*
33. *Unter-Schitter*

Neben den Weilern gibt es auch noch eine ganze Anzahl Einzelsiedlungen, die über das ganze Gebiet von Naters verstreut sind und die teilweise in frühe Zeiten zurückreichen, z.B. in der Ebyn (1254), an der Kilchmatten (1327), zem Biffing (1467), im Gibidum (1528), im Gragg (1452), in der Schratt (1567), an der Schwendi (1586), zer Wiggerschen (1527).[813]

Der Natischer Berg umfasst eine Vielfalt an eigenständigen grossen und kleinen Häusergruppen; er bietet einen Reichtum von Formen bei stattlichen und einfachen Bauten. Der Schmuck der Häuser am Natischer Berg unterscheidet sich vom Prunk der stattlichen Bauten im Tal. Die Zierelemente der Berghäuser werden leicht übersehen, weil sie schlichter und einfacher, aber nicht minder dekorativ und typisch sind.

Bei den nun folgenden Darlegungen beginnen wir mit der Einzelsiedlung Kilchmatte, schreiten den Berg hinauf und enden im Aletsch. (Die Alpendörfer Bel und Lüsgen werden eigens behandelt.) Zum Schluss wenden wir uns noch den Weilern Bircheggen bis Unter-Schitter zu. Da und dort werden auch ältere Einzelsiedlungen einbezogen.

*(WG = Wohngeschoss. Nr. = Katasternummer. Fortab auch Gebrauch des Wortes Binne = Dielbaum!)*

### Nr. 1618, Benno Zenklusen, Kilchmatte
Auf der verdeckten Binne des 1. WG steht geschrieben: «IHS UND MARIA. DISES HAUS HAT IM IAR 1648 GEIBAUWEN THOMEN GERTSCHEN UND HANS SEIN SOHN.» – Ofen: «1565 . Z. T. S 1939 . Umbau 1996 Zenklusen-Amacker B. u. L».

# Hegdorn

Die fünf Weiler St. Wendelin, «Hagscheitji», «Gischigbodi», St. Josef und Grossstein sind unter der Ortsbezeichnung Hegdorn (1336 Hecdoren, 1362 Hectorne) zusammengefasst. Die Weiler wurden von den Franzosen 1799 teilweise niedergebrannt und nach deren Abzug unverzüglich wieder aufgebaut. Die Mehrzahl der älteren Bauten stammt aus dem 19. Jahrhundert.

## St. Wendelin

### Nr. 2441, Medard Ruppen
Inschrift im 1. WG: «IESUS MARIA UND IOSEPH . DISES HAUS HAT LASEN BAUWEN PETER IOSEPH WISEN. BURGER ZU NATERS. // SAMBT SEINER HAUS FRAUW MARIA CHRISTINA ELSIG. DEN 6. BRACHMONAT 1806.» – Firstinschrift: «1808».

### Nr. 2445, Philipp Schmid, des Johann, Erben; Bruno und René Schmid
Das Wohnhaus mit der reichen Fassadenzier macht einen gepflegten Eindruck. Am Giebel: «1808».
1. WG: «DIESE STUBA HAT LASEN BAUWEN DER ERSAME MAN CASOER BAMATER 1808.» – «DIE WELT IST ALER BOSHEIT VOL KER DICH ZUO GOT SO GETS DIER WOHL.» – Ofen: «ANTHON SCHMIT . MURITZ SCHMIDT 1847».
2. WG. Binne Süd: «DISES HAUS HAT LASEN BAUWEN DER ERSAME MAN CHRISTA BAMATER UND SEINE FRAUW SERAV CATTRINA IOSSEEN IM IAHR 1808 DEN WINTER MONAT.» – Binne Nord: «VIL MIE UND ARBEIT HAB ICH ANWENT . BIS ICH HAB BRACHT DAS HAUS ZUM END. NUR EINS ICH BIT VOR MICH GOT WENT DU HIER WONST NACH MEINEM TODT.» Ofen: «KR KS [= Kaspar Ruppen, Katharina Schmid] U[nd] S[eine] KINDER 1913». – Im Haus: Tabakpfeife von ca. 1900.

### Nr. 2450, Uli Jossen, Paul Schmidhalter
Das stattliche und gepflegte Haus ist sandgestrahlt.
1. WG (Spiegelschrift): «IHS MARIA UND IOSEF DIS HAUS BAUT DER ERSAME MANN MORIZ SCHMIDT UND SEINE EGATIN LUWISA EIER IM IAR 1891 12. MAI.» – Ofen: «M.S. L. E. [Namen der Erbauer] MARIA L. S. AM. S. 1894».
2. WG: «JOSSEN MORITZ UND SEINE FRAU [Maria] SCHMID . FÜRCHTE GOTT UND HALTE SEINE GEBOTE 1923.» – Ofen: «M. J. M. S. [Namen der Erbauer] 1928».

## Hagscheitji

### Nr. 2546, Albert Christig; Anton Salzmann, des Ludwig
An der Hauptfassade läuft ein Rankenfries über die ganze Breite des Hauses. 1. WG: «IHS 1804 HIH . C . E.»
2. WG: «DIESES HAUS HAT LASSEN BAUWEN DER ERSAMEN MAN IOHAN IOSEPHT RUPEN UND ANNA MARIA WALDEN UND IHRE KINDER KATHARINA // UND IOHAN-IOSEPHT MURIZUS RUPEN U[nd] DIESES IM NAMEN IESUS MARIA UND IOSEPHT . O GOTT BEWARE DIESES HAUS UND DIE WOH GEHEN EIN UND AUS . IM IAHR 1851.» – Ofen: «K. SCH. K. R. 1865». – Giebelinschrift: «ANO 1851».

### Nr. 2569, Michael Nellen, Gerhard Nellen
1. WG: «DIESES HUS HAT LASEN BAUWEN ALFONS RUBBEN UND SEIN WEIB LUWISA ZENKLUSEN 1882.» – Ofen: «BW MS 1883».
2. WG. Auf dem neuen Dielbaum wurde 1975 die alte Binneninschrift wieder eingekerbt. Binne West: «Dieses Haus hat Lassen Bauen im Jahr 1882 Alfons Ruppen sein Weib Luise Zenklusen IHS.» – Binne Ost: «Umgebaut im Jahre 1975 Michael Nellen und seine Frau. Gott Bewahre Dieses Haus u. alle die gehen ein u. aus.»

### Nr. 2575, Lia Bürgi-Ruppen
Inschrift: «... MARIA UND IOSEPH . DISES HAUS HAT LASEN BAUEN A. R. UND SEIN HAUSFRAU C. W. 1840.» Bauehepaar: wohl Adrian Ruppen und Katharina Walden; PfA Naters, G 11, S. 203. – Ofen: «A. R. C. W. [Namen der Erbauer] 1841. ER LS [= Eduard Ruppen, Leonie Salzmann] 1924».
Im Giebel der Ostwand: «1840».

### Nr. 2582, Stefan Schnyder
Das stattliche Haus überstand den Einfall der Franzosen von 1799. Am Giebel der Westfassade steht die Inschrift «17 MB 56». Damit ist das Baujahr des Hauses angegeben. Über der obersten Fensterreihe zieht sich ein Würfelfries unter Wolfszahn hin. Wandpfetten und Firstpfette liegen auf geschweiften Konsolen mit Rosskopf.
1. WG. Da die Inschriften zum Teil weggehobelt worden waren, wurden die Binnen in neuerer Zeit vertäfelt.
2. WG, Zeile 1: weggehobelt, einzelne Buchstaben vorhanden; Zeile 2 (Spiegelschrift): «IHS JESUS MARIA UND IOSEPH . DISES

HAUS HAT GEBAUWEN MMB UND SEIN HAUS MUTTER C. K. MIT SAMBT SEINEN DREI SINEN [= Söhnen].» – Ofen: «KR KR [= Kamil Ruppen, Karoline Roten] 1932».

## Gischigbodi

«Ds Gischigbodi» mit seinen drei Häusern und einigen landwirtschaftlichen Bauten hebt sich vom Weiler «Hagscheitji» etwas nördlicher ab und die Bewohner betrachten sich einem eigenen Weiler zugehörig.

### Nr. 2513, Hilda und Arnold Pfammatter-Imhof
Inschrift: «JESUS MARIA JOSEF BESCHÜTZET DIES HAUS U. WELCHE ZIEHEN EIN U. AUS . IMHOF EMANUEL U. SEINE FRAU ANGELIKA RUPPEN U. KINDER 1925.» – Das Haus wurde vom Zimmermann Hermann Zenklusen von Mund, Grossvater des Besitzers Arnold Pfammatter, aufgeschlagen. – Ofen: «EMI ACR [Namen der Erbauer] 1925 – Bauführer Schmidt Oswald». Figuren am Ofen: Kelch, Lamm Gottes und Hirsch.

### Nr. 6209, Eduard Imhof Erben
Inschrift: «IHS MARIA IOSEPH LAS DISES BAUEN DER ERSAME MANN IMHOF IOHANN UND SEIN FRAU RUPPEN MARIA UND IHRE KINDER IM IAHR 1904.» – Ofen: «JOHANN IMHOF – MARIA RUPPEN 1905».

### Nr. 2507, Josefine Ruppen, Elise Ruppen; Anna Ruppen, des Moritz
Die Pfetten dieses Hauses werden von Hakenschnabelkonsolen getragen. – 1. WG: «ASM . TR . 1844 TSM».
2. WG: «IHS MARIA IOSEPH . DISES HAUS HAT LASEN BAUEN DER RUPPEN FELIX IM SEIN LEDIGEN STANDE IM IAHR 1897.» – Ofen: «FR [= Felix Ruppen] 1899».

### Nr. 2505, Eduard Imhof (†); Josefine Ruppen, des Felix
**Mauerspeicher** im «Gischigbodi». Zweigeschossiger Turmspeicher, zugänglich über Steintreppen an der Rückseite. Eingeritzte und gemalte Jahreszahl 1707 über dem oberen Fenster der Giebelfront. Am Türsturz des Obergeschosses: «IHS 1706 MAR GR». Überreste der ursprünglichen Eckquadermalerei in lebhaftem Gelb. Scharten in den Traufseiten. Mit Schiefer durchsetztes Steinplattendach. Der aussergewöhnliche Speicher bildet zusammen mit Holzbauten eine reizvolle Gruppe inmitten von Obstbäumen und Buschwerk.

*Mauerspeicher im Gischigbodi.*

### Nr. 2501, Elise Ruppen
Neben dem genannten Mauerspeicher befindet sich eine Stallscheune aus dem Jahre 1738 (Jahreszahl am Giebel), die den Franzosenbrand überlebte.

## St. Josef

Für St. Josef ist charakteristisch, dass einzelne kleine Baugruppen westlich und südöstlich der Kapelle unter dem Kapellenpatrozinium zusammengefasst sind.

### Nr. 2621, Marie Gertschen-Escher
Er ist der wohl älteste Bau in Hegdorn und dürfte ins 16. Jahrhundert (oder sogar früher) zu datieren sein. Dies wegen der sogenannten Heidenstud und der als «Seeleglotz» interpretierbaren Schlitze. Deshalb hat der Bau einen grossen Eigenwert. In den Firstständer ist ein «Heidenkreuz» eingekerbt. Das Haus diente zur Zeit der französischen Besatzung wohl als Kommandoposten, weshalb es von älteren Leuten noch heute als «Chriegerhiischi» bezeichnet wird.[814]

**Nr. 2619, Aline Salzmann**
Inschrift: «DISES HAUS HAT LASEN PAUIEN [so!] HC [= Hans Christian] SALSMAN . KATERINA SALSMAN GEBORNE PFAFFEN (von Mund) IM IAHR 1898.» – In der Stube: Statuette des hl. Paulus und schönes Hauskruzifix.

**Nr. 2654, Emil Michael Bammatter**
Entgegen der üblichen Gepflogenheit steht dieses vorbildlich restaurierte Haus traufseitig zum Hang (Ost-West-Richtung). Inschrift: «IHS 1816 HANS CHRISTEN EIER UND MARIA IOSEFA EGEL». Am westlichen Giebel: «1816». – Ofen: «EZ MR [= Emil Zenklusen, Maria Ruppen] 1937».

**Nr. 1696, Yvonne Wasmer-Salzmann, Ludwig Salzmann Erben**
Das Haus fällt durch seine Grösse auf, wird jedoch von anderen Bauten leicht verdeckt. Das nördliche Giebelfeld ist aus Kanthölzern gefügt, auf einem steht die Jahreszahl 1803.
1. WG: «DISES HAUS HAT LASEN BAUWEN ANNA MARIA WISEN 1803 IHS.» – Ofen des 2. WG: «IH IH MIA 1890 . 1972».

**Nr. 2651, Dr. Beat Imesch**
Dieses fachgerecht restaurierte Haus steht östlich der Kapelle am baumbestandenen flachen Hang und enthält folgende Inschrift: «IM IAIR 1802 HAT DISES LASEN BAUEN DER EHREN LULLNTZ [= Lorenz?] SALTZMAN UND SEIN HAUSFRAUW CATRINA WISSIG UND SEINE KINDER MIS LS MS AS AMS [= Maria Josepha, Lorenz, Moritz, Anton und Anna-Maria Salzmann].» Gemäss Genealogiebuch vermählten sich Lorenz Salzmann und Katharina Wyssen im Jahr 1784. Darin sind auch die genannten Namen der Kinder vermerkt.[815] – Am südlichen Giebelfeld: «1812». – Ofen: «LR SS 1922» und Wyssen-Wappen (nur mit zwei statt drei Sternen).

Die **Städel** Nr. 1697 südlich und Nr. 2656b östlich der Kapelle tragen beide die Jahreszahl 1801. Diese Bauten haben einen beachtlichen Situationswert.

# Grossstein

Die meisten Bauten von Grossstein (1389 Grossteine) wurden nach dem Franzosenbrand errichtet oder wiederhergestellt. Dass die Siedlung auf ältere Bestandteile zurückgeht, beweisen ein datierter Stadel von 1754 (Nr. 2346) sowie zwei Häuser (Nrn. 2339 und 2357). Dank verschiedener Eigenschaften ergibt sich ein Ortsbild, das eine unnachahmlich wohnliche und heimische Atmosphäre ausstrahlt. Unter den Weilern am Natischer Berg ist das Ortsbild von Grossstein eines der intaktesten.

**Nr. 2353, Ewald Meier-Roten**
Inschrift: «DIESES HAUS HAT LASSEN BAUWEN DER EHRENDE MANN ANDREAS ROTTEN [= Roten] UND SEIN HAUSFRAU KATHARINA EIER.» Der Inschrift fehlt die Jahreszahl (oder verdeckt?). Da das Erbauerehepaar 1814 heiratete[816], dürfte der Bau in die erste Hälfte des 19. Jahrhunderts zu datieren sein. – Ofen: «B. R. [= Benjamin Roten] 1945».

**Nr. 2355, Theodor Wirth**
Dieses repräsentative Haus hat folgende Inschriften:
1. WG. Binne Ost: «DISES HAUS HAT LASEN BAUWEN PETER RUPHEN UND SEINE HAUSER[fr]AUW MARTA SCHWERI UND SEINE KINDER IOHANNES U. ADERIAN U. ANTTONI U. HANSIOSEPH RUPEN U. CRESENTZIA RUPEN 1821.» – Binne West: «JESUS MARIA UND IOSEPH BEWARE DISES HAUS UND WEN[d]E ALLS UNGLICH DRA[u]S.»
2. WG: «ALL MIE UND ARBEIT HAB ICH ANWEND BIS ICH HAB BRACHT DIS HAUS ZUM END . NUR EINS ICH BIT . BIT VOR MICH GOT . WENT DUI HIER WONST NACH MEINEM TOD P. R. [= Peter Ruppen] 1821.» – Am Südgiebel: «1821».

**Nr. 2357, Friedrich und Moritz Wyssen**
Die Erbauer dürften wohlhabende Leute gewesen sein, dass sie sich ein Haus von dieser Grösse und Ausschmückung leisten konnten. Aus der Binneninschrift geht hervor, dass das Holz (Lärchenholz) aus dem Aletsch («ausdor Aletz»), und zwar «aus der Ischlamen» geholt wurde. Die Friese und Binnen sind so reich gestaltet wie an kaum einem anderen Haus am Natischer Berg.

1. WG. Zeile 1: «AMEN. IESUS. MARIA.IOHSOP. ANFANG.UND.END.ICH. IERIG[= Gerig].RUBEN.ANA.GERTSCHEN. HABENT.DISES.HAUS.GEBUWEN. IM. 1663. IAHR.» – Zeile 2: «DISEM.HAUS.SOL.MAN.IM.FRIDEN.LEBEN.DEN.HAT. UNS.GOT. ZU.// LETZEI [= letztlich?] .SEI.INGEDENCK .DER .ARMEN .DANEBEN.SOBUWET.MAN. EIN.HAUS.IM. EWIGENTLEBEN.» – Ofen: «TS AE [= Theophil Salzmann, Aline Eyer] 1946».
2. WG. Von den drei Dielbäumen ist einer nicht beschriftet. Binne Ost (Spiegelschrift, zu lesen von rechts nach links), in üblicher Schreibart: «DISES HAUS HAT GEBUWEN GERIG RUPEN . ANA GERTZSCHEN SEIN HAUSFRUW . GOT GEBE IHNEN GLICK. LEBEN UND SEIN GETLICHEN SEGEN UND NACH DISEM LEBEN DAS EWIGE LEBEN.» – Binne West: Zeile 1: «IHR.IESU.CHRIST.

*Rechenhobel (im Haus Nr. 2357) mit halbrundem Messer, Jahreszahl 1716 (die Zahl 7 ist seitenverkehrt; auch darum nicht als Zahl 1516 zu lesen, weil das S in der Zahl 1 im 16. Jh. kaum üblich war). Auf der Rückseite des Hobels die Initialen G R (Gerig Ruppen, Initialen des Hauserbauers?).*

1663. O MENSCH.GEDENK.AN.DIE.VIR. LETZSTENDING.SO-WURS.DU.EWENKLICH.NIT.SINDIGEN.» Zeile 2: «HOLTZ. SO AN. DISEM.HAUS.VORBUWEN.IST.KUMBT.MIT.DER.HILF.GOTES. AUSDOR.ALETZ.ALS.NEMLICH.AUS.DER.ISCHLAMEN.» Das Gebiet der «Ischlamen» erstreckt sich nordwestlich vom Gibidumsee bis zum «Holzji». – Ofen: «MW SE [= Moritz Wyssen, Seraphine Eyer] 1936». – Im Südgiebel: «1663».

**Nr. 2339, Louis und Ludwina Büchel-Ruppen**
Inschrift (Spiegelschrift und die Jahreszahl gleichzeitig seitenverkehrt): «IHS . ML . M . W . ML . TL . IL . 1754».
Ofen: «KR KS [= Klemens Ruppen, Katharina Schmid] . LB LR [= Louis Büchel, Ludwina Ruppen]».

## Wieri

**Nr. 3162, Herbert Salzmann**
In diesem Gebäude in der Wieri (1450 «auf der Wierin») finden sich im Erdgeschoss und im nördlichen Teil des ersten Stockwerkes eine funktionierende Mühle und ein Backofen, der noch mit dem nötigen Instrumentarium ausgerüstet ist. Backhaus und Mühle wurden gemäss der Binneninschrift in der Backstube im Jahre 1898 von Moritz Salzmann erstellt. Im Zuge der Restaurierung im Jahre 1980 erhöhte man das Gebäude um ein Stockwerk.

*Wieri. Haus mit Backofen und Mühle.*

*Kornwanne im Haus Nr. 3162.*

*Mühle im Haus Nr. 3162.*

## Hohes Kreuz

**Nr. 2856, Marcel Nellen, Hilda Salzmann Erben**
Dieses stattliche Gebäude befindet sich auf einer Kuppe, im Ort Hohes Kreuz («Ho Chriz») genannt.
1. WG: «JESUS MARIA IOSEPH . DIESES HAUS HAT LASEN BAUWEN IOHANJOSEPH SALZMAN . GENEWEVA BAMMATTER 1844.» – Ofen: «WS MS 1889».
2. WG: «IHS MARIA U. IOSEPH LÄST BEUWEN DER ERSAME MAN MICHAEL NELLEN UND CRESENCIA SALZMAN UND ...?IG KINDER ANO 1889.» – Ofen: «MN CS [Namen der Erbauer] 1889». – Am Westgiebel: «ANO 1889».

**Nr. 7861, Luise Karlen**
Inschrift: «IHS MARIA IOSEP DIS HAUS LAST BAUWEN ANMARIA RUPEN 1889.» – Ofen: «AMR [Name der Erbauerin] 1890».

**Nr. 1391, Baptist und Yvo Schmid, «Biela»**
Das in der «Biela» unterhalb des Hohen Kreuzes am Bergweg stehende, schmucke Haus trägt im 1. WG folgende Binneninschrift: «DIESES HAUS HAT LASEN BAUEN DIE TUGENDSAMEN WITFRAU ANAMARIA GERZEN GEBORNI SCHMITT U. IHRER SOHN BATIST SCHMIT IM IAHR 1865 IM DRITTEN TAG MAI . O GOTT BEWARE DIESES HAUS UND DIE WOH GEHEN EIN U. AUS.» – Ofen: «AMG B.S. [Initialen der Erbauer] 1866». – Im Ostgiebel: «1865».

# Moos

Die 1446 erwähnte Gemeinde «Moos» (1233 und 1406 Mose, 1460 de Mose) umfasste die Weiler Unter- und Ober-Moos. Der Weiler wurde beim Einfall der Franzosen durch einen Brand vollständig zerstört. Das Haus Nr. 1381 im Unter-Moos weist darauf hin. Während bei den anderen niedergebrannten Weilern des Natischer Bergs überall das eine oder andere Haus erhalten geblieben ist, ist das im Moos nicht der Fall.

## Unter-Moos

Das Unter-Moos («Unner-Moos», auch «Änner-Moos» genannt) sitzt auf einer Kuppe an der westlichen Flanke des Kelchbachbeckens. Die Baugruppe um die Kapelle und den Brunnenplatz trägt wesentlich die Merkmale einer Haufensiedlung. Unter-Moos wurde sofort nach dem Abzug der Franzosen wieder aufgebaut, was die eingekerbten Datierungen aus dem Anfang des 19. Jahrhunderts an einigen Bauten beweisen.

*Alter Mühlstein im Moosbiel oberhalb des «Hüotmacherchins».*

**Nr. 1382a, Emil Eggel, Antonia Eggel-Ruppen**
1. WG: «IHS IOSEPH ANTONI SALZMANN 1831».
2. WG: «IHS IN NAMEN IESUS UND MARIA HAT LASEN BAUWEN DER ERSAME MANN MURELZ [so! = Moritz] BAMATTER E. L. MIT SEINER HAUSFRAUW ANNA MARIA SALZMAN IM IARE 1863.» – Die Erbauer des 2. Wohngeschosses sind die Eltern des legendären Kaplans Benjamin Bammatter. – Datierung im Giebel: «1863». – Ofen: «EGGEL HERMANN MARIA SCHMIDT 1926».

**Nr. 1381, Johann Eggel**
Das Haus nimmt eine dominierende Stellung oberhalb des Platzes ein.
1. WG. Binne Ost: «DISES HAUS HAT LASEN BAUWEN ANNA MARIA GASER SAMBT IHREN DREI SEHNEN PETER UND MARZEL UND CHRISTEN SALTZMAN UND DES ERSTGEMELTEN HAUSFRAUW ANNA RUPEN 1805.»
Binne West: «DISEN UNGEACHTET NACHFOLGER WOL BETRACHT. DIS HAUS GEDAUBWEN AUSBRANT WALT AUSGEHAUWEN . ES KOST SO VILEZIGE WIR NIEMAL UNDERLIGE.» – Ofen: «1922».
2. WG. Binne Ost: «IESUS MARIA UND IOSEPH EIN ZUHAUSEN STETS DIE HOFFNUNG SEI . UND GEDENCH AL STUNDT UND TAG . WAS MARIA HILF VORMAG.» – Binne West: «IHS MARIA 1805». – Inschrift auf dem dreigeschossigen runden Giltsteinofen: «IE AS 1925».

*Haus Nr. 1381 in dominierender Stellung im Unter-Moos.*

**Nr. 1374, Josef Walker**
Die Binneninschrift (Spiegelschrift) des 2. WG lautet: «IHS DISES HAUS HAT LASEN BAUWEN MORITZIUS SALTZMAN SAMBT SEINER HAUSFRAUW MARIA CATRINA EGEL 1804.»

**Nr. 1386, René und Renate Gfeller-Zwahlen**
Das Baujahr 1801 findet sich im südlichen Giebel. – Ofen: «L.W M.F K.T 1902».

**Nr. 1369, Lilly Oberhauser, Florentine Pfaffen-Salzmann**
1. WG: «IHS MARIA IOSEPH HAS [= hat] DISES HAUS BAUEN DER ERSAME JUNGLING WALDEN JOSEF IM IAHR 1904 . IN GOTTES SEGEN GEHE ALLE EIN UND AUS.» – Ofen: «WS MJ S 1917».
2. WG: «IHS MARIA UND JOSEPH . DIESES HAUS IST GESTELLT UNTER GOTTES SCHUTZ UND HAND . DARUM IST ES AUF FELSEN GEBAUT UND NICHT AUF SAND . WALDEN JOSEF . B IF E T F 1904.»

**Nr. 1367, Albert Schmid**
Die Binne des ersten WG wurde in neuester Zeit in das zweite WG einbezogen und enthält folgende Inschrift: «IHS (verdeckt) HAT LASEN BAUWEN DISES HAUS IM IAR 1831 DER ERSAME ANTONI SCHMIT U. MADALENA (Rest verdeckt).»

**Nr. 1421, Theodul Pfammatter-Salzmann**
Unterhalb der Kapelle.
Inschrift: «IHS MARIA UND IOSEPH . DISSES HAUS HAT LASSEN BAUEN DER ERSAME MANN IOH.IOSEPH SALZMAN UND SEIN WEIB EFRASINA PFAFFEN (von Mund, Grosstante des Verfassers) UND IHRE KINDER IM IAHR 1897.» – Ofen: «HI S ES [Initialen der Erbauer] 1898».

**Nr. 2825, Herbert Mettlin**
Dieses in neuerer Zeit gut ausgebaute Haus trägt folgende Inschriften:
1. WG: «IHS MORIZ VOLCKEN ANNA MARIA SALTSMAN 1829». – Ofen: rundlich und dreigeschossig mit Inschrift: «IHS . I.M.F A.M. S.M 1829».
2. WG: «IHS M[aria] IOSEPH . DIES HAUS HAT BAUEN -L[assen] DW . F [= die Witfrau] GENAW:A [= Genovefa, 1835–1906]

SHMIT G.B.F [= geborene Folken] U[nd] IHRE KINDER H[ans]. V[inzenz].M[oritz].F[ranz].A[ntonia].S[chmit]. IM IAR 1897.» – Ofen: «CW:F V.S.F.S. M.S ATIS 1902».

## Ober-Moos

Ober-Moos liegt wie Unter-Moos westlich der neuen Bergstrasse am bewaldeten Ostabhang des «Hohgebirgs» auf 980 m ü. M. Infolge des Brandes durch die Franzosen 1799 sind die Bauten relativ neu und stammen fast ausschliesslich aus dem 19. Jahrhundert.

Unterhalb von Ober-Moos befindet sich am alten Bergweg, am Fusse eines Felsens, der sogenannte «Eselsbrunnen» mit der Beschriftung «BB [= Benjamin Bammatter] 1919». Bei einer kurzen Rast konnten hier ehemals die voll beladenen Esel, ohne sich zu bücken, bequem getränkt werden.

«Eschilbrunno» unterhalb von Ober-Moos. Pfeil 1: Wasserbecken; Pfeil 2: Wasserzufuhr mittels eines Kännels durch einen Felsspalt. Nicht mehr in Betrieb.

### Nr. 2720, Benedikt und Simone Maurer
Abgesondert von der eigentlichen Kernsiedlung thront dieses Haus in einem Kranz von Wirtschaftsbauten etwas erhöht auf einem Felshöcker und akzentuiert als hofähnliche Gruppe die West- und Südsilhouette. Es ist das älteste Haus in Ober-Moos.
1. WG: «DISES HAUS HAT LASEN BAUWEN DER ERSAME MAN ADRIA EGEL BURGER ZU NATERS UND SEIN[e] EHGEMAL[in] VICTORIA EGGS AB BELLWALD 1805 DEN 12 BRACHMONAT.» – Ofen: «IHS MS WR 1934». – Ofen des 2. WG: «1860 AE 1956».

### Nr. 2700, Marina Schnydrig-Salzmann
In diesem kleinen Häuschen steht die Inschrift: «I[esus] MARIA IOS[ef] DISES H[aus] H[at] L[assen] B[auen] PETER HOLTZER 1821.»

### Nr. 2701, Hermann Eggel
Dieses im Jahre 1954 erstellte Haus steht zweifellos auf einer alten Hausstelle und hat als stattlicher Bau an dominierender Stelle einen erhöhten Situationswert.

*Erstes nach dem Brand von 1799 aufgebautes Haus in Ober-Moos (Haus Nr. 2720).*

### Nr. 2716, Edwin Eggel
Die Binne des alten Hauses wurde in jüngster Zeit ins neu erstellte Haus integriert und trägt folgende Inschrift: «S B M R C I A B 1824». – Ofen: «S.S. M.Z. [= Siegfried Schmid, Margrit Zenklusen] 1944».

### Nr. 2717, Hermann und Hedwig Eggel-Eyer, Oswald Schmid
Es ist das zweitälteste Haus in Ober-Moos.
1. WG: «IHS ANO 1812 HAT DISES HAUS LASEN BAUEN DER ERSAME MAN MERETZ HOLZER.» – Ofen: «MS PS [= Moritz Schmid, Paulina Schmid] 1935». – 2. WG: «IM IAHR 1812 H. P. CW. C.H. A.M.H. UND S. B. M. R. A. M. B». – Ofen: «HRG MTS 1714». – Am nördlichen Giebelfeld: «1812».

### Nr. 2746, Isabelle Zeiter-Schmid, Benita Schmid-Schmid
Dieses mit Granit vorbildlich gedeckte grosse Haus ist mit schönen Details geschmückt.
1. WG: «IHS MARIA IOSEP DISE[s] HAUS HAT LASEN B[a]UEN DER ERSAME MAN ANTON SCHMIDT UND KATHERINA SALZMAN UND SEINE 7BEN [= sieben] KINDER IM IAR 1888.» – Ofen: «AS CS [Erbauer] 1888».
2. WG. Binne Ost: «DIESES HAUS HAT LASSEN BAUEN MORITZ SALZMANN U. SEINE GATTIN LUISA (PfA Naters, G 11, S. 234: Aloisia) SCHMIDT MIT IHREN 8 KINDER C.O.L.A.O.K.M.I. [= Cäsar, Oswald, Ludwig, Anton, Oskar, Karl, Moritz, Isabelle (ebd., S. 234) IM JAHR 1923.»

Binne West: «DIE WELT IST ALLER BOSHEIT VOLL . KEHR DICH ZU GOTT DANN GEHTS DIR WOHL . WEHR AUF GOTT VERTRAUT HAT AUF FESTEN GRUND GEBAUT.»

#### Nr. 2710, Laura Kalbermatter
Inschrift (Spiegelschrift): «IESUS MARIA UND IOSEPH SEI MIT UNS . DISES HAUS HAT LASEN BAUWEN IGNAZ WEISEN . BURGER IN NATERS . IM IAHR CHRISTE ALS ZELT [= zählt] 1834.»

## Bitschji

Das Bitschji (1233 Buscei, 1540 Bitz, 1584 Bütsch) liegt 1053 m hoch in einer abgelegenen Mulde zwischen Geimen und Hegdorn. Im Bitschji soll ehemals ein Friedhof gewesen sein. Auch zeigte man dort noch um 1900 einen sogenannten Schalenstein.[817] Die landschaftliche Lage des aus etwa 20 Bauten bestehenden Weilers ist eine der reizvollsten am Natischer Berg. Zwar wird das Bitschji bei den offiziellen Aufzählungen der von den Franzosen niedergebrannten Weiler nicht erwähnt. Es gibt aber drei wichtige Hinweise, dass auch dieser liebliche Ort ein Raub der Flammen geworden war: Wiederverwendung angesengter Hölzer, Aussagen der Ortsbewohner sowie der Umstand, dass kein Bau vor 1800 datiert.
*(Über den Torfabbau und die Imkerei im Bitschji wird an anderer Stelle berichtet.)*

#### Nr. 2994, Karl Stupf
Das alte Haus von 1804 wurde abgerissen und an seiner Stelle in jüngster Zeit ein neues erstellt. Folgende fragmentarische Inschrift nimmt noch Bezug auf das Vorgängerhaus: «... UND SEINE HAUSER[f]RAU MARGRETA HOLTZER 1804». Gemäss dem Genealogiebuch (PfA Naters, G 10, S. 126) heisst der Mann von Margaretha und damit der Erbauer des alten Hauses Peter Johann Salzmann (*1771).

#### Nr. 2990, Alfred Stupf
Der Bau steht ganz in der Tradition des 19. Jahrhunderts. Das Giebelfeld ist mit Kreuzrost konstruiert, der unter der Firstpfette in eine parabelförmig geschweifte Konsole mit stark zurückgebogenem und gezahntem Hakenschnabel mündet. Inschrift: «IHS MARIA UND IOSEPH BEWARE DIESES HAUS UND ALLE WELKE ZIHEN EIN UND AUS. LASSEN BAUEN HAT ES WISSEN ANTON BERGFÜRER MIT SEINER FRAU WALDBURGA WISSEN GEBORNE ZENKLUSEN IM IAHR 1904.» – Ofen: «A.W. W.Z. [Initialen der Erbauer] 1905».

#### Nr. 2986, Gilbert und Berta Schmid-Bammatter
Binne Ost: «DESES HAUS HAT LASEN BAUWEN DER ERSAME MAN IOSEPHT ANTHON ERDER [= Eder] U. DIESES ZUM ZWEITEN MAHL IN 10 IAHR UND SEINE HAUSFRAU ANNAMARIA BITEL (von Bellwald) IM IAHR 1846 . WER DIS HAUS GEBAUT DER HAT WOL AUF GOT (Fortsetzung Binne West) VERTR[au]ET IHS MARIA IOSEPHT.» – Ob der Stubentüre: «Restauriert von Anny Bammater anno 1984.» – Laut Angaben des Besitzers brannte das Haus 1836 nieder, was die Inschrift zum Ausdruck bringt.

#### Nr. 2981, Walter Zenklusen, des Moritz
Parabelförmig geschweifte Konsolen mit Rossköpfen an den Pfetten zieren das Haus. – Inschrift: «IHS MARIA UND IOSEPH . DIS HAUS HAT BAUEN IHL UND SEI[n]E KIN[d]ER 1846.» – Ofen: «M.F B.W HW 1865». – Am Giebel: «1846».

#### Nr. 2976a, Armin Schwery
Der alte Teil wurde in neuerer Zeit aussen mit Lärchenholz verkleidet.
Dielbauminschrift: «IESUS UND MARIA U. IOSEPHT . DIESES HAUS HAT LASEN BAUWEN DIE ERSAME WITFRAU ANAMARIA ITIG IM IAHR 1846 U. M.G U[nd] A.M.K [= Anna Maria Karlen].» – Ofen: «A.M.I [Erbauerin] AM.R (sollte wohl ‹K› statt ‹R› stehen, wie auf Binne) MG. 1846». Auf Türchen der Ofenkachel: «1991» und Schwery-Wappen.

#### Nr. 2952, German Huber
Inschrift: «DIESES HAUS HAT LASEN BAUWEN DER ERSAME MANN JOHANNES WYSSEN UND SEINE FRAU MARIA JOSEFA SALZMANN UND IHRE KINDER ALFONS . FRANZ . PETER . ALOIS. MARIA . MARIOSA . MADLENA . KATARINE UND DIESES IM JAHR 1851.»

#### Nr. 2978, vier Besitzer
Dieser Bau ist ein schön proportionierter Stallstadel mit gekerbten und geschlitzten Rosskopfkonsolen. Inschrift an der Westseite: «DIES HASTADEL HAT LASEN BAUEN MORITZ GROSEN ANNA MARIA KUMMER . ADERIAN IOSEN.» Datierung am Westgiebel: «ANNO 1850».

#### Nr. 2998, Christian Imboden, «Bitschbodi»
Das schlichte Haus befindet sich südöstlich vom Bitschji am idyllischen Ort «Bitschbodi». Inschrift: «IHS IOHANN IOSEPH SALZMAN EFROSINA PFAFFEN [von Mund, Grosstante des Verfassers] 1886». – Ofen: «HJS EPF [Initialen der Erbauer] 1887». – Grosse Truhe: «AS TR 1844». – Die Stube ist noch im Originalzustand. In der Küche: «Renoviert MCMLXXXIV [= 1984] M[argrit] C[hristian] Imboden-Schmid».

*Ein Räf (Rückentraggestell).*

*Alter Holzzirkel.*    *Ledereinspanner.*

# Geimen

Geimen (1270 de goima, 1327 in dyn Gomun, 1336 Goumen, 1500 Göymon) liegt 1037 m ü. M. Die Siedlung liegt im Grund des Tälchens, als loses Haufendorf auf beide Ufer des Kelchbachs verteilt. Der Weiler wurde beim Einfall der Franzosen 1799 fast gänzlich niedergebrannt. Nur wenige Gebäude, wie z.B. das Wohnhaus Nr. 3388 (1701), blieben weitgehend unversehrt. Der verwüstete Teil des Weilers wurde vorwiegend im 19. Jahrhundert wieder aufgebaut. Besonders die Häuser zeichnen sich durch sorgfältige Ausführung aus.

## Nr. 3315, Remo Salzmann
Inschrift: «1808 IMAMM». – Die Ofenplatte trägt die Jahreszahl 1834.

## Nr. 3317, Othmar Salzmann
1. WG. Binne 1: «WER BAUWTEN EIN NEIWES HAUS . DER MUS GEWENLICH DER ERSTE DRAUS . MARIA . IOSEPH . WER LAST BAUWEN AN DER STRASSEN . DER MUS DIE LEUTH REDEN LASSEN.» – Binne 2: «IHS DIS HAUS HAT LASEN MACHEN CHR[i]STEN SALZMAN UND SEIN HAUSFRAUW MARIA CATRIND HOLTZER ANA [= Anno] 1804.» – Ofen: «1926».
2. WG. Binne 1: «GELOBT GEBENEDET SEI DAS HEILIGSTE SAKRAMENT DES ALTARS U. IM NAMEN DES ALLER HÖCHSTEN U. MEINER NACHKOMSCHAFT HABE ICH DIESES (Forts. Binne 2) HAUS LASEN BALEN [= bauen] SALESIUS EGGEL SEINE HAUSFRAW ANNA MARIA SALZMAN . SEINE KINDER KASPER U. THERESIA EGGEL IM IAHR 1866.» – Ofen: «AL+E. I VIII VI VI [= 1866]». – Am Giebel: «1804».

## Nr. 3318, Marie und Moritz Walker-Michlig
1. WG: «JESUS MARIA UND JOSEPHT UND DIESES HAUS HAT LASEN BAUWEN DER ERENDEN UND BESCHE[i]DEN MAN PETER IOSEPHT MICHLIEG U. ISEINE HAUSFRAUW TRESIEIA [so!] RODDEN UND SEINE IOHANIE MICHLIEG IM MM CM PM TM M IAHR 1848.» – Ofen: «JM KB [= Johann Michlig, Katharina Bammatter] 1922».
2. WG: «AMEN KINDER LERNET FLEISIG IN DER IUGEND IM ALTER IST ZU SPET . DER ANFANG DER WEISHEIT IST DIE FURCHT DES HERREN . UND NACH DER ARBEIT IST GUTT BETEN OHNE UNTERLASEN . WER LAST BAUWEN AN DEN STRASEN MUS EIN IEDER REDEN LASEN . REDE EIN IEDER WAS ER WIL . DEM WINSCHE [ich drimal sovil].» (Letzteres am Salzmann-Stadel beim Beinhausweg, Nr. 122.)

*Türschloss an der Eingangstür des 1. WG.*

An der Nordfassade: «ANO 1848». – An der Westseite dieses Hauses stand nach Angaben des Besitzers früher eine Sägerei, deren Einrichtungen später in der Sägerei von Oberbirgisch Verwendung fanden.

*Geimen nach der Schneeschmelze.*

### Nr. 3313, Edith und Egon Wyssen-Walker
Nach Angaben der Besitzer soll früher in diesem Haus ein Wirtschaftsbetrieb geführt worden sein.
1. WG: «GELOBT UND GEBENEDEIT SEI IESUS UND MARIA UND IOSEPH . DIESES HAUS HAT LASSEN BAUEN DER HER SECKELMEISTER CZK [= Christian Zenklusen?] UND FRAU SECKELMEISTERI ANAMARI SALZMAN UND DIE KINDER MZK UND CZK IM IAHR 1835 DEN 12. MEJ.» – Küche mit «Träcka». – Ofen: «CZK AMS [Initialen der Erbauer] 1835».
2. WG: «GELOBT UND GEBENEDEIT SEI DIE HOCH HEILIG DREIFALTIGKEIT UND IESUS UND MARIA UND IOSEPH SEI UNS GNEDIG IN DER LESTEN STUND. UND DIESES HAUS HAT LASSEN BAUEN DER HER SECKELMEISTER CZK UND SEIN HAUSFRAW ANNAMARIA SALZMAN . DIE KINDER CZK UND MZK.»

### Nr. 3321a, Vreni Schnydrig-Eggel, Cölestine Karlen-Gasser
1. WG: «IN GOTTES NAMEN MARIA EHR HAT DIES HAUS GEMACHT IOSEPH WISSEN UND MARIA IOSEFA FALINO 1812.»
2. WG: «IHS DISES HAUS HAT LASEN BAUEN DER ERSAME MANN RUPPEN IOHAN IOSEF UND SEIN WEIB WALDEN MARIA IM IAHR 1844.» – Ofen: «1956 EG OW» [= Eduard Gasser, Odila Wyssen] sowie Gasser- und Wyssen-Wappen.

### Nr. 3330, Josef Bellwald Erben
Inschrift: «DISES HAUS HAT LASEN BAUWEN MURITZ IOSEN UND SEINE HAUSFRAU ROSA CANTO[nay = Chastonay][818]. ALLEIN DIE ERE SOLENT WIR GEBEN UND FLEISIG HALTEN SEIN GEBOT 1822.» – Kästchen mit der Beschriftung «AEG 1706».

### Nr. 3339, Remo Eyer, Henry Salzmann
Über dem dreiteiligen Reihenfenster des 1. Wohngeschosses zieht sich ein gebrochener Wellenfries hin, der mit einer Tulpe endet.
1. WG. Binne West: «IHS MARIA JOEPH DISES HAT LASEN BAUEN DER GEEHRTE MAN ANTON EIER U. SEINE FRAU PHILOMENA WALDEN . BEARBEITET DEN 18. TAG NOVEMBER 1879 . BAX WOBIS [richtig: Pax vobis = Der Friede sei mit euch!].»
Binne Ost: «O MENSCH BEDENK DICH WOL . DAS MAN BEIM KEINEM RETS MAUL SOL TRAUEN . DEN ALLE DIE GEHEN AUS UND EIN . SOL GOTT ALZEIT MIT IHNEN IM HAUSE SEIN.» – Die Stube ist noch im Originalzustand. – Ofen: «A.E F.W [Initialen der Erbauer] 1882».
2. WG. Nach mündlicher Mitteilung des Besitzers stehen auf der Binne die gleichen Erbauernamen wie im ersten Wohngeschoss, aber das Baujahr ist 1899.

### Nr. 3345, Ulrich Imhof, Marie und Cäsar Michlig
Wegen seiner korrekten Anpassung bei Neuerungen und seiner guten Proportionen ist dieses Haus eines der wichtigsten des Weilers.
1. WG: «IHS MARIA UND JOSEF . DISES HAUS BAUT DER ERSAME MANN ANTON ZENKLUSEN UND SEINE GATIN KATARINA WALDEN IM IAHR 1900.»
2. WG: Inschrift wie im 1. WG. – Ofen: «A.Z. K.W.» [Namen der Erbauer] und die Jahreszahl 1902 in Wappenform.

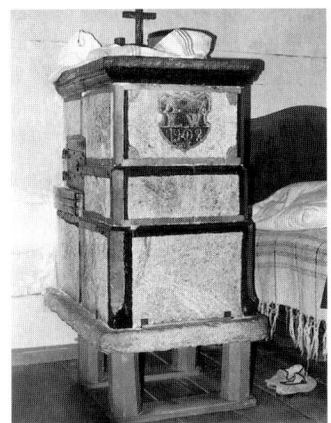

*2. WG: Giltsteinofen von 1902.*

### Nr. 3348, Anna Ruppen, des Moritz; Agnes Rigert-Zurbriggen
Der Bau ist mit schönen Details geschmückt.
1. WG. Inschrift (Spiegelschrift) liest sich in der üblichen Schreibart wie folgt: «IHS MARIA U[n]D JOSEF DIS HUS BAUT DER MANN EMANUEL IOSEN UND DIE GATIN REGINA AMHERD.» – Die Binneninschrift enthält keine Jahreszahl, der Bau stammt aber aus dem Ende des 19. Jahrhunderts (Heirat des Erbauerehepaares: 1894). – Ofen: «1899» mit den Initialen «FR MR» in einer Scheibe.
2. WG: «IHS MARIA IOSEPH DISES HAT LASSEN BAUEN DER FELIX RUPPEN IM SEIN LEDIGEN IAHR 1902.» – Ofen: «FR [= Felix Ruppen] 1903».

### Nr. 3374, Bernhard Gasser
Dielbauminschrift: «IHS MARIA IOSEF . DISSES HAUS HAT LASEN BAUWEN DER JOHANNES GASER UND BARBERA WALDEN MIT IHREN L.G K.G M.G K.G F.G UND IOSEFINA G 1889.» – Ofen: «HG BW [= Hans Gasser, Barbara Walden] 1889».

### Nr. 3375, Hugo Schwery
Das Haus ist von guter baulicher Qualität.
1. WG: «1836 DIESES HAT LASEN BAUEN FRANZ WALDEN UND SEINE FRAU MAGRETA W[alden].» – Inschrift in der Küche: «Gekauft und umgebaut 1993 Hugo und Ursula Schwery-Ruppen u. Söhne Bruno u. Daniel». Ofen: «FWC ZAIA (?) 1837».
2. WG: «DISSES HAUS HAT LASSEN BAUWEN ANTON IOSEN UND SEIN WEIB [An]NAMARIA WALDEN 1868 (Zahl 6 ist seitenverkehrt).» – Hausmöbel: Spinnrad von 1809.

### Nr. 3380a, Ulrich Schmidhalter, Meinrad Ruppen
1. WG: «DIES HEUS [so!] HAT LASEN BAUWEN DIE EHRSAME HUSMUTER BABIN SALTZMAN UND SEINE KINDER MURITZ EGGEL UND JOHANES EGGEL UND KATRINE EGGEL UND TRESINA EGGEL . UND DIESES HAUS HABEN WIR LASEN BAUWEN IM NAMEN IESUS UND MARIA . GOTT BEWARE DIESES HA[u]S UND ALLE DIE WOH GEHEN EIN UND AUS 1859.»

Über der Eingangstüre des 1. WG steht folgende fragmentarische Inschrift am ehemaligen Türsturz, mit Angabe des Baujahres: «?ER LAST ? EN AN DER STRASE MU? DIE LÄUTE R? LASEN . REDE IEDER WAS ER WI? DEM ?IL ICH EBEN AUCH SOFIL? DIES IM IAHR 1859 . ISCH ALZ BAUMEISTER MURITZ EGEL.» Inschrift im Klartext: Wer lässt bauen an der Strasse, muss die Leute reden lassen. Rede jeder, was er will, ich eben auch soviel. Und dies im Jahre 1859. – Ofen: «M.E BS [= Moritz Eggel, Barbara Salzmann] 1861 . MI KR 1924».
2. WG: «DISES HAUS HABEN LASSEN BAUEN JOSSEN MICHAEL UND FRAU KAROLINA RUPPEN IM JAHRE 1923 . RUPPEN BENJAMIN UND FRAU CESERINA EGGEL . VERTRAU AUF GOTT UND HALTE SEIN GEBOT.»

### Nr. 3388, Johanna Jordan-Salzmann, Albina Schmid-Salzmann; «Jossihüs»

Es ist das einzige Haus, das in diesem Weiler den Durchmarsch der Franzosen überstanden hat. Angeblich war dort der Kommandoposten der Franzosen. Die übrigen Häuser wurden 1799 eingeäschert. Doch ganz abgesehen von dieser Besonderheit, ist es zweifelsohne eines der schönsten Häuser im ganzen Natischer Berg. Die reiche Gestaltung des Daches mit fünf Pfetten und die grosszügige Ausstattung mit Doppelfriesen sind in dieser Berggegend nicht selbstverständlich.

Inschriften auf den profilierten (= gerillten) Binnen:
1. WG: «IHS MARIA IOSEPH . DIESES HAUS HAT LASEN BAUWEN MARTINUS . GERIG . HANS . ADERIN IOSSEN BRIEDER ANNO 1701 MARIA IOSSEN.» – Am Sturz der Stubentüre: «IHS MARIA IOSEPH». – Ofen: «IHS CP 1919».

2. WG: «HOC OPUS CURAVIT FIERI M[a]RTINUS CUM FRAT[ri]BUS G[e]OR[g]IO IOANNE ET ADERIANO IOSSEN UNA CUM SORORE M[a]RIA ANNO 1701 P[r]IMA IUNY» *[= Dieses Werk liess erstellen Martin mit seinen Brüdern Georg, Johann und Adrian Jossen zusammen mit der Schwester Maria im Jahr 1701, den 1. Juni].* – Der erstgenannte der Brüder, Martin Jossen, war als Notar der lateinischen Sprache mächtig und amtete von 1706 bis 1707 als Präsident von Naters. – Am Südgiebel in weisser Farbe: «1701».

### Nr. 3390, Elise Volken-Schmid

Inschrift: «JESUS MARIA UND JOSEPH . LASEN DISES HAUS BAUEN DER MANN WALDEN MORITZ UND SEINE EHEGATTIN WISSEN MATTALENA IM JAHR 1910.» – Ofen: «1910» und Initialen der Erbauer.

### Nr. 3069, Hans Wyssen, «Rierflie» bei Geimen

Inschrift: «IHS MARIA IOSEPH . DISES HAUS HAT LASEN BAUEN IOSEPH WISSEN U. SEINE FRAU KATARINA WISSEN G[eborene] EGGEL . DIE WELT IST ALLER BOSHEIT VOLL KER DICH ZU GOTT SO GET ES WOL . ANNO 1895.» – Ofen: «1896» und Initialen der Erbauer.

### Nr. 3126, Leo Ruppen, «Psetzi» bei Geimen

Dieses fast am Anfang des Weges von Geimen nach dem Trämel stehende Haus trägt folgende Binneninschrift: «DIESES HAUS HAT [lassen] BAUEN DIE MENNER FELIX U. JOHANNIES [so!] RUPPEN IM IAHR 1874 . BEWARE DIESES HAUS U. [alle] WOH GEHEN EIN UND AUS.» – Ofen: «FR IHR MIZ [Initialen der Erbauer + Maria Josepha Zenklusen] IHS I.VIII.VII.VII.[= 1877]».

## Geimerblatt

### Nr. 4370, Eduard Volken-Jossen, Beat Bittel-Jossen

Im Erdgeschoss dieses Hauses wurde in der ersten Hälfte des 20. Jahrhunderts (vielleicht schon früher) ein Wirtshaus betrieben, weshalb man noch heute von der «Pinta» spricht.

2. WG: «JESUS MARIA IOSEPH . DIESES HAUS HAT LASSEN BAUWEN DER ERSAMEN MAN MURIZIUS BAMMATER UND SEINE HAUSFRAUW MARIA IOSEWFA HOLZER UND DISES IM IAHR 1849.» – Ofen: «E.R K.R [= Emanuel Ruppen, Konrad Ruppen] 1926».

## Mehlbaum

Wo das Tälchen des Kelchbachs in felsiger Stufe – mit Wasserfall – abbricht, liegt malerisch verstreut die 1270 erstmals genannte Siedlung Mehlbaum («Mälböum»). Den Brand beim Einfall der Franzosen 1799 überstanden drei Häuser, nämlich die Nrn. 3490, 3448 und 3623 sowie einzelne Nutzbauten. Die übereinander gestaffelten Häuser versteigen sich kühn in die felsige Landschaft.

### Nr. 3490, Emil Minnig, Manfred, Gerhard und Martin Schumacher

Bei diesem Haus wurde beim Franzosenbrand nur der Dachstuhl in Mitleidenschaft gezogen. Das erste Wohngeschoss ist vermutlich wesentlich älter als das zweite. – Ofen des 1. WG: «KG KN 1874». – Wertvolles Hauskruzifix.

2. WG. Binne 1: «DER DISSE STUBE LAST BAUWEN GEBNAT NACH SEINIM THOT . WER SELBIGE BEWOHNT . DER SPRECHE IM NACH BEGNAT IN GOTT M.A.M. A.M.W. IMBODEN SEIN HUS MUOTER ANNO 1752.»

Binne 2: «IHS MARIA UND IOSSEPH . O MENSCH VOREHRRE MARIA AUS HERZENSGRUND . WILLT DU HABEN EIN GUOTTE STUNDT . AN DEINEM ENDT BEFIL DEIN SEL IN IRRA HEND . DAN WAS BEGETES DU GETHA ZU HABEN . WANT EINZ STERBEN SOLT.»

### Nr. 3483, Ernst Kämpfen Erben, Stefan Schmid

1. WG: «IESUS MARIA UND JOSEPH BEWARE DIESES HAUS VOR ALEM UNGLICK AUS . DIESES HAUS HAT LASSEN BAUEN DER LUDWIG SCHMID UND SEIN WEIB MARIA LERIEN MIT SEINEM

SOHN ANTON IM IAHR 1901 AWI.» – Ofen: «LS ML [Initialen der Erbauer] 1908».

**Nr. 3459, Oswald Roten, Harald Salzmann, Martin Jossen**

Dieses grosse, markante Haus liegt an dominanter Stelle des Weilers.

1. WG Süd: «DISES HAUS HAT LASEN BAUWEN DER ERSAMEN IOSEPHT GASER U. SEINE HAUSFRUW MARTA ROTEN UND MIT SEINE KINDER IOSEPHT GASER FRANZ GASER U[nd] MORITZT GASER U. IOHANES GASER U. KASBAR GASER BARRA CHRISTINA GASER ANNA MARIA GASER CHRISENIA TRERESIA GASER.»

2. WG Süd: «IESUS MARIA UND IOSEPHT IG. IG. MG. IG. FG. KG. MR. BG. CG. AG. TG. 1849». – Ofen: LS.M. KS. KI 1890«.

1. WG Nord (profilierte Binne): «... HAUS HAT LASEN BAUWEN DER ERSAMEN MAN KASBAR GASER U. MIT SHAMT SEINE KINDER KASBAR GASER IGNATZT GASER IOHANES GASER FRANZ GASER CHRISTIA[n]US GASER U. TRERSAIA [so!] GASER KATRINA GASER DONA GASER ANAMARIA GASER U. IM IAHR 1849.»

2. WG Nord (reich profilierte Binne): «JESUS MARIA UND JOSEPHT KG KG ING IOG FG CG TG KG DG AG IM IAHR 1849». – Ofen: «FG LW 1889». – Auf einem neuen Stuhl das Jossen-Wappen (vier Kugeln) und die Jahreszahl 1362. – Datierung am Giebel der Westfassade: «IHO 1849».

**Nr. 3465, Alex Grand, Richard Salzmann**

Unter den Fenstern dieses gestrickten Blockhauses führt ein Rillenfries, darüber ein Rankenornament.

1. WG: «DIESES HAUS HAT LASEN BAUEN DER ERSAMEN MAN JOHANNES SALSMAN UND SEIN HAUSFRAUW CHRISENIA IOSEN IM IAHR 1853.»

2. WG: «DIESES HAUS HAT LASEN BAUEN DER ERSAMEN GÜENLING [= Jüngling] PETER SALSMAN U. DIESES IM NAMEN IESUS MARIA UND IOSEPHT IM IAHR 1853. – GOTT BEWAHRE DIESES HAUS UND DIE WOH GEHEN EIN UND AUS.» – Ofen: «PS LW [= Peter Salzmann, Luise Walden] 1856».

**Nr. 3468, Marcel Jauch**

1. WG. Die Binne ist profiliert (gerillt) und trägt die Inschrift: «DISES HAUS HAT LASEN BAUWEN ANDREAS ROTHEN UND SEINE HAUS FRAU CATRINA EIER UND SEIN SOHN ANTON ROTHEN IM IAHR 1833.» – Auch die Stubentürpfosten sind reich profiliert. Der Giltsteinofen mit dem Lergienwappen stammt von 1614.

2. WG (profilierte Binne): «UND WEM GOT WOL WIL MAG NIMANDT IBEL 1833 . UND WER HIER BAUWT EIN NEIWES HAUS WEIS GOT MUS ER DER ERSTE RAUS.» – Ofen: «IHS MR CS 1907». – Datierung im Giebel: «1833».

**Nr. 3448, Ludwig Pfammatter, Raymund Jossen**

Von der Substanz, dem Alter und den überaus reichen Zierformen her ist es ein wertvolles Haus.

1. WG: «IESUS MARIA UND IOSEPH . LIEB DU MARIA ALLESEIT SO HILFT SIE DIR IM LETZEN STREIT. – DISES HAUS HAT LASEN BAUWEN MEISTER HANS LERGEN IL HL GL FLC LERGEN 1706.»

2. WG. Binne West: «1706 (Lerjenwappen) HIE DISES HAUS HAT ZUGEFIRT IOSEP LERGEN EIN JUNGER KNAB . MIT GOTES HILF UND SEINER GNAT . BIT GOT UM GNAT ZU JEDER ZEIT DAN OHN SEIN HILF VERMACHST DU NEIT.» – Binne Ost: «DEIN KREUTZ SOLT DU GEDULTIG TRAGEN . DEIM ERLESER DANCK DARUM SAGEN.» – Datierung am Südgiebel: «17 HI 06».

**Nr. 3623, Irene Naue-Holzer, Leo Summermatter**

Dieses Haus zeichnet sich aus durch sein Alter und seine Zierformen (Pfeilschwanzfries, Wolfszahn, Rautenfries).

1. WG: «DISES HAUS HAT LASEN BUWEN IOHANES MICHELIG UND SEINE 2 SIHEN [= Söhne] JOSEPF UND CHRISTEN [= Christian]. – WER IN DISEM HUS TUT DANTZEN ODER DARIN BLATZ DUT G[eb]EN DER SOL DARIN KEIN DEIL NIEMALHEN [vermutlicher Sinn: ... soll darin keinen Anteil haben] . ANO 1728.» – Im Südgiebel: «1728».

**Nr. 3469, vier Besitzer**

Dank seiner Zierformen, der Lage und der schönen Proportionen gehört dieser *Speicher* aus dem Jahre 1825 (Jahreszahl über der Türe) zu den wertvollen Bauten von Mehlbaum.

**Nr. 3618, fünf Besitzer**

Stallscheune mit der Inschrift «IHSIM 17 0[2?]4 CM» und gekerbten Rosskopfkonsolen.

Unterhalb des Mehlbaumwaldes, rechtsufrig vom Kelchbach, befindet sich am Hang **«Zer Flüo»** mit zwei nachfolgend erwähnten Häusern.

**Nr. 3691, Raymund Schmid**

Das 1985 restaurierte Haus trägt im Giebelfeld die Jahreszahl 1758.

**Nr. 3692, Richard Volken-Zehnder**
Inschrift: «IHS DIESES HAUS HAT LASSEN BAUEN DER EHRSAME MAURITZ FOLKEN U. S[ein] W[eib] MELANIA WIDER IM JAHRE 1894.» – Ofen: «LR KS 1922».

## Ahorn

Ahorn (de Ahorne 1320, Ahorn 1344, de Ahoran 1448) liegt unterhalb von Blatten in einem hügeligen und felsigen Gelände. Der alte Baubestand dieses Weilers ist beachtlich. Alle fünf alten Häuser weisen eine Datierung vor 1765 auf.

### Nr. 3877, Marie Dornacher-Schmid, Carmen und Erich Imhof

Das Haus ist bedeutend als Blickfang in der Strassenschleife. Es hat reich profilierte (gerillte) Binnen mit folgenden Inschriften:
1. WG: «IESUS MARIA JOSEPH SEIEN DISES HAUS SCHUTZ SCHIRM UND SICHERHEIT . AMEN . SO GESCHET IHM KEIN LEID (Wappenschild mit Initialen C.E.) . DISES HAUS HABEN LASEN MACHEN MARTI UND GERIG ZUM BERG BRIEDER UND MEISTER CHRISTAN EGGEL IM JAHR 1667.» – Ofen: «IHS MZB [= Marti Zumberg] CG 1688».
2. WG: «IESUS MARIA JOSEH . WER GOT WERTRAUWT HAT WOL GEBAUWT 1667 . DISES HAUS HAT LASEN BAUEN GER[i]G ZUMBERG UND MARAM (?).» – Im Giebelfeld: «1667».

### Nr. 3879, Florentine Nellen-Schmid
Der schwierig zu datierende Wohnhausbau, dessen Blockwände dem Augenschein nach alt (16. Jh.?) sind, der aber in seinem heutigen Bestand möglicherweise unter Verwendung der alten Teile neu zusammengesetzt ist (Angabe eines Bewohners), weist keine Zierelemente auf. Die Binne wurde entfernt.

### Nr. 3539, Benjamin Eggel Erben
Mit seinen klar erkennbaren Bauformen tritt der alte Gestaltungswille deutlich zu Tage und gibt Zeugnis von einem bescheidenen Bauerntum mit Sinn für Form und Mass. Die Blockwand ist mit einem seltenen Fries, dem versenkten Rundstab, verziert. – Inschrift: «IHS . H.C.C.I. M.I.G. 1764». – Ofen: «1903».

*Haus Nr. 3541a.*

### Nr. 3541a, Berta Zenklusen-Gasser
Dieses Wohnhaus ist ein hervorragender Bau an guter Lage. Besonders reich ist die Stube verziert. So haben z.B. die Stubenwände versenkte Rundstäbe und ähnliche Vertiefungen. Ebenso fällt die reiche Profilierung der beiden Dielbäume auf. Dies alles ist dadurch erklärbar, dass der Erbauer der begüterte Zendenkastlan Johann Lergien war. – Binne Nord: «S . D[ominus] . IOANNES LERGIEN . SAEPIUS . CASTELLANUS . L[audabilis] . D[eseni] . B[rigensis] [= ... Herr Johannes Lergien, des Öfteren Kastlan des Zendens Brig] . ET . V . D . 1687». Der Zeile ist das Lergienwappen vorangestellt. Binne Süd: eine Zeile, Grossbuchstaben mit breitem Abstand: «MARGARETA GERTSCHEN»; nach dem Namen folgt das Gertschen-Wappen.

*Stubenbinne mit Wappen der Margareta Gertschen.*

Inschrift der ehemaligen Eingangstüre in die Küche: «PAX HUIC DOMUI ET OPUS INTRANEAM» [= Friede diesem Haus, und ich möchte jetzt das Gebäude bewohnen]. – Runder Giltsteinofen mit folgender, kaum lesbarer Inschrift: «ME EZ LE 1918».

### Nr. 3553, Susanne Bachmann-Schmid
Der Bau kann als Vorbild für eine Renovation dienen. Das Innere ist neu vertäfelt unter Aussparung der Stubenbinnen. – Inschrift: «IH MARIA IOS 1746 A . Z . B . I . P . C . H . S . M». – Im Giebelfeld: «1746».

Neben dem Haus steht ein Speicher mit der Inschrift «C.ZK M.S. 1841».

## Blatten

Über den Kurort Blatten, seine Kapelle, das ehemalige Schulwesen sowie das Theresianum wird in anderen Kapiteln berichtet. Hier wird Blatten als Siedlungsort beschrieben. Doch geben wir zuerst ein Gedicht von Moritz Gertschen (1904–1975) über Blatten wieder.

*Blatten ob Naters, Rischinen, Eggen und Grosser Aletschgletscher.* ▶

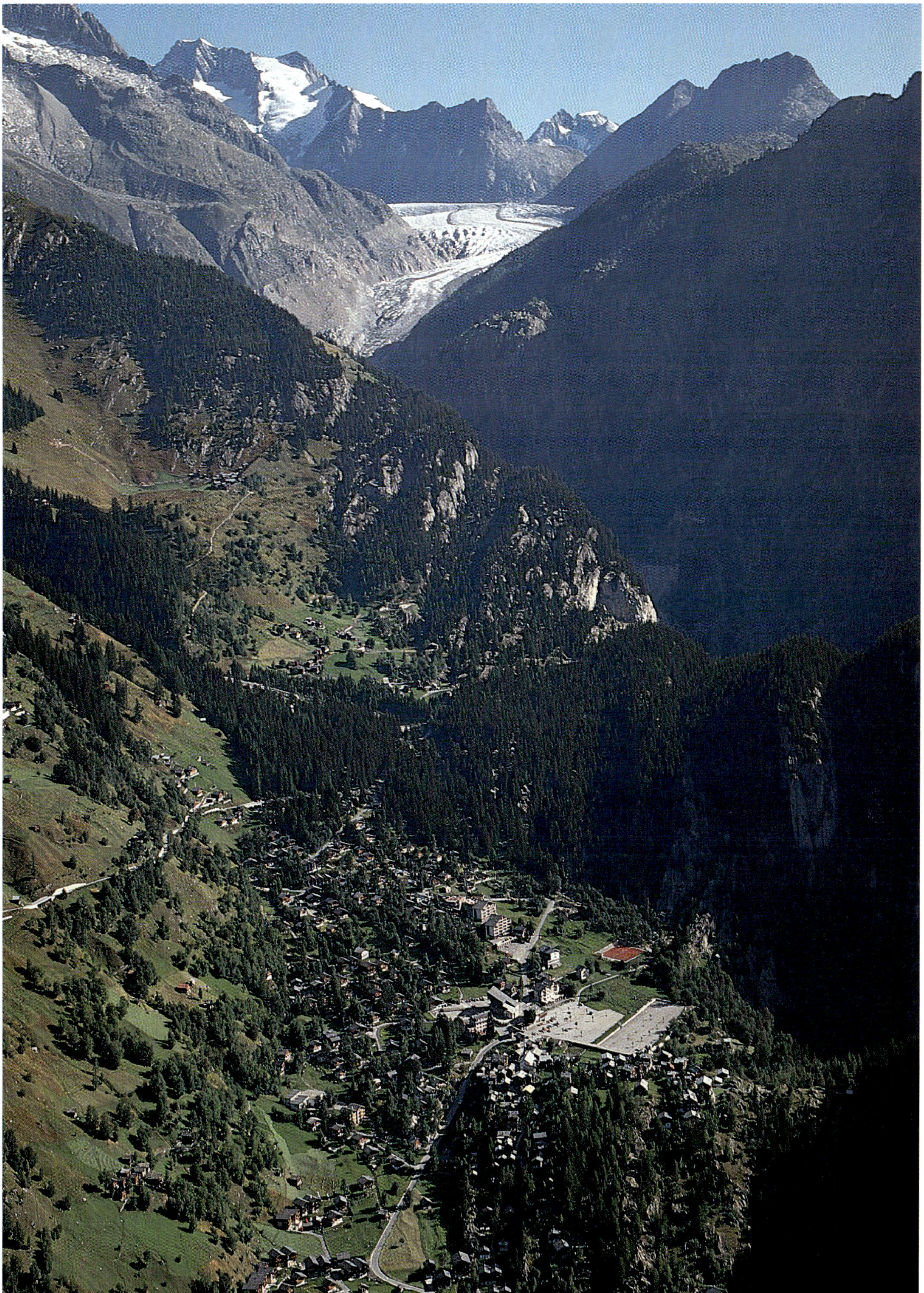

## Mis Alpuderfji Blattu

*«Hit hän'ich wach va dier getröümt,*
*mis Alpuderfji Blattu;*
*und hän öu gad as Liedji greimt*
*im stillu Bärgwaldschattu;*
*as Liedji, das im Härz mier klingt*
*so hibschli, lieb und fii,*
*und immer wieder Freid mier bringt,*
*wenn ich va dier müess si!*

*Dis Bild lit teif in minum Härz*
*mis härzliebs, altes Blattu!*
*Ds Herrgotts-Chriz griesst himmulwärts,*
*b'schitzt d'Hitta in du Mattu.*
*Am Bärghang rüscht der Gletscherbach*
*und ds Bruchji ruttut wild;*
*d'alt Mili tröümt unnerm Schinduldach*
*vam altu Blattner-Bild.»*

Obwohl in Rischinen das Gemeindehaus der gleichnamigen Gumperschaft stand, entwickelte sich Blatten (1231 Platon, 1299 ze Blattun, 1383 bei Blatton, 1508 Blatten) zum Hauptort des Natischer Bergs, vor allem seit (wohl im 14. Jh.) die Theodulskapelle in Blatten zum kirchlichen Mittelpunkt geworden war. Blatten (1327 m ü. M.) liegt auf einer Felskuppe. Der Natischer Berg umgibt es auf drei Seiten, im Süden erhebt sich schützend der Blindberg. Diese Lage erklärt auch das milde Klima dieser Gegend.

Beim Bau des Dorfes wurde all die Jahre hindurch auf die Harmonie des Ganzen Wert gelegt. Kaum ein Haus wirkt etwa durch seinen Standort, seine Grösse oder seine Bauart störend. Im Dorfkern finden sich vorwiegend Wohnhäuser. Sehr viele

*Gruppe, die sich in Blatten südlich der Kapelle des Öfteren zu einer Kegelpartie einfand. Aufnahme Anfang der 1930er-Jahre. Von links: Paul Wyssen (1875–1948), Alois Gasser (1885–1969), Adolf Volken (1857–1936), Moritz Eyer (1876–1952, genannt «ds klei Muri»). – Im Hintergrund die Burgen.*

sind an den Hauptfassaden mit reichen Verzierungen ausgestattet. Am Dorfrand gruppieren sich die Stallscheunen und im Norden stehen die meisten oft reich verzierten Speicher auf hohen gemauerten Stützen wie auf Stelzen über dem buckeligen Fels-

*Blatten. Ältere Aufnahme.*

400

kamm. Die Freiräume mit Brunnen und der Kapellenplatz prägen das Dorfbild.
Der Charakter des Dorfkerns wird durch die Kapelle am stärksten bestimmt, die mit ihren weissen Kalkwänden immer wieder zwischen den Holzbauten hervorscheint. Der Kapellenweg wurde 1981 gepflästert.
Der Weiler «Änner-Blatt» liegt südlich vom Dorf auf leicht erhöhter Kuppe, die von wenigen Wohnhäusern und vom grössten Speicher des Dorfes beherrscht wird.
Bei der Darstellung der wichtigsten Bauten beginnen wir am östlichen Eingang des Dorfes und enden im «Änner-Blatt».

### Nr. 4028, Doris Gerold-Zenklusen, Cardine Bärenfaller-Wyssen
Das Haus nimmt eine markante Stellung am östlichen Eingang des alten Dorfes ein. Kernbau mit alter Substanz und schönen Zierelementen. Am Westgiebel: «1640». – Im ehemaligen Keller befindet sich ein Stützholz, das früher als Käsegestell benutzt wurde.
1. WG: Stube mit roher Blockwand. – Inschrift: «SHI MD CH 1849». Stubentüre mit breitem, profiliertem Rahmen, stark beschnitten, dadurch Inschrift im Sturz angeschnitten. – Ofen: «B.E. P.E. (Lamm Gottes) . 1924».
2. WG: ebenfalls rohe Blockwand; Inschrift: «[1] 8 IHS 52 P I W MIG». – Küche: gemauerte Herdstelle (ehemals «Trächa»). Vertäfelte Originalwand. Truhe und kielbogenförmig gefaste Türe.

### Nr. 4022, Rudolf Schmid
Das mit reichem Schmuck ausgestattete Haus ist einer der ältesten Wohnbauten in Blatten. Über den Fenstern des zweiten Stockwerkes zieht sich ein dreireihiger Würfelfries hin.
1. WG: «IM IAR 1636 CHRISTEN GERTSCHEN IHS CHRISTINI GERTSCHEN». – Ofen: «PE GB 1699 – AIW [= Agnes Imwinkelried] 1941».
2. WG: «LIEB DU MARIA ALEZEIT SO STET DIER BEI IM LETZTEN STREIT GEDENCK O MENSCH DAS STERBEN MAUST [so!] SO GREIFEST DU GESCHWIND ZUR BUS AMEN IESUS . IM NAMEN IESUS MARIA UND IOSOP HABEN WIER DIESES HAUS ANGEFANGEN UND AUSGEMACHT DER EHRENDE HANS RUPEN DES 1698.» – Im Giebel: «H 1698 R [= Hans Ruppen]».

*Häuser Nrn. 4022 (links) und 4023 (rechts).*

### Nr. 4023, Walter Imhof, Emanuel Michlig, Andrea Zenklusen
Die Giebelfassade mit wertvollen Zierelementen und der Sonnenuhr unter dem obersten Reihenfenster gibt dem Bau eine besondere Bedeutung. Die Jahreszahl des zweiten Wohngeschosses (1679) ist älter als jene des ersten (1707). Die Binneninschrift des 1. WG gibt die Erklärung: Die Stube wurde 1707 «erniwret».
1. WG: «DISE STUBEN HAT LASEN ERNIWREN DER EHRENDE MEISTER ANDRES HALOBARTER IM NAMEN IESUS MARIA UND IOSEPH 1707.» – Ofen: «1949».
2. WG. Die Binne hat eine zweizeilige Inschrift zwischen zwei Rillenpaaren. Binne West: «HANS MATTIG DER IUNG IST BAWHER . O MEIN GOT UND HER O DAS ICH DIR LIEB SEIN // IESUS MARIA GNAEDIGLICH IN SEEL UND LEIBS GEFAHR BEWARE MICH SO STIRB ICH SELIGLICH IM IAHR 1679.»
Binne Ost: «DISES HAUS SEIE ZUGESEIT DER ALLERHEILIGSTEN DREIFALTIGKEIT SO LANGS STEHT IHS // VELCHER GOT VERTRAUT HAT WOLE GEBAWT DAN AN DESSEN SEGEN IST ALLES GELEGEN.» – Ofen: «CA IK NATERS 1918».
Beim obgenannten Hans Mattig ergeben sich gewisse Parallelen zu einem Hans Mattig, der im Jahre 1703 in Naters das Haus Nr. 230 (Gasthaus zur Linde) erbauen liess und sein Haus ebenfalls der Allerheiligsten Dreifaltigkeit weihte. Zudem lassen sich formale Ähnlichkeiten der beiden Dielbäume nachweisen.

### Nr. 4045, Herbert und Bruno Amherd, Susanne Bucher
Pro Geschoss zieren zwei Würfelfriese unter Wolfszahn den Bau. Der gleiche Dekor erscheint am Vorderhaus der Westfassade.
1. WG: «IHS M[a]R[ia] IOS[ef] SEI GELOBT AL ZEIT . ACH STE UNS BEI IM LETZEN STREIT 1749 . WEIBEL PETER WALDEN ANNA MARIA MATIG . DEIN KREUTZ SOLT DU GEDULDIG TRAGEN UND DEM ERLESER DANCK DRU[m sagen].» Die zweite Zeile der Inschrift bricht wegen Platzmangel ab und wurde in Klammer ergänzt.

*1. WG: Binnenbalken von 1749.*

2. WG (Spiegelschrift): «IHS MARIA IOS D . C . MURITZIUS MATTIG . SECKELMEISTER . PETRUS WALDEN . 1749».

### Nr. 4053, Dr. Otto Pfammatter, Marcel und Beat Ruppen
Am Dorfrand stehendes bedeutendes Ensemble mit Wohnhaus und vier eng angeschlossenen Wirtschaftsbauten. Es bildet eine Überleitung zum «Änner-Blatt».
1. WG: «1706 IESUS MARIA UND JOSEPH MARIA GROSSEN BARBELI GROSSEN». – Giltsteinofen mit «Ofenstengeli», Wappen und Datum: «MG BG [= Maria Grossen, Barbeli Grossen] M Z B [= Zumberg] 1708».

*1. WG: Giltsteinofen von 1708, Detail.*

2. WG: «DEISES [so!] HAUS HAT LASEN BAUWEN IOSEPH GROSSEN . ACH GOTT DOCH DER MENSCHN MAG FROLLICH

SEIN UND ER MUOS GEN WEIS NIT WOHIN 1706.» – Ofen: «JZ GJ 1920».

### Nr. 4048, Burgergemeinde Naters, Ernst Ruppen
Mit seiner Grösse und Stellung setzt dieses ehemalige Schulhaus im östlichen Dorfteil einen nicht wegzudenkenden Akzent. Der Überlieferung zufolge soll das alte Schulhaus zum ältesten Häuserbestand von Blatten gehören und darf wohl ins frühe 17. Jahrhundert datiert werden. Für diesen frühen Ansatz spricht die eher schmucklose Grundausstattung des Hauses. Heute dient das Gebäude als Ferienlager. – 1. WG: Ofen von 1869.

### Nr. 4057, Leopoldine Summermatter-Eyer, Moritz Summermatter
Als relativ junger Bau integriert er sich gut ins Gesamtbild, weil er in traditioneller Bauweise erstellt wurde.
1. WG: «IM NAMEN IHS MARIA UND JOSEPH LAS DISSES BAUEN DER ERSAME MANN SUMMERMATTER LEO UND SEINE GATTIN BARBERA ZUMBERG UND IHRE KINDER . WIR HOFFEN DER LIBE GOTT WERDE UNS BEWAREN VOR ALLEM UNGLUECK IM JAHR 1906 DEN 2. JUNI.» – Inschrift am Ofen: «Leo Summermatter Barbera Zumberg 1907».
2. WG: Dieselbe Inschrift wie im 1. WG, am Schluss: «... IM JAHRE 1929». – Ofen: «L.S. B.Z. (wie im 1. WG) 1934».

### Nr. 4097, Viktor Bammatter
Vom Platz her betrachtet, nimmt das Haus eine herausragende Stellung ein.
1. WG: Ofen: «AV KS . (Lamm Gottes, Lilie und Hirsch) . 1923».
2. WG: «DIESES HAUS HAT LASSEN BAWEN DER ERSAME IINGLING JOHANIES BAMMATER UND KLARA GASSER UND CHRISENZIA UND IGNATZUS BAMMATTER . UND DIESES IN NAMEN IESUS MARIA UND IOSEPH . O GOTT BEWAHRE DIESES HAUS UND DI WO GEHEN EIN UND AUS IM IAHR 1851.» – Ofen: «1941». – Im Giebel: «1851».

### Nr. 4117, Quirin Summermatter, Anna und Heinrich Zengaffinen-Summermatter, Monika Pfammatter-Summermatter
Dem stattlichen Bau kommt wegen seines Alters (17. Jh.) ein hoher Eigenwert zu. Er fällt durch seine Grösse und Behäbigkeit auf und setzt gewissermassen ein Gegengewicht zur Kapelle.
1. WG: Stubencheminée mit eingemauerter Schildsteinplatte des früheren Giltsteinofens, datiert von 1691 und mit Zumberg-Wappen. Holztruhe mit der Inschrift «17 GR 22».
2. WG. Wohnung West: «CK. IHS MARIA WER GOT WERTRAUT HAT WOL GEWAUWIT 1666. AE.» – Datierung unter dem First der westlichen Giebelfassade: «1666». (Kaplaneihaus: vgl. Kapitel «Pfründen ...».)

### Nr. 4125, Leo Jossen, Adolf Eggel Erben
Das Haus erfüllt an seinem Platz eine wichtige Rolle und beherrscht den Umraum. Pfettendach mit Granitplatten.
1. WG: «DIESS HAUS HAT LASSEN BAUEN DER EHRSAME MANN ANTON EGGEL UND SEINE HAUSMUTTER KATRINA EGGEL UND DIESES IM NAMEN IESUS UND MARIA . UND GOTT BEWARE DIESES HAUS UND ALLE WELCHE GEHEN EIN UND AUS UND DIES IM IAHR 1860.»
2. WG. Zweigeschossiger Giltsteinofen mit Inschrift: «A.E. C.E. [= Anton Eggel, Catharina Eggel] 1892». – Im Giebel: «ANO 1860».

### Nr. 4127, Elvira Kalbermatter-Lerjen, Marlies Biderbost-Zenklusen
Es ist ein gut erhaltener Bau mit schönen Zierformen.
1. WG: «DISSES HAUS HAT LASSEN BAUEN DER ERSAME MAN MURITZ IOSSEN MIT SEINER FRAU MARIOSEFA EGGEL . IN NAMEN IHS BAUEN WIR . BEHIETE BEWARE DISES HAUS VON FÜIR IM 1860.»
2. WG: «IHS DIESES HAUS HAT LASSEN BAUEN MORITZ ZENKLUSEN UND SEINE FRAU KRESENZIA WYSSEN MIT DEN KINDERN OTTO FRIDA MARGRIT IM JAHRE 1931.» – Ofen: «1914 . M.Z. C.W [Initialen der Erbauer] . 19 IHS 32». – Datierung im Dachgeschoss, Westfassade: «A N O 1860».

### Nr. 4142, René und Hermann Ruppen, Raymond Zuber
Das Haus gehört wegen der Schmuckformen und Pfettenkonsolen zu den schönen Bauten in Blatten. Am östlichen Fassadenteil ist eine Sonnenuhr angebracht. Das Erdgeschoss, ehemals der Pfandstall, wurde zu einer Wohnung umgebaut. Oberhalb und unterhalb des Zwillingsfensters des zweiten Wohngeschosses zieht sich ein zweireihiger Würfelfries mit Wolfszahn durch. Die drei Binnen im 2. WG verlaufen quer zum First, in der Art eines Heidenhauses. Sie sind reich profiliert.
2. WG: «IM JAHR IESU CHRISTI 1636 HANS GERTSCHEN MARIA AULIG SIN VIB [= Weib] . ALEIN GOT DIE EHR». Aulig, später Owlig, war ein altes, bekanntes Geschlecht im Oberwallis, das 1937 (in Mund) ausstarb.

3. WG: «IM IAHR JESUS CHRISTIE 1744 . DISES HAUS HAT LASEN BUWEN DER EHRENDT IOSEPH LEREN [= Lergien?] MIT SAMBT SEINER HAUSMAUTER MARIA MATLEN ZUMBERG.»

**Nr. 4175, Hermann Karlen**
Die Binnen und der Giltsteinofen wurden in neuerer Zeit entfernt. – Datierung am Giebel: «8 1 8 1», in umgekehrter Reihenfolge zu lesen, nämlich: 1818. Das Haus erweckt aber einen älteren Eindruck.

**Nr. 4176, Moritz Karlen**
Der Bau gehört zum älteren Bestand des Dorfes. Die Südfassade ist durch eine einfache Sonnenuhr, der heute der Stachel fehlt, verziert. Der in den 70er-Jahren noch vorhandene und inzwischen entfernte Dielbaum trug das Baujahr 1753. – Firstinschrift: «17 HL 53».

**Nr. 4178, Günther Pfänder, Meinrad Raboud, Leo Wyden**
Der Bau erweist sich als wichtiges Bindeglied zum westlichen Dorfteil. – 1. WG: «DIS HAUS HAT LASEN BAUWEN DER ERSAME MAN MORIZ EGEL SEIN HAUS FRAU MARIA RUPEN . MIT HILFE SEINER SEHNEN MORIZ UND IOSEPH UND ANTONI DEN 21 MAI 1819.» – Im Giebel: «1819».

**Nr. 4346, Rudolf Amherd**
Dieses Haus steht am westlichen Dorfeingang am Kapellenweg. Die Binneninschrift wurde wohl beim Umbau im Jahre 1946 abgehobelt. Nach mündlichen Angaben der Familie Klingele wurde dieser Bau von den Söhnen des Gervas Klingele (†1885) als Dependance bzw. *Wirtshaus* des Hotels Belalp errichtet. Das Baujahr dürfte um 1888 zu datieren sein, da der Ofen folgende Beschriftung aufweist: «E. u. K [= Eduard und Karl] KLINGELE 1888».

*Ehemaliges Wirtshaus. Aufnahme vor 1932. Heute Chalet Erika.*

Der Wirtshausbetrieb, den Daniel Baud-Bovy 1899 (mit Abb. des Gasthofes) erwähnt[819], wurde Mitte der 30er-Jahre nach dem Bau des Blattnerhofs eingestellt. Als letzte Wirtefamilie wirkten Cäsar und Margaretha Eggel-Werner. In dem im Hintergrund stehenden Vorratsgebäude stellte Frau Margaretha auch Limonade her. Später betrieb Raphael Zuber hier eine Zeit lang eine Bäckerei.
Es gibt von dieser ehemaligen Gaststätte noch ein Gästebuch, datierend von Juni 1907 bis 1922. Darin sind z.B. für das Jahr 1909 315 Namen verzeichnet.[820] Neben vielen Eintragungen aus der Region und der übrigen Schweiz finden sich unter den Gästen viele Ausländer, besonders Engländer, Deutsche, Holländer und Franzosen. 1911: Ferdinand, König von Bulgarien. 1913: Kunstmaler Ludwig Werlen. Unter «Bemerkungen» liest man: «Bon Café, pays charmant, sehr zufrieden, sehr gut aufgenommen, excellent Muscat, j'y reviendrai, ‹I ha Durst›, very comfortable, die schönste Gegend der Schweiz». 1912: «Bellari Peter, ledig, noch zu haben, aber nicht für alle!» 1913: «Z'Brun, stud. II. Rh[etorik], Turtmann:‹katzenvoll›».
Der Vollständigkeit halber bleibt noch Folgendes zu ergänzen: Gemäss Angaben von Anton Eggel (1897–1984) hat sein Grossvater gleichen Namens (1826–1909) im 1860 erbauten Haus weiter oben (Nr. 4125, Leo Jossen u.a.) bereits vor dem Bau der Klingele-Gaststätte ein Wirtshaus geführt.[821]

**Nr. 3995, Hans Eggel**
Das Haus wurde 1911 von der Firma Eggel & Imboden – es war ihr «Erstlingswerk» – neu erstellt, 1989 mit einem neuen Dach versehen und in den 90er-Jahren renoviert.
Inschrift: «DIESES HAUS HABEN BAUEN LASSEN EGGEL ALOYS U SEINE EHEGATTIN MARIA GEB ZUMBERG . JESUS MARIA U JOSEPH . GOTT SEGNE DIESES HAUS UND ALLE WELCHE DRINN [so!] GEHEN EIN UND AUS.»

**Nr. 4065, Serafine und Antoinette Ruppen, Simone und Dr. Carlo Valli-Ruppen**
Das Haus nimmt am Eingang zum «Änner-Blatt» eine dominante Stellung ein. Das Vorgängerhaus, in dem sich eine Bäckerei befand, brannte 1903 ab, wurde aber im folgenden Jahr wieder aufgebaut.
1. WG. Binne Nord: «IM NAMEN JESUS MARIA UND JOSEPH . DIESES HAUS HABEN BAUEN LASSEN WITFRAU SOFIA EGGEL UND IHRE KINDER ANNO 1904.» – Binne Süd: «IN DIESEM HAUS GEDENK DER ARMEN . SO WIRD SICH GOTT DEIN AUCH ERBARMEN.» – Ofen: «IHS ES [= Eggel Sofia] 1905».
2. WG. Eingangstür geschrägt und gekerbt. Inschrift: wie im 1. WG, Binne Nord; zusätzlich: «GOTT SEGNE ALLE IN DIESEM HAUS WELCHE DARIN GEHEN EIN UND AUS.» – Ofen: «1920».

**Nr. 4068, Ida Imoberdorf-Amherd, Leo und Arthur Eggel, Helene Venetz-Eggel**
Das heutige Haus steht an der Stelle eines älteren. Beim Bau wurden Teile des ehemaligen Hauses wieder verwendet. So ist z.B. eine Kellertüre die einstige Haustüre mit der Jahreszahl 1699.
1. WG. Inschrift in der Stube: «IHS VERTRAU AUF GOTT UND HALTE SEINE GEBOTE . DIESES HAUS HAT LASSEN BAUEN AMHERT WILHELM UND SEINE FRAU LUZIA AMHERT GEBORENE ZENKLUSEN YM YAHRE 1927.»
Ofen: «1627 A P (und ein Wappen) – W.A L.Z [= Wilhelm Amhert, Luzia Zenklusen] 1930».
2. WG. Stubenbinne: «WO FRIEDE DA GOTT WO GOTT KEINE NOT 1929 . ERBAUT VON EGGEL LUDWIG & SEINER FRAU EYER FRANSISKA.»
Ofen: «CS LF 1739 – E.L. E.A. V.R. [= Eggel Leo, Eggel Arthur, Venetz Rupert] IHS 1977». – Küchenbinne (wieder verwendet

*Giltsteinofen des 1. WG, Detail.*

vom Vorgängerhaus): «JESUS MARIA UND IOSEP SEI MIT UNS . DISES HAUS HAT LASEN BAUWEN CHRISTEN PFENIGMAN UND ANTON PFENIGMAN SEIN SOHN IM 1697 IAR.»

### Nr. 4130, Emanuel Ruppen

Das zweite Wohngeschoss wurde 1976 neu aufgestockt. Es fällt auf, dass die Binnen des 1. WG keine Inschrift tragen, was auf ein hohes Alter dieses Hausteils schliessen lässt (16. Jh.?). Nach Meinung des Besitzers soll dieser Bau das älteste Haus von Blatten sein. Die Jahreszahl 1584 auf dem Giltsteinofen weist ebenfalls darauf hin.
Ofen: «1584 – ER HI [= Emanuel Ruppen, Hilda Jossen] 1944».

### Nr. 3989, Erwin Eggel, Amanda und Erwin Salzmann, Edmund Jossen

Im Kernteil ist dieser Bau einer der interessantesten vom «Änner-Blatt».
1. WG: «DEISES [so!] HAUS HAT LASEN BAUWEN CHRISTEN WEISIG . ALES ZU LOB UND EHR IESUS MARIA IOSEPH 1705.»

– Am Türsturz: «IESUS MARIA IOSEPH SEI ALEZEIT GELOBT.»
– Am Giebel der Nordfassade: «1705 CW [= Christen Weisig]».
– Rest einer Inschrift unter dem Fenster des ersten Stockwerkes: «18 KA IG 51».
2. WG. Inschrift am Deckenbrett: «1762 GM WM». – Ofen: «AH AG TE 1889».

### Nr. 4341, Ruth Murmann-Walden, Amadé Ruppen

1. WG. Stubenbinne: «IHS 1930». – Inschriften in der Küche, Binne Ost: «DER MENSCH BRAUCHT ZUM GLÜCK NICHT REICHTUM UND PRACHT: EIN STÜBCHEN VOLL SONNE WO LIEBE IHM LACHT.» – Binne West: «STATT NEU ZU BAUEN NUR ERNEUT WEIL GAR ZU SCHWER DIE KRISENZEIT.»
2. WG: «DIESES HAUS HAT LASSEN BAUEN WALDEN LUDWIG UND SEINE GATTIN MARIA GEB. WYSSEN IM JAHRE 1930.»
– Ofen: «L. W. M. W. [Namen der Erbauer] 1930».

### Nr. 4235, Bernarda Zenk-Schmid, Reinhard Zenklusen

Dieses schmucke, alte Häuschen steht oberhalb des Hauses Burgen (östlich der Bergstation).
Wohnung Ost: «IHS MARIA IOS DISES HAUS HAT GEBAUWEN CHRISTEN IOSEN UND CATHARINA STEINER SEIN HAUS FRAU 1697.» – Ofen: «1932 BZ TS [= Benjamin Zenklusen, Therese Schwery]»; Ofenplatte: «1697 CI CSR [Namen der Erbauer]» und Jossen-Wappen (aus grünem Dreiberg wachsende Rose).
Wohnung West: «IHS MARIA IOS DISES HAUS HAT GEBAUWEN CHRISTEN SALTZMAN 1697.» – Ofen: «BS AMG 1872». – Küche: «B[ernarda] 1988 SCH[mid]».

## Die wichtigsten Speicher von Blatten

### Nr. 4043, sechs Besitzer

Die reiche und zum Teil für Blatten exklusive Gestaltung sowie die Stellung (traufständig zum Kapellenweg) lassen diesen Speicher zu einem der wichtigsten Bauwerke von Blatten werden.

*Stadel- und Speicherfront in Blatten: Weilerende von Norden.*

Von den Schmuckformen fallen besonders der Kielbogen mit dem eingekerbten Kreuz und die flammenförmige Verzierung der «Glotzen» (Lüftungen) auf. Über sämtlichen vier Türen sind Initialen eingekerbt: oben links: «HR», oben rechts: «PR», unten links: «G IHS R», unten rechts: «K MARIA R». Im Giebel: «1710».

### Nr. 4104, fünf Besitzer
Von seiner Lage her ist der reich verzierte Speicher ein wichtiges Glied der Bautenreihe am Nordrand des Dorfes, welche die Silhouette gegen die Strasse nach Naters bildet. Über allen Türen sind Initialen und Daten eingekerbt: oben links: «18 PIWAW», oben rechts: «AS LW 45», unten links: «18 M G C H», unten rechts: «I H E A M H 45» (in zwei Fällen: 1845, die Zahlen 18 und 45 sind zu verbinden).
Am Giebel: «ANO 1845».

### Nr. 4112, acht Besitzer
Giebelständig zur Kaplanei. Wegen seines Alters und seiner vorzüglichen Gestaltung und Bauweise kann dieser Speicher zu den besten Bauten von Blatten gerechnet werden. Im Giebel der Westfassade befindet sich über den kreuzförmigen Luftschlitzen die Inschrift: «A I 1643».

### Nr. 4179, drei Besitzer
Firstständig zum Kapellenweg. Die elegante, hohe Form bei kleinem Volumen zeichnet diesen Speicher (18. Jh.) aus. Die Baueigenheiten (Vorschutz, Einteilung) lassen ihn zu einem Schmuckstück für das Dorf werden.

### Nr. 3993, vier Besitzer
Dieser Speicher im «Änner-Blatt» hebt sich von den einfachen Speichern durch seinen Schmuck ab und steht an exponierter Lage. Im Untergeschoss über der Türe liest man: «16 IHS 09».

### Nr. 4066, 19 Besitzer
Er ist der grösste Speicher in Blatten (Mitte 18. Jh.), zentral gelegen im «Änner-Blatt». Dieser prachtvolle Bau zeichnet sich aus durch seine Grösse und Stellung sowie durch seine Schmuckformen. Die Türen des zweiten Stockwerkes weisen im halbrund ausgeschnittenen Türsturzbalken einen einreihigen Würfelfries auf.

*Der grösste Speicher von Blatten.*

**Weitere Speicher mit Baujahren:** Nr. 4026: 1658 (?), Aufstockung: 1863; Nr. 4143: 1690; Nr. 4183: 1696; Nr. 4080: 1740; Nr. 4108: 1752; Nr. 4237: 1844.

## Backhaus und Mühle «Wichje»
### Nr. 4267, Gemeinde Naters
Um die Jahrhundertwende betrieb Johann Eggel-Zenklusen im «Änner-Blatt» eine Backstube. Als das Haus Nr. 4065 1903 einem Brand zum Opfer fiel, verlegte er die Backstube 1905 hinunter neben die Mühle in die «Wichjen», südlich des grossen Parkplatzes von Blatten. Auf dem Dielbaum des östlich gelegenen alten Bäckereigebäudes stand geschrieben: «SE . IK 1905», und unter dem Giebel des späteren Anbaus befand sich die Jahreszahl 1950.[822]

Später erwarb und betrieb Benjamin Holzer Mühle und Backhaus. Ende der 50er-Jahre wurde der Betrieb stillgelegt, weil das Brotbacken nach traditioneller Art kaum mehr gefragt war. Die Erben Benjamin Holzer verkauften in der Folge Mühle und Backhaus an Architekt Elias Balzani. Um Mühle und Backhaus vor dem Zerfall zu retten, erwarb die Gemeinde Naters 1989 die beiden Objekte.

*Backhaus und Mühle «Wichje».*

### Genossenschaft –
### Restauration und Betrieb des Backhauses
1990 bildete sich unter der Leitung des Hauptinitianten Walter Sieber ein neunköpfiges Initiativkomitee, das sich zum Ziel setzte, Mühle und Backhaus in den «Wichjen» instand zu stellen, um das alte Brauchtum wieder zu beleben.[823]

Am 12. Januar 1991 fand im Gasthaus Blattnerhof die Gründungsversammlung der Genossenschaft «Bachhüs Wichje» statt. 1991 beschloss der Gemeinderat, «Bachhüs» und Mühle sowie etwa 500 m² Boden als Umschwung an die Genossenschaft abzutreten. Die 1998 über 300 Mitglieder zählende Genossenschaft «Bachhüs Wichje» übernahm damit die Trägerschaft des Projektes. Gemäss Artikel 2 der Statuten bezweckt die Genossenschaft die «Instandstellung, die Erhaltung, den Betrieb und Unterhalt des Backhauses und der Mühle sowie die Wiederbelebung und Pflege des alten Brauchtums».

Die Gemeinde Brig-Glis stellte leihweise eine alte, aber betriebsfähige Getreidemühle zur Verfügung. Nach fast zweijähriger Restaurationszeit konnten Backhaus und Mühle am 24. Oktober 1992 eingesegnet werden. Mühle und Backhaus stehen unter einem Dach, was im Wallis Seltenheitswert hat. Die Gesamtkosten der Restaurierung beliefen sich auf rund 350 000 Franken, die unter anderem durch den Verkauf von Anteilscheinen sowie durch Beiträge des Heimatschutzes und der Gemeinde Naters (50 000 Franken) aufgebracht wurden.

Das «Bachhüs Wichje» ist mittlerweile bei Einheimischen und Gästen eine viel gefragte Attraktion. Es werden nicht nur Besichtigungen durchgeführt, sondern es wird auch an bestimmten Daten Roggen gemahlen und Brot gebacken. Eine Betriebskommission sorgt für den reibungslosen Ablauf. Zu den Zielen der Genossenschaft gehört auch die Neuanpflanzung der brachliegenden Getreideäcker rund um Blatten.

*Präsidenten der Genossenschaft:*
1991–1997   Walter Sieber
1997–        Bernhard Augsburger

## Halten

Der kleine Weiler Blattner Halten («Halta»; 1343 an den Haltun) liegt westlich von Blatten. Die Bauten, die aus drei Jahrhunderten stammen und dennoch eine gewachsene Einheit bilden, setzen mit ihrer sonnenverbrannten, dunklen Farbe und den hellen Steindächern einen reizvollen Akzent in die hügelige Landschaft.

*Weiler Halten. a) Nr. 3795; b) Nr. 3793; c) Nr. 3761.*

### Nr. 3795, Peter Eyer, Friedrich Roten Erben, Ernst Roten Erben

Es ist das stattlichste und am reichsten ausgeschmückte Haus der Blattner Halten. Vier profilierte und gekerbte Gwettköpfe sind regelmässig über die Fassade verteilt. Die Dachpfetten werden von gefasten Hakenschnabelkonsolen gestützt.
1. WG. Auf den profilierten Binnen steht die Inschrift: «IESUS MARIA UND IOSEPHT . DIESES HAUS HAT LASSEN BAUWEN DER ERSAMEN GIINGLING [= Jüngling] MORIZIUS SCHMIT U. DIESES HOLZ KOMMT AUS DEM WINDERNWALD UND DIESES BRINGT EIN G[j?]UNGER MAN BALD AETT (?) IM IAHR 1851.» – Ofen: «IHS ANNA MARIA BAMMATTER 1854 MS [= Moritz Schmit]».
2. WG West: «DIESES HAUS HAT LASSEN BAUWEN DER ERSAMEN MANN ANTONIUS SCHMITT UND DIEES IM NAMEN IESUS MARIA UND IOSEPHT . O GOTT BEWARE DIESES HAUS UND DIE WO GEHEN EIN UND AUS . IM JAHR 1851 UND SEIN WEIB ANNAMARIA SALZMAN.» – Auf dem Giebelfeld der Nordseite: «ANO 1851».

### Nr. 3793, Theophil Eyer

Das schmucke Häuschen ist das älteste im Weiler und verrät uns folgende Inschrift: «IHS MARIA IOSEPH DIS HAUS STET IN EIWER HAND . SCHRIEBER CHRISTIAN WYSSEN WAR DER BAUHERR GENANT . SEIN HAUSER[f]RAU KATHARINA EGGEL WIE BEKANT 1769 . FIDE DEO *[= Vertrau auf Gott]*!»

### Nr. 3761, Anton Schmid, Michael Schmid

1. WG: «IESUS MARIA U IOSEF . GOTT BEHÜTE UNS . DIESES HAUS ZUR ERBAUUNG GEBRACHT DURCH ANTON SCHMIDT U SEINE GATTIN ANNA MARIA SALZMAN IM IAHR 1882.»
2. WG: «GELOBT SEI JESUS CHRISTUS IN ALLE EWIGKEIT . AUFGEBAUT DURCH ANTON SCHMIDT U. SEINE GATTIN ANNA MARIA SALZMANN MIT IHREN KINDERN ANTON MORITZ ANDREAS ELIAS FELIX IOHAN KATHARINA U. CRESENZIA SCHMIDT IM IAHR 1882.» – Ofen: «1708 . FS KG [= Felix Schmidt, Katharina Gasser] 1901» und zwei Hirsche.

### Nr. 3792, neun Besitzer

Dieser Stadel ist ein wohlproportionierter Bau aus dem Jahre 1861.

## «Näbun dum Bach» (Ennet dem Bach)

Bekanntermassen verlief das Bachbett des Bruchji früher in Richtung Blatten westlicher als heute (das Bett ist noch gut sichtbar), und zwar nicht weit vom Weiler «Näbun dum Bach», etwas oberhalb Blatten, daher der Weilername.

### Nr. 4456, Othmar Eggel

Vier Wellenfriese schmücken die Südfassade dieses Hauses, dessen Stube bei der Erneuerung des Küchenteils original erhalten blieb. – Binne West: «IHS DISES HAUS HAT LASEN BAUWEN SECHEL MEISTER ANRES WISEN UND SEIN MUTER MATELENA MICHLING UND BARBRA WISEN CATRINA WISEN DEN 17 BRACHMONET ANA [= Anno] 1807.» – Binne Ost: «IESU MARIA UND IOSEPH BEWAHR DIS HAUS . WER BAWET EIN NEIWES HAUS MUS DER ERST DRAUS.» – Ofen: «IHS A . IP AW». – Im Giebelfeld: «1807».

### Nr. 4545, Jean-Marie Salzmann, «Heji»

Das an einem prächtigen Aussichtspunkt oberhalb der Tätschenstrasse erbaute schmucke Lerjenhaus trägt folgende Inschrift: «1739 IHS MARIA IOS IL CG [= Johann Lerjen, Christina Gertschen]» (PfA Naters, G 10, S. 196). – Ofen: «IL IHS CG [Erbauerehepaar] 1740».

## Hasel

Hasel (1328 Hasele, 1449 im Hasle) ist eine kleine Kernsiedlung mit rund 20 Firsten am Steilhang oberhalb Blatten und der Blattner Halten.

### Nr. 3825, Albert Schmid, Martin Gasser

Das Doppelwohnhaus prägt die Silhouette des Weilers. Das abwechslungsreiche Zusammenspiel von Mauerzone und Blockwand an der Südfront ist zu vergleichen mit den Schaufassaden der stattlichen Bauten im Dorf Naters.
1. WG West (Spiegelschrift): «1636 IESUS UND MARIA U. IOSPO [= Josef] . IN DIESE[r] STUBEN GEDENCK DER ARMEN SO WIRT SICH GOT AUCH DEINER ERBARMEN . AMEN . PETER ZUM B[e]RG . CHRISTEN IOSEN BAR[bar]A IOSEN.»
2. WG Ost (Spiegelschrift): «(ein Wappen) 1663 C L   C I   G O T   S I   M I T W N S I K». – Ofen: «G I   C I [= Christen Iosen] 1666».

*Haus Nr. 3825 (Text S. 406).*

### Nr. 3827, Herbert Wellig, Bernhard Zenklusen
Das Haus überragt alle Bauten des Weilers. An der Westwand weist eine Holztafel mit ihrer Inschrift auf die Baudaten hin: «Z'BODIHISCHI . 1640. C. L. G. S. T [Angaben zum 1. WG] – RENOVIERT 1976 W. G. Z. S».

### Nr. 3831, Aline Zenklusen, Markus Ruppen
1. WG: «DIESES HAUS HAT LASEN BAUEN DER ERSAME JÜNGLING KASPER SALZMAN IM IAHR 1874.» – Ofen: «KS [= Kaspar Salzmann] – REV. 1988».
2. WG (Inschrift in deutscher Schrift): «Dieses Haus hat lasen bauen der ersame Jünglin Kasper Salzman im Jahr 1874.»

*Türschloss an der Kellertüre des Hauses Nr. 3827.*

**Nr. 4890, Edith Eyer-Salzmann**
Inschrift: «JESUS UND MARIA UND JOSEPH DIESES HAUS HAT LASSEN BAUEN DER ERSAME MANN JOSEPH BAMMATTER UND SEINE FRAU MARIA JOSEFA ELSIG IM JAHR 1873.» – Ofen: «M:SCH 1868 . 1874 . 1907».

## Müollera

Der eigentliche Kern von Müollera (1400 Muolern, 1530 Muolerren) besteht aus den nach Süden vorgelagerten Wohnhäusern sowie den bergseitigen Speichern und Stadeln. Die vordere Häuserzeile mit den drei hohen, imposanten Wohnbauten zeichnet ein markantes Bild.

**Nr. 4411, Arthur Schmid, Paul Schwestermann, Richard Imstepf**
Dieser Bau dominiert die übrigen Häuser. Über dem untersten Wohngeschoss kragt ein kurzer Vorschutz aus der Blockwand. Die Bauleute vergangener Zeiten stimmten ihre Neubauten rücksichtsvoll auf die bestehenden Wohngeschosse ab.
1. WG: keine Binneninschrift. Laut Angaben des Besitzers ist das Haus in das 15./16. Jahrhundert zu datieren. An der alten Binne stehen seitwärts verteilt vier Jahreszahlen: «1866, 1872, 1910, 1940». Nach Aussagen des Eigentümers gab es in diesen Jahren viel Schnee, was hier durch die Einkerbung der Jahreszahlen vermerkt wurde. An der Westwand: «Seeleglotz».
2. WG: «IHS MARIA UND IOSEP CHRISTIAN WEISEN UND SEIN HUSFRAUW WEISEN 1772». – Die Giebelinschrift «FCW MW 1772» bezieht sich auf die mittlere Wohnung.
3. WG: «IHS 19 RB SE 11».

**Nr. 4412, Hans-Anton Salzmann, Emil Zenklusen, Daniel Salzmann, Anja Salzmann**
Das Haus gehört zusammen mit den zwei daneben stehenden Wohnhäusern zu den wertvollsten am Natischer Berg.
1. WG. Der Dielbaum des ersten Wohngeschosses ist vertäfelt. Dort ist nach Angaben des Besitzers keine Binneninschrift, was auf ein noch höheres Alter als jenes des zweiten Wohngeschosses hindeutet. Bei der Aufstockung des Hauses wurde die alte Giebelinschrift «AG 1622» wieder eingesetzt. Diese Jahreszahl könnte das Datum für das erste Wohngeschoss angeben.
2. WG: «IESUS UND MARIA I[o]SOP ANTONEI GASER IM IAHR 1692 IHS». Am Türsturz der Stubentüre: «IESUS MARIA IOSEP VERLASET MICH NIT IN DER STUND DES TODTS UND SCHLIESE MICH IN DIE HEILIE WUNDE DEIN.»
3. WG: Binneninschrift entfernt.

**Nr. 4414, Gabriel und Patrick Schmid, Bruno Eyer, Thomas Schmid**
Neben den hervorstechenden Massen ist der Bau auch kunstvoll verziert (Würfelfriese mit Wolfszahn).
1. WG. Binne West: «IHS MARIA UND IOSEP WER GOT HAT WOL GEBUW IM IAR 1692 (9 seitenverkehrt) . HANS GASSER CHRISTEN ZUM BERG CHRISTINA GASSER SEIN WEIB.» – Binne Ost: «O IESUS MEIN TODESPEIN SCHLIES MICH EIN IN DIE H[eiligen] WUNDEN DEIN.»
2. WG: «IHS O SCHWERE GOTTES HAND WIE BIST ALHIE ZU LAND SO SCHMERZLICH ZU GEDUL[d]EN ACH WIE MUST MAN SO 1692.»
Ofen: «1740 PS KR [= Peter Salzmann, Karoline Ruppen] 1908».
Türsturz der Eingangstüre als Teilstück in der Stube aufbewahrt,

*Einen einmaligen Eindruck schaffen die drei hohen Giebelfronten der Wohnhäuser (von links) Nrn. 4411, 4412 und 4414, die je drei Wohngeschosse aufweisen und eine lange Baugeschichte haben.*

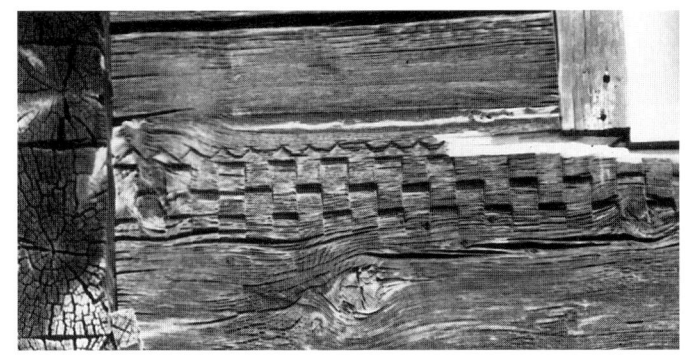

*Fries an der Südfront des 1. WG vom Haus Nr. 4414.*

mit Inschrift: «GELOBT SEI IESUS CHRISTUS IN ALLE EWIGKEIT 1735.» – Hausmöbel: alte Truhe.
3. WG. Ofen: «M. SM K. KM 1880». – Fragmentarische Inschrift im Giebelfeld: «HG 16 ... CZB».

### Nr. 4418, Amadé Eggel
Der sehr gut erneuerte Bau hat neben den hohen Wohnhäusern einen wichtigen Eigenwert.
Inschrift: «IHS MARIA IOSEP 1770 . 1890 WN 22». – Ofen: «IMI CG 1623». – Im Haus: kleine Waage von 1758. – Am Südgiebel: «PS 1770 MW».

### Nr. 4429, Armin Tscherrig
Inschrift: «IHS MARIA U. IOSEPHT IGNATZ SCHMID KARLINA KARLÖN [so!] IM IAHR 1849». – Am Türsturz der Stubentüre: «UNTER DEINEM SCHUTZE O HERR HAST MICH IGNATZ SCHMID U. KAROLINA KARLEN LASEN AUFERBAUEN . ACH GOTT SEGNE DIESES HAUS U. SCHLIESSE ALLES UNGLÜCK AUS.» – Ofen: «INS 1851 KK [Namen der Erbauer] MT. EEi. 1953 AT. PK. 1977».

### Nr. 4804, Marie Salzmann, Bruno Salzmann
Nach Meinung der Besitzer ist das erste Wohngeschoss, das keine Binneninschrift trägt, schon darum älter als das 2. WG, weil hier die Balken früher unregelmässig vorstiessen, aber in neuerer Zeit gerade geschnitten wurden.
2. WG: «IM IAHR IESU CHRISTEI 1662 ANRES BAMADTER MARIA RUPEN SEIN VIB [= Weib]». – Ofen: «1664 AB MR [Namen der Erbauer] . WS WR [= Moritz Salzmann, Walburga Ruppen] 1938».
*Speicher* Nr. 4810 mit Giebelinschrift: «18 KB . ER MR MG 49».

## Erich

Der Weiler Erich (1312 Erich, 1447 am Erich, 1558 an Oerich) wird unterteilt in Ober- und Unter-Erich.

### Unter-Erich

#### Nr. 4824, Charlotte Kern-Ruppen
Inschrift: «IM IAHR IESUM CHRISTI 1732 . DISES HAUS HAT LASEN BAUWEN ANDERS GREDIG UND SEIN HAUSMUTER ...» – Im nördlichen Mauerteil der Westfassade ist eine Türe aus Holz und darüber eine eingemauerte Giltsteinofenplatte mit der Inschrift: «AG [= Andreas Gredig] SK 1733». – Im Südgiebel: «1733».

#### Nr. 4767, Ignaz Eyer, Alwin Bammatter
Die Qualität der Grundsubstanz dieses Hauses ist einzigartig im Erich. Mit seinen Schmuckformen (Friese, Pfettenkonsolen, Profile, Türsturz) wie auch wegen seiner Proportionen steht es weit über dem Durchschnitt der anderen Bauten.
1. WG. Auf profilierter Binne: «IHS MARIA IOSEPH 1704».
Am Türsturz über dem Eingang des 1. WG auf einem Brett:

«17 IHS 40». – Ofen: «H.M H.W H.A 1708».
2. WG. Auf profilierter Binne: «IHS MARIA IOSEPH 1705». – Im Südgiebel: «1702».

#### Nr. 4765, Hermann Eggel, Florentine Pfaffen-Salzmann
Der Bau ist von herausragender Grösse. – Inschriften auf den profilierten Binnen:
1. WG: «JESUS MARIA UND IOSEPHT . ANTHONIUS SCHMIT U. MATLENA WALDEN HAT LASSEN BAUWEN DIESES HAUS . GOTT BEWARE DIE GEHEN EIN UND AUS 1850.» – Ofen: «18 AS CS [= Anton Schmit, Sohn, Catharina Salzmann] 71».
2. WG: «IESUS MARIA UND IOSEPH . DISES HAUS HAT LASEN BAUEN DER ERSAME MAN ANTON SCHMID U. SEINE HAUSFRAU MATALENA WALDEN ANNO 1859 MS AS BS LS . AFS AMS [Kinder: Moritz, Anton, Barbara, Luise, Afra, Anna Maria.» (PfA Naters, G 11, S. 305.) – Ofen: «IHS AS MAW [Namen der Erbauer] 1861». – Im Südgiebel: «ANNO 1850».

#### Nr. 4680, Walter Ruppen
Der Standort dieses Hauses, gelegen zwischen Unter- und Ober-Erich, wird von den Bewohnern auch *Mittel-Erich* genannt.
1. WG. Die Binne ist ohne Zier und verläuft quer zum First, was auf eine frühe Datierung hinweist (16./17. Jh.). – Ofen: «HR TS 1778 . WALTER & GERLINDE RUPPEN RENOV. 1980 (und Ruppen-Wappen)».
2. WG: Dieses wurde 1733 aufgestockt und ist im Stubenteil reich verziert. Inschrift (Spiegelschrift): «IHS MARIA UND IOSEP . FIS . MI. MIS. MS . IM I[a]HR 1733». – Kleiner Schrank mit Inschrift: «16 HW AB 95». – Alte Hobelbank. – Giebelinschrift: «FI 1733 S».

*Binnenbalken von 1733 (Spiegelschrift) des 2. WG.*

### Ober-Erich

Ober-Erich steht auf einer Hügelkuppe und ist weithin sichtbar. Das Haus Nr. 4671 von Erwin Imstepf aus dem Jahre 1855 brannte 1991 nieder und wurde ein Jahr später wieder aufgebaut.

#### Nr. 4733, Beat und Madeleine Schnydrig-Schwitter
Es ist der älteste Bau von Ober-Erich. – Binne West: «IESUS MA-

RIA IOSAP . CHRIST[ian] WEISEN [= Wyssen] 1665». – Binne Ost: «ROBERT U. MARIA SCHWITTER 1975 . DOMINUS PROVIDEBIT [= *Der Herr wird vorsorgen*].» – Ofen: «A.M.I W.K.R 1935». – Auf einer gefundenen Giltsteinofenplatte: «H R 1857». – Am Giebel: «1665».

## Tätschen

Tätschen (1390 an dien Tetzon, 1527 an der Tätzschen, 1557 Tetschen, Daetschen) ist der oberste Weiler am Natischer Berg und gliedert sich in die zwei Häusergruppen der Oberen und Unteren Tätschen.

### Untere Tätschen

**Nr. 4666, Andreas Bammatter**
Inschrift: «ZUR ERBAUUNG GEBRACHT DURCH IOSEF SALZMAN U. SEINE GATTIN KATHARINA SALZMAN 1881.» – Ofen: «IS KS [Namen der Erbauer] IHS 1882». – Wertvolles Hauskruzifix, H. 68 cm.

**Nr. 4661, Bernhard Scheuber**
Inschrift: «IHS DISSES HAUS HAT LASEN BAUEN EIER IOSEF U. SEINE FRAU MAGTALENA GASSER IM IAHRE 1923.» – Ofen: «EI GM [Namen der Erbauer] AE FE 1898». – Wertvolles Hauskreuz, H. 45 cm.

**Nr. 4658, Ernest Wyden**
1. WG: Der Dielbaum ist ohne Inschrift und verläuft quer zum First. Die unebene Decke und die Binne verraten ein sehr hohes Alter (15./16. Jh.?). – Ofen: «GAMI GVWL 1844 . 1925».

2. WG: «IHS MARIA IOSEF . ANNA MAR. EGGEL GEB. SCHWERI U. IHRE KINDER 1930 . ALTE IAHRZAHL 1613». Vermutlich wurde das 2. WG 1930 abgerissen und neu erstellt, wobei die Jahreszahl 1613 wieder einbezogen wurde. – Ofen: «1902 LE AMS».

### Obere Tätschen

**Nr. 4647, Edmund Salzmann**
Dieses Wohnhaus ist einer der ältesten und wichtigsten noch erhaltenen Bauten am Natischer Berg. Der älteste Grundstock ist noch gut sichtbar. Während das 1. WG auf dem quer zum First verlaufenden Dielbaum (nach Art des alten «Heiduhüs») in römischen Zahlen die Jahreszahl 1504 trägt, lässt das 2. WG eine Datierung ins 17./18. Jahrhundert zu.
– Öfen. 1. WG: «AS LS» [= Anton Schmid, Luise Schmid]; 2. WG: «FM EW 1860».

*Haus Nr. 4647.*

*Haus Nr. 4647: Binnenbalken von 1504.*

*Standkreuz in Tätschen.*

**Nr. 4650, Sonja Julier, Jonny Eyer, Christine Gasser**
Die Stallscheune wurde in neuester Zeit zu einem Wohnhaus umgebaut. Im Nordgiebel: «1763».

**Nr. 4645, Roman Nellen, Robert Manz, Berta Eyer**
1. WG: «IHS M. V. I. P. A. E. A. M. H. M. I. 1748». – Ofen: «S. M. A. E. A. M. H. 1750».

*Salz- und Pfefferkistchen von 1784.*

*Haus Nr. 5517: gerillter Dielbaum mit der Jahreszahl 1600.*

# Rischinen

Von der Gumperschaft Rischinen ist an anderer Stelle die Rede. Der Name Rischinen erinnert an Rüschen oder das Rutschen von Bachsedimenten und Geröll. Das ehemals bedeutsame Rischinen (1231 Russanum, 1237 Russana, später bis um 1780 gewöhnlich Rischanon) am Fuss des nördlichen Steilhangs setzt sich aus dem eigentlichen Dorf und der Oberen und Unteren Furen («Fura») zusammen. In der Hauptsiedlung steigen die Häuser links in locker gestaffelter Reihe schräg den Hang empor, wobei sich um das ehemalige Haus der Gumperschaft ein dichterer Siedlungskern gebildet hat. Die kleinen, stimmungsvollen Baugruppen der «Fura» an der östlichen Flanke des Hangrückens blicken bereits gegen die Felswände des «Flesch».

### Nr. 7259, Andreas, Markus und Hans Brunner

An der Strasse zum Gibidum. Es ist ein Beispiel eines sanierten und gepflegten Wohnhauses. Der Bau zeigt einige interessante Details in Holz. Nach Angaben der Besitzer wurde dieses Haus 1956 von Eisten hierher transportiert. Die malerische und schön verzierte Binneninschrift lautet: «IHS MARIA U. JOSEPI Bewahre dieses Haus und wendet Alles unglück Aus. Ach O Mensch schlafet nicht und seit steht[s] bereit für die lange Ewigkeit. Dieses Haus hat lasen Bauwen der Ge[e]hrte Mann Alowis Burginer, mit seinen [so!] Weib Philomena Andenmatten den 17. April 1878.» – Alois Burginer war ein bekannter Bergführer.

*Bemalter Gwettkopf am Haus Nr. 7259.*

### Am Haus Willy Gattlen:

Zeichnung «D'alt Schmidtja» von Ambros Roten.

### Nr. 5517, Bernhard Jossen, Norbert und Liliane Eggel

Dieser Bau soll ursprünglich im Aletsch gestanden haben, wo er vom wachsenden Gletscher gefährdet war.
1. WG. Der profilierte Dielbaum an der in der Mitte erhöhten Stubendecke trägt die Inschrift: «HG 1600». Decke und Wände sind noch im Originalzustand. – Ofen: «1647».
2. WG. Im Zuge der Ausbauarbeiten wurde die Binne herausgenommen. – Auf der Ofenplatte: «1615 CGME».

### Nr. 5450, Hubert Ruppen

Das Haus ist ein gediegener Bau des frühen 18. Jahrhunderts mit erhöhtem Situationswert am Westausgang des alten Weilers.
2. WG: «IM NAMEN IESUS MARIA UND IOSEP HAT DISIS HUS LASEN MACHEN ADRIGAN IOSEN // UND SEIN HAUS MUOTER MARIA ADIG 1720.»
Ofen: «1721 AI MA [Namen der Erbauer]».

### Nr. 5452, Karl Ruppen Erben, Otto Wyssen

1. WG. Der Dielbaum ist an der Südwand angebracht; darauf steht geschrieben: «IN NAMEN GOTES UND MARIEN EHR . LAST HANS WALDEN BUWEN DISES HAUS MIT SAMBT SINER HAUSMUETER 1702.»
Ofen: «HSW CW CL 1703. F. KP G.I 1893 . 19 RK FB [= Ruppen Karl, Fankhauser Bethli] 67».
2. WG. Ofen: «II TG MI 1838». – Im Giebel: «1702».

### Nr. 5445, Agnes Bagnoud, Emil und Daniela Schmid, Ludwina Imseng

Das Haus kann in seinen Grundfesten ins frühe 16. Jahrhundert datiert werden.
2. WG: «DISE STUBEN LASEN MACHEN DER EHRED CHRISTEN WALTER UND MARIA IM GUVER UND HANS UND BARBI [= Barbara] UND MELKER UND MEREZ IHRE KINDER IM JAR 1666.» – Ofen: «1678 . FS MA [= Franz Schmid, Magdalena Amherd] 1954».
3. WG. 1953 ausgebaut. – Unter dem mittleren Reihenfenster ist eine Sonnenuhr, bei welcher der Schattenstachel fehlt.

### Nr. 5427, Norbert Salzmann, Beat Salzmann

Der besondere Eigenwert dieses stattlichen Hauses ergibt sich aus seinen Zierformen.

1. WG: «IHS MARIA UND IOSEPH DISES HUS HAT ALSEN [= lassen] BAUWEN IOHANNES MICHLIG UND SEIN HUS FRAUW CATRINIA IOSEN CHRISTEN MICHLLIG IOSEPH MARIA CHRISTEINA MICHLLIG IM IAHR 1717.» – Ofen: «IHS QS CS M..?»
2. WG: «IHS MARIA IOSEPH 1717». – Über der Stubentür: «IMR IHS C MR». – Ofen: «IHS MR 1771».

### Nr. 5425, fünf Besitzer; ehemaliges Gemeindehaus

Diese Stallscheune war ehemals das Gemeindehaus der Gumperschaft Rischinen. Fachleute datieren das Gebäude mindestens in das 16. Jahrhundert. Die Südseite erinnert mit einem wohl vierteiligen Reihenfenster im ersten Stockwerk und mit einem rätselhaft skulptierten (mit eingekerbten Zeichen versehenen) Heidebalken an die alte Bedeutung des Gumperschaftshauses. Der zweireihig skulptierte Heidebalken ist seitlich von einem quadratischen Lichtglotz begleitet. Über die Bedeutung der archaischen (frühzeitlichen) Zeichen am Heidebalken haben sich schon manche den Kopf zerbrochen und auch die älteren Einwohner von Rischinen wissen sie nicht zu deuten. Am ehemaligen Gumperschaftshaus hat sich im Giebelstud eine formale Auszeichnung erhalten, die in der weiteren Umgebung als Unikum erscheint. Dieses Gebäude besitzt für den Natischer Berg bedeutenden historischen und kunsthistorischen Wert.

*Heidestud mit archaischen Zeichen am ehemaligen Gumperschaftshaus in Rischinen.*

Auf der Südseite des Gumperschaftshauses existierte einst, wie sich alte Leute noch erinnern, eine Kegelbahn.

### Nr. 5432, Oswald Ruppen, Leo Karlen

Das reich geschmückte Haus zeugt von der grossen Zimmermannsfertigkeit des 19. Jahrhunderts.
1. WG. Profilierte (gerillte) Binne mit Inschrift: «DIESES HAUS HAT LASEN BAUEN DIE ERENDEN MENER KASBAR JOEPH U. CHRISENIA RUPPEN U. DIESES IM NAMEN JESUS MARIA UND IOSEPH . O MEIN IESUS BARMHERZ[ig]KEIT IM IAHR 1862.» – Ofen (mit «Ofenstängeli»): «IHS 1863» und Namen der Erbauer.
2. WG: «DIESES HAT LASEN BAUEN DIE ERSAMEN MENER ANTHONIUS IOSEN U. ABRAHAM RUPPEN MIT IHREN WEIBER KATIARINA MARIOSA WALKER UND DIE KINDER VON DEM IOSEN CHRISENIA MARIOSA . O GOTT BEWARE DIESES HAUS UND DIE WOH GEHEN EIN UND AUS IM IAR 1862.» – Ofen: «IHS AI CW AR MW [Namen der Erbauer] 1862». – Im Nordgiebel: «ANNO 1862».

### Nr. 5422, Helena Buchter-Jossen

Das Haus wurde in neuerer Zeit an diese Stelle versetzt, da es am alten Ort im Westen des Weilers wegen Überschwemmungen durch das Bruchji gefährdet war. Es ist das einzige Haus in Rischinen, das wegen Platzmangels quer in westlicher Richtung aufgestellt wurde. Die Schmuckformen sichern dem Gebäude einen bedeutenden Einzelwert zu.
1. WG: «IN GOTES NAMEN UND MARIA EHER [= Ehr] HAT DER ERENDE HANS BAMATER LAST DISES HAUS BAUEN SAMBT SINER HAUSMUTER ANNASTASIA LERIEN IHS 1702 AMEN.»
2. WG: «IN NAMEN GOTES UND MARIE EHR LI BRD (?) ZU GEBN DISE STUBEN DEM ERENDEN CHRISTEN BAMATER BURGER ZU NATRS [so!] 17 IHS 02.» – Im Haus: altes Spinnrad.

### Nr. 5479, Anselm Mutter

Dieses Haus ist das dominante Glied der Häusergruppe von Furen. Es hat einen besonderen Wert durch seinen reich erhaltenen Bestand an originalen Ausstattungsstücken. Die Binne des ersten Wohngeschosses (wohl frühes 16. Jh.) wurde entfernt.

2. WG: «IHS MARIA JOSEPH FENDER JOHANNES EIER SEIN HAUS FRAUW CHRISTINNA STEINER IF SO ESIN SOHN JOSEPH . EIER C.E.C.E.M.E. 1721». – Das 2. WG hat einen perfekt ausgestatteten Stubenteil. Zum Inventar gehören unter anderem ein bedeutender Tisch mit der Inschrift «C M 1733», ein originaler Giltsteinofen mit der Inschrift (spiegelbildlich): «F HE CS iE 1732».
3. WG. Ofen: «AAH RIH 1866».

### Nr. 5387, Ulrich Salzmann, Johanna Lengen, Arnold Eyer

Das Wohnhaus dominiert die ganze Baugruppe in den Furen. Nach Angaben des Besitzers war das erste Wohngeschoss früher ein Wirtschaftsgebäude und wurde 1875 zur Wohnung ausgebaut. – Ofen: «H.E. A.E. [= Hans Eyer, Antonia Eyer] 1876».
2. WG. Laut Angaben der Besitzer schlug man das Haus hier auf, weil es am Bruchji gefährdet war, was wohl auch den Vermerk der Binneninschrift «ZUR REPARATUR GEBRACHT» erklärt.
Inschrift: «IHS MARIA U. IOSEF GOTT BEHIETE UNS DIESES HAUS U. WER HIER GEHET EIN U. AUS . ZUR REPARATUR GEBRACHT 1875 (fast unsichtbar in kleinen Zahlen geschrieben) DURCH DIE WITTFRAU ANTONIA SALZMA [so!] MIT IHREN 4

SEHNEN MORIZ . JOHAN JOSEF . ANTON U. ALOWIS . KATERINA WISSEN.» – Ofen: «ME CW [= Moritz Eyer, Katharina Wyssen] 1876».

**Nr. 5420, sieben Besitzer**
Es ist der schönste Speicher von Rischinen und wirkt als belebender Akzent im Gassenbild des Ortes. Im oberen Türsturz die Jahreszahl 1710, im unteren Sturz die Initialen «M.I.G. P.Z.S».
**Weitere alte Speicher** (mit Nummern und Jahreszahl): Nr. 5412: 1588; Nr. 5478: 1603; Nr. 5383: 1633; Nr. 5503: 17. Jh. (1655?); Nr. 5499: 1701.
**Alte Städel:** Nr. 5501: 1653; Nr. 5483: 1781 (1998 in Wohnung umgebaut); Nr. 5429: 1866. – Stallscheune Nr. 5395: 1755.

## Eggen

Eggen («Egga», 1649 m ü. M.; 1488 auf der Egkon, 1556 auf der Eggun) besitzt eine ausserordentliche Lage. Die Siedlung schmiegt sich wie ein Schwalbennest in sanftem Halbrund an das östliche «Ufer» eines nun vermoorten eiszeitlichen Hangsees. Ins Tal hinunter blicken vom Kamm nur zwei stattliche Speicher mit Beinen auf Mauerpfeilern. Da die Wohnhäuser mit ihren Firsten jeweils dem Gefälle des Hangs folgen, ergibt sich ein Siedlungsbild von hohem Reiz.

Eine hangwärts von Wohnhäusern, gegenüber aber von Nutzbauten begleitete Dorfgasse führt zu einem länglichen Platz mit Brunnen. Fast die Hälfte der Häuser ist in der zweiten Hälfte des 16. Jahrhunderts errichtet worden. Zeittypische Zier zeigt sich an den Vorstössen der Dielbäume in den Fassaden.

Der aus der Enge der Massaschlucht gegen Blatten überbordende Aletschgletscher hat hinter dem einengenden Bergrücken unterhalb des Hotels Belalp eine gewaltige Seitenmoräne aufgeschüttet. Nach dem Abschmelzen des Aletschgletschers und der Festigung der Hänge durch Vegetation bildete sich rasch ein kleiner See und später ein Moor. Diese kleine Ebene hat heute eine Länge von 170 m und eine Breite von 100 m, ist aber mehr oder weniger trockengelegt. Sie trug bis vor kurzem noch kleine Äcker und ist heute mit Gras überwachsen. Westwärts entwässert sich das kleine Moor. Es wird von einem Bewässerungsgraben durchzogen.

1956 ergab eine Bohrung durch Max Welten im Zentrum der kleinen Sumpfebene folgendes Ergebnis: 0–314 cm Torf, oberhalb 70 cm stark zersetzt, bei 70–106 cm mit grobsandiger Einschwemmung.[824]

Gemäss dem Landrats-Abschied (Protokoll) vom 12. bis 21. Juni 1555 gab es in Eggen eine grosse Feuersbrunst, bei der «an die 50 Firsten, Hausrat und Nahrungsmittel verbrannten». Die Boten von Brig baten den Landrat im Auftrag ihres Zendens, «den armen Leuten an den erlittenen Brandschäden etwas beizusteuern». Der Landrat befürwortete das Gesuch, wollte aber erst «auf dem nächsten Landrat eine freundschaftliche Antwort erteilen».[825] Ob tatsächlich eine Hilfe erfolgte, konnte nicht ermittelt werden (vgl. weiter unten Haus Nr. 5647).

**Nr. 5649, Johann Jossen, Egon Salzmann**
Durch sein hohes Alter – es ist das älteste und nach dem Brand das erste wieder aufgebaute Haus des Weilers – besitzt es einen hohen Eigenwert. Es bildet die wichtige Stirn der oberen Häuserzeile.
1. WG: Jahreszahl in römischen Ziffern: «IH 1556».
2. WG: «IHS 18 MN KS [= Michael Nellen, Kreszentia Salzmann] 94». – Ofen: «MN CS [Initialen der Erbauer des 2. WG] 1902».

*Eggen.*

**Nr. 5648, Susanne Schalbetter, Gotthard Salzmann**
Im ersten Wohngeschoss gibt es nach Angaben der Besitzer keine Inschrift. Früher stand unter dem Giebel die schlecht lesbare Jahreszahl 1661 (?) oder 1664 (?), was wohl das Alter des ersten Wohngeschosses angab. Im Jahre 1986 verschwand bei Erneuerungsarbeiten im zweiten Stockwerk das genannte Baudatum.
2. WG: «IHS MARIA UND JOSEF MORITZ WISEN UND ANTON WISEN UND LUDEWICK SALZMANN ANNO 1900».

**Nr. 5647, Emma Bittel-Zenklusen, Simon Ritz**
Die Stube des 1. WG zeigt noch die rohen Blockwände und die Binne weist die Jahreszahl 1570 auf; manche lesen hier die Jahreszahl 1540. Der Verfasser ist mit dem Kunsthistoriker Walter Ruppen, Brig, eher der Meinung, dass hier 1570 und nicht 1540 zu lesen ist (7 statt 4; 7 ist seitenverkehrt). Vergessen wir nicht, was einleitend zur «Egga» gesagt wurde, dass nämlich der Weiler 1554 niederbrannte. Zum Mobiliar des 1. WG gehört eine schmucke Holztruhe von 1783 mit den Initialen «AM G». – Ofen im 2. WG: «AF KS 1574 RS ML 1968».

*Binnenbalken mit Jahreszahl 1570 (7 seitenverkehrt).*

**Nr. 5646, Richard Schmid**
Das Haus markiert mit der Hauptfassade den Freiplatz um den Weilerbrunnen und gehört zum wichtigen Baubestand im Weilerkern.
Jahreszahl auf der Binne: «1583». – Ofen: «1632».

**Nr. 5645, Emanuel Wyssen, Marie Salzmann Erben**
Im 1. WG wurde die Binne entfernt (um in der Stube an Höhe zu gewinnen), die enthaltene Jahreszahl 1848 ausgeschnitten und über dem Stubeneingang aufgehängt. Das Haus ersetzte vermutlich im 19. Jahrhundert einen älteren Vorgängerbau, steht es doch an wichtiger Stelle im Weilerkern. – Im Giebel: «18 BG 49 KN».

**Nr. 5641, Moritz Nellen, Therese Cotting-Schwaller**
Der Bau weist interessante Details auf. Auffallend sind zwei Konsolen über dem Erdgeschoss, jene am Eckkamm mit gekerbter Viertelkreiskonsole.
1. WG. Jahreszahl auf der Binne: «1583». – Ofen: «MSF CGV 1830».
2. WG: Es enthält keine Binneninschrift. Die Stube ist noch gänzlich original (Wände, Decke, Boden, Betten mit «Gütschi»). – Ofen: «1850».

**Nr. 5639, Edmund Wyssen, Lia Pfammatter**
Das erste Stockwerk ist laut der Binnenjahreszahl von 1580 das drittälteste Haus von Eggen. – Ofen: «1891 und 1924». An der Frontseite Allianzwappen mit den Initialen «TW KM» [= Theophil Wyssen, Klara Michlig].
2. WG: «ANO 1849 PETER IOSEPH SALZMAN». – Ofen: «MW SE 1950».

**Nr. 5635, Werner Salzmann**
Inschrift: «IHS DIESES HAUS HAT LASSEN BAUEN IOHANN SALZMAN UND SEINE HAUSFRAU GENOWEFA WISEN 1896.» – Das Haus wurde 1996 ausgebaut und aussen sandgestrahlt. Zum Inventar gehört ein beachtliches Hauskruzifix, wohl aus der ersten Hälfte des 19. Jahrhunderts, auf geschwungenem Sockel mit Schädel und gekreuzten Langknochen, an den Balkenenden Palmettenkränze. – Im Giebel: «1896».

**Nr. 5589, Jean-Marie Walker, Hans-Peter Salzmann**
Das Haus bildet den markanten nordwestlichen Abschluss des Weilers. Laut Angaben der Bewohner war im Gebäude früher eine Mühle eingebaut. – Inschrift im 2. WG, Binne West: «IHS MARIA HANS EGEL ANNA WALCKER 1713». Binne Ost: «IHS MARIA IOSEPP . MERITZ GER[ts]CHEN 1713». – Im Südgiebel: «1713».

**Nr. 5658, Germaine Salzmann-Eggel**
Inschrift: «IHS MARIA IOSEF DIS HAUS BAUT IMHOF IOSEF UND SEINE GATTIN ANNAMARIA SALZMAN ANO 1900.» – Ofen: «FS PN 1923». – An der Westfassade: «1900».

**Nr. 5670, Orfa Salzmann**
Das schmucke Häuschen wurde vom Ehepaar Rudolf Salzmann und Karoline geb. Karlen 1942 erstellt.

**Nr. 5657, fünf Besitzer**
Dieser Stadel-Speicher mit Stall ist einer der schönsten Wirtschaftsbauten auf Eggen. Inschrift am Türsturz: «C.S.M. UND MSM 17+51». Eigentümlicherweise steht der Stadel nicht auf Stadelbeinen.

**Weitere alte Speicher** (mit Nummern und Jahreszahl):
Nr. 5630: 1579; Nrn. 5651 und 5685: 17./18. Jh.
Unter den ältesten **Städeln** (mit Nummern und Jahreszahl):
Nr. 5625: Ende 16. Jh.; Nr. 5693: 17. Jh.
Alte **Stallscheunen** (mit Nummern und Jahreszahl): Nrn. 5623 und 5624: Ende 16. Jh.; Nr. 5628: 17. Jh.; Nrn. 5626 und 5627: 17./18. Jh.

**Nr. 5350, Mariannhiller Brig, Tschuggen-Egga**
Auf der Binne dieses Hauses steht lediglich die Jahreszahl 1631.

**Nr. 5316, Walter Imstepf, «Zer niwwu Schiir»**
Dieses alte Haus westlich von Eggen enthält folgende Inschrift: «1634 IHS MARIA».

Oberhalb von Eggen schmiegen sich zwei von weitem sichtbare Örtlichkeiten an den Hang: Wiggerschen («Wiggerscha») und der Weiler Geissbalmen («Geissbalma»).

**Nr. 5885, Anton und Matthias Amherd, Werner Arnold, Wiggerschen**
Das 1998 umgebaute Haus verrät uns folgende Inschriften:
1. WG (auf einer breiten Binne): «IHS MARIA IOSEF PETRUS IOSEN UND MARIA IGNATIA LAGGER DEN 10 9 [= September?] UND 1818 (Forts. in kleinerer Schrift) DIE ALTE ZAHL IST 1636».
2. WG: «DISSES HAUS HATTE [so!] LASSEN BAEUVEN DER MAN PETER MAEURITZ JOSSEN UND SEIN WEIB BARUARA [= Barbara] (PfA Naters, G 10, S. 169) WISSEN MIT HILFE IHREN KINDERN IHS UND MARIA BAEUVEN DEN 17 J[u]NJ 1841.»

## Geissbalmen

**Nr. 6105, Viktor Ritz**
Inschrift: «IHS MARIA . ALIXANDER IOSSEN U. SEINE FREU KATARINA LAUBER HAT LASSEN BAUEN DISSES HAUS . GOTT U. MARIA BEWARE ALLE DIE GEHEN EIN U. AUS 1857.» – Zusätzlich sind einige Runen in Spiegelschrift und seitenverkehrt eingeschnitzt, die wie folgt zu lesen sind: «X I M 1857».

*Kinderwiege, in Naters auch «Drolerwagi» genannt.*

## Holzji

Im Holzji befinden sich neben wenigen landwirtschaftlichen Bauten drei Häuser, von denen das oberste (Nr. 5868) aus dem 19. Jahrhundert (1871?) und das mittlere (Nr. 5874) aus den 1970er-Jahren stammt. Das unterste Gebäude (Nr. 5876) wurde 1978 aus einer Stallscheune von Fiesch in ein Haus umgebaut.

## Aletsch

### Schon früh erwähnt

In diesem Abschnitt ist nur die Rede vom Ausser-, nicht aber vom Inner-Aletsch (1231 Alech, 1333 Alesch, Aletz 1363, 1480 Alecz und später Aletsch oder «Aletschji», was «gefrorenes Wasser» bedeuten soll). Die erste bekannte Urkunde, in der das Aletsch erwähnt wird, datiert aus dem Jahre 1231: Salomea von Weingarten lässt ihrem Schwiegersohn Peter von den Alpen Gerechtsame (Rechte) im Wert von zwölf Denaren «apud Alech» zukommen.[826] Im 14. und 15. Jahrhundert treffen wir die Namen Johannes Alechere (1328), Waltherus Aletscher von Ernen (1374), Petrus Aletscher, Pfarrer von Binn (1407), und andere mehr. Es ist wahrscheinlich, dass dieser Familienname mit dem Wort «Aletsch» in Verbindung zu bringen ist.[827]
Grosse Naturschönheiten und romantische Sagen machten das Aletsch während Jahrhunderten zu einem reizvollen Aufenthaltsort, so dass schon in alten Zeiten die Bewohner von Naters sangen:

> *«O wie bin ich in Aletsch gern.*
> *O wie ist mir in Aletsch wohl.*
> *Thuot mer schier's Herz im Lib erfreuwen,*
> *wenn ich gegen Aletsch sol.»*[828]

Dass in früheren Zeiten im Aletsch Sommerkorn, Gerste und Bohnen gepflanzt wurden, lässt sich zur Genüge aus den Erkanntnissen des Pfarrzehnten schliessen.

### Siedlung und Bewirtschaftung

Die Alpe Ausser-Aletsch ist grösstenteils Privateigentum. Die rund 100 Hektar grosse Voralpe besteht aus 52 verschiedenen Parzellen. In Ober- und Unter-Aletsch befinden sich 20 Hütten mit fast ebenso vielen darunter liegenden Ställen. Vereinzelt stehen Letztere auch für sich.
Der ehemalige Alpweg von Naters nach Aletsch führte die Hirten mit ihrem Vieh über die Gibidumbrücke, dem hinteren Massaufer entlang bis zum sogenannten «Kohlplatz», 740 m oberhalb der Gibidumbrücke. Von dieser Stelle folgte man dem Gletscher bis zur Alp Aletsch. 1875 reichte der Gletscher noch bis zum Kohlplatz, hernach ging er kontinuierlich zurück. 1886 wurde das Vieh zum letzten Mal über den Gletscher geführt.[829] Erst gegen Ende des 19. Jahrhunderts, auch als Folge des damals aufkommenden Tourismus, legte man östlich des Hotels Belalp einen neuen Weg an. Der vorderste Teil des steilen Weges, die sogenannten Steiglen, musste mit Sprengungen in den Felsen eingeschnitten werden.
Während einige Jahre nach dem Zweiten Weltkrieg noch bis zu 20 Familien vor und nach der Alpung jeweils drei bis vier Wochen diese Voralpe bezogen, waren es 1963 vor der Alpfahrt nur noch sechs und nach dem Alpabtrieb vier Familien. Gewöhnlich betreuten Frau und Kinder das Vieh. In der Folge wurde die landwirtschaftliche Nutzung des Ausser-Aletsch mehr und mehr aufgegeben. Das Ehepaar Alfred (1913–1990) und Anna Jossen-Ruppen (*1920) weilte während 38 Jahren, von 1945–1983, ununterbrochen auf dieser Voralpe. In den Jahren 1979–1983 bewohnten Alfred und Anna im Frühjahr und im Herbst als letzte und einzige Natischer Bauersleute diese Alpe. Mit dieser Familie nahm ein jahrhundertelanges Bauernleben in der Weltabgeschiedenheit des Aletsch sein Ende. Doch seit 1985 bestösst die *Eigentümergemeinschaft Alpe «Üsseraletschji»* diese Voralpe sommers mit etwa 30 Kälbern von Natischer Bauern, die ein bestimmtes Weidegeld bezahlen, das dann an die Gebietseigentümer verteilt wird.

### Winterfütterung im Aletsch

Bis zum Zweiten Weltkrieg wurde im Aletsch auch Dürrfutter für den Winter gewonnen. Wie alte Natischer dem Schreibenden erzählten, soll es das beste Heu weit und breit gewesen sein. Bis zur genannten Zeit verbrachten nämlich daselbst einige Familien vier bis fünf Wochen (Ende November bis Mitte oder gar Ende Dezember) mit dem Gross- und Kleinvieh, um das Heu zu verfüttern. Wie sich das Leben in dieser abgelegenen Gegend im Winter abspielte, berichtet uns Andreas Pfammatter eindrücklich im Artikel «Winter im Aletschji».[830] Darin erzählt Paulina Schmid (1896–1989, «ds Baptischgi Polini» genannt), dass sie und andere Personen mehrmals Weihnachten im Aletsch feierten. Bei gutem Wetter traf man sich regelmässig beim «Abusitz» (Abendsitz). Es wurde über dies und das gesprochen. Vor dem Auseinandergehen betete man gemeinsam den Rosenkranz, wobei es durchaus vorkommen konnte, dass der eine oder andere in der warmen Stube, in der man vom darunter liegenden Stall her die Glocken der Kühe bimmeln und die Schweine grunzen hörte, sanft einschlief. Das nötige Holzmaterial lieferte das Erlengebüsch im Aletsch, «Drossle» genannt; früher, als der Gletscher noch nicht so weit zurückgegangen war, holte man es vom Aletschwald, jenseits des Gletschers. Aus diesem Wald holte man nicht nur die harzigen Arvenäste zum Anfeuern, sondern auch das Bauholz für die Hütten. Es gibt noch Einheimische, die sich an solche Transporte über den Grossen Aletschgletscher erinnern können oder denen von ihren Eltern davon berichtet worden ist. Das Brot buk man im Herbst in Blatten und hing es im «Aletschji» an Drähten auf. Nach etwa zwei Wochen war das Brot in der bestens geheizten Stube wieder so weich geworden, dass man es gut schneiden konnte. Im Aletsch wurden auch Kartoffeln angepflanzt. Diese grub man im Herbst bei der Hütte ein, um sie vor Frost zu bewahren, und im Winter wurden sie wieder ausgegraben. Es sollen ausgezeichnete «Härpfja» (Kartoffeln) gewesen sein.

Der Rückweg mit dem Vieh über die Steiglen hinauf zum Aletschbord war bei grossen Schneemassen sehr gefährlich und der Pfad musste stellenweise «ausgeschlagen» werden. 1911 waren, wie die Bammatter-Chronik vermerkt, bis zu 20 Mann an dieser Arbeit beteiligt.[831] Wie die gleiche Chronik (auf S. 50) ausführt, fuhren 1914 vier Familien recht spät ins «Aletschji». «Während zwei Monaten sah und wusste man von ihnen nichts mehr, bis am 1. Februar 1915 neun Mann mit Haue und Proviant von Blatten aus aufbrachen und sich durch die zwei Meter hohen Schneemassen einen Weg bahnten. Erst am 4. Februar konnten die Aletscher samt Vieh heil und gesund, allerdings von den Mühen und Strapazen gekennzeichnet, bis nach Blatten gebracht werden.» Dieselben Schwierigkeiten widerfuhren den Aletschern Ende Dezember 1915. Diesmal musste man, ebenfalls mit einem Grossaufgebot von tüchtigen Männern, zusätzlich noch den «im Aletsch erkrankten Benjamin Eyer (Rubi)» nach Blatten bringen. Trotz häufiger Schneelawinen kam man am 30. Dezember glücklich in Blatten an, wo die Aletscher von «wohl allen Bewohnern» freudig begrüsst wurden.[832] Offenbar zogen die Bauern zu jener Zeit winters nicht jedes Jahr ins Aletsch, denn in der schon wiederholt zitierten Chronik von Kaplan Bammatter lesen wir (auf S. 62) über das Jahr 1918: «Glücklicherweise sind dieses Jahr die Geteilen während dem Winter nicht ins Aletsch gefahren.» Über diesen waghalsigen Abstieg ins Aletsch lesen wir nur einmal, 1927, dass «ein Rind die steile Wand hinuntergerollt ist»[833].

Die letzten Personen, die in den 1930er-Jahren die obgenannten Wintermonate mit Gross- und Kleinvieh im Aletsch verbrachten, sind: Alfred Amherd, Ida, Paulina und Elias Schmid sowie Hilda und David Eyer sen. Aber noch in den 1940er-Jahren fütterten Alfred Amherd, Viktor Gasser und Meinrad Eyer als letzte Natischer eine Zeit lang winters ihre Schafe im Aletsch.

## «Ds Petrigi Josi»

Wie anziehend die stille Bergwelt im Aletsch sein kann, beweist die Tatsache, dass das Ehepaar Josef Petrig (1912–1995) und Euphrosina geb. Schmidhalter aus Brig ab 1961 über 25 Jahre lang vom Mai bis zum Oktober die zweitletzte Hütte am Rand des Grossen Aletschgletschers bewohnte. «Ds Petrigi Josi», bei unzähligen Leuten als immer froher und von Humor strotzender Mann bekannt, war zu jener Zeit für viele Wanderer eine wichtige Kontaktperson. Er betätigte sich als Strahler und führte oft Gruppen über den Aletschgletscher, manchmal am gleichen Tag bis zu achtmal.

## Wohnverhältnisse – Inschriften

Die Wohnverhältnisse im «Aletschji» waren vor allem früher mit den zwei Räumlichkeiten, der Küche und der Stube, sehr bescheiden. In der Küche befand sich eine offene Feuerstelle, die sogenannte «Trächa». In der Stube war neben dem hohen Bett das untergeschobene «Gütschi» selbstverständlich. In einer Truhe wurden die Vorräte aufbewahrt, an der Wand hingen viele Heiligenbilder sowie ein bis zwei schön verzierte Holzkreuze und in der Ecke stand ein kleiner Tisch unter einer Petroleumlampe. Da manche Hütten im Winter nicht benutzt wurden, gab es oft keinen Heizofen. Wurde es im Frühjahr oder im Herbst einmal kalt, kam durch die Ritzen des Fussbodens die Stallwärme herauf und schon war es bald wieder «chüowarm» im «Stubji».

Von den 20 Hütten im Ausser-Aletsch weist der grössere Teil eine Datierung auf. Nachstehend folgen die Inschriften (nach Angaben der Besitzer).

*Links die Hütte der «alt Schmidtja», Haus Katasternummer 6182. Ältere Aufnahme, als der Aletschgletscher noch weiter vorstiess als heute.*

*Nr. 6155, Hütte von Walter Schwery:* «IM IAHR 1855 FS AXS AMN FV AMS».

*Nr. 6150, Viktor Gasser Erben:* «IHS DIESES HAT LASSEN BAUEN GASSER VIKTOR LEONTINE WISSEN U. KINDER – IM WELTKRIEGE 1944 IM WINTER 45 WURDE ES VON DER LAUWIENE VERSCHÜTTET U. WIEDER AUFGEBAUT . DER ALTE BAU 1840.»

*Nr. 6149, Ludwig Holzer Erben.* Hütte von 1847; neue Inschrift auf der Binne: «DIESE HÜTTE WURDE RENOVIERT DURCH WALDIMIR LUDWIG UND MADLEINE HOLZER 1985.»

*Nr. 6157, Edmund Eyer:* Erbaut ca. 1850, umgebaut 1997.

*Nr. 6202, Hugo Schwery:* « ... III M W M H C I 1752».

*Nr. 6161, Othmar Summermatter:* «HAT LASSEN BAUEN MORITZ GERTSCHEN UND SEINE KINDER 1891».

*Nr. 6182, Leo Amherd:* «I H S . FPS . AAH . (Hauszeichen) 1793». Nach Angaben des Besitzers wurde diese Hütte zur Zeit des grossen Gletschervorstosses umgestossen und etwa 100 m südwestlich, am Ort genannt «Zum Blattier», wieder aufgestellt. Der Name «Blattier» kam im 17. Jahrhundert in Naters vor und erlosch später. Es ist die Hütte der «alt Schmidtja». Gemäss Leo Amherd heisst der bekannte Spruch unter Einbezug der örtlichen Bezeichnung wie folgt: «Schoch, Schoch, d'alt Schmidtja spinnt zum Blattier noch.»

*Nr. 6176, Baptist Schmid:* «DIESES HAUS HAT LASSEN BAUEN BAPTIST SCHMIDT U. KRESENZIA SALSMANN IM IAHRE 1891 IHS MAR[ia] IOS[ef].»

*Nr. 6183, Heinrich Salzmann:* «IHS M.H C.S M.EC 1820».

*Nr. 6178, Vital Eyer:* «IHS AICW 1821».

*Nr. 6180, Gebrüder Reinhard, Peter und Stefan Jossen:* «MARIA IOSEP GF AZS IF HF 1743».

*Nr. 6181, Haus der vier Töchter Jossens, des Alfred:* «1749 IB MH».

*Nr. 6164, Martina D'Andrea-Inderkummen:* «IHS MS AT 1836».

*Nr. 6173, Benjamin Holzer Erben:* «ANTON HOLZER IM IAR 1908».

## Bircheggen

Bircheggen («Birchegga», 1336 Byrckeccon, 1488 an der Birchegkon) liegt auf dem Ausläufer einer Gletschermoräne oberhalb von Naters.

### Nr. 1183, Alois Jossen

Das auf einer Kuppe an der Strasse nach Birgisch erbaute Haus trägt folgende Inschrift: «BEWARET EINANDER VOR HERZELEID . KURZ IST DIE ZEIT DIE IHR BEISAMEN SEIT . DABEI HANDELT OHNE NEID U. IHR BRINGT ES ZU EINEM GRÜNEN ZWEIG . DES HAUS HAT GEBAUT DIE [Ge]SCHWISTER JOSSEN ANTON . MARIA U. KAROLINE GATTE RUPPEN WILHELM IM JAHRE 1932.» – Ofen: «1933» und Initialen der Erbauer.

### Nr. 1248, Ludwig Holzer

Dieses etwas zurückversetzte, an idyllischer Lage unterhalb der Strasse erbaute Haus verrät uns nachstehende Inschrift: «IHS JESUS MARIA UND JOSEP DIS HAUS BAUT DER ERSAME MANN ANTON HOLZER MIT SEINE 2 SÖNE LUDWIK UND BENJAMIN HOLZER IM IAR 1896 DEN 27 APRIL.» – Am Westgiebel: «ANO 1896».

### Nr. 1209, Kinder des Alois Jossen

Inschrift: «DISSES HAUS HAT LASEN BAUWEN DER GETERN (?) MAN IOSEPH SALZMAN MIT ZANT SEINER EHEGATI ANA MARIA GREDIG DEN 28. MERZEN 1840.» – Auf einem Holzbalken an der Westseite die Jahreszahl 1859. – Ofen: «IOSEPH SALZMAN ANA MARIA GREDIG 1841».

## Stockji

Der Weiler Stockji (1585 Stock) liegt am Nordhang oberhalb der «Birchegga». Diese Gegend wurde früher (1327 und noch später) Gattalfen, Gattelfen bezeichnet; dieser Name ist längst verschwunden.[834]

*Die Mühle vom Stockji in Ballenberg. Am Türsturz die Initialen und das Baudatum «RW RS 1872».*

**Die Mühle vom Stockji.** 1984 kaufte das Freilichtmuseum Ballenberg/BE die im Jahre 1872 erbaute Mühle im Stockji, gestanden am Milchbach auf Natischer Boden, von den Erben Salomon Salzmann (1868–1933), Naters. Sie wurde in Ballenberg aufgestellt (östlicher Eingang, Objekt Nr. 1). Die Mühle besticht durch ihre interessante Konstruktion.

### Nr. 1299, Anton Salzmann

Inschrift. Zeile 1: «IM NAMEN IESUS MARIA JOSEF HAT ERBAUT SALZMANN SALOMON U. SEINE FRAU HELENA WISSEN IHRE 6 KINDER IM IAHR 1923.» – Zeile 2: «BEWARET EINANDR VOR HERZELEID . KURZ IST DIE ZEIT DIE IHR BEISAMEN SEIT . AUCH FLEISSIGE HÄNDE REGENT HILF UND FODERT [so!] GOTTES SEGEN . DABEI HANDELT ONE NEIT SO BRINGER EINEN GRÜNEN ZWEIG.»

Wie die Nachfahren erzählten, wohnte Salomon Salzmann zuerst einige Meter neben diesem Gebäude in einem Haus, das noch heute auf Birgischer Boden steht. Man hänselte ihn, weil er als Natischer Gemeinderat nicht auf Natischer Boden wohnte. So baute er sich auf Territorium der Gemeinde Naters das Haus Nr. 1299.

### Nr. 8195, Michael Jossen, des Alois

1981 wurde der Dielbaum des abgerissenen Hauses in das neue integriert. Er trägt folgende Inschrift: «IHS MARIA IOSEPH I.H.Z.

*Altes Haus aus dem Jahre 1803, auf dessen Grundmauern 1981 das neue erstellt wurde.*

M.C.T. [= IOSEF HAUZENBERG (aus dem Kanton Bern), MARIA-KATHARINA TAFFINER] 1803». Das neue Haus steht auf den Grundmauern des alten und entspricht gemäss vorhandenen Fotos in seiner Breite und Grösse dem alten. Es ist kein typisches Walliser Haus. – Hausmobiliar: wertvolle Truhe mit der Jahreszahl 1675 und ein alter Webstuhl, auf dem noch gewoben wird.

### Nr. 1241, Leander Zenhäusern-Jossen
Binne West: «DISSES HAUS HAT LASSEN BAUWEN DER ERSAME MAN IOSEPH SALZMAN SAMT SEINER HAUS FREU UND SEINE KINDER M I A I R 1855.» – Binne Ost: «ISHI IS . AM KE 1879». – Ofen: «IHS I SM MHB 1860 LZ JJ [= Leander Zenhäusern, Josefine Jossen] 1981». – Im Haus: wertvolles Standkreuz, Statuetten (Apostel Johannes und Maria); Spinnrad, alte Kinderwiege, Kornwanne vor dem Haus und Truhe mit Inschrift: «18 JA M 06».

### Nr. 1251, Kurt Erismann-Gertschen, Ober-Stockji
Inschrift des gut restaurierten Hauses: «DISSES HAUS HAT LASEN BAUEN ANA MARIA WEISSEN MIT IHR KINDER CHRISTEN UND ANTONI UND KATRINEN UND ANA MARIA UND MARIA BARBEN SCHMIT DEN 26. TAG ABRILL 1812.»

### Nr. 1235, Reinhard und Peter Jossen, Karl Imstepf, Bernhard Zenklusen, Bruno Jossen; «Sennuhüs»
Beim «Sennuhüs» befinden sich fünf landwirtschaftliche Gebäude.
1. WG West: Es ist der älteste Hausteil, über den das Obergeschoss vorkragt. Die Ofeninschrift «MW 1619 AM» und die entsprechenden Bauformen des Hauses lassen uns das 1. WG West an den Anfang des 17. Jahrhunderts datieren. Die Inschrift am Binnenbalken ist wahrscheinlich durch ein Brett verdeckt. – 2. WG West: «1873 . 1936» (renoviert). – Ofen im 2. WG Ost: «I HE AM H 1872».

### Nr. 1147, Brigitte Imhof, Restibiel
Das renovationsbedürftige Haus trägt in beiden Stockwerken fast die gleiche unvollständige Namensinschrift, nämlich: «SCHMITT U. ARIH (im 2. WG: ADERIH [= Adrian] U. MAIOSEPH [= Maria Josepha] HOLZER». Laut Genealogiebuch des Pfarrarchivs (G 11, S. 310) gab es das Ehepaar Adrian Schmid (1834–1909) und Maria Josepha Holzer (1829–1896).

## Unter-Schitter

Der liebliche Flecken Unter-Schitter wird oberhalb Birgisch durch ein Seitensträsschen erreicht.

### Nr. 1316, Alois Imhof
Das Erdgeschoss ist aus Lärchen- und das zweite Stockwerk aus Tannenholz gebaut. Die Decke des ersten Wohngeschosses enthält keinen Dielbaum, was beinahe einmalig ist. Die breiten Deckenbretter verlaufen nicht quer, sondern längs zum First. Das 1. WG ist noch original und dürfte ins 16., wenn nicht sogar ins 15. Jahrhundert zu datieren sein.
2. WG. Inschrift in Spiegelschrift: «IESUS MARIA UND IOSEP 1691». – Im Südgiebel: «1691».

### Nr. 1311, German Schmid
Inschrift: «JMJ WITWE WALDBURGA SCHMID MIT 4 KINDERN . IGNAZ . OSWALD . ANTON . MATHILDA 1928».

# Flur- und Ortsnamen

Am Ende des grössten Kapitels nennen wir noch alte Flur- und Ortsnamen sowie das Jahr ihrer zum Teil erstmaligen Erwähnung in alten Akten.[835] Zum besseren Verständnis werden die Eigennamen grossgeschrieben. Viele dieser Ortsbezeichnungen sind heute noch gebräuchlich, andere sind verschwunden.

1270 Melbume (1317 Melboume)
1302 Massecun (1390 Masseckon)
1320 In Blintale; Gottalfero Kromo
1327 Fuxgruoba; Kilchmatte
1328 Wiese an der Sweygmatten (1634 Schwigmatta, 1738 Schweigmatte, 1770 Schweibmatte)
1333 An der Muolerrun, am Ort genannt Blatta
1347 An der Schilla, am Ort genannt Heymansbuel
1383 Beim blinden Berg (1445 blind Berg); Alpe zem Drieste; unter Matton Husren in dem Mose
1388 In dien Driesten
1389 Fronmatton
1390 In den Bobme bei Ruschanon; im Indren Aelts am Klewenge
1395 Kelchbach
1397 Zen Sellingen im üssren Aletz
1399 In der Bachtalon bei Ruschanon in der Oyon; in Ruschanon zen obren Hüsren
1401 Kronflue im Inner-Aletsch
1402 An der Banmattun (1526 an der Bandmattun, 1765 in der Bammatten)
1426 Lochmatta; am Stock
1435 Bei Ruschanon zer Suston
1445 Kamerbach
1448 Hutters Biel; bei Ruschanon In den Lowynon; in der Tschill
1452 Im Grag; der Tremil
1468 Zum schreyenden Bech uffem Driest und In Ulmon
1470 Im Seng an der Wuerin
1475 Zwischen Bel und Nessel «ze mitten In der teiffen Schluecht»
1504 Im Klosi
1527 Hagscheggun in Hegdoren (1761 Hagscheggiltin; heute «Hagscheitji», etymologisch «Hag» = Zaun und «Egge», was in der alten Bezeichnung noch klar zum Ausdruck kommt); am Geymer Blatt; im Huwen; am undren Schutter (Unter-Schitter); im Sustilti in der Halton; an der Schwendi; zer Wiggerschun
1533 An der Masseggen In der Litzi
1540 Bei Bel die Schweynflu und die Katzenlöchren; Lochwald; Gufermatten uffem Gufer; uff Rüschinon uff der usseren Blatten

| | |
|---|---|
| 1542 | Eine Matte, genannt das Tapperlin zu Weingarten |
| 1550 | Ahorner Bachtella; hinunter in die Geimmatten … bis in die Bifiga; die Sollgasse |
| 1552 | Die Bruder Matta im Mos in den Gothelffen (1739 im undren Mos in den Gotthelffen) |
| 1562 | In Bel im Rossfang, genannt Jossigo Hütta |
| 1579 | Am Sperwers Buell oberhalb Naters |
| 1584 | Im Ahoren, welchem man sagt die Blatgini; an Rischinen an der Leim Eggen; im Hegdoren genempt der Rossbuel; an Rischinen an de Mosighalten am Ordt gnempt im Wolffverrich |
| 1586 | Der Biel im Hegdoren; das Brun unter den Gotthelffen; in Geiman in den Hannffgarten; im tieffen Boden; Bel, am Bruch, genannt «uff der Silber ertz gruben»; im Hasel, genannt die Leischa; im under Schitter |
| 1596 | Im Aletschtal, genannt die Meyggara ob Flue |
| 1607 | Beim Bach an den Bruch (Rischinen) |
| 1617 | Zweingarten an der Frouwen Stapffen |
| 1634 | Stalgassa |
| 1636 | Lüssgen |
| 1641 | Ulmen |
| 1660 | In der Castillmatten oberhalb des «Castrum saxi»; an der Masseggen im Kälj; grenzend an die Saffergarten (Safrangärten); in Geimen, am Ort genannt die Valkmatta |
| 1664 | Im Aletsch Zbergero Haus |
| 1666 | Acherhorn; in Bel im Reckholter |
| 1669 | In den Driesten, im Ort Zen Linden |
| 1671 | Im Aletschtal im Baselboden (heute «Basulflie») |
| 1673 | In Hegdoren Im Schratie |
| 1675 | Zum Moss auf der Mili |
| 1677 | Ob dem Kelchbach in dem kleinen Beindilti |
| 1682 | Auff den Bielen ob der Schwendi |
| 1685 | Zer Geisbalem in der Kumen oder Salbet; Rosseggen |
| 1687 | In der Lüssggen in der Kalber Schluecht; in Naters in Iyen Matten (heute Liematte); auff dem Tangelbiell in Allets und in den Stuppen |
| 1690 | Zur Geisbalmen |
| 1711 | Müelleren in dem Strich |
| 1722 | Das Mellackerkinn |
| 1723 | In der Masseggen neben der Bachtela; in Hegdoren in den Erbisseren; in Rischinen, am Ort genannt auf der Salzgeben |
| 1724 | Leschgraben; im Moss in der Wegselmatten |
| 1727 | In Hegdorn in Stepfferro Matten |
| 1733 | An der Masseggen in der Kestimatten |
| 1734 | In Geimen in der Schmitten; im obren Stock; im Tätschiloch |
| 1736 | In Bel auf dem Hirmibühel; Alpe Bel im Kapaag; in der Lüsgen am Ort genannt im Gyger |
| 1737 | In Hegdoren ob dem Grosstein, genannt in den Schildynen |
| 1739 | Im undren Mos in den Gotthelffen |
| 1745 | In der Bachtelen auf Blatten |
| 1754 | Im Mooss auff den Bielen bei den Kenlin |
| 1755 | In den Bodmen, alias im Graag |
| 1759 | In der Muoleren genannt im Ramenmatt; auf Masseggen bei den Saffrangärten |
| 1760 | In der Bizen in Hegdoren; Kabusgarten in den Melbaumerbinen |
| 1761 | In Hegdoren ob der Capellen im Saagerli |
| 1762 | Im Bitsch in der Hirmi; in den Undren Moserlischen; im Aletschtal ob der Ofenscheir nechst der Wannen |
| 1763 | Im Aletsch zum Blattjer; in Blatten aufm endren Blatt; im Aletschtal das Nacken Waldy und Leger |
| 1765 | In Geimen im Gebrächti; in der Masseggen in den Saffrangerten bei dem Keli |
| 1772 | In Hegdoren auf Kempfen Bielen |
| 1774 | In Hegdornen ob der Milin; bey dem Naterloch; Ofenmansgraben |
| 1778 | In Geimen under der blinden Fluo |
| 1779 | Zur Furen in Rischinen |
| 1782 | Im Mos im Belig; Enent dem Bach (heute auch: «Näbun dum Bach»); in Hegdoren die Milimatta und daselbst bei der Theili im Spitz |
| 1784 | Im Natischer Berg «zu Hasenbalmen oder Rieben» |
| 1785 | Bei der Stuppenlicken bei der Giltsteinfluo |
| 1786 | An Geimen in den Schliechtinen |
| 1790 | In der Muoleren im teiffen Boden |
| 1791 | Bel, unter dem Katzenlochknubel |
| 1795 | In Hegdoren unter der Gerwin; zum Melbaum, genannt die Krauteten; das schlintt Waltlin zur Geisbalmen |
| 1804 | Im Moos in den Hubelflüon |
| 1808 | In den Geimmatten in den Mittinen |
| 1810 | Enent dem Bach im Hennensedel |
| 1843 | In den Muhleren im Bammat; in den Folinen; zur Geispalmen gegen den Schlindwald |
| 1859 | Auf der Egge in der Hirsch |
| 1862 | Ob Dorf bei Maria Hilf; grenzt Abend an den Safran Aker |
| 1965 | Die Schafweiden Parschilten und Hohwäng |

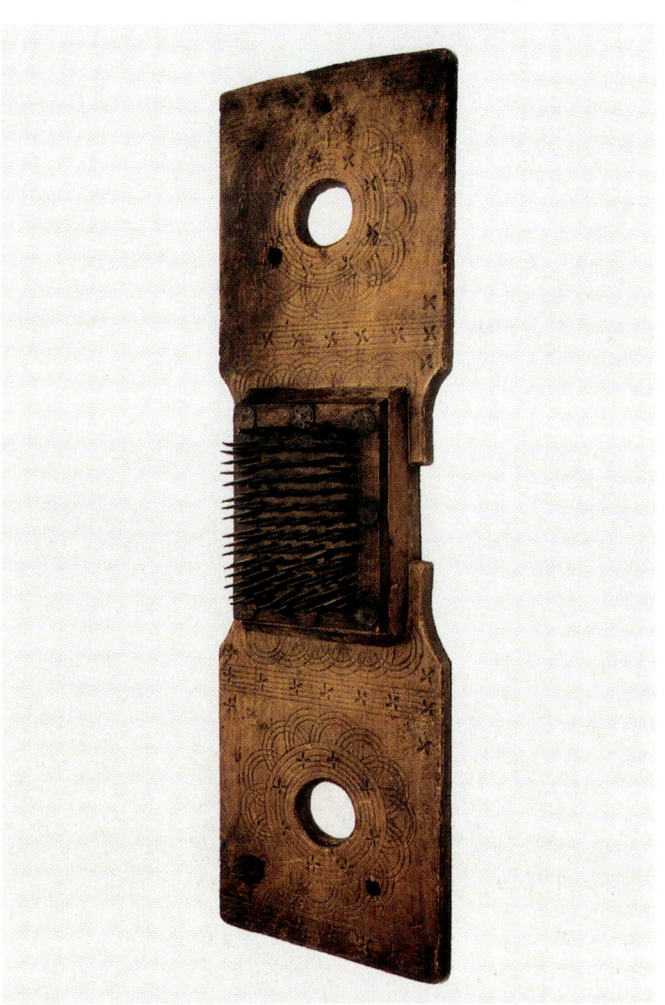

*Hanfkarte zur Bearbeitung des Hanfs, mit vielen eingeschnitzten Verziehrungen. In Naters wurde bis gegen Ende des 19. Jahrhunderts Hanf angepflanzt.*

**Flurnamen: Üsser- und Inner-Aletschji**

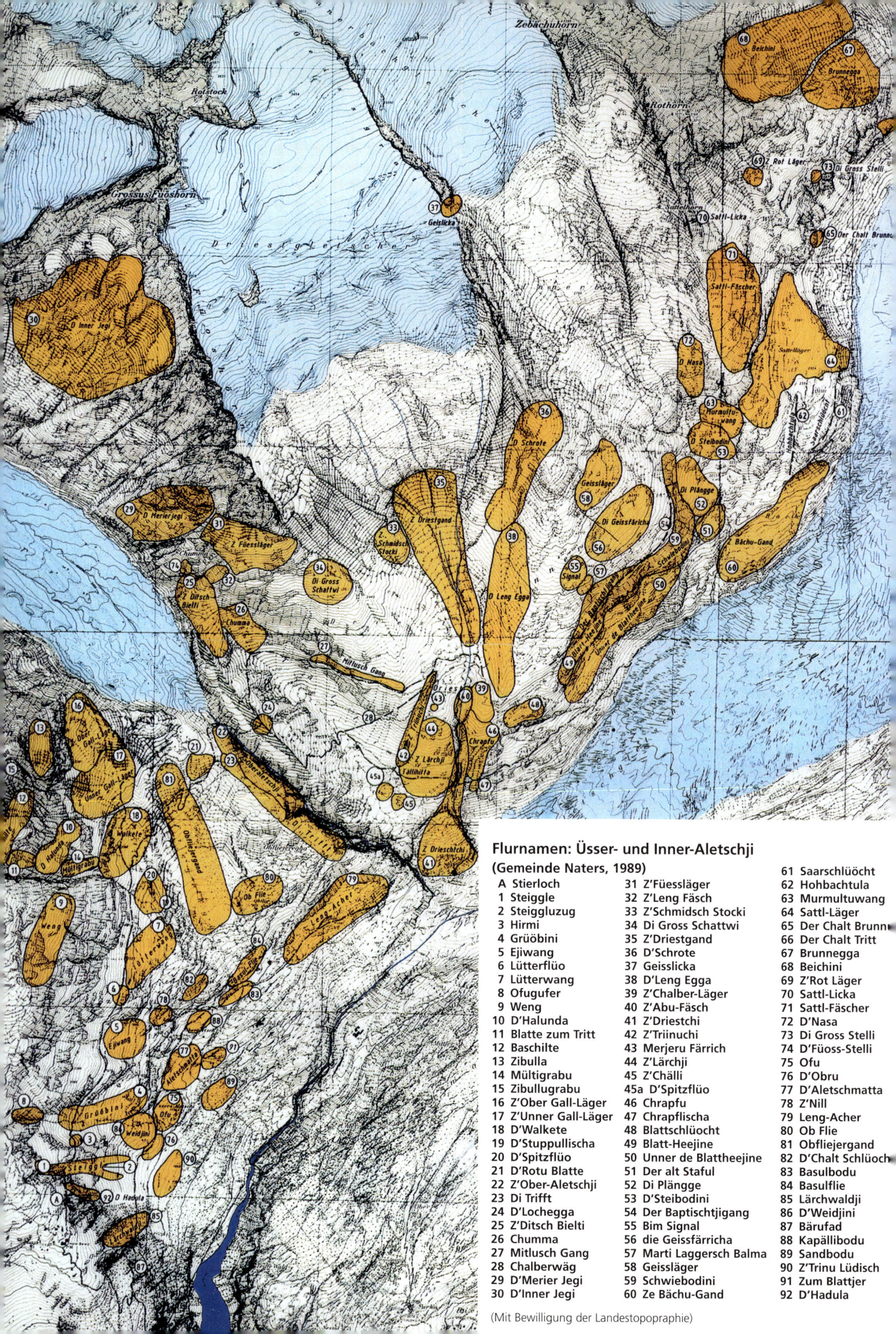

**(Gemeinde Naters, 1989)**

| | | |
|---|---|---|
| A Stierloch | 31 Z'Füessläger | 61 Saarschlüöcht |
| 1 Steiggle | 32 Z'Leng Fäsch | 62 Hohbachtula |
| 2 Steiggluzug | 33 Z'Schmidsch Stocki | 63 Murmultuwang |
| 3 Hirmi | 34 Di Gross Schattwi | 64 Sattl-Läger |
| 4 Grüöbini | 35 Z'Driestgand | 65 Der Chalt Brunn |
| 5 Ejiwang | 36 D'Schrote | 66 Der Chalt Tritt |
| 6 Lütterflüo | 37 Geisslicka | 67 Brunnegga |
| 7 Lütterwang | 38 D'Leng Egga | 68 Beichini |
| 8 Ofugufer | 39 Z'Chalber-Läger | 69 Z'Rot Läger |
| 9 Weng | 40 Z'Abu-Fäsch | 70 Sattl-Licka |
| 10 D'Halunda | 41 Z'Driestchi | 71 Sattl-Fäscher |
| 11 Blatte zum Tritt | 42 Z'Triinuchi | 72 D'Nasa |
| 12 Baschilte | 43 Merjeru Färrich | 73 Di Gross Stelli |
| 13 Zibulla | 44 Z'Lärchji | 74 D'Füoss-Stelli |
| 14 Mültigrabu | 45 Z'Chälli | 75 Ofu |
| 15 Zibullugrabu | 45a D'Spitzflüo | 76 D'Obru |
| 16 Z'Ober Gall-Läger | 46 Chrapfu | 77 D'Aletschmatta |
| 17 Z'Unner Gall-Läger | 47 Chrapflischa | 78 Z'Nill |
| 18 D'Walkete | 48 Blattschlüöcht | 79 Leng-Acher |
| 19 D'Stuppullischa | 49 Blatt-Heejine | 80 Ob Flie |
| 20 D'Spitzflüo | 50 Unner de Blattheejine | 81 Obfliejergand |
| 21 D'Rotu Blatte | 51 Der alt Staful | 82 D'Chalt Schlüöch |
| 22 Z'Ober-Aletschji | 52 Di Plängge | 83 Basulbodu |
| 23 Di Trifft | 53 D'Steibodini | 84 Basulflie |
| 24 D'Lochegga | 54 Der Baptischtjigang | 85 Lärchwaldjini |
| 25 Z'Ditsch Bielti | 55 Bim Signal | 86 D'Weidjini |
| 26 Chumma | 56 die Geissfärricha | 87 Bärufad |
| 27 Mitlusch Gang | 57 Marti Laggersch Balma | 88 Kapällibodu |
| 28 Chalberwäg | 58 Geissläger | 89 Sandbodu |
| 29 D'Merier Jegi | 59 Schwiebodini | 90 Z'Trinu Lüdisch |
| 30 D'Inner Jegi | 60 Ze Bächu-Gand | 91 Zum Blattjer |
| | | 92 D'Hadula |

(Mit Bewilligung der Landestopographie)

# Handel, Gewerbe und Industrie

## In alten Zeiten

### 14. bis 19. Jahrhundert

In früheren Zeiten wurde der Handelsverkehr über den Simplon abgewickelt.[836] Das war auch für Naters von Vorteil. Bischof Bonifaz von Challant entschied 1307, dass der Warentransport über den Pass eine Woche von Simpeln, die andere Woche von Brig und Naters ausgeführt werde. Und noch im 17. Jahrhundert finden sich unter den Ballenführern von Brig mehrere Familien aus Naters.

In Naters hatten die Kaufleute ein eigenes Quartier, die Kramgasse, wie sie 1393 genannt wird (heute Judengasse). Noch jetzt sieht man an einzelnen Häusern dieser Strasse die halbrunden Kaufläden, in denen die Krämer ihre Ware feilboten. Besonders reges Leben entwickelte sich bis ins 17. Jahrhundert jeweils an Sonn- und Festtagen, wenn die Leute der ehemals weit verzweigten Pfarrei nach Naters kamen, um ihrer Christenpflicht nachzukommen und zugleich ihre Einkäufe zu tätigen.

Früher hatten die anderen Erwerbszweige neben der Landwirtschaft bei der Bevölkerung keinen grossen Stellenwert. Nur selten treten in den Urkunden eigentliche Handwerker auf und meistens nur solche, die auch für eine bäuerliche Bevölkerung unentbehrlich sind, wie Zimmermann, Schreiner, Schmied, Schlosser, Bäcker, Schneider, Färber und Gerber. Und vielfach waren es Eingewanderte, die dieses Handwerk ausübten. Die meisten Bedarfsmittel für Haus und Stall schaffte sich jeder selbst.

Neben Mühlen, Sägereien und Gerbereien werden in den Dokumenten des Öfteren auch Walken erwähnt. Am 28. Mai 1514 kaufte die Gumperschaft Naters für 53 Pfund am Kelchbach eine Sägerei «mit Kännel, Wasserfuhr und umliegendem Boden», die sie allerdings 1543 wieder verkaufte.[837]

Tschudin berichtet, dass in Naters von 1636 bis 1883 eine *Papiermühle* bestand.[838] Sie wurde 1823 von Bernhard Fallert übernommen, der sie auch noch im Jahre 1857 betrieb. Es ist dies wohl die Papiermühle beziehungsweise Papierfabrik im Klosi, die um 1865 auf Franz Werner überging, der sie bis 1883 führte. Diese Papiermühle wurde später zur Mostpresse umgebaut und war als solche noch lange in Betrieb.

Seit Mitte des 17. Jahrhunderts arbeitete die Familie Lergien im *Hutmacherkin* an der Herstellung von Hüten. Eine *Hammerschmiede* bestand im 18. Jahrhundert unterhalb des bischöflichen Schlosses auf der Flüe und im 19. Jahrhundert im Klosi. Um die Mitte des 19. Jahrhunderts führte die *Orgelbauerfamilie Carlen* eine Werkstatt in Naters.

In den Jahren 1854 bis 1856 richtete «eine Gesellschaft von Brig und Leuk» im alten Bischofsschloss auf der Flüe eine *Parkettfabrik* ein[839], die von der Firma Werner betrieben wurde. Am 22. Februar 1865 brannte die Fabrik nieder. Das Gebäude, in dem sich die Maschinen befanden, wurde vollständig vernichtet.[840] Franz Werner baute daraufhin im Klosi eine Parketterie, die 1917 an die Firma Gertschen überging. Im 19. Jahrhundert gab es in Naters auch eine *Zündholzfabrik*[841], die ebenfalls ein Raub der Flammen wurde.[842] 1898 bewilligte der Gemeinderat Moritz Schurwey den Betrieb einer *Limonadenfabrik*.[843]

## Betriebszählung von 1905

Der Bau des Simplontunnels brachte der Gemeinde Naters einen grossen Aufschwung für Gewerbe, Handel und Industrie. Laut einer Betriebszählung vom 9. August 1905 gab es in Naters folgende hauptsächlichen Gewerbe (total 182):

| | | | |
|---|---|---|---|
| Bäckereien | 6 | Schlossereien | 2 |
| Baugeschäfte | 3 | Schneidereien | 15 |
| Bergführer | 5 | Schreinereien | 7 |
| Dachdeckereien | 3 | Schustereien | 12 |
| Fuhrhaltereien | 11 | Sennereien | 2 |
| Handlungen | 29 | Spenglereien | 2 |
| Kostgebereien | 4 | Steinhauereien | 2 |
| Maurer | 2 | Uhrmachereien | 2 |
| Metzgereien | 5 | Wäschereien | 5 |
| Müllereien | 4 | Wirtschaften | 43 |
| Rasierer | 2 | Zementfabriken | 2 |
| Sägereien | 3 | | |

Ferner je einen Betrieb: Drechslerei, Elektrizitätswerk, Flachmalerei, Glaserei, Kupferschmiede, Limonadenfabrik, Parketterie, Fotografie, Schmiede, Tapeziererei und Zimmerei. In Gewerbe, Handel und Industrie waren 1905 538 Personen beschäftigt; Post- und Telegrafenbeamte 10; SBB 38; total 586.

## Wichtige eingegangene Betriebe des 20. Jahrhunderts

Im 20. Jahrhundert wanderte eine Anzahl bedeutender Firmen ab oder sie gingen ein. Nicht wenige davon waren in Naters derart verwurzelt und schafften so viele Arbeitsplätze, dass ihre Betriebseinstellung Bedauern, ja manchmal sogar Unverständnis hervorrief. Wir erwähnen die Betriebe in der Reihenfolge ihrer Gründung.

*1887 suchte man für die Kräuterhäuser Teilhaber. Das Haus «Vegetabilien» wurde nie gebaut. Die anderen zwei Häuser an der Tunnelstrasse sind heute Wohnbauten (Text zu den Kräuterhäusern auf S. 422).*

## Kräuterhäuser

In der Anfangszeit des Simplontunnelbaus 1898 wurden auch die heute noch vorhandenen zwei sogenannten Kräuterhäuser an der Tunnelstrasse gebaut, die zuerst als Arbeiterquartiere für die Italiener dienten. Danach benutzte Karl Schönenberger aus Zürich diese Gebäude als Kräuterhäuser. Er nannte sich Herborist (Kräuterspezialist), Naturforscher und Lehrer der Augendiagnose. Schönenberger hatte sein Domizil in Naters und betrieb den Handel mit pflanzlichen Nahrungsmitteln (Vegetabilien) noch in den 1920er-Jahren.[844]

## Bauunternehmung Rossi: 1900–1958

Bauunternehmer Louis Rossi (1857–1911) kam nach Aufenthalten in Lausanne und Brig 1904 mit seiner Familie nach Naters. Er hat unter anderen folgende, heute noch als Rossi-Bauten bezeichnete, markante Häuser im Stil des Historismus errichtet, so in *Brig*:
1. das Haus «Zur Alten Post», 1901 (heute Furkastrasse 3)
2. das Bahnhofsgebäude in Brig, Bauzeit 1901–1905 (sein wichtigstes Werk)
3. das heutige Hotel Ambassador, erbaut ca. 1905 (früher Restaurant des Cheminots, Saflischstrasse 3)
4. das Perrig-Haus, circa 1906 (Bahnhofstrasse 14)
5. das Perrig-Pacozzi-Haus, 1907 (obere Bahnhofstrasse)
6. das alte Schulhaus in Brig, 1908
7. wahrscheinlich auch das Hotel Victoria, 1908/1909
8. das Imhof-Haus, 1910 (Bahnhofstrasse 5)

*Rossi-Bauten in Naters:*
1. erstes Rossi-Haus am Rotten, 1904 (Mühleweg 1)
2. zweites Rossi-Haus, 1906 (Mühleweg 3)
3. das Ruppen-Haus, für Kastlan Benjamin Ruppen, 1910 erbaut (Bahnhofstrasse 5)
4. die Rhonemühle Naters, 1912/1913
5. in Blatten das Hotel Blattnerhof (1934 Vertrag zwischen Jean Rossi und Cäsar Eggel)
6. Ob auch das sogenannte Klingele-Haus an der Kehrstrasse 12 von Louis Rossi gebaut wurde, ist nicht mehr zu ermitteln; der Stil des Gebäudes lässt dies aber als wahrscheinlich erscheinen.

Auf Louis Rossi folgten im Jahre 1911 als Unternehmer seine Söhne Jean (1886–1958) und Jacques (1889–1926). Letzterer trennte sich in der Folge von Jean. Dieser führte das Unternehmen weiter bis zu seinem Tod im Jahre 1958. Damit nahm die Bauunternehmung Rossi ihr Ende.[845]

*Jean Rossi, der letzte Unternehmer der Firma Rossi.*

## Bäckerei Zuber bzw. Karlen-Zuber: 1900–1996

Bereits im Jahre 1900 legte Paul Zuber (1871–1953), verheiratet mit Mathilde geb. Zuber (1876–1952), beide von Törbel, in Stalden den Grundstein der Bäckerei Zuber. 1925 überliess Paul Zuber diese seinem Sohn Josef und kaufte im sogenannten «Grüpperhof» «Auf dem Platz» (beim Kelchbach) in Naters die ehemalige Bäckerei Franz Michlig, die um diese Zeit von Albert Volken betrieben wurde.

*Das Ehepaar Paul und Mathilde Zuber, das die Bäckerei Zuber eröffnete.*

Als Vater Zuber invalid geworden war, übergab er die Bäckerei seinen Söhnen Meinrad (1909–1963), Raphael (1911–1987) und Heinrich (1918–1997). Der Betrieb weitete sich in der Folge immer mehr aus. Sohn Heinrich wurde Geschäftsinhaber der Bäckerei-Konditorei. Sohn Raphael gründete östlich der Bäckerei (am Kelchbach) eine Biskuit- und eine Schokoladefabrik und führte diese als alleiniger Inhaber. Sie wurde später von seinen Söhnen Louis, Edgar und Marcel übernommen und bis 1987 betrieben. Das «Zuberli-Brot» und die «Zuberli-Biskuits» waren in Naters und der weiteren Umgebung zum Begriff geworden.
1971 übergab Heinrich Zuber die Bäckerei-Konditorei seinem Schwiegersohn William Karlen aus Brig, verheiratet mit Lisette, der sie unter dem Namen Karlen-Zuber weiterführte. Er besass insgesamt auch drei Verkaufsläden in Naters und Brig. Im Jahre 1996 gab das Ehepaar Karlen-Zuber den während 71 Jahren in Naters mit viel Hingabe und Geschick geführten Bäckereibetrieb auf.

## Schreinerei Eggel & Imboden: 1905–1983

Leopold Eggel (1881–1968) und Adolf Imboden (1876–1945) errichteten im Jahre 1905 eine für damalige Verhältnisse gut ausgestattete Bauschreinerei, der 1916 eine Sägerei angegliedert wurde.[846] Die Schreinerei lag westlich des Lergienhauses, wo heute ein prächtiges Wohngebäude steht. Die Firma wurde in zweiter Generation von den Söhnen der Gründer, Josef Eggel und Albert Imboden, weitergeführt. 1983 stellten diese den Betrieb ein.
Die Firma hatte seinerzeit einen Exklusivauftrag von der Schweizerischen Waffenfabrik. Aus Nussbaumholz galt es, Schäfte für Langgewehre herzustellen. Als die Schweizer Armee vom Langgewehr auf Karabiner umrüstete, war es mit diesem regelmässigen Auftrag vorbei. Für gelungene Arbeiten erhielt das renommierte Natischer Unternehmen, das für sorgfältige Ausführung

422

*Ehemalige Schreinerei Eggel & Imboden, westlich des Burgerhauses.*

der Aufträge bekannt war, an den kantonalen Gewerbe-Ausstellungen in Sitten und Brig zwei Goldmedaillen. Die zum grossen Teil um 1907 von der damals bekannten Firma Kirchner aus Leipzig anlässlich einer Weltausstellung in Mailand gekauften Maschinen wurden bis zum Schluss mit Wasserkraft betrieben. Die Wasserturbine, die sämtliche Maschinen und Geräte des Unternehmens antrieb, ist ein historisches Stück mit Seltenheitswert. Die Maschinen wurden von der Gemeinde erworben und werden vorläufig in einem der kommunalen Räume gelagert.

## Schreinerei D'Alpaos: 1908–1996

1908 eröffnete Liberale D'Alpaos westlich vom Café Venezia an der Weingartenstrasse eine Schreinerei. 1946 gründeten die Gebrüder D'Alpaos, Joachim und Vittorio, Söhne des Liberale, die Kollektivgesellschaft D'Alpaos Söhne. Diese Schreinerei wurde in der dritten Generation durch den dipl. Schreinermeister Amadeo D'Alpaos bis 1996 weitergeführt. Das in Naters stark verwurzelte Unternehmen beschäftigte in der Zeit der Hochkonjunktur bis zu 15 Mitarbeiter.

## Kunststeinfabrik Hunziker: 1914 bis ca. 1929

1914 richtete die Firma Hunziker und Cie. aus Brugg für den Bau der zweiten Simplonröhre auf dem östlichen Bahnhofgelände, aber noch auf Natischer Boden eine «Kunststein- oder Zementfabrik» ein. Zur Fabrikation der Steine verwendete man den quarzreichen Gneis aus dem Massasteinbruch. Das Urgestein wurde mittels einer Rollbahn zur Fabrik transportiert, dort mit gewaltigen Steinbrechmaschinen zu Schotter zerkleinert und mit Kugelmühlen zu reinem Sand gemahlen.[847] Hunziker führte die Zementfabrik auch noch nach Beendigung des zweiten Simplontunnels bis Ende der 20er-Jahre fort.

## Mineral AG: 1925–1941

In den Jahren 1925–1941 sprechen die Gemeinderatsprotokolle ab und zu von einer Mineral AG. 1932 bewilligte der Gemeinderat «die Ausbeutung von Mineralien, wie z.B. ‹Anhydrit› [wasserfreier Gips] in der Weingarten-Wildi»[848].

## Besenfabrik: 1926 bis ca. 1935

Ein gewisser Mann namens Monti betrieb von 1926 bis in die 30er-Jahre in Naters eine Besenfabrik. Sie war zuerst im oberen «Kräuterhaus» an der Tunnelstrasse untergebracht und stand danach an der Landstrasse 60 (östlich vom Café Aletsch), wo Renato Fasciani 1962 sein Haus erbaute. Wie der ‹Walliser Volksfreund› 1931 zu berichten weiss, war dies damals die einzige Besenfabrik in der Schweiz. Es wurden täglich bis zu 500 Besen hergestellt.

Während des Zweiten Weltkrieges war in den Räumlichkeiten der ehemaligen Besenfabrik eine Knochenmühle eingerichtet, in der David Eyer (1908–1987) Knochen zu Mehl rieb, das als Futtermittel benutzt wurde.[849]

## Tuchfabrik Naters: 1928–1942

Am 25. November 1928 wurde in Naters die Spinnerei, Weberei und Strickerei AG Naters gegründet. Ab 1932 firmierte das Unternehmen unter dem Namen Oberwalliser Tuchfabrik Naters.[850] Gemäss Artikel 2 der Statuten bezweckte «die Genossenschaft die Verwertung der einheimischen Schafwolle, die Unterstützung und Förderung der Handweberei im Wallis». In der Hauptsache stellte man Sportstoffe, Wolldecken und Garne her. Das Gesellschaftskapital betrug 70 000 Franken, eingeteilt in 350 Aktien zu je 200 Franken.

Erster Verwaltungsratspräsident war Gervas Klingele (1892–1937). Eine nicht unbedeutende Rolle bei der Tuchfabrik spielte deren Mitgründer Ludwig Jossen (1873–1951), Sohn des Moritz. Die AG übernahm «als Sacheinlage von der Erbengemeinschaft Moritz Michlig, Bäcker, Naters, deren Schreinerei und Sägerei». Diese Einrichtungen befanden sich in dem noch vorhandenen ersten Gebäude oberhalb der obersten Kelchbachbrücke, am rechten Ufer des Kelchbachs.

1942 musste Albert Imsand (*1911) aus Münster, Grossratspräsident 1972/73, der beim Unternehmen immer mehr das Ruder in die Hand genommen hatte, die Fabrik nach 14-jährigem Bestehen von Naters nach Sitten verlegen. Wie Imsand dem Schreibenden selbst erklärte, wäre er lieber in Naters geblieben. Die heute in Sitten florierende Tuch- und Deckenfabrik, die 1992 ihr 50-jähriges Bestehen feierte, könnte heute ebenso gut in Naters stehen. Doch als junger Unternehmer wurde Albert Imsand in Naters nicht ernst genommen und man stellte ihm keinen Boden zur Verfügung. Auch die Gemeindeverwaltung zeigte nach Imsands eigenen Aussagen kein Interesse am Erhalt der Fabrik.

Der ‹Walliser Bote› vom 20. Oktober 1992 (S. 5) berichtet über die Endphase in Naters: «Recht dramatisch ging die ‹Züglete› der Webstühle, die in Naters von einer übernommenen Firma nach Sitten gebracht wurden, vor sich. Eingeschlagene Fenster und ein regelrechter Ansturm auf die Maschinen veranlassten den Besitzer, von Staatsrat Maurice Troillet Armeeschutz zu verlangen. Im Kriegsjahr 1942 war denn auch bald eine Kompanie zur Hand.»

## Gerberei Vallotton: 1945–1971

Gerbermeister Charles Vallotton (1914–1997) von Sitten übernahm die sogenannten Hunziker-Baracken auf dem Bahnhofareal (s. oben) und führte dort von 1945 bis 1971 eine Gerberei.

Die Gemeinde Naters sicherte der Firma in den Jahren 1946–1956 einen jährlichen Beitrag von 1000 Franken zu; dagegen verpflichtete sich Vallotton, vorab Arbeiter aus Naters zu beschäftigen. Da die SBB 1970 wegen der Erweiterung des Bahnhofs Brig die Enteignung der Parzelle 6975 (Anlage Vallotton, 3139 m$^2$) eingeleitet hatte, verzichtete Vallotton auf eine Einsprache und verkaufte seine Anlage.[851]

## Scintilla: 1951–1956

Die «Scintilla» (ital. und bedeutet «Funke»), deren Hauptsitz in Solothurn ist, besass in den Jahren 1951–1956 in einem kleinen Gebäude in den Driesten hinter dem Geschäftshaus der Firma Zen-Ruffinen eine Filiale, die Handwerkzeuge herstellte. In St. Niklaus nahm die Scintilla AG schon 1946 ihren Betrieb auf. In Naters beschäftigte das Unternehmen 60 bis 70 Arbeiter. Es waren vor allem italienische Grenzgänger, «da aus Naters kaum Arbeitskräfte zu finden waren». Die Leitung der Scintilla in St. Niklaus dachte daran, die dortige Fabrik ganz nach Naters zu verlegen. Da aber hier nach Aussagen von Hans Schock, St. Niklaus, kein besonderes Interesse bestand, wurde die Filiale in den Driesten am 1. Juli 1956 geschlossen.[852]

## Schreinerei Hans Mutter: 1955–1983

Von 1955 bis 1983 führte Hans Mutter, des Josef, an der Weingartenstrasse 3 eine Schreinerei, die zu Zeiten der Hochkonjunktur bis zu 40 Mitarbeiter beschäftigte.

## «Lädelisterben»

In jüngerer Zeit schloss ein Lebensmittelgeschäft nach dem anderen seine Tore, so unter anderen:
*Adelheid Jossen-Albert (1886–1974)* am Kramladenplatz an der Judengasse (Geschäftsführung: 1919–1974, letzter Verkaufsladen an der Judengasse);
*Eduard (1906–1982)* und *Marie Walker-Jossen (1908–1998)*, zuerst am Marktplatz und dann an der Blattenstrasse 14, betrieben: 1938–1974;
*Markus* und *Kresenz Ruppen-Schmid*, Belalpstrasse 24, Geschäftsführung: 1947–1982;
*Cäsarine Imhof (1910–1997)*, Landstrasse 42, geführt: 1933–1978;
1927 eröffnete das Ehepaar Julian und Isabelle Truffer-Lambriger an der Weingartenstrasse 7 ein Lebensmittelgeschäft, das nach dem Tod der Gründer von der Tochter *Irma Truffer* bis 1996 weitergeführt wurde.

## Uhrensteinfabrik Brügger AG: 1966–1971

Am 2. Mai 1966 eröffnete die Firma Brügger AG, Uhrensteinfabrik in Frutigen/BE, an der Furkastrasse eine Filiale. Auf ein einziges Inserat hin meldeten sich gegen 100 Frauen, von denen zuerst nur fünf, später aber zwölf eingestellt wurden. Einer der Gründe, eine Zweigniederlassung in Naters aufzubauen, war die Hoffnung auf Arbeitskräfte, da diese in Frutigen immer schwieriger zu finden waren. Filialleiter war Fritz Schmid.[853]
1971 stellte die Firma Brügger «umständehalber» ihren Betrieb zum grossen Bedauern der Gemeindeverwaltung in Naters ein.

## Der letzte Kupferschmied

Mario Giachino (1910–1981) war der letzte Kupferschmied im Oberwallis, der 1936 die Kupferschmiede beim «Waldihüs» von

Aurelio Fasana übernahm. Hier schmiedete Giachino unverdrossen bis 1975 noch alle Gefässe von Hand. Diese waren vielfältig: Kessel («Chessini») und Pfannen aus Kupfer, Milchkessel und Krüge aus verzinktem Weissblech, Destillierkessel («Brennhäfu»), grosse Kessel für Alpsennereien usw. Sommers ging der Kupferschmied im ganzen Oberwallis auf die Stör («Steer»). Das Schweizer Fernsehen drehte in Giachinos Werkstatt einen aufschlussreichen Farbfilm, den der bekannte Volkskundler Wysel Gyr am 30. Juli 1974 als Kernstück seiner «Stadt und Land»-Sendung präsentierte. Der Walliser Dichter Ludwig Imesch (1913–1996) verfasste den Filmtext in der Mundart und sprach ihn selbst. Dieser Film ist im Besitz von Sohn Robert Giachino, Naters.

*Mario Giachino.*

## Festung Naters: 1943–1995

Da seit 1943 nicht wenige Natischer ihren Arbeitsplatz im Festungswachtkorps Oberwallis fanden und in kleinerer Zahl noch heute innehaben, und weil es in Bezug auf die Festung Naters Änderungen gegeben hat, verfolgen wir kurz auch den historischen Werdegang dieser Festung.

Aufgrund eines Bundesratsbeschlusses vom 25. Juni 1941 wurde am 1. April 1942 ein Festungswachtkorps aufgestellt. Im Juli 1943 war die Festung Naters bezugsbereit. Im Hügelbereich der Festung, die von z'Brigg aus erreicht wird, befand sich früher ein Kastanienwald. Um eine bessere Sicht aus dem Festungsbereich zu gewinnen, mussten viele Kastanienbäume gefällt werden.[854] Als Folge der Restrukturierungsmassnahmen im Eidg. Militärdepartement wurde auch die Festung Naters 1995 in ihrer früheren Funktion aufgehoben. Heute dient sie nur noch gelegentlich als Truppenunterkunft.

Infolge Spionage und Verrats während des Zweiten Weltkriegs waren die Deutschen über die Festung Naters bestens informiert. In ihren Händen befanden sich genaue Skizzen mit Angaben über den laufenden Ausbau der Festung. Auch hatten sie Kenntnis über deren Bestückung mit 10,5-cm- und 7,5-cm-Geschützen und wussten, dass erstere eine Reichweite bis zum Simplon gehabt hätten.[855]

# Bestehende Firmen und Geschäfte: 50-jährig und älter

Die nun folgenden geschichtlichen Darstellungen der einzelnen Firmen beruhen im Allgemeinen auf Angaben der Geschäftsleitung. Diese fallen verständlicherweise je nach Grösse und Alter des Unternehmens unterschiedlich aus. Wir beschränken unsere Ausführungen auf Geschäfte, die seit mindestens 50 Jahren bestehen.

### Kaufhaus Biffiger: das älteste Geschäft

Im Jahre 1886 eröffnete Kreszentia Wyssen (1858–1918), des Eugen, von einem mehrjährigen Aufenthalt aus Paris zurückgekehrt, in der jetzigen Metzgerei Ritz, Belalpstrasse 21, ein Lebensmittelgeschäft. Am 13. November 1887 verheiratete sich Kreszentia in der Kirche von Glis mit Josef Biffiger (1854–1924). 1900 erbaute das Ehepaar Biffiger-Wyssen das Haus, in dem sich die Eisenhandlung noch heute befindet. Hier wurde das Verkaufssortiment wesentlich erweitert, unter anderem durch Eisenwaren und Haushaltartikel. Viele Kunden kauften damals mit der «Tschiffra» (Rückenkorb) ein; sie kamen aus Naters und der näheren und weiteren Umgebung. Nach dem Einkauf offerierte Kreszentia den von weiter her kommenden Kunden einen Kaffee. Das Geschäft war zu jener Zeit von 7.00 bis 22.00 Uhr geöffnet. Sohn Ernst Biffiger (1889–1967) trat schon 1907 in das Geschäft der Eltern ein und übernahm es 1924 zusammen mit seinen beiden Schwestern Seline und Leonie. In den Jahren 1934/1935 wurden gegenüber dem alten Geschäft das Restaurant Ornavasso, das Biffiger zuvor gekauft hatte, aufgestockt und nebenan ein Geschäftsraum und sieben Wohnungen erstellt. Im alten Laden behielt man nur noch Eisenwaren und Haushaltartikel. 1959 vergrösserte die Firma die Geschäftsräume nochmals und erweiterte das Verkaufssortiment durch Kleider, Schuhe, Spiel- und Papeteriewaren, Bonneterie, Mercerie, Futterwaren usw. Bei Biffiger gab es die ersten Tiefkühlprodukte und die erste automatische Eingangstüre im Oberwallis. Fünf Kinder des Ernst, Irma, Irene, Leander, Arthur, Lothar, sowie zwei weitere Angestellte arbeiteten als Verkaufspersonal.

*Josef und Kreszentia Biffiger-Wyssen, Gründer des Kaufhauses Biffiger.*

Nachdem Leander Biffiger nach zwölfjähriger Geschäftsführung das Kaufhaus Gonset in Visp aufgegeben hatte, übernahm er am 1. April 1963 die elterlichen Geschäfte auf eigene Rechnung. Ab Mai 1965 führten Leander und seine Frau Therese zusätzlich das Kaufhaus SACO an der Bahnhofstrasse 1. Der Geschäftsführer beschäftigte um diese Zeit in allen Läden insgesamt acht Personen. Infolge der immer stärker werdenden Konkurrenz wurde das Geschäft gegenüber der Eisenhandlung im Mai 1974 der «Quelle» (La Source, des Käseverbandes) vermietet, die darin zuerst ein Lebensmittelgeschäft betrieb; später wurde dort ein Schuhgeschäft eingerichtet. Ab 1974 führte Irene Biffiger zusammen mit ihrem Bruder Otto die Eisenhandlung weiter bis 1996. Das Kaufhaus Biffiger wurde unter der Führung der Familie Biffiger volle 110 Jahre alt.

Wenn man im Oberwallis etwas für den Haushalt brauchte, das sonst nirgends erhältlich war, so hiess es im Volksmund: «Müoscht zum Biffigi ds Natersch gaa.» Und in der Tat: Beim Biffiger bekam man (fast) alles.

Am 1. Oktober 1996 übernahm Florian Salzmann als Pächter die Eisenhandlung Biffiger.

# Gertschen AG, Fabrik für Möbel und Innenausbau

Am 1. Dezember 1898 eröffnete Alfred Gertschen mit vier Arbeitern im Klosi in Naters eine Schreinerei, wobei ein Wasserrad den notwendigen Antrieb für die wenigen Maschinen besorgte. Unermüdlicher Arbeitswille, ein wacher Geist, die Fähigkeit, auch Rückschläge zu verkraften, Weitsicht und Können brachten dem Firmengründer und seinen Söhnen Erfolg. Insbesondere war es der Älteste, Alois, der nach dem Tod von Vater Alfred im Jahre 1933 mit Dynamik, Tatkraft und kluger Weitsicht das Unternehmen weiterführte. Seine Gesinnung und seine wirtschaftliche Einstellung wurden von seinem Sohn Dr. Willy Gertschen weitergetragen. So kann die Gertschen-Dynastie auf eine bewegte und teils turbulente Geschäftsentwicklung zurückblicken. Oberstes Ziel des dynamischen Firmenleiters war und ist eine harmonische Entwicklung, deren Fundamente Fleiss, fachliches Können, kluges kaufmännisches Denken und Handeln sowie eine rücksichtsvolle Personalpolitik sind. Hervorzuheben ist sicher auch die tatkräftige Unterstützung durch die Verwaltungsräte und Abteilungsleiter Peter Gertschen (*1916), Josef Gertschen (*1917) und Andreas Gertschen (*1926). Ehemalige Mitarbeiter werden alljährlich zum Jubiläumsausflug und die Belegschaft zum Jahresendessen eingeladen. Gertschen-Möbel verkaufen sich in der ganzen Schweiz. Die Handelsabteilung unterhält auch Beziehungen zu Lieferanten im Ausland.

*Fabrikanlage seit 1983 an der Furkastrasse.*

## Werdegang des Unternehmens

**1898** Gründung des Geschäftes durch Alfred Gertschen (Einzelfirma) im Klosi, Naters
**1903** Bau des Wohnhauses mit Verkaufsmagazin «Im Kehr», Naters
**1905** Erstellung der Werkstätte ebenfalls «Im Kehr»
**1929** Gründung der Kollektivgesellschaft «A. Gertschen's Söhne», Erweiterung der bestehenden Fabrikationsanlage
**1933** Tod von Alfred Gertschen; Übernahme der Firma durch die Söhne Alois, Albert, Oskar, Otto und Othmar; Bau des Verkaufsgeschäftes an der Bahnhofstrasse 4 in Brig, das 1990 verkauft wurde
**1947** Umwandlung der Kollektivgesellschaft in eine AG
**1948** 4. Dezember: 50-Jahr-Jubiläum mit einem Gedächtnisgottesdienst in der Kirche von Naters, einer Kranzniederlegung am Grab des Firmengründers und einem Festmahl im Hotel Krone in Brig, verbunden mit vielen Ansprachen, unter anderen jene vom Nationalratspräsidenten und späteren Bundesrat Josef Escher
**1954** Eröffnung des Verkaufsgeschäftes in Martinach, 1992 aufgegeben
**1957** Eintritt von Herbert Gertschen in die Firma; Übernahme des technischen Büros und der Produktion
**1970** Eröffnung des Verkaufsgeschäftes in Uvrier (Centre Magro), 1995 eingestellt
**1973** Bau des fünfstöckigen Zentrallagers an der Kehrstrasse in Naters, 1987 aufgegeben; 1. Dezember: 75-Jahr-Jubiläum
**1982** Brand der Möbelfabrik «Im Kehr», Naters; in der Folge abgebrochen
**1983** Inbetriebnahme der neuen Fabrik an der Furkastrasse 140, genannt am Ort «Weingarten», Naters; Einweihung am 15. Juli 1983; einer der modernsten Produktionsbetriebe der Schweiz
**1989** Eröffnung der Grossausstellung (circa 4000 m² Fläche) an der Furkastrasse 140
**1991** Dr. Willy Gertschen wird neuer Verwaltungsratspräsident und bleibt es bis 1998
**1995** Eröffnung des Verkaufsgeschäftes in Conthey
**1998** Am 5. Dezember feiert die gesamte Belegschaft der Firma Gertschen AG das 100-Jahr-Jubiläum. Nach dem Gottesdienst in der Kirche versammelt man sich im Zentrum Missione, wo die Feier mit Mittagessen, verschiedenen Reden, Sketches und Musik ihren weiteren Verlauf nimmt. Ein Wermutstropfen bleibt der Firma nicht erspart: Die vierte Generation der Gertschen bleibt aus. Neuer Verwaltungsratspräsident wird Paul-Bernhard Bayard, Treuhänder in Naters.

## Direktion

*1898–1933: Alfred Gertschen*
*1933–1965: Alois Gertschen*
(Alfred und Alois Gertschen figurieren auch unter den Gemeindepräsidenten; vgl. Kap. «Präsidenten», Nrn. 130 und 131, mit Abb.)
*1965–1991: Dr. rer. pol. Willy Gertschen (*1924).* Der Titel seiner Dissertation lautet: «Die industrielle Entwicklung im Kanton

*Alte und neue Verwaltungsratsmitglieder anlässlich des 100-jährigen Bestehens der Gertschen AG 1998. Von links: Jean-Marc Furrer, Felix Ruppen, Walter Blank, Dr. Willy Gertschen, Herbert Gertschen, Paul-Bernhard Bayard, Dr. Willy Borter.*

Wallis». Eintritt in die Firma 1953; langjährige Mitarbeit in der Wirtschafts- und der Mittelschulpolitik des Wallis, besonders in Fragen der gewerblichen und industriellen Entwicklung; guter Kenner der wirtschaftlichen Probleme und Nöte des Kantons.
*1991–1997:* Leitung durch das Triumvirat Herbert Gertschen (bis 1996): Anton Bumann und Alois Stuber (bis 1996).
*1997–1999: Anton Bumann (*1941).* Aufgewachsen in Ausserberg (die Frau von Alfred Gertschen, Genoveva Heynen, war seine Grosstante), trat er 1962 als Buchhalter in die Firma ein und wurde in der Folge zum Prokuristen und 1997 zum Direktor befördert. Er starb am 29. Juli 1999.
*Beschäftigte:* 1898: 4, 1948: 58, 1978: 106 und 1998: 75.

## Firma Augsburger AG Rhonemühle

1912 bauten die Brüder Christian (Leiter des Familienbetriebs in der Eymatt/BE) und Adolf Augsburger die Rhonemühle in Naters. 1914 wurde der jüngste Bruder, Otto, Mitarbeiter und später Kommanditär. Von 1912 bis 1959 führten die Gründer die Mühle als Kollektivgesellschaft, die später in eine Familien-AG umgewandelt wurde, der die Kinder von Adolf Augsburger angehören. Die Rhonemühle beschäftigt durchschnittlich rund 16 Arbeitskräfte.

*Rhonemühle, Naters.*

*Direktion:*
*1912–1968   Adolf Augsburger senior (1887–1968)*
*1968–1985   Adolf Augsburger junior (*1922)*
*1985–        Bernhard Augsburger (*1956), des Adolf*
Adolf Augsburger sen. besass eines der ersten Personenautos im Oberwallis.

### Entwicklung der Rhonemühle

**1913** Inbetriebnahme der neuen Mühleninstallation
**1922** Anbau eines Getreidesilos auf der Nordseite der Mühle
**1924** Umbau der Mahleinrichtung von Sackmüllerei auf Automat
**1929** Bau von Wohnhaus, Lager usw. entlang des Rhonedammes
**1939** Erstellung eines neuen Getreidesilos östlich der Bahnhofstrasse
**1942** Totalschaden am Mühlengebäude von 1912 und an der Mahleinrichtung von 1924 durch Feuersbrunst (vgl. Kap. «Schwarze Chronik»: 1942)
**1943** Beendigung des Wiederaufbaus und Inbetriebnahme der neuen Mahleinrichtung
**1958** Erstellung einer pneumatischen Entladerampe beim Bahnhof Brig und bei der Mühle Naters
**1963** Anbau West entlang des Mühleweges
**1978** Abermalige Erneuerung der Mahleinrichtung
**1995** Einführung des Qualitäts-Management-Systems nach ISO 9001

## Metzgerei Ritz

Im Jahre 1918 eröffnete Viktor Ritz (1888–1957), Burger von Selkingen, an der Belalpstrasse 19 eine Metzgerei, die in der Folge von seinem Sohn Rudolf (1912–1969), Metzgermeister, übernommen wurde. Seit 1969 führt dessen Sohn Paul (*1938) in dritter Generation die Metzgerei und Wursterei daselbst weiter. Die Metzgerei Ritz ist in Naters die älteste Versorgungsstelle für Fleischwaren. Nachdem der Verkauf von Frischfleisch durch die Grossgeschäfte aufgekommen war, spezialisierte sich Paul Ritz auf Trockenprodukte. So baute er 1975 eine Fleischtrocknerei. Seine Walliser Spezialitäten wie Trockenfleisch, Hauswurst, luftgetrocknetes «Gsottus» usw. sind denn auch von besonderer Qualität. – *Beschäftigte:* drei.

*Paul Ritz.*

## Malergeschäft und Restauration Mutter

### Malergeschäft

Im Jahre 1919 gründete Josef Mutter (1897–1979; vgl. auch Kap. «Kunstschaffende») ein Malergeschäft als Einmannbetrieb. Später schloss er sich mit Anton Imhof zusammen. 1938 machte sich Mutter erneut selbstständig und nahm in der Folge seine inzwischen erwachsenen Söhne zu sich in die Firma: Walter (*1920), Josef (*1925), Ignaz (*1929) und Anton (*1932). (Letztere zwei: vgl. Kap. «Kunstschaffende».)
1959 übernahm Ignaz Mutter sowohl die Leitung des Malergeschäftes als auch die des Restaurationsateliers. Das Geschäft hat sich als vorbildlich geführter Familienbetrieb weit herum einen Namen gemacht und beschäftigte in den 70er-Jahren bis zu 40 Mitarbeiter. 1991 ging das Malergeschäft in dritter Generation auf Anselm Mutter (*1961), des Ignaz, über. Anselm erwarb

nicht nur den Fachausweis als Malerpolier sowie das eidgenössische Meisterdiplom, sondern auch jenes für Unternehmungsführung SIU, Typus A, für Produktions- und Dienstleistungsbetriebe. 1992 wurde er zum Fachexperten für Meisterprüfungen ernannt.

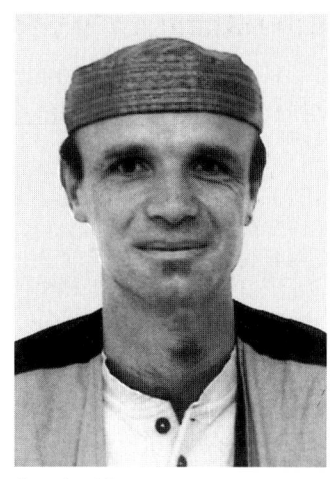

*Anselm Mutter.*

## Restauration

Parallel zum Malergeschäft führte der Familienbetrieb Mutter von Anfang an auch ein Restaurierungsatelier. Bereits Josef Mutter, aber insbesondere sein Sohn Walter Mutter (1920–1997) hat mehr als 30 Jahre das Kunsthandwerk des Restaurators ausgeübt, während sein Bruder Josef vor allem das Vergolden übernahm. Vielen Altären und unzähligen Heiligenfiguren des Ober- und des Unterwallis verlieh Walter Mutter neuen Glanz. Daneben war er weit und breit der Einzige, der das Talent besass, Bilder restaurieren zu können. Oft war er Kunstkenner, Maler, Vergolder und Bildhauer in einer Person. Des Weiteren spielte «ds Mutterli Walti» als ausgezeichneter Bassgeigenspieler bei fast jeder «Stubeta».

*Walter Mutter.*

Seit 1991 führt der hierzu bestens ausgebildete Matthias Mutter (*1969), des Ignaz, das Restaurierungsatelier weiter.
Beide Geschäfte befinden sich seit 1972 im Kunsthaus zur Linde, während sie zuvor hintereinander an drei verschiedenen Orten untergebracht waren.

## Von der Bauunternehmung Ruppen zur Aktiengesellschaft

Albert Ruppen (1896–1974), des Kaspar, gründete 1919 die Firma als Einzelunternehmung. Um 1936 trat sein Bruder Isidor in den Betrieb ein. Bruder Emil Ruppen arbeitete bei Albert als Polier. Emil verunglückte 1941 im Ganterstollen. Zwei Jahre später starb auch Isidor. Die Firma wurde nun wieder als Einzelunternehmen von Albert Ruppen geleitet. 1962 trat sein Neffe Peter Ruppen, des Emil, als Bauführer in das Geschäft ein. Er beteiligte sich mit 50 Prozent an der Firma. 1973 erfolgte die Gründung einer Kollektivgesellschaft Albert und Peter Ruppen Unternehmung. 1974 verstarb Albert Ruppen. Von 1975 bis 1998 wurde das Unternehmen unter dem Namen Peter Ruppen weitergeführt. 1999 wandelten die Mitarbeiter Pius Eyer, zuvor in der Unternehmung hauptverantwortlich für die Administration, und der langjährige Polier Kaspar Pollinger die Einzelfirma in eine Aktiengesellschaft um, in der Eyer und Pollinger die Schlüsselpositionen bekleiden. Die Geschäftsleitung obliegt Pius Eyer.

Dank der Auswahl an jungen, geschulten Kräften und dem einsetzenden wirtschaftlichen Aufschwung wurde zur Zeit Peter Ruppens die Belegschaft von 25 auf 100 Mann erhöht. Dies verlangte den Bau eines grösseren Werkhofes in Gamsen. Wir stossen auf die Unternehmung beim Bau von Strassen, Schulhäusern, Turnhallen, Kirchen, Wohnungen usw.

*Peter Ruppen.*

Zu Beginn der 90er-Jahre gab es auch im Baugewerbe einen Beschäftigungseinbruch. So musste Peter Ruppen die Belegschaft 1997 auf 48 Personen reduzieren.

## Buch- und Offsetdruck Naters AG (BON)

### Gründung

Als Alternative zum damals eher rechts ausgerichteten ‹Walliser Boten› und dem sozialdemokratischen Wochenblatt ‹Walliser Volkszeitung› von Karl Dellberg gründete Dr. Viktor Petrig (1887–1973) von Törbel 1920 im Alleingang den ‹Walliser Volksfreund› (WV). Dieser wurde in den Jahren 1920–1922 in Sitten gedruckt. Eine eigene Druckerei drängte sich auf.[856]
Am 29. Juni 1922 wurde die Genossenschaft Buchdruckerei Oberwallis mit Sitz in Naters gegründet. Einer der Hauptinitianten war Viktor Petrig, der als langjähriger Grossrat und Nationalrat eine bestimmende Figur der Christlichsozialen Partei des Oberwallis war. Die Druckerei wurde im Klingele-Haus an der Kehrstrasse 12, Naters, eingerichtet. Die Ziele der jungen Genossenschaft waren: die Herausgabe der Zeitung ‹Walliser Volksfreund› und die Herstellung von Drucksachen. Am 10. Januar 1923 erschien denn auch die erste in Naters gedruckte Zeitung.

*Dr. Viktor Petrig.*

### Werdegang

Das Klingele-Haus beherbergte die Druckerei von 1922 bis 1964. Im Oktober dieses Jahres erfolgte der Einzug in das neue Gebäude an der Furkastrasse 25. Gleichzeitig wurde die Druckerei ausgebaut und modernisiert.
1976 erfuhr die Natischer Druckerei durch die Installation von

Offsetdruckmaschinen, Satzcomputer usw. eine bedeutende Modernisierung.

Die Redaktion des ‹Volksfreundes› blieb bis 1983 in Naters. In diesem Jahr trennte sich die Zeitung von der Druckerei. Der WV hatte von da an einen eigenen Stiftungsrat.

1985 gründete man eine Aktiengesellschaft und die Buchdruckerei erhielt einen neuen Namen: Buch- und Offsetdruckerei Naters AG, kurz BON genannt.

Da das alte, 1964 erstellte Gebäude 1990 abgerissen wurde, übersiedelte die BON provisorisch in die Lokalitäten der Möbelfabrik Gertschen an der Kehrstrasse 32.

Im Sommer 1991 bezog die Druckerei im Neubau, der sich am alten Standort an der Furkastrasse 25 befindet, die zwei unteren Stockwerke, während die Uhrenfabrik Rhodanus Microtechnic AG in die beiden oberen Geschosse einzog. Der 4-Millionen-Franken-Neubau mit den 1810 Quadratmetern Betriebsfläche (Rhodanus 1050 m$^2$, BON 760 m$^2$) wurde am 27. September 1991 durch Pfarrer Josef Zimmermann eingesegnet.

*Die BON an der Furkastrasse 25.*

## Verwalter

In A. Imhof von Brig fand man den ersten Verwalter (wohl nur für kurze Zeit), der vor allem bei der Einrichtung der Druckerei wertvolle Dienste leistete. Die ersten drei Redaktoren des ‹Walliser Volksfreundes› hatten sowohl die Leitung der Verwaltung der Druckerei als auch der Redaktion der Zeitung inne. Die ersten zwei Verwalter und Redaktoren, Alfred Karlen (im Amt 1923–1935) und Ernst Petrig (im Amt 1935–1938), stammten, wie der Initiator Dr. Petrig, aus Törbel. Nach Ernst Petrig leitete Robert Imboden von Naters in den Jahren 1938–1947 als Letzter in Personalunion Druckerei und Zeitung. Danach waren folgende *Verwalter* in der Druckerei tätig:

| | | |
|---|---|---|
| 1947–1967 | Oswald Venetz | von Stalden/Naters |
| 1967–1975 | Ferdinand Andermatt | von Gossau/SG |
| 1976–1984 | Stanislaus Venetz | von Stalden/Glis |
| 1984– | Elias Salzmann | von Naters |

*Elias Salzmann, Verwalter der BON.*

## Oswald Venetz (1902–1978)

Da Oswald Venetz am längsten Verwalter war und ausserdem verschiedene wichtige Ämter bekleidete, porträtieren wir ihn etwas ausführlicher. Er wurde am 27. November 1902 in Stalden als Sohn des Julius und der Ludwina Schnidrig geboren, besuchte während drei Jahren das Kollegium in Brig (er sollte Priester werden) und danach das Lehrerseminar in Sitten. 1930 heiratete er Bertha Schnidrig. Er war Lehrer in Herbriggen, Visperterminen und Stalden, Präsident von Stalden 1928–1947 (mit vierjährigem Unterbruch), Grossrat des Bezirkes Visp 1929–1949. 1947 siedelte er nach Naters über und war daselbst Verwalter der Buchdruckerei Oberwallis und Verlagsleiter des ‹Walliser Volksfreundes› 1947–1967. Mit dem Neubau der Buchdruckerei Oberwallis setzte er sich ein bleibendes Denkmal. Neben seiner beruflichen Tätigkeit war Oswald Venetz kantonaler Feuerwehrinstruktor der Oberwalliser Feuerwehr und Chefinstruktor für den Zivilschutz. Das Oberwallis kannte ihn auch als witzigen Tafelmajor. Von ihm soll der Ausspruch stammen, dass er einen Dreier (Wein) in einen Zweier (sein Jahrgang 1902) schütten könne. Er starb am 10. März 1978 im Spital von Visp, in «seinem Spital», dem er bei der Gründung Gevatter stand und dem er bis zu seinem Tod als Verwaltungsrat diente.

### Verwaltungsratspräsidenten der BON

| | |
|---|---|
| 1922–1967 | Dr. Viktor Petrig, Brig |
| 1967–1976 | Hans Wyer, Visp |
| 1977–1985 | Werner Salzgeber, Raron |
| 1985– | Albert Bass, Naters |

## Geschäftsgang

Die Kundschaft der BON kommt aus dem gesamten Oberwallis. Die Aufträge stammen zu 60 Prozent von der Tourismusbranche, zu 30 Prozent von Vereinen, Gewerbe und Industrie sowie zu zehn Prozent von Gemeinden, Kanton, Bund und Privaten. Der Konkurrenzkampf hat sich massiv verstärkt, sogar vom Ausland her. Der Betrieb gehört im Oberwallis zu den grösseren der Branche. – *Beschäftigte* 1998: 21.

## ‹Walliser Volksfreund›

Da das Schicksal des ‹Walliser Volksfreundes› eng mit der Buchdruckerei Oberwallis verbunden war, sei hier der Werdegang dieser Zeitung kurz festgehalten.

**Erscheinen:** vom 3.12.1920 bis zum 4.1.1922 als Wochenblatt. Zweimal wöchentlich: 1922–1932, 1940–1959; dreimal pro Woche: 1932–1940, 1959–1966; viermal wöchentlich: 1967/1968; Tageszeitung: 1969–1985; zweimal pro Woche: ab 27.7.1985; in der Endphase als Wochenzeitung bis 1989.

**Druck:** A. Beeger, Sitten: 3.12.1920–1922; Buchdruckerei Oberwallis, Naters: 1923–1975; Druckerei des ‹Nouvelliste›, Sitten: 11.12.1975–1983; Maihof-Druckerei, Luzern: 1983–1985; Mengis Druck und Verlag, Brig-Glis: 1985–1989.

## Wyss Fux AG Brig-Naters

Die Firma Wyss AG wurde 1924 durch Emil Wyss und Severin Fux, die als Monteure bei der Lonza arbeiteten, gegründet. Es war die erste selbstständige Firma der Elektrobranche im Wallis. Von 1927 bis 1933 war das Elektrizitätswerk Brig-Naters Partner der Firma. Das Unternehmen leistete auf dem Gebiet der Elektrifizierung in unserer Region Pionierarbeit. Der Name Wyss-Fux wurde über die Kantonsgrenzen hinaus bekannt.

Nach den Gründern leiteten Raimond Simon und Walter Wyss (†1987), Sohn des Emil, in den Jahren 1951–1978 die Firma. 1979 nahmen Georges Zuber, Naters, und Werner Kiedaisch, Burger von Kreuzlingen/TG, als Inhaber das Ruder der Firma in die Hand. Ersterer trat 1994 in den Ruhestand. Seither leitet Werner Kiedaisch das Geschäft allein. 1999 feierte die Firma ihr 75-jähriges Bestehen.

*Werner Kiedaisch, Geschäftsleiter.*

Die Firma arbeitet auf folgenden Gebieten:
- Installation von elektrischen Niederspannungen und Hausinstallationen
- Installation von Telematik
- Verkaufsladen mit Reparaturservice
- Telefon-Freileitungsbau für Swisscom

Der Verkaufsladen wird in Brig betrieben. In Naters befinden sich seit der Erstellung des Geschäftshauses am Mühleweg 5 die technischen Büros, das Lager, die Werkstatt mit Fahrzeugpark und seit 1995 auch das kaufmännische Büro.
*Beschäftigte:* zu Beginn zwölf, später bis zu 130, in den 80er-Jahren durchschnittlich 30 und 1998 20.

## Malergeschäft Pellanda

1925 gründete Paul Pellanda (1896–1977) in Brig ein Malergeschäft. 1947 verlegte er Wohnsitz und Geschäft nach Naters. 1964 übernahmen die Söhne Luigi (*1934) und Benito (*1939) das Unternehmen. Sie bildeten eine Kollektivgesellschaft, aus der Luigi 1996 ausschied. Seither führt Benito Pellanda das Geschäft allein. *Beschäftigte:* 1998 zwei Arbeiter und ein Lehrling. 1953 baute Paul Pellanda an der Bahnhofstrasse 15 in Naters ein Eigenheim mit Werkstatt. Heute befindet sich diese an der Kehrstrasse 1.

*Benito Pellanda, Geschäftsführer.*

## Handlung Alfons Nellen-Zuber

Im Jahre 1931 eröffnete das Ehepaar Alfons Nellen (†1951) und Mathilde geb. Zuber (†1989) an der Hegdornstrasse 2 ein Lebensmittelgeschäft. 1945 wurde die Handlung in das daneben liegende Haus der ehemaligen Bäckerei Werlen an der Kirchstrasse 6 verlegt. Tochter Paula Nellen (*1931), liebevoll «ds Polli» genannt, arbeitete schon in jungen Jahren im elterlichen Betrieb und führt als Inhaberin das Geschäft als «Laden um die Ecke» weiter.

*Paula Nellen.*

## Imwinkelried Söhne AG

**1. August 1932** Gründung einer Schmiede und Schlosserei in Fiesch durch Hans Imwinkelried (1909–1995)
**1934** Neubau einer Werkstatt mit darüber liegenden Wohnungen in Fiesch
**29. Oktober 1938** Vermählung von Hans Imwinkelried mit Paula Wellig (der Ehe entsprossen 13 Kinder)
**1949** Bau einer grösseren Werkstatt mit Wohnung
**1961/1962** Bau des Wohn- und Geschäftshauses an der Aletschstrasse 9 in Naters

*Belegschaft der Firma Imwinkelried anlässlich des 50-jährigen Bestehens im Jahre 1982. **1. Reihe** (v.l.): Urs Ruppen, Reinhard Pfammatter, Stefan Walker, Manfred Schmid. – **2. Reihe** (v.l.): Walter Walker, Gebrüder Uli, Urs und Paul Imwinkelried, Vater Hans Imwinkelried, Gründer; Stefan Ruppen, Alfred Imwinkelried.*

**1962** Umzug der Familie Hans Imwinkelried von Fiesch nach Naters; Einweihung des neuen Gebäudes in Naters und Feier des 30-jährigen Geschäftsjubiläums
**1965** Bau eines Wohnhauses mit Werkstatt auf der Bettmeralp
**1972** Umwandlung der Einzelfirma in eine Kollektivgesellschaft. Dieser gehörten an: Hans Imwinkelried und die Söhne Alfred,

Urs, Paul und Werner. Letzterer schied später aus und wandte sich dem Gastgewerbe zu; an seine Stelle trat sein Bruder Ulrich.
**1. August 1982** Feier zum 50-jährigen Bestehen der Firma
**1988** Umwandlung der Kollektivgesellschaft in eine AG, der die fünf Brüder Alfred (Präsident), Ulrich, Hans, Urs und Paul Imwinkelried angehören
**Bis 1997** Ausbildung von 35 Lehrlingen

Das Unternehmen ist spezialisiert auf sanitäre Installationen, Heizungen, Wasserversorgungen, Bedachungen und Spenglerarbeiten.

## Firma Lauber IWISA AG

**1933** Gründung als Einzelfirma in Raron durch Alfred Lauber (1901–1970) von St. German, Spengler- und Sanitärinstallateur
**1963** Eröffnung einer Filiale in Naters und Übernahme der Einzelfirma Alfred Lauber durch die Kollektivgesellschaft Lauber Söhne
**1982** Gründung einer Filiale in Leukerbad
**1984** Eröffnung eines Sanitär- und Küchenverkaufsgeschäftes in Visp
**1987** Umwandlung der Kollektivgesellschaft Lauber Söhne in eine AG mit dem Namen Lauber Söhne Haustechniker AG. Aktienkapital: 500 000 Franken. Inhaber und Geschäftsleiter: Gebrüder Erwin (*1934) und Jules (*1942) Lauber, Söhne des Alfred
**1992** Bezug der neuen Werkhallen in Visp
**1993** Namensänderung in Lauber IWISA AG (I = Ingenieurbüro, W = Wasser und Wärme, I = Isolation, S = Spenglerei und Service, A = Anlagebau)

*Geschäftsleiter und Inhaber: Erwin Lauber (links) und Jules Lauber.*

### Standorte:
- Verwaltung und Hauptsitz in Naters, Zentrum Lötschberg
- Werkhallen, Küchen-Verkaufsgeschäft in Visp
- Zweigstelle in Leukerbad
- Mehrheitsaktionär an der Supersaxo Haustechnik AG in Saas-Fee

### Tätigkeiten:
- Spenglerei, Steil- und Flachbedachungen, sanitäre Installationen, Bau von Wasserversorgungen, Kücheneinrichtungen
- Ingenieurbüro für die Planung von Sanitär- und Heizungsinstallationen; Letztere mit besonderem Gewicht auf Verwendung von erneuerbaren Energien, Erdwärme und Sonnenenergie

Die Firma Lauber als führender Betrieb im Oberwallis hat ihre Organisationsstruktur auf dem modernsten Stand aufgebaut. Das Unternehmen ist bestrebt, die Installationen so zu gestalten, dass die Umwelt geschont wird und erhalten bleibt. – *Personalbestand* 1998: 105.

Es bleibt noch zu ergänzen, dass der Geschäftsleiter *Erwin Lauber* dem Verband der dipl. Sanitärinstallateure und Spenglermeister des Kantons Wallis von 1991 bis 1997 als Präsident vorstand. Bereits zuvor war er kantonaler Experte an den Lehrabschlussprüfungen und viermal Experte und Verantwortlicher für die internationalen Berufswettbewerbe in England, Australien, Holland und Taiwan.

«Der Schweizerische Spenglermeister- und Installateur-Verband (SSIV) gratuliert der Firma Lauber IWISA AG in Naters für den professionellen Marktauftritt sowie die hervorragenden PR- und Werbeunterlagen.» Mit diesem Satz und dem Zertifikat für den zweiten Rang wurde das renommierte Oberwalliser Unternehmen anlässlich der schweizerischen Generalversammlung 1998 in Zürich ausgezeichnet. Diese Ehrung für das Unternehmen und die gleichzeitige Ernennung zum Ehrenmitglied durfte der Firmenchef Erwin Lauber in Zürich persönlich entgegennehmen.

## Bäckerei Volken

### Erste Generation

Der 9. November 1933 ist der Geburtstag der Bäckerei Volken. In einer wirtschaftlich ungünstigen Zeit (Rezession und Arbeitslosigkeit) gründeten Anton (1901–1982) und Isabelle (1907–1995) Volken-Wyden einen Bäckereibetrieb. Die Backstube und ein kleiner Verkaufsladen befanden sich im Keller des heutigen Café Post.

Zu jener Zeit gab es in Naters bereits die Bäckereien Grimm, Werlen, Salzmann und Zuber. Mit guter Qualität und netter Bedienung wurde die schwierige Anfangszeit gemeistert. Die Bäckerei Volken zählte zu den ersten Glaceherstellern im Oberwallis. 1955 entstand der Neubau an der Belalpstrasse 8. Er wurde zum Stammhaus des Unternehmens.

*Marie-Therese und Fritz Volken-Brutsche.*

### Zweite und dritte Generation

Mit der Übernahme des Geschäftes im Jahre 1964 durch das junge Ehepaar Fritz, Sohn des Anton, und Marie-Therese Volken-Brutsche begann die Ära der zweiten Generation. Zwischen 1968 und 1994 eröffnete Fritz Volken acht neue Verkaufsläden, so dass das Unternehmen heute zwei Tearooms und neun Verkaufsläden besitzt: zwei in Naters, vier in Brig und drei in Visp.[857]

Gleichsam als Höhepunkt des über drei Jahrzehnte währenden Schaffens konnte Fritz Volken im Gebäude der Schreinerei Lochmatter bei der Massabrücke 1994 die gesamte Produktion unter einem Dach vereinen. Dort entstand eine der modernsten Bäckereien der Schweiz. Die Töchter des Bäckerehepaares Volken-Brutsche bieten Gewähr, dass das Familienunternehmen weiter besteht. Von den vier Töchtern sind drei, Stefanie (bestand die nationale Meisterprüfung), Alexandra und Antonia, im Betrieb tätig.

Im Stichjahr 1997 beschäftigte die Bäckerei Volken 60 Vollangestellte und acht Personen mit Teilpensum.

| Entwicklung des Brotpreises | 1964 | 1997 |
|---|---|---|
| 1 kg Ruchbrot | Fr. 0.85 | Fr. 4.30 |
| 1 kg Weissbrot | Fr. 0.95 | Fr. 4.30 |

## Krummenacher AG, Stahlbau und Maschinenfabrik

Die Familie Krummenacher stammt aus Flühli/LU und ist daselbst Burger. Der eigentliche «Geburtsort» der Firma ist Reckingen. Hier übernahm im Jahre 1935 Charly Krummenacher (1910–1987) zusammen mit seinem Bruder Paul von der Firma Walpen die Schmiede (ehemalige Glockengiesserei). 1937 siedelte das Unternehmen nach Glis über, wo der Betrieb als Schlosserei weitergeführt wurde. Seit 1970 befindet sich die Firma in den Driesten/Naters, wo man sich vor allem auf Stahlkonstruktionen spezialisiert hat.

1968 trat der bisherige Firmenleiter Charly Krummenacher die Geschäftsführung an seinen Sohn Werner (*1940) ab. In diesem Jahr gründeten die Geschwister Werner, Paul, Markus und Cécile Krummenacher eine Aktiengesellschaft, aus der Letztere 1995 austrat. Der Geschäftssitz ist in Brig-Glis.

In den 40er- und 50er-Jahren erhielt das Unternehmen viele Seilbahnaufträge. Seit 1985 führt es vor allem Arbeiten bei Lawinenverbauungen aus. Am 6. Dezember 1985 feierte die Firma ihr 50-jähriges Bestehen. – *Beschäftigte:* 15 bis 20 (1998).

*Werner Krummenacher, Geschäftsleiter.*

## Bauunternehmung Imhof

Im Jahre 1938 gründete Arnold Imhof (1914–1957), Sohn des Peter, im Alter von 24 Jahren eine Bauunternehmung.[858] Er konnte als erster Unternehmer im Oberwallis einen Trax sein Eigen nennen. Nach seinem frühen Tod führte seine Frau Marie Imhof (1920–1987) von 1957 bis 1960 das Baugeschäft weiter. In den Jahren 1960–1978 leitete es Ignaz Imhof, ein Bruder von Arnold. 1978 erfolgte die Übergabe der Unternehmung an den eidg. dipl. Baumeister Armand Imhof (*1945), Sohn des Arnold. Die renommierte Firma ist im ganzen Oberwallis im Hoch- und im Tiefbau tätig. Der Werkhof befindet sich im Glisergrund, die Büroräumlichkeiten sind an der Furkastrasse 20 in Naters. Am 11. November 1988 beging die Unternehmung im Hotel Touring das 50-jährige und am 3. April 1998 das 60-jährige Jubiläum.

In den Spitzenjahren beschäftigte die Firma bis zu 65 Mitarbeiter, deren Zahl sich infolge der Krise im Bausektor in den letzten Jahren auf 35 reduzierte.

*Armand Imhof, Unternehmer.*

## Möbel Lochmatter

Am 21. November 1944 gründeten Cäsar (1909–1970) und Gottfried (1911–1968) Lochmatter, Söhne des Robert von Birgisch, die Firma Gebr. Lochmatter. Die Werkstatt war an der Belalpstrasse 2, wo sich heute noch die Ausstellungsräume befinden. Dieses Geschäftsgebäude mit Mietwohnungen wurde 1956/57 von den Gebrüdern Lochmatter errichtet. Anfänglich stellte die Firma Möbel aller Art her. Mit dem späteren Aufschwung verlagerte sich die Tätigkeit auf allgemeine Schreinerarbeiten in zahlreichen Neubauten.

Gottfried Lochmatter stand dem Schreinereibetrieb vor, während Bruder Cäsar den Möbelhandel leitete. Als Nachfolger der verstorbenen Brüder kamen 1970 Erich (*1946) und Stefan (*1949) Lochmatter, Söhne des Gottfried, in die Geschäftsführung. Ersterer ist verantwortlich für den kaufmännischen Bereich, Letzterer als dipl. Schreinermeister für alle übrigen Betriebsarbeiten.

1992 bezog die Firma die neue Werkstatt an der Furkastrasse 142 bei der Massabrücke. 1993 fiel das alte Betriebsgebäude an der Belalpstrasse mit sämtlichen alten Unterlagen einem Brand zum Opfer.

*Beschäftigte:* 1944: fünf Schreiner und Hilfsarbeiter sowie drei Lehrlinge; 1997: zehn Schreiner und sechs Lehrlinge.

## Baumaterialhandel Zen-Ruffinen & Co.

**1944** Gründung des Baumaterial-Handelsgeschäftes in Susten durch Marc Zen-Ruffinen, Burger von Leuk

*Sitzend: Marc Zen-Ruffinen (*1912), Gründer; stehend (v.l.): Sohn Gilbert (*1939) und dessen Sohn Sascha (*1972).*

**1945** Bau des Geschäftshauses in Susten
**1950** Bau eines Geschäfts- und Wohnhauses in Brig, Sandmattenstrasse
**1960** Verlegung des Baumateriallagers nach Naters, Driesten, Kiesweg 10
**1965** Umwandlung der Einzelfirma in eine Kollektivgesellschaft
**1976** Übernahme des Betriebes durch Gilbert und Erika Zen-Ruffinen
**1977–1987** Ausbau und Vergrösserung des Lager- und Geschäftshauses
**19.4.1994** 50-jähriges Geschäftsjubiläum im Zentrum Missione mit über 400 Gästen
**1999** Eröffnung der neuen Hallen für Baumaterialien und Holz sowie des südlich vorgelagerten Bürotrakts im Glisergrund
Die Firma ist noch heute ganz in Familienbesitz. Sie beschäftigt rund 30 Mitarbeiter. Mit vier Hubstaplern wird der Lagerumsatz bewältigt und sechs firmeneigene Lastwagen beliefern Baustellen im ganzen Oberwallis.

## Metzgerei Furrer-Nellen Pächter Bammatter

Die gegenwärtig nach dem Pächter benannte Metzgerei Bammatter an der Belalpstrasse 7 wurde von Martin Stucky gegründet, später von seinem Sohn Viktor übernommen und 1947 durch das Ehepaar Josef und Lina Furrer-Nellen käuflich erworben. Als Josef 1963 starb, führte Witfrau Lina unter Mithilfe ihrer Kinder das Geschäft bis 1973 weiter. Anlässlich des 25-jährigen Jubiläums im Jahre 1972 schrieb der ‹Walliser Volksfreund›

*Metzgerei Bammatter.*

(Nr. 79): «Die Metzgerei Furrer ist bestens bekannt für ihr ‹Walliser Trockenfleisch›, für das sie wiederholt ausgezeichnet wurde; sie holte sich u.a. an der Expo eine goldene Medaille.» 1973 verpachtete die Eigentümerin das Geschäft an den Mitarbeiter Paul Nauer, der 1983 durch die heutigen Mieter, das Ehepaar Reinhard und Trudy Bammatter-Fux, abgelöst wurde.

## Andenmatten & Lambrigger Bestattungsdienste AG

1948 eröffnete der 21-jährige André Lambrigger, Burger von Fiesch, an der Weingartenstrasse in Naters eine kleine Schreinerei, in der er auch Särge herstellte. Immer häufiger übernahm die Firma auch Dienstleistungen bei Todesfällen. Sie besorgte z.B. Blumen und gab Todesanzeigen auf. Dank der Mithilfe von André Lambriggers Frau Trudy Lambrigger-Lerjen konnte je ein Blumengeschäft in Brig und Naters eröffnet werden. Beide Geschäfte werden heute von den Töchtern weitergeführt.

1967 erstellte Lambrigger an der Saasermauer 5 in Naters, dem heutigen Standort der Firma, einen Neubau, in dem die Sargproduktion und das Bestattungsinstitut untergebracht wurden. Den Trauerfamilien bot die Firma fortab sämtliche Dienstleistungen an, die bei einem Todesfall benötigt werden, darunter auch eine private Aufbahrungshalle. Die am 17. März 1992 fast bis auf die Grundmauern abgebrannte Sargfabrik wurde neu erstellt.

1995 übergab André Lambrigger den Betrieb seinem Sohn Rolf, der sich als Schreiner, Büroangestellter und Bestatter mit eidg. Fachausweis die nötigen Kenntnisse angeeignet hatte. Mit ihm ist auch sein Bruder Martin, ebenfalls Bestatter mit eidg. Fachausweis, tätig.

*Von links: Martin Lambrigger (*1957), Rolf Lambrigger (*1962), Geschäftsführer; André Lambrigger (*1927), Firmengründer.*

Durch den Zusammenschluss des Bestattungsinstituts von Rolf Lambrigger in Naters mit dem Bestattungsdienst von André Andenmatten in Visp am 1. Januar 1997 entstand eine Aktiengesellschaft mit dem neuen Firmennamen Andenmatten & Lambrigger Bestattungsdienste AG. Rolf Lambrigger leitet als Geschäftsführer die Bestattungsdienste AG. Der Geschäftssitz ist in Naters.

*Beschäftigte* 1998: vier Vollzeitangestellte und mehrere Aushilfskräfte. – 1998 konnte das Unternehmen sein 50-jähriges Bestehen feiern.

## Firma Elektro Wyden AG

Der Elektro-Chefmonteur Josef Wyden, Sohn des Leo, Burger von Bellwald, gründete 1948 ein Elektrogeschäft in Naters. Er führte die Firma zusammen mit leitenden Angestellten erfolgreich bis 1990. Im gleichen Jahr kauften Edgar Bärenfaller und Bruno Zurwerra die Josef Wyden AG.

Das Geschäft befand sich anfänglich im Erdgeschoss des Hauses von Cäsarine Salzmann (heute «Cäsarinen-» oder «Geissenplatz» an der Belalpstrasse) und wurde um 1950 ins Haus von Albert Schmid am Marktplatz verlegt (heute Goldschmied Ho Huu Thanh). 1955 kaufte Josef Wyden das daneben liegende «Schuhmacherhaus» (alte Bäckerei) am Marktplatz (Blattenstrasse 8) und baute das Erdgeschoss in einen modernen Laden um. 1960 erfolgte der Bau einer Einstellhalle und einer Werkstatt hinter dem Haus. In den Aufgabenbereich der Firma fallen hauptsächlich elektrische Installationen in Neu- und Umbauten. *Beschäftigte:* 1948: 3, 1958: 13 und 1998 ebenfalls 13. – 1998 beging die Firma ihr 50-jähriges Bestehen.

# Uhrenindustrie

Wenn die Uhrenindustrie in Naters auch keine 50 Lenze zählt, erwähnen wir sie hier dennoch, da dieser für Naters einmalige Industriezweig kontinuierlich zu einem stattlichen Unternehmen geworden ist.

### Von der Ilona und Tegra Watch AG zur Rhodanus Microtechnic AG

Im August 1973 eröffnete die Ilona AG, Balsthal/SO, im Neubau «Schnitta» an der Furkastrasse einen Zweigbetrieb. 1977 wurde die Ilona AG der Tegra Watch AG, einer Tochtergesellschaft der Ermano Holding AG in Balsthal, angegliedert. In jenem Jahr übersiedelte der Betrieb auch ins Haus «Solaris». 1983 wurde mit der Produktion einer originellen Fertiguhr unter dem Namen «G of TD» begonnen. Daran arbeiteten 1985 65 Personen.

Am 1. Oktober 1988 wurde die Uhrenfabrik «G of TD» als Nachfolgerin der Tegra Watch AG in Naters von Dr. Anton Bellwald, Brig, den drei Natischern Albert Bass, Josef Sieber und Daniel Sieber sowie dem Unterwalliser Jérôme Monnat erworben und wird als Rhodanus Microtechnic AG Naters weiterbetrieben. Die vier Käufer sind Aktionäre und bilden den Verwaltungsrat. Diese Geschäftsübernahme hatte zur Folge, dass man von der einseitigen Ausrichtung auf Uhrwerkmontage abrückte und seit 1993 vorwiegend Fertiguhren herstellt. 1991 bezog das Unternehmen (gleichzeitig mit der BON) den Neubau an der Furkastrasse 25 in Naters und verfügt nun daselbst über eigene Räumlichkeiten (Betriebsfläche: 1050 m²; Eigentümerin von mehr als der Hälfte des Gebäudes).

*Von links: Daniel und Josef Sieber, Geschäftsleiter.*

Die Rhodanus Microtechnic AG montiert Uhren in Gross- und Kleinserien für die Schweizer Industrie sowie für weite Teile des Uhrenweltmarktes. 1994 kreierte die Firma in Zusammenarbeit mit dem Kunstmaler Edelbert Bregy die «Natischer Uhr». Bregy lieferte das Design: den Natischer Kirchturm und die Spirale eines Bischofsstabes, der auch im Gemeindewappen vorkommt.

Die Tageskapazität der modernen Montagebänder erreichte 1998 ein Potential von 2000 Fertiguhren pro Tag, und dies mit einem Bestand von rund 50 Personen.

Seit den Anfängen im Jahre 1973 wird das Unternehmen von Direktor Josef Sieber geführt, der massgeblich an der Gründung und am stetigen Aufbau beteiligt war. Seit Ende der 80er-Jahre ist sein Sohn Daniel stellvertretender Direktor.

# Gewerbeverein

Da der Gewerbeverein durch seine Zielsetzung mit diesem Kapitel verbunden ist, wird er hier vorgestellt.[859] In Absprache mit der Gemeinde gründeten am 10. Juni 1970 einige Geschäftsleute die Vereinigung der Geschäftsleute von Naters. Diese Vereinigung war zuerst eine Untergruppe des Gewerbevereins von Brig und Umgebung. Der Ruf nach mehr Eigenständigkeit wurde in Naters immer lauter. An der Generalversammlung von 1987 beschlossen die Mitglieder, sich vom Gewerbeverein Brig zu trennen, den Namen in Gewerbeverein Naters zu ändern und als eigene Sektion dem kantonalen Gewerbeverband beizutreten. Der Verein wuchs ständig und erreichte 1998 die stattliche Mitgliederzahl von 120.

*Vorstand des Gewerbevereins, Aufnahme von 1999. Von links: Armand Imhof, Frank Eggel, German Lauber, Priska Lengen-Lambrigger, Christian Kraft, Präsident Felix Ruppen (des Hubert), Stefan Salzmann.*

Der Verein bezweckt die gemeinsame Wahrung und Förderung der beruflichen Interessen seiner Mitglieder durch:
– *Stellungnahme zu allen wirtschaftlichen Fragen*
– *Verfechtung einer energischen Wirtschaftspolitik*
– *gegenseitige Unterstützung der Mitglieder*
– *gezieltes Marketing*

Der Gewerbeverein Naters führt folgende Anlässe durch:
seit 1977 den St.-Merez-Markt am ersten Oktober-Wochenende
seit 1991 die Weihnachtswoche im Zentrum Missione
seit 1996 den Pfingstmarkt

Die Generalversammlung, ein Vereinsausflug sowie Weiterbildungs- und Informationsseminare haben ihren festen Platz im Jahresprogramm.

Besonders stolz ist der Gewerbeverein auf die prachtvolle Weihnachtsbeleuchtung. Nach intensiver Planungs- und Finanzierungsarbeit strahlten 1986 in den Strassen von Naters erstmals die Weihnachtssterne. Dank der grosszügigen Beiträge seitens der Vereinsmitglieder konnte die Beleuchtung im Wert von 80 000 Franken nach einigen Jahren abbezahlt werden.
1998 liess der Gewerbeverein auf dem Marktplatz als Novum eine Riesenkrippe erstellen, die vom 5. Dezember bis Weihnachten zu bewundern war. Die Krippe befand sich in einem eigens gezimmerten Häuschen, wobei um das Jesuskind in der Wiege Maria und Josef, die Drei Könige sowie ein Hirt und ein Engel als lebende Figuren den Mittelpunkt bildeten. In abgetrennten Bereichen konnten die Besucher auch zwei Esel, Schwarzhalsziegen und Schafe mit Lämmern bestaunen. Wer den Besuch mit einer Kutschenfahrt verbinden wollte, konnte dies vom Zentrum Lötschberg aus tun. Die Initianten sahen in der Riesenkrippe einen sinnvollen Ausgleich zur vorweihnächtlichen Hektik.

*Riesenkrippe auf dem Marktplatz, 1998.*

In den Jahren 1981–1991 gab der Gewerbeverein eine Zeitschrift heraus. Sie trug bis 1986 den Titel ‹Naters – Vereinigung der Geschäftsleute Naters› und ab 1987 ‹Naters – Gewerbeverein Naters›. Darin werden Vereinsanlässe, Betriebe von Mitgliedern und wichtige Mitteilungen veröffentlicht.
Zum 25-jährigen Jubiläum im Jahre 1995 führte der Gewerbeverein eine Branchenschau durch, an der den Schülern sämtliche Berufe, die in Naters erlernt oder ausgeübt werden können, vorgestellt wurden. Als Jubiläumsgeschenk stiftete der Verein der Gemeinde ein grosses Freiluftschachspiel, das seither auf der Zentrumsanlage Kelchbach für Kurzweil sorgt.

*Präsidenten:*
1970–1981   Markus Ruppen
1981–1992   Josef Fux
1992–            Felix Ruppen, des Hubert

# Gewerkschaft

Da die Gewerkschaft eng mit dem Handel, dem Gewerbe und der Industrie verbunden ist, fügen wir diesen Abschnitt hier ein. Im Oberwallis wurden der Christliche Holz- und Bauarbeiterverband (CHB) 1937 und der Christliche Metallarbeiterverband (CMV) 1943 ins Leben gerufen.[860] Das Sekretariat des CHB befindet sich in Naters und jenes des CMV in Visp. Der CMV wurde 1998 in Christliche Gewerkschaft für Industrie, Handel und Gewerbe umbenannt.
Am 12. September 1998 erfolgte die Gründung der neuen Gewerkschaft SYNA. Es ist eine Fusion des CHB, des CMV, des LFSA (Landesverband freier Schweizer Arbeitnehmer) sowie der SGG (Schweiz. Graphische Gewerkschaft). Das neue Gewerkschaftszentrum wurde in Visp eingerichtet. Das Sekretariat befindet sich in Naters.
Die christliche Gewerkschaft bemüht sich nicht nur um eine soziale Besserstellung der Berufstätigen, sie will auch die Arbeiter lehren, dass sie allerorts ihr Leben nach christlichen Grundsätzen im Sinn der päpstlichen Sozialenzykliken gestalten sollen.

## Ortssektion Naters-Bau des CHB

Am 31. März 1946 wurde in Brig offiziell die Sektion Oberwallis, Kreis 15, gegründet. Die Ortssektion Naters-Bau des CHB wurde am 1. April 1951 ins Leben gerufen. Sie zählte 1998 167 Mitglieder und wurde seit ihrer Gründung von folgenden *Präsidenten* geleitet:
1951–1957   Oskar Amherd
1957–1959   Markus Brunner
1959–1961   Andreas Schmidhalter
1961–1963   Anton Zenklusen-Salzmann
1963–1988   Ulrich Schmid
1988–1996   Eugen Schmid
1996–            Klaus Schmid

## CMV-Ortsgruppe Naters

Die Ortsgruppe des Christlichen Metallarbeiterverbandes (CMV) Naters wurde am 28. Oktober 1945 im Café Post gegründet. 48 Arbeiter und Lehrlinge der Metallbranche waren bei dieser Gründungsversammlung dabei. Die Mitgliederzahl der CMV-Ortsgruppe Naters bewegt sich bei 160 Arbeiterinnen und Arbeitern. Neben dem Einsatz für die Verbesserung der Arbeitsbedingungen organisierte die Ortsgruppe zahlreiche gesellige Anlässe und Reisen.
Im Zuge der Reorganisationen schlossen sich 1991 die CMV-Ortsgruppen Ried-Brig, Brig, Glis, Birgisch und Naters zur Regionalgruppe CMV-Brig-Glis-Naters und Umgebung zusammen.

*Präsidenten* der CMV-Ortsgruppe Naters:
1945–1947   Urban Kämpfen
1947–1949   Alois Ruppen
1949–1950   Gilbert Lowiner
1950–1955   Paul Jossen
1955–1958   Adolf Heldner
1958–1966   Hermann Biner
1966–1984   Alex Fallert
1984–1988   Josef Kreuzer
1988–1991   Beniamino Anzalone

## Engagierte Gewerkschafter

Aus Naters haben sich verschiedene Persönlichkeiten um die christliche Gewerkschaftsbewegung verdient gemacht. Wir führen sie nachstehend in der Reihenfolge ihres Alters auf.

### Arthur Fallert
(*3.2.1909, †16.10.1994)

Arthur Fallert war der Sohn des Auxilius und der Kreszentia Ruppen, verheiratet mit Lina Furrer, von Beruf Schreiner, Kreispräsident des Christlichen Holz- und Bauarbeiterverbandes (CHB) Oberwallis 1946–1972 und Zentralvorstandsmitglied 1951–1972 (ab 1957 Vizepräsident). Der gross gewachsene Mann war beseelt von einer tiefen christlichen Überzeugung und ausgestattet mit grossem geistigem Weitblick für die Anliegen der Arbeiterschaft. Seine Frohnatur bescherte ihm einen breiten Freundeskreis. Die musische und die gesellige Seite seines Wesens pflegte Fallert vor allem im Kreis der Musikgesellschaft Belalp, deren Aktivmitglied er während 50 Jahren war und der er zeitweise als Präsident vorstand.

### Ernst Regotz
(*6.5.1918, †20.5.1998)

Ernst Regotz war der Sohn des Michael, Burger von Staldenried, wohnte in Naters, verheiratet mit Hedwig Venetz, unterrichtete als Primarlehrer in Törbel, Staldenried und Gondo, war Gewerkschaftssekretär 1946–1983 sowie CSP-Grossrat des Bezirkes Visp 1949–1965 und 1968/1969. Während seiner 37-jährigen Gewerkschaftsarbeit als Kreissekretär des CHB Oberwallis hat er Entscheidendes zur Besserstellung der Oberwalliser Arbeiterschaft erreicht. Bei seinem Rücktritt aus der Sektion des Christlichen Holz- und Bauarbeiterverbandes (CHB) im Jahre 1983 zählte diese über 2900 Mitglieder und war die grösste des CHB in der Schweiz.

### Dr. Anton Salzmann
(*31.10.1930)

Der Natischer Anton Salzmann ist der Sohn des Adrian und der Kreszentia Schmid, Jurist, wohnhaft in Feldmeilen/ZH. Er war Abteilungsleiter in der Verwaltungswirtschaft, Mitglied des Verwaltungsrates der SUVA und im Bankrat der Schweizerischen Nationalbank, Zentralsekretär des Christlichen Holz- und Bauarbeiterverbandes der Schweiz 1980–1987, Zentralpräsident des CHB Schweiz 1987–1994. Salzmann setzte sich vor allem für die Sozialpartnerschaft und die vorzeitige Pensionierung der Bauleute ein. Im Militär bekleidete er den Rang eines Majors.

### Dr. rer. pol. Guido Casetti
(*29.3.1935, †31.8.1993)

Er wurde als Sohn des Jakob, der von Bognanco (Italien) stammte, und der Maria Ruppen geboren. Casetti machte 1954 in Brig die Matura (mit lauter Sechsern) und wohnte in Bern. Er war Zentralsekretär des Christlichnationalen Gewerkschaftsbundes der Schweiz (CNG) 1964–1973, dessen Präsident 1973–1989, Grossrat des Kantons Bern 1970–1978, Lehrbeauftragter für Sozialpolitik an der Universität Genf 1973–1983, Mitglied vieler nationaler und internationaler Kommissionen. Dr. Guido Casetti setzte sich ein für die Humanisierung der Arbeit und der Wirtschaft insgesamt sowie für die Verbesserung der Stellung des Menschen am Arbeitsplatz. Er fiel auf durch seine rhetorische Brillanz, seine Sprachbegabung (er unterhielt sich fliessend in acht Sprachen) sowie durch seinen vornehmen Charakter. Guido Casetti starb an einem Krebsleiden und wurde in Bern zur letzten Ruhe gebettet.

### Kurt Regotz (*17.12.1952)

Er ist der Sohn des Ernst (siehe links), Burger von Staldenried, wohnhaft in Naters, verheiratet mit Hildi Stoffel. Er war Präsident der CSP Naters 1985–1989, Präsident der Christlichsozialen Bezirkspartei Brig 1988–1993, CSP-Grossrat 1992/1993 und 1996/1997. Seit 1993 ist er Präsident der Christlichen Gewerkschaften und Organisationen des Oberwallis (CGO) und seit 1986 Gewerkschaftssekretär der Christlichen Gewerkschaften für Industrie, Handel und Gewerbe, CMV Oberwallis. Wie bereits sein Vater, so setzt sich auch Kurt Regotz mutig und engagiert für die Belange der Arbeiterschaft ein.

# Versorgung und Entsorgung

Das Kapitel «Versorgung und Entsorgung» umfasst den Bereich der Trinkwasser- und der Stromversorgung, der Abwasserreinigung und der Kehrichtbeseitigung.

## Trinkwasserversorgung

In der Gemeinde Naters ist eine Eigenart erhalten geblieben: Die Trinkwasserversorgung wird nicht wie in den meisten Ortschaften durch die öffentliche Hand, sondern durch private Träger, nämlich sieben eigenständige Genossenschaften und eine Aktiengesellschaft, sichergestellt. Während Jahrzehnten konnte auf privater Basis ein gut funktionierendes Netz über das gesamte Gemeindeterritorium aufgebaut werden.[861]

### Wasserversorgung im Natischer Berg

Die Trinkwasserversorgung im weitläufigen Natischer Berg wird durch folgende sieben Wasserversorgungs-Genossenschaften (WVG) sichergestellt: WVG Bruchji West und Bruchji Ost (zwischen Blatten und Belalp), WVG Blatten (für Blatten), WVG Mehlbaum, Mittelberg und Hegdorn (zwischen Naters und Blatten) sowie WVG Milchbach (Region Birchegge/Stockji/Birgisch).

### Leitungsnetze

Die einzelnen Versorgungsnetze sind so aufgebaut, dass das verbleibende Überschusswasser, mit wenigen Ausnahmen, in das Netz des nächsttiefer liegenden Wasserreservoirs eingeleitet werden kann. Dadurch wird erreicht, dass, gestaffelt über den ganzen Berg, sich die einzelnen Wassergenossenschaften in Notsituationen untereinander aushelfen können. Alle sieben Trinkwasserversorgungen sind im Verlaufe der letzten 30 Jahre neu erstellt oder erneuert worden und verfügen heute über eine moderne und zeitgemässe Infrastruktur.

### Versorgungssicherheit

Das gesamte Trinkwasser wird heute in Quellen gefasst. Diese werden periodisch von den jeweiligen Brunnenmeistern kontrolliert und sowohl auf Qualität wie Quantität überprüft. Heute wird das Wasser jeder Gemeinde ausserdem periodisch vom kantonalen Laboratorium bakteriologisch und chemisch untersucht.
Die minimale Schüttung der gefassten und noch fassungswürdigen Quellen im Winter kann heute mit mindestens 80 bis 100 l/Sek. angenommen werden. Bei einem grosszügigen Wasserverbrauch von 500 Liter pro Tag für die ständige Bevölkerung und 350 Liter pro Tag für Feriengäste genügt die garantierte Quellwassermenge für mindestens 20 000 Einwohner. Die Versorgung mit Trinkwasser im Natischer Berg ist also gewährleistet.

### Zu den einzelnen Wasserversorgungs-Genossenschaften (WVG)

#### WVG Bruchji West

Sie wurde am 6. Mai 1967 im Café Post in Naters gegründet. Präsident des Initiativkomitees war Alois Jossen, Birchegge. Die

*Wasserversorgung Bruchji West: Felsreinigung beim Zuleitungstrassee, 1988. Bauunternehmung Armand Imhof.*

Quellen der Wasserversorgung Bruchji West befinden sich auf der rechten Talseite zuhinterst im Tälli auf 2170 m ü. M. Hier wurden in drei Etappen insgesamt 17 Quellen gefasst. Die Inbetriebnahme erfolgte in den Jahren 1971, 1972 und 1977. Gesamtkosten: 832 827.65 Franken. Als 1980 das Feriendorf Tschuggen hinzukam, stellten sich im Winter beim Trinkwasser im Gebiet Tätschenhang sowie in Blatten Engpässe ein. Diese Wasserknappheit zwang die Genossenschaften Bruchji West und Blatten, die Wasserquellen im Kammer, in der Schlucht des Kelchbachs (zwischen 1700 und 1800 m ü. M.), zu untersuchen. 1988 wurden hier drei ergiebige und einwandfreie Quellen gefasst. Die Gesamtkosten von 555 700 Franken wurden zu 40 Prozent von der WVG Bruchji West und zu 60 Prozent von der WVG Blatten getragen. Am 9. November 1988 erbat Kapuzinerpater Crispin Rohrer anlässlich einer schlichten Feier den Schutz Gottes für das Wasserversorgungswerk. Im Sommer 1997 wurden in Zusammenarbeit mit der Belalp Bahnen AG eine neue Transportleitung Tälli–Sattlen sowie das neue Reservoir Sattlen (300 m³) gebaut.

*Präsidenten der WVG Bruchji West:*
1967–1982   Alois Jossen
1982–1996   Rudolf Schmid
1996–           Ewald Salzmann

### WVG Bruchji Ost
Die Genossenschaft für die Wasserversorgung Bruchji Ost folgte auf die WVG Rischinen. Diese wurde am 26. April 1964 gegründet und von Karl Gertschen präsidiert. Am 28. Januar 1983 kam es im Restaurant Post in Naters zur Gründung der Genossenschaft für die Wasserversorgung Bruchji Ost, der letzten der acht Wasserversorgungen in Naters. Die Genossenschaft bezweckt die Versorgung der Alpe Lüsgen sowie der Weiler Eggen und Rischinen mit Trinkwasser. Die Statuten von 1968 wurden am 28. Januar 1983 abgeändert und am 20. April des gleichen Jahres vom Staatsrat homologiert. Das Brunnenreglement datiert vom 27. April 1984. Mitgliederbestand Ende 1996: 129 Genossenschafter.
Im Jahre 1984 wurde das Netz der WVG Bruchji Ost mit einem Kostenaufwand von zirka 950 000 Franken erstellt. Aufgelistet bedeutet dies: neue Quellfassungen oberhalb «Zer niwwu Hitta» (Zubringerleitungen 750 m), Erstellen der Hauptleitung Alpe Lüsgen (950 m), Sanierung der Quellfassungen in den «Bruntschjini» und Erstellen der Hauptleitung Eggen (180 m). Reservoire: Bruchegg (100 m$^3$), Eggen (50 m$^3$) und «Schlüechtji» (100 m$^3$).
Die Wasserversorgung wurde am 23. August 1985 durch Rektor Arthur Escher eingesegnet. Doch schon 1997 wurden die Anlagen der Wasserversorgung Bruchji Ost ausgebaut. Mit dieser neuesten Wasserversorgung ist nun das gesamte bewohnte und eingezonte Gebiet der Gemeinde Naters mit gut funktionierenden Anlagen ausgerüstet.

*Präsidenten der WVG Bruchji Ost:*
1983–1991   Caesar Jaeger
1991–           Klaus Eggel

### WVG Blatten-Naters
Am 21. Januar 1910 gründete Kaplan Benjamin Bammatter mit sieben anderen Mannen die Trink- und Tränkwasser-Geteilschaft in Blatten ob Naters, heute Wasserversorgung Blatten-Naters genannt. Zugleich spendete der Kaplan 100 Franken als Startkapital. Sogleich eiferte ihm Moritz Eggel nach, zeichnete 20 Franken, bereute aber den hohen Einsatz und strich ihn wieder. Dies alles berichtet uns das Gründungsprotokoll. 1928 regelten die ersten Statuten die Hausanschlüsse.
Infolge der regen Bautätigkeit in Blatten musste 1972 das Reservoir «Ennet dem Bach» (170 m$^3$) gebaut werden, während jenes im Kehr (100 m$^3$) in den 1920er-Jahren erstellt worden war. Dann folgten die Ringleitungen im oberen und im unteren Dorfteil. Die alten Leitungen wurden durch grössere ersetzt. 1988 verwirklichten die Genossenschafter zusammen mit jenen der Wasserversorgung Bruchji West die Fassung der Kammerquellen. Die Reservoire werden von den drei Quellen «Im stotzundu Weidji», «Ennet dem Bach» und im Kammer gespeist. Das Verteilernetz der Genossenschaft beträgt etwa 20 km. Die Wasserqualität ist hervorragend. Die finanzielle Lage ist seit der Einführung der Wassergebühren im Jahre 1988 ausgeglichen. Jeder Hausbesitzer ist Mitglied der Genossenschaft.
An der Generalversammlung vom August 1986 feierten die Genossenschafter den 75. Geburtstag der Wasserversorgung Blatten. Die letzten revidierten Statuten datieren von 1988 und wurden am 25. Mai desselben Jahres vom Staatsrat homologiert. Beat Salzmann, Präsident der Genossenschaft während 25 Jahren, wurde 1996 von Linus Schmid abgelöst.

### WVG Mehlbaum
Gründung: 14. August 1965. Gründungspräsident: Ludwig Salzmann, Sohn des Peter. Mitgliederbestand 1997: 34. Versorgung der Orte Mehlbaum und Geimmatten. Reservoir: 1996 in den «Weidjini» erstellt (circa 15 m$^3$).

*Präsidenten:*
1966–1969   Urban Schmid
1970–1971   Edmund Holzer
1971–1981   Hermann Salzmann, des Ludwig
1982–1995   Josef Salzmann, des Ludwig
1996–           David Eyer

### WVG Mittelberg
Statutarische Gründung der Genossenschaft: 27. Mai 1977 im Geimerheim (Geimen). Mitgliederbestand 1997: 102. Versorgung der Weiler Geimen, Bitschji, Seng, Geimerblatt, Ober- und Unter-Moos. Erstellung der Trinkwasserversorgung Mittelberg in zwei Etappen in den Jahren 1978 bis 1981. Baukosten: 720 000 Franken. Unterstützt von Bund, Kanton und Gemeinde. Leitungslänge: 5585 m. Offizielle Inbetriebnahme am 5. Juni 1981 zusammen mit der Eröffnung der Bitschjistrasse. Einsegnung gleichentags durch Kaplan Otto Walker.

*Brunnen im Bitschji.*

Die zwei Quellen werden im Quellgebiet «Weidjini» von der Wasserversorgung Naters AG gefasst. Die Totalmenge der beiden Quellen variiert zwischen 18 und 60 l/Sek. Reservoire: in Geimen (50 m$^3$) und Geimerblatt (Rittine, 20 m$^3$). Das überschüssige Wasser geht weiter an die Wasserversorgung Naters AG. Die Qualität des Trinkwassers ist sehr gut. Es ist ein weiches Wasser. Eine Besonderheit: Die Genossenschaft wählt den Brunnenmeister selbst. Statuten der Genossenschaft vom 27. Mai 1977. Brunnenreglement vom 10. August 1979.

*Präsidenten:*
1977–1988   Anton Bammatter
1989–           Remo Salzmann (Jg. 1952)

## WVG Hegdorn

Gründung: 25. Mai 1952. Erste Statuten mit Gründungsdatum, revidiert am 12. Januar 1974. Brunnenreglement vom 6. März 1976. Versorgung der Weiler Hegdorn, Grossstein, Wieri und Kilchmatte mit Trink- und Nutzwasser.

Am 25. November 1952 floss in Hegdorn erstmals das Wasser aus sechs öffentlichen Brunnen. Erstellungskosten der ersten Wasserversorgung Hegdorn: circa 24 000 Franken. Nach über 20 Jahren waren die alten Leitungen den Anforderungen nicht mehr gewachsen. Der Ausbau der Gesamtanlage erfolgte in den Jahren 1975/1976. Die neue Trinkwasserversorgung wurde am 17. September 1976 mit einer schlichten Einweihungsfeier offiziell dem Betrieb übergeben und gleichentags durch Professor Alois Walker unter den Schutz Gottes gestellt. Gesamtkosten: 719 106 Franken[862], subventioniert durch Bund, Kanton und Gemeinde.

Die Quelle in den Löchern (Moos) wurde 1972 von Emanuel Salzmann erworben. Im Weiler Moos befinden sich Quellfassung und Reservoir (275 m$^3$). Der Bau des Gegenreservoirs Grossstein (75 m$^3$) war nötig zum Druckausgleich. Aus eidgenössischen Fachkreisen wurde damals betont, dass es sich in Hegdorn um eine der modernsten Trinkwasseranlagen im schweizerischen Berggebiet handelte. In den Jahren 1982/1983 erfolgte eine weitere Strangerweiterung in die Kilchmatte.[863]

*Brunnen im «Hagscheitji».*

1986 wurde im «Hagscheitji» (Hegdorn) ein Brunnen erstellt, den Rektor Arthur Escher am 2. Mai 1987 einsegnete. Der Brunnen stammt aus der Werkstatt einer Firma aus Preglia (Italien) und ist von einem italienischen Künstler gestaltet worden. Der Trog ist aus einem einzigen Stück Granit gefertigt. Links auf der Platte ist eine Trachtenfrau abgebildet.

*Präsidenten:* 1952–1972 (nacheinander): Ephrem Salzmann, Philipp Schmid, Emanuel Clausen; 1972–1987: Louis Büchel; 1987–1989: Beat Schmid; 1989– : Frank Eggel.

## WVG Milchbach

Gründung: 14. April 1969. Mit Vertrag vom 10. September 1974 verkaufte die Burgergemeinde Mund der Munizipalgemeinde Naters zuhanden der Wassergesellschaft Milchbach zwei Sekundenliter Wasser aus der Aussersenntumquelle (Gredetsch) zum Preis von 8000 Franken.[864] Die Wasserversorgung Birgisch sowie jene für die Region Sennenhaus, Restibiel, Ober- und Unter-Stock, Rossegge und Birchegge wurden als Gemeinschaftswerk von der Gemeinde Birgisch und der Trinkwassergenossenschaft Milchbach, Naters, 1976/1977 verwirklicht. Einweihung: 8. Juli 1977. Kosten für die WVG Milchbach: 470 000 Franken. Die damaligen Genossenschafter beteiligten sich daran mit 13 Prozent (61 000 Franken) und die Gemeinde Naters half mit 10 Prozent (47 000 Franken). Leitungsnetz: circa 3 km. Anzahl Genossenschafter 1997: 44. Die Statuten vom 12. März 1977 ersetzen jene vom 13. April 1969. Das Brunnenreglement der Trinkwassergenossenschaft Milchbach datiert vom 12. März 1977.

*Präsidenten:*
1969–1979   Louis Büchel
1979–1981   Walter Zenklusen, des Moritz
1981–1991   Bruno Jossen
1991–         Peter Jossen, des Alfred

## Wasserversorgung Naters AG

Im Jahre 1898 wurde ein Konsortium Wasserversorgung Naters gegründet, das bis 1920 fortbestand. Der damalige Präsident war Ludwig Salzmann, Sohn des Johann. Die Gründung der heutigen AG erfolgte am 21. August 1920.

Die Wasserversorgung Naters AG bedient die Bevölkerung von Naters-Grund. Zur Zeit des Konsortiums wurden die Quellen in den Löchern bei Geimen und der Rierfluh gefasst. Heute wird das gesamte Trinkwasser aus den Quellen Blattnerriebe, Moos und Geimen gezapft. Die AG verfügt über zwei Reservoire: «Leischji» an der Stahlgasse (300 m$^3$), 1912 erbaut[865], und das zweite in der Kilchmatte (unmittelbar vor der Brücke nach Birgisch und Mund) mit zwei Kammern zu je 600 m$^3$. Letzteres wurde 1984 erstellt und am 15. Dezember des gleichen Jahres eingeweiht. Kosten: eine Million Franken (ohne Subventionen gebaut).

*Reservoir der Wasserversorgung Naters AG in der Kilchmatte von 1984.*

Die Wasserqualität ist gut bis sehr gut. Das Wasser ist weich, aber gegen Metalle aggressiv. Das Versorgungsnetz weist eine Länge von ungefähr 12 km auf. Die Überwachung des Hauptreservoirs Kilchmatte erfolgt täglich anhand der elektronisch übertragenen Werte im Werkhof der Gemeinde Naters. Die tragende Basis des weit verzweigten Versorgungsnetzes bildet eine leistungsfähige Ringleitung, welche eine gleichzeitige Netzeinspeisung im Westen und im Osten des Dorfes ermöglicht. Während andere grosse Talgemeinden im Bereich der Wasserversorgung beträchtliche Defizite beklagen, ist sie in Naters weitgehend selbsttragend. Dabei sind die Wassergebühren in Naters nicht höher als andernorts.

Die AG verfügt über ein Aktienkapital von 150 000 Franken (32 Privataktionäre). Die Gemeinde ist mit einem Drittel des Aktienkapitals beteiligt. Darum nimmt jeweils ein Mitglied aus dem Gemeinderat Einsitz im Verwaltungsrat.

Die Wasserversorgung Naters AG ist an verschiedenen Orten noch Eigentümerin von ungefassten Quellen, so z.B. bei den Blattnerrieben und dem Eschbrunnen im Blindtal.

*Präsidenten:*
1920–1959  Anton Salzmann, des Anton
1959–1965  Adolf Augsburger sen.
1965–1993  Adolf Augsburger jun.
1993–      Rupert Klingele

Adolf Augsburger jun. setzte sich während seiner 28-jährigen Präsidialzeit mit grossem Engagement und in uneigennütziger Weise für die Wasserversorgung Naters AG ein.

# Stromversorgung
## Allgemeines

Die Elektrizitätswirtschaft hat im Wallis einen wichtigen Stellenwert. Die 71 Walliser Kraftwerke (1992) erzeugen jährlich rund zehn Milliarden Kilowattstunden Strom. Drei Milliarden werden im Kanton verbraucht und sieben Milliarden ausgeführt.[866]
Im Jahre 1882 nahm in New York das erste Kraft liefernde Elektrizitätswerk den Betrieb auf. Als Weltwunder lobte man die Erfindung des genialen Edison, der mit dem Bau von Dynamos und Generatoren die begonnene technische Entwicklung ausserordentlich gefördert hatte. Dass bereits vier Jahre später diese grossartige Errungenschaft den Weg über den Atlantik in die Schweiz und 1891 nach Naters fand, war für die damalige Zeit eine bedeutende Leistung.

## Wasserzinse

Die Gemeinde Naters erhält für die Wasser der Massa (von der Electra-Massa und der Aletsch AG) und des Kelchbachs (vom EWBN) Wasserzinse. Dies ist denn auch der Grund, weshalb wir dem Thema Stromversorgung recht viel Platz einräumen. Die jährlich abzuliefernden Wasserzinse der Electra-Massa (Anteil 50 Prozent), der Aletsch AG (Anteil ebenfalls 50 Prozent) und des EWBN bilden eine namhafte Einnahmequelle für die Gemeinde. Je nachdem, ob es sich um ein hydraulisch besseres oder schlechteres Wasserjahr gehandelt hat, können die Wasserzinse um eine beträchtliche Summe differieren.
Nachstehend die Konzessionseinnahmen von vier Jahren:

| Jahr | Electra-Massa | Aletsch AG | EWBN | Total |
|---|---|---|---|---|
| 1985 | 439 108.– | 133 168.– | 2 216.– | 574 492.– |
| 1988 | 751 455.– | 252 288.– | 6 448.– | 1 010 191.– |
| 1993 | 789 945.– | 267 770.– | 6 588.– | 1 064 303.– |
| 1996 | 601 981.20 | 256 145.60 | 5 313.60 | 863 440.40 |

Infolge Anpassung der Ansätze betragen die Gesamtwasserzinse für die Gemeinde Naters seit 1998 im Schnitt 1,5 Millionen Franken.

## 1891: Minikraftwerk im Klosi

Von Xaver Werner (1856–1934) ist bekannt, dass er 1889 an einer Ausstellung in Dresden zum ersten Mal elektrisches Licht brennen sah. Bei dieser Gelegenheit bestellte er bei der Ausstellerfirma Siemens & Halske begeistert eine Dynamomaschine. Monteure, die sich auf der Durchreise nach Zermatt befanden, installierten dann 1891 im Familienbetrieb Werner im Klosi, Naters, die Kraftmaschine. Schulkinder aus den umliegenden Gemeinden machten damals ihre Spaziergänge dorthin und bewunderten dieses Wunderwerk der Technik. Die alten Leute sollen freilich gesagt haben, es sei ein «Hexenwerk» und «er», Xaver Werner, «werde dann schon noch sehen».[867] Im Wallis gab es zuvor erst zwei Kraftwerke, die 1889 in Leukerbad und in Martigny-Ville erstellt worden waren.[868]

## EWBN: Elektrizitätswerk Brig-Naters AG
### Gründung des EWBN: 1900

Am 18. Februar 1900 sprach sich die Urversammlung von Naters einstimmig für die Einführung der elektrischen Beleuchtung aus.[869] Stolz meldete die Presse: «Nun sollens die Briger nachmachen.»[870] Sie taten es auch acht Tage später. In der gleichen Urversammlung ermächtigten die Bürger den Gemeinderat, für das zu gründende Elektrizitätswerk Brig-Naters die Wasserkraft des Kelchbachs «von der Schöpfi des Unteren Flüerli bis zum Schloss (resp. obern Gut) um die Pauschalsumme von 12 000 Franken auf die Dauer von 99 Jahren abzutreten».
Die Initialzündung zur Gründung des EWBN kam von den damaligen Gemeindepräsidenten von Brig und Naters, Joseph Seiler und Ludwig Salzmann, sowie den beiden Ingenieuren Dr. Eduard Locher und Dr. Eduard Sulzer der Baugesellschaft Simplontunnel. Am 28. März 1900 fand die konstituierende Gründungsversammlung statt.

*Als Gründungsmitglieder werden genannt:*
Edmund Barberini, Brig
Dr. Hermann Häussler, Brig
Othmar Kluser, Brig
Dr. Alexander Seiler, Brig
Meinrad Michlig sen., Naters
Xaver Werner, Naters

Die ersten Statuten tragen das Gründungsdatum. Der Sitz der Aktiengesellschaft ist in Brig.
Das EWBN konnte mit einem Anfangskapital von 150 000 Franken aus der Taufe gehoben werden. An der Gesellschaft beteiligten sich die Baugesellschaft Simplontunnel (25 000 Franken) und die Gemeinden Brig (20 000 Franken) und Naters (15 000 Franken). Die restlichen 90 000 Franken wurden durch private Zeichnungen aufgebracht.
Damit nahm für die Region Brig–Naters ein Werk von volkswirtschaftlicher Bedeutung seinen Anfang. Noch im gleichen Jahr begann die Gesellschaft mit dem Bau des Kraftwerkes Kelchbach in Naters. In den Hellmatten oberhalb von Naters wurde ein kleines Staubecken gebaut, in das sich das Wasser des Kelchbachs ergiesst und von wo aus das gestaute Wasser durch eine 830 Meter lange Druckleitung den Turbinen der Kraftwerk-Zentrale im Schloss zugeführt wird. Und schon am 15. Juli 1900 brannten in Brig und Naters erstmals in 115 Wohnungen und Wirtschaften 790 Glühbirnen. Ende 1900 strahlten 945 Lampen das elektrische Licht aus. Die Einweihung des Elektrizitäts-

werkes Brig-Naters feierten die Briger und Natischer als ein «patriotisches Ereignis in Verbindung mit der 1.-August-Feier im Jahre 1900»[871].

Seither wird das Gemeindegebiet von Naters durch das EWBN mit elektrischer Energie versorgt. Der Ausbau des Netzes erfolgte sukzessive entsprechend den Bauvorhaben.

## Entwicklung des EWBN in chronologischer Folge

Die erzeugte elektrische Energie wurde anfänglich nur zu Beleuchtungszwecken verwendet. Bald nutzten auch gewerbliche Betriebe den Kraftstrom. Im Jahre 1905 schaffte man eine neue Turbinengeneratorengruppe an und vier Jahre später wurde eine 120-PS-Dieselgeneratorengruppe in Betrieb genommen. Schon bald reichten die bisherigen Energiequellen nicht mehr aus. Darum schloss man 1911 mit der Lonza einen langfristigen Liefervertrag ab, der die Stromversorgung auf Jahre sicherstellte.

Die Jahre 1911–1914 galten dem weiteren Ausbau des Verteilernetzes. Dies ermöglichte dem EWBN, die Stromversorgung für den Simplontunnelbau zu übernehmen, die bisher durch die Lonza erfolgt war.

Der Sozialgedanke hielt beim EWBN schon früh Einzug. Der 1920 gegründete Hilfsfonds für die Angestellten wurde 1922 in eine selbstständige Personalunterstützungskasse umgewandelt. Einige Jahre später schloss sich das EWBN der Pensionskasse Schweizerischer Elektrizitätswerke an.

Mit der Gründung der Kraftwerke *Ganterbach-Saltina AG (KWGS)* am 4. Juli 1941 wurde im Hinblick auf die künftige Stromversorgung ein grosser Schritt vorwärts getan. Am Aktienkapital der Gesellschaft von 500 000 Franken beteiligten sich die Lonza und das EWBN je zur Hälfte. Nach einer Bauzeit von nur zehn Monaten konnte die Zentrale im Silliboden (Brig-Glis) im Juli 1942 in Betrieb genommen werden. Die Betriebsüberwachung übernahm die Lonza AG in Visp und die Geschäftsführung das EWBN.

Nach dem Zweiten Weltkrieg stieg der Stromverbrauch stark an. Darum wurden 1967/1968 die Fassung und die Einleitung des Taferbaches in die bestehenden Kraftwerkanlagen verwirklicht. Blatten/Naters kam 1930 und Hegdorn 1941 in den Genuss des elektrischen Lichtes. Den übrigen Weilern des Natischer Bergs (ausser Bitschji und Ahorn) wurde die Wohltat der elektrischen Beleuchtung in den Jahren 1946 und 1947 zuteil.[872] Für diese Orte liefert das EWBN die Energie über Transformatorenstationen. Die Verteilung an die Abnehmer erfolgt durch die nach und nach entstandenen Genossenschaften.

Mit der Vollautomatisierung der *Kraftwerk-Zentrale Kelchbach* im Jahre 1968 erfolgte in technischer Hinsicht eine weitere Verbesserung. Sie kam durch eine Rationalisierung des Betriebes zustande, wodurch sich eine ständige Überwachung der Erzeugungsanlagen erübrigte. Das Kraftwerk Kelchbach liefert heute nur rund 2,5 Prozent des von dem EWBN umgesetzten Energiebedarfs. Die Wasserrechtskonzession im Kraftwerk Kelchbach lief im Juni 1999 aus. Aber schon 1998 beschloss der Verwaltungsrat, das Kraftwerk Kelchbach im heutigen Zustand weiter zu betreiben.

*Verwaltungsgebäude EWBN, Brig.*

1969 konnte an der Nord-Aletschstrasse in Brig ein eigenes *Verwaltungs- und Werkgebäude* der offiziellen Bestimmung übergeben werden. Am 21. Juni 1975 beging das EWBN die 75-Jahr-Feier. Der *Werkhof in den Driesten* wurde 1982 von der CIMAS AG als Halle gebaut, 1985 vom EWBN erworben und 1996 als Werkhof eingerichtet. 1997 setzte sich die Gesellschaft zum Ziel, innert drei Jahren den Bau eines neuen Verwaltungs- und Betriebsgebäudes im Glisergrund zu verwirklichen. Doch 1998 wurde die Ausführung dieses Projektes im Hinblick auf die ungewisse Lage auf dem Energiemarkt verschoben.

*Zentrale Kelchbach, Naters.*

*Werkhof des EWBN in den Driesten.*

## Energie-Beteiligungs-Gesellschaft

Das EWBN ist gezwungen, mehr als drei Viertel der verteilten Energie zuzukaufen. Da jedoch der Bau neuer Kraftwerke die finanziellen Möglichkeiten des EWBN überstiegen hätte, wurde am 11. November 1980 die Energie-Beteiligungs-Gesellschaft (EBG), eine Tochtergesellschaft des EWBN, gegründet. Diese bezweckt den Bau von Kraftwerken und den Erwerb von Wasserrechten sowie Beteiligungen an Energieproduktionsgesellschaften. Aktienkapital der EBG: 16 Millionen Franken; Anteil Gemeinde Naters: 7,5 Prozent; Anteil Burgerschaft Naters: 0,5 Prozent.

## Walliser Elektrizitätsgesellschaft

1959 rief der Kanton Wallis die «Walliser Elektrizitätsgesellschaft AG» (WEG) ins Leben. Sie erhielt den Auftrag, dem Kanton die nötige Energie zu sichern. Die Gemeinden des Kantons Wallis sind an der WEG mit 45 Prozent beteiligt. Davon besitzt die Munizipalgemeinde Naters einen Anteil von 24 023 und die Burgerschaft einen solchen von 2670 Aktien.[873]

## Regionales Energiekonzept

Als erste Region des Kantons Wallis verfasste Brig-Glis/Naters unter der Federführung des EWBN 1985 ein regionales Energiekonzept. Dieses will als Leitbild verstanden sein und wurde im genannten Jahr als vereinfachte Kurzfassung des 98-Seiten-Dokumentes an alle Haushaltungen verteilt.[874] Hierin wird konkret eine Reihe von Massnahmen vorgeschlagen, die zum Energiesparen anleiten sollen. Ebenso wurde am 1. Juli 1989 eine regionale Energieberatungsstelle eröffnet, die von Leo Arnold, Ing. HTL, Ried-Brig, geführt wird.

## Kraftwerk Bortel

Nach dreijähriger Bauzeit erfolgte 1990 die Aufnahme des Produktionsbetriebes im Kraftwerk Bortel. Seine Zentralen liegen auf der Bortelalp und bei der alten Ganterbrücke. Verantwortlich für den Bau des 48,5-Millionen-Franken-Werkes, das am 22. September 1990 eingeweiht wurde, zeichnete die Energie-Beteiligungs-Gesellschaft. Die jährliche Produktion beläuft sich auf rund 26,3 Millionen kWh oder ein Drittel des jährlichen Verbrauchs des EWBN.

## Unterwerk – Kleinkraftwerke

In den Jahren 1990/1991 bauten das EWBN und die Walliser Elektrizitätsgesellschaft *in den Hellmatten ob Naters* das neue 65/16-kV-Unterwerk. Dieses wurde im Oktober 1991 in Betrieb genommen und am 21. Mai 1992 offiziell eingeweiht.[875] An der Einweihung nahmen die Spitzen der Walliser Elektrizitätsgesellschaften sowie Vertreter der Konzessionsgemeinden teil. Mit diesem 6-Millionen-Franken-Werk setzten die Stromversorgungs-Unternehmen einen Schwerpunkt zur Verbesserung der Versorgungssicherheit in der Region Brig–Naters. Ein Unterwerk transportiert die Energie von einer Spannungsebene zur anderen. Ein *anderes Unterwerk westlich der Festungskaserne in Glis* nahm man bereits 1967 in Betrieb.
1995 wurden die *Kleinkraftwerke Wickertwald* und *Rosswald/Gärsterna* gebaut und in Betrieb genommen. Die dort produzierte Energie übernahm das EWBN.

## Vertrag von 16 Gemeinden

Am 23. Juni 1995 setzten die Vertreter von 16 Gemeinden der Region Brig–Östlich Raron ihre Unterschrift unter den Zusammenarbeitsvertrag mit der Elektrizitätswerk Brig-Naters AG (EWBN), der Energie-Beteiligungs-Gesellschaft AG Brig (EBG) und der Kraftwerk Ganterbach-Saltina AG Brig (KWGS). Mit den am 7. Dezember 1995 unterzeichneten Verträgen hat die Walliser Elektrizitätsgesellschaft AG das Verteilernetz von Östlich Raron an das EWBN mit Wirkung auf den 1. Oktober 1996 zu Eigentum übertragen.
Seit diesem Datum gehören mit Ausnahme von Grengiols, Martisberg, Simplon-Dorf und Gondo alle Gemeinden der beiden Bezirke Brig und Östlich Raron zum EWBN-Netz. Damit wurde der definitive Schritt zur Regionalisierung der Energieversorgung Brig/Östlich Raron vollzogen. 1997 beschlossen die 16 Gemeinden die periodische Durchführung einer Präsidentenkonferenz zum Zweck des Informationsaustausches.

## EWBN: im Dienst der Versorgungswirtschaft

Die fortwährende Zunahme des Stromkonsums bedingte eine laufende Erweiterung der Verteileranlagen sowie die Anpassung an die neuesten Entwicklungen. 1997 umfasste das EWBN ein Leitungsnetz von 532 km, drei Unterwerke (65/16 kV), neun Schaltstationen (16 kV), 194 Transformatorenstationen (65/16 kV), 20 647 Zähler und 4715 Schaltapparate.
Das EWBN betrachtete es seit jeher als erste Pflicht, den Strom zu möglichst günstigen Bedingungen abzugeben. Es erfüllt des Weiteren eine bedeutende Aufgabe im Dienst der öffentlichen Versorgungswirtschaft. Durch den im Jahre 1955 mit den Gemeinden Brig und Naters und später auch mit Ried-Brig und Glis abgeschlossenen Konzessionsvertrag werden dem EWBN – neben den üblichen Steuer- und Abgabepflichten – nicht zu unterschätzende Auflagen überbunden. Wir denken dabei an den Gratisstrom für die Strassenbeleuchtung, die verbilligte Stromabgabe an sämtliche öffentlichen Gebäude, Flutlichtanlagen, Wegweiser und Signale sowie weitere finanzielle Entgegenkommen.
Die Konzessionsgemeinden ihrerseits räumen dem EWBN das Recht ein, auf Gemeindegebiet die elektrische Energie zu verteilen. Mit diesem «faktischen Monopol» übernahm das EWBN die Verpflichtung, ohne Zustimmung der Gemeindeverwaltungen keine allgemeinen Strompreiserhöhungen vorzunehmen.

### Aktionäre des EWBN (1997)

| | |
|---|---|
| Gemeinde Brig-Glis | 23,00% |
| Gemeinde Naters | 12,00% |
| Burgerschaft Naters | 1,70% |
| Übrige Gemeinden der Region Brig–Östlich Raron | 11,55% |
| Private | 51,75% |

| Jahr | Entwicklung des Energieumsatzes | Energiezukauf |
|---|---|---|
| 1910 | 471 016 kWh | |
| 1930 | 1 522 685 kWh | 183 210 kWh |
| 1950 | 7 908 344 kWh | 6 215 817 kWh |
| 1970 | 30 196 305 kWh | 28 240 907 kWh |
| 1980 | 56 663 417 kWh | 38 352 316 kWh |
| 1990 | 85 754 733 kWh | 36 117 969 kWh |
| 1995 | 108 325 216 kWh | 35 284 424 kWh |

**Verwaltungsratspräsidenten des EWBN**

| | |
|---|---|
| 1900 | Othmar Kluser |
| 1901–1906 | Dr. Hermann Häussler |
| 1907–1952 | Jakob Peter |
| 1953–1957 | Dr. Alfred Clausen |
| 1958–1960 | Dr. Hermann Seiler |
| 1961–1968 | Meinrad Michlig |
| 1968–1977 | Dr. Hermann Bodenmann |
| 1977–1986 | Max Peter |
| 1986–1995 | Dr. Hermann Bodenmann |
| 1995–1997 | Erich Kronig |
| 1997– | Rolf Escher |

**Direktoren des EWBN**

| | |
|---|---|
| 1900–1903 | Joseph Moser |
| 1904–1906 | H. C. Wolf |
| 1907–1917 | Walter Küchler |
| 1918–1919 | Hans Bolliger |
| 1920–1923 | Hermann Klingele |
| 1924–1925 | Joseph Kuster |
| 1926–1961 | Fritz Gerber |
| 1962–1969 | Hans Rogenmoser |
| 1970–1982 | Arnold Michlig |
| 1982– | Anton Schwestermann |

Der *Personalbestand* des EWBN belief sich Ende 1996 auf 35 Angestellte, zwei Lehrtöchter und drei Lehrlinge.

## Lichtversorgungs-Genossenschaften

Die Stromversorgung des Natischer Bergs wurde früher von sechs Lichtversorgungs-Genossenschaften gewährleistet. Vier Genossenschaften mussten ihr Unternehmen an das EWBN abtreten, weil die notwendig gewordenen Investitionen den Rahmen der genossenschaftlichen Möglichkeiten gesprengt hätten. Es sind dies folgende:

**1. Lichtgenossenschaft Hegdorn.** Am 6. April 1941 von den Hegdornern gegründet, am 1. Juli 1983 an das EWBN abgetreten.

**2. Genossenschaft Lichtversorgung Blatten.** Am 9. Februar 1930 gegründet, am 1. Januar 1962 in die Stromversorgung Blatten-Naters AG umgewandelt, am 1. Januar 1987 vom EWBN übernommen.

**3. Stromversorgungs-Genossenschaft Bruchji West.** Am 5. November 1963 gegründet, und zwar für die Stromversorgung der Alpe Bel sowie aller Weiler westlich des Bruchjigrabens von Blatten aufwärts; Übernahme durch das EWBN am 1. Oktober 1984.

**4. Lichtversorgungs-Genossenschaft Belalp/Lüsgen.** Gegründet am 30. Juli 1951, vom EWBN übernommen am 1. Oktober 1990.

Das Hotel Belalp war bereits vom 23. Juni 1935 an elektrisch beleuchtet. Der Strom wurde mit einer Dieselgruppe erzeugt.

Zwei Genossenschaften führen ihre Arbeit eigenständig weiter. Es sind dies die *Stromversorgungs-Genossenschaft für die Weiler Mehlbaum, Geimen und Moos* (MEGEMO), 1948 gegründet, und die *Lichtversorgungs-Genossenschaft Rischinen-Naters,* deren Gründung am 28. Februar 1960 erfolgte.

## Gaswerk Brig-Naters

Das 1911 an der heutigen Schinerstrasse (damals Gaswerkstrasse 14) im Rhonesand in Brig erbaute Gaswerk Brig-Naters ging 1920 in Konkurs. Es wurde am 5. Februar 1921 auf einer Versteigerung durch die Schweizerische Gaswerkbetriebsgesellschaft Zürich für 130 000 Franken erworben. Aber bereits im gleichen Jahr, am 11. Juni, kaufte Brig das Gaswerk für 110 000 Franken wieder zurück, wobei sich die Gemeinde Naters mit einem Fünftel beteiligte.[876] Das Gaswerk hatte während des Zweiten Weltkrieges und später immer mehr Mühe, sich finanziell über Wasser zu halten. Auf den 30. September 1955 wurde die Stilllegung beschlossen.

## Erdgas

1997 schrieb Anton Schwestermann, Direktor des EWBN, dem Verfasser zur Frage des Erdgases Folgendes: «*Seit der Aufgabe der Erdgasförderanlage Finsterwald im Entlebuch anfangs der 90er-Jahre muss die Schweiz ihren gesamten Erdgasbedarf aus dem Ausland importieren. Die wichtigsten Lieferländer sind heute: Deutschland (56,6%), Niederlande (18,7%), Russland (12,1%), Frankreich (11,1%) und Italien (1,1%).*

*Die Erdgasbeschaffung auf nationaler Ebene obliegt der SWISSGAS, welche ihrerseits die regionalen Verbundgesellschaften beliefert. Die Interessen des Kantons Wallis werden durch die GAZODUC als Aktionärin der Gaznat wahrgenommen. Einzig die Grossindustrie bezieht das Erdgas von der Gaznat. Die Gazoduc ihrerseits beliefert die lokalen Gasversorgungen.*

*Die Gasversorgung im Bezirk Brig obliegt dem EWBN, welches seit dem 28. Februar 1972 Aktionär der Gazoduc ist. In Zusammenarbeit mit den Gemeinden Brig-Glis und Naters untersuchte das EWBN 1992/1993 Voraussetzungen, Nutzen und Wirtschaftlichkeit einer regionalen Erdgasversorgung. Die Untersuchung zeigte, dass bei sehr vorsichtigen Annahmen und Prognosen erst nach zehn Betriebsjahren mit positiven Jahresergebnissen gerechnet werden könnte. Das Fehlen von grösseren industriellen Abnehmern und der ausschliessliche Einsatz von Erdgas als Substitution (Ersetzung) von Erdöl untergraben neben dem bescheidenen Interesse von Seiten potentieller Anschliesser die Realisierungschancen eines zusätzlichen Energieträgers für die Region Brig/Naters.*»

## Grundwasser zu Wärmezwecken

Laut Gemeinderatsprotokoll vom 30. Januar 1984 genehmigte der Staatsrat am 6. Januar desselben Jahres das von der Urversammlung am 4. Dezember 1983 angenommene Reglement betreffend die Nutzung von Grundwasser zu Wärmezwecken.

# Kraftwerk Bitsch der Electra-Massa AG

## Vorgeschichte

Da die Electra-Massa in Bitsch in Bezug auf die Wassernutzung der Massa das Gemeindegebiet von Naters tangiert und über zwei Drittel des Stausees im Gibidum auf Natischer Territorium liegen, widmen wir dieser für Naters finanziell bedeutenden Kraftwerkanlage nachfolgende Zeilen.

Es besteht ein Verleihungsvertrag vom 2. März 1928 zwischen der Gemeinde Naters und dem Elektrizitätswerk Lonza.[877] Darin tritt die Gemeinde Naters der Lonza das Recht zur Nutzung der Massawasserkräfte ab, soweit Naters hierüber verfügen kann, d.h. rechtsufrig vom Ort Hohstock bis zur Einmündung der Massa in den Rotten. In diesem Vertrag räumt die Gemeinde der

Lonza das Recht ein, die vorliegende Verleihung unter den gleichen Bedingungen an Dritte weiterzugeben. Erst an der Urversammlung vom 20. Oktober 1940 kam, dem Gemeinderatsprotokoll von diesem Datum zufolge, der obige Vertrag wieder zur Sprache. Der Vorsitzende gab bekannt, dass Direktor Müller von der Lonza beabsichtige, wieder auf den Vertrag von 1928 zurückzukommen, als ob es keine Unterbrechung gegeben hätte. Bei dieser Gelegenheit gab alt Präsident Anton Salzmann bekannt, dass schon 1916 ein Vertrag abgeschlossen worden sei, aber «die Lonza sei wieder drausgeschliffen». Die obgenannte Urversammlung stimmte dem Vertrag von 1928 – mit einigen Änderungen – mit 109 Ja- zu 4 Neinstimmen zu. Von da an blieb es für längere Zeit ruhig um diese Angelegenheit.

## Bau des Kraftwerkes

Nachdem die erforderlichen Wasserrechtskonzessionen von den Gemeinden Naters, Bitsch und Ried-Mörel in den Jahren 1954/1955 erteilt und vom Staatsrat homologiert worden waren, gründete die «Société Générale pour l'Industrie», Genève, am 18. Dezember 1957 die Kraftwerkgesellschaft Electra-Massa mit Sitz in Naters.[878] Die Gesellschaft wurde 1963 in eine «Partnergesellschaft» umgestaltet und der Kreis der Aktionäre erweitert. Der erste Vertrag dieser Gesellschaft datiert vom 9. April 1963 und wurde zweimal, am 21. Juli 1965 und am 24. März 1970, revidiert. Die «Société Générale pour l'Industrie» stand als Projektverfasserin an der Wiege des Kraftwerkes. Seit der Inbetriebnahme der Anlagen am 1. Oktober 1969 besorgt die SA l'Energie de l'Ouest-Suisse (EOS) den Betrieb und die Verwaltung des Staubeckens Gibidum und der Zentrale Bitsch. Die Einweihung des Kraftwerkes Bitsch erfolgte am 1. Oktober 1970 in Anwesenheit einer illustren Gästeschar. Nestor Adam, Bischof von Sitten, nahm die Einsegnung vor.[879]

*Kraftwerk Bitsch der Electra-Massa AG.*

## Kraftwerkanlagen

Das Wasser des Staubeckens fliesst über einen Zulaufstollen zur um 70 Prozent geneigten Rohrleitung. 750 Meter tiefer – in der Zentrale Bitsch – treibt es drei Peltonturbinen an. Das aus den Turbinen fliessende Wasser wird über einen Unterwasserkanal in die Rhone geleitet. Um dem steigenden Energiebedarf Rechnung zu tragen, musste die Produktionskapazität erhöht werden. Deshalb wurde zu den zwei ursprünglichen, je 100 000 kW leistenden Turbinen 1980 eine dritte Maschinengruppe von 140 000 kW hinzugefügt. Diese ist gegenwärtig die grösste Maschine dieser Art in der Schweiz. Der von den Generatoren erzeugte Strom gelangt in das 220-kV-Netz.

Das Kraftwerk, dessen Anlagen sich zum Teil in den Bergen befinden, liefert den grössten Teil seiner Jahresproduktion im Sommer. Von Mai bis Ende September speist die Schnee- und Gletscherschmelze den Gibidumsee. In Bitsch werden mit einem Kubikmeter Wasser 1,65 kWh erzeugt. Diese Anlage ist eine der leistungsfähigsten im Wallis.

## Stausee Gibidum

Der Stausee Gibidum (auch «Gebidem»)[880] befindet sich auf 1436 m Höhe. Er wurde 1969 nach fünfjähriger Bauzeit erstmals gefüllt und fasst 8,5 Millionen Kubikmeter Wasser. Die Bogenstaumauer ist 120 m hoch. Mit einer Kronenlänge von 320 m steht sie in der Massaschlucht. Die Wassernutzungsrechte werden – wie oben erwähnt – von den Gemeinden Naters, Bitsch und Ried-Mörel verliehen. Als Gegenleistung erhalten sie jedes Jahr Wasserzinsen in Höhe von rund zwei Millionen Fran-

*Staudamm Gibidum.*

ken. Das Gesetz sieht vor, dass nach Ablauf der Konzessionen im Jahre 2048 die Staumauer, der Zulaufstollen, die Rohrleitung, die Turbinen und der Unterwasserkanal kostenlos an diese drei Gemeinden zurückfallen. Für das Staugebiet im Gibidum erhielten die Gemeinden Naters (130 220 m$^2$) und Bitsch (63 766 m$^2$) von der Electra-Massa eine Gesamtentschädigung von 26 564.80 Franken; davon bekam Naters 16 868.40 Franken.[881]

Die Strassen Rischinen–Stalden–Brücke–Gibidum und Stalden–Staumauerkrone wurden 1969 kostenlos an die Munizipalität abgetreten. Die Strasse Brücke–Gibidum–Stollenfenster–Gibidum ging in das Eigentum der Burgerschaft über. Diese trat laut Gemeinderatsprotokoll vom 24. März 1970 ihren Anteil (8097 m$^2$) «an der Strasse ins Gibidum» einstimmig an die Munizipalität ab. Die Gibidumbrücke und die Strasse Brücke–Gibidum–Staumauerfuss verbleiben im Eigentum der Electra-Massa.[882] Während der Zeit des Staumauerbaus im Gibidum wohnten rund 250 Arbeiter im Barackendorf Rischinen.

## Druckstollendefekt – Jubiläum

Die Verschüttung des Druckschachtes 1977/1978 verunmöglichte während 14 Monaten jeglichen Betrieb der Anlage. Diese Zeit brauchte man, um den Schaden am Druckschacht zu beheben. Trotzdem bezahlte die Gesellschaft den Gemeinden die Wasserzinse für das Jahr 1978 in vollem Umfang. Es musste aber zwischen der Gemeinde Naters und der Electra-Massa am

2. November 1979 eine Zusatzvereinbarung zu den bestehenden Wasserverleihungsverträgen vom 23. März 1954 und vom 27. April 1955 beurkundet werden. In dieser Zusatzvereinbarung stimmte die Gemeinde Naters der Verlängerung der Konzession um ein Jahr zu. Das neue Verfalldatum der Konzession ist somit – wie schon erwähnt – der 31. Dezember 2048, nicht mehr der 31. Dezember 2047. Das zusätzliche Jahr soll es der Electra-Massa ermöglichen, den Schaden des Druckstollendefektes von über 16 Millionen Franken besser zu verkraften.[883]

Am 27. September 1982 feierte die Electra-Massa ihr 25-jähriges Bestehen. Im Rahmen dieses Jubiläums kamen ehemalige und amtierende Verwaltungsräte, Vertreter der Konzessionsgemeinden und des Staates sowie verschiedene Spitzenleute der schweizerischen Energiewirtschaft im Werk in Bitsch zu einem Treffen zusammen.

### Aktionäre, Produktion und Betriebsleitung

Die Electra-Massa setzt sich aus folgenden Aktionären zusammen:

| | |
|---|---|
| *SA l'Energie de l'Ouest-Suisse (EOS), Lausanne* | *20%* |
| *Kanton Basel-Stadt, Basel* | *14%* |
| *Bernische Kraftwerke AG (BKW), Bern* | *14%* |
| *Nordostschweizerische Kraftwerke AG (NOK), Baden* | *12%* |
| *Aare-Tessin AG für Elektrizität (ATEL), Olten* | *10%* |
| *Schweizerische Bundesbahnen (SBB), Bern* | *10%* |
| *Forces Motrices Neuchâteloises SA (FMN), Corcelles* | *10%* |
| *Walliser Elektrizitätsgesellschaft (WEG), Sitten* | *10%* |

*Die mittlere jährliche Energieerzeugung* beträgt 600 Millionen kWh, was dem jährlichen Energieverbrauch der Stadt Winterthur oder 1,3 Prozent des gesamten schweizerischen Elektrizitätsverbrauchs entspricht.

| | |
|---|---|
| Gesamtinvestition | 170 Mio. Fr. |
| Aktienkapital | 40 Mio. Fr. |

**Verwaltungsratspräsidenten** **Kanton**

| | | |
|---|---|---|
| 1957–1963 | Francis Bolens | Genf |
| 1963–1970 | Arthur Rosenthaler | Basel-Stadt |
| 1970–1987 | Alphonse Roussy | Neuenburg |
| 1987–1991 | Hermann Bodenmann | Wallis (Brig) |
| 1991–1996 | Bruno Bretscher | Aargau |
| 1996– | Heinz Raaflaub | Bern |

**Zentralenchefs**

| | |
|---|---|
| 1967 | Victor Kaeser |
| 1967–1994 | Raymond Lugon, Naters |
| 1994–1998 | Bruno Walker, Naters |
| 1998– | Christian Bürcher, Bitsch |

Die Electra-Massa beschäftigte 1997 13 Angestellte.

## Kraftwerk Aletsch-Mörel

Da das Kraftwerk Mörel der Aletsch AG (1948 gegründet) das Wasser der Massa nutzt und die Gemeinde Naters demzufolge in den Genuss von Wasserzinsen gelangt, soll dieses Werk hier ebenfalls kurz erwähnt werden.[884]

Die Wasserfassung liegt in der schwer zugänglichen Massaschlucht unterhalb des Aletschgletschers (1442 m ü. M.). Die Fassung mit dem anschliessenden Riederhornstollen (2803 m lang) geht auf die jahrhundertelangen Sorgen der Ried-Mörjer um Wasser für ihre Kulturen zurück. Nach grossen Schwierigkeiten technischer und finanzieller Art erfolgten der Durchschlag des 1938 begonnenen Stollens und der Bau der Fassung an der Massa 1945/1946. Ab 1950 wurden die Anlagen, mit Ausnutzung der freien Kapazitäten, zusätzlich für das neue Kraftwerk Mörel eingesetzt, das 1951 seinen Betrieb aufnahm. 1950/1951 war ein erster Umbau der Fassung notwendig. In den Jahren 1962–1966 führte die Erweiterung des Kraftwerkes Mörel zu neuen Anpassungen.

Die Wasserfassung ist praktisch nur über die 1962 erstellte Seilbahn ab Rischinen bei Blatten sicher erreichbar.

Die 1964/1965 errichtete Wassermessstation an der Massa, 130 m oberhalb der Fassung, dürfte in ihrer Form und Grösse in der Schweiz einmalig sein. Die 1963–1965 auf die doppelte Länge von 50 m erweiterte Entsanderanlage mit zwei parallelen Einheiten vor dem Riederhornstollen ist aus Platzgründen vollständig in einer Felskaverne angeordnet. Die Wasserfassung an der Massa mit den Entsandern und der Wassermessung wurde in den Jahren 1963–1965 vollständig automatisiert und für die Fernüberwachung und -steuerung von der Zentrale Mörel aus ausgerüstet.

## Kanalisation

### Projekte und Reglemente

Abwasseranlagen bezwecken die Sammlung und die unschädliche Ableitung der Abwässer und Fäkalstoffe aus Häusern und Grundstücken und ihre Reinigung vor der Einleitung in ein Gewässer (Vorfluter).[885]

Bis 1983 wurden die Kanalisationen in Naters über Rückhalteschächte und Klärschächte geführt und die Überläufe in die Rhone oder den Kelchbach geleitet.

Im Zusammenhang mit der Abwasserreinigung erliess die Gemeinde folgende Reglemente: Kanalisationsreglement vom 20. April 1971, Ausführungsreglement vom 26. April 1971 und das Abwasserreglement vom 25. November 1992. Grundlage für den Bau des Abwasserleitungsnetzes bildete das «Generelle Kanalisationsprojekt» (GKP) aus dem Jahre 1975. Der «Generelle Entwässerungsplan» (GEP) von 1994 zeigte Schwachpunkte in der Kanalisation auf und veranlasste die Verantwortlichen, durch Sofortmassnahmen Verbesserungen zu erzielen. Das GKP wurde von Bund und Staat grosszügig subventioniert.

### ARA BRIGLINA

Das eidgenössische Gewässerschutzgesetz und die kantonalen Ausführungsbestimmungen zwangen die Gemeinden zum Bau und Betrieb von Abwasserreinigungsanlagen. Darum wurde am 24. März 1975 im Stockalperschloss in Brig der Gemeindeverband Abwasser-Reinigungs-Anlage Brig-Glis-Naters (ARA BRIGLINA) gegründet. Diesem Zweckverband sind die Gemeinden Brig-Glis, Naters, Termen, Ried-Brig, Birgisch sowie jene von Östlich Raron angeschlossen. Die Gemeinde Naters verfügt über ein Anrecht von 11 200 Einwohnergleichwerten (EGW) an dieser Abwasserreinigungsanlage. Die ARA, die sich in Gamsen befindet, kann 42 000 EGW bearbeiten. 1991 betrug die Belastung rund 28 000 EGW.

Die ARA wurde 1983 in Betrieb genommen. Die Einsegnung dieses Gemeinschaftswerkes aber erfolgte erst am 22. Mai 1988 anlässlich der Einweihungsfeier durch Pfarrer Alfred Werner von Glis.

Die Abwässer aller Weiler im Berg mit Ausnahme vom Stockji, der Birchegge, dem Bitschji und dem Ahorn sind an die ARA angeschlossen. Ab Blatten führt eine Hauptleitung das Abwasser bis ins Dorfnetz. Von hier aus werden seit 1983 sämtliche gesammelten Abwässer vom Berg und Grund der ARA BRIGLINA zugeführt.

## Übersichtstableau der Kanalisationen

Das gesamte Kanalisationsnetz auf dem Gemeindegebiet von Naters betrug 1997 zirka 38 km. Die nachstehende Übersicht, zusammengestellt von Armin Imhof, Bauamt Naters, zeigt, wo und wann die Kanalisationen in Naters-Grund und -Berg verwirklicht wurden.

| Naters-Grund | | Naters-Berg | |
|---|---|---|---|
| 1957 | Hauptleitung | 1967 | Mehlbaum |
| 1962 | Untere Binen | 1969–1981 | Blatten |
| 1966 | Kelchbach–Sportplatz | 1976 | Geimen |
| 1967 | Bammattenweg | 1978 | Belalp |
| 1970 | Sportplatz–Saasermauer | | Wieri |
| | Alte Rhonebrücke– | 1979 | Hegdorn |
| | Bahnhofstrasse | 1982 | Hagscheitji |
| | Naters–Z'Brigg | 1984 | Erich |
| 1973 | Kehrstrasse–Belalpstrasse | 1985 | Rischinen |
| 1979 | Mörel–Naters | | Tätschen |
| 1981 | Dorf Naters | 1990 | Moos |
| 1982 | Bitsch–Naters Anschluss | 1991 | Lüsgen |
| 1987 | Obergut–Kelchbach | 1997 | Grossstein–Stutz |
| 1988 | Sportplatzweg | | |
| 1989 | Saasermauer–Weingarten | | |
| 1992 | Massegge | | |
| 1996 | Tschill–Bammatten | | |
| 1997 | Weingarten, FO-Trassee | | |

1997 wurde die neue Hauptleitung durch Naters gebaut. Diese führt von der Saasermauer entlang dem FO-Trassee bis zur Bahnhofstrasse. Sie dient auch als Transportleitung für die Abwässer der Gemeinden von Östlich Raron.

Probleme bereitet der Gemeinde der Anfall grosser Mengen von Wässerwasser, die ehemals in den Lötschgraben geleitet wurden.

# Kehrichtbeseitigung – Umweltschutz

## Wie es früher war

Noch in den 50er-Jahren waren für die Politiker und alle hier lebenden Menschen Wörter wie Luftverschmutzung, Kehrichtverbrennung und Abwasserreinigung kaum ein Thema. Die Abwasser wurden einfach in den nächsten Bach oder Krachen abgeleitet. Was an Abfall anfiel, wurde entweder im Kochherd oder irgendwo in Gottes freier Natur verbrannt. Damals gab es auch weniger Abfälle. Was die Natur hervorgebracht hatte (z.B. Stroh, Laub usw.), verwertete man auf irgendeine Weise. Alte Kleidungsstücke wurden mehrmals geflickt und schliesslich als Lumpen verwendet, Schuhe immer wieder besohlt und genäht, die Speisen in den Lebensmittelgeschäften offen abgefüllt und in mehrmals verwendeten Papiersäcken verkauft, grosse und kleine Flaschen nachgefüllt.

## Umweltschutz setzt sich durch

Erst in den 60er-Jahren begann man Abfälle im sogenannten «Ochsnerkübel» zu sammeln. In Naters fuhr im Auftrag der Gemeinde Julius Schmid (1912–1973) gelegentlich mit einem Jeep durchs Dorf (darum «Jeep-Schül» genannt), um den am Wegrand stehenden Abfall abzuholen. Südseits vor der Massabrücke, später in den «Folinu» und schliesslich beim St. Wendelin, unterhalb Hegdorn, wurde der Anhänger gekippt und das zu entsorgende Material angezündet. Eine Rauchfahne und stinkige Luft verrieten tagaus, tagein, dass hier Kehricht verbrannt wurde. Später war es Adolf Abgottspon («Dodo» genannt), der mit seinem Traktor und einem eigens für die Kehrichtabfuhr gebauten Anhänger der Firma Ochsner den anfallenden Kehricht wöchentlich einsammelte.

Die Siedlungsabfälle nahmen kontinuierlich zu. Diese Entwicklung veranlasste die Verantwortlichen aus Kanton und Gemeinden 1968, den Gemeindeverband für die Abfallbeseitigung im Oberwallis zu gründen, um die Entsorgung auf dem Territorium der 82 Verbandsgemeinden zu gewährleisten. 1971 wurde die neue Kehrichtverbrennungsanlage in Gamsen in Betrieb genommen. Seither wird auch der Kehricht von Naters dort verbrannt.

*Pflanzen eines Nussbaums beim Schulhaus Bammatten, 1995. Von links: Gärtner Fritz Schneeberger, unbekannt, Patriçe Errigo, Christoph Weltert, Stefan Franzen, Daniel Jossen.*

## Beratungsstelle und neues Umweltbewusstsein

Im Herbst 1989 schuf man in Naters die Umweltberatungsstelle, die mit dem Sekundarlehrer René Salzmann erstmals besetzt wurde. Nach drei Jahren wählte die Gemeinde denselben zum

Schuldirektor und Reallehrer René Ruppen übernahm dessen Posten. Der Aufgabenbereich des Umweltberaters ist sehr vielfältig. Er ist Anlauf- und Auskunftsstelle für Fragen zu Themen wie: Luft, Wasser, Abwasser, Kehricht, Kompost, Wald, Energie, Heizungen, Lärmschutz und vieles mehr. Der Umweltberater nimmt für die Bevölkerung, insbesondere für die Schulen, eine wichtige Aufgabe beim Aufbau der Umwelt schonenden Abfallbewirtschaftung wahr.

*René Ruppen, Umweltberater.*

Da heute der angelieferte Kehricht gewogen und pro Tonne verrechnet wird, ist die Gemeinde daran interessiert, möglichst viele Stoffe der Wiederverwertung zuzuführen. Die Gemeindeverwaltung unternimmt grosse Anstrengungen, um die Abfallbewirtschaftung ökologisch und ökonomisch sinnvoll durchzuführen. Daher werden heute von der Gemeinde verschiedene Separatsammlungen organisiert. Folgendes wird getrennt gesammelt: Papier, Karton, Glas, Weissblech (Büchsen), Aluminium, Textilien, Öl, Altmetalle, Pneus, Lampen und Batterien. In jüngster Zeit müssen nun auch Kühlschränke, Elektronikgeräte und PET-Flaschen getrennt entsorgt werden. Für den anfallenden Bauschutt hat die Gemeinde die Deponie im Bohnenloch (Hegdorn) eingerichtet.

Die Munizipalität beteiligt sich finanziell auch an der Oberwalliser Aktion zur Beseitigung der Sonderabfälle (Gifte, Farben, Chemikalien usw.). Im Frühjahr und im Herbst organisiert sie je eine Häckseltour, damit die Stauden und Äste an Ort und Stelle zerkleinert und so als Abdeckmaterial im Garten oder als Beilage zum Kompost der Natur wieder zurückgegeben werden können. Damit die Grün- oder Küchenabfälle möglichst vor Ort kompostiert werden, beteiligt sich die Gemeinde an den Kosten für die Anschaffung von Kompostgittern oder hilft finanziell bei der Errichtung von Kompostanlagen bei grösseren Wohnblöcken. Jährlich wird im Rahmen der Erwachsenenbildung ein Kompostkurs durch die Umweltberatungsstelle durchgeführt. Das Ziel jedes Umweltschutzes besteht darin, möglichst viel Material zu recyceln, um möglichst wenig verbrennen zu müssen. Die Luftreinhalteverordnung verbietet nämlich das Verbrennen von Abfällen im Freien. Für den Natischer Berg funktioniert die Entsorgung gleich wie im Tal.

In der Abfallbewirtschaftung setzt sich das Verursacherprinzip zunehmend durch. Wer etwas verursacht, soll dafür auch bezahlen. Daher wurde in der Gemeinde Naters auf den 1. Januar 1992 die Kehrichtsackgebühr eingeführt. Diese veranlasst die Bevölkerung, ihre Abfälle besser als bisher zu trennen beziehungsweise zu kompostieren. Hierdurch werden die hohen Kosten für die Verbrennung reduziert, denn Verbrennen ist die teuerste aller Entsorgungsarten. Daher wird die Bevölkerung kontinuierlich orientiert und aufgeklärt.[886]

Gemäss Gesetz zum Schutz gegen Feuer und Naturelemente vom November 1977 ist die Kaminreinigung ein amtlicher, obligatorischer Dienst. Diese Dienstleistung wird in unserer Gemeinde durch den Konzessionsinhaber Moritz Loser ausgeübt.

*Pflanzen eines Baums auf dem Schulhausplatz Klosi, 1997. Von links (Erwachsene): Carmen Ritler, Georges Ritler, Herbert Bittel, Gärtnermeister (mit der Schaufel).*

# Tourismus

## Die Anfänge des Tourismus in Naters-Blatten-Belalp

Bei den Natischern steht der Tourismus zweifelsohne hoch im Kurs. Der grosse Durchbruch kam aber erst in den 1970er-Jahren. Schon um die Mitte des vorigen Jahrhunderts entdeckten die Engländer die Belalp. Diese wurde bald zu einem bevorzugten Standort der englischen Bergsteigerelite.[887] Das kleine, 1856/1857 erbaute Hotel Belalp musste bald vergrössert werden. Berühmtheiten trugen sich dort in die Gästebücher ein: der Begründer des Roten Kreuzes, Henri Dunant aus Genf, der englische Premier Lord Asquith, der englische Minister Lord Salisbury, der Schriftsteller und Alpinist Wintrop Young, die zu der Seilschaft Whimpers am Matterhorn gehörenden und abgestürzten Hudson und Hadow, ferner Malory, der bei der Erforschung des Himalaja ums Leben kam, und viele andere. Ein besonders treuer Gast war der irische Physiker und Geologe John Tyndall. Ebenso pflegte der Genfer Philosoph Henri Frédéric Amiel (1821–1881) seine Ferien auf der Belalp zu verbringen. 1860 widmete er dieser Alp ein Gedicht in französischer Sprache[888], das wir, von einem Unbekannten übersetzt, in deutscher Sprache nachstehend wiedergeben (es weist wohl kaum das Pathos des Originaltextes auf).

> «Villars war nur ein Nest,
> doch Belalp ist ein Horst
> [Villars était un nid,
> mais Belalp est une aire ...].
> Hier fehlt die Tanne ganz,
> nur Rasen weit und breit.
> Und kahle, nackte Gipfel,
> darin der Donner schlägt.
> Daraus bei Tag und Nacht der Fels
> zerbröckelnd rollt.
> Weit ist der Horizont,
> von Schneegeflecht umsäumt,
> ein Meer von Bläue ward darin
> hineingestellt;
> darin der Bäche Lied
> sein ewiges Raunen klingt;
> darin der Wolken Herde sich
> hin und her bewegt.
> Zu meinen Füssen blaut der
> Gletscher ewiger Schnee
> das steingewordene Nass,
> davon die See sich nährt ...
> So atme hier die Höhe ich,
> wie ein Aar [gehoben für Adler]
> vom Wind bewegt.
> Und vor die Augen treten des
> Wallis winterliche Riesen.»

In jener Zeit war das Reisen ein Vorrecht der begüterten Kreise. Nur sie konnten es sich leisten, die damals erheblichen Transportkosten auf sich zu nehmen. Wer nicht zu Fuss oder auf dem Maultier auf die Belalp zog, liess sich von vier bis sechs Trägern auf einem Tragsessel hinauftragen. Für die vier bis fünf Stunden von Naters bis zur 2137 Meter hoch gelegenen Hotelterrasse musste damals schon der stattliche Betrag von 40 Franken und mehr berappt werden. Das Transportwesen war für die Natischer eine willkommene Einnahmequelle und wurde wegen der starken Nachfrage durch einen von der Gemeinde bestimmten «Kommissär oder Parkmeister» geregelt. Dieser sorgte für eine gerechte Verteilung der Kurse. Er nahm die Führer, Träger und Sesselträger in eine Parkliste auf und setzte sie der Reihe nach ein. An schönen Sommertagen waren die 40 bis 50 Plätze auf der Parkliste restlos ausgebucht. Das Kursgeld entsprach dazumal einem drei- bis vierfachen Taglohn.

Am 1. Juli 1888 wurde zwischen der Burgerschaft Naters und den Gebrüdern Eduard, Karl und Josef Klingele vom Hotel Belalp ein aus 39 Artikeln bestehender Vertrag abgeschlossen, gemäss dem das Transportwesen von Naters nach dem Aletschbord genau geregelt war.[889] So bestimmte man nach Art. 16 z.B. «für ein Kind von 5 bis 10 Jahren 2 Träger, für eine Person von über 10 Jahren 4 Träger; ist dieselbe von mehr als gewöhnlichem Gewicht 6 Träger». In Art. 22 heisst es: «Die Führer, Fuhrleute und Träger sollen in anständiger Kleidung erscheinen und sich den Reisenden gegenüber höflich und zuvorkommend erweisen.»

Aber auch auf Belalps Höhen wusste man sich zu helfen. Die Gäste liessen sich von stämmigen Armen bis zu den Moränen der Gletscher, zum Fuss des Sparrhorns, über schäumende Bergbäche hintragen. Manche leisteten sich gar einen Ritt über den Aletschgletscher. Wörtlich schrieb Pfarrer Moritz Tscheinen 1872 in seinen «Walliser Sagen» (Nr. 1): «Vornehme Frauen fahren zu Pferde über den Gletscher, den früher nur Jäger und Hirten zu betreten wagten.»

Führer, Träger und Gäste verwuchsen zu einer Gemeinschaft. Der englische Pastor Fairbanks, den die Natischer «Firbänz» nannten und der innerhalb von 45 Jahren nur einen Sommer krankheitshalber nicht auf der Belalp weilte, setzte seinem Führer eine Lebensrente aus. Gerne begleiteten die Führer auch «Miss Cramps», so genannt, weil sie als grosse Liebhaberin von Whisky diesen als Mittel gegen Muskelkrämpfe genoss. «A cramp [Krampf], Tony, geben Sie mir Whisky!», rief sie auf Touren ihrem Führer zu, und da dieser plötzlich auch von «Muskelkrämpfen» befallen wurde, sagte die Lady zu ihm: «Nehmen sie Whisky, Tony!» Der Führer gehorchte willig. Später erzählte er seinen Bekannten: «Aber woll, da häni a Gurglata [zünftigen Schluck] gnu!»

In diesem Zusammenhang sei ein besonderes Bergerlebnis festgehalten, das uns Arthur Klingele (1896–1978), langjähriger Hotelier des Hotels Belalp, 1934 in einem eindrücklichen und spannenden Bericht aufgezeichnet hat.[890] Dabei nennt er weder Namen noch genaue Daten. Wir fassen seine Darlegungen kurz zusammen. «Miss M.» aus England war zeitlebens eine begeisterte Bewunderin der Bergwelt und besonders der von ihr so sehr geliebten Belalp. Während Jahren war sie Sommer für Sommer Gast im Hotel Belalp. Aber dann: Ein ganzer Sommer verging, ohne dass Miss M. eintraf. Warum wohl? An einem Herbsttag kam ihr Bruder bei strömendem Regen auf einem Maultier zum Hotel Belalp und brachte des Rätsels Lösung. Seine ersten Worte zu Arthur Klingele lauteten: «My sister is dead, I bring her ashes with me» [Meine Schwester ist tot, ich bringe hier ihre Asche]. Der Brite erzählte, wie seine Schwester, von einem hartnäckigen Leiden befallen, dahinsiechte wie der Schnee an der Sonne. Mit allerletzter Kraft bat sie ihn, er möge ihre Asche auf ihrem bevorzugten Plätzchen beim Tyndalldenkmal beisetzen. Dies geschah am folgenden Tag in der originellsten und einfachsten Bestattungszeremonie, welche die fünf anwesenden Personen je erlebt hatten.

# Bau und Ausbau der Luftseilbahn Blatten-Belalp

## Die Bahn setzt sich durch

Nach dem Zweiten Weltkrieg entstand in Blatten ein Ferienhaus nach dem andern. Ein zweites Hotel und andere Betriebe öffneten ihre Pforten. Initiative Männer machten aus Blatten langsam einen Kurort. Inspiriert von anderen Berggemeinden, die ihre Gebiete erschlossen, suchten auch die Natischer nach einer besseren Verbindung von Blatten auf die Belalp. Es war nur die Frage: Strasse oder Luftseilbahn?
Dem Protokoll der Urversammlung vom 5. Mai 1946 entnehmen wir: «(…), dass eine Luftseilbahn Blatten-Belalp für die weitere Entwicklung der Gemeinde ein dringendes Bedürfnis ist und bald ausgeführt werden muss, wenn wir uns nicht verspäten wollen. Eine Fahrstrasse käme viel zu hoch, während eine Luftseilbahn einen Ertrag abwirft und sich bezahlt macht.» In der gleichen Urversammlung wurde der Antrag gestellt, «dass der Gemeinderat mit Bildung einer Kommission, bestehend somit aus dem Gemeinderat, den Grossräten, je einem Vertreter der zwei Hotels, der zwei Skiclubs und dem Antragsteller [Gemeindeschreiber Franz Werner], die Sache studieren und sobald wie möglich der Urversammlung Vorschläge unterbreiten soll. Hr. Präs. Meinrad Michlig nimmt den Antrag zustimmend entgegen».
In der Folge schien die Planung mit Ingenieur Hunziker von den «Roll'schen Eisenwerken über ein System, das 230 000 Franken kosten würde», recht zügig voranzugehen. Die Gemeinderäte wollten das Projekt beschleunigen, «damit die Bahn im nächsten Sommer [1947] bereit ist». Einen Monat später, am 28. Oktober 1946, wird im Gemeinderatsprotokoll festgehalten, dass Herr Ingenieur Hunziker bald ein Projekt und die Lieferfrist unterbreiten solle. Hier enden die Angaben in den Gemeinderatsprotokollen über eine allfällige Seilbahn. Es scheint, dass das Projekt vorerst nicht mehr zur Sprache kam. Die finanzielle Lage liess es wohl nicht zu, eine Bahn zu bauen. Ausserdem war der Weiterausbau der Strasse von Naters nach Blatten vordringlicher als der Bau einer Luftseilbahn auf die Belalp.
Nach einer Denkpause von sechs Jahren wollte ein gewisser Walter Birkhäuser aus Blumenstein/BE das Seilbahnprojekt wieder vorantreiben. Er wünschte sich eine Beteiligung der Gemeinde. Der Gemeinderat verlangte hierzu nähere Angaben und brachte den Seilbahnvorschlag zusammen mit dem Projekt einer Strasse am 27. April 1952 vor die Urversammlung. Der Gemeinderat plädierte für den Bau einer Luftseilbahn, für die verschiedene Kostenberechnungen zwischen 200 000 und 750 000 Franken vorlagen, während eine Strasse 800 000 Franken (25 Prozent Subventionen) kosten würde.[891] Den genauen Beschluss der Urversammlung erfahren wir aus dem Protokoll nicht. Die weitere Entwicklung der Angelegenheit aber spricht dafür, dass sich die Urversammlung für den Bau einer Luftseilbahn entschied.

## Bau der Luftseilbahn

Am 26. Oktober 1952 fand im Restaurant Post in Naters eine Interessenversammlung statt, an der ein bereits vorliegendes Projekt wärmstens begrüsst wurde. Sofort bildete sich ein Initiativkomitee, dem folgende Mitglieder angehörten:
*Anton Salzmann, alt Gerichtspräsident, Vorsitzender*
*Alois Gertschen, Regierungsstatthalter*
*Meinrad Michlig, Gemeindepräsident*
*Pius Werner, Vizepräsident*
*Adolf Augsburger sen., Kaufmann*
*Arthur Klingele, Hotelier*
*Walter Jaeger, Grundbuchverwalter*
*Anton Volken, Geschäftsmann*
*Otto Zenklusen, Geschäftsmann*

Dieses Komitee machte sich unverzüglich an die Arbeit, besichtigte bereits erstellte Bahnen, prüfte Orts- und Bodenverhältnisse und gründete eine Aktiengesellschaft mit einem Kapital von 250 000 Franken. Die Gemeindespitzen waren im Komitee gut vertreten und demzufolge kam der Bau der Seilbahn in dieser Zeit auch fast in jeder Gemeinderatssitzung zur Sprache. An der Urversammlung vom 26. April 1953 wurde eine Beteiligung der Gemeinde in der Höhe von 50 000 Franken mit 134 gegen 53 Stimmen, bei vier Enthaltungen, klar angenommen.
Jetzt konnten die Arbeiten endlich vorangetrieben werden. Nach den Plänen von Ingenieur A. Schönholzer, Spiez, und den Architekten Walter Feliser, Brig, und Paul Sprung, Naters, wurde eine Linienführung gewählt, die den Reisenden auf der ganzen Länge der Fahrt eine prachtvolle Aussicht bietet und zudem den Vorzug hat, dass keine Schluchten zu überqueren sind und die Kabinen sich nur in geringer Höhe über dem Erdboden bewegen.
Im Herbst 1953 konnten die Tal- wie auch die Bergstation im Rohbau fertig gestellt werden. Für die Bauten wurde im Allgemeinen einheimisches Material verwendet. Ortsansässige Unternehmer – soweit dies möglich war – führten die Arbeiten aus. Die Firma Willy Habegger, Maschinenfabrik in Thun, lieferte die maschinellen Einrichtungen. In der Bergstation wurde ein Postlokal untergebracht und an der Ostseite ein Buffet-Restaurant angebaut. Die Kosten des Seilbahnbaus verteilten sich wie folgt:

| | |
|---|---:|
| Gebäude und Anlagen | 219 628.88 |
| Maschinelle Einrichtungen | 285 000.– |
| Mobiliaranschaffungen | 10 200.80 |
| Terrainankäufe | 5 621.90 |
| Total Franken | 520 451.58 |

Am 24. Juli 1954 erteilte das Eidg. Amt für Verkehr für das St. Jakobsfest vom 25. Juli eine provisorische Fahrbewilligung. Kaplan Alois Walker, der den Seelsorgedienst auf der Belalp besorgte, hielt in seinen Aufzeichnungen Folgendes fest: «Am 25. Juli, am St. Jakobsfesttag, fuhr die neue Seilbahn zum ersten Mal und brachte seither eine grosse Menschenmenge auf die Alpe. Die Vor- und Nachteile dieser Bahn brauchen wohl kaum eigens geschildert zu werden.»[892] Am 19./20. August 1954 erfolgte die endgültige Kollaudation (amtliche Prüfung der Anlage) durch das Bundesamt für Verkehr. Am darauf folgenden Tag, dem 21. August, wurde die Luftseilbahn offiziell dem Betrieb übergeben. Die Einsegnung am 18. Juni 1955 nahm Kaplan Alois Walker vor.

## Ausbau der Luftseilbahn

Die Luftseilbahn wurde von der einheimischen Bevölkerung als wichtiges Transportmittel sofort geschätzt. Daneben erschloss sie die Belalp dem Sommer- und dem Wintertourismus. Zunächst betrachteten viele Einheimische dies als unerwünschte Nebenwirkung. Denn jetzt kamen nicht mehr nur einzelne Fremde, sondern eine grosse Menschenmasse «störte» fortab das harmonische Gleichgewicht auf der Belalp. Während viele dem sich langsam entwickelnden Tourismus eine gewisse Skepsis entgegenbrachten, sahen nicht wenige in ihm die grosse Chance für die Zukunft. Letztere wurden immer zahlreicher.

Bis zum Jahr 1957/1958 war die Luftseilbahn nur sommers in Betrieb. Der Skiclub Bergfreund bewirkte, dass sie auf Verlangen auch im Winter fuhr.[893] Bis zum Jahre 1970 war es relativ still um den Betrieb der Luftseilbahn.

## Wichtige Studie von Dr. Jost Krippendorf

Die Verantwortlichen der Seilbahnen AG baten den Schweizerischen Fremdenverkehrsverband (SFV) um eine gesamtwirtschaftliche Beurteilung ihres Ausbauprojektes. Am 22. März 1971 legte Dr. Jost Krippendorf vom SFV, Bern, in einer bedeutenden, acht Druckseiten umfassenden Studie mit dem Titel «Wirtschaftliche Erwägungen zum Ausbau des Transportangebotes im Gebiet Blatten–Belalp–Aletsch» seine Studienergebnisse dar.[894] Diese Arbeit galt fortab als Leitfaden in der Tourismusplanung auf dem Gebiet der Gemeinde Naters. Aus diesem Grund seien die Kernpunkte Krippendorfs hier genannt:

**1. Der gegenwärtige touristische Entwicklungsstand** *von Blatten-Belalp ist als bescheiden zu bezeichnen. Im Beherbergungssektor stehen in Blatten und auf der Belalp 350 Betten in Hotels und Massenlagern zur Verfügung. Dazu kommen circa 120 Chalets, was eine gesamte Beherbergungskapazität von ungefähr 1000 Betten ergibt. Das Beherbergungsangebot vor allem im Raum Blatten muss gefördert, Kurortseinrichtungen ins Auge gefasst und Transportanlagen ausgebaut werden.*

**2. Die Wintersportnachfrage** *entwickelt sich fast in allen Ländern explosiv. «Die touristischen Entwicklungsmöglichkeiten und Chancen von Blatten-Belalp sind als ausgezeichnet zu veranschlagen.»*

**3. Topographie, Landschaft und Klima** *als touristische Attraktion sowie die Verkehrslage bilden den «Rohstoff» jeden Fremdenverkehrs. Für Blatten-Belalp ergibt sich folgende Beurteilung:*

*a) Die Höhenlage (Blatten 1322 m, Belalp 2080 m, Skigebiet bis 3300 m ü. M.) ist insbesondere für den Winterverkehr als positiv zu werten. Eine gute Schneesicherheit ist ebenfalls gegeben. Das Skigebiet auf der Belalp ist für Skifahrer aller Stärkeklassen geeignet.*

*b) Lage in einem Talschluss mit gutem Windschutz und keinem Durchgangsverkehr.*

*c) Südexposition der Belalp, mit einem prächtigen Ausblick ins Tal und auf die gegenüberliegende Bergkette sowie ins nahe liegende Aletschgebiet.*

*d) Verkehrslage: Sie stellt vielleicht den grössten Trumpf von Blatten-Belalp dar. Blatten liegt 15 Autominuten vom internationalen Eisenbahnverkehrsknotenpunkt Brig entfernt und hat*

*Blatten mit der Grundstation der Luftseilbahn Blatten-Belalp.*

*somit besten Anschluss an alle Zugsverbindungen. Auch mit dem Auto ist Blatten erreichbar. Mit dieser Verkehrslage weist Blatten-Belalp ein überdies grosses Einzugsgebiet auf. Mehrere Räume mit über einer Million Einwohnern befinden sich in einer zwei- bis dreistündigen Entfernung (Mailand, Westschweiz, Nordschweiz usw.). Der Tagesverkehr kann sich vor allem aus dem Raum Brig (Agglomeration mit über 15 000 Einwohnern) und der weiteren Region rekrutieren.*

**4.** *Die Tatsache, dass die Gemeinde Naters in der Abstimmung vom 6./7. Februar 1971* **die Ortsplanung von Blatten-Belalp** *angenommen hat, ist als wichtiger Entwicklungsfaktor zu werten. Die speziellen Baubestimmungen schützen den alten Dorfkern in Blatten und bieten über Baustil, Grösse der Bauten usw. Gewähr, dass im Baugebiet keine Zerstörung der Landschaft entstehen kann.*

**5. Bei den Behörden und der Bevölkerung** *besteht der ausgesprochene Wille, die touristische Entwicklung von Blatten-Belalp zu fördern. Die Munizipalgemeinde verfügt über eine relativ grosse Finanzkraft und ist auch gewillt, die weiteren Projekte in Blatten-Belalp zu unterstützen. Die Burgergemeinde als grösste Landbesitzerin im Entwicklungsgebiet steht nicht zurück und gewährt Bau- und Durchgangsrechte.*

### Ausbau in Etappen: 1972–1992

Um 1970 wurde der Ruf nach einem Umbau der Seilbahn und der Erschliessung neuer Skigebiete durch Skilifte immer lauter. Die Verantwortlichen spürten den Puls der Zeit. So wurde **1972** die alte Seilbahnstation umgebaut und mit einer 80-Personen-Kabine ausgerüstet. Die Einweihung der neuen Seilbahnanlage erfolgte am 8. Februar 1973. Die erste Ausbauetappe von 1972/1973 brachte der Region eine Entwicklung, wie sie in diesem Ausmass von niemandem erwartet worden war. Sowohl die Zahl der Logiernächte als auch der Ertrag des Luftseilbahn- und Skiliftbetriebes verdoppelten sich nahezu. Die Beförderung von Personen stieg gegenüber dem Vorjahr um 113 Prozent und der Verkehrsertrag um 120 Prozent.

Aber schon **1979** erfolgte ein weiterer Umbau der Seilbahn. Sie wurde auf Doppelbetrieb mit zwei 80-Personen-Kabinen umgestellt, was mit 2,4 Millionen Franken zu Buche schlug. Die Voraussetzungen für den Betrieb einer zweiten Grosskabine wurden aber in weiser Voraussicht schon 1972 geschaffen. Am 22. Dezember 1979 konnte Verwaltungsratspräsident Edmund Salzmann anlässlich der Einsegnung durch Pfarrer Josef Pfaffen bei der Bergstation eine gut gelaunte Gästeschar begrüssen. Anwesend waren Vertreter aus Politik, Tourismus und Wirtschaft sowie die am Bau beteiligten Fachleute und Freunde der Belalp.

**19. Dezember 1980** Inbetriebnahme der Mittelstation im Erich für das Feriendorf «Tschuggen».

**1991** Erstellung von Depot und Einstellhalle in Blatten sowie des Sanitätslokals auf Hohbiel.

**1992** Neubau Büro und Verwaltungsgebäude Blatten (1,5 Millionen Franken); Depot Mittel- und Bergstation (zusammen zirka 700 000 Franken).

### Technische Daten der Luftseilbahn

Die topografischen Angaben für die Luftseilbahn aus dem Jahre 1954 und die der umgebauten Bahn von 1979 (heute) sind dieselben, nämlich: Talstation 1336,75 m ü. M., Bergstation 2096 m ü. M., Höhendifferenz 763 m, Fahrbahnlänge 1767 m, horizontale Länge 1593 m, zwei Kabinen und zwei Stützen.

| Weitere technische Daten | 1954 | 1979 (heute) |
|---|---|---|
| Fassungsvermögen je Kabine | 10 Pers. | 80+1 Pers. |
| Förderleistung pro Stunde | 65 Pers. | 800 Pers. |
| Fahrgeschwindigkeit (Spitze) | 4,0 m/Sek. | 8,5/7 m/Sek. |
| Fahrtdauer (ohne Halt im Erich) | 8–9 Min. | ca. 5 Min. |
| Nutzlast Material | 800 kg | 6000 kg |
| Maximale Antriebsleistung | 63 PS | 790 PS |
| Tragseile (pro Strecke 2), Ø | 30 mm | 45 mm |
| Zugseile (pro Strecke 1), Ø | 19 mm | 31 mm |

*Luftseilbahn Blatten-Belalp.*

## Von der Seilbahnen AG Blatten-Belalp-Aletsch zu der Belalp Bahnen AG

### Gründung und Entwicklung: 1953–1995

Die Luftseilbahnen Blatten-Belalp AG wurde 1953 gegründet.[895] Der Verwaltungsrat setzte sich lange Zeit aus etwa den gleichen Mitgliedern zusammen, die 1952 das Initiativkomitee für den Bau der Luftseilbahn gebildet hatten. Zunächst müssen wir von einer anderen, recht aktiven Organisation reden, nämlich von der Skigenossenschaft Blatten.

Am 6. Februar 1960 fand im Gasthof Blatten die Gründungsversammlung der Skiliftgenossenschaft Blatten statt. Verwaltungsratspräsident war Ignaz Mutter. Am 8. Oktober 1960 beschloss die Generalversammlung, die Skiliftgenossenschaft Blatten in eine AG umzuwandeln und zusammen mit der Skilift Belalp eine Genossenschaft zu gründen. Im November 1961 wurde Meinrad Michlig zum Präsidenten der neuen Skilift Blatten-Belalp AG gewählt. Diese erbaute in Zusammenarbeit mit der Luftseilbahnen Blatten-Belalp AG und der Gemeinde 1963 auf der Belalp (Kühmatte) den ersten Skilift. 1965 wählte die Skilift AG einen neuen Verwaltungsrat mit Alois Jossen als Präsidenten. Nach zum Teil heftigen Diskussionen schlossen sich am 10. Juli 1970 die Luftseilbahnen Blatten-Belalp AG und die Skilift Blatten–Belalp AG zusammen. Die neue Gesellschaft gab sich den Namen Seilbahnen AG Blatten-Belalp-Aletsch. Die bisherige

| Jahr | Seilbahn: beförderte Personen | | | Einnahmen in Franken | | | |
|---|---|---|---|---|---|---|---|
| | Sommer | Winter | Total | Seilbahn und Diverses | Güter- und Gepäcktransporte | Skilifte | Total |
| 1968 | 42 582 | 19 975 | 62 557 | | | | |
| 1970 | 45 082 | 24 517 | 69 599 | | | | |
| 1975 | 69 468 | 111 596 | 181 064 | 488 321.55 | 23 903.75 | 519 822.50 | 1 032 047.80 |
| 1980 | 89 696 | 174 381 | 264 077 | 695 651.65 | 48 515.05 | 902 176.30 | 1 646 343.00 |
| 1985 | 96 993 | 256 096 | 353 089 | 1 021 598.90 | 65 754.80 | 1 845 544.45 | 2 932 898.15 |
| 1990 | 110 473 | 326 762 | 437 235 | 1 703 094.69 | 98 786.35 | 1 902 134.75 | 3 704 015.79 |
| 1992 | 99 564 | 423 554 | 523 118 | 2 343 949.94 | 121 055.05 | 3 300 781.90 | 5 765 786.89 |
| 1994 | 97 000 | 368 000 | 465 000 | 2 746 309.68 | 115 381.90 | 3 481 522.85 | 6 343 214.43 |
| 1996 | 93 836 | 421 115 | 514 951 | 2 428 714.77 | 184 954.20 | 3 046 369.41 | 5 660 038.38 |
| 1998 | 96 674 | 405 976 | 502 650 | 2 197 253.30 | 178 557.75 | 3 271 005.45 | 5 646 816.50 |

Gesellschaft Luftseilbahnen Blatten-Belalp AG übernahm gemäss Fusionsvertrag vom 10. Juli 1970 die Aktiven und Passiven der Skilift Blatten-Belalp AG. Das Aktienkapital der neuen Gesellschaft wurde 1970 auf 3,8 Millionen Franken (7600 Inhaberaktien à 500 Franken) aufgestockt.

Das Ziel der neu entstandenen Gesellschaft wurde in Artikel 2 der 31 Artikel umfassenden Statuten vom 3. März 1971 wie folgt umschrieben: «Zweck der Gesellschaft ist die Erstellung und der Betrieb von Seilbahnen in der Region Blatten–Belalp–Aletsch, um dadurch, unter Wahrung ihres Charakters als Erwerbsgesellschaft, in dieser Gegend die soziale und wirtschaftliche Entwicklung sowie den Fremdenverkehr zu fördern.» Der Verwaltungsrat der Seilbahnen AG entfaltete denn auch zusammen mit dem Verkehrsverein und der Kurdirektion eine äusserst rege Tätigkeit rund um das touristische Geschehen.

### 1996: Neuer Name, neue Statuten

An der Generalversammlung vom 20. Juni 1996 stimmten die Aktionäre den neuen Statuten zu. Zu den wichtigsten Neuerungen zählte zweifellos die Umbenennung der Seilbahnen AG Blatten-Belalp-Aletsch in Belalp Bahnen AG. Gemäss den Statuten hat ausserdem nicht nur die Gemeinde, sondern auch die Burgerschaft Naters Anspruch auf einen Sitz im Verwaltungsrat. Ferner wurde neu für Verwaltungsräte künftig eine Amtszeitbeschränkung von zwölf, für den Verwaltungsratspräsidenten eine solche von 16 Jahren festgelegt. Und schliesslich war neu, dass der Präsident von der Generalversammlung gewählt werden muss. Bisher hatte sich der Verwaltungsrat selbst konstituiert.

Die Organe der Gesellschaft sind: 1. Generalversammlung, 2. Verwaltungsrat (fünf bis neun Mitglieder) und 3. Revisionsstelle.

## Finanzen

Das Aktienkapital der Belalp Bahnen AG beträgt seit 1979 5,1 Millionen Franken (10 200 Aktien à 500 Franken). Die Belalp Bahnen AG investierte bis Ende 1995 total 37,5 Millionen Franken. Von 1970 bis 1995 zahlte die Belalp Bahnen AG 19,7 Millionen Franken an Löhnen aus. Seit Bestehen der Gesellschaft bis zum Jahre 1995 flossen an Steuern 1,6 Millionen Franken in die Kasse von Bund, Kanton und Gemeinde. Die Belalp Bahnen AG investierte bis 1996 zirka 38 Millionen Franken in Anlagen, Maschinen und Gebäude.

### Verwaltungsratspräsidenten der Belalp Bahnen AG

1953–1959  Anton Salzmann, alt Gerichtspräsident
1959–1968  Meinrad Michlig
1968–1970  vakant
1970–1988  Edmund Salzmann
1988–1994  Richard Walker
1994–1998  Peter Ritz
1998–       Erich Pfaffen

## Direktoren der Belalp Bahnen AG

### Ignaz Truffer: 1973–1998

Er wurde am 23. Februar 1935 in Lalden geboren, vermählte sich 1968 mit Beatrice Venetz aus Stalden und ist Vater von vier Kindern. Nach Absolvierung der Handelsschule am Kollegium in Brig war er zuerst in den Lonza-Werken, dann beim kantonalen Militärdepartement und zuletzt als Buchhalter im Berner Sanatorium in Montana tätig. Als Wachtmeister der Lawinenkompanie brachte er eine solide Gebirgsausbildung mit.

Ignaz Truffer war von 1973 bis 1998 erster Direktor der Belalp Bahnen AG, sass während 20 Jahren im Führungsgremium des Verkehrsvereins und hat als zuverlässiger und kompetenter Betriebsleiter die touristische Entwicklung in der Region massgeblich mitgeprägt. Er war ein Tourismuspionier mit Herz. Von 1992 bis 1998 stand er der Walliser Vereinigung der Seilbahnen- und Skiliftunternehmungen als Präsident vor. Er starb am 30. Juni 1998.

**Dr. Hans-Peter Zeiter: 1998–**
Er wurde am 3. Mai 1949 als Sohn des Konrad und der Johanna geb. Mutter in Lax geboren, besuchte die Schulen in Lax und Fiesch, schloss mit der Matura Typ B ab, studierte an der Rechts- und Wirtschaftswissenschaftlichen Fakultät in Bern und promovierte 1983 zum Doktor. Seine Dissertation lautet: «Die Auswirkungen des touristischen Wachstumsprozesses auf Bevölkerung, Arbeitsmarkt und Gemeindefinanzen im MAB-Testgebiet Aletsch». Er ist verheiratet mit Paula geb. Angelini von Naters und Vater von drei Kindern. Hans-Peter Zeiter unterrichtete an der Kantonalen Bauschule Aarau, als Handelslehrer am Institut St. Ursula in Brig, an der Tourismusfachschule in Siders, war von 1988–1998 Direktor/Betriebsleiter der Verkehrsbetriebe Betten-Bettmeralp AG und ist seit dem 16. Oktober 1998 Direktor der Belalp Bahnen AG.

Dr. Hans-Peter Zeiter hat sich mit verschiedenen Publikationen über Tourismusfragen einen Namen gemacht. In seiner gegenwärtigen Tätigkeit sieht er vor allem zwei Schwerpunkte: Verbesserung der Qualität der touristischen Dienstleistungen und Teamarbeit innerhalb des Betriebes. Es ist ihm wichtig, dass die Belalp Bahnen AG ein florierendes Unternehmen bleibt, das seinen Beitrag zu einer gesunden Entwicklung des Tourismus im Aletsch leistet.

# Verkehrsverein Naters-Blatten-Belalp

## Vorläufer: Verschönerungsverein

Als Vorläufer des Verkehrsvereins gilt der Verschönerungsverein Naters, der 1922 gegründet wurde.[896] Die Statuten vom 14. März 1930 geben in Art. 3 folgende Zweckbestimmung an: «Der Verein bezweckt insbesondere die Verschönerung der Ortschaft Naters und ihrer Umgebung und im allgemeinen die Unterstützung aller Bestrebungen, die geeignet sind, die landschaftlichen Schönheiten der Gemeinde dem Publikum zugänglich zu machen, die Annehmlichkeiten des Aufenthaltes zu vermehren, den Heimatschutz zu fördern, historische Eigenarten zu erhalten usw.»[897] Über diesen Verein lesen wir letztmals im Gemeinderatsprotokoll vom 7. Oktober 1932, gemäss dem er von der Gemeinde verlangt, «dass die weggefallenen Akazien der Allee zu ersetzen sind und dass bei der Linde eine junge Linde gepflanzt werden sollte».

## Gründung und Entwicklung des Verkehrsvereins

### 1964–1978

Der 1964 gegründete Verkehrs- und Verschönerungsverein Naters-Blatten-Belalp[898] knüpfte an den wohl längst eingegangenen Verschönerungsverein an und trug noch bis 1971 den Doppelnamen Verkehrs- und Verschönerungsverein, danach aber nur mehr die Bezeichnung Verkehrsverein (VV) Naters-Blatten-Belalp. Zu den Gründern gehörten Ignaz Mutter (Gründerpräsident), Ulrich Ruppen und Pius Salzmann. Letzterer waltete in den ersten Jahren sowohl als Kassier wie auch als Sekretär im Nebenamt. Das Verkehrsbüro war zu Beginn im Haus von Ulrich Ruppen (Bahnhofstrasse) untergebracht und wurde 1967 ins Treuhandbüro Brutsche an der Furkastrasse (Ornavassoblock D) verlegt, «woselbst durchgehend täglich Auskünfte erteilt werden». An der Generalversammlung vom 15. Juni 1967 beschlossen die Mitglieder, sich um die Errichtung des Schinerdenkmals (es steht heute in Ernen) in Naters zu bemühen. Als Standort wurde der Platz nördlich der Kirche beim Missionskreuz vorgeschlagen.[899]

Am 14. Februar 1969 berichtet der ‹Walliser Volksfreund› über die Aktivitäten des Verkehrsvereins wie folgt: «Abfallsammelkörbe wurden angebracht und rund 50 Bänke angeschafft, die Verkehrsinseln angepflanzt, verschiedene Anpflanzungen beim Schulhaus, Friedhof und Kirche getätigt, zahlreiche Wegweiser

*Vorstand des Tourismusvereins Naters-Blatten-Belalp (kurz: des Belalp Tourismus). Aufnahme von 1999. Von links: Andreas Schaller, Beat Ruppen (des Franz), Stefan Jossen (des Alfred), Gerhard Ruppen (Präsident), Christian Imhof, Richard Hug (Tourismusdirektor), Josef Fux.*

aufgestellt und längs der Rhone ca. 40 Kastanienbäume gepflanzt.»
Zum Beginn der Wintersaison 1973/1974 wurde in Blatten ein ständig besetztes Informationsbüro des Verkehrsvereins eröffnet. Die Vereinsstatuten datieren vom 18.12.1964, 12.12.1973, 12.11.1976 (mit wenigen späteren Ergänzungen und Abänderungen) und 21.1.1999.
1976 konnten Ulrich Ruppen, Ignaz Mutter, Therese Eyer und Pius Salzmann für ihre Verdienste eine Ehrenurkunde entgegennehmen.
Am 1. Juli 1978 wurde in Blatten/Naters anlässlich einer bescheiden gehaltenen Einweihungsfeier in Bürogemeinschaft mit der Kantonalbank das neue Verkehrsbüro eröffnet. Damit setzte man für die touristische Entwicklung im Gebiet Blatten–Belalp einen neuen Markstein. Aus einer Scheune mit Hühnerstall entstand ein schmuckes Verkehrsbüro. Der Verkehrsverein musste dem Umstand Rechnung tragen, dass in den 14 Jahren seit seiner Gründung die Zahl der Übernachtungen von 10 000 (1964) auf 95 000 (1978) gestiegen war. Gleichzeitig mit der Eröffnung des neuen Verkehrsbüros setzte der Verkehrsverein in der Person von Beat Ruppen, Naters, den ersten Kurdirektor ein.

## Verstärkte Werbung – Marketingkonzept

1979 schlossen sich die fünf Verkehrsvereine im Aletschgebiet (Fiesch, Bettmer- und Riederalp, Naters-Blatten-Belalp und Mörel-Breiten) zusammen, um fortan mit vereinten Kräften dem Feriengast die besonderen Schönheiten des Aletschgebietes aufzuzeigen. Bereits um 1980 mauserte sich die Tourismusstation Blatten-Belalp zu einer nicht zu unterschätzenden Grösse. Im Frühjahr 1989 gründeten die drei Verkehrsvereine Naters-Blatten-Belalp, Brig-Simplon und das Lötschental zusammen mit der Lötschbergbahn eine Werbegemeinschaft. Im Vordergrund steht dabei die Präsenz bei Ausstellungen und Messen. So fanden durch den Verkehrsverein folgende Werbeaktionen statt: Durchführung einer «Chum und Lueg»-TV-Sendung 1985, Teilnahme an Messen in Frankfurt, Köln, Stuttgart, Utrecht sowie Beteiligung an der «Borsa Internationale del Turismo» (BIT) in Mailand usw.
Da das Verkehrsbüro zu klein geworden war, baute der Verkehrsverein 1986, im Verbund mit der Erstellung des Mehrzweckgebäudes der Gemeinde, um den Preis von einer halben Million Franken ein neues Verkehrsbüro. Dieses wurde am 13. Dezember desselben Jahres in einer schlichten Feier von Dekan Josef Pfaffen unter den Schutz Gottes gestellt. Das Büro der Ski- und Snowboardschule befindet sich ebenfalls in diesem Gebäude. Das Verkehrsbüro führt als Dienstleistung für Einheimische und Touristen seit 1996 eine Filiale der Raiffeisenbank (vorher Kantonalbank). Der Saal im Obergeschoss steht der Gemeinde und der Bevölkerung stets zur Verfügung (Abstimmungslokal, Übungslokal für verschiedene Vereine, Schlechtwetteranlässe usw.).
1989 liess die Gemeinde durch das Büro Planval, Brig, «ein Inventar und eine Lagebeurteilung des Tourismus in Naters» erstellen. Vor diesem Hintergrund entstand im selben Jahr in Zusammenarbeit mit dem genannten Büro und einer Tourismuskommission das «touristische Leitbild für die Gemeinde Naters» (Manuskript von 20 Seiten). Basierend auf diesem Leitbild liess der Verkehrsverein ein Marketingkonzept erarbeiten; dieses wird auch «Hexen-Mix» genannt, weil darin die Hexe als Leitfigur auftritt. Dieses gut durchdachte Konzept bildet seither die Grundlage für eine gezielte Tourismuspolitik und zeigt Möglichkeiten und Strategien zum Vermarkten des touristischen Angebotes auf. Ins obgenannte touristische Leitbild flossen auch die Erkenntnisse aus der im Jahre 1988 erschienenen Diplomarbeit über das gleiche Thema von Josef Lauber, Naters.[900]
1996 stand die Touristenstation Blatten-Belalp mit ihrer Grösse an 17. Stelle unter den 121 Walliser Touristenorten.

## Finanzen – Mitgliederzahl

Über die Finanzen des Verkehrsvereins soll als Beispiel nachfolgende Gegenüberstellung der Aufwendungen und der Erträge aus dem Jahre 1995 Auskunft geben.

| **Total Aufwand 1995** | Fr. 593 800.– | **Total Ertrag 1995** | Fr. 590 200.– |
|---|---|---|---|
| Taxen und Gebühren | 39 000.– | Taxen und Gebühren | 380 000.– |
| Beiträge | 6 500.– | Beiträge (inkl. Gemeinde) | 102 000.– |
| Werbung/PR | 75 500.– | | |
| Drucksachen | 73 000.– | Drucksachen | 32 500.– |
| Unterhalt und Anschaffungen | 60 500.– | Computergebühren | 4 000.– |
| Veranstaltungen/ Pauschalen | 50 000.– | Veranstaltungen/ Pauschalen | 20 000.– |
| Verkaufsartikel | 13 800.– | Verkaufsartikel | 18 500.– |
| Verwaltung | 81 500.– | Mieteinnahmen | 33 000.– |
| Personalkosten | 164 000.– | Zins | 200.– |
| Abschreibungen | 30 000.– | | |
| *Verlust* | | | *Fr. 3 600.–* |

1997 zählte der Verkehrsverein 121 Gewerbe- und 355 Privatmitglieder. An der alljährlich im Frühjahr stattfindenden Generalversammlung werden die stets mit Spannung erwarteten Ergebnisse des verflossenen Tourismusjahres bekannt gegeben.

*Präsidenten des Verkehrsvereins*
1964–1972   Ulrich Ruppen
1973–1985   Albert Bass
1985–1992   René Schmid
1992–         Gerhard Ruppen

Die Präsidenten des Verkehrsvereins entfalteten allesamt eine bewundernswerte Aktivität. Immer wieder versuchten sie zusammen mit dem Kurdirektor und den Führungsgremien der Belalp Bahnen AG im harten Konkurrenzkampf mit den umliegenden Stationen und im Wettbewerb mit dem Ausland den

Tourismus in Naters-Blatten-Belalp mit neuen Ideen und attraktiven Angeboten anzukurbeln.
*1999 erhielt der Verkehrsverein den Namen Tourismusverein (oder: Naters-Blatten-Belalp Tourismus, kurz: Belalp Tourismus).*

## Tourismusdirektoren

**Beat Ruppen: 1978–1987** 
Beat Ruppen, Sohn des Franz, wurde am 5. November 1952 in Naters geboren, ehelichte Marie Jossen und ist Vater von zwei Töchtern. Bevor er 1978 die Stelle als erster Kurdirektor (seit 1999 Tourismusdirektor genannt) der Touristenstation Blatten-Belalp antrat, hatte er nach den obligatorischen Schulen die Verkehrsschule und die kaufmännische Berufsschule besucht, danach im Bankwesen, bei der SBB sowie in einem Reisebüro gearbeitet. 1987 erwarb er in der Schweizerischen Schule für Touristik das eidgenössische Diplom und durfte sich als den ersten eidgenössisch diplomierten Tourismusexperten des Wallis bezeichnen.
Da Beat Ruppen seine Wurzeln in Naters hat, konnte er zwischen Tradition und den Erfordernissen der Zeit vermitteln. Der Verkehrsverein schrieb dem aktiven Tourismusspezialisten folgende verdiente Worte ins Zeugnis: «Für alle Arbeiten brachte Herr Ruppen sehr gute Sprachkenntnisse, viel Wissen über die touristischen Zusammenhänge und einen ausgeprägten Sinn für Werbung und Kontakte mit. Er arbeitete sehr selbständig, fleissig und termingerecht. Seine Leistungen waren für den Verkehrsverein und die ganze Region sehr wertvoll.» Seit 1987 lehrt Beat Ruppen an der Schweizerischen Tourismusfachschule in Siders. Seit 1996 gilt sein Engagement neben seinem Lehramt auch noch dem Hotel Belalp. Diesem möchte er wieder den alten Glanz verleihen und nutzt es gleichzeitig als praktisches Übungsfeld für die Studenten der Tourismusschule.

**Melitta Kronig-Hischier: 1987–1993** 
Sie wurde am 25. Juni 1961 in Oberwald geboren, besuchte die obligatorischen Schulen in Oberwald, Raron und Naters, machte das Handelsdiplom am Institut St. Ursula in Brig, absolvierte eine Sprachschule in London, den Wirtekurs in Siders und den Reiseleiterkurs in Zürich. Melitta Kronig arbeitete zuvor als Sekretärin des Verkehrsvereins Riederalp und als Reiseleiterin. Die diplomierte, sprachkundige Tourismusexpertin war die erste Tourismusdirektorin im Oberwallis. Akzente während ihrer Tätigkeit setzten die Erarbeitung des Marketingkonzeptes sowie die EDV-Einführung im Verkehrsbüro.

**Richard Hug: 1993–** 
Er wurde am 11. August 1967 in Gamsen geboren. Das Rüstzeug für seine touristische Tätigkeit holte er sich nach der Wirtschaftsmatura am Kollegium in Brig an der Tourismusfachschule in Siders sowie in einem Praktikum bei der Werbegemeinschaft «Rund um Visp». Der einsatzfreudige, dynamische Tourismusexperte setzt die Schwerpunkte seiner Arbeit beispielsweise beim Weiterausbau des Animationsprogramms, bei der Gästebetreuung sowie bei der gezielten Modernisierung der bestehenden Infrastrukturen.

## Stiftung für Kurortseinrichtungen

Die Stiftung für Kurortseinrichtungen Naters-Blatten-Belalp wurde am 18. Juli 1980 aus der Taufe gehoben. Die Stiftungsurkunde trägt dasselbe Datum. Diese Einrichtung kümmert sich mit Erfolg um die Bereitstellung und den Ausbau von Kurortseinrichtungen (Tennisanlage, Minigolf usw.). Die Stifter dieser Institution sind der Verkehrsverein Naters-Blatten-Belalp, die Belalp Bahnen AG und private Stifter. Die Gemeinde unterstützt die Stiftung. Das leitende Gremium rekrutiert sich vornehmlich aus führenden Persönlichkeiten der Tourismusbranche und der Gemeinde.

**Präsidenten**
1980–1987    Albert Bass
1988–1992    Daniel Schmid
1993–        Roger Schmid

# Touristisches Angebot

In den folgenden Ausführungen nennen wir das wichtigste touristische Sommer- und Winterangebot der Station.

## Winterangebot

60 km präparierte Pisten, die ein Netz über ein weitläufiges Gebiet (3100–1300 m) legen, eine Luftseilbahn mit zwei 80er-Kabinen, sieben Skilifte und zwei Viererssesselbahnen, die ein Skivergnügen ohne Grenzen ermöglichen, vier Kilometer Langlaufhöhenloipe, deren Einfluss auf Kondition und Fitness beeindruckend ist, und sieben Kilometer Schlittelabfahrt von der Belalp nach Blatten, die sowohl am Tag wie auch zu nächtlicher Stunde ein unvergessliches Erlebnis bleibt: Das sind die wichtigsten Attraktionen, die zum Winterangebot für eine anspruchsvolle Gästeschar gehören. In den folgenden Darlegungen nennen wir insbesondere die näheren Angaben zu den einzelnen Skiliften, die alle (ausser dem ersten Lift in Blatten) von der Belalp Bahnen AG errichtet wurden und von ihr betrieben werden.

## Skilifte

1960, 23. Januar: Inbetriebnahme des *Skiliftes in Blatten*. Erstellt im Auftrag der Skiliftgenossenschaft Blatten.
1963: *Schönbiellift*. Er stand am 6. Januar 1964 betriebsbereit, konnte aber wegen Schneemangels erst ab Ostern benutzt werden.[901]

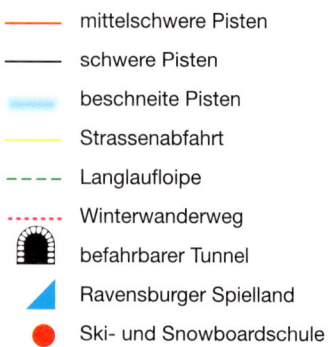

# Belalp Bahnen – Pistenplan

## Gipfel

| Gipfel | Höhe (m) |
|---|---|
| Unterbächhorn | 3554 |
| Belgrat | 3336 |
| Hohstock | 3226 |
| Schinhorn | 3796 |
| Hülsenhorn | 3178 |
| Sparrhorn | 3020 |
| Aletschhorn | 4195 |

## Orte und Punkte auf der Karte

- Hohbiel 2680 m
- 3100 m
- Aussichtspunkt Aletschgletscher
- Tyndalldenkmal
- Schönbiel 2300 m
- Lüsga
- Aletschbord
- BELALP 2094 m
- Kinderlifte
- Bel
- Erich/Tschuggen
- TSCHUGGEN
- Hasel
- Egga
- Rischinen
- BLATTEN 1322 m
- Naters / Brig ← 8 km

## Pisten und Lifte (Beschriftungen)

- Skilift Hohstock
- Piste Hülsen
- Piste Tola
- Skilift Sparrhorngrat
- Piste Häx
- Piste Grat
- Piste Roti Blatte
- Piste Tola
- Piste Gletscher
- Piste Häx
- Skilift Fleschtola
- Skilift Sparrhorn
- Piste Aletsch
- Piste Tyndall
- Piste Lägni
- Piste Nord
- Piste Bruchji
- Piste Aletschbord
- Färrichlift
- Langlauf
- Halfpipe
- Piste Tälli
- 4er-Sesselbahn Kelchbach
- Skilift Schönbiel
- Piste Sattlen
- 4er-Sesselbahn Bruchegg
- Loch

## Legende

- leichte Pisten
- mittelschwere Pisten
- schwere Pisten
- beschneite Pisten
- Strassenabfahrt
- Langlaufloipe
- Winterwanderweg
- befahrbarer Tunnel
- Ravensburger Spielland
- Ski- und Snowboardschule

## Anlagen

| | Länge | Höhendiff. | Förderl. |
|---|---|---|---|
| Luftseilbahn Blatten-Belalp | 1778 | 761 | 800 P/h |
| Skilift Schönbiel | 1100 | 250 | 1000 P/h |
| 4er-Sesselbahn Kelchbach | 1201 | 352 | 2000 P/h |
| 4er-Sesselbahn Bruchegg | 515 | 165 | 1000 P/h |
| Skilift Sparrhorn | 2400 | 530 | 1000 P/h |
| Skilift Sparrhorngrat | 900 | 212 | 1000 P/h |
| Skilift Hohstock | 1520 | 460 | 1000 P/h |
| Skilift Fleschtola | 1950 | 430 | 1000 P/h |
| Skilift Stafel | 224 | 16 | 1000 P/h |
| Skilift Färrich | 277 | 91 | 1000 P/h |

1972, 23. Dezember: Inbetriebnahme *Skilift Sparrhorn* (2400 m lang).
1974: *Schönbiellift 1* (der «Skimalift» von 1963 wurde abgebrochen).
1979: *Skilifte Schönbiel 2* (1100 m lang) und *Sparrhorngrat* (900 m lang).
1982: *Skilift Hohstock* (3100 m ü. M.; 1520 m lang). Diesen bezeichnete die Presse als besonderen «Hit» und nannte ihn den Skilift mit «Pfiff». Von hier aus sind es zwölf Kilometer bis Blatten (Höhendifferenz 1800 m). Der Bau des Hohstockliftes kam auf 1,7 Millionen Franken zu stehen. Einsegnung: am 22. Januar 1983 durch Kaplan Otto Walker.
1984: *Skitunnel Hohstock*. Am 13. August 1984 begannen die Arbeiten und bereits am 6. Oktober gleichen Jahres erfolgte der Durchstich des 160 m langen, 4,2 m breiten und 3,5 m hohen Skitunnels (3090 m ü. M.). Dieser hat ein Gefälle von vier Prozent, was zwischen beiden Eingängen einem Niveauunterschied von sechs Metern entspricht. Um die über 2000 m$^3$ Felsen auszuheben, benötigten das Baukonsortium Losinger, die Unternehmungen Peter Ruppen und Armand Imhof aus Naters sowie die Firma Dénériaz zirka zehn Tonnen Sprengstoff und gegen 20 000 Liter Rohöl.
Einziges Transportmittel war der Helikopter. Da Trockenbohrungen von der Schweiz. Unfallversicherung (SUVA) verboten sind, behalf man sich, was wohl einmalig ist, lediglich mit Wasser aus geschmolzenem Schnee und Eis. Damit die Sportler beim Durchqueren ihre Skier nicht abschnallen müssen, wird der Schnee mit Pistenfahrzeugen in den mit 24 Lampen beleuchteten Tunnel geschoben. An der Einweihungsfeier vom 19. Januar

*Skirennen auf der Belalp.*

1985, an der Kaplan Otto Walker die Segnung vornahm, herrschten bei der prominenten Gästeschar Genugtuung und Freude über die Verwirklichung dieses technischen Wunderwerks, das eine Million Franken gekostet hatte. Nicht wenige bezeichneten diesen Durchstich als so etwas wie das erschliessungstechnische «Ei des Kolumbus». Bei diesem Projekt dachte man vor allem an Pulverschneefans, an Tiefschneefreaks und an Steilhangwedler.

*Belalp. Im Hintergrund der Aletschgletscher.*

1986: *Skilift Fletschtola* (1950 m lang). Bereits 1986 in Betrieb genommen, wurde er am 8. Februar 1987 durch Pfarrer Josef Pfaffen unter den Schutz Gottes gestellt. Kosten: 1,5 Millionen Franken.

1989: *Stafellift* (Trainingslift).

1995: *«Färrich»-Lift* (300 m lang). Just auf Saisonbeginn 1995 konnte der Zubringerlift «Färrich» in Betrieb genommen werden. Kosten: 424 915 Franken. Die Einbindung der «Lüsga» ins Skigebiet, der wintersichere Spazierweg zum Hotel Belalp sowie das Hotel selbst sind eine Bereicherung für das Skigebiet. Die Piste vom Tyndalldenkmal zum Hotel Belalp wurde ausgebessert, so dass man das Aletschbord jetzt auch mit Skiern erreichen kann.

## 1997: zwei Sesselbahnen, Beschneiungsanlage

In einer Bauzeit von knapp sechs Monaten haben die Belalp Bahnen AG 1997 im Gebiet Schönbiel zwei neue Sessellifte und eine Beschneiungsanlage gebaut.

Die kuppelbare *Viererssesselbahn «Kelchbach»*, die die beiden Skilifte am Schönbiel ersetzt, führt von der Kühmatte hinauf zum Schönbiel und misst 1199,5 Meter. Diese Hochleistungsbahn transportiert mit ihren 75 Vierersesseln und einer Fahrgeschwindigkeit von 4,8 Metern in der Sekunde gegen 2000 Personen in der Stunde. Die Fahrzeit beträgt vier Minuten und zehn Sekunden.

Der *Sessellift Bruchegg-Schönbiel* ist mit fixen Klemmen ausgerüstet und befördert 1000 Personen in der Stunde, wobei die stündliche Kapazität mit einer grösseren Zahl von Sesseln auf 2000 Personen erhöht werden kann. Die Bahn misst 584,6 Meter und hat eine Fahrgeschwindigkeit von 2,3 Metern in der Sekunde. Die Bahn Bruchegg stellt die Verbindung vom Sparrhornlift zum Plateau Schönbiel-Berg her.

Die vollautomatische *Niederdruck-Beschneiungsanlage Lenko* umfasst fünf mobile Schneekanonen, die an 45 Zapfstellen angeschlossen werden können. Insgesamt können rund acht Hektaren Pisten beschneit werden. Die Anlage wurde in Zusammenarbeit mit der Wasserversorgungsgenossenschaft Bruchji West erstellt. Der Trinkwasserüberlauf beim Reservoir Sattlen wird zum 1500 Kubikmeter fassenden Reservoir Schönbiel gepumpt. Die Wasserzufuhr genügt zurzeit noch nicht. Die zusätzliche Zufuhr von Wasser ist bereits geplant.

Der getätigte Ausbauschritt kostete die Belalp Bahnen rund 13 Millionen Franken. Die Kantonalbank, die Raiffeisenbank und die Mobiliar Versicherung übernahmen acht Millionen Franken, drei Millionen stammten aus einem IHG-Kredit (Investitionshilfegesetz) und zwei Millionen wurden durch eigene Mittel finanziert.

Am 8. Januar 1998 segnete Kaplan Robert Imseng anlässlich einer Feier das rundum gelungene Werk ein.

## Die internationale Belalp-Hexenabfahrt

Zu den Höhepunkten einer jeden Wintersaison gehört ohne Zweifel die internationale Belalp-Hexenabfahrt. Sie wurde erstmals 1983 ausgetragen und findet jeweils an einem Wochenende in der zweiten Hälfte Januar statt. Als Organisatoren zeichnen der Skiclub Belalp, die Belalp Bahnen AG und der Tourismusverein.

*Waldhexen bei der Hexenabfahrt. Von links: Christine Ruppen, Christine Mangold, Marianne Schaller, Anita Gasser, Josefine Schmid, Marianne Bärenfaller, Anita Walker, Pauli Tscherrig, Elsbeth Locher, Susanne Salzmann, Imelda Imstepf.*

Ein Organisationskomitee, die technische Kommission sowie über 200 Helfer sind für den reibungslosen Ablauf des Rennens verantwortlich.

*OK-Präsidenten:*
1983–1992  Waldemir Gasser
1993–       Louis Salzmann

Als Vorbild galt den Natischern das Inferno-Rennen in Mürren/BE. Die Hexenabfahrt zählt heute zusammen mit dem Inferno-Rennen in Mürren, dem Weissen Schuss in Laax/Flims und der Mittelallalin-Volksabfahrt in Saas-Fee zum Cup der «Super-Vier».
Die Sage erzählt, dass in längst vergangener Zeit eine leibhaftige Hexe im Weiler Hegdorn ihr Unwesen getrieben habe. Aus diesem Grund erhielt die Volksabfahrt den Namen «Hexenabfahrt» (vgl. Kap. «Sagenwelt», Nr. 52). Bei diesem internationalen Volksskitreffen kommen Plausch, Unterhaltung und Freude am Mitmachen ebenso zum Zuge wie die sportliche Leistung. Der Start befindet sich am Hohstock (3100 m), während das Ziel in Blatten (1300 m) liegt. Auf der zwölf Kilometer langen Strecke sind 1800 m Höhenunterschied zu bewältigen. Die Teilnehmer/innen stammen aus der ganzen Schweiz, teils sogar aus dem Ausland. 1994 beispielsweise gingen 552 Anmeldungen aus der Deutschschweiz ein, 333 aus dem Oberwallis, 30 aus der Westschweiz und 85 aus Deutschland. Waren es 1983 376 Startende, meldeten sich 1987 weit über 1000 Teilnehmer, woraufhin man entschied, das Teilnehmerfeld auf 1000 zu beschränken. Seit 1997 (15-jähriges Jubiläum) dürfen 1500 Skisportfreunde an den Start. Seit 1994 sind auch Snowboarder zugelassen. Im Jahre 1997 startete erstmals als neuer Mitträger der Hexenabfahrt auch der Hexen-Boardercross in Zusammenarbeit mit dem Snowboard-Club Witches Belalp.
Für Attraktion sorgte schon des Öfteren Skiprominenz, so beispielsweise 1986 Toni Bürgler, Andreas Sprecher, René Berthod, Werner Mattle, Annerösli Zryd und 1992 der Bagnard Roland Collombin. Pikantes Detail: Andreas Sprecher, der an der Hexenabfahrt von 1985 einen Geissbock gewonnen hatte, beklagte sich: «Er frisst zu viel!» Das OK reagierte prompt und stiftete einen Heuballen.
Der eigentliche Auftakt zum ganzen Spektakel findet bereits am Vortag in Blatten statt, wenn zahlreiche Belalphexen ihre wilden Tänze um ein traditionelles Hexenfeuer aufführen. Die anschliessende Hexennacht ist oft wirklich verhext. Bei der Abfahrt am Sonntag tummeln sich über 500 prächtig kostümierte Hexen im Skigebiet. Mit viel Gekicher und Geschrei, Rabatz und Klamauk sausen sie auf ihren Besen dem Ziel entgegen. Hexen aller Couleur und aus allen Windrichtungen finden sich ein, so neben Naters beispielsweise aus Grindelwald, aus dem Lötschental und vielen anderen Orten der Schweiz. Dass auch die schönsten Hexen prämiert werden, versteht sich von selbst. 1986 war auch das Fernsehen dabei: SF DRS, TSR, 3sat und ein italienischer Lokalsender entsandten ihre Aufnahmeteams. 1996 kam sogar eine 15-köpfige Equipe des staatlichen polnischen Fernsehens, um das Spektakel zu erleben und aufzunehmen.

# Siegerliste Belalp-Hexenabfahrt
## Skifahrer
### Kategorie Damen

| Jahr | Vorname/Name | Klub/Ort | Strecke | Zeit |
|---|---|---|---|---|
| 1983 | Marliese Eggli | Belalp | 9 km | 17:40.88 |
| 1984 | Rösli Mühlemann | SC Matten 1 | 12 km | 15:51.06 |
| 1985 | Eliane Eggel | SC Belalp | 12 km | 14:55.00 |
| 1986 | Therese Gertsch | Liebis Racing | 10 km | 11:14.97 |
| 1987 | Ch. Sonderegger | Mürren II | 12 km | 12:47.94 |
| 1988 | Vreni Stoller | Gerihorn 2 | 6 km | 07:51.52 |
| 1989 | Angélique Feuz | Mürren | 6 km | 06:15.57 |
| 1990 | Ausfall | | | |
| 1991 | Francin Moreillon | Genève | 12 km | 12:26.86 |
| 1992 | Nicole Imstepf | Fahrschule Zimmermann | 12 km | 11:36.47 |
| 1993 | Nicole Imstepf | wie 1992 | 6 km | 05:26.73 |
| 1994 | Etel Hauft | SC Bonstetten | 12 km | 12:46.81 |
| 1995 | Nicole Imstepf | wie 1992 | 10,5 km | 13:32.55 |
| 1996 | Nicole Salzmann | Red Panthers | 8 km | 05:00.30 |
| 1997 | Nicole Salzmann | Red Panthers | 12 km | 12:06.71 |
| 1998 | Nicole Salzmann | Red Panthers | 6 km | 04:49.01 |

### Kategorie Altersklasse

| Jahr | Vorname/Name | Klub/Ort | Strecke | Zeit |
|---|---|---|---|---|
| 1983 | Andreas Schmid | SVSE Simplon | 9 km | 14:09.53 |
| 1984 | Kurt Knecht | SC Matten | 12 km | 12:25.65 |
| 1985 | Alfred Weibel | SC Matten I | 12 km | 12:24.55 |
| 1986 | Kurt Knecht | SC Matten II | 10 km | 11:14.97 |
| 1987 | Alfred Weibel | SC Matten | 12 km | 11:37.07 |
| 1988 | Andreas Sprecher | ELVIA Zürich | 6 km | 06:32.38 |
| 1989 | Hanspeter Riesen | Muttächlopfer | 6 km | 05:45.78 |
| 1990 | Ausfall | | | |
| 1991 | Andreas Sprecher | ELVIA Zürich | 12 km | 12:12.79 |
| 1992 | Kurt Zurbuchen | Muttächlopfer | 12 km | 10:58.19 |
| 1993 | Roman Leder | ELVIA Zürich | 6 km | 05:06.38 |
| 1994 | Andreas Sprecher | ELVIA Zürich | 12 km | 11:29.72 |
| 1995 | Andreas Sprecher | ELVIA Zürich | 10,5 km | 13:02.55 |
| 1996 | Klaus Zürn | Kägelmeier | 6 km | 04:48.47 |
| 1997 | Beat Bettschen | SC Gehrihorn | 12 km | 11:51.66 |
| 1998 | Beat Bettschen | SC Gehrihorn | 6 km | 04:35.92 |

### Kategorie Senioren (Hexenmeister)

| Jahr | Vorname/Name | Klub/Ort | Strecke | Zeit |
|---|---|---|---|---|
| 1983 | Martin Frankiny | Naters | 9 km | 12:00.11 |
| 1984 | Walter Tresch | ELVIA Zürich | 12 km | 12:21.23 |
| 1985 | Gerhard Ruppen | Red Panthers | 12 km | 11:28.75 |
| 1986 | Ueli Grossniklaus | Beatenberg | 10 km | 10:57.27 |
| 1987 | Hans-P. Bellwald | Red Panthers | 12 km | 10:25.40 R |
| 1988 | C.-A. Schmidhalter | PTT Brig | 6 km | 06:02.83 |
| 1989 | Ueli Grossniklaus | Beatenberg | 6 km | 06:09.76 |
| 1990 | Ausfall | | | |
| 1991 | Emil Kummer | Zimmermann | 12 km | 11:36.08 |
| 1992 | Hans-P. Bellwald | Red Panthers | 12 km | 10:47.22 |
| 1993 | Robert Zuber | Red Panthers | 6 km | 04:30.84 |
| 1994 | Arsène Page | PTT-Chauffeure | 12 km | 10:27.88 |
| 1995 | Robert Zuber | Red Panthers | 10,5 km | 12:14.22 |
| 1996 | Christian Walker | Dirty-Six Brig | 6 km | 04:31.59 |
| 1997 | Christian Walker | Dirty-Six Brig | 12 km | 10:55.19 |
| 1998 | Christian Salzmann | Los Furtos Naters | 6 km | 04:22.05 |

## Cup der Belalp

| Jahr | Mannschaft | Strecke | Zeit |
|---|---|---|---|
| 1983 | Bergfalke, Belalp | 9 km | 57:26.10 |
| 1984 | SC Matten II, Matten | 12 km | 50:55.29 |
| 1985 | Red Panthers, Belalp | 12 km | 47:59.64 |
| 1986 | SC Matten, Matten | 10 km | 45:12.80 |
| 1987 | Red Panthers, Belalp | 12 km | 44:19.46 |
| 1988 | Fahrschule Zimmermann I, Naters | 6 km | 25:31.75 |
| 1989 | SC Matten, Matten | 6 km | 21:33.85 |
| 1990 | Ausfall | | |
| 1991 | Fahrschule Zimmermann I, Naters | 12 km | 47:34.44 |
| 1992 | Red Panthers, Belalp | 12 km | 45:03.73 |
| 1993 | Red Panthers, Belalp | 6 km | 19:06.03 |
| 1994 | PTT-Chauffeure, Brig | 12 km | 43:33.53 |
| 1995 | Red Panthers, Belalp | 10,5 km | 50:11.02 |
| 1996 | PTT-Chauffeure, Brig | 6 km | 19:22.65 |
| 1997 | Dirty-Six Brig | 12 km | 45:09.64 |
| 1998 | Dirty-Six Brig | 6 km | 17:54.90 |

## Snowboard

### Kategorie Damen

| Jahr | Vorname/Name | Klub/Ort | Strecke | Zeit |
|---|---|---|---|---|
| 1994 | Silke Trachsel | Matterhorn Boarders | 5 km | 06:06.91 |
| 1995 | Silke Trachsel | Matterhorn Boarders | 3,5 km | 05:58.50 |
| 1996 | Silke Trachsel | SBS Zermatt | 6 km | 08:03.97 |
| 1997 | Priska Zimmermann | SBL, Riggenberg | 450 m (Boardercross) | |
| 1998 | Martina Maurer | S.S., Zofingen | 450 m (Boardercross) | |

### Kategorie Senioren

| Jahr | Vorname/Name | Klub/Ort | Strecke | Zeit |
|---|---|---|---|---|
| 1994 | Daniel Lötscher | Naters | 5 km | 04:44.25 |
| 1995 | Patrick Volken | SBC Bellwald | 3,5 km | 04:56.81 |
| 1996 | Daniel Lötscher | SBC Witches | 6 km | 06:23.87 |
| 1997 | Silvio Berchtold | Bad Guys, Mörel | 450 m (Boardercross) | |
| 1998 | Valentin Bless | K 2 | 450 m (Boardercross) | |

## Belalp-Derby - Downhill Action - Meisterschaften

Den Wintertourismus beleben auch die im Titel genannten Anlässe. Das *Belalp-Derby* wurde bereits 1946 vom SC Bergfreund, ab 1956 durch den SC Belalp alljährlich durchgeführt, und dies bei einer Teilnahme von ca. 100 Startenden.

Beim *Downhill-Action-Rennen,* welches seit 1994 alljährlich vom SC Belalp organisiert wird, steht auf der Siegertreppe jenes Team, das innerhalb von sechs Stunden am meisten Höhenmeter überwunden hat. Der Massenstart erfolgt bei der Seilbahnstation Belalp. Die Sieger von 1996 beispielsweise brachten es auf insgesamt 18 Runden, was bei einer Höhendifferenz von 650 Metern ein Total von 11 700 Höhenmetern ergibt. Die Organisation dieses ungewöhnlichen Rennens liegt in den Händen des Skiclubs Belalp.

Auf der Belalp wurden im Laufe der Jahre verschiedene Meisterschaften ausgetragen, von denen wir die wichtigsten nachstehend nennen:
1973: Walliser JO-Meisterschaften
15./16. März 1974, 1986 und 11.–15. März 1996: Schweizerische Eisenbahner-Skimeisterschaften
13.–15. Februar 1976: Westschweizer JO-Skimeisterschaften
11./12. Februar 1978, 3./4. März 1984, 17./18. März 1990, 13./14. März 1993, 24. März 1996 und 1998: Walliser JO-Abfahrtsmeisterschaften
22./23. Januar 1982: Schweiz. PTT-Skimeisterschaften
8.–10. März 1991: Skibob-Weltcuprennen
14./15. Januar 1995: Schweiz. OVO-Cup-Abfahrt
9. April 1995: 8. Schweizerisches Veteranenrennen
17./18. März 1997: Schweizer Meisterschaften Patrouilleure

## Als Beispiel: aus der Agenda 1996/1997

Wie vielfältig und ideenreich sich ein Winterprogramm präsentiert, sehen wir an einem Beispiel aus der Agenda 1996/1997:
*Fackelabfahrt der Ski- und Snowboardschule (Dez. u. Febr.)*
*Neujahrs-Showfahren*
*Hexenwoche des Verkehrsvereins*
*Hexen-Boardercross*
*Internationale Belalp-Hexenabfahrt*
*Wedelwoche der Ski- und Snowboardschule*
*Blattnerfastnacht*
*Freestyle und Alpin-Regio-Cup*
*Belalp-Derby des Skiclubs Belalp*
*Belalp-Downhill-Action*
*Kinderparty – auf TOY STORY folgen die Dalmatiner*
*Oster-Showfahren*
*Aletsch-Jodlerkonzert im Zentrum Missione in Naters*
Ein ausgeklügeltes, familienfreundliches Tarifsystem durch die Skipässe, unter anderem auch für sieben Oberwalliser Stationen, und die berührungslosen Datenträger mit Keycards oder programmierte Swatch-Uhren bietet den Interessierten ein attraktives Angebot.

## Auszeichnung

1997 erlebten die Tourismuspromotoren eine besondere Freude. Der Schweizer Tourismus-Verband anerkannte Blatten-Belalp als familienfreundliche Ferienregion. Das Gütesiegel «Familien willkommen» wurde am 16. März 1997 anlässlich eines grossen Kinderfestes auf der Belalp durch Gottfried F. Künzi, Direktor des Schweizer Tourismus-Verbandes, überreicht. Dies zu Recht. Ein kostenloser Kinderhort (1996 auf Kühmatten eingerichtet) in einem attraktiven Spielland, preisgünstige Kindermenüs, kostenlose Übungslifte für Kinder unter zwölf Jahren machen das Gebiet rund um Blatten-Belalp anziehend und familienfreundlich. Viel Spass und Freude bringt auch das farbige, pfiffige Maskottchen «Gogol» in die fröhliche Kinderschar.

Wir beenden diese Ausführungen mit einem Zitat von Schriftsteller Pierre Imhasly, Visp, der in einem Artikel (in ‹Treize Etoiles›, 1975, Nr. 25) über die Belalp schrieb: «Schnee ist Manna, und Manna macht trunken ohne Wein (...). Ich möchte kein Schah von Persien sein, denn: bin i Belalp, bin i Keenig!»

## Sommerangebot

Ein Animationsprogramm im Zeichen der Hexe, dem eigentlichen Wahrzeichen der Region, der beliebte Wanderpass, Spiel- und Plauschnachmittage für Kinder, Gletschertraversierungen, Durchquerung der Massaschlucht, Wandern, Klettern, Tennis, Minigolf, Autoscooter, Vita-Parcours, Grillfeuerstellen und vieles mehr gehören zum bewährten Sommerangebot für Gäste und Einheimische. In den folgenden Ausführungen gehen wir in chronologischer Reihenfolge auf die Entstehung der einzelnen Aktionen des Sommerangebots ein.

## Wanderwege

Die Gemeinde Naters hat vor allem seit 1975 auf ihrem Gebiet zahlreiche Wanderwege ausgebessert oder neu angelegt. So betrug die gesamte Länge des Wanderwegnetzes im Jahre 1990 rund 120 km.[902] An gut ausgebauten Wanderwegen sind auch die Verantwortlichen des Tourismus stark interessiert, da dies das Freizeitangebot zusätzlich bereichert.

Von 1977 bis 1997 waren wiederholt 15 bis 25 Jugendliche vom bundesdeutschen Verein für *Internationale Begegnung in Gemeinschaftsdiensten (IBG)* bei Ausbesserungen und Erweiterungen von Wanderwegen, bei Säuberungen von Schutzwäldern sowie beim Bau von Flurstrassen innerhalb des Natischer Gemeindegebietes im Einsatz. Der Zweck dieser Arbeit bestand in der «Förderung internationaler Gesinnung und Völkerverständigung». Neben Franzosen und Briten waren ebenso Polen, Holländer, Amerikaner und Mexikaner vertreten. Die jungen Leute arbeiteten während drei Wochen unter fach- und ortskundiger Leitung für die Gemeinde Naters und erhielten dafür freie Kost und Unterkunft, ein kleines Taschengeld sowie ein finanziertes Ausflugsprogramm. Für diese «internationalen Strassenbauer» war die Arbeit mit Pickel und Schaufel vielfach ein grosses Gemeinschaftserlebnis.

Neben der Gemeinde ergriff auch der Ortsverkehrsverein die Initiative und liess beispielsweise 1978 in Zusammenarbeit mit der Pro Juventute durch 19 Kantonsschüler/innen aus Baden/AG den Spazierweg «Burgen» ausbauen.

Unter der Federführung des Verkehrsvereins und mit einem Zustupf von Gemeinde und Burgerschaft sowie der Verkehrsvereine des Aletschgebietes wurde 1978 der *neue Aletschweg* innerhalb eines Monats angelegt. Die neue Route führt nun via Tälli–Tällihütte–Driestbach. Der alte Aletschweg, der früher unterhalb der Driesthütte vorbeiführte, wurde mit Rücksicht auf das «Schäferparadies» aufgegeben.

1982 legte man zwischen Hegdorn und Geimen den *Panoramaweg* zum grössten Teil neu an.

In den 90er-Jahren schufen die Verkehrsvereine Naters-Blatten-Belalp und Riederalp, die Gemeinden Ried-Mörel, Bitsch, Mund und Naters sowie verschiedene Sponsoren mit dem neu ausgesprengten *Massawanderweg* ein Gemeinschaftswerk besonderer Güte. Dieses Vorhaben wurde zuerst allenthalben als unmögliches Unterfangen belächelt. Die drei Gemeinden Naters, Bitsch und Ried-Mörel finanzierten den Ausbau mit (Naters: 100 000 Franken). Privatfirmen unterstützten das Projekt mit freiwilligen Beiträgen. Bau und Unterhalt wurden zwischen den genannten Verkehrsvereinen und Gemeinden im Vertrag vom 7. April 1990 geregelt. Am Ausbau des Weges arbeiteten Zivilschutzangehörige der genannten Gemeinden, Soldaten der Genieabteilung 51 und die Firma Gebrüder Ruppen. Die offizielle Eröffnung des Massawanderwegs fand am 14. Juni 1996 statt. Der Weg folgt der alten «Riederi» («der Wasserleita na») und wurde innert kürzester Zeit zum Renner.

Das letzte Wegstück zwischen Blatten und der Gibidumbrücke wurde mit Hilfe des Zivilschutzes und des Forstreviers Massa fertig gestellt und Ende Juni 1998 eröffnet. Der Weg verkürzt die Strecke Gibidumbrücke–Blatten um rund 20 Minuten und führt durch einen romantischen und ökologisch wertvollen Wald oberhalb Blatten. Die Gesamtkosten für den Bau des Massaweges beliefen sich auf rund 580 000 Franken.

*Massaweg.*

**Kenner des Wanderwegnetzes machen folgende Wandervorschläge:**

| | |
|---|---|
| Rhonebrücke Naters–Bitsch | 45 Min. |
| Naters–Klosi–Auf der Flüo–Moos–Mehlbaum–Blatten | 2 Std. |
| Derselbe Weg: Blatten–Naters | 1 Std. 50 Min. |
| Naters/Tschill–Massegga–Grossstein–Hegdorn | 1 Std. |
| Naters/Stahlgasse–Chiematta–Hegdorn Grossstein–Trämel–Geimen | 1 Std. 45 Min. |
| Geimen–Geimerblatt–Birgisch | 1 Std. |
| Naters–Klosi–Birgisch | 1 Std. 15 Min. |
| Geimen–Blindtal–Blatten | 1 Std. |
| Blatten–Blindberg | 40 Min. |
| Blatten–Rischinerwald–Burgen–Blatten | 2 Std. |
| Blatten–Stausee–Riederfurka | 3 Std. 15 Min. |
| Blatten–Massaschlucht–Ried-Mörel (Massaweg) | 2 Std. 45 Min. |
| Blatten–Hasel–Feriendorf Tschuggen St. Antoniuswald–Alpe Bel | 2 Std. 30 Min. |
| Blatten–Rischinerwald–Stausee | 30 Min. |
| Blatten–Egga–Holzji–Lüsgen | 2 Std. 30 Min. |
| Belalp–Nessel–Birgisch | 2 Std. 30 Min. |
| Belalp–Foggenhorn–Nessel–Belalp | 3 Std. 40 Min. |
| Bergstation Sattlen–Aletschbord | 40 Min. |
| Belalp–Aletschji–Bärenpfad–Holzji–Egga–Blatten | 3 Std. |
| Belalp–Aletschbord–Tyndalldenkmal–Sparrhorn oder Belalp–Lüsgersee–Tyndalldenkmal–Sparrhorn | 3 Std. |
| Belalp–Aletschbord–Fusshornbiwak | 3 Std. 30 Min. |
| Belalp–Oberaletschgletscher–Oberaletschhütte | 4 Std. |
| Belalp–Grosser Aletschgletscher–Riederfurka–Blatten | 7 Std. |

**Picknickplätze** im Rischinerwald (1969 erstellt) und Stalden/Rischinen (1988 errichtet) bringen Einheimischen und Gästen an heissen Sommertagen willkommene Erfrischung.

### Vita-Parcours

Unter der Trägerschaft des Verkehrsvereins wurde 1975 im Blindtal ein 2,9 km langer Vita-Parcours mit 20 Übungsposten erstellt. Der beim Restaurant Geimerheim beginnende Parcours war damals der 414. in der Schweiz und der zwölfte im Oberwallis. Mitglieder des Verkehrsvereins, der Rettungsstation Blatten-Belalp und der Turnvereine verrichteten bei dem in circa einem Monat erstellten Parcours über 850 Stunden Fronarbeit. Es mussten nicht weniger als sieben Brücken neu erstellt werden, für welche die Gemeinde das Material zur Verfügung stellte. Treibende Kraft dieses Werkes war Max Salzmann. Anlässlich der offiziellen Eröffnung am 23. August 1975 segnete Professor Alois Walker das gelungene Werk ein. Im Februar 1990 fügte ein heftiger Sturm dem Vita-Parcours beträchtlichen Schaden zu, der 1992 behoben werden konnte.

### Wegweiser

1980/1981 wurden zwischen Naters-Grund und -Berg 255 Wegweiser neu gesetzt.

### Tennisanlage

1981/1982 baute die Stiftung für Kurortseinrichtungen in den Schweibmatten eine Tennisanlage mit zwei Tennisplätzen, die

443 000 Franken kostete. Sie wurde am 3. Juli 1982 von Kaplan Otto Walker eingesegnet. Es handelt sich hier in der Tat um ein beispielhaftes Gemeinschaftswerk. Die Hauptstifter waren: 187 private Mitstifter (93 500 Franken), Verkehrsverein (50 000 Franken), die Seilbahnen AG (25 000 Franken) und die Stadt Zürich als Ferienhaus-Besitzerin in Blatten (20 000 Franken). Der restliche Finanzbedarf konnte mit Fremdkapital sichergestellt werden. Den Boden stellte die Gemeinde Naters unentgeltlich im Baurecht zur Verfügung.

### Fernsehumsetzer

1984 liess der Verkehrsverein mithilfe der PTT den Fernsehumsetzer «Zum Berg»/Blatten installieren.

### Minigolfplatz

Golf in einer der heutigen Form ähnlichen Art war ursprünglich ein schottisches Nationalspiel, das 1457 in Schottland erstmals erwähnt wird und «Gouf» (= Schlag) hiess; daher die Bezeichnung Golf.[903] Die Minigolfanlage (18 Bahnen) wurde 1989 unterhalb des Tennisplatzes in Blatten für rund 240 000 Franken verwirklicht und im selben Jahr, am 19. August, durch Pater Otto Jossen eingeweiht. Als Hauptträger zeichneten der Verkehrsverein, die Belalp Bahnen AG und die Gemeinde; Letztere stellte den Boden kostenlos zur Verfügung. Abgerundet wurde die Verbesserung des Angebots durch den gleichzeitigen Bau eines an die Golfanlage grenzenden Kinderspielplatzes, dessen Erstellung die Gemeinde berappte.

*Minigolfplatz in Blatten.*

### Kulturweg im alten Dorfteil von Naters

In Zusammenarbeit mit der Kulturkommission und den Verantwortlichen der Gemeinde entstand unter der Federführung des Verkehrsvereins der Kulturweg «Auf dem Weg zu Zeugen des alten Naters», der am 22. Juni 1991 anlässlich der 700-Jahr-Feier der Eidgenossenschaft eröffnet wurde. Er umfasst 17 beschriftete Gebäude.[904]

### Scooter-Rundbahn

1991 erstellte die Stiftung für Kurortseinrichtungen als weitere Attraktion in der Nähe des Kinderspielplatzes für rund 40 000 Franken eine Rundbahn für die fast geräuschlos fahrenden, batteriebetriebenen Elektro-Scooter. Auch hier stellte die Gemeinde den Boden kostenlos zur Verfügung. – *1992:* Erstellung einer Bühne mit Zeltdach beim Parkplatz Blatten; Beitrag der Gemeinde: 50 000 Franken.

### Massaschlucht

Seit 1992 ist die Durchquerung der Massaschlucht für anspruchsvolle und verwegene Berggänger ein besonderes Erlebnis. Route: Blatten–Staumauer Gibidum und Einstieg in die Schlucht-Wanderung in der Schlucht (drei Abseilstellen), Abschluss der Wanderung einer Suone entlang nach Hegdorn oder Naters. Länge: 6 km, Marschzeit : 6 bis 8 Stunden. Ausrüstung: Berg- oder Trekkingschuhe und Ersatzwäsche. Anforderungen: Trittsicherheit, eine Portion Mut und Schwindelfreiheit. (Vgl. Kap. «Landschaft»: Beschreibung der Massaschlucht.)

### Maralp-Tour

Beat Ruppen, Sohn des Franz, Dozent an der Schweizerischen Tourismusfachschule in Siders, ist der innovative Organisator und Schöpfer der Maralp-Tour. Kern der Idee ist eine Radfernfahrt vom Oberwallis ans Ligurische Meer. Durch die Maralp-Tour sollen sich die Bewohner der Alpen und des Mittelmeerraums näher kommen. Das Kennenlernen der jeweiligen Kultur und Verständnis zu wecken für die touristischen Belange sind deshalb ebenso wichtig wie die zu erbringende sportliche Leistung. Die 347,7 km lange Fernfahrt findet in zwei Etappen von Naters über den Simplonpass durch Oberitalien und das Piemont in die ligurische Metropole Savona am Mittelmeer statt (1997 Ankunftsort Varazze). Die Rückreise erfolgt per Extrazug. Den Auftakt der Maralp-Tour bildet eine Eröffnungszeremonie auf der Belalp (oder in Blatten). Die Tourteilnehmer führen ein Fläschchen Gletscherwasser mit, das während einer Schlusszeremonie in Savona ins Mittelmeer geschüttet wird.

*Volksradfahrt zum Ligurischen Meer.*

Nach umfangreichen Abklärungen mit den italienischen Partnern läuft der europäische Anlass, an den Teilnehmer/innen aus den EU- und EFTA-Staaten eingeladen sind, seit 1993 im September alljährlich über die Bühne. Diese aussergewöhnliche Volksradfahrt wird von der Region Brig–Östlich Raron und von der Schweizerischen Verkehrszentrale unterstützt. An der ersten Maralp-Tour 1993 radelten 150 Fahrerinnen und Fahrer nach dem Süden; ihnen gesellten sich in Oberitalien noch 80 weitere hinzu. Die Teilnehmer stammten im ersten Jahr aus sechs verschiedenen europäischen Ländern. An der fünften Volksradfahrt von 1997 nahmen rund 300 radsportbegeisterte Damen und Herren teil. Dazu kommen jeweils gegen 60 Begleitpersonen, die für den Gepäcktransport, die Unterkünfte und die Reparaturen zuständig sind. Eine Überraschung erlebten die Organisatoren der Maralp-Tour zum Jahreswechsel 1994. Im Rahmen einer Preisverleihung in Savona wurde die Maralp-Tour von der auflagestärksten Zeitung Liguriens, der ‹Festa dello Sport›, ausgezeichnet. Begründung: diese Tour diene dem sportlichen Aspekt wie auch dem Umweltgedanken.

### Skate-Streetpark

Am 31. August 1996 fand in Blatten die offizielle Eröffnung des im selben Jahr erstellten Skate-Streetparks statt. Dieser wurde 1998 in Naters durch den Skate & Fun Park Stapfen Naters ersetzt (vgl. Kapitel «Vereine»).

### Noch dies und das

Das ab 1985 während einiger Jahre durchgeführte Maultier-Trekking – Ausflüge auf Maultiers Rücken – sowie die ab 1986 ebenfalls während mehreren Jahren organisierten «Abusitza» (Abendsitze) zwecks gegenseitiger Kontaktnahme zwischen Einheimischen und Gästen gehören bereits der Geschichte an. Um die Ruhe der Gäste nicht zu stören, dürfen auf dem Gebiet der Gemeinde Naters vom 1. Juli bis zum 31. August keine Helikoptertransporte durchgeführt werden.

**Aus dem Sommerprogramm von 1996 nennen wir nachstehend auch die traditionellen Veranstaltungen:**
*Ständchen der Musikgesellschaft Belalp in Blatten*
*Bazar auf dem Kapellenplatz in Blatten*
*St. Jakobsfest auf der Belalp*
*Bundesfeier in Blatten*
*Urchiges Blattnerfest (1997 zum 15. Mal)*
*Schäfersonntag auf der Belalp*
*Maralp-Tour (oben ausgeführt)*

**Andere Veranstaltungen und Anlagen von touristischem Interesse in Naters** (in Klammer Betreiber): Kunstausstellungen im Kunsthaus zur Linde (Ignaz Mutter), diverse Konzerte, Fastnacht (Drachentöter), Schwimmbad «Bammatta», Sportplatz Stapfen (Gemeinde), Natischer Dorflauf, Ende Mai, Kegelbahnen (Restaurants Aletsch und des Alpes), Bocciabahn (Bocciaclub), Sauna/Solarium (Residenz Simplonblick und im Ornavassoblock), Billard- und Fitness-Center.

## Destination Aletsch

Die Tourismusvereine Brig am Simplon, Belalp-Blatten-Naters (neue Reihenfolge: «Belalp» zuerst), Riederalp, Bettmeralp, Fiesch-Fieschertal und Mörel-Breiten gründeten am 10. März 1998 die «Destination Aletsch».[905] Höchstes Gremium ist die sogenannte Regionsversammlung, zu deren Vorsitzendem Dr. Markus Schmid, Mörel/Breiten, gewählt wurde.
Die veränderte Wettbewerbssituation zwang die Tourismusvereine der Region rund um den Aletschgletscher, sich neu auszurichten. Es gibt viele Gletscher, aber nur einen Aletschgletscher. Er ist das Original, der grösste Gletscher der Alpen, der als Highlight (Glanzpunkt) der Schweiz in einem Atemzug mit der Kapellbrücke in Luzern und dem Matterhorn verdient genannt zu werden. Diese Neuausrichtung auf eine «Destination Aletsch» war notwendig, um ausreichende Mittel für die Markenprofilierung (Destination) sicherzustellen. Der längste Gletscher Europas soll gezielter vermarktet werden. In diese Richtung zielt das Ende 1998 in Naters erstmals der Öffentlichkeit präsentierte Kommunikationskonzept. In der «Destination Aletsch» sollen die Gelder gebündelt und die Marketingbemühungen konzentriert werden. «Innovation durch Kooperation» heisst hier der Slogan.

# Gastgewerbe

Das Gastgewerbe besitzt in Naters seit jeher einen besonderen Stellenwert. Im «Reglement über die öffentlichen Gastbetriebe vom 24. Juli 1978» sind die Rechte und Pflichten der Gaststättenbesitzer durch die Gemeinde festgelegt. In Naters-Blatten-Belalp gibt es zwölf Hotels, die wir nachfolgend ihrem Ort entsprechend und in alphabetischer Reihenfolge aufführen (Stand 1999).

## Hotels in Naters

### Hotel Alex

Erbauer, Besitzer und Betriebsleitung: Familie Armand Imhof. Baujahre: 1993/94. Name «Alex»: benannt nach dem jüngsten Sohn des Erbauers. – 65 Betten. Plätze: Frühstückssaal 80, Seminar-, Konferenz- und Ausstellungsräume 10 bis 100. Dazugehörendes Wohnhaus «Lichthof» mit 27 Wohnungen.

### Hotel-Restaurant Bellevue

Erbauer: Josef Salzmann-Wyssen (1860–1927), Sohn des Johann.[906] Erbaut 1905. Neu- und Umbau 1996 (Architekt Guido Sprung). Besitzer (seit 1995) und Betriebsleitung: Liana und Xaver Werner-Eyer. – 22 Betten. Plätze: Restaurant 85, Speisesaal 50, grosser Saal 200.

### Hotel-Restaurant du Rhône

Erbauer: Lorenzo Comino aus Italien. Er kam zu jener Zeit aus Pittsburgh (USA) in die Schweiz.[907] Baujahr: 1902, in der Zeit des Simplontunnelbaus. Schmiedeeisernes Wirtshausschild mit der Jahreszahl 1902, entworfen von Anton Mutter. Renovation 1981. Besitzer: Familie Moritz Roten-Comino, Sitten/Naters. Pächter: Helene und René Schmid-Plaschy, seit 1967; erst das vierte Wirteehepaar. – 13 Betten. Plätze: Restaurant 55, Saal 50, Gartenterrasse 30.

463

### Hotel-Restaurant Rhodania

Bauherrschaft: Familie Oswald Eyer, Naters. Baujahre: 1967/68. 1977 Anbau ans bestehende Hotel.
Besitzerin und Betriebsleiterin: Astrid Bassani-Eyer. – 40 Betten. Plätze: Restaurant 45, Grillroom 40, Saal 40, Gartenterrasse 40.

### Hotel-Restaurant Touring

Erbauerin: Marie Imhof-Andenmatten. Baujahre: 1959/60. Eröffnung: 1961. Besitzer: Familie Imhof-Imhof. Betriebsleitung: Christian und Stefan Imhof. – 50 Betten. Plätze: Restaurant 60, grosser Saal 160, Saal Rose 30, Gartenterrasse 60.
**Marie Imhof** (1920–1987) aus Saas-Almagell, Unternehmergattin von Arnold Imhof, führte bis 1960 das Café Monte Rosa an der Landstrasse und gab durch den Bau des Hotels Touring dem Tourismus in Naters neue Impulse.

## Hotels in Blatten

### Aparthotel-Restaurant-Pizzeria Belstar

Bauherrschaft: Konsortium Aparthotel Belstar. Baujahre: 1984/85. Eröffnung: 27. Juli 1985. Besitzer: Beat Eggel. Betriebsleiterin: Alexandra Venetz. – 30 Betten. Plätze: Restaurant 54, Saal 48, Gartenterrasse 24.

### Hotel-Restaurant Blattnerhof

Erbauer: Cäsar Eggel (1886–1935); Unternehmer: Jean Rossi (1886–1958). Baujahre: 1934/35; Saalanbau 1952; Um- und Ausbau 1975/76 und 1993. Namensänderung: 1975 von Gasthaus Blatten in Blattnerhof.[908]
Besitzer: 1971 durch das Konsortium Walker und Fux von der Familie Therese Jaeger-Eggel gekauft. 1975 erwarb Josef Wyden das Hotel, das später in den Besitz von Sonja Roten-Wyden überging. 1987 Verkauf samt Inventar zum Preis von 2,7 Millionen Franken an die Belalp Bahnen AG.
Pächter: Hans-Peter Walpen. – 40 Betten. Drei Familienzimmer.

*Cäsar Eggel, der Erbauer des Blattnerhofs.*

Plätze: Restaurant 80, Saal 100, Säli 40, Gartenterrasse 80.
Der Blattnerhof wurde im Laufe der Jahrzehnte verschiedenen Renovationen unterzogen. In den Jahren 1991/92 dachten die Verantwortlichen allen Ernstes an einen Neubau des Hotels, der aber aufgrund der hohen Kostenberechnung von 15 Millionen Franken

*Blattnerhof.*

glücklicherweise unterblieb. 1993 erfolgten für 2,66 Millionen Franken umfangreiche Umbau- und Sanierungsarbeiten. Die Aussenfassade erstrahlt weiterhin in der zeitlosen Schönheit eines altehrwürdigen Hotels. Auch der grosse Saal behielt sein Aussehen. Anlässlich der Einweihungsfeier vom 16. Dezember 1993 wurde das Dreisternehotel durch Pater Otto Jossen unter den Schutz Gottes gestellt und am folgenden Tag wieder eröffnet.
Mit dem Blattnerhof eng verknüpft bleibt der Name *Therese Jaeger-Eggel* (*12.5.1918, †16.6.1992). Als Tochter des Cäsar Eggel und der Margaretha geb. Werner heiratete sie 1944 den Notar und Grundbuchverwalter Walter Jaeger (1913–1966) aus Turtmann. Mit 17 Jahren übernahm sie das Gasthaus Blatten, zunächst unterstützt von ihrer Familie. 40 Jahre lang, zuletzt 1971–1975 im Hotel Belalp, wirkte die berufene Wirtin vom alten Schrot und

*Therese Jaeger-Eggel.*

Korn im Gastgewerbe. Sie gilt als Pionierin des Tourismus am Natischer Berg. Durch ihren goldenen Humor, ihre Kontaktfreudigkeit, ihre Güte und Hilfsbereitschaft war diese markante Persönlichkeit geradezu die Seele und der Mittelpunkt im Bergdorf Blatten.

### Hotel La Montanara

Erbauer, Besitzer und Betriebsleitung: Diego und Silvia Wellig-Schwery. Baujahr: 1995. Eröffnung: 15. Dezember 1995. – 44 Betten. Plätze: Saal 45, Kinderspielzimmer und Walliserstübli.
Der Besitzer Diego Wellig, dipl. Bergführer und Skilehrer, von dem im Abschnitt «Bergführerverein» noch die Rede ist, erlangte durch seine bergsteigerischen Leistungen internationale Bekanntheit.

## Hotel-Restaurant Massa

Erbauer: Josef Wyden, Naters, Hans Mutter, Naters, und Walter Feliser, Brig. Baujahr: 1959. Eröffnung: 1960. Besitzer und Betriebsleiter: Mario und Ruth Furrer-Egli (1997 erworben von Leo und Ernest Wyden). – 42 Betten. Plätze: Restaurant 50, Saal 40, Gartenterrasse 60.

## Hotels auf der Belalp

### Hotel-Restaurant Aletschhorn

Erbauer: Jakob und Vroni Eggel. Baujahre: 1960/61. Betriebseröffnung: 3. Juli 1961. Erweiterung des Betriebes 1971/72. Besitzer und Betriebsleitung seit 1987: Remo und Anita Eggel-Heinzmann. – 15 Betten, Lager 50. Plätze: Restaurant 40, Saal 100, Gartenterrasse 250.

**Vroni Eggel** (1933–1992) hat als Gastwirtin während 27 Jahren alle Etappen der touristischen Entwicklung auf der Belalp miterlebt und zum Teil auch mitgeprägt. Es herrschten zu Beginn der 60er-Jahre noch schier unglaubliche Verhältnisse: Es gab weder Elektrizität noch Wasserversorgung. Die ersten Lagerbenutzer brauchten als Lichtspender Kerzen, weil diese noch sicherer waren als die recht gefährlichen Petroleumlampen.

### Hotel-Restaurant Belalp

Erbauer des ersten Gasthofes (westlicher Holzteil): Leopold Bürcher. Baujahre: 1856/57. Eröffnung: 1858.[909] Anbau: nach 1870 durch Gervas Klingele. Dependance: 1885. Besitzerin: Burgerschaft. Betriebsleiterin: Marie Ruppen-Jossen. – 42 Betten. Plätze: Restaurant 48, Saal 46, Seminar 30, Gartenterrasse 100.
Der bekannte englische Wissenschaftler Dr. W. A. B. Coolidge nennt als Erbauer der ersten Herberge Leopold Bürcher.[910] Eugen Merki beschreibt die Geschichte des Gasthofs Belalp wie folgt[911]: «Der erste Gasthof [Holzbau] wurde 1858 durch Leopold Bürcher, Handelsmann aus Brig, errichtet [wohl ‹eröffnet›]. Im Jahre 1861 wurde Gervas Klingele Mitinhaber und später Besitzer des Gasthofes. Steinanbau nach 1870. Weitere Vergrösserung durch die Söhne von Gervas Klingele, Eduard und Karl,

*Hotel Belalp – Kapelle Lüsgen – mit Blick auf den Grossen Aletschgletscher. Die hoch stehende Dependance wurde 1999 abgebrochen.*

J. J. 6188 Bel-Alp — Le Fletschhorn (4001 m) et le Monte Leone (3554 m)

*Kapelle auf Lüsgen, Hotel Belalp und Dependance (links unten, wurde abgerissen). Ältere Aufnahme.*

im Jahr 1885 (...) . Seit 1901 Kollektivgesellschaft Klingele & Co. mit Sitz in Naters. Das Hotel verfügt über rund 70 Gastbetten.» Da und dort wird als Baujahr der Dependance das Jahr 1906 genannt, was aber sicher nicht stimmt, da dieser Bau bereits 1895 auf einer Postkarte abgebildet ist. Ebenso bringt Daniel Baud-Bovy in seinem Buch «Wanderungen in den Alpen» von 1899 auf Seite 35 eine Abbildung der Dependance. Mit dem Vermerk «weitere Vergrösserung im Jahre 1885» von Merki ist somit wohl der Bau der Dependance gemeint. Im Februar 1999 stürzte die östliche Hauswand der Dependance ein. Man vermutete, dass die enormen Schneemassen die Gemäuer zum Einsturz gebracht haben könnten. Im November 1999 wurde die stark beschädigte Dependance aus Sicherheitsgründen abgebrochen. Allenthalben wird bereits der erste Bau von 1856/57 Gervas Klingele zugeschrieben oder es wird gesagt, dass der erste Anbau durch ihn bereits 1858 erfolgte. Beide Annahmen werden durch die obigen Ausführungen von Merki widerlegt. Ebenso führen wir an anderer Stelle aus, dass sich die Familie Gervas Klingele erst entweder in der zweiten Hälfte des Jahres 1858, sicher aber 1859 überhaupt im Wallis, genau gesagt in Brig, niederliess. Nach mündlicher Auskunft von Dr. Anton Salzmann (*1914), Naters, dachte Gervas Klingele daran, auch im Nessel ein Hotel zu bauen. Dazu kam es aber nicht. Gemäss dem gleichen Informanten liess Arthur Klingele in den 20er-Jahren beim Hotel einen Tennisplatz erstellen, dessen Felder noch heute markiert sind.

Der Name Klingele ist von 1861 bis 1969 eng mit der Geschichte des Hotels Belalp verbunden. Es sind dies drei Generationen: Gervas, Eduard und Karl sowie Arthur. Von diesen markanten Persönlichkeiten ist in den einschlägigen Kapiteln die Rede. Eines aber möchten wir hier noch anfügen, nämlich das, was L. Guckinsland vom Schweiz. Alpenclub 1925 in der Artikelserie «Ferientage auf Belalp» im ‹Walliser Volksfreund› (Nrn. 67–72)

über die Gastfreundschaft der Wirtsfamilie vom Hotel Belalp schrieb: «Das Hotel Belalp ist im wahren Sinn des Wortes ein Gasthof, in welchem die Fremden Gäste und keine Schröpfobjekte sind. Es roch gar nicht nach Geschäft und Geldmacherei, man fühlte überall die treue Besorgnis um das Wohlergehen und die Zufriedenheit der Kurgäste heraus.»

Im Jahre 1968 ging das Hotel Belalp von den Geschwistern Klingele in den Besitz der Familie Jaeger-Eggel über. Am 21. Juni 1993 stimmten die Burger/innen mit 349 Ja- zu 130 Neinstimmen dem Kauf des historischen Hotels Belalp zum Preis von 1,2 Millionen Franken zu. Der Kaufpreis beinhaltete das Hotel (ohne Dependance) sowie das Grundstück mit 5704 m$^2$. Ausschlaggebender Grund zum Kauf war nicht der Gedanke einer Gewinnmaximierung, sondern die Idee der Qualitätssteigerung für den Tourismus im Hoheitsgebiet der Burgerschaft. Mit diesem Erwerb leistete sie einen direkten Beitrag zur gesunden Weiterentwicklung des Tourismus. Die vorzügliche Lage und die touristische Tradition verpflichteten die Burgerschaft, dieses Objekt zu kaufen.

Im Jahre 1994 erfolgte unter der Bauleitung von Walter Albert, Brig, für 1 871 930.70 Franken die Sanierung des Keller- und des Erdgeschosses, des ersten und zweiten Obergeschosses sowie der einen Hälfte des Dachgeschosses. Die andere Hälfte des Dachgeschosses wurde 1999 ausgebaut. Dadurch erhöhte sich die Anzahl Betten von 30 auf 42. Zwei Drittel des gesamten Energiebedarfs werden durch Sonnenenergie gedeckt. Im zweiten Obergeschoss erinnert ein «John-Tyndall-Zimmer» an den mit der Belalp eng verbundenen britischen Physiker und Alpinisten. Das Parkett des Salons und die Blätter zweier Rundtischchen mit Schach- und Mühlespiel stammen von der Natischer Parquetteriefabrik Werner (2. Hälfte 19. Jh.).

Am 10. Dezember 1994 konnte das Berghotel in Anwesenheit einer grossen und freudigen Gästeschar wieder eröffnet und

durch den Natischer Kaplan Robert Imseng eingesegnet werden.
Als augenfälliges Gegenüber des Hotels Belalp liess Sir Ernest Cassel auf der Riederfurka 1900/01 die nach ihm benannte Villa Cassel erstellen (1902 bezogen). Am Rand des Aletschgletschers erblickt man eines der bekanntesten Naturschutzgebiete der Schweiz: den 256 ha grossen Aletschwald, der seit 1933 unter der Schirmherrschaft des Schweizerischen Bundes für Naturschutz steht.

## Hotel-Restaurant Belgrat

Erbauer und langjährige Betriebsleitung: Madlen und Louis Salzmann-Clausen. Baujahr: 1985. Eröffnung: 15. Dezember 1985. Einsegnung durch Rektor Arthur Escher. – 20 Betten. Plätze: Restaurant 70, Saal 18, Gartenterrasse 200.
Der Erbauer des Hotels, Louis Salzmann, hat als erfahrener und über die Kantonsgrenzen hinaus bekannter dipl. Bergführer und Skilehrer durch sein vielfältiges Engagement viel zur touristischen Entwicklung der Region beigetragen. 1992 wurde er zum Vizepräsidenten und drei Jahre später zum Präsidenten der Rettungskommission des Schweizerischen Alpenclubs (SAC) gewählt.

## Hotel-Restaurant Sparrhorn

Erbauer: Gebrüder Alfred und Werner Imwinkelried. Baujahr: 1976. Betriebseröffnung des Restaurants: 21. Dezember 1976. (Ablösung des der Belalp Bahnen AG gehörenden Restaurants Glacier.) Hoteleinweihung: 1. Juli 1978. Einsegnung durch Kaplan Otto Walker. Besitzer und Betriebsleitung: Eliane und Werner Imwinkelried-Zenhäusern. – 14 Betten. Plätze: Restaurant 40, Saal 110, Säli mit Grill 35, Gartenterrasse 180.
Mit dem Bau dieses Hotels haben die Gebrüder Imwinkelried dem Wintertourismus in einer entscheidenden Phase wichtige Impulse gegeben.

## Hotel-Restaurant-Pizzeria Zum Skilift

Erbauer: Josef Imhof und Lia Gischig-Imhof. Baujahr: 1967. Das erste Restaurant brannte 1968 nieder. Wiederaufbau und Vergrösserung 1969. Wiedereröffnung: 20. Dezember 1969. Einsegnung durch den bischöflichen Kanzler Norbert Brunner, seit 1995 Bischof von Sitten. Besitzer und Betriebsleitung: Sibylle und Markus Imhof-Burgener. – 14 Betten, Lager 39. Plätze: Restaurant 100, Gartenterrasse 100.

**Josef Imhof** (1939–1984), des Markus und der Walburga geb. Ruppen (besser bekannt unter dem Namen «Hacky Sepp»), war mit Brigitte Salzmann verheiratet und gehörte zu den Pionieren der touristischen Entwicklung auf der Belalp. So war er Mitbegründer der Skischule und des Wirtevereins Belalp und stand der Rettungsstation als Obmann vor.

## In Geimen:
### Pension-Restaurant Geimerheim

Erbauer: Cäsar Ruppen (1921–1974). Baujahre: 1957/58. Eröffnung: 8. Juni 1958. Ausbau: 1970. Besitzer und Betriebsleitung: Familie Renato Ruppen-Suhr. – Zehn Betten. Plätze: Restaurant 45, Saal 45, Gartenterrasse 24. – Das Geimerheim ist für die Bewohner des Natischer Bergs ein wichtiger Treffpunkt.

## Restaurants (Wirtschaften) – Tearooms

Gastwirtschaften beziehungsweise Wirte werden in Naters schon früh erwähnt. Im 17. Jahrhundert mussten diejenigen Leute, welche im Zenden Brig eine Wirtschaft führen wollten, an einem bestimmten Tag vor dem Grosskastlan des Zendens erscheinen und vor demselben das eidliche Versprechen ablegen, die allgemeinen Satzungen des Zendens betreffs des Gastrechts zu beachten und sowohl Fremde als Zendenleute gebührend aufzunehmen und zu behandeln. Überdies hatte jeder Wirt einen rechtschaffenen Mann als Bürgen zu benennen. Laut Tagebuch des Kastlans Johann Stockalper leisteten im Jahre 1652 im Zenden Brig 19 Wirte dieses Versprechen, darunter auch Peter Pfaffen, Peter Gemmet und Christian Jossen von Naters.[912]
1818 wurde beschlossen, dass in Naters nur zwei Wirtschaften bestehen dürfen, eine für den Ausschank von Wein, die andere für den Ausschank von Schnaps; der Meistbietende erhielt sie zugewiesen.[913] 1857 gab es in Naters «zwei Weinschenken und zwei Buden für geistige Getränke»[914]. Über die vielen Cafés in der Zeit des Simplontunnelbaus berichten wir ausführlich im Kapitel «Italienerkolonie».
Gemäss Unterlagen des Verkehrsvereins gab es 1997 auf dem Gemeindegebiet von Naters 35 Restaurants (inklusive Hotels), und zwar 21 in Naters, eines in Geimen, fünf in Blatten, eines auf Tschuggen und sieben auf der Belalp. Neben den erwähnten Restaurants gibt es noch folgende Gastbetriebe (Stand 1999):

| Restaurant | Gaststättenführer |
|---|---|
| **In Naters:** | |
| *Aletsch* | *Ratomir Pobic* |
| *des Alpes* | *Dorly Kronig* |
| *Belalp* | *Edmund Eyer, Hildegard Decurtins* |

| | |
|---|---|
| Continental | André Ruff-Fux |
| Kelchbach/Luxor | Edith Previdoli |
| Feuerwehr-Pub 118 | Daniel Fux |
| Lötschberg | Werner Gsponer-Studer |
| Café Naters | Richard Salzmann |
| Ornavasso | Barbara Schwarz |
| Post | Martin Eyer |
| Promenade | Meinrad Christig |
| zur Linde | Longinus Mutter |
| Simplon | Elly Eggel-Huchshorn |
| Trächa | Paul Perren-Furrer |
| Venezia | Mirko Sagrillo |
| Walliserkanne | Monika Pallister-Ruff |

**In Blatten:**

| | |
|---|---|
| Chez Martin (vormals «Burgen») | Daniela Michlig-Roten |

**Auf Tschuggen:**

| | |
|---|---|
| Tschuggen | Benjamin und Jacqueline Jossen |

**Auf der Belalp:**

| | |
|---|---|
| Buffet | Sonja Boissier |
| Kristall | Gerhard Ruppen-Domig |

**Tearooms (Naters)**

| | |
|---|---|
| Bistro | Albert Jossen |
| Capri | Monika Brand-Kummer |
| Melodie | Fredy Weber |
| Transit | Bernadette Müllner |
| Volken | Fritz Volken |

### Historisches zu einzelnen älteren Restaurants
(Chronologische Reihenfolge)

**Restaurant zur Linde.** Bauherr des Gebäudes zur Linde: Hans Mattig. Baujahr: 1703 (vgl. Kap. «Siedlungsgeschichte ...»). Ob im Erdgeschoss schon von Beginn an ein Wirtshaus war, ist nicht bewiesen. Jedenfalls ist die «Linde» das älteste noch bestehende Wirtshaus im Dorf.

*Saal zur Linde.*

1953 baute Jules Eggel südlich an das Haus (Kat.-Nr. 249) den Saal zur Linde mit Bühne an, der zuerst eher als Kino- und Theatersaal gedacht war, sich aber bald zum grossen Gemeinschaftssaal für die verschiedensten Anlässe entwickelte. Die Architekten A. Hölzle, Zürich, und Walter Feliser, Brig, planten das Werk.

An der Südseite des Saales zur Linde: grosser Lindenbaum, Sgraffito von Anton Mutter, 1953. Eröffnung des Saals: 28. Dezember 1954[915]; 1971 erworben durch Ignaz Mutter von Jules Eggel (vgl. Kap. «Kunstschaffende»: Kunsthaus zur Linde).

**Jules Eggel** (*2.4.1913, †18.5.1977), ehemaliger Coiffeur, Maskenbildner und langjähriger Zivilstandsbeamter, ab 1943 verheiratet mit Lina Rigert, Vater zweier Söhne, liess sich im Hotelfach ausbilden, erwarb gute Sprachkenntnisse in Englisch und Französisch und war nach dem frühen Tod seines Vaters Cäsar (†1935) in der «Linde» wie auch im Gasthaus Blatten für seine Mutter Margaretha (1888–1963) geb. Werner eine kräftige Stütze. Jules Eggel betrieb das Restaurant zur Linde von 1935 bis 1971. Viele Primizen, unzählige Hochzeiten und Anlässe aller Art wurden unter seiner Regie in dem von ihm erbauten Saal zu gelungenen Festen.

**Restaurant Belalp.** 1894 von Kaplan Benjamin Bammatter errichtet. Jahreszahl 1894 mit den Initialen B[enjamin] B[ammatter] auf dem Ofen im kleinen Saal (früher im 2. Wohngeschoss). Diente 1895–1901 als Poststelle. Noch 1923 Café Roma genannt.

**Restaurant des Alpes.** Von Moritz Schurwey um 1902 zuerst als Hotel erbaut[916] und während längerer Zeit als solches betrieben.

**Restaurant Post.** 1902 von Kaplan Benjamin Bammatter[917] gebaut (Jahreszahl im Kellergeschoss), 1935 um ein Stockwerk erhöht und mit einem Walmdach versehen.

**Restaurant Naters.** 1903 von Kaplan Benjamin Bammatter erbaut[918], mit traufständigem Mansardendach.

Die beiden Restaurants Naters und Post wurden 1985 für ihre dekorative Fassadengestaltung durch die Malerfirma Ignaz Mutter von der Siegfried-Keller-Ausschreibung «Die schöne Fassade» ausgezeichnet.

**Restaurant Venezia.** 1907 von Liberale D'Alpaos errichtet.

**Restaurant Walliserkanne.** Zusammen mit dem Ornavassoblock von der Ornavasso AG erbaut; eröffnet am 22. Dezember 1971.

**Restaurant Lötschberg.** 1972/73 durch Clemenz Fux und Rudolf Walker errichtet, 1980 wesentlich umgestaltet. An dieser Stelle stand das alte Café Lötschberg, das 1970 abgerissen wurde.

**Restaurant Trächa.** Von 1991 bis 1995 führte der weit herum bekannte Meisterkoch Daniel Bumann aus Saas-Fee zusammen mit seiner Frau Ingrid geb. Jossen das Restaurant Trächa mit «Bumanns Kulinarium». Als Team-Captain errang Daniel Bumann 1988 in Frankfurt den Titel eines «Kochweltmeisters» und wurde als bisher einziger Oberwalliser in die Gilde der «Jeunes restaurateurs d'Europe» aufgenommen. Im Chesa Pirani in La Punt/GR führt er seine Kochkünste weiter.

## Feriendorf Tschuggen

Auf 1610 m Höhe, oberhalb Blatten, liegt eine andere Welt: das Feriendorf Tschuggen. 100 rustikale, im Walliser Stil gebaute Einzelchalets mit je sechs Betten (total 600) schmiegen sich an den Südhang unterhalb der Belalp und bieten einen einmaligen Blick

*Feriendorf Tschuggen ob Blatten.*

auf Blatten, Brig und die Simplonregion. Restaurant, Einkaufsladen, Hallenbad mit Liegewiese, Sauna, Solarium, Jugendtreff, Spielzimmer, Tischtennis und Autoeinstellplatz machen das Ganze zu einem richtigen Dorf, zu einem «Daheim» während der Ferienzeit, das im Sommer durch eine Strasse und im Winter per Luftseilbahn (Zwischenstation im Erich) erreichbar ist.[919]

## Bau des Feriendorfes und seine Entwicklung: 1978–1986

Die Ortsbezeichnung «Tschuggen» beruht auf einem alten Flurnamen. Es handelt sich um ein relativ steiles Gelände, das landwirtschaftlich keinen grossen Ertragswert hatte. Nur beiläufig sei erwähnt, dass es in Arosa/GR das Sechssternehotel «Tschuggen» gibt. Im Zuge der Ortsplanung wurde Tschuggen als touristische Zone ausgeschieden. Moritz Roten besass dort ein Areal von 73 000 m$^2$, zu dessen Erschliessung mit Strasse und Kanalisation er schon vor dem Bau des Ferienzentrums erhebliche Investitionen tätigte.

Als Promotoren und Erbauer des Feriendorfes traten Moritz Roten, Naters/Sitten, und Joseph Stehlin, Immobilien-Treuhänder, Visp, auf. Beide erstellten in den Jahren 1978–1980 auf der von Moritz Roten zur Verfügung gestellten 73 000 m$^2$ grossen Fläche 100 Chalets. Die an relativ steiler Hanglage im Rahmen eines Quartierplanverfahrens erbauten Chalets wurden in gestaffelter, dreigeschossiger Bauweise erstellt. Die Zahl 100 ergab sich rein zufällig. Sämtliche Arbeiten wie Planung, Bauleitung, Vermietung lagen in den Händen von Joseph Stehlin. Nach Bauende verkaufte Moritz Roten seinen Anteil an die Immobilienfirma Joseph Stehlin.

Bereits in der Bauzeit gab es zwischen der Gemeinde Naters und dem Bauherrn Stehlin gewisse Unstimmigkeiten über die Zufahrt auf der Tätschenstrasse im Winter. Stehlin musste die geleisteten Subventionen für die Tätschenstrasse als Flurstrasse infolge Zweckentfremdung zurückzahlen. Er interpretierte dies dahingehend, dass die Tätschenstrasse nicht mehr als reiner Flurweg, sondern als Touristenstrasse anzusehen sei, für deren Offenhaltung nach seinem Dafürhalten die Gemeinde auch im Winter besorgt sein müsse. Die Gemeinde stellte dagegen klar, dass im Zusammenhang mit der Baugenehmigung von einer durchgehenden Öffnung der Strasse im Winter durch die Gemeinde nie die Rede gewesen sei. Im Gegenteil: Im Rahmen der Quartierplanungsgenehmigung vom 19. April 1978 wurde ausdrücklich vorgeschrieben, dass dem Protokoll der Urversammlung vom 12. Dezember 1979 zufolge die Bauherrschaft als Verbindung zur Mittelstation der Luftseilbahn auf eigene Kosten einen zwei Meter breiten Weg zu erstellen und diesen im Winter offen zu halten habe. Auch die touristisch interessierten Kreise waren vehement gegen eine Öffnung der Tätschenstrasse im Winter, um diese – wie bisher – als Abfahrtsstrecke von der Belalp nach Blatten benutzen zu können. Am 29. August 1979 reichte Joseph Stehlin beim Walliser Staatsrat Beschwerde ein gegen die Verfügung des Gemeinderates, die Zufahrt über die Tätschenstrasse zum Feriendorf während der Wintersaison nicht zu gewähren. Mit Entscheid vom 6. August 1980 lehnte der Staatsrat die Beschwerde Stehlins ab und begründete dies ähnlich wie die Gemeinde.

Alle 100 Chalets in Tschuggen wurden von der Immobilien AG Stehlin zu einem Gesamtpreis von 30,188 Millionen Franken (rund 300 000 Franken pro Chalet) grösstenteils an deutsche Staatsbürger verkauft. Joseph Stehlin hat die Chalets in der Folge von allen Käufern für zehn Jahre zurückgemietet. Die gesamte Vermietung des Projektes übertrug er dem Grossreiseveranstalter Deutsches Reisebüro (DER-Tour), Frankfurt, der das Angebot Tschuggen weltweit vertreibt. Diese Weitervermietung bot und bietet Gewähr, dass das Feriendorf während rund 270 Tagen im Jahr ausgelastet ist. Stehlin selbst war von 1980 bis 1986 auch für die Leitung und die Bewirtschaftung des Feriendorfes verantwortlich.

### Unter neuer Führung: ab November 1986

Als die Firma Stehlin von den Chaletbesitzern 1986 grössere Beiträge forderte, um angeblich die aufwendigen Infrastrukturkosten besser decken zu können, kündigten die Chaletbesitzer dem bisherigen Bewirtschafter des Dorfes ihre Verträge. Manche Chaleteigentümer warfen der Bauherrschaft auch mangelhafte Bauweise vor. Inwieweit dies zutrifft, ist nicht Gegenstand dieser Ausführungen. Am 19. November 1986 gründete eine Gruppe von Chaletbesitzern die Feriendorf Tschuggen AG. Dabei gelang es dem neuen Verwaltungsrat, an dessen Spitze Heinrich Knappenschneider stand (1987–1989, danach Beat Schmid, Naters), in kurzer Zeit nicht, mit dem bisherigen Verwalter eine Übergangseinigung zu erzielen. Die Wintersaison

*Feriendorf Tschuggen.*

stand vor der Tür. Verträge mit grossen Reiseveranstaltern mussten eingehalten werden. In dieser verzwickten Lage wurde vom Verkehrsverein in Rücksprache mit der Gemeinde sowie in Übereinstimmung mit der Seilbahnen AG und den Reiseveranstaltern der Beschluss gefasst, in der laufenden Wintersaison das Feriendorf Tschuggen, begrenzt vom 1. Dezember 1986 bis zum 30. April 1987, auf eigene Rechnung und mittels einer Defizitgarantie (inklusive Gemeinde) zu bewirtschaften. Federführend trat die Seilbahnen AG als Vertragsnehmerin gegenüber der Firma Stehlin und den Chaletbesitzern auf. Mit Geschick und einer Portion Glück wurde die «Operation» mit einem bescheidenen Minusbetrag beendet.

Gerade in jener Zeit des Übergangs war die Grossüberbauung des Visper Immobilienhändlers Joseph Stehlin in den stotzigen Tätschenhängen mehr als einmal Gegenstand kritischer Presseberichte.

Seit dem 1. April 1987 waltet im Auftrag des Verwaltungsrates der Feriendorf Tschuggen AG Werner Meienhofer von Lenggenwil/SG mit Erfolg als Direktor der Feriensiedlung.

### Tschuggen: wichtiger Wirtschaftsfaktor

Das Feriendorf Tschuggen ist zweifelsohne für die Gegend ein nicht zu übersehender Wirtschaftsfaktor. Es bringt der Region im Schnitt einen Logiernächteanteil von einem Viertel bis zu einem Drittel, was sich auf die Kurtaxeneinnahmen positiv auswirkt. Tschuggen führt der Gegend ausserdem eine willkommene, grosszügige Klientele zu, welche die Transportanlagen benutzen und von der die Skischule, die Bergführer des Alpin Centers und viele andere Bereiche in nicht geringem Masse profitieren. Des Weiteren beschäftigt das Ferienzentrum ganzjährig rund 15 bis 18 Angestellte. Erwähnenswert sind auch die jährlichen Steuereinnahmen für Gemeinde, Kanton und Bund.

## Unterkünfte – Logiernächte

Im Jahre 1967 zählte Naters rund 600 Fremdenbetten. 1997 standen den Gästen 2800 Betten in Chalets (von rund 4500 Betten in Chalets werden 1700 nicht vermietet), 450 in Hotels und 300 in Gruppenunterkünften zur Verfügung. Bei Letzteren handelt es sich um die erwähnten Hotels, eine Gruppenunterkunft in Naters und die folgenden drei Häuser in Blatten: Ferienhaus Blatten (Burgerschaft Naters, 30 Betten), Ferienheim Bergquell (Stadt Zürich, 65 Betten) und Theresianum (Katholischer Frauenbund Oberwallis, 20 Betten). Ferner: Tällihütte (8 Plätze), Driesthütte (16 Plätze), SAC-Hütte Oberaletsch (60 Plätze), Mittelaletsch-Biwak (14 Plätze) und Fusshorn-Biwak (10 Plätze).

Das *Vermietungsbüro Beltour* (Haus Burgen in Blatten) unter der Geschäftsführung von Anneliese Schmid-Pollinger bietet eine wichtige Dienstleistung für die Besitzer von Ferienwohnungen.

### Entwicklung der Logiernächte

| Jahr | Sommer | Winter | Total | Hotel + Lager | Ferienwohnungen |
|---|---|---|---|---|---|
| 1973 | 46 138 | 20 189 | 66 327 | | |
| 1974 | 49 830 | 22 326 | 72 156 | | |
| 1975 | 48 472 | 28 365 | 76 837 | | |
| 1976 | 54 888 | 30 363 | 85 251 | | |
| 1977 | 56 698 | 36 442 | 93 140 | | |
| 1978 | 60 820 | 39 405 | 100 225 | 40 275 | 59 950 |
| 1979 | 58 420 | 43 583 | 102 003 | 39 941 | 62 062 |
| 1980 | 59 690 | 52 692 | 112 382 | 41 392 | 70 990 |
| 1981 | 81 710 | 84 219 | 165 929 | 33 573 | 132 356 |
| 1982 | 83 609 | 87 818 | 171 427 | 35 747 | 135 680 |
| 1983 | 79 197 | 90 471 | 169 668 | 27 287 | 142 381 |
| 1984 | 75 859 | 92 936 | 168 795 | 28 814 | 139 981 |
| 1985 | 71 217 | 95 911 | 167 128 | 29 845 | 137 283 |
| 1986 | 84 913 | 95 248 | 180 161 | 30 086 | 150 075 |
| 1987 | 71 199 | 94 423 | 165 622 | 30 074 | 135 548 |
| 1988 | 61 992 | 104 123 | 166 115 | 32 879 | 133 236 |
| 1989 | 69 345 | 102 810 | 172 155 | 29 225 | 142 930 |
| 1990 | 73 696 | 96 468 | 169 968 | 31 482 | 138 486 |
| 1991 | 75 181 | 108 276 | 183 457 | 37 456 | 146 001 |
| 1992 | 70 874 | 120 973 | 191 847 | 32 359 | 159 488 |
| 1993 | 74 802 | 131 354 | 206 156 | 35 825 | 170 331 |
| 1994 | 75 698 | 132 844 | 208 542 | 40 846 | 167 696 |
| 1995 | 72 842 | 127 544 | 200 386 | 40 561 | 159 825 |
| 1996 | 59 528 | 130 078 | 189 606 | 43 199 | 146 407 |
| 1997 | 68 521 | 116 110 | 184 631 | 44 004 | 140 627 |
| 1998 | 72 055 | 126 287 | 198 342 | 47 724 | 150 618 |

Auf die einzelnen Stationen aufgeteilt, ergibt sich bei der Anzahl der Logiernächte beispielsweise für das Jahr 1994/95 folgendes Bild:

|  | Sommer 1995 | Winter 1994/95 | Total |
|---|---|---|---|
| **Ferienwohnungen** |  |  |  |
| Naters | 1 625 | 987 | 2 612 |
| Blatten | 28 635 | 56 817 | 85 452 |
| Tschuggen | 24 308 | 31 558 | 55 866 |
| Belalp | 1 897 | 13 997 | 15 894 |
| **Hotels/Lager** |  |  |  |
| Naters | 10 652 | 4 101 | 14 753 |
| Blatten | 4 663 | 12 084 | 16 747 |
| Belalp | 1 061 | 8 000 | 9 061 |
| **Total** | 72 841 | 127 544 | 200 385 |

1981 lag in der 17-jährigen Geschichte des Verkehrsvereins erstmals der Winteranteil an Logiernächten mit 51 Prozent über jenem des Sommers und im Beherbergungssektor verdeutlichte sich der Trend von der Hotellerie zur Parahotellerie.
Im Durchschnitt entfallen die Übernachtungen zu zirka zwölf Prozent auf Hotels, acht Prozent auf Lager und 80 Prozent auf Ferienwohnungen.
Die ausländischen Gäste kommen zu 75 Prozent aus Deutschland, 22 Prozent aus Holland und drei Prozent aus anderen Ländern.
Der Stammgästeanteil (mindestens zwei oder mehr Wiederbuchungen) wird im Sommer auf zirka 30 bis 40 Pozent und im Winter auf etwa 50 bis 60 Prozent geschätzt.
Da der Bergführerverein, die Ski-, die Snowboard- und die Kletterschule sowie die Rettungsstation als wichtige Organisationen im touristischen Geschehen zu werten sind, sollen diese nachstehend in einem eigenen Abschnitt zur Sprache kommen.

# Bergführerverein Blatten-Belalp

## Vorgeschichte: von zirka 1858 bis 1989

In der zweiten Hälfte des 19. Jahrhunderts, im goldenen Zeitalter des Alpinismus, brachten die Alpinisten anfangs ihre Führer selber mit. Dies änderte sich, als der englische Alpinist John Tyndall, der von 1861 bis 1893 im Sommer regelmässig auf der Belalp weilte, die Einheimischen zum Bergführerberuf animierte. Und in der Tat waren zwischen 1871 und 1902 bei acht Erstbesteigungen Natischer Bergführer mit von der Partie.
Die im 19. Jahrhundert und um die Jahrhundertwende namentlich bekannten Bergführer aus Naters waren: Anton Bammatter, Anton Eggel, Alois Eyer, Clemens Ruppen (der wohl bekannteste), Moritz Ruppen, Moritz Salzmann und Anton Walden. Es war dies die *erste Natischer Bergführergeneration*.
Durch die beiden Weltkriege wurde die Tätigkeit der Bergführer stark eingeschränkt. Immerhin übten von zirka 1900 bis Anfang der 50er-Jahre folgende Bergführer ihren Beruf aus: Narzis Bammatter (1906–1986), Ludwig Schmid, Kasimir Schwery, Moritz Schwery und Anton Wyssen. Narzis Bammatter war Hüttenwart in der Oberaletschhütte (Nachfolger seines Vaters Anton). Er soll mehr als 80-mal Touristen über den Beichpass geführt haben.
Nach dieser *zweiten Bergführergeneration* trat ein Stillstand ein, denn die Arbeitslosigkeit und die schlechte Wirtschaftslage in England, dem Land, aus dem sich die Kunden im goldenen Zeitalter des Alpinismus vielfach rekrutierten, brachten das Bergführerwesen zum Erliegen. Erst mit dem steten Aufwärtstrend des Tourismus und des Alpinismus auch in der Region Blatten–Belalp in den 70er-Jahren wuchs die Nachfrage nach Bergführern. Es entstand in Naters eine neue und *dritte Bergführergeneration*. Zuerst waren es nichtpatentierte Führer, die mit Gästen Gletschertraversierungen und Hochtouren ins Oberaletschgebiet durchführten. Ab 1976 begann der patentierte Bergführer Jean-Marie Salzmann Bergtouren auf Anfrage auszuschreiben. Ab 1981 wurde der Bergführerberuf mit der stets wachsenden Zahl patentierter Führer zu einem Volljob. Die jungen patentierten Bergführer Jean-Marie Salzmann, Louis Salzmann, Kilian Schnyder, Diego Wellig und Philipp Zehnder boten vielfältige Programme an, so beispielsweise Skitourenwochen im Frühling (1982), Heliskiing und Privattouren (1983), Tagestouren in der Region («Haute-Route 87» genannt).

*Narzis Bammatter (1906–1986), langjähriger Hüttenwart in der Oberaletschhütte.*

## Gründung des Bergführervereins Blatten-Belalp

Die Vielzahl der Gäste und die Koordination unter den Bergführern, deren Zahl mit Stefan Jossen (des Pius) und Peter Schwitter inzwischen noch zugenommen hatte, verlangten nach besseren Strukturen. Man entschloss sich, einen Bergführerverein zu gründen. Die Gemeinde, der Verkehrsverein und die Belalp Bahnen AG sollten durch diesen Bergführerverein versierte Ansprechpartner im alpinistischen Bereich erhalten. So schritt man am 27. Februar 1989 im Restaurant Belalp in Naters, dem Stammlokal der Bergführer, zur Gründung des Vereins. Die Gründer waren: Diego Wellig, erster Präsident bis 1994, Louis Salzmann, Geschäftsleiter, Stefan Jossen, Jean-Marie Salzmann, Kilian Schnyder, Peter Schwitter und Philipp Zehnder.[920]

## Bergsteigerzentrum Belalp

Da man unter dem Namen Bergführerverein keine Werbung machen wollte, beschloss man, sich für die Aktivitäten des Vereins den Namen Bergsteigerzentrum Belalp zuzulegen. Es wurden fortab Skitouren, Heliskiing, Sportklettern, Hochtouren, Wandern in der Schweiz und neu europaweit Klettertouren und weltweit Trekking angeboten. Ein weiteres Ziel des Vereins bestand in der Ausbildung junger Männer zu Bergführern. Und so traten in der Folge weitere Führer dem Verein bei: Rudy Amherd, Benjamin Jossen, Ken McMahon, Mario Roten, Beat Ruppen (des Clemens), Stefan Seiler, Rainer Treyer und Egon Zuber. Die genannten 15 Mitglieder des Vereins erwarben ihr Patent alle zwischen 1976 und 1995.

*Bergführerverein Blatten-Belalp, Aufnahme von 1999. Von links: Jean-Marie Salzmann, Mario Roten, Peter Schwitter, Martin Kummer, Louis Salzmann (Präsident), Benjamin Jossen, Kilian Schnyder, Stefan Jossen (des Pius), Diego Wellig, Philipp Zehnder, Egon Zuber, Stefan Seiler.*

## Alpin Center Belalp

An der Generalversammlung vom 7. Dezember 1994 gab sich der Bergführerverein mit den neuen Strukturen nicht nur den werbeträchtigen Namen Alpin Center Belalp, sondern änderte auch einiges in der Programmkommission und im Aufgabenbereich der Geschäftsstelle. Bisher ging der einzelne Bergführer mehr oder weniger unabhängig von anderen Führern seinem Verdienst nach. Durch das Alpin Center erfolgte nun eine wesentlich bessere Koordination der Bergführertätigkeit. Das Angebot wurde erweitert durch Kulturreisen, Expeditionen und Canyoning, Massaschlucht-Durchquerungen und Weekends mit Mountainbikes, Staumauerabseilen usw. Die Bergführer besuchen mit ihren Gästen zahlreiche Länder wie Nepal, Ekuador, Uganda, Pakistan, Peru, Argentinien, Amerika, Kanada, Russland, Kenia, Marokko sowie praktisch auch alle europäischen Staaten, die Alpen-, Kletter- und Sportgebiete besitzen.

Infolge der zunehmenden Nachfrage nach Bergtouren ging der Bergführerverein mit dem Verkehrsverein und der Skischule eine Bürogemeinschaft ein und mietet ein Büro zusammen mit der Skischule. Seit 1997 koordiniert eine Sekretärin den Aufgabenbereich der 15 Bergführer und der zwei Bergführer-Aspiranten und amtet als Ansprech- und Buchungspartnerin für interessierte Gäste. Gleichzeitig wurde ein Bus angeschafft, um die Kunden leichter von einem Ort zum andern zu bringen.

Der Bergführerberuf ist im modernen Tourismus nicht mehr wegzudenken. Louis Salzmann amtet seit Dezember 1994 als Präsident des Vereins und Peter Schwitter leitet das Alpin Center.

## Kletterschule Rock Master

Am 10. Januar 1994 wurde von Beat Ruppen (des Clemens), Rudy Amherd und Ken McMahon die Kletterschule Rock Master (= Felsmeister) gegründet. Die Schule lehrt in Kursen die Grundbewegungen der Klettertechnik, die Handhabung des Seils und vermittelt ausserdem Materialkenntnisse.

## Klettergebiet von Naters

Die geradezu idealen Voraussetzungen einer vielgestaltigen Natur mit einladenden Felspartien direkt vor der Haustür machten das Sportklettern im Oberwallis, insbesondere in Naters, in jüngster Zeit zur eigenständigen Disziplin im breiten Bergsportangebot. Das 1994 in zweiter Auflage erschienene Buch «Kletterführer Oberwallis» (Verlag «Zur alten Post», Brig) von Beat Ruppen (des Clemens), Naters, trägt viel dazu bei. Darin ist die schier unwahrscheinliche Zahl von exakt 1059 Routen in 60 Gebieten beschrieben. Auf Seite 156 bis 221 finden wir die Klettergebiete von Naters (Nrn. 37–49). Nachstehend nennen wir die 13 Hauptrouten:

1. *Hennufarm:* in Naters vor der Unterführung der BLS-Bahn rechts abzweigend
2. *Naters/«Totuplatta»:* im alten Dorfteil
3. *Massa:* östlich von Naters am rechten Massaufer, durch das Kieswerk zur Felswand gehend
4. *Baji:* Blattenstrasse, ca. 200 m nach dem grossen Kehr und dann 50 m oberhalb der Strasse

*5. Hutmacherkin:* bei der Abzweigung in Richtung Birgisch, nach der Rechtskurve massive Felswand bergseits
*6./7. Pontla/Trämel:* Pontla liegt oberhalb der Abzweigung Hegdorn; für die anderen Routen Wanderweg in Richtung Trämel
*8. Bitschji:* Obertal–Seeljiwand–Untertal–Ägerplatte
*9. Geimen:* Blindtal
*10. Burguwand:* Die markante Felswand ist vom grossen Parkplatz in Blatten aus gut sichtbar (Fahne). Zwei Sektoren liegen am Burgenwanderweg.
*11. Rischinen:* unterhalb des Weilers Eggen und oberhalb der Strasse zur Stauseemauer
*12. Ischlamma:* 30 Minuten vom Weiler Holzji entfernt
*13. Belalp:* Unterhalb Bel, genannt «Katzenloch» oder «Gasserwald»

1997 liess die Gemeinde in der Aula Bammatten eine Boulderwand erstellen, an der Schüler und Vereine das Klettern üben können. Der Ausdruck «bouldern» stammt aus dem Amerikanischen und bedeutet «um den Felsen herumklettern». Die Wand samt 600 Griffen und Matten kam auf 30 000 Franken zu stehen.

## Ausserordentliche Leistungen der Belalp-Bergführer

Wir erwähnten weiter oben die besonderen Leistungen der ersten und zweiten Bergführergeneration. Aber auch die dritte Generation kann mit Aufsehen erregenden Bergsteigertouren, darunter zahlreichen Erstbegehungen glänzen. Wir nennen die wichtigsten.

### 1981
Louis Salzmann in einer Fünfergruppe: Oktober/November, Erstbegehung des 6954 Meter hohen Number Lumding Himal im Himalaja, Nepal.

### 1985
Diego Wellig (damals 24-jährig) stand als erster Oberwalliser auf einem Achttausender. Er bestieg mit einer Swiss-Himalaja-Expedition den 8046 Meter hohen Shisha Pangma in China. Von den neun Schweizern erreichte am 14. September nur eine Dreiergruppe, darunter Diego Wellig, den genannten Gipfel.

### 1986
Diego Wellig zusammen mit zwei anderen Schweizern: 21. Juni, Broad Peak, 8047 m, Pakistan. – Peter Schwitter: August, erste Alleinbegehung Fusshörner, Gesamtüberschreitung Süd–Nord. – Diego Wellig, Stefan Jossen (des Pius), Rudy Amherd, Beat Ruppen, Philipp Zehnder: 7. Dezember, Fitz Roy, 3400 m, Patagonien (Argentinien).

### 1988
Diego Wellig und Philipp Zehnder: 23. Juni, Gasherbrum II, 8025 m, Pakistan.

### 1989
Diego Wellig, Stefan Jossen: Mai, erste Skiabfahrt Aletschhorn Nordwand, 4195 m. – Stefan Jossen: Nord American Wall am El Capitan; sechs Tage in der Wand. – Peter Schwitter: Mount Cook, 3784 m, Neuseeland; Alleinbegehung East Ridge.

### 1990
Diego Wellig und Hans Kammerlander aus Südtirol: 1. Juli, Nanga Parbat, 8125 m, Pakistan, erste Skiabfahrt. – Diego Wellig, Paul Tschanz von Interlaken: 11. Oktober, Gurla Mandata, 7728 m, Tibet, Zweitbesteigung. Bei dieser Tour erlitt Diego Wellig Erfrierungen, so dass ihm drei Zehen amputiert werden mussten, was ihn – wie er selber sagte – bei weiteren Unternehmungen nicht beeinträchtigte. – Stefan Jossen und Michael Bargetze aus Liechtenstein: Dezember, Cerro Torre, 3128 m, Patagonien (Argentinien); schwierigster Kletterberg der Welt.

### 1992
Peter Schwitter und Beat Ruppen: 3. Januar, zweite Winterbegehung Fusshörner, Gesamtüberschreitung Süd–Nord. – Jean-Marie Salzmann und seine Frau Maria: 16. Juli, die 13 Zacken der Fusshörner. – Diego Wellig: Mount Everest, Südgipfel, 8751 m (ohne Sauerstoffflasche); es fehlten Wellig nur knappe 100 Höhenmeter bis zum Everest-Hauptgipfel (8848 m), während alle anderen schon vorher zurückgeblieben waren. – Diego Wellig und Hans Kammerlander: 19. August, vier Gratrouten (Zmutt-, Furgg-, Lion- und Hörnligrat) am Matterhorn innert 24 Stunden, d.h. (nacheinander) von vier verschiedenen Graten aus aufs Matterhorn, Bewältigung von 8500 Höhenmetern. – Diego Wellig: 19. November, Mount Vinson, 4987 m, höchster Gipfel in der Antarktis.

Diego Wellig bestieg auch die «Seven Summits» (sieben Gipfel): Aconcagua in Südamerika, Mount Vinson in der Antarktis, Elbrus in Georgien, Carstenspyramide in Ozeanien, McKinley in Alaska, Kilimandscharo in Afrika und Mount Everest in Nepal.[921]
Die Bergführer des Alpin Centers erstiegen sämtliche grossen Nordwände wie die Matterhorn-, die Eiger- und die Nesthorn-Nordwand sowie den Walkerpfeiler. Ebenso machten sie die klassischen Überschreitungen wie den Peutereygrat, am Montblanc, Rochefort–Grand Jorasse und Stockhorn–Bietschhorn.
Im Sportklettern zählen die Belalp-Bergführer zu den Pionieren im Oberwallis. Sie waren auf allen Kontinenten unterwegs, so in Amerika: El Capitan; Australien: Arapilles; Südamerika: Cerro Torre; Afrika: Mount Kenia (Westwand 1000 m hoch); Europa: Erprobung von Sportkletterrouten in fast allen Ländern.

## Ski- und Snowboardschule Blatten-Belalp

Die Skischule Blatten-Belalp wurde am 15. November 1976 im Café Naters von den drei Initianten Waldemir Gasser, Josef Imhof (†1984) und Marius Imhof gegründet. Aber bereits seit 1971/72 erteilten die genannten Initianten unter administrativer Leitung des patentierten Skilehrers Guido Perren, Brig, Skiunterricht. Von 1972 bis 1976 konnte der patentierte Skilehrer Hugo Elsig zudem als Skileiter verpflichtet werden. Dem Trend der Zeit folgend, nennt sich die Skischule seit 1993 Schweizer Ski- und Snowboardschule Blatten-Belalp. Gemäss Statuten vom 15. November 1976 bezweckt der Verein «die Organisation des Skischulwesens und die Förderung des Skilaufs sowie des Skitourenwesens nach den Richtlinien des Schweiz. Skischulverbandes».

Das erste Büro der Skischule befand sich in Blatten in einem Lokal der Belalp Bahnen AG, später im «Chritzschiierli». 1979 wurde auch auf der Belalp, im Anbau des Jakobiner Kellers auf den Kühmatten, ein Büro bezogen, das 1995 erweitert werden musste. Seit 1986 hat die Skischule zusätzlich zum Büro auf der Belalp auch im Büro des Alpin Centers in Blatten Gastrecht.

Nachstehend einige Vergleichszahlen: 1976: drei patentierte Skilehrer und 13 Hilfsskilehrer; 1997: 26 patentierte Skilehrer und 60 Hilfsskilehrer. Anzahl Gäste: 1976: 3470; 1997: 17 700. Umsatz: 1971/72: 3400 Franken; 1997: 350 000 Franken. 1997 zählte der Verein 16 Mitglieder.

### Präsidenten
1976–1987  Waldemir Gasser
1987–1995  Werner Imwinkelried
1995–1999  Roger Lochmatter
1999–      Nicole Imstepf

### Skischulleiter seit der Gründung
1976–1987  Wolfgang Volken
1987–1990  Konrad Salzmann
1990–      Diego Wellig

Ehrenmitglieder: Richard Gertschen, alt Staatsrat, und Oswald Schmid.
Die Skischule bringt durch ihren Einsatz Bewegung in den Wintertourismus: Pisten-, Tiefschnee-, Buckelpisten-, Firnschnee-, Tourenski- und Torlauffahren werden unter ihrer kundigen Anleitung zum eindrücklichen Erlebnis. Langlaufunterricht und Snowboarden erweitern das Winterprogramm.

# Rettungsstation Blatten-Belalp

## Gründung und Strukturen

Da in den 60er-Jahren im Tourismusgebiet Blatten–Belalp die Zahl der Kurgäste ständig zunahm, musste auch für die in Bergnot geratenen Leute eine erste Hilfe angeboten werden. Da vor 1967 die Organisation bei Rettungseinsätzen meistens nicht geklappt hatte und auch immer wieder die gleichen Retter angefordert worden waren, kam es am 19. Dezember 1967 im Hotel Massa in Blatten unter der Leitung von Dr. Heinrich Schmidt, Naters, zur Gründung der Rettungsstation Blatten-Belalp. Die Initianten und Gründer waren: Waldemir Gasser, Josef Imhof, Marius Imhof, Dr. Heinrich Schmidt und Professor Alois Walker. Insgesamt 36 junge, einsatzfreudige Männer schrieben sich an diesem Tag auf Anhieb zum aktiven Mitmachen in die Mitgliederliste ein.[922]

Der Verein wird von sieben Vorstandsmitgliedern geführt. Die Statuten vom 19. Dezember 1967, revidiert am 5. Dezember 1975, traten in ihrer dritten Fassung am 29. März 1985 in Kraft. 1997 zählte die Rettungsstation 64 Aktiv-, 15 Freimitglieder und sechs Kandidaten. Nach Art. 6 der Statuten kann jedes Aktivmitglied auf ein schriftliches Gesuch hin nach zehnjähriger Aktivmitgliedschaft Freimitglied werden, sofern es das 40. Altersjahr erfüllt hat. Viermal pro Jahr (zu jeder Jahreszeit) führt die Rettungsmannschaft eine obligatorische Übung durch; zusätzlich absolvieren die Mitglieder regionale und kantonale Kurse. Fakultative Touren dienen vor allem der körperlichen Ertüchtigung und der Pflege der Kameradschaft. Wer die obligatorische Schulzeit beendet, einen Samariterkurs besucht hat und die Grundkenntnisse des Alpinismus beherrscht, wird nach einem Probejahr mit spezieller Ausbildung in die Rettungsstation aufgenommen. In dieser wird nicht nur uneigennützige Arbeit erbracht, es herrscht in ihren Reihen auch eine vorzügliche Kameradschaft. Die Rettungsmannschaft hat sich in den letzten 30 Jahren einen festen Platz in der Tourismusregion geschaffen.

*Am 16. August 1997 auf dem Aletschhorn: die vier bisherigen Präsidenten der Rettungsstation (v.l.): Thomas Salzmann (amtierender Präsident), Elmar Salzmann, Friedrich Nellen, Waldemir Gasser (Gründungspräsident).*

### Präsidenten
1967–1977  Waldemir Gasser
1977–1985  Friedrich Nellen
1985–1995  Elmar Salzmann
1995–      Thomas Salzmann

### Rettungschefs (Obmänner)
1967–1977  Josef Imhof
1977–1987  Jean-Marie Salzmann
1987–1995  Louis Salzmann
1995–      Peter Schwitter

### Vereinsärzte
1967–1988  Dr. Heinrich Schmidt
1989–      Dr. Ulrich Peter

## Rettungseinsätze

Die Chronik der Rettungsstation hält die wichtigsten Rettungsübungen, -demonstrationen und -einsätze fest. Diese Angaben zeigen eindrücklich, wie wichtig eine gut funktionierende und einsatzfreudige Rettungsmannschaft gerade für ein touristisches Gebiet ist. Nicht wenige Male wurden die Natischer «Retter» auch ausserhalb des Gemeindegebietes in Anspruch genommen. Im Schnitt gibt es jährlich sieben bis zehn Grosseinsätze.

Das Jahr 1990 war geprägt durch einen besonders traurigen Rekord: Nicht weniger als zehn Tote mussten aus der Bergwelt im Einzugsgebiet der Rettungsstation geborgen werden, darunter allein sechs Alpinisten am Aletschhorn. In der Nacht vom 27./ 28. Oktober 1996 erfolgte wohl eine der spektakulärsten Rettungen. Mitglieder der Rettungsstation Blatten-Belalp holten zusammen mit dem Rettungsteam der Air Zermatt einen 49-jährigen Deutschen aus der Massaschlucht. Der Mann hatte sich nach einem Sturz am Bein verletzt und war beim Eintreffen der Retter stark unterkühlt. Mit einer fliegerischen Glanzleistung flog Air-Zermatt-Pilot Beat Marti den Verletzten am verlängerten Seil aus der Schlucht.

*Seilbahnübung mit der Jelkbahre, 1994. Beim Steinbruch in der Nähe der Strasse zum Gibidum. Stehend: Dr. Ulrich Peter, Vereinsarzt; auf der Bahre: Peter Jossen.*

## Rettungsmaterial und Finanzen

Als Materiallokal diente der Rettungsstation anfänglich ein Raum im alten Schulhaus in Blatten, danach einer bei den Belalp Bahnen und schliesslich seit 1986 der Mehrzweckraum der Gemeinde Naters in Blatten. Die Rettungsstation kann sich rühmen, fast alles nötige Material wie Seile, Funkgeräte, Beleuchtungs- und Lawinenrettungsmaterial sowie Transportbahren im Neuwert von rund 100 000 Franken zu besitzen.

Der finanzielle jährliche Aufwand der Rettungsstation beläuft sich auf 6000 bis 8000 Franken, wobei die Materialbeschaffung den grössten Batzen verschlingt. Die jährlich wiederkehrenden Materialanschaffungen werden vom Kanton zu 50 Prozent subventioniert. Seit 1986 beteiligt sich die Gemeinde an diesen Kosten ebenfalls mit 25 Prozent. Der Rest wird durch Spenden und aus Erträgen von Kleidersammlungen gedeckt.

## Jubiläen

Am 19. Dezember (Gründungstag) 1977 wurden im Blattnerhof «10 Jahre Rettungsstation Blatten-Belalp» gefeiert. Dabei hielt Präsident Waldemir Gasser in seiner Rückschau fest: «Es wurden [in den zehn Jahren] insgesamt 37 Übungen durchgeführt, drei Alarmeinsätze inszeniert, fünf Demonstrationen geboten, 21 Zentral- und Kantonalkurse besucht.» Anfänglich übernahmen die Mitglieder der Rettungsstation auch den Pistendienst im Skigebiet Blatten–Belalp.

Das Jahr 1992 stand ganz im Zeichen des 25-jährigen Jubiläums. Es fanden zwei bedeutende Anlässe statt: eine gross angelegte Rettungsdemonstration am 8. August in Blatten und am 17. Oktober ein Jubiläumsfamilienabend im Zentrum Missione, an dem die Pioniere und jene Mitglieder, die der Rettungsstation seit 1967 die Treue hielten (14 an der Zahl), besonders geehrt wurden.

1997 feierte die Rettungsmannschaft ihr 30-jähriges Jubiläum. Zu diesem Anlass lud der Vorstand die Mitglieder zu einer Jubiläumstour auf das Aletschhorn ein. Dieses wurde auf fünf verschiedenen Routen bestiegen, darunter der in seiner ganzen Länge praktisch kaum begangene Südostgrat. Insgesamt bestiegen am 16. August 1997 44 Mitglieder der Rettungsstation das Aletschhorn.

*Übungsbesprechung der Rettungsstation Blatten-Belalp am Fuss des Rhonegletschers, 1994. Vorne in der Mitte: Peter Schwitter, Übungsleiter. Von links: Aldo Imhof, Marcel Christig, Kurt Imhof, Dominik Fux, Marcel Martig, Norbert Schmid, Beat Schnydrig, Renato Michlig, René Walker, Stefan Amherd, Waldemir Gasser, Kilian Schmid, Stefan Schmidhalter, Jacques-André Devaud, Toni Millius, Linus Schmid, Armin Perrollaz, Peter Jossen, Paul Imwinkelried, René Imseng, Dario Jossen, Reto Gasser, Gilbert Schmid, Josef Summermatter, Martin Jossen.*

# Wirtschaftliche Bedeutung des Tourismus für Naters

## Das Leben im Natischer Berg: früher und heute

Die verbesserten Lebensbedingungen im Natischer Berg lassen leicht vergessen, dass die grossväterliche Generation noch ein hartes und entbehrungsreiches Leben mit der Natur führte. Die schöne aber rauhe Landschaft im Natischer Berg war Lebensraum für die traditionsbewusste, nach innen orientierte, auf sich selbst angewiesene Bergbevölkerung, die überwiegend von der Landwirtschaft lebte. Der Dreiklang Landschaft, Ortsansässigkeit und Landwirtschaft war ein autarkes, das heisst sich selbst erhaltendes und genügendes System. Aber die Arbeitsbedingungen in der Überlebenswirtschaft waren hart, die notwendigen Arbeitsleistungen überdurchschnittlich, das Einkommen jedoch knapp, zu knapp manchmal. Nicht nur die schweren Arbeitsbedingungen, auch die Unterversorgung wegen der fehlenden Infrastruktur machte den Leuten am Berg zu schaffen. Die Abwanderung ins Tal erschien vielen die einzige Möglichkeit, aus dem Leben der Entbehrungen auszubrechen. Nach dem Zweiten Weltkrieg boten sich bei Bahn und Post genügend, noch dazu gut bezahlte Stellen an. Vor allem die Jungen zogen weg. Am Berg begann sich die Bevölkerungsstruktur zu verändern. Es kam zu einer zunehmenden Überalterung. Bauern, die der Scholle treu bleiben wollten, fanden kaum noch Frauen, die bereit waren, das mühevolle Los mit ihnen zu teilen. In den 50er-Jahren schrumpfte die Zahl der Familien, die das ganze Jahr in Blatten wohnten, bis auf einige wenige zusammen.

Der Tourismus und insbesondere die touristischen Transportanlagen haben in den letzten 40 Jahren die Arbeits- und Lebensbedingungen der Bevölkerung im Natischer Berg entscheidend verbessert. Zweitwohnungen, Freizeitanlagen und Parkplätze beherrschen das heutige Dorfbild von Blatten. In den 70er-, vor allem aber in den 80er-Jahren nahm die Wohnbevölkerung am Berg und in Blatten wieder zu. Infolge der guten Erschliessung wird das sonnige Wohngebiet im Berg nicht selten dem überfüllten Talgrund vorgezogen. Der Individualverkehr macht es möglich, am Berg zu wohnen und im Tal zu arbeiten. Blatten bietet durch den Tourismus zusätzliche Arbeitsplätze. Neben der Wohngelegenheit findet man also auch noch den Arbeitsplatz am Berg. So ist eindeutig ein enger Zusammenhang zwischen Tourismus- und Bevölkerungsentwicklung zu erkennen.

## Tourismusabhängigkeit

Gemäss Angaben des Büros Planval, Brig, waren beispielsweise 1989 von den etwa 240 Betrieben und Selbstständigerwerbenden in Naters 52 direkt vom Tourismus abhängig. Die indirekte (nur teilweise) Tourismusabhängigkeit ist vor allem für folgende Wirtschaftsbranchen von Bedeutung: Transport (Bahn und Post), Gross- und Detailhandel, private Dienstleistungen (Treuhandbüros, Versicherungen, Banken etc.), Baugewerbe, Lebensmittelproduktion und andere.

1996 sah die Zahl der Beschäftigten im direkten touristischen Umfeld wie folgt aus (ohne Hotels, Restaurants usw.):
Belalp Bahnen: 15 Jahresangestellte, 25 Saisonangestellte; Verkehrsverein: vier Angestellte; Skischule: bis zu 40 Skilehrer in Spitzenzeiten; Alpin Center: 15 Bergführer, davon sieben vollbeschäftigte und acht teilbeschäftigte.

## Engagement der Munizipalgemeinde und der Burgerschaft

Jede touristische Entwicklung bringt auch Aufgaben mit sich, die ohne die Gemeinde nicht zu bewältigen sind. Nicht in einer übermässig hohen direkten Beteiligung an den Transportanlagen sieht die Gemeindeverwaltung von Naters beispielsweise ihre Rolle im Zusammenspiel privater, halbprivater und öffentlicher Bestrebungen zur Ankurbelung eines wirtschaftlich tragfähigen Ganzjahrestourismus, sondern in einer helfenden, flankierenden und ergänzenden Aufgabenbewältigung. Einmal greift die Gemeinde ordnend über die Ortsplanung ein, dann wieder fördernd über die Groberschliessung. Werke wie Wasser- und Stromversorgung, Kanalisation, Strassenbau, Parkplätze, also alles, was das Gebiet der Infrastruktur betrifft, ist von der Gemeinde in enger Zusammenarbeit mit Kanton und Bund, aber auch mit Genossenschaften energisch an die Hand genommen worden.

In den Jahren 1968 bis 1978 investierte die Gemeinde in den Natischer Berg (ohne Kantons- und Bundesmittel) rund sieben Millionen Franken. An der Belalp Bahnen AG beteiligt sich die Gemeinde mit einem Aktienkapital von 900 000 Franken (= 1800 Aktien) und die Burgerschaft mit einem solchen von 200 000 Franken (= 400 Aktien). Die Burgerschaft als Eigentümerin der Alpen Bel, Lüsgen und Aletsch räumt der Belalp Bahnen AG ferner die dinglichen Baurechte für Luftseilbahnen, Skilifte und die damit zusammenhängenden touristischen Anlagen, Bauten und Betriebe ein. Ebenso gewährt sie die Durchgangsrechte im Sinn von Grunddienstbarkeiten für die jeweils zu erstellenden Bahnen, Lifte und Pisten. Dies alles ist zwischen der Burgerschaft und der Belalp Bahnen AG in folgenden Verträgen und Vereinbarungen festgehalten (erhebt keinen Anspruch auf Vollständigkeit): 9. Februar 1971, Vereinbarung; 22. Februar 1972, Vertrag; 5. Januar 1983, Vereinbarung; 18. Januar 1983, Vertrag; 29. Juli 1989, Aktennotiz; 14. März 1990, Vereinbarung.

Zwei- bis dreimal im Jahr treffen sich alle am Tourismus interessierten Kreise zu einer allgemeinen Aussprache. Die Zukunft soll koordiniert werden, der Ausbau in geordneten Bahnen erfolgen, damit der Landschaft nicht Gewalt angetan wird, denn eine intakte Landschaft ist das wichtigste Kapital des Tourismus.

# John Tyndall (1820–1893) und die Belalp

John Tyndall zählt sowohl als Wissenschaftler wie auch als Bergsteiger zu den bedeutendsten Gestalten aus der Pionierzeit des Tourismus. Diesem berühmten Naturforscher, mutigen Alpinisten und grossen Freund der Belalp, die er während über 30 Jahren als seine Sommerheimat betrachtete, dieser faszinierenden Persönlichkeit sei dieses Kapitel zur bleibenden Erinnerung und Verbundenheit mit der Natischer Bevölkerung in Verehrung und Liebe gewidmet. Dabei stützt sich der Verfasser in der Hauptsache auf zwei fundierte Arbeiten von Merz und Sackmann.[923]

## Jugend- und Ausbildungsjahre

John Tyndall wurde am 2. August 1820 im irischen Leighlin-Bridge bei Dublin als Sohn eines Polizisten geboren. Die Familie Tyndall lebte in bescheidenen Verhältnissen. Seiner gründlichen Ausbildung in den Fächern Mathematik und Geometrie verdankte es der Zwanzigjährige, dass er zunächst eine Stelle als Assistent bei der irischen Landvermessungsbehörde fand. Als in England das Eisenbahnfieber ausbrach, reiste Tyndall nach Manchester, wo er als Vermessungsingenieur den Lebensunterhalt verdiente. 1847 wurde er als Lehrer für naturwissenschaftliche

*John Tyndall.*

Fächer am Queenswood College in der südenglischen Grafschaft Hampshire engagiert, wo er Edward Frankland, den Begründer der modernen Chemie, traf. Bereits an dieser ersten Stelle als Unterrichtender zeichnete sich Tyndall durch die Gabe aus, auch komplizierte physikalische und technische Vorgänge leicht verständlich darzustellen, ohne sie dadurch zu verfälschen. Ihm sagte die neue Arbeit zu, seine Existenzgrundlage war gesichert.

1848 begab sich der wissbegierige John Tyndall an die deutsche Universität Marburg a.d. Lahn, um sich weiterzubilden. Hier betrieb er ein ergiebiges Studium in Mathematik, Chemie und Physik. Gleichzeitig lernte er die deutsche Sprache. Er reiste nach Marburg mit der festen Absicht, mit dem Doktorhut in Physik nach Hause zurückzukehren. Tyndall rechnete aus, dass seine Ersparnisse für zwei Jahre ausreichen; das Studium dauerte zur damaligen Zeit normalerweise drei Jahre. Er arbeitete intensiv und tatsächlich gelang es ihm, 1850 die Ausbildung nach vier Semestern mit einer Doktorarbeit über «Die Schraubenflächen mit geneigter Erzeugungslinie und die Gleichgewichtsbedingungen für solche Schrauben» abzuschliessen.

Marburg wurde auch zum Ausgangspunkt für eine erste Begegnung mit der Schweiz und ihren Gebirgen. Im September 1849 reiste Tyndall über Heidelberg nach Basel und von dort weiter – seiner bescheidenen Mittel wegen zu Fuss – nach Zürich. Von Arth her erstieg er am 26. September die Rigi und wanderte über den Gotthard-, Furka- und Grimselpass nach Interlaken, Bern und Basel, um von da nach Marburg zurückzukehren. Die Alpen, aus der Ferne erstmals begrüsst, hatten Tyndall bleibend beeindruckt.

## Anerkannter Wissenschaftler

1851 kehrte der junge Akademiker ans Queenswood College nach England zurück und führte neben seiner Lehrtätigkeit verschiedene wissenschaftliche Untersuchungen durch. Seine Arbeiten über den Diamagnetismus und die Polarisation des Lichtes fanden grosse Anerkennung. In diesem Zusammenhang konnte Tyndall auch die blaue Farbe des Himmels begründen. Dieses «Phänomen» wird in der Wissenschaft mit dem sogenannten Tyndalleffekt beschrieben. 1871 wies Tyndall nach, dass Eis unter Druck schmilzt.

1853 wurde Tyndall als Professor für Physik und Naturphilosophie an die «Royal Institution of Great Britain» in London berufen. Leiter der naturwissenschaftlichen Abteilung war der berühmte Forscher Michael Faraday, dessen Mitarbeiter und späterer Nachfolger Tyndall wurde. Durch seine Arbeit lernte er im Lauf der Jahre verschiedene grosse Naturforscher seiner Zeit kennen. Seine freundschaftlichen Verbindungen reichten von Darwin über Helmholtz bis zu Pasteur. Tyndalls wissenschaftliche Untersuchungen, die sich über weite Bereiche der Physik und der physikalischen Chemie erstreckten, fanden bei seinen Berufskollegen und in der Öffentlichkeit grosse Beachtung und trugen ihm den Ruf eines ausgezeichneten Experimentators ein. Der irische Forscher wurde von mehreren Universitäten zum Ehrendoktor ernannt und zahlreiche wissenschaftliche Gesellschaften machten ihn zum Ehrenmitglied. Tyndalls Vortragsreihen an der «Royal Institution» über Wasser, Schall, Licht, Wärme, Elektrizität und andere physikalische Erscheinungen waren bei der Studentenschaft beliebt. Und als er im Jahre 1887 aus gesundheitlichen Gründen seinen Rücktritt als Lehrbeauftragter bekannt gab, wurde dies allgemein als grosser Verlust empfunden.

# Tyndall auf der Belalp: 1861–1893

1856 reiste Tyndall ins Berner Oberland, wo er eine Untersuchung über Gletscher begann, die er in den folgenden Jahren am «Mer de Glace» bei Chamonix (Frankreich) und im Wallis fortführte und deren Ergebnisse er in seinem 1860 erschienenen Erstlingswerk «Die Gletscher der Alpen» publizierte.

Von 1861 bis zu seinem Tod im Jahre 1893 verbrachte John Tyndall, mit einer einzigen krankheitsbedingten Ausnahme, die Sommermonate in den Schweizer Alpen, besonders auf der Belalp. Er war von ihrer landschaftlichen Lage, dem Blick auf den Grossen Aletschgletscher und der Majestät der Alpen begeistert. Seine berühmten Bücher «Heat Considered as a Mode of Motion» (1863) und «The Science of Sound» sollen zu bedeutenden Teilen auf der Belalp geschrieben worden sein.

## Erstbesteigung des Weisshorns: 1861

In den Jahren 1857–1869 besuchte Tyndall jeden Sommer während einiger Wochen die Alpen. Die erste seiner drei Montblanc-Besteigungen unternahm er 1857. Die Dufourspitze erstieg er ein zweites Mal im Alleingang am 17. August 1858 von der Riffelalp aus, «mit einem Sandwich und einer Flasche Tee» im Rucksack. Ebenso erklomm der Ire im gleichen Jahr auf einer neuen Route das Finsteraarhorn. All seine bedeutenden Besteigungen unternahm er mit Bergführern. Am liebsten von allen war ihm Johann Josef Benet (1824–1864) aus Lax/Goms, von den Engländern beharrlich Bennen genannt. Dieser stand im Dienst von Hotelier Anton Wellig, Fiesch, und kam Ende Februar 1864 in einem Schneecouloir am Haut-de-Cry (Diablerets-Vorgebirge) ums Leben. Im 1871 erschienenen Buch «In den Alpen» schrieb Tyndall (auf Seite 269) über Benet: «Sein Verlust war für mich, was für den Fechter der Verlust eines Armes bedeutet.»

Allmählich reifte in Tyndall der Plan, einen Angriff auf den König der Berge, das Matterhorn, zu wagen. Im Urteil vieler galt dieser Berg bis anhin als völlig unbezwingbar. Tyndalls erster Versuch im Sommer 1860 scheiterte. Er erreichte mit seinen Führern eine Höhe von 3960 Metern, dann zwang die Angst vor der hereinbrechenden Nacht zum Abstieg. Nachdem ihn das Matterhorn vorläufig abgewiesen hatte, wandte sich der irische Alpinist einem anderen Giganten der Walliser Bergwelt zu, dessen Bezwingung nicht wesentlich einfacher eingestuft wurde: dem Weisshorn.

Das Jahr 1861 brachte die Erstbezwingung des Weisshorns. Am 13. August 1861 besuchte Tyndall erstmals die Belalp und am 15. August des gleichen Jahres stand er auf dem Sparrhorn, von wo er sein Traumziel, das Weisshorn, ins Auge fassen konnte. Tags darauf begab er sich nach Randa. Der Aufbruch erfolgte am 18. August nachmittags um 13.00 Uhr von Randa aus. Als Bergführer nahm er Johann Josef Benet und Ulrich Wenger mit. Nach dem Biwak am Schallibergletscher unterhalb des Ostgrates begann andertags, am 19. August, früh morgens um 3.30 Uhr der Angriff auf den Weisshorngipfel. Nach zehnstündiger Kletterei in Eis und Fels gelang es der Seilschaft, den 4512 Meter hohen Gipfel des Weisshorns zu bezwingen. Der Abstieg über die gleiche Route bot den Erstbesteigern grosse Schwierigkeiten. Erst um 23.00 Uhr kamen sie in Randa an.

Am 31. August 1861 berichtet das ‹Walliser Wochenblatt›: «Am 20. d. hat der Präsident des Londoner Alpenclubs mit vier Führern das Weisshorn zum ersten Mal erstiegen und wäre beinahe von herabstürzenden Gletscherblöcken erschlagen worden.»

Gemeint ist wohl die Steinlawine, von der Tyndall selber berichtet.

Es war ein Unternehmen, das laut Tyndalls Schilderung in seinem 1871 erschienenen Buch «In den Alpen» ganz Randa in Aufregung versetzte und als ein recht gewagtes Unterfangen bezeichnet werden muss, wenn man den Stand der damaligen Bergsteigerausrüstung bedenkt. Die Verwendung von Seilen galt damals als «letzter Schrei». Tyndall schrieb: «Noch eine Erhöhung war vor uns, hinter der der Gipfel, wer weiss wie weit, noch lag. Wir erkletterten die Höhe, und über uns, aber in erreichbarer Ferne, hob sich eine Silberpyramide von dem blauen Himmel ab. Ein grosses Prisma von Granit oder Gneis bildete den Abschluss des Grates und vor ihm lief ein messerbreiter Grat von weissem Schnee zu einem kleinen Punkte. Wir gingen am Kamm entlang, betraten den Punkt und augenblicklich überflog unser Auge den ganzen Horizont. Wir standen auf dem höchsten Gipfel des gefürchteten Weisshorns.» Zwei einheimische Bergsteiger, die Tyndall und seinen Führern gefolgt waren, um das Misslingen des Unternehmens zu verfolgen, konnten sich unterhalb des Gipfels mit eigenen Augen von der geglückten Erstbesteigung überzeugen. Sie traten augenblicklich den Abstieg an, um die Neuigkeit im Dorf zu erzählen. Dazu Tyndall in seinem Buch «In den Alpen»: «Beide Männer mussten um der Wahrheit willen viel leiden, denn niemand wollte in Randa glauben, dass das Weisshorn bestiegen werden könne.»

Tyndall schildert seine Eindrücke zu diesem besiegten Berg wie folgt: «Das Weisshorn ist ein Berg, der kaum weniger majestätisch ist als das Matterhorn. Es vermittelt einen tieferen Eindruck von Majestät und Macht. Das Weisshorn ist vielleicht der grandioseste Gipfel der Alpen (...). Ich habe nie etwas erlebt, das mir grösseren Eindruck gemacht hätte. Ich öffnete mein Notizbuch, um ein paar Gedanken zu notieren, liess aber bald davon ab. Es war im Moment nicht angebracht, die wissenschaftlichen Interessen und Fähigkeiten zu bevorzugen, wo sich doch meinen Augen dieser wunderbare stille Anblick bot.»

## Fast auf dem Gipfel des Matterhorns: 1862

Nach diesem Triumph konzentrierte sich Tyndall wieder auf seinen «Erzrivalen», das Matterhorn. Wie sein Landsmann Edward Whymper konnte auch er sich nicht mit dem Gedanken abfinden, das Matterhorn sei unbezwingbar. Mit zwei Führern, Johann Josef Benet und Anton Walter, und zwei Trägern wagte er im Sommer 1862 den zweiten Versuch, den 4478 Meter hohen Berg zu bezwingen. Kurz vor ihrem Aufbruch am 27. Juli waren sie in Breuil dem Landsmann Tyndalls begegnet, der den Berg drei Jahre später bezwingen sollte: Edward Whymper. Tyndall erreichte mit seiner Mannschaft einen Vorgipfel, den später nach ihm benannten «Pic Tyndall». Mit 4330 Metern erklomm er eine Höhe, die vor ihm noch kein Mensch am Matterhorn erreicht hatte. Doch nun sah er sich mit seinen Begleitern einem unüberwindbar scheinenden Abgrund gegenüber: «Ich hatte nie eine so wilde Gegend gesehen und mit dem Schmerz der getäuschten Hoffnung setzte ich mich hin. Der Gipfel war nur eine Steinwurfslänge von uns entfernt, und der Gedanke eines Rückzuges war entsetzlich bitter.» Drei seiner Begleiter weigerten sich, den ihnen zu gefahrvoll erscheinenden Aufstieg fortzusetzen, und Tyndall musste sich enttäuscht fügen. Zu dieser Unbill kam hinzu, dass die Seilschaft während des Abstiegs auch noch von einem Unwetter überrascht wurde. Und Tyndall vermerkt: «Ein Hagelsturm wurde hier gegen uns abgefeuert, als ob das Matterhorn nicht zufrieden damit, dass es uns seine Tür vor der Nase geschlossen, uns nun auch noch die Treppen hinunterwerfen wollte.»

Nach diesem neuerlichen Misserfolg im Kampf um die Besteigung des Matterhorns wurde das Unternehmen vorerst einmal auf Eis gelegt und Tyndall wandte sich weniger tückischen Gipfeln zu. Er bestieg in den folgenden Jahren die Jungfrau und den Eiger. Inzwischen war es Edward Whymper (1840–1911) an jenem denkwürdigen 14. Juli 1865 gelungen, den Mythos des unbezwingbaren Berges zu zerstören. Tyndall selbst gelang die Besteigung des Matterhorns erst im Jahre 1868. Er erreichte zusammen mit den Gebrüdern J. J. und Pierre Maquignaz aus Valtournanche den Gipfel als Siebenter seit Whymper. Tyndalls Route zeichnete sich dadurch aus, dass er von der Südseite, also von Breuil her über den Liongrat, aufstieg, um alsdann über den Hörnligrat nach Zermatt abzusteigen.

Im August 1869 gelang Tyndall die Bezwingung des Aletschhorns, die er schon 1866 einmal versucht hatte. Er erreichte die Bergspitze zusammen mit einem Führer des Hotels Belalp acht Stunden nach dem Aufbruch vom Aletschbord.

Ende August 1869 zog sich Tyndall bei einem Sturz in der Nähe des Hotels Belalp Verletzungen am Schienbein zu, denen er anscheinend zu wenig Beachtung schenkte. Jedenfalls entwickelte sich daraus eine schwere Blutvergiftung mit Wundrose, Eiterung und Brand, was ihn zu mehrwöchigem Krankenlager bei englischen Freunden in Genf zwang. Mit der persönlichen Genugtuung, als Erster das Weisshorn bezwungen und auch das Aletschhorn erklommen zu haben, beendete Tyndall 1869 seine Viertausender-Besteigungen.

## Fünf Fischel Boden

Die Schweizer Aufenthalte der folgenden Jahre beschränkten sich nun mehr und mehr auf die geliebte Belalp und deren nähere Umgebung. Regelmässig logierte Tyndall im Hotel Belalp. Am 11. Juli 1876 erschien Tyndall dort erstmals in Gesellschaft seiner jungen Gattin Louisa Charlotte (1845–1940), Tochter des Lords Claude Hamilton (1813–1884) und der Elizabeth Emma Proby (1821–1900). Das Paar hatte am 29. Februar 1876 in aller Stille geheiratet; der Bräutigam war 56, die Braut 31 Jahre alt. Tyndall hatte zweifellos eine gute Partie gemacht, nicht nur in materieller Hinsicht. Er besiegelte damit seinen steilen gesellschaftlichen Aufstieg und gewann auch eine selbstlose, besorgte Arbeitskameradin bei all seinen wissenschaftlichen Aktivitäten. Die Ehe blieb kinderlos.

Beide beschlossen, sich oberhalb des Hotels Belalp ein Chalet im Stil des englischen Landhauses zu bauen. Am 13. August 1876 vereinbarte die Burgerschaft von Naters mit 88 gegen sechs Stimmen, dass dem irischen Wissenschaftler insgesamt fünf Fischel (1 Fischel = 563 m$^2$; 5 Fischel = 2815 m$^2$) Boden auf der Alpe Lüsgen verkauft werden dürfen, wobei die Kaufsumme auf 900 Franken zu stehen kam. In dem von Notar Ludwig Salzmann angefertigten Kaufvertrag wird festgehalten, dass die Burgergemeinde von Naters «ein Stück Mattland, gelegen auf dem Berge Naters, auf der Alp Lusgen, genannt im Gscher, enthaltend fünf Fischel oder achtundzwanzig tausend und achzig Quadratschuh, grenzend von allen Seiten an die Burgeralpe von Naters» an John Tyndall «verkauft, übergiebt und abtrit unter Garantie aller Störung, Ausstossung und Hypotheke, jedoch unter Ratifikationsvorbehalt der hohen Regierung». Das Rechnungsbuch der Burgerschaft von Naters (G 36) enthält 1876 unter Einnahmen den Betrag von 950 Franken, erhalten von John Tyndall.

## Villa John Tyndall

Tyndall ordnete unverzüglich den Bau einer Villa an, die im November 1877 bezugsbereit war und gleich dem Ort, auf dem es steht, «Alp Lusgen» getauft wurde. Es war der Maurermeister Sylvester Ramoni, der den Bau der «höchstgelegenen Villa der Welt» 1876/1877 errichtete (Kat.-Nr. 6201). Sie ist Tyndalls seelisch-geistige Heimat, eine kleine alpine Universität geworden. Am 23. Januar 1964 verkaufte Frau Tyndalls Neffe, Major Richard George Proby, Ist Baronet of Carysfort, die Villa Tyndall dem Basler Zahnarzt Dr. Jacques Rotzler. – *Beschreibung der Villa.* Renovation 1964. Das längliche, nur Erd- und Dachgeschoss umfassende Steinhaus lagert auf kleiner felsiger Terrasse oberhalb des Hotels Belalp. Der Salon mitten in der südlichen Trauf-

*Die 1877 erbaute Villa John Tyndall. Hier brachte Tyndall die Ergebnisse seiner Forschung zu Papier. Rechts im Hintergrund der Aletschgletscher.*

*Tyndall und seine Gattin Louisa geb. Hamilton im Jahre 1884.*

seite greift stichbogenförmig aus mit einem Portal. In den krüppelgewalmten Giebelfeldern seitliche spitzbogige Zwillingsfenster in einer Granitplatte. Das originale Schindeldach ist unter dem Eternitdach von 1964 noch erhalten. Vier Kaminbauten. Südwestlich des Hauses natürliche Felskuppe, mittels einer Treppe ausgestaltet zu einer «naturkultischen» Stätte.

### Erster Ehrenburger von Naters: 1887

Die Beziehungen Tyndalls zur Landschaft und zur Bevölkerung waren die denkbar besten. Besonders interessant, ja ergreifend sind die Schilderungen, wie er sich dank seiner Kenntnisse unentgeltlich auf der Belalp als Arzt und Tierarzt betätigte. Er war ein hilfsbereiter Mann. Einmal soll er während einer Überquerung des Aletschgletschers zusammen mit seinen Begleitern mit viel Mühe eine Kuh aus einer Gletscherspalte befreit haben. Man fühlte sich geehrt, einem so berühmten ausländischen Gelehrten Gastrecht gewähren zu dürfen. Wie die Protokolle der Armenkommission von Naters und die ‹Verkündhefte› der Natischer Pfarrer berichten, spendete die Witwe Louisa Tyndall zwischen 1898 und 1913 immer wieder Geldbeträge für die Armen oder liess Brot unter diesen verteilen, besonders auf Weihnachten hin.

Unter den vielen britischen und ausländischen Ehrungen, welche Tyndall als Akademiker, Alpinist und Forscher zuteil wurden, nennt die Biografie für das Jahr 1887 auch die Verleihung des Ehrenburgerrechts durch die Gemeinde Naters. Im ‹Walliser Volksfreund› vom 20. September 1974 wird im Artikel «Ehrenburgerfeier» (von Pius Werner) ebenfalls geschrieben, dass Tyndall 1887 das Natischer Ehrenburgerrecht erhalten habe. Walter Perrig berichtet in einer Notiz vom 17. Juni 1887, dass laut Meinung des Staatsrates diese Ehrenburgerschaft für Tyndall keine politischen Rechte nach sich ziehe, hingegen könne die Burgerschaft Naters ihm die Nutzniessung der Burgergüter nach ihrem Belieben gewähren.[924] Sonst fanden wir weder in der Presse jener Jahre noch im Burgerbuch von Naters irgendwelche Hinweise auf die Verleihung des Ehrenburgerrechts. Es scheint, dass die Zuerkennung dieses Rechts – wenn auch coram publico – rein mündlich, von Mann zu Mann erfolgte und nicht protokolliert wurde, was in Anbetracht der zeit- und ortsbedingten Verhältnisse weiter nicht zu verwundern braucht. Abgesehen von Angelegenheiten mit finanziellen Konsequenzen wie etwa ein Kaufvertrag genügte meist das Wort des freien Mannes vollauf. Auch war die Presse im Vergleich zu heute längst nicht so omnipräsent. Eine Urkunde besonderer Art, allerdings ohne Datum, gibt es doch: Auf dem weiter unten beschriebenen Monolithen auf der Belalp wurde 1911 das Zeugnis der Ehrenburgerschaft in Stein gehauen.

### Altersjahre und Tod

1887, also im selben Jahr, als John Tyndall Ehrenburger von Naters wurde, zog er sich in London von seiner Lehrtätigkeit an der «Royal Institution» in den Ruhestand zurück. Bereits drei Jahre vor seiner Pensionierung hatte er sich in Hindhead, einer kleinen Ortschaft zwischen London und der englischen Südküste, ein Haus bauen lassen, in das er sich nun mit seiner Frau zurückzog. Die Sommermonate verbrachten die Tyndalls immer noch auf der Belalp. Krankheiten überschatteten die letzten Lebensjahre des irischen Naturforschers und Alpinisten. Er litt an Rheumatismus. Gicht und eine hartnäckige Venenentzündung fesselten ihn oft monatelang ans Bett. Seine Gesundheit war ohnehin zeitlebens nie die beste. Fast lebenslang litt Tyndall unter Verdauungsstörung und Schlaflosigkeit. Man wundert sich, wie er jeweils die anstrengenden, langen Fusswanderungen und Klettertouren bewältigte, wobei er sich allerdings nie wohler und leistungsfähiger fühlte als in der sommerlichen Schweiz. Vom 31. Juli bis zum 21. Oktober 1893 verbrachte Tyndall seine letzten Tage auf der Belalp. Am 4. Dezember 1893 starb er in Hindhead. Die Asche wurde seinem Wunsch entsprechend auf der Belalp verstreut.

Das Ende war nur mittelbar krankheitsbedingt. Die unmittelbare Todesursache war begründet in der Vielzahl von Medikamenten, ohne die er nicht mehr auskam. Die ‹Neue Zürcher Zeitung› meldete am 6. Dezember 1893 ebenso lapidar wie unverblümt: «Der Tod des Professors Tyndall erfolgte, weil er Chloral verschluckte.» Schonender fiel die Todesnachricht des deutschen Alpenvereins aus: «Seine Gattin reichte ihm die gewöhnliche Dosis Chloral, seine Schwäche war aber schon so gross, dass er, wie man annimmt, das Medikament nicht vertragen konnte.» Genau genommen lag die Tragik von Tyndalls Tod darin, dass seine Frau in glaubhaft unbeabsichtigter Weise zwei Medikamente verwechselte. Anstelle des Antazidums Magnesiumkarbonat (Magnesia) löste sie eine gleiche Menge des Beruhigungsmittels Chloralhydrat auf, was auch für einen gesunden Menschen eine Überdosis darstellt. Es handelte sich weder um Mord noch um Selbstmord, aber der geheimnisumwitterte Vorfall zog dennoch peinliche Kontroversen nach sich. Witwe Louisa hatte noch nahezu 47 Jahre mit der Last dieses Unglücksfalles zu leben, denn sie folgte ihrem Gatten erst 1940, also im Alter von 95 Jahren, im Tod nach.

### Tyndall-Denkmal

Die tiefe Zuneigung zu ihrem unvergesslichen Gatten, die Schuldgefühle wegen seines tragischen Endes und die Verbundenheit mit Land und Leuten dürften die Beweggründe gewesen sein für das steinerne Erinnerungsmal, welches die Jahr für Jahr auf die Belalp pilgernde Witwe Louisa Charlotte Tyndall-Hamilton aufstellen liess. Der Gedenkstein, der in einmaliger Lage auf dem sogenannten Trimbiel, einem Erdkegel 20 Minuten oberhalb der Villa Tyndall aufgerichtet wurde, lag vordem als

*John-Tyndall-Denkmal auf dem Trimbiel.*

natürlicher Findling in einer nahe gelegenen Senke. Dort wurde er nach dem Entwurf des Landschaftsarchitekten Fernand Correvon aus Genf von dem Natischer Lorenzo Giovangrandi behauen und beschriftet. Dem Italienisch sprechenden Steinmetz spielte freilich der «Druckteufel» übel mit. So meisselte er statt Naturforscher «Naturforsher» ein. Alsdann wurde der Monolith mit einfachsten Mitteln auf den Hügel gezogen und aufgerichtet. Die menhirartige Stele besteht aus einem einzigen gewaltigen Granitblock von 4,75 m Höhe und 1,50 m Dicke und ist von der Bergstation der LBB in einem einstündigen Wegmarsch zu erreichen.

Das Tyndall-Denkmal trägt folgende Inschrift, an der Talseite: «John Tyndall», an der Bergseite: «1820–1893 / RAISED TO HER / ALLBELOVED BY LOUISA HIS. WIFE / TO. MARK / A. PLACE OF / MEMORIES» [= Erstellt für ihren viel geliebten Gatten, von Louisa, seiner Ehefrau, um diesen Ort der Erinnerung festzuhalten] – «DIESE. IHM. LIEBE. STÄTTE / WIDMET DIE. GEMEINDE. NATERS / DEM. EDLEN. ENGLISCHEN NATURFORS[c]HER / IHREM. EHRENBÜRGER.» Dieses schlichte und doch erhabene und imposante Denkmal bringt uns auch heute noch Kunde von dem berühmten Naturforscher und Alpenfreund, von seinen Beziehungen zur Schweiz und insbesondere zu seiner geliebten Belalp. Die Sektion Genf des SAC hatte die Schwestersektion Verbano des italienischen Alpenclubs aus Intra bereits eingeladen und liess es sich nicht nehmen, schon am 10. August 1911 zur Kranzniederlegung zu erscheinen, um anschliessend eine gemeinsame Tour aufs Finsteraarhorn anzutreten. Zur offiziellen Einweihung lud Gemeindepräsident Meinrad Michlig sen. auf Sonntag, den 27. August 1911, ein. Da die Gemeinderäte am Vormittag noch an einer wichtigen Gemeindeversammlung teilgenommen hatten, stiegen sie erst am Nachmittag auf die Belalp. Dass man die Feier deshalb erst um 19.00 Uhr beginnen konnte, tat ihrer Würde keinen Abbruch, im Gegenteil: «Ein wunderbar herrlicher Abend senkte sich auf die Berge herab, die höchsten Spitzen flimmerten noch im letzten Sonnengold, während der Talgrund sich bereits in Dämmerung hüllte. Ringsum herrschte Schweigen und majestätische Ruhe. Da fand droben auf dem Trimbiel (…) eine schlichte aber doch schöne und würdige Feier statt.»[925] Nach der Eröffnung durch den Gemeindepräsidenten sprachen nacheinander Pfarrer Dionys Imesch von Naters, Oberst Douglas James Proby late Hamilton (1856–1931) als Vertreter der Stifterfamilie, Edouard Sarasin, Präsident der Schweizerischen Naturforschenden Gesellschaft, Kaplan Benjamin Bammatter und Gemeindepräsident Meinrad Michlig. Anschliessend lud der Gemeindevorsteher zu einem Bankett im Hotel Belalp und zu einem Volksfest, an dem ein vom Schweizer Alpenclub gestiftetes Feuerwerk hochging.[926]

Das Gemeinderatsprotokoll vom 9. September 1913 hält ausdrücklich fest, dass Frau Louisa Tyndall das Denkmal der Obhut der Gemeinde Naters übergab. Sie stellte es ausserdem «unter den Schutz und das Patronat der Société Helvétique sciences naturelles und des Schweizerischen Alpenklubs». Das erwähnte Gemeinderatsprotokoll erklärt dies im Einzelnen: «Die Gemeinde Naters nimmt diese Übergabe mit Dank entgegen und geht gleichzeitig die Verpflichtungen ein:
a) dafür Sorge zu tragen, dass das Monument so erhalten bleibe, wie es Frau Tyndall bei ihrem Tod hinterlassen wird, dass an demselben nichts verändert werde und auch an dessen nächster Umgebung im Umkreise von 20 Metern, waagrecht vom Basismittelpunkt des Denkmals aus gemessen, nichts verändert werde, damit dem Denkmal auf immerwährende Zeiten der Charakter der Einsamkeit und der stillen Feier erhalten bleibt;
b) ferner dafür zu sorgen, dass, wenn einer der das Denkmal umgrenzenden Steine weggewälzt würde, derselbe wieder an seinen Platz eingesetzt wird.»

## Gedenkfeier zum 100. Todestag

Mit einer Gedenkfeier beim Tyndall-Denkmal auf der Belalp gedachten die Burgerschaft Naters, Irland und England am 11. September 1993 des 100. Todestages von John Tyndall. (Genau genommen war der Todestag der 4. Dezember.) Dieser Anlass bewog etwa 80 Personen, sich auf die Belalp zu begeben, um dem grossen Iren die Ehre zu erweisen. Bei dieser Gelegenheit würdigte Pius Eyer, Burgerpräsident von Naters, in einer gediegenen Ansprache das Leben und das Werk des berühmten und ersten Natischer Ehrenburgers John Tyndall, während der britische Botschafter anschliessend eine metallene Gedenktafel enthüllte. Diese trägt in Englisch, Französisch und Deutsch folgende Inschrift: «JOHN TYNDALL 1820–1893 – Berühmter britischer Naturforscher und Bergsteiger, Fellow Royal Society London, Ehrenmitglied des Londoner Alpenclubs und des S.A.C., Ehrenbürger von Naters. Erbauer der Villa Lüsgen auf Belalp». Zu dieser Feier reisten aus England und Irland gewichtige Persönlichkeiten an.

*Anlässlich der Gedenkfeier von 1993. Von links: T. H. Braham, Vertreter des englischen Alpenclubs; Frau Collins, irische Botschafterin; Professor Otto Jossen, Naters; Michael O'Callaghan (sitzend), Präsident des irischen Tyndall-Mountain-Clubs; David Beattie, britischer Botschafter; Pius Eyer, Burgerpräsident von Naters.*

# Verkehrswesen

Naters verfügt im Grund und im Berg über ein gut ausgebautes Strassennetz. In den vergangenen Jahrzehnten wurden im Dorf Naters verschiedene Quartiere entweder neu erschlossen oder die bestehende Erschliessung verbessert (z.B. Aletsch–Tunnelstrasse, Gehsteig Belalpstrasse usf.). Alle ganzjährig bewohnten Weiler sind erschlossen. Ebenso wurden in Naters-Grund und -Berg einige grössere und zahlreiche kleinere Parkplätze angelegt.

## Verkehrsplanung

Im Gemeinderatsprotokoll vom 1. Dezember 1905 lesen wir folgenden Passus: «Es ist beim Strassendepartement das Gesuch zu stellen, dass von der Kelchbachbrücke bis zum Café Bellevue die Fuhrwerke immer in kurzem Trabe fahren und im Innern des Dorfes das Traben absolut verboten werde, unter gesetzlicher Strafe von Fr. 3.»

Am 8. Juni 1914 beschloss der Gemeinderat, wegen der vielen Kinder, die sich auf den Strassen tummeln, den Automobilverkehr durch das Dorf Naters vorderhand zu verbieten. Aber bereits am 18. April 1916 erlaubte die Gemeindeverwaltung dem Unternehmer Alfred Gertschen «das Befahren der Furkastrasse mit einem kleinen Lastautomobil». Damit war das bisherige Verbot grundsätzlich aufgehoben. In der Folge drehten sich die Verkehrsfragen innerorts um die Höhe der Fahrgeschwindigkeit. Diese wurde laut Gemeinderatsprotokoll vom 13. Juli 1925 durch die Gemeindeverwaltung von acht auf 18 Stundenkilometer erhöht. In neuerer Zeit schenkte die Gemeinde Naters der Verkehrsplanung grosse Aufmerksamkeit. Seit 1978 geschieht diese in intensiver Zusammenarbeit mit der Gemeinde Brig-Glis, aber auch mit Bund und Kanton, insoweit die Planung den Verantwortungsbereich dieser Instanzen berührt.

Die Studien der beiden Gemeinden Brig-Glis und Naters fanden 1980 in einem 67-seitigen Bericht ihren Niederschlag. Er trägt den Titel «Zur Verkehrssanierung in der Agglomeration: Bericht und Vorschlag der Gemeinden Naters, Brig-Glis». Nicht wenige dieser hier vorgetragenen Ideen fanden bei den kantonalen und eidgenössischen Instanzen Beachtung und wurden in das Gesamtkonzept der Verkehrsplanung integriert.

Aber auch auf Gemeindeebene tat sich einiges. 1992 erteilte die Gemeinde Verkehrsingenieur Alain Bützberger, Naters, den Auftrag, gemeinsam mit der Verkehrskommission und dem Gemeinderat ein Verkehrskonzept auszuarbeiten. Dieses wurde 1995 in den ‹Mitteilungen› der Gemeinde (Nr. 9) vorgestellt. Dieses Konzept zeigt die Zielrichtung für das angestrebte Verkehrssystem auf. Die Realisierung des vorliegenden Konzeptes wird nicht kurzfristig erfolgen, sondern stellt eine Aufgabe über Generationen dar, die koordiniert mit allen Planungs- und Bauarbeiten durchgeführt werden muss. Der fein durchdachte, in 67 Punkten aufgelistete Massnahmenplan geht nach folgenden Prioritäten vor: 1. hohe, 2. mittlere hohe, 3. schwache mittlere und 4. schwache Priorität.

Die an den Zielsetzungen orientierten Massnahmen sind folgende: Fernhaltung des Durchgangsverkehrs, attraktive öffentliche Verkehrsmittel, angenehme und sichere Fuss- und Velowege, Reduktion der Immissionsbelastungen, Gestaltung der Strassenräume und integriertes Parkplatzkonzept. Der Tourismusverkehr Richtung Blatten sowie der Alltagsverkehr nach Birgisch und Mund belasten die Strassen in Naters stark. Darum hält das kommunale Verkehrskonzept an der Umfahrungsstrasse mit dem Trassee Massa–Massegga–Grosser Kehr (Blattenstrasse) fest.

## Zu einzelnen Strassen
### Ehemalige Talstrasse – Furkastrasse

Die ehemalige Talstrasse hatte folgendes Trassee: Rhonebrücke–Judengasse–Linde–alter Dorfplatz–Kelchbachbrücke–Lombardeiweg über die Breiten am Natterloch vorbei zur Massabrücke. Ende des 14. Jahrhunderts führte diese Talstrasse (strata publica) südlich des Kaplaneihauses an der Kirche vorbei.

Eine neue Entwicklung brachte 1857 der Bau der alten Furkastrasse, auch Wagenstrasse genannt (heutige Belalpstrasse), am Südrand des damaligen Dorfes. 1902 wurde die Verbindungsstrasse zum Bahnhof Brig angelegt. Genau 100 Jahre nach dem Bau der alten Furkastrasse, 1957, erfolgte der Bau der neuen Furkastrasse durch die Unteren Binen.[927] Mit überwältigendem Mehr entschied sich die Urversammlung vom 6. Juli 1952 für diese Variante.

Die Verkehrszählung vom 3. Mai 1994 hat gezeigt, dass auf der Furkastrasse täglich neben 1000 Fahrrädern rund 15 000 Fahrzeuge verkehren. Seither hat das Verkehrsvolumen noch zugenommen. Die prekäre Situation auf der Kelchbach-Kreuzung beim Restaurant Walliserkanne erfuhr 1996 durch den Kreiselbau eine Beruhigung. Im Dezember 1998 wurde die Umfahrungsstrasse entlang dem Briger Rhoneufer dem Verkehr übergeben. Die neue Umfahrungsstrasse A 19 hat die Furkastrasse in Naters von den Verkehrsfrequenzen her merklich entlastet. Durchschnittlich fahren in der Stunde (Mai 1999) 300 Autos weniger durch Naters als ein Jahr zuvor. Betreffend Lärmbelastung ist dagegen keine merkliche Verbesserung der Wohnqualität

*Gemäss Leander Biffiger (Naters, Nr. 142) das erste Auto in Naters. Von links: Albert Zengaffinen, Lehrer; Ludwig Eggel, Lehrer und Konsumverwalter; Alfred Gertschen, Autobesitzer; Emil Brunner, Lehrer.*

*Die neue Furkastrasse, ein Bild, wie es sich 1957 bot.*

*1974: das gleiche Gebiet von 1957, jetzt ein Bild totaler Verwandlung, ein ganzes Wohn- und Geschäftszentrum, vom Ornavasso-Bau inszeniert.*

feststellbar. Die Lärmbelastung liegt (gemäss Messungen der OGUV Ende Mai 1999) mit Werten von 66,5 Dezibel (tags) beziehungsweise 58,6 Dezibel (nachts) weiterhin deutlich über den in der Lärmschutzverordnung für Wohnzonen gültigen Immissionsgrenzwerten von 60 Dezibel am Tag und 50 Dezibel in der Nacht.

Für die Gestaltung der Furkastrasse lancierte die Gemeindeverwaltung einen Ideenwettbewerb. Die Ziele des Wettbewerbs waren: Aufwertung der Furkastrasse, Verbesserung der Wohnqualität, Erhöhung der Verkehrssicherheit und Sicherstellung eines flüssigen Verkehrsablaufs. Das Preisgericht hat an seiner Sitzung vom 24. April 1998 die nach der öffentlichen Ausschreibung eingegangenen Bewerbungen (15 Teams mit zirka 65 Büros) beurteilt und fünf Projektteams (mit 23 Büros) zur Teilnahme am Ideenwettbewerb eingeladen. Im September 1998 wurde das Projekt «Ein Haus: Naters» des Architektenteams Chappuis Aregger Solèr AG aus Altdorf/UR beim Ideenwettbewerb Furkastrasse auf Rang eins gesetzt und mit einem Preisgeld von 15 000 Franken ausgezeichnet.[928]

## Blattenstrasse

1927 berichtet Kaplan Heinrich Zenhäusern in der Chronik von Blatten[929]: «Es mag als Curiosum gebucht werden, dass Hunziker jun. als erster die Strecke Naters–Blatten mit einem Motorrad zurückgelegt hat. In 10–20 Jahren wird diese Notiz ein Lächeln auslösen, da vielleicht Blatten mit einem Flugzeug erreicht wird.»

Dem Protokoll der Urversammlung vom 27. Oktober 1929 zufolge stimmten die Natischer mit 320 Ja- gegen 91 Neinstimmen (drei ungültige) für eine Strasse Naters–Blatten. Der Bau der Blattenstrasse erfolgte in den Jahren 1931–1934. Kosten: 530 000 Franken. Daran beteiligten sich der Staat mit 45 Prozent und der Bund mit 30 Prozent.[930]

In den Jahren 1958–1960 baute man die Strasse Naters–Blatten unter finanzieller Beteiligung des Kraftwerks Massa aus. Die Strassenbreite variiert zwischen 4,50 m und 4,80 m. Auch in späteren Jahren waren an dieser Strasse wiederholt grössere Sanierungsmassnahmen erforderlich. Die Strasse ist klassifiziert, das heisst, sie untersteht dem Staat.

In den Jahren 1983–1985 kam es nach zehnjährigem Drängen der Gemeinde zum Bau des «Gehsteigs Blattenstrasse». 1994 wurde auch in Blatten ein Gehsteig entlang der Blattenstrasse vom «Soll» bis zur Einfahrt zum Parkplatz angelegt.

## Grosse Kelchbachbrücke – Strasse nach Birgisch

1967 begann man mit dem Bau der Kelchbachbrücke bei der Kirchmatte/Bella-Vista. Die zirka 90 m lange Brücke bekam den Namen «längste Brücke Europas», da sich die Bauarbeiten über beinahe vier Jahre, von 1967 bis 1970, hinzogen. In den folgenden drei Jahren erfolgte der Strassenbau bis Birgisch, wobei bis zum «Stockji» auch Natischer Gebiet erschlossen wurde.

## Weingarten- und Kehrstrasse

Die Weingartenstrasse ist ein Teilstück der alten Landstrasse in Richtung Goms, die 1957 nach dem Bau der neuen Furkastrasse zur Dorfstrasse zurückgestuft wurde. 1991/1992 erfuhr die Weingartenstrasse verschiedene bauliche Verbesserungen. Ein durchgehendes Trottoir, eine teilweise Reduktion der Strassenbreite und das Anbringen von vertikal abgesetzten Erhöhungen zur Tempodrosselung waren hierbei die wichtigsten Massnahmen.

In der Kehrstrasse wurden in den Jahren 1984/1985 die Fahrspur verbreitert und die enge Nadelkurve wesentlich entschärft. Für die Fussgänger legte man am nördlichen Fahrbahnrand den während Jahren von den Anwohnern geforderten Gehsteig an.

Zur unten aufgeführten Tabelle sind noch Ergänzungen beizufügen. Der Unterbau der *Strassen Unter- und Ober-Moos wurde* 1969/70 und 1979/80 erstellt. Ahorn bekam seine Verbindungsstrasse 1977/78. Gemäss Gemeinderatsprotokoll vom 7. Juni 1937 wurden in Hegdorn bereits Strassenarbeiten ausgeführt. Wesentliche Ausbesserungen an der *Hegdornstrasse,* die klassifiziert ist, erfolgten in den Jahren 1978–1980.

## Tabelle der subventionierten Flurstrassen

(nach Angaben des Meliorationsamtes)

| Projektbezeichnung | Baujahre | Länge (Meter) | Subventionen (Prozent) Kanton | Bund | Gesamtkosten (Franken) | Subventionen (Franken) Kanton | Bund | Anteil Gemeinde (Fr.) |
|---|---|---|---|---|---|---|---|---|
| Blatten–Tätschen, I. Etappe | 1966–69 | 2232 | 18 | 30 | 877 661 | 138 933 | 222 856 | 515 872 |
| Blatten–Tätschen, II. Etappe | 1967–70 | 1840 | 18 | 30 | 866 007 | 147 351 | 243 000 | 475 656 |
| Geimen–Bitschji | 1979–81 | 803 | 19 | 32 | 403 895 | 75 860 | 127 765 | 200 270 |
| Unter- und Ober-Moos (Oberbau) | 1981–82 | 310 | 19 | 32 | 158 499 | 19 000 | 32 000 | 107 499 |
| Rischinen–Egga, I. Etappe | 1983–84 | 743 | 26 | 27 | 431 363 | 75 165 | 78 055 | 278 144 |
| Rischinen–Egga, II. u. III. Etappe | 1984–87 | 1422 | 26 | 27 | 1 473 050 | 348 191 | 361 583 | 763 276 |
| Sanierung Äbigasse | 1986–87 | 280 | 21 | 30 | 148 610 | 24 000 | 16 800 | 107 810 |
| Soll–Blattnerrieben, Geimen–Biffigen | 1988–89 | 450 | 18,75 | 30 | 189 886 | 19 875 | 31 800 | 138 211 |
| Eyholz–Stockji (Anteil Naters) | 1988–90 | 184 | 28 | 36 | 228 528 | 63 733 | 81 942 | 82 853 |
| Egga–Sennenhaus (Anteil Naters) | 1989–90 | 291 | 28 | 36 | 124 257 | 34 388 | 44 214 | 45 655 |
| Chocherli–Restibiel (Anteil Naters) | 1988–89 | 429 | 28 | 36 | 188 760 | 52 258 | 67 189 | 69 313 |
| Beetschen, Frohmatte | 1994 | 503 | 25,5 | 36,6 | 233 835 | 59 627 | 71 553 | 102 655 |
| Bitschji | 1995–96 | 354 | 30 | 30,6 | 161 503 | 45 300 | 46 206 | 69 997 |
| **Total** | **1966–96** | **9841** | | | **5 485 854** | **1 103 681** | **1 424 963** | **2 957 211** |

## Am Kelchbach – Haselmattenstrasse

Im Jahre 1997 wurden zusammen mit den Hochwasserschutzmassnahmen am Kelchbach auch die Verkehrsflächen im Bereich zwischen dem FO-Trassee und der Landstrasse neu gestaltet. Zusammen mit dem Konsortium Kelchbach erstellte die Gemeinde nördlich der FO-Bahn eine neue Brücke aus vorfabrizierten mobilen Elementen.

Am 4. Dezember 1994 lehnten die Stimmbürgerinnen und Stimmbürger den Kredit von 3,5 Millionen Franken zum Bau der Haselmattenstrasse mit 1429 Nein- zu 967 Jastimmen ab. Bei einem zweiten Anlauf am 17. Juni 1998 stimmte die Urversammlung mit grossem Mehr (200 Ja-, acht Neinstimmen, zwei Enthaltungen) dem obgenannten Kreditbegehren (Gemeinde und Grundeigentümer je 1,722 Millionen Franken) zum Bau der Haselmattenstrasse zu. Aufgrund der in der Gemeinde eingeführten Praxis erhebt die Gemeinde zur Finanzierung des Werkes einen Grundeigentümerbeitrag (Mehrwertbeitrag) von 50 Prozent (bei früheren ähnlichen Projekten erhob die Gemeinde Mehrwertbeiträge zwischen 30 und 40 Prozent). Vorgesehene Streckenführung der Haselmattenstrasse: Vom Busdepot an der Weingartenstrasse über Haselmatte–Junkerbiel–Boden–Hutersbiel–Tschillgasse.

## Rhonebrücken

Zwischen Naters und Brig wird schon 1331 eine Rhonebrücke erwähnt, welche zwei Jahrhunderte später von Josias Simler als eine gemauerte Brücke mit zwei Bogen beschrieben wird. Ende des 18. Jahrhunderts trat an ihre Stelle eine Holzbrücke, die später ihrerseits wieder durch eine Eisenkonstruktion ersetzt wurde.[931]

Die Brücken über die Saltina, den Rotten und den Kelchbach verursachten für den Zenden ständige Ausgaben. Bis ins 16. Jahrhundert hinein bildete die Instandhaltung dieser Brücken ein Lehen, das der Zenden einem Lehnsmann (pontenarius) verlieh. Dies ersehen wir aus einer Urkunde vom 20. März 1457, worin die Belehnung an Johannes Lieben von Termen erfolgte.[932] Die Gemeinde übergab nämlich genanntem Lieben die sogenannten Bruggwiesen (Brugg von Brücke) unterhalb der Burgschaft Brig sowie das Recht, jährlich von Haus zu Haus ein Brot (das Bruggbrot) oder statt dessen einen Denar einzusammeln. Als Gegenleistung verpflichtete sich der Lehnsmann, die Rottenbrücke zwischen Naters und Brig, die beiden Saltinabrücken und die obere Brücke über den Kelchbach in Naters zu unterhalten. Ihm oblag die Aufgabe, schadhaft gewordene Pfeiler (sustentamenta), Balken (trabes) und Dielen (saluamenta) zu ersetzen. Sofern jedoch das Hochwasser die ganze Brücke fortriss, war deren Wiederherstellung Sache der ganzen Gemeinde.

Diese Belehnung des Brückenunterhaltes verschwand in der Folgezeit; wann genau wissen wir nicht. Ab Anfang des 17. Jahrhunderts ernannte der Zendenrat für Naters und Brig jährlich zwei Brückenvögte. Die Zendenrechnung weist dafür eine jährliche Ausgabe auf, so z.B. 1625 zwölf Kronen und drei Pfennig, 1789 50 Kronen und 16 Gross sowie 1797 fünf Kronen und 48 Gross.[933]

Wie das Gemeindebuch von Brigerbad aus dem Jahre 1838 berichtet, beteiligten sich auch Leute von Brigerbad gegen Bezahlung am Unterhalt der Natischer Brücke. Dem Brigerbadner Gemeindepräsidenten oblag es, allen Bewohnern Brigerbads eine

*Die neue Rhonebrücke, erstellt in den Jahren 1996–1998.*

«Brückenwerktessel» für die Natischer Brücke abzufordern. Für jedes Tagwerk wurde eine Kerbe «aufgetesselt» und für jede Kerbe erhielt ein Arbeiter zehn Batzen.[934]

1892 wurde die heutige untere Rhonebrücke erstellt und 1901 die obere als direkte Verbindung zum neuen Bahnhof.[935] Letztere wurde im Dezember 1964 abgebrochen und im folgenden Jahr durch eine grössere, tragfähigere Brücke ersetzt.[936]

Früher besass die untere Rhonebrücke keinen Gehsteig. Die Fussgänger mussten sich zwischen der Eisenkonstruktion und den Fahrzeugen hindurchzwängen. Auf wiederholtes Drängen der Gemeinde wurde 1987 eine Fussgängerpasserelle errichtet.

Die obere Rhonebrücke aus dem Jahre 1965 wurde 1997 abgerissen und an ihrer Stelle in den Jahren 1996–1998 eine neue, tragfähigere und elegante Bogenbrücke erstellt, die auch dem Hochwasserschutz Rechnung trägt. Die neue Brückenkonstruktion ist auf Pfählen abgestützt, die 18 bis 20 m tief in den Untergrund reichen. Die Fahrbahnbreite beträgt 20 m, wobei für den Fahrzeugverkehr drei Fahrspuren vorhanden sind. Eine getrennte Fahrbahn von 5,50 m Breite ist für Fussgänger und Velofahrer reserviert. Die Länge der Brücke beträgt 48 m. Die Baukosten waren mit rund zwei Millionen Franken budgetiert.

## Parkplatzreglement – Fahrzeugbestand

Die Natischer Stimmberechtigten hiessen am 25. Juni 1995 die Einführung eines Parkplatzreglements in der Gemeinde mit 1145 zu 406 Stimmen gut. Das Reglement ist im Zusammenhang mit dem neuen Verkehrskonzept erarbeitet worden und beinhaltet eine Gebührenordnung mit unterschiedlichen Tarifen für Kurz- und Langzeitparkplätze. Ab 1. Januar 1996 wurden in Naters-Grund alle öffentlichen Parkplätze sukzessive mit Ticketautomaten bestückt. Die Parkgebühren in Blatten, wo rund 600 Parkplätze zur Verfügung stehen, werden aufgrund einer speziellen Tarifordnung festgelegt. Die Gebühren sind zweckgebunden und werden zur Finanzierung der im Rahmen des Verkehrskonzeptes geplanten Massnahmen eingesetzt. Am 17. Juni 1998 stimmte die Urversammlung der Abänderung des Parkplatzreglements zu, aufgrund deren der Gemeinderat im Interesse des einheimischen Gewerbes eine Gratisparkzeit von maximal 60 Minuten (bisher 15 Minuten) einführen kann.

Die wichtigsten Parkplatzanlagen werden an anderer Stelle beschrieben. Es bleibt noch eine Ergänzung beizufügen. In den Jahren 1997/1998 baute die Gemeinde an der Nordseite der Blattenstrasse südlich der Totenplatte in zwei Untergeschossen 38 Autoeinstellplätze. Baukosten: 1 391 456.75 Franken. Diese Parkplätze bot die Gemeinde Privatpersonen zum Kauf an. Bis Ende 1998 waren davon bereits 25 verkauft.

Der *Fahrzeugbestand* in Naters zeigte 1997 folgendes Bild:

| | |
|---|---|
| Motorräder | 757 |
| Personenwagen | 3330 |
| Lastwagen/Busse | 245 |
| Sportgeräte/Wohnanhänger | 295 |
| Landwirtschaftliche Maschinen | 156 |
| Arbeitsmaschinen | 61 |

## Überkommunale Verkehrsmittel

### Bern-Lötschberg-Simplon-Bahn (BLS)

Die BLS, die ein Stück weit durch Naters führt, wurde in den Jahren 1906–1913 erbaut. Die Betriebseröffnung erfolgte am 15. Juli 1913. Diese Bahn gehört zu den kühnsten Alpentransversalen, die je verwirklicht wurden. Zum 75-jährigen Jubiläum im Jahre 1988 gab die BLS den 27 Gemeinden, die durchfahren werden, die Erlaubnis, je eine Re-4/4-Lokomotive mit ihren Ge-

*Notbrücke bei Z'Brigg während des Baus der Lötschbergbahn (1906–1913).*

*FO-Brücke über die Rhone.*

meindewappen zu schmücken. Seit dem 2. Juni 1989 trägt die BLS-Lokomotive Nr. 188 auf beiden Seiten das Gemeindewappen von Naters.

## Furka-Oberalp-Bahn (FO)

Da die FO Naters durchquert, verweilen wir kurz bei dieser Bahnlinie. Der Spatenstich zum Bau der FO erfolgte in Naters am 22. Juni 1911. Unser Ort bekam eine Bahnstation. Am 30. Juni 1914 segnete Bischof Viktor Bieler die erste Teilstrecke Brig–Gletsch ein. Am 1. Juni 1915 wurde die Strecke Brig–Gletsch eröffnet und 1926 kam das Teilstück Gletsch–Disentis hinzu.

Am 30. Mai 1983 musste der FO-Bahnhof in Naters sowohl für den Güterverkehr wie auch für die Abgabe von Fahrkarten geschlossen werden. Die letzte Stationsbesorgerin, wie sie genannt wurde, war Klementine Lorenz-Wyssen.

Die Gemeinde Naters beteiligt sich auch am Betriebsdefizit der Furka-Oberalp-Bahn. Für das Jahr 1992 beispielsweise zahlte

*Furka-Oberalp-Bahn.*

Naters 46 000 Franken an die FO. Aufgrund des neuen Eisenbahngesetzes aus dem Jahre 1996 stellt seither der Kanton den diesbezüglichen Verteilerschlüssel auf.

Seit 1930 fährt der zu den klassischen Extrazügen der Welt gehörende Glacier-Express die 291 Kilometer lange Strecke über 291 Brücken und durch 91 Tunnels von Zermatt nach St. Moritz. Die modernsten Panoramawagen machen diese Reise zum Vergnügen. Als Pfeiler der Verkehrseinnahmen der FO gelten der Glacier-Express und der Autoverlad an der Furka.

Wie an anderer Stelle ausgeführt wird, kam es 1987 in den Quartieren Kehr, Z'Brigg und Driesten zu Überflutungen, hervorgerufen durch Treibgut, das sich wegen des ungenügenden Freibords an der FO-Eisenbahnbrücke verfangen hatte. Bei dem schweren Unwetter im September 1993 spitzte sich die Situation im Bereich der FO-Brücke erneut bedrohlich zu. Aus diesem Grund wurde 1996 die im Jahre 1912 erstellte FO-Brücke zwischen Brig und Naters umgerüstet. Eine hydraulische Hubvorrichtung soll in Zukunft ein Überlaufen der Hochwasser führenden Rhone verhindern. Die 50 Meter lange und über 240 Tonnen schwere Konstruktion kann innerhalb von 20 Minuten um 1,35 Meter angehoben werden. Es handelt sich um die bisher einzige Eisenbahnbrücke der Schweiz, die mit einem solchen Hubsystem ausgestattet ist. Die Standortgemeinden Brig-Glis und Naters beteiligten sich an der Kostensumme von 960 000 Franken mit vier Prozent. Für die Gemeinde Naters belief sich der Anteil auf rund 25 000 Franken. Dank der Realisierung dieses Projektes konnte ein weiteres Durchflusshindernis im Rotten beseitigt werden.

Durchschnittlich verzeichnet die FO entlang der Linie in Naters pro Jahr drei bis vier Unfälle, wiederholt mit tödlichem Ausgang (vgl. Kap. «Schwarze Chronik»). Die wirkungsvollste Massnahme, um die gefährliche Situation zu entschärfen, wäre eine neue Linienführung der Bahn ausserhalb des Wohngebietes. Die Gefahr soll bis ins Jahr 2006 durch die Ostausfahrt vom Bahnhof Brig in Richtung Bitsch behoben werden. In Naters gibt es auf einer Strecke von 2,8 Kilometern nicht weniger als 20 private und öffentliche Bahnübergänge. Die meisten davon sind unbewacht. Die Gemeinde Naters und die FO nahmen in den letzten Jahren einige Sofortmassnahmen wie das Sperren und das Sichern von Übergängen vor, stehen der Gefahr durch die zahlreichen «wilden» und ungesicherten Übergänge aber weiterhin machtlos gegenüber.

### Neue Eisenbahn-Alpentransversale NEAT

Am 10. Mai 1989 sprach sich der Bundesrat grundsätzlich für den Bau der NEAT aus. Da auf dem Bahnhof Brig bei SBB, BLS, FO, BVZ und Bahnpost über 1200 Personen beschäftigt werden und der Bahnhof Brig auch für die Gemeinde Naters einen wichtigen wirtschaftlichen Stellenwert besitzt, setzte sich die Gemeindeverwaltung tatkräftig dafür ein, dass bei den Linienführungen der NEAT der Bahnhof Brig vollumfänglich berücksichtigt werde.

### Anschlussstrasse A 9/A 19 – Umfahrung Brig-Glis/Naters

Die Planungsarbeiten für das Areal rund um den Bahnhof Brig und die Umfahrungsstrasse begannen im Jahre 1984. Die Region Brig–Naters ist Endpunkt der vierspurigen A 9. Hier verzweigt sich die Nationalstrasse in die Simplonstrasse als zweispurige A 9 und in die Alpenstrasse A 19 ins Goms. Die Hauptlast des Verkehrs übernahm die Verbindung A 9/A 19. Die ersten Bauarbeiten an der Umfahrungsstrasse wurden 1989 in Angriff genommen.

*Anschluss Naters, Massakreisel Ost.*

Die überparteiliche Interessengemeinschaft «Rottuweri», Naters, die sich 1989 bildete und am 14. Mai 1990 als Verein «Rottuweri» konstituierte, forderte in einer von 4032 Personen unterschriebenen Petition die Verantwortlichen auf, «alles zu tun, um die geplante Zerstörung des Rottens und der Rottenufer zwischen Naters und Brig durch den Bau der Umfahrungsstrasse A 19 zu verhindern». Der Verein «Rottuweri» wehrte sich insbesondere gegen die Pläne des kantonalen Baudepartements, den Rotten zwischen der Kelchbachmündung und der BLS-Brücke in einen 30 Meter breiten Kanal mit 4,10 Meter hohen Mauern zu zwängen.

Nachdem das kantonale Verwaltungsgericht im September 1992 die gegen den Walliser Staatsrat und das kantonale Baudepartement gerichtete Rechtsverweigerungsbeschwerde des Vereins «Rottuweri» abgewiesen und das damit verbundene Gesuch um Anordnung vorsorglicher Massnahmen (Baustopp) abgelehnt hatte, ging der genannte Verein in dieser Angelegenheit vor das Bundesgericht. Aber auch dieses lehnte im Oktober 1992 einen Baustopp ab.

In der Versammlung vom 25. Januar 1994 verzichtete der Verein «Rottuweri» definitiv auf eine erneute Einsprache gegen die Umfahrungsstrasse A 9/A 19 und die Rottenkorrektion, da der Staatsrat einige massgebliche «Rottuweri»-Forderungen angenommen hatte. Es sind dies: die teilweise Verschiebung der Umfahrungsstrasse gegen Süden, die Absenkung und die Redimensionierung der neuen Rhonebrücke, die bessere Ufergestaltung aufgrund des symmetrischen Profils des Flussbettes, die Verlegung der Hochspannungsleitung vom Rhoneufer zwischen Strasse und SBB-Gleisanlagen und nicht zuletzt der Verzicht auf den Anschluss Mitte-Ost. Gleichzeitig gestattete der Staatsrat dem Verein ein Mitspracherecht bei der Detailprojektierung.

Um die Verkehrsbelastung in den Wohnquartieren an der Belalp- und der Furkastrasse auf ein erträgliches Mass zu reduzieren, beschloss der Gemeinderat von Naters im Jahre 1993 mehrheitlich, einen Brückenanschluss *Mitte-Ost* (Verlängerung der Aletsch- und der Tunnelstrasse, frühere Hunzikerbrücke) vorzusehen. Dagegen erhob sich wegen der absehbaren Verkehrsbelastung für die Aletsch- und die Tunnelstrasse in den betroffenen Wohnquartieren massiver Widerstand. Die Natischer Bevölkerung sprach sich nach einem heftigen Abstimmungskampf anlässlich der Konsultativabstimmung vom 6. Juni 1993 mit 1800 Nein- und 1140 Jastimmen deutlich (61 Prozent) gegen den Anschluss Mitte-Ost aus.

Die *Umfahrungsstrasse* ist ein Meisterwerk der Tiefbautechnik. Sie biegt im Westen von der bestehenden Teilumfahrungsstrasse von Brig ab. Sie sinkt in einer Wanne bis unter das Bachbett der Saltina, unterfährt die Brig-Visp-Zermatt-Bahn und zwei Gebäude oberirdisch. Darauf unterquert sie unterirdisch schräg das Gliserareal des Bahnhofs. Anschliessend verläuft sie längs der Rhone und überquert diese schliesslich am östlichen Ende von Naters.

Das Rhoneviadukt (Naters Ost) wurde Ende 1991 fertig gestellt und kostete zwölf Millionen Franken. Die Gesamtkosten für die Umfahrungsstrasse A 19 einschliesslich der Rottenkorrektion beliefen sich auf 238,3 Millionen Franken. An den Kosten beteiligte sich der Bund mit 84 Prozent, während für den Kanton 16 Prozent übrig blieben.

Am 15. Dezember 1998 wurde die Umfahrungsstrasse offiziell dem Verkehr übergeben. Sie ist damit die vierte und letzte Umfahrungsstrasse für Naters (vgl. am Anfang des Kapitels: die strata publica, 1857 Bau der alten und 1957 Bau der neuen Furkastrasse).

## Ortsbus

Im Jahre 1981 wurde von privater Seite erstmals ein Gesuch zur Aufnahme eines Kleinbusbetriebes eingereicht. Die daraufhin angestellten Studien führten dazu, dass vorläufig aus finanziellen Überlegungen auf die Einführung eines solchen Busbetriebes verzichtet wurde.

Am 12. März 1990 reichte die Sozialdemokratische Partei bei den Gemeinden Naters und Brig-Glis ein Gesuch ein, das die Einführung eines Busbetriebes verlangte. Diese Eingabe wurde in Naters von 1339 Bürgerinnen und Bürgern (in Brig 1224) unterschrieben und die Initiative galt damit als zustande gekommen. Am 2. Juni 1991 hiessen die Stimmberechtigten von Naters mit 1013 Ja- zu 707 Neinstimmen die Vorlage zur Einführung des dreijährigen Versuchsbetriebes mit einem Regionalbus gut (in Brig: 1105 Ja und 992 Nein).

*Ortsbus.*

Es zeigte sich bald, dass die Einrichtung des Ortsbusses gut angenommen wurde. Am 4. Dezember 1994 sprachen sich 2169 Stimmberechtigte für die Einführung des Ortsbusses aus, 291 stimmten dagegen. Über 87 Prozent waren für die definitive Einführung des Ortsbusses.

Der Bus fährt im 15-Minuten-Takt. Die Natischer Linie (1) mit 7,7 Kilometer Länge hat an folgenden Haltestellen Wartehäuschen: Rottenbrücke, Bine, Amerika (so!), Weingarten, Tschill, Natterloch, Missione und Post. Während der dreijährigen Probezeit führte die Zerzuben Touristik AG die Transporte aus. Seit dem 17. August 1995 fährt der Ortsbus Brig-Glis/Naters unter der Flagge des Postautos Oberwallis.

Die Kosten des Busbetriebes werden durch die Erhebung von Benutzergebühren, durch Beiträge aus der Gemeindekasse sowie durch allfällige andere Einnahmen im Zusammenhang mit dem Busbetrieb gedeckt. Die beteiligten Gemeinden investieren jährlich über eine halbe Million Franken in diese Buslinie. Brig-Glis übernimmt 62 und Naters 38 Prozent.

Dank des Partners Postauto Oberwallis wurde der öffentliche Verkehr in Naters attraktiver und die Einführung eines Rufbusses Naters–Blatten (Nachtkurs auf Bestellung) sowie des Sportbusses Blatten ermöglicht.

## Nicht realisierte Bahn- und Strassenprojekte

Zu Beginn des 20. Jahrhunderts schmiedete man im Wallis die verwegensten Bahnprojekte. Das Land am Rotten befand sich im Wandel. Verheissungsvoll kündigten sich neue Möglichkeiten an, auch für Naters. So gaben die Bundesbehörden mit der

Konzessionserteilung ihren Segen für die Bahnprojekte Brig–Belalp und Brig–Nessel–Belalp.

## Schmalspurbahn Brig–Belalp

Der Botschaft, welche der Bundesrat am 30. März 1908 betreffend Erteilung einer Konzession zum Betreiben einer Schmalspurbahn Brig–Belalp den eidgenössischen Räten unterbreitete, entnehmen wir Folgendes: «*Einem Initiativkomitee, vertreten durch die Herren J. von Stockalper, Anwalt in Brig, und G. Dietrich, Ingenieur in Lausanne, wird zuhanden einer zu bildenden Aktiengesellschaft mit Sitz in Naters die Konzession für den Bau und den Betrieb einer elektrischen Schmalspurbahn, teilweise Zahnradbahn, von Brig nach Belalp erteilt. Die Beförderung von Personen soll täglich mindestens viermal nach beiden Richtungen, von einem Endpunkt zum andern und mit Anhalten auf allen Stationen, erfolgen. Die Fahrgeschwindigkeit der Züge wird vom Bundesrat festgesetzt. Für die Beförderung von Personen können folgende Taxen bezogen werden: Strecke Brig–Naters 10 Cts.; Strecke Naters–Belalp 35 Cts. per Kilometer der Bahnlänge. Die ganze Bahnlänge beträgt 11 700 Meter und würde für eine Strecke von einem Kilometer die kantonale Strasse benützen. Als Haltestationen sind vorgesehen: Bahnhof Brig, Naters-Dorf, Massaschlucht, Hegdorn/St. Wendelin, Geimen, Mehlbaum, Blatten, Rischinen, Eggen, Belalp. Der Kostenvoranschlag beläuft sich auf 2 147 900 Franken; mithin käme der Kilometer auf 183 583 Franken zu stehen. Die Regierung unseres Kantons soll im Verwaltungsrat der Bahn vertreten sein. Eine Preisermässigung von 50 Prozent für die Einwohner von Brig und Naters ist ebenfalls vorgesehen, und soll, sobald es die Betriebseinnahmen gestatten, der Betrieb auch im Winter aufrecht erhalten werden.*»[937] Soweit die Botschaft des Bundesrates an die eidgenössischen Räte.

Die Gemeinde Naters war grundsätzlich mit dem Projekt einverstanden. Ihr ging es vor allem darum, dass der weitläufige Berg erschlossen wurde, wenn immer möglich auch im Winter. Wie das Gemeinderatsprotokoll vom 12. März 1906 berichtet, «ist der Gemeinderat der Meinung, an dem darin enthaltenen Art. 4, nämlich für den Winterbetrieb bis nach Blatten, wenn immer möglich festzuhalten».

Parallel zum Projekt «Belalpbahn» gab es 1907 von einer anderen Gesellschaft ein ähnliches Projekt. Dieses sah zwei Bahnsysteme vor. Das erste hätte als elektrische Schmalspurbahn, teils im Zahnrad- und teils im Adhäsionsbetrieb, von Brig über Blatten–Oberaletsch nach Zenbächen geführt. Im zweiten Bahnabschnitt von Zenbächen über Märjelen–Konkordiaplatz zum Jungfraujoch war eine Schlittelbahn geplant. Hier war ein Anschluss an die sich im Bau befindende Jungfraubahn vorgesehen, was damals als Nonplusultra gepriesen wurde. Unabhängige Seilschlaufen hätten als Antrieb funktioniert. Dem Personentransport sollten laut Projekt Holzschlitten mit je zehn Sitzplätzen zur Verfügung gestellt werden. Grössere Gletscherspalten hätte man mit speziellen Konstruktionen überbrückt. Um ein Einfrieren der Seile zu verhindern, war vorgesehen, die Anlage rund um die Uhr in Betrieb zu halten. Da im Winter kein Betrieb möglich gewesen wäre, plante man, die jeweilige Anlage zu demontieren und an einem geeigneten Ort einzulagern.[938] Der ‹Briger Anzeiger› vom 25. September 1907 kommentierte diese touristische Attraktion folgendermassen: «Es könnte also ein Reisender von Mailand via Simplon, Brig, Aletsch, Jungfraujoch nach Vollendung der Jungfraubahn in zirka acht Stunden die Spitze der Jungfrau erreichen.»

Daneben waren 1907 Konzessionsgesuche für eine Bahn Brig–Riederalp–Eggishorn–Aletschgletscher und etwas später noch für zwei weitere Projekte von Fiesch aus eingereicht worden.[939] Trotz mehrerer Projekte in der näheren Umgebung blieb in Naters die Idee der Verwirklichung der Belalpbahn lebendig. So berichtet das Gemeinderatsprotokoll vom 24. März 1910: «Die Bedingungen der Belalpbahn (...) wurden genehmigt.»

Vier Jahre später, 1914, veröffentlichte der ‹Briger Anzeiger› (Nr. 44) folgende Notiz: «Die Schweiz. Depeschen-Agentur meldet: Eine Botschaft des Bundesrates beantragt dem Konsortium für eine elektrische Bergbahn Brig–Belalp, deren Finanzierung nunmehr mit Hilfe der A.G. Lonza und Nationalrat Seiler gelingen dürfte, die Frist zur Einreichung der erforderlichen Vorlage, die nun zu Ende ginge, um zwei Jahre, also bis 1. Juli 1916, zu verlängern.» Danach lesen wir über die geplante Schmalspurbahn Brig–Belalp nichts mehr. Das Projekt ist wohl auch wegen des Ersten Weltkrieges im Sand verlaufen.

## Standseilbahn Brig–Nessel–Belalp

Vor dem Ersten Weltkrieg wurde eine zweite Gesellschaft gegründet, die von Brig nach der Nesselalp eine Zahnradbahn und von dort auf die Belalp eine Tramlinie bauen wollte. Bereits war die staatliche Genehmigung erteilt, als der Ausbruch des Krieges alle Pläne zunichte machte. Ganz aufgegeben hatte man das Projekt aber nicht. Die Natischer waren stark daran interessiert, ihren Natischer Berg zu erschliessen, wie Stephan Eyer im Gemeinderatsprotokoll vom 10. September 1920 schrieb: «Standseilbahn: Brig–Nessel–Belalp. Es wird Kenntnis genommen von dem vom Baudepartemente eingesandten zu begutachtenden Vorprojekt für den Bau einer Standseilbahn Brig–Nessel–Belalp und beschlossen (...), dass die bereits conzessionierte Belalpbahn über Blatten den Interessen der Gemeinde Naters (...) förderlicher wäre, dass dem Projekte nur beigepflichtet werden kann, bei zwingendem Ablösungscharakter des anderen unter Wahrung aller Interessen für die Gemeinde Naters, insbesondere Errichtung von Stationszufahrten (...); unter Vorbehalt, dass auf die in Aussicht genommenen Tarife eine Reduktion von 75% gewährt werde, dass die Benennung der Bahn vom Ausgangspunkt Naters in ihre Bezeichnung aufnehme und dass die Concession eine limitierte Zeit, höchstens 5 Jahre, bewilligt werde.» Dies ist die letzte Notiz zu dieser Bahn.

## Breithorntunnel

Die über 500 Mitglieder zählende Vereinigung «Pro Breithorn», der auch die Gemeinde Naters angehörte, setzte sich den Bau eines Strassentunnels unter dem Breithorn von Stechelberg im Lauterbrunnental nach Naters zum Ziel. Mit diesem Basisstrassentunnel von 26 km Länge und einem Kulminationspunkt von 860 m ü. M. wollte man eine wintersichere Verbindung von Bern ins Wallis herstellen. Die Vereinigung «Pro Breithorn» arbeitete von 1962 bis in die 70er-Jahre intensiv an diesem Projekt. Sie war der Ansicht, dass die Schweiz als internationale Drehscheibe im europäischen Verkehr auch einer Westalpentransversale bedürfe. Dabei fiel ins Gewicht, dass die Distanz sowohl über den Gotthard wie durch das Breithorn von Basel nach Mailand gleich lang ist und dass Städte wie Turin und Genua durch den Breithorntunnel schneller hätten erreicht werden können.[940] Nur sporadisch wurde in den 80er-Jahren die Idee eines Breithorndurchstichs in der Presse wieder aufgenommen, ohne dass dies eine nachhaltige Wirkung zeitigte.

# Sagenwelt

Naters, der einst stolze Zendenhauptort mit dem Ornavassoturm, dem Schloss auf der Flüe, der ehemaligen Burg zu Weingarten und seinem Hinterland, dem Natischer Berg, ist von einem traditionellen Sagenkranz umflochten, dessen Mystik sich harmonisch in die ruhmvolle und bewegte Vergangenheit der Gemeinde einfügt.

Naters, das im Herzen eines ausgedehnten, mit herrlichen Naturreizen ausgestatteten Berglandes das sagenumwobene und in sich abgeschirmte Aletschgebiet birgt, scheint, von diesem unversiegbaren Sagenborn befruchtet, eine bevorzugte Stellung im Reigen der Oberwalliser Sagenwelt zu haben. Wer schon einmal zur stillen Nachtzeit die einsamsten Dorfwinkel durchwandert oder die geheimnisvollen Unterstände, Flucht- und Schleichwege der mittelalterlichen Zwingburgen und die zum Himmel starrenden Burgruinen aufgesucht, wem im Beinhaus, angesichts der hohen Menschenschädelmauer beim flackernden Licht vieler Kerzen das Memento mori (Gedenke des Todes) zum erschauernden Erlebnis wurde, der kann sich des Eindrucks nicht erwehren, als hielten hier die Ahnen früherer Generationen, ob Graf oder Knecht, ob Reich oder Arm, durch den Tod verbrüdert, eine ewige Zwiesprache.

Die Sagen finden ihren Ursprung entweder in der geschichtlichen Tradition oder in der Religion. Der Glaube, dass die Dahingeschiedenen am Tatort ihrer Verfehlungen und im Feuer des Jenseits oder im Eis des Diesseits büssen müssen, hat sich bis ins 20. Jahrhundert erhalten. Kein Wunder, wenn unsere alten Ritterburgen von geheimnisvollem Leben beseelt waren, wenn es in verlassenen Häusern spukte und Gletscher und Schluchten nachts gar nicht oder nur mit heimlichem Schauer begangen wurden.

An den «Abusitzen» wurde früher das Neueste des Zeitgeschehens ausgetauscht, dem Kartenspiel gefrönt und mit Vorliebe «Bozugschichte» aus dem reichhaltigen, mündlich überlieferten Sagengut nacherzählt.

Als Peter Josef Ruppen, der zusammen mit Moritz Tscheinen 1872 die Walliser Sagen herausgegeben hatte, gegen sein Lebensende von einer Neubearbeitung der Walliser Sagen hörte, riet er seinem geistlichen Mitbruder Alois Ruppen: «Korrigiere nicht zu viel daran; die Sage ist Volkspoesie und man muss sie so aufschreiben, wie das Volk denkt und spricht, nur dann hat sie einen bleibenden Wert.»[941] Diesem Wunsch soll hier Rechnung getragen werden.

In diesem Kapitel wird der Versuch unternommen, das Erzählgut der Gemeinde Naters ausführlich darzustellen. Dabei ist nicht nur an Sagen im strengsten Sinn zu denken, sondern ebenso sehr an Märchen, «Bozugschichte», «Zellete», Legenden, Anekdoten und anderes mehr. Die verschiedenartigen Volkserzählungen verraten die Eigenart eines Volkes. Sie zeigen lebendiger als jede Abhandlung, wie unsere Ahnen lebten, hofften und litten, wie sie die Welt verstanden und darstellten. Eine äusserst wertvolle Fundgrube zu diesem Kapitel lieferten Josef Gunterns Volkserzählungen, von denen hier 55 Stück wiedergegeben werden.[942] Insgesamt konnten wir über das Gemeindegebiet von Naters 73 Erzählungen zusammentragen. Damit will uns scheinen, dass in diesem Abschnitt das wesentlichste Erzählgut über Naters erfasst worden ist.

# Geschichtliche Erzählungen

Dieser Teil ist geschichtlichen Erzählungen gewidmet, kriegerischen Ereignissen, kulturhistorischen Erzählungen, religiösen Gewohnheiten und Vorstellungen, Dorfgeschehnissen, Anekdoten und Ortsneckereien.

## 1. Das Wallis ein See

*Bei St-Maurice schlossen vormals die Berge hoch hinauf das Wallis vollständig ab und versperrten der Rhone jeglichen Durchgang. Das ganze Land bis nach Lax bildete daher einen einzigen gewaltigen See. Schon zu dieser Zeit aber war das Wallis bewohnt und die Ansiedler fuhren mit Schiffen und Kähnen von Ufer zu Ufer. Noch heute weiss man manche Orte zu nennen, wo starke Eisenringe in die Felsen eingelassen waren, um die Schiffe festzubinden, so unterhalb Nax oberhalb Brämis, bei St-Maurice de Laques, bei Albenried im Hochberg, im Fintschuggen zwischen Visp und Eyholz, am Ebiberg bei Stalden, in den Driesten, in der Schratt, unterhalb von Hegdorn bei Naters und in der Tunetschfluh bei Mörel. In Ausserberg heisst noch jetzt ein Ort Fischerbiel. Hier sollen Fischer gewohnt haben, als das Wallis noch ein See war, und sie hatten das Recht, nach dem gegenüberliegenden Albenried zu fahren. Gewaltige Naturereignisse sprengten mit der Zeit den starken Damm bei St-Maurice und verschafften dem einstigen See den nötigen Abfluss.*

## 2. Die Kirche im «Aletschji»

*Ganz früher, als das Rhonetal ein See war und niemand da wohnen konnte, stand die Kirche von Naters im «Aletschji» (1756 m ü. M.). Zu Zeiten unserer Väter sah man dort noch die früheren Hofstätten. Damals war halt da oben warm (malm). Und am alten Mundweg, oberhalb der Kapelle Maria-Hilf, sahen bejahrte Natischer noch die Ringe im Felsen, wo man die Kähne damals angebunden hatte.*

## 3. Sieben bemantelte Herren und 25 Vorbräute

*In Naters will man in einer Schrift gelesen haben, im Aletsch sei ein roter Apfelbaum verteilt (vererbt) worden. Und auf der Riederalp zeigt man einen Tisch aus Nussbaum, der im Aletsch gewachsen sein soll. Auf der Alpe Zenbächen (2119 m ü. M.) im Inneren Aletsch kann man noch heute die «Schiebblatten» eines Stadels sehen. Und so erklärt sich denn auch, dass in Olmen (2443 m ü. M.) und im Aletsch behäbige Dörfer standen, die jährlich am Fronleichnamsfest sieben bemantelte Herren und 25 in weisses Landtuch gekleidete Vorbräute (heiratsfähige Töchter) nach Naters zur Kirche entsandten. Auf der Alpe Lüsgen, Zen Tischen, war sogar eine ansehnliche Stadt.*

## 4. Jungfrauen mit Rosen und Nelken

*Es soll Tatsache sein, dass früher das ganze Nanztal (1596 bis 2507 m ü. M.) bewohnt war. Als Beweis erzählten die Alten, im obern Faulmoos (2507 m ü. M.) habe sich einst ein Brautpaar* gegenseitig 21 Fischel Matte samt Obstbäumen zum Ehekontrakt gegeben. Unter der Heidewasserleite habe man zu Beginn des letzten Jahrhunderts noch Bündel Heiderebholz gefunden. Als Visperterminen noch zur Pfarrei Naters gehörte, sollen alljährlich an Fronleichnam zwölf Paare festlich gekleideter Jungfrauen, mit frischen Rosen und Nelken in den Haaren, aus dem Nanztal nach Naters zum Gottesdienst gekommen sein.

## 5. Das Natterloch

*Das Natterloch, wovon Naters seinen Namen haben soll, befindet sich eine kleine Strecke östlich des Dorfes. In dieser Felsenhöhle lebte vor alten Zeiten ein gräulicher Drache, der ringsum, selbst vom Brigerberg herab, Menschen und Vieh durch seinen giftigen Atem anzog und verschlang.*

*Einem zum Tod Verurteilten versprach man deshalb, ihm das Leben zu schenken, wenn er die Gemeinde von diesem Ungeheuer befreie. Er liess sich eine Lederkleidung anfertigen, umgab sich ringsum mit schneidenden und stechenden Werkzeugen und ging dann mit einem scharfen Schwert und einem Dolch dem Drachen entgegen.*

*Natterloch, hinter dem Werkhof in Naters.*

*So tapfer sich der Kämpfer auch gegen den Drachen verteidigte: er wurde doch vom giftigen Atem, der ihn aus dem Rachen der Natter anwehte, so betäubt, dass er überwunden und veschlungen wurde. Aber Gott, den er vorher inbrünstig angerufen, verliess ihn nicht. Die schneidenden Waffen, mit denen der Mann umgeben war, durchschnitten und durchstachen die Eingeweide der Natter, so dass er sich mit Hilfe des Dolches einen Ausweg aus dem Bauch verschaffen konnte. Wie er nun aus dem scheusslichen Grab erstanden und den Drachen tot zu seinen Füssen liegen sah, zog er seine ledernen Handschuhe aus und hob dankend seinen von Gift getränkten Dolch zum Himmel empor. Aber in diesem Augenblick fiel ein Tropfen von dem furchtbaren Nattergift auf seine Hand, und dieser Tropfen gab ihm den Tod.*[943]

## 6. Der Drache von Naters (Variante nach Dumas)

Im Sommer 1832 machte der französische Dichter Alexandre Dumas (1803–1870) eine Reise in die Schweiz, die er uns in drei Büchern unter dem Titel «Impressions de voyage en Suisse» beschreibt. Von der Gemmi herkommend, bereiste Dumas auch das Oberwallis. Hier fesselte ihn die Sagenwelt unserer Heimat.

Aus den «Impressions de voyage en Suisse» bringen wir nun die Sage «Le dragon de Naters» (Der Drache von Naters) in Übersetzung. Auf seiner Reise zeigte man ihm in Naters den Ort, wo das Untier sich gewöhnlich hingelegt, und die Spur, die sein Schuppenpanzer dem Felsen aufgedrückt hatte. Hören wir nun Dumas selbst:

*In einer Felsenhöhle östlich des Dorfes hauste ein furchtbarer Drache. Menschen und Tiere, die das Unglück hatten, in die Nähe seines Sitzes zu gelangen, waren unrettbar verloren. So ward er zum Schrecken der ganzen Umgebung. Jeglicher Verkehr zwischen dem Ober- und dem Unterwallis war gelähmt. Schon hatten mehrmals tapfere Bergler das Untier angegriffen, doch alle fielen ihm zum Opfer.*

*Mittlerweile wurde ein Schlosser, der aus Eifersucht seine Gattin ermordet hatte, zum Tod verurteilt. Vor der Vollstreckung des Urteils bat er den Richter um Erlaubnis, mit dem Tier den Kampf aufzunehmen. Die Bitte wurde gewährt und im Fall seines Sieges versprach man ihm Freispruch. Da schmiedete er sich eine Rüstung aus härtestem Stahl und ein Schwert, das er im Gletscherwasser und im Blut eines frisch geschlachteten Stieres stählte. Einen Tag und eine Nacht verbrachte er im Gebet. Am anderen Morgen ging der Schmied zum Tisch des Herrn, um darauf den Kampf zu wagen. Doch kaum hatte der Lindwurm den Kämpfer bemerkt, kroch er aus seinem Felsverlies hervor, entfaltete seine Flügel mit solchem Lärm, dass selbst die Menschen, die ausserhalb seines Machtbereiches waren, mit Schrecken erfüllt wurden.*

*Wie zwei erbitterte Feinde zogen sie einander entgegen; beide in schwere Panzer gehüllt, der eine in Stahl, der andere in Schuppen. Der Kämpe hielt in einiger Entfernung vom Drachen an, küsste den Griff seines Schwertes, den ein Kreuz zierte, und erwartete den Angriff. Das Ungeheuer zögerte anfänglich, richtete sich dann empor und suchte mit den vorderen Klauen sein Opfer zu umklammern. Doch mit zwei wuchtigen Schlägen gelang es dem Tapfern, der Natter eine Pranke und einen Flügel abzuschlagen. Aus zwei Wunden blutend, stürzte das Tier zu Boden. Freudengeschrei erschallte ringsum.*

*Jetzt näherte sich der Haudegen dem Tier. Doch zum zweiten Mal erhob sich die Bestie. Nochmals tobte ein wilder Kampf. Bald blitzte ein Schwert auf, bald schlug ein Flügel hoch. Der Ausgang schien ungewiss. Da erhob sich plötzlich ein merkwürdiger Aufschrei und dann trat Ruhe ein. Mit Vorsicht näherten sich die Zuschauer. Kämpfer und Drache lagen ausgestreckt auf der blutigen Walstatt. Im Umkreis von 20 Schritten lag alles Gras niedergeschlagen. Schuppen bedeckten den Boden, der wie Goldstaub glänzte.*

*Nachdem der Drachentöter aus seiner Ohnmacht aufgewacht war, wurde er in einem Siegeszug ins Dorf zurückgeführt. Das Dorf wurde zum Gedenken an diese Tat Naters benannt. Den Drachen aber warf man in den Rotten.*[944]

## 7. Untergang von Olmen

*Drinnen in Olmen, am Fuss des hochragenden Olmenhorns, in einer lieblichen Gegend zwischen dem Mittel- und dem Grossen Aletschgletscher, befand sich einstens ein stattliches Dorf. Fette Matten und saftige Wiesen boten zahlreichen Rinderherden ergiebige Nahrung. Zur Zeit des grossen Todes aber verödete das Dorf zum grössten Teil, so dass schliesslich nur noch zwei Bauern mit ihren Familien übrig blieben. Der eine war sehr reich und hatte viele Kühe und Rinder, der andere aber war arm und besass nur eine Kuh.*

*Eines Tages erkrankte nun der arme Bauer sehr schwer und seine einzige Tochter Kathri kam zum reichen Nachbarn und bat ihn flehentlich: «Ach, gebt mir doch einen Tropfen Milch! Der gute Vater leidet so furchtbaren Durst und wir haben gar keine Milch, denn unsere Kuh ist jetzt ‹galt› [keine Milch gebend].» Der Reiche aber wies sie hartherzig ab mit den Worten: «Für Bettelvolk habe ich keine Milch.» Nach einigen Tagen lief die Kathri wieder zum Nachbarn und sagte ihm: «Ach, seid doch so gut und gehet hinunter nach Naters und holt den Pfarrer, um den Vater zu versehen! Ich kann selber nicht fortkommen, sonst ist ja der kranke Vater ganz allein.» – «Was, nach Naters hinunter soll ich?», wetterte der reiche Bauer, «das tue ich nicht, dazu habe ich keine Zeit». Weinend sprach hierauf das Mädchen: «Dann muss ich selber gehen, denn unversorgt kann ich den Vater nicht sterben lassen. Aber um Gottes willen, schaut doch hie und da nach dem Vater und gebt ihm etwas zu trinken!»*

*Und in grösster Eile lief sie nach Naters. Aber der Weg war lang und erst nach vielen Stunden kam sie mit dem Geistlichen nach Olmen zurück. Inzwischen aber war der Vater gestorben, verschmachtet vor Durst, denn der reiche Nachbar und seine Hausleute hatten nicht ein einziges Mal nach dem Kranken geschaut. In wildem Schmerz verfluchte Kathri daraufhin den unbarmherzigen Nachbarn und all sein Hab und Gut. Alsbald entstand ein schreckliches Ungewitter, vom Olmenhorn lösten sich gewaltige Felsmassen los und begruben das Dorf und den reichen Bauern mit seiner ganzen Familie.*

## 8. Zwingherren

*Im Turm lebten früher Zwingherren. Ich könnte heute noch zeigen, wo dort ein verborgener Eingang war. Einer führte von der heutigen Wirtschaft zur Linde in den Turm, der andere in die alte Mundgasse. Jetzt sind sie zugemauert.*

*In diesem Turm sollen vier oder fünf Zwingherren gewohnt haben. Ihnen mussten die Natischer für die ersten sechs Nächte die jungverheirateten Frauen abgeben. Da schlossen sich endlich die Familien Gasser, Schmid und Ruppen zusammen und verheirateten zwölf Paare. Diese erschlugen vier der Herren und flohen am Abend über den Simplon. Sie gründeten das Dorf Ornavasso. So lange sie Deutsch redeten, waren sie frei von allen Steuern. Noch heute haben die Ornavasser regelmässige Kontakte mit den Natischern.*

*Ein Zwingherr wäre noch am Leben geblieben. Man wollte ihn aushungern, aber zum Spott stellte er immer noch Schinken und Käse zur Schau. Damals hatte man die Abtritte (Toiletten) noch ausserhalb der Häuser. So war es auch im Turm. Auf dem Abtritt erwischte man ihn schliesslich mit einem vergifteten Pfeil.*

*Später, zur Zeit, als der alte Salzmann hier Chef war, wollte er diesen alten Turm abreissen. Die Natischer waren damit aber gar nicht einverstanden. Darum stellte Salzmann Brigerberger an. Da aber erhob sich im Natischer Berg «ds gross Chaschpi», sammelte alle Leute um sich und sie zogen, mit Knüppeln bewaffnet, nach Naters. Mein Urgrossvater, einen Schlitten auf dem Rücken, begegnete ihnen. «Ds gross Chaschpi» riss ihm den Schlitten weg und befahl: «Du kommst auch mit!»*

*Als die Bergler mit Geschrei bei der Muttergotteskapelle ankamen, flohen die Brigerberger. Den alten Salzmann drängten die Natischer in seiner Wirtschaft im Judengässlein auf den Ofen in der Ecke und nötigten ihn so, dass er vor Angst schwitzte. Er gab ihnen aber genug zu trinken, so dass am Abend alle besoffen wieder bergauf gingen. – Erzähler (= E): Josef Eyer.*

## 9. Urnavas

*In alten Zeiten herrschten über das Volk von Naters ausländische und gewalttätige Tyrannen. Die Natischer mussten ihnen Tribut zollen. Daneben trieben die Herrscher noch unterirdische Gänge in die Keller und stahlen daraus die besten Käse und Hammen. Am meisten erbitterte die Untertanen aber der Befehl, dass jede neuvermählte Braut für drei Tage dem Tyrannen überlassen werden musste. Das brachte die jungen Leute zur Verzweiflung. Sie berieten, dieses unwürdige Joch abzuschütteln. Zwölf kühne Jünglinge versprachen ihre Hand an ebenso viele Jungfrauen und schworen, ihre Hochzeit über dem Leichnam ihres verhassten Herrn zu feiern. Das Los bezeichnete das Brautpaar, welches den ersten Schlag ausführen sollte. Als der bestimmte Tag angebrochen und ihre Ehe in der Kirche geschlossen war, begaben sie sich in Festkleidern und in Begleitung ihrer Verwandten und Freunde vor das Schloss des Tyrannen und Wüstlings. Niemand verriet ihren Schwur. Als das erste Paar bei dem Herrn vorgelassen wurde, wollte dieser die Braut in seine Arme schliessen, fiel aber von einem wuchtigen Schlage tödlich getroffen zusammen. Gleichzeitig pflanzten die draussen Gebliebenen Spiesse auf ihre Stöcke, bezwangen das Schloss, töteten oder überwältigten die Knechte und Gehilfen des Bösewichts, soweit sie nicht durch schleunige Flucht entrinnen konnten.*

*Jubilierend über die gelungene Rache feierten nun die Brautpaare ihre Hochzeit; doch ihr Jubel dauerte nur kurze Zeit. Die Kastlane der benachbarten Burgen wurden über die Vorfälle im Schloss Urnavas unterrichtet und so fielen sie mit vereinten Kräften über das Dorf Naters her. Aber schon hatten sich die Rächer mit ihren Bräuten und Freunden, mit ihren Herden und ihrer Habe über die Berge nach Italien geflüchtet und fanden am Bergabhang von Ornavasso ein vor der Wut ihrer Verfolger sicheres und geschütztes Heim. In Casaleccio siedelten sie sich an und legten den Grund zur jetzigen Burgschaft Ornavasso. Die alten Walliser behielten aber auch in den italienischen Gefilden ihre Heimat lieb. Bis ins 19. Jahrhundert hinein wallfahrteten sie zur Muttergottes auf den Glisacker.*

*Auch in Naters hat man die einstigen Auswanderer nicht vergessen. Noch 1930, 1950 und seit 1960 besuchten und besuchen die beiden Gemeinden einander alle fünf Jahre, wobei abwechslungsweise die Natischer nach Ornavasso und die Ornavasser nach Naters reisen.*[945]

## 10. Das Schloss Urnäfass

*Dieses Schloss liegt dem Supersaxo-Schloss gegenüber, zwischen beiden fliesst der Kelchbach. Vom Schloss Urnäfass steht nur noch der feste Turm. Dort soll ein Zwingherr Burkhard um das Jahr 1348 gehaust und manche Gewalttätigkeit ausgeübt haben. Von seiner Lüsternheit und den Erpressungen von Steuern wurde Unglaubliches erzählt. Diese Zwingherren waren auch mächtig im Steinstossen. Als ein Bauer den Burgherrn einst merken liess, er habe einen Geissbuben, der den Stein so weit stossen würde wie er, musste er diesen auf der Stelle aus dem Aletsch, vier Stunden oberhalb Naters, holen. Dieser Bub soll mit einem Reiseisen (Hebeeisen) Nüsse von den Bäumen herabgebengelt haben. Der Zwingherr stellte sich selbst zum Ziel in der Überzeugung, dass der Geissbub den Stein nicht so weit zu stossen vermöge. Aber er täuschte sich: Der Stein wurde vom Hirten mit solcher Kraft geworfen, dass dem Zwingherrn die Beine gebrochen wurden.*

*Dieses Schloss soll eine lange Belagerung ausgehalten haben und als die Belagerer es ausgehungert glaubten, hängten die Belagerten noch gebratene Hammen zu den Fenstern hinaus. Man soll erst später darauf gekommen sein, dass das Schloss Urnäfass durch einen unterirdischen Gang mit dem Supersaxo-Schloss heimlich in Verbindung gestanden habe. Der letzte Zwingherr soll bei dieser Belagerung auf dem Abtritt durch einen Pfeil getötet worden sein.*

## 11. Ornavasso

*Die Überlieferung weiss zu berichten, dass die oberitalienische Gemeinde Ornavasso einst von ausgewanderten Leuten von Naters gegründet oder stark bevölkert wurde. Obwohl die Auswanderung vor langer Zeit erfolgt war, vergassen die Bewohner dieser Walserkolonie ihre ursprüngliche Heimat nicht; sie trugen ihre Toten über den Simplon auf die Grabstätte bei Unserer Lieben Frau auf dem Glisacker, damit sie nach dem Tod dort ruhen, wo im Leben ihre Herzen waren.*

*Auch wurde jährlich eine Prozession über den Simplon nach Naters und Glis gehalten. Am Anfang des 19. Jahrhunderts soll diese Prozession noch stattgefunden haben.*

## 12. Die Vernichtung der Berner in der Jägi

*Einst brachte in fliegender Hast ein Bote die Kunde nach Naters, die Berner seien im Begriff, über den Oberaletschgletscher in das Wallis einzufallen. Sofort ertönte die Sturmglocke und alle waffenfähigen Männer der beiden Gumper Naters und Rischinen machten sich auf, um dem Feind entgegenzuziehen. Sie rückten über den Oberaletschgletscher hinein bis in die Jägi und trafen hier Anstalten, die Berner gehörig zu empfangen. Hoch oben an steilen Abhängen wurden gewaltige Ketten gespannt und mächtige Steinblöcke darangelegt. So gerüstet, erwartete man wohlgemut den Feind, doch dieser liess sich nirgends blicken.*

*Schon vierzehn Tage und Nächte hatten die Natischer vergeblich gewacht. Sie kamen zur Ansicht, die Kunde vom Einfall der Berner sei nur ein leeres Gerücht gewesen, und sie zogen daher heim. Nur einer, der nicht Burger, sondern bloss Einwohner von Naters war, erklärte: «Ich will mit meinen zwei Buben noch diese Nacht hier bleiben und Wache halten.» Man war mit seinem Vorschlag einverstanden. Und in derselben Nacht nun, als bereits der Morgen graute, da hörten die drei Wächter in der Jägi Hahnengeschrei vom Gletscher heraufertönen. Es waren wirklich die Berner, die heranrückten. Sie hatten die Absicht, sich endgültig im Wallis niederzulassen, und führten daher gleich Weib und Kind und sämtlichen Hausrat mit sich. Die Hähne aber, die sorglich in Rückenkörben verpackt waren, begannen beim Anbrechen des Tages zu krähen und machten so die Natischer auf die nahenden Feinde aufmerksam. Als nun die Berner unten am Abhang vorbeizogen, lösten die drei Männer oben die Ketten, und mit furchtbarem Krachen stürzten die angehäuften Felsblöcke in die Tiefe und zerschmetterten Volk und Vieh. Nur wenige Feinde kamen mit heiler Haut davon und flüchteten in ihre Heimat zurück. Die Gemeinde von Naters aber schenkte den wackeren Rettern in der Not für ewige Zeiten das Bürgerrecht.*

## 13. Der Brudermord auf der Belalp

*Vor uralter Zeit, so geht die Sage, soll die schöne, grosse und futterreiche Belalp zwei Brüdern gehört haben. Weil sie wegen der gemeinschaftlichen Abätzung oft miteinander stritten, kamen sie überein, die Alpe zu teilen. Und zwar verabredeten sie, beide Brüder sollten zu gleicher Zeit von Naters abgehen: der eine rechts, der andere links hinauf, und oben sollten sie wieder zusammenkommen. Der Ort, wo die Brüder einander begegnen würden, sollte die Mittelgrenze zwischen den zu teilenden Alpen werden.*

*Beide machten sich laut Verabredung auf den Weg. Der Bruder, der links hinauf über Birgisch ging, handelte redlich und hielt am vorgezeichneten Weg fest. Nicht so der andere. Statt gegen Aletsch hinaufzusteigen, ging er geraden Wegs auf die Belalp und übervorteilte so seinen Bruder, dem er nun in der tiefen Schlucht («teifu Schlüocht»), ungefähr in der Mitte zwischen Belalp und Nessel, begegnete. So soll diese Alpgrenze gesetzt worden sein. Doch die Teilung befriedigte den betrogenen Bruder nicht. Die Brüder gerieten in heftigen Streit. Beim grossen Stein im Kapan, zuunterst in den Belalpmatten, angekommen, prügelten sie sich so gewaltig, dass beide Brüder sterben mussten. Auf den Stein wurde die Jahreszahl 121 gesetzt, die noch zu lesen ist und an diesen Brudermord erinnern soll.*

## 14. Der Schatz zu Weingarten

*Östlich von Naters liegt an der alten Furkastrasse das Fleckchen Weingarten. Dieser Ort ist in der Walliser Geschichte nicht unbekannt, weil da Landsgemeinden und Ratsversammlungen abgehalten wurden. Auch war er der Stammsitz der angesehenen Familie de Vineis oder Weingartner. Dort lebte einstmals ein gewisser Niggi Eggel mit seiner Familie. Diesem träumte drei Nächte nacheinander, in Uri auf der Brücke werde er sein Glück finden. Unser Niggi Eggel lachte über den Traum, doch erzählte er ihn seiner Gattin. Diese hatte mehr Vertrauen und riet ihrem Mann, eine Wallfahrt nach Einsiedeln zu machen: Er werde da Gelegenheit haben, die Brücke in Uri zu sehen, und wenn er auch auf der Brücke sein Glück nicht finden werde, sei die Reise nicht umsonst gewesen, weil er immerhin eine Wallfahrt gemacht habe.*

*Der Mann folgte und ging nach Einsiedeln, ohne bei der bezeichneten Brücke auf etwas Ausserordentliches zu treffen. Auf der Heimreise fand er die Brücke wieder leer wie bei der Hinreise. Etwas missgestimmt blieb er still und begann, sie der Länge und der Breite nach näher anzuschauen. Da kam ein Mann zu ihm und fragte, ob er etwas verloren habe und suche. «Nein», antwortete unser Niggi, «es hat mir was Dummes von dieser Brücke geträumt, woran ich zwar nicht glaube, doch kann ich bei dieser Gelegenheit nicht unterlassen, mich hier nach der Erfüllung des Traumes umzusehen». Der Unbekannte lachte und sagte, er solle sich doch um Träume nicht kümmern, auch ihm habe geträumt, zu Weingarten in einem alten Häuschen sei im Keller neben der «Stutt» ein Hafen voll Geld vergraben. Er wisse nun nicht, wo in der Welt dieses Weingarten und dieses Häuschen seien, bewege aber keinen Fuss; er schenke solchen Träumen keine Bedeutung.*

*Unser Niggi wurde nachdenklich, verabschiedete sich scheinbar gleichgültig vom Fremden, und zu Hause angekommen, fand er schon am ersten Abend im Keller bei der «Stutt» unter einer Steinplatte den verborgenen Schatz. Er hob das Geld in aller Stille und sprach davon keiner lebenden Seele auch nur ein Sterbenswörtchen.*

*Der glückliche Finder wandte das Geld gut an. Erst riss er sein altes, schadhaftes Häuschen nieder und baute ein neues auf. Dann erweiterte er seine Liegenschaften durch Ankäufe und jedermann merkte, dass der arme Niggi ein wohlhabender Mann geworden war.*

Der plötzliche Reichtum des Mannes erschien aber der Obrigkeit etwas verdächtig. Niggi wurde eingezogen und der Hexenkünste oder des Diebstahls beschuldigt. Natürlich konnte der Angeklagte diese Verbrechen nicht eingestehen. Er erzählte nun freilich, wie er zum Vermögen gekommen sei; allein die Richter glaubten ihm nicht. Sie spannten ihn darum auf die Folter, um mit aller Gewalt das Geständnis seiner Verbrechen zu erzwingen.

Während der Angeklagte in gemessenen Zeiträumen laut damaligem Gesetz gefoltert wurde, machte die Geschichte vom sonderbaren Traum und vom gefundenen Schatz weit und breit im Land die Runde. Sie wurde auch in Uri bekannt und kam glücklicherweise auch zu Ohren des Unbekannten, dem Niggi auf der Brücke von Uri seinen Traum vom Schatz im Keller erzählt hatte. Dieser eilte nun schleunigst ins Wallis, um der Unschuld Zeugnis zu geben. Es war höchste Zeit, denn er traf den Mann eben halb verschmachtet auf der Folter an. Gleich wurde Niggi losgelassen und vom Gericht freigesprochen. Leider half das dem Niggi wenig mehr. Er wurde verrenkt und verstümmelt in einer Handwanne nach Hause getragen, wo er nach drei Tagen starb.

## 15. Händel zwischen Natischern und Brigerbergern

*Die Natischer und die Brigerberger hatten früher oft miteinander Händel. Einst soll ein Brigerberger im Café Adler mit einem Messer einen Stich in den Bauch erhalten haben, so dass sein Gedärm herausquoll. Der Verwundete nahm die Eingeweide in die Hand und ging damit zum Doktor Riedi, der ihm alles zusammennähte. Nach drei Tagen war der Mann schon wieder im Café Adler. Er meinte aber: «Ich weiss nicht, aber etwas ist da nicht in Ordnung!» Er ging nochmals zum Arzt und dieser merkte, dass er ihm das letzte Mal auch den Darm zusammengenäht hatte. Das erzählte mein Vater mehrere Male. Das müssen schon harte Leute gewesen sein. – E: Leo Lowiner, Ried-Brig.*

## 16. Das Grab unter der Linde

*Oberhalb Finnen, an den Halden im Kastler, lebte einst ein sehr gottesfürchtiger Mann. Eines Tages trat ein schlanker, schön gewachsener Jüngling zu ihm und forderte ihn auf, sich um zwölf Uhr in der Nacht zu Naters bei der Linde einzufinden; er werde dort sein Glück machen. Ohne Zögern ging der Mann in seine Hütte zurück, um Stock und Hut zu holen. Wie er heraustrat, war der Jüngling, mit dessen Begleitung er gerechnet hatte, verschwunden.*

*Dessen ungeachtet, trat er seinen Weg an. Als er in Naters angekommen war, lag alles in stiller Ruhe; nichts regte sich. So wartete er lange, wohl eine Stunde lang. Endlich kam aus einer Seitengasse der Mauer entlang eine junge Weibsperson herangeschlichen. Der Mann suchte sich hinter der Linde zu verstecken. Da nahm das Weib aus seiner Schürze heraus ein frisch geborenes Kind und legte es neben der Linde auf den Boden. Dann langte es nach einem Instrument und schickte sich an, ein Loch in die Erde zu graben. Es war kein Zweifel, das Weib wollte das Kind dort lebendig begraben. Hans Amhengert, so hiess der Mann, sprang herbei und herrschte die unbarmherzige Mutter an, sie solle so etwas nicht tun. Das Weib liess sich aber nicht einschüchtern und setzte das Graben fort. Hierauf ergriff Amhengert das Kind und rief: «Begraben soll es nicht werden!» In diesem Augenblick lief das Weib auf und davon und liess sich nicht mehr sehen.*

*Nun stand Amhengert mit dem kleinen Kind ratlos da. Endlich dachte er, er wolle den Pfarrer aufwecken, um seinen Rat zu hören. Er tats und erzählte ihm den ganzen Vorgang. Der Pfarrer taufte das Kind; Hans und die Pfarrköchin waren Paten. Gleich nach der Taufe starb es. Die Leiche wurde in der Beinhauskapelle aufgebahrt; Amhengert aber kehrte in den Kastler zurück. Auf dem Heimweg hatte er Zeit, über das sonderbare Ereignis nachzudenken. So in Gedanken vertieft, kam er beim Mundstein vorbei. Da sprang aus einer verrufenen Hofstatt ein Hund heraus, der zu ihm sprach: «Hättest du heute Nacht nicht ein gutes Werk getan, so würde ich dich zerstäuben wie das feinste Mehl, so aber ziehe fürbass.» Amhengert setzte seinen Weg fort, immer wieder über die geheimnisvolle Erscheinung nachdenkend. Der Jüngling, er zweifelte nicht daran, musste der Schutzengel des armen Kindes gewesen sein. Ob der Hund das herzlose Weib oder gar der Böse in fremden Gestalten gewesen sei, konnte er nie herausbringen. Müde und ermattet, aber froh und glücklich langte er bei Tagesanbruch zu Hause an.*

## 17. Die grosse Dona läutet

*Man erzählt, der Kirchturm von Naters sei sehr alt, er sei schon von den Heiden erbaut und erst Jahrhunderte später für den katholischen Gottesdienst eingerichtet worden. Die zwei grossen Glocken in diesem Turm seien auch von den ältesten im Wallis. Die grosse Glocke wiegt fünfzig Zentner und erhielt in der Taufe die Namen Mauritius und Antonia; Mauritius, weil er der Landes- und Kirchenpatron ist, Antonia, weil die Gräfin Antonia Blandrate von Weingarten in Naters Taufpatin der Glocke war (von Antonia: Dona). Als sie beim Glockenguss zuschaute und den Meister verzagen und jammern hörte, dass der Guss fehlen müsse, weil zu wenig geschmolzenes Metall vorhanden sei, eilte sie heim, brachte in ihrem Vorschoss eine Menge Silbergeschirr herbei und warf es in den Schmelztiegel. Jetzt geriet der Guss, und weil viel Silber hineingekommen war, erhielt die Gloke auch einen so majestätischen Ton wie selten eine im Wallis.*

*So weit man den Ton dieser Glocke hört, soll sie einen heilsamen Einfluss auf die Ungewitter ausüben und die Kräfte der schädlichen Geister hemmen. So wollten einst bei einem grossen Ungewitter zwei Berggeister das Fuxgufer oberhalb Naters (das lockere Felsgebiet unterhalb des Nesselgrates) auf das Dorf herunterstossen. Ein Geist rief dem anderen zu: «Stoss, stoss!» Der aber erwiderte: «Ich mag nimme, die grooss Dona litot!»*

## 18. Temperkind

*Mein Vater wurde in den Tempertagen (Quatembertagen) geboren. Der sah zeit seines Lebens immer mehr als wir anderen und wusste mehr.*

*In den Temperzeiten war er nicht wie sonst, er war so «apartig» (eigenartig).*[946]

## 19. Der Wegerbaschi und seine Sänza

*Baschi hatte auch eine Liebste, Sänza hiess sie und wohnte in Naters. Beide hatten einander famos gerne und wollten bald heiraten.*

*Einst war Baschi auf dem Heimweg und machte seiner Liebsten bei dieser Gelegenheit einen Besuch. Sie war gerade am Hirten und bot ihm brauchgemäss den «Kalbertrunk» an. So reichte sie ihm eine volle Melchter kuhwarme Milch. Baschi wird wohl ziemlichen Durst gehabt haben, denn er trank diese Milch grad*

*Der Wegerbaschi. Zeichnung von Anton Mutter (1932–1992), Naters.*

aus. Dessen erschrak nun die Liebste derart, dass sie nichts mehr von ihm wissen wollte. Er esse und trinke ja für sieben, ihn vermöge sie ja nicht zu sättigen.

Das gefiel nun freilich dem Baschi auch nicht und aus Rache rollte er der Sänza einen solchen Stein in den Stall, dass ihrer sieben Männer genug hatten, ihn wieder zu entfernen. So musste Baschi seiner Riesenkraft wegen ledig bleiben.

## 20. Die Bärentatze am «Waldihüs»

*Die alten Walliser Jäger brachten die Tatzen erbeuteter Raubtiere als Siegeszeichen an ihren Häusern an. Die Tatzen hingen an handgeschmiedeten Eisennägeln mit breiten Pilzköpfen.*
Am Hoftor des Patrizierhauses der de Sepibus (ehemals Zünderhaus, heute «Waldihüs» genannt) unterhalb der Kirche von Naters war früher eine von vielen bewunderte Bärentatze angeheftet. Sie war noch gut erhalten, weil sie am stets nach innen geöffneten Hoftor vor der Witterung wohl geschützt war. Diese Bärentatze von der Grösse einer gespreizten Männerhand hatte noch volle Ballen und spitze Krallen. Die 85-jährige Marie Walden-Wyssen, ehemalige Bewohnerin des Waldenhauses, erinnerte sich noch an die Bärentatze an der eisenbeschlagenen, schweren Eingangstüre. Nach ihrer Aussage im Jahre 1994 ist diese Tatze um 1940 von Unbekannten entwendet worden, wobei die pilzköpfigen Nägel noch heute vorhanden sind.
Über diese Bärentatze ist uns folgende Erzählung überliefert: Ivan Grinsing hiess der junge Mann, der ehemals das obgenannte Waldenhaus bewohnte und der den Bären eigenhändig mit seiner Axt erschlug. Es war an einem Herbsttag, als plötzlich am frühen Morgen in der Gegend von Weingarten ein riesiger Bär auftauchte und eine Herde weidender Schafe überfiel. Sofort wurde auf den frechen Eindringling Jagd gemacht. Meister Petz wurde in der Massaschlucht in die Enge getrieben und nach einer äusserst hitzigen Verfolgung erlegt. Ivan Grinsing stürzte sich auf den Bären, schlug ihn mit einem wuchtigen, wohl gezielten Axthieb zu Boden und rettete so die Ehre des jungen Ritters Redige, der zurzeit bei den Herren von Weingarten auf Besuch war und das Jagdunternehmen leitete. Diese Heldentat trug Grinsing die Ritterschaft ein und die Neigung eines hübschen Mädchens, das er später zu seiner Frau nahm. Zum Andenken an den dreifachen Sieg nagelte er als Siegestrophäe eine Bärentatze an die genannte Eingangstür seines Hauses.[947]

*Noch 1938 hing an der Eingangstür des Waldenhauses eine Bärentatze (Pfeil) an handgeschmiedeten Eisennägeln mit breiten Pilzköpfen (Zeichnung im WJB 1939, S. 78).*

## 21. Pass mir auf die Natischer auf!

Grengiols liegt auf der Schattenseite. Das veranlasste einst einen Natischer, einen Grengjer zu hänseln, warum es denn in diesem Schattenloch nicht mehr Sonne gebe. Der Grengjer antwortete gelassen: «Das stimmt schon, dass wir weniger Sonne haben. Aber das ist eine grosse Ehre für uns. Denn am Tag, als Gott Vater die Sonne erschuf, befahl er ihr: ‹Pass mir besonders auf die Natischer auf, die Grengjer, die sind schon recht!›»

## 22. Die Pest in Olmen

Am Fuss des Olmenhorns befand sich einst das stattliche Dorf Olmen. Als die Pest im Tal unten Menschen und Tiere hinwegraffte, blieben die Leute hier lange verschont.
Da ging eines Tages ein Hirt mit dem Vieh in die Nähe des Aletschwaldes und fand dort eine schöne grosse Nuss, die ein Königsadler hatte fallen lassen. Nachdem er die Nuss genossen, befiel ihn ein Unwohlsein. Die Nuss war verpestet und so trug

der Hirt am Abend den Keim der Pest in das schöne Dorf Olmen. In wenigen Tagen war das ganze Dorf bis auf zwei Familien ausgestorben.

## 23. Der grosse Tod

*Die Pest verlangte auch zahlreiche Opfer in den Bergen von Naters. Um die Seuche nicht weiter zu verbreiten, erlaubte man den Bergleuten nicht mehr, herunter nach Naters zu kommen. Darum habe man die Verstorbenen in der Fromatte begraben, wo sich der Pfarrer aufhielt, um die Sterbesakramente zu spenden. Zum Begraben waren zwei Männer bestellt. Einer davon war einäugig. Als Lohn erhielten sie für jede Leiche ein Leintuch. Sie beigten die Leichentücher aufeinander und jedem der beiden Totengräber fiel ein klafterhoher Haufen zu.*
*Einem Kind wusch seine Mutter mit Gottvertrauen im Aletsch das Herz und siehe, das Kind starb nicht, und ihm fielen noch in derselben Nacht zwölf «Trichelkühe» als Erbschaft zu.*
*Die Seuche verschwand, als ein «Totes» das Heilmittel angab.*
   *«Bibinella und gebahts Brot*
   *ist gut gegen den gähen Tod.»*
*Auch tröstete das «Tote», es würden nur noch der einäugige Totengräber und der jüngere Aletschhirt sterben. So geschah es auch.*
*Bibinella fand man im Massakin.*[948]

# Diesseits und Jenseits

Die Erzählungen über das Diesseits und das Jenseits befassen sich mit der Kernfrage des menschlichen Daseins, mit den Fragen nach dem Weiterleben, dem Sinn des Lebens und den Wechselbeziehungen zwischen Lebenden und Toten. Die in diesem Abschnitt vorkommenden Erzählungen fallen inhaltlich unter die Themen: Künden und Vorahnung, büssende arme Seelen, Begegnung mit Toten, Gratzug und Totenprozession, «Bozen» und Geister in Menschen- und Tiergestalt.

## 24. Der Jauchzerbozen

*Martin Lagger von Hegdorn oberhalb Naters war ein leidenschaftlicher Jäger. Einst lud er seinen Gevattersmann (guter Bekannter) aus dem Fieschertal zu einer Hochjagd ein. Auch sollte der Fieschertaler einen Freund aus Mörel zu dieser Jagd einladen.*
*Wer die Gämsen oder Murmeltiere jagen will, muss in frühester Morgenstunde auf der Wacht sein. Die beiden Jäger hatten sich darum das Wort gegeben, an einem bestimmten Abend im Aletsch in der Bächalpe (Zenbächen) einzutreffen und dort in einer Hütte zu übernachten. Lagger wanderte in froher Jägermannsstimmung den Natischer Berg hinauf. Als er im Aletsch ankam, sah er auch schon seinen Freund aus dem Fieschertal herankommen und sich der Alphütte nähern. Der Mörjer aber wollte nicht erscheinen, sosehr sie auch nach ihm spähten.*
*Als die Jäger nach langem Warten in finsterer Nacht sich eben zur Ruhe begeben wollten, hörten sie jenseits des Aletschgletschers, in der Gegend der Furka, ein helles Jauchzen. Der Fieschertaler meinte, es komme der erwartete Jäger von Mörel herauf und wolle mit einem lustigen Jauchzer seine Ankunft melden. Er wollte darum ebenfalls mit einem kräftigen Jauchzer Antwort geben. Lagger aber sprach: «Mir will das helle Jauchzen nicht gefallen, schweig still!» Drüben jauchzte es zum zweiten Mal. Der Fieschertaler wollte wieder antworten, doch Lagger winkte ihm abermals ab. Als das Jauchzen zum dritten Mal ertönte, konnte der Fieschertaler sich nicht mehr zurückhalten und jauchzte ebenfalls. Kaum hatte er seinen Jauchzer vollendet, so erscholl ein Mark und Bein durchdringendes Jauchzen vor dem Eingang der offenen Alphütte. Der Geist trat ein. Lagger zog seinen Gevattersmann zu sich heran. Nun sprach der Geist zum Jauchzer: «Wenn du nicht den da bei dir hättest, würde ich dich zu Staub und Asche zerblasen.»*
*Der Geist blieb die ganze Nacht bei den Jägern und offenbarte ihnen, dass er eine verdammte Seele sei. Aus zwölf Ursachen sei er verdammt, von denen jede zu seiner Verdammung hingereicht hätte, weil er im Leben die Schuld zwar erkannt, die Sünden aber nie bereut, nie gebeichtet, für dieselben nie genug getan habe. Er zählte alle der Reihe nach auf. Als er elf Ursachen angegeben hatte, fügte er hinzu: «Und wenn das alles nicht wäre, so wäre ich doch verurteilt worden, weil ich gewöhnliche Kuhschafe [Schafe, die mit Kuhmilch grossgezogen wurden] gehalten, sie mit den Kühen auf die Weide getrieben und geflissentlich mit ihnen den Nebenmenschen in den Gütern oft namhaften, grossen Schaden zugefügt habe, was ich ebenfalls nie bereut, nie bekannt und nie gesühnt habe.»*
*Als der Morgen graute, war der Geist verschwunden. Die Jäger kehrten heim, ohne eine Gämse erlegt zu haben. Der Fieschertaler starb noch im gleichen Jahr. Martin Lagger lebte von der Zeit an sehr niedergeschlagen – solchen Eindruck hatte die nächtliche Unterredung auf ihn gemacht. Die Hütte, in welcher diese Unterredung stattfand, heisst noch heute Laggers Balme.*

## 25. Der Lüsgenbozen

*Die Hochalpe Lüsgen liegt am Aletschbord und gehört zur Belalp.*
*Ein Geist soll dort in der Lüsger Alphütte des Pfarrers von Naters oft Menschen und Vieh beunruhigt haben. In der Hütte polterte der Bozen unheimlich herum und im Stall wollte er seine leere Krippe haben. Waren alle Krippen voll Vieh, so musste gewiss das eine oder andere Stück Vieh hinaus, wenn es Ruhe geben sollte.*
*Ein zwölfjähriger Knabe wollte einmal einen Geist gesehen haben. Er zeigte sich in Menschengestalt, hatte einen gross beknopften Rock und einen aufgestülpten Hut. Das Gespenst sass hinter dem Tisch und schien zu schreiben; der Hut war auf dem Stubenofen niedergelegt.*

## 26. Ds Hogibirgshöiri

*Ich kann mich noch gut erinnern, wie wir in Geimen «ds Hogibirgshöiri» (Hochgebirgsschreier) hörten.*
*Da waren vor alten Zeiten einmal zwei Burschen zur gleichen Tochter gegangen. Da nahm einer eine Hilfe mit und band seinen Konkurrenten, band ihm einen Strick um die Füsse, stiess eine Latte hindurch und hängte ihn so kopfunter über das «Chi» des Kelchbaches. Nachher ging er zum Schatz.*
*Als er zurückkam, wollten sie den anderen losbinden, der aber war tot. Da warfen sie ihn durch den engen Spalt hinunter in die Schlucht. Aber am anderen Tag und immer wieder war die Latte oben über den Spalt gespannt.*
*Noch zu meiner Zeit hörten wir in der Nacht Schreien und Jammern und oft auch ein helles Gejauchze. Aber immer reichte es nur bis hinunter ins Eigentum.*
*Dieses Erlebnis ist wahr, ich hörte es in meiner Jugend oft erzählen. Ob die Geschichte genau stimmt, kann ich nicht behaupten, aber etwas ist da schon vorgekommen. – E: Josef Eyer.*

## 27. Die zwei Spinnerinnen

*In einem Hüttlein am Aletschgletscher nächtigten drei Jäger. In der Stube trafen sie zwei Frauen an, die die ganze Nacht das Spinnrad drehten. Als diese nicht zu Bett gehen wollten, fragten die Jäger, ob sie nicht bald fertig seien. «Wenn ihr uns nicht abspinnt, so werden wir nicht fertig werden», antworteten die Frauen.*

*Da erhoben sich die drei Jäger und halfen, so gut es ging, ohne zu ahnen, dass sie die Seelen Verstorbener vor sich hatten. Die beiden Spinnerinnen bedankten sich sehr und sagten, sie müssten hier jede Nacht spinnen zur Strafe, weil sie zu Lebzeiten jeden Samstagabend bis nach Mitternacht gesponnen hätten. Nun aber wären sie erlöst, und sie sollten morgen nur auf die Jagd gehen, hierhin und dorthin, sie würden schon Beute machen. Die Jäger erlegten am nächsten Tag auch so viel Wild, dass sie nicht alles nach Hause tragen konnten.*

## 28. Büssende Tänzerin

*In Rischinen blieb einst im Herbst einer ganz allein im Dorf. Kurz vorher war ihm seine Braut gestorben. Wie er da in seiner Hütte nun traurig nachdachte, hörte er im entferntesten Haus, in der Mühle, Tanzmusik. Er ging hin und schaute nach, denn es nahm ihn doch wunder, wer da sein könnte, meinte er doch, er sei allein in Rischinen.*

*Die Tür war halb offen. Da sah er dort Leute tanzen, die Kleider aus lauter Eiszapfen trugen. Das schellte und klirrte, dass ihm angst wurde. Da sah er auch seinen verstorbenen Schatz. Das war nun aber genug: Er verschwand schnell wieder in seine Stube, schloss und ging ins Bett. Kaum war er aber drinnen, war auch sein Schatz schon in der Stube. Was der aber erzählte, erfuhr man nie.*

## 29. Der Totentanz in Eggen

*Hoch oben im Natischer Berg, im Weiler Eggen, soll einem jungen Burschen, der in der Quatemberzeit geboren und sich dort eben in diesen Tagen im Wald mit Holzhacken beschäftigte, nachstehendes Ereignis widerfahren sein.*

*Als er bei einbrechender Nacht aus dem Wald von der Arbeit nach Eggen zurückkehrte, um dort in seiner Wohnung zu übernachten, sah er gegenüber in einem Haus, dass alle Fenster beleuchtet waren, und hörte lustige, aber altväterische Tänze aufspielen. «Was ist das?», sagte er zu sich selbst, «ist dem jungen Volk nicht der Teufel im Leib, dass es zu so später Zeit und dazu noch in den Quatembertagen hier verborgen tanzt? Ich glaubte, mutterseelenallein auf der Eggen zu sein, und treffe dort ein verborgenes Tanzvolk an! Ich will mir zuerst etwas zum Nachtessen bereiten und dann nachsehen, wer dort so lustig ist.» Nachdem er etwas gegessen, schlich er ganz verborgen bis an die Hauspforte, die halb geöffnet war, ging, um nicht gehört zu werden, leise auf Zehen hinein bis an die Stubentür; auch diese war etwas geöffnet. Durch diese Öffnung sah er Lichter auf dem Tisch und an dessen Ecke einen Geiger und noch andere Personen, aber alle ganz altväterisch gekleidet. Auch die, welche er zum Teil herumkreisen sah, waren meistens in altväterischer Tracht. Dabei vernahm er ein seltsames Klingeln, wie von kleinen Eisschollen. Als er nun die Tanzenden aufmerksamer betrachtete, bemerkte er zu seinem Erstaunen, dass die Manns- und die Weibsbilder kleine Eiskerzen und Eisschollen an den Kleidern hatten und auch die Finger wie Eiskerzen aussahen. Im gleichen Augenblick, da er dies wahrnahm, sah er eine junge Weibsperson, die ihm wegen ihrer Kleidung ganz bekannt vorkam: «Mein Gott», dachte er, «die gleicht wie ein Wassertropfen dem anderen meiner unlängst verstorbenen Liebsten, meiner unvergessenen Tänzerin; was ist das für eine Gesellschaft!» Und eben, als er dies dachte, wandte sich diese um und winkte ihm mit der Hand, dass er hereinkomme. Jetzt erkannte er sie vollkommen: Es war seine verstorbene Freundin! Eiskalt wurde es ihm vor Schrecken, als wenn man einen Zuber voll kalten Wassers über ihn geschüttet hätte, so fröstelte es ihn, und er eilte, so schnell ihn die zitternden Beine trugen, nach seiner Wohnung, schloss zu und begab sich eilends zu Bett. Obwohl er sich gut in das Bettgewand eingehüllt hatte, schüttelte ihn doch ein starker Fieberfrost und an Schlaf war nicht zu denken.*

*In diesem Zustand mochte er ungefähr bis Mitternacht zugebracht haben, als die Hauspforte aufging und es an die Stubentür klopfte. Er steckte seinen Kopf unter die Decke, denn es war ihm nicht drum, «herein» zu rufen. Da ging die Tür auch schon auf, und ungeachtet der Furcht wagte er etwas unter der Decke herauszuschauen. Es war die Gestalt einer Weibsperson, soviel er in der Dunkelheit urteilen konnte. «Emma», dachte er mit klopfendem Herzen und verbarg sich wieder unter den Bettdecken. Da hörte er das Eisklingeln wie im Tanzsaal, nur dass es sich seinem Bett näherte. Jetzt stieg seine Furcht aufs Höchste, der Geist stieg zu ihm ins Bett und legte sich neben ihn. Ein schwacher Angstschrei entstieg seiner Brust: «Jesus, Maria und Joseph! Wer bist du?» Da war es ihm, als wenn sich ein eiskalter Schatten über ihn beugte und seine Lippen berührte. Der Geist war jetzt angesprochen und hatte laut dem Volksglauben so das Recht, von seinem Atem zu schöpfen und mit ihm zu sprechen. Aber auch die Furcht vor den Toten soll bei den Lebenden nach der ersten Anrede ganz verschwinden.*

*Von der langen Unterredung mit dem Geist, welche bis zum Betenläuten am Morgen dauerte, soll der junge Mann nur dies offenbart haben: Das erste, was der Geist zu ihm sagte, sei die Frage gewesen: «Kennst du mich?» Und er habe geantwortet: «Ja – du bist Emma!» – «Ja, ich bin Emma, deine ehemalige Freundin, komme aus dem Aletsch – muss mit den anderen an den Tempertagen hier tanzen. Womit man gesündigt, damit wird man bestraft. Aber wie lange hätte ich dies tun müssen, wenn du mich nicht angeredet hättest. Aber jetzt hoffe ich für mich und die anderen Erlösung! Willst du?» – «Ja», erwiderte er. – «Aber es wird dir schwer ankommen», sagte sie. «Tut nichts, ich will alles tun», antwortete er. Aber was sie ihm weiter gesagt und was er ihr alles versprochen, davon liess er nie ein einziges Wörtchen verlauten. Von diesem Augenblick an war er ganz verändert. Er blieb ledig und ein fester Freund der armen Seelen, als wenn er eine geistige Vermählung mit Emma eingegangen wäre. Emma war der einzige Gedanke in seinem ganzen Leben. Beim Wort «Emma» soll sich noch im letzten Augenblick sein Angesicht erheitert haben, als wenn er sich einer edlen Tat erinnert hätte und dafür eine sichere, schöne Vergeltung zu erwarten hätte.*

## 30. Schoch, d'alt Schmidtja spinnt noch

*Im Aletschtal, nahe beim Gletscher, soll einst ein vor Alter schwarzes Holzhäuschen gestanden haben, das eine fromme, alte Witwe bewohnte. Sie betete viel für die armen Seelen im Aletschgletscher. Wenn sie in den langen Winternächten im Schein eines Nachtlämpchens emsig spann, so betete sie fast ständig für die Verstorbenen und liess die Hauspforte ungeschlossen, damit die armen Seelen in ihre alte, eingeheizte Stu-*

*Die armen Seelen kommen vom Aletschgletscher zur «Alt Schmidtja»-Hütte. – Bild von Anne-Marie Duarte-Ebener (1929–1973), Sitten.*

be hereinkommen und sich erwärmen könnten. Doch zu diesem Eintritt bedurften sie ihrer Erlaubnis, welche sie ihnen erst erteilte, wenn sie zu Bett ging. Da öffnete sie ein Fenster und rief leise hinaus: «Jetzt – aber mir unschädlich», liess noch ein Stümpchen Licht brennen und ging zu Bett. Bald öffnete sich leise die Haus-, dann die Stubentür, wie von einem kühlen Windzug. Unzählige, kaum hörbare Tritte trippelten und trappelten herein, als wenn viel Volk sich in die Stube und um den warmen Ofen drängte. Gegen Betenläuten hörte sie das gleiche Geräusch wieder zur Tür hinaus.

Einst ereignete es sich, dass die Witwe länger aufblieb als gewöhnlich und eifrig spann, dabei war es draussen sehr kalt. Auf einmal rief es deutlich vor dem Fenster: «Schoch[949], d'alt Schmidtja [so hiess die Frau] spinnt noch!» – «Ich weiss wohl», erwiderte sie, «ich will nur dies Löckchen Werg abspinnen.» Aber es dauerte nicht lange, da rief es noch stärker: «Schoch, d'alt Schmidtja spinnt noch!» Da wurde sie ungeduldig: «Wenn ihrs nicht erleiden könnt, bis ich fertig bin, so kommt herein.» Sie vergass aber beizufügen: «aber mir unschädlich».

Da gingen die Haus- und die Stubentür auf, wie von einem starken Windstoss getrieben, und die Tritte der unsichtbaren Abendsitzer wurden so zahlreich und das Herumrauschen dauerte so lange, als wollte es kein Ende nehmen. Ihr wurde so angstvoll, dass sie vor Hitze zu ersticken vermeinte. Sie konnte sich nicht vom Rad entfernen – so gedrängt voll war die Stube von armen Seelen. Sie sah es als eine Strafe an, weil sie die Verstorbenen so lange in der Kälte hatte warten lassen.

Als die mitleidige alte Schmidtja eben in den letzten Zügen lag und die Krankenwärter zueinander sagten: «Was werden die armen Seelen jetzt rufen, wenn ihre Freundin tot ist?», da ertönte es in der nächtlichen Stille vor den Fenstern laut: «Schoch, d'alt Schmidtja läbt noch!» Die Sterbende machte noch Zeichen, dass sie sich freue über diese Stimme, und gab dann ihren Geist auf. Im gleichen Augenblick sahen die Wärter vor den Fenstern eine starke Helle, und wie sie hinausschauten, sahen sie eine grosse Prozession brennender Lichter, die sich vor ihrem Haus bis zum Gletscher fortbewegten, und wie sie, auf dem Eis angekommen, eines nach dem anderen erloschen. «Das sind die armen Seelen», sagten die Wärter zueinander, «mit den Nachtlichtern, die sie für diese brennen liess: Sie begleiten ihre Freundin».[950]

## 31. Die armen Seelen im Aletschgletscher

*Vor alten Zeiten ging einmal ein frommer Pater, der Professor war, mit seinen jungen Schülern ins Aletschtal spazieren, um den gewaltigen, ausgedehnten Gletscher zu bewundern. Kaum hatten sie ihn betreten, machte der Pater Halt und wollte auch den Studenten nicht erlauben, weiterzugehen. Als er um die Ursache gefragt wurde, soll er ihnen gesagt haben: «Wenn ihr wüsstet, was ich weiss, und sehen könntet, was ich sehe, so würdet ihr gewiss keinen Schritt mehr vorwärts tun.»*

*Die Schüler, noch neugieriger, fragten ihn wieder, was er denn sehe. Und er legte einen Finger auf den Mund, als wollte er ihnen Stillschweigen gebieten, und sagte mit halblauter Stimme: «Weil der Aletschgletscher voll armer Seelen ist.» Da aber einige Schüler darüber ungläubig den Kopf schüttelten, sagte er einem: «Komm hinter meinen Rücken, stelle deinen rechten Fuss auf meinen linken und schaue über meine Achsel auf den Gletscher hinüber!» Da sah dieser voll Entsetzen aus den blauen Gletscherspalten so viele Köpfe von armen Seelen emportauchen, dass man keinen Fuss hätte dazwischensetzen können.*

## 32. Arme Seelen zu Gast

*Im Olmendorf stand nahe am Gletscher ein schönes Bauernhaus. Seine Bewohner waren gottesfürchtige Leute. Durch ihr Haus zog der Gratzug. Fenster und Türen waren vom Betenläuten an immer offen, so oft man sie auch schliessen mochte. Die im Aletschgletscher zur Reinigung verurteilten Seelen durchzogen das Haus. Weil die Familie sehr viel für die armen Seelen betete, geschah ihr niemals etwas Widerwärtiges.*

## 33. Zwei arme Seelen

*Im Aletschgletscher sah man zwei arme Seelen in Gestalt schöner Frauen. Die eine sass auf dem Gletscher und kämmte in der Sonne ihr golden schimmerndes Haar. Sie weinte bitterlich, weil sie vor ihrer Erlösung noch neunmal bis an den Hals einfrieren sollte.*

*Die andere, bis an den Hals eingefroren, sang dagegen so wunderschön, dass man verzaubert wurde, weil sie nach dieser Einfrierung der Erlösung entgegensah.*

## 34. Die Jauchzerin

*Im Natischer Berg, unter dem schönen St. Antoniwald, liegt ein Weiler, im Hasli genannt. Oberhalb davon soll abends spät eine Person aus dem «Mattuchi» im weissen Kleid hervorgekommen sein, bis auf einen Bergrücken. Dort soll sie mehrere Male in hohem Ton gejauchzt haben und dann wieder ins «Chi» zurückgekehrt sein. Diese Erscheinung zeigte sich aber nur an den Quatembertagen. Auch im grausigen Bruchjigraben will man Ähnliches gehört und gesehen haben.*

## 35. Mit den Toten ist nicht zu spassen

*In Naters steht ein steinaltes und «schüchlichs» Beinhaus, in dem eine Riesenmenge Totenköpfe aufgebeigt ist. So hoch die Beige dieser Totenschädel ist, so soll sie ebenso tief noch in den Raum hinein gehen. Da brennt oft halbe Nächte hindurch ein Licht, ja sogar bis in den hellen Tag hinein. Fromme Personen tragen es hin, zünden es an und beten zum Trost der verstorbenen Seelen bei diesem Licht andächtig bis in die späte Nacht hinein.*

*Einmal wollte ein tückischer Nachtbub so einer frommen und betenden Person eine Bosheit antun. Damit er sie recht erschrecken könne, nahm er eine frisch geschindete Kuhhaut und warf sie von oben hinunter, damit sie ihr über den Kopf falle. Aber was geschah? Im nämlichen Augenblick, in dem er die Haut hinunterwarf, schleuderten sie die Abgestorbenen ihm über den Kopf zurück. Das erschreckte den boshaften Nachtbuben so sehr, dass er vor Schreck zitternd heimkam, erkrankte und ein paar Tage später eine Leiche war. Die verstorbenen Seelen haben ihrer Wohltäterin einen Arm übergehalten, damit ihr nichts zu Leide geschehe.*

*Daher kommt das Sprichwort im Volk: «Dass dem und dem nichts geschehen ist, ist ein auffälliges Wunder! Dem haben die Abgestorbenen geholfen! Sie lassen nichts unvergolten!»*

## 36. Das leere Weihwassergeschirr

*Auf der Belalp blieb ein Hirt ganz allein mit seinem Vieh zurück, während die anderen längst die Alpe verlassen hatten. Eines Abends, als er sich gar sehr langweilte, legte er sich ohne langen Abendsitz zu Bett und schlummerte im halben Mondlicht ein. Bald aber hörte er ein leises Geräusch.*

*Ein weiss gekleidetes Kind öffnete sanft die Tür und schlich sich behutsam auf die Fensterbank hinter dem Tisch, dem gegenüber der Hirt im Bett lag. Das Kind stützte seine kleinen Ellbogen auf den Tisch, nahm das Köpfchen zwischen die Hände, sah zum Schläfer hinüber und fing an, eine Zeit lang herzlich zu lachen. Endlich fasste der Hirt Mut und fragte: «Kind, warum lachst du so?» «Da muss ich wohl lachen», antwortete dieses, «du so mutterseelenallein in dieser grossen Alpe, mehr als eine Stunde weit von jedem menschlichen Wesen entfernt und dabei das Weihwassergeschirr leer! Ist das nicht zum Lachen?» Sogleich war das Kind seinen Augen entschwunden. Am folgenden Tag holte der Alphirt sofort im nächsten Ort Weihwasser.*

## 37. Die Stunde ist da, aber der Mann noch nicht

*Wer oberhalb des Weilers Grossstein den waldigen Anhöhen zuwandert, wird, wenn er aus dem Buschwerk heraustritt, nicht wenig überrascht, dass er sich plötzlich am Rand eines gähnenden Abgrundes befindet. Auch den kühnsten Bergsteiger überläuft es eiskalt, wenn er in diese schauervollen Schlünde des Massakins hinunterschaut. Das lauschende Ohr vernimmt hier ein fernes und hohles Getöse, das aus einer furchtbaren Tiefe von einem reissenden Bergstrom herrührt. Die grauschwarzen Felswände, die sich an manchen Stellen nur zu schmalen Zwischenräumen trennen und aus einer unheimlichen Tiefe zu einer schwindelnden Höhe emporragen, umkränzen Waldbäume, die teils zitternd über den Abgrund hinüberschwanken und gleichsm wie schweigende Wächter dastehen, um die unvorsichtigen Wanderer zu warnen. In der schwindelnden Tiefe drängen sich die Felsen so eng zusammen, dass es da ganz Nacht wird. Es nimmt uns nur wunder, wie die wilde Massa, welche aus dem Aletschgletscher entspringt, im Sommer ihre brausenden Wogen durch diese Engpässe durchzudrängen vermag. Diese Totenstille des Waldes, die nur zufällig die Axt des Holzhackers oder das Geschrei der herumschwärmenden Raben oder das gellende Pfeifen eines Raubvogels stört, der furchtlos und majestätisch über dem Abgrund kreist, diese finsteren Tiefen, aus welchen uns ein kalter Hauch anweht, dieses unterirdische, dumpfe Tosen des Gletscherstromes, das an den Felswänden schaurig widerhallt, all das ist für den vorwitzigen Bergwanderer etwas Unheimliches und Grauen erregendes, so dass er möglichst bald diesen Ort verlässt. Man sieht auf der anderen Seite mit Staunen an den grausigen Felswänden eine wahrhaft kühne und kostspielige Wasserleitung, die, wie in der Luft schwebend, aus dem Massakin hinaus bis nach Ried-Mörel hinübergeführt wird. Neben den hölzernen Kännein sind nur schmale Balken angelegt, über welche der Hüter der Wasserleitung dem ausbleibenden Wasser nachgehen muss. In so schwindeliger Höhe über so schmale Bretter fortzuwandeln, erfordert einen kühnen und verwegenen Burschen, dem es im Kopf nicht schwindlig wird.*

*Von solchen kühnen Männern, die dieses gefährliche Amt übernahmen, soll schon mancher in die grausigen Abgründe gefallen sein. Der Volksglaube meint, Geister seien schuld an ihrem Tod gewesen. Eine uralte Sage meldet, dass an diesen schauerlichen Orten eine verführerische Wassernixe oder gar eine Eisjungfrau aus dem Aletschgletscher ihre Wohnung habe und von Zeit zu Zeit auf Männer Jagd mache und, wenn sie des ersten*

*Das leere Weihwassergeschirr. Bild von Charles Menge (*1920), Granges.*

*Die schauervollen Schlünde des Massakins. Bild von Anne-Marie Duarte-Ebener, Sitten.*

*überdrüssig geworden, denselben ohne Bedenken in die Massa hinunterschicke, um dann wieder einen anderen zu bezaubern und in ihre kalte Umarmung, in das schaurige Brautbett herabzulocken. Vielleicht mögen diese Meinungen folgender Sage ihren Ursprung zu verdanken haben: Einst soll ein Hirt seine Ziegen in diese Gegend auf die Weide getrieben haben. Da hörte er mit heller Stimme aus dem Massakin rufen: «Die Stunde ist da, aber der Mann noch nicht», und dieses zum zweiten und dritten Mal. Da kam plötzlich ein junger Mann mit raschen Schritten über die schwindlige Wasserleitung daher – und kaum, dass er sich dem Ort näherte, wo man die Geisterstimme hörte, fiel er in den schrecklichen Abgrund hinunter und die Eisjungfrau hatte ihren Mann, den sie dreimal gerufen, endlich gefunden.*

## 38. Fahr jetzt!

*Auf der Belalp sömmerte auch einst eine Familie, die aber aus lauter Geiz noch nach «St. Gallen» (St. Gallus, 16. Oktober) oben blieb. In der Temperwoche zog aber in einer Nacht der Gratzug neben dem Haus vorbei und eine schaurige Stimme rief zum Fenster hinein: «Fahr jetzt!» Die Bäuerin zitterte vor Angst wie Laub und antwortete: «Ja, morgen!» Am anderen Tag trieb sie ihr Vieh (iru Züdul) so schnell als möglich nach Naters hinunter.*

## 39. Das Hotzhaus in Naters

*Das «Hotzhüs» war ein düsterer, alter Holzbau. Düster nach aussen und innen. Die lange Zeit und scheinbar auch die Spuk- und Klopfgeister hatten das Haus hart mitgenommen. An der Tür schlug einem feuchte, faule Luft entgegen, ein Gemisch von Fäulnisgeruch und altem, morschem Holz. Hausflur und Zimmer waren so spärlich vom Tageslicht erhellt, dass man Mühe hatte, die Umrisse eines grossen Steinofens und eines Bettgestells zu erkennen. Sogar am hellen Tag war es einem hier ganz unheimlich zu Mute.*

*Hinter dem Ofen soll es früher schrecklich gewesen sein: Bald sahen die Bewohner einen Mann ohne Kopf sitzen, bald fiel ein Kopf rollend zu Boden, bald ächzte und jammerte es dort, dass den guten Leuten die Haare zu Berge standen. Man soll auch oft einen schwarzen Haufen Geld in der Mitte der Diele gesehen haben und wollte man dasselbe fortnehmen, zerflog es wie ein Schwarm Fliegen.*

*In alten Zeiten soll hier ein Mörder namens Jani gehaust haben, der Bettel- und Pflegekinder erwürgte, sie zerstückelte und in den unter dem Haus durchfliessenden «Wüer» (Wasserleitung) warf. Der Mörder war ein Ausländer, der eine einheimische Frau geheiratet hatte. Einmal wurde er in den Binen ertappt, als er ein Mädchen – es war seine Stieftochter – mit einem langen Messer verfolgte, enthauptete, zerstückelte und in den Rotten warf. Noch am selben Tag wurde er gefangen genommen und gehenkt. Seitdem soll es in diesem Haus so entsetzlich gegeistert haben.*[951]

## 40. Der Gratzug

*Im Natischer Berg soll ein Alphäuschen unmittelbar am Rand eines Totenweges (auch Geisterweg oder Totengang genannt) stehen. Eines Abends liess der Hausvater ein grosses Stück Brennholz im Weg liegen, weil er sich zum Aufspalten verspätet hatte. Um Mitternacht klopfte es kräftig an die Haustür und ihm ward ernstlich geboten, wenn er sein Häuschen retten wolle, sofort den Weg frei zu machen, denn der Gratzug (auch Totenzug, Totenprozession oder Arme-Seelen-Prozession genannt) rücke heran. In aller Eile folgte der Erschrockene und – als der erste Tote anlangte, hatte er zwar den «Totz» (Holzstück) fortgeschafft, sein Fuss aber verspätete sich und wurde vom Gratzug noch an der Ferse erwischt. Er erkrankte an einem unheilbaren Fussleiden.*

*Auf dem Aletschbord in der Lüsgenalp stand eine Hütte mitten in einer Geisterstrasse. Fenster und Hintertür wurden immer offen gefunden, so oft man sie auch wieder schliessen mochte, weil die Toten durchzogen. Deswegen riss man die Hütte ab und stellte sie am Rosswang auf der Belalp auf, wo sie noch heute steht.*

## 41. Der Tote ist beleidigt

*Unterhalb des «Aletschji» begegnete ein Mann dem Gratzug und stellte sich auf die Seite, um ihm Platz zu machen. Am Schluss des Zuges kam ein Hahn und zog hinter sich ein Rundholz, das aber in Wirklichkeit nur ein Strohhalm war, und darauf sass ein Verstorbener. Der Natischer musste deswegen lachen, der Tote war beleidigt, zog dem Hahn eine Feder aus und steckte sie dem Zuschauer in den Fuss. Der Natischer blieb zeitlebens lahm.*[952]

## 42. Pfarrer Rüda und die armen Seelen

*Pfarrer Rüda betete viel und verkehrte mit den Geistern. Es sei häufig vorgekommen, dass ihn die Leute am Morgen mit nackten Füssen auf der Belalp antrafen, weil er die Nacht hindurch* mit den armen Seelen auf dem Gletscher und im Blindtal gewandert war.

## 43. Mühsame Geisterbannung

*Auf dem Blattenbiel stand ein Stall, in dem es niemanden duldete. Man suchte darum Hilfe bei einem Geistlichen. Der begann zu beten und fastete während vierzehn Tagen. Dann wagte er sich in den Stall und der Geist gab endlich nach. Aber der Pfarrer oder Kaplan musste immer vorausgehen und durfte nicht zurückschauen. Wo ein Bach dazwischen kam, wollte der Geist nicht über den Steg gehen; so wateten sie durch das Wasser. Der Geistliche betete dabei ständig und versprach noch eine Messe. So zogen beide hinauf gegen das rote «Rufili». Als sie auf dem Grat angekommen waren, ging gerade die Sonne auf. Wäre dem nicht so gewesen, wäre der Geistliche dem Geist nicht Meister geworden.*
*Warum aber diese ersten Sonnenstrahlen zum Bannen des Geistes notwendig waren, kann ich mir nicht erklären.*
*E: Leopold Margelisch.*

## 44. Der Lachergeist

*Es soll ehemals in unserem Wallis tückische Geister und Bozen gegeben haben. Oft haben sie nachts zwei Kühe an eine Kette geheftet, in den Stafeln auf den Alpen das Vieh vom Lager aufgestört und auseinander getrieben, in den Häusern und Ställen herumgepoltert, den Leuten Stühle und Geschirre in den Weg gestellt, dass sie darüberfielen, den Schlafenden das Bettgewand abgezogen usw. Im Natischer Berg soll in einem Haus ein Bozen gewesen sein, der ein Getöse machte, als wenn er Wolle «karte» (zeise).*
*Ein frecher Bursche, dem dieser Geisterlärm zu lästig wurde, machte absichtlich eine «unanständige» Musik im Bett, worüber sich der Geist erzürnte, so dass er ihm das Bettgewand abzog und so kräftig mit dem Blasinstrument auf den Jungen losschlug, dass er nachher lange nicht mehr sitzen konnte.*

## 45. Steinhagel

*Hier im Natischer Berg kam man früher oft in den Steinhagel (ins Gufer), so besonders im Klosi und bei der Muttergottesstatue oberhalb Naters.*
*Mir passierte es selbst einmal. Ich kam am Abend von einer Beerdigung von Blatten herauf gegen Rischinen zu. Dabei war ich ganz nüchtern und erinnere mich haargenau an alles. Wie ich da im Wald unter einer grossen Tanne vorbeiging, begann es zu schiessen und zu «spretzeln», mit Steinen, Holz und Knollen. Ich blieb gebückt unter dem Baum stehen, aber es fiel nichts zu Boden. Ich sah auch nichts, aber hörte alles ganz deutlich. Da erfasste einen ein richtiges Grauen. Es geschah so um 1930. Solche Sachen ereigneten sich oft. – E: Viktor Zenklusen.*

## 46. Der Bozen im «heiu Stadl»

*Ein Bursche trug auf dem Natischer Berg eine Bürde Heu in den «heiu (hohen) Stadl». Als er die Bürde abgelegt hatte, sah er einen Bozen auf den Stadel zukommen, der aussah wie ein feuriger Strohsack. Der Bursche wagte sich nicht mehr zum Haupteingang hinaus und entfloh durch die fensterartige Öffnung ins Freie. Nachher war zu sehen, als ob der Stadel in Flammen stände.*

## 47. Der Rollibock

*Zu den ältesten Erzählungen von Naters gehört die Sage vom Rollibock. Seine Gestalt war die eines grossen Bockes mit langen Hörnern und feurigen Augen und sein ganzer Leib war statt der Haare mit Eisschollen behangen, welche bei seinem stürmischen Laufen ein furchtbares Klingeln verursachten. Mit der Kraft seiner Hörner soll er Land, Steine und Tannen aufgerissen und in die Luft geschleudert haben. Sein Aufenthaltsort war der Aletschgletscher. Nur selten kam er aus ihm heraus. Wenn aber ein Verwegener sich unterfing, über ihn zu spotten und ihn dadurch herauszufordern, dann brach er plötzlich aus seiner Einöde hervor und sprang so tollkühn über Stock und Stein, dass auch der schnellste Läufer ihm nicht entrinnen konnte. Nur derjenige, der sich in eine Kapelle oder in ein Haus, wo gesegnete Gegenstände aufbewahrt wurden, flüchten konnte, war gerettet. Hatten aber seine Hörner ihn vorher gepackt, wurde er zu Staub und Asche zermalmt.*
*Die Sage ist ein poetisches Bild von der furchtbaren Naturgewalt des Märjelensees, bevor dessen künstlicher Abfluss (in den Jahren 1889–1894) geschaffen wurde. Sobald sich die Wassermassen so hoch angesammelt hatten, dass das Becken voll geworden, suchte sich das Wasser gewaltsam einen Abfluss durch den Aletschgletscher. Da gab es nun ein Krachen und Eisgeklingel, ein Dröhnen und ein Rauschen, bis nach drei Tagen die Rhoneebene überschwemmt war und der Rollibock (Märjelensee) seinen Rachegang vollendet hatte.*

*Märjelensee und Aletschgletscher, Farblithographie, 1882.*

## 48. Der Rollibock jagt die Arbeiter davon

*Auf dem Egg bei der Belalp waren mehrere Arbeiter beschäftigt, die in der «hohen Woche» (Karwoche) Fleisch assen. Da erschien der Rollibock und jagte die Arbeiter in die Flucht.*

# Übersinnliche Kräfte

Die Erzählungen dieses Abschnittes werden weder mit geschichtlichen Hintergründen zu erklären versucht noch ist ein bewusster Ewigkeitsbezug vorhanden. Die Kräfte, die hier wirken, könnte man als unbekannte, mythische Naturkräfte bezeichnen, die auf Menschen, Tiere und leblose Dinge bezogen werden. Da ist z.B. die Rede von der «weissen Gämse» oder den Zwergen, denen Geheimnisse der Natur besonders vertraut sind. Wieder in die Nähe grundsätzlicher Ewigkeitsbereiche geht es bei den Teufelssagen.

## 49. Die weisse Gämse

*Zur Zeit, als in Naters ein gewisser Biderbost Pfarrer war, lebte dort ein ausgezeichneter Gämsjäger, der grosse Lerjen genannt. Er war ein guter Freund des Pfarrers, der auch ein grosser Liebhaber der Jagd war. Als Lerjen ihm erzählte, dass er in den schauerlichen Gredetschbergen ein schönes schneeweisses Gämstier gesehen, dem er aber nicht habe beikommen können, mahnte ihn der Pfarrer, künftig nicht mehr auf die Jagd zu gehen.*

*Einst, als der Pfarrer in Birgisch in der Nacht einen Schwerkranken verwahren musste, traf er auf dem Rückweg noch im Morgendunkel den grossen Lerjen an. Die Büchse auf der Achsel und vollständig zur Hochjagd ausgerüstet, vom Schweiss triefend, begegnete er ihm so eilig, als wenn er sehr pressierte. «Wohin, wohin, Lerjen, so im Sturm?», fragte ihn der Pfarrer. «Ins ‹Gredetschji› das weisse Tier holen, koste es, was es will», gab er zur Antwort. «So – das wird dir doch nicht ernst sein?», fragte wieder der Pfarrer. «Ernst, ernst», erwiderte Lerjen. «Nun denn, so lebe wohl, wir sehen einander nicht mehr», sagte der Pfarrer, drückte ihm noch herzlich die Hand und ging seinen Weg. Abends kam von den Hirten die Nachricht, der Jäger sei in den Gredetschbergen «erfallen» (verunglückt). Er soll sich vom weissen Tier in die gefährlichsten Felspfade haben locken lassen und sei dort in den schwindligen Abgrund gestürzt. Der unglückliche Lerjen wurde klein zerschmettert gefunden und in einem Leintuch zusammengebunden auf den Kirchhof nach Naters gebracht.*[953]

## 50. Der Ochse mit dem feurigen Auge

*Das Schloss auf der Flüe in Naters war ehemals Sommersitz der Bischöfe des Wallis. Vor seinem gänzlichen Verfall seien dort noch lange Zeit Gänge und offene Säle zu sehen gewesen, welche junge Leute oft zu verborgenen Tänzen benutzten. Zwei Burschen gingen einst zu einer solchen nächtlichen Belustigung. Sie kamen zwei Stunden weit her vom Natischer Berg herab. Als sie bei der Schlossruine anlangten und in den finsteren Gang traten, der zu dem Tanzsaal führte, hörten sie das Spiel und Stampfen der lustigen Leute. Aber auf einmal wagten sie keinen Schritt mehr weiter. Starr hefteten sie ihre Blicke auf einen Gegenstand, die Haare standen ihnen vor Schrecken zu Berge, denn vor der Tür des Tanzsaales lag ein grosser, schwarzer Ochse, der mitten auf der Stirn ein einziges tellergrosses, feuriges Auge hatte. Die Tanzlust dieser zwei jungen Leute verwandelte sich in solche Angst, dass sie, einander an der Hand fassend, ohne ein Wort zueinander zu sprechen, eiligst nach Hause liefen, indem es sie dünkte, sie berührten keinen Boden. Beide verfielen nachher in eine schwere Krankheit.*

## 51. Der Fuchs in Geimen

*In Geimen soll es ehemals auch unheimlich gewesen sein. Dort soll ein gespenstiger Fuchs herumgespukt haben. Ein unerschrockener Jäger habe gesagt: «Wenn ich gesegnetes Pulver in meine Büchse lade, so will ich probieren, ob ich diesen Fuchs nicht auf der Beize [Beizjagd] ‹z'schlafen› legen kann.» – In einer Winternacht ging er in einen Stall dorthin, wo es herumspukte, auf die «Fuchspassi». Gegen zwölf Uhr nachts kam wirklich ein grosser Fuchs auf die Beize. Der Jäger schlug an und gab Feuer. Da warf es ihm das Gewehr aus den Händen bis zuhinterst an die Wand des Stalles. Erschrocken, doch mutig wollte er zum «Glotz» (Stallfenster) hinaussehen, ob er getroffen – da stiess er sein Gesicht an ein gletscherkaltes Menschenangesicht – als wenn dasselbe auch hereinschauen wollte. Ungeachtet des Schreckens, den ihm dieser Zusammenprall verursacht hatte, eilte er nach Hause. Die Folge davon war eine lange Krankheit, und dass er niemals mehr auf die Jagd ging.*

## 52. Die Hexe in Hegdorn

*In Hegdorn oberhalb Naters lebte einst, so wird erzählt, eine Hexe, die mit einem braven Mann verheiratet war. Ihr Haus stand gerade auf der Grenzlinie zwischen den Gumpern (Gemeinden) Naters und Rischinen. Die Hexe konnte sich darum in der gleichen Stube auf beliebiges Territorium hinstellen, was den Behörden Unliebsamkeiten verursachte.*

*Zeitweise wohnte die Hexe auch im Aletsch. Sie pflegte vertraute Bekanntschaft mit einem Stridel (Hexer), der in Birgisch wohnte. Wenn sich nun diese Verliebten Besuche machen wollten, nahmen sie die Gestalt von schwarzen Raben an und flogen so zusammen. Diese Raben sah man darum oft auf- und abfliegen.*

*Unsere Hexe hasste unter solchen Umständen ihren frommen Mann sehr, konnte ihm aber nie ein Leid zufügen. Da geschah es, dass sich die Hexe im Aletsch eine Suppe kochen wollte. In diesem Augenblick erinnerte sie sich, dass sie noch keinen Schnittlauch zur Hand hatte. Schnell eilte sie nach Naters hinab und holte sich in einem Garten das nötige Kraut. Als sie auf der Rückreise nach Blatten kam, sah sie ihren verhassten Mann eben auf einem Baum schwarze Kirschen pflücken. Als Rabe flog sie gleich auf die Spitze des Kirschbaumes und liess ihrem aufblickenden Mann – dieser hatte zum Unglück eben unterlassen, zu Mittag den Englischen Gruss zu beten – Kot in die Augen fallen, dass er blind vom Baum stürzte und starb. Die Hexe aber ging ins «Aletschji» zurück und kochte ihre Suppe ruhig weiter.*

*Da ging dann doch der wohlweisen Obrigkeit die Geduld aus. Die Hexe wurde, während sie im Aletsch Suppe kochte, eingefangen und wegen des häufigen Rabenfluges und des Mordes an ihrem Mann in Blatten angeklagt. Vermutlich gestand sie auf der Folter alle diese Verbrechen ein, denn der Richter verurteilte sie nach damaligem Strafgesetz zum Tod auf dem Scheiterhaufen. Die Sünderin wurde in Hegdorn verbrannt, wo man die Richtstätte noch jetzt «Hagscheitji» nennt.*

## 53. Die Gräfin zu den Tischen

*Hoch oben auf der Natischer Alpe, Lüsgen genannt, auf der Grenze des Aletschtales, findet man einen stark zerklüfteten Felsen, der zum Teil in grosse Platten zerspalten ist. Einige von diesen liegen ziemlich eben und horizontal auf, weswegen man diesen Ort zu den Tischen nennt. Dort soll, laut einer Sage, ein grosser Schatz verborgen gewesen sein. Oft habe man vor Sonnenuntergang auf diesen Platten aufgehäuftes Silbergerät schimmern und eine vornehme Frau dort sitzen sehen; doch niemand wagte es, dieser Erscheinung nahe zu treten.*

*Einst aber ereignete es sich, dass ein armer Hirt bei Sonnenuntergang nahe an diesem Ort vorüberging. Da sah er die grauen Platten «zen Tischen» mit schneeweissen Tüchern bedeckt, auf welchen es von aufgehäuften Silbergerätschaften hell schimmerte. Zur Seite erblickte er eine vornehme junge Frau in alter*

*Zu den Tischen, am Fuss des Sparrhorns.*

Tracht, welche regungslos wie ein Leichenstein neben diesen Kostbarkeiten sass. Ihr Haupt war auf einen Arm gestützt und ihr Angesicht verhüllte sie mit einem weissen Tüchlein, das sie in der Hand hielt. Sie winkte ihm mit der anderen Hand, näher zu kommen. Obwohl ihn ein unwillkürliches Grauen überfiel, folgte er doch langsam ihrem Wink. Er war ihr schon so nahe, dass er an ihren Fingern, an Hals und Brust zahlreiche Edelsteine in bald blauem, bald rotem, bald gelbem Licht wie Tautropfen auf Blumen an der Morgensonne blitzen und schimmern sah. Aber je schöner ihm die Gräfin in ihrer reichen alten Tracht vorkam, desto mehr fürchtete er sich, und als er schon so nahe war, dass er die Frage an sie stellen wollte: «Gnädige Gräfin, was ist euer Begehren?», da fing sein Herz vor Bangigkeit so heftig zu schlagen an, dass ihm die Worte auf den Lippen erstarben. Er wandte sich um und lief eiligst von dannen. Eben ging die Sonne unter. Da donnerte und krachte es hinter ihm, als wenn ein Berg einstürzte.

So sehr trieb ihn die Furcht, dass er nicht eimal wagte, zurückzuschauen. Aber dieser Furcht folgte auch bald die Reue nach. «Törichter Narr», schlug er sich mutig an die Stirn, «du hast vor deinem eigenen Glück die Flucht ergriffen». So machte er sich die bittersten Vorwürfe und brachte eine schlaflose Nacht zu. «Morgens will ich», so sprach er verdriesslich, «meinen Fehler gutmachen». Wirklich machte er sich auf, malte sich auf seinem Weg dorthin in seiner Fantasie die gehabte Erscheinung im rosigen Licht, wie er wegen seiner Furcht und seiner Undankbarkeit demütig der edlen Frau abbitten wolle, wenn sie ihm wieder zuwinken würde. Kurz: Er glaubte schon, die Gräfin werde ihn zum Erben ihrer Reichtümer einsetzen. Unter diesem Selbstgespräch neigte sich wie gestern die Sonne zum Untergang und er stand schon nahe am Ort, wo er am Vortag eine so herrliche Erscheinung gehabt hatte. Heute aber war es anders. Er sah nur die zerklüfteten grauen Felsen. Umsonst blieb er einige Zeit, wie im Traum versunken, unbeweglich stehen, als wartete er, dass ihm die Gräfin mit ihren Reichtümern erscheinen sollte.

Alles um ihn war mäuschenstill. Immer nur die zerspaltenen grauen Platten und keine Erscheinung mehr. Da schwärmte in den warmen Strahlen der untergehenden Sonne plötzlich ein

*Die Gräfin «zu den Tischen». Bild von Charles Menge, Granges.*

herrlicher Schmetterling um die Felsentrümmer herum und auf ihn zu. Er wollte ihn fangen: Schon glaubte er, ihn erhascht zu haben. Da entschlüpfte er ihm aus der Hand, flog gegen die Felsenspalten zu und verschwand zwischen denselben, eben als die Sonne untersank. Es wehte ihn ein warmer Luftzug an und es war ihm, als wenn ihm jemand in die Ohren flüsterte: «Du hieltest das Glück schon in der Hand, warum hast ihm den Rücken zugewandt?» Wie oft versuchte er später noch, seinen Fehler gutzumachen, sich mit der Zürnenden auszusöhnen und ihr kniefällig Abbitte zu leisten. Aber der ehemalige Günstling war bei der edlen Frau zu sehr in Ungnade gefallen. Weder die Gräfin noch ihre Schätze konnte er jemals wieder sehen.

## 54. Verstecktes Geld

*In Hegdorn soll einst ein Mann (aber seinen Namen wüsste ich nicht mehr) einen Sohn gehabt haben, der nicht gerade der Hellste (Gescheiteste) war. Darum wollte ihm der Vater, als es zum Sterben kam, einen verborgenen Schatz nicht übergeben. Er schickte ihn aus dem Haus.*

*Der Sohn passte ihm aber auf und sah, wie der Vater einen Herdhafen voll Gold in einem Loch in der Küche versteckte und sich draufsetzte. Dazu sprach er, das Gold solle nicht an den Tag kommen, ausser mit dem gleichen Schlüssel.*

*Der Vater starb und der Sohn begann zu graben. Aber er fand nichts. Da fiel ihm ein: mit dem gleichen Schlüssel. Da holte er den toten Vater und setzte ihn drauf. So erhielt er das Gold und der Vater wurde erlöst, denn es ist nicht erlaubt, Geld zu verstecken, dass es niemand findet. – E: Josef Eyer.*

## 55. Die Fahrt zur Vesper

*Der Pfarrer von Naters, es war ein Lötscher, hatte an einem Sonntag den Bischof von Sitten besucht. Plötzlich stand er auf und sagte: «Jetzt läutet es in Naters zur Vesper, ich muss gehen!» Da meinte des Bischofs Diener: «Da seid Ihr wohl nicht mehr viel zu früh!» – «Willst du auch zur Vesper mitkommen?» – «Gerne komme ich», sagte der Knecht.*

*Der Pfarrer stieg aufs Ross und der Knecht setzte sich hinter ihn. Die Fahrt ging so schnell, dass der Knecht keine Zeit hatte, an etwas zu denken, weder Gutes noch Böses. Er konnte nur rufen: «Herr Jesus», da flog er schon vom Ross und lag auf dem Gamsersand. Der Pfarrer hatte ihm nämlich verboten, ein Wort zu sagen.*

*Gibt es solche Leute, die so schnell fahren, heute wohl auch noch?*

## 56. Der Zwerg verrät die Bodenschätze nicht

*In alten Zeiten lebten auch in Naters viele Bergmännchen oder «Gogwärgini» (Zwerge). Eines dieser Gogwärgini liebte es besonders, sich auf den Holzhaufen, die jeweilen vor dem Pfarrhaus aufgestapelt wurden, herumzutreiben. Schon oft hatte man versucht, den kleinen Knirps einzufangen, aber umsonst. Weil man wusste, dass die Gogwärgini eine besondere Vorliebe für neue Kleider hatten, verfiel man der Idee, ein Paar neue Schuhe zu machen. Die Schuhe wurden dann auf dem Holz festgenagelt, der eine vorwärts, der andere rückwärts gekehrt. Richtig kam das Gogwärgi daher und erblickte die Schuhe. In aller Freude sprang es auf das Holz und schlüpfte in die Schuhe. Diesen Augenblick hatten die Aufpasser abgewartet, um rasch auf das Bergmännchen einzudringen. Mit diesen Schuhen konnte es nicht entfliehen, weil sie eben angenagelt waren, und es kam auch nicht aus ihnen heraus, weil der eine vorwärts, der andere rückwärts schaute. Das kleine Männchen erhob ein furchtbares Geschrei, aber es nützte ihm wenig, es war und blieb gefangen. Auf sein Zetergeschrei kam aber ein anderes Gogwärgi herbei, das ihm Hilfe bringen wollte. Es sah aber bald ein, dass dies unmöglich war, und daher rief es dem gefangenen Schelm zu: «Dulde und ertrage alles, unter keinen Umständen verrate aber drei Dinge: Die Goldmine auf Kühmatten, das Bleierz im Bruchji und den Salzbrunnen im Ebenen Wald.» In der Tat versuchten die Natischer mit allen Mitteln, vom Bergmännchen die Orte über die geheimen Schätze der Berge zu erpressen, aber sie kamen nicht zum Ziel. Der kleine Held liess alle Qualen über sich ergehen, offenbarte aber keine Silbe von all den Reichtümern, die im Innern der Natischer Berge verborgen sind. Schliesslich liess man das Gogwärgi laufen. Man wusste nun, dass auf Kühmatten, im Ebenen Wald und im Bruchji grosse Erzlager waren, aber man konnte sie nicht auffinden. Nur im Bruchji gelang es, das Blei zu entdecken.*[954]

## 57. Der Kratzzwerg in Hegdorn

*In Hegdorn hirtete (das Vieh verpflegen) eine Frau, zu der jeden Morgen, wenn der Mann ausgegangen war, ein Zwerg kam, den sie am Rücken kratzen musste. Sie klagte es ihrem Mann, der sich nun als Frau verkleidete und dem Zwerg, als er wieder kam, mit der Hechel (landwirtschaftliches Gerät) den Rücken zerkratzte.*

## 58. Das Gogwärgi auf der Egge

*Im Weiler Eggen leistete ein Gogwärgi in einer Mühle gute Dienste. Als man ihm aber auf Neujahr eine nagelneue Müllerkleidung schenkte, wurde es stolz, betrachtete sich schmunzelnd und sprach:*

> *«Jetz bin ich a rächte Ma,*
> *der sälber schaffu cha!»*

*Es kam nie mehr zum Vorschein.*

## 59. Das Gogwärgi als «Hirter»

*Bei der Geissbalme oberhalb der Egga im Natischer Berg lebten auch Gogwärgini. Eines von ihnen hirtete im Winter einer Anzahl Bauern aus Naters das Vieh. Nur hatte es im Voraus erklärt, bei schlechtem Wetter müssten sie selber kommen, bei gutem Wetter wolle es alles besorgen.*

*Nun gut, die Leute zogen nach Naters. Bald darauf begann es heftig zu schneien, so dass die Bauern nur mit Mühe zu ihrer Alpe steigen konnten. Das Gogwärgi war aber ganz guter Laune, sass auf der Scheunenstiege, baumelte mit den Beinen und lachte sie aus, das sei doch kein schlechtes Wetter. So gingen die Bauern zufrieden wieder ins Dorf und waren froh, dass ihr Vieh so gut verpflegt sei.*

*Darauf windete es einige Tage hintereinander. Zufällig kamen einige Männer in die Alpe. Wie staunten sie, als ihr Vieh fast am Verhungern war. Vom «Hirter» war vorerst keine Spur zu finden. Schliesslich entdeckten sie in der Scheune ein Tränkfass mit Wasser und in den Heustock war ein grosses Loch gemeisselt. Darin war der Zwerg versteckt, damit der Wind ihm nichts anhaben konnte. Natürlich machten ihm die Natischer heftige Vorwürfe, das sei doch keine Art, die Tiere da fast verhungern zu lassen. Das Gogwärgi stieg aus dem Heustock und zeigte das* halbleere Tränkfass. «So wie hier das Wasser schon verdunstet ist, trocknet uns der Wind das Blut aus den Adern und frisst das Mark aus den Knochen!

> Alle Wetter wären zähm,
> wenn der Wind nicht käm!»

## 60. Das Schafessen

*In Rischinen hielten die Gogwärgini ihre Tänze ab, bei denen sie miteinander gestohlene Schweine verschmausten. Auch Bergbewohner nahmen nach und nach daran teil und haben so das sogenannte Schafessen erlernt. Bei einem solchen Gogwärgitanz soll man einst eine ungeladene und unbeliebte Person damit entfernt haben, dass man dieselbe auf eine leicht verdeckte Werchhechel niedersetzen liess und ihr sagte:*

«Setz di nummu nit so tschäb [schief], bis der d'Hächia [Hechel] am Hindru chläbt!» *Unter Hohngelächter wurde sie dann davongejagt, indem man ihr zurief:* «Selb ta, selb hab, blas der selber du Schadu ab!»

## 61. Deine Finger sind krumm

*Einst besuchte ein Gogwärgi regelmässig das Weib eines Bergmannes, während er das Vieh fütterte. Das wollte der Mann nicht länger dulden und schimpfte dagegen auch dann noch, als das Weib entschuldigend sagte, das Gogwärgi verhindere ihr Spinnen gar nicht, es setze sich nur neben sie auf den Stuhl und kratze ihr freundlich den Rücken.*

*Da schickte der Mann seine Gattin zum Viehfüttern aus, zog deren Kleider an und setzte sich emsig ans Spinnrad. Das Gogwärgi kam, blickte aber schon unter der Stubentür die Spinnerin ernstlich an. Es entfernte sich gleich wieder, indem es sprach:*

> «Deine Finger sind krumm,
> deine Augen ganz stumm,
> du bist der Mann,
> mit dir mag ich nix han! Ade!»

*Und es kam nie mehr.*

## 62. Das Gogwärgi stiehlt

*Ein Natischer trug einmal einen Rückenkorb (Tschifra) voll Fleisch hinauf nach Blatten, um es dort aufzuhängen und trocknen zu lassen. Auf dem Weg «bezog» (bizie = einholen) ihn ein Gogwärgi und wollte ihm ständig die Last tragen. Der Natischer glaubte, er könne das Fleisch schon selber tragen, gab aber schliesslich dem Drängen doch nach und übergab die «Tschifra» dem hilfsbereiten Begleiter.*

*So zogen beide über die Mehlbaumbrücke Blatten zu. Das Gogwärgi ging aber immer «rätzer» (schneller) und «rätzer» den Mehlbaumwald hinauf, dass der Natischer nicht mehr folgen konnte und dem Fleisch und dem Gogwärgi schliesslich schweren Herzens nachschauen musste.*

*Beim Geimerhorn soll der alte Ruppen aus Naters, von dem noch heute Nachfahren am Leben sind, das letzte Gogwärgi dieser Gegend gesehen haben.*

## 63. Die Feengrotte und die Liebste im Ornavassoturm

*Düster und unheimlich erschien der mächtige Ornavassoturm dem jungen Schäfer Gilg aus Mörel. Er beeilte sich, um möglichst schnell von ihm wegzukommen. In seinen Ohren hallten noch die harten, unbarmherzigen Worte des Burgherrn:* «Wenn du um meine jüngste Tochter Agnes freien willst, so musst du in einer goldenen Kutsche, die mit acht Schimmeln bespannt ist, vorfahren. Ich werde dich dann willkommen heissen, sonst aber lass dich hier ja nicht mehr blicken oder du wirst deine Tage im Verlies beenden.»

*Gilg sah noch die traurigen Augen von Agnes vor sich, aber was half ihnen alle Liebe, wenn ein unbarmherziger Vater zwischen ihnen stand.*

*Auf der Rückreise nach Mörel schlief Gilg ermüdet unter einer Tanne ein und hörte im Traum, was ein Gogwärgi ihm zuflüsterte:* «Gilg, sei kein Narr, verzichte auf deine Agnes nicht. Du kennst doch die Feengrotte auf der Burg Mangepan bei Mörel. Geh hin und untersuche den Boden ganz genau. Es ist nämlich dort ein Schatz vergraben. Du musst nur laut den Namen der Fee, Jrwana, rufen.» *Gilg wachte auf und ging wieder zu seinen Schafen. Am nächsten Tag zog ihn sein Hund unwiderstehlich zur Feengrotte hin, wo Gilg sich wieder des Namens der Fee erinnerte und rief:* «Jrwana, Jrwana!» *Niemand zeigte sich, er hörte aber hinter sich ein Geräusch, drehte sich um und sah zu seinem Erstaunen einen kleinen Spalt im Boden, begann zu wühlen und fand daselbst eine Kiste, die prall gefüllt war mit Goldstücken und Edelsteinen.* «Vielen Dank, Jrwana, vielen Dank!» *waren die einzigen Worte, die Gilg herausbrachte.*

*Einige Tage später fuhr eine goldene Kutsche, von acht feurigen Schimmeln gezogen, zum Ornavassoturm in Naters. Ein schöner, fürstlich gekleideter Herr stieg aus und bat den Burgherrn um die Hand seiner jüngsten Tochter Agnes. Es wurde ein glückliches Paar. Ein Jahr später bekamen die jungen Eheleute ein Mädchen, das sie Jrwana nannten.*[955]

## 64. Der Teufelstritt

*Nahe am Steg trifft man auf der Belalp einen etwas flachen Stein an, in dem die seltsame Gestalt eines Fusses eingedrückt ist: Man nennt ihn den Teufelstritt. Die Sage erzählt, der Teufel habe hier einst eine Alpenreise gemacht. Vom Grisighorn soll er einen Schritt bis auf diesen Stein, von dort aufs Hochgebirg im Nessel und endlich aufs Glishorn getan haben.*

*Weil aber der Schritt über den ganzen Briger Zenden sehr breit war, so sei durch das starke Auftreten auf die Spitze des Glishorns diese zersprengt worden. Dort oben soll wirklich ein grosser Spalt im Felsen sein, der sich immer mehr erweitert, und laut einer Sage soll Brig einst von den Trümmern eines mächtigen Felsens vom Glishorn verschüttet werden.*

*Auf diesem zerklüfteten Felsen steht jetzt ein Kreuz, vielleicht um dem Teufel die Lust zu nehmen, zum zweiten Mal so unhöflich draufzutreten.*

## 65. Der Teufelsschuss

*Als der Teufel bei seiner Wanderung den Fuss aufs Glishorn setzte, war es gerade drei Uhr nachmittags und es ertönte das Vespergeläute von Naters her. Schnell wandte er sich um und voll Zorn schnellte er ein Verderben bringendes Geschoss ins Tal hinab, um den Kirchturm von Naters zu vernichten.*

*Doch der Schuss ging fehl. In seiner übereilten Hetze hatte der Teufel nicht gut gezielt. Ein Felsen in der Schratt oberhalb Naters zeigt noch heute das viereckige Loch, wo das Geschoss einschlug.*

*Dieses Loch, oberhalb des Bethäuschens am Bergweg in der Schratt zu finden, scheint übrigens von Menschenhänden in* den harten Felsen eingeschnitten. Einige glauben, es sei zur Zeit, als das Wallis ein See war oder der Genfersee den Fuss der Furka beleckte, gemacht worden, um Schiffe anzubinden, weil in ungefähr gleicher Höhe noch jetzt im Osten von Hegdorn ein in den Felsen eingesetzter Eisenring zu finden ist.

## 66. Die hahnenfüssige Verführerin

*Am Weg zum Natischer Berg befindet sich auf einer Fluh oberhalb der Schratt zwischen schroffen Felsen eine Scheune mit Stall. Wenn junge Leute nachts da vorübergingen, sahen sie bei diesem Stall nicht selten eine schmucke Küherin, welche Geschäfte zu machen schien und zu den Vorübergehenden sehr freundlich war. Niemand kannte sie.*

*Als eines Abends wieder ein junger Bursche des Weges kam, war auch die Küherin auf dem Posten und tat freundlicher als gewöhnlich. Sie winkte ihm, zu warten und zu ihr zu kommen. Der Junge vermutete nichts Ausserordentliches, liess sich darum nicht zweimal einladen und folgte willig. Als ihm die Küherin zu verstehen gab, er solle mit ihr über eine hohe Leiter hinauf zum Giebel in die Scheune, die voll Heu war, hineinsteigen, weigerte er sich voranzugehen, so ernstlich es auch die Küherin verlangte. Diese musste nachgeben und ging selber voran. Mitten auf der Leiter gewahrte der nachfolgende Bursche mit Schrecken, dass die schmucke Frauensperson «Hahnenfüsse» hatte. Beschämt kehrte er gleich um und ging traurig seines Weges. – Von der hahnenfüssigen Verführerin aber war von dem Tag an nichts mehr zu sehen.*

# Legendenartige Erzählungen

Die hier als legendenartige Erzählungen dargestellten Berichte sind wohl eher der Sage als dem Märchen beizuordnen. In manchen Fällen stehen sie in enger Verbindung mit der Dorfgeschichte. Nicht wenige Male kommen in diesen Berichten auch heiligmässige, volksverbundene Geistliche vor. Diese erlangen aber nur dann Gewalt über die Geister, «wenn sie ganze Hosen anhaben» und dem Essen nicht zu grosse Bedeutung beimessen; fette Herren haben keine Gewalt.

## 67. St.-Joder-Kapelle

*Im Bruchjibach bei Blatten war meistens nur so viel Wasser, um damit eine Mühle zu treiben. Manchmal war er bös, wütete und rumpelte und man wusste nicht, woher das viele Wasser kam. Da ging man hinauf zur St.-Joder-Kapelle und läutete. Einst hörten sie dort rufen: «Stoss, stoss!» – «Ich kann nicht, wenn ‹ds Joderli› läutet!»*

## 68. Der Einsiedler Rüodu

*Im Gredetschtal heisst es an einem Ort «Im Rüoduofo». Da soll vor langer Zeit ein heiligmässiger Einsiedler gelebt haben. Der nährte sich nur von Weizenkörnlein, drei Körnlein ass er im Tag. Die Leute von Mund gaben ihm ein Fischel Weizen mit und versprachen, sie würden ihn von Zeit zu Zeit besuchen und schauen, wie es ihm gehe. Besonders als er schon älter war, hatten sie grosse Sorge um ihn und wollten ihn überreden, etwas näher beim Dorf zu bleiben. Der Einsiedler ging nicht darauf ein und tröstete sie: «Wenn mir etwas fehlt oder gar etwas Menschliches zustösst, werdet ihr es schon zur rechten Zeit vernehmen.»*

*Und so war es auch. Eines Tages begannen die Glocken der Pfarrkirchen in Mund, Glis und Naters von selbst zu läuten. Als man beim Einsiedler nachschaute, war er tot. Man begrub ihn feierlich in der Kiche von Mund unter dem Altar. Später hiess es auch, um diese Leiche zu heben, brauche man goldene Instrumente. Darum hat man es wohl bis heute bleiben lassen.*

*Nach einer anderen Sage soll dieser Einsiedler ein ehemaliger Pfarrer von Naters gewesen sein. Er zog sich im hohen Alter in den Gliserwald zurück, konnte es da jedoch nicht aushalten, weil die Hoffart der Umgebung einen derartigen Gestank für ihn bildete. Deshalb wanderte er ins Gredetschtal und starb dort als Einsiedler.*

## 69. Der Aletschmann

*Der fromme Aletschmann soll oben im «Aletschji» gewohnt haben und kam nie herunter nach Naters in die Kirche. Da beklagten sich einzelne Leute beim Pfarrer und reklamierten, das sei doch nicht richtig, diesen Mann da so allein gewähren zu lassen. Der Pfarrer liess den Aletschmann also kommen und fragte, wo er zur Messe gehe. Er antwortete, er besuche nur mehr die himmlische Messe. Der Pfarrer glaubte das natürlich nicht, worauf der fromme Mann erklärte: «So stellt einmal Euer rechtes Bein auf meinen rechten Fuss und schaut über meine linke Achsel!» Der Pfarrer tat es und erblickte eine himmlische Messe mit Christus und mit den Engeln. Er solle nur wieder hinauf ins «Aletschji» gehen, er brauche diese Messen in Naters nicht mehr, befahl darauf der Pfarrer.*

*Dieser fromme Aletschmann erhielt auch das Himmelsbrot. Es kam jeden Morgen, wie früher das Manna, vom Himmel herunter. Da nahm er aber einmal zwischen Mehlbaum und Blatten «bi de Saagerstüde» einen Span (Schnätz) Holz von einer Holzbeige weg und ging damit ins «Aletschji». Am folgenden Tag kam kein Brot mehr. Es fiel ihm sofort ein, das Holz dürfte der Grund dafür sein, und er trug es sofort zurück. Aber das Himmelsbrot kam nicht mehr. Das erzählten meine Eltern oft.*
E: Josef Eyer.

*Variante von Moritz Tscheinen (WS 1872, Nr. 10): Die Engelmesse. – Der Pfarrer lässt den Aletschmann während der Messe beobachten. Auf die Frage, warum er während der Messe einmal geweint und einmal gelacht habe, sagte der fromme Mann: «Ich weinte, weil ich sah, dass während der Predigt zwei Weibsbilder so viel schwatzten, dass der Teufel, der alles hinter ihnen aufschrieb, schon eine ganze Kuhhaut überschrieben hatte. Über diese vielen Sünden weinte ich. Da ich aber sah, dass der Teufel die Kuhhaut mit den Zähnen auseinander ziehen wollte, um sie zu verlängern und mehr Platz zu gewinnen, zerriss die Haut vor lauter Ziehen und der Teufel schlug den Kopf heftig rückwärts an die Mauer. Da konnte ich mich freilich des Lachens nicht enthalten.»*

## 70. Der Aletschmann (Variante nach Jegerlehner)

*Im «Aletschji» war das ganze Jahr eine Haushaltung, aber weder die Eltern noch die Kinder kamen je zur Messe. Da sandte der Pfarrer einen Mann hinauf, damit er nachsehe, warum sie nie kämen. Dieser traf zuerst nur die Kinder an, die sich belustigten und wetteten: «Gilt es das Vaterunser!» Der Mann dachte, die wüssten doch wenigstens das Vaterunser. Er fragte sie, wo Vater und Mutter seien. Da sagten die Kinder, sie seien zur Mes-*

se gegangen. «Ja, wo denn?» – «Zum grossen Stein.» Bald darauf kamen die Eltern und der Vater führte den Mann zum «grossen Stein» hinauf und sagte, er solle sich auf seinen rechten Fuss stellen und ihm über die Schultern schauen. Das tat er und er sah nun einen Geistlichen, der Messe las, und zwei Diener.

Einst erschien der Aletschmann unten in Naters in der Kirche und da lachte er während der Messe dreimal laut auf. Nach der Messe stellte ihn der Pfarrer zur Rede und unser Aletschmann erzählte nun, warum er dreimal gelacht habe. «Ein Mädchen hat eine grob gesponnene Schürze getragen und darob hat es eine solche Hoffart gehabt, dass der Teufel gekommen ist und sich ihm auf die Achsel gesetzt hat, und da habe ich lachen müssen. Dann ist der Teufel aufs Fenster gestiegen, hat dort eine Kuhhaut ausgebreitet, auf der alle Eure Sünden gestanden sind, hat dran herumgezerrt und dann ist sie zerrissen, und da hat er eine solche »Gränna« (Grimasse) gemacht, dass ich wieder habe lachen müssen. Während der Wandlung ist der Teufel auf Eurer Achsel gesessen und jedesmal, wenn Ihr den Herrgott hinaufgehalten habt, ist er hinuntergefallen und dann wieder hinaufgehüpft und da habe ich abermals lachen müssen. Seht, Eure Sache steht auf einer Nadelspitze!» Da sagte ihm der Pfarrer, er brauche nicht mehr zur Messe zu kommen.

Auf dem Rückweg riss der fromme Mann bei der St.-Antoni-Kapelle einen Ast aus, um sich seiner als Stock zu bedienen. Da kam das Himmelsbrot, das er sonst immer erhalten hatte, nicht mehr. Da ging er zur Kapelle zurück und steckte den Ast wieder hinein, und da erhielt er das Himmelsbrot wieder.

Der Geistliche hat sich dann bekehrt.

## 71. Die St. Kümmernus in Naters

*Im Beinhaus neben der Pfarrkirche in Naters fand man ein sonderbares Schnitzwerk, das eine Person in Lebensgrösse an ein Kreuz genagelt darstellte. Die Statue war mit drei oder vier verschiedenfarbigen alten Röcken bekleidet. Am Kopf fielen grosse schwarze Augenbrauen und ein kräftiger Schnurr- und Kinnbart auf. Das Gesicht war mit lebhaften Farben bemalt und stark lackiert, dass es den Anschein hatte, die Haut wäre nass von Schweiss und die grossen schwarzen Augen nass von Tränen.*

*Eine Legende erzählt, die heilige Kümmernus sei eine schöne Königstochter gewesen, die ihr königlicher Vater mit einem Menschen, der ihr missfiel, verloben wollte. Sie hatte überhaupt keine Neigung zum Ehestand und wollte ihr Leben Gott widmen. Weil sie aber auf die eigene Kraft, allen Versuchungen zu widerstehen, zu wenig Vertrauen hatte, nahm sie ihre Zuflucht zu Gott. Und sie wurde erhört: Ihr Mund, ihre Nase und ihre Augen wurden gross und entformten sich entsetzlich; kohlschwarze Augenbrauen und ein gewaltiger Stutzbart vollendeten die Entstellung ihres einst so schönen Antlitzes. Als der Vater das Spiel merkte, liess er im Zorn seine Tochter an ein Kreuz nageln. Man erzählt ferner, die Sankt Kümmernus habe einst von Naters davonlaufen wollen. Zum Glück begegnete sie auf ihrer Flucht zuoberst im Dorf einem Mann, dem sie noch länger zu bleiben versprach, wenn man ihr alle sieben Jahre ein neues Kleid gäbe.*

## 72. Ein Lilienzweig blüht

*Pfarrer Rüda zog einst mit einem Geist von Hegdorn hinauf gegen den Grat. Der Geist stellte sich dabei immer auf alle Brücklein und Rüda musste daneben durchs Wasser waten.*

*Als sie an der Alpe Bel vorbeikamen, nahm Rüda einen Lilienzweig und steckte ihn auf eine Türklinke. Sie begann dort zu blühen und blühte lange. Von diesem Tag an erkrankte aber Rüda und wurde nie mehr so gesund wie vorher.*[956]

## 73. Das Lauberweglein

*Der obere Teil der Gemeinde Visperterminen war in alter Zeit zu Naters pfarrgenössig. In der Kirche von Naters hatten die Terbiner einen bestimmten Platz und im Gemeindehaus einen eigenen Tisch, an welchem sie ihre Hochzeits- und Begräbnismahlzeiten hielten. Dieser Tisch ist erst um 1878/1880 aus dem Gemeindehaus entfernt worden. Der Weg zur Kirche war aber nicht nur weit, sondern auch gefährlich. Er führte über den Berg durchs «Loüberwägji» (Lauberweglein) über das Gebidem ins Lind im Nanztal, von dort über die «Gamsna» in die Eselalpe und weiter über Glis nach Naters. Dieser Weg soll mehrfach Opfer gekostet haben und einmal seien acht Personen gleichzeitig verunglückt.*[957]

*Der Kirchgang nach Naters. Bild von Andreas Henzen (\*1955), Visp.*

# Schwarze Chronik

In diesem Kapitel geben wir nach Art einer Chronik auffallende Ereignisse während fünf Jahrhunderten wieder. Es geht vor allem um Todesfälle von besonderer Tragik, wie etwa Unglücksfälle bei Arbeiten, in den Bergen, im Strassenverkehr, oder um Todesfälle von Natischern, die früher in fremden Ländern Kriegsdienste leisteten. Es fällt auf, dass ehemals recht viele Natischer, vor allem in Frankreich und Italien, in königlichen Armeen dienten. Manche bekleideten höhere Offiziersränge und erwarben sich ein ansehnliches Vermögen, andere fielen auf dem Feld der Ehre. So starben z.B. im Walliser Bataillon, das in Spanien für Kaiser Napoleon kämpfen musste, in den Jahren 1809-1812 nicht weniger als neun Soldaten aus Naters. Oft wird in den Sterbebüchern nur gesagt «obiit in bello» (er starb im Krieg), ohne dass ein Ort angegeben wäre. Am meisten Kunde von solchen Geschehnissen geben uns die Sterbe- und Stammbaumbücher des Pfarrarchivs von Naters. Neben tragischen Todesfällen ist auch die Rede von Überschwemmungen, Epidemien, Erdbeben, Feuersbrünsten, Felsstürzen, kurzum: von negativen Ereignissen, weshalb wir dem Kapitel den Titel «Schwarze Chronik» geben. Wir müssen uns aber im Klaren sein, dass lange nicht alle ausserordentlichen Ereignisse aufgeschrieben wurden, weshalb wir es hier mit einer bruchstückhaften Chronik zu tun haben.[958]

**1554** verbrannten in Eggen ob Blatten an die 50 Firsten (vgl. Kap. «Siedlungsgeschichte ...»).

**1666** «starben im Krieg» Anton Gasser und Georg Zumberg.

**1669** Gemäss einer Notiz aus dem ersten Taufbuch von Naters (G1) trat am 14. Juli in Naters der Kelchbach über die Ufer, riss die zwei Holzbrücken mit, ergoss sich beidseits des Natischer Feldes bis zur untersten Brücke und deckte viele satte Kornfelder mit Sand, Geröll und Steinblöcken zu.

**1703** erlitt Peter Adig als Soldat in Frankreich den Tod.

**1707** starben als Soldaten Christian Lagger im Piemont (Italien) und Moritz Pfaffen in Frankreich.

**1708** ereilte den in französischen Diensten stehenden Soldaten Peter Pfaffen der Tod. – Magdalena Jossen fiel von der Mehlbaumbrücke kopfüber in den Kelchbach.

**1709** kam der Jüngling Kaspar Albert als Soldat in Frankreich ums Leben.

**1710** starb Anton Zumberg als Soldat in französischen Diensten.

**1711** – Im Februar wurde Johann Lagger im Natischer Berg von Schneemassen verschüttet. Der Leichnam konnte erst nach einem Monat geborgen werden.
– Am 8. September erwies man in Naters dem in Frankreich gefallenen Studenten Lorenz Tickel bei einem Gottesdienst die letzte Ehre.

**1714** schied Johann Wyssen, der in französischen Diensten stand, bei der Belagerung von Barcelona aus dem Leben.

**1716** brach der hochbetagte Peter Ruppen auf einer Wiese zusammen und starb.

**1720** Am 26. August wurde alt Sindik (Präsident) Joseph Jossen beim Emden vom Tod überrascht.

**1755** Am 9. Dezember um 14.30 Uhr versetzte ein heftiges Erdbeben Naters und Umgebung in Furcht und Schrecken. In der darauf folgenden Nacht gab es des Öfteren weitere heftige Erdstösse. Welche Schäden dieses Beben vor allem an der Kirche verursachte, führen wir näher im Kapitel «Pfarrkirche Sankt Mauritius» aus. Auch das Pfarrhaus hatte durch das Erdbeben gelitten. Es kostete schwere Opfer, all diese Schäden zu beheben.
Des Weiteren weiss Moritz Tscheinen zu berichten: «Zur Zeit der Zerstörung von Lissabon gab es zu Brig, Naters, Glis, Visp und Leuk vom 1. November 1755 bis zum 27. Februar 1756 fast täglich neue Erdstösse. Einige waren so heftig, dass Kirchen barsten, Glockentürme einstürzten, Häuser unbewohnbar wurden, einige Quellen versiegten, das Wasser der Rhone sich trübte, der Strom rückwärts gehende Bewegungen machte und wie ins Sieden geriet. Auf den Feldern entstanden breite und lange Spalten, aus denen Wasser hervorsprudelte und die sich oft plötzlich öffneten und schlossen. Dreimal mussten die Einwohner dieser Gemeinden ihre wankenden Häuser verlassen und sich aufs freie Feld flüchten.»[959]

**1777** Anfang August wurde der 37-jährige ledige Josef Bammatter, des Josef, im Aletsch «beim obern Gallo-Läger» von Schafen in den Abgrund gestossen und tödlich verletzt.

**1790** – Am 22. November trug man Franz Gasser zu Grabe, der «im Berg» zu Tode gestürzt war.
– Im Aletsch ereignete sich ein ungewöhnlicher Unglücksfall: Die 18-jährige Katharina Salzmann, des Christian, «wurde versehentlich erschossen».

**1797** Am 5. November trug man den in der Rhone tot aufgefundenen Joseph Restimann von Martisberg zu Grabe.

**1798** Im August starb Moritz Michlig, des Peter Joseph, als Soldat im Piemont.

**1799** – Am 28. Mai erlitt Franz Joseph Mathig aus der Pfarrei Mörel im Kampf gegen die Franzosen bei Pfyn schwere Verletzungen. Mit aller Mühe bis nach Naters transportiert, erlag er hier den Verletzungen. Aus Angst vor dem heranrückenden Feind wurde er noch am gleichen Tag auf dem Friedhof von Naters beigesetzt.

**– Am 29. Mai starben bei Pfyn** im Kampf gegen die Franzosen in edelmütiger Gesinnung «für Gott und Vaterland» folgende 20 Männer aus Naters, die in der Reihenfolge des Sterbebuches wiedergegeben werden:

*Peter Schmid*  *Peter Jossen*
*Peter Wyssen*  *Christian Michlig*
*Peter Volken*  *Peter Anton Imhof*
*Peter Gertschen*  *Joseph Sewer*
*Peter Joseph Eyer, Major*  *Joseph Steiner*
*Moritz Wyssen*  *Joseph Kammerzing*

*Christian Theiller*  *Moritz Lagger*
*Anton Amherd*  *Simon Meyer*
*Joseph Eyer*  *Joseph Bind*
*Peter Steger*  *Joseph Eyer, des Adrian*

– Am selben Tag starb bei Pfyn ebenfalls Fabian Naterer von Birgisch. Ebenso meldet das Sterberegister von Naters am gleichen Tag den Tod von Maria Jossen, Gattin des Ignaz Holzer, die sich vor den Franzosen nach Mund flüchtete und vor Hunger starb; sie wurde in Mund beerdigt.

– Im Simplongebiet erlag Moritz Eyer von Naters den schweren Verletzungen, die er sich im Kampf gegen die Franzosen zugezogen hatte; er wurde am 18. Juni 1799 in Simplon-Dorf zu Grabe getragen.[960]

– Im Sommer 1799 wurde Valentin Schwerin von den Franzosen ermordet, in den Rotten geworfen und erst im November daselbst tot aufgefunden.

– Am 22. November fand man den Leichnam «des Bettlers» Joseph Furer.

**1801** Am 10. Januar starb in Kuttenberg (Böhmen) Moritz Matthias Albert. Er war dort beim «Alliierten Schweizer Regiment Roverea» eingeteilt.

**1802** – Am 20. April ertrank das Kind Peter Eggel, des Moritz.

– Im Oktober starb im Dienst des englischen Königs Peter Michlig, für den in Naters ein Gedenkgottesdienst abgehalten wurde.

**Um 1805** wurde Christian Margelisch (*1769), des Peter, verheiratet mit Martha Jossen, in der Zeit der französischen Besatzung «in Visp enthauptet».

**1808** Im Oktober stürzte Melchior Anton Delowina von Siders, wohnhaft in Naters, «in Birgisch bei einem Schäflein-Essen in einen Kessel heissen Wassers» und zog sich derart schwere Verbrennungen zu, dass er vier Tage danach starb.

**1809** – Im Mai starb der 26-jährige Franz Bammatter, des Christian, in Frankreich nahe der spanischen Grenze, wo er im Dienst Napoleons stand.

– Im gleichen Monat kam der in Naters wohnhafte Johann Josef Graven, des Johann, als Soldat in Spanien ums Leben.

– Am 23. Juni wurde der Knabe Moritz Anton Bammatter, des Georg, begraben, der tags zuvor infolge Unaufmerksamkeit der Mutter «im Wasser erstickte».

– Am 31. August trug man Valentin Seit (Seiter, Zeiter) zu Grabe. Er zog sich in den Driesten beim Sturz von einem Baum tödliche Verletzungen zu.

**1810** – Im September fiel in einer Schlacht in Spanien Martin Michlig, des Christian. Martin leistete seinen Dienst in einem Walliser Bataillon, das in französischen Diensten stand.

– Im Dezember kam der im militärischen Einsatz stehende Johann Eyer, des Peter, in Spanien ums Leben.

**1811** – Im März starb im Spital in Spanien der im Walliser Bataillon Dienst tuende Georg Schmid, des Peter.

– Am 7. Juni segnete Joseph Bammatter, des Christian, das Zeitliche; er diente als Soldat in Livorno (Italien).

– Im Oktober verlor in Spanien der in Naters wohnhaft gewesene Johann Peter Graven, des Johann von Zermatt, das Leben.

**1812** – Im April starb in Spanien (oder Frankreich) im Militärdienst der Jüngling Anton Wyssen, des Joseph.

– Ebenso musste Johann Ruppen bei einem Fronteinsatz in Frankreich sein Leben mit dem Tod bezahlen.

**1814** – Im März verlor Christian Schmid, des Georg, im Berisal im Kampf gegen Italiener sein Leben.

– Im Krieg in Spanien fiel Joseph Michlig.

**1815** berichtet das Sterbebuch, dass Adrian Huber, des Joseph, vor acht Jahren in fremde Dienste trat und dass er irgendwo gestorben sei, da man nichts mehr von ihm erfahren habe.

**Um 1816** starb als Soldat in fremden Diensten Thomas Bammatter, des Christian.

**1817** Am 5. März richtete die Gratlawine in Bel beträchtliche Schäden an Hütten an (vgl. Kap. «Alpen», unter «Das Bergdörflein Bel»).[961]

**1823** Am 18. September wurde Peter Walden unter einem einstürzenden Haus «in der Ebi», wo er übernachtete, von den Erd- und Steinmassen verschüttet.

**1825** Am 14. August verlor der Jüngling Moritz Salzmann in Versailles (Frankreich) sein Leben und wurde daselbst beerdigt.

**1827** Am 27. August starb an den Folgen eines Schlangenbisses der zwölfjährige Franz Salzmann, des Moritz.

**1828** Am 4. Dezember schied in Blaye (Frankreich) nach einem heftigen Fieberanfall der Offizier Peter Josef Wyssen aus dem Leben.

**1830** Am 9. Februar stürzte Christian Bammatter, genannt «Kleinchristeli», von einem Baum zu Tode.

**1834** Am 14. April starb im Spital von Neapel der Soldat Johann Bammatter.

**1835** Am 16. Mai stürzte der Jüngling Kaspar Salzmann über einen Felsen hinab und starb.

**1836** Am 23. Oktober verlor Johann Baptist Carlen, Sohn des Orgelbauers Baptist, in neapolitanischen Diensten stehend, sein Leben.

**1844** In der Nacht vom 13./14. Januar legte eine Feuersbrunst in Naters das Haus und das Atelier des Orgelbauers Fridolin Carlen in Schutt und Asche. Der Schaden belief sich auf 2164 Franken. Ebenso erlitten Andreas Michlig und Joseph Bittel Schäden im Wert von 3543 Franken. Der Staatsrat gestattete den Geschädigten, in den Bezirken Goms, Brig und Östlich Raron eine Kollekte vorzunehmen.[962]

**Um 1845** verunglückte im Aletsch Moritz Michlig (*1806), des Andreas, Gatte der Therese Lerjen. (Er ist im Totenregister nicht eingetragen. Wurde er etwa nicht aufgefunden?)

**Um 1846** ertrank in der Rhone Paul Jossen (*1818), des Adrian, Gatte der Therese Amherd.

**1855** starb in Neapel als Soldat der 37-jährige Moritz Imhof, des Josef Anton, Gatte der Katharina Ruppen. Seine Frau ging ihm aber bereits im Heiratsjahr 1847 im Tod voraus.

**1861** – Am 1. Juli ertranken im Rotten der 25-jährige verheiratete Josef Eyer, des Johann, und Felix Salzmann, des Felix.

– Am 15. September wurden Haus und Bäckerei des Bäckers Anton Salzmann ein Raub der Flammen. Der Gesamtschaden betrug 12 000 Franken.[963]

**1862** – Am 29. April stürzte der fünfjährige Alois Burgener, des Peter, im Birgischer Berg über einen Felsen und wurde tot aufgefunden.

**1864**
– Am 4. Mai fiel der 15-jährige Anton Ruppen, des Anton, beim Ziegenhüten über abschüssiges Gelände zu Tode.
– Am 1. Oktober zog sich der 20-jährige Alois Schwery, des Valentin, bei Holzarbeiten im Tunetschwald tödliche Verletzungen zu.
– Am 4. Juli stürzte der siebenjährige Johann Gertschen, des Kaspar, auf der Alpe Lüsgen in einen Teich und ertrank. Er wollte aus kindlichem Übermut ein sich sträubendes Schaf waschen.
– Am 10. September erlitt der 57-jährige Ignaz Wyssen, des Joseph, im Moos auf einem Baum einen Schlaganfall, stürzte hinunter und war auf der Stelle tot.
– Am 30. September fiel der 17-jährige Peter Gemmet, des Peter, über einen Abgrund zu Tode.
– In Rom starb als Soldat der 34-jährige Alan Gutwetter, des Anton.

**1865** Am 19. September wurde Johann Jossen, des Anton, «in der Schratt von einem Pferd erschlagen».

**1866**
– Am 18. Juni stürzte der 14-jährige Johann Salzmann, des Peter, im Aletsch über einen Felsen zu Tode.
– Am 22. Juli stürzte der achtjährige Ludwig Salzmann, des Ignaz, in Weingarten von einem Maulbeerbaum zu Tode.

**1868**
– Am 2. Februar wurde die 22-jährige Anna Maria Eyer, des Anton, «im Brigerberg tot aufgefunden».
– Am 15. September erstickte in Naters in einer Kalkgrube der vierjährige Franz Eggel, des Josef.

**1869**
– ertrank in der Rhone der 13-jährige Kaspar Bammatter, des Moritz.
– Am 22. August verunglückte im Gredetsch der 23-jährige Johann Joseph Imwinkelried, des Johann Joseph.

**1870** Am 19. Juli stürzte die 57-jährige Anna Jossen, des Josef, im Aletsch über eine Felswand zu Tode. Der zerschlagene Körper soll einen schrecklichen Anblick geboten haben.

**1874**
– Am 9. Januar erlitt der sechsjährige Johann Michlig, des Moritz, bei einer Schlittenfahrt tödliche Verletzungen.
– Am 16. Januar starb in Rom im Dienst des Papstes der 28-jährige Matthias Ruppen, des Adrian.

**1876** Am 1. April wurde die 49-jährige ledige Agatha Gertschen, des Stefan, beerdigt. Sie fiel «unfreiwillig» in den Rotten und wurde erst nach mehreren Monaten bei Lalden geborgen.

**1877**
– Am 16. November stürzte der Familienvater Moritz Jossen, des Anton, von einem Dach in den Tod.
– Am 27. November kam Moritz Salzmann, des Johann Josef, bei Holzarbeiten im Rohrberg ums Leben. Für seine schwangere Frau Katharina war dies ein schwerer Schlag.

**1879** Am 13. August wurde der 34-jährige verheiratete Josef Bammatter, des Anton, im Wald tot aufgefunden.

**1880** – Im März traten in Naters mehrere Fälle von Windpocken auf. Die Krankheit wurde von einer Familie aus Unterwalden eingeschleppt. Diese liess sich um diese Zeit in Naters nieder und hatte bereits einen Todesfall in der Familie zu beklagen. Der Leichnam wurde nicht in die Kirche getragen, sondern sofort beerdigt. Der Bezirksarzt M. Riedi stellte in der gleichen Familie zwei weitere Fälle fest und ergriff die entsprechenden Massnahmen. Das betreffende Haus wurde desinfiziert und strengstens abgeschirmt.[964]
– Am 15. Juli stürzte die 49-jährige Felicia Feller, des Anton, beim Ziegenhüten im Ort genannt «im Schleif» so unglücklich über einen Felsvorsprung, dass sie auf der Stelle verschied.
– Am 22. Juli wurde die elfjährige Sophie Jossen, des Moritz, im Blindtal tot aufgefunden; sie verunglückte daselbst beim Ziegenhüten.

**1882** Am 17. April mussten sämtliche Schulen geschlossen werden, «weil in der Gemeinde der Typhus ausbrach».[965]

**1883**
– Am 16. Mai fiel die 51-jährige Katharina Gasser, Tochter des Adrian Nater, Gattin des Kaspar Gasser, bei der Nussbaumbrücke (Mörel) in die Rhone und konnte trotz langen Suchens nicht aufgefunden werden. Sie hinterliess drei Kinder zwischen sieben und zwanzig Jahren.
– Am 26. Mai stürzte der 49-jährige Felix Zeiter, des Franz und der Anna Maria Eyer von Birgisch, Gatte der Katharina Pfaffen von Mund und Vater von fünf Kindern, im Gredetsch bei der Suche nach Schafen über eine Felswand und war sofort tot.
– Am 9. Juli fiel der 66-jährige Josef Anton Imhof, des Ferdinand, Gatte der Kreszentia Eyer und Vater von sieben Kindern, bei Reparaturarbeiten an einer Scheune im Ort «Liegji» derart unglücklich vom Dach, dass er auf der Stelle verschied. Kaplan Bittel, der gerade von der Alpe Bel kam, konnte ihm noch die Sterbesakramente spenden.

**1884** Am 4. September waren drei junge, verheiratete Männer «beim Finsteren Feld» in Naters in der Rhone

*Kreuz in Erinnerung an die drei Verunglückten von 1884. Seit 1999 an der Landstrasse westlich des Hauses Nr. 80 aufgestellt.*

beim Holzflössen beschäftigt. Pfarrer Amherd berichtet im Sterbebuch ausführlich über diesen Unglückshergang. Es herrschte starkes Unwetter. Als die drei Männer, die miteinander mit Seilen verbunden waren, sich an einer Stelle bis zum Flussbett hinauswagten, wurden sie von den Wassermassen mitgerissen und verschwanden in den Wellen. Die drei tödlich verunglückten Männer heissen:

1. *Anton Schmid,* 34-jährig, Sohn des Anton, Gatte der Maria Eggel und Vater eines Sohnes. Anton wurde am 8. Oktober 1884 als erster bei Visp im Rotten gefunden. Er war der Zwillingsbruder von Moritz (1850–1919). Die trauernde Gattin des Verunglückten, Maria Schmid-Eggel, wanderte 1887 mit ihrem Sohn Franz nach Amerika aus.

2. *Josef Gasser,* 37-jährig, Sohn des Josef, verheiratet mit Katharina Guntern von Ernen. Josef wurde erst am 2. Mai 1885 im «Gamsersand» von Fischern entdeckt.

3. *Josef Salzmann,* 31-jährig, Sohn des Johann, Gatte der Katharina geborene Salzmann und Vater von drei Kindern. Erst am 28. Mai 1885 fanden Waldarbeiter, ebenfalls beim «Gamsersand», seinen Leichnam im Rotten.

**1885** Am 17. August wurde der 64-jährige Klemens Nellen, des Valentin, Gatte der Maria Josepha Gasser und Vater von sechs Kindern, in den Geissbalmen von einem von Kindern ins Rollen gebrachten Stein erschlagen. Er war der Drillingsbruder von Andreas und Valentin, geboren 1822, wobei Valentin bei der Geburt und Andreas mit 15 Jahren starb.

**1886** «Es herrschten während der Schulzeit die ansteckenden Krankheiten ‹Mopps und Typhus›. Die letzten 14 Tage ausgenommen, war die Schülerzahl im Schuljahr 1885/86 nie vollständig.»[966]

**1887** Am 31. August stürzte der 50-jährige Kaspar Gasser, des Josef, in zweiter Ehe verheiratet mit Anna Maria Bammatter (betreffend erste Frau vgl. oben: 16.5. 1883), Vater von vier Kindern, auf dem Heimweg im Ort genannt «Schratt» derart unglücklich über einen Felsen, dass er bald darauf das Zeitliche segnete.

**1888** Am 3. Mai war die 22-jährige Katharina Jossen, des Moritz, im Gredetsch bei Arbeiten an einer Wasserleitung beschäftigt; sie fiel dabei über ein Gefälle und erlag tags darauf den Verletzungen.

**1889** –Am 8. Juni starb im Pfarrhaus von Naters der 25-jährige Priester Oswald Amherd, der Bruder des amtierenden Ortspfarrers Ignaz Amherd, an Tuberkulose. Oswald Amherd von Glis war von November 1888 bis Mai 1889 Pfarrer von Erschmatt und wurde mit Erlaubnis des Kirchenrates vor dem Hochaltar der Pfarrkirche von Naters begraben.

– Am 6. November verunglückten «bei Holzarbeiten im Rohrberg» der 50-jährige Josef Karlen, des Alois, und sein 21-jähriger Sohn Alexander. Josef hinterliess seine Gattin Maria Ambord und zwei Kinder.

**1890** Am 26. Juli wurde der 26-jährige Kaspar Salzmann, des Moritz, in den Driesten beim Wässern der Wiesen vom Tode ereilt.

**1894** Am 14. September verunfallte in den Driesten der in Naters wohnhafte 71-jährige Johann Josef Barel, des Josef von Glis und Gatte der Maria Marx. Er wurde am folgenden Tag tot aufgefunden.

**1896** Am 7. Juni stürzte der 15-jährige Franz Ruppen, des Moritz, im Blindtal beim Ziegenhüten («in der Stelli gsi», d.h. er wusste nicht mehr wo aus und ein) über felsiges Gelände in den Tod. Seine Mutter schaute zu.

**1897** – Am 4. Februar geriet der 53-jährige Anton Salzmann, des Peter, Gatte der Maria Josepha Karlen und Vater zweier erwachsener Töchter, bei der Geissbalme oberhalb des Weilers Eggen unter die Schneemassen und konnte am folgenden Tag nur noch tot geborgen werden.

– Am 12. Oktober verletzte sich der 67-jährige Auxilius Schmid, des Ignaz, Gatte der Maria Kämpfen und Vater von sieben Kindern, im Blindtal beim Holzfällen derart schwer, dass er drei Tage danach das Zeitliche segnete.

**1898** Am 28. April fiel bei ihrem Wohnort im Ahorn die 20-jährige Maria Eggel, des Moritz, über einen Felsvorsprung zu Tode.

**1899** Am 31. März ist der 33-jährige Theodor Eggel, des Josef, in Sitten «auf einer Hausstiege erfallen».

**1900** Am 8. Januar erdolchte ein Italiener zwischen «dem eigentlichen Dorf Naters und Weingarten» den 38-jährigen Antonio Cerva.

**1901** – Am 11. Februar wurde der 30-jährige Jakob Bussone von Brescia in Naters nachts auf offener Strasse von einem italienischen Landsmann ermordet.

– Am 16. Dezember verunglückte der 19-jährige Anton Nellen, des Michael, bei der Jagd auf dem Blindberg tödlich. Man fand ihn am folgenden Tag.

**1902** – Am 31. Januar brannte in Naters in Weingarten das sogenannte «Korberhaus» ab. Es war von einigen italienischen Familien bewohnt, die vielfach auch um ihre armselige Habe kamen. Zwei Mineure sollen ihr in einem Strohsack aufbewahrtes Geld verloren haben. Unvorsichtigkeit dürfte die Brandursache gewesen sein.[967]

– Am 10. November stürzte der 68-jährige Ignaz Seiler, des Alexander, Gatte der Maria Zenklusen, im «Roten Tschuggen» über einen Felsvorsprung zu Tode. Sein Leichnam wurde am folgenden Tag geborgen.

**1903** WB vom 26. Februar 1974 (Titel: Lokales aus dem Jahre 1903; drei Notizen):

– 10. Januar: «Ein blutiger Kuss. In einer Wirtschaft im sogenannten Negerdorfe hat am Dreikönigstag abends ein eifersüchtiger Italiener seinem Landsmann die untere Lippe bis unter das Kinn abgebissen. Ein Lippenstück, fast in der Grösse einer halben Hand, wurde von dem hinzugekommenen Gendarmen vom Boden aufgehoben. Der Täter konnte verhaftet werden.»

– Am selben Tag brannte das Café Panama, das sich westlich in der Nähe des Café Venezia befand, nieder.

– 17. Januar (Brig-Naters): «Der milde Winter scheint die Südländer nicht in beste Laune zu versetzen. Schon wieder kommt die Kunde, dass ein Italiener dem andern den Bauch aufgeschlitzt hat. Der mutmassliche Täter sitzt hinter Schloss und Riegel.»

– Am 27. November brannten in Blatten ein zwei-

| | |
|---|---|
| | stöckiges Wohnhaus und ein Speicher aus. Es konnte kaum etwas gerettet werden und versichert war nichts.[968] |
| 1904 | Am 25. Februar verunglückte in Visp auf der Eisenbahn der in Naters wohnhafte Lorenz Cherubino aus Montorio Alvomano (Italien). |
| 1905 | – Am 27. Januar überraschte der Tod die 60-jährige Kreszentia Jossen-Kuonen, Gattin des Ignaz, auf dem Weg vom Erich nach Tätschen.<br>– Am 14. Juni in der Frühe wurde in einer Dorfgasse von Naters der 79-jährige Kaspar Zenklusen, des Moritz, tot aufgefunden. |
| 1908 | Am 23. März brannte im «Ändern Dorf» zu Naters ein Stadel vollständig nieder. Zum Glück herrschte völlige Windstille, sonst wäre eine ganze Partie grösserer Wohnhäuser, an die der Stadel angebaut war, verloren gewesen.[969] Die ‹Gazette du Valais› (1908, Nr. 36) ergänzt diese Notiz dahingehend, dass das benachbarte Haus eines 65-jährigen Mannes ebenfalls Feuer fing und dass dieser Mann, nach der einen Version in den Flammen erstickte, nach der anderen aber vor Schreck gestorben sei. |
| 1910 | – Kaplan Bammatter legte Ende Januar seiner Chronik folgende Zeitungsnotiz bei: «Die Unbill der letzten Wetterkatastrophe hat uns auch hier im Natischer Berg heimgesucht. Durch den überaus reichlichen mit Regen verbundenen Schneefall – teilweise wurde über 1,50 Meter Schnee gemessen – sind mehrere Lawinen angebrochen. Im St. Antoni- und Lochwald liegen an 50 Stück niedergerissene Tannen und Lärchen. Die Bewohner der Hütten von Tätschen, Erich und Wiggertschen mussten sich in Anbetracht der drohenden Gefahr flüchten. Eine gewaltige Lawine ging vom Grat bis zur Mehlbaumbrücke nieder (Gratlawine). Der den stürzenden Schneemassen vorausgegangene Luftdruck fegte an beiden Rändern den Wald weg. Die Reiser, Tannenspitzen und Hüttengebälke kamen der Lawine vorausgeflogen. Wies im Aletsch steht, weiss man noch nicht. Die Leute seien dem Schutze des Allmächtigen empfohlen.»[970]<br>– Am 22. Januar schrieb der Korrespondent «T.b.s.» im ‹Walliser Boten› (1910, Nr. 7) unter Naters: «Von den Halden und Abhängen stürzten und rauschten Bäche hernieder und ergossen sich über die Wiesen und Wege. Schon vor Morgengrauen sind Leute an der Arbeit, um die unbändigen Wasser unschädlich zu machen. (...) Am meisten litt der Weg nach Blatten. Stellenweise gleicht er einem tief ausgefressenen Bachbette. Der ausgewaschene Schutt wurde auf den umliegenden Wiesen abgelagert. Der Regen strömt noch fortwährend, und der Föhn peitscht die fallenden Tropfen in der Luft herum.» |
| 1911 | – Am 11. März fiel der zweijährige Berchtold Schwestermann, des Theodul, im Klosi in die Wasserleitung und ertrank.<br>– Am 20. Juni ertrank im Dorfwasser die zweijährige Cäcilia Conterio. |
| 1912 | Am 20. Juli bestiegen Dr. Andreas Fischer von Basel und Dr. E. Jenny von Zofingen mit dem Führer U. Almer aus Grindelwald das Aletschhorn. Beim Abstieg fiel Andreas Fischer, links vom Mittelaletschgletscher, rund 45 Meter tief in eine Eisgrotte, brach sich das Genick und erlag den Verletzungen.[971] |
| 1913 | Am 26. Februar erlitt die 80-jährige Witfrau Maria Josepha Bammatter, des Klemens, bei ihrem täglichen Kirchgang wahrscheinlich einen Schlaganfall, stürzte «in den Wuor» und wurde dort tot gefunden. |
| 1914 | – In diesem Jahr ist das «Bruchji wieder erteubet» (losgebrochen). Vier Gebäude wurden von den Stein- und Schuttmassen mitgerissen, die Weiden und die Wasserleitung sowie die Wege in Rischinen arg in Mitleidenschaft gezogen.<br>– Während der Monate Juni/Juli herrschte viel Nebel und die Fremden blieben aus. Von Naters gingen viele Mädchen in Hotels in Sommerstellen, aber gleich nach Ausbruch des Krieges kamen alle wieder heim.<br>– Es war der Beginn des Ersten Weltkrieges. Die Italiener konnten kostenlos nach Italien zurückfahren. Nur wer ein eigenes Haus oder Wirtshaus besass, blieb in Naters. Die Italiener nahmen alles mit, was nicht niet- und nagelfest war, vielfach sogar die Möbel der Hauseigentümer. Wer Schulden hatte, zahlte nichts mehr. Mehrere verloren Tausende von Franken, unter anderen auch Kaplan Benjamin Bammatter.<br>– Während dreier Tage vor Allerheiligen herrschte ein derart heftiges Regenwetter, dass viele Wasserleitungen «absandeten» oder zerbrachen; «in allen Gräben flossen weisse Wasserbäche zur Rhone oder den Hauptabflüssen zu». Die Rhone floss über die Ufer und «das ganze Feld in Naters war ein See».[972] |

*Daniel Gertschen.*

– Am 5. Dezember verunglückte bei Holzarbeiten im Rohrberg der 47-jährige Daniel Gertschen, des Franz.

**1916** – Am 30. Juni geriet der 18-jährige Moritz Werner, des Xaver, in Glis in den elektrischen Strom, was tödliche Folgen hatte.

– Am 20. November verunglückte auf der Jagd der 37-jährige Meinrad Eyer, des Moritz.

– Anfang Dezember brannte an der Furkastrasse von Naters ein von mehreren italienischen Familien bewohntes Gebäude zusammen mit dem Café Europa und einer Bäckerei vollständig aus. Der Sachschaden war gross und nur teilweise versichert.[973]

– Am 6. Dezember wurden drei Personen «auf dem Hirtweg nach den Driesten» von einer Lawine überrascht. Während L. Gasser sich durch rechtzeitiges Ducken hinter einem Stein retten konnte, wurden J. Nanzer und seine Tochter in die Tiefe gerissen. Gasser eilte sofort nach Birgisch zurück und bot eine Hilfsmannschaft auf. Derselben gelang es, die beiden Verschütteten noch lebend herauszuschaufeln.[974]

| 1917 | – Am 1. Januar tötete ein Italiener seinen 37-jährigen, in Naters wohnhaften Landsmann Umberto Sabatini von Campugnano bei Bologna.
– Am 18. Mai fiel die 68-jährige Witfrau Seraphine Bittel, des Karl Anton Guntern, auf dem Weg von Termen nach Untermatt über abschüssiges Gelände in die Tiefe und fand den Tod.
– Am 28. August erlitt der 28-jährige Josef Imstepf, des Anton, in der Lonza in Visp infolge Stromkontakts tödliche Verletzungen.
– Am 26. Dezember zog sich der 20-jährige Benedikt Eyer, des Peter Josef, im Simplontunnel derart schwere Verwundungen zu, dass er im Spital in Brig verstarb. |
|---|---|
| 1918 | Am 17. Juli dieses Jahres berichtet der ‹Walliser Bote›, dass im Wallis bereits seit einem Monat die sogenannte *spanische Grippe* die Menschen in Angst versetze. Fieber, Kopfweh, Mattigkeit, Schmerzen in den Gliedern, Husten, «im Unsinn reden und zur Nase bluten» waren die kennzeichnenden Krankheitserscheinungen. Über die Lage in Naters machte Kaplan Bammatter in seiner Chronik einige konkrete Angaben: Im Juni 1918 traten in Naters «viele Fälle auf, besonders unter der welschen [italienischen] Bevölkerung». |

*Der 25-jährige Ludwig Ruppen (†6.9.1918), Opfer der Grippe von 1918.*

Man brauchte viel Honig, so dass man meistens ohne andere Medizin und den Arzt mit dem Leben davonkam. Die Primarschule wurde von Oktober 1918 bis 3. Januar 1919 geschlossen. Von Oktober bis Weihnachten herrschte die pestartige Grippe «besonders im Dorf Naters, in Hegdorn und Grossstein; fast alle Leute waren im Bett». Klosterfrauen und Spitalschwestern kamen zu Hilfe. Die Leichen wurden schon am zweiten Tag nach dem eingetretenen Tod vor die Kirchentüre gestellt und beerdigt. Einmal waren im gleichen Haus fünf Leichen zu beklagen. Nach Kaplan Bammatter starben in Naters 53 Personen an der spanischen Grippe[975], darunter am 23. Dezember die Gründerin des Geschäftes Biffiger, Kreszentia Biffiger-Wyssen.

| 1919 | Am 10. Juli kam der 18-jährige Oswald Anthamatten, des Gabriel, bei Kohlenarbeiten in Collombey mit Strom in Kontakt und verschied auf der Stelle. |
|---|---|
| 1921 | Am 27. Oktober wurde in Naters der junge E. Romagnoli nach einer Rauferei von einer Kugel tödlich getroffen. |
| 1922 | – Am 10. Juni erstickten zuhause an durch Kohlenfeuer entstandenen Gasen die 19-jährige Theodora Aldi, des Aldus, und die 52-jährige Maria Anna Aldi. Den 18-jährigen Adelano Aldus fand man noch lebend vor, er starb aber am folgenden Tag im Spital in Brig.
– Am 11. November ertrank im Fluss Cunnapiru in Mittelamerika beim Schwimmen der 24-jährige Josef Bellwald, des Peter. |
| 1923 | – Am 15. August trat der Kelchbach über die Ufer und richtete eine furchtbare Verwüstung an (vgl. Kap. «Gefährliche Wasser: …, Kelchbach …»).
– Am 8. Dezember fiel die 21-jährige Ambrosina Romagnoli in ihrer Unterkunft in Naters aus dem Fenster und starb.
– Am 28. Dezember wurde der 37-jährige Emanuel Gasser, des Johann, im «Gliswald» von einer Schneelawine verschüttet. |
| 1925 | Am 2. Dezember erlitt der 23-jährige Viktor Salzmann, des Johann Josef, im Wald oberhalb Birgisch einen Schlaganfall und stürzte zu Tode. |
| 1926 | – Am 4. März waren die drei Brüder Johann, Kletus und Fidelis Ebener sowie Max Rieder, alle aus Kippel, von der Lötschenlücke aus in Richtung Konkordiahütte unterwegs, wurden vom Schneesturm überrascht, gelten bis heute als verschollen und harren irgendwo im Aletschgletscher ihrer Auferstehung entgegen.[976]
– Im Mai lösten sich hinter dem Hotel Bellevue in Naters Felsblöcke und richteten in den Wohnungen von drei Familien einen Schaden von ca. 15 410 Franken an. Der «Schweizerische Fonds für Hilfe bei nicht-versicherbaren Elementarschäden» sprach dem Gemeinderatsprotokoll vom 26. Januar 1927 zufolge den Geschädigten einen Betrag von 3140 Franken zu. Wie noch heute verschiedentlich erzählt wird, soll der schwerhörige Josef Lerjen, der an der Judengasse im «Mundchihüs» wohnte, als er das Krachen der Steinblöcke hörte, gerufen haben: «Herein!» |
| 1927 | Von diesem Jahr berichtet die Chronik von Blatten (D 442) Folgendes: «Das Heu konnte vielfach infolge schlechten Wetters nur halb getrocknet gesammelt werden. Die Kartoffeln sind meistens verfault aufgefunden worden.» |
| 1930 | – Am 25. April wurde die 19-jährige Adelheid Perren, des Josef, von einem Automobil erfasst und verschied an den Folgen ihrer Verletzungen im Spital von Brig.
– Am 10. August fand man in der Dixence (Val de Dix) den Leichnam des in Naters wohnhaften 28-jährigen Roberto Bocci, des Albin, abstammend von der Provinz Ancona (Italien). |
| 1931 | In diesem Jahr stürzte eine Lawine, die beim Nessel (in den Burgen) anbrach, den Milchbach entlang zu Tal. Beim Schitter teilte sich die Flut in drei Arme. Der Teil, der dem Lauf des Milchbaches folgte, kam bei der Rossegga zu stehen. Der westliche Arm fuhr über das Eyholz hinunter bis in den Talgrund und beschädigte in den Driesten das Trassee der Lötschbergbahn. Der östliche Arm erreichte über den Schleifgraben den Rand des Klosi und verwüstete dort einige landwirtschaftliche Gebäude.[977] |
| 1934 | – Am 24. Januar wurden Brig, Visp und die umliegenden Gemeinden von einem kurzen, aber heftigen Erdbeben heimgesucht. |

| | |
|---|---|
| | – Am 20. Mai stürzte der 20-jährige Gottfried Niederberger, des Anton, bei Arbeiten im Val de Dix (Hérémence) über einen Abgrund und starb. |
| 1936 | Am 21. Februar verunglückte in Susten der 46-jährige Robert Villa, des Raphael, Posthalter in Naters. |
| 1937 | – Am 6. Oktober erlitt der 50-jährige Josef Pfammatter, des Moritz, auf dem Bahnhof in Brig infolge Stromkontakts tödliche Verletzungen.<br>– Am 1. Dezember morgens um 4.00 Uhr brannten in der Kirchmatte eine Scheune mit Stall sowie ein Stadel mit Keller und Remise lichterloh. |
| 1938 | – Mitte Januar gerieten Theophil Wyssen, des Franz, und seine beiden Söhne Franz und Emil bei Holzarbeiten im Bruchji in eine Lawine. Vater Theophil konnte sich von den Schneemassen befreien, holte auf der Egga Hilfe und die beiden Söhne konnten lebend geborgen werden.<br>– Am 9. Juli wurde Alois Schmidt, des Auxilius, in Ausübung seines Amtes als Sakristan beim Läuten der Glocken vom Tode überrascht und wurde im Turm tot aufgefunden. |
| 1939 | – Am 4. Juni verunglückten bei Sprengarbeiten in der Festung von Naters der 57-jährige Johann Eyer, des Johann Josef, von Naters, Vater von acht Kindern, und der 30-jährige Robert Lochmatter, des Anton, von Birgisch. Während Eyer sofort tot war, verschied Lochmatter drei Stunden später im Spital von Brig.[978]<br>– Am 21. Juli wurde die 28-jährige Leonie Walden, des Viktor, unterhalb ihrer Hütte auf Bel tot aufgefunden. Noch eine Stunde zuvor sprach man mit ihr und sah sie an der Arbeit. |
| 1940 | – Am 30. Mai wurde der 30-jährige Arnold Schumacher, des Eduard, von einer Handgranate getötet.<br>– Am 9. Juni ertrank der 22-jährige Walter Pfammatter, des Longinus, in Stein am Rhein/SH in den Fluten. |
| 1941 | – Am 10. August fiel der in Naters wohnhafte 22-jährige Arnold Ruppen, des Alois, von Saas-Balen, bei Gondo über einen Felsvorsprung in die Tiefe und starb.<br>– Am 9. Dezember wurden der 43-jährige Emil Ruppen, des Kaspar, von Naters, und Erich Fux von Termen im Ganterstollen durch ausströmende Gase betäubt und verloren ihr Leben. |
| 1942 | – Am Dreikönigsfest, dem 6. Januar, brach der rastlose Seelenhirte von Naters, Pfarrer Emil Tscherrig, an der Generalversammlung des Kirchenchors plötzlich zusammen und starb (vgl. Kap. «Pfarrer», Nr. 48).<br>– Am Segenssonntag, dem 7. Juni, wurde die Rhonemühle in Naters ein Raub der Flammen. Der Brandschaden, den die Gebrüder Augsburger erlitten, war für das ganze Land fühlbar. Der Getreidesilo und ein Teil der Mehlvorräte konnten gerettet werden.<br>– Am 2. August wurde der 41-jährige Ernst Salzmann, des Anton, Gatte der Magdalena Schmid, als Streckenwärter im Simplontunnel vom Zug überfahren.<br>– Im September/Oktober verunglückte der 30-jährige Bergführer Fritz Brunner, des Friedrich, von Seedorf/BE, im Gebiet der Fusshörner und wurde «nach mehreren Tagen in einer Lawine aufgefunden» und am 10. Oktober in Naters zu Grabe getragen.<br>– Am 25. Dezember erlitt der 49-jährige Daniel Schmid, des Anton, als Streckenwärter auf der Lötschberglinie beim Mundbach den Tod, als er von einem Zug überfahren wurde. |
| 1943 | Am 23. Juni mussten der 42-jährige gebürtige Lötschentaler Iwan Werlen, des Hermann, wohnhaft in Naters, und Roland Leisi von Biel/BE ihren Einsatz im Stollen des Rhonewerkes in den Hockmatten (Grengiols) mit dem Leben bezahlen. |
| 1944 | – Am 24. Mai brach in den Aletschwäldern am Gletscherhang des Riederhorns ein Brand aus, dessen Brandherd erst nach sechs Wochen harten Kampfes gelöscht werden konnte (vgl. Kap. «Wälder»).<br>– Am 28. Mai fiel die 33-jährige Irene Karlen, des Ludwig, beim Gibidum in die Massa und blieb seither verschollen. |

*Irene Karlen (†1944).*

– Am 13. Juni verunglückte «im Militärdienst an der Simplonstrasse beim Durstbach» der 38-jährige Albin Imhof, des Moritz.

| | |
|---|---|
| 1945 | – Laut Mitteilung von Clemens Ruppen (*1931) brach in der Nacht vom 11./12. Februar die Gratlawine los (vom «Bälergrat», Strecke Hofathorn bis unterhalb des Foggenhorns), stürzte in einer riesigen Breite über das ganze Kammergebiet hinunter Richtung Blattenstrasse (Gebiet Ahorn–Beetschen) und riss eine bis zwei Stallscheunen mit. Menschen kamen nicht zu Schaden. Am Abend des 11. Februar hielt der St. Jakobsverein in Naters die GV ab. Wie Gervas Eggel (*1917) erzählte, waren die späten Rückkehrer nach Blatten gerade in Sicherheit, als die Lawine kam. Das Datum stimmt denn auch mit dem Protokoll des St. Jakobsvereins überein. Noch Ende August befand sich in diesem Jahr am Ort «Beetschen» eine grosse «Schneepletscha». Wie die Presse berichtet, gab es in den genannten Februartagen ergiebige Niederschläge.<br>– Am 12. April verunglückte der 52-jährige Gabriel Jossen, des Josef, in der Teigwarenfabrik in Brig bei der Ausübung seines Berufes als Elektriker. Er war mit Claudina Burgener von Fiesch verheiratet und hatte vier Kinder.<br>– Am 17. Juli ertrank «beim Holzfischen in der Rhone» der elfjährige Roger Eggel.<br>– Am 10. Oktober schoss bei Abbrucharbeiten der Seilbahn Blatten-Riederhorn der Wagen mit zwei Arbeitern mit voller Wucht gegen die Endstation Blat- |

*Die Gratlawine von 1945. Unterhalb Blatten wird der Schnee von der Blattenstrasse mit Bogenschlitten abtransportiert. Rechts oben steht Gemeinderat Moritz Schmid.*

*Andreas Gasser (†1947).*

ten. Dabei kam der 33-jährige Ernst Bratschi, wohnhaft in Oberwil im Simmental, Vater von vier Kindern, ums Leben.[979]

**1946** – Am 25. Januar um 18.32 Uhr und in der darauf folgenden Nacht verursachten im Oberwallis heftige Erdbeben zahlreiche Gebäudeschäden. In Naters stürzten einige Kamine ein und die Kirche erlitt diverse Schäden.

– Am 3. August stürzte der 42-jährige Robert Summermatter, des Robert, Gatte der Ida Hardegger, im Bedrettotal beim Edelweisspflücken zu Tode.

– Am 1. Dezember ertrank im Lötschgraben («Amerika») die 64-jährige Katharina Schoepf, Tochter des Klemens Ruppen, Gattin des Albert Schoepf.

**1947** – Am 16. Juli wurde der 45-jährige Alfred Wolf von Kien (Reichenbach) beim Aufladen der Verpflegung für die Arbeiter vom Zugseil der Drahtseilbahn Blatten-Riederhorn erfasst und fiel in die Hohstockschlucht hinunter, wo er tot liegen blieb.[980]

– Am 19. Juli wollte der in Naters wohnhafte 22-jährige Alois Clausen-Nellen von Ernen, der einen Monat zuvor geheiratet hatte, mit seiner Gattin nach Blatten fahren. Da aber im Postauto für ihn kein Platz mehr war, nahm er den Weg zu Fuss in Angriff. Am folgenden Tag fand man ihn zuoberst im Blindtal tot auf. Wahrscheinlich hatte er die Abkürzung über die «Horne» genommen und war dabei zu Tode gestürzt.[981]

– Am 20. August fiel der 16-jährige Andreas Gasser, des Kasimir, beim «Sandwerk Driesten/Naters» in die Rhone und ertrank.

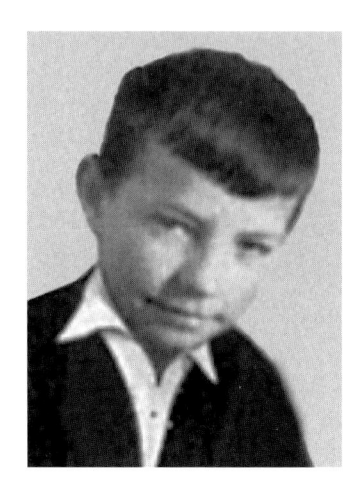

– Am 2. November kam der 20-jährige Josef Ruppen, des Emil, auf dem Bahnhof in Brig «unter einen Eisenbahnwagen» und zog sich tödliche Verletzungen zu.

**1948** – Am 19. Januar starb die 24-jährige Ida Zenklusen, des Michael, Klosterkandidatin in Baldegg, nach einem Zusammenprall mit einem Auto.

– Am 6. Oktober wurde der 49-jährige taube Anton Bammatter, des Emanuel, im Feld von der FO-Bahn überfahren.

**1949** Am 22. Februar fiel der 65-jährige Leo Albert, des Ludwig, von einer Leiter und starb an einem Schädelbruch.

**1951** Am 5. Oktober stürzte der in Birgisch wohnhafte siebenjährige Ludwig Pfaffen, des Edelbert, beim Ziegenhüten auf der Alpe «Im Loch» ins Bruchji und starb.

**1952** – Am 26. Mai starb der 23-jährige Guiseppe Boccalatte an den Folgen eines Motorradunfalls in Münster.

– Am 17. August schied bei einer Explosion in den Lonzawerken in Visp der 46-jährige Walter Eggel, des Alois, aus dem Leben.

**1953** – Am 17. März fuhr der 42-jährige bekannte Geschäftsmann und Mitbesitzer des Hotels Viktoria, Umberto Cossutta, des Bernhard, bei zen Hohen Flühen mit seinem Auto über die Mauer und fand den Tod.

**1954** Am 27. Juli ertrank die 25-jährige Verena Salzmann, des Ernst, im Genfersee.

**1955** – Am 19. Mai zog sich der 23-jährige Arthur Ruppen, des Gabriel, bei einem Autounfall oberhalb der Rottenbrücke bei Grengiols tödliche Verletzungen zu.

*Arthur Ruppen (†1955).*

– Am 21. Juni wurde die zweijährige Edith Rosemarie Ritz, des Raymund, in Naters von einem Motorrad angefahren und getötet.

– Am 15. August fiel die zweijährige Hedwig Brunner, des Rudolf, auf der oberen Rhonebrücke aus dem Kinderwagen in die Rhone und ertrank.

**1956** Am 26. November wurde der 61-jährige Heinrich Torti zwischen Visp und Raron von einem Auto angefahren und tödlich verletzt.

**1958** Am 6. Oktober kam der 24-jährige Hermann Clausen, des Theodor, in Riaz/FR bei einem Unfall ums Leben.

**1959** – Am 1. März wurde der 42-jährige Gottfried Michlig, des Moritz, bei einem Autounfall in Schlieren/ZH getötet.

– Am 14. August stürzten am Aletschhorn drei Berner Alpinisten zu Tode.

– Am 24. Dezember lösten sich um Mitternacht oberhalb der Häuser Felsheim und Amstutz mehrere Felsblöcke. Ein Block von einigen Kubikmetern traf die Hinterfront des Amstutzhauses und durchbrach die Mauer, ein anderer, noch grösserer Felsblock prallte gegen das Haus Felsheim, ohne dasselbe jedoch stark zu beschädigen.[982]

**1960** – Am 1. März stürzte auf der Saastalstrasse zwischen Huteggen und Eisten ein Felsblock auf einen Lastwagen, wobei der Lastwagenfahrer Philemon Venetz aus Saas-Grund und die Geschwister aus Naters, Elisabeth Pia, 13-jährig, und der zehnjährige Peter Bumann, des Peter-Marie, Opfer der Strasse wurden.

*Elisabeth Pia und Peter Bumann (†1960).*

– Am 24. März, neun Minuten nach Mitternacht, wurde die Schweiz, insbesondere das Wallis, von einem starken Erdbeben heimgesucht. Die Fachleute vermuteten den Herd des Bebens im Aletschgebiet.

**1961** – Am 10. Januar erlitten der Vorarbeiter Simon Andenmatten, des Albert, von Naters, und Meinrad Henzen von Simplon-Dorf bei Strassenarbeiten zwischen Gondo und Gaby tödliche Verletzungen.

– Am 30. Mai um 3.10 Uhr rüttelte ein heftiger Erdstoss zahlreiche Leute aus dem Schlaf.

– Am 5. August geriet der 21-jährige Andreas Salzmann, des Ludwig, in Naters bei einem Überholmanöver unter den Anhänger eines Lastwagens und fand dabei den Tod.

– Am 6. August stürzte ein Tourist aus einer deutschen Dreierpartie am Aletschhorn in eine Gletscherspalte und starb.[983]

– Am 26. September fand man «in der Wieri» den Leichnam des 59-jährigen Hugo Schnyder, des Stefan.

– Am 30. Oktober verunglückte zwischen Brig und Visp der Familienvater Edelbert Pfaffen von Birgisch/Mund in seinem 58. Lebensjahr.

**1962** – Am 28. Februar verunfallte im Militärdienst in Genf der 23-jährige Willy Ruppen, des Engelbert, tödlich.

– Am 12. Juli fiel der 34-jährige Karl Jossen, des Michael, Gatte der Elsa Ruppen und Vater von vier unmündigen Kindern, beim Löschen des Pfynwaldbrandes in den Chippiskanal und ertrank.

**1963** – Am 15. Januar verunfallte der fünfjährige Beat Gertschen, des Andreas, beim Schlittenfahren in der «Klingelematte» tödlich.

– Am 20. Juni kam der 53-jährige Leopold Imhof, des Anton, verheiratet mit Maria geb. Lagger und Vater von fünf Kindern, mit seinem Auto bei Grengiols aus unerklärlichen Gründen von der Strasse ab, fuhr in die Rhone und ist seither verschollen.

– Am 10. November stürzte der 40-jährige Malermeister Kamil Jossen, des Michael, Gatte der Margrit geb. Holzer und Vater von acht unmündigen Kindern, in Rischinen bei Arbeiten an der Seilbahn Rischinen-Aletsch aus einer Höhe von etwa 70 Metern ab und verschied auf der Stelle.

*Kamil Jossen (†1963).*

– Am 22. November kam der 54-jährige FO-Angestellte Anton Roten, des Moritz, Gatte der Olga Kuonen, bei Arbeiten auf der Station in Ulrichen mit der Hochspannungsleitung in Berührung, wurde vom Mast hinuntergeworfen und starb sogleich.

**1964** Am 20. Oktober brannte im Weiler Moos ein zweistöckiges Wohnhaus völlig aus. Der 57-jährige Rudolf Salzmann, des Johann, Gatte der Karoline Karlen, eilte wahrscheinlich seiner Schwiegertochter und ihren Kindern im unteren Stockwerk zu Hilfe, kam dabei vor Aufregung zu Fall und erlag einem Herzversagen.

**1965** – Am 22. Juni verlor die Pfarrei Naters ihren Sakristan Paul Millius, der bei Arbeiten auf dem Friedhof im Alter von 58 Jahren einer Herzkrise erlag.

– Am 30. August, um 17.50 Uhr, erfolgte am Allalingletscher ein grosser Gletschersturz. 500 000 Kubik-

meter Eismassen stürzten auf die Baustelle des Mattmarkdammes. Unter den 88 Toten befand sich auch der 20-jährige Natischer Bruno Eggel, des Anton.
– Am 23. Oktober fiel der 53-jährige Auxilius Salzmann, des Franz, bei der Posthaltestelle Wieri beim Moos in der Dunkelheit so unglücklich in die Unterführung, dass er seinen Verletzungen erlag.

**1966** – Am 16. April starb im Spital in Brig an den Folgen eines Unfalls auf einer Baustelle in der Blattenstrasse in Naters der elfjährige Franz Salzmann, des Edmund.
– Am 6. November stürzte der 51-jährige Albert Salzmann, des Moritz, oberhalb vom Geimerblatt über ein Gefälle in den Tod. Es war bereits der erste Schnee gefallen, als er seinen Ziegen nachging.

**1967** – Am 3. August stürzte der fünfjährige Bruno Ruppen, des Hugo, vom Bälergrat in Richtung Gredetsch zu Tode.
– Am 27. August verunfallte tödlich beim Heidelbeerenpflücken am Staldhorn/Simplon der in Naters wohnhafte 23-jährige Bruno Escher.

**1968** – Am 13. März entfachten spielende Kinder aus Brig in den Driesten einen Grasbrand, der innert kurzer Zeit auf über 1000 m² des Aufforstungsgebietes der BLS übergriff. Nur mit grosser Mühe gelang es der Feuerwehr, dem Brand wirksam beizukommen.
– Am 15. Juni rutschte der 24-jährige Franco Gobbo, der auf einem Gerüst bei Arbeiten am Staudamm Gibidum, Blatten/Naters, beschäftigt war, plötzlich aus und fiel in die Tiefe. Er starb auf dem Transport ins Spital Brig.
– Am 28. Oktober vernichtete ein Grossbrand teure Strassenbaumaschinen und das Brennstofflager der Baustelle Gibidum, Blatten/Naters. Der Brand ging von einem überhitzten Kompressor aus und erfasste die Brennstofffässer, darunter allein 6000 Liter Dieselöl. Die Feuerwehr kam nicht an den Brandherd heran und musste sich darauf beschränken, den umliegenden Wald vor den bis zu zehn Meter hoch aufschiessenden Flammen zu schützen.[984]

**1969** *Am 15. Juni nahm das erste Automobil-Bergrennen im Oberwallis auf der Strasse Naters–Blatten einen äusserst tragischen Ausgang: sechs Tote aus Naters und 17 Verletzte.* Folgende Personen fanden den Tod: Lina Eggel-Perren (*1921), ihr Kind Marianne Perren (*1955) und Pflegekind Roland Eggel (*1965); die Geschwister Katharina (*1959) und Monika (*1960) Salzmann, des Marcel und der Marie-Therese Zurbriggen; Oliva Eyer-Salzmann (*1919), des Johann Salzmann, Gattin des Julius Eyer. Letztere starb am 4. Juli an den Folgen des Unfalls.
Gemäss Polizeibericht stammten die 17 Verletzten aus folgenden Gemeinden: neun aus Naters und je zwei aus

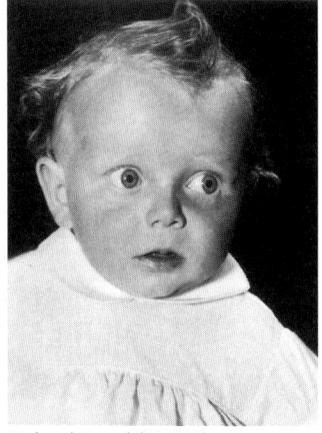

*Roland Eggel (*1965).*

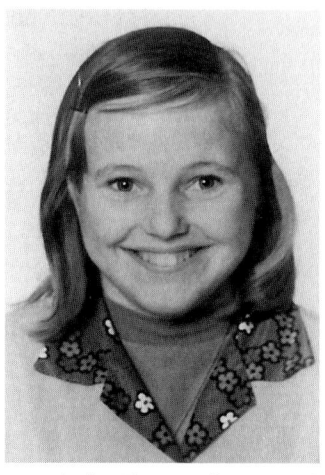

*Beim Automobil-Bergrennen 1969 verunglückt: Lina Eggel-Perren mit Tochter Marianne Perren (rechts) und Pflegekind Roland Eggel (unten).*

Visp, Glis, Staldenried und Domodossola. Unter den Schwerverletzten befand sich auch Schulinspektor Marcel Salzmann, der zwei Kinder und eine Schwester unter den Toten zu beklagen hatte.
Wie kam es zu diesem tragischen Unglück, dessen Kunde sich wie ein Lauffeuer im ganzen Oberwallis und darüber hinaus verbreitete und überall grosse Bestürzung hervorrief? Der zweitletzte Wagen des ersten Laufes, ein «Cobra-427-Sportwagen», der grösste, der zum Start zugelassen war, wurde gelenkt von einem Arzt aus La Chaux-de-Fonds, einem Fahrer mit über 20-jähriger Erfahrung. Dieser geriet zwischen dem grossen Kehr und dem Chalet Bella-Vista zu weit nach rechts, streifte den Strassenrand (Steinbordüre) und wurde dadurch bei der Bergfahrt nach links abgetragen, d.h. der Wagen flog nach links über die Strasse hinaus, wo sich Zuschauer aufhielten. Diese hörten das Geräusch und wollten fliehen, sprangen aber dem fliegenden Wagen direkt entgegen. Der Rennfahrer konnte das Cockpit unverletzt verlassen; um ihn aber war ein Inferno von Blut und Tod. Er erlitt einen schweren Schock. Ein Augenzeuge berichtete, dass der Rennfahrer nach dem Unglücksfall wankend zu einem Wurststand ging, sich eine Bratwurst kaufte und diese wegwarf. Auch ein Glas Bier schüttete er auf den Boden, als er es vom Verkäufer in die Hand gedrückt erhielt.
Das Rennen wurde sofort abgebrochen. Die grösste Katastrophe im Schweizer Automobilrennsport brachte grenzenloses Leid über Naters.
Dieses erste Oberwalliser Bergrennen, an dem 120 Rennfahrer, darunter mehrere Schweizer Meister, teilnahmen, wurde organisiert auf Initiative des Verkehrsvereins Blatten-Belalp und stand unter der Ägide der Ecurie des treize Etoiles und des Automobilclubs der Schweiz (ACS), Sektion Wallis. Die Gemeinde begrüsste diesen Anlass, vor allem «aus publizistischen Gründen».
Die 6800 Meter lange Rennstrecke Naters–Blatten, mit einer Höhendifferenz von 618 Metern und 74 Kurven, davon sechs Haarnadelkurven, galt damals bei den Fachleuten als einer der schönsten und besten Parcours der Schweiz. Auch die Gerichtsbehörden stellten fest, «dass die Rennstrecke nach Länge,

Übersicht, Höhendifferenz und in jeder anderen Beziehung für ein solches Bergrennen ohne Einschränkungen geeignet war».

Aus dem letztinstanzlichen Gerichtsurteil vom 8. Oktober 1973, das vollumfänglich veröffentlicht wurde[985] und dem wir die folgenden Ausführungen entnehmen, ergibt sich, dass in der Vorbereitung in Bezug auf den Sicherheitsdienst «ständig Änderungen vorgenommen wurden und man in der Folge von dem, was einmal schriftlich festgelegt war, in Wirklichkeit dann doch abgewichen ist». Aufgrund der Beweislage stellte das Gericht ferner fest, «dass bei der gesamten Organisation keine hinreichende Abgrenzung der Kompetenzen vorlag und dies insbesondere, was die Sicherheit der Zuschauer betraf». Ferner konnte aufgrund der Untersuchungen festgestellt werden, dass die Zuschauer nicht immer erkennen konnten, ob sie in der Nähe eines Plakates innerhalb einer Zuschauer- oder innerhalb einer Sperrzone standen. Es fehlten daher eine klare Zuweisung von Zuschauerräumen und eine unzweideutige Bezeichnung der Sperrzonen mit wirksamen Signalen und Kontrollmassnahmen. Das Gericht stellte des Weiteren fest, dass mehrere Zuschauer auf verschiedenen unkomplizierten und nicht signalisierten Nebenwegen an diversen gefährlichen Stellen der Strasse talwärts gelangten, ohne dass wirksame Gegenmassnahmen ergriffen wurden.

Das Walliser Kantonsgericht fällte am 8. Oktober 1973 im Rekursverfahren über das Automobil-Bergrennen Naters–Blatten folgendes Urteil:

1. Der Rennfahrer des Unglückswagens und der leitende Polizeioffizier wurden von Schuld, Strafe und Kosten freigesprochen.
2. Der OK-Präsident wurde der fahrlässigen Tötung sowie der einfachen und schweren Körperverletzung schuldig erkannt und zu einer Gefängnisstrafe von drei Monaten verurteilt. Ihm wurde der bedingte Strafvollzug gewährt mit einer Bewährungsfrist von drei Jahren.
3. Der Streckenchef erhielt einen Monat Gefängnis bedingt, erlassen auf zwei Jahre.

Die Kosten des erstinstanzlichen Gerichtsverfahrens mussten die beiden Verurteilten zahlen, und zwar zwei Drittel der OK-Präsident und ein Drittel der Streckenchef. Da das erstinstanzliche Urteil abgeändert wurde, übertrug das Gericht die übrigen Kosten der Berufung zu zwei Sechsteln dem Fiskus, zu zwei Sechsteln dem OK-Präsidenten und zu zwei Sechsteln dem Streckenchef.

**1970** – Im Januar grassierte in Naters die sogenannte Hongkong-Grippe. Einige Schulklassen wurden vorübergehend geschlossen.
– Am 18. Januar mussten von der Belalp her vier Personen mit Beinbruch zu Tal befördert werden.
– Am 6. Februar starb der 26-jährige Herbert Bayard, des Josef, Gatte der Aline Zenklusen, bei Eyholz an den Folgen eines Autounfalls.
– Am 1. April wurde der 26-jährige Bernhard Jossen, des Josef, bei Schneeräumungsarbeiten auf dem Bahnhof in Brig vom Zug erfasst, so dass ihm beide Beine amputiert werden mussten.

– Am 29. Mai brannte in den Breiten die Pfarrscheune aus, so dass sie abbruchreif war.
– Am 3. August wollte der 57-jährige Adolf Heldner, des Raphael, Gatte der Adelheid geb. Ruppen, in Naters bei der Kreuzung des Kelchbaches mit seinem Fahrrad in die Nebenstrasse einbiegen. Dabei kam es zu einer Kollision mit einem Lastwagen, bei welcher der Velofahrer tödliche Verletzungen erlitt.
– Am 12. August brannte eine Scheune beim Natterloch vollständig aus.
– Am 2. November fuhr der als aufmerksamer Autofahrer bekannte 32-jährige Hans Imhof, des Anton, aus unerklärlichen Gründen so heftig gegen die Mauer des Parkplatzes beim Haus Amstutz, dass er auf der Stelle verschied, während seine Frau Margrit geb. Lambrigger auf dem Transport ins Spital starb. Das Ehepaar hinterliess drei Waisen.

**1971** – Am 20. Mai verunglückte der 24-jährige Markus Imsand-Menzi, des Felix, mit dem Auto in Walenstadt/SG.
– Am 13. Juli ertrank beim Baden westlich der Halbinsel Au im Zürichsee der 29-jährige Paul Andreas Eyer, des Johann, aus Naters/Brig, wohnhaft gewesen in Wädenswil. Er wurde erst nach 14 Tagen gefunden und in Naters beigesetzt.[986]
– Am 17. August brannte die Oberaletschhütte, die der Sektion «Chasseral» des SAC in Saint-Imier gehörte und die ein Jahr zuvor ausgebaut worden war, bis auf die Mauern nieder. Eine undichte Butangasflasche war explodiert und das Feuer griff rasch um sich. Der Sachschaden betrug zirka 200 000 Franken.[987]
– Am 18. August wurden auf der Alpe Lüsgen durch einen Blitz sechs Rinder getötet, die Alexander Ritz gehörten. Der Schaden belief sich auf rund 12 000 Franken.[988]

**1972** – Am 31. März erlitt der 47-jährige Ernst Gasser, des Johann, bei Arbeiten im Verschrottungswerk Glis-Gamsen tödliche Verletzungen.
– Am 7. April fiel der fünfjährige Jörg Heynen, des Roman, beim Ballspielen in die Rhone und ertrank. Er wurde erst im folgenden Monat aufgefunden.
– Am 12. April kollidierte der 54-jährige Siegfried Stucky, des Josef, bei Glis mit seinem Fahrrad derart stark mit einem Auto, dass er den Verletzungen erlag.

**1973** – Am 4. Juni wurden Bahnmeister Siegfried Theler von Ausserberg und der 45-jährige Ernst Treyer vom selben Ort, Letzterer wohnhaft in Naters, bei einer Besichtigung im Lötschbergtunnel von einem Zug erfasst und grausam zugerichtet.
– Am 28. August wurde der zehnjährige Hans-Peter Ambord, des Franz, bei der SBB-Unterführung von herabstürzenden Alteisenteilen eines Lastwagens, der von Naters nach Brig fuhr, so schwer getroffen, dass er an den Folgen der Verletzungen starb.

**1974** – Am 22. Juni verloren die beiden 19-jährigen Motorradfahrer Karl Imesch aus Visp und Ewald Gsponer, des Emil, von Naters, bei einem Zusammenstoss mit einem Personenwagen im Staldbach bei Visp das Leben.
– In der Nacht auf den 10. Juni brachen Diebe im Res-

taurant Walliserkanne in Naters ein und liessen Geld und Wertgegenstände im Wert von etwa 30 000 Franken mitgehen.[989]
– Am 18. November brannte in Blatten/Naters ein Chalet bis auf die Grundmauern nieder.

**1975**
– Am 12. Februar stürzte der 16-jährige Hans-Peter Schwery, des Erwin, auf der Blattenstrasse bei Hegdorn mit seinem Motorvelo und erlag den schweren Verletzungen.
– Am 21. Juni wurde der sechsjährige Bernhard Ittig, des Josef, beim Überqueren der Strasse von einem Auto erfasst und tödlich verletzt.
– Am 30. Juli ereignete sich auf der Südwestflanke des Aletschhorns ein schwerer Bergunfall. Der 18-jährige Nicolas Emery von Chelin-Lens rutschte aus, stürzte zusammen mit seinen beiden Kameraden, die sich schwere Verletzungen zuzogen, über 200 Meter in die Tiefe und wurde dabei getötet.[990]
– Am 27. Dezember wurde die 22-jährige Ursula Pfammatter, des Waldimir, in Fiesch von einem Auto angefahren und von einem zweiten Fahrzeug überfahren.

**1976**
– Am 13. Mai brannte im Mehlbaum das Chalet des Holländers Johan van Meer bis auf die Mauern nieder.
– Am 21. Juni wurde der in Naters ansässige 53-jährige Stephan Werlen von Ferden, Vater von zwei Kindern, in Ausübung seiner Berufspflicht bei der BLS von einer Rüfe gegen einen Schutzwall gedrückt und getötet. Er wurde in Ferden beerdigt.
– Am 18. Juli fanden vier Damen und ein Bergführer aus Meiringen auf dem Grossen Aletschgletscher in einer Gletscherspalte den Tod, darunter auch die 30-jährige Künstlerin Denise Fux aus Visp.
– Am 24. Juli ereignete sich im Simplontunnel ein schweres Eisenbahnunglück. Unter den sechs Toten befanden sich der in Naters wohnhafte 34-jährige Lokomotivführer Kurt Hagen und fünf ausländische Passagiere.
– Am 1. August erlebten acht Autofahrer auf dem Kirchplatz in Naters eine böse Überraschung. Völlig wahllos wurden die Reifen ihrer Autos von einem «Pneuschlitzer» aufgeschnitten.

**1977**
– Anfang Mai richteten heftige Unwetter im Klosi und im Berg (Hasel, Eggen und Erich) an Privat- und Gemeindeeigentum erhebliche Schäden an.
– Am 12. Mai wurde der vierjährige Martin Burgener, des Ernst, in Saas-Almagell von einem Auto erfasst und auf der Stelle getötet.
– Am 20. Mai verlor bei einem Flugzeugabsturz im Jura der 40-jährige Bergführer Carlo Gemmet aus Naters mit drei Kameraden das Leben.
– Am 18. Juni stürzten zwei deutsche Staatsangehörige, ein Mann und eine Frau, an der Nordwand des Aletschhorns zu Tode.
– Am 26. Juni wurde in Naters die Möbelfabrik Hans Mutter an der Furkastrasse ein Raub der Flammen. Der Brandherd lag in der Poliererei, wo es zu zwei Explosionen kam. Zum Zeitpunkt des Brandes stand das ganze oberste Stockwerk voll wertvoller alter Möbel, ein Verlust, den keine Versicherung zahlen konnte.
– In der Nacht vom 21./22. Oktober brachen Diebe in einem Lebensmittelladen in Naters ein und nahmen kurzerhand den Tresor mit 7000 Franken mit.

**1978**
– Am 13. Juli wurde der 27-jährige Bruno Schwery, des Johann, Gatte der Ruth geb. Kalbermatter und Vater von drei minderjährigen Kindern, bei Arbeiten am neuen Aletschweg beim Triftbach durch herabfallende Gesteinsmassen so schwer getroffen, dass er auf der Stelle verschied.[991]
– Am 5. August starb zwischen Turtmann und dem Motel Vallesia der 26-jährige Reinhold Ruppen, des Michael, an den Folgen einer Autokollision.

**1979**
– Im Januar stahlen Diebe in dem mit Naters verbundenen Ornavasso (Italien), und zwar in der dortigen Kapelle «Madonna del Boden», eine aus dem Jahre 1530 stammende Marienstatue von unschätzbarem Wert.[992]
– Am 31. März stürzte der 27-jährige Josef Ott, des Heinrich, bei Baveno von Bord eines Motorschiffes in den Langensee und ertrank.
– Am 22. April befand sich der 23-jährige Erich Schmid, des Walter, mit Kameraden auf einer Bergtour am Allalinhorn, als er einer Herzschwäche erlag.
– Am 26. April kam es «auf der höchsten Baustelle Europas», auf der 3820 Meter über Meer liegenden Bergstation der Luftseilbahn aufs Kleine Matterhorn, zu einem tragischen Arbeitsunfall. Der 33-jährige Albert Wenger, des Leo, Gatte der Rosemarie Venetz und Vater von zwei unmündigen Kindern, stürzte dort rund 300 Meter in die Tiefe und war sofort tot.
– Am 16. August ertrank in Baguer (Spanien), wo er in den Badeferien weilte, der 54-jährige Felix Ruffiner, des Oswald, Gatte der Resi Jegher und Vater von vier Kindern. Er wurde am 27. August in Naters beerdigt.
– Am 9. September verlor der 17-jährige Jean-Claude Wenger, des Armand, zwischen der Station der Luftseilbahn Bettmeralp und Mörel als Beifahrer auf einem Motorrad sein Leben.

**1980**
– Anfang Juni liess sich eine 33-jährige Frau im Geimerblatt nieder. Als sie ihre Beziehung mit einem in Bern arbeitenden Italiener abbrach, erschoss dieser aus Eifersucht die flüchtende Frau vor dem Haus und richtete sich selbst.[993]
– Am 30. Juli fuhr der 23-jährige Corrado Wyssen, des Alfons, bei einem Überholmanöver bei Mörel mit voller Wucht in ein abbiegendes Auto und erlitt tödliche Verletzungen.
– Am 6. September stürzte der 33-jährige Feriengast Armin Huber aus Zug bei der Pilzsuche unterhalb von Blatten zwischen «Steinschlag» und den Geimerhörnern in die Massaschlucht. Seine Leiche konnte erst im darauf folgenden Monat, am 6. Oktober, geborgen werden.
– Am 13. Oktober verunfallte der 24-jährige Bruno Zenklusen, des Meinrad, von Birgisch, bei Revisionsarbeiten in einem Chemiebetrieb der Lonzawerke in Visp tödlich.

**1981**
Am 16. Juli stürzte in der Region des Nesthorns im Aletschgebiet die 20-jährige Andrea Hirt aus Dietikon über felsiges Gelände in eine Gletscherspalte und starb. Sie war nach der Besteigung des Nesthorns mit einer Sportgruppe in Richtung Aletschgletscher unterwegs.

**1982**
– Am 3. Januar wurde die Tätschenstrasse beim Ort «Heeji» auf einer Länge von 60 Metern durch eine Grundlawine verschüttet. Die Schneemassen türmten sich bis zu fünf Meter hoch.

– Am 24. Februar brach in der Möbelfabrik Gertschen AG in Naters in der Poliererei, wo hochexplosive Stoffe angewendet wurden und gelagert waren, Feuer aus. Der Brand griff rasch auf die ganze Fabrikanlage über, die ausser dem Siloturm und einem kleinen dort angegliederten Trakt vollständig niederbrannte. Glücklicherweise konnten Akten und Pläne aus den ebenerdig liegenden Büros teilweise gerettet werden. – Am 10. November 1984 brannte nach einer Polizeidemonstration, bei der die Kantonspolizei das abgebrannte Areal der Möbelfabrik für eine «spezielle Übung» benutzt hatte, auch der Silo nieder.

*1982: Brand der Möbelfabrik Gertschen in Naters.*

– Am Ostersonntag, dem 11. April, wurde oberhalb des Lüsgensees ein junger deutscher Skifahrer tot aufgefunden.

– Am 20. August erlitt die Zimmerei von Vitus Salzmann in den Driesten durch einen verheerenden Brand Totalschaden.

**1983**
– Am 13. April wurde an der Rottenpromenade in Naters ein zirka 13-jähriger und in schönster Blüte stehender Rosskastanienbaum abgesägt. Die Bevölkerung war empört ob dieses unverständlichen Vandalenaktes. Die Presse sprach von einem «Baummord»[994].

– Am 21. April verstarb der 50-jährige Ingenieur Walter Weder, des Jakob, Gatte der Therese Franzen, in Dubai am Persischen Golf an einem Herzversagen.

**1984**
– Am 9. Februar stürzte zwischen Niederwald und Blitzingen eine gewaltige Lawine zu Tal. Dabei wurden der 28-jährige Marcel Briw, wohnhaft in Naters, Gatte der Maria geb. Dini und Vater von zwei Kindern, sowie der 34-jährige Molkereileiter Robert Mattmann von Niederernen, gebürtig aus Sursee, unter den Schneemassen begraben. Während man Briw nach drei Tagen in der Rhone fand, konnte die Leiche von Mattmann erst zehn Tage später aus den zehn Meter hohen Schneemassen geborgen werden.

– Anfang Mai wurde vor dem Postgebäude in Naters ein Rehbock von einem Fahrzeug angefahren und tödlich verletzt. Bei diesem Unfall handelte es sich schon fast um eine Rarität, ist es doch äusserst selten, dass sich solche Tiere bis ins Zentrum einer grossen Talgemeinde verirren.

– Am 31. Mai verloren bei einem Lawinenunglück am Schinhorn im Aletschgebiet drei Alpinisten aus Basel, Thusis und Reinach das Leben.

– Am 24. November fuhr ein Personenwagen in unmittelbarer Nähe der neuen Möbelfabrik Gertschen in Naters südlich über den Strassenrand hinaus, wobei folgende drei junge Menschen ihr Leben liessen: Bernadette Eyer von Steg, Norbert Kuonen aus Baltschieder und Matthias Stucky von Brig.

– Am 3. Oktober verunglückte der 25-jährige Armin Walker, des Paul, Ehemann der Myriam Roten, in Gamsen tödlich.

– Am 7. Dezember wurde der 79-jährige Alfred Eyer, des Anton-Ernst, beim Abendspaziergang gegenüber der Simplon-Residenz von einem FO-Zug erfasst und getötet. Der passionierte Hubertusjünger Eyer, der 50 Jagdpatente (immer A und B, für Hoch- und Niederjagd) bezogen hatte und ein Jäger mit grossem Können gewesen war, hatte während 50 Jahren bei der Furka-Oberalp-Bahn gearbeitet.

*Alfred Eyer (†1984).*

**1985**
– Am 24. November erlitt der 26-jährige Thomas Arnold, des Heinrich, als Mitfahrer in einem Auto bei Gamsen einen tödlichen Unfall.

– Am 25. November verunglückte während der Arbeit in einem Entlüftungsstollen bei Bister der 57-jährige Familienvater Josef Ittig, des Theophil, Gatte der Christine Lendl.

**1986**
– In der Nacht vom 1./2. März stürzten Felsblöcke auf das Restaurant Bellevue, das leicht beschädigt wurde.

– Am 6. März brannte am Sägeweg im alten Dorfteil von Naters ein Stadel völlig nieder und ein angrenzendes Wohnhaus wurde arg in Mitleidenschaft gezogen.

– Am 27. April gerieten von den 16 sich ohne Führer im Aufstieg von der Belalp zur Oberaletschhütte begriffenen Alpinisten sechs in ein Schneebrett, wobei der 44-jährige Norbert Grubmann aus Giesshübl bei Wien sein Leben lassen musste.

– Am 9. Mai, etwa um 8.15 Uhr, ereignete sich im *Strahllochgraben* zwischen den Weilern Ober- und Unter-Moos ein Felssturz grösseren Ausmasses. Prak-

tisch während des ganzen Tages sowie während der Nacht zum 10. Mai wurden vereinzelte Felsstürze registriert. Ein Stall in den Löchern wurde zusammengedrückt, das Haus daselbst, die Strassen ins Unter- und Ober-Moos, die Wasserleitung Stockeri, die Wasserversorgung Mittelberg sowie die Werkleitungen der Wasserversorgung der SBB, Bahnhof Brig, erlitten beträchtliche Schäden. Am 18. Juni wurden auf Anraten des Geologen vom Felssporn am oberen Ende des Strahllochgrabens 500 Kubikmeter Felsmaterial erfolgreich gesprengt. Einem Bericht des Geologen Odilo Schmid, Brig, zufolge gehört das Anrissgebiet des Strahllochgrabens direkt unterhalb der Kanten zwischen Bel und Nessel zur nördlichen Schieferhülle des Aaremassivs.[995] – Am 2. März 1987 kollerten im genannten Graben erneut einzelne Felsblöcke zu Tal.
– Ende August versetzte an der Furkastrasse in Naters, beim Wohnhaus City B, ein *Ölunfall* Behörden und Volk in Angst und Sorge. Infolge einer Fehlinstallation bei der Heizung flossen zirka 3000 bis 4000 Liter Öl aus. Der Falschanschluss bewirkte, dass der Rücklauf des Brenners in den Einstiegsschacht des Öltanks floss und über denselben in die Abwasserkanalisation. Dieser Ölausfluss wurde beim Regenklärbecken Z'Brigg bemerkt. Schritt um Schritt kontrollierte man die verschiedenen Zuleitungen und schliesslich wurde am 9. September das Leck gefunden. Ein beträchtlicher Teil des ausgelaufenen Öls konnte in der ARA in Gamsen abgeschöpft werden; der Rest ist wahrscheinlich versickert und wird sich laut Aussage des Geologen mit den Jahren bakteriologisch abbauen. Gemäss vorgenommener Tests stellten die Fachleute keine Verunreinigung des Grundwassers fest.[996]
– Am 15. Oktober entfachte sich auf dem Geimerhorn, im Ort genannt Brand, infolge einer schlecht gelöschten Feuerstelle ein Brand, der mit ungefähr 15 Flügen der Air Zermatt gelöscht werden konnte.

**1987** – Am 8. März kam die 39-jährige Aline Zumstein-Zenklusen, des Moritz, beim Skifahren in Unterbäch so unglücklich zu Fall, dass sie auf der Stelle ihren Verletzungen erlag. Sie war die Gattin von Bruno Zumstein und hinterliess zwei minderjährige Kinder. Ihr erster Mann, Herbert Bayard, war 1970 bei einem Autounfall ums Leben gekommen.
– Am 7. Juni verunglückte der 24-jährige Beat Jossen, des Stefan, bei der Autofahrt von Betten nach Mörel durch einen 200-Meter-Sturz in die Tiefe.
– Am 11. August erlitt beim Guldersand der 24-jährige Hugo Schmidhalter, des Andreas, beim Überholen eines Autos mit dem Motorrad einen tödlichen Unfall.
– Am 22. August wurde der 41-jährige Peter von Riedmatten, des Peter, Gatte der Bernadette Imsand und Vater von zwei Kindern, in seinem Heimatort Münster bei Arbeiten von einem Stein erdrückt.
– Am 24./25. August richtete infolge heftiger Gewitter die Überschwemmung der Rhone in den Quartieren Kehr, Z'Brigg und Driesten verheerende Schäden an.
– Am 19. September, 14 Tage nach seiner Heirat mit Karin Gertschen, war der 24-jährige Robert Ruppen, des Emil, mit seinen Motorradkollegen in Frankreich unterwegs, wo er in Château-Arnoux mit seiner «Honda» tödlich verunglückte.

**1988** – Am 29. Mai verfehlte der 44-jährige Dr. Andreas Gerber von Steffisburg den Weg Aletsch–Bärenpfad und fiel zirka 80 Meter in die Triftschlucht hinunter zu Tode.
– Am 19. August gegen 18.00 Uhr löste sich unterhalb des Hohgebirges bei Geimen ein Felskopf. Einige hundert Kubikmeter Gestein und Schutt ergossen sich den Graben hinunter in die Gegend oberhalb Rittinen–Rierfluh–Gebrächtji. Da das Geschiebe grösstenteils im Graben liegen blieb und den kultivierten Boden nicht erreichte, kam niemand zu Schaden. Allerdings stellte der beauftragte Geologe nach Helikopterflügen fest, dass das ganze Hohgebirge, das sich an der Nordwestseite des Natischer Bergs vom Nessel bis zur Alpe Bel erstreckt, stark zerklüftet und verwittert ist.
– Am 8. Dezember kam bei einem Verkehrsunfall beim Restaurant Bellevue in Naters die 17-jährige Viviane Imwinkelried, des Erwin, ums Leben.

**1989** – Am 12./13. April erforderten starke Schneefälle die vorübergehende Sperrung der Strasse zwischen Geimen und Blatten. In Naters fielen rund 30, in Geimen 60, in Blatten über 100 und auf der Belalp gegen 200 cm Neuschnee. Diese Neuschneemengen liessen befürchten, dass die sogenannte Gratlawine losbrechen könnte.[997]
– Am 19. Juni erlag der 36-jährige Josef Gundi, des Viktor, den Folgen eines Autounfalls zwischen Visp und Raron.
– Am 28. Juli verunfallte am Olmenhorn in der Region Aletsch der 32-jährige Segelflieger André Lüthi von Umiken/AG tödlich.
– Am 3. August prallte zwischen Raron und Visp ein von Bernhard Leiggener, Raron, gelenktes Auto gegen einen Traktor, wobei der Lenker und sein Mitfahrer, der 26-jährige Manfred Schwery, des Moritz, von Naters, Gatte der Jeannette Leiggener, getötet wurden.
– Am 8. Dezember kam in Zürich der 27-jährige Beat Steiner, des Marius, bei einem Verkehrsunfall ums Leben.

*Beat Steiner (†1989).*

**1990** – Am 19. Januar brannte an der Weingartenstrasse das Haus von Walter Nellen vollständig aus. Dabei musste der 25-jährige Charly Nellen, des Walter, sein Leben lassen.

– Ende Mai sauste vom Strahllochgraben erneut ein grosser Felsblock das Tobel hinunter.
– Ebenso gingen in diesem Frühjahr im Rissgraben gegenüber dem Weiler Mehlbaum grosse Mengen von Steinen und Schlamm nieder. Diese Rüfe überschüttete verschiedene Matten und bahnte sich einen neuen Bachlauf. In der Folge wurde der alte Bachlauf wieder geöffnet.
– Am 6. Juni verunglückte der 30-jährige Urs Wyssen, des Moritz, Gatte der Franziska Walker und Vater von drei Kindern, als Beifahrer bei der Talfahrt zum Hotel Belvédère am Furkapass und erlitt dabei tödliche Verletzungen.
– Am 21. Juni wurden der 21-jährige Fabian Ruppen, der Walburga, von Naters, und die 19-jährige Beifahrerin Cornelia Grünig von Susten an der Kreuzung der Überlandstrasse eingangs Brig in ihrem Fahrzeug von einem Lastwagen umgestossen und getötet.
– Am 24. August verlor am Grisighorn eine Frau aus Deutschland ihr Leben.
– Am 16. September stürzten am Aletschhorn eine deutsche Vierer– und eine Zweierseilschaft aus Solingen, Personen im Alter von 41 bis 49 Jahren, zu Tode.

**1991**
– Am 8. Juni verunglückte an der Kletterwand im Sportcenter «Olympica» in Brig-Glis der 25-jährige Grenzwächter Richard Huber, des Bruno, aus Birgisch.
– Am 22. Dezember überschwemmte der Klosibach infolge sintflutartiger Regenfälle die Umgebung, wobei das Quartier Klosi, der Friedhof und der alte Dorfkern am stärksten betroffen wurden.

**1992**
– Am 17. März erlitt die Liegenschaft mit Schreinerei und der Abteilung für Sargfabrikation samt den zwei Wohnungen von André Lambrigger nach einer Explosion durch eine Feuersbrunst grosse Schäden. Die 96-jährige Sophie Gibsten konnte noch rechtzeitig aus der vom Feuer bedrohten Wohnung evakuiert werden.

*1992: Brand des Geschäftsgebäudes Lambrigger.*

– Am 15. Juni zerschellte ein Kleinflugzeug am Nordportal der Mittal-Strassengalerie im Lötschental. Unter den vier tödlich Verunglückten befand sich auch der 25-jährige Kilian Nanzer, des Johann, wohnhaft in Naters, der fünf Wochen zuvor Carmen Imstepf von Naters geheiratet hatte.
– Am 22. Juni brach im Bereich der «Oberen Resti» bei Blatten/Belalp die ganze Felsnase weg und riss mindestens 1000 Kubikmeter Gesteinsmassen bis in die «Blattner Riebi» mit. Dabei wurde die Wasserfassung für den Weiler Ahorn zerstört.[998]
– Am 30. Juli kam der 59-jährige Alexander Schmid, des Moritz, bei Sprengarbeiten am Kehrwasser in der vorderen Massaschlucht ums Leben, als ihn ein losgesprengter Stein am Kopf tödlich traf.
– Am 18. August erlag der 27-jährige Walter Imhof von Birgisch, Sohn des Karl, bei einer Auto-Frontalkollision in Gamsen den schweren Verletzungen.
– Am 4. September gaben die 24-jährige Silvia Chiabotti, des Edy, und der 23-jährige Fredy Imwinkelried, des Erwin, zusammen mit zwei jungen Leuten aus Hohtenn nach einer Autokollision bei Interlaken ihr Leben dem Schöpfer zurück.
– Am 17. September verstarb bei einem Helikopterunfall im Pfynwald zusammen mit dem Piloten Patrick Squaratti als Begleitperson der 27-jährige Christian Williner, des German, Gatte der Helene Heynen und Vater eines Kindes.

**1993**
– Am 10. Januar brannte die leer stehende ehemalige Schreinerwerkstatt der Firma Lochmatter ab.
– Am 11. März wurde die siebenjährige Conny Kissling, des Roland und der Christine geb. Eyholzer, bei der Überquerung der Birgischerstrasse unterhalb des Weilers Bord von einem Auto angefahren und tödlich verletzt.
– Am 12. August kamen der 81-jährige Medard Salzmann und seine 70-jährige Frau Edith geb. Eggerschwiler von Delsberg bei einem Überholmanöver im Guldersand bei Grengiols ums Leben.
– *Freitag, den 24. September: grosse Unwetterkatastrophe.* Naters kam infolge der Hochwasser sowohl des Rottens wie des Kelchbachs an diesem Tag nur haarscharf an einer Überschwemmungskatastrophe vorbei (vgl. Kap. «Gefährliche Wasser ...»).

**1994**
– Am 5. März starb die 46-jährige Irmine Salzmann, des Johann, an den Folgen eines Arbeitsunfalls, den sie tags zuvor auf der Belalp als Angestellte der Luftseilbahn Blatten-Belalp erlitten hatte.
– Am 29. April lösten sich an den Felspartien oberhalb des Wohnquartiers Obergut/Klosi (am Fussweg Richtung Geimen beim Muttergottes-Bildhäuschen) Felsplatten und Steine. Das Volumen der abgestürzten Masse betrug fünf bis sechs Kubikmeter. Ein kleiner Teil des Gesteins erreichte die darunter liegenden Häuser. Am 7. Juni 1994 erfolgte daselbst die glücklich verlaufene Sprengung eines absturzgefährdeten Schichtkopfes von rund 13 Kubikmetern.
– Am 19. Mai verunglückte der 28-jährige Medard Schmid, des Michael, auf der Birgischerstrasse mit seinem Mountainbike.
– Am 20. Juni kam der 55-jährige Natischer *Gemeindepräsident* und CVP-Grossrat *Richard Walker,* des Eduard, auf dem Weg ins Kantonsparlament bei einem tragischen Verkehrsunfall ums Leben (vgl. Kap. «Präsidenten», Nr. 131).
– Am 24. Juni wurde die elfjährige Tanja Dekumbis, des Alois, in Naters an einem unbewachten Bahnübergang von einem FO-Zug erfasst und tödlich verletzt.

**1995** – In der Nacht auf Sonntag, den 10. Juni, befand sich der 56-jährige Edmund Schmid, des Anton, aus Birgisch auf dem Heimweg, als er in der Nähe seines Wohnortes unglücklich stürzte und dabei tödliche Verletzungen erlitt.

– Ein Schlagwetter im Raum der Belalp liess am 1. Juli das Bruchji oberhalb Blatten ausbrechen. Innert kurzer Zeit füllte sich das Auffangbecken an der Rischinerstrasse vollständig auf, die Brücke faltete sich wie Papier zusammen.

– Anfang Juli bestand für die Quartiere Klosi und Obergut Felssturzgefahr. Der alte Bergweg vom Klosi bis «uf d'Flüo» wurde bis auf weiteres für jeglichen Verkehr gesperrt. Nach Aufstellung der Auffangvorrichtungen wurden die Abbauarbeiten zwischen dem 9. Oktober und dem 11. November ausgeführt. Kosten: 880 000 Franken, wobei Bund und Kanton 85 Prozent übernahmen. Während den Arbeiten mussten die direkt gefährdeten Häuser evakuiert werden. Im Frühjahr 1996 wurden im Obergut 30 Anker gesetzt.

– Am 29. Juli verlor der 44-jährige Roland Kissling-Eyholzer von Birgisch westlich der Kelchbachbrücke, von Birgisch herkommend, die Herrschaft über sein Fahrzeug, das rund 50 Meter tiefer zum Stehen kam. Der Lenker verstarb auf der Unfallstelle. Er war verheiratet mit Christine geb. Eyholzer und Vater von drei Kindern.

– Am 24. August geriet der 68-jährige Adolf Abgottspon, wohnhaft in Naters, Gatte der Clothilde geb. Jordan, bei Arbeiten auf der Flurstrasse Betten–Martisberg mit seinem Fahrzeug über das Strassenbord, kollerte rund 100 Meter den Abhang hinunter und erlag noch auf der Unfallstelle seinen Verletzungen.

**1996** – Am 21. April verstarb der 49-jährige Willi Schmid, des Bruno, durch einen tragischen Unfall. Oberhalb von Binn kam sein Fahrzeug von der Strasse ab und prallte nach etwa 60 Metern gegen zwei Bäume. Der Lenker war auf der Stelle tot. Er war der Gatte von Beatrice geb. Imhof.

**1997** – Am 19. August riss eine Steinlawine den 58-jährigen James Delaney, wohnhaft in Naters, zusammen mit Marcel Imhof von Betten und dem Italiener Fabio Morbatti in die Tiefe, als sie mit Unterhaltsarbeiten an einem Wanderweg am Bettmerhorn in Richtung Eggishorn beschäftigt waren.

– Am 11. September starb an den Folgen eines schweren Arbeitsunfalls (Stromkontakt) der 29-jährige Peter Gasser, des Julius, Gatte von Nicole geb. Küng, wohnhaft in Münchenbuchsee. Er wurde in Zollikofen/BE beerdigt.

– Am 8. Oktober zerstörte ein Brand das Depotgebäude des FO-Bahnhofs in Naters und richtete im Hauptgebäude schwere Schäden an.

– Am 30. Oktober fuhr der 16-jährige Sekundarschüler Romeo Spinnler, des Willy, wohnhaft in Naters, mit dem Moped von der Weingartenstrasse in Richtung Furkastrasse. Beim Überqueren des FO-Geleises wurde er auf dem unbewachten Bahnübergang vom Zug erfasst und erlitt schwere Verletzungen, denen er am gleichen Abend erlag.

**1998** – Am 4. Mai wurde der achtjährige Federico Angelicchio aus Naters beim Überqueren der FO-Geleise an der Kehrstrasse vom herannahenden Zug erfasst und auf der Stelle getötet

– Am 13. Mai geriet der 47-jährige Toni Schmid-Wieser, des Dionys, auf dem Areal der Furka-Oberalp-Bahn in Brig bei Manövern zwischen die Bahnwagen und die Remisewand und zog sich dabei tödliche Verletzungen zu.

– Am 11. Juni trainierte der 20-jährige Christian Salzmann, des Jean-Marie, zusammen mit drei Kameraden in der Massaschlucht, rund 300 m unterhalb der Gibidum-Staumauer, die Seiltechnik. Beim Abseilen stürzte er 30 m in die Tiefe. Trotz rascher Hilfe starb der Verunglückte auf der Stelle.

– Am 3. August bargen Mitglieder der Rettungsstation Blatten-Belalp am Grisighorn (3175 m) einen tödlich verunglückten deutschen Berggänger.

**1999** – **Gratlawine vom Montag, dem 22. Februar, 17.00 Uhr.** Infolge heftiger Schneefälle musste die Blattenstrasse zwischen Geimen und Blatten vom 9. bis zum 11. Februar wegen akuter Lawinengefahr geschlossen werden. Gleichzeitig wurden das Quartier Soll und Teile des Quartiers Eija in Blatten sowie der Untere Stafel der Alpe Bel vorsorglich evakuiert. Am 12. Februar konnte die Evakuierung aufgehoben und die Srasse wieder freigegeben werden.
Erneute Schneefälle führten dazu, dass der kommunale Führungsstab unter der Leitung von Major Jules Eyer am Sonntag, dem 21. Februar, sowohl Personal als auch Material und Fahrzeuge nach Blatten beorderte. Aufgrund der erneut akuten Lawinengefahr hat der Führungsstab am gleichen Tag wieder die Evakuierung des Quartiers Soll und von Teilen des Quartiers Eija in Blatten angeordnet; ebenso wurde am 21. Februar um 21.00 Uhr die Strasse zwischen Geimen und Blatten für jeglichen Verkehr wieder gesperrt. Am Montagmorgen, dem 22. Februar, erfolgte die Evakuierung des Unteren Stafels in Bel.

*Gratlawine 1999: Auf drei Etagen räumen Bagger die bis zu zehn Meter hohen Schneemassen von der Blattenstrasse im Soll und im Ahorn unterhalb Blatten.*

Am Montag, dem 22. Februar, um 17.00 Uhr, ging die Gratlawine («Gratlowwina»; ältere Natischer nennen sie «Gratja») nieder, und zwar so heftig wie wohl kaum je zuvor. Sehr wahrscheinlich ging die Lawine am Grisighorn auf zirka 3000 Meter Höhe los und riss, wie durch Öffnung eines Reissverschlusses, den ganzen Schneehang zwischen dem Gänder- und dem Foggenhorn auf einer Länge von rund vier Kilometern in die Tiefe. Die Abrissstellen befanden sich knapp unter dem Grat und wiesen eine Höhe von durchschnittlich drei bis sechs Metern auf. Die grosse Staublawine donnerte über das Tälli, den Unteren Stafel in Bel, das Kammer hinunter ins Soll, Stinuloch und kam in den Beetschen bei Mehlbaum zum Stehen. Dabei wurden auf der Alpe Bel neun Hütten zerstört sowie andere Hütten und Ställe stark in Mitleidenschaft gezogen. In den Quartieren Soll und Eija in Blatten sowie in den Weilern Ahorn, Mehlbaum und Geimen wurden über 30 Liegenschaften (Häuser, Ställe usw.) zerstört oder erlitten Schaden, vor allem als Folge des grossen Luftdrucks der Lawine.

*Gratlawine 1999: Nach der Räumung der riesigen Schneemassen ist die Blattenstrasse im Soll/Ahorn für den Verkehr wieder offen.*

Die Gefahr eines Nachrutschens war derart gross, dass der Lawinenkegel und die evakuierten Quartiere bis Mittwoch, den 24. Februar, nicht betreten werden konnten. An diesem Mittwochvormittag wurden dann südlich des Foggenhorns die verbleibenden Schneemassen abgesprengt, so dass Entwarnung erteilt und mit den Öffnungsarbeiten der Strasse begonnen werden konnte. Die Strasse war auf einer Länge von 700 Metern, von der Eija bis gegen Mehlbaum, verschüttet. Am Montag, dem 1. März, um 9.00 Uhr konnte dieses Teilstück der Strasse für den Verkehr wieder freigegeben werden. An den Flanken des Kelchbachs vom Kammer bis in die Beetschen wurden gemäss Schätzung des Forstreviers zirka 2200 Kubikmeter Holz beschädigt. In einer ersten Bilanz bezifferte man die Gesamtschäden auf rund zehn Millionen Franken. Das genaue Ausmass der Schäden trat erst nach der Schneeschmelze so richtig zu Tage. Gott sei Dank waren keine Menschenleben zu beklagen.

Während einer Woche waren in Blatten zirka 3000 Personen (Gäste, Angestellte und Einheimische) eingeschlossen. Für die Versorgung dieser Personen mussten rund 30 Tonnen Nahrungsmittel und anderes Material eingeflogen werden. Insgesamt wurden zirka 500 Personen aus Blatten-Belalp ausgeflogen.

Zur Bewältigung des Schadenereignisses entstanden in den ersten zehn Tagen recht hohe Kosten. Im Einsatz standen der Führungsstab, Angehörige der Feuerwehr, des Zivilschutzes, der Bergrettung, der Belalp Bahnen, des Tourismusvereins, des Elektrizitätswerkes, der Trinkwasserversorgung, des Forstreviers, der kommunalen Werkhofequipe, der kantonalen Räumungsequipe und eine Gruppe Militär. Ferner halfen auch Drittpersonen mit (Arzt, Hoteliers und andere Betriebsinhaber). Während einer Woche standen täglich zirka 80 bis 100 Helfer im Einsatz. Die Evakuierungsflüge durch die Schweizer Armeehelikopter wurden der Gemeinde nicht in Rechnung gestellt. Die Kosten der Evakuierungsflüge für abreisende Gäste und auch teilweise für die einheimische Bevölkerung übernahm der Staat Wallis. Ein Teil der Flugkosten wurde durch den Hilfeleistungsfonds der Gemeinden gedeckt.

Die Gefahrenzonen auf Territorium der Gemeinde Naters wurden neu überprüft. In der «roten» Gefahrenzone ist ein Wiederaufbau der Gebäude nicht mehr möglich. In der sogenannten «blauen» Zone ist ein solcher mit bestimmten baulichen Massnahmen unter Umständen möglich.[999]

Die Gratlawine von 1999 ist die vierte uns bekannte grosse Lawine; die anderen drei gingen in den Jahren 1817, 1910 und 1945 nieder (siehe oben).

– Am 21. Mai stiess die 26-jährige Tamara Karlen, des Hans, mit ihrem Auto frontal mit einem Lastwagen zusammen und kam ums Leben. Der schwere Unfall ereignete sich im Tunnel der Umfahrungsstrasse Brig–Naters (A 19).

– Am 17. Juli ist ein 51-jähriger deutscher Alpinist am Aletschhorn tödlich verunfallt. Etwa 50 Meter unterhalb des Gipfels stürzte er beim Abstieg 30 Meter ein Couloir hinunter. Er war nicht angeseilt gewesen und starb auf der Stelle.

– Am 27. Juli fand der 67-jährige Emil Blatter, Gatte der Anita geborene Eyer und Vater zweier Söhne, den Tod. Er war am «Mälchgrat» oberhalb der Alpe Brischern (Mund) als Strahler unterwegs.

Eßer Maria die · stine mit vnd
nim mich zu den gnaden din Dan du
bist die port vnd auch die arch
Da sich got selber in verbarg
darum hilf mier aus allem leid ires in leben
vnd den im abscheid
1640

Thoma gerßen vnd
Anna lerria sin husfr

# Die Pfarrei Sankt Mauritius

*Rosenkranzgemälde. Früher in der Dreifaltigkeitskapelle auf Bel, nun im Pfarrhaus. In Form einer Monstranz oder eines Baumes. 130 x 100 cm. 1996 von Walter Furrer, Brig, restauriert. Rosenkranzmedaillon mit den 15 Rosenkranzgeheimnissen. In der Mitte steht die Muttergottes mit dem Jesuskind auf der Mondsichel; sie hält einen Rosenkranz in der Linken. Oben in der Mitte Heiliggeisttaube, links und rechts Engelsfiguren. Beidseits des Monstranzfusses die Inschrift: «Erher [= erhör] die stime min und nim mich zu den gnaden din Dan du bist die port und auch die arch Da sich got selber in verbarg, darum hilf mier aus allem leid iez im leben und den im Abscheitt 1640.» Am Monstranzfuss das Stifterwappen (goldener fünfzackiger Stern), darunter die Inschrift: «Thoma Gerzen und Anna Ierria [= Lerjen] sin Husfrauw». Unten links und rechts in den Ecken Heiligenscharen, im Vordergrund die Rosenkranzheiligen Dominikus und Katharina von Siena. Gemäss Walter Ruppen qualitativ bescheidenes Gemälde, als früheste bekannte Rosenkranzdarstellung der Region aber ikonographisch bedeutsam. Laut Walter Furrer, Brig, galt dieses Bild als Vorbild für Oberwalliser Rosenkranzaltäre.*

# Allgemeine Geschichte der Pfarrei

## Die Grosspfarrei

Die Pfarrei Naters gehört zu den ältesten Pfarreien im Oberwallis. Ihr Entstehen lässt sich urkundlich nicht mehr genau nachweisen. Sie reicht wohl in das erste Jahrtausend zurück, da König Rudolf III. von Burgund der Abtei St-Maurice am 15. Februar 1018 neben den königlichen Einkünften des Hofes von Naters auch die Opfer (oblata) des Altars der Kirche überliess.[1] Im Jahre 1203 wird Naters als Pfarrei, «parochia de Nares», bezeugt.[2]
Die Pfarrei umfasste einst den ganzen heutigen Bezirk Brig mit Ausnahme von Gondo/Zwischbergen und Eggerberg (nach 1221 ebenfalls). Die zum Bistum Novara gehörende Pfarrei Gondo wurde am 22. Mai 1822 durch ein Konsistorialdekret Roms der Diözese Sitten angegliedert.[3] Ausserhalb des Bezirkes Brig gehörte auch Visperterminen zur Pfarrei Naters.

## Ausgrabungen in Glis – und in Naters?

Im Jahre 1984 wurden in der Pfarr- und Wallfahrtskirche in Glis verschiedene archäologische Untersuchungen durchgeführt, deren Ergebnisse Descoeudres und Sarott 1986 veröffentlichten.[4] Diesem Beitrag entnehmen wir einige Kernsätze, die auch Naters als Urpfarrei in einem etwas anderen Licht als bisher erscheinen lassen:
*«Die älteste in unseren Ausgrabungen nachgewiesene Anlage war ein mehrgliedriger Kirchenkomplex, der in der Zeit um 500 errichtet worden sein dürfte. Diese erste Kirchenanlage bestand aus einem saalförmigen Kirchenschiff mit vermutlich zwei seitlichen Annexräumen sowie mit einer im Westen angegliederten dreiteiligen Taufanlage. Das quadratische Baptisterium (Taufkapelle), welches auf der Gebäudeachse lag, wies im Zentrum ein rechteckiges Taufbecken auf, das achteckig ummantelt war. (...) Wir haben somit in Glis eine ländliche Taufkirche aus der Frühzeit des Christentums im Wallis vor uns, eine der ‹plebes baptismales›, wie diese für die frühe Taufkirchenorganisation in Gallien und auch in Oberitalien charakteristisch sind. Man möchte annehmen, dass es sich in Glis um eine eigentliche Talschaftskirche für das Oberwallis gehandelt hat. Mit den vorliegenden Ergebnissen unserer Ausgrabungen gewinnt die Annahme, wonach sich der Ortsname ‹Glisa› von ‹ecclesia› ableite, ganz erheblich an Gewicht. (...) Da es als wenig wahrscheinlich erscheint, dass im nahegelegenen Naters ein ebenso frühes Gotteshaus mit Baptisterium bestand, möchte man vermuten, dass mit ‹Ecclesia/Glisa› die Kirche schlechthin, die Kirche nämlich des oberen Wallis, bezeichnet wurde. (...)
Es ist daran zu erinnern, dass das Gotteshaus in Glis seit dem 13. Jahrhundert, da es in den schriftlichen Quellen erstmals fassbar wird, bis in die Mitte des 17. Jahrhunderts Filialkirche der Pfarrei Naters war, obwohl es offenbar über zeitlich weit zurückreichende Rechte ähnlich einer Pfarrkirche verfügte.»[5]*
Mit anderen Worten: Diese Ausführungen lassen den Schluss zu, dass die christliche Kultstätte in Glis wahrscheinlich älter als jene von Naters ist. Diese Annahme wird noch dadurch erhärtet, dass Glis – wie wir noch nachweisen werden – als Filialkirche

*Naters um 1910.*

schon im 13. Jahrhundert das Tauf- und das Bestattungsrecht hatte, Rechte also, die die Kirche von Glis möglicherweise besessen hatte, bevor sie dem Pfarreiverband von Naters unterstellt wurde und diese auch als Vikarie beibehalten durfte.

Leider hat man bei der jüngsten umfassenden Restaurierung der Pfarrkirche in Naters, 1977–1980, die Chance ungenutzt verstreichen lassen, archäologische Untersuchungen durchzuführen, die uns zusammen mit den nun vorliegenden Resultaten der Grabung in Glis ganz wesentliche Aufschlüsse über die frühmittelalterliche Pfarreiorganisation im Oberwallis hätten geben können.[6]

Im Folgenden interessiert uns nun, worin das Abhängigkeitsverhältnis der Tochterpfarreien zur Mutterpfarrei Naters bestand und wann und auf welche Art sich diese verselbstständigten.

# Tochterpfarreien von Naters

## Visperterminen

Im Jahre 1221 wurden Visperterminen und das damals noch bewohnte Nanztal von Naters getrennt und der Pfarrei Visp zugeteilt, während im gleichen Jahr im Austausch Eggerberg, das früher zu Visp gehört hatte, zu Naters pfarrgenössig wurde.[7] Der Volksmund bezeichnet noch heute den jetzigen Pfarrgarten bei der Kirche in Naters als den einstigen Friedhof der Visperterminer und im Gemeindehaus wurde noch lange der «Terminertisch» gezeigt, an dem die Terminer nach Beerdigungen und bei Kirchenfesten assen und tranken.[8]

Für Visperterminen blieb vorderhand noch die Zehntenpflicht an die Mutterkirche von Naters bestehen. So erkannte am 6. Januar 1533 Stephan zer Zuben als Resper (Verantwortlicher) zugunsten des Pfarrers von Naters, Johann Zumstadel, und dessen Kirche auf einen Zins von zwei Müt Roggen, fünf Schilling Geding und fünfeinhalb Denaren für die «Manheidae». Dieser Zehnten war an St. Stefan zu entrichten und wurde «EygenZehnten von Niderhusren und Terminen» genannt.[9] Am 30. Juni 1545 kam in Visperterminen, im Haus des Notars Andreas Mangis, ein Vergleich zwischen Anton Floris, Pfarrer von Naters, namens seiner Taufkirche und Peter Mercatoris (Kaufmann) namens seiner Kirche zustande. Die «Beyterwasserleitung» sollte von da an zwischen Naters und Visp die Grenze der Gilten bilden: Das Gebiet unterhalb der genannten Wasserfuhr hatte früher dem Pfarrer von Visp gehört, ab jetzt aber dem Pfarrer von Naters. Dieser verpflichtete sich jedoch, von dem der Kirche von Naters gehörenden Eigenzehnten jährlich acht Fischel Roggen der Kirche von Visp zu geben.[10]

1590 erfolgte in Visperterminen eine Grenzvereinbarung zwischen den Pfarreien Naters und Visp, wobei von den ursprünglich an Naters geschuldeten zwei Müt Korn dieser Pfarrei 18 Fischel zugesprochen wurden und Visp acht Fischel. Am 15. Januar 1590 kaufte sich Visperterminen von den zwei Müt Kornzehnt mit Mannschaftslehen um den Preis von 260 Pfund von der Pfarrei Naters los und zahlte dem damaligen Pfarrer von Naters, Peter Zuber, für seine Gutheissung (pro laude) zehn Pfund.[11] Am 23. Dezember 1715 wurde Visperterminen zur Pfarrei erhoben.[12]

## Simplon-Dorf

Die Trennung der Pfarrei Simpeln von Naters dürfte in die erste Hälfte des 13. Jahrhunderts fallen. Denn am 1. August 1267 verlieh der Kilchherr Godofred von Naters dem Junker Peter von Aosta und seinen Erben das Patronatsrecht der Kirche von Simpeln. Diese dotierten die Pfarrpfründe so reichlich, dass der je-

*Simplon-Dorf mit der Kirche Sankt Gotthard von 1725.*

weilige Seelsorger hinreichenden Unterhalt fand.[13] Das Patronatsrecht ging um die Mitte des 14. Jahrhunderts erbweise an die Familie von Urnavas über[14] und kam später wieder an den Pfarrer von Naters zurück. 1640 hatte dieser nämlich das Recht, Simpeln einen Pfarrer zu geben. Gleichzeitig war er aber auch verpflichtet, jährlich an den Kreuztagen dem Pfarrer, den Kreuzträgern und den neun Männern von Simpeln bei der Ankunft ihres Bittganges in Brig eine Erfrischung und am folgenden Morgen eine gehörige Mahlzeit zu verabreichen, ferner die Hostien und das heilige Öl für Simpeln auf seine Kosten zu besorgen.[15]

*Visperterminen mit der Kirche Sankt Theodul von 1962/1963.*

# Glis

## Quasipfarrei

Soweit sich dies in den schriftlichen Quellen zurückverfolgen lässt, erscheint das Gotteshaus in Glis als Filialkirche der Pfarrei Naters. Domherr Dionys Imesch bezeichnet jedoch Glis als Quasipfarrei und die Kirche Unserer Lieben Frau daselbst seit alten Zeiten als einen berühmten Wallfahrtsort.[16] Rechtshistoriker Louis Carlen ist ihm in dieser Einschätzung gefolgt.[17] Tatsächlich erscheint Glis in verschiedenen Dokumenten des Mittelalters als fast gleichberechtigte Nebenkirche zur Pfarrkirche Naters.[18] Nun gibt es eine ganze Reihe von Hinweisen, die zeigen, dass die Kirche in Glis weitgehend mit Pfarreirechten ausgestattet war. Seit dem 13. Jahrhundert soll sie das Tauf- und das Bestattungsrecht innehaben.[19] Zwei Urkunden aus der Zeit um die Mitte des 14. Jahrhunderts erwähnen einen Friedhof bei der Kirche; 1475 wird präziser ein Friedhof gegenüber der Kirchenpforte auf der Seite von Brig genannt.[20] 1511 wird erstmals ein Beinhaus erwähnt; die heutige Friedhofskapelle St. Joseph wurde im Jahre 1673 erbaut.[21]

*Die Kirche Unserer Lieben Frau vom Glisacker.*

Dennoch: Glis war rechtlich keine selbstständige Pfarrkirche und blieb der Pfarrei Naters unterstellt. Seit 1308 ist in Glis eine Kaplaneipfründe überliefert; der jeweilige Inhaber nannte sich Kaplan oder Vikar.[22] «Der Pfarrer von Naters bezog die Einkünfte und liess durch einen von ihm besoldeten Kaplan die Seelsorge in Glis ausüben. Auch hatte er die Verpflichtung, an etlichen Tagen in eigener Person in Glis zu funktionieren und an Rat, Sigrist, Organist, Sänger und Arme gewisse Beiträge auszurichten.»[23] Es sind zudem für das Spätmittelalter in Glis mehrere Pfründen von Altaristen überliefert.[24] 1331 wird ein Sakristan urkundlich genannt,[25] im 15. und 16. Jahrhundert gar ein Kantor[26].

Nun hat sich des Weiteren ein Dokument aus dem Jahre 1333 erhalten, welches zeigt, dass die Einkünfte der Kirche in Glis von der Pfarrei Naters verwaltet wurden. Erwähnt ist darin ein Geistlicher, clericus, Johannes de Mont, der in Naters als Matricularius fungierte, was hier wohl als ständiges Amt im Dienst der Institution Kirche zu verstehen ist.[27]

Vom Sigristenamt ist am 25. Oktober 1395 erstmals die Rede.[28] An diesem Tag übergab der Pfarrer von Naters, Karl von Agörn, den Söhnen des Anton Gliser das Sigristenamt. Das zeigt, dass um diese Zeit die Wahl des Sigristen in Glis dem Pfarrer von Naters oblag, womit dieser seine pfarrherrlichen Rechte in dieser Beziehung zum Ausdruck brachte. Als Einkommen erhielt der Sigrist zwei Müt Korn, drei Pfund und fünf Schilling Gilt (Naturalabgabe, Zins), die Entschädigung für das Läuten der grossen Glocke, das Holz, auf dem bei Beerdigungen die Leichen herbeigebracht wurden, und vier Mittagessen im Pfarrhof von Naters. Die Sigristen sollten die Glockenrechte erhalten. Was damit gemeint ist, lässt sich nicht genau erkennen. Vermutlich handelte es sich nicht bloss um die Ermächtigung, die Kirchenglocken zu läuten, sondern um eine Abgabe. Das Brot oder den Pfennig, den jede Haushaltung auf der linken Seite des Rottens der Kirche zu entrichten hatte, sollten die Sigristen dem Pfarrer von Naters überlassen.

## Pfarreigründung mit Schwierigkeiten

Grosse Wellen hüben und drüben warf die Pfarreigründung von Glis. Von 1630 bis 1642 wurde die alte Wallfahrtskirche in Glis grosszügig ausgebaut. Durch diese ausserordentlichen Opfer berechtigt, stellten nun die Gemeinden Brig, Glis, Ried-Brig, Termen, Brigerbad und Eggerberg das Gesuch in Sitten, sich von Naters zu trennen. Das Domkapitel und Naters waren entschieden gegen die Trennung, wohl auch, weil Domherr Johann Gertschen aus Naters stammte und in dieser Zeit als Pfarrer von Naters amtete.

Um das Jahr 1640 wandten sich die Gumperschaften Naters und Rischinen in einer Denkschrift zuhanden der «zwey Compren Brüg und Brügerberg», die offenbar die Trennung am stärksten befürworteten, mit scharfen Worten gegen die «wahnwitzige Forderung» einer Loslösung von der Mutterkirche Naters.[29] Aus dieser 14-seitigen Schrift wollen wir einige Kernsätze zitieren: Es sei wirklich schade, dass man sich von Naters trennen will, «weyll in unserem lieben Vatterland alle Excessen, Ernüwrungen und Novitäten [Neuerungen] gantz schädlich und selten zu einem gutten Endt gebracht werdendt». Bis dahin hätte man «in Frid und Einigkeit gelebet, und einander geehredt, geliebet. (...) So bald aber als man sich abgesendert, vill Gezancks und Übels und Uneinigkeit eingerissen». Man wolle ferner bedenken, dass «derselbige Zenden den Namen lang und lobwürdig der Zenden Nathers ist genämbset worden. (...) Dan was ist den Herren von Brüg und Brügerberg gelegen zu der Hauptkirche zu Nathers zu gehn, oder zu der Filialkirche nacher Glyss, ist wahrhaftig des Weges gantz kleiner Unterscheid».

Wenn es tatsächlich zur endgültigen Trennung kommen sollte, müssten die Privilegien, Zehnten, Primizen (Erstlingsfrüchte) und das «Seelgrädt» (?) des Pfarrers von Naters ungeschmälert bleiben, verlangten die Natischer und Rischiner: «Als die Kirche auff Mondt [Mund] gestiftet, ist solches ohne Abbruch der Kirche zu Nathers geschehen. (...) Was gschnell und betruglich endtsteht, dasselbig auch gschnell zerghett.» Man müsse doch ferner in Erwägung ziehen, wie sehr sich der Pfarrer von Naters stets für Glis eingesetzt habe, aber es ergehe ihm «wie manchem treuwen Herren mehr: fidelis servus perpetuus asinus» [Ein treuer Diener ist ein immer währender Esel]. Schliesslich wurde in dieser Denkschrift den Brigerbergern anerboten, die

530

für den Zehnten bezahlte Loskaufsumme zurückzuerstatten, falls sie von einer Trennung absehen würden.

Nun ernannten die obgenannten Gemeinden Kaspar Jodok von Stockalper zu ihrem Bevollmächtigten, um die Trennung allen Widerständen zum Trotz durchzusetzen. Er kam schneller zum Ziel, als den Leuten von Naters lieb war.

Im Sommer 1642 kam der päpstliche Legat, Erzbischof Hieronymus Farnese, nach Sitten, um die Diözese zu visitieren. Stockalper wusste sich bald zum unentbehrlichen Berater des Legaten zu machen, so dass viele Entscheide des Visitators nach Wunsch des Inspirators Stockalper ausfielen. Auf alle Fälle war von jetzt an Stockalper bei der Nuntiatur in Luzern und beim Hof in Rom die angesehenste Vertrauensperson aus dem Wallis.

Am 17. Juli 1642 zelebrierte der päpstliche Legat Farnese in der Kathedrale von Sitten einen Gottesdienst. Bei dieser Gelegenheit überreichte der Erzbischof dem immer mächtiger werdenden Stockalper «in Anerkennung der ausserordentlichen Verdienste um die katholische Kirche» eine goldene Kette und die Insignien des Ritterordens vom goldenen Sporn.[30] In den folgenden Tagen kam bei den Verhandlungen mit Hieronymus Farnese unter anderem auch die Pfarreigründung von Glis zur Sprache. Stockalper führte beim Visitator folgende Trennungsgründe an[31]:

1. Die Rhone habe schon oft die Brücke zwischen Brig und Naters weggeschwemmt und die Leute, die nach Naters zum Gottesdienst wollten, hätten sich oft in grosser Gefahr befunden.
2. Glis-Brig habe über 1000 «kommunizierte Seelen». Wenn die Kirche in Glis von der Mutterkirche getrennt würde, könnten Katechismusunterricht, Sakramentenspendung und Krankenseelsorge viel besser besorgt werden.
3. Viele Ärgernisse würden aufhören, wenn der eigene Pfarrer strenger wachen und eifriger sorgen könnte. Zwistigkeiten zwischen beiden Gemeinden würden ebenfalls verschwinden.
4. Schliesslich offerierte der Bittende eine schöne Summe zum Unterhalt des eigenen Kilchherrn.

Die Überprüfung dieser Gründe überliess der päpstliche Gesandte dem Domherrn Peter Guntern. Dieser bestätigte die Richtigkeit der angeführten Gründe, ja stellte die Pfarreigründung als eine Notwendigkeit dar. Ohne lange Verhandlungen erklärte hierauf der Legat am 1. September 1642 die Wallfahrtskirche in Glis zur Pfarrkirche und die Pfarrei damit als errichtet. Mit der Pfarrkirche von Glis wurden die Gemeinden Glis, Brig, Ried-Brig, Ganter und Grund, Termen, Brigerbad und Eggerberg zu einer Pfarrei verbunden.[32]

Das Gründungsdokument[33] bezeichnet Kaspar Imboden aus Ritzingen als ersten Pfarrer von Glis. Der apostolische Nuntius Farnese beauftragte den Sittener Domherrn und apostolischen Protonotar Peter Tornerius mit der Ausführung der im Dokument enthaltenen Bestimmungen. Die Urkunde ist von Nuntius Farnese und dessen Sekretär Matthias Venturellus unterschrieben. Am 9. September 1642 nahm Bischof Adrian von Riedmatten noch eine formelle Ernennung des ersten Pfarrers vor,[34] nachdem Pfarrer Imboden Kaspar Stockalper am 4. September 1642 mitgeteilt hatte, ohne ausdrückliche Genehmigung des Bischofs könne er die Pfarrei Glis nicht antreten.[35]

Die Angelegenheit der Trennung aber kam noch lange nicht zur Ruhe. Die Briger und die Natischer lieferten sich noch über Jahre «treffliche Antworten». Noch am 21. März 1643 gratulierte der Bischof dem Schwager Stockalper für die ausgezeichnete Antwort, welche die Briger den Natischern gegeben hätten; diese sei vorzüglich fundiert im kanonischen Recht und ganz besonders im Konzil von Trient.[36]

Der erste Pfarrer von Glis musste sich mehrfach unter den Schutz Stockalpers flüchten, so z.B. «wenn der Pfarrer von Glis nach Naters gehen wollte und auf der Rottenbrücke von den Ratsherren von Naters zur Rede gestellt wurde».[37] Noch vier Jahre später, am 5. Juli 1646, beschwerte sich Pfarrer Imboden bei Stockalper über das Benehmen der Leute von Naters gegenüber der Kirche von Glis.[38]

Die Natischer betrachteten den Entscheid des päpstlichen Gesandten als schwere Rechtsverletzung und zogen die Pfarreigründung von Glis im Mai 1644 vor den Landrat. Dieser war gleicher Ansicht und beschloss, die Kirche von Naters sei wieder in ihre früheren Rechte einzusetzen. Doch die Rekurse sowohl des Landrates wie der Gemeinde Naters an den Bischof blieben ohne Erfolg.[39]

Die Misshelligkeiten zwischen der Mutter- und der Tochterkirche wurden erst am 23. September 1675 behoben. Unter diesem Datum verfügte der päpstliche Nuntius Odoardus Cibo, dass die Zehnten in Termen der Pfarrei Naters verbleiben, dass der Pfarrer von Naters jenem von Glis den Messwein zu liefern hat, während die Kirche von Glis jener von Naters jährlich am St. Mauritiustag eine zweipfündige weisse Kerze (Osterkerze; sie kostete 1864 5.80 Franken)[40] für den Mauritiusaltar opfern soll.[41] 1898 wurde dieses Kerzenopfer um die Summe von 174 Franken von Glis losgekauft.[42] Die Loskäufe von den Zehnten in Termen erfolgten 1842.[43]

Vom 25. bis zum 27. September 1992 beging die Pfarrei Glis-Gamsen-Brigerbad feierlich das 350-Jahr-Jubiläum ihres Bestehens.

### Filialkirchen von Glis

Das Pfarrgebiet von Glis wurde seit der Gründung etwa viermal verkleinert, weil vier Gemeinden inzwischen den Status einer eigenen Pfarrei erhielten: Ried-Brig 1900,[44] Eggerberg 1902, Termen 1913 und Brig 1957.

In Bezug auf Brigerbad und insbesondere Eggerberg sind hier noch einige Punkte ergänzenswert. Wie wir oben erwähnten, kam Eggerberg 1221 zu Naters. Als in der Folgezeit zwischen Visp und Naters wegen der Pfarreigrenzen bei Eggerberg Streitigkeiten entstanden – es ging vor allem um den Weiler Tennen in Eggerberg –, wurde am 20. Oktober 1329 festgesetzt, dass die Leute, die unterhalb der Wasserleitung (Laldnery) von Lalden wohnen, zu Visp, jene aber, welche oberhalb dieser Wasserfuhr wohnen, zu Naters gehören.[45] Bezüglich des Kirchenbesuchs hat sich bei den Eggerbergern wie auch bei den Gläubigen von Brigerbad längst vor der kirchlichen Neuregelung eine eigene Praxis entwickelt. Wie Peter Jossen nämlich in seinem Beitrag «Der Eggerberger Chilchweg» insbesondere aufgrund einer Urkunde aus dem Jahre 1395 nachweist, suchten die Eggerberger und Brigerbadner bereits im 14. Jahrhundert kaum mehr ihre eigentliche Pfarrkirche in Naters auf, sondern die näher gelegene Quasipfarrkirche in Glis.[46]

Finnen, das früher ein Freigericht bildete und sich politisch erst 1854 Eggerberg anschloss, gehörte kirchlich von 1348 bis 1921 zu Mund.[47]

## Mund

Wie die übrigen Gemeinden des Zendens Brig war auch Mund von alters her in Naters pfarrgenössig.[48] An Sonn- und Feiertagen, bei Taufe und Beerdigung mussten die Munder auf dem weiten, nicht ungefährlichen Weg durch das Mundkin über Birgisch Naters erreichen, während die Pfarrgeistlichen von Naters stundenlange Versehgänge in die verschiedenen Niederlassungen am Munderberg und in die noch weiter entfernten Alpen zu machen hatten. Nach Dionys Imesch ist zwar bereits am 12. November 1338 für Mund ein Oratorium (Gebetshaus) erwähnt, eine ständige Seelsorge in Mund gab es aber nicht.

## Rektorat: 1348

1348 sollte der sicher allseitige Wunsch der Munder nach einem eigenen und regulären Seelsorger erfüllt werden. Die Erbtochter Agnes von Urnavas, Tochter des Jocelin von Urnavas, der für die ersten Dezennien des 14. Jahrhunderts als Besitzer des Turms Urnavas von Naters gilt, heiratete in zweiter Ehe den Junker de Aragnon (Ernen). Ihre Tochter Katharina, letzter Spross des Geschlechtes von Urnavas, vermählte sich in Naters mit dem Notar Johannes Matricularius (Sigristen) von Ernen, der die erste Pfründe von Mund stiftete.[49] Diesem Johannes Matricularius wurde am 22. Juni 1348 vom damaligen Pfarrer von Naters, Bonifaz de Challant, die Ermächtigung erteilt, in Mund eine Kapelle und ein Rektorat zu errichten. Historiker Leopold Borter schreibt dazu Folgendes[50]: «*Pfarrer de Challant residierte jedoch nicht in Naters, sondern in Montjovet im Aostatal, und liess seine weitere Walliser Pfarrei durch Vikare verwalten. Laut Urkunde vom 22. Oktober 1333 überliess Pfarrer de Challant alle Pfarrerträgnisse der Kirchen von Naters und Glis um 88 Mörsiger Pfund Johannes de Mont (von Mund). Dieser sollte seinerseits dafür besorgt sein, dass Gottesdienste und Seelsorge in den genannten Kirchen wie bisher in würdiger Weise vollzogen und die Kirchen und Pfrundhäuser gut verwaltet und erhalten würden. Johannes von Mund wird in der Urkunde als ‹Matricularius› (Sakristan) der Kirche von Naters und als ‹Clericus› bezeichnet. Doch besagt der Ausdruck ‹Clericus› keineswegs, dass Johannes Geistlicher gewesen sein muss. Entweder hatte er nur niedere Weihen empfangen oder war einfach ein öffentlicher Notar (Schreiber). Deshalb erhielt er auch nur die Auflage, dafür zu sorgen, dass der Gottesdienst und die Seelsorge in würdiger Weise auszuüben seien. Man bekommt den Eindruck, Johannes von Mund sei eine Art Kirchenvogt der Pfarrei Naters gewesen. Laut Ermächtigungsakt vom 22. Juni 1348 muss Johannes Matricularius als der Erbauer der Kapelle in Mund und als Stifter des Rektorates betrachtet werden.[51] Das konnte selbstredend nur ein Mann leisten, dem die nötigen finanziellen Mittel zur Verfügung standen. Neben den Baukosten hatte er auch für den Unterhalt der Kapelle und der Rektoren zu sorgen und stiftete hierfür jährlich sechs Mörsiger Pfund. Dafür gab er Satzung auf alle seine beweglichen Güter und bei deren Wegfall auch auf die unbeweglichen, bis das nötige Kapital wieder geäufnet wäre. Sehr interessant sind die Bestimmungen, welche Pfarrer Bonifaz de Challant für die künftigen Rektoren von Mund festlegte. Danach durfte der Rektor an Sonn- und Feiertagen die Messe in der St. Jakobskapelle zu Mund nur bei verschlossenen Türen lesen, es sei denn, der Pfarrer von Naters gebe einmal eine anderslautende Erlaubnis. An Weihnachten, St. Stephan, St. Johann, Beschneidung und Erscheinung des Herrn, Lichtmess, Mariä Verkündigung, Palmsonntag, Ostersonntag, Ostermontag und Osterdienstag, an Auffahrt, Pfingsten und den beiden Nachheiligtagen, an Fronleichnam, am Feste Mariä Magdalena, an Mariä Himmelfahrt, am Kirchweihfest, am Feste des heiligen Mauritius, an Mariä Geburt, Allerheiligen, St. Niklaus und Katharina und an allen Sonntagen des Jahres sollte sich der Rektor von Mund, wenn immer möglich, zur Mutterkirche nach Naters begeben. Der jeweilige Pfarrer von Naters wurde verpflichtet, ihm das Mittagessen zu offerieren. Natürlich mussten auch die Gläubigen von Mund, wollten sie ihre Sonntagspflicht erfüllen, an all diesen Tagen nach Naters zum Gottesdienst pilgern.*
*Der Rektor übernahm die Verpflichtung, auf Mund Residenz zu halten. Von dieser Verpflichtung gab es keine Dispens. Hielt er nicht Residenz, ging er aller Einkommen verlustig. Die Erträgnisse aus der Rektoratspfründe würden in diesem Falle an den Pfarrer von Naters oder an die Stifterfamilie gehen zur Besoldung eines anderen in Mund wohnhaften Geistlichen. Der Pfarrer von Naters reservierte sich zudem die Hälfte aller Opfer und Almosen von Mund. Bis zur Vollendung des Kapellenbaus sollten Opfer, Gaben und Abgaben jedoch für diesen Zweck verwendet werden.*
*Das Patronatsrecht erhielten die Stifter Johann Matricularius oder seine legitimen männlichen Nachkommen. Bei Wegfall männlicher Nachkommen fiel das Recht an den jeweiligen Pfarrer von Naters. Bei Lebzeiten von Pfarrer Bonifaz de Challant wurde der Stifter verpflichtet, ihm den zu ernennenden Rektor zu präsentieren.*
*Nach dem Tode des Stifters sollten die Rechtsnachfolger ein gleiches tun. Bei Präsentation eines geeigneten Kandidaten aus der Verwandtschaft des Stifters war der Pfarrer verpflichtet, diesen und keinen anderen als Rektor von Mund zu installieren. Der zu ernennende Rektor musste in jedem Fall deutscher Zunge sein. Sollte beim Tode eines Rektors eine Präsentation nicht innerhalb von drei Monaten erfolgen, ging das Patronatsrecht für diesmal an den Pfarrer von Naters über. Damit waren die Grundlagen für eine ständige Seelsorge in Mund gegeben. Bald nach 1348 muss Mund somit seinen eigenen, im Dorf Wohnsitz nehmenden Rektor gehabt haben. Als erster Rektor waltete vermutlich Johann von Ulrichen. Nach dessen Tode präsentierte der Stifter Johann Matricularius am 25. Mai 1365 den Munder Geistlichen Johannes Pfaffo.*»[52]

Auch als Rektorat blieb Mund Bestandteil der Pfarrei Naters. Wollten die Natischer mit der schon 1341 erwähnten «Mundgasse» im westlichen alten Teil von Naters etwa diese Bindung zur Mutterpfarrei unterstreichen?

## Pfarreigründung

Ob Mund im Jahre 1727 zur unabhängigen Pfarrei erhoben wurde, ist nicht geklärt. Wohl behaupten namhafte Historiker wie Dionys Imesch[53] und Ferdinand Schmid, dass Mund seit

*Die 1721 erstellte und 1962 abgebrochene barocke Kirche von Mund. Rechts das ehemalige Pfarrhaus von 1657, das 1979 der Raiffeisenbank Platz machte. Rechts aussen das 1910 erbaute Schulhaus.*

1727 eine selbstständige Pfarrei bilde; und auch die Munder Pfarrer Johann Joseph Garbely und Franz Blatter nennen 1854 beziehungsweise 1891 in den Priesterverzeichnissen von Mund Johann Werlen ausdrücklich als ersten Pfarrer von Mund (1727–1747).[54] Andererseits werden die Munder Seelsorger des 18. Jahrhunderts bis 1795 noch stets als Rektoren oder Administratoren bezeichnet; der Name «curatus» (Seelsorger) steht jeweils neben dem Namen «rector». So wird beispielsweise H.H. Johann Werlen, der 1743 in Naters als Pate fungierte, «rector montis oris» (Rektor von Mund) genannt.[55] Um 1885 vermerkt zudem Pfarrer Alexander Jost, es sei «unklar, wann sich Mund von Naters getrennt habe und zur selbstständigen Pfarrei erhoben wurde».[56] Hatten die Geistlichen von Mund seit 1727 zwar den Status eines Pfarrers, nannten sich aber mit Rücksicht auf damals noch bestehende Abhängigkeiten von der dominierenden Mutterpfarrei Naters noch Rektor? Johann Joseph Heinzen, Pfarrer in Mund (1795–1807), unterschrieb als erster regelmässig mit «parochus» (Pfarrer) und seine Nachfolger taten es ebenso. In den offiziellen Akten erscheint der Name Pfarrei für Mund erstmals im Visitationsakt von 1809.[57]

## Verpflichtungen zur Mutterpfarrei

Als Filialkirche hatte Mund bis 1855 gegenüber der Mutterkirche Naters verschiedene Verpflichtungen zu erfüllen. So musste die Munder Bevölkerung den sogenannten Vesperzehnten entrichten, der allerdings mehrfach herabgesetzt worden war. Schon am 17. Juli 1309, also bereits vor der Rektoratsgründung, gab Bonifaz de Gresier, Pfarrer von Naters, die Zehnten von Mund zu Lehen.[58] Am 8. Juli 1453 belehnte Anselm uff der Egg, Pfarrer von Naters, die Zehnteninhaber von Mund (mehr als zwölf) mit dem Zehnten von Mund gegen eine Abgabe von zwölf Müt Roggen, zwanzig Schilling Gilt, einem Müt Weizen, sechs Fischel Roggen usw. Die Zehnteninhaber hatten Anrecht auf ein Mittagessen beim Pfarrer und dieser bei ihnen in Mund am Montag in der Bittwoche.[59]

Die Entrichtung von Abgaben der Munder an die Pfarrei Naters gab immer wieder zu Diskussionen Anlass. In den 60er-Jahren des 15. Jahrhunderts kam es diesbezüglich sogar zu einem Prozess, dessen Ausgang keineswegs zur Abschaffung der leidigen Zehnten führte.[60] 1504 wurde zwischen dem Pfarrer von Naters und dem Seelsorger von Mund folgende Übereinkunft getroffen: «Der Kilchherr von Naters erhält eine jährliche Abgabe von 14 Mass Roggen, vier Mass Weizen und sechs Fischel Bohnen. Die Familie Matter schuldet dazu jährlich sechs Fischel Bohnen, ein Mass Wein und zwölf Lämmer.»[61] Auch in der Folgezeit blieben ähnliche Verpflichtungen bestehen. Am 3. November 1773 wurde diese Angelegenheit im Pfarrhaus von Mund wie folgt neu geregelt: «Anton Huotter von Mund anerkennt dem Pfarrer von Naters, Josef Biderbosten, namens der ‹Dezimatoren› (Zehnteneinzieher) von Mund, Christian Pfaffen, Vater und Sohn, und Bannerherr Peter Stepfer, das ‹Mannlehen› für den ganzen Zehnten von Mund, mit Ausnahme des losgekauften ‹Aufbruchzehnten›. Das Gilt an die Pfarrei Naters beträgt jährlich 14 Müt Korn, vier Müt Weizen, sechs Fischel Bohnen, ein Müt Wein und 35 Schilling in Geld. Am St. Stefanstag haben die Dezimatoren im Pfarrhaus von Naters ein Essen zugut. Der Pfarrer von Naters muss am Montag in der Bittwoche in Mund bewirtet werden. Anton Huotter schwört namens der Dezimatoren von Mund, nach üblichem Brauch kniend, die gefalteten Hände über das Evangelienbuch haltend, dem Pfarrer und der Kirche von Naters stets treu ergeben zu sein und ihnen in keiner Weise irgendwelchen Schaden zuzufügen.»[62] Der Natischer Kilchherr aber musste – und das macht uns die ganze Sache etwas sympathischer – den ganzen Zehnten von Mund in der Fastenzeit unter die Armen verteilen.[63]

Laut Brief von Pfarrer de Lowina aus Mund an Pfarrer Biderbost von Naters vom 27. Mai 1786 gab es für die Munder auch die Primizen, das heisst Abgaben von Erstlingsfrüchten.[64] Am Kreuzmittwoch 1786 liess Pfarrer Biderbost von Naters in Mund durchblicken, «die Primizen auszukaufen, wan es je mit einem nit zu hoch steigendem und ablegendem Capital sich thun liesse», was vom Volk positiv aufgenommen wurde. Dadurch würden Streitigkeiten aufhören und der «Anlass, wegen der Primiz zu sündigen, aufgehoben», meinte Pfarrer de Lowina von Mund. Pfarrer Biderbost machte den Vorschlag, das Loskaufkapital so hoch anzusetzen, dass dessen jährlicher Zins für jede Haushaltung einen Batzen ausmachen würde. Der Pfarrer von Mund bat «um Milderung in Ansehan, dass ville allhier eines geringen Vermögens befindlich sind». Auch der Bischof mischte sich ein. Er verordnete, dass das Loskaufkapital der Primizen einen Zins von 18 Pfund ergeben müsse. Gleichzeitig erteilte der Bischof Pfarrer Biderbost eine Rüge; er solle sich für das Pfarrbenefizium von Naters besser einsetzen.[65] Vermutlich war der Natischer Pfarrer ob dieses Tadels eingeschüchtert und tätigte in der Folge den Loskauf der Primizen nicht, denn der Pfarrer von Naters bezog noch 1821 Erstlingsfrüchte aus Mund.[66]

Dem Visitationsakt aus dem Jahre 1809 zufolge erhielt der Natischer Kilchherr ausserdem von jedem Kommunizierenden, der in Mund starb, ein Pfund, von den Vorstehern und ihren Gattinnen aber zwei Pfund.[67] Dieses Totenpfund verfiel erst durch den Loskauf im Jahre 1855.[68] Zudem musste der Seelsorger von Mund dem Pfarrer von Naters an St. Martin zwei Pfund für die Amtseinsetzung entrichten. Ferner bezog der gleiche Pfarrer am Montag in der Bittwoche das Kirchenopfer. An diesem Tag kam der Natischer Pfarrer nach Mund und wurde vom dortigen Seelsorger und der Bevölkerung beim östlichen Dorfeingang («Bildji») empfangen und zur Kirche begleitet, die Allerheiligenlitanei singend. Dann hielt der Pfarrer von Naters in der Kirche eine Predigt, während der der Munder Seelsorger das Opfer für den Pfarrer der Mutterkirche einzuziehen hatte. Nach der Messe, die vom Pfarrer von Naters zelebriert wurde, erhielt dieser zusammen mit seinen Begleitern vom Ammann (vermutlich Titel für Zehnteneinzieher) aus Mund das Frühstück. Hernach verliess der Natischer Pfarrer in einer Prozession die Kirche, in der er zuvor das Tedeum angestimmt hatte. Der Munder Pfarrer begleitete den Besuch von Naters bis zum «Bildji» und sang bei der Rückkehr in die Kirche zu Ehren der Muttergottes das «Salve Regina» (Sei gegrüsst, du Königin!).[69]

Wie stark sich die Pfarrei Naters in die Angelegenheiten der Tochterpfarrei Mund einmischte, zeigt folgende Begebenheit: 1835 schrieb Johann Josef Biguet, Pfarrer von Naters, an Bischof Roten, dass Josef Owlig von Mund den Sigristengarten, «der schon längst zum Unterhalt der Glockenseile der Kirche geschenkt worden sei», in Besitz genommen habe, ohne jemandem etwas zu sagen. Owlig sei durch den Pfarrer und den Gemeindepräsidenten von Mund zur Rede gestellt worden. Trotzdem umzäunte, pflanzte und entmarchte er diesen Garten mit dem Hinweis, der Supervigilant (Dekan) von Glis habe sich der Sache angenommen, und er, Owlig, könne den Garten behalten. «Welch eine freche Tat für einen Mann, der ein Erzfeind der Geistlichkeit und ein Meister aller sittlichen Unordnungen ist», schrieb Biguet über Owlig. Pfarrer Biguet bat den Bischof, sich dafür einzusetzen, dass der Sigristengarten der Kirche verbleibe, was denn auch geschah.[70]

## Loskauf und letzte Bindungen

1843 richtete Pfarrer Johann Josef Garbely namens der Pfarrei Mund an den Bischof das Gesuch, «den belästigenden Zehnten loszukaufen», doch ohne Erfolg.[71] Um das Jahr 1853 bat die Gemeindebehörde von Mund unter der Führung ihres Präsidenten Peter Owlig in einer bedeutenden und in lateinischer Sprache abgefassten Bittschrift den Bischof von Sitten um die endgültige Loslösung und die Befreiung aller finanziellen Lasten der Pfarrei Mund von der Mutterpfarrei Naters.[72] Dass der Früchte Lohn jenem gehöre, der die Arbeit verrichte, nämlich allein dem Pfarrer von Mund, wurde mit Texten der Heiligen Schrift, des Trienter Konzils und mit Vernunftgründen belegt. Wir zitieren aus der Bittschrift: «Wer arbeitet, hat das Recht auf seinen Lohn (Mt 10, 10). Einem Ochsen, der vor den Dreschschlitten gespannt wird, darfst du das Maul nicht zubinden (Deuteronomium 25, 4). Beneficium est propter officium institutum» [Die Pfarrpfründe ist wegen der Dienstleistung errichtet worden]. Mit anderen Worten: Der Pfarrer von Naters habe von Mund nichts zugute. Es gehe einfach nicht an, dass sich gewisse Pfarreien auf dem Buckel der Bergpfarreien bereicherten. Als Johannes Sigristen von Ernen 1348 die Rektoratspfründe von Mund errichtete, habe der Pfarrer von Naters hierzu gar nichts beigetragen. Ebenso sei die Pfarrpfründe im Laufe der Zeit durch Testamente frommer Leute vergrössert worden und nicht durch den Pfarrer von Naters. Diese zielstrebige Argumentation gipfelte in der einleuchtenden Schlussfolgerung: Das ganze Benefizium von Mund gehöre jenem, der die Arbeit verrichte, nämlich dem Pfarrer von Mund. Einer solchen zwingenden Beweisführung, bei deren Abfassung ein Kenner der Materie an der Arbeit gewesen sein muss, konnten weder der Bischof noch der Pfarrer von Naters gewichtige Gründe entgegenhalten. Was Pfarrer Garbely nicht bewirkte, erreichte Präsident Owlig: Am 15. Mai 1855 schlossen die Vertreter beider Gemeinden einen Vertrag, der die gegenseitigen Verpflichtungen auflöste. Die Vertreter der Gemeinde Mund verpflichteten sich, im Namen ihrer Pfarrei eine Ablösungssumme von 8000 Franken an die Pfarrei Naters zu bezahlen. Diese Summe konnten die Munder in Raten von je 1000 Franken entrichten; für den Restbetrag forderten die Natischer jeweils einen Zins von fünf Prozent. Der Pfarrer von Naters behielt sich einzig das Recht auf das Opfer vom Montag in der Bittwoche vor.[73] Dem Visitationsakt aus dem Jahre 1863 zufolge wurde dann allerdings festgesetzt, dass der Pfarrer von Naters die «Kollatur» (Vorschlagsrecht für die Besetzung der Pfarrstelle Mund) behalten könne; der Pfarrer von Mund habe ihm daher jährlich die üblichen zwei Pfund Gebühren zu entrichten. 1898 schrieb Pfarrer Supersaxo von Mund in seinem Bericht an den Bischof, dass das Opfer vom Montag in der Bittwoche vom Pfarrer von Naters seit Jahren nicht mehr eingezogen werde.[74] Diese Verpflichtung erledigte sich anscheinend von selbst, da der Pfarrer von Naters kaum mehr nach Mund kam, um zu predigen. Das Kollaturrecht hingegen übte der Pfarrer von Naters bis zur Einführung des neuen Kirchenrechts im Jahre 1919 aus. Von diesem Vorschlagsrecht machte Pfarrer Dionys Imesch zum letzten Mal Gebrauch, als er am 13. Oktober 1916 dem Bischof H.H. Alois Seematter als neuen Pfarrer von Mund vorschlug.[75] Trotz der Abtrennung eines grossen Teils des ursprünglichen Pfarreigebietes ist die St.-Mauritius-Pfarrei Naters, der weiterhin das Rektorat Birgisch angeschlossen ist, bis auf den heutigen Tag die grösste Oberwalliser Pfarrei geblieben. Bei der letzten Volkszählung von 1990 betrug die Zahl der Katholiken dieser Pfarrei 7220 (Naters 7013 und Birgisch 207).

*Mund. Die Kirche wurde 1962/1963 errichtet; der romanische Turm stammt aus dem 14. Jahrhundert.*

# Die Pfarrkirche Sankt Mauritius

## Geschichte

Wie eingangs in der allgemeinen Geschichte der Pfarrei ausgeführt, wird die Kirche 1018 erstmals erwähnt.[76] Der romanische Turm könnte in der zweiten Hälfte des 12. Jahrhunderts errichtet worden sein, nachdem Naters durch Schiedsspruch des Erzbischofs von Tarentaise endgültig dem Bistum Sitten zugesprochen worden war. Die Volkssage erzählt, dass der Turm noch von den Heiden erbaut und erst Jahrhunderte später für den katholischen Gottesdienst eingerichtet worden sei. Das dürfte freilich kaum zutreffen. 1979 entdeckte man an der Schulterwand hinter dem Sebastiansaltar Fragmente einer Kindermorddarstellung oder eines Urteils des Salomon aus der ersten Hälfte des 14. Jahrhunderts unter leuchtend frischer Blattborte im Stil jener Zeit.[77] Am 9. Februar 1347 versammelten sich auf Geheiss des Bischofs Domherren, Edelleute und Vertreter der Gemeinden in der Pfarrkirche von Naters, um Massnahmen zum Schutz des Verkehrs und der Strassen zu ergreifen. Über den Vorgängerbau der Frühbarockkirche ist aus Dokumenten nur bekannt, dass der Dekan des Domkapitels um 1479 oder kurz zuvor das Chor hatte ausmalen lassen.[78]

Bei Restaurierungen stiess man auf teilweise aufschlussreiche Fragmente. 1942 fand man ein Säulenpostament (Säulenunterbau) von 105 cm Durchmesser etwa 5,20 m vor der untersten Stufe des Sebastiansaltars und 3,18 m von der nördlichen Schiffswand entfernt.[79] 1979 waren bei Grabungen entlang der beiden Schiffsmauern aussen Fundamente freigelegt worden, die Aufschluss über Lage und Gestalt des Vorgängerbaus gaben.[80] Das wohl spätmittelalterliche querrechteckige Schiff mass in der Länge um 16,50 m, das heisst zwölf Meter weniger als das barocke, übertraf dieses aber, sieht man von der barocken Seitenkapelle ab, mit einer Breitenausdehnung von 18,75 m um 1,70 m, wobei seine Mittelachse 0,60 m weiter südlich verlief. Ob es sich bei der 1385 genannten «capella construenda per ... Rodulfum de Raronia»[81], in welcher der Altarist des Kreuzaltars eine wöchentliche hl. Messe zu feiern hatte, um ein eigenes Bauwerk, um eine Seitenkapelle oder lediglich um den Altar handelte, ist nicht auszumachen. 1514 erfolgte wohl durch Ulrich Ruffiner[82] die Turmrenovation mit Gotisierung des Helms (?) und ausserordentlich reicher Fassadenbemalung.

1956/1957 stiess man unter dem Taufstein auf ein wertvolles spätgotisches Werkstück aus einem um 1500 häufig verwendeten marmorähnlichen Kalkstein (in der Beinhausgruft aufbewahrt): Breite 74 cm, (Front) 50 cm; Tiefe etwa 70 cm; Höhe etwa 41 cm. Die schwebende Taube am Sterngewölbe und vor allem der Umstand, dass der Stein mehr als zur Hälfte in der Mauer gesteckt haben muss, deuten darauf hin, dass es sich um den Baldachin vom Aufsatz eines Taufsteins oder eher eines Sakramentshäuschens handelt.

Bei der Innenrenovation kamen 1978 an den Schulterwänden zahlreiche, zum Teil auch baugeschichtlich aufschlussreiche Wandmalereien zum Vorschein: hinter dem Sebastiansaltar, aus der Wende vom 16. zum 17. Jahrhundert, ein Fragment einer grossen freistehenden Figur der hl. Margareta mit Titulus (Bild-

*Pfarrkirche Sankt Mauritius. Ältere Aufnahme.*

unterschrift) zu Häupten, unter dem Sockelstreifen begleitet vom Namen der Stifterin «Margreta Jossen», unten eine hl. Anna Selbdritt, oben eine sitzende Schmerzensmutter mit mächtigen Schwertern in der Brust, am Fuss des Rahmens mit nicht mehr identifizierbaren Inschriftfragmenten versehen. Die untersetzten Gestalten, bei denen neben den anatomischen Mängeln mitunter die sichere Zeichnung der Antlitze überraschte, schienen unbekümmert an die Wand gemalt wie Exvotos, die man hierhin oder dorthin hängt.[83] Die Fachleute entschieden, diese Wandmalerei hinter dem Sebastiansaltar mit dem Schutz der Tünche zu versehen. Eine spätere Epoche wird die Malereien mit einer noch vollkommeneren Technik freilegen können.

Der hl. Mauritius ist der Patron der Kirche. Er war der Anführer der Thebäischen Legion, die nach der Überlieferung bei Agaunum (St-Maurice) um das Jahr 290 ihr Martyrium erlitt. An seinem Grab entstand später die Abtei Saint-Maurice. Mauritius wird in der bildenden Kunst als Ritter zu Fuss oder zu Pferd dargestellt. Sein Fest wird am 22. September gefeiert (äussere Feier des Patronatsfestes in Naters: wenn der 22. September nicht ein Sonntag ist, so am Sonntag danach). Vor 1878 hielt man das Kirchweihfest am Sonntag nach dem Titularfest ab,[84] danach am dritten Sonntag im November und heute wird es am zweiten Sonntag desselben Monats gefeiert. 1990 beging das Wallis die 1700-Jahr-Feier des Martyriums des hl. Mauritius und seiner Gefährten.

# Die frühbarocke Kirche: 1659–1664

Die heutige Kirche wurde im frühbarocken Stil erbaut. Abgesehen von den Altären und dem Hauptportal errichtete man die Kirche in den Jahren 1659–1664. Die Gemeinde lieferte sämtliches Baumaterial auf Platz und stellte täglich zwei bis drei Handlanger zur Verfügung.

## Bauverträge

Sämtliche Bauverträge sind noch erhalten und lassen sich detailliert wie folgt darlegen: Am 23. März 1659 – im Jahre der Kirchweihe von Glis (!) – schlossen Pfarrer Anton Steiner und die Kirchenvögte Johann Gemmet und Christian Walthard mit den Prismeller Baumeistern, den Gebrüdern Balthasar und Peter Bodmer, den Vertrag für den Rohbau eines neuen Kirchenschif-

*Naters mit der frühbarocken Kirche Sankt Mauritius, von Osten her gesehen.*

fes.⁸⁵ Preis: Rohbau des Schiffes (total 310 Klafter) 640 Kronen an Geld, 24 Fischel Korn und ein Zentner Käse (100 kg = 22 Kronen), total 662 Kronen.⁸⁶

Am 9. Februar 1659 hatte Balthasar bereits den Auftrag erhalten, «die drey porten, oder portall in dem Mass, höhe, breite, und form, wie die zu Glys gemacht sind, von Giltstein zu hauwen»⁸⁷. Den Giltstein sollte sich der Meister auf der Massegge oder anderswo in der Nähe holen. Pfarrer Anton Steiner stiftete das südliche Seitenportal und Bannerherr Georg Michael Supersaxo das grosse Portal. Am 9. November 1659 berechnete man hierzu die Unkosten wie folgt: Ausführung des grossen Portals für 34 Pistolen und der zwei Seitenpforten für je 14 Pistolen (eine Pistole oder spanische Dublone = 16.34 Franken) und überdies zwölf Fischel Korn, einen Zentner Käse und «ein höchen Huet Ztrinkgeld» (18 Kronen), total 296 Kronen.

Am 22. August 1660 tätigte man den Vertrag mit Balthasar, «steinMetz und murer von Blismell», «die pfeisterstein» einschliesslich den «Stern ob der grossen pord» (Okulus) betreffend.⁸⁸ Preis: Herstellung der sechs Fenster, jedes zu 17 Pistolen, und der Rosette im Schiff zu zwölf Pistolen. Überdies erhielt der Meister 24 Fischel Korn, zwei Zentner Käse, sechs Pfund Pulver und als Trinkgeld «eine guotthuchin Kleidung», total 566 Kronen.

Am 16. Juni 1661 folgte der Verding des Chors samt Fenstern und Chorbogen, den Bodmer «von giltstein in der Masseggen» zu hauen hatte, und zwar zum Preis von 830 Kronen.⁸⁹ Am 6. Dezember 1662, offenbar unmittelbar vor seiner Heimreise ins Prismell, verpflichtete sich Balthasar noch, Chor und Schiff einzuwölben, mit Gesimsen zu versehen sowie in- und auswendig zu bewerfen, die Sakristei sollte er «lifften, welppen, inwendig und auswendig sauber ausmachen», und zwar zum Preis von 700 Kronen.⁹⁰

Ende 1662 waren die Unkosten für Balthasar Bodmer auf eine Totalsumme von 3054 Kronen angestiegen. (In der Endabrechnung vom 1. Mai 1664 forderte er aber lediglich 3043 Kronen.) Die Arbeit am Dachstuhl von Schiff und Chor war am 12. Januar 1661 dem Meister Peter Mossmann von Naters übertragen worden. Er hatte auch das «klenckthurrili» (Dachreiter) auf dem Chor sowie Boden und Stühle anzufertigen. Die Zimmermannsarbeiten beliefen sich auf 391 Kronen.⁹¹ Als Trinkgeld bekam Mossmann «ein hibsche etle Kleidung, sambt einem hochen Huot, als auch seiner Hausmuotter ein par edill Ermill»⁹².

Am 28. November 1670 wurde Meister Balthasar, nun mit Christian Bodmer gemeinsam, nochmals beigezogen; sie sollten die vier Säulen der Vorhalle aus «geisberger» (Granit), Fuss und Kapitell hingegen aus «giltfluo» hauen, und zwar zum Preis von 30 Pistolen, sechs Fischel Korn und zwei Fischel Weizen, total 138 Kronen.⁹³

Der Gesamtbau der Kirche (ohne einen Teil der Ausstattung) erforderte bis zum 1. Mai 1664 Ausgaben von 3583 Kronen, die nach der Berechnung von Dionys Imesch im Jahre 1908 12 970.46 Franken entsprachen. Die Weihe der Kirche und des Hochaltars erfolgte am 22. September 1675 durch den apostolischen Nuntius Edoardo Cybò.⁹⁴

## Folgen der Erdbeben von 1755 und 1856

Beim Erdbeben vom 9. Dezember 1755 stürzte das hintere Drittel des Kirchengewölbes ein und zertrümmerte Orgel, Stühle und Portal. Der Kirchturm schwankte so stark, dass zwei Glocken auf das Kirchendach geschleudert wurden.⁹⁵ (Offenbar fielen diese auf weichen Grund und zerbrachen nicht, was gemäss Angaben der Glockengiesserei Rüetschi, Aarau, durchaus möglich ist. Der Kirchturm birgt denn auch noch – wie wir sehen werden – die alten fünf Glocken, die vor dem Erdbeben von 1755 gegossen wurden.)

Das gemauerte Gewölbe wurde in der alten Technik wieder ergänzt. Erdbebenschäden waren offenbar auch am Turm zu beheben (Inschrift in der Archivolte des nördlichen Fensters der Zwillingsfenstergruppe an der Ostfront: «1756 /. P. D.»). Die beträchtlichen Schäden, die durch das Erdbeben vom 25. Juli 1856 wohl vor allem bei der Schulter- und der Rückwand verursacht worden waren, wurden durch die italienischen Maurermeister Anton Sella und Josef Anton Ramoni behoben.⁹⁶ 1979 kam unter den Übermalungen von 1834 und der Jahre 1930–1940 am Zifferblatt der Kirchturmuhr die nun wiederhergestellte Malerei von 1739 zum Vorschein.⁹⁷

## Neuerungen im Laufe der Zeit

1867–1873 Zementboden.⁹⁸ 1869 neue Kommunionbank.⁹⁹ 1876 neue Kirchenbänke. 1897 Innenrenovation und teilweise Erneuerung des Daches.¹⁰⁰ 1898 Figurenfenster im Schiff: in den Seitenkapellen Herz Jesu und Herz Mariä, an der rechten Schiffsseite die Heiligen Ludwig und Josef, an der linken Barbara und Cäcilia. 1910 neubarocke Ausmalung des Chors durch Rudolf Messmer, Basel;¹⁰¹ im selben Jahr Chorfenster mit den Heiligen Theodul und Katharina von Friedrich Berbig, Zürich, und Installation des elektrischen Lichtes. 1917 Tür des nördlichen Seitenportals von Robert Loretan, Brig. 1925 Erweiterung der Orgelempore¹⁰² durch Josef Zeiter, Brig. Das ehemals nur über dem Durchgangsbogen korbartig vorkragende Mittelstück¹⁰³ wurde auf je eine seitliche Arkade ausgedehnt und um 1,30 m vorgezogen, was anstelle der Doppelvolute lang gestreckte Konsolen erforderte; ausser in den Ecken wurden die kannelierten ionischen Pilaster durch Kastenrahmungen ersetzt. Im selben Jahr Tür¹⁰⁴ des Hauptportals von Eggel und Imboden, Naters,¹⁰⁵ und Neubedachung des Chorreiters, der 1933 um 1,20 m erhöht wurde. 1926 Weissblech des Turmdachs durch trapezförmige Kupferplatten ersetzt, 1933 der Schiefer des Kirchendachs durch Kupfer. 1941/1942 innen neu ausgemalt durch Julius Salzgeber, Raron, Brusttäfer und Neubestuhlung von der Firma Gertschen's Söhne, Naters.¹⁰⁶

1944–1946 im Zuge der Sakristeirenovation¹⁰⁷ alte Türöffnung zu Chor und Sakristei in der linken Schrägseite des Chorschlusses vermauert und Zugang durch den Turm geschaffen, wobei man die alte Tür, versehen mit einem Archivolten-Gitter von Gabriel Anthamatten, Naters, an der Turmaussenwand wiederum verwendete.¹⁰⁸ 1950 neue Kommunionbank¹⁰⁹ von Payer & Wipplinger, Einsiedeln, nach dem Vorbild in der Stockalperkapelle mit Balustern aus Serpentin und schmiedeeisernen Türen. 1963 liess Pfarrer Paul Grichting die Kommunionbank vom Choreingang in das Kirchenschiff versetzen, wobei sie wesentlich verlängert wurde. Er nahm an den beiden inneren Seitenaltären kleinere Veränderungen vor. Dies löste in der Presse heftige Proteste aus. Die kirchliche Kunstkommission nahm einen Augenschein vor, sah aber die getroffenen Veränderungen als Verbesserung des Ganzen an.¹¹⁰ 1963 Installation der Zentralheizung mit Konvektoren unter jeder Bank.

## Restauration der Kirche: 1977–1980

### Werdegang

Bei diesem geschichtlichen Querschnitt der umfassenden Aussen- und Innenrestaurierung von 1977 bis 1980 stützt sich der

Verfasser im Allgemeinen auf die gut geführten Protokolle des Kirchenrates und der Baukommission. Nach Diskussionen in vorausgegangenen Sitzungen beschloss der Kirchenrat am 14. März 1975, die Pfarrkirche teilweise zu renovieren, da das Dach undicht geworden war. Am erwähnten Datum ernannte der Kirchenrat eine Baukommission, die sich aus folgenden Personen zusammensetzte: Reallehrer Hans Eggel, Kommissionspräsident, Ortspfarrer Josef Pfaffen, Architekt und Kirchenratsmitglied Paul Sprung, Gemeinderat Peter Ritz, Finanzchef, und Innenarchitekt Herbert Gertschen, der 1976 durch Ingenieur Richard Walker ersetzt wurde; ferner die Architekten Amédée Cachin und Karl Gertschen. Da die kirchliche Kunstkommission keine beratende Funktion übernehmen wollte, wandte man sich an die Eidgenössische und Kantonale Denkmalpflege, unter deren Aufsicht dieses Werk von nationaler Bedeutung denn auch in Angriff genommen wurde.

Am 16. November 1975 beschloss man, mit der Aussen- und Innenrestaurierung der Kirche gleichzeitig zu beginnen, da hier viele Arbeiten ineinander übergriffen. Als Architekten wirkten Karl Gertschen, Naters, und Amédée Cachin, Brig, wobei Letzterer die Oberleitung übernahm. Da mit Brief vom 17. November 1976 die bischöfliche Erlaubnis für die Restaurierungsarbeiten vorlag, konnten nach mancherlei Vorbereitungen am 16. Juni 1977 als einer der ersten Aufträge die Maurerarbeiten an den Unternehmer Peter Ruppen, Naters, übergeben werden. Am 11. Juli 1977 wurde mit der Kirchenrestauration begonnen. Mit einer Vergrösserung der Orgelempore, wie es der Kirchenchor wiederholt verlangt hatte, war Professor Alfred Schmid, Präsident der Eidgenössischen Denkmalpflege, nicht einverstanden, weil dadurch ein Lichtverlust eingetreten wäre und dieser Ausbau dem Gleichgewicht widersprochen hätte. Ende Juni 1978 waren die Aussenarbeiten – Turm ausgenommen – im Grossen und Ganzen abgeschlossen.

## Zu einzelnen Posten der Restaurierung

Die Restaurierung des Turms gab zu einigen Diskussionen Anlass. Walter Ruppen begründete die Art der Restaurierung folgendermassen: *«Bei der Renovation des Jahres 1514 hat Ulrich Ruffiner (?) den Turmschaft in der damals üblichen Manier reich bemalen lassen. (Die Malerei war an der nördlichen Turmseite, wo auch das Datum 1514 steht, bei Streiflicht noch deutlich sichtbar.) Zusammen mit dem vielleicht gleichzeitig aufgesetzten spätgotischen Helm wirkte der Turm nun von Kopf bis Fuss gotisch; einzig die Rundbogenöffnungen und die Zwergbogenfriese verrieten (...) das romanische Bauwerk. Wenn man bei der jüngsten Restaurierung einen romanischen Turm in ‹rasa pietra›, das heisst beworfen mit stellenweise sichtbaren Steinstirnen, hätte rekonstruieren wollen, so wäre die Zerstörung der gotischen Malerei unumgänglich gewesen. Man hätte Neo-Romanik von 1978/79 an die Stelle einer Gotik von 1514 gesetzt, was angesichts der Seltenheit einer solchen gotischen Turmbemalung rundweg unverantwortlich gewesen wäre. Die gleiche brutale Konsequenz auf den Turmabschluss angewendet, hätte bedeutet, den spätgotischen Spitzhelm durch ein neoromanisches Zeltdach zu ersetzen.»*[111]

Des Weiteren ersetzte man das Kupferdach wieder durch Schiefer (aus Angers), wobei das bisherige Kupferblechdach als Unterlage erhalten blieb. Der grosse, vorher eintönig wirkende Asphaltkirchplatz wurde durch die Neugestaltung aufgelockert und durch die Pflästerung den umliegenden alten Gebäuden angepasst. So bilden Kirchplatz, Kirche, Pfarrhaus und Junkerhof eine Einheit.

Im Mittelgang stiess man bei der vordersten Bankreihe auf eine beinahe zugeschüttete Gruft, im Chor auf eine schulterbogenförmig gewölbte mit einigen verschlossenen Särgen. Im Innern holte man die originale Bemalung der Wände und Simse wieder hervor, nachdem man durch die Entfernung der viel Licht absorbierenden Figurenfenster von 1898 und 1910, die mit den Wappen der Stifter versehen waren, die barocken Lichtverhältnisse wiederhergestellt hatte. Die Verwandten und Nachkommen der Stifter der Figurenfenster wünschten freilich, dass diese in der Kirche erhalten blieben. Die entfernten Fenster sind derzeit im Turm gestapelt. Durch die Klarverglasung, vom Atelier Kaelin 1978 ausgeführt, ist der Raum der Kirche heller und freundlicher geworden. Die Kommunionbank wurde entfernt (das Material ist bei der Gemeinde gelagert).

## Finanzierung – Altar- und Orgelweihe

Nicht wenige Sorgen bereitete den Verantwortlichen die Finanzierung der Restauration. Deren Gesamtkosten beliefen sich bei der Endabrechnung vom 31. Dezember 1984 auf 2 818 553 Franken (inklusive Orgel). Damit wurde der Kostenvoranschlag von 2 751 685 Franken aus dem Jahr 1978 um 66 868 Franken überschritten.

1980 wurde die Pfarrkirche von Naters als kantonales «Musterbeispiel des Europäischen Jahres für Denkmalpflege und Heimatschutz 1975» aufgenommen, was sich auf die Höhe der Subventionsbeiträge positiv auswirkte. So beteiligte sich die Eidgenössische Denkmalpflege an den subventionsberechtigten Kosten mit 40 Prozent (903 448 Franken), die Kantonale mit 15 Prozent (355 577 Franken). Ende 1981 verblieb der Pfarrei noch eine Restschuld von 400 000 Franken. Bereits am 2. April 1985 berichtet das Kirchenratsprotokoll, dass auch diese Schuld getilgt worden sei. Die Natischer Bevölkerung liess sich in ihrer Gebefreudigkeit nicht überbieten. So kamen in den Jahren 1976–1984 für die Kirchenrestauration durch Lottos, Bazare, Opfer und Gaben 834 220 Franken zusammen. Zudem konnten mit Einwilligung des Bischofs 612 000 Franken der Benefizengelder leihweise für die Restaurierung eingesetzt werden (auch diese sind inzwischen zurückbezahlt worden), wobei die Gemeinde während drei Jahren auf deren Kapitalzinsen grosszügig verzichtete. Am 17. Dezember 1980 leistete die Schweizerische Bankgesellschaft aus ihrer Jubiläumsstiftung ebenfalls einen Beitrag von 50 000 Franken an die Restaurierung der St.-Mauritius-Kirche.

Vom Juli 1978 bis zum Patronatsfest 1979 wurden die Sonntagsmessen in der Aula der Orientierungsschule und die Werktagsgottesdienste im Saal der Missione gefeiert.

Nach zweijähriger Vorbereitungs- und dreijähriger Bauzeit war es so weit. Am 27. April 1980 segnete Bischof Heinrich Schwery die Kirche ein und weihte den neuen Altar sowie die neue Orgel ein. Im neu geweihten Altar, auf dem jetzt die hl. Messe zelebriert wird, legte der Bischof, wie die Weiheurkunde vermerkt, «die Reliquien heiliger Märtyrer» ein.[112]

Kirchenrat und Baukommission haben mit Klugheit und Weitsicht und ohne grosse Turbulenzen zusammen mit Fachleuten, Architekten und Unternehmern ein Restaurierungswerk geschaffen, das beispielhaft ist und vom ganzen Volk, das stets grosses Interesse zeigte und ebenfalls seinen Beitrag leistete, mit Dankbarkeit wahrgenommen wird. Besondere Verdienste erwarben sich bei allem zweifelsohne Pfarrer Josef Pfaffen und Baukommissionspräsident Hans Eggel durch ihren unermüdlichen Einsatz.[113]

## Äusseres

Die Pfarrkirche steht als überragender heller Kultbau am südlichen Rand des alten Dorfes, von der Furkastrasse des Jahres 1857 nur durch eine Gebäudezeile getrennt. An ein Rechteckschiff mit kurzen Seitenkapellen in der Flucht der Schulterwände stösst ein schmales, langes Polygonalchor. Die nördliche Chorwange wird vom Turm in der Schulter und von der anschliessenden Sakristei ganz eingenommen. Ein offener Chorreiter mit sechsseitigem Spitzhelm leitet vom mächtigen Turmhelm zum kräftig abgesetzten Chor über. Während die Kirchenwände lediglich durch die wenigen giltsteinernen Fensterrahmungen unter Sprenggiebeln gegliedert werden, zieht der Kirchturm in seiner dekorativen Fassung von 1514 die Aufmerksamkeit auf sich. Die Rundfenster im Schiffs- und im Chorgiebel sind giltsteingerahmt.

*Pfarrkirche Sankt Mauritius, von Norden her aufgenommen.*

Ebenfalls in Giltstein gehauen sind die Rechteckportale mit Sprenggiebeln; das Hauptportal weist Schuppen an den Frieskonsolen und ovale Spiegel an der Innenseite der Sockel auf. Die Seitenportale wirken unter den mittleren Schiffsfenstern eingezwängt. Am Fries des *südlichen Portals* steht ein eingehauenes Wappenfeld mit der Jahreszahl 1661 über den Initialen «F. A. [vier göpelweise gestellte Kugeln]; M. M. L.»[114]. Die geschnitzte Nussbaumtüre mit Perlstab an den Rahmenleisten enthält pflanzliche Motive; in den Stirnfeldern steht die Jahreszahl 1663. Die neuere Türe im *nördlichen Seitenportal* ist einfacher gestaltet. Im *Hauptportal* ist eine kunstvoll geschnitzte Neobarocktüre. An allen Türen sind phantasievoll variierte schmiedeeiserne Beschläge, besetzt mit versilberten Blüten. In der Rundbogennische über dem Hauptportal thront die Statue des Kirchenpatrons Mauritius, Ende 17. Jh., Höhe 97 cm, in restaurierter[115] Fassung von 1923 (Xaver Stöckli, Stans): Blattgold und Öl. Die S-förmig geschwungene bewegte Figur in barockem Soldatenkleid hält mit der erhobenen Rechten die Kreuzfahne. Die drei Joch breite gewalmte Vorhalle enthält Granitsäulen auf giltsteinernen Postamenten. Die zwei Sonnenuhren an der Südwestecke wurden 1980 neu gemalt. Sie sind seit 1980 ans Observatorium Neuenburg angeschlossen und ferngesteuert; dasselbe

*Sonnenuhr an der Südwestecke der Kirche.*

gilt für die Kirchenuhr.[116] Auf dem Chorreiter steht ein schmiedeeisernes Kreuz (17. Jh.) mit reich vergoldeter Lilienzier. An der nordwestlichen Ecke der nördlichen Seitenkapelle ist ein farbig gefasster Lampenhalter in Gestalt eines heraldischen Drachens in Rankenwerk angebracht (geschmiedet von Alois Roulet, Brig, †1984); am Ausleger: «V[erschönerungs] V[erein] N[aters] 1938». Die Sakristei besitzt tuffgerahmte Fenster im Stil der damaligen Hausarchitektur: Fasen am Fenster der Nordwand, eingesunkene Kielbögen über den Zwillingsfenstern der Ostwand. Der wuchtige romanische Turm zeigt oberhalb des nur mit Scharte versehenen ersten Geschosses eine nach oben zunehmende Befensterung in Zwergbogenfriesnischen. Entsprechend dem gotischen Spitzhelm erscheinen nun auch die Fassaden durch die schwarze, aber sehr reiche Quader- und Fensterrahmenmalerei von 1514 gotisiert: Quaderzeichnung nicht nur an den Turmkanten, sondern auch an den Lisenenkanten der Blendnischen und an den Rändern der Fenstergruppen; auf dem Fenster des zweiten Geschosses Giebel mit konkaven Flanken, bekrönt mit Krabben und Fialen; kettenbesetzte Kielbögen über dem Zwillingsfenster des dritten Geschosses, in dessen Zwergbögen Rosetten sitzen; die Rundbögen der Drillingsfenstergruppe im vierten Geschoss begleitet von einer Kleeblattranke. In den Zwergbögen des fünften Geschosses stehen an der Nord- und der Ostfront die Ziffern des Jahres 1514.[117] Dekorativ wirken auch die grossen X-förmigen Maschen der eisernen Zugstangen. Kirchturm: H. 54 m, B. 6,50 m. Kirchturmkreuz: Längsbalken drei Meter, Querbalken zwei Meter, Gewicht 150 Kilo.

*Romanischer Kirchturm mit Chorturm.*

*Das Innere der Kirche.*

## Inneres

Der stichkappengewölbte Saal des Schiffs wird durch toskanische Pilaster in drei Joche gegliedert; den Eingang zu den halbjochbreiten Seitenkapellen säumt nur ein schmaler Pfeiler. Die in die Seitenkapellen hineinreichenden Schulterwände bilden eine ausgedehnte Front für die monumentale Ikonostase der vier Seitenaltäre. Darin öffnet sich mit dünnem, geradezu sprödem Chorbogenrahmen aus Serpentin das tiefe Chor, das nach zwei Kreuzgraten in einem die Wange miteinbeziehenden Fächergewölbe schliesst. In der Rundbogennische über dem Schlussstein des Chorbogens steht die lebensgrosse Statue des hl. Mauritius, wohl von 1910, restauriert durch Walter Furrer, Brig, 1979. In den Scheiteln von Schiff und Chor befindet sich eine Folge meist leerer Medaillons aus poliertem Giltstein; im äusseren Medaillon des Chors erkennt man ein durchbrochenes Relief des Pelikans mit Jungen. Die stichbogigen Fenster durchschneiden den Fries. Die fünfarkadige Orgelempore (nach dem Vorbild von Glis) kragt in den mittleren drei Achsen auf Konsolen vor. Über den Bögen sind Muschelnischen, die durch ein Gebälk über plastischen Fruchtgehängen verbunden sind. In den Nischen befinden sich Statuen verschiedener Epochen, von links nach rechts: die hl. Barbara, der hl. Theodul, eine weibliche Heilige und die hl. Katharina. Im Schiff fallen vier Kristallleuchter Typ Genueser Kronen auf. Der Ewig-Licht-Leuchter, früher in der Sakristei platziert, hängt im Chor.

## Altäre

### Hochaltar

(Am 21. Januar 1525 fand die Weihe eines spätgotischen Hochaltars statt.)[118] Das wohl vom Meister der Chorstühle H[ans?]

*Hochaltar.*

S[tuder] geschnitzte Spätrenaissance-Retabel trägt in der Kartusche am Fuss des Abendmahlssaals die Jahreszahl 1667[119]. Die zwei seitlichen Reliquienschreine enthalten je im Fries folgende Stifterinschrift: «P[etrus Josephus] . S[uper]SAXO S[acrae] . T[heologiae] D[octor] . P[arochus] N[atriae] *[... Doktor der hl. Theologie, Pfarrer von Naters]* V[allesii?] 1701». Die Schreine werden von einem flachen Geschoss mit Statuen besetzten Muschelnischen überhöht (1. Hälfte 18. Jh.,1701?). 1910 erfolgte ein Umbau durch Rudolf Messmer, Basel[120]: weiteres Geschoss mit Reliefs der Firma Payer & Wipplinger, Einsiedeln, links Opfer Abrahams, rechts Opfer des Melchisedech (heute im Pfarrhaus); alter Tabernakel nach Angabe von Dionys Imesch ein mittelmässiges Werk des 19. Jh., neuer Tabernakel mit Mauritiusstatue und Stipes. Beim Altarumbau 1942 durch Julius Salzgeber, Raron, wurden die rahmenden Reliquienschreine auf dreigeschossige Achsen von Stützkästen gestellt und seitliche Durchgänge, bekrönt mit Leuchterengeln (Mitte 17. Jh.), angefügt.[121] Bei der Restaurierung 1979 wurden die Zutaten des 20. Jahrhunderts wieder entfernt. Neufassung. Tabernakel, 1. Hälfte 17 Jh., neu gefasst.[122]

Erst über dem flachen Hermengeschoss greift der Tempioaltar räumlich aus. Ein Reigen kniender Putten trägt die Architektur des säulenreichen Abendmahlssaals, der an den Rändern mehrmals zurückspringt, in der Mitte aber trapezförmig vortritt. Über der Saalmitte befindet sich eine turmähnliche, zweigeschossige Architektur unter einer Kuppel, durch Ädikulen auf den seitlichen Gebälken des Saals zu einer giebelartigen Pyramide ergänzt. Die Reliquienschreine auf seitlichen Karniesen am Hermengeschoss binden das ganze Retabel in eine Pyramide ein. An der Stirn der Konsolen, in Akanthuskartuschen, stehen die Namen der Heiligen, von denen die Reliquien stammen, rechts: «S. S. Candidi. M[artyris] S[anctae] / Mar[gar]itä . M . S. Clem=/entis . M . S. Pauli . M . / Cassy . M .»; links: «S. S . Maximi . M/S. Clari . M . S . Cälest/M . S . Columbi . M . S/Cassy . M». Zahlreiche naiv anmutende Reliefs und Statuen verschiedener Herkunft beleben die Architektur.

**Reliefs.** In der Sockelzone des Saals (v.l.): Dornenkrönung, Kreuzweg, Ölbergszene und Geisselung, in den Akroterädikulen rechts die Verurteilung des hl. Mauritius, links dessen Enthauptung. An der Kassettendecke des Abendmahlsaales Putten mit Leidenswerkzeugen in Wolken. Statuen: in den Muschelnischen des Hermengeschosses, 1. Hälfte 18. Jh. (v.l.): männlicher Heiliger, hl. Franz Xaver (?), hl. Aloysius (?), männlicher Heiliger mit Buch und kurzem Stab (hl. Joachim?), auf dem Reliquienschrein links die hl. Katharina von Alexandrien aus der Werkstatt des Johann Sigristen, Glis, rechts der hl. Joseph aus der Werkstatt des Johann Ritz, Selkingen, beide um 1701; im Abendmahlssaal originale Figuren ausser drei Statuen[123] aus dem 20. Jh.; auf dem Giebel des Saals eine eigentümliche Variante der Maria vom Sieg, 1691–1696 von Johann Ritz, Selkingen; die Mutter führt das Kind, das auf die Schlange tritt. Die übrigen Figuren der Bekrönung gehören zum Originalbestand: auf dem Binnensprenggiebel der Hauptnische lagernd, links Moses mit den Gesetzestafeln, rechts Melchisedech mit dem Kelch; auf den Ädikulen links der hl. Georg, rechts der hl. Mauritius; in den Nischen des ersten Geschosses: links ein hl. Bischof mit brennendem Herzen auf einem Buch (hl. Augustinus?), rechts die hl. Katharina; Akroterfigürchen: links der hl. Johannes Baptista, rechts der hl. Petrus; auf dem Giebel Gottvater auf einem Wolkensockel, vor dem die Heiliggeisttaube hernieder glei-

*Abendmahl im Hochaltar.*

tet; an den Schrägseiten des obersten Geschosses: links eine heilige Nonne, rechts die hl. Margareta; bekrönender Engel mit neuem Kreuz. Im Schnitzrankenfries der ursprünglichen Leuchterbank, auf der die Karyatidenputten kauern, turnen Putten und Vögel.

Mehrere stilistische Merkmale weisen gemäss Walter Ruppen den Hochaltar wie die beiden Seitenaltäre dem Meister des Chorgestühls H[ans?] S[tuder?] zu.

Einziger ausgeprägter Vertreter des italienischen[124] Tempioaltartyps im Oberwallis. 1978–1980 Restauration des Hochaltars durch Walter Furrer, Brig. Der gesamte Bau des Hochaltars bietet einen prächtigen Anblick: imposant in seinen grosszügigen Formen und voll Abwechslung in seinen mannigfaltigen Teilen.

## Seitenaltäre
### Allgemeines

Am 2. November 1333 spendete die Witwe des Grafen Anton von Blandrate unter anderem einen jährlichen Sester Öl zur Beleuchtung des St.-Jakobs-Altars als Sühne für ein Vergehen auf dem Friedhof.[125] 1383 war Johann Lowiner Rektor des Severinsaltars Naters.[126] 1704 Weihe der Altäre des hl. Sebastian, des hl. Kreuzes und der hl. Barbara bzw. des hl. Rosenkranzes durch Bischof Franz Joseph Supersaxo.[127] Weiheurkunden vom 14. September 1704: Sebastiansaltar: Reliquien der Thebäischen Legion, des Märtyrers Anonimus und der hl. Märtyrin Cölestine; Kreuzaltar: Reliquien wie der St.-Sebastians-Altar; Rosenkranzaltar: Reliquien der Thebäischen Legion, des Märtyrers Konstantius und des hl. Kreszentius.[128] Allen Gläubigen gewährte der Bischof ab dem Weihedatum ein Jahr lang und nachher jeweils am Jahrestag der Weihe beim Besuch der Altäre 40 Tage Ablass. Das Fehlen der Weiheurkunde für den Dreifaltigkeitsaltar gibt keinen Hinweis darauf, dass der Altar von der Weihe ausgenommen worden wäre. 1914 lieferte Architekt August Hardegger, St. Gallen, ein Projekt für den Umbau der Seitenaltäre zu Doppelretabeln mit getrennten Altartischen.[129] 1920 Restaurierung der Altäre durch Xaver Stöckli, Stans, unter Aufsicht von Dr. Robert Durrer;[130] die Altarblätter des 19. Jahrhunderts in den äusseren Seitenaltären wurden auf Anraten von Durrer durch Reliefs ersetzt, die 1920/1921 nach dem Entwurf von A. Payer, von Payer & Wipplinger, Einsiedeln, aus Arvenholz geschnitzt und von Stöckli gefasst wurden (siehe unter «Dreifaltigkeitsaltar»). 1979–1982 Restaurierung durch Willy Arn, Lyss, und Walter Mutter, Naters.

### Dreifaltigkeitsaltar
(linker äusserer Seitenaltar)

Am 3. Mai 1380 stiftete der Vikar und spätere Pfarrer von Naters, Karl von Agörn, den Dreifaltigkeitsaltar,[131] der 1391 auch das Patrozinium des Hl. Geistes trug.[132] Das heutige Retabel vom Meister des Chorgestühls «H. S.» ist eine Stiftung des Landeshauptmanns Georg II. Michel-Supersaxo (uff der Flüe) aus den Jahren 1664–1670.[133] Im Spiegel der Predella Monogramm «G[eorgius] M[ichel] S[upersaxo]» und die Initialen «R[ei] P[ublicae] B[allivus] V[allesiae]» *[= Landeshauptmann der Republik Wallis]*. 1979 legte man eine wandgemalte Dreifaltigkeitsdarstellung frei, die, im dritten Viertel des 18. Jahrhunderts von einem Meister mit den Initialen «I. H.» (links unten) gemalt beziehungsweise übermalt, als Altarblatt gedient hatte.[134] Restaurierung durch Willy Arn, Lyss.

*Dreifaltigkeitsaltar.*

Das Retabel ist eine von geraden Säulen flankierte Spätrenaissance-Ädikula mit kleinem Hermengeschoss in rundem Sprenggiebel. Schrägwandige Nischenöffnung für das Wandbild der Hl. Dreifaltigkeit. Reicher vergoldeter Dekor an Fries und Gebälk. Seitenstatuen: links der hl. Mauritius, rechts der hl. Georg (?) und darüber je ein Putto unter füllhornähnlichem Kapitell, in der Sprenggiebelnische Halbfigurenrelief des hl. Theodul, 1920. Akroterstatuen: links eine mit Perlendiadem bekrönte Heilige mit Schwert (hl. Agatha oder Agnes?), rechts die hl. Katharina von Alexandrien. Auf dem Sprenggiebel Putten mit Wappenkartuschen des Stifters (nach rechts springendes Pferd auf Dreiberg). Bekrönende stehende Muttergottes.

**Altarpodium.** Nussbaum, 3. Viertel 17. Jh. Unter Zahnschnitt gebauchtes Schuppenfries aus Rosetten und Perlstab.

Die **zwei Reliefs** an der Wand gegenüber dem Dreifaltigkeits- und dem Rosenkranzaltar stammen von Payer & Wipplinger, Einsiedeln, 1920/1921. Sie standen bis 1977 in den Hauptnischen genannter Altäre. **Relief gegenüber dem Dreifaltigkeitsaltar:** Gnadenstuhl über dem Tetramorph (Gottvater, das Kreuz mit Sohn Gottes haltend, Heiliggeisttaube; am Fuss die vier Symbole der Evangelisten, v.l.: Stier, Adler, Mensch, Löwe, flankiert und bekrönt von Engeln und Cherubim (Relief seit 1980 an der Wand gegenüber dem Dreifaltigkeitsaltar). – **Relief gegenüber dem Rosenkranzaltar:** darstellend die Rosenkranzmuttergottes inmitten von Engeln, zu Füssen die knienden Heiligen Dominikus und Katharina von Siena (Relief seit 1980 an der Wand gegenüber dem Rosenkranzaltar).[135]

## Rosenkranzaltar
(rechter äusserer Seitenaltar)

1452 waren die Patrozinien der Heiligen Barbara und Markus in einer Altarpfründe vereint.[136] Obwohl das heutige, 1669 wohl vom Meister des Chorgestühls «H. S.» geschnitzte Retabel bei der Altarweihe 1704 als «altare s[anc]tae Barbarae alias Rosarii B[eatae] V[irginis] M[ariae]» *[= Altar der hl. Barbara alias Rosenkranzaltar der seligen Jungfrau Maria]* bezeichnet wurde,[137] ist sein Hauptpatrozinium nun dasjenige des Rosenkranzes. Inschrift im Spiegel der Predella: «ALTARE . / S . S[anc]TI . ROSARII . B[eatissi]MAE MARIAE VIRGINIS . / ET . SANCTAE . BARBARAE . VIRGINIS ET / MARTYRIS *[= Altar des hl. Rosenkranzes, der allerseligsten Jungfrau Maria und der hl. Barbara, Jungfrau und Märtyrin]* 1669».

In dem Reblaub der gewundenen Säulen tummeln sich Putten und Vögel. Am Fries befinden sich Fruchtgehänge und am Gewände der Altarnische gemalte Blütengehänge. Über den Seitenstatuen, links die hl. Agatha (?), rechts die hl. Agnes (?), tragen halbfigurige Karyatidenengel Kompositkapitelle. Im Giebelfeld Kartusche mit Heiliggeisttaube. Der Giebel wird von Skulpturen gerahmt: Putten auf dem verkümmerten runden Sprenggiebel und Gottvater zwischen der hl. Barbara mit Turm und der hl. Anna Selbdritt, die beide auf den Giebelflanken lagern. Wandgemalte Rosenkranzmuttergottes, 2. Hälfte 17. Jh., als «Altarblatt». Bemerkenswerte Qualität und Eigenart der bekrönenden Figuren.

**Altarpodium.** Nussbaum, 3. Viertel 17. Jh. Unter Zahnschnitt Pfeifenfries und Kyma.

*Rosenkranzaltar.*

*Kreuzaltar.*

## Kreuzaltar
(rechter innerer Seitenaltar)

Die durch verschiedene Schenkungen geäufnete testamentarische Messstiftung des Junkers Johann Rodier aus dem Jahre 1317[138] wurde am 15. Februar 1385[139] durch den Edlen Rudolf von Raron und seine Schwester Katharina von Urnavas zu einer eigentlichen Pfründe des hl. Kreuzes ausgebaut, wobei diese einem in Naters ansässigen deutschsprachigen Geistlichen ohne anderweitige Benefizien vorbehalten war; Rudolf von Raron beanspruchte die Kollatur und amtete als Prokurator.[140] Am 20. November 1532 weihte Bischof Adrian I. von Riedmatten einen hl. Kreuzaltar.[141] Das von einem unbekannten (italienischen?) Bildhauer geschnitzte heutige Retabel ist wohl im Januar 1683 gefasst worden. Inschrift auf der Kartusche der Predella: «Absit gloriari / nisi in Cruce D[omi]ni Nostri Iesu Christi / ad Galatas . 6 . v . 14 / Calendis Ianuariy / *[= Ich jedoch will mich nicht rühmen, es sei denn im Kreuze unseres Herrn Jesus Christus, Gal 6, 14 – An den Kalenden des Januars]* 1683.»

Das zweigeschossige Retabel zeigt die zeittypische Silhouette mit dem kräftig eingezogenen Obergeschoss. Im Hauptgeschoss rahmen gekuppelte Säulen eine Kreuzigungsdarstellung. In der Oberzone, zwischen geschuppten gewundenen Säulen, Pietà vor gemaltem Hintergrund. Je ein grosser Putto mit Kartusche rahmt, an eine bucklige Volute gelehnt, das Obergeschoss. Seitenstatuen: links der hl. Petrus mit gestürztem Kreuz und Schüssel, rechts der hl. Sebastian; in der Oberzone zwei weibliche Heilige (darunter eine Marienfigur von einer Kreuzigung?); bekrönender Schmerzensmann zwischen schneckenartigen Voluten. Inschrift auf dem Mittelgesims: «In hoc signo vincis» *[= In diesem Zeichen wirst du siegen]*. Grösstenteils originale Fassung mit Polimentgold und Lüster. Die ungewöhnliche Fülle der Säulenwindungen weist ebenso wie die anatomiegerechte Gestaltung der Seitenfiguren auf einen italienischen Bildhauer.

**Antependium.** Textile Füllung ländlichen Charakters. Seidenstickerei auf blauem Grund aus Wolle. Medaillon mit den heiligen Namen zwischen Blüten in einem Körbchen. Unter dem Medaillon die Jahreszahl 171(?).

**Altarpodium.** Nussbaum. An der Stirn geschnitzter kettenartiger Doppelwellenfries mit zentralem Wappen Michel-Supersaxo (bekröntes springendes Pferd auf Dreiberg) und der Jahreszahl 1663. Eier- und Perlstäbe.

### Sebastiansaltar
(linker innerer Seitenaltar)

Der Altar der Heiligen Fabian und Sebastian wurde 1406 von der ganzen Gumperschaft[142] Naters errichtet mit dem Zweck, Pest und andere Epidemien abzuwenden. 1514 gestattete Kardinal Matthäus Schiner dem Kaplan Anton Maffei, das Patrozinium der hl. Anna hinzuzufügen. 1527 fand ein Prozess statt wegen des auch von der Gemeinde beanspruchten Patronatsrechts.[143] Das heutige Barockretabel ist 1695/1696 von Johann Ritz, Selkingen, geschnitzt worden (Ziffern der Jahreszahl eingekerbt in den Konsolen der Sockelzone). Weihedatum 1704 in der Kartusche an der Sockelzone des Obergeschosses.

In der Mittelachse von unten nach oben Martyrium des hl. Sebastian, Aufnahme in den Himmel und Krönung Mariens. Zu Füssen der Martyriumsszene eine Inschrift, die auf den Sinn des Leidens hinweist: «DIGNA HIS ET MAIORIBUS PRAELIIS [= proeliis] EST VITA AETERNA THO[mas] A KEM[pis]» *[= Diesen und noch grösseren Kämpfen wartet als würdiger Lohn das ewige Leben, Thomas von Kempen]*. Zuoberst auf dem Altarbild auf einer Schleife eine weitere Inschrift: «NUMQUAM NON MECUM ERIS – SIC ITUR AD ASTERA» *[= Du wirst immer bei mir sein – So geht man in den Himmel ein]*. Oberhalb des Altarbildes im Medaillon eine dritte Inschrift: «ASPICIEBANT IN REMUNERATIONEM» *[= Sie schauten auf den Lohn]*. Seitenstatuen: links der hl. Joseph, rechts der hl. Johannes Evangelista; Akroterfiguren: links der hl. Antonius von Padua, rechts der hl. Antonius Eremita. Kunstvolle Assunta. Verglichen mit den Figuren des hl. Kreuzaltars wirken vor allem die Seitenstatuen etwas hölzern und – mit dem charakteristischen Motiv des ausgleitenden Standbeins – manieriert (unnatürlich).

**Antependium.** Ähnlich demjenigen des hl. Kreuzaltars, jedoch mit Jesusmonogramm im Medaillon sowie Jesus- und Marienmonogrammen in den Blütenvasen; datiert: 1700.

**Altarpodium.** Nussbaum, 2. Hälfte 17. Jh. An der Stirn geschnitzter Schuppenfries mit zentraler Rosette.

## Kultgegenstände und andere Objekte

**Taufstein.** Nussbaum. Jahreszahl 1668 am Becken. Am 14. Februar 1669 erstmals benutzt.[144] Restauriert 1979/1980 durch Walter Mutter, Naters. Giltsteinerner Pokal mit dreizehigem Fuss, geschwelltem Schaft und flachem geripptem Becken. Gut gehauener Palmettendekor an Fuss und Schaft. Der hölzerne marmorierte Aufsatz besteht aus zwei oktogonalen Architekturgeschossen unter eingezogener Kuppel. Die ionischen Säulen rahmen am ersten Geschoss Zierfelder, am zweiten offene Rundbögen mit Durchblick auf eine ikonographisch eigentümliche Taufe-Christi-Gruppe. Dargestellt ist ein Berg mit dem Jordanlauf und mit dem Baum der Erkenntnis, das heisst mit einem Apfelbaum, in dessen Geäst eine Schlange mit Menschenantlitz klettert. Der auf einem Felskopf stehende Täufer leert die Muschel über den im Jordanwasser knienden Christus. Im Hintergrund Heiliggeisttaube. Bekrönender Pelikan mit Jungen. Ausser an einer Füllung retuschierte Originalfassung.

**Kanzel.** Auf dem Schalldeckel vierteiliges Stifterwappen Wegener-Mannhaft[145], wohl vom Bannerherrn Franz Christian Wegener (1677–1745) und seiner Gattin Maria Cäcilia Mannhaft. Der Figurenstil deutet indessen auf die zweite Hälfte des 18. Jahrhunderts. Restaurierungen 1921 und 1979, letztere durch Walter Mutter, Naters. Der plastische Fusswulst und die vorkragende Handlaufkehle lassen den runden Kanzelkorb konkav erscheinen. Vor den Volutenbändern des Korbs sitzende Evangelisten. Zierfeld und Jesusmonogramm an der Kanzelrückwand. Bekrönender Guter Hirte.

**Gedenktafel.** Unter der Kanzel für Pfarrer Borter, mit Inschrift: «HIC IACET R[everendus] D[ominus] VICTOR BORTER ORIUNDUS E MONTE BRIGEN[si] PASTOR FIDELIS PAROCHIAE NATR[ien]SIS DOMINO MORTUUS DIE 1 SEPT 1879 R[equiescat] I[n] P[ace]» *[= Hier ruht H.H. Viktor Borter vom Brigerberg. Er war ein treuer Hirte der Pfarrei Naters und starb im Herrn am 1. September 1879. Er ruhe in Frieden]*.

**Altartisch.** 1979 nach einem Muster alter Walliser Tische von der Firma Gertschen's Söhne, Naters, nachgebaut.

**Ambo.** 1991 nach Plan von Karl Gertschen, Naters, errichtet.

**Beichtstühle.** Zwei Beichtstühle aus Nussbaum von 1699. 1923 ersetzt durch vier geschnitzte Beichtstühle von der Firma

*Sebastiansaltar.*

Eggel & Imboden, Naters; Jahreszahl 1923 an beiden Beichtstühlen in den Seitenkapellen.

**Chorgestühl.**[146] Über der ins Gestühl einbezogenen Turmtür, zwischen den Ziffern der Jahreszahl 1665 Medaillon mit den Initialen «H(ans?) S(tuder?)»[147] und heraldische Zeichen: auf Dreiberg von zwei Pfeilen kreuzweise durchbohrtes Herz, bekrönt von einem Kreuz zwischen zwei Punkten (Kugeln?). Zweiteiliges Spätrenaissance-Gestühl in ungefasstem Nussbaum. Von den je acht Achsen sind die sechste in der linken Reihe als Zugang zum Turm und die fünfte in der rechten als Eingang zum Gestühl durchbrochen. Ohrenförmige Felder mit pflanzlichen Reliefs werden durch ionische Zungenschuppenpilaster geteilt, in die an der Rückenlehne noch Dreiviertelstatuetten, kniende Figuren oder ganzfigurige Putten karyatidenartig eingefügt sind; in der linken Stuhlreihe von vorn nach hinten: der hl. Sebastian, Simson, ein hl. Bischof, ein kniendes Kind unterweisend, der hl. Theodul, der hl. Ludwig mit einem Nagel in der Linken, Moses, ein Putto mit Mauritiuskreuz in Wappenkartusche; in der rechten Stuhlreihe wohl die vier abendländischen Kirchenlehrer Ambrosius (oder Augustinus), Gregor d.Gr., Hieronymus und Augustinus (oder Ambrosius), der hl. Georg und die vier Evangelisten. In der rechten Bankreihe erscheinen an den Pilastern auch andere Ornamente; der letzte ist sogar mit Draperie (kunstvollem Faltenwurf) behangen. Figurenstil wie am Hochaltar und an den beiden äusseren Seitenaltären, jedoch grösstenteils von besserer Qualität, weil es sich um kleinere, ungefasste Skulpturen handelt.

*Chorgestühl.*

**Weihwassersteine.** Innen bei den Seitenportalen Weihwassersteine aus dem Vorgängerbau. Giltsteinerne gerippte Becken auf datierten Konsolen, bei der nördlichen Tür 1621, bei der südlichen 1627.

**Kirchenbänke.** Originale vorderste Armlehne der linken Bankreihe, Mitte 17. Jh., 1942 verändert. Nussbaum. Eierstab und Zahnschnitt unter dem Armbrett. In der südlichen Hälfte rechteckige, in der nördlichen ohrenförmige Füllungen mit Rechteckspiegeln, darunter zwei mit reich geschnitzten Vollwappen Michel-Supersaxo (WWb 1946, T. 8) und Walden oder Gretz (WWb 1946, T. 7 und 9). Armlehne der rechten Bankreihe von 1942. Rundbogenfelder in ohrenförmigen Füllungen zwischen Pilastern; Marqueterie-Filets. Auf drei Feldern geschnitzte Vollwappen der Pfarrgeistlichen Ernst Zenklusen 1944, Paul Grichting um 1968 und Josef Pfaffen 1980, letzteres geschnitzt von Walter Ebener, Naters (bei Restaurator Walter Furrer, Brig).

**Sakristeitüre.** Nussbaum, 3. Viertel 17. Jh. Zwei Rechteckfüllungen, die obere ohrenförmig. Symmetrische pflanzliche Schnitzereien auf punziertem Grund. Originales Schloss und kunstvolles Beschläg.

## Skulpturen – Kreuze – Kreuzwegstationen

**Kreuzigungsgruppe am Chorbogen.** An der kleinen Wolkenkonsole am Fuss des Kruzifixes Stifterwappen (nach rechts steigende Gämse auf Dreiberg)[148] und die Initialen «M[eier] P[eter] G[emmet]». Um 1664. Restauriert 1979 von Walter Mutter, Naters. H. ca. 160 cm, Holz, flach, polychrome Temperafassung und Polimentvergoldung. Die Bewegung des Körpers mit der hoch gerissenen linken Schulter und der Faltenstil des schräg gehefteten Lendentuchs weisen auf eine wohl in Bellwald entstandene Gruppe von Kruzifixen der Spätrenaissance.[149] Begleitfiguren Maria und Johannes. H. ca. 130 cm, Holz, gehöhlt, sehr flach. 1910 oder 1942 neu gefasst nach Entfernung der Originalfassung. Wohl nicht aus der Werkstatt des Kruzifixes. Breite Silhouetten; gotisierendes Haupt des hl. Johannes. Eigentümliche Faltenkämme im Gewandwurf Mariens.

**Altarkreuze. 1.** H. 71,5 cm, (Korpus) 27,5 cm. Holz. Neuere Ölpolychromierung und Polimentvergoldung. Mitte 18. Jh. Typ des I. Reckinger Hauskruzifixes. Breiter Erdsockel mit Totenkopf. – **2.** H. 73 cm, (Korpus) 24,5 cm. Holz. Teilweise übermalte Polychromierung und Vergoldung. Mitte 18. Jh. Korpus des I. Reckinger Hauskruzifixtyps, Kreuz 1. Hälfte 19. Jh. – **3.** H. 100 cm, (Korpus) 31 cm. Holz. Originale Ölpolychromierung und Polimentvergoldung. Mitte 19. Jh. Edler neugotisierender Korpus. Schwere vergoldete Balkenenden aus Rollwerk. Erdsockel.

**Weitere Kruzifixe. 4.** H. 67 cm, (Korpus) 25,5 cm. Holz, polychromiert und vergoldet. Korpus 2. Hälfte 17. Jh., schlank, gewunden, mit abstrakt drapiertem Lendentuch. Ende 18. Jh. Neueres Kreuz aus Nussbaum. – **5.** Korpus H. 27 cm. Holz. Wohl originale Polychromierung und Polimentvergoldung. An neuem Metallkreuz. – **6.** H. 75 cm, (Korpus) 27 cm. Holz. Originale Polychromierung und Polimentvergoldung. Mitte 19. Jh. Gotisierender Korpus. Würfelförmiger Sockel mit appliziertem Mauritiuskreuz. – **7.** H. 49 cm, (Korpus) 21 cm. Holz. 2. Hälfte 19. Jh. Fein geschnitzter neugotischer Korpus, gelblich gefasst, marmoriertes ziervergoldetes Kreuz; geschweifter, eingeschnürter Fuss.

**Auferstehungschristus.** H. 63 cm. Holz, massiv. Neuere Ölpolychromierung; polimentvergoldetes Lendentuch. Stil des frühen 18. Jh. Phantasievoll geschlungenes Tuch. – **Maria** (Assunta?). H. 170 cm. Holz, gehöhlt. Polimentgold und Lüster. Um 1700. Stil der Werkstatt des Johann Sigristen, Glis. Restauriert 1982 von Walter Mutter, Naters. Die tragende Wolkenkugel deutet auf eine Himmelfahrtsmaria hin, die Kopfhaltung und die gefalteten Hände sind dagegen eher Motive einer Maria unter dem Kreuz. – **Muttergottes.** H. ca. 95 cm. Arve, gehöhlt. Teilweise erneuerte Fassung: Polimentgold und Lüster. Um 1700. Auf Wolken mit zwei Cherubim sitzend. Christkind mit Weltkugel, auf dem linken Oberschenkel der Mutter stehend. Reicher, ausgeprägter Faltenstil des Bodmer-Sigristen-Kreises. Ungelenkes Jesuskind ohne Liebreiz. – **Pietà** (zurzeit in der Kapelle der Alterssiedlung Sancta Maria, Naters). H. ca. 85 cm (ohne Strahlenkranz). Holz, gehöhlt. Mehrheitlich originale Polimentvergoldung, Silber und Lüster. Mitte 17. Jh. Restauriert 1982 von Walter Mutter, Naters. Der Leichnam schmiegt sich um den Körper Mariens. Auffallende spätgotisierende Faltenmotive. – **Hl. Barbara** (an der Orgelempore). H. 87,5 cm. Holz, massiv. 1921 von Xaver Stöckli, Stans, neu gefasst[150]: Polimentgold und Öl. Ende 15. Jh. Vom gleichen Künstler wie die hl. Ka-

*Monstranz von 1808.*

tharina (s. unten). (Ehemals zu einem Altar gehörend?) Stark nach aussen gebogene linke Hüfte. Das Haar fällt in je einer Strähne über die Schultern. Mit dem Ring- und dem kleinen Finger hebt die Heilige Tuch vom Mantel tütenförmig hoch. Grosser Turm an der rechten Körperseite. Von hoher Qualität. – **Hl. Katharina von Alexandrien** (an der Orgelempore). H. ca. 87 cm. Pendant zur hl. Barbara (s. oben). Vom gleichen Künstler. Gebogene Figur. Schwert und Buch. Wertvoll. – **Weibliche Heilige** (an der Orgelempore). H. 76 cm. Holz, massiv. Grösstenteils erneuerte Fassung: Polimentgold und Lüster. 1. Viertel 18. Jh. Keine Krone. Palme und Buch. Derbe Hände. Naiver Ausdruck. – **Weibliche Heilige** (an der Orgelempore). H. ca. 75 cm. Holz, massiv. Teilweise erneuerte Fassung: Lüster mit pflanzlichem Dekor am Kleid, Polimentgold an Mieder und Mantel. 2. Viertel 18. Jh. – **Hl. Theodul** (an der Orgelempore). H. 78 cm. Holz, massiv. Grösstenteils erneuerte Fassung: Polimentgold und Lüster. Am Kleid Spuren einer Rautenmusterung. 2. Viertel 18. Jh. Teufel mit Glocke zu Füssen.

**Kreuzwegstationen. 1.** Am 30. Oktober 1898 wurde ein Kreuzweg aus Gips im Wert von 5000 Franken errichtet[151] (später polychrom gefasst); er begleitet seit 1983 den neuen Weg vom Friedhof zum Gebetshaus «Maria Hilf». – **2.** *Bestehender Kreuzweg:* um 1950 durch die Pfarrei Bürchen von Troistorrents für die Wandkapelle gekauft, blieb jedoch ungenutzt; 1979 von der Pfarrei Naters für 14 000 Franken erworben. Öl auf Leinwand. Anfang 19. Jh. restauriert und 1981 durch Walter Furrer, Brig, mit neuem Rahmen versehen. Wirkungsvoll komponierte Darstellungen mit intensiven Bunttönen in dunklem Sfumato.

## Kirchenschatz

**Monstranz** (siehe Bild links). Silber, vergoldet. H. 85 cm. Beschau Augsburg (mit Buchstabe C) und Meistermarke «FR/L» (Franz Rup. Lang?). 1785–1787. Erworben 1808 von Pfarrer Valentin Mutter zum Preis von 340 Gulden.[152] Restauriert 1924 und 1953. Ovaler, geblähter Fuss, in Kappen gegliedert. Blütenförmiger Knauf, als Strahlenkranz ausgestaltete Gloriole; auf den Strahlen Silberschienen, besetzt mit geschliffenen Kristallen. An der rückseitigen Kappe des Fusses Abendmahlsrelief in applizierter Rocaille-Kartusche. Am bekrönenden Kranz Silberkreuz aus durchbrochenem Dekor. Rocaille-Kranz am Schaugefäss.

**Ziborien. 1.** Silber, an der Kuppa vergoldet. H. 35,5 cm. Meistermarke «FB». Mitte 19. Jh. Runder Fuss, birnförmiger Knauf, kompakter Korb, eingeschnürter Deckel. Ziselierte Friese. – **2.** Silber, gehämmert, vergoldet. H. 27,2 cm. Um 1904.[153] Achtseitiger platt gedrückter Knauf. Grosse neoromanische Kuppa.

**Kelche. 1.** Silber, gehämmert, vergoldet. H. 16,5 cm. Marke an der Unterseite des Fusses. 15. Jh.[154] Runder Standring. Am Fuss hängende lanzettförmige Blätter. Flach gedrückter Knauf. Über dem Knauf gravierter Fries aus gestrichelten Dreiecken. Durchbrochener Korb aus Pässen. Kegelförmige Kuppa. – **2.** Bronze, vergoldet. H. 19 cm. Keine Marken. 1. Hälfte 17. Jh. Spätrenais-

*Die ältesten zwei Kelche. Links (Nr. 1): 15. Jahrhundert; rechts (Nr. 2): erste Hälfte 17. Jahrhundert.*

sancekelch. Runder profilierter Fuss. Gerippter beckenförmiger Knauf. Kompakter Korb mit durchbrochenem Saum. Dicht dekoriert mit Cherubim, Blatt- und Bandwerk. – **3.** Silber, gegossen, Kuppa, vergoldet. H. 30 cm. Marken an der Kuppa und am Fuss. 2. Hälfte 17. Jh. Auf der Fussdeckplatte gravierte Umschrift von Pfr. Ernst Zenklusen: «CONGR[egationi] . MAR[iae] . PUELL[arum] . NATR[iensi] . D[ono] . D[edit] . ECCL[esia] . V[illae?] . D[e] NATERS ANNO 1948 EMPTIONE ROMAE AB HAERED[ibus] EMI[nentissimi] PETRI CARD[inalis] GASPARRI PER D[ominum] U[lricum] RUPPEN COLL[onellum] COH[ortae] PAPA[lis] FEL[iciter] PERACTA» *[= Die Kirche des Dorfes Naters hat der Marianischen Töchterkongregation von Naters (diesen Kelch) im Jahre 1948 als Geschenk überreicht, nachdem der Kauf in Rom von den Erben seiner Eminenz Petrus Kardinal Casparri durch den päpstlichen Gardeobersten Ulrich Ruppen glücklich getätigt worden war].*[155] Standring in Gestalt eines variierten Sechspasses. Fuss, Schaft und Korb sind bedeckt mit schwerem Skulpturenschmuck. Auf dem Fuss, zwischen Symbolen, sitzende Putti mit Leidenswerkzeugen. Stehende Frauen mit Symbolen bilden den Knauf. Am kompakten Korb Cherubim zwischen Symbolen. – **4.** Silber, gegossen und gehämmert, vergoldet. H. 26,2 cm. Beschau Augsburg (mit Buchstabe M) und Meistermarke «HM». 1826. Runder profilierter Standring mit Blütenfries. Am kegelförmigen eingeschnürten Fuss, zwischen Reben- und Ährenmotiven, Emailmedaillons mit Brustbildnissen in Bandwerkrahmen: hl. Ignatius von Loyola, ein heiliger Soldat (Georg?) und hl. Franz Xaver. Urnenförmiger Knauf mit Friesring. Kompakter gebauchter Korb, ähnlich dekoriert wie der Fuss mit den Medaillons von Jesus, Maria und Joseph. – **5.** Kupfer, versilbert; Kuppa, silbervergoldet. H. 27 cm. 1. Hälfte 19. Jh. Profilierter Achtpassfuss. Urnenförmiger Knauf. Kompakter Korb. In den gerahmten Kappen an Korb und Fuss Leidenswerkzeuge, mit pflanzlichen Motiven alternierend. – **6.** Kupfer, vergoldet. Silberfarbener durchbrochener Dekor appliziert. H. 25,8 cm. 2. Hälfte 19. Jh. Runder profilierter Fuss. Ring am Knauf. Durchbrochener Korb. Ähren- und Traubenmotive. – **7.** Kupfer, vergoldet. H. 23 cm. 2. Hälfte 19. Jh. Grosser kegelförmiger Fuss. Knauf und Kuppa klein. Medaillons und trapezförmige Felder mit pflanzlichem Dekor. Draperie am Knauf. – **8.** Gegossen, vergoldet. H. 25,8 cm. Um 1900. Runder Fuss. Vasenförmiger Knauf. Perlstäbe und schräg gerippte Friese. – **9.** Silber, vergoldet. H. 24 cm. Runder Standring. Am Fuss Christusmonogramm. Im Fussinnern die Inschrift: «MEINEM LIEBEN FREUND JULES ZEITER ZUR PRIMIZ 15. AUGUST 1928 JOSEPH JOHANNES BLUM». Flach gedrückter Knauf mit Umschrift: dreimal «SANCTUS». Kegelförmige Kuppa. – Geschenk von Professor Julius Zeiter (1903–1989; vgl. Kap. «Priester ... aus Naters», Nr. 91) an die Kirche.

**Versehbüchsen. 1.** Kupfer, vergoldet. H. 11,2 cm. 17. Jh. Zweigeschossiges Behältnis für Öl und Hostie. Durch Stabbündel gegliederter Zylinder. Auf dem erhabenen Deckel Dreipassendenkreuz (des hl. Mauritius). Dreh- und Hakenverschluss. – **2.** Silber. H. 8,3 cm. Beschau Augsburg (mit Buchstabe O) und Meisterzeichen «CB». 1759–1761. Gekehlter Standring. Hostienbüchse vorkragend. Geschweift erhabener Deckel. Profildekor. – **3.** Silber. H. 8 cm. Beschau Augsburg (mit Buchstabe R) und Meistermarke «IA/S» (Joseph Anton Seethaler?). 1765–1767. Zylinder, an beiden Enden profiliert. Scharf auskragender ver-

*Kelche. Links (Nr. 3): zweite Hälfte 17. Jahrhundert; rechts (Nr. 4): von 1826.*

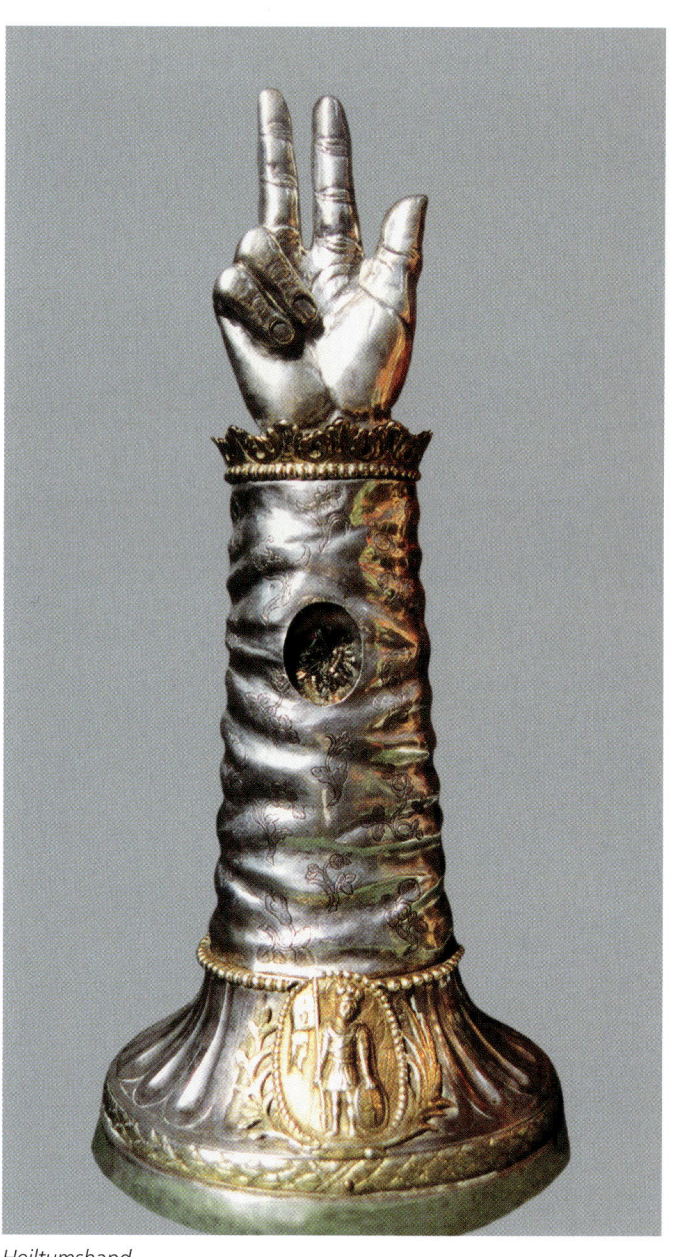

*Heiltumshand.*

548

schraubbarer Deckel, bekrönt mit Mauritiuskreuz. Hostienbehältnis unter dem Deckel. – **4.** Kupfer (?), versilbert. H. 10,3 cm. 1. Hälfte 19. Jh. Hostienbehältnis in Gestalt eines ziborienähnlichen Aufsatzes.

**Heiltumshand** (siehe Bild auf S. 548). Silber, ziervergoldet. H. 44 cm. Ortsmarke Schwyz zwischen der Inschrift «C[arl] . DAVYD . (Marke) STEDELIN SCHWYZ». 1818.[156] Gespreizter ovaler Fuss mit hohem Pfeifenfries. Ziselierte Blütchen am Ärmel. Vergoldete Akanthus-Armkrause. Vorne appliziertes Medaillon mit stehendem hl. Mauritius am Fuss und Reliquienfenster am Ärmel.

**Reliquiar** des hl. Märtyrers Honoratius. Kupfer, versilbert. Vergoldete Applikation. H. 27,5 cm. 1862.[157] Ovaler Fuss über geradem Standring. Karniesförmig geschwungenes Kreuz mit Lilienenden. Am Fuss hängende Blüten- und Blattmotive, in den Lilien Rosetten.

**Ewig-Licht-Ampel.** Kupfer (?), versilbert. Vergoldete Applikation. H. 48 cm. 2. Hälfte 19. Jh. Zwei gradwandige Becken. Am eingeschnürten Trichter des grösseren Beckens Spitzbogenmotive. Putten mit Schlangen als Kettenhalter. – **Messkännchen.** Paar. Zinn. H. 10,6 cm. Giessermarke von Louis della Bianca, Visp (Umschrift in Medaillon), Walliser Wappen und Feinzinnmarke. Mitte 20. Jh. Stizenförmig. Eicheln als Krücken. – **Osterleuchter.** Paar. Holz, polychromiert. H. 118 cm. Steife Leuchter im Stil Louis XVI. – **Kerzenleuchter.** *Gotisch.* Gelbguss. – Mit einem Schaftring. 1 Stück. H. 27 cm, renoviert. – Mit drei Schaftringen. Paar. H. 27,5 cm; 1 Stück. H. 32 cm, renoviert; Paar. H. 37 cm; 1 Stück. H. 38,5 cm. – *Barock.* 1 Stück. H. 23 cm. Gelbguss. Dreikantfuss auf (neuen) Klauen; Urnen-, Vasen- und Balustermotiv am Schaft. – *Im Stil Louis XVI.* 5 Stück. H. 63 cm. Kupfer, versilbert. – *Im Stil Louis Philippe.* 6 Stück. H. 74,5 cm. Kupfer, versilbert. Reich dekoriert. Volutenfuss auf Klauen. Am Knauf applizierte Cherubim und Fruchtgehänge, am Baluster Draperie. – *Neuromanisch.* Paar. H. 30,5 cm. Gelbguss, versilbert. Fuss mit Rollwerk und Blütenmotiv. – **Leuchtersockel.** Paar. H. 32 cm. Giltstein, teils geschliffen, teils gestockt. 2. Hälfte 17. Jh. Auf einer Rippe Wappenschild mit dem heraldischen Zeichen der Familie Stockalper: auf Dreiberg drei Stöcke, der mittlere bekrönt mit einer Lilie zwischen den Initialen «H[ans?]» und «S[tockalper]»; im Wappenschild einer zweiten Rippe, zwischen den Initialen «M» und «S», gestürzter Stock (der Familie Stockalper?) mit zwei Paar gegenständigen Ästen. – **Hängeleuchter.** 4 Stück. 1981. Von Willy Hans Rösch, Baden. Genueser Kronen mit verzinnten Metallteilen und geschliffenem Kristallbehang.

# Paramente[158]

**Kaselstäbe.** 1. Hälfte 15. Jh. Grund strukturiert mit paarweise abgehefteten Goldfäden sowie mit bunter Seide, die von einzelnen Goldfäden gehalten wird. Figuren aus bunter Seide mit Mänteln aus paarweise abgehefteten Goldfäden. Unter dem Jesusmonogramm stehen in oktogonalen Baldachinen am Rückenblatt unten die hl. Katharina mit Schwert und Buch, oben der hl. Johannes Baptista mit kleinem Lamm auf dem Buch, am Vorderblatt unten die hl. Barbara mit Turm und Palmzweig, oben Maria mit dem Kind als Brustbild. Die nach unten verjüngte Kasel ist 1941/1942[159] von Edith Jost, Brig, nach Weisung von H.H. Albert Schnyder gestickt worden. Zwei Geschosse von Säulenhallen, bestehend aus oktogonalen Baldachinzellen. Illusionistische Bodenfliesezeichnung. (Wegen dieser gotischen Kasel kam es 1942 zu unliebsamen Spannungen zwischen Naters und dem Kollegium in Brig. Nach mündlicher Zusage des Bischofs verkaufte Pfarrer Ernst Zenklusen die Kasel an das Kollegium. Als in Naters gegen diesen Handel scharfe Opposition erwuchs, befahl Bischof Viktor Bieler unter Hinweis darauf, dass er keine schriftliche Erlaubnis gegeben habe, den Handel unverzüglich rückgängig zu machen. Aufschlussreich ist die Bemerkung von Rektor Albert Schnyder, «dass Brig zur Zeit, als dieser Stab geschaffen wurde, noch zur Pfarrei Naters gehört hatte und somit früher einmal Miteigentümer war, so dass in gewissem Sinn das Stück der einstigen Pfarrei erhalten bleibe».)[160] – **Kasel** mit sämtlichem Zubehör. Weiss. 1. Hälfte 19. Jh. Auf neuen Atlas übertragen. Broschierte Rosenbukette. Am Stab grosse bunte Blüten in Nadelmalerei; zum Teil schweres blassgoldenes Blattwerk in Applikationenstickerei. Alle Motive von weisser geringelter Bordüre umrandet. – **Ornat.** Kasel samt Zubehör, zwei Dalmatiken und Pluviale. Mitte 19. Jh. Auf Goldripsgrund broschierte Blumengirlanden aus bunter Seide, Gold und Silber, verbunden durch ein silbernes Band. Rapporthöhe 38–39 cm. Breite silberne Borten. Grund des Pluviales ausgeringelt. Auf dem Schild Auge Gottes. – **Pluviale. 1.** Rot. 1731. Schild, Schulterteile und Ränder erneuert. Übertragene Applikation des hl. Mauritius von 1731. Vollwappenapplikation: nach rechts gewandter aufrechter Löwe mit Doppelkreuz in den Vorderpranken; auf Inschriftband: «R[everendus] D[ominus] . P[etrus] . S[uper] . S[axo] . S[acrae] T[heologiae] . D[octor] . C[uratus] . N[atriae] / [= H.H. Peter Supersaxo, Doktor der hl. Theologie und Seelsorger von Naters] 1731». – **2.** Rot. 2. Hälfte 19. Jh. Damast mit Rosenranken, Blüten und Ähren. Am Schild, in Applikationenstickerei, Pelikan in Rosenrankenkelch. Blütenranken auch an den Rändern.

*Kasel: erste Hälfte 15. Jahrhundert.*

## Grabdenkmal

Landeshauptmann Georg II. Michel-Supersaxo (†15.1.1676) wurde in der nördlichen Seitenkapelle vor dem Dreifaltigkeitsaltar beerdigt.[161] An der Kreuzungsstelle der Balken des schmiedeeisernen Kreuzes (an der Nordwand der Kirche) steht ein Medaillon mit der lateinischen Trauerelegie wie folgt: «Parce preces lacrimis fatum / omnibus haec solido est. Scripta dies / pulvis et umbra sumus tantum post funera Virtus / Nomen inextinctum sola superstes habet / Quid iuvat argentum, quidve annis iuvere (?) Centum / post mortem funus pulvis et umbra Sumus / Nil aurum nil pompa iuvat, nil sanguis avorum / Excipe virtutem Caetera mortis Erunt / Hanc cole et arte oculos imitanda Exempla parentum / pone sed, interdum sit tibi Cura mei / Quis fuerim si scire velis, hoc perlege dictum / quis modo sim noli quaerere sum quod eris. / Disce tuum quisvis simili pede Claudere passum / Et tergant oculos haec monumentum tuos» *[= Lasse die Tränen, ich bitte; belästige ja nicht das Schicksal. Unverrückbar naht jedem von uns dieser Tag! Staub und Schatten sind wir; nur die Tugend erstrahlt nach dem Tod. Unlöschbar in Ruhm, Leben verbleibt ihr allein. Was vermag das Gold, was hundertjähriges Hiersein? Dunst nur und Schatten und Staub bleiben von uns nach dem Tod. Nichts vermag das Gold, nichts Pracht, nichts Blaublut der Ahnen. Nimm die Tugend aus; König des Rests ist der Tod. Diese pflege und halte vor Augen das Vorbild der Väter! Trage jedoch indes brüderlich Sorge zu mir! Wenn du wissen möchtest, wer ich gewesen, beachte genau diesen Grabspruch hier. Wer ich jetzt sei, danach frage ja nicht, ich bin eben erst, was auch du sein wirst. Wer auch immer du bist, lerne mit gleichem Fuss zu beenden den Schritt. Und es mögen trocknen diese Worte deine Augen als Andenken].*

Am Fuss des genannten Kreuzes, in ovalem Feld, die biografischen Angaben von G.M.-Supersaxo: «Ante hoc altare in domino pie=sepultus iacet. Nobilis & generosus / Eximius et Magnificus dominus Georgius Michlig alias supersaxo Banderetus / ac octies Castellanus laud : Deseni Brygae, Maior Nendae et Herementiae. / Gubernator Montheoli Capitaneus in servitio Christianissimi francorum / regis, saepius extra patriam ad diversos Helvetiae Cantones deputatus / Vice Ballivus et iteratis vicibus Ballivus Reipublicae Vallesianae / Qui ad perpetuam memoriam hoc Epitaphium positum est / obyt autem die 15 Januarij Anno 1676, aetatis Suae 75 / de Suo Deseno et Charissima Patria optime meritus / cuius animae Deus aeternum sit propitius / per miserere Dei sis memor oro mei» *[= Vor diesem Altar ruht im Herrn bestattet der grossmütige, adelige und grossmächtige Herr Georg Michlig alias Supersaxo, Bannerherr und achtmal Kastlan des Zendens Brig, Meier von Nendaz und Hérémence, Landvogt von Monthey, Hauptmann im Dienst des allerchristlichsten Königs von Frankreich, des Öfteren Gesandter zu verschiedenen Kantonen Helvetiens, Landesstatthalter und mehrmals Landeshauptmann der Republik Wallis. Zu seinem ewigen Gedächtnis wurde dieses Grabmal gesetzt. Er starb am 15. Januar 1676 im Alter von 75 Jahren, hochverdient um seinen Zenden und das teuerste Vaterland. Seiner Seele sei Gott in Ewigkeit gnädig. Durch Gottes Erbarmen sei meiner eingedenk!].*

In den Zwickeln Blüten mit den Monogrammen der Heiligen Familie sowie der Mutter Anna in Strahlenmedaillons. Rosetten als Balkenenden. Am Fuss Wappenschild mit den Initialen «G[eorgius] M[ichel] S[upersaxo] / B[alli]V[us]» *[= Landeshauptmann]*, polychromiert und vergoldet.

*Schmiedeeisernes Kreuz mit der lateinischen Trauerelegie und den biografischen Angaben über Georg II. Michel-Supersaxo auf den zwei Medaillons.*

## Verkaufte Kunstwerke

### 1. Muttergottes

(Schweizerisches Landesmuseum, Zürich = SLMZ, Inv.-Nr. LM 7203.)[162] H. 96 cm. Ahorn, Rumpf gehöhlt. 1. Viertel 13. Jh. Fassung 18. Jh. Am Sockel Fragmente der Inschrift: «MATER DEI [mem]ENT[o]» *[= Gottesmutter, gedenke]*. Der rechte Vorderarm und die Spitze des linken Zeigefingers Mariens fehlen, ebenso der ehemals wohl erhobene Arm und die linke Fussspitze des Kindes. Nasenspitze Mariens ersetzt. Maria war gekrönt. Die Muttergottes sitzt frontal auf einem halbrunden Stuhl ohne Lehne. Haupt und Schulter sind mit einer vorne geschlossenen Kapuze bedeckt. Das bekleidete Jesuskind mit dem wenig kind-

*Muttergottes aus Naters, im Landesmuseum Zürich. Erstes Viertel 13. Jahrhundert.*

lichen Antlitz sitzt auf dem linken Knie der Mutter, wobei sein linkes Knie, durch dasjenige Mariens emporgehoben, die Hand mit dem Apfel stützt. Gemäss Brigitte Schmedding vertritt die Skulptur als eines der ersten schweizerischen Bildwerke des um 1200 im Rhein-Maas-Gebiet entstandenen Madonnentyps zugleich den Typus der wohl nach einem Gnadenbild geformten Walliser und Westschweizer Muttergottesfiguren. Schmedding deutet den Stil wegen der mangelhaft gefestigten Form als Ausklang der Spätromanik und nicht als Zeugnis der statuarischeren Frühgotik.[163] Vertreterin einer in der Schweiz seltenen Stilrichtung.

*Himmelfahrts-Christus aus Naters, im Landesmuseum Zürich. Anfang 16. Jahrhundert (Beschrieb auf der folgenden Seite).*

## 2. Himmelfahrts-Christus

(SLMZ, Inv.-Nr. LM 7234.) H. 114,5 cm. Linde, massiv. Alte ausgebesserte Fassung. Anfang 16. Jh. Vorderarme und Zehen des linken Fusses fehlen. Wohl von Jörg Keller, Luzern.[164] Christus steht, nur mit dem Mantel bekleidet, auf einem rüschenförmigen Wolkensockel. Für eine Herkunft aus der Werkstatt des Jörg Keller sprechen nicht nur Faltenmotive; charakteristisch ist vor allem die Tendenz, mit breit entfaltetem Kleid vor dem Unterkörper die Silhouette der Figur zu bestimmen. So wirkt die Figur weicher und geschmeidiger. – Die zwei Kunstwerke wurden vom SLMZ 1903 erworben.

# Orgel

## Orgelwerke von 1685 und 1720

Schon um 1685 ist vom Bau einer Orgel die Rede.[165] Am 17. April 1716 erteilte der Kirchenrat von Naters dem Kirchenvogt Martin Jossen den Auftrag, die Orgel vollständig neu erstellen zu lassen. 1720 war das «hochkostbare und sehr schöne» Werk vollendet.[166] Die Gesamtkosten beliefen sich auf 200 Dublonen (etwa 3262 Franken).[167]

## Carlen/Walpen-Orgel: 1761–1764

Nachdem das Erdbeben vom 9. Dezember 1755 die genannte Orgel durch den Einsturz des Kirchengewölbes zertrümmert hatte, beschloss die Pfarrei, eine neue Orgel zu erstellen. Am 17. Mai 1761 versammelte sich der achtköpfige Kirchenrat (unter anderen Pfarrer Johann Peter Gasser, Kirchenvogt Moritz Michlig, Grossmeier Peter Walther) im Haus des Kastlans Christian Jossen. Zu dieser Sitzung erschienen auch Joseph Anton Carlen und Johann Walpen von Reckingen, die in der Orgelmacherkunst «beriemte und wohlerfarne Meister» waren. Mit ihnen schloss der Kirchenrat den Vertrag, die Orgel «völlig neu, wohl und gut in gebierender Proportion, meisterlich, wohl und ruomwirdig laut Abris zu machen und zu verfertigen». Das Werk sollte 16 Register umfassen und «hernach ein halbs Trompetenregister, deren Pfeifen 25 sein sollen, also zwar, dass die zwei auf der Orgel gestellte Engel mitspielen sollen». Im Ganzen sollte das Werk 812 Pfeifen zählen und «alle andre in der Landschaft sich befindliche Orgel übertreffen». Die Bildhauerarbeit sollten die Meister selbst berappen, die Schmiedearbeit bezahlte die Gemeinde. Letztere entrichtete den Meistern 55 Dublonen (eine Dublone = 16.31 Franken), 24 Dublonen an die Esswaren, lieferte ihnen alle Materialien und gab ihnen für die Zeit der Arbeit «Logement, geschir, bet und Holz». Der Pfarrer zahlte ihnen überdies eine Dublone an Weizen und Anken. An Bargeld erhielten die Orgelbauer umgerechnet zirka 1304 Franken.[168]

Der Bau der neuen Orgel erforderte volle drei Jahre (1761–1764) und fiel zur vollen Zufriedenheit aus. Das neue Werk war «von zwei wohlerfahrenen Herren Orgelisten visitiert approbiert, sehr gut, meisterlich und wohl ausgefertigt, gemacht und eingerichtet befunden worden». Auch hatten die Meister, zu denen sich noch Felix Walpen gesellt hatte, während ihres Aufenthaltes in Naters, «sich ganz tugendsam und wohl fleissig, sittsam und gescheit aufgefieret und verhalten», so dass am 13. Mai 1764 die geistliche und die weltliche Behörde von Naters ihnen die beste «Attestation» ausstellen und sie jedermann «bestermassen recommandiert und anbefohlen sein lassen»

*Orgel in der Pfarrkirche von Naters.*

konnte.[169] Das heutige Orgelgehäuse datiert von 1761, wurde aber bei der Restaurierung 1979/1980 von der Holzmaserung befreit.[170]

## Neues Orgelwerk: 1803

1803 erstellten die Gebrüder Walpen im Gehäuse von 1761 ein neues Orgelwerk. Am 10. November 1803 gab Joseph Walpen, Orgelmacher von Reckingen, namens seiner Brüder der Gemeinde Naters Quittung für 350 Walliser Kronen und etwas Trinkgeld «für die Machung und Herstellung der Orgel».[171]
Die 1855 durch das Erdbeben arg zerstörte Orgel war 1862 noch nicht wiederhergestellt, weil – so Pfarrer Biguet – «die Kirche arm und die Gemeinde schlechten Willens ist»[172]. 1869 erfolgte die längst fällige Reparatur; in jenem Jahr zahlte die Pfarrei dem Orgelmeister Konrad Carlen den Betrag von 750 Franken.[173]

## Erste pneumatische Orgel: 1905

1905 baute Konrad Carlen, Glis, in das bestehende Gehäuse seine erste pneumatische Orgel ein.[174] Dem Orgelbauer Carlen fiel dieser Auftrag nicht so ohne weiteres in den Schoss. Pfarrer Dionys Imesch liess sich von verschiedenen Fachleuten beraten und holte von anderen Schweizer Orgelfirmen Offerten ein (Kuhn, Männedorf, und Goll, Luzern), die mit 9500 Franken günstiger waren als die zwei eingereichten Offerten von Carlen mit 12 000 Franken (Brief vom 30.10.1903) und 10 000 Franken (Brief vom 23.4.1904). Carlen bangte um den Auftrag und bemühte sich in verschiedenen Briefen mit bittenden Worten darum. Dabei zog er alle Register: «Es wäre eine Schmach für mich, wenn ich diese Arbeit durch Fremde zu machen mitansehen müsste. Ich bitte Sie Herrn Pfarrer inständig um Ihr Zutrauen und Beistand, damit dieses Werk in nächster Nachbarschaft und zudem meiner Mutter Ort nicht durch fremde Industrie bevorzugt werde.» «Aber wie genug bekannt: nicht derjenige, welcher die billigste Arbeit liefert, ist der beste. So ein Werk wird erbaut auf Dauer von hundert und mehr Jahren.» (Seine Orgel sollte eine Lebensdauer von 60 Jahren haben.)
Am 9. November 1904 teilte Carlen Pfarrer Imesch mit: «Es bleibt mir nichts andres übrig, als mich Ihren Wünschen ergebenst zu fügen.» Am 16. November desselben Jahres wurden die Bedingungen in einem «Orgelvertrag» bis in alle Details durch den Notar Ludwig Salzmann, Naters, festgehalten.[175]
Preis: 9800 Franken plus «Überlassung des alten Materials der alten Orgel, der Schaft nicht einbegriffen». Die Munizipalgemeinde Naters zahlte 2000 Franken und die Burgerschaft 1000 Franken an die Orgel, während die Gemeinde Birgisch «im Verhältnis zur Volkszahl» den gleichen Teil beitrug.[176] Ebenso floss Geld für die neue Orgel durch den Verkauf des gotischen Schreinaltars aus dem Beinhaus und einer Muttergottes sowie des Himmelfahrts-Christus aus der Kirche.[177] Am 19. Oktober 1905 begutachtete Charles Haenni, Sitten, das neue Orgelwerk.[178] Der Experte beurteilte die 22 Register. Bei 18 Stück war er voll des Lobes, bei drei Registern machte er geringfügige Beanstandungen und ein Register (Subbass 16') bezeichnete er als «fehlerhaft». Des Weiteren verlangte Haenni, «den Betrieb der Blasebalgeinrichtung leichter zu gestalten», was man noch ohne weiteres verbessern könne. Im Allgemeinen kam der Orgelexperte zu folgendem positiven Urteil: «Ich möchte den Orgelbauer doch beglückwünschen über die glückliche Vollendung des Werkes. Die Klangfülle im allgemeinen ist wahrhaft erfreuend und grossartig. Die Gemeinde Naters kann sich glücklich schätzen, so ein Instrument zu besitzen.» Am 22. Oktober 1905 fand in einem festlichen Rahmen die Orgelweihe statt, vorgenommen durch den Dekan Brindlen von Glis und verbunden mit einem Orgelkonzert.[179]
Rudolf Bruhin beschrieb 1960 diese Carlen-Orgel – entsprechend den Umänderungen von 1957 in der Disposition – folgendermassen:[180]
*Tastenumfang:* Manuale C–g$^3$, Pedal C–d$^1$.
*Disposition:*
*I. Manual:* Bourdon 16', Principal 8', Gamba 8', Gedackt 8', Octav 4', Flauto amabile 4', Mixtur 2$^2$/$_3$', Sesquialtera 2$^2$/$_3$' (Register von 1957), Flöte 2' (Register von 1957), Trompete 8'.
*II. Manual* (Schwellwerk): Geigenprincipal 8', Lieblich gedeckt 8', Salicional 8', Voix céleste 8' (von c an), Gemshorn 4', Mixtur 1$^1$/$_3$' (Register von 1957), Quinte $^2$/$_3$' (Register von 1957), Basson-Hautbois 4'. *Pedal:* Subbass 16', Violon 16', Octavbass 8', Flötbass 4'. *Koppeln:* II–I, II–P, I–P, Super II–I, Super I. Eine freie Kombination. Feste Kombinationen: PP, P, MF, F, FF, TT. Tremolo, Crescendowalze.
1918/1919 liess der Kirchenrat durch den Orgelbauer Heinrich Carlen, Glis, für das Gebläse den elektrischen Betrieb einrichten.[181] 1957/1958 nahm derselbe Orgelmeister unter Mithilfe der Firma Gebr. Späth, Rapperswil, vollumfängliche Reinigungsarbeiten an der Orgel und verschiedene Umänderungen in der Disposition vor.[182] Doch schon 1965 versagte das Werk seinen Dienst und man behalf sich bis 1980 mit einer elektronischen Orgel.

## Neues Werk mit altem Prospekt: 1980

Die beiden Experten, Kunsthistoriker Walter Ruppen, Brig, und Jakob Kobelt, Konsulent der EKD, sprachen sich eindeutig für die Erhaltung des «prachtvollen Prospektes» aus, der «einen hohen Denkmalwert» besitze und dessen Entfernung «einen unersetzbaren Verlust bedeuten würde».[183]
1980 schuf Orgelbauer Hans-Jakob Füglister, Grimisuat, nach den Grundprinzipien des klassischen Orgelbaus ein neues Werk. Dieses wurde in das wohlproportionierte Barockgehäuse von 1761 eingebaut. Die rein mechanische Registratur kann eine Lebensdauer von mehreren hundert Jahren garantieren. Diese Orgel ist eine der grössten im Wallis und wird von den Fachleuten als eine der besten dieses Landes bezeichnet. Sie wird seit 1980 verschiedentlich auch als Konzertinstrument benutzt.
Zur Finanzierung der neuen Orgel sammelten die 58 Mitglieder des Kirchenchors unter der Leitung des Aktionspräsidenten Georges Zurkinden von 1974 bis 1977 217 532 Franken (durch Verkauf von alten Orgelpfeifen, Lottos, Spenden u.v.m.; die Gemeinde spendete 10 000 Franken). Die Orgel kostete (ohne Prospekt) 257 912 Franken.
Am 27. April 1980 erfolgte gleichzeitig mit der Einsegnung der Kirche und der Weihe des Altars durch Bischof Heinrich Schwery auch die Weihe der neuen Orgel, verbunden mit einem Konzert.[184]
*Tastenumfang:* Manuale C–g$^3$, Pedal C–f$^1$.
*Disposition:*
*Hauptwerk (I. Manual):* Principal 16' (Prospekt), Principal 8', Suavial 8' (ab c'), Copel 8', Octav 4', Spitzflöte 4', Nasat 3', Doublette 2', Gämshorn 2', Terz 1$^3$/$_5$', Quint minor 1$^1$/$_3$', Mixtur 4fach 2', Cymbel 2fach 1', Cornet 5fach 8' (ab c), Trompete 8'.
*Oberwerk, schwellbar (II. Manual):* Gedackt 8', Principal 4', Rohrflöte 4', Sesquialtera 2fach, Superoctav 2', Larigot 1$^1$/$_3$', Scharff 3fach 1', Krummhorn 8'.

*Pedal:* Subbass 16′, Quintbass 10²/₃′, Bassflöte 8′, Choralbass 4′, Posaune 16′, Trompete 8′.
*Koppeln:* Oberwerk–Hauptwerk, Hauptwerk–Pedal, Oberwerk–Pedal. Tremulant für Oberwerk. Wechseltritte: Mixtur, Cymbel, Trompete, Posaune, Trompete. Traktur und Registratur sind rein mechanisch. 29 Register, 2006 Pfeifen (200 aus Holz).[185]

**Beschreibung.** Im Gegensatz zu den hierzulande meist von den Seitentürmen beherrschten Orgelgehäusen sind die drei Haupttürme pyramidenförmig angeordnet. Der Mittelturm und die niedrigen Zwischentürmchen laden auf entsprechenden Konsolen rund aus, die Seitentürme stumpfwinklig. Maskaron an der Konsole des Mittelturms. Steigende und fallende Karniese verschleifen die untere Zone. Feines Akanthuswerk, bekrönende Engel.

### Konzerte in der St.-Mauritius-Kirche

Insbesondere seit 1980 wurden in der Kirche von Naters immer wieder Konzerte mit hohem musikalischem Niveau aufgeführt. Unter vielen anderen konzertierten: Orchestergesellschaft Tibor Varga (Sitten), Konzertgesellschaft Oberwallis, Oberwalliser Vokalensemble, Oberwalliser Lehrerchor, Kammerorchester Brig-Glis, Ensemble da capo, Heidelberger Kammerorchester, Kammerorchester Amsterdam und viele Organisten als Solisten von auswärts. (Die einheimischen Aufführungen nennen wir in einem anderen Zusammenhang.)

## Glocken

Die Mutterkirche der ehemaligen Grosspfarrei Naters birgt im Turm acht Glocken, von denen zwei nicht in Gebrauch sind. Fünf Glocken stammen aus den Jahren zwischen 1400 und 1613. Das ist wohl einmalig in der Glockenlandschaft weit herum. 1994 wurde von der Firma Muff AG, Triengen, die 1957 installierte elektrische Läutmaschinenanlage durch eine gänzlich neue elektronische ersetzt. Einmal im Monat muss der Sakristan das Getriebe der sechs Glocken schmieren und ölen. Das Gesamtgewicht der acht Glocken beträgt rund 3929 kg.[186] In Bezug auf die Grösse der Glocken ergibt sich für alle acht Glocken folgende Reihenfolge: Nrn. 5, 1, 4, 3, 7, 2, 8 und 6. Nachstehend sind die Glocken nach ihrem Alter aufgeführt.

### Glocke 1: 1400

Im obersten Turmgeschoss (Abk.: TG); die «Alte» genannt.[187] Dm. 115 cm. Ton dis′. Sechs Kronenbügel mit Stäben auf dem Rücken. Schulterumschrift in gotischen Majuskeln, verteilt auf vier Zeilen: «+VOX D[omi]NI SONAT O REX GLORIE XPE [= Christe] VENI NOBISCU[m] PA[c]E LAUDO DEU[m] VERU[m] PLEBEM VOCO COLLIGO CLERUM FESTES DECORO VOX MEA CU[n]CTOR[UM] TERROR DEMONIORUM ANNO / D[omi]NI M CCCC SEXTO MENSIS APRILIS» [= *Die Stimme Gottes ertönt. O König der Glorie, Christus, komm zu uns mit deinem Frieden. Ich lobe den wahren Gott, rufe das Volk zusammen, versammle die Priesterschaft (den Klerus), schmücke die Feste. Meine Stimme ist der Schrecken aller Dämonen. Im Jahre des Herrn 1400, am sechsten des Monats April*]. Zwei- und dreiteilige Schnurstabbündel.

### Glocke 2: um 1400

Im drittobersten TG aufbewahrt; nicht in Gebrauch. Dm. 66,5 cm. Ton f′. 150 kg. Sechs kleine Kronenbügel. Schulterumschrift in gotischen Majuskeln: «+AVE * MARIA * GR[ati]A * PLENA * D[omi]N[u]S * TECUM» [= *Gegrüsst seist du, Maria, voll der Gnade. Der Herr ist mit dir*]. Der hohe schlanke Mantel geht, lediglich durch einen Stab abgesetzt, weich in den breiten Saum über. Elegante Form des weichen Stils. Sie gleicht Glocke Nr. 1, ist aber an der Schulter noch milder gerundet im Sinn des weichen Stils. Kunsthistoriker Walter Ruppen schätzt, dass die Glocke um 1400 entstanden ist. Historiker Dionys Imesch meint: «Sie dürfte die älteste Glocke sein; sie zeigt keine Jahreszahl, aber die Art der gotischen Inschrift weist auf ganz frühe Zeiten hin.»[188]

### Glocke 3: St.-Mauritius-Glocke 1488

Im obersten TG. Dm. 81,5 cm. Ton c′. 330 kg. Sechs glatte Kronenbügel. Schulterumschrift in gotischen Minuskeln: «ihs[189] maria a[nno] mccccxxxviii in honore sancti maurity sociorumque eius» [= *Jesus, Maria, im Jahre 1488, zur Ehre des hl. Mauritius und seiner Gefährten*]. Zwischen den Wörtern Stäbchen mit pflanzlichen Motiven. Auf Doppelschnurstäben die Reliefs der Heiligen Theodul und Petrus. Zwischen den Doppelschnurstäben kleinere Reliefs: Muttergottes in Ädikula (von Astwerk getragener Rundbogen); hl. Antonius Eremita; halbfiguriger Leidensmann in Ädikula; hl. Georg. Darunter an der Flanke ornamentgefülltes Kreuz auf Stufen.

### Glocke 4: «Betglocke» 1574

Im obersten TG. Dm. 99,5 cm. Ton g′. 600 kg. Sechs mit Maskaronen geschmückte Kronenbügel. Auf der Schulter hängende Palmetten. Spiralrankenfries. Schulterumschrift: (Hand zwischen Salbeiblättchen; Wappen in Medaillon) «HOC OPUS O CHRISTE TUO SIT HONORI ERECTUM [= *Dieses Werk, o Christus, sei zu deiner Ehre errichtet*] 1574.» Reicher Reliefschmuck an den Flanken: Halbfigurenbildnisse von Gottvater und den Aposteln Philippus, Andreas, Jakobus d.Ä., Petrus, Johannes (Evangelist), Bartholomäus und Paulus. Schnurstab mit hängenden Palmetten. Darunter ganzfigurig Kruzifix, Muttergottes und die Heiligen Mauritius und Martin zu Pferd mit dem Bettler. Unter dem Kruzifix von Bären gehaltenes Inschriftfeld, bekrönt mit einem Greifen in Wappenkartusche: «ZU GOTTES EHR HAT / MICH GEGOSSEN / VON BERN FRANZ / SERMUND UNVERDROSSEN.»[190] Rankenfries am Glockenrand.

### Glocke 5: 1613

Majestätisch in der Mitte des obersten TG. Dm. 141 cm. Ton cis′. 1600 kg. Grösste Glocke, die mit einer Volkssage verbunden ist.[191] An den Neuguss der zersprungenen Glocke stifteten die Gläubigen des linken Rhoneufers der Pfarrei 75 Kronen, während Naters die andere Hälfte berappte. Gerne hätten die dreieinhalb Gumperschaften des linken Rhoneufers mehr gegeben, aber in Glis, so bemerkten diese, seien auch zwei Glocken kaputt, die man in absehbarer Zeit neu giessen müsse.[192]
Sechs mit Stäben und Maskaronen geschmückte Kronenbügel. Auf der Schulter alternierend hängende Palmetten und Cherubim. Rankenfries mit Grotesken, die ein Medaillon mit dem Jesusmonogramm halten. Schulterumschrift: «QUIC QUID ID EST OPERIS SOLI SIT GLORIA CHRISTO (Cherub) ANNO SALUTIS (Cherub) [= *Was immer zum Werk gehört, Christus allein gebührt die Ehre; im Jahre des Heils*] 1613» (Kopf in Rollwerk, Hand, Cherub, Kreuz). Halbfigurenreliefs der Apostel mit ihren Attributen. Darunter Reliefs von weiteren Heiligen: Martin, ein

*Glocke von 1613.*

Soldat, Bischof Ambrosius(?), Katharina von Alexandrien, Muttergottes, Mauritius, Rochus und Sebastian. Inschriftfeld, gerahmt von Hermen (Büstenpfeiler), die auf einem Fries zwei Engel mit einer Wappenkartusche tragen: «+ PETRUS / BULENVILUS[193] / LOCTARIGIUS FECIT» *[= Der Lothringer Petrus Bulenvilus hat sie gegossen].*

An der unteren Zone der Glocke vereinzelte Reliefs und Initialen der Stifter oder Vorsteher[194]: Kreuz über den Initialen «* A * B *»; Kreuz unter einem Cherub; die Initialen «* P * E * A * M * C * B *»; Maria mit Kind, Kreuz; die Initialen «* G * L * G * M *»; Kreuz; die Initialen «* C * M * T * L * Q *»; Kreuzigungsgruppe auf gestuften Friesstollen, flankiert von den Heiligen Petrus und Paulus, umkreist von Engeln und Cherubim; hl. Theodul; Kreuz; die Initialen «* R[everendus?] * D[ominus?] * A * I * P»; nicht identifizierte Münze; «* G[eorg] M[ichel] S[upersaxo] (als Monogramm gestaltet) / * A[lias?] *B[allivus?] * P[atriae?] * V[allesiae?] *» *[= Einst Landeshauptmann des Walliser Vaterlandes].* Am Glockenrand Rankenfries mit Köpfen.

## Glocke 6: 1891

Im zweitobersten TG, zwar aufgehängt, aber nicht elektronisch angeschlossen. Dm. 38 cm. Ton b'. 35 kg. Ringförmiger Kronenbügel. Schulterumschrift: «(Hand) SANCTA MARIA ORA PRO NOBIS *[= Heilige Maria, bitte für uns!]* V[iktor] W[alpen] G[locken] G[iesser] . 1891.» Flankenreliefs: Marienkönigin und Kruzifixus über einem Rankenfries. Schnurstabbündel an Schulter und Saum. Ehemals im Chorreiter oder wie Imesch schrieb: «Im Turm ob dem Chor». Preis: 90.50 Franken.[195]

## Glocke 7: Marienglocke 1957

Im zweitobersten TG. Dm. 68 cm. Ton des". 180 kg. Preis der Glocken 7 und 8: 3160 Franken. Weihe der Glocken 7 und 8 am 27. Oktober 1957 durch Bischof Nestor Adam. Schulterumschrift: «AVE MARIA GRATIA PLENA 1957» *[= Gegrüsst seist du, Maria, voll der Gnade].* Im Mittelfeld: «PATR[ini] *[= Paten]* ALOISIUS GERTSCHEN PRAEF[ectus] DES[eni] BRIG[ensis] *[= Präfekt des Bezirkes Brig]* E[t] UXOR *[= und Gattin]* CELESTINA GERTSCHEN N[ata] BIELER». Relief: Gottesmutter. Am Glockenrand: «GLOCKENGIESSEREI H. RÜETSCHI A.G. AARAU».

## Glocke 8: Kinderglocke 1957

Im zweitobersten TG. Für Taufe und Beerdigung von Kindern. Dm. 61,5 cm. Ton es". 134 kg. Schulterumschrift: «SINITE PARVULOS VENIRE AD ME *[= Lasset die Kleinen zu mir kommen (Mt 19, 14)]* 1957.» Flankenreliefs: Hl. Familie und Heiliggeisttaube. Im Mittelfeld: «PATR[ini] MEINRADUS MICHLIG PRAES[ses] COM[munitatis] NATR[iae] *[= Paten M.M., Präsident der Gemeinde Naters]* E[t] UXOR *[= und Gattin]* ALINA MICHLIG N[ata] IMHOF». Am Glockenrand: «GLOCKENGIESSEREI H. RÜETSCHI A.G. AARAU».

Im Walliser Haus-Kalender steht für das Jahr 1831 unter «Naters» geschrieben, die Pfarrkirche berge eine grosse Glocke mit einem überaus schönen Ton, der an Schönheit nur wenigen im Land nachstehe.[196] Allgemein gilt in Naters noch heute das Sprichwort: Wer einmal in Naters die grosse Glocke (Nr. 5) hat läuten hören, der zieht nimmer weg.

Arthur Eggel (*1918) von Naters liess sich von diesem Gedanken zu folgenden Versen inspirieren:

## D'Natischer Glogga

von Arthur Eggel, 1980

1. Warum ischt de öü grad Natersch där scheenschti Schwizerort?
   Säg du mier, säg dü mier, ischt das öü wahr?
   Warum cha de jedes Mannli öü va Natersch nimme fort?
   Säg dü mier, säg dü mier, das ischt doch klar!

**Refr.** *Hescht dü z'Natersch bloos äs einzigs Mal di grossi Glogga g'keert, de chaischt dü nimme fort, de ischt dis Härz biteert; hescht dü z'Natersch bloos äs einzigs Mal di grossi Glogga g'keert, de chaischt dü nimme fort, du bischt biteert!*

2. Wier hei Sunna, wier hei Beize, va beide mee wa gnüeg.
   Säg dü mier, säg du mier, ischt das öü wahr?
   Darum gfallts de alle Liit in ischum Derfji halt so güet.
   Säg dü mier, säg dü mier, das ischt doch klar!

3. Warum het de öü di Glogga so na unärheerte Zwang?
   Säg du mier, säg dü mier, ischt das öü wahr?
   Das macht där Challo,
   der git där Glogga halt ä so na scheene Klang.
   Säg dü mier, säg dü mier, das ischt doch klar!

4. Warum heint de ischi Techtre so na wunärhibsche Gang?
   Säg dü mier, säg dü mier, ischt das öü wahr?
   Das ischt där Chibjischritt, der macht halt ischi Frouwe elegant.
   Säg dü mier, säg dü mier, das ischt doch klar![197]

# Friedhof

Da der Friedhof eng mit der Kirche verbunden ist, behandeln wir ihn in diesem Kapitel.

## Kirchhof vor 1869

In der Zeit vor 1869 war der Friedhof direkt neben der Kirche angelegt. Hingegen bezeichnet der Volksmund noch heute den jetzigen Pfarrgarten als den einstigen Friedhof der Visperterminer.[198] Wie Pfarrer Josef Biderbost 1794 schrieb, besass der Kirchhof «weder Mauer noch Zaun, so dass die vorbeiziehenden Viehherden morgens und abends darin genüsslich weiden».[199]

**Restfriedhof bei der Kirche.** An der östlichen Aussenwand der südlichen Seitenkapelle besteht noch ein kleiner Rest des alten Friedhofs. Eines der Kruzifixe ist ein Doppelkreuz. H. 95, 104,5 und 132 cm (2-mal). Schmiedeisen. Applizierte Rosetten. Medaillons und Wappenschilder vergoldet. 1. Hälfte 17. Jh. Wohl aus derselben Werkstatt. Blütenmotive, unter anderen Lilien, Tulpen oder nelkenartige mit durchbrochenen Monogrammen der Heiligen Familie sowie von Joachim und Anna. Im Dekor der ehemaligen Namensplatte gotisierende Motive. – *Gneisplatte,* rundbogig. Unter griechischem Kreuz und Totenkopf auf gekreuzten Knochen. Inschrift: «DOMINUS JOSepHUS / EICHER OLIM legiON= /UM HispaniaruM / capitaneus CUM / consanguineis. Requiem eternam dona eis domine» *[= Der Herr Joseph Eicher, einst Hauptmann der spanischen Legionen, mit seinen Verwandten. Herr, gib ihnen den ewigen Frieden!].*

## Friedhof nach 1869: viermal vergrössert

1869 verlegte man den Friedhof an den heutigen Standort.[200] 1896 erfolgte eine Erweiterung.[201] 1900 stiftete Jane Eyre, London, 2500 Franken «für die Erhaltung des Kirchhofes».[202] 1913/1914 vergrösserte man den Friedhof zum zweiten Mal.[203]
Aber bereits an der Urversammlung vom 1. April 1928 wurde die dritte Erweiterung des Friedhofs beschlossen. Das damalige Gesetz schrieb vor, dass man ein Grab nicht vor 20 Jahren öffnen dürfe; in Naters geschah dies zu jener Zeit bereits nach neun Jahren. In der genannten Urversammlung verwarfen die Stimmbürger den Antrag, auf der Turmmatte einen zusätzlichen neuen Friedhof zu erstellen, weil diese Wiese viel Geröll enthalte und zudem für den Schulbereich vorzusehen sei.[204] So erfolgte 1929 die dritte Friedhofserweiterung, die zwei Drittel des Gebietes südlich des bisherigen Areals umfasste und die der Unternehmer Josef Zeiter, Brig, durchführte. Sie kostete 66 000 Franken.[205] Die Einweihung nahm Bischof Viktor Bieler anlässlich der Firmung vom 24. April 1931 vor.[206]
In den 1970er-Jahren gestattete der Kanton der Gemeinde Naters in einer Ausnahmebewilligung, die kantonal vorgeschriebene Bestattungsdauer von 25 Jahren auf 20 und 19 Jahre herabzusetzen. Die rasante Entwicklung der Gemeinde und die damit steigenden Sterbezahlen zwangen die Gemeindeväter, von Herbst 1979 bis Sommer 1980 die vierte Friedhofsvergrösserung südlich der bestehenden Anlage mit zusätzlich zwei neuen Terrassen zum Preis von zirka 600 000 Franken (inklusive Bodenerwerb) vorzunehmen, wobei 330 neue Grabstätten und erstmals 17 Urnengräber geschaffen wurden. Die Weihe dieses neuen Friedhofsteils nahm Ortspfarrer Josef Pfaffen am 24. Mai 1981 vor. In den Jahren 1995/1996 wurden südwestlich des Friedhofs 111 Urnengräber und 135 Urnennischen geschaffen. Der am 22. Dezember 1991 über die Ufer getretene Klosibach richtete auf dem Friedhof Sachschaden an von rund 105 000 Franken. Die Instandstellung des Friedhofs erfolgte im folgenden Jahr.

## Friedhofsreglement

Das Friedhofsreglement gilt für die zwei Gemeinden Naters und Birgisch, die zusammen zur Pfarrei Naters gehören. Das kantonale Reglement über die Friedhöfe vom 16. Februar 1972 verpflichtete die Gemeinden, ihre Friedhofsverordnungen den neuen Bestimmungen anzupassen. Dies erfolgte durch das «Friedhofsreglement vom 13. September 1978» (homologiert am 17. Januar 1979). Aber schon 1981 und wieder 1986 gab die Gemeinde zum genannten Reglement «ergänzende Richtlinien» heraus, die in der Folge in das neu gefasste «Friedhofsreglement vom 25. April 1994» (homologiert am 14. September desselben Jahres) einflossen. Es trat am 1. Januar 1995 in Kraft. Das aus 38 Artikeln bestehende Friedhofsreglement enthält folgende neun Hauptpunkte:

1. Einleitungsbestimmungen
2. Aufgabenteilung unter den Gemeinden (Naters und Birgisch)
3. Verwaltung
4. Gräber
5. Grabschmuck
6. Grabdenkmäler
7. Friedhofsgebühren
8. Schlussbestimmungen
9. Übergangsbestimmungen

Nehmen wir das Wichtigste heraus:
Das vom Friedhof erfasste Gebiet steht im Eigentum der Gemeinde Naters. Beim Bau oder Ausbau des Friedhofs werden die Kosten aufgrund der Einwohnerzahlen zwischen den Gemeinden Naters und Birgisch aufgeteilt. Die Unterhalts- und die Verwaltungskosten gehen ausschliesslich zu Lasten der Gemeinde Naters. Die Aufsicht über den Friedhof obliegt dem Gemeinderat.
Seit 1978 wählt der Gemeinderat zu Beginn der Amtsperiode eine Friedhofskommission, bestehend aus dem Vorsteher des Friedhofsamtes (Mitglied des Gemeinderates) als Kommissionspräsident, je einem Vertreter der Gemeinden Naters und Birgisch, einem Vertreter der Pfarrei Naters sowie einem fachmännischen Berater.
Der vierterrassige Friedhof ist eingeteilt in: a) Reihengräber für Kinder, b) Reihengräber für Erwachsene, c) Familiengräber (Mietgräber) und d) Urnen- und Urnennischengräber (Mietgräber). An zwei Orten sind auch Priestergräber vorhanden. Auf dem Priestergrab der untersten Friedhofsterrasse ist das 1988 in Bronzeguss verfertigte Relief mit dem Thema «Abendmahl-Fusswaschung» vom Künstler Anton Mutter zu beachten.
Den Urkunden zufolge besteht in Naters bereits seit 1884 die Möglichkeit zum Kauf von Grabrechten. Dies wurde vor allem nach 1900 rege benutzt.[207] Grossen Wert legt das Reglement auf eine harmonische und künstlerisch wertvolle Gestaltung der Grabfelder und Grabdenkmäler.
In den letzten fünf Jahren lag die jährliche Totenziffer bei 70. Da eine räumliche Erweiterung des heutigen Friedhofs kaum mehr möglich ist, wird in jüngster Zeit die Feuerbestattung (Einäscherung), die sich Platz sparend auswirkt, gefördert.

# Beinhaus

## Geschichte

Beinhäuser sind Stätten, in denen die wichtigsten Gebeine Verstorbener, wie etwa Schädel, Arm- und Beinknochen, aufbewahrt werden. Früher gab es im Wallis viele solche Orte. Das Beinhaus von Naters ist wohl eines der bekanntesten weit herum und gilt als wertvolle Sehenswürdigkeit.[208]

### Bau des Beinhauses: 1514

Am 5. Juni 1513 kauften Pfarrer und Domherr Christian Harenden am Hengart (de Platea) und alt Landeshauptmann Johannes (Jenninus) Rymen, der als Kirchenvogt für die Bauarbeiten zuständig war, von Peter Kunen ein altes Haus am Friedhof, wohl am Standort des heutigen Beinhauses.[209] 1513/1514 erbaute Ulrich Ruffiner (auch Ruffener) das neue Beinhaus; er vollendete es vermutlich unmittelbar vor der Renovation des Kirchturms. Ruffiner stammte aus der italienischen Walserkolonie Prismel und liess sich zuerst in Raron und später in Glis nieder. Gemäss der Inschrift auf dem Deckenbalken in der Beinhausgruft (siehe weiter unten) kann Pfarrer Christian Harenden aus Mund (vgl. Kap. «Pfarrer», Nr. 19) als Bauherr des Beinhauses angesehen werden.

*Beinhaus. Bekrönung des Kapellenportals: CH = Christian Harenden (Bauherr); unten links ein Apostelkreuz und daneben das Meisterzeichen von Ulrich Ruffiner (Architekt).*

Über dem Portal der Oberkapelle steht ein gemaltes Inschriftenband mit der Jahreszahl 1514. Darunter erkennt man ein Mauritiuskreuz in Vierpass, Medaillon und Tartsche mit den Initialen des Stifters «C[hristian] H[arenden]» sowie im Bogenscheitel das Meisterzeichen von Ulrich Ruffiner. Wenn das jetzige gemalte Steinmetzzeichen auch erneuert worden sein kann, so deuten doch die zahlreichen Meisterzeichen an den Portalgewänden auf den engsten Umkreis beziehungsweise auf die Werkstatt des Meisters:[210] Steinmetzzeichen je einmal am Ostportal und am Schaufenster der Gruft, viermal am Schaufenster und achtmal am Portal der Oberkapelle. Für das Beinhaus erwiesen sich Johannes Rymen (†1527) und seine Frau Anna geb. Leryen (†1527) als grosse Wohltäter.[211]

Das ursprüngliche Aussenniveau lag 35 bis 40 cm tiefer als heute. Da man 1987 zwei verschiedene Typen von Apostelkreuzen fand, von denen Medaillons des wohl älteren Typs (mit Vierpass) im Giebelfeld angebracht waren, bestand wahrscheinlich anfänglich eine gebrochene Holzdecke. Vermutlich wurde der Dachstuhl in der ersten Hälfte des 18. Jahrhunderts[212] erneuert, der Giebel durch Erhöhung des Firstes um 80 cm verstärkt und die Oberkapelle mit einer barocken Felderdecke abgeschlossen. Da der Dachreiter in den Dachstuhl integriert ist, reicht er ebenfalls in jene Zeit zurück.

Zeitweise scheint das Beinhaus von einem eigenen Rektor betreut und mit der Allerseelenbruderschaft verbunden gewesen zu sein.[213] Für die Ampel hatte der Pfarrer zu sorgen, bezog dafür aber je ein Müt Korn von Eggerberg und Embd (wohl Schalb).[214]

*Beinhaus Naters. Aquarell von Anton Mutter, 1988.*

## Renovationen und Veränderungen im 20. Jahrhundert

In den Jahren **1926–1930** erfolgte durch Maurer Albert Ruppen, die Schreiner Eggel & Imboden und Maler Julius Salzgeber, Raron, eine Renovation des Beinhauses. Die Holzdecke der Oberkapelle wurde um zirka 20 cm erhöht und mit hölzernen Wandsimsen versehen.[215] 1928 erfolgte wohl die Bemalung der Holzdecke mit zentralsymmetrischen pflanzlichen Motiven; in den Fenstern der Chorschrägen Figurenscheiben mit Medaillon von Huber-Stutz, Zürich, links Herz Jesu, gestiftet von Emil Ritz, rechts Herz Mariens, gestiftet von Luisa Ritz. Um 1928 erstellte Gabriel Anthamatten (1898–1967) am Fuss der Schädelfront ein Gitter.[216] Auf Vorschlag von Ingenieur Theo Schnyder baute man 1932 im Westen unter Wiederverwendung des ehemaligen Westportals der Gruft einen Schuppen an.[217]

Danach gab es nachstehende kleinere Veränderungen: 1954 anstelle des Schieferdaches ein Kupferdach, 1963–1965 Einbau des störenden Kamins der Kirchenheizung und 1973 wurde im Schaufenster unter der Treppe nach den Plänen von Paul Sprung durch Schlosser Karl Schnydrig, Naters, ein Gitter angebracht. Der Umstand, dass die Dielbauminschrift an der westlichen Wange des Balkens steht und der Chorschluss des Gruftraumes auch befenstert ist, lässt in der Gruft einen ursprünglich freien Chorraum (mit Altar?) vermuten.[218] 1985 stiess man vor dem Schaufenster unter der Freitreppe auf ein gemauertes Grab von 2,30×1×1,80 m (innere Tiefe), das man als Familiengrab des Landeshauptmanns Johannes Rymen und seiner Frau Anna geb. Leryen sowie für deren Anverwandte betrachten darf. Insgesamt wurden hier zehn Personen bestattet: sieben Erwachsene (vier Männer und drei Frauen) und drei Kinder (zwei Kleinkinder und ein Fötus).[219]

**Renovation: 1985–1988.** Das Beinhaus, das als Objekt von nationaler Bedeutung eingestuft wurde, stand diesmal unter der Aufsicht der Eidg. und Kant. Denkmalpflege. Baukommission: Pfarrer Josef Pfaffen, Kirchenvogt Hans Eggel, Präsident der Baukommission, und Paul Sprung als amtierender Architekt, Naters. Im Zuge dieser Restaurierung galt der Grundsatz, verschiedene früher vorgenommene Veränderungen wieder in den ursprünglichen Zustand zu versetzen. Der Anbau im Westen wurde abgebrochen und sein spätgotisches Türgewände wieder in die ursprüngliche Türöffnung der Gruft eingebaut. In der Oberkapelle wurde das 1928 hinzugefügte Randsims der Felderdecke (Anfang 18. Jh.) ersetzt und die Decke freigelegt. Von den 1985 gemachten Funden im Beinhaus und den freigelegten «Graffiti» in der Beinhauskapelle ist weiter unten die Rede. Die Einsegnung des restaurierten Beinhauses erfolgte am 31. Oktober 1988 durch Pfarrer Josef Pfaffen. Die Baukosten beliefen sich auf 610 383 Franken. Daran beteiligten sich die Eidg. und Kant. Denkmalpflege mit 40 bzw. 15 Prozent. Die Restschuld von 274 672 Franken konnte dank der Spendefreudigkeit der Bevölkerung und besonderer Gönner und Wohltäter bis Ende 1990 abbezahlt werden.

# Äusseres

Das südlich des Kirchenchors traufseitig an den Kirchplatz und ehemaligen Friedhof stossende Beinhaus ist ein kurzer, im Osten polygonal schliessender Bau. Auf dem östlichen Firstende des chorseitig gewalmten Satteldaches sitzt ein offener Dachreiter mit sechsseitigem Spitzhelm. Die nördliche Traufseite unter (erneuertem) vorgezogenem Dach auf Strebewerk ist zur Schauseite ausgestaltet: Unter der zweiläufigen Treppe zum Portal der Oberkapelle gewährt ein breites Stichbogenfenster Sicht auf die Schädelwand im halbversenkten Gruftraum, der durch ein Rundbogenportal in der nördlichen Chorschräge und eine Tür gleicher Gestalt in der westlichen Giebelfront für Prozessionen begehbar war. Fenster befinden sich nur im Chorschluss: je ein Rechteckfenster unten an der Stirn und an der südlichen Chorschräge, drei grosse Spitzbogenfenster in der Oberzone sowie ein Okulus in der Westfront. Die Tuffgewände der Portale und der Fenster sind profiliert: breite Schrägen, vorne abgesetzte Schrägen mit Kehle sowie vorne und hinten abgesetzte Schrägen mit Rundstab in der Kehle. Der Verputz ist grösstenteils original mit ebenfalls ursprünglicher schwarzer Quadermalerei (wie beim Kirchturm) an den Kanten des Gebäudes und an den Fenstern der Oberkapelle. An der Tür der Oberkapelle ist ein originales Schlossschild mit Riegel und Griff in Gestalt eines verschlauften Klopfers. Die südliche (!) Seitenwand ist blind und mit nicht abgeriebener Rasa pietra verputzt.[220]

# Inneres

Das ganze Gebäude des Beinhauses ist in einen unteren und in einen oberen Bereich geteilt. Im unteren, im Erdgeschoss, das wahrscheinlich die Kellertiefe des alten Hauses vor 1513 erreicht, befindet sich das eigentliche Beinhaus. Darüber steht die St.-Anna- oder Beinhauskapelle (auch Oberkapelle genannt).

## 1. Beinhausgruft

Die mit flacher Holzdecke abgeschlossene Gruft ist im südlichen Drittel mit Gebeinen angefüllt. Die aus Schädeln 1928 sorgfältig aufgeschichtete Schaufront dient zugleich als sprechende Rückwand für eine monumentale Kreuzigungsgruppe. Die Schädelwand in der Gruft besitzt als eindrückliches spätgotisches Memento mori [= Gedenke des Todes] Seltenheitswert. Viele Schädel und Gebeine stammen vom alten Friedhof, der bis 1869 um die Kirche angelegt war.

Einzelne Totenköpfe tragen die Namen der Hingeschiedenen. Mancher Natischer weiss genau, in welcher Schädelreihe, an welchem Platz sich der Schädel seines Urgrossvaters oder der der Urgrossmutter befindet. Noch in der ersten Hälfte unseres Jahrhunderts legte man Totenschädel hinzu. Das Architekturbüro Paul Sprung, Naters, stellte 1995 für den Schädelraum folgende Berechnungen an: totale Raumtiefe der Gruft: 6,55 m; Tiefe des Schädelraums: 2,90 m; Länge der Schädelwand: 9,30 m, Höhe der Schädelwand: 3,50 m; Anzahl Schädel an der Sichtfront: 1857; Anzahl Schädel hinterfüllt: zirka 29 583; Total der Schädel: zirka 31 000. Niemand hätte es für möglich gehalten, dass das Beinhaus eine solche Zahl von Totenköpfen beherbergt.

In der Vergangenheit kam es immer wieder vor, dass aus dem Beinhaus Totenschädel entwendet wurden, um mit diesen den eigenen Nachttisch zu zieren oder sie als Tischlämpchen zu gebrauchen. So stahlen 1954 beispielsweise vier Studenten aus dem Unterwallis vier Schädel und Gebeine. Die Diebe konnten ausfindig gemacht werden, mussten das Gestohlene zurücklegen und wurden am 4. Dezember desselben Jahres vom Bezirksgericht Brig wegen «Störung des Totenfriedens» zu Bussen zwischen zehn und 40 Franken und zur Übernahme der Gerichtskosten verurteilt.[221] Ende 1971 verschwanden wieder zirka 35 Schädel.[222]

Um den Dieben das Handwerk zu legen, liess man – wie oben erwähnt – 1973 in der nördlichen Öffnung ein Eisengitter mit fingerdicken Stäben in den Rundbogen einmauern.

Die Totenschädel erinnern Kirchgänger und Passanten unablässig an die irdische Vergänglichkeit. Die an bestimmten Sonntagen des Monats vor dem Hochamt abgehaltene Prozession rund um die Kirche führte die Gläubigen früher hautnah an der Schädelwand vorbei; daher je ein Portal im Osten und im Westen des Gruftraumes. Die Beinhausgruft erfüllt – nicht unähnlich ihrer

*Beinhausgruft.*

Zweckbestimmung in früheren Jahrhunderten – noch durchaus die Rolle einer Besinnungsstätte. Durch das Jahr vergeht wohl kein Abend, an dem nicht im Schaufenster unter der Treppe Kerzen brennen. Die Bewohner der Dorfschaft halten auf diese leise, aber eindrückliche Art und Weise Zwiesprache mit den Verstorbenen.

Am Zugbalken über der Schädelfront steht folgende neuere Inschrift: «Was ihr seid / das waren wir / Was wir sind / das werdet ihr.» Sieben hochrechteckig versetzte Dielbäume sind an den beiden Schrägflächen zeittypisch profiliert. Am dritten Balken von Osten, an der westlichen Wange, geschnitzte und vergoldete Minuskelinschrift: «HOC opus Deo dedicatum opera et impensa honorii viri Christiani Harenden Canonici Sedunensis et hic curati absolutum est anno Incarnationis Domini 1514 8. Maji» *[= Dieses gottgeweihte Werk ist durch die Mühen und Aufwendungen des ehrenvollen Mannes Christian Harenden, Domherr von Sitten und Ortspfarrer, im Jahre der Menschwerdung des Herrn 1514 am 8. Mai vollendet worden]*. Man vermutete diese in mehreren Dokumenten erwähnte und für verschollen geglaubte Inschrift eher in der Oberkapelle, bis man den genannten Balken 1985 von Kerzenruss und Staub befreite. Die Freude über die Wiederentdeckung durch den leitenden Architekten der Restaurierung, Paul Sprung, war gross und man weiss nun: Der Pfarrer war der eigentliche Stifter und Bauherr des Beinhauses. Beim genannten Balken sind die Profile in Blau, Gold und Rot gefasst. Im Fenster der Chorstirn bewundert man ein kostbares, farbenkräftiges Glasgemälde der Grablegung Christi, signiert «F.X. ZETTLER, MÜNCHEN».

## Die St.-Kümmernus-Legende

An der Westwand der Beinhausgruft hängt eine aus Holz geschnitzte Christusfigur mit straff, weit ausgespannten Armen am Kreuz, die mit dem Namen St. Kümmernus in Verbindung gebracht wird. Über die St. Kümmernus gibt es von Professor Gustav Schnürer streng wissenschaftliche Untersuchungen, ebenso von Kaplan Peter-Marie Concina, Mund, und Pfarrer Ernst Zenklusen, Simplon-Dorf, wobei die Letzteren zwei sich im Wesentlichen an Gustav Schnürer anlehnen.[223]

Nach der Legende wurde eine Christin gewordene vornehme Königstochter von ihrem Vater zur Ehe mit einem Heiden gezwungen. Als sie in dieser Not Gott um die Entstellung ihres Antlitzes bat, wuchs ihr ein Bart, worauf sie der Vater an ein Kreuz nageln liess.[224]

Nach ausgiebigen Forschungen in Portugal, Holland, Deutschland, Frankreich, Italien, Österreich und in der Schweiz kommt Dr. Schnürer zum Schluss: «Eine heilige Kümmernus hat es nicht gegeben. Nirgends haben wir für die Existenz einer solchen bärtigen Königstochter und für ihr Martyrium am Kreuz einen festen Boden. Die Legende kommt erst im 15. Jahrhundert auf und trägt alle Kennzeichen der Erdichtung.» Nach Bekanntwerden der Kümmernus-Legende sah man ein romanisches Kruzifix als Darstellung der legendären Heiligen an. Sämtliche Bilder und Skulpturen der St. Kümmernus sind ursprünglich nur Darstellungen des Kruzifixus, Nachahmungen des Volto-Santo-Bildes (= Heilig-Antlitz-Bildes) oder von Kruzifixen im romanischen Stil. Die Verehrung der St. Kümmernus kam gemäss Schnürer zuerst im holländischen Steenberg auf und verbreitete sich in andere Länder.

Was die Verehrung der St. Kümmernus in Naters betrifft, so ist diese nie eine allgemeine, offiziell kirchlich empfohlene gewesen, sondern – wenn überhaupt – immer eine private. Zu ihrer Ehre wurden weder Altäre errichtet noch Messen gestiftet. Deshalb muss man die legendäre Kümmernus-Verehrung fallen lassen und dafür das Bild des gekreuzigten Heilandes um so pietätvoller schätzen und nach der Lehre der Kirche verehren. Wie Pfarrer Zenklusen bemerkt, «hatten die Leute von Naters die St. Kümmernis nie eigentlich verehrt, sondern vielmehr gefürchtet»[225].

Wie derselbe Pfarrer berichtet, habe man die Natischer noch um 1900 oft geneckt. «Immer wieder wurden sie nach der St. Kümmernus gefragt, ständig hielt man ihnen vor, sie hätten es wohl unterlassen, der St. Kümmernus den blauen Landtuch-Rock zu stiften.»

Vom ursprünglichen Kruzifixus, St. Kümmernus genannt, ist heute nur noch der Kopf vorhanden. Was ist geschehen? «Im Jahre 1882 wurde die Figur zersägt, aufgespalten und verbrannt. Nur das Haupt blieb übrig. (...) Vielleicht wollte man die Natischer von den angedeuteten Neckereien befreien.»[226] Des Weiteren wurde die St. Kümmernus wohl zerstört, um damit den Gegenstand dieser fragwürdigen Verehrung zu beseitigen.[227]

*Was bedeutet der Name «Kümmernus»?* Gemäss Schnürer stammen die ältesten Legenden aus den Niederlanden, wo auch die ersten bildlichen Darstellungen der «Ontkommer», wie man die Heilige nannte, entstanden. Aus dem niederländischen Namen «Ontkommer» (Entkümmerte), der durch Wegfall der Vorsilbe zu «Comer, Kumeria» wurde, bildete sich im Deutschen «Kummer, Kümmernis», weil man dieses vermeintliche Gnadenbild «in kümmernuss und anfechtung» anrief. Wer in Kummer sei, sollte die Heilige anrufen, denn ihre Fürbitte «entkümmerte». Nach dem heutigen Sprachgebrauch müsste man sie «St. Kümmernis» und nicht «Kümmernus» nennen. Die offizielle Bezeichnung heisst «Wilgefortis» (Wigefortis), aus «virgo fortis» (starkmütige Jungfrau) abgeleitet.[228]

Rund um die St. Kümmernus entstand auch eine dichterische Darstellung von Daniel Baud-Bovy: Die Heilige Kümmernis, Legendenspiel nach einer Sage aus dem Oberwallis in drei Bildern für die Puppenbühne.[229] Unter den Spielrollen figurieren hier «Der Herr von Naters» (Vater, der die St. Kümmernus kreuzigen lässt) und «Knappen des Herrn von Naters».

Die heutige Christusfigur (oder St. Kümmernus) ist eine Verbindung des zum Teil noch vorhanden gewesenen romanischen Christuskopfes mit einem neuen, bekleideten, angepassten Körper. Der Kruzifixus bildet unbestreitbar eine künstlerische Einheit. Der besondere Charakter und Wert des Kopfes wird durch die grosse Schlichtheit des Körpers betont. Der Gewährsmann Professor Walter Ruppen beschreibt diese Kombination in wissenschaftlicher Art wie folgt: **«Kopf.** *Fragment eines 1882 zerstörten hochromanischen Kruzifixes, das seit dem 18. Jahrhundert zur St. Kümmernus umgedeutet wurde*[230] *(Chorbogenkruzifix der mittelalterlichen Kirche?). H. des Kopfes 29 cm. Holz, nach Entfernung der Grundierung 1930 dünn polychromiert. Um 1200.*[231] *Nase und Teil des Bartes ersetzt.*[232] *Haarsträhnen entfernt. Da das Haupthaar ursprünglich bei der rechten Schläfe vorne niederfiel, ist das rechte Ohr neu geschnitzt. 1930 wurde der Kopf auf Anraten des Kölner Instituts für religiöse Kunst von Bildhauer Lambert Schmithausen, Köln, einem neuen Korpus in Ärmeltunica angepasst, wobei die früheren Ergän-*

*Christusfigur (oder St. Kümmernus) in der Beinhausgruft.*

*zungen erneuert wurden.*[233] *Die vielschichtige brüchige Polychromie wurde entfernt. Durch die Entfernung der vorne beidseits über die Schultern herabfallenden gewellten Haarsträhnen erhielt der Kopf einen strengeren Zug. Das regelmässig gelegte Haupthaar, die auf Symmetrie bedachte schönlinige Stilisierung und vor allem die durch die prallen Augenkugeln gesteigerte plastische Wirkung sind noch dem hochromanischen Stil um 1160 verpflichtet. Der realistischer geformte Mund und die aufgelockerte Gestaltung des Bartes seitlich mit Röllchen, vorn aber mit geraden, nicht mehr parallelen Lockenbahnen, deuten dagegen auf eine spätere Entstehung des Bildwerkes hin. Wicks sorgfältige Zeichnung des Lendentuchs gestattet es, den nunmehr zerstörten Kruzifixus einem um die Jahrtausendwende recht häufigen, in der Spätromanik aber seltenen Typ zuzuweisen, der im 13. Jahrhundert vor allem in Frankreich wiederum Verbreitung fand.»*

**Kreuzigungsgruppe. Kruzifix.** H. etwa 150 cm. Holz. Polychromie und Vergoldung um 1928 von Julius Salzgeber, Raron, teilweise erneuert. 1730–1745. Kunstvollstes Monumentalkruzifix aus der Werkstatt der Sigristen in Glis. Der anatomisch vollendete, geschmeidige Körper sinkt in eine sanfte, schräge Kauerstellung, so dass die ausschwingende Hüfte beinahe weiblich anmutet. – **Maria und hl. Johannes** (Evangelist). Begleitfiguren des soeben genannten Kruzifixes. H. 131 und 129 cm. Holz, gehöhlt. Fassung 1928 (Polimentvergoldung). Mitte 18. Jh., mit Motiven des 17. Jh. Nicht einheimischer Herkunft. Johannes hält ein Tränentuch in der Linken. – Ursprüngliche **Marienfigur** der Kreuzigungsgruppe (zurzeit im Treppenhaus der Kaplanei).

H. 135 cm. Holz, massiv. Fassung von Julius Salzgeber, Raron, um 1928: Mattgold und Silber. 2. Viertel 18. Jh. Wertvolles Bildwerk im reifen Stil des Anton Sigristen (†1745), Glis.

## Der Fund im Beinhaus: 1985

Paul Sprung, Naters, drängte als verantwortlicher Architekt bei der Restaurierung des Beinhauses auf eine Untersuchung des mit Gebeinen aufgefüllten Raumes hinter der Schädelwand. (Er wurde wohl bestärkt durch Professor Heinrich Oggier, Brig, dessen positives Pendelergebnis auf einen Fund schliessen liess.) Und in der Tat: Am 25. November 1985 stiess man in der Achse des Monumentalkruzifixes, nahe der südlichen Kapellenwand der Beinhausgruft, und zwar in mittlerer Höhe, auf zwei mittelalterliche Skulpturen; die jüngeren Devotionalien und Gegenstände von volkskundlichem Interesse lagen in höheren Schichten und zum Teil an der Oberfläche. Bemerkenswert sind das Fragment des Kruzifixes und die Engelsfigur. Fachleute bezeichnen diese Gegenstände als von kunstgeschichtlicher und volkskundlicher Bedeutung. Dieser Fund wird von Kunsthistoriker Dr. Walter Ruppen folgendermassen beschrieben:[234]

«**1. Fragment eines Kruzifixes.** *H. 54 cm. Linde, massiv. Fragmentarische Originalfassung. Ende 14. Jh. Arme und Unterschenkel fehlen, linker Oberschenkel abgesplittert. Eiförmiges romanisierendes Haupt versonnenen Ausdrucks. Fein gestalteter Brustkorb mit flacher Rippenschnitzerei und abgeplatteten Brüsten. Lendentuchzipfel an der rechten Hüfte vollständig erhalten. Ansatz des für den Dreinageltyp des 14. Jh. charakteristischen vortretenden Bauches sichtbar. Wertvolles Bildwerk.*

**2. Engel.** *H. 48,5 cm. Pappel, massiv. Wohl originale fragmentarische Fassung. 2. Viertel 14. Jh. Walliser Werkstatt? Vorderarme fehlen zum Teil. Sanft gebogene Figur. Der links hochgestraffte Mantel fällt rechts in einer Schüsselfaltenkaskade herab. Sehr ausgeprägte modische Lockenzier mit Ohrlocken. Augen, Nase und Mund sind in dem breiten Antlitz störend eng zusammengerückt.*

**3. Kruzifixus.** *Fragment. H. ca. 13,3 cm. Gips mit Drahtgerüst, bronziert. 19. Jahrhundert.*

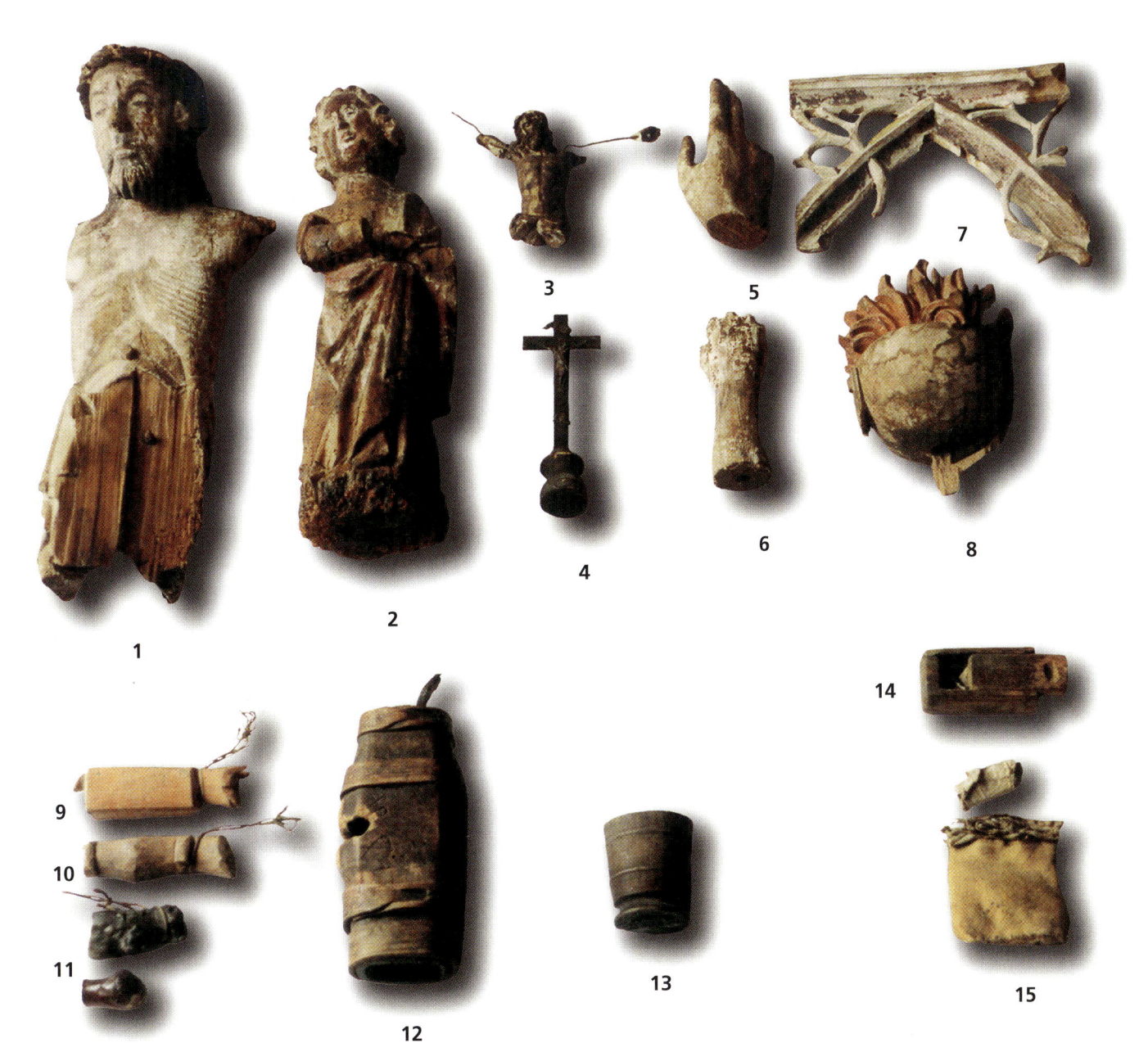

*Zusammenstellung aller Funde im Beinhaus von Naters. Die Zahlen bei den Figuren entsprechen jenen in der Beschreibung.*

**4. Kruzifix.** *H. 21 cm. Korpus in Kupferblech getrieben. Kreuz aus Holz, gestrichen mit schwarz getöntem Firnis. 1. Hälfte 19. Jahrhundert.*

**5. Hand** *in der Haltung des Segens- oder Lehrgestus. H. 20,3 cm. Tanne (?), auf der Grundierung einige punktartige Reste eines rötlichen Inkarnats. In gotischem Stil.*

**6. Geschlossene Hand,** *eine Frucht umklammernd. H. 17 cm. Tanne, stellenweise mit grober Leinwand kaschiert. Reste der Kaseintemperafassung: Inkarnat gelbbräunlich, Frucht rotbraun, Ärmel schwarz. In barockem Stil.*

**7. Schleiergitter.** *Fragment von einem Altarschrein (oberer Abschluss eines Spitzbogens, von Rankenwerk durchdrungen). Circa 13×26 cm. Linde. Überreste der Originalfassung: Aufsicht der Stäbe ockerfarben, azuritblaue Kehle zwischen Stäben in Blattgold. 2. Hälfte 15. Jahrhundert.*

**8. Flammenkessel.** *Darstellung einer Feuerampel als Vorläuferin der späteren Prozessionslaternen? Attribut eines Heiligen? H. 20 cm. Linde. Kessel: braun über Leimgrundierung; Flammen: auf dünner, weisser Grundierung orangefarbene Untermalung (Menninge?), darüber Ziegelrot. 17. Jh. Illusionistisch ‹bewegliche› Aufhängung des Kessels. In dem Loch unten am Kessel kann eine Stange gesteckt haben.*

**9.–11. Drei Exvoto-Kühlein.** *Zwei aus Holz, Länge 13 cm und 14,3 cm; eines (nur fragmentarisch erhalten) aus Baumharz, Länge 8 cm. Alle drei tragen noch die ‹Halfter›, mit denen sie aufgehängt waren.*

**12. Trinkfässchen** *(‹Butilla›). Tanne, Länge 21 cm. Datiert, wohl ‹1764› [die 7 ist seitenverkehrt und daher kaum als 5 zu lesen].*[235] *Hauszeichen E.*

**13. Holzbecher.** *H. 7,7 cm. 19. Jh. Eingeschnürter Fuss. Zwei flache Rundstäbe an der Wandung.*

**14. Schatulle** *mit Schiebedeckel. Holz. Länge 9,5 cm. Entstehungszeit kaum bestimmbar. Vermutlich zum Aufbewahren der kleinen Wassertesseln.*

**15.** In einem **Säcklein aus Wildleder** *fand sich ein kleines, mit Goldfaden umschnürtes Schriftstück folgenden Inhalts: ‹J'aij entandu la Confession de Jean Baptiste/machard (?) chirurgien le 21. mars. 1693./G (?) Fournay Frere Augustin Gomez/Religieux Augustin›*[236]*.»*

Die 15 Gegenstände wurden restauriert und werden vorderhand im Pfarrarchiv aufbewahrt.

Der Fund im Beinhaus von Naters bestätigt wiederum die Annahme, dass das Beinhaus der bevorzugte Bestimmungsort für nicht mehr gebrauchte Heiligenfiguren und Devotionalien war, sei es nun, dass diese dem gewandelten Zeitgeschmack nicht mehr entsprachen oder dass sie beschädigt waren. In diesem Sinn war das Beinhaus «Depot» für ehrwürdigen «Abfall», nahm es doch diese Heiligen wie menschliches Gebein auf, das auf dem Friedhof beim Aushub von Gräbern zum Vorschein kam und weggeschafft wurde. Im Beinhaus war beides sicher vor Entweihung. Durch den Kruzifixus erhalten wir Kenntnis von einem neuen Typus des Gekreuzigten im ausgehenden 14. Jahrhundert.

## 2. Die St.-Anna- oder Beinhauskapelle

Die weiträumige, der Mutter Anna geweihte Oberkapelle schliesst mit einer gewalmten Felderdecke aus Holz im Stil des 17. Jahrhunderts mit profilierten Traufsimsen und Rundstäben auf dem Rücken der Trennleisten. Der Dachstuhl besteht aus binderlosem Gespärre mit zum Teil verstrebten Kehlbalken und auf diesen aufsetzenden Firstständern.

**Altar.** Barockes Retabel (Altaraufsatz), 2. Viertel 18. Jh., von Anton Sigristen (†1745), Glis, in einer dem Stil der Sigristenaltäre fremden Fassung von Julius Salzgeber 1930. Zwei Säulenpaare rahmen, überspannt von sehr flachem Stichbogen, eine Rundbogennische. In der Nische die hl. Mutter Anna mit dem Mädchen Maria, als Flankenstatuen zwei nicht identifizierte männliche Heilige. Ebenso wie der Altaraufbau weisen aber auch die Standmotive der Figuren, ihr sensibel bewegtes Faltenspiel mit den auswehenden Mantelsäumen und das kunstreiche Schnitzwerk auf den reifen Stil des Gliser Bildhauers.

*Altar in der St.-Anna- oder Beinhauskapelle.*

**Antependium.** Bunte Seidenstickerei auf blauem Filz. Feines Stil- und Blattwerk mit Tulpen und Phantasieblüten. In der Mitte Jesusmonogramm in Strahlenmedaillon unter der Jahreszahl 1699.

**Altarkreuze. 1.** H. 72 cm, (Korpus) 18,5 cm. Neuere Fassung mit versilbertem Lendentuch. 2. Viertel 18. Jh. Miniaturhaft geschnitzter Korpus von Anton Sigristen. Sockel aus Profilen und sarkophagartigem Polster, wohl Anfang 19. Jh. – **2.** H. 125 cm, (Korpus) 33 cm. Originalfassung des Korpus unter der hässlichen cremefarbenen Übermalung teilweise erhalten; Kreuz und Sockel schwarz. Korpus 2. Viertel 18. Jh., von Anton Sigristen, Glis. Hoher Sockel aus Profilen und vereinfachten Rollwerkmotiven. Anfang 19. Jh. Kreuzbalken von geflammten Profilen gerahmt. Grosser Totenkopf am Kruzifix.

**Gemälde. Hl. Franz Xaver.** 85×67,5 cm. Öl auf Leinwand. 1. Viertel 19. Jh. Halbfigurenbildnis. Das Kreuz in der Linken, die Taufmuschel in der Rechten tauft der Heilige einen Eingeborenen. – **Kerzenleuchter.** Paar. H. 25,5 cm. Gelbguss. Dreikantfuss auf Klauen. Vasen- und Balustermotiv am Schaft. – **Apostelkreuze** (Rosetten mit Kleeblattkreuz). Zehn an den Wänden, eines hinter dem Altar oberhalb des Chorfensters und ein anderes über dem Portal.

**Graffiti.** Auf dem gut erhaltenen Originalputz der Wände kamen 1988 zusammen mit den Apostelkreuzen skizzenhafte Zeichnungen sowie teils religiöse, teils profane Inschriften zum Vorschein, die teilweise noch vor der ersten Kalkschlemme mit roter Kreide und schwarzem Pinsel auf dem nassen Verputz angebracht worden waren.

Zu jener Zeit wurde heftig diskutiert, ob man diese «Kritzeleien», «Malini» oder «Strichmännchen», wie die Figuren allenthalben abschätzig bezeichnet wurden, auf den weiss getünchten Wänden bestehen lassen sollte. Die Fachleute sprachen sich für deren Erhaltung aus, weil diese Zeichnungen nach ihrer Meinung ein Zeitdokument darstellen. Sie deuten vermutlich auf eine politisch gefärbte Meinungsäusserung aus der widersprüchlichen Zeit hin, in der sich die Parteien Kardinal Matthäus Schiners und Jörg Supersaxos feindlich gegenüberstanden.

Die Graffiti rundum an den Wänden bilden einen eigentümlichen Schmuck: an der *Westwand* Inschrift «Bader bey Friburg ...» mit gabelartigen Zeichen, Wohnturm und kleiner Rundturm, beflaggt mit einem Kreuzemblem, Inschrift «IESUS / WARLIH / SAg IH EIH», Rundbogenmotiv (?) unter einer Inschrift und menschenähnliche Formen, zum Teil turmähnliche Figuren und Friedhof (?) unter der Inschrift «o herr Jesu Crist gib diin Sägen / zuo aller Frist dem kinig zu Frankrych und mir desglych». An der *Südwand*, allein stehend, doppeltürmiger Burgbau, ferner Dach mit grosser Kreuzblume, siebenschiffiger, symmetrisch gestufter Kuppelbau (Schnitt) mit der Inschrift «Gottes krafft Ist / über alle herrschafft / ...», weitere unleserliche Inschriften. An der *Nordwand* menschenähnliche, zum Teil käfigähnliche Formen, nicht entzifferte Inschriften ausser «Alle Seligkeit Jst allein durch Cristum Bracht (?)» und «Soli Deo gloria» *[= Gott allein die Ehre;* Wahlspruch von Kardinal Schiner; heute kaum mehr lesbar], von Schriftzeichen und Zahlen begleitetes Liniengebilde, Schiner-Wappen unter einem Reichsapfel (?). An der *Ostwand* gebänderte Frauenfigur (?) unter Inschriften, hl. Georg im Kampf mit dem Drachen (Jungfrau?), bewimpelte Burg mit Menschenpaar im Zwillingsfenster.

**Aufbahrungsraum.** Seit 1979 dient die Beinhauskapelle als Aufbahrungsraum. Auf der Südseite der Kapelle baute man 1988 einen Lift ein, um Behinderten und Betagten den Gang über die beschwerliche Steintreppe zu ersparen; ebenso lässt sich auch der Transport des Sarges mit dem Lift leichter bewältigen. Da sich in Naters gewöhnlich viele Gläubige zum sogenannten Totengebet versammeln, ist die Beinhauskapelle zu einem wichtigen Ort der Stille und des Gebetes geworden.

**Glocke.** Dm. 37,5 cm. Ton b'. Auf der Schulter zwei Cherubim, Weinrankenfries und Umschrift: «MEMENTO HOMO MORTALIS ME BREVI IN INFERNUM VOCATURUM (Hand) *[= Gedenke, sterblicher Mensch, dass ich in Kürze zur Unterwelt rufen werde]* 1852.» Flankenreliefs: Skelett in Grab, Cherub zwischen zwei schräg gestellten Blütenzweigen; Kruzifixus. Unter Schnurstab die Initialen des Glockengiessers «BMG»[237]. Schnurstabbündel. Unsorgfältiger Guss.

# Verkaufter Kunstgegenstand: gotischer Schreinaltar

(SLMZ, Inv.-Nr. LM 7202.)[238] Der heute im Schweiz. Landesmuseum in Zürich aufbewahrte spätgotische Altar dürfte eine Stiftung von alt Landeshauptmann Jenninus Rymen und seiner

*Gotischer Schreinaltar aus der Beinhauskapelle, jetzt im Landesmuseum in Zürich.*

Gattin Anna sein.[239] Die Altarweihe erfolgte am 20. Januar 1525 durch Weihbischof Petrus Farfeni auf die Bitte von Jenninus Rymen.[240] H. 220 cm. Lindenholzfiguren: hl. Anna Selbdritt (H. 110,5 cm), Muttergottes (134 cm); Pappelholzfigur: hl. Christophorus (114,5 cm). Ältere Fassung: Tempera-Polychromie und Polimentgold. Ende 15. Jh. Die Mittelgruppe ist dem Stich L74 des Meisters E.S. nachgebildet.[241] Dreiteiliger Schrein mit etwas breiterer, hochgezogener Mittelachse. Entsprechend gestufter Sockel. In der Damaszierung mit Granatmuster sind die Silhouetten der Figuren ausgespart. Je ein fialenartiger Stab flankiert den Schrein aussen. In der Hauptachse stehende Muttergottes, assistiert von zwei Engeln, in den Seitenachsen rechts der hl. Christophorus, links eine hl. Anna Selbdritt mit dem nackten Jesuskind auf dem rechten Knie und einem eher kleineren, in die Lektüre vertieften Mädchen Maria auf dem anderen Knie. Reizvoll ist das Motiv des Schleppe tragenden Engels, der den Mantelsaum von der Gegenseite herüberzieht und dabei breit entfaltet. Während die wenig körperhafte, S-förmig geschwungene Gestalt Mariens verhüllt wird, gleicht die vermutlich zwischen 1514 und 1525 (Datum der Altarweihe) hinzugefügte sitzende hl. Anna Selbdritt einer behäbigen Matrone.

**Zum Verkauf der Gegenstände aus der Kirche und dem Beinhaus.** Am 23. Oktober 1901 befasste sich der Gemeinderat mit dem Verkauf kirchlicher «Altertümergegenstände» und kam zum Entschluss, zuvor den Ortspfarrer um seine Meinung zu fragen.[242] Im Schreiben vom 26. August 1903 bittet Pfarrer Ignaz Amherdt namens des Kirchenrates um die bischöfliche Erlaubnis, ein «Bruchstück eines alten gotischen Altares mit 5 Statuen» zu verkaufen. «Ursache des Verkaufs: der Altar hat, weil gotisch, für unsere Kirche keinen Wert; befindet sich zwecklos im Beinhaus.»[243] Der Bischof gab bereits drei Tage später die Erlaubnis zum Verkauf.[244] Am 23. Oktober 1903 berichtet das Gemeinderatsprotokoll, dass der gotische Schreinaltar, der sich im Beinhaus befand, und «zwei alte Figuren im Kirchthurmdach» (es sind dies die Muttergottesstatue und der Himmelfahrts-Christus; vgl. Kap. «Pfarrkirche ...») dem Schweiz. Landesmuseum in Zürich um den Preis von 1650 Franken verkauft worden sind.

# Kapellen

Der Pfarrei Naters gehören 15 Kapellen. Dazu kommen noch drei Privatkapellen: in der Alterssiedlung, im Theresianum und auf Tschuggen-Egga. Die Beinhauskapelle und jene in der Missione Cattolica werden zusammen mit den entsprechenden Gebäulichkeiten beschrieben. Des Weiteren erwähnen wir die zwei Kapellen von Birgisch und Nessel im Kapitel «Rektorat Birgisch». Eine Sonderstellung nehmen die Kapellen auf Bel, auf dem Trämel und im «Aletschji» ein. Erstere zwei liegen auf Territorium der Burgerschaft und letztere auf Privatboden. Somit haben wir auf dem Gebiet der Pfarrei Naters insgesamt 18 Kapellen. Die finanzielle Verwaltung derselben obliegt dem Kirchenvogt. – Diesem Kapitel fügen wir am Ende noch eine Beschreibung des kapellenähnlichen Gebetshauses und des Kreuzwegs «Maria Hilf» bei.

**Anzahl Stiftjahrzeiten in den Kapellen** (1996, ohne Rektorat Birgisch): Beinhaus 7, Klosi 4, Moos 8, Hegdorn 17, Geimen 64, Blatten 52, Bel 7 und Lüsgen 4. Total: 163.

Bei den nachfolgenden Darstellungen der Kapellen beginnen wir in Naters und enden, den Natischer Berg aufsteigend, im «Aletschji».[245]

*Antoniuskapelle im Klosi.*

## Antoniuskapelle im Klosi
### Geschichte

1750 (Jahreszahl am Türsturz) stiftete alt Zendenkastlan Christian Walden testamentarisch die dem hl. Antonius von Padua geweihte Kapelle im Klosi.[246] Im Visitationsakt von 1863 forderte man eine Gesamtrenovation.[247] Am 6. November 1921 wurde die «St.-Antoni-Matte» des Kastlans Walden (2051 m$^2$) für 5900 Franken versteigert.[248] In den Jahren 1935–1938 erfolgte eine gründliche Renovation.[249] 1935 verkündete Pfarrer Tscherrig von der Kanzel: «Auch grössere Gaben werden zum Zwecke der Restauration [der Klosikapelle] mit Dank angenommen. Die Rückvergütung übernimmt der hl. Antonius.»[250] Die letzte Renovation fand unter der Leitung von Architekt Paul Sprung 1991/1992 statt. Kostenaufwand: rund 300 000 Franken.

### Beschreibung
#### Äusseres

Zuhinterst im Becken des Kelchbachs steht dicht am Fuss des Steilhangs der Kultbau über sechsseitigem Grundriss, wobei die Chorseite ein wenig ausschwingt, um sich dann zur Apsis zu runden. Das über dem Chor zu einem dreikappigen Walm ausgebildete Pyramidendach aus Schiefer gipfelt in einem offenen Laternentürmchen mit blechernem Spitzhelm. Über einem Sockel sind die Kanten durch abgerundete Lisenen (pfeilerartige Mauerstreifen) betont, die unvermittelt an den Dachrand stossen.

#### Inneres

Das Innere besteht aus runden Schildbogen, spitzbogigen Stichkappen und darüber einer fünfteiligen Pendentifkuppel. Die Gliederung mit teilweise konkaven Gesimsen steigert den eigentümlichen Raumeindruck. Das Motiv des Türmchens mitten auf dem Walm dürfte auf eine Herkunft aus dem Tessin oder aus Italien hinweisen, da dieses Kapellchen in der Oberwalliser Kultlandschaft eher fremdartig wirkt.

**Altar.** Rokoko, 3. Viertel 18. Jh. Neue Fassung: Marmorierung, Ölgold und Lüster; polimentvergoldete Statuen. Eine seitlich nach vorne gekrümmte Säulenarchitektur hält die schmale Nische unter gestelztem Giebelchen. Rosengehänge an den geraden korinthischen Säulen. In der Bekrönung Auge Gottes und Heiliggeisttaube. Rosengirlanden, Reben und Bandschlaufen als Schmuck. In der Nische der Altarheilige, Antonius von Padua, auf runden Podesten vor den inneren Säulen links ein heiliger Bischof, rechts der hl. Mauritius. Auf den Gebälken Statuetten, links der hl. Ignatius von Loyola, rechts der hl. Franz Xaver. An der Westwand: Herz-Jesu-Statue (H. 90 cm), von Beat Gasser, Holzbildhauer, Lungern, 1952. An der Ostwand: Muttergottesstatue (H. 90 cm), 1951, vom selben Künstler.

**Altarkreuz.** H. 56 cm, (Korpus) 19,5 cm. Holz, dick übermalt mit Gold und Buntfarben in Öl. 3. Viertel 18. Jh. Blattwerk an den Balkenenden. Reich mit Rocaille geschmückter kegelförmiger Sockel. – **Kruzifix** (aussen an der Giebelfront; Duplikat, an-

*Altar in der Antoniuskapelle.*

gefertigt 1981 für 2780 Franken durch die Invalidenwerkstätte in Glis, Original im Pfarrhaus). H. (Korpus) 73,5 cm. 1. Viertel 18. Jh. Kostbarer Kruzifixus aus der Werkstatt des Johann Ritz (†1729), Selkingen. – **Kelch.** H. 24,5 cm. Kupfer, silbervergoldet. Neorenaissance. Ende 19. Jh. – **Glocke.** Dm. 32,5 cm. Ton d". An der Schulter Umschrift: (Hand) «SANCTE ANTONIUS 1801» und Weinrankenfries. Flankenreliefs: hl. Antonius von Padua; symmetrische Rankenzier; Stifterwappen: in umgekehrtem Wappenfeld heraldisches Zeichen der Familie Walden (WWb 1946, Tf.9) mit den Initialen «B W[alden]». Unter Schnurstäben die Initialen «AMW» über einem Cherub.

# Kapelle der Heiligen Familie von Hegdorn

## Geschichte

Auf Begehren der Leute von Hegdorn gab Bischof Adrian von Riedmatten am 8. April 1683 die Erlaubnis, zu Ehren «Jesus, Maria und Josef» in Hegdorn eine Kapelle zu bauen. Namens der Hegdorner handelte Weibel Georg Albert.[251] Laut einiger älterer Visitationsprotokolle wurde die Kapelle *zu Ehren der Hl. Familie* erstellt,[252] wie es die Darstellung der Hl. Familie am Altar denn auch zum Ausdruck bringt. 1921 taucht in den Akten erstmals der Name St. Josefskapelle auf.[253] Diese Bezeichnung setzte sich in der Folge beim Volk durch.

**Renovationen:** 1945, unter anderem Neubedachung mit Platten aus Eisten; Kosten: 2858 Franken. – Da in den 1960er-Jah-

*Kapelle der Hl. Familie in Hegdorn.*

ren nicht wenige Mitglieder des Kirchenrats der Ansicht waren, die salpetrigen Mauern der baufälligen Kapelle von Hegdorn liessen sich kaum entfeuchten, machte Architekt Paul Sprung Pläne für einen Neubau, zu dem Bischof Nestor Adam mit Brief vom 12. Juli 1963 die Bauerlaubnis gab. Viele Hegdorner aber wehrten sich dagegen und wollten ihre alte Kapelle renovieren lassen,[254] was denn in den Jahren 1970–1975 unter der Leitung von Karl Gertschen, Naters, auch geschah. Dabei wurde viel Fronarbeit durch den Männerverein geleistet. Kosten: 57 776 Franken.

*Altar in der Kapelle von Hegdorn.*

## Beschreibung

Die Kapelle ist ein nicht zu entbehrender Bestandteil des Ortsbildes von Hegdorn. Ihre frei stehende Lage gibt ihr innerhalb der nahe gelegenen Häusergruppen eine verbindende Funktion. Die Kapelle besitzt ein nur eingezogenes, aber nicht abgesetztes Polygonalchor. Türmchen mit Pyramidendach über dem Chorbogen. Lünetten an Front und Chorstirn. Neue gebrochene Holztonnendecke im Schiff, im Chor fünfkappiges Fächergewölbe. Wertvolles **Barockaltärchen**, Ende 17. Jh., vom Gliser Bildhauer Johann Sigristen, mit Flankenstatuen von Anton Sigristen (1691–1745), nämlich links Joachim, rechts die hl. Mutter Anna, auf den Gesimsen die Heiligen Georg und Mauritius, 2. Viertel 18. Jh. In der Mitte des Altars die Hl. Familie (am Sockel der Josefsstatue die Initialen «C. P. M.»). Die Inschriften an der Predella: «EIN GETREIWER NEHR- UND PFLEGEVATER» und an der Frontseite des Altars: «SAN JOSEP 1975» sind Hinweise auf eine besondere Verehrung des hl. Josef.
**Kreuzweg.** Von Elio Sello (1910–1995), aus Aosta in Brig, 1975. Gestiftet von Architekt Karl Gertschen (1925–1991). – **Kreuzigungsgruppe.** Kreuz aus der Schnitzereiwerkstatt Jerjen, Reckingen. Maria und Johannes, von Peter Geisler, Invalidenwerkstätte in Glis, kamen 1982 hinzu. – **Schmiedeeisernes Gitter.** – **Kelch.** H. 20,3 cm. Keine Marken, runder Standring.

## Kapelle der hl. Katharina im Unter-Moos

### Geschichte

Der Visitationsakt von 1863 nennt bereits ein «Oratorium» (Gebetsraum) im Moos.[255] Die Kapelle wurde 1864 von Moritz Bammatter, Vater von Kaplan Benjamin Bammatter, erbaut. Am Giebel eingeritzte und gemalte Jahreszahl «1864». Die Kapelle wurde, wie die Visitationsprotokolle ausdrücklich festhalten, ohne Erlaubnis des Bischofs erbaut. Sie stand im Besitz der Familie Moritz Bammatter Erben und wurde von diesen zu Beginn der 1970er-Jahre der Kaplanei geschenkt. *Restaurierung* 1975/1976 durch Architekt Paul Sprung. Kosten: 23 567 Franken. Einsegnung am 10. Oktober 1976 durch Pfarrer Josef Pfaffen.

### Beschreibung

Ein stimmungsvolles längliches Plätzchen mit Bildstock wird durch die Kapelle vorne auf einem Felsbuckel abgeschlossen. Eingezogenes rundes Chor. Offener Dachreiter mit Zeltdächlein aus Schindeln über dem Chorbogen. Gipsdecken: gebrochene Tonnenkonstruktion im Schiff, stichbogige Kalotte (flache Kuppel) im Chor. Auf dem Kreuzbalken Firstständer. Statue der hl. Katharina, um 1700, anstelle eines Retabels (Altaraufsatzes). Errichtung des Kreuzwegs (Bilder gerahmt unter Glas) am 20. März 1956 durch den Kapuzinerpater Johannes Kaufmann, Brig. – **Kelch.** H. 25 cm. Versilbert. Kuppe aus Silber. 2. Hälfte 19. Jh. Marken an der Kuppe. Runder, mit Friesen geschmückter Fuss. Auf Fussrücken Kreuz, Rebe und Kornähre. Vasenförmiger Schaft. – **Glocke.** Dm. 30 cm. Ton dis". Umschrift: «HEILIGE MARIA BITT FÜR UNS V[iktor] W[alpen] G[iesser] (Hand).» Kruzifixus. Jahreszahl 1902.

## Muttergotteskapelle in Geimen

### Geschichte

Die Kapelle stammt aus dem Jahre 1687.[256] Nachdem in der barocken Kapelle 1863 offenbar wegen Baufälligkeit das Lesen

*St.-Katharina-Kapelle im Unter-Moos.*

*Muttergotteskapelle in Geimen.*

der Messe verboten worden war, entstand der Bau 1867 zum Teil neu. Damals bezahlte Anton Walden für die neue Glocke 73.59 Franken.[257] 18. Juni 1917: Errichtung des Kreuzwegs durch den Kapuzinerpater Bonaventura.[258] 1945: Neubedachung mit Platten aus Eisten.[259] *Renovationen:* 1946/1947, 1952–1955 (1953: neue Eingangstüre aus Lärchenholz und neue Bänke). Die letzte Renovation wurde 1981 vorgenommen. Kosten: 35 000 Franken. Einsegung am 11. Oktober 1981 durch Pfarrer Josef Pfaffen.

## Beschreibung

Zusammen mit älteren Wohn- und Nutzbauten bildet die Kapelle nahe der Brücke eine malerische Gruppe. Wenig eingezogenes Rechteckchor. Über dem Chorbogen offener Dachreiter mit Pyramidenhelm aus Schindeln. Zum Teil übermässig grosse Rundbogenöffnungen. Innen verschmilzt das Chor mit dem Schiff zu einem langen, fast gangartig schmalen Raum. Kreuzgratgewölbe. – Anstelle eines Retabels barocke, schön verfertigte **Statue der Marienkönigin,** letztes Viertel 17. Jh., in einer Nische der Chorstirn.

*Rosenkranzgemälde, zweite Hälfte 17. Jahrhundert.*

Ikonographisch eigentümliches **Rosenkranzgemälde,** 2. Hälfte 17. Jh. Maria mit Kind, umkreist von Röschen und kleinen Medaillons mit den Geheimnissen des Rosenkranzes, zwischen den Rosenkranzheiligen Katharina von Siena und Dominikus; vier Medaillons mit Brustbildnissen der Heiligen Mauritius, Johannes des Täufers, einer lesenden weiblichen Heiligen und der heiligen Katharina von Alexandrien. – **Pietà.** Circa 35 cm (ohne Strahlenkranz), an der Westfront. – **Marienglocke.** Dm. 35 cm. Ton C". Umschrift an der Flanke: «MORITZ WALDEN V[iktor] W[alpen] G[locken] G[iesser]. 1887 (Hand) SANCTA MARIA ORA PRO NOBIS» *[= Heilige Maria, bitte für uns].* Figur: Marienkönigin mit Kind.

# Bruder-Klaus-Kapelle in Geimen

## Geschichte

Gemäss Visitationsprotokoll vom 21. April 1963 gab Bischof Nestor Adam bereits in diesem Jahr das grundsätzliche Einverständnis zum Kapellenneubau in Geimen.[260] Zu Beginn des Jahres 1969 wandten sich die Bewohner der Weiler Geimen, Mehlbaum, Moos, Bitschji und Hegdorn durch ihren Sprecher

*Bruder-Klaus-Kapelle in Geimen.*

Louis Büchel an den Kirchenrat mit der Bitte, eine neue Kapelle zu bauen. Sie bekräftigten diese Forderung mit 80 Unterschriften. Begründung: Die alte Kapelle sei viel zu klein geworden und die meisten Gottesdienstbesucher müssten der hl. Messe vor der Kapelle beiwohnen. Nach der Zustimmung des Kirchenrates zum Bau einer neuen Kapelle machte sich die neu gewählte Baukommission unter dem Präsidium von Louis Büchel an die Arbeit.

Das grosszügig gespendete Bauland der verstorbenen Alina Michlig-Ruppen konnte mit Akt vom 9. Oktober 1969 vom Erben Uli Imhof für den Kapellenbau zur Verfügung gestellt werden.[261] Die Kapelle wurde innerhalb eines Jahres (1971/1972) nach den Plänen von Architekt Hans-Uli Wirz, Brig, erbaut und am 25. Juni 1972 von Ortspfarrer Josef Pfaffen zu Ehren des hl. Nikolaus von der Flüe zusammen mit der Muttergottesglocke eingesegnet. Die Altarweihe mit der Einsenkung der Reliquien des hl. Mauritius und seiner Gefährten erfolgte am 29. Oktober 1972 durch Bischof Nestor Adam.[262]

Der Bau der Kapelle kostete 310 293 Franken. 1976 stand das Gotteshaus schuldenfrei da. Dies war nur möglich dank der Grosszügigkeit der Bevölkerung und des seit 1969 fast alljährlich durchgeführten Geimerfestes, dessen Erlös zuerst dem Kapellenneubau und danach einer der Bergkapellen zugute kam und kommt. Tabernakel, Kreuz, Muttergottesstatue, Turmkreuz, Eingangstüre und anderes mehr, alles in allem im Betrag von 46 617 Franken, wurden gestiftet. Die Bruder-Klaus-Kapelle erfreut sich grosser Beliebtheit. Auch lassen sich hier viele Brautpaare trauen.

## Beschreibung

Trotz der modernen Form fügt sich die Kapelle gut in die Gegend ein. Zwei mit Pultdach endende Baukörper durchdringen sich gegenseitig. Auf der chorseitigen Zinne der rechten Pultdachhälfte sitzt als Glockenstube ein rhomboid verschobener Würfel über der mit Schlitzen befensterten Chorwange. Die Durchdringung der Baukörper wird auch in dem annähernd symmetrisch giebelförmigen Innenraum sichtbar. – **Chorkruzifix** und **Muttergottesstatue,** 17. Jh. – Anton Mutter schuf den himmelfahrenden (oder auferstehenden?) Christus (beim Tabernakel), den in Bronze mit offenen Armen knienden Nikolaus von der Flüe, das Glasfenster mit den fünf Wunden Christi und den Tabernakel. Den Altar selbst fand man in seiner jetzigen Form im Fundament vor. Er bedurfte praktisch keiner weiteren Bearbeitung.

## Sakristane

Beim Geimerfest 1997 wurde der in Naters wohnhafte Louis Büchel-Ruppen, grosser Förderer des Kapellenneubaus, nach 25 Jahren treuer Dienste als Sakristan der Bruder-Klaus-Kapelle verabschiedet. Sein Nachfolger heisst Arthur Schwegler.

*Louis Büchel.*

*Nikolaus von der Flüe, Bronzeplastik von Anton Mutter.*

Das Innere ist hell und einladend. Die grossen, grob verputzten Wandflächen mit den einzelnen Lichtschlitzen schirmen nach aussen gegen die Strasse ab und beruhigen nach innen. Auf der anderen Seite, gegen den Bach, ist die Wand geöffnet, um die Natur in das Innere einzubeziehen.
**Glocke.** Ton d. Preis: 5080 Franken. Umschrift: «HL. MUTTERGOTTES – BITTE FÜR UNS – [Glockengiesser] ESCHMANN RICKENBACH/WIL A[nno] D[omini] 1971.» Figur: Muttergottes mit Kind. – Das **Reliquiar** des hl. Nikolaus von der Flüe zur Spendung des Bruder-Klaus-Segens befindet sich in der Sakristei, ebenso das Attest zur Reliquie, ausgestellt am 28. Oktober 1972 durch Alfons Reichlin, Pfarrer von Sachseln.

# Kapelle St. Laurentius im Bitschji

## Geschichte

Die St.-Laurentius-Kapelle wurde von der Jungwacht und der Altjungwacht (Bauherrschaft) 1991/1992 errichtet.[263] Anlass hierzu boten einerseits das 30-jährige Bestehen der Jungwacht (1992) und die 700-Jahr-Feier der Eidgenossenschaft (1291–1991). Andererseits wollte die Jungwacht einen speziellen Ort in der freien Natur schaffen, der als Treffpunkt für Vereinsanlässe dient, aber auch eine Stätte der Stille und des Glaubens sein soll. Zudem wollte die Jungwacht ein Zeichen setzen, dass auch am Ende des 20. Jahrhunderts der Glaube allgegenwärtig ist. Mit Hilfe von Spenden und Sponsoren brachte ein Organisationskomitee unter der Leitung von Matthias Salzmann mit Ausdauer und grossem Einsatz die hierzu nötige Bausumme von 196 511 Franken auf. Die Einsegnung nahm am 11. Oktober 1992 Kaplan Robert Imseng vor. Eigentümerin der Kapelle (und des Ackers) ist die Pfarrei.

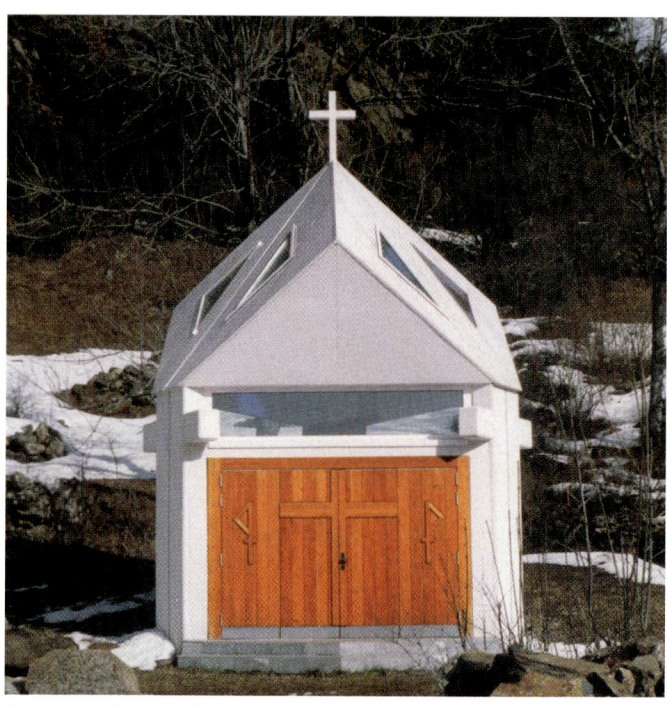

*St.-Laurentius-Kapelle oberhalb des Weilers Bitschji.*

## Beschreibung

Die Kapelle steht an einem einladenden Ort oberhalb des Weilers Bitschji, beim Eingang ins «Unnertal», am viel begangenen Wanderweg Geimen–Trämel. Der unentgeltlich für die Kapelle und den Kreuzweg arbeitende Projektleiter Reinhard Ritz (Künstlername Ritzo), Bitsch, entwarf ein Gotteshaus, das in seiner Form einmalig ist.

Die Form der Kapelle beruht auf dem Jungwachtzeichen. Dieses wurde auf die Längsachse gespiegelt und dann dreimal zusammengesetzt. So entstand als Unterbau ein Vieleck und als Dachkuppel ein Würfel. Die Frontseite lässt sich komplett öffnen, so dass Innenraum und Vorplatz zusammenfallen und sich z.B. an einer Messe eine grosse Schar von Besuchern beteiligen kann. Durch das gespiegelte Jungwachtzeichen entstehen sechs Oberlichter in Form von gleichschenkligen Dreiecken. Die Kuppel ist durch die durchgehenden Rechteckfenster vom Unterbau getrennt. Für die Dachfenster wurde farbiges Glas verwendet. Durch die sechs dreieckigen Oberlichter und die drei Seitenfenster ergibt sich in der Kapelle ein phänomenales Lichtspiel.
Der Innenraum wird bereichert durch den stilvollen Kreuzweg, der sich gut in das Farbenspiel einfügt.
Unterhalb der Kapelle befindet sich eine Feuerstelle zum Grillieren.

*Erste Kreuzwegstation in der St.-Laurentius-Kapelle.*

# Armeseelenkapelle auf dem Trämel

## Geschichte

Es wird erzählt, dass Kaplan Benjamin Bammatter oberhalb der Belalp, östlich vom Hohstock, in einen Spalt des damals noch vorhandenen «kleinen Gletschers» gefallen sei. Er gelobte, auf dem Trämel eine Kapelle zu bauen, wenn er gerettet würde. Es gelang ihm, sich selbst zu befreien, und er löste sein Versprechen ein.[264]

*Armeseelenkapelle auf dem Trämel.*

Das Wort «Trämel» bedeutet im Forstwesen «kurz geschnittenes Holz» und gemäss Duden landschaftlich «Klotz, Baumstumpf».
In der ersten Zeit ihres Bestehens sprach man in den Korrespondenzen von der Kapelle «im Massakin». Sie wurde 1902 erbaut (BA, 5.5.1923). An der Predella des Altars, der 1906 hinzukam, sind die Initialen der Erbauer eingeschnitzt: «19 R[uppen] A[lfons] B[enjamin] B[ammatter] 06». Die Kapelle wurde bald von vielen Wallfahrern aufgesucht und kann als regionaler Wallfahrtsort bezeichnet werden. Unterhalb des Gotteshauses baute man einen gedeckten Unterstand mit einem grossen Tisch, wo Pilger, die von weiter her kamen, ihre mitgebrachten Speisen einnehmen konnten. Später zerfiel der Unterstand.
Da die Kapelle immer häufiger aufgesucht wurde und die erforderlichen drei Messen zu je 300 Franken sowie ein Kapital von 2000 Franken von zwei Familien gestiftet worden waren, gab Bischof Viktor Bieler auf Bitten der Pfarrei am 21. Oktober 1922 die Erlaubnis, die Kapelle «messisch zu machen».[265] Am 8. Mai 1923 wurde sie zu Ehren der Armen Seelen eingeweiht.

**Renovationen:** 1930 (Jahreszahl am Giebel) durch den Unternehmer Albert Ruppen, 1947 durch die Unternehmung Arnold Imhof. 1995 Neudeckung des Türmchens mit Schindeln durch vier Mitglieder des Gewerbevereins Naters anlässlich seines 25-jährigen Bestehens als Geschenk an die Pfarrei. 1996 wurde die gesamte Kapelle unter Begleitung von Dr. Walter Ruppen von der diözesanen Kunstkommission renoviert, insbesondere wurden das Dach mit neuen Schindeln versehen, das Altarbild restauriert und auf dem neu gestalteten Vorplatz ein Kerzenhäuschen erstellt. Gesamtkosten: 165 951 Franken. Architekt war Albert Osterwalder. Am 26. April 1997 nahm Bergkaplan Robert Imseng anlässlich eines Feldgottesdienstes vor der Kapelle in Anwesenheit von rund 80 Gläubigen die Einsegnung der renovierten Kapelle vor.[266]

## Beschreibung

Das anspruchslose Kapellchen auf kleinem Plateau steht mitten im felsigen Steilhang der Massa. Das eigenartige Altarbild unbekannter Herkunft stellt die Armen Seelen im rot lodernden Flammenmeer des Fegefeuers (Fegfeuers) dar, denen durch das Messopfer, durch Gebet und die Fürsprache der Muttergottes

*Allerseelengemälde in der Trämelkapelle (unterer Teil).*

Linderung zuteil werden soll. Auf dem Altar: Muttergottes- und St.-Josefs-Statue. Die Totentafeln in der Kapelle, die eine grosse Zahl von Totenbildern bergen, zeugen vom grossen Vertrauen der Lebenden in die Hilfe der Armen Seelen; gleichzeitig laden sie den Besucher auch zum Gebet für die Verstorbenen ein.
**Glocke.** Ton C". Umschrift: «B. V. G. 1899», was heissen könnte «Beata Virgo Genitrix» [= *Selige Jungfrau, (Gottes-)Gebärerin*].

# Kapelle des hl. Theodul in Blatten

## Geschichte

Bis 1936 glaubten die Historiker, dass eine Urkunde von 1480 erstmals die Kapelle des hl. Theodul auf Blatten erwähnt. Dionys Imesch weist 1936 in einem Artikel nach,[267] dass diese Kapelle schon in zwei älteren Dokumenten genannt wird. Wir führen dies näher aus. Am 12. Februar 1449 vermachte Domherr Simon Bellwalder von Naters testamentarisch «dem Altar in Rissynon oder der Kapelle, gestiftet durch die Theodulsbruderschaft zu Ehren des hl. Theodul», Rebland bei Molignon und

*St.-Theoduls-Kapelle in Blatten.*

einen Silberbecher. Die Mitglieder der Bruderschaft der genannten Kapelle sollen jährlich von diesem Weinberg fünf Schilling erhalten und auf genanntem Altar am Tag des Jahrzeits, das vom Rektor der Kapelle zu lesen ist, für die Seelenruhe des Testators Kerzen und Brot opfern. Die Kapelle des hl. Theodul wird hier als «Kapelle in Rischinen» bezeichnet. «Es dürfte aber», so folgert Imesch zu Recht, «doch die Kapelle in Blatten gemeint sein. Denn Rischinen gab der ganzen Gumperschaft des Natischerbergs den Namen.» Auch die Bruderschaft des hl. Theodul, die ihre Tätigkeiten – wenigstens in späterer Zeit – in Blatten entfaltete, hiess ursprünglich «Bruderschaft von Rischinen». Diese wird schon 1336 genannt.[268] Da diese alten Bruderschaften in der Regel immer eine Kapelle oder einen Altar hatten, der ihrem Patron geweiht war, dürfen wir schliessen, dass die Kapelle des hl. Theodul in Blatten bereits 1336 bestand und schon vor 1449 einen eigenen Rektor hatte.

Die frühere Kapelle war nach Nord–Süd gerichtet. Der Eingang auf der Nordseite ist noch heute sichtbar. Bei der Restauration von 1983 wurde vor dem ehemaligen Altar eine Grabstätte gefunden. Es dürfte wohl ein Kaplan gewesen sein, der dort beerdigt worden war. Im gleichen Jahr entdeckte man im Turm auf einem Balken die folgende Inschrift: «A [= Alpha] HANS LERGIEN – GERIG RUPPEN O [= Omega] 1645». Damit werden, auch nach Ansicht des in Restaurationen erfahrenen Architekten Paul Sprung, die Erbauer und das Baudatum der heutigen Kapelle genannt, die 1645 nach Osten gewendet und bedeu-

*Jahreszahl im Turm an einem Balken.*

tend vergrössert wurde. Sie ist die grösste der 15 Kapellen, die der Pfarrei gehören.

**1714** (Jahreszahl an der Kassettendecke) wurde die heutige Kapelle nachweisbar erstmals renoviert. Wohl bis 1798 (Ende von Naters und Rischinen als Gumperschaften in Zendensachen) befand sich auf der Südseite neben der Kapelle ein Friedhof. Es war der «Rischiner Friedhof» oder der Friedhof der Gumperschaft Rischinen. Dass es hier tatsächlich einen Friedhof gab, bestätigt auch die folgende Notiz des Gemeinderatsprotokolls vom 18. Februar 1881: «Der alte Friedhof auf Blatten wird den Anstössern um einen anständigen Preis verkauft.»[269] Im 20. Jahrhundert bestand auf dem früheren Friedhofsareal bis in die 50er-Jahre eine Kegelbahn.

Zu Beginn des 20. Jh.: Errichtung der Empore.[270]

**1927:** zweite bekannte umfassende Kapellenrenovation: Einsetzen neuer Fenster, Vergoldung des Altars, Errichtung eines Vordaches über dem Kapelleneingang und neuer Tabernakel. Kosten: 10 682 Franken.

**1949:** Reparaturarbeiten, besonders innen.

**1955:** Entfernung der Kanzel.[271]

**1961–1966, 1971:** Diverse Aussenrenovationsarbeiten.

**1983:** letzte grosse Restaurierung, insbesondere Neudeckung des Daches mit Steinplatten, Fenster mit Mondscheiben versehen, neue Heizung und Beleuchtung, Holzboden neu verlegt, Deckenmalerei abgeschwächt, Malereien an den Wänden und an der Brüstung der Empore sowie Kommunionbank und Seitentüren beim Altar entfernt. Vorderseite des Altartisches mit geschnitzten Türen der alten Kommunionbank. Kurzum: die ganze Kapelle wurde bis auf wenige Details so gestaltet, dass sie wieder aussah wie im Jahr 1645, als sie erstellt worden war. Einsegnung: 2. Oktober 1983.

**1994:** Installation der elektrischen Läutanlage durch die Firma J. Muff AG, Triengen/LU. Kosten: 17 000 Franken. Neuer Glockenstuhl und neuer Klöppel für die Marienglocke. Läutanlage installiert dank testamentarischer Schenkung eines ansehnlichen Betrages an die Kapelle. Seither einprogrammiertes Mittags- und Rosenkranzläuten.

**1995:** Turmuhr, angebracht an der Nordseite des Turms. Jubiläumsgeschenk der Raiffeisenbank Naters (75 Jahre Raiffeisenbank). Uhr aus der Uhrenfabrik Thun-Gwatt, installiert in Zusammenarbeit mit Roman Salzmann, Uhren und Bijouterie, Naters. Stunden- und Halbstundenschlag sind mit der bestehenden Läutanlage kombiniert.[272]

## Beschreibung

Das steilere Dach des dreiseitig schliessenden Chors überragt mit der Giebelspitze das Schiff. In der linken Achsel von Schiff und Chor niedriges Türmchen mit ausserordentlich fein ausgezogener Helmspitze. Im Schiff flachstichbogige Felderdecke aus Holz, im Chor Stichkappenjoch und Fächergewölbe. – **Glasfenster** von 1927, versehen mit den Stifterwappen, und zwar im Chor: rechts [Moritz] Gertschen, links Salzmann; im Schiff: rechts vorne: Salzmann und Feller; rechts hinten: Blatter und Jossen; links vorne: Michlig; links hinten: Salzmann und Ruppen. – Zweigeschossiges **Barockretabel.** 1. Viertel 18. Jh. In der Hauptnische Statue des Kapellenheiligen. Seitenstatuen links wohl der hl. Ambrosius (nach Walter Ruppen hl. Theodul aus dem Bildhäuschen von Mehlbaum) und rechts der hl. Nikolaus von Myra; oben Mitte Maria, links die hl. Katharina, rechts die hl. Barbara; Abschluss: Dreifaltigkeit mit Gottvater, Taube und IHS. Die ehemals auf seitlichen Portalen stehenden Heiligen

*Altar in der St.-Theoduls-Kapelle, erstes Viertel 18. Jahrhundert.*

Georg und Mauritius nun an den Chorwangen. Reiches Altarwerk mit Anklängen an den Stil der Werkstatt des Anton Sigristen, Glis. – **Tabernakel.** Mit Statuetten: rechts Petrus, links Apostel Johannes. – **Inschriften hinten am Altar:** (vom Leser aus gesehen) links: «RENOVIERT 1927 IM AUFTRAG VON H.H. KAPLAN ZENHÄUSERN ZUR ZEIT VON H.H. PFARRER TSCHERRIG JUL[ius] SALZGEBER KUNSTMALER V. THELER GEHILFE.» Rechts: «KAPELLE RENOVIERT 1983 EGGEL MORITZ MALERMEISTER, JENELTEN RUDOLF UND MITARBEITER, AUFSICHT + LEITUNG: H.H. KAPLAN O[tto] WALKER, ARCHIT[ekt] P[aul] SPRUNG.» – Im Chor **Votivbild** «Speculum iustitiae» *[= Spiegel der Gerechtigkeit]* von 1868 (bis 1996 in der Kapelle Bel), darstellend die Hl. Dreifaltigkeit, Maria, Apostel Johannes und den hl. Theodul. – An der Chordecke **Theodulszene:** Beelzebub trägt den Bischof Theodul in der Glocke von Rom direkt in die Kapelle Blatten, 1984. – **Altartisch.** Auf der Frontseite Symbole: links Glaube, Hoffnung und Liebe, rechts jene der Eucharistie: Kelch, Ähren, Trauben. – **Chorbogenkruzifix.** 2. Hälfte 14. Jh. Stiltypisches Bildwerk von grosser Ausdruckskraft. Begleitfiguren, 1. Viertel 18. Jh., mit Anklängen an den frühen Stil des Anton Sigristen, Glis. Am Chorbalken die Inschrift: «Es ist vollbracht.» – **Posaunenengel.** An der Rückwand (des Schalldeckels der ehemaligen Kanzel). 1. Viertel 18. Jh. Frühes Werk des Anton Sigristen, Glis (?). Gewandung mit quirlenden Säumen, hinten bis zur Standfläche hinabreichend. – An den Sei-

*Chorbogenkruzifix mit Begleitfiguren.*

tenaltarwänden Statuen **Herz Mariä** und **Josef,** von A. Vogel, Hall, Tyrol, 1927. – **Kreuzweg** von Elio Sello (1910–1995) aus Aosta in Brig, 1954. – **Decke im Schiff.** Mitte: Das Christusmonogramm IHS und die Jahreszahlen 1714 und 1927. 12-mal sieben Felder mit Verzierungen (12 = 12 Monate, 7 = 7 Wochentage). – Am Emporenaufstieg **Messingtafel** mit Inschrift: «Zum Gedenken an Michlig Meinrad u. Aline 1906–1968 Gde-Präsident u. Nat[ional]-Rat». – Empore: **Marienkönigin** (bekleidete Büste).

Portal: **Weihwasserstein,** 1983. – **Südseite** (auf dem ehemaligen Friedhof): Marienstatue aus Betonguss, 1985. Sonnenuhr mit Inschrift: «TEMPUS FUGIT – VITA TRANSIT *[= Die Zeit flieht dahin – Das Leben vergeht]* 1985.» Lichtergestell von 1991 mit Inschrift: «IN IPSO VITA ERAT ET VITA ERAT LUX *[= In Ihm war das Leben und das Leben war das Licht]* – LIEBE – LICHT – LEBEN, DENN DEIN IST DAS REICH UND DIE KRAFT UND DIE HERRLICHKEIT IN EWIGKEIT AMEN.»

**Kelche.** – **1.** Barockkelch. Dm. 9 cm, H. 23 cm. Umschrift: «GIO ANTONIO POZZO ET LAURA MARTELA FECIT *[= hat gemacht]* AN[n]O 1619 A DI 2 AGOSTO.» – **2.** Messkelch mit Deckel (auch als Ziborium verwendet). Dm. 8 cm. H. 26,5 cm. Umschrift: «QUANDO HOC CALICE DIVINUM LITABIS SANGUINEM DANIELIS JOSSEN PRIORUMQUE DONATORUM PRECANDO MEMINERIS MDCDLXXII BLATTEN/N[aters]» *[= Sooft du mit diesem Kelch das Opfer darbringst, gedenke im Gebet (des Priesters) Daniel Jossen und der früheren Wohltäter 1972 ...].*

**Glocken.** *St. Theodulsglocke (grosse):* Dm. 65 cm. H. 60 cm. Ton d". Figuren: Kruzifix und hl. Theodul. Umschrift: «S[ancte] THEODULE TEMPESTATES MORBOSQUE AVERTE A NOBIS *[= Hl. Theodul, wende von uns ab Unwetter und Krankheiten]* Gustave Treboux Fondeur à Vevey 1886.» – *Marienglocke (kleine):* Dm. 35 cm. H. 35 cm. Ton C". Figuren: Kruzifix und Maria. Umschrift: «SANCTA MARIA ORA PRO NOBIS *[= Hl. Maria, bitte für uns]* – MORITZ ZENKLUSEN VW 1887.»

## Orgel

Ein Harmonium und später ein Elektronium versahen bis 1983 zusammen mit den Sängern den musikalischen Kirchendienst. Im Zuge der letzten Kapellenrenovation regte der Kapellenchor von Blatten an, eine Orgel anzuschaffen. Nachdem der Kirchenrat am 14. Januar 1983 hierzu grünes Licht gegeben hatte, machte sich ein Initiativkomitee unter der Leitung von Beat Ruppen an die Verwirklichung dieses Werks.

Die Orgel kostete 165 306 Franken. Der gesamte Betrag konnte mittels Spenden aufgebracht werden, und dies erst noch innert eines Jahres. Das Werk stiess bei Einheimischen und Touristen auf grosse Unterstützung. So spendete beispielsweise die «Interessengemeinschaft der Eigentümer Feriendorf Tschuggen»

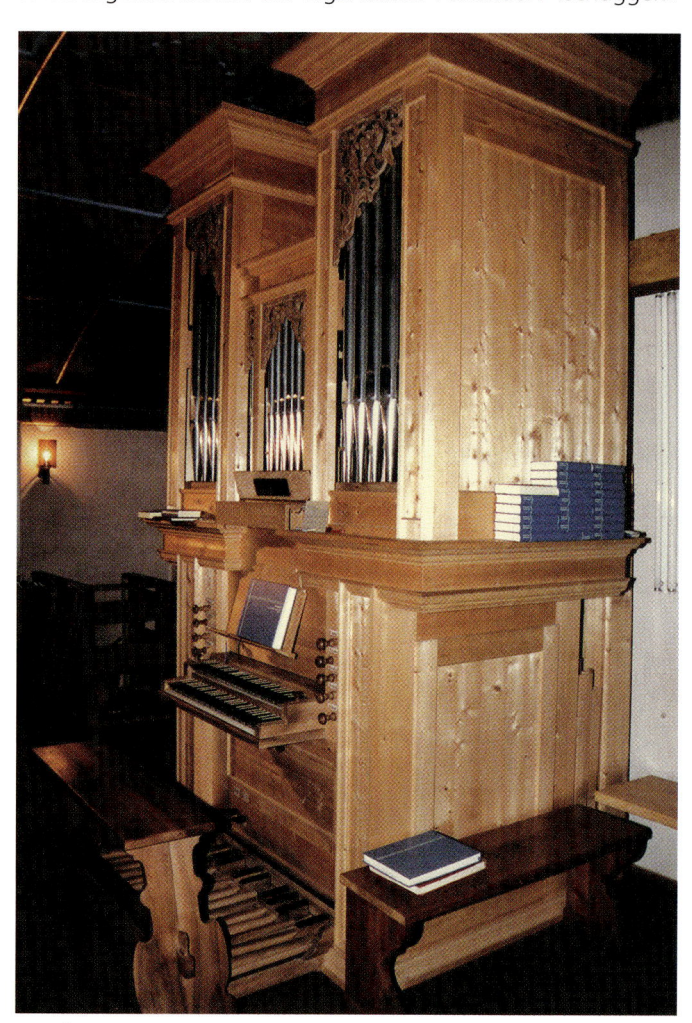

*Oberer Teil der St.-Theoduls-Glocke. Umschrift: «... THEODULE TEMPESTATES ...»*

*Orgel in der St.-Theoduls-Kapelle.*

für die Orgel einen Betrag von 10 000 Franken. Die Orgel verschönert nicht nur kirchliche Feiern, sie dient auch für Konzerte, die stets auf breites Interesse stossen. Seit 1985 treten immer wieder einheimische Musiker (z.B. Hilmar Gertschen), aber auch oft auswärtige Organisten in der Theodulskapelle auf.
**Orgelweihe:** 14. April 1985. Musik zur Orgelweihe von G. Frescobaldi, D. Scarlatti, W. Byrd, J. Stanley, J.L. Krebs, G.A. Homilius und J.S. Bach. Ausführende: Jasmin Schlöttli, Basel, Querflöte; Hilmar Gertschen, Naters, Orgel.

**Disposition der Orgel**

*Hauptwerk* C–f³
Rohrflöte 8' C–H mit gedackt 8'
Prinzipal 4' Prospekt
Oktav 2'
Mixtur 1' 3–4fach

*Positiv* C–f³
Gedackt 8' Holzpfeifen
Blockflöte 4'
Flöte 2'
Sesquialtera 2²/₃'+1³/₅' C–H 1¹/₃'+⁴/₅'

*Pedal* C–d¹
Subbass 16' Holz

Koppeln: Positiv an Hauptwerk als Schiebekoppel. Hauptwerk an Pedal, Positiv an Pedal.
Traktur einarmig, rein mechanisch.
Orgelgehäuse sowie Pfeifenmensuren nach Vorbildern alter Walliser Orgeln. Stimmung nach Kirnberger.
Frei atmende Windversorgung. Alle Teile der Orgel sind aus bestem Material und in Handarbeit gefertigt.
*Erbauer:* Orgelbau Felsberg/GR (Richard Freytag).
*Beratung:* Ernest Loretan, Leukerbad; Hilmar Gertschen, Naters.
Bei der Orgellampe Inschrift: «A LAUDATE DOMINUM O» *[= Alpha – Lobet den Herrn – Omega].*

**Blatten: Sakristan/in (in neuerer Zeit)**

              Peter Eyer, des Anton
              Adolf Eggel, des Moritz
1982–1997  Marie Imhof-Walden
1997–       Heidi Bammatter

# Kapelle der hl. Theresia vom Kinde Jesu auf Tschuggen-Egga

In den 80er-Jahren wurde das alte Haus auf Tschuggen-Egga, Blatten/Naters, das den Missionaren von Mariannhill, Brig, seit 1947 als Ferienhaus dient, ausgebaut. Es beherbergt in neuester Zeit vor allem Gläubige für Tage der Besinnung und der Glaubensvertiefung in missionarischem Geist. Äusseres Zeichen für den religiösen Charakter dieses Ortes ist die mitten in der Wiese stehende schmucke Holzkapelle, die im Herbst 1988 zu Ehren der hl. Theresia vom Kinde Jesu, der Patronin der Missionen, errichtet und am 21. Mai 1989 durch P. Pirmin Supersaxo, Provinzial, eingesegnet wurde. Eigentümer: Mariannhiller, Brig.
*Innenausstattung:* Wurzelstockaltartisch, wertvolles Altarkreuz, seitwärts Statuen des hl. Bruder Klaus und der hl. Theresia vom Kinde Jesu. – *Inschrift auf der Glocke:* «Ich will die Liebe Gottes allen Menschen künden – Gestiftet: Jodlerklub Aletsch 1988.»

*Kapelle der hl. Theresia vom Kinde Jesu. Anlässlich der Einsegnung am 21. Mai 1989.*

# Kapelle der Hl. Dreifaltigkeit auf Bel

## Geschichte

Die Dreifaltigkeitskapelle auf Bel wurde in den Jahren 1689–1696 erbaut. Die Jahreszahl 1696 steht im Scheitel des zweitinnersten Joches in einem Medaillon. Am Ständerpfosten vor dem Chorbogenscheitel steht die Jahreszahl 1689.
Aufgrund einer speziellen bischöflichen Erlaubnis vom 13. August 1835 darf in der Kapelle seither sommers auch das Allerheiligste aufbewahrt werden.[273]

*Dreifaltigkeitskapelle auf Bel.*

*Renovationen:* 1863, 1972/1973 Aussen- und 1975/1976 Innenrenovation durch Architekt Paul Sprung. Bei der letzten Renovation Einbau einer Heizung und Entfernung der 1910 eingebauten Empore. – Am 6. August 1978 wurde der Gottesdienst aus dieser Kapelle im Radio DRS übertragen. Die Messe las Kaplan Otto Walker, während der Kapellenchor von Blatten den Gottesdienst mit vierstimmigen Liedern mitgestaltete.

## Beschreibung

In der Mitte des locker besiedelten Stafels Bel thront die stattliche Kapelle der Hl. Dreifaltigkeit auf einem sanften Querrücken mit talwärts gerichtetem Chor. Für das Ortsbild ist sie ein markanter, weithin sichtbarer Orientierungspunkt.

*26. Juni 1976: Kapelleneinsegnung auf Bel. Von links: Kaplan Otto Walker, Rektor Josef Zimmermann und Professor Alois Walker.*

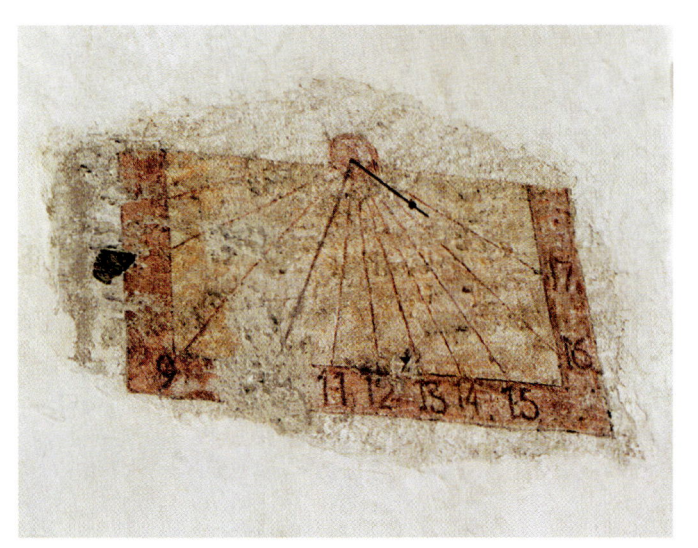

*Sonnenuhr an der westlichen Chorschräge der Kapelle.*

*Altar der Dreifaltigkeitskapelle.*

*Kapelle Bel: Exvoto von 1787.*

Breites Rechteckschiff und nur eingezogenes, nicht abgesetztes Polygonalchor unter stumpfgiebeligem Dach. Über dem Chorbogen offener Dachreiter mit Spitzhelm, gedeckt und verkleidet mit Federschindeln. Lünette in der Chorstirn. Sonnenuhr mit bunt farbenem Zifferblatt an der westlichen Chorschräge. Breite Schulterwände und ein spindelmaschiges Gitter trennen den kurzen Chorraum ab. Im Schiff gebrochene Holztonnendecke, in der Mitte gestützt durch ein Holzpfeilerpaar mit sichtbarem Sparren- und Strebewerk. Ähnliche Holzkonstruktion an der Chorbogenwand. Im innersten Joch, an der Decke, die heiligen Namen. Gemauertes Fächergewölbe im Chor.

**Altar.** 2. Viertel 18. Jh. Er stammt von der Klosterkirche der Ursulinen von Brig und ist von Christian Salzmann gestiftet worden.[274] Architekturgeschoss mit kunstvoller baldachinartiger Bekrönung: schwebende Engel halten eine Krone über durchbrochenem Medaillon mit dem durchbohrten Herzen Mariens. Altarbild mit ausdrucksstarker Darstellung der Marienkrönung. Seitenstatuen, Mitte 18. Jh., ehemalige Begleitfiguren einer Kreuzigung (?). Am Antependium gemalter hl. Theodul mit Teufel und Glocke in einem Medaillon über dem Stifterwappen einer Familie Zumberg. – Das Holzwerk an der Chorbogenwand ist mit Gemälden, vor allem Exvotos, behangen. *(Rosenkranzbild,* gestiftet 1640 von Thomas Gertschen und Anna Lerjen, heute im Pfarrhaus!) – **Gemälde der Muttergottes** mit der Hl. Dreifaltigkeit und den Heiligen Theodul und Johannes (Evangelist). Im Spiegel in der Linken Mariens bricht sich ein Strahl der Heiliggeisttaube. Ikonographisch und auch künstlerisch wertvolles Gemälde. – **Kreuzweg.** 2. Hälfte 18. Jh. Die eigenwilligen Figurenkompositionen, öfters mit rocaillehaft flatternden Umrissen, und die schummerigen Konturen weisen auf die Fiescher Malerschule. – Zahlreiche **Exvotos** des 18. Jh. Unter den aus Wachs angefertigten Votivbildern befindet sich eines der ältesten des Oberwallis, nämlich aus der ersten Hälfte des 17. Jh. Von den zirka 70 Exvotos sind seit 1976 nur etwa die Hälfte in der Kapelle angebracht, während ein Teil in der Kaplaneihütte aufbewahrt wird. Neun Stück befinden sich im Schweizerischen Museum für Volkskunde, Basel (Inv.-Nrn. 16132–16140). Letztere sind aus Wachs angefertigt und können wie folgt beschrieben werden: acht Zähne an einer Schnur, eine Zitze, ein Tierhorn, ein Knochenfragment, eine weibliche Brust, zwei gleiche Stücke mit an je einer Schnur zwei Kugeln (und Augen?), an einer Schnur eine Kugel mit einem Kern; ein grosser Schlüssel, der helfen soll, eine schwere Geburt glücklich zu Ende zu bringen. – **Kruzifix** in der Art der sogenannten «Pestkruzifixe», Ende 17. Jh., von ergreifendem Ausdruck.

Da noch in den 1940er-Jahren «während des ganzen Sommers» in der Kapelle Bel die St.-Antonius-Andacht abgehalten wurde, liess man von der Bildhauerwerkstätte Payer und Wipplinger, Einsiedeln, eine 115 cm (ohne Sockel) grosse **St.-Antonius-Statue** schnitzen, die an St. Peter und Paul 1946 feierlich eingesegnet wurde.[275] – **Muttergottesstatue,** von Elio Sello, Brig, 1954. – **Kelch.** H. 19,5 cm. Silber, vergoldet. 2. Hälfte 19. Jh. Neugotisch. Kleine, aber weite Kuppe. – **Glocke.** Dm. 31 cm. Ton d". An der Schulter Schnurstäbe, Rankenfries und die Umschrift: «(Hand) SANCTE MARIA ORA PRO NOBIS *[= Heilige Maria, bitte für uns]* V[iktor] W[alpen] G[locken] G[iesser] 1885.» Rankenreliefs: Marienkönigin und Kruzifixus.

# Neugotische Kapelle auf Lüsgen

## Von der anglikanischen zur katholischen Kapelle

Die in den Jahren 1883–1884[276] von dem Gastwirt Gervas Klingele erbaute Kapelle auf Lüsgen (beim Eingang auf dem Boden «SPC 18+84») befand sich bis 1982 im Privatbesitz der Erben Arthur Klingele (des Karl). Bis Ende der 30er–Jahre war sie vor allem das Gebetshaus der Gäste des Hotels Belalp. Diese gehörten vielfach der anglikanischen Kirche an und sie hatten auch den Bau der Kapelle unterstützt. Jahrzehntelang hielt ein englischer Pastor in der Kapelle (auch Tempel genannt) den Gottesdienst, während es den Katholiken verboten war, in der gleichen Kapelle die Messe zu feiern. Der katholische Gottesdienst fand dagegen im Dachzimmer der sogenannten «Pinta», einer der Familie Klingele gehörenden Hütte, 50 m südwestlich der Kapelle, statt (inzwischen abgerissen).

Wegen des unwürdig ausgestatteten Gottesdienstraumes beschlossen die Stafelleute von Lüsgen am 20. Juli 1930, zirka 70 m westlich des Hotels oberhalb des Weges eine katholische Kapelle zu bauen. In den folgenden Jahren wurden zu diesem Zweck Opfer eingezogen und es fanden auch Schenkungen statt. Als wegen des Zweiten Weltkrieges in der Kapelle kein ang-

*«Pestkruzifix», Ende 17. Jh., von ergreifendem Ausdruck.*

*Kapelle auf Lüsgen.*

likanischer Gottesdienst mehr abgehalten wurde, gestattete der Bischof den Katholiken, diese Kapelle zu benutzen. Am 13. Juli 1941 wurde darin die erste katholische Messe gelesen. Aufgrund dieser neuen Lage fiel denn auch die Idee eines Kapellenneubaus endgültig dahin.

Die Kapellenverwaltung war von 1930 bis 1959 in den Händen des damaligen Gerichtspräsidenten Anton Salzmann. Nach seinem Tod nahm sein Sohn, Dr. med. Anton Salzmann, diese Aufgabe wahr. Den nötigsten Unterhalt und die Pflege der Kapelle besorgte jahrzehntelang alt Gemeinderat Moritz Zenklusen mit seiner Familie. In den Jahren 1941–1982 erfolgten verschiedene Anschaffungen für die Kapelle. Eine gründliche Renovation wurde immer dringlicher. Darum schenkten die Erben Arthur Klingele Kapelle und Grundstück der Pfarrei Naters. Diese erhielt auch das Kapellenvermögen von rund 13 000 Franken. Der Schenkungsvertrag datiert vom 1. Oktober 1982.[277] Darin verpflichtete sich die Pfarrei, die Kapelle innert zehn Jahren zu renovieren sowie ein Stiftjahrzeit zu errichten, das alljährlich am Schäfersonntag für die Verstorbenen der Alpe Lüsgen und die Wohltäter der Kapelle zu lesen ist.

*Die Renovation* der Kapelle wurde in den Jahren 1987–1989 unter der Leitung von Architekt Beat Lochmatter ausgeführt. Kosten: 249 771 Franken. Anlässlich der Einsegnungsfeier am 20. August 1989 überreichten die Stafelleute von Lüsgen der Bauherrschaft für die Renovation einen Check in der Höhe von 5000 Franken.

## Beschreibung

Die neugotische Kapelle liegt auf kleiner Anhöhe oberhalb des Hotels. Im holzverkleideten Steilgiebel Rundbogenfenster und dekoratives Flugsparren-Stützwerk mit Konsolen. Auf dem Giebel verschindelter Dachreiter. Giebelförmige Holzdecken in Schiff und Chor. Mit dunklem Marmor verkleidete Chorwangen. Im Chorfenster Glasgemälde des Guten Hirten. Darunter auf dem Sims eine Gedenktafel, auf der in englischer Sprache des anglikanischen Pastors Arthur Fairbanks (†1916), Priester in St. Peter, London, der über 45 Jahre lang auf die Belalp kam, sowie des «treuen Führers und Freunds Anton Walden» (†1923) gedacht wird. – **Neugotischer Altar** mit Herz-Jesu-Statue zwischen den Heiligen Franziskus und Antonius von Padua, ehemaliger rechter Seitenaltar der Kirche von Ausserberg, erworben 1959 für 4000 Franken. (So könnte man die Kapelle wohl als Herz-Jesu-Kapelle bezeichnen.) – **Kreuzweg** aus der Kapelle Blatten, wo er am 19. August 1926 errichtet worden war.[278] – **Kelch**. H. 18 cm. Bronze, versilbert. Um 1900. An der schmalen Kuppe Blütenfries und Jesusmonogramm.

# Kapelle der Armen Seelen im «Aletschji»

## Geschichte

In früheren Zeiten soll im «Aletschji» bereits eine Kapelle gestanden haben. Der Name «Kapellenbiel» und einige Mauerreste legen hierfür noch heute Zeugnis ab. Die Kapelle wurde angeblich von einer Lawine zerstört. Gemäss der Tradition befand sich in dieser Kapelle das schmucke Altärchen der zwölf Apostel, das später nach Bel, von dort nach dem Rischinerwald verbracht und 1907 dem Schweizerischen Landesmuseum in Zürich verkauft wurde.[279]

*Kapelle der Armen Seelen im «Aletschji».*

Die Kapelle im «Aletschji» wurde 1916 (Jahreszahl an der Westfront) von den Alpgeteilen in Fronarbeit errichtet und im darauf folgenden Sommer von Pfarrer Dionys Imesch eingesegnet.[280] Gemeinde und Burgerschaft spendeten je 50 Franken.[281] Initiant des Kapellenbaus war Anton Schmidt (1857–1937), des Adrian.[282] Die Kapelle ist restlos mit Granitsteinen gemauert. Der Granit wurde im Oberaletsch von Steinhauer Giovangrandi gespalten. Im Kataster figurieren als Eigentümer der Kapelle Vital Eyer und Kasparine Schmid-Eyer (1927–1998); sie wurde aber stets von den Aletschern gemeinschaftlich unterhalten. Ein Vogt ist verantwortlich für die Belange der Kapelle. Messge-

*Neugotischer Altar in der Kapelle von Lüsgen.*

wand und Kelch werden (mangels eines Schranks in der Kapelle) in einer von Daniel Salzmann geschnitzten Truhe in einer privaten Hütte aufbewahrt.
Am 6. Juni 1944 schrieb Bischof Bieler an Pfarrer Zenklusen: «In einer privaten Kapelle kann keine Messe gestiftet werden, wohl aber in der Pfarrkirche, mit der Verpflichtung, die Messe im Aletsch zu lesen.»[283] Die Geteilen vom Aletsch stifteten in der Pfarrkirche ein Jahrzeit, das alljährlich am Eidgenössischen Bettag in Anwesenheit vieler Gläubigen im «Aletschji» gelesen wird. Seit Jahren sorgt der Jodlerklub Aletsch dabei mit der Darbietung der Jodelmesse für ein eindrückliches Erlebnis.

## Beschreibung

Die Kapelle steht an exponierter Lage und ist weithin sichtbar.
*Inneres:* Gemälde von Ludwig Werlen, darstellend eine Szene der büssenden Seelen im Aletschgletscher aus der Walliser Sage «D'alt Schmidtja spinnt». Das Bild kostete 100 Franken.[284] Die Errichtung des Kreuzwegs erfolgte am 17. Juni 1956 durch Pater Johannes Kaufmann, erster Superior des Kapuzinerklosters in Brig. Die Nord- und die Südwand enthalten sinnig für diesen Ort eine Galerie mit Totenbildern, vor allem aus der Pfarrei Naters. – *Glocke:* ohne Inschrift und Jahreszahl.

*Altarbild in der Kapelle im «Aletschji»: «D'alt Schmidtja spinnt», von Ludwig Werlen. Im oberen Teil des Bildes, vom unteren abgetrennt, eine thronende Muttergottes (vermutlich auch von Werlen).*

# Oratorium und Kreuzweg «Maria Hilf»

## Oratorium

Das Oratorium «Maria Hilf» wird im Volksmund vielfach «Kapelle» genannt. Da dieser Raum nicht «messisch» ist, wird er als Oratorium (Gebetshaus) bezeichnet.

*Gebetshaus «Maria Hilf».*

Wie kam es zu diesem Bau? Kaplan Augustin Schnyder hielt 1941 nach Angaben von Pfarrer Emil Tscherrig Folgendes fest:[285] Vor 1891 stand am heutigen Ort des Oratoriums ein Bildstock mit dem Gnadenbild «Maria Hilf». Dem Moritz Schurwey (1854–1911) von Leukerbad, wohnhaft in Naters, war das siebente und jüngste Kind, der vierjährige Ernst (1887–1959), erblindet. Man machte Schurwey auf das erwähnte Gnadenbild «Maria Hilf» aufmerksam. Im Vertrauen zu diesem Bild versprach Vater Moritz, daselbst zur Ehre der Gottesmutter ein Gebetshaus erbauen zu lassen, wenn sein Sohn das Augenlicht wieder erlange. Und tatsächlich konnte Ernst nach einem halben Jahr wieder sehen, so dass er, zwar mit Mühe, aber immerhin sogar das Lesen und Schreiben erlernen konnte. Später führte Ernst seinen blinden Bruder Raphael durch die Dörfer und beide verdienten als Reisende der Blaos-Werke ihren Lebensunterhalt. Vater Moritz löste sein Gelübde ein und liess 1891 das heutige Oratorium «Maria Hilf» erbauen. Darum nennen ältere Leute diesen Ort noch heute «Schurwey-Kapelle». Sie ist Eigentum der Pfarrei.

## Renovationen

1973/1974 wurde das Gebetshaus für 18 200 Franken, die von einer einzigen Spende herrührten, renoviert. Bei der gründlichen Innen- und Aussensanierung von 1999 erhielt die Kapelle ein neues Schindeldach und auch der Boden im Innern wurde mit neuen Granitplatten versehen. Ebenso mussten der Altar und das Gnadenbild restauriert werden. Um die Russentwicklung im Innern der Kapelle fürderhin zu vermeiden, baute man vor dem Oratorium ein Kerzenhäuschen, dessen Konstruktion und Verwirklichung wir dem unermüdlichen Louis Büchel, Naters, verdanken. Die Gesamtkosten beliefen sich auf zirka 65 000 Franken.

577

*Kerzenhäuschen von 1999 neben dem Oratorium «Maria Hilf».*

*Zwölfte Station des Kreuzwegs «Maria Hilf».*

## Beschreibung

Das unscheinbare Gebetshaus steht am Weg nach Birgisch, wo der bewaldete Steilhang in etwas sanfter geneigte Weiden übergeht. Zusammengestücktes **Altärchen** aus Teilen eines Spätrenaissance-Retabels. Giebel auf über Eck gestellten Säulengebälken. **Altarbild «Maria Hilf»** (96x76 cm), Öl auf Leinwand, gemalt vom Stifter des Oratoriums, Moritz Schurwey, der sich als Flachmaler betätigte.[286] Statuetten: Herz-Jesu, Lourdes-Muttergottes und hl. Rita.

Das Oratorium «Maria Hilf» wird seit Beginn von den Gläubigen sehr häufig besucht. Viele halten in wichtigen und schwierigen Lebenslagen eine Novene vor der dortigen Muttergottes.

## Kreuzweg

Anlässlich der Restauration der Kirche in den Jahren 1977–1980 verfügte die Denkmalpflege die Entfernung des aus dem Jahre 1898 stammenden neugotischen Kreuzweges. Viele Gläubige konnten sich mit diesem Entscheid nicht anfreunden. Statt die Stationen irgendwo abzulegen, reifte allmählich der Gedanke, diese vom Friedhof bis zum Gebetshaus «Maria Hilf» in 14 Bildhäuschen aufzustellen. Als Trägerschaft fand der Kirchenrat den Pfarreirat. Unter der Leitung von Walter Zenhäusern, Präsident des Pfarreirates, wurde der Kreuzweg mit den 14 Stationen nach Plänen von Architekt Paul Sprung auf einer Wegstrecke von rund 400 Metern 1982/1983 in Fronarbeit errichtet. Am 27. Mai 1983 erfolgte (bei starkem Schneetreiben) unter grosser Beteiligung der Bevölkerung die Einsegnung des Kreuzwegs durch Kaplan Otto Walker und Rektor Arthur Escher.

Damit der Kreuzweg in Zukunft bei den einheimischen Gläubigen verwurzelt bleibt, mobilisierte der Pfarreirat breite Kreise der Bevölkerung zur persönlichen Mitarbeit. Schulkinder, Jugendliche, Handwerker, Vereine, Frauen und Männer wirkten bald hier, bald dort mit. Insgesamt erbrachten 240 Freiwillige unentgeltlich an die 10 000 Arbeitsstunden. Edmund Holzer und Andreas Schmidhalter als Bauführer und Adelgunde Franzen, die für das leibliche Wohl besorgt war, taten sich in besonderer Weise hervor. Das felsige und zum Teil sumpfige Gelände erwies sich in bautechnischer Hinsicht als schwierig.

Die Eigentümer – in grösserem Ausmass Josef Brun – stellten ihre Grundstücke kostenlos zur Verfügung. Viele Oberwalliser Firmen arbeiteten kostenlos oder zu niedrigen Preisen. An Spenden gingen 119 580 Franken ein. An Auslagen kamen 113 797 Franken zusammen, so dass ein Saldo von 5783 Franken als Fonds für anfallende Reparaturarbeiten verblieb.

Die Erstellung des Kreuzwegs «Maria Hilf» war ein grossartiges Gemeinschaftswerk eines grossen Teils der Bevölkerung. Der neu angelegte und bequemere Zugang zum Gnadenort sowie die ausdrucksstarken Kreuzwegstationen bewirken, dass dieser Weg als Ort der Besinnung seither noch mehr geschätzt wird als ehedem.

# Pfarrer

## Einführung

Dieses Kapitel soll uns Aufschluss geben über die Pfarrer, die im Laufe der Jahrhunderte in Naters gewirkt haben. Freilich sind, besonders für die Zeit der Anfänge, grosse Lücken vorhanden und auch für die späteren Zeiten stehen oft nur wenige Urkunden zur Verfügung. Von 1381 bis heute fehlen uns nur die Jahre 1473–1478, bei denen wir nicht wissen, welcher Pfarrer in Naters seines Amtes waltete. Die Angaben, wie sie nachstehend folgen, dürfen als gesichert gelten, denn sie stützen sich auf zuverlässige Urkunden und Arbeiten von bedeutenden Historikern wie Dionys Imesch, Ferdinand Schmid, Josef Lauber und andere.[287] Die Pfarrpfründe von Naters war von jeher begehrt. So bewarb sich auch der spätere Kardinal Matthäus Schiner am 24. April 1489, drei Tage nach seiner Priesterweihe in Rom, beim Papst persönlich um die Pfarrei Naters. Das Gesuch wurde bewilligt, doch war Schiner nie Inhaber dieser Pfründe.[288]

Früher erfolgte die Wahl des Pfarrers von Naters durch das Domkapitel. Der Gross-Sakristan, ehemals der dritte Würdenträger des Kapitels, war der sogenannte «Patronus» der Kirche des hl. Mauritius in Naters. Er hatte das Recht, bestimmte Vorschläge für die Besetzung der Pfarrei zu machen, aus denen dann das Gesamtkapitel die Wahl traf. Obgleich Naters kein Wahlrecht hatte, konnten Behörden und Volk bei einer Neubesetzung Wünsche und Vorschläge vorbringen, die oft auch berücksichtigt wurden.

Im Jahre 1919 verzichtete das Domkapitel zuhanden des Bischofs auf sämtliche Patronatsrechte und 1921 hat sich die Pfarrei Naters von der jährlichen Gebühr von 3.85 Franken, die der jeweilige Pfarrer von Naters an die Kathedrale von Sitten entrichten musste, durch Bezahlung von 77 Franken losgekauft.

Wenn wir die Pfarreigründung von Naters, über die an anderer Stelle berichtet wird, im 10., wenn nicht schon im 9. Jahrhundert ansetzen, so fehlen uns die Namen von vielen Seelsorgern. Urkundlich können bis heute insgesamt 55 Pfarrer nachgewiesen werden. Von diesen stammen sechs aus Naters selbst. Was die Amtsdauer betrifft, so versahen 13 Pfarrer während 20 und mehr Jahren, zwei während 30 und mehr Jahren und je zwei während 44 Jahren in Naters ihren Dienst. Letztere sind: Bonifaz von Challant (1327–1371) und Anselm Aufdereggen (1415–1459). Zwischen dem 12. und dem 14. Jahrhundert kommt es vor, dass bei einem Pfarrer nur eine Jahreszahl genannt wird. Das bedeutet, dass nur ein Amtsjahr von ihm bekannt ist.

## Kurzbiografien der Pfarrer

Nach diesen einleitenden Worten versuchen wir nun, das seelsorgliche Wirken der Pfarrer in kurzen biografischen Abrissen darzustellen (im Titel Amtsdauer in Naters).

### 1. H.H. Rudolf von Naters: 1181

So heisst der erste Pfarrer von Naters, der urkundlich erwähnt wird. 1181 ist er als «Priester», d.h. Pfarrer von Naters, Zeuge bei einer Übereinkunft, die der Bischof von Sitten, Conon (Kuno), mit dem Domkapitel wegen der Leute von «Lowinen» (Brigerberg) traf.

### 2. H.H. Petrus: 1221–1224

In den genannten Jahren wird Petrus als «plebanus» (Leutpriester oder Pfarrer) von Naters bezeichnet.

### 3. H.H. Wilhelm von Naters: 1231–1233

Für die Jahre 1231–1233 ist Wilhelm von Naters (Willermus de Narres) urkundlich bezeugt. Von 1221 bis zum 16. November 1267 wird er als Domherr von Sitten erwähnt.[289]

### 4. H.H. Thomas von Siders: 1247

Am 8. Februar 1247 belehnt Thomas, Rektor (Pfarrer) der Kirche von Naters, Konrad de Lauduna (Lalden) gegen ein Gilt (Grundzins) von neun Schilling mit einer Hofstatt unterhalb des Pfarrhauses, um daselbst unter gewissen Bedingungen ein Wohnhaus zu erbauen.[290]

### 5. H.H. Gotofredus von Naters: 1254–1285

Gotofredus (Gottfried) de Narres (von Naters) ist urkundlich vom 24. Oktober 1254 bis zum 6. Juni 1285 als Pfarrer von Naters nachweisbar. Am 1. August 1267 übertrug er dem edlen Peter von Augusta und seiner Familie das Patronatsrecht (Vorschlagsrecht für Pfarrbesetzungen) über die Pfarrkirche von Simplon-Dorf, die kurze Zeit vorher von der Mutterkirche Naters losgetrennt worden war.

### 6. H.H. Johannes de Dailleto von Leuk: 1285–1308

Er stammte von Leuk und hatte zwei Brüder, Petrus und Uldricus. Letzterer erscheint 1286 als Domherr von Lausanne und von 1296 bis 1307 als solcher von Sitten. Johannes nahm als Kleriker des Öfteren in den Jahren 1250 bis 1278 in Leuk notarielle Akte auf. 1286 war er am päpstlichen Hof in Rom, um für die Gemeinden des Wallis eine Anleihe von 80 Pfund aufzunehmen. Seit 1295 wird er als Domherr von Sitten genannt. Am 12. März 1295 übergab ihm das Domkapitel das Recht, lebenslang innerhalb der Pfarrei öffentliche Urkunden auszustellen. Unter seiner Verwaltung gelangte die Kirche von Naters im Gebiet der Rhonebrücke von Naters (z'Brigg) in den Besitz ausgedehnter Zehntenrechte. Auch erwarb er 1299 zugunsten der gesamten Kirche für den Preis von 60 Schilling ein Haus in Glis, das zwischen dem Friedhof und dem Pfründhaus gelegen war. Johannes de Dailleto starb vor dem 5. Februar 1308.

### 7. H.H. Gottfried von Greysier: 1308/1309

Er nannte sich nach seinem Heimatort Greysier (de Gresiaco) in Savoyen und war der Bruder des Ebalus, der von 1299 bis 1343 im Domkapitel die Würde eines Gross-Sakristans von Sitten bekleidete. Gottfried war auch Domherr von Genf. Sein Wirken in Naters ist uns nur aus zwei Urkunden bekannt. Am 17. Juli 1308 gab er den ausgedehnten Zehnten seiner Pfründe verschiedenen Personen zu Erblehen und am 19. Juli 1309 veräusserte er an Peter Huber von Ernen die Hälfte eines Hauses in Glis.[291]

### 8. H. H. Bonifaz von Challant aus Aosta: 1327–1371

Bonifaz war der Sohn des Vizegrafen Yblet (Ebalus) des Grossen von Aosta und der Katharina de Clermont und waltete als Mitherr (Condôme) von Challant und Monjovet im Augsttal (Aostatal).[292] Er war Domherr von Aosta und Vienne in der Dauphiné und erscheint seit 1333 als Domherr von Sitten. Zusammen mit seinem Bruder Petrus, der von 1336 bis 1363 ebenfalls im Domkapitel von Sitten war, nahm er am öffentlichen Leben des Wallis regen Anteil. Am 8. September 1327 wird Bonifaz von Challant erstmals als Pfarrer von Naters genannt und als solcher erscheint sein Name in den Urkunden bis 1371 des Öfteren. Er wirkte volle 44 Jahre lang in Naters. Seine Pfarrei Naters liess er aber meist durch Stellvertreter verwalten. Am 12. November 1338 erhielt die Kirche von Naters einen feierlichen Ablassbrief von neun verschiedenen Bischöfen und am 21. Juni 1348 genehmigte Bonifaz als Pfarrer von Naters die Gründung der Rektoratspfründe von Mund.[293] Es ist aber nicht ausgeschlossen, dass er die Pfarrei beibehalten hat bis zu seiner Ernennung zum Bischof von Aosta, die am 23. Oktober 1375 durch Papst Gregor XI. erfolgte. Bonifaz von Challant starb am 22. August 1376 auf dem Schloss Monjovet im Ruf der Heiligkeit. In die Zeit seines Wirkens fällt die Jahrzeitstiftung der Grafen von Blandrate (1333) und der Junker von Rodier (1338).

### 9. H. H. Johannes de Brumaco: 1377

Er war Inhaber des Lizenziats der Rechte und verhandelte am 4. Mai 1377 als Pfarrer von Naters zusammen mit seinem Kleriker Johannes Vosseti aus der Diözese Genf über das Einziehen der Zehnten von Naters. Mehr ist über ihn nicht bekannt.

### 10. H. H. Johann von Brogny: 1378

Sein eigentlicher Familienname war Fraczon, er wurde aber vielfach Johann von Brogny genannt. Um 1342 als Sohn des Mermet in Petit-Brogny (Frankreich) geboren, stand er nach seinen theologischen und juristischen Studien im unmittelbaren Dienst des Erzbischofs von Vienne in der Dauphiné und des Kardinals Robert von Genf, der im Jahre 1378 unter dem Namen Klemens VII. zum Papst gewählt wurde. Im Oktober des gleichen Jahres wird Johann von Brogny als Pfarrer von Naters genannt.[294] 1382 ernannte ihn der Papst zum Bischof von Viviers (Südfrankreich) und 1410 zum Administrator des Erzbistums von Arles. Johann von Brogny präsidierte das Konzil von Konstanz (1415–1417) und erhielt 1417 beim Konklave, aus dem Martin V. als Papst hervorging, ebenfalls Stimmen. Am 3. Dezember 1423 ernannte der genannte Papst Johann von Brogny zum Administrator der Diözese Genf, die er bis zu seinem Tod in Rom am 16. Februar 1426 verwaltete. Er wurde in der Stiftskapelle Notre-Dame von Genf beigesetzt.

### 11. H. H. Johann d'Arenthone: 1381–1385

Er stammte aus einem savoyischen Rittergeschlecht und war gleichzeitig Domherr von Genf und Pfarrer von Naters. In den Jahren 1378 und 1379 figuriert er auch im Verzeichnis der Domherren von Sitten. 1381 belehnte er K. Richard mit einem Haus unterhalb der Kirche von Glis. Am 15. November 1383 bestätigte er den von Karl von Agoern, Pfarrer von Münster und vormals Vikar in Naters, gestifteten Dreifaltigkeitsaltar in der Kirche von Naters. Am 17. Juni 1385 verpachtete Johann auf vier Jahre alle Einkünfte der Pfarrei Jakob Grunach von Mund. Johann d'Arenthone (d'Aventhone?) starb am 7. März 1423 als Domkantor von Genf.[295]

### 12. H. H. Karl von Agoern: 1385–1409

Er nannte sich nach seinem Geburtsort Agoern (Agörn, Agören), später Geren, einem kleinen Weiler in der Nähe von Geschinen (Goms). Die von Agoern kamen daselbst bis ins 16. Jahrhundert als Gemeinder vor. 1369 erscheint Karl als Kleriker und 1370 als Notar. Er war Kaplan von Naters 1373–1383, Pfarrer von Münster 1383–1385 und Pfarrer von Naters 1385–1409. Karl von Agoern ist der erste bekannte Pfarrer von Naters aus dem deutschen Wallis. Zuvor wurde die Pfarrei stets durch Pfarrer aus dem französischen Landesteil, ja selbst aus Savoyen, Genf und der Waadt betreut. Schon als Kaplan von Naters war von Agoern 1380 Gründer und Stifter des Altars der Heiligsten Dreifaltigkeit.[296] Unter ihm wurde am 6. April 1400 die zweite Glocke, «die Alte», gegossen und am 10. Februar 1406 wurden die Bruderschaft und die Altaristenpfründe des hl. Sebastian gegründet. Karl erwies sich unter anderem auch als besonderer Wohltäter des Spitals des hl. Antonius von Brig.

### 13. H. H. Konrad Tecker von Basel: 1409–1415

Konrad Tecker (Teck, Tectoris) war bürgerlicher Herkunft aus Basel und erscheint in den Urkunden seit dem 1. Februar 1409 als Pfarrer von Naters. Am 5. Mai 1413 wurde er auf seine Bitten hin anstelle des verstorbenen Johann Godardi zum Domherrn von Sitten gewählt und in Gegenwart Gitschards und Rudolfs von Raron auf Valeria installiert. Er heisst 1414 nur Konrad von Basel. Am 19. September des gleichen Jahres erwarb er vom Domkapitel ein Haus auf Valeria, gelegen hinter dem Chor der Kirche, samt den darin befindlichen Weinfässern. Das letzte Mal findet man ihn am 26. November 1418 als Domherr verzeichnet.[297] Nähere Nachrichten über sein Ende fehlen.

### 14. H. H. Anselm Aufdereggen von Biel: 1415–1459

Anselm Aufdereggen (uff der Eggen) stammte von Biel im Goms. Über seine lange Wirkungszeit als Pfarrer in Naters ist uns wenig bekannt und doch muss er eine bedeutende Persönlichkeit gewesen sein. So erscheint er am 7. Februar 1420 als Bote des Zendens Brig in Evian, wo in dem Handel zwischen dem Hause Raron und dem Wallis ein Schiedsspruch gefällt wurde. Am 12. Februar 1435 nahm er wirksamen Anteil an einem Übereinkommen, das Bischof Andreas Gualdo mit Wilhelm von Raron, Dekan von Sitten, wegen der Einkünfte des Dekanats abgeschlossen hatte. Er war auch Zeuge bei der feierlichen Huldigung, welche die Sieben Zenden am 29. August 1437 dem neu gewählten Bischof Wilhelm VI. in Brig darbrachten. In gleicher Eigenschaft wird er am 14. Oktober 1442 bei der Gründung der Altaristenpfründe Allerheiligen in Fiesch genannt.
Eine Urkunde im Kapitelarchiv schildert uns ausführlich, welchen Empfang Pfarrer Aufdereggen seinem Vorgesetzten des Domkapitels von Sitten, dem Gross-Sakristan Rudolf Koeffi (von Aarau), bei dessen erstem amtlichen Besuch in Naters bereitete. Rudolf Koeffi, der seit Juli 1442 im Domkapitel die Würde eines Gross-Sakristans bekleidete, verliess in der Morgenfrühe des 30. Januar 1443 Sitten und kam in Begleitung des Domherrn Simon Bidermann, des Rektors Johannes Mederelli und einiger Diener nach Visp, wo sie übernachteten. Am folgenden Morgen kam die Reisegesellschaft in Brig an und der Gross-Sakristan ordnete den Rektor Mederelli ab, um dem Pfarrer in Naters schriftlich

seine Ankunft anzuzeigen. Dieser antwortete, ebenfalls schriftlich, wie folgt: «Höchst erfreut bin ich über die Anzeige Ihres Besuches, und es wird mein Bestreben sein, Sie bestens (gratiose) aufzunehmen.» Nach dem Empfang dieser Antwort setzte sich der feierliche Zug, im ganzen zwölf Mann, in Brig in Bewegung; an der Spitze, hoch zu Ross, der schon genannte Gross-Sakristan und der Dekan von Sitten, Heinrich Esperlini, der sich in Visp angeschlossen hatte. Man gelangte zum Pfarrhaus von Naters, wo der Pfarrer seinen hohen «Patron» und dessen Begleiter mit Freuden (gaudens) aufnahm und sowohl der Mannschaft als auch den Pferden, wie die Urkunde ausdrücklich hervorhebt, eine überaus gastliche (magnifice) Herberge gewährte. Am folgenden Tag wurden die eigentlichen Amtsgeschäfte, wie Visitation der Kirche und des Pfarrhauses, abgewickelt und die Patronatsrechte des Gross-Sakristans in einer öffentlichen Urkunde durch den Pfarrer von Naters anerkannt.

### 15. H.H. Wilhelm Aufdereggen von Biel: 1459–1467

Er stammte von Biel im Goms und war der Neffe des Vorigen. 1433 finden wir ihn als Altaristen in Ernen. Aus der Zeit vom 6. September 1460 bis zum 8. Mai 1467 haben wir mehrere Urkunden, in welchen ihm als Pfarrer von Naters Zehnten und andere Gefälle (Abgaben) im Moos, in Brig, Birgisch und auf dem linken Rhoneufer von Brig zuerkannt werden. Unter seiner Amtszeit wurde an der jetzigen Stelle 1461 das Pfarrhaus aus Holz erbaut.

### 16. H.H. Peter Bertschen von Reckingen: 1467–1472

Peter Bertschen (alias Bartholomaei) war gebürtig von Reckingen, wo er 1451 als Priester genannt wird. 1458 heisst er Altarist in Stalden und 1462 Pfarrer in St. Niklaus. Aufgrund verschiedener Angaben war er 1467–1472 Pfarrer in Naters und 1472–1474 Pfarrer in Münster. Am 27. November 1480 kommt er als Domherr von Sitten vor. Er starb 1487.

### 17. H.H. Johannes Armbruster von Bern: 1479–1489

Johannes Armbruster (Ballistarius) stammte aus einer vornehmen Ratsfamilie der Stadt Bern, wird in päpstlichen Urkunden als Adeliger bezeichnet, kam durch Vermittlung des Bischofs Walter Supersaxo ins Bistum Sitten und wurde bereits 1466 Domherr von Sitten und Pfarrer von Chalais, 1476–1490 Dekan von Sitten. Als Pfarrer von Naters wird er 1479–1489 genannt. Armbruster liess den prächtigen gotischen Hochaltar in Glis errichten, der noch heute sein Wappen trägt. Seit seiner Zeit besitzt die Kirche von Naters die vierte Glocke, die 1488 gegossen wurde. Teils gleichzeitig mit der Pfarrei von Naters, teils später besass Armbruster noch eine ganze Reihe anderer bedeutsamer Pfründen und entwickelte auch eine hervorragende Tätigkeit als Bote und Geschäftsträger in verschiedenen Angelegenheiten. So war er Propst am Berner Münster, Domherr von Aosta und Genf, 1491 Verweser des Bistums Lausanne und im Mai 1491 Kandidat für den bischöflichen Stuhl von Lausanne. Er starb am 30. Juli 1508 und wurde im Chor des Münsters von Bern begraben.

### 18. H.H. Konrad Menger von Luzern: 1489–1501

Für die Zeit von 1489 bis 1501 wird bald Konrad Manz, dann wieder Konrad Menger, ebenso Konrad Scher als Pfarrer von Naters aufgeführt. In Wirklichkeit dürften diese verschiedenen Namen sich auf die gleiche Person beziehen. Der erfahrene Historiker Dionys Imesch entschlüsselt das Problem folgendermassen: «In einer Bittschrift von 1489 ersucht der Priester Matthäus Schiner, der spätere Bischof und Kardinal, Papst Innozenz VIII., ihm die Pfarrei des hl. Mauritius von Naters zu verleihen. Er begründet dieses Begehren mit dem Hinweis, der bisherige Pfarrer Johannes Armbruster habe auf dieselbe Pfründe zugunsten des Konrad Scher, eines Geistlichen aus dem Bistum Konstanz [nach Joller stammt er von Luzern], verzichtet. Dieser Verzicht sei aber ohne päpstliche Dispens erfolgt und daher ungültig. In der Tat bewilligt der Papst dieses Gesuch Schiners am 24. April 1489. Trotzdem wurde Schiner nie Pfarrer von Naters. Wahrscheinlich hat er, wie das öfters vorkam, mit diesem Konrad Scher einen Vergleich abgeschlossen. Und dieser Konrad Scher dürfte identisch sein mit Konrad Menger, den verschiedene Verzeichnisse als Pfarrer von Naters anführen und der wirklich am 30. März 1501 auf die genannte Pfarrei förmlich Verzicht leistete (Archiv Domkapitel, Minuten, Pet. Dominarum).» Konrad Menger wird als «Meister der freien Künste» bezeichnet. Über seine Wirkungszeit als Pfarrer fehlen uns jegliche Angaben.

### 19. H.H. Christian Harenden von Mund: 1501–1524

Christian Harenden (Härig, am Hengart, de Platea) war ein aus Mund gebürtiger Priester. Er wurde am 30. März 1501 von Papst Alexander VI. zum Pfarrer von Naters bestellt. Als solcher amtete er bis zu seinem Tod. Von 1502 an erhielt er verschiedene Zehntenerkanntnisse zugunsten der Kirche und seiner Pfründe, so im Moos, in Birgisch, Embd usw. Am 7. Mai 1512 wurde Harenden zum Domherrn von Sitten gewählt und am 9. Mai des folgenden Jahres erteilte ihm das Domkapitel die Erlaubnis, die Pfarrei Naters weiterhin zu versehen, da er für den Chordienst in Sitten einen gebührenden Ersatz stellte. Christian Harenden ist der Erbauer des Beinhauses und der Kapelle der hl. Anna in Naters. Auch der Kirchturm scheint während seiner Amtszeit eine Umänderung erfahren zu haben. Harenden war ein Anhänger Kardinal Schiners, nahm aber trotzdem am 20. Oktober 1522 als Domherr an der Wahl Philipps de Platea auf den bischöflichen Stuhl teil. De Platea hing der Supersaxo-Partei an und wurde von Rom nie bestätigt. Pfarrer Harenden starb in der Nacht vom 7. auf den 8. Februar 1524 in Sitten und wurde daselbst beigesetzt.

### 20. H.H. Johannes Stadler von Simplon-Dorf: 1524–1534

Johannes Stadler (Zenstadlen; ad Rascardum = zum Stadel), gebürtig von Simplon-Dorf, wirkte 1509–1524 als Kaplan von Glis und erwarb sich grosse Verdienste um den Neubau und die Ausschmückung der Kirche Unserer Lieben Frau auf dem Glisacker, wie eine Urkunde vom 22. Juli 1521 eigens hervorhebt. Am 28. Januar 1524 wurde er zum Domherrn gewählt; er nahm die Wahl aber nicht an. Am 12. Februar des gleichen Jahres erfolgte auf Ersuchen der Leute von Brig und Naters seine Wahl zum Pfarrer von Naters.

In seiner Amtszeit wurde am 20. Januar 1525 das von seinem Vorgänger erbaute Beinhaus in Naters eingeweiht. Johannes Stadler war ein treuer Anhänger Jörgs auf der Flüe und wurde deshalb 1519 exkommuniziert. Supersaxo bedachte ihn am 15. Juni 1528 testamentarisch für seine Treue.

### 21. H.H. Johannes Ritter von Leuk: 1534–1537

Johann Ritter (Miles) studierte «mit Auszeichnung» in Paris und wurde Magister der freien Künste. Verschiedene Verzeichnisse nennen ihn für die Jahre 1534–1537 als Pfarrer von Naters, so der Pfarrkatalog in Naters, ferner de Rivaz, P. Isidore und Pfarrer Joller. Sie lassen ihn von Leuk abstammen und bezeichnen ihn für die Jahre 1534–1537 auch als Domherrn von Sitten. Nach denselben Angaben ist es der gleiche Johannes Ritter, der 1550 Abt von St-Maurice wurde und 1552 im Auftrag des Bischofs Jordan am Konzil von Trient teilnahm. In Urkunden selbst finden sich bisher keine Spuren von einem Johannes Ritter, der Pfarrer in Naters war.

## 22. H.H. Anton Blumen von Brig: 1537–1565

Anton Blumen (Floris) entstammte einer alten Briger Familie, die im 17. Jahrhundert ausstarb. Blumen erscheint seit 1529 öfters als Kaplan von Glis. Im Herbst des gleichen Jahres wurde er zum Domherrn von Sitten gewählt. Priesterkatalogen zufolge ist er bereits 1537 Pfarrer in Naters. Urkundlich bezeugt dies erst ein Akt vom 28. Januar 1541, gemäss dem er als Pfarrer von Naters der Gemeinde Mund den dortigen Jungviehzehnten verkaufte. Aus seiner Zeit sind uns mehrere Verfügungen erhalten, die den Zehnten und andere Gefälle (Abgaben) in Mund, am Schalb (Embd), im Stock, in Visperterminen, im Rafji usw. betreffen. Kirchlich scheint seine Gesinnung nicht ganz einwandfrei gewesen zu sein. So wurde er 1556 zu zwei Tagen Gefängnis verurteilt, weil er das Fegefeuer geleugnet hatte. Es war eben die Zeit, in der die Reformation auch im Wallis die Gemüter erhitzte und Anhänger fand. Pfarrer Blumen starb kurz vor dem 17. April 1565 in Naters.[298]

## 23. H.H. Bartholomäus In der Gassen von Saas: 1565–1573

Bartholomäus In der Gassen (in vico) war der Sohn des alt Kastlans Bartholomäus aus dem Saastal. In der Gassen erscheint 1560 als Kaplan von St. Niklaus und seit Juni 1561 als Kaplan in Glis. Er wurde am 26. April 1565 zum Pfarrer von Naters und am 8. Oktober 1567 zum Domherrn von Sitten gewählt. Er entfaltete grossen Eifer für die Erhaltung der katholischen Religion. Im August 1572 kam es in den drei Gumperschaften des linken Rhoneufers zu einem Matzenaufstand und zur Niederschrift verschiedener Artikel, die gegen die Anhänger der neuen, protestantischen Lehre gerichtet waren. Pfarrer In der Gassen, sein Kaplan Heinrich Zuber und ein gewisser Berchtold von Naters galten als die Urheber dieser Volkserhebung und wurden vom Weihnachtslandrat von 1572 zur Abbitte und zu einer Geldstrafe von 60 Kronen verurteilt. Bald danach wurden beide Priester versetzt. In der Gassen kam 1573 als Pfarrer ins Saastal und Heinrich Zuber als Rektor nach Mund. 1577 wurde In der Gassen Pfarrer von Sitten, 1583 Pfarrer von Mörel und am 18. Januar des gleichen Jahres Grosskantor des Domkapitels. In Mörel liess Pfarrer In der Gassen 1586 ein neues Pfarrhaus erbauen, dessen Holzteil noch heute erhalten ist.[299]

## 24. H.H. Peter Zuber von Visp: 1573–1594

Er war der Sohn des Peter Zuber von Visp. 1553–1573 kommt er als Rektor in Mund vor. Als Pfarrer von Naters ist er für den 1. August 1573 urkundlich bezeugt. Er starb in Naters am 19. November 1594. In seiner Amtszeit wurde 1574 die noch heute bestehende, viertälteste Glocke angeschafft. Peter Zuber begann 1555 in Mund das erste Sterbebuch von Mund zu führen.[300]

## 25. H.H. Heinrich Zuber von Mund: 1595–1606

Sein Vater war Peter Zuber von Mund. Bereits 1572 treffen wir Heinrich Zuber als Kaplan in Naters; er wurde aber nach dem missglückten «Matzenspiel» von 1572 nach Mund versetzt (vgl. unter Nr. 23) und blieb dort bis 1588. Dort wirkte er segensreich und wurde am 29. August 1580 zum Titulardomherrn von Sitten und 1588 zum Pfarrer von Leuk ernannt. Die Pfarrei Naters übernahm er 1595 und verwaltete sie mit grossem Geschick und Eifer bis zu seinem Tod im Mai 1606. Es ist uns überliefert, dass er im August 1603, als die katholischen Kantone eine grosse Gesandtschaft abgeordnet hatten, um im Wallis die alte Religion zu retten, deren Boten in Naters mit einer «herrlichen» Ansprache begrüsste, die allgemeines Aufsehen erregte.

## 26. H.H. Johannes Schnider von Mund: 1606–1618

Johannes Schnider (Sartoris) entstammte dem Ehepaar Johannes und Christina Schnider von Mund und wurde am 18. Januar 1594 zum Titulardomherrn ernannt, war dann 1595–1606 Rektor in Mund, 1606–1618 Pfarrer in Naters und trat am 11. November 1618 endgültig ins Domkapitel ein, zu dessen Grossdekan er schon Anfang des gleichen Jahres gewählt worden war. Schnider bekleidete auch die Ämter eines Generalprokurators (1621–1625), eines Vizedoms von Vex (dort besass das Domkapitel das Vizedominat und liess es durch einen Meier verwalten) und ab 1620 eines bischöflichen Offizials und Generalvikars. Er starb am 24. April 1629 in Sitten.

Während seiner Wirkungszeit in Naters wurde 1613 die grosse Glocke neu gegossen. In Sitten ermöglichten seine bedeutsamen Schenkungen (64 Kronen, vier Fischel Korn und vier Sester Wein) in den Jahren 1622 und 1623 die Erstellung der heutigen Chorstühle der Kathedrale. Sein Wappen und den Namen «Johannes Sartor» (Schnider) finden wir in der Kathedrale von Sitten auf dem ersten Chorstuhl der Epistelseite verewigt.[301]

## 27. H.H. Heinrich Theler von Baltschieder: 1618–1625

Er war der Sohn des Johann Theler von Baltschieder und Neffe des obgenannten Pfarrers Heinrich Zuber. Josef Lauber ordnet ihn Visp und Franz Joller Raron zu.[302] Peter Jossen zufolge lebte 1599 in Baltschieder tatsächlich ein Johann Theler und Heinrich Theler selbst schenkte als Domherr 1626 der Kapelle Baltschieder einen Messkelch,[303] woraus zu schliessen ist, dass der Abstammungsort dieses Pfarrers eher Baltschieder als Visp oder Raron ist.

Noch als Student erhielt Theler am 22. November 1611 das Rektorat des hl. Andreas in Sitten. Er machte seine Studien bei den Jesuiten in Ernen oder Venthône und nach 1612 im Borromäischen Kollegium in Mailand. Am 24. Januar 1618 wird er als Kaplan in Naters erwähnt und am 6. Februar desselben Jahres wurde Theler zum Domherrn ernannt. Im November 1618 übernahm er die Pfarrei Naters, um sie am 6. Juli 1625 mit dem Amt des Stadtpfarrers von Sitten zu vertauschen.[304] Im leidenschaftlichen Kampf, den die sogenannten Patrioten wegen der Hoheitsrechte mit Bischof Hildebrand Jost (1613–1638) führten, hielt Theler unentwegt zu seinem Oberhirten. Am 28. Juni 1619 berichtet Domdekan Johann Schnider aus Valeria dem Pfarrer Heinrich Theler von Naters über Grobheiten und Reden der Patrioten gegen Bischof Hildebrand Jost: «Man soll ihn zuo Fenster us stirtzen (...), man soll ihn kopfen, man soll ihn uff Galleren verkauffen.»³⁰⁵ Ob seiner Treue zum Bischof beschuldigten die Patrioten den Natischer Pfarrer des Einverständnisses mit Hauptmann Anton Stockalper, den sie angeblich wegen Hochverrats am 22. November 1627 in Leuk hinrichten liessen. Im Dezember 1627 musste Theler als Pfarrer von Sitten flüchten, wurde aber in St-Gingolph gefangen genommen und nach langer Haft dem päpstlichen Nuntius in Luzern zur Aburteilung übergeben. Von diesem freigesprochen, wandte er sich nach Rom und kehrte dann ins Wallis zurück. Da sein Leben hier aber gefährdet schien, musste er 1629 auf seine Pfründe in Sitten verzichten und fand in Wien eine Anstellung, wo er auch verstarb.

Aufgrund eines Zeugnisses vom 5. März 1620 wirkte in Naters während einiger Zeit auch Jodok Niederer als «Vizekurat» (Vizepfarrer), der zweifelsohne einer der Priester war, die von anderen katholischen Orten zur Erhaltung des katholischen Glaubens ins Wallis kamen.

## 28. Johann Maffien von Naters: 1625–1627

Von diesem Pfarrer wissen wir nur, dass er von 1624 bis 1625 Kaplan in Naters, von 1625 bis 1627 Pfarrer daselbst und von 1627 bis 1636 wiederum Kaplan in Naters war.³⁰⁶

## 29. H.H. Johannes Gertschen von Naters: 1627–1642

Er stammte von Naters und studierte am Helvetischen Kolleg in Mailand. Von 1625 bis 1627 erscheint er als Kaplan seiner Heimatgemeinde,³⁰⁷ wirkte aber schon im Jahre 1626, also in der Amtszeit von Pfarrer Johann Maffien, aus unbekannten Gründen als Pfarrverweser von Naters und vom 10. Juli 1627 an bis 1642 als Pfarrer daselbst, nachdem er bereits am 24. August 1626 zum Domherrn von Sitten gewählt worden war. 1642 trat er ins Domkapitel ein, wurde Kastlan von Valeria und Herr von Maragnenaz. Er starb am 28. Februar 1654.

Am 5. November 1635 segnete Johannes Gertschen die Ehe des 26-jährigen Kaspar Jodok von Stockalper mit der erst 16-jährigen Magdalena Zum Brunnen von Ernen ein.³⁰⁸ 1636 schenkte er der Pfarrpfründe von Naters eine Alpe in Lüsgen im Wert von 740 Pfund. Pfarrer Gertschen hatte, wie wir an anderer Stelle berichten, mit anderen Geteilen eine Gesellschaft gegründet, um die Bleiminen im Natischer Berg auszubeuten.

Bei der Bischofswahl im Jahre 1640, aus der Adrian III. von Riedmatten als Bischof hervorging, war Pfarrer Gertschen einer der vier Kandidaten.³⁰⁹ Am 27. November 1653 machte er in Sitten als Domherr sein Testament³¹⁰ und gibt darin seinem Bruder Anton, Kastlan, seinen Hausanteil. Am 4., 23. und 24. Januar des folgenden Jahres ergänzte er das Testament wie folgt: Der Bannerherr Georg Michlig erhält einen Becher, der Neffe Johann Gemmet das Maultier; der Schwager, Fähnrich Peter Gemmet, einen Becher, die Schwestern Katharina und Barbara je eine Kuh, und die Bücher schenkt er den beiden geistlichen Söhnen, dem bekannten Matthias Wil (1613–1698), Pfarrer von Leuk, und Simon Fux, der als zurückgetretener Rektor von Mund 1684 daselbst im Alter von 95 Jahren starb.

## 30. H.H. Anton Steiner von Mund/Naters: 1642–1667

Er stammte von Mund und Naters. Bereits am 13. August 1642 erscheint er als Pfarrer von Naters und wird am selben Tag zum Titulardomherrn gewählt. In seiner Amtszeit wurde nach langen und schwierigen Verhandlungen am 1. September 1642 Glis von Naters losgetrennt und zur eigenen Pfarrei erhoben. In die Jahre 1659–1664 fällt der Neubau der Kirche von Naters, welchen Pfarrer Steiner mit ebenso viel Geschick wie Ausdauer leitete und förderte. Auch auf die innere Gestaltung der Kirche legte er grossen Wert. Das silberne Reliquiar (Reliquienbehälter, 1665), die prachtvoll geschnitzten Chorstühle (1665) und der künstlerisch hervorragende Oberbau des Hochaltars (1667) stammen noch aus der Zeit seiner Wirksamkeit. Auch das Pfarrhaus ist 1660 unter seiner Aufsicht zum Teil neu gebaut worden. Pfarrer Steiner starb nach 25-jähriger Tätigkeit in Naters am 23. November 1667.

## 31. H.H. Kaspar Schnidrig von Mund: 1667–1694

Kaspar Schnidrig (Schneidrig, Sartorius) stammte von Mund und wurde als Sohn des Kaspar, Meier von Finnen und Kastlan von Niedergesteln, und der Anna Lambien um 1641 geboren. Er studierte in Dillingen (Bayern),³¹¹ wirkte 1667 unter Pfarrer Steiner als Kaplan in Naters und übernahm Ende des gleichen Jahres nach dessen Tod die Pfarrei Naters. Am 21. November 1672 erhielt er die Ernennung zum Titulardomherrn. Unter seiner Ägide fand am 22. September 1675 die Weihe der neuen Kirche statt. Bei diesem Anlass wurden auch noch einige Meinungsverschiedenheiten endgültig behoben, die wegen der Ablösung der Rechte und Pflichten zwischen der Mutterkirche Naters und der Tochterpfarrei Glis bestanden hatten. Auf Befürwortung des Pfarrers erteilte Bischof Adrian von Riedmatten am 8. April 1683 den Leuten von Hegdorn die Erlaubnis, daselbst zu Ehren der Heiligen Familie eine Kapelle zu errichten. Pfarrer Schnidrig starb 1694 in Naters.

## 32. H.H. Peter Joseph Supersaxo von Saas: 1694–1726

Peter Joseph Supersaxo, des Theodul, aus dem Saastal, studierte am Collegium Helveticum in Mailand und empfing am 23. September 1678 die Priesterweihe. Er war Doktor der Theologie und apostolischer Protonotar, Rektor an St. Barbara in Sitten 1679–1682, Kaplan in Saas 1682–1683, Pfarrer in Saas 1683–1691, Pfarrer in Raron 1692–1694, Pfarrer in Naters 1694–1726 (ab 1698 Supervigilant [Dekan] des Dekanates Brig). Pfarrer Supersaxo starb am 26. Dezember 1726 nach 32 Jahren erfolgreicher Tätigkeit in Naters. Ihm stand zuletzt von 1725 bis 1726 Franz Joseph Arnold Zuber von Törbel als Pfarrverweser zur Seite.

Während seiner Amtszeit wurde 1696 auf der Alpe Bel die Kapelle der Heiligsten Dreifaltigkeit erbaut. Der Kirche schenkte er 1701 zwei schöne Reliquienschreine. Am 14. September 1704 erfolgte die Einweihung der vier Seitenaltäre durch Bischof Franz Joseph Supersaxo. Mit ihm stand Pfarrer Supersaxo in regem Briefkontakt. Hans Anton von Roten bezeichnet diesen Seelsorger als einen «schreibseligen Pfarrer und Dekan von Naters».³¹²

## 33. H.H. Johann Kaspar Tscherrig von Zwischbergen/Brig: 1727–1750

Pfarrer Tscherrig war der Sohn des alt Kastlans Markus Tscherrig, der im Alter von 90 Jahren bei seinem Priestersohn in Naters am 27. Februar 1739 starb und daselbst beerdigt wurde.³¹³ Johann Kaspar empfing am 6. Juni 1705 die Priesterweihe. Er war Doktor der Theologie und apostolischer Protonotar und begann seine Tätigkeit in Mund, wo er Anfang 1708 den kranken Rektor Kaspar Werlen unterstützte, und war dann selber Rektor daselbst von 1708 bis 1727. In Mund waltete er 46-mal als Taufpate. In seiner Amtszeit daselbst wurde in den Jahren 1721–1725 die 1962 abgerissene barocke Kirche erbaut.[314] 1712 wurde er zum Titulardomherrn ernannt und am 26. Februar 1727 zum Pfarrer von Naters und Dekan von Brig. Pfarrer Tscherrig hat eine vollständige Aufzeichnung aller Einkünfte und Rechte der Pfarrpfründe hinterlassen, die uns wertvolle Aufschlüsse über die Verhältnisse der damaligen Zeit gibt. Er starb Anfang August 1750 in Naters.

### 34. H.H. Johann Peter Gasser von Naters: 1750–1764

Er wurde am 10. Januar 1708 in Naters als Sohn des Anton und der Christina Wyssen geboren und empfing 1732 die Priesterweihe. Er war Rektor in Lötschen 1733–1738 (?), Pfarrer in Albinen 1739–1742, Pfarrer von Unterbäch vom 21. April 1742 bis Ende 1749, Pfarrer von Naters vom 26. Mai 1750 bis zu seinem Tod am 7. April 1764. Am 27. September 1751 wurde er zum Titulardomherrn ernannt und am 9. Januar 1752 zum Dekan von Brig. – Unter Pfarrer Gasser wurden die durch das starke Erdbeben vom 9. Dezember 1755 verursachten Schäden an Kirche und Pfarrhaus in Naters wieder behoben. Ebenso liess er in den Jahren 1761–1764 mit grossem Eifer die vom gleichen Erdbeben völlig zertrümmerte Orgel durch eine neue ersetzen.

### 35. H.H. Peter Josef Plast von Lötschen: 1764–1769

Pfarrer Plast studierte um 1760 Theologie in Besançon, wurde 1761 Priester, 1762 Direktor des Priesterseminars in Gerunden, am 2. Mai 1764 Pfarrer von Naters und Dekan von Brig und am 9. November 1764 Titulardomherr. Er starb nach erst achtjähriger priesterlicher Tätigkeit am 23. August 1769 in Naters.

### 36. H.H. Theodul Aufdenblatten von Täsch: 1769/1770

Er stammte aus Täsch und wurde 1726 als Sohn des Theodul und der Katharina Brantschen in St. Niklaus geboren. Er war Pfarrer in Täsch 1756–1763, Kaplan in St. Niklaus 1763 und Pfarrer daselbst 1764–1769. Nach dem Tod von Pfarrer Plast übernahm er 1769 die Pfarrei Naters, um schon im Mai des folgenden Jahres als Pfarrer nach Visp überzusiedeln. Hier wurde er 1773 Dekan und am 23. Juni 1779 Titulardomherr. Er starb am 3. November 1782 als amtierender Pfarrer von Visp.

*Porträt im Pfarreisaal von St. Niklaus.*

### 37. H.H. Johann Michael Luggen von Glis: 1770–1773

Nach dem Wegzug von Pfarrer Aufdenblatten schlug das Volk von Naters dem Domkapitel Josef Anton Biner, Pfarrer von Biel, als dessen Nachfolger vor. Die Domherren wollten auf dieses Begehren nicht eintreten, weil der Kandidat zu jung und unerfahren sei für diesen «schwierigen» Posten. Hierauf brachten die Natischer Franz Josef Biner, den älteren Bruder des Vorigen, in Vorschlag. Dieser war Prior in Lötschen und nahm die Wahl nicht an. Von Juli bis September 1770 leitete Kaspar Josef Arnold von Glis als Pfarrverweser die verwaiste Pfarrei Naters,[315] bis das Domkapitel nach langwierigen Verhandlungen schliesslich lic. theol. Johann Michael Luggen zum Pfarrer von Naters und gleichzeitig zum Titulardomherrn ernannte. Luggen wurde am 16. Oktober 1721 in Glis geboren, war Pfarrer von Ems 1765–1768, Pfarrer von Unterbäch 1768–1770 und Pfarrer von Naters von 1770 bis zu seinem Tod am 10. Juli 1773.

### 38. H.H. Josef Biderbosten von Ritzingen/Glis: 1773–1795

Johann Franz Josef (er selbst schrieb gewöhnlich nur «Josef») Biderbosten stammte ursprünglich aus Ritzingen, wurde am 6. September 1746 in Gamsen geboren, am 20. September 1770 zum Priester geweiht, war Pfarrer in Obergesteln 1770–1773, Pfarrer von Naters 1773–1795 und übernahm aus gesundheitlichen Gründen im Dezember 1795 die kleinere Pfarrei Bellwald. In Bellwald schrieb er bei der ersten Beerdigung am 7. Januar 1796 Folgendes ins Sterbebuch: «Der H.H. Josef Biderbosten, freiwillig resignierter Pfarrer von Naters und dann Administrator der Pfarrei Bellwald, hat folgende Personen begraben.» Das war die einzige Eintragung. Dann musste der Pfarrer von Ernen ins Totenbuch schreiben: «Am 9. März 1796 vollendete der H.H. Josef Biderbosten sein mit Kummer erfülltes Leben und wurde am 12. unter grosser Trauer der Bellwalder Bevölkerung zu Grabe getragen.»[316]

### 39. H.H. Alois Amherd von Glis: 1795–1807

Ursprünglich von Zwischbergen stammend, wurde er als Sohn des Christian und der Katharina Luggen am 8. August 1752 in Glis geboren. Während er bereits am 19. September 1778 die Priesterweihe empfing, finden wir ihn in den Jahren 1778–1780 an der Universität Innsbruck immatrikuliert.[317] Er war Pfarrer von Grengiols 1790–1795, vielleicht schon vorher, was wir in Grengiols nicht mehr nachprüfen können, da beim Dorfbrand von 1799 auch die Pfarrbücher verbrannten. Als Pfarrer von Grengiols wurde er am 10. Dezember 1790 zum Titulardomherrn und im Juli 1795 zum Pfarrer von Naters gewählt. Ende des Jahres 1807 trat Amherd ins Domkapitel ein. 1812 übernahm er die Pfarrei Sitten, die er bis 1816 versah. Am 30. Januar 1816 wählte ihn das Domkapitel zum Grosskantor und am 7. September 1817 zum Dekan von Valeria. Er starb am 21. Juli 1825 in Sitten.

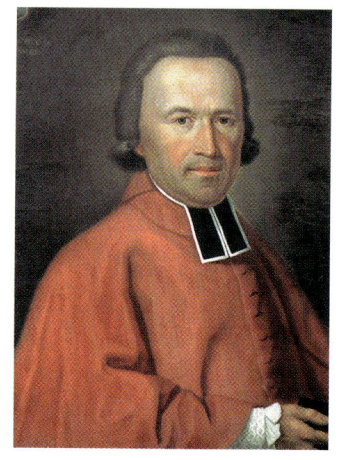

*Porträt im Pfarreisaal von Naters.*

In die Zeit des Wirkens von Pfarrer Amherd in Naters fielen die schrecklichen Kriegsjahre 1798 und 1799. Domherr Anne Joseph de Rivaz widmet Amherd in seinen «Mémoires historiques» einen längeren Abschnitt, der verkürzt lautet: Domherr

Amherd war ein frommer, liebenswürdiger und beliebter Priester von vornehmer Art. Er sprach mit Leichtigkeit Lateinisch, war ein guter Prediger, ein Freund der Kranken und ein Wohltäter der Jesuiten.[318] 1819 gründete Domdekan Alois Amherd eine Stiftung für Theologie Studierende seiner Familie.

### 40. H.H. Valentin Mutter von Niederwald: 1808–1820

Er wurde als Sohn des Valentin und der Maria Josepha Imhof von Binn am 2. Februar 1773 in Niederwald geboren. Nach dem Theologiestudium in Mailand empfing er am 22. März 1796 die Priesterweihe.[319] Er war Pfarrer in Niederwald 1796–1801, Pfarrer in Binn 1801–1808, Pfarrer von Naters 1808–1820, Pfarrer in Ernen 1820–1848, wo er gleichzeitig auch als Supervigilant (Dekan) des Dekanates Ernen waltete. Anfang 1848 zog sich Pfarrer Mutter als kranker Mann nach Niederwald zurück, wo er am 22. April 1862 starb.[320]

*Porträt im Pfarreisaal von Naters.*

### 41. H.H. Kaspar Ignaz von Stockalper von Brig: 1821–1832

Er wurde als Sohn des Freiherrn Kaspar Emanuel von Stockalper am 23. März 1799 in Brig geboren. Auf der Rückseite des Porträts im Pfarrsaal stehen über von Stockalper folgende Angaben: «Bereits als Subdiakon von der Gemeinde Naters zum Pfarrer gewählt: 15. November 1820 [21-jährig!]; Priesterweihe: 29. Juni 1821; vom Domkapitel zum Pfarrer von Naters erkoren: Juli 1821; zum Domherrn ernannt: 25. April 1822; feierlicher Einzug in der Pfarrei Naters: 20. September 1822; als Domherr installiert: 9. April 1823; als Pfarrer von Naters kanonisch installiert und zum Dekan gewählt: 27. April 1825.» Am 12. November 1832 trat er ins Domkapitel ein, war Stadtpfarrer von Sitten 1832–1840 und 1848–1868, Grosskantor 1839 und ein Jahr später Supervigilant des Dekanates Sitten. Er starb am 19. Januar 1871 in Sitten.

Über den Pfarrempfang von Stockalpers in Naters schrieb Josef Ignaz Michlig von Naters in sein «Hausbuch»[321]: «Am 20. November 1822 ist Pfarrer Stockalper zu Naters auf Pfarrei gekommen und mit Ehrbezeugungen empfangen worden. Darnach, am 4. Sonntag dieses Monats, hat er aldort die erste Bredig gehalten als Pfarherr. Alles zu gresserer Ehr und Glori Gottes. Amen.» Wie uns die Pfarrbücher und verschiedene Urkunden bezeugen, führte von Stockalper in Naters ein strammes Regiment. Im Herbst 1826 liess er durch zwei Jesuiten, Hermann Koch und Jakob Roh, eine Volksmission abhalten. Pater Roh, Rektor am Kollegium in Brig und Onkel des berühmten Predigers Peter Roh, soll vor allem in seiner letzten Predigt derart die Herzen der Zuhörer gerührt haben, dass «alle weinten». Am Patronatsfest 1826 hielt der bekannte Walliser Historiker Sigismund Furrer (1788–1865) von Unterbäch, Guardian der Kapuziner in Sitten, die Festpredigt. Im Mai 1830 liess Pfarrer von Stockalper durch den Jesuiten Josef Deharpe (1800–1871), der durch seine fünf verschiedenen Ausgaben des «Katholischen Katechismus» internationale Berühmtheit erlangte, «ein feierliches Jubiläum» abhalten.

Pfarrer von Stockalper hatte noch zwei Brüder, Eugen (1809–1885) und Franz (1814–1889), die ebenfalls den geistlichen Stand wählten.

### 42. H.H. Johannes Biguet von Siders/Albinen: 1832–1862

Sein Vater war ein aus dem Aostatal stammender Italiener. Während namhafte Historiker berichten, Pfarrer Biguet stamme von Albinen und sei dort geboren, schreibt er selbst wiederholt, dass er am 6. Mai 1792 in Siders zur Welt gekommen sei. Trotzdem wohnte die Familie wohl in Albinen. Er empfing am 21. März 1818 in Sitten die Priesterweihe und verwaltete bereits 1821/1822 als Pfarrverweser die Pfarrei Naters, während der für Naters vorgesehene Pfarrer Kaspar Ignaz von Stockalper in Sitten noch den theologischen Studien oblag. 1822–1832 war Biguet Pfarrer von Mund und am 26. November 1832 erfolgte durch das Domkapitel einstimmig seine Wahl zum Pfarrer von Naters. Volle 30 Jahre lang widmete er seine Kräfte dieser Pfarrei, bis er sich 1862 nach Brig zurückzog, wo er am 9. August 1874 starb.

Im Eheregister von Mund drückte Biguet nach der Eintragung der Namen dem Ehepaar oft seine Wünsche aus, z.B.: «Vivant in pace *[= Sie mögen im Frieden leben!]*; Vivant in vera caritate *[= Sie mögen in wahrer Liebe zusammenleben!]*; Opto pacem illis perennem» *[= Ich wünsche ihnen einen dauerhaften Frieden]*.[322] In Naters kam es 1834 zwischen Pfarrer Biguet und seinem Kaplan Erasmus Lehner zu heftigen, öffentlich ausgetragenen Auseinandersetzungen. Die Streithähne mussten in Glis vor den beiden Dekanen Michael Escher von Glis und Anton Georg Roten von Raron erscheinen und beendeten daselbst ihren Zwist mit einem Friedenskuss.[323] – Pfarrer Biguet gab sich redlich Mühe, die sehr verarmte Kirche von Naters mit Fahnen, Messgewändern und anderen würdigen Paramenten zu versehen. Die wiederholten Erdbeben im Jahre 1855 verursachten am Pfarr- und Kaplaneihaus wie auch an der Kirche bedeutende Schäden, deren Reparaturen erhebliche Summen erforderten. 1842 liess Pfarrer Biguet eine Volksmission abhalten.

### 43. H.H. Peter Joseph Ruppen von Saas-Balen: 1862–1865

Er wurde als Sohn des Peter Josef und der Anna Maria Andenmatten am 27. Januar 1815 im Weiler Bidermatten (Saas-Balen) geboren (sein Geburtshaus steht heute noch), studierte «mit Auszeichnung» in Sitten, empfing am 14. April 1838 die Priesterweihe und primizierte am 22. April 1838 in Sitten. Er war

Kaplan in Simplon-Dorf 1838/1839, Pfarrer von Zeneggen 1839–1846, Pfarrer von Törbel 1846–1849, «aus gesundheitlichen Gründen» Rektor von Tamatten (Saas-Grund) 1849–1856, Pfarrer von St. Niklaus 1856–1862, Pfarrer von Naters 1862–1865. Am 19. Juni 1865 erfolgte seine Wahl zum Domherrn und Generalprokurator (Vermögensverwalter) und 1880 jene zum Gross-Sakristan (Verwalter der heiligen Gefässe, Reliquien und Gewänder der Kathedrale). Im Frühjahr 1883 begleitete Domherr Ruppen den Bischof Adrian Jardinier nach Rom, wo sie 17 Tage verweilten und von Papst Leo XIII. in Privataudienz empfangen wurden. Am 22. April 1888 feierte Peter Joseph Ruppen in der Kathedrale von Sitten sein goldenes Priesterjubiläum, während am selben Tag am gleichen Altar sein Neffe Alois Ruppen primizierte. Ruppen hatte in den letzten Lebensjahren sein Augenlicht fast gänzlich verloren. Pfarrer Josef Anton Ruppen charakterisierte seinen Onkel wie folgt: «Er war offen und gerade und, wenn man will, anscheinend barsch im Reden und in seinem ganzen Charakter, verbarg aber unter einer scheinbar rohen Hülle ein goldenes und grundlauteres Herz.»[324] Peter Joseph Ruppen starb am 19. November 1896 und wurde in der Gruft der Kathedrale von Sitten beigesetzt.[325] Unter Pfarrer Ruppen wurde in St. Niklaus die durch das starke Erdbeben vom 25. Juli 1855 schwer beschädigte Kirche wiederhergestellt. In Naters vereinigte er die Verwaltung sämtlicher Kapellen der Pfarrei unter einem einzigen Vogt. 1862 kaufte er für die Kirche ein neues Reliquiar. Sehr bedeutsam ist seine «Familienstatistik» über die Familien von Naters aus dem Jahre 1864. Diese bildete die Grundlage für die weiteren vier äusserst wertvollen Stammbaumbücher der Pfarrei Naters. Zu Beginn der genannten Statistik schrieb Ruppen: «Ich weiss aus Erfahrung, wie schön, wie angenehm, wie nützlich, ja wie sogar nothwendig für Pfarrer und Pfarrei zuverlässige Stammbücher sind.»[326] Ruppen schrieb auch Tagebücher. Seiner fleissigen Feder verdanken wir noch folgende Werke: Die Chronik des Thales Saas, Sitten 1851 und Visp 1945; Die Familienstatistik der löblichen Pfarrei St. Niklaus, Sitten 1861; Die Walliser Sagen, Sitten 1872, die er zusammen mit seinem Freund Moritz Tscheinen herausgab. Ruppen bearbeitete den zweiten Teil mit 170 Nummern.[327]

### 44. H.H. Joseph Ruden von Zermatt: 1865–1874

Joseph Ruden wurde am 9. September 1817 als Sohn des Moritz und der Katharina Kronig in Zermatt geboren, studierte «mit Auszeichnung» in Sitten, empfing am 22. September 1840 die Priesterweihe, war vorübergehend Auxiliar in Naters, Pfarrer von Erschmatt 1841–1845, Pfarrer seiner Heimatgemeinde Zermatt 1845–1865, Pfarrer von Naters vom 4. November 1865 bis zum 5. Dezember 1874,[328] Dekan von Brig 1867–1876, trat Ende 1874 von der Pfarrei Naters zurück, half aber weiterhin des Öfteren aus, war dann noch Rektor in Glis 1878/1879 und zog sich schliesslich nach Zermatt zurück, wo er am 7. März 1882 starb.

Joseph Ruden war ein energischer und tatkräftiger Seelsorger. Die Christenlehre in der Schule nahm er ernst. Unverbesserliche Faulenzer soll er in Erschmatt, wie Peter Jossen schreibt, «mit Haselnuss und Birkenbrot» geheilt haben.[329] In den Jahren 1867–1873 liess er in der Kirche von Naters einen Zementboden legen, 1869 eine neue Kommunionbank erstellen und den Friedhof bei der Kirche auf den heutigen Platz verlegen. Er ist der Verfasser der «Familien-Statistik der löblichen Pfarrei Zermatt», Ingenbohl 1869/1870. Dem Nachruf zufolge hat er «Grosses» zum Wohl seiner Heimatgemeinde Zermatt getan.[330]

### 45. H.H. Viktor Borter von Ried-Brig: 1874–1879

Er wurde am 3. Januar 1845 in Ried-Brig, im Ort «Lauwinen», als Sohn des Johann Josef, Grossrat, und der Kreszentia Wenger geboren, studierte in Brig und Freiburg, Theologie in Sitten, empfing dort am 5. Mai 1867 die Priesterweihe, primizierte am 12. Mai desselben Jahres in der Kollegiumskirche von Brig, war Professor am Kollegium in Brig 1867–1874, dabei Rektor des gleichen Gymnasiums 1871–1874 (bis 1919 wurde der Rektor Präfekt genannt), Pfarrer von Naters von Dezember 1874 (Installation Anfang 1875) bis zu seinem Tod daselbst am 1. September 1879. Er war erst 36-jährig. Er wurde in der Kirche von Naters beigesetzt. Pfarrer Borter war vom Frühjahr 1879 bis zu seinem Tod ein schwer kranker Mann. Er zog sich eine Zeit lang nach Ried-Brig in sein Elternhaus zurück. Als er aber sein Ende nahen fühlte, kehrte er nach Naters zurück, um inmitten der Pfarrkinder seine Seele dem Schöpfer zu übergeben.[331] Mit einer besonderen bischöflichen Ermächtigung[332] brachten seine Pfarrkinder zur Erinnerung an ihren beliebten Priester unterhalb der Kanzel eine noch heute vorhandene Gedenktafel an mit der Inschrift: «HIC IACET R[everendus] D[ominus] VICTOR BORTER ORIUNDUS E MONTE BRIG[en]si PASTOR FIDELIS PAROCHIAE NATR[iensis] DOMINO MORTUUS DIE 1 SEPT 1879 R[equiescat] I[n] P[ace]» [= *Hier ruht der hochwürdige Herr Viktor Borter vom Brigerberg, der treue Hirt der Pfarrei Naters, im Herrn entschlafen am 1. September 1879. Er ruhe im Frieden*]. Unter Pfarrer Borter wurden 1876 neue Kirchenbänke erstellt und 1878 das «Grosse Jahrzeit» gegründet. Sein Bruder Josef war bischöflicher Kanzler und trat 1884 in den Kapuzinerorden ein.

## 46. H.H. Ignaz Amherd von Glis: 1879–1903

Er war der Grossneffe des Pfarrers Alois Amherd (siehe unter Nr. 39). Ignaz Amherd kam am 8. September 1844 als Sohn des Josef, Notar und Kastlan in Glis, und der Heindrika Coursi in Glis zur Welt, machte seine Studien in Brig und im Priesterseminar in Sitten und wurde daselbst am 20. April 1867, noch nicht 23 Jahre alt, zum Priester geweiht. Hernach wirkte er als Pfarrer von Simplon-Dorf 1867–1879, als Pfarrer von Naters vom 13. November 1879 bis zum 11. November 1903, trat dann ins Domkapitel ein und starb unerwartet am 8. April 1907 in Monthey an einem Schlaganfall, als er dort bei Verwandten in den Ferien weilte. In der «Amherd-Gruft» in Glis fand er seine letzte Ruhestätte. Pfarrer Amherd war korpulent, gross von Gestalt und brach sich 1899 das rechte Bein, so dass er während vieler Jahre hinkte.[333]

Lassen wir sein Priesterleben Revue passieren. Von 1885 bis 1903 fungierte er als Schulinspektor für die Bezirke Brig und Östlich Raron, von 1897 bis 1903 als Dekan von Brig und von 1890 bis 1904 präsidierte er den Oberwalliser Lehrerverein. Über Pfarrer Amherd weiss uns der nimmermüde Historiker und Pfarrer Ernst Zenklusen (1886–1975) manch Interessantes zu berichten.[334] In Simplon-Dorf schloss Amherd die Töchter in kleinen Zirkeln zusammen, in anderen die Jünglinge, die Väter und schliesslich auch die Mütter. All diesen erteilte er eine zeitgemässe religiös-geistige Lebenskunde. Bei den Töchtern führte er ein besonders strenges Regiment: Er verbot ihnen unter anderem auch das Tanzen, was einige Burschen auf den Plan rief, so dass sie eines Nachts im Pfarrhaus die Scheiben einschlugen. Der kirchlichen Entwicklung war er voraus: Amherd führte schon in Simplon-Dorf die tägliche Kommunion ein, was erst unter dem Pontifikat von Papst Pius X. (1903–1914) allgemein gestattet wurde.

Mit zähem Fleiss und vorzüglicher Genauigkeit erstellte Pfarrer Amherd die unschätzbaren Stammregister sämtlicher Familien der Pfarrei Naters.[335] Während seiner Amtszeit wurde 1892 das Bildhäuschen auf dem Friedhof erbaut, 1898 der neue Kreuzweg in der Kirche für 5000 Franken errichtet und die elektrische Beleuchtung in der Kirche eingeführt. Die Baujahre des ersten Simplontunnels (1898–1906) brachten dem Natischer Kilchherrn zusätzliche Pflichten und Sorgen. Amherd war ein Freund der Armen und Bedürftigen. Er hatte noch einen um 20 Jahre jüngeren Bruder namens Oswald (1864–1889), der im Herbst 1888 zum Pfarrer von Erschmatt ernannt wurde. Er musste aber diese Pfarrei infolge Lungentuberkulose bald aufgeben. Am 12. März 1889 trug man ihn von Erschmatt zu seinem geistlichen Bruder Ignaz nach Naters, wo der Schwerkranke am 8. Juni desselben Jahres starb und in der Pfarrkirche, in der Gruft vor dem Hochaltar, beigesetzt wurde.[336]

In Naters wurde Pfarrer Amherd, wie er selbst schreibt, trotz Gegenkampf und Widerstreben einiger Dorfmagnaten (reluctantibus et recalcitrantibus quidem aliquibus magnatibus), 1879 von der Bevölkerung freundlich empfangen. Gemeindepräsident Alfons Wyssen glänzte beim Pfarrempfang durch Abwesenheit. Die Gegnerschaft galt weniger der Person des Pfarrers als vielmehr dem Umstand, dass er ein Gliser war.[337] Ob hier die von Naters ungewollte und lange nicht verdaute Abtrennung der Pfarrei Glis und deren zunehmende Bedeutung eine Rolle spielten? Als aber Pfarrer Amherd nach 24 Jahren fruchtbarer Tätigkeit in Naters zum Domherrn ernannt wurde, erschien der Gemeinderat in corpore im Pfarrhaus und bat ihn, doch in Naters zu bleiben, was jedoch erfolglos blieb.[338]

## 47. H.H. Dionys Imesch von Mörel: 1903–1917

Oskar Dionys wurde am 23. Mai 1868 den Eheleuten Amadeus, der von Zeneggen stammte, und Luise Venetz in Mörel als siebentes von 13 Kindern in die Wiege gelegt. Bis zu seinem Eintritt ins Kollegium nannte er sich immer Oskar. Erst auf dringenden Wunsch seines Grossonkels Peter Anton Venetz, Kapuziner, schrieb er sich fortan Dionys (zweiter Taufname). Imesch studierte am Kollegium Brig 1880–1887, Theologie im Priesterseminar Sitten 1887–1890, empfing am 28. September 1890 die Priesterweihe (da erst 22-jährig mit Dispens von Rom), primizierte am 5. Oktober 1890 in Mörel zusammen mit seinem um drei Jahre älteren Bruder Johann (†1911), studierte an der Universität Freiburg weiter und erwarb das Bakkalaureat in Theologie 1890/1891, war vorübergehend Frühmesser in Mörel 1891, Professor der Geschichte und der griechischen Sprache am Kollegium Brig 1891–1903 (daselbst auch Inspektor der Internen und Vereinspapa der Brigensis), Pfarrer von Naters vom 22. November 1903 bis zum 8. Juni 1917 (mit Beibehaltung der Lehrstunden am Kollegium für das Studienjahr 1903/1904), ab 1917 Domherr von Sitten (er war der letzte vom Domkapitel ernannte Domherr), 1934 Grosskantor, 1936 Gross-Sakristan und 1940 päpstlicher Hausprälat. Er starb in der Nacht vom 10. auf den 11. April 1947 in Sitten.

Bevor wir näher auf sein Lebenswerk eingehen, interessiert uns vornehmlich seine Tätigkeit in Naters. Gemäss Gemeinderatsprotokoll vom 24. Oktober 1903 wünschte sich der Gemeinderat von Naters als Nachfolger von Pfarrer Amherd einen der folgenden Priester: Kaplan Benjamin Bammatter von und in Naters; Peter Marie Concina, Pfarrer in St. Niklaus; Theodul Wirthner, Pfarrer in Stalden, und Dionys Imesch, Professor am Kollegium Brig.[339] Im Brief vom 5. November 1903 bat der Natischer Gemeindepräsident Karl Klingele Pfarrer Concina geradezu inständig, er möge doch die Kandidatur für Naters annehmen, da Pfarrer Ignaz Amherd, Pfarrer Brindlen von Glis, der Gemeinderat und die ganze Bevölkerung von Naters ihn als Pfarrer wünschten.[340] Doch Concina interessierte sich nicht und das Domkapitel wählte Professor Imesch zum Pfarrer von Naters. In seiner Amtszeit erhielt Naters 1905 eine neue Orgel. 1910 wurden das Chor ausgemalt und der Hochaltar restauriert, 1911 kamen die Glasgemälde in die Kirche und 1914 eine neue Turmuhr. 1907 beschenkte Imesch Naters mit dem wertvollen Buch «Beiträge zur Geschichte und Statistik der Pfarrgemeinde Naters», das dem Verfasser dieses Werkes in vielen Bereichen als Grundlage diente und dessen Inhalt auch vollumfänglich integriert wurde. Imesch stand an der Wiege der Männervereine und seiner Initiative verdankt auch der Oberwalliser Frauenbund sein Entstehen. Daneben setzte er sich ein für die Gründung von Konsumvereinen, Kranken- und Raiffeisenkassen und präsidierte von 1910 bis 1916 den Bienenzüchterverein Brig und Umgebung.[341] Als 1911 die Pfarrstelle von Glis vakant wurde und Pfarrer Imesch offenbar an Glis interessiert war, begab sich am 12. Mai desselben Jahres eine «Kommission» zu Pfarrer Imesch mit der Bitte, er möge von einer eventuellen Bewerbung als Pfarrer von Glis «abstrahieren, welchem Begehren er dann auch in zuvorkommender Weise entsprochen hat».[342]

Es folgt nun eine kurze Gesamtwürdigung dieses um das Wallis so hochverdienten Priesters als Historiker. Schon während des Theologiestudiums erwachte durch die Mitarbeit an der Erstellung der Regesten der Oberwalliser Archive, zu der ihn Pfarrer Ferdinand Schmid herangezogen hatte, jene Vorliebe und edle Leidenschaft für die Erforschung der heimatlichen Geschichte, die ihn zeitlebens trotz mannigfaltigster Inanspruchnahme durch seine kirchlichen Ämter nie mehr verlassen sollten. Als Initiant und Mitbegründer des Geschichtsforschenden Vereins vom Oberwallis gehörte er dessen Vorstand von 1891 bis 1900 als Mitglied an und wurde im Jahre 1900 dessen Präsident; diesen Vorsitz versah er bis 1945 mit vorbildlicher Hingabe. Die Generalversammlung des Jahres 1945 ernannte ihn in Würdigung seiner Verdienste um den Verein und die Erforschung der heimatlichen Geschichte zum Ehrenpräsidenten. Die Festschrift zum 75. Geburtstag von Prälat Imesch führt über 400 grössere und kleinere Werke und Arbeiten aus seiner Feder auf. Sie legen Zeugnis ab von der überaus fruchtbaren Forscher- und Publikationstätigkeit des Gefeierten. Dionys Imesch war Begründer, Mitarbeiter und liebevoller Betreuer der «Blätter aus der Walliser Geschichte». Für das Historisch-Biographische Lexikon der Schweiz bearbeitete er die Familiennamen des Oberwallis (180 Beiträge). Zudem betätigte er sich als Mitarbeiter des Schweiz. Archivs für Volkskunde, des Schweiz. Künstlerlexikons (Biografien von Walliser Künstlern), der Zeitschrift für Schweiz. Kirchengeschichte, der «Geschichte der Reliquien in der Schweiz» von E. A. Stückelberg, des Schweiz. Archivs für Heraldik und der Sammlung «Walliser Sagen» von Ruppen und Tscheinen. Das Hauptverdienst Imeschs liegt aber in der Herausgabe der Walliser Landrats-Abschiede seit dem Jahre 1500 (Bd. 1, 1916; Bd. 2, 1949). In Würdigung dieser wissenschaftlichen Leistung verlieh ihm die Universität Freiburg die Würde eines Ehrendoktors der Theologie. Dr. Imesch war damals zweifelsohne der gründlichste Kenner und Darsteller der Walliser Geschichte.[343]

Unterhalb von Rothwald, westlich der Simplonstrasse, gegenüber dem Hotel Ganterwald befindet sich eine Gedenktafel mit folgender Inschrift: «DEM VERFASSER DER GESCHICHTE VON GANTER MGR. DR. DIONYS IMESCH DOMHERR *1868 †1947 SITTEN – ZUM EHRENDEN ANDENKEN BURGERSCHAFT GANTER OKTOBER 1948». Ebenso erinnern uns sein Porträt und eine Gedenktafel im Kollegium Brig, angebracht von seinen ehemaligen Schülern und Freunden, in Dankbarkeit und Liebe an den grossen Wissenschaftler Dionys Imesch.

## 48. H.H. Emil Tscherrig von Ems: 1917–1942

Er wurde am 8. September 1878 als Sohn des Josef Anton und der Magdalena Bayard in Weidenbrunnen bei Oberems geboren, machte seine humanistischen Studien in Brig 1893–1900, besuchte das Priesterseminar in Sitten 1900/1901, die Universität Innsbruck (Canisianum) 1901 bis Februar 1904, kehrte krankheitshalber zurück und trat nach Ostern wieder ins diözesane Priesterseminar ein, wo er am 29. Juni 1904 die Priesterweihe empfing. Emil Tscherrig war Rektor in Visp 1904/1905, Professor am Kollegium Brig 1905–1917, Mitglied des kantonalen Erziehungsrates und Pfarrer von Naters von 1917 bis zu seinem Tod am 6. Januar 1942.

Blenden wir kurz zurück auf dieses beispielhafte Priesterleben. Mit 12 Jahren verlor der junge Emil seinen Vater Josef Anton durch Unfalltod. Dieser wurde am 28. Juli 1890 beim Heben eines Stadels erdrückt. Ein Jahr später, am 2. Mai 1891, musste Emil zusehen, wie mit dem Weiler Weidenbrunnen auch sein Elternhaus ein Raub der Flammen wurde. Die Studien am Kollegium in Brig bewältigte der sehr talentierte Studiosus mit Leichtigkeit. Emil war bei der jährlichen Preisverteilung bis zur Matura der meistgenannte Student. In der Zeit des Theologiestudiums schrieb sein Regens, der berühmte Pater Michael Hoffman, über Emil Tscherrig ins Tagebuch: «Ja, dieser Herr war von überströmender Berufsfreude, überdurchschnittlich begabt und beseelt von einem vorbildlichen Fleiss.» Am 3. Juli 1904 brachte Emil in Ems, wo seit Menschengedenken keine Primiz mehr stattgefunden hatte, sein Erstlingsopfer dar, bei dem sein ehemaliger Professor vom Kollegium, Peter-Marie Concina, die Primizpredigt hielt. Im Kollegium war Tscherrig ein geschätzter Lehrer und Erzieher und ein viel gesuchter Ratgeber und Beichtvater. Schon im Kollegium begann er eine rege Vortragstätigkeit für die Standesvereine und half der Pfarrgeistlichkeit sonntags regelmässig aus.

*Aufnahme von 1941. 1. Reihe (v.l.): Jean-Marie Salzmann, Emil Tscherrig, Josef-Marie Schwick, Alfred Werner. – 2. Reihe (v.l.): Anton Amacker, Daniel Jossen, Albert Jossen, Ferdinand Bregy, Emil Imboden.*

Als Pfarrer von Naters setzte er sich zum Ziel, «allen alles zu werden». Und wie er dies tat! Während seiner Amtszeit erneuerte er die meisten Kapellen, stellte 1926–1930 das altehrwürdige Beinhaus instand und restaurierte 1940/1941 das Innere der Pfarrkirche. In Naters verstärkte Tscherrig die schon im Kollegium begonnene Vortragstätigkeit in vielen Pfarreien des Oberwallis, half beim Aufbau der christlichen Arbeiterorganisationen und der Männerseelsorge mit und hielt in einigen Orten als gern gehörter Prediger die sogenannte «Grosse Volksmission» ab. Mit grossem Ordnungssinn notierte Pfarrer Tscherrig seine Predigten und kam auf die Zahl 2153. Nur eine hat er nicht eingetragen: jene, die er an seinem Todestag am 6. Januar 1942 gehalten hatte. Im Jahre 1926 führte er das Pfarrblatt ein. Neben seiner üblichen Seelsorge war er ein ständiger Helfer der Armen. Viele kamen täglich zu ihm und gingen nie mit leeren Händen weg. Sogar bei Versehgängen in abgelegene Gebiete des Natischer Bergs brachte er den Kranken zusammen mit dem geistlichen Beistand oft auch materielle Hilfe. Tscherrig war auch Vormund des Vollwaisen und späteren Missionsbischofs von Reyes in Bolivien, Mgr. José Alfonso Tscherrig (1906–1984), CSSR.

Mit seinen priesterlichen Mitarbeitern, dem Kaplan und dem Rektor, pflegte er, wie Kaplan Heinrich Zenhäusern 1929 in der «Chronik von Blatten» schrieb, «ein einzigartiges Verhältnis. Es war ein gegenseitiges Verstehen von wahrhaft idealer Weise»[344]. Ebenso pflegte er gezielt den persönlichen Kontakt mit den Gläubigen. Für die damalige Italienerkolonie war Tscherrig eine wichtige Integrationsfigur. Er machte die Missione Cattolica gewissermassen zu einer Pfarrei in der Pfarrei. Mit dem langjährigen Italienerseelsorger Don Giuseppe Bergamo verband ihn eine innige Freundschaft.

Wer morgens früh die Kirche von Naters betrat, sah vorne im Chor, immer am gleichen Platz, den Pfarrer im Gebet versunken. Er war ein eifriger Beter. Des Weiteren setzte er all seine Kräfte ein, um Interesse am Priesterberuf zu wecken. Mit Erfolg. Naters erlebte noch zu seiner Zeit eine ganze Anzahl eindrucksvoller Primizen. Mit grosser Freude beging Pfarrer Tscherrig auf Wunsch des Gemeinderates am 29. Juni 1929 sein silbernes Priesterjubiläum, bei dem viele Redner den Gefeierten als ausgezeichneten Seelenhirten priesen. Er aber meinte in seinem Dankeswort: «Ich bin froh, wenn man mich feiert, denn dabei sagt man mir, wie ich sein sollte.»

«Schaffen, schaffen!», das war seine Devise. Er gönnte sich, wie er selbst bemerkte, nur fünf Stunden Schlaf. Es ist unvorstellbar und geht beinahe über menschliche Kräfte, mit welcher Intensi-

*Ein langer Zug von Priestern begleitete Pfarrer Tscherrig auf den Friedhof.*

tät Pfarrer Tscherrig überall am Werk war. In den Sielen sterben, das hat schon der römische Dichter Ovid gewünscht: «Quum moriar, medium solvar et inter opus» *[= Wenn ich sterbe, will ich sterben mitten im Werk]*. Das war auch das Losungswort von Emil Tscherrig. Er starb buchstäblich in den Sielen, mitten in der Arbeit im Saatfeld Gottes. Noch am Todestag, dem 6. Januar 1942, nahm er morgens früh viele Beichten ab, predigte zweimal, präsidierte nachmittags eine Kirchenratssitzung, hielt bei einer Feier im Kloster St. Ursula einen Vortrag, machte abends noch zwei Versehgänge und nahm schliesslich zu später Abendstunde an der Generalversammlung des Kirchenchors teil. Dabei hielt er eine eindrückliche Ansprache, die er mit dem üblichen «Ich habe gesprochen» schloss. Er setzte sich – und starb, während einige noch applaudierten. Das war am Dreikönigsfest 1942, einem Tag, den viele Natischer noch heute in Erinnerung haben. Die Beerdigung am 9. Januar 1942 mit einer gewaltigen Beteiligung der Behörden und des Volkes, nach Pressemitteilungen bis gegen 4000 Personen, darunter über 100 Priester, war der Ausdruck grosser Ergriffenheit und tiefster Dankbarkeit. Der damalige Rektor des Kollegiums, Albert Schnyder (1894–1970), hielt eine «klassische Ansprache». Gemeindepräsident Meinrad Michlig von Naters nannte in seiner Ansprache den Verstorbenen «einen Priester seltenen Formats». Der Jesuitenpater Walter Mugglin, der Pfarrer Tscherrig durch die Mitarbeit in der Marianischen Kongregation besonders gut kannte, schrieb im ‹Walliser Volksfreund› (1942, Nr. 9): «Das Leben und der Tod dieses Seelsorgers ist eine Apologie *[Verteidigungsrede]* des Priestertums der katholischen Kirche. Und nicht nur die zehn

*Auch Bischof Viktor Bieler und das Domkapitel gaben Pfarrer Tscherrig das letzte Geleit.*

geistlichen Söhne dieses hervorragenden geistlichen Vaters, sondern die ganze Gemeinde Naters und Birgisch sowie das Walliservolk dürfen dem Herrn ein ‹Te Deum [laudamus]› [= Dich, Gott, loben wir] singen, dass er ihnen diesen Priester geschenkt hat.»[345]

## 49. H.H. Ernst Zenklusen von Simplon-Dorf: 1942–1959

Ernst Zenklusen wurde am 21. März 1886 als ältestes von vier Kindern dem Ehepaar Joseph und Katharina Zenklusen-Kluser in Simplon-Dorf geboren. Er studierte in Brig 1900–1907, besuchte das Priesterseminar in Sitten 1907–1911, empfing daselbst am 2. Juli 1911 die Priesterweihe und primizierte am 16. Juli desselben Jahres in Simplon-Dorf. Er war Pfarrer von Eisten 1911–1921, Pfarrer von Unterbäch 1921–1938, Pfarrer von Gampel 1938–1942, Pfarrer von Naters vom 16. Januar 1942 bis 1959, Rektor in Naters 1959–1961 und Rektor in Niedergampel 1961–1972. Seinen Lebensabend verbrachte er im St. Jodernheim in Visp und im St. Annaheim in Steg, wo er am 15. Juni 1975 als Senior der Diözesanpriester in seinem 90. Altersjahr und im 65. Jahr seines Priestertums starb. Er wurde in seiner Heimatgemeinde Simplon-Dorf unter Teilnahme von über 50 Mitbrüdern im Priestergrab beigesetzt. Er ist der Bruder des im Oberwallis bekannten Jesuitenpaters und Volksmissionars Eduard Zenklusen.

Schauen wir zurück auf dieses mit viel Arbeit, Liebe und Gebet erfüllte Priesterleben. In Unterbäch liess Pfarrer Zenklusen in den Jahren 1936/1937 die Kirche renovieren. 1926 führte er dort das Pfarrblatt ein, «das zu den besten im Oberwallis gezählt werden konnte». Er war der letzte Pfarrer, den das Volk von Unterbäch durch das Privileg Papst Julius III. seit 1554 selber wählen durfte.[346] Am 16. Juli 1936 feierte Zenklusen in Unterbäch sein silbernes Priesterjubiläum. In Gampel führte er 1938 das Pfarrblatt ein und liess die 1890 errichtete Kapelle «Zu den Spitzen Steinen» in den Jahren 1940/1941 abbrechen und neu errichten. In Naters kämpfte Pfarrer Zenklusen mit aller Kraft und sehr besorgt für moralische Sitten, Zucht und Ordnung, was den damaligen Pfarrblättern von Naters und den «Verkündheften» des Öfteren zu entnehmen ist. Unter dem Titel «Dringende Bitten» ist da zum Beispiel Folgendes zu lesen: «Eine Vorschrift der heiligen Kirche lautet: ‹Das Damenkleid soll am Hals geschlossen sein und soll über die Ellenbogen und über die Knie reichen.› Das gilt selbstverständlich für alle Frauenspersonen, auch für die Mädchen und für die Kinder. Bitte, haltet euch daran! Frauenspersonen, die das nicht beobachten und dabei noch keine Strümpfe tragen oder Mütter, die das erlauben oder verschulden, werden sicher schwere Schuld auf ihre Seele laden. Ihr Mütter, bitte, bitte, erzieht eure Kinder zur Einfachheit, zur Schamhaftigkeit und zur Keuschheit. Es gilt dies selbstverständlich auch für die Leute im Berg und für das Verweilen im Berg. Kurze Röcke und keine Strümpfe ist sicher besonders unanständig an den Hängen und Halden im Berg.»[347] 1961 konnte Pfarrer Zenklusen in Naters das goldene Priesterjubiläum feiern. In Niedergampel liess der immer noch unentwegt arbeitende Rektor Zenklusen die Kapelle renovieren. Am 9. Dezember 1961 verlieh ihm die Gemeinde Bratsch, zu der Niedergampel politisch gehört, für seine «treffliche Seelsorgearbeit um Gotteslohn» das Ehrenburgerrecht. Und am 27. Juni 1971 bereitete ihm Niedergampel anlässlich seines diamantenen Priesterjubiläums eine glanzvolle Feier. An seinem 90. Geburtstag, am 21. März 1975, überbrachte dem im St. Annaheim weilenden alt Pfarrer Zenklusen, der im hohen Alter das Augenlicht fast gänzlich verloren hatte, eine Vertretung der Gemeinde Simplon-Dorf «einen bequemen, gepolsterten Stuhl und die besten Wünsche für die Zukunft».

Pfarrer Zenklusen wirkte über seine Pfarreien hinaus. So war er 1924–1930 Präsident des Oberwalliser Lehrervereins, 1932–1938 Kreispräses der Oberwalliser Jungmannschaften und 1942–1972 Vizepräsident des Verbandes der Darlehenskassen des Oberwallis. Während seines ganzen Lebens hat er sich für die sozial Schwächeren stark gemacht. So forderte er stets die Entstehung und die Entwicklung der Raiffeisenkassen, für die er drei Festschriften verfasste. Noch nicht genug. Schon von seiner Studienzeit an betätigte sich der fleissige Schaffer als Schriftsteller und Geschichtsschreiber. In der langen Reihe seiner Publikationen finden wir Erzählungen, Sagen, Theaterstücke, Erlebnisberichte, Übersetzungen, Editionen, historische Abhandlungen, volkskundliche Artikel, Biografien und Nachrufe. Wir zählen fast 100 Titel, davon acht Bücher. Er gilt als der bedeutendste Chronist seiner Bergheimat Simplon-Dorf. Auch Naters beschenkte er mit einigen Beiträgen, darunter beispielsweise 1964 «450 Jahre Beinhaus von Naters». Er war der letzte Natischer Pfarrer, der noch die wertvollen Stammbaumbücher laufend ergänzte.

Als Priester war Zenklusen kompromisslos, untadelig und musterhaft. Von ihm kann man in Wahrheit sagen: Was er schrieb, war ein Stück seiner selbst, aber auch beim Sprechen über Grundsätzliches «nahm er kein Blatt vor den Mund». Der langjährige Kolumnist des ‹Walliser Boten›, Peter von Roten, charakterisierte alt Pfarrer Zenklusen als «eine Priesterfigur, die es verdient, in ihrer Merkwürdigkeit und Einmaligkeit unvergessen zu bleiben»[348].

## 50. H.H. Paul Grichting von Leukerbad: 1959–1968

Er ist Burger von Leukerbad und wurde am 15. Januar 1923 in Getwing/Leuk als Sohn des Emil und der Maria Suter von Morschach (Schwyz) geboren. In Niedergampel und Leukerbad besuchte er 1930–1936 die Volksschule und kam dann an das Kollegium nach Brig, wo er 1944 die Matura Typ A ablegte. Dann studierte er bis 1948 am Priesterseminar in Sitten Theologie und wurde am 20. Juni 1948 in Sitten zum Priester geweiht. Nach der Primiz, die er am 29. Juni 1948 in seiner Heimatpfarrei Leukerbad feierte, begab er sich nach Rom, um an der päpstlichen Universität Gregoriana zuerst das Theologiestudium weiterzuführen und danach bis 1952 Kirchengeschichte zu studieren. Daselbst erwarb er das Lizenziat in Kirchengeschichte. Er war dann vom 1. November 1952 bis zum 4. September 1959 Rektor in Naters und anschliessend bis zum 1. September 1968 Pfarrer von Naters. Am 13. August 1968 ernannte ihn Papst Paul VI. zum Kaplan der Päpstlichen Schweizergarde in Rom; dieses Amt übte er 21 Jahre lang, vom 24. Oktober 1968 bis zum 1. September 1989, mit viel Erfolg aus. Als Gardekaplan hatte er den Grad eines Oberstleutnants.

*Papst Johannes Paul II. und Gardekaplan Msgr. Paul Grichting.*

Im Umgang mit der vielschichtigen Bevölkerung von Naters waren Pfarrer Grichting seine Sprachkenntnisse sehr von Nutzen. Wiederholt konnten die Natischer sein Organisationstalent, aber auch seinen Kunstsinn bei der Errichtung von Fronleichnamsaltären und an Primizfeiern bewundern. In der Kirche von Naters liess er die Heizung installieren. Sein überzeugendes und gewinnendes Auftreten begeisterte allenthalben. Der alltägliche administrative Kleinkram aber behagte ihm wenig.

Seine Tätigkeit in der Garde hat tiefe Spuren hinterlassen. Er betreute im Laufe der Jahre über 700 Gardisten und freut sich darüber, dass von diesen 15 Priester geworden sind. Er setzte sich nicht nur voll als Seelsorger für die Garde und deren geistigen Belange ein, sondern auch für deren materielle Besserstellung. Grichting war wesentlich daran beteiligt, gute und bessere Lösungen zu erwirken für die Probleme mit der Besoldung, der Pension, der Treueprämie, den Heiratsmöglichkeiten für Unteroffiziere, der Schaffung von Unteroffizierswohnungen usw.

Seine Tätigkeit reichte aber weit über die Garde hinaus. Bei ihm in Rom liefen viele Fäden der schweizerischen Kirche zusammen. Er war Vertrauensmann der Schweizer Bischöfe in Rom, die bei ihm gastliche Aufnahme fanden.

Am 11. November 1971 wurde Paul Grichting zum Kaplan Seiner Heiligkeit mit dem Titel Monsignore ernannt, am 30. April 1983 zum Ehrenprälaten und am 18. Juli 1989 zum Apostolischen Protonotar (Ehrentitel). Am 8. September 1989 ernannte ihn der Bischof zum Domherrn der Kathedrale von Sitten.

Fügen wir hier noch den Schlusstext des Tagesbefehls bei, den der Kommandant der Päpstlichen Schweizergarde, Oberst Roland Buchs, am 7. September 1989 zur Verabschiedung von Msgr. Grichting erliess: «Wieviele Stunden der gewiefte Menschenkenner und bewährte Verhandlungspartner einsetzte, um das Problem der Rekrutierung und die Situation der Ex-Gardisten einer allseits befriedigenden Lösung näher zu bingen, weiss nur er. Das Ergebnis seines selbstlosen Unternehmens indes ist vor unser aller Augen. Für seinen grosszügigen Einsatz, sein freudvolles Engagement, seine mannhafte Treue, seinen echt priesterlichen Dienst zum Wohl aller sagt die Päpstliche Schweizergarde heute dem abtretenden Gardekaplan ein dankerfülltes Vergelt's Gott.»[349]

### 51. H.H. Peter Lagger von Münster: 1968/1969

Pfarrer Lagger wurde am 2. November 1915 als Sohn des Peter und der Euphrosine Werlen in Münster geboren, besuchte das Kollegium Brig 1930–1938, das Priesterseminar in Sitten 1938–1943, empfing am 28. Juni 1942 die Priesterweihe und primizierte am 29. Juni des gleichen Jahres in Münster. Er war Kaplan in Fiesch 1943–1952, Pfarrer von Binn 1952–1958, Präfekt und Religionslehrer am Kollegium Brig 1958–1968, Pfarrer von Naters 1968/1969, Professor am Kollegium Brig 1969–1984, Ökonom daselbst 1974–1992 und verbringt seither seinen Ruhestand im Internat des Briger Kollegiums.

In Binn erwarb er sich grosse Verdienste mit der Restauration der Kirche und des Pfarrhauses. Über seine Präfekturzeit im Kollegium schrieb 1968 Rektor Albert Carlen im Jahresbericht: «Volle zehn Jahre, länger als alle seine Vorgänger, versah er das Amt des Präfekten mit Auszeichnung und Erfolg. Es zeichneten ihn aus eine grosse Bescheidenheit und Liebenswürdigkeit, ein hohes Pflichtbewusstsein, eiserne Konsequenz und ein angeborenes Geschick im Umgang mit der Jugend. Er war immer auf Posten, es herrschte Ordnung und Pünktlichkeit und darum Zufriedenheit. Sein Unterricht neben der Präfektur beruhte auf einem soliden Bibelstudium. Er arbeitete die neueste Literatur seines Faches gründlich durch und hatte demgemäss auch grossen Erfolg.»

Zum Pfarrer von Naters ernannt, sah er von einem offiziellen Empfang ab. Die Pfarrinstallation erfolgte am St. Mauritiusfest 1968. Schon nach neunmonatiger Tätigkeit musste Pfarrer Lagger im Juni 1969 aus gesundheitlichen Gründen auf die Pfarrei Naters verzichten, was von der gesamten Bevölkerung wie auch von den verbleibenden Seelsorgern überaus bedauert wurde. Seine fröhlich ruhige Art, der selbstverständliche priesterliche Einsatz auf allen Gebieten der Seelsorge und die flotte Zusammenarbeit mit den anderen Priestern der Pfarrei liessen in kürzester Zeit ein Klima des gegenseitigen Vertrauens und der Freude entstehen.

### 52. H.H. Josef Pfaffen von Mund: 1969–1990

Josef Pfaffen wurde am 29. Dezember 1926 als Sohn des Johann und der Maria Pfammatter in Mund geboren. Nach acht Jahren Primarschule besuchte er das Kollegium in Brig 1941–1949, das Priesterseminar in Sitten 1949–1954, empfing am 20. Juni 1954 die Priesterweihe und feierte am 4. Juli des gleichen Jahres auf dem Kirchplatz in Mund sein Erstlingsopfer.

Josef Pfaffen war Kaplan in Leuk-Stadt 1954–1958, wirkte dann von 1958 bis 1961 zuerst als Rektor und ab 1961 als erster Pfarrer der immer grösser werdenden Pfarrei Susten. Hier leistete er gediegene Seelsorgearbeit und konnte seinem Nachfolger ein schuldenfreies Gotteshaus übergeben.

1969 berief ihn Bischof Adam in die grösste Oberwalliser Pfarrei Naters, in der er bis 1990 verständnisvoll, weltoffen und mit unentwegtem Einsatz wirkte. Während seiner Amtszeit in Naters sind bedeutende Werke geschaffen worden: Aussen- und Innenrenovation der Kirche und fast aller Bergkapellen, Neubau der Bruder-Klaus-Kapelle in Geimen, Restauration des Beinhauses und des Pfarrhauses. Des Weiteren engagierte er sich stark bei der Verwirklichung der Alterssiedlung Sancta Maria und in der Planungsphase des Zentrums Missione. Dank seines ausgeglichenen Charakters und seiner noblen Art verlief bei all diesen Arbeiten die Zusammenarbeit mit der Gemeinde und den Kommissionsmitgliedern problemlos. Seine Hauptaufgabe aber galt der täglichen und nicht wenig zermürbenden Kleinarbeit in der Seelsorge der weit verzweigten Pfarrei. Dabei fand er immer noch Zeit zum mitbrüderlichen Zusammensein, zum Wandern und Sporttreiben. Schon 1971 gründete er als einer der ersten im Bistum Sitten den Pfarreirat. Von 1978 bis 1985 war Pfarrer Pfaffen Präses des Cäcilienverbandes des Bezirkes Brig. 1985 ernannte ihn der Bischof auf fünf Jahre zum Dekan des Dekanates Brig. Mit seinen geistlichen Mitbrüdern in der Pfarrei, mit den Kaplänen und Rektoren in Naters, im Berg und in Birgisch – es waren während seiner Zeit deren neun – pflegte er ein ungezwungenes, freundschaftliches Verhältnis. Am 7. Juli 1979 feierte Pfarrer Pfaffen in Naters zusammen mit Pater Paul Erdmann (50 Jahre Priester) sein silbernes Priesterjubiläum. Am 28. April 1987 ernannte ihn die Burgerschaft Naters in Anerkennung seiner Verdienste um Pfarrei und Gemeinde zu ihrem Ehrenburger. Der Ehrentrunk fand am Fronleichnamsfest, am 2. Juni 1988, statt, wobei ihm sein priesterlicher Freund Pfarrer Peter Jossen eine gediegene Laudatio hielt. Begreiflich, dass die Natischer den Wegzug von Pfarrer Pfaffen bedauerten. Er selber schrieb im Natischer Pfarrblatt von Juli/August 1990 in seinem Abschiedswort Folgendes: «Partir, c'est un peu mourir!» [= Abschied nehmen heisst ein bisschen sterben!] Seit 1990 amtet Josef Pfaffen als Pfarrer der Touristenpfarrei Bellwald.

## 53. H.H. Josef Zimmermann von Visperterminen: 1990–1992

Er wurde am 7. März 1939 als Sohn des Organisten Julius und der Augusta Zimmermann in Visperterminen geboren, studierte am Kollegium Brig 1954–1962, Theologie am Priesterseminar in Sitten 1962–1967, empfing am 18. Juni 1967 die Priesterweihe und primizierte am 2. Juli 1967 in Visperterminen. Er war Rektor in Naters 1967–1979, Pfarrer in Saas-Grund 1979–1990 (mit gleichzeitiger Betreuung der Pfarreien Saas-Almagell und Saas-Balen in den Jahren 1988–1990) und Pfarrer von Naters 1990–1992. Kardinal Heinrich Schwery ernannte ihn im Juni 1991 zum Bischofsvikar für das Oberwallis und im September 1992 zum Domherrn von Sitten. Im Interesse einer guten Übergabe der Seelsorgepflichten an einen neuen Pfarrer verblieb Bischofsvikar Zimmermann als Pfarrer noch bis Juli 1992 in Naters. Im Jahre 1995 wurde er zum Generalvikar für das Oberwallis ernannt.

In den Pfarreien entfaltete Josef Zimmermann eine reiche seelsorgliche Tätigkeit. Zählen wir auf: Präses der Jungwacht Oberwallis 1968–1978, Präsident der Katechetischen Kommission Oberwallis 1978–1984, Leiter des SAKES-Ressorts Religion 1974–1978, Vizeregens (von Saas-Grund aus; Betreuung der Oberwalliser Seminaristen in Freiburg 1983–1986), Dekan des Dekanates Visp 1987–1990, Mitglied der Interdiözesanen Katechetischen Kommission 1978–1984 usw. Des Weiteren wird das Bildungshaus St. Jodern seit 1993 von einem Team unter Führung des Generalvikars Josef Zimmermann geleitet. In die Zeit seines Wirkens in Naters fiel die Eröffnung des Zentrums Missione, an dem die Pfarrei ebenfalls beteiligt ist. Pfarrer Zimmermann war in den Pfarreien ein gern gehörter Sänger und Prediger, der kompetent, weltoffen und einfühlsam für die Belange der Mitmenschen eintrat. Als Generalvikar ist er für den Bischof eine grosse Stütze.

## 54. H.H. Stefan Schnyder von Brig: 1992–1999

Stefan Schnyder wurde als Sohn von Staatsrat Dr. Oskar Schnyder, Burger von Gampel, und der Anna Gentinetta am 11. Januar 1937 in Brig geboren, besuchte dort das Kollegium 1949–1957, das Priesterseminar in Sitten 1957–1962 und empfing am 24. Juni 1962 die Priesterweihe. Er studierte anschliessend 1962–1965 an der Päpstlichen Universität Gregoriana in Rom Kirchenrecht. Diese Studien schloss er zunächst mit dem Lizenziat in Kirchenrecht ab.

Danach war er Vikar in Glis 1965–1971, Jugendseelsorger fürs Oberwallis 1971–1975 und Präfekt und Religionslehrer am Kollegium Brig 1975–1983. Er erwarb an der Gregoriana in Rom mit der Dissertation «Das Objekt des Ehewillens» den Doktortitel 1980/1981, war Rektor des Kollegiums in Brig 1983–1991, Pfarrer von Randa 1991/1992 und Pfarrer von Naters von 1992 bis zum 30. Juni 1999. Er trat aus gesundheitlichen Gründen zurück.

Blicken wir zurück: Schon als Vikar in Glis beim Volk beliebt (ist daselbst Schützenbruder und Nesselschäfer) und als Jugendseelsorger kontaktfreudig, konnte er als Präfekt und Religionslehrer und erst recht als Rektor des Kollegiums seine hohen geistigen Fähigkeiten und seine menschlichen Qualitäten wie Offenheit, Leutseligkeit und Konzilianz tatkräftig einsetzen. Als Rektor pflegte er einen kooperativen Führungsstil, war ein Mann des Ausgleichs und der Integration und kannte von den zirka 1000 Studierenden die meisten mit Namen. Unvergessen ist bei den Studenten auch der alljährliche Kollegiumstag, der vor allem der Pflege der Kameradschaft und der Gemeinschaft dient und bei dem Rektor Schnyder, so richtig im Element, die Hauptrolle spielte. Rektor Siegfried Escher schrieb im Jahresbericht 1990/1991 des Kollegiums folgende Worte auf den scheidenden Rektor Stefan Schnyder: «Deine Worte charakterisieren Dich, den gebildeten, vielschichtigen, empfindsamen, ernsten und doch frohen, humorvollen Menschen, der Wesentliches erkennt, der ausspricht, was gesagt sein muss, versöhnlich aber auch bestimmt, witzig und geistreich, der lobt und tadelt, der fordert, bittet, betet und dankt. Mit Dankesworten hast Du nie gegeizt.»

Pfarrer Schnyder setzt seine geistigen und pastoralen Gaben gelegentlich auch in den Medien ein. Seine «Worte zum neuen Tag» im Radio DRS erreichen ebenso wie früher seine Fernsehpredigten ein grosses Publikum. Er ist hin und wieder auch über «Radio Rottu» zu hören. Sein Lieblingsspruch «Nimm's nit z schwär» mag manchen im Alltag ermuntern. Er schreibt ferner Sonntagsartikel im ‹Walliser Boten›. Dass er der Armee als Feldprediger diente und Mitglied des diözesanen Ehegerichts war, sei nur am Rand vermerkt. In Naters, wo er eine gut funktionierende Pfarrei, eine renovierte Kirche und alle Kapellen restauriert vorfand, wurde er mit Freuden aufgenommen. Wie nicht anders zu erwarten, übte er seinen täglichen priesterlichen Dienst mit grosser Gewissenhaftigkeit und wacher Hirtensorge aus. Er liebte die Natischer und sie liebten ihn. Während der Monate Juli und August 1999 wurde das Seelsorgeteam der Pfarrei Naters nach dem Wegzug von Pfarrer Schnyder unterstützt durch den Priester Uchenna Ezeh aus Nigeria, der in Innsbruck Theologie studierte.

## 55. H.H. Anton Eder von Visp: seit 1999

Pfarrer Eder wurde am 27. Juli 1948 in Visp als Sohn des Heinrich und der Albertine Jost geboren. Anton Eder besuchte das Gymnasium in Immensee, wo er 1968 mit der klassischen Matura abschloss. Anschliessend studierte er Theologie in Sitten und Freiburg i.Ü. 1968–1973, machte sein Pastoraljahr in Naters 1973/1974, empfing am 16. Juni 1974 die Priesterweihe in Naters und primizierte am 23. Juni desselben Jahres in Visp. Er war Vikar in Naters 1974/1975, Vikar in Brig 1975–1981, nach einem Weiterbildungsjahr in Tübingen Bundespräses von Blauring und Jungwacht in Luzern 1982–1985 und Prior von Kippel und Pfarrer von Ferden 1985–1999. Von 1994 bis 1999 amtete er als Dekan des Dekanates Raron. Daneben wirkt er bei der kirchlichen Radiogruppe Oberwallis mit und sprach auch das «Wort zum Sonntag» im Schweizer Fernsehen.

# Kapläne

## Der «Pfarrer» des Natischer Bergs

Bevor wir auf die Kurzbiografien der einzelnen Kapläne von Naters eingehen, heben wir in einem kurzen Streifzug den besonderen Seelsorgestatus des Natischer Kaplans hervor. Neben den üblichen Verpflichtungen in Naters selbst war der Kaplan von alters her der «Pfarrer» des Natischer Bergs. Während man seine seelsorglichen Aufgaben für den Berg in früheren Jahrhunderten nicht näher schriftlich festlegte, so besagt eine Notiz vom 4. Mai 1854, dass der Kaplan sich «am Fest des hl. Andreas (30. Nov.) nach Blatten begebe, um allda zu verbleiben bis Mitte Hornung»[350]. Laut Visitationsakt von 1863 muss der Kaplan vom Tag der Alpfahrt an bis «etwa 8. September» auf der Alpe Bel wohnen und vom 8. Oktober bis zum 1. Februar in Blatten Gottesdienste halten.[351] Dasselbe wurde 1890 erneut festgehalten, indem man ausdrücklich auf die alten «kirchlichen Gebräuche» hinwies und zusätzlich hervorhob, dass der Kaplan vom 9. Dezember bis zum 1. Februar in Blatten wohne.[352]

Als 1932 in Naters mit der Person des Rektors ein dritter Priester angestellt wurde, verlangte die Gemeindeverwaltung auf eindringliches Begehren der Bewohner von Blatten, dass nun der Kaplan, ausser im Sommer, das ganze Jahr über in Blatten Wohnsitz beziehe. In dieser recht brenzligen Lage wandte sich Pfarrer Tscherrig an den Bischof, der aber im Brief vom 14. Oktober 1932 mitteilte, dass durch die Errichtung des Rektorates die Pflichten des Kaplans gegenüber Blatten in keiner Weise geändert würden.[353]

Inzwischen aber leisteten die Steyler Missionare in Blatten regelmässige Seelsorge, so dass bei den Bewohnern daselbst wieder Friede einkehrte. Als die Patres des Theresianums von Blatten endgültig wegzogen, beschloss der Kirchenrat am 23. Mai 1956, dass der Kaplan sommers Blatten und die Belalp betreuen soll, da die rasche Verbindung mit der inzwischen erbauten Seilbahn dies ermögliche. Die Ortsgeistlichen wünschten aber, dass der Kaplan nun im Sommer in Blatten wohne, doch die Gemeindeverwaltung beharrte auf der alten Tradition, dass der Sommerwohnsitz des Kaplans auf Bel bleibe. Nach recht langwierigen Debatten stimmten die Ortsgeistlichen nur ungern diesem Begehren zu.[354]

Ein Jahr später entbrannte eine neue Diskussion. Am 26. August 1957 beschlossen die drei Seelsorger der Pfarrei, Pfarrer Zenklusen, Kaplan Pierig und Rektor Grichting, aufgrund der veränderten Lage den Wohnort des Kaplans während der Wintermonate Dezember und Januar in Blatten aufzugeben. Ihre Begründung lautete: Früher wohnten in den genannten Monaten in Blatten und Umgebung so viele Familien, dass zwei bis drei Schulen mit 70 bis 80 Kindern geführt werden mussten. Im Winter 1957/1958 würden in Blatten nur mehr 44 erwachsene Personen mit 10 Schulkindern wohnhaft sein, während in Naters die Bevölkerungszahl auf 3600 Personen mit 600 Schulkindern angestiegen sei. Zur Erläuterung des Beschlusses wurde unter anderem Folgendes festgehalten: 1. Der Wohnort des Kaplans in den Monaten Dezember und Januar ist nicht durch das Benefizium oder durch eine Stiftung an Blatten gebunden. 2. An Sonn- und

Feiertagen wird für den Gottesdienst in Blatten gesorgt. 3. Sofern in Blatten eine Schule ist, wird dort weiterhin Christenlehre gehalten. 4. Es wird daselbst Gelegenheit geboten, die heiligen Sakramente zu empfangen. Als mit Brief vom 14. Oktober 1957 auch der Bischof obigem Beschluss der Geistlichkeit zustimmte,[355] sammelten die Gläubigen von Blatten zuhanden des Bischofs nicht weniger als 135 Unterschriften und ersuchten ihn eindringlich, auf seinen Entscheid zurückzukommen.[356] Doch der Bischof blieb bei seinem Urteil. Am 3. August 1968 beschloss der Kirchenrat, in Anbetracht der ständig wachsenden Bevölkerung in Naters, einen neuen Vikariatsposten zu errichten. Der Bischof wollte aber diesem Wunsch wegen Priestermangels nicht zustimmen.[357]

Die Kaplanei in Naters ist sehr alt. Aus dem Jahre 1245 kennen wir aus einer Urkunde mit Johannes den ersten Namen eines Kaplans von Naters. Schon vor 1245 und auch noch nach diesem Jahr gibt es mangels Urkunden viele Lücken. Erst ab 1675 besitzen wir ein lückenloses Verzeichnis der Namen und der genauen Amtsdauer des jeweiligen Kaplans. Immerhin sind 79 Priester als Kapläne von Naters bezeugt. Von diesen stammen 16 aus Naters. Um Doppelspurigkeiten zu vermeiden, verweisen wir bei den aus Naters gebürtigen Kaplänen auf das Kapitel «Priester, gebürtig aus Naters».

Die Amtsdauer der Kapläne ist durchwegs kurz. Es fällt auf, dass die aus Naters stammenden Kapläne länger in Naters blieben als die anderen. Einsame Spitze bilden die beiden Kapläne aus Naters: Benjamin Bammatter mit 38 und Moritz Kaspar Mattig mit 32 Dienstjahren. Von diesen 79 Kaplänen sind nur fünf Pfarrer von Naters geworden. Wenn in früheren Jahrhunderten von einzelnen Kaplänen nur ein Amtsjahr angegeben ist, so bezieht sich das für gewöhnlich auf das urkundlich bezeugte Jahr, nicht aber auf die gesamte Amtsdauer. Mehr denn einer der Kapläne stieg zu hohen Würden und Ämtern auf und hat drunten in der Hauptstadt als wohlbestallter Domherr seinen Lebensabend verbracht.

## Kurzbiografien der Kapläne

Lassen wir nun die lange Liste der Kapläne in chronologischer Folge Revue passieren (im Titel Amtsjahre in Naters).[358]

### 1. H.H. Johann von Naters: 1245–1249

Er trat dreimal als Zeuge auf: 1245 in Mörel, 1247 in Stalden und 1249 in Naters.[359]

### 2. H.H. Wilhelm von Naters: 1250–1255

Siehe Kapitel «Pfarrer», Nr. 3.

### 3. H.H. Matthias von Naters: 1263

### 4. G,H. Jakob von Naters: 1267–1290

Siehe Kapitel «Priester ... aus Naters», Nr. 12.

### 5. H.H. Petrus: 1290

Er ist als Kaplan von Naters in einem Akt vom 20. Oktober 1290 bezeugt.[360]

### 6. H.H. Wilhelm von Leuk: 1299–1328

Sein Name wird in den Urkunden dreimal erwähnt: am 1. Januar 1299, am 17. Juli 1308 und am 2. November 1328.

### 7. H.H. Johannes Burkini von Naters: 1328–1339

Siehe Kapitel «Priester ... aus Naters», Nr. 15.

### 8. H.H. Johann Aufdereggen von Obergesteln: 1339

Er kommt in mehreren Akten unter dem Namen Johannes de superiore Castellione (Obergesteln) vor, heisst in einer Urkunde vom 15. August 1339 Kaplan von Naters und starb als Kaplan von Ernen.

### 9. H.H. German von Naters: 1361/1362

Siehe Kapitel «Priester ... aus Naters», Nr. 22.

### 10. H.H. Johann Pfaffo von Mund/Naters: 1369

Laut Urkunde vom 25. März 1363 übergab Bonifaz von Challent, Pfarrer von Naters, auf Präsentation von Johannes Matricularius (Sigristen), Stifter der Munder Kapelle, das durch Tod frei gewordene Rektorat dem Johann Pfaffo. 1369 wird er als Kaplan von Naters genannt.[361]

### 11. H.H. Peter Bero von Fürgangen: 1370

1370 heisst er unter dem verschriebenen Namen Vero (statt Bero) Kaplan von Naters. Als solcher starb er daselbst.

### 12. H.H. Johannes von Wissenwegen: 1371

Ob dieser Kaplan von Meienberg (Aargau) oder Luzern stammte, wo die von Wissenwegen früher beheimatet waren, ist unbekannt.

### 13. H.H. Karl von Agoern: 1373–1383

Siehe Kapitel «Pfarrer», Nr. 12.

### 14. H.H. Hilprand Murmann von Reckingen: 1390–1394

Hilprand Murmann, Sohn des Meiers Simon «ob Wylere» (Reckingen), wurde 1390 von Karl von Agoern, Pfarrer von Naters, zum Kaplan gewählt und erhielt 1394 eine andere Pfründe. Er erscheint zwischen 1374 und 1426 immer wieder als Priester und Notar, so z.B. in Ernen, Fiesch und Brig. Von 1406 bis etwa 1426 war er in Fiesch tätig.[362]

### 15. H.H. Christian Zuber von Reckingen: 1394

Karl von Agoern, Pfarrer von Naters, ernannte am 15. März 1394 seinen Neffen Christian Zuber zum Kaplan von Naters.[363] Zuber übernahm am 5. November 1394 auch die Pfründe der Heiligsten Dreifaltigkeit von Naters.

### 16. H.H. Johann Mans: 1395

Er wird 1395 als Kaplan von Naters und Domherr von Sitten genannt.

### 17. H.H. Simon: 1400

Am 5. Januar 1400 trat er in einem Vertrag zwischen den Oberwalliser Gemeinden und Savoyen als Zeuge auf.[364]

### 18. H.H. Peter von Naters: 1401

Siehe Kapitel «Priester ... aus Naters», Nr. 28.

### 19. H.H. Georg Aubert: 1432

Aubert erscheint am 23. November 1432 als Zeuge.[365]

### 20. H.H. Johannes Scheonleben: 1452

Er war am 20. August 1452 bei der Teilung einer Erbschaft in Naters als Zeuge anwesend.[366]

### 21. H.H. Thomas Triebmann: 1495

Triebmann stammte aus einem alten, ausgestorbenen Geschlecht von Zermatt und fungierte 1495 als Kaplan von Naters, vertrat 1496 Pfarrer Matthäus Schiner als Vikar, war 1498 Altarist in Ernen, 1499 Kaplan des Pfarrers Matthäus Schiner, erscheint im gleichen Jahr als Sachwalter eines gewissen Hilarius Bigor vor dem Herzog von Mailand und war Pfarrer von Ernen 1500–1524. Dort scheint Triebmann einer der wenigen gewesen zu sein, die zum Kardinal Schiner hielten, und wurde deshalb von den Ernern, die grösstenteils auf der Seite von Jörg Supersaxo standen, sogar vertrieben. In einem ergreifenden Brief vom 9. März 1520 aus Realp bittet er Kardinal Schiner um Hilfe und klagt: «Das grösste Unglück ist, sich zu erinnern, dass man früher glücklich war. Früher hatte ich Wein im Überfluss, jetzt freue ich mich, Wasser zu haben.»[367] Zu seiner Zeit entstand in Ernen unter dem Baumeister Ulrich Ruffiner die neue Kirche.[368]

### 22. H.H. Simon Ruppen von Naters: 1502

Siehe Kapitel «Priester ... aus Naters», Nr. 42.

### 23. H.H. Thomas Bilgischer von Saas: 1512

Am 1. Februar 1503 war Thomas Bilgischer als Priester Zeuge in Sitten, heisst am 16. Juni des gleichen Jahres Rektor des hl. Sebastian auf Valeria, verzichtete am 26. August 1503 auf das Rektorat der heiligen drei Könige und wurde Altarist des heiligen Kreuzes in Sitten. Am 2. und 21. Juli 1512 erscheint er als Kaplan von Naters. Am 17. Mai 1504 erhielt er vom Domkapitel die Erlaubnis, seine Studien fortzusetzen. Am 28. Dezember 1514 erfolgte seine Wahl ins Domkapitel. Als Anhänger des Kardinals Schiner musste er das Land verlassen und erscheint des Öfteren im Gefolge desselben, so z.B. am 29. Oktober 1517 in Zürich und 1521 auf dem Reichstag in Worms. Er starb am 5. September 1533.[369]

### 24. H.H. Johannes Goben von Visp: 1513

Er stammte aus Visp,[370] verfasste am 1. Dezember 1513 als Kaplan von Naters daselbst sein Testament, erhielt am 14. Februar 1514 von Papst Leo X. das Privileg der Immunität (Schutz vor Strafverfolgung)[371] und von Kardinal Schiner am 31. Dezember 1515 die Pfründe der Heiligen Sebastian und Anna in der Kirche von Naters.

### 25. H.H. Hilprand Salzmann von Naters: 1513–1529

Siehe Kapitel «Priester ... aus Naters», Nr. 45.

### 26. H.H. Anton Zerpini: 1546

Am 11. Mai 1546 referierte Anton Zerpini, Kaplan von Naters, in der «Mundgassun» im Haus des Notars Johann de Ponte alias Megetschen, über das Testament des Wilhelm Zumberg, das dieser am 23. April schwer krank in seinem Haus in Geimen gemacht hatte.[372]

### 27. H.H. Thomas Venetz von Saas: 1553

Er studierte 1546 in Freiburg i.Br., erscheint am 23. August 1553 als Kaplan von Naters und trat dort am 22. August des gleichen Jahres zusammen mit Bischof Jordan in die Bruderschaft der Geistlichen ein. Am 15. November 1558 wurde Venetz als Pfarrer von Täsch ins Domkapitel gewählt. Er starb vor dem 4. Februar 1575.[373]

### 28. H.H. Nikolaus Iten: 1560–1564

Er trat 1558 in Naters als Zeuge auf.[374]

### 29. H.H. Nikolaus Roth von Freiburg i.Ü.: 1565

Er ist urkundlich am 9. und 14. November 1565 als Kaplan von Naters bezeugt.

### 30. H.H. Heinrich Zuber von Mund: 1572

Siehe Kapitel «Pfarrer», Nr. 25.

### 31. H.H. Peter Gutheil von Mund: zweite Hälfte 16. Jahrhundert

Er war der Sohn des Johannes Gutheil (†1605), Meier von Finnen (1591/1592), war in der zweiten Hälfte des 16. Jahrhunderts Kaplan in Naters und wird in den Jahrzeitbriefen und im Totenregister von Mund als «ehrwürdiger und hochgelehrter» Domherr von Sitten bezeichnet. Er starb 1618.[375]

### 32. H.H. Isaak Schmidt von Zermatt: 1608–1610

Isaak Schmidt, Sohn des Hans, erhielt am 31. August 1582 die Eusebiuspfründe und am 11. Februar 1592 das Benefizium der hl. Maria Magdalena in Sitten. Isaak oder Hans Fabri (Schmid) heisst 1597 Pfarrer von Zermatt, Ende des 16. Jahrhunderts Kaplan von St. Niklaus; 1608 war er als Kaplan Zeuge in Naters, wo er am 29. Mai 1610 eine Krone für die grosse Glocke schenkte. Als Pfarrer von Täsch erbaute Schmidt 1611/1612 daselbst das Pfarrhaus und wird am 16. August 1614 Altarist von Grächen genannt. Unter letzterem Datum schrieb er in einem Beschwerdebrief an seinen geistlichen Vater Peter Brantschen, Dekan und Kilchherr von Sitten, ihm beizustehen. Er, Isaak Schmidt, sei vor zwei Jahren in Täsch von zwei «gottlosen Bernern und fulun Schelmen», die er aus Barmherzigkeit beherbergt hatte, bestohlen worden. Als er diese zur Rede gestellt, hätten sie ihm das «Bein zerbrochen» und ihn dann «liggen lassen». Seither sei er sein «Leben lang erlamott». Er könne seines Amtes kaum mehr walten, denn winters «muoss man mich mit einem Ros oder Schliten von Haus zu Haus reitten oder fieren». Schmidt bittet in diesem Brief seinen geistlichen Vater, er möge sich dafür einsetzen, dass man ihm die Benefiziumspfründe der heiligen Magdalena und Allerheiligen in Sitten übergebe.[376]

### 33. H.H. Heinrich Theler von Baltschieder: 1618

Siehe Kapitel «Pfarrer», Nr. 27.

### 34. H.H. Moritz Johann Wyden: 1620

Er kommt in einer Urkunde vom 29. Juli 1620 als Kaplan von Naters vor.

### 35. H.H. Johann Maffien von Naters: 1624/1625, 1627–1636

Siehe Kapitel «Pfarrer», Nr. 28.

### 36. H.H. Johann Gertschen von Naters: 1625/1626

Siehe Kapitel «Pfarrer», Nr. 29.

### 37. H.H. Johann Kaspar Rüttimann von Luzern: 1637–1641

Er heisst am 8. September 1623 Kaplan in Glis, war Kaplan von Naters 1637–1641, Pfarrer von Fiesch 1642/1643, bis 1653 Rektor in Gampel, Kaplan von Leuk 1653–1656 und starb am 16. Mai 1659.[377]

### 38. H.H. Johann Eggel von Naters: 1641–1667

Siehe Kapitel «Priester ... aus Naters», Nr. 55.

### 39. H.H. Kaspar Schnidrig von Mund: 1667

Siehe Kapitel «Pfarrer», Nr. 31.

### 40. H.H. Johann Eyer von Naters: 1669 (?)–1675

Siehe Kapitel «Priester ... aus Naters», Nr. 59.

### 41. H.H. Johann Ludwig Berchtold von Bitsch: 1675–1685

Als Sohn des Moritz Berchtold (Berthold) 1633 geboren, kehrte er am 20. Juli 1668 als Priester und Dr. phil. aus Rom zurück und studierte im folgenden Jahr in Freiburg i.Br. die Rechte. Am 15. Januar 1667 verrechnete er zu Mörel als Doktor der Philosophie seine Studienauslagen seinem harten Vater. Berchtold wirkte 1675–1685 als Kaplan von Naters, wo er am 2. November 1684 ein von ihm gebautes Haus auf Blatten (heutiges Kaplaneihaus neben der Kapelle) der Kaplaneipfründe von Naters schenkte.[378] Er galt als frommer und gelehrter Priester und starb 1685 in Naters.

### 42. H.H. Johann Joseph Willa von Leuk: 1685–1690

Er wurde als Sohn des Johann und der Katharina Niggo am 18. März 1660 geboren, studierte bei den Jesuiten im St. Barbarakolleg in Wien und wurde Doktor der Philosophie und Bakkalaureus der Theologie. Am 29. Dezember 1684 für die Seelsorge approbiert, kam er im folgenden Jahr als Kaplan nach Naters und wurde schon am 27. November 1685 zum Titulardomherrn gewählt. Weitere Stationen: 1690–1693 Rektor an der Kathedrale in Sitten, 1693–1703 Pfarrer und Dekan von Leuk, 1703 residierender Domherr, 1704–1709 Dekan von Valeria und Sekretär des Domkapitels und 1706–1708 Generalprokurator des Domkapitels. Er starb am 12. November 1709 in Sitten.[379]

### 43. H.H. Kaspar Zumberg von Naters: 1691–1717

Siehe Kapitel «Priester ... aus Naters», Nr. 65.

### 44. H.H. Moritz Kaspar Mattig von Naters: 1718–1750

Siehe Kapitel «Priester ... aus Naters», Nr. 71.

### 45. H.H. Franz Joseph Lergien von Naters: 1750–1752

Siehe Kapitel «Priester ... aus Naters», Nr. 70.

### 46. H.H. Georg Lorenz Schmid von Naters: 1752–1770

Siehe Kapitel «Priester ... aus Naters», Nr. 74.

### 47. H.H. Prosper Johann Joseph Regli von Schattdorf: 1771–1775

Er wurde am 2. August 1740 in Schattdorf/UR als Sohn des Johann Lukas und der Anna Maria Tresch geboren, studierte in Altdorf, Sitten und Luzern, empfing 1765 die Priesterweihe, war Kurat-Kaplan auf der Göschinenalp 1765–1767, Pfarrer von Oberwald 1767–1769, Rektor in Betten 1769–1771, Kaplan in Naters 1771–1775, Kaplan in Meien/UR 1775–1780, Kaplan in Romo/TI 1780–1785, Kaplan in Z'Umdorf (Ursern) 1787–1799. Regli starb daselbst am 14. Mai 1800.

### 48. H.H. Andreas Anton Taffiner von Obergesteln: 1775–1791

Er kam 1718 als Sohn des Kastlans Andreas und der Anna Maria Jost zur Welt. Er war drei Monate Frühmesser in Ernen, Kaplan daselbst 1748–1773, Pfarrer seiner Heimatgemeinde Obergesteln 1773–1775, Kaplan von Naters 1775–1791, Rektor von Gluringen 1793/1794. Taffiner starb 1796 in Reckingen.

### 49. H.H. Johann Joseph Guntern von Münster: 1791/1792

Er wurde 1759 geboren, war Frühmesser in Ernen 1782–1787, Rektor in Ried-Mörel 1787/1788, Kaplan in Münster 1788/1789, Pfarrer von Bellwald 1789–1791, Kaplan von Naters 1791/1792, Pfarrer von Unterbäch 1792–1794, Pfarrer von Reckingen 1794–1800, Pfarrer von Grengiols 1800–1805. Während seiner Amtszeit begann der Wiederaufbau der Kirche und des Dorfes von Grengiols, das die österreichischen Truppen vor der Ankunft der Franzosen 1799 in Brand gesteckt hatten. 1805 zog Pfarrer Guntern als Feldpater nach Spanien, wo er am 2. Februar 1809 in Madrid starb.

### 50. H.H. Franz Augustin Bürcher von Fieschertal: 1793/1794

Kaplan Bürcher wurde am 25. November 1753 geboren. Er empfing 1778 die Priesterweihe und war Pfarrer von Obergesteln 1778–1782, Pfarrer in Biel 1782–1793, Kaplan von Naters 1793/1794, zum zweiten Mal Pfarrer in Biel 1794/1795, Pfarrer in Varen 1795/1796, Pfarrer in Fiesch 1796–1803, Pfarrer von Glis 1803–1825. 1808 wurde er zum Dekan von Brig und 1811 zum Ehrendomherrn ernannt. Er starb am 8. Februar 1825.

### 51. H. H. Johann Joseph Klodwig Nigg von Gersau: 1794–1801

Er kam in Leuk zur Welt. 1790 empfing er in Gerunden die Priesterweihe, blieb unverpfründet in Leuk 1790–1792, war Frühmesser und Schulherr in Ernen 1792/1793, Pfarrer in Biel 1793/1794, Kaplan von Naters 1794–1801. Nigg starb am 20. Februar 1801 als Pfarrer von Gampel.

### 52. H. H. Felix Salzmann von Naters: 1801–1804

Siehe Kapitel «Priester ... aus Naters», Nr. 77.

### 53. H. H. Joseph Anton Gibsten von Fiesch: 1804–1807

Gibsten wurde 1770 als Sohn des Josef und der Maria Katharina Imhasly geboren. Nach der humanistischen Ausbildung in Brig studierte er Theologie in Mailand und wurde 1795 Priester. Er war Kaplan in Fiesch 1795–1801, Rektor in Ulrichen 1801–1804, Kaplan in Naters 1804–1807, Kaplan in Münster 1807–1814, zum zweiten Mal Rektor in Ulrichen 1814–1816, Rektor in Lax 1816–1821, Rektor in Raron 1821/1822, zum zweiten Mal Kaplan in Münster von 1822 bis zu seinem Tod am 1. August 1855 im Alter von 85 Jahren. Er war in Münster ebenso lange in der Seelsorge tätig wie an den sieben anderen Orten.[380]

### 54. H. H. Johann Joseph Heinzen von Ried-Brig: 1807–1820

Er wurde am 15. August 1760 geboren. Heinzen empfing 1785 die Priesterweihe und war Kaplan von Saas 1787/1788, Pfarrer in Bellwald vom 9. Juni bis zum 27. September 1788, Pfarrer in Turtmann 1788–1795, Pfarrer von Mund 1795–1807, Kaplan von Naters 1807–1820, Ökonom im bischöflichen Seminar auf Valeria 1820/1821, Rektor in der Schlucht (Ried-Brig) 1821–1825, Pfarrer von Gondo 1825–1828, zum zweiten Mal Rektor in der Schlucht von 1828 bis zu seinem Tod am 3. September 1831. In Mund liess Heinzen im Weiler Wartfluh 1798 die Dreifaltigkeitskapelle erbauen. In dieser Pfarrei erlebte er die furchtbare Franzosenzeit. Kaplan Heinzen hatte neun verschiedene Seelsorgeposten inne. Am längsten war er in Naters.[381]

### 55. H. H. Georg Roth von Lötschen: 1820/1821

Georg Roth kam am 22. April 1791 zur Welt. Er studierte in Sitten «mit Auszeichnung» und trat in die Gesellschaft Jesu in Brig ein, musste aber gesundheitshalber wieder austreten. Am 10. April 1818 empfing er in Sitten die Priesterweihe, war Kaplan in Naters 1820/1821, Pfarrer von Reckingen 1821–1836, in Berisal 1837–1839, Rektor im Spital von Sitten 1839/1840, Rektor in Termen 1841–1879, blieb nach seinem Rücktritt daselbst, wo er am 7. Juni 1884 als Senior des Diözesanklerus im Alter von 93 Jahren starb. In Reckingen war er geschätzt als fleissiger Katechet und Prediger. In Berisal durchforschte er die Simplonflora. Sein Herbarium enthielt fast alle seltenen Pflanzen aus dem Wallis, leider mit mangelhaften Angaben zum Standort. Er war bescheiden, leutselig und fromm.

### 56. H. H. Erasmus Lehner von Lötschen: 1821–1835

Kaplan Lehner wurde am 2. Juni 1790 geboren. Er empfing am 24. September 1814 die Priesterweihe und war Rektor in Lötschen 1814–1818, Pfarrer in Mund 1818–1821, Kaplan von Naters 1821–1835, Pfarrer von Simplon-Dorf 1835–1837, Pfarrer von Brämis 1837–1840, Pfarrer von Salgesch 1840–1846, Pfarrer von Grengiols 1846–1854, Rektor von Lax 1854–1858, Rektor von Blatten/Lötschen 1858–1861. Er starb daselbst am 8. August 1861. Sein Bruder Felix war ebenfalls Priester. Lehner wirkte insgesamt auf neun Posten.

### 57. H. H. Joseph Ignaz Abgottspon von Staldenried: 1835–1838

Der 1808 geborene Joseph Ignaz studierte in Sitten und wurde 1835 zum Priester geweiht. Er war Kaplan von Naters 1835–1838, Rektor in Staldenried 1838–1855, Pfarrer in Embd 1855–1865, Kaplan in Stalden 1865–1873, zog sich nach Staldenried zurück und starb dort am 21. April 1876. Er galt als grosser Wohltäter der neuen Pfarrei Staldenried.

Am 2. Mai 1838 verfasste Dr. Ferdinand Mengis, Visp, zuhanden des Bischofs von Sitten ein ärztliches «Gesundheits-Gutachten» über den Kaplan Abgottspon und forderte darin in beschwörenden Worten, diesen von Naters wegzunehmen und in einen anderen, höher gelegenen Ort zu versetzen. Dr. Mengis schrieb: «Naters, das übelgebaute, feuchte, in uralter Zeit zum Sprichwort gewordene, berüchtigte Fieber- und Kropfnest durch seine feuchte, verdorbene Sticklluft, und das Kaplanei-Haus, dessen Zimmer niedrig und klein sind, die Aussicht auf Gräbernkreutze des Gottesackers hat [der Friedhof war damals noch um die Kirche angelegt], das [nämlich das Kaplaneihaus] beynahe die tiefste Lage im ganzen Orte besitzt. Beyde übten auf den ehrwürdigen Herrn Kaplan so üble Einflüsse, dass (...) seine Kräfte abnahmen und sich bey ihm das dort häusliche Übel, der Kropf, anbildete.» Des Weiteren pfeife in der Hütte, dem «Luftschloss» auf der Belalp, der Wind durch alle Spalten und Ritzen. Der Kropf des Kaplans sei nun derart gross, dass er nur leise sprechen könne und manchmal zu ersticken drohe.[382] Dieses Gutachten hatte seine Wirkung. Kaplan Abgottspon wurde im gleichen Jahr in seine Heimatgemeinde Staldenried versetzt.

### 58. H. H. Johann Baptist Henzen von Kippel: 1838/1839

Kaplan Henzen kam am 3. Juni 1815 als Sohn des Joseph und der Maria Ursula Rubin zur Welt. Am 14. April 1838 wurde er Priester (erst 23-jährig) und war Kaplan von Naters 1838/1839, Pfarrer von Reckingen 1839/1840, bischöflicher Kanzler 1840–1843, auf Betreiben der damaligen Jungschweizer Pfarrer von Monthey 1843/1844, Kaplan in Simplon-Dorf 1845–1848, Professor am Kollegium in Sitten 1848–1866, Pfarrer von Sitten «ausser der Mauer» und Stadtkaplan von 1865 bis zu seinem Tod am 12. März 1881. Neben der Seelsorge amtete Henzen während 24 Jahren als Redaktor des ‹Walliser Boten›. Er war ein bekannter Kanzelredner und einer der besten Kenner der lateinischen, der griechischen, der deutschen und der französischen Literatur des Landes. Henzen soll «als Studienpräfekt der höheren Lehranstalten des Kantons einem Racheakt mit Todesfolgen zum Opfer gefallen sein».[383]

### 59. H.H. Franz Anton Tritsch von Zimmersheim (Elsass): 1840–1845

Der Elsässer Tritsch wurde am 21. Februar 1799 geboren. 1837 empfing er die Priesterweihe. Er war Rektor von Ausserberg 1837–1840, Kaplan in Naters 1840–1845, Kaplan von Grengiols 1845–1848, Rektor von Blitzingen 1848–1856, Rektor von Betten 1856–1865, Rektor von Goppisberg 1865–1869, Frühmesser in Mörel von 1869 bis zu seinem Tod am 20. Juli 1877.[384]

### 60. H.H. Martin Lehner von Kippel: 1846/1847

Geboren am 26. Juli 1820, empfing Lehner am 22. März 1844 die Priesterweihe. Er war Rektor von Lax 1844–1846, Kaplan von Naters 1846/1847, Pfarrer von Unterbäch von 1847 bis zu seinem Tod am 12. November 1893. Martin Lehner war ein gelehrter Mann, witzig, sehr unterhaltsam, ein grosser Botaniker und Naturarzt, zu dem, besonders in Unterbäch, fast jeden Tag Leute kamen, um Rat und Hilfe zu holen. Er war der letzte Pfarrer der grossen Pfarrgemeinde Unterbäch-Bürchen.[385]

### 61. H.H. Alois Wigger von Siders: 1847–1853

Die Familie Wigger stammt ursprünglich von Luzern. Alois Wigger wurde 1821 in Siders geboren. Am 11. April 1845 wurde er Priester. Er war Frühmesser in Mörel 1845–1847, Kaplan von Naters 1847–1853, Rektor von Allerheiligen in Sitten von 1853 bis zu seinem Tod am 29. September 1901.

### 62. H.H. Alois Lorenz Zurbriggen von Saas-Fee: 1854–1863

Alois Zurbriggen wurde am 1. November 1807 als Sohn des Johann Peter und der Katharina Supersaxo geboren. Er studierte in Sitten und wurde am 29. März 1834 Priester. Er war Kaplan in Saas 1834–1836, Kaplan in Stalden 1836–1838, Rektor in Saas-Fee 1838–1841, Rektor in Tamatten 1842–1844, Rektor in Betten 1844–1854, Kaplan in Naters von 1854 bis zu seinem Tod am 13. März 1863. Das Sterbebuch von Naters enthält am 13. März 1863 über ihn folgende Eintragung: «Kaplan Zurbriggen hat während neun Jahren sehr eifrig gewirkt und war bei allen beliebt. Er ist allen alles geworden.»[386]

### 63. H.H. Klemens Amherd von Naters: 1863

Siehe Kapitel «Priester ... aus Naters», Nr. 79.

### 64. H.H. Georg Hummel von Württemberg: 1863/1864

Er wurde 1822 geboren und 1863 zum Priester geweiht. Er war Kaplan von Naters 1863/1864 und kehrte danach in seine Heimat zurück.

### 65. H.H. Eugen von Stockalper von Brig: 1864–1872

Er kam am 19. Juli 1809 als Sohn des Freiherrn Kaspar Emanuel zur Welt. Nach der Priesterweihe am 15. März 1837 war er Rektor der Kathedrale in Sitten 1838, Rektor von Goppisberg 1845–1849, Frühmesser in Mörel 1849–1857, Rektor in Blitzingen 1857–1864, Kaplan von Naters 1864–1872, Resignat (ohne besondere Funktion) in Brig von 1872 bis zu seinem Tod am 27. September 1885. Joller bezeichnet ihn als «frommen, eifrigen Priester von edlem Charakter».[387] von Stockalper hatte noch zwei Brüder, die ebenfalls Priester waren: Kaspar Ignaz (1799–1871), Pfarrer von Naters 1821–1832, und Franz (1814–1889), Jesuit.

### 66. H.H. Alexander Jost von Fürgangen: 1872–1875

Jost wurde am 27. Februar 1827 geboren. Er besuchte in Ernen die Knabenschule. Von seinem Schulmeister Sebastian Pfefferle zum Studium erkoren, begab er sich ins Kollegium nach Brig, studierte in Einsiedeln Philosophie, im Priesterseminar zu Sitten Theologie und empfing dort am 16. Mai 1856 die Priesterweihe. Er war Rektor in Ried-Mörel 1857/1858, Pfarrer von Gampel 1858–1860, Prior in Lötschen 1860–1863, Pfarrer von Oberwald 1863–1869, Rektor in Betten 1870–1872, Kaplan von Naters 1872–1875, Pfarrer von Zeneggen 1875–1878, Pfarrer von Mund 1878–1886, Rektor in Termen 1886–1895, Pfarrer in Lax 1895–1902, Rektor in Gluringen von 1902 bis zu seinem Tod am 5. September 1904.

Wie aus obiger Aufzählung hervorgeht, war Kaplan Jost ein richtiger Wanderprediger, wirkte er doch an nicht weniger als elf Seelsorgeposten. In Mund liess er 1885/1886 die noch heute viel besuchte Gnadenkapelle im Gstein fast bis zur Vollendung erbauen. Jost war ein guter Gesellschafter, angenehm im Umgang «mit Herren und Bauern». In der Kirche wirkte sein Auftreten majestätisch, er hielt erhabene Gottesdienste, war ein glänzender Kanzelredner und begnadeter Sänger. Seine letzte Predigt hielt er am 16. August 1904 in der Gnadenkapelle auf dem Ritzingerfeld, und zwar «mit aussergewöhnlicher Kraft». Jost wurde in Gluringen beerdigt, wo man innert 100 Jahren sechs Rektoren zu Grabe trug. Dekan Julier würdigte in einer tiefsinnigen Leichenrede das Leben des Verstorbenen.[388]

### 67. H.H. Seraphin Imoberdorf von Reckingen: 1875–1882

Er wurde am 10. September 1840 als Sohn des Josef und der Anna Maria Borter geboren. Imoberdorf studierte am Kollegium in Brig, Theologie in Innsbruck 1867–1872 und empfing daselbst am 13. August 1871 die Priesterweihe. Er war Rektor in Betten 1872–1875, Kaplan in Naters 1875–1882, Pfarrer von Niederwald 1882–1902, krankheitshalber Resignat (ohne Funktion) in Reckingen 1902, Seelsorger in Gluringen von Ende 1906 bis zum Tod am 17. April 1907. Sein Bruder Ludwig (1838–1910) war ebenfalls Priester.[389]

### 68. H.H. Michael Bittel von Blitzingen/Stalden: 1882–1886

Sein Vater stammte ursprünglich von Blitzingen. Michael Bittel wurde aber am 27. September 1845 als Sohn des Johann Josef und der Maria Josepha Klemenz in Stalden, im Ort genannt «Riedji», geboren. Er studierte in Brig, Theologie in Sitten, wurde am 30. März 1872 Priester und feierte am 9. April desselben Jahres auf Valeria Primiz. Er war Rektor in Herbriggen 1872–1876, Kaplan in Saas 1876/1877, Pfarrverweser von Ems von März bis April 1877, Rektor in der Schlucht (Ried-Brig) 1877–

598

1882, Kaplan von Naters 1882–1886, Pfarrer von Binn 1886–1889, Kaplan von St. Niklaus 1890–1892, «provisorischer Rektor» in Birgisch (1892–1902), wo er sich bemühte, eine Rektoratspfründe zu gründen, Hilfspriester in «Im Feld» bei Binn 1902–1904, Kaplan in Grengiols 1904–1909, Pfarrer von Guttet 1909/1910. Er zog sich zu seinem Bruder nach Betten zurück, wo er am 29. Juni 1910, wie er es vorausgesagt hatte, starb, und fand seine Ruhestätte in Mörel.

In seinen 38 Priesterjahren hat Kaplan Bittel nicht nur elfmal den Posten gewechselt, er war auch innerhalb des jeweiligen Ortes, wo er wirkte, Tag und Nacht auf der «Walz». Darum lebte er in der Erinnerung seiner Zeitgenossen vor allem als Pilger fort: den langen Bergstock in der Hand, den breitrandigen, sogenannten römischen Hut auf dem Haupt und die schwarze Ledertasche über der Schulter. Er beachtete den Mitmenschen am Wegrand, half, segnete und tröstete. Die Leute sagten über diesen legendären Kaplan: «Är cha mee als Brot ässu.» Nicht wenige verehrten ihn als Heiligen. Mit Vorliebe war Kaplan Bittel «die ganze Nacht» betend mit einem Begleiter unterwegs, um in der Morgenfrühe im Heiligkreuz oder an einem anderen Wallfahrtsort die hl. Eucharistie zu feiern. Wo andere keinen Ausweg mehr sahen, hat er «gegen alle Hoffnung gehofft und geglaubt» und durfte zahlreiche auffällige Gebetserhörungen erfahren. Er soll angeblich auch die Sehergabe besessen haben. Oft haben ihn die Leute in ihre Wohnungen gerufen, wenn es in ihnen spukte.

So rankten sich um seine Gestalt bald die sonderbarsten Legenden und Erzählungen, die Pfarrer Anselm Zenzünen zum Teil zusammentrug und in einer Kleinschrift veröffentlichte[390]. Jeder kann von diesen «Geschichten» halten was er will, erzählenswert sind sie allemal. Einige davon werden auch in Naters von älteren Personen erzählt. Es folgen in verkürzter Form einige Beispiele aus der zitierten Broschüre von Pfarrer Zenzünen:

**1.** Im Jahre 1907 bog der Fuhrmann Hosennen aus Törbel mit Ross und Wagen in die Nussbaumbrücke (zwischen Mörel und Grengiols) ein. Da verfing sich die Wagenschere am hölzernen Brückengeländer, das Pferd stürzte, der Wagen kippte und der Fuhrmann wurde in den Rotten geschleudert. An der schwierigen Suchaktion beteiligten sich auch Kaplan Bittel und Julius Wirthner aus Mörel. Zu Letzterem sagte Bittel: «In dri Tagu, wenn d'Sunna ds gnadu geit, tie wer no finnu» [In drei Tagen, wenn die Sonne untergeht, werden wir ihn finden]. Drei Tage später – die Sonne war eben untergegangen – wurde Hosennen etwa 500 Meter weiter unten beim «Haseneggi» tot aus dem Wasser gezogen.

**2.** Auf der Egge oberhalb von Bächerhäusern bei Grengiols beobachtete die 15-jährige Aline Zenzünen, dass Kaplan Bittel auf ihr Haus zukam. Sie füllte das leere Weihwassergefäss eiligst mit nichtgesegnetem Wasser. Der Kaplan klopfte tatsächlich an die Stubentüre, trat ein, griff gar nicht ins Weihwassergefäss, schritt auf Aline zu und sagte: «Meiggi, jetz welle wer ds Wasser gsägnu.»

**3.** Johann Heimen von Grengiols erzählte, dass es in seinem Haus an der Nussbaumbrücke einen «Bozen» (Geist) gab. Immer wieder setzte nachts im oberen Stockwerk ein heilloser Krach ein, als fielen Läden auf den Boden. Da rief man Kaplan Bittel herbei. Er trat in die Stube, bat alle, hinauszugehen, schloss die Stubentüre hinter sich ab, unterhielt sich mit dem Geist und segnete das Haus. Nach einigen Minuten hiess der Kaplan wieder alle in die Stube treten und sagte: «Der Geist bleibt, aber er wird euch nicht mehr belästigen.» Von jener Stunde an hörten die Insassen den «Bozen» nie mehr.

**4.** Im Brigerberg war ein achtjähriges Mädchen spurlos verschwunden. Nach ergebnislosem Suchen wandte man sich an Kaplan Bittel. Sogleich kam dieser in den Brigerberg und ordnete an: «Der ‹Getti› (Taufpate) soll mitkommen und ein 20 Meter langes Seil mitbringen.» Nun führte Kaplan Bittel die Rettungsmannschaft in östlicher Richtung durch Gebüsch und Geröll in einen felsigen Hang. Bittel befahl, das Seil um einen Baumstamm zu winden, und der «Getti» solle sich am Seil den steilen Felsen hinunterlassen. Armlänge um Armlänge rutschte dieser am Seil hinunter, hörte plötzlich ein leises Wimmern und erblickte das Kind auf einem Felsvorsprung. Das verängstigte Mädchen wies nicht die geringste Verletzung auf, nur der rechte Fuss war bloss; irgendwo musste das Kind den Schuh verloren haben. Der Retter band das Mädchen am Seil fest und liess es von den anderen hochziehen. Die Freude der Eltern war unbeschreiblich. Von der Mutter zur Rede gestellt, erklärte das Töchterchen, ein unbekannter Mann hätte seine Hand ergriffen und gesagt: «Komm mit mir, komm mit mir, ich werde dir ganz schöne Äpfel geben. Ich bin gegangen und der Mann hat mich hierher gebracht.»

**5.** Kaplan Bittel wanderte von Ort zu Ort. Ganz verstaubt kam er eines Abends in einem Dorf an. Auf dem Dorfplatz standen drei Burschen, die den Gruss des vorübergehenden Kaplans nicht erwiderten; sie kicherten nur und sagten: «Hittu het der Bittel wider an fläti [saubere] Sutana.» Der Kaplan hörte die hämische Bemerkung und gab zur Antwort: «Mini Sutana ischt fläter wa ewwers Härz.» Da schlichen sie einer nach dem andern davon.

**6.** In Birgisch sah bei einbrechender Nacht ein Mann Kaplan Bittel durch sein ausgewachsenes Kornfeld stampfen. Am folgenden Tag stellte der Birgischer den Kaplan in etwas barschem Ton zur Rede. Dieser sagte darauf, er habe schnell jemandem nachgehen müssen. Übrigens könne er ja nachschauen, ob ihm Schaden zugefügt worden sei. Der Eigentümer besichtigte seinen Acker und fand nicht die geringste Spur der Verwüstung.

**7.** Bei einer Zusammenkunft von Priestern war in der Garderobe kein Platz mehr. Als Michael Bittel sich näherte, sagte einer der Priester: «Wa tüot äch der Bittil schiine Hüot?» Bittel kam, sah die Garderobe voll besetzt und sagte: «A hüüfo Heeru, aber wenig Geischtlich» und setzte seinen Hut daneben an die leere Wand und – der Hut fiel nicht herunter.[391]

## 69. H.H. Benjamin Bammatter von Naters: 1886–1924

Siehe Kapitel «Priester ... aus Naters», Nr. 83.

## 70. H.H. Heinrich Zenhäusern von Unterbäch: 1924–1929

Er wurde am 30. Dezember 1888 als Sohn des Lorenz und der Katharina Amacker geboren, absolvierte das Gymnasium in Brig und Sitten, studierte Theologie in Sitten und wurde am 6. Juli 1913 zum Priester geweiht. Er war Pfarrer von Embd 1913–1924, Kaplan von Naters 1924–1929, Pfarrer von Visperterminen 1929–1958, Kaplan in St. German von 1958 bis zu seinem Tod am 10. November 1966. Zenhäusern war ein frommer, aufgeschlossener und seeleneifriger Priester, während dessen Amtszeit in Visperterminen auffallend viele Priester und Ordensfrauen aus diesem Ort hervorgingen.[392]

### 71. H.H. Leo Gerold von Simplon-Dorf: 1929–1937

Leo Gerold erblickte am 23. Januar 1903 als Sohn des Meinrad und der Maria Escher das Licht der Welt. Nach der Matura in Brig studierte er Theologie im Priesterseminar in Sitten, wurde am 30. März 1929 Priester und primizierte am 29. Juni 1929 in Simplon-Dorf. Er war Kaplan in Naters 1929–1937, Pfarrer von Mund 1937–1959, Pfarrer in Termen von 1959 bis zu seinem plötzlichen Tod am 18. Juni 1968. Unvergesslich ist der Spruch, mit dem Kaplan Gerold in froher Stimmung seinen Einsatz in Naters schilderte: «In Naters bin ich Kaplan, in Blatten Pfarrer und auf der Belalp Bischof.» Und als er zum Pfarrer von Mund ernannt wurde, empfand er dies als Fortsetzung seiner «Karriere» und meinte, er sei nun auch der Kardinal Mundelein, in Anspielung auf den damaligen George Mundelein (†1939), Kardinal von Chicago.[393] Leo Gerold war ein eifriger, gottbegnadeter, aber auch ein strenger Seelsorger. Als Pfarrkind und geistlicher Sohn hat der Schreibende dies in vielen Belangen erfahren dürfen.[394]

### 72. H.H. Augustin Schnyder von Erschmatt: 1937–1948

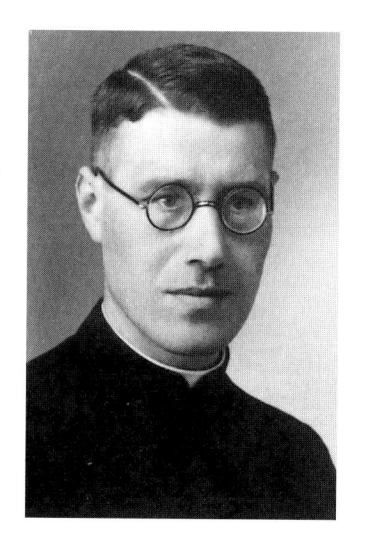

Er wurde am 1. März 1909 als Sohn des Johann und der Maria Anna Locher geboren. Er besuchte das Gymnasium in Brig, studierte Theologie in Sitten und empfing am 27. Juni 1937 die Priesterweihe. Er war Kaplan von Naters 1937–1948, Pfarrer von Ems von 1948 bis zu seinem Tod am 18. Februar 1955. Schnyder starb im besten Mannesalter an der Lateralsklerose (= Sklerose der Rückenmarkseitenstränge) und wurde in Ems beigesetzt. Sein Studienfreund, Professor Albert Carlen, der ihm die Leichenrede hielt, charakterisierte ihn wie folgt: «Der Verstorbene verdankte seine Erfolge nicht so sehr einer glänzenden äusseren Erscheinung oder Begabung, sondern dem Gebet und der unverdrossenen Arbeit. Er war ein lebendiges Beispiel der Gewissenhaftigkeit, ein heilmässiger Priester, der in seiner ganzen seelischen Haltung an den hl. Pfarrer von Ars erinnerte.»[395] Als Kaplan von Naters bestieg Augustin Schnyder Ende August 1940 das Aletschhorn.[396]

### 73. H.H. Alois Walker von Brig: 1948–1956

Walker wurde am 30. Oktober 1916 als Sohn des Viktor und der Alexandrine Tschopp geboren. Nach der humanistischen Ausbildung in Brig studierte er Theologie in Sitten, wurde am 28. Juni 1942 Priester und primizierte am 5. Juli 1942 in Glis. Nach einem einjährigen Psychologiestudium in Freiburg i.Ü. war er Administrator in Eisten 1943–1947, Feldprediger ab 1943, Rektor in Naters 1947/1948, Kaplan in Naters 1948–1956, Pfarrer von Ausserberg 1956–1963, Professor für Lebenskunde an den Gewerbeschulen von Brig und Visp 1963–1982. Parallel dazu war er 1981/1982 Seelsorger in Blatten/Naters und betreute 1983/1984 die Pfarrei Guttet-Feschel. Nach seinem Rücktritt wohnte er in Naters und verbrachte danach vom Juni 1989 bis zu seinem Tod am 23. September 1993 im Spital für Chronischkranke in Brig. Er starb einen Tag vor der grossen Unwetterkatastrophe in Brig. Infolge der Verwüstung Brigs wurde Alois Walker am 25. September daselbst in aller Stille beigesetzt, während der offizielle Trauergottesdienst erst im darauf folgenden Monat, am 15. Oktober, stattfinden konnte. Sr. Arnolda Thalmann, Direktorin im Spital für Chronischkranke in Brig, sagte dem Schreibenden, sie kenne kaum jemanden, der in seiner letzten Lebensphase soviel gelitten habe, ohne je zu klagen, wie Professor Alois Walker. Er war ein Priester von vornehmer Art, dienstfertig und stets bereit, seelsorgliche Aushilfe zu leisten.

### 74. H.H. Wilhelm Pierig von Stalden/Termen: 1956–1959

Als Sohn des Adolf und der Katharina Näfen am 31. März 1907 im Ackersand bei Stalden geboren (1926 zog die Familie nach Termen), besuchte er daselbst die Volksschule, das Gymnasium in Brig, studierte Theologie in Sitten und wurde am 24. Juni 1934 Priester. Er war Kaplan in Ried-Brig 1934–1939, Rektor in Visp 1939–1951, Pfarrer in Eisten 1951–1956, Kaplan in Naters 1956–1959 und Pfarrer in Agarn 1959–1977. Nach seinem Rücktritt wohnte er in Naters. Er starb am 8. Oktober 1981 in Brig.

Wilhelm Pierig wurde im Oberwallis bekannt durch seine 23 erfolgreichen Inszenierungen von Theaterstücken, Singspielen, Mysterienspielen und Operetten («Gräfin Mariza» von E. Kálmán und «Polenblut» von O. Nebdal). Der musikalisch begabte Priester schrieb keine Dramen, wohl aber adaptierte er zahlreiche Theaterstücke, übersetzte solche in die Mundart, führte sein Leben lang mit Hingebung und wachsendem Verständnis Regie und überragte an Eifer und Können die meisten Theaterleute im Oberwallis.[397]

### 75. H.H. Karl Schmid von Bellwald: 1959–1968

Schmid wurde am 24. November 1933 als Sohn des Johann und der Emma Jost geboren. Er besuchte das Gymnasium in Rebstein und Immensee, studierte Theologie in Sitten, empfing am 7. Juni 1959 die Priesterweihe und primizierte am 28. Juni 1959. Er war Kaplan in Naters 1959–1968, Pfarrer von Guttet-Feschel und Albinen 1968–1976, Kaplan in Leuk-Stadt 1976–1981, Pfarrer von Ried-Brig 1981–1994, ein zweites Mal Pfarrer von Guttet-Feschel 1994–1999. Seit seinem Rücktritt wohnt er im Tessin.

### 76. H.H. Jean-Marie Perrig von Visp: 1968–1973

Am 8. Mai 1942 als Sohn des Albert und der Anna Viotti geboren, studierte Perrig am Kollegium in Brig, Theologie in Sitten, wurde am 16. Juni 1968 in Visp zum Priester geweiht und feierte am 23. Juni 1968 in Visp Primiz. Er war Kaplan von Naters 1968–1973, machte 1973–1975 in Luzern ein zusätzliches Studium in Erwachsenenbildung und war gleichzeitig in der Franziskanerpfarrei tätig. Er war danach Pfarrer in Eggerberg und gleichzeitig Leiter der Katechetischen Arbeitsstelle Oberwallis 1976–1991, Religionslehrer im Institut St. Ursula in Brig 1985–1996. Seit 1996 ist er Pfarrer von Leukerbad, Inden und Albinen. Perrig hat ein besonderes Charisma und kann sich schnell in die Welt der Erwachsenen, der Jugendlichen sowie der Kinder einfühlen.

### 77. H.H. Otto Walker von Bitsch: 1973–1985

Als Sohn des Robert von Bitsch und der Leonie Eggel am 16. Oktober 1938 in Naters geboren (die Familie verlegte bald darauf ihren Wohnsitz nach Bitsch), holte sich Otto Walker seine humanistische Ausbildung im Kollegium in Brig, studierte Theologie in Sitten, wurde am 20. Juni 1965 Priester und feierte am 4. Juli 1965 in Mörel Primiz. Er war Pfarrer von Binn 1965–1972, Religionslehrer an der Orientierungsschule Naters 1972/1973, Kaplan in Naters von 1973 bis zu seinem frühen Tod am 30. September 1985. Er starb an einem zweijährigen Krebsleiden, das er vorbildlich ertragen hatte, und wurde in Anwesenheit von rund 80 Priestern und viel Volk in Naters beerdigt. Kaplan Walker liebte den Natischer Berg, besonders die Belalp, und war mit den dortigen Bewohnern sehr verbunden. Er liess die Kapellen auf Bel und im Moos restaurieren und veranlasste die Innenrenovation der Kapelle von Blatten. Er bleibt uns in Erinnerung als ein stiller, ausgeglichener Mann und vorbildlicher Priester. Zu seiner ungekünstelten Bescheidenheit gesellten sich ein feiner Humor und ein angeborenes Talent, seinen Mitmenschen unverhofft Freude zu bereiten.

### 1985–1987

Infolge Priestermangels blieb in diesen Jahren die Kaplaneistelle vakant.

### 78. Reinhard Imhasly von Susten: 1987–1991

Imhasly wurde am 9. Oktober 1960 als Sohn des Philipp, Burger von Fieschertal, und der Paula Schmidhalter geboren. Er studierte in Brig, Theologie in Chur, Lyon und Freiburg 1981–1986, verbrachte das Pastoraljahr 1986/1987 in Zermatt, empfing am 13. Juni 1987 in Brig die Priesterweihe und primizierte am 14. Juni 1987 in Susten. Er war Kaplan in Naters 1987–1991 und Jugendseelsorger fürs Oberwallis von 1991 bis zu seiner überraschenden, von ihm persönlich gewünschten Versetzung in den Laienstand im Februar 1993.

### 79. H.H. Robert Imseng von Wiler/Lötschen: 1991–1999

Robert Imseng wurde am 21. April 1964 als Sohn des Markus und der Gertrud Tannast geboren. Er studierte in Brig, Theologie in Freiburg 1985–1990, absolvierte das Pastoraljahr 1990/1991 in Grächen, empfing am 16. Juni 1991 die Priesterweihe und brachte am 30. Juni 1991 in Wiler sein Erstlingsopfer dar. Er war Kaplan in Naters 1991–1999 und ist seit 1999 Pfarrer von Visp. Imseng ist seit seiner Jugendzeit stark schollenverbunden und steht der Landwirtschaft nahe. Darum wirkt er mit viel Engagement, Liebe und Erfolg nicht nur in der Pfarreiseelsorge, sondern seit 1993 zusätzlich als Bauernseelsorger, wobei er stets seinen angestammten und von den Leuten gern gehörten Lötschentaler Dialekt ohne Abstriche beibehält. Als er von Naters wegzog, sagten die Leute: «Är ischt a tichtige Heer gsi.»

### 80. H.H. Pater Herbert Heiss von Trasadingen: seit 1999

Herbert Heiss wurde am 19. Juni 1955 in Niederuzwil/SG als Sohn des Peter und der Anna Pfeiffer geboren und wuchs in seinem Heimatort Trasadingen/SH auf. Er studierte im Progymnasium in Kippel und im Kollegium in Schwyz. 1974 trat er in Düdingen/FR bei den Oblaten des heiligen Franz von Sales ins Noviziat ein, wo er 1981 die Ewigen Gelübde ablegte. Er studierte Theologie in Luzern 1976–1979 und an der Päpstlichen Universität des Laterans in Rom 1979–1983. Am 29. Juni 1982 wurde P. Heiss in der Kathedrale von Porto e Santa Rufina (Rom) zum Priester geweiht. Nach Abschluss der Studien in Rom wirkte er vorübergehend in der Pfarrei Düdingen/FR und kam 1984 für zwei Jahre in die Pfarrei S. Francesco di Sales in Rom. 1986 war er Pfarrverweser in Wiler und Blatten, Lötschen, um danach vom Ordenshaus Albono aus als Aushilfspriester tätig zu sein. Von 1989 bis 1999 wirkte er unter anderem als Vikar in den Pfarreien B. V. Immacolata in Torvaianica (Rom) und S. Massimo in Regina Margherita bei Turin.

### H.H. Pater Paul Erdmann von Haan (1898–1991)

Er war während Jahrzehnten der Inbegriff des Seelsorgers von Blatten/Naters gewesen, weshalb wir ihm hier ebenfalls einige Zeilen widmen. Pater Erdmann kam am 7. November 1898 in Haan bei Düsseldorf zur Welt, war zuerst Kaufmann, trat in den Orden der Steyler Missionare (SVD = Societas Verbi Divini = Gesellschaft vom Göttlichen Wort) ein, empfing am 7. Juli 1929 in Teteringen die Priesterweihe und primizierte am 25. August 1929 in seiner Heimatpfarrei Haan. Sein sehnlichster Wunsch, als Missionar nach Neuguinea zu gehen, liess sich wegen seines Gesundheitszustandes nicht verwirklichen. So war er elf Jahre in der Verwaltung des Mutterhauses in Steyl (Niederlande) tätig, bis er 1940 vor der deutschen Geheimen Staatspolizei (Gestapo) in die Schweiz fliehen musste. Im Wallis war er mehrere Jahre als Lehrer und Seelsorger tätig, so in Eggerberg und Gondo, wo er 1949 das Burgerrecht erhielt. Die meiste Zeit dieser Dekade (1940–1949) verbrachte er als Aushilfsgeistlicher in Blatten und sommers im Hotel Belalp. Von 1949 bis 1967 war Pater Erdmann zuerst im Gymnasium Marienburg in Rheineck/SG tätig, dann in Steyl als Direktor der ordenseigenen Druckerei und schliesslich als Finanzberater bei der Generalleitung der Steyler Missionare in Rom. 1967 kam er als Seelsorger nach Blatten/Naters und blieb daselbst, bis er 1982 aus gesundheitlichen Gründen in die Alterssiedlung Sancta Maria übersiedeln musste, wo er in seinem 93. Lebensjahr und 62. Priesterjahr am 18. Januar 1991 starb. Er wurde in Naters beigesetzt. Am 7. Juli 1979 feierte er in der Pfarrei Naters das goldene und am 2. Juli 1989 in der Alterssiedlung Sancta Maria das diamantene Priesterjubiläum. Pater Erdmann fiel nicht nur mit seiner äusseren Erscheinung durch das Tragen der Soutane auf, sondern insbesondere durch seine Liebenswürdigkeit, seine Weisheit und seine Treue zur Kirche.[398]

# Altaristen – Rektoren

## Altaristen

Jene Geistlichen wurden Altaristen genannt, die für die Besorgung eines bestimmten Altars in einer Kirche angestellt waren. Sie hatten in der Regel keine Seelsorge zu verrichten; sie waren bloss verpflichtet, an gewissen Tagen der Woche an ihrem Altar die hl. Messe zu lesen. Der Altarist des St.-Sebastians-Altars der Pfarrkirche z.B. war gehalten, an diesem Altar am Sonntag die Messe vom Tag, am Montag jene für die Verstorbenen, am Mittwoch die des Heiligen Geistes und am Samstag jene der Muttergottes zu zelebrieren. Ferner hatte er die Pflicht, dem Chorgebet in der Kirche beizuwohnen und dem Pfarrer Gehorsam zu leisten.[399]

Es sind acht verschiedene Altarpfründen bekannt. Wir zählen diese nun in chronologischer Reihenfolge auf und nennen zu den einzelnen Altären auch die urkundlich bezeugten Altaristen beziehungsweise Rektoren, wie man sie manchmal auch nannte.

**1. Die Pfründe des hl. Jakobus.** Sie wird in einem Akt vom 2. November 1333 erwähnt.[400]

**2. Die Pfründe der Heiligsten Dreifaltigkeit.** Diese Stiftung wurde am 3. Mai 1380 durch Karl von Agoern, Kaplan in Naters, gegründet.[401] *Altaristen des Dreifaltigkeitsaltars:* 1. Christian Zuber von Reckingen (1394). 2. Martin Salzmann von Naters (1507–1510). 3. Moritz Gurgie. Er erscheint am 8. März 1556 als Rektor des genannten Altars und am 18. Oktober 1559 als Prokurator der Priesterbruderschaft zu Naters.[402]

**3. Die Pfründe des hl. Severin.** Gemäss einer Urkunde im Pfarrarchiv von Mörel erscheint Johann Lowiner, Pfarrer in Ernen 1393–1400, am 27. Juli 1383 als Rektor des hl. Severinaltars von Naters.[403]

**4. Die Pfründe des hl. Kreuzes.** Den Grundstein zu dieser Stiftung legte Junker Johann Rodier; geäufnet wurde sie am 15. Februar 1385 besonders durch den edlen Rudolf von Raron und durch Katharina von Urnavas.[404] *Altaristen des Kreuzaltars:* 1. Johannes Jakobi von Naters, 1385–1392. 2. Jakob Schmid (Faber) trat am 30. Juli 1444 als Zeuge auf[405] und nahm am 22. März 1470 als Altarist des hl. Kreuzes eine Schuldanerkennung entgegen.[406] 3. Johann Schmid (1470). 4. Thomas Schmid von Brig-Glis handelte am 19. März 1508 als Rektor für den Kreuzaltar.[407]

**5. Die Pfründe der Heiligen Fabian und Sebastian** (oft wird nur der Name Sebastian genannt). Sie wurde am 10. Februar 1406 von den Leuten der Gumperschaft Naters gegründet. Als besondere Wohltäter erwiesen sich Rudolf von Raron, Gross-Sakristan Johann Stockmatter, Franz de Vineis (von Weingarten), Johann Matricularius, Margareta von Mund, Pfarrer Karl Agoern usw.[408] *Altaristen des St.-Sebastians-Altars:* 1. Simon Bellwalder von Fiesch war um 1407 Rektor von Mund und wird am 15. November 1409 Rektor des neuen Altars der Heiligen Fabian und Sebastian zu Naters genannt.[409] 2. Christoph In Campo, einst Rektor des St.-Sebastians-Altars in Naters, hatte diesem Altar 40 Pfund vermacht, welche 1454 in Naters durch einen Schuldner anerkannt wurden.[410] 3. Christoph Steinhüser (in domo lapidea = im Steinhaus) von Lalden kommt in den Jahren 1460–1465 als Rektor des St.-Sebastians-Altars vor[411] und wurde am 25. Oktober 1477 erneut in dieses Amt gewählt.[412] 4. Anton In der Bünden wurde am 3. September 1480 zum Altaristen des genannten Altars erkoren.[413] 5. Anton Maffey von Naters (1484–1514).

**6. Die Pfründe des Heiliggeistaltars.** Wann diese errichtet wurde, ist unbekannt. Am 10. März 1413 wird in der Pfaffen-Chronik ein «Fr. Heinrich» Rektor des Heiliggeistaltars zu Naters genannt.[414]

**7. Die Pfründe der Heiligen Markus und Barbara.** Sie wird in Urkunden von 1452, 1469 und 1470 erwähnt.[415] Altaristen dieser Pfründe: 1. Peter Burdini verhandelte 1530 in der Kirche von Naters als Rektor des Altars der Heiligen Markus und Barbara über das Jahrzeit des Anselm Auf der Eggen zu Fiesch.[416] 2. Theodul Tschampen von Niederernen war am 10. Oktober 1470 als Priester in Ernen Zeuge und wird in einem Nekrolog daselbst Altarist der heiligen Barbara von Naters genannt.[417]

**8.** Auch **das Beinhaus** scheint zeitweise einen eigenen Rektor gehabt zu haben, so in den Jahren 1551 und 1559.[418]

Es folgen noch sechs Namen von Altaristen, deren Zugehörigkeit zu einem bestimmten Altar nicht ausdrücklich genannt wird. Es sind dies: 1. Johann Auf der Eggen von Biel, zwischen 1480 und 1530. 2. Peter Uff der Eggen, 1497.[419] 3. Johannes Jaben wird in einem Akt vom 13. März 1524 als Altarist in Naters bezeichnet.[420] 4. Franz de Platea (hinzugefügt «oder Venetz»).[421] 5. Peter de la Loye (1561).[422] 6. Andres Iten (1606).[423] – Es darf nicht angenommen werden, dass all diese acht Pfründen gleichzeitig besetzt waren. Manchmal besass auch der Pfarrer oder der Kaplan eines dieser Benefizien. Aber drei bis vier Altaristen zur selben Zeit finden sich während des 15. und 16. Jahrhunderts in Naters öfters. Das Stiftungskapital dieser Pfründen wurde später zur Äufnung der Kaplanei verwendet. Als einzige Erinnerung hat sich bei uns heute an Werktagen noch das Läuten zur Vesper um 15.00 Uhr erhalten.

# Rektoren

Im Jahre 1932 sprach der Bischof von Sitten der Pfarrei Naters unter der Bezeichnung «Rektor» einen dritten Priester zu. Seither gab es in Naters zehn Rektoren. Wegen Priestermangels blieb die Rektoratsstelle 1988/1989 unbesetzt und ist seit September 1990 wiederum vakant. Nachstehend das Verzeichnis der Rektoren:

## 1. H.H. Heinrich Zurbriggen von Saas-Grund: 1932–1947

Er wurde am 7. August 1906 als Sohn des Franz Josef und der Anna Maria Venetz geboren. Er studierte an den Kollegien Brig und Altdorf sowie Theologie in Sitten, empfing am 26. Juni 1932 die Priesterweihe und feierte am 3. Juli 1932 in Saas-Grund Primiz. Heinrich Zurbriggen war erster Rektor von Naters 1932–1947, Pfarrer von Törbel 1947–1969, Pfarrer von Herbriggen von 1969 bis zu seinem plötzlichen Tod daselbst am 13. Januar 1971. Er wurde in Saas-Grund beerdigt. Rektor Zurbriggen hatte noch zwei Brüder, Josef und Hermann, die ebenfalls Priester waren. Alle drei liessen je eine neue Kirche bauen: Heinrich in Törbel, Josef in Täsch und Hermann in Bürchen. Törbel gab Pfarrer Zurbriggen aus Dankbarkeit das Ehrenburgerrecht. Zurbriggen war ein volksverbundener und bescheidener Priester. In seinen letzten Lebensjahren soll er ab und zu gesagt haben: «Wir beten zu wenig, wir diskutieren zu viel.»

## 2. H.H. Alois Walker von Brig: 1947/1948

Siehe Kapitel «Kapläne», Nr. 73.

## 3. H.H. Anselm Zenzünen von Grengiols: 1948/1949

Er kam am 20. Februar 1921 als Sohn des Amandus und der Euphrosine Ambord in Grengiols zur Welt. Er besuchte das Gymnasium in Brig, studierte Theologie in Innsbruck (Canisianum) und Sitten 1943–1946 (während des Krieges Verlegung des Canisianums nach Sitten), war im Priesterseminar in Sitten 1946–1948 und wurde am 5. April 1947 Priester. Er war Rektor in Naters 1948/1949, Kaplan von Münster 1949–1952, Kaplan in Fiesch 1952–1955, Pfarrer von Lax 1955–1967, Schulinspektor des Bezirkes Goms 1963–1966, Pfarrer in Betten 1967–1997, Seelsorger im Alters- und Pflegeheim St. Theodul in Fiesch 1997/1998. Zenzünen starb am 10. April 1998 im Tunnel vor Binn plötzlich an einem Herzversagen. Er wurde in Betten beerdigt. Im aufstrebenden Kurort Bettmeralp liess er 1973 das Pfarreizentrum St. Michael erbauen. Mehrere Broschüren über Geistliche und Gotteshäuser seiner Region zeugen von der geistigen Regsamkeit dieses eifrigen Priesters.

### 4. H.H. Alfons Burgener von Saas-Fee: 1949–1952

Alfons Burgener kam am 2. November 1923 als Sohn des Heinrich und der Albina Kalbermatten zur Welt. Seine humanistische Ausbildung holte er sich in Altdorf, Brig, Sarnen und St-Maurice 1935–1942. Er studierte Theologie in Sitten 1944–1948, wurde am 20. Juni 1948 Priester und primizierte in Saas-Fee am 27. Juni 1948. Er war Rektor von Naters 1949–1952, Pfarrer in Erschmatt 1952–1957, Pfarrer von Eggerberg 1957–1959, Pfarrer in Oberwald 1959–1978, ab 1963 auch Pfarrer von Obergesteln, Pfarrer in Randa von 1978 bis zu seinem Tod am 8. September 1980. Burgener wurde in Saas-Fee beerdigt. Seine grösste Nebenbeschäftigung war wohl die eines Baumeisters, wenn man bedenkt, was alles in den Pfarreien unter seiner Obhut erbaut wurde: die Pfarrhäuser in Erschmatt, Niedergampel, Eggerberg und Oberwald sowie die Kapelle auf der Grimsel. Ausserdem wurden die Kirchen der vier erstgenannten Orte renoviert.

### 5. H.H. Paul Grichting von Leukerbad: 1952–1959

Siehe Kapitel «Pfarrer», Nr. 50.

### 6. H.H. Ernst Zenklusen von Simplon-Dorf: 1959–1961

Siehe Kapitel «Pfarrer», Nr. 49.

### 7. H.H. Josef Sarbach von Visp: 1961–1967

Josef Sarbach wurde am 27. April 1933 als Sohn des Hans und der Josefine Clemenz geboren. Nach dem Besuch des Kollegiums in Brig war er im Priesterseminar in Sitten 1956–1961, empfing am 18. Juni 1961 die Priesterweihe und feierte am 2. Juli 1961 in Visp Primiz. Er war Rektor von Naters 1961–1967, Pfarrer von Ober- und Unterems und gleichzeitig Religionslehrer an der Heilpädagogischen Schule in Glis, an der Gewerbeschule sowie am Lehrerseminar in Sitten 1967–1973, Pfarrer von Visperterminen 1973–1988, Pfarrer von Leuk 1988–1997. Seit 1997 ist er Pfarrer von Simplon-Dorf und Gondo. Er engagierte sich während vieler Jahre stark in der Erstkommunion- und Firmvorbereitung sowie als Präses des Frauenbundes und Beauftragter zur Förderung geistlicher Berufe. Pfarrer Sarbach ist ein ausgezeichneter Fotograf und beschäftigt sich in der Freizeit eifrig mit Astronomie. Er ist Ehrenburger der Gemeinden Visperterminen und Leuk.

### 8. H.H. Josef Zimmermann von Visperterminen: 1967–1979

Siehe Kapitel «Pfarrer», Nr. 53.

### 9. H.H. Arthur Escher von Simplon-Dorf: 1979–1988

Als Sohn des Anton und der Mathilde geb. Escher am 31. Oktober 1944 geboren, studierte Escher am Kollegium in Brig, besuchte das Priesterseminar in Sitten und Freiburg i.Ü. 1965–1970, wurde am 21. Juni 1970 in Visperterminen zum Priester geweiht und brachte am 12. Juli 1970 in Simplon-Dorf sein Erstlingsopfer dar. Er war Vikar der deutschsprachigen Pfarrei Siders 1970–1979, Rektor von Naters 1979–1988, Pfarrer von Biel-Blitzingen-Niederwald 1988–1993 und ist seit 1993 Pfarrer in St. Niklaus. Er ist der Neffe des langjährigen Pfarrers von Brig-Glis und späteren Domherrn Benjamin Escher. Arthur Escher hat das Charisma, in kürzester Zeit mit Jung und Alt vertraut zu werden. Dabei hilft ihm sein unerschöpflicher Mutterwitz.

### 10. Heinrich Andenmatten von Saas-Almagell: 1989/1990

Er wurde am 22. April 1963 als Sohn des Florinus und der Ida Andenmatten geboren. Nach dem Besuch des Kollegiums in Brig 1978–1983 studierte er Theologie in Freiburg i.Ü. 1983–1988, verbrachte das Pastoraljahr 1988/1989 in Leukerbad, wurde am 11. Juni 1989 Priester und primizierte am 18. Juni 1989 in Saas-Almagell. Er war Rektor von Naters 1989/1990, Pfarrer von Albinen und Guttet-Feschel 1990–1993. Aufgrund eines ärztlichen Zeugnisses wurde Andenmatten im Juni 1993 aller seelsorglichen Verpflichtungen entbunden. 1994 trat er vom priesterlichen Dienst zurück.

# Pfründen: Pfarrei, Kaplanei und Rektorat

Das «kirchliche Benefizium» (Pfründe) ist ein von der zuständigen kirchlichen Autorität auf Dauer errichtetes Kirchenamt, das mit einer nutzungsfähigen Vermögensmasse ausgestattet ist, deren Erträgnisse es dem Amtsinhaber erlauben, den standesgemässen Unterhalt sicherzustellen. In Naters bestand von alters her die Pfarr- und Kaplaneipfründe und in jüngerer Zeit kam die inzwischen wieder vakant gewordene Rektoratspfründe hinzu.

## Pfarrpfründe
### 14. bis 16. Jahrhundert

Die Einkünfte des Pfarrers bestanden in früheren Zeiten vorab in Zehnten, Grundzinsen einzelner Güter und in Stolgebühren (z.B. von Taufen, Trauungen und Beerdigungen). Der Zehnt war eine Abgabe von einem Zehntel des aus Grund und Boden erwirtschafteten Ertrags. Die Einkommen der Kirche und des Pfarrbenefiziums waren aber früher derart miteinander vermengt, dass eine genaue geschichtliche Darstellung kaum möglich ist. Seit uralten Zeiten hatte das Domkapitel von Sitten das Patronat über die Pfarrpfründe von Naters inne, das heisst es besass das Recht, den Inhaber dieser Pfründe zu wählen.[424] Wie wir zu Beginn des Kapitels «Pfarrer» näher darlegen, verzichtete das Domkapitel im Jahre 1919 zuhanden des Bischofs auf sämtliche Patronatsrechte.

Doch blenden wir zurück. Bis ins 14. Jahrhundert hinein besass in der Regel ein Domherr von Sitten die Pfründe, bezog die grossen Einkünfte, überliess aber die Verwaltung für eine Abfindungssumme einer Drittperson. So verlieh z.B. Bonifaz von Challant 1333 sämtliche Rechte und Einkünfte der Kirche von Naters für ein Jahr um 88 Pfund an Johann von Mund, Kleriker und Sigrist in Naters. Letzterer verpflichtete sich, alle Obliegenheiten des Pfarrers genau ausführen zu lassen und die Kirche und Gebäulichkeiten gut zu unterhalten. Ferner musste er den Pfarrer mit seiner Dienerschaft, wenn er einmal im Jahr seine Pfarrei besuchte, während einer Woche gebührend bewirten.[425] Johann d'Aranthone, einer der Nachfolger von Bonifaz von Challant, verpachtete 1385 um 80 Gulden Jakob Grunach alle Einkünfte der Kirche von Naters. Letzterer musste den Pfarrer samt vier Pferden und vier Dienern beköstigen, wenn er in seine Pfarrei kam. Ebenso hatte er die angestellten Priester zu entschädigen und alle Lasten und Auslagen zu entrichten.[426]

Bereits zu Beginn des 14. Jahrhunderts begegnet uns der Gross-Sakristan des Domkapitels als Kollator (Verleiher) des Benefiziums. In eben dieser Zeit war der Pfarrer von Naters verpflichtet, dem Gross-Sakristan jährlich 40 Schilling zu entrichten und ihn mit drei Reitern während drei Monaten zu beherbergen. Kam der Gross-Sakristan zum ersten Mal nach Naters, so konnte er das beste Stück Vieh des Pfarrers in Empfang nehmen, ebenso die Schlüssel der Kirche und des Pfarrhauses.[427] Über die weitere Entwicklung dieser Rechte haben wir nur wenige Nachrichten. Gemäss einer Aufzeichnung von Pfarrer Johann Kaspar Tscherrig (1727–1750) entrichtete der Kilchherr dem Domkapitel jährlich zwei Pfund.

Aus verschiedenen Erkanntnisschriften des 14. und 15. Jahrhunderts ergibt sich folgende Zusammenstellung des Pfarrzehnten:[428]

|  | Korn | Weizen | Gerste | Bohnen | Wein |
|---|---|---|---|---|---|
|  | Fischel | Fischel | Fischel | Fischel | Sester |
| Brigerberg | 255 | 12 | 3 |  |  |
| Natischer Berg | 40 | 8 | 12 | 8 |  |
| Birgisch | 44 | 4 |  |  |  |
| Mund | 144 | 12 |  | 6 |  |
| Brigerbad |  |  |  |  | 16 |
| Gamsen |  |  |  |  | 2 |
| Eyholz | 18 |  |  |  | 6 |
| Total | 501 | 36 | 15 | 14 | 24 |

Von der Massa bis zum Mundbach und von Hegdorn bis zur Rosseggen besass der Pfarrer ebenfalls den Zehnten von Wein, Korn und Hanf.[429] Am 6. September 1460 erkannten z.B. Anton Erpen vom Aletsch und sechs andere Männer dem Pfarrer von Naters, Wilhelm uff der Eggen, den Fruchtvieh- und Aufbruchzehnten von Moos bis ins Inner-Aletsch gegen eine jährliche Abgabe von einem Müt Roggen, einem Müt Gerste, sechs Fischel Weizen, sieben Schilling Geding (Reallast auf einem Grundstück), einem Schilling für ein Lamm an der «Herren Fasnacht» und zwei Schilling in der Bittwoche.[430] Eine Urkunde vom 14. Februar 1502 berichtet uns von einer Erkanntnis des Zehnten in Birgisch oberhalb der Gattolfwasserleiten und bei den Hellen Blatten, mit Gilt von zwei Müt Korn und vier Fischel Weizen als Geding an den Pfarrer von Naters durch Johann Eyer.[431]

### Zwischen 1600 und 1900

In der ersten Hälfte des 17. Jahrhunderts wurde der Zehnt von Brigerberg gegen 6000 Pfund losgekauft.[432] Der Weinzehnt von Gamsen und Brigerbad kam bei der Gründung der Pfarrei Glis an diese. Wegen des Zehnten in Eyholz entstanden einmal in den 30er-Jahren des 17. Jahrhunderts[433] und ein andermal in den Jahren 1711 und 1712[434] zwischen dem Pfarrer von Naters und jenem von Visp Prozesse, die durch den Bischof jeweils zugunsten des Ersteren entschieden wurden. Der Pfarrer von Naters erbrachte für den Weinzehnten von Eyholz den Rechtsnachweis durch verschiedene Urkunden, von denen die älteste bis ins Jahr 1340 zurückreicht.

Neben dem Baumgarten beim Pfarrhaus besass die Pfarrpfründe in der Nähe des Dorfes schon früh eine Wiese von zirka 19 Fischel (ein Fischel = 563 m$^2$). Am 20. März 1636 kaufte und schenkte Pfarrer Johann Gertschen der Pfründe auf Lüsgen «in den obren Matten» eine Alpe mit einer Fläche von 30 872 m$^2$ zusammen mit Hütte, Scheune und Stall im Wert von 740 Pfund.[435]

In der zweiten Hälfte des 18. Jahrhunderts wurden noch zirka neun Fischel Land in den oberen und unteren Binnen erworben. Ein Teil davon fiel durch die Überschwemmung der Rhone zum Opfer.

Alois Amherd hinterliess uns als Pfarrer von Naters für die ersten Jahre genaue Aufzeichnungen, denen wir interessante Angaben entnehmen.[436] Für das Jahr 1795 (Pfarrwechsel) hatte er die

Einkünfte mit seinem Vorgänger zu teilen. Der dem neuen Pfarrer Alois Amherd zukommende Drittel an Früchten betrug wie folgt: «Ein Fischel Hanfsamen, 22 Fischel ‹Herdäpfel›, zwei Fischel Nüssen, sieben Fischel Äpfel, ‹vom Fallobst etwan anderthalb Fischi gederte Schnitz›, ein Fischel Birnen. ‹Kirschen u. Flaumen wurden dem H. Vorfahrer ganz zum Antheil, Zwetschgen auch fast gar›, ein halbes Fischel Bohnen, ‹Linsen Minsotten zusammen›, ‹samt dem Triebwein vom Baumgarten nicht gar einen Saum› und drei Fischel Gerste. ‹Geriben Risten Lifer 51, ohne den Hotz, oder Abwerch›, an Zehntenwein vom Vispach ein Lagel.»

Für 1796 verzeichnete Amherd dies: «177½ ‹gewannet Fischi› Korn, 25 Fischel Weizen, zehn Fischel Gerste, zwei Fischel Bohnen oder ‹Erbis›, acht Fischel Hanfsamen, 40 Pfund ‹geribenes Werk, Fimulla› (?) und 80 Pfund ‹Mescholla› (?). Für dieses alles zu dröschen, zahlte ich alles zusammen acht Pfund 16 Batzen. Item beyleufig zwei Männern 39 eingeschnittene Suppe (dem Trescher zweymal im Tag eine geschnittene Suppe) macht circiter 60 Batzen, zusammen elf Pfund für 287 Tennote.» Hinzu kam noch das Zehntenkorn von Birgisch und Mund.

Für 1797 notierte Pfarrer Amherd das Opfer am «Hl. Grab» (in der Karwoche) wie folgt: «165 Eier, acht Batzen, zwölfeinviertel Pfund Wolle, 44 Pfund Käse, fünfeinhalb Fischel Korn, ein Fischel Weizen».

Im Jahre 1854 wurden sämtliche Zehnten losgekauft, und zwar in Naters um 7000 Franken,[437] in Mund um 8000, in Eyholz um 1272 und in Birgisch um 2586 Franken, was eine Gesamtsumme von 18 858 Franken ergibt.[438] Davon wurden 10 351 Franken für den Ankauf des Pfarrgutes auf den Hellen Blatten (Birgisch) verwendet.[439] Weitere 7642 Franken legte man als Kapital an. Der Rest musste für den Loskauf von Verpflichtungen der Pfarrpfründe gegenüber der Kaplanei und dem Sigristenamt Verwendung finden[440].

1898 wurde das Einkommen des Pfarrers samt Stolgebühren auf 1786 Franken berechnet.

## Verminderung der Pfrundgüter

Von 1910 an setzte sich im Kirchenrat immer mehr die Meinung durch, dass es sinnvoll ist, Grundgüter der Pfründe zu verkaufen und das Geld zu kapitalisieren, um höhere Erträge zu erzielen. So wurden am 5. November 1911 anlässlich einer Versteigerung das Gut auf den Hellen Blatten in Birgisch (auch «Hählenblatten» genannt) mit einer Fläche von 41 454 m$^2$, das 1855 gekauft worden war und das der Pfarrer nie selber bewirtschaftet hatte, samt Hausschaft, Scheunen, Ställen, Äckern und Stadel sowie der Pfarreiwald (5400 m$^2$) in Birgisch für 20 910 Franken und ein Stück «Lische» in den Untern Binen, enthaltend 3376 «Geviertmeter» (=m$^2$), für 6258 Franken verkauft.[441]

Auch bei der oben erwähnten **Pfarralpe** auf Lüsgen stellte sich mehr und mehr die Frage nach der Wirtschaftlichkeit. Laut Visitationsakt von 1898 erhielt der Pfarrer für diese Alpe einen Jahreszins von 100 Franken. Wie Pfarrer Imesch am 4. Dezember 1912 schrieb, «wird die Alpe nie vom Pfarrer selbst benutzt und wurde seit Menschengedenken verpachtet». Der Kirchenrat hatte von Jahr zu Jahr grössere Mühe, einen Pächter zu finden. Alsdann war man überzeugt, dass nach dem Verkauf das Kapital höhere Zinse tragen würde als das Grundgut. So wurden in einer Versteigerung am 12. September 1920 die genannte Pfarralpe parzellenweise (15 Alpmatten), ebenso die dazugehörige Alphütte und der Stall für 10 000 Franken verkauft. Der Bischof erteilte die Erlaubnis nur unter der Bedingung, dass eine Minimalsumme von 6000 Franken erreicht wird. Die Hütte mit Stall kaufte Benjamin Ruppen, Sohn des Alfons.[442] Heute (noch 1999) ist sie im Besitz der Brüder Max und Bruno Aebischer, wohnhaft in Meiringen und Düdingen. Laut Binneninschrift liess Pfarrer Kaspar Schneidrig (Schnidrig), wohl an gleicher Stelle, diese Hütte 1674 wieder aufbauen. Es ist die unterste Hütte auf der Lüsgenalp. Die Binneninschrift lautet: «Hoc opus ex fundamento reaedificari propriis sumptibus curavit ill[ust]ris & Adm[irabilis] R[everendus] D[omi]n[u]s Casparus Schneidrig Can[oni]cus Sed[unensis] & Par[ochus] Natr[iae] 1674» *[= Dieses Werk liess auf eigene Kosten von Grund auf wieder erstellen der vornehme und bewundernswerte hochwürdige Herr Kaspar Schneidrig, Domherr von Sitten und Pfarrer von Naters ...].* In der Mitte der Inschrift steht das Schnydrig-Wappen mit Tisch und Winkelmass. Um einem Kelch Platz zu machen, sind Rose und Sterne etwas verschoben.

*Binneninschrift mit Schnydrig-Wappen in der ehemaligen Pfarrhütte auf Lüsgen.*

Mit dem stärkeren Übergang der Naturalwirtschaft zur Geldwirtschaft um 1920 reichte das Benefizium der Pfarrpfründe für den Lebensunterhalt des Pfarrers nicht mehr aus. Darum forderte Bischof Bieler in diesem Jahr in einem Rundschreiben die Gemeinden auf, das jährliche Gehalt des Pfarrers auf 3500 Franken anzusetzen und damit die Differenz zum Ertrag der Pfarrpfründe zu übernehmen. Ende 1920 erbrachte das Kapital der Pfründe von 50 926.77 Franken lediglich einen Zins von 2546 Franken, was nicht der vom Bischof geforderten Summe entsprach. Die Gemeindeverwaltung von Naters stimmte einer Aufbesserung des Gehalts nicht gleich zu und führte als Grund die missliche finanzielle Lage der Gemeinde an. Erst als Bischof Viktor Bieler in unnachgiebiger Art die Gemeindeverwaltung wissen liess, dass Visp dem Pfarrer 4000 und Leuk sogar 5000 Franken zahle, sicherte Naters dem Pfarrer ab dem 1. Januar 1921 ein

*Ehemalige Pfarrhütte von 1674 auf Lüsgen.*

Jahresgehalt von 3500 Franken zu.[443] Der Jahreslohn des Kilchherrn stieg von da an im Verlaufe der Jahrzehnte langsam aber sukzessive an, so dass er 1995 etwa zwischen dem eines Primar- und eines Sekundarlehrers lag. Dabei ist festzuhalten, dass der Pfarrer Miete für die Wohnung bezahlt und dass er seine Hauswirtschafterin selbst entlöhnen muss. Mit der heutigen Besoldung der Natischer Geistlichen geht die Gemeinde Naters über den zwischen Kirche und Staat vereinbarten Minimallohn hinaus. Zu Recht, ist doch Naters die grösste Oberwalliser Pfarrei, die den Priestern ein gerüttelt Mass an Arbeit abverlangt. Offenbar meinte man in der Öffentlichkeit immer wieder, der Lohn des Pfarrers sei überrissen. 1950 z.B. schrieb Pfarrer Ernst Zenklusen im Natischer März-Pfarrblatt: «Da man aber scheint's so viel über die Sache redet und auch ungerecht redet (und das schon früher!), wolle man dann gefälligst auch nicht vergessen, dass die Hochw. Herren 11 bis 15 Jahre höhere Studien hinter sich haben.»

Was die Grundgüter der Pfründe betrifft, herrschte ab 1945 im bischöflichen Ordinariat für längere Zeit die Meinung vor, man solle diese nur veräussern, wenn man an einem anderen Ort ein gleichwertiges Grundstück kauft. Wiesen und Äcker seien «als Vermögen sicherer als das Geld, das entwertet werden kann».[444] So verkaufte der Kirchenrat 1946 vom Pfarrgut «auf der Breite» 2115 m² für 34 672 Franken an fünf verschiedene Interessenten zum Bau von Häusern und kaufte im Gegenzug in der Bammatte und im Feld drei Wiesen (total 3441 m²), Acker, Scheune und Stall im Gesamtwert von 32 471.80 Franken.[445] 1959 kaufte die Gemeinde von der Pfarrei 440 m² vom östlichen Teil des Pfarrbaumgartens zur Anlegung einer breiteren Strasse und des Kirchplatzes.[446] In den Breiten besass die Pfarrei 1922 noch Mattland mit einer Fläche von 10 244 m², die durch Verkäufe an Private, wie soeben erwähnt, sowie für den Bau der Alterssiedlung (zum Preis von 400 000 Franken) und des Zentrums Missione bis auf 1110 m² zusammenschrumpfte.

## Katasterauszug: Stand 1995

Die Pfarrei (ohne Kaplanei) ist Eigentümerin folgender Kultobjekte, Gebäude und Grundgüter:

| Bezeichnung | Nr. | Fläche: m² | Katasterwert: Fr. |
|---|---|---|---|
| Pfarrkirche | 301 | 721 | 1 319 400.– |
| Platz | 301 | 110 | 14 300.– |
| Beinhaus | 303 | 111 | 197 500.– |
| Platz | 303 | 25 | 3 000.– |
| Klosi, Kapelle u. Platz | 1015 | 43 (33+ 10) | 13 400.– |
| Hegdorn, Kapelle u. Platz | 2655 | 90 (61+ 29) | 22 270.– |
| Geimen, alte Kapelle | 3378 | 201 (32+169) | 2 030.– |
| Geimen, neue Kapelle | 7621 | 196 | |
| St.-Laurentius-Kapelle mit Acker | 2923 | 188 | 21 390.– |
| Blatten, Kapelle u. Platz | 4098 | 452 (195+257) | 350 200.– |
| Kapelle Lüsgen | 7592 | | 90 600.– |
| Maria Hilf, Zum Bildji | 6250 | 8 (23+15) | 5.– |
| Pfarrhaus | 136 | 246 | 815 200.– |
| Baumgarten | 136 | 1443 | 192 790.– |
| Stall beim Kirchplatz | 272 | 24 | 5 700.– |
| Platz zum Stall | 272 | 21 | 2 100.– |
| Breiten, Platz | 420 | 2616 | 366 240.– |
| Breiten, Wiese | 6647 | 453 | 58 890.– |
| Breiten, Wiese | 6935 | 58 | 5 800.– |
| Breiten, Asyl | 420 | 699 | 591 200.– |
| Im Feld, Stall | 4372 | 42 | 10 700.– |
| Im Feld, Wiese | 4372 | 1349 | 107 920.– |
| Geimen/Bitschji, Acker | 2921–24 | 810 | 605.– |
| Geimen, Wiese u. Platz | 7621 | 1409 | 2 820.– |
| Blatten, Kaplaneihaus und Platz | 4107 | 109(59+50) | 34 900.– |

Mitstifteranteil Zentrum Missione: ein Viertel.

## Pfarrhaus

Kat.-Nr. 136. Besitzerin: Pfarrei Naters.

### Geschichte

Das Pfarrhaus von Naters präsentierte sich seit den 1940er-Jahren in einem unansehnlichen Zustand. Das «Pfarrhausproblem» stand wiederholt auf der Traktandenliste der Kirchenratssitzungen. Ob Umbau, Ausbau oder gar die Idee eines neuen Pfarr-

*Pfarrhaus von Naters.*

hauses im Pfarrgarten (1967) – alles blieb stets beim Alten. 1967 schrieb Pfarrer Grichting an den Bischof: «Ich lebe in einem Pfarrhaus, das in meinen Augen einem übertünchten Grabe gleicht.»[447] Begreiflich, dass dieses Haus mehrfach als Fastnachtssujet herhalten musste. Einem neunstrophigen Spottgedicht von 1971 (nach der Melodie «Ich hatt' einen Kameraden») entnehmen wir folgende zwei Strophen:

> «In Natersch steit as mächtigs Hüs,
> äs leiders gits gar nit!
> Äs lüegt so himmeltrüürig üs,
> denn äs ischt öü währli gwiss kei Schmüs
> [:äs settigs Schlotterhüs:]
>
> Mänge het der Chopf scho gschittlut,
> mänge ischt scho blibu stah,
> wenn är das Gäschi mal het gseh,
> denn so eppis gseht är niene meh;
> [:darum blibt das Pfarrhüs da:].»

Langwierige Abklärungen der Fachleute ergaben, dass für das alte Pfarrhaus ein Umbau oder gar ein Abbruch, wie ihn nicht wenige forderten, ausgeschlossen war.
Am 13. Dezember 1973 beschloss die Urversammlung die vorerst umstrittene Restaurierung des sehr baufälligen Hauses. Die Restaurierung erfolgte 1974/1975 durch Paul Sprung, Naters, und Amédée Cachin, Brig, unter Aufsicht der Eidg. Denkmal-

pflege (Prof. Dr. Alfred A. Schmid) sowie der Kant. Denkmalpflege (Dr. François-Olivier Dubuis).

Kunsthistoriker Dr. Walter Ruppen fasst die recht komplexe Geschichte des Pfarrhauses wie folgt zusammen:[448] «*Östliche Hälfte Restbestand eines bis 1862 bedeutend höheren hochmittelalterlichen Wohnturms (12./13. Jh.). An diesen hatte 1461 Pfarrer Wilhelm Uff der Eggen im Südwesten ein nach Westen, zur ‹Judugassa› orientiertes hölzernes Haus mit steinernem Sockel bauen lassen. 1661 wurde die bis dahin offene Nordwestecke einbezogen und das spätmittelalterliche Holzhaus mit einer Mauer verkleidet.*

*Bei der Restaurierung 1974/75 holte man den sonderbaren ‹zweihäuptigen› Charakter dieses Bauwerks malerisch hervor: im Osten in herbem Bewurf und mit Eckquadern in ‹pietra rasa› der verschlossene hochmittelalterliche ‹Turm›; der jüngere Westbau dagegen fein verputzt mit leuchtenden Ockerrahmungen an den Ecken und an den zahlreichen Fensteröffnungen, deren Zeilen noch den darunter verborgenen Holzbau verraten. Besonders reizvoll hebt sich die schmucke Westfassade bei der Sicht von Westen von dem schwarz bemalten Kirchturm im Hintergrund ab.*»

Die Renovation von 1754 hinterliess keine Spuren. 1862 und noch durchgreifender in den 1890er-Jahren wurde durch den Unternehmer Adolf Borter von Ried-Brig[449] das Haus innen und aussen im Stil der Zeit bis zur Unkenntlichkeit früherer Bauetappen renoviert. Der Wohnturm wurde, soweit baufällig, abgetragen und wiederum auf die heutige Höhe ergänzt und der Anbau in der Südostecke um ein Geschoss herabgesetzt. Das ganze Gebäude kam unter ein zusammenhängendes Dach zu liegen.

Die Restauration von 1974/1975 kostete über eine Million Franken. Pfarrhaus, Junkerhof (Rathaus) und Kirche wurden als Pilotprojekte ins Programm des Europäischen Denkmalschutzjahres 1975 aufgenommen. Diese drei Gebäulichkeiten erhielten darum von Bund und Kanton den Höchstansatz von 60 Prozent Subventionen. Der Gesamtbetrag der Denkmalpflege (Bund 45 Prozent, Kanton 15 Prozent) belief sich auf 509 341 Franken. Das vor der Restaurierung nur als Bauwerk von regionaler Bedeutung eingestufte Pfarrhaus figuriert seit 1974 auf der Liste der nationalen Denkmäler. Naters hat mit der Restaurierung seines Pfarrhauses jene Lügen gestraft, die hartnäckig behaupten, zusammen mit der Denkmalpflege lasse sich nicht speditiv

arbeiten. Am 4. Februar 1974 begann man mit der Entfernung des alten Verputzes und am 20. September 1975 erfolgte in einer eindrücklichen Feier die offizielle Übergabe des Pfarrhauses. Angesichts des strahlenden Bauwerks sind inzwischen auch jene verstummt, die den Abbruch des alten Pfarrhauses forderten. Man wird in alle Himmelsrichtungen weit gehen müssen, um heute ein ähnliches Pfarrhaus anzutreffen. So hat Naters etwas von jenem Glanz zurückgewonnen, den es im Mittelalter besass, ehe ihm Brig am Fuss des Simplons den Rang ablief.

**Bilddokumente. 1.** Ansicht von SO. «a 1461. Pfarrhaus in Naters». Zeichnung von Raphael Ritz 1856? (Museum Majoria, Sitten), Skizzenbuch (98 Zeichnungen), Nr. 45. – **2.** Ansicht von NO. «NATTERS» (ebd., Nr. 46). – **3.** Gleiche Ansicht wie Nr. 1, jedoch ohne Stadel. «Naters. Pfarrhof 2. Sept. 86». Bleistiftzeichnung von Johann Rudolf Rahn (ZBZ, Graph. Slg. Rahn'sche Slg., Skizzenbuch 443, Bl. 1). – **4.** Plan- und Fotodokumentation zur Restaurierung 1974/1975 (Kant. Amt für Archäologie und Denkmalpflege, Sitten).

## Beschreibung

(nach einem Manuskript von Dr. Walter Ruppen).

### Äusseres

Das Pfarrhaus erhebt sich seit der Restaurierung als überaus malerischer «Eckpfeiler» im Nordwesten des Kirchplatzes, weil nun wieder die Verschiedenartigkeit der Baukörper hervortritt: der trutzige Charakter des roh beworfenen hochmittelalterlichen Ostbaus neben dem durch Rhythmus und Farbe belebten westlichen «Barockbau» mit ockergelben Eckquadern und Fensterrahmen in hellem abgeglättetem Verputz. An den beiden Giebelfronten tritt das Nebeneinander der Bauperioden nur verhalten in Erscheinung. In den langen Fensterreihen der Westfront wird die Fenstergliederung des spätgotischen Holzhauses spürbar; an der Ostfront springt das nur durch Scharten belichtete Erdgeschoss als Gebäudesockel vor. An den Traufseiten treffen die Stile kontrastreich aufeinander. Während sie an der Nordseite nur durch die leicht vorspringende Gebäudekante des Wohnturms getrennt werden, leitet an der malerischen Südseite ein eingezogener Treppenturm über zur gedeckten Vorlaube auf dem von Strebepfeilern gestützten Anbau.

### Inneres

Im Innern sind alle grossen Bauetappen durch charakteristische Räume vertreten. Im Wohnturm der hochmittelalterliche Kellerraum mit gut geschichtetem Sichtmauerwerk; darin weites Südwestportal von 134 cm Sichtbreite, dessen monumentaler Sturz aus zwei teilweise morschen Gneisblöcken einst vielleicht die Form eines Kielbogens aufwies; in der Südostecke aus Fenstergewänden (Spolien) erbaute Innentreppe über gemauerter Bogennische. Pfarrstube von 1461 mit fallenden Deckenflanken beidseits der zwei Dielbäume, von denen der eine fein beschriftet ist. Man fand bei der Restaurierung die Brandspuren des Öl- oder Talglämpchens an den Holzwänden beim Standort von Tisch und Bettstelle – und im hölzernen Fussboden sogar noch den ausgetretenen Brevierweg des Geistlichen entlang der Fenster.

Im Erdgeschoss des Wohnturms ein Raum wohl im Charakter der Renovation von 1566 mit zeittypischer Zier am Sattelholz des Mittelpfeilers (wie im Kellergeschoss). In der Westecke des ersten Wohngeschosses Zimmer mit Täfer von 1661; fünf hochkant verlegte, nach unten verjüngte, an Stirn und Wangen profilierte Dielbäume sowie ein wuchtiger, ebenfalls profilierter

*Auf der Zeichnung der Text: «a[nno] 1461 Pfarrhaus in Naters». Ansicht von Südosten. Zeichnung von Raphael Ritz 1856 (?). Museum Majoria, Sitten.*

Kopfrahmen über schmucklosem gestossenem Bretttäfer verlagern die ganze plastische Wirkung in die Deckenzone. In dem Gang, der den hochmittelalterlichen Steinbau vom spätmittelalterlichen Holzhaus trennt, treten beide Stile in Erscheinung: die ältere Periode in einer Türöffnung, die spätere in der ehemaligen Türöffnung zur Pfarrstube mit Kielbogensturz und randgekehlten Pfosten.

**Inschriften. 1.** (Am Dielbaum der Pfarrstube mit sorgfältig konturgekerbten Minuskeln) «hoc opus fecit fieri will[hel]mus uf der eggon cur[atus] de narres mill[es]i[m]o CCCCl[l = L = 50]XI in febr[uario]» *[= Dieses Werk hat machen lassen Wilhelm Ufdereggen, Pfarrer von Naters, im Februar 1461].* – **2.** (Dielbaumfragment, angebracht im Pfarrsaal) «HAEC DOMUS PAROCHIA-

*Auf der Stubenbinne der Pfarrwohnung: Jahreszahl 1461.*

LIS PARTITIO OLIM EX LIGNO AEDIFICATA FUIT ANNO 1461. / DEIN[de] REPARATA 1566 MURO SEPTA 1661. PORRO RESTAURATA 1754 / AC DENUO PENITUS INNOVATA ANNO 1862» *[= Dieses Pfarrhaus wurde einst zum Teil aus Holz erbaut im Jahre 1461, darauf repariert 1566, mit Mauer umgeben 1661, dann wiederhergestellt 1754 und neuerdings innen erneuert im Jahre 1862].* – Voraus ging 1856 eine kleinere Renovation durch den italienischen Maurermeister Peter Anton Sella; es ist die Rede von einem «grossen Sprang im Pfarrturm».[450] – **3.** (Dielbaumfragment, angebracht im Sekretariat der Pfarrei) «HANC DOMUM RESTAURARI FECIT (Wappen, WWb 1946, S. 105, Fig. 1) R[everendus] D[ominus] I[oannes] P[etrus] G[asser] C[anonicus] S[edunensis] / V[icarius] F[oraneus] ET P[arochus] N[atriae] 1754 QUAE OLIM EXSTRUCTA FUIT ANNO 1461» *[= Dieses Haus liess wiederherstellen (Wappen) der hochw. Herr Johann Peter Gasser, Domherr von Sitten, Dekan und Pfarrer von Naters 1754; es ist einst im Jahr 1461 erbaut worden].*

**Öfen. 1.** Dreigeschossig. Wappen: über der Jahreszahl 1826, in Medaillon, Drache von Naters; darüber die Initialen «B[urgesia] N[atriensis]» *[= Burgerschaft Naters].* 1976 renoviert. Flache versenkte Zierfelder in schwarzer Rahmenzier. **2.** Inschrift: «RD AH PN CS 1797» *[= Reverendus Dominus Alois Herder (= Amherd), Parochus Natriae Canonicus Sedunensis = Hochw. Herr ..., Pfarrer von Naters und Domherr von Sitten ...].* Amherd-Wappen. – **Tisch.**[451] Nussbaum. Mitte 17. Jh. An der Zarge Schuppenzier mit zentraler Rosette oder Nelke. Blattkränze auch an den Balusterbeinen. Kostbare Schnitzereien. – **Truhe.** Nussbaum. Trapezförmiger Grundriss. Schnitzereien in Rechteckfeldern. In den zwei Hauptfeldern groteskenartige Wesen, im mittleren Zwischenfeld «SS / 17/08», in den Seiten- und den Wangenfeldern Akanthusranken. Brandzeichen der Burgerschaft Naters über dem Schloss.

## Im Pfarrhaus:
## Kunstgegenstände aus Kirche und Kapellen

**KRUZIFIXE. 1.** H. (Korpus) 76 cm. Holz. Inkarnat grösstenteils bis auf Kreidegrund freigelegt. Lendentuch polimentvergoldet, mit blauen Umschlägen. Erstes Viertel 16. Jh. Reich drapiertes

*Kruzifix (Nr. 1), erstes Viertel 16. Jahrhundert.*

Lendentuch mit Zipfeln beidseits. Edler Kruzifixus von hoher Qualität. – **2.** H. 50,5 cm, (Korpus) 26,5 cm. Holz. Fassung erneuert. Inkarnat gräulich. Vergoldetes Lendentuch mit blauen Umschlägen. Ende 17. Jh. Wertvoller Kruzifixus aus dem Umkreis der Werkstatt des Johann Sigristen, Glis. – **3.** H. (Korpus) 100 cm. Holz. Schadhafte Polychromierung, vergoldetes Lendentuch. Um 1700. Breiter, muskulöser Korpus mit leicht verdrehter Beinstellung. Stil des Johann Sigristen, Glis. – **4.** H. (Korpus) 72 cm. Holz. Polimentvergoldetes Lendentuch. Zweites Viertel 18. Jh. Von Anton Sigristen, Glis. Geschmeidig bewegter Korpus, bedeckt mit plastisch geschnitzten Wunden. Bewegter Faltenstil. Wertvolles Werk. – **5.** H. 140 cm, (Korpus) 71 cm. Holz. Rissige Originalfassung mit eingetönten Fehlstellen. Polimentvergoldetes Lendentuch. Mitte 18. Jh. Werkstatt des Peter Lagger, Reckingen. Untersetzter Korpus mit grossem Haupt. Korpus von hoher Qualität des I. Reckinger Hauskruzifixtyps. – **6.** H. (Korpus) 47 cm. Originale Polychromierung. Zweite Hälfte 19. Jh. Ausdrucksvoller Kruzifixus. – **7.** H. 46 cm, (Korpus) 18,8 cm. Holz. Originale Ölpolychromie. Von Peter Josef Emanuel Rüttimann (1832–1913), Termen. Charakteristisches «Schlieffe»-Kreuzchen[452] mit Monstranz vor dem Kreuzfuss.

**ÜBRIGE SKULPTUREN. 1. Weibliche Heilige** (von einer Kreuzigungsgruppe?). Aus einem Bildhäuschen in der Müollera. H.

82 cm. Arve, massiv. Fassung entfernt. Zweites Viertel 14. Jh. Zum Gebet verschlungene erhobene Hände. Wohl aus einheimischer Werkstatt. Vgl. Nrn. 2 und 3. – **2. Weibliche Heilige.** Aus einem Bildhäuschen in der Müollera. H. 84 cm. Arve, massiv. Fassung entfernt. Zweites Viertel 14. Jh. Zum Gebet verschlungene Hände. Maskenhaft stilisiertes Antlitz mit spitzem Kinn. Gleiche Werkstatt wie Nrn. 1 und 3. – **3. Männliche Figur,** durch die spitzenhelmartige Kopfbedeckung als Jude gekennzeichnet (Zacharias?). Aus dem Bildhäuschen «Näbu dum Bach». H. 79,5 cm. Arve, rechteckig gehöhlt. Am Bart und an beiden Füssen beschädigt. Vorderarme, von denen der rechte fehlt, angesetzt. Zweites Viertel 14. Jh. Nach vorn gekrümmte Gestalt. Gleiche Werkstatt wie Nrn. 1 und 2. – **4. Büste des hl. Theodul.** H. 64,5 cm. Holz, massiv, auch rückseitig beschnitzt. Ende 14. Jh. Barocke Fassung: grüne Kasel, gemustert mit goldenen Blüten. Unter dem Hals runde Nische für Reliquien. In der Rechten ehemals wohl Schwert, in der Linken Pedum. Am Sockel geschnitzter Titulus «s[anctus] [= heiliger] theodulus» in gotischen Minuskeln. Bildwerk von besonderer Qualität. – **5. und 6. Johannes und Maria** von einer Kreuzigung. Johannes H. 72,5 cm, Maria 74,5 cm. Holz, sehr flach, die eine Figur massiv, die andere leicht gehöhlt. Kleider und Tränentücher gestreift. Polimentvergoldete Mäntel mit silbernen Umschlägen. Erste Hälfte 17. Jh. Stil der Bellwalder Schule. Das nicht jugendliche Antlitz gleicht demjenigen des hl. Petrus. Tränentücher in der Linken. – **7. Leuchterengel.** Paar H. (bis Leuchterschale) 125 cm. Holz, massiv. Neue Fassung: Polimentgold und Lüster. Mitte 17. Jh. Kartusche mit den Wappen Michel-Supersaxo und Tscherrig. Die Figuren halten Kandelaber, die hinter dem Rücken in einer grossen Schnecke enden, und die geschnitzten Vollwappen-Kartuschen. Wolkensockel mit Cherubim. – **8. Stehende Maria mit Kind.** H. 40 cm. Holz. Originalfassung: Tempera-Polychromie und Blattgold. Rechte Hand beschädigt. Letztes Viertel 17. Jh. Aus dem Umkreis der Bodmer-Sigristen-Werkstatt. Das lebhafte Kind im Stil der gotisierenden Spätrenaissance sitzt auf dem linken Arm der Mutter, mit dem diese den vorne aufwendig drapierten Mantel fahnenartig zur Seite spannt. – **9. Hl. Mauritius** (in der Nische über dem Chorbogen). H. (ohne Standplatte) 159 cm. Holz, gehöhlt. Ölpolychromierung. Letztes Viertel 19. Jh. 1979 restauriert von Walter Furrer, Brig. Soldatenkleid und Mantel neugotischen Faltenstils. – **10. Hl. Mauritius** (1910–1979 auf dem Tabernakel des Hochaltars). H. 111 cm. Holz, massiv. Polimentgold und Lüster. 1910. Die Palme in der Rechten, das Schwert an der Hüfte. – **11. Apostel,** geschnitzt für das Abendmahl des Hochaltars wohl 1910 durch Rudolf Messmer, Basel. Holz, massiv. Polimentgold und Polychromie. 1979/80 restauriert von Walter Furrer, Brig. Der sitzende Apostel hält beide Hände gegen die Brust.
**RELIEFS** (1910–1979 beidseits des Tabernakels am Hochaltar). H. ca. 61x53 cm. Holz, massiv. Polimentgold und Lüster. 1910. Von Payer & Wipplinger, Einsiedeln. Reliefs mit teilweise vollplastischen Figuren. Kostbare Schnitzereien. **1.** Abraham opfert seinen Sohn Isaak. – **2.** Opfer des Melchisedech.
**GEMÄLDE. 1. Hl. Anna Selbdritt mit den Heiligen Johannes Evangelista und Antonius von Padua.** 108×78,5 cm. Öl auf Leinwand. Ende 17. Jh. Dunkles Sfumato. Im Dreieck angeordnet, sitzende Mutter Anna mit dem Jesuskind, dem das Mädchen Maria einen Apfel reicht. Rechts der hl. Antonius von Padua mit Buch und Lilie, links Johannes Evangelista mit dem Becher in der Hand. In den Wolken Cherubim-Grüppchen. – **2. Maria mit Kind.** 87×67,5 cm. Öl auf Leinwand. Um 1866. Etikette auf der Rückseite: «Dieses Bild gehört der Kapelle in Geimen / sollte es aber als Hauptbild für / den Altar dieser Kapelle zu klein sein, / so soll es der Pfarrkirche / in Naters anheimfallen. / 10. Mai 1866.» Kopie nach dem Gemälde mit diesem Motiv von Anton Hecht. Signatur und Datum fehlen. – **3. Maria mit Kind.** Von einer Privatperson aus einer Kapelle im Natischer Berg genommen, vor deren Tod durch eine Drittperson 1996 dem Pfarrer übergeben. 76×70 cm. Öl auf Leinwand. Auf einem Band die Inschrift: «IN GREMIO MATRIS SEDET SAPIENTIA PATRIS» [= *Im Schoss der Mutter sitzt des Vaters Weisheit*]. Wertvoll. – **4. Immakulata.** 131,5×76,5 cm. Öl auf Leinwand. Drittes Viertel 18. Jh. Putten zu Füssen. Cherubim zu Häupten. Schummerige Konturen. Fiescher Malerschule?
**SKULPTUREN** (bis 1988 im Kaplaneihaus, heute im Pfarrhaus). **Gottvater.** H. 30,5 cm. Fassung 20. Jh.: Ölvergoldung und Silber. Um 1500 in einheimischer Werkstatt geschnitzt. Büste auf einem Wolkenkranz. Zum Lehrgestus erhobene Rechte; die Linke ruht auf der Weltkugel. – **Maria** von der Kreuzigungsgruppe im Beinhaus. – **Hl. Antonius von Padua.** H. 31,5 cm. Holz, massiv. Fassung 20. Jh.: Ölvergoldung und Silber sowie Bronze. Zweites Viertel 18. Jh. Kostbar.
**PFARRSAAL. Porträts und Fotos der Pfarrer von Naters** (bei der Aufzählung in Klammer die Amtszeit und die Nummer, die auf jene im Kapitel «Pfarrer» verweist).
**I. Porträts** (alle sechs: Öl auf Leinwand). – **1. Alois Amherd** (1795–1807, Nr. 39). 80,5×61 cm. Links oben Wappen (WWb 1946, Tf. 6) über der Inschrift: «Aetatis suae 56 ANNO 1810» [= *im Alter von 56 Jahren 1810*]. Restauriert 1963 von Walter Mutter, Naters. – **2. Valentin Mutter** (1808–1820, Nr. 40). 64×48 cm. Inschrift auf der Rückseite: «P[lurimus] R[everendus] D[ominus] Val[entin] Mutter Paroch[us] Aragni et Vic[arius] For[aneus] / Aetatis 56. / Laur[entius] Ritz pinx[it] 1828» [= *Hochwürdigster Herr V. M., Pfarrer und Dekan von Ernen, im Alter von 56 Jahren. Gemalt hat ihn Lorenz Ritz 1828*]. – **3. Kaspar Ignaz von Stockalper** (1821–1832; alle Angaben auf der Rückseite des Porträts unter Nr. 41). 82,5×65 cm. Mit Buch in der Hand. Um 1830. 1963 restauriert von Walter Mutter, Naters. «Depictus die 8a julij 1824» [= *gemalt am 8. Juli 1824*]. – **4. Emil Tscherrig** (1917–1942, Nr. 48). 1935, von Gino Paci, Naters. Rechts oben Wappen (WWb 1946, Tf. 9). – **5. Ernst Zenklusen** (1942–1959, Inschrift auf der Rückseite unter Nr. 49). 49,5×39 cm. Um 1961, von Gino Paci (1908–1974), Naters. Links oben Wappen (WWb 1946, Tf. 9, Nr. 2). – **6. Josef Pfaffen** (1969–1990, Nr. 52). 58×43 cm. Um 1992, von Robert Carovi, Raron/Brig.
**II. Fotos** (alle drei: 60×44 cm). – **1. Peter Josef Ruppen** (1862–1865, Nr. 43). – **2. Viktor Borter** (1874–1879, Nr. 45). – **3. Dionys Imesch** (1903–1917, Nr. 47).
**HOSTIENEISEN,** geschmiedet. Model der grossen Hostien: Kruzifixus, zu Füssen mit Blüten gerahmt; Bordüre. Für die kleinen Hostien: drei Nägel.

## Verschwundene und wieder gefundene 74 Urkunden des Pfarrarchivs

Im Pfarrarchiv von Naters befanden sich um die Mitte des 19. Jahrhunderts 74 Dokumente aus den Jahren 1246 bis 1629. 1857 stellte der Lokalhistoriker Ferdinand Schmid (1832–1901) von Ernen fest, dass diese lateinischen Dokumente verschwunden waren. Es stellte sich heraus, dass diese ins Germanische Museum von Nürnberg gelangten. Wie kam es dazu? Ferdinand Schmid, der 1855 bis 1857 Rektor in Glis war, hatte die fraglichen 74 Urkunden bei sich in Glis, um sie einzusehen. Schmid beauftragte seinen jüngeren Bruder Josef Marie (1839–1902), diese Pergamente nach Naters zurückzubringen. Auf dem Rücktransport von Glis nach Naters wurden sie dem Knaben von unbekannter Hand abgenommen.[453]

Laut Mitteilung von Kantonsarchivar Dr. Bernhard Truffer wurden diese Urkunden im Jahre 1968 durch das Staatsarchiv Sitten für 3650 Franken vom Germanischen Museum Nürnberg zurückgekauft. Das Museum Nürnberg behielt drei Dokumente, die Nrn. 72–74, zurück, gab aber dem Staatsarchiv von Sitten je eine Kopie.

Der Schreibende kopierte sämtliche Urkunden und übergab sie dem Pfarrarchiv von Naters. Sie werden nun in der Mappe «Museum Nürnberg» (Nrn. 1–74) zusammen mit den Regesten von Dr. Hans Anton von Roten daselbst aufbewahrt. Die Originale im Staatsarchiv von Sitten sind unter C 11, Nrn. 1–74, eingetragen. Von den 74 Urkunden beziehen sich 44 Stück auf Naters, die anderen auf die weitere Umgebung.[454]

## Verschwundene Wiegendrucke

Der Natischer Priester Anton Maffey (vgl. Kapitel «Priester, gebürtig aus Naters», Nr. 44) kaufte 1487 für den St.-Sebastians-Altar ein «Missale Romanum» (= Römisches Messbuch), eine Inkunabel also, die am 23. September 1485 von Matthias Hus in Lyon gedruckt worden war. Inkunabeln oder Wiegendrucke sind Druckerzeugnisse aus der Zeit vor 1500 und als spätmittelalterliche Buchkunst für die Forschung von grossem Interesse. Der kostbare Wiegendruck von Naters trägt die Bezeichnung F 44.

Im «Inventar des Pfarrhauses von Naters» vom 21. Mai 1947 (BiA Sitten, 37/189) vermerkt Pfarrer Ernst Zenklusen: «Im Pfarrarchiv von Naters befinden sich mehrere sogenannte Inkunabeln.» Im Archiv war aber nur eine einzige (F 44) aufzufinden. Wo sind die anderen Inkunabeln?

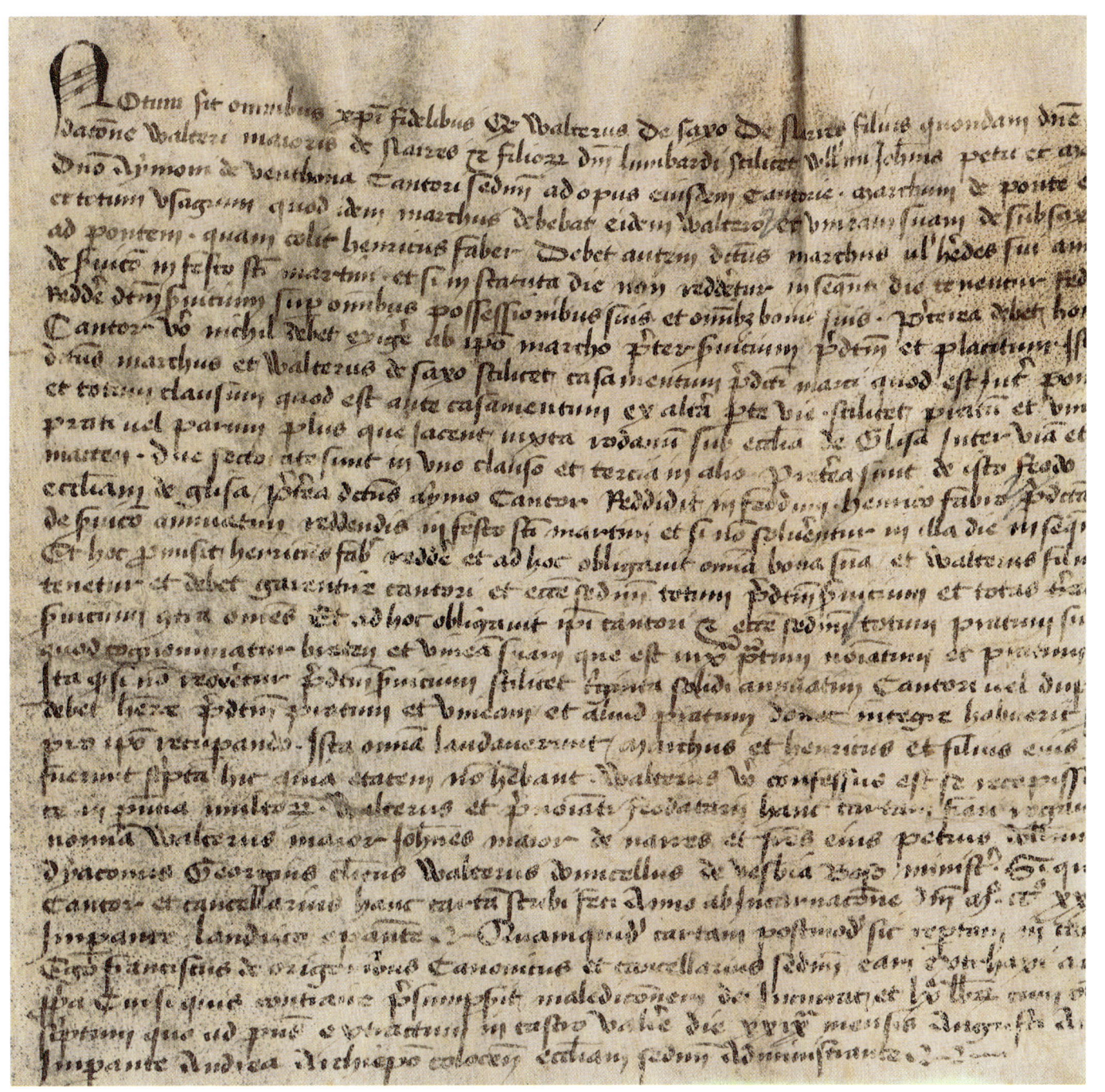

*Diese Pergamenturkunde vom 9. Februar 1230 ist inhaltlich das älteste Dokument im reichhaltigen Pfarrarchiv von Naters (F 1, Kopie vom 29. August 1421). Es ist ein Kaufvertrag. Walter de Saxo verkauft der «Cantorei» des Domkapitels Sitten für 19 Pfund ein Lehen und einen Weingarten unter der Flüe.*

*Ausschnitt der zweitältesten Urkunde des Pfarrarchivs von Naters (Kopie). Sie datiert vom 5. Juni 1246 und ist eine der zurückgekauften Urkunden (siehe oben). Das Original ist im Staatsarchiv von Sitten (C 11, Nr. 1). Es ist eine Abschrift aus dem Jahr 1328 und handelt von einem Kaufvertrag.*

# Kaplaneipfründe

Die Kaplanei Naters reicht in sehr frühe Zeiten zurück. Wie wir im Kapitel «Kapläne» schreiben, ist uns 1245 mit Johannes der erste Name eines Kaplans bekannt. Das Benefizium des Kaplans soll am 3. Mai 1380 gestiftet worden sein.[455]

Über die Einkünfte dieser Pfründe sind uns nur spärliche Nachrichten erhalten. Neben einigen Grundgütern in Naters und in Bel bezog der Kaplan in früheren Zeiten zwölf Fischel Korn von Eyholz, sechs Fischel Korn vom Pfarrer aus dem Zehnten in Geimen, den Zehnten von Hanf, Korn, Weizen, Gerste und Hafer in Hegdorn und zwölf Pfund «eingesottene Butter» von einer Wiese im Massaboden.[456]

Im Laufe der Zeit wurden der Kaplaneipfründe auch die Kapitalien der vier Seitenaltäre der Kirche zugewiesen, und zwar laut Visitationsakt von 1821 vom Altar des hl. Kreuzes 600 Pfund, von jenem des hl. Rosenkranzes 760, vom Altar des hl. Sebastian 640 und vom Dreifaltigkeitsaltar 600 Pfund. Auf weitere Einzelheiten über Einkünfte aus verschiedenen Liegenschaften und Stolgebühren gehen wir hier nicht ein.

Bei der bischöflichen Visitation von 1898 wurde das gesamte Einkommen des Kaplans mit 1087 Franken pro Jahr angegeben.[457] In der Folge kam es, wie bei den Gütern der Pfarrpfründe, auch bei den Grundstücken der Kaplanei zu verschiedenen Verkäufen. So wurden am 5. November 1911 ein Garten im Dorf bei «Schurweys Haus» (261 m$^2$), eine Wiese in der Turmmatte (300 m$^2$) für 2880 Franken und am 8. Dezember 1918 eine Matte bei «der untersten Brücke im Dorf Naters» (753 m$^2$) für 5000 Franken an die Munizipalgemeinde Naters veräussert.[458]

Im Jahre 1920 forderte der Bischof von den Gemeinden für den Kaplan generell einen Minimallohn von 2200 Franken. Wie Gemeindepräsident Anton Salzmann am 19. Juli 1920 dem Bischof mitteilte, war Kaplan Benjamin Bammatter, «der ein Vermögen von rund 80 000 Franken versteuert und daher mit Gütern reichlich gesegnet ist», mit einem Jahresgehalt von 2000 Franken einverstanden.[459] Nach 1920 reichten die Einkünfte aus der Kaplaneipfründe allein für den Lebensunterhalt des Kaplans nicht mehr aus, so dass die Gemeinde fortab hinzulegen musste. Mit der Teuerung stieg im Laufe der folgenden Jahrzehnte auch die Entlöhnung des Kaplans, so dass sein Jahresgehalt im Jahre 1995 etwa dem eines Primarlehrers entsprach.

Laut Katasterauszug aus dem Jahr 1995 ist die Kaplanei Eigentümerin folgender Kultobjekte, Gebäude und Grundgüter:

| Bezeichnung | Nr. | m$^2$ | Katasterwert: Fr. |
|---|---|---|---|
| Unter-Moos, Kapelle | 1389 | 21 | 13 630.– |
| Kapellenplatz daselbst | 1389 | 41 | 330.– |
| Kapelle Alpe Bel (und Burgerschaft) | | | |
| Naters, Kaplaneihaus | 255 | 95 | 220 480.– |
| Naters, Kaplaneigarten | 255 | 361 | 36 100.– |
| Belalp, Alphütte | 74 | | 21 100.– |
| Belalp, Wiese (Schweinefluh) | 5164 | 425 | 210.– |

## Kaplaneihaus in Naters

Kat.-Nr. 255. Zum ältesten, wohl noch spätmittelalterlichen Bestand (1520–1530 oder Ende 16. Jh.)[460] des Hauses gehört der grosse Kellerraum,[461] der mit grösseren Teilen der ehemaligen

*Kaplaneihaus in Naters.*

Holzkonstruktion der Decke erhalten geblieben ist. Ein älteres Mauergeviert, das nicht bis zur heutigen Kellerfrontmauer reichte, war bis zur Umfriedungsmauer davor ausgeweitet worden, wobei Letztere zur Kellermauer umgestaltet wurde. Westmauer 1,75 m breit. Erstes Wohnstockwerk um 1640.[462] Zugleich Anbau des steinernen Westtraktes bis auf die Höhe des «Vorschutzes» am Holzwerk, mit grauschwarzer Eckquaderung und Fensterrahmung.

Obergeschoss 1701; Erhöhung des gemauerten Westteils in verputztem Fachwerk, nun mit gelbockerfarbener Architekturbemalung. Decke der Stube im ersten Wohnstockwerk verkleidet mit einer Papiertapete im Stil des frühen 17. Jh. mit zentralperspektivischen pflanzlichen Motiven in Rauten. Stube des Obergeschosses wohl 1762 grün ausgemalt. 1856 Renovation durch den italienischen Maurermeister Joseph Anton Ramoni.[463] Restaurierung durch die Architekten Karl Gertschen und Otto Vogel, z.T. unter Aufsicht der Eidg. und der Kant. Denkmalpflege 1988–1991. Restaurations- und Ausbaukosten: 956 234 Franken. Da die Gemeinde als Bauherrin auftrat, kam das Vorhaben vor die Urversammlung. Am 31. Mai 1989 bewilligte diese den genannten Betrag, wobei sich auch die Pfarrei mit zirka 25 Prozent sowie die Eidg. und die Kant. Denkmalpflege finanziell daran beteiligten. Offizielle Einweihungsfeier: 20. Juni 1992.

Das ausserordentlich malerische Haus besticht durch das spannungsvolle Nebeneinander von Holz und Stein. Blauschwarze und ockergelbe Architekturmalerei heben die Bauperioden voneinander ab. Vorsprung des steinernen Hinterhauses an der rechten Traufseite. Rückseitiger Giebel aus Holz. Zu einer giebelhausförmigen Gruppe vereinigte Kamine. An die Front des Mauersockels stösst rechts die Umfriedungsmauer des Kaplaneigartens. In der Ostwand der Stube des 1. Stockwerks schmales hohes Fensterchen mit Nut an der Aussenseite.

Wohnung im 2. Stockwerk dreiräumig mit Treppenhaus in der hinteren linken Ecke und mit zwei hintereinander aufgereihten Kammern im Anbau. Innen in der Stube Friese ober- und unterhalb der Fensterzone. Im Keller, unter wuchtigem Tragbalken, Sattelholz mit typischem Dekor des 16. Jh., dendrochronologisch auf ungefähr 1590–1600 datiert.

*Sattelholz im Nordostkeller.*

**Inschriften.** 2. Stockwerk, Binne Ost: «HOC OPUS FIERI FECIT EXIM[ius] ET SPECTAB[ilis] D[ominus] IO[ann]ES LERG[ien] MOD[ernus] IUDEX ET SAEP[ius] C[astellanus] AC CG[464] P[ro] T[empore] PROVIDI AEDILAE N[atriae]. QUI BENE VIXERIT BENE MORIETUR ANNO 1701» *[= Dieses Werk hat machen lassen der ausgezeichnete und schaubare Herr Johannes Lergien, derzeitiger Richter und öfters Kastlan, und C[hristian?] G[ertschen?], zurzeit fürsorgliche Bauherren von Naters. Wer gut gelebt hat, wird gut sterben. Im Jahr 1701].*

Binne West: «R[everendus] D[ominus] CAPS[arus] ZUM BERG P[ro] T[empore] V[icarius] N[atriae] ET CAN[onicus] SED[unensis]. EXI FORAS E DOMO VILLICATIONIS TUAE INTRA IN DOMUM AETERNITATIS. / CARNALIS GLORIA DUM NITET CADIT. LATET ULTIM[us] DIES UT OBSERVENTUR OMNES 1701» *[= Der hochwürdige Herr Kaspar Zumberg, zurzeit Vikar von Naters und Domherr von Sitten. Geh hinaus aus dem Haus deiner Vergänglichkeit, gehe hinein in das Haus der Ewigkeit. / Der fleischliche Ruhm fällt, indes er glänzt. Es verbirgt sich der letzte Tag, damit alle beobachtet werden 1701].*

**Ofen.** Verändert im 19. Jh. Dreigeschossig, mit kleinem Mittelgeschoss. Schmal, vorne stichbogig endend. Stirn Fragment eines Rundofens. Zwischen Akanthusranken Vollwappen mit Kelch auf Dreiberg unter zwei Fünfstrahlensternen; darüber in Inschriftband: «17 R[everendus] D[ominus] GL FUN[davit] 62» *[= Hochw. Herr GL hat ihn 1762 gestiftet].* Mit «GL» kann wohl nur G[eorg] L[orenz] Schmid, Kaplan in Naters von 1752 bis 1770, gemeint sein.

## Kaplaneihaus in Blatten

### Kat.-Nr. 4107, Pfarrei Naters

Aus der Urkunde im Pfarrarchiv Naters (D 91) geht hervor, dass Kaplan Ludwig Berchtold (Berthold) dieses von ihm gebaute Häuschen in Blatten (nova domuncula sita et extructa auff blatden) am 2. November 1684 der Pfarrei Naters schenkte.

Das Kaplaneihaus gefällt durch seine Zierlichkeit. An seiner exponierten Stelle markiert es mit der Südseite den nördlichen Abschluss des Kapellenplatzes. Der eigentliche Wert, vor allem im Innern des Hauses, liegt in einem bedeutenden Giltsteinofen und der lateinischen Barockinschrift auf der Binne. Der zweizonige Giltsteinofen ist auf der linken Längsseite mit einem Schachbrett- und einem Rautenmuster versehen. Die obere Frontseite ist dreiteilig: Die beiden Rahmenfelder weisen unter Wolfszahn eine Doppellilie auf. Das Mittelfeld zeigt unter einem Würfelfries einen gekerbten Ohrenschild mit Kelch, Mond und Stern, darunter die Jahreszahl 1689 auf einem seitlich gekerbten Band, am unteren Rand drei wachsende Lilien, die seitlichen diagonal. Das Wappen gehört dem auf dem Dielbaum verzeichneten Kaplan Ludwig Berthold, der wegen seines geistlichen Standes den Kelch ins Wappen aufnahm.

*Kaplaneihaus in Blatten.*

*Kaplaneihütte auf Bel. Rechts die Dreifaltigkeitskapelle.*

Binneninschrift: «HOC OPUS F[i]ERI FECIT R[everen]D[us] D[ominus] I[oannes] LUDOVIC[us] BERTHOLD[us] VICARI[us] NAT[riensis] ET PLAT[ten] PRO SE (DURAE VITA) ET SOLIS VICARIIS IL (Kelch) B 1684» *[= Der hochw. Herr Johann Ludwig Berthold, Vikar von Naters und Blatten, liess dieses Werk für sich zeit seines Lebens und einzig für die Vikare erstellen, Johann Ludwig Berthold 1684].*

## Kaplaneihaus auf Bel

### Kat.-Nr. 8454, Kaplanei (und Burgerschaft) Naters

Profilierte Binne mit Inschrift: «IHS MARIA – HOC OPUS AEDIFICAVIT COMUNITAS NATRIENSIS ADDITO TAMEN ALIQUO HONORARIO EX DONATIONE ECCLESIAE FACTA SUMPTO» *[= Die Gemeinde Naters errichtete dieses Haus, wobei die Kirche einen Zustupf aus einer Schenkung beisteuerte.]* – «CASPER SALTZMANN UND ANDRES WIESEN SEI DIE BEIMEISTER GEWESEN ANNO 1806.» – Die Jahreszahl 1806 befindet sich auch im Giebel.

Es ist ein intaktes Haus mit Relikten aus dem Vorgängerbau (Giltsteinofen und Schränke). Als eines der wenigen Häuser am Ort besitzt es keinen Stallanbau und auch keinen Stall unter der Wohnstube. Die Alphütte wurde 1979 renoviert.

# Rektoratspfründe

In der Kirchenratssitzung vom 19. März 1921 stellte Emil Tscherrig, Pfarrer von Naters, erstmals die Frage nach der Gründung einer Rektoratspfründe und damit wegen «der steten Zunahme der seelsorglichen Arbeiten» der Anstellung eines dritten Priesters.[465] Der Kirchenrat stand dieser Idee positiv gegenüber. Kaplan Bammatter schenkte zu diesem Zweck sofort 2000 Franken. Durch Kirchenopfer und Kollekten von Haus zu Haus sowie durch häufige testamentarische Schenkungen (bis zu 5000 Franken) und regelmässige Spenden der gebefreudigen Bevölkerung wuchs das Kapital zur Schaffung der finanziellen Basis innert elf Jahren auf 50 000 Franken an. Mit den Zinsen dieses Geldes sollte das Gehalt des zukünftigen Rektors zumindest ein Stück weit gesichert sein.

Pfarrer Tscherrig erklärte sich bereit, im unbewohnten Raum des Pfarrhauses, «im alten Jünglingsvereinslokal», eine Wohnung für den dritten Priester herrichten zu lassen. Die Urversammlung vom 17. April 1932 aber beschloss, für den Rektor eine eigene Wohnung zu mieten. In der genannten Versammlung forderten einige Bürger den Abriss des alten, baufälligen Kaplaneihauses und an dessen Stelle den Bau eines gemeinsamen Hauses für den Kaplan und den Rektor.[466] Doch dazu sollte es nicht kommen.

Am 19. Juli 1932 erfolgte durch Bischof Viktor Bieler die kanonische Errichtung des Rektorats und im folgenden Monat auch gleich die Ernennung des ersten Rektors in der Person von Heinrich Zurbriggen.

Die Frage nach einer eigenen Rektoratswohnung beschäftigte Ortspfarrer Tscherrig in der Folgezeit immer wieder. Im Frühjahr 1941 dachte er allen Ernstes daran, im Pfarrgarten ein Rektoratshaus zu erstellen, und er hatte hierfür bereits 9000 Franken gesammelt. Ausserdem wollte Tscherrig für den grösseren restlichen Teil der Bauschuld unabhängig von der kommunalen Beteiligung aufkommen. Am 5. Juni 1941 gab der Bischof grünes Licht zu diesem Vorhaben. Doch der Gemeinderat war damit nicht einverstanden und begründete dies mit dem Hinweis, dass man wegen der bereits beschlossenen Innenrenovation der Kirche die Opferfreudigkeit der Bevölkerung nicht noch mehr in Anspruch nehmen dürfe.[467] So unterblieb dieser Bau und der Rektor wohnte während längerer Zeit in einer Mietwohnung. Es besteht noch ein «Rektoratshaus-Fonds», der am 1. Januar 1994 50 438 Franken betrug. Erst in den letzten Jahrzehnten bis zur Vakanz der Rektoratsstelle im Jahre 1990 bezog der Rektor im obersten Wohngeschoss des Pfarrhauses Unterkunft. Die Besoldung des Rektors lag aber stets minimal unter jener des Kaplans.

Abschliessend zu den drei genannten Pfründen nennen wir noch die Höhe der Kapitalbenefizien, wie sie am 1. Januar 1993 vorlagen: die Pfarrei 695 000, die Kaplanei 14 000 und das Rektorat 50 300 Franken.

# Rektorat Birgisch

Obwohl die politische Gemeinde Birgisch nicht Gegenstand dieser Behandlung ist, geben wir im ersten Teil einen kurzen Querschnitt der allgemeinen Geschichte und beenden diese mit dem Verzeichnis der Präsidenten seit 1841. Dies tun wir aus dem einfachen Grund, weil die Gemeinde mit dem Rektorat seit jeher engstens verbunden ist.

## Gemeinde Birgisch
### Allgemeines

Der Name «Burginse» – wie Birgisch 1232 hiess (1273 Burgise, 1379 Birgise, 1462 Bürgis, 1579 Birgisch) – gehörte im 13. Jahrhundert zu einem Zweig der Familie de Saxo von Naters, der sich «von Burginse» nannte. «Am Birgisch», so meldet die Perrig-Chronik (um 1770), «haben auch gewisse Freiherren gewohnt eben hinder der jetzt dort stehenden Kapellen, vielleicht eben von der Familie derer von Naters. Man sieht noch das Gemäuer ihres verfallenen Schlosses.»[468] Im Spätmittelalter wohl noch ein Gemeinwesen – das von Junker Johann de Vineis den «Bürgyswalt» zu Lehen hatte –, war das heutige Birgisch später, bis ins 19. Jahrhundert, in Ober- und in Unterbirgisch geteilt. Wo die Grenze zwischen diesen beiden Ortsteilen verlief, ist nicht bekannt.

Unterbirgisch gehörte aufgrund der Zendeneinteilung zur Gumperschaft Naters, Oberbirgisch hingegen zu Mund.[469] Die gemeinsame Nutzung der Wälder, Allmenden und Alpen führte 1685 zum Zusammenschluss der Verwaltung und wohl im frühen 19. Jahrhundert zur vollständigen Vereinigung der beiden Gemeinden. Birgisch war von 1952 bis 1974 (Personentransport bis 1973) durch eine Luftseilbahn mit dem Tal verbunden. Die Grundstation stand Z'Brigg bei Naters, nahe der Lötschbergbahn. Seit 1973 führt eine breit angelegte Strasse nach Birgisch. Neben vielen anderen bedeutenden Werken bauten die Birgischer in den Jahren 1987–1989 das Gemeindezentrum, das am 17. Juni 1990 eingeweiht wurde.

### Kapellenboden – Gemeindehaus

Auf einem kleinen kuppenförmigen Plateau, auf dem sogenannten «Kapällubodu», haben sich Kapelle und Gemeindehaus zur Hauptgruppe vereinigt. Sie treten kanzelförmig auf der Kuppe ins Tal vor, Chorstirn und Giebelfront in überstumpfem Winkel gegeneinander gewandt, mit einer Wange jedoch aneinander gebaut, so dass die traufseitige Mantelmauer des Gemeindehauses auf der westlichen Flanke des Gotteshauses sitzt. Das alte Gemeindehaus wurde 1592 erbaut, das obere Stockwerk (vor 1989 Schulhaus; heute eingerichtete Wohnung) und das aus Haustein gefügte «Nahhüs» 1922.[470] Während die Urversammlungen heute im Gemeindezentrum stattfinden, halten die Burger ihre Versammlungen weiterhin im ersten Stockwerk des alten Gemeindehauses ab. **Inschriften:** 1. Stockwerk: «MICHEL TOMIG . HANS SCHUOMACHER . HANS EYER VERWALtER DER GMEINDT BYRGIS GLADO GYBEY MEISTER DIS WERCKS». – «DISERS HUS STAD IN GOTTES HANDT . UNdt IN

*Birgisch. St.-Johannes-Kapelle und altes Schul- und Gemeindehaus.*

DER EER DES HELGEN SANCT IOHANS . ANNO D[omi]NI 1592 . DIE 20 APRILIS +.» – 2. Stockwerk: «Dieses Haus ist zum Wohl der lieben Jugend gebaut worden im Jahre 1922 unter der Aufsicht des Gemeinderates / Eyer Alfred Präsident – Schwestermann Theodor Vizepräs – Eyer Ernest, Jossen Johann (Blüte), Lochmatter Adolf.» – «(Jesusmonogramm) Gott schütze dies Heim Gott schätze dies Haus lasz ziehen die Kinder lernen hinein und gebildet hinaus / Dann findet man Freude auf Straszen Haus und der ganzen Gemeinde erwächst Ehre daraus.» – «Gebaut mit Mud und Freude von Albe[r]t Severin Josef . Leo Fux Josef Franz Truffer.» – **Ofen.** Zweigeschossig, mit gekehlter Deckplatte. Inschrift: «G[emeinde] B[irgisch] / 1917 / 1954».

## Präsidenten von Birgisch seit 1841

1841–1844 Anton Eyer[471]
1845–1851 Anton Amherd
1852–1855 Elie-Nicolaus Roten
1856–1858 Anton Eyer
1859–1861 Paul Jossen
1862–1863 Auxilius Eyer
1864–1865 Johann Joseph Amherdt
1866–1867 Lorenz Huber
1868–1871 Auxilius Eyer
1872–1873 Anton Lochmatter
1874–1879 Johann Imwinkelried
1880–1881 Josef Imwinkelried
1882–1883 Johann Imwinkelried
1884–1901 Stephan Eyer
1902–1903 Johann Eyer, des Moritz
1904–1907 Stephan Eyer
1908–1917 Eduard Eyer
1918–1923 Alfred Eyer
1924–1944 Eduard Eyer
1945–1949 Gustav Lochmatter
1950–1955 Gottfried Eyer
1956–1960 Rudolf Eyer
1961–1962 Ignaz Niederberger
1963–1964 Ephrem Lochmatter
1965–1966 Hermann Schwestermann
1967–1980 Julius Eyer
1981–1988 Benno Eyer
1989–1992 Kurt Schwestermann
1993– Emil Lochmatter

Von den genannten Präsidenten war *Eduard Eyer* (*6.4. 1884, †4.11.1962), Burger von Naters und Birgisch, am längsten im Amt. Er wie auch sein Sohn Edmund waren Grossräte, weshalb wir sie hier kurz vorstellen. Eduard Eyer war der Sohn des Johann und der Cäcilia Chastonay und heiratete Josephine Fercher von Mund. Der Landwirt Eyer war Gemeinderat und Präsident von Birgisch (vgl. oben), Grundbuchhalter und Viehinspektor, zuerst Suppleant, dann Grossrat 1935–1945.

*Edmund Eyer* (*7.3.1929), Sohn des Vorigen, ist verheiratet mit Therese Zenklusen und wohnt in Glis. Der SBB-Beamte war Stadtrat in Brig 1969–1981, Grossrat 1985–1989.

## Kapelle des hl. Johannes des Täufers

### Geschichte

Das erste bekannte Schriftstück, das uns von der Kapelle des hl. Johannes von Birgisch berichtet, datiert vom 17. März 1379 und befindet sich im Familienarchiv von Oswald von Riedmatten in Sitten.[472] Gemäss diesem Akt war der Johanniter (Mitglied des Ordens des hl. Johannes von Jerusalem) Johannes Johannodi, Sohn des Perrodi von Leuk, Rektor der Häuser des hl. Johannes von Salgesch, des Hospizes auf dem Simpelberg und der Kapelle des hl. Johannes von Birgisch. Dieser Johannodi übergab dem *Einsiedler Heinrich von Zürich,* wohnhaft in der Klause (domuncula) von Birgisch, auf Lebenszeit die dortige Kapelle samt allen Gebäulichkeiten und Gütern. Als Gegenleistung machte der Einsiedler der Kapelle eine grössere Schenkung von Reliquien (Überreste von Heiligen) und Schmuckgegenständen.

Der Orden der Johanniterritter von Jerusalem hatte die Aufgabe, Reisenden und Pilgern Schutz zu gewähren. Obiger Urkunde zufolge war dieser Orden 1379 auch im Besitz der Kapelle des hl. Johannes in Birgisch mit der dazu gehörenden Einsiedelei. Infolge des immer wieder auftretenden Hochwassers der Rhone waren die Wanderer und Pilger in früheren Zeiten oft gezwungen, den Weg über das höher gelegene Gelände von Birgisch, Mund und Eggerberg einzuschlagen. In der Klause von Birgisch fanden sie gastliche Aufnahme.

Die Nachforschungen nach dem Waldbruder Heinrich von Zürich im Staatsarchiv von Zürich ergaben, dass in den Steuerbüchern der Stadt Zürich 1366 «in der Wacht [gehoben für Wache] auf Dorf bruder Heinrich, der brieftrager 5 B[atzen?]» und 1369 in der gleichen Wacht «bruder Heinrich 4 B» genannt wird. Die Stadt Zürich war damals in sechs «Wachten» eingeteilt.

Die genannte Urkunde hebt besonders hervor, dass die Kostbarkeiten und Reliquien des Klausners Heinrich nach seinem Tod der Kapelle in Birgisch verbleiben sollen und dass weder die Birgischer noch die Munder und auch nicht der Johanniterorden dieselben beanspruchen dürfen. Dass der ehrwürdige Waldbruder Heinrich der Kapelle einen reichen Schatz von heiligen Reliquien geschenkt haben dürfte, beweist der heutige Bestand solcher Überbleibsel (Gebeine) in der St.-Johannes-Kapelle. (Die Beschreibung des Reliquiars erfolgt weiter unten.)

Die alten Birgischer waren sich wohl bewusst, welchen grossen Schatz sie in den Reliquien ihrer Kapelle besitzen. Ein zuverlässiger Zeuge wusste zu berichten, dass er in seiner Jugend einem freundschaftlichen Disput beiwohnte, in welchem ein Natischer und ein Birgischer die Vorzüge ihrer Gemeinden hervorzuheben suchten. Als der Natischer mit den Worten auftrumpfte: «Wir haben unsere ‹Dona›, unsere grosse Glocke», da antwortete der andere: «Und wir Birgischer haben mehr Gebeine [Reliquien] als ihr in Naters.»

Kehren wir zurück zur Kapelle selbst. Nach 1379 wird diese in einem Dokument vom 26. Mai 1477 genannt.[473] An diesem Tag versammelten sich die Geteilen verschiedener Wasserleitungen «bei der Kapelle des hl. Johannes» in Birgisch («prope capellam sti Joannis»). Die heutige schon 1687 erweiterte Kapelle wurde 1905 erneut vergrössert.[474] Nach Auskunft von Alfred Albert (*1920) konnte man 1967/1968 bei der Erneuerung des Bodens deutlich die Ausmasse des Schiffs zu den verschiedenen Zeiten feststellen. Der erste noch bestehende Teil der Kapelle reichte etwa zwei Kapellenbänke weit. Dann wurde das Schiff zum flachstichbogigen Gewölbe vorgezogen. Bei der Erneuerung des Bewurfs kam in der östlichen Schiffswand, etwa 1 bis 1,5 m vom Chor entfernt, eine Türöffnung zum Vorschein, die man möglicherweise bei der Verlängerung des Schiffs 1687 wegen der Linde vor der nördlichen Giebelfront dahin verlegt hatte. Wohl 1905 wurde die Linde vor (?) der Kapelle gefällt, bei der man sich zu versammeln pflegte.[475]

## Renovationen der Kapelle

1919/20  Reparaturarbeiten für 2028 Franken.[476]
1946  Entfernung des Chorgitters, weil wertlos.[477]
1968  Neue Eingangstüre aus Lärchenholz.
1970  Aussen- und Innenrenovation, 20 neue Bänke aus Eichenholz, neuer Boden aus Klinkerplatten, Zentralheizung usw.
Gesamtkosten: 32 542 Franken.[478]
1986  Aussen- und Innenrenovation. Gesamtkosten: 84 468 Franken.
1992  Einbau einer Alarmanlage zur Sicherung des wertvollen Kruzifixus aus dem 14. Jh. Umbau des Kapellenchors und Einrichtung der Sakristei im Erdgeschoss des Rektoratshauses.
1994  Installation des elektrischen Geläutes für 7600 Franken.

## Verschiedenes

Am 8. Januar 1850 hiess Staatsrat Alexander de Torrenté den Beschluss der Gemeinde Birgisch gut, die «Stiftung für das Läuten des Abendgrusses», die über geschenkte Liegenschaften verfügte, in Zukunft für die Schule zu verwenden, trotz Einspruch des Pfarrers von Naters.[479]

Die Schlussabrechnung der beiden Kapellen von Birgisch besorgt der Kirchenvogt von Naters.

Anzahl Stiftjahrzeiten der St.-Johannes-Kapelle: 60 (1997).

Das *Sigristenamt* in Birgisch besorgte früher der Rektor selbst. In der jüngsten Zeit:
1987–1989  Bella Albert
1989–  Margrit Eyholzer

## Beschreibung
### Äusseres

Der lang gezogene Baukörper der nach Süden gerichteten Kapelle ist nicht gegliedert. Das Giebeldach ist im Chorhaupt gewalmt. Über dem Chorbogen offener Dachreiter mit oktogonalem Spitzhelm. An der Eingangsfront stichbogiges Portal unter Rundbogenfenster, beide mit Granitgewände.

### Inneres

Ein nur an der Innenseite mit Sims versehener Chorbogen trennt das Chor ab. Beim Scheitel des äusseren Kreuzgrates beginnt das flachstichbogige Gipsgewölbe des verlängerten Schiffs mit der hölzernen Orgelempore.

*Altar der St.-Johannes-Kapelle.*

**Altar.** Ende 17. Jh. Neuere, grösstenteils unpassende Fassung. Am Hauptgeschoss scheiden rebenumrankte korinthische Säulen die drei Bogennischen. Im kleinen Obergeschoss bilden die Säulen unter einem Rundgiebel den Rahmen für ein offenes Medaillon mit Gottvaterfigur. Figuren des Hauptgeschosses: stehende Muttergottes vor Mandorla (mandelförmiger Heiligenschein) aus Strahlen und Rosen, links der hl. Johannes Evangelista, rechts der hl. Johannes Baptista (der Täufer). Akroterfiguren: zwei weibliche Heilige mit Märtyrerpalme, die eine gekrönt. Charakteristisch für den unbekannten Meister sind die untersetzten Proportionen der Figuren. – **Antependium.** Öl auf Holz. Marienmonogramm zwischen pflanzlichen Ornamentfeldern im Stil des frühen 18. Jahrhunderts.

**Kruzifixus.** H. (Korpus) 88 cm. Gotisches Kruzifix. 2. Hälfte 14. Jh. Spuren einer alten Fassung. 1964/1965 bei der Restaurie-

*Gotisches Kruzifix, zweite Hälfte 14. Jahrhundert.*

*Oberer Teil des gotischen Kreuzes aus dem 14. Jahrhundert.*

rung durch die Firma Walter Mutter, Naters, an den Händen ergänzt und gebeizt. Christus ist nicht als Sohn Gottes, sondern als Menschensohn dargestellt. Der Todeskampf ist dem gemarterten Leib noch anzusehen. Die gespreizten Finger sind in einem letzten Krampf erstarrt. Der Leib hängt an den ausgemergelten Armen kraftlos herab. Das Haupt ist auf die Brust gesunken. Aus der Seitenwunde tritt ein dicker Blutstrahl. Die Rippen treten weit hervor und von den gekreuzten Beinen scheint sich schon das Fleisch zu lösen. Die Zehen sind wie die Finger weit gespreizt. Nur die weichen Falten des Lendentuchs mildern den schrecklichen Ernst der Schmerzensgestalt. Das Todesgefühl des spätmittelalterlichen Menschen, der den Pestepidemien hilflos ausgeliefert war, hat in diesem Kruzifix einen erschütternden Ausdruck gefunden. Werk von hoher Qualität.

**Altarkruzifix.** H. 49,5 cm, (Korpus) 21,5 cm. Holz, polychromiert und polimentvergoldet; Kreuz ölversilbert. Ende 19. Jh. Profilierte Standplatte mit eingezogenem Bogen. – **Hl. Cäcilia.** H. ca. 46 cm, B. 40 cm. Öl auf Leinwand. Mitte 18. Jh. In Oval auf braunem Grund. Dreiviertelbildnis der Heiligen mit Märtyrerpalme in der Linken und kleinem Portativ (kleine tragbare Orgel) in der Rechten. – **Exvoto.** H. ca. 42,5 cm, B. 32,5 cm. Öl auf Leinwand. Rechts unten «Ex VOTO 1707». In Wolkenkreis Gottvater und Gottsohn mit dem Kreuz, sitzend auf dem Regenbogen über der Weltkugel. An den Enden des Regenbogens links kniende Muttergottes, rechts, stehend, der hl. Erzengel Michael mit dem Flammenschwert und mit der Seelenwaage, an deren Schüssel ein Teufel hängt. In der Landschaft darunter kniet betend ein Mann, mit Mantel bekleidet.

**Reliquiar** (Reliquienbehälter). H. 86,5 cm, inkl. bekrönender Statue. Holz. Originalfassung: Marmorierung und Lüster. Ende 17. Jh. Predellenartiger Sockel mit Langknochen in der Nische. Grosse, von Ranken gerahmte Rundbogennische, flankiert von zurückversetzten ovalen Reliquiarien, deren Schuppenrahmen wiederum umrankt und von einer Blüte bekrönt werden. Bekrönende Muttergottes vor Strahlenmandorla. Blattdekor aus Lüster auf dem Kleid der Muttergottes.

Wir haben bereits einleitend darauf hingewiesen, dass die Kapelle seit dem 14. Jh. über einen bemerkenswerten **Reliquienschatz** verfügt. Von einem «Johannisser (...), der grosse heilthum u. Reliquiar dort hinderlassen», ist auch in der Perrig-Chronik (1770) die Rede.[480] Im Verlaufe der Jahrhunderte war die Fassung der Reliquien mannigfachen Veränderungen unterworfen. Die heutige Fassung und Beischriften stammen aus dem Ende des 18. Jh.[481] Das vierteilige Reliquiengehäuse, dessen einzelne Teile mit I, II, III und IV bezeichnet werden, enthält folgende Namen von Märtyrern:

*Reliquiar I:* in einer rundbogigen Nische: «S. Agnetis, Virginis et Martyris» [= ... *Jungfrau und Märtyrin*].
*Reliquiar II:* «S. Constantii: Martyr».
*Reliquiar III:* «S. Guilielmiduc. Aquitan.» [hl. Wilhelm, Herzog von Aquitanien; Staatsmann Karls des Grossen, 8./9. Jh.].
*Reliquiar IV (flach):* «S. Exuperii M. e Soc. Mauritii M.» Hinter Glas ein Schenkelknochen in Seide gehüllt. In diesem Reliquiar befinden sich ausserdem vier Pergamentstreifen mit folgenden Namen: «S. Venerandi Mart., S. Secundi mart., S. Wilhelmi Mart.» und (Streifen zerrissen) «(...) Aquitania C.»

*Reliquiar aus dem 14. Jahrhundert.*

**Monstranz.** H. 55,5 cm. Gegossener Fuss und Schaft versilbert. 2. Hälfte 19. Jh. Gravierter Dekor. Eingeschnürter Rechteckfuss. Friese, Palmetten. Auge Gottes und Trauben. Eine Komposition aus Ähren und Reben stützt die einfache Gloriole. – **Ziborium.** H. 26,5 cm. Silber, vergoldet. Neuromanisch. Anfang 20. Jh. Französischer Herkunft. Achtpassfuss. Die Medaillons der Evangelisten am Fuss und die Traubenfriese silbern. – **Kelch.** H. 23 cm. Silber, gehämmert. Ortsmarke Brig, Meisterzeichen Anton Tuffitscher. Platter, gestufter Sechspassfuss. Ziervergoldung an Kuppa und Fuss. Am Fuss eingraviert Kreuz auf drei Hügeln, Vollwappen der Familie Stockalper (WWb 1946, Tf. 9, Nr. 2) und Inschrift: «PETRUS / STOKALPER / DE TURRE BA/NDERETUS . D[ono] . D[edit] HU[n]C CALIC[em] . S . IO[ann]IS . BA[ptistae] / IN MONTE (?). BIR/GISCH . 1687» [= P. Stockalper vom Turm, Bannerherr, schenkte diesen Kelch (der Kapelle) des hl. Johannes des Täufers im Birgischerberg]. – **Kerzenleuchter. 1.** Paar. H. 32 cm. Gelbguss. Dreikantfuss auf Klauen. Becken-, Vasen- und Balustermotive sowie Ringe am Schaft. Auf dem «Vasenbauch» eingraviert «C.A[482]. S. 1640». – **2.** Paar. H. 31 cm. Gelbguss. 2. Hälfte 17. Jh. Grosser Dreikantfuss mit gefasten Kanten. Zahlreiche Ringe und Balustermotiv am Schaft. – **3.** Paar. H. 33 cm. Bronze. Am Fuss Köpfe in Medaillons.
**Paramente. 1.** Kasel, Stola, Manipel, Kelchvelum, Bursa. Weiss. 2. Viertel 18. Jh. Futter erneuert. Damaszierter Satin, broschiert mit Gold, Silber und bunter Seide. – **2. Kasel.** Grün. Mitte 18. Jh. Futter erneuert. Gerippter damaszierter Grund, broschiert mit bunter und silberdurchsetzter Seide. **Alter Kreuzweg.** Von 1913, 52×39 cm, im Gemeindezentrum. **Neuer Kreuzweg.** Von 1986.
**Sakristeischrank.** Tanne, gestrichen. Über den Türen der Seitenachsen eingekerbt «+IESUS . MARIA . IOSEPH . IOHANES 1673+». Originales Beschläg und kunstvoll mit groteskenartigen Motiven graviertes Schloss. – **Glocke.** Dm. 37 cm. Ton C". Dreipassförmige Kronenbügel. Umschrift: «(Hand) HEILIGE MARIA BITT FUR UNS .VIKTOR WALPEN . G[locken] . G[iesser] 1880.» Flankenfries: Kruzifix und Marienkönigin.
**Glasfenster-Fragment** (verschollen). Eine einzige, etwas geflickte Scheibe, darstellend Jesse mit dem Stammbaum Mariens, nach 1885 verkauft an einen Altertumshändler von Naters oder Brig für 40 Franken.[483]
Zwischen 1930 und 1940 verbrannte man eine Reihe von Statuen, die im Unterdach des Gemeindehauses aufbewahrt worden waren. Im Bildhäuschen zu «St. Johannes Haupt», am Fuss der Bircheggen, befand sich ein kunstvoll geschnitztes «Haupt des hl. Johannes». Dieses Kunstwerk kam vorerst in die Kapelle von Birgisch und wurde etwa um die gleiche Zeit wie die genannten Statuen verbrannt.[484] – **Elektrische Orgel.** Sie stammt aus der Kapelle in Blatten/Naters und wurde gemäss Kirchenratsbeschluss vom 27. Dezember 1984 der Kapelle von Birgisch geschenkt.

# Kapelle Maria zum Schnee, Nessel

## Geschichte

Die von der Gemeinde Birgisch zu unterhaltende Kapelle ist 1759 urkundlich erwähnt.[485] Die ursprüngliche Kapelle wurde 1953 abgerissen. Neubau: 1953/1954. Die Einweihung derselben nahm 1954 Kaplan Alois Walker vor. Dieser setzte sich stark für die Verwirklichung dieses Gotteshauses ein. Beim Abbruch der alten Kapelle wie auch beim Aufbau der neuen leistete die einheimische Bevölkerung viel Fronarbeit.[486] Die Errichtungsurkunde des Kapellen-Kreuzweges datiert vom 14. September 1954.[487] Innen über dem Chorbogen steht die Inschrift: «Marianisches-Jahr / 1954». Eingangstür mit Inschrift: «MARIA ZUM SCHNEE 1941 ALPE NESSEL». – 1995: Einbau des Chorgitters für 8500 Franken.
In der Kapelle ist ein Stiftjahrzeit zu lesen.

*Vorgängerkapelle im Nessel. In ihr wurde am 30. August 1953 zum letzten Mal die hl. Messe gelesen. Danach folgte der Abbruch.*

*Nessel: Kapelle Maria zum Schnee.*

*Altar in der Kapelle im Nessel.*

## Beschreibung

### Äusseres

Die in Bruchstein-Sichtmauerwerk aufgerichtete Kapelle thront auf einem Buckel des Felsrückens, mit dem Chor in Richtung des fallenden Hanges nach Westen auf ein imposantes Panorama mit Matterhorn, Weisshorn und Mischabel blickend. Rechteckschiff und eingezogenes flachstichbogig schliessendes Chor. Auf dem Steinplattendach, über dem Chorbogen, offener Dachreiter mit rundem Spitzhelm aus Blech. In der chorseitigen Hälfte vortretender Sockel in gefugtem Mauerwerk. Rundbogige Zementrahmen an Tür und Fenstern.

### Inneres

Im Schiff gebrochenes Tonnentäfer, im Chor fünfteiliges Fächergewölbe aus Beton. Kapitellartige Vorsprünge innen am Chorbogen. In der Front des aus Granitquadern gefügten Stipes eingelassenes Relief aus Giltstein mit Darstellung des von sieben Schwertern durchbohrten Herzens Mariä.
**Altar.**[488] Schrein. H. 89 cm., B. 81,5 cm, T. 25,5 cm. Holz, bemalt mit Tempera. Als Predella dient ein mit roten Profilen gerahmter, hellgrau marmorierter Sockel. Hochrechteckiger Schrein. Das Schnitzwerk der Bekrönung besteht aus Bögen, die ein Dreiblatt umschliessen. Im Schreininnern originale Blattranke unter der Kopfleiste; die seitlichen Stützelemente wurden wohl 1656 entfernt, als eine Bodenplatte mit folgender Inschrift an der Stirn angefügt wurde: «1656 SANCTA MARIA . SANCTA CATHARINA». Innen ist der Schrein ausgemalt. Über dem Stab und an der Decke Sterne auf rotem Grund. Aussen an den Wangen bunte Blütenranken auf weissem Grund.
Auf den Flügeln sind stehende Heilige dargestellt: innen links der hl. Theodul mit Pedum und erhobenem Schwert, rechts die hl. Barbara, den Turm zu Füssen, auf der Aussenseite links die hl. Katharina mit Rad, Schwert und Palme, rechts der hl. Johannes Baptista (der Täufer), der mit der rechten Hand auf das Lamm weist, das auf dem Buch in seiner Linken ruht. Manierierte Faltenstil- und Standmotive verraten die Entstehungszeit wohl gegen Ende des 15. Jahrhunderts. Die heutigen Statuen gelangten vermutlich 1656 in den Schrein: sitzende Muttergottes zwischen den Heiligen Johannes Baptista und Katharina. – **Johannes Baptista.** H. 51,5 cm. Holz, massiv. Neuere Polychromie und Polimentvergoldung. 3. Viertel 14. Jh. Steif stilisierte Bart- und Haupthaare. Derbe Figur von eigentümlicher Ausdruckskraft. – **Hl. Katharina.** H. 71,3 cm. (inkl. Krone). Pendant zum hl. Johannes Baptista. Der vorgestreckte linke Arm hält das Schwert und presst den hochgerafften Mantel an den Körper; offenes Buch in der Rechten, zu Füssen das Rad. – **Muttergottes.** H. 73,8 cm. Holz, oben leicht, gegen unten tiefer gehöhlt. Fassung wie die Begleitfiguren. Um 1400. Nacktes Jesuskind (17. Jh.) auf dem linken Knie der Mutter stehend; gestielte Traube in der Rechten. – Bekrönende **Kreuzigungsgruppe.** Holz. Neuere Ölfassung mit Gold und Buntfarben. Korpus H. 28,6 cm. 2. Hälfte 17. Jh. Derb geschnitzte Seitenfiguren. H. 19 cm, massiv. 1. Hälfte 15. Jh. – **Kelch.** H. 19 cm. Kupfer, gegossen, vergoldet. 1. Hälfte 17. Jh. Spätrenaissance. Wohl italienischer Herkunft. Runder profilierter Fuss. Vasenförmiger Knauf.
**Glocke.** Dm. 26,5 cm. Ton c''. Um 1870.[489] Flankenrelief Muttergottes mit Kind. Am Saum neugotischer Bogenfries und Inschrift: «FONDERIE DE JULES ROBERT A NANCY (MEURTHE-ET-MOSELLE)». Sorgfältiger Guss.

## Bildhäuschen

Auf dem Territorium des Rektorats Birgisch gibt es acht Bildhäuschen, die wir nachfolgend kurz beschreiben.

*1. Weiler Eiholz.* Von 1985. Aus Bollensteinen mit Tuffsteinbogen auf gemauertem Sockel mit Betondach. Inhalt: zwei Gipsfiguren Muttergottes und Petrus sowie kleine Pietà.

*2. Bei der ehemaligen Bergstation* der Luftseilbahn. Circa 40 cm grosse gedrungene, alte Holzpietà auf rundem Holzsockel.

*3. Beim Kehr oberhalb des Restaurants.* Grosse Gipsstatue Maria und die Heiligen Antonius und Josef mit Kind.

*4. Eingangs «Bodmuachra».* Auf Felsblock, innen altrosa. Porzellanfigur Maria mit Kind, kleine Engelputte.

*5. In der Gärbi.* Gemauert und auf Fels erbaut. Kruzifix und Gipsfigur Maria.

*6. Oberbirgisch,* am Weg ins Nessel. Gipsfiguren: Maria- und Herz-Jesu-Statue.

*7. «Oberi Matte».* Holzbildhäuschen.

*8. Unter-Schitter.* Von 1951. Bruchsteinmauerwerk, in den Hang eingelassen, zweiteilige Gittertüre. Muttergottesstatue. Auf Dach kleines Metallkreuz mit Initialen «19 MJ + J 51».

# Rektoratspfründe

## Werdegang

Das Territorium der Gemeinde Birgisch gehört von alters her zur Pfarrei Naters. Es ist die einzige politische Gemeinde, die ausserhalb Naters noch von der alten Grosspfarrei geblieben ist. Der legendäre Priester Michael Bittel, Kaplan in Naters 1882–1886, wirkte in den Jahren 1892–1902 als Seelsorger in Birgisch. Wenn auch das Rektorat zu seiner Zeit nie kanonisch errichtet wurde, schrieb sich Michael Bittel stets «Rektor» von Birgisch. Er ging mit der festen Entschlossenheit dorthin, Geld und Güter zur Errichtung der Pfründe zusammenzubringen, um danach die kirchliche Errichtung des Rektorats zu erwirken. Der Bischof verlangte als Voraussetzung hierfür ein Benefizium von mindestens 16 000 Franken.

Die Birgischer standen wegen des «weiten und beschwerlichen Weges bis zur Pfarrkirche» beinahe geschlossen hinter einer Rektoratsgründung, liessen sich von Rektor Bittel mitreissen und spendeten grosszügig von ihrem kargen, mühsam ersparten Einkommen. So gab es zwischen 1892 und 1902 nicht weniger als 59 notarielle Verurkundungen, mit denen die Gläubigen für die Errichtung der Rektoratspfründe Schenkungen von Gütern machten oder testamentarisch Bargeld oder Güter vergabten.

1898 sprach sich der Bischof «grundsätzlich für die Errichtung eines Rektorats» in Birgisch aus, da weder von Seiten des Natischer Pfarrers noch vom Kirchenrat Widerstand erwuchs und ausserdem die gemachte Auflage erfüllt schien.

Trotz wiederholter Bitten von Rektor Bittel und der Gemeindeverwaltung von Birgisch schob Sitten die kanonische Errichtung der Pfründe auf, bis man sie vorderhand fallen liess. Es hatte sich nämlich herausgestellt, dass bei den Schenkungen manche Ungereimtheiten vorgekommen waren, so dass die gewünschte Summe gar nicht erreicht worden war. In der Folge kam es zu einem Zerwürfnis zwischen den Birgischern und ihrem Rektor Bittel, so dass dieser im Dezember 1902 von Birgisch geradezu «weglief, ohne das hochwürdigste Gut [im Tabernakel] konsumiert zu haben». Er zog sich nach Binn zurück. Bittel warf den Birgischern vor, manche Versprechen von Schenkungen zugunsten der Rektoratspfründe gebrochen zu haben. «Wegen des schlechten Zustandes der Kapelle» wollte Rektor Bittel ein neues Gotteshaus erstellen, was die Urversammlung von Birgisch ablehnte. Nach Meinung von Bittel sollen die Birgischer ihren Rektor gegen «unverschämte Anschuldigungen» nicht verteidigt haben. Trotzdem muss man hervorheben, dass Bittel viele Neuanschaffungen wie Monstranz, Ziborien, Messgewänder, Missale und vieles mehr für die St.-Johannes-Kapelle zum Teil aus eigenen Mitteln bezahlte. Dagegen nahm er seine Schenkungen von Liegenschaften und Geld zurück.[490]

Das noch 1856/1857 teilweise erneuerte Pfrundhaus «zer Hälblattu», in dem Dokument auch «Pfarrhaus» genannt, wurde abgerissen.[491] 1897 liess Rektor Bittel (bei Koord. 1165/300) ein Rektoratshaus erbauen, für das die Burgergemeinde Birgisch «ein grosses Quantum Holz» beisteuerte. Da das Haus aber von den Erben nicht an die Rektoratspfründe abgetreten wurde, forderte die Burgergemeinde mit Beschluss vom 5. August 1910 eine entsprechende Entschädigung von den Erben.[492] 1940/1941 ist das Haus des Rektors Bittel im Holzwerk grösstenteils ersetzt worden.

Wenn auch Michael Bittel während seines zehnjährigen beharrlichen Einsatzes um die kanonische Errichtung des Rektorats erfolglos blieb, so schuf er doch ein gutes Fundament für ein Rektoratsbenefizium, von dem die Gemeinde Birgisch und die späteren Rektoren in den folgenden Jahrzehnten nur profitieren konnten.

## Ernennung des Rektors

Am 5. August 1943 schrieb Ernst Zenklusen, Pfarrer von Naters, dem Bischof von Sitten, es sei «der dringendste Wunsch der Leute von Birgisch, recht bald einen eigenen Rektor zu bekommen. Sollte das nicht möglich sein, so wäre ich für den kommenden Winter in gar arger Verlegenheit.» Da die Gemeinde Birgisch für die Besoldung eines Rektors den zum vorhandenen Benefizium ergänzenden Teil zusagte, ernannte der Bischof 1943 den Neupriester Peter Seiler von Simplon-Dorf, den Wunschkandidaten von Pfarrer Ernst Zenklusen, zum ersten Rektor von Birgisch. Die bisherigen zwei Rektoren, Michael Bittel und Stefan Schmid, waren aus freien Stücken – ohne bischöfliche Ernennung – in Birgisch gewesen.

Eine offizielle kanonische Errichtungsurkunde für das Rektorat gibt es wahrscheinlich nicht, zumindest war keine aufzufinden.[493] Doch sprechen zwei gewichtige Kenner der Materie von einer Rektoratsgründung. So schrieb Domherr Emil Tscherrig, dass sein Onkel Emil Tscherrig, Pfarrer von Naters (1917–1942), in Birgisch ein Rektorat gegründet habe.[494] Ebenso berichtet Dionys Imesch 1947 vom «bescheidenen Gotteshaus des vor kurzen Jahren gegründeten Rektorats»[495]. Ob damit nur die Schaffung des Benefiziums gemeint war oder gleichzeitig auch die eigentliche formelle Errichtung des Rektorats durch den Bischof, bleibt offen.

## Rektoratshaus

Am 15. April 1917 vermachte Kaplan Benjamin Bammatter testamentarisch das 1913 von ihm erbaute heutige Rektoratshaus bei der Kapelle «dem zu gründenden Rektorat von Birgisch als Wohnung für den Rektor»[496]. Auf der Stubenbinne dieses Hauses ist folgende typische Beschriftung eingekerbt: «BAMMATTER BENI – KAPLAN SCHON SEIT 27 JAHREN AN * BAUTE HÄUSER UND KAPELLEN WOHNTE SELBST IN STILLEN ZELLEN * SUCHTE ALLER MENSCHHEIT HEIL / WERDE IHM DES HIMMELS THEIL 1913.» – **Ofen.** Dreigeschossig, mit Sitzbank vor der Stirn. Inschrift: In Blütenkelch «R[everendus] . D[ominus] . B[enjamin] . B[ammatter] . V[icarius] . N[atriae] / 1894».

Das Rektoratshaus wurde nach 1961 verschiedenen Renovationen unterzogen, letztmals im Jahre 1986.

*Rektoratshaus in Birgisch.*

## Grundgüter und Gebäude, Rektorat Birgisch

(Stand: Januar 1995)

| Kat.-Nr. | Bezeichnung | Kulturart | Fläche: m² |
|---|---|---|---|
| 442 | Kapelle | Kapelle | 94 |
| 387 | Kapelle | Garten | 270 |
| 191 | Kapelle | Haus | 48 |
| 689 | Ritti | Mattland | 2088 |
| 678 | Ritti | Acker | 540 |
| 694 | Oberbirgisch | Acker | 986 |
| 714 | Oberbirgisch | Mattland | 6800 |
| 435 | Backhaus | Acker | 723 |
| 720 | Helftschuggen | Mattland | 2052 |
| 721 | Helftschuggen | Mattland | 2404 |
| 667 | Birch | Mattland | 1944 |
| 740a | Oberhüsi | Mattland | 660 |
| 740b | Oberhüsi | Mattland | 1033 |
| 434 | Bitschischacker | Acker | 702 |
| 13b | Schleif | Wald | 4000 |
| 156 | Schlucht | Weide | 1519 |
| 64a | Schitter | Wald | 8960 |
| 690 | Schleif | Mattland | 10204 |
| 53a | Ägerten | Wald | 1000 |
| 702 | Oberbirgisch | Garten | 86 |
| 703 | Oberbirgisch | Garten b. Stall | 38 |
| 14 | Oberbirgisch | Scheune/Stadel/Stall | 40 |
| 5 | Oberbirgisch | Haus | 83 |
| 22 | Schleif | Scheune/Stall, ¾ | 38 |
| 24 | Helftschuggen | Scheune/Stall, ¼ | 51 |
| 11 | Oberbirgisch | Scheune/Stall, ½ | 36 |
| 21 | Oberschleif | Hofstatt, ⅙ | 36 |

## Rektoren von Birgisch

Für das Rektorat Birgisch verzeichnen wir bis heute zehn Rektoren. Auch wenn die ersten zwei Priester, Michael Bittel und Stefan Schmid, nicht offiziell zu Rektoren ernannt wurden, bezeichneten sich beide stets als Rektor. So lassen wir nun die kurze Liste der Rektoren von Birgisch folgen.

### 1. H.H. Michael Bittel von Stalden: 1892–1902

Siehe Kapitel «Kapläne», Nr. 68.

### 2. H.H. Stefan Schmid von Ausserberg: 1926–1931

Er wurde am 9. Februar 1880 als Sohn des Johann Christian in Ausserberg geboren. Schmid machte seine humanistischen Studien in Brig, studierte Theologie in Sitten und Innsbruck 1904–1907 und wurde am 26. Juli 1906 Priester. Er war Pfarrer in Blatten/Lötschen 1907–1909, dann wegen Krankheit unverpfründet in Bleichenberg/SO und Ausserberg, von Juni bis Oktober 1910 Administrator und dann ernannter Pfarrer seiner Heimatgemeinde Ausserberg bis September 1925.[497] Er fungierte auch als Schulinspektor des Bezirkes Westlich Raron 1914–1924. Von 1926 bis 1931 war er kränkelnd als Rektor in Birgisch tätig. Er starb am 8. April 1932. Rektor Schmid setzte sich mit grossem Eifer für den Bau des Theresianums in Blatten/Naters ein (vgl. Kap. «Fürsorgewesen ...»).

### 3. H.H. Peter Seiler von Simplon-Dorf: 1943–1947

Er kam am 19. August 1916 als Sohn des Eduard und der Genoveva Dorsaz in Simplon-Dorf zur Welt. Seiler besuchte das Kollegium in Brig 1930–1938, das Priesterseminar in Sitten 1938–1943, empfing am 28. Juni 1942 die Priesterweihe und primizierte am darauf folgenden Tag in Simplon-Dorf. Er war erster offiziell ernannter Rektor von Birgisch 1943–1947, Pfarrer in Gondo 1947–1963, Pfarrer in Ems 1963–1967, Pfarrer von Lax 1967–1979, Pfarrer in Unterbäch 1979–1991 und ist seit 1991 Seelsorger im Sankt Annaheim in Steg.

## 4. H.H. Johann Zenklusen von Simplon-Dorf: 1947–1950

Er wurde am 2. Juni 1919 als Sohn des Anton und der Genoveva Zenklusen in Simplon-Dorf geboren. Er studierte in Brig 1934–1942, besuchte die theologische Fakultät (Canisianum, infolge des Krieges nach Sitten verlegt) in Sitten 1942–1945 und das Priesterseminar in Sitten 1945/1946, wurde am 23. Juni 1946 Priester und primizierte am 29. Juni desselben Jahres in Simplon-Dorf. Johann Zenklusen war Rektor in Birgisch 1947–1950, Kaplan in Leuk 1950–1953, Rektor von Susten 1953–1958, Pfarrer in Staldenried 1958–1968, Pfarrer von Termen 1968–1994, nach dem Rücktritt wohnhaft in Sitten. Er starb am 4. Juli 1996 in der «Résidence Nestor» in Sitten und wurde in Simplon-Dorf beigesetzt.
In seiner Amtszeit wurde in Staldenried die neue Kirche gebaut. In Termen liess er die Kirche einer Restauration unterziehen und auf Rosswald die Kapelle errichten. Während Jahrzehnten stand er als Kassier im Dienst der Priesterhilfskasse «Spes».

## 5. H.H. Theodor Carlen von Reckingen: 1950–1954

Carlen kam am 19. Januar 1912 als Sohn des Eduard und der Maria Imoberdorf in Reckingen zur Welt. Er studierte am Kollegium in Brig 1928–1936, im Priesterseminar in Sitten 1936–1940, empfing am 9. Juni 1940 die Priesterweihe und primizierte am 29. Juni des gleichen Jahres in Reckingen. Der Bischof ernannte ihn 1940 zum Rektor von Geschinen. Ein erstes Leiden band ihn lange Monate ans Krankenbett, danach kehrte er wieder nach Geschinen zurück. Nach einigen Jahren unterbrach eine neue Krankheit seine Arbeit und er musste in einer Heilstätte Genesung suchen. Als er wieder einigermassen gesund war, ernannte ihn der Bischof 1950 zum Rektor von Birgisch. Aber nach vier Jahren begann sein Leidensweg von neuem. Anfang 1954 musste er sich in medizinische Betreuung begeben und lebte in der Folge im St. Jodernheim in Visp. Im Spital von Zug vollendete er am 24. November 1970 seinen Kreuzweg. Er wurde in Reckingen zur letzten Ruhe gebettet.[498] Sein leiblicher Bruder Anton starb 1963 bei einem Verkehrsunfall als Pfarrer von Ernen.

## 6. H.H. Friedrich Remy von Menzelen: 1954–1961

Friedrich Remy wurde am 17. August 1901 auf dem Weyerhof in Menzelen (Westfalen) als Sohn des Robert und der Helene Hövelmann geboren. Nach dem Abschluss der humanistischen Studien in Emmerich (Niederrhein) 1921 folgte die philosophisch-theologische Ausbildung im Canisianum in Innsbruck 1925–1929. Am 20. Juli 1930 empfing er im Dom zu Bautzen (Sachsen) die Priesterweihe. Er war Kaplan in Chemnitz und Gera (Thüringen) 1930–1938 und Pfarrer von Markranstädt bei Leipzig 1938/1939. 
Weil Rektor Remy polnischen Fremdarbeitern half, wurde er im Dritten Reich verfolgt. Von November 1939 bis Januar 1944 durchlebte er mit vielen geistlichen Mitbrüdern in den Konzentrationslagern Sachsenhausen und Dachau harte Leidensjahre. Auch nach glücklich erlangter Freiheit wurde ihm ein erneutes Wirken in seiner Pfarrgemeinde verboten. So kehrte er im Juli 1944 in die Diözese Münster zurück, wo er bis 1948 als Pfarrvikar in Veen (Rheinland) und von 1948 bis 1950 als Kaplan in Kirchhellen (Rheinland-Pfalz) wirkte. Wegen seiner geschwächten Gesundheit musste er sich beurlauben lassen. Auch die Verlegung seines Wohnsitzes ins Wallis, wo er während kurzer Zeit als Kaplan in Ried-Brig, aber vor allem von 1954 bis 1961 als Rektor in Birgisch tätig war, verbesserte seine Gesundheit nur teilweise. 1955 feierte er in seiner Heimatgemeinde das silberne Priesterjubiläum. Im Jahre 1961 trat Rektor Remy in den Ruhestand. Er starb am 22. September 1967 im St. Josefsheim zu Beuel bei Bonn. In Birgisch ist Rektor Friedrich Remy in Erinnerung geblieben als frommer Priester, dem die würdige Gestaltung der Gottesdienste ein stetes Anliegen war.[499]

## 7. H.H. Ferdinand Bregy von Oberems: 1961–1986

Er wurde am 24. Oktober 1897 als Sohn des Alois und der Barbara Bregy-Hischier in Oberems geboren. Er studierte am Kollegium in Brig 1910–1918, Theologie am Priesterseminar in Sitten 1918–1922, wurde am 2. April 1922 Priester und feierte am 18. April desselben Jahres Primiz. Bregy war Pfarrer in Guttet-Feschel 1922–1929, Pfarrer von Bürchen 1929–1942, Pfarrer von Gampel 1942–1961, Rektor in Birgisch 1961–1986. Dort verabschiedete er sich als 90-jähriger Priestergreis am 1. Januar 1987 in einem Gottesdienst von der Bevölkerung von Birgisch und zog sich nach Oberems zurück. Er starb am 6. Mai 1987 und wurde auf dem Friedhof seines Heimatortes Oberems beigesetzt.
Als junger Priester kam Rektor Bregy in die damals heillos zerstrittene Pfarrei Guttet-Feschel, wo er die Aufgabe hatte, die beiden Dörfer, die sich wegen des Standortes der neu zu erbauenden Kirche nicht einigen konnten, wieder auszusöhnen, was ihm recht gut gelang. Davon erzählte er immer wieder, und zwar mit bewegter Stimme.

In seiner leutseligen und volksverbundenen Art gewann er schnell das Vertrauen der ihm anvertrauten Schäflein. In Birgisch konnte er der Behörde und den Gläubigen auch in weltlichen Belangen aus seiner reichen Erfahrung manch guten Rat erteilen. Rektor Bregy sagte immer wieder, dass er sich in seinem ganzen Priesterleben nie glücklicher gefühlt habe als in Birgisch. Während der ersten zehn Jahre half er auch noch in der Katechese in Naters aus. In Birgisch erteilte er den Religionsunterricht während der 25 Jahre seiner Seelsorge immer selbst. Zweimal unterzog er die St.-Johannes-Kapelle einer Renovation. Lange Jahre waltete Bregy als Präsident des Katholischen Bibelwerkes. Überdies war ihm die Verbreitung religiöser Schriften, insbesondere der seinerzeit viel gebrauchten Bomm-Messbücher, stets ein Anliegen.

An Ostern 1972 feierte er das goldene und am Pfingstmontag 1982 das diamantene Priesterjubiläum. Am 24. Oktober 1986 konnte er in Birgisch sowohl seinen 90. Geburtstag wie auch das 25-jährige Jubiläum seiner Seelsorgetätigkeit daselbst begehen. Als man ihn zu Lebzeiten Papst Pauls VI., der sein Jahrgänger war, auf sein langes Wirken ansprach, meinte Rektor Bregy schalkhaft: «Wenn Papst Paul VI. die ganze Kirche zu leiten vermag, kann ich Birgisch auch noch regieren.» Der noch im hohen Alter aufgeschlossene, bibelfeste Priester Ferdinand Bregy war eine eigenwillige, interessante und markante Persönlichkeit mit allen Ecken und Kanten.[500]

## Neuer Seelsorgestatus

Seit 1987 feiert der jeweilige Pfarrer von Mund in Birgisch die Gottesdienste und hält, wenn es nicht anders geregelt wird, auch den Religionsunterricht. Alle anderen Dienste werden durch die Pfarrei Naters wahrgenommen.

*Einsatz in Birgisch der folgenden Pfarrer von Mund:* H.H. Eduard Imhof 1987–1995; H.H. Erwin Jossen (Administrator) 1995/1996; H.H. Otto Kalbermatten seit 1996.

# Cäcilienverein

### Gründung – Aktivitäten

Der Cäcilienverein Birgisch, auch Kapellenchor genannt, wurde auf Anregung des Natischer Pfarrers Emil Tscherrig am 24. Mai 1928 von drei Frauen und fünf Männern gegründet.

Gemäss den Statuten von 1982 bezweckt der Chor einen würdigen Kirchengesang, ebenso dient er der Förderung des weltlichen Gesangs. Die Generalversammlung findet an St. Stefan statt. Der 1998 elf Mitglieder zählende Chor hat in diesem kleinen Bergdorf mit Nachwuchsproblemen zu kämpfen.

Mit dem Familienfest und den alle zwei Jahre stattfindenden Ausflügen pflegen die Mitglieder auch das gemütliche Zusammensein.

### Präsidenten/Präsidentinnen

| | |
|---|---|
| 1928–1930 | Stephan Schmid, Rektor |
| 1936–1943 | Markus Fux (1912–1998), Lehrer |
| 1944–1946 | Peter Seiler, Rektor |
| 1947 | Peter Niederberger |
| 1948–1949 | Johann Zenklusen, Rektor |
| 1950–1953 | Theodor Carlen, Rektor |
| 1954–1969 | Gottfried Eyer |
| 1970–1971 | Karl Imhof |
| 1972–1981 | Hermann Schwestermann |
| 1982–1992 | Edith Imhof |
| 1993–1995 | Jeannette Wyssen |
| 1996– | Irene Schwestermann |

### Direktion

| | |
|---|---|
| 1928–1930 | Ernest Eyer |
| 1936–1980 | Markus Fux |
| 1981–1986 | Margrith Kinzler, Blatten/Naters |
| 1987–1995 | Adrian Schmid, Naters |
| 1995– | Adrian Amherd, Mund |

Die *Verdienstmedaille Bene merenti* haben erhalten:
*1972:* Markus Fux, Siegfried Lochmatter, Ignaz Schmid, Josephine Schmid; *1987:* Hermann Schwestermann; *1990:* Anna Imhof, Agatha Schwestermann.[501]

*Kapellenchor von Birgisch.* **1. Reihe** *(v.l.): Madeleine Schmidli, Edith Imhof, Patrizia Jossen, Irene Schwestermann (Präsidentin), Germaine und Marianne Schwestermann. –* **2. Reihe** *(v.l.): Stefanie Jossen, Adrian Amherd (Dirigent), Beat Imhof, Stefan Eyholzer.*

# Johanniter-Stiftung

Wie im Kapitel «Bruderschaften...» ausgeführt wird, wurde das Kapital der Bruderschaft des hl. Johannes in Birgisch um die Mitte des 19. Jahrhunderts für den Schulfonds verwendet.

In Anlehnung an diese Bruderschaft gründeten Birgischer am 1. Juli 1994 die Johanniter-Stiftung. Edmund Eyer, des Eduard, von Birgisch in Brig-Glis, ergriff dazu die Initiative und amtet als erster Präsident des fünfköpfigen Stiftungsrates. Das Stiftungskapital (es soll sich um eine beträchtliche Summe handeln) stammt von der Stromversorgungs-Genossenschaft Birgisch und Umgebung. Die Stifung bezweckt «die Unterstützung von kulturellen, gemeinnützigen und sozialen Werken und Bestrebungen auf dem Gebiet der Gemeinde Birgisch unter Einschluss der Weiler Sennuhüs, Stockji und Birchegga». Die Statuten schreiben vor, dass nur der Ertrag aus dem Stiftungskapital verwendet werden darf.

# Priester, gebürtig aus Naters

Unter diesem Titel verstehen wir zunächst jene Priester, die in Naters geboren wurden und daselbst Burger waren und sind, aber auch alle anderen, die in Naters zur Welt kamen und hier aufwuchsen. Das Verzeichnis der Priester, die aus der Pfarrei Naters mit ihren heutigen Grenzen hervorgingen, ist vor allem für die früheren Zeiten unvollständig. Immerhin konnten nicht weniger als 106 Priester ermittelt werden, und zwar 93 Welt- und 13 Ordenspriester. Viele der Weltpriester traten ins Domkapitel ein oder wurden zu nichtresidierenden Titulardomherren ernannt.

Da vom 12. und zum Teil bis ins 14. Jahrhundert hinein der Geschlechtsname allgemein erst im Entstehen begriffen war, lesen wir bei 24 Priestern dieser Zeit in den Dokumenten nur den Vornamen und den Herkunftsort, hier «de Narres» (von Naters). Nachstehend schildern wir nun in einem kurzen biografischen Abriss, in chronologischer Reihenfolge, das Leben dieser Priester.[502]

## 1. H.H. Manegot von Naters (de Narres)

Er wird zwischen 1162 und 1173 als Domherr von Sitten erwähnt.

## 2. H.H. Rudolf von Naters

Siehe Kapitel «Pfarrer», Nr. 1.

## 3. H.H. Manegold von Naters

Er fungierte in den Jahren 1215–1217 als Domherr von Sitten.

## 4. H.H. Peter von Naters

Siehe Kapitel «Pfarrer», Nr. 2.

## 5. H.H. Arnold von Naters

Er wird 1221 und 1224 als Leutpriester zu Naters bezeichnet und trat daselbst am 9. Dezember 1233 als Zeuge auf.

## 6. H.H. Wilhelm von Naters

Siehe Kapitel «Pfarrer», Nr. 3.

## 7. H.H. Johann von Naters

Einer Urkunde vom 20. März 1262 zufolge war Johann Dominikaner und fungierte vom 23. April 1245 bis 1249 als Kaplan von Naters. Als solcher verurkundete er 1246 und im Februar 1247 einen Feudalverkauf.

## 8. H.H. Matthias von Naters

Er wird in einem Akt vom 24. August 1259 zu Naters erwähnt und amtete 1263 als Kaplan daselbst.

## 9. H.H. Rudolf von Naters

Man nennt ihn am 31. März 1255 Priester. Von 1261 bis 1268 erscheint er in den Akten als Domherr von Sitten. Am 28. Mai 1266 trat er als Vollstrecker des Testaments von Aymo von Venthône auf. Rudolf vermachte alle seine erworbenen Güter dem Domkapitel.[503]

## 10. H.H. Gotofredus von Naters

Siehe Kapitel «Pfarrer», Nr. 5.

## 11. H.H. Normandus de Augusta (von Aosta)

Er war der Sohn des Ritters Wilhelm und stammte aus einer in Naters ansässigen edlen Familie, die als Nebenzweig der Familie de Challant gilt und um 1312 bereits ausstarb. Als Kantor und Kanzler des Domkapitels kommt Normandus vom 15. Januar 1249 bis zum Tod am 6. Mai 1285 in den Akten sehr häufig vor.[504]

1256 verkaufte Normandus zusammen mit dem Junker Ludwig Hubodi seine Rechte an den Rebbergen, den Gebäuden und am Turm zu Naters bis an den «Schelbach» (Kelchbach?) seinem Bruder, Ritter Peter de Augusta. Am 13. November 1276 kaufte Normandus für 80 Pfund das Steinhaus auf dem Platz von Naters und anderes mehr in der «Chylly» (Tschill?). Ferner machte er Vergabungen an das Domkapitel und beschenkte in seinem Testament vom 24. April 1285 sämtliche Kirchen oberhalb von Leuk und das Hl. Land und ordnete zu Naters eine Spende an, welche Jocelin (von Urnavas), Gemahl seiner Nichte Mathilde, besorgen sollte.

## 12. H.H. Jakob von Naters

Gemäss Dokumenten zwischen 1275 und 1290 amtete Jakob in dieser Zeit als Kaplan von Naters und von 1290 bis 1297 als Pfarrer von Mörel.[505]

## 13. H.H. Michael Zurkett

Er kommt am 17. Juni 1317 als Priester in Naters vor. Junker Johannes Rodier, des Peter, machte ihm unter diesem Datum verschiedene Vergabungen mit der Bestimmung, den zwei Minoriten aus dem Kloster von Domodossola, die jährlich zweimal in Naters predigten und ihre Sammlung vornahmen, Unterkunft zu gewähren.

## 14. H.H. Johann von Weingarten (de Vineis)

Gemäss Franz Josef Joller erscheint Johann de Vineis aus Naters 1330 als Domherr von Sitten.

## 15. H.H. Johann Burkini

Einigen Akten zufolge war er von 1328 bis 1339 Kaplan in Naters.[506]

## 16. H.H. Franz von Naters

Er erscheint in einem Akt vom 9. Juni 1343 als Pfarrer von Nendaz.

### 17. H.H. Rudolf von Naters

Er kommt am 13. Oktober 1336 und am 14. März 1344 als Priesterzeuge vor.

### 18. H.H. Thomas von Naters

In einem Akt vom 17. September 1346 begegnet er uns als Kartäusermönch in Gerunden.

### 19. H.H. Peter Burger

Er erscheint zwischen 1327 und 1347 einige Male als Zeuge zu Naters und als Priester daselbst.

### 20. H.H. Manegold von Naters

Am 1. August 1349 zahlte er der Kirche von Leuk einen bestimmten Betrag für sein Jahrzeit.

### 21. H.H. Franz Hanfgarter

Er war der Sohn des Jakob und amtete als Pfarrer von Nendaz 134? und in Grône von 1343 bis zu seinem Tod im Jahre 1350 (1351?).[507]

### 22. H.H. German von Naters

Am 21. Juni 1361 wird im Testament des Franz de Vineis «der Priester German, Kaplan von Naters», als Testamentsvollstrecker genannt.[508] Nach Joller ist er am 10. Januar 1362 ein weiteres Mal als Kaplan von Naters bezeugt.

### 23. H.H. Johannes Grunach

Nach Sigismund Furrer stammte Johann Grunach von Naters und wird laut einem Akt vom 1. April 1370 als Kanzler und Domherr von Sitten bezeichnet.

### 24. H.H. Johannes von Naters

Für das Jahr 1375 erwähnt der bekannte Geschichtsforscher des 19. Jahrhunderts, Franz Josef Joller, einen Priester namens Johannes von Naters.

### 25. H.H. Franz von Weingarten (de Vineis)

Er wird auch Junker genannt und ist für das Jahr 1377 als Benediktiner in Einsiedeln bezeugt.

### 26. H.H. Simon von Massekon

In einem Akt von 1391 trat dieser Priester als Zeuge in Naters auf.

### 27. H.H. Johannes Jakobi

Gemäss Dionys Imesch war er in den Jahren 1385–1392 Altarist von St. German und Naters. Johannes Jakobi schenkte als Rektor des Kreuzaltars diesem ein Brevier.

### 28. H.H. Peter von Naters

Er erscheint im Jahre 1401 als Kaplan von Naters und als Prokurator des Fr. Andreas, Vorsteher des Johanniterhospizes für Savoyen.

### 29. H.H. Peter von Urnavas (de Ornavasso)

Er stammte aus Naters und wirkte 1408 als Pfarrer von Fully.

### 30. H.H. Fr. Heinrich von Naters

Er war Rektor des Altars des Heiligen Geistes zu Naters und trat daselbst am 30. März 1413 als Zeuge auf.

### 31. H.H. Moritz Murmann

Er wird in den Akten als ein von Ernen und Naters abstammender Priester bezeichnet. Er war Pfarrer von Binn und daselbst Zeuge bei der Gemeindeverordnung vom 31. Juli 1429. In dieser Gemeindeschrift wird er als von Naters gebürtig genannt.

### 32. H.H. Johann Gertschen

Er war in den Jahren 1419–1434 Prior von Niedergesteln. Gerichtliche Zeugen schildern den am 11. Juli 1438 bereits verstorbenen Prior Johann Gertschen aus Naters als einen ernsten, «des Laufens und Reitens unfähigen Mann, Feind der Prozesse und Freund der Familie Stelin-Perrini»[509].

### 33. H.H. Rudolf Nessier

Nessier fungierte 1433 als Pfarrer von Vercorin und 1440 als solcher von Chalais.

### 34. H.H. Aymo von Naters

Er wird 1446 Priester und Domherr von Sitten genannt.

### 35. H.H. Simon von Naters

Er war am 15. Februar 1399 als Priester Zeuge, wurde 1422 zum Domherrn erkoren, waltete am 22. Mai 1448 zusammen mit dem Bischof von Sitten als Schiedsrichter und nannte sich 1449 als Domherr Präbendar (Inhaber einer geistlichen Pfründe) von Raron.

### 36. H.H. Anton Ambord (Ambort, am Bort)

Er war der Sohn des Johannes von Naters, dessen Vater von Ernen stammte. 1429 verkaufte Anton Ambord Güter zu Naters und am 24. August 1432 erscheint er als Priester und bischöflicher Kaplan. Am 2. März 1436 tritt er als Domherr auf und wird als solcher bis zum 30. Mai 1453 genannt. Am 17. November 1437 heisst er auch Pfarrer von Laques und nahm 1451 und 1453 als Domherr und Pfarrer von Visp Zehntenerkanntnisse entgegen.[510]

### 37. H.H. Hilprand Eyer

Eyer war zwischen 1444 und 1458 Inhaber verschiedener Rektoratspfründen von Sitten.

### 38. H.H. Hilprand Schmid (Fabri)

Wir finden diesen Priester in den Jahren 1456–1460 als Benefiziaten (Inhaber einer geistlichen Pfründe) in Sitten.

### 39. H.H. Georg Ambord (am Bort)

Er war der Bruder des erwähnten Anton Ambord (Nr. 36). Georg wirkte als Chorherr des Augustinerordens der Abtei Abondance im Bistum Genf und war Prior von Niedergesteln 1437–1461.

Vom 31. Mai 1437 an führte er einen Prozess um Zehntenrechte für sein Priorat Niedergesteln, bewilligte am 7. November 1445 die Stiftung der Altaristenpfründe von St. Niklaus in der Kirche von Niedergesteln und schloss vom 6. November 1460 bis zum 18. Dezember 1461 seine dortige Tätigkeit mit einem neuen Prozess um Zehntenrechte des Priorats gegen die Familie Kalbermatten.

### 40. H.H. Anton Pfennigmann

Von ihm wissen wir nur, dass er 1476 als Kaplan in Raron wirkte.

*Eine Seite des handschriftlichen Privatbreviers aus dem Pfarrarchiv von Naters (F 47), 15. Jh. Es enthält 744 säuberlich geschriebene Seiten. Ein ähnliches Exemplar befindet sich im Kapitelsarchiv in Sitten.*

### 41. H.H. Johann Stepfer

In den Jahren 1503, 1506 und 1507 fungierte er als Prokurator (Verwalter) der Herrenbruderschaft von Naters, war Altarist in Glis und nannte sich Magister (Meister).

### 42. H.H. Simon Ruppen

Er war der Sohn des Simon Ruppen von Blatten/Naters, Kaplan in Naters und am 21. Mai 1502 Zeuge daselbst. Die Erben des Simon Ruppen von Blatten, Cäcilia, Trina, Fransa, Thomas usw., anerkennen am 19. März 1508 zuhanden des Kreuzaltars von Naters beziehungsweise dessen Rektors Thomas Fabri eine Schuld von zehn Schilling.

### 43. H.H. Martin Salzmann

Dieser handelte am 15. Januar 1504 als Priester, am 7. Januar 1507 als Altarist des Dreifaltigkeitsaltars und am 13. April 1510 als Prokurator der Herrenbruderschaft in Naters.

### 44. H.H. Anton Maffey

Er ist zwischen 1484 und 1514 als Altarist von Naters bezeugt, handelte am 3. März 1500 und am 15. Januar 1504 für die Herrenbruderschaft von Naters und dotierte als «immerwährender» Kaplan oder Altarist des St.-Sebastians-Altars in der Kirche von Naters diesen Altar. Am 14. Februar 1514 erhielt Maffey von Papst Leo X. das Privileg der Immunität (Rechtsschutz vor Strafverfolgung) und im Oktober desselben Jahres von Kardinal Schiner noch den Titel «Kaplan beim St.-Anna-Altar».

### 45. H.H. Hilprand Salzmann

Hilprand oder Hildebrand Salzmann war der Bruder von Martin (Nr. 43). Am 3. März 1505 waltete er als Altarist in Münster, am 26. November 1507 als Mitglied der Herrenbruderschaft von Naters, von 1507 bis 1513 als Pfarrer von Simplon-Dorf[511] und von 1513 bis 1529 als Kaplan von Naters. Er war ein eifriger Parteigänger Jörgs auf der Flüe und wurde daher am 11. Juli 1519 von Papst Leo X. exkommuniziert. Gemäss einem aufgezeichneten Verhör soll Hilprand Salzmann Anfang Juni 1510 im Pfarrhaus von Naters vor geistlichen und weltlichen Personen gesagt haben: «Der Bischof ist ein Schelm und Verräter, man solt ihm sin Kutlon unter die Fies lassen.»[512] Salzmann handelte noch am 4. Januar 1529 als Gewalthaber (Verwalter) der Herrenbruderschaft von Naters.

### 46. H.H. Peter Wala

Er begegnet uns in den Akten 1502 als Kaplan von Ernen, 1509, 1510 und 1519 als Priester und Notar in Brig und Glis. Ferner war er um 1520 Pfarrer in Simplon-Dorf,[513] 1522 Altarist des am 20. Februar 1520 errichteten St.-Theoduls-Altars im Beinhaus von Glis und von 1522 bis zum 22. Mai 1533 Pfarrer von Mörel.

### 47. H.H. Hilarius Maffey (Maffien)

Dieser war 1494 Kaplan in Mörel, 1508 Altarist des St.-Barbara-Altars in Mund und Wohltäter des St.-Jakobs-Altars daselbst, 1545–1548 öffentlicher Notar und Rektor in Mund.

### 48. H.H. Franz Venetz

Er war der Sohn des Landeshauptmanns Egid von Naters und amtete von 1535 bis zu seinem Tod im Jahre 1562 als Domherr von Sitten. Er starb in Luzern.

### 49. H.H. Johann Im (Am) Thossen

Er stammte aus einem alten, ausgestorbenen Natischer Geschlecht und wird 1559 Pfarrer von Simplon-Dorf und 1562 und 1563 Prior von Lötschen genannt.

### 50. H.H. Johann Lergien

Er war der Sohn des Kastlans Georg Lergien und wurde 1606 Titulardomherr, 1609 Pfarrer von Mörel, 1616 Pfarrer von Sitten und im gleichen Jahr Gross-Sakristan des Domkapitels. Er liess den Taufstein und die Kanzel der Kathedrale errichten. Lergien starb 1625.[514]

## 51. H.H. Johann Maffien

Siehe Kapitel «Pfarrer», Nr. 28.

## 52. H.H. Peter Pfaffen

Sein Vater Johann stammte aus Mund, wohnte aber mit seiner Familie Z'Brigg bei Naters. Der Vater liess seinen Sohn Peter in Mund in das Härigen- und Pfaffen-Jahrzeit einschreiben. Von Peter Pfaffen wissen wir, dass er von 1637 bis 1639 in Gondo als erster Pfarrverweser wirkte. 1638 erlebte er leidvolle Monate. In diesem Jahr grassierte in seiner Pfarrei Gondo eine pestartige Krankheit, an der elf Personen, meistens junge Leute, starben.[515]

## 53. H.H. Michael Maffien

Maffien wurde am 29. Juni 1606 als Rektor in Mund eingesetzt und blieb es bis 1638. Er war zugleich Titulardomherr, schrieb 1616 das Jahrzeitbuch von Mund und starb 1643.[516]

## 54. H.H. Johann Gertschen

Siehe Kapitel «Pfarrer», Nr. 29.

## 55. H.H. Johann Eggel

Er wirkte von 1641 bis 1667 als Kaplan in Naters «mit höchstem Lob und vollster Zufriedenheit aller» und starb daselbst am 6. März 1668.[517]

## 56. H.H. Christoph Jossen

Dieser Priester war Rektor des St.-Andreas- und des St.-Margareta-Altars in Sitten 1661/1662, Pfarrer von Leukerbad 1662–1664,[518] Pfarrer in Obergesteln von 1664 bis zu seinem Tod im Jahre 1675. Jossen wird schon 1634 als Seelsorger von Obergesteln erwähnt.[519]

## 57. H.H. Anton Steiner

Siehe Kapitel «Pfarrer», Nr. 30.

## 58. H.H. Kaspar Gasser

Er war für das Jahr 1672/1673 an der Universität Wien immatrikuliert, promovierte zum Doktor der Theologie und der Philosophie und wirkte als Pfarrer von Venthône von 1678 bis 1687.[520]

## 59. H.H. Johann Eyer

Eyer wurde als Sohn des Georg und der Maria Zersalzgeben in Naters geboren, war Pfarrer von Simplon-Dorf 1654–1669, Kaplan von Naters 1669–1675, Pfarrer in Grächen von 1675 bis zu seinem Tod im Jahre 1691. 1677 baute er mit seinem Bruder Goerig (Georg) westlich des Pfarrgartens ein noch bestehendes kleines Holzhaus.[521]

## 60. H.H. Johann Jossen (1637–1691)

Er wurde 1637 in Biel (Goms) geboren, stammte aber aus Naters. Er war Schulherr in Leuk 1662/1663, Rektor des St.-Jakobs-Altars in Sitten 1663–1665, Kaplan von Leuk 1665/1666, Pfarrer in Münster und Dekan von Ernen 1666–1672, Titulardomherr 1672, verzichtete auf seine Würden und trat 1672 in Altdorf unter dem Namen Pater Franz Maria in den Kapuzinerorden ein, wirkte alsdann als Professor und Vikar in Altdorf und Zug und amtete von 1687 bis 1688 in Landser im Elsass als Guardian. Je mehr er aber die Verantwortung als Vorgesetzter wahrnahm, um so mehr drückte ihn sein Amt. Auf seine dringenden Bitten hin enthoben ihn seine Oberen seiner Ämter. Er kehrte 1689 nach Altdorf zurück, wo er sich, obwohl in den besten Jahren, auf den Tod vorbereitete. Bei seiner Ankunft im Kloster sprach er: «Die Zeit meines Lebens geht bald zu Ende, ich muss mich rüsten!» Er starb daselbst am 17. Juni 1691 im Ruf der Heiligkeit.[522]

## 61. H.H. Georg Mosmann

Mosmann wurde 1654 (Tauftag: 10.7.) als Sohn des Peter und der Katharina Gutheil geboren. Er studierte in Wien, promovierte zum Dr. phil. (Magister der Philosophie), wurde am 15. März 1680 zum Priester geweiht, war 1681 bischöflicher Hauskaplan und Examinator und von 1683 bis 1702 Kaplan von Ernen.[523] Über seine weitere Tätigkeit sind wir nicht unterrichtet.

## 62. H.H. Josef Eyer

Über ihn wissen wir lediglich, dass er von 1708 bis 1710 als Priester in Naters tätig war.

## 63. H.H. Johann Christian Eggel

Er war der Sohn des Johann und der Maria Gischig und wurde 1662 zum Priester geweiht. Über ihn wissen wir nur, dass er 1688–1690 Schulherr in Sitten war und am 3. Februar 1713 in Naters starb, und zwar «nach einem sehr frommen Leben», wie das Sterbebuch von Naters ausdrücklich vermerkt.[524]

## 64. H.H. Moritz Georg Lergien

Moritz Georg Lergien wurde 1667 (Tauftag: 15.1.) als Sohn des Christian und der Katharina Lergien geboren, studierte am Kollegium in Brig und empfing am 17. September 1694 die Priesterweihe. Er war Pfarrer von Salgesch 1695/1696, Titulardomherr 1695, Kaplan von Leuk 1696–1711, Pfarrer von Leuk 1711–1714 und wurde am 10. Januar 1714 zum Dekan ernannt. Er starb am 17. Februar 1714 plötzlich an einem Schlaganfall auf der Kanzel der Kirche von Leuk.

## 65. H.H. Kaspar Zumberg

Kaspar Zumberg alias ad Montem kam 1664 (Tauftag: 14.4.) als Sohn des Johannes und der Margaretha Gertschen zur Welt. Er studierte Philosophie und Moraltheologie in Dillingen (Deutschland; 1684–1687), war Magister der Philosophie und empfing am 11. Juni 1688 die Priesterweihe. Zumberg wirkte von 1691 bis zu seinem Tod am 22. September 1717 als Kaplan in seiner Heimatpfarrei Naters. 1695 ernannte man ihn zum Titulardomherrn von Sitten.[525]

## 66. H.H. Jakob Joseph Lergien (1689–1731)

Er wurde am 18. März 1689 in Naters geboren, trat 1707 in Landsberg (Bayern) in den Jesuitenorden ein, empfing am 3. Juni 1719 in Eichstätt (Bayern) die Priesterweihe, wirkte 1720/1721 in Rottenburg (am Neckar, Deutschland) als Studienpräfekt, 1721/1722 desgleichen in Feldkirch (Österreich), war dann Professor in Pruntrut 1722–1724 und schliesslich 1725–1730 Prediger in Glis und gleichzeitig Professor am Kollegium in Brig, wo er am 21. März 1731, knapp 42 Jahre alt, starb. Lergien war ein Mann von überdurchschnittlicher Begabung.[526]

### 67. H.H. Moritz Lergien (1679–1737)

Er wurde am 3. August 1679 in Naters als Sohn des Bannerherrn Moritz Lergien und der Maria Schnidrig geboren und trat am 7. September 1698 ins Landsberger Noviziat der Jesuiten ein. Gleich nach dem Noviziat absolvierte Lergien ein fünfjähriges Magisterium, 1700–1704 in Freiburg i.Ü. und 1704/1705 in Pruntrut. Es folgten das Theologiestudium in Ingolstadt (Bayern) 1705–1709 und die Priesterweihe in Eichstätt am 25. Mai 1709. Nach seinem Terziat 1709/1710 in Ebersberg war er 1710–1712 als Prediger in Freiburg i.Ü. 1712/1713 unterrichtete er die Logiker in Pruntrut, wo er am 2. Februar 1713 Profess feierte. Dann lehrte er 1713–1716 Philosophie in Luzern. 1716–1720 war er wieder in Freiburg Studienpräfekt und Professor, zuletzt als französischsprachiger Prediger daselbst, 1720–1724 Prediger in Pruntrut, 1724–1728 in der gleichen Eigenschaft wieder in Freiburg, 1728–1731 erneut französischsprachiger Prediger in Pruntrut, 1731/1732 Professor in Brig, 1732–1735 Rektor in Pruntrut, vom 9. Juni 1735 bis zu seinem Tod am 22. August 1737 Rektor am Kollegium in Brig.[527]

### 68. H.H. Kaspar Moritz Gertschen (1685–1747)

Kaspar Moritz Gertschen wurde 1685 (Tauftag: 1.9.) als Sohn des Johann und der Margaretha Lergen geboren. Er empfing am 20. September 1715 die Priesterweihe, war 1716 unverpfründet in Naters, amtete danach als Frühmesser von Grengiols 1717–1719, war Rektor von Niederwald 1719–1727, wurde am 3. März 1727 von Mörel als Pfarrer gewünscht und am 7. März des gleichen Jahres vom Domkapitel zum Pfarrer von Mörel gewählt. Dort blieb er tätig bis zu seinem Tod am 19. März 1747. In der Kapelle Zen Hohen Flühen stiftete er den linken Seitenaltar.

*Kaspar Moritz Gertschen. Porträt im Pfarrhaus von Mörel. Links oben sein Wappen: auf rotem Grund ein goldener Kelch, aus dem drei Ähren wachsen; darunter der Text: «Aetatis suae 57 [= im Alter von 57 Jahren] Anno 1742».*

### 69. H.H. Josef Hotz (1666–1748)

Josef Hotz, dessen Vater aus Baar (Kt. Zug) stammte, wurde am 5. Oktober 1666 in Naters geboren, war 51 Jahre lang, von 1697 bis zu seinem Tod am 14. April 1748, Kaplan in Mörel. Er starb im Ruf der Heiligkeit. Im Taufbuch von Biel (Goms) steht für das Jahr 1738 folgende Notiz: «Am 21. Mai 1738 taufte Kaplan Josef Hotz in der Kapelle Unserer Lieben Frau Zen Hohen Flühen das Kind des Weibels Andreas Ritz von Selkingen, das man, weil es ohne Taufe starb, hierher gebracht hatte. Auf die Anrufung der Schmerzensmutter öffnete es den Mund, änderte die Farbe und gab Lebenszeichen. Nach der Taufe verschied es und wurde hinter der Kapelle begraben.»

### 70. H.H. Franz Joseph Lergien (1703–1752)

Er wurde 1703 als Sohn des Johann in Naters geboren, waltete daselbst viele Jahre als Priester und war Kaplan in Naters von 1750 bis zu seinem plötzlichen Tod im Jahre 1752. Seinem Testament vom 1. Oktober 1745 zufolge muss er sehr vermögend gewesen sein. Das ist vermutlich der Grund, weshalb er als Priester viele Jahre ohne eigentliche Pfründe in Naters lebte. Lergien machte Vergabungen an die Jesuiten und Ursulinen in Brig, die Kapuziner im Goms und in Sitten, an die Kirchen von Naters, Glis und Mörel, an die Kapellen von Visperterminen in der Riti, Zen Hohen Flühen, im Erner Wald, in Birgisch, auf der Nesselalp, St. Anna ob dem Beinhaus, St. Anton «bei der Schrath», in Hegdorn, Geimen, Blatten und auf der Belalp. Es folgen im Testament weitere Legate an verschiedene Geistliche, an seine Magd, seine Nichte Anna Maria Biderbosten [so!] und an seine Schwester Anna Maria Lergien.[528]

### 71. H.H. Kaspar Moritz Mattig (1678–1752)

Er wurde 1678 (Tauftag 6.1.) als Sohn des Johann und der Anna Lötscher geboren. Am 4. April 1711 empfing er die Priesterweihe. Von 1718 bis 1750 war er Kaplan in Naters und starb daselbst am 11. Februar 1752. In dieser Zeit erscheint er in den Urkunden von Naters immer wieder, so z.B. am 7. März 1723 als Eigentümer im Feld, am 4. Juni 1726 als solcher im Massaboden und am 13. November 1735 als Zeuge in Naters.

### 72. H.H. Joseph Moritz Gasser (1716–1762)

1716 in Naters geboren, trat er bei den Chorherren in St-Maurice ein, legte daselbst 1741 die Profess ab, war Prior von Vétroz 1750–1755, Professor der Theologie in St-Maurice 1755/1756, wieder Prior von Vétroz von 1756 bis zu seinem Tod daselbst am 15. Mai 1762.

### 73. H.H. Johann Peter Gasser (1708–1764)

Siehe Kapitel «Pfarrer», Nr. 34.

### 74. H.H. Georg Lorenz Schmid (1688–1772)

Er wurde 1688 in Naters geboren. Am 23. Februar 1720 empfing Schmid die Priesterweihe und primizierte drei Tage später in der Theodulskirche in Sitten. Er war Rektor in Oberwald 1720–1722, Vikar in Münster 1722–?, Pfarrer von Obergesteln 1727–1738, Rektor von Gluringen 1746–1749, Pfarrer von Venthône 1749–1751, Kaplan von Naters 1752–1771. Er starb daselbst am 17. September 1772.

### 75. H.H. Joseph de Chastonay (1710–1778)

De Chastonay wurde als Sohn des Johann Stephan, Grosskastlan von Brig (kam von Siders und liess sich in Naters nieder), und der Johanna Lergien 1710 geboren. Er trat bei den Jesuiten ein, wurde 1744 Priester, war Professor der Theologie im Kloster von Brig 1745–1759 und 1761/1762, mehrmals Minister des Kollegiums von Brig zwischen 1753 und 1762. Er kam später nach Luzern und war dort wieder Professor der Theologie. Nach der Aufhebung des Ordens wurde er Frühmesser in Mörel 1774–1778. Er starb 1778 in Naters, wo er am 10. September beigesetzt wurde.

### 76. H.H. Peter Joseph Salzmann (1729–1817)

Geboren wurde er am 9. März 1729 und stammte von Naters und Martinach. 1752 trat er bei den Chorherren in St-Maurice ein, wurde 1756 zum Priester geweiht, war Vikar in Salvan 1759–1769, Pfarrer von Salvan 1769–1782, Rektor des Spitals von St-Maurice von 1782 bis zu seinem Tod am 2. August 1817. Er trug den Titel «Ritter des Ordens vom hl. Mauritius und Lazarus».

### 77. H.H. Felix Salzmann (1771–1821)

Er kam am 18. November 1771 als Sohn des Christian und der Anna Wyssen zur Welt, empfing am 1. April 1797 die Priesterweihe und las, wie Johann Peter Michlig in seinem Hausbuch 1797 berichtet, «am Ostermontag Neiwe Mess zu Naters in der Kirche in seinem Vaterort»[529]. Salzmann war Rektor in Ulrichen 1797–1801, dann kurze Zeit Rektor in der Schlucht (Ried-Brig), Kaplan von Naters 1801–1804, Rektor von Lax 1804/1805, wiederum Rektor von Ulrichen 1805–1808, Kaplan von Simplon-Dorf 1808–1813, Kaplan von Stalden 1813–1815, Rektor von Betten 1815–1818, Frühmesser in Ernen von 1818 bis zu seinem Tod im Jahre 1821.

### 78. H.H. Johann Jossen (1806–1885)

Johann Jossen wurde am 10. Januar 1806 als Sohn des Hilar und der Martha Margelisch von Betten geboren. Er studierte in Brig, wo er durch sein tugendhaftes Leben auffiel,[530] trat 1831 in den Kapuzinerorden ein, legte am 21. Mai 1832 die feierliche Profess ab und empfing am 21. März 1833 die Priesterweihe. Er wirkte als Pater Theodul in verschiedenen Klöstern, so hintereinander in Schwyz, in Freiburg i.Ü., wiederum in Schwyz, in Sitten, Chur, Olten, Schüpfheim und Mels. Ab 1860 war Jossen Superior in Chur und von 1863 bis 1869 als Nachfolger des berühmten Paters Theodosius Florentini (1808–1865) Stadtpfarrer von Chur. Es folgten noch die Seelsorgestationen in Mels 1869, Untervaz 1875 und Näfels von 1876 bis zu seinem Tod daselbst am 16. Januar 1885.[531] «Pater Theodul war ein edler Charakter, ein frommer Ordensmann, ein sehr tüchtiger Kanzelredner und Seelsorger.»[532]

### 79. H.H. Klemens Amherd (1830–1886)

Er wurde am 10. September 1830 den Eltern Josef Anton und Maria Wyssen in Naters geboren, war zuerst Lehrer, besuchte dann das Kollegium in Brig und studierte Theologie in Sitten, wo er 1863 die Priesterweihe empfing. Nach der Primiz wirkte er 1863 einige Monate als Kaplan von Naters und übernahm im November desselben Jahres die Pfarrei Turtmann, die er bis zu seinem Tod am 21. August 1886, also volle 23 Jahre lang, «mit Umsicht und Klugheit, mit Eifer und voller Hingebung»[533] leitete. Pfarrer Amherd war bei seinen Pfarrkindern sehr beliebt.[534]

### 80. H.H. Moritz Tscheinen (1808–1889)

Am 23. November 1808 als Sohn des Johann Anton, der von Oberwald stammte, und der Anna Maria Trönlin[535] (des Fridolin, aus dem Grossherzogtum Baden) in Naters geboren, studierte er am Jesuitenkollegium in Brig und im Priesterseminar in Sitten, wurde 1837 Priester, war Kaplan in Turtmann 1837–1839, Pfarrer von Zermatt 1839–1845, Pfarrer in Raron 1845–1847, zog sich 1847/1848 aus gesundheitlichen Gründen als Kaplan nach St. Niklaus zurück (ihm wurde auch die Kaplanei von Naters angeboten), war nach der Vertreibung der Jesuiten erster Rektor und gleichzeitig Professor der Rhetorik und Präfekt des Kollegiums von Brig 1848/1849, kam auf eigenen Wunsch zurück in die Bergseelsorge und war Pfarrer von Törbel 1849–1856, Pfarrer in Grächen von 1856 bis zu seinem Tod am 9. Juli 1889. Pfarrer Tscheinen war kränklich und trotzdem voll Arbeitseifer; etwas schüchtern, liebte er die Stille und Zurückgezogenheit. Er studierte mit Eifer und Erfolg verschiedene Gebiete der Naturwissenschaft. Seine meteorologischen, geologischen und astronomischen Aufzeichnungen erstrecken sich über 25 Jahre. Er führte über 50 Jahre Tagebuch und war Mitarbeiter am Schweizerischen Mundartwörterbuch. 1872 gab er mit Pfarrer Ruppen die Walliser Sagen heraus. Der von Tscheinen bearbeitete erste Teil enthält 100 Nummern. Seine Sagensammlung verdankte er zum Teil dem Erzählgut einiger älterer Leute aus Naters. Er hörte die Geschichten als Knabe aus dem Mund von Johanna Michlig; andere Natischer Gewährsleute waren Anna Michlig, Magdalena Gasser, Hans Gasser, Moritz Eggel, Peter Salzgeber, Grosskastlan (Richter) Ruof, Weibel Karlen und die Mutter Tscheinens. Er schrieb Gedichte und adaptierte die Erzählung von Christoph von Schmid «Das Blumenkörbchen» für die Bühne. Er führte das Stück als Pfarrer von Raron daselbst auf und es wurde 1880 auch in Unterbäch gespielt. Vermutlich verarbeitete er noch andere Erzählungen von Christoph von Schmid, zu denen er Vorreden und Epiloge verfasste. Tscheinen stand mit vielen Gelehrten in Briefkontakt. Bei seinem 50. Priesterjubiläum zitierte er in grösserer Tafelrunde jugendfrisch aus dem Gedächtnis lange Abschnitte aus Ossians Bardengesängen und aus Werken von Klopstock, Goethe und Schiller.[536]

*Moritz Tscheinen. Porträt im Pfarrhaus von Törbel, 1855, gemalt von Pierre-Joseph Brouchoud aus Bagnes.*

### 81. H.H. Moritz Salzmann (1847–1903)

Er wurde am 17. August 1847 als Sohn des Moritz und der Julia Ruppen in Naters geboren. Am 12. April 1873 empfing er die Priesterweihe. Moritz Salzmann war Rektor in Glis 1873–1876, Pfarrer von Albinen 1876–1880, zweiter Pfarrer von Bürchen 1880–1901, Prior von Niedergesteln 1901 bis zu seinem Tod daselbst am 4. Dezember 1903. Er war ein vorzüglicher Priester, den man vor allem in Bürchen, wo er 21 Jahre lang segensreich wirkte, noch lange in dankbarer Erinnerung behielt.[537]

## 82. H.H. Anton Wyssen (1861–1918)

Als Sohn des Eugen und der Katharina Salzmann am 27. April 1861 in Naters geboren, studierte Anton Wyssen in Brig und Theologie in Sitten. Er wurde am 29. Juni 1889 zum Priester geweiht, war Rektor von Goppisberg 1890–1893, Pfarrer von Gondo 1893–1913, Spiritual im Josefsheim in Susten von 1913 bis zu seinem Tod am 30. Mai 1918 im Kreisspital in Brig. Er wurde in Naters zur letzten Ruhe bestattet.[538]

Am 14. August 1904 brannte das Pfarrhaus in Gondo bis auf die Grundmauern nieder. Der zuständige Kaminfeger konnte trotz des durch Pfarrer Wyssen gemeldeten Brandgeruchs nichts Verdächtiges entdecken. In der folgenden Nacht weckten die Grenzwächter in letzter Minute den Pfarrer, seine Mutter und einen Neffen und schleppten diese aus dem Haus. Der Dachstuhl stand schon in Flammen. Das Feuer verzehrte den grössten Teil der Habe.[539]

In seinem Testament vom 16. Januar 1917 bedachte Pfarrer Wyssen das Josefsheim in Susten in grosszügiger Weise. So vermachte er der Kapelle einen Kelch, allen Heiminsassen ein Mittagessen, jeder Baldegger-Schwester 20 Franken, dem Heim sein ganzes Inventar, ebenso den Bienenstand samt den Bienenfässern und den Bienenvölkern usw. Falls einer seiner Erben sich gegenüber dem St. Josefsheim «unartig» benehmen sollte, sei dieser von der gesamten Erbschaft auszuschliessen.[540]

Der Schreibende war in den 1960er-Jahren selber Pfarrer in Gondo. Da wurde von älteren Leuten über Pfarrer Wyssen, der wohl leicht stotterte, folgende Episode erzählt: Die ehemaligen Mitstudenten wollten mal gerne «ds Wyssi» predigen hören. Und so fanden sich einige unangemeldet beim sonntäglichen Amt in der Kirche von Gondo ein. Während Pfarrer Wyssen das Evangelium vorlas, bemerkte er plötzlich in den Bänken seine Mitschüler, durchschaute ihre Absicht und sagte nach dem Verlesen des Evangeliums: «Die für heute vorbereitete Predigt halte ich am nächsten Sonntag» – und verliess die Kanzel.

## 83. H.H. Benjamin Bammatter (1862–1924)

Er wurde am 6. Februar 1862 als Sohn des Moritz und der Anna Maria Salzmann im Weiler Moos oberhalb Naters geboren, besuchte die Kollegien von Brig und St-Maurice, das Priesterseminar in Sitten, empfing am 24. April 1886 die Priesterweihe und primizierte am 18. Juli desselben Jahres in Naters. Bammatter kam bald nach der Primiz für einige Monate als Kaplan nach Turtmann, wo er dem kranken Pfarrer Klemens Amherd, der ebenfalls von Naters stammte, tüchtig zur Seite stand und wo man ihn gerne als Pfarrer gehabt hätte, wurde am 13. Oktober 1886 zum Kaplan seiner Heimatgemeinde Naters ernannt und wirkte als solcher daselbst während 38 Jahren bis zu seinem Tod. Er starb am 11. Januar 1924 nach einer Halsoperation im Privatspital von Dr. Kocher in Bern. Kaplan Bammatter ist wie kaum ein anderer Priester bei der Natischer Bevölkerung in Erinnerung geblieben und viele erzählen noch heute von seinen Unternehmungen, Aussprüchen und Besonderheiten. Darum gehen wir etwas ausführlicher auf das Wirken dieser legendären Priestergestalt ein.[541]

### Ein Freund der Italiener

Schon in seiner äusseren Erscheinung fiel Kaplan Bammatter auf: mit seinen groben, genagelten Schuhen und der kurzen Soutane, damals spöttisch «Hochwassersoutane» genannt. Diese war aber gerade für den Berg bestimmt, gerade recht für den Berg- oder Gletscherkaplan, wie man Bammatter auch gerne nannte. Er war wohl kaum der brillante Theologe, hatte aber unstreitig grosse Gaben und Fähigkeiten. Er besass einen offenen Blick, einen praktischen Sinn, und vor allem hatte er das Herz auf dem rechten Fleck. Als beim Bau des Simplontunnels um die Jahrhundertwende die italienischen Arbeiter in Scharen zu uns kamen, war seine grosse Stunde gekommen. Mit einem Blick erkannte er, was da Not tat. Es musste dringend für Wohnungen gesorgt werden. Da man an zuständiger Stelle sich wohl zu wenig darum kümmerte, ging er selber ans Werk. Er legte einen Plan zurecht, besprach diesen mit Verwandten und Freunden und sicherte sich so das Bauland und das nötige Geld. Und bald entstand draussen im Natischer Feld, rechts und links der Strasse, wie aus dem Boden gestampft, ein Haus um das andere, einfache, leicht gebaute Häuser, ein neues Dorf. Barackendorf nannten es die einen, «Negerdorf» die anderen, und letzterer Name blieb. Eine andere Siedlung entstand weiter unten im sogenannten «Amerika», jenseits der heutigen Furkastrasse gegen die Rhone zu (Sandstrasse), eine Reihe ebenerdiger, einräumiger Häuschen, mehr Hütten als Häuschen, für die grösste Not und die erste Zeit. Die Bevölkerung nannte sie «Grillenlöcher» und Amerika hiess fortan «ds Kaplasch Amerika». Der Name «Amerika» soll angeblich darauf zurückzuführen sein, dass diese Gegend damals von der eigentlichen alten Dorfsiedlung Naters entfernt lag, eben wie Amerika.

Bammatter übte seine Seelsorgetätigkeit mit Vorliebe auch bei den Italienern in Naters aus. Ihnen war er in jeder Lage bereitwillig Helfer und Berater. Seine Sprachkenntnisse ermöglichten es ihm, sich mit jedem Südländer zu unterhalten. Den Natischern empfahl er, zur Blutauffrischung Italienerinnen zu heiraten.

### Ein Bauunternehmer grossen Stils

Neben diesen Barackenbauten liess Kaplan Bammatter auch für sich einige Häuser errichten, so unter anderem in Naters 1894 das heutige Café Belalp, 1902 das heutige Café Post, 1911 ein Haus am Kelchbach oberhalb vom Café Belalp, ein weiteres südöstlich an der Strasse zum Weiler Unter-Moos (direkt an der riesigen Fluh), 1912 in Blatten das turmartige Haus hinter dem alten «Jodruspicher»[542] (in 18 Tagen erbaut; 1996 durch Daniel und Antonia Lutz-Eyer renoviert), 1913 das heutige Rektoratshaus bei der Kapelle in Birgisch, das er 1917 testamentarisch dem Rektorat Birgisch vermachte.[543]

Mit seiner Bautätigkeit wurde Kaplan Bammatter in Naters der erste Bodenspekulant und Bauunternehmer grossen Stils. Seine Bautätigkeit erstreckte sich auch auf kultische Bauten. Von den messinischen Kapellen liess er jene im Trämel errichten und unterstützte auch kräftig den Bau der Kapelle im Aletsch. Der Natischer Berg birgt viele Bildhäuschen, von denen wir meistens den

632

Namen des Erbauers nicht mehr kennen. Möglicherweise gehen davon auch einige auf Benjamin Bammatter zurück, sicher aber jenes im St. Antoniwald.[544] Diese Annahme bekräftigen verschiedene mündliche Aussagen älterer Personen. Bammatter versah des Öfteren das Innere der Kapellen und Bildhäuschen selbst mit Heiligenstatuen. Diese trug er manches Mal persönlich in der Nacht den Berg hinauf. Einmal wurde er dabei von einem Gewitter überrascht und er sah sich gezwungen, in einer Scheune Zuflucht zu suchen und dort auch die Nacht zu verbringen. Am anderen Morgen sah ihn jemand, wie er mit der Muttergottesstatue unter dem Arm die Leiter herabstieg. Im Dorf ging dann während Tagen heimlich das Gerede: «Ische Kapla ischt in der Tätscha mit der Müotergottes ga schiirlinu [=... schlafen gegangen].»

**Der «Pfarrer» vom Berg**
Die jeweiligen Pfarrer liessen dem urwüchsigen Kaplan Bammatter in der Seelsorge im Berg weitgehend freie Hand. Der Kaplan fühlte sich denn auch als Pfarrer vom Berg, indes er seinen geistlichen Amtsbruder Pfarrer «im Grund» nannte. Mitunter spielte er sich sogar als Bischof und Papst auf. Hierzu eine kleine Geschichte: Einmal soll er an einem Sonntag nach einer bereits gelesenen zweiten Messe in der Kapellensakristei von Blatten seelenruhig einen Imbiss zu sich genommen haben. Die Anwesenden wussten, dass der Kaplan noch eine dritte Messe auf Lüsgen zu lesen hatte und demzufolge an das damals strenge Nüchternheitsgebot gebunden war. Bammatter bemerkte ihr Erstaunen und fügte gleich bei: «Ich habe noch eine dritte Messe droben auf Lüsgen zu lesen. Das ist ein Weg von zwei Stunden und dazu brauche ich eine kleine Stärkung.» So folgte er seinem gesunden Menschenverstand.
Wie der oft wiederkehrende Feriengast auf der Belalp, Robert Stäger, schreibt, soll Kaplan Bammatter einmal gesagt haben: «Wir Walliser haben halt drei Laster: das Rauchen, das Trinken und die Liebe.» Apropos Trinken: Dagegen wetterte er in den Predigten immer wieder. Dabei bekannte er offen, dass er diesbezüglich kein gutes Beispiel sei, aber die Familienväter würden durch übermässigen Alkoholgenuss ihre Familien ruinieren.

**Glaubensstark, dienstbereit und ein Freund der Armen**
Kaplan Bammatter war beseelt von einem tiefen, lebendigen und starken Glauben. Das Abc des Christentums war für ihn höchst einfach: nicht grübeln, nicht markten, nicht sorgen, aber Gott vertrauen, unbegrenzt vertrauen; er hilft immer, wenn nicht so, dann anders. Seine Predigten und Katechesen, die er Jahr für Jahr schriftlich festlegte, waren einfach, seine Sprache bildreich und oft poetisch und von urwüchsiger Originalität. Die Heiligste Dreifaltigkeit verglich er mit der Mistgabel: drei Zinken und doch nur eine Gabel. Der unerschütterliche, kindlich fromme Glaube war es, der, wie ein kostbares Erbstück aus sagenumwobener Zeit, das Alte mit dem Neuen verband und Liebe und Verehrung hervorrief. In seiner ganzen Lebensführung war er einfach, bedürfnislos, fühlte und lebte mit der Natur, betrachtete die Werke Gottes als seine Bibliothek und wurde wegen seines natürlichen Wesens von den Belalpgästen, besonders von den Engländern, mit denen er sich problemlos in Englisch unterhalten konnte, gerne aufgesucht.
Der Sommeraufenthalt auf der Belalp war für Bammatter die schönste Jahreszeit. Und wer mit ihm auf dem Natursofa vor seiner Alphütte plauderte oder die grünen Triften durchwanderte, der erfuhr gar bald seine Naturverbundenheit und erstaunlichen Kenntnisse über die Pflanzenwelt.
Von Bammatter erschien 1904 eine Sammlung katholischer Gebete. Das 115 Seiten umfassende Büchlein enthält die gebräuchlichsten lateinischen Gebete und Gesänge, einige deutsche Kirchenlieder, Andachten, die täglichen Gebete und eine volkstümliche Messerklärung.[545] Manche dieser Gebete lassen an Originalität nichts zu wünschen übrig. Als es einmal lange nicht regnete, soll Kaplan Bammatter, wie die Leute noch heute erzählen, vor dem St.-Antonius-Bildhäuschen am Waldweg auf

*Kaplan Benjamin Bammatter erteilt den Alpsegen. Aufnahme um 1900.*

*Der legendäre Kaplan Bammatter beim Erteilen des Religionsunterrichts in Gottes freier Natur.*

die Belalp den hl. Antonius mit etwa folgenden Worten bestürmt haben: «Lieber Heiliger, so hilf uns doch! Wenn du nicht hilfst, was müssen da die Leute von dir denken: Entweder kannst du nicht oder du willst nicht!»

Mit eiserner Energie wusste Bammatter Müdigkeit, ja selbst Unwohlsein und Krankheit zu überwinden, wenn es galt, seines Amtes als Seelsorger zu walten. Nächte und Nächte wachte er an Krankenlagern. Seine wetterharte Natur befähigte ihn mitunter zu übermenschlichen Anstrengungen. Er setzte nicht aus, bis er mitten in seiner Tätigkeit förmlich zusammenbrach. Besonders hervorstechende Charakterzüge waren seine Dienstbereitschaft und unbegrenzte Gastfreundschaft gegenüber den Nächsten und seine werktätige Liebe für die Armen und Bedürftigen. Wenn ärmere Hausmütterchen vom Berg in Naters einkauften, füllte er nicht wenige Male deren Rückenkörbe mit Waren und bezahlte alles selbst. Als er Blatten endgültig verliess, um sich in Bern medizinisch behandeln zu lassen, sagte er zu einem Verwandten: «So, jetzt könnt ihr dann erben, aber ihr müsst auch teilen, denn teilen macht nicht arm.»[546] Bereits im Jahre 1898 leitete Bammatter die Gründung eines Fonds für die Schulsuppe in die Wege. Er wusste auch die englischen Gäste auf der Belalp sowie die Gemeinde und hochherzige Private für diese Einrichtung zu interessieren, so dass 1902 die Stiftung rechtskräftig wurde.

### Von rastloser Tätigkeit – dem Tod entgegen

Kaplan Bammatter war ein grosser Freund von Musik und Gesang. Er scheute keine persönlichen Opfer, um für irgendeine Kapelle ein Harmonium anzuschaffen oder um den Kirchengesang in Blatten und Birgisch zu verbessern. Dem Kapellenchor Blatten vermachte er testamentarisch 1000 Franken.

Bammatter gönnte sich keine Ruhe. Die Mussestunden, im Sommer auf Bel und im Winter auf Blatten, benutzte er dazu, um alte Lieder, Gebräuche und Gewohnheiten aufzuzeichnen oder die Ereignisse der Zeit in einer Chronik festzuhalten. Diese Chronik über Naters für die Jahre 1888–1908 und 1914–1919 berichtet unter anderem auch von einer Baumschule, die Kaplan Bammatter zusammen mit einigen seiner Getreuen während vieler Jahre führte.[547] Dort leitete man die Landwirte zur richtigen Baumpflanzung an, um den so sehr benötigten Ertrag zu steigern. Bammatter verrät hier beste Kenntnisse über die Landwirtschaft. Die Haushälterin des Kaplans hiess Barbara Schwery, «Baba» genannt. Als man sie fragte, warum Kaplan Bammatter nicht Pfarrer werde, sagte sie: «Ische Heer het nummu fer Kapla gschtudiert.»

Sein etwas burschikoses Auftreten und seine oft ungeschminkte Redeweise konnten im ersten Augenblick Befremden erwecken. Wer ihn aber näher kannte, erfuhr gar bald, dass Güte, Liebe und Gottvertrauen der Kern seines Wesens waren. Wirklich erbaulich war seine Vorbereitung auf den Tod. Seit längerer Zeit zehrte ein unheilbares Übel an seiner Gesundheit. Als er das Ende nahen sah, verlangte er die Spendung der Sterbesakramente. Im Chor der Kapelle von Blatten, in Anwesenheit des versammelten Volkes, empfing er mit vollem Bewusstsein die letzten Tröstungen der hl. Religion. An der Beerdigung von Kaplan Bammatter nahmen nahezu 2000 Personen, darunter 35 Priester, teil. Domherr Dionys Imesch hielt als ehemaliger Pfarrer von Naters die Trauerrede.

*Beerdigung von Kaplan Bammatter, 1924. Von rechts: Kreuzträger Lorenz Salzmann (1881–1947), Souschef Bahnhof Brig; Messdiener (v.l.): Albert Imboden (1911–1981), des Adolf; Josef Eggel (1911–1988), des Leopold; Jean-Marie Salzmann (*1912, des Alfred), alt Dekan.*

Peter Bertola aus Luzern, ein Vetter von Kaplan Bammatter, schrieb am 23. Januar 1924 im ‹Walliser Boten› «auf das Grab» von Benjamin Bammatter ein Gedicht von elf Strophen, von denen wir hier die 4., 5., 8., 10. und 11. wiedergeben:

*Denn drunten, ach, in heiliger Ruhestätte*
*versenkt man trauernd und in tiefem Schmerz,*
*verschlossen in dem rauhen Totenbette,*
*ein liebend', treubesorgtes Priesterherz.*

*Ein Herz, das offen jedem fremden Leide,
die fremde Not gleich seiner eig'nen trug,
das unter schlichtem, schwarzen Priesterkleide
nur seiner anvertrauten Herde schlug.*

*Gebrochen ist das Herz des Alpensohnes,
dem seiner Väter karge Scholle lieb,
der, unbekümmert schnöden, fremden Hohnes,
ein schlichtes Bergkind seiner Heimat blieb.*

*Schlaf wohl in stillen Ackers Gottesfrieden,
Du treuer, unentwegter Bergkaplan!
Des Himmels Lohn werd' Dir für das beschieden,
was auf der Erde Gutes Du getan.*

*Leb wohl in strahlend himmlischen Gezelten!
Umsonst wohl such ich Dich auf weiter Flur.
Doch auf der Belalp reinen Gotteswelten
wird nie verwischen Deines Segens Spur!*

### 84. H. H. Johann Werner (1861–1925)

Johann Werner wurde am 28. Oktober 1861 als Sohn des Franz und der Therese Huter von Oberwald in Naters geboren. Er studierte in Brig, St-Maurice und Theologie in Sitten, empfing am 1. Juli 1888 die Priesterweihe, wurde Anfang Juni 1889 Koadjutor des Pfarrers Moritz Tscheinen und am 6. August des gleichen Jahres dessen Nachfolger in Grächen, wo er bis zum 24. Mai 1899 blieb. Er war dann Pfarrer von Blitzingen 1899–1909, Pfarrer von Salgesch von 1909 bis zu seinem Tod am 30. April 1925. In Salgesch wurde er auch beerdigt. Domherr Julius Eggs, der dem Dahingeschiedenen in Anwesenheit von 48 Priestern und einer grossen Volksmenge die Leichenrede hielt, nannte Pfarrer Werner einen umsichtigen, klugen und vorbildlichen Priester, der sich auf allen Seelsorgeposten «ungeteilte Hochschätzung, Anhänglichkeit und Liebe seiner Pfarrkinder sicherte»[548].

### 85. H. H. Albert Jossen (1898–1954)

Albert Jossen kam am 15. Mai 1898 in Birgisch als Sohn des Paul («ds chlei Pöüli» genannt), Burger von Naters und Birgisch, und der Anna Maria Stupf von Mund zur Welt. Er studierte in Brig und Theologie im Priesterseminar in Sitten, empfing am 29. März 1925 die Priesterweihe und primizierte am darauf folgenden 13. April in Naters. Er war Pfarrer von Erschmatt 1925–1929, Pfarrer von Blatten/Lötschen 1929–1936, Pfarrer von Steg 1936–1953, Schulinspektor von Westlich Raron 1936–1941 und wohnte nach seinem Rücktritt im St. Jodernheim 1953/1954. Er starb am 19. August 1954 im Spital Sta Maria in Visp.

Pfarrer Jossen war schon rein äusserlich eine imponierende Gestalt, aber mehr noch fiel er durch seinen sprühenden Geist auf. Im Beichtstuhl konnte er sehr streng sein, im täglichen Leben aber war er voll Güte und Nachsicht und galt weit herum als einer der populärsten Priester. Pfarrer Josef Indermitte von Steg, der ihm die Trauerrede hielt, charakterisierte ihn wie folgt: «Pfarrer Albert Jossen war ein eifriger und trotz seines Humors ein ernster Seelsorger, ein geborener Humorist. Er erzählte nie Witze, er machte sie jeweils selber, ein Held im Ertragen der Krankheit – er wollte sich zur Linderung seiner schrecklichen Schmerzen keine Spritzen geben lassen –, eine Frohnatur auch dann noch, als sein Atem versagen wollte. Die Steger wollten ihn bei sich beerdigt wissen, allein die Verwandten wünschten, dass seine sterbliche Hülle in Naters beigesetzt werde.»[549]

### 86. H. H. Alexander Salzmann (1871–1964)

Er wurde am 24. Mai 1871 als Sohn des Moritz und der Katharina Kenzelmann von Zeneggen in Naters geboren, studierte am Kollegium in Brig 1886–1894 und Theologie in Sitten 1894–1898, empfing am 18. Juni 1897 die Priesterweihe und primizierte am 18. Juli desselben Jahres in Naters. Er war Kaplan in Stalden 1898/1899, Pfarrer von Erschmatt 1899–1913, Pfarrer von Eggerberg 1914–1927 (1928 Erholungsjahr infolge Krankheit), Kaplan in Grengiols 1929–1962 und starb daselbst am 19. Februar 1964 als ältester Priester des Bistums Sitten im patriarchalischen Alter von 93 Jahren.

Pfarrer Salzmann liebte das stille, unermüdliche Wirken in Güte und liebevollem Verständnis für die Anliegen und Nöte der ihm Anvertrauten. Grengiols verlieh ihm in Anerkennung seiner Verdienste das Ehrenburgerrecht. Daselbst konnte er 1947 das goldene, 1957 das diamantene und 1962 das eiserne Priesterjubiläum feiern. In Eggerberg war er der letzte Pfarrer, der noch selbst für seine zwei Kühe die Pfarrgüter bearbeitete.[550]

### 87. H. H. Daniel Jossen (1905–1972)

Pfarrer Jossen wurde am 23. September 1905 in Birgisch im noch bestehenden «Grüonzuhüs» als Sohn des Paul, Burger von Naters und Birgisch, geboren. Er war der Bruder von Albert (Nr. 85). Daniel studierte an den Kollegien in Brig 1922–1926 und Schwyz 1928–1930, Theologie in Sitten 1930–1934, wurde am 24. Juni 1934 Priester und brachte am 29. Juni des gleichen Jahres in Naters sein Erstlingsopfer dar. Er war Pfarrer von Eggerberg 1934–1946, Pfarrer von Agarn 1946–1959, Spitalpfarrer in Brig 1959–1971 und wohnte nach seinem Rücktritt in Brig 1971/1972. Er starb am 28. November 1972 im Spital von Visp und wurde in Naters beerdigt.

Pfarrer Jossen war ein aktiver, temperamentvoller, sozial engagierter Priester, der Humor, Liebe und Strenge glücklich zu vereinen wusste. Als Hauptmann-Feldprediger im Regiment 18 leistete er vor allem im Zweiten Weltkrieg Offizieren und Soldaten unschätzbare Dienste. Als Pfarrer von Eggerberg setzte er durch, dass die beim Bau der Lötschbergbahn nicht eingerichtete Haltestelle in Eggerberg nachträglich doch noch verwirklicht wurde.[551]

## 88. H.H. Max Biderbost (1914–1980)

Er wurde am 7. Januar 1914 als Sohn des Emil, Burger von Ritzingen und Souschef auf dem Bahnhof Brig, und der Maria geborene Biderbost aus Vevey in Brig geboren. Max Biderbost war der Bruder des Natischer alt Präsidenten Paul Biderbost. Er besuchte die italienische Primarschule in der Missione Cattolica in Naters und die deutsche Schule am Kollegium in Brig, absolvierte daselbst die Gymnasialstudien 1926–1934, war im Priesterseminar in Sitten 1934–1938, empfing am 26. Juni 1938 die Priesterweihe und primizierte am 29. Juni 1938 in Glis. Er war Vikar in Montana-Vermala 1938–1941, studierte danach an der Universität Freiburg i.Ü. Romanistik und Musik 1941–1945. Er war Professor vor allem für Französisch am Kollegium in Brig 1945–1975. Nach seinem Rücktritt wohnte er in Brig von 1975 bis zu seinem Tod am 15. Mai 1980. Seine sterbliche Hülle wurde in Naters beigesetzt, da seine Eltern ab 1953 in Naters wohnten und weil er sich Naters zugehörig fühlte.

Professor Biderbost sprach neben seiner französischen Muttersprache fliessend Deutsch, Italienisch und Englisch. Seine Sommerferien verbrachte der sprachgewandte Lehrer meist als Aushilfsseelsorger in Paris (Notre-Dame du Rosaire), in Irland (De Valera) oder in Münster (Westfalen) und er hielt während des Jahres den Romands oft die Gottesdienste. Während vieler Jahre war er der «Gabi-Pfarrer» ennet des Simplons. Der begabte Professor spielte Klavier und Violine und war Mitglied des Alpenclubs (SAC Brig). Max Biderbost war ein spritziger Causeur und ob seiner Schlagfertigkeit und durch seine Wortspiele bekannt. Wenn die Kollegen ihn wegen seiner kleinen Statur neckten, konnte er prompt erwidern, dass viele geschichtliche Persönlichkeiten Max geheissen hätten und die Intelligenz eines Menschen überdies im umgekehrten Verhältnis zu seiner Körpergrösse stehe.[552]

## 89. H.H. Josef-Marie Schwick (1914–1985)

Er wurde am 18. Mai 1914 als Sohn des Ernst von Blitzingen und der Hedwig Schmidt aus Grengiols in Naters geboren, studierte in Brig 1929–1937, Theologie in Innsbruck (Canisianum) und Sitten 1937–1942, empfing am 29. Juni 1941 die Priesterweihe und primizierte am 6. Juli 1941 in Naters. Josef-Marie Schwick war Rektor in Goppisberg 1942–1946, Kaplan in Vispertenminen 1946/1947, Arbeiterseelsorger 1947–1962, zudem Schulinspektor des Bezirkes Brig 1954–1966, Spitalpfarrer von Visp 1962–1983 und wohnte nach seiner Demission in Naters von 1983 bis zu seinem Tod am 31. Juli 1985. Schwick war als Student ein guter Turner, Zeichner und Karikaturist; er war ein überzeugter Priester, vielseitig begabt, jedem Strebertum abhold, friedliebend und zurückhaltend. Seine vielen Vorträge als Arbeiterseelsorger hatte er gut ausgearbeitet; sie waren gediegen und originell. Für die Kranken im Spital nahm er sich viel Zeit und er pflegte das Gespräch mit ihnen.[553]

## 90. H.H. Bruno Brunner (1909–1987)

Er wurde dem Ehepaar Alexander Brunner von Leukerbad und Augusta Allet von Leuk am 26. Mai 1909 in Leuk in die Wiege gelegt. Brunner besuchte die Primarschulen in Leuk und Brig, das Gymnasium in Brig 1921–1929, das Priesterseminar in Sitten 1929/1930 und Innsbruck (Canisianum) 1930–1933, wurde am 25. Juni 1933 (erst 24-jährig; Mindestalter für die Weihe) Priester und las am 2. Juli 1933 in Naters seine erste hl. Messe. Nach einem Musikstudium in Regensburg 1933–1935 war er Professor für Musik und Gesang am Kollegium Brig 1935–1974 und wohnte nach seinem Rücktritt in Brig von 1974 bis zu seinem Tod am 21. März 1987.

Professor Brunner gilt als Natischer Priester, weil seine Eltern bald nach Brig und anschliessend nach Naters zogen, wo er auch seine letzte Ruhestätte fand. Brunner erwarb das kantonale Organisten- und Dirigentendiplom, bildete sich bei den Benediktinern von Solesmes in Frankreich, der Wiege des erneuerten Chorals, weiter und war ein unermüdlicher und erfolgreicher Förderer der Oberwalliser Kirchenmusik. Sein musikalisches Engagement neben der Schule war beneidenswert: Dirigent des Kollegiumschors, des Kollegiumsorchesters und einiger Kirchenchöre im Oberwallis, Gründer des Kirchenchors Glis nach der Pfarreigründung von Brig im Jahre 1957, Mitbegründer und Initiant der Allgemeinen Musikschule Oberwallis und der Kirchenmusikschule Oberwallis zur Ausbildung von Organisten und Chordirigenten, Dekanatspräses der Cäcilienchöre des Bezirkes Brig 1949–1964 und Diözesanpräses der Oberwalliser Cäcilienvereine 1957–1978. Professor Brunner war ein gottesfürchtiger Priester und liebevoller Mensch, der häufig reiste, als Bergsteiger viele Viertausender des Oberwallis bestieg und sich nebenbei als Schnitzler, Buchbinder und Fotograf betätigte.[554]

## 91. H.H. Julius Zeiter (1903–1989)

Julius Zeiter wurde am 9. Juli 1903 als Sohn des Eduard von Biel (Goms) und der Serafine Müller von Zeneggen in St-Maurice geboren. Nach dem Gymnasialstudium in Brig 1915–1923 (1922/1923 Senior der Brigensis) widmete er sich während eines Jahres in Innsbruck dem Rechtsstudium, studierte danach Theologie am Priesterseminar in Sitten 1924–1927 und in Innsbruck (Canisianum) 1927/1928, empfing am 26. Juli 1928 in Innsbruck die Priesterweihe und primizierte am 15. August 1928 in Naters. Er war Kaplan von Visperterminen 1928/1929, Professor am Kollegium Brig 1929–1968. Nach seiner Demission wohnte er in Brig 1968/1969, war dann Spiritual bei den Ingenbohler-Schwestern in Diakovo/Travna (Exjugoslawien) 1969–1973, bei den Schwestern der gleichen Kongregation im Collegio S. Eugenio in Locarno und zuletzt in Minusio von 1973 bis zu seinem Tod am 24. April 1989. Die Beisetzung erfolgte in Minusio (Tessin). Da sein Vater Eduard bei der Kantonspolizei arbeitete, war die Familie an verschiedenen Orten stationiert, zum Schluss in Naters, wo sie über längere Zeit das 1994 abgerissene Gasthaus Zum Kelchbach, gegenüber dem Café Belalp, führte. Im Kollegium unterrichtete Professor Zeiter mit Genauigkeit, Geschick und Hingabe hauptsächlich in der Realschule und ab 1952 an der neu geschaffenen Handelsdiplomschule Deutsch und Geografie. Liebenswürdig, kultiviert, gepflegt und diskret wie seine ganze Persönlichkeit war auch sein Unterricht. Er war die Noblesse in Person, ein feiner Prediger, ein von tiefer Ehrfurcht gegenüber Gott und der Natur erfüllter Mensch und Priester.[555]

## 92. H.H. Armin Eggel (1910–1997)

Pater Eggel wurde am 16. Juni 1910 als Sohn des Johann und der Katharina Maria Eister geboren. Nach der Lehre als Bäcker-Konditor und einer neunjährigen Berufserfahrung trat er 1937 bei den Missionaren der Hl. Familie in Werthenstein/LU ein. Nach den klassischen Studien daselbst folgten das Noviziat und das Theologiestudium 1944–1950. Am 29. Juni 1950 wurde er Priester und las am 2. Juli 1950 in Naters seine erste hl. Messe. Nach verschiedenen Einsätzen in der Pfarreiseelsorge in Werthenstein und Umgebung wirkte Armin Eggel 1953–1975 als Missionar in Ankazoabo Süd auf der Insel Madagaskar. 1975 kehrte Pater Eggel aus gesundheitlichen Gründen nach Werthenstein zurück. Durch sein eifriges Gebet diente er in seinem Lebensabend in Werthenstein weiterhin seiner Ordensgemeinschaft.[556] Er starb am 29. August 1997 im Pflegeheim Sursee und wurde in Werthenstein beerdigt.

## 93. H.H. Jean-Marie Salzmann

Er wurde am 18. Oktober 1912 als Sohn des Alfred und der Berta Schmid in Naters geboren. Nach dem klassischen Lehrgang am Kollegium Brig 1926–1934 (Senior der Brigensis) studierte er 1934–1938 in Innsbruck Theologie, empfing am 26. Juni 1938 die Priesterweihe und primizierte am 3. Juli desselben Jahres in Naters. Er war Kaplan in Leuk 1938–1945, Pfarrer von Leukerbad 1945–1966, eine Zeit lang Schulinspektor, Pfarrer und Dekan von Leuk 1966–1981, weiterhin Dekan und Auxiliarius daselbst 1981–1987 und verbringt seit 1987 seinen Lebensabend in Naters.

*Priester anlässlich des goldenen Priesterjubiläums von Jean-Marie Salzmann, 2. Oktober 1988. Von links: Beat Ritler, Julius Tschopp, Erwin Jossen, Peter Jossen, Paul Martone, Arthur Escher, Josef Pfaffen, Alfred Werner, Peter Perrollaz, Jean-Marie Salzmann, Josef Heinzmann, Erzbischof Dr. Cesare Zacchi (Rom), Msgr. Erich Salzmann, Domherr Dr. Emil Tscherrig, Emil Imboden, Josef Albrecht, Josef Sarbach, Edmund Schnyder.*

Fast 50 Jahre seines Priesterlebens widmete Jean-Marie Salzmann dem Bezirk Leuk. Sein Tätigkeitsfeld in Kirche und Schule war ganzheitlich und breit gefächert. Heben wir nur einiges hervor: 28 Jahre lang leitete der «Kreuzritter-Kaplan» als Kreispräses den «Eucharistischen Kinderkreuzzug», eine Bewegung zur religiösen Erfassung und Bildung von Schulkindern und Jugendlichen, redigierte während sechs Jahren dessen Monatsheft ‹Der Kreuzfahrer›, setzte sich unentwegt bei den damaligen Jungmannschaften für die Jugendlichen ein, führte bei Theateraufführungen Regie, war Mitglied verschiedener Kommissionen und verfasste zwei Bücher: «Leukerbad, seine Geschichte, seine medizinische Betreuung», Brig 1964 (zusammen mit Niklaus Fellmann); «Zum zehnten Mal über Rom nach Neapel», St-Maurice 1967. Er war ein unermüdlicher, treuer und erfolgreicher Arbeiter im Weinberg des Herrn: konziliant und vornehm in der Art, klug und ausgewogen im Urteil, auf der Kanzel wie bei Ansprachen rhetorisch brillant und humorvoll. Am 2. Oktober 1988 feierte alt Dekan Jean-Marie Salzmann gleichsam als krönenden Abschluss seines aktiven Priesterlebens in seiner Heimatpfarrei Naters das goldene und am 28. Juni 1998 das 60-jährige Priesterjubiläum.[557]

*H. H. Jean-Marie Salzmann.*

*Triumphbogen bei der Kirche anlässlich der Primiz vom 3. Juli 1938 von Jean-Marie Salzmann. Text: «Sei Brücke deinem Volke zu Gott».*

## 94. H.H. Alfred Werner (1913–1995)

Alfred Werner wurde am 26. Februar 1913 als Sohn des Peter, aus Sasbachwalden im Schwarzwald stammend (Burger von Martisberg), und der Katharina Schmid geboren. Nach der klassischen Ausbildung am Kollegium in Brig 1928–1936 studierte er Theologie in Innsbruck (Canisianum) und Sitten 1936–1940, wurde am 9. Juni 1940 zum Priester geweiht und brachte am 29. Juni 1940 in Naters sein Erstlingsopfer dar. Er war Pfarrer von Simplon-Dorf 1940–1947, Pfarrer von Glis 1947–1989 (bis zur Abtrennung im Jahre 1957 auch von Brig), Dekan von Brig 1969–1985. Von 1989 bis 1995 wohnte er in Naters. Er starb am 27. Mai 1995 und wurde in seinem jahrzehntelangen Wirkungsort Glis zur Ruhe bestattet.

Der Einsatz dieses Priesters für das Reich Gottes war neben der täglichen Seelsorge breit gefächert und verdient grosse Anerkennung. Zählen wir stichwortartig seine Verdienste, Ämter und Interessen auf: Restauration des gesamten Kirchenkomplexes des Heiligtums Unserer Lieben Frau auf dem Glisacker, Renovation der Kapellen innerhalb der Pfarrei, Bau des Pfarreizentrums und des Pfarrhauses. Pfarrer Werner war 35 Jahre Präses der Frauen- und Müttergemeinschaft im Oberwallis, Begleiter des Katholischen Lehrerinnenvereins, Mitbegründer der Gliser Oratorien- und Konzerttradition sowie der Konzertgesellschaft Oberwallis, Mitglied der katholischen Kommission für Radio und Fernsehen RFK (selber Radioprediger) und des Diözesanen Priesterrates, Förderer der kameradschaftlichen Zusammenarbeit unter den Geistlichen und Organisator der bekannten Dekanatstreffen in Bigorio (Tessin). Er war mit den Dichtern Carl Zuckmayer und Edzard Schaper befreundet. Während über 40 Jahren erholte er sich sommers auf der Fafleralp. Er war ein besonnener, kluger, kooperativer Mann, eine Integrationsfigur auch für die politische Gemeinschaft in Glis und später in Brig-Glis.

Pfarrer Werner war eine Persönlichkeit mit grosser Ausstrahlungskraft. Es ist nach der obigen Aufzählung seiner Tätigkeiten noch besonders hervorzuheben, dass sich die Gläubigen durch seine tiefe Geistigkeit und die stets wohlformulierten und einen echten Glauben ausstrahlenden Predigten angezogen fühlten. 1984 verlieh ihm die Burgerschaft Brig-Glis das Ehrenbürgerrecht. 1990 feierte Pfarrer Werner im Kreis seiner ehemaligen Pfarrei das goldene Priesterjubiläum. Bei dieser Gelegenheit bekundete ihm die Pfarrei Glis viel Lob, Anerkennung und Sympathie für sein 42-jähriges Lebenswerk in Glis. Wir schliessen mit einem Bekenntnis aus dem Mund von Pfarrer Werner: «Es gibt keinen schöneren Beruf als den des Pfarrers.»[558]

## 95. H.H. Emil Imboden (1915–1997)

Am 20. Mai 1915 als Sohn des Adolf, gebürtig von St. Niklaus, und der Martina Bumann von Saas-Fee in Naters geboren, besuchte Imboden das Kollegium in Brig 1927–1935, studierte Theologie in Innsbruck (Canisianum) und Sitten 1935–1939, wurde am 25. Juni 1939 Priester und feierte am 2. Juli desselben Jahres in Naters Primiz. Er war Rektor in Glis 1939–1957, Pfarrer von Stalden 1957–1983, Dekan des Dekanates Visp 1969–1983, Schulinspektor des Nikolai- und des

Saastales 1958–1966, nach seinem Rücktritt wohnhaft in Naters 1983–1997 (ab 1988 in der Alterssiedlung Sancta Maria). Er starb am 22. August 1997 und wurde in Naters beigesetzt.

In Glis gründete Pfarrer Imboden die Jungwacht und den katholischen Turnverein, ebenso hob er in Stalden die Jungwacht und den Blauring aus der Taufe. Neben seiner alltäglichen Seelsorge trat er überpfarreilich besonders im katechetischen Bereich hervor. Sein grösstes Verdienst war es wohl, dass er die Staldner vor einer modernen Kirche bewahrte und dass er mit aller Energie die barocke Kirche, trotz eines verheerenden Brandes, durch eine geglückte Restauration zu einem exponierten Wahrzeichen Staldens machte. Er unterzog ferner die Kapellen in Neubrück und im Riedji einer gründlichen Renovation. In Anerkennung seiner vorbildlichen seelsorglichen Tätigkeit verlieh Stalden dem stets freundlichen und mit einer angenehmen Wesensart beschenkten Pfarrer Emil Imboden 1978 das Ehrenburgerrecht. Am 18. Juni 1989 konnte er in seiner Heimatpfarrei Naters sein goldenes Priesterjubiläum feiern.[559]

## 96. H. H. Reinhard Casetti

Reinhard Casetti wurde am 16. Juli 1922 als Sohn des Jakob, abstammend von Bognanco (Italien), und der Maria Ruppen geboren. Er studierte 1934–1942 am Kollegium in Brig, 1942–1946 Theologie am Priesterseminar in Sitten, wurde am 23. Juni 1946 zum Priester geweiht und primizierte am darauf folgenden 30. Juni. Nach einem weiteren Seminarjahr war er Pfarrer von Simplon-Dorf 1947–1958, Vikar der Kathedrale von Sitten für die Deutschsprechenden 1958–1965, Pfarr-Rektor von St. Theodul in Sitten 1965–1975 und erster Pfarrer der Pfarrei St. Theodul 1975–1993. Er verbringt nach seiner Demission seinen Lebensabend in Sitten.

Während seiner 35-jährigen Tätigkeit in Sitten wurde Pfarrer Casetti daselbst zu einer wichtigen Integrationsfigur. Als Präses mehrerer Vereine und Religionslehrer in den deutschen Schulen kannte er die Deutschsprachigen der Stadt und wurde als bescheidener, belesener, toleranter und liebenswürdiger Priester geschätzt. Pfarrer Casetti, den eine ausgesprochene Gelassenheit und Herzenswärme auszeichnen, ist ein Intellektueller im besten Sinne des Wortes, ständig von Wissensdurst bewegt, und dies nicht nur in der Theologie, sondern auch in der Soziologie, Philosophie, Literatur und Geschichte, was in seinen gut formulierten Sonntagsartikeln im ‹Walliser Boten› immer wieder zum Ausdruck kam.[560]

## 97. H. H. Otto Jossen

Er wurde am 16. Januar 1926 als Sohn des Gotthard, Burger von Naters und Birgisch, und der Ida Lochmatter in Naters geboren (die Familie zog später nach Brig). Nach der Primarschule in Brig lernte er in Martinach Französisch und machte dann das Noviziat bei den Marianisten (SM = Société de Marie) in Freiburg i.Ü., begann am dortigen Kollegium zu studieren und legte schon am 12. September 1943 die Profess ab. Die Matura Typus A bestand er 1948 am Kollegium in Sitten. Nach drei Jahren Unterricht an der Gewerbeschule in Sitten studierte er von 1951 bis 1956 an der Universität Freiburg Theologie und verbrachte ein Pastoraljahr in Paris und Bordeaux. 1957 wurde Pater Jossen als Professor ans Lehrerseminar Sitten berufen, wo er Religion, Deutsch und Französisch lehrte sowie Präfekt und Vizedirektor war. 1987 zügelte er mit dem Lehrerseminar nach Brig und unterrichtete am Institut St. Ursula bis 1991 ebenfalls Französisch und Religion. Seit 1984 ist er regelmässig als Seelsorger in der Pfarrei Naters tätig. Seit 1991 wirkt Professor Jossen, der gleichzeitig als Superior der Gemeinschaft der Marianisten in Brig waltet, halbamtlich als Seelsorger in der Pfarrei Naters, vorab im Natischer Berg. 1993 durfte er in Martinach im Kreise seiner Ordensgemeinschaft und der Familienangehörigen die goldene Profess feiern.[561] Der kontaktfreudige, hilfsbereite und stets freundlich lächelnde Professor Jossen ist in Berg und Tal ein allseits beliebter Seelsorger und die Gläubigen hören seinem einfachen und lebensnahen Predigtwort mit Interesse zu.

## 98. H. H. Julian Truffer (1928–1997)

Pater Truffer kam am 14. Februar 1928 als Sohn des Julian, Burger von Randa, und der Isabelle Lambrigger von Fiesch in Naters zur Welt. Nach den humanistischen Studien an den Kollegien in Brig und Altdorf 1941–1948 und einem Jahr im Priesterseminar in Sitten trat er 1949 in Rue/FR bei den Jesuiten ein, studierte Philosophie in Pullach bei München 1951–1954, war Präfekt im Jesuitenkolleg «Stella Matutina» in Feldkirch 1954–1957 und absolvierte das Theologiestudium in Lyon 1957–1961. Am 28. Juli 1959 empfing er in der St. Michaelskirche in Zug die Priesterweihe und feierte am 30. August 1959 in Naters seine Primiz. Nach einem einjährigen Terziat in St. Martin d'Ablois (Frankreich) studierte Truffer 1962/1963 in Genf Nationalökonomie, musste krankheitshalber ein Jahr lang aussetzen und beendete daraufhin das Studium der Nationalökonomie in Freiburg. Er war Vikar und Jugendseelsorger in St. Marien, Biel/BE, und Seelsorger am Technikum Biel 1964–1968 sowie Studentenseelsorger in Bern 1969–1977. Er war Seelsorger der Aussenstation von Zollikofen, Jegenstorf und Umgebung 1978–1989, danach Mitarbeiter in der Schwestern- und Krankenseelsorge in Bern.[562] Er starb am 7. Juni 1997 in Bern. Sein Grab befindet sich auf dem Jesuitenfriedhof von Notre-Dame de la Route in Villars-sur-Glâne bei Freiburg i.Ü. Pater Truffer fiel auf durch seinen intellektuellen Charme und seine vermittelnden Fähigkeiten.

## 99. H.H. Monsignore Erich Salzmann

Der Natischer Monsignore wurde am 27. Februar 1929 in Naters als Sohn des Hermann und der Angelina Cascioli geboren. Er studierte in den Kollegien St-Michel in Freiburg 1941–1945 und Brig 1945–1949, Theologie in Innsbruck (Canisianum) 1949–1955, wurde am 19. Juni 1955 Priester und primizierte an St. Peter und Paul 1955. Es folgten weitere Studien in Innsbruck mit Lizenziatsabschluss in Theologie 1955–1958, am Päpstlichen Bibelinstitut in Rom mit Lizenziatsabschluss in Bibelwissenschaften 1958–1960. Danach wurde der sprachgewandte Priester Erich Salzmann von Kardinal Bea in das Sekretariat für die Einheit der Christen berufen. Anlässlich des Zweiten Vatikanischen Konzils arbeitete Salzmann an einigen Dekreten mit, war vor allem zuständig für die deutschsprachigen Angelegenheiten der Ökumenearbeit und hat in der Kommission für die religiösen Beziehungen mit dem Judentum aktiv mitgewirkt. 1989 trat er in den Ruhestand und blieb in Rom.

Für seine langjährigen grossen Verdienste um die Weltkirche wurde Msgr. Salzmann verschiedentlich geehrt. 1966 wurde er Monsignore (Cappellano di Sua Santità), 1982 Prälat (Prelato d'onore di S.S.) und 1989 erfolgten die Ernennungen zum Domherrn der Patriarchalbasilika Santa Maria Maggiore in Rom und zum Apostolischen Protonotar. Damit ist das Recht verbunden, Pontifikalhandlungen vorzunehmen und während derselben Mitra und Brustkreuz zu tragen. Der Malteserritterorden ernannte ihn 1990 zum Konventualkaplan «ad honorem» (cappellano conventuale del S.M.O.M.) und zum Geistlichen Botschaftsrat der Botschaft des Souveränen Malteserritterordens beim Hl. Stuhl (consigliere ecclesiastico dell'Ambasciata del S.M.O.M. presso la Santa Sede).[563] Trotz all dieser Ehrungen ist Msgr. Erich Salzmann der bescheidene und liebenswürdige Priester geblieben.

## 100. H.H. Hugo Brunner

Als Sohn des Emil, Lehrer und gebürtig von Eischoll, und der Lia Eyer von Birgisch am 28. Dezember 1936 in Naters geboren, besuchte Hugo Brunner die Realschule am Kollegium Brig 1950–1953, das Gymnasium am Missionsseminar der Weissen Väter in St-Michel in Freiburg 1955–1958, studierte Philosophie in Broome-Hall (England) und im St. Augustins-College in Blacklion (Irland) 1958–1960, war im Priesterseminar in Sitten 1960–1966, wurde am 19. Juni 1966 in der Kirche von Münster/Goms zum Priester geweiht und las am 26. Juni 1966 in Naters seine erste hl. Messe.[564] Er war Kaplan von Visperterminen 1966/1967, machte an der Universität Freiburg i.Ü. ein zweites akademisches Studium mit Diplomabschluss als Mittelschullehrer 1967–1973. Er war Professor für Deutsch, Englisch und Religion am Kollegium in Brig 1974–1998, ab 1996 zusätzlich Pfarradministrator und ist seit 1998 Parrer der Pfarreien Lalden und Eggerberg. Er ist der Bruder von Bischof Norbert Brunner (Nr. 101). Professor Brunner ist ein gesprächsbereiter, pflichtbewusster und einfühlsamer Priester, der durch seine aktuellen und originellen Predigten stets aufmerksame Zuhörer findet. (Abb. unter Nr. 101, zusammen mit der Familie Brunner.)

## 101. Seine Exzellenz Msgr. Norbert Brunner, Bischof von Sitten

Norbert Brunner wurde am 21. Juni 1942 in Naters als Sohn des Lehrers Emil Brunner, Burger von Eischoll, und der Lehrerin Lia Brunner-Eyer von Birgisch/Naters geboren. Die Eltern unterrichteten seinerzeit an der Primarschule in Naters. Während Vater Emil 1987 starb (vgl. Kap. «Schulen»), konnte Mutter Lia (1904–1998)

*Familie Brunner. Von links: Lothar, Lydia, Mutter Lia, Stefan, Bischof Norbert, Elsa, Andrea Caduff-Brunner, Hugo. (Abb. von Vater Emil und Grossvater Stephan Eyer vgl. Kap. «Schulen», unter «Lehrpersonen».)*

in ihrem hohen Alter die Bischofsweihe ihres Sohnes miterleben. 55 Priester gaben ihr am 3. Februar 1998 das letzte Geleit. Eine bemerkenswerte Persönlichkeit war auch Msgr. Brunners Grossvater Stephan Eyer (vgl. Kap. «Schulen»). Norbert, der in der Pfarrkirche Naters getauft und gefirmt wurde, war das zweitjüngste von acht Kindern, von denen das erste kurz nach der Geburt verstarb. In eine gute katholische Familie hineingeboren, verbrachte Norbert Brunner in Naters eine glückliche Jugend, die ihm wesentliche Werte eines christlichen Weltbildes vermittelte.

## Werdegang

Nach der Primarschule in Naters (1949–1955) absolvierte Msgr. Brunner seine humanistischen Studien am Kollegium in Brig 1955–1963 (Matura Typ A), das Theologiestudium am Priesterseminar in Sitten 1963/1964 und an der Universität Innsbruck (Canisianum) mit Abschluss des Lizenziats in Theologie 1964–1968. Der Bischof von Innsbruck, Msgr. Paulus Rusch, erteilte ihm 1968 die Subdiakonats- und die Diakonatsweihe und Bischof Nestor Adam weihte ihn am 6. Juli 1968 in der Kirche von Naters zum Priester. Am folgenden Tag feierte Msgr. Brunner in Naters Primiz. 1968–1970 studierte er in Freiburg i.Ü. Moraltheologie und Kirchenrecht. Er war Professor und Vizepräfekt am Kollegium Maria Hilf in Schwyz 1970–1972, Bischöflicher Kanzler 1972–1987, Pfarrer von Simplon-Dorf 1987/1988, Domherr von Sitten und diözesaner Vermögensverwalter 1988–1991, Generalvikar des Bistums Sitten 1991–1995. Am 17. Januar 1992 ernannte ihn Johannes Paul II. zum Päpstlichen Ehrenprälaten. Msgr. Brunner war ab 1969 auch Hauptmann-Feldprediger.

Am 1. April 1995 wurde Msgr. Norbert Brunner vom Papst zum 83. Bischof von Sitten ernannt. Im entsprechenden apostolischen Ernennungsschreiben heisst es: «Du scheinst uns, geliebter Sohn, in Anerkennung Deiner hervorragenden Gaben des Geistes und des Herzens, ob Deiner langjährigen Erfahrung in geistlichen Angelegenheiten und wegen Deiner guten Kenntnis der Gläubigen der geeignete Mann zu sein, diesen als Hirte vorzustehen.» Damit ist vieles von dem ausgesprochen, was alle, die unseren Landesbischof kennen, an ihm schätzen und was ihn als würdigen Oberhirten auf dem Bischofsstuhl des hl. Theodul erscheinen lässt. Msgr. Brunner wurde am 9. Juni 1995 in der Kathedrale von Sitten zum Bischof geweiht. Hauptkonsekrator bei der Weihe war Kardinal Heinrich Schwery, als dessen kompetenter Mitarbeiter Bischof Norbert viele pastorale Erfahrungen sammeln konnte. Zur Bischofsweihe waren der päpstliche Nuntius Karl Rauber, zahlreiche Bischöfe, Priester und Gläubige, aber auch der Staatsrat des Kantons Wallis in corpore erschienen. Kardinal Schwery richtete dabei einen besonderen Glückwunsch an die Familie Brunner und vor allem an die Mutter des neuen Bischofs, indem er sagte: «Als christliche Mutter hat sie Norbert vor 53 Jahren als Geschenk Gottes empfangen. Später hat sie ihn uns als Priester geschenkt und heute als Bischof.» Dieser Weihetag wird allen, die dabei waren, unvergesslich bleiben.

## «Im Dienst unserer Hoffnung»

Bischof Norbert hat für sein Wirken als Oberhirte den Leitsatz gewählt: «AD SERVIENDAM SPEM NOSTRAM» *[= Im Dienst unserer Hoffnung]*. Er versucht, diesem Wahlspruch in seiner Arbeit im

*Privataudienz bei Papst Johannes Paul II. (1992): Kardinal Heinrich Schwery und Bischof Norbert Brunner (links), damals Generalvikar.*

Dienst des Volkes Gottes in unserer Diözese Gehalt zu geben. Nach zwei welschen Landeshirten kam mit dem Natischer Norbert Brunner wieder ein perfekt zweisprachiger Oberwalliser zum Zuge. Während seiner über 20-jährigen Tätigkeit in Sitten verschaffte er sich einen umfassenden Überblick über alle diözesanen Aufgaben und gilt als versierter Kenner unseres Bistums. Dabei sieht er sich weder als konservativ noch als progressiv. Er gilt als Mann der Mitte, als konservativ im Glauben, aber anpassungsfähig in der Praxis.

Dem neuen Bischof wurde am 16. Juni 1995 in Naters ein herzlicher Empfang bereitet. Man bezeichnete dieses Ereignis als einmalig. Am 1. Oktober gleichen Jahres empfing auch die Heimatgemeinde Eischoll ihren Mitburger Bischof Brunner. Am 17. April 1996 ernannten die Burgerinnen und Burger von Naters Msgr. Norbert Brunner «als Zeichen der Anerkennung einstimmig und mit grossem Applaus» zum Ehrenburger ihrer löblichen Burgerschaft. Der «Burgertrüch» des neuen und siebenten Ehrenburgers von Naters fand am Herrgottstag, dem 6. Juni 1996, im Zentrum Missione statt.

Blenden wir nochmals zurück. Am Kollegium in Brig war Norbert Brunner Senior der Sectio Brigensis des Schweizerischen Studentenvereins. Die gleiche Charge hatte er in der theologischen Verbindung Helvetia Oenipontana in Innsbruck inne. Seinen Studentennamen «Nero» verdankt er angeblich weniger dem römischen Kaiser als vielmehr seiner damaligen dunklen Haarpracht. Nachdem er früher Fussball (beim FC Naters) und Handball (mit einer Kollegiumsmannschaft), aber auch Eishockey gespielt hatte, frönte er seit seiner Innsbrucker Studienzeit begeistert dem Skifahren. Ebenso liebte er das Jassen und die weiten Fahrten mit seinem Motorrad. Ob dies alles auch in seiner bischöflichen Agenda noch Platz findet, kann wohl bezweifelt werden.

## 102. H.H. Peter Zurbriggen

Peter Zurbriggen wurde am 21. April 1947 als Sohn des Simon, gebürtig von Saas-Grund, und der Florentine Ruppen von Naters geboren. Nach der humanistischen Ausbildung am Kollegium in Stans 1960–1968 studierte er Theologie am Priesterseminar in Sitten und an der Universität Freiburg (inklusive Pädagogikstudium) 1968–1975 und absolvierte das Pastoraljahr in Luzern und Kippel/Ferden 1976/1977. Am 19. Juni 1977 wurde er in Salgesch zum Priester geweiht und primizierte am darauf folgenden 26. Juni in Naters. Er war Kaplan von St. Niklaus 1977–1985, Pfarrer in Eischoll 1985–1995 (1990/1991 betreute er zusätzlich die Pfarrei Bürchen). Nachdem Zurbriggen danach während eines Jahres krankheitshalber beurlaubt gewesen war, wurde er 1996 zum Pfarrer von Wölflinswil/AG ernannt.

## 103. H.H. Dr. Stefan Margelist

Dr. Margelist wurde am 28. Januar 1962 als Sohn des Xaver, Burger von Baltschieder, und der Lina Schwery von Ried-Mörel in Visp geboren. Die Familie wohnt seit 1966 in Naters. Er besuchte das Kollegium in Brig 1977–1982, studierte Theologie in Freiburg i.Ü. und Paris 1982–1987, verbrachte das Pastoraljahr in Zermatt 1987/1988, wurde am 12. Juni 1988 in Naters zum Priester geweiht und feierte daselbst am 29. Juni 1988 Primiz. Er war Vikar in Brig 1988–1993 und studierte 1993–1997 an der Päpstlichen Universität Gregoriana in Rom Kirchenrecht. 1997 doktorierte Stefan Margelist in diesem Fach zum Thema «Die Beweiskraft der Parteiaussagen in Ehe-Nichtigkeitsverfahren» mit «höchster Auszeichnung». In diesem Jahr wurde er zum Pfarrer von Leuk-Stadt ernannt. 1998 übernahm er beim kirchlichen Gericht im Teilpensum das Amt des Offizials.

## 104. H.H. Peter Klingele

Klingele wurde am 8. Januar 1969 als Sohn des Rupert und der Marianne Nanzer in Visp geboren. Er besuchte die Primar- und die Sekundarschule in Naters 1976–1984, das Kollegium in Brig 1984–1988 (Abschluss Handelsdiplom), die theologische Fakultät in Freiburg i.Ü. 1989–1994 (1991/1992 in Innsbruck), absolvierte 1994/1995 sein Pastoraljahr in den Pfarreien Münster, Reckingen und Gluringen und wurde am 11. Juni 1995 von Bischof Norbert Brunner zum Priester geweiht. Er primizierte am 25. Juni 1995 in seiner Heimatgemeinde Naters und wurde zum Vikar von Zermatt ernannt. Ein Jahr später trat Peter Klingele als Novize in den Kapuzinerorden ein, kehrte 1997 wieder in die Diözese Sitten zurück, wo er im gleichen Jahr zum Pfarrer von Oberwald, Obergesteln und Ulrichen ernannt wurde, und zwar «in solidum» (in gemeinsamer Verantwortung) mit Pfarrer Josef Lambrigger von Münster. Von früher Kindheit an dachte Peter Klingele daran, einmal Priester zu werden.

## 105. H.H. Pascal Venetz

Venetz wurde am 27. August 1969 als Sohn des Fritz und der Esther-Maria Berchtold in Visp geboren. Er besuchte die Primarschule zuerst in Stalden 1976, dann in Visp 1977–1982, die Sekundarschule in Brig und Naters 1982–1984, das Kollegium in Brig (Typus B, Matura 1991), absolvierte das Theologiestudium in Freiburg 1991–1996, das Pastoraljahr in den Pfarreien Ferden und Kippel, wurde am 8. Juni 1997 in Sitten zum Priester geweiht, primizierte am 22. Juni gleichen Jahres in Naters und wurde im Juli 1997 «in solidum» (in Zusammenarbeit) mit H.H. Thomas Pfammatter zum Pfarrer von Grächen ernannt.

## 106. H.H. Priester-Bruder Sébastien-Marie (Reto) Schmid

Er wurde am 20. Januar 1970 als Sohn des Uli und der Lisa Schmid-Zengaffinen in Visp geboren. 1982 zog die Familie nach Naters (bedingt durch den Umzug der Ecole Schmid ins ehemalige Hotel Alpha). Nach der Lateinmatura 1989 begann Schmid ein Wirtschaftsstudium in Bern, brach dieses 1990 ab. Danach hielt er sich in der Kartause La Valsainte (Freiburg) und bei den Dominikanern in Freiburg und Strassburg auf und trat 1993 in Frankreich in die Sankt Johannesgemeinschaft (Communauté St-Jean) ein. Es folgten das Noviziat und das Philosophiestudium in Saint Jodard bei Roanne und das Theologiestudium im Mutterhaus Notre-Dame de Rimont bei Chalon-sur-Saône. 1994 legte Schmid die zeitlichen und 1997 die ewigen Gelübde ab. Am 5. Juli 1999 empfing er durch Kardinal Christoph Schönborn, Erzbischof von Wien, in Marchegg bei Wien die Priesterweihe. Am darauf folgenden 11. Juli feierte Priester-Bruder Sébastien-Marie (Reto) Schmid in Naters Primiz.

Die Gemeinschaft des hl. Johannes wurde Ende der 1980er-Jahre von Dominikanerpater Marie-Dominique Philippe gegründet und ist eine der jüngsten Ordensgemeinschaften der Kirche. Sie untersteht dem Bischof von Autun in Frankreich. 1999 zählte die Ordensfamilie bereits 480 Priester-Brüder in 50 Häusern und in 15 Ländern. Ihr Ordensleben ist ausgerichtet auf die evangelischen Räte mit starker Betonung des kontemplativen Lebens.

## Priester, die mütterlicherseits von Naters stammen

1. *H.H. Arnold Bertola (1901–1994),* des Arturo von Pavia und der Karoline Bammatter von Naters, war ein Vetter des legendären Kaplans Benjamin Bammatter von Naters. Bertola hielt am ersten August-Sonntag 1926 in Naters eine Nachfeier seiner Primiz.[565] Er wirkte als Vikar in Brugg 1926–1933 und danach als Pfarrhelfer in Zurzach 1933–1973. Er starb am 30. Oktober 1994 und wurde in Stein/AG beerdigt.

2. *H.H. Rainer Pfammatter,* des Theodul und der Klementine Salzmann von Naters, wohnhaft in Brig. Er primizierte 1992 in Brig, ist seither Pfarrer von Staldenried und seit 1994 gleichzeitig auch von Embd.

## Priester, deren Vorfahren von Naters stammen und die daselbst Burger waren oder sind

Es konnten insgesamt zehn Priester ermittelt werden, deren Wurzeln auf Naters zurückgehen und die hier eingebürgert waren oder noch sind. Wir zählen sie auf:

1. *P. Franz Xaver Mehlbaum* von Brig (1706–1769), Jesuit[566]
2. *Christian Gredig* von Mörel (18. Jh.)[567]
3. *Josef Ignaz Mehlbaum* von Brig (1738–1802)
4. *Emanuel Jossen* von Brigerbad (1870–1930)
5. *Hermann Jossen* von Mund und Brigerbad (1882–1955)
6. *Otto Jossen* von Brigerbad (*1925)
7. *Peter Jossen* von Brigerbad (*1926)
8. *Markus Jossen* von Mund (*1931)[568]
9. *Christoph Casetti* (*1943), des David, von Zürich, Domherr in Chur seit 1992. Sein Vater liess die Kirchen von Bürchen, Visperterminen, Saas-Fee und St. Niklaus bauen.

## 10. H.H. Erwin Jossen

Ich bin der Verfasser dieses Buches, bin Burger von Mund, Naters und Brig-Glis und gebe hiermit einen kurzen biografischen Abriss meiner Person. Ich meine, dass der Leser dieses Buches möglicherweise wissen möchte, mit welchem Autor er es zu tun hat.

Geboren am 9. August 1930 in Mund als Sohn des Vinzenz und der Cäsarine Pfaffen, besuchte ich nach der Primarschule in Mund das Gymnasium in Brig 1945–1953 (Matura A), das Priesterseminar in Sitten 1953–1955, die Universität Innsbruck (Canisianum) 1955–1958, wurde am 15. Juni 1958 in Sitten zum Priester geweiht und feierte am darauf folgenden 22. Juni in Mund Primiz. Ich war Kaplan in Fiesch 1958–1963, Pfarrer von Gondo 1963–1969, Religions- und Geschichtslehrer am Kollegium in Brig 1969–1971, Pfarrer von Ferden 1971–1975 (im letzten Jahr zusätzliche Betreuung des Priorates Kippel), vollamtlicher Religionslehrer an der Orientierungsschule in Naters von 1975 bis zur Pensionierung im Jahre 1993. Danach arbeitete ich vor allem am Buch über Naters und half während dieser Zeit gleichzeitig regelmässig in verschiedenen Pfarreien aus. Seit 1999 bin ich Pfarradministrator von Zeneggen (mit Wohnsitz in Naters).

1964 machte ich als Pfarrer von Gondo in Innsbruck das theologische Lizenziat und doktorierte 1970 in Freiburg i.Ü. in Theologie. Der Titel der Dissertation, die in den «Blättern aus der Walliser Geschichte», Bd. XV/3., 1972, erschien, lautet: «Die Kirche im Oberwallis am Vorabend des Franzoseneinfalls 1790–1798». In meiner Amtszeit in Gondo wurden Kirche und Pfarrhaus erbaut. Dort regte ich bei der Gemeinde das von Peter Arnold geschriebene Buch «Gondo-Zwischbergen an der Landesgrenze am Simplonpass» an. Während 13 Jahren, von 1975 bis 1988, unternahm ich mit den 3. Klassen der Orientierungsschule Naters eine fünftägige Romreise, die für die Jugendlichen im Ablauf des Schulbetriebes immer ein besonderes Ereignis bedeutete. Solche Romreisen hatte ich zuvor schon zweimal mit der Pfarreijugend von Gondo und Ferden-Kippel gemacht, so dass ich insgesamt mit über 1200 Jugendlichen die Ewige Stadt besuchte.

Neben meinem eigentlichen Beruf als Priester übte ich noch folgende Tätigkeiten aus: Feldprediger 1962–1985, Pressechef der Synode 72 für die Diözese Sitten 1972–1976, Maturaexperte in Philosophie, Geschichte und vor allem in Latein am Kollegium in Brig 1972–1996, Redaktor des ‹Walliser Jahrbuchs› 1982–1994. Aus meiner Feder sind neben der genannten Dissertation und verschiedenen geschichtlichen Beiträgen folgende Schriften erschienen: «50 Jahre Musikgesellschaft Bryscheralp Mund

1929–1979»; «25 Jahre Tambouren- und Pfeiferverein Mund 1955–1980»; «Mund – das Safrandorf im Wallis», Naters 1989; «Le safran de Mund», Monographic SA, Sierre 1991, 70 p. In meiner Heimatgemeinde Mund trat ich in den Jahren 1979–1998 als Zunftmeister der Safranzunft für die Erhaltung der Safrankulturen ein. – Am 16. Mai 1999 wurde ich (als Munder Burger) von meiner Heimatgemeinde Mund zum Ehrenburger ernannt.

## Pastoralassistenten – Laientheologen

### 1. Hans Jossen (1951–1981)

Geboren am 8. Juli 1951, Sohn des Dionys und der Trudy Berchtold von Stalden, machte Hans Jossen nach Studien in Rebstein und Immensee 1972 in Brig die Matura, war daselbst während zwei Jahren Senior der Brigensis, kam nach einigen Umwegen ans Priesterseminar von Luzern und schloss im Februar 1981 an der theologischen Fakultät daselbst sein Theologiestudium mit Auszeichnung ab. Seine anspruchsvolle Diplomarbeit lautete: «Das Kirchenbild des Münsteraner Theologen J.-P. Metz». Hans Jossen wirkte alsdann als beliebter und aufgeschlossener Katechet und Laientheologe in der Pfarrei Malters. Er wurde am 18. Mai 1981 das Opfer eines tragischen Unglücksfalles und fand in Naters seine Ruhestätte. Er war von einem lebhaften, frohen und geselligen Naturell.

### 2. Norbert Werlen

Er wurde am 4. Mai 1962 als Sohn des Bernhard von Münster und der Anna Walker geboren und besuchte die Grundschule und zwei Jahre Sekundarschule in Münster. Die Familie zog 1977 nach Naters. Es folgten der Besuch des Gymnasiums in Brig 1978–1983, das Theologiestudium in Freiburg 1983–1988 und das Praktikumsjahr im Ordinariat in Sitten 1988/1989. Von 1989 bis 1991 wirkte er als Laienmitarbeiter des Ordinariats und der Priester-Vorsorgekasse SPES. Gleichzeitig unterrichtete er als Katechet in Leuk und Siders und lehrt seit 1991 als Professor am Kollegium in Brig im Teilpensum Religion. 1991 wurde er zusätzlich zum Bistumsökonomen ernannt und ist als solcher im Verantwortungsbereich des Generalvikariats tätig.

### 3. Elmar Rotzer

Geboren am 20. September 1962 in Naters, Sohn des Otto und der Claudia Bellwald von Ferden, machte Elmar Rotzer nach der Grund- und der Sekundarschule in Naters am Kollegium in Brig 1983 die Wirtschaftsmatura (Typus E). Er studierte danach Theologie in Freiburg und Maynooth (Irland) 1983–1990, war Religionslehrer in Steinhausen/ZG und widmete sich 1991–1994 gleichzeitig dem Studium der Philosophie und der Religion und ist seit 1994 vollamtlicher Gemeindeleiter in der Pfarrei Ennetbürgen/NW. Der humorvolle und von einer ehrlichen, christlichen Grundeinstellung überzeugte Laientheologe Elmar Rotzer ist seit 1992 mit Therese Mathyer aus Brienz verheiratet.

### 4. Martin Blatter

Martin Blatter, geboren am 16. September 1963 in Brig, Sohn des Emil, gebürtig von Glis, und der Anita Eyer von Birgisch, besuchte die Grundschulen in Brig und nach dem Wohnortswechsel nach Naters auch daselbst sowie das Lehrerseminar in Sitten 1978–1983, studierte Theologie in Freiburg und Jerusalem (Lizenziatsabschluss) 1983–1988 und absolvierte das Pastoraljahr in Saas-Grund 1988/1989. Er war Pastoralassistent in Zermatt 1989–1992, ist seit 1991 im Halbamt Leiter der Katechetischen Arbeitsstelle Oberwallis, Mitglied des Leitungsteams im St. Jodernheim, Religionslehrer an den Primarschulen in Naters und seit 1996 auch Religionslehrer im Institut St. Ursula. Blatter ist mit Daniela Brantschen von Randa verheiratet und hat seinen Wohnsitz in Naters. Er liebt die Musik und versteht es, im Religionsunterricht den Kindern die Theologie ganzheitlich, das heisst rational wie emotional zu vermitteln.

### 5. Kilian Salzmann

Er wurde am 16. Dezember 1968 als Sohn des Erwin und der Amanda Salzmann geboren. Nach der Grund- und der Sekundarschule besuchte er das Lehrerseminar in Sitten und Brig 1982–1987, studierte Theologie in Freiburg 1987–1994 (mit Lizenziatsabschluss), davon ein Jahr in Paris. Er ist seit 1993 Religionslehrer an der OS Naters, absolvierte 1994/1995 in der Pfarrei Naters ein Praktikumsjahr als Pastoralassistent. 1995 wurde er zum Pastoralassistenten von Naters ernannt. Kilian Salzmann versteht sich gut mit der Jugend und kommt bei der Pfarrgemeinde vorzüglich an.

# Ordensfrauen

Insgesamt konnten aus der Pfarrei Naters mit ihren heutigen Grenzen 39 Ordensfrauen ermittelt werden. Sie verteilen sich auf die Klöster wie folgt: zwölf in Ingenbohl, sechs in St. Ursula in Brig, sechs in Frankreich, drei Spitalschwestern in Sitten und zwei in Baldegg. Die restliche Zahl der Schwestern verteilt sich auf neun verschiedene Ordensgemeinschaften. Im 19. und auch noch in der ersten Hälfte des 20. Jahrhunderts traten einige Natischerinnen in französische Klöster ein, vor allem in Lyon in das sogenannte «Himmelfahrts-Kloster». Von diesen Ordensfrauen haben wir sowohl seitens der zum Teil inzwischen aufgehobenen Klöster wie auch von den Verwandten nur spärliche Nachrichten erhalten. Es werden nur jene Ordensfrauen erfasst, die in Naters geboren wurden und/oder aufgewachsen sind. Die Ordensmänner von Naters behandeln wir im Kapitel «Priester, gebürtig aus Naters». Mangels Quellen, vor allem aus früheren Zeiten, erhebt das nun folgende Verzeichnis der Ordensfrauen aus der Pfarrei Naters keinen Anspruch auf Vollständigkeit.[569]

### 1. Sr. Maria Rosa Lerjen

Sie war die Tochter des Moritz und der Maria Schnidrig. Von ihr wissen wir nur, dass sie am 21. Oktober 1703 bei den Ursulinen in Brig die Profess ablegte und dass sie am 16. Mai 1742 starb.[570]

### 2. Sr. Marianna Eyer (1824–1903)

Sr. Marianna (Taufname Anna Maria) wurde am 25. Juni 1824 als Tochter des Anton und der Therese Henzen (von Lötschen) in Naters geboren. Sie trat bei den Ursulinen in Brig ein, war Novizenmeisterin 1860–1863 und 1866–1869 sowie Oberin des Ursulinenklosters 1857–1866. Sie starb am 10. November 1903.[571] Wie der Nekrolog der Klosterannalen aus dem Jahre 1903 berichtet, wurde sie mit 13 Jahren gegen ihren Willen dem Kloster als Waisenkind zur Erziehung übergeben. Sie sollte dasselbe nicht mehr verlassen und wurde eine ausgezeichnete Klosterfrau mit tiefer religiöser Überzeugung. Die Worte «ich will» oder «ich will nicht» sollten nach ihrem Dafürhalten bei Klosterfrauen nicht über die Lippen kommen. Unter ihrer Ägide als Oberin wurde durch Staatsratsbeschluss vom 4. Juli 1859 die Novizenaufnahme ohne Einschränkung erlaubt und das Kloster kam wieder in den vollen Besitz seiner Güter. Im Jahre 1859 sandte Sr. Marianna für die Schule von Naters eine Lehrschwester.[572] Sr. Marianna hatte eine Vorliebe für die geringsten Beschäftigungen und die Tierwelt.

### 3. Sr. Lauda Werner (1864–1932)

Sr. Lauda (Taufname Margareta), Tochter des Franz Werner und der Therese Huter von Oberwald, wurde am 21. Mai 1864 geboren. Sie legte am 9. April 1888 in Ingenbohl ihre Profess ab. Sie war während längerer Zeit Oberin in Bleichenberg/SO. Im März 1912 reiste sie als Leiterin mit der ersten Gruppe der Heilig-Kreuz-Schwestern von Ingenbohl nach Dickinson, USA, wo sie das Spital St. Joseph erbauen liess. Nach dem Ersten Weltkrieg wechselte sie nach Breese (Illinois), wo sie als Verwalterin des neu eröffneten St. Joseph Hospital tätig war. Danach wurde Sr. Lauda Oberin der Heilig-Kreuz-Schwestern im Mercy Hospital in Champaign (Illinois). Vor Weihnachten 1924 erkrankte sie, erholte sich wieder, aber die Beine waren gelähmt und sie blieb für immer invalid. Als die Schwestern 1926 das Mercy Hospital verliessen, wurde sie als Patientin ins Holy Cross Hospital von Merrill im Staat Wisconsin verlegt, wo sie am 23. Oktober 1932 starb. Sr. Lauda Werner wird als mutige, tüchtige und glaubensstarke Frau mit besonderen Führungsqualitäten charakterisiert.[573]

### 4. Sr. Anne Joseph Jossen (1873–1969)

Sie kam am 10. Juni 1873 als Tochter des Johann Joseph und der Barbara Eggel zur Welt und wurde auf den Namen Paulina getauft. Sie trat in Fourvière bei Lyon ins Kloster ein und starb einer Mitteilung des Schweizer Konsulats zufolge daselbst 1969 im Alter von 96 Jahren.

### 5. Sr. Aloisia Eyer (1875–1939)

Sr. Aloisia (auch Taufname) wurde am 20. April 1875 als Tochter des Moritz und der Philomena Jossen geboren, trat in Sury-le-Comtal (Frankreich) in ein Kloster ein und starb dort am 39. November 1939.[574]

### 6. Sr. Marie Joseph Tichelli (1875–1963)

Sr. Marie Joseph (Taufname Anna Maria) wurde am 8. September 1875 dem Ehepaar Franz und Aloisia Jossen in die Wiege gelegt. Sie trat in Lyon ins Kloster ein und starb laut Mitteilung des Schweizer Konsulats im Jahre 1963 in Vernaison (Frankreich).

### 7. Sr. Herlinda Salzmann (1880–1968)

Schwester Herlinda (Taufname Angelina) wurde laut Mitteilung des Klosters Ingenbohl am 26. Januar 1880 als Tochter des Johann Martin und der Rosalia Grichting in Naters geboren. Sie trat bei den Barmherzigen Schwestern vom Heiligen Kreuz in Ingenbohl ein, legte 1906 die Profess ab, arbeitete als Kinderschwester im Kinderheim von Engelberg und zuletzt während zehn Jahren im Missionshaus Bethlehem in Immensee, wo sie krankheitshalber ihre Arbeit aufgeben musste. Sie war am Ende ihres Lebens während vieler Jahre vollständig blind, bis sie am 24. September 1968 in Ingenbohl von ihren Beschwerden erlöst wurde. Das einhellige Urteil ihrer Mitschwestern lautete: Sr. Herlinda ertrug ihr Schicksal mit aufopfernder Geduld und mit Heiterkeit und sie war eine grosse Beterin vor dem Herrn.

## 8. Sr. Caritas Werner (1887–1917)

Sie kam am 9. März 1887 als Tochter des Xaver und der Maria Josepha Ruppen zur Welt und erhielt den Taufnamen Therese. Sr. Caritas legte 1912 bei der Kongregation der Heilig-Kreuz-Schwestern in Ingenbohl die hl. Profess ab, wirkte zuerst im Elisabethenheim in Zürich und danach drei Jahre im Kreuzspital in Chur, erkrankte an Herz und Lunge und starb nach schweren Leiden am 19. April 1917 im Alter von 30 Jahren im Mutterhaus Ingenbohl. Sr. Caritas Werner brachte mit ihrem sonnigen Wesen stets Leben und Frohsinn in ihre Umgebung.

## 9. Sr. Hedwig Schwery (1889–1979)

Sr. Hedwig (Taufname Lina) wurde am 29. August 1889 als Tochter des Alexander und der Annemarie Henzen geboren. Sie trat am 16. April 1918 bei den Spitalschwestern in Sitten, auch Marthaschwestern genannt, ein, legte dort am 19. März 1924 die ewigen Gelübde ab, arbeitete viele Jahre in der Wäscherei des Spitals von Sitten und versah nebenbei regelmässig den Nachtdienst bei den Kranken, betreute im Epidemiejahr 1923 die Kranken der Stadt Sitten und besorgte von 1931 bis 1938 im Priesterseminar zu Sitten den Professoren und Seminaristen den Haushalt. Als während des Zweiten Weltkrieges das Theologenkonvikt Canisianum von Innsbruck nach Sitten verlegt wurde, waltete sie daselbst als Oberin, kam nach Kriegsende ins Altersheim St-François in Sitten, verbrachte die letzten Lebensjahre im Mutterhaus der Spitalschwestern in Sitten und starb am 12. August 1979 nach mehrjähriger Leidenszeit, kurz vor ihrem 90. Geburtstag. Sr. Hedwig war bis in die letzte Faser Klosterfrau und strahlte grosse Liebe und Mütterlichkeit aus.

## 10. Sr. Marie Louise Eyer (1890–?)

Sr. Marie Louise (Taufname Leontina) wurde am 16. Dezember 1890 als Tochter des Benjamin von Naters und der Luise Maria Max von Bourg-St-Pierre in Monthey geboren und trat bei den Barmherzigen Schwestern in La Roche-sur-Foron (Frankreich) ein. Über ihr weiteres Leben konnten wir nichts in Erfahrung bringen.

## 11. Sr. Johannita Nanzer (1892–1922)

Sr. Johannita (Taufname Walburga) erblickte als Tochter des Johann und der Michelina Zeiter am 20. Juni 1892 in Birgisch das Licht der Welt. Sie trat in Ingenbohl ins Kloster ein, legte 1920 die heiligen Gelübde ab, war schon als Novizin kränklich, verrichtete für kurze Zeit im Theresianum in Ingenbohl Krankendienste, bis sie am 22. Juni 1922 in ihrem 30. Lebensjahr starb.

## 12. Sr. Adelmara Imhof (1894–1937)

Sr. Adelmara (Taufname Cresildis) wurde am 22. Februar 1894 als Tochter des Johann und der Anna Maria Ruppen geboren, trat in Ingenbohl in den Orden ein, legte daselbst 1922 die Profess ab, war an verschiedenen Orten vor allem als Köchin tätig und starb nach langjähriger Krankheit am 16. August 1937 in Ingenbohl.

## 13. Sr. Maria Tabita Gattlen (1905–1975)

Sie kam am 12. Februar 1905 als Tochter des Michael und der Rosalia Salzmann in Stalden zur Welt (Taufname Berta). Die Familie nahm 1906 Wohnsitz in Naters. Sr. Maria Tabita übte zunächst den Beruf einer Damenschneiderin aus, trat 1927 ins Kloster Ingenbohl ein, wurde zum Krankendienst ausgebildet und legte am 20. Juli 1929 die Ordensprofess ab. «Nicht darauf kommt es an, wo ich wirke und was ich tue, sondern dass ich meinen Platz ganz ausfülle», meinte sie oft. Wer sie kannte, wusste, dass ihr die Verwirklichung dieser Devise gelungen ist. Wo immer sie tätig war, ob im Viktoriaspital in Bern, auf der chirurgischen Abteilung im Kantonsspital St. Gallen, als Oberin in Walenstadt, Lachen und Rorschach, als Narkoseschwester in Uznach oder in der Augenklinik St. Gallen, überall setzte sich Schwester Maria Tabita mit ihrer ganzen Persönlichkeit ein. Organisationstalent, Autorität, Mütterlichkeit, eine gute Dosis Diplomatie und eine edle Vornehmheit im Gehaben vereinigten sich in ihrer Person zu einer harmonischen Einheit. Ausweglose Situationen schien es für sie kaum zu geben, so dass der Spruch in Umlauf kam: «Bei Gott und Sr. Maria Tabita ist kein Ding unmöglich.» Nach 46 Jahren Ordensleben starb sie am 24. Januar 1975 in Ingenbohl. Ihre leibliche Schwester Elsa, Sr. Rosenda (Nr. 17), ging ihr im Tod voraus.

## 14. Sr. Maria Thais Salzmann (1907–1992)

Sr. Maria Thais (Taufname Kreszentia) erblickte am 18. September 1907 als Tochter des Anton und der Maria Eyer das Licht der Welt. Sie trat 1930 bei den «Schwestern der Göttlichen Vorsehung» in Baldegg ein und legte am 15. September 1932 ihre Profess ab. Sr. Maria Thais stellte ihr Leben als ausgebildete Krankenschwester ganz in den Dienst des Nächsten, so im Kinderheim «Albula» in Davos und im Altersheim von Emmenbrücke. 1982 musste sie nach einem schweren Herzinfarkt die Tätigkeit im Dienst der Kranken aufgeben und zog sich ins Mutterhaus Baldegg zurück, wo sie im gleichen Jahr ihr goldenes Professjubiläum feiern durfte. Sie starb am 8. Januar 1992. Ihr freundliches und sonniges Gemüt hat unzähligen jungen und alten Kranken Trost und Mut geschenkt.

## 15. Sr. Dionina Bacher (1910–1993)

Sr. Dionina (Taufname Katharina; Drillingsschwester von Maria und Leopoldine) wurde am 18. Juni 1910 als Tochter des Ferdinand Bacher von Obergesteln und der Luisa Casetti in Naters geboren. Am 28. August 1934 trat sie bei den Ingenbohler-Schwestern ein, war in der Folge im Waisenhaus von Romont und während 30 Jahren im Kollegium St-Michel, Freiburg, mit verschiedenen Hausarbeiten betraut. Danach arbeitete sie von

1977 bis 1989 in der Alterssiedlung von La Roche/FR, verbrachte die letzten Jahre im Provinzialhaus der Heilig-Kreuz-Schwestern in Freiburg und starb daselbst am 21. Mai 1993 im Kantonsspital. In ihrem Nachruf stehen die für sie bezeichnenden Sätze: «Sr. Dionina klagte nie und betete viel. Sie blieb zeitlebens mit dem Wallis und ihrer Familie eng verbunden.»

### 16. Sr. Franziska Jossen

Sr. Franziska (Taufname Lia), Tochter des Moritz und der Maria Schmid, wurde am 2. August 1910 geboren. 1935 trat sie in Siders bei den Kleinen Schwestern des hl. Franziskus (à la Providence) ein. Dieser Orden wurde 1932 in Siders gegründet und hat sein Mutterhaus seit 1940 in Frankreich. Sr. Franziska legte 1938 die ersten Gelübde und 1944 die ewige Profess ab, arbeitete viele Jahre als Köchin, dann mit viel Hingabe als Krankenschwester in der Klinik Sainte Claire in Siders und verbringt ihre alten Tage seit 1994 im Mutterhaus in Brochon (Frankreich).

### 17. Sr. Rosenda Gattlen (1911–1942)

Sie wurde am 9. Oktober 1911 in Naters dem Ehepaar Michael und Rosalia Salzmann in die Wiege gelegt und erhielt den Taufnamen Elsa. Sr. Rosenda trat bei den Ingenbohler-Schwestern ein, legte 1939 die Profess ab, leistete nur während einiger Monate Spitaldienste und erkrankte derart schwer, dass sie am 15. Juni 1942 im Alter von erst 31 Jahren in Ingenbohl ihre Seele dem Schöpfer zurückgab.

### 18. Sr. Elwina Margelisch (1912–1986)

Sr. Elwina (Taufname Cäsarine) wurde am 13. September 1912 als Tochter des David und der Maria Salzmann geboren. Im Jahre 1931 trat sie ins Kloster Ingenbohl ein, legte daselbst 1934 die hl. Profess ab, wirkte als gelernte Krankenschwester hintereinander im Viktoriaspital in Bern, im Theodosianum in Zürich, im Kantonsspital in St. Gallen, wo sie gleichzeitig das Amt der Lokaloberin ausübte, und schliesslich von 1958 bis 1983 im Kreisspital in Muri/AG. 1984 feierte sie das goldene Professjubiläum und starb am 11. April 1986 in Ingenbohl. Sr. Elwina besass das Charisma, Trost und Rat suchenden Menschen wirksam zu helfen. Von ihr sagte eine Mitschwester: «Für mich verkörperte Schwester Elwina das, was man sich unter einem edlen, vornehmen Charakter vorstellt.»

### 19. Sr. Cassiana Schumacher

Sr. Cassiana (Taufname Lydia) wurde am 12. Mai 1912 als Tochter des Eduard Schumacher, Burger von Baltschieder, und der Regina Zimmermann von Eggerberg in Naters geboren. Am 28. September 1932 trat sie bei den Schwestern vom Heiligen Kreuz in Menzingen ein, legte am 27. August 1935 die Profess ab, war in verschiedenen Heimen als Kindergärtnerin und Erzieherin tätig, so in Baden, Hagendorn bei Cham, Lütisburg/SG, und verbringt ihren Lebensabend im Altersheim Carmel in Menzingen.

### 20. Sr. Isabella Imhof

Sie wird 1936 von Pfarrer Emil Tscherrig genannt, und zwar als Ordensschwester, die in St. Gallen tätig sei.[575] Sie ging später nach Frankreich, wo sich ihre Spuren verloren.

### 21. Sr. Pierre Joseph Petrig

Sie wird im Pastoralbericht von 1936 von Pfarrer Tscherrig als Ordensfrau genannt, die in der «Providence» in Siders arbeite.[576] Mehr konnten wir über sie nicht erfahren.

### 22. Sr. Franziska Walden

Über diese Schwester haben wir nur zwei Notizen. Pfarrer Tscherrig berichtet in seinem Pastoralbericht vom 25. April 1936, dass Sr. Franziska Walden aus Naters in Ägypten im Einsatz sei.[577] Im Verzeichnis der Ordensleute von Naters vom 26. Oktober 1955 vermerkt Pfarrer Ernst Zenklusen Folgendes: «Sr. Franziska Walden, des Franz, ist Oberin im Institut der Hl. Familie in Siders.»[578]

### 23. Sr. Erika Maria Walther

Sr. Erika (Taufname Fridolina) wurde am 6. März 1914 als Tochter des Fridolin von Selkingen und der Elisa Ittig in Ried-Mörel geboren. 1922 heiratete Ludwig Jossen von Naters die Witfrau Elisa Ittig, die Mutter von Fridolina. So wuchs Sr. Erika in Naters auf, machte im Institut St. Ursula das Handelsdiplom, trat am 21. Juni 1933 bei den Ingenbohler-Schwestern ein, legte am 29. August 1939 ihre Profess ab, studierte in Freiburg Naturwissenschaft und schloss diese Studien mit dem Lizenziat ab. Sr. Erika unterrichtete während vieler Jahre naturwissenschaftliche Fächer in Chur und im Pensionat von Ingenbohl. Danach verrichtete sie im Theresianum von Ingenbohl verschiedene Arbeiten im Dienst der Klostergemeinschaft.

## 24. Sr. Maria Bruna Jossen

Sr. Maria Bruna (Taufname Ida) wurde am 29. November 1915 dem Ehepaar Moritz und Maria Schmid in die Wiege gelegt. Sie trat am 2. Juni 1938 in Ingenbohl bei den Barmherzigen Schwestern vom Heiligen Kreuz ein, erhielt eine Ausbildung in der Krankenpflege und legte am 23. August 1944 die hl. Profess ab. Sie arbeitete im Kantonsspital von St. Gallen und Stans, wirkte in der Folge im Kreisspital Chur von 1954 bis 1984 und feierte 1994 das goldene Ordensjubiläum. Sie ist die leibliche Schwester von Sr. Franziska Jossen (Nr. 16).

## 25. Sr. Genoveve Zenklusen

Sr. Genoveve (Taufname Monika) wurde am 2. Juni 1916 als Tochter des Josef und der Katharina Zumberg in Naters geboren. Acht Jahre unterrichtete sie als Primarlehrerin in Grengiols und in den Hockmatten, trat 1942 bei den Ursulinen in Brig ein, legte 1945 die erste und 1948 die ewige Profess ab, bildete sich von der Primarlehrerin zur Mittelschullehrerin weiter und unterrichtete hernach bis 1981 verschiedene Fächer im Institut St. Ursula. 1970 feierte sie die silberne und 1995 die goldene Profess und leistete bis 1999 Pfortendienste im Institut St. Ursula.

## 26. Sr. Klara Rotzer

Sr. Klara (ist auch der Taufname) wurde am 28. Juli 1922 dem Ehepaar Adolf und Leonie Bammatter in Naters in die Wiege gelegt. Sie trat 1945 in Dijon (Frankreich) der Kongregation Notre-Dame (Augustinerorden) bei, legte 1950 die ewigen Gelübde ab, wirkte in der Folge lange Zeit in der Krankenpflege für Betagte, von 1976 bis 1980 auch in den Altersheimen Résidence in Sitten und Christ-Roi in Lens, betreut seit 1980 in Quenast (Belgien) Kranke und Betagte. Sie engagiert sich daselbst auch in der Pfarreiseelsorge.

## 27. Sr. Maria Pia Eyer

Sie wurde am 26. Januar 1923 als Tochter des Alois und der Maria Jossen geboren und bekam den Taufnamen Mathilde. Am 16. Juli 1946 trat sie bei den Franziskaner-Konventualinnen des Klausurklosters St. Josef in Solothurn ein. Diese Gründung erfolgte am 20. Mai 1654. Die Schwestern widmen sich dem betrachtenden Gebet, halten «ewige Anbetung» und beten das grosse Brevier. Daneben führen sie eine Töpferei und fertigen besonders kirchliche Gewänder an. Die Schwestern des Klosters St. Josef beten und opfern in stiller Abgeschiedenheit für die grossen Anliegen von Kirche und Welt.

## 28. Sr. Andrea Pfaffen

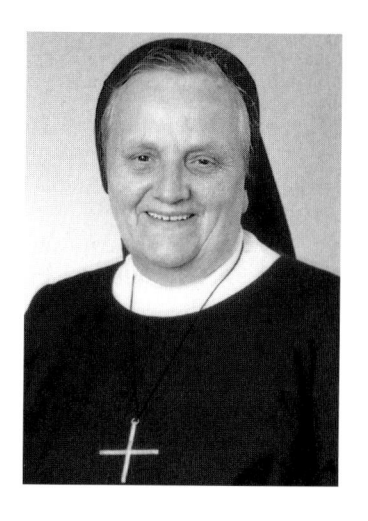

Sr. Andrea (Taufname Olga) wurde am 4. Juli 1928 als Tochter des Edelbert Pfaffen von Mund und der Leonie Eggel von Naters in Mund geboren. Die Familie verlegte 1948 ihren Wohnsitz nach Birgisch. Im selben Jahr trat Sr. Andrea in die Schwesterngemeinschaft von Baldegg ein und legte 1952 die erste und 1959 die ewige Profess ab. Nach ihrer Ausbildung als Krankenschwester arbeitete sie in den Spitälern von Sursee und Brig, im «Hôpital de la Providence» von Vevey und wirkt seit 1980 im St. Josefsheim in Susten.

## 29. Sr. Amanda Klingele

Sr. Amanda (Taufname Erna) wurde am 3. November 1929 als Tochter des Oswald und der Amanda Bellwald geboren. Sie trat 1951 bei den Schwestern vom Heiligen Kreuz in Ingenbohl ein, legte 1955 die hl. Profess ab, wirkte als Krankenschwester in Basel, Altdorf, Locarno und arbeitet seit 1982 im Viktoriaspital in Bern. Sie schrieb dem Verfasser: «Mein liebes Naters vergesse ich nicht. Im Gebete begleite ich die grosse Pfarrgemeinde.»

### 30. Sr. Regis Zenklusen

Sr. Regis (Taufname Johanna) kam am 13. August 1930 als Tochter des Theodul und der Philomena Jossen zur Welt. Sie trat 1949 ins Kloster St. Ursula ein, schloss ihre Berufsausbildung in Ingenbohl mit dem Kindergarten- und Lehrerinnendiplom ab, liess sich in der Folge auch zur Hilfskatechetin ausbilden, legte 1952 die Profess ab, unterrichtete bis 1992 in den Primarschulen in Brig und ist seither als Hilfskatechetin und gleichzeitig in der Lingerie des Klosters tätig.

### 31. Sr. Marie Josephine Ruppen

Sr. Marie Josephine (Taufname Therese) kam am 19. Februar 1931 als Tochter des Raymond und der Josephine Borter zur Welt. Sie trat am 18. Oktober bei den «Schwestern der Treuen Gefährtinnen Jesu» in Broadstairs/Kent (England) ein. Die Gründung dieser Ordensgemeinschaft durch Marie-Madeleine Victoire d'Houet in Amiens (Frankreich) geht auf das Jahr 1820 zurück. Sr. M. Josephine wirkte während 30 Jahren (1951–1981) in Givisiez/FR, und zwar in Küche, Haushalt, Schule und Pfarrei. Darauf leistete sie in gleicher Eigenschaft während einigen Jahren Aushilfe in Turin, bis sie am 1. November 1987 die Leitung der Alterssiedlung Sancta Maria in Naters übernahm.

### 32. Sr. Emma Ruppen (1933–1998)

Sie wurde am 23. September 1933 als Tochter des Adalbert und der Emma Wohlfarth aus Freudenstadt (Württemberg) geboren und auf den Namen Ruth getauft. Nach der Taufe soll die Patin das Kind der Mutter mit den Worten übergeben haben: «So, da bring ich dier diini züokünftigi Chloschterfrow!» Sr. Emma trat in der Tat 1962 nach absolvierter Krankenpflegeschule in Sitten bei der Schwesterngemeinschaft des hl. Mauritius in Vérolliez ein und legte im neu erworbenen Kloster «La Pelouse» oberhalb Bex 1968 die ewigen Gelübde ab. Sie arbeitete als Röntgenassistentin in der Clinique Générale in Sitten, war während sechs Jahren Oberin dieses Spitals und betätigte sich ab 1985 als Krankenschwester in der Klinik Saint-Amé in St-Maurice. Die Schwestern des hl. Mauritius setzen sich in Spitälern und Heimen vorwiegend für die chronisch Kranken und Betagten ein. Sr. Emma beherrschte vier Sprachen. Sie starb am 10. April 1998 an einem Herzversagen.

### 33. Sr. Simone Zenklusen

Sr. Simone (Taufname Ruth) wurde am 25. April 1933 als Tochter des Theodul und der Philomena Jossen geboren. Sie folgte 1953 mit dem Eintritt bei den Ursulinen in Brig ihrer leiblichen Schwester Regis (Nr. 30), legte 1956 die Profess ab, erwarb in Baldegg das Diplom als Handarbeitslehrerin, lehrte als solche während 30 Jahren im Lehrerinnenseminar und war während 18 Jahren im Institut St. Ursula Präfektin der Internen. An Christi Himmelfahrt 1981 feierte sie die silberne Profess, diente in den Jahren 1985–1994 als «Hausmutter» im St. Jodernheim in Visp und versieht seither im Kloster St. Ursula den Krankendienst.

### 34. Sr. Marie Karlen

Sie wurde am 27. Dezember 1939 als Tochter des Ludwig Karlen von Naters und der Marie Nanzer von Birgisch in Bitsch geboren und erhielt den Taufnamen Therese. Sie trat am 4. Mai 1959 bei den Spitalschwestern in Sitten ein, arbeitete nach der Ausbildung von 1962 bis 1991 an verschiedenen Orten entweder als Köchin oder Krankenschwester, so im Foyer Beausite, im Altersheim St-François in Sitten, im Kinderheim Fleurs des Champs in Montana, im Spital Gravelone, und betreut seit 1991 im Mutterhaus in Sitten vornehmlich die betagten Schwestern.

### 35. Sr. Anastasia Salzmann

Sr. Anastasia (Taufname Lina) wurde am 4. Oktober 1940 als Tochter des Gottfried und der Klara Eyer geboren. 1960 trat sie bei den Spitalschwestern in Sitten ein, legte 1962 die zeitlichen und 1968 die ewigen Gelübde ab. Sie wirkte hintereinander als Krankenschwester im Spital von Sitten, als

Gemeinde-Krankenschwester in Sitten, in Guadeloupe (Mittelamerika), in der Rheumaklinik von Leukerbad, im Walliser Sanatorium Montana, in der Alterssiedlung Fiesch und wiederum im Walliser Sanatorium von Montana. Die sich mit grosser Hingabe für die Kranken aufopfernde Schwester hält sich, wie sie selber schreibt, an das Wort von Meister Ekkehart: «Die wichtigste Stunde ist immer die Gegenwart, der bedeutendste Mensch ist immer der, der dir gerade gegenübersteht, das notwendigste Werk ist stets die Liebe.»

### 36. Sr. Albina Summermatter

Sr. Albina (Taufname Helene) erblickte am 11. März 1940 als Tochter des Rudolf und der Leopoldine Eyer das Licht der Welt. Sie trat 1957 bei den Ursulinen in Brig ein, legte 1957 die ewigen Gelübde ab, ist seit 1959 im Spital in Visp in der Krankenpflege tätig, war während 15 Jahren daselbst tüchtige Operationsschwester und feierte am 15. August 1984 die Silberprofess.

### 37. Sr. Robertina Giovani

Sr. Robertina (Taufname Gabriella) kam am 25. November 1946 als Tochter des Giuseppe Giovani und der Esterina Bernini in Naters zur Welt. Sie trat 1964 bei den Schwestern des hl. Josef von Cuneo (Italien) ein; es sind Schwestern, die ehemals in der «Missione cattolica italiana» den Kindergarten betreuten. 1967 legte sie die zeitlichen und 1972 die ewigen Gelübde ab, war dann in Italien (Udine, Kalabrien und Avellino) in Internaten und Pfarreien in der Jugendarbeit tätig und befindet sich seit 1985 in der Mission von Kourgui in Nordkamerun.

*Sr. Robertina Giovani (stehend, rechts) in Kamerun zusammen mit einer Ordensfrau und einheimischen Jugendlichen, 1993.*

### 38. Sr. Marie Raphaele Nellen

Sr. Marie Raphaele (Taufname Irma) wurde am 10. Mai 1952 dem Ehepaar Walter und Therese Eyer in die Wiege gelegt. Sie trat 1975 in Sitten bei den Spitalschwestern ein, legte 1978 die zeitlichen Gelübde ab, wechselte ins geschlossene Zisterzienserinnen-Kloster von Gerunden über, erhielt daselbst am 27. April 1985 als Soeur Marie Raphaele das Ordenskleid. Diese Klostergemeinschaft widmet sich in der Hauptsache dem Gebet, der Meditation und dem Lob Gottes.

### 39. Sr. Ruth Maria Bortis

Sr. Ruth Maria (ist der Taufname) wurde am 24. September 1958 dem Ehepaar Peter und Katharina Walther in Luzern in die Wiege gelegt. Die Familie zog später nach Naters. Sr. Ruth Maria besuchte das Institut St. Ursula, bildete sich im Spital in Visp zur Krankenschwester aus, lernte die Schönstattbewegung kennen, trat dann im Februar 1981 in das Säkularinstitut der Schönstätter Marienschwestern in Quarten/SG ein und erhielt am 6. September 1981 durch die feierliche Einkleidung das Habit der Marienschwestern. Es sind Schwestern, die keine eigentlichen Ordensgelübde ablegen, aber gleichwohl die drei evangelischen Räte der Jungfräulichkeit, der Armut und des Gehorsams befolgen und sich durch einen Vertrag an die Schwesterngemeinschaft binden, der zu jeder Zeit wieder aufgelöst werden kann.

# Religiöse Praxis, Sitten und Gebräuche

## In der Religion verankert

Es ist schier unmöglich, die allgemeine religiöse Praxis, alle frommen Bräuche und das sittliche Leben eines Dorfes vollumfänglich zu ergründen. Denn was diesbezüglich so alles in den Menschenherzen vor sich ging und geht, weiss Gott allein. Der Verfasser möchte daher lediglich einige fromme Bräuche und Charakteristika rund um das religiös-sittliche Leben in Naters festhalten.

Im Allgemeinen kann vom Natischer gesagt werden, dass er seit eh und je in der Religion verwurzelt war und ist, wenn auch vor allem seit den 1960er-Jahren, wie an anderen Orten, die religiöse Praxis, insbesondere was den Messbesuch und die Beichtpraxis betrifft, bei einem Teil der Bevölkerung zusehends abgenommen hat. Die tief religiöse und sich für das christliche Leben engagierende Gesinnung der Gläubigen von Naters im Laufe der Jahrhunderte begegnete dem Forschenden auf Schritt und Tritt. Wenn die Ortsgeistlichen an Kirche und Kapellen Restaurationen vornahmen, war die Spendefreudigkeit der Gläubigen durch alle Jahrhunderte hindurch derart gross, dass die Schulden gewöhnlich innert kürzester Zeit getilgt werden konnten. Oder wer beispielsweise im Kapitel «Siedlungsgeschichte ...» die Hausinschriften unter dem religiösen Blickwinkel betrachtet, wird feststellen, dass die allermeisten in Text, Symbolen und Zeichen von tief christlichem Geist geprägt sind. Oder zeugt dies nicht von einer grossen Verbundenheit mit dem ererbten Glauben, wenn z.B. Clemens Ruppen (*1931) noch heute ein Nachtgebet kennt, das möglicherweise aus dem 19. Jahrhundert stammt? Dieses «Natischer Nachtgibät», das Ruppen sogar auf einem Blatt Papier abdrucken liess, lautet:

«Z Bett legge wär schisch zum Schlaafu.
Där lieb Herr Jesus Chrischtus welle schisch nit verlassu.
Wenn där mit dum Tood chunnt und iisch ärgrift,
so wecke iisch der lieb Herr Jesus Chrischtus im Himmlriich.
Är schicke schisch zwei Engl zä Höitu,
zwei Engl zä Fiessu, vier näbund iisch,
zwei zär Rächtu und zwei zär Linggu.
Das Heilig Chriz, das gsägne iisch.
Där Namu Jesus legge iisch,
und d lieb Müettergottes wecke iisch.
Bhietisch Gott alli vor Fiir und vor Wasser,
vor Sind und vor Laschter,
vor ds Richtersch Hand und va aller Wält Schand,
vorum gäju, unglickhaftigu Tood,
und vor der gäju, unglickhaftigu Schtund.
Sii Gott gedanku um a scheene glickhaftige Tag.
Soo gäbe schisch doch Gott und d lieb Müettergottes
a glickhaftigi Nacht,
sii äs zum Läbu oder zum Schtärbu,
zum sälig wärdu durch Jesus Chrischtus unsärm Herrn.
Amen.»[579]

Als Ausdruck der Verbundenheit mit dem katholischen Glauben legen auch die 56 Bildhäuschen auf dem Pfarreigebiet, die vielfach auf Privatinitiative zurückgehen, beredtes Zeugnis ab. Im Pastoralbericht von 1947 schrieb Pfarrer Ernst Zenklusen: «In der Pfarrei Naters sind die Gläubigen von einem grossen und tiefen Glauben beseelt.»[580] Im Seelsorgebericht vom 10. März 1973 hält Pfarrer Josef Pfaffen fest: «Wir haben in unserer Pfarrei noch einen tiefgläubigen Kern von Gläubigen, besonders ältere Menschen, die regelmässig fast alle Gottesdienste besuchen und ihren Glauben im Alltag auch zu leben versuchen. Freilich gibt es auch viele, und seit dem Konzil mehr als vorher, die unsicher geworden sind, von Zweifeln und Glaubensschwierigkeiten geplagt werden, weil sie zu wenig zwischen äusserer Hülle und Wesen, zwischen Form und Inhalt, zwischen Wesentlichem und Akzidentellem zu unterscheiden vermögen.»[581] Fünf Jahre später vermerkt der gleiche Kilchherr im Pastoralbericht: «Es ist doch schön, jahraus, jahrein jeden Werktag 300 bis 400 Personen in der Werktagsmesse zu haben. (...) Das gibt mir trotz allem Negativen grosse Hoffnung für die Zukunft.»[582] Dem Pastoralbericht von Pfarrer Pfaffen aus dem Jahre 1983 entnehmen wir auch einige negative Aspekte: «Freilich hat man heute bei der grossen Fluktuation der Bevölkerung keine rechte Übersicht mehr, wer eigentlich noch zur hl. Messe geht und wer nicht. Aber bei den Jugendlichen muss man schon sagen, dass fast die Hälfte nicht mehr regelmässig die Sonntagsmesse besucht, während es bei den Schulkindern wohl einen Drittel ausmacht, die nicht mehr regelmässig am Sonntag zur hl. Messe kommen. (...) Eine kleine Gruppe Ecône-Anhänger um Erzbischof Marcel Lefebvre hielt eine Zeit lang in einer eigens hierfür eingerichteten ‹Kapelle› in Naters die traditionalistische Messe, wobei sie einen Priester aus Ecône kommen liessen. (...) Es gibt einige Gläubige in unserer Pfarrei, die versteckt oder offen in den Sekten mitmachen, besonders bei den Zeugen Jehovas oder bei anderen Gruppierungen.»[583]

Trotz manch negativer Entwicklungen kann man aber doch sagen: Naters ist eine lebendige, gut funktionierende Pfarrei, in der sich auch die Laien vermehrt einsetzen. Denken wir beispielsweise an die vielen treuen Kommunionhelfer/innen und Lektoren und Lektorinnen oder an die vielfältige Arbeit, die jahraus, jahrein in den kirchlichen Vereinen geleistet wird.

Weil das St. Jodernheim in Visp viel zur Vertiefung des religiösen Lebens im Oberwallis beiträgt, sei hier zu diesem Exerzitienhaus noch Folgendes festgehalten: Bischof Viktor Bieler wollte im Jahre 1937 das St. Jodernheim im Klostergut Z'Brigg erbauen lassen; Visp aber machte derart gute Angebote, dass man diesen Ort Naters schliesslich vorzog. Dies hat man in Naters allgemein bedauert.[584]

Wohl nur dank der gut funktionierenden Pfarrgemeinschaft war es möglich, dass am 5. Juni 1960 das Hochamt mit der Predigt von Pfarrer Paul Grichting aus der Natischer Kirche über Radio DRS ausgestrahlt wurde.[585]

## Prozessionen

Die Prozessionen waren früher sehr zahlreich und fanden teilweise ausserhalb der Pfarreigrenzen statt. Wegen Missbräuchen, aber auch infolge geringer Beteiligung wurden sukzessive viele Bittgänge aufgehoben oder auf kürzere Prozessionswege verlegt. In Naters können wir 16 Prozessionen urkundlich nachweisen, von denen sich sieben bis in unsere Zeit erhalten haben. Es sind dies die St.-Markus-Prozession, die drei Prozessionen in

*Fronleichnam um 1930. Von links: Anna Salzmann, des Alfred; Lia Brunner-Eyer, Mutter des Bischofs; Alexandrine Lehner, des Alex; Elisabeth Ritz-Eyer, des Alois.*

der Bittwoche, jene an Fronleichnam und St. Merez sowie der Bittgang Bel–Nessel.
Noch bis ins 20. Jahrhundert hinein fanden in Naters auch kleinere Prozessionen oder «Umgänge» um die Kirche statt, so in den Quatemberwochen, am Palmsonntag, an der österlichen Auferstehungsfeier morgens um vier Uhr, an allen Sonntagen zwischen Ostern und Pfingsten und am Kirchweihfest, dem dritten Sonntag im November. Diese «Umgänge» sind in der obigen Zahl 16 nicht mitgezählt. Bei der nun folgenden Aufzählung der 16 Prozessionen, die wir in der Reihenfolge des Kirchenjahres wiedergeben, staunen wir über die grosse Opferbereitschaft unserer Vorfahren.

### 19. März: Prozession nach Hegdorn

Von ihr berichtet Pfarrer Peter Josef Ruppen im Jahre 1864: «Zudem erregt das in Hegdorn gesammelte Opfer immer Streit unter den Singern, die mit dem Opfer unzufrieden sind, obschon der Visitazakt ausdrücklich verbietet, vom Kapellen- oder Kirchengeld zu dieser Singertrinkerei etwas beizusetzen.»[586] Diese Prozession wurde später auf den Ostermontag verlegt und fand 1954 ein letztes Mal statt.

### 25. April: St.-Markus-Prozession

Diese erfuhr in Bezug auf den Zielort verschiedene Veränderungen: bis zirka 1920 nach Brig (Kollegiumskirche) und anschliessend nach Glis; 1920–1926 nach dem Weiler Moos; 1927–1949 nach Geimen und ab 1950 «ums Feld».[587] Heutiger Prozessionsweg: Junkerhof–Judengasse–Linde–Breiten–Kirche.

### Drei Bittprozessionen in der Bittwoche

Auch die Prozessionen an den drei Tagen vor Christi Himmelfahrt waren im Laufe der Zeit verschiedenen Veränderungen unterworfen. Prozessionsweg um 1800: Montag nach Mund (bis 1867), Dienstag zum hl. Antonius (wohl ins Klosi) und am Mittwoch nach Glis.[588] 1864 und auch noch 1903 werden von den Pfarrern Ruppen und Amherd folgende Zielorte genannt: Montag nach Birgisch (1868–1955), Dienstag nach Hegdorn (bis 1922; 1923–1955 zum Trämel), Mittwoch ins Klosi.[589] Von 1944 bis 1955 fand am Dienstag für die «Bergleute» eine Prozession nach Birgisch und eine zweite, die sogenannte Grundprozession, für die Leute im Grund statt, und zwar auf folgendem Weg: Kirche–Rhonemühle–Rhonedamm–Kräuterhäuser–Haus Soleil–Kirche.[590] Seit 1955 werden alle drei Prozessionen innerhalb der Gemarkungen des Dorfes Naters abgehalten. Heutige Prozessionswege: Montag: Belalpstrasse–Judengasse–Ornavassoturm–Breiten–Landstrasse–Kirche; Dienstag: Belalpstrasse–Haus Lötschberg–Furkastrasse–Kelchbachstrasse–Kirche; Mittwoch: Marktplatz–Kelchbachstrasse–Furkastrasse–Aletschstrasse–Landstrasse–Kirche.

### Mittwoch vor Christi Himmelfahrt: Prozession nach Sitten

Im Mittelalter legten die Prozessionen längere Wegstrecken zurück als heute. Vom 13. Jahrhundert an besammelten sich die Gläubigen des Zendens Brig am Mittwoch vor Christi Himmelfahrt bei Unserer Lieben Frau auf dem Glisacker. Damals war Glis noch zu Naters pfarrgenössig. Die Teilnehmer pilgerten dann betend und singend nach Sitten hinunter. Sie zogen unter Glockengeläute in die Kathedrale ein und baten Unsere Liebe Frau um ihren Schutz. Dann besuchten sie die Theodulskirche, um dem Landespatron ihre Verehrung zu erweisen. Schliesslich stiegen sie zur Kirche von Valeria hinauf und empfahlen sich dem Schutz der Landespatronin Katharina.[591]

*An Fronleichnam und St. Merez verschönern die alt Gardisten mit ihren prächtigen Uniformen die Prozession. 1. Reihe (v.l.): Dionys Schmid, Oberstleutnant Ulrich Ruppen, David Salzmann.*

## Donnerstag vor dem Palmsonntag: Prozession nach Glis

Am 28. März 1696 wurde die Prozession nach Sitten abgeschafft beziehungsweise ersetzt, und zwar in der Weise, dass die Natischer in den geraden Jahren nach Glis und die Gliser in den ungeraden Jahren in die Kirche von Naters pilgerten. Dabei mussten sie gemeinsam entweder eine silberne Statue des heiligen Theodor schenken oder zehn Taler bezahlen. Die Prozession, die man als Fastenprozession bezeichnete, wurde jeweils am Donnerstag vor dem Palmsonntag bis in den Anfang des 20. Jahrhunderts getreulich abgehalten.[592]

## Christi Himmelfahrt: Prozession nach Geimen

Diese schon 1864 erwähnte Prozession wurde am 4. Juni 1926 «durch einen Beschluss des Kirchenrates und nach Genehmigung des Bischofs» abgeschafft, «weil sie jedes Jahr Anlass zu Tanz und Trinkgelagen bot»[593].

## Zwei Prozessionen zur Kollegiumskirche von Brig

Die erste fand am Pfingstmontag statt und wird in den Akten schon um 1800 erwähnt, während die zweite am 4. Dezember abgehalten wurde. Letztere, so heisst es 1903 im «Buche der Gewohnheiten der Pfarrei Naters», war «zur Verehrung des hl. Franz Xaver einerseits und andererseits, um dessen Schutz gegen die Pest zu erflehen, eingesetzt». Es war eine Votivprozession, die man auch «Winterprozession» nannte.[594] Wegen zu geringer Beteiligung und «weil man, besonders in Brig, manchmal Spöttereien ausgesetzt war», schaffte Bischof Abbet mit Verordnung vom 14. Januar 1911 die Prozession vom Pfingstmontag ganz ab und verlegte jene vom 4. Dezember auf den 3. Dezember.[595] Letztere wurde fortab bis zirka 1960 zur Antoniuskapelle im Klosi abgehalten.

## Fronleichnamsprozession

Den Fronleichnamstag begann man früher schon morgens um drei Uhr «mit Schiessen und feierlichem Geläute». Die Fronleichnamsprozession ist um 1800 in Naters urkundlich bezeugt.[596] Früher errichteten die Gläubigen vier Altäre, während heute nur mehr ein einziger Altar auf dem Kirchplatz aufgestellt wird. Als man noch vier Altäre aufstellte, musste der Pfarrer vor dem Pfarrhaus um die Errichtung eines Altars besorgt sein. Die Fronleichnamsprozession wiederholte sich noch vor zirka vier Jahrzehnten am sogenannten Segensonntag, am Sonntag nach Fronleichnam. Die heute noch bestehende Fronleichnamsprozession

*Fronleichnamsaltar 1977, im Jahr der Abstimmung über die Fristenlösung.*

*Fronleichnamsprozession: Erstkommunikanten von 1985 mit Lehrerin Lydia Brunner.*

*Fronleichnamsprozession: Tambouren und Pfeifer, zirka 1989.*

schlägt folgende Route ein: Kirche–Totenplatz–Breiten–Landstrasse–Kirche.

Wegen der ungewöhnlich frühen Alpfahrt erlebte Bel am 24. Juni 1943 eine Seltenheit, nämlich ebenfalls eine Fronleichnamsprozession. Sie führte die 269 Gläubigen (auch Kleinkinder mit Blumensträussen) über den Unteren Stafel über die Kühmatte zum Bildhäuschen St. Wendelin, wo ein Feldaltärchen aufgestellt war. Alles, was die Kapelle an Kultgegenständen hergab, wurde dabei mitgetragen. So gestaltete sich der «Herrgottstag» oben in Himmelsnähe zu einem erhebenden, eindrucksvollen Erlebnis, das auch in der Presse gebührend kommentiert wurde.[597]

### Montag nach dem Dreifaltigkeitssonntag: Prozession von Naters auf die Alpe Bel

Diese vier- bis fünfstündige Prozession wird 1864 urkundlich bezeugt[598] und fand von Naters aus im Jahre 1947 zum letzten Mal statt. Von 1948 bis 1954 hielt man sie noch von Blatten aus ab. Von der Prozession Naters–Bel berichtet 1926 Kaplan Heinrich Zenhäusern: «Eine Woche vor der Alpfahrt geht eine Prozession von Naters bis auf Belalp. Es ist das ein Weg von vier Stunden. An dieser Prozession beteiligen sich bis 200 Personen, der grössere Teil Männer und Jünglinge, die, drei Ruhepausen abgerechnet, ununterbrochen beten bis Belalp, trotz des steinigen, steilen Weges.»[599]

### Mittwoch nach St. Jakob: Prozession Bel–Nessel

Die Prozession von Naters nach Bel beziehungsweise später von Blatten nach Bel wurde 1956 infolge schlechter Beteiligung durch die St.-Jakobs-Prozession «Alpe Bel–Nessel» ersetzt.[600] Sie findet seither mit recht guter Beteiligung der Einheimischen wie auch der Feriengäste am Mittwoch nach dem St. Jakobsfest statt. Die Natischer bezeichnen den Bittgang ins Nessel mit dem etwas eigenartigen und seltenen Namen «Antheis».

### Sonntag nach dem 22. September, Patronatsfest: St.-Merez-Prozession

Da der St. Mauritiustag als Feiertag aufgehoben worden war, beschloss der Kirchenrat im Jahre 1913, das Fest des Kirchenpatrons am Sonntag nach dem 22. September zu begehen.[601] An diesem Tag hält nach alter Tradition der Pfarrer von Glis das Hochamt, während der Pfarrer von Naters an Maria Himmelfahrt in Glis dem Gottesdienst vorsteht. Angekündigt wird das Patronatsfest mit Böllerschüssen und der «Tagwacht», gespielt von der Musikgesellschaft Belalp und den Tambouren und Pfeifern. Die von alters her abgehaltene und heute immer noch mit guter Beteiligung der Gläubigen durchgeführte St.-Merez-Prozession wickelt sich auf der gleichen Strecke ab wie die Fronleichnamsprozession.

### Am 1. Oktober-Sonntag: Prozession ins Klosi

Diese Prozession wurde von Papst Leo XIII. durch Dekret vom 20. Juli 1885 zur Ehre Mariens verordnet und ist noch 1903 bezeugt.[602]

### Freitag nach dem 8. Dezember: Erdbebenprozession

In einem Akt um 1800 wird eine Erdbebenprozession genannt, die am Freitag nach dem Fest der Unbefleckten Empfängnis zur Kollegiumskirche in Brig abgehalten wurde.[603]

## Wallfahrten

Neben den Prozessionen ist seit dem Mittelalter auch das Wallfahren ein weit verbreiteter Brauch. Ein beliebter Wallfahrtsort war früher Santiago de Compostela im Nordwesten Spaniens. Dort befindet sich nach einer alten Überlieferung das Grab des Apostels Jakobus, der als Beschützer der Pilger gilt. Oft wurden in Testamenten Wallfahrten nach Santiago angeordnet. Von Naters berichten uns aus dem 16. Jahrhundert vier Urkunden von Santiago-Pilgern oder von Testamenten, die Santiago-Wallfahrten verordneten.

So bestimmte Theodul Schnider im Hasel bei Naters 1526, dass Simon Ruppen zum Grab des Apostels Jakobus in Compostela pilgern soll, und seinem Sohn trug er das Gleiche auf und vermachte ihm dazu 15 Pfund.[604]

Am 23. Februar 1527 ernannte Michael an der Kilchmatten von Naters testamentarisch Johann Lerjen zum Vogt seiner Gattin, bis sein Bruder Egid vom Heiligtum des hl. Apostels Jakobus zurückgekehrt sei.[605]

Am 15. April 1527 erklärte Martin Lerjen in seinem Testament, er habe seinem Sohn Egid, bevor er seine Wallfahrt nach Compostela angetreten, 13 Pfund gegeben. Überdies vermachte er ihm zehn Pfund und anderes mehr. Falls er von seiner Reise nicht mehr zurückkehren sollte, so solle man für ihn die Exequien (Abdankungsgebete), den Siebenten und den Dreissigsten abhalten und den Armen sechs Fischel Korn, Brot und Käse verteilen.[606]

Johann Gertschen von Hegdorn hatte eine Pilgerfahrt nach St. Jakob gelobt und sie immer wieder aufgeschoben. Schliesslich war er zu gebrechlich geworden, um sein Gelübde zu erfüllen. Deshalb gab er am 11. Dezember 1596 dem frommen Ehepaar Martin Zill und Margareta Ersen aus Deutschland den Auftrag, die Reise an seiner Stelle unter die Füsse zu nehmen. Zusammengefasst hatte die Vereinbarung folgenden Inhalt: Kehrt Martin Zill von seiner Wallfahrt zurück, so entrichtet ihm Johann Gertschen «20 Dukaten à 52 Gross». Stirbt Martin auf der Reise, so hat Gertschen einen Drittel dieser Summe an die Kirche von Naters, einen Drittel an die Armen und einen Drittel an die Geistlichen von Naters zu berappen, da Letztere seine Exequien abhalten sollen. Kehrt aber nur die Gattin Margareta von der Pilgerfahrt zurück, so soll sie obige Summe erhalten, ausgenommen drei Dukaten, die wie oben zu verteilen sind.[607]

Man glaubte damals, wer sein Gelübde zu Lebzeiten nicht erfüllt, müsse die Pilgerfahrt nach dem Tod antreten und über die Milchstrasse–St. Jakobsstrasse zum Grab des Apostels wandern. Dem wollte Johann Gertschen offensichtlich zuvorkommen, indem er zwei Stellvertreter nach Santiago entsandte. Ob diese von der Pilgerreise heil zurückkehrten, wissen wir nicht. Die im 20. Jahrhundert von den Natischern recht häufig aufgesuchten Wallfahrtsorte heissen: Gstein/Mund, Varallo (Italien), Heilig Kreuz/Binn, Madonna del Sasso/Locarno, Sachseln-Ranft, Einsiedeln und insbesondere Lourdes.

**Hermann Imhasly-Zenklusen (*1919),** gebürtig von Fiesch, wohnhaft in Naters, während 32 Jahren (1952–1983) sympathischer Porteur auf dem Bahnhof in Brig, machte von 1957 bis 1985 alle ungeraden Jahre, insgesamt 15-mal, in Begleitung anderer Personen zu Fuss eine Wallfahrt nach Einsiedeln (Dauer: 3½ Tage, Rückfahrt mit dem Zug). Der in der Religion tief verwurzelte Mann tat dies aufgrund eines Versprechens. Wenn die schwierige Kropfoperation einen guten Ausgang nähme, würde er einmal zu Fuss nach Einsiedeln wallfahren. Die Operation verlief glücklich und aus der einen Wallfahrt wurden deren 15.

Im Seelsorgebericht vom 10. März 1973 schrieb Pfarrer Josef Pfaffen: «Wallfahrten werden noch ziemlich viele gemacht. Jedes Jahr pilgern 30 bis 40 Gläubige zur Gottesmutter nach Lourdes, aber jedenfalls das vier- bis fünffache nach San Damiano in Oberitalien. Wir haben in unserer Pfarrei eine kleine, aber sehr aktive Gruppe von Frauen, die mehrmals im Jahr, meistens an Muttergottesfesten, Wallfahrten nach San Damiano veranstalten. Diese sind so von ihrem San Damiano überzeugt, dass sie in ihrem ‹Fanatismus› sogar uns Geistliche zu ‹bekehren› suchten. Alles dagegen Reden fruchtete absolut nichts, so dass wir sie nun gewähren lassen.»[608] Als aber die angeblichen Muttergotteserscheinungen der «Mama Rosa» von San Damiano in der Folge als Betrug entlarvt wurden, nahmen die wohl gut gemeinten Wallfahrten nach Oberitalien ein jähes Ende.

## Rosenkranzgebet

Im 19. Jahrhundert vermerken die Pastoralberichte immer wieder, dass man in der Kirche täglich den Rosenkranz betet. Wenn keine Abendmesse gehalten wird, bedient sich eine kleine Gruppe von Gläubigen noch heute regelmässig dieser sinnigen Gebetsform. Der Rosenkranz oder einige Zeilen davon werden noch gebetet bei Andachten, besonders im Mai und Oktober, und bei Beerdigungen, ferner beim Stundengebet am Eidgenössischen Dank-, Buss- und Bettag sowie in der Karwoche. Dieses Gebet wurde bis vor etwa 30 Jahren in den Familien noch regelmässig verrichtet. Es war wahrscheinlich vor allem das Fernsehen, das dem Familienrosenkranz, der die Familie ehemals allabendlich zur Einheit zusammenschweisste, den Todesstoss versetzte.

## Volksmission

Die Volksmission wurde vor 1900 manchmal, im 20. Jahrhundert in der Regel alle zehn Jahre abgehalten. Als Missionsprediger walteten wie auch andernorts vor allem die Jesuiten. Nach 1950 hielten im Allgemeinen die Redemptoristen, unter denen Pater Josef Heinzmann aus Visperterminen herausragte, mit Erfolg die Volksmission.

In diesem Zusammenhang sei erwähnt, dass die Kapuziner von den 1930er-Jahren an bis in unsere Zeit hinein wertvolle Aushilfe leisteten. Allerdings musste dieser Orden in den letzten 20 Jahren infolge abnehmender Berufungen die Aushilfe drastisch reduzieren.

## Pfarrblatt

Es war der seeleneifrige Pfarrer Emil Tscherrig, der im Januar 1926 das Pfarrblatt in Naters einführte. Im einleitenden Artikel «Was ist und will das Pfarrblatt?» begründete er diese wichtige Neuerung wie folgt: «Ihr habt gewiss schon den Ausspruch gehört oder gelesen: Wenn Paulus wiederkäme, würde er Redaktor werden. Dieser vielgebrauchte Ausspruch ist offenbar nicht wörtlich zu nehmen. Man will damit bloss sagen, dass heute die Macht und der Einfluss der Presse, des gedruckten Wortes, sehr gross sind und dass diese Grossmacht auch für die Seelsorge ausgenützt werden soll. (...) Das Pfarrblatt ist also ein Blatt, das einzig und allein der erhabenen und schwierigen Aufgabe der Seelsorge dient. (...) Es soll ein Herold und Lehrer des kirchlichen und religiösen Lebens, ein Freund und treuer Berater sein.»

Das Pfarrblatt wurde während der ersten 18 Jahre durch freiwillige Helfer in den Haushaltungen verteilt. Ab 1944 schickte man es allen Familien per Post zu. Während 22 Jahren kostete es ei-

**Pfarrblatt Naters**

nen Franken, erfuhr erst 1948 eine Preiserhöhung von 50 Rappen und wurde dann in der Folge sukzessive teurer; heute kostet es 20 Franken. 1947 zählte das Pfarrblatt 819 und im Jahre 1995 1904 Abonnenten. Der Umfang des zunächst achtseitig konzipierten Pfarrblattes beträgt mittlerweile 16 Seiten. Die Publikation erfuhr in Bezug auf das Titelbild einige Veränderungen. Dabei stand immer der Kirchturm oder die Kirche von Naters im Mittelpunkt: zuerst einige Male als Zeichnung und schliesslich als Farbfotografie. Von 1926 an erschien das Natischer Pfarrblatt regelmässig monatlich; nur in den Jahren 1959–1963 und von Juli 1966 bis 1968 (zur Zeit von Pfarrer Grichting) wurde sein Erscheinen eingestellt. Von 1964 bis Juni 1966 erschien es im A4-Format.

Das Pfarrblatt ist für das Pfarreileben zu einem unentbehrlichen Informationsmittel und insbesondere durch den allgemeinen Teil zu einem unschätzbaren Hilfsmittel der religiösen Weiterbildung geworden.

## Begräbnis

Viel zu reden gab in früheren Zeiten bei Todesfällen das Läuten mit der grossen Glocke. Wer für einen Verstorbenen dieses Geläute wünschte, musste dafür aufgrund der kirchenrätlichen Bestimmung speziell tief in die Tasche greifen: Ab 1906 kostete es 20 Franken, nach 1921 50 Franken, was für mittellose Familien kaum erschwinglich war. Der grössere Teil des Betrages war für die Kirche und ein Drittel für die Sakristane bestimmt. Durch dieses Vorgehen wurde die Gesellschaft eindeutig in Reiche und Arme gespalten, erst recht, als man einzelnen Dorfgrössen für das Läuten der grossen Glocke nichts verlangte. So schrieb 1890 Pfarrer Amherd: «Die grosse Glocke wird allen je gewesenen Ratsmitgliedern, Richtern, Kirchenvögten und deren Weibern unentgeltlich geläutet.»[609] Diese leidige Angelegenheit der ungleichen Behandlung bei Todesfällen wurde erst im Jahre 1956 dahingehend gelöst, dass fortab «allen Verstorbenen die gleichen Glocken geläutet werden sollen»[610].

*Totenplatte von 1685, am östlichen Ende der Hegdornerstrasse.*

Früher wurden die Verstorbenen auf den ortsüblichen Plätzen beim Bellevue, auf dem Marktplatz, bei der Linde und beim Totenplatz vom Priester abgeholt, während seit 1971 die Toten vor der Messe direkt in die Kirche gebracht werden. Wie ältere Personen erzählten, wurden die Verstorbenen vom Natischer Berg vor 1900 auf dem Totenplatz am Lombardeiweg eingesargt und vor der Beerdigung vom Priester daselbst in Begleitung der Ministranten abgeholt.

Die Aufbahrung der Dahingeschiedenen erfolgte früher immer daheim; erst seit Anfang der 1980er-Jahre setzte sich allmählich der Brauch durch, die Verstorbenen in der Beinhauskapelle aufzubahren, erst recht, da im Zuge der Beinhausrenovation dort auch ein Lift eingebaut wurde. Daselbst wird von den Gläubigen, die stets in grosser Zahl zum «Weihwasser-Geben» kommen, fast ununterbrochen für die Toten das sogenannte Leichengebet, der Rosenkranz, gebetet. Die Teilnahme der Gläubigen an der Beerdigung ist in Naters auffallend gross. Viele kommen zum Beerdigungsgottesdienst, auch wenn sie mit dem Verstorbenen nicht verwandt oder speziell bekannt waren. In diesem Zusammenhang sei noch festgehalten, dass der Kirchenrat in seiner Sitzung vom 23. Oktober 1985 beschloss, die Beerdigungstaxen für die Benutzung der Beinhauskapelle, die Kostenbeiträge an die Geistlichen, an den Organisten, den Sakristan sowie an den Kreuzträger «in Anbetracht, dass die Bevölkerung recht spendefreudig ist», auf den 1. Januar 1986 aufzuheben.

Mit nicht wenig Jubel, Trubel und Heiterkeit muss es im letzten Jahrhundert bei den «Begräbten» zu- und hergegangen sein. Zu Beginn der 1890er-Jahre schrieb Pfarrer

*Schwebelkreuz, das bei der Beerdigung vorangetragen wird. Die Bedeutung des Wortes «Schwebel» liegt im Dunkeln.*

Ignaz Amherd folgende längere Notiz ins Buch der «Kirchlichen Gebräuche»: «Obwohl die hohe Regierung die ‹Begräbten›, das heisst die Ess- und Trinkgelagen bei Beerdigungen verboten, obgleich dieselben die Leute in Schulden, die halbe Jahrhunderte verzinset werden, bringen: es muss ‹begräbtet› werden, und oft dauern diese Trauermahle solange, bis viele nicht mehr nach Hause gehen können, – was thun? Bleiben und noch einmal trinken – und zur Abwechslung folgt hie und da – Raufen und Streiten! Die Verwandten des Verstorbenen dringen mit Ungestüm in den Hochw. Herrn Pfarrer, er solle doch bei der ‹Begräbt› erscheinen. Meine Vorgänger erfüllten diese Bitten während einigen Jahren, theils ich auch, seit einiger Zeit bei einer günstigen Gelegenheit schlug ich jedes fernere Theilnehmen an ‹Begräbten, Kindstaufen und Hochzeiten› aus; – ich liess mich durch keine Bitten erweichen –, blieb daheim – und niemand zürnte mir.»[611]

Laut Gemeindeabstimmung vom 22. September 1893 wurde das «Begräbten» bei einer Strafe von 200 Franken untersagt. Des Weiteren bestimmte die gleiche Gemeindeversammlung, dass beim Tod «einer kommunizierten Person» der Weibel von Haus zu Haus geht und die Familie zur Teilnahme an der Beerdigung einlädt. «Eine jede Familie soll unter Strafe von zwei Franken ein Mitglied schicken.»[612] Dieser Brauch der persönlichen Einladung jeder Familie ist erst vor wenigen Jahrzehnten abgeschafft worden.

## Jahrzeitstiftungen

Die Liebe zum hl. Messopfer und zu den Verstorbenen führte bei den Natischern schon im 15. Jahrhundert, in grösserer Zahl aber in den folgenden Jahrhunderten immer wieder zu Jahrzeitstiftungen. Die finanziellen Lasten der Jahrzeiten gingen vielfach auf die Erben über, ausser wenn ein Acker oder eine Wiese als Legat (ex legato = von einer Schenkung herstammend) dem Benefizianten vermacht wurde, mit der Auflage, für den Verstorbenen die Messe zu lesen. Vielfach trugen die Jahrzeiten den Namen des Stifters.

Am 9. März 1474 bestimmten die Geteilen des «Rolero- oder Helftschuggero-Jahrzeits» im Haus des Bäckers Anton Jossen genau, wieviel jeder Geteile an Korn, Geld und «Molchen» (wohl Abgabe von Käse) an das Jahrzeit zu entrichten hatte.[613] Am 24. August 1533 machte die von einer Epidemie bedrohte Barbara Brigger ein Testament mit Legaten an das Jahrzeit St. Johann (in Birgisch), an die Bruderschaft St. Theodul (in Blatten) und an das Jahrzeit der «Helftschuggero».[614] 1598 lesen wir in den Akten von einem «Michlingo»-[615] und 1643 von einem «Furero»-Jahrzeit[616]. 1662 berechnete man die Einkünfte sämtlicher Jahrzeiten auf sechs Zentner Käse, 210 Fischel Korn und 15 Kronen.[617]

1863 notierte Pfarrer Peter Josef Ruppen in seinem Pastoralbericht für die Pfarrei Naters 17 Jahrzeiten: elf davon waren Stiftungen von Bruderschaften, eines für den «Legern Wald» und fünf für Privatpersonen.[618] 1899 gab es bereits 80 Stiftmessen für Einzelpersonen und 18 aus «alten Stiftungen»[619].

Aufgrund der bischöflichen Verordnung aus dem Jahre 1955 wurden die 173 Stiftmessen mit einem Stiftungskapital von 76 344 Franken auf 153 Messen reduziert.[620] 1996 wurden in der Pfarrkirche 888 Stiftjahrzeiten gelesen.

Der Priester erhält für das Messelesen aus dem Jahrzeitenfundum zwei Drittel der Zinsen, während ein Drittel der Kirche zugesprochen wird.

Das «*Grosse Jahrzeit*» ist in Naters am 11. November 1878 gegründet worden.[621] Es hat den Zweck, einerseits den verstorbenen Mitgliedern mit Gebet und Messopfer zu helfen und andererseits an den Unterhalt der Kirche einen bescheidenen Beitrag zu leisten. Jedes Mitglied zahlt einen einmaligen Beitrag von zehn Franken. Alljährlich wird für alle Mitglieder eine hl. Messe gelesen.

## Besondere religiöse Bräuche

Im Protokoll der Kirchenratssitzung vom 8. Oktober 1882 lesen wir die interessante Notiz: «Die Sakristane sollen durch Läuten der alten Glocke am Donnerstag abend ‹die Todesangst Jesu und am Freitag mittag den Sterbetag Jesu› anzeigen.»[622] Ältere Leute erinnerten sich noch dieses sinnigen Brauchs.

Den Urkunden zufolge wurden von 1864 bis 1960 am Dreifaltigkeitssonntag durch die Priester «allerlei Kräuter» gesegnet.[623] Von zirka 1900 bis 1956 brachte man am 17. Januar, am Fest des hl. Antonius des Einsiedlers, die Pferde vor die Kirche zur «Pferdesegnung».[624]

## Disziplinarisches zur Sonntagsmesse

Was die Gottesdienstdisziplin betrifft, hatten die Pfarrer im Laufe der Zeit immer wieder mit gewissen Schwierigkeiten zu kämpfen. Nennen wir einige Beispiele aus dem 20. Jahrhundert. 1923 beklagte sich der Kaplan im Kirchenrat «über das rohe und ungebührliche Betragen beim Gottesdienst auf Blatten und verlangt energisch von der Verwaltung polizeiliche Überwachung». Der Kirchenrat war der Meinung, dass «eventuell der Flurhüter als Polizeiorgan zur Verfügung gestellt werden könnte»[625].

Im Verkündheft des Jahres 1926 lesen wir: «Die Kirchenbesucher werden gebeten, für die Reinlichkeit des Gotteshauses Sorge zu tragen, besonders ist man ersucht, nicht auf den Boden zu spucken.»[626] Ein Jahr später verkündete Pfarrer Tscherrig von der Kanzel: «Um während des Gottesdienstes die Ordnung in und vor der Kirche aufrecht zu erhalten, wird vom Kirchenrat ein Kirchenpolizist angestellt, mit allen polizeilichen Vollmachten. Zugleich wird der frühere Beschluss erneuert, dass ausser den Sängern, den jetzigen und früheren Ratsherren und den Musikanten niemand auf die Empore gehen darf.»[627]

Am zweiten Sonntag im Oktober 1932 mahnte der Kilchherr Emil Tscherrig seine Pfarrkinder wie folgt: «Es ist ein Missstand, der unserer Pfarrei zur Unehre gereicht, dass an Sonn- und Feiertagen doch manche vor der Kirchentüre stehen bleiben und noch mehr unter der Empore sich herumdrängen, selbst wenn in den Bänken noch Platz genug ist. Schon seit längerer Zeit hat der Kirchenrat einen geeigneten Kirchendiener gesucht, der in Gottesdiensten und Andachten Ordnung halten sollte. Da sich niemand dazu hergeben will, haben sich die Seelsorger der Pfarrei im Einverständnis mit dem Kirchenrat entschlossen, von heute an diesen Ordnungsdienst aus Liebe zu Gott, zum Heile der Seelen und zur Ehre der Pfarrei, soweit die Zeit es ihnen erlaubt, selber an die Hand zu nehmen. Die Pfarreiangehörigen werden ersucht, den Seelsorgern in der Ausübung dieses Ordnungsdienstes keine Schwierigkeiten zu bereiten.»[628]

Am 10. Oktober 1943 redete der gestrenge Pfarrer Ernst Zenklusen den Frauen ins Gewissen: «Wir möchten darauf aufmerksam machen, dass es Vorschrift der Kirche ist, dass die Frauenspersonen nicht unbedeckten Hauptes die Kirche oder die Gottesdienste besuchen.» In einem «kleinen Wunschkonzert» an seine Pfarrkinder äusserte sich Pfarrer Pfaffen im Jahre

1974 unter anderem wie folgt: «Was mir weh tut und grosse Sorge bereitet, ist das regelmässige, gewohnheitsmässige Zuspätkommen eines grösseren Teils der Gläubigen, sei es zur heiligen Messe, sei es zu anderen religiösen Übungen in der Kirche. Und was mich noch mehr betrübt, ist das regelmässige zu frühe Verlassen des Gottesdienstes bereits bei der Spendung der heiligen Kommunion. Die Spendung der heiligen Kommunion hat notwendig eine Verlängerung der Messe um höchstens zehn Minuten zur Folge. Das scheinen einige schon nicht mehr ertragen zu können. Denn wenn die Seelsorger zum Kommunionausteilen kommen, verlassen sie wie ein Geschoss die Kirche, ihrem Ärger wenn möglich noch durch Zuschlagen der Türe Luft machend. Sie tun das nicht etwa, um schnell nach Hause zu gehen, sondern um draussen vor der Kirchentüre seelenruhig zu warten, bis die anderen auch ‹endlich› nachkommen, oder um diese paar lumpigen Minuten früher im Wirtshaus zu sein.»[629]

## Sittliches Leben

Das sittliche Verhalten der Natischer in den vergangenen Jahrhunderten erforschen zu wollen, bliebe Stückwerk. Was nämlich an Sittlichem und Unsittlichem geschah, fand nur ausnahmsweise in den Akten seinen Niederschlag und die Pfarrer hüteten sich wohlweislich, von wenigen Ausnahmen abgesehen, in den Seelsorgeberichten das moralische Fehlverhalten ihrer Schäflein anzuprangern. Wir können aber in guten Treuen annehmen, dass die sittliche Lebensweise der Natischer im Allgemeinen den geforderten christlichen Grundsätzen der von ihnen durchwegs geliebten Religion entsprach. Trotz dieser einschränkenden Vorbemerkungen möchten wir einige das sittliche Leben berührende oder den Zeitgeist dokumentierende Vorkommnisse schildern, und zwar in chronologischer Reihenfolge. Wir beginnen mit dem ausgehenden 18. Jahrhundert.

### Ende 18. und 19. Jahrhundert

Immer wieder zu reden gaben bei den Seelsorgern die verborgenen nächtlichen Tänze im Dorf, im Berg und besonders sommers auf den Alpen. 1794 beklagte sich Pfarrer Biderbost in seinem Pastoralbericht, dass er diesbezüglich vom weltlichen Arm keine Unterstützung erhalte.[630] Eine gewisse Maria Christina Elsig von Naters soll Joseph Biderbost, Pfarrer in Naters (1773–1795), der ihr vorwarf, Burschen und Mädchen in ihr Haus gelockt zu haben, die kecke Antwort gegeben haben: «Ich bin noch jung und gern lustig.» Der Pfarrer verurteilte in aller Schärfe ihr Verhalten, indem er ihr ins Gesicht sagte, sie sei «ein ansteckendes Gift, eine ausgemachte Hur und Ehebrecherin» und verführe die Jugend.[631] Auch im 19. und im 20. Jahrhundert wetterten die Geistlichen und manchmal auch die Gemeindebehörden gegen die häufigen nächtlichen Tanzanlässe, Trinkgelage und «Schaffrässereien».[632]

Am 4. Januar 1815 hielt es Bischof Joseph Xaver de Preux für notwendig, für die Natischer ein eigenes Ermahnungsschreiben zu verfassen, das Pfarrer Valentin Mutter der Bevölkerung kundtun sollte. Aus diesem Hirtenbrief wollen wir dem Leser einige Kernpunkte nicht vorenthalten: Von der Pfarrei Naters seien «auffallende und ausserordentliche Müssethaten, Vergehungen, Ausschweifungen, Ausartungen guter Sitten, Zügellosigkeiten verschiedener einzelner Personen» berichtet worden. Des Weiteren sei es im verflossenen Jahr auf dem «eingesegneten Gottesacker» von Naters zu einer blutigen Schlägerei gekommen, «so zwar, dass wir nach Erzellung glaubwürdiger Personen diesen geheiligten Ort wegen dieser unerhörten Frevelthat so entehrt erachten, dass er auf ein Neues eingeweihet werden muss, bevor ein geistliches Begräbnis da geschehen kann». Pfarrer Mutter sollte die Weihe des Friedhofs im Beisein «der rechtlosen Thätter und ausgeschämten Verbrecher auf das baldigste» vornehmen. Der Bischof bat die Gemeindevorsteher und insbesondere die Eltern, die Jugend vom Bösen abzuhalten und die Kinder christlich zu erziehen. «Wir ermahnen alle und jede der Pfarrei Naters, dass sie sich durch das böse Beispiel der ausgelassenen, zigellosen, ärgerlichen, verführerischen Personen und Nachtbuben nicht täuschen lassen, dass sie die Volltrunkenheit, Frass und Füllerey, welche so viele Laster nach sich ziehn und zu Naters zu Hause sind, vermeiden.» Nur auf diese Weise werde die Ehre der Pfarrei Naters, «welche überhaupt nicht im Rufe der Heiligkeit schwebt», wieder hergestellt und «die Hand des erzürnten Gottes entwaffnet und Unheil und Strafe von dieser abgehalten».[633]

Ende 1839 lösten «Nachtschwärmer» in Blatten durch verschiedene üble Machenschaften einen derartigen «Wirbelsturm» aus, dass sie neben den kirchlichen und weltlichen Behörden von Naters sowie dem Dekan auch noch die Walliser Regierung und den Bischof auf den Plan riefen. Was war geschehen? Wie Ortspfarrer Biguet schrieb, waren «die Bosheiten» vor allem gegen den ehrsamen und ordnungsliebenden Präsidenten von Naters, Johann Baptist Carlen, gerichtet, «der mehrere ärgerliche Ausschweifungen energisch zu unterdrücken versuchte». Die Übeltäter brachen in das Haus des Präsidenten in Blatten ein, entfernten die Stiege davor, schoren allen Kühen die Schwänze kahl, nahmen das Pferd des Sechsers (Gemeinderats) Christian Salzmann aus dem Stall und führten es «den Berg hinauf»; schliesslich «missbrauchten und schändeten sie des öfteren die geweihte Glocke der Kapelle Blatten zum Scharwächten (?) und verübten noch dergleichen Bosheiten mehr». Sie taten dies alles «zur Aufwärmung noch nicht verglommener Feindseligkeiten und Fehden». Der amtierende Kaplan Franz Anton Tritsch musste der Bevölkerung von Blatten ein vom Bischof Fabian Moritz Roten an den Dekan Michael Escher gesandtes Schreiben vom 4. Januar 1840 vorlesen. Darin verurteilte der Bischof mit scharfen Worten die gemachten Untaten und verordnete, dass die Kapellenglocke «in den Ohren der Gläubigen verstummen soll, und zwar so lange, bis die Ruhestörer entdeckt und zurechtgewiesen sind oder durch vernünftige Abbitte Genüge geleistet haben; denn das Gotteshaus soll keine Räuberhöhle sein». Offenbar waren die Behörden noch ein Jahr später nicht Herr der Lage, denn am 3. Januar 1841 wandte sich Pfarrer Biguet von Naters wie folgt an den Bischof: «Dem Amtsweibel erwiderten die Übeltäter: ‹Hat man nicht Ruhe, so sind unsere Gewehre noch geladen.›» Und Biguet fährt fort: «An Haus, Stall und Vieh wird alles Schändliche und Schädliche verübt: Teufel in Menschengrösse geschnitzelt, gefärbt und mit anderen unanständigen Figuren, zum grössten Ärgernis aller Vorübergehenden, an die Fenster des Herrn Präsidenten gehängt. (...) Es herrscht hier gänzliche Anarchie [Gesetzlosigkeit] und kein Mensch darf ein Wort dawider sagen, sonst wird er plötzlich ein Opfer aller Verfolgung.»

Der Bischof bat die Walliser Regierung mit beschwörenden Worten um Hilfe. Diese versprach jegliche Unterstützung und setzte sofort zur Untersuchung der Vorfälle einen «Regierungskommissar» ein. Am 7. Januar 1841 wurde die Kapelle in Blatten zudem mit dem Interdikt (Verbot kirchlicher Amtshandlungen) belegt. Als diese Strafe verlesen wurde, «weinten einige und andere lachten». Am folgenden Tag kam eine «Gesandtschaft» von Blatten zum Pfarrer von Naters, bat ihn um Verzeihung und versprach, all jene anzugeben, die «die Glocke oder auch die Kapelle entehrt haben». Am 9. Januar 1841 kamen zwei Vorsteher «vom Berg» zum Pfarrer und berichteten, «dass der Rädelsführer der weltbekannte A.R. [Name bekannt] sei». Nachdem dieser bald danach, was die Entehrung der Kapelle betraf, «demütigst abgebittet» hatte, teilte Pfarrer Biguet am 13. Januar 1841 dem Bischof mit, dass dadurch das Interdikt über die Kapelle aufgehoben werden könne, was vermutlich dann auch umgehend geschah. Alle anderen Bosheiten, die man vor allem dem Präsidenten Carlen zugefügt hatte und die der zivilen Gerichtsbarkeit unterworfen waren, wurden allesamt abgeleugnet. Keiner durfte etwas sagen, «weil eine solche Verschwörung unter den Missetätern war», dass jeder Gutgesinnte Angst hatte, terrorisiert zu werden.[634] Das Urteil des vermutlich abgehaltenen zivilen Gerichts ist infolge fehlender Akten nicht bekannt.

Um die Jahrhundertwende betrachteten Behörden und Gläubige in weit stärkerem Masse als heute das Zusammenleben unverheirateter Paare als schreckliches Ärgernis, das man mit allen Mitteln zu bekämpfen suchte. So schrieb Pfarrer Amherd am 26. Januar 1900 besorgt an den Bischof, dass in Naters zwei Paare, eines aus dem Goms und das andere von Ausserberg, im Konkubinat lebten. Die Ortspolizei hätte trotz seiner wiederholten Aufforderung nichts unternommen. Er fragte beim Bischof an, ob er etwa an das Polizeidepartement in Sitten schreiben solle.[635] Die Atwort des Bischofs kennen wir nicht.

## 20. Jahrhundert

Es ist geradezu rührend, wie in der ersten Hälfte des 20. Jahrhunderts neben den Ortsgeistlichen auch die jeweiligen Gemeindeverwaltungen um eine sittlich korrekte Lebensführung ihrer Bevölkerung besorgt waren. Wenn aber jemand zum Sozialfall geworden war, zögerte man keineswegs, solche Personen gnadenlos aus der Gemeinde auszuweisen. Es folgen nun einige Beispiele, die den Gemeinderatsprotokollen von Naters entnommen sind (von den Übeltätern werden nur die Initialen genannt).

*11. Februar 1905:* Dem A.G. wird vorgeworfen, er misshandle seine Frau und das Pferd. «Sollte jedoch eine diesbezügliche Klage noch einmal vorkommen, wird eine gehörige Ordnungsstrafe nicht ausbleiben.»

*2. November 1908:* A.G. beschimpft im Wirtshaus des Anton Minnig den gesamten Gemeinderat als Diebe. A.G. muss sich vor dem Gemeinderat entschuldigen und zahlt zugunsten der Armenkasse 15 Franken Busse. Ausserdem wird diese Strafe öffentlich verlesen.

*15. Februar 1909:* Die Familien B. und G. werden wegen «Dieberei und Bettelei» von Naters ausgewiesen.

*22. Juni 1910:* Die Witfrau L.S. von Termen wird wegen liederlichen Lebenswandels aus der Gemeinde Naters «entfernt».

*29. September 1914:* Der Frau R. wird mitgeteilt, dass man ihr das Wirtschaftspatent entzieht, falls sie weiterhin «zweifelhafte Kellnerinnen dulde».

*11. August 1916:* Weil F.B. vorbestraft ist, wird beschlossen, ihn von Naters «wegzuschaffen».

*14. Februar 1917:* «Es sollen moralisch verdächtige Dienstboten in Wirtschaften unter strenge Kontrolle genommen werden und eintretendenfalls aus der Gemeinde ausgewiesen werden.»

*21. März 1923:* «Da angenommen werden muss, dass D.H. von Zürich geistig nicht ganz normal ist, soll der Landjäger angewiesen werden, die Aufenthaltsbewilligung nicht mehr zu erneuern.»

*19. April 1926:* «Da die Familie Th.R. gänzlich mittellos und vollständig auf die Wohltätigkeit der Mitmenschen angewiesen ist, und weil die Gemeinde bereits hohe Spitalkosten zahlen musste, wird beschlossen, die Familie von Naters auszuweisen.»

*26. Januar 1927:* «Da F.M. armengenössig und auch in moralischer Hinsicht nicht einwandfrei ist, wird beschlossen, ihr die Aufenthaltsbewilligung zu künden.»

*8. Juni 1931:* «J.P. von Chippis ist wegen Belästigung der Umwohner, Drohungen, Verdienstlosigkeit und Schuldenmachen aus der Gemeinde auszuweisen.»

*12. September 1931:* Da der Staat die Ausweisung des genannten J.P. nicht genehmigt, wird demselben «der Wirtshausbesuch verboten».

Im Jahre 1928 berichtet Kaplan Heinrich Zenhäusern in der Chronik von Blatten: «Ein grosser Übelstand ist hier oben der Schnapskonsum. An Sonn- und Feiertagen ist das Wirtshaus nach der hl. Messe bis auf den letzten Winkel besetzt. Meistens wird Fusel getrunken. Es gibt Männer und Burschen, die das Wirtshaus bis Montag morgens nicht mehr verlassen.»[636]

Am 13. Februar 1941 machte die Gemeinde Naters die «Besitzer von Gaststätten und Wirtschaften» auf folgende Punkte aufmerksam: «Es hat in letzter Zeit die Unsitte eingerissen, dass bei jeder passenden und nicht passenden Gelegenheit, ohne die Gemeindebehörde zu befragen, getanzt wird, seien es einzelne Paare, oder aber ganze Rudel. Wenn man durch die Strassen geht, so glaubt man sich öfters im Tingeltangel eines richtigen Schaubuden- und Jahrmarktbetriebes. Bald aus jeder Wirtschaft und zu jeder Tageszeit ist so ein Jammerkasten zu hören. Ein solcher Zustand ist unserer Gemeinde unwürdig und kann nicht länger geduldet werden. Die Polizeiorgane werden mit heute beauftragt, unnachsichtig einzugreifen, wenn vom Gemeinderat nicht bewilligte Tanzanlässe abgehalten werden.»[637] Im Pastoralbericht von 1983 schlug Pfarrer Pfaffen in Bezug auf die Ehemoral in Naters besorgte Töne an: «Diesbezüglich steht es nicht gut in unserer Pfarrei. Zählen wir doch etwa 120 Geschiedene in unserer Pfarrei und eine ziemliche Anzahl Verheirateter, die getrennt leben, während es vor etwa 10 Jahren noch wenige Geschiedene gab. Und diese Mentalität breitet sich wie eine Seuche weiter aus; denn viele Geschiedene brechen wieder in andere, bislang gesunde Ehen ein und vergiften dann auch diese.»[638]

# Bildhäuschen, Weg- und Bergkreuze

Vom frommen Sinn der Gläubigen zeugen die vielen Bildhäuschen und Kreuze, die im Laufe der Zeit, über das ganze Gemeindeterritorium verstreut, aufgestellt wurden und die den Wanderer zu einer stillen Gebetsminute einladen. Sie wurden beinahe alle auf Initiative des gläubigen Volkes geschaffen. Der Volksmund nennt die Bildhäuschen auch «Kapälli» (Kapellchen); der Name «Kapelle» gilt aber nur für messische Kultorte. Grosse Verehrung geniessen neben dem Kreuz Jesu vor allem Maria und Josef sowie der hl. Antonius.[639]

Architekt Ernest Wyden hat in sorgfältiger Kleinarbeit in vier Dokumentationsbänden Kapellen, Bildhäuschen, Weg- und Bergkreuze der Pfarrei Naters in Wort und Bild erfasst. Die folgenden Darlegungen beruhen zum grossen Teil auf dieser Dokumentation.[640]

## Bildhäuschen

In der Pfarrei Naters gibt es 56 Bildhäuschen, 48 in Naters und acht in Birgisch. Bei der Beschreibung der einzelnen Bildhäuschen vermerken wir vor allem die Örtlichkeit sowie die innere Ausstattung. Wir beginnen in Naters und enden, den Berg hinaufsteigend, auf den Alpen (E = Eigentümer).

**3. Z'Brigg.** Bildhaus zu Ehren der Muttergottes. Privat.

**4. Stahlgasse,** am Bergweg. Von 1942. Renoviert 1972 und 1996. Gipsgruppe Hl. Familie.

**1. Junkerbiel.** Von 1951. Grössere Herz-Jesu-Statue, ältere Muttergottesstatue mit Kind. Zwei Bilder: Muttergottes von Lourdes und Bruder Klaus.

**5. Oberhalb Klosi,** am Bergweg. Bild «Muttergottes vom guten Rat». Holzfigur Muttergottes mit Kind. Bild Muttergottes, von Maria Walker.

**2. Am Natterlochweg.** Mauerwerk grau mit Front in Tuffstein. Grottenartig. Gipsstatue: Maria erscheint der hl. Bernadette.

**6. Beim grossen Kehr** an der Blattenstrasse. *Englisch-Gruss-Bildhäuschen.* Erbaut beim Bau der Blattenstrasse 1932 durch Moritz Michlig. Beim Eingang massives Holzkreuz. Grösseres Bildhaus mit zwei Bänken. Rundbogentüre mit grossem Kreuz auf Wandputz. Holzstatue Maria mit Kind vor dunkelbau angemalter Chornische mit Chorgitter und kleinem Metallkreuz. Kleine Figuren: Herz Jesu und Antonius mit Kind. – E: Fam. Anna Karlen-Michlig.

**7. Kilchmatte,** an der Blattenstrasse bei der Abzweigung nach Birgisch. Das alte Bildhäuschen wurde um 1992 neu erbaut. Im Zentrum: modernes, kleines Bronzekreuz. Kleine Figuren: Maria kniend und hl. Josef mit Kind. – E: Werner Schmid und Benno Zenklusen. – *Der Volksmund erzählt, dass man die Dorfkirche in der Kilchmatte bauen wollte, doch jeden Morgen waren die Werkzeuge am heutigen Standort.*

**8. Rossegge,** am Weg nach Birgisch. Auf Fels gebaut, mit Betondach und Metallgittertür. Metallkreuz. Holzstatuen: Antonius mit Kind und Bruder Klaus.

**9. «Schipfustäga»,** nordöstlich vom Ober-Stockji. St. Antonius mit Kind.

**10. «Im Liedji»,** unterhalb der Biela. Bildhaus «Sankt Merez». Erbauer: Kaplan Benjamin Bammatter, 1997 erneuert durch den Merezverein. Goldfarbene Jeanne d'Arc (Name auf Sockel). Bild des Erzengels Gabriel. Auf Giebelfeld die Initialen «WM» [Walden Moritz].

**11. Untere Äbi,** beim Steg über die Massaschlucht. Hl. Antonius mit Kind.

**12. St. Wendelin,** Hegdorn. Tafelbild des Heiligen, Ende 18. Jh. Statuetten: hl. Aloisius (?), Antonius mit Kind, Muttergottes, Herz Jesu. E: Geteilschaft St. Wendelin.

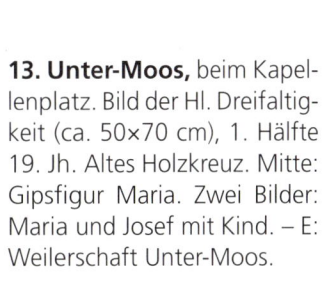

**13. Unter-Moos,** beim Kapellenplatz. Bild der Hl. Dreifaltigkeit (ca. 50×70 cm), 1. Hälfte 19. Jh. Altes Holzkreuz. Mitte: Gipsfigur Maria. Zwei Bilder: Maria und Josef mit Kind. – E: Weilerschaft Unter-Moos.

**14. Ober-Moos,** auf dem Weilerplatz. Renoviert durch Kamil Schmid. Holzstatue Marienkönigin mit Strahlenkranz (H. ca. 50 cm), Mitte 17. Jh. (?), mit Jesuskind und Weltkugel auf dem Arm. Standkruzifix. Neues Relief Maria mit Kind.

**15. Geimerblatt,** am Bergweg. Statue Antonius mit Kind. Seitlich zwei bemalte Heiligenfiguren mit Strahlenkranz und langen Haaren, 1. Hälfte 17. Jh., wohl Maria und Johannes darstellend (H. 35 und 45 cm). Kruzifix, 19. Jahrhundert.

**16. Eingangs Bitschji.** 1970 durch Werner Zenhäusern renoviert (auf Giebelfeld). Gitter mit goldfarbenem Herzkreuz und Strahlenkranz. Sitzende, blau bemalte Madonna auf blauem Holzsockel vor bemaltem Wandstrahlenkranz. Kleine alte Holzfigur und neues Holzkreuz.

**17. Bitschji,** im Garten der Familie Bammatter. 1991 von Anna Bammatter erbaut. Neuere Holzstatue hl. Antonius mit Kind. – E: Fam. Bammatter.

**18. Östlich vom Geimerhorn,** am Abhang gegen die Massaschlucht. In den 80er-Jahren erstellt. Kleine Figur (hl. Josef ?). – E: Jagdgruppe Rischinen.

**19. Bei der Trämelkapelle,** Kerzenbildhäuschen. Gleichzeitig mit der Renovation der Kapelle 1996 erstellt.

**20. «Im Gstepfji»,** Geimen. In den 1980er-Jahren von Leander Biffiger errichtet. Figur: hl. Josef mit Kind.

**21. Bei der «Mählböümschräja».** 1983 durch die Bauunternehmung Armand Imhof gebaut. (Das alte Bildhäuschen von 1881 lag weiter unten und musste wegen der Strassenstützmauer abgebrochen werden.) Statuen: Antonius mit Kind und Frau mit Krone und Schwert. Neues Holzkreuz. – E: Armand Imhof.

**22. Im Weiler Mehlbaum.** 1934 erstellt, 1995 erneuert. Statue (H. ca. 120 cm): «Maria breit den Mantel aus». – E: Weilerbewohner.

**23. Mehlbaum,** beim Holzerhaus. In den 80er-Jahren durch Manfred Naue-Holzer errichtet. Mit Schindeldach. Metallkreuz. Gipsfigur Herz Mariä.

**24. «In de Weidjini».** Gipsfiguren Maria und Josef.

**25. Im Ahori,** beim Haus Nellen. 1959 vom Strassenwart Michael Nellen errichtet. Auf Front: «NM» [Initialen des Erbauers] 1959». Antonius mit Kind. – E: Fam. Nellen.

**26. Blatten,** beim Haus der Fam. Holzer-Gertschen. 1986 erstellt durch Edmund und Beat Holzer. Herz-Jesu-Statue. – E: genannte Familie.

**27. Schweibmatten.** 1957 erbaut durch Baptist Schmid. Holzstatue Muttergottes mit Kind (H. 40 cm). Zwei goldfarbene Engelputten. – E: Fam. Schmid.

**28. «Zum Bärg»,** Blatten. 1941 errichtet durch Moritz Schmid. Gipsfiguren: Josef und Maria. Bronzetafel mit Inschrift «Daniel Theler-Heynen 1920–1992». – E: Moritz Schmid Erben.

**29. Eingangs Rischinerwald.** In den 50er-Jahren erbaut. Statuette: Antonius mit Kind. Jesus und Maria. – E: Cécile Zenklusen.

**30. Rischinerwald, ehemals 12-Apostel-Bildhäuschen.** Apsis aussen fünfeckig, innen gewölbt, kleines Chor. In grüner Apsis grosse Herz-Jesu-Statue. An den Wänden: Engelkopf mit Buch, Bild des hl. Aloisius; Büste des hl. Ignatius von Loyola mit Kasel, Stola und Manipel (predigend). Bild von Franz Xaver. Altarkruzifix.

## Verkaufter Schreinaltar des Rischiner Bildhäuschens

(SLMZ, Inv.-Nr. 9335). Nachdem der Kirchenrat am 29. September 1905 beschlossen hatte, den Altar vom Bildhaus im Rischinerwald nach Naters zu transportieren, um ihn «vor der vollen Zerstörung zu bewahren»[641], war sich der Gemeinderat in seiner Sitzung vom 14. Juli 1906 einig, «das Altärchen der zwölf Apostel bei Rischinen um 1000 Franken loszuschlagen und zwar dem schweizerischen Landesmuseum in Zürich»[642] (SLMZ). Der Walliser Staatsrat bot für den genannten Altar 500 Franken und «bedauerte den Verkauf ausserhalb des Kantons»[643]. 1907 erwarb das Schweizerische Landesmuseum in Zürich den kostbaren Schreinaltar, auch «Rischiner Altar» genannt.

Man fragt sich, ob der Rischiner Altar im heutigen Bildhäuschen im Rischinerwald überhaupt Platz gefunden hätte. Dr. Walter Ruppen gab zuhanden des Landesmuseums folgende Erklärung: «Nach Aussagen von Leuten, die noch im 19. Jahrhundert geboren sind, stand an der Stelle des heutigen Bildhäuschens ein unterstandartiger Bau und in diesem der spätgotische Altar, von dem sich noch die Flügel erhalten haben.»

**Beschreibung.** Gotischer Altar, Ende 15. Jh. In der Mitte thront Gottvater, flankiert von der Muttergottes und dem Bischof Nikolaus. Links im Flügel stehen Katharina und Barbara und rechts im Flügel Bischof Theodul, der vom Kaiser das Schwert als Zeichen seiner Hoheitsrechte erhält. Aussenseiten der Flügel (auf dem Bild nicht sichtbar): linke Aussenseite: hl. Martin zu Pferd, der dem Bettler die Hälfte seines Mantels reicht; rechte Aussenseite: Maria Verkündigung. Masse der Flügel (mit Rahmen): Höhe 122 cm, Breite 71 cm.

In der Predella sind Christus und elf Apostel dargestellt, deren Namen unten geschrieben stehen.

Die würdige *Gottvatergestalt* sitzt unter einer mit Trauben behangenen Pergola. Gottvater sieht uns an und sieht doch über uns hinweg; sein Mund ist leicht geöffnet. Das Bildwerk muss

*Spätgotischer Altar, Ende 15. Jh., seit 1907 als «Rischiner Altar» im Landesmuseum in Zürich.*

664

ursprünglich noch viel ausdrucksvoller gewesen sein. Gottvater, der hier auf dem sogenannten Gnadenstuhl sitzt, trug auf seinen ausgestreckten Händen das Kruzifix mit dem für uns gekreuzigten Gottessohn. Dieses Kreuz ist verloren gegangen. Bei den *Aposteln* gleicht kein Kopf dem anderen. Und die Gesichter strahlen aus, was die Seelen bewegt: ergriffenes Horchen auf die Worte des Herrn bei Petrus, Andreas und Jakobus zur Rechten Jesu, erregtes Fragen des Thomas auf der anderen Seite. Der Apostel *Philippus* am linken Bildrand fehlt. Jemand vom Natischer Berg riss ihn von Matthäus weg und versteckte ihn irgendwo. Bis auf den heutigen Tag ist dieser zwölfte Apostel nicht mehr zum Vorschein gekommen (manche meinen, es sei die im Bildhaus von Rischinen hängende Büste, diese aber ist der hl. Ignatius, s.o.). Um diese verschwundene Apostelfigur ranken sich die verschiedensten Erzählungen. Eine davon ist folgende: Einmal sei einer mit dem Heiligen den Berg hinabgestiegen, um ihn dem Pfarrer zurückzubringen. Die «Tschiffra» sei aber immer schwerer geworden, so dass er schliesslich wieder umgekehrt sei. Der Heilige soll dann in einem Acker vergraben worden oder noch immer in einem Haus versteckt sein. Der Direktor des Landesmuseums Zürich, Dr. Lehmann, verlangte vom Natischer Pfarrer wiederholt den 12. Apostel, weil dieser im Gesamtpreis des Altars inbegriffen und bezahlt sei. Da diese Bitten nicht zum Ziel führten, offerierte Dr. Lehmann aus freien Stücken noch 18 Jahre nach dem Kauf, 1925, 50 Franken für den verschwundenen Apostel, doch ohne Erfolg.[644]

**33. In den Medern,** bei der Brücke (auf Bitscher Boden, aber im Betreuungsbereich Naters). Erbaut um 1969 nach dem Bau des Gibidumstaudammes (Ersatz). In blauer Apsis grosse Muttergottesstatue in Gips. Standkruzifix. Bilder: die Heiligen Martin und Antonius mit Kind. – E: Hermann Karlen.

**31. Bei der Abzweigung der Strasse nach Rischinen.** Erbaut 1926 durch Alois Margelisch (Initialen und Jahreszahl im Giebel). In blauer Apsis grosse Herz-Jesu-Statue. Standkruzifix. Figuren: Maria (in Gips), elegante Holzstatuette Maria. Wandbilder: die Heiligen Aloisius und Aloisia. – E: Marie und Josef Eggel.

**34. Eggen,** eingangs Weiler. Statue des hl. Bischofs Nikolaus von Myra, mit Bischofsstab und Buch sowie mit drei Äpfeln in der Hand. Beachtliches Holzkreuz mit reichem Volutenfuss, das mindestens ins frühe 19. Jh. zu datieren ist. Bild von Maria und Josef sowie ein drittes von Franziskus oder Wendelin. Gediegenes Schmiedeeisentor aus sechs in Lanzenspitzen endenden Stäben.

**32. «Blattjini».** Rischinen, beim Haus Rentsch. Neueren Datums. Trockenblumenkranz. Gedenktafel an Vater Rentsch mit Inschrift «ZUM ANDENKEN AN UNSEREN LIEBEN VATER». Statuette: hl. Antonius mit Kind. – E: Fam. Rentsch.

**35. «Volluwald»,** oberhalb «Ennet dem Bach». Erbaut von Franz Margelisch (1853–1934). Apostelstatue (?) aus Holz mit Kopfstrahlenkranz und einem Schwamm in der Hand. Herz-Jesu-Bild. – E: Johann Margelisch.

**36. Im Hasel.** Grössere Figur des hl. Antonius Eremita, Mitte 17. Jh. Kleine Holzgruppe der Hl. Familie. Antonius mit Kind. – E: Weilerbewohner.

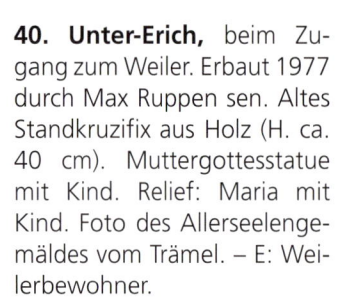

**37. Im Hasel,** in die Zugangstreppe des Hauses Senn eingelassen. Modernes Kreuz. Auf Gittertür «SW [Senn Wilhelm] 1973».

**38. «Furra»,** unterhalb Haus Senn am Alpweg zum Hasel. Alt. In Böschung eingelassen. Bild «San Giuseppe» mit Kind. Antonius mit Kind u.a.m. – E: Albert Schmid.

**39. «Müollera»,** beim Felsblock an der Strasse. Stand früher am Alpweg auf der anderen Seite, wurde aber 1971 wegen der Strasse neu erstellt, 1996 renoviert. Apsis rund mit Südfenster. Rautengittertüre. Grosse Gipsstatue Muttergottes auf Altärchen; Glasfensterbild Muttergottes mit Kind. – Der Bau verleiht dem Ortsbild durch Farbe, Form und Standort einen besonderen Akzent.

**40. Unter-Erich,** beim Zugang zum Weiler. Erbaut 1977 durch Max Ruppen sen. Altes Standkruzifix aus Holz (H. ca. 40 cm). Muttergottesstatue mit Kind. Relief: Maria mit Kind. Foto des Allerseelengemäldes vom Trämel. – E: Weilerbewohner.

**41. «Längwald»** (zur Wand), am Alpweg unterhalb Steingaden. Auf Gittertüre: «18 HR PH 86». In Hang eingelassen. Im Zentrum (siehe Abb.): gutes Bild der Hl. Familie mit Gottvater und Hl. Geist, gemalt 1921 von Othmar Gertschen (1903–1952), mit Spruch: «Jesus und Maria und Joseph sei uns gnädig!»

**42. Tätschen,** beim Chalet Alpenblick. Von 1996. Gipsstatuen: Herz Jesu und Maria.

**43. Obere Tätschen,** bei der «Stockerna-Hitta» am Alptreibweg. In Hang eingelassen. Auf altem Holztürchen die Inschrift «FE [Franz Eyer] 1883». Gipsfiguren: Herz Jesu und Maria.

**44. «Sant Antoniwald»** («Hirmerplatz»), *Bildhaus St. Antonius.* Erstellt durch Kaplan Benjamin Bammatter. Auf Steinsockel eine zirka ein Meter grosse Statue des hl. Antonius mit Kutte und Kind. Lourdes-Medaillon. Auf Giebeldach: altes Metallkreuz. – Hier stand schon früher ein Kultgebäude. 1761 ist zwar von einer «Kapelle des hl. Antonius im Wald» die Rede.[645] In der Folge berichten die Visitationsprotokolle aber regelmässig bis 1898 von einem «Oratorium [= Gebetshaus, also nicht messisch] des hl. Antonius im Wald»[646]. Südlich des Bildhäuschens noch altes Gemäuer zu sehen.

**45. Auf der «Lochegga».** *St.-Wendelin-Bildhaus.* Erbaut 1933 durch die Schreinerei Eggel & Imboden, im Auftrag von Kaplan Leo Gerold. Farbige Holzrelieftafel St. Wendelin, umgeben von Geiss, Schaf und Rind, im Hintergrund der Aletschgletscher (siehe Abb.). Auf dem Sockel der Tafel eingekerbt steht folgendes Gebet:

> «St. Wendelin, verlass uns nie!
> Schirm unsern Stall, schütz unser Vieh!
> Verscheuch die Seuch von Mensch und Tier!
> St. Wendelin, wir danken dir!»

Das Relief wurde geschnitzt und geschenkt vom langjährigen Feriengast Lehrer Josef Erdmann aus Leichlingen (Deutschland), Bruder des bekannten Paters Paul Erdmann.[647]

**46. Im Loch.** Erbaut 1986 durch Johann Josef Salzmann. Herz Jesu. – E: Fam. Johann Josef Salzmann Erben.

**47. Bruchegg.** Kleiner Holzaltar. Antonius mit Kind und weitere Figuren.

**48. Lüsgen,** unterhalb des Weges vor dem Kiosk. Ins Terrain eingelassen. Schmiedeeisernes Türchen. Jesusstatue aus Holz (H. 15 cm). Gipsfiguren: Maria und Josef.

# Weg- und Bergkreuze

Auf dem Territorium der Gemeinde Naters wurden nachstehende 74 Weg-, Alp- und Bergkreuze erfasst. Wir beginnen in Naters. (Zu den Unfallkreuzen findet der Leser nähere Angaben im Kap. «Schwarze Chronik».)

## Naters bis Blatten

**1. Missionskreuz** bei der Kirche. Am 7. September 1908 zerfallen. Ursprünglich auf dem alten Friedhof, nahe beim Eingangstor zum Pfarrhof, in der 2. Hälfte des 19. Jh. an die nördliche Seitenmauer des Kirchturms versetzt. Das aus mächtigen Lärchenstämmen gezimmerte Kreuz trug die Inschrift «IHS MISSIONSKREUZ / NUR / KEIN / TODT / SIND» sowie die Jahreszahlen der abgehaltenen Missionen 1783 – 1826 – 1842 – 1863 – 1886 – 1895 – 1905.[648] 1908 nördlich der Kirche neues Missionskreuz: aus Granit und aus Zinkguss verfertigter Korpus neugotischen Stils; Inschrift: «FÜRCHTE GOTT UND HALTE SEINE GEBOTE 1908»; auf dreistufigem Unterbau Sockel mit kräftigen Profilen und Fasen; Preis: 1000 Franken.[649]

*Missionskreuz bei der Kirche.*

**2. Landstrasse,** Wiese Johann Jossen, Unfallkreuz mit Inschrift «18 AS JG JS 84» [Anton Schmid, Josef Gasser, Josef Salzmann], vgl. Kap. «Schwarze Chronik», 1884. – Wegen Überbauung seit 1999 an der Landstrasse westlich des Hauses Nr. 80.
**3. Stahlgasse.** Eisenkreuz mit Inschrift «19 K.K. 74» [Katharina Kummer].
**4. Westlich des «Maria Hilf»-Oratoriums.** Leuchtkreuz, von den Initianten (u.a. Walter Zenhäusern) auch «Missionskreuz»

*Leuchtkreuz von 1983.*

genannt. Wurde als Abschluss der Arbeiten des Kreuzwegs «Maria Hilf» 1983 aufgestellt. H. 10 m, Gewicht 1,7 Tonnen, Metallkonstruktion. Nachts mit Neonlicht beleuchtet.
**5. Klosi,** bei der St.-Antonius-Kapelle. Giebelkreuz mit Inschrift «19 FS 17» [Franz Salzmann?].
**6. Oberhalb der Klosikapelle.** Inschrift: «KG 1887» [Kaspar Gasser].
**7. «Birchegga»,** am alten Weg. Inschrift: «19 LH 51» [Ludwig Holzer].
**8. «Schrattjischiirli»,** unterhalb der Birgischer Strasse. Inschrift: «18 JJ 66» [Johann Jossen].
**9. Bei der Abzweigung nach Hegdorn.** Unfallkreuz aus Metall mit Inschrift «HP 1975 SCH» [Hans-Peter Schwery] und Foto.
**10. «Schrattji»,** Hegdorn. Inschrift: «IHS 1903».
**11. Bei St. Josef,** am Bergweg, mit Jahreszahl 1956.
**12. «Im Hori»,** Bitschji. Grosses Stahlkreuz. Im Betonsockel die Inschrift: «E.R. [Ernst Ruppen] 1991». – An dieser Stelle stand früher ein Holzkreuz, das die Jungmannschaft von Naters 1945 zum Dank für die Verschonung im Zweiten Weltkrieg errichtete. Die Einweihung des Kreuzes am 14. Oktober des genannten Jahres war ein Grossanlass, zu dem sich die kirchlichen Vereine und viel Volk einfanden. Man stieg prozessionsweise von Naters hinauf.[650]
**13. In den Inneren Bitzen,** an der Massaschlucht. Doppeltes Feldkreuz mit Doppelkorpus. – Nach Angaben von Ernest Wy-

*Kreuz in den Inneren Bitzen.*

den, Naters, wollte man an dieser Stelle eine Kapelle errichten. Da aber dieser Ort von der Wallfahrtskirche Glis aus nicht zu sehen ist, baute man die Kapelle auf dem Trämel.

**14. In den Löchern.** Unfallkreuz mit Inschrift «18 AM R 82» [Anna Maria Roten].

**15. Biela,** am alten Weg zum «Änner-Moos»: Baumkreuz mit Inschrift «18 BS 02».

**16. Im Weiler «Hohes Kreuz».** Doppelkreuz von 1984.

**17. Wieri,** an der Blattenstrasse im Kehr. Unfallkreuz mit Inschrift «19 H SCH 61» [Hugo Schnyder].

**18. Wieri,** an der Blattenstrasse. Unfallkreuz mit Inschrift «19 AS 65» [Auxilius Salzmann].

**19. An der Strasse zum Ober-Moos.** Metallkreuz mit Inschrift: «INRI 1988 SICHER IST DER TOD UNGEWISS DIE STUNDE SEID ALLZEIT BEREIT.»

**20. Geimerblatt.** Unfallkreuz mit Inschrift «19 AS 66» [Albert Salzmann].

**21. Geimerblatt.** Altes Giebelkreuz an Stallrückseite.

**22.–24. Geimmatten.** Drei Kreuze: a) Rafjischeune: «19 Anton Nellen 01», b) am Stall: «18 ES 80», c) am Stall: «18 RF 96» [Ruppen Franz].

**25.–27. Geimmatten.** Weitere drei schlichte Kreuze.

**28. Geimen,** am Wysswasser. Grabkreuz am Baum mit Inschrift «1969 Elsa Walker».

**29. Unterhalb Mehlbaum,** im Kehr. Inschrift «18 R? 12».

**30. Mehlbaum-Egg.** Metallkreuz mit Inschrift «19 ME 16» [Meinrad Eyer].

**31. Im Soll,** am Stall. Giebelkreuz mit Inschrift «18 ME 98» [Maria Eggel].

**32. Blindberg.** Massives Giebelkreuz am Ende des Weges.

**33. Blatten,** beim Kapellenplatz, mit Inschrift «MISSIONSKREUZ 1928 . 1982»

**34. Blatten,** am Summermatter-Haus, beim «Chritzschiirli», mit Inschrift «19 CA 47» [Clausen Alois].

## Blatten aufwärts

**35. Auf den Burgen.** Inschrift: «1291 . 700 . 1991». Einsegnung am 1. August 1991 durch Pater Otto Jossen in Anwesenheit von 90 Personen. Das acht Meter hohe Holzkreuz wurde erstellt «zur Ehre Gottes, zur 700-Jahrfeier der Eidgenossenschaft und als Protest gegen den Bundesgerichtsentscheid wegen des Kreuzverbotes in den Schulhäusern des Kantons Tessin». Initianten: Edmund Holzer, Waldemir Gasser, Andreas Holzer, Beat Holzer, Leander Biffiger.

*Kreuz auf den Burgen.*

**36. Beim «Faulmoos»,** an der Strasse zum Gibidum, mit Inschrift «19 K + J 63» [Kamil Jossen].
**37. In den Medern** (auf Bitscher Boden, betrifft aber Naters), beim Bildhäuschen. Inschrift: «19 I – K 44» [Irene Karlen].
**38. «In de Blattjini».** Giebelkreuz.
**39. Tschuggen-Eggen.** Holzkreuz.
**40. Im «Lärchwald»,** oberhalb «zer niwwu Schiir». Baumkreuz.
**41. Im Guferli.** Schlichtes Holzkreuz.
**42. Erich,** an Stallscheune. Giebelkreuz mit Inschrift «19 E INRI Z 34».
**43. Bel,** bei der Kapelle. Missionskreuz mit Jahreszahlen «1869 . 1897 . 1901 . 1980».
**44. Bel,** westlich der Kapelle. Alpkreuz mit Jahreszahl 1932.
**45. Bel,** am «Treib», Kühmatte. Inschrift: «19 BR 67» [Bruno Ruppen].
**46. Bel,** Katzenlöcher. Inschrift: «Leonie 1939 Walden – Sicher ist der Tod, unbestimmt die Stunde. Seid immer stets bereit.» Längsbalken bis an Querbalken im Erdreich.

*Kreuz in den Katzenlöchern.*

**47. «Uf Bäleru schenu Biel».** Jahreszahl 1988. Initialen der Stifter wie folgt: «SV SL AL SA RE» [Salzmann Vitus, Salzmann Louis, Amherd Leo, Schmid Albert, Ruppen Ernst].
**48. «Uf Lüsgeru schenu Biel».** Jahreszahl 1937.
**49. Bruchegg.** Unfallkreuz aus Metall mit Inschrift «L 19 + 51 Pf» [Ludwig Pfaffen].
**50.–51. Bruchegg.** Zwei Kreuze: altes mit Jahreszahl 1889; neues mit Jahreszahlen 1889 und 1992 (Stifter: Olga und Konrad Salzmann-Kronig).
**52. Bruchegg,** am Weg. Metallkreuz.
**53. Lüsgen,** Aletschbord. Von 1950.
**54. Bärenpfad.** Metallkreuz am Felsen mit Datum «11. Nov. 1944». Auf Medaillon: «Gott schütze Hirt und Herde auf dieser Alpe.»
**55. Ausser-Aletsch.** Metallkreuz an Kapellenfront.
**56. «Uf um Ofubiel».** Inschrift: «Alles zur grösseren Ehre Gottes».
**57. Hinter dem «Leng-Acher»,** am alten Gletscherweg auf einem Felskopf. Metall-Glas-Kreuz.
**58. «Basulflie».** Gletscherkreuz mit Jahreszahl 1818. Errichtet gegen den weiteren Gletschervorstoss.
**59. Bei Obfliehütten.** Schlichtes Holzkreuz.

*Kreuz hinter dem «Leng-Acher».*

**60. «Obfliejeregga».** Gletscherkreuz mit Jahreszahl 1818. Erstellt gegen Gletschervorstoss.
**61. «D Rotu Blatte».** Metallkreuz mit Inschrift «1974 – In diesem Zeichen wirst du dein Ziel erreichen ED. H.» [Edmund Holzer].
**62. Inner-Aletsch,** am Felsenweg bei der Türe. Eisenkreuz an Holztafel; auf dieser die Inschrift «GOTT VATER» und «19 AH + ME 62» [Albert Holzer 1919–1962, Sanner; Meinrad Eyer 1929–1962, Säckelmeister] sowie die Fotos von beiden. Es handelt sich hier aber nicht um ein Unfallkreuz.
**63. Bei der Tällihütte.** Von 1948. Stifter: Benjamin Bammatter, Alois Jossen, Quirin Salzmann.
**64. Driestbach.** Unfallkreuz für «Bruno Schwery (1951–1978)».
**65. Bei der Driesthütte.** Von 1961.

# Gipfelkreuze

**66. Foggenhorn.** Giebelkreuz mit Doppelkreuz von 1970.

*Kreuz auf dem Foggenhorn.*

**67. «Bäler Chrizji»,** unter Hofathorn. Von 1980.
**68. Grisighorn.** Kreuzsetzung am 21. September 1980. Gestiftet durch die Rettungsstation Blatten-Belalp.
**69. Unterbächhorn.** Jahreszahl 1969. Stifter: Richard Schmid.
**70. Hülsenhorn.** Von 1985. Eingeweiht am 21. Oktober 1989. Stifter: Hülserklub.

*Kreuz auf dem Sparrhorn. Von links: Bettina Mutter, Roland Heinzmann, Marius Imhof.*

**71. Sparrhorn.** Inschrift: «INRI – Ehre sei Gott in der Höhe 1989». Einsegnung am 23. Juli 1989 durch Yvon Kull, Chorherr vom Simplon-Hospiz, in Anwesenheit von rund 40 Personen. Stifter: Hugo Christig, Heinrich Wyder, Werner Imwinkelried.
**72. Nesthorn.** Inschrift: «19 IN GOTTES ZEICHEN ZUM ZIEL 91». Einsegnung am 19. September 1992. Stifter: Richard Walker, Beat Ruppen, des Clemens, Peter Schwitter, Ricco Schweizer, alle von Naters; Jules, Beat und Adrian Pfammatter von Mund.

**73. Gross-Fusshorn.** Kreuzsetzung 1983. Stifter: Peter Kimmig, Richard Schmid.
**74. Aletschhorn.** Kreuzsetzung 1974. Im selben Jahr durch Blitz beschädigt, 1991 ersetzt. Stifter: Marcel Christig, Norbert Imhof, Albert Salzmann, Jean-Marie Salzmann.

*Kreuz auf dem Aletschhorn. Auf dem Bild: Thomas Kimmig.*

*Kreuz auf dem Nesthorn.*

# Bruderschaften im Laufe der Zeit

Bruderschaften waren körperschaftlich errichtete Vereine, die neben Werken der Frömmigkeit und Nächstenliebe auch zur Bereicherung des Gottesdienstes beitrugen, z.B. durch besondere Andachten, Messen, Wallfahrten und Prozessionen. Die meisten Bruderschaften betätigten sich auch karitativ und verteilten an ihrem Patronatstag Spenden an die Bedürftigen. Eine Reihe von Bruderschaften entstand aus dem Gedanken, dass die Seelen der Dahingeschiedenen vor ihrer Aufnahme in die ewige Seligkeit noch der fürbittenden Hilfe der Lebenden bedürfen.

Die Urkunden von Naters berichten von 16 verschiedenen Bruderschaften, deren Tätigkeiten zum Teil schon in früheren Jahrhunderten, zum Teil aber erst in den 1950er-Jahren aufhörten.[651] In der Pfarrei Naters bestanden nachstehende Bruderschaften:

**1. Die Bruderschaft des hl. Theodul in Blatten.** Sie bestand schon 1336[652] und wurde in der zweiten Hälfte des 19. Jahrhunderts aufgehoben. Die Akten berichten immer wieder von der «Sankt Theodul oder Jodernspend». Noch 1927 wurde für diese Bruderschaft ein Jahrzeit gelesen.

**2. Die Bruderschaft vom Heiligen Geist.** Diese wird in einer Urkunde vom 15. August 1339 erwähnt[653] und vereinigte sich in der ersten Hälfte des 15. Jahrhunderts mit der Bruderschaft des hl. Sebastian.[654]

**3. Die Bruderschaft des hl. Mauritius.** Diese erhielt 1389 gemeinsam mit der vorigen eine Schenkung von zwölf Pfennig Gilt.[655]

**4. Die Bruderschaft des hl. Sebastian.** Gegründet am 10. Februar 1406 von der Gumperschaft Naters. Sie bestand bis ins 19. Jahrhundert. Diese Bruderschaft stiftete im 15. Jahrhundert die St. Sebastianspfründe, deren Patronat die Mitglieder der genannten Bruderschaft innehatten.[656]

**5. Die Bruderschaft Allerseelen.** Ein Akt von 1442 bezeichnet dieselbe als jüngst in der Kirche von Naters errichtet. Noch 1855 wurde zugunsten dieser Bruderschaft eine Hypothek getätigt, deren Schuld Joseph Gasser am 18. Mai 1885 beglich.[657] Später scheint die Bruderschaft der «Frommen Seelen», wie sie auch genannt wurde, mit dem Beinhaus verknüpft worden zu sein.

**6. Die Bruderschaft der Geistlichen,** auch «Goldene Bruderschaft» oder «Herrenbruderschaft» genannt. Sie wurde am 10. Dezember 1467 durch Bischof Walter Supersaxo in Naters eingeführt.[658] Das noch vorhandene Mitgliederverzeichnis erstreckt sich bis ins Jahr 1563 und enthält viele prominente Namen, so z. B. auch Bischof Johann Jordan.[659]

**7. Die Bruderschaft der «Sieben Zeiten» oder der «Sieben Stunden».** Sie bestand schon 1525[660] und wurde im 19. Jahrhundert aufgelöst. Für ihre Mitglieder wurde noch bis 1932 regelmässig ein Jahrzeit abgehalten.

**8. Die Bruderschaft des hl. Johannes in Birgisch.** Sie wird 1548 erwähnt und bezweckte die gegenseitige Unterstützung der Mitglieder.[661] Um die Mitte des 19. Jahrhunderts wurde die Bruderschaft aufgehoben und deren Kapital zugunsten des Schulfonds von Birgisch verwendet. (Vgl. Kapitel «Rektorat Birgisch»: Johanniter-Stiftung.)

**9. Die Bruderschaft vom Heiligsten Altarsakrament oder Sakramentsbruderschaft.** Schon 1783 lesen wir von Erkanntnissen zugunsten dieser Bruderschaft.[662] Ihre offizielle Errichtung erfolgte 1804.[663] Aus derselben Zeit liegen auch die aufschlussreichen «Satzungen der Bruderschaft des Altarsakramentes» in zwölf Artikeln vor. Diesen entnehmen wir Folgendes: In die Bruderschaft wurden nur Personen aufgenommen, die «eines tugendsamen Wandels und Handels seyn», die mit niemandem im Streit lebten und gewillt waren, täglich drei Vaterunser und Ave-Maria zu beten. Wenn das Altarsakrament zu den Kranken getragen wurde, so sollten die «Brüder und Schwestern» mit brennenden Kerzen in der Hand den Priester bis zum Kranken und wieder zurück in die Kirche begleiten. Einem verstorbenen Mitglied wurde ein weisses Kleid angezogen, ebenso mussten die am Begräbnis teilnehmenden Mitglieder in weissen Kleidern erscheinen. Der Vorstand bestand aus einem Priester, Rektor genannt, und Laien, aber mit den Titeln «Prior, Subprior und Ratsherren» für die Männer und «Priorin und Subpriorin» für die Frauen.[664] So wurden 1805 Kastlan Kasimir Eugen de Sepibus zum ersten Prior und Sextarius (Sechser = Gemeinderat) Kaspar de Chastoney zum ersten Subprior gewählt, während bei den Frauen Grossmeierin Maria Josepha Wyssen-Schmid erste Priorin und Anna Maria Albert-Eggel erste Subpriorin wurden. Diese Titel waren noch in der zweiten Hälfte des 19. Jahrhunderts in Gebrauch. Wegen der weissen Kleider, die die Mitglieder bei bestimmten Anlässen trugen, wurde diese Bruderschaft auch die «Weisse Bruderschaft» genannt. Im Jahre 1906 ersetzte man das weisse Kleid durch eine «Medaille an einem roten Bändchen»[665].

**10. Die Skapulierbruderschaft Unserer Lieben Frau vom Berge Karmel.** Die Einführung des «Skapuliers» (scapulare = Schulterkleid) hängt mit der vom Karmeliterorden besonders gepflegten Marienverehrung zusammen und geht in ihren Anfängen gesamtkirchlich zurück bis ins 13. Jahrhundert. Je nach der braunen, weissen, schwarzen, blauen oder roten Bekleidung wissen auch die Dokumente von Naters von einem fünffachen Skapulier zu berichten. 1910 bestimmte Papst Pius X., statt der Skapuliere Medaillen mit dem Bild des Herzens Jesu und der Muttergottes zu tragen.[666]

Wann die Skapulierbruderschaft in Naters errichtet wurde, ist unbekannt. Auf jeden Fall ist schon um 1737 von ihr die Rede.[667] Ein Verzeichnis dieser Bruderschaft beginnt mit dem Jahr 1802.[668] Am 19. Juli 1926 erhielt Pfarrer Emil Tscherrig vom Bischof die Erlaubnis, in der Pfarrei Naters «ein Bruderschaftsbuch fürs fünffache Skapulier anzulegen», mit der gleichzeitigen Ermächtigung, Mitglieder «ins fünffache Skapulier» aufzunehmen.[669] Die kanonische Errichtung dieser Bruderschaft in Naters erfolgte eigentümlicherweise erst am 15. März 1949.[670]

**11. Die Rosenkranzbruderschaft.** Gesamtkirchlich entstand diese Bruderschaft im Jahre 1475. In Naters berichtet uns erstmals Johann Peter Michlig um 1737 in seinem Hausbuch über diese Bruderschaft, wenn er darin vermerkt: «Wer in der Rosenkranzbruderschaft eingeschrieben ist, der soll alle Wochen den Psalter [drei Rosenkränze] beten, an den Frauentagen und grossen Festtagen beichten und kommunizieren.»[671] Obwohl diese Bruderschaft sicher bis ins frühe 18. Jahrhundert zurückreicht und ein Mitgliederverzeichnis von 1803 bis 1959 existiert,[672] erfolgte die offizielle Errichtung derselben erst am 8. März 1949.[673] Das Titularfest fand am Rosenkranzsonntag statt (erster Sonntag im Oktober); an diesem Tag wurden auch neue Mitglieder aufgenommen.

**12. Die Gut-Tod-Bruderschaft.** Sie bezweckte die Vorbereitung auf einen guten Tod durch ein christliches Leben. Das Errichtungsdekret für Naters datiert vom 2. Juli 1862.[674] Es besteht ein Mitgliederverzeichnis aus den Jahren 1865–1959.[675]

**13. Die Herz-Jesu-Bruderschaft.** Sie bezweckte die Herz-Jesu-Verehrung und wurde 1876 eingeführt.

**14. Die Herz-Jesu-Ehrenwache.** Diese war eng mit der Herz-Jesu-Bruderschaft verbunden und verfolgte den Zweck, dem göttlichen Herzen Jesu Anbetung zu zollen und Sühne darzubringen. Die Errichtungsurkunde der Herz-Jesu-Ehrenwache datiert vom 10. Dezember 1922.[676]

**15. Die Christenlehre-Bruderschaft.** Sie wurde am 1. Oktober 1935 errichtet und bezweckte den eifrigen katechetischen Unterricht der Kinder in Schule und Familie.[677]

**16. Das Gebetsapostolat.** Diese Vereinigung, die den Zweck hatte, monatlich für bestimmte Anliegen der Kirche und der Welt zu beten, und die manche Pfarrer auch zu den Bruderschaften zählten, wird erstmals im Visitationsprotokoll vom 3. bis 5. Juni 1898 genannt.[678]

*Statue der Marienkönigin in der Muttergotteskapelle von Geimen. Letztes Viertel 17. Jahrhundert.*

# Kirchliche Dienste und Ämter

In diesem Kapitel behandeln wir folgende kirchliche Dienste und Ämter: Kirchenrat, Pfarreirat, Sigristenamt und Pfarreisekretariat.

## Kirchenrat
### Funktion und Zusammensetzung des Kirchenrates

Der Kirchenrat ist eine uralte kirchliche Institution. Ihm obliegt die Verwaltung des Pfarreivermögens. In der Kirchensprache gebraucht man hierfür das sonderbare Wort «Kirchenfabrik». In Naters verwendet man schon seit längerem die verständlichere Bezeichnung «Unterhalt und der Erneuerungen Kirche». Unter «Kirchenfabrik» fallen jene kirchlichen Gelder, die in erster Linie der Ausstattung und der Erhaltung des Kirchengebäudes mit Zubehör sowie dem Sachbedarf für den Gottesdienst dienen. Mit anderen Worten: Mit diesen Geldern werden vor allem die laufenden Rechnungen bezahlt, die den Unterhalt der Kirche und zum Teil auch die damit verbundenen Dienstleistungen betreffen. Die Einnahmen der Kirchenfabrik stammen vom Opfergeld, aus Sammlungen, Spenden und Kapitalzinsen. Früher bezog die Kirche von Naters sogar vom Schalb in Embd für das ewige Licht das «ewige Gilt» von zwölf Fischel Korn. Von diesen Abgaben kauften sich die Embder am 19. Februar 1764 für 300 Pfund los.[679] Auf die jeweilige finanzielle Lage der Kirche gehen wir hier nicht ein.

1983 wurden folgende Fonds aufgehoben: Reinhaltung Kirche, Bittelstiftung (zum Unterhalt des ewigen Lichts), Kirchenchor Naters, Kapellenchor Blatten und «Sigristei».[680]

1892 setzte sich der Kirchenrat wie folgt zusammen: drei Gemeinderäte aus Naters, ein Gemeinderat von Birgisch, Pfarrer, Kirchen- und Kapellenvogt. In neuerer Zeit erhöhte sich seine Mitgliederzahl von sieben auf neun. Nur in der Zeit der grossen Renovationen (1977–1985) der Kirche und des Beinhauses gab es elf Mitglieder. Der jeweilige Pfarrer präsidiert den Kirchenrat. In jüngster Zeit führt der Kirchenvogt auch die Kapellenrechnungen (inklusive Birgisch).

Bis Ende 1984 verwaltete die Gemeinde durch den von ihr ernannten Kirchenrat das Kirchen- und das Kultusvermögen. Das neue Gemeindegesetz vom 13. November 1980 hob dieses Relikt aus der Kulturkampfzeit auf. Seit 1985 verwaltet die Pfarrei ihr Vermögen durch den von ihr bestellten Kirchenrat selbst und ist somit von der direkten Einmischung der Gemeinde in ihre Belange befreit.[681]

Seit 1985 setzt sich der Kirchenrat in der neuen Form wie folgt zusammen: Pfarrer, Präsident; Kaplan, Rektor von Birgisch, zwei Gemeinderäte von Naters, ein Gemeinderat von Birgisch und zwei Pfarreiräte. Die Vermögensverwaltung erfolgt nun gemäss den «Richtlinien für die Verwaltung des Kirchengutes im Wallis vom 25. Juni 1985». Der Kirchenrat bildete seit jeher besonders bei Renovationen von Kirche und Kapellen eine wichtige Stütze für die Geistlichen der Pfarrei. Der Kirchenrat von Naters war sich seiner wichtigen Aufgabe stets voll bewusst und entfaltete denn auch jeweils eine rege Tätigkeit, insbesondere in jüngerer Zeit. So sind in den letzten 30 Jahren die Pfarrkirche und sämtliche 15 Kapellen, die zur Pfarrei Naters gehören, einer Renovation unterzogen worden.

### Kirchenvogt

Die Hauptarbeit innerhalb des Kirchenrates lastet auf dem Kirchenvogt. Seine Aufgaben umfassen im Wesentlichen folgende Bereiche: die Erstellung der Kirchen- und der Kapellenrechnung, die Verwaltung der Kirchengüter, und zwar der Grundgüter und der Gebäude, sowie den Unterhalt und den Betrieb derselben, die Verwaltung der gestifteten Jahrzeiten und der Benefizien. Über seine Tätigkeit legt der Kirchenvogt dem Kirchenrat regelmässig Rechenschaft ab.

Vor 1862 sind uns nur einige Namen von Kirchenvögten bekannt, hingegen kennen wir von 1862 an alle Namen (28 an der Zahl). Dabei stellen wir fest, dass ihre Amtsdauer im 19. Jahrhundert jeweils kurz bemessen war. Im 20. Jahrhundert dagegen waren folgende vier Kirchenvögte über 20 Jahre lang im Amt: Stefan Eyer 34 (ein Jahr bereits 1886), Hans Eggel 25 (stets ehrenamtlich; vgl. Kap. «Schulen», Hans Eggel als Schuldirektor), Leopold Eggel 22 und Ludwig Jossen 21 Jahre.

#### Kirchenvögte vor 1862 (mit Lücken)[682]

| | |
|---|---|
| 1651 | Anton Gertschen |
| | Michael Eyer |
| 1651–1656 | Peter Gemmet |
| | Hans Lergien |
| 1656 | Johann Lergien |
| 1659–1662 | Johann Gemmet |
| | Christian Walthart |
| 1715–1720 | Martin Jossen |
| | Christian Eyer |
| 1721–1725 | Martin Jossen |
| | Stephan de Chantoney |
| 1725–1730 | Stephan de Chantoney |
| | Christian Walden |
| 1730–1738 | Christian Albert |
| | Christian Walden |
| 1738–1740 | Stephan de Chantoney |
| | Joseph Salzmann |
| 1740–1744 | Joseph Salzmann |
| 1744–1750 | Peter de Chantoney |
| 1758 | Peter Ruppen |
| | Johann Salzmann |
| 1760–1764 | Moritz Michlig |
| 1764–1765 | Adrian Eggel |
| 1766–1770 | Christian Wyssen |
| 1770 | Joseph Salzmann |
| 1808 | Christian Eyer |
| 1815 | Joseph Anton Zumberg |
| 1822 | Peter Ruppen |
| 1824 | Johann Josef Imwinkelried |
| 1826 | Andreas Wyssen |
| 1828–1829 | Johann Baptist Karlen |
| 1830–1831 | Johann Christian Salzmann |

1832–1833　Moritz Eggel
1834–1835　Anton de Chastonay
1836, 1838　Johann Lergien

**Kirchenvögte seit 1862**[683]

| | |
|---|---|
| 1862 | Johann Josef Amherd |
| 1862–1863 | Johann Eggel |
| 1864 | Kaspar Zenklusen |
| 1865 | Anton Amherd |
| 1866 | Ignaz Salzmann |
| 1867 | Adrian Schmid |
| 1868 | Karl Nanzer |
| 1869 | Franz Werner |
| 1870 | Johann Gasser |
| 1871 | Moritz Eyer |
| 1872 | Moritz Jossen |
| 1873–1874 | Franz Wyssen |
| 1875 | Christian Gasser |
| 1876 | Moritz Eyer |
| 1877–1878 | Alphons Wyssen |
| 1879–1880 | Johann Josef Jossen |
| 1881 | Franz Eggel |
| 1882–1884 | Kaspar Bittel |
| 1885 | Anton Walden |
| 1886 | Stefan Eyer |
| 1887–1888 | Anton Ruppen |
| 1889–1891 | Emanuel Ruppen |
| 1892–1924 | Stefan Eyer |
| 1925–1946 | Ludwig Jossen |
| 1947–1968 | Leopold Eggel |
| 1969–1970 | Pfr. Josef Pfaffen |
| 1971–1996 | Hans Eggel |
| 1997– | Louis Ruppen |

*Louis Ruppen (*1945), kaufmännischer Angestellter, Kirchenvogt seit 1997.*

# Pfarreirat

## Gründung und Zweck des Pfarreirates

Der Pfarreirat stützt sich auf die Weisungen des Zweiten Vatikanischen Konzils, wie sie in der dogmatischen Konstitution der Kirche sowie im Dekret über das Laienapostolat festgehalten sind, und auf die Verordnungen des Bischofs von Sitten.
1970 setzte sich der Pfarrklerus von Naters zum Ziel, den Weisungen des Konzils und des Bischofs Folge zu leisten und sobald als möglich einen Pfarreirat zu gründen. Im gleichen Jahr, zwischen dem 1. und 11. Dezember, fanden innerhalb der verschiedenen Gruppierungen die ersten Wahlen des Pfarreirates statt. In der Sitzung vom 19. Januar 1971 konstituierte sich der neu gewählte Pfarreirat und nahm daraufhin als einer der ersten Pfarreiräte des Bistums Sitten seine Arbeit auf.
Der Pfarreirat berät zusammen mit den Priestern die Fragen der Seelsorge und unterstützt die Ortsgeistlichen bei deren Ausübung. Bei den Gläubigen musste die Einsicht um die Notwendigkeit eines Pfarreirates erst noch geweckt werden. Im Januar-Pfarrblatt 1971 machte Pfarrer Pfaffen die Feststellung, «dass ein grosser Teil unserer Gläubigen für das Anliegen des Pfarreirates kein grosses Verständnis gezeigt hat». Des Weiteren führte er aus, dass die Laien auch in der Seelsorge vermehrt «mitreden, mitsorgen und mitarbeiten» sollen.
Die «Statuten des Pfarreirates von Naters» vom 13. Januar 1984 beruhen bereits auf einer 14-jährigen Arbeitserfahrung und regeln in 18 Artikeln, speziell zugeschnitten auf die Pfarrei Naters, die Tätigkeit des Pfarreirates. Das «Rahmenstatut für die Pfarreiräte im Bistum Sitten» bildete die Grundlage für die Erarbeitung obiger ortseigener Statuten.
Die Mitgliederzahl des Pfarreirates (20–21) setzt sich aus Amtlichen (Pfarrklerus), Gewählten (aus kirchlichen Vereinen) und Berufenen (Arbeitnehmern, Arbeitgebern und Ausländern) zusammen.

## Aktiver Pfarreirat

Der Pfarreirat ist in fünf Gruppen eingeteilt, die folgende Ressorts wahrnehmen:
*Liturgie:* Gestaltung der Eucharistiefeier, Bibelarbeit usw.
*Mission:* Fastenopfer, Suppentag usw.
*Mitmensch:* Alte und Kranke, Neuzugezogene usw.
*Erwachsenenbildung:* Abklärung und Bedürfnisse, Planung der Angebote usw.
*Jugend:* Erfassung der Jugendprobleme, Koordination der Jugendarbeit usw.
Der Pfarreirat entfaltete von allem Anfang an eine rege Tätigkeit, auf die wir in diesem Rahmen nicht näher eintreten können. Erwähnen aber möchten wir doch die Einführung der Lektoren- und der Kommunionhelferdienste, den Einsatz für die Aufnahme und die Betreuung einer vietnamesischen Flüchtlingsfamilie im Jahre 1981, die Erstellung des Kreuzwegs «Maria Hilf» 1982/1983 unter der Leitung des Pfarreirates oder die grossartige Vorbereitung und Durchführung der Volksmission 1990. Der Pfarreirat ist aus unserer Pfarrei nicht mehr wegzudenken.

*Pfarreiratspräsidenten:*

| | |
|---|---|
| 1971–1975 | Ferdinand Andermatt |
| 1975–1980 | Oskar Furrer |
| 1980–1984 | Walter Zenhäusern |
| 1984–1988 | Ewald Salzmann |
| 1988–1992 | Kurt Schmid |
| 1992– | Dr. Alfred Klingele |

*Dr. Alfred Klingele.*

# Sakristan

Die Schweizerische Bischofskonferenz hat das Sakristansamt für den Bereich der Schweiz 1973 ausdrücklich als kirchliches Dienstamt anerkannt.[684] Kaum jemand anderer in der Pfarrei ist mit den Pfarreiseelsorgern so eng verbunden wie der Sakristan. Sie treffen sich täglich in der Kirche.
Die meisten Namen der Sakristane, die in den vergangenen Jahrhunderten der Kirche gewöhnlich um ein Linsenmus treu

und umsichtig dienten, blieben in den kirchlichen Dokumenten unerwähnt. In den Kirchenrechnungen spricht man im Allgemeinen einfach vom Sakristan, ohne ihn namentlich zu nennen. Nur beiläufig erfahren wir vor 1906 den einen oder anderen Namen. Erst ab 1906 können wir die Namen und die genauen Dienstjahre angeben. Seit 1979 wird der Sakristan teilweise auch für Gemeindearbeiten herangezogen, so dass er in einem vollamtlichen Anstellungsverhältnis steht.

Die Jahreszahlen vor den Namen der Sakristane bedeuten vor 1906 keineswegs die vollständige Amtszeit. Es werden die Jahre genannt, in denen Namen von Sigristen in Urkunden vorkommen. Die bekannten Namen von Sakristanen sollen nachfolgend stellvertretend für alle anderen namenlosen Kirchendiener stehen.

Von 1652 bis 1661 diente Johannes Michlig oder Michel. Aber noch 1693 und 1709 tritt unter dem gleichen Namen einer als Sakristan auf.

*Alois Schmidt (1871–1938): während 32 Jahren treuer Sakristan.*

*Paul Millius (1907–1965), Sakristan.*

Ob es derselbe ist? Am 7. September 1720 starb Christian Guotheil, der während 36 Jahren das Amt des Sakristans versah.

Ferner:
| | |
|---|---|
| 1720 | Christoph In Albon |
| 1723–1725 | Johann Wyssen |
| 1736 | Johann Michlig |
| 1771 | Ignaz Halabarter |
| 1788 | Moritz Gertschen |
| 1824–1828 | Johann Michlig (†1831) |
| 1832–1836 | Stefan Gertschen |
| 1849 | Moritz Walden |
| 1862 | Franz Gertschen |
| | Kaspar Bammatter |
| 1863–1865 | Alois Tscheinen |
| 1874–1893 | Auxilius Schmid (†1897) |
| | Moritz Walden (†1897) |
| 1899 | Augustin Schmid |
| 1906–1938 | Alois Schmidt (1871–1938)[685] |
| 1938–1942 | Ludwig Schmidt |
| 1942–1947 | Hugo Salzmann |
| | Elias Jossen, Gehilfe |
| 1947–1964 | Edmund Imhof (1925–1991) |
| 1964–1965 | Paul Millius (1907–1965) |
| 1965–1979 | Rudolf Stucky (1914–1994) |
| 1965–1989 | Helene Stucky, Gehilfin |
| 1979– | Reinhard Jossen, des Alfred |
| 1989– | Julia Seiler, Gehilfin |

*Reinhard Jossen, Sakristan seit 1979.*

# Pfarreisekretariat

Bis 1970 wurden die im Pfarramt anfallenden Büroarbeiten stets durch die Geistlichkeit ausgeführt. Dass dies mit der zunehmenden Bevölkerungszahl in Naters nicht mehr möglich war, begründete Pfarrer Pfaffen auf plausible Art im Januar-Pfarrblatt 1971 wie folgt: «Seit anfangs November 1970 haben wir eine Pfarrei-Sekretärin angestellt. Diese Massnahme drängte sich auf, damit wir Seelsorger mehr und mehr für die eigentliche Seelsorge frei würden, die uns bei dem rapiden Bevölkerungszuwachs unserer Gemeinde ohnehin über den Kopf zu wachsen droht.»

Wer sich als Aussenstehender nur eine halbe Stunde im Pfarreisekretariat aufhält, merkt bald, was an Wünschen und auch Sorgen durch Telefonate und Besuche von allen Seiten an die Sekretärin herangetragen wird und wieviel Geschick und Einfühlungsvermögen es für diesen Posten braucht. Jedenfalls haben die bisherigen Sekretärinnen diese Aufgaben im Teilpensum stets mit Bravour erfüllt. Sie verdienen es, namentlich erwähnt zu werden:

*Katharina Corsten-Reuters, Pfarreisekretärin seit 1991.*

| | |
|---|---|
| 1970–1976 | Lia Bammatter (1913–1993) |
| 1976–1991 | Claudia Rotzer-Bellwald |
| 1991– | Katharina Corsten-Reuters aus Aachen (Deutschland) |

# Kirchliche Vereine

Wie die Gemeinde, so hat auch die Pfarrei eine beträchtliche Zahl von kirchlichen Vereinen und Vereinigungen, die bis auf den Kirchenchor alle im 20. Jahrhundert entstanden. Es sind insgesamt 14, wobei der Cäcilienverein Birgisch im Kapitel «Rektorat Birgisch» vorgestellt wird. Sieben Vereine wurden nach längerer oder kurzer Zeit aufgelöst. Von den Vereinen gingen zahlreiche fruchtbare Impulse und Aktivitäten aus zum Wohl der Bevölkerung. Nachstehend führen wir die Vereine in chronologischer Reihenfolge auf.

## Gemischter Chor

Lange vor der Vereinsgründung des Kirchenchors sorgte die Pfarrei für das Orgelspiel und einen allerdings wohl bescheidenen Kirchengesang auf der Empore. So ist im Visitationsakt vom 18. Juli 1834 zu lesen, der Kirchenrat habe «die Sänger ausgewählt und für jeden einzelnen einen Lohn von 15 Batzen bestimmt; an diesem Lohn soll auch der Organist teilhaben»[686]. Im Kirchenratsprotokoll vom 28. Februar 1863 heisst es: «Am St. Josephstag, wenn die Prozession nach Hegdorn gehalten und das Opfer eingesammelt wird, erhält jeder Sänger eine Butelle [Butille] Wein und für 15 Centimes Brot, wenn das Opfer dieses bestreiten kann. In keinem Fall soll was zugesetzt werden. Der Rest von diesem Opfer gehört der Kirche.»[687] Im gleichen Jahr erhielten der Organist einen Jahreslohn von 48 Franken, der «Balgtreter» sechs Franken und alle Sänger zusammen 16 Franken, wobei der einzelne 2.15 Franken bekommen sollte.[688] Aufgrund dieser Angaben kann man ausrechnen, dass etwa sieben bis acht Sänger auf der «Singerlaube» das Lob Gottes erklingen liessen.

### Gründung und Strukturen

Die Gründung des Kirchenchors geht auf das Jahr 1881 zurück.[689] Die neun Vereinsgründer waren: Ludwig Albert, Stefan Eyer, Johann Gertschen, Johann Imhof, Benjamin Ruppen, Ludwig Walden, Salomon Walden, Alois und Xaver Werner.

*Gemischter Chor anlässlich der Primizfeier von Pascal Venetz am 22. Juni 1997 in der Kirche.* **1. Reihe (v.l.):** *Manuela Briand, Marie Ruffiner, Bernadette Jeitziner, Ruth Hildbrand, Yolanda Heinzmann, Margot Salzmann, Peter Werlen (Dirigent), Karin Gruber, Vreny Gertschen, Helga Jossen, Alice Walker, Marlies Pellanda, Martina Corminboeuf.* – **Zwischenreihe Mitte:** *Gilberte Ruppen, Elsbeth Jossen, Marianne Salzmann, Irene Karlen, Imelda Aufdereggen, Barbara Eyer, Odette Ritz, Monika Kummer, Rosemarie Imhof.* – **2. Reihe (v.l.):** *Lydia Carlen, Trudy Schwery, Therese Zenhäusern, Martha Zenhäusern, Lydia Gundi, Leny Jossen, Lisbeth Michlig, Beatrice Eyer, Clementine Walden, Antonella Jeitziner, Anny Perren.* – **3. Reihe (v.l.):** *Karin Carlen, Albert Diezig, Anton Heinen, Hans Eggel, Anton Imoberdorf, Hugo Eyholzer, Willy Zuber, Dr. Bernhard Walker, Moritz Walker, Felix Ruppen (des Max), Felix Ruppen (des Alois).* – **4. Reihe (v.l.):** *Louis Valsecchi, Hilar Kummer, Walter Zenhäusern, René Page, Alwin Salzmann, Georges Zurkinden, Moritz Zenklusen, Christoph Minnig, René Ruppen.*

Gemäss den Statuten bezweckt der Verein einen würdigen, den kirchlichen Vorschriften entsprechenden Kirchengesang. Des Weiteren pflegt er auch den weltlichen Gesang.

Der Gemischte Chor hat sich seit jeher dafür eingesetzt, dass bei allem materiellen Fortschritt geistige und kulturelle Werte, die Dorf und Gemeinschaft letztlich zusammenhalten, gefördert werden.

Der Verein übt einerseits die Funktion des Kirchenchors aus, nennt sich aber seit 1970, dem Eintrittsjahr in den kantonalen Sängerverband, Gemischter Chor. Er ist ferner dem Dekanatsverein Brig und dem 1893 gegründeten Oberwalliser Cäcilienverband angeschlossen. Dem Vorstand gehören an: Präses (der jeweilige Pfarrer), Präsident, Organist, Dirigent, Aktuar, Kassier und Materialverwalter.

Die Generalversammlung (GV) findet in der ersten Hälfte des Monats Januar statt. An der Durchführung dieses Anlasses hat sich im Laufe der Zeit wenig geändert. Es sind jeweils dieselben Traktanden: Rechenschaftsbericht des Vorstandes, Rückblick und Vorausschau des Dirigenten, Lob für fleissige und Kritik an säumigen Mitgliedern. Es folgen die obligaten Ansprachen der Vertreter der geistlichen und weltlichen Behörden sowie zum Schluss der gemütliche Teil. Zu einer GV gehören auch die fälligen Neuwahlen, die früher jedes Jahr durchgeführt wurden, in jüngerer Zeit aber alle drei Jahre stattfinden.

## Allgemeine Entwicklung
### 1881–1981

Bis zum Jahre 1922 fehlen die Protokollbücher, so dass wir über die näheren Geschehnisse der ersten Zeit nicht in allem unterrichtet sind. 1892 ist auch von einem «Sängermahl» die Rede, für das in der Kirchenrechnung der Betrag von 15 Franken zu Buche steht.[690] Etwa um die Jahrhundertwende dürften auch Frauen als Mitglieder hinzugekommen sein. Zwischen 1891 und 1910 muss es im Verein gekriselt haben, denn in diesem Zeitabschnitt fanden vier Oberwalliser Gesangfeste ohne Beteiligung der Natischer statt. 1918 trat der Chor dem Oberwalliser Cäcilienverband bei.

1925 reichte Dirigent Ludwig Eggel seine Demission ein und auch andere Mitglieder sind, wie Aktuar Ulrich Ruppen schreibt, «fahnenflüchtig geworden». Auf Bitten hin nahm Eggel seinen Posten wieder ein. Am 2. Mai 1930 versammelte sich der Verein zu einer Krisensitzung, da sowohl Präsident Albert Gertschen wie auch Dirigent Ludwig Eggel mitten im Vereinsjahr demissionierten. Es begann ein offener Streit, als der zurückgetretene Dirigent für die 9-Uhr-Messe einen Lehrerchor gründete, der vom offiziellen Kirchenchor bald als provokative Konkurrenz aufgefasst und deshalb bekämpft wurde. Man warf dem Lehrerchor vor, er nähme dem Kirchenchor die Mitglieder weg. Dank der geschickten Intervention von Pfarrer Tscherrig wurde der Lehrerchor 1938 aufgelöst.[691] In den folgenden Jahrzehnten traten im Verein kaum nennenswerte Unstimmigkeiten auf.

### Zum 100-jährigen Jubiläum 1981

Mit der Herausgabe der gediegenen Jubiläumsschrift «100 Jahre Gemischter Chor Naters 1881–1981» eröffnete der Chor das Jubiläumsjahr 1981. Mit einer vielbeachteten Orchestermesse in G-Dur für Soli von Franz Schubert und einem würdigen Festessen, verbunden mit einer Jubiläumsversammlung, beging der Gemischte Chor am 11. Januar 1981 den ersten Teil seiner Feierlichkeiten zum 100-jährigen Jubiläum, die sich über das ganze Jahr erstreckten. An der Jubiläumsversammlung würdigten viele Redner die Arbeit des Chors. Bei dieser Gelegenheit konnten Leo Eggel für seine 35-jährigen Dienste als Dirigent und Anton Riva

*1981 hat Dirigent Leo Eggel dem Gemischten Chor zum 100-jährigen Jubiläum diesen Sängerspruch komponiert und getextet.*

*Gemischter Chor. Fahnenweihe am 29. März 1998. Paten: Colette Pfammatter-Marty, Dr. Alfred Klingele. Am Ambo: Pfarrer Dr. Stefan Schnyder.*

für die Herausgabe der Jubiläumsschrift die Ehrenurkunden entgegennehmen.

Ein weiterer Höhepunkt des Zentenariums war das Wochenende vom 12. bis 14. Juni. 12. Juni: musikalische Darbietungen des St. Martinichors und des Orchestervereins Visp. 14. Juni: Dekanats-Cäcilienfest. Das Bettagskonzert des Oratorienchors Brig-Glis und des Kammerorchesters Oberwallis sowie die Requiemmesse mit Orchesterbegleitung an Allerseelen waren weitere bedeutende Anlässe.

## ‹Fermate›

Im Dezember 1989 gab der Gemischte Chor erstmals die Vereinszeitschrift ‹Fermate› heraus. Bis Ende 1997 erschienen 13 abwechslungsreich gestaltete Nummern. Darin wurden detaillierte Vereinsmitteilungen bekannt gegeben. Die Fermate in der Musik zeigt an, dass an dieser Stelle länger ausgehalten werden muss, und die Vereinsschrift erinnert daran, manchmal innezuhalten, um neue Ideen reifen zu lassen.

## Mitgliederzahl – Einheitskleidung – Musikkommission

Zählte der Verein 1881 neun Mitglieder, stieg die Zahl bis 1980 auf 73 an; in den letzten Jahren schwankte die Zahl zwischen 60 und 65 Personen. Mitgliederbestand 1998: 74 (46 Frauen und 28 Männer).

Am Patronatsfest, dem 23. September 1979, präsentierte sich der Chor erstmals in seiner gefälligen Einheitskleidung, die an diesem Tag gesegnet wurde.

1995 bildete der Gemischte Chor eine Musikkommission. Ihre Aufgabe besteht darin, dem Dirigenten bei der Programmwahl zur Seite zu stehen und Anregungen von den Chormitgliedern einzubringen.

## Vereinsfahne

Im Rahmen eines feierlichen Gottesdienstes am 29. März 1998 segnete Pfarrer Stefan Schnyder das erste Vereinsbanner. Zu Paten standen: Colette Pfammatter-Marty und Dr. Alfred Klingele (sie wurden 1999 zu Ehrenmitgliedern ernannt). Das Signet (Bassschlüssel) und die Beschriftung «GEMISCHTER CHOR NATERS» in Gold heben sich vorzüglich vom Dunkelblau, der Farbe der Einheitskleidung der Chormitglieder, ab. Die drei Turmspitzen verkörpern gemäss dem Gestalter der Fahne, Willy Zuber, den Kirchturm, das Chortürmchen und den Beinhausturm.

## Besondere Anlässe und Aufführungen

Seit 1889 fanden in Naters nicht weniger als 25 Primizen statt. Vor allem seit 1925 ist uns bekannt, dass der Chor bei diesen Feiern fast ausnahmslos eine jeweils neue Messe mit Orchesterbegleitung vortrug. Im Laufe der Jahrzehnte erfreute der Gemischte Chor die Kirchenbesucher mit seinen gesanglich hoch qualifizierten Darbietungen immer wieder. Als Beispiel seien die traditionellen Orchestermessen an Weihnachten genannt. 1975 lud der Chor erstmals zu einem eigentlichen Kirchenkonzert ein. Von da an konzertierte er in regelmässiger Folge, manchmal zusammen mit der Musikgesellschaft Belalp oder dem Jugendchor, den Natischer Singvögeln, dem Blattnerchor sowie mit auswärtigen Chören wie z.B. mit dem Männerchor von Brig und dem Kirchenchor von Dagmersellen/LU.

Einen Höhepunkt besonderer Art bildeten 1992 die vier Aufführungen der weltlichen Kantate «Carmina Burana» von Carl Orff (1895–1982) im Zentrum Missione. Dies war ein Grossanlass, der gleichzeitig eine beachtenswerte Gemeinschaftsleistung darstellte. Neben den Solisten wirkten unter der Gesamtleitung von Hansruedi Kämpfen folgende Chöre mit: Gemischter Chor Naters, Oberwalliser Lehrerchor, Männerchor Brig, Natischer Singvögel, grosses Orchester ad hoc sowie weitere Sängerinnen

und Sänger aus dem Oberwallis (rund 300 Mitwirkende).
Der Chor besuchte jeweils mit Erfolg die *Oberwalliser Cäcilienfeste* sowie jene des Dekanats Brig. Dreimal (1910, 1934 und 1971) organisierten die Chormitglieder die Oberwalliser Cäcilientagungen in Naters.
Bereits am 5. Juni 1923 nahm der Kirchenchor am *kantonalen Gesangfest* in Brig teil und errang dabei den zweiten Platz (Preis: Lorbeerkranz). Infolge seiner Mitgliedschaft im kantonalen Sängerverband ist seit 1970 die Teilnahme an den kantonalen Gesangfesten selbstverständlich. Bei diesen Auftritten seien die besten Bewertungen hervorgehoben: in Visp (1970) und Brig (1978) «sehr gut», in St-Maurice (1986) und Siders (1990) «excellent». Vom 1. bis 3. Mai 1998 ging in Naters mit Glanz und Glorie das 25. kantonale Gesangfest über die Bühne. Der Gemischte Chor von Naters leistete hier unter der Leitung des OK-Präsidenten Ambros Ritz ganze Arbeit. Rund 8000 Sängerinnen und Sänger besuchten das Fest: 115 Vereine, 15 Jugendchöre und 100 Kinderchöre. 1994 in Martinach waren es noch 5500 Teilnehmer. Rund zwei Drittel der Chöre reisten aus dem Unterwallis an. Höhepunkte gab es zahlreiche: etwa der Tag der Kinderchöre am Freitag, das zweiteilige Galakonzert (u.a. «Die St. Jodernkufe») am Samstag, der Gottesdienst am Sonntag, welchem Bischof Norbert Brunner vorstand und bei dem er ein viel beachtetes Kanzelwort sprach, und am gleichen Tag der grosse Umzug mit 97 Nummern. Nach Auskunft eines Jury-Mitglieds war die Qualität der Vorträge in Naters, verglichen mit dem nationalen Niveau, überdurchschnittlich.
Am *eidgenössischen Sängerfest* 1991 in Luzern erreichte der Chor die Note «sehr gut».
Zwischen 1922 und 1997 führte der Gemischte Chor sage und schreibe 34 Theater- und Singspiele auf, die wir alle im Kapitel «Theaterleben» aufführen. Besonders herausragend waren zweifelsohne 1976 das Musical «Der Schwarze Hecht» und 1997 das Lustspiel «Die kleine Niederdorf Oper».

# Auszeichnungen

Erst 1933 erwähnt das Protokoll, dass wöchentlich ein bis zwei Übungen abgehalten wurden. Die Zahl der jährlichen Proben mag um diese Zeit etwa bei 40 gelegen haben. In neuerer Zeit stieg die Zahl der Proben und Auftritte je nach programmierten Anlässen. Der durchschnittliche Probenbesuch lag beispielsweise im Jahre 1976 bei 77,5 Prozent.
Mitglieder, die jährlich bei nicht mehr als 10 Prozent der Proben und Aufführungen fehlen, erhalten für ihre Fleissleistung eine Auszeichnung (Becher oder Geschenk). Die Zahl der Mitglieder, die in den letzten zwei Jahrzehnten einen «Fleissbecher» erhielten, schwankt zwischen 16 und 29 pro Jahr. Langjährige treue Mitglieder werden gemäss nachstehender Übersicht wie folgt ausgezeichnet:

| Anzahl Jahre Mitgliedschaft | Auszeichnung | Ehrung durch |
| --- | --- | --- |
| 20 | Kant. Veteran/in (silbernes Abzeichen) | Verband Walliser Gesangverein |
| 25 | Zinnteller | Gemischten Chor |
| 35 | Eidg. Veteran/in | Schweizerische Chorvereinigung |
| 40 | Bene-merenti-Medaille Ehrenmitgliedschaft | Pfarrei/Bistum Gemischten Chor |

Zu Ehrenmitgliedern können auch jene ernannt werden, die sich in hervorragender Weise um den Verein verdient gemacht haben. Nachstehend nennen wir die Namen jener, die die höchste Auszeichnung, nämlich die Verdienstmedaille Bene merenti erhalten haben, und zwar in chronologischer Reihenfolge:

**bis 1980**
 1. Benjamin Ruppen
 2. Josef Werner
 3. Franz Werner
 4. Hermann Salzmann
 5. Andreas Schmid
 6. Rupert Heim
 7. Emil Brunner
 8. Daniel Salzmann
 9. Ludwig Salzmann
10. Hermann Zenklusen
11. Gottfried Eyer
12. Josef Walpen

**1981–1999**
13. Berta Eggel
14. Berta Eyer-Schmid
15. Elise Gertschen
16. Leo Eggel
17. Raffaello Ricci
18. Albert Salzmann
19. Elsbeth Gertschen
20. Arthur Eggel
21. Alex Ritz
22. Hubert Ruppen
23. Ruth Kimmig
24. Ignaz Mutter
25. Walburga Schwery
26. Hans Eggel
27. Lisbeth Michlig-Jossen

Die Mitglieder, die die Bene-merenti-Medaille erhalten, werden gleichzeitig zu Ehrenmitgliedern ernannt. Weitere Ehrenmitglieder sind aufgrund ihrer Verdienste um den Verein folgende Herren: Paul Perren, Ambros Ritz, Anton Riva, René Schmid und André Eyer.

# Ausflüge

Der erste protokollarisch festgehaltene Ausflug fand 1923 nach Blatten/Naters statt. Daselbst wurde bei der hl. Messe gesungen und anschliessend im Wirtshaus von Cäsar Eggel die GV abgehalten. Gegen fünf Uhr fuhr man mit dem Schlitten zu Tal. Es würde diesen Rahmen sprengen, wollten wir alle weiteren Ausflüge in Erinnerung rufen. Kleinere und grössere Spaziergänge lösten sich in einer gewissen Regelmässigkeit ab. Aus jüngerer Zeit seien aber vier grössere Reisen erwähnt: fünftägiger Aufenthalt in San Remo (1969), zweitägiger Ausflug nach Mainau-Kreuzlingen (1972), die je dreitägigen Fahrten ins Südtirol/Gardasee (1977) und nach Verona (1987). Meistens begnügte man sich mit einem eintägigen Ausflug in die nähere Umgebung.
Seit Ende der 70er-Jahre verschönert der Chor jedesmal in einem anderen Oberwalliser Ort mit seinem Gesang an einem Oktober-Sonntag die hl. Messe.

# Präsidenten/Präsidentin

Die Präsidenten des Gemischten Chors bemühten sich stets mit viel Geschick und grossem Einsatz um einen reibungslosen Ablauf des Vereinslebens. Vom ersten Präsidenten Benjamin Ruppen, der auf eine 60-jährige Mitgliedschaft zurückblicken konnte und der dem Verein volle 41 Jahre vorstand, wird erzählt, er habe eine Stimme gehabt «heller als Kristall». Oftmals begab er sich von Rischinen zu Fuss hinunter nach Naters zur Übung und kehrte nachts wieder heimwärts. Nachstehend das Verzeichnis der *Präsidenten*:

*1881–1922  Benjamin Ruppen (1866–1940), des Michael*
*1922–1931  Albert Gertschen (1897–1973)*
*1931–1932  Benjamin Ruppen (zum zweiten Mal)*
*1932–1938  Siegfried Imhof (1906–1978)*
*1938–1943  Andreas Schmid (1902–1969)*
*1943–1945  Pius Werner (1907–1986)*
*1946        Albert Salzmann (1906–1973)*
*1947–1948  Hugo Michlig (*1909)*

1948–1964  Rudolf Ritz
           (1912–1969)
1964–1974  Hans Eggel
1974–1983  Hilar Kummer
1983–1993  Felix Ruppen,
           des Alois
1993–1995  Elmar Gasser
1995–      Madlen
           Zuber-Venetz

*Madlen Zuber, erste Frau als Präsidentin des Gemischten Chors.*

## Dirigenten

### Xaver Werner: 1881 bis um 1906

Da die Protokolle der ersten Zeit fehlen, wissen wir nur die ungefähre Amtszeit seines Wirkens. (Vgl. Kapitel «Organisation ... der Gemeinde», unter «CVPN-Grossräte».)

### Anton Salzmann: ca. 1907 bis 1916

Vgl. Kapitel «Präsidenten», Nr. 129.

### Ludwig Eggel: 1916–1930

Ludwig Eggel (1888–1946) gehörte dem Lehrerstand an und war langjähriger Konsumverwalter. Seine Kenntnisse als Dirigent erwarb er im Lehrerseminar. Ausgestattet mit einem guten Musikgehör und einer wohlklingenden Baritonstimme, fand er willkommene Aufnahme im Männerchor Brig und im Kirchenchor Naters, dessen Dirigent er 1916 wurde. Er führte den Chor zu guten Erfolgen.

### Otto Zenklusen: 1930–1946

Gerade die 30er-Jahre waren für den Dirigenten Otto Zenklusen (1906–1978) eine schwierige Zeit, da – wie oben ausgeführt – vereinsinterne Querelen seine Kräfte zu lähmen schienen. Es war für ihn eine besondere Freude, dass er bei sechs Primizmessen eine Orchestermesse dirigieren durfte.

### Leo Eggel: 1946–1984

Er wurde am 6. Februar 1914 als Sohn des Ludwig und der Franziska Eyer geboren. Den ersten Kontakt mit der Musik erhielt er durch seinen Vater, der Lehrer und Chorleiter war (s.o.). Schon früh griff Leo zur Geige. Der Unterricht bei den anerkannten Musikern Charles und Georges Haenni im Lehrerseminar Sitten festigte seine Freude an der Musik und am Chorgesang. Er absolvierte eine Ausbildung zum Organisten und Dirigenten (vgl. auch Leo Eggel als Lehrer, Kap. «Schulen»). Im Kirchenchor, bei der Gestaltung der Kindergottesdienste (er schrieb und vertonte Kindermessen), in Theaterspielen, bei der Leitung der «Natischer Singvögel», deren Gründer und erster Dirigent er war, und in der Spielgruppe der «Natischer Spiisgyger» kamen seine vielfältigen Begabungen zur vollen Entfaltung.

*Dirigent Leo Eggel bei einem der ersten Kirchenkonzerte Mitte der 1970er-Jahre.*

Das Repertoire seiner Dirigentenzeit zeugt von fundierter Kenntnis der grossen Vielfalt kirchenmusikalischer Werke. Führten die früheren Dirigenten verschiedentlich neue Messen auf (z.B. von Brosig, Huber, Polleri usw.), änderte sich nach 1940 das Repertoire wesentlich (neue Messen: z.B. von Hilber, Fässler, Bucher usw.); man wagte sich auch an klassische Messen heran (z.B. «Missa brevis» in C-Dur von Mozart). An Pfingsten 1967 sang der Chor die Messe in F von Karl Pembaur, die vom Hörfunk übertragen wurde. Gerne erinnern wir uns noch, mit welchem Schwung und Elan Leo Eggel als Obolski in der Hauptrolle des Singspiels «Der Schwarze Hecht» im Jahre 1976 agierte. Hans Eggel brachte die Qualitäten des langjährigen Dirigenten Eggel im Jahre 1980 auf den Punkt: «Was die Chormitglieder an ihm besonders schätzen, ist, abgesehen von seinem musikalischen Können, die unermüdliche, lebensfrohe, vitale Art, mit der er den Chor bei Proben und Aufführungen leitet. Er begeistert und reisst mit. Seine lebendige Fröhlichkeit färbt die Sänger. Singend geben sie die Freude wieder. Leo Eggel leistet mit seinem Chor einen grossen Beitrag im musikalischen und kulturellen Schaffen von Pfarrei und Gemeinde Naters.»[692] Und der ehemalige Chorpräsident Hilar Kummer meinte treffend: «Leo Eggel gibt uns alles, und wenn nötig, wirft er uns sein Herz auf den Tisch.»

Für seine 40-jährige Chormitgliedschaft, davon 39 Jahre als Dirigent, wurde ihm 1984 die Verdienstmedaille Bene merenti überreicht. Gleichzeitig verlieh ihm der Gemischte Chor den seltenen Titel eines Ehrendirigenten. Am 30. Juni 1984 dirigierte Leo Eggel den Chor anlässlich seiner Verabschiedung zum letzten Mal. Zur Aufführung gelangte sein Lieblingswerk, die «Missa brevis» in C-Dur von W.A. Mozart. Chorpräsident Felix Ruppen über-

reichte dem scheidenden Dirigenten eine Uhr mit der Widmung «Zeit bringt Dank».
Es verwundert nicht, dass Leo Eggel am 18. Januar 1992 für seine Verdienste als Dirigent, Komponist, Theaterspieler, Lehrer und ortskundiger Führer den ersten, wohlverdienten Kulturpreis der Gemeinde Naters entgegennehmen durfte.

### Hansruedi Kämpfen: 1984–1991

Er wurde 1953 in Ausserberg geboren. Nach dem ersten Musikunterricht bei Oskar Lagger am Lehrerseminar in Sitten studierte er am Konservatorium Bern Orgel, Gesang, Chorleitung und Orchesterdirektion. Es folgte die musikwissenschaftliche und pädagogische Ausbildung an der Universität Bern, die er 1988 an der Akademie für Schul- und Kirchenmusik in Luzern mit dem Mittelschullehrer-Diplom abschloss. Seit 1983 amtet Hansruedi Kämpfen als Musiklehrer im Lehrerseminar in Sitten/Brig und als Projektleiter für die musikalische Lehrerfortbildung. Nach seiner ersten Organistenstelle in Raron dirigierte er den Kirchenchor Turtmann (bis 1984) und danach den Gemischten Chor Naters bis 1991. Heute leitet er den Oberwalliser Seminarchor, den Oberwalliser Lehrerchor und das Oberwalliser Vokalensemble.
In Naters führte er die Arbeit seines Vorgängers ausgezeichnet weiter und geleitete den Chor zu vielen gesanglichen Höhepunkten. Seine aufgeführten Orchestermessen sind inzwischen zur Tradition geworden. Kämpfen studierte viele neue Stücke ein, darunter unter anderen 39 geistliche (ohne Messen) und 18 weltliche Werke.
Seine Fähigkeit, andere Musik erleben zu lassen, seine grenzenlose Geduld sowie sein mitreissendes Temperament machen ihn zum idealen Lehrmeister. 1991 wurde Hansruedi Kämpfen zum Musikdirektor und Chorleiter von Brig ernannt. 1997 erfolgten seine Ernennung zum Präsidenten der Musikkommission der Schweizerischen Chorvereinigung (SCV) und die Wahl zum Vorstandsmitglied im «Europa Cantat» (Chöre von 35 Landesverbänden).

### Peter Werlen: 1991–

Er wurde am 25. Februar 1968 in Obergesteln geboren und besuchte das Lehrerseminar in Sitten. Musikalischer Werdegang: Klavier- und Orgelunterricht sowie Ausbildung in Chorleitung 1988–1991, Studium an der Akademie für Schul- und Kirchenmusik in Luzern mit Abschluss der Dirigentenausbildung B.
*Musikalische Tätigkeit:* Organist in Oberwald und Obergesteln 1983–1989, Dirigent der Kirchenchöre von Oberwald und Obergesteln 1986–1989, des Männerchors Gunzwil/LU 1989/1990, des Kirchenchors St. Theodul in Sitten 1989–1991, des Männerchors Brig 1991/1992 und des Kirchenchors Raron 1992–1998; Stellvertretungen am Lehrerseminar St. Ursula in Brig und Vizedirigent des Oberwalliser Lehrerchors 1988–1996, Chorleiterassistenz beim Walliser Kammerchor 1993–1996, Leiter des Jugendchors an der Orientierungsschule in Siders 1993–1998.
*Aktuelle musikalische Tätigkeit:* seit 1990: Leiter des Vokalensembles «da capo», Lehrer für Chorleitung an der Allgemeinen Musikschule Oberwallis, Probenarbeit bei verschiedenen Chören; Dirigent des Gemischten Chors Naters seit 1991, Leiter der Singschule Oberwallis seit 1993, Musiklehrer an der Orientierungsschule Visp seit 1994, Leiter des Konzertchors «Aargauer Lerche der Engadiner Kantorei» (Mitglieder aus zehn Kantonen) seit 1998. – Peter Werlen führt seit 1991 das Werk seines Vorgängers kompetent weiter.

## Organisten

Organisten gab es freilich schon vor der Gründung des Kirchenchors. Im Jahre 1864 begegnet uns in der Person von *Josef Walden (1821–1865),* Sohn des Josef und der Rosa Hess aus Münster, der erste in den Akten namentlich genannte Organist.[693] Nach dem frühen Tod von Josef Walden am 25. August 1865 übernahm sein jüngerer Bruder *Moritz Walden (1824–1897)* dieses Amt. Er ehelichte Katharina geb. Huber, die ihm elf Kinder schenkte. Moritz übte während einiger Jahre den Lehrerberuf aus, war auch Landjäger und Sakristan.[694] 1883 amtete er sicher noch als Organist, denn in diesem Jahr zahlte ihm die Pfarrei einen Jahreslohn von 140 Franken.[695] Auf Moritz Walden folgte dessen Sohn *Salomon Walden (1859–1915).* Wann dieser seinen Vater in der Organistentätigkeit ablöste, wissen wir nicht, sicher aber spätestens 1897, im Todesjahr von Moritz Walden.
Offenbar beherrschte Salomon Walden die Kunst des Orgelspiels nicht zufrieden stellend. Als die Pfarrei nämlich 1905 die erste pneumatische Orgel in das bestehende Gehäuse einbauen liess, beschloss der Kirchenrat am 21. Oktober dieses Jahres, am Tag vor der Orgelweihe, dem bisherigen Organisten Salomon Walden den Gebrauch der neuen Orgel zu untersagen, «da er dem Werk nicht gewachsen sei»[696]. Kurzum: Walden wurde abgesetzt.

### Franz Werner: 1906–1974

Porträtiert im Kapitel «Organisation ... der Gemeinde», unter «Gemeindeschreiber».

### Karl Gertschen: 1974–1991

Karl Gertschen (*19.8.1925, †18.7.1991) wurde als Sohn des Othmar und der Josefine Eyer geboren. Er war Architekt und mit Marie geb. Escher verheiratet. Während 36 Jahren übte er das Amt eines Organisten aus: 1956–1974 in Ried-Brig, 1974–1991 in Naters. Am 5. Januar 1991 ernannte ihn der Gemischte Chor zum Ehrenmitglied. Die feierliche Verabschiedung am 2. März desselben Jahres erfolgte in der vollbesetzten Kirche, in welcher der Chor die «Kleine Orgelsolo-Messe» von J. Haydn sang.

Mit grosser musikalischer Begabung ausgestattet, spielte Karl Gertschen die Königin der Instrumente, wie es nur grossen Könnern vergönnt ist. Vor allem beherrschte er die Kunst der Chorbegleitung. Menschlichkeit, Zuverlässigkeit und Bescheidenheit zeichneten ihn aus.

### Hilmar Gertschen: 1991–

Er kam am 29. Februar 1960 als Sohn des Richard (alt Staatsrat) und der Trudi geb. Werner zur Welt. Nach den humanistischen Studien im Kollegium Brig (Matura B) erfolgte die musikalische Ausbildung, indem er folgende Schulen besuchte: Oberwalliser Musikschule, Musikakademie Basel (1984 Orgel-Lehrdiplom und 1986 Orgel-Konzertdiplom), Akademie für Schul- und Kirchenmusik Luzern, einschliesslich Ausbildung in Liturgie, Hymnologie und Gottesdienstgestaltung.

Neben seiner Tätigkeit als Organist in der Kirche von Naters lehrt Gertschen an der Oberwalliser Musikschule und ist Konzertorganist im In- und Ausland (z.B. 1996 in Russland) sowie Orgelbauberater. Des Weiteren bildet Hilmar Gertschen junge Organisten für unsere Pfarreien aus. 1996 gab er zusammen mit Rudolf Meyer die CD «Orgelmusik à la française auf der Füglister-Orgel der Kollegiumskirche in Brig» heraus. Er ist seit 1995 verheiratet mit der Apothekerin und Organistin Gabriele Linkhorst aus Marburg (Deutschland).

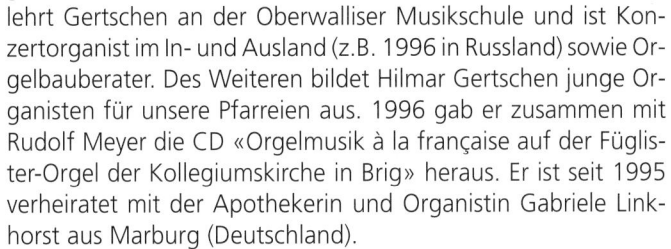

Die virtuos vorgetragenen Orgelstücke zu Beginn, während und am Schluss der Gottesdienste sind wahre Meisterwerke. Unsere Orgel ist in den Händen eines grossen Könners. Immer wieder organisiert Hilmar Gertschen im Rahmen des «Orgelforums Oberwallis» in der Pfarrkirche von Naters Orgelkonzerte, bei denen er oft selbst, aber auch seine Frau Gabriele Gertschen auf dieser einzigartigen Orgel konzertiert. Im Jahre 1993 z.B. waren nicht weniger als fünf solcher Konzerte zu hören. Seit 1985 findet alljährlich in der Fastenzeit ein Konzert statt, wobei seit 1992 die Musik umrahmt wird von Meditationstexten und in jüngster Zeit auch von Bildern von Edelbert W. Bregy.

Wir können diesen Abschnitt über die Organisten nicht schliessen, ohne die treuen Hilfskräfte beim Orgelspiel, Leo Eggel, Gabriele Gertschen und Georges Zurkinden, lobend zu erwähnen.

## Unter dem Patronat des Gemischten Chors

Die Natischer Singvögel und der Jugendchor stehen unter dem Patronat des Gemischten Chors, weshalb wir diese zwei Vereine nachstehend anführen.

### Natischer Singvögel

Auf Initiative des Gemischten Chors und mit Blick auf dessen Nachwuchs wurde anlässlich des 100-jährigen Jubiläums von 1981 der Kinderchor (3. bis 6. Primarklasse) Natischer Singvögel ins Leben gerufen. Er ermöglicht seither interessierten Kindern, auch ausserhalb der Schule einen frischen und frohen Gesang zu pflegen.

Chordirigent Leo Eggel nahm sich in den Jahren 1981–1985 mit viel Liebe, Engagement und Verständnis der fröhlichen Sängerschar an. 1986 übergab er den Dirigentenstab an Christoph Mutter von Ernen, Burger von Niederwald, Primarlehrer in Naters. Auch er leitet seither den Kinderchor mit viel Einsatz und Geduld. Um die administrativen Belange kümmerte sich von 1981 bis 1991 als Teamchef Lehrer Alwin Salzmann in Zusammenarbeit mit mehreren Lehrkräften. Seit 1992 übt Lehrerin

*Christoph Mutter, Dirigent.*

Manuela Briand-Grand diese Funktion aus. 1996 feierte der Kinderchor sein 15-jähriges Bestehen.

Die Natischer Singvögel erfreuten das Publikum wiederholt mit Konzerten, Singspielen und Liederabenden, manchmal zusammen mit anderen musischen Vereinen. Gerne erinnern wir uns z.B. an die Singspiele «Fröhlicher Jahrmarkt» von F. Zipp, 1991 aufgeführt, oder «Der Räuber Knatter-Ratter» von M. Hottiger, 1996 gezeigt. Während des Jahres verschönert der Kinderchor viele weltliche und kirchliche Anlässe (z.B. Gestaltung der Erstkommunionmesse und anderer Gottesdienste, Maisingen, Hochzeiten, Betagten-Weihnachtsfeier). Weiter nahmen die Singvögel an den kantonalen Gesangfesten in St-Maurice (1986), Siders (1990), Naters (1998) sowie am ersten Oberwalliser Kinderchortreffen 1994 in Visp teil. – *Mitgliederbestand 1998: 50.*

### Jugendchor

Nachdem der Jugendchor der Orientierungsschule Naters erstmals 1976 gegründet worden war und danach unter der Leitung von Horst Scheuber während einigen Jahren erfolgreich auftrat, stellten sich in der Folge Nachwuchsprobleme ein, so dass es still wurde um die junge Sängergruppe. 1983 nahm sich der Gemischte Chor von Naters des Jugendchors an. Neuer Dirigent wurde Stefan Ruppen. Anfang des Jahres 1984 erfolgte offiziell die Neugründung des Chors.

Das Ziel des Jugendchors ist es, bei Jugendlichen zwischen 13 und 16 Jahren die Freude am Gesang zu wecken, um sie nach der obligatorischen Schulzeit als Nachwuchs dem Gemischten Chor zuzuführen. Der Jugendchor wusste durch sein erfrischendes Singen und Musizieren immer wieder die Zuhörer zu begeistern. Wir zählen die wichtigsten Darbietungen auf.

1984: erstes Konzert. 1985: Musical «Hair», bei dem das Publikum einige Male «Zugaben» verlangte. 1986: kantonales Gesangfest in St-Maurice; Zitat der Jury: « (...) erfreuliche Produktion, welche die abgetretenen Wege verlässt». 1989: Popkantate «Josef» von A. Lloyd Webber. 1990: Mitwirkung bei «Arche Nova» von M. Flanders. 1991: Minimusical «Dracula» von C. Blyton, zusammen mit einer Ad-hoc-Band und beigezogenen Solisten. 1993: «Hans und Grete», Rockmusical von M. Sievritts. 1994: Jubiläumskonzert (10 Jahre Jugendchor). 1995:

Rockmusical «Musicbox» von R. Nykrin und St. Ruppen. Im Laufe der Jahre sang der Jugendchor bei vielen kirchlichen und weltlichen Anlässen. Unvergessen bleiben z.B. die Weihnachtskonzerte. All diese Vorführungen fanden unter der dynamischen und kompetenten Direktion von *Stefan Ruppen* statt.

Die Direktion des Jugendchors übernahm 1998 *Adrian Zenhäusern*. Er wurde 1973 in Bürchen geboren. Nach dem Lehrerseminar in den Jahren 1993–1996 erfolgte die Ausbildung zum Schulmusiker und Chorleiter an der Akademie für Schul- und Kirchenmusik in Luzern mit Abschluss des «Schulmusik I Diploms».

# Männerverein

## Gründung und Zweck

Der katholische Männerverein wurde am 1. Oktober 1905 von 50 Männern gegründet.[697] Gemäss Statuten vom 11. November 1979, die jene vom 8. April 1943 ersetzen, sind die Aufgaben des Vereins insbesondere:
1. Weiterbildung in Glaubens- und Lebensfragen, vor allem im Bereich der Ehe, Familie und Erziehung sowie in Belangen des kirchlichen und öffentlichen Lebens,
2. Teilnahme am Leben der Ortskirche,
3. Pflege der Gemeinschaft, der Solidarität und der gegenseitigen Hilfe.

Der Verein sucht seine Ziele zu erreichen durch Kurse, Vorträge, Tagungen, Bildungsabende usw. Dem fünfköpfigen Vorstand gehört der Ortspfarrer oder ein von ihm bestimmter Priester als Präses an. Bisher amtete stets der Pfarrer als Präses des Vereins. Nur von 1943 bis 1956 wurde er vertreten durch die Kapläne Augustin Schnyder und Alois Walker.

## Auflösung und Neugründung

Am Ende des ersten Jahres schrieb der Protokollführer Stephan Eyer, der Verein habe zwar recht gute Arbeit geleistet, aber «übertan» habe er sich nicht. In der Vorstandssitzung vom 22. April 1926 wurde beschlossen, «den Männerverein einstweilen eingehen zu lassen, da infolge Interesselosigkeit keine Versammlungen mehr möglich waren». Das Vereinsvermögen wurde statutengemäss der Pfarrkirche überwiesen. Im Pastoralbericht vom 20. April gleichen Jahres antwortete Pfarrer Emil Tscherrig auf die Frage «Wie steht es um die Vereine?»: «Männerverein schläft.»

Seit 1919 gab es in Naters auch einen katholischen Arbeiterverein (vgl. weiter unten). 1941 stellte sich dieser Verein die Frage, «ob man nicht als Männerverein mehr wirken könnte». Am 28. Februar 1943 beschloss die Generalversammlung des Arbeitervereins:
1. den Kreis des Vereins zu erweitern zu einem Männerverein,
2. den Arbeiterverein als Untersektion im Männerverein weiterleben zu lassen,
3. das Vereinsvermögen dem Männerverein zu übergeben,
4. die Sterbekasse im Männerverein wie bisher als selbstständige Kasse weiter bestehen zu lassen.

Eine ad hoc gebildete Gruppe von Männern machte sich an die Ausarbeitung der neuen Statuten. Der 4. April 1943 wurde zum eigentlichen Männertag ausgerufen. Zuvor erging per Post ein Aufruf an 353 Familien. Darin wurden die Männer zu einer nachmittäglichen Versammlung eingeladen. Bereits vormittags hob der bischöfliche Kanzler Josef Bayard in seiner Predigt die Bedeutung des Männerapostolats hervor. An der nachmittäglichen Versammlung wurden die neuen Statuten angenommen und die Neugründung des Männervereins beschlossen. 62 Männer erklärten ihren Beitritt zum Verein. Im neu gewählten Vorstand, nun präsidiert von Alois Gertschen, nahmen auch zwei Vertreter des Arbeitervereins als Untersektion Einsitz. Allmählich sprach man nur mehr vom Männerverein.

1950 zählte der Verein 131, 1973 250 und 1997 261 Mitglieder.

## Vortragstätigkeit im Zentrum

Im Männerverein stand und steht die Vortragstätigkeit stets im Zentrum der Aktivitäten. Den langen Reigen der Vorträge im Männerverein eröffnete am 4. März 1906 Staatsarchivar Leo Meyer. Er sprach über die Obstkultur und erwähnte dabei, dass Karl der Grosse ein eifriger Förderer der Obstbaumpflege gewesen sei. Im zweiten Vortrag referierte Tierarzt Amherdt von Glis über die Jungviehaufzucht. In der Folge behandelten die Pfarrer

*Vorstand des Männervereins. Aufnahme von 1998. Von links: Klaus Guntern, Kurt Regotz, Klaus Mutter, Präsident; Dr. Stefan Schnyder, Präses; Herbert Eyer, Jean-Pierre Schnidrig.*

immer wieder geschichtliche Themen zur Gemeinde und Pfarrei Naters, so vor allem die beiden bekannten Historiker Dionys Imesch und Ernst Zenklusen. Aber auch die Pfarrer Paul Grichting und Josef Pfaffen pickten Rosinen aus dem geschichtsträchtigen Naters heraus.

In den letzten Jahrzehnten bürgerte es sich ein, dass der Präses an der GV die Vortragsreihe des Jahres eröffnet. Die weiteren vier bis fünf Referate wurden und werden vielfach von anderen kompetenten Männern der Theologie, der Politik und der Wissenschaft gehalten. Bei diesen Vorträgen kamen bisher die vielfältigsten aktuellen Themen zur Sprache. Hier einige Beispiele:
– Die Bedeutung der Familie in Kirche und Staat
– Das wahre Gesicht des Kommunismus
– Christliche Gewerkschaften
– Das Walliser Theater
– Atom
– Die Schweiz als Vorbild für Europa in 20 Jahren
  (1978, Referent alt Bundesrat Roger Bonvin)
– Safrankulturen in Mund
– Römische Erinnerungen

In den ersten Jahren erschallte am Ende der Versammlung aus den Männerkehlen stets das Lied «Rufst du mein Vaterland». Durch alle Jahrzehnte hindurch nahmen an den Männerversammlungen auch immer wieder die Spitzen der kommunalen Behörde teil. So wurde der Männerverein, vor allem nach 1943, immer fester im Dorfleben verankert und dessen Versammlungen bildeten eine bedeutende Plattform des Gedankenaustausches. Nicht wenige Male rühmten Referenten den Natischer Männerverein als Musterbeispiel fürs Oberwallis.

Im Laufe der Jahrzehnte gab es viele Versammlungen, an denen 90 bis 100 Männer teilnahmen, und dies gewöhnlich an einem Sonntagnachmittag.

Die Referenten finden stets aufmerksame Zuhörer. Einmal soll es allerdings vorgekommen sein, dass ein leicht beschwipster Mann beim Vortrag von Professor Albert Schnyder zum Thema «Kommunismus» einschlief. Als der bekannte Rhetoriker Schnyder mit kräftiger und gehobener Stimme sagte: « (...) und dann kam der gottlose Kommunismus», da erwachte jener Mann und rief: «Bravo!».

## Aktionen und Impulse

Im Laufe der Jahre gingen von den Reihen des Vereins viele Aktionen und Impulse aus. Hier einige Beispiele: 1907 schaffte der Verein einen Tragsessel und drei Bettpfannen für Kranke an. Die gleiche Versammlung beschloss, jedem Vereinsmitglied an eventuelle Spitalkosten 50 Franken beizusteuern. Des Öfteren besuchten Männer im St. Jodernheim Exerzitien. 1946 erschienen beispielsweise daselbst 90 Mann aus Naters zu einem Einkehrtag. Nicht wenige Male organisierte der Männerverein das Kirchenlotto und das Geimerfest oder machte in den Versammlungen wertvolle Anregungen für das Gemeinde- und das Pfarreileben. Einer der wichtigsten Impulse, der vom Männerverein ausging, war wohl die Gründung der Alterssiedlung Sancta Maria. Dies führen wir an anderer Stelle näher aus.

## Spaziergänge – Wallfahrten

Beliebt sind auch die regelmässigen Spaziergänge. Seit 1970 findet abwechslungsweise in einem Jahr ein Ausflug, im nächsten eine Wallfahrt statt.

## Spaziergänge

Die Schriftführer geben seit 1948 folgende Zielorte an:
1948  Raron
1958  Zeneggen–Eischoll
1960  Münster
1963  Saas-Fee
1967  Savièse
1970  Montreux
1972  Evolène
1974  Oberwald
1976  San Domenico (Italien)
1978  Torrentalp
1980  Macugnaga (Italien)
1982  Chamonix (Frankreich)
1984  Evolène
1986  Ballenberg/BE
1988  Formazzatal (Italien)
1990  Sitten (Provins)
1992  Disentis
1994  Orta (Italien)
1996  Chamoson
1998  Grimentz

## Wallfahrten

1955  Gstein/Mund
1971  Trämel
1973  Trämel
1975  Gstein/Mund
1977  St-Maurice
1979  Heilig Kreuz/Binn
1981  Sitten
1983  Kühmatt/Lötschen
1985  Ernerwald
1987  Ritzingerkapelle
1989  Zur Hohen Stiege/Saas
1991  14 Nothelfer/Zeneggen
1993  Kühmatt/Lötschen
1995  Ringackerkapelle/Leuk
1997  Kapelle Stahlen, Reckingen

## Präsidenten

1906–1914  Dionys Imesch
1915–1926  (Protokolle fehlen)
1926–1942  (Verein aufgelöst)
1943–1947  Alois Gertschen
1947–1951  Josef Imhof
1951–1958  Josef Walpen
1958–1966  Arthur Eggel
1966–1970  Leander Biffiger
1970–1974  Edmund Cathrein
1974–1979  René Ruppen, des Alois
1979–1989  René Salzmann-Venetz
1989–1991  Bruno Amherd
1991–      Klaus Mutter

# Frauen- und Müttergemeinschaft

Wohl kaum ein anderer Verein hat bei der Natischer Bevölkerung derart in die Breite und die Tiefe gewirkt – oft in aller Stille und Bescheidenheit – wie die Frauen- und Müttergemeinschaft (FMG). Sie ist mit ihren 1115 eingeschriebenen Mitgliedern (1998) mit Abstand der grösste Verein des Dorfes. An der GV 1993 nahmen erstmals rund 700 Frauen teil. Die FMG Naters bildet im Oberwallis wohl die grösste Formation auf Vereinsebene. Obwohl die Protokolle von 1918 bis 1958 gemäss Aussagen älterer Frauen im Jahre 1968 verloren gingen, können wir uns annähernd ein Bild machen über die Aktivitäten dieses Vereins. Die geschichtsbewusste Anna Karlen-Michlig (*1916) half uns dabei mit ihren persönlichen Aufzeichnungen.[698]

*Berta Salzmann-Schmid (1886–1949).*

## Gründung

Am 1. April 1917, im letzten Amtsjahr von Pfarrer Dionys Imesch in Naters, hielt die Sekretärin des Katholischen Frauenbundes der Schweiz den zahlreich erschienenen Frauen von Naters einen «packenden Vortrag über die Pflichten der Frauen in der heutigen Zeit».[699] Nachdem am 22. April 1917 die ausgearbeiteten Statuten vorgelegt worden waren, erklärten 58 Frauen ihren Beitritt zum neu gegründeten Verein.

**Der erste Vorstand der Frauen- und Müttergemeinschaft**

*Seraphine Ruppen-Salzmann (1869–1927), Präsidentin.*

*Karoline Jossen-Lerjen (1857–1921).*

*Cécile Salzmann-Feller (1887–1934).*

*Katharina Salzmann-Lochmatter (1884–1953).*

## Ziele und Aufgaben

Die Statuten von 1917 mit ihren neun Artikeln waren wohl schon wenige Jahrzehnte nach ihrer Abfassung nicht mehr aktuell. Trotzdem erhielt der Verein erst im Jahre 1979 völlig neue Statuten, die 1995 einer kleineren Revision unterzogen wurden. Wir fassen das Wichtigste aus dem Inhalt kurz zusammen.
Die Katholische Frauen- und Müttergemeinschaft ist ein Ortsverein des Katholischen Frauenbundes Oberwallis und somit dem Schweizerischen Katholischen Frauenbund (SKF) angeschlossen. Die FMG ist ein Zusammenschluss von Frauen, die aus christlicher Grundhaltung ihre Verantwortung und ihren spezifischen Dienst in Ehe und Familie, in Kirche und Gesellschaft zu erfüllen suchen. Die Aufgaben des Vereins sind insbesondere:
– Förderung der Persönlichkeitsbildung der Frau
– Weiterbildung in Glaubens- und Lebensfragen
– Pflege der Gemeinschaft und der gegenseitigen Hilfe.

Der Verein sucht seine Ziele zu erreichen durch:
– aktive Teilnahme am Leben der Pfarrei
– Weiterbildung auf religiöser Ebene
– Kurse, Tagungen und Vorträge
– soziale Dienste: Mütter- und Familienfürsorge, Betagtenarbeit, Krankenbesuche und Mütterberatung
– Angebote für bestimmte Personenkreise, z.B. Mütter von Kleinkindern, Alleinstehende, Betagte, Witwen usw.

Die Amtsdauer des Vorstandes beträgt zwei Jahre. Der Ortspfarrer oder ein von ihm bestimmter Priester gehört von Amtes wegen dem Vorstand als geistlicher Leiter (Präses) an. Dieses Amt hielt bisher der jeweilige Pfarrer inne.

## Tätigkeiten

Die FMG ist bis auf den heutigen Tag ein äusserst aktiver Verein, eine Gemeinschaft, die durch alle Jahrzehnte hindurch kaum je «Lähmungserscheinungen» oder Stagnation aufwies. Schon Pfarrer Tscherrig schrieb im Pastoralbericht von 1926: «Der Mütterverein blüht.»
Neben der religiösen Weiterbildung betrachtet es der Verein seit jeher als seine hehre Aufgabe, im sozialen Bereich tätig zu sein. Den Verkündheften zufolge führte der Mütterverein in den 1940er- und den 1950er-Jahren ab und zu Lottos «zugunsten der Armen» durch. Pfarrer Ernst Zenklusen berichtet beispielsweise im September-Pfarrblatt von 1958: «Hauptaufgabe des Müttervereins ist die Sorge um die Kranken und Armen. In diesem Jahr machten die Mütter von Haus zu Haus eine Sammlung

*Vorstand des Müttervereins (1998). Von links: Elisabeth Blanc, Anita Walden, Ursula Bregy, Gaby Fux, Präsidentin, Dr. Stefan Schnyder, Präses, Marcella Kraft, Evelyne Summermatter, Madlen Schmidli.*

für die Armen. Seit jeher gedenkt man an Weihnachten der alten und kranken Menschen zuhause, im Altersheim und im Spital.»
Seit 1976 erfreuen die Frauen die Insassen der Alterssiedlung Sancta Maria durch ihre regelmässigen Besuche. In den Sommermonaten werden die Betagten einmal pro Woche zu einem kleinen Spaziergang abgeholt. Alle zwei Jahre wird diesen an einem nachmittäglichen Ausflug, begleitet durch die Frauen des Vorstandes, ein Zvieri offeriert. Bis zur Gründung der Alterssiedlung führte die FMG regelmässig Betagtennachmittage durch, die seit 1976 durch die Pro Senectute organisiert werden.
Die der Frauen- und Müttergemeinschaft Naters angegliederte Gruppe Birgisch unterstützte 1994 die Heilpädagogische Schule in Glis mit einer Spende in der Höhe von 6000 Franken. Diesen stattlichen Betrag hatten die engagierten Birgischer Frauen bei einem Bazar zusammengebracht.
Zur Vorbereitung von Primizen waren die Frauen und Mütter stets mit von der Partie. Anfangs der 50er-Jahre wurde die Mütterberatung fest eingeführt. In den ersten Jahrzehnten seines Bestehens besorgte der Verein regelmässig die Friedhofarbeiten. Auch Nähkurse werden jedes Jahr durchgeführt. Weitere Tätigkeiten sind: Vorverkauf der Lottokarten für das Kirchenlotto, einmal im Jahr eine gründliche Kirchenreinigung, das Bügeln und Flicken der Kirchenwäsche, Finanzierung und Dekorierung der Taufkerzen, Instandstellung der über 100 Erstkommunionkleidchen usf.
In religiöser Hinsicht beteiligen sich die Frauen und Mütter neben den üblichen Messfeiern und Andachten auch an Exerzitien, wallfahren seit dem Bruder-Klaus-Jahr 1987 alljährlich im April nach Geimen und nehmen regelmässig an Wallfahrten nach Einsiedeln teil.
Die alle zwei Jahre stattfindende, minutiös vorbereitete Generalversammlung, an der seit Beginn der 80er-Jahre auch eine Vertretung des Gemeinderats zugegen ist, wird für alle Teilnehmerinnen immer zu einem grossen Gemeinschaftserlebnis. Neben den üblichen Traktanden bringen Frauen aller Altersstufen durch Gesang, Reigen und Sketches jeweils viel Humor und Begeisterung in die gut gelaunte Versammlung.

*GV 1997 im Zentrum Missione: über 700 Frauen und Mütter nahmen daran teil.*

## Vortragstätigkeit

Seit seiner Gründung hält der Verein regelmässig Versammlungen ab, in denen Vorträge gehalten werden. Hauptreferent der FMG war und ist stets der Präses. Immer wieder sprechen auch andere kompetente Referenten über Spezialgebiete zu den Frauen. Die Versammlungen werden gut besucht. Referate über medizinische Fragen finden jeweils das grösste Interesse. Aus der grossen Palette der Vortragsthemen seien einige Beispiele erwähnt.
1927–1960: Kinderpflege – Selbstversorgung und Heimarbeit – Über die Hl. Schrift – Filme über Rom, Fatima und Lourdes.
1961–1980: Ehefragen – Wie klären wir unsere Kinder auf? – Verstehen wir unsere Jugend noch? – Würde und Bürde des Mutterseins – Das Heilige Land.
1981–1995: Krebskranksein, was tun? – Heute noch den Rosenkranz beten – Depressionen – In der Familie den Glauben leben und weitergeben.

## Mütterzirkel

Am 16. Februar 1973 wurde in Anwesenheit von 90 Frauen der Mütterzirkel gegründet. Dieser arbeitet selbstständig, ist aber der Frauen- und Müttergemeinschaft angegliedert. Es erwies sich als richtig, für die jungen Frauen und Mütter etwas Eigenständiges ins Leben zu rufen. Ziele und Aufgaben des Mütterzirkels sind: Kontakte untereinander, gemeinsame Spiel- und Sporttage, Besuch von Kursen, Ausstellungen, Theater, Bibelkurse, Familienausflüge, Advents- und Nikolausfeiern, Kinderbasteln usw. Am Anfang waren es vier Gruppen, deren Zahl bis 1998 auf 17 anwuchs. Jede Gruppe wird von zwei Leiterinnen betreut.

Eine religiöse Vertiefung der Gemeinschaft bilden auch die gemeinsam gestalteten Gottesdienste und Weihnachtsfeiern zusammen mit den Kindern.

Dank der Initiative von Mayette Di Vincenzo wurde 1975 auch eine italienische Gruppe gegründet, die sich problemlos in die grosse Gemeinschaft integriert hat.

Als Hauptverantwortliche aller Zirkelleiterinnen amtete seit der Gründung Adelgunde Franzen. Ihre Nachfolgerin ist seit 1991 Trudy Bammatter.

Bei den engagierten jungen Frauen und Müttern werden die Pflege der Gemeinschaft und die gegenseitige Hilfe gross geschrieben. Sie handeln nach dem Motto: «Nit zwit springu, ds Natersch chamu alles findu.»

## Witwengruppe

Am 25. Oktober 1979 wurde in Anwesenheit von 60 Frauen die Witwengruppe aus der Taufe gehoben. Auch diese Gruppe arbeitet im Allgemeinen selbstständig, gehört aber dem Mütterverein an. Hauptinitiantinnen waren Trudy Weber, Julia Seiler und Belly Ruppen. Diese Gruppe trifft sich monatlich. Die Veranstaltungen wechseln in bunter Reihenfolge. Es werden z.B. Advents- und Weihnachtsfeiern gestaltet, auch Kreuzwegandachten fehlen nicht. Der Frühjahrsausflug und der alljährliche Fastnachtshock sind zur Tradition geworden.

## Gesangsgruppe

Seit 1990 trifft sich eine Gruppe von Frauen einmal monatlich zu einer Gesangsprobe. Diese Sängerinnen stehen unter der Leitung von Anja Arnold und verschönern die Vereinsmessen.

## Ausflüge

Alle zwei Jahre organisiert der Verein einen stets willkommenen Ausflug. Seit 1961 gab es folgende Zielorte:

| | | | |
|---|---|---|---|
| 1961 | Montreux | 1982 | Ballenberg/BE |
| 1963 | Flüeli–Ranft | 1984 | Chamonix |
| 1965 | Madonna del Sasso | 1986 | Zweisimmen–Aigle |
| 1967 | Interlaken | 1988 | Biel/BE (Seefahrt) |
| 1969 | Verbier | 1990 | Einsiedeln |
| 1971 | Locarno | 1992 | Heilig-Kreuz/Entlebuch |
| 1973 | Genfersee | 1994 | Bouveret–Montreux |
| 1975 | Interlaken | 1996 | Flüeli-Ranft |
| 1978 | Torrentalp | 1994 | Madonna von Re (Italien)–Melide/TI |
| 1980 | Varallo (Italien) | | |

## Präsidentinnen

| | |
|---|---|
| 1917–1927 | Seraphine Ruppen-Salzmann |
| 1927–1938 | Amanda May-Schwick |
| 1938–1944 | Gertrud Perrig-Weniger |
| 1944–1954 | Aline Michlig-Imhof |
| 1954–1958 | Magdalena Salzmann-Schmidt |
| 1958–1970 | Elly Venetz-Michlig |
| 1970–1977 | Johanna Lengen-Eyer |
| 1977–1981 | Anselmine Bodenmann-Margelisch |
| 1981–1985 | Alice Zuber-Corminboeuf |
| 1985–1991 | Trudy Weber-Zenklusen |
| 1991–1997 | Hildy Stabinger-Heynen |
| 1997– | Gaby Fux-Furrer |

# Der Dritte Orden

Der Dritte Orden geht auf den hl. Franz von Assisi zurück, der im Jahre 1221 auch die Regeln hierzu verfasste. Es gibt den Ersten (Franziskaner und Kapuziner), den Zweiten (Franziskanerinnen und Kapuzinerinnen) und den Dritten Orden. Letzterem gehören Gläubige an, die nicht ins Kloster gehen, aber doch im franziskanischen Geist leben wollen.

Die Gründung des Dritten Ordens in Naters geht auf das Jahr 1923 zurück. Wie die Verkündhefte immer wieder berichten, versammelten sich seine Mitglieder bis 1930 gewöhnlich in der Klosterkirche von Brig, danach in Naters.[700] Die offizielle kirchliche Errichtung dieses Ordens erfolgte hier am 10. November 1946.[701] Die örtlichen Gemeinschaften sind regional (Oberwallis) zusammengefasst und das Oberwallis ist mit der nationalen Dritt-Ordens-Gemeinschaft verbunden. Die Zentrale befindet sich in Schwyz, das spirituelle Zentrum in Morschach/SZ.

Der Dritte Orden, seit 1978 auch Franziskanische Gemeinschaft genannt, wird durch den Vorstand, mit dem/der Vorsteher/in an der Spitze, geleitet. Geistlicher Betreuer ist jeweils ein Kapuzinerpater von Brig.

Die Franziskanische Gemeinschaft Naters, die etwa 110 Mitglieder zählt (1998, fast ausschliesslich Frauen), ist ein kirchlicher Verein, dessen Mitglieder durch eifrigen Gottesdienstbesuch, Treue im Familienleben, Krankenbesuche, Einfachheit im Lebensstil sowie durch karitative Werke das christliche Leben in der Pfarrei unterstützen. Weitere Tätigkeiten und Verpflichtungen der Mitglieder sind: tägliches Beten von zwölf Vaterunsern oder anderen gleichwertigen Gebeten, Teilnahme an regelmässigen Zusammenkünften, jährlicher Besinnungstag, Wallfahrten und am 4. Oktober Besuch des Festgottesdienstes im Kapuzinerkloster Brig zu Ehren des hl. Franziskus.[702]

# Blauring

Unter Pfarrer Emil Tscherrig wurde die Jungmädchen-Kongregation am 28. November 1941 in den Blauring umgewandelt, dessen erste kleine Gruppe von 15 Mädchen sich in der Folge zu einer immer grösseren Blauringschar entwickelte.[703]

Der Zweck des Blaurings als kirchlicher Verein besteht darin, in gemeinsamen Aktivitäten Frohsinn, Gemeinschaft und den Jugendlichen angepasste Religiosität zu vermitteln. Dies alles wird erreicht durch Gruppenstunden, Gestaltung von Gottesdiensten, Teilnahme an Prozessionen, gemeinsame Ausflüge, Bastelnachmittage usw. Die Krönung jedes Vereinsjahres bildet das alljährlich stattfindende Lager.

Im Blauring machen Mädchen zwischen 11 und 16 Jahren mit. Als geistlicher Betreuer steht der Schar ein Ortspriester vor. Seit 1994 nimmt auch Pastoralassistent Kilian Salzmann diese Aufga-

*Leiterteam des Blaurings Naters (1998).* **1. Reihe (v.l.):** *Christine Jeitziner, Stephanie Jeitziner, Fabienne Andenmatten, Eliane Bärenfaller, Magda Salzmann, Stefanie Stupf, Fabienne Bärenfaller, Chantal Amoos, Scharleiterin.* – **2. Reihe (v.l.):** *Corinne Hutter, Mara Zenhäusern, Carmen Ruppen, Michaela Ruppen, Samanta Vieceli, Stefanie Ricci, Jeannine Eggel, Stephanie Schalbetter, Scharleiterin.*

be wahr. Ihnen zur Seite stehen die Scharleiterinnen und Gruppenführerinnen. In den ersten 50 Jahren (1941–1991) hielten insgesamt 254 Leiterinnen das Ruder in der Hand.
Gehörten früher zum Blauring-Mädchen das Béret, eine Bluse mit Krawatte und ein dunkler Jupe, so sind heute ein dunkler Pullover mit dem Blauring-Signet und Jeans ausreichend.
Am 27./28. April 1991 feierte der Blauring sein 50-Jahr-Jubiläum, zu dem auch alle ehemaligen Leiterinnen sowie die gesamte Bevölkerung eingeladen waren. Am 12. Mai 1996 fand die Weihe der neuen, von Katja Kummer entworfenen Blauringfahne statt. Paten sind: Andrea Zenklusen und René Salzmann.
*Mitgliederzahl* 1998: rund 120.

# Jungwacht St. Laurentius
## Gründung – Name – Fahne

Die Jungwacht St. Laurentius wurde am St. Mauritiustag, dem 23. September 1962, von Rektor Josef Sarbach (Präses), Paul Volken, Scharführer, und den Gruppenführern Robert Giacchino, Urs Pfammatter, Bruno Ruppen und Alfons Scheuber gegründet.[704] Damit besass Naters als siebte Pfarrei im Oberwallis eine Jungwacht.
Patron der Jungwacht ist der Erzdiakon Laurentius, der am 10. August 258 zusammen mit vier Priestern den Martertod erlitt. Gemäss der Legende wurde Laurentius auf einem Rost zu Tode gebraten. Die Kirche San Lorenzo fuori le mura (ausserhalb der Mauern Roms) gehört zu den sieben Hauptkirchen der Ewigen Stadt. Das Fest des hl. Laurentius ist am 10. August.

Die Patenschaft für die am 2. Juni 1963 gesegnete Fahne übernahm das Lehrerehepaar Emil und Lia Brunner-Eyer.

## Leitung

Die Jungwacht (JW) ist ein katholischer Verein, in den die Knaben der vierten Primarklasse eintreten. 1996 beispielsweise waren insgesamt 100 Buben im Verein. Im Orientierungsschulalter schliessen sie sich im 15er-Team zusammen. Interessierte und fähige Jugendliche können ab der 3. Orientierungsklasse die verschiedenen Leiter-Ausbildungskurse (z.B. Jugend und Sport) besuchen und werden dann in das Leiterteam aufgenommen. Dieses Team besteht aus dem Präses, dem Scharleiter, dem Kassier und den Gruppenleitern.
Die ganze Schar ist in 15 bis 17 Gruppen von je acht bis 13 Knaben eingeteilt, die von einem oder zwei Leitern geführt werden. Die Leiter (15 bis 17) organisieren neben den Scharanlässen auch die Gruppenstunden. Der Präses (Ortsgeistlicher) ist für die JW eine wichtige Person, der die Schar zusammenhält.

## Ziele – Tätigkeiten – Kleidung

Die Jungwacht hat zum Ziel, junge Menschen im Glauben an Jesus zeitgemäss zu fördern. Durch Gestaltung von Gottesdiensten, Teilnahme an Prozessionen usf. ist sie voll ins Pfarreileben integriert. Für die Buben ist die Gruppe der Gleichaltrigen ein geeignetes Experimentierfeld. Hier sollen sie lernen, eine eigene Meinung zu bilden und sich zu behaupten. Christsein bedeutet für einen Jungen Handeln und Erleben, z.B. durch sinnvolle Aktionen und persönliche Kontakte mit Mitmenschen. In der JW kann der Knabe ausserdem seine musikalischen, technischen, sportlichen und gestalterischen Fähigkeiten entfalten. Gruppenstunden, Scharanlässe (z.B. Ski- und Schlittenrennen, Ausflüge usw.) und insbesondere das Sommerlager tragen dazu bei, solidarisches Verhalten in der Gemeinschaft einzuüben und Freundschaft unter Jugendlichen zu pflegen. Die Jungwächtler handeln nach dem Motto: «Einer für alle, alle für einen!». Der Höhepunkt des Vereinsjahres ist zweifelsohne das Sommerlager (Sola). Hier können die Knaben Erfahrungen sammeln, die ein Junge in diesem Alter sonst kaum erleben würde. So zieht alljährlich eine Schar von 50 bis 60 Knaben für zwei Lagerwochen an einen Ort im Wallis oder auch in der übrigen Schweiz.

Von Zeit zu Zeit gibt die Jungwacht die Scharzeitung ‹Der Bäsufrässer› hektographiert heraus, die von den Jungen in humoristischer und ansprechender Art gestaltet wird.

Die Haupteinnahmequelle der JW sind die Papiersammlungen in Naters, die das Leiterteam sechsmal im Jahr zusammen mit der Alt Jungwacht durchführt.

Im Laufe der Zeit hat sich das Tenue vom grünen JW-Hemd zum roten Sweatshirt verändert.

## Verein Jugend Naters

### Gründung – Strukturen

Vor der Gründung der Jugend Naters (JN) gab es, wie weiter unten ausgeführt, für die Jungens die Jungmannschaft und für die aus der Schule entlassenen Mädchen die Jungfrauenkongregation. Am 27. April 1970 wurden diese beiden Vereine zur Jugend Naters zusammengefasst.

Die Jugend Naters hat das Ziel, den Jugendlichen in Übereinstimmung mit den christlichen Werten eine Alternative zum täglichen Leben zu bieten. Hier sollen praktische Nächstenliebe, Kameradschaft, Toleranz, Spass und vieles mehr vermittelt werden. Wer das 15. Lebensjahr vollendet hat, kann Mitglied des Vereins werden. Der Kaplan von Naters ist der Präses der Jugend, seit 1993 unterstützt durch den Pastoralassistenten Kilian Salzmann.

### Aktivitäten

Feste Anlässe, die jedes Jahr durchgeführt werden, sind die Generalversammlung (GV), die St.-Nikolaus-Aktion und eine straff geführte Discoveranstaltung. An der GV zeigen Pfarrei und Gemeinde durch ihre Vertreter reges Interesse an der Jugendarbeit. Mit besonderem Engagement führen die Jugendlichen alljährlich die Nikolausaktion durch, die von der Jungmannschaft übernommen wurde. Dabei sind über 25 Nikoläuse engagiert. Aus dem Erlös der Nikolausaktion finanziert die JN viele ihrer Aktivitäten.

Neben diesen Anlässen gibt es für die Jugendlichen noch ein breit gefächertes Angebot an geselligen Veranstaltungen: Ski- und Meditationsweekends, Kegelabende, Tanzkurse, Schlagerfestival, Sportanlässe, Ausflüge und anderes mehr. Ausserdem setzen sie sich im sozialen Bereich und für das Allgemeinwohl ein, sei es an der Fastnacht für die Behinderten, an einem Nachmittag für die Betagten, am Suppentag oder indem sie den Kreuzweg «Maria Hilf» vom Laub reinigen.

Früher hatten die Jugendlichen ihren Jugendkeller. Seit 1992 stehen ihnen im Zentrum Missione Räumlichkeiten zur Verfügung. – *Mitgliederbestand* 1998: 100.

Anlässlich des 25-Jahr-Jubiläums vom 16. September 1995 erfolgte die Segnung der Vereinsfahne, der Gemeindepräsidentin Edith Nanzer-Hutter und Leander Jaggi zu Paten standen.

## Blattner Chor

### In früheren Zeiten

Schon längst vor der Gründung des Blattner Chors gab es in Blatten Sänger, die sich um die Gestaltung des Gottesdienstes bemühten. So berichtet 1908 das Protokoll des Männervereins, dass es in Blatten «einen Gesangverein gibt, der in Naters im Hotel des Alpes» anlässlich einer Unterhaltung aufgetreten sei. 1911 erwähnt die Chronik Bammatter, dass Töchter und Jünglinge mit Hilfe der Orgelbegleitung durch Salomon Walden in der Kapelle den Gesang bestritten.[705] Gesungen wurde meistens die Engelmesse. Mit besonderer Freude berichtet die Chronik von Blatten, dass man in den 40er-Jahren unter der Leitung von Pater Paul Erdmann sogar die mehrstimmige «Missa Tertia» gesungen habe.[706] Einen Verein im eigentlichen Sinne gab es nicht. Kaplan Bammatter vermachte dem Kapellenchor 1000 Franken, mit deren Zinsen die freiwilligen Sängerinnen und Sänger am Ende des Jahres ein «Sängermahl» berappten.[707]

### Vereinsgründung – Tätigkeiten

Der Kapellenchor Blatten, seit 1995 Blattner Chor genannt, wurde im Dezember 1975 im alten Schulhaus von 21 Sängerinnen und Sängern gegründet. Treibende Kräfte waren Pater Paul Erdmann und Margrith Kinzler, damals Gitarrenlehrerin im Institut St. Ursula, Brig, die als erste Dirigentin grosse Verdienste um die Gründung und die Weiterführung des Chors erwarb. Der Blattner Chor bezweckt die Pflege des Gesangs sowie die Gestaltung der Gottesdienste und die Förderung der Kameradschaft unter den Vereinsmitgliedern. Die Statuten, die auf der letzten Seite

*Vorstand der Jugend Naters.* **1. Reihe (v.l.):** *Aaron Epiney, Stefan Volken, Jasmin Jossen, Stefan Eggel, Präsident.* – **2. Reihe (v.l.):** *Kaplan Herbert Heiss, Präses; Patrik Pollinger, Dominic Lambrigger, Esther Kraft, Kilian Salzmann, Pastoralassistent.*

*Blattner Chor.* **1. Reihe (v.l.):** Rosetta Eggel, Beatrice Michlig, Therese Summermatter, Tiziana Eggel, Anna Tschopp, Margrith Kinzler. – **2. Reihe (v.l.):** Cécile Imhof, Madeleine Schnydrig, Christine Michlig, Elisabeth Schwery, Emil Schwery, Antonia Schwery, Brigitte Imhof, Moritz Schwery, Werner Meienhofer, Günther Pfänder, Erwin Eggel.

das Lied «Ischers Blattu» (Text: Margrith Kinzler; Melodie: André Jacob) enthalten, datieren vom 7. Dezember 1995.
Nebst dem Gestalten von Sonntagsmessen veranstaltet die tatenfreudige Sängerschar Adventsfeiern, Liederabende und tritt bei Cäcilienfesten, Hochzeiten, am Ersten August sowie bei anderen Anlässen auf. 1998 nahm der Blattner Chor auch am kantonalen Sängerfest in Naters teil. Sechsmal organisierte er das Geimerfest, lud während vielen Jahren zu einem bunten Abend ein und führt seit Jahren zusammen mit der Rettungsstation einen Bazar durch. Für die 1985 eingeweihte Orgel machte sich der Chor besonders stark.
Am 15. Juli 1995 trat der rührige Blattner Chor erstmals in einem neuen Einheitstenue auf. – *Mitgliederzahl* 1998: 23.

*Präsident und Präsidentinnen*
| | |
|---|---|
| 1975–1978 | Leander Zenhäusern |
| 1978–1981 | Margrith Kinzler |
| 1981– | Cécile Imhof |

*Organist/in*
| | |
|---|---|
| 1978–1998 | Stefan Ruppen |
| 1999 | Eliane Vogler |

*Direktion*
| | |
|---|---|
| 1975–1990 | Margrith Kinzler |
| 1990–1998 | Stefan Ruppen |
| 1999 | Eliane Vogler |

# Ministrantenvereinigung St. Tarsicius

Auf Anregung des Pfarreirates wurde am 18. September 1980 die Ministrantenvereinigung St. Tarsicius ins Leben gerufen. In ihren Aufgabenbereich fallen Administration, Ausbildung, Betreuung und Organisation der Einsätze in der Kirche und bei den verschiedensten Anlässen. Ziel der Vereinigung ist es auch, bei Knaben und Mädchen die Freude am Altardienst zu wecken sowie durch verschiedene Aktivitäten frohes Zusammensein und kreatives Schaffen zu vermitteln.

Seit der Gründung der Vereinigung versah Lehrer Nestor Andrès mit viel Fantasie und Elan die Oberleitung der Ministrantenschar. 1999 trat er die Leitung an seinen Sohn Michael ab, nachdem er diesen in das neue Amt eingeführt hatte. Dem Oberleiter stehen die Ressortleiter zur Seite. Als Präses waltet jeweils einer der Ortsseelsorger. Seit 1994 ist dies Pastoralassistent Kilian Salzmann.
Traditionsgemäss werden am ersten Adventssonntag während der von den «Minis» mitgestalteten Elf-Uhr-Messe die neuen Messdiener aus der vierten Primarklasse nach einer Zeit der Vorbereitung mit dem Versprechen «Ich bin bereit» in die Ministrantenvereinigung aufgenommen. Seit 1993 sind offiziell auch die Mädchen zum Altardienst zugelassen. 1998 gab es 53 Vereinsmitglieder (Leitung und Altardiener). Bei offiziellen Anlässen (z.B. Prozessionen) tragen die Messdiener einheitliche Pullover.

*Nestor Andrès, langjähriger Oberleiter der Ministranten.*

Die Vereinigung gibt alljährlich auch die Zeitschrift ‹Der Natischer MINI› heraus, die von den Leitern und Ministranten informativ und abwechslungsreich gestaltet wird. Sie enthält das Jahresprogramm und berichtet über besondere Vereinsereignisse. Auf dem breit gefächerten Programm stehen: Aus- und Weiterbildung, Teilnahme an Fronleichnams- und St.-Mauritius-Prozessionen, Fastenmeditation, Lotto, Filmnachmittage, Ausflüge, Schlittenplausch usw.
Die Messdiener sind gut geschult, leisten ihren Dienst im Allgemeinen zuverlässig und besuchen fleissig die verschiedenen Anlässe.
Der hl. Tarsicius (oder Tarzisius = der Mutige), dessen Fest am 15. August gefeiert wird, ist der Patron der Ministranten. Er wurde wahrscheinlich in der zweiten Hälfte des 3. Jahrhunderts von Heiden ermordet, als er die Eucharistie zu den Gläubigen trug. Er

*Ministranten, die 1990 in die Ministrantenschar aufgenommen wurden.* **1. Reihe (v.l.):** *Lukas Schmid, Christian Arnold, Patriçe Errigo, Philipp Imoberdorf, Michael Zumkehr, Gilles Pfammatter, Michael Andrès, Oberleiter seit 1999. –* **2. Reihe (v.l.):** *Michael Eggel, Philipp Wyssen, Roger Salzmann, Jonas Lukas Regotz, Daniel Hug, Zeliko Simic.*

war wohl Diakon der römischen Kirche. Die spätere Legende machte ihn zum tapferen Ministranten.

## Alt Jungwacht

Die Alt Jungwacht ist eine Vereinigung von ehemaligen Jungwächtlern. Sie wurde am 5. Dezember 1986 von 14 ehemaligen Leitern gegründet. Erster Vorstand: Pascal Eggel, Dominik Michlig und Matthias Salzmann.

Der Verein verfolgt das Ziel, die Jungwacht in all ihren Belangen, wenn nötig auch finanziell, zu unterstützen sowie untereinander den Kontakt aufrecht zu erhalten (z.B. durch Kegeln, Jassabende, Fussballturniere usw.). Die Alt-Jungwacht-Leiter helfen auch bei Papiersammlungen und beim Sommerlager der Jungwacht mit. 1992 zählte der Verein bereits 30 Mitglieder. In diesem Jahr bekam er auch eine Fahne, der Margrith Kinzler, Arthur Escher und Reinhard Imhasly zu Paten standen. Das Signet der Alt Jungwacht stellt als Wahrzeichen die Dorflinde von Naters dar. Die Aktivitäten der alt Jungwächtler rund um die St.-Laurentius-Kapelle im Bitschji werden an anderer Stelle beschrieben.

## Schönstätter-Marienschwestern

Diesen Abschnitt beenden wir, indem wir, wenn sie auch keinen Verein im üblichen Sinne darstellen, die Schönstätter-Marienschwestern (Gründung 1926 in Schönstatt, Deutschland) erwähnen. Diese Gemeinschaft ist ein Säkularinstitut (weltliches Institut), dessen Mitglieder sich zum Ziel setzen, mitten in der Welt das Ideal der christlichen Vollkommenheit entsprechend dem Beispiel Mariens in zeitgemässer Form zu leben. Seit 1985 bilden drei Schwestern unter der Leitung von Sr. Silja Mattle in Naters (Bahnhofstrasse 26) eine kleine Hausgemeinschaft. Sr. Silja wurde 1999 durch Sr. Joseline Becchio ersetzt. Die Schwestern arbeiten aktiv in der Pfarrei mit. Ihr Provinzhaus ist in Quarten/SG. 1998 gaben die Schwestern bekannt, dass sie in Birgisch eine Schönstattkapelle sowie ein Wohnhaus mit Wohnung für die Marienschwestern und Versammlungsraum für die Schönstattbewegung zu bauen gedenken.

# Aufgelöste Vereine
## Jünglingsverein – Jungmannschaft: 1907–1970
### Gründung und Ziele

Am 2. Februar 1907 gründeten zwölf junge Männer in Naters den Jünglingsverein.[708] 1934 beschloss die Schweizerische Bischofskonferenz, die Bezeichnung Jünglingsverein in Jungmannschaft umzuwandeln.

Der Verein bezweckte die Pflege des religiösen Lebens, der Freundschaft und Geselligkeit sowie die Förderung der beruflichen Fortbildung.

### Vielfältige Tätigkeiten

Der Jünglingsverein entfaltete zu Beginn eine rege Tätigkeit, erlahmte in den 20er-Jahren, wurde aber in den Jahren 1929–1937 durch Kaplan Leo Gerold wieder zur höchsten Blüte gebracht, von der man in den folgenden Jahrzehnten noch lange zehrte. 1937 war die Jungmannschaft von Naters mit ihren 115 Mitgliedern die grösste des Oberwallis.

*1936: Oberwalliser Jungmannschaftstagung in Gampel. 100 Natischer mit Kaplan Leo Gerold (vorne in Soutane und römischem Hut).*

Im Zentrum der Vereinstätigkeit standen die regelmässigen, im Allgemeinen gut besuchten Versammlungen, an denen der Präses, oft auch ein auswärtiger Referent, einen Vortrag hielt. Es kamen folgende aktuelle Themen zur Sprache:
Die bedrohte Kirche – Der junge Christ, ein ganzer Mensch – Christi Reich im Jugendreich – Freimaurerei, Kommunismus und Sozialismus – Geschlechtskraft im Jungmann – Christliche Gewerkschaften usf.

Zu den Vorträgen gab es manchmal auch kritische Bemerkungen. So gab der Präses z.B. 1934 einem Thema den Titel: «Keine Bekanntschaft ohne Aufsicht, Absicht und Aussicht». Als er den Titel nannte, rief ein Jungmann dazwischen: «Ein katholischer Jüngling darf auch karisieren!» Aus einem Referat von 1937 zitiert der Aktuar: «Eine saubere, geflickte und bezahlte Bauernhose ist noch immer besser als eine unbezahlte ‹Knickerbocker›.»

Die Aktivitäten der Jungmänner waren vielseitig: Generalkommunion am Christkönigsfest, feierliche Kandidatenaufnahme am St. Josefstag, Teilnahme an Exerzitien und Einkehrtagen, Besuch der Oberwalliser und Schweizerischen Jungmannschaftstagungen (1934 in Visp: 2000 Jungmänner mit 48 Fahnen; 1936 in Gampel: 100 Jungmänner aus Naters; 1956 in Susten: 80 Natischer Jungmänner), Lesen des Verbandsorgans ‹Jungmannschaft›, Theateraufführungen, regelmässige Vereinsausflüge (zwischen 1919 und 1966 18-mal) und vieles mehr. All das prägte die Jungmänner und gab ihnen zweifelsohne ein starkes Verantwortungsbewusstsein mit auf den Lebensweg. Die Jungmänner lernten in den Versammlungen reden, debattieren und auftreten. Nicht selten enden die Protokollnotizen über einen Vortrag mit dem beherrschenden Gedanken: «Die Jungmänner müssen der Christkönigs-Idee zum Durchbruch verhelfen. Frisch voran, und der Sieg wird sicher sein! Christi Reich im Jugendreich!»

Nach aussen wurde die Präsenz der Jungmannschaft unterstrichen durch das 1934 eingeführte Tenue: weisses Hemd und rotweisse Krawatte.

Ein Ereignis besonderer Art war stets die gut vorbereitete Generalversammlung am St. Stefanstag. An ihr nahmen in der Regel alle Ortsgeistlichen sowie der Gemeindepräsident teil, was der Versammlung noch eine besondere Note gab. Im gemütlichen Teil gingen Produktionen aller Art über die Bühne: Gesang, Witze, Schnitzelbänke, Ansprachen usw. Die Jungmänner freuten sich auf die GV, was jeweils der zahlreiche Aufmarsch kundtat. So waren z.B. 1946 120, 1957 150 und 1966 gar 200 Mitglieder anwesend.

Von allen Dorfvereinen spielten die Jungmänner am zweitmeisten Theater, nämlich 36-mal (vgl. Kapitel «Theaterleben»). Besonders stolz waren die Jünglinge auf die seit 1951 alljährlich durchgeführte St.-Nikolaus-Aktion, die 1970 von der Jugend Naters übernommen wurde. Gemeindepräsident Meinrad Michlig hielt es sogar für nötig, in einem Schreiben vom 15. Dezember 1953 festzuhalten, dass die Jungmannschaft das «alleinige Recht» habe, diese Aktion durchzuführen.

Dass die beiden Vereine, Jungmannschaft und Jungfrauenkongregation, 1970 in dem Verein Jugend Naters zusammengefasst wurden, führten wir oben aus.

### Präsidenten

Da die Protokolle der Anfangs- und der Endphase fehlen, nennen wir nachfolgend die Namen der Präsidenten aus den Jahren 1919–1967.

| | | | |
|---|---|---|---|
| 1919–1921 | Daniel Schmidt | 1950–1951 | Julius Zeiter |
| 1921–1923 | Albert Gertschen | 1952–1953 | Stefan Zenklusen |
| 1923–1924 | Arthur Klingele | 1953–1954 | Fritz Sprung |
| 1924–1925 | Albert Gertschen | 1954–1955 | Richard Gertschen |
| 1925–1929 | Otto Zenklusen | 1955–1958 | Alfred Gertschen |
| 1929–1932 | Pius Werner | 1958–1961 | Josef Werner |
| 1932–1934 | Albert Schmid | 1961–1963 | Hans Amherd |
| 1934–1936 | Robert Imboden | 1963–1964 | Erwin Schmid |
| 1936–1943 | Leo Eggel | 1964–1965 | Ambros Ritz |
| 1943–1944 | Jules Zenklusen | 1965–1966 | Albert Bass |
| 1944–1947 | Adolf Imboden | 1966–1967 | Reinhard Walker |
| 1947–1950 | Walter Salzmann | | |

## Jungfrauenkongregation: 1911–1970

Da die Protokollbücher der Jungfrauenkongregation verloren gegangen sind, standen nur mündliche Angaben, die Verkündhefte und ein Kassabuch[709] als knappe Informationsquellen zur Verfügung. Der um 1911 gegründete Jungfrauenverein wurde 1928 in Jungfrauenkongregation umbenannt.

Ein Ortspriester war als Präses für die geistliche Betreuung zuständig, während eine Präfektin der Kongregation vorstand. Zweck der Marianischen Kongregation war: Verehrung der Muttergottes, Apostolat und generell Hinführung zu einem beispielhaften christlichen Leben. Diese Ziele wurden angestrebt durch eifrigen Empfang der Sakramente, regelmässige Vorträge und Teilnahme an Exerzitien. Zwischen 1911 und 1968 spielten die Töchter zehnmal Theater (vgl. Kap. «Theaterleben»), führten wiederholt Lottos durch, übernahmen oft die Kirchenreinigung und besorgten die Kirchenwäsche.

Mit der Eingliederung der Töchter in die Jugend Naters im Jahre 1970 ging nach 60 Jahren ein rühriges Kapitel der äusserst aktiven Marianischen Jungfrauenkongregation zu Ende.

## Katholischer Arbeiterverein: 1919–1943

Von 1919 bis 1943 gab es in Naters auch einen Katholischen Arbeiterverein, in dem einer der Ortsgeistlichen als Präses waltete.[710] Der Verein bezweckte «die Hebung und Förderung der geistig-religiösen, politischen und materiellen Lage der Arbeiter». «Das erste Ziel ist es, unseren Arbeitern den Glauben an Gott zu erhalten.» «Der Verein soll den Schwachen unter die Arme greifen.»

1929 hält der Protokollführer fest: «Die Nachkriegszeit sowie politische Zerwürfnisse in der Gemeinde Naters haben es fertig gebracht, dass der einst so blühende Arbeiterverein von hier beinahe eingegangen ist.» Es herrschte eine Art Kampfstimmung gegen «die rote Gesellschaft», der man entgegentreten wollte. Der Katholische Arbeiterverein war dazu aufgerufen, «das Neuheidentum zu bekämpfen».

Durch regelmässige Vorträge wurden die Vereinsmitglieder weitergebildet. Referenten waren neben den Ortsgeistlichen vor allem die geistlichen Professoren des Kollegiums Brig sowie die damals bekannten Politiker der Umgebung. Im Zentrum der behandelten Themen standen: Familie, soziale Fragen, Kommunismus, Freimaurerei, Landwirtschaft, Tages-, Wirtschafts- und Finanzfragen. Ab 1930 unterhielt der Verein auch eine Sterbekasse. Wie wir beim Männerverein näher ausführen, erfolgte 1943 durch den Arbeiterverein eine Neugründung des Männervereins, in den der Arbeiterverein integriert wurde.

*David Jossen (1885–1946), erster bekannter Präsident des Arbeitervereins.*

**Präsidenten**

1929–1933 David Jossen
1934–1935 Josef Werner (?) Petrig
1936–1943 Martin Schaller

## Kindheit-Jesu-Verein: 1922–1953

1856 von Papst Pius IX. kanonisch errichtet, diente dieses Werk der Unterstützung aller Einrichtungen in den Missionen, die dem gesunden und dem kranken Kind helfen. In Naters ist zwischen 1922 und 1953 von diesem Kindheit-Jesu-Verein die Rede.[711]

## Katholische Aktion: 1934–1943

Auch wenn der Männerverein in den Jahren 1926–1943 nicht mehr existierte, gab es von 1934 bis 1943 eine kleine Gruppe äusserst aktiver Männer (bis zu 15), die sich mit einem Ortsgeistlichen häufig zu sogenannten Zellmitglieder-Sitzungen trafen.[712] Eines der eifrigsten Mitglieder war zweifelsohne David Jossen.

Im Sinne der Katholischen Aktion sollten diese Männer als «Laienapostel» umhören, beobachten, ja sogar recherchieren, was in punkto Sittlichkeit beim Natischer Völklein krumm und schief lief. In den sogenannten Zellenrapporten wurde über konkrete Fälle mit grossem Einsatz und heiligem Eifer Bericht erstattet und beraten, wie man dem unkatholischen Verhalten da und dort Einhalt gebieten könnte. Man stellte fest, dass «das moderne Heidentum sich überall einfrisst, und da tut es Not, in jeder Pfarrei eine Reihe unerschrockener Laien zu haben mit einem Apostelherzen».

Das Protokollbuch hält fest: «Was in der Zelle besprochen wird, über das soll strengste Verschwiegenheit gepflegt werden, denn wir erreichen mehr, wenn wir ganz im geheimen arbeiten und mit einer gewissen ‹katholischen› Frechheit und einem anhaltenden Draufgängertum unsere Ziele verfolgen. Der grösste Kampf, der in der kommenden Zeit ausgefochten wird, wird ein Kampf um Presse und Gewerkschaften sein.»

Hier einige Beispiele, was Zellenmitglieder so alles hörten, berichteten und taten.

### 1934

1. Das Plakat eines nackten Diskuswerfers wird «zerkratzt und mit Werkfarbe tüchtig eingeschmiert».
2. Die Redaktionen der Oberwalliser Zeitungen (WB und WV) sollen «wenigstens in der Weihnachtszeit ihr Kriegsbeil begraben»; dies will man «diesen Herren» mitteilen.
3. Die Arbeiter auf dem Bahnhof Brig sollen zu Massenaustritten aus den sozialistischen Gewerkschaften bewogen werden.
4. Es wird vorgeschlagen, in den Wirtschaften von Naters betreffs nichtkatholischer Zeitungen eine «Razzia zu veranstalten und die Wirte zum Abonnieren von katholischen Zeitungen zu bewegen».
5. «Wir müssen versuchen, auch dem jungen [sozialistischen Karl] Dellberg etwas christlichen Geist einzuimpfen, gewiss eine schwere, aber schöne Aufgabe.»
6. «Sozibrüdern, den Totengräbern unseres Glaubens, muss man energisch entgegentreten.»

### 1935

1. «Kampf der neutralen Presse [‹Bund›, ‹Zofinger Zeitung› usw.] und Werbung für die katholischen Zeitungen [‹Das Neue Volk›, ‹Jungwacht›, ‹Neue Zürcher Nachrichten› usw.].»
2. Man beschliesst, der frechen Bemerkung «Die Pfaffen [Priester] sind Faulenzer» nachzugehen, und den Mann, der sie äusserte, «in die Kur» zu nehmen.

3. Das «Damenschauturnen» in Brig soll von Naters aus verhindert werden.
4. «Die Bibelforscher sind wieder im Anzuge, darum: an die Gewehre!»
5. Bei einer Velotour durchs Goms wird in einigen Wirtshäusern die Zeitung ‹Der Bund› vorgefunden. Kommentar: «Ein solches Blatt ist nicht für die Gommer, die brauchen keinen Bernerkäs, die haben selber und zwar einen besseren. Darum schrieb einer der Velofahrer ein dickes ‹Refusé› auf den ‹Bund›.»
6. «D.J. hat auf der Empore zwei Obermaulhelden ein Heftpflaster aufgelegt.»

## 1936

1. K.V. berichtet, er habe eine Frau aufgemuntert, ihren glaubensmüden Mann «wieder anzufeuern».
2. Es wird wegen der Nacktkultur eine Eingabe an die Gemeindebehörde gemacht. Kommentar: «Die guten Väter wären nicht dagegen, möchten aber die Kastanien lieber nicht selbst aus dem Feuer holen.»
3. Grosse Freude der Zellenmitglieder: «Die erste Frau des Sozialisten Dellberg hat konvertiert.»
4. Im Wiederholungskurs hat ein Zellenmitglied «einen Zotenreisser lahmgelegt».

Wie die Zellenmitglieder jeweils ergänzten, hätten sie überall versucht, «den Leuten eine zünftige Mahnung zu erteilen». Wie dem auch sei, hier waren (inzwischen verstorbene) Männer am Werk mit einer tiefen Überzeugung, dass die Welt noch zu verbessern sei.

## Kreuzritter: ca. 1930–1950

In den 30er- und 40er-Jahren des 20. Jahrhunderts gab es in Naters wie auch anderswo den Eucharistischen Kinderkreuzzug, in dem Buben und Mädchen, Kreuzritter genannt, vereint waren. Für die Kreuzritter galt: Bete, kommuniziere, wenn möglich täglich, opfere, gib daheim, in der Schule und auf der Strasse ein gutes Beispiel, sei Apostel! Der Eucharistische Kinderkreuzzug war gleichsam die Primarschule der Katholischen Aktion.

## Pfadfinder: 1945–1948

Nach Angaben von Fritz Sprung, Naters, gab es von 1945 bis 1948 auch einen Pfadfinderverein, aber die Jungmannschaft habe diese Vereinigung eher als Konkurrenz empfunden und darum bekämpft. So ging diese Gruppierung mangels Unterstützung ein.

*Pfadfinder von Naters, zirka 1947. Immer von links.* **1. Reihe** *(kniend): Jean-Paul Heim, Paul Grandi, Richard Gertschen.* – **2. Reihe:** *Lothar Biffiger, Feldmeister der Wölflinge; Fritz Sprung, Amédée Salzmann, Paul Sprung, Beat Imhof, Hubert Ruppen, Rektor Heinrich Zurbriggen, Markus Ruppen, Feldmeister.* – **3. Reihe:** *Otto Biffiger, Pius Ruppen, Julius Zeiter.* – **4. Reihe:** *Paul Eggel, Raoul Zeiter, Armand Fallert, Emil Weber, Karl Lerjen, Alfred Gertschen.* – **5. Reihe:** *Norbert Gertschen, Paul Torti, René Torti, Walter Eyer.*

# Fürsorgewesen von Pfarrei und Gemeinde

Wenn im Titel die Pfarrei vor der Gemeinde genannt wird, so hat das einen geschichtlichen Hintergrund. In früheren Jahrhunderten lag nämlich die Armenunterstützung vielfach in den Händen der Pfarrei, während die politische Gemeinde sich erst seit der Mitte des 19. Jahrhunderts im sozialen Bereich vermehrt engagiert. Wir behandeln die sozialen Aktivitäten beider Institutionen in demselben Kapitel, weil Pfarrei und Gemeinde in Naters in manchen Bereichen des Fürsorgewesens zusammenarbeiten.

## Armenunterstützung vor 1850

### Testamente – Vermächtnisse – Spenden

Naters hat aus früheren Zeiten keine Wohltätigkeitseinrichtungen im grossen Stil aufzuweisen. Wird aber in Betracht gezogen, was im Laufe der Jahrhunderte für die Unterstützung der Armen und der Notleidenden geleistet wurde, so ergibt sich, dass das Volk von Naters stets von echt christlicher Nächstenliebe beseelt war.[713] Ein beredtes Zeugnis hievon geben in erster Linie die vielen *Testamente und Vermächtnisse* zugunsten der Armen. Meistens waren es früher bestimmte Gaben an Käse, Fleisch, Brot, Tuch, die am Begräbnistag unter den Bedürftigen der Pfarrei verteilt wurden. Theodul Schnider im Hasel verordnete 1526 z.B., sein Vorrat an Wolle sei zu weben und zusammen mit dem fertigen Tuch unter die Armen zu verteilen. Ferner vermachte er ihnen seine Lebensmittelvorräte und eine halbe Kuh.[714] Martin Lerjen vergabte 1527 den Armen sechs Fischel Korn, einen Käs und ein schwarzes Kleid. Fähnrich Joseph Gasser schenkte 1763 den Armen zehn Pfund; hiervon waren sechs Fischel Brot, der Rest als Käse zu verteilen. Kastlan Peter Walden bestimmte 1786 für die Notleidenden 15 Pfund an Brot, Käse und Salz.[715] Derartige Vermächtnisse sind überaus zahlreich. Mehr den Charakter einer eigentlichen Stiftung hatten die Verordnungen, dass jährlich bei Abhaltung des Jahrzeits den Armen gewisse Naturalien verteilt werden. So bestimmte 1361 Ritter Franz von Weingarten, dass jährlich am Tag seines Gedächtnisses den Notleidenden zwölf Fischel Brot zukommen sollen. Junker Rudolf von Raron verordnete 1420, dass am Tag seines Jahrzeits in Naters zwölf oder, wenn diese nicht genügen, 18 Fischel Korn ausgeteilt werden. Ähnliche Bestimmungen finden sich bei anderen Jahrzeiten.

Auch die Kirche von Naters musste aus ihren jährlichen Einkünften einen bestimmten Teil den Armen geben. So musste der Pfarrer von Naters bis 1640 vom Zehnten des linken Rhoneufers jeden Freitag Almosen spenden, und zwar jährlich 54 Fischel Roggen und mehrere Fischel Bohnen.[716] Den ganzen Zehnten der Gemeinde Mund – 14 Müt Roggen, vier Müt Weizen und sechs Fischel Bohnen – hatte er am Freitag nach dem Aschermittwoch an die Bedürftigen auszuteilen.[717]

Eine im Mittelalter besonders beliebte Art des Almosengebens war die sogenannte Spende. Diese bestand darin, dass die Armen eines Ortes an einem bestimmten Tag zusammenkamen und von den wohlhabenden Leuten gewisse Gaben, meistens Lebensmittel, erhielten. Wie andernorts entstand auch in Naters eine eigentliche Stiftung, deren Einkünfte für die Spende Verwendung fanden. Am 24. April 1285 verordnete Normand von Aosta, Grosskantor von Sitten, dass seine Erben jährlich im Mai in Naters eine Spende veranstalten und bei derselben 24 Fischel Korn und zwei Käse, jeder im Wert von sechs Schilling, verteilen sollen.

### Unterstützung durch Bruderschaften

Sehr aktiv in der Pflege der Wohltätigkeit waren in früheren Zeiten die kirchlichen Bruderschaften. Viele der an anderer Stelle aufgezählten alten Bruderschaften bezweckten neben der Förderung des religiösen Lebens auch die Unterstützung bedürftiger Mitglieder. Die bisweilen recht ansehnlichen Einkünfte wurden teils für die Bestreitung der laufenden Ausgaben verwendet, teils unter die Armen des Ortes verteilt. **Die Bruderschaften des hl. Theodul in Blatten und des hl. Johannes in Birgisch** haben sich mit der Zeit zu eigentlichen Spende-Institutionen entwickelt. Der Volkssage nach lebten zur Zeit des grossen Todes zwei Brüder, der eine in Blatten, der andere in Birgisch. Als die Pest überstanden war, wollte jener von Blatten, der Theodul hiess, nachsehen, ob sein Bruder Johannes in Birgisch noch lebe. Auf den «Schipfenstegen» kam dieser ihm entgegen. Voll Freude umarmten sie sich und gelobten, Gott zum Dank in Blatten und in Birgisch je eine Stiftung zu gründen. So enstanden die zwei Bruderschaften des hl. Theodul in Blatten und des hl. Johannes in Birgisch, die gleich am Anfang ein ansehnliches Kapital besassen. 1584 wurden der Bruderschaft des hl. Theodul 81½ Fischel und 1587 weitere 62½ Fischel Korn und 20 Schilling zuerkannt, so dass die Jahreseinkünfte sich auf 144 Fischel beliefen.[718] Mit der Zeit gingen manche dieser Gilten (Abgaben) verloren, andere wurden abgelöst. 1782 bezog die Bruderschaft noch 36 Fischel Korn und vier Fischel Weizen.[719] Der Überschuss der Einkünfte kam ursprünglich den Armen zugute, doch geriet dieser Brauch allmählich in Vergessenheit. Die jährliche Versammlung der Mitglieder artete fast in ein Gelage aus und die Zinse der Bruderschaft, und was man sonst noch durch Sammlungen zusammenbrachte, wurden beim sogenannten «St. Jodrumahl» verprasst. Wohl kamen viele Arme nach Blatten, um bei dieser Gelegenheit reiche Almosen zu erhalten, aber die St. Jodernspende war nicht mehr das, was sie sein sollte, und so wurde sie 1853 aufgehoben und ihre Kapitalien für den Zehntenloskauf verwendet.

Auch die 1406 gegründete **Bruderschaft des hl. Sebastian** unterstützte die Armen. 1477 bestimmte Bischof Walter Supersaxo ausdrücklich, dass aus dem Bruderschaftsfonds jährlich 18 Pfund dem Altaristen zukommen sollen und dass der Rest als Almosen verwendet werde.[720] In der Folgezeit wurden die Einkünfte bedeutend geschmälert; klagt doch 1658 Franz Michael alias Supersaxo, dass die Bruderschaft früher einen jährlichen Einzug von 48 Fischel Korn, jetzt bloss einen solchen von 18 Fischel habe.[721] Dieses Getreide verteilte man jährlich an die Armen. Im Verlaufe des 18. Jahrhunderts wurden 14 Fischel losgekauft und der Erlös für Kirche und Orgel verwendet.[722]

**Die Bruderschaft der Geistlichen, jene von Allerseelen und die der Sieben Zeiten** haben ebenfalls ihre Einkünfte an Getreide den Notleidenden zukommen lassen. Die Bruderschaft Allerseelen verteilte 1736 sechs Fischel Korn und ein Fischel Weizen, 1834 nur noch zwei Fischel Korn; die der Sieben Zeiten liess noch 1765 jeden Freitag in der Quatemberwoche vier Fischel Korn austeilen.[723] Die letzten Überreste dieser Bruderschaftsstiftungen des hl. Sebastian, von Allerseelen und der Sieben Zeiten wurden um 1851 als Grundstock für den Schul- und den Armenfonds verwendet.[724]

In Birgisch schenkte 1409 Johannes Bluom vier Fischel Mattland und eineinhalb Fischel Acker mit der Verpflichtung, jährlich in Birgisch sechs Fischel Korn als Almosen zu verteilen. Durch bischöfliche Bestimmung wurde 1834 dieses Gut zugunsten des Schulfonds veräussert.[725]

Die 1548 zum ersten Mal erwähnte **Bruderschaft des hl. Johannes in Birgisch** war ebenfalls mit einer Spende, «die gemeine Mahlzeit» genannt, verbunden. Bei der Visitation von 1821 mahnte der Bischof, die Einkünfte der Bruderschaft in Zukunft für fromme Zwecke und nicht für Schmauserreien zu verwenden.[726] Später wurden die Kapitalien der Bruderschaft des hl. Johannes dem Schulfonds von Birgisch einverleibt.

# Sozialwesen seit 1850
## Gemeinde und Pfarrei: 1850–1945

Durch Gesetz vom 2. Juni 1851 wurden im Wallis die Munizipalgemeinden eingeführt. Von da an kümmerte sich die Gemeinde entweder allein oder recht häufig auch in Zusammenarbeit mit der Pfarrei um Sozialfälle des Dorfes. Es ist aber keineswegs so, dass vor 1851 die Burgergemeinde überhaupt nichts für die Notleidenden unternommen hatte. Zendenpräsident Ferdinand Stockalper bescheinigt z.B. am 17. Februar 1837, von Moritz Eyer, Säckelmeister der Burgergemeinde Naters, für die Brandgeschädigten von Nax 327½ Batzen erhalten zu haben.[727] Am 2. November 1855 verordnete der Gemeinderat von Naters, zugunsten der Armen eine Geldsammlung zu veranstalten, und forderte, dass die Munizipalität die Bedürftigen in Zukunft besser unterstützen solle.[728] Bezug nehmend auf das Erdbeben vom Jahre 1855 beschloss der Gemeinderat am 16. März 1856 des Weiteren, eine Kommission zu gründen, die den Erdbebengeschädigten wirksam helfen soll.[729] Und am 16. August 1895 verordnete der Gemeinderat, «von Haus zu Haus eine Liebessammlung für das Unglück Spittelmatten zu veranstalten».[730]

In der Folgezeit sollte das Fürsorgewesen eine straffere Ordnung erhalten. So bestellte der Gemeinderat am 3. März 1899 eine Armenkommission, in der die zwei Ortsgeistlichen und drei Ratsherren vertreten waren. Der Gemeinderat liess von Zeit zu Zeit eine «Armenliste» erstellen, um sicher zu sein, dass die wirklich Bedürftigen in den Genuss der Unterstützung gelangten. Immer wieder kann man lesen, dass die Armenkommission vielen in Not geratenen Familien und Einzelpersonen geholfen hat. Die Einnahmen für die Armen setzten sich zusammen aus den Zinsen des Armenfonds, aus Kollekten, Staatsbeiträgen und frommen Gaben. Am 7. Dezember 1912 beschloss der Gemeinderat, im Greisenasyl in Susten für Naters drei Plätze zu zeichnen.[731] Zwischen 1900 und 1927 verkündete der Pfarrer wiederholt von der Kanzel, dass Wohltäter Brot spendeten, das von Bedürftigen im Pfarrhaus abgeholt werden könne. So gab beispielsweise 1913 der Pfarrer von der Kanzel herunter Folgendes bekannt: «Am nächsten Dienstag wird im Pfarrhause für die Seelenruhe des verstorbenen Josef Marie Schmid Brot an die Bedürftigen verteilt.»[732]

Im Grippejahr 1918 verordnete die Gemeindeverwaltung verschiedene Massnahmen zur Eindämmung und Bekämpfung der gefährlichen Seuche. Es wurde sogar ein Quarantänehaus für «Influenzakranke» eingerichtet und die Armenkommission veranstaltete für diese eine besondere Kollekte.[733] In den krisengeschüttelten 1930er-Jahren kamen auch in Naters infolge der Arbeitslosigkeit recht viele Familien in bittere Not. 1935 bildeten Gemeinde und Pfarrei einen Ausschuss, in den beide Institutionen Vertreter stellten. Dieser hatte den Auftrag, zusammen mit den Dorfvereinen nach Mitteln und Wegen zu suchen, den in Not geratenen Dorfbewohnern materiell beizustehen.[734]

## Fürsorgewesen nach dem Zweiten Weltkrieg
### Aktionen von Gemeinde und Pfarrei

Nach dem Zweiten Weltkrieg verbesserte sich auch bei uns die wirtschaftliche Lage in einem nie gekannten Ausmass. So warf man zwischendurch auch wiederholt einen Blick auf die grosse Not in der weiten Welt. Die folgenden zwei Beispiele karitativer Hilfe sollen für viele stehen. 1981 gewährte Naters unter dem Patronat des Pfarreirates der Familie Ho-Quach, die vor dem brutalen Kommunismus aus Vietnam geflüchtet war, freundliche Aufnahme und integrierte sie erfolgreich in unsere Gesellschaft. Im Januar 1993 starteten der Gemeinde- und der Pfarreirat von Naters in Zusammenarbeit mit der Caritas für die Notleidenden des Bürgerkriegs in Exjugoslawien mit grossem Erfolg eine Nahrungsmittel-Sammelaktion.

Nicht wenige Natischer sind in den 1990er-Jahren auch im Zusammenhang mit der «Rumänienhilfe Oberwallis» tätig geworden. So brachte beispielsweise der Fahrradhändler Werner Ritz aus Naters 1994 in der Weihnachtsaktion «Velos für Rumänien» innert kürzester Zeit über 400 Fahrräder zusammen, die er auf eigene Kosten reparierte und dem Hilfswerk «Pro Humanitate» von Monika von Habsburg-Hohenberg übergab. Besonders hervorzuheben sind auch die von der Pfarrei seit 1985 alljährlich durchgeführten Suppentage, deren Erlös irgendwo auf der Welt sozialen Institutionen zugute kommt.

Seit dem 1. Januar 1988 entrichtet die Gemeinde Naters für die wirtschaftlich schwach gestellten Bürgerinnen und Bürger einen Anteil an die Krankenkassenprämien. Diese Vorlage, die von einer CVP-Initiative verlangt worden war, hiessen die Stimmbürger am 2. Oktober 1988 mit 746 Ja- zu 549 Neinstimmen gut. 1991 beispielsweise profitierten von dieser kommunalen Finanzspritze in Naters 665 versicherte Personen beziehungsweise 270 Familien. Überdies übernimmt die Gemeinde seit 1993 für die Jugendzahnpflege bei Familien mit einem geringeren steuerbaren Einkommen 35 und bei jenen mit einem höheren Einkommen 25 Prozent der Gesamtkosten.

1996 übernahm Naters die Patenschaft für die Stadt Mairi im nördlichen Brasilien. Mit Spendengeldern aus der Bevölkerung wird daselbst eine Tageskrippe mit 75 Kindern (1998) unterhalten. Die Aktion steht unter der Leitung des Teams «Naters – Mairi».

In der Gemeinde Naters hat sich das Sozialwesen in den letzten Jahrzehnten immer wieder verbessert, so dass sie inzwischen ein gut ausgebautes Sozialnetz vorweisen kann. Den Gemeinden sind heute viele Gesetze der sozialen Ordnung von Seiten des Bundes vorgegeben. In erster Linie ist es die Munizipalgemeinde, die sich um Menschen, die zu Sozialfällen werden, kümmern muss. Zur Wahrnehmung dieser Anliegen hat die Gemeindeverwaltung die zwei Ressorts «Fürsorgewesen» und «Waisenamt». Die finanzielle Hilfe durch die Gemeinde bezieht sich nur auf die Grundbedürfnisse wie z.B. Nahrungsmittel, Schutz vor psychischer und physischer Gewalt, Altersvorsorge, Schutz bei Krankheit und Unfall. So bezahlte die Gemeinde beispielsweise 1995 an 23 Personen insgesamt 184 000 Franken an Unterstützungsbeiträgen aus. Im gleichen Jahr verzeichnete das Waisenamt 65 laufende Fälle: 17 Vormundschaften, 39 Beistandschaften und neun Beiratschaften. Die gegenseitige Hilfe ist in Naters noch heute ausgeprägt. Da sich die Leute gut kennen, leistet man sich in Notsituationen auch spontan Hilfe. Die Gemeinde Naters ist aber in den letzten Jahrzehnten durch auswärtige Zuzügler stark gewachsen; Naters ist städtischer geworden. Aus diesem Grund gibt es immer mehr Menschen, die sich gegenseitig nicht mehr kennen. Daraus folgt, dass die persönliche Hilfe zurückgeht. Die Verantwortlichen im Gemeinderat wie auch die Pfarrei sensibilisieren daher die Bewohner immer wieder für die Nächstenhilfe.

## Medizinische Versorgung

Die medizinische Betreuung der Gemeinde Naters besorgten in früheren Zeiten die Ärzte von Brig.

Die erste Arztpraxis in Naters betrieb Dr. Theo Z'Brun (1895–1955) von Turtmann in den Jahren 1924/1925. Als dieser nach Münster zog, führte Dr. Hans Perrig (1895–1989) aus Brig von 1925 bis 1945 in Naters eine Praxis. Er wurde abgelöst von Dr. Conrad Peter (1909–1979), der von 1944 bis 1975 die Patienten medizinisch betreute. Er war bekannt als guter Diagnostiker. Diese Praxis übernahm sein Sohn Ulrich. Eine Zeit lang praktizierte auch Dr. Alfred Klingele in Naters. Dr. Heinrich Schmidt, Burger von Steinhaus und Niederwald, führte seine Praxis von 1965 bis 1996 (Abb. weiter unten unter «Alterssiedlung ...»).

*Dr. Conrad Peter, der bekannte Diagnostiker.*

Da die Bevölkerungszahl ständig wuchs, konnte Dr. Theodor Pfammatter, Burger von Eischoll, 1974 ebenfalls eine Praxis eröffnen. Er war in den Jahren 1986–1988 Präsident der Walliser Ärzteschaft. Im Stichjahr 1997 verzeichnete Naters acht Praxen, geführt von folgenden Ärztinnen und Ärzten (alphabetische Reihenfolge): Dr. Monika Arnold, Dr. Martin Bärenfaller, Dr. Anton Kreuzer, Dr. Ernst Minnig, Dr. Ulrich Peter, Dr. Theodor Pfammatter, Dr. Claudine Schmidt und Dr. Hermann Schmidt.

Als erster Zahnarzt waltete in Naters in den Jahren 1947–1979 Dr. Raymond Feller (1918–1979), gebürtig von Fiesch bzw. ursprünglich von St. Johann/Tirol. Zahnarzt Rupert Klingele führte in den Jahren 1962–1995 seine Praxis. Seit 1995 gibt es in Naters nur mehr einen einzigen Zahnarzt, nämlich Dr. Jakob Ghezzi (seit 1980), Burger von Guttet.

Als erster Apotheker eröffnete Josef Venetz (1900–1979) von Stalden 1932 eine Apotheke (heute Haus von Dr. Ulrich Peter), zuerst durch einen Vertreter geführt, dann in den Jahren 1934–1973 von Josef Venetz selbst. Diese wurde 1973 von Dr. pharm. Heinz Fallert, Sohn des Philipp, übernommen. Dr. Fallert schloss sie und eröffnete im Haus Lötschberg die heutige Central-Apotheke. Zusätzlich führt er auf der Bettmeralp die Alpenapotheke, die «die höchstgelegene Apotheke (1950 m ü. M.) mit einem Normalsortiment» genannt wird. 1981 richtete Apotheker Frank Eggel, des Max, an der Belalpstrasse die Dorf-Apotheke ein, die sich seit 1996 im Zentrum Kelchbach befindet. 1982 eröffnete Claus Deforné, Sohn des Franz-Josef aus Düren (Deutschland), im ehemaligen Lebensmittelgeschäft von Markus Ruppen beim Marktplatz die Apotheke St. Mauritius.

*Josef Venetz, erster Apotheker in Naters.*

## Naters und das Kreisspital Brig

Zunächst sei daran erinnert, dass Bischof Bonifaz von Challant am 23. März 1304 auf Betreiben von Johann Chandeler, Burger von Sitten, und Ordensbruder Jordan von Aosta auf seinem Schloss in Naters die Stiftung zum Bau des St. Antoniusspitals in Brig errichten liess. Der Bischof selber stiftete dazu ein mit Mauern umgebenes Haus, das einst dem Ritter Peter von Aosta gehört hatte. Zugleich überliess Graf Johannes Blandrate der Stiftung alle Rechte, die er am genannten Haus besass.[735]

Auch der Gründung des Kreisspitals von Brig im Jahre 1907 brachte Naters lebhaftes Interesse entgegen. Die Gemeindeverwaltung bezeichnete einen solchen Bau als «notwendiges und gemeinnütziges Werk». In einem «Schreiben an die Bezirke und Gemeinden des Oberwallis» rief am 7. März 1907 der Stadtpräsident von Brig, Dr. Hermann Seiler, im Namen des Gemeinderates zur «Gründung eines Kreisspitals für das Oberwallis» auf. Während sich einige Gemeinden der Gegend mit einer Unterstützung zurückhielten, beschloss die Ur- und Burgerversammlung von Naters schon drei Tage später, für den Bau des Kreisspitals in Brig 8000 Franken zu spenden, die je zur Hälfte von der Munizipalität und der Burgerschaft aufgebracht wurden.[736] Die Gesamtkosten des Kreisspitals beliefen sich auf 266 871 Franken.[737]

Seit 1981 beteiligen sich auch die Gemeinden unserer Spitalregion an den jährlichen Betriebskosten des Kreisspitals Brig. Der Beitrag der Gemeinde Naters beträgt beinahe einen Viertel der gesamten Beitragssumme. 1981 bezahlte Naters 109 471 Franken. Dieser Betrag stieg in den folgenden Jahren erheblich an. Wie eng Naters mit dem Kreisspital von Brig verbunden war und ist, zeigt die Tatsache, dass die Gemeinde Naters seit dessen Gründung stets durch ihren entweder amtierenden oder bereits zurückgetretenen Gemeindepräsidenten im Verwaltungsrat des Spitals vertreten war und ist und zweimal den Präsidenten stellte. Es sind dies der Reihe nach folgende Personen: Ludwig Salzmann (1908–1912), Anton Salzmann (1912–1924), Alfred Gertschen (1924–1933), Alois Gertschen (1934–1971; 1961–1971 zweiter Präsident des Verwaltungsrates – erster Präsident war Dr. Hermann Seiler: 1908–1961, volle 53 Jahre) sowie Dr. Paul Biderbost, Präsident des Verwaltungsrates 1993–1998.

*Kreisspital Brig.*

Ebenso nehmen jeweils ein Mitglied des Gemeinderates, aber auch andere Personen aus Naters Einsitz im Verwaltungsrat.
Die Chefärzte des Kreisspitals von Brig, Dr. Daniel Pometta (1869–1949), Dr. Josef von Kalbermatten (1884–1975), Dr. Josef Schmidt (1904–1976) und schliesslich Dr. Karl Arnold und andere mehr verhalfen dem Spital zu gutem Ansehen. In jüngster Zeit arbeiteten daselbst (oder sind noch tätig) folgende aus Naters stammende oder dort ansässige Ärzte: Dr. Wolfgang Imahorn (1929–1984), Chefarzt der Kinder- und Säuglingsabteilung, Mitbegründer der Heilpädagogischen Schule Oberwallis in Glis; Dr. Hugo Grandi, Chefarzt für Ohren-, Nasen- und Halsleiden; Dr. Alfred Klingele, Chefarzt für Gynäkologie; Dr. Charles A. Simon, Chefarzt für Anästhesie und Intensivpflege, und schliesslich Dr. Josef Escher, Chefarzt für Innere Medizin. Dr. Escher ist als Pionier der Musiktherapie über die Kantonsgrenzen hinaus bekannt geworden, weshalb wir ihn kurz vorstellen.

## Dr. Josef Escher

Er wurde am 23. Juli 1932 als Sohn des Robert in Brig geboren, schloss seine humanistischen Studien am Kollegium in Brig 1953 mit der Matura Typ A ab, studierte in den Jahren 1953–1961 Medizin an den Universitäten Freiburg i.Ü., Freiburg i.Br., Wien und Paris. Danach war Dr. Escher Assistenzarzt und Oberarzt in verschiedenen Spitälern, so in Paris, Zürich, Solothurn und Bern. Von 1971 bis 1997 diente er als Chefarzt für Innere Medizin im Kreisspital Brig. Er war verheiratet mit Hanny Bürki (†1997), ist Vater von zwei Kindern und wohnt in Naters.

1986 begann Dr. Escher im Spital in Brig mit Musiktherapie. Das Briger Spital war das erste Akutspital in der Schweiz, das unter der Leitung von Dr. Escher Musiktherapie in die medizinische Klinik eingeführt hat. Aufgrund seiner wissenschaftlichen Arbeiten über die Wirkung der Musiktherapie auf die Stresshormone bei der Gastroskopie (Magenspiegelung) und über den Einfluss der Musiktherapie auf die humorale Immunabwehr bei akutem Herzinfarkt ist Dr. Josef Escher 1994 zum Mitglied der «Internationalen Gesellschaft für Musik in der Medizin» gewählt worden. 1994 gab Dr. Escher zusammen mit Professor Dr. Hans-Helmut Decker-Voigt (und anderen Teamkolleginnen und -kollegen) ein Buch heraus mit dem Titel «Neue Klänge in der Medizin – Musiktherapie in der Inneren Medizin», erschienen im Trialog-Verlag Bremen. Diese Publikation fand internationale Beachtung. Dr. Escher spricht des Öfteren an Kongressen und Versammlungen und hat einen Lehrauftrag an der Hochschule für Theater und Musik in Hamburg. In Anerkennung seines Lebenswerkes (gegen 20 Publikationen) wurde er 1997 in den wissenschaftlichen Beirat der Herbert von Karajan-Akademie (Berlin) für Weiterbildung berufen. Dr. Joseph Fischer, Nachfolger von Dr. Escher im Spital in Brig, bescheinigte anlässlich der gediegenen Abschiedsfeier vom 5. Juni 1997 dem scheidenden Arzt schöpferische Kraft, Natürlichkeit, Bescheidenheit, Optimismus, Einfühlsamkeit, Sinn für das Bleibende, Schöne und Erhabene und vor allem kompromissloses Einstehen für den leidenden Menschen. Ausserdem ist Dr. Escher ein musischer Mediziner.

## Ursulinen als Krankenschwestern – Heutiges Angebot

Die Ursulinen von Brig leisteten in Naters von 1919 bis 1982, mit einigen Unterbrüchen, als Gemeinde-Krankenschwestern unschätzbare soziale Dienste. Es waren vor allem die Ortspfarrer, die sich beim Kloster St. Ursula um Schwestern bemühten. Wie Pfarrer Ernst Zenklusen im Natischer November-Pfarrblatt 1949 schrieb, arbeiteten diese Schwestern um Gotteslohn. Pfarrer Zenklusen bemerkt hiezu: «Und doch sind immer noch Leute herum (hoffentlich nicht in unserer Pfarrei), die von den habsüchtigen Schwestern und von dem reichen und nimmersatten Kloster faseln und giftlen.» Stellvertretend für alle anderen Namen seien in chronologischer Folge in Dankbarkeit wenigstens einige Namen von Krankenschwestern aus St. Ursula genannt, die in Naters tätig waren: Sr. Benigna Nanzer, Sr. Aloisia Zimmermann, Sr. Sophie Latscha und Sr. M. Blanka Häfeli.

Der ehrwürdigen Sr. Aloisia Zimmermann (1965–1969), die ein Methusalemalter von 104 Jahren erreichte und die noch in ihren Achtzigern den Dienst einer ambulanten Krankenschwester in Naters versah, stellte der ‹Walliser Volksfreund› am 28. September 1968 ein herrliches Zeugnis ihrer Aufopferung für den Mitmenschen aus: «Ja rennen: Sr. Aloisia hatte es immer eilig. Betreute sie eine jüngere Mutter mit einer grossen Kinderschar, konnte man die gute Sr. Aloisia mit einem Säugling auf dem Arm und mit zwei ‹Löuferlinu› am Rockzipfel in die Pfarrkirche zum Kreuzweg gehen sehen. Den unterliess sie keinen Tag. (...) Hunderte von Nachtwachen konnte sie jedes Jahr verbuchen. Ob sie sie verbuchte? Das ging bei Sr. Aloisia immer aufs Konto der Selbstverständlichkeit.»

1977 stellte die Gemeinde in der Person von Benita Burgener aus Saas-Balen eine Dorfkrankenschwester an. Sie wurde 1994 von Christine Imoberdorf abgelöst. Seit diesem Jahr ist die Stelle der Dorfkrankenschwester administrativ und organisatorisch im Sozialmedizinischen Regionalzentrum (SMRZ) integriert.

In den ‹Mitteilungen› vom Juni 1999 (Nr. 5) legte die für den sozialen Bereich zuständige Gemeinderätin Simone Valli-Ruppen dar, welche Hilfeleistungen den Betagten unserer Gemeinde und deren Angehörigen zum jetzigen Zeitpunkt ausserhalb der Alterssiedlung Sancta Maria zur Verfügung stehen. Es sind dies zusammengefasst folgende Angebote:

**1. Spitexdienst.** Er beinhaltet Gesundheits- und Krankenpflege ausserhalb der Spitäler oder Pflegeheime. Vier Gemeinde-Krankenschwestern leisten in unserem Dorf medizinische Hilfe und Grundpflege zu Hause, je nach Verordnung des Hausarztes. Ferner können auf ärztliche Verordnung stundenweise Haushaltshilfen vermittelt werden. Ein Mahlzeitendienst liefert warme Mahlzeiten nach Hause.

**2. Tageszentrum.** Es ist im alten Spital in Brig eingerichtet und steht Personen zur Verfügung, die keine stationäre Behandlung benötigen, jedoch auf Pflege und Betreuung während des Tages angewiesen sind.

**3. Fahrdienst.** Freiwillige Helfer sind bereit, Betagte oder Kranke zum Arzt oder ins Spital zu fahren oder sonst notwendige Fahrten für sie zu erledigen.

**4.** Das breite Spektrum des Dienstleistungsangebots der **Pro Senectute Oberwallis:** Sozialberatung (individuelle Beratung und von Gruppen), Hilfe zu Hause (wenn die Kräfte nachlassen), Animation und Bildung (wenn Herausforderungen gesucht werden).

# Theresianum in Blatten
## Steyler Missionare in Blatten: 1927–1947

Das Gemeinderatsprotokoll vom 26. Oktober 1925 berichtet, dass eine «Stiftungsgesellschaft» das Gesuch gestellt habe, auf dem «Ändern Blatt» in Blatten ein Ferienheim errichten zu dürfen. Treibende Kraft dieses Unternehmens namens der Missionsgesellschaft vom «Göttlichen Wort» (SVD = Societas Verbi Divini) mit Sitz in Steyl, Gemeinde Tegelen (Holland), war Pfarrer Stefan Schmid von Ausserberg (1880–1932). Er war dem Missionsorden der Steyler Patres sehr verbunden und wollte sich ihnen als Missionar anschliessen. Seine Lungenkrankheit verwehrte ihm diesen Herzenswunsch. Selber krank, suchte er für die kranken und erholungsbedürftigen Priester und Brüder dieser Missionsgesellschaft einen Ort für ihre Erholung. Blatten schien ihm der Lage und der gesunden Luft wegen geeignet. Stefan Schmid trug auch die finanziellen Lasten des Neubaus mit.

1926 kauften die Steyler Missionare vom damaligen Natischer Gemeindepräsidenten Alfred Gertschen in der nördlichen Nähe des heutigen Theresianums ein Häuschen, das später von dessen Sohn Alois Gertschen wieder zurückgekauft wurde. In der obgenannten Sitzung vom 26. Oktober 1925 beschloss der Gemeinderat einstimmig, den Bau eines Ferienheims zu unterstützen, da dieses Gebäude auf unkultiviertem Bürgerboden errichtet werde, und stellte ausserdem den nötigen Boden von 2000 m$^2$ gratis zur Verfügung. Im Gegenzug verpflichteten sich die Steyler Missionare zur Übernahme der Gottesdienste in der Kapelle von Blatten.[738] Im Jahre 1927 errichteten die Steyler Missionare auf dem östlich gelegenen Teil der Liegenschaft «ds chlei Hüsli», an das 1983/1984 der Neubau angeschlossen wurde. Mit Schreiben vom 11. Juni 1928 gab die Kongregationsleitung der Steyler Missionare der Schreinerei Eggel und Imboden, Naters, den Auftrag, auf dem westlichen Teil des Terrains mit dem Bau des Ferienheims, heute Altbau genannt, sofort zu beginnen, wobei alt Pfarrer Stefan Schmid den Fortgang der Arbeit überwachen sollte.[739] Die Bauprobleme von damals waren anderer Art als heute. Das ganze Bauholz und alles übrige Material mussten mit Maultieren von Naters nach Blatten über den steinigen alten Blattnerweg transportiert werden. Am 20. Juni 1929 weihte der Natischer Pfarrer Emil Tscherrig das Ferienheim zusammen mit einem kleinen Oratorium ein. Das neue Heim erhielt den Namen Theresianum, zu Ehren der kleinen hl. Theresia von Lisieux, die 1925 von Papst Pius XI. heilig gesprochen und zur Missionspatronin erhoben worden war.[740]

Im Frühjahr 1929 gelangten die Steyler Patres ans Kloster St. Ursula mit der Bitte um Schwestern zur Führung des Haushalts und für die Pflege der kränklichen Missionare. Für die bejahende Antwort waren zwei Faktoren massgebend: die ausdrückliche Befürwortung durch den Diözesanbischof Bieler und die Missionsbegeisterung der Schwestern. Da diese noch nicht in die Missionsländer ziehen konnten, wollten sie ihre Kräfte einem Missionsorden in der Heimat zur Verfügung stellen.

*Pfarrer Stefan Schmid.*

Anfangs sollte das Haus wegen des günstigen Klimas die Funktion eines Sanatoriums erfüllen. Das Heim wurde klösterlich eingerichtet und beherbergte kränkliche und erholungsbedürftige Priester und Brüder der Steyler Missionare. Während des Krieges konnte das Haus nicht mehr besetzt werden, da die Ausländer keine Einreisebewilligung mehr erhielten. So suchte man dem Haus einen anderen Zweck zu geben. 1942 wurde das Haus an den Frauenbund Oberwallis vermietet, und zwar zur Aufnahme und Pflege von erholungsbedürftigen Frauen und Müttern. Schon bald fanden hier während des Sommers rund 50 Frauen und Mütter Erholung. – Die Glocke am Eingang enthält folgende Inschrift: «L. Anton von Stockalper 1891».

*Erholungsheim Theresianum, Blatten. Vorne die Kapelle des Unbefleckten Herzens Mariä.*

## Der Frauenbund Oberwallis übernimmt das Theresianum

Das Theresianum wurde immer reparaturbedürftiger und konnte so nicht mehr bestehen. 1947 kaufte der Katholische Frauenbund Oberwallis (KFBO) mit Genehmigung des Bischofs den ganzen Besitz für 75 000 Franken von den Steyler Missionaren. Dafür setzte sich besonders Cathrine Seiler, die erste Präsidentin des Frauenbundes Oberwallis, ein. Das Kloster St. Ursula verzichtete auf das Vorkaufsrecht und stellte weiterhin für die Führung des Hauses seine Schwestern zur Verfügung. Die Missionare vom Göttlichen Wort kauften in Davos, wo immer ein Tuberkulosearzt zur Stelle ist, ein Sanatorium. Die weite Entfernung vom Spezialarzt in Montana gab für die Missionare den Ausschlag zum Verkauf ihres Ferienkurhauses. Während 20 Jahren übten die Steyler Missionare in Blatten die Seelsorge aus.

Es war keine Kleinigkeit, das Haus von einer klösterlichen Einrichtung in ein heimeliges, wohnliches Mütter-Ferienheim umzugestalten, zumal kein Fonds vorhanden war. Doch der Fleiss und die Sparsamkeit der Schwestern von St. Ursula, die während Jahrzehnten ohne Entgelt arbeiteten, verwandelten es doch allmählich zu einem gemütlichen Heim. Am 31. August 1997 konnten die Schwestern ihre 70-jährige Tätigkeit im Theresianum feiern und der Katholische Frauenbund Oberwallis stand im 50. Jahr im Besitz des Ferienheims.

## Kapelle des Unbefleckten Herzens Mariä

Am Anfang stand den Insassen des Theresianums, westlich an den Altbau angebaut, ein Oratorium zur Verfügung. 1955 errichtete man an diesen Gebetsraum eine geräumige Kapelle, die am 22. August des genannten Jahres von Bischof Nestor Adam eingeweiht wurde. Sie ist dem Unbefleckten Herzen Mariä geweiht. Das *Altarkreuz* (Korpus 90 cm) erwarb die Firma Mutter, Naters, aus Italien. Die *Kreuzwegstationen* (33x28 cm, mit Rahmen) stammen von Kunstmaler Ludwig Werlen. Die Errichtungsurkunde des Kreuzweges datiert vom 20. Juni 1929, dem Einweihungsdatum des Ferienheims und des Oratoriums. Inschrift am Tabernakel: «Gott ist da.» Die *Muttergottesstatue* mit dem Unbefleckten Herzen und dem Jesuskind verfertigte Elio Sello (1910–1995), Brig.

*Das Innere der Hauskapelle des Theresianums.*

Die Gäste des Theresianums sollen sich nicht nur körperlich erholen, sondern auch geistig. Es stellen sich auch immer wieder Ferienpriester zur Verfügung, so dass an jedem Tag die hl. Messe gefeiert werden kann. Während Jahrzehnten verbrachte Pfarrer Heinrich Mathieu (1918–1990) von Agarn seine Ferien im Theresianum und leistete hier wertvolle Seelsorgearbeit. Immer wieder halten im Theresianum auch religiöse Gruppen ihre Exerzitien ab.

## Weiterer Ausbau

Zu Beginn der 1980er-Jahre entstand das Bedürfnis nach mehr Zimmern.[741] Unter der Leitung von Amanda Bumann, Saas-Fee, beschloss die Generalversammlung des Katholischen Frauenbundes Oberwallis am 29. September 1982 in Glis, das östlich gelegene «kleine Häuschen» umzubauen und direkt an dieses einen Neubau zu errichten. Das Architekturbüro André Werlen, Brig, nahm die Planung in die Hand, während von Seiten des Frauenbundes Helene Bregy als Baukommissionspräsidentin waltete. Am 7. September 1983 wurde der symbolische erste Spatenstich getätigt und am 31. August 1984 weihte Bischof Heinrich Schwery dieses wohlgelungene Werk ein. Von Oktober 1989 bis Juni 1990 wurde das westliche Gebäude des Theresianums, Altbau genannt, einer gründlichen Renovation unterzogen. Am 19. Oktober 1990 fand durch Dekan Bruno Lauber, Salgesch, die feierliche Einweihung statt. Die Kosten des oben genannten Anbaus an das kleine Häuschen beliefen sich auf rund eine Million Franken, jene der Renovation des Altbaus auf 1,4 Millionen Franken. Für beide Bauphasen beschaffte man sich das nötige Geld unter anderem auch durch vielfältige, breit angelegte Sammelaktionen.

Der Neubau besteht aus zehn Einzelzimmern, die man auch als Doppelzimmer verwenden kann, einem Massenlager, einer Wohnküche und einem grossen Aufenthalts- oder Arbeitsraum. Der Altbau wird während des Winters geschlossen. Der Neubau bleibt auch winters offen für Tagungen, Wochenenden, Besinnungstage und verschiedene Kurse. Von Mai bis Oktober werden Feriengäste aufgenommen.

Erholungsbedürftige Frauen und Mütter kommen hier in den Genuss preisgünstiger Ferien. Es sind vielfach Frauen, die nach einer Krankheit oder einem Spitalaufenthalt noch nicht die Kräfte haben, die Aufgaben im Haushalt wieder aufzunehmen. Einen wichtigen Teil der Gäste bilden ältere, allein stehende Frauen, die im Theresianum in Gemeinschaft mit anderen Frauen ihre Ferien verbringen. Zunehmend kommen auch ältere Ehepaare, um in dieser einmaligen Umgebung des alten Dorfteils von Blatten Ruhe und Erholung zu finden. Grundsätzlich aber steht das Theresianum des Katholischen Frauenbundes Oberwallis allen offen. Es gibt immer wieder Institutionen, die bedürftige Gäste finanziell unterstützen. Jährlich verbringen bis zu 250 Personen ihre Ferien im Theresianum. Dieses gehört zweifellos zu den segensreichsten sozialen Einrichtungen des Oberwallis.

## Die Ursulinen und das Theresianum

Wie bereits erwähnt, steht das Theresianum seit 1929 unter der sorgenden Obhut der Briger Ursulinen. Von den Ursulinen der ersten Stunde seien wenigstens die Schwestern Luise Zuber, Maria Hallenbarter, Luzia Wyer und Margreth Imsand genannt. Während Jahren leitete Sr. Luise Hoffmann das Mütterheim und von 1948 bis 1960 war Sr. Wilhelmine Cathrein dessen Leiterin. Ein besonderes Verdienst für den jahrzehntelangen reibungslosen Ablauf in diesem Heim kommt Sr. Gregoria Mathier aus Salgesch zu, war sie doch seit 1942 im Theresianum tätig und hatte von 1960 bis 1995 daselbst als beliebte Hausmutter die Leitung inne. Neue Leiterin des Hauses ist seit Sommer 1995 Sr. Daniela Imesch von Zeneggen. Die Briger Ursulinen verrichten ihren Dienst in der Kraft und im Namen des Herrn, der seine erbarmende Liebe durch ihre Hände und ihr Herz allen Hilfsbedürftigen zuwenden will.[742]

# Alterssiedlung Sancta Maria

## Vorgeschichte

Der Gedanke, in Naters ein Alterswohnheim zu bauen, war 1972, als man mit der Planung begann, keineswegs neu.[743] Bereits in den 1940er- und 1950er-Jahren war dieser Wunsch in unserer Bevölkerung lebendig. Ernst Zenklusen, Pfarrer in Naters (1942–1959), legte die für die damalige Zeit recht ansehnliche Summe von 29 000 Franken auf einem Sparheft der Darlehenskasse Naters zweckbestimmend an. Ludwig Jossen, Sohn des Moritz, vermachte beispielsweise schon am 23. Februar 1951 «zur Gründung eines Alters- und Bürgerheims» testamentarisch den Betrag von 5000 Franken.[744] Dies bezeugt, dass sich die Geldgeber der Notwendigkeit eines solchen Heims bewusst waren. Für eine Realisation waren allerdings die Zeit noch nicht reif, die Geldmittel ungenügend und ein Bauterrain nicht in Sicht. Man war weiterhin auf das für seine Zeit grosse Sozialwerk des Altersasyls in Susten angewiesen. In den 1960er-Jahren wurde der Gedanke eines Altersheims etwas in den Hintergrund gestellt. Die Grossfamilie mit der sorgenden Hand für Jung und Alt gab es je länger, je weniger und die Zeiten änderten sich derart, dass immer mehr von einem absoluten Bedürfnis nach einer Alterssiedlung gesprochen wurde.

Am 14. November 1971 hielt Ortspfarrer Josef Pfaffen im Männerverein ein Referat über Altersfragen. Dabei wies er auf die Notwendigkeit eines Altersheims hin. Gemeindepräsident Dr. Paul Biderbost und viele andere begrüssten diese Idee. Dr. Heinrich Schmidt stellte den Antrag, zur Verwirklichung dieses Vorhabens eine Kommission zu gründen. Der Männerverein nahm unter dem damaligen Präsidenten Edmund Cathrein den Auftrag an und rief eine Kommission ins Leben, um das Problem eingehend zu studieren. Diese bestätigte die Notwendigkeit eines Altersheims.

In Bezug auf die Bodenfrage möchten wir etwas weiter ausholen. Im Jahre 1969 vergabte Maria Salzmann (1888–1969), Tochter des Franz, der Pfarrei Naters das Haus «Felsheim» zweckgebunden für eine Alterssiedlung. In der Folge wollte man zusätzlich die «Liegenschaft Bacher» erwerben, die jedoch bereits verkauft war. Am 21. Februar 1972 kam die Studienkommission der Alterssiedlung zur Überzeugung, dass das Haus «Felsheim» allein sowohl als Standort wie auch von seiner Grösse her für ein Altersheim nicht in Frage kam. Durch mehrere glückliche Umstände wurde schliesslich der Verkauf des «Felsheims» ermöglicht, so dass für die Alterssiedlung ein Reingewinn von 360 000 Franken resultierte. Da in der Dorfmitte kein Boden zu erschwinglichen Preisen zu erwerben war, ein zentraler Standort aber von grösster Wichtigkeit erschien, kaufte die Kommission im Pfarrgut Breiten, hinter der Italienermission, für die vorgesehene Alterssiedlung einen idealen Bauplatz von insgesamt 2000 m².

Am 29. November 1972 wurde aufgrund dieser Vorarbeiten die Stiftung der Alterssiedlung Sancta Maria[745] öffentlich beurkun-

*Maria Salzmann legte einen wichtigen Grundstein für den Bau der Alterssiedlung.*

det und damit durch den Notar Richard Gertschen die rechtliche Grundlage für den Bau geschaffen. Ein grosses, ja wohl das grösste Sozialwerk von Naters nahm damit seinen Anfang. Die Studienkommission nannte sich fortab «Stiftungsrat». Die Stiftungsurkunde unterscheidet Stifter und Mitstifter. Die Stifter der Alterssiedlung sind: die Pfarrei Naters und die Munizipalgemeinde Naters sowie der Katholische Männerverein Naters. Der Stiftungsurkunde zufolge sind Mitstifter alle natürlichen und zeit ihres Lebens alle juristischen Personen, die das Stiftungsstatut anerkennen. Bis 1990 unterstützten 300 Mitstifterinnen und Mitstifter die Siedlung. Der Stiftungsurkunde entnehmen wir folgende Punkte: Die Stiftung bezweckt den Bau und den Betrieb einer Alterssiedlung. Das Stiftungsvermögen wird ergänzt durch weitere Zuwendungen seitens der Mitstifter in der Höhe von je mindestens 1000 Franken. Die Verwaltung obliegt einem Stiftungsrat, der aus neun Personen besteht. Dieser Stiftungsrat wird aus den Mitstiftern gewählt.

In der Informationsschrift vom 28. Februar 1973 schätzte der Stiftungsrat die Lebenslage der Betagten in Naters, Mund und Birgisch wie folgt ein: «*Am 1. März 1972 waren in Naters 395 (215 Frauen und 180 Männer), in Mund und Birgisch 85 Personen über 65 Jahre alt. Durchschnittlich sind heute ungefähr 15 Prozent der Gesamtbevölkerung über 65-jährig. 1900 waren es noch drei Prozent. Es ist damit zu rechnen, dass der Prozentsatz der Betagten in den nächsten Jahren stark ansteigen wird. Wir sind deshalb alle aufgerufen mitzuhelfen, dass dieses verlängerte Leben auch inhaltsreich gestaltet werden kann, dass es Neuanfang und nicht Ende ist.*»[746]

## Bau der Alterssiedlung: 1975/1976

Mit dem ersten Spatenstich am 9. Juli 1975 durch Dr. Heinrich Schmidt wurde nicht nur das Startzeichen für die Bauleute gegeben, es bedeutete auch die erste Krönung für eine lange Planung und den selbstlosen Einsatz der Mitglieder des Stiftungsrates.[747] Ende März 1976 war der Rohbau beendet, am 24. Oktober desselben Jahres Tag der offenen Tür und vom 1. November 1976 an konnten die Betagten in das wohlgelungene Werk einziehen.[748] Am 11. Juni 1977 erfolgte die feierliche Einweihung der Siedlung, und zwar nicht wie ursprünglich vorgesehen durch den Bischof, der erkrankt war, sondern durch Generalvikar Dr. Josef Bayard.

### Konzept der Alterssiedlung

Das von Staat und Bund genehmigte Projekt beruht auf einem Wettbewerb, an dem sich acht Architekten aus Naters und Umgebung beteiligten und aus dem Josef Imhof, Brig, als Gewinner hervorging. Die Gesamtanlage eignet sich punkto Lage in hervorragender Weise für eine Alterssiedlung. Sie befindet sich im ruhigen, sonnigen, zentral und eben gelegenen Wohnquartier, nahe dem kulturellen und geschäftlichen Leben. Durch die zweifache Abwinklung des Gebäudekomplexes, die stark gegliederten Häuserfronten und Dachaufbauten konnte eine optimale Eingliederung der Bauten in die bestehende Dorfstruktur erreicht werden. Die Umgebung der Siedlung wird durch Spazierwege, Plauderecken und Grünanlagen zur Erholungslandschaft für die Heimbewohner.

Im Erdgeschoss befinden sich Gemeinschaftsraum, Verwaltung, Aufenthaltsraum, Wirtschaftsräume, Anlieferung, Haupteingang, Küche, Kapelle sowie drei Wohneinheiten. Über zwei Treppenhäuser und einen Grosslift werden die Wohnräume in den drei Obergeschossen und im Dachgeschoss erschlossen. Die grosse Halle im Erdgeschoss ist Zentrum des Siedlungslebens. Sie kann mit dem angrenzenden Speiseraum zu einem Grossraum von zirka 220 m$^2$ erweitert werden.

Die Wohnräume sind nach Süden gerichtet, vom Verkehr abgewandt und haben Ausblick auf die Grünanlagen und den Simplon.

Die Leitung wohnt in der Siedlung. Für sie wurden die Wohneinheiten im Erdgeschoss (östlicher Flügel) reserviert.[749]

### Erweiterung: 1991/1992

Im Februar 1990 schrieb der Präsident des Stiftungsrates, Dr. Heinrich Schmidt: «*Ziel der Siedlung, allen Betagten unserer Region (Naters, Mund und Birgisch), die aus irgendeinem Grunde in die Siedlung eintreten möchten, ein Zuhause zu bieten, war bis jetzt in fast allen Fällen möglich, wenn auch mit einer Wartefrist bis zu einem Jahr. Dies ist für die Zukunft nicht mehr gesichert. Es ist eine Tatsache, dass in den nächsten Jahren die ältere Bevölkerung noch wesentlich zunimmt. Sie dürfte von heute 950 Betagten (12 Prozent) auf 1200 Betagte (15 Prozent) ansteigen. Statistisch sollte für zirka sechs Prozent ein Platz in einem Alterswohnheim vorhanden sein.*»[750] Am 23. März 1988 hatte die Mitstifterversammlung die Erweiterung der Siedlung beschlossen. Der zusätzliche Boden konnte von der Pfarrei erworben werden.

Mit dem Aus- und dem Erweiterungsbau wurde im Herbst 1991 begonnen und Ende Dezember 1992 war der neue Teil bereits bezugsbereit. Leitender Architekt war derselbe wie beim ersten Bau: Josef Imhof. Mit dem Erweiterungsbau sind zwölf zusätzliche Studios für 15 Personen und ein zweiter Lift geschaffen worden, wobei gleichzeitig die Eingangshalle, der Speisesaal, die Kapelle und die Badeanlage neu gestaltet und die Nord- und die Ostfassade einer Renovation unterzogen wurden. Mit der jetzigen Grösse ist gemäss Stiftungsratspräsident Dr. Heinrich Schmidt das Maximum erreicht, damit das Siedlungskonzept wie bisher familiär, individuell und überschaubar bleibt.[751] Die Gesamtsiedlung bietet nun 69 Personen Platz.

Am 8. Mai 1993 erfolgte in Anwesenheit zahlreicher Gäste und Vertreter der Gemeindebehörde durch Seine Eminenz Kardinal Heinrich Schwery die feierliche Einweihung der Alterssiedlung. Es war ein Freudentag erster Güte. Für den guten Nachklang folgte am Wochenende vom 8./9. Mai im Zentrum Missione ein Festbetrieb, begleitet von verschiedenen Darbietungen. An beiden genannten Tagen wurde den Besuchern Gelegenheit geboten, die erweiterte Alterssiedlung Sancta Maria näher zu besichtigen.[752]

## Finanzen

Der Stiftungsrat fand alle möglichen Geldquellen. Er war sich jedoch bewusst, dass die Erreichung seiner Zielsetzungen einigen günstigen Umständen zu verdanken war, nämlich: den kantonalen und eidgenössischen Behörden, die das Werk wohlwollend unterstützten, der Gemeinde Naters, die als Stifterin und Mitstifterin auftrat, den Stiftern und Mitstiftern sowie den vielen Spendern und den Lottoeinnahmen. Wie vielfältig die Unterstützung schon beim ersten Bau der Alterssiedlung von allen Seiten war, zeigt in Bezug auf die Einnahmen der Finanzbericht vom Oktober 1976.[753] Gemäss diesem setzte sich das Stiftungskapital wie folgt zusammen (in Franken):

*Alterssiedlung Sancta Maria.*

| | |
|---|---:|
| a) Pfarrei Naters: | |
| Erlös Felsheim (Vergabung Maria Salzmann) | 360 000.– |
| Sparheft Altersheim (eröffnet 1951) | 30 000.– |
| b) Stiftungskapital Gemeinde Naters | 100 000.– |
| c) Stiftungskapital des Männervereins | 1 000.– |
| Total Stiftungskapital | 491 900.– |
| 232 Mitstifter | 342 000.– |
| Mitstiftungsbeitrag Gemeinde Naters | 340 000.– |
| Total Mitstiftungskapital | 682 000.– |
| Lottoeinnahmen 1974/75/76 | 120 293.25 |
| Spenden und Zinsen | 90 783.45 |
| Bisher von Bund und Kanton | 1 936 000.– |
| Total Einnahmen | 3 418 901.65 |

Bauabrechnung Ende 1977: 5 149 000 Franken, die wie folgt finanziert wurden:

| | |
|---|---:|
| 40% eigene Mittel | 2 056 000.– |
| 50% Subventionen | 2 526 000.– |
| Total | 4 582 000.– |
| 10% verbleibende Schuld | 558 000.– |

Die Abrechnung über den Aus- und den Neubau der Siedlung stand Ende 1993 mit 4,1 Millionen Franken zu Buche. Die Geldgeber für die Abtragung dieser beträchtlichen Schuld waren im Grossen und Ganzen dieselben wie die obgenannten (aber ohne Bundessubventionen). Immerhin belastete 1993 noch eine Restschuld von 1,2 Millionen Franken den Bau. Aber schon 1997 stand das Sozialwerk schuldenfrei da. Die Kostenbeiträge für die Heimbewohner sind, verglichen mit anderen Altersheimen, als sehr günstig zu bezeichnen. 1998 betrug der Pensionspreis pro Tag 49 Franken.

Wenn die Erhebung des vollen Miet- und Pensionspreises für einen Insassen nicht möglich ist oder eine besondere Härte darstellt, kann ihm eine Beitragsleistung aus einem ad hoc angelegten Sozialfonds zugesprochen werden.

## Anerkennung in der Bevölkerung

Als die Siedlung 1976 die Pforten öffnete und die ersten älteren Personen darin Wohnsitz nahmen, empfanden noch weite Kreise unserer Bevölkerung, und nicht zuletzt die Betagten selbst, den Eintritt in dieses Heim als etwas Ungewöhnliches, das unserer traditionellen Auffassung widersprach. Nicht umsonst fanden sich anfänglich in unserer Dorfschaft nur wenige Leute, die den Schritt zum Eintritt in die Siedlung wagten. Viele ältere Frauen und Männer aus der Region und auch aus dem übrigen Oberwallis fanden deshalb in Naters freundliche Aufnahme. Aber schon 1982 stammte die Hälfte der Betagten aus Naters. Inzwischen hat die Alterssiedlung ihre gesellschaftliche Stellung und die volle Anerkennung in unserer Bevölkerung gefunden und wird heute vor allem auch von den betagten Mitmenschen als etwas Selbstverständliches und Wunderbares anerkannt. Schon ein halbes Jahr noch der Eröffnung, im Frühjahr 1977, war die Siedlung voll belegt und war es seither immer. Die Nachfrage der Einheimischen übersteigt das Angebot der Siedlung. Auch noch nach der Vergrösserung gibt es eine Warteliste, auf der z.B. 1998 35 Personen eingetragen waren.

Im Jahre 1989 waren zwölf Bewohner über 90 Jahre alt und 31 über 85-jährig. Das Durchschnittsalter betrug im genannten Jahr gar 85,8 Jahre. Die Alterspyramide kann sich von einem Jahr zum anderen nach oben oder nach unten verändern. Nehmen wir das Jahr 1993: In diesem Jahr wohnten 87 Personen mit einem Durchschnittsalter von 81,3 Jahren in der Siedlung. Sie stammten aus folgenden Orten: Naters 61 (1982: 27; 1989: 49), Mund 5, Birgisch 2, Brig 12, Goms 1, Östlich Raron 2, West-

*Anlässlich der Einweihung des Erweiterungsbaus der Alterssiedlung am 8. Mai 1993. Von links: Staatsrat Richard Gertschen, Sr. Josefine Ruppen, Grossrat Dr. Otto Pfammatter, Pfarrer Dr. Stefan Schnyder, Ferdinand Andermatt, Dr. Heinrich Schmidt (Präsident des Stiftungsrats 1972–1999), Max Eggel, Kardinal Heinrich Schwery, Oskar Furrer, Dr. Paul Biderbost, Johanna Lengen, Rita Ruppen, Simone Valli-Ruppen, Josef Imhof (Architekt der Alterssiedlung), Edmund Catrein, Albert Bass (seit 1999 Präsident des Stiftungsrats), Gemeindepräsident Richard Walker.*

lich Raron 2, Leuk 1, Siders 1. Alle diese Personen von auswärts waren oder sind mit Naters familiär verbunden. 1993 starben 19 Personen: 15 in der Siedlung und vier im Spital. Es gab im gleichen Jahr 22 Neueintritte und 25 schwere Pflegefälle. 1997 wohnten 77 Personen in der Alterssiedlung, davon 54 Frauen und 23 Männer.

## Erster Stiftungsrat – Siedlungskommission

Dem ersten Stiftungsrat gehörten (oder gehören noch) an: *Dr. med. Heinrich Schmidt (1972–1999), Präsident; Edmund Cathrein, Vizepräsident; Albert Bass, Aktuar; Max Eggel, Kassier; Josef Pfaffen, Pfarrer; Dr. Paul Biderbost (bis 1974), Richard Gertschen, Ferdinand Andermatt (bald ersetzt durch Oskar Furrer) und Johanna Lengen.* 1999 wurde Dr. Heinrich Schmidt nach 27-jähriger Tätigkeit als Stiftungsratspräsident durch den bisherigen Aktuar Albert Bass ersetzt. In Anerkennung seiner grossen Verdienste um dieses wichtige Sozialwerk ernannte die Stifter- und Mitstifterversammlung Dr. Schmidt im selben Jahr zu ihrem Ehrenpräsidenten.

Der gesamte Stiftungsrat hat von Anfang an bis heute einen grossartigen Einsatz an den Tag gelegt und in allen Bereichen mit viel Kompetenz dieses soziale und einmalige Werk aufgebaut und geleitet. Ein besonderes Verdienst kommt hier zweifelsohne dem Stiftungsratspräsidenten Dr. Heinrich Schmidt zu, der in vielem als die treibende Kraft und der geistige Mentor galt. Sowohl in der Presse wie auch bei den alljährlichen Stifterversammlungen betonte er unentwegt eine christliche Philosophie, die da ist: menschliche Zuwendung, Wertschätzung und Würde des Alters. Lassen wir ihn selbst zu Wort kommen: «*Es ist unsere Pflicht, den Betagten mit Verständnis, Liebe, Einfühlungsvermögen und Menschlichkeit zu begegnen, eine angepasste ärztliche Betreuung sicherzustellen und das Leben lebenswert zu erhalten. Ein freundlich erlebter Tod mit Wärme der Umgebung ist oftmals das Ziel und Menschlichkeit muss der Weg sein. Wer sein Alter und seinen Tod anzunehmen bereit ist,*

*Besuch in der Alterssiedlung 1993. Von links: Kardinal Heinrich Schwery, Dr. Heinrich Schmidt, Katharina Eyer (1914–1996), Karoline Schmid (1906–1996).*

*wird fähig, jeden noch geschenkten Tag befriedigt zu erleben und das Sterben als einen Teil des Lebens zu bejahen.»*
Neben dem Stiftungsrat gibt es laut Stiftungsreglement der Alterssiedlung auch eine Siedlungskommission. Diese übt u.a. die Aufsicht aus über die Tätigkeit der Siedlungsleitung, überprüft im Besonderen die jährliche Betriebskostenrechnung, schliesst Pensions- und Mietverträge ab.

## Heimleitung

Als erste Heimleiterin des Sancta Maria fungierte vom 1. November 1976 bis zum 1. Dezember 1985 Sr. Eva-Maria Bosler, Ursuline, Brig. Sie prägte durch ihre schlichte Art und Freundlichkeit sowie durch ihre tiefe religiöse Überzeugung das gute Image der Siedlung wesentlich mit. Auf sie folgte in der Leitung vom 1. Dezember 1985 bis zum 1. November 1987 Johanna Lengen, Naters. Seit dem 1. November 1987 leitet Sr. Josephine Ruppen aus Naters die Siedlung. Ihre Mitschwester Klara Brumann aus dem Kanton Luzern ist in der Krankenpflege tätig, während Sr. Dominique Kaufmann den Kinderhort Missione betreut. Diese Schwestern gehören dem Orden der «Treuen Gefährtinnen Jesu» an, der zuvor ein Mädchenpensionat in Givisiez/FR führte. Dieser Schwesterngemeinschaft gehören weltweit, vor allem in England, Frankreich und Italien, 450 Schwestern an. Sie richten sich nach den Regeln der Jesuiten. Die Insassen von Sancta Maria sind glücklich, in Sr. Josephine eine sehr verständnisvolle «Mutter» zu haben, die sich auch stark um das religiöse Befinden der Betagten sorgt. 1998 begann Alex Cathrein seine Arbeit als Heimleiterassistent. Die pflegerische Betreuung der Betagten stand bis 1998 unter der umsichtigen Leitung von Sr. Josephine Eggel, Naters; sie wurde durch Sr. Patrizia Pfammatter aus Mund abgelöst.

Die Alterssiedlung ist auch eine gute Arbeitgeberin. 1996 beispielsweise arbeiteten daselbst 37 Vollzeit- und Teilzeitbeschäftigte mit Lohnbezug, was 23 Personen im Vollpensum entspricht. Daneben verrichten tagtäglich nicht wenige Personen wertvolle ehrenamtliche Tätigkeiten wie z.B. Rollstuhlspaziergänge, Jassnachmittage, Mithilfe bei Ausflügen usw. (Über die Aktivitäten des Seniorenklubs in der Siedlung vgl. Kap. «Vereine ...» unter «Seniorenklub».)

Zu erwähnen sind auch die regelmässigen und vielfältigen Engagements der Primar- und der Orientierungsklassen, der Dorfvereine und Einzelgruppen, die durch Theater oder musikalische Darbietungen, durch Messgestaltungen und Besuche der Betagten ihre Liebe und Verbundenheit mit den Heiminsassen zum Ausdruck bringen.

## Hauskapelle – Religiöse Betreuung

Die schlichte, einladende Hauskapelle im Erdgeschoss enthält eine wertvolle Pietà aus dem 17. Jahrhundert (gehört der Pfarrkirche). Die sechs Glasfenster (drei von 1979 und drei infolge Erweiterung der Kapelle von 1992) mit dem hl. Franz von Assisi im Mittelfenster und den Motiven aus dessen Leben in den anderen Fenstern stammen von Anton Mutter. Kreuz, 18./19. Jh., (Korpus) H. 36 cm. Kreuzweg: von der Invalidenwerkstätte Glis, 1985.

Die Verantwortung für die seelsorgliche Betreuung der Betagten in der Siedlung liegt bei den Pfarreiseelsorgern, wobei sie infolge ihrer sonstigen grossen Belastung immer froh sind, wenn ein pensionierter Priester in der Alterssiedlung wohnt. Dies war von Anfang an in folgender Reihenfolge der Fall: Pfarrer Ignaz Seiler (1904–1978), Pfarrer Wilhelm Pierig (1907–1981), P. Paul

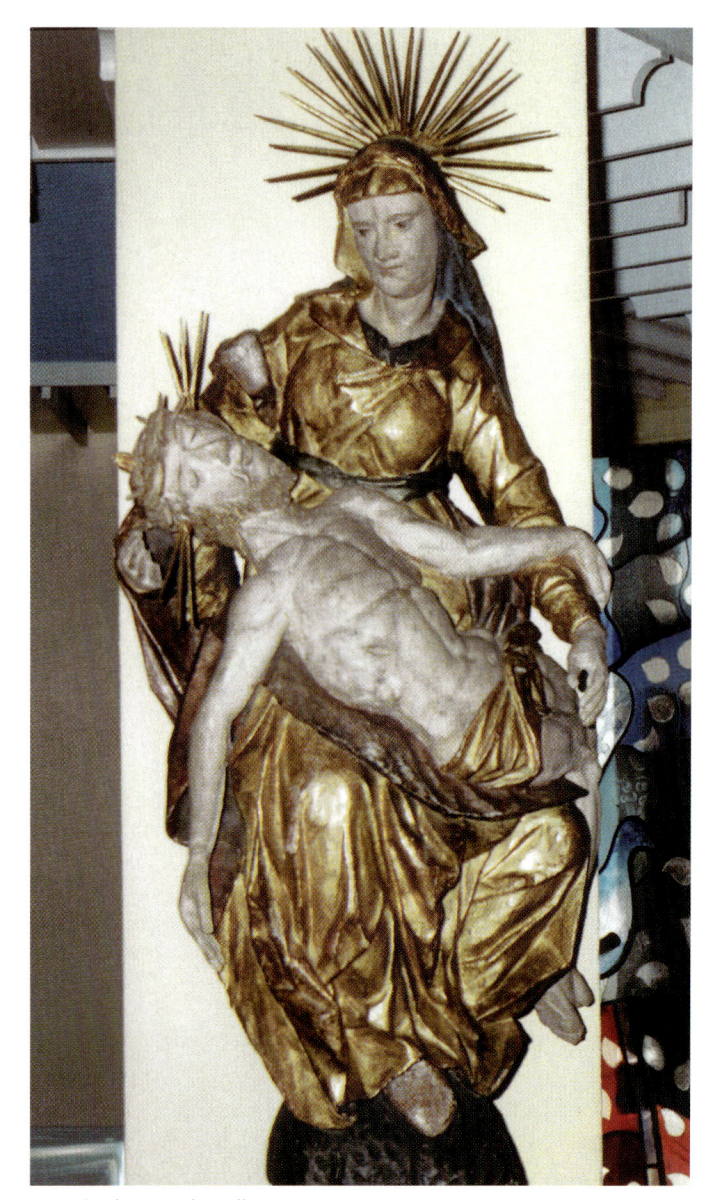

*Pietà in der Hauskapelle.*

Erdmann (1898–1991), alt Dekan Emil Imboden (1915–1997) und Josef Pospiech (*1915).

## Haus Lötschberg

Der Oberwalliser Verein zur Förderung geistig Behinderter führt im Haus Lötschberg in Naters eine Beschäftigungsstätte und drei Wohngruppen. Die Beschäftigungsstätte wurde 1981 eröffnet. Unter der Leitung von Heinrich Schmid betreuten im Stichjahr 1994 sieben Mitarbeiterinnen und Mitarbeiter (vier von ihnen in Teilzeit) 26 geistig und mehrfach behinderte Erwachsene. Ziel der Beschäftigungsstätte ist es, den behinderten Frauen und Männern eine sinnvolle Beschäftigung und eine ihren Bedürfnissen entsprechende Betreuung anzubieten.

Im Haus Lötschberg befinden sich des Weiteren drei Wohngruppen. In diesen lebten im Stichjahr 1994 16 Frauen und Männer, die während des Tages in den Werkstätten des Vereins arbeiteten. Ein Teil von ihnen verbringt die Wochenenden bei den Angehörigen, die anderen bleiben während des ganzen Jahres in den Wohngruppen. Eine Wohngruppe ist als Wohnschule konzipiert, in der die Insassen durch gezielte Schulung auf ein möglichst selbstständiges Wohnen vorbereitet werden.[754]

# Naters und die Schweizergarde in Rom

Naters galt bis vor einigen Jahren in der Schweiz als Ort, der den zahlreichsten Nachwuchs für die Garde stellte. Um 1930 dienten 14 und um 1983 15 aktive Gardisten aus Naters in der Päpstlichen Schweizergarde. In jüngster Zeit ist es allerdings etwas stiller geworden. 1997 war noch ein einziger Natischer in päpstlichen Diensten und dieser hat sein Burgerrecht nicht einmal in Naters, sondern in Eisten. Die Exschweizergardisten mit ihren farbenprächtigen Uniformen gehören an St. Merez, Fronleichnam und anderen wichtigen Anlässen zum Natischer Dorfbild. So widmen wir ihnen ein eigenes Kapitel.[755]

## Allgemeines zur Schweizergarde

Die Zeit, in der Schweizer in fremden Kriegsdiensten standen, gehört der Geschichte an. Was aus dieser Geschichtsepoche unserer Heimat noch geblieben ist – jedoch mit einer ganz anderen Zweckbestimmung –, ist die Päpstliche Schweizergarde im Vatikan. Sie ist das älteste aktive Militärkorps der Welt, das sein Bestehen im Dienst der Kirche und des Papstes vor allem jener Treue, Liebe und Hingabe an den Heiligen Vater zu verdanken hat, die auch die heutige Garde in ihrer Dienstauffassung auszeichnet, getreu dem Wahlspruch: «Acriter et fideliter» [= tapfer und treu]! Die Gründung der Garde geht auf Papst Julius II. zurück, der sie im Jahre 1506 ins Leben rief.

Ein Ruhmesblatt in der Geschichte der Päpstlichen Schweizergarde ist der 6. Mai 1527, der Tag der Plünderung Roms (Sacco di Roma), an dem 147 Mann zum Schutz des Papstes ihr Leben opferten, während 42 andere Gardisten Papst Klemens VII. durch einen Korridor sicher zur Engelsburg brachten. Aus diesem Grund legen noch heute die jungen Rekruten an jedem 6. Mai zum Andenken an die gefallenen Kameraden ihren Fahneneid ab.

Jeder Gardist besitzt eine einfarbige blaue Exerzieruniform, eine Galauniform, je nach Dienst mit Mütze, schwarzem oder weissem Helm. Für ganz besondere Anlässe wie Staatsempfänge, Vereidigung usw. trägt er die grosse Galauniform mit eisernem Harnisch. Die auffallenden Farben der Gardeuniform sind die Traditionsfarben des Hauses Medici und einer Legende zufolge sollen sie von Michelangelo entworfen worden sein.

Um in die Garde eintreten zu können, muss der Bewerber katholisch sein und die Rekrutenschule in der Schweiz absolviert haben. Weitere Voraussetzungen sind: gute Gesundheit, lediger Stand, eine Mindestgrösse von 174 cm, Alter unter dreissig Jahren und tadelloser Charakter. Früher war es oft das karge Los in den Walliser Bergdörfern, das die jungen Männer in die Ewige Stadt lockte. Heute ist es anders. Die befristete Herausforderung, in einer Traditionstruppe zu dienen, den Hauch einer Weltstadt zu spüren, einen neuen Kulturbereich und eine neue Sprache kennen zu lernen, all dies sind die Gründe, warum sich junge Schweizer auch heute noch für den Dienst in der Schweizergarde entscheiden. So sind von 1824 bis 1995 614 Walliser in die Schweizergarde in Rom eingetreten.[756]

## Natischer in päpstlichen Diensten

Die Gardetradition der Natischer setzte um 1852 ein. Eine Liste aus dem Jahre 1862 zählt Namen von Natischern auf, die meist zwischen 1852 und 1862 in päpstlichen Diensten standen (ohne Angabe der Dienstjahre).[757] Es waren dies:

1. Michel Dellberg
2. Joseph Anton Eder
3. Kaspar Eder
4. Anton Gertschen, Feldweibel
5. Franz Stefan Gertschen
6. Alois Schwery
7. Anton Schwery

Zusammen mit diesen sieben Gardisten und gemäss den nachfolgenden zwei Verzeichnissen standen von 1852 bis 1998 87 Natischer (Burger und Nichtburger) in päpstlichen Diensten. Da im Vatikanischen Gardearchiv im Personenstandsregister die Namen der Gardisten streng nach dem Burgerort eingetragen werden, folgen wir in den nachstehenden zwei Namenslisten ebenfalls diesem Modus.[758]

*Die Schweizergarde in Rom.*

*Wachtmeister Gerhard Andenmatten, Burger von Eisten in Naters, seit 1984 Gardist. Er ist seit 1996 der einzige Natischer im Dienst des Papstes.*

*1932: Natischer Schweizergardisten. **1. Reihe (v.l.):** Ernst Imhof, Pfarrer Emil Tscherrig, Oberstleutnant Ulrich Ruppen (damals Hauptmann), Albert Salzmann. – **2. Reihe (v.l.):** Cäsar Salzmann, Gottfried Zenklusen, Benjamin Salzmann (Bruder von Cäsar), Albert Eyer, Dionys Schmidt, Philipp Schmid, Gottlieb Schmidt (Bruder von Dionys).*

## Schweizergardisten mit Burgerort Naters

(Abk.: Oberstleutnant = Obstlt; Wachtmeister = Wm; Korporal = Kpl; Vizekorporal = Vkpl; Hellebardier = Helb)

| Nr. | Name | Vorname | Geburtsjahr | Eltern | Dienstjahre | Grad |
|---|---|---|---|---|---|---|
| 1 | Albert | Ignaz | 1850 | Kaspar/Barbara Bammatter | 1873–1875 | Helb |
| 2 | Albert | Kaspar | 1852 | Kaspar/Barbara Bammatter | 1873–1878 | Helb |
| 3 | Bammatter | Clemens | 1853 | Anton/Kath. Salzmann | 1873–1876 | Helb |
| 4 | Bammatter | Ludwig | 1885 | Anton/Therese Salzmann | 1905–1908 | Helb |
| 5 | Bammatter | Moritz | 1847 | Josef/Therese Gasser | 1870–1871 | Helb |
| 6 | Eggel | Jakob | 1927 | Hermann/Maria Schmidt | 1949 (Sept.) | Helb |
| 7 | Eggel | Rudolf | 1926 | Moritz/Hildegard Imhof | 1949 (Jan.) | Helb |
| 8 | Eyer | Albert | 1909 | Anton/Kreszentia Schmidt | 1930–1945 | Kpl |
| 9 | Eyer | Hubert | 1932 | Kasimir/Cäsarine Eyer | 1955–1957 | Helb |
| 10 | Eyer | Johann | 1909 | Ernst/Maria Josepha Kreutzer | 1929–1946 | Wm |
| 11 | Eyer | Johann | 1922 | Eduard/Josefine Fercher | 1946–1956 | Kpl |
| 12 | Eyer | Peter | 1842 | Moritz/Anna Wyssen | 1873–1875 | Helb |
| 13 | Eyer | Peter | 1923 | Anton/Kreszentia Schmidt | 1946–1971 | Wm |
| 14 | Gasser | Joseph | 1848 | Joseph/Anna Wyssen | 1876–1878 | Helb |
| 15 | Gertschen | Johann Baptist | 1862 | Baptist/Katharina Amherdt | 1884–1905 | Wm |
| 16 | Imhof | Ernst | 1900 | Johann/Maria Schmid | 1926–1942 | Wm |
| 17 | Imhof | Josef | 1851 | Johann/Katharina Jossen | 1873–1876 | Helb |
| 18 | Imhof | Rinaldo | 1958 | Lothar/Anita Zenklusen | 1980–1985 | Vkpl |
| 19 | Imhof | Theodul | 1901 | Emanuel/Ellanda Bammatter | 1923–1924 | Helb |
| 20 | Imhof | Viktor | 1886 | Moritz/Maria Josepha Ruppen | 1907–1908 | Helb |
| 21 | Jossen | Tony | 1950 | Dionys/Gertrud Berchtold | 1984–1986 | Obstlt |
| 22 | Jossen | Johann Joseph | 1841 | Paul/Anna Maria Wyssen | 1875–1896 | Kpl-Pt |
| 23 | Jossen | Joseph | 1887 | Johann/Philomena Bammatter | 1908–1909 | Helb |
| 24 | Jossen | Michael | 1875 | Johann Joseph/Barbara Eggel | 1896–1917 | Wm |
| 25 | Lerjen | Markus | 1959 | Anton/Martha Bammatter | 1979–1994 | Wm |

| Nr. | Name | Vorname | Geburtsjahr | Eltern | Dienstjahre | Grad |
|---|---|---|---|---|---|---|
| 26 | Michlig | Karl | 1930 | Emanuel/Walburga Ruppen | 1951–1955 | Helb |
| 27 | Nater | Moritz | 1857 | Johann Joseph/Ignatia Salzmann | 1874–1878 | Helb |
| 28 | Nellen | Alfred | 1923 | Friedrich/Maria Ruppen | 1946–1947 | Helb |
| 29 | Roten | Leo | 1930 | Benjamin/Cäsarine Ruppen | 1951–1958 | Vkpl |
| 30 | Ruppen | Andreas | 1926 | Salomon/Berta Salzmann | 1946–1947 | Helb |
| 31 | Ruppen | Cäsar | 1921 | Benjamin/Cäsarine Eggel | 1945–1946 | Helb |
| 32 | Ruppen | Emil | 1924 | Benjamin/Karoline Imhof | 1945–1947 | Helb |
| 33 | Ruppen | Ephraim | 1921 | Emanuel/Hilda Jossen | 1942–1957 | Wm |
| 34 | Ruppen | Erich Josef | 1957 | Gervas/Margnente S. Harder | 1979–1981 | Helb |
| 35 | Ruppen | Gervas | 1922 | Emanuel/Hilda Jossen | 1945–1946 | Helb |
| 36 | Ruppen | Joseph | 1927 | Emanuel/Hilda Jossen | 1947–1948 | Helb |
| 37 | Ruppen | Matthias | 1846 | Adrian/Katharina Walden | 1873–1874 | Helb |
| 38 | Ruppen | Moritz | 1852 | Emanuel/Maria Josepha Salzmann | 1872–1874 | Helb |
| 39 | Ruppen | Rudolf | 1929 | Emanuel/Hilda Jossen | 1949–1952 | Helb |
| 40 | Ruppen | Ulrich | 1901 | Benjamin/Seraphine Salzmann | 1926–1959 | Obstlt |
| 41 | Ruppen | Wilhelm | 1881 | Clemenz/Katharina Schmidt | 1902–1913 | Helb |
| 42 | Salzmann | Albert | 1906 | Joseph/Veronika Jossen | 1924–1939 | Kpl |
| 43 | Salzmann | Benjammin | 1910 | Johann/Luise Ruppen | 1931–1946 | Kpl |
| 44 | Salzmann | Benno | 1957 | Hermann/Sofia Gierret | 1978–1980 | Helb |
| 45 | Salzmann | Cäsar | 1908 | Johann/Luise Ruppen | 1928–1934 | Helb |
| 46 | Salzmann | David | 1921 | Johann/Luise Ruppen | 1941–1957 | Wm |
| 47 | Salzmann | Ignaz | 1857 | Joh. Jos./Genoveva Bammatter | 1874–1878 | Helb |
| 48 | Salzmann | Isidor | 1902 | Moritz/Anna Maria Carlen | 1922–1937 | Kpl |
| 49 | Salzmann | Johann | 1925 | Ludwig/Kresenz Jossen | 1946–1956 | Kpl |
| 50 | Salzmann | Josef | 1921 | Adrian/Kreszenz Schmidt | 1943–1953 | Kpl |
| 51 | Schmid | Amandus | 1953 | Urban/Elisa Zenklusen | 1976–1986 | Kpl |
| 52 | Schmid | Diego | 1961 | Fritz/Sophie Jossen | 1981–1983 | Helb |
| 53 | Schmid | Herbert | 1953 | Erich/Lina Walker | 1975–1978 | Helb |
| 54 | Schmid | Philipp | 1909 | Johann/Kresenz Ruppen | 1930–1944 | Kpl |
| 55 | Schmidt | Dionys | 1908 | Felix/Katharina Gasser | 1931–1947 | Wm |
| 56 | Schmidt | Franz | 1853 | Ignaz/Karoline Karlen | 1872–1873 | Helb |
| 57 | Schmidt | Gottlieb | 1905 | Felix/Katharina Gasser | 1929–1944 | Wm |
| 58 | Schmidt | Ludwig | 1848 | Ignaz/Karoline Karlen | 1872–1876 | Helb |
| 59 | Schwaller | Bruno | 1947 | Niklaus/Maria Ruppen | 1968–1972 | Kpl |
| 60 | Walden | Franz | 1836 | Joseph/Katharina Salzmann | 1856–1863 | Helb |
| 61 | Wyssen | Hugo | 1938 | Oswald/Emma Eyer | 1958–1961 | Helb |
| 62 | Zenklusen | Emanuel | 1924 | Stephan/Viktoria Bammatter | 1947 (Jan.–Nov.) | Helb |
| 63 | Zenklusen | Emil | 1925 | Josef/Genoveva Jossen | 1946 (Febr.–Aug.) | Helb |
| 64 | Zenklusen | Gottfried | 1906 | Ludwig/Katharina Eyer | 1929–1949 | Wm |
| 65 | Zenklusen | Moritz | 1846 | Moritz/Anna Maria Eyer | 1873–1876 | Helb |
| 66 | Zurbriggen | Paul | 1961 | Philibert/Hilda Michlig | 1981–1985 | Helb |

## Schweizergardisten mit Wohngemeinde Naters

(in Naters aufgewachsen)

| Nr. | Name | Vorname | Geburtsjahr | Burgerort | Eltern | Dienstjahre | Grad |
|---|---|---|---|---|---|---|---|
| 1 | Andenmatten | Gerhard | 1963 | Eisten | Edelbert/Alice Noti | 1984– | Wm |
| 2 | Andenmatten | Heinz | 1959 | Eisten | Edelbert/Alice Noti | 1980–1990 | Kpl |
| 3 | Huber | Benno | 1948 | Birgisch | Gervas/Johanna Eggel | 1971–1981 | Kpl |
| 4 | Imstepf | Bruno | 1948 | Mund | Walter/Lia Schmid | 1971–1986 | Fw |
| 5 | Pfammatter | Gerhard | 1958 | Mund | Felix/Karoline Salzmann | 1979–1982 | Helb |
| 6 | Ricci | Raphael | 1955 | St. Niklaus | Bruno/Aline Brigger | 1976–1980 | Helb |
| 7 | Schmidhalter | Kurt | 1966 | Ried-Brig | Ulrich/Cäsarine Jossen | 1986–1996 | Vkpl |
| 8 | Stupf | Karl | 1954 | Mund | Karl/Lina Jenelten | 1975–1979 | Vkpl |
| 9 | Walker | Roland | 1955 | Bitsch | Siegfried/Helene Holzer | 1976–1986 | Kpl |
| 10 | Walker | Stefan | 1965 | Bitsch | Moritz/Marie Michlig | 1986–1988 | Helb |
| 11 | Weber | Roger | 1961 | a. St. Johann | Karl/Trudy Zenklusen | 1981–1984 | Helb |
| 12 | Werner | Pius | 1949 | Martisberg | Pius/Viktorine Salzmann | 1971–1982 | Kpl |
| 13 | Zuber | Richard | 1968 | Mund | Walter/Therese Salzmann | 1989–1991 | Helb |
| 14 | Zurbriggen | Paul | 1958 | Saas-Grund | Simon/Florentine Ruppen | 1978–1994 | Kpl |

Nachstehend sechs verstorbene Schweizergardisten (mit Grad und Amtsjahren):

*Johann Joseph Jossen (1841–1927): Kpl 1875–1896.*

*Johann Baptist Gertschen (1862–1924): Wm 1884–1905.*

*Michael Jossen (1875–1954): Wm 1896–1917.*

*Wilhelm Ruppen (1881–1957): Helb 1902–1913.*

*Ernst Imhof (1900–1957): Wm 1926–1942.*

*Joseph Ruppen (1927–1948): Helb 1947–1948.*

In den 1970er-Jahren, als die Verantwortlichen der Schweizergarde zu wenig junge Männer rekrutieren konnten, dienten daselbst vorübergehend folgende Natischer als Aushilfen: Oskar Gasser und Peter Zurbriggen 1970, Reinhard Eyer 1972/1973, Nestor Andrès 1974 und Paul Rotzer 1979.

## Besonderes zu einzelnen Gardisten

Wie aus obigem Verzeichnis hervorgeht, dienten von den fünf Söhnen der Familie Emanuel Ruppen-Jossen sogar deren vier, Ephraim, Gervas, Joseph und Rudolf, in der Schweizergarde. Drei Gardisten, Nummern 6, 7, 62 und 63 (s.o.), quittierten ihren Dienst bereits im Eintrittsjahr.

Matthias Ruppen, des Adrian, starb nach fünfmonatigem Dienst am 16. Januar 1874 im Spital Fatebene fratelli in Rom.[759] Es wird berichtet, dass er starkes Heimweh gehabt habe und immer wieder zum Bahnhof gegangen sei, um zu schauen, ob jemand aus der Heimat anreisen würde.[760]

Moritz Bammatter, des Josef, kehrte, wie unter der Matrikular-Nummer 369 des Vatikanischen Gardearchivs berichtet wird, «nach Ablauf seines Urlaubs am 15. Mai 1871 nicht mehr zum Corps zurück und wurde daher abgeschrieben».

Johann Joseph Jossen (1841–1927), des Paul, wurde wegen seiner fast 21-jährigen Dienstzeit im Vatikan später in Naters «der Römer» genannt.[761]

Joseph Ruppen (1927–1948), des Emanuel, kehrte als Gardist todkrank nach Naters zurück und starb am 20. August 1948 «an einer unbekannten Krankheit».[762]

Über die Tätigkeit der beiden Oberstleutnants der Schweizergarde, Ulrich Ruppen und Tony Jossen, sowie über Feldweibel Bruno Imstepf soll etwas ausführlicher die Rede sein.

## Oberstleutnant Ulrich Ruppen (1901–1988): 1926–1959

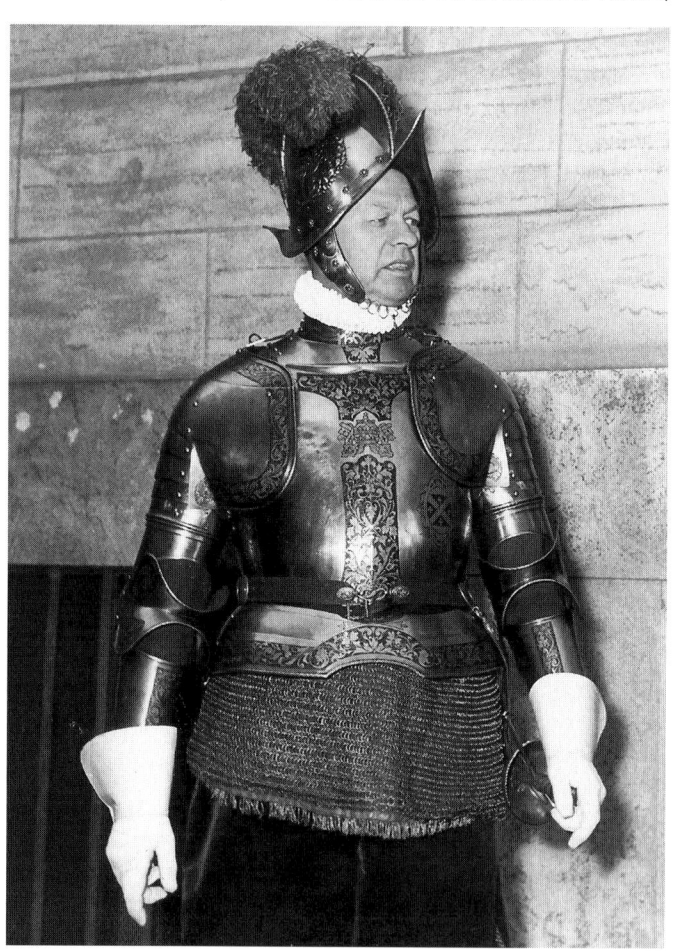

Ulrich Ruppen wurde am 4. Januar 1901 in Naters als Sohn des geachteten Benjamin Ruppen und der Seraphine Salzmann geboren.[763] Schon vor seinem Eintritt in die Garde diente er Naters, mit dem er sich stets stark verbunden fühlte, als Gemeinderat. 1926 berief der Kommandant der Päpstlichen Schweizergarde in Rom den 25-jährigen Schweizer Offizier als Hauptmann in die Garde und übertrug ihm das Quartiermeisteramt und das Exerzieren der Mannschaft. Am 6. Mai 1927 legte Ruppen mit den Rekruten den Fahneneid ab: «Treue dem Papst, zur Ehre der Heimat». Während fast 34 Dienstjahren bereitete Ruppen die Zeremonie der Vereidigung am 6. Mai vor und kommandierte sie 32-mal. Die unverbrüchliche Treue zu seinem Eid bewies er gegenüber drei Päpsten: Pius XI., Pius XII. und Johannes XXIII.

Ulrich Ruppen wurde 1930 zum ersten Hauptmann der Schweizergarde befördert, 1935 zum Major und päpstlichen Ehrenkämmerer und 1942 zum Oberstleutnant. Nach dem Hinschied von Oberst Heinrich von Pfyffer kommandierte er interimistisch von 1957 bis 1959 die Garde. Unzähligen grossen Papstmessen, Audienzen, Heilig- und Seligsprechungen und Staatsbesuchen sowie der Krönung zweier Päpste wohnte er in vorderster Reihe bei. Er war zugegen, als nach dem Hinschied von Papst Pius XII. der Camerlengo nach alter Sitte dreimal mit einem Silberhämmerchen an die Schläfen des toten Papstes schlug und ihn beim Namen rief.

Bei seinen Vorgesetzten war der Walliser Offizier geschätzt und sie vertrauten ihm oft heikle Missionen an. So war er während des Krieges Kurier zwischen dem Staatssekretariat im Vatikan und der päpstlichen Nuntiatur in Bern. Mitten im Krieg führte er 1943 ein Dutzend Garderekruten unter schwierigsten Verhältnissen durch die deutschen Linien und das kriegszerschundene Italien nach Rom. War es bisher nur den Nobelgardisten vorbehalten, päpstliche Legaten ins Ausland zu begleiten, wurde Ulrich Ruppen unter Pius XII. als erster Offizier der Schweizergarde dazu auserkoren, den päpstlichen Kardinallegaten an den Eucharistischen Weltkongress in Kolumbien zu begleiten. Dabei erregte die hoch gewachsene (über 1,90 m) markante Gestalt des Oberstleutnants in der Gardeuniform allseits Aufsehen und Bewunderung. Der Staatspräsident überreichte ihm als Auszeichnung das «Komturkreuz Simon Bolivar der Republik Kolumbien». Auszeichnungen erhielt Ruppen unter anderem auch von den Staaten Italien und Liberia sowie vom Fürstentum Monaco. Dazu kamen vom Papst die Ritterkreuze der Orden Gregor des Grossen und Pius IX. sowie das Kreuz Pro Ecclesia et Pontifice. Der souveräne Malteserorden nahm Oberstleutnant Ruppen als Ritter auf. Die Gardisten achteten den Walliser Offizier, der ihre Sorgen und Nöte teilte. Vielen Gardisten blieb er bis zuletzt in Freundschaft verbunden und sie gaben ihm immer wieder Zeichen ihrer Zuneigung. Während der Dienstzeit Ruppens wurden 101 Walliser in die Garde aufgenommen, davon stammten 23 aus Naters.

Ruppen setzte sich auch für verfolgte Juden ein und beherbergte monatelang zwei Juden in seiner Wohnung. Zahlreiche Pilger und Romreisende aus dem Wallis, der übrigen Schweiz, aber auch aus anderen Ländern fanden bei der Familie Ruppen gastliche Aufnahme. Als ausgezeichneter Kenner der historischen Stätten und der Kunstdenkmäler der Ewigen Stadt erschloss er vielen die unschätzbaren Werte Roms.

Es verwundert daher nicht, dass er, nachdem er am 1. November 1959 den Abschied genommen hatte und ins Wallis zurückgekehrt war, Rom verbunden blieb; denn wer einmal diese unermessliche Stadt ins Herz geschlossen hat, vergisst sie nie mehr. Nach dem Tod von Oberst von Pfyffer von Altishofen rechnete man zu Recht mit der Ernennung des langjährigen verdienten Vizekommandanten zum Kommandanten. Ulrich Ruppen wurde übergangen, und dies gereichte weder den Drahtziehern noch dem Vatikan und der Garde zur Ehre. Ruppen hatte Charakter genug, über solche mitmenschlichen Schwächen hinwegzusehen, wenn es auch für ihn wie für seine vielen Freunde und nicht zuletzt für unseren Kanton, der dem Papst viele treue Gardisten schenkte und noch stellt, sehr schmerzlich gewesen sein mag.

1928 verheiratete sich Ulrich Ruppen mit Maria Kuonen von Termen (*1901, älteste Natischerin). In ihr fand er eine liebenswürdige Gattin, welche die Pflichten als Offiziersfrau voll zu erfüllen wusste und der Familie mit drei Kindern, Pia, Massima und Mario (er war Spitalarzt in Visp), behagliche Wärme schenkte.

In Naters an der Bahnhofstrasse erbaute sich der ehemalige Rö-

*24 päpstliche Schweizergardisten, angefertigt in der Grösse von 32 bis 35 Zentimeter (siehe folgende Seite).*

mer ein schönes Haus, von den Natischern liebevoll «Vatikan» genannt, in dem sich auch die vielen Erinnerungsstücke und erlesenen Kunstgegenstände aus Rom befinden. Eine Besonderheit bilden daselbst die nach den Originalen gefertigten Darstellungen von 24 (ursprünglich waren es zusammen 32) päpstlichen Schweizergardisten in der Grösse zwischen 32 und 35 cm. Der Artilleriemajor a.D. Helmut Kraus schuf sie 1957 in Wien zum 450. Jubiläum der Päpstlichen Schweizergarde. Die Arbeit ist von bedeutender Qualität, so dass man vermeint, dem Aufzug der Offiziere, Unteroffiziere, Tambouren, Pfeifer und Hellebardiere in ihren farbigen Uniformen direkt beizuwohnen.[764]

In Naters pflegte Ulrich Ruppen Kontakte mit Freunden und Bekannten, nahm aufgeschlossen am kulturellen und gesellschaftlichen Leben teil und schrieb 1975 für den vom Rotten Verlag herausgegebenen Band «Die Schweizergarde in Rom» die «Erinnerungen eines Gardeoffiziers». Dem Verkehrsverein von Naters diente er als initiativer erster Präsident. Da er das Italienische in Wort und Schrift perfekt beherrschte, half er manchem, seine Italienischkenntnisse zu verbessern. Den angebotenen Eintritt in die aktive Politik lehnte er ab. Doch verfolgte er mit wachen Augen das Geschehen in Heimat, Welt und Kirche. Dazu äusserte er sich freimütig, bedauerte den zunehmenden Würgegriff staatlicher Macht und machte sich ehrliche Sorgen über gewisse Entwicklungen in der Kirche, zu der er stets treu im Glauben stand. Oberstleutnant Ulrich Ruppen starb am 28. April 1988. Er war an Charakter und Gestalt ein Muster eines Gardeoffiziers, auf den das Wallis und insbesondere Naters stets stolz war und ist.

## Oberstleutnant Tony Jossen: 1984–1986

Tony Jossen ist Burger von Naters und wurde am 10. August 1950 als Sohn des Dionys und der Gertrud geb. Berchtold geboren. Nach der Primarschule besuchte er das Progymnasium in Rebstein/SG und die Real- und Handelsschule am Kollegium in Brig, wo er 1970 die Handelsmatura bestand. An der Handelshochschule St. Gallen und an der Universität Freiburg i.Ü. studierte er 1972–1977 Wirtschaftswissenschaft und schloss 1977 in Freiburg mit dem Titel eines lic. rer. pol./mag. rer. oec. ab, um dann von 1977 bis 1984 am Institut St. Ursula in Brig als Handelslehrer tätig zu sein.

Am 7. Juni 1984 wurde Tony Jossen zum Vizekommandanten der Päpstlichen Schweizergarde im Grad eines Oberstleutnants ernannt und trat am 1. September 1984 seinen Dienst an. Als Vizekommandant war er Quartiermeister, Geschwaderoffizier des 3. Geschwaders und erhielt damit auch automatisch, wie das dem Obersten und Oberstleutnant der Garde zusteht, den Ehrentitel «Gentiluomo di Sua Santità» (= Kammerherr seiner Heiligkeit). Am 15. August 1986 verliess Tony Jossen die Garde und kehrte mit seiner Frau Ruth geb. Vogel aus Unterbäch und den Kindern Claudio und Nathalie nach Naters zurück, um seither wieder am Institut St. Ursula in Brig als Handelslehrer zu wirken. Bei der Verabschiedung im Vatikan überreichte ihm der Papst persönlich die Pontifikalmedaille Johannes Pauls II. in Gold, Silber und Bronze. (Dieses Medaillen-Triptychon wird meist nur den Regierungschefs überreicht, die der Heilige Vater in Privataudienz empfängt.)[765]

Die Gründe, die zum Rücktrittsgesuch von Tony Jossen führten, waren, wie er selbst schrieb, «privater Natur und entbehren jeglicher Sensation»[766]. Wie er des Weiteren erklärte, sei er ein passionierter Bergfreund und seine ganze Familie habe Heimweh nach den Walliser Bergen gehabt. Im Wallis und insbesondere in Naters bedauerte man den Wegzug dieses geradlinigen, hoch qualifizierten, schneidigen und kirchentreuen Mannes aus der Garde,

*1986, Audienz bei Papst Johannes Paul II.: Oberstleutnant Tony Jossen, seine Frau Ruth und Kinder Claudio und Nathalie.*

wäre er doch mit ziemlicher Sicherheit eines Tages Kommandant der Schweizergarde geworden. In der Schweizer Armee wurde Tony Jossen 1990 zum Major, 1996 zum Oberstleutnant und 1998 zum Obersten befördert. Seither ist er Regimentskommandant des Walliser Territorialregiments 10.

## Feldweibel Bruno Imstepf

Bruno Imstepf wurde am 3. Januar 1948 in Naters geboren. Nach dem Besuch der Primar- und der Sekundarschule in Naters machte er in der Buchdruckerei Oberwallis in Naters die Lehre als Buchdrucker und arbeitete anschliessend in diesem Beruf. 1971 trat er in die Päpstliche Schweizergarde ein. 1973 wurde er zum Vize-

*Feldweibel Bruno Imstepf wird 1986 von Papst Johannes Paul II. verabschiedet.*

712

korporal, 1977 zum Korporal und 1983 zum Feldweibel befördert. Bruno Imstepf wurde dekoriert mit den Medaillen Bene merenti, Pro Ecclesia et Pontifice und dem Gregoriusorden. 1986 gab er der Garde seinen Abschied und kehrte nach Naters zurück, wo er seither als Landwirt tätig ist.

## Naters und die Gardemusik

Besondere Verdienste um die Gardemusik erwarb sich der Natischer Korporal Pius Werner. Er erweckte ab 1972 das Gardespiel zu neuem Leben und führte es zu seinem Höhepunkt. Im April genannten Jahres gab das Musikkorps der Päpstlichen Schweizergarde, das von 1971 bis 1982 von Pius Werner dirigiert wurde, unter dem Patronat der Zeitschrift ‹Der Sonntag› im Gold-Records-Verlag eine Langspielplatte und Musikkassette mit rassigen Märschen und volkstümlichen Klängen heraus. Aber auch mit der Musikkapelle «Gwardi-Chnächta» (Gardeknechte) verschönerte Pius Werner, der auch selber komponierte, vielen Rombesuchern aus der Heimat manches Fest. Schon ein Jahr später wurde die Schallplatte «Spiel Päpstlicher Schweizergarde», auf der auch Alphornklänge zu hören sind, wegen ihres Verkaufserfolges vom Produzenten mit dem Preis «Goldene Schallplatte» ausgezeichnet.

## Verein ehemaliger Päpstlicher Schweizergardisten

Die Exschweizergardisten der ganzen Schweiz sind zwecks Pflege der Kameradschaft in einem Verein mit rund 1000 Mitgliedern zusammengeschlossen. Alle zwei Jahre treffen sie sich zu einer Tagung. Naters war schon zweimal Tagungsort, so am 5. September 1948[767] und am 7./8. September 1985.

Innerhalb der schweizerischen Vereinigung bildet das Wallis eine eigene Sektion ehemaliger Schweizergardisten. Mit ihren 99 Mitgliedern (1996) ist sie die grösste Mannschaft. Sie schaffte sich ein eigenes Banner an, das anlässlich eines Wallisertreffens vom 27. Mai 1976 in Naters eingeweiht wurde. Dieser ersten Fahne standen zu Paten Hilda Zurbriggen und Peter Eyer, ehemaliger Feldweibel der Garde, beide von Naters. Weitere Treffen der Walliser Sektion fanden am 28. Mai 1981 und am 16. Mai 1996 in Naters statt. Die malerische Uniform tragen bei solchen und ähnlichen Anlässen allerdings nur jene ehemaligen Gardisten, die ihren Dienst länger als fünf Jahre versahen. Die anderen müssen die Uniform bei ihrem Austritt aus der Garde zurückgeben.

Die Walliser Sektion wurde während 25 Jahren, von 1956 bis 1981, von Philipp Schmid (1909–1992) aus Naters präsidiert. 1996 wählte die Versammlung wiederum einen Natischer, Roland Walker, an ihre Spitze.

## Gardemuseum in Naters?

Auf Vorschlag der Kulturkommission beantragte der Gemeinderat der Urversammlung vom 18. November 1998, den für den Kauf und den Ausbau der Liegenschaft Anthamatten an der Judengasse 26 sowie den für die Einrichtung eines Gardemuseums notwendigen Kredit von 1,430 Millionen Franken zu bewilligen. Die Urversammlung lehnte das Kreditbegehren mit 264 Nein- zu 45 Jastimmen ab. Während der Verhandlung dieses Geschäfts kam jedoch deutlich zum Ausdruck, dass die anwesenden Bürgerinnen und Bürger die Schaffung eines Gardemuseums befürworteten, dass sie jedoch mit dem Standort im Haus Anthamatten nicht einverstanden waren. Dem Rat wurde beantragt, abzuklären, ob ein Gardemuseum allenfalls in der Ruine des Schlosses auf der Flüe, im Ornavassoturm oder sonst in einem geeigneten Raum eingerichtet werden könnte. Der Rat nahm diese Anträge entgegen. Dem gardefreundlichen Ort Naters würde ein Gardemuseum gut anstehen.

*28. Mai 1981: Treffen der Walliser Sektion in Naters. Nachstehend die Namen der Uniformierten (bei den Natischern wird kein Ortsname genannt).* **1. Reihe (v.l.):** *Fahnenpatin Hilda Zurbriggen, Fahnenpate Wachtmeister Peter Eyer, Rey (Unterwallis), Norbert Marclaz (Unterwallis), Oberstleutnant Ulrich Ruppen, Johann Eyer, Arthur Clausen (Ernen).* – **2. Reihe (v.l.):** *Hugo Wyssen, David Salzmann, Fenner Walter Zenhäusern (Bürchen), Baptist Imsand (Ulrichen), Raphael Ricci, Karl Stupf, Benno Huber, Benjamin Salzmann, Leo Roten.*

# Abkürzungen

| | | | | |
|---|---|---|---|---|
| Abb. | Abbildung | | Ms. | Manuskript |
| Abk. | Abkürzung | | Mio. | Million |
| Anm. | Anmerkung | | Nr(n). | Nummer(n) |
| A | Archiv | | o.J. | ohne Jahr |
| AD | Archiv Domkapitel, Sitten | | PfA | Pfarrarchiv |
| AGVO | Archiv Geschichtsforschender Verein vom Oberwallis | | Pfarrbl. | Pfarrblatt |
| Bd. | Band | | S. | Seite |
| Bde. | Bände | | s. | siehe |
| B | Beschriftung | | StA | Staatsarchiv, Sitten |
| Bibl. | Bibliothek | | StoA | Stockalperarchiv, Brig |
| BiA | Bischöfliches Archiv, Sitten | | Tf | Tafel |
| BWG | Blätter aus der Walliser Geschichte | | Übers. | Übersetzung |
| BA | Briger Anzeiger | | vgl. | vergleiche |
| B. | Breite | | Verz. | Verzeichnis |
| ders. | derselbe | | WB | Walliser Bote |
| Dm. | Durchmesser | | WJB | Walliser Jahrbuch |
| ebd. | ebenda | | WN | Walliser Nachrichten |
| GA | Gemeindearchiv | | WS | Walliser Sagen |
| Gemprot | Gemeinderatsprotokoll | | WV | Walliser Volksfreund |
| GV | Generalversammlung | | WWb | Walliser Wappenbuch (1946, 1974, 1984) |
| hektogr. | hektographiert | | WP | Wirtschaftsplan |
| HBLS | Historisch-Biographisches Lexikon der Schweiz | | WG | Wohngeschoss |
| Jg. | Jahrgang | | (?) | zweifelhaft |
| lat. | lateinisch | | [?] | Leseunsicherheit |
| Lex. | Lexikon | | [...] | Zwischenbemerkung des Autors |
| LBB | Luftseilbahn Blatten-Belalp | | (...) | Auslassung in einem zitierten Text |

# Anmerkungen

## Die Gemeinde Naters

### Allgemeine Geschichte der Gemeinde Naters

1. *Imesch*, Beiträge, S. 7–28, 54–65. *Ders.,* Zenden Brig, S. 103–224. Wo Quellennachweise fehlen, stützen sich die Darlegungen dieses Kapitels auf diese zwei Werke.
2. PfA Naters, F 14.
3. Vgl. Kap. «Sagenwelt», Nrn. 5 und 6.
4. *Carlen,* Naters, S. 6.
5. Schon vor dieser Schenkung verfügte das Domkapitel über Einkünfte in Naters. Einkünfterodel des Domkapitels von Sitten vermutlich vor 1052. Mémoires et documents publiés par la société d'histoire de la Suisse romande, tome XVIII, Lausanne 1863, S. 353 (chartres sédunoises, Nr. 8).
6. *Gremaud I.,* Nr. 526; II, Nr. 827; III, Nr. 1187.
7. Die Zahlen geben das Jahr an, in welchem der betreffende Beamte zuerst oder zuletzt urkundlich vorkommt.
8. *Gremaud I,* Nr. 369.
9. *Ebd.,* Nrn. 309, 327, 369, 371, 381, 386, 388 und 437; Gremaud II, Nrn. 772, 952 und 1137. – PfA Naters, F 1.
10. Freundliche Mitteilung von *Paul Heldner,* Glis.
11. *Gremaud II,* Nr. 1137; IV, Nr. 1627; VII, Nr. 2380.
12. BWG XX, 1990, S. 131.
13. *Imesch,* Zenden Brig, S. 212/213. S. 213–218: Fortsetzung des Verzeichnisses der Zendenkastläne: 1519–1798. Ebd. S. 222/223: Bannerherren des Zendens Brig: 1431–1795; Zendenhauptmänner von Brig: 1406–1793. In allen drei Verzeichnissen finden wir etliche Namen aus Naters.
14. *Gremaud VI,* Nr. 2548.
15. BWG I, S. 303.
16. *Gremaud I,* Nr. 171; III, Nr. 1353.
17. GA Naters, F 54.
18. *Gremaud I,* Nr. 369.
19. BWG II, S. 240.
20. *Gremaud I,* Nr. 526.
21. BWG, II, S. 225. Vgl. auch die ausführlichen Darlegungen von *Ferdinand Schmid,* Der Urnavasturm in Naters und seine Besitzer im 13. Jahrhundert, in: BWG II, 1898/99, S. 227–246, mit einer Stammtafel der Herren de Augusta in Naters.
22. *Enrico Rizzi,* Beziehungen zwischen dem Wallis und Ossola im 13. und 14. Jahrhundert, in: BWG XVIII, 1984, S. 251–263, bes. S. 256 und 257, darin: Quellenangaben, bes. von Gremaud.
23. BWG I, 1889/90, S. 149.
24. Über die de Vineis, bes. auch über deren Wappen, siehe ausführlich in: WWb 1984, S. 238/239.
25. HBLS VII, S. 269. – BWG VII, 1934, S. 406.
26. AD Sitten, Minutar B 25, S. 105/106.
27. GA Naters, F 10.
28. *Enrico Rizzi,* wie Anm. 22, in: BWG XVIII, 1985, S. 401.
29. *Louis Carlen,* Zur Geschichte der Grafen von Biandrate, in: BWG XVIII, 1982, S. 19/20. – PfA Naters, F 3.
30. *Adolf Briw,* Aus Geschichte und Brauchtum der Pfarrgemeinde Fiesch, Visp 1961, S. 9/10.
31. BWG I, 1889/90, S. 156; II, 1898/99, S. 235.
32. *Robert Hoppeler,* Die Familie Roder zu Naters, in: BWG III, 1905, S. 293–299; Quellen: bes. von Gremaud.
33. In den Urkunden abwechselnd «Roder, Roderi, Roderii, Rodier und Rodyer» geschrieben.
34. *Gremaud VII,* Nr. 2687.
35. PfA Mund, F 1.
36. BWG III, S. 92.
37. BWG II, S. 227.
38. *Gremaud III,* Nr. 1238; IV, Nr. 1785; V, Nr. 2040; VIII, Nr. 3032.
39. GA Naters, B 52.
40. *Gremaud I,* Nr. 536.
41. Wichtigste Quellen: *Ruppen,* Kunstdenkmäler, Bezirk Brig, Ms. – *Donnet/Blondel,* Burgen, S. 154 und 155. – *Louis Blondel,* Le château Supersaxo (Auf der Flüe) à Naters, in: Vallesia X, 1955, S. 65–69.
42. BWG XXXIII, 1991, S. 595.
43. *Gremaud VI,* Nr. 2498.
44. *Ebd., VII,* Nr. 2260.
45. *Ebd., VIII,* Nr. 2976. – *Heusler,* Rechtsquellen, S. 28/29, 169–201. – Vgl. auch *Grégoire Ghika,* L'Auteur des Articles de Naters, in: Vallesia IV, 1949, S. 35–46.
46. *Gremaud VIII,* Nrn. 3038 und 3039. – BWG XVI, 1976/77, S. 351 und 352.
47. *Dionys Imesch,* Kleine Mitteilungen, in: BWG IV, 1911, S. 303–306.
48. Landrats-Abschiede I, S. 209.
49. Fälljahr folgender Hölzer: Türstürze in beiden Geschossen; Deckenbalken des Erdgeschosses; Bundbalken des Gespärres. Untersuchungsbericht vom 4. Nov. 1983 von *Alain* und *Christian Orcel,* Laboratoire Romand de dendrochronologie, Moudon.
50. BiA Sitten, 103, Nr. 3.
51. StoA Brig, L 40, S. 61. Nach dem Wortlaut war die Kapelle ein eigener Baukörper.
52. *Imesch,* Beiträge, S. 17.
53. Verträge von alt Staatsrat Ignaz Zen Ruffinen und Dr. Loretan mit G.A. Ramoni vom 5. Juni und 21. Nov. 1854 (GA Brig, o. Nr.). – Eröffnung der Fabrik: 1856 (Gazette du Valais, 25. Sept. 1856, p. 1).
54. Die «zum neuen Gebäude undienlichen Mauren» waren abzureissen.
55. *Imesch,* Beiträge, S. 109.
56. WB, 1907, Nr. 94.
57. *Schiner,* Description, S. 226.
58. Einen Hinweis auf ältere Substanz in den Mauern des heutigen Hauses liefert der im ersten Stockwerk der hofseitigen Nordwand eingemauerte Schüttstein.
59. Die baugeschichtlichen Angaben in der Beschreibung sind dem archäologischen Untersuchungsbericht vom 28. Sept. 1983, Naters, Bischofsschloss «auf der Flüe», von *Dr. Peter Eggenberger* entnommen (A der kant. Denkmalpflege).
60. Im Innern der «Scheune» an der Turmwand noch erhalten.
61. Die Manegoldi und die mit ihnen versippten Adelsfamilien der Region waren italienischer Herkunft.
62. *M[oritz] T[scheinen],* Das Bischofsschloss in Naters, in: Walliser-Monatsschrift, Sitten, 3, 1864, S. 17–20.
63. *Ruppen,* Kunstdenkmäler, Ms. – *Ferdinand Schmid,* Der Urnavasturm in Naters und seine Besitzer im 13. Jahrhundert, in: BWG, II, 1899, S. 228f. Wo Quellennachweise fehlen, stützen sich die Ausführungen auf diese zwei Untersuchungen. – Nach *Imesch* erhielt die Familie dieses Vizedominat 1249 (Beiträge, S. 10 und 11).
64. *Gremaud VII,* Nr. 2687, S. 267.
65. GA Naters, F 10.
66. *Ernst Zenklusen,* Die Rettung des Urnavasturmes von Naters, in: WJB, 29, 1960, S. 40–43. Während Imesch (Beiträge, S. 21) das Jahr 1876 nennt, fand dieses Ereignis nach Clausen 1877 statt. Letzteres kann nicht stimmen, denn die Abwahl des gesamten Gemeinderates erfolgte 1876.
67. *Gremaud V,* Nr. 2065.
68. *Johannes Stumpf,* Chronik XI, 344.
69. *Imesch,* Beiträge, S. 22, 74 und 104.
70. *Emil Wick* sah 1865–1867 noch «spaerliche Überreste» (Furrer/Wick, S. 64/65).
71. *Gerd Graeser,* Die Burg Weingarten bei Naters, Naters-Brig 1960, S. 3. Wo im Folgenden Quellennachweise fehlen, stützen sich die Ausführungen auf diese Darstellung.
72. *S. Furrer* nennt als Entstehungsjahr der Burg 1211 (Furrer II, S. 216).
73. Beim Aufstand der Oberwalliser gegen die savoyische Herrschaft erstürmt und verbrannt.
74. *Donnet/Blondel,* Burgen, S. 157 und 158.
75. *Fibicher,* Walliser Geschichte, II, S. 148.
76. GA Birgisch, C 1.
77. Ebd., C 4.
78. *Gremaud IV,* Nrn. 1683 und 1930.
79. *Ebd.,* V, Nrn. 2029 und 2132; VI, Nr. 2202 usw.
80. Die Zeichnungen an den Wänden der Beinhauskapelle deuten auf diese Spannungen hin.
81. Abschiede, I, S. 267 und 268.
82. *Imesch,* Beiträge, S. 56.
83. *Heusler,* Rechtsquellen, S. 15; es leite sich nicht von «compars» ab.
84. GA Naters, B 35. – Die Satzungen des Geschnitts Mehlbaum vom 6. Mai 1550 sind auch in: GA Naters, C 20.
85. GA Naters, G 36, hinten, zusammengestellt von Kasimir Eugen de Sepibus; mit kleinen Ergänzungen und Korrekturen gemäss dem Erkanntnisbuch der Burgerschaften von Naters und Rischinen, Band von 392 S.
86. *Louis Carlen/Gabriel Imboden,* Kaspar Jodok von Stockalper und das Wallis, Brig 1991, Bd. 1, S. 447.

[87] *Josef Guntern,* 300 Jahre Kollegium Brig, Brig 1963, S. 25 und 28. – PfA Naters, D 92, 9. Nov. 1692: Quittung der Jesuiten für 2000 Kronen.
[88] GA Naters, F 23.
[89] PfA Naters, H 181 b, S. 38–40.
[90] *Johannes Strickler,* Aktensammlung aus der Zeit der Helvetischen Republik (1798–1803), Bern 1892, S. 533.
[91] Vgl. Kap. «Siedlungsgeschichte ...»: Natischer Berg. Verjähren solche Untaten? Wiedergutmachung wie beim Holocaust?
[92] WS I, 1907, Nr. 34, S. 53 und 54.
[93] GA Naters, F 78.
[94] Ebd., B 36, 1811.

## Bevölkerung
[95] *Imesch,* Beiträge, S. 87–98.
[96] Jahrb. d. schweiz. Alpenclubs, Bd. 42, S. 387.
[97] WS I, S. 46.
[98] Traveaux statistiques du canton du Valais 1907, Berne 1908, S. 72: 1798–1900; Forts.: Eidg. Volkszählungen.
[99] Die Zahlen der Einwohnerkontrolle in den ‹Mitteilungen› der Gemeinde Naters stimmen mit jenen der eidg. Volkszählung nicht überein. Der Bund zählt nach dem wirtschaftlichen und die Gemeinde nach dem zivilrechtlichen Wohnsitz. Letztere Art der Zählung ergibt eine höhere Zahl (z.B. 1990 87 mehr). Zahlen bis und mit 1990: von der eidg. Volkszählung, jene von 1995 bis 1997 von der Einwohnerkontrolle der Gemeinde.
[100] Jährliche Angaben von 1625 bis 1906 bei: *Imesch,* Beiträge, S. 94 und 95; die späteren Zahlen: vom Zivilstandsamt.
[101] *Paul Fehlmann,* Ethniques, Surnoms et Sobriquets des villes et villages en Suisse romande ... [und auch aus dem Oberwallis], Genève 1990, S. 90.
[102] Was hat «ds Schgabälli» hier zu tun? Reinhard Jossen, Naters, gab folgende Erklärung: Beim Stillen des Kindes legte die Mutter das Bein (die Beine) auf den Schemel, um dabei das Kind bequemer halten zu können.
[103] Nr. 1 von Anna Jossen-Ruppen, Nr. 2 von Gervas Eggel.
[104] Freundliche Mitteilung von *Peter Bammatter,* Begnins/VD.
[105] WJB, 59, 1990, S. 49 und 50.
[106] WWb 1946, S. 291.
[107] Schweizer Lexikon 91, Bd.1, S. 370. – WB, 1970, Nr. 2.
[108] WV, 20.6.1984.
[109] WB, 18.5.1987.
[110] WB, 1992, Nr. 294.
[111] WB, 1970, Nr. 284; 1971, Nr. 9.
[112] Freundliche Mitteilung von *Peter Bammatter,* Begnins/VD, 1991.
[113] *Peter Bammatter,* Die Kriegsjahre 1941 bis 1945 im Ossolagebiet, hrsg. von der Gemeinde Naters, 1991, 20 S. – Zum gleichen Thema: gtg [Georges Tscherrig], in: WV, 1985, Nr. 93; WB, 1991, Nr. 55, 1993, Nr. 16, und 1994, Nr. 213.

## Burgerschaft
[114] Vgl. hierzu: *Grégoire Ghika/Bernhard Truffer:* Gemeinde und Bürgerschaft im Wallis, in: WJB, 36, 1967, S. 23–30.
[115] Die Angaben über diesen Abschnitt sind dem Burgerbuch (GA Naters, G 36) entnommen, bes. zwischen S. 42 und 71.
[116] Nach Imesch gab es zwischen 1851 und 1876 getrennte Verwaltungen (Beiträge, S. 64 und 65).
[117] GA Naters, G 2, ca. 1821–1850, Bündel von Burgerrechnungen: 1848.
[118] Ebd., B 37 a. – Dass.: PfA Naters, F 48 a, S. 1–5.
[119] Ebd., B 38. – Dass.: PfA Naters, F 48, S. 6–9.
[120] PfA Naters, F 45, S. 4–12. – Dass.: GA Naters, G 36, S. 2–5.
[121] *Imesch,* Beiträge, S. 64.
[122] GA Naters, D 29.
[123] *Imesch,* Beiträge, S. 62 und 63.
[124] Ebd., S. 64.
[125] GA Naters, G 36, S. 56 a–60.
[126] Ebd., K 1, Gemprot. S. 177–183. – Dass.: StA Sitten, Dep. d. Innern, 3040 B 3, Nr. 320.38.
[127] GA Naters, G 36, S. 19–21.
[128] Ebd., N 10.
[129] Ebd., G 36, S. 31–34 a.
[130] Ebd., B 44.
[131] WWb 1984, S. 135.

## Burgergeschlechter und ihre Wappen
[132] WWb 1946, S. XVIII und XIX.
[133] *Imesch,* Beiträge, S. 101.
[134] *Jossen,* Mund, S. 55: die Albert in Mund.
[135] *Arnold,* Gondo-Zwischbergen, S. 28.
[136] GA Naters, G 36, S. 21 und 39.
[137] GA Naters, G 36, S. 21.
[138] Gemprot vom 7.5.1950. (Das WWb 1984, S. 27, nennt als Einbürgerungstag den 8. Mai [?].)
[139] GA Naters., G 11, S. 18.
[140] Eya = feuchte, von Stauden und Bäumen umgebene Wiese, hochdeutsch «Aue» (*Leopold Borter,* 550 Jahre Ganter Burgerschaft 1436–1986, Visp 1986, S. 46).
[141] *Imesch,* Beiträge, Korrekturexemplar, AGVO, Brig, S. 101.
[142] Vgl. *Jossen,* Mund, S. 72/73.
[143] GA Naters, D 8.
[144] Ebd., G 36, Burgerbuch, S. 37.
[145] Ebd., S. 35 a.
[146] PfA Naters, G 11, S. 59/60.
[147] Gemprot vom 1.4.1971.
[148] BWG II, 1897, S. 186.
[149] Vgl. diese Linie Gasser, in: WWb 1974, S. 113.
[150] Vgl. den «Stammbaum der Familie Gertschen 1386 bis heute», angelegt von Andreas Gertschen (*1926), Naters 1995.
[151] Gemprot vom 10.8.1944.
[152] Über die Gertschen von Ulrichen: siehe WWb 1974, S. 119.
[153] *Hans Michel,* Buch der Talschaft Lauterbrunnen 1240–1949, Wengen 1962, S. 19–31.
[154] Ebd., S. 13, 15, 56, 60, 64, 101 und 105.
[155] PfA Naters, G 10, S. 123; G 11, S. 92–94.
[156] BWG XXIII, 1991, S. 689.
[157] *Imesch,* Beiträge, S. 100.
[158] *Jossen,* Brigerbad, S. 146–149; vgl. darin auch den Stammbaum der Jossen von Brigerbad, S. 138–145.
[159] GA Naters, G 36, S. 35.
[160] PfA Naters, G 9, S. 64–70.
[161] *Jossen,* Mund, S. 61.
[162] Ebd., über die Jossen in Mund und Brigerbad.
[163] Das Jossen-Familien-Weltbuch 1995, Nr. 201 443, Family Heritage International, Bath, Ohio 44210, USA. – Vertrieb: Informationsbüro Schweiz, FDS, 6370 Stans.
[164] Vgl. WWb 1974, S. 54, Carlen von Reckingen und Karlen von Törbel.
[165] *Imesch,* Beiträge, S. 101.
[166] Der Stammbaum der Familie Klingele gibt für Gervas Klingele als Geburtsjahr 1830 an, während das Genealogiebuch der Pfarrei Naters (G 11, S. 146) das Jahr 1831 vermerkt.
[167] Nach André Klingele, des Arthur, Naters/Siders, ist mit «Vivis» «Vevey» gemeint. Gervas Klingele war dort im Hotelfach tätig.
[168] PfA Naters, G 11, S. 146.
[169] GA Naters, G 36, S. 22.
[170] Ebd., S. 20 a.
[171] PfA Naters, H. 170.
[172] Vgl. GA Naters, B 32, 1681–1675, Minutarium des Notars Johann Lergien, 124 S.
[173] Gemprot vom 21.4.1893.
[174] PfA Naters, G 11, S. 189–192.
[175] GA Naters, G 36, S. 20/21.
[176] GA Naters, K 1, Burgervers. vom 26.10.1913.
[177] BWG VI, 1923, S. 305.
[178] PfA Naters, G 10, S. 256.
[179] Ebd., S. 256 und 257.
[180] GA Naters, G 36, S. 39.
[181] *Imesch,* Beiträge, Korrekturexemplar, AGVO, Brig, S. 101: Ruppo 1358, 1433 (A Domkapitel, Nr. 5074).
[182] BWG VI, 1924, S. 342. – In Naters wird mündlich überliefert, dass das Geschlecht Salzmann eine Zeit lang als erloschen galt und dass der letzte Salzmann, der kinderlos war, einen Sohn adoptierte, der den Namen Salzmann übernahm, später heiratete und sieben Söhne zeugte, von denen die heutigen Salzmann abstammen (freundliche Mitteilung von *Alwin Salzmann,* *1950, Naters).
[183] StA Sitten, C 11, Nr. 42, Museum Nürnberg.
[184] PfA Naters, H 96.
[185] Ebd., G 11, S. 229–280.
[186] *Imesch,* Beiträge, S. 100.
[187] PfA Naters, G 11, S. 287–296.

[188] BWG XXIII, 1991, S. 632.
[189] *Arnold,* Licht und Schattten, S. 262.
[190] PfA Naters, F 10.
[191] Ebd., G 9, Nr. 433; G 11, S. 327–332.
[192] GA Naters, G 36, S. 21.
[193] Ebd., K 1, Protokoll der Burgervers. vom 22.9.1900.
[194] Ebd., Protokoll der Burgervers. vom 23.4.1893.
[195] PfA Naters, G 10, S. 330.
[196] GA Naters, G 36, S. 20 a.
[197] Family Heritage International, Bath, Ohio 44210, USA, Nr. 27 116; Versand: Informationsbüro Schweiz, Unterägeri, S. 5.2.
[198] GA Naters, K 1, Protokoll der Burgervers. vom 22.9.1902.
[199] Viele Darlegungen sind der folgenden Broschüre entnommen: *Reinhard Eyer,* Chronik der Familie Werner, Naters 1976, 24 S.
[200] Gemprot vom 30.11.1894.
[201] PfA Naters, G 11, S. 365–369.
[202] BWG VII, 1934, S. 437.
[203] *Jossen,* Mund, S. 67.
[204] PfA Naters, D 13.
[205] Ebd., H 4.
[206] Über die Wyssen in Mund vgl. *Jossen,* Mund, S. 67/68.
[207] PfA Naters, G 9, Nr. 511.
[208] GA Naters, G 36, S. 34 a. – *Imesch,* Beiträge, S. 101, nennt als Einbürgerungsjahr 1822 (?).
[209] Vgl. WWb 1984, S. 260.
[210] *Imesch,* Beiträge, S. 100, Tabelle 4.
[211] Ebd., S. 101.
[212] GA Naters, G 36, S. 20/21 und 38 a.
[213] *Arnold,* Stockalper, Bd. I, S. 206.
[214] Ausführlich, in: BWG XXIV, 1992, S. 5–124, bes. S. 16–21.
[215] GA Naters, B 45.

## Ausgestorbene Geschlechter
[216] *Imesch,* Beiträge, S. 96–100.
[217] Vielleicht ist es dasselbe Geschlecht wie Burger (BWG I, 1895, S. 446).
[218] PfA Naters, D 8.
[219] StoA Brig, Nr. 13.
[220] *Jossen,* Mund, S. 74.
[221] Vallesia XXI, 1966, S. 63.
[222] Ebd., S. 49.
[223] Ebd., S. 47.
[224] WWb 1946, S. 167.
[225] *Gremaud* VIII, Nr. 2892.
[226] PfA Naters, H 96.
[227] BWG III, 1905, S. 312/313.
[228] WWb 1984, S. 141. – HBLS V, S. 64.
[229] PfA Naters, H 133.
[230] Vgl. Johannes Rymen im Kap. «Landeshauptmänner», Nr. 2.
[231] GA Naters, E 1.
[232] BWG XXIII, 1991, S. 643.
[233] A Brigerbad, D 2, 22.7.1526.
[234] BWG I, 1892, S. 364.
[235] GA Naters, F 39.
[236] WWb 1984, S. 99.
[237] PfA Naters, D 50, 15.5.1577: Die Erben von Hilprand Eyer zahlen für den an Franz z Holenweg verübten Totschlag als Erkanntnis 20 Pfund.
[238] Ebd., D 39, 26.4.1540. – GA Naters, B 55.
[239] BWG XXIII, 1991, S. 166.
[240] Abschiede, Bd. I, S. 303.

## Auswanderung
[241] *Klaus Anderegg,* Ursachen und Anlässe der Walliser Auswanderung im 19. Jahrhundert, in: Auswanderungsland Wallis, Sitten 1991, S. 87–118, 133–158 und 161–182.
[242] *Jossen,* Mund, S. 52.
[243] WB, 1876, Nr. 20.
[244] StA Sitten, Departement des Innern (= DI), Nr. 358, S. 61–65: unvollständiges Verzeichnis der Ausgewanderten von Naters. – PfA Naters: G 9–11 und G 25: Stammbaumbücher. – Das Auswanderungsjahr aus dem Verzeichnis des Staatsarchivs stimmt mit jenem der Stammbaumbücher von Naters nicht immer überein. Der Verfasser gab, wo es begründet erschien, Letzteren den Vorzug.
[245] *Oggier,* Las Familias, Bd. 1, S. 204–206.
[246] Ebd., Bd. 2, S. 376/377.
[247] Ebd., S. 204. – Auch im StA Sitten, DI, Nr. 358, ist die Familie unter dem Namen «Ruben» eingetragen.
[248] *Oggier,* Las Familias, Bd. 2, S. 210 und 211.
[249] Ebd., Bd. 1, S. 83.
[250] *G. Oggier/B. Jullier,* Historia de San Jerónimo Norte, Tomo I, Rosario – Argentina, 1984, S. 313.
[251] GA Naters, Fonds Edmund Salzmann, Nr. 110.
[252] *Oggier,* Las Familias, Bd. 2, S. 379.
[253] Freundliche Mitteilung von *Hugo Michlig,* Naters.
[254] *Oggier,* Las Familias, Bd. 2, S. 70.
[255] Ebd.
[256] Ebd., S. 113 und 114.
[257] *Eyer,* Chronik Werner, S. 11.
[258] Freundliche Mitteilung von *German Carlen,* Reckingen. – *L. Kathriner,* Alte Orgeln und Orgelbauer im Wallis, in: Schweiz Jahrb. f. Musikwissenschaft, Bd. 3, Aarau 1928, S. 99 und 100.
[259] *Oggier,* Las Familias. Darin ist die Entwicklung von den Anfängen bis 1922 von folgenden Natischer Familiennamen enthalten: Bd. 1: Amherd, Bammatter, Berchtold, Eder, Eggel, Gasser und Imhof; Bd. 2: Michlig, Nellen, Ruppen, Salzmann, Schalbetter und Yossen.
[260] *Fibicher,* Walliser Geschichte, Bd. 3.1, S. 177.

## Wappen und Fahnen der Gemeinde und der Burgerschaft
[261] StA Luzern, Urk. 82/1427. – Idem: *Gremaud* V, Nr. 2132.
[262] WWb 1946, S. 180.
[263] BWG VII, 1930, S. 122.
[264] Ms. von *Paul Heldner,* 5.6.1993.
[265] *Pascal Thurre/Raymund Wirthner* u.a., Die Walliser Gemeinden und ihre Wappen, Chapelle-sur-Moudon 1985, S. 75.
[266] Ebd.
[267] WWb 1946, S. 180.
[268] WWb 1946, Tf. 6. – Ein Natischer (A.S.) sagte dem Schreibenden: «Die Briger haben den Natischern den Drachen gestohlen.»
[269] *Paul Heldner,* Das Gemeinde- und Zendenwappen von Naters, in: WV, 1970, Nr. 64.
[270] *Furrer* II, S. 63.
[271] Gemprot vom 30.8.1892.
[272] *Furrer* II, S. 64/65, mit später eingefügten Zeichnungen von E. Wick.
[273] WWb 1946, S. 180.
[274] *A[lbert]* und *B[erta] Bruckner,* Schweizer Fahnenbuch II, Nachträge, St. Gallen 1942, S. 41.
[275] GA Naters, F 26.

## Präsidenten
[276] Freundliche Mitteilung von *Hans Anton von Roten* (1907–1993).
[277] *Imesch,* Beiträge, S. 62.
[278] GA Naters, G 36, Burgerbuch, 1808–1888, darin hinten (ohne Seitenangabe); mit kleinen Korrekturen und Ergänzungen gemäss anderen Urkunden, vor allem: GA Naters, D 28, 1691–1838, Erkanntnisbuch der Burgerschaften von Naters (1–217) und Rischinen (1–175), Band von 482 Seiten. Der Sindik (Präsident) tätigte die Erkanntnis der Gumper Naters und Rischinen. – Für die Namen der Präsidenten ab 1852 siehe GA Naters, Gemprot: G 37, 1852–1883 und K 1 ff. ab 1883. – Fürs Biografische: Pfarrregister und Stammbaumbücher (G 9–11) der Pfarrei. – Ein im 20. Jh. zusammengestelltes Verz. der Präsidenten durch Walter Perrig, Sitten, das sich im Staatsarchiv befindet, ist nach Staatsarchivar Dr. Bernhard Truffer mit Vorbehalt zu konsultieren.
[279] Gemäss Notizen aus dem Nachlass von *Dionys Imesch* (PfA Naters).
[280] GA Naters, D 16, S. 6.
[281] Ebd., D 71.
[282] Ebd., H 3, S. 60.
[283] Ebd., D 72.
[284] Ebd., B 27, Fragmente von Minutarien des Notaren Georg Michel-Supersaxo von Naters, Heft 3: 1634.
[285] Ebd., S. 48.
[286] WWb 1974, S. 119.
[287] PfA Naters, D 76 und 77.
[288] GA Naters, C 11.
[289] PfA Naters, G 10, S. 88.
[290] Ebd., D 81.
[291] StoA Brig, Nr. 470.
[292] PfA Naters, G 10, S. 90.

293 StoA Brig, Nr. 594.
294 PfA Naters, G 6.
295 Ebd., G 6, 1671. – WWb 1974, S. 116.
296 WWb 1974, S. 14. Hier wird als Sterbedatum der 15. März 1684 genannt, während das Sterbebuch von Naters, G 6, den 17. Dez. 1683 anführt.
297 WWb 1984, S. 201.
298 BWG XVIII, 1983, S. 206.
299 WWb 1984, S. 154.
300 Wie Anm. 298.
301 WWb 1974, S. 141.
302 PfA Naters, G 10, S. 158.
303 WWb 1974, S. 14.
304 WWb 1946, S. 58.
305 WWb 1984, S. 154.
306 PfA Naters, H 74.
307 WWb 1974, S. 14.
308 GA Naters, G 36, hinten: Verz. der Sindike (o. Seitenangabe).
309 WWb 1974, S. 141.
310 WWb 1974, S. 261. – Von Christian Wyssen birgt das Gemeindearchiv (B 35) von Naters Minutarien (Urschriften des Notars) von 1761 bis 1789, und zwar 20 Hefte verschiedenen Umfangs und 21 lose Blätter, alles mehrheitlich lateinisch.
311 WWb 1984, S. 206.
312 WWb 1974, S. 113.
313 GA Naters, G 36, hinten: Verz. der Präsidenten.
314 Ebd., G 36, 1836.
315 Ebd., G 36, S. 35. – Die Carlen vom Goms schreiben sich mit ‹C›. In den Pfarrbüchern von Naters lesen wir bei diesen Gommer Carlen fast durchwegs «Karlen». Die Orgelbauerfamilie Carlen starb in Naters aus.
316 GA Naters, G 2, 1824–1850.
317 Vgl. Kap. «Religiöse Praxis (...)», Abschnitt «Sittliches Leben».
318 GA Naters, D 25, 1844.
319 StA Sitten, Dep. d. Innern, Nr. 51.2.
320 PfA Naters, G 42, 1837/38 und spätere Eintragungen von Abschriften. Buch: Obligationes ad opus Cumprarum Naters et Rischinen, 1845.
321 GA Naters, G 2, Bündel verschiedener Rechnungen von 1850. – StA Sitten, Dep. d. Innern, Nr. 51.2.
322 BiA Sitten, 37, Nr. 60.
323 PfA Naters, G 11, S. 229. – WB, 1881, Nr. 52.
324 PfA Naters, G 9, S. 99.
325 Ebd., G 11, S. 287. – Gemprot: 1855–1860; 1865–1868.
326 PfA Naters, G 11, S. 32. – Ebd., G 64, *Chronik Bammatter*, S. 22. – GA Naters, G 37, 1861/1862 und 1871–1876.
327 GA Naters, G 37: 1863/1864.
328 Ebd.: 1869/1870.
329 Ebd.: 1877–1880.
330 WB, 1914, Nr. 57: †Ludwig Salzmann.
331 PfA Naters, G 26, Totenregister: 1914. – Ebd., G 64, *Chronik Bammatter,* S. 48.
332 Ebd., G 29, Kirchenratssitzung vom 10.5.1914.
333 Gemprot: 1893–1896. – WV, 1940, Nr. 24. – WN, 1940, Nr. 24.
334 WB, 1920, Nr. 63. – PfA Naters, G 11, S. 147. – Gemprot: 1903/1904.
335 Gemprot: 1905–1916. – WN, 1938, Nr. 19: †Alt Präsident Meinrad Michlig.
336 Gemprot vom 22.2.1923. – Vgl. auch Gemprot: 1917–1923. – WV, 1950, Nr. 2; 1959, Nr. 64. – Civitas, Immensee, Dezember 1959, S. 77/78.
337 WV, 1933, Nr. 29. – WB, 1933, Nr. 20. – Gemprot: 1923–1933.
338 Gemprot: 1933–1940. – *Leopold Borter,* Uniformierung 1961, 42 Jahre Musikgesellschaft «Simplon» Ried-Brig 1919–1961, Visp 1961, S. 16/17. – *Louis Carlen,* Oberwalliser Kreisspital Brig, Brig 1978, S. 43/44. – WB, 1984, Nr. 191, ch) *[Alexander Chastonay],* †Alois Gertschen. – WB, 1984, Nr. 235, *Peter von Roten,* †Präfekt Alois Gertschen.
339 Gemprot vom 1.12.1940.
340 BWG XIV, 1965, S. 169, 191–194.
341 Gemprot vom 30.12.1964.
342 WV, 1965, Nr. 5.
343 Gemprot: 1937–1965. – WB, 9.10.1968: bo) †Meinrad Michlig, alt Präsident, Naters. – WV, 16.10.1968: †Zum Gedenken, Meinrad Michlig, Naters.
344 Er ist der Bruder von Professor Max Biderbost; vgl. Kap. «Priester, gebürtig aus Naters», Nr. 90.
345 WB, 1973, Nr. 26; 1975, Nr. 227; 1985, Nr. 220. – *Alois Grichting,* 150 Jahre Walliser Bote 1840–1990, Brig 1990, S. 258, 367 und 368. – Gemprot: 1965–1976.
346 Mitteilungen, 1989, Nr. 1.
347 Ebd., 1992, Nr. 8.
348 Ebd., 1993, Nr. 1.
349 WB, 1994: 21.6., S. 1 und 7; 30.6., S. 17; 3.11., S. 14.
350 Mitteilungen, 1989, Nr. 1.
351 Vgl. auch das viel sagende Interview mit Edith Nanzer-Hutter in: Wallis, November 1994, S. 71–75.

### Landeshauptmänner von Naters

352 *Hans Anton von Roten,* Die Landeshauptmänner von Wallis, 1388–1798, BWG XXIII, 1991, überarbeitete Neuauflage. Darin: 1. Aegidius In der Kumben: S. 42–44; 2. Johannes Rymen: S. 86–90; 3. Egidius Venetz: S. 119–123; 4. Anton Venetz: S. 164–167; 5. Georg I. Michel-Supersaxo: S. 253–257; 6. Gilg Jossen-Banmatter: S. 258–261, 701: hier nicht veröffentlichte Stammtafel der Jossen-Bandmatter; 7. Georg II. Michel-Supersaxo: S. 330–339, 750 und 759: hier nicht veröffentlichte Stammtafel der Familie Michel-Supersaxo. – Die einleitenden Worte zu diesem Kapitel sind dem obgenannten Werk, S. 3–7, entnommen.
353 PfA Naters, D 27. – *Walter Ruppen,* Naters und «Natischer Bärg», Schweiz. Kunstführer, Bern 1984, S. 12/13. – WB, 1985, Nr. 286.
354 PfA Naters, D 32.
355 GA Naters, B 5, S. 55.
356 *Imesch,* Zenden Brig, S. 213 und 214.
357 Ebd., S. 215. Auf dem schmiedeeisernen Kreuz in der Kirche steht irrtümlicherweise, dass Supersaxo achtmal Grosskastlan des Zendens war.
358 Die Inschriften auf den Deckenbalken des Supersaxohauses: s. Kap. «Siedlungsgeschichte ...», unter «Dorf Naters». – Abschied, 4.–7. Mai 1643.
359 Abschied, 4.–21. Dezember 1644.
360 BWG XIII, 1983, S. 216.
361 WB, 1997, Nr. 99.

### Organisation und Dienste der Gemeinde

362 Unterlagen von der Gemeindekanzlei Naters.
363 *Grégoire Ghika/Bernhard Truffer,* Gemeinde und Bürgerschaft im Wallis, in: WJB, 1967, S. 26/27.
364 Gemprot vom 2.11.1908.
365 Ebd., vom 30.10.1934, mit Erwähnung aller Namen.
366 Ebd., vom 10.11.1941, vollständiger Name des Schuldigen.
367 Ebd., Protokoll der Urvers. vom 28.11.1920.
368 StA Sitten, Dep. d. Innern, 3040 A2, Nr. 38.10, Dossier.
369 PfA Naters, Ms.: *Pius Werner,* S. 23 (vgl. Anm. 374).
370 Mitteilungen, 1997, Nr. 1.
371 Gemprot vom 2. und 20.10.1926.
372 WV, 1981, Nr. 63.
373 Von 1834 an finden wir die Namen der Richter in folgenden Quellen: *Biner,* Behörden, S. 247–394; StA Sitten, Magistraten, von *Walter Perrig;* GA Naters, G 36, Burgerbuch; ab 1852 zusätzlich in den Gemeinderatsprotokollen.
374 Ms.: «Werner Pius, des Josef, Ehrenburger von Naters», zusammengestellt von einem Freund [Werner Zenhäusern, Naters]; Beiträge von: *Pius Werner (Autobiographie), Marcel Salzmann, Paul Sprung, Franz Josef Deforné, Richard Gertschen.* Ordner, 10 Ex., 1 Ex. im PfA Naters. 65 Ms.-Seiten.
375 Auskunft des Zivilstandsamtes Brig.
376 StA Sitten, DI, Bericht des Präfekten vom Bezirk Brig: 1860.
377 Diese und weitere Ausführungen dieses Abschnitts beruhen auf den Verwaltungsberichten und -rechnungen der Gemeinde.
378 WB, 25.1.1995, S. 9.
379 GA Brigerbad, D 2 und 3.
380 WV, 13.3.1980, unter «Brig».
381 Freundliche Mitteilung von *Edmund Salzmann,* Naters.
382 Freundliche Auskunft von *Margrit Kinzler.*
383 Mitteilungen, 1977, Nr. 5.
384 Ebd., 1981, Nr. 6.
385 Naters – Kulturtage: CH 91, Brig 1991, 32 S.
386 Mitteilungen, 1978, Nr. 4.

387 WB, 1994, Nr. 191, S. 9.
388 Quellen: Allgemeine Mitteilungen von Ernst Walden, Feldweibel, Naters, sowie Unterlagen von der Gemeindekanzlei.
389 WV, 1935, Nr. 106.
390 GA Naters, G 3.
391 Ebd., G 37, S. 4.
392 StA Sitten, DI (Dep. d. Innern), Naters, 1861, Nr. 16.19.
393 GA Naters, G 37, S. 54. Die Namen der zwölf Feuerwehrmänner sind hier vermerkt.
394 *Pius Werner* nennt als Gründungsdatum das Jahr 1870, in: WV, 1980, Nr. 28: 110 Jahre Feuerwehr Naters. Leider ist dort die Quelle nicht angegeben, um festzustellen, ob es sich um das eigentliche Gründungsjahr handelt.
395 WV, 1980, Nr. 28.
396 WB, 1995, Nr. 53, S. 8.
397 Freundliche Mitteilung von *Peter Jossen,* Feuerwehrkommandant.
398 Die Präsidenten der Ortsparteien von Naters stellten ihre Parteien grundsätzlich selbst vor.
399 *Biner,* Behörden, S. 247–394.

## Schulen

400 StA Sitten, Département de l'Instruction Publique (DIP), Berichte der Schulinspektoren: 1854/1855, 1865–1906.
401 Vgl. zu diesem Abschnitt: *Imesch,* Beiträge, S. 84–87. Zur Schulgeschichte im Allgemeinen: *Ferdinand Schmid,* Geschichtliches über das Unterrichtswesen im Kanton Wallis, in: BWG II, 1897, S. 97–184.
402 BiA Sitten, 37/2.
403 StA Sitten, DIP, 7 II, Nr. 5: Naters.
404 GA Naters, G 37.
405 Gemprot vom 3.3.1876.
406 PfA Naters, o. Nr., Schachtel 21.
407 Ebd., G 64, *Chronik Bammatter,* S. 47 und 48.
408 Gemprot vom 4.9.1914.
409 Ebd., G 37, S. 6.
410 WV, 1951, Nr. 51.
411 PfA Naters, G 27, S. 307.
412 StA Sitten, DIP, Nr. 34.
413 Ebd., Nrn. 35–38, 41 und 46.
414 Agenda, Februar 1995, S. 39: Vor 100 Jahren; Beilage zum WB.
415 PfA Naters, G 64, *Chronik Bammatter,* S. 7–15.
416 Ebd., D 426, Verkündheft, Nr. 15.
417 Die Namen der Lehrer bei: *Eggel,* Schulen, S. 152, 156 und 157.
418 Gemprot vom 18.12.1945.

## Postwesen

419 Wichtige Quellen. *Karl Lehner,* ... und des Posthorns heller Klang tönt vom Berg hernieder. Die Entwicklung der Post im Wallis, Visp 1962, bes.: S. 11–20, 226–228. – Ms. von Anton Grandi und Sohn German: Postchronik von Naters (1865–1995). – Bibliothek und Dokumentation der Generaldirektion PTT in Bern. – Posthalter Anton Grandi (†1989) soll gehört haben, dass schon vor 1865 im ehemaligen Café Kelchbach (heute Zentrum Kelchbach) eine Postablage untergebracht war (freundliche Mitteilung von Posthalter *German Grandi,* 1995).
420 WV, 1975, Nr. 100.
421 WB, 1984, Nr. 139. – WV, 1984, Nr. 139.
422 PfA Naters, G 11, S. 28.
423 Ebd.
424 *Alois Grichting,* Das Oberwallis 1840 bis 1990. 150 Jahre Walliser Bote, S. 137. – Dellberg ging 1933 und nicht erst 1935 – wie da und dort berichtet wird – in Pension (GA Naters, K 4, Gemprot vom 21.1. und 23.2.1933).
425 GA Naters, K 2.
426 *Werner Heldner,* Karl Dellberg, Visp 1979, S. 25.
427 Ebd., S. 27.
428 WB, 1964, Nr. 37: – II –. Herr Anton Grandi. 50 Jahre im Dienste der PTT.
429 *Steiner,* Wahlheimat, S. 68.
430 WV, 1939, Nr. 38.
431 Zur Poststelle Blatten diverse freundliche Auskünfte von Posthalter Marius Imhof.
432 Gemprot vom 14.3.1919.
433 WB, 1995, Nr. 165, S. 11.

## Gemeinnützige Vereinigungen

434 PfA Naters, D 426, Verkündheft Nr. 11: 1924.
435 WV, 1945, Nr. 24.
436 *Leo Eggel,* 75 Jahre Konsumgenossenschaft Naters 1911–1986, Naters [1986], 32 S. – Unterlagen der Konsumgenossenschaft.
437 100 Jahre Musikgesellschaft «Belalp» Naters 1869–1969, S. 172.
438 Freundliche Mitteilung der CSS-Agentur Brig.
439 WB, 19.4.1989.

## Vereine, Zünfte und Klubs

440 Quellen. 1874/1875: Satzungen, Statuten und Bürgschaftsverpflichtungen. Protokollbücher: erstes: 1900–1919; zweites: 1919–1932; drittes: 1932–1963; viertes:1963–1980; fünftes: 1981–. – 100 Jahre Musikgesellschaft «Belalp» Naters 1869–1969; Texte von: *E. Brunner, L. Eggel, J. Eyer, H. Gertschen, M. Salzmann, P. Schmid, O. Werner,* Naters 1969, 175 S. (hierin integriert die Jubiläumsschrift von *Meinrad Michlig,* 1944). – Festschrift: 125 Jahre Musikgesellschaft «Belalp» Naters 1869–1994, Naters 1994, 40 S.
441 GA Naters, G 36, Burgerbuch, S. 29a.
442 Festschrift: Jugendmusik «Belalp» Naters – 20-jähriges Jubiläum, 26. April 1996; und nach Angaben von *Elisabeth Schwery-Kinzler.*
443 Jubiläumsschrift *[Arnold Perren]* Trachtengruppe Naters – Jahre 1938–1988, Naters 1988, 32 S. – Protokollbücher: erstes: 1938–1975; zweites: 1975–.
444 *Benno Eyer,* Vereins-Chronik, in: [Festschrift] 27. Walliser Jodlertreffen und Trachtenweihe – Jodlerklub Aletsch, 6.–8. Juni 1986, Naters, bes. S. 23 und 25. – Protokollbuch 2: ab 20. Nov. 1984 (Protokollbuch 1 [1966–1984] 1998 unauffindbar).
445 Protokolle ab 1980.
446 GA Naters, G 37, S. 158.
447 WV, 1979, Nr. 105.
448 *Meinrad Michlig,* 50 Jahre St. Barbara-Verein, Naters 1958, Ms., 7 S. – Protokollbücher: erstes: 1908–1933 (ging verloren); zweites: 1933–1985; drittes: 1985–.
449 *[Moritz Gertschen]* Goldenes Jubiläum des St. Jakobsvereins Naters 1923–1973, Naters 1973, 60 S.; darin Vereinsfotos von 1948 und 1973, S. 14 und 21. – Protokollbücher: erstes: 1923–1956; zweites: 1957–1996; drittes: 1997–.
450 *[Hans-Rüedi Eggel]* 50 Jahre Samariterverein Naters 1939–1989, hektogr., 20 S. – Protokollbuch: 1945–1977; ab 1977: in Ordner. Von 1939 bis Nov. 1945 wurde kein Protokoll geführt, was im ersten Protokoll vom 14.11.1945 ausdrücklich erwähnt wird.
451 Entgegen der Festschrift von 1989 verschieben sich laut Protokoll die Amtsjahre von Fl. Venetz, M. Hutter und H.R. Eggel um ein Jahr nach vorne.
452 *Viktor Eggel/Paul Heldner,* Festschrift zum 175-jährigen Jubiläum – Geschichte der Alten Schützenzunft Naters, Naters [1976], 33 S. – Zunftbücher: 1. Erkanntnisbuch (Recognitiones = Erkanntnisse, 1805 ff.), darin auch: Abrechnungen, 1801 ff., u.a.m.; 2. Mitgliederbuch: 1800 ff.; 3. Protokollbuch: 1926–1971, darin auch: Rechnungen 1926–1995; 4. Protokollbuch (Jahresberichte): 1971–. – In der obgenannten Festschrift schreibt P. Heldner auf S. 17 und 20, dass sich die Jahreszahl 1685 von der Totenplatte auf den anstehenden sogenannten «Pulverturm» (heute Wohnhaus) beziehe; er leitet daraus die Existenz einer Schützenzunft aus dem Jahre 1685 ab, was man nicht begründen kann. Der «Turm» trug nämlich nach Walter Ruppen Ende der 1960er-Jahre auf der Binne noch die Jahreszahl 1697. Ebenso sind die zehn Namen von zusätzlichen Zunfthauptmännern im «Nachtrag» (infolge falscher Übersetzung aus dem Lateinischen) keine Zunfthauptmänner, was Heldner dem Verfasser gegenüber auch einräumte.
453 Zu jener Zeit wurden die «de Chastonay» manchmal auch «Chanthoney» genannt. Anton unterschrieb aber stets «de Chastonay».
454 Freundliche Mitteilung von *Viktor Eggel.*
455 *Herbert Wellig/Paul Heldner,* 100 Jahre Jüngere Schützenzunft Naters 1875–1975 [Naters 1978], 28 S. – Drei Protokollbücher: ab 1912.
456 Festprogramm zum 75-jährigen Jubiläum der Jungen Schützenzunft, 7./8. Oktober 1950, 1875–1950 [Naters 1950], 4 S., hektogr.
457 *René Corminboeuf,* 25 Jahre Turnverein Naters 1936–1961, Naters 1961, 44 S.
458 *Ambros Ritz/Bernhard Salzmann* [Red. Werner Heldner], 50 Jahre 1936–1986 Turnverein Naters, Naters 1986, 96 S.
459 *Paula Schnidrig/Paul Bärenfaller,* 25 Jahre 1970–1995 Damenturnverein STV Naters, Naters 1995, 52 S.

460 Quellen. Protokolle des FC Naters. – WB, WV und Kluborgan ‹Der Fussballer› (ab 1984). – Festschriften: 1. *Walter Brutsche,* Vereinschronik 1958–1983, 25 Jahre FC Naters, S. 53–67; 2. *Beat Amherd,* 1958–1988: 30 Jahre FC Naters – Aus der Vereinsgeschichte, S. 13–19; 3. *Hans Eggel,* a) [erweitertes Ms.] FC Naters 1958–1998; b) [Jubiläumsschrift] Fussballclub Naters – 40 Jahre, 10.–12. Juli 1998, darin: Vierzig Jahre FC Naters [1958–1998], S. 13–32.

461 [Festbüchlein] 25 Jahre SC Belalp, Naters 1980, 40 S. Darin: *Oskar Furrer,* Kleine Chronik, S. 7–11, 17–21; *Louis Kraft,* JO des SC Belalp, S. 13–15, S. 13–32.

462 Protokollbücher: erstes: 1945–1955; zweites: 1955–1980; drittes: seit 1984.

463 [Festschrift] 25 Jahre KK des Alpes, Naters, 1966–1991, 38 S.

464 Vgl. Kap. «Volkszählungen (...)», Nrn. 5 und 6.

## Theaterleben

465 Bei diesem Kapitel bot dem Verfasser die «Theatergeschichte aus dem deutschen Wallis», Brig 1982, von *Albert Carlen,* eine reiche Fundgrube. Darin bes.: Verzeichnis der Dramen bis 1975, S. 236 bis 318.

466 Ebd., S. 154.

467 *Pius Werner,* Der neue Saal zur Linde, in: WV, 1954, Nr. 1.

468 *Carlen,* Theatergeschichte, S. 159.

469 WB, 1979, Nr. 7: Naters. Arthur Klingele zum Gedenken.

470 Texte bei *Andreas Klingele,* Venthône.

471 WV, 1921, Nr. 1.

472 BA, 1901, Nrn. 43, 81 und 104.

473 WB, 27.11.1997, S. 8.

474 Gemprot vom 23.5.1900; 14.6. und 23.10.1901.

475 BA, 1901, Nr. 103.

476 Ebd., 1922, Nr. 3. – WV, 1927, Nr. 22.

477 *Carlen,* Theatergeschichte, S. 198.

478 Ebd., S. 34.

## Kunstschaffende

479 BWG XIX, 1986, S. 99.

480 *Carlen/Guntern,* Anton Mutter, S. 85.

481 Ebd., S. 7 und 11.

482 Ebd., S. 39.

483 *Ignaz Mutter* u.a., Josef Mutter, S. 35.

484 *Carlen/Guntern,* Anton Mutter, S. 43 und 45.

485 Wie Anm. 483, Zitate von: Carlen (5), Riva (31), Wirthner (43) und Ruppen (39).

486 WB, 27.3.1996, S. 10.

487 WB, 17.2.1986.

488 Walliserspiegel, Febr. 1991.

489 WB, 27.12.1991.

## Italienerkolonie

490 Gemprot vom 20.4.1905.

491 Es waren sieben «Natischer Kumpane», die für die Strecke Brig–Domodossola die ersten Fahrkarten lösten *(E[scher] A[nton],* 30 Jahre Simplontunnel, in: WN, 1936, Nr. 65).

492 Schweizer Lexikon, Verlag Mengis und Zier, Luzern 1993, Bd. 5, S. 814. – In Bezug auf die Tunnellänge gibt es die unterschiedlichsten Zahlen, u.a.: *Fibicher,* Walliser Geschichte, Bd. 3.1, S. 217: 19,729 km. Im zitierten Schweizer Lexikon: 19,823 km (diese Zahl genommen). Verschiedentlich gibt man 19,803 km an.

493 40 Jahre Simplontunnel, in: WV, 1945, Nr. 18.

494 Quellen zum Simplontunnel: *Fibicher,* Walliser Geschichte, Bd. 3.1, S. 209–223, 239–251; Simplon-Jubiläum, 1906–1956, Sonderausgabe der ‹Walliser Nachrichten›, 1956, Nr. 40; *Daniel Pometta,* Sanitäre Einrichtungen und ärztliche Erfahrungen beim Bau des Simplontunnels 1898–1906, Nordseite Brig, in: WV, 1956, Nr. 39 ff.

495 Die Ausführungen dieses Kapitels stützen sich im Wesentlichen auf: *Steiner,* Wahlheimat (die italienische Ausgabe trägt den Titel: La Colonia Italiana dell'Alto Vallese, Brig-Glis 1988, 125 S.; letztere Ausgabe von der Gemeinde Naters mit 4000 Franken unterstützt).

496 Dieses Quartier trägt schon lange und auch heute noch den eigenartigen Beinamen «Amerika». Wie die Natischer meinen, kommt dies daher, weil das Gebiet früher, vom eigentlichen Dorfkern aus betrachtet, als abgelegen galt. Nach einer anderen Version wollte zu Beginn des 20. Jahrhunderts Johann Salzmann (*1883), des Josef, wohnhaft am linken Kelchbachufer, südlich der Furkastrasse, nach Amerika auswandern. Es kam nicht dazu und die Leute nannten ihn danach ironisch «den Amerikaner» und den Ort, wo er wohnte, «Amerika». Johann Salzmann starb 1918 an der Spanischen Grippe (freundliche Mitteilung von *Anna Karlen-Michlig,* Naters).

497 BiA Sitten, 37, Nr. 42.

498 *Steiner,* Wahlheimat, S. 67.

499 *Fibicher,* Walliser Geschichte, Bd. 3.1, S. 240.

500 Ebd., S. 240/241.

501 Ebd., S. 242–250: ausführlicher Bericht über den Streik der Arbeiter.

502 Lokales aus dem Jahre 1903, in: WB vom 26.2.1974.

503 *Steiner,* Wahlheimat, S. 88.

504 *Fibicher,* Walliser Geschichte, Bd. 3.1, S. 239.

505 WB, 1.12.1981.

506 gtg *(Georges Tscherrig):* Erinnerungen an das Café Tibaldi, in: WV, 1981, Nr. 234.

507 Die Namen sind den Gemeinderatsprotokollen entnommen.

508 *Leander Biffiger,* Erinnern Sie sich – Naters, Visp 1997, Nrn. 119 und 120.

509 Zum Theaterleben der Italiener in Naters vgl. Kap. «Theaterleben».

510 Wie *Marina Steiner* richtig bemerkt, bestand schon 1899 in Brig eine italienische Kolonie (gegründet durch Pater Odone), weshalb die Jubiläen eigentlich schon früher hätten begangen werden können (Steiner, Wahlheimat, S. 178).

511 Zur Italienerschule vgl. bes.: *Eggel,* Natischer Schulen, S. 167–174.

512 BiA Sitten, 37, Nr. 42.

513 Freundliche Mitteilung von *Hubert Eyer,* *1932, Naters.

514 Bonomelli wurde 1871 zum Bischof von Cremona gewählt; er setzte sich stark für die ausgewanderten Arbeiter ein.

515 Pfarrblatt Naters, August 1953.

516 Ebd., September 1978.

## Naters und Ornavasso

517 Ausführliche Schilderung der Sage im Kap. «Sagenwelt», Nr. 9.

518 *Enrico Rizzi,* Geschichte der Walser; aus dem Italienischen übers. von: Mina und Urs Waldmann-Münzenmeier, Anzola d'Ossola: Fondazione Arch. E. Monti, 1993, 243 S.; darin: S. 65–67. – Vgl. 1. Kap., Abschnitt «Die Adeligen von Urnavas».

519 *Ders.,* Beziehungen zwischen dem Wallis und Ossola im 13. und 14. Jahrhundert, in: BWG XVIII, 1984, S. 251–263; zit. aus S. 255, 259, 262 und 263.

520 *Imesch,* Beiträge, S. 91.

521 Wir Walser, 4, 1966, 2, S. 30. – StoA Brig, Schachtel 42, Nr. 4551.

522 *Josef Bielander,* Überbleibsel aus der Walserzeit in Ornavasso, in: WJB, 23, 1954, S. 27; ganzer Beitrag: S. 27–30.

523 WB, 1975, 219, S. 3.

524 Walliser Sagen I, S. 26.

525 *Paul Zinsli,* Walser Volkstum in der Schweiz, in Vorarlberg, Liechtenstein und Italien: Erbe, Dasein, Wesen; Verlag Bündner Monatsblatt, Chur 1991, 566 S.; darin: S. 264/265. – Weitere diesbezügliche Lit. bei Zinsli, ebd.

526 *Ders.,* Das deutsche Flurnamenerbe der einstigen Walsersiedlung Ornavasso im unteren Tocetal, in: Studien zur deutschen Literatur und Sprache des Mittelalters, Festschr. für Hugo Moser (Berlin), E. Schmidt, 1974, S. 409; ganzer Beitrag: S. 408–431.

527 *Bielander,* wie Anm. 522, S. 29.

528 *Zinsli,* wie Anm. 526, S. 417–431.

529 Walliser Woche, 1990, Nr. 22, S. 9; Beilage zum WB.

530 *Moritz Gertschen,* Über die Beziehungen zwischen Naters und Ornavasso, in: Wir Walser, 12, 1974, 1, S. 13–18.

531 Ausführliche Beschreibung des Treffens, in: WV, 1928, Nr. 34, und bei *M. Gertschen:* ebd., S. 15/16.

532 *Bielander,* wie Anm. 522, S. 27.

533 WB, 2.5.1980, S. 20.

534 WB, 1990, Nr. 112.

535 GA Naters, Gemprot vom 5.7.1965.

536 *Paul Zinsli,* Treffen Ornavasso – Naters 1990, in: Wir Walser, S. 47.

## Landschaft

537 Zendenarchiv Mörel, Gemeinde Ried-Mörel, C 27.

538 Vgl. Kap. «Sagenwelt», Nrn. 3 und 7.

539 *Imesch,* Beiträge, S. 3 und 4.

540 GA Naters, Gemprot: 1906, 30.11.; 1909: 15.2., 21.12; 1910, 28.12.; 1912: 13.7., 5.12.; 1913, 2.10.; 1914: 17.3., 3.6., 12.7.; 1916: 28.2., 29.2.; 1930, 20.11.; 1931: 8.4., 11.11.; 1932, 26.12.;

541 1933: 17.7., 27.11.; 1935: 10.1., 6.6., 30.7.; 1937, 18.10.; 1938, 12.1.
542 StA Sitten, DI, 3040, Nr. 116, 28.12.1910.
543 GA Naters: Gerichtsurteil.
544 *Dür,* WP 1927, S. 8.
545 Weiterführende Lit.: *Toni P. Labhart,* Petrotektonische Untersuchungen am Südrand des Aarmassivs nördlich Naters, Bern 1965, Diss., 82 S. – *Albrecht Steck,* Geologie der Aletschregion (VS), in: Bull. Murithienne 101 (1983), S. 135–154.
545 Diese Angaben sind dem Bericht der Biologin *Verena Chastonay,* Glis, entnommen.
546 *Werner Blötzer,* Ortsplanung (OP) Naters, Visp 1992, S. 28.
547 Zum Gedenken an German Jossen, alt Wildhüter, Naters, in: Schweizerjäger, 70, 1985, S. 648.
548 Die Ausführungen dieses Abschnitts sind im Wesentlichen entnommen: *Holzhauser,* Aletschgletscher, S. 1–337. Kurzfassung vom selben Autor: Grosser Aletschgletscher, in: Die Alpen, Jubiläumsquartalsonderheft Nr. 3/88, S. 142–163, Schweizer Alpenklub, Bern.
549 *Guntern,* Volkserzählungen, Nrn. 7 und 8.
550 Der lat. Text befindet sich in: Historia Collegii Societatis Jesu Brigae in Vallesia, StA Sitten, AV L 149:15. Wörtliche Übers. bei: *Holzhauser,* Aletschgletscher, S. 96.
551 *Holzhauser,* Aletschgletscher, S. 105–107.
552 Wie kaum jemand beschrieb Pfarrer *Moritz Tscheinen* in kraftvoller Bildersprache das Aletschgebiet, insbesondere den Aletschgletscher, in: WS II, 1907, Nr. 121, S. 147–152: Gruss an Aletsch.
553 *Gremaud I,* S. 319 und 458; *II,* S. 362 und 363.
554 *Louis Carlen/Gabriel Imboden,* Kaspar Jodok von Stockalper und das Wallis, Bd. 1, Brig 1991, S. 249.
555 *Gremaud V,* S. 141.
556 *Holzhauser,* Aletschgletscher, S. 136.
557 Ausführlicher Beschrieb der Erstbesteigungen bei: *Studer,* Über Eis und Schnee, zwischen S. 123 und 402. Die Namen und die Höhe der Berge sind der Landeskarte der Schweiz, Nrn. 1249 und 1269, von 1996 entnommen. Mit Ergänzungen von: *Christoph Blum,* Berner Alpen, Bd. 3, zwischen S. 229 und 365.
558 *Studer* nennt in «Über Eis und Schnee», S. 126, den 24. Juli, dagegen erwähnt von Fellenberg selbst in seinen Berichten immer den 21. Juli.
559 *Edmund von Fellenberg,* Das Aletschhorn, Jahrb. SAC, 1, 1864, S. 188/189 und 204.
560 *Oskar Hug,* Die Fusshörner, in: Alpen, 5, 1929, S. 81–99.
561 *Christoph Blum,* Berner Alpen, Bd. 3, S. 312.
562 *Willy Furter,* Das grosse Clubhüttenbuch, Zürich 1994, S. 206/207.
563 *Walter Schmid,* Wallis, Bern 1934, S. 22.
564 PfA Naters, D 441a, S. 6.
565 *Gerd Graeser,* Das keltisch-römische Grab bei der Garage Bel-Air [Jossen] in Naters, in: WV, 1965, 83. *Ders.:* Aus der Ur- und Frühgeschichte des Kantons Wallis, Naters 1967, S. 39.
566 Ebd. Nach Auskunft von Gerd Graeser, Binn, befindet sich die Goldmünze im Besitz von Ivan Michelitsch, Naters. Die acht bei der Garage Bel-Air gefundenen Münzen waren im Besitz von Adolf Schweizer; diese sind seinen Angaben zufolge verloren gegangen.
567 *Imesch,* Beiträge, S. 8.
568 *Emil Schmid,* Steinkultur im Wallis, Brig 1986, S. 65–69. – WV, 1982, 249, S. 5. – WB: 1982, Nr. 266, S. 12; 1983, Nr. 14, S. 11.
569 *Urs Schwegler,* Schalen- und Zeichensteine der Schweiz, Basel 1992, S. 261, Nr. 3904.
570 *Imesch,* Beiträge, S. 113.
571 *A[lbin] Bachmann,* Über einen neuen Goldfund vom Südrand des Aarmassivs bei Naters. Fotos: E[duard] Ruprecht, in: Schweizer Strahler, 6, 1982, 1, S. 30–37.
572 StoA Brig, Nr. 290.
573 *Imesch,* Beiträge, S. 117.
574 Nach einer anderen Quelle heisst er «Alamannia Benedikt aus Italien» (*Alain Dubois,* Die Salzversorgung des Wallis 1500–1610 – Wirtschaft und Politik, Winterthur 1965, S. 121).
575 Abschiede VII, S. 121.
576 StoA Brig, Nr. 702.
577 *Arnold,* Stockalper, I, S. 121. – StoA Brig, Lib. I, S. 64–66, 68–74, 281 usw.
578 *Imboden,* Stockalper, Bd. I, S. 99, 101–107, 112, 183, 184, 230, 241, 280, 283, 311, 369, 372, 405 und 432; Bd. II, S. 192, 196, 201, 389 und 618.
579 Freundliche Mitteilung von *Edmund Salzmann,* Naters.
580 *Imesch,* Beiträge, S. 116.

581 *Ludwig Rudolf von Fellenberg,* Analysen verschiedener Walliser Mineralien, darin: Mineralien (...) aus der Massaschlucht, Verhandlungen Schweiz. Naturf. Ges., 51, 1867, S. 47–52.
582 Freundliche Mitteilung von *Dr. Franz Schnyder,* Visp.
583 *Toni P. Labhart,* Untersuchungen über radioaktive Mineralien und Gesteine in der Schweiz; Uranvererzungen am Südrand des Aarmassivs bei Naters, Bern 1967 (Beiträge zur Geologie der Schweiz. Geotechn. Serie 43).
584 WB, 1990, Nr. 215, S. 12.
585 WV, 23.7.1982: Uranabbau am Natischer Berg.
586 *Robert L. Packer,* Die Mineralfunde der Schweizer Alpen, Basel 1954, S. 85.
587 *Ludwig Werlen,* Strahler im Oberwallis, SA, in: Schweizer Strahler, 1967, Nr. 3, S. 63 und 64.
588 *Stalder,* Mineralienlexikon, S. 107 und 337.
589 *R.L. Parker,* Die Mineralfunde der Schweiz, Neubearb. durch H.A. Stalder, F. de Quervain u.a.m., Basel 1973, S. 95 und 96.
590 Ebd., S. 65 und 123.
591 *Stalder,* Mineralienlexikon, S. 107, 278, 336, 380 und 457.
592 *Labhart,* wie Anm. 544, S. 55.
593 Diese wurde einige Jahre nach dem Talkabbau abgebrochen (freundliche Auskunft von *Franz Ruppen,* Naters).
594 Verschiedene Mitteilungen von *Alois Ruppen,* der als Arbeiter beim Talkabbau zugegen war.
595 PfA Naters, D 115.
596 WV, 1943, Nrn. 72 und 82. – Mitteilungen von *Karoline Eggel-Zenklusen* und *Philipp Bammatter,* beide von Naters, die beim Abbau ihre Scherflein verdienten.
597 *Heinrich Zenhäusern,* Belalp, in: Die Alpen, Jg. 2, 1926, S. 322–334.

**Landwirtschaft**

598 Vgl. hierzu: *Nellen/Imboden,* Produktionskataster 1963, S. 1–21. – *Imesch,* Beiträge, S. 102–108.
599 *Adolf Fux,* Jakobea Jossen, ein Frauenlob, Verein «Gute Schriften», Zürich [1941], 60 S., S. 36. Diese spannende dichterische Erzählung ist bei der Adolf-Fux-Stiftung, Visp, erhältlich.
600 PfA Naters, D 5, 137 und 143.
601 *Chronik Bammatter,* S. 5.
602 Ebd., S. 15.
603 Ebd., S. 6.
604 Ebd., S. 5.
605 Ebd., S. 7.
606 *Louis Carlen,* Der Wein im Oberwallis, Visp 1972, S. 26.
607 *Imesch,* Beiträge, S. 104.
608 *Chronik Bammatter,* S. 7.
609 *Imboden,* Stockalper, Bd. II, S. 529.
610 Ebd., S. 605.
611 Ebd., S. 309.
612 *Schiner,* Description, S. 253.
613 *Jossen,* Mund, S. 190.
614 100 Jahre Braunviehzuchtgenossenschaft Brig und Umgebung, 1892–1992 [Autoren: Vorstand, o. Namensangaben], S. 7–11.
615 WB, 1994, Nr. 106, S. 27.
616 Ebd., Nr. 104, S. 21, Nr. 107, S. 8.
617 GA Naters, Unterlagen zur «Sennereigenossenschaft Wieri und Umgebung»; Statuten vom 25.2.1951 u.a.m.
618 Vgl. hierzu: *Luzius Theler,* Die Schwarznase, Schafrasse des Oberwallis, Visp 1986.
619 *Rübel,* Viehzucht, S. 110.
620 *Theler,* Schwarznase, S. 134 (angepasst für Naters).
621 *Rübel,* Viehzucht, S. 110.
622 PfA Naters, D 321.
623 Ebd., D 441a, S. 13.
624 WV, 1967, Nr. 142, S. 3.
625 *Martin Suter,* Die Schwarznase vom Gletscher (Naters). Geo, 1980, 9, S. 58–80. – *Willy Eggel,* Schäfersonntag am Aletschgletscher, in: Neue Zürcher Zeitung, 1988, Nr. 211, S. 86–88.
626 Letzte Statuten vom 22.1.1993. – Vgl. auch: Protokollbuch ab 1900, mit Unterbrechungen.
627 Letzte Statuten vom 16.4.1990.
628 WB, 1980, 25.2.
629 *Theler,* Schwarznase, S. 192–196.
630 *Adrian Imboden,* Die Land- und Alpwirtschaft im Oberwallis, Bern 1972, S. 170.

[631] *Hugo Schwery/Gottfried Eyer,* 100 Jahre Bienenzuchtverein Brig und Umgebung, Brig-Glis 1992, 29 S.
[632] Kaninchen- und Vogelzuchtverein: s. Kap. «Vereine ...».

## Alpen

[633] *M[oritz] G[ertschen],* Kennst Du Deine schöne engere Heimat?, in: WB, 1940, Nr. 99.
[634] GA Naters, C 17; dasselbe: GA Birgisch, C 13.
[635] GA Naters, C 7; C 8: derselbe Akt mit Erklärungen.
[636] *Imesch,* Beiträge, S. 125. – GA Naters, C 15: Prozessschriften.
[637] *Heinrich Zenhäusern,* Belalp, in: Die Alpen, 2, 1926, S. 326.
[638] Freundliche Mitteilung von *Alois Ruppen,* Naters.
[639] PfA Naters, D 441a, S. 13 und 14.
[640] AGVO, Brig, N 172, 5.2.1812.
[641] *Strüby/Clausen,* Alpwirtschaft, S. 105–209, 236.
[642] Bericht über die Alpinspektionen im Kanton Wallis im Jahre 1909, Solothurn 1910, S. 31.
[643] [*Adrian Imboden*] Schweizerischer Alpkataster – Die Landwirtschaft im Oberwallis, Bern 1972, S. 243.
[644] Mitteilungen, 1992, Nr. 3.
[645] PfA Naters, D 441a, S. 50/51, 64/65; D 441b, S. 7 und 8. – Vgl. die von *Nellen/Imboden* im Produktionskataster von 1963 (S. 26 und 27) gemachten «Vorschläge für Alpverbesserungen».
[646] *Zenhäusern,* wie Anm. 637, S. 327.
[647] Vgl. hierzu: GA Naters, Ortsinventar Alpe Bel und Lüsgen, Ordner I und II.
[648] Im Taufbuch von Naters ist erst am 17. Januar 1819 eine Taufe der Maria Kreszentia de Sepibus vermerkt.
[649] «Katzenlöcher» ist gemäss *Holzhauser* (Aletschgletscher, S. 136) der Ort, wo einst Wildkatzen gehaust haben sollen.
[650] PfA Naters, C 1–7; D 21, 71–73, 76/77, 81/82; H 25, 44/45, 57, 59, 64/65 und 192. GA Naters, C 2/3, 5–7 und 11. Zendenarchiv Mörel (Gemeinde Mörel), D 1. PfA Mörel, D 25. GA Ried-Mörel, C 1, 5 und 27. GA Bitsch, C 8.
[651] *Holzhauser,* Aletschgletscher, S. 130–136. Hier fehlt D 1 vom Zendenarchiv Mörel (Gemeinde Mörel).
[652] GA Naters, C 2/3. PfA Naters, C 1–7.
[653] Eine Kuh Alprecht bedeutet soviel Alpweide, als zur Sömmerung einer Kuh notwendig ist (auch «Stoss» genannt). Häufig zerfällt ein «Kuhrecht» in einzelne Teile: 1 Fuss = ¼ Kuhrecht, 1 Klaue = ⅛ Kuhrecht.
[654] PfA Naters, C 2.
[655] Ebd., C 3.
[656] Ebd., C 4.
[657] GA Naters, C 3.
[658] PfA Naters, C 5.
[659] Ebd., C 6.
[660] PfA Naters, C 5.
[661] GA Naters, C 11.
[662] PfA Naters, C 7.
[663] GA Ried-Mörel, C 5.
[664] Ebd., C 27. Dasselbe: Zendenarchiv Mörel (Gemeinde Bitsch), C 9.
[665] «Bifig» (Singular), «Bifiga» (Plural) gehört zum mittelhochdeutschen «bizune, biziune» als Bezeichnung für ein umzäuntes Grundstück. «Bifiger Viertel» bedeutet folglich ¼ eines bestimmten Grundstücks (*Holzhauser,* Aletschgletscher, S. 135).
[666] *Holzhauser,* Aletschgletscher, S. 117. Vgl. Kap. «Sagenwelt», Nrn. 3, 7, 22 und 32.
[667] PfA Naters, C 5.
[668] Ebd., H 57. – *Holzhauser,* Aletschgletscher, S. 135.
[669] PfA Naters, D 81.
[670] GA Naters, G 37, S. 126.
[671] *Imesch,* Beiträge, S. 126.
[672] *Holzhauser,* Aletschgletscher, S. 121.
[673] Ebd., S. 110.

## Wälder

[674] *Imesch,* Beiträge, S. 128. Vgl. daselbst auch S. 127, 129/130.
[675] Zendenarchiv Mörel (Gemeinde Mörel), D 1.
[676] GA Naters (beim Revierförster), Wirtschaftsplan über die Waldungen der Burgergemeinde Naters, aufgestellt 1926/27 durch *A. Dür,* Forstinspektor des II. Kreises. – Ebd., Vermarchung der Gemeinde-Waldungen von Naters, begonnen 1889, beendigt 1926.
[677] GA Birgisch, C 4.
[678] *Hans Wittwer,* Wirtschaftsplan über die Waldungen der Geteilschaft Mäder (so!), Nr. 134, 1982/83 und 1988, Thun (Plan beim Revierförster).
[679] *Imesch,* Beiträge, S. 129.
[680] Ebd., S. 130.
[681] Ebd.
[682] *Dür,* WP 1927, S. 11.
[683] Ebd.
[684] Ebd, S. 12.
[685] *Nellen/Imboden,* Produktionskataster 1963, S. 9.
[686] GA Naters, G 37, S. 68.
[687] *Dür,* WP 1927, S. 13 und 14.
[688] PfA Naters, C 11. C 12: Kopie von C 11.
[689] GA Naters, C 9.
[690] Gemprot vom 30.10.1911 und 3.3.1912.
[691] *Chronik Bammatter,* S. 17.
[692] Protokoll der Burgerversammlung vom 10.3.1918. – Gemprot vom 14.3.1924.
[693] Gemprot vom 1. und 15.12.1925.
[694] Vertrag vom 9. Juli 1980 (bei der Burgerschaft).
[695] Vgl. die ausführlicheren Darlegungen bei: *Holzhauser,* Aletschgletscher, S. 83–94.
[696] *Arnold,* Licht und Schatten, S. 158. – Vgl. auch: PfA Naters, F 45, S. 250–256: Prozessakten über die Medern (Zeugenverhöre).
[697] GA Bitsch, C 10. – Vgl. auch: PfA Naters, C 16–18; Zendenarchiv Mörel, Gemeinde Ried-Mörel, C 29.
[698] PfA Naters, C 24.
[699] GA Naters, N 2. – Dasselbe im Zendenarchiv Mörel, Gemeinde Ried-Mörel, C 34.
[700] *Arnold,* Licht und Schatten, S. 158.
[701] Zendenarchiv Mörel, Gemeinde Ried-Mörel, C 35.
[702] GA Naters, C 16a–c.
[703] Gemäss *Imesch* sollen die 1855 erneut ausgebrochenen Zwistigkeiten bis 1896 angedauert haben (*Imesch,* Beiträge, S. 128/129).
[704] *Holzhauser,* Aletschgletscher, S. 83–89, 92–94.
[705] *Dür,* WP 1927, S. 43.
[706] *Chronik Bammatter,* S. 25.
[707] *Dür,* WP 1927, S. 31 und 32.
[708] Gemprot vom 13.10.1920, 11.9. und 14.10.1925.
[709] Vierteljahrsschrift der Naturf. Ges. Zürich, 5, 1860, S. 91–93.
[710] Der Brand im Aletschwald, 1944: vier Berichte, in: Schweiz. Feuerwehr-Zeitung, 8 (1944), S. 221–239. – *Laudo Albrecht,* Gemeinde Ried-Mörel, Der Brand in den Riederhorn- und Aletschwäldern im Jahre 1944 [1994], 10 S. – *E[rnst] Müller,* Der Brand in den Riederhorn- und Aletschwäldern, Schweizer Naturschutz, 10, 1944, S. 72–78. – *K[arl] A[lbert] Perrig,* Zum Waldbrand im Riederhorn- und Aletschgebiet, Schweizer. Zs. für Forstwesen, 95, 1944, S. 257–260.

## Wasserleitungen

[711] *Guntern,* Sagen, S. 23.
[712] *Holzhauser,* Aletschgletscher, S. 139.
[713] *Gremaud I,* Nr. 579.
[714] In den Statuten von 1984 wird «Wieswasser» geschrieben; richtig dürfte «Wysswasser» sein, weil die Leitung durch die «Wysslowwina» führt und das Gebiet infolge Steinschlags immer «weiss» erscheint (freundliche Mitteilung von *Alois Ruppen*).
[715] Weiterführende Lit.: Die alten Wasserleitungen am Grossen Aletschgletscher und an der Massa, Arbeitsgruppe «Kulturama Riederalp», Naters [1996].
[716] Zendenarchiv Mörel, Gemeinde Mörel, E 1. – GA Ried-Mörel, E 1, 10. Juni 1385 (Abschrift aus dem 18. Jh.).
[717] GA Naters, E 4. Dasselbe: GA Bitsch, E 14; GA Ried-Mörel, E 35.
[718] *Holzhauser,* Aletschgletscher, S. 183.
[719] Zendenarchiv Mörel, Gemeinde Bitsch, E 15.
[720] *Catherine Bürcher-Cathrein,* Der letzte Sander von Oberried, Brig 1977, S. 140.
[721] Freundliche Mitteilung von *Gervas Eggel.*
[722] StA Sitten, Meliorationsamt, 3320–2, Nrn. 38–2202/1 und 2607.
[723] GA Naters, D 28, S. 95.
[724] StoA Brig, Nr. 1786a.
[725] Ebd., Nr. 1008.
[726] GA Naters, D 16, S. 1bis.
[727] Ebd., B 15/6, S. 35bis.
[728] GA Birgisch, E 3 und E 3bis.
[729] GA Birgisch, C 14.

730 Ebd., E 9.
731 Ebd., E 11.
732 Ebd., B 5, S. 7.
733 Ebd., C 20, S. 3.
734 Ebd., D 16, S. 1bis.
735 GA Glis, B 2, S. 50.
736 PfA Naters, D 55, 1584–1587: Erkanntnisheft.
737 *Imesch,* Beiträge, S. 120/121.
738 *Rübel,* Viehzucht, S. 103: Tromtirli = Quergatter (kleine Türe). – In Ausserberg gebraucht man das Wort «natromisch», das bedeutet «quer laufend» (freundliche Mitteilung von *Volmar Schmid,* Ried-Brig). Das gleiche Wort ist auch in Naters bekannt; laut Jean-Marie Walker heisst dies «schräg».
739 *Max Gmür,* Schweizerische Bauernmarken und Holzurkunden, Bern 1917, S. 97.
740 *Imesch,* Beiträge, S. 118.

### Gefährliche Wasser: Rotten – Kelchbach – Klosibach – Bruchji

741 *Louis Carlen/Gabriel Imboden,* Kaspar Jodok von Stockalper und das Wallis, Brig 1991, Bd. 1, S. 236. – *M[anfred] Szadrowsky,* Rotten, in: Alpen, 17, 1941, S. 255.
742 Zu diesem Thema bes.: *Imesch,* Beiträge, S. 131–134.
743 *Fibicher,* Walliser Geschichte, Bd. 3.1, S. 178.
744 *Furrer II,* S. 25. – Geograf. Lex. der Schweiz, Bd. IV, S. 158. – Perrig-Chronik.
745 *Jossen,* Brigerbad, S. 108.
746 AGVO, Brig, Db 117, Rechnung zugunsten der Wassergeschädigten von 1839, Sitten 1841, S. 8.
747 *L[eopold] Blotnitzky,* Bericht über die Überschwemmungen im Wallis im Jahr 1868, Bern 1869, S. 22.
748 WV, 1922, 69.
749 WJB, 64, 1995, S. 99. – *Rolf Escher/Pius Rieder u.a.m.,* Freitag, 24.9.93, Die Naturkatastrophe im Oberwallis, Verlag WB, Visp 1993, 143 S. – WB, 1993, Nrn. 224–227.
750 *Gremaud IV,* Nr. 1627.
751 PfA Naters, D 170.
752 WB, 1934, Nr. 76.
753 Zum Thema «Rottenkorrektion» bes.: *Fibicher,* Walliser Geschichte, Bd. 3.1, S. 177–186, 305–311.
754 PfA Naters, D 135.
755 GA Naters, N 9.
756 StA Sitten, Meliorationsamt, 3320–2, Nrn. 38–1055.
757 *St[efan] Berchtold/P[eter] Bumann,* Ignaz Venetz 1788–1859, Ingenieur und Naturforscher, Gedenkschrift, Brig 1990, S. 75–77.
758 Schweizer Lex., Bd. 4, S. 451. – Vgl. Kap. «Sagenwelt», Nr. 47.
759 WB, 1996, 264, S. 17.
760 PfA Naters, D 110.
761 Gemprot vom 20.3.1908 und 10.9.1909.
762 WB, 1920, Nr. 78.
763 BA, 1923, Nrn. 66 und 67; WB, 1923, Nr. 68 und vom 31.7.1998, S. 9; WV, 1963, Nr. 93.
764 Gemprot vom 14. und 30.11.1923 sowie vom 9.4.1924 (Namen der 114 Geschädigten).
765 Ebd., 23.9. und 19.10.1923.
766 Vgl. die Ausführungen in: Mitteilungen, 1997, Nr. 9; 1999, Nr. 2.

### Siedlungsgeschichte und Hausinschriften

767 StoA Brig, Nr. 3.
768 *Imesch,* Beiträge, S. 65.
769 *Johannes Stumpf,* Chronik XI, S. 344.
770 Auf der Dufourkarte, Aufnahme von Müller 1843, Blatt XVIII, Unterabteilung 10, ist schon eine Strasse gleichen Verlaufs eingezeichnet. – 1819 plante die Regierung des Kantons Wallis, die Strasse zwischen Kirche und Beinhaus durch den kleinen Friedhof zu führen, wogegen sich aber Pfarrer Valentin Mutter heftig wehrte (BiA Sitten, 37/26).
771 GA Naters, Ortsinventar Naters und Natischer Berg: 12 Ordner; erstellt von einer Gruppe des Kunstgesch. Seminars der Univ. Freiburg i.Ü., 1975–1979. – *Heinz Horat,* Kunsthistorisches Inventar des Dorfkerns von Naters, in: Vallesia, 34, 1979, S. 289–342. – *Ders.:* Naters, ein altes Dorf lebt, in: WB, 1976, 221, S. 6; 227, S. 6; 235, S. 7; 239; 242, S. 5; 267, S. 7; 275, S. 6.
772 *Philipp Carlen,* Geschichte des Baurechts im Wallis, Diss., Brig 1989, S. 98. – «Bauverordnungen für die Gemeinde Naters 1899», in: GA Naters, K 1, Gemprot, S. 121–126.
773 Mitteilungen, 1982, Nr. 7; 1996, Nr. 2. – Vgl. auch: *Werner Blötzer,* 62-OP (Ortsplanung) Gemeinde Naters. Erläuternder Bericht zur Nutzungsplanung, Ms., 38 S., Visp 1992.
774 Die Ausführungen stützen sich in vielen Punkten auf das Manuskript des Kunsthistorikers *Dr. Walter Ruppen,* Brig, das für die «Kunstdenkmäler des Wallis, Bezirk Brig» vorgesehen ist, sowie auf das unter Nr. 771 erwähnte Ortsinventar. Siehe auch: *Walter Ruppen,* Naters und «Natischer Bärg», Schweizerischer Kunstführer, Bern 1984.
775 *Imesch,* Beiträge, S. 23.
776 Der Schuldschein ist im Besitz von *Olga Salzmann-Jossen,* Naters.
777 Abschrift von Aufzeichnungen des *Stephan Eyer* (Gemeindekanzlei Naters).
778 Archäologische Bauuntersuchung 1975 von *Werner Stöckli,* Moudon/VD, Ms.
779 *Imesch* nennt irrtümlicherweise die Jahreszahl 1665 (Beiträge, S. 61).
780 StoA Brig, L 2, S. 472 verso. Vgl. *Imesch,* Beiträge, S. 62/63.
781 Zur Wiedereinbürgerung der Gebr. Anton und Christian Jossen 1819 vgl. Kap. «Burgergeschlechter»: Jossen.
782 Im Dorf gebräuchliche Benennung.
783 Die Ausdrucksweise «pro se et suis amicis» (für sich und seine Freunde) darf kaum als Hinweis darauf verstanden werden, dass die angesehenen Männer auch dieses Stockwerk als Privatbesitz einrichteten; sie taten dies im Namen der Gumper- oder Burgerschaft.
784 Die Hotz stammten aus Baar (Kt. Zug) und kamen in Naters vom 17. bis 19. Jh. vor.
785 Auxilius (*1831), Leopold (*1838), Moritz (*1840), Johannes (*1842), Maria Josepha Rosalia (*1846), ..., Ludwig (*1848), Ignaz (*1850), Franz (*1853) (PfA Naters, G 2).
786 PfA Naters, G 5.
787 *Paul Heldner,* Schützenzunft Naters, Naters 1975, S. 20/21.
788 Der Name Judengasse kommt keineswegs daher, dass dort Juden wohnten. Hier waren früher die Geschäfte. Da gab es offenbar auch tüchtige Krämer, so dass manche den Namen «Juden» bekamen und die Kramgasse irgendwann vom Volksmund in «Judengasse» umbenannt wurde. Bei der offiziellen Benennung der Strassen und Gassen wählte die Gemeindeverwaltung 1972 den allgemein gebräuchlichen Namen «Judengasse» (freundliche Mitteilung von *Leo Eggel*).
789 Freundliche Auskunft von *Anton Schmid.*
790 Das aus Mund stammende Geschlecht gab sich den Beinamen Am Hengart (de Platea) (BWG II, 1901, S. 381). Anton war wohl der Bruder des Pfarrers Christian Harenden, der 1514 das Beinhaus erbauen liess.
791 *Gremaud V,* Nr. 2038. – *Paul Heldner:* Die Linde von Naters ist 800 Jahre alt, in: WV, 1958, Nr. 82.
792 *Imesch,* Beiträge, S. 66.
793 *Louis Carlen,* Rechtsaltertümer aus dem Wallis, Brig 1967, S. 8.
794 *Ders.,* Walliser Rechtsgeschichte, Brig 1993, S. 111.
795 Wohl Wappen der Familie Burgener, WWb 1946, S. 48 und Tf. 11.
796 WWb 1946, S. 182. Die Nessier treten in Naters im 16. Jh. auf (vgl. Kap. «Ausgestorbene Geschlechter»).
797 *Imesch,* Beiträge, S. 64.
798 Sohn des Landeshauptmanns Gilg II Jossen alias Bandmatter; vgl. Kap. «Burgergeschlechter»: Bammatter.
799 Wie so häufig, will die Überlieferung von einem unterirdischen Gang wissen, der vom Keller zum Ornavassoturm führte.
800 PfA Naters, G 1, S. 63.
801 Ebd., S. 139.
802 *Imesch,* Beiträge, S. 24/25.
803 *Gremaud II,* Nr. 845.
804 Über die angesehene Familie Megetschen vgl. Kap. «Ausgestorbene Geschlechter»: 15. Jahrhundert.
805 Vgl. Kap. «Landeshauptmänner», Nrn. 5 und 7.
806 1661–1705, Sohn Georg II. Michel-Supersaxo.
807 Testament vom 23. Nov. 1675 (StA Sitten, A J.-M. Jost, K 115).
808 *Walter Ruppen,* Naters und Brig in zwei Sälen, in: WJB, 54, 1985, S. 43–49.
809 WWb 1946, Tf. 7, Jergen, Nr. 2.
810 *Pierre Imhasly,* Ornavasso AG, 1962–1972, Naters 1974, nur sechs gedruckte Exemplare, 9 S.
811 *Alphons Epiney,* Zentrum Missione – Aus Anlass der Eröffnung des Zentrums Missione Naters am 18./19. Januar 1992, Naters 1992, 24 S.
812 *Anton Riva,* Der künstlerische Schmuck am Zentrum Missione Naters, zur Enthüllungsfeier vom 12. November 1994, 20 S.

813 *Imesch,* Beiträge, S. 74.
814 Freundliche Mitteilung von *Josefine Ruppen.*
815 PfA Naters, G 10, S. 277.
816 Ebd., G 11, S. 200.
817 *Imesch,* Beiträge, S. 72.
818 Name teilweise verdeckt; nach PfA Naters, G 11, S. 127, ist Rosa Chastonay die Gattin von Moritz Jossen.
819 *Daniel Baud-Bovy,* Wanderungen in den Alpen, Basel 1899, S. 23.
820 Das Gästebuch ist im Besitz von Ernest Wyden, Naters.
821 Freundliche Mitteilung von *Leo Jossen,* Brig.
822 Aus Notizen von *Paul Heldner,* Glis.
823 *Leo Eggel,* «Bachhüs und Mili Wichje», in: ‹Walliser Woche› vom 11.1.1991, Nrn. 1/2.
824 *Max Welten,* Vegetationsgeschichtliche Untersuchungen in den westlichen Schweizer Alpen, Bern–Wallis, Basel 1982, S. 65/66.
825 Abschiede, Bd. 4., S. 253.
826 *Gremaud I,* Nr. 375.
827 BWG, V (1914), S. 73.
828 *Imesch,* Beiträge, S. 68.
829 *Holzhauser,* Aletschgletscher, S. 84.
830 WJB, 1995, 64, S. 53–56.
831 *Chronik Bammatter,* S. 31.
832 Ebd., S. 56.
833 PfA Naters, D 441a, S. 11.
834 *Imesch,* Beiträge, S. 74. Aufgrund verschiedener Urkunden befand sich «Gattalfen» oder «Gothelffen» im Gebiet von Unter-Moos.
835 Aus der Sammlung «Flur- und Ortsnamen» von *Markus Seeberger,* StoA Brig, zwei Schachteln über Naters.

### Handel, Gewerbe und Industrie

836 Vgl. zu diesem Abschnitt bes.: *Imesch,* Beiträge, S. 108–115.
837 PfA Naters, D 26; F 48, S. 14–17.
838 *Peter Tschudin,* Schweizer Papiergeschichte, Basel 1991, S. 53.
839 ‹Gazette du Valais›, 25.9.1856, S. 1.
840 StA Sitten, Dep. d. Innern: Feuersbrunst, Nr. 14.23.
841 Geograf. Lex. der Schweiz, Bd. VI, S. 556.
842 WV, 1931, Nr. 3.
843 Gemprot vom 1.8.1898.
844 Freundliche Mitteilung von *Walter Imstepf* (*1915). – *Karl Schönenberger* schrieb ein Buch: Unsere Schweizer Kräuter, Zürich und Naters-Brig 1920, 368 S.
845 *Henri Rossi,* Chronik der Familie Rossi mit den anverwandten Familien, Naters 1994, S. 9–35. Vgl. auch Kap. «Burgergeschlechter»: Rossi.
846 WV, 1931, Nr. 3.
847 BA, 1914, Nr. 44, unter «Brig-Naters».
848 Gemprot vom 26.6.1925, 24.5.1932 und 10.7.1932.
849 WV, 1931, Nr. 3, sowie freundliche Auskünfte von *Renato Fasciani* und *Andreas Gertschen.*
850 StA Sitten, Industrie, Handel, Arbeit, 3510–6: Korrespondenzen zwischen 1928 und 1932. – BA, 1930, Nr. 13: Ein Gang nach Naters. – Gemprot: 1928: 12.7. und 23.10.; 15.2.1937; 1941: 3.10. und 9.12.; 1942: 26.1., 10.5., 8.5., 20.7. und 20.10.
851 Gemprot vom 11.2.1946 und 16.3.1970 sowie Mitteilungen von *Gabrielle Ruhstaller-Vallotton,* Brig.
852 Gemprot vom 3.4.1956.
853 *V[olken], M[arco],* Uhrenindustrie in Naters, in: WB 1967, 104.
854 Freundliche Auskünfte von *Pius Werner* und *Dr. Anton Salzmann.*
855 WB, 1995, Nr. 108, S. 7.
856 Betr. ‹Walliser Volksfreund› und Buchdr. Oberwallis Naters vgl. *Louis Carlen,* Dr. Viktor Petrig – Walliser Politik im 20. Jahrhundert, Naters 1974, S. 93–100. – *Alois Grichting,* Das Oberwallis 1840 bis 1990 – 150 Jahre Walliser Bote, S. 215/216; darin: Verz. der Redaktoren des WV.
857 *Stefan* und *Lilli Eggel,* Bäckerei-Konditorei-Confiserie Volken, Naters-Brig/Glis-Visp, Brig 1955, 22 S.
858 1938–1988: 50 Jahre Bauunternehmung Imhof Naters, Naters 1988, 44 S.
859 Nach Angaben von *Felix Ruppen,* Präsident des Gewerbevereins.
860 *Jossen,* Mund, S. 116.

### Versorgung und Entsorgung

861 Unterlagen der sieben Wassergenossenschaften und der Wasserversorgung Naters AG.
862 Mitteilungen, 1979, Nr. 3.
863 WV, 1976, Nr. 183. WB: 1976, Nr. 218; 24.3.1983.
864 *Jossen,* Mund, S. 231.
865 WV, 23.12.1983.
866 *Fibicher,* Walliser Geschichte, Bd. 3.1, S. 402–405.
867 WV, 28.3.1979, unter «Naters».
868 *Maurice Zermatten,* Wallis, Genf 1965, S. 135.
869 GA Naters, K 1, Protokoll der Urversammlung vom 18.2.1900. – Zum EWBN bes.: 75 Jahre EWBN, Elektrizitätswerk Brig-Naters AG, Brig 1975, 22 S. – Jahresberichte des EWBN. – Unterlagen: Gemeinde Naters.
870 WB, 5.1.1980, unter «Naters».
871 WV, 13.3.1980, unter «Brig».
872 WV, 31.10.1947, unter «Naters».
873 Mitteilungen, 1991, Nr. 6.
874 Energie-Konzept der Region Brig-Glis, Naters und Umgebung. Kommission für ein Regionales Energiekonzept, Institut Bau+Energie AG, Bern. Brig 1985, 98 S., Gemeindekanzlei Naters oder Kantonsbibl. (PB 6081).
875 WB, 1992, Nr. 119.
876 Protokoll der Urvers. vom 19.6.1921.
877 PfA Naters, E 4.
878 Prospekt «Electra-Massa».
879 *Gian Andri Töndury,* Einweihung des Kraftwerkes Bitsch der Electra-Massa AG, in: Wasser- und Energiewirtschaft, 62 (1970), 11/12, S. 400–407. – Bes. auch: Prospekt «Electra-Massa».
880 *R.O. Stutz/H. Gicot,* Die Staumauer Gebidem des Kraftwerkes Bitsch, in: Schweizerische Talsperrentechnik = Schweizer. Wasserwirtschaftsverband, Verbandsschr. 42, 1970, S. 45–66.
881 Gemprot vom 28.6.1968.
882 Ebd., vom 14.4.1969 und 24.3.1970.
883 Mitteilungen, 1979, Nr. 8.
884 *Christian Fux,* Aletsch AG, Kraftwerk Mörel, Vortrag, gehalten in Zürich 1979, in: Mitteilungen der Versuchsanstalt für Wasserbau, Hydrologie und Glaziologie, 197, 33, S. 39–46.
885 Unterlagen: Bauamt Naters.
886 Angaben von *René Ruppen,* Umweltberater, Naters.

### Tourismus

887 Vgl. bes.: LBB, Festschrift, S. 11–31; *Matthias Schmidhalter,* Seilbahnen AG Blatten-Belalp-Aletsch, Seminararbeit, Freiburg 1994, Ms., 25 S.; Unterlagen von *Ignaz Truffer* (†1998), Direktor der Belalp Bahnen AG.
888 WB, 14.3.1968: «Naterser Lyrik».
889 *Meinrad Michlig,* Naters-Belalp, in: WV, 1941, Nr. 44.
890 Alpen, 10, 1934, S. 262–265.
891 Gemprot vom 3.3.1952 und Protokoll der Urvers. vom 27.4.1952.
892 PfA Naters, D 441 b, S. 25.
893 *Richard Walker,* Skigenossenschaft Blatten, Ms. [1960–1970].
894 Kantonsbibl. Sitten: PA 16.324. – Dasselbe: *Dr. J[ost] Krippendorf,* Naters-Blatten-Belalp, ein kreditwürdiges Projekt, in: WV, 1971, Nr. 90, S. 6/7; WB, 1971, Nr. 105, S. 9.
895 WV, 1978, Nr. 238. – Entwicklung der Seilbahnen AG: viele Auskünfte von *Edmund Salzmann,* langjähriger Verwaltungsratspräsident.
896 Gemprot vom 12.5.1922.
897 PfA Naters, D 356.
898 WB, 17.6.1967: GV des Verkehrs- und Verschönerungsvereins Naters. Darin wird beiläufig erwähnt, dass dieser Verein 1964 gegründet wurde. Protokolle aus den 1960er-Jahren fehlen.
899 WB, 17.6.1967: GV des Verkehrsvereins Naters.
900 *Josef Lauber,* Touristisches Leitbild und Marketingkonzept für Naters-Blatten-Belalp; Leitung: *Prof. Dr. Claude Kaspar,* Hochschule St. Gallen, Naters 1988, Ms., 111 S.
901 *Walker,* wie Anm. 893.
902 Mitteilungen, 1990, Nr. 7, S. 119 und 120. – Vgl. auch: *Edelbert Kummer* [und Vertreter der Verkehrsvereine], Schweizer Wanderbuch 19, Brig-Aletsch-Goms, Bern 1983, 7. Aufl., 160 S.
903 Schweizer Lex., Bd. 3, S. 153 und 154.
904 *Leo Eggel,* Auf dem Weg zu Zeugen des alten Naters, Naters 1991, 16 S. [Kleiner Führer durch Naters].
905 Vgl. Diplomarbeit (Tourismusfachschule Siders) von *Reto Jossen,* Naters: Vision Aletschbahn, 1998.
906 Freundliche Auskunft von *Olga Salzmann-Jossen,* Naters.
907 WV, 1981, Nr. 288, S. 11–13. – WB, 1987, Nr. 246, S. 11.

908 WB, 12.11.1975: Naters-Blatten.
909 LBB, Festschrift, S. 4. – *Imesch*, Beiträge, S. 110. – WV, 1954, Nr. 64.
910 BWG V, 1914, S. 67/68.
911 *Eugen-Merki-Sammlung*, Die Schweizerische Hotelpost und ihre Geschichte, Teil 1, Basel 1987, S. 50. – Andererseits erzählte «Fräulein Klingele» 1973 einem Journalisten, dass ihr Grossvater (Gervas Klingele) 1858 das Hotel von Dr. Bürcher übernommen habe (Brückenbauer 20.7.1973: «100 zu 100»). Leider konnten die Klingele diesbezüglich keine Originalangaben machen.
912 BWG III, 1903, S. 183.
913 *Imesch*, Beiträge, S. 110.
914 StA Sitten, DI, Berichte des Präfekten des Bezirkes Brig: 1857.
915 *A. Hölzle, W[alter] Filiser, Pius Werner*, Der Saalbau zur Linde in Naters, in: WV, 1954, Nr. 1. – WJB, 1955, S. 72.
916 1902 figuriert M. Schurwey bereits als Telefonabonnent für das Hotel des Alpes.
917 Freundliche Auskunft von *Pia Ruppen-Eggel*.
918 Freundliche Auskunft von *Johann Salzmann*, Naters.
919 Wichtigste Quellen: Unterlagen von *Moritz Roten*, Sitten, bes.: «Ferienzentrum Tschuggen» (chronologischer Ablauf), Ms. vom 9.7.1980, 9 S. – Schweiz. Hotelfachschule (Luzern), Fallstudie: Feriendorf «Tschuggen», Blatten-Belalp, Wallis, Diplomklassenarbeit [Leitung: Hans Müller], Luzern 1982, Ms., 54 S. (Kantonsbibl. Sitten, PB 5294). – 10 Jahre Feriendorf Tschuggen [1980–1990], Jubiläumsschrift von *G. Schäffer*, Grosskrotzenburg/Main [1991], 24 S. – Kritische Artikel: WV: 1979, Nrn. 276 und 283; 1981, Nr. 23; 1982, Nr. 221; 1987, Nr. 42. WB: 1979, Nr. 276; 1987, Nr. 13.
920 Zum grossen Teil nach Aufzeichnungen von Bergführer *Louis Salzmann*.
921 *Stefan Eggel*, Dem Himmel ein kleines Stück näher, in: Wallis, 1993, Nr. 1, S. 30–35.
922 *Stefan Jossen*, 25 Jahre Rettungsstation Blatten-Belalp 1967–1992 [Naters 1992], 24 S.

## John Tyndall (1820–1893) und die Belalp

923 *H[ans Peter] M[erz]*, John Tyndall, Naturforscher und Alpinist, in: Walliser Spiegel, 8, 1980, 27, S. 16–20. – *Werner Sackmann*, John Tyndall (1820–1893) und seine Beziehungen zu den Alpen und zur Schweiz, in: Gesnerus, Schweiz. Zeitschr. f. Gesch. der Medizin und der Naturwissenschaften, Sauerländer, Vol. 50 (1993), Part 1/2, S. 66–78.
924 StA Sitten, Magistrats. Ms. von *Walter Perrig*, I/60, 17.6.1887.
925 BA, 1911, Nr. 70.
926 WB, 2.9.1911.

## Verkehrswesen

927 Ausführliche Darlegungen bei: *M[oritz] Roten*, Neue Furkastrasse in Naters, in: WV, 1957, Nr. 100.
928 Darlegung des Ideenwettbewerbs, in: Mitteilungen, 1998, Nr. 6.
929 PfA Naters, D 442, S. 13 und 14.
930 WB, 1934, Nr. 79. – Protokoll der Urvers. vom 3.2.1929.
931 *Ch. Knapp/M. Borel*, Geograf. Lex. der Schweiz, Bd. 3, Neuenburg 1905, S. 517.
932 *Gremaud VIII*, Nr. 3077. – Dasselbe in: PfA Naters, E 1. – Vgl. auch: BWG III, S. 387/388, und BWG VII, S. 177/178.
933 BWG VII, S. 178.
934 *Jossen*, Brigerbad, S. 64.
935 Wie Anm. 931.
936 *Georges de Kalbermatten*, Ponts du Valais, Martinach, 1991, S. 154 und 235. – WB, 1964, Nr. 147.
937 Bundeskanzlei (Hg.), Bundesblatt der Schweiz. Eidgenossenschaft, Bd. 2, Bern 1908, S. 117.
938 WB, 1995, Nr. 295, S. 21.
939 Ausführlich bei: BA, 1911, Nr. 34: Brig-Aletschbahn.
940 WB, 31.3.1971, 3. und 6.11.1972. – WV, 19.7.1973.

## Sagenwelt

941 *Guntern*, Volkserzählungen, S. 913.
942 *Gunterns* Volkserzählungen sind folgende 55 Nummern entnommen (in Klammer Nr. von Guntern): 2 (7), 3 (8), 4 (23), 5 (117), 7 (176), 8 (197; geschichtlich gesehen war es nicht der «alte Salzmann», der zu jener Zeit Präsident war, sondern Anton Eggel), 9 (198), 10 (199), 11 (200), 12 (216), 13 (329), 14 (353), 15 (441), 16 (549), 17 (555), 18 (565), 19 (617), 21 (673), 22 (796), 23 (798), 24 (937), 25 (945), 26 (1054), 27 (1058), 28 (1101), 29 (1102), 30 (1142), 31 (1143), 32 (1146), 33 (1151), 34 (1163), 35 (1183), 38 (1275), 42 (1487), 43 (1634), 45 (1636), 47 (1714), 49 (1738), 51 (1821), 53 (1885), 54 (1896), 55 (1904), 56 (1957), 59 (1999), 61 (2017), 62 (2023), 64 (2041), 65 (2042), 67 (2130), 68 (2133), 69 (2138), 70 (2139), 71 (2146), 72 (2256), 73 (2289). Den *Walliser Sagen I* sind folgende Nrn. entnommen (in Klammer Nr. von WS I): 1 (1), 39 (249). – Den *Walliser Sagen II* sind folgende Nrn. entnommen (in Klammer Nr. von WS II): 40 (169), 52 (185), 60 (37). – *Tscheinen/Ruppen*, WS 1872; diesen sind folgende Nrn. entnommen (in Klammer Nr. von WS 1872): 36 (57), 37 (86), 39 (100; in Mundart), 44 (42), 50 (30), 58 (55), 66 (144). – *Jegerlehner* 1913; diesem sind folgende Nrn. entnommen (in Klammer Nr. von Jegerlehner): 46 (21), 48 (24), 57 (84), 62 (23), 70 (1). Nachfolgend nur noch Quellenangaben von Sagen, die nicht in Sagenbüchern stehen.
943 *Daniel Baud-Bovy* hat den Schluss dieser Sage anders notiert: «Aber statt Gott die Ehre zu geben, hob er [der Drachentöter] stolz sein Schwert empor zum Zeichen, dass er den Sieg allein der Kraft seines Armes verdanke. Da rann ihm ein Tropfen Drachengift in eine kleine Wunde an der Hand, und er sank tot nieder» (in: Wanderungen in den Alpen, Basel und Genf 1899, S. 33f.).
944 *Pan [Arthur Klingele?]*, Dumas im Wallis (Reise durch das Oberwallis. «Drache von Naters»), in: WV, 1946, Nr. 35. – *Arthur Klingele*, Naters, schliesst die Erzählung vom Drachentöter mit folgender Bemerkung: «In Naters soll man ob dieser Freude der Befreiung sieben Tage gefestet haben, und es soll mehr Wein an jenen Tagen getrunken worden sein, als Wasser in einem Tag in den Dorfbrunnen fliesst (Sagen um Naters, in: Walliser Kantonal-Turnfest, Brig 1935, Festführer, S. 59).
945 Vgl. Kap. «Naters und Ornavasso».
946 Erzähler: *Josef Eyer*. – Als Quatembertage gelten seit Papst Gregor VII. (1073–1085) folgende vier: die dritte Woche im September, die dritte Woche im Advent, die erste Woche der Fastenzeit und die Pfingstwoche (Wörterbuch der dt. Volkskunde, S. 657).
947 *A[rthur] Klingele*, Sagen um Naters, Walliser Kantonal-Turnfest, Brig 1935, Festführer, S. 58/59. – Vgl. hierzu: *Johann Siegen*, Die letzten Bären im Wallis, in: WJB, 8, 1939, S. 76–78.
948 Bibinella, Pimpernella, Pimpernell, Bibernelle = Pimpinella saxifraga oder Pimpinella major. Besonders gefragt ist die kleine Bibernelle, da sie heilkräftiger als die grosse sein soll, besonders wenn sie auf trockenen Wiesenrainen gewachsen ist. Die Wurzeln konnte man auch auf einem Giltsteinofen trocknen, zu Mehl zerreiben und in Milch trinken (*Max Oechslin*, Mitteilung betreffend urnerischer Pflanzenheilkunde, in: SAVk 30, 1930, S. 66).
949 Es ist kalt, uns friert. Ausdruck für Kälteempfindung (Schweiz. Idiotikon, Bd. 8, Spalte 112).
950 *Guntern*, Volkserzählungen, S. 465: *Leopold Margelisch*, 81, Naters: Die armen Seelen dürfen nur durchs Glasfenster in die Stube der alten Schmidtja kommen und bitten sie daher, auch in die Türe eine runde Scheibe einzubauen. Beim Verlassen der warmen Stube tanzen und beten sie. «D' alt Schmidtja» gehört zu den meist bekannten Walliser Sagen. *Arnold Büchli* nahm sie in seine Schweizer Sagen auf (Aarau 1971). *René Morax* verewigte sie im Drama: «La Nuit des Quatre-Temps», Lausanne 1902. – *Arthur Klingele* schrieb das Theaterstück «D' alt Schmidtja», Sage aus dem Aletschwald, Ms. o.J. (vgl. Kap. «Theaterleben»).
951 Im 17. und 18. Jh. gab es in Naters die aus Baar/ZG stammende Familie Hotz. Der Platz, der südöstlich an die Mauer des Kaplaneihauses grenzt, ist noch heute als Hotzplatz bekannt.
952 *Guntern*, Volkserzählungen, S. 560, Anm.
953 Mit dem Geistlichen war wohl Joh. Jos. Biderbost gemeint, der von 1773 bis 1795 Pfarrer in Naters war.
954 *Imesch*, Beiträge, S. 113 und 116.
955 *M. L. Rybarczyk*, Legenden und Geschichten über Burgen und Burgruinen im Wallis, in: WV, 20. Mai 1977, S. 4.
956 Ein Geistlicher namens Ruda (oder Rüda, wie in Nr. 42 genannt), der in Naters gewirkt haben könnte, ist nicht bekannt, es sei denn, man meine Pfarrer Joseph Ruden.
957 WS 1, 1907, Nr. 82, S. 109: Aus einer Leiche werden neun, weil die acht Träger abstürzen. Das geschah am Ausgang des 12. oder am Anfang des 13. Jh. – Urkundlich steht fest, dass Visperterminen 1221 von Naters abgetrennt wurde. Aus jener Zeit der langen Kirchwege wird auch erzählt, eine mitleidsvolle Wohltäterin habe dem Pfarrer von Naters eine futterreiche Wiese vermacht, damit er eine

Kuh halten und so den Kindern, die aus weiter Ferne zur Taufe gebracht werden, etwas Milch geben könne, damit sie nicht Gefahr laufen, auf dem langen Weg zu verschmachten (Ruppen, WS 1872, Nr. 47).

### Schwarze Chronik

[958] Für dieses Kapitel siehe bes.: Sterbebücher des PfA Naters: G 6, 7, 26 und viertes Sterbebuch (o.Nr.). – Stammbaumbücher des PfA Naters: G 9–11 und G 25. – Pressenotizen und WJB (ab 1932: Walliser Chronik). – Suizidfälle werden nicht angeführt.
[959] M[oritz] Tscheinen, Erdbeben 1755 im Briger- und Mörjerzehnden, Vierteljahresschrift der Naturf. Ges. Zürich, 5, 1860, S. 325–327. – Pfarrbl. Naters, Aug. 1943, S. 2.
[960] BWG II, 1901, S. 421.
[961] Laut Dielbauminschrift in einer Hütte in Bel (Kat.-Nr. 8494, Dr. Carlo und Simone Valli-Ruppen).
[962] StA Sitten, Dep. d. Innern (DI), Nr. 14.23, 1844: fünf Briefe. – Fridolin Carlen wanderte 1869 nach Chicago aus (vgl. Kap. «Auswanderung»). Nach German Carlen, Reckingen, soll es in Detroit noch heute eine Orgelbaufirma Carlen geben.
[963] StA Sitten, DI, Nr. 16.19, 1861: zwei Briefe.
[964] ‹Gazette du Valais›, 26, 1880, 20, S. 2.
[965] StA Sitten, DIP, Nr. 46, Bericht des Schulinspektors Ferdinand Schmid.
[966] Ebd., Nr. 50.
[967] Steiner, Wahlheimat, S. 76.
[968] WB, 1903, Nr. 96, S. 3.
[969] WB, 1908, Nr. 25, S. 2.
[970] PfA Naters, G 64, Chronik Bammatter, S. 23: 1910.
[971] Alpina, 20, 1912, S. 159.
[972] Die letzten vier Notizen sind der Chronik Bammatter entnommen (PfA Naters, G 64, S. 42–45).
[973] ‹Gazette du Valais›, 1916, 139, S. 2.
[974] WB, 1916, Nr. 100.
[975] PfA Naters, G 64, Chronik Bammatter, S. 62, 63 und 65. – Leider vermerkte der Ortspfarrer im Totenregister nicht, wer an der Spanischen Grippe starb.
[976] Volkskalender für Freiburg und Wallis, 18, 1927, S. 68.
[977] Gemprot vom 5.1.1987 (Nachtrag).
[978] WV, 1939, Nr. 63.
[979] PfA Naters, D 442, Chronik Blatten, S. 66 und 67.
[980] WV, 18.7.1947.
[981] WB, 22.7.1947.
[982] WJB, 30, 1961, S. 79.
[983] WJB, 37, 1962, S. 81.
[984] WV, 30.10.1968.
[985] Autorennen Naters–Blatten, Zeitschr. für Walliser Rechtsprechung, 7, 1973, 2, S. 213–267. – Die Beurteilung der Sachlage ist nicht der Presse, sondern den Gerichtsakten entnommen. – Vgl. auch Presseberichte in: WV, 1969, Nr. 90 ff.; WB, 1969: 16.6.ff.
[986] WV, 27.7.1971.
[987] WB, 19.8.1971.
[988] WV, 19.8.1971.
[989] WV, 11.6.1974.
[990] WV, 1./2.8.1975.
[991] WB, 14.7.1978.
[992] WV, 23.1.1979.
[993] WV, 6.6.1980.
[994] WB, 15.4.1983.
[995] Gemprot von 1986: 12. und 26.5.; 16., 18. und 24.6.; 14.7.; 11. und 18.8.; 22.9.
[996] Mitteilungen, 1986, Nr. 9. – WB, 24.9.1986.
[997] Ebd., 1989, Nr. 4.
[998] WB, 1992, Nr. 143.
[999] Mitteilungen, 1999, Nr. 2.

# Die Pfarrei Sankt Mauritius

### Allgemeine Geschichte der Pfarrei

[1] Imesch, Beiträge, S. 29–32.
[2] BiA Sitten, 164, Nr. 1.
[3] Arnold, Gondo-Zwischbergen, S. 192–195.
[4] Georges Descoeudres/Jachen Sarott, Eine frühchristliche Taufkirche im Oberwallis: die Ausgrabungen in der Pfarr- und Wallfahrtskirche Unsere Liebe Frau auf dem Glisacker, in: Vallesia, 41, 1986, S. 349–448. Vgl. auch: Paul Heldner, Der Name des Ortes Glis und der erste Kirchenbau, in: BWG XIX, 1987, S. 273–285. Ders.: Die Wallfahrtskirche von Glis, Glis 1980.
[5] Wie Anm. 4, Descoeudres, S. 431 und 432.
[6] Es ist sehr zu hoffen, dass man bei der nächsten Restaurierung der Kirche von Naters ebenfalls umfassende archäologische Ausgrabungen sowohl im Chor wie im Kirchenschiff vornehmen wird, die Licht in das Dunkel bringen könnten, wann in Naters die erste Kirche errichtet wurde und ob in Naters wegen des gefährlichen Rottens vielleicht parallel zu Glis auch ein Seelsorgezentrum (mit Baptisterium) für das rechte Rhoneufer bestand.
[7] BWG III, 1904, S. 261. – Vgl. Kap. «Sagenwelt» die Sage Nr. 73, die auf die Gründe der Trennung hinweist.
[8] Studer, Visperterminen, S. 26.
[9] AD Sitten, Min., B 810, S. 165/166.
[10] PfA Visp, D 62.
[11] Studer, Visperterminen, S. 54.
[12] Ebd., S. 66.
[13] Gremaud II, Nr. 728.
[14] Gremaud V, Nr. 2066.
[15] PfA Naters, D 160.
[16] Imesch, Beiträge, S. 30f.
[17] Carlen, Rechtsgeschichte Glis, S. 406.
[18] Vgl. Gremaud: IV, Nr. 1656 (für das Jahr 1333); V, Nr. 2058 (1360); VI, Nr. 2547 (1394); VII, Nr. 2707 (1420).
[19] Imesch, Beiträge, S. 31.
[20] Carlen, Rechtsgeschichte Glis, S. 405.
[21] Ebd., S. 412.
[22] Ebd., S. 407. – Vgl. Gremaud VI, Nrn. 2539 (1383) und 2377 (1385).
[23] Imesch, Beiträge, S. 31, der dazu das Dokument D 159 aus dem PfA Naters anführt.
[24] Carlen, Rechtsgeschichte Glis, S. 410f.
[25] Gremaud IV, Nr. 1623.
[26] Carlen, Rechtsgeschichte Glis, S. 413.
[27] Gremaud IV, Nr. 1656.
[28] PfA Naters, D 11.
[29] Ebd., D 79, o.D., ca. 1640.
[30] Vgl. Carlen, Rechtsgeschichte Glis, S. 424ff. und Arnold, Stockalper, Bd. 2, S. 35–37.
[31] Benjamin Escher, Geschichtliches zur Wallfahrtskirche Glis-Brig, in: WJB, 12, 1943, S. 15–21, bes. S. 19/20.
[32] StoA Brig, L 16, fol. 173.
[33] StoA Brig, Pg 6: Original; L 16, fol. 171/172: Abschrift. – PfA Glis, Kg 8 (alte Nr.: 3).
[34] StoA Brig, Nr. 2162. – Ebd., L 16, fol. 173/174: Bestätigungsschreiben vom 10.12.1642 zur Ernennung des ersten Pfarrers.
[35] Ebd., Nr. 2160.
[36] Ebd., Nr. 2188.
[37] Arnold, Stockalper, Bd. 2, S. 36/37.
[38] StoA Brig, Nr. 2473.
[39] Wie Anm. 31., S. 19/20.
[40] PfA Naters, G 36, 1864, Register der Kapitalien der Pfarrkirche, der Kapellen usw. – Ebd., G 18, S. 6.
[41] Ebd., D 89.
[42] Ebd., D 131, Visitationsprotokoll vom 3. bis 5. Juni 1898.
[43] PfA Glis, Nr. 5.
[44] Leopold Borter setzt das Datum der Pfarreigründung von Ried-Brig mit dem 1. Januar 1901 an (Aus der Geschichte des Brigerbergs und der Burgerschaft Ried-Brig, Visp 1963, S. 30), während Imesch in BWG III, S. 255, das Jahr 1900 nennt.
[45] Imesch, Beiträge, S. 29/30.
[46] BWG XVII (1981), S. 435–446, bes. S. 436.
[47] Jossen, Mund, S. 308/309.
[48] Ebd., S. 304–309: ausführliche Darlegungen über das Rektorat und die Pfarrei Mund.
[49] Schmid, Der Urnavasturm, in: BWG II, 1898/99, S. 238/239.

50 [Leopold Borter] Kirchweihe Mund, 1964, S. 11–14.
51 PfA Mund, D 2.
52 Ebd., D 3.
53 Irrtümlicherweise zitiert *Imesch* in BWG III, S. 255, Anm. 6, für die Pfarreigründung D 2 des PfA Mund; dieses Dokument bezieht sich aber auf die Rektoratsgründung von 1348. Das Gründungsdokument der Pfarrei fehlt.
54 PfA Mund, R 27; R 20, S. 343.
55 PfA Naters, G 1, 22.4.1743.
56 PfA Mund, R 28, S. 3 b.
57 Ebd., Nr. 7.
58 PfA Naters, D 312.
59 StA Sitten, Museum Nürnberg, C 11, Nr. 44. Dasselbe: *Gremaud VIII*, Nr. 3053.
60 PfA Naters, D 17, zwischen 1459 und 1465.
61 PfA Mund, F 5.
62 Ebd., Nr. 6.
63 *Imesch*, Beiträge, S. 79.
64 PfA Naters, D 116.
65 Ebd.
66 PfA Mund, Nr. 8, Visitationsakt von 1821.
67 Ebd., Nr. 7.
68 Ebd., R 30, S. 111.
69 Ebd., R 23, S. 68/69.
70 BiA Sitten, 36, Nr. 8.
71 Ebd., Nr. 12.
72 Ebd., Nr. 1, o.D., ca. 1853.
73 PfA Naters, D 197; Abschriften: BiA Sitten, 36, Nr. 17; 37, Nr. 32.
74 BiA Sitten, 36, Nr. 24.
75 Ebd., Nr. 27.

## Pfarrkirche Sankt Mauritius

76 Die Ausführungen dieses Kapitels stützen sich, vor allem bei den kunsthistorischen Beschreibungen, auf das Ms. von Dr. Walter Ruppen, das für die Publikation «Die Kunstdenkmäler des Kantons Wallis, Bezirk Brig» vorgesehen ist. – Literatur: *Dionys Imesch*, Inventar der Pfarrkirche von Naters vom Jahre 1668 und 1687, in: BWG III, 1903, S. 187–192. Ders.: Beiträge, S. 32–40. Ders.: Die Kirche von Naters, in: WJB 10, 1941, S. 25–32. – Pfarrkirche Naters 1980, Beiträge von *Josef Pfaffen, Walter Ruppen* und *Hilmar Gertschen*.
77 1320 wird ein in Naters wohnhafter «Jacobus pictor de mont» erwähnt (PfA Naters, D 133).
78 Collection *Gremaud*, Nr. 17, Documents inédits relatifs à l'histoire du Valais 1458–1830, F. 221 (freundliche Mitteilung von *Dr. G. Cassina*, Sitten).
79 PfA Naters, G 45, Chronik: 1905–1957, über Kirchen- und Kapellenrenovationen u.a.m. (G 45 ist seit 1968 verschwunden.)
80 Planzeichnungen im Archiv der kant. Denkmalpflege, Sitten.
81 [= Um die durch Rudolf von Raron zu erbauende Kapelle.] *Gremaud VI*, S. 300.
82 Ihm zugeschrieben, weil er im selben Jahr das Beinhaus errichtete.
83 Die mittelalterliche Kirche besass viel niedrigere Flanken, worauf auch das erst beim barocken Kirchenneubau vermauerte Fenster im dritten Geschoss der Westfront des Turms hingewiesen hatte.
84 BiA Sitten, 37, Nr. 141.
85 PfA Naters, G 40, S. 1 und 2.
86 Unkostenberechnung für diesen Posten und die folgenden s. bei *Imesch*, Beiträge, S. 37 und 38.
87 PfA Naters, G 40, S. 3.
88 Ebd., S. 5.
89 Ebd., S. 7. Die Einzelverträge für Schiff und Chor könnten auch ein Hinweis dafür sein, dass sich Naters zuerst mit dem Gedanken trug, das gotische (?) Chor beizubehalten. Am 10. Sept. 1664 stellte der Kirchenvogt *Johann Gemmet* von Naters dem Meister «Balthasar Botmer für den aufgerichteten korbogen» einen Schuldschein von 200 Silberkronen aus (StoA Brig, Schachtel 45, Nr. 4995).
90 Ebd., S. 8 und 9.
91 GA Naters, D 15.
92 PfA Naters, G 40, S. 13–15.
93 Ebd., D 88.
94 StA Sitten, AV L 58, S. 226.
95 *Imesch*, Pfarrbl. Naters, 9, 1934, Nr. 8, S. 2.
96 GA Naters, D 16 und 18.
97 Mit Rücksicht auf die neue, grössere Uhr von 1914 der Firma Mäder von Andelfingen wurde das Zifferblatt aber auf die Ausmasse derjenigen von 1834 ausgeweitet. Die Mäder-Uhr von 1914 kostete 1550 Franken. Die ältere Turmuhr von 1535 schenkte die Pfarrei 1914 dem Museum von Valeria (PfA Naters, G 29, S. 78 und 81).
98 *Imesch*, Beiträge, S. 39.
99 Abb. auf einer Fotografie des Kircheninneren von 1922.
100 PfA Naters, D 133. 1900 durch den Gipser *Jean Novarino* ausgeführt (PfA Naters, D 226).
101 Ebd., G 45, S. 30–51 (die Renovationen nach 1900 betreffend).
102 Drei Gutachten zur Emporenerweiterung (1924 und 1925): PfA Naters, D 343: a) von *Dr. P. Albert Kuhn*, Einsiedeln; b) von *A. de Kalbermatten*, Architekt, Sitten; c) von *Dr. H. Lehmann*, Direktor des Schweiz. Landesmuseums, Zürich. – PfA Naters, D 344 a–c: Massive Angriffe in der Presse in Bezug auf die Emporenerweiterung – und Erwiderung, in: WV, 1925: 30. Mai («Dass aber durch den Umbau der Empore der schöne Stil und die wunderbaren Verhältnisse des Alten heute nun nicht mehr zur Geltung kommen, wird wohl schon jedem Urständigen aufgefallen sein.»), 3. und 10. Juni, unter «Naters». – PfA Naters, G 45, S. 112 und 113.
103 Positives Gutachten zum Projekt der Emporenvergrösserung von *Alphonse de Kalbermatten*, Sitten (BiA Sitten, 37/101).
104 PfA Naters, G 45, S. 106/107 und D 340. Einfache Tür von 1755 auf Fotografie (PfA Naters, D 350, Nr. 1).
105 Gestiftet von *Albert* und *Baptist Gertschen* (BA 27, 1925, Nr. 31).
106 32 alte Kirchenbänke wurden an die Verwaltung der Kapellen von Goppenstein und Ferden verkauft (PfA Naters, D 370). Damals entstanden auch die Apostelleuchter mit den Initialen des Schmieds *A[nthamatten] G[abriel]*, vergoldet von *Julius Salzgeber* (PfA Naters, D 370).
107 PfA Naters, G 45, S. 195–197 und D 371.
108 Gesamtkosten der Kirchenrenovation (inkl. Umbau der Sakristei) von 1941–1946: 69 210 Franken (Pfarrbl. Naters, Juli 1946).
109 PfA Naters, G 45, S. 212.
110 WB, 1964, Nrn. 6 und 10. – WV, 1964, Nr. 7. – BiA Sitten, 37, Nr. 137.
111 Pfarrkirche Naters 1980, S. 5 und 6. – Sprach man einst vom schönsten Turm des Oberwallis, so waren nach der Restaurierung beim Volk und in der Presse Ausdrücke wie «Märchenturm» und «Knusperhäuschen» (WB, 1978, Nr. 289) sowie «Zuckerbäckerturm» (WV, 1980, Nr. 96) zu hören und zu lesen.
112 BiA Sitten, 37, Nr. 208.
113 PfA Naters, D 453: Unterlagen betr. Restaurierung der Kirche: 1977–1980.
114 Sonderbarerweise stehen hier nicht die Initialen von Pfarrer *Anton Steiner*, der als Stifter dieses Portals bezeichnet wird (PfA Naters, G 40, S. 3); vielleicht kam er nur für die Tür auf.
115 Restaurierung dieser Fassung 1980 von Walter Furrer, Brig.
116 PfA Naters, Kirchenratsprot. vom 22.11.1980.
117 Die Jahreszahl an der Nordfassade war 1979/80 noch gut erhalten, diejenige an der Ostfront nur mehr in Spuren.
118 Konsekrationsurkunde vom 21.1.1525, wohl aus dem Sepulcrum des Altars stammend (PfA Naters, F 50). Eingeschlossene Reliquien der Apostel, des hl. Nikolaus und Holz vom Kreuze Christi. – Vgl. auch GA Naters, D 14, 1685–1859: Erkanntnisse zugunsten des Hochaltars von Naters, Fol. 43–194.
119 Das allerdings nicht vollendete Entstehungsdatum «166[7]» kam auch in der Vorderkappe der Kuppel, verteilt auf zwei Kartuschen, zu Tage.
120 PfA Naters, G 45, S. 29–32, und G 29, S. 41–142. Fotografien vom Zustand vor und nach der Renovation von 1910 im PfA Naters. – Beschreibung der Restauration des Hochaltars, in: WB 1910, Nr. 72: Naters (Korresp.; vermutlich *Dionys Imesch* als Autor).
121 PfA Naters, G 45, S. 184. Umbauskizze. Einer der Engel erhielt ein Wappenschild wohl von Pfr. E. Tscherrig.
122 Anstelle einer schwarzen Politur. Der Tabernakel war im Solothurnischen antiquarisch erworben worden (freundliche Auskunft von *Beat Briw*, Brig).
123 Wohl 1910 von *Rudolf Messmer*, Basel. Zugleich wurde ein Kopf ergänzt.
124 Nach Auskunft von *Walter Ruppen* war im Sesiatal damals der Typ des Tempioaltars mit dem Abendmahl bekannt.
125 PfA Naters, D 5 (*Gremaud IV*, S. 63/64). Schenkung vom 15. Aug. 1339 an den Altar (Urkunden zur Geschichte des Oberwallis. Quellen zur Schweizer Geschichte, 10. Bd., Basel 1891, S. 497). Wann dieser Altar aufgegeben wurde, ist nicht bekannt.

[126] BWG III, 1904, S. 208.
[127] Regest. (PfA Naters, D 134). Je auf eigenem Dokument.
[128] PfA Naters, D 102–104.
[129] PfA Naters, D 335–337 und G 45, S. 69–71. – Siehe auch ebd., D 90: 1648–1678: Erkanntnisbuch an den Altar der hl. Barbara.
[130] Ebd., D 338–440.
[131] Ebd., D 134 und 142 (Fragment). Die Erlaubnis war ihm vom Bischof schon 1374 erteilt worden (PfA Naters Fbis 28). Bestätigung der Stiftung 1380 durch *Bischof Eduard von Savoyen* (PfA Naters, Fbis 32), 1383 durch den Ortspfarrer Johannes de Aranthone (PfA Naters, Fbis 34). 1385 beschenkte der Stifter den Altar mit seinem neu erbauten Haus aus Stein in Naters (StoA Brig, Schachtel 1, Nr. 12).
[132] *Dionys Imesch,* Die Kirche von Naters, in: WJB 1941, S. 26.
[133] 1676 ist er vor dem Altar beigesetzt worden. *Bischof Franz Melchior Josef Zen-Ruffinen* (1780–1790) untersagte die Benützung der Familiengruft der Supersaxo vor dem Altar. Anm.: BiA Sitten, 37, Nr. 2.
[134] Als in den Jahren 1944–1946 die Westwand des Turms für den Einbau einer Toilette durchbrochen wurde, beschädigte man die sich dort befindliche Malerei.
[135] PfA Naters, D 339: 1920–1923: Korrespondenzen und Gutachten betr. Restauration der Seitenaltäre, der Kanzel, des Taufsteins usw. – Am 16. Nov. 1920 vermachte *Leopoldine Salzmann* geb. Ruppen testamentarisch 10 000 Franken für die Renovation der Seitenaltäre (PfA Naters, T. 9).
[136] Regest. PfA Naters, D 134. Vgl. auch ebd., D 147 (1470). Um 1890 wurde am Festtag der hl. Agatha das Lobamt an diesem Altar gefeiert (PfA Naters, G 18, S. 130).
[137] PfA Naters, D 104.
[138] *Gremaud III,* S. 280. Vgl. *Robert Hoppeler,* Die Familie Roder von Naters, in: BWG III, 1905, S. 295.
[139] *Gremaud VI,* S. 298–300.
[140] Der zugleich eingesetzte Altarist *Johannes Jacobi* schenkte 1406 dem Altar 21 Maur. Pfund (Regest. PfA Naters, D 134). *Ferdinand Schmid* spricht von zehn Pfund und einem Breviar, in: BWG II, 1901, S. 398.
[141] Regest. PfA Naters, D 134.
[142] Regest. PfA Naters, D 134. Abschrift des Stiftungsaktes (PfA Naters, D 313). Im Visitationsakt von 1736 werden *Johann Jossen* und *Peter Kertzweil* als Stifter genannt (PfA Naters, D 126).
[143] *von Roten,* Landeshauptmänner, in: BWG X, 1948, S. 200.
[144] WJB, 10, 1941, S. 31.
[145] WWb 1946, T. 8 und 9.
[146] Vgl. auch: *Dionys Imesch,* Die Chorstühle in der Kathedrale zu Sitten und in den Kirchen zu Naters und Ernen, in: BWG V, 1915; darin: Naters, S. 137/138.
[147] Um 1600 waren verschiedene Steinmetzen namens *Studer (Stauder, Studiger),* wohl aus dem Val Sesia kommend, im Wallis tätig.
[148] Identifiziert von *Paul Heldner,* Glis (WWb 1976, S. 116). Im WWb 1946, S. 105 und T. 7, irrtümlicherweise dem Grosskastlan Peter Moritz Gasser zugewiesen. Peter Gemmet, Meier von Ganter (†1670).
[149] *Walter Ruppen,* Von Untergommer Bildhauerwerkstätten des 17. Jahrhunderts, in: Vallesia XXXIII, 1978, S. 403.
[150] PfA Naters, D 340.
[151] *Imesch,* Beiträge, S. 39, und PfA Naters, D 198.
[152] Gabe von Domherr *Alois Amherd* (PfA Naters, G 40, S. 107).
[153] PfA Naters, G 31.
[154] 1954 renoviert von *E. Eltschinger,* Luzern (PfA Naters, D 409). Alle übrigen fünf im Inventar von 1668 aufgeführten «alte Kelch» wurden bis 1687 in neue umgearbeitet. Inventar der Pfarrkirche von Naters aus den Jahren 1668 und 1687 (BWG III, 1903, S. 188, 189 und 191).
[155] Oberstleutnant *Ruppen* kaufte den Kelch nach eigener Aussage in Rom in einem Antiquitätengeschäft der Via Babuino für 1500 Franken.
[156] Angeschafft von Pfr. *Valentin Mutter (Imesch,* Pfarrbl. Naters, 10, 1935, Nr. 7, S. 2).
[157] Angeschafft von Pfr. *Peter Josef Ruppen* (ebd.).
[158] 1951–1953 wurden zahlreiche Paramente renoviert (PfA Naters, G 30).
[159] 1920 beurteilte die *Firma Kurer* & Cie, Wil/SG, «die Broderiestäbe als seinerzeit von unkundigen Händen renoviert und dabei total verunwertet». Schon damals waren nur mehr die Stäbe erhalten (PfA Naters, D 239 und 240). Als Vorbild diente *Frl. Jost* vor allem ein gotisches Kaselfragment in einem Berner Museum, bei dem am Stab noch Überreste der Kasel sichtbar waren. Nach Aussage von H.H. Schnyder musste sogar vom Stab fast ein Drittel erneuert werden (BiA Sitten, 37, Nr. 118). Frl. Jost schuf auch das Zubehör.
[160] BiA Sitten, 37, Nrn. 117 und 118. – PfA Naters, D 379 a–r, 1942: Korrespondenzen.
[161] Um 1862 wurden ausser dem Priestergrab (sepulcrum parochiale) mitten im Chor keine Grabmäler im Innern der Kirche mehr benutzt (BiA Sitten, 37, Nr. 30).
[162] Erworben 1903. *Ilse Baier-Futterer,* Die Bildwerke der Romanik und Gotik, Zürich 1936, S. 5.
[163] *Brigitte Schmedding,* Romanische Madonnen der Schweiz, Freiburg i.Ü. 1974, S. 33–35, 113, 114, 118 und 126.
[164] *Baier-Futterer,* wie Anm. 162, S. 152.
[165] H.-J. Füglister, Grimisuat. «Koren Inzug der bruderschaft des hl. Sebastian im Jahr 1685». Loses Blatt im GA Naters, D 16.
[166] «Organa integre et noviter erecta» [= Orgel, vollständig und neu errichtet] (PfA Naters, G 40, S. 216).
[167] *Imesch,* Beiträge, S. 39.
[168] PfA Naters, G 40, S. 24, 24a und 25: Orgelvertrag vom 17. Mai 1761. Ders. in: GA Naters, D 29, S. 52–54. Disposition genannt bei *Hilmar Gertschen,* in: Pfarrkirche Naters 1980, o.O. und J., S. 11.
[169] GA Naters, D 29, S. 82 u. 83: «Attestation der Orgelmeistren vom 13. Mai 1764». – Nach einer mündlichen Überlieferung sollen *Walthard* und *Bodmer* das Gehäuse verfertigt haben (*L. Kathriner,* Alte Orgeln und Orgelbauer im Wallis, in: Schweiz. Jahrb. f. Musikwiss., Bd. 3, Aarau 1928, S. 114).
[170] Am Mittelturm wurde eine später angebrachte Unterteilung entfernt, Randranken wurden ergänzt.
[171] GA Naters, D 4, und *Imesch,* Beiträge, S. 39.
[172] BiA Sitten, 37/30.
[173] PfA Naters, G 22, S. 97.
[174] Ebd., G 33: 1903/1904: Korrespondenzen. – Ebd., G 29, S. 4–6, 17, 19–22: 1904/1905.
[175] Ebd., G 29, S. 8–16.
[176] Ebd., S. 5/6.
[177] BiA Sitten, 37/44. – Gemprot vom 23.10.1903.
[178] PfA Naters, G 33.
[179] [Eggs, Julius] Naters (Einsegnung der neuen Orgel, 22.10.1905), in: Der Chorwächter, 31, 1906, S. 30/31.
[180] *Rudolf Bruhin,* Die Orgeln im Oberwallis, in: Vallesia XV, 1960, S. 208. – Dasselbe in: PfA Naters, G 33, 19. Okt. 1905: Expertenbericht.
[181] Ebd., D 333 und 334. – BiA Sitten, 37, Nr. 142.
[182] PfA Naters, D 417 und 418.
[183] Vgl. auch: Die Orgel der Pfarrkirche St. Mauritius, Naters ([Texte von:] Leo Eggel, Hilar Kummer, Georg Zurkinden ...), Naters 1974, 19 S. – Orgelvertrag mit H. J. Füglister: 5.8.1974 (PfA Naters, o.Nr.; darin: 26 Register, 1979 erhöht auf 29).
[184] Pfarrkirche Naters 1980, S. 10.
[185] *Hilmar Gertschen,* Die Orgel, in: Pfarrkirche Naters 1980, S. 11. Dasselbe bei: *Rudolf Bruhin,* Das Oberwallis als Orgellandschaft, in: Vallesia XXXVI, 1981, S. 114 und 115.
[186] Die Gewichtsangaben der Glocken stammen von der Glockengiesserei *H. Rüetschi AG,* Aarau.
[187] *Imesch,* Pfarrbl. Naters, 8, 1933, Nr. 8, S. 2.
[188] WJB, 10, 1941, S. 26.
[189] «JHS» ist das Christusmonogramm, nach den ersten drei Buchstaben des griechischen Namens Jesu. Andere Deutung: Jesus Hominum Salvator [= Jesus, Retter der Menschen]; volkstümliche Deutung: Jesus, Heiland, Seligmacher. «IHS» findet sich oft bei Hausinschriften.
[190] 1563 war *Franz Germund* (Germont) aus Bormio (Veltlin) mit seinem Bruder Peter in Martinach wohnhaft (AGVO, Joller J 4). – Gemäss Imesch stammt diese Glocke aus der Glockengiesserei Franz S(G?)ermund, Bern (*Ludwig Imesch,* Tönendes Erz, in: Schriften des Stockalper-Archivs in Brig, Heft 13, S. 8).
[191] Vgl. Kap. «Sagenwelt», Nr. 17.
[192] GA Naters, D 1.
[193] Bulenvilus = Bonvillers, wohl aus Huillécourt bei Romain sur Meux? Vermutung von *E. Wernicke.* Lothringische Glockengiesser. (Deutsches Jahrb. der Ges. f. lothringische Geschichte und Altertumskunde 3, 1891, S. 408.)
[194] Vermutung von *Imesch,* Beiträge, S. 33.
[195] Ebd., S. 34.
[196] WJB, 38, 1969, S. 37.
[197] 100 Jahre Gemischter Chor Naters, 1881–1981, S. 60, und auf Kassette: Natischer «Spiisgyger» STF 9104, S. 2, Nr. 6.

[198] *Imesch,* Beiträge, S. 29.
[199] BiA Sitten, 37/2. – Dass der alte Friedhof um die Kirche angelegt war, bezeugt *Dr. Ferdinand Mengis* am 2. Mai 1838 (BiA Sitten, 37/50. Vgl. Kap. «Kapläne», Nr. 57).
[200] *Imesch,* Beiträge, S. 39.
[201] BiA Sitten, 37, Nr. 45.
[202] PfA Naters, Schachtel 21, o.Nr.
[203] Ebd., G 29, S. 75. Ebd., G 26: 17.8.1915: erste Beerdigung auf dem neuen Teil des Friedhofs.
[204] Protokolle der Urvers. vom 1.4.1928 und vom 2.2.1929.
[205] Gemprot vom 4.4.1929.
[206] BiA Sitten, 37, Nr. 108: Attest.
[207] PfA Naters, D 186, 199–206, 212–219, 262–271.

## Beinhaus

[208] Hier gilt betreffs des Ms. von *Dr. Walter Ruppen* die gleiche Bemerkung wie am Anfang von Anm. 76.
[209] PfA Naters, D 27.
[210] *Walter Ruppen,* Raron – Burg und Kirche, Basel 1972, S. 80.
[211] Vgl. Kap. «Landeshauptmänner», Nr. 2.
[212] Die Kapelle in Blatten erhielt 1714 eine ähnliche Decke. Auch dürfte man das heutige Altärchen bald nach dem Umbau der Oberkapelle angeschafft haben. Die dendrochronologische Untersuchung eines Deckenbretts ergab seine Entstehung nicht vor 1656.
[213] *Imesch,* Beiträge, S. 51 und 52.
[214] PfA Naters, D 126. Vgl. *Imesch,* Pfarrbl. Naters 8, 1933, Nr. 10, S. 3.
[215] *Ernst Zenklusen,* 450 Jahre Beinhaus von Naters, in: WJB 1964, S. 22–24. – V. [= Peter-Marie Concina], Die Beinhauskapelle und Gruft mit dem Bild der «St. Kimmernus», in: WV 1931, Nr. 45. – Renovationskosten 1928–1930: total 11 287 Franken (BiA Sitten, 37, Nr. 144).
[216] Von Anthamatten stammen auch die vier mit Rollwerk verzierten Lampenarme in der Oberkapelle.
[217] PfA Naters, D 364a. Schnyder wandte sich gegen eine Veränderung der Traufseite mit der Treppenanlage. Im Westen stand nah beim Beinhaus ein Nutzbau (Stall und Stadel).
[218] Freundlicher Hinweis von *Paul Sprung,* Naters.
[219] PfA Naters, o.Nr., *Werner Stöckli,* Naters/VS, Beinhaus. Archäologische Untersuchungen 1985/86. Ms. 1986 (darin bes. der Bericht des Anthropologen Dr. Andreas Cueni, Aesch).
[220] Wohl weil im Süden vor dem Bau des Beinhauses schon ein Haus stand.
[221] PfA Naters, D 406.
[222] WB, 6.1.1972.
[223] *Gustav Schnürer,* Die Kümmernus- und Volto-Santo-Bilder in der Schweiz, in: Freiburger Geschichtsblätter X, 1903, S. 110–181, sowie derselbe und *Joseph Marie Ritz,* Sankt Kümmernus und Volto Santo, Düsseldorf 1933. – *Concina,* wie Anm. 215, in: WV 1931, Nrn. 27, 42, 45–52, 54–58, 60, 62, 63, 65. – Zenklusen, wie Anm. 215, S. 19–25.
[224] Vgl. Kap. «Sagenwelt», Nr. 71.
[225] *Zenklusen,* wie Anm. 215, S. 19.
[226] Ebd., S. 18. – PfA Naters, G 45.
[227] *Dr. Leo Meyer* in einem Brief vom 3.10.1929: «Der alte Pfr. A[mherdt] hatte bei der Zerstörung – er wollte alles verkaufen – seinen guten Grund.» (PfA Naters, D 364c/1.)
[228] *Concina,* wie Anm. 215, in: WV 1931, Nrn. 48, 50 und 57.
[229] Deutsch von *Werner* und *Hans Reinhart,* Genf (1918), 26 S. Musik von *Gustave Doret.* Die Aufführung fand am 29.6.1918 (französisch) und am 9.7.1918 (deutsch) im Marionettentheater der Schweiz. Werbeausstellung in Zürich statt. – Kantonsbibl. Sitten, PB 1502.
[230] Da die Verehrung des Volto Santo von Lucca im Wallis bis tief ins 17. Jahrhundert hinein lebendig blieb, kann die in den Niederlanden infolge eines Missverständnisses dieses Kultes entstandene spätmittelalterliche Verehrung der St. Kümmernus im Wallis kaum vor dem 18. Jahrhundert Einzug gehalten haben.
[231] Zeichnung von *Emil Wick,* 1864–1867: vollständiger romanischer Kruzifixus ohne Bekleidung des St. Kümmernus und daneben, klein, derselbe Kruzifixus im Kleid der St. Kümmernus, bekrönt mit Blumen. Massangaben von *Wick:* H. 178,5 cm, Spannweite 165 cm (in: *Furrer II,* S. 64/65, darin später eingefügte Zeichnungen von Emil Wick, im Exemplar der Universitätsbibl. Basel). Aufgrund der Zeichnung von Wick lässt sich das Kruzifix kunstgeschichtlich einordnen.

[232] Ebd., S. 64/65. Aus diesem Grund wurde der Kopf vom Schweiz. Landesmuseum nicht erworben (PfA Naters, D 364a/2).
[233] *Dr. F. R.,* Eine neue Arbeit des Bildhauers Schmithausen. ‹Kölnische Volkszeitung› 1930, Nr. 472 (16. Sept.). – Vgl. auch *Concina,* wie Anm. 215, in: WV 1931, Nr. 47 (12.6.) und PfA Naters, D 366: diverse Korrespondenzen.
[234] *Walter Ruppen,* Der Fund im Beinhaus von Naters (1985), in: Zeitschr. f. Schweiz. Archäologie und Kunstgeschichte, Zürich 1986, Bd. 43, S. 181–186. *Ders.:* Missfallene Heilige wiederentdeckt, in: WV 1985, 12. Dezember, S. 9.
[235] *Walter Ruppen* liest hier die Jahreszahl 1564, weil nach seiner Meinung die verwendete gotische Vier im 17. Jahrhundert kaum mehr üblich war. Dagegen ist laut *Paul Heldner,* Glis, dessen Meinung sich der Verfasser gemäss Erfahrung mit Hausinschriften anschliesst, eindeutig die Jahreszahl 1764 zu lesen.
[236] Machard könnte ein durchziehender Arzt gewesen sein, der sich in Naters als Todkranker durch die Beichte die Bestattung in geweihter Erde erwirkte (freundlicher Hinweis von *Dr. Anton Salzmann,* Naters).
[237] Gewiss verkehrter Buchstabe W. So bedeuten die Initialen: Bonifaz Walpen, Glockengiesser.
[238] Erworben 1903. Zum Altar vgl. *I. Maier-Futterer,* Die Bildwerke der Romanik und Gotik, Katalog des Schweiz. Landesmuseums in Zürich, Zürich 1936, S. 148 und 149.
[239] «Altare (…) per eundum [Jenninum Rymen] fundatum et instamatum per importionem reliquiarium» (PfA Naters, D 32).
[240] Ebd. – Philipp II. de Platea wurde vom Domkapitel zum Bischof von Sitten gewählt und er handelte als solcher 1522–1529 (HBLS VI, S. 388). Weil er ein treuer Anhänger von Jörg Supersaxo war, wurde er von Rom nie bestätigt und auch nicht zum Bischof geweiht. Peter Farfeni war in dieser Zeit Weihbischof von Tarentaise und Sitten sowie (in partibus) Bischof von Beirut. Darum wohl weihte er – und nicht Philipp de Platea – das Beinhaus von Naters ein (Helvetia Sacra I/3, *L. Binz, J. Emery, C. Santschi,* Le diocèse de Genève – L'archidiocèse de Vienne en Dauphine, Berne 1980, S. 128 und 129).
[241] *E. Hessig,* Die Kunst des Meisters E.S. und die Plastik der Spätgotik, Berlin 1935, Abb. S. 57 a und b.
[242] Gemprot vom 23.10.1901.
[243] BiA Sitten, 37/44.
[244] PfA Naters, D 209.

## Kapellen

[245] In Bezug auf die kunsthistorischen Angaben über die Kapellen stützt sich der Verfasser im Allgemeinen auf: *Walter Ruppen,* Naters und «Natischer Bärg», Schweiz. Kunstführer, Bern 1984. – Weitere wichtige Quelle: *Hans Eggel,* Die Kapellen der Pfarrei Naters, Ms. von 21 S., 1997.
[246] PfA Naters, D 127. – BiA Sitten, 37/217.
[247] PfA Naters, D 130.
[248] BiA Sitten, 37, Nr. 94.
[249] PfA Naters, G 30 und D 445.
[250] Ebd., D 426, Verkündheft Nr. 15, 1. Oktobersonntag 1935.
[251] Gemäss Notizen aus dem Nachlass von *Dionys Imesch.* – BWG XXIII, 1991, S. 625.
[252] PfA Naters, Visitationsprotokolle von 1736, 1809, 1863 und 1898.
[253] BiA Sitten, 37, Nr. 142.
[254] PfA Naters: diverse Korrespondenzen.
[255] BiA Sitten, 37, Nr. 140.
[256] Kunstführer durch die Schweiz, hrsg. v. d. Ges. f. Schweiz. Kunstgeschichte, Bd. 2, Zürich/Wabern 1976, S. 346.
[257] PfA Naters, G 22, S. 93.
[258] Ebd., D 290.
[259] Ebd., D 29, S. 186.
[260] BiA Sitten, 37, Nr. 160.
[261] PfA Naters, D 443.
[262] BiA Sitten, 37, Nr. 200.
[263] PfA Naters, Ordner «Kapelle St. Laurentius».
[264] Freundliche Mitteilung von *Therese Imstepf-Amherd.*
[265] BiA Sitten, 37, Nr. 97, zwei Briefe. – PfA Naters, D 291 und 292.
[266] Pfarrbl. Naters, Juli/Aug., 1997, Nr. 7/8, S. 1 und 2. – Es wird erzählt, dass die Kapelle ursprünglich weiter unten in den Bitzen geplant war. Da sie dort von der Gliser Kirche aus nicht einsehbar gewesen wäre, sah man von diesem Standort ab (freundliche Mitteilung von *Ernest Wyden*).
[267] Ebd., Nov. 1936, S. 3.

268 PfA Naters, D 6.
269 GA Naters, G 37, S. 151. – Anekdote: Ein deutscher Tourist fragte einen Bewohner von Blatten, ob es hier keinen Friedhof gebe. Der Blattner sagte: «In Blatten gibt es keinen Friedhof. Wer sterben will, geht am Vorabend nach Naters.»
270 PfA Naters, G 30, S. 7.
271 Ebd., D 442, S. 99.
272 Zur Kapelle in Blatten: viele Mitteilungen von Pater *Otto Jossen,* Brig/Naters, und Architekt *Paul Sprung,* Naters.
273 BiA Sitten, 37, Nr. 141.
274 *Imesch,* Beiträge, S. 44.
275 PfA Naters, D 441b, S. 4.
276 Ebd., o. Nrn.: diverse Unterlagen zur Kapelle auf Lüsgen. – Pfarrbl. Naters, Nov. 1982. – Zuhinterst auf dem Boden der Kapelle die Initialen SPC (?). Das Baujahr 1884 steht auch auf einer Tafel in der Sakristei.
277 Pfarrbl. Naters, Dez. 1982: Darlegung des Schenkungsvertrags.
278 PfA Naters, D 442: Attest.
279 *Imesch,* Beiträge, S. 44.
280 Freundliche Mitteilung von *Philipp Fallert.*
281 Gemprot vom 11.8.1916.
282 Freundliche Mitteilung von *Clemens Ruppen.*
283 PfA Naters, D 136.
284 BiA Sitten, 37, Nr. 142, Pastoralbericht vom 19.4.1921.
285 PfA Naters, D 446.
286 Freundliche Mitteilung von *Margrit Gischig-Schaller,* Brig. – WV, 25.11.1986: «Geschlechter, die kommen und gehen», von gtg *[Georges Tscherrig].*

## Pfarrer

287 Hauptquellen: *Dionys Imesch,* Verzeichnis der Pfarrer von Naters, in: Pfarrbl. Naters, Mai 1933 bis Nov. 1935. – *Ferdinand Schmid/Josef Lauber,* Verzeichnis von Priestern aus dem deutschen Wallis, in: BWG zwischen 1891 und 1934. – *Anne Joseph de Rivaz,* ca. 1830, Katalog der Pfarrer von Naters, in: PfA Naters, D 134. – In der Forts. werden nur noch zusätzliche Quellen zitiert.
288 BWG VI, 1921, S. 116.
289 Vallesia III, 1948, S. 90. – *Gremaud I,* Nr. 289bis, 300 und 389.
290 StA Sitten, C 11, Nr. 2, Museum Nürnberg.
291 Ebd., Nr. 8.
292 Vallesia I, 1946, S. 62.
293 Vgl. hierzu: *Jossen,* Mund, S. 304/305.
294 *L. Binz/J. Emery/C. Santschi,* Le diocèse de Genève – L'archidiocèse de Vienne en Dauphiné, in: Helvetia Sacra I/3, Berne 1980, S. 98/99.
295 Vallesia I, 1946, S. 47 und 52.
296 PfA Naters, D 134.
297 Vallesia III, 1948, S. 111.
298 BWG XI, S. 114.
299 *Arnold,* Licht und Schatten, S. 305/306.
300 *Jossen,* Mund, S. 359.
301 Ebd., S. 359.
302 AGVO Brig, J 60, Katalog aller Pfarrer und Kapläne des Oberwallis, Ms. von *Fr. J. Joller.*
303 *Jossen,* Baltschieder, S. 47 und 48.
304 PfA Naters, G 1, 30.3.1625.
305 AD Sitten, Nr. 350.
306 PfA Naters, D 134, S. 4. – Gemäss Joller stammt Johann Maffien von Mund (AGVO Brig, J 60), während Imesch ihn unter die Natischer Priester einreiht (Pfarrbl. Naters, Juli 1941).
307 AGVO Brig, J 61, Necrologium Cleri Sedunensis; Collektaneen von Joller in sechs Bänden, in: Band 3, unter Naters.
308 *Imboden/Zenhäusern,* von Stockalper, Bd. I, S. 401, nennen als Hochzeitstag den 5. Nov., während Arnold ihn auf den 1. Nov. datiert (Stockalper, Bd. I, S. 35).
309 *Arnold,* Stockalper, Bd. II, S. 28.
310 AD Sitten, Nr. 3668.
311 *Jossen,* Mund, S. 371.
312 Vallesia XXIX, 1974, S. 3.
313 PfA Naters, G 6.
314 *Jossen,* Mund, S. 309 und 360.
315 PfA Naters, G 6, erstes Sterbebuch: Eintragungen durch K.J. Arnold.
316 *Josef Lambrigger (und sechs Mitautoren),* Bellwald, Fiesch 1993, S. 30.
317 BWG XVII, 1979, S. 195/196.
318 *Anne Joseph de Rivaz,* Mémoires historiques sur le Valais (1798–1834) II, publ. par André Donnet, Lausanne 1961, S. 280/281.
319 BiA Sitten, 37, Nr. 218, 22.7.1809, Visitationsakt, wo Mutter selbst sein Geburtsdatum angibt. Dies und auch das Jahr der Priesterweihe wie auch die Amtszeit in Ernen bedürfen bei Imesch (Pfarrbl., Juli 1935) und Lauber (BWG IV, S. 85) einer Korrektur.
320 BWG XXII, 1990, S. 61–63.
321 PfA Naters, H 181, S. 46.
322 *Jossen,* Mund, S. 361.
323 BiA Sitten, 37, Nr. 9.
324 *Alois Ruppen* im Vorwort zum 1. Bd. der Walliser Sagen, Brig 1907, S. VIII-IX.
325 *Hans Anton von Roten,* Zur Lebensgeschichte eines Walliser Literaten – Domherr Peter Joseph Ruppen 1815–1896, in: WJB, 46, 1977, S. 11–19.
326 PfA Naters, G 9, S. 1.
327 *Guntern,* Volkserzählungen, S. 913/914.
328 Von Juni bis Nov. 1865 waltete *Moritz Schnyder* von Gampel, Professor am Kollegium in Brig, als Pfarrverweser in Naters.
329 *Peter Jossen,* Nach 250 Jahren – Pfarreigeschichte von Erschmatt-Bratsch-Niedergampel, Visp 1960, S. 26.
330 WB, 1882, Nr. 10.
331 Hochw. Herr Victor Borter, in: Monatsrosen, 24, 1879/80, S. 111–113.
332 PfA Naters, D 183, 11.7.1880, Morgins.
333 BiA Sitten, 37, Nr. 42, 26.1.1900: Brief von Pfr. Amherd an den Bischof.
334 *Ernst Zenklusen,* Aus Simplons alten Tagen, St-Maurice 1965, S. 59/60; *ders.,* Zur Geschichte der Pfarrei Simplon, St-Maurice 1970, S. 93–97.
335 PfA Naters, G 10, 11 und 12: 1885.
336 PfA Naters, G 7, Zweites Sterbebuch, S. 340. – *Jossen,* wie Anm. 329, S. 27.
337 PfA Naters, G 2, S. 327.
338 Gemprot vom 21.10.1903.
339 Ebd.
340 Brief im Besitz von *Margaretha Di Francesco-Formes,* Naters.
341 *Hugo Schwery/Gottfried Eyer,* 100 Jahre Bienenzüchterverein Brig und Umgebung, Brig-Glis 1992, S. 11, 17/18.
342 Gemprot vom 10.3.1911.
343 Über Dionys Imesch: WJB, 1957, S. 15–22; *Josef Guntern* u.a., 300 Jahre Kollegium Brig 1662/63–1962/63, Brig 1963, S. 15/16; BWG XX, 1988, S. 167–174.
344 PfA Naters, D 442, S. 26 und 27.
345 Über Emil Tscherrig: WJB, 1993, S. 41–51; Pfarrbl. Naters, Febr. 1942, S. 4–10; Monatsrosen, 86, 1941/42, S. 116–119; WB, 1942, Nr. 4; WV, 1942, Nrn. 3 und 4.
346 *Ludwig Weissen,* Denkwürdigkeiten von Unterbäch, 1959, S. 140.
347 Pfarrbl. Naters, Mai 1944, S. 3.
348 BWG XX, 1988, S. 253–272.
349 *Louis Carlen,* Walliser in Rom, Brig 1992, S. 119–122. – WB, 1989, Nr. 216, S 9.

## Kapläne

350 BiA Sitten, 37, Nr. 60.
351 PfA Naters, D 135. – BiA Sitten, 37, Nr. 31, 1863, Pastoralbericht von Pfr. P. J. Ruppen.
352 PfA Naters, D 283.
353 Ebd., D 277 und 282.
354 Ebd., G 29 und D 441 b.
355 Ebd., D 416 a+b.
356 BiA Sitten, 37, Nr. 183.
357 PfA Naters, G 76, S. 7 und 11.
358 Hauptquellen: *Ferdinand Schmid/Josef Lauber,* Verzeichnis von Priestern aus dem deutschen Wallis, in: BWG zwischen 1891 und 1934. – PfA Naters, G 18 *[Ruppen, Peter Joseph],* Lückenhaftes Verzeichnis der Kapläne von Naters, S. 292–294. – AGVO, J 60, ca. 1880, Kritischer Katalog aller Pfarrer und Kapläne, nach Dekanaten geordnet, Ms. von Pfr. *Fr. J. Joller.* – *Dionys Imesch,* Priester der Pfarrei Naters, Pfarrbl. Naters, zwischen Dezember 1939 und August 1941. – In der Forts. werden nur noch zusätzliche Quellen zitiert.
359 *Gremaud I,* Nrn. 482, 508 und 526.
360 *Gremaud II,* Nr. 1008.
361 *Jossen,* Mund, S. 358.

362 *Briw,* Pfarrgemeinde Fiesch, S. 98.
363 StA Sitten, Museum Nürnberg, C 11, Nr. 73. – *Gremaud VI,* Nr. 2547.
364 *Gremaud VI,* Nr. 2498.
365 *Gremaud VIII,* Nr. 2825.
366 AD Sitten, Nr. 3855.
367 BiA Sitten, 101, Nr. 197.
368 Ausführlicher bei: BWG XXII, 1990, S. 23/24.
369 BWG VI, 1921, S. 56/57.
370 PfA Naters, F 44.
371 Ebd., D 31.
372 PfA Naters, H 164.
373 GA Naters, D 14 a.
374 BWG IV, 1910, S. 105. – GA Naters, D 14 a, S. 40.
375 *Jossen,* Mund, S. 370.
376 *Joseph Zurbriggen,* Täsch – Familienstatistik, Chronik und Kirche, Brig 1952, S. 374/375.
377 StoA Brig, Nr. 2133. Gemäss dieser Urkunde war Rüttimann bis Ende 1641 in Naters tätig.
378 PfA Naters, D 91.
379 BWG VI, 1924, S. 415. Vallesia LIII, 1998, S. 170.
380 *Briw,* Pfarrgemeinde Fiesch, S. 95/96.
381 *Jossen,* Mund, S. 361.
382 BiA Sitten, 37/50.
383 *Ernst Zenklusen,* Zur Geschichte der Pfarrei Simplon, St-Maurice 1970, S. 123–127.
384 WJB, 1973, S. 42/43.
385 *Ludwig Weissen,* Denkwürdigkeiten von Unterbäch, St-Maurice 1959, S. 140.
386 PfA Naters, G 7.
387 AGVO, J 61, Bd. 6.
388 *Jossen,* Mund, S. 362/363.
389 BWG XVII, S. 201.
390 *Anselm Zenzünen,* Michael Bittel [Lax 1966], 24 S.
391 Die Erzählungen Nrn. 6 und 7 sind freundliche Mitteilungen von *Karl Schmid* (*1914), einem Verwandten des Kaplans. – Es ist möglich, dass die Erzählung Nr. 7 auch von Kaplan Alois Schlunz (1803–1882), Glis, berichtet wird.
392 *Studer,* Visperterminen, S. 86/87.
393 PfA Naters, D 442, S. 32.
394 *Jossen,* Mund, S. 365/366.
395 Anzeiger des Bistums Sitten, 2, 1955, S. 93/94. Idem in: WV, 1955, Nr. 22.
396 PfA Naters, D 441 a, S. 40/41.
397 *Alois Grichting,* Wilhelm Pierig, Regisseur und Musiker, in: Walliser Spiegel, 8, 1980, 47, S. 16–20. – *Carlen,* Theatergeschichte, S. 191/192. – WB, 1981, Nr. 261.
398 Pfarrbl. Naters, Juli/August 1989. – Spektrum, 1979, 29, S. 3.

## Altaristen – Rektoren

399 PfA Naters, D 16.
400 *Imesch,* Beiträge, S. 50.
401 Ebd.
402 BWG II, S. 275.
403 BWG III, S. 208.
404 *Imesch,* Beiträge, S. 50/51.
405 *Gremaud VIII,* Nr. 2961.
406 PfA Naters, D 148.
407 BWG VI, S. 466.
408 *Imesch,* Beiträge, S. 51.
409 *Jossen,* Mund, S. 358.
410 BWG I, S. 449.
411 BWG XXII, S. 77.
412 PfA Naters, D 16.
413 BWG I, S. 370.
414 BWG IV, S. 216.
415 *Imesch,* Beiträge, S. 51.
416 BWG I, S. 444.
417 BWG VII, S. 357.
418 PfA Naters, D 42 und 44.
419 AGVO, Brig, J 60, ca. 1880, Ms. von Fr. J. Joller.
420 GA Münster, H 73.
421 GA Naters, D 14a, S. 34.
422 Ebd., F 43.
423 BWG III, S. 27.

## Pfründen: Pfarrei, Kaplanei, Rektorat

424 *Imesch,* Beiträge, S. 45–49.
425 *Gremaud III,* Nr. 1656.
426 PfA Naters, Fbis 36.
427 *Gremaud III,* Nrn. 1240 und 1241.
428 PfA Naters, D 14, 21/22, 48, 56, 58–60 usw. – 18 Fischel Korn = 4296,75 Liter; 12 Fischel Weizen = 202,20 Liter; 3 Fischel Gerste = 50,55 Liter (*Thomas Julen:* Das Burgerrecht im Oberwallis ..., Diss., Naters 1978, S. 221).
429 PfA Naters, D 126, Visitationsakt vom 7.8.1736.
430 StA Sitten, Museum Nürnberg, C 11, Nr. 47.
431 PfA Naters, D 22.
432 Ebd., D 159.
433 Ebd., D 69, 70 und 75.
434 Ebd., D 93–98. – StA Sitten, *Philippe de Torrenté,* Collectanea ATL 10, Nrn. 10, 13, 14 und 365.
435 PfA Naters, H 53.
436 *Dionys Imesch,* Pfarrbl. Naters, Juni 1935, S. 3/4.
437 PfA Naters, D 194.
438 Ebd., G 20, S. 8.
439 Ebd., D 195.
440 PfA Naters, G 20.
441 Ebd., G 29, S. 65–73: Versteigerungsprotokoll vom 5.11.1911.
442 BiA Sitten, 37, Nr. 90, Versteigerungsprotokoll vom 12.9.1920. – PfA Naters, D 375 a–d: betrifft Pfarralpe in Lüsgen.
443 BiA Sitten, 37, Nr. 91. – PfA Naters, D 352.
444 PfA Naters, D 381–391.
445 Ebd., D 382–388. – BiA Sitten, 37, Nrn. 122 und 189.
446 BiA Sitten, 37, Nr. 133.
447 BiA Sitten, 37, Nr. 194.
448 *Ruppen,* Naters, S. 13/14. – Vgl. hierzu: WV, Nr. 55, S. 3. – *Walter Ruppen,* in: WV, 1974, Nr. 56, S. 3; WB, 1974, Nr. 272, S. 6; «Pfarrhaus Naters 1975» (Schrift zum Abschluss der Restaurierung).
449 PfA Naters, G 22, S. 37–39.
450 GA Naters, D 18.
451 Die in den Inventaren von 1606, 1618, 1752 und 1808 aufgeführten Möbelstücke fehlen (PfA Naters, D 61, 107 und 222): Tisch von Pfr. Peter Zuber (1573–1594), von Dekan Johann Schnider (1606–1618), von Domherr Kaspar Schnidrig (1667–1694); Wandbüfett von Pfr. Anton Steiner (1642–1667); «kästlein oder arzibank» («Kastenbank») von Pfr. Peter Joseph Supersaxo (1694–1726).
452 So benannt, weil Rüttimann Scherenschleifer war.
453 BWG III, 1905, S. 300/301.
454 Von den 74 Urkunden sind 27 Stück, vor allem solche von Naters, abgedruckt in: Quellen zur Schweizer Geschichte, Bd. X, Basel 1891, S. 478–508. 6 Stück sind entziffert in: BWG III, 1905, S. 301–310. 1 Stück, jenes vom 15.11.1383, ist abgedruckt in: *Gremaud VI,* S. 549–550.
455 PfA Naters, G 18: Liste der Kapläne.
456 *Imesch,* Beiträge, S. 49. – BiA Sitten, 37, Nr. 217.
457 BiA Sitten, 37/141.
458 PfA Naters, D 249 und 276. – BiA Sitten, 37/87: Verkaufsakt.
459 BiA Sitten, 37/91.
460 Dendrochronologischer Bericht von *Heinz* und *Kristina Egger,* Ins, vom 1.5.1989.
461 Möglicherweise stammen bedeutende Teile aus Umfassungsmauern von diesem Vorgängerbau (Bauchronologischer Untersuchungsbericht von *Hansjörg Lehner,* Erde, vom 21.6.1988).
462 Dendrochronologisch ermittelt. Es deutet manches auf ein höheres Alter dieses Stockwerks: verschiedene Behandlung des Holzes innen in den Stuben der beiden Stockwerke, je andere Gestalt der Dielbaumköpfe usw.
463 GA Naters, D 18.
464 1701 erscheint ein Christian Gertschen im Taufbuch (PfA Naters, G 1).
465 PfA Naters, G 29, S. 100.
466 Protokoll der Urvers. vom 17.4.1932.
467 Gemprot vom 16.7.1941.

## Rektorat Birgisch

468 WWb 1946, S. 33. – *Imesch,* Beiträge, S. 76 und 77.
469 *Ders.,* Zenden Brig, S. 137 und 138.
470 Möglicherweise am Standort der Johanniterklause.
471 StA Sitten, Magistrats; Verz. der kommunalen Amtsträger, Birgisch, von *Walter Perrig.*

472 *Dionys Imesch,* Die Kapelle des hl. Johannes auf Birgisch in alter Zeit, in: WJB 1947, S. 18–23. – *Dr. Walter Ruppen,* Ms. über «Kunstdenkmäler des Bezirkes Brig». – Wo Hinweise fehlen, stützen sich die Ausführungen auf diese Quellen.
473 GA Birgisch, E 3.
474 *Imesch,* Beiträge, S. 45.
475 *Louis Carlen,* Rechtsaltertümer aus dem Wallis, Brig 1967, S. 8.
476 PfA Naters, G 30.
477 Ebd., D 136.
478 BiA Sitten, Birgisch, 24, Nr. 16.
479 GA Birgisch, D 13.
480 Ebd., K 11, Abschrift.
481 Die Reliquien sind detailliert aufgeführt in einem Bericht von *Hans Anton von Roten* und *Rektor Peter Seiler,* datiert vom 16. Mai 1945 (GA Birgisch, K 14). Dasselbe bei: *Imesch,* WJB 1947, S. 21.
482 Auf dem Buchstaben A sitzt ein «Stock» mit drei alternierenden Ästen (Wappenzeichen der Familie Stockalper).
483 GA Birgisch, K 1, Korrespondenz vom 30.5.1945.
484 *Imesch,* WJB 1947, S. 21 und 23.
485 GA Naters, D 22.
486 WV, 1954, Nr. 64, unter «Birgisch».
487 PfA Naters, D 405.
488 Aus der Kapelle oder aus der Einsiedelei von Birgisch?
489 PfA Naters, G 22, S. 99, Kapellenrechnung: «Dem Bürcher in Brig für die Glocke im Nessel 50 Franken».
490 Vgl. die vielfältige Dokumentation rund um die Gründung des Rektorats in Birgisch von 1892–1912: PfA Naters, D 131, 284/285, 450 a–b; G 29, S. 43, 46, 50, 53 und 58. – BiA Sitten, 37, Nrn. 40, 43, 45 und 141.
491 PfA Naters, D 324.
492 GA Birgisch, G 3.
493 Auch alt Rektor *Peter Seiler* wusste nichts von einer solchen Urkunde.
494 WJB 1993, S. 45.
495 WJB 1947, S. 18.
496 PfA Naters, T 4, S. 4.
497 BWG VI, S. 468.
498 Anzeiger des Bistums Sitten, Dez. 1970, S. 717/718.
499 Informationen von *Frieda Lochmatter,* Birgisch.
500 Pfarrbl. Naters, April 1972; Juli/Aug. 1982; Febr. und Juni 1987.
501 Angaben von *Irene Schwestermann,* Präsidentin des Chors.

## Priester, gebürtig aus Naters

502 Hauptquellen: *Ferdinand Schmid/Josef Lauber,* Verzeichnis von Priestern aus dem deutschen Wallis, in: BWG zwischen 1891 und 1934. – *Dionys Imesch,* Priester der Pfarrei Naters, in: Pfarrbl. Naters, Dez. 1939; Febr., Aug. und Okt. 1940; Juli/Aug. 1941. – AGVO Brig, J 60, Ms. von Pfr. *Franz Josef Joller,* ca. 1880, unter «Geistliche von Naters».
503 *Gremaud I,* Nr. 576; II, Nr. 676.
504 Vallesia I, 1946, S. 51.
505 *Gremaud II,* Nrn. 848 und 1008.
506 StA Sitten, Museum Nürnberg, C 11, Nrn. 18 und 26. – Idem in: *Gremaud IV,* Nr. 1785.
507 *Gremaud IV,* Nr. 1974.
508 *Gremaud II,* Nr. 2065.
509 BWG III, 1897, S. 191.
510 Vallesia I, 1946, S. 50.
511 *Zenklusen,* Pfarrei Simplon, S. 59.
512 Ebd.
513 Ebd., S. 60.
514 WWb 1984, S. 135.
515 *Arnold,* Gondo-Zwischbergen, S. 188.
516 *Jossen,* Mund, S. 359.
517 PfA Naters, G 6, Erstes Sterbebuch, Eintragung vom 6.3.1668.
518 *Jean-Marie Salzmann/Nikolaus Fellman,* Leukerbad, seine Geschichte, seine medizinische Bedeutung, Brig 1964, S. 43.
519 *Walter Stupf* (u.a.m.), Obergesteln, Fiesch 1984, S. 37.
520 Vallesia XXII, 1967, S. 143. Dort wird K. Gasser als von Naters gebürtig bezeichnet.
521 Vgl. Kap. «Siedlungsgeschichte ...», Dorf, am Mundplatz, Kat.-Nr. 129. – *Zenklusen,* Pfarrei Simplon, S. 62/63.
522 *Armin Breu,* Die Schweizer = Kapuziner im Oberwallis, Solothurn 1942, S. 134.
523 BWG XVII, S. 143.
524 PfA Naters, G 6, Sterbebuch, darin: 1713.
525 Nach Joller, AGVO Brig, J 60, war Zumberg schon von 1690 an Kaplan in Naters, während Lauber (BWG VII, S. 454) das Jahr 1694 nennt.
526 Freundliche Mitteilung von Frater *Leo Imboden,* Schweizer Provinz SJ, Zürich.
527 Helvetia Sacra, Abt. VII, Bern 1976, S. 236/237.
528 GA Naters, Fonds Anna Eyer, Nr. 16.
529 PfA Naters, H 181, b) 1722–1832, Haus- und Notizbuch des Johann Peter und des Joseph Ignaz Michlig von Naters, S. 43.
530 AGVO Brig, J 61, Bd. 3.
531 Wie Anm. 522, S. 158.
532 AGVO, J 61, Bd. 3.
533 Ebd.
534 PfA Naters, G 11, S. 6.
535 *Tscheinen* gibt den Familiennamen seiner Mutter mit Trenlin an, indessen im Taufregister der Pfarrei Naters (1799–1890) der Name Trönlin steht.
536 *Sr. Marianne-Franziska Imhasly,* Moritz Tscheinen (1808–1889), in: BWG XX, 1988, S. 243–251. – *Guntern,* Volkserzählungen, S. 917/918. – *Carlen,* Theatergeschichte, S. 117. – WB 1889, Nrn. 30 und 31. – Bund, 26.7.1889. – Basler Volksblatt, 20.7.1889. – *Fibicher,* Walliser Geschichte, Bd. 3.2, S. 181–223: Aus den Tagebüchern des Landpfarrers Moritz Tscheinen (1808–1889). – Des Öfteren erwähnt Tscheinen in seinen Tagebüchern die z.T. selbstverschuldeten finanziellen Nöte seines Vaters, der Alkoholiker war. Vater Johann zeugte 15 Kinder, vier starben im ersten Lebensjahr. Zu der misslichen Lage von Tscheinens Vater vgl.: GA Naters, G 10, Dossier des Konkurses von Johann Tscheinen, Müller und Bäcker in Naters, 1 Heft, 40 Seiten; bei der Versteigerung sämtlicher Habe am 28. Juni 1840 bot auf das «Liegende» (Haus und Mühle) niemand etwas.
537 100 Jahre Pfarrei Bürchen 1879–1979, Naters 1979, S. 21.
538 Volkskalender für Freiburg und Wallis, 10, 1919, S. 60.
539 *Arnold,* Gondo-Zwischbergen, S. 206/207.
540 PfA Naters, T 5.
541 Wichtigste Quellen: WJB, 59, 1990, S. 49–52. – *Robert Stäger,* Erinnerungen an Hochw. Herrn Kaplan Bammatter, 19 S.; *ders.,* Der Gletscherkaplan im Himmel, 10 S. Beide o.J. 1979 Nachdruck beider Schriften durch Paul Sprung, Naters. – WB, 16. und 23.1.1924. – WV, 16.1.1924. – BA, 16.1.1924. – PfA Naters, 1 Schachtel: Predigten von Kaplan Bammatter.
542 PfA Naters, G 64, *Chronik Bammatter,* unter: 1911.
543 PfA Naters, T 4, S. 4.
544 Freundliche Mitteilung von Kastlan *Hans Eggel,* Naters.
545 Autor: Ein Priester der Diözese Sitten (aufgrund vieler Hinweise: *Benjamin Bammatter),* Sammlung vorzüglicher katholischer Kirchengebete für Messdiener, Andachten, Messe, Vesper und Prozessionssänger, o.J.; Imprimatur vom 6.7.1904.
546 Freundliche Mitteilung von *Emma Eggel-Ruppen,* einer Verwandten des Kaplans.
547 PfA Naters, G 64.
548 Volkskalender für Freiburg und Wallis, 17, 1926, S. 91. Portr.
549 Über Pfr. Jossen: WV: 1950, Nr. 35; 1953, Nr. 70. – Anzeiger des Bistums, Sept./Okt. 1954, S. 225–227. – *Josef Indermitte,* Chronik der Gemeinde Steg, Visp 1980, S. 68–72; *ders.,* Erinnerungen an Pfarrer Albert Jossen, Visp 1987.
550 Anzeiger des Bistums, 11, 1964, S. 182. – *Karl In-Albon,* 75 Jahre Pfarrei Eggerberg 1902–1977, Brig-Glis 1977, S. 37–39.
551 WB, 1959, Nr. 48. – Anzeiger des Bistums, 19, 1972, S. 715/716. – *Alois Grichting,* Agarn einst und heute, Agarn 1992, S. 160.
552 WB: 1976, Nr. 57, S. 4; 1980, Nr. 144, S. 12.
553 *Studer,* Visperterminen. S. 84. – WB, 5.10.1985.
554 WV, 1958, Nr. 52. – WB: 1974, Nr. 120, S. 6; 1987, Nr. 67.
555 BWG XVII, 1979, S. 236. – WB, 1989, Nr. 106, S. 9.
556 Freundliche Mitteilung des Ordenshauses von der Hl. Familie in Werthenstein.
557 WB: 1987, Nr. 241; 1987, Nr. 248; 1988, Nr. 229, S. 13.
558 WB: 1983, Nr. 48, S. 17; 1987, Nr. 272. – Pfarrbl. Glis, 1989, Nr. 6.
559 WB: 1978, Nr. 123; 1983, Nr. 179. – Pfarrbl. Naters, Juni 1989.
560 WB: 1971, Nr. 112; 1986, Nr. 109; 17.7.1987.
561 Freundliche Mitteilung von P. *Otto Jossen.*
562 Angaben von P. *Julian Truffer.*
563 *Louis Carlen,* Walliser in Rom, Brig 1992, S. 32–34.
564 Pfarrbl. Naters, Juni 1966.
565 Pfarrbl. Naters, Aug. 1926, S. 1.
566 WJB, 44, 1975, S. 20. – Der Name Mehlbaum leitet sich ab vom Weiler Mehlbaum zwischen Geimen und Blatten.
567 PfA Naters, G 10, S. 107, geb. in Naters am 21.7.1708. *Imesch* zählt

ihn zu den Natischer Priestern, während *Peter Jossen,* in: Erschmatt, Bratsch und Niedergampel im Zenden Leuk, S. 249, als Herkunftsort Mörel angibt. Die Familie verlegte den Wohnsitz wohl nach Mörel. Gemäss P. Jossen, ebd., war Christian Gredig 1734–1738 Pfarrer von Erschmatt.
[568] Zu den letzten vier Priestern siehe bei: *Jossen,* Mund, S. 374/375, 378.

### Ordensfrauen
[569] Angaben zu diesem Kapitel von den betreffenden Orden. Mit Freiburg stets jenes i.Ü. gemeint.
[570] Gruss aus St. Ursula, März/April 1994, 2, S. 26.
[571] StA Sitten, 2, Département de l'instruction publique (DIP), Nr. 1.1, S. 16.
[572] Freundliche Mitteilung von *Sr. Immaculata Auer,* Ursuline, Brig.
[573] THEODOSIA, Januar 1933, Institut Ingenbohl, S. 29.
[574] PfA Naters, G 11, S. 55.
[575] BiA Sitten, 37/145, Pastoralbericht vom 25. April 1936.
[576] Ebd.
[577] Ebd.
[578] PfA Naters, D 411. – Weder von den Familien Walden noch sonstwie konnten Angaben über Sr. Franziska ermittelt werden. Sie ist wohl später mit der französischen Ordensgemeinschaft nach Frankreich gezogen.

### Religiöse Praxis, Sitten und Gebräuche
[579] WB, 1993, 2, S. 11.
[580] BiA Sitten, 37, Nr. 189.
[581] Ebd., 37, Nr. 202.
[582] Ebd., 37, Nr. 211.
[583] Ebd., 37, Nr. 221.
[584] Gemprot vom 15.11.1937.
[585] PfA Naters, D 426, Verkündheft Nr. 23.
[586] Ebd., G 18, «Kirchliche Gebräuche in Naters», S. 209.
[587] Ebd., S. 210. – Ebd., D 426, Verkündheft Nr. 1.
[588] PfA Naters, F 39, ca. 1800, Annotatio Rituum eccl. Natriae.
[589] Ebd., G 18, S. 142 und 210.
[590] Ebd., G 29, Protokoll des Kirchenrates, S. 180.
[591] *Fibicher,* Walliser Geschichte, Bd. 2, S. 113.
[592] *Guntern,* Volkszählungen, S. 233. – PfA Naters, G 18, S. 209.
[593] PfA Naters, G 29, Kirchenratsprotokoll vom 4.6.1926.
[594] Ebd., G 18, S. 155 und 214.
[595] BiA Sitten, 37, Nr. 81.
[596] PfA Naters, F 39.
[597] WV, 30.6.1943: unter «Naters/Belalp».
[598] PfA Naters, G 18, S. 211.
[599] Die Alpen, 2, 1926, S. 326.
[600] Pfarrbl. Naters, Juni 1956.
[601] PfA Naters, G 29.
[602] Ebd., G 18, S. 151.
[603] Ebd., F 39.
[604] GA Naters, B 3.
[605] Ebd., B 5.
[606] Ebd.
[607] Ebd., B 59.
[608] BiA Sitten, 37, Nr. 202.
[609] PfA Naters, G 18, S. 114.
[610] Pfarrbl. Naters, April 1956, S. 4.
[611] PfA Naters, G 18, S. 117.
[612] Ebd., G 22, S. 43.
[613] Ebd., H 158.
[614] Ebd., H 161. – «Helftschuggen» ist als Örtlichkeit in Birgisch noch heute bekannt.
[615] Ebd., D 158.
[616] Ebd., D 316.
[617] *Imesch,* Beiträge, S. 52.
[618] BiA Sitten, 37, Nr. 31.
[619] Ebd., 37, Nr. 45.
[620] PfA Naters, D 421 c.
[621] *Dionys Imesch,* Verz. der Mitglieder vom Grossen Jahrzeit in Naters, Brig 1913, S. 3.
[622] PfA Naters, G 22, S. 27.
[623] Ebd., G 18, S. 143 und 211.
[624] Ebd., G 18, S. 128.
[625] Ebd., G 2, Kirchenratsprotokoll vom 11.2.1923.
[626] Ebd., D 426, Verkündheft Nr. 13, 1926, 1. Sonntag November.
[627] Ebd., 1927, 3. Sonntag Juni.
[628] Ebd., Verkündheft Nr. 15.
[629] Pfarrbl. Naters, Februar 1974.
[630] BiA Sitten, 37, Nr. 2.
[631] Ebd., 214, Nr. 213.
[632] BiA Sitten, 37, Nr. 30.
[633] PfA Naters, A 6.
[634] BiA Sitten, 37, Nrn. 13–22: zehn Briefe aus den Jahren 1840/1841, die Ausschreitungen in Blatten betreffend.
[635] Ebd., 37, Nr. 42.
[636] PfA Naters, D 442, S. 21/22.
[637] Ebd., H 150.
[638] BiA Sitten, 37, Nr. 221.

### Bildhäuschen, Weg- und Bergkreuze
[639] Um Dieben ihr Handwerk nicht noch leichter zu machen, wurden Hinweise auf wertvolle Statuen unterlassen. – Was wir landläufig unter «Bildhäuschen» verstehen, bezeichnen die Fachleute mit dem Ausdruck «Bildstöcke». Letztere sind viel schlichter als Bildhäuschen, indem etwa ein Bild oder eine Statue in der Natur, ohne besondere Konstruktion, aufgestellt wird. Bildstöcke gibt es in der Pfarrei circa 30.
[640] Je ein Exemplar im Gemeinde- und im Pfarrarchiv.
[641] PfA Naters, G 29, S. 20.
[642] Gemprot vom 14.7.1906.
[643] PfA Naters, D 286 a.
[644] Ebd., G 29, S. 117 und 118.
[645] Ebd., D 27.
[646] Ebd., 1773. – BiA Sitten, 37, Nrn. 30, 31, 138, 139–141, 218.
[647] PfA Naters, D 441 a, S. 24.
[648] Pfarrbl. Naters, 10, 1935, Nr. 3, S. 3.
[649] BiA Sitten, 37, Nr. 142.
[650] PfA Naters, Protokollbuch der Jungmannschaft: 1945.

### Bruderschaften im Laufe der Zeit
[651] *Imesch,* Beiträge, S. 52/53.
[652] PfA Naters, D 6.
[653] Ebd. – StA Sitten, Museum Nürnberg, C 11, Nr. 26.
[654] PfA Naters, D 134.
[655] Ebd., D 144.
[656] Ebd., D 16.
[657] GA Naters, Fonds Edmund Salzmann, Nr. 68.
[658] BWG XXIII, 1991, S. 579.
[659] PfA Naters, D 14 a.
[660] Ebd., D 134.
[661] GA Birgisch, D 1.
[662] PfA Naters, D 18.
[663] Ebd., G 14.
[664] Ebd.
[665] Ebd., G 29, S. 23.
[666] *Jossen,* Mund, S. 407.
[667] PfA Naters, H 181 b, S. 22.
[668] Ebd., G 15.
[669] Ebd., G 56.
[670] Ebd., D 396.
[671] Ebd., H 181 b, S. 22.
[672] Ebd., G 15.
[673] Ebd., G 53.
[674] Ebd., D 180.
[675] Ebd., G 15.
[676] Ebd., D 309.
[677] Ebd., D 310.
[678] Ebd., D 131.

### Kirchliche Dienste und Ämter
[679] PfA Naters, D 108, 109 und 111.
[680] BiA Sitten, 37, Nr. 221.
[681] Mitteilungen, 1985, Nr. 1.
[682] Gemäss Notizen aus dem Nachlass von *Dionys Imesch.*
[683] PfA Naters, G 22 und G 30.
[684] WB, 1993, Nr. 217, S. 17.
[685] Er war offenbar schon vor 1906 Sakristan, da der Kirchenrat ihm in diesem Jahr durch eine Lohnerhöhung seine Demissionsabsichten zerstreute.

## Kirchliche Vereine

686 BiA Sitten, 37, Nr. 139.
687 PfA Naters, G 22, S. 7.
688 Ebd., G 18, S. 14.
689 Hauptquellen: Jubiläumsschrift: «100 Jahre Gemischter Chor Naters 1881–1981», von *Josef Walpen, Leo Eggel, Walter Zenhäusern, Karl Gertschen* und *Anton Riva,* Naters 1981. – PfA Naters, Protokollbücher: 1. 1881–1921 (ging verloren); 2. 1922–1949; 3. 1949–1976; 4. 1977–. – Letzte Statuten: vom 15.4.1972.
690 PfA Naters, G 18: 1892.
691 Vgl. hierzu die Korrespondenzen von 1934 und 1938: PfA Naters, D 359.
692 WV, 25.4.1980. – Vgl. über Leo Eggel in: Walliser Spiegel, 8, 1980, 17, S. 8/9, und in: Spektrum, 1981, 23, S. 4/5.
693 PfA Naters, G 36: 1864. – G 11, S. 351.
694 Ebd., G 11, S. 351.
695 Ebd., G 22, S. 144.
696 Ebd., G 29, S. 21/22.
697 *Imesch,* Beiträge, S. 84. – Hauptquellen: PfA Naters, Protokollbücher: 1. 1906–1914; 2. 1945–1951; 3. 1951–1959; 4. 1959–1970; 5. 1970–1987; 6. 1987–. Die Protokolle von 1914 bis 1926 gingen verloren, da Adolf Eister dieselben auf lose Blätter schrieb. 1926–1943: Verein aufgelöst.
698 Walliser Woche, 1993, Nr. 4, S. 10/11.
699 PfA Naters, Protokollbücher: 1. nur von 1917, Gründungsprot.; 2. 1918–1958 (ging verloren); 3. 1959–1996; 4. 1997–.
700 Ebd., D 426, Verkündhefte Nrn. 9, 14, 15 usw.
701 Ebd., D 373 a–c.
702 Angaben von *René Salzmann-Venetz,* Vorsteher des Dritten Ordens.
703 PfA Naters, Festschrift von *Carmen Salzmann* und *Germaine Pfammatter-Salzmann:* «50 Jahre Blauring Naters 1941–1991», hektogr.
704 Ebd., Protokollbuch: 1962–1965. – *Ferdinand Andermatt, Josef Sarbach, Paul Volken:* «10 Jahre Jungwacht Naters», Naters 1973, hektogr. – *Dominik Michlig, Matthias Salzmann und fünf weitere:* «Kapelle St. Laurentius – Jungwacht & Alt Jungwacht Naters», Naters 1992, 96 S.
705 PfA Naters, G 64, S. 32.
706 Ebd., D 442, S. 62 und 77.
707 Ebd., S. 97.
708 *Imesch,* Beiträge, S. 84. – PfA Naters, Protokollbücher: 1. 1919–1945; 2. 1945–1966; 3. von der jüngeren Gruppe: 1951–1954.
709 Ebd., Kassabuch: 12.11.1911 bis 1969.
710 Ebd., Protokollbuch: 1929–1945 (1943–1945: Protokolle des Männervereins zusammen mit Arbeiterverein).
711 Ebd., G 49, 1953: Verzeichnis.
712 Ebd., Schachtel 8, Zellenberichte, Hefte: Nrn. 1–4.

## Fürsorgewesen von Pfarrei und Gemeinde

713 Vgl. hierzu: *Imesch,* Beiträge, S. 78–83.
714 GA Naters, B 5.
715 Ebd., B 35.
716 PfA Naters, D 159.
717 Ebd.
718 Ebd., D 55.
719 GA Naters, D 26.
720 PfA Naters, D 16.
721 Ebd., D 16.
722 PfA Naters, D 126 und 127.
723 Ebd., D 128 und 129.
724 GA Naters, Munizipalbuch.
725 PfA Naters, D 129.
726 Ebd., D 128.
727 GA Naters, F 30.
728 Ebd., G 37, S. 14.
729 Ebd., S. 15.
730 Gemprot vom 16.8.1895.
731 Gemprot von 1899 und 1912.
732 PfA Naters, D 426.
733 Gemprot vom 30.10. und 22.11.1918.
734 PfA Naters, D 426.
735 *Gremaud III,* Nr. 1206.
736 Gemprot vom 10.3.1907.
737 Walliser Spiegel, 11, 1983, 41, S. 11.
738 Gemprot vom 26.10.1925, 9.5.1926 und vom 31.5.1928.
739 PfA Naters, D 295–298.
740 Ebd., D 442.
741 Gruss aus St. Ursula, 71, 1986, 2, S. 18/19.
742 Weitere Quellen zum Theresianum: WB: 4.11.1982, 8.9.1983, 1984, Nr. 203, 8.11.1989. WV: 1984, Nr. 203. – Walliser Spiegel, 15, 1987, 12, S. 8–11. – *Sr. M. Immaculata Auer,* Zur Geschichte des Heimes, in: ‹Gruss aus St. Ursula›, Brig, Jan./Febr. 1991, 1.
743 Die folgenden Ausführungen sind der nachstehenden Informationsschrift entnommen: «Alterssiedlung Sancta Maria, Naters», Naters 1973, 16 S.
744 PfA Naters, D 398.
745 Nach Aussage von Dr. Heinrich Schmidt wählte man den Namen «Sancta Maria» aus Dankbarkeit gegenüber der oben erwähnten Testatorin Marie Salzmann.
746 Wie Anm. 743, S. 9/10.
747 WV, 13.2.1975.
748 WV, 1976, Nr. 207, S. 6. – WB, 1976, Nr. 247, S. 7.
749 Bericht des Architekten *Josef Imhof* in: WB, 1976, Nr. 248, S. 8.
750 PfA Naters, D 455: Unterlagen der Alterssiedlung Sancta Maria. «Erweiterung der Alterssiedlung Sancta Maria, Naters», Faltblatt vom 20.2.1990.
751 WB, 1993, Nr. 107, S. 14.
752 WB, 1993, Nr. 104, S. 10.
753 WV, 23.10.1976.
754 Freundliche Auskünfte von *Dr. Albert Julen,* Betriebsdirektor, Brig-Glis, 1994.

## Naters und die Schweizergarde in Rom

755 Quellen: *Paul Krieg,* Die Schweizergarde in Rom, Luzern 1960. – *Paul Grichting,* Die Schweizergarde in Rom, Brig 1975. – *Louis Carlen,* Walliser in Rom, Brig 1992. – *Antonio Serrano,* Die Schweizergarde der Päpste, Dachau 1992. – *Louis Carlen,* Walliser in der Päpstlichen Schweizergarde, Visp 1998. – *Ulrich Ruppen,* Die Armee des Papstes (1969), in: Gruss aus St. Ursula, 69, 1984, 4, S. 30.
756 Wallis, Nov./Dez. 1995, S. 52.
757 *Carlen,* Rom, S. 101–103.
758 *Major Peter Hasler,* Verantwortlicher des «Archivio Guardia Svizzera Pontificia» im Vatikan, übermittelte dem Verfasser freundlicherweise die nun folgenden Verzeichnisse.
759 PfA Naters, G 11, S. 203.
760 Freundliche Mitteilung von *Anna Karlen-Michlig,* Naters.
761 Gemprot vom 28.3.1927.
762 PfA Naters, G 26, Totenregister: 1948.
763 Walliser Spiegel, 8, 1980, 2. – *Louis Carlen,* Vom Wallis nach Rom: zur Erinnerung an Ulrich Ruppen ..., in: Wallis, 9, 1988, 5, S. 36–41. *Ders.,* †Ulrich Ruppen, in: WB, 21.6.1988. *Ders.,* Walliser in Rom, S. 115–117.
764 *Louis Carlen,* Wallis und Wien, in: WJB, 39, 1970, S. 40.
765 *Carlen,* Rom, S. 122–124.
766 WB, 1986, Nr. 155.
767 PfA Naters, D 426, Verkündheft Nr. 19.

# Quellennachweis

**Vorbemerkung.** *Hier werden nur jene Quellen genannt, aus denen im Text mehr als einmal zitiert wird. In Klammer wird der zitierte, abgekürzte Titel angegeben. Die übrige Literatur, den weitaus grösseren Teil, findet der Leser in den Anmerkungen.*

## Gedruckte Quellen

**Arnold,** Peter, Licht und Schatten in den 10 Gemeinden von Östlich-Raron, Mörel 1961 (zit.: *Arnold, Licht und Schatten*).
**Ders.,** Gondo-Zwischbergen an der Landesgrenze am Simplonpass, Brig 1968 (zit.: *Arnold, Gondo-Zwischbergen*).
**Ders.,** Kaspar Jodok Stockalper vom Thurm (1609–1691), 2 Bde., 2. Aufl., Mörel 1972 (zit.: *Arnold, Stockalper*).
**Biffiger,** Leander, Erinnern Sie sich – Naters, Visp 1997 (zit.: *Biffiger, Naters*).
**Biner,** Jean-Marc, Walliser Behörden 1848–1977/79, Kanton und Bund, in: Vallesia 37, 1982 (zit.: *Biner, Behörden*).
**Briw,** Adolf, Aus Geschichte und Brauchtum der Pfarrgemeinde Fiesch, Visp 1961 (zit.: *Briw, Pfarrgemeinde Fiesch*).
**Carlen,** Albert, Theatergeschichte des deutschen Wallis, Brig 1982 (zit.: *Carlen, Theatergeschichte*).
**Ders.,** Das Oberwalliser Theater im Mittelalter, Basel 1945 (zit.: *Carlen, Theater im Mittelalter*).
**Carlen,** Louis, Naters - Blatten - Belalp, Bern 1973 (zit.: *Carlen, Naters*).
**Ders.,** Zur Rechtsgeschichte der Kirche in Glis, in: BWG XVII, 1981, S. 403–433 (zit.: *Carlen, Rechtsgeschichte Glis*).
**Ders.,** Walliser in Rom, Brig 1992 (zit.: *Carlen, Rom*).
**Carlen,** Louis/**Guntern,** Gottlieb u. a., Anton Mutter – Einer, der seinen Weg gefunden hat, Visp 1992 (zit.: *Carlen/Guntern, Anton Mutter*).
**Carlen,** Louis/**Mutter,** Ignaz u.a., Josef Mutter 1897–1979 – Maler des Heils, Visp 1997 (zit.: *Carlen/Mutter, Josef Mutter*).
**Donnet,** André/**Blondel,** Louis, Burgen und Schlösser im Wallis, Olten 1963 (zit.: *Donnet/Blondel, Burgen*).
**Eggel,** Hans, Die Natischer Schulen 1865–1992 – Statistik des Lehrpersonals – Ein Beitrag zur Schulgeschichte, Naters 1993 (zit.: *Eggel, Schulen*).
**Eyer,** Reinhard, Chronik der Familie Werner, Brig 1976 (zit.: *Eyer, Chronik Werner*).
**Fibicher,** Arthur, Walliser Geschichte, Bd. 1: Von den ersten Bauern zu den Alemannen, 1983; Bd. 2: Hoch- und Spätmittelalter, 1987; Bd. 3.1, Die Neuzeit: Ereignisse und Entwicklungen 1520–1991, 1993; Bd. 3.2, Die Neuzeit: Personen und Lebensformen 16.–20. Jahrhundert, 1995; alle Bde.: Sitten (zit.: *Fibicher, Walliser Geschichte*).
**Furrer,** Sigismund, Geschichte, Statistik und Urkunden-Sammlung über Wallis, Bd. 1.: Geschichte von Wallis, 1850; Bd. 2.: Statistik von Wallis, 1852; Bd. 3.: Urkunden, welche Bezug haben auf Wallis, Sitten 1850 (zit.: *Furrer I, II, III*).
**Gremaud,** Jean, Documents relatifs à l'histoire du Valais (8 Bde., 300–1457; 3080 Nrn.), Lausanne, 1875–1898 (zit.: *Gremaud, Bd. u. Nr.*).
**Guntern,** Josef, Volkserzählungen aus dem Oberwallis, Basel 1978 (zit.: *Guntern, Volkserzählungen*).
**Ders.,** Walliser Sagen, Olten und Freiburg i.Br. 1963 (zit.: *Guntern, Sagen*).
**Heusler,** Andreas, Rechtsquellen des Cantons Wallis, Basel 1890 (zit.: *Heusler, Rechtsquellen*).
**Holzhauser,** Hanspeter, Grosser Aletschgletscher, in: Die Alpen, Jubiläums-Quartalsonderheft Nr. 3/88, S. 142–302, Hrsg.: Schweizer Alpenclub, Bern (zit.: *Holzhauser, Grosser Aletschgletscher*).
**Ders.,** Zur Geschichte der Aletschgletscher und des Fieschergletschers, Zürich 1984 (zit.: *Holzhauser, Aletschgletscher*).
**Imboden,** Gabriel, Kaspar Jodok von Stockalper, Handels- und Rechnungsbücher, Bd. I–XI (Bd. III: verschollen), Brig zwischen 1987 und 1997 (zit.: *Imboden, von Stockalper*).
**Imesch,** Dionys, Beiträge zur Geschichte und Statistik der Pfarrgemeinde Naters, Bern 1908 (zit.: *Imesch, Beiträge*).
**Ders.,** Zenden Brig, in: BWG VII, 1930 (zit.: *Imesch, Zenden Brig*).
**Jegerlehner,** J[ohann], Sagen und Märchen aus dem Oberwallis, Basel 1913 (zit.: *Jegerlehner 1913*).
**Jossen,** Erwin, Mund, das Safrandorf im Wallis, Naters 1989 (zit.: *Jossen, Mund*).
**Jossen,** Peter, Baltschieder und sein Tal, Brig 1984 (zit.: *Jossen, Baltschieder*).
**Maissen,** Felici/**Arnold,** Klemens, Walliser Studenten an der Universität Innsbruck 1679–1976, in: BWG XVII, 1979 (zit.: *Maissen/Arnold, Walliser Studenten*).
**Mitteilungen,** Gemeinde Naters, 1977 ff. (zit.: *Mitteilungen*).
**Morend,** Jean-Claude/**Dupont Lachenal,** Léon/**Mühlemann,** Louis, Neues Walliser Wappenbuch, Saint-Maurice 1974 und 1984 (zit.: *WWb 1974, WWb 1984*).
**Oggier,** Gabriel, Las Familias de San Jerónimo Norte – Las que poblaron la Colonia Sus hijos y sus nietos 1858–1922, Santa Fé – Argentina, 1993, Tomo I und II (zit.: *Oggier, Las Familias*).
**Rübel,** Hans Ulrich, Viehzucht im Oberwallis, Bd. II, Frauenfeld 1950 (zit.: *Rübel, Viehzucht*).
**Ruppen,** Walter, Naters und «Natischer Bärg», Naters 1984 (Schweiz. Kunstführer; Serie 36, Nr. 351/352) (zit.: *Ruppen, Naters*).
**Schiner,** Hildebrand, Description du Département du Simplon, ou de la ci-devant République du Valais, Sion 1812 (zit.: *Schiner, Description*).
**Stalder,** H.A./**Wagner,** A./**Graeser,** St./**Stuker,** P., Mineralienlexikon der Schweiz, Basel 1998 (zit.: *Stalder, Mineralienlexikon*).
**Steiner-Ferrarini,** Marina, Wahlheimat am Simplon, Brig 1992 (zit.: *Steiner, Wahlheimat*).
**Strüby,** A./**Clausen,** E., Die Alpwirtschaft im Oberwallis, Solothurn 1900, 10. Lief. (zit.: *Strüby/Clausen, Alpwirtschaft*).
**Studer,** German, Visperterminen, Brig 1984 (zit.: *Studer, Visperterminen*).
**Theler,** Luzius, Die Schwarznase, Schafrasse des Oberwallis, Visp 1986 (zit.: *Theler, Schwarznase*).
**Tscheinen,** Moritz/**Ruppen,** Peter Joseph, Walliser Sagen, Sitten 1872 (Nachdruck: 1979, 1983 und 1989) (zit.: *WS 1872*).
**Walliser Wappenbuch 1946,** Zürich 1946 (zit.: *WWb 1946*).
**Walliser Sagen,** hrsg. vom Historischen Verein von Oberwallis, 2 Bde., Brig 1907 (zit.: *WS 1, WS 2*).
**Zenklusen,** Ernst, Zur Geschichte der Pfarrei Simplon, St-Maurice 1970 (zit.: *Zenklusen, Pfarrei Simplon*).

## Ungedruckte Quellen

Vier wichtige Schriften, die wiederholt zitiert werden:
**Bammatter,** Benjamin, Chronik von Naters, 1888–1909, 1914–1919, PfA Naters, G 64 (zit.: *Chronik Bammatter*).
**Dür,** A., Wirtschaftsplan über die Waldungen der Burgerge-

meinde Naters, 1926/27, 93 S., beim Förster aufbewahrt (zit.: *Dür, WP 1927*).
**Nellen,** Michael/**Imboden,** Adrian, Land- und alpwirtschaftlicher Produktionskataster der Gemeinde Naters, Bern, Eidg. Volkswirtschaftsdep., 1963, Kantonsbibl. Sitten (zit.: *Nellen/Imboden, Produktionskataster*).
**Ruppen,** Walter, Manuskript, vorgesehen für die «Kunstdenkmäler des Kantons Wallis, Bezirk Brig» (zit.: *Ruppen, Kunstdenkmäler, Ms.*).

*Nachstehend werden nur die wichtigsten inventarisierten Archivbestände des Gemeinde- und des Burgerarchivs sowie des Pfarrarchivs von Naters genannt; viele nicht inventarisierte Schriften werden in den Anmerkungen der einschlägigen Kapitel vermerkt.*

## Archivinventar der Gemeinde und der Burgerschaft Naters

Das 1910 von Domherr Dionys Imesch gemachte Inventar über die Dokumente der Gemeinde und der Burgerschaft wurde 1972/73 von Dr. Bernhard Truffer neu analysiert und inventarisiert.
*Aufteilung:*
*A, Nrn. 1–11 (1–3 fehlen):* Dokumente betreffend Land, Bezirk und Gemeinde; Gesetze, Verordnungen, Erlasse etc.
*B, Nrn. 1–67:* Minutarien und Gerichtsprotokolle
*C, Nrn. 1–20:* Jurisdiktionsakte, Marchschriften, Urkunden betreffend Burger- und Gemeindebesitzungen
*D, Nrn. 1–30:* Urkunden betreffend das unbewegliche Eigentum, die Kapitalien und Schulden der Gemeinde und der Kirche
*E, Nrn. 1–9:* Urkunden betreffend die öffentlichen Wege und Wasserläufe
*F, Nrn. 1–82:* Dokumente betreffend das Militärwesen; Urkunden, Titel und Briefe von allgemein historischem Interesse
*G, Nrn. 1–38 (38 fehlt):* Rechnungen, Quittungen und Register
*H, Nrn. 1–32:* Verschiedenes privaten Charakters
*I, Nrn. 1–3:* Übereinkunft und Kaufverträge
*N, Nachtrag (1986), Nrn. 1–14 ff.:* Gerichtsprotokolle, Schulderkanntnisse, Versteigerungen usw.

## Archivinventar der Pfarrei

Das Pfarrarchiv wurde von Dionys Imesch, Pfarrer von Naters in den Jahren 1903–1917, in den ersten Jahren seiner Amtszeit in Naters zum grossen Teil inventarisiert. Pfarrer Ernst Zenklusen ergänzte das Inventar in den 1940er- und 50er-Jahren.
*Aufteilung:*
*A, Nrn. 1–7:* Hirtenschreiben und kirchliche Verordnungen
B fehlt
*C, Nrn. 1–28:* Kaufverträge, Gerichtsprotokolle etc.
*D, Nrn. 1–456:* Erkanntnisschriften, Kaufverträge, Prozessakten, Visitationsprotokolle, Pastoralberichte sowie viele Urkunden, die das allgemeine kirchliche Leben betreffen
*E, Nrn. 1–4:* Erkanntnisschriften usw.
*F, Nrn. 1–54:* Kaufverträge, Zitationsbote, Reglemente und weitere Urkunden verschiedenen Inhalts
*Mappe «Museum Nürnberg» (zurückgekaufte Urkunden), Kopien, Nrn. 1–74,* Originale im StA Sitten, C 11 (1–74), (z.T. dasselbe im Inventar von Dionys Imesch: Fbis, Nrn. 1–43)
*G, Nrn. 1–76:* Register, Stammbaumbücher, Verzeichnisse von Bruderschaften, Protokoll- und Rechnungsbücher usw.

Die wichtigsten Register:
G 1: 1625–1796: 1. Taufbuch (mit Lücken)
G 2: 1796–1889: 2. Taufbuch
G 3: 1890–1908: 3. Taufbuch
G 46: 1909–1928: 4. Taufbuch
G 60: 1928–1950: 5. Taufbuch
  1951–1968: 6. Taufbuch
  1968– 7. Taufbuch
G 4: 1667–1795: 1. Ehebuch (mit Lücken)
G 5: 1795–1943: 2. Ehebuch
  1943–1968: 3. Ehebuch
  1968– 4. Ehebuch
G 6: 1651–1795: 1. Sterbebuch (mit Lücken)
G 7: 1795–1903: 2. Sterbebuch
(G 8: 1555–1709: Sterbebuch von Mund)
G 26: 1904–1968: 3. Sterbebuch
  1968– 4. Sterbebuch

Stammbaumbücher:
G 9, 1864, von Peter Josef Ruppen
G 10–12, 1885, von Ignaz Amherdt (und Forts.)
G 25, ca. 1902 (und Forts.)
*H, Nrn. 1–216:* Kauf- und Tauschverträge, Testamente, Schulderkanntnisse usw.
*T, Nrn. 1–25:* Testamente und Schenkungen

# Fotonachweis

Das Buch ist insgesamt mit 1187 Abbildungen illustriert. Davon:
– 600 schwarzweisse Abb.
– 587 farbige Abb. (davon 89 Wappen)

*Abkürzungen: u. = unten, o. = oben, r. = rechts, l. = links
Die Zahlen neben den Namen geben die Seitenzahlen des Werkes an.*

Air-Color S.A., Chambésy: 534, 701 l.

Albrecht Laudo: 352

Belalp-Tourismus: 456, 462 (2), 463 (3), 464 l. o. (3), r. o., l. u., 465 l. o. (2), 467 l. (2), r. u.

Biffiger Leander (aus: Erinnern Sie sich – Naters): 29–31, 285, 297, 333 u., 338, 344, 351, 353, 354, 482, 516 l., 652 (2)

Biner Jean-Marc, Bramois: 19 r., 541–545, 547 (3), 548 l. (2)

BWG XXVI: 13

Foto-Studio Brunner Bruno, Visp: 430 l. o.

Foto Burlet Klaus, Visp: 185 u. l.

Eggel Hans (aus: Natischer Schulen): 150 o. l., 153 u.

Eggel Stefan, Birgisch: 671 l. u.

EWBN, Brig: 441 (3)

Fibicher Arthur (aus: Walliser Geschichte): Bd. 2: 19 l., 21 l., 618 (2); Bd. 3.1: 83, 85, 86, 256, 257, 303 o., 470, 526; Bd. 3.2: 33, 300

Foto-Studio Fux Josef, Naters: 32, 48, 146, 149, 162 l., 165, 176, 177 r., 178, 182 o. r., 187, 192, 199, 200 u., 212, 220 o., 253 u., 276 o., 290, 305 o., 316, 359 u., 363 l., 384 l., 385, 389 u., 363 l., 384 l., 385, 389 u., 434 r., 451, 453 u., 457 o., 461, 472, 536, 539 (2), 546, 552, 653 u., 654, 656 l., 687 o., 704

Franco-Suisse, Bern: 19 r., 255 u.

Gasser René, Birgisch: 525

Gemeindearchiv Naters: 326 u.

Foto Gemmet, Naters: 47, 89, 117, 118, 126 u., 193, 211 o., 228 l., 230 l., 231

Heldner Paul, Glis: 606 r.

HBLS, Bd. 5: 23

Historisches Museum, Bern: 287 u.

Holzhauser Hanspeter (aus: Grosser Aletschgletscher): 279, 280 (3), 282, 336; (aus: Aletschgletscher): 324

In-Albon Karl (Besitzer), Brig: 27, 528, 633

Aus: 100 Jahre Gemischter Chor Naters 1881–1981: 678

Jossen Erwin, Autor: 254, 255 o., 270, 289 u., 291–293, 294 o. l., 299 o. r., 301, 302, 309, 322, 337 u., 366 u. (2), 367 l., 383 l., 390 l. o., 392 l. und r. o., 393 r. o., 396 (2), 397 l., 398 l. o., 401 l., 402 u. (2), 405 r., 413 u., 418, 429 l., 433 l., 439 (2), 444 l., 479 o., 485, 487 o., 566 l., 567 r., 570 r. o., 573 u., 576 r., 577 r., 578 (2), 606 l., 607, 613 r., 614, 623 l., 667 r. (zweitunterste)

Aus: Kirchen aus Stein, Kirche sein (Wallfahrt durch das Bistum Sitten): 529 (2)

Foto Klopfenstein, Adelboden: Titelbilder, 277 u., 283, 286 (2), 295 u., 303 u., 311, 349, 399, 450, 457 u., 465 u., 469, 487 u., 540 u., 559

Landesmuseum Zürich: 551 (2), 664 u.

Loretan Nikolaus, Glis: 682 l. o.

Morend Jean-Claude, Vérossaz (WWb von 1974 und 1984): Wappen

Ortsinventar Naters, Natischer Berg, Gemeinde Naters: schwarzweisse Fotos zu den Häusern im Kapitel 25

pro natura, 2/98: 276 l.

Revue Schweiz, 5/1996: 281

Riva Anton (aus: Der künstlerische Schmuck am Zentrum Missione): 384 r.

Ruppen Bernhard, Naters: 670 r. u.

Ruppen Felix, des Alois (Besitzer): 535

Salzmann Herbert, Siders: 299 u. r., 331 r., 390 l. u. und r., 415

Foto Schmid, Brig: 699 o.

Sprung Paul, Naters: 570 r. u., 572 l. u.

Foto Romeo Sprung, Naters: 63, 91, 104, 109, 125, 130 u., 131 o. und u., 132, 144, 145 u., 155, 157, 159, 164, 173 u. r., 181, 189 u. r., 190, 191 o., 200 o., 201–203, 206 r., 207 r., 209 l., 214 u., 224, 225, 227 l., 232 (2), 299 o. l. und r. Mitte, 306 u., 331 l., 332 u., 333 o., 334 r. o., 345 (2), 346 (3), 347 (4), 348 (3), 361 r. o., 373 l., 382 u., 393 r. u., 419, 427 l., 435, 489, 492, 548 l., 549, 550, 557 l., 560–562, 564, 565 r. (2), 568 l., 571, 572 l., 609 (2), 615, 619 l., 677, 687 u., 689, 690, 691 o., 711

Steiner Marina (aus: Wahlheimat): 259 (2), 261, 262, 263 o.

Stocker Irène, Therwil: 287 o.

Foto Stuber (Besitzer: Reinhard Jossen): 555

Studer Georg, Naters: 22, 24, 51, 612 u.

Suter Rudolf, Oberrieden: 620 o.

Theler Christian, Naters: 330

Theler Luzius, Brig (aus: Die Schwarznasen): 304 o., 306 o., 308 (2)

Vallesia 24, Taf. IV a: 21 r.

Vallesia 34, Taf. VII a: 26; Taf. IX b: 28

Walliser Bote: 524

Foto Weis, Brig: 216, 220 u., 679, 681 l. o.

Werlen André, Naters: 196, 197 l., 236 o., 237, 238, 245, 246 (2)

Wir Walser, 2/1990: 269

Wyden Ernest, Naters: 103, 145, 162 r., 289 o., 312 u. l., 326 o. l., 373 r., 391 l., 394 u., 407 o., 410 l., r. o. und u. (3), 412 l., 480, 504 o., 511, 540 o., 566 r., 568 r. u., 569 r., 570 l., 572 l. o., 574 l. u., 575 l., 577 l., 620 u., 621 (6), 622 (2), 656 r. (2), 660–663 (28), 664 o. (2), 665–666 (11), 667 l. (3), r. o. (2), r. (unterste), 668 (2), 669 l. und r. o., 670 l. und r. o., 671 l. o., 706

# Erwin Jossen

Erwin Jossen wurde am 9. August 1930 als Sohn des Vinzenz und der Cäsarine Pfaffen in Mund geboren.

### Studien (1945–1958)
Kollegium Brig (Matura), Theologie im Priesterseminar in Sitten (zwei Jahre) und an der theologischen Fakultät in Innsbruck (drei Jahre). 1958: Priesterweihe.
Während der seelsorglichen Tätigkeit als Pfarrer Fortsetzung der theologischen Studien mit Abschluss des Doktorates an der Uni Fribourg (1970). Kirchengeschichtliche Dissertation: «Die Kirche im Oberwallis am Vorabend des Franzoseneinfalls 1790–1798», erschienen in den BWG, Bd. XV (1972).

### Beruflicher Einsatz
15 Jahre Pfarreiseelsorge. 1975 bis zu seiner Pensionierung im Jahre 1993 vollamtlicher Religionslehrer an der Sekundarschule in Naters. Danach seelsorgliche Aushilfen in verschiedenen Pfarreien. Seit 1999 Pfarradministrator in Zeneggen.

### Nebenamtliche Tätigkeiten
Feldprediger (1962–1985); Pressechef der Synode 72 (1972–1976); 1972–1993 Maturaexperte in Latein, Philosophie oder Geschichte.
Redaktor des Oberwalliser Pfarrblattes (1975–1983); 1983–1994 Chefredaktor des Walliser Jahrbuches.

### Geschichtswissenschaftliche Tätigkeit
Diverse Beiträge in den BWG (Blätter aus der Walliser Geschichte) und im Walliser Jahrbuch.
Publikation der Monografie: Mund, das Safrandorf im Wallis, 1989, 424 Seiten. Während zehn Jahren intensive Erforschung der Gemeinde- und Pfarreigeschichte von Naters.